Springer-Lehrbuch

Jürgen Plate

Das gesamte examensrelevante Zivilrecht

Für Studenten und Rechtsreferendare

Dritte, aktualisierte und verbesserte Auflage

Unter Mitarbeit von Mark-Oliver Otto

 Springer

Dr. Jürgen Plate
VRiLG und Richterdozent
Universität Hamburg
Fakultät für Rechtswissenschaft
Seminar für Bürgerliches Recht
und Zivilrechtliche Grundlagenforschung
Schlüterstraße 28
Rechtshaus
20146 Hamburg
j.plate@nikocity.de

ISBN-10   3-540-33813-6 Springer Berlin Heidelberg New York
ISBN-13   978-3-540-33813-0 Springer Berlin Heidelberg New York
ISBN 3-540-22809-8 2. Auflage Springer Berlin Heidelberg New York

Bibliografische Information Der Deutschen Bibliothek
Die Deutsche Bibliothek verzeichnet diese Publikation in der Deutschen Nationalbibliografie; detaillierte bibliografische Daten sind im Internet über <http://dnb.ddb.de> abrufbar.

Dieses Werk ist urheberrechtlich geschützt. Die dadurch begründeten Rechte, insbesondere die der Übersetzung, des Nachdrucks, des Vortrags, der Entnahme von Abbildungen und Tabellen, der Funksendung, der Mikroverfilmung oder der Vervielfältigung auf anderen Wegen und der Speicherung in Datenverarbeitungsanlagen, bleiben, auch bei nur auszugsweiser Verwertung, vorbehalten. Eine Vervielfältigung dieses Werkes oder von Teilen dieses Werkes ist auch im Einzelfall nur in den Grenzen der gesetzlichen Bestimmungen des Urheberrechtsgesetzes der Bundesrepublik Deutschland vom 9. September 1965 in der jeweils geltenden Fassung zulässig. Sie ist grundsätzlich vergütungspflichtig. Zuwiderhandlungen unterliegen den Strafbestimmungen des Urheberrechtsgesetzes.

Springer ist ein Unternehmen von Springer Science+Business Media

springer.de

© Springer-Verlag Berlin Heidelberg 2004, 2005, 2006
Printed in Germany

Die Wiedergabe von Gebrauchsnamen, Handelsnamen, Warenbezeichnungen usw. in diesem Werk berechtigt auch ohne besondere Kennzeichnung nicht zu der Annahme, dass solche Namen im Sinne der Warenzeichen- und Markenschutz-Gesetzgebung als frei zu betrachten wären und daher von jedermann benutzt werden dürften.

Umschlaggestaltung: Design & Production, Heidelberg
SPIN 11744306   64/3153-5 4 3 2 1 0 – Gedruckt auf säurefreiem Papier

Inhaltsübersicht

Vorwort und Einleitung 1

Teil 1. Die Bearbeitung juristischer Aufgabenstellungen 9

Teil 2. Grundbegriffe 51

Teil 3. Vertragliche Primäransprüche 97

Teil 4. Sekundäransprüche bei Leistungsstörungen 545

Teil 5. „Vertragsnahe" Ansprüche 859

Teil 6. Dingliche (sachenrechtliche) Ansprüche 897

Teil 7. Schadensersatzansprüche wegen „unerlaubter Handlung" 1175

Teil 8. Bereicherungsrecht 1267

Teil 9. Schadensersatzrecht 1349

Teil 10. Mehrheiten und Veränderungen auf der Gläubiger- und Schuldnerebene 1403

Teil 11. Der Übergang des Vermögens als Ganzes von Todes wegen 1479

Inhaltsverzeichnis

Vorwort und Einleitung **1**

Teil 1. Die Bearbeitung juristischer Aufgabenstellungen **9**

A. Die Aufgabenstellung: Die Prüfung von Ansprüchen 9

B. Die Fallbearbeitung 12
    I. Die Technik der Fallbearbeitung 12
        1. Die Arbeit am Sachverhalt 13
        2. Die Fallfrage 15
        3. Die Suche nach den Anspruchsgrundlagen und die Subsumtion ... 17
            a) Das Finden der Anspruchsgrundlage durch Orientierung an typischen Fallfragen 20
            b) Die Suche nach der Anspruchsgrundlage im Beispielsfall ... 25
            c) Die Subsumtion der Anspruchsgrundlage im Beispielsfall ... 25
        4. Die „Wirksamkeitshindernisse" 31
            a) Die „Wirksamkeitshindernisse" im Allgemeinen 31
            b) Die „Wirksamkeitshindernisse" im Beispielsfall 32
        5. Die „Beendigung" des Rechtsgeschäfts, speziell Vertrages ... 32
            a) Die „Beendigung" des Rechtsgeschäfts, speziell Vertrages, im Allgemeinen 32
            b) Die „Beendigung" des Rechtsgeschäftes, speziell des Vertrages im Beispielsfall 33
        6. Verträge ohne Leistungspflicht 37
        7. Die „Erlöschensgründe" 38
            a) Die „Erlöschensgründe" im Allgemeinen 38
            b) Die „Erlöschensgründe" im Beispielsfall 39
        8. Übergang des Anspruchs auf Dritte 40
            a) Der Übergang von Ansprüchen im Allgemeinen 40
            b) Der Übergang des Anspruchs im Beispielsfall 41
        9. Die „rechtshemmenden Einreden" 42
            a) Die „rechtshemmenden Einreden" im Allgemeinen 42
            b) Die „rechtshemmenden Einreden" im Beispielsfall 44
    II. Hinweise zur Arbeitstechnik bei Hausarbeiten 45
    III. Formalien bei Hausarbeiten 48

Teil 2. Grundbegriffe 51

A. Die Subjekte und Objekte des Rechts 53
I. Die Subjekte des Bürgerlichen Rechts („Rechtssubjekte") 54
1. Die Menschen („natürliche Personen") 54
2. Personenzusammenschlüsse bzw. Personenmehrheiten 55
   a) Der eingetragene Vereine (eV) 59
   b) Die Aktiengesellschaft (AG) 62
   c) Die Gesellschaft mit beschränkter Haftung (GmbH) 64
   d) Die Gesellschaft bürgerlichen Rechts (BGB-Gesellschaft) 65
   e) Die offene Handelsgesellschaft (oHG) 71
   f) Die Kommanditgesellschaft (KG) 72
   g) Der nicht-rechtsfähige Verein 74
3. Die Stiftung 75

II. Die Objekte von Rechten („Rechtsobjekte", „Gegenstände") 77
1. Die Sachen 77
2. Die Rechte 78
   a) Dingliche Rechte 78
   b) Forderung 79
   c) Immaterialgüterrechte 79
3. Sonstige Vermögensrechte 81

B. „Rechtsgeschäfte" 81

C. „Trennungs-" und „Abstraktionsprinzip" 83
I. Das „Trennungsprinzip" 84
II. Das „Abstraktionsprinzip" 87
1. Rückabwicklung nach § 812 Abs. 1 S. 1 1. Fall BGB 89
2. Durchbrechungen des „Abstraktionsprinzips" 92

Teil 3. Vertragliche Primäransprüche 97

A. Entstehung, Inhalte, Wirksamkeitshindernisse, Beendigung 100
I. Die Entstehung und die Inhalte von verpflichtenden Verträgen 103
1. Der Vertrag: Immer ein „Rechtsgeschäft" oder auch das Resultat „sozialtypischen Verhaltens"? 105
   a) Der Vertrag als Rechtsgeschäft 105
   b) Der Vertrag (auch) als Resultat „sozialtypischen Verhaltens"? 109
2. Die Willenserklärung als solche 111
   a) Der „äußere" und der „innere" Tatbestand einer Willenserklärung 112
   b) Der „äußere Tatbestand" einer Willenserklärung 114
   c) Der „innere Tatbestand" einer Willenserklärung 116
3. Das „Wirksamwerden" von Willenserklärungen 120

		a) Die „Entäußerung"	121
		b) Die „empfangsbedürftigen Willenserklärungen"	121
	4.	Der Vertragsschluss (Angebot, Annahme, Deckungsgleichheit)	131
		a) Das Angebot	132
		b) Die Abschlussfreiheit	143
		c) Die Annahme	145
		d) Fortbestehen des Angebots	151
		e) Deckungsgleichheit („Kongruenz") von Angebot und Annahme	154
	5.	Der Abschluss des Kaufvertrages nach dem UN-Kaufrecht (CISG)	163
	6.	Hinausschieben der Wirksamkeit des Vertrages durch Bedingung	166
		a) Die Wirkung der Bedingung	167
		b) Die Schwebezeit	170
	7.	Festlegung des Vertragsinhalts durch Typisierung (gesetzliche „Vertragstypen" oder „Mischverträge"/"verkehrstypische Verträge" bzw. „moderne Vertragstypen")	177
		a) Der Kaufvertrag	178
		b) Werkvertrag	203
		c) Reisevertrag	207
		d) Frachtvertrag	208
		e) Dienst- und Arbeitsvertrag	210
		f) Schenkung	214
		g) Der Auftrag(svertrag)	216
		h) Entgeltliche Geschäftsbesorgungsverträge, „bargeldloser Zahlungsverkehr" durch Bank-Überweisung und Zahlungskarte	221
		i) Mä/aklervertrag, Handelsmakler	227
		j) Kommissionsvertrag	228
		k) Mietvertrag, Pachtvertrag, Leasingvertrag	232
		l) Leihvertrag	244
		m) Verwahrungsvertrag	245
		n) Lagervertrag	245
		o) Gesellschaftsvertrag	246
		p) Der Vergleich	246
		q) Schuldversprechen, Schuldanerkenntnis	247
		r) Kreditgeschäfte, Verbraucher- und Existenzgründerschutz	249
		s) Überblick über die Möglichkeiten einer Kreditsicherung	264
		t) Die Bürgschaft	266
		u) Schuldbeitrittsvertrag	290
		v) Garantievertrag	297
		w) Schuldrechtliche Verträge ohne primäre Leistungspflicht	298
		x) Mischverträge	299
		y) Bestimmung des typisierten Vertragsinhalts durch Auslegung	299
	8.	Festlegung des Vertragsinhalts durch die Parteien (Individualverträge, Allgemeine Geschäftsbedingungen): „Inhaltsfreiheit"	303

- a) Schranken der „Inhaltsfreiheit".. 305
- b) Festlegung des Vertragsinhalts durch Individualvereinbarung..... 306
- c) Festlegung des Vertragsinhalts durch Allgemeine Geschäftsbedingungen (AGB)... 307
- d) Die („erläuternde" und „ergänzende") Auslegung von Verträgen mit individuell oder durch Verwendung von AGB vereinbartem Inhalt... 313
- e) Auslegung und Form („Andeutungstheorie") 316
- 9. Vorvertrag.. 317
- 10. Abänderung des Inhalts von Verträgen 317
  - a) Abänderungsvertrag.. 317
  - b) Abänderung des Vertragsinhalts durch Anpassung wegen „Störung der Geschäftsgrundlage" 318
  - c) Rechtsfolgen: Vertragsanpassung/Rücktritts- bzw. Kündigungsrecht.. 320
- 11. Bei Rechtsgeschäften, insbesondere auch Vertragsabschlüssen, mitwirkende Personen (Schwerpunkt: Vertretung) 323
  - a) Überblick über das Recht der Stellvertretung 327
  - b) Anwendbarkeit der §§ 164 ff. BGB und Zulässigkeit der Stellvertretung 329
  - c) Eigenes wirksames Handeln des Vertreters, Abgrenzung zum Botenhandeln... 331
  - d) Handeln im Namen des Vertretenen („Offenheits- oder Offenkundigkeitsprinzip")/ Abgrenzung zum „Vertrag zugunsten Dritter" 332
  - e) Vertretungsmacht... 339
  - f) Handeln im Rahmen der Vertretungsmacht 353
  - g) Kein Verstoß gegen § 181 BGB 356
  - h) Vertretung ohne Vertretungsmacht bei Verträgen und einseitigen Rechtsgeschäften 357
  - i) Wirkung des Vertreterhandelns 360

II. „Wirksamkeitshindernisse".. 366
1. Defizite in der Person des Erklärenden.. 366
   - a) Bewusstlosigkeit oder vorübergehende Störungen der Geistestätigkeit... 367
   - b) Das Fehlen der vollen Geschäftsfähigkeit 367
2. Formmangel.. 377
   - a) Arten der Form.. 377
   - b) Gesetzlich vorgeschriebene Form... 379
   - c) Vereinbarte („gewillkürte") Form... 384
3. Gesetzliches Verbot.. 384
4. Sittenwidrigkeit und Wucher.. 385
   - a) Sittenwidrigkeit (§ 138 Abs. 1 BGB).. 386
   - b) Wucher (§ 138 Abs. 2 BGB) 389
5. Teilnichtigkeit... 391

III. Beendigung (Anfechtung, Rücktritt, Widerruf, Kündigung, Aufhebung) 393
  1. Die erklärte Anfechtung 393
     a) Anwendbarkeit des Anfechtungsrechts 396
     b) Zulässigkeit der Anfechtung 396
     c) Anfechtungsgrund 398
     d) Anfechtungserklärung 417
     e) Anfechtungsfolgen 418
  2. Der Rücktritt 422
     a) Vertragliches Rücktrittsrecht 423
     b) Gesetzliche Rücktrittsrechte 424
  3. Widerruf bei Verträgen mit besonderen Risiken (hier speziell die Verbraucherverträge mit besonderen Vertriebsformen: Haustürgeschäfte, Fernabsatzverträge, E-Commerce-Verträge) 426
  4. Beendigung von Dauerschuldverhältnissen (Zeitablauf, Kündigung) 432
  5. Der Aufhebungsvertrag 434

B. Der Anspruch aus einem verpflichtenden Vertrag 436
  I. Vertrag ohne primäre Leistungspflicht (§ 311 a Abs. 1 BGB) 437
  II. Das Erlöschen des Anspruchs 441
     1. Erlöschen des Anspruchs durch Erfüllung und Aufrechnung 442
        a) Die Erfüllung 442
        b) Erlöschen des Anspruchs durch Aufrechnung 456
     2. Entfallen von Ansprüchen infolge von Leistungshindernissen und ähnlich wirkenden Umständen 461
        a) Das Entfallen des primären Leistungsanspruchs infolge von Leistungshindernissen 461
        b) Bei gegenseitigen Verträgen: Das Entfallen des Gegenleistungsanspruchs des nach § 275 BGB leistungsfreien Schuldners der unmöglich gewordenen Leistung gegen den Gläubiger 480
        c) Bei gegenseitigen Verträgen: das Erlöschen im Falle der Geltendmachung eines Anspruchs aus § 281 Abs. 1 BGB 489
        d) „Arbeitsausfall" (§ 615 BGB) 490
        e) Umgehung durch Rücktritt nach § 326 Abs. 5 BGB ? 491
     3. Der Erlassvertrag 491
     4. Rechtsmissbrauch 491
     5. Verlust des Anspruchs durch Forderungsübergang und Schuldübernahme 493
        a) Verlust des Anspruchs durch Forderungsübergang 493
        b) Verlust des Anspruchs durch Schuldübernahme 494
  III. Die zur Undurchsetzbarkeit des Anspruchs führenden Einreden 495
     1. Die Einrede der Verjährung 496
        a) Das Leistungsverweigerungsrecht 496

　　　　　b) Keine Auswirkungen der Verjährung auf dingliche
　　　　　　　Sicherungsrechte, auf die Aufrechenbarkeit und auf die
　　　　　　　Geltendmachung eines Zurückbehaltungsrechts 498
　　　　2. Das Zurückbehaltungsrecht (§ 273 BGB) 499
　　　　3. Die Einrede des nichterfüllten Vertrages (§ 320 BGB) 500
　　　　4. Einrede der Mangelhaftigkeit 502

C. Der Vertrag zugunsten Dritter 503
　　　I. Rechtliche Konstruktion 504
　　　II. Primärer Anspruch des Dritten 506
　　　　1. Wirksamer Grundvertrag im Deckungsverhältnis 507
　　　　2. Echter Vertrag zugunsten Dritter 507
　　　　3. Keine Ausübung eines Zurückweisungsrechts des Dritten 510
　　　　4. Keine Einrede des Versprechenden 510
　　　III. Abgrenzung zum Stellvertretungsrecht 511
　　　IV. Exkurs: Verfügung zugunsten Dritter 512

D. Die Durchsetzung von Ansprüchen 513
　　　I. Die Durchsetzung von Rechten mit staatlicher Hilfe 513
　　　　1. Das Erkenntnisverfahren 514
　　　　2. Das Vollstreckungsverfahren 521
　　　　3. Modernes „Konfliktmanagement" 526
　　　　4. Die Eilverfahren (Arrest und einstweilige Verfügung) 533
　　　　5. Das Insolvenzverfahren 536
　　　II. Die „private" Durchsetzung von Rechten 541
　　　　1. Selbsthilferechte 541
　　　　2. Die Aufrechnung 543

Teil 4. Sekundäransprüche bei Leistungsstörungen 545

A. Überblick 545
　　　I. Leistungsstörungen von Schuldverhältnissen aus
　　　　Rechtsgeschäften 545
　　　II. Leistungsstörungen von gesetzlichen Schuldverhältnissen 549
　　　III. Schuldverhältnisse aus vorvertraglichem
　　　　„geschäftlichen Kontakt" („culpa in contrahendo") 551
　　　IV. Das „Programm" des 4. Teils 552

B. „Sekundäransprüche" aus dem allgemeinen Leistungsstörungsrecht 553
　　　I. Überblick 553
　　　　1. Die zu Schuldverhältnissen führenden „Sonderverbindungen" und
　　　　　die daraus resultierenden Pflichten 554

  a) Schuldverhältnisse aus einem Rechtsgeschäft und die daraus resultierenden Pflichten 555
  b) Schuldverhältnisse aus Gesetz und die daraus resultierenden Pflichten 555
  c) Schuldverhältnisse aus einem vorvertraglichen „geschäftlichen Kontakt" und die daraus resultierenden Pflichten 557
  d) Sonstige vertragsähnliche Schuldverhältnisse 558
 2. Folgerungen für die Arbeitstechnik bei der Fallbearbeitung 558
II. Auf Schadensersatz gerichtete „Sekundäransprüche" 560
 1. Vorabprüfung, ob ein Schaden vorliegt 561
 2. § 280 Abs. 1 S. 1 BGB als „zentrale Anspruchsgrundlage auf Schadensersatz" bei Pflichtverletzungen 562
  a) Zentrale Stellung des § 280 Abs. 1 BGB 562
  b) Die verschiedenen Anspruchsgrundlagen und ihre Abgrenzung .. 562
 3. Anspruch auf Schadensersatz „neben der Leistung" 563
  a) Schadensersatz wegen verspäteter Leistung: Ersatz des Verzögerungsschadens (§§ 280 Abs. 1 und 2, 286 BGB), Verzugs- , Fälligkeits- und Prozesszinsen (§ 288 BGB, 352 HGB, 291 BGB) und Ersatz von Mehraufwendungen bei Annahmeverzug (§ 304 BGB) 564
  b) Anspruch auf Schadensersatz „neben der Leistung" wegen einer Leistung „nicht wie geschuldet" bzw. „Schlechterfüllung" (§ 280 Abs. 1 BGB) 577
  c) Anspruch auf Schadensersatz „neben der Leistung" wegen einer Verletzung einer „Verhaltenspflicht" (§§ 280 Abs. 1 S. 1, 241 Abs. 2 BGB) 587
 4. Schadensersatz „statt der Leistung" 595
  a) Schadensersatz „statt der Leistung wegen nachträglicher nach § 275 Abs. 1-3 BGB leistungsbefreiender Leistungshindernisse (§§ 280 Abs. 1 S. 1, Abs. 3, 283 BGB) 596
  b) Anspruch auf Schadensersatz „statt der Leistung" aufgrund eines bereits bei Vertragsschluss vorliegenden nach § 275 Abs. 1 – 3 BGB leistungsbefreienden Leistungshindernisses bei verpflichtenden Verträgen (§ 311 a Abs. 2 BGB und § 122 BGB analog) 611
  c) Anspruch auf Schadensersatz „statt der Leistung" wegen „nicht oder nicht wie geschuldet erbrachter Leistung" (§§ 280 Abs. 1 S. 1, Abs. 3, 281 BGB) 623
  d) Anspruch auf Schadensersatz „statt der Leistung" wegen einer „Verhaltenspflichtverletzung" (§§ 280 Abs. 1 S. 1, Ab. 3, 241 Abs. 2, 282 BGB) 640
 5. Abschlussübersicht 643
III. Anspruch auf Ersatz vergeblicher Aufwendungen 643
 1. Voraussetzungen des Anspruches 643
 2. Verhältnis zu Schadensersatzforderungen 646

IV. Verantwortlichkeit für Dritte, Verschiebung des Haftungsmaßstabes 647
    1. Verantwortlichkeit des Schuldners für Dritte 649
        a) Haftung für Erfüllungsgehilfen nach § 278 BGB 649
        b) Haftung für gesetzliche Vertreter (§ 278 BGB) 656
        c) Haftung für die „Leute" des Frachtführers 657
    2. Verschiebung des Haftungsmaßstabes 658
        a) Rechtsgeschäftliche Haftungsverschärfungen oder Haftungsmilderungen 658
        b) Gesetzliche Haftungsverschärfungen oder Haftungsmilderungen 660
V. Der Anspruch auf das „stellvertretende commodum" 664
VI. Der Anspruch auf Rückgewähr infolge eines Rücktritts vom Vertrag 668
    1. Rechtsfolgen eines Rücktritts 669
        a) Beendigung des Vertrages: Kein „Primäranspruch" aus einem verpflichtenden Vertrag 669
        b) Ansprüche auf „Rückgewähr", auf „Wertersatz" (mit: Ausschlusstatbeständen und Bereicherungsanspruch), auf Schadensersatz und Folgeansprüche 670
    2. Die Rücktrittserklärung (§ 349 BGB) 682
    3. Die Rücktrittsgründe 683
        a) Vertragliches Rücktrittsrecht 683
        b) Gesetzliches Rücktrittsrecht 684
    4. „Rechtsfolgenverweisungen" auf Rücktrittsrecht 696
        a) Wegen Unmöglichkeit (§ 326 Abs. 4 BGB) 697
        b) Wegen Forderung von Schadensersatz anstelle der Leistung (§ 281 Abs. 5 BGB) 698
        c) Exkurs: Rechtsfolgenverweisung auf das Rücktrittsrecht wegen Widerrufs eines Vertrages nach Verbraucherschutznormen 699
    5. Schadensersatz neben Rücktritt 700
    6. Primäranspruch beim Rücktritt 701

C. Gewährleistungsansprüche beim Kaufvertrag 702
    I. Rechtsbehelfe des Käufers nach „Gefahrübergang" 704
        1. Der „Gefahrübergang" 704
        2. Vorliegen eines Sach- oder Rechtsmangels 706
            a) Sachmangel 707
            b) Rechtsmangel 718
            c) Entbehrlichkeit der Abgrenzung von Sach- und Rechtsmängeln 720
            d) Unerheblichkeit des Mangels 721
        3. Sach- oder Rechtsmangel bei Gefahrübergang 721
        4. Beweislast (§ 363/§ 476 BGB) 722
        5. Übersicht über das Kaufgewährleistungsrecht 723

6. Ansprüche auf Nacherfüllung (Nachbesserung, Lieferung einer mangelfreien Sache) 724
   a) Nacherfüllung (Nachbesserung oder Lieferung einer mangelfreien Sache) 724
   b) Befreiung von der Pflicht zur Nacherfüllung 729
   c) Gegenrechte des Verkäufers (§§ 439 Abs. 4, 346 ff. BGB) 734
   d) Der Anspruch des Käufers auf Ersatz seiner Aufwendungen für die Nacherfüllung 734
   e) Ausblick auf mögliche „Sekundäransprüche" des Käufers 735
7. Schadensersatzansprüche 736
   a) Schadensersatz „statt der Leistung" / „Aufwendungsersatz" 737
   b) Schadensersatz „neben der Leistung" 752
8. Rücktritt 761
   a) Rücktritt wegen einer Befreiung des Verkäufers von der Pflicht zur Nacherfüllung 762
   b) Rücktritt wegen Nichterbringung der Nacherfüllung 769
   c) Verweis auf das Rücktrittsrecht 774
   d) Folgen des Rücktritts 775
9. Minderung 775
10. Ausschluss der Gewährleistungsrechte 778
    a) Ausschluss der Gewährleistungsrechte durch Vereinbarung 778
    b) Ausschluss der Gewährleistungsrechte durch Gesetz 779
11. Mängeleinrede 782
    a) Behebbarer Mangel 782
    b) Unbehebbarer Mangel 782
    c) Mängeleinrede trotz Verjährung der Mängelansprüche 784
12. Verjährung 784
    a) Beginn, Fristen, Ablaufhemmung und Wirkung 784
    b) Korrektur von „Wertungswidersprüchen" und Unbilligkeiten 787
    c) Mängeleinrede trotz Ausschluss von Rücktritt und Minderung 789
13. Parallelansprüche zum Gewährleistungsrecht 790
    a) Haftung aus unerlaubter Handlung 790
    b) Vertragsanfechtung und Bereicherungsrecht 790
    c) Vorvertragliche Pflichtverletzungen 793
14. Besonderheiten zum Verbrauchsgüterkauf 793
    a) Anwendungsbereich des Verbrauchsgüterkaufs 794
    b) Sonderregeln für den Kaufvertrag 794
    c) Der Unternehmerregress 798
15. Rechte des Käufers bei Rechtsmängeln 801
16. Größerer Fall 802

II. Rechtsbehelfe des Käufers vor Gefahrübergang 804
III. „Beschaffenheits- und Haltbarkeitsgarantie" 805
   1. Materielles Recht 805
      a) Schuldner der Garantie 805
      b) Inhalt der Garantie 805
   2. Prozessuale Lösung bei der „Haltbarkeitsgarantie" 806

    IV. Der Kauf von „Rechten und sonstigen Gegenständen".............................807
        1. Kauf von „sonstigen Gegenständen" 807
        2. Kauf von „Rechten"..808

D. Gewährleistungsansprüche beim Werklieferungsvertrag..................809

E. Gewährleistungsansprüche beim Werkvertrag.....................................809
    I. Einführung in das Gewährleistungsrecht 809
    II. Das Gewährleistungsrecht im Einzelnen 811
        1. Begriff des Mangels..811
            a) Sachmängel..811
            b) Rechtsmängel..813
            c) Unerheblichkeit des Mangels...813
        2. Ansprüche auf Nacherfüllung...814
            a) Mangelbeseitigung oder Neuherstellung.................................815
            b) Befreiung von der Pflicht zur Nacherfüllung..........................816
            c) Gegenrechte des Unternehmers 817
            d) Aufwendungsersatzanspruch des Bestellers 817
        3. Recht auf Selbstvornahme 818
        4. Schadensersatzansprüche/Ansprüche auf „Aufwendungsersatz" 820
            a) Schadensersatz „statt der Leistung"/„Aufwendungsersatz" 820
            b) Schadensersatz „neben der Leistung" 826
        5. Rücktritt..829
            a) Rücktrittsrecht wegen nachträglicher Unmöglichkeit der
               Nacherfüllung (§§ 634 Nr. 3, 326 Abs. 5 BGB).................... 829
            b) Rücktrittsrecht wegen Nichterbringung der Nacherfüllung,
               (§§ 634 Nr. 3, 323 BGB) 830
        6. Minderung 831
        7. Gewährleistungsausschluss..832
        8. Verjährung..833
        9. Parallelansprüche zum Gewährleistungsrecht 833
        10. Größerer Übungsfall..834
    III. Rechtsbehelfe des Bestellers vor Gefahrübergang...................................837

F. Gewährleistungsansprüche beim Reisevertrag.....................................837
    I. Grundlegendes 837
    II. Die Gewährleistungsansprüche..838
        1. Vorliegen eines Mangels 838
        2. Die Ansprüche im Einzelnen..839
        3. Die Ausschlussfrist des § 651g BGB und die Verjährung................840

G. Gewährleistungsansprüche beim Mietvertrag......................................841
    I. Einführung und Übersicht..841
    II. Das Gewährleistungsrecht im Einzelnen 842
        1. Mangelbegriff...843

2. Ausschluss des Gewährleistungsrechts...844
3. Die Rechte des Mieters...845
   a) Befreiung von der Entrichtung der Miete oder Mietminderung....845
   b) Schadensersatz wegen Nichterfüllung..846
   c) Anspruch auf Aufwendungsersatz...847
4. Verhältnis der Gewährleistungsansprüche des Mieters zum allgemeinen Leistungsstörungsrecht und zur Anfechtung.................848
   a) Verhältnis der Gewährleistungsansprüche des Mieters zum allgemeinen Leistungsstörungsrecht...848
   b) Verhältnis der Gewährleistungsansprüche des Mieters zur Anfechtung..849
5. Verjährung der Ansprüche...849

H. Gewährleistungsansprüche beim Schenkungsvertrag...............................850

I. Gewährleistungsansprüche bei anderen Verträgen.....................................851
   I. Andere Vertragsarten..851
   II. Anwendbare Regeln bei gemischten Verträgen....................................852
   III. Atypische Verträge..853

J. Sekundäransprüche beim Vertrag zugunsten Dritter...................................853

K. Vertragsstrafe..856

Teil 5. „Vertragsnahe" Ansprüche..859

A. Enttäuschtes Vertrauen in die Gültigkeit eines Rechtsgeschäfts................860
   I. Schadensersatzpflicht aus § 122 BGB..860
   II. Die Haftung wegen einer Vertretung ohne Vertretungsmacht (§ 179 BGB)..862
   III. Pflicht zur Ablehnung eines Auftrags...864

B. Vertragsähnliche Rechtsverhältnisse...865
   I. Ansprüche aus vorvertraglichem „geschäftlichen Kontakt"..................865
   1. Die Haftung aus einer Verletzung von „Verhaltenspflichten" aus vorvertraglichem „geschäftlichen Kontakt" zwischen potentiellen Vertragspartnern..865
      a) Wiederholung: Die Verletzung von „Verhaltenspflichten" aus bestehenden Schuldverhältnissen (§§ 280 Abs. 1, 241 Abs. 2 BGB)...865
      b) Neu: Die Verletzung von „Verhaltenspflichten" aus vorvertraglichem „geschäftlichen Kontakt" zwischen den potentiellen Vertragspartnern („culpa in contrahendo")..............866

2. Die Haftung eines Dritten aus einer Verletzung von „Verhaltenspflichten" aus vorvertraglichem „geschäftlichen Kontakt" („Eigenhaftung Dritter") 873
3. Ansprüche aus vorvertraglichem „geschäftlichen Kontakt" bei nichtigen bzw. potentiell nichtigen vertraglichen Schuldverhältnissen 874
II. Ansprüche aus Geschäftsführung ohne Auftrag („GoA") 875
1. Ansprüche aus echter berechtigter GoA 876
   a) Einschränkungen des Anwendungsbereichs der GoA 876
   b) Voraussetzungen der echten berechtigten GoA 876
   c) Rechtsfolgen einer echten berechtigten GoA 887
2. Ansprüche aus echter nichtberechtigter GoA 891
   a) Voraussetzungen der echten nichtberechtigten GoA 891
   b) Rechtsfolgen einer echten nichtberechtigten GoA 891
3. Defizite bei der Geschäftsfähigkeit von Geschäftsführer und Geschäftsherrn 894
III. Die Geschäftsanmaßung 895
1. Die Voraussetzungen einer Geschäftsanmaßung 895
2. Die Rechtsfolgen 895
   a) Die Ansprüche des Geschäftsherrn gegen den Geschäftsführer.... 895
   b) Die Ansprüche des Geschäftsführers gegen den Geschäftsherrn.. 896

Teil 6. Dingliche (sachenrechtliche) Ansprüche 897

A. Dingliche Ansprüche als solche 897

B. Der Inhalt dinglicher Rechte 909
I. Der Besitz 909
1. Besitz: ein Recht? 909
2. „Unmittelbarer" und „mittelbarer" Besitz/Besitzdiener 910
II. Das Eigentum 911
1. Das Eigentum als Herrschaftsrecht 911
   a) Die Herrschaftsmacht 911
   b) Der Eigentümer 912
2. Das Treuhandeigentum 914
   a) Eigennützige (Sicherungs-)Treuhand 914
   b) Uneigen(oder: fremd-)nützige (Verwaltungs-)Treuhand 916
III. Der Eigentumsvorbehalt 918
1. Der Eigentumsvorbehalt als Sicherungsrecht des Verkäufers 918
2. Das Eigentum-Anwartschaftsrecht an einer beweglichen Sache als Sicherungsrecht des Käufers 921
IV. Der künftige Grundeigentümer 922
V. Verwertungssicherungsrechte an Sachen 924

      1. Der Inhalt des rechtsgeschäftlichen Pfandrechts an beweglichen Sachen 924
      2. Der Inhalt des Sicherungseigentums 927
      3. Der Inhalt der „Grundpfandrechte" 929

C. Der Erwerb und Verlust **932**
  I. Der Erwerb und Verlust des Besitzes 933
      1. Unmittelbarer Besitz 933
      2. Mittelbarer Besitz 933
  II. Der Erwerb und Verlust des Eigentums an beweglichen Sachen 934
      1. Einigung zwischen Übereigner und Erwerber oder (vielleicht auch?) durch Vertrag zugunsten Dritter 935
         a) Einigung zwischen Übereigner und Erwerber 935
         b) Einigung durch Vertrag zugunsten Dritter 938
      2. Übergabe (§ 929 S. 1 BGB) 939
      3. Entbehrlichkeit der Übergabe (§ 929 S. 2 BGB und § 929 a BGB) .. 943
         a) Erwerber ist (bereits) Besitzer 943
         b) Eigentumsübertragung an Schiffen 943
      4. Übergabesurrogat: Besitzmittlungsverhältnis (§ 930 BGB) 944
      5. Übergabesurrogat: Abtretung des Herausgabeanspruchs (§ 931 BGB) 947
      6. Eigentum und Verfügungsbefugnis des Übereigners oder Verfügungsbefugnis bei fehlendem Eigentum des Übereigners 948
         a) Eigentum und Verfügungsbefugnis des Übereigners 949
         b) Verfügungsbefugnis des Nicht-Eigentümer-Übereigners oder Wirksamwerden der Verfügung 951
      7. Der Schutz des guten Glaubens des Erwerbers an das Eigentum des sich als Eigentümer der Sache ausgebenden Übereigners und an die Lastenfreiheit der Sache 952
         a) Der gutgläubige Erwerb des Eigentums vom Nichteigentümer 952
         b) Der gutgläubig lastenfreie Erwerb 977
         c) Schuldrechtliche Ausgleichsansprüche 979
      8. Der Schutz des guten Glaubens des Erwerbers an die Verfügungsbefugnis des nicht zur Verfügung, speziell zur Übereignung, befugten Eigentümer-Übereigners 980
      9. Der Schutz des guten Glaubens des Erwerbers nach § 366 HGB 983
         a) Der Schutz des guten Glaubens an die Verfügungsbefugnis und die Vertretungsmacht zur Übereignung (§ 366 HGB) 983
         b) Pfandveräußerung bei nicht bestehendem Pfandrecht oder bei Verstoß gegen die Rechtmäßigkeitsvorschriften (§ 1244 BGB) .. 986
      10. Der Eigentumsvorbehalt: Das Vorbehaltseigentum des Vorbehaltsverkäufers/das Anwartschaftsrecht des Vorbehaltskäufers 987
         a) Entstehung des Eigentumsvorbehalts 987
         b) Die Rechtstellung des Eigentumsvorbehaltsverkäufers 988
         c) Die Rechtsstellung des Eigentumsvorbehaltskäufers 992

         d) Die Weiterveräußerung 997
         e) Die schuldrechtliche Seite des Eigentumsvorbehalts 1000
    11. Der rechtsgeschäftliche Erwerb des Eigentums an beweglichen
         Sachen nach Grundstücksrecht („Grundstückszubehör") 1000
    12. Gesetzlicher Erwerb/Verlust des Eigentums durch Verarbeitung,
         Verbindung und Vermischung 1001
         a) Verarbeitung einer beweglichen Sache 1002
         b) Verbindung 1005
         c) Vermischung 1007
         d) Erlöschen von Rechten Dritter 1008
    13. Gesetzlicher Erwerb/Verlust des Eigentums an „Schuldscheinen"
         durch Erwerb einer Forderung 1008
    14. Gesetzlicher Erwerb/Verlust des Eigentums durch Ersitzung 1010
    15. Eigentumserwerb durch Trennung 1010
    16. Eigentumserwerb durch Surrogation 1013
III. Erwerb von Sicherungsrechten an beweglichen Sachen 1014
    1. Das Pfandrecht an beweglichen Sachen 1014
         a) Das rechtsgeschäftliche Pfandrecht an einer beweglichen
            Sache 1014
         b) Das gesetzliche Pfandrecht 1016
         c) Gutgläubig lastenfreier Erwerb 1019
         d) Erwerb des Pfandrechts durch Abtretung 1019
         e) Die Verteidigungsmittel 1020
    2. Die Sicherungsübereignung 1020
         a) Die Übereignung des Sicherungsgutes durch den
            Sicherungsgeber 1022
         b) Der Sicherungsvertrag 1027
         c) Mangelnde Akzessorietät 1028
         d) Nachschaltung von Sicherungsrechten 1030
IV. Der Eigentumserwerb an Grundstücken 1032
    1. Der rechtsgeschäftliche Erwerb durch Übereignung, die
         Sicherung des Rechtserwerbs (Vormerkung) 1033
         a) Eintragung in das Grundbuch 1034
         b) Einigung 1037
         c) „Auflassung" 1038
         d) Risiken für den Rechtserwerb vor der Eintragung (Widerruf
            der Einigung; Verlust der Verfügungsbefugnis vor dem
            Eigentumserwerb; deliktische Eingriffe in das Grundstück vor
            Eigentumserwerb) 1040
         e) Eigentum und Verfügungsbefugnis des Veräußerers,
            gutgläubiger und gutgläubig lastenfreier Erwerb des
            Eigentums 1057
         f) Eigentumserwerb vom Scheinerben an dem Erblasser
            gehörigen/nicht gehörigen Grundstücken 1064
    2. Der gesetzliche Erwerb des Eigentums an Grundstücken durch
         „Ersitzung" 1065

3. Der Erwerb des Eigentums an einem Grundstück durch „Zuschlag" 1065
V. Sicherungsrechte an Grundstücken 1065
   1. Die Hypothek 1066
      a) Die Bestellung der Hypothek (und Eigentümergrundschuld)/gutgläubiger „Erst-Erwerb" der Hypothek 1067
      b) Die Übertragung der Hypothek/gutgläubiger „Zweit- Erwerb" der Hypothek 1072
      c) Erlöschen der Hypothek 1079
      d) Die Wirkung der Zahlung auf die Forderung und die Hypothek 1080
      e) Die Eigentümergrundpfandrechte 1092
      f) Die Verteidigung des aus § 1147 BGB in Anspruch genommenen Eigentümers 1093
   2. Die (Sicherungs-) Grundschuld 1097
      a) Die Bestellung: Das dingliche Bestellungsgeschäft (einschließlich: gutgläubiger „Erst-Erwerb"), der „Sicherungsvertrag" bzw. die „Zweckerklärung", die zu sichernde Forderung 1098
      b) Die rechtsgeschäftliche Übertragung (einschließlich: gutgläubiger „Zweit-Erwerb")/gesetzlicher Übergang 1103
      c) Tilgung 1105
      d) Die Verteidigung des aus §§ 1147, 1192 Abs. 1 BGB in Anspruch genommenen Eigentümers 1108

D. Die sachenrechtlichen Ansprüche 1109
  I. Primär- und Sekundäransprüche des Eigentümer – Besitzerverhältnisses 1111
   1. Der Primäranspruch des Eigentümers gegen den Besitzer auf Herausgabe (§§ 985, 986 BGB) 1111
      a) Vorrang vertraglicher Herausgabeansprüche 1112
      b) Eigentum des Anspruchstellers 1113
      c) Besitz des Inanspruchgenommenen 1114
      d) Kein Recht des Besitzers zum Besitz der Sache 1116
      e) Zurückbehaltungsrecht aus § 273, und das Herausgabeverweigerungsrecht aus § 1000 BGB 1123
      f) Sperrwirkung des § 817 S. 2 BGB, Ausschluss des Herausgabeanspruchs aus § 241 a Abs. 1 BGB, 105 a S. 1 BGB 1123
      g) Erlöschen des Herausgabeanspruchs aus § 985 BGB durch Erfüllung 1124
      h) Abtretbarkeit des Herausgabeanspruchs aus § 985 BGB 1125
      i) Anwendbarkeit des § 285 BGB auf den Herausgabeanspruch aus § 985 BGB 1125
   2. Sekundäransprüche aus dem Eigentümer – Besitzerverhältnis 1127
      a) Die Interessenlage und das gesetzliche System 1127

b) Gemeinsame Voraussetzung: Eigentümer-Besitzer-Verhältnis
(= „Vindikationslage")/Eigentümer-Bucheigentümerverhältnis. 1130
c) Schadensersatzhaftung des Besitzers §§ 989, 990, 991
Abs. 2 BGB wegen Verschlechterung und Unmöglichkeit der
Herausgabe 1132
d) Herausgabe von Nutzungen (Früchte und sonstige
Gebrauchsvorteile) 1140
e) „Weitergehende Haftung des Besitzers wegen Verzuges"
(§ 990 Abs. 2 BGB) 1145
f) Verwendungsersatz 1147
3. Primär- und Sekundäransprüche aus einem
„Anwartschaftsberechtigter – Besitzer – Verhältnis" 1153
II. Ansprüche wegen Unrichtigkeit des Grundbuchs 1153
1. Der primäre Grundberichtigungsanspruch 1153
a) Der Grundbuchberichtigungsanspruch aus § 894 BGB und der
Anspruch auf Eintragung eines Widerspruchs aus § 899 BGB .. 1154
b) Der Grundbuchberichtigungsanspruch aus § 812 BGB 1156
2. Die Sekundäransprüche 1157
III. Der Herausgabeanspruch des Besitzers 1157
IV. Der Beseitigungs- und Unterlassungsanspruch 1158
1. Der Beseitigungs- und Unterlassungsanspruch des Eigentümers
(§ 1004 BGB) 1158
a) Beeinträchtigung des Eigentums 1159
b) „Handlungs- oder Zustandsstörer" 1160
c) Keine Verpflichtung des Eigentümers zur Duldung
(Rechtswidrigkeit) 1161
d) Beseitigung, Unterlassung 1161
2. Der Beseitigungs- und Unterlassungsanspruch des Besitzers
(§ 862 BGB) 1162
3. Allgemeiner Beseitigungs- und Unterlassungsanspruch (§§ 862
Abs. 1, 1004 Abs. 1, 1065, 1227 analog) 1162
V. Das Verwertungsrecht am Pfandrecht an beweglichen Sachen 1164
VI. Die Verwertung des Sicherungseigentums 1166
VII. Die Verwertung der Hypothek und Sicherungsgrundschuld................... 1167

Teil 7. Schadensersatzansprüche wegen „unerlaubter Handlung" 1175

A. Anspruch aus § 823 Abs. 1 BGB 1176
I. „Sperrwirkung" des Eigentümer-Besitzer-Verhältnisses 1177
II. Die Verletzung von Rechtsgütern und Rechten 1177
1. Verletzung 1177
a) Vorgeburtlich gesetzte Gesundheitsbeeinträchtigung 1178

  b) Übereignung und Übergabe einer mangelhaften Kaufsache
   bzw. Herstellung eines mangelhaften Werkes 1179
 2. Deliktisch geschützte Rechtsgüter („LKGF") 1182
  a) Leben 1182
  b) Körper, Gesundheit 1182
  c) Freiheit 1182
 3. Deliktisch geschützte Rechte („EsR") 1183
  a) Eigentumsverletzung 1183
  b) „Sonstige Rechte" 1188
III. Zurechenbarkeit 1212
 1. Menschliches Verhalten des Inanspruchgenommenen oder einer
  Person, deren Verhalten er sich zurechnen lassen muss 1212
  a) Verhalten (Tun/Unterlassen) 1213
  b) Unterlassungsdelikte 1214
  c) Beteiligte 1217
 2. Zurechnungszusammenhang zwischen dem menschlichen
  Verhalten und der Verletzung 1217
  a) Kausalität 1217
  b) Vermeidung einer „uferlosen Haftung" durch
   Zurechnungskriterien 1222
  c) „Vorsatzdelikte" 1223
  d) „Nicht-Vorsatzdelikte" 1224
  e) „Rechtmäßiges Alternativverhalten" 1236
IV. Rechtswidrigkeit 1236
 1. Eingriffe in „Rahmenrechte" und „Vorsatzdelikte" 1236
 2. Die übrigen Konstellationen 1238
V. Rechtmäßiges Alternativverhalten 1241
VI. Verschulden 1242
VII. Schaden 1243
VIII. Beweislastprobleme 1244

B. Anspruch aus § 823 Abs. 2 BGB 1245
I. Tatbestandsmäßigkeit 1246
 1. Schutzgesetzverstoß 1246
 2. Schaden 1247
 3. Zurechenbare Verursachung durch den Schutzgesetzverstoß 1247
II. Rechtswidrigkeit und Verschulden 1247
 1. Regel: Prüfung bei der Schutzgesetzverletzung 1247
 2. Ausnahme: „isolierte Prüfung" 1248

C. Anspruch aus § 826 BGB 1248
I. Schaden 1249
II. Sittenwidriges Verhalten 1249
 1. Verhalten 1249

    2. „Sittenwidrigkeit" des Verhaltens 1249
  III. Kausalität und Zurechnung 1251
  IV. Rechtswidrigkeit 1251
  V. Verschulden 1252

D. Anspruch aus § 824 BGB 1252

E. Anspruch aus § 831 BGB 1253
  I. Verrichtungsgehilfe 1255
  II. Deliktstatbestand „in Ausführung der Verrichtung" 1255
  III. Kausal- und Zurechnungszusammenhang, Verschulden 1258
  IV. Entlastungsbeweis des Geschäftsherrn 1259
    1. Widerlegung der Kausalitätsvermutung 1259
    2. Widerlegung der Verschuldensvermutung („Exkulpationsbeweis" = „Entlastungsbeweis") 1259
  V. Schaden 1261
  VI. Vergleich von § 278 BGB und § 831 BGB 1261

F. Sonstige Haftung für „vermutetes Verschulden" 1262

G. Gefährdungshaftung 1262
  I. Gefährdungshaftung im BGB 1263
  II. Halterhaftung nach dem StVG 1263
  III. Haftung nach dem Produkthaftungsgesetz (ProdHaftG) 1264
  IV. Schaden 1265

H. Haftungsausschlüsse 1265

I. Gesamtschuldnerische Haftung 1265

J. Schmerzensgeldanspruch 1265

Teil 8. Bereicherungsrecht 1267

A. Allgemeine Grundsätze 1267
  I. Funktionen des Bereicherungsrechts 1267
  II. Vollzogene Dauerschuldverhältnisse, Inanspruchnahme von Leistungen im Massenverkehr 1271
  III. „Subsidiaritätsprinzip" 1272

B. Das „etwas" 1273

C. Die Leistungskondiktion 1276

I. Leistung des Anspruchstellers 1276
   1. Kein „Dreipersonenverhältnis": Einschaltung eines Leistungsgehilfen 1278
   2. Die „Leistungskette" 1278
      a) Nichtigkeit des „Deckungsverhältnisses" 1279
      b) Nichtigkeit des „Valutaverhältnisses" 1280
      c) „Doppelmangel": Nichtigkeit von „Deckungs- und Valutaverhältnis" 1280
   3. Die „Durchlieferung"/„Direktlieferung" 1281
      a) Nichtigkeit des „Deckungsverhältnisses" 1281
      b) Nichtigkeit des „Valutaverhältnisses" 1282
      c) „Doppelmangel": Nichtigkeit von „Deckungs- und Valutaverhältnis" 1282
   4. „Direktkondiktion" 1283
      a) Durchbrechung des Abstraktionsprinzips im Deckungsverhältnis 1283
      b) Durchgriff nach § 822 BGB 1284
   5. Die Anweisung 1284
      a) Nichtigkeit des „Deckungsverhältnisses" 1285
      b) Nichtigkeit des „Valutaverhältnisses" 1285
      c) „Doppelmangel": Nichtigkeit von „Deckungs- und Valutaverhältnis" 1285
      d) Fehlende Anweisung; die Banküberweisung ohne Überweisungsvertrag 1286
   6. Vertrag zugunsten Dritter 1289
   7. „Ungewolltes Dreipersonenverhältnis" 1292
   8. Leistung (hier: Zahlung) auf vermeintliche fremde Schulden als „Dreiecksverhältnis" 1294
      a) Leistung (hier: Zahlung) einer dritten Person an einen vermeintlichen Gläubiger auf Veranlassung des vermeintlichen Schuldners 1294
      b) Eigenmächtige Leistung (hier: Zahlung) als „Dritter" i.S.d. § 267 BGB an einen vermeintlichen Gläubiger 1295
   9. Leistung (hier: Zahlung) eines vermeintlichen Schuldners an den Gläubiger einer als solche bestehenden Schuld 1296
   10. Leistung (hier: Zahlung) auf eine abgetretene angebliche Forderung als „Dreiecksverhältnis" 1297
   11. Gutgläubiger Erwerb als „Dreipersonenverhältnis" 1298
      a) „Kondiktionsfestigkeit" des gutgläubigen Erwerbs nach §§ 929 ff., 932 ff./892 BGB 1298
      b) Sonderproblem: § 366 HGB analog 1299
   12. „Auf dessen Kosten" 1300
   13. „Bewusste und zweckgerichtete" Mehrung fremden Vermögens ... 1300
II. Ungerechtfertigtheit der Bereicherung bei der Leistungskondiktion 1301

1. „condictio indebiti" (§ 812 Abs. 1 S. 1 1. Fall BGB und § 813 BGB) 1301
2. „condictio ob causam finitam" (§ 812 Abs. 1 S. 2 1. Fall BGB) 1304
3. „condictio ob rem" (§ 812 Abs. 1 S. 2 2. Fall BGB) 1304
III. Sittenwidriger oder verbotener Leistungsempfang 1306
IV. Ausschlusstatbestände 1306
1. Leistung trotz Kenntnis vom fehlenden Rechtsgrund und bei „Anstandsleistung" (§ 814 BGB) 1306
2. Unmöglichkeit des Erfolgseintritts 1307
3. Sitten- oder Gesetzesverstoß des Leistenden (mit Besonderheiten der Kondiktion beim „Wucherdarlehen") 1308
4. Ausschluss durch § 241 a Abs. 1 BGB 1311

D. Nichtleistungskondiktion 1312
I. Das Verhältnis zur Leistungskondiktion 1313
II. Die einzelnen Fallgruppen der Nichtleistungskondiktion 1316
1. „Eingriffskondiktion" 1316
   a) §§ 816, 822 BGB als Sonderfälle der Eingriffskondiktion 1317
   b) Die „allgemeine Eingriffskondiktion" (§ 812 Abs. 1 S. 1 2. Fall BGB) 1326
2. „Auslagen-" oder „Rückgriffskondiktion" und „Verwendungskondiktion" 1331
   a) „Auslagen-" bzw. Rückgriffskondiktion" 1331
   b) „Verwendungskondiktion" 1334

E. Der Inhalt des Bereicherungsanspruchs 1336
I. Herausgabe des Erlangten, Nutzungen, Surrogate und Wertersatz 1336
1. Herausgabe des Erlangten 1336
2. Nutzungen, Surrogate und Wertersatz 1337
   a) Nutzungen 1337
   b) Surrogate 1337
   c) Wertersatz 1337
3. Aufgedrängte Bereicherung 1338
4. Entreicherung, „verschärfte Haftung" des Bereicherungsschuldners 1338
   a) Die „Entreicherung" (§ 818 Abs. 3 BGB) 1339
   b) Der klagende Bereicherungsgläubiger, der verklagte und der bösgläubige Bereicherungsschuldner (§§ 818 Abs. 4, 819, 820, 292 BGB) 1341
II. Rückabwicklung bei gegenseitigen Verträgen 1343
1. Die „Zweikondiktionentheorie" 1343
2. Die Saldotheorie 1344
3. Ausnahmen von der „Saldotheorie" 1346
   a) Keine Wirkung zulasten Minderjähriger, arglistig Getäuschter, sittenwidrig Benachteiligter 1346

b) Keine Wirkung zugunsten Verklagter und Bösgläubiger oder Empfänger einer Vorleistung.. 1348

Teil 9. Schadensersatzrecht 1349

A. Der Schadensersatzgläubiger (Wer?) 1350
  I. Der Vertrag mit Schutzwirkung für Dritte 1350
  II. „Drittschadensliquidation" 1360
    1. Gesetzliche Lösung des Problems „Drittschadensliquidation" 1360
    2. „Drittschadensliquidation" aufgrund einer Rechtsfortbildung 1361

B. Der zu ersetzende Schaden (Was?) 1366
  I. Der „Soll-Zustand" 1367
    1. Ersatz des „Erfüllungsinteresses" 1368
    2. Ersatz des „Vertrauensinteresses" 1369
    3. Schadensersatz wegen Verletzung des Interesses an der Unversehrtheit von Lebensgütern: Ersatz des „Integritätsinteresses" 1369
  II. Der „Ist-Zustand" 1370
    1. Schadensposten 1370
      a) Der zur Erfüllung des Tatbestandes erforderliche Nachteil („unmittelbarer Verletzungsschaden") 1370
      b) Einbuße an allen anderen Lebensgütern („mittelbarer Verletzungsfolgeschaden") 1371
    2. „Normative Schranken" bei der Schadensermittlung 1378
      a) Unterhaltspflicht 1378
      b) Verbotener oder sittenwidriger entgangener Gewinn 1380
  III. Differenzbildung 1380
  IV. „Vorteilsausgleichung"/„normativer Schaden" 1380
    1. Leistungen Dritter 1381
      a) Leistungen von ausgleichsberechtigten Dritten 1381
      b) Leistung durch sonstige Dritte 1382
    2. Eigenleistungen des Verletzten 1383
    3. Zwischenzeitliche Wertsteigerungen 1383
    4. Sonderprobleme: § 844 Abs. 2 BGB und Unterhaltsvorteil 1384
    5. Ersparnis von Aufwendungen 1385

C. Der Inhalt des Schadensersatzanspruches (Wie?) 1385
  I. Die Naturalrestitution 1385
    1. Vermögensschäden 1385
    2. Nichtvermögensschäden 1387
  II. Kompensation 1388
    1. Kompensation in Geld bei Vermögensschäden 1388

a) Die Abgrenzung von Vermögens- und
Nichtvermögensschäden 1389
b) Unmöglichkeit der Naturalrestitution oder nicht ausreichende
Entschädigung durch eine Naturalrestitution 1393
c) Unverhältnismäßigkeit der Naturalrestitution 1394
   2. Kompensation in Geld bei Nichtvermögensschäden 1395

D. Reserveursache **1396**
   I. „Schadensanlagefälle" 1397
   II. Differenzierung nach der Schadensart 1397

E. Mitverschulden **1398**

Teil 10. Mehrheiten und Veränderungen auf der Gläubiger- und Schuldnerebene 1403

A. Mehrheiten auf der Gläubiger- und auf der Schuldnerebene **1404**
   I. Die gesetzliche Regelung und ihre Bedeutung 1404
   II. Mehrheit von Gläubigern 1406
      1. Die Teilgläubigerschaft 1406
      2. Gesamtgläubigerschaft 1406
      3. Die Mitgläubigerschaft 1407
         a) Die einfachen Forderungsgemeinschaften 1407
         b) Einfache gemeinschaftliche Berechtigung 1408
         c) Gesamthandsgläubigerschaft 1409
   III. Die Mehrheit von Schuldnern 1410
      1. Die Teilschuld 1410
      2. Schuldnergemeinschaft 1411
      3. Gesamtschuld 1411
         a) Das Entstehen einer Gesamtschuld 1412
         b) Rechtsfolgen der Gesamtschuld 1416

B. Veränderungen auf Gläubiger- und Schuldnerebene **1423**
   I. Gläubigerwechsel durch Forderungsübergang 1424
      1. Vertraglicher Forderungsübergang („Abtretung") nach §§ 398
ff. BGB 1424
         a) Die rechtsgeschäftliche Übertragung von Forderungen
(„Abtretung", „Zession") 1426
         b) Rechtsfolgen der Abtretung 1433
      2. Gesetzlicher Forderungsübergang („cessio legis") 1435
      3. Schuldnerschutzvorschriften 1437
         a) Erhalt der Einreden und Einwendungen („Gegenrechte") nach
§ 404 BGB 1438
         b) Erhalt der Aufrechnungsmöglichkeit (§§ 406, 407 BGB) 1441

c) Gutglaubensschutz bei Leistungen/bei Rechtsgeschäften des Schuldners an den/mit dem Zedenten nach der Zession (§ 407 BGB) 1446
4. Ausgleichsansprüche des Zessionars gegen den Zedenten bei unberechtigter Forderungseinziehung bzw. des Gläubigers gegen den Scheinzessionar 1449
   a) Ansprüche des Zessionars gegen den Zedenten im Fall der Leistungsbefreiung nach §§ 406, 407 Abs. 1 BGB 1449
   b) Ansprüche des Gläubigers gegen den Scheinzessionar im Falle des § 408 BGB 1450
   c) Ansprüche des Gläubigers gegen den Empfänger bei einer Abtretungsanzeige (§ 409 BGB) 1451
5. Besondere Formen der Zession und verwandte Institute 1451
   a) Die Sicherungsabtretung 1451
   b) Inkassozession 1455
   c) Einziehungsermächtigung 1456
   d) Factoring 1457
6. Das Wertpapierrecht in Grundzügen (speziell: der Übergang von verbrieften Rechten, insbesondere von Forderungen) 1457
   a) Die Legitimations- und Übertragungsfunktionen der Wertpapiere 1457
   b) Die praktische Bedeutung, die Übertragung und die Geltendmachung einzelner Wertapiere 1460

II. Der Schuldnerwechsel durch Schuldübertragung („Schuldübernahme") 1471
1. Rechtstechnik und dogmatische Konstruktion der Schuldübernahme 1471
   a) Schuldübernahme durch Vertrag zwischen Gläubiger und Übernehmer 1472
   b) Schuldübernahme durch Vertrag zwischen Übernehmer und Altschuldner 1472
2. Rechtsfolgen der Schuldübernahme 1474
   a) Schuldnerauswechselung 1474
   b) „Verteidigung" des Übernehmers 1475
3. Verwechslungsrisiken 1477

III. Gläubiger und/oder Schuldnerwechsel durch Vertragsübernahme 1477

Teil 11. Der Übergang des Vermögens als Ganzes von Todes wegen.. 1479

A. Der Erbe als Gesamtrechtsnachfolger 1481
I. Berufung zum Erben durch gewillkürte Erbfolge 1482
1. Gewillkürte Erbfolge durch einseitige Verfügung von Todes wegen („Testament") 1483
   a) Wirksamkeitsvoraussetzungen 1483

   b) Widerruflichkeit des Testaments 1484
   c) Testamente von Ehegatten (Gemeinschaftliches Testament,
    „Berliner Testament") 1485
  2. Gewillkürte Erbfolge durch Erbvertrag 1487
   a) Wirksamkeitsvoraussetzungen.. 1487
   b) Bindungswirkung des Erbvertrages 1487
   c) Aufhebung oder Rücktritt bindender vertragsmäßiger
    Verfügungen.. 1488
   d) Aufhebung nicht vertragsmäßiger („einseitiger") Verfügungen. 1488
   e) Rechtsfolgen des Erbvertrages.. 1489
  3. Inhaltliche Gestaltungsmöglichkeiten der Erbeinsetzung................ 1490
   a) Erbeinsetzung, Enterbung 1490
   b) Einsetzung von Vor- und Nacherben.. 1490
   a) Auslegung von Verfügungen von Todes wegen 1491
   b) Anfechtung von Verfügungen von Todes wegen 1491
 II. Berufung zum Erben durch gesetzliche Erbfolge 1493
  1. Gesetzliches Erbrecht der Verwandten... 1493
  2. Gesetzliches Erbrecht des Ehegatten 1494
 III. Anfall der Erbschaft... 1495
 IV. Erbschein 1496
 V. Rechtliche Bedeutung der „Gesamtrechtsnachfolge" 1500
  1. Aktivvermögen 1500
  2. Passivvermögen... 1501
 VI. Haftung für „Nachlassverbindlichkeiten" 1501
  1. Haftung des Erben 1501
   a) Grundsatz: Unbeschränkte Haftung des Erben für
    „Nachlassverbindlichkeiten" 1501
   b) Herbeiführung der Haftungsbeschränkung auf den Nachlass..... 1501
  2. Haftung der Miterben 1503
   a) Die Haftung vor der Erbauseinandersetzung 1503
   b) Nach der Erbauseinandersetzung.. 1503
 VII. Erbengemeinschaft... 1504
  1. Die Erbengemeinschaft als „Gesamthandsgemeinschaft" 1504
  2. Die Auseinandersetzung der Erbengemeinschaft 1504

B. Pflichtteil..**1505**

C. Vermächtnis **1505**
 I. Bestimmung durch Testament oder Erbvertrag 1506
  1. Abgrenzungen zur Erbeinsetzung und Teilungsanordnung............. 1506
   a) Erbeinsetzung oder Anordnung eines Vermächtnisses 1506
   b) Teilungsanordnung oder Anordnung eines
    Vorausvermächtnisses 1506
  2. Bindungswirkung eines Erbvertrages... 1507

II. Inhalt des Vermächtnisses		1507

D. Auflage **1508**

E. Testamentsvollstreckung **1508**

F. Schenkung von Todes wegen **1508**
    I. Die nicht vollzogene Schenkung 1509
    II. Die vollzogene Schenkung 1512

G. Der Vertrag zugunsten Dritter auf den Todesfall **1513**

Vorwort und Einleitung

Die seit Generationen übliche „außeruniversitäre" Examensvorbereitung macht es für jedermann sichtbar, dass die universitäre Juristenausbildung schon seit jeher an einer Vertrauenskrise leidet. Man hätte diese Fehlentwicklung nach meiner Überzeugung bereits durch einige wenige organisatorische Maßnahmen und durch „mentale" Veränderungen innerhalb des „Systems" kurieren können, die keinesfalls tief greifend oder gar utopisch wären, sondern die dem „gesunden Menschenverstand" entspringen und daher bei gutem Willen unschwer und sogar „kostenneutral" realisierbar wären. Aber das sind Träume[1]. Immerhin hat man an einzelnen Universitäten, so auch an der Fakultät für Rechtswissenschaften der Universität Hamburg, den „Wahlschwerpunktbereich" des Examens als reine Universitätsprüfung ausgestaltet, so dass die Studenten sich jedenfalls insoweit an der Universität auf das Examen vorbereiten werden. Aber auch in Zukunft werden die zielstrebigen jungen Studierenden rein taktisch motiviert darum bemüht sein, möglichst schnell „scheinfrei" zu werden, während andere die Freiheiten des Studiums missverstehen und für dieses Zwischenziel unangemessen viel Zeit benötigen oder schließlich gar das Studium abbrechen. Den „idealen Mittelweg" beschreiten nur wenige; meist sind es die Hochbegabten, über deren Studien- und Lebensweg man sich ohnehin nicht den Kopf zerbrechen muss. Die „Scheinfreien" treffen sich dann fast alle beim Repetitor wieder, um sich dort mit ihrem natürlich nur äußerst bruchstückhaften Wissen und ihrer fast totalen wissenschaftlichen Orientierungslosigkeit „auf das Examen vorzubereiten". Dieses Lehrbuch will durch einen didaktischen Kompromiss den Studierenden eine Chance eröffnen, sich zwar einerseits gezielt und kompromisslos auf die Leistungsanforderungen des Studiums (Übungsscheine und Examina) vorzubereiten, dies andererseits unter Vermeidung der Gefahren, die ein ausschließlich auf das jeweils nächste Ziel hin ausgerichtetes und daher exemplarisches und wissenschaftsfreies Lernen mit sich bringt.

Geschrieben ist das Buch zwar in erster Linie für Studierende, hat als Leser aber auch die dem materiellen Zivilrecht zuweilen doch recht entfremdeten Referendare vor Augen, die sich während der Wahlstation in New York, Singapur oder Auckland nach deutschem Zivilrecht sehnen, und diejenigen, die sich nach langer Wartezeit auf die Referendarzeit vorbereiten wollen. Gerade mit Lesern aus diesem Kreis hatten die Autoren häufiger Kontakt.

Das Buch vermittelt durch eine inhaltlich kurz gefasste Darstellung, die von keiner einzigen Fußnote unterbrochen wird, das für das Studium, für die Referendarzeit und für die beiden Examina erforderliche zivilrechtliche „Basiswissen" und schult zugleich das Verständnis für die Zusammenhänge. Eingearbeitet sind etwa 1000 Fälle mit gegliederten Lösungsskizzen. Die Gliederungsstruktur des Buches ist abweichend

---

[1] Vergl. dazu Plate ZRP 2001, 139.

von den universitären Lehrplänen nicht am Aufbau des Gesetzes bzw. den „Büchern" des BGB, sondern an den Aufbauerfordernissen einer Fallbearbeitung orientiert. In den Text integrierte ständige Wiederholungen und Mehrfach-„Verortungen" von Themen festigen das Wissen. Von anderer Ausbildungsliteratur unterscheidet sich das Buch dadurch, dass es zwar nicht auf wissenschaftliches Argumentieren, wohl aber weitestgehend auf eine aufwändige Darstellung bestehender wissenschaftlicher Kontroversen verzichtet und damit entsprechend den Anforderungen der universitären Leistungskontrollen, der ersten juristisch-praktischen Betätigung in der Referendarausbildung und der Examina die Bedeutung des Gesetzes für die Fallbearbeitung in den Vordergrund stellt.

Auf diese Weise will das Buch allen in der Ausbildung befindlichen jungen Juristen dabei helfen, jedenfalls dasjenige aktive „Basiswissen" zu erwerben, das man als Studierender für das Verständnis der eher wissenschaftlich orientierten universitären Lehre und später als Referendar für eine solide Rechtsanwendung in der Rechtspraxis benötigt. Das Buch will aber auch Querverbindungen aufzeigen und so dazu beitragen, dass der Leser eine strukturierte juristische Phantasie entwickelt, die ihn zu solchen Improvisationen befähigt, wie sie in der punktuellen Anforderung des Examens immer dann besonders nötig sind, wenn einen das Wissen „im Stich lässt". Mit dieser Ausstattung als „Bordmittel" kommt man im Examen (und dafür lernt der Studierende und der Referendar zunächst einmal) bestimmt genauso weit, wenn nicht weiter, als mit der pseudowissenschaftlichen Fassade auswendig gelernter aus der Wissenschaft und Rechtsprechung zusammengetragener „Streit-" oder „Meinungsstände", die man dann versucht, einer Klausurlösung „aufzupfropfen", dabei immer in der Gefahr, die „falsche Schublade" aufzuziehen. Um jeglicher „Unterschätzung" dieses Textes vorzubeugen: Mit dieser Beschränkung des Lernziels soll umgekehrt nicht etwa einer bloßen Verschlichtung das Wort geredet werden. Vielmehr werden dem Leser in dem hier vorliegenden Buch möglichst viele „klassische" Probleme mit allen ihren rechtlichen Facetten offen gelegt und ihm dann auch knapp begründete Lösungsangebote unterbreitet, dies aber nicht „etikettiert" mit „h.M.", „a.A.", „Minder-" oder „Minderheitenansicht", „Wissenschaft", „BGH" und wie diese weitgehend sinnlosen und weder im Studium noch in der Referendarausbildung oder in den Examina Eindruck machenden „begründungsersetzenden" Zuschreibungen auch immer heißen mögen. Wer allerdings Vollständigkeit und Perfektion bei der Aufbereitung der „Meinungsstände" erwartet, der wird natürlich nicht zufrieden gestellt; dem soll aber auch gesagt werden, dass man sich als Lernender mit so „hoch geschraubten Zielen" bei einer so komplexen Ausbildung wie der zu einem Volljuristen sehr leicht überfordern und in die Gefahr geraten kann, im Augenblick der punktuellen Anforderung des Examens das erlernte Wissen nicht abrufen zu können, weil es gerade nicht präsent ist. Um weiteren Missverständnissen vorzubeugen: Dieses Buch hat aber umgekehrt auch nicht den Anspruch, das gesamte Examenswissen „in einer Nussschale" zusammenzufassen, sondern bietet nur eine Grundlage, deren Beherrschung für ein erfolgreiches Studium, eine erfolgreiche Referendarausbildung und für gelungene Abschlüsse dieser Ausbildungsabschnitte erforderlich ist. Es vermittelt nicht mehr und nicht weniger als „Basiswissen". Zusätzliche Vertiefungen des Wissens und des Verständnisses, die anderswo (in Vorlesungen, Arbeitsgemeinschaften und in der wissenschaftlichen Literatur) vermittelt werden, sind natürlich unerlässlich. Der Leser sollte sich aber immer wieder klar machen: Letztlich zählt bei Leistungskontrollen während des Studiums oder in der Referendarausbildung und vor allem im Examen nur das, was man aufgrund seines sicheren „aktiven Basiswissens" jederzeit „abrufen" kann, und das, was man aufgrund eines in methodischer Hinsicht geschulten Denkens daraus ableiten kann.

Dieses Buch ist für alle jungen Juristen, also auch für die „Jüngsten", geschrieben worden. Denn es gibt gute Gründe dafür, sich bei der Ausbildung junger Juristen und daher auch beim Schreiben eines solchen Buches nicht allzu sehr davon lenken zu lassen, welchen Ausbildungsstand die Leser haben. Stellt man sich nämlich die juristische Ausbildung als das Ersteigen eines Berges vor, bei dem man unterwegs wertvolle Mineralien in seinem Rucksack zusammenträgt, so verliert dieses Bild viel von seiner Idylle, wenn man sich verdeutlicht, dass es nicht um das Erwandern eines Hügels geht, bei dem man leidlich bequem einen Hang (vom „Einfachen" zum „Schwierigen") hinaufsteigt, sondern um das vom ersten Schritt an immer die gleichen Kletterfähigkeiten verlangende Erklimmen einer senkrechten Gebirgswand mit zugleich immer schwerer werdendem Rucksack. Niemand, der diese Ausbildung beginnt, sollte sich daher der Illusion hingeben, am Anfang sei es noch „einfach" und erst später werde es dann „schwierig". Die Ausbildung ist vielmehr vom ersten Semester an außerordentlich anspruchsvoll und wird während des Studiums durch die sich steigernde Menge und die wachsende Verzahnung des Lernstoffes immer komplexer, und zugleich wächst ständig die „Absturzhöhe". Hinzu kommt, dass es in den Zeiten des „Freischusses" für viele Studierende auch noch einen recht engen zeitlichen Rahmen gibt, innerhalb dessen die erforderlichen Anstrengungen erbracht werden sollen. Andererseits würde es den Studierenden nichts nützen, das Tempo entscheidend zu verlangsamen. Zwar ist der „Zeitgewinn" momentan bequem, aber er verlängert die Phase des Kletterns und die Arme werden immer lahmer; man verliert den Anschluss an die Mitkletterer, mit denen man zusammen in die Wand eingestiegen ist, und damit deren Hilfe und Zuspruch; so mancher seilt sich an und biwakiert irgendwo in der Felswand und beobachtet, wie Ströme von Bergsteigern an ihm vorbeiziehen. Die neuesten Erkenntnisse laufen darauf hinaus, dass zu den am Anfang des Jahres 2004 vorhandenen 100 000 Jurastudenten Jahr für Jahr 15 000 hinzu kommen und dass jährlich 10 000 Referendare fertig ausgebildet werden[2]. Aus allen diesen Gründen wird der Leser dieses Buches vor der vielfach verbreiteten gefährlichen Illusion, das Studium der Rechtswissenschaft sei am Anfang noch recht einfach, dadurch bewahrt, dass er hier zu Beginn nicht erst einmal „geschont" wird. Es geht vielmehr gleich „richtig" los. Das ist anstrengend, aber zugleich „Ihre Chance". Ein Trost für Sie mag die aus eigenen unvergessenen früheren Lern- und späteren Lehrerfahrungen gewonnene Erkenntnis sein, dass man beim Erklimmen der „Bergwand" immer trittsicherer wird; und oben angekommen sind bisher alle, die dieses Studium so ernst nehmen wie andere im „wirklichen Leben" stehende junge Menschen ihren Beruf ernst nehmen müssen. Sehen Sie es also so, dass Ihr Jurastudium praktisch ein an jedem Morgen regelmäßig beginnender, an mindestens sechs Tagen in der Woche stattfindender „Fulltimejob" ist mit Präsenzpflicht am „Arbeitsplatz", häufigen Überstunden, nicht seltener Wochenendarbeit und – wenn es nicht für den Lebensunterhalt unerlässlich ist – dem Verbot jeglicher „Nebentätigkeit", auch wenn Ihre Kommilitonen es zum großen Teil anders sehen. Es verlangt nach Studierenden, die neugierig auf alles in

---

[2] Streck, Editorial in NJW 2004, Heft 20 vom 10. Mai 2004.

der Ausbildung Angebotene sind, die regelmäßig in jede für sie vorgesehene Vorlesung, Übung und Arbeitsgemeinschaft gehen, die auch in der Lage sind durchzuhalten (und sei der Unterricht zuweilen auch noch so „langweilig") und die nicht nur hin und wieder oder nur vor einer Klausur erscheinen und ansonsten gar nicht oder jedenfalls gegen Ende des Semesters nicht mehr kommen. Wirklich erfolgreiche Jurastudenten mit einer vernünftigen Zukunftsperspektive sind weiterhin nicht diejenigen, die sich in den Lehrveranstaltungen systematisch „verstecken", indem sie „sicherheitshalber" hinten sitzen oder sich hinter permanentem Mitschreiben verbergen, sondern diejenigen, die möglichst vorne sitzen, die sich ohne Rücksicht auf mögliche „Fehler" bei jeder sich bietenden Gelegenheit mündlich beteiligen, die den Kontakt zu den Lehrenden suchen (ohne dabei distanzlos zu sein) und dabei nicht nur fragen, „was in der nächsten Klausur 'drankommt'", die jede sich bietende Möglichkeit zum Klausurenschreiben nutzen, die regelmäßig und viel lesen (z.B. viele juristische Bücher, mindestens eine Zeitschrift, Gerichtsentscheidungen, mindestens eine Tageszeitung und auch „richtige" Literatur) und die sich schließlich von diesen Empfehlungen auch nicht durch „Ratschläge" anderer, gar älterer Semester mit angeblich so viel „Erfahrung" (meistens sind diese Ratgeber die weniger Erfolgreichen, die Sie „auf ihre Seite" ziehen wollen) abbringen lassen. Sogar bezahlt wird Ihnen dieser „Job", und zwar in der Regel von Ihren Eltern. Übrigens: Für die tägliche Kaffeerunde, den Kontakt mit Freunden, für die Freizeit, Sport und hin und wieder eine Reise (auf die Sie dieses Buch ja mitnehmen können) bleibt bei guter Einteilung der Zeit noch viel Raum.

Wenn der „Anfänger" als Leser sich zu Beginn durch die Masse des Stoffes und durch das Neue, Fremde überfordert fühlt, so kann ihm „Trost" gespendet werden: Es gehört zum didaktischen Konzept des Buches, dass (fast) alles mindestens zweimal, meistens sogar dreimal und sogar noch häufiger in immer wieder anderen Zusammenhängen angesprochen wird, so dass man beim Lesen immer wieder auf „alte Bekannte" trifft. Selbst die Fälle wiederholen sich zum Teil wortgleich. Das ist keine stereotype didaktische Technik, durch die Ihnen etwas „eingehämmert" werden soll, sondern beruht darauf, dass im Zivilrecht fast alle Fragen miteinander „verschränkt" sind. Diese Eigenart macht das Zivilrecht einerseits so reizvoll in intellektueller Hinsicht, andererseits aber auch so besonders schwierig. Der „Nürnberger Trichter" wird Ihnen allerdings nicht geboten: Sie müssen sich schon selbst von Anfang an bemühen, alles zu verstehen und das gerade frisch Erlernte auch möglichst gleich zu behalten. Vertrauen Sie nur nicht darauf, dass Sie das nötige Wissen schon „irgendwie" und „irgendwann", also quasi „von selbst" erlangen werden; leisten Sie sich nicht den Luxus, gleich dasjenige wieder zu vergessen, was Sie sich soeben mühsam erarbeitet haben, sondern „haken" Sie es als nunmehr bekannt „ab" und wenden Sie sich neuen Herausforderungen zu; anderenfalls fangen Sie immer wieder „bei Null" an, was auf die Dauer äußerst frustrierend sein kann. Das Studium der Rechtswissenschaft ist eine Ausbildung, bei der es ohne Fleiß und Stetigkeit bei der Arbeit keine wirklichen Erfolge gibt. Begabung allein nutzt da wenig. Die Erfahrung geht dahin, dass die wirklich Begabten unter den Studierenden gleichzeitig auch zu den Fleißigen gehören; sie verraten es nur nicht allen. Oft beruht die „Aura des Genialen", die soviel Bewunderung und Neid auslöst, im wesentlichen auf Fleiß. Schaffen Sie sich also durch Fleiß und Stetigkeit bei der Arbeit ganz bewusst ab heute eine „sichere Basis". Vertrösten Sie sich nicht selbst mit dem Repetitor, der „später" schon „alles richten" wird. Machen Sie sich klar, dass der Repetitor in aller Regel auch nur eine den einzelnen nicht persönlich fordernde größere Lehrveranstaltung bietet, die sich vom universitären Lehrbetrieb eigentlich nur unterscheidet durch das professionelle didaktische Engagement der Lehrenden, durch die meist sehr gut gelungenen, aber regelmäßig leider auch „überfütternden" Unterrichtsmaterialien und durch die von Ihnen geleistete Bezahlung (die möglicherweise die entscheidende Ursache für den Lehrerfolg der Repetitoren ist; denken Sie einmal darüber nach).

Diese Gedanken und das daraus resultierende Konzept zu diesem Buch sind nicht „am grünen Tisch" entstanden. Vielmehr ist das Buch hervorgegangen aus einem Volltext-Begleitskript zu einem Repetitorium im Bürgerlichen Recht, das schon seit bald 30 Jahren an der Fakultät für Rechtswissenschaft an der Universität Hamburg stattfindet. Verfasst worden war jenes Skript, um das den Lernvorgang und die aktive Beteiligung im Unterricht nur störende Mitschreiben überflüssig zu machen und um eine die Mitarbeit verbessernde Vor- und Nachbereitung zu ermöglichen. Dieses Skript hatte eine beachtliche Leserschaft, so dass schon seit langer Zeit deutlich war, dass ein Bedarf für einen Text dieser Art besteht, der für einen jungen Juristen eines jeden Ausbildungsniveaus denjenigen Stoff vermittelt, der bei den Leistungskontrollen während des Studiums und in den Examina als „Basiswissen" nicht nur passiv, sondern „aktiv" beherrscht werden muss. Eine Gewähr dafür, dass dieses Buch jenen „Empfängerhorizont" nicht aus dem Auge verliert, bietet bestimmt der Umstand, dass Herr Rechtsanwalt Dr. Mark-Oliver Otto, der als Student an jenem Repetitorium teilgenommen hatte und bereits während des Studiums in konstruktiv-kritischer Weise an Teilen des Begleitskripts, das nun die Grundlage für dieses Buch bildet, mitgearbeitet hatte, nach mit hervorragenden Resultaten bestandenen Examina einen wesentlichen Beitrag zu diesem Buch geleistet hat: Er ist vor allem für den Teil 4 und für größere Passagen des Teils 3 (kurz: für das ja immer noch „neue" Leistungsstörungsrecht) verantwortlich. Geholfen haben ihm dabei auch seine Erfahrungen aufgrund seiner wiederholten Tätigkeit als Lehrbeauftragter an der Fakultät für Rechtswissenschaft der Universität Hamburg und seine frühere Nebentätigkeit als Repetitor[3]. Ein Buch, das aus der frischen Erfahrung des Studiums, der Referendarzeit, der Examensvorbereitung und des Geprüftwerdens sowie aus der Erfahrung des Lehrens, des Ausbildens von Referendaren und auch des Prüfens geschrieben wurde, müsste eigentlich für viele junge Juristen außerordentlich hilfreich sein.

Nicht nur der Inhalt, sondern auch die Art und Weise der Darstellung machen es möglich, das Buch zu jedem Zeitpunkt der Ausbildung entweder zum Erwerb erster Kenntnisse einzusetzen oder es jedenfalls als Vorlage für die Wiederholung zu benutzen. Gut dürfte es sich für private Arbeitsgemeinschaften eignen. Weil die Darstellung sich sehr stark an den Bedürfnissen der Fallbearbeitungstechnik orientiert und weil die in den Text integrierten Fälle klausurmäßig gelöst sind, sollte das Buch besonders bei der Vorbereitung auf die zur Leistungskontrolle während des Studiums zu schreibenden Klausuren und auf die Klausuren in beiden Examina nützlich sein. Um kein Schubladenwissen, das im Ernstfall der schriftlichen Prüfung, der Klausur, oft

---

[3] Bei der Herstellung dieser Auflage hat auch meine Frau Sybille Plate, Rechtsanwältin und seit über zwanzig Jahren Lehrbeauftragte am Fachbereich Rechtswissenschaft der Universität Hamburg durch viele Anregungen zum Inhalt und beim Korrekturlesen mitgearbeitet. Wir danken ferner den Studierenden bzw. Referendaren Beatrice Nolte, Sybille Uibeleisen, Clemens Trautmann, Liubov Dvoskina und Carina Tolle für die Mitarbeit bei der Korrektur.

nur zufällig abrufbar sein wird zu züchten, werden „Meinungsstände" nur dann, wenn es wirklich unvermeidlich ist, referiert; in aller Regel wird die herrschende Meinung zugrunde gelegt. Bei besonders repräsentativen Ansichten wird der jeweilige Hauptvertreter in Klammern dazu gesetzt. Das Buch sollte nur im Zusammenhang gelesen und durchgearbeitet werden. Eine tiefgestaffelte Gliederung und immer wieder eingestreute „Standortbestimmungen" ermöglichen es dem Leser, sich zurecht und aus dem „Irrgarten" des Zivilrechts wieder heraus zu finden. Um ein nur punktuelles Lesen und Lernen zu vermeiden, erhält das Buch ganz bewusst kein Stichwortverzeichnis; ein solches wäre übrigens angesichts der gewaltigen Stoffmasse und der vielfachen Verzahnung der einzelnen Rechtsfragen wenig transparent und unverhältnismäßig lang. Der Gesamtaufbau ist nicht (wie in einem die im Gesetz enthaltende Systematik und Teleologie herausarbeitenden Lehrbuch) „pyramidal"; der Text geht also nicht von „Grundlagen" aus und führt bei sich immer mehr verfeinernder Begrifflichkeit zu einer „Spitze" hinauf, von der aus man staunend das Recht überblickt. Die Darstellung folgt auch nicht wie bei beim universitären Curriculum dem Aufbau des Gesetzes (Allgemeiner Teil, Allgemeines Schuldrecht, Besonderes Schuldrecht, Sachenrecht etc.).

Geboten wird Ihnen eine zusammenhängende Darstellung des Zivilrechts unter teilweiser Einbeziehung des Handelsrechtes, des Gesellschaftsrechtes und des Wertpapierrechtes, wobei in den Text – thematisch jeweils dazu passend – die bereits erwähnten über tausend Fälle mit jeweils fast immer kompletter und gegliederter „Lösungsskizze" eingefügt sind. Wenn diese Fälle durch andere Autoren oder durch die Rechtsprechung inspiriert sind, wird dies durch eine Namensnennung in einer dahinter gesetzten Klammer verdeutlicht. Der „rote Faden", den jeder Leser benötigt, um ein so langes Buch in einem Zug durchzulesen (und das sollte er!), ist die Grundstruktur des bei der schriftlichen Fallbearbeitung einzuhaltenden Aufbaus, auch wenn sich dies nicht in jeder Hinsicht konsequent durchhalten lässt. Der Text enthält auch ausführliche Ausblicke in die Rechtswirklichkeit (z.B. auf das Zivilprozessrecht, auf das moderne „Konfliktmanagement", das Recht der Zwangsvollstreckung und auf das Insolvenzrecht), weil sich bei keinem jungen Juristen der (aus dem „elfenbeinernen Turm" stammende) Gedanke, nach erfolgreicher Subsumtion einer Anspruchsgrundlage sei die Gerechtigkeit hergestellt, auch nur ansatzweise festsetzen darf. Der Stoff wird in einem Band zusammengefasst, damit das Buch ein ständiger Begleiter („Vademecum") des Lernenden sein kann. Vielleicht spendet ja auch die Möglichkeit einer Zusammenfassbarkeit der Materie in einem Band ein wenig Trost für die unter „Sumpfgefühlen" leidenden Studierenden der mittleren Semester, wenn sie sehen, dass die Materie doch irgendwie „überschaubar" ist.

Ungewohnt mag sein, dass der Inhalt – natürlich unter Heranziehung der Gesetzestexte – ausschließlich aus sich selbst heraus verständlich sein soll und der Text daher auch keinerlei Nachweise in Gestalt von Fußnoten enthält.

Für manchen Leser mag es übrigens gewöhnungsbedürftig sein, dass der Autor nicht selten „aus dem Text hervortritt", indem er – vielleicht die „Einsamkeit des Lernens" belebend – den Leser ermuntert, anfeuert, ermahnt und zuweilen auch tröstet. Das soll der Motivation dienen und hängt sicher mit der Vorgeschichte des Textes zusammen.

Nicht geht es diesem Buch um die Entwicklung und Vermittlung eigener wissenschaftlicher Gedankengänge; „zitierfähig" ist das Buch daher nicht. Da stellt sich natürlich die Frage: „Und wo bleibt denn da die Rechtswissenschaft". Leistet das Buch etwa der „Fachhochschulisierung" der Ausbildung Vorschub? Mitnichten: Es erhebt zwar keinen eigenen wissenschaftlichen Anspruch, will aber jungen Studierenden und Referendaren das Wissen rechtswissenschaftlich argumentierend – also mittels der Methoden der „Wissenschaft vom objektiven Sinn positiver Rechtsordnungen", deren Arbeit in „Interpretation, Konstruktion und System" besteht[4] – vermitteln, indem es sich darum bemüht, jungen Juristen unter Verwendung eben jener Kriterien ein sicheres „Basiswissen" dafür zu verschaffen, dass diese darauf aufbauend ein weiterreichendes „Überblickswissen" erlangen können, das sie dann ermutigt und dazu befähigt, das Recht auch unter einem wissenschaftlichen Aspekt zu sehen und zu verstehen[5]. Das Buch will also nicht konkurrieren mit wissenschaftliche Lehren enthaltenden Lehrbüchern (daher kommt übrigens der Begriff „Lehrbuch"), sondern will eine (ich wiederhole mich: dringend empfohlene) anderweitige Lektüre derartiger Werke nur vorbereiten bzw. ergänzen.

Für denjenigen, der nicht so recht weiß, wie er mit dem Buch arbeiten soll, hier einige Arbeitshinweise: Lesen Sie das Buch ein erstes Mal „am Stück" durch; lesen Sie dabei jeden Paragraphen nach, auch wenn Sie ihn noch so gut zu kennen glauben; oder umgekehrt: lesen Sie die Vorschriften selbst dann, wenn Sie diese für Ausbildungszwecke für überflüssig halten. Bemühen Sie sich beim allererstens Durchlesen nicht allzu sehr, die Fälle selbstständig zu lösen, sondern „konsumieren" Sie das Buch einfach nur, aber bitte produktiv, indem Sie möglichst alles „wie ein Schwamm" in sich aufsaugen. Dies aber nur, wenn Sie sich selbst versprechen, später das Buch noch ein weiteres Mal in aller Gründlichkeit durchzuarbeiten. Den Teil 1 braucht man wohl nur ein einziges Mal zu lesen, zumal jeder Studierende recht frühzeitig eine individuelle auf ihn zugeschnittene Arbeitstechnik entwickelt haben dürfte. Wie ich von einem Studenten im 8. Semester weiß, kann man bei fortgeschrittener Vorbildung 60 Seiten am Tag lesen. Dass sehr junge Juristen, für die der Text im Prinzip ja auch gedacht ist, eine sehr viel geringere Aufnahmekapazität haben, ist selbstverständlich. Vor allem möchte ich gerade die Jüngeren unter Ihnen dringend davor warnen, andere Anforderungen zurückzustellen. Wenn Sie (und das wird in der Regel wohl erst ab dem 5. oder 6. Semester der Fall sein) eine verlässlich und kontinuierlich tagende private Arbeitsgemeinschaft haben, eignet das Buch sich bestens dazu, es „portionsweise" mit umschichtiger Einnahme der „Prüferrolle", dann natürlich über sehr viele

---

[4] Radbruch, Rechtsphilosophie, 6. Aufl., Stuttgart, 1963, S. 209 f.
[5] Der ehemalige Bundespräsident und und Präsident des des Bundesverfassungsgerichts R. Herzog, Die Zeit v. 29. 1. 1998, S. 12, ermuntert zu einer solchen Zweiteilung der Vermittlung des Stoffes, wenn er (offenbar gemünzt auf die ihm vertraute juristische Ausbildung) schreibt: Bei der „Auskämmung des Lehrstoffes" müsse zwischen Basiswissen und Überblickswissen unterschieden werden. „Basiswissen ist das Wissen, das jedem Studenten in seinem Fach abverlangt werden muss, das er daher auch auf Dauer präsent haben muss. Folglich muss es mit ihm systematisch eingeübt werden. In drei, höchstens vier Semestern müsste sich das machen lassen". Das „Überblickswissen...sollte durch zwei Merkmale charakterisiert sein: Einerseits sollte ... den Studenten tatsächlich nur ein Überblick über Fakten, Probleme und Theorien beigebracht werden, nur so konkret, dass sie im Bedarfsfall rasch Zugang zu den Details finden können".

Monate verteilt, durchzuarbeiten. Im Übrigen kann ich nur dazu raten, den gesamten Text im Zusammenhang zu lesen; denn das gesamte Zivilrecht ist so sehr miteinander „verwoben", dass es wenig Sinn macht, das Buch auf einzelne Themenkomplexe beschränkt zu verwenden. Das dem in der 1. Auflage im November 2003 erschienenen Buch zugrundeliegende Manuskript war im Frühsommer 2003 abgeschlossen. Es ist für die 2. Auflage dann bis zum Sommer 2004 und für diese 3. Auflage im Frühjahr 2006 noch einmal gründlich überarbeitet worden. Wiederum musste die Darstellung des Leistungsstörungsrechts wegen neuer Literatur und neuer Entscheidungen aktualisiert werden. Um Sie zu besonders gründlichem Lesen zu motivieren, ist auch in dieser Auflage im Text eine Belohnung „für die Vornahme einer Handlung, insbesondere für die Herbeiführung eines Erfolges aus(ge)setzt" worden (§ 657 BGB). Damit es sich für Sie besonders „lohnt", sollten Sie vorab schon einmal die den Teil 3 einleitenden Ausführungen lesen. Zu guter Letzt: Jeder, der dieses Studium aufnimmt, möge sich dessen bewusst sein, dass die auf ihn zukommenden Anforderungen und Anstrengungen mit denjenigen des heutigen, viele Studierende in falscher Sicherheit wiegenden, Abiturs überhaupt nicht vergleichbar sind. Er möge sich auch darüber im Klaren sein, dass die gegenwärtige Juristenausbildung Jahr für Jahr über 10 000 hoffnungsvolle junge Leute als „Volljuristen" in das Berufsleben entlässt und dass hiervon jährlich 7500 auf den am 1. Januar 2006[6] mit 138 131 zugelassenen Rechtsanwälten „gesättigten, wenn nicht gar längst überfüllten „Anwaltsmarkt" drängen. Da auch bei Freiberuflern der Trend zu immer längeren Lebensarbeitszeiten geht, wird die Gesamtzahl weiter ansteigen. Es überrascht daher nicht, dass es schon heute ein Problem ist, als „junger" (in Wahrheit bei unserem Ausbildungssystem etwa 30 Jahre „alter") Jurist mit „nur" durchschnittlichen Examina (also „schlechter" als ein „Doppel-VB") in Ballungsgebieten einen Arbeitsplatz als angestellter Rechtsanwalt zu finden, dies selbst als Promovierter (Dr.) oder im Ausland Graduierter (LLM.). In Hamburg kann man zur Zeit angeblich nur mit einem „Doppel-Gut" Richter werden. Da die Berufsperspektiven nicht besser werden, müssen Sie sich darauf einstellen, dass man in nächster Zeit Neueinstellungen noch mehr als bisher vom Vorhandensein zusätzlicher Qualifikationen, wie eine Spezialisierung in der Referendarzeit oder besondere, im Lande erworbene, Sprachkenntnisse, abhängig machen wird.

Diese Schlussbemerkung soll Sie nicht abschrecken, sondern Sie dazu bewegen, nach Ihrer Entscheidung für dieses Studium damit und mit der abschließenden Referendarausbildung auch „wirklich ernst zu machen", und sich nicht, wie leider immer noch viel zu viele Studierende, am Anfang des Studiums erst einmal einfach „treiben zu lassen" oder die Wartezeit auf die Referendarstelle ungenutzt verstreichen zu lassen. Immer noch erkennen die meisten den „Ernst der Lage" erst in der Referendarzeit, aber dann ist es meist zu spät. Denn nur dann, aber auch nur dann ist der Erfolg nicht nur Ihres Studiums, sondern auch ein Einstieg in das Berufsleben und eine berufliche Zukunft einigermaßen gewährleistet.

Hamburg, im Frühjahr 2006   Jürgen Plate

---

[6] Streck, Editorial in NJW 2004, Heft 20 vom 10. Mai 2004; NJW 2006, Heft 10.

Teil 1. Die Bearbeitung juristischer Aufgabenstellungen

A. Die Aufgabenstellung: Die Prüfung von Ansprüchen

Womit sollte ein Buch beginnen, mit dessen Hilfe der junge Jurist im Zivilrecht möglichst „ausbildungspraktisch" so unterwiesen werden soll, dass er alsbald in der Lage ist, die ihm gestellten Aufgaben methodisch sicher, mit „vertretbaren" Argumenten und dies für jedermann verständlich und nachvollziehbar und auch zügig zu erfüllen?

Unser „Einstieg" ist – gewissermaßen als „Kontrast" zu dem konkreten „Programm" dieses Buches – sehr abstrakt. Wir beginnen nämlich mit einer **Erläuterung** der beiden **Begriffe „objektives" und „subjektives Recht"**. Warum, werden Sie alsbald verstehen.

Die beiden zu definierenden Begriffe sind so farbig, dass man sie fast aus sich heraus verstehen kann:

Mit der Bezeichnung **„objektives Recht"** wird genau das beschrieben, was der nachdenkliche Laie (und das sind im Augenblick auch Sie!) sich schon immer unter **„Recht"** vorgestellt hat: „Recht" ist hiernach der Inbegriff der das menschliche Zusammenleben bestimmenden verbindlichen Regeln, also solcher Regeln, die nicht „nur" als „Sitte", als „allgemeine Übung" oder als „Moral" unter den Menschen Geltung haben.

> Übrigens: Das „objektives Recht" einerseits und die „Moral", die „Sitte" oder die unter Menschen herrschende „allgemeine Übung" andererseits schließen einander natürlich nicht aus, sondern bilden zwei sich schneidende Kreise. Denken Sie nur an das Strafrecht, wo diese Kreise zu einem großen Teil deckungsgleich sind! Aber auch im Zivilrecht finden Sie für diese Selbstverständlichkeit leicht eine Bestätigung (lesen Sie z.B. einmal die §§ 138 Abs. 1, 157, 826 und vor allem den § 242 BGB). Und: Bitte lesen Sie diese Vorschriften wirklich! Schieben Sie es nicht auf! Legen Sie fortan beim Lesen dieses Buches immer das Gesetz (am besten gleich den „Schönfelder") daneben. Alle hier zitierten Paragraphen sind wichtig.

Das Erlernen jener Regeln, die das **„objektive Recht"** ausmachen, ist die eine Seite der juristischen Ausbildung. Für viele ist das eine abschreckende Vorstellung, weil man sich darunter ein „knochentrockenes" Paragraphenstudium vorstellt. Aber keine Sorge: Es geht bei der Juristenausbildung nicht um das Studium einer „toten Materie" und schon gar nicht um das Auswendiglernen von Paragraphen, wie man es befürchten könnte. Denn Sie werden im Studium fast vom ersten Tag an mit der Aufgabe konfrontiert, die Regeln des „objektiven Rechts" auf bestimmte Lebenssachverhalte anzuwenden. Aus der ungeheuren Fülle des objektiven Rechts interessiert uns für dieses Buch aber nur dasjenige Recht, das die Beziehungen der Bürger bzw. der Zivilpersonen bzw. der Privaten untereinander regelt, also (wie immer Sie es nennen mögen) das **„Bürgerliche Recht"**, das **„Zivilrecht"** bzw. das **„Privatrecht"**; nicht aber befassen wir uns mit dem **„Öffentlichen Recht"**, das die Rechtsverhältnisse zwischen den Bürgern und dem Staat und die Rechtsverhältnisse innerhalb eines Staates (z.B. die Beziehungen zwischen seinen Organen) bestimmt.

Aber wir entfernen uns vom Thema: Das Ziel war es, den Bedeutungsinhalt des Begriffs **„subjektives Recht"** kennenzulernen. Aber dazu mussten Sie zunächst erfahren, was man unter dem „objektiven Recht" versteht. Erst jetzt können wir unseren Gedankengang fortsetzen: Dass das „objektive Recht" (noch einmal: der Inbegriff aller das menschliche Zusammenleben bestimmenden verbindlichen Regeln) jedermann, also auch Ihnen, die Möglichkeiten verschafft, die eigenen Lebensverhältnisse rechtsverbindlich so zu ordnen, dass Sie Rechte gegen andere Personen erlangen, war Ihnen eigentlich schon immer klar: Denken Sie doch einmal daran, dass Sie als Person in Ihrem Leben schon abertausende von Kaufverträgen oder vielleicht gerade gestern einen Mietvertrag über eine Wohnung abgeschlossen haben, mit der Folge, dass Sie daraus jeweils „Ansprüche" gegen eine andere Person erlangt haben, z.B. als Verkäufer einer Sache einen Anspruch auf Zahlung des Kaufpreises (lesen Sie einmal § 433 Abs. 2 BGB) oder als Mieter einer Wohnung einen Anspruch auf deren Überlassung (lesen Sie § 535 Abs. 1 BGB). Einen Anspruch haben Sie vielleicht auch schon einmal dadurch erlangt, dass Sie von einer anderen Person auf dem Gehweg mit dem Fahrrad angefahren und verletzt wurden, so dass Sie sich ärztlich behandeln lassen mussten und Ihren Schaden (die Behandlungskosten) ersetzt verlangen konnten (lesen Sie dazu bitte §§ 823 Abs. 1, 249 Abs. 1, 2 S. 1 BGB). Sie sind sicher auch schon unzählige Male Eigentümer von beweglichen Sachen geworden (lesen Sie einmal § 929 BGB), der eine oder andere sogar Eigentümer eines Grundstücks (lesen Sie §§ 873, 925 BGB). Auch haben Sie sicher schon einmal ein Rechtsverhältnis gestaltet, indem Sie vielleicht gerade neulich einen Mietvertrag durch eine von Ihnen erklärte Kündigung beendet haben (lesen Sie §§ 542, 568 ff. BGB). Derartige Möglichkeiten, unsere eigenen Rechtsverhältnisse zu ordnen, haben wir alle, und zwar deshalb, weil das „objektive Recht" uns **„subjektive Rechte"** zuerkennt. Unter „subjektiven Rechten" versteht man die sich aus dem objektiven Recht ergebenden, dem einzelnen am Rechtsleben Beteiligten als „Person", also als „Subjekt" (daher: **„subjektives"**), zustehenden Be„recht"igungen (daher: **„Recht"**).

Fassen wir dies alles einmal **zusammen**: Aus dem Blickwinkel des uns interessierenden **„Bürgerlichen Rechts"** oder **„Zivilrechts"** oder **„Privatrechts"** verstehen wir unter

1. dem **„objektiven"** (dem geschriebenen, oder dem durch Rechtsfortbildung ent- oder weiterentwickelten und dem zu Gewohnheitsrecht gewordenen – „bestaunen" Sie bitte die Vielfalt der möglichen „Rechtsquellen"!!) materiellen **„Bürgerlichen Recht"** oder **„Zivilrecht"** oder **„Privatrecht"** die **Regelung der Rechtsbeziehungen** der **„Bürger"** (= Subjekte des bürgerlichen Rechts) **untereinander**.

> **2.** Die **persönlichen Interessen** der Bürger werden durch das materielle bürgerliche Recht in der Weise berücksichtigt, dass ihnen (den Bürgern) durch das objektive Recht „**Berechtigungen**" verliehen werden, kraft derer diese eine „**Willensmacht**" bzw. „**Rechtsmacht**" haben, mit deren Hilfe sie **ihre Interessen gegenüber anderen Personen („Rechtssubjekten") realisieren können**. Hierbei handelt es sich im Gegensatz zum „objektiven Recht" um „**subjektive Rechte**" der Bürger (bei diesem Ausdruck wollen wir es fortan belassen). Konkret bedeutet dies folgendes:
>
> **a)** Die „**Bürger**" (= Subjekte des bürgerlichen Rechts) können von **anderen** „**Bürgern**" (= Subjekten des bürgerlichen Rechts) **Leistungen fordern** (= „**Forderungsrecht**"): Nach **§ 241 Abs. 1 BGB** ist „**kraft eines Schuldverhältnisses….**" (ein solches kann sich nach § 311 Abs. 1 BGB z.B. aus einem „Vertrag" ergeben oder z.B. im Fall einer „unerlaubten Handlung" nach § 823 Abs. 1 BGB aus dem Gesetz) „**……der Gläubiger berechtigt, von dem Schuldner eine Leistung zu fordern**", die auch „in einem **Unterlassen** bestehen" kann. Dieses „Recht, von einem anderen ein Tun oder Unterlassen zu verlangen" nennt man einen „**Anspruch**" (**§ 194 BGB**).
>
> **b)** Ausdruck subjektiver Rechte ist es auch, dass die „**Bürger**" (= Subjekte des bürgerlichen Rechts) **Rechte an Gegenständen** oder **an Personen** haben können („**Herrschaftsrecht**"): So hat z.B. der Eigentümer ein Recht an einer Sache, aufgrund dessen er mit ihr (allerdings nur eingeschränkt!) „nach Belieben verfahren" kann (§ 903 BGB); der Gläubiger hat an einer Forderung ein ebensolches Herrschaftsrecht; eine Rechtsperson hat ein an der eigenen Person bestehendes Persönlichkeitsrecht (z.B. nach § 12 BGB das Namensrecht oder nach Art. 1, 2 GG das „Allgemeine Persönlichkeitsrecht").
>
> **c)** Schließlich können „**Bürger**" (= Subjekte des bürgerlichen Rechts) auch **Rechtsverhältnisse gestalten** („**Gestaltungsrecht**"): Sie haben z.B. unter bestimmten Voraussetzungen die Möglichkeit, eine Willenserklärung anzufechten und sie damit rückwirkend zu „vernichten" (§§ 119 ff., 142 Abs. 1 BGB), von einem Vertrag zurückzutreten (§ 346 ff. BGB), ihn zu widerrufen (§ 355 BGB), oder ein Mietverhältnis durch Kündigung zu beenden (§§ 542, 568 ff. BGB) u.v.a.m.
>
> Kleiner „**Zwischentest**": Was antworten Sie also auf die Frage, was man unter „subjektiven Rechten" des Bürgerlichen Rechts, des Zivilrechts oder des Privatrechts versteht? Antwort: Es geht dabei um „Berechtigungen" in der Gestalt von „Ansprüchen", „Herrschaftsrechten" und „Gestaltungsrechten".

Wenn der eine oder andere Leser immer noch bemäkelt, dass dies alles entgegen den vorherigen Versprechungen in Wahrheit doch „trockene" Wissenschaft sei und der Bezug der Rechtswissenschaft zum wirklichen Leben nicht erkennbar sei, dem sei gesagt, dass Sie der anschließenden wie in einem „Zeitraffer" erfolgenden Beschreibung der Arbeit eines Juristen entnehmen können, dass der Begriff des **„subjektiven Rechts"** exakt die vom Juristen zu bewältigende Aufgabe beschreibt und dass das **„objektive Recht"** hierfür das Material zur Verfügung stellt. So sieht die Arbeit eines angehenden Juristen aus:

1. Die Ihnen gestellte **Aufgabe** besteht in der **Lösung sozialer Konflikte** durch die Anwendung von **Rechtsnormen**. 2. Dazu werden Sie mit von Ihnen **zu bearbeitenden „Fällen"** konfrontiert. 3. Diese „Fälle" sind Darstellungen von Lebenssachverhalten, in denen unter den Beteiligten ein sozialer Konflikt besteht; im Anschluss an den Sachverhalt finden Sie stets eine die Aufgabenstellung konkretisierende Frage („**Fallfrage**"). 4. Üblicherweise wird in dieser „**Fallfrage**" danach gefragt, ob eine in dem mitgeteilten Lebenssachverhalt genannte Person von einer anderen Person ein ganz bestimmtes Tun (z.B. die Zahlung einer Geldsumme, die Übereignung und Übergabe einer Sache) oder ein Unterlassen (z.B. kein Klavierspielen von 13.00 Uhr – 14.00 Uhr) verlangen kann; es wird also nach dem Bestehen von **Ansprüchen (§ 194 Abs. 1 BGB)** einer Person gegen eine andere Person gefragt. 5. Die Anspruchsprüfung kann es auch erfordern, dass der Bearbeiter der gestellten Aufgabe (gewissermaßen als **Vorfrage**) prüft, ob einer der im Sachverhalt genannten Personen bestimmte **„(Herrschafts-)Rechte"** an Gegenständen oder an Personen zustehen (also z.B.: ob eine Person Eigentümer einer Sache ist) oder ob bestimmte Rechtsverhältnisse durch die Geltendmachung von **„Gestaltungsrechten"** verändert worden sind (ob also z.B. ein Vertrag wirksam nach §§ 119 Abs. 1, 142 Abs. 1 BGB angefochten worden ist). 6. Eine solche **Fallbearbeitung** ist durch eine ganz bestimmte **Systematik** geprägt, die auf eine im folgenden Kasten näher beschriebene, durch die Prozesse des **„Entstehens und Vergehens"** gekennzeichnete **innere Dynamik** der **„subjektiven Rechte"** zurückzuführen ist.

> Die „subjektiven Rechte" **entstehen** zugunsten einer Person und können auf andere Personen **übergehen**; die „subjektiven Rechte" können auch **untergehen**; oder es kann ihre **Durchsetzbarkeit entfallen**.

Jetzt wissen Sie also, warum diese einleitende Passage Ihnen als jungem Juristen vermitteln wollte, was man unter den beiden zugegebenermaßen höchst abstrakten Begriffen **„objektives Recht"** und **„subjektives Recht"** versteht. Diese Begriffe sind der **Schlüssel** für die **Bearbeitung** von **Fällen** und umschreiben damit ziemlich präzise das „Arbeitsfeld" des Juristen in der Ausbildung.

B. Die Fallbearbeitung

I. Die Technik der Fallbearbeitung

Die Technik der Fallbearbeitung, speziell die Einhaltung der Regeln der „Gutachtentechnik", ist für den Jungjuristen etwas völlig Neues und muss von ihm anfangs mühsam erlernt werden. Es klingt bitter, ist aber wahr: Hier trennt sich häufig schon die „Spreu" vom „Weizen".

Die Schwierigkeit besteht darin, dass viele der dazu bestehenden Regeln auf den ersten Blick sehr formal zu sein scheinen und deshalb von manchen jungen Studierenden „innerlich" abgelehnt werden. Erfahrungsgemäß haben nicht selten gerade selbstbewusste und begabte junge Leute, die „frisch von der Schule" kommen, beträchtliche Schwierigkeiten, sich hier einzufügen. Dabei dienen die Regeln der „Gutachtentechnik" allein der Ordnung und der Nachvollziehbarkeit Ihrer Gedankengänge durch den Leser Ihrer Ausarbeitungen.

Ohne Beachtung dieser Grundsätze würde es (das werden Sie den nächsten 20 Seiten entnehmen) bei der Fallbearbeitung schnell zu einem „Darstellungschaos" kommen mit der Folge, dass der Leser (in erster Linie der Korrekturassistent) den Autor (den Fallbearbeiter!) nicht versteht; auch kann nur durch die Einhaltung des sog. „Gutachtenstils" gewährleistet werden, dass ein vom Fallbearbeiter gefundenes Ergebnis kein bloßes Zufallsprodukt ist. Sie **müssen** also den sogleich darzustellenden **Regeln der „Gutachtentechnik" folgen**; und keine Sorge: Die „Gedankenfreiheit" bleibt dadurch völlig unberührt.

Es sei wiederholt:

1. Sie **müssen** die Ihnen sogleich vermittelten **Regeln** der sog. „Gutachtentechnik"– wollen Sie in diesem Studium auch nur einigermaßen Erfolg haben – **strikt beachten**.

2. Die „Gutachtentechnik" hält Sie **zum geordneten Denken** an und sorgt für die **Nachvollziehbarkeit Ihrer Gedankengänge**.

---

1. Die Arbeit am Sachverhalt

Jeder zu bearbeitende Fall besteht zunächst aus einem Sachverhalt. Der **Sachverhalt** ist eine (in der Regel erdachte, nicht selten auch recht überkonstruiert wirkende) **Geschichte**.

Der Sachverhalt ist **sakrosankt**; an ihm darf nicht „herumge/-bastelt/-deutet" werden, und zwar auch dann nicht, wenn Ihnen das erzählte Geschehen gar zu unwahrscheinlich, zu lebensfremd oder zu unwirklich vorkommt; nur ganz selten ist eine „Auslegung des Sachverhalts" (die dann von Ihnen auch im Text des Gutachtens, dort am besten in einer Fußnote deutlich gemacht werden muss) erforderlich. Widerstehen Sie vor allem der Versuchung, einen Sachverhalt zum Zwecke der Erleichterung der Rechtsanwendung, also letztlich aus Gründen Ihrer Bequemlichkeit, „auszulegen".

Im Sachverhalt werden die **beteiligten Personen** häufig nur mit Buchstaben bezeichnet, die neutral A, B, C etc., oder sachverhaltsbezogen, gelegentlich sogar in rechtlicher Hinsicht fallbezogen sein können, so dass die Beteiligten „V" (steht für „Verkäufer") oder „K" (steht für „Käufer"), „E" (steht für „Eigentümer") genannt werden. Damit ist aber nicht gesagt, dass bei der Bezeichnung der einen Person als „K" und der anderen Person mit „V" davon auszugehen ist, dass zwischen beiden ein Kaufvertrag geschlossen ist; schon gar nicht ist ein „E" automatisch der Eigentümer einer im Fall erwähnten Sache.

Wenn in der Geschichte zur Abkürzung der Darstellung **Rechtsbegriffe** enthalten sind, wie „Kauf" oder „Eigentum", oder wenn von „sein(em)" Auto die Rede ist, dürfen Sie diese Rechtsbegriffe – aber nur wenn sie einfacher Art sind und nicht nur eine „Parteiauffassung" widerspiegeln – unüberprüft als rechtlich zutreffend übernehmen.

So ein **Sachverhalt** könnte z.B. so lauten:

Der 17 jährige Kurt (K) ist mit Einverständnis seiner Eltern seit Jahren Mitglied im Motorsportverein Moto eV. (M). Der Vorsitzende des Vorstands des Vereins Veit (V) suchte den K am 5. April 2002 zu Hause auf und fragte ihn, ob er nicht ein dem Verein gehöriges gebrauchtes Mofa, das mit einem „neuen Austauschmotor" ausgerüstet sei, für € 250,- kaufen wolle. Der M hatte das Mofa durch den V zum Zwecke der Erstausbildung von jungen Vereinsmitgliedern im Gelände am 1. April 2002 bei dem Händler Hendel (H) käuflich erworben; man hatte jedoch sehr schnell feststellen müssen, dass das Mofa nicht ausreichend geländegängig, sondern nur für den Straßenverkehr geeignet war. Der K ist mit Einverständnis seiner Eltern seit einem Jahr berufstätig und lebt in einer eigenen Wohnung. Über seinen monatlichen Verdienst von € 1 500,- netto kann er frei disponieren. Weil das bisherige Mofa des K, das ihm seine Eltern einst geschenkt hatten, vor einiger Zeit zusammengebrochen und verschrottet worden war und weil der K damit rechnen musste, dass wegen einer demnächst erfolgenden Verlagerung der Betriebsstätte seines Arbeitgebers die Fahrt zur Arbeit mit öffentlichen Verkehrsmitteln täglich 2 Stunden anstelle von bisher 1 Stunde dauern würde, während er mit einem Mofa nur ½ Stunde unterwegs sein würde, erklärte der K sein Einverständnis. Der V und der K vereinbarten, dass K sofort das Eigentum an dem Mofa erwerben solle, der K es aber erst nach der nächsten Lohnzahlung am 5. Mai 2002 zu bezahlen brauche. Der V hatte das Mofa dabei und übereignete und übergab es gleich an den K. Am nächsten Tag trat der M durch den V ohne Wissen des K den Anspruch auf Kaufpreiszahlung aus dem Kaufvertrag mit dem K an den H, der seinerseits noch einen Anspruch gegen den M in Höhe von € 250,- hatte, zum Zwecke der Erfüllung dieser Forderung ab, allerdings ohne dem H etwas von der Absprache mit K, dass der Kaufpreis erst am 5. Mai 2002 zu zahlen sei, zu erzählen.

Als der K am 17. April 2002 das durch die Geländefahrten verschmutzte Mofa in der Vereinswerkstatt erstmals gründlich reinigte, entdeckte er, dass der Motor kein „neuer Austauschmotor", sondern ein gebrauchter generalüberholter Motor ist. Der K stellte das Mofa in der Garage seiner Eltern ab und teilte durch ein Schreiben vom gleichen Abend dem V als Vorstand des M mit, dass der Motor kein neuer Austauschmotor, sondern ein gebrauchter generalüberholter Motor sei und erklärte in diesem – im Einverständnis mit seinen Eltern abgefassten – Schreiben: Der Kaufvertrag sei nichtig; vorsorglich widerrufe er ihn; zumindest werde er den Kaufpreis so lange nicht bezahlen, wie das Mofa den angezeigten Mangel aufweise. Der M reagiert hierauf nicht.

In der Tat war der V, als er das Mofa für M bei dem H gekauft hatte, von diesem mit der Behauptung, das Mofa sei „vor einigen Tagen mit einem neuen Austauschmotor" ausgestattet worden, getäuscht worden. Der V hatte im Vertrauen auf die Richtigkeit dieser Erklärung des ihm als verlässlich bekannten H, der auch ständiger Lieferant des M ist, das Mofa vor dem Weiterverkauf an K nicht weiter überprüft.

Der H verlangte am 20. April 2002 Zahlung von K. Der K weigerte sich unter Hinweis auf sein Schreiben an M und berief sich außerdem darauf, dass er den Kaufpreis jedenfalls nicht vor dem 5. Mai 2002 zahlen müsse.

Die **Fallbearbeitung** setzt als **ersten Schritt** voraus, dass Sie den jeweiligen Sachverhalt wirklich verstanden haben. Der beste Test dafür ist, dass Sie versuchen, die Geschichte einem Dritten, am besten einem verständigen Nicht-Juristen, ohne Zuhilfenahme des Textes zu erzählen. Wiederholt sei eine bereits ausgesprochene Warnung: Keinesfalls dürfen Sie den Sachverhalt „quetschen" (d.h. ihn gezielt so „miss"verstehen, dass er Ihnen „ins Konzept" passt, Sie ihn also mit Ihnen vertrauten Rechtsfragen in Einklang bringen können).

Es empfiehlt sich meist, den Sachverhalt durch eine **Skizze** darzustellen, dies insbesondere dann, wenn es sich um ein **Mehrpersonenverhältnis** handelt, wie es hier zwischen K, H, V und M vorliegt. Bei einer solchen Skizze ist zu empfehlen, dass die Personen, die Ansprüche geltend machen, „oben" und diejenigen, gegen die Ansprüche geltend gemacht werden, „unten" stehen. Die zwischen den Beteiligten bestehenden rechtlichen Beziehungen sollten Sie durch verbindende Linien und §§ verdeutlichen.

> Nicht selten hat ein Sachverhalt „**Alternativen**" bzw. „**Varianten**", durch die der Ausgangssachverhalt „variiert" wird. Dass der Aufgabensteller damit bestimmte Vorstellungen rechtlicher Art verbindet, liegt auf der Hand. Nicht selten kann man aus dem alternativen Sachverhalt Rückschlüsse auf die rechtliche Problematik des Grundsachverhalts ziehen; Alternativen/Varianten können daher zuweilen für Ihre Fallbearbeitung durchaus hilfreich sein, wenn Sie sich nicht ganz sicher sind, ob Sie die Rechtsfragen des Grundfalles erschöpfend bearbeitet haben. Aber allzu „taktisch" sollten Sie hier nicht denken. Denn wenn Sie in „vetretbarer Weise" den Grundfall abweichend von den Vorstellungen des Aufgabenstellers bearbeitet haben sollten, kann es durchaus so sein, dass die Bearbeitung der Alternative Ihnen nicht mehr die vom Aufgabensteller erdachte rechtliche „Pointe" ermöglicht.

2. Die Fallfrage

Am Schluss eines jeden Sachverhalts findet/n sich stets eine oder mehrere **Fallfrage(n)**.

Meistens geht es bei der Fallfrage darum, **ob eine oder mehrere der im Sachverhalt genannten Personen** einen **Anspruch gegen eine oder mehrere andere der im Sachverhalt genannten Personen hat** (Sie entsinnen sich an § 194 BGB: „...das Recht, von einem anderen ein Tun oder Unterlassen zu verlangen...."). Man kann dies eine „**materielle Anspruchs-Hausarbeit/Klausur**" nennen.

- Meist wird eine/werden **konkrete Fallfrage(n)** gestellt, die dahingehend lautet(en), ob eine in der/den Fallfrage(n) bezeichnete Person (z.B. der H), die man „Anspruchsteller" nennen kann, von einer anderen Person (z.B. dem K), die man „Anspruchsgegner" nennen kann, etwas, was man „Anspruchsgegenstand" nennen kann, verlangen kann (z.B. Zahlung von € 250,–).

- Gelegentlich wird auch statt dessen nach der „Rechtslage" gefragt: „**Wie ist die Rechtslage?**" Das ist besonders lästig für den Fallbearbeiter. Er muss dann nämlich die Fallfrage(n) zunächst selbst erarbeiten, indem er als erstes den Sachverhalt mit der Fragestellung, „**wer**" möglicherweise „**was**" „**von wem**" verlangen könnte, auszuwerten hat. Dazu muss man die im Sachverhalt genannten Personen in „**Zweipersonenverhältnisse**" („wer" „von wem"?) ordnen und sodann unter Berücksichtigung der wirtschaftlichen Interessen die „**Anspruchsziele**" der einzelnen Personen formulieren („was"?); das können sein Ansprüche auf:

> - **Herausgabe** einer bestimmten Sache und/oder eine
> - **Berichtigung** des unrichtigen (nämlich die materielle Rechtslage hinsichtlich eines dinglichen Rechts an einem Grundstück falsch wiedergebenden) **Grundbuchs**;
> - **Erfüllung** eines Anspruchs;
> - **Schadensersatz**;

- **Rückgewähr**;
- **Ausgleich**;
- **Unterlassung** oder **Beseitigung** von beeinträchtigenden Störungen.

Wem das zum gegenwärtigen Zeitpunkt alles nichts sagt, muss nicht erschrecken oder gar verzweifeln. Alles wird Ihnen im weiteren Verlauf der Darstellung nach und nach und zum richtigen Zeitpunkt vermittelt und dann viele Male wiederholt werden. Sie müssen nur Vertrauen haben und stetig weiter arbeiten.

- Wenn in einer Fallfrage zusätzlich gefragt wird, was eine der im Sachverhalt genannten Personen „**unternehmen**" kann, so soll hiermit meistens das Augenmerk des Bearbeiters auf die Frage gelenkt werden, ob sich die **Ausübung eines Gestaltungsrechts** empfiehlt, also z.B. eine Anfechtung nach § 119 Abs. 1 BGB zu erklären. Auch kann bei einer solchen Fragestellung von Ihnen erwartet werden, zusätzlich die **Möglichkeit einer prozessualen Durchsetzung** des Anspruchs zu erörtern; meist wird dann aber eine ausdrückliche prozessuale Frage an Sie gerichtet (dazu sogleich mehr).

Wie gesagt: Nicht selten wird Ihnen entweder verklausuliert („Was kann der A unternehmen?") oder ausdrücklich eine **prozessuale Zusatzfrage** oder gar (dies aber wohl nur im Examen) eine **ausschließlich prozessual formulierte Fallfrage** („Wie wird das Gericht entscheiden?") gestellt. Dann muss von Ihnen zweierlei erörtert werden, nämlich zum einen die nach der Zivilprozessordnung („formelles Recht") zu beurteilende Zulässigkeit und zum anderen die nach „materiellem" Bürgerlichen Recht zu beantwortende Begründetheit der Klage. Wenn Sie dabei zur Unzulässigkeit der Klage kommen und als Richter die Klage daher als unzulässig abweisen würden, müssen Sie sich gleichwohl in einem die Zulässigkeit der Klage unterstellenden „Hilfsgutachten" mit der „Begründetheit" der Klage auseinandersetzen. Man kann diese Hausarbeiten/Klausuren als **„prozessuale Anspruchs-Hausarbeit/ Klausur"** bezeichnen. Die „Anfänger" unter den Lesern müssen sich übrigens keine Sorgen machen, dass Sie solche Fallfragen zu beantworten haben werden.

Ganz **selten** wird Ihnen in einer juristischen Aufgabe **ausschließlich die Beantwortung einer Rechtsfrage** (z.B. „Wer ist Eigentümer des Autos?" oder „Wie ist die dingliche Rechtslage bezüglich des Autos?" oder „Wer ist der Erbe des E?") abverlangt. Wir werden uns hier mit solchen (wenig brauchbaren und für sich gesehen praxisfernen) Fallfragen nicht weiter befassen; gesonderte Ausführungen dazu sind auch wenig lehrreich; bei den Fallfragen nach Ansprüchen werden derartige Fragen im Übrigen ohnehin ständig „inzidenter" (d.h. als Vorfrage) aufgeworfen.

Äußerst **wichtig** ist, dass Sie sich **genau an die Fallfrage halten** und nicht irgendwelche (sicher hochinteressanten) anderen Fragen beantworten; Sie hätten dann „das Thema verfehlt", und das wäre – wie einst im Schulaufsatz – „absolut tödlich".

Im vorliegenden **Einführungsfall** geht es um die Beantwortung einer konkreten Fallfrage. Sie verlangt von Ihnen die Untersuchung, ob der H von dem K Zahlung von € 250,- verlangen kann, mit anderen Worten: ob der H einen **Anspruch** auf Zahlung von € 250,- gegen den K hat.

3. Die Suche nach den Anspruchsgrundlagen und die Subsumtion

Wie geht es nach der Analyse der Fallfrage weiter? Jetzt beginnt die eigentliche „juristische" Arbeit:

- Bei einer Anspruchsklausur, auf die wir uns hier konzentrieren wollen, müssen Sie zunächst die **Anspruchsgrundlagen** ermitteln
- und dann untersuchen, ob deren **Voraussetzungen** gegeben sind.

Die Fallbearbeitung verlangt also zunächst von Ihnen, dass Sie das **gesamte materielle „objektive Recht"** (also das geschriebene Recht, das durch Rechtsfortbildung entstandene bzw. weiter entwickelte Recht und das Gewohnheitsrecht) danach **absuchen**, ob es dort eine **„Anspruchsgrundlage"** gibt. Damit ist eine **Norm** gemeint, **aus der sich das auf einen bestimmten Anspruchsgegenstand gerichtete Begehren des Anspruchstellers**, zusammenfassend auch das „Anspruchsziel" genannt (hier das des H gegen K, gerichtet auf Zahlung von € 250,-) **rechtfertigen könnte**. Den in diesem Satz verwendeten Konjunktiv („könnte") müssen Sie bitterernst nehmen; Sie suchen also nicht etwa die Norm, aus der sich der „.....Anspruch rechtfertigt", sondern eine Norm, aus der sich der „......Anspruch rechtfertigen könnte". Warum diese Unterscheidung so wichtig ist, werden Sie demnächst erfahren.

Diese **Suche nach der „Anspruchsgrundlage"** ist (betrachtet man allein den Umfang des BGB oder gar des auch den Kernbereich des materiellen Zivilrechts enthaltenden „Schönfelder" mit allen seinen zivilrechtlichen Nebengesetzen, wie das HGB, das GmbHG, das StVG, das VVG etc.) eine auf den ersten Blick einigermaßen entmutigende Aufgabe. Zu Ihrem „Trost" sei gesagt, dass sich Ihre Suche zunächst i.w. **auf das BGB „beschränkt"**, bis Sie dann nach und nach Anspruchsgrundlagen aus anderen Gesetzen kennen lernen werden. Auch innerhalb des BGB reduziert sich das Spektrum an Möglichkeiten, wenn man sich darüber Rechenschaft ablegt, welche **Anspruchsziele überhaupt** nur in Betracht kommen.

> Sie entsinnen sich hoffentlich: Man kann alle **denkbaren Anspruchsziele** auf folgende Fragestellungen reduzieren:
>
> - **Herausgabe,**
> - **Berichtigung** des **Grundbuchs,**
> - **Erfüllung,**
> - **Schadensersatz,**
> - **Rückgewähr,**
> - **Ausgleich,**
> - **Unterlassung oder Beseitigung.**

So gesehen sieht die Aufgabe, die Anspruchsgrundlagen zu finden, schon überschaubarer aus. Und vergessen Sie nicht: Wir stehen im Augenblick erst am Anfang der Fallbearbeitung; und es geht jetzt nur darum, die in Betracht kommenden Anspruchsgrundlagen zu suchen, also um das Auffinden von Vorschriften, die das **Begehren des Anspruchstellers** – es sei wiederholt, weil es so wichtig ist – **rechtfertigen könnten,** also noch nicht um die Suche nach Normen, die das Begehren des Anspruchstellers im Ergebnis auch wirklich **rechtfertigen**.

Diese Aufgabe verlangt natürlich, dass man sich im Gesetz sehr gut auskennt und weiß, wo welche Anspruchsgrundlagen zu finden sind; das ist nicht einfach, da es bereits im BGB (auf das wir uns zunächst konzentrieren wollen) aber auch in zivilrechtlichen Nebengesetzen von Anspruchsgrundlagen „nur so wimmelt". Vielleicht ahnen Sie jetzt, warum es für Sie von „existentieller" Bedeutung ist, dass Sie parallel zur Durcharbeitung dieses Textes die hier zitierten Paragraphen im (hoffentlich) danebenliegenden Gesetz sofort nachlesen. Nur so kann es Ihnen gelingen, Ihren Fundus an Ihnen bekannten Normen (zu denen ja auch die „Anspruchsgrundlagen" gehören) kontinuierlich auszubauen. Wer diese Aufforderung ignoriert, wird dies später bitter bereuen.

Bei Ihrer Suche müssen Sie zunächst **nur darauf schauen**, ob die von Ihnen als „Anspruchsgrundlage" ins Auge gefasste Norm eine **Rechtsfolge** ausspricht, die **mit dem Anspruchsziel des Anspruchstellers in Einklang** steht. Falls man bei seinem Streifzug durch das materielle Recht meint, nicht nur eine, sondern sogar **mehrere** solcher **„Anspruchsgrundlagen"** (= Normen, aus denen sich das Begehren des Anspruchstellers rechtfertigen „könnte") entdeckt zu haben, so darf man sich keinesfalls auf eine der Anspruchsgrundlagen (etwa auf die nach dem ersten Anschein am einfachsten anzuwendende Norm) beschränken. Denn es kann durchaus so sein, dass ein und dasselbe Begehren des Anspruchstellers sich aus mehreren Anspruchsgrundlagen rechtfertigt. Man nennt diese Konstellation „**Anspruchsgrundlagenkonkurrenz**", wenn es sich um ein- und denselben aber mehrfach begründbaren Anspruch handelt, und „**Anspruchskonkurrenz**", wenn es sich um verschiedene, zum gleichen Ziel führende Ansprüche handelt. In beiden Fällen kann der Gläubiger trotz mehrerer den Anspruch begündender Normen (Anspruchsgrundlagenkonkurrenz) bzw. mehrerer bestehender Ansprüche (Anspruchskonkurrenz) selbstverständlich die geschuldete Leistung nur einmal verlangen. Der Unterschied besteht darin, dass, wie gesagt, bei einer „Anspruchsgrundlagenkonkurrenz" nur ein einziger Anspruch vorliegt, über den auch nur einheitlich verfügt werden kann (also z.B. nur an ein- und denselben Zessionar nach § 398 BGB abgetreten werden kann), während bei der „Anspruchskonkurrenz" mehrere Ansprüche vorliegen, über die jeweils selbstständig verfügt werden kann (also z.B. jeder Anspruch an einen anderen Zessionar nach § 398 BGB abgetreten werden kann). So kann sich z.B. ein Schadensersatzanspruch aus einem vertraglichen Schuldverhältnis und aus einem gesetzlichen Schuldverhältnis zugleich ergeben: Der Vermieter V bohnert das Treppenhaus und stellt kein Warnschild auf, so dass der Mieter M auf der gerade aufgetragenen und daher noch glitschigen Bohnermasse ausrutscht und sich verletzt. Der Mieter M hat einen Schadensersatzanspruch (a) aus § 536 a BGB und (b) aus § 823 Abs. 1 BGB. Hier spricht alles für eine „Anspruchskonkurrenz" zweier verschiedener Ansprüche, denn die Haftungsgründe (Vertrag/Delikt) unterscheiden sich, die Gehilfenhaftung ist unterschiedlich (bei Vertrag: § 278 BGB/bei Delikt: § 831 BGB), ebenso die Verjährung etc. Daher geht man hier von einer „Anspruchskonkurrenz" aus. Aber unabhängig davon, ob nun im Einzelfall eine „Anspruchsgrundlagenkonkurrenz" oder „Anspruchskonkurrenz" vorliegt, muss folgende **Warnung** ausgesprochen werden: Der junge Jurist könnte vielleicht aus seiner auf Rationalisierung/Bequemlichkeit hin ausgerichteten Sichtweise Zweifel an der Notwendigkeit anmelden, dasselbe Ergebnis zweimal begründen zu müssen, die „Naht also doppelt zu nähen". Er irrt: Denn, wie wichtig, weil ergebnisrelevant, es sein kann, alle denkbaren Anspruchsgrundlagen zu erörtern, ersieht man daraus, dass sich bei der Prüfung nicht selten herausstellt, dass zwar die eine Anspruchsgrundlage nicht einschlägig ist, der Anspruch sich aber aus der anderen Anspruchsgrundlage ergibt. Seien Sie also bei der Suche nach der Anspruchsgrundlage offen und beschränken Sie sich nicht auf eine Anspruchsgrundlage.

> Allerdings muss man schon in dieser Phase der Fallbearbeitung eine **Vorauswahl** unter den als denkbare Anspruchsgrundlagen ins Auge gefassten Normen treffen, indem man immer ein wenig darauf „schielt", ob die Voraussetzungen dieser Normen in einen gewissen Zusammenhang mit dem Sachverhalt gebracht werden können, damit man sich später nicht den Vorwurf machen lassen muss, dass die angestellte Prüfung einer Anspruchsgrundlage „ersichtlich überflüssig" gewesen sei, weil doch jedermann leicht hätte erkennen können, dass sich der geltend gemachte Anspruch beim vorliegenden Sachverhalt jedenfalls aus dieser Norm nicht ergeben könne. Also: Wenn es z.B. in der Fallfrage um einen Zahlungsanspruch des X gegen den Y geht, dann untersuchen Sie in Ihrem Gutachten bitte nicht alle auf Zahlung eines Geldbetrages gerichteten Anspruchsgrundlagen, die Sie im Gesetz finden (§§ 433 Abs. 2, 488 Abs. 1 S. 2, 535 Abs. 2, 611 Abs. 1, 631 Abs. 1 etc.), wenn nicht der geringste Anhaltspunkt für das Vorliegen eines Kauf-, eines Darlehens-, eines Miet-, oder eines Werkvertrags etc. besteht, sondern alles, aber auch wirklich alles dafür spricht, dass z.B. nur ein Anspruch aus einem Bürgschaftsvertrag in Betracht kommt (§ 765 BGB).
>
> Der nachdenkliche Leser ahnt, dass dies eine **„Gratwanderung"** ist: Man muss nämlich die Grenzen dessen, was noch als diskutabler möglicher Lösungsansatz angesehen werden kann oder was wahrscheinlich vom kritischen Beurteiler als abseitige Idee eingeschätzt wird, finden lernen. Hier geht es um eine Frage der „Taktik"; feste Regeln existieren nicht. Sie müssen in dieser Hinsicht Erfahrungen sammeln und dabei auch schon einmal durch schlechte Benotungen von Arbeiten Rückschläge einstecken.

Die Suche nach den Anspruchsgrundlagen unternehmen Sie bitte auch dann, wenn Sie persönlich vielleicht längst zu wissen meinen, welche Anspruchsgrundlage/n im Ergebnis einschlägig ist/sind! Denn Sie sollen – und das ist die **Aufgabenstellung** in einer Fallbearbeitung – ein **Gutachten** verfassen, in dem Sie nicht etwa „mit der Tür ins Haus fallen" und der staunenden Öffentlichkeit sogleich das (Ihnen, weil Sie ja so allwissend sind, bereits bekannte) Ergebnis präsentieren, sondern ein solches Gutachten, das alle (also auch die für Sie nicht in Betracht kommenden) Möglichkeiten der

Beantwortung der Fallfrage diskutiert. Warum dies? Sie müssen sich vorstellen, dass es andere Menschen gibt, die vielleicht genauso kluge Juristen sind wie Sie, und dass diese die sich stellenden Rechtsfragen vielleicht anders beurteilen als Sie. Hierauf müssen Sie vorbereitet sein. Gibt es diese Konstellation eigentlich nur in der Ausbildung, oder existiert auch „im wirklichen Leben" eine solche Situation, in der ein Jurist ein Rechtsgutachten verfassen muss, bei dem er auch die hypothetischen abweichenden Vorstellungen anderer zu berücksichtigen hat? Alles, was Sie im Jurastudium lernen, hat einen „Praxisbezug", so auch die Ihnen abverlangte Anfertigung eines Rechtsgutachtens. Der Grund hierfür ist, dass Ihre Ausbildung die „Befähigung zum Richteramt" zum Ziel hat. Ihre Ausbildung zum Richter setzt daher eine Vorbereitung auf die richterlichen Arbeitstechniken voraus. Das Rechtsgutachten ist ein der Vorbereitung einer Gerichtsentscheidung dienendes Hilfsmittel: Bevor nämlich ein Gericht mit einem aus mehreren Personen bestehenden Spruchkörper, ein sog. „Kollegialgericht" (z.B. die „Kammern" bei den Landgerichten oder die „Senate" bei den Oberlandesgerichten oder bei dem Bundesgerichtshof), eine zu entscheidende Rechtssache berät, verfasst einer der Richter („Berichterstatter" genannt) ein alle denkbaren rechtlichen Aspekte erörterndes „Gutachten", das er den anderen Mitgliedern des „Kollegiums" vorlegt und das dann die Grundlage der Beratung ist. Ob das „Kollegium" dann wie von dem „Berichterstatter" in seinem Gutachten vorgeschlagen, entscheidet, ergibt die Abstimmung, der eine auf der Basis des Gutachtens durchgeführte Beratung vorausgeht. Dass ein solches, von Ihnen zu verfassendes **Gutachten häufig eine „Mogelpackung"** ist, weil Sie als dessen Verfasser das Ergebnis längst kennen und trotzdem auch andere nicht einschlägige Möglichkeiten gedanklich „durchgespielt" haben, dürfte jeder Leser inzwischen erkannt haben.

a) Das Finden der Anspruchsgrundlage durch Orientierung an typischen Fallfragen

Bei der **konkreten Fallbearbeitung** wird man sich bei der Suche nach der Anspruchsgrundlage **an typischen Fallfragen orientieren** und – falls man mehrere in Betracht zu ziehende Anspruchsgrundlagen findet – diese in einer bestimmten **Reihenfolge prüfen**, so dass man bei den gedanklichen Vorarbeiten ein bestimmtes **Schema** wählen sollte.

Auszugehen ist von den (wie ja bereits ausgeführt) in bestimmter Weise **typisierbaren Fallfragen** (nach Diederichsen), denen die nachgenannten (aufgeführt werden nur die für die Ausbildung wesentlichsten) **Anspruchsgrundlagen** zugeordnet werden können.

aa) Anspruch auf Herausgabe von Sachen

Bei Fallfragen, bei denen es um die Herausgabe von Sachen geht, können zu untersuchen sein:

- **Herausgabeansprüche aus Vertrag** (z.B. kann bei Beendigung eines Schuldverhältnisses, das zum Besitz einer Sache berechtigte, der Vermieter von dem Mieter Herausgabe aus § 546 Abs. 1 BGB oder der Verleiher von dem Entleiher Herausgabe aus § 604 BGB verlangen; oder es kann bei einer infolge einer vertraglich übernommenen Geschäftsführung erlangten Sache der Auftraggeber nach

§§ 662, 667 BGB Herausgabe des Erlangten verlangen) – Ausführungen dazu finden sich in Teil 3;
- **Herausgabeansprüche aus Rücktritt** (z.B. kann bei Ausübung eines vereinbarten oder gesetzlichen Rücktrittsrechtes von einem Vertrag, der zum Besitz einer Sache Berechtigte, der Rücktrittsberechtigte vom Rücktrittsgegner nach §§ 346 ff. BGB Herausgabe verlangen) – Ausführungen dazu finden sich in den Teilen 3, 4;
- **Herausgabeansprüche aus Geschäftsführung ohne Auftrag** (z.B. kann eine infolge einer auftraglos übernommenen Geschäftsführung erlangte Sache seitens des Geschäftsherrn vom Geschäftsführer nach §§ 677, 681 S. 2, 667 BGB herausverlangt werden) – Ausführungen dazu finden Sie in Teil 5;
- **sachenrechtliche Herausgabeansprüche** gibt es z.B. in §§ 861 Abs. 1; 1007 Abs. 1 und 2; 985; 1065; 1227 BGB – Ausführungen dazu findet man in Teil 6;
- **Herausgabeansprüche aus Delikt** (z.B. kann ein Schadensersatzanspruch nach § 823 ff. BGB i.V.m. 249 Abs. 1 BGB darauf gerichtet sein, dass der Dieb dem Eigentümer eine diesem gestohlene Sache herauszugeben hat; dass dieser Anspruch mit einem Anspruch aus § 985 BGB „konkurriert", sei nur am Rande erwähnt) – Ausführungen dazu stehen in Teil 7;
- **Herausgabeansprüche aus Bereicherungsrecht** (§§ 812 ff. BGB) – Ausführungen dazu gibt es in Teil 8);
- **Herausgabeansprüche aus angemaßter Eigengeschäftsführung** (§§ 687 Abs. 2 S. 1, 681 S. 2, 667 BGB) – Ausführungen dazu findet man in Teil 5.
- **Spezialanspruchsgrundlagen** für Herausgabeansprüche sind z.B. für die Herausgabe von „Schuldscheinen" § 371 S. 1 BGB; für die Herausgabe einer Erbschaft der § 2018 BGB.

bb) Anspruch auf Grundbuchberichtigung

Allein oder in Verbindung mit dem eine unbewegliche Sache betreffenden Herausgabeanspruch aus § 985 BGB kann es je nach der Ihnen gestellten Fallfrage auch um eine Grundbuchberichtigung gehen. Hier können zu prüfen sein

- ein **sachenrechtlicher Grundbuchberichtigungsanspruch** (§ 894 BGB) – Ausführungen dazu kann man in Teil 6 finden;
- ein möglicherweise zur **Grundbuchberichtigung** führender **sachenrechtlicher Beseitigungsanspruch** (§ 1004 BGB analog) – Ausführungen dazu stehen in Teil 6;
- sowie ein **bereicherungsrechtlicher Grundbuchberichtigungsanspruch** (§ 812 BGB) – Ausführungen dazu enthalten die Teile 6, 8.

cc) Primäre (Erfüllungs-) Ansprüche aus vertraglichen oder quasivertraglichen Rechtsbeziehungen oder aus einseitigen Rechtsgeschäften

Wenn es um die Frage eines Anspruchs auf Erbringung einer Leistung aufgrund eines vertraglichen oder quasivertraglichen primären (Erfüllungs-) Anspruchs geht, ist in erster Linie zu denken

- an **vertragliche primäre (= Erfüllungs-)Ansprüche**, und zwar aus einem gesetzlich typisierten Vertrag (z.B. §§ 433 Abs. 1; 433 Abs. 2 BGB; § 488 Abs. 1, § 535 BGB etc.; alle Anspruchsgrundlagen aus typisierten Verträgen hier aufzuzählen, würde wegen der Unübersichtlichkeit einer solchen Darstellung wenig Sinn machen) oder aus einem Vertrag „sui generis" (§§ 311 Abs. 1, 241 Abs. 1 S. 1 BGB) – Ausführungen dazu finden sich in Teil 3;
- an **primäre (= Erfüllungs-) Ansprüche aus einseitigen Rechtsgeschäften** (z.B. § 657 BGB) – Ausführungen dazu stehen in Teil 3;
- und an **vertragsähnliche primäre (= Erfüllungs-)Ansprüche aus Gesetz** (der Anspruch aus § 179 Abs. 1 BGB und aus Geschäftsführung ohne Auftrag nach §§ 677, 683, 670/681 S. 2, 666 – 668 BGB) – Ausführungen dazu stehen in Teil 5.

dd) Anspruch auf Ersatz eines Schadens

Wenn es um Schadensersatzansprüche geht, sind in Erwägung zu ziehen:
- **vertragliche sekundäre Ansprüche** wegen einer Pflichtverletzung des Schuldners, die sich darstellen kann als Nichtleistung trotz Möglichkeit zur Leistung, und die im Falle des Verzuges zu einem Anspruch auf Ersatz des Verzugsschadens führen kann (§§ 280 Abs. 1, 2, 286 Abs. 1 BGB) – Ausführungen dazu findet man in Teil 4 – oder die einen Anspruch auf Schadensersatz statt der Leistung gewährt (§§ 280 Abs. 1, 3, 281 BGB) – Ausführungen dazu stehen in Teil 4; die Pflichtverletzung kann ferner sein die Herbeiführung eines leistungsbefreienden Umstandes nach § 275 Abs. 1 – 3 BGB mit der Folge eines Schadensersatzanspruchs oder Aufwendungsersatzanspruchs (§§ 275 Abs. 4, §§ 311 a Abs. 2 oder 280 Abs. 1, 3, 283/284 BGB) – Ausführungen dazu stehen in Teil 4; und schließlich kann Schadensersatz wegen der Verletzung einer sonstigen Pflicht, nämlich einer leistungsbezogenen Nebenpflicht oder einer Verhaltenspflicht verlangt werden (§§ 280 Abs. 1, 281 Abs. 1; 280 Abs. 1, 241 Abs. 2, 282 BGB) – Ausführungen dazu liest man in den Teilen 4, 5;
- **quasivertragliche Ansprüche auf Schadensersatz** bei einer Anfechtung aus § 122 BGB; bei einem Handeln als Vertreter ohne Vertretungsmacht nach § 179 Abs. 2 BGB; bei einer Pflichtverletzung bei Vertragsschluss nach §§ 280, 311 Abs. 2, 241 Abs. 2; 311 a Abs. 2 BGB) – Ausführungen dazu finden sich in Teil 5;
- Ansprüche aus **Geschäftsführung ohne Auftrag** im Falle des § 678 BGB und aus §§ 677, 683, 670 BGB, wenn man bei bestimmten Fallkonstellationen einen Schaden als Aufwendung ansehen kann – Ausführungen dazu sind in Teil 5 enthalten;
- Ansprüche aus einem **Eigentümer-Besitzer-Verhältnis** (§§ 989, 990; 992, 823 BGB) – Ausführungen dazu finden sich in Teil 6;
- Ansprüche aus **Aufopferung** (§ 904 S. 2 BGB) – Ausführungen dazu finden sich in Teil 6;

- Ansprüche aus **Gefährdungshaftung** (§§ 231, 833 S. 1 BGB, § 7 Abs. 1 StVG, § 945 ZPO) – Ausführungen dazu enthalten die Teile 7, 3;
- Ansprüche aus **Delikt** (§§ 823 ff. BGB) – Ausführungen dazu enthält Teil 7;
- Ansprüche aus **angemaßter Geschäftsführung** (§§ 687 Abs. 2, 678 BGB) – Ausführungen dazu enthält Teil 5.

ee) Rückgewähransprüche aus Rücktritt

Ansprüche auf **Rückgewähr empfangener Leistungen** ergeben sich aus der Ausübung eines vereinbarten oder eines gesetzlichen Rücktrittsrechts z.B. aus §§ 346 ff., 323, 326 Abs. 5 BGB oder aus §§ 437 Nr. 2 bzw. 634 Nr. 3, 323, 326 Abs. 5 BGB – Ausführungen dazu enthält Teil 4.

ff) Ausgleichsansprüche

Ausgleichsansprüche können sein:

- ein Anspruch auf **Herausgabe des Erlangten aus Auftrag** (§§ 662, 667 BGB) – Ausführungen dazu kann man in Teil 3 finden;
- ein Anspruch aufgrund einer (nur) **obligatorischen Surrogation** (§ 285 BGB) – Ausführungen dazu stehen in den Teilen 3, 4;
- ein Anspruch aus einer **Geschäftsführung ohne Auftrag** (§§ 677, 681 S. 2, 667 BGB) – Ausführungen dazu stehen in Teil 5;
- ein Anspruch auf **Herausgabe von Nutzungen aus einem Eigentümer-Besitzer-Verhältnis** (§§ 987 ff. BGB) – Ausführungen dazu findet man in Teil 6 – und bei einem **Erbschaftsanspruch** (§ 2020 BGB);
- ein Anspruch aus **ungerechtfertigter Bereicherung** (§§ 812 ff., 818 Abs. 1 BGB und §§ 816 Abs. 1 S. 1, 816 Abs. 2 BGB) – Ausführungen dazu finden Sie in Teil 8;
- und ein Anspruch aus **angemaßter Eigengeschäftsführung** (§§ 687 Abs. 2, 681 S. 2, 667) – Ausführungen dazu findet man in Teil 5.
- Ausgleichsansprüche ergeben sich weiter aus einer „cessio legis" in Verbindung mit dem **„übergegangenen Anspruch"** (z.B. §§ 268 Abs. 3, 426 Abs. 2, 774, 1143 Abs. 1, 1225 S. 1, 1607 Abs. 2 S. 2 BGB, § 6 EGFZG, § 67 VVG, § 110 SGB X) – Ausführungen dazu stehen in Teil 3, 6, 10.
- Ausgleichsansprüche sind auch die **Aufwendungsersatzansprüche**, die sich ergeben können aus einem Auftrag (§§ 662, 670 BGB) – Ausführungen dazu enthält Teil 3; aus Geschäftsführung ohne Auftrag (§§ 677, 683 S.1, 670 BGB) – dazu steht etwas in Teil 5 – und Ansprüche auf **Verwendungsersatz** (§§ 994 ff. BGB) – Ausführungen dazu sind in Teil 6 zu finden.

gg) Unterlassungsansprüche

In Betracht kommen weiter Fallfragen, bei denen es um **Unterlassungsansprüche** geht; hier sind solche denkbar

- aus **Vertrag** (§ 241 Abs. 1 S. 2 BGB) – Ausführungen dazu enthält Teil 3;
- oder aus **Gesetz** (§§ 12, 862 Abs. 1 S. 2, 1004 Abs. 1 S. 2, 1027, 1065, 1134, 1227 BGB) – Ausführungen dazu finden sich u.a. in Teil 6.

hh) Aufbau bei konkurrierenden Ansprüchen

Bei der Fallbearbeitung gibt es unter den einzelnen von Ihnen in Betracht zu ziehenden konkurrierenden Anspruchsgrundlagen eine aus **rechtlichen Gründen gebotene Rangfolge** (so i.w. Diederichsen, Medicus, Brox):

- Man beginnt mit den (hier nicht weiter behandelten) **familienrechtlichen** und **erbrechtlichen Spezialansprüchen**;
- es schließt sich an die Prüfung **vertraglicher Ansprüche**, und zwar zunächst der **Primäransprüche** und dann der **Sekundäransprüche** (dargestellt in Teil 3, 4);
- **quasivertragliche Ansprüche** sind als nächstes zu prüfen, und zwar zunächst solche aus §§ 122, 179 BGB, dann aus einer Pflichtverletzung (man sagt heute traditionell bedingt „Verschulden") bei Vertragsverhandlungen (§ 311 Abs. 2 BGB), sodann die Ansprüche aus Geschäftsführung ohne Auftrag, und zwar zunächst auf Erfüllung, dann auf Schadensersatz und schließlich auf Aufwendungsersatz (dargestellt in Teil 5);
- es folgt die Prüfung der **sachenrechtlichen Ansprüche**, und zwar zunächst der **Primäransprüche** (Herausgabe, Grundbuchberichtigung, Beseitigung oder Unterlassung, Duldung der Zwangsvollstreckung) und dann der **Sekundäransprüche**, zunächst die der Herausgabeansprüche und dann die sonstigen mit den Herausgabeansprüchen in einem Zusammenhang stehenden Folgeansprüche (dargestellt in Teil 6);
- dann erörtern Sie die **Aufopferungsansprüche**;
- anschließend die **Gefährdungshaftungsansprüche** und **Deliktsansprüche** (dargestellt in Teil 7);
- die Erörterung der Ansprüche wegen **ungerechtfertigter Bereicherung** schließt sich an (dargestellt in Teil 8);
- und zuletzt kommt die Prüfung der Ansprüche aus **angemaßter Geschäftsführung** ohne Auftrag (dargestellt in Teil 5).

> **Diese Rangfolge** bildet übrigens wegen der ihr innewohnenden rechtlichen Logik und wegen der notwendigen Gewöhnung des Lesers an die Aufbausystematik bei Anspruchskonkurrenzen **im Grundsatz** auch die Grundlage für den weiteren **Aufbau dieses Buches**. Die einzige wesentliche Abweichung besteht darin, dass wir aus „darstellungsökonomischen Gründen" die angemaßte Geschäftsführung ohne Auftrag nach den Ansprüchen bei der Geschäftsführung ohne Auftrag besprechen.

b) Die Suche nach der Anspruchgrundlage im Beispielsfall

Diese Ausführungen zur Fallbearbeitungstechnik waren zwar äußerst wichtig, aber letztlich nicht mehr als „graue Theorie" und für den Anfänger vielleicht zugleich wieder ein wenig abschreckend. Wir müssen uns daher schleunigst wieder unserem Beispielsfall zuwenden, um das Erlernte zu erproben: Da Sie inzwischen längst den Sachverhalt vergessen haben dürften, sollten Sie ihn erst einmal wieder lesen und ihn sich selbst „nacherzählen". Dann erst dürfen Sie sich auf die **Suche nach der/den Anspruchsgrundlage/n** machen. Dabei werden Sie zunächst rasch erkennen, dass es bei dem sich aus der Fallfrage ergebenden **Zahlungsbegehren des H gegen den K** ganz offenbar darum geht, dass der Anspruchsteller H von dem Inanspruchgenommenen K dasjenige verlangt, was der M hätte verlangen können, also um die Zahlung eines Kaufpreises. Es dürfte auch für den Anfänger kein großes Geheimnis sein, dass der **Kaufvertrag** ein **besonderes vertragliches Schuldverhältnis** ist, dessen Inhalt der Gesetzgeber **in den §§ 433 ff. BGB typisiert geregelt** hat. Denn Sie haben ja ganz sicher bereits am ersten Tag Ihres Studiums neugierig im BGB geblättert und gelesen und sind dabei „zielsicher" auf die §§ 433 ff. BGB gestoßen. Sollten Sie nicht zu den „Neugierigen", denen jedenfalls bei den Juristen „die Welt gehört", zählen, so erfahren Sie dies jetzt erstmals. Wenn also der H die Zahlung des Kaufpreises verlangt, macht er unzweifelhaft einen **primären vertraglichen Anspruch aus einem Kaufvertrag**, den zwar nicht er, der H, sondern den der M mit dem K geschlossen hat, geltend. Was die Norm angeht, aus der sich das auf Zahlung des Kaufpreises gerichtete Begehren des H möglicherweise rechtfertigt, also die **Anspruchsgrundlage**, kann man nach ein wenig Leserei und Sucherei (die einem von Mal zu Mal leichter fällt, vor allem wenn man sich auf die Überschriften der Paragraphen konzentriert) sehr schnell den **§ 433 Abs. 2 BGB** finden. Eine weitere Anspruchsgrundlage (das soll verraten werden) gibt es hier nicht, so dass sich das Problem einer „Anspruchs-" oder „Anspruchsgrundlagenkonkurrenz" (wissen Sie noch, was das ist?) mit der daraus resultierenden Aufbauproblematik hier nicht stellt.

c) Die Subsumtion der Anspruchsgrundlage im Beispielsfall

Wer nun meint, er hätte bei der Bearbeitung des Falles schon sehr viel geleistet, der irrt: All dies waren nur gedankliche Vorarbeiten, die von einem Bearbeiter des Falles nicht einmal zu Papier gebracht werden dürfen; sie haben vielmehr nur im Kopf des Fallbearbeiters stattgefunden und sind allenfalls auf einem Schmierzettel notiert worden.

Erst jetzt beginnt man als Bearbeiter des Falles mit der **Abfassung** des „**Gutachtens**", in dem die aufgeworfene Fallfrage wissenschaftlich fundiert beantwortet wird. Wer jetzt glaubt, er könne in freier Form, etwa in Gestalt eines „**gelehrten Aufsatzes**", seinen Gedanken freien Lauf lassen, der irrt schon wieder. Wie Sie bereits wissen, besteht Ihre Aufgabe darin, ein „Gutachten" zu verfassen, das ganz bestimmten **strengen formalen Regeln** gehorcht.

Das **Gutachten** wird nämlich in der „**Gutachtentechnik**" verfasst. Jeder ernsthafte **Verstoß gegen die** folgenden **Regeln** ist absolut **tödlich**!

> Es ist einer der **klassischen Anfängerfehler**, den Leser (genauer: den Korrekturassistenten) und vielleicht auch sich selbst mit seinem frisch erlernten Wissen beeindrucken zu wollen. So mancher Bearbeiter verliert aus dem Auge, dass man bis zum Ende seiner Ausbildung als Fallbearbeiter ein Gutachten, das ausschließlich der Beantwortung von Fallfragen dient, zu schreiben hat. Immer wieder machen sich Jungjuristen daran, scheingelehrte Werke in der Form eines Aufsatzes zu verfassen, bei denen die Bearbeiter sich leider häufig auch noch selbst überfordern und daher blühenden Unsinn schreiben. Es sind nicht selten die Begabtesten, die auf diesen Irrweg geraten.

Die **Gutachtentechnik** ist **viertaktig**:

Als erstes (**1. Schritt**) stellt der Bearbeiter **im ersten Satz seines Gutachtens** (jeder andere einleitende Satz ist verboten!) ein hypothetisches Ergebnis vorweg. Dies ist der sog. „**Obersatz**"; er enthält gewissermaßen eine „Oberhypothese".

> Der **Inhalt** dieses ersten **Obersatzes** muss **vier Elemente** enthalten: „**Was will wer von wem woraus?**". Als Anfänger müssen Sie diese **Formel auswendig** dahersagen können!

Dazu wird das sich aus der Fallfrage ergebende Begehren („**was**") des Anspruchstellers („**wer**") gegen den Anspruchsgegner („**von wem**") in eine Verbindung mit der Anspruchsgrundlage („**woraus**") gebracht, wobei das in Betracht gezogene Ergebnis in der Möglichkeitsform bezeichnet wird. Für die **Formulierung des Obersatzes** des Gutachtens muss man sich Zeit nehmen: Hier kommt es nämlich häufig zu einer entscheidenden Weichenstellung für die Fallbearbeitung.

Wenden wir uns dazu jetzt wieder dem **Einführungsfall** zu:

Wie gesagt: Man erkennt schnell, dass es bei dem Begehren des H um einen **vertraglichen Leistungsanspruch aus einem Kaufvertrag (§ 433 Abs. 2 BGB)** geht. Jetzt aber bitte keine Übereilung: Wer nicht genau nachdenkt, verfasst vielleicht vorschnell folgenden Obersatz: „Der H könnte gegen den K einen Anspruch auf Zahlung von € 250,- aus einem Kaufvertrag haben (§ 433 Abs. 2 BGB)". Aber „blinder Eifer schadet nur". Wer nämlich den Sachverhalt gründlich gelesen hat, hat längst bemerkt, dass der H und der K mit Sicherheit keinen Vertrag miteinander geschlossen haben, sondern dass der H einen Kaufpreisanspruch geltend macht, der möglicherweise zunächst dem M gegen den K aus einem zwischen dem M und dem K geschlossenen Kaufvertrag zustand (**§ 433 Abs. 2 BGB**) und dass dieser möglicherweise gegebene Anspruch dann möglicherweise von M an den H durch eine Abtretung übertragen worden ist (**§ 398 BGB**). Der Obersatz muss daher wesentlich komplexer ausfallen und die Möglichkeit der Entstehung des Anspruchs in der Person des M und die weitere Möglichkeit einer Übertragung eines solchen Anspruchs durch Abtretung an den H kumulativ einbeziehen. Er könnte z.B. so lauten:

> „Dem H könnte gegen den K ein ihm von M abgetretener Anspruch auf Zahlung von € 250,- aus einem zwischen dem M und dem K geschlossenen Kaufvertrag zustehen (§§ 433 Abs. 2, 398 BGB)".

Man kann diesen in sprachlicher Hinsicht sehr „kondensierten" Obersatz stilistisch vielleicht ein wenig entzerren; erproben Sie ruhig Ihre sprachlichen Möglichkeiten. Wenn Sie schließlich diesen oder einen ähnlichen Obersatz formuliert und als ersten Satz Ihres Gutachtens aufgeschrieben haben sollten, können Sie erst einmal aufatmen. Denn nun haben Sie **das Tor für Ihre weiteren gutachterlichen Ausführungen aufgestoßen.** Die **eigentliche juristische Arbeit** beginnt mit der Untersuchung, ob das von Ihnen durch die Formulierung des Obersatzes als möglich vorgestellte Ergebnis zutrifft; wir nennen diesen Vorgang die **Anspruchsprüfung**.

Dazu müssen Sie als Bearbeiter als erstes die **Anspruchsgrundlage** (§ 433 Abs. 2 BGB) **analysieren**. Spätestens jetzt werden Sie erkennen, dass diese, wie **jede** andere **Anspruchsgrundlage** die **folgende Struktur** hat:

- Sie besteht aus einem **Voraussetzungsteil** oder dem **„Tatbestand"** (wie wir ihn zukünftig nennen werden)
- und einem **„Rechtsfolgeteil"**.

Nachdem Sie diese beiden Elemente der Anspruchsgrundlage als solche erkannt haben, besteht Ihre **nächste Aufgabe** darin zu untersuchen, ob nach dem zu bearbeitenden Sachverhalt die Voraussetzungen des **„Tatbestandes"** erfüllt sind. Sie müssen prüfen, ob der Sachverhalt „unter" (= **„sub"**) den „Tatbestand", also unter die Voraussetzungen der Norm, zu „bringen" (= **„sumere"**) ist; wir nennen diesen Arbeitsschritt daher auch **„Subsumtion"**. Dazu müssen Sie zunächst **(2. Schritt)** die einzelnen Merkmale des „Tatbestandes" (des Voraussetzungsteils) der Anspruchsgrundlage aufzählen und anschließend **(3. Schritt)** das Vorliegen dieser Voraussetzungen untersuchen – d.h. prüfen, ob der Sachverhalt tatsächliche Umstände enthält, die den rechtlichen Voraussetzungen der Anspruchsgrundlage entsprechen (noch einmal: das nennt man „Subsumtion"). Die schrittweise Merkmal für Merkmal vorzunehmende Subsumtion ist die eigentliche Arbeit des Juristen. Auch die Subsumtion erfolgt im **Gutachtenstil**. Also werden auch die möglichen Ergebnisse der Subsumtion in Obersätze eingekleidet, und anschließend werden die darin aufgeworfenen Fragen von Ihnen beantwortet. Sprachlich dominiert hier der **Konjunktiv** (Möglichkeitsform). Ein (nicht in unserem Einführungsfall) von Ihnen zu schreibender Text könnte dann vielleicht so lauten: „Der X könnte von Y die Übereignung und die Übergabe des PKW aus einem Kaufvertrag verlangen (§ 433 Abs. 1 BGB). Dann müssten der X und der Y einen Kaufvertrag über den PKW geschlossen haben. Der X könnte ein Angebot zum Abschluss eines Kaufvertrages abgegeben haben etc. etc.....". Weil das allerdings auf die Dauer doch sehr einförmig klingt, kann man auch schreiben: „Zu prüfen/untersuchen etc. ist, ob der X ... .Voraussetzung dafür ist, dass ... ". Der **Indikativ** ist erst dann wieder erlaubt, wenn Sie die Zwischen- oder Endergebnisse Ihrer Untersuchungen verkünden. Wenn Sie z. B. nach gründlicher Prüfung dazu kommen, dass zwar ein Angebot des X zum Abschluss eines Kaufvertrages vorliegt, der Y es aber nicht angenommen hat und daher kein Kaufvertrag zustande gekommen ist, können Sie z.B. schreiben: „Also hat der Y das Angebot des X zum Abschluss eines Kaufvertrages über den PKW nicht angenommen. Daher haben der X und der Y keinen Kaufvertrag miteinander geschlossen. Mithin kann der X nicht von Y die Übereignung und die Übergabe des PKW verlangen."

> Dieser von uns fortan **„Gutachtenstil"** genannte Sprachstil unterscheidet sich von dem **für den Studenten streng verbotenen „Urteilsstil"** dadurch, dass der Verfasser beim Urteilsstil „mit der Tür ins Haus fällt" und bereits im ersten Satz das Ergebnis der Subsumtion nennt und dann typischerweise mit der Konjunktion „denn" oder „nämlich" seine Begründung dafür nachfolgen lässt (z.B.: „Der X hat gegen Y keinen Anspruch auf Übereignung und Übergabe des PKW. Der Y hat nämlich das Angebot des X zum Abschluss des Kaufvertrags nicht angenommen. Denn...."). Der **Urteilsstil** wird **nur vom Richter** zur Begründung seiner Entscheidung (i.d.R. seines „Urteils") verwendet. Wer gut aufgepasst hat, weiss aber längst, dass zumindest der Richter eines Kollegialgerichts in der Rolle eines „Berichterstatters" vor der Beratung des zu fällenden Urteils ein Gutachten (in der Gerichtspraxis nennt man dies häufig auch ein „Votum") – wie auch er es einst in seiner juristischen Ausbildung an der Universität ebenso wie Sie jetzt gelernt hat – verfasst hat, bei dem er alle gedanklichen Möglichkeiten einer von ihm zu treffenden Entscheidung durchgespielt hat; durch dieses Gutachten hat er das nach seiner Auffassung zutreffende Ergebnis gefunden. Im späteren Urteil präsentiert der Richter dann den Parteien nur das nach der Beratung gefundene (natürlich begründete) Ergebnis; die anderen von ihm durchdachten Möglichkeiten verschweigt er. Zur Arbeit des Richters finden Sie später noch weitere dezidierte Ausführungen.

Da dies alles wieder einmal wirklich sehr abstrakt war, wollen wir uns wieder unserem **Beispielsfall** zuwenden und einen **Plan** entwerfen, wie es mit der Fallbearbeitung weitergehen soll. Zunächst rufen wir uns in Erinnerung, dass **(a)** es **als erstes** darum geht zu prüfen, ob dem M gegen K ein Anspruch auf Kaufpreiszahlung aus § 433 Abs. 2 BGB zusteht. Die beiden zu subsumierenden Merkmale des Voraussetzungsteils bzw. des Tatbestandes des § 433 Abs. 2 BGB sind der **Abschluss eines Kaufvertrags** zwischen M und K, und zwar eines Kaufvertrags **über eine Sache**. Wenn Sie herausgefunden haben sollten, dass die Voraussetzungen dieser Merkmale gegeben sind, dann können Sie als Zwischenergebnis festhalten, dass der M gegen den K einen Anspruch auf Zahlung eines Kaufpreises in Höhe von € 250.- hatte. **(b)** Da aber nicht der M, sondern der H den Anspruch aus § 433 Abs. 2 BGB geltend macht, werden Sie im Anschluss daran zu prüfen haben, ob dieser Anspruch des M gegen den K durch eine Abtretung auf den H übergegangen ist (§ 398 BGB).

Bei diesem Plan handelt es sich natürlich wieder einmal nur um geistige Vorarbeiten, die nicht in das von Ihnen zu schreibende Gutachten einfließen, sondern allenfalls in einer privaten **„Lösungsskizze"** vermerkt werden. Erst jetzt beginnen Sie mit der Umsetzung Ihres Plans: Nach der Formulierung des Obersatzes schreiben Sie **nun endlich den nächsten Satz Ihres Gutachtens**. In den meisten Fällen müssen Sie dem Leser das Mitdenken dadurch erleichtern, dass Sie den Text gliedern (wobei folgende Gliederungsstufen zu empfehlen sind A., I., 1., a), aa), aaaa), (1) etc. und zu beachten ist, dass wer immer „a" sagt, stets auch „b" sagen muss!):

> „I. Dem M könnte gegen den K ein Anspruch auf Zahlung eines Kaufpreises in Höhe von € 250,- aus einem Kaufvertrag zustehen (§ 433 Abs. 2 BGB).

> 1. Voraussetzung dafür ist, dass der M und der K einen Kaufvertrag über eine Sache geschlossen haben, aufgrund dessen der K dem M zur Zahlung eines Kaufpreises von € 250,- verpflichtet ist".

Unserem Plan folgend müssen Sie nunmehr im Einzelnen prüfen, ob der M und der K einen Kaufvertrag über eine Sache geschlossen haben. Da wir als „Einführungsfall" einen recht komplizierten Fall gewählt haben, müssen Sie mit einigen Klippen rechnen. Und in der Tat: Hier wartet die erste böse Überraschung auf Sie. Um nämlich das Vorliegen eines Kaufvertrages festzustellen, werden Sie leider die vielleicht schon etwas eingefahrenen Bahnen der §§ 433 ff. BGB wieder verlassen müssen. Denn die Antwort darauf, ob zwei Personen, hier der M und der K, einen Kaufvertrag geschlossen haben, liefern Ihnen nicht die §§ 433 ff. BGB. Und es kommt noch schlimmer. Sie finden zu der Frage, wie ein Vertrag als solcher oder ein Kaufvertrag oder ein Mietvertrag etc. im Besonderen zustande kommt, eigenartiger Weise keinerlei explizite gesetzliche Regelungen. Der Gesetzgeber des Jahres 1896 ging nämlich davon aus, dass dies selbstverständlich sei und daher nicht besonders geregelt werden müsse. Wenn zuweilen behauptet wird, es ergebe sich aus § 151 BGB (in dem es heißt: „Der Vertrag kommt durch die Annahme des Antrags zustande, ohne...."), unter welchen Voraussetzungen ein Vertrag geschlossen wird, der überinterpretiert diese Vorschrift. In Wahrheit gelten zur Frage der Voraussetzungen eines Vertragsschlusses „ungeschriebene Regeln", die hinsichtlich einzelner Voraussetzungen von den §§ 145 ff. BGB ergänzt werden. Wenn Ihnen der ungeschriebene Rechtssatz zu den Voraussetzungen eines Vertragsschlusses nach dem gegenwärtigen Stand Ihrer Ausbildung unbekannt sein sollte, was bei jedem Anfänger der Fall sein dürfte, sollten Sie sich in Lehrbüchern zum Allgemeinen Teil des BGB informieren, entweder, indem Sie (das würde ich empfehlen) eines davon parallel zu diesem Text lesen oder (etwas rationeller) indem Sie sich an der Gliederung oder im Register („Findex") unter dem Stichwort „Vertragsschluss" orientieren und dann gezielt nachlesen, unter welchen Voraussetzungen ein Vertrag zustande kommt. Wie auch immer; Sie werden bei Ihrem Studium auf Definitionen wie z.B. diese stoßen: „Verträge im Sinne des BGB sind alle Rechtsgeschäfte, die durch übereinstimmende wechselseitige Willenserklärungen zweier (oder mehrerer) Personen zustande kommen" (Peters). Darauf aufbauend können Sie jetzt den weiteren „Obersatz", den es dann zu beantworten gilt, formulieren. Wie schwierig der „Einführungsfall" ist, hat sicher derjenige von Ihnen sofort bemerkt, der den vorherigen Satz sorgfältig gelesen hat. Denn dieser enthält weitere Rechtsbegriffe, die in weitere Obersätze gekleidet und beantwortet werden müssen: Nämlich den Begriff „Willenserklärung" und den Begriff „Person". Bei der „Willenserklärung" geht es offenbar um die Erklärungen „Angebot" und „Annahme", deren Vorliegen Sie also zu prüfen haben werden. Dass der K als Mensch und damit als „natürliche Person" jemand ist, der eine solche Erklärung abgeben kann, leuchtet ohne weiteres ein (lesen Sie § 1 BGB). Bei M sieht es aber ganz anders aus: Denn bei M handelt es sich nicht um eine „natürliche Person", sondern um den Verein „Moto e.V."; zur Frage, ob dieser überhaupt eine „Person" ist und ob ggf. eine solche überhaupt und wenn ja durch wen rechtsgeschäftlich handeln kann, finden Sie Bestimmungen in den §§ 21 ff. BGB. Nach diesen gedanklichen Vorarbeiten können Sie in Ihrem Gutachten fortfahren:

> „a) Dann müssen M und K zwei Willenserklärungen, Angebot und Annahme ... „"

Jetzt muss das Vorliegen dieser Merkmale geprüft werden. Dazu kann es notwendig werden, weitere Obersätze mit **„Unter-Unterhypothesen"**, die sich auf die einzelnen Merkmale der „Unterhypothese" beziehen, zu formulieren und anschließend zu subsumieren. Diese Arbeit wird Ihnen hier nicht abgenommen. Versuchen Sie es selbst, die Lösung des vorliegenden Falles „voranzutreiben".

> Aus all dem wird deutlich, dass die Prüfung der Anspruchsgrundlage fast immer die Anwendung von **„primären, sekundären, tertiären etc. Hilfsnormen"** (Medicus) voraussetzt. Sie ahnen schon, dass Ihre Falllösung (Ihr „Gutachten") sehr schnell zu einem „Darstellungschaos" ausarten würde, wenn Sie die „Subsumtion" (was war das noch?) nicht nach den strengen Regeln der Gutachtentechnik vornehmen. Nur bei Beachtung dieser Regeln behalten Sie und der Leser die Übersicht.

Wenn Sie schließlich aufgrund Ihrer eigenen Bemühungen zu dem zutreffenden Ergebnis gekommen sind, dass der K und der M einen Vertrag mit dem Ihnen im Sachverhalt vermittelten Inhalt geschlossen haben, zeigt Ihnen die Definitionsnorm des § 433 BGB, ob dieser Vertrag entsprechend Ihrer Hypothese ein Kaufvertrag ist. Dann müssen Sie nur noch feststellen, dass dieser Kaufvertrag über eine Sache als Kaufgegenstand geschlossen ist; dazu müssen Sie § 90 BGB subsumieren. Dabei sollten Sie sich „kurz fassen", weil das Ergebnis (Mofa = „körperlicher Gegenstand" = Sache) eindeutig ist.

Irgendwann **(im letzten Schritt)** wird die **aufgeworfene Frage** (nicht selten mit einem **„Also"** eingeleitet) **beantwortet**, indem der Fallbearbeiter zwar nicht zu einem Endergebnis, wohl aber zu einem **Zwischenergebnis** kommt, das dann (endlich) einmal im Indikativ formuliert werden darf:

„Also haben M und K einen Kaufvertrag über das Mofa zu einem Preis von € 250,- geschlossen.".

Damit wäre der erste Arbeitsschritt getan, der hier leider nur zu einem Zwischenergebnis geführt hat. Weitere Arbeitsschritte werden folgen, und zwar zunächst **(sub 4)** die Prüfung der Wirksamkeit des Vertrages, aus dem sich der Anspruch ergeben könnte, bzw. die Prüfung von dem Entstehen des Vertrages entgegenstehenden Hindernissen („Wirksamkeitshindernisse" bzw. „Nichtigkeitsgründe" bzw. „rechtshindernde Einwendungen"); sodann geht es um die Frage, ob der Vertrag, aus dem sich der Anspruch ergeben könnte, wieder „beendet" worden ist **(sub 5)**. Wenn Sie aufgrund dieser Prüfung dazu gekommen sind, dass keine Wirksamkeitshindernisse bestehen und keine Beendigungsgründe gegeben sind, dann können Sie in einer Fallbearbeitung (nicht der unseres Einführungsfalles), bei der sie einen primären Erfüllungsanspruch (z.B. aus § 433 Abs. 1 BGB) prüfen, als Zwischenergebnis festhalten: „Also ist der Anspruch des X ….gegen den Y …..auf Lieferung des PKW entstanden". Das ist die Regel; wir werden aber zu erörtern haben, ob es auch Fälle gibt, in denen trotz eines geschlossenen, wirksamen und nicht beendeten Vertrages keine Leistungspflichten aus dem Vertrag resultieren **(sub 6)**. Die nächsten Arbeitsschritte befassen sich dann ausschließlich mit dem Schicksal des entstandenen Anspruchs; anders als die Erörterung der „Wirksamkeitshindernisse" und „Beendigungsgründe" (die jeweiligen synonymen Bezeichnungen: „rechtshindernde Einwendungen" etc.

sind Ihnen noch im Ohr?) gelten die folgenden Prüfungsinstanzen daher auch für Ansprüche aufgrund anderer als rechtsgeschäftlicher Anspruchsgrundlagen, z.B. auch für die Prüfung gesetzlicher Ansprüche. Zunächst geht es um die Erörterung, ob der Anspruch möglicherweise erloschen ist **(sub 7)** und schließlich, ob dem Anspruch „rechtshemmende Einreden" entgegenstehen **(sub 9)**. Die Zählung weist eine Lücke auf, denn bei unserem Einführungsfall müssen wir wegen einer Besonderheit des Falles zwischen die Prüfung des Erlöschens und die Prüfung der rechtshemmenden Einreden noch die Erörterung einfügen, ob der in der Person des M möglicherweise entstandene Anspruch auf den Anspruchsteller H übergegangen ist **(sub 8)**. Erst nach diesen noch viel Arbeit kostenden Erörterungen kennen Sie die endgültige Antwort auf die Fallfrage, ob der H von K Zahlung von € 250.- verlangen kann.

4. Die „Wirksamkeitshindernisse"

a) Die „Wirksamkeitshindernisse" im Allgemeinen

Wenn Sie – wie in auch unserem **Beispielsfall** – prüfen, ob sich ein Anspruch aus einem Rechtsgeschäft, speziell einem Vertrag ergibt, müssen Sie nach der Erörterung des Vertragsschlusses (aber natürlich nur dann, wenn aufgrund des Sachverhalts dazu eine „Veranlassung besteht"!) untersuchen, ob der Vertrag vielleicht unwirksam ist, weil **„Wirksamkeitshindernisse"** (= **„rechtshindernde Einwendungen"**) gegeben sind. Das sind solche „von Amts wegen" (also ohne die Notwendigkeit eines Berufens des anderen Teils darauf) zu berücksichtigende Umstände, die der Wirksamkeit eines Rechtsgeschäfts, also insbesondere eines verpflichtenden Vertrags, entgegenstehen, obwohl dessen Entstehungstatbestand vorliegt. Wie gesagt: das gilt natürlich nur bei der Prüfung von Ansprüchen aus Rechtsgeschäften, speziell aus Verträgen; bei der Prüfung anderer Ansprüche, z.B. eines gesetzlichen Anspruchs aus § 823 Abs. 1 BGB, der hier nicht zur Diskussion steht, schreiben Sie natürlich kein Wort zu Wirksamkeitshindernissen. Allen **Rechtsgeschäften**, speziell den **Verträgen**, können die folgenden **„Wirksamkeitshindernisse"** (auch wenn Sie anderswo und auch hier aufgrund einer „Übergangsphase" im Wege der Doppelbezeichnung den Begriff „rechtshindernde Einwendungen" aufgrund von „rechtshindernden" Tatsachen lesen werden, wollen wir uns demnächst nach und nach auf den Begriff „Wirksamkeitshindernisse" beschränken) entgegenstehen. Damit Sie sich darunter etwas vorstellen können, sollten Sie einmal annehmen, dass ein 6jähriges Kind ein ihm gehöriges gerade von der Großmutter ererbtes Grundstück verkauft, um von dem Geld Süßigkeiten „ohne Ende" zu erwerben; ein solcher Kaufvertrag ist (zum Schutze des Kindes: natürlich) nichtig und damit „unwirksam" (§§ 104 Nr. 1, 105 BGB). Um die „Wirksamkeitshindernisse", mit denen Sie sich bald befassen müssen, schon einmal kennen zu lernen, sollten Sie bei dieser Gelegenheit einmal die §§ 104, 105; 106 ff; 116 – 118; 125; 134; 138 BGB lesen. Dieser kurze Hinweis auf die „Wirksamkeitshindernisse" war natürlich nicht „das letzte Wort" zu diesem Thema; vielmehr werden wir darauf später noch ausgiebig eingehen (Teil 3).

b) Die „Wirksamkeitshindernisse" im Beispielsfall

Da in unserem Beispielsfall ja zunächst zu untersuchen ist, ob dem M gegen den K ein Anspruch auf Zahlung des Kaufpreises aus einem Kaufvertrag, also aus einem Rechtsgeschäft, zusteht (§ 433 Abs. 2 BGB), könnte für den Fallbearbeiter ein Anlass bestehen, sich mit eventuell gegebenen, den Kaufvertrag betreffenden „Wirksamkeitshindernissen" bzw. „rechtshindernden Einwendungen" auseinander zu setzen. In der Tat: Angesichts des Umstandes, dass der M zwar noch nicht volljährig ist (§ 2 BGB), andererseits aber auch älter als 7 Jahre und damit nicht geschäftsunfähig ist (§ 104 Nr. 1 BGB), stellt sich die Frage nach den Auswirkungen der **Minderjährigkeit des K** auf den Kaufvertrag, den er mit M geschlossen hat. Dazu müssen Sie wissen, dass der Gesetzgeber nach den §§ 106 ff. BGB zum Zwecke des Schutzes des Minderjährigen (also des über 7 Jahre alten und noch nicht volljährigen Menschen) Rechtsgeschäfte nur unter bestimmten Voraussetzungen wirksam sein lässt. Sie müssen deshalb erörtern, ob der Kaufvertrag des K mit dem M möglicherweise nach **§§ 106, 107, 108 Abs. 1 BGB** unwirksam ist.

Die Technik der Subsumtion von „Wirksamkeitshindernissen" bzw. „rechtshindernden Einwendungen" entspricht dem, was Sie soeben im Zusammenhang mit der Subsumtion der Anspruchsgrundlagen erlernt haben: Es müssen ggf. auch **„primäre, sekundäre, tertiäre etc. Hilfsnormen"** herangezogen werden und nacheinander mehrere **„Unterhypothesen"** aufgestellt werden. Deren Formulierung und die Subsumtion werden wieder einmal Ihnen zum eigenständigen „Training" überlassen. Das Ergebnis soll Ihnen aber vorsorglich genannt werden, damit Sie nicht in die Irre gehen: Das Wirksamkeitshindernis des § 107 BGB besteht wegen einer generellen Einwilligung der Eltern („Hilfsnormen": §§ 182, 183 BGB) nicht; auf § 113 BGB oder § 110 BGB (an die vielleicht der eine oder andere vorschnell gedacht haben mag, als er die §§ 106 ff. gelesen hat) kommt es daher nicht mehr an.

5. Die „Beendigung" des Rechtsgeschäfts, speziell Vertrages

a) Die „Beendigung" des Rechtsgeschäfts, speziell Vertrages, im Allgemeinen

Wenn Sie – wie auch in unserem **Beispielsfall** – prüfen, ob sich ein Anspruch aus einem Rechtsgeschäft, speziell einem Vertrag ergibt, müssen Sie nach der Erörterung des Vertragsschlusses und nach der anschließenden Feststellung, dass dem keine „Wirksamkeitshindernisse" bzw. „rechtshindernden Einwendungen" entgegenstehen, prüfen, ob das Rechtsgeschäft, speziell der Vertrag, **„beendet"** ist. Denn ein Rechtsgeschäft, speziell auch ein geschlossener Vertrag, kann z.B. durch eine Anfechtung mit der Folge einer rückwirkenden Vernichtung nach §§ 119 ff., 142 Abs. 1 BGB, durch einen Rücktritt vom Vertrag mit der Folge einer Verwandelung des Vertrages in ein Rückgewährschuldverhältnis (§§ 346 ff. BGB), durch einen „Aufhebungsvertrag" (§§ 241 Abs. 1, 311 Abs. 1 BGB) oder schließlich durch einen Widerruf nach § 355 BGB wieder „beendet" werden (Medicus nennt das: „kraftlos werden"). Eine solche Prüfung von Beendigungsgründen stellen Sie aber natürlich nur dann an, wenn nach dem Sachverhalt dazu Veranlassung besteht. Alle die eben genannten Normen sollten Sie schon jetzt einmal gründlich lesen. Wir werden auf die in ihnen enthaltenen Beendigungsgründe natürlich später noch ausgiebig eingehen. Wie gesagt: Das alles gilt nur für Ansprüche aus Rechtsgeschäften, speziell aus Verträgen; bei der Prüfung anderer Ansprüche, z.B. eines gesetzlichen Anspruchs aus § 823 Abs. 1 BGB, der hier nicht zur Diskussion steht, schreiben Sie daher natürlich kein einziges Wort zu Beendigungsgründen.

> Die Bildung der gesonderten Kategorie der „Beendigung von Verträgen" ist übrigens nicht zwingend. Denn man könnte die Anfechtung wegen der Rückwirkungsfiktion des § 142 Abs. 1 BGB auch als eines der „Wirksamkeitshindernisse" (=„rechtshindernde Einwendungen") einordnen (so Brox) oder aber als „Erlöschensgrund" (= „rechtsvernichtende Einwendung") verorten (so Diederichsen). Den Rücktritt und den Widerruf könnte man ebenfalls ohne weiteres als „Erlöschensgründe" (= „rechtsvernichtende Einwendungen") ansehen (Brox). Hieran erkennen wir, dass die begriffliche Einordnung offenbar ergebnisneutral ist.

b) Die „Beendigung" des Rechtsgeschäftes, speziell des Vertrages im Beispielsfall

Im Beispielsfall besteht für Sie in der Tat Anlass zur Prüfung einer „Beendigung" eines Rechtsgeschäfts, speziell eines Vertrages, und zwar zunächst unter dem Aspekt einer möglicherweise rückwirkenden Beseitigung des Kaufvertrages zwischen dem M und dem K infolge einer durch den K **„erklärten Anfechtung"** nach §§ **123 Abs. 1, 119 Abs. 2, 142 Abs. 1 BGB.**

> Die maßgeblichen außerordentlich komplizierten **rechtlichen Probleme** sollen hier kurz skizziert werden.
>
> **1.** Als **Jungjurist**, für den dieser Teil 1 gedacht ist, erhalten Sie hier einen Vorgeschmack auf eines der vielen „klassischen Problembündel", deren sichere Beherrschung schon bald von Ihnen verlangt wird. Sie brauchen sich aber keine Sorgen zu machen: Wenn Sie sich in der Weise, wie in der Einleitung zu diesem Buch vorgeschlagen wird, auf die Ausbildung konzentrieren, so werden Sie mit den hier aufgeworfenen Fragen bald wie selbstverständlich umgehen können. Wer aber die Herausforderungen dieses Studiums nicht gleich zu Beginn seiner Ausbildung ernst nimmt, der wird bis zum Examen aus den Sorgen nicht herauskommen und ständig irgendwelche Verständnis- oder Wissenslücken verdrängen oder überspielen müssen. Selbst als „fertige Juristen" vermitteln diese Kolleginnen und Kollegen oft das Gefühl einer juristischen Halbbildung, und „richtig gut" werden sie nie!
>
> **2.** Zurück zu unserem **Beispielsfall**: Sie müssen untersuchen, ob der Kaufvertrag zwischen K und M durch eine von K **erklärte Anfechtung** rückwirkend entfallen ist.
>
> **aa)** Bei einer Beendigung eines Rechtsgeschäfts, hier speziell eines Vertrages, durch ein Gestaltungsrecht (z.B. hier: durch eine Anfechtung nach den §§ 119 – 123 BGB) ist zu prüfen, ob dessen Ausübung durch eine gestaltende **Erklärung** (hier: § 143 Abs. 1 BGB) sich ausdrücklich aus dem Sachverhalt ergibt oder ob erst eine Auslegung des Parteiverhaltens ergibt, dass die Anfechtungserklärung erfolgt ist. Im Beispielsfall liegt keine ausdrückliche Anfechtungserklärung des K vor; man kann sie aber in dem Gesamtverhalten des K (Leistungsverweigerung und Erklärung des „Widerrufs") sehen, weil dieses deutlich

macht, dass der K sich, „auf welchem Wege auch immer", von dem Kaufvertrag lösen will. Wenn aufgrund der Sachverhaltsgestaltung anders als hier die Ausübung der Verteidigungsmöglichkeit in Gestalt einer Anfechtungserklärung nicht durch Auslegung ermittelbar ist, muss sie vom Fallbearbeiter zuweilen (jedenfalls: bei sog. „einwendungsbetonten" Aufgaben) unterstellt werden (Medicus).

bb) Weiterhin muss aus dem Spektrum der Möglichkeiten der §§ 119 – 123 BGB ein **Anfechtungsgrund** gegeben sein.

aaa) Dieser könnte sich im Einführungsfall aus **§§ 119 Abs. 2 BGB** ergeben, weil der K sich wegen seiner Fehlvorstellung hinsichtlich der Art des Motors („Austauschmotor" anstelle des wirklich vorhandenen „generalüberholten Motors") über eine „Eigenschaft" der Kauf- „Sache, die im Verkehr als wesentlich angesehen" wird, geirrt hat. Hier stößt man auf ein berühmtes Rechtsproblem: Die Fehlvorstellung des K bezieht sich nämlich auf einen Umstand, der zugleich ein „Sachmangel" nach § 434 Abs. 1 S. 1 BGB ist und der deshalb die Gewährleistungsrechte eines Käufers einer mangelhaften Sache aus § 437 BGB auslöst; diese Rechte verjähren nach § 438 BGB in einer bereits von der Ablieferung der Kaufsache an zu laufen beginnenden Frist, die kürzer ist als die Anfechtungsfrist des § 121 BGB (= zwar „unverzüglich", aber maximal 10 Jahre). Der nachdenkliche Leser erkennt sofort, wo das Problem liegt: Ließe man die Anfechtung nach § 119 Abs. 2 BGB zu, wenn ein Käufer sich über die Mangelfreiheit der Kaufsache geirrt hat, könnte der Käufer, die Anfechtung u.U. noch zu einem Zeitpunkt erklären, zu dem die Gewährleistungsrechte bereits verjährt wären, z.B. in den Fällen, in denen der Mangel erst nach Ablauf der Verjährungsfrist zutage tritt. Weil man daher durch die Zulassung einer Anfechtung die kürzere Verjährungsfrist des Gewährleistungsrechts „aushebeln" könnte (und aus weiteren, Ihnen später bekannt zu machenden Gründen) soll – jedenfalls nach Beginn der Gewährleistungshaftung (ab Gefahrübergang: hier nach § 446 BGB ab Übergabe an den Käufer K) – eine Anfechtung nach § 119 Abs. 2 BGB ausgeschlossen sein, wenn sich die Fehlvorstellung auf einen Umstand bezieht, der zugleich ein Sachmangel ist; das Gewährleistungsrecht des Kaufes in den §§ 437 ff. BGB ist mithin „lex specialis" zu § 119 Abs. 2 BGB. Eine Anfechtung des Kaufvertrags nach § 119 Abs. 2 BGB durch K scheidet also aus. Wem das alles „noch zu hoch" war, muss nicht erschrecken: Sie werden dieses Problem, das wie gesagt ein juristischer „Klassiker" ist, hier noch ausgiebig kennen lernen.

bbb) Der Ausschluss des Anfechtungsrechts durch das Gewährleistungsrecht gilt aber nicht für eine Beendigung eines Kaufvertrages durch eine Anfechtung wegen einer arglistigen Täuschung des Käufers durch den Verkäufer über die Mangelfreiheit der Kaufsache (**§ 123 Abs. 1 BGB**). Denn bei einem derart gravierenden Einwirken auf die Willensbildung des Käufers wie es eine arglistige Täuschung ist, verdient der Verkäufer keinen Schutz durch Verjährungsvorschriften. Zu prüfen ist daher, ob der Käufer K den Kaufvertrag mit dem Verkäufer M nach **§§ 123 Abs. 1, 142 Abs. 1 BGB** wegen arglistiger Täuschung wirksam angefochten hat, so dass dieser deshalb mit rückwirkender

> Kraft als nichtig anzusehen und damit beendet wäre. Subsumieren Sie mit Hilfe eines Kommentars oder eines Lehrbuchs den § 123 Abs. 1 BGB selbst. Sie werden dabei erkennen, dass es auf die Frage ankommt, ob der für den M handelnde V den K „arglistig" (d.h. vorsätzlich) getäuscht hat, weil er sich im Vertrauen auf die Auskunft des H nicht über die Richtigkeit seiner Erklärung gegenüber K, es handele sich um einen Austauschmotor, vergewissert hat; in dieser Erklärung könnte eine „bedingt vorsätzliche" (in der Strafrechtsvorlesung haben Sie sicher schon etwas vom „dolus eventualis" gehört) Täuschung (sog. Behauptung „ins Blaue hinein") liegen; gegen das Vorliegen einer arglistigen Täuschung könnte allerdings sprechen, dass der H, auf dessen Auskunft sich der V verlassen hat, ein Händler war und dass der Motor offenbar äußerlich wie ein Austauschmotor ausgesehen hat; umgekehrt war auch der V kein Laie. Die Antwort auf die Frage, ob hier eine arglistige Täuschung des K durch den V vorliegt, kann daher je nach dem Standpunkt des Fallbearbeiters unterschiedlich ausfallen; jede der Lösungen ist vertretbar und damit „richtig". Kommen Sie zur Annahme einer arglistigen Täuschung seitens des V, stellt sich Ihnen weiterhin die Frage, ob sich der Vertragspartner des K, der Verein „Moto eV." (M), die Täuschung des V zurechnen lassen muss; hier geht es um **§§ 26 Abs. 2 S. 1, 166 Abs. 1 BGB**.
>
> **cc)** Dass der Anspruch auf Zahlung des Kaufpreises bereits abgetreten worden war, als K die Anfechtung erklärte, spielt keine Rolle. Anfechtungsgegner ist und bleibt der Vertragspartner M (§ 143 Abs. 1, 2 BGB) und der H müsste sich die Beendigung des Kaufvertrages, aus dem er seinen Anspruch herleitet (§ 398 BGB), nach § 404 BGB entgegenhalten lassen.

Wenn Sie nach sorgfältiger Erörterung aller dieser Fragen dazu gekommen sein sollten, dass der K den Kaufvertrag mit rückwirkender Kraft infolge einer wirksamen Anfechtung beendet hatte und dass deshalb kein Anspruch auf Zahlung des Kaufpreises aus § 433 Abs. 2 BGB besteht, lautet das **Zwischenergebnis:**

„Also ist der Kaufvertrag aufgrund einer von K erklärten Anfechtung nach §§ 123 Abs. 1, 142 Abs. 1 BGB als von Anfang an nichtig anzusehen. Dem M steht gegen den K kein Anspruch auf Zahlung von € 250,- zu."

Wenn Sie dagegen zum Ergebnis gekommen sein sollten, dass der Vertrag mangels einer Anfechtungserklärung (das wäre allerdings eine wohl kaum tragfähige Begründung) oder mangels eines Anfechtungsgrundes (das kann vertretbar begründet werden) nicht durch Anfechtung „beendet" ist, so sollten Sie folgendes **Zwischenergebnis** formulieren:

„Also ist der Kaufvertrag nicht aufgrund einer von K erklärten Anfechtung als von Anfang an nichtig anzusehen.

> Für den **jungen Jurist**, der sich noch ganz am Anfang seiner Ausbildung befindet, mag es außerordentlich überraschend sein, dass offenbar zwei völlig unterschiedliche Ergebnisse als „vertretbar" angesehen werden können, dass also nicht etwa nur ein einziges Ergebnis „richtig" ist, und alle anderen Resul-

tate „falsch" sind. Sie werden bald lernen, dass der Spruch aus „Laienmund", „Zwei Juristen: drei Meinungen" einen beträchtlichen Realitätsgehalt hat.

Andererseits ist dieser Umstand kein „Freibrief" für Sie: Dieser Satz gilt nur mit der von jenen Laien nie genannten Einschränkung, dass die zu den unterschiedlichen Ergebnissen führende Begründung „vertretbar" sein muss, was voraussetzt, dass die von Ihnen vertretene abweichende Rechtsmeinung wissenschaftlich qualifiziert und eigenständig hergeleitet worden ist.

Damit aber nur **kein Missverständnis** aufkommt: Die Tatsache, dass unterschiedliche Rechtsmeinungen und damit auch verschiedene Ergebnisse vertretbar sind, bedeutet nicht etwa, dass Sie bei der Fallbearbeitung alternative Lösungen anzubieten hätten oder dies auch nur dürften. Sie müssen sich, sofern die unterschiedlichen Betrachtungsweisen nicht zu einem in jeder Hinsicht identischen Ergebnis führen, für die eine oder andere Rechtsansicht und damit für das eine oder das andere Ergebnis entscheiden!

Wenn im Folgenden der Beispielsfall „alternativ" gelöst wird, so nur deshalb, um Ihnen die Konsequenzen der verschiedenen Lösungswege zu demonstrieren.

Vielleicht ist hier ein kleiner **Ausblick in die Rechtswirklichkeit** der Rechtsfindung durch die **Rechtsprechung** angezeigt: Sie wissen ja schon, dass auch die Rechtsprechung in Zivilsachen häufig durch „kollegial" besetzte Gerichte erfolgt, also beim Landgericht oder Oberlandesgericht durch drei Richter und beim Bundesgerichtshof gar durch fünf Richter. Sie wissen inzwischen auch, dass bei Kollegialgerichten ein „Berichterstatter" aus dem Kollegium ein Gutachten ähnlich des von Ihnen zu verfassenden Gutachtens fertigt, das dann Grundlage der Beratung ist, und dass die Gerichtsentscheidung auf einer Abstimmung des Kollegiums beruht und i.d.R. durch ein „Urteil" schriftlich umgesetzt wird. Man fragt sich nun, was aus den abweichenden „vertretbaren" Rechtsmeinungen der/des überstimmten Richter/s wird. Die Antwort ist eindeutig: Weil diese Rechtsmeinung wegen des Abstimmungsergebnisses für die getroffene Entscheidung bedeutungslos ist, tritt sie als solche nicht in Erscheinung; bei Urteilen von Obergerichten wird die abweichende Ansicht nicht selten in den Gründen durch eine sie verwerfende Auseinandersetzung gewürdigt. Beim Bundesverfassungsgericht können die von der Mehrheit des Senats überstimmten Richter ihre abweichende Meinung (in Anlehnung an das US-Amerikanische Verfassungsrecht: ihr „dissenting vote") zugleich mit der Mehrheitsentscheidung veröffentlichen.

Kehren wir zurück zu den „Niederungen" unseres Beispielsfalles: Wenn Sie zu dem Zwischenergebnis gekommen sein sollten, dass der Vertrag nicht infolge der erklärten Anfechtung beendet ist, ginge Ihre Prüfung dann weiter:

Weil der K den „Widerruf" erklärt hat und weil der Kaufvertrag auch in einer „Haustürsituation" geschlossen worden ist (lesen Sie § 312 BGB und überlesen Sie einmal, wann eigentlich keine „Haustürsituation" gegeben ist), besteht für Sie als Fallbearbeiter weiterhin Veranlassung zur Prüfung einer Beendigung des Vertrages durch einen Widerruf nach §§ 312, 355 BGB. Das kann man aber sehr kurz machen, denn Sie erkennen sehr schnell, dass ein **Widerrufsrecht nach §§ 312, 355 BGB** schon deshalb nicht in Betracht kommt, weil der M als Vertragspartner des Verbrauchers K (§ 13 BGB) als „Idealverein" (§ 21 BGB) kein Unternehmer ist (§ 14 BGB). Die Formulierung der **„Unterhypothesen"** und die Subsumtion bleiben Ihnen überlassen.

Ist das Ergebnis der Anspruchsprüfung positiv, weil Sie nicht zur Beendigung des Kaufvertrages infolge einer Anfechtung oder der Erklärung des Widerrufs gekommen sind, so fassen Sie Ihre bisherige Prüfung in folgendem **Zwischenergebnis** zusammen:

„Also ist der Anspruch des M gegen den K auf Zahlung von € 250,- entstanden."

6. Verträge ohne Leistungspflicht

Das vorstehend formulierte Zwischenergebnis („Also ist der Anspruch ..... entstanden") ist das regelmäßige Resultat einer Prüfung eines Anspruchs aus einem Vertrag, bei der sich ergeben hat, dass der Vertrag geschlossen ist, dass ihm keine Wirksamkeitshindernisse entgegenstehen und dass er nicht beendet ist. Eigenartiger Weise gibt es aber gewisse Arten von Verträgen, die nur eine „unvollkommene Verbindlichkeit" begründen. Das sind die praktisch gesehen völlig bedeutungslosen Spiel- und Wettverträge (§ 762 BGB): „Durch Spiel oder durch Wette wird eine Verbindlichkeit nicht begründet". Darüber ein Wort zu verlieren, lohnt an sich nicht, schon gar nicht in dieser für Anfänger gedachten Einführung in die Fallbearbeitungstechnik. In dogmatischer Hinsicht sehr spannend sind jedoch bestimmte häufig vorkommende Fälle, die Sie demnächst kennen lernen werden, bei denen die Annahme eines Vertrages ohne primäre Leistungspflicht ebenfalls nicht fern liegt. Es handelt sich um die Fälle, bei denen bereits bei Vertragsschluss Leistungshindernisse i.S.d. § 275 BGB vorliegen, die den Schuldner von seiner Leistungspflicht befreien, also z.B. um einen Fall wie diesen, in dem ein Verkäufer einem Käufer eine Sache verkauft, die, ohne dass der Verkäufer dies bei Vertragsschluss wusste, bereits bei Vertragsschluss zerstört war, und der Käufer jetzt die Übereignung und Übergabe verlangt (§ 275 Abs. 1 BGB), oder in den Fällen des § 275 Abs. 2 und 3 BGB. Wenn wir uns dieser Frage „gutachtenmäßig" nähern, würden wir als erstes sagen, dass der Anspruch des Käufers sich aus einem Kaufvertrag ergeben könnte (§ 433 Abs. 1 S. 1 BGB). Wir würden dann feststellen, dass der Kaufvertrag geschlossen ist und dass keine Wirksamkeitshindernisse bestehen, dass der Vertrag insbesondere nicht deswegen unwirksam ist, weil der Verkäufer wegen eines schon bei Vertragsschluss vorliegenden Leistungshindernisses nicht zu leisten braucht (§ 275 Abs. 1 – 3 BGB), denn es heißt in § 311 a Abs. 1 BGB hierzu ausdrücklich: „Der Wirksamkeit eines Vertrages steht es nicht entgegen, dass der Schuldner nach § 275 Abs. 1 bis 3 nicht zu leisten braucht und das Leistungshindernis schon bei Vertragsschluss vorliegt". Andererseits besteht angesichts der klaren Regelung des § 275 Abs. 1 - 3 BGB keinerlei Streit darüber, dass der Verkäufer trotz des wirksamen Kaufvertrages nicht zur Übereignung und Übergabe verpflichtet ist. Die Frage ist allein, wie man dieses unstreitige Ergebnis aufbautechnisch in den Fallaufbau integriert. Allein deswegen wird dieses Thema hier, wo wir uns mit der Fallbearbeitungstechnik befassen, schon einmal angesprochen. Zum Glück brauchen wir uns bei der Bearbeitung unseres Beispielsfalls nicht mit dieser Frage zu befassen, denn hier geht es nicht um die Frage, ob ein primärer vertraglicher Anspruch deshalb nicht besteht, weil der Inanspruchgenommene (K) nach § 275 BGB nicht zu leisten braucht. Wir werden später in Teil 3 erörtern, ob man einen Vertrag, der trotz einer schon bei Vertragsschluss bestehenden Leistungsfreiheit des Schuldners nach § 275 BGB wirksam ist (§ 311 a Abs. 1 BGB), als einen „Vertrag ohne primäre Leistungspflicht" bezeichnen kann. Es soll schon hier nicht verschwiegen werden, dass es zum gleichen Ergebnis (= keine primäre Leistungsverpflichtung) führende anders geartete Argumentationen gibt: Der Vertrag sei von vornherein auf Schadensersatz aus § 311 a Abs. 2 BGB gerichtet; oder der primären Leistungsverpflichtung stünde eine „rechtsvernichtende Einwendung" entgegen. Ihnen wird (später, wenn Sie von den Dingen mehr verstehen) eine „theoriefreie" und zugleich rechtlich zutreffende Lösung dieser Frage angeboten. Dem Anfänger sei zum Trost versichert, dass der Umfang dieser Ausführungen zu den „Verträgen ohne Leistungspflicht" im umgekehrt proportionalen Verhältnis zur Relevanz derartiger Verträge steht.

7. Die „Erlöschensgründe"

Der aufmerksame Leser weiß bereits, dass sich die beiden nächsten Arbeitsschritte (**sub 7** und **sub 9**) ausschließlich mit dem Schicksal des entstandenen Anspruchs befassen; denn anders als die Erörterung der „Wirksamkeitshindernisse" **(sub 4)** und der „Beendigungsgründe" **(sub 5)** und der Frage, ob es Verträge ohne primäre Leistungspflicht gibt **(sub 6)**, geht es bei diesen beiden abschließenden Prüfungsinstanzen nur um das „Schicksal des Anspruchs", aus welcher Anspruchsgrundlage er sich auch immer ergeben mag, ob aus einem Rechtsgeschäft, speziell einem Vertrag, oder aus dem Gesetz. Das bedeutet ganz konkret, dass Sie immer dann, wenn Sie bei einer Fallbearbeitung das Zwischenergebnis formuliert haben, dass – aus welcher Anspruchsgrundlage auch immer – ein **„Anspruch entstanden ist"**, Sie sich im Anschluss daran mit dem **„Schicksal des entstandenen Anspruchs"** befassen müssen. Als erstes müssen Sie, wenn aufgrund des Sachverhalts Anlass dazu besteht, in **Erwägung** ziehen, ob der **entstandene Anspruch** wieder **erloschen ist**, m.a.W. **ob „Erlöschensgründe"** bzw. den Anspruch betreffende **„rechtsvernichtende Einwendungen"** vorliegen. Diese möglichen „Erlöschensgründe" betreffen also (um es noch einmal zusagen) nicht die Wirksamkeit oder das Fortbestehen eines Vertrages, aus dem der Anspruch entstanden ist, sondern betreffen ausschließlich das Schicksal des Anspruchs.

a) Die „Erlöschensgründe" im Allgemeinen

Die dem Anspruch möglicherweise entgegenstehenden (**„von Amts wegen"**, also **ohne Berufung des Anspruchsgegners** darauf, zu berücksichtigenden) **„Erlöschensgründe"** bzw. **„rechtsvernichtenden Einwendungen"** lassen sich, orientiert an den Anspruchsgrundlagen wie folgt typisieren (nach Medicus, der allerdings nicht zwischen Einwendungen und Einreden differenziert!) in solche, die

- **Einwendungen gegen alle Ansprüche** sind: Die Erfüllung und die Erfüllungssurrogate (§§ 362 ff, 372 ff., 387 ff. BGB) – Ausführungen dazu finden sich in Teil 3; der Erlassvertrag (§ 397 BGB); Treu und Glauben (§ 242 BGB: „dolo agit, qui petit, quod statim redditurus est" = arglistig handelt, der etwas verlangt, was wieder herausgegeben werden muss; Verwirkung) – Ausführungen dazu finden sich in Teil 3.

- **Gegen fast alle Ansprüche gerichtet** sind weiterhin folgende **Einwendungen**: Der Verlust des geltend gemachten Anspruchs durch Abtretung/durch cessio legis (§§ 398 ff. BGB – Ausführungen dazu finden Sie in den Teilen 3, 10); der Wegfall einer Schuldnerverpflichtung durch die Übernahme der Schuld seitens eines anderen im Wege einer Schuldübernahme (§§ 414 ff BGB, Ausführungen dazu findet man in den Teilen 3, 10); der Ausschluss einer Leistungspflicht bei Unmöglichkeit (§ 275 Abs. 1 BGB); dass man bei vertraglichen Ansprüchen im Fall eines bereits bei Vertragsschluss bestehenden Leistungshindernisses i.S.d. § 275 Abs. 1 BGB bei Zugrundelegung der Konstruktion eines „Vertrags ohne primäre Leistungspflicht" bereits das Vorliegen eines Anspruchs verneinen kann, und nicht auf ein Erlöschen abstellen muss, haben Sie sub 7 gelesen; man kann aber auch ein Erlöschen bzw. das Vorliegen einer rechtsvernichtenden Einwendung annehmen – Ausführungen dazu stehen in Teil 3.
- **Nur gegen Vertragsansprüche** aus **gegenseitigen Verträgen** ist gerichtet die **Einwendung** des Entfallens des Anspruchs auf die Gegenleistung (§ 326 Abs. 1 S. 1 BGB) – Ausführungen dazu enthält Teil 3.
- Die **Einwendungen gegen Herausgabeansprüche** sind: § 863 BGB gegen § 861 Abs.1 BGB; 1007 Abs. 3 S. 2 BGB gegen § 1007 Abs. 1 und 2 BGB; § 986 BGB gegen § 985 BGB – Ausführungen dazu finden sich in Teil 6;
- Die **Einwendungen gegen Grundbuchberichtigungsansprüche** (§ 986 BGB analog; aus § 242 BGB: „dolo agit...." und Verwirkung)
- Und schließlich bestehen bei **Bereicherungsansprüchen aus Leistungskondiktion** die **Einwendungen** aus §§ 814, 815, 817 S. 2 BGB und aus der Saldotheorie – Ausführungen dazu findet man in Teil 8.

Sie müssen sich das alles noch nicht einprägen; wir kommen später darauf gründlich zurück.

b) Die „Erlöschensgründe" im Beispielsfall

Erlöschensgründe bzw. „rechtsvernichtende Einwendungen", die einem Anspruch des M gegen den K entgegenstehen könnten, sind hier nicht zu erkennen. Wer allerdings die vorstehende Zusammenstellung der „Erlöschensgründe" bzw. „rechtsvernichtenden Einwendungen" sorgfältig gelesen hat, könnte Anlass zu einem Protest haben: War da nicht die Rede von einem „Erlöschensgrund" in Gestalt eines „Verlusts des Anspruchs durch Abtretung" und ist hier nicht der Anspruch des M gegen den K an den H abgetreten worden? Das stimmt schon, aber diese Einwendung würde natürlich nur einem (hier nicht zu prüfenden und auch nicht geprüften!) von M gegen den K geltend gemachten Anspruch des M entgegenstehen, nicht aber einem Anspruch des H gegen den K – im Gegenteil: Denken Sie an den Obersatz; diese Abtretung macht den hier zu prüfenden und auch geprüften Anspruch des H gegen den K überhaupt erst möglich (dazu lesen Sie sogleich mehr).

8. Übergang des Anspruchs auf Dritte

An dieser Stelle muss (nicht weil dies etwa aus allgemeinen aufbaulogischen Gründen bei jeder Fallprüfung zu geschehen hätte, sondern weil die Bearbeitung des Beispielsfalles es verlangt) auf die Frage eingegangen werden, welche Bedeutung ein eventueller Übergang eines Anspruchs auf eine andere Person haben kann.

Dazu muss man sich **zwei** theoretisch **mögliche Auswirkungen** eines Übergangs eines Anspruchs verdeutlichen:

- Häufig sind Fälle, in denen ein Anspruch nicht von demjenigen, in dessen Person er entstanden ist (A), sondern von einer anderen Person (B) geltend gemacht wird. Man wird dann zunächst zu prüfen haben, ob der Anspruch in der Person A entstanden ist, und sodann, ob er auf die Person B übergegangen ist (z.B. durch Abtretung nach § 398 BGB oder durch Erbfall nach § 1922 BGB). Diese Funktion des Anspruchsübergangs ist für unseren **Einführungsfall** von Belang.

- Der Übergang eines Anspruchs von einer Person A auf eine andere Person B hat zugleich die Folge, dass der ursprünglich der Person A zustehende Anspruch entfällt: Wenn nach der von Ihnen zu beantwortenden Fallfrage der A einen Anspruch geltend macht, der zunächst in seiner Person entstanden ist und dann unter Lebenden (z.B. durch Zession nach § 398 BGB) auf die Person B übergegangen ist, hat das zur Folge, dass der Anspruch nicht mehr der Person A zusteht. Liegt es so, dann hat der Übergang des Anspruchs die Funktion eines „Erlöschensgrundes". Daher hatten wir den Anspruchsübergang auch gerade zuvor **(sub 7)** bei den „Erlöschensgründen" bzw. „rechtsvernichtenden Einwendungen" eingeordnet. Aber, wie gesagt: In unserem Einführungsfall hat der in Rede stehende Anspruchsübergang auf den H nicht die Bedeutung eines den Anspruch zum Erlöschen bringenden Umstandes; hier geht es vielmehr um die Frage, ob der H berechtigt ist, den in der Person des M entstandenen Anspruch geltend zu machen.

a) Der Übergang von Ansprüchen im Allgemeinen

Verschaffen wir uns bei dieser Gelegenheit schon einmal einen Überblick über diejenigen Konstellationen, in denen Ansprüche von einer Person auf eine andere Person übergehen können; haben Sie ruhig den Mut, diese Vorschriften zu lesen, und versuchen Sie, diese auch zu verstehen; machen Sie sich „keine Gedanken", wenn Sie sich als Anfänger dadurch überfordert fühlen; es geht nur um eine „erste Bekanntschaft" mit Normen, die später ihr „täglich Brot" werden.

- Ansprüche können **durch Rechtsgeschäft** nach § 398 BGB auf einen anderen übergehen. Vorstellbar ist auch ein Anspruchsübergang **kraft Gesetzes**: z.B. nach §§ 268 Abs. 3, 426 Abs. 2, 774 alle i.V.m. §§ 412, 399 ff. BGB – Ausführungen dazu findet man z.B. in den Teilen 3, 6, 10.

- Man kann eventuell bestehende vertragliche Ansprüche auch dadurch erlangen, dass man durch „dreiseitige Vereinbarungen" nach §§ 311 Abs. 1, 241 Abs. 1 BGB entweder **in den Vertrag mit einem anderen eintritt** oder die **Rolle eines der Vertragspartners übernimmt** – Ausführungen dazu findet man in

Teil 11; letzteres wird zuweilen auch vom Gesetz angeordnet (§§ 566, 578 und in § 613 a BGB) – Ausführungen dazu findet man in Teil 3.

- Es gibt auch den Fall der **Universalsukzession**, der den Übergang des gesamten Vermögens (also auch von Ansprüchen) anordnet (§ 1922 BGB) – Ausführungen dazu findet man in Teil 11.

b) Der Übergang des Anspruchs im Beispielsfall

Sie werden sich entsinnen:

Es ist nicht der Verkäufer, der Verein „Moto eV." (M), der hier den Anspruch auf Zahlung des Kaufpreises geltend macht, sondern der H; diesem Umstand haben wir in unserem Obersatz auch Rechnung getragen; er lautete:

„Dem H könnte gegen den K ein ihm von M abgetretener Anspruch auf Zahlung von € 250,- aus einem zwischen dem M und dem K geschlossenen Kaufvertrag zustehen (§§ 433 Abs. 2, 398 BGB)".

Wer von Ihnen bei der Fallbearbeitung unter dem **Gliederungspunkt I. 1.**, nach gründlicher Prüfung in vertretbarer Weise begründet zu folgendem Zwischenergebnis gelangt ist,:

„Also ist der Anspruch des M gegen den K auf Zahlung von € 250,- entstanden."

muss (mangels jeglicher Veranlassung zur Prüfung eines „Vertrages ohne primäre Leistungspflicht" oder eines „Erlöschens" des Anspruchs) sogleich (also bitte keine theoretischen Ausführungen zu diesen beiden Themen!) unter dem **Gliederungspunkt I. 2.** wie folgt mit seiner Prüfung fortfahren:

„2. Der H könnte diesen Anspruch des M gegen K auf Zahlung von € 250,- durch eine Abtretung von M erlangt haben (§ 398 BGB)".

Die weitere Prüfung überlasse ich wieder Ihnen. Das weitere Zwischenergebnis lautet:

„Also ist der Anspruch des M gegen K durch Abtretung auf H übergegangen (§ 398 S. 2 BGB)".

Dagegen hat derjenige, der unter dem **Gliederungspunkt I. 1.** zu dem Zwischenergebnis gekommen war:

„Also ist der Kaufvertrag nach §§ 123 Abs. 1, 142 Abs. 1 BGB als von Anfang an nichtig anzusehen. Dem M steht gegen den K kein Anspruch auf Zahlung von € 250,- zu."

an sich keine Veranlassung zu prüfen, ob der H einen Anspruch erlangt hat. Gekünstelt, aber zur Not noch akzeptabel wäre es, wenn ein solcher Fallbearbeiter unter dem **Gliederungspunkt I. 2.** einen neuen Obersatz mit folgendem Inhalt formulieren würde:

„2. Zu prüfen ist, ob der H gleichwohl einen Anspruch gegen K auf Zahlung von € 250,- durch eine Abtretung von M erlangt hat (§ 398 BGB)".

Wer sich aber dazu entschließt, „sticht in ein Wespennest": Wenn man dadurch in die Versuchung kommt, die durchaus interessante (und später auch vertieft dargestellte)

Frage aufzuwerfen, ob man (hier der H) eine nicht existierende Forderung (hier die nicht bestehende Forderung des M gegen den K) im Wege der Abtretung „gutgläubig" erwerben kann, wenn man (wie hier der H) an die Existenz der Forderung glaubt, schießt man über das Ziel hinaus, weil der H nicht „gutgläubig" war (lesen Sie § 142 Abs. 2 BGB). Sie merken also schon, man sollte sich, wenn man die Beendigung des Vertrages durch Anfechtung angenommen haben sollte, auf diese Fragen gar nicht weiter einlassen, sondern schon vorher sein Gutachten mit dem Endergebnis abschließen und anschließend seine Gliederung umstellen (weil sie bei I. 1. stehengeblieben ist und quasi „in der Luft hängt", denn „wer A sagt, muss auch B sagen"):

„Also hat der H gegen den K keinen Anspruch auf Zahlung von € 250,- ."

9. Die „rechtshemmenden Einreden"

Noch nicht ganz „am Ende" ist derjenige Fallbearbeiter, dessen Zwischenergebnis lautete,

„Also ist der Anspruch des M gegen K durch Abtretung auf H übergegangen (§ 398 S. 2 BGB)".

Er muss nämlich im Auge haben, dass am Schluss einer jeden Anspruchsprüfung – wenn also der Anspruch „entstanden" ist und nicht „erloschen" ist – die Frage steht, ob der Anspruchsgegner eine dem Anspruch entgegenstehende „rechtshemmende" Einrede mit der Folge geltend gemacht hat, dass der Anspruch trotz seines Bestehens nicht durchsetzbar ist. Nicht selten – und dies trifft auch für unseren Beispielsfall zu – ist diese Prüfung durch die sich beim rechtsgeschäftlichen Forderungsübergang nach §§ 398 ff. BGB bzw. bei einer „cessio legis" z.B. nach §§ 774, 412, 399 ff. BGB zusätzlich stellende Frage verkompliziert, ob eine solche Einrede, die aus der Rechtsbeziehung zwischen dem Anspruchsgegner und Schuldner (K) und dem Alt-Gläubiger bzw. Zedent (M) herrührt, nach dem Forderungsübergang auch dem Neu-Gläubiger bzw. Zessionar (H) als dem Anspruchsteller gegenüber geltend gemacht werden kann.

a) Die „rechtshemmenden Einreden" im Allgemeinen

Einreden sind Gegenrechte, die der Durchsetzung eines Anspruchs entgegenstehen, die aber nicht „von Amts wegen" berücksichtigt werden dürfen. Damit wird in etwas altertümlichem Deutsch zum Ausdruck gebracht, dass das Gericht (= „Amt") beim Vorliegen der Voraussetzungen einer rechtshemmenden Einrede nicht von sich aus die Durchsetzbarkeit des Anspruchs verneinen und die Klage abweisen darf, sondern nur dann, wenn die Einrede von dem in Anspruch genommenen Beklagten geltend gemacht wird. Eine Klage darf also nicht mit der Begründung abgewiesen werden, dass die regelmäßige Verjährungsfrist nach §§ 195, 199 BGB abgelaufen ist, sondern nur dann, wenn die Verjährungsfrist nach §§ 195, 199 BGB abgelaufen ist und wenn der beklagte Schuldner nach Eintritt der Verjährung erklärt hat, dass er die Leistung verweigere (§ 214 BGB).

Nun könnten Sie sagen: „Was geht mich der Prozess an, ich bin doch kein Richter, sondern ein Student, der ein Gutachten schreiben soll". Das ist zutreffend, aber im übertragenen Sinne gelten die vorstehenden Ausführungen auch für Sie bei der Fallbearbeitung, bei der Sie als Fallbearbeiter quasi das Gericht (= „Amt") sind. Auch Sie dürfen also das bloße Vorliegen der Voraussetzungen einer rechtshemmenden Einrede nicht zum Anlass nehmen, den Anspruch für nicht durchsetzbar zu erklären, sondern müssen prüfen, ob der Inanspruchgenommene deshalb die Leistung verweigert hat.

> Man muss daher bei Unklarheiten durch eine Auslegung des Sachverhalts ermitteln, ob die Einrede erhoben worden ist (z.B. kann die Erhebung der Einrede in einer Leistungsverweigerung unter Nennung eines bestimmten Grundes liegen oder in einer „Aufrechnungserklärung" mit einer nicht zur Aufrechnung geeigneten ungleichartigen Gegenforderung). Wie Sie schon bei den Gestaltungsrechten gelernt haben, kann der Bearbeiter notfalls eine Berufung des Inanspruchgenommenen auf eine rechtshemmende Einrede alternativ unterstellen, wenn er erkennt, dass hier ein Bearbeitungsschwerpunkt liegt.

Die **Einreden** lassen sich in ähnlicher Weise wie die Einwendungen typisieren in solche, die

- **allen Ansprüchen entgegen stehen**: Das sind die von der Leistungspflicht befreienden Einreden des § 275 Abs. 2 und Abs. 3 BGB – Ausführungen dazu finden sich in Teil 3; das Zurückbehaltungsrecht nach §§ 273, 274 BGB – Ausführungen dazu finden sich in Teil 3; und die Einrede der Stundung – Ausführungen dazu finden sich in Teil 3;

- **fast allen Ansprüchen entgegen stehen**: Das sind die Einrede der Verjährung – Ausführungen dazu finden Sie in Teil 3 – und die dauernden Einreden aus §§ 851, 821 BGB – Ausführungen dazu findet man in den Teilen 7, 8;

- **einem Anspruch aus einem gegenseitigen Vertrag entgegenstehen**: Das ist die Einrede aus §§ 320, 321 BGB – Ausführungen dazu stehen in Teil 3;

- **auch einem Kaufpreisanspruch entgegenstehen**: Zu erörtern ist, ob einem Kaufpreisanspruch nach §§ 320, 434 ff. BGB die Mängeleinrede entgegenstehen kann – Ausführungen dazu sind in den Teilen 3, 4 zu lesen;

- **dem Bürgen gegen den Gläubiger zustehen**: §§ 771, 768, 770 BGB – Ausführungen dazu liest man in Teil 3 und die dem **Eigentümer gegen den Hypothekar zustehen**: § 1137, 1157 BGB – Ausführungen dazu finden sich in Teil 6;

- **gegen Herausgabeansprüche aus § 985 BGB bestehen**: Das sind die Einreden des unrechtmäßigen Besitzers gegen den Eigentümer (§§ 994 ff., 1000 S. 1 BGB) – Ausführungen dazu finden Sie in Teil 6.

- **gegen Grundbuchberichtigungsansprüche**: Das sind die Einreden des unrechtmäßigen Besitzers gegen den Eigentümer (§§ 994 ff., 1000 S. 1 BGB analog) – Ausführungen dazu enthält Teil 6.

Die rechtshemmenden Einreden können **vorübergehend** (z.B. §§ 273, 320, 1000 BGB) oder **dauernd** (z.B. § 214 Abs. 1 BGB) wirken.

b) Die „rechtshemmenden Einreden" im Beispielsfall

Im **Beispielsfall** kommt die Einrede des nichterfüllten Vertrages (§ 320 BGB) und die Einrede der Stundung in Betracht. Auch hier gibt es komplizierte Rechtsfragen, deren gründliche Erörterung diejenigen Leser, die sich besonders für die Fragen der Fallbearbeitungstechnik interessieren, und das sind nun einmal die Anfänger, überfordern würden. Auf die **rechtlichen Probleme** soll aber hingewiesen werden. Auch hier gilt wieder, dass niemand sich durch die unerwartete Komplexität der einzelnen Rechtsfragen abschrecken lassen sollte. Wenn Sie sich von der inneren Einstellung her so mit der Materie befassen, wie es Ihnen in der Einleitung angeraten wurde, und wenn Sie dieses Buch wirklich gründlich und kontinuierlich durcharbeiten, werden alle diese jetzt noch neuen und vielleicht gar ein wenig „unheimlichen" Fragestellungen binnen Kurzem zur Routine für Sie.

> Also: Um welche **rechtlichen Probleme** geht es?
>
> **a)** Weil die Kaufsache (das Mofa) mangelhaft ist, hat der Verkäufer M den Kaufvertrag nicht erfüllt (§ 433 Abs. 1 S. 2 BGB). So gesehen hätte der K nach § 320 BGB das Recht, die ihm obliegende Leistung (Kaufpreiszahlung) bis zur Bewirkung der Gegenleistung (Mangelfreiheit der Kaufsache) zu verweigern. Hier kommt aber eine Besonderheit hinzu: Nach „Gefahrübergang" (nach § 446 S. 1 BGB ist das z.B. der Zeitpunkt der Übergabe der Kaufsache) stehen dem Käufer gegen den Verkäufer „nur noch" Gewährleistungsrechte aus § 437 BGB zu. Da das Mofa von M (handelnd durch V) an K übergeben worden ist, ist die Gefahr auf den K übergegangen. Bei einer solchen Fallkonstellation stellt sich die rechtlich komplizierte Frage, ob der Käufer auch noch nach Gefahrübergang die „Einrede des nicht erfüllten Vertrages" aus § 320 BGB hat. So meinen manche, dass dies deshalb nicht der Fall sein könne, weil § 437 BGB nicht auf § 320 BGB verweise. Andere meinen, dass § 320 angewendet werden könne, solange der Käufer nach §§ 437 Nr. 1, 439 BGB Nacherfüllung verlangen könne. Wir wollen hier – völlig unkritisch – von einer Anwendbarkeit des § 320 BGB ausgehen, werden aber später auf die gesamte Problematik zurückkommen und die Frage dann vielleicht durch bessere Einsichten „geläutert" anders beantworten!
>
> **b)** Ein Anspruch ist – wenn keine abweichende Vereinbarung getroffen wurde – sofort fällig (§ 271 BGB). Wenn (wie hier) von Gläubiger und Schuldner vereinbart wird, dass die Fälligkeit bei weiterhin gegebener Erfüllbarkeit auf einen späteren Zeitpunkt hinausgeschoben wird, nennt man das „Stundung"; eine solche „Stundung" muss vom Schuldner „einredeweise" geltend gemacht werden.
>
> **c)** Beide „Verteidigungsmittel" sind Einreden: Sie müssen also geltend gemacht werden; ohne Geltendmachung blieben sie unberücksichtigt. Hier hat K die Einreden erhoben.
>
> **d)** Ein weiteres Problem wird sein, dass die in Betracht zu ziehenden Einreden aus der Rechtsbeziehung des K mit M, nicht aber aus einer Rechtsbeziehung des K mit H, herrühren. Hier findet sich die Lösung in § 404 BGB.

„II. 1. Dem Anspruch des H gegen K könnte die Einrede des nicht erfüllten Vertrages entgegenstehen (§§ 320, 404 BGB). a) Der K hat sich darauf berufen, dass der M den Kaufvertrag nicht erfüllt habe. Der K müsste dem M aus einem gegenseitigen Vertrag verpflichtet sein und die Zahlungsverpflichtung müsste im Gegenseitigkeitsverhältnis stehen. Für das Vorliegen eines Gegenseitigkeitsverhältnisses ist kennzeichnend, dass ...... (das lesen Sie in einem Lehrbuch oder in einem Kommentar zu § 320 BGB bzw. zu § 433 BGB und subsumieren es bitte selbst). Also ist der Kaufvertrag zwischen M und K ein gegenseitiger Vertrag und die Kaufpreiszahlungsverpflichtung des K steht im Gegenseitigkeitsverhältnis. Der M müsste eine im Gegenseitigkeitsverhältnis dazu stehende Pflicht zur Gegenleistung nicht bewirkt haben. Die Ausführungen zu § 119 Abs. 2 BGB haben ergeben, dass die Kaufsache mangelhaft ist (§ 434 Abs. 1 S. 1 BGB). Zu prüfen ist, ob der M deshalb eine im Gegenseitigkeitsverhältnis zur Kaufpreiszahlungsverpflichtung des K stehende Gegenleistung nicht erbracht hat. Der M ist als Verkäufer dazu verpflichtet, dem Käufer die Kaufsache frei von Sachmängeln zu verschaffen (§ 433 Abs. 1 S. 2 BGB). Diese Pflicht steht im Gegenseitigkeitsverhältnis zur Verpflichtung des Käufers zur Kaufpreiszahlung. Daher steht dem Käufer ein Leistungsverweigerungsrecht nach §§ 320, 433 Abs. 1 S. 2, 434 ff. BGB zu". (Dass das nur eine „provisorische" und unkritische Lösung einer komplizierten und wichtigen Rechtsfrage ist, haben wir bereits deutlich gemacht.) b) Diese dem M gegenüber bestehende Einrede könnte auch dem H gegenüber wirken (§ 404 BGB). Dann müsste ..... (das lesen Sie in einem Lehrbuch oder in einem Kommentar zu § 404 BGB und subsumieren es bitte selbst). Also wirkt die Einrede nach § 404 BGB auch gegen den H, so dass der H keinen Anspruch auf Zahlung gegen den K hat.

2. Dem Anspruch des H gegen K könnte weiterhin die Einrede der Stundung entgegenstehen. a) Wenn vereinbart wird, dass die Fälligkeit bei weiterhin gegebener Erfüllbarkeit auf einen späteren Zeitpunkt hinausgeschoben wird, nennt man diese Vereinbarung eine „Stundung"; sie muss vom Schuldner „einredeweise" geltend gemacht werden. Der M und der K müssten eine Stundung vereinbart haben. Voraussetzung dafür ist, dass durch eine Vereinbarung die Fälligkeit bei weiterhin gegebener Erfüllbarkeit auf einen späteren Zeitpunkt hinausgeschoben wird. Der M und der K haben dadurch, dass sie eine Vereinbarung des Inhalts getroffen haben, dass K erst am 5. Mai 2002 zu bezahlen braucht, eine Stundung vereinbart. Weil der Anspruch bereits am 20. April 2002 geltend gemacht wird, hemmt die Einrede der Stundung den Anspruch. Der K hat sich hierauf berufen. b) Diese dem M gegenüber bestehende Einrede könnte auch dem H gegenüber wirken (§ 404 BGB). Dann müsste ..... Also wirkt die Einrede nach § 404 BGB auch gegen den H und der H hat also auch deshalb am 20. April 2002 keinen Anspruch auf Zahlung gegen K".

II. Hinweise zur Arbeitstechnik bei Hausarbeiten

Wenn der Bearbeiter den Sachverhalt einer Hausarbeit so sicher verstanden hat, dass er diesen ohne Zuhilfenahme des Textes einem Dritten vortragen kann, sollte er nur mit Hilfe des Gesetzes und unterstützt durch die Kenntnisse zur Fallbearbeitungstechnik, durch eigene Rechtskenntnisse und mit viel juristischer Phantasie (also mit „Bordmitteln") bis zur Grenze der „Spinnerei" in aller Ruhe einen **ersten Lösungsentwurf** in Gestalt eines ausformulierten gut durchgegliederten Textes entwickeln. Empfohlen wird, auch schon bei einer solchen ersten Lösungsskizze mit der Gutachtentechnik zu arbeiten. Zu achten ist schon in diesem frühen Stadium auf die Stringenz der Argumentation; auch sollte man stets prüfen, ob einem das Ergebnis „gerecht" erscheint (lassen Sie also Ihr „Rechtsgefühl" sprechen), ob es plausibel ist und ob es der Interessenlage entspricht. Die Ihnen auf den ersten Blick entscheidend erscheinenden Fragen sollten Sie hervorheben. Dieser erste Entwurf ermöglicht es dem

Bearbeiter nicht selten, später – wenn er Stellungnahmen zu Rechtsfragen abgeben muss – eigene Argumente zu finden, was oft nicht leicht fällt, wenn man inzwischen nur noch die bereits in Lehre und Rechtsprechung geäußerten Ideen „großer Autoritäten" im Sinn hat und sich davon nicht mehr frei machen kann. Umgekehrt sollte man sich aber auch nicht an diesen Entwurf klammern.

Auf der Basis dieses ersten Entwurfes beginnt man als Fallbearbeiter mit der **wissenschaftlichen Vertiefung** durch die Heranziehung der Literatur und der Rechtsprechung. Entscheidend ist, dass man sich dabei auf die für die Falllösung wesentlichen Fragen konzentriert. Der Verfasser soll keinen wissenschaftlichen Aufsatz schreiben, sondern er soll ausschließlich einen Fall lösen. Wenn man dabei auf einen wissenschaftlichen **Meinungsstreit** stößt, sollte man die einzelnen Meinungen und die daraus bei der Bearbeitung des konkreten Falles jeweils resultierenden Ergebnisse knapp darstellen; falls die Ergebnisse identisch sind, kann man ohne weitere Diskussion der verschiedenen Ansichten und ohne Stellungnahme dieses Ergebnis zugrunde legen. Wenn man aber mit allen diesen Meinungen und deren (übereinstimmenden) Ergebnissen aus besserer Einsicht (das dürfte relativ selten der Fall sein) nicht einverstanden sein sollte oder wenn (und das ist wahrscheinlicher) die Meinungen im konkreten von Ihnen zu bearbeitenden Fall zu verschiedenen Ergebnissen führen, dann müssen Sie (mit eigenen Gründen versehen!!) Stellung nehmen: Entweder schließt man sich einer der Meinungen an oder man entwickelt eine eigene Lösung.

Wenn die Rechtsausführungen in Ihrer Arbeit nicht ausschließlich auf Ihren eigenen Überlegungen beruhen, sondern diese anderweitig inspiriert sind, müssen Sie dies durch in **Fußnoten** nachgewiesenen Belegstellen aufzeigen. Vor sog. **„Blindzitaten"** bzw. „mittelbaren Zitaten" – also Nachweisen, die Sie wissenschaftlichen Darstellungen oder Gerichtsentscheidungen unnachgeprüft entnommen haben – kann wegen der Fehlerträchtigkeit und wegen der Unwissenschaftlichkeit eines solchen Vorgehens nur gewarnt werden. Geschulte Leser (und das sind die Korrekturassistenten und die Prüfer im Examen allemal) entlarven „Blindzitate" sehr schnell als solche, und sie sind dann gegenüber Ihrer gesamten Arbeit besonders kritisch eingestellt.

Keinesfalls gehören in Fußnoten Textpassagen, wie die Darstellung eines Meinungsstreits. Vollkommen unsinnig sind fallbezogene Zitate, weil der von Ihnen bearbeitete Fall niemals in der Literatur oder in der Rechtsprechung behandelt wurde; da hilft auch nicht die beliebte Formulierung in der Fußnote: wie „vgl. Brox–Walker S. 92". In den Fußnoten werden bei Lehrbüchern, Monographien, Dissertationen der Nachname des Autors, eventuell ein Kurztitel der Abhandlung (dazu sogleich mehr), und die Seitenzahl „Brox–Walker S. 92" oder eine im zitierten Werk verwendete Untergliederung („Brox–Walker § 7 II 2 a)" oder eine dort verwendete Kennzeichnung durch Randziffern („Brox–Walker § 7 Randziffer 25") genannt; bei Aufsätzen oder Festschriftveröffentlichungen wird die Zeitschrift (in der üblichen Abkürzung: „NJW") oder die Festschrift (z.B. „Festschrift für….") aufgeführt und bei den Seitenzahlen zunächst der Beginn der Veröffentlichung und sodann die eigentliche Fundstelle genannt. Bei Kommentaren muss der jeweilige Bearbeiter aufgeführt werden, indem man z.B. schreibt: „Palandt-Heinrichs § 275, Rn. 6" oder „MüKo-Emmerich § 323, Rn. 15"; man kann aber z.B. auch schreiben: „Emmerich in MüKo § 323, Rn. 15". Bei Kommentaren werden niemals Seitenzahlen zur Bezeichnung der Fundstelle genannt. Bei Entscheidungen aus amtlichen Sammlungen heißt die Quelle: in Zivilsachen „RGZ" oder „BGHZ" bzw. in Strafsachen „RGSt" oder „BGHSt"; genannt wird zunächst der Band, dann die Seite des Beginns der Veröffentlichung und schließlich die eigentliche Fundstelle (z.B. „BGHZ 32, 250, 252"); bei sonstigen Entscheidungsveröffentlichungen heißt es z.B. „BGH NJW 1960, 1565, 1561" oder „BGH in: NJW 1960, 1565, 1561". Niemals sollten Sie das Aktenzeichen der Entscheidung nennen.

Was Ihre Arbeitsweise angeht, so ist es völlig unsinnig, als erstes in großen Mengen und „blindlings" Material zu sammeln und Fotokopien anzuhäufen, im Kopf ein Gedankengebilde zu schaffen und dann irgendwann später mit dem Schreiben zu beginnen. Das Chaos im Kopf und eine bald ausbrechende Panik sind praktisch garantiert. Es empfiehlt sich vielmehr, möglichst **frühzeitig** (im Idealfall sofort, also noch am Ende des ersten Tages) damit zu beginnen, das Gutachten zu **schreiben**, und zwar so, wie wenn es die demnächst abzugebende endgültige Fassung wäre: Also im exakten, sauber ausformulierten Gutachtenstil, mit Gliederung, mit Fußnoten. Selbst mit der Anlegung eines Literaturverzeichnisses sollten Sie gleich beginnen – glauben Sie nur nicht, dass Sie am Ende der Bearbeitungszeit dazu noch Zeit hätten. Nur wer seine Gedanken alsbald ausformuliert zu Papier bringt, weiß um deren Schwäche – wer hingegen nur nachdenkt, aber nie formuliert, betrügt sich selbst. Außerdem rinnt Ihnen wie jedem unter Zeitdruck arbeitenden Autor die Zeit nur so davon. Es beruhigt auch ungemein, wenn man sich durch das langsam fortschreitende Werk selbst das Gefühl vermittelt, produktiv zu sein. Eine, diesem Rat folgend, frühzeitig begonnene Arbeit ist aber – auch wenn man mit dieser Einstellung an die Arbeit gehen sollte – natürlich niemals bereits das endgültige Werk, an dem es nichts mehr zu ändern gäbe; nach aller Erfahrung wird man ständig Änderungen und Umstellungen vornehmen – eine Arbeitsweise die durch den Computer mit seinen Schreibprogrammen geradezu wundersam erleichtert wird.

Niemals sollte man annehmen, dass eine Hausarbeit allein deshalb, weil sie eine Vielzahl „hochgelehrter" rechtstheoretischer Ausführungen enthält oder besonders viele Titel im Literaturverzeichnis aufweist oder gar viele und jeweils umfängliche Fußnoten enthält, besonders hochwertig ist. Für die **Bewertung** einer Hausarbeit ist nach aller Erfahrung bei **Anfängern** viel entscheidender, ob der Verfasser die Regeln der Gutachtentechnik beachtet hat, indem er (und zwar nicht nur im allerersten Satz der Arbeit, sondern durch die gesamte Arbeit hindurch, also auch bei der Prüfung der Hilfsnormen!) exakte Obersätze aufgestellt hat und später auch wieder auf sie zurückgekommen ist, ob er gutachtenmäßig stringent argumentiert hat, ob die Überleitungen logisch nachvollziehbar sind und die verwendeten Konjunktionen stimmen, ob die Darstellung in sich widerspruchsfrei ist und es keine Wertungswidersprüche gibt, ob die Schwerpunkte richtig gesetzt worden sind, dass es keine überflüssigen rein belehrenden Passagen gibt, ob der Aufbau gelungen ist und ob Ausdruck und Stil angemessen sind. Eine juristische Arbeit ist häufig allein schon deshalb misslungen, weil der Leser den Verfasser schlichtweg nicht versteht; auf in ihr verborgene gute Ideen und juristische Qualitäten kommt es dann oft gar nicht mehr an. Ein ziemlich sicherer Weg zur Vermeidung dieses grundlegenden Mangels ist es daher, die Arbeit in einem möglichst frühen Bearbeitungszustand einem intelligenten, an der Sache interessierten kritischen Nicht-Juristen zur Durchsicht zu geben; wenn dieser der Darstellung nicht folgen kann, ist die Arbeit meistens misslungen. Dies wird hier so sehr hervorgehoben, weil die Erfahrung lehrt, dass es immer wieder Hausarbeiten gibt, die aus sich heraus einfach nicht verständlich sind. Umgekehrt ist natürlich eine leicht verständliche wissenschaftlich oberflächliche Bearbeitung auch nicht das Wahre: Finden Sie einen Mittelweg!

Für die **Bewertung** der Arbeit eines **fortgeschrittenen Juristen** (also erstmals bei der Hausarbeit zum „großen" BGB-Schein, speziell aber im Examen) ist darüber hinaus entscheidend, dass auch eine wissenschaftliche Leistung erbracht wird!

Letzte Tipps: Seien Sie **spätestens einen Tag vor dem Abgabetermin** mit allem **fertig!** Ihnen fällt doch immer noch etwas ein.

III. Formalien bei Hausarbeiten

Der **äußere Aufbau** einer Hausarbeit besteht in folgender Anordnung:

- **Deckblatt** (bei universitären Hausarbeiten) oben links: Name des Bearbeiters, Anschrift, Semester, Matrikelnummer; mittig auf der Seite: Bezeichnung der Veranstaltung, Veranstaltungsleiter, Semester, Kurzbezeichnung der Aufgabe (z.B. „1. Hausarbeit")
- **Sachverhalt**: Jedenfalls im Examen ist es erforderlich, den Text vollständig und genau abzuschreiben. Bei den Leistungskontrollen der Universitäten wird es zuweilen (zur Vermeidung einer Zeit kostenden bloßen Schreibleistung) ausdrücklich gestattet, die (unversehrte und unveränderte) Originalaufgabe einzuheften; ansonsten müssen Sie den Text leider abschreiben.
- **Gliederung**: Hier besteht im Prinzip Wahlfreiheit, fast „Narrenfreiheit" – nur logisch und auf den ersten Blick transparent muss die Gliederung sein; dringend empfohlen wird hier folgende Struktur: 1. Teil, A., I., 1. a), aa), aaa), (1), (a), (aa), (aaa). Wichtig ist vor allem, dass auf „a" auch „b" folgt!! Abgeraten wird wegen mangelnder optischer Transparenz von einer „numerischen" Gliederung.
- **Literaturverzeichnis**: Es sind alle die Titel (niemals jedoch Gerichtsentscheidungen oder gar Gesetze!) zu nennen, die Sie im Text verarbeitet und deshalb zitiert haben; es darf keine inhaltliche und auch keine quantitative Diskrepanz zwischen Literaturverzeichnis und Fußnoten geben. Die Titel sind nach Verfassernamen alphabetisch zu ordnen. Es sollten keine Sachgruppen nach der Art der Veröffentlichung gebildet werden. Zu nennen sind bei **Büchern**: Der Name des Autors (keine akademischen Grade! kein Hochschulort!), sein Vorname; vollständiger Titel; Auflage, Jahr, Verlagsort. Mindestens bei Verwendung mehrerer Werke eines Autors ist ein Kurztitel zu wählen, der dann in den Fußnoten zur Unterscheidung der einzelnen Werke genannt wird: „Medicus, Dieter Bürgerliches Recht, 19. Aufl. 2002, Köln, Berlin, Bonn, München (zitiert: Medicus BR)". Bei manchen **Kommentaren** ist als (für die alphabetische Reihenfolge maßgeblicher) Autorenname der gegenwärtige oder der „historische" Herausgeber, z.B. „Staudinger, Julius v." oder „Palandt, Otto", aufzuführen; mangels eines solchen Namens muss der (gerne auch abgekürzte) Titel wie z.B. „Münchener Kommentar" genannt werden; ein eventueller Kurztitel kann auch hier gewählt werden: „Staudinger", „Palandt", „MüKo", „RGRK" (z.B.: "zitiert: Palandt-Bearbeiter"). Bei **Aufsätzen** sollen genannt werden: Name des Autors (keine akademischen Grade! kein Hochschulort!), Vorname; vollständiger Titel des Aufsatzes, „in:", Zeitschrift mit ihrer üblichen Abkürzung (z.B. „NJW"), Jahr, Seite („Derleder, Peter

und Zänker, Leif, Der ungeduldige Gläubiger und das neue Leistungsstörungsrecht, in: NJW 2003, 2777"); bei einem Aufsatz in einer Festschrift ist der vollständiger Titel des Beitrages, „in:", Titel der Festschrift (z.B. „Festschrift für….."), der Name des Herausgebers, das Jahr und die Seite zu nennen.

- **Gutachten:** Als Korrekturrand dient der der linke Seitenrand (7 cm); die Schriftgröße beträgt 12 pt; der Zeilenabstand beträgt 1 ½; die Seiten sind erst mit Beginn des Gutachtentextes mit arabischen Ziffern zu nummerieren.

- **Unterschrift:** Die Unterschrift enthält die Erklärung, dass die Arbeit selbst und ohne fremde Hilfe gefertigt worden ist. Dies ist keine leere Floskel; in fast jedem Semester gibt es bei Übungshausarbeiten Fälle, in denen Bearbeitungen mit „unzulänglich" bewertet werden müssen, weil die Verfasser keine eigenständige Leistung erbracht haben. Die Erfahrungen gehen dahin, dass der Täuschungsversuch überwiegend darin besteht, dass mehrere Bearbeiter derart eng zusammenarbeiten, dass die eine Arbeit nur noch eine sprachliche Variation der anderen ist. Damit ist die Grenze zur „erlaubten mündlichen Diskussion" überschritten, weil keine der Leistungen mehr als eigenständig erbracht angesehen werden kann. Dies ist für einen geschulten Leser unschwer zu erkennen, weil eine geistige Leistung durch ihre Merkmale (Gedankengang, Aufbau, Lösung einzelner Fragen, „originelle Fehler", verwendete Literatur, Sprache, Stil, Aufbau, Fundstellen) fast so individuell ist wie ein „Fingerabdruck".

Teil 2. Grundbegriffe

Bei Ihrem ersten Versuch einer Fallbearbeitung haben Sie manche grundlegenden Dinge als geradezu selbstverständlich kennen gelernt, ohne sie vielleicht durchschaut zu haben. Mit dieser Naivität muss es jetzt ein Ende haben. Die folgenden **Grundbegriffe** bilden das **Fundament für das Verständnis des Bürgerlichen Rechts**. Sie müssen Ihnen vertraut sein, bevor wir uns weiter und dann systematisch mit der Vermittlung von Kenntnissen befassen, die Ihnen dann eine selbstständige Fallbearbeitung ermöglichen. Stellen wir die zu beantwortenden Fragen erst einmal vor:

1. Bisher war es Ihnen als selbstverständlich hingestellt und von Ihnen auch so hingenommen worden, dass es als „**Rechtssubjekte**" anzusehende Personen und Personenmehrheiten gibt, die Träger von Rechten und Pflichten (= „**rechtsfähig**") sind und deren **persönliche Interessen** durch das materielle bürgerliche Recht in der Weise berücksichtigt werden, dass ihnen durch das objektive Recht „**Berechtigungen**" verliehen werden, kraft derer sie eine „**Willensmacht**" bzw. „**Rechtsmacht**" haben, die sie in den Stand versetzt, **ihre Interessen gegenüber anderen Personen („Rechtssubjekten") zu realisieren**. Wir haben gesehen, dass sie **Rechtsgeschäfte vornehmen** können, dass ihnen **Rechte** (z.B. Ansprüche) gegen andere Personen oder an Gegenständen **zustehen** können, und dass sie **auf die Rechtslage** durch gestaltende Erklärungen (z.B. durch Anfechtung) **einwirken** können.

Dass einzelne Menschen („**natürliche Personen**") wie der „**K**", der „**V**" und der „**H**", die Sie in unserem **Einführungsfall** kennen gelernt haben, derartige rechtsfähige und berechtigte „**Rechtssubjekte**" sind, hat Ihnen sicher ohne weiteres eingeleuchtet. Für den kritisch Denkenden war es jedoch vielleicht keinesfalls selbstverständlich, dass offenbar auch **Personenmehrheiten** Träger von Rechten und Pflichten (= „**rechtsfähig**") sein können und dass ihnen subjektive Rechte zustehen können: Wir nennen diese Personen im Gegensatz zu den „natürlichen" Personen die „**juristischen Personen**" oder wir sprechen **bestimmten Personenmehrheiten eine „Rechtsfähigkeit"** zu. Darüber wird noch einiges zu sagen sein.

2. Auch die Frage der Fähigkeit von Personen und rechtsfähigen Personenmehrheiten, Rechte und Pflichten zu begründen (= „**Handlungsfähigkeit**"), ist bereits angesprochen worden, als wir uns weitgehend theoretisch mit den Auswirkungen der Geschäftsunfähigkeit natürlicher Personen (z.B. ein 6-jähriges Kind verkauft ein Grundstück) und ganz speziell in unserem Einführungsfall mit den Folgen der beschränkten Geschäftsfähigkeit des 17-jährigen „**K**" für die Wirksamkeit der von ihm vorgenommenen Rechtsgeschäfte befasst hatten. Ein besonderes Problem war auch die Frage der „Handlungsfähigkeit" des Vereins „Moto eV" („**M**"); wir hatten gesehen, dass der M seine „Handlungsfähigkeit" durch die Organstellung des „V" erhielt. Auch diese Themen werden wir noch gründlich behandeln müssen.

3. In den vorstehenden Ausführungen sind wir auch als völlig selbstverständlich davon ausgegangen, dass Personen bestimmte **Rechte an Objekten ("Rechtsobjekte")** zustehen können (z.B. das Recht an der Forderung des M gegen den K auf Kaufpreiszahlung). Das hat Sie vielleicht deshalb nicht so sehr erstaunt, weil eine solche Vorstellung irgendwie mit Ihrem „natürlichen Rechtsverständnis" in Einklang stand. Dass sich dahinter aber keinesfalls selbstverständlich zu beantwortende und für jede Fallbearbeitung bedeutsame Fragestellungen verbergen (was alles kann ein „Objekt von Rechten" sein?), muss man sich erst bewusst machen. Dass an Sachen ein **„Eigentum"(-srecht)** bestehen kann, mag ja noch dem „natürlichen Rechtsverständnis" entsprechen: Denn Sie wissen sicher, dass einer Person das Eigentum an einer beweglichen Sache (z.B. an diesem Buch) oder an einer unbeweglichen Sache (Grundstück) zustehen kann oder dass Ihnen auch andere Rechte an Sachen zustehen können (z.B. eine Hypothek an einem Grundstück). Wenn man ein wenig selbstkritisch ist, ist die von Ihnen bisher einfach hingenommene Vorstellung, dass es auch **Rechte an Forderungen** gibt, wegen der Unkörperlichkeit einer „Forderung" schon wesentlich komplizierter. Diese wenigen Worte lassen Sie vielleicht ahnen, dass es auch zu dem Grundbegriff „Rechtsobjekt" noch viel zu sagen gibt.

4. Dass es die Möglichkeit zum **Abschluss von Verträgen** gibt, dass eine **Anfechtung erklärt werden kann** etc., kurz gesagt, dass es Institute gibt, die man unter dem durchaus anschaulichen Oberbegriff **„Rechtsgeschäft"** zusammenfassen kann, entsprach Ihrem Vorverständnis und konnte daher ebenfalls als selbstverständlich hingestellt werden. Natürlich müssen auch diese noch sehr vagen Vorstellungen nunmehr konkretisiert werden. Darüber hinaus gingen die bisherigen Ausführungen des 2. Teils stillschweigend davon aus, dass diese **„Rechtsgeschäfte"** die verschiedensten Funktionen haben: Es gibt die mehrseitigen Rechtsgeschäfte, wie den eben angesprochenen Vertrag, und einseitige Rechtsgeschäfte, wie die Ihnen aus dem Einführungsfall bekannte Anfechtung, wie den Rücktritt oder die Erteilung einer Vollmacht.

5. Sie haben auch erfahren, dass ein **Rechtsgeschäft** von seiner Funktion her **„verpflichtend"** oder **„verfügend"** wirken kann.

- So haben Sie solche **Rechtsgeschäfte** kennen gelernt, durch die zugunsten einer Person (Gläubiger) eine Verpflichtung einer anderen Person zur Leistung (Schuldner) begründet wird (= **„Verpflichtungsgeschäft"** = **„obligatorisches Geschäft"**): Im Einführungsfall wurden durch einen Kaufvertrag nach § 433 Abs. 1 BGB die Verpflichtung des Verkäufers M zur Übergabe und Übereignung des Mofas an den K und die Verpflichtung des Käufers K gegenüber dem Verkäufer M zur Kaufpreiszahlung begründet (§ 433 Abs. 2 BGB).

- Sie haben aber auch erfahren, dass es **Rechtsgeschäfte** gibt, durch die ein Recht **übertragen** wird (im Einführungsfall eine Forderung des M gegen den K durch Abtretung (= „Zession") nach § 398 BGB an den H; das Eigentum an der beweglichen Sache Mofa durch den M an den K durch Übereignung nach §§ 929 ff. BGB). Auch kann durch ein Rechtsgeschäft ein Recht **belastet** werden (z.B. das Eigentum an einer beweglichen Sache durch Verpfändung nach

§ 1204 BGB), **inhaltlich geändert** oder **aufgehoben** werden. Wir nennen solche Rechtsgeschäfte, durch die ein Recht übertragen, belastet, inhaltlich geändert oder aufgehoben wird, fortan **„Verfügungsgeschäfte"**.

- Was das **Verhältnis eines solchen „Verpflichtungsgeschäftes"**, durch das sich jemand zu einer Verfügung verpflichtet (z.B. in einem zur Übereignung und zur Übergabe der Kaufsache und zur Übereignung des Kaufpreises verpflichtenden Kaufvertrag), **zu dem** jeweiligen der Erfüllung dieser Verpflichtung dienenden **„Verfügungsgeschäft"** bzw. „Erfüllungsgeschäft" (die Übereignung der Kaufsache und des Kaufpreises) angeht, so werden Sie demnächst erfahren, dass die „Verpflichtungs-" und die „Verfügungsgeschäfte" in rechtlicher Hinsicht voneinander getrennt sind **(„Trennungsprinzip")**. Besonders mysteriös ist die Frage der rechtlichen Abhängigkeit der „Verpflichtungs-" und der „Verfügungsgeschäfte" voneinander. Es soll hier schon einmal „verraten" werden, dass die Wirksamkeit des „Verfügungsgeschäfts" (hier speziell die Übereignung der Kaufsache bzw. des Kaufpreises) nicht von der Wirksamkeit des „Verpflichtungsgeschäfts" (hier speziell von der des zur Übereignung verpflichtenden Kaufvertrags) abhängt; das „Verpflichtungsgeschäft" ist lediglich der Zweck (ist, wie man auch sagt, „kausal") für das Verfügungsgeschäft. Wir nennen dieses Verhältnis zwischen „Verpflichtungs-" und „Verfügungsgeschäft" das **„Abstraktionsprinzip"**.

Auch wenn wir schon ein wenig ins Detail gegangen sind: Das alles war nur ein erster Überblick über die offenen Fragen zu Grundbegriffen. Machen wir uns jetzt an deren Beantwortung!

A. Die Subjekte und Objekte des Rechts

Wenn Sie sich an unsere ersten „hochgelehrten", aber auch praktisch sehr wichtigen Erkenntnisse zu den Begriffen „objektives" und „subjektives Recht" entsinnen, die folgende Ergebnisse hatten,

> dass nämlich das „objektive Recht" den „Rechtssubjekten" eine „Willensmacht" bzw. „Rechtsmacht" verleiht und dass diese mit Hilfe dieser „Berechtigung" ihre Interessen gegenüber anderen „Rechtssubjekten" realisieren können („subjektives Recht"),

so müssen wir jetzt zugeben, dass wir uns dabei an zwei grundlegenden Begriffen einfach „vorbeigemogelt" haben, ohne die eine seriöse Fallbearbeitung völlig unmöglich ist. Wir haben uns nämlich bisher überhaupt keine Gedanken darüber gemacht,

- **wer** eigentlich als mögliches **„Rechtssubjekt"** in Betracht zu ziehen ist
- und **welche Objekte** Gegenstand von Rechten (wir nennen sie fortan kürzer **„Rechtsobjekte"**) sein können.

I. Die Subjekte des Bürgerlichen Rechts („Rechtssubjekte")

Es soll zunächst darum gehen, **wer** vom objektiven Recht als **„Träger von Rechten und Pflichten"** angesehen wird, kurz gesagt, **wer** überhaupt **„rechtsfähig"** ist. Die Antwort ist kurz und bündig und Ihnen auch hinsichtlich der beiden ersten Gruppen bekannt: Die **„Rechtsfähigen"** sind im **Zivilrecht**

- die **natürlichen Personen,**
- die **als rechtsfähig anerkannten Personenmehrheiten** bzw. **Personenzusammenschlüsse** und
- die **Stiftungen.**

> Was die beiden letztgenannten Gruppen angeht, so stoßen wir plötzlich auf einen **Grenzbereich zum Öffentlichen Recht**, nämlich auf die Frage, ob auch die durch Gesetz oder Hoheitsakt „ins Leben" gerufenen **juristischen Personen des öffentlichen Rechts** (z.B. die „Bundesrepublik Deutschland" oder die „Freie und Hansestadt Hamburg" als personenbezogene Gebietskörperschaften oder ob die „Rechtsanwaltskammer" als rein personenbezogene Körperschaft des öffentlichen Rechts oder ob die „ARD" als gleichermaßen personen- und sachbezogene Anstalt oder ob die „Stiftung Preußischer Kulturbesitz" als vermögensbezogene Stiftung des öffentlichen Rechts) zugleich auch **Personen des Bürgerlichen Rechts** sein können.
>
> Diese Frage ist berechtigt. Denn das Verhältnis zwischen den Bürgern und den genannten staatlichen Institutionen könnte ausschließlich durch das „öffentliche Recht" geregelt werden und uns, die wir uns hier nur mit dem Bürgerlichen Recht befassen, daher nichts angehen. Das wäre jedoch ein Fehlschluss: Da der Staat und die genannten staatlichen Institutionen auch wie ein Bürger am Rechtsleben teilnehmen können (z.B. bei sog. „fiskalischen Geschäften", wie beim Materialeinkauf einer Behörde bei einem privaten Bürogroßhändler) oder weil der Staat einige Aufgaben wahlweise privat- oder öffentlich-rechtlich erfüllen kann, kann auch die Beziehung des Staates/einer staatlichen Institution zum Bürger durchaus **privatrechtlicher Natur** sein, dies mit der Folge, dass der Staat dann wie ein „Bürger" behandelt wird. Dass dies möglich ist, zeigt auch § 89 BGB, der die zivilrechtliche Haftung der juristischen Personen des öffentlichen Rechts für ihre Organe regelt.

- Daraus schließen wir, dass zu den Rechtsfähigen im Zivilrecht auch die **juristischen Personen des öffentlichen Rechts** gehören, wenn sie sich wie „Private" betätigen. Auch wenn dies so ist, werden wir uns allerdings in Zukunft mit ihnen nicht weiter befassen; letztlich geht es doch um ein Thema, das Ihnen im Zusammenhang mit dem Öffentlichen Recht näher gebracht wird.

1. Die Menschen („natürliche Personen")

Einzelne **Menschen** (= „natürliche Personen")

- sind **„Träger von Rechten und Pflichten"** (= **„rechtsfähig"**). Sie erlangen die Rechtsfähigkeit nach § 1 BGB mit der Vollendung der Geburt und einem Augenblick des Lebens (= Lebendgeburt").
- Sie können **Vermögen** bilden.
- Die **Handlungsfähigkeit** natürlicher Personen (= die Fähigkeit, Rechte und Pflichten zu begründen) zeigt sich in der von ihrer Geschäftsfähigkeit (§§ 2, 104 ff. BGB) abhängigen Befähigung zu rechtsgeschäftlichem Handeln (Abgabe und Entgegennahme von Willenserklärungen, Vertragsschluss; dazu wissen Sie ja schon ein wenig aus unserem Einführungsfall), in ihrer Befähigung zu prozessieren (§ 51 ZPO), in ihrer Befähigung zu heiraten (§ 1303 BGB) und in ihrer Befähigung zu testieren (§ 2229 BGB).
- Natürliche Personen können durch ihr Verhalten **Schadensersatzpflichten** begründen (z.B. nach § 280 Abs. 1 BGB oder nach § 823 Abs.1 BGB oder nach § 7 StVG).
- Natürliche Personen sind **aktiv und passiv parteifähig** (§ 50 ZPO).
- Ihren **Gläubigern haftet** ihr **gesamtes Vermögen**.

Nehmen Sie das zunächst einmal so hin. Weitere Einzelheiten dazu werden dann gründlich in anderen Zusammenhängen erörtert.

2. Personenzusammenschlüsse bzw. Personenmehrheiten

Dass Menschen (= natürliche Personen) rechtsfähig, vermögensbildungsfähig und handlungsfähig sind, dass sie auch Schadensersatzpflichten begründen können, dass sie weiterhin aktiv und passiv parteifähig sind und dass sie ihren Gläubigern mit ihrem gesamten Vermögen haften, ist nicht überraschend. Die Vorstellung, dass dies auch für **Personenzusammenschlüsse** bzw. **Personenmehrheiten** gelten könnte, mag jedoch einiger Überwindung bedürfen.

Dabei hätten sich alle diejenigen der über diese Idee staunenden Leser, die Mitglied eines Sportvereins sind, längst einmal gefragt haben müssen, was für ein Rechtsgebilde ihr Verein „TuS Germania Schnelsen" oder „Der Club an der Alster" eigentlich ist, und wieso dessen „Vorstand" beim letzten Vereinsfest einen Mietvertrag über das Festzelt abschließen konnte (§ 535 BGB), durch den nur der „Verein", nicht aber die einzelnen Mitglieder berechtigt und verpflichtet wurden. Auch müssten diejenigen, die Aktionäre einer leider wirtschaftlich kriselnden Aktiengesellschaft sind, sich schon einmal ängstlich gefragt haben, ob sie etwa persönlich mit ihrem privaten Vermögen für die Schulden des Unternehmens einstehen müssen; wäre das so, könnten Sie eigentlich nicht mehr ruhig schlafen. Gehört haben Sie sicher auch schon einmal etwas von „Gemeinschaften", z.B. von einer „Erbengemeinschaft", oder von „Gesellschaften", z.B. von einer „offenen Handelsgesellschaft".

Die Bezeichnung des Sportvereins als „Verein" oder gar als „eingetragener Verein" bzw. der dem Vereinsnamen beigefügte Zusatz „eV" oder die Bezeichnung eines Unternehmens als „Aktiengesellschaft" bzw. der Zusatz „AG" helfen Ihnen da wohl kaum weiter. Man ahnt vielleicht, dass diese Gebilde („Verein", „Aktiengesellschaft") durch irgendeine geheimnisvolle rechtliche Konstruktion von denjenigen natürlichen

Personen, die sie tragen, ganz oder weitgehend verselbstständigt sind, dass sie auch Vermögen bilden können, dass sie ferner offenbar in der Lage sind, im Rechtsleben wie natürliche Personen zu handeln, und dass sie deshalb entsprechend berechtigt und verpflichtet werden können, während die „Mitglieder" oder die „Aktionäre" etc. dadurch persönlich nicht berechtigt und nicht verpflichtet werden und dass sie im Streitfall auch klagen können oder verklagt werden können. Kaum vorstellen kann man sich, dass ein junger Jurist von den „Gemeinschaften" oder „Gesellschaften" auch nur aienhafte Vorstellungen hat.

Um die hiermit usfgeworfenen Fragen zu konkretisieren, wollen wir mit einer **„Strukturanalyse"** dieser **Personenzusammenschlüsse** bzw. **Personenmehrheiten** beginnen.

Die so genannten **„juristischen Personen"** bilden eine Gruppe. Hierunter versteht man Zusammenschlüsse von Personen, die sich als Organisation so sehr gegenüber ihren Mitgliedern verselbständigt haben, dass sie in ihrer Existenz vom jeweiligen Mitgliederbestand unabhängig sind, mit der Folge, dass bei ihnen ohne Änderung ihrer Identität ein Mitgliedereintritt oder ein Mitgliederausscheiden möglich ist. Der in den §§ 21 ff. BGB geregelte **„eingetragene Verein"** (eV) ist der **„Grundtyp"** für alle „juristischen Personen".

Die „juristischen Personen"

- sind **„Träger von Rechten und Pflichten"** (= **„rechtsfähig"**). Sie erlangen ihre Rechtsfähigkeit durch die Eintragung in ein Register (z.B. der „eingetragene Verein" nach § 21 BGB durch Eintragung in das Vereinsregister) oder durch staatliche Verleihung (so ausnahmsweise der wirtschaftliche Verein nach § 22 BGB).

- Sie können **Vermögen bilden**, also z.B. Eigentümer von Sachen sein oder Forderungen gegen Dritte haben oder ihrerseits Schuldner sein.

- Sie sind auch **handlungsfähig**, indem sie durch ihre Organe wie eine natürliche Person durch z.B. rechtsgeschäftliches Handeln am Rechtsleben teilnehmen können oder aktiv und passiv prozessieren können, aber selbstverständlich weder heiraten noch testieren können.

- Sie können durch ihre Organe **Schadensersatzpflichten** begründen (z.B. der „eingetragene Verein" nach §§ 280 Abs. 1, 31 BGB oder §§ 823 Abs. 1, 31 BGB oder § 7 StVG , 31 BGB).

- Sie sind **aktiv und passiv parteifähig**, können also Partei in einem Prozess sein (§ 50 ZPO).

- Den **Gläubigern haftet** aber nur das **Vereinsvermögen**, und nicht das Vermögen der Mitglieder.

Diesen Musterprinzipien gehorchend gibt es folgende für Sie bedeutsame **„juristische Personen"**:

- Die im Aktiengesetz (AktG) geregelte **Aktiengesellschaft (AG)**. Diese Körperschaft ist gegenüber den Mitgliedern vollständig verselbständigt: Die Mitglieder können wechseln, die Mitgliedschaft ist durch Veräußerung der das Mitgliedschaftsrecht verbriefenden Aktie ist durch formlose Übereignung sehr einfach übertragbar und auch vererblich; es gibt keine Auflösungsgründe aus der Person der einzelnen Mitglieder (Tod, Insolvenz).

- Ähnlich liegt es bei der im GmbH-Gesetz (GmbHG) geregelten **Gesellschaft mit beschränkter Haftung (GmbH)**. Diese Körperschaft ist gegenüber den Mitgliedern vollständig verselbständigt: Die Mitglieder können wechseln, die Mitgliedschaft ist übertragbar; jedoch ist anders als bei der AG die Übertragung der Gesellschaftsanteile formal erschwert: Das auf Abtretung der Geschäftsanteile gerichtete „Verpflichtungsgeschäft" und das hiervon getrennte in der Abtretung der Geschäftsanteile selbst liegende „Verfügungsgeschäft" bedürfen jeweils der notariellen Beurkundung (§ 15 Abs. 4, 3 GmbHG). Der Geschäftsanteil ist auch vererblich. Es gibt keine Auflösungsgründe aus der Person der Mitglieder (Tod, Insolvenz).

- Der in §§ 21 ff. BGB geregelte **eingetragene Verein (eV)**. Auch diese Körperschaft ist gegenüber den Mitgliedern vollständig verselbständigt. Allerdings ist die Mitgliedschaft nicht übertragbar und auch nicht vererblich. Es gibt keine Auflösungsgründe aus der Person der Mitglieder (Tod, Insolvenz).

Für die Ausbildung bedeutungslos sind die **eingetragene Genossenschaft** und der **Versicherungsverein auf Gegenseitigkeit**, über die Sie hier nichts weiter lesen werden.

Der Begriff „juristische Person" ist in didaktischer Hinsicht sehr glücklich gewählt. So ist ein **Vergleich** der **„juristischen Person"** mit der **„biologischen Person"** (= natürliche Person = Mensch) durchaus nicht „gewaltsam" und auch sehr **lehrreich**, weil er die folgenden „Eselsbrücken" erlaubt:

a) Die **„Mitglieder"** der juristischen Person entsprechen den einzelnen biologischen **„Zellen"** der natürlichen Person.

b) Bei einem Wegfall von Mitgliedern durch **„Austritt"** aus der juristischen Person und bei einem diesem Vorgang entsprechenden biologischen **„Zelltod"** bei der biologischen Person bzw. bei einer Ergänzung der Mitgliederschaft durch **„Eintritt"** in die juristische Person und der diesem Vorgang entsprechenden **„Zellneubildung"** bei der biologischen Person kommt es weder bei der juristischen noch bei der biologischen Person zu einem **„Wechsel in der Identität"**.

c) Die juristische Person **handelt** durch ihre **„Organe"** (nach innen durch die Mitgliederversammlung und nach außen durch den Vorstand). Und auch der Mensch durch seine **biologischen „Organe"** (nach innen durch Willensbildung im Gehirn, nach außen durch Sprache, Gehör und Hände).

Die andere Gruppe der möglicherweise ähnlich den „natürlichen Personen" rechts-, vermögensbildungs-, und handlungsfähigen etc. Personenzusammenschlüsse bzw. Personenmehrheiten sind die **Gesamthandsgemeinschaften**. Sie sind keine „juristischen Personen" im vorgenannten Sinne. Mit dieser Formulierung ist aber nicht etwa gesagt, dass sie nicht auch „rechtsfähig", also nicht Träger von Rechten und Pflichten" sein könnten; das wäre eine voreilige Schlussfolgerung! Über dieses Thema wird noch gründlich zu reden sein. Von ihrer Struktur her sind die Gesamthandsgemeinschaften ein mehreren Personen zustehendes **„Sondervermögen"**. Die **Organisation** der Gesamthandsgemeinschaften ist aber anders als bei den „juristischen Personen", die – wie Sie ja nun wissen – gegenüber den Mitgliedern verselbstständigt existieren, in dem Sinne **„personenbezogen"**, dass z.B. bei einer BGB-Gesellschaft der Tod eines Gesellschafters prinzipiell zur Beendigung der Gesellschaft führt, und dass ein Mitgliederwechsel von der Zustimmung aller Gesellschafter abhängig ist etc.

Diesem Musterprinzip nachgebildet gibt es die folgenden **Gesamthandsgemeinschaften**:

- zum einen die **Personalgesellschaften** (BGB-Gesellschaft, oHG, KG, Partnerschaftsgesellschaft, EWIV)

- und zum anderen die **eheliche Gütergemeinschaft**, die **Erbengemeinschaft** sowie die **Miturheber** eines urheberrechtlich geschützten Werkes.

- Teilweise wird auch der **nichtrechtsfähige Verein** als Gesamthandsgemeinschaft bezeichnet.

Hinsichtlich der bereits angesprochenen Frage, ob die **Gesamthandsgemeinschaften**, obwohl sie keine „juristischen Personen" sind, ebenso wie diese **„Träger von Rechten und Pflichten"** (also **„rechtsfähig"**) sind und ob und inwieweit sie **handlungsfähig** sind, ist so zu differenzieren:

- Mit Sicherheit **nicht rechtsfähig** sind die **eheliche Gütergemeinschaft** und die **Miturheberschaft**. Auch die **Erbengemeinschaft** ist nicht rechtsfähig; es gibt aber erste Anzeichen einer Rechtsentwicklung mit einer Tendenz hin zur Anerkennung der Rechtsfähigkeit einer Erbengemeinschaft jedenfalls in den Fällen, in denen sie „unternehmenstragend" ist. Hier ist die Rechtsentwicklung noch völlig offen. Auch die BGB–**Innengesellschaft** ist trotz aller Diskussionen zur Frage der Rechtsfähigkeit der BGB-Gesellschaft (dazu so gleich mehr) anerkanntermaßen nicht rechtsfähig.

- Hinsichtlich der **Personalgesellschaften**, von denen uns hier nur die BGB-Außengesellschaft, die oHG und die KG interessieren, hat es, was die Frage der **Rechtsfähigkeit** angeht, in den letzten Jahren eine bis jetzt noch nicht abgeschlossene **richterliche Rechtsfortbildung** gegeben: Ursprünglich war man sich darin einig, dass auch die **Personalgesellschaften**, insbesondere die BGB-**Gesellschaft**, gleich ob BGB-Innengesellschaft oder BGB-Außengesellschaft, und die **oHG/KG**, als Gesamthandsgemeinschaften nicht rechtsfähig seien. Bei der **oHG** und der **KG** bestand allerdings angesichts des § 124 HGB schon immer Anlass dazu zu erwägen, ob nicht jedenfalls diese beiden Gesellschaftsformen rechtsfähig sind, weil die oHG/KG nach § 124 HGB bzw. §§ 161, 124 HGB „unter ihrer Firma Rechte erwerben und Verbindlichkeiten eingehen..... (können)". Lesen Sie den vollständigen Text dieser enorm wichtigen Vorschrift! Und nach Einführung der §§ 14 Abs. 2, 1059 a Abs. 2 BGB bestand kein Zweifel mehr, dass es sich bei diesen beiden Gesellschaftsformen um Beispiele für die dort gemeinten „rechtsfähige Personengesellschaften" handelt. Was die BGB-Gesellschaft angeht, so wird heute (ausgehend von Flume und K. Schmidt) von der inzwischen herrschenden Lehre und ihr folgend neuerdings (ab Januar 2001) auch vom BGH angenommen, dass jedenfalls die BGB–**Außengesellschaft** Trägerin von Rechten und Pflichten sein kann, also ebenfalls eine „rechtsfähige Personengesellschaft" ist. Nach dieser neueren Ansicht besteht der einzige Unterschied zwischen den juristischen Personen und den rechtsfähigen Personengesellschaften letztlich allein darin, dass die juristischen Personen gegenüber den Mitgliedern verselbständigt sind, während die Personengesellschaften vom Gesellschafterbestand abhängen, also z.B. der Tod eines BGB-Gesellschafters ein Auflösungsgrund ist (§ 727 BGB). Diese Personenbezogenheit ist allerdings nicht zwingendes Recht; die Gesellschafter können im Gesellschaftsvertrag die Mitgliedschaft vererblich machen. Diese rechtsfähigen Personengesellschaften können auch **Vermögen bilden**. Sie sind **handlungsfähig** durch ihre geschäftsführenden Gesellschafter (bei der BGB-Gesellschaft nach §§ 709, 714 BGB i.d.R. durch alle Gesellschafter gemeinschaftlich, bei der oHG/KG i.d.R. nach § 125 HGB durch jeden persönlich haftenden Gesellschafter allein), wobei auch die Geschäftsführungsregeln nicht zwingendes Recht sind. Durch die geschäftsführenden Gesellschafter können auch **verschuldensabhängige Schadensersatzpflichten** begründet werden. Konsequenterweise wird auch eine passive **Parteifähigkeit** der BGB–**Außengesellschaft** angenommen und neuerdings auch ihre aktive Parteifähigkeit postuliert. Den Gläubigern **haftet das Gesellschafts- aber auch das Privatvermögen der Gesellschafter**.

Wenn man den **nicht-rechtsfähigen Verein** nicht ebenfalls bei den „Gesamthandsgemeinschaften" einordnen will, muss man ihn als eine Art „Zwitter" aus „Verein" und einer aus Gesamthändern bestehenden „Personalgesellschaft" klassifizieren.

Der **Wohnungseigentümergemeinschaft (WEG)** wird von der herrschenden Lehre die Rechtsfähigkeit abgesprochen, weil es sich um den Unterfall einer (als solche anerkanntermaßen nicht rechtsfähigen) Bruchteilsgemeinschaft handele. Der BGH hingegen geht seit Juni 2005 von einer Teilrechtsfähigkeit der WEG aus, soweit sie bei der Verwaltung gemeinschaftlichen Eigentums am Rechtsverkehr teilnimmt.

Bei der schlichten **Rechtsgemeinschaft** steht ein Recht (z.B. das Eigentum an einem Haus) mehreren gemeinschaftlich zu (§ 741 ff. BGB). Die Rechtsgemeinschaft ist, wie gerade eben hervorgehoben, unzweifelhaft nicht rechtsfähig.

Nach dieser „Strukturanalyse" sollen jetzt die in Betracht zu ziehenden **einzelnen Formen der Personenzusammenschlüsse** etwas genauer vorgestellt werden:

a) Der eingetragene Vereine (eV)

Der **eingetragene Verein** (§§ 21 ff. BGB) ist nach einer berühmten **Definition** des Reichsgerichts eine

- **auf Dauer** berechnete
- **Verbindung** einer großen Anzahl **von Personen**
- zur Erreichung eines **gemeinschaftlichen Zwecks**,

- die nach ihrer Satzung **körperschaftlich organisiert** ist,
- einen **Gesamtnamen** führt und
- auf einen **wechselnden Mitgliederbestand** angelegt ist.

Der sog. „**Idealverein**" erlangt die **Rechtsfähigkeit**, indem er in das bei den Amtsgerichten geführte **Vereinsregister eingetragen (§ 21 BGB)** wird; diese Eintragung erfolgt, wenn die Voraussetzungen der §§ 56 ff. BGB erfüllt sind (sog. „Normativsystem"): Es muss nach § 56 BGB mindestens **sieben Mitglieder** geben (am Titel einer früher jedem Abiturienten bekannten Novelle von Gottfried Keller orientierter Repetitormerksatz: „Das Fähnlein der sieben Aufrechten"). Die **Satzung** muss einen **Mindestinhalt** haben: nämlich den Zweck, den Namen und den Sitz (§ 57 BGB) sowie die Bestimmungen zur Mitgliedschaft und Organisation (§ 58 BGB) festlegen, wobei die teils zwingenden, teils abdingbaren Normen (s. dazu §§ 26 Abs. 2 S. 2, 40 BGB) der §§ 26 – 39 BGB beachtet werden müssen.

Bei einem auf einen **wirtschaftlichen Geschäftsbetrieb gerichteten Zweck** erlangt der Verein („**Wirtschaftsverein**") die Rechtsfähigkeit nur durch eine zusätzliche notwendige Verleihung der Rechtsfähigkeit (sog. „Konzessionssystem", § 22 BGB). Warum hier eine solche Verwaltungsentscheidung nötig ist, leuchtet ohne weiteres ein: Ein Wirtschaftsverein bedeutet für die Gläubiger des Vereins, die sich nur an den meist „armen" Verein und nicht an die von ihm völlig unabhängigen Mitglieder halten können, ein großes Risiko, das bei der Aktiengesellschaft und bei der Gesellschaft mit beschränkter Haftung „schlecht und recht" durch das Erfordernis eines garantierten Mindestvermögens (Stammkapital) ausgeglichen wird; einen Gläubigerschutz dieser Art gibt es beim „Wirtschaftsverein" nicht.

Die **Mitglieder** eines **eingetragenen Vereins** können **natürliche Personen** sein, z.B. als einzelne Leichtathleten/Fußballer Mitglieder z.B. des TV Wattenscheid 01/des HSV. Aber auch **juristische Personen**, wie z.B. eingetragene Vereine, können ihrerseits Vereinsmitglieder sein, so sind z.B. die Leichtathletik/Fußball betreibenden Sportvereine Mitglieder des DLV/DFB als des jeweiligen „Dachverbandes" aller Leichtathletik/Fußball betreibenden Sportvereine; diese wiederum sind Mitglieder des DSB als „Dachverband" der Sportverbände aller Sparten.

Die Mitglieder **erwerben die Mitgliedschaft** am **eingetragenen Verein** durch eine Beteiligung an der Gründung oder durch einen späteren Beitritt. Der eingetragene Verein kann bei einer Monopolstellung und bei einem dringenden Bedürfnis des Beitretenden zu dessen Aufnahme verpflichtet sein (Kontrahierungszwang aus § 826 BGB; dazu später mehr). Die unübertragbare und unvererbliche (§ 38 BGB; anders z.B. bei der Aktiengesellschaft oder der GmbH!) **Mitgliedschaft endet** durch den **Austritt**, durch einen **Ausschluss**, durch **Tod** des Mitglieds oder durch **Auflösung des eingetragenen Vereins**.

Die Mitgliedschaft begründet Rechte und Pflichten:

- Die „**Mitgliedschaftsrechte**" (§ 38 BGB) sind **Teilhaberrechte**, gerichtet auf Nutzung des Vereinsvermögens und auf Teilnahme an den Veranstaltungen des Vereins, auf Vergünstigungen oder auf Dienste, die der Verein erbringt. Die Mitglieder haben auch **Mitverwaltungsrechte** (Teilnahme an der Mitgliederversammlung, Stimmrecht etc.). Die Mitglieder haben das **Recht auf Gleichbehandlung**. Über Streitigkeiten zwischen dem Verein und den Mitgliedern entscheiden im Grundsatz die staatlichen Gerichte; nicht selten aber werden die Mitglieder von Körperschaften (also Vereinen oder Verbänden) durch Satzungsregeln verpflichtet, Streitigkeiten nicht von staatlichen Gerichten, sondern von Vereins- oder Verbandsschiedsgerichten entscheiden zu lassen. Dann gelten die Vorschriften der ZPO über das Schiedsgerichtsverfahren entsprechend (§§ 1066, 1025 ff. ZPO).

- Die Mitglieder haben andererseits auch **Pflichten**. Allgemein bekannt ist z.B. die **Beitragspflicht**. Zu denken ist aber auch an eine Unterwerfung unter eine in der Satzung geregelte **Strafgewalt** entweder des Vereins selbst oder (gestuft) des Dachverbandes, dessen Mitglied der Verein ist, die sich auch auf die einzelnen Mitglieder des Vereins erstrecken kann. So kann es z.B. zu einer vereinsinternen Sperre eines Sportlers bei einer Beleidigung des Club-Trainers kommen oder zu einer Verbandssperre wegen Dopings (so im Fall des Langstreckenläufers Dieter Baumann durch den DLV) oder der eines Bundesligafußballspielers bei einer „roten Karte" durch den DFB. Diese sog. **„Vereinsstrafen"** können intern durch die sog. **Vereinsgerichtsbarkeit** oder **Verbandsgerichtsbarkeit** (z.B. „Sportgericht" des DFB) überprüft werden. Da derartige Gerichte keine Schiedsgerichte i.S.d. §§ 1025 ff. ZPO sind, können deren Entscheidungen durch **staatliche Gerichte**, wenn auch nur **eingeschränkt**, **überprüft** werden; diese Prüfungskompetenz umfasst mindestens die Fragen, **(a)** ob die Strafe überhaupt ihre Grundlage in der Satzung findet, **(b)** ob die Satzung insoweit gesetzes- oder sittenwidrig ist, **(c)** ob das in der Datzung vorgesehene Verfahren beachtet wurde und **(d)** ob die Strafe offenbar unbillig und daher herabzusetzen ist.

Die **Mitgliederversammlung** ist das **(Innen-)Organ des Vereins**, durch das der Wille des Vereins im Wege der Mehrheitsentscheidung gebildet wird (§ 32 BGB).

Die Mitgliederversammlung bestellt widerruflich den **Vorstand** (§ 27 BGB); er ist das **(Außen-)Organ** des Vereins.

Bei **rechtsgeschäftlichem Handeln** wird der Verein **nach außen** durch den Vorstand als das **(Außen-)Organ** des Vereins, der die „Stellung eines gesetzlichen Vertreters" hat, vertreten (= Außenverhältnis; § 26 Abs. 2 S. 1 BGB). Der Umfang ist **unbeschränkt**. Kein wirksames Organhandeln soll allerdings vorliegen, wenn das Geschäft **„ultra vires"** (= „offensichtlich außerhalb des Vereinszwecks") liegt. Dann greifen §§ 177 ff. BGB ein: Der Dritte kann sich notfalls an den Vorstand halten (§ 179 BGB).

Ob bei einer **verschuldensabhängigen nicht-deliktischen Schadensersatzhaftung** aus bestehenden Schuldverhältnissen (§§ 280 ff. BGB) die Stellung als „gesetzlicher Vertreter" auch zu einer **Verschuldenszurechnung** nach **§§ 278, 26 Abs. 1 S. 1 BGB** führt, ist zweifelhaft, letztlich aber eine müßige Frage, denn in jedem Fall erfolgt eine Zurechnung durch **§ 31 BGB**. Aufgrund des § 31 BGB ist der **eingetragene Verein** auch **deliktisch verantwortlich**, wenn der **Vorstand** oder ein **verfassungsmäßig berufener Vertreter** (das ist eine Person, der durch Handhabung und Betriebsregelung eine bedeutsame wesensmäßige Funktion der juristischen Person zur selbständigen, eigenverantwortlichen Erfüllung übertragen worden ist) einen **Delikts- tatbestand** verwirklicht hat und dabei „in Ausübung der Verrichtung" (bestehen muss ein sachlicher Zusammenhang mit dem Aufgabenkreis) und nicht nur in einem zufälligen örtlichen und zeitlichen Zusammenhang mit seinem Aufgabenkreis gehandelt hat. Ein Verein ist aber auch dann deliktisch verantwortlich (§§ 823, 31 BGB), wenn der Vorstand einen Organisationsmangel zu vertreten hat, der darin besteht, dass für wichtige, dem Vorstand obliegende Aufgaben kein besonderer Vertreter bestellt wurde, wie § 30 BGB es ermöglicht (**„Organisationsverschulden"**). Den Verein träfe auch eine **Gefährdungshaftung**, z.B. als „Halter" nach § 7 StVG, 31 BGB.

Fall 1: Der „TV Salto" eV (TVS) veranstaltet ein Sportfest. Der sich am Aufbau der Geräte beteiligende Vorsitzende des Vorstandes Volker (V) befestigt die Reckstange nicht richtig, so dass der als Mitglied zum TVS gehörige R. Eck (R) abstürzt und sich verletzt. Der nicht zum Vorstand gehörige Turnwart D. Ankwart (D) hatte den oberen Holm des Stufenbarrens nicht richtig montiert, so dass die vereinsfremde vom TVS eingeladene Turnerin Tina (T) deshalb stürzt und sich verletzt. Beide nehmen sie den TVS in Anspruch.

1. Der Anspruch des Mitglieds R ergibt sich aus a) §§ 280 Abs. 1, 241 Abs. 2, 31 bzw. 278, 26 Abs. 2 S. 1 BGB, denn aufgrund der Mitgliedschaft zwischen dem TVS und seinem Mitglied R bestehen nach § 241 Abs. 2 BGB Verhaltenspflichten des Vereins gegenüber den Mitgliedern, Rücksicht auf deren Rechtsgüter (körperliche Integrität) zu nehmen. Der TVS muss für die schuldhafte Pflichtverletzung des V (je nach dem dazu eingenommenen Standpunkt) entweder nach § 31 BGB oder nach §§ 278, 26 Abs. 2 S. 1 BGB einstehen. b) Ferner ist der TVS dem R aus §§ 823 Abs. 1, 31 BGB zum Schadensersatz verpflichtet. 2. Das Nichtmitglied T hat a) ebenfalls einen Anspruch aus §§ 311 Abs. 1, 280 Abs. 1, 241 Abs. 2, 31 bzw. 278 BGB. Sie ist zwar kein Mitglied des TVS; dieser ist ihr aber aufgrund der von ihr angenommenen Einladung (Vertrag „sui generis") zu dem Sportfest nach §§ 311 Abs. 1, 241 Abs. 2 BGB zur Erfüllung von Verhaltenspflichten verpflichtet. Auch wenn der D kein Vorstandsmitglied ist, muss der TVS für ihn einstehen, weil er als Turnwart „verfassungsmäßig berufener Vertreter" des TVS ist, und zwar (je nach dem dazu eingenommenen Standpunkt) entweder nach § 31 BGB oder nach § 278 BGB. b) Ferner ist der TVS der T aus §§ 823 Abs. 1, 31 BGB zum Schadensersatz verpflichtet.

Fall 2: Der Vorstand des „TV Salto" eV (TVS) entrichtet die an den Vermieter V für das angemietete Vereinslokal zu zahlende Miete trotz einer kalendermäßigen Fälligkeitsvereinbarung nicht pünktlich. Der V verlangt Verzugszinsen.

Der Anspruch ergibt sich entweder aus §§ 288, 286 Abs. 2 S. 1 Nr. 1, 278, 26 Abs. 2 S. 1 BGB oder aus §§ 288, 286 Abs. 2 S. 1 Nr. 1, 31 BGB. Die Zurechnung des schuldhaften Verhaltens von Organen des TVS innerhalb bestehender Schuldverhältnisse erfolgt (je nach dem dazu eingenommenen Standpunkt) entweder über §§ 278, 26 Abs. 2 S. 1 BGB oder über § 31 BGB.

Den **Gläubigern haftet nur das Vereinsvermögen**, nicht aber das Vermögen der einzelnen Mitglieder. Dies ist für Gläubiger sehr gefährlich, weil „Ideal-Vereine" aus steuerlichen Gründen (Gemeinnützigkeit) oft über keinerlei Vermögen verfügen. Sie wissen bereits, dass dieser Umstand letztlich auch der (vernünftige) Grund dafür ist, dass das Gesetz einem „wirtschaftlichen Verein" die Rechtsfähigkeit nur bei staatlicher Verleihung zukommen lässt.

b) Die Aktiengesellschaft (AG)

Die Aktiengesellschaft ist nach § 1 AktG eine **juristische Person** mit einem in Aktien zerlegten Kapital **(Kapitalgesellschaft)**.

Für die Entstehung der Aktiengesellschaft als juristische Person und die Erlangung der **Rechtsfähigkeit** ist nach ihrer Errichtung auch die **Eintragung in das Handelsregister erforderlich** (§ 41 Abs. 1 Satz 1 AktG). Auch wenn die Aktiengesellschaft praktisch ein „wirtschaftlicher Verein" ist, hängt ihre Rechtsfähigkeit nicht von staatlicher Genehmigung ab, weil der Gläubigergefährdung anderweit begegnet wird. Die Aktiengesellschaft ist unabhängig vom Gegenstand des von ihr betriebenen Geschäfts eine Handelsgesellschaft (§ 3 AktG) und damit **Formkaufmann**, d.h. Kaufmann wegen ihrer Rechtsform, und auf sie finden daher die für Kaufleute geltenden Vorschriften des HGB Anwendung (§ 6 HGB). **Mitglied** mit allen Rechten und Pflichten wird man durch Beteiligung an der Gründung oder durch den Erwerb der Mitgliedschaft durch den Erwerb der Aktie durch formlose Übereignung.

Die Aktiengesellschaft kann **Vermögen** erwerben.

Wie jede juristische Person kann auch eine Aktiengesellschaft nur **durch ihre Organe handeln**.

- Die **Hauptversammlung** ist das oberste (Innen-)Organ der Aktiengesellschaft, in dem die Aktionäre ihre Rechte ausüben, soweit das Gesetz ihnen nicht noch andere Möglichkeiten einräumt (§ 118 Abs. 1 AktG).

- Das **Außenorgan ist der Vorstand**. Durch ihn ist die Aktiengesellschaft handlungsfähig. Der Vorstand leitet die Aktiengesellschaft unter eigener Verantwortung (§ 76 Abs. 1 AktG) und ist zu ihrer **Geschäftsführung** berechtigt und verpflichtet (§ 77 Abs. 1 AktG) sowie zu ihrer **Vertretung** ermächtigt (§ 78 Abs. 1 AktG).

- Der **Aufsichtsrat** ist überwiegend ein Innenorgan; gegenüber dem Vorstand ist er auch Außenorgan. Die **Aufgaben** des Aufsichtsrates sind: Die Bestellung und Abberufung des Vorstandes (§ 84 AktG), die laufende Überwachung seiner Geschäftsführung (§ 111 Abs. 1 AktG), die Einberufung der Hauptversammlung, wenn das Wohl der Gesellschaft dies erfordert (§ 111 Abs. 3 AktG), die Prüfung des Jahresabschlusses (§ 171 AktG), die Erhebung der Anfechtungsklage gegen rechtswidrige Beschlüsse der Hauptversammlung (§ 245 Nr. 5 AktG) und die Vertretung der Gesellschaft gegenüber Vorstandsmitgliedern (§ 112 AktG). Mittelbar hat der Aufsichtsrat dadurch auch Einfluss auf die Geschäftsführung.

Was **verschuldensabhängige nicht-deliktische Schadensersatzansprüche** innerhalb bestehender Schuldverhältnisse z.B. aus §§ 280 ff. BGB angeht, so erfolgt die Zurechnung des schuldhaften Verhaltens des Vorstands entweder über **§§ 278 BGB, 76 ff. AktG** oder über **§ 31 BGB**; diese Problematik kennen Sie bereits. Bei einer **unerlaubten Handlung** eines Vorstandsmitgliedes oder eines verfassungsmäßigen Vertreters in Ausführung der von diesen Personen vorzunehmenden Verrichtungen kann der verletzte Dritte sich nach **§§ 823 ff., 31 BGB** an die AG halten. Natürlich haftet daneben auch das handelnde Vorstandsmitglied etc. persönlich aus den §§ 823 ff. BGB. Die Aktiengesellschaft träfe auch eine **Gefährdungshaftung**, z.B. als „Halter" nach § 7 StVG, 31 BGB.

Die Aktiengesellschaft ist **aktiv und passiv parteifähig** (§ 50 ZPO).

Den **Gläubigern haftet nur das Gesellschaftsvermögen** (§ 1 Abs. 1 Satz 2 AktG). Dagegen haften die Aktionäre nicht für die Schulden der Gesellschaft; sie sind auch nicht zu Nachschüssen verpflichtet (§ 54 Abs. 1 AktG). Das hieraus resultieren-

de Risiko für die Gläubiger wird bei der Aktiengesellschaft durch das **Erfordernis eines zu erhaltenden Grundkapitals** in Höhe von mindesten € 50 000,- (§ 7 AktG) kompensiert. Zum Schutz der Gläubiger gibt es eine Reihe von Vorschriften, die das Grundkapital vor Schmälerungen bewahren sollen: Verbot der Aktienemission „unter pari" (§ 9 AktG), Verbot der Befreiung der Aktionäre von ihren Leistungspflichten (§ 66 AktG), Verbot der Rückgewähr von Einlagen an die Aktionäre (§ 57 AktG), Verpflichtung zur Bildung von gesetzlichen Rücklagen (§ 150 AktG), Verpflichtung zur Passivierung des Grundkapitals etc. Dass dieser Schutz („Schutz"?) nicht weit reicht, dürfte jedermann erkennen.

c) Die Gesellschaft mit beschränkter Haftung (GmbH)

Die GmbH kann zu jedem erlaubten Zweck errichtet werden (§ 1 GmbHG). Sie ist eine **juristische Person** mit einem in Stammeinlagen zerlegten Stammkapital. Ihre Geschäftsanteile können entweder von **lediglich einem Gesellschafter** (sog. „Einmann-GmbH") oder von **mehreren Gesellschaftern** gehalten werden (§ 1 GmbHG).

Mit Eintragung in das Handelsregister erlangt die GmbH ihre **Rechtsfähigkeit**. (§ 11 Abs. 1 GmbHG). Wie bei der Aktiengesellschaft hängt ihre Rechtsfähigkeit nicht von staatlicher Genehmigung ab. Die GmbH ist unabhängig vom Gegenstand der Geschäftstätigkeit eine Handelsgesellschaft (§ 13 Abs. 3 GmbHG) und damit **Formkaufmann**, d.h. Kaufmann wegen ihrer Rechtsform; auf sie finden daher die für Kaufleute geltenden Vorschriften des HGB Anwendung (§ 6 HGB). **Gesellschafter** mit allen Rechten und Pflichten wird man durch Beteiligung an der Gründung oder durch den notariell zu beurkundenden Erwerb des Geschäftsanteils (§§ 398 BGB, 15 GmbHG).

Die GmbH kann **Vermögen** erwerben (§ 13 Abs. 1 GmbHG).

Wie jede juristische Person kann eine GmbH nur durch ihre **Organe** handeln.

- Die Gesamtheit der Gesellschafter (**Gesellschafterversammlung**) ist das oberste (Innen-) Organ der GmbH.

- Die GmbH muss als **Außenorgan** mindestens einen **Geschäftsführer** haben (§ 6 Abs. 1 GmbHG). Die **Aufgaben des Geschäftsführers** bestehen darin, die Geschäfte der Gesellschaft zu führen und diese gegenüber Außenstehenden zu vertreten (§ 35 GmbHG). Seine Vertretungsbefugnis ist im Gegensatz zur Geschäftsführungsbefugnis prinzipiell nicht beschränkbar (§ 37 Abs. 2 GmbHG).

- Auch bei der GmbH kann es einen **Aufsichtsrat** geben (§ 52 GmbHG). Die Aufgabe eines solchen Aufsichtsrats besteht in der Überwachung der Geschäftsführung, der Einberufung der Gesellschafterversammlung, der Entgegennahme des Berichts des Geschäftsführers, der Prüfung des Jahresabschlusses und der Vertretung der GmbH gegenüber dem Geschäftsführer.

Bei einer **verschuldensabhängigen Schadensersatzhaftung innerhalb bestehender Schuldverhältnisse** (§§ 280 ff. BGB) erfolgt die Zurechnung des schuldhaften Verhaltens des Geschäftsführers über **§§ 278 BGB, 35 Abs. 1 GmbHG** oder über **§ 31 BGB**. Bei einer **unerlaubten Handlung** eines Geschäftsführers oder eines verfassungsmäßigen Vertreters, der in Ausführung der ihm zustehenden Verrichtungen gehandelt hat, kann der verletzte Dritte sich nach **§§ 823 ff., 31 BGB** an die GmbH halten. Natürlich haftet daneben auch der handelnde Geschäftsführer etc. persönlich aus den §§ 823 ff. BGB. Die GmbH träfe auch eine **Gefährdungshaftung**, z.B. als „Halter" nach § 7 StVG, 31 BGB. Die GmbH ist **aktiv und passiv parteifähig** (§ 13 Abs. 1 GmbHG) Für Verbindlichkeiten der Gesellschaft haftet den Gläubigern nur das Gesellschaftsvermögen (§ 13 Abs. 2 GmbHG), und zwar das gesamten Vermögen. Die Bezeichnung „Gesellschaft mit beschränkter Haftung" ist also irreführend und missverständlich. Der daraus resultierenden Gläubigergefährdung wird dadurch begegnet, dass die GmbH im Interesse der Gläubiger ein gesetzlich vorgegebenes **(Mindest-)Stammkapital** von € 25 000,- (§ 5 GmbHG) hat, zu dessen Aufbringung sich die Gesellschafter bei ihrer Gründung verpflichten müssen und das während des Bestehens der GmbH geschützt und erhalten wird.

d) Die Gesellschaft bürgerlichen Rechts (BGB-Gesellschaft)

Die Gesellschaft bürgerlichen Rechts **entsteht** durch Abschluss eines **Gesellschaftsvertrages**, dessen Partner natürliche und juristische Personen, auch eine oHG oder KG, neuerdings auch eine BGB-Gesellschaft selbst sein können. Das wesentliche Element des Gesellschaftsvertrages ist ein von den Gesellschaftern zu vereinbarender „**gemeinsamer Zweck**" (Gesellschaftszweck), zu dessen Förderung, insbesondere auch durch Beitragsleistung, sich die Gesellschafter **verpflichten**. Der Gesellschaftszweck kann jeder erlaubte Zweck sein. Voraussetzung ist nur, dass es sich tatsächlich um einen von sämtlichen Gesellschaftern gemeinsam verfolgten Zweck handelt.

> **1.** Als klassische Beispiele für BGB-Gesellschaften seien genannt:
> - der berufliche Zusammenschluss von Nichtkaufleuten, meistens **Freiberuflern** (Anwaltssozietäten, Gemeinschaftspraxen),
> - die **Bauherrengemeinschaft**,
> - der Zusammenschluss von Unternehmen zur Durchführung eines (meistens: Bau-)Vorhabens als **Arbeitsgemeinschaft** (sog. „**Arge**"),
> - die **Holding**,
> - ein **Kartell**.
>
> **2.** Beim Bestehen eines gemeinsamen Zwecks darf ein Bindungswille nicht einfach unterstellt werden. Entsprechend zurückhaltend mit der Annahme einer BGB-Gesellschaft sollte man daher sein bei **Wohngemeinschaften**, bei **Lotto-Spielgemeinschaften** oder bei **nicht-ehelichen** oder etwa gar **bei ehelichen Lebensgemeinschaften**.

- Es gibt BGB-Gesellschaften, die nach dem Gesellschaftsvertrag nicht als solche im Rechtsverkehr auftreten sollen. Dann handelt es sich um sog. BGB-**Innengesellschaften**. Bei ihnen gibt es keine Verbandsstruktur; es besteht lediglich ein Schuldverhältnis; nur einer der Gesellschafter handelt im eigenen Namen; er muss aber den anderen gegenüber abrechnen. Diese Gesellschaften sind nicht rechtsfähig. Darüber besteht auch kein Streit.

- Das Gegenstück ist die sog. BGB–**Außengesellschaft**, die dadurch gekennzeichnet ist, dass sie Dritten gegenüber „als Gesellschaft" auftritt. Sie wissen bereits, dass in der Lehre überwiegend und neuerdings auch vom BGH angenommen wird, dass die BGB-**Außengesellschaft** ein Träger von Rechten und Pflichten und damit eine „**rechtsfähige Personengesellschaft**" ist: „**Die Außengesellschaft bürgerlichen Rechts besitzt Rechtsfähigkeit, soweit sie durch Teilnahme am Rechtsverkehr eigene Rechte und Pflichten begründet**" (BGH). Bei einer **Sonderform** der BGB-Gesellschaft, die sich im Halten und Verwalten eines Gegenstandes (meist ist es ein Grundstück) erschöpft und bei der eine Außenorganisation fehlt, spricht die Regelung des § 105 Abs. 2 HGB („…die nur eigenes Vermögen verwaltet") gegen eine rechtliche Einordnung als rechtsfähige BGB-Außengesellschaft. Aber: Ein minimaler, darüber hinausgehender Zweck macht sie zur rechtsfähigen BGB-Außengesellschaft, auch wenn es sich in Wahrheit um nichts anderes handelt als eine in die Rechtsform der BGB-Gesellschaft gekleidete Vermögensgemeinschaft („gebundenes Miteigentum").

Soweit die BGB-Gesellschaft hiernach rechtsfähig ist, kann sie **Vermögen** erwerben (§ 124 Abs. 1 HGB analog). Das klingt einfach, aber manches dazu ist aber noch nicht geklärt, so kann z.B. die BGB-Außengesellschaft nicht als solche als Eigentümerin eines Grundstücks in das Grundbuch eingetragen werden, sondern nur die Gesellschafter „A, B, C in Gesellschaft Bürgerlichen Rechts".

Was die Frage der **Handlungsfähigkeit** angeht, ist zwischen „**Innen-**" und „**Außenverhältnis**" zu unterscheiden.

- Mittels der Maßnahmen der **Geschäftsführung** (= „**Innenverhältnis**") soll der im Gesellschaftsvertrag bestimmte Gesellschaftszweck erreicht werden (§§ 709 – 713, 664 – 670 BGB). Zur Geschäftsführung sind grundsätzlich sämtliche Gesellschafter gemeinschaftlich berechtigt und verpflichtet (§ 709 Abs. 1 BGB); der Gesellschaftsvertrag kann andere, praktikablere Regelungen über die Geschäftsführung vorsehen, z.B. das Mehrheitsprinzip. Jeder Gesellschafter kann von den dazu verpflichteten Gesellschaftern die Führung der Geschäfte verlangen („actio pro socio").

- Das Gesetz räumt denjenigen Gesellschaftern, denen die Geschäftsführung zusteht, „im Zweifel" auch die **Vertretungsmacht** (= „**Außenverhältnis**") ein (§ 714 BGB). Die Frage ist aber, wer dadurch vertreten wird: Sind es die Gesellschafter oder ist es die Gesellschaft? Die Frage ist untrennbar vermengt mit den im folgenden gesondert erörterten Haftungsfragen und der Frage nach der Forderungsberechtigung bei der BGB-Außengesellschaft

Konsequenterweise wird auch eine passive **Parteifähigkeit** der BGB–**Außengesellschaft** angenommen und neuerdings auch ihre aktive Parteifähigkeit postuliert (§ 124 Abs. 1 HGB analog).

Aber wie gesagt: **Im Zentrum** stehen die im folgenden gesondert erörterten Frage nach Schuld und Haftung von Gesellschaft und Gesellschaftern und die Frage nach der Forderungsberechtigung bei der BGB-Außengesellschaft

aa) Schuld und Haftung und Schadensersatz bei der BGB-Außengesellschaft
(1) Schuld und Haftung bei rechtsgeschäftlich begründeten Verbindlichkeiten

> Wenn man, wie hier vorgeschlagen, die BGB-**Außengesellschaft** als rechtsfähig ansieht, muss man konsequenterweise davon ausgehen, dass bei **rechtsgeschäftlich begründeten Verpflichtungen** nach § 714 BGB die BGB-Außengesellschaft vertreten wird, und nicht etwa die „anderen Gesellschafter" (wie es im Gesetz heißt) vertreten werden.
>
> **a)** Das hat zum einen zur Konsequenz, dass den **Gläubigern** einer BGB-Außengesellschaft bei in ihrem Namen begründeten rechtsgeschäftlichen Verbindlichkeiten das **Gesellschaftsvermögen** haftet und dass zum anderen - auch wenn das Gesetz für die Zwangsvollstreckung in das Gesellschaftsvermögen wegen der gesamthänderischen Bindung an sich einen Titel gegen alle Gesellschafter verlangt (§ 736 ZPO) - ein Titel gegen die (parteifähige) Gesellschaft ausreicht, aber umgekehrt auch nicht etwa erforderlich ist.
>
> **b)** Darüber hinaus können die **Gläubiger** aber auch die **Gesellschafter** vorbehaltlich einer abweichenden Vereinbarung **persönlich** in Anspruch nehmen.
> **aa)** Nach der heute herrschenden „Akzessorietätstheorie" ergibt sich die gesamtschuldnerische **Haftung der Gesellschafter** aus **§ 128 HGB analog**. Wir werden zu erörtern haben, ob die Möglichkeit einer die Individualhaftung ausschließenden Haftungsbeschränkung besteht.
>
> **bb)** Wenn es sich bei der Schuld nicht um eine auf Geldzahlung gerichtete Forderung gegen die Gesellschaft handelt, stellt sich weiterhin die Frage ob die **Gesellschafter** nur „**haften**", also lediglich mit ihrem Vermögen für die Erfüllung einstehen müssen, oder ob sie dem Gläubiger auch „**schulden**", sie also auch zur Erfüllung verpflichtet sind. Ich hoffe, Sie erkennen den feinen, aber bedeutsamen Unterschied!

Fall 3: Die Rechtsanwälte R 1 und R 2 betreiben als Sozien eine Anwaltskanzlei. Der R 1, der nach dem Sozietätsvertrag der alleinige Geschäftsführer ist, kauft bei dem V „für die Sozietät" eine Computeranlage für € 20 000,-. Auf dem Briefbogen der Sozietät, auf dem das schriftliche Vertragsangebot des R 1 für die Sozietät erklärt worden ist, steht hinter den Namen der Rechtsanwälte R 1 und R 2 der Zusatz: „Sozietät mit beschränkter Haftung". Der V will Bezahlung von „der Sozietät" und von dem wohlhabenden R 2 und von dem später in die Sozietät aufgenommenen Junganwalt R 3. Weiterhin will der V wissen, welches Vermögen ihm haftet und wie er seine Ansprüche im Prozess und in der Zwangsvollstreckung realisieren kann.

1. Gegen „die Sozietät" könnte sich a) ein Anspruch aus §§ 433 Abs. 2, 164 BGB ergeben, wenn der R 1 diese wirksam vertreten hätte: aa) Er hat in deren Namen gehandelt. bb) Weiterhin müsste er Vertretungsmacht gehabt haben. aaa) R 1 und R 2 bilden eine BGB-Gesellschaft nach § 705 BGB. Bei einer BGB-Gesellschaft ist prinzipiell zwischen Geschäftsführung (Innenverhältnis, geregelt in §§ 709 – 713 BGB, vgl. bei der oHG §§ 114 – 117 HGB) und Vertretung (Außenverhältnis, geregelt in § 714 BGB, vgl. bei der oHG §§ 125 – 127 HGB) zu unterscheiden. Der R 1 hat als geschäftsführender Gesellschafter Vertretungsmacht (§§ 164, 714 BGB), bbb) so dass „die Sozietät" verpflichtet worden wäre, wenn sie Trägerin von Rechten und Pflichten wäre und der geschäftsführende Gesellschafter sie vertreten hätte. Diese Fra-

ge ist umstritten: aaaa) Nach einer Ansicht vertritt der geschäftsführende Gesellschafter nur die Gesellschafter, so dass nur die Gesellschafter R 1 und R 2 dem V als Gesamtschuldner schulden (§§ 427, 714, 433 Abs. 2 BGB), nicht aber „die Sozietät". bbbb) Nach neuerer Ansicht (Flume, K. Schmidt und neuerdings der BGH) wird angenommen, dass die BGB-Außengesellschaft (und darum handelt es sich bei der Sozietät von R 1 und R 2) als Trägerin von Rechten und Pflichten angesehen wird. Der Geschäftsführer vertritt also wirksam „die Sozietät". Daher hätte der V einen Anspruch auf Kaufpreiszahlung gegen die „Sozietät". b) Neuerdings wird die BGB–Außengesellschaft auch als parteifähig angesehen, so dass sie verklagt werden kann. c) Dem Gläubiger haftet das nach § 718 BGB gesamthänderisch gebundene Gesellschaftsvermögen. Wenn der Gläubiger in dieses Vermögen vollstrecken will, bedarf es nach § 736 ZPO eines Titels gegen alle Gesellschafter. aa) Wenn man deshalb einen Titel gegen jeden einzelnen Gesellschafter verlangt, dann wäre die neue Rechtsentwicklung, nach der die BGB-Außengesellschaft schuldet und auch verklagt werden kann, ohne praktischen Wert. Denn dann müsste ein Gläubiger, will er in das Gesellschaftsvermögen vollstrecken, doch alle Gesellschafter verklagen. bb) Daher ist man sich unter den Vertretern der neuren Ansicht einig, dass es für die Erfüllung des § 736 ZPO ausreichend ist, wenn ein Titel gegen „die Gesellschaft" als Partei vorliegt, und kein Titel gegen alle Gesellschafter zu verlangen ist; dafür spricht auch eine analoge Anwendung des § 124 Abs. 2 HGB. 2. Was die Frage der Inanspruchnahme der a) Gesellschafter, die bei Vertragsschluss Gesellschafter waren, angeht, aa) so ist i.E. unstreitig, dass diese (hier der R 2) ebenfalls schulden; unterschiedlich ist nur die Begründung. aaa) Die eine Verpflichtungsfähigkeit der „Sozietät" verneinende Ansicht begründet die Gesamtschuld der Gesellschafter mit §§ 714, 427 BGB. bbb) Nach der neueren Ansicht wird die Gesamtschuld der einzelnen Gesellschafter wie folgt begründet: aaaa) Nach der (inzwischen wohl überholten) Theorie von der „Doppelverpflichtung" soll der vertretungsberechtigte Gesellschafter einerseits die Gesamthand und andererseits die Gesellschafter verpflichten, letztere auch so, dass sie mit ihrem Privatvermögen haften. bbbb) Nach der heute herrschenden „Akzessorietätstheorie" ergibt sich die gesamtschuldnerische Haftung der Gesellschafter auch mit ihrem Privatvermögen aus § 128 HGB analog. cccc) Fraglich ist, ob eine Beschränkung der Haftung auf das Gesellschaftsvermögen möglich ist: aaaaa) Bei Verträgen mit Dritten kann dies durch eine vertragliche Beschränkung erfolgen. bbbbb) Umstritten ist, ob eine die Vollmacht des geschäftsführenden Gesellschafters beschränkende Regelung im Gesellschaftsvertrag zu einer derartigen Beschränkung im Außenverhältnis jedenfalls dann führt, wenn diese nach außen erkennbar ist. Teilweise wird angenommen, dass sich aus der analogen Anwendung des § 128 HGB zum Zwecke der Begründung der gesamtschuldnerischen Haftung der Gesellschafter auch ableiten lasse, dass diese jedenfalls dann, wenn die BGB-Außengesellschaft „unternehmenstragend" ist, unabdingbar ist: „Eine entgegenstehende Vereinbarung ist Dritten gegenüber unwirksam" (§ 128 S. 2 HGB). Wer im Gegensatz dazu die Abdingbarkeit bejaht, muss sich mit der Frage auseinandersetzen, ob dazu bereits die Bezeichnung als „Gesellschaft bürgerlichen Rechts mit beschränkter Haftung" oder gar als „GbRmbH" ausreicht (ob diese Bezeichnung auch firmenrechtlich wegen der Gefahr einer Verwechselung mit einer „GmbH" überhaupt zulässig ist, ist sehr zweifelhaft; man wird dies mit dem BGH verneinen müssen). b) Der Junganwalt R 3 haftet vom Standpunkt der aa) früheren Meinung zur Rechtsnatur der BGB-Außengesellschaft nicht, bb) nach der neuen Ansicht analog § 130 HGB für die Altschulden. b) Die Gesellschafter sind unzweifelhaft als natürliche rechtsfähige Personen passiv parteifähig. c) Wenn sie gesamtschuldnerisch haften, kann die Zwangsvollstreckung in ihr Vermögen betrieben werden. Zu ihrem Vermögen gehört auch der Gesellschaftsanteil. Hieraus resultieren weitere, den Rahmen dieser Darstellung sprengende vollstreckungs- und gesellschaftsrechtliche Fragen.

Fall 4: Der Mandant M erteilt den Rechtsanwälten R 1 und R 2 auf einem beide Sozien nennenden Formular eine Prozessvollmacht für eine Strafverteidigung in einer Wirtschaftsstrafsache. Das Mandat wird von dem R 2 bearbeitet, der R 1 kennt die Sache nicht. Weil der R 2 überlastet ist und nichts für den M tut, verlangt der M von dem R 1 Bearbeitung des Mandats. Der R 1 lehnt ab, weil er sich auf das Arbeitsrecht spezialisiert hat und nach dem Sozietätsvertrag ausschließlich die arbeitsrechtlichen Mandate bearbeitet.

1. Zunächst ist die Frage, ob dem M gegen R 1 ein Anspruch zusteht, zu beantworten. Dazu kann auf die vorstehenden Ausführungen verwiesen werden: Nach allen Ansichten sind die Gesellschafter dem Gesellschaftsgläubiger als Gesamtschuldner verpflichtet. 2. In diesem Zusammenhang stellt sich die Frage, ob, wenn die Verpflichtung – wie hier – nicht primär auf eine Geldzahlung gerichtet ist, die Gesellschafter „schulden" oder nur „haften", also nur für die Erfüllung einstehen müssen. Aus der Formulierung des analog anzuwendenden § 128 HGB („Die Gesellschafter haften....") kann man nichts herleiten. Folgende, jede für sich vertretbare, Möglichkeiten sind zu diskutieren: a) Wenn die Verpflichtung nur von allen Gesellschaftern erfüllt werden kann (z.B. die Übereignung einer verkauften Sache, die zum Gesellschaftsvermögen gehört; Abgabe von Willenserklärungen; unvertretbare Handlungen; Unterlassungsansprüche), ist die Verpflichtung eines einzelnen Gesellschafters ausgeschlossen. b) Darum geht es hier aber nicht. Daher sind die folgenden weiteren Denkmöglichkeiten zu erörtern: aa) Den Gesellschafter trifft nur bei Geldschulden eine Erfüllungspflicht, ansonsten ist er nur zum Schadensersatz in Geld verpflichtet („Haftungstheorie"): Der R 1 müsste nicht tätig werden. bb) Alle Gesellschafter müssen erfüllen („Erfüllungstheorie"): Danach müsste R 1 tätig werden. Der Erfüllungstheorie ist im Interesse der Gläubiger zu folgen; das Gesetz hätte sonst eine Beschränkung i.S.d. „Haftungstheorie" aussprechen müssen. Allerdings muss man wegen des Interesses der Gesellschafter an einer „gesellschaftsfreien Privatsphäre" hiervon jedoch Ausnahmen zulassen (z.B. bei Beschaffungspflichten): Hier aber muss der R 1 tätig werden (er ist schließlich „Volljurist"!).

Fall 5: Zum Gesellschaftsvermögen einer aus den Gesellschaftern A, B, C bestehenden Gesellschaft Bürgerlichen Rechts gehört ein Grundstück. Der alleingeschäftsführende Gesellschafter A verkauft das Grundstück formgerecht an den K. Nach erfolgter Kaufpreiszahlung verlangt der K die Auflassung von A.

Der Anspruch des K gegen den A kann sich aus einem Kaufvertrag ergeben (§§ 433 Abs. 1 S. 1, 311 b Abs. 1 S. 1 BGB). Wenn die Verpflichtung das Sondervermögen betrifft (z.B. die Übereignung einer verkauften Sache, die zum Gesellschaftsvermögen gehört; Abgabe von Willenserklärungen; unvertretbare Handlungen; Unterlassungsansprüche) schulden die Gesamthänder, hier also die Gesellschafter A, B und C, nur gemeinschaftlich zur gesamten Hand („Gesamthandsschuld"). Der K kann also die Auflassung nur von A, B und C verlangen.

(2) Schadensersatzverpflichtung aufgrund des Verhaltens des Geschäftsführers

> **1. Bei verschuldensabhängigen Schadensersatzansprüchen innerhalb bestehender Schuldverhältnisse** (§§ 280 ff. BGB) ist das schuldhafte Verhalten des Geschäftsführers der BGB-Außengesellschaft nach § 31 BGB analog oder nach § 278 BGB zuzurechnen. Hier gibt es noch interessante, sich zum Teil aus § 425 Abs. 2 BGB ergebende Fragen, die wir daher erst in Teil 10 behandeln werden.
>
> **2. Bei Delikten der/des Geschäftsführer/s** in Ausführung gesellschaftsrechtlicher Verpflichtungen

> **a)** kommt die neuere Ansicht zur Rechtsnatur der BGB-Außengesellschaft zwanglos zu einer **Verpflichtung der Gesellschaft** nach §§ 823, 31 BGB: „Die Gesellschaft bürgerlichen Rechts muss sich zu Schadensersatz verpflichtendes Handeln ihrer (geschäftsführenden) Gesellschafter entsprechend § 31 BGB zurechnen lassen" (so seit Frühjahr 2003 der BGH). Konsequenterweise wird man auch eine **Gefährdungshaftung** der BGB-Außengesellschaft, z.B. nach § 7 StVG, 31 BGB annehmen müssen.
>
> **c)** Eine **Eigenhaftung aus § 823 BGB** des handelnden Gesellschafters besteht selbstverständlich. Dagegen muss kein Gesellschafter für das deliktische **Verhalten eines Mitgesellschafters** nach § 831 BGB einstehen, weil man sich gegenseitig nicht weisungsunterworfen ist.
>
> **3.** Nach **§ 128 HGB** analog „(haben) die Gesellschafter einer Gesellschaft bürgerlichen Rechts ... grundsätzlich auch für gesetzlich begründete Verbindlichkeiten ihrer Gesellschaft persönlich und als Gesamtschuldner einzustehen" (so seit Frühjahr 2003 der BGH).

bb) Forderungsberechtigung bei der BGB-Außengesellschaft

Auch für die **Forderungsberechtigung** ist die Frage, ob man die BGB-Außengesellschaft als rechtsfähig ansehen kann, von Bedeutung.

Fall 6: Die Rechtsanwälte A und B betreiben als Sozietät in Form einer BGB-Gesellschaft eine Rechtsanwaltskanzlei. Der A berät den Mandanten M. Dieser bleibt das Honorar von € 50 000,- schuldig. Der A, der nach dem Sozietätsvertrag alleiniger Geschäftsführer ist, macht den Anspruch nicht geltend, weil er mit M gemeinsam im Vorstand einer Partei sitzt und in dieser Eigenschaft auf M's Wohlwollen angewiesen ist, das ihm nach M's Worten nur sicher sein würde, wenn die Forderung niedergeschlagen wird. Der B will wissen, welche Rechte er hat.

1. Er könnte die Forderung aus §§ 675, 611 BGB geltend machen, wenn er – was nicht der Fall ist – Geschäftsführer wäre (§§ 709 ff, 714 BGB). 2. Erwägen könnte man, ob er die Forderung nach § 432 BGB auf Leistung an A und B gemeinschaftlich geltend machen könnte. a) Das wäre dann vorstellbar, wenn er zusammen mit dem A Gläubiger der Forderung wäre. Die Forderung ist Gesellschaftsvermögen (§ 718 Abs. 1 BGB). aa) Wenn man die neueste Rechtsentwicklung ignoriert und annimmt, dass nicht „die Sozietät", sondern die Gesellschafter A und B in ihrer gesamthänderischen Verbundenheit Träger von Rechten und Pflichten sind (§§ 714, 718 BGB), würde wegen der Spezialität der §§ 709 ff. BGB der § 432 BGB gleichwohl weder unmittelbar oder analog anwendbar sein; dafür spricht auch ein Umkehrschluss aus § 2039 BGB. bb) Erst recht kann der B keine Leistung verlangen, wenn man aufgrund der Annahme einer wiederum in sich abgestuften Weise (bloße Teilrechtsfähigkeit/volle Rechtsfähigkeit bei unternehmenstragenden BGB-Gesellschaften) dazu kommt, dass allein „die Sozietät" die Trägerin von Rechten und Pflichten ist. c) Danach aa) bliebe dem B nur das Recht, den A aus dem Gesellschaftsvertrag auf Erfüllung seiner Pflicht zur Geschäftsführung in Anspruch zu nehmen („actio pro socio"). bb) Das birgt Risiken (z.B. Verjährung) in sich und ist unzumutbar, wenn, wie hier, Geschäftsführer und Schuldner kollusiv zusammenwirken. d) In diesen beiden Fällen soll nach einer durchaus vertretbaren Ansicht dem nicht-geschäftsführenden Gesellschafter ein „Notgeschäftsführungsrecht" nach § 744 BGB analog zustehen.

e) Die offene Handelsgesellschaft (oHG)

Nach § 105 HGB ist „eine Gesellschaft, deren Zweck auf den Betrieb eines Handelsgewerbes unter gemeinschaftlicher Firma gerichtet ist,... eine offene Handelsgesellschaft, wenn bei keinem der Gesellschafter die Haftung gegenüber den Gesellschaftsgläubigern beschränkt ist". Die offene Handelsgesellschaft (oHG) **entsteht** bereits durch Abschluss eines **Gesellschaftsvertrages,** wobei der **Gesellschaftszweck** darin besteht, ein Handelsgewerbe unter gemeinschaftlicher Firma zu betreiben (§ 105 Abs. 1 HGB). Die Gesellschaft wird als oHG grundsätzlich aber erst dann **nach außen wirksam**, wenn sie auch in das Handelsregister eingetragen worden ist (§ 123 Abs. 1 HGB). Betreibt sie aber ein kaufmännisches Unternehmen im Sinne des § 1 HGB, so beginnt ihre Wirksamkeit Dritten gegenüber schon mit der Aufnahme des Geschäftsbetriebes (§ 123 Abs. 2 HGB). In diesem Fall gelten also bereits von diesem Zeitpunkt an die Vorschriften der §§ 124 ff. HGB über das Außenverhältnis der oHG.

Da die oHG unter ihrer Firma Rechte erwerben und Verbindlichkeiten eingehen, Eigentum und andere dingliche Rechte erwerben, vor Gericht klagen und verklagt werden kann (§ 124 Abs. 1 HGB), ist sie also entweder **rechtsfähig** oder wird jedenfalls so behandelt; man kann sie im Einklang mit dem Wortlaut des § 14 Abs. 2 BGB als **„rechtsfähige Personengesellschaft"** bezeichnen.

Die oHG kann **Vermögen** bilden (§ 124 Abs.1 HGB).

Was die **Handlungsfähigkeit** angeht, so unterscheiden wir wieder zwischen Geschäftsführung und Vertretung. Hinsichtlich der der Erfüllung des Gesellschaftszwecks dienenden **Geschäftsführung** gilt im Grundsatz, dass jeder Gesellschafter die Alleingeschäftsführungsbefugnis hat (§§ 114 ff. HGB). Damit ist das Chaos programmiert. Daher ist diese Regelung auch nicht zwingend; im Gesellschaftsvertrag kann die Geschäftsführungsbefugnis anders geregelt werden, so dass z.B. nur ein einziger Gesellschafter zur Geschäftsführung befugt ist. Auch zur **Vertretung** ist im Grundsatz jeder Gesellschafter einzeln befugt, wenn der Vertrag ihn nicht davon ausschließt (§ 125 Abs. 1 HGB). Da die oHG entweder rechtsfähig ist oder jedenfalls so behandelt wird, ist es die Gesellschaft, die vertreten wird. Die **rechtsgeschäftlich begründeten Verpflichtungen** richten sich gegen das **Gesellschaftsvermögen** (§ 124 HGB). Die **Gesellschafter „haften"/„schulden"** zwingend für rechtsgeschäftliche unter der gemeinsamen Firma eingegangene Verbindlichkeiten oder daraus resultierende Ansprüche (§§ 280 ff., 346 ff., 812 ff. BGB) sowie für solche gesetzlichen Verbindlichkeiten, die an die gemeinschaftliche Zuständigkeit der Gesellschafter im Rahmen der Gesellschaft anknüpfen (z.B. die Haftung nach §§ 823 ff., 31 BGB) den Gesellschaftsgläubigern unbeschränkbar auch persönlich und zwar als Gesamtschuldner **(§§ 128 HGB, 421 BGB);** ihre Haftung/Schuld ist „akzessorisch" zu der der Gesellschaft. Wegen der „Akzessorietät" kann der eine Gesellschafter bei einer Inanspruchnahme aus Gesellschaftsverbindlichkeiten dem Gläubiger bestimmte **Einwendungen**, die auch ein (ebenfalls akzessorisch haftender) Bürge (vgl. §§ 768, 770 BGB) oder ein (ebenfalls akzessorisch haftender) Eigentümer gegen den Hypothekar (vgl. § 1137 BGB) hat, **entgegenhalten (§ 129 HGB).** Wenn Ihnen das im Augenblick „zu hoch" ist, keine Sorge: Das wird später alles noch einmal wiederholt, so dass Sie es spätestens dann zwanglos verstehen. Dieser „tröstende Zuspruch" soll Sie aber nicht davon abhalten, bei dieser Gelegenheit die §§ 768, 770, 1137 BGB zu lesen; denn Sie „entrinnen" diesen Vorschriften ohnehin nicht, und ein solches „Querlesen" fördert den ja angestrebten „Durchblick"! Die Ihnen von der Darstellung der BGB-Gesellschaft her bereits bekannte Frage, ob ein **Gesellschafter** (abweichend vom Wortlaut des § 128 HGB) nicht nur **„haftet"**, sondern auch **„schuldet"**, wird wie bei der BGB-Gesellschaft beantwortet.

Fall 7: Die A & B & C oHG, deren alleiniger geschäftsführender Gesellschafter der A ist, schließt, vertreten durch A, mit S einen Vertrag über ein diesem zu gewährendes ungesichertes, kurzfristiges, verzinsliches Darlehen über € 100 000,-. Das Darlehen soll von der A & B & C oHG eine Woche nach Vertragsschluss valutiert werden; der S soll es dann nach einem weiteren Monat tilgen und die Zinsen zahlen. Der S hat die A & B & C oHG zum Abschluss dieses Vertrages dadurch bewogen, dass er dem A unter Vorlage einer Abschrift des Testaments des Erblassers E und der Sterbeurkunde erklärt hat, in einem Monat eine Geldzahlung aus einem zu seinen Gunsten angeordneten Vermächtnis in Höhe von € 1 000 000,- zu erhalten (§§ 2147, 2174 BGB). Der S wusste jedoch, dass der Nachlass überschuldet war und er keine Zahlung zu erwarten hatte. Als der A gleich nach Vertragsschluss Nachforschungen anstellt und erfährt, dass S ihn getäuscht hat, veranlasst er, dass keine Auszahlung an den S vorgenommen werden soll. Der S verlangt Zahlung von B und C.

a) Der B und der C sind nach §§ 488 Abs. 1 S. 1 BGB, 124, 128 HGB zur Zahlung verpflichtet, aa) weil die A & B & C oHG hierzu verpflichtet ist (§ 124 HGB) und die Verpflichtung nicht durch eine Anfechtung nach §§ 123 Abs. 1, 142 Abs. 1 beseitigt hat bb) und weil B und C bei einer primären Geldschuld als Gesamtschuldner diesen Anspruch erfüllen müssen (§ 128 HGB). b). Fraglich ist jedoch, ob B und C Einwendungen gegen den Anspruch haben. Nach § 129 Abs. 2 HGB können sie die Leistung verweigern, weil der A & B & C oHG das Recht zusteht, das ihrer Verbindlichkeit zugrunde liegende Rechtsgeschäft (den Darlehensvertrag) nach § 123 Abs. 1 BGB wegen arglistiger Täuschung über die Kreditwürdigkeit des S anzufechten.

Was die Frage der Zurechnung schadensersatzbegründender Verhaltensweisen der geschäftsführenden Gesellschafter angeht, so ist bei **verschuldensabhängigen Schadensersatzansprüchen innerhalb bestehender Schuldverhältnisse** (§§ 280 ff. BGB) das Verhalten des Geschäftsführers der oHG dieser nach § 31 analog oder nach § 278 BGB zuzurechnen. Dass es hier eine interessante, sich aus § 425 Abs. 2 BGB ergebende Frage ergibt, die wir in Teil 10 behandeln werden, ist Ihnen bereits für die BGB-Außengesellschaft angekündigt worden. Bei **Delikten** wird nach der ganz herrschenden Meinung **§ 31 BGB** entsprechend angewandt; die Gesellschaft haftet also für eine unerlaubte Handlung, die ein geschäftsführungsbefugter Gesellschafter im Rahmen seiner Tätigkeit für die Gesellschaft in Ausführung von Geschäftsführungsmaßnahmen oder von Vertretungshandlungen für die Gesellschaft begeht; und die Gesellschafter haften hierfür nach § 128 HGB als Gesamtschuldner. Konsequenterweise wird man auch eine **Gefährdungshaftung** der BGB-Außengesellschaft, z.B. nach § 7 StVG, 31 BGB annehmen müssen.

Aus § 124 Abs. 1 HGB ergibt sich die **aktive und passive Parteifähigkeit** der oHG.

f) Die Kommanditgesellschaft (KG)

Nach **§ 161 Abs. 1 HGB** ist „eine Gesellschaft, deren Zweck auf den Betrieb eines Handelsgewerbes unter gemeinschaftlicher Firma gerichtet ist, …. eine Kommanditgesellschaft, wenn bei einem oder bei einigen Gesellschaftern die Haftung gegenüber den Gesellschaftsgläubigern auf den Betrag einer bestimmten Vermögenseinlage beschränkt ist (Kommanditisten), während bei dem anderen Teil der Gesellschafter eine Beschränkung der Haftung nicht stattfindet (persönlich haftende Gesellschafter)" eine **Kommanditgesellschaft**; den persönlich haftenden Gesellschafter nennt man auch „Komplementär". Was das **Entstehen** der KG und das **Wirksamwerden nach außen** angeht, gelten die gleichen Regeln wie bei der oHG; insoweit kann daher auf die Darstellung zur oHG verwiesen werden. Die KG unterscheidet sich nach **§ 161 Abs. 1 HGB** von der oHG dadurch, dass bei ihr zwar auch **§ 128 HGB** (demzufolge den Gesellschaftsgläubigern „**die Gesellschafter ...für die Verbindlichkeiten der Gesellschaft als Gesamtschuldner persönlich (haften)**") Anwendung findet, dass aber bei mindestens einem ihrer Gesellschafter, dem **Kommanditisten** nämlich, die **Haftung gegenüber den Gesellschaftsgläubigern** auf den Betrag einer bestimmten **Vermögenseinlage (Hafteinlage) beschränkt** ist (§§ 161 Abs.1, 171 Abs. 1 HGB) und dass nach §§ 161 Abs. 1, 128 HGB **mindestens ein weiterer Gesellschafter den Gläubigern unbeschränkt haftet** („persönlich haftender Gesellschafter" = Komplementär). Die Gesellschafter einer KG bilden also zwei unterschiedliche Gruppen mit unterschiedlicher Rechtsstellung sowohl im Innen- als auch im Außenverhältnis.

- Die **Komplementäre als persönlich haftende Gesellschafter** der KG haben sowohl im Innen- als auch im Außenverhältnis die Rechtsstellung der Gesellschafter einer oHG. Die **Geschäftsführung** steht allein den **Komplementären** zu. Für die **Vertretung** der KG gelten die für die oHG bestehenden Regelungen; auch insoweit kann auf die Darstellung zur oHG verwiesen werden.

- Die **Kommanditisten** sind dagegen von der Geschäftsführung und der Vertretung der Gesellschaft ausgeschlossen und haften den Gesellschaftsgläubigern für Gesellschaftsschulden nur bis zur Höhe der Hafteinlage; ihre persönliche Haftung erlischt durch Leistung der Hafteinlage.

Aus §§ 161, 124 Abs. 1 HGB ergibt sich die **Rechtsfähigkeit** der KG.
Die KG kann **Vermögen** bilden (§ 124 Abs.1 HGB).
Hinsichtlich der **Handlungsfähigkeit** der KG kann, wie soeben dargestellt, mit der Maßgabe, dass die Kommanditisten nicht an der Geschäftsführung und der Vetretung beteiligt sind, auf die Ausführungen zur oHG verwiesen werden. Konsequent ist es daher auch, dass ihre persönliche Haftung durch die Leistung der Hafteinlage erlischt.

Fall 8: Die A-KG besteht aus dem persönlich haftenden Gesellschafter A und den Kommanditisten B und C. Die Haftsumme beträgt € 50 000,-. Der B hat die Hafteinlage noch nicht gezahlt; der C hat gezahlt. Der A geht namens der Gesellschaft eine kurzfristige Darlehensverpflichtung bei der X-Bank in Höhe von € 100 000.- ein. Die X-Bank nimmt bei Fälligkeit den B und den C in Anspruch.
Der Anspruch ergibt sich aus §§ 488 BGB, 161 Abs. 2, 128, 171 Abs. 1 1. HS. HGB. a) Der Anspruch gegen den B ist aber summenmäßig beschränkt auf € 50 000,- (§ 171 Abs. 1 1. HS HGB). b) Der Anspruch gegen den C ist erloschen (§ 171 Abs. 1 2. HS HGB).

Gegen ihre persönliche Haftung können sich die Komplementäre und Kommanditisten nach **§ 129 HGB** verteidigen; auch insoweit kann auf die Darstellung zur oHG verwiesen werden.

Was die aufgrund des **Verhaltens eines Komplementärs** begründete **Schadensersatzhaftung** angeht, kann auf die Ausführungen zur oHG verwiesen werden.

Aus §§ 161 Abs.1, 124 Abs. 1 HGB ergibt sich die **aktive und passive Parteifähigkeit** der KG.

g) Der nicht-rechtsfähige Verein

Der § 54 BGB hat einen eigenartigen rechtshistorischen Hintergrund. Der Gesetzgeber des Jahres 1900 hatte durch die Schaffung des § 54 BGB, der – im Zusammenwirken mit § 50 Abs. 2 ZPO – für die Mitglieder des nicht-rechtsfähigen Vereins, für seine Organe und für den Verein selbst außerordentlich gefährlich war (warum, werden Sie gleich erfahren), erreichen wollen, dass die seinerzeit als nicht-rechtsfähige Vereine organisierten Gewerkschaften die für sie ungefährlichere Rechtsform des eingetragenen Vereins wählen; als rechtsfähiger Verein hätten diese Organisationen dann einer staatlichen Kontrolle unterstanden.

> Warum ist der nicht-rechtsfähige Verein eine für den Verein selbst, für seine Organe und für seine Mitglieder so außerordentlich gefährliche Rechtsform des Personenzusammenschlusses? Das zeigt sich, wenn man **§ 54 S. 2 BGB wortlautgetreu** anwenden würde. Denn danach
>
> - **haftet** derjenige, der **für den nicht-rechtsfähigen Verein handelt,** mit seinem **gesamten Vermögen persönlich**;
> - die **Mitglieder** des nicht-rechtsfähigen Vereins **haften** nach §§ 54 S. 1, 714, 427 BGB daneben als Gesamtschuldner ebenfalls mit ihrem **gesamten Vermögen persönlich**.
> - Hinsichtlich der **Geschäftsführung** und **Vertretung** gelten nach § 54 S. 1 BGB die schwerfälligen (Einstimmigkeits-!)Regeln über die BGB-Gesellschaft, so dass regelmäßig eine Gesamtgeschäftsführung (§ 709 BGB) und eine Gesamtvertretung (§§ 709, 714 BGB) bestehen.
> - Wegen der Personenbezogenheit führt das Ausscheiden nur eines Mitglieds durch Tod oder durch Kündigung zur **Auflösung** (§§ 723, 727 BGB).
> - Die fehlende Rechtsfähigkeit erlaubt **keine Vermögensbildung**;
> - alle Mitglieder sind **Gesamthänder**.
> - Nach § 50 Abs. 2 ZPO ist der nicht rechtsfähige Verein im Prozess **nur passiv parteifähig**.
>
> Wenn man sich das vor dem Hintergrund der politischen Situation um 1900 klarmacht, erkennt man sofort „die" hinter diesen Regelungen stehende „Absicht und ist verstimmt".

Durch **Spezialgesetze**, vor allem aber **aufgrund einer verfassungskonformen Auslegung (Art. 9 GG)** der Regelung des § 54 BGB sind die hieraus resultierenden Gefahren für die Mitglieder, für die Organe und für den Verein aber inzwischen weitgehend entschärft worden.

> Es gelten anstelle der §§ 705 ff. BGB die **Normen der §§ 21 ff. BGB** (so z.B. auch der wichtige § 31 BGB) mit Ausnahme derjenigen Vorschriften, die eine Rechtsfähigkeit voraussetzen.
>
> Die **rechtsgeschäftliche Haftung** der einzelnen Mitglieder kann durch die Satzung auch Dritten gegenüber wirksam **auf den Anteil am Vereinsvermögen beschränkt** werden.
>
> Eine **deliktische Haftung** nach §§ 823 ff., 31 bzw. 831 BGB **ist auf das Vereinsvermögen beschränkt**.
>
> Hinsichtlich der Frage einer **Vermögensbildung** wird anstelle der bisher üblichen Ausweichlösung durch die Übertragung des Vermögens auf einen **Treuhänder** (natürliche Personen oder eigens gegründete GmbH bzw. AG) vorgeschlagen, den nicht-rechtsfähigen Verein als insoweit **teilrechtsfähiges Rechtssubjekt** anzusehen (wiederholen Sie noch einmal die Ausführungen zur BGB-Gesellschaft).
>
> Auch hinsichtlich der „**Grundbuchfähigkeit**" des nicht-rechtsfähigen Vereins wird anstelle einer Eintragung eines Treuhänders (so die hergebrachte Lösung) die des nicht-rechtsfähigen Vereins als teilrechtsfähiges Rechtssubjekt propagiert.
>
> Der nicht-rechtsfähige Verein ist **passiv erbfähig**; angenommen wird weiter, dass der nicht-rechtsfähige Verein **Mitglied** anderer Körperschaften oder Gesellschaften sein kann.
>
> Gewerkschaften und Arbeitgeberverbände sind nicht nur in Arbeitsgerichtsprozessen (§ 10 ArbGG), sondern wegen einer durch Art. 9 GG gebotenen verfassungskonformen Auslegung des § 50 ZPO in jeder Hinsicht **aktiv parteifähig**. Auch politische Parteien sind nach § 3 PartG voll parteifähig. Ansonsten muss der Weg über einen Treuhänder gewählt werden. Neuerdings wird allerdings angenommen, dass die die BGB-Gesellschaft betreffende Rechtsfortbildung, die deren aktive und passive Parteifähigkeit zur Folge hat, auf den nicht-rechtsfähigen Verein übertragen werden müsse, so dass auch der nicht-rechtsfähige Verein generell aktiv parteifähig sei.

Es bleibt also als einzig schwergewichtiger Nachteil die **persönliche Haftung des rechtsgeschäftlich Handelnden aus § 54 S. 2 BGB** übrig, die neben die Haftung des nicht-rechtsfähigen Vereins tritt.

3. Die Stiftung

Bei der nicht gesetzlich definierten **Stiftung** handelt es sich nicht um einen Personenzusammenschluss, sondern um eine „mit Rechtsfähigkeit ausgestattete, organisierte Einrichtung, die einen vom Stifter bestimmten Zweck mit Hilfe eines dazu gewidmeten Vermögens dauend fördern soll" oder (kürzer gefasst): Die Stiftung ist ein **rechts-**

fähiges Vermögen, dessen Erträge einem vom Stifter bestimmten Zweck dienen. Was den Zweck angeht, so gibt es für die Errichtung einer Stiftung i.w. zwei Gründe:
- Die Stiftung wird in erster Linie aus Gründen der **sozialen Unterstützung** geschaffen.
- Mittels der Rechtsform der Stiftung sind aber auch **besondere Gestaltungen der Erbfolge** möglich: Fehlt einem Unternehmen ein geeigneter Nachfolger, so kann eine Stiftung ein wirtschaftliches Lebenswerk eines Unternehmers über dessen Tod hinaus sichern; die Folge ist, dass die Erben nur die Erträge erhalten, sonst aber keinen Einfluss auf das Unternehmen haben.

Die **Stiftung entsteht** durch ein sog. **Stiftungsgeschäft** (nach § 81 BGB unter Lebenden: Schriftform/oder von Todes wegen durch Testament oder Erbvertrag) und eine **staatliche Anerkennung** (§ 80 BGB).

Das **Außenorgan** einer Stiftung ist der Vorstand (§§ 86, 26 BGB).

> Vorsorglich sollten wir eine kurze **Standortbestimmung** vornehmen: Nachdem Sie **im 1. Teil** „ins kalte Wasser geworfen worden sind", und anhand eines doch recht schwierigen Falles erlernt haben, wie man juristische Aufgabenstellungen, die für Sie als Student für die nächsten 4 bis 5 Jahre das „tägliche Brot" sein werden, bewältigt haben, haben wir uns im **2. Teil** daran gemacht, einige juristische Grundbegriffe zu klären. Zunächst ging es darum, wer eigentlich die im Rechtsleben vorkommenden **Rechtssubjekte** sind. Dass dies in erster Linie die „natürlichen Personen" sind, war für Sie leicht zu verstehen. Dann aber wurde es für den Anfänger doch recht kompliziert: Noch nachvollziehbar war, dass es auch „juristische Personen" (Aktiengesellschaften, Gesellschaften mit beschränkter Haftung, eingetragene Vereine) gibt. Den Anfänger vielleicht etwas überfordernd waren die Ausführungen zu den „Meinschaften" und Gesellschaften, speziell zur BGB-Gesellschaft und zur Rechtsfähigkeit der BGB-Außengesellschaft, weiterhin zur Frage, ob und weshalb die Gesellschafter in Anspruch genommen werden können, und schließlich dazu, ob sie nur haften oder auch schulden etc. Auch das, was Sie zur oHG und KG und dann auch noch zum nicht-rechtsfähigen Verein und zur Stiftung lesen mussten, wird Sie als „Anfänger" sicher zunächst sehr ge- oder sogar überfordert haben. Aber verlieren Sie bitte nie aus dem Auge, dass das Jura-Studium sehr anspruchsvoll ist und glauben Sie nicht, dass Sie durch das bloße Verschließen der Augen vor den Schwierigkeiten an allen diesen Fragen vorbei kommen! Die Anfänger mögen den Begriff der „Stiftung" schon einmal gehört haben; dass diese aber zu den Rechtsfähigen und damit zu den juristischen „Personen" des Bürgerlichen Rechts gehört, war vielleicht doch nicht jedermann geläufig. **Verlieren Sie** aber bitte vor allem **nicht gleich den Mut**, wenn Sie nicht alles verstanden haben oder sich gar nicht alles merken konnten. Die Methode dieses Buches ist es, dieselben Fragen an den verschiedensten Stellen noch einmal zu erörtern, so dass Sie viele Gelegenheiten zur Wiederholung haben.

II. Die Objekte von Rechten („Rechtsobjekte", „Gegenstände")

Nachdem Sie nun (für den Anfang sicher übergenau) wissen, wer alles Subjekt von Rechten („Rechtssubjekt") sein kann, geht es jetzt darum, **auf welche Objekte** sich eine von der Rechtsordnung einem Rechtssubjekt verliehene Herrschaftsmacht („Berechtigung") beziehen kann („Rechtsobjekte").

Diese „Rechtsobjekte" werden (vom Gesetz eigenartigerweise undefiniert!) als „**Gegenstände**" bezeichnet. Man kann sie einteilen in

- **körperliche Gegenstände** (das sind die „Sachen"),
- **Rechte** (das sind die „Forderungen", die „dinglichen Rechte" und die „Immaterialgüterrechte")
- und **sonstige Vermögensrechte** (z.B. Geschäftsgeheimnis, Kundschaft),
- speziell ein **Unternehmen**.

1. Die Sachen

Die gesetzliche **Definition** der „**Sache**" ist zum Glück einfach, verständlich und einleuchtend; der Rechtsbegriff entspricht dem natürlichen Verständnis:

> 1. **Sachen** sind einzelne **körperliche Gegenstände** (§ 90 BGB).
>
> 2. „**Körperlich**" ist ein Gegenstand, wenn er **räumlich abgegrenzt, sinnlich wahrnehmbar und faktisch beherrschbar** ist.

Man unterteilt die Sachen (abgesehen von den uns hier zunächst nicht weiter interessierenden Differenzierungen in §§ 91 und 92 BGB in „vertretbare" und „nicht vertretbare", „verbrauchbare" und „nicht verbrauchbare Sachen")

- in **unbewegliche Sachen**; das sind Grundstücke (= räumlich abgegrenzte Teile der Erdoberfläche) und ihnen (in Sondergesetzen) weitgehend gleichgestellt die im Schiffsregister eingetragenen Schiffe
- und in **bewegliche Sachen** (= alle anderen Sachen).

Das versteht jeder und bedarf bei von vornherein voneinander isoliert existierenden Sachen und auch weiterhin isoliert bleibenden Sachen keiner weiteren Erläuterung. Wie ist es aber, wenn **mehrere Sachen zusammengefügt** werden?

Das Zusammenfügen kann i.w. zwei Folgen haben: Oft entsteht dadurch **nur eine wirtschaftliche Einheit** ohne jede unmittelbare Auswirkung auf die Rechtsstellung und Berechtigung an ihnen. Durch ein Zusammenfügen mehrerer Sachen kann aber auch – und das ist natürlich für uns viel interessanter – die **rechtliche Selbstständigkeit der einzelnen Sachen verloren** gehen. Wenn sich nämlich beim Zusammenfügen mehrerer Sachen nach der Verkehrsanschauung eine **einheitliche Sache** ergibt, werden die **einzelnen Sachen zu deren Bestandteilen**.

Das mag man zunächst noch als Wortspielerei abtun. Aber in juristischer Hinsicht außerordentlich spannend und auch sehr praxisrelevant ist die sich im Anschluss daran stellende Frage, ob diese **Bestandteile ihre rechtliche Selbstständigkeit behalten** oder **verlieren**: Dies ist davon abhängig, ob sie „wesentliche Bestandteile" der einheitlichen Sache geworden sind, denn **„wesentliche Bestandteile** (können) **nicht Gegenstand besonderer"** (gemeint sind: dinglicher) **„Rechte sein" (§ 93 BGB).** Unter welchen Voraussetzungen eine Sache zum wesentlichen Bestandteil einer anderen Sache wird, werden Sie später noch erfahren. Aber schon jetzt wollen wir uns deutlich machen, welche Probleme sich daraus ergeben.

Wer konsequent weiter denkt, stößt nämlich quasi automatisch auf die **beiden weiteren** (in den berühmten §§ 946 – 949 BGB beantworteten) **Fragen, wer** denn eventuell **der Eigentümer der einheitlichen Sache** wird und was im Falle eines Eigentumsverlustes aus daran bestehenden **Rechten Dritter** wird.

> Übrigens: Ähnlich wie beim Einfügen oder Zusammenfügen von beweglichen Sachen ist die Situation bei einer (wegen einer Unverhältnismäßigkeit) real **untrennbaren Vermengung** oder **Vermischung beweglicher Sachen (§ 948 BGB).**

Dies sind **klassische Problemfelder des Zivilrechts**, aus denen seit jeher eine Fülle von juristischen Aufgaben in der Ausbildung und in den Examina erwachsen. Es wird Sie also nicht überraschen, wenn Sie sich später damit ausgiebig zu befassen haben werden. Im Augenblick reicht es völlig aus, wenn Sie die Normen einmal gelesen haben und sich die auftauchenden Fragen vergegenwärtigt haben.

2. Die Rechte

a) Dingliche Rechte

Dass den Ihnen ja mittlerweile bekannten **Rechtssubjekten** (natürliche Personen, juristische Personen etc.) **Rechte an Sachen** zustehen können, weiß eigentlich jeder auch ohne ein vorheriges Jurastudium. Unter einem solchen **Sachenrecht (= „dingliches Recht")** versteht man die **unmittelbare Zuordnung von Sachen zu einer Person**, so z.B. in Gestalt

- (vielleicht, die Frage ist umstritten) des **Besitzes** (§§ 854 ff. BGB)
- des **Eigentums** (§ 903 BGB),
- eines **Verwertungssicherungsrechtes** (Pfandrecht: §§ 1204 ff. BGB; Hypothek und Grundschuld: §§ 1113 ff. BGB),
- einer **Grunddienstbarkeit** (§§ 1018 ff. BGB),
- eines **Nießbrauches an Sachen** (§§ 1030 ff. – 1067 BGB),
- einer **beschränkt persönlichen Dienstbarkeit** (§§ 1090 ff. BGB),
- eines dingliches **Vorkaufsrechts** (§§ 1094 ff. BGB),
- einer **Reallast** (§§ 1105 ff. BGB)
- oder der jeweiligen **Anwartschaftsrechte** hierauf.

> Entsinnen Sie sich noch: Sie sollten, wenn Sie nur einigermaßen alle Klippen, die dieses Studium für Sie bereit hält, überwinden wollen, unbedingt dem Rat folgen, **alle in diesem Buch zitierten Paragraphen beim Lesen im immer daneben liegenden Gesetz nachzuschlagen**, durchzulesen und schon jetzt versuchen, sie zu verstehen.

b) Forderung

Sie wissen inzwischen auch schon, dass eine **Forderung** das Recht ist, als Gläubiger „kraft eines Schuldverhältnisses..., von dem Schuldner eine Leistung zu fordern" (**§ 241 Abs. 1 S. 1 BGB**), also z.B. als Käufer vom Verkäufer die Übergabe und die Übereignung einer Kaufsache zu verlangen (§ 433 Abs. 1 S. 1 BGB) oder als Verkäufer vom Käufer Zahlung des Kaufpreises (§ 433 Abs. 2 BGB) zu fordern oder als Darlehensgeber die Rückzahlung des Darlehens (§ 488 Abs. 1 S. 2 BGB) zu verlangen oder als Schadensersatzschuldner aus Delikt Schadensersatz zu leisten (§§ 823 Abs. 1, 249 BGB), als Besitzer dem Eigentümer die diesem gehörige Sache herauszugeben (§ 985 BGB) etc. Diese Liste an Beispielen könnte man bis ins „Unendliche" verlängern.

c) Immaterialgüterrechte

Was „Immaterialgüterrechte" sind, ist den meisten jungen Juristen sicher völlig unbekannt; daher sind einige erläuternde Worte angebracht. Immerhin spielen die Immaterialgüterrechte im Wirtschaftsleben eine so große Rolle, dass Sie einige Grundvorstellungen davon haben sollten. Nicht ganz zu Unrecht werden Sie sich fragen, warum Sie sich ausgerechnet in einem so frühen Ausbildungszeitpunkt hierüber orientieren sollen. Der Grund dafür ist, dass wir uns später, wenn es „wirklich zur Sache geht", nur noch am Rande mit Immaterialgüterrechten befassen können, und jetzt Ihre Aufnahmekapazität noch größer sein mag. Außerdem soll so dem entgegen gewirkt werden, dass Sie, wie die meisten Studierenden, beim Begriff „Zivilrecht" bald nur noch an das BGB, vielleicht gerade noch an das HGB denken. Das ist so, als ob ein Medizinstudent im ersten Semester nicht die blasseste Vorstellung davon hätte, was sich hinter dem Begriff einer „Arthrose" verbirgt, und noch nichts davon gehört hätte, dass die Therapie einer Hüftarthrose z.B. in der Implantation eines künstlichen Hüftgelenks besteht, und dass es große Spezialkliniken gibt, die nur diese Operation durchführen. In der Rechtswirklichkeit, mit der auch Sie als derzeitiger Studienanfänger in 4 bis 5 Jahren zu tun haben wird, spielen die Immaterialgüterrechte eine herausragende Rolle. Und es gibt große, oft international operierende Anwaltskanzleien und bei den großen Landgerichten eigens eingerichtete Spruchkörper („Kammern"), die sich ausschließlich mit dem gewerblichen Rechtsschutz und damit auch mit der Frage von Verletzungen von Immaterialgüterrechten und den daraus resultierenden Rechtsfolgen befassen.

Zu **den „Immaterialgütern"** zählen gesetzlich geschützte von Menschen erbrachte Leistungen wie

- **Marken** (§ 3 MarkG),
- **Patente** (§§ 1 ff. PatG),
- **Geschmacksmuster** (§ 1 GeschMG),
- **Gebrauchsmuster** (§§ 1, 11 GebrMG)
- oder **künstlerische, literarische, wissenschaftliche Leistungen** (§ 15 UrhG).

Man bezeichnet die Immaterialgüterrechte gelegentlich auch als **„geistiges Eigentum"**. Sie werden in der Tat wie das Eigentum vor Störungen durch Beseitigungs- und Unterlassungsansprüche (vgl. § 1004 BGB) und vor Delikten als „sonstige Rechte" durch Schadensersatzansprüche (vgl. § 823 BGB) geschützt. Leisten wir uns einmal den „Luxus" und befassen wir uns mit den **Inhalten dieser „Immaterialgüterrechte"**:

> Zeichen, die geeignet sind, Waren oder Dienstleistungen eines Unternehmens von anderen zu unterscheiden, sind **„Marken"** (§ 3 MarkG): Zeichen (auch 3-dimensional), Farbkombinationen, Verpackungen (z.B. Marsriegel, Tobleroneriegel) oder Hörzeichen (z.B. Erkennungsmelodie). Als Marke geschützt sind diese Zeichen nach § 4 MarkG aber nur, wenn sie Verkehrsgeltung haben, wenn sie notorisch bekannte Marken sind oder wenn sie in das Register beim Bundespatentamt eingetragen worden sind.
>
> Ein **„Patent"** entsteht durch Erteilung des Patentamtes. Es wird erteilt auf Erfindungen, die neu sind, die eine „Erfindungshöhe" aufweisen, die auf erfinderischer Tätigkeit beruhen und die gewerblich anwendbar sind (§ 1 PatG). Das Recht auf das Patent hat der Erfinder (§ 6 PatG). Aufgrund des erteilten Patentes hat der Inhaber für die Zeit der Schutzdauer (20 Jahre) das Recht zur ausschließlichen gewerblichen Benutzung (§ 9 PatG).
>
> Als **„Gebrauchsmuster"** werden Erfindungen geschützt, die neu sind, auf einem erfinderischen Schritt beruhen und gewerblich anwendbar sind. Anders als beim Patent ist aber keine „Erfindungshöhe" nötig; als „Gebrauchsmuster" geschützt werden also die „kleineren Erfindungen". Die Schutzdauer beträgt 3 Jahre (verlängerbar auf 10 Jahre). Es entsteht durch die Eintragung in die Gebrauchsmusterrolle beim Patentamt.
>
> Dem Urheber eines ästhetisch wirkenden neuen und eigentümlichen, flächigen oder räumlichen Musters (z.B. Form einer Thermoskanne, Fliesendekor), das von gewerblicher Bedeutung ist, steht nach der Eintragung in das Musterregister für 5 Jahre (verlängerbar auf 20 Jahre) ein **„Geschmacksmuster"** zu.
>
> Der Urheber von Werken der Literatur, Wissenschaft und Kunst hat, wenn es sich um eine persönliche geistige Schöpfung handelt, die eine gewisse „Gestaltungshöhe" aufweist, ein **„Urheberrecht"**.

Wie gesagt, lassen Sie sich nicht dadurch irritieren, wenn wir hier plötzlich so sehr ins Detail gegangen sind: Die „Immaterialgüterrechte" sind für Sie in der Ausbildung von geringerer Bedeutung; dies ist aber der einzige Ort der Gesamtdarstellung, an dem wir sie ein wenig genauer „unter die Lupe" nehmen konnten.

3. Sonstige Vermögensrechte

Sonstige Vermögensrechte können z.b. sein ein

- **Mitgliedschaftsrecht**;
- ein **Persönlichkeitsrecht** an der eigenen Person (Namensrecht, Allgemeines Persönlichkeitsrecht);
- eine **Arzt- oder Anwaltspraxis**;
- ein **Unternehmen**; das ist eine a) einem Rechtsfähigen zustehende Zusammenfassung von einerseits „sächlichen" Mitteln, z.b. Forderungen, dinglichen Rechten, Immaterialgüterrechten, Firma, Geschäftsgeheimnissen, Marktanteilen, Geschäftschancen, „good will", Kundschaft, Rechten aus Verträgen und andererseits „persönlichen" Mitteln, wie z.b. Rechten aus Arbeitsverhältnissen mit den Arbeitnehmern, b) mittels derer eine wirtschaftliche Tätigkeit durch Produktion, durch Warenhandel oder durch gewerbliche Leistungen ausgeübt wird.

> Bevor Sie jetzt weiterlesen, sollten Sie sich wieder einmal klarmachen, was Sie bisher alles gelesen, vielleicht sogar verstanden und im Idealfall – dann sind Sie wirklich auf dem besten Weg – sogar schon erlernt haben:
>
> 1. Zunächst haben Sie sich in **Teil 1** mit der **Fallbearbeitungstechnik** auseinandergesetzt; ohne diese Kenntnisse gelingt es auch dem Begabtesten nicht, eine juristische Aufgabenstellung zu bewältigen.
>
> 2. Sodann haben Sie in **Teil 2** damit begonnen, sich mit einigen **Grundbegriffen** zu befassen, deren grundlegende Bedeutung schon bei der Bearbeitung des Beispielsfalls deutlich geworden ist und die wir daher „vor die Klammer gezogen" verdeutlichen wollten:
>
> a) Wer kann eigentlich „**Rechtssubjekt**" im Zivilrecht sein?
>
> b) Was kann Gegenstand von Rechten („**Rechtsobjekt**") sein?
>
> Das alles wissen Sie inzwischen! Jetzt gehen wir einen Schritt weiter:
>
> c) Bei der Darstellung der Fallbearbeitungstechnik ist uns klar geworden, dass es ein rechtliches Phänomen gibt, das man „**Rechtsgeschäft**" nennt: z.B. ein mehrseitiges Rechtsgeschäft, wie der „Vertrag", oder ein einseitiges Rechtsgeschäft, wie die „Erklärung der Anfechtung" eines Vertrages. Damit wollen wir uns jetzt befassen.

B. „Rechtsgeschäfte"

Jedes „**Rechtssubjekt**" (also auch Sie als „natürliche Person"!) kann aufgrund seiner „**Privatautonomie**" (garantiert durch Art. 2 Abs. 1 GG) **seine Rechtsverhältnisse** grundsätzlich **eigenverantwortlich gestalten**. Als **rechtstechnisches Mittel** stellt das Gesetz zu diesem Zweck das „**Rechtsgeschäft**" zur Verfügung. Ein „**Rechtsgeschäft**" ist ein **Tatbestand**,

- der mindestens eine **Willenserklärung** (ein auf eine Rechtsfolge gerichteter, äußerlich erkennbarer Willensakt) und oft, aber nicht notwendig, **weitere Bestandteile** (z.B. die Übergabe bei einer Übereignung nach § 929 S. 1 BGB) enthält,
- an den das Gesetz **Rechtsfolgen** knüpft, **weil diese gewollt sind.**

Wir werden die einzelnen Bausteine dieses Begriffs (vor allem natürlich den Begriff der „Willenserklärung") später noch gründlich erläutern. Im Augenblick reicht eine **systematisierende Übersicht** über die denkbaren **Arten der Rechtsgeschäfte** aus. Jetzt wird es leider sehr abstrakt, aber bleiben Sie gründlich und lesen alle zitierten gesetzlichen Vorschriften nach! Und wenn Sie sie zunächst nicht verstehen, so resignieren Sie nicht! Alles wird anderenorts vertieft werden.

> **1.** Man kann die Rechtsgeschäfte **nach den daran Beteiligten** systematisieren:
>
> Es gibt **einseitige** Rechtsgeschäfte, die nur aus einer Willenserklärung bestehen: Die **Anfechtungserklärung** (§§ 119 ff., 143 Abs. 1 BGB), die **Kündigung** (z.B. eines Mietverhältnisses nach § 564 BGB), die **Auslobung** (§ 657 BGB), die **Dereliktion** (§§ 928, 959 BGB) die **Errichtung eines Testaments** (§ 2247 BGB) etc.
>
> Weiterhin gibt es **mehrseitige** Rechtsgeschäfte: Der ja schon oft erwähnte **Vertrag**, der aus **mindestens zwei** übereinstimmenden aufeinander bezogenen Willenserklärungen („Angebot" und „Annahme") besteht. In der Regel sind Verträge lediglich zweiseitige Rechtsgeschäfte, sie kommen aber auch als mehrseitige Verträge vor, z.B. bei Gesellschaftsverträgen der Gesellschafter A, B und C nach § 705 BGB. Schließlich gibt es auch andere **mehrseitige** Rechtsgeschäfte, die sog. „Beschlüsse".
>
> Bei einigen Rechtsgeschäften bedarf es für deren Wirksamkeit **zusätzlich eines weiteren Elements**: So muss z.B. bei der Übereignung nach §§ 929 ff. BGB zur „Einigung", die nichts anderes ist als ein (dinglicher) Vertrag, ein Vollzugsmoment, wie eine Übergabe oder ein Übergabesurrogat, hinzutreten; und bei § 873 Abs. 1 BGB bedarf es für die Wirksamkeit der dort genannten Verfügungen über Grundstücke und Grundstücksrechte zusätzlich zu der Einigung als Vollzugsmoment der Eintragung der Rechtsänderung in das Grundbuch.
>
> **2.** Man kann die Rechtsgeschäfte auch **nach ihrem Inhalt** unterscheiden:
>
> **a)** Die „**Verpflichtungsgeschäfte**" sind solche **Rechtsgeschäfte, durch die lediglich eine Verpflichtung einer Person, einer anderen Person eine Leistung zu erbringen, entsteht.** Das kann z.B. ein Kaufvertrag über eine Sache, § 433 BGB oder ein Kaufvertrag über eine Forderung oder ein Unternehmen, §§ 433, 453 BGB sein.
>
> **b)** Die „**Verfügungsgeschäfte**" sind **Rechtsgeschäfte, durch die unmittelbar auf ein Recht eingewirkt wird,** indem das **Recht übertragen wird** (z.B. an den Käufer die verkaufte bewegliche Kaufsache nach §§ 929 ff. BGB oder das verkaufte Grundstück nach §§ 873, 925 BGB übereignet wird bzw. die verkaufte Forderung nach § 398 BGB abgetreten wird/an den Verkäufer das als Kaufpreis geschuldete Geld nach §§ 929 ff. BGB übereignet wird), indem das

Recht belastet wird (eine bewegliche Sache nach §§ 1204 ff. BGB verpfändet, ein Grundstück nach §§ 1113 ff. BGB mit einer Hypothek belastet wird oder eine Forderung nach §§ 1273 ff, 1279 ff. BGB verpfändet wird), **inhaltlich geändert** oder **aufgehoben wird**. Versuchen Sie diese Definition der Verfügung auswendig zu lernen – es ist erforderlich!

c) Gewissermaßen „zwischen" Verpflichtungs- und Verfügungsgeschäft stehen die **„Treuhandgeschäfte"**: Es handelt sich um **Verfügungsgeschäfte**, durch die ein Recht (z.B. eine Geldforderung oder das Eigentum an einer Sache) durch den „Treugeber" auf den „Treunehmer" (= „Treuhänder") übertragen wird, dieser sich aber durch ein **Verpflichtungsgeschäft** im Innenverhältnis verpflichtet hat, von seiner durch das Verfügungsgeschäft erworbenen Rechtsmacht nur insoweit Gebrauch zu machen, als es mit dem Zweck des Geschäftes in Einklang steht. Der Zweck eines solchen Treuhandgeschäftes kann sein: Die Sicherung einer Forderung (eigennützige „Sicherungstreuhand" durch Sicherungszession, Sicherungsübereignung) oder die Verwaltung des Treugutes (fremdnützige „Verwaltungstreuhand" z.B. bei der „Inkassozession").

3. Ich weiß, dass gerade diese Ausführungen für die **„Anfänger" unter den Lesern** wieder einmal ein wirklich „hartes Brot" waren. Versuchen Sie gleichwohl mitzuhalten, lesen Sie alle zitierten Paragraphen gründlich nach und trösten Sie sich damit, dass alles, was hier angesprochen wird, später noch gründlich und viel konkreter abgehandelt wird.

Auf die **einzelnen Voraussetzungen von Rechtsgeschäften** (speziell das Vorliegen des wichtigsten Bausteines: der **„Willenserklärung"**) werden wir bei der wenig später in Teil 3 folgenden Darstellung zum Abschluss eines Vertrages (dem wichtigsten aller Rechtsgeschäfte) gründlich eingehen.

C. „Trennungs-" und „Abstraktionsprinzip"

So langsam rundet sich das Bild:

a) Sie wissen jetzt, wer die **„Rechtssubjekte"** sind, die rechtserheblich handeln können, und was alles ein **„Rechtsobjekt"** sein kann.

b) Ferner haben Sie in einem ersten Einblick erfahren, dass die Rechtssubjekte ihre Rechtsverhältnisse durch das rechtstechnische Mittel **„Rechtsgeschäft"** selbst regeln können. Das erleben Sie tagtäglich selbst; Sie müssen sich darüber nur Rechenschaft ablegen! Bei dieser Gelegenheit haben Sie gelernt, dass es zwei besonders wichtige Arten von Rechtsgeschäften gibt, nämlich die **„Verpflichtungs-"** und die **„Verfügungsgeschäfte": aa)** Die Rechtspersonen können sich z.B. einem anderen gegenüber dazu „verpflichten", über Rechtsobjekte zu verfügen (z.B. nach § 433 Abs. 1 BGB bzw. §§ 433 Abs. 1, 453 BGB durch einen Kaufvertrag zur Übereignung und Übergabe einer beweglichen Sache bzw. zur Übertragung einer Forderung);

> wir nennen dies ein **„Verpflichtungsgeschäft"**. **bb)** Wir haben weiter gesehen, dass man über Rechtsobjekte auch „verfügen" kann (z.B. durch die Übereignung einer beweglichen Sache nach § 929 S. 1 BGB bzw. durch die Abtretung einer Forderung nach § 398 BGB); wir nennen dies ein **„Verfügungsgeschäft"**. Können Sie inzwischen die Definition für eine „Verfügung" auswendig? Sie sollten Sie gerade eben gelernt haben!
>
> **c)** Wenn ein Verfügungsgeschäft dazu dient, ein Verpflichtungsgeschäft zu erfüllen, dann nennen wir dieses Verfügungsgeschäft auch das **„Erfüllungsgeschäft"**. In diesem Zusammenhang stellt sich nun die Frage nach dem Verhältnis zwischen einem **„Verpflichtungs"**- und einem daraus hervorgehenden verfügenden **„Erfüllungsgeschäft"**. Mit dieser für die Dogmatik des deutschen Zivilrechts (und damit für Ihre Ausbildung) außerordentlich bedeutsamen und sehr anspruchsvollen Frage wollen wir uns jetzt befassen.

I. Das „Trennungsprinzip"

Die beiden Begriffe „Verpflichtungsgeschäft" und „Erfüllungsgeschäft" sprechen für sich: Die Eingehung einer „Verpflichtung" muss schon vom Sprachsinn her etwas anderes sein als die „Erfüllung" einer bestehenden Verpflichtung. Daher ahnt wohl jeder, der sich Gedanken über das Verhältnis von „Verpflichtungs-" und „Erfüllungsgeschäft" gemacht hat, schon, dass das **„Verpflichtungsgeschäft"** und das **der Erfüllung** der Verpflichtung dienende **„Verfügungsgeschäft"** auch in rechtlicher Hinsicht streng voneinander getrennt werden sollten **(„Trennungsprinzip")**. Davon geht das **deutsche Recht** auch aus.

- Das versteht sich von selbst bei **„gestreckten Geschäften"**, also bei solchen, bei denen zwischen dem „Verpflichtungs-" und dem seiner Erfüllung dienenden „Verfügungsgeschäft" ein zeitlicher Zwischenraum liegt (z.B. notwendigerweise bei der Veräußerung eines Grundstücks, bei der zwischen dem verpflichtenden Kaufvertrag nach §§ 433, 311 b Abs. 1 BGB und der für die Erfüllung erforderlichen Übereignung nach §§ 873 Abs. 1, 925 BGB durch Auflassung und Eintragung in das Grundbuch wegen der komplizierten Eintragungsvoraussetzungen und wegen der großen Belastung der Grundbuchämter oft sogar Monate bis zu der Eintragung in das Grundbuch vergehen können). Hier kann sogar der Laie die Notwendigkeit für die Anerkennung eines „Trennungsprinzips" erkennen. Aber auch der Verkauf einer beweglichen Sache und die Erfüllung des Vertrages sind meist ein „gestrecktes Geschäft: Ihr Seminarnachbar verkauft Ihnen jetzt ein bei ihm zu Hause befindliches Buch; erfüllt werden soll der Vertrag aber erst morgen, wenn er das Buch dabei hat.

- Selbst bei Geschäften, bei denen – wie z.B. beim **„Handgeschäft des täglichen Lebens"** (Zeitungs- oder Brötchenkauf) – das **„Verpflichtungs-"** und die seiner Erfüllung dienenden **„Verfügungsgeschäfte"** (zwei Übereignungen nach §§ 929 ff. BGB: Lieferung von Zeitung oder Brötchen/Zahlung des als Kaufpreis geschuldeten Geldbetrages) rein äußerlich gesehen **praktisch zusammenfallen**, gilt nach deutschem Recht für uns Juristen das „Trennungsprinzip", auch wenn der Laie die Trennung beider Geschäfte nicht erkennen und, wie Laien so sind, es deshalb sicher auch nicht wahrhaben will.

- Interessant ist, dass es Rechtsordnungen gibt, die das „Trennungsprinzip" nicht kennen. So soll nach einigen Rechtsordnungen eine z.B. aufgrund eines Kaufvertrages geschuldete Übereignung bereits durch den Abschluss des Kaufvertrags vollzogen werden (kein Trennungsprinzip). Nach anderen Rechtsordnungen hingegen muss zum Kaufvertrag jedenfalls eine Übergabe bzw. bei verkauften Grundstücken die Grundbucheintragung hinzutreten.

Dass aus dem „Trennungsprinzip" bei „gestreckten Geschäften" **Risiken** für den jeweiligen **Gläubiger** (den „obligatorisch" Berechtigten, z.B. den Käufer) erwachsen, liegt auf der Hand: Der Gläubiger muss nämlich befürchten, dass der Schuldner (z.B. der Verkäufer) nach der Begründung der Verpflichtung vertragsbrüchig wird und wirksam (denn z.B. der Verkäufer einer Sache bleibt ja trotz Verkaufs der Sache wegen der bloßen Verpflichtungswirkung des Kaufvertrages noch der Eigentümer der verkauften Sache) zugunsten einer anderen Person über den Gegenstand des Verpflichtungsgeschäftes verfügt. Es ist also möglich, dass Ihr Seminarnachbar das gerade eben an Sie verkaufte Buch noch vor der für den nächsten Tag vorgesehenen Übereignung und Übergabe an Sie an jemand anderen (der z.B. „mehr bietet,") verkauft und den Vertrag zugunsten jener anderen Person auch erfüllt, indem er diesem das Eigentum verschafft und es übergibt. Damit verletzt der obligatorisch Verpflichtete zwar seine Pflicht aus dem Verpflichtungsgeschäft und macht sich ggf. gegenüber dem Gläubiger schadensersatzpflichtig (§§ 280 Abs. 1, 3, 283 BGB), der Gläubiger verliert aber nach § 275 Abs. 1 BGB seinen Anspruch auf Erfüllung, an dem ihm häufig viel mehr liegt, als an einem Schadensersatz. Dieser durch das „Trennungsprinzip" ermöglichte „Doppelverkauf" einer Sache irritiert junge Juristen häufig sehr. Sie werden sich an diese Vorstellung gewöhnen müssen, und zwar sehr rasch, denn mit derartigen Selbstverständlichkeiten dürfen Sie sich nicht allzu lange aufhalten. Es warten noch viele Überraschungen auf Sie, mit denen Sie in der kurzen Zeit Ihres Studiums fertig werden müssen!

Fall 9: Der Galerist V stellt das ihm gehörende Bild des Malers L. I. Ebermann (M) „Lindenterrasse" in seiner Verkaufsausstellung aus. Er verkauft es an den K 1. Der V und der K 1 vereinbaren, dass das Bild mit dem Schild „verkauft" versehen wird, aber noch für einen Monat in der Ausstellung verbleiben soll und dass es erst nach Beendigung der Ausstellung Zug-um-Zug gegen Barzahlung an den K 1 übereignet und übergeben werden soll. Einige Tage später interessiert sich der Galeriebesucher K 2 für den Erwerb des Bildes. Weil er einen höheren Kaufpreis bietet als der K 1, kann der V nicht widerstehen und verkauft das Bild an den K 2. Der K 2 zahlt den Kaufpreis auch sofort in bar. Daraufhin übereignet der V es sogleich durch Einigung und Übergabe an den K 2. Der K 1 verlangt nach Ablauf des vereinbarten Monats Zug-um-Zug gegen Barzahlung die Übereignung und Übergabe von dem V, jedenfalls aber von K 2 die Herausgabe und die Übereignung des Bildes an den V. Der K 2 will das Bild behalten.

1. Der entstandene Anspruch des K 1 gegen den V aus dem Kaufvertrag (§ 433 Abs. 1 S. 1 BGB) ist nach § 275 Abs. 1 BGB „ausgeschlossen". Denn die Erfüllung des Kaufvertrages (Übereignung und Übergabe) ist für V unmöglich, weil mittlerweile nicht mehr er, sondern der K 2 Eigentümer (§ 929 S. 1 BGB) und Besitzer ist, und dieser nicht zur Übereignung und Herausgabe an den V bereit ist. Dass der K 2 nach § 929 S. 1 BGB Eigentümer geworden ist, ergibt sich daraus, dass der V wirksam an K 2 übereignen konnte, weil der

Kaufvertrag V – K 1 als bloßes „Verpflichtungsgeschäft" wegen des „Trennungsprinzips" nichts an der Eigentümerstellung des V geändert hatte; die „Bösgläubigkeit" des K 2 (aufgrund des am Bild angebrachten Schildes mit der Aufschrift „verkauft") ändert natürlich nichts am Eigentumserwerb des K 2, weil er vom Eigentümer erworben hat (das ist eine „böse Falle" für alle diejenigen, die gerade etwas über den „gutgläubigen Erwerb" etc. gelernt haben und meinen, das frisch Erlernte gleich anbringen zu müssen!!). 2. Fraglich ist, ob der K 1 von dem K 2 Herausgabe und Übereignung des Bildes an den V verlangen kann, um dann seinerseits den V aus § 433 Abs. 1 BGB in Anspruch zu nehmen. a) Ein solcher Anspruch könnte sich aus §§ 826, 249 Abs. 1 BGB ergeben, wenn der K 2 dem K 1 „in einer gegen die guten Sitten verstoßenden Weise ... vorsätzlich Schaden" zugefügt hätte. Dafür gibt der Sachverhalt aber nichts her. b) Ein Herausgabeanspruch aus §§ 823 Abs. 1, 249 Abs. 1 BGB besteht nicht, weil aa) mangels Eigentums des K 1 keine Eigentumsverletzung vorliegt; bb) auch ist kein „sonstiges Recht" des K 1 verletzt worden. Denn der infolge der Übereignung des Bildes seitens des V an den K 2 nach § 275 Abs. 1 BGB „ausgeschlossene" und damit jetzt nicht mehr bestehende, also „verletzte" Anspruch des K 1 gegen den V aus dem Kaufvertrag ist deshalb keine deliktisch geschützte Rechtsposition des § 823 Abs. 1 BGB i.S. eines „sonstigen Rechts", weil der Anspruch dem K 1 lediglich ein Recht gegen den V gab. Es handelt sich also nur um ein „relatives" Recht; und ein solches ist kein „sonstiges Recht" i.S.d. § 823 Abs. 1 BGB, weil ein „sonstiges Recht" ein „absolutes" Recht, d.h. ein gegen jedermann wirkendes Recht sein muss. (Das alles werden wir natürlich im „Deliktsrecht" gründlich vertiefen!)

> Dieser Fall wirft natürlich die Frage auf, ob und wie sich der Gläubiger eines Verpflichtungsgeschäfts **vor** derartigen **Vertragsbrüchen** des Schuldners **schützen** kann. Dies ist eine schon recht anspruchsvolle Frage, die wir im Einzelnen später an verschiedenen Stellen dieses Buches weiter vertiefen werden; hier erhalten Sie zunächst einen ersten Überblick. Man muss unterscheiden:
>
> 1. Bei Ansprüchen auf **Lieferung einer beweglichen Sache** (im letzten Fall der Anspruch des K 1 gegen den V) hat der obligatorisch Berechtigte nur bescheidene Sicherungsmöglichkeiten gegen einen Vertragsbruch (hier gegen die Übereignung seitens des V an den K 2):
>
> a) Zwar kann der aus einem Verpflichtungsgeschäft Berechtigte mit dem Verpflichteten vereinbaren, dass diesem verboten wird, über die Sache zugunsten eines Dritten (etwa durch Übereignung) zu verfügen (**§ 137 BGB**). Der Verstoß gegen ein solches **„rechtsgeschäftliches Veräußerungsverbot"** ändert aber nichts an der Wirksamkeit einer verbotswidrigen Veräußerung (hier: einer Übereignung an den K 2). Warum? Weil es in § 137 S. 1 BGB heißt: „Die Befugnis zur Verfügung über ein veräußerliches Recht <u>kann nicht</u> durch ein Rechtsgeschäft ausgeschlossen oder beschränkt werden").
>
> b) Der K 1 hätte bei ihm bekannt werdenden und gegenüber dem Gericht z.B. durch eine eidestattliche Versicherung glaubhaft zu machenden vertragswidrigen Veräußerungsabsichten allenfalls ein **„behördliches"** (genauer: ein durch einstweilige Verfügung eines Gerichts auszusprechendes, also ein **„gerichtliches"**) **„Veräußerungsverbot"** erwirken können (**§§ 136, 135 Abs. 1 BGB, 935 ZPO**); aber gegen einen (hinsichtlich des gerichtlichen Verbots!) gutgläubigen Dritterwerber wäre er gleichwohl nicht geschützt (§ 135 Abs. 2 BGB).

2. Bei einem **Anspruch auf Übertragung einer Forderung** (z.B. beim Forderungskauf nach §§ 433, 453 BGB) kann eine vor der Erfüllung des Anspruchs vorgenommene Abtretung zugunsten eines Dritten durch die Vereinbarung eines Abtretungsverbots nach § 399 2. Fall BGB („pactum de non cedendo") verhindert werden: Die Abtretung der Forderung entgegen dem „pactum de non cedendo" ist unwirksam; § 399 2. Fall BGB ist also eine Ausnahme zu § 137 BGB. Da der gutgläubige Erwerb einer solchen unabtretbaren Forderung nicht geschützt wird, „lebt" also ein Forderungskäufer „gefährlich"; es empfiehlt sich also als Käufer einer Forderung, sich vorher beim Schuldner der Abtretbarkeit zu versichern. Geschützt wird der Erwerber einer Forderung aber durch § 354 a HGB. Keine Sorge: Zu all dem erfahren Sie natürlich später mehr!

3. Derjenige, der ein **„obligatorisches" Recht auf dingliche Rechtsänderung an einem Grundstück** oder einem **Grundstücksrecht** hat (speziell der Grundstückskäufer) kann durch eine zu seinen Gunsten in das Grundbuch eingetragene Vormerkung (§§ 883 ff. BGB) geschützt werden: Diese bewirkt, dass eine „vormerkungswidrige Verfügung" im Verhältnis zum durch die Vormerkung geschützten obligatorisch Berechtigten relativ unwirksam ist (§ 883 Abs. 2 BGB).

4. Mittelbar kann ein Gläubiger sich durch die Vereinbarung einer **Vertragsstrafe** vor Vertragsbrüchen schützen (§§ 339 ff. BGB).

Auch wenn das alles sehr kompliziert ist und für die meisten Anfänger auch kaum verständlich ist, sollte sich jeder Leser jedenfalls Mühe geben und zumindest die zuvor genannten Paragraphen ansehen. Sie wissen ja: Alles, was wie hier ansprechen ist wichtig für Sie. Binnen Kurzem ist es auch „täglich Brot für Sie". Und trösten Sie sich: Alles wird in den verschiedensten Zusammenhängen wiederholt erörtert, und wenn Sie dieses Buch konsequent durcharbeiten, werden Ihnen die jetzt noch offenen Fragen alsbald keinerlei Schwierigkeiten bereiten.

II. Das „Abstraktionsprinzip"

Wenn Sie nunmehr das „Trennungsprinzip" verstanden haben, dürfen Sie sich nicht „auf Ihren Lorbeeren" ausruhen, denn jetzt „geht es erst richtig los": Die oben aufgeworfene Frage nach dem Verhältnis von „Verpflichtungs-" und „Erfüllungsgeschäft" zueinander ist nämlich durch das „Trennungsprinzip" noch nicht endgültig beantwortet. Denn Sie wissen noch immer nicht, ob die hiernach von einander zu trennenden Verpflichtungs- und Erfüllungsgeschäfte im Fall der Nichtigkeit des einen oder des anderen Geschäftes ihr „Schicksal miteinander teilen", ob also im Fall der Nichtigkeit des einen Geschäfts (z.B. des Verpflichtungsgeschäfts) automatisch auch das jeweils andere Geschäft

> (also z.B. das Erfüllungsgeschäft) nichtig ist, oder ob die beiden Geschäfte in rechtlicher Hinsicht „getrennte Wege" gehen und die Nichtigkeit des einen Geschäftes nicht unbedingt die Nichtigkeit des anderen Geschäftes zur Folge hat.

Ein nicht seltenes Missverständnis ist es anzunehmen, dass sich diese hochberühmte Frage, ob die Wirksamkeit des „Verfügungsgeschäfts" von der Wirksamkeit des „Verpflichtungsgeschäfts" abhängt, bereits aus dem „Trennungsprinzip" dahingehend beantwortet, dass das „Verpflichtungs-" und das „Erfüllungsgeschäft" auch in rechtlicher Hinsicht voneinander unabhängig seien. Das ist deshalb nicht zutreffend, weil die Geltung des „Trennungsprinzips" lediglich die logische Voraussetzung dafür ist, dass sich die Frage nach dem rechtlichen Verhältnis der beiden Geschäfte zueinander überhaupt stellt. Das uns interessierende **deutsche Recht** hat aus bestimmten rechtshistorisch erklärbaren und rechtspolitisch durchaus vertretbaren Gründen folgende **Lösung** gewählt:

- Die **„Verpflichtungsgeschäfte"** sind „kausal" (sie bilden die „causa" = den Zweck) für die ihrer Erfüllung dienenden „Verfügungsgeschäfte" (= „Erfüllungsgeschäfte"). Man nennt sie daher auch **„kausale Verpflichtungsgeschäfte"** oder **„Grundgeschäfte"**.

- Die **„Verfügungsgeschäfte"** wiederum sind „abstrakt" (= sie benötigen für ihre Wirksamkeit keinerlei ihr zugrunde liegende Zweckbestimmung, also kein „Grundgeschäft"). Sie existieren losgelöst (= abstrakt) vom Rechtsgrund. Man nennt sie häufig auch **„abstrakte Erfüllungsgeschäfte",** wodurch, fast ein wenig zuviel auf einmal, zwei Aussagen miteinander verkoppelt werden: „Abstraktheit" und „Erfüllungszweck". Dass es in der Rechtswirklichkeit i.d.R. ein solches „Grundgeschäft" gibt (denn wer übereignet schon „als solches"?), steht nicht im Widerspruch zu dieser Aussage.

Daraus folgt, dass die Unwirksamkeit des „kausalen Verpflichtungsgeschäfts" bzw. des „Grundgeschäfts" nicht automatisch die Unwirksamkeit des „abstrakten Verfügungsgeschäfts" nach sich ziehen muss **(„Abstraktionsprinzip")**.

> Man fragt sich natürlich, welches **rechtspolitische Ziel** hinter dieser gesetzgeberischen Entscheidung steht:
>
> Der Gesetzgeber hatte die Absicht, durch das „Abstraktionsprinzip" im Interesse der Sicherheit des Rechtsverkehrs (also im **„Verkehrsschutzinteresse"**) sicher zu stellen, dass der Erwerb von Rechten aufgrund der Abstraktheit des Erfüllungsgeschäftes auch bei einer (aus welchem Grunde auch immer gegebenen) Unwirksamkeit des ihr zugrunde liegenden kausalen Verpflichtungsgeschäfts eintritt: So soll der Käufer einer Sache nicht befürchten müssen, dass der Verkäufer ihm das Eigentum deshalb nicht verschaffen kann, weil dieser bei einem vorherigen Erwerb der Sache von einem Lieferanten das Eigentum daran mangels wirksamen Kaufvertrags mit seinem Lieferanten nicht erworben hat.

C. „Trennungs-" und „Abstraktionsprinzip" 89

> **1.** Weil es jedoch (wie wir noch ausgiebig erörtern werden) ohnehin einen, dem „Verkehrsschutz" dienenden Gutglaubensschutz nach §§ 932 ff./892 BGB gibt, aufgrund dessen man im Grundsatz als „Gutgläubiger" vom Nichteigentümer (aus welchem Grunde auch immer dieser das Eigentum nicht erworben hat) das Eigentum erwerben kann, kann so die Notwendigkeit der Geltung eines „Abstraktionsprinzips" nicht begründet werden. Insoweit „schießt das Gesetz über das Ziel hinaus".
>
> **2.** Immerhin wird durch das „Abstraktionsprinzip" der Verkehrsschutz beim Erwerb einer Forderung aufgrund eines Forderungskaufs erweitert; das zeigt folgende Überlegung: Wenn z.B. der Gläubiger G eine ihm gegen den Schuldner S zustehende Darlehensforderung (§ 488 Abs. 1 S. 2 BGB) durch einen (aus welchem Grunde auch immer) unwirksamen Kaufvertrag an den A verkauft (§§ 433, 453 BGB) und die Forderung dann zur Erfüllung des Kaufvertrages an den A abtritt (§ 398 BGB), so erwirbt der A (wegen des „Abstraktionsprinzips"!) trotz der Unwirksamkeit des Kaufvertrages die Forderung, und er kann sie im Fall des Weiterverkaufs an den B auch wirksam an den B abtreten; ohne das „Abstraktionsprinzip" wäre dies nicht möglich, weil es einen gutgläubigen Erwerb von Forderungen nicht gibt (Umkehrschluss = „argumentum e contrario", fortan in diesem Buch abgekürzt als **„argec."**, aus § 405 BGB und § 1138 BGB) und daher ohne Geltung des Abstraktionsprinzips weder der A noch später der B die Forderung wirksam erworben hätten.

Das Abstraktionsprinzip ist, wie gesagt, eine Besonderheit des deutschen Rechts; nach **anderen Rechtsordnungen** teilen das Verpflichtungs- und Erfüllungsgeschäft ihr Schicksal miteinander, und zwar i.d.R. schon deshalb, weil sie das die Vorbedingung für das „Abstraktionsprinzip" liefernde „Trennungsprinzip" nicht kennen und deshalb die aufgrund eines Kaufvertrags geschuldete Übereignung durch den Kaufvertrag selbst herbeigeführt wird bzw. zu dem Kaufvertrag eine Übergabe/Eintragung in das Grundbuch hinzutreten muss.

1. Rückabwicklung nach § 812 Abs. 1 S. 1 1. Fall BGB

Machen wir uns zunächst folgendes klar: Wenn aufgrund des „Abstraktionsprinzips" bei einem unwirksamen kausalen „Verpflichtungsgeschäft" (also z.B. bei einem nichtigen bzw. durch Anfechtung nach §§ 119 ff. BGB, 142 Abs. 1 BGB rückwirkend „vernichteten" Kaufvertrag über eine Sache) die jeweiligen abstrakten „Erfüllungsgeschäfte" (also z.B. die Übereignung der Kaufsache an den Käufer/die Übereignung des Kaufpreises an den Verkäufer) gleichwohl wirksam sind bzw. es auch bleiben, entsteht daraus ein rechtliches und wirtschaftliches **Ungleichgewicht**:

- Der **Käufer** und der **Verkäufer** haben **Vermögensvorteile** erlangt (der Käufer einer Sache ist Eigentümer und wegen der Übergabe Besitzer der Kaufache/der Verkäufer ist Eigentümer des als Kaufpreis gezahlten Bargeldes geworden),
- **ohne** dass es für diese Vermögensverschiebung wegen des unwirksamen Kaufvertrags einen **rechtlichen Grund** gibt.

- Die **„Waage der Justitia"** ist also aus dem Gleichgewicht geraten. Ein solcher jeglicher Billigkeit widersprechender Zustand darf nicht von Dauer sein; es muss vielmehr zu einer Korrektur durch eine **„Rückabwicklung"** kommen. Das hat auch der Gesetzgeber so gesehen.

> Die Korrektur der Konsequenzen des „Abstraktionsprinzips" erfolgt bei einem (aus welchem Grunde auch immer) unwirksamen Verpflichtungsgeschäft nach **§§ 812 Abs. 1 S. 1 1. Fall, 818 ff. BGB („Leistungskondiktion")**:
> - Der Käufer/der Verkäufer haben trotz der Unwirksamkeit des Verpflichtungsgeschäfts jeder ein **„etwas"** (= „jeder vermögenswerte Vorteil") **erlangt**, nämlich (so unser Beispiel) der **Käufer** das Eigentum und den Besitz an der Kaufsache und der **Verkäufer** das Eigentum am als Kaufpreis gezahlten und damit übereigneten Bargeld oder bei bargeldloser Zahlung durch Überweisung eine Forderung gegen seine Bank, die Verkäufer-Bank,
> - und zwar durch **„Leistung"** (= „bewusste, zweckgerichtete Mehrung fremden Vermögens") des jeweils anderen Teils, nämlich durch Leistung **des Verkäufers** (bewusste, der Erfüllung des vermeintlich bestehenden Kaufvertrages dienende Übereignung und Übergabe der Kaufsache an den Käufer) und **Leistung des Käufers** (bewusste, der Erfüllung des vermeintlich bestehenden Kaufvertrages dienende Übereignung des Kaufpreises an den Verkäufer),
> - und dies jeweils **ohne rechtlichen Grund** (der Kaufvertrag als das kausale Verpflichtungsgeschäft ist nichtig), man sagt auch „sine causa",
> - dies mit der Folge, dass der Verkäufer/Käufer das erlangte **„etwas"** an den jeweils anderen **herausgeben** muss, also die Kaufsache zurückübereignen und zurückgeben/den Kaufpreis zurückzahlen muss,
> - dies allerdings grundsätzlich nur **bis zur Grenze der „Entreicherung"** (§ 818 Abs. 3 BGB). Ein Blick auf § 818 Abs. 3 BGB verdeutlicht, dass das „Abstraktionsprinzip" damit erhebliche Risiken für den jeweiligen Schuldner (den „obligatorisch" Verpflichteten) mit sich bringt.

Fall 10: Der V hat dem K telefonisch eine bestimmte Maschine zum Kauf für „€ 170 000,-" angeboten; der K hat zu einem Preis von „€ 117 000,-" angenommen. Beide hatten nicht richtig hingehört und meinten, sich geeinigt zu haben; der V: zu einem Preis von € 170 000,-; der K: zu einem Preis von € 117 000,-. Als der K nach erfolgter Übereignung und Übergabe der Maschine nur € 117 000,- zahlt und auf die Nachforderung des V, er möge weitere € 53 000,- zahlen, erklärt, man habe sich doch auf € 117 000,- geeinigt, verlangt der V unter Berufung auf das „Missverständnis" Zug-um-Zug gegen Rückzahlung der erhaltenen € 117 000.- die Maschine von K zurück (nach Baur – Stürner).

Der Anspruch ergibt sich 1. nicht aus § 985 BGB, denn der V hat das Eigentum an K verloren (§ 929 S. 1 BGB): a) Die Maschine ist übergeben worden. b) Die aa) Einigung zwischen dem V und dem K dahingehend, dass das Eigentum übergehen soll, bb) ist wirksam. aaa) Zwar ist der Kaufvertrag wegen (versteckten) Dissenses über einen Hauptpunkt nicht zustande gekommen. bbb) Nach dem „Abstraktionsprinzip" ist aber die Einigung davon nicht betroffen. 2. Der V hat jedoch einen Anspruch aus § 812 Abs. 1 S. 1 1. Fall BGB („Leistungskondiktion"): a) Der K hat „etwas", nämlich an der Maschine aa) das Eigentum bb) und den Besitz erlangt, b) dies durch Leistung des V an K c) und wegen der Nichtigkeit des Kaufvertrages ohne Rechtsgrund. d) Also muss der K die Maschine an den V zurückübereignen und zurückübergeben, dies aber nur Zug-um-Zug gegen Rückzahlung der an den V gezahlten € 117 000.-.

Fall 11: Der V bietet dem K am 1. Juni 2002 schriftlich ein bestimmtes Auto im Werte von € 10 000,- und eine ihm gegen den S zustehende Darlehensforderung in Höhe von € 10 000,- (§ 488 Abs. 1 S. 2 BGB) für je € 8000,-, zahlbar am 1. Juli 2002, zum Kauf an. Der V hatte hinsichtlich des Kaufpreises für das Auto € 10 000,- und für die Forderung € 9000.- schreiben wollen, hatte sich aber aufgrund einer momentanen Ablenkung verschrieben. Der K erklärt sofort: „Einverstanden". Am 3. Juni 2002 übergibt und übereignet der V dem K das Auto und tritt die Forderung gegen S an K ab. Als K am 1. Juli 2002 je € 8000,- in bar an den V zahlt, bemerkt dieser seinen Irrtum und erklärt die Anfechtung des Kaufvertrages. Der K hat die Forderung inzwischen an den Z, der den Irrtum des V durchschaut hatte, für 9000,- verkauft und sie an diesen abgetreten. 1. Der V verlangt von dem K die Herausgabe des Autos und die Rückabtretung der Forderung, mindestens aber Wertersatz für die Forderung. Das Auto war bereits vor der Anfechtung durch einen von K nicht zu vertretenden Unfall völlig zerstört und verschrottet worden. 2. Der K verlangt die Rückzahlung der gezahlten € 16 000.-.

1. Herausgabeanspruch? a) Der V kann von dem K Herausgabe des Autos aa) nicht nach § 985 BGB verlangen, weil die wirksame rückwirkende Anfechtung des Kaufvertrags wegen eines „Erklärungsirrtums" (§§ 119 Abs. 1, 142 Abs. 1 BGB) die Wirksamkeit der Übereignung nicht berührt („Abstraktionsprinzip"). bb) Der V könnte jedoch einen Anspruch aus § 812 Abs. 1 S. 1 1. Fall BGB („Leistungskondiktion") haben. aaa) Der K hat „etwas" (= „jeder vermögenswerte Vorteil") erlangt, nämlich das Eigentum und den Besitz an dem Auto. bbb) Er hat das „etwas" durch eine Leistung (= „bewusste, zweckgerichtete Mehrung fremden Vermögens") des Anspruchstellers V erlangt. ccc) Der K hat das „etwas" auch „ohne rechtlichen Grund" erlangt, denn wegen der Rückwirkung der Anfechtung (§ 142 Abs. 1 BGB) ist davon auszugehen, dass der Rechtsgrund bereits ursprünglich fehlte. ddd) Der K ist dem V zur Herausgabe des „etwas" (also zur Rückübereignung) verpflichtet. eee) Der Anspruch ist jedoch nach § 818 Abs. 3 BGB erloschen, weil der K „entreichert" ist. b) Was die Forderung angeht, so kann der V von dem K aa) keine Rückabtretung aus § 812 Abs. 1 S. 1 1. Fall BGB („Leistungskondiktion") verlangen. Denn der K ist nicht mehr Inhaber der Forderung, weil der Z diese inzwischen nach § 398 BGB wirksam von K erworben hat; der K war nämlich trotz der Anfechtung Gläubiger der Forderung geblieben, weil die Anfechtung wegen des „Abstraktionsprinzips" nur den Kaufvertrag zwischen V und K betraf, nicht aber die Zession der Forderung des V an K. Dass der Z die Anfechtbarkeit des Kaufvertrags kannte, steht seinem Forderungserwerb von einem Berechtigten (K) natürlich nicht entgegen (Vorsicht Falle!!). bb) V hat gegen den K aber nach §§ 812 Abs. 1 S. 1 1. Fall, 818 Abs. 2 BGB einen Anspruch auf Wertersatz in Höhe von € 10 000,-. (Ob diese Ergebnisse Bestand haben, wird sich übrigens erst bei der Beantwortung der 2. Fallfrage herausstellen). 2. Der K könnte gegen V einen Anspruch aus § 812 Abs. 1 S. 1 1. Fall BGB („Leistungskondiktion") gegen den V haben. a) Was die für das Auto gezahlten € 8000,- angeht, so steht im „auf den ersten Blick" dieser Anspruch zu, denn der V ist nicht nach § 818 Abs. 3 BGB entreichert, weil er das Geld ja noch hat. Aber das Ergebnis (= Der V erhält nichts zurück, weil das Auto bei K untergegangen ist. Der K erhält den Kaufpreis zurück.) ist ungerecht; daher soll nach der sog. „Saldotheorie" vom Bereicherungsanspruch des K gegen den V die bei ihm selbst eingetretene Entreicherung (in Höhe von € 10 000,-) abgezogen werden. Infolge dieser Differenzbildung reduziert sich der Anspruch des K auf € – 2000,-. Also kann der K keine Zahlung verlangen. b) Hinsichtlich der für die Forderung gezahlten € 8000,- besteht kein Anlass zur Kürzung, denn insoweit ist der Anspruch des K gegen den V nicht durch „Entreicherung" nach § 818 Abs. 3 BGB entfallen. Die Frage ist allein, ob der Anspruch des V gegen den K aus §§ 812 Abs. 1 S. 1 1. Fall („Leistungskondiktion"), 818 Abs. 2 BGB sich durch Saldierung „automatisch" um € 8000,- auf € 2000,- reduziert (so

die „Saldotheorie") oder ob die Ansprüche einander gegenüber stehen (sog. „Zweikondiktionentheorie") und der Anspruch des V gegen den K erst durch Aufrechnung eines der beiden nach §§ 387 ff. BGB teilweise untergeht und sich deshalb nur auf € 2000,- beläuft. (Diese Überlegungen zur „Saldotheorie" und zur „Zweikondiktionentheorie" werden im Bereicherungsrecht gründlich erörtert werden).

2. Durchbrechungen des „Abstraktionsprinzips"

Aber auch hinsichtlich des „Abstraktionsprinzips" gilt leider wieder einmal der alte Grundsatz: „**keine Regel ohne Ausnahme**". Das „**Abstraktionsprinzip**" wird nämlich zum Teil durch das **Gesetz durchbrochen**; auch kann seine Geltung durch eine **Parteivereinbarung ausgeschlossen** werden. Diese Problematik ist natürlich eine wahre Fundgrube für juristische Aufgabenstellungen.

- Eine **ausdrückliche gesetzliche Ausnahme** vom „Abstraktionsprinzip" ist die Anordnung der Nichtigkeit für solche Rechtsgeschäfte, durch die ein **Wucherer** sich „... für eine Leistung Vermögensvorteile ... **gewähren** lässt" (**§ 138 Abs. 2 BGB**).

Fall 12: Der über kein Barvermögen verfügende V benötigt für eine nur im Ausland mögliche und dort in bar zu bezahlende lebensrettende Operation seines dort lebenden Kindes sofort € 100 000,-. Die Krankenversicherung macht eine Vorschusszahlung von einem erst in einigen Wochen zu erwartenden medizinischen Gutachten abhängig. Der V ist Eigentümer eines riesigen Rohdiamanten im Marktwert von € 800 000,-. Als er ein durch Verpfändung oder Sicherungsübereignung zu sicherndes Bankdarlehen aufnehmen will, weigern sich die Banken, weil der V sein Eigentum an dem Stein nicht durch Urkunden beweisen kann. Daraufhin wendet der V sich an den reichen K, der schon lange ein Interesse daran bekundet hatte, den Edelstein ohne Rücksichten auf einen Eigentumsnachweis durch V zu erwerben. Als V ihm seine Lage schildert, erklärt der K, dass er ihm zwar kein Darlehen geben würde, dass er aber bereit sei, den Edelstein für € 100 000,- zu kaufen. Der V erklärt sich in seiner Verzweiflung einverstanden. Der V verkauft den Edelstein daher und erfüllt den Kaufvertrag durch Übereignung und Übergabe des Edelsteins Zug-um-Zug gegen Barzahlung von € 100 000,- an K. Als V nach Hause kommt, findet er ein Schreiben der Krankenversicherung vor, in dem es heißt, dass sie sich „ausnahmsweise unbürokratisch zur sofortigen Leistung des Vorschusses" bereit erkläre. Der V verlangt den Diamanten von K Zug–um–Zug gegen Rückzahlung der € 100 000,- heraus.

Der Anspruch ergibt sich aus § 985 BGB. a) Der K ist Besitzer des Diamanten. b) Der V ist Eigentümer des Diamanten geblieben, weil das Rechtsgeschäft, durch das sich ein Wucherer Vermögensvorteile „gewähren lässt" (Übereignung des Diamanten an K) nach § 138 Abs. 2 BGB nichtig ist. c) Der K hat kein Recht zum Besitz (§ 986 Abs. 1 S. 1 BGB)., da auch der Kaufvertrag nichtig ist(§ 138 Abs. 2 BGB). d) Dem Herausgabeanspruch könnte ein Zurückbehaltungsrecht aus §§ 273, 812 Abs. 1 S. 1 1. Fall BGB („Leistungskondiktion") entgegenstehen. Ob dem Bereicherungsanspruch § 817 S. 2 BGB entgegensteht, kann offen bleiben, weil der V die Zug–um– Zug –Rückzahlung anbietet (§ 274 BGB).

In einer Vielzahl von Fällen führt eine sog. „**Fehleridentität**" zur Durchbrechung des „Abstraktionsprinzips".

- So wird eine **fehlende Geschäftsfähigkeit (§§ 104 ff. BGB)** in der Regel nicht nur das kausale „Verpflichtungs-" sondern auch das der Erfüllung dienende abstrakte „Verfügungsgeschäft" betreffen und sie beide unwirksam machen.

C. „Trennungs-" und „Abstraktionsprinzip" 93

- Was die Frage der Durchbrechung des Abstraktionsprinzips bei einer Nichtigkeit wegen **Sittenwidrigkeit (§ 138 Abs. 1 BGB)** angeht, so stellt sich vorab die Frage, ob man aufgrund eines Umkehrschlusses aus § 138 Abs. 2 BGB (der „Wuchertatbestand" ist ja nur ein Spezialfall der Sittenwidrigkeit) annehmen muss, dass Rechtsgeschäfte, durch die sich ein beim zugrunde liegenden Verpflichtungsgeschäft sittenwidrig Handelnder eine Leistung gewähren lässt, stets sittlich „wertneutral" und damit immer wirksam sind, also eine Durchbrechung des Abstraktionsprinzips unter dem Aspekt der Fehleridentität ausscheidet. Diese von der Logik gebotene Konsequenz hat man jedoch nicht gezogen, sondern man hält die Sittenwidrigkeit eines Verfügungsgeschäfts jedenfalls dann für denkmöglich, wenn sich der Makel der Sittenwidrigkeit gerade aus dem Zweck und aus der Wirkung des dinglichen Geschäfts ergibt. Dazu werden bei den Sicherungsgeschäften (der Sicherungsübereignung und Sicherungszession), bei denen sich diese Fragen in erster Linie stellen, weitere Ausführungen folgen. Hier soll nur eine Illustration des Problems durch ein Lehrbuchbeispiel erfolgen.

Fall 13: Der Controller C des Versicherungsunternehmens U 1 hat aufgedeckt, dass der Versicherungsvertreter V unter Verstoß gegen ein vertragliches Konkurrenzverbot auch für das Versicherungsunternehmen U 2 Verträge vermittelt hat. Aufgrund eines „Stillhalteabkommens" mit dem C übereignet der V dem C nach § 929 S. 1 BGB seinen Mercedes-Geländewagen. Als die Vertragsverstöße des V auf anderem Wege dann doch ans Licht kommen, verlangt der V Herausgabe des Autos von C (nach Baur – Stürner).

Der Anspruch könnte sich aus § 985 BGB ergeben. a) Der C ist Besitzer. b) Der V müsste Eigentümer sein. aa) Der V war Eigentümer. bb) Er könnte das Eigentum am Auto an den C verloren haben. aaa) Die Voraussetzungen des § 929 S. 1 BGB liegen vor. bbb) Die Übereignung könnte nach § 138 Abs. 1 BGB nichtig sein. Die getroffene Vereinbarung ist sittenwidrig. Fraglich ist, ob die Übereignung hiervon betroffen ist oder ob sie „sittlich wertneutral" ist. Hier nimmt man an, dass sich der Makel der Sittenwidrigkeit gerade aus Zweck und Wirkung des dinglichen Geschäfts ergibt. Also ist der V Eigentümer geblieben. c) Der C hat kein Recht zum Besitz aus einem „Stillhalteabkommen" (Vertrag „sui generis" nach § 311 Abs. 1 BGB) bzw. einem Schenkungsvertrag (§§ 516, 986 BGB), denn der „Stillhalte"-Vertrag bzw. der Schenkungsvertrag ist ebenfalls nach § 138 Abs. 1 BGB sittenwidrig und nichtig. d) Umstritten ist die Frage, ob der Herausgabeanspruch des V gegen C nach § 817 S. 2 BGB analog „gesperrt" ist. Dafür spricht folgende Überlegung: Wenn man annähme, dass die Übereignung „sittlich wertneutral", also nicht nach § 138 Abs. 1 BGB nichtig wäre, dann wäre nur das der Übereignung zugrunde liegende Verpflichtungsgeschäft („Stillhalteabkommen" bzw. Schenkungsvertrag)) nach § 138 Abs. 1 BGB nichtig, und der V hätte lediglich einen Bereicherungsanspruch aus § 812 Abs. 1 S. 1 1. Fall BGB („Leistungskondiktion") gegen C, dem aber § 817 S. 2 BGB entgegenstünde (diese Vorschrift sperrt nicht nur den Anspruch aus § 817 S. 1 BGB, sondern – weil sie sonst leer liefe – auch den Anspruch aus § 812 Abs. 1 S. 1 1. Fall BGB). Der V kann aber nicht dadurch besser gestellt werden, dass sogar das Verfügungsgeschäft nichtig ist und der C deshalb nach § 985 BGB zur Herausgabe verpflichtet wäre. So gesehen muss § 817 S. 2 BGB auch den Anspruch des V aus § 985 BGB „sperren".

- Ein besonders wichtiger Fall der zur Durchbrechung des „Abstraktionsprinzips" führenden Fehleridentität ist der einer **Anfechtung nach § 123 BGB**.

Fall 14: Der Antiquitätenhändler Arthur (A) reist über Land und kauft den Bauern Möbel ab. Der Bauer Bolle (B) verkauft und übergibt und übereignet dem A gegen Zahlung von € 50,- einen wertvollen Barockschrank. Zu diesem Kaufvertrag war es deshalb gekommen, weil der A dem B in Kenntnis des wahren Wertes des Schrankes, der bei € 20 000,- liegt, erklärt hatte, der Schrank sei gerade noch „als Schuhschrank" oder zum „Einheizen brauchbar". Der B war deshalb froh, das „wurmstichige, alte Möbel" so kostengünstig „entsorgt" zu haben. Als einige Wochen später der Kunsthistoriker K, der schon seit Jahren regelmäßig „Ferien auf dem Bauernhof" bei B macht, nach dem Verbleib des „schönen Barockschranks, den er immer so sehr bewundert habe" fragt, beginnt der B zu verstehen. Er sucht seinen Rechtsanwalt R auf. Dieser verlangt unter Berufung auf die wahrheitswidrige Erklärung des A zum Wert des Schrankes von A Herausgabe an B. Der Barockschrank steht noch im Schaufenster des A (nach Baur – Stürner und Roald Dahl).

Der B hat gegen den A 1. einen Anspruch aus § 985 BGB, denn a) der B hat das Eigentum nicht verloren (§§ 929 S. 1, 123 Abs. 1, 142 Abs. 1 BGB). aa) Zwar liegt eine Übergabe vor, bb) aber keine wirksame Einigung. Die Einigung ist nämlich nach §§ 123 Abs. 1, 142 Abs. 1 BGB mit rückwirkender Kraft entfallen: aaa) Das Rückforderungsverlangen des R ist eine für den B wirkende Anfechtungserklärung (§§ 143, 164 Abs. 1 BGB). bbb) Der Anfechtungsgrund ergibt sich aus § 123 Abs. 1 BGB. aaaa) In der Erklärung des A liegt eine Täuschung. bbbb) Sie ist arglistig (Vorsatz, auf Abschluss eines Kaufvertrags und die Herbeiführung der Erfüllung durch Übergabe und Übereignung gerichtet). cccc) Doppelte Kausalität und dddd) Rechtswidrigkeit der Täuschung sind gegeben. eeee) Eine Anfechtung nach § 123 Abs. 1 BGB „schlägt" auf das dingliche Erfüllungsgeschäft „durch". Also entfällt die Einigung mit rückwirkender Kraft. b) Der A ist Besitzer. c) Er hat kein Recht zum Besitz (§ 986 Abs. 1 S. 1 BGB), weil der Kaufvertrag wirksam angefochten wurde. 2. Der B hat außerdem einen Anspruch aus § 812 Abs. 1 S. 1 1. Fall BGB („Leistungskondiktion") auf Rückgabe des Barockschranks. a) Der A hat zwar kein Eigentum, wohl aber den Besitz erlangt (s.o.), b) und zwar durch Leistung des B c) und ohne Rechtsgrund (s.o.).

Variante: Der A hat den Barockschrank inzwischen an den Sammler K, dem er die Hintergründe seines „Schnäppchens" bei B erzählt hatte, verkauft und übereignet und übergeben. B verlangt Herausgabe von K.

Der Anspruch ergibt sich aus § 985 BGB. a) K ist Besitzer. b) B hat das Eigentum nicht verloren, aa) nicht nach § 929 S. 1 BGB an A (s.o.) bb) und auch nicht nach § 932 Abs. 1 S. 1, Abs. 2 an K, denn K war nicht gutgläubig: Er kannte die Anfechtbarkeit und muss sich für den Fall der Anfechtungserklärung so behandeln lassen, wie wenn er das Nicht-Eigentum des A gekannt hätte (§ 142 Abs. 2 BGB). c) Der K hat auch kein Recht zum Besitz gegenüber B (§ 986 Abs. 1 BGB), aa) und zwar kein eigenes Recht zum Besitz (§ 986 Abs. 1 S. 1 1. Fall BGB), bb) aber auch kein von A abgeleitetes Recht zum Besitz (§ 986 Abs. 1 S. 1 2. Fall BGB), weil der Kaufvertrag, aus dem der A ein Recht zum Besitz haben könnte, nach § 123 Abs. 1 BGB wirksam angefochten worden ist (s.o. Grundfall), so dass der A gegenüber dem Eigentümer nicht zum Besitz berechtigt war, wie § 986 Abs. 1 S. 1 2. Fall BGB es für ein abgeleitetes Recht zum Besitz des K voraussetzt.

Fall 15: Der V verkauft dem K eine schwer verkäufliche Sache für € 10 000,-. Der V soll nach dem Kaufvertrag die Sache sofort übergeben und übereignen, der K aber erst in 1 Monat zahlen. Darauf hat sich der V wegen der Schwerverkäuflichkeit der Sache eingelassen. Der K hat den V dadurch zu einer solchen Vereinbarung bewogen, dass er dem V unter Vorlage einer Abschrift des Testaments und der Sterbeurkunde des Erblassers E erklärt hat, dann eine Geldzahlung aus einem zu seinen Gunsten angeordneten Vermächtnis in Höhe von € 100 000,- zu erhalten (§§ 2147, 2174 BGB). Der K wusste jedoch, dass der Nachlass des E überschuldet war und er keine Zahlung zu erwarten hatte. Der V übereignet die Kaufsache an den K (§ 929 S. 1 BGB). Als nach Ablauf des Monats nicht gezahlt wird und der V Nachforschungen anstellt, die ergeben, dass der K ihn getäuscht hat, erklärt der V gegenüber dem K die Anfechtung aller seiner Willenserklärungen aus diesem Geschäft und verlangt Herausgabe der Sache.

> Der Anspruch könnte sich aus § 985 BGB ergeben. a) Der K ist Besitzer. b) Der V müsste Eigentümer sein. aa) Der V war Eigentümer. bb) Er könnte das Eigentum an den K verloren haben. aaa) Die Voraussetzungen des § 929 S. 1 BGB liegen vor. bbb) Die Übereignung könnte nach §§ 123 Abs. 1, 142 Abs. 1 BGB nichtig sein. aaaa) Der K hat den V arglistig über seine Kreditwürdigkeit getäuscht. bbbb) Anerkannt ist, dass bei einer arglistigen Täuschung hiervon auch das „Verfügungsgeschäft" betroffen ist, weil der Verkäufer nur deshalb übereignet hat, weil er unter dem Einfluss der arglistigen Täuschung stand. c) Da auch der Kaufvertrag angefochten und daher nach §§ 123 Abs.1, 142 Abs. 1 BGB nichtig ist, hat K auch kein Recht zum Besitz (§ 986 Abs. 1 S. 1 BGB).

- Bei der **Sicherungsübereignung** nach § 930 BGB kann es dann zu einer Durchbrechung des „Abstraktionsprinzips" kommen, wenn der die „causa" bildende Sicherungsvertrag zugleich das Besitzmittlungsverhältnis ist.

- Die Geltung des **„Abstraktionsprinzips"** kann auch durch **Parteivereinbarung** ausgeschlossen werden, indem durch eine Vereinbarung ein **„Bedingungszusammenhang"** zwischen der Wirksamkeit des „Verpflichtungsgeschäfts" und des „Verfügungsgeschäfts" des Inhalts hergestellt wird, dass Voraussetzung für die Wirksamkeit des der Erfüllung des Verpflichtungsgeschäfts dienenden „Verfügungsgeschäfts" die Wirksamkeit des ihm zugrunde liegenden Verpflichtungsgeschäfts ist (§ 158 Abs. 1 BGB). Da es in der Regel (jedenfalls unter Laien, denen das „Mysterium Abstraktionsprinzip" fremd sein dürfte) keine ausdrückliche Vereinbarung dieser Art geben dürfte, muss man häufig im Wege der Auslegung nach §§ 133, 157 BGB ermitteln, ob eine Parteivereinbarung i.S. eines solchen Bedingungszusammenhanges getroffen worden ist. Mit der Annahme einer „stillschweigend vereinbarten" Bedingung wird man allerdings sehr zurückhaltend umgehen müssen.

- Schließlich wird (i.E. allgemein ablehnend) diskutiert, ob in bestimmten Fallkonstellationen das „Verpflichtungsgeschäft" und das „Verfügungsgeschäft" dergestalt eine **„Geschäftseinheit"** bilden, dass nach **§ 139 BGB analog** die Nichtigkeit des „Verpflichtungsgeschäfts" im Zweifel die Nichtigkeit des „Verfügungsgeschäfts" zur Folge hat. Ernsthaft diskutabel dürfte diese Konstruktion eigentlich nur für das „Handgeschäft des täglichen Lebens" (z.B. Zeitungskauf am Kiosk) sein.

Den Anfängern unter den Lesern „schwirrt" nach diesen ersten hundert Seiten sicher „der Kopf". Sie sollten sich daher wieder einmal „sammeln" und sich verdeutlichen, was wir bisher erörtert haben und was Sie schon alles gelernt haben, und zugleich „einen Blick nach vorn" werfen:

Nachdem

- die **Technik der Bearbeitung von Fällen** erläutert worden ist und einige wesentliche Grundlagen gelegt wurden, nämlich dargestellt wurde,
- was **„subjektive Rechte"** sind,
- wem als **„Rechtssubjekt"** die „subjektive Rechte" zustehen können,
- welche **„Rechtsobjekte"** als „Gegenstände von Rechten" in Betracht kommen,

- was man unter **„Rechtsgeschäften"** versteht
- und welches Verhältnis zwischen einem **„Verpflichtungs-"** und einem **„Erfüllungsgeschäft"** besteht,

haben wir jetzt soviel Material beisammen, dass wir uns nun (im Groben orientiert am Aufbau einer Fallbearbeitung) dem Zivilrecht in seiner ganzen Breite zuwenden können.

Teil 3. Vertragliche Primäransprüche

Damit Sie angesichts der Fülle des Stoffes nicht die Orientierung verlieren, sollen zunächst noch einmal die Ihnen ja schon bekannten Aufbaugrundsätze, die bei der Bearbeitung von Fällen zu beachten sind, in Erinnerung gerufen werden.

Maßgeblich ist natürlich immer **zunächst** die **Fallfrage**. Denn **sie bestimmt das Thema**. Innerhalb des mithin durch die Fallfrage gesteckten Rahmens gehen Sie in folgender Reihenfolge vor und prüfen Ansprüche auf:

> - **Herausgabe** einer bestimmten Sache und/oder
> - **Berichtigung** des unrichtigen **Grundbuchs**;
> - **Erfüllung** eines Vertrages;
> - **Schadensersatz**;
> - **Rückgewähr**;
> - **Ausgleich**;
> - **Unterlassung** oder **Beseitigung** von beeinträchtigenden Störungen.
>
> Bitte missverstehen Sie diese Zusammenstellung nicht dahingehend, dass bei jedem von Ihnen zu bearbeitenden Fall sieben Fallfragen mit diesen Inhalten gestellt werden und zu beanworten wären!! Es sei noch einmal gesagt: Die Aufzählung enthält nur die theoretisch in Betracht kommenden Möglichkeiten und die bei mehreren Fragestellungen einzuhaltende Prüfungsreihenfolge.

Wenn bei der Beantwortung dieser Fallfragen jeweils **mehrere Anspruchsgrundlagen** in Betracht kommen („Anspruchsgrundlagenkonkurrenz" oder „Anspruchskonkurrenz"), gibt es eine aus **rechtlichen Gründen gebotene Rangfolge** für deren Prüfung, die – wie Ihnen auch schon mehrfach gesagt worden ist – den Gesamtaufbau dieses Buches bestimmt.

> Zunnächst: **Familienrechtliche und erbrechtliche Spezialansprüche**
>
> Dann: **Vertragliche Ansprüche**, und zwar zunächst: **Primäransprüche** (Erfüllung), dann **Sekundäransprüche** (Leistungsstörungsrecht); **(Teile 3 und 4)**
>
> Sodann: **Quasivertragliche Ansprüche** und zwar zunächst aus §§ 122, 179 BGB, dann aus Verschulden bei Vertragsverhandlungen, sodann die Ansprüche aus Geschäftsführung ohne Auftrag und zwar zunächst auf Erfüllung, dann auf Schadensersatz und schließlich auf Aufwendungsersatz; **(Teil 5)**

> Anschließend: **Sachenrechtliche Ansprüche**, und zwar zunächst: **Primäransprüche** (Herausgabe, Grundbuchberichtigung, Beseitigung oder Unterlassung, Duldung der Zwangsvollstreckung), dann **Sekundäransprüche** bei Herausgabeansprüchen und sonstige Folgeansprüche **(Teil 6)**
>
> Danach: **Aufopferungsansprüche**;
>
> Sodann: **Gefährdungshaftungsansprüche und Deliktsansprüche**; **(Teil 7)**
>
> Nunmehr: **Ansprüche wegen ungerechtfertigter Bereicherung (Teil 8)**
>
> Und schließlich: **Ansprüche aus angemaßter Geschäftsführung ohne Auftrag. (Teil 5)**

Da wir – wie bereits erwähnt – die familienrechtlichen (z.B. Unterhaltsansprüche aus § 1601 ff. BGB) und erbrechtlichen (z.B. Erbschaftsanspruch aus § 2018 BGB) Spezialansprüche ganz bewusst weitgehend ignorieren wollen, weil diese für die Leistungskontrollen (Klausuren und mündliches Examen) in der Ausbildung von relativ untergeordneter Bedeutung sind, werden wir uns als erstes mit den **vertraglichen Ansprüchen** befassen, und zwar zunächst in diesem Teil 3 mit den auf Erfüllung gerichteten „Primäransprüchen" und sodann in Teil 4 mit den „Sekundäransprüchen".

> **Übrigens:** Den dogmatischen „Puristen" unter Ihnen dürfte aufgefallen sein, dass es rechtsgeschäftliche Verpflichtungen nicht nur aus Verträgen gibt, sondern auch aus einseitigen Rechtsgeschäften. Das ist zutreffend. Wir sind aber so kühn, dass wir wieder aus Gründen der Übersichtlichkeit der Darstellung unsere Systematik nicht weiter aufspalten, sondern die wenigen, sich aus einem **einseitigen Rechtsgeschäft ergebenden rechtsgeschäftlichen Verpflichtungen** hier einfach ignorieren. Auf die **Auslobung (§ 657 BGB)** sollen jedoch einige Zeilen verwendet werden. In § 657 BGB heißt es, dass derjenige, der „durch öffentliche Bekanntmachung eine Belohnung für die Vornahme einer Handlung,....., aussetzt, die Belohnung demjenigen zu entrichten hat, welcher die Handlung vorgenommen hat, ..." Wir Autoren dieses Buches haben uns sehr darum bemüht, Ihnen als Leser ein in jeder Hinsicht fehlerfreies Buch anzubieten. Das zu versprechen, ist bei einem Text dieses ungeheuren Volumens durchaus kühn. So hat wiederholtes Korrekturlesen durch unterschiedliche Korrekturleser gezeigt, dass der „Druckfehlerteufel" anscheinend nicht vollständig zu besiegen ist. Auch Gliederungsfehler und Personenbezeichnungsfehler, speziell in den Falllösungen, sind äußerst schwer zu erkennen. Wir wollen auch nicht ausschließen, dass uns zuweilen sachliche Fehler unterlaufen sind. Aus mehrfachen Erwägungen, nämlich aus rein „sportlichen Gründen", ferner um Sie zum gründlichen Lesen zu motivieren, und schließlich um uns die Arbeit für die eventuelle nächste Auflage zu erleichtern, haben wir uns dazu entschlossen, Sie als Leser in unsere Arbeit einzubeziehen, indem wir **folgende Auslobung aussprechen**: 1. Wir versprechen **im Falle einer Gesamtkorrektur des Buches**, also nicht nur bei punktuellem Aufzeigen von Fehlern, gegen die wir natürlich auch nichts einzuwenden haben aber nur mit Dank entlohnen, als Gesamtschuldner **a)** für das Aufzeigen und das Berichti-

gen **aa)** eines jeden **Rechtschreibfehlers** (Schreibweise von Worten außerhalb der Akzeptanz einer gemäßigten neuen Rechtschreibung) und eines jeden **Zeichensetzungsfehlers** (es sei denn die regelwidrige Zeichensetzung beruht auf Absicht, weil sie untrennbar mit dem Darstellungsstil und dem Lay-out verbunden ist) den Betrag von € 0,05, **bb)** eines **Gliederungsfehlers** und **Personenbezeichnungsfehlers** in den Falllösungen den Betrag von € 0,10. **b)** Werden uns **sachliche Fehler** mit nachvollziehbarer kurzer Begründung aufgezeigt, so behalten wir uns vor, diese Beanstandung nach eigenverantwortlicher und durch niemanden nachprüfbarer Überprüfung einzuarbeiten und abhängig davon den Einsender pro Fehler mit bis € 10,- zu belohnen. **2.** Das Aufzeigen der Fehler muss durch deutlich erkennbare **Korrekturvermerke im Text Ihres Leseexemplares** erfolgen. Die Fehler müssen auf einer gesonderten Liste mit Fundstellen (Seitenzahl reicht) aufgeführt werden; für die Begründung der aufgezeigten sachlichen Fehler reicht ein auf der betreffenden Seite eingelegter Zettel. **3.** Sie müssen Ihr **Leseexemplar mit den Korrekturvorschlägen an die im Umschlagtext genannte Anschrift übersenden** oder einem der **Autoren persönlich** übergeben. Ihr lesbarer Vor- und Nachname, Ihre Anschrift und Ihr Konto müssen auf der Innenseite des vorderen Buchdeckels vermerkt sein. Das von Ihnen aufgewendete Porto wird Ihnen erstattet. Sie erhalten Ihr Leseexemplar gleich nach der Einarbeitung Ihrer Korrekturen per Post oder persönlich zurück. **4.** Der **Einsendeschluss** (Poststempel) ist der letzte Tag des 10. Monats nach dem Monat des Erscheinens dieser 3. Auflage. **5.** Die **Aktion endet schon vor diesem Zeitpunkt**, wenn uns 3 in dieser Weise durchkorrigierte Bücher erreicht haben sollten und wir meinen, dass wir keine weitere Hilfe mehr benötigen. Dies wird bekannt gemacht durch eine Veröffentlichung auf der Homepage von Herrn Mark-Oliver Otto (www.markoliverotto.de). **6. Keiner** der Einsender **hat** einen **Anspruch auf die Veröffentlichung seines Namens**, aber wir behalten uns eine Aufnahme in die „hall of fame"-Fußnote in der Einleitung vor. **7.** Der **Rechtsweg** ist ausgeschlossen. **8.** Bei der der **2. Auflage** hat sich eine einzige Leserin an dieser Aktion beteiligt und immerhin weit über € 100,- verdient und zugleich, wie sie versichert hat, viel mehr gelernt als bei „normalem Lesen". Eine Vielzahl anderer Leser hat sich mit einzelnen Korrekturen oder auch Fragen und Anregungen an uns gewandt. Und auch über diese Zuschriften, denen wir weitgehend Rechnung getragen selbstverständlich alle beantwortet haben, haben wir uns sehr gefreut.

In Teil 1 haben Sie bei der Durcharbeitung des Einführungsfalls zu den Voraussetzungen eines vertraglichen Anspruchs bereits allerlei gelernt, nämlich: Dass das Bestehen eines vertraglichen „Primäranspruchs" (etwa eines Anspruchs des Käufers gegen den Verkäufer aus einem Kaufvertrag auf Übereignung und Übergabe der Kaufsache aus § 433 Abs. 1 S. 1 BGB oder des Verkäufers gegen den Käufer auf Zahlung des Kaufpreises aus § 433 Abs. 2 BGB) voraussetzt, dass ein **verpflichtender Vertrag besteht** (dass er **„zustandegekommen"** ist, dass **gegen seine Wirksamkeit keine Bedenken** bestehen und dass er **„nicht beendet"** ist), ferner dass es sich **nicht** um einen der sehr sehr seltenen **Verträge ohne primäre Leistungspflichten** handeln darf und dass der nach Bejahung dieser Kriterien schließlich als „ent-

standen" zu bezeichnende **Anspruch nicht erloschen** und **nicht in seiner Durchsetzung gehemmt** sein darf. Vertragliche Primäransprüche stehen in der **Regel einem Vertragspartner** zu, **ausnahmsweise** aber können sie von vornherein **(originär)** auch einem **Dritten** zustehen. Und diese ersten Einsichten werden jetzt gründlich vertieft.

> Damit steht auch der **Aufbau dieses Teils 3** fest. Er entspricht – wie Sie unschwer erkennen – i.w. dem Ihnen ja bereits bekannten (seinerseits auf die „innere Dynamik" subjektiver Rechte zurückzuführenden) Schema für die Fallbearbeitung und ist durch bestimmte thematische Schwerpunkte gekennzeichnet:
>
> **1. Vertrag (sub A)**: Die Entstehung und die Inhalte verpflichtender Verträge **(sub I)**; Wirksamkeitshindernisse **(sub II)**; Beendigung des Vertrages **(sub III)**.
>
> **2. Der daraus resultierende Anspruch (sub B)**: Das Erlöschen von Ansprüchen **(sub I)**. Die der Durchsetzbarkeit von Ansprüchen entgegenstehenden „rechtshemmenden" Einreden **(sub II)**.
>
> **3. Vertraglicher Primäranspruch eines Dritten (sub C)**: Der Vertrag zugunsten Dritter.
>
> **4.** Zu „guter Letzt" wird Ihnen in diesem Teil 3 auch noch zugemutet, sich mit der praktischen Frage der **Durchsetzung von Ansprüchen (sub D)** zu befassen.

A. Entstehung, Inhalte, Wirksamkeitshindernisse, Beendigung

> **1.** Unter einem **Vertrag** versteht man ein mindestens zweiseitiges Rechtsgeschäft, das sich aus mindestens zwei einander inhaltlich entsprechenden und mit Bezug aufeinander abgegebenen Willenserklärungen zusammensetzt.
>
> **2.** Verträge können die unterschiedlichsten **Funktionen** haben, wie Ihnen die folgenden Beispiele zeigen:
>
> Durch Verträge können z.B. „Schuldverhältnisse" begründet werden, wie z.B. ein Kaufvertrag mit den Rechten und Pflichten aus den §§ 433 ff. BGB (**„verpflichtende Verträge"**: § 311 Abs. 1 BGB).
>
> Durch Verträge kann auch der Übergang des Eigentums an beweglichen Sachen oder an Grundstücken herbeigeführt werden (§§ 929 ff. BGB/§§ 873, 925 BGB), ein Pfandrecht an einer beweglichen Sache bestellt werden (§§ 1204 ff. BGB), ein Grundstück mit einem Grundpfandrecht, z.B. einer Hypothek, belastet werden (§§ 873, 1113 ff. BGB) etc. (**„verfügende Verträge"**).

> Das war Ihnen bereits bekannt. Aber Verträge können noch mehr leisten: So kann durch einen Vertrag der **Güterstand einer Ehe** geregelt werden (= „Ehevertrag" in §§ 1415 ff. BGB)
>
> oder es kann durch einen Vertrag die **Erbfolge** bestimmt werden (§§ 2274 ff. BGB = „Erbvertrag").

Uns interessieren hier in Teil 3 ausschließlich die Verträge, durch die Schuldverhältnisse begründet werden, also die **„verpflichtenden Verträge" (§ 311 Abs. 1 BGB)**. Denn sie sind die **Rechtsquelle der vertraglichen Primäransprüche**.

> Wir werden uns daher zunächst mit den Voraussetzungen eines zur Erfüllung von primären Ansprüchen verpflichtenden Vertrages auseinandersetzen und damit, welchen Inhalt ein solcher Vertrag haben kann. Untrennbar mit den Voraussetzungen für die Entstehung eines Vertrages verbunden sind die Fragen, ob es der Wirksamkeit eines Vertragsschlusses entgegenstehende Hindernisse gibt und ob der Vertrag durch die Ausübung von Gegenrechten beendet worden ist.

Dieses Programm wird es nötig machen, sich zunächst mit dem Allgemeinen Teil des BGB, aber auch schon mit dem Schuldrecht, nämlich dem Allgemeinen Schuldrecht des BGB und dem Besonderen Schuldrecht des BGB und sogar mit dem Sachenrecht des BGB zu befassen. Dass es „quer Beet" durch das Gesetz geht, haben Sie ja bereits beispielhaft bei der Durcharbeitung der Teile 1 und 2 erfahren. Die Systematiker unter Ihnen dürfte dies sogar ein wenig verwirrt haben. Bringen wir also ein wenig Ordnung in die Materie:

- Der **Allgemeine Teil des BGB** steht hier in Teil 3 deshalb zunächst im Vordergrund, weil die gesetzliche Regelung der **Voraussetzungen für einen Vertragsschluss** vor allem im **Allgemeinen Teil** des BGB enthalten ist. Dieser beinhaltet in dem System der „Ausklammerung" (ähnlich wie in der Mathematik!) des BGB alle diejenigen Vorschriften, die „vor alle Klammern gezogen" werden können, die also – (natürlich, wieder einmal) vorbehaltlich vieler noch zu lernender Ausnahmen – für alle 5 Bücher des BGB, für das HGB, das VVG (und was es sonst noch für zivilrechtliche Nebengesetze gibt) Geltung haben. Bedingt durch das „Ausklammerungsprinzip" des BGB ist der Allgemeine Teil des BGB notgedrungen in inhaltlicher Hinsicht wenig „anschaulich" und zudem noch in einer sehr abstrakten, auch nicht immer gerade sehr „modernen" Sprache abgefasst. Gerade für den Anfänger ist der Allgemeine Teil des BGB daher schwer verständlich und als Einstiegsmaterie für ein Jura-Studium nicht gut geeignet. Manche Vorschriften des Allgemeinen Teils des BGB werden Sie daher im Laufe der Ausbildung überhaupt erst sehr spät infolge Ihrer (hoffentlich) ständigen Befassung mit der Materie so richtig verstehen.

- Dass Sie auch schon ganz zu Beginn Ihrer Ausbildung nicht am **Allgemeinen Schuldrecht des BGB** vorbeikommen, haben Sie bereits den Übersichten in Teil 1 zu den Erlöschensgründen (z.B. § 362 BGB) und zu den „rechtshemmenden Einreden" (z.B. §§ 273, 320 BGB) entnommen. Auch das Allgemeine Schuldrecht des BGB, das nach dem „Ausklammerungsprinzip" grundsätzlich alle

Schuldverhältnisses des BGB (also die rechtsgeschäftlichen, speziell die vertraglichen Schuldverhältnisse und die – in allen Büchern des BGB auffindbaren – „gesetzlichen Schuldverhältnisse", wie z.B. aus §§ 823 ff. BGB) regelt, ist von sehr hoher Abstraktion und daher für den „Anfänger" ebenfalls schwer zu verstehen.

- Bei der demnächst stattfindenden Erarbeitung der Voraussetzungen eines Vertragsschlusses, deren Kenntnis es Ihnen ermöglichen wird, in einer Fallbearbeitung das Vorliegen eines Vertrages zu prüfen, werden sie dann zu Ihrem Leidwesen erfahren, dass der **„Vertrag als solcher"**, von dem Allgemeine Teil ausgeht, natürlich gar **nicht existiert**, sondern dass es immer nur Verträge mit bestimmten Inhalten gibt, bei verpflichtenden Verträgen also z.B. nur einen **„Kaufvertrag"** oder einen **„Mietvertrag"** oder einen **„Werkvertrag"** oder einen **„Darlehensvertrag"** oder einen **„Vertrag sui generis"** etc. Sie werden weiterhin lernen, dass die Frage, ob von den Vertragspartnern ein solcher bestimmter Vertrag geschlossen ist, u.a. davon abhängt, ob die angehenden Vertragspartner eine **Einigung über die wesentlichen Geschäftselemente** des geplanten „**Kauf**vertrags" oder „**Miet**vertrags" etc., also über deren sog. „essentialia negotii", das sind Mindestinhalte von „Kauf-", „Miet-", Werk-" etc. -verträgen, erzielt haben. Sie müssen also wissen, worin denn diese „essentialia negotii" bei einem „**Kauf**vertrag" oder einem „**Miet**vertrag" etc. bestehen. Um Ihnen das vorab schon einmal ein wenig konkreter zu vermitteln: Beim Kaufvertrag z.B. ergibt sich aus § 433 BGB, dass die wesentlichen Geschäftselemente, also die „essentialia negotii" die Folgenden sind: Der Kaufgegenstand, der Kaufpreis und die Vertragsparteien, also die Person des Käufers und die des Verkäufers. Wer von Ihnen mutig ist, kann sich dieselbe Frage einmal hinsichtlich eines Mietvertrages oder eines Darlehensvertrages stellen und sie mit Hilfe des § 535 BGB oder des § 488 BGB beantworten. Alsbald wird das Thema der „essentialia negotii" für Sie reine Routine sein. Aus diesen Ausführungen wird hoffentlich deutlich, dass man ohne eine konkrete Vorstellungen vom möglichen Inhalt eines geplanten Vertrages und damit ohne Kenntnis von den „essentialia negotii" einen Vertragsschluss mit dem möglichen Ergebnis des Vorliegens eines Kaufvertrages, eines Mietvertrages, eines Darlehensvertrages etc. überhaupt nicht prüfen kann. Da sich, wie gesagt, der mögliche Inhalt von schuldrechtlich verpflichtenden Verträgen und damit auch deren „essentialia negotii" u.a. und i.w. aus dem **Schuldrecht Besonderer Teil** ergeben (aus § 433 BGB, aus § 535 BGB etc.), müssen Sie sich also zwangsläufig schon jetzt ganz am Anfang Ihrer Ausbildung mit dem Besonderen Schuldrecht befassen. Zu einer Befassung mit dem Besonderen Schuldrecht drängt Sie auch das bei der Fallbearbeitung bestehende Bedürfnis nach zu prüfenden Anspruchsgrundlagen: Sie werden sich entsinnen, dass für die Fallbearbeitung ganz wesentlich die ganz am Anfang stehende Suche nach der Anspruchsgrundlage steht. Im zunächst behandelten Allgemeinen Teil des BGB werden Sie nur wenige Anspruchsgrundlagen (z.B. in §§ 122, 179 BGB) und schon gar keine auf einem Vertrag beruhende Anspruchsgrundlagen finden (wieso eigentlich nicht? Weil es den „Vertrag als solchen", dessen technische Voraussetzungen dort geregelt sind, nicht gibt!), wohl aber im Besonderen Teil des Schuldrechts (lesen Sie zum wiederholten Male § 433 Abs. 1 S. 1 BGB oder § 433 Abs. 2 BGB oder § 488 Abs. 1 S. 2 BGB). Wir werden daher auch unter diesem Aspekt bei unserer Arbeit schon von Beginn an auf die Regelungen aus dem Schuldrecht Besonderer Teil zurückgreifen müssen. Sie merken also, dass es auch für Sie als Anfänger völlig sinnlos ist, sich zunächst einmal an dem „Allgemeinen Teil" des BGB zu klammern. Sie müssen vom ersten Tag an „über den Tellerrand" schauen.

- Auch das **Sachenrecht** des BGB wird bereits am Anfang nicht unerwähnt bleiben können; denn Sie können z.B. die Frage, ob die Verpflichtung eines Verkäufers zur Übereignung und Übergabe einer Kaufsache an den Käufer (§ 433 Abs. 1 S. 1 BGB) durch Erfüllung nach § 362 BGB erloschen ist, überhaupt nur dann beantworten, wenn Ihnen z.B. bekannt ist, wie Sachen „übergeben" und wie sie „übereignet" werden. Einige Kenntnisse dazu haben Sie übrigens ja schon: Sie wissen, was Eigentum ist (§ 903 BGB). Wie Eigentum (jedenfalls das Eigentum an beweglichen Sachen) übertragen wird (nämlich nach den § 929 ff. BGB), müsste Ihnen eigentlich noch aus den vorstehenden Erörterungen des „Abstraktionsprinzips" in Teil 2 bereits in etwa geläufig sein. Zu hoffen ist, dass Sie das alles nicht einfach nur so „überflogen" haben, so dass nichts haften geblieben ist und Sie sich damit getröstet haben, dass Sie ja vielleicht gerade „erst" im 2. Semester sind und mit dem Studium doch erst begonnen haben. Speziell für die Freischuss-Kandidaten, und das sind Sie doch am Anfang alle, gibt es überhaupt keine „Schonzeit"! Denken Sie immer daran, dass die vernünftige Examensvorbereitung eines Juristen am ersten Tag des Studiums beginnt!

- Wenn es denn so ist, dass man schon als Anfänger bei der Fallbearbeitung ohne Kenntnisse des Schuldrechts und des Sachenrechts nicht zurecht kommt, wird man wohl sagen dürfen, dass ein universitäres Curriculum wie z.B. dieses der rechtswissenschaftlichen Fakultät der Universität Hamburg: 1. Semester: BGB, Allgemeiner Teil; 2. Semester: Schuldrecht Allgemeiner Teil, Schuldrecht Besonderer Teil I, Deliktsrecht; 3. Semester: Schuldrecht Besonderer Teil II, Vertragliche Schuldverhältnisse; Sachenrecht I, Grundstrukturen; 4. Semester: Sachenrecht II, Kreditsicherungen der Ausbildung nicht unbedingt förderlich ist. Stellen Sie sich zum Vergleich vor, Sie gingen in ein Restaurant und anstelle der bestellten Speise werden Ihnen lediglich die von verschiedenen Köchen hergestellte Zutaten zu diesem Gericht serviert, die Sie nacheinander essen müssten. Wie sollen Sie da, auch wenn die Zutaten noch so köstlich sind, „auf den Geschmack" kommen?

I. Die Entstehung und die Inhalte von verpflichtenden Verträgen

Wir wollen uns dem Thema der Entstehung und der Inhalte von verpflichtenden Verträgen vorsichtig, Schritt für Schritt nähern. Sie wissen ja: **Schuldverhältnisse** können **begründet werden**

- **entweder** durch das **Gesetz** (z.B. §§ 122, 179, 677 ff., 812 ff. 823 ff., 985 ff. BGB); das aber interessiert uns hier zunächst überhaupt nicht, denn wir wollen uns mit vertraglich begründeten Schuldverhältnissen befassen.

- **Oder** sie können entstehen durch ein **Rechtsgeschäft**, und zwar i.d.R. (§ 311 Abs. 1 BGB) durch das Rechtsgeschäft „**Vertrag**". Der Umstand, dass sich hinsichtlich der durch Rechtsgeschäft (insbesondere also durch Vertrag) begründeten Schuldverhältnisse auch **Regelungen im Gesetz** finden (z.B. die §§ 433 ff., 488 ff., 535 ff., 631 ff. BGB), macht diese Schuldverhältnisse natürlich nicht etwa zu „gesetzlichen Schuldverhältnissen", wie ganz junge Juristen zuweilen meinen, denn maßgeblich für die Einteilung in „gesetzliche" und „rechtsgeschäftliche" Schuldverhältnisse ist die Art und Weise der Entstehung des Schuldverhältnisses und nicht der Umstand, dass es hierüber Regeln im Gesetz gibt; wäre letzteres richtig, gäbe es überhaupt nur „gesetzliche" Schuldverhältnisse. Der Kaufvertrag ist also trotz der Existenz gesetzlicher Regelungen in den §§ 433 ff. BGB ein rechtsgeschäftlich begründetes Schuldverhältnis! Sie müssen sich das so vorstellen, dass es sich bei diesen, die rechtsgeschäftlich begründeten Schuldverhältnisse betreffenden gesetzlichen Bestimmungen (z.B. in den §§ 433 ff. BGB) um teils zwingend geltende Normen, aber i.d.R. um durch abweichende Vereinbarungen abdingbare Vorschriften, also um bloße „Vorschläge" des Gesetzes, handelt. Durch diese „Vorschläge" soll der Inhalt besonders typischer Vertragsverhältnisse (wie eben der Kauf oder die Miete etc. es sind) bestimmt werden. So soll z.B. durch § 433 Abs. 1 BGB die Verpflichtung des Verkäufers zur Übergabe und Übereignung der Kaufsache und in § 433 Abs. 2 BGB die Verpflichtung des Käufers zur Kaufpreiszahlung ausgesprochen werden, oder es sollen bestimmte, z.B. für einen Kaufvertrag typische Konflikte unter den Vertragspartnern bewältigt werden, indem in §§ 434 ff., 437 ff. BGB die Rechte des Käufers bei Lieferung einer mangelhaften Kaufsache geregelt werden. Dies alles aber nur für den Fall, dass die Vertragspartner nicht im Rahmen der durch „zwingendes Recht" gezogenen Grenzen den Inhalt des Vertrages anders ausgestalten. Wer das verstanden hat, hat soeben einen „großen Schritt nach vorn" getan.

Machen wir jetzt einen Plan: Es soll **in dieser Darstellung** zunächst nur um die durch **Rechtsgeschäft**, und zwar – wegen der **Regel des § 311 Abs. 1 BGB** – speziell um die durch **verpflichtende Verträge begründeten Schuldverhältnisse** gehen. Unser erstes zentrales Thema wird die **Technik des Vertragsschlusses** sein.

> Ganz wichtig ist es, dabei im Auge zu haben, dass der hier am Beispiel eines verpflichtenden Vertrages zu erörternde **Abschluss eines verpflichtenden Vertrages** sich von der reinen Rechtstechnik her gesehen **nicht vom Abschluss** der später zu erörternden **verfügenden Verträge unterscheidet**. Wenn wir dann also in Teil 6 die Übereignung oder die Verpfändung beweglicher Sachen, die Übereignung oder Belastung von Grundstücken mit einer Hypothek etc. erörtern und dabei auf den Begriff „Einigung" stoßen (lesen Sie „spaßeshalber" einmal die §§ 929 ff., 1204 ff., 873, 925, 1113 ff. BGB), der nur ein anderes Wort für den Begriff „Vertrag" ist, müssen Sie all das, was wir hier erlernen, sicher beherrschen!

1. Der Vertrag: Immer ein „Rechtsgeschäft" oder auch das Resultat „sozialtypischen Verhaltens"?

Unzweifelhaft kommt ein Vertrag, und damit auch der uns jetzt ausschließlich interessierende **„verpflichtende Vertrag"**,

- durch ein **Rechtsgeschäft** zustande; das ergibt sich aus § 311 Abs. 1 BGB; und damit befassen wir uns auch sogleich.

- Aber die Juristen machen sich selbst und damit jetzt auch Ihnen das Leben nicht gerade leicht: Es gibt nämlich Stimmen in der Rechtswissenschaft, die wir nicht einfach ignorieren können, die diskutieren, ob ein „verpflichtender Vertrag" in manchen Fallkonstellationen kein Rechtsgeschäft voraussetzt, sondern ganz einfach das Resultat eines bestimmten **„sozialtypischen Verhaltens"** ist. Und deshalb müssen wir uns natürlich auch mit dieser These befassen.

a) Der Vertrag als Rechtsgeschäft

Aber lassen Sie sich durch diese letzte Bemerkung zunächst einmal nicht irritieren: Es bleibt dabei, und daran zweifelt wirklich keiner, dass ein **„verpflichtender Vertrag"** durch ein **zweiseitiges Rechtsgeschäft** zustande kommt, das aus **mindestens zwei einander inhaltlich entsprechenden und mit Bezug aufeinander abgegebenen Willenserklärungen** besteht. Können Sie diese oder eine ähnlich Definition schon auswendig?

Das **„Rechtsgeschäft"** ist offenbar der maßgebliche **„Oberbegriff"**. Was ein „Rechtsgeschäft" ist, wissen Sie ja schon andeutungsweise aus Teil 2. Nun müssen wir ein wenig mehr ins Detail gehen.

aa) Das Rechtsgeschäft im Allgemeinen

Dass ein Rechtsgeschäft ein rechtstechnischer Behelf ist, durch den der Bürger seine Rechtsverhältnisse eigenverantwortlich regeln kann, haben Sie hier schon gelesen, als wir uns in Teil 2 einen ersten Überblick über einige Grundbegriffe verschafft hatten.
Es handelt sich bei dem **„Rechtsgeschäft"** um einen **Tatbestand**,

- der **mindestens eine „Willenserklärung"** und oft, aber nicht notwendig, **weitere Bestandteile** enthält (z.B. ist bekanntlich für das Rechtsgeschäft einer Übereignung einer beweglichen Sache nach § 929 S. 1 BGB zusätzlich eine „Übergabe" oder bei dem Rechtsgeschäft Übereignung einer unbeweglichen Sache nach §§ 873 Abs. 1, 925 BGB zusätzlich eine „Eintragung" in das Grundbuch erforderlich),

- an den das Gesetz **Rechtsfolgen** knüpft, **weil diese** vom rechtsgeschäftlich Handelnden **gewollt sind**.

> Als wir uns bereits in Teil 2 einen ersten Überblick über einige Grundbegriffe, verschafft hatten und dabei u.a. auch den Begriff „Rechtsgeschäft" erörtert hatten, hatten wir schon einmal die Arten der Rechtsgeschäfte systematisiert dargestellt. Wir wollen die Dinge hier nun wirklich begrifflich nicht auf die Spitze treiben, zumal für Sie derzeit alles noch recht theoretisch klingt, und wir wol-

len uns daher zunächst auf eine bloße Wiederholung beschränken. Sie sollten aber jedenfalls die folgenden Unterscheidungen zwanglos treffen können, nämlich eine Unterscheidung **nach den Beteiligten am Rechtsgeschäft**, also zwischen den

einseitigen Rechtsgeschäften: z.B. die Ihnen ja schon aus dem einführenden Beispielsfall bekannte **Anfechtungserklärung** (§§ 119 ff., 143 Abs. 1 BGB), oder die **Kündigung** (z.B. eines Mietverhältnisses nach § 564 BGB), die eine Verpflichtung begründende **Auslobung** (§ 657 BGB) und die uns hier überhaupt nicht interessierenden einseitigen Rechtsgeschäfte einer **Dereliktion** (§§ 928, 959 BGB) und der **Errichtung eines Testaments** (§ 2247 BGB).

Weiterhin gibt es **mehrseitige** Rechtsgeschäfte: Im Vordergrund steht natürlich der **Vertrag**, der aus **mindestens zwei** übereinstimmenden aufeinander bezogenen Willenserklärungen („Angebot" und „Annahme") besteht. In der Regel sind Verträge zweiseitige Rechtsgeschäfte, sie kommen aber auch als mehrseitige Verträge (z.B. bei Gesellschaftsverträgen) vor. Bei einigen zweiseitigen Rechtsgeschäften bedarf es außer eines Vertrages eines weiteren Elements: So muss z.B. bei einer Übereignung beweglicher Sachen nach §§ 929 ff. BGB zur Einigung, die ihrerseits ein „Vertrag" ist, eine Übergabe oder ein Übergabesurrogat hinzutreten; bei §§ 873 Abs. 1, 925 BGB ist für die dort genannten Verfügungen zusätzlich zu der Einigung die Eintragung in das Grundbuch nötig). Schließlich gibt es auch andere **mehrseitige** Rechtsgeschäfte, die sog. „Beschlüsse", die uns hier aber nicht weiter interessieren werden.

Das **Gegenstück zum Rechtsgeschäft** ist der **Realakt**; darunter versteht man eine Willensbetätigung tatsächlicher Art, bei der die Rechtsfolge kraft Gesetzes eintritt, und nicht deshalb, weil sie gewollt ist: So z.B. eine **Besitzergreifung** nach § 854 Abs. 1 BGB (anders aber § 854 Abs. 2 BGB: Besitzerwerb durch Vertrag, wenn es sich um „offenen Besitz" handelt, wie der auf einem Fluss schwimmende Kahn), ein **Delikt** (§ 823 Abs.1 BGB) oder eine **Verarbeitung** (§ 950 BGB).

Ein „**Zwitter**" sind die **geschäftsähnlichen Handlungen**, bei denen eine Willensäußerung Rechtsfolgen hat, die unabhängig vom Willen des sie Äußernden eintreten; das ist z.B. der Fall bei der einen Verzug begründenden Mahnung (§ 286 Abs. 1 S. 1 BGB).

Das bedeutsamste aller **Rechtsgeschäfte** ist natürlich der **Vertrag,** mit dem wir uns jetzt befassen.

bb) Der Vertrag als Rechtsgeschäft

Wenn wir jetzt im Folgenden erarbeiten, **wie** ein „**Vertrag als solcher**" durch Rechtsgeschäft **zu Stande kommt**, so müssen wir uns darüber im Klaren sein, und Sie wissen es längst, dass es einen „Vertrag als solchen" natürlich gar nicht gibt. Wenn wir uns das nicht verdeutlichen, dann würden wir bei der Prüfung des Vertragsschlusses einem Phantom nachjagen. Es sei wiederholt: Es gibt nur Verträge mit einem ganz bestimmten Inhalt, also z.B. immer nur einen Kaufvertrag (§ 433 BGB), einen Mietvertrag (§ 535 BGB), einen Darlehensvertrag (§ 488 BGB) etc. oder einen (uns hier, wo wir uns ja nur mit den verpflichtenden Verträgen befassen, ja eigentlich gar nicht interessieren sollenden) zur Übereignung führenden Vertrag namens „Einigung" (lesen Sie noch einmal die Ihnen ja längst bekannten §§ 929 S. 1 bzw. 873, 925 BGB) oder einen „Erbvertrag" etc..

Trotzdem ist es natürlich aus didaktischen Gründen erlaubt, so weit es irgend geht vom zunächst Abstrakten hin zum Konkreten vorgehend, die Voraussetzung eines „Vertragsschlusses als solchen" herauszuarbeiten und später gesondert davon die möglichen Inhalte von Verträgen darzustellen.

Aber machen wir uns nichts vor: Dieser „schöne Plan" einer sauberen Trennung der Darstellung in eine Erläuterung der Voraussetzungen des „Vertragsschlusses als solchem", ohne bereits auf den Inhalt von Verträgen eingehen zu müssen, lässt sich nicht realisieren; wir werden unweigerlich konkret werden müssen und für die Verträge, deren Zustandekommen wir untersuchen wollen, Verträge mit einem bestimmten (hier: verpflichtendem) Inhalt auswählen. Dabei machen wir uns das Leben zunächst leicht und entscheiden uns i.d.R. aus Gründen des besseren Verständnisses vorerst fast ausschließlich für den jedermann weitgehend bekannten und auch leicht verständlichen Kaufvertrag. Das ist eigentlich eine, allerdings im Lehrbetrieb durchaus übliche, „Unsitte", deren Konsequenz ist, dass viele der durch den Kaufvertrag als Musterbeispiel „geprägte" Studierende viele Semester benötigen, bis sie es sich endlich als selbstverständlich vorstellen können, dass es auch Verträge mit anderen Inhalten gibt, wie z.B. den Mietvertrag, den Werkvertrag, die Leihe, den Schenkungsvertrag etc. etc. Manche Juristen assoziieren Ihr Leben lang bei dem Wort „Vertrag" den „Kaufvertrag". Das ist die Folge einer verfehlten Ausbildung. Ihnen kann das natürlich nicht passieren, obwohl wir gerade dabei sind, diesen „Erziehungsfehler" zu machen!

(1) Der Vertragsschluss nach den §§ 145 ff. BGB

Nach den in den §§ 145 ff. BGB zum Ausdruck gekommenen Vorstellungen des Gesetzes kommt ein **Vertrag** nach folgenden, zunächst **ganz einfach zu verstehenden**, sich aus der Definition des Rechtsgeschäftes „Vertrag" ergebenden **Grundregeln** zustande:

> **1.** Diese oder eine ähnliche **Definition** können Sie sicher inzwischen kaum noch hören, aber sie wird Ihnen nicht erspart:
>
> „Unter einem Vertrag versteht man ein mindestens zweiseitiges Rechtsgeschäft, das sich aus mindestens zwei einander inhaltlich entsprechenden und mit Bezug aufeinander abgegebenen Willenserklärungen zusammensetzt".
>
> **2.** Ein Vertrag **kommt** daher **zustande**
>
> durch mindestens zwei auf den Abschluss eines Vertrages gerichtete Willenserklärungen, genannt **Angebot** und **Annahme** (arge. § 151 BGB: „Der Vertrag kommt durch die Annahme des Antrags zustande, ... ").
>
> Diese Willenserklärungen müssen **aufeinander bezogen sein,**
>
> und sie müssen sich **inhaltlich decken** (arge. § 150 BGB).

Wir werden uns, was die im folgenden zu vertiefende Technik des Vertragsschlusses angeht, eines relativ komplexen **zweitaktigen Prüfungsschemas** bedienen müssen, das dann im einzelnen durchgeführt wird.

> Diesem Schema zufolge geht es – vereinfacht gesagt – zunächst darum,
>
> das Vorliegen eines **Angebots** festzustellen **(sub 4 a):** Das setzt voraus, dass eine **auf Abschluss eines Vertrages gerichtete Willenserklärung** vorliegt, die in inhaltlicher Hinsicht **Bestimmtheitserfordernissen** genügen muss und die **nicht erloschen** sein darf.
>
> Die weiterhin erforderliche **Annahme (sub 4 c)** setzt das Vorliegen einer **auf eine Vertragsannahme gerichteten Willenserklärung** voraus, die **in Bezug auf das Angebot** abgegeben worden ist und **mit ihm inhaltlich übereinstimmt**.

(2) Vertrag durch „Zustimmung zu einem Entwurf"

Bevor wir uns dann an die soeben projektierte „Kärrner"-Arbeit machen, wollen wir uns den Luxus erlauben, eine sehr interessante Variante des rechtsgeschäftlichen Vertragsschlusses kennenzulernen: Nicht nur im wissenschaftlich-theoretischem Schrifttum, sondern auch in der Ausbildungsliteratur (Medicus) wird die Aufmerksamkeit auf das letztlich jedermann bekannte Phänomen gelenkt, dass häufig **andere Personen als die Parteien selbst einen Vertragsentwurf erarbeiten** (z.B. ein Makler den von ihm vermittelten Miet- bzw. Kaufvertrag; das Gericht den Prozessvergleich) und dass die **Parteien** diesem **Entwurf** (oft sogar gleichzeitig) dann lediglich **zustimmen.** Dass dadurch ein Vertrag zustande kommt, ist vom Ergebnis her gesehen unzweifelhaft. Was aber das Zustandekommen angeht, so passt auf einen solchen Vertragsschluss das auf einer historischen Abfolge von Angebot und Annahme aufbauende Modell der §§ 145 ff. BGB (sub 4 a und sub 4 c) nicht. Daher werden auf einen solchermaßen herbeigeführten Vertragsschluss die §§ 145 ff. BGB mit der Maßgabe angewendet, dass die Zustimmungserklärungen der Vertragspartner zu dem Vertragsentwurf als empfangsbedürftige Willenserklärung dem jeweils anderen Teil zugehen müssen.

> Bevor wir uns aber jetzt ganz auf den Vertragsschluss nach dem Muster der §§ 145 BGB ff. konzentrieren, erinnern Sie sich bitte daran, dass wir noch die eingangs aufgeworfene Frage zu beantworten haben, nämlich ob ein Vertrag auch anders als durch den Einsatz des rechtstechnischen Behelfs „Rechtsgeschäft" zustande kommen kann.
>
> In der Tat gibt es eine in der Rechtswissenschaft und Rechtsprechung diskutierte rechtliche Konstruktion, die diese Überlegung nahe legt: nämlich die Möglichkeit eines Vertragsschlusses durch ein sog. **„sozialtypisches Verhalten"**.

b) Der Vertrag (auch) als Resultat „sozialtypischen Verhaltens"?

Es wird in der Wissenschaft die Ansicht vertreten, mindestens jedoch erörtert, dass/ob ein Vertrag auch durch ein sog. **„sozialtypisches Verhalten"** zustandekommen kann,

- wenn zur **Daseinsvorsorge erbrachte Leistungen,** für die **typischerweise** ein **Entgelt verlangt** wird,
- in **sozialtypischer Weise in Anspruch genommen** werden.

So soll z.B. das bloße Benutzen eines öffentlichen Verkehrsmittels zum Zustandekommen eines Beförderungsvertrages (Werkvertrag nach §§ 631 ff. BGB) führen, ohne dass ein solcher Vertrag nach der Technik der §§ 145 ff. BGB (Angebot und Annahme) abgeschlossen wird. Zur Begründung dessen wird gesagt, dass wegen der Anonymität des Massenverkehrs die Ableitung eines rechtsgeschäftlich konstruierten Vertragsschlusses mittels der §§ 145 ff. BGB mangels eines Empfängers der Erklärung des die Leistung in Anspruch Nehmenden (z.B.) U-Bahnpassagiers nur unter Verwendung gekünstelter Überlegungen möglich sei und dass bei einer Anwendung der §§ 145 ff. BGB weiterhin für den (z.B.) U-Bahnpassagier die Möglichkeit bestünde, sich einem Zustandekommen des Vertrages und den daraus resultierenden Verpflichtungen durch eine dagegen ausgesprochene „Verwahrung" (z.B. die Erklärung des U-Bahnpassagiers: „Ich zahle nicht") zu entziehen, ein Ergebnis, das nicht hingenommen werden könne, weil beim Massenverkehr für die Privatautonomie kein Raum sei.

Allgemein abgelehnt wird ein Vertragsschluss durch sozialtypisches Verhalten allerdings immer dann, sofern durch diese Konstruktion der Minderjährigenschutz umgangen würde.

Empfohlen wird Ihnen hier, die mit allgemeinen zivilrechtlichen Grundsätzen nicht in Einklang stehende Rechtsfigur eines „Vertragsschlusses durch sozialtypisches Verhalten" insgesamt abzulehnen. Die zur Begründung der Notwendigkeit der Entwicklung dieses Instituts geäußerten Sorgen sind unbegründet. Der **Vertragsschluss im Massenverkehr** lässt sich nämlich zwanglos als rechtsgeschäftlicher Vertragsschluss konstruieren, und zwar wie folgt:

---

1. In der Zurverfügungstellung der (z.B. Beförderungs-) Leistung liegt ein schlüssiges **Angebot, das dem Kunden auch zugeht.** Der Kunde erklärt durch die Inanspruchnahme der Leistung schlüssig die **Annahme**; auf den **Zugang der Annahmeerklärung** hat der Anbieter verzichtet (§ 151 BGB).

2. Dem gegen diese Lehre vorgebrachten Bedenken, der Vertrag komme wegen des Prinzips der Privatautonomie immer dann nicht zustande, wenn der Kunde ausdrücklich erkläre, er wolle keinen Vertragsschluss herbeiführen bzw. kein Entgelt entrichten, und das sei ein nicht hinnehmbares Ergebnis, kann man entgegenhalten, dass eine solche „Verwahrung" (= „protestatio facto contraria")

a) wegen der nach § 157 BGB bei der Auslegung des Verhaltens zu beachtenden Treuwidrigkeit (arge. §§ 612, 632 BGB) oder nach § 242 BGB (Soergel) rechtlich unbeachtlich sei;

> **b)** oder dass dann (eine sehr elegante Lösung) ein Vertrag nach § 162 BGB analog zustande komme (Medicus).

Fall 16: Der Millionär und Privatgelehrte F pflegt aus einer in seinen sozialwissenschaftlichen Werken publizierten und öffentlich in Reden oder Zeitungsinterviews geäußerten Grundüberzeugung heraus „niemals Fahrgeld in öffentlichen Verkehrsmitteln", also auch nicht in der U-Bahn der Hamburger Hochbahn AG (HHA), zu bezahlen. Als er als „Schwarzfahrer" von einem Kontrolleur gestellt wird, verweigert er die Zahlung des in den (als wirksam zu unterstellenden und dem § 305 a Nr. 1 BGB entsprechenden) „Allgemeinen Beförderungsbedingungen" der HHA vorgesehenen „erhöhten Fahrgelds", weil er – wie immer – beim Durchschreiten der „Sperre" lauthals und öffentlich hörbar erklärt habe, dass er „auch diesmal kein Entgelt für die Beförderung im öffentlichen Verkehrsmittel U-Bahn zahlen" werde.

Der Anspruch der HHA könnte sich aus § 339 S. 1 BGB ergeben. a) Die Voraussetzung dafür ist ein wirksamer Beförderungsvertrag zwischen F und dem Betreiber HHA. aa) Keine Probleme hätte insoweit die Lehre vom Vertragsschluss durch „sozialtypisches Verhalten"; danach käme der Vertrag mit der Inanspruchnahme der Leistung zustande. bb) Wenn man diese Lehre jedoch entsprechend dem Ihnen hier gemachten Vorschlag ablehnt und einen Beförderungsvertrag nach den §§ 145 ff. BGB konstruiert, aaa) läge ein Angebot der HHA in dem öffentlichen Anerbieten der Beförderung. bbb) Die aaaa) Annahmeerklärung des F läge im Betreten des Bahnhofs bzw. Besteigen des Zuges. bbbb) Fraglich ist, ob die erklärte „Verwahrung" des F dem entgegensteht. aaaaa) Überwiegend wird eine solche „Verwahrung" für rechtlich unbeachtlich gehalten, und zwar entweder wegen des nach § 157 BGB bei der Auslegung des Verhaltens zu beachtenden Grundsatzes von Treu und Glauben (arge. §§ 612, 632 BGB) oder weil die „Verwahrung" nach § 242 BGB unbeachtlich sei (Soergel); oder es soll § 162 BGB analog angewendet werden (Medicus). bbbbb) Wegen des Prinzips der Privatautonomie wird allerdings eine „Verwahrung" teils auch als rechtlich beachtlich angesehen, so dass es danach zu keinem Vertragsschluss kommt. ccccc) Man wird im Ergebnis der hM. (wirksamer Vertragsschluss) folgen müssen, weil man sonst zu unpraktikablen Ergebnissen käme: aaaaaa) Das reguläre Fahrgeld könnte zwar u.U. wegen eines Anspruchs aus §§ 812 Abs. 1, S. 1 2. Fall („Nichtleistungskondiktion" in Gestalt einer „Eingriffskondiktion"), 818 Abs. 2 BGB verlangt werden, bbbbbb) das „erhöhte Beförderungsentgelt" jedoch nicht aaaaaaa) weil die Nichtentrichtung des Fahrgelds weder ein der HHA nach §§ 823 Abs. 2 BGB, 265 a StGB zu ersetzender Schaden und das entgangene erhöhte Beförderungsentgelt ein daraus resultierender Folgeschaden wäre bbbbbbb) noch zu einer Bereicherung führt, die nach §§ 812 Abs. 1, S. 1 2. Fall, 818 Abs. 2 BGB auszugleichen wäre. Daher ist der Lösungsweg eines Vertragsschlusses durch konkludente Willenserklärungen vorzuziehen. b) Die Allgemeinen Beförderungsbedingungen sind aa) wirksam in den Vertrag einbezogen (§ 305 a Nr. 1 BGB) und bb) laut Sachverhalt wirksam. c) Die Vertragsstrafe ist verwirkt (§ 339 S. 1 BGB).

> Der hier diskutierte **Vertragsschluss aufgrund sozialtypischen Verhaltens** ist (auch wenn sich die Wurzel dieser Lehre in der Theorie vom „faktischen Vertrag" des Rechtswissenschaftlers Haupt findet) **nicht** zu **verwechseln mit** dem sog. **„faktischen Vertrag"**, bei dem es um die Beschränkung der Nichtigkeitsfolgen bei in Vollzug gesetzten Dauerschuldverhältnissen (Dienst-, Arbeits- oder Gesellschaftsverträgen) auf die Zukunft geht (dazu später mehr).

Im Folgenden wird es nur um den **rechtsgeschäftlichen Vertragsschluss** gehen.

2. Die Willenserklärung als solche

Also **zurück zum Thema**, dem **rechtsgeschäftlich herbeigeführten Vertragsschluss**. Sie entsinnen sich:

> Ein Vertrag kommt zustande
>
> durch **mindestens zwei auf den Abschluss eines Vertrages gerichtete Willenserklärungen, genannt Angebot und Annahme** (arge. § 151 BGB: „Der Vertrag kommt durch die Annahme des Antrags zustande, ... ").
>
> Diese beiden Willenserklärungen müssen **aufeinander bezogen sein**
>
> und sich **inhaltlich decken** (arge. § 150 BGB).

Weil mithin die „**Willenserklärung**" ein unerlässliches Element auch des Rechtsgeschäfts „**Vertrag**" ist, müssen wir uns zunächst Klarheit darüber verschaffen, was eigentlich eine „Willenserklärung" ist.

> An dieser Stelle scheint mir ein kurzer **Wegweiser durch den „Irrgarten" der Begriffe** angezeigt zu sein, damit Sie „nicht den Wald vor lauter Bäumen" aus dem Auge verlieren:
>
> **1.** Das momentane **Thema** ist die **Darstellung von Schuldverhältnissen aus Verträgen**.
>
> **2.** In diesem Zusammenhang interessiert uns zunächst das **Zustandekommen von** solchen **Verträgen**, die zu Schuldverhältnissen führen (§ 311 Abs. 1 BGB) und die wir bisher und fortan „verpflichtende" oder „obligatorische" Verträge genannt haben und nennen werden. Wir sind uns dabei stets darüber im Klaren, dass es außer den zu Schuldverhältnissen führenden Verträgen auch andere Verträge mit anderen Rechtsfolgen gibt, m.a.W.: Die zu Schuldverhältnissen führenden Verträge sind nur ein Ausschnitt aus dem gesamten Spektrum der Möglichkeiten von Verträgen. Wir sind uns auch dessen bewusst, dass es nicht den „Vertrag als solchen" gibt. Weil wir aber nicht alles zugleich bearbeiten können, werden wir „abschichten" und hier „gegen die Regeln der Kunst" zunächst das Zustandekommen von Verträgen im Allgemeinen behandeln. Erst später wird es um die Inhalte von Verträgen gehen, und zwar (hier in Teil 3) um die Inhalte verpflichtender Verträge. Durch diese Abschichtung („Vertragsschluss als solcher"/„Inhalte von verpflichtenden Verträgen") sind wir in der Lage, die hier zum Vertragsschluss gewonnenen Erkenntnisse später bei der Darstellung anderer als verpflichtender Verträge (z.B. der Einigung bei §§ 929 ff. BGB oder der Auflassung nach §§ 873 Abs. 1, 925 BGB etc.) zu verwenden.
>
> **3.** Verträge sind mindestens zweiseitige **Rechtsgeschäfte**, deren Bausteine mindestens die Willenserklärungen „Angebot" und „Annahme" sind; den Vertragsschluss durch „Zustimmung zu einem Entwurf" können wir hier zwanglos einordnen. Der Konstruktion des „**Vertragsschlusses durch sozialtypisches Verhalten**" erteilen wir eine Absage.

4. Ein Vertragsschluss setzt also das Vorliegen von **„Willenserklärungen"** voraus. Wir müssen uns daher Klarheit über diesen Rechtsbegriff verschaffen. Da Willenserklärungen aber nicht nur Bausteine von Verträgen, sondern auch von anderen Rechtsgeschäften sind (z.B. das einzige Element einer Anfechtungserklärung nach §§ 119 ff. BGB, einer Aufrechnungserklärung nach §§ 387 ff. etc.), werden wir uns zunächst wieder nur mit der **„Willenserklärung" als solcher** befassen und uns erst einmal diesen Rechtsbegriff erschließen; der Vorteil eines solchen erneut „abschichtenden" Vorgehens besteht darin, dass wir die gewonnenen Erkenntnisse später auf andere Willenserklärungen, als es das „Angebot" oder die „Annahme" sind (z.B. für die Anfechtungserklärung, die Aufrechnungserklärung, die Rücktrittserklärung, die Kündigungserklärung etc.), übertragen können: Die Ausführungen hier **sub 2** und sogleich **sub 3** betreffen nämlich alle denkbaren Willenserklärungen und nicht nur die auf den Abschluss eines Vertrages gerichteten Angebots- und Annahmeerklärungen; das schließt aber nicht aus, dass wir bei unseren Erörterungen zu den „Willenserklärungen" und den Fallbeispielen das Schwergewicht auf die zum Vertragsschluss führenden Willenserklärungen legen; denn dahin steuern die Ausführungen ja insgesamt, weil das momentane **Thema** die **Darstellung von Schuldverhältnissen aus Verträgen** ist.

5. Mit den für den Vertragsschluss erforderlichen **Willenserklärungen „Angebot" (sub 4 a)** und **„Annahme" (sub 4 c)** im Besonderen befassen wir uns dann im Anschluss daran.

a) Der „äußere" und der „innere" Tatbestand einer Willenserklärung

Um das Vorliegen der uns im Augenblick am meisten interessierenden Willenserklärungen, nämlich das zu einem Vertragsschluss führende „Pärchen" Angebot und Annahme feststellen zu können, müssen wir in der Lage sein, den Begriff **„Willenserklärung"** zu verstehen. Die daraus gewonnenen Erkenntnisse können wir dann zwanglos auf andere Willenserklärungen, wie z.B. die Anfechtung oder Aufrechnung übertragen.

Eine gesetzliche **Begriffsbestimmung** gibt es merkwürdigerweise nicht; für den Gesetzgeber stand dieser Begriff offenbar fest.

> Für das **Vorliegen einer Willenserklärung**
>
> **1.** ist in objektiver Hinsicht (**„äußerer Tatbestand"** der Willenserklärung) erforderlich: ein **„Kundgabeakt"**, der als Ausdruck eines **„Rechtsfolgewillens"** (**= der Wille zu einem bestimmten Rechtsgeschäft**) zu verstehen ist.
>
> **a)** Der **„Kundgabeakt"** kann in einem ausdrücklichen oder in einem schlüssigen menschlichen Verhalten liegen.
>
> **b)** Bei der Frage des Vorliegens eines (in methodischer Hinsicht nach §§ 133, 157 BGB durch „Auslegung") festzustellenden **„Rechtsfolgewillens"** muss differenziert werden:

aa) Bei den sog. **„empfangsbedürftigen Willenserklärungen"** (also z.B. bei den uns hier vordergründig interessierenden Erklärungen **„Angebot"** und **„Annahme"**) geht es im Interesse des schutzbedürftigen Dritten darum, ob die **Auslegung des Kundgabeaktes** den Schluss erlaubt, dass ein solcher Rechtsfolgewille besteht. Auf das „empirische Kriterium" der **subjektiven Vorstellungen des Erklärenden dazu (§ 133 BGB: „wirklicher Wille")** kommt es bei dieser Auslegung nur dann an, wenn (was selten ist) der Empfänger einen Einblick in die Vorstellungen des Erklärenden hatte; ansonsten ist das „normative Kriterium" der Vorstellungen eines **sorgfältigen „objektiven Empfängers" (§ 157 BGB)** dafür maßgeblich, ob ein Rechtsfolgewillen auf Seiten des Erklärenden gegeben ist.

bb) Bei den sog. **„nicht empfangsbedürftigen Willenserklärungen"** gibt es keinen schutzbedürftigen Dritten: Insoweit kann daher bei der Feststellung eines Rechtsfolgewillens auf das empirische Kriterium des wirklichen Willens des Erklärenden abgestellt werden.

2. Zusätzlich zu dem äußeren Tatbestand ist in subjektiver Hinsicht **(„innerer Tatbestand"** der Willenserklärung)

a) für das Vorliegen einer Willenserklärung erforderlich: Ein Wille des Erklärenden, bewusst zu handeln (ein **„Handlungswille"** = ein das äußere Verhalten beherrschender Wille); dieser fehlt beim Agieren im Schlaf, in der Hypnose, bei Reflexbewegungen, bei unmittelbarem körperlichen Zwang (das sind natürlich alles reine „Lehrbuchbeispiele" ohne Bezug zum „wirklichen Leben"!).

b) Die Frage, ob ein sog. **„Erklärungsbewusstsein"** für das Vorliegen einer Willenserlärung essentiell ist, ob also umgekehrt beim Fehlen des Bewusstseins des Erklärenden, überhaupt irgendeine rechtsgeschäftliche Erklärung abzugeben, keine Willenserklärung vorliegt, ist nur für die Fälle des **bewussten Fehlens des Erklärungsbewusstseins** im Gesetz geregelt (§§ 116–118 BGB; dazu gleich mehr). Für die Fälle des **dem Erklärenden unbewussten Fehlens des Erklärungsbewusstseins** ist die Beurteilung umstritten: Die h.M., der zu folgen ich vorschlage, hält es für das Vorliegen einer Willenserklärung für ausreichend, wenn ein „potentielles Erklärungsbewusstsein" des Erklärenden vorhanden war.

c) Ein **„Geschäftswille"**, also ein **Wille, ein ganz bestimmtes Geschäft mit einem ganz konkreten Inhalt zu tätigen**, ist dagegen **für das Vorliegen einer Willenserklärung als solcher** nicht erforderlich. Die Rechtsfolge eines „Mangels im Geschäftswillen" (also einer Diskrepanz von wirklichem Geschäftswillen und der Erklärung) ist nämlich die einer Anfechtbarkeit der Willenserklärung nach § 119 BGB; im Umkehrschluss kann man daraus folgern, dass ein Geschäftswille nicht konstitutive Voraussetzung einer Willenserklärung sein kann, denn sonst wäre das Anfechtungsrecht in § 119 BGB überflüssig, weil es „nichts anzufechten gäbe".

3. Die Folgen einer **Diskrepanz von bestehendem Erklärungstatbestand** und **einem dem Erklärenden bewussten Mangel an Erklärungsbewusstsein** sind im Gesetz (§§ 116, 117, 118 BGB) für drei (aber wohl nur theoretisch interessante, allein das „Scheingeschäft" hat einige praktische Bedeutung) Fallkonstellationen geregelt.

a) Wenn der **Erklärende die Rechtsgeltung nicht will und er sich dies insgeheim** und in der Erwartung, der andere Teil werde dies nicht bemerken, **vorbehält,** dann soll die Willenserklärung, wenn der Dritte dies durchschaut, nichtig sein (§ 116 S. 2 BGB); das leuchtet ein: Der Dritte ist nicht schutzwürdig. Wenn der Dritte den Vorbehalt jedoch nicht kennt, ist die Willenserklärung wirksam (§ 116 S. 1 BGB); das leuchtet wiederum ein: Der Dritte ist jetzt schutzwürdig.

Der „altberühmte" **Merksatz** lautet daher, dass der **„geheime Vorbehalt unbeachtlich"** ist.

b) Wird eine empfangsbedürftige Willenserklärung „nur zum Schein abgegeben", und erfolgt dies im Einverständnis mit dem Erklärungsempfänger **(„Scheingeschäft"),**

aa) dann ist das **„simulierte Geschäft"** nichtig; dies aber nur dann, wenn die Parteien ihr mit dem Scheingeschäft angestrebtes Ziel nur mit dem bloßen Schein eines Rechtsgeschäfts erreichen können (§ 117 Abs. 1 BGB).

bb) Dagegen ist wirksam das **„dissimulierte Geschäft",** allerdings nur, wenn dessen sonstige Wirksamkeitsvoraussetzungen gegeben sind (also z.B. eine Formvorschrift, wie z.B. die des § 311 b Abs. 1 BGB, gewahrt ist, was beim „Schwarzkauf" von Grundstücken nicht der Fall ist, dazu später mehr). Auch hier gibt es daher ein allen Juristen seit Generationen vertrauten **Merksatz**: „Das simulierte Geschäft ist nichtig; das dissimulierte Geschäft wirksam", aber, wie gesagt, nur, wenn auch die sonstigen Wirksamkeitsvoraussetzungen gegeben sind..

c) Eine **Willenserklärung,** die **„nicht ernstlich (gemeint)"** war **(„Scherz"),** ist nichtig, wenn der Erklärende erwartet hatte, „der Mangel an Ernstlichkeit werde nicht verkannt" (§ 118 BGB).

Bei der **Fallbearbeitung** sollte man übrigens mit der Erörterung dieser Fragen zurückhaltend sein und sie nur ansprechen, wenn die einem gestellte Aufgabe dies wirklich nahe legt. Erfahrungsgemäß neigen die jungen Juristen dazu, sich in solche eher theoretisch interessanten Fragen zu vertiefen; ihnen wird es auch eher verziehen werden, wenn sie sich unnötige Gedanken über das Vorhandensein eines „Rechtsfolgewillens", eines „Handlungswillens", eines „Erklärungsbewusstsein" oder den Inhalt des „Geschäftswillens" etc. machen. Wer sich aber in Klausuren mit diesen Themen verzettelt, verliert kostbare Zeit und die älteren Juristen, zu denen auch Sie bald gezählt werden, müssen sich eine unangebrachte Diskussion dieser Themen als „anfängerhaft" anlasten lassen.

b) Der „äußere Tatbestand" einer Willenserklärung

Der „äußere Tatbestand" einer Willenserklärung besteht in einem **„Kundgabeakt".** Wenn das Gesetz nichts Besonderes bestimmt, kann ein solcher „Kundgabeakt" in beliebiger Weise (z.B. durch Wort und Schrift oder durch Zeichen oder andere Verhaltensweisen, z.B. ein sog. „schlüssiges" oder „konkludentes" Verhalten) vollzogen werden. Selbst „Schweigen" kann ein Kundgabeakt sein.

Fall 17: Der K begibt sich an einem Sonnabendvormittag in dem von dem W betriebenen Restaurant der Hamburger Kunsthalle in einen Raum, an dessen Eingang deutlich sichtbar das Schild mit der Aufschrift „Von 10. 00 Uhr bis 13. 00 Uhr Brunch für € 20,- pro Person" hängt. Der K nimmt von den auf einem Buffettisch aufgebauten Speisen ein Brötchen und ein Ei und schenkt sich einen Kaffee aus einer der dort aufgestellten Kaffeekannen ein; nach dem Verzehr geht er wieder, weil er sich über die vielen als Gäste anwesenden kulturbeflissenen Lehrer ärgert. Als er am Ausgang € 20,- zahlen soll, weigert er sich; er will nur € 5,- (das ist der Preis für ein aus Brötchen, Ei und Kaffee bestehendes „kleines Frühstück", wie es ausweislich der ausliegenden Speisekarte an anderen Tagen serviert wird) zahlen.

Ein Anspruch auf Zahlung von € 20,- könnte sich aus einem „Bewirtungsvertrag" (Kombinationsvertrag, der sich zusammensetzt aus Elementen eines Miet- und Dienstvertrages sowie eines Vertrages über die Lieferung neu herzustellender beweglicher Sachen) über eine „Brunch"-Mahlzeit ergeben (§§ 535 Abs. 2 , 611 Abs. 1, 651 S. 1, 433 Abs. 2 BGB). a) Der W hat durch die Präsentation der auf dem Buffettisch aufgebauten Speisen und das Schild an der Tür des Raumes an jedermann ein Angebot zum Abschluss eines „Bewirtungsvertrages" über eine „Brunch"-Mahlzeit mit dem Inhalt gemacht, dass der Gast für einen Einheitspreis von € 20,- zwischen 10. 00 Uhr und 13. 00 Uhr soviel von den präsentierten Speisen und Getränken essen kann, wie er mag. b) Der K hat das Angebot durch die Inanspruchnahme der Leistung „konkludent" angenommen. Also ist der Vertrag zustandgekommen. Der K muss € 20,- zahlen.

Sie wissen ja schon aus der vorangestellten Übersicht, dass zur Feststellung des Vorliegens eines **„Rechtsfolgewillens"** die §§ 133, 157 BGB angewendet werden, obwohl diese Vorschriften sich vom Anwendungsbereich her eigentlich damit befassen, welchen **Inhalt** Willenserklärungen (§ 133 BGB) bzw. Verträge (§ 157 BGB) haben, während es hier um die logisch vorrangige Frage geht, **ob überhaupt** eine Willenserklärung vorliegt. Gleichwohl zieht man die §§ 133, 157 BGB auch bei der Prüfung heran, ob überhaupt ein Angebot/eine Annahme vorliegt.

- Im Interesse des schutzbedürftigen Dritten (nämlich i.d.R. des Empfängers einer „empfangsbedürftigen Willenserklärung") muss durch eine **„normative" objektivierte Auslegung** des Kundgabeaktes festgestellt werden, ob ein „Rechtsfolgewille" besteht (arge. § 157 BGB).

- Auf die „empirisch" feststellbaren **„wirklichen" subjektiven Vorstellungen** des Erklärenden kommt es nur dann an, wenn es keinen schutzbedürftigen Dritten gibt: Also bei „empfangsbedürftigen Willenserklärungen" dann, wenn der Empfänger erkannt hat, was der Erklärende gemeint hat (hier: dass der Erklärende mit Rechtsfolgewillen gehandelt hat); und bei den „nicht empfangsbedürftigen" Willenserklärungen sowieso (arge. § 133 BGB).

Wie Sie vielleicht noch aus der Darstellung der Diskussion über die Möglichkeit des Zustandekommens eines Vertrages aufgrund „sozialtypischen Verhaltens" wissen, ist fraglich, welche rechtliche Relevanz die einem dem Kundgabeakt „beigefügte" Erklärung hat, der Kundgabeakt dürfe nicht als äußerer Tatbestand einer Willenserklärung angesehen werden (**„Verwahrung"**):

- Teils wird eine solche „Verwahrung" für **rechtlich unbeachtlich** gehalten, und zwar entweder wegen des nach § 157 BGB bei der Auslegung des Verhaltens zu beachtenden Grundsatzes von Treu und Glauben (arge §§ 612, 632 BGB) oder weil die „Verwahrung" nach § 242 BGB unbeachtlich sei (Soergel); oder es soll § 162 BGB analog angewendet werden (Medicus).
- Wegen des Prinzips der Privatautonomie wird die „Verwahrung" teils aber auch als **rechtlich beachtlich** angesehen, so dass es danach zu keinem Vertragsschluss kommt.

Variante: Beim Betreten des Raumes des Museumsrestaurants, in dem der „Brunch" erhältlich ist, erklärt der K laut und für den W vernehmlich, dass er nur ein Brötchen, ein Ei und einen Kaffee zu sich nehmen werde und daher auch nur € 5,- für ein „kleines Frühstück" zahlen werde. Der K nimmt auch in der Tat nur diese Speisen zu sich. Der W verlangt von K die Zahlung von € 20,-, jedenfalls aber Wertersatz oder Schadensersatz.

a) Der Anspruch auf Zahlung von € 20,- ergibt sich auch hier aus einem „Bewirtungsvertrag" (Kombinationsvertrag, der sich zusammensetzt aus Elementen eines Miet- und Dienstvertrages sowie eines Vertrages über die Lieferung neu herzustellender beweglicher Sachen) über eine „Brunch"-Mahlzeit (§§ 535 Abs. 2, 611 Abs. 1, 651 S. 1, 433 Abs. 2 BGB). Der K hat das aa) Angebot des W zum Abschluss eines Bewirtungsvertrags über einen Brunch zum Preise von € 20,- bb) aaa) durch die Selbstbedienung am Buffett konkludent angenommen. bbb) Die Erklärung, keinen Vertrag abschließen zu wollen, ist unbeachtlich: aaaa) Teils wird eine „Verwahrung" für rechtlich unbeachtlich gehalten, und zwar entweder wegen des nach § 157 BGB bei der Auslegung des Verhaltens zu beachtenden Grundsatzes von Treu und Glauben (arge. §§ 612, 632 BGB) oder weil die „Verwahrung" nach § 242 BGB unbeachtlich sei (Soergel); oder es soll § 162 BGB analog angewendet werden (Medicus). bbbb) Die Ansicht, wegen des Prinzips der Privatautonomie müsse die „Verwahrung" als rechtlich beachtlich angesehen werden, so dass es danach hier zu keinem Vertragsschluss gekommen wäre, überzeugt nicht. b) Wer sich ihr dennoch anschließt, muss dem W gegen K einen Anspruch aa) aus §§ 812 ff., 818 Abs. 2 BGB auf Wertersatz und bb) aus §§ 823 Abs. 1, 249 Abs. 2 S. 1 BGB auf Schadensersatz zusprechen.

c) Der „innere Tatbestand" einer Willenserklärung

Die Frage, ob der Kundgabeakt von einem **„Handlungswillen"** getragen war, stellt sich äußerst selten; denn wer erklärt schon im Schlaf eine Kündigung eines Mietverhältnisses, oder wer ficht einen Vertrag unter Hypnose an, oder hebt infolge einer Reflexbewegung in der Auktion einen Arm, oder wer unterschreibt, weil ihm von einem anderen „...die Hand geführt" wird? Daher „ignorieren" wir diese Frage.

Ein Fehlen des **„Erklärungsbewusstseins"**, also des Bewusstseins des Erklärenden, überhaupt irgendeine rechtsgeschäftliche Erklärung abzugeben, ist ebenfalls ein eher theoretisches Problem. Vom Gesetz werden immerhin bestimmte Fälle des **bewussten Fehlens des Erklärungsbewusstseins** geregelt (§§ 116 – 118 BGB), so dass wir uns damit befassen wollen.

Fall 18: Der S überträgt dem G das Eigentum an einer ihm, dem S, gehörigen beweglichen Sache nach §§ 929, 930 BGB an den G „zur Sicherung für ein ihm durch G gewährtes Darlehen". Dabei sind sich beide einig, dass der G überhaupt kein Sicherungsbedürfnis hat und dass diese Sicherungsübereignung nur deshalb erfolgen soll, weil die Sache auf diese Weise vor dem Zugriff anderer Gläubiger des S geschützt werden soll; der G soll ggf. bei einer Zwangsvollstreckung eines Gläubigers des S nach § 771 ZPO die Drittwiderspruchsklage erheben bzw. in einer Insolvenz des S die abgesonderte Befriedigung nach §§ 50, 166 InsO verlangen und den bei einer Verwertung erzielten Erlös später an S auskehren. Als ein Gläubiger des S, der X, aufgrund eines Titels gegen den S die Zwangsvollstreckung durch Pfändung der ja wegen der nach § 930 BGB vorgenommenen Übereignung weiterhin im Gewahrsam des S befindlichen Sache betreibt (§ 808 ZPO), klagt der G gegen den X aus § 771 ZPO. Im Prozess wird die von S und G im Innenverhältnis getroffene Abrede bekannt.

Die Klage des G gegen den X wäre aus § 771 ZPO begründet, wenn der G an der Sache „ein die Veräußerung hinderndes Recht" – das wäre (wie wir an anderer Stelle noch ausführlich erörtern werden) ein dem G zustehendes Sicherungseigentum – hätte. a) Die Übereignung nach §§ 929, 930 BGB an den G, deren Voraussetzungen vorliegen, b) könnte jedoch nichtig sein, aa) und zwar nach § 117 Abs. 1 BGB. Das ist jedoch nicht der Fall, weil ein Scheingeschäft dann nicht vorliegt, wenn der von den Parteien angestrebte Rechtserfolg nur durch die Gültigkeit des Geschäfts erreicht werden kann. So liegt es hier: Denn nur bei einem wirksamen Eigentumserwerb des G ist der S vor den Gläubigern durch eine Klage des G aus § 771 ZPO geschützt. Die Sicherungsübereignung ist daher nicht nach § 117 Abs. 1 BGB nichtig. bb) Es ist jedoch allgemein anerkannt, dass in der hier vorliegenden Konstellation die Sicherungsübereignung als solche und nicht etwa nur der ihr zugrunde liegende Sicherungsvertrag nach § 138 Abs. 1 BGB oder nach § 134 BGB i.V.m. § 288 StGB nichtig ist, so dass mangels eines Eigentumserwerbs des G diesem kein „die Veräußerung hinderndes Recht" zusteht und die Klage deshalb nicht begründet ist.

> Erlaubt sei wieder einmal eine „Mahnung": Lesen Sie unbedingt alle Vorschriften (also auch die soeben genannten Normen aus der ZPO und der InsO) nach. Sie sind alle im Rahmen Ihrer Ausbildung (und zwar auch bereits während des Studiums) von größter Wichtigkeit. Auch der „Anfänger" sollte diesen Fall mit seinen „exotischen" Paragraphen und merkwürdigen Rechtsinstituten („Sicherungsübereignung") bereits ernst nehmen. Zum „Trost" sei gesagt: Sie werden alles, was hier erstmals erörtert wird, in diesem Buch noch verschiedene Male an den verschiedensten Stellen „verortet" wiederlesen, so dass sich Ihre Kenntnisse immer weiter festigen werden. Daher wird auch niemand „überfordert", sondern nur „gefordert", wenn ihm hier und anderswo wiederholt nahe gelegt wird, sich schon jetzt einmal mit so rätselhaften Phänomenen, wie eine „Sicherungsübereignung", eine „Insolvenz" oder eine „Einzelzwangsvollstreckung" es sind, und mit so merkwürdigen Paragraphen, wie §§ 929, 930 BGB, § 771 ZPO etc. zu befassen.

Fall 19: Der EV verkauft an den K ein ihm gehöriges Grundstück für € 1 000 000,-. Der EV und der K lassen jedoch vom Notar N, der dieses „Manöver" nicht durchschaut, als Kaufpreis nur € 800 000,- beurkunden (§§ 433, 311 b Abs. 1 S. 1 BGB), um so Kosten zu sparen. Der K verlangt von EV Übereignung Zug-um-Zug gegen Zahlung von € 1 000 000,-.

Der Anspruch des K gegen den EV könnte sich aus einem Kaufvertrag zwischen beiden ergeben (§ 433 Abs. 1 S. 1 BGB), wenn ein solcher geschlossen worden wäre. a) Der von dem Notar beurkundete Kaufvertrag über einen Preis von € 800 000,- könnte nach § 117 Abs. 1 BGB nichtig sein. aa) Der EV und der K haben deckungsgleiche und einander entsprechende auf den Abschluss eines Kaufvertrags gerichtete empfangsbedürftige Willenserklärungen abgegeben. Es kann offen bleiben, wer von ihnen ein „Angebot" oder eine „Annahme" des Angebots erklärt hat. Vielleicht liegt es ja auch so, dass sie beide nur Zustimmungserklärungen zu einem „Vertragsentwurf" eines Dritten abgegeben haben (entsinnen Sie sich noch an diese Konstruktion eines Vertragsschlusses?). bb) Ihre jeweiligen Willenserklärungen haben sie, was den Kaufpreis angeht, einverständlich nur zum Schein abgegeben. Ihr mit dem Scheingeschäft angestrebtes Ziel (Kostenersparnis) konnten und wollten sie mit dem bloßen Schein eines auf diesen Preis (€ 800 000,-) lautenden Kaufvertrages erreichen. Daher ist ein („simulierter") Kaufvertrag mit dem Inhalt eines Preises von € 800 000,- nach § 117 Abs. 1 BGB nichtig. b) Wirksam könnte aber das „dissimulierte Geschäft" über € 1 000 000,- sein (§ 117 Abs. 2 BGB). Dann aber müssten dessen Wirksamkeitsvoraussetzungen gegeben sein; insbesondere müsste die Formvorschrift des § 311 b Abs. 1 S. 1 BGB erfüllt sein, weil der Vertrag sonst nach § 125 S. 1 BGB nichtig wäre. aa) Die Preisabrede ist aaa) beurkundungspflichtig, weil es dabei um eine der „essentialia negotii", also um eine vertragsbestimmende Abrede geht. Da aber der von den Vertragspartnern gewollte („dissimulierte") Betrag von € 1 000 000,- nicht beurkundet ist, wäre der Kaufvertrag nichtig. bbb) Wenn allerdings die beurkundeten „€ 800 000,-" wegen der insoweit bestehenden Willensübereinstimmung von EV und K nach der „falsa demonstratio non nocet"-Regel (dazu später mehr) als (beurkundete) „€ 1 000 000,-" anzusehen wären, wäre dem Formerfordernis des § 311 b Abs. 1 S. 1 BGB entsprochen. Damit würde man jedoch die Einhaltung der gesetzlichen Form des § 311 b Abs. 1 S. 1 BGB der Disposition der Parteien unterwerfen, was nicht angeht. cc) Der Kaufvertrag ist daher nicht nach § 117 Abs. 2 BGB wirksam. Daher besteht kein Anspruch aus § 433 Abs. 1 S. 1 BGB.

Variante: Der K zahlt die € 1 000 000,- an den EV, und der K wird aufgrund einer Auflassung (§§ 873 Abs. 1, 925 BGB) als Eigentümer in das Grundbuch eingetragen. Der EV verlangt später Rückübereignung von K, weil ihn der Verkauf reut.

Der Anspruch könnte sich aus § 812 Abs. 1 S. 1 1. Fall BGB („Leistungskondiktion") ergeben. a) Der K hat das Eigentum an dem Grundstück erlangt, b) und zwar durch Leistung des EV (= „bewusste zweckgerichtete Mehrung fremden Vermögens") an den K. c) Fraglich ist, ob der EV an K ohne Rechtsgrund geleistet hat. aa) Dafür könnte sprechen, dass der Kaufvertrag nach den vorherigen Ausführungen (Grundfall) nach § 117 Abs. 1 BGB nichtig war. Nach § 311 b Abs. 1, S. 2 BGB ist der Formmangel jedoch geheilt. Daher steht dem EV gegen K kein Anspruch aus § 812 Abs. 1 S. 1 1. Fall BGB („Leistungskondiktion") zu. bb) Möglicherweise ist der Kaufvertrag jedoch nach § 138 Abs. 1 BGB nichtig; das soll hier nicht weiter vertieft werden.

Das war die gesetzlich geregelte Konstellation eines bewussten Fehlens des Erklärungsbewusstseins. Ungeregelt sind dagegen die Folgen einer Diskrepanz **von bestehendem Erklärungstatbestand** und einem **dem Erklärenden nicht bewusstem Mangel an Erklärungsbewusstsein.** Um diese Frage für jedermann verständlich darzustellen, ist es unerlässlich, einen berühmten und jedem deutschen Juristen bekannten Fall **(„Trierer Weinversteigerung")** zu bearbeiten.

Fall 20: Der K sucht eine Weinauktion, die in einem Trierer Lokal stattfindet, auf, um sich diese Versteigerung anzusehen. Er betritt den Saal während der laufenden Versteigerung eines bestimmten Fasses in dem Moment, als der im eigenen Namen handelnde Auktionator V gerade ausruft: „Wer bietet mehr?", und hebt den Arm zur Begrüßung eines im Lokal sitzenden Bekannten, ein Gruß der etwas länger andauert, weil der Bekannte ihn nicht sogleich wahrnimmt. Der V, der das Heben des Arms für ein Gebot hält, ruft daraufhin „...... zum ersten, zum zweiten und zum dritten" und erteilt den Zuschlag, indem er den „Hammer fallen" lässt. Der V nimmt den K auf Zahlung und Abnahme des gerade versteigerten Fasses in Anspruch. Der K weigert sich, weil er nicht habe bieten, sondern nur habe grüßen wollen.

1. Ein Anspruch des V gegen K aus einem Kaufvertrag (§ 433 Abs. 2 BGB) setzt den Abschluss eines Kaufvertrags voraus. a) Bei einer Versteigerung geht das Angebot stets vom Ersteigerer aus (arge. § 156 BGB). Zu prüfen ist daher, ob ein Angebot des K vorliegt, das der V angenommen hat. aa) Die erste Voraussetzung ist daher das Vorliegen einer als „Angebot" zu bezeichnenden Willenserklärung des K. aaa) Erforderlich ist in objektiver Hinsicht ein ausdrückliches oder konkludentes, also ein erkennbares Verhalten des K, das den Willen zum Ausdruck bringt, eine erkennbare Rechtsfolge herbeizuführen, also ein Verhalten, das für einen objektiven Betrachter als Kundgabe eines „Rechtsfolgewillens" (= der Wille zu einem bestimmten Rechtsgeschäft) zu verstehen ist. aaaa) Das Heben des Armes in einer laufenden Auktion ist ein Kundgabeakt durch schlüssiges Handeln bbbb) und lässt den Schluss auf einen bei K bestehenden bestimmten Rechtsfolgewillen zu: nämlich dem Auktionator V ein Angebot zum Abschluss eines Kaufvertrages über ein bestimmtes Fass Wein zur nächst höheren Preisstufe zu machen („essentialia negotii"). bbb) Fraglich ist, ob auch die subjektiven Voraussetzungen für eine (Angebots-) Willenserklärung vorliegen. aaaa) Der „Handlungswille" lag vor. bbbb) Der K wollte aber grüßen und nicht kaufen; es fehlte ihm daher an dem Bewusstsein, rechtserheblich zu handeln (das „Erklärungsbewusstsein"). Nach einer Ansicht liegt deshalb kein Antrag vor, und zwar aus drei Gründen: Anderenfalls verstieße man gegen die Privatautonomie; Argument „a maiore ad minus" (= „erst-recht-Schluss") aus § 118 BGB: wenn nach dem Willen des Gesetzes schon dann keine Willenserklärung vorliegt, wenn „zum Scherz", also bewusst ohne jedes Erklärungsbewusstsein, deren Tatbestand gesetzt wird, dann müsse dies doch erst recht bei einer ohne Erklärungsbewusstsein unbewussten Setzung des objektiven Tatbestandes einer Willenserklärung gelten; die Interessen des auf eine Willenserklärung Vertrauenden könnten durch § 122 BGB analog berücksichtigt werden. Nach h.M. (BGH) liegt dagegen eine Willenserklärung vor, wenn der Handelnde – wie hier – bei pflichtgemäßer Sorgfalt hätte erkennen können, dass er in objektiver Hinsicht den Erklärungstatbestand einer Willenserklärung gesetzt hat („potentielles Erklärungsbewusstsein"); er könne seine Fehlvorstellung durch Anfechtung nach §§ 119 Abs. 1, 142 Abs. 1 BGB mit der mittelbaren Folge des § 122 BGB korrigieren. (Auch wenn die verschiedenen Rechtsansichten – wie gleich gezeigt wird – sich in den Rechtsfolgen sehr ähneln, müssen Sie sich bei der Fallbearbeitung entscheiden!) Folgt man der erstgenannten Ansicht, führt mangels eines Antrags der Zuschlag des Auktionators nicht zum Vertragsschluss. (Allerdings müsste der K dem V nach § 122 BGB analog den Vertrauensschaden ersetzen; bei der Fallbearbeitung dürften Sie zwar zu Argumentationszwecken – Darstellung des Interessenkonflikt – auf § 122 BGB eingehen; Sie dürften jetzt aber nicht etwa einen Anspruch des V gegen K aus § 122 BGB prüfen, denn nach diesem Anspruch ist nicht gefragt!). Argumentiert man mit der h.M. liegt dagegen ein Antrag des K vor. bb) Dieses Angebot des K ist aaa) formuliert, bbb) abgegeben und ccc) zugegangen. cc) Es ist auch nicht widerrufen worden. b) Der V hat den Antrag durch den Zuschlag angenommen (§ 156 BGB). c) Der Antrag des K war auch nicht vor der Annahme des V nach §§ 146 ff. BGB erloschen. d) Die Annahme des V deckt sich inhaltlich mit dem Angebot. Danach wäre der Kaufvertrag geschlossen. 2. Der Vertrag könnte jedoch von K nach § 119 Abs. 1 Fall 2 BGB analog mit der unmittelbaren Folge des § 142 Abs. 1 BGB (rückwirkende „Vernichtung" des Angebots; dazu später mehr) angefochten worden sein und damit beendet sein. a) Die Anfechtungserklärung des K liegt in der mit der Erklärung, er habe nicht kaufen, sondern grüßen wollen, verbundenen Leistungsverweigerung des K. b) Der Anfechtungsgrund des § 119 Abs. 1 Fall 2 BGB ist gegeben (s.o.). Der K ist daher nicht zur Abnahme und Kaufpreiszahlung verpflichtet (§ 142 Abs. 1 BGB). (Aus „schlechter" Erfahrung soll die bereits einmal ausgesprochene Warnung wiederholt werden: Bei der Fallbearbeitung dürften Sie keinen Anspruch aus § 122 BGB prüfen, wenn wie hier danach nicht gefragt ist!)

Variante: Der K war mit seinem Bekannten in einem Weinlokal verabredet. Der ortsfremde K wusste nicht, dass hier eine Auktion stattfand, und bemerkte beim Betreten des Lokals auch nicht, dass neben dem allgemeinen Lokalbetrieb eine Versteigerung abgehalten wurde. Als er das Lokal betrat, winkte er seinem Bekannten zum Gruß zu (nach Brox).

Hier ist es schwieriger: a) Nach einer Ansicht kann man das Heben der Hand mangels einer Zurechenbarkeit nicht als eine von einem „potentiellen Erklärungsbewusstsein" getragene Willenserklärung ansehen, so dass der K kein Angebot erklärt hätte. b) Nach a.A. soll es dagegen an einer Willenserklärung erst dann mangeln, wenn das Fehlen des Erklärungsbewusstseins des K für den Versteigerer V erkennbar war, was hier nicht der Fall war, so dass nach dieser Ansicht der K ein Angebot erklärt hätte, das der V angenommen hätte, und der Fall wie der Grundfall zu lösen wäre. c) Wer zu einem Vertragsschluss kommt, der muss erwägen, ob der K den Vertrag durch einen Widerruf nach §§ 312 Abs. 1 Nr. 2, 355 BGB beenden kann.

3. Das „Wirksamwerden" von Willenserklärungen

Rechtsgeschäfte wie eine Anfechtung, eine Aufrechnung und natürlich auch wie der (uns am meisten interessierende) Vertragsschluss setzen nicht nur voraus, dass die dafür erforderlichen Willenserklärungen (Sie wissen ja: beim Vertragsschluss: mindestens zwei Willenserklärungen, nämlich ein „Angebot" und eine „Annahme") als solche vorliegen, sondern natürlich auch, dass die ggf. vorliegenden Willenserklärungen wirksam geworden sind.

Für das **Wirksamwerden von Willenserklärungen** ist – mit der begriffsnotwendigen Ausnahme der wenigen Fälle, in denen ein „Schweigen" als eine Willenserklärung anzusehen ist (dazu später mehr) – Voraussetzung, dass sie **in die Rechtswirklichkeit gelangen**; dazu lassen sich (ungeachtet einiger noch zu erörternder Rechtsfragen) folgende **Grundregeln** aufstellen:

> Voraussetzung für das **Wirksamwerden** einer Willenserklärung ist
>
> **1. in der Regel (Ausnahme: Schweigen** als Willenserklärung), dass die Erklärung nicht bloßer Gedanke geblieben ist, sondern dass der Erklärende den Willen irgendwie außerhalb seiner Gedankenwelt formuliert hat **(„Entäußerung")**.
>
> **2.** Bei den **empfangsbedürftigen Willenserklärungen** (z.B. das Vertragsangebot nach § 145 BGB, die Anfechtung, die Vollmachtserteilung, die Genehmigung, die Aufrechnung etc.) sind weitere Voraussetzungen für das Wirksamwerden der Willenserklärung, dass sie
>
> auf den Weg gebracht werden **(„Abgabe")** und
>
> dem Empfänger zugehen **(„Zugang")**.
>
> Ob eine Willenserklärung **„empfangsbedürftig"** ist, ergibt sich meist daraus, dass das Gesetz davon spricht, dass sie einem anderen „gegenüber" abzugeben sei (z.B. in §§ 143 Abs. 1, 146, 167 Abs. 1, 182 Abs. 1, 388 BGB). Dazu finden sich weitere Ausführungen bei den alsbald zu erörternden vertraglichen Willenserklärungen Angebot/Annahme.
>
> **3.** Seltener sind die **nicht empfangsbedürftigen Willenserklärungen** (z.B. die Annahmeerklärung nach § 151 BGB; die Auslobung nach § 657 BGB; die Dereliktion nach § 959 BGB; das eigenhändige Testament nach §§ 2231,

> 2247 BGB). Hier ist für das Wirksamwerden **lediglich eine Abgabe durch eine erkennbare endgültige Äußerung** erforderlich.

a) Die „Entäußerung"

Für das **Wirksamwerden einer Willenserklärung** ist grundsätzlich begriffsnotwendig Voraussetzung ihr Vorhandensein als solches. Dazu darf es nicht beim bloßen Gedanken geblieben sein; vielmehr muss der Gedanke durch eine **Formulierung des Willens „entäußert"** worden sein: z.B. durch **Sprechen, Niederschreiben, konkludentes Handeln.**

Dies ist natürlich dann **nicht erforderlich**, wenn ein **Schweigen die Bedeutung einer Willenserklärung** hat. Diese Konstellationen werden hier zunächst nur aufgelistet, später noch ausgiebig erörtert:

- Es gibt in der Tat eine Reihe von Fällen, in denen das **Gesetz** einem Schweigen entweder die Bedeutung einer Annahme (§§ 416 Abs. 1 S. 2, 516 Abs. 2 S. 2 BGB, § 362 HGB; vgl. Sie übrigens diese Regelung einmal mit der des § 663 BGB) oder die einer Ablehnung (§§ 108 Abs. 2 S. 2, 177 Abs. 2 S. 2, 415 Abs. 2 S. 2 BGB) beimisst.
- Auch können die Parteien eine **Vereinbarung** des Inhalts treffen, dass ein Schweigen eine bestimmte Bedeutung (Annahme oder Ablehnung) haben soll.
- Wenn trotz einer sich aus **„Treu und Glauben"** (§ 242 BGB) ergebenden Pflicht zum Widerspruch geschwiegen wird, kann auch dies im Zusammenhang mit einem Vertragsschluss die Bedeutung einer Annahmeerklärung haben;
- dies ist auch der Fall, wenn auf ein **kaufmännisches Bestätigungsschreiben** hin geschwiegen wird.

b) Die „empfangsbedürftigen Willenserklärungen"

Fast alle zu **formulierenden Willenserklärungen** sind auch **„empfangsbedürftig"**, bedürfen also eines „Empfanges", sollen sie wirksam werden; speziell gilt das auch für das „Angebot" und für die „Annahme".

> Man sollte sich daher zunächst einmal nur die bereits genannten **wenigen Ausnahmen**, in denen das Wirksamwerden nicht von einem Zugang abhängt (**„nicht empfangsbedürftige Willenserklärungen"**), im Gesetz ansehen und merken:
>
> Bei einem Vertragsschluss die **Annahmeerklärung** im interessanten Sonderfall des § 151 BGB; ansonsten:
>
> die **Auslobung** nach § 657 BGB;
>
> die **Dereliktion** nach § 959 BGB;
>
> und das **eigenhändige Testament** nach §§ 2231, 2247 BGB.

Für das **Wirksamwerden** der **empfangsbedürftigen Willenserklärungen** reicht die bloße Entäußerung des Willens nicht aus; vielmehr bedarf es zusätzlich zu der „**Entäußerung" des Willens** einer

- **Abgabe** der Willenserklärung und eines
- **Zugangs** derselben.

Diese Merkmale sollen hier nun vertieft erörtert werden.

aa) Abgabe der „empfangsbedürftigen Willenerklärungen"

Durch die **Abgabe** wird die empfangsbedürftige Willenserklärung gewissermaßen „in die Welt gesetzt". Sie ist die begriffsnotwendige Vorbedingung für den Zugang, so dass man sagen kann: „Ohne Abgabe kein Zugang".

Für die Abgabe ist Voraussetzung, dass der **Erklärende mit Wissen und Wollen** alles **seinerseits Erforderliche** dafür getan hat, dass das **Angebot wirksam werden kann,** dass also der Erklärende sich **der Erklärung** in einer Weise entäußert hat, **dass bei normalen Abläufen mit dem Zugang der Willenserklärung gerechnet werden kann.**

- Das ist unter **Anwesenden** regelmäßig mit der mündlichen Entäußerung gegenüber dem anderen Teil oder mit der Übergabe einer schriftlichen Erklärung an diesen der Fall.
- Unter **Abwesenden** ist die Abgabe einer mündlichen Erklärung bei der Einschaltung eines (Erklärungs-) Boten durch dessen Losschicken und bei dem (häufigeren) Fall einer schriftlichen Erklärung durch deren Absendung dergestalt, dass mit dem Zugang zu rechnen ist, gegeben.

In diesen der Lebenswirklichkeit durchaus entsprechenden Regelfällen hat der Erklärende sich wissent- und wollentlich der Erklärung so entäußert, dass bei normalen Abläufen mit dem Zugang der Willenserklärung zu rechnen ist, die Willenserklärung also „abgegeben" worden ist.

In der Ausbildung werden gelegentlich Sachverhalte konstruiert, in denen eine entäußerte Erklärung ohne den Willen des Erklärenden in den Rechtsverkehr gelangt ist, ihm also die **Willenserklärung „abhanden" gekommen** ist; dann ist die Beantwortung der Frage, ob diese Erklärung „abgegeben" worden ist, besonders kompliziert und kann eine sehr aufwendige Fallbearbeitung nötig machen.

Fall 21: Der Vermieter V beabsichtigt gegenüber seinem gewerblichen Mieter M 1 den Mietvertrag über einen ihm gehörenden Lagerplatz mit Wirkung zum 31. Dezember 2002 zu kündigen, weil er den Platz ab 1. Januar 2003 zu einer höheren Miete dem M 2, der eine entsprechendes Anmietinteresse geäußert hatte, vermieten will. Nach dem Inhalt des Mietvertrages zwischen dem V und dem M 1 können die Parteien in jedem Jahr die Kündigung zum Jahresende erklären; dazu muss die Kündigung des Vermieters spätestens bis zum 30. November und die des Mieters bis zum 31. Juli erklärt werden. Der V verfasst ein Kündigungsschreiben am 29. November 2002 nach Büroschluss mit dem Inhalt: „Hiermit kündige ich den zwischen uns bestehenden Mietvertrag über den Lagerplatz fristgemäß zum 31. Dezember 2002" und legt es auf seinen Schreibtisch. Am Abend trifft der V zufällig mit M 2 zusammen, der ihm erklärt, dass er den Lagerplatz doch nicht anmieten werde. Die Sekretärin S des V, die am nächsten

Morgen wie immer lange vor dem K ins Büro gekommen ist, entdeckt auf dem Schreibtisch des Chefs das nicht abgesendete Kündigungsschreiben. Sie erkennt, dass die Erklärung noch am gleichen Tag zugehen muss, um wirksam zu werden. Da sie annimmt, dass der V die Absendung verschlampt hat und dass er heute nicht mehr ins Büro kommt, schickt sie das Kündigungsschreiben sofort mit einem Boten ab, der es noch am gleichen Tag um 11.00 Uhr gegen Quittung an M 1 übergibt. Der Bote übergibt die Quittung an die Sekretärin, die sie ablegt. Der M 1, der über die Kündigung hocherfreut war, weil er seinen Betrieb ohnehin zum Jahresende einstellen möchte und selbst nicht mehr hatte kündigen können, räumt den Lagerplatz zum 31. Dezember 2002. Jetzt erkundigt sich der V bei der Sekretärin nach dem Verbleib des Kündigungsschreibens und erfährt von ihr alles. Als der M 1 im Januar 2003 keine Miete mehr zahlt, verlangt der V mit einem Schreiben vom 1. Februar 2003, in dem er erklärt, dass die Kündigung ohne sein Wissen und Wollen überbracht worden sei, die Miete für Januar 2003 von M 1.

Der Anspruch könnte sich aus § 535 Abs. 2 BGB ergeben. Voraussetzung dafür ist das Bestehen eines Mietvertrages. a) Ein Mietvertrag ist abgeschlossen worden. b) Er könnte jedoch am 31. Dezember 2002 durch eine von V erklärte Kündigung beendet worden sein (§ 542 Abs. 1 BGB). aa) Fraglich ist, ob der V das Mietverhältnis gekündigt und damit beendet hat. aaa) Voraussetzung ist das Vorliegen einer als „Kündigung" zu bezeichnenden Willenserklärung. aaaa) In objektiver Hinsicht müsste gegeben sein ein ausdrückliches oder konkludentes, also ein erkennbares Verhalten, das auf einen Rechtsfolgewillen schließen lässt, indem es den Willen zum Ausdruck bringt, eine erkennbare Rechtsfolge herbeizuführen, also für einen objektiven Betrachter als Kundgabe eines „Rechtsfolgewillens" (= der Wille zu einem bestimmten Rechtsgeschäft) zu verstehen ist. aaaaa) Das Übersenden der Kündigungserklärung ist ein solcher Kundgabeakt. bbbbb) Es lässt den Schluss auf einen bestimmten Rechtsfolgewillen zu, nämlich das Mietverhältnis zu beenden. bbbb) Fraglich ist, ob auch die subjektiven Voraussetzungen für eine (Kündigungs-) Willenserklärung vorliegen. aaaaa) Der Handlungswille des V lag vor. bbbbb) Fraglich ist, ob bei V ein „Erklärungsbewusstsein" vorlag. aaaaaa) Wer ein „aktuelles Erklärungsbewusstsein" verlangt, könnte beim Vorliegen eines bloßen Entwurfs einer Willenserklärung das Vorliegen des Willens, eine rechtlich relevante Handlung vorzunehmen, verneinen. bbbbbb) Wenn man (wie hier vorgeschlagen wird) es für das Bestehen eines Erklärungsbewusstseins als ausreichend ansieht, dass bei pflichtgemäßer Sorgfalt zu erkennen war, dass der objektive Erklärungstatbestand einer Willenserklärung gesetzt worden ist („potentielles Erklärungsbewusstsein"), liegen die subjektiven Voraussetzungen einer Kündigung vor: Denn V hätte damit rechnen müssen, dass dem Schreiben die Bedeutung einer Kündigung zuerkannt wird. Daher liegt eine Kündigung des V vor. bbb) Die Erklärung ist aaaa) formuliert worden („Entäußerung"). bbbb) Wirksam geworden ist sie aber nur, wenn der Erklärende mit Wissen und Wollen alles seinerseits Erforderliche dafür getan hat, dass die Kündigung wirksam werden kann, dass der Erklärende sich also so entäußert hat, dass bei normalen Abläufen mit dem Zugang der Willenserklärung gerechnet werden kann. Hier ist die Willenserklärung nicht „wissent- und wollentlichen" in den Rechtsverkehr gelangt. aaaaa) Nach einer Ansicht liegt dann kein Wirksamwerden einer Willenserklärung vor, wenn sie – wie hier – nicht mit Wissen und Wollen des V in Richtung auf den Empfänger auf den Weg gebracht worden ist, sondern „abhanden" gekommen ist; der Erklärende haftet aber nach § 122 BGB analog auf Ersatz des Vertrauensschadens. bbbbb) Nach a.A. soll eine Abgabe vorliegen, wenn es – wie hier (die Erklärung war verkörpert; sie lag auf dem Schreibtisch; sie war erkennbar an die Einhaltung einer Frist gebunden; die Sekretärin war regelmäßig früher im Büro als der V) – voraussehbar und vermeidbar war, dass die Erklärung in den Verkehr gelangen würde; es soll aber eine Anfechtung nach § 119 Abs. 1 Fall 2 BGB analog mit der unmittelbaren Folge des § 142 Abs. 1 BGB und der mittelbaren Folge des § 122 BGB möglich sein. (Sie müssen sich also entscheiden. Woran erinnert Sie diese Kontroverse übrigens?) ccccc) Wenn Sie nach Abwägung aller Argumente aus Verkehrsschutzwägungen dem zweiten Lösungsvorschlag folgen und – weil es für V voraussehbar und vermeidbar war, dass die Erklärung in den Verkehr gelangt ist – die Kündigung des V mithin als abgegeben anzusehen ist, ccc) müssen Sie jetzt prüfen, ob – da die

Kündigung eine empfangsbedürftige Willenserklärung ist – ein Zugang vorliegt; dazu folgt sogleich mehr; hier sei verraten, dass dies schon deshalb unzweifelhaft der Fall ist, weil die Willenserklärung den M 1 erreicht hat. bb) Dass die Kündigungsfrist des § 580 a BGB nicht eingehalten wurde, ist unbeachtlich, da diese Vorschrift abdingbar ist. cc) Die Kündigung könnte jedoch durch eine von V erklärte Anfechtung nach §§ 119 Abs. 1 Fall analog, 142 Abs. 1 BGB als von Anfang an nichtig anzusehen sein. aaa) Die Anfechtungserklärung gegenüber dem Anfechtungsgegner (§ 143 Abs.1, 3 BGB) liegt in der Aufforderung zur Zahlung. bbb) § 119 Abs. 1 Fall 2 BGB wird analog angewendet. ccc) Aber die Anfechtung ist nicht unverzüglich nach Erkennen des Irrtums erfolgt (§ 121 Abs. 1 S. 1 BGB). Also ist das Mietverhältnis durch die Kündigung des V beendet.

Fall 22: Der Kaufmann K beabsichtigt, für sein Unternehmen einen Computer bei V zu kaufen, und füllt nach Büroschluss den aus einem Katalog des V stammenden vorgedruckten, als Fax zu versendenden Bestellschein aus und unterschreibt denselben. Es handelt sich – wie dem Bestellschein zu entnehmen ist – um ein bis zum Ablauf des nächsten Tages befristetes Sonderangebot des V. Der K legt den Bestellschein auf seinen Schreibtisch im Büro. Am Abend trifft er einen Bekannten, der ihm ein weit günstigeres Angebot nachweist, so dass der K zu dem Entschluss kommt, nicht bei V zu kaufen. Die Sekretärin S des K, die wie immer lange vor dem K ins Büro gekommen ist, entdeckt am Morgen das nicht abgesendete Fax. Sie erkennt, dass die Erklärung noch am gleichen Tag zugehen muss, um in den Genuss des Sonderpreises zu kommen; sie nimmt an, dass der K die Absendung wieder einmal verschlampt hat; weil es sich um einen Freitag handelt und sie davon ausgeht, dass der K, wie häufig an Freitagen, nicht mehr ins Büro kommt, schickt sie das Fax sofort ab. Als das Fax bei V ankommt, wird der Computer sofort verpackt und mittels eines Paketversandes abgesendet. Erst danach trifft ein Fax des – inzwischen doch im Büro eingetroffenen – K mit dem Inhalt, dass er „die gegen seinen Willen abgesendete Bestellung storniere", bei V ein. Der V verlangt Bezahlung und Abnahme von K.

Ein Anspruch des V gegen den K auf Zahlung und Abnahme aus einem Kaufvertrag (§ 433 Abs. 2 BGB) setzt a) den Abschluss eines Kaufvertrages voraus. aa) Ein Angebot liegt mangels eines „Rechtsfolgewillens" des V nicht etwa in der Übersendung des Katalogs und des Bestellscheinvordrucks, so dass ein Kaufvertrag nicht durch eine eventuelle Annahmeerklärung des K zustandegekommen sein kann. bb) Wohl aber könnte der K ein Angebot erklärt haben. aaa) Voraussetzung ist das Vorliegen einer als „Angebot" zu bezeichnenden Willenserklärung. aaaa) In objektiver Hinsicht müsste ein ausdrückliches oder konkludentes, also ein erkennbares Verhalten, das auf einen Rechtsfolgewillen schließen lässt, indem es den Willen zum Ausdruck bringt, eine erkennbare Rechtsfolge herbeizuführen, also für einen objektiven Betrachter als Kundgabe eines „Rechtsfolgewillens" (= der Wille zu einem bestimmten Rechtsgeschäft) zu verstehen ist, vorliegen. aaaaa) Das Übersenden des ausgefüllten Bestellscheins ist ein Kundgabeakt. bbbbb) Es lässt den Schluss auf einen bestimmten Rechtsfolgewillen zu: nämlich dem V ein Angebot zum Abschluss eines Kaufvertrages über einen Computer eines bestimmten Typs zu einem bestimmten Preis zu machen („essentialia negotii"). bbbb) Fraglich ist, ob auch die subjektiven Voraussetzungen für eine (Angebots-) Willenserklärung vorliegen. aaaaa) Der Handlungswille des K lag vor. bbbbb) Fraglich ist, ob bei K ein „Erklärungsbewusstsein" vorlag. aaaaaa) Wer ein „aktuelles Erklärungsbewusstsein" verlangt, könnte beim Vorliegen eines bloßen Entwurfs einer Willenserklärung das Vorliegen des Willens, eine rechtlich relevante Handlung vorzunehmen, verneinen. bbbbbb) Wenn man (wie hier vorgeschlagen wird) es für die Annahme eines Erklärungsbewusstseins für ausreichend hält, dass bei pflichtgemäßer Sorgfalt zu erkennen war, dass der objektive Erklärungstatbestand einer Willenserklärung gesetzt worden ist („potentielles Erklärungsbewusstsein"), liegen die subjektiven Voraussetzungen eines Angebots vor: Denn K hätte damit rechnen müssen, dass dem ausgefüllten Bestellschein die Bedeutung eines Angebots zuerkannt wird. Daher liegt ein Antrag des K vor. bbb) Das Angebot ist aaaa) formuliert worden („Entäußerung"). bbbb) Wirksam geworden ist es aber nur, wenn der Erklärende mit Wissen und Wollen alles seinerseits Erforderliche dafür getan hat, dass das Angebot wirksam werden kann, dass der Erklärende sich also so entäußert hat, dass bei normalen Abläufen mit dem Zugang der Willenserklärung gerechnet werden kann. Hier fehlt es an einer „wissent- und wollentlichen" Entäußerung der Willenserklärung durch den K. aaaaa) Nach einer Ansicht liegt dann kein Wirksamwerden einer Willenserklärung vor, wenn sie – wie hier – nicht mit Wissen und Wollen des K in Richtung auf den Empfänger auf den Weg gebracht worden ist, sondern „abhanden" gekommen ist; der Erklärende haftet aber nach § 122 BGB analog auf Ersatz des Vertrauensschadens. bbbbb) Nach aA. soll eine Abgabe vorliegen, wenn es – wie hier (die Erklärung war verkörpert; sie lag auf dem Schreibtisch; sie war erkennbar an die Einhaltung einer Frist gebunden; die Sekretärin war regelmäßig früher im Büro als der K) – voraussehbar und vermeidbar war, dass die Erklärung in den Verkehr gelangen würde; es soll aber eine Anfechtung nach § 119 Abs. 1 2. Fall analog mit der unmittelbaren Folge des § 142 Abs. 1 BGB und der mittelbaren Folge des § 122 BGB möglich sein. (Sie müssen sich also entscheiden. Woran erinnert Sie diese Kontroverse übrigens?) ccccc) Wenn Sie nach Abwägung aller Argumente aus Verkehrsschutzerwägungen dem zweiten Lösungsvorschlag folgen und – weil es für K voraussehbar und vermeidbar war, dass die Erklärung in den Verkehr gelangt ist – die Angebotserklärung des K mithin als abgegeben anzusehen ist, ccc) müssen Sie jetzt prüfen, ob – da die vertraglichen Willenserklärungen empfangsbedürftige Willenserklärungen sind – ein Zugang vorliegt; dazu folgt sogleich mehr; hier sei verraten, dass dies schon deshalb unzweifelhaft der Fall ist, weil die Willenserklärung den V erreicht hat. ddd) Das Angebot ist auch nicht rechtzeitig widerrufen worden: Die Erklärung des K (ich „storniere") kam nach § 130 Abs. 1 S. 2 BGB dafür zu spät. cc) Die für einen Abschluss eines Kaufvertrages weiterhin erforderliche Annahmeerklärung des V liegt aaa) konkludent in der Ausführung des Versandes des Computers. bbb) Ein Zugang ist nach § 151 BGB entbehrlich (dazu später mehr). dd) Das Angebot des K bestand noch, als V die Annahme erklärte (§§ 146, 147 Abs. 2 BGB). ee) Die Annahme deckt sich inhaltlich mit dem Angebot. Ein Kaufvertrag ist mithin geschlossen. b) In der Erklärung des K: ich „storniere" liegt kein wirksamer Widerruf nach § 312 d BGB. Zwar liegt ein Vertrag über die Lieferung von Waren vor, der unter ausschließlicher Verwendung von Fernkommunikationsmitteln geschlossen wurde; der K ist jedoch kein Verbraucher, weil das Rechtsgeschäft seiner gewerblichen Tätigkeit zugerechnet werden muss (§ 13 BGB, 344 HGB). c) Der Kaufvertrag könnte jedoch durch eine von K erklärte Anfechtung nach §§ 119 Abs. 1 Fall 2 BGB analog, § 142 Abs. 1 BGB als von Anfang an nichtig anzusehen sein. aa) Die Anfechtungserklärung gegenüber dem richtigen Anfechtungsgegner (§ 143 Abs. 1, 2 BGB) liegt in der Erklärung: ich „storniere" (§ 133 BGB). bb) § 119 Abs. 1 Fall 2 BGB wird analog angewendet. Also hat der V keinen Anspruch auf Zahlung und Abnahme aus § 433 Abs. 2 BGB gegen den K. (Nicht gefragt und daher auch nicht zu beantworten ist die Frage, ob der V – hier aus § 122 BGB – den Ersatz seines Vertrauensschadens verlangen kann! Ausführungen dazu wären ein typischer Anfängerfehler!)

bb) Zugang der „empfangsbedürftigen Willenerklärungen"

Die **„empfangsbedürftigen Willenserklärungen"**, und damit natürlich auch das **Angebot** zum Abschluss eines Vertrages, werden erst mit dem **Zugang (§ 130 Abs. 1 S. 1 BGB)** der Erklärung **wirksam**.

Das Wirksamwerden von „empfangsbedürftigen Willenserklärungen" kann unter zwei Aspekten problematisch werden: Es kann darum gehen, **ob** der **Empfänger** die **Willenserklärung überhaupt erhalten** hat, oder um die Frage, **ob** er die Willenserklärung **rechtzeitig erhalten** hat; wichtig ist das z.B. für §§ 146 ff. BGB oder für fristgebundene Kündigungsrechte wie z.B. § 573 c BGB.

Bis zum Zugang

- trägt der Erklärende die **Gefahr des Untergangs** der Willenserklärung oder der **Verspätung** des Zugangs der Willenserklärung,
- kann der Erklärende seine Erklärung **widerrufen** (§ 130 Abs. 1 S. 2 BGB).

Es stellt sich also die Frage, zu welchem Zeitpunkt eine „empfangsbedürftige Willenserklärung" zugegangen ist. Eigenartigerweise fehlt es an einer gesetzlichen **Definition** hierfür. Die Rechtswissenschaft und Rechtspraxis haben dazu weitgehend verbindliche Regeln herausgearbeitet, die darauf basieren, dass **zu unterscheiden** ist zwischen dem **Zugang** einer Willenserklärung **unter Abwesenden** und ihrem **Zugang unter Anwesenden**.

> **1. Unter Abwesenden** gilt folgendes:
>
> **a)** Bei „**verkörperten**" (i.d.R. schriftlichen) **Willenserklärungen** unter Abwesenden
>
> **aa)** gibt es überhaupt keine Probleme, wenn die **Willenserklärung dem Empfänger persönlich ausgehändigt** wurde. Dann liegt ein **Zugang** vor.
>
> **bb)** Ist dies nicht der Fall, so ist allgemein anerkannt, dass eine „verkörperte" Willenserklärung unter Abwesenden dann zugegangen ist, wenn sie **dergestalt in den Machtbereich des Empfängers gelangt** ist, dass die **Kenntnisnahme unter regelmäßigen Umständen zu erwarten** ist und diese Kenntnisnahme **für den Empfänger zumutbar ist**.
>
> Zum **Machtbereich** gehören die Wohnung und die Geschäftsräume sowie die zum Empfang von Erklärungen vorgehaltenen technischen Vorkehrungen (Postfach, Haus-/Geschäftsbriefkasten, Telefax, Fernschreiber, e-mailbox/Briefkasten) sowie die Inempfangnahme durch für einen Empfang von Willenserklärungen vorgesehene Hilfspersonen (Empfangsvertreter oder Empfangsbote, wie hierfür bestellte Mitarbeiter oder wie anwesende erwachsene Mitglieder des Haushalts; **aber**: andere Übermittler als diese eigens für die Inempfangnahme vorgesehenen Personen, wie z.B. ein Kind im Hause des Empfängers, sind die Boten des Erklärenden, so dass ein Zugang erst bei tatsächlicher Übermittlung an den Empfänger erfolgt); auch durch den Einwurf eines Benachrichtigungsscheins in den Briefkasten ist das immer noch beim Postamt (!) lagernde Schreiben nicht in den Machtbereich des Empfängers gelangt. Stets muss der Absender den Zugang beweisen.
>
> Die **Möglichkeit der Kenntnisnahme unter normalen und dem Empfänger zumutbaren Umständen** ist ausschließlich anhand genereller Erwägungen zu beurteilen. Maßgeblich ist, ob eine Nachschau bzw. eine Entgegennahme erwartet werden kann (**Faustformel**: In der **Privatsphäre** nicht am Nachmittag oder später/in der **Geschäftssphäre** nur zu Geschäftszeiten).
>
> **b)** Bei „**nicht verkörperten**" (also i.d.R. mündlichen) **Erklärungen unter Abwesenden** sind häufig Mittelspersonen (Boten, Vertreter) oder technische Vorkehrungen (Anrufbeantworter) eingeschaltet. Hier kommt es darauf an, ob die eingeschalteten Personen Empfangsvertreter oder Empfangsboten des Empfängers sind (dann Zugang bei Vernehmung) oder Erklärungsvertreter

oder Erklärungsboten des Erklärenden (dann Zugang bei Erhalt der Erklärung). Den Anrufbeantworter kann man einem Empfangsboten gleichstellen.

2. Gegenüber **Anwesenden** gilt für den **Zugang** bei „**verkörperten**" (i.d.R. schriftlichen) **Willenserklärungen** § 130 Abs. 1 S. 1 BGB entsprechend; bei „**nicht verkörperten**" (also i.d.R. mündlichen) **Erklärungen** (dazu zählt auch das Telefonat, arge. § 147 Abs. 1 S. 2 BGB) gilt die sog. „**Vernehmungstheorie**": Ein Zugang ist gegeben, wenn die Erklärung vernommen (= angehört) worden ist.

3. Bei **vom Empfänger geschaffenen Zugangshindernissen** ist wie folgt zu differenzieren:

Bei berechtigter **Annahmeverweigerung** seitens des Empfängers liegt kein Zugang vor, während bei unberechtigter Verweigerung der Annahmeerklärung der Zugang fingiert wird (§ 162 BGB analog oder § 242 BGB); letzteres gilt auch bei absichtlicher Zugangsverweigerung.

Bestehen überhaupt **keine Vorkehrungen für den Empfang** (ist z.B. kein Briefkasten vorhanden), ist ein Zugang nicht gegeben. Wenn es dem Erklärenden jedoch gelingt, seine Erklärung später zugehen zu lassen, wird die Rechtzeitigkeit fingiert (§ 242 BGB), wenn der Empfänger mit der Willenserklärung rechnen musste.

Kann man sich dem Erhalt von Willenserklärungen durch „Abtauchen" entziehen oder umgekehrt gefragt: Was machen Sie, wenn Ihnen der **Aufenthalt des Empfängers unbekannt** ist? Lesen Sie § 132 BGB.

Fall 23: Der Vermieter V beabsichtigt gegenüber seinem gewerblichen Mieter M 1 den Mietvertrag über einen ihm gehörenden Lagerplatz mit Wirkung zum 31. Dezember 2002 zu kündigen, weil er den Platz ab 1. Januar 2003 zu einer höheren Miete dem M 2, der eine entsprechende Absicht zum Abschluss eines Mietvertrages erklärt hatte, vermietet hatte. Nach dem Mietvertrag zwischen dem V und dem M 1 können die Parteien in jedem Jahr die Kündigung zum Jahresende erklären; dazu muss die Kündigung des Vermieters spätestens bis zum 30. November und die des Mieters bis zum 31. Juli erklärt werden. Der V wirft am 30. November 2002 um 23.00 Uhr ein Kündigungsschreiben mit dem Inhalt: „Hiermit kündige ich den zwischen uns bestehenden Mietvertrag über den Lagerplatz fristgemäß zum 31. Dezember 2002" in den Geschäftsbriefkasten des M 1. Dort findet es der M 1 am 1. Dezember 2002. Als der M 1 nicht zum 31. Dezember 2002 geräumt hat, verlangt der V Herausgabe des Lagerplatzes.

Herausgabe könnte V von dem M 1 1. aus § 546 Abs. 1 BGB verlangen. a) Zwischen V und M 1 besteht ein Mietvertrag. b) Dieser könnte jedoch am 31. Dezember 2002 durch eine von V erklärte Kündigung beendet worden sein (§ 542 Abs. 1 BGB). aa) Der V hat die Kündigung des Mietverhältnisses erklärt. bb) Die Kündigung ist dem M 1 auch zugegangen. cc) Fraglich ist, ob sie fristgerecht zugegangen ist. aaa) Dass die Frist des § 580 a BGB nicht eingehalten ist, ist unbeachtlich, da diese Vorschrift abdingbar ist. bbb) Also müsste die Kündigungserklärung des V dem M 1 am 30. November 2002 zugegangen sein. aaaa) Bei schriftlichen Willenserklärungen unter Abwesenden ist die Erklärung dann zugegangen, wenn sie dergestalt in den Machtbereich des Empfängers gelangt ist, dass die Kenntnisnahme unter normalen und ihm zumutbaren Umständen zu erwarten ist. bbbb) Das wäre in den Geschäftsräumen um 23.00 Uhr nicht der Fall. Die Kündigungserklärung wäre danach erst am nächsten Morgen, also am 1. Dezember 2002, zur üblichen Geschäftszeit, zugegangen, also erst nach Ablauf der Kündigungsfrist. Der

Mietvertrag ist also nicht beendet, so dass der V keinen Anspruch aus § 546 Abs. 1 BGB gegen den M 1 hat. 2. Ein Anspruch auf Herausgabe könnte sich aber aus § 985 BGB ergeben. a) Der V ist Eigentümer des Lagerplatzes. b) Der M 1 ist Besitzer. c) Der M 1 hat aber ein Recht zum Besitz aus einem Mietvertrag (§§ 986 Abs. 1 S. 1, 535 Abs. 1 S. 1 BGB).

Warum haben wir eigentlich § 546 BGB vor § 985 BGB geprüft? Diese Frage können Sie deshalb selbst beantworten, weil Ihnen bereits mehrfach (in Teil 1 und zu Beginn dieses Teils 3) die bei der Fallbearbeitung zu beachtenden Aufbaugrundsätze (die ja auch gleichzeitig die Gliederungsstruktur des gesamten Buches bilden) vermittelt worden sind.

Fall 24: Der V bietet dem K unter Setzung einer Annahmefrist bis zum 1. Dezember 2002 eine Sache zum Kauf an. Der K wirft das Schreiben mit seiner Annahmeerklärung am 1. Dezember 2002 um 23.00 Uhr in den Geschäftsbriefkasten des V. Um 23. 55 Uhr begibt sich der V, der noch einmal in seinem Büro nach dem Rechten sehen will, in seine Büroräume und findet den Brief des K. Der K verlangt Lieferung Zug-um-Zug gegen Kaufpreiszahlung. Der V weigert sich, weil ihn sein Angebot inzwischen reut.

Der Anspruch könnte sich aus einem Kaufvertrag zwischen dem V und dem K ergeben (§ 433 Abs. 1 S. 1 BGB). Dann müsste ein solcher geschlossen worden sein. a) Ein wirksames Angebot des V lag vor (dies soll hier nicht weiter vertieft werden). b) Der K hat es wirksam angenommen (auch dies soll hier nicht weiter vertieft werden). c) Zum Zeitpunkt des Zugangs der Annahmeerklärung dürfte der Antrag nicht erloschen sein. Das könnte nach §§ 146, 148 BGB der Fall sein, wenn der die Annahmefrist wahrende Zugang der Annahmeerklärung erst am 2. Dezember 2002 erfolgt ist. aa) Bei schriftlichen Willenserklärungen unter Abwesenden ist die Erklärung dann zugegangen, wenn sie dergestalt in den Machtbereich des Empfängers gelangt ist, dass die Kenntnisnahme unter normalen und dem Empfänger zumutbaren Umständen zu erwarten ist. Das wäre in den Geschäftsräumen um 23.00 Uhr des 1. Dezember 2002 nicht der Fall. Die Annahmeerklärung wäre danach erst am nächsten Morgen, also am 2. Dezember 2002, zur üblichen Geschäftszeit, zugegangen, also erst nach Ablauf der Annahmefrist, so dass der Antrag zu diesem Zeitpunkt bereits erloschen gewesen wäre. bb) Auf den Zeitpunkt der Möglichkeit der Kenntnisnahme unter normalen und dem Empfänger zumutbaren Umständen kommt es aber dann nicht an, wenn der Empfänger die Willenserklärung tatsächlich früher zur Kenntnis genommen hat, hier nämlich am 1. Dezember 2002 um 23. 55 Uhr. d) Angebot und Annahme decken sich inhaltlich. Der Kaufvertrag ist also zustandegekommen. Der K kann Lieferung Zug-um-Zug gegen Kaufpreiszahlung verlangen. (Es wäre ein grober und unverzeihlicher Fehler, wenn Sie bei der Fallbearbeitung davon ausgehen, dass „bei realistischer Betrachtungsweise" der V nie zugeben würde, die Erklärung noch um 23. 55 Uhr des 1. Dezember 2002 gelesen zu haben und dass der K die Rechtzeitigkeit der Annahme nie würde beweisen können. Der Sachverhalt ist bekanntlich sakrosankt, so unwahrscheinlich und lebensfremd er Ihnen auch zu sein scheint.)

Fall 25: Der V bietet dem K sein Auto, an dessen Erwerb der K schon lange interessiert war, durch einen Brief mit dem Inhalt an: „Ich biete Ihnen mein Auto (es folgt eine genaue Bezeichnung) für € 10 000,- zum Kauf an". Diesen Brief überbringt der V selbst. Er trifft aber den K nicht an; wohl aber dessen 10jährigen Sohn S, der verspricht, den Brief an seinen Vater auszuhändigen. Als der K nach Hause kommt, vergisst der S zunächst, den Brief an K auszuhändigen. Jetzt ruft der V (der es sich inzwischen anders überlegt hat) bei K an und erklärt, er wolle den Verkauf doch nicht mehr. Durch diesen Anruf, der dem K, weil der S ihn noch nicht informiert hatte, zunächst unverständlich war, wird der K aufmerksam, befragt seinen Sohn S und erhält jetzt den Brief des V ausgehändigt. Daraufhin ruft der K bei V an und erklärt, dass er das

Angebot annehme. Der V lehnt ab. Kann der K Lieferung Zug-um-Zug gegen Kaufpreiszahlung verlangen?

Ein Anspruch des K gegen den V aus einem Kaufvertrag (§ 433 Abs. 1 S. 1 BGB) setzt den Abschluss eines Kaufvertrages voraus. a) Der V könnte dem K ein entsprechendes Angebot gemacht haben, das der K angenommen haben könnte. aa) Die aaa) den Erfordernissen eines Angebots entsprechende Erklärung des V (das wird hier nicht weiter vertieft) bbb) müsste wirksam geworden sein: aaaa) Der V hat sie formuliert, sich also „entäußert". bbbb) Die Erklärung ist von V auch abgegeben worden. cccc) Fraglich ist, ob sie dem K auch zugegangen ist: Es handelte sich um eine „Erklärung gegenüber Abwesenden", denn der S war mangels eines Handelns in fremdem (seines Vaters K) Namen nicht dessen Empfangsvertreter (§ 164 Abs.1, 3 BGB). Als solche wäre sie dem K dann zugegangen, wenn der S auch Vollmacht gehabt hätte. aaaaa) Mangels entsprechender Ermächtigung des K war der S auch nicht Empfangsbote des K, sondern war ein Erklärungsbote des V, der von V dazu ermächtigt war, selbst auch bereit dazu war und auch dazu geeignet war (Zitat aus dem altehrwürdigen Repetitorium Foth: „Und ist das Büblein noch so klein, so kann es doch schon Bote sein"). Der Zugang ist daher nicht mit der Übergabe an den S erfolgt, bbbbb) sondern erst mit Übergabe des Briefes durch S an K. ccc) Die Erklärung des V müsste zu diesem Zeitpunkt noch bestehen. Das ist nicht der Fall, denn sie ist vor dem Zugang von V widerrufen worden (§ 130 Abs. 1 S. 2 BGB). bb) Die Annahmeerklärung des K ging also „ins Leere". b) Ein Vertragsschluss aa) aufgrund eines Angebots des K, das in der telefonischen Erklärung liegt (auch das wird hier nicht weiter vertieft), bb) ist deshalb nicht anzunehmen, weil der V keine Annahmeerklärung abgegeben hat.

Fall 26: Der V hat dem K befristet bis zum 30. November 2002 eine bestimmte Sache zum Kauf für einen Preis von € 10 000,- angeboten und dabei erklärt, dass die Annahme „per Einschreiben mit Rückschein" erfolgen müsse. Später reut den V sein Angebot, weil er den Preis zu niedrig findet. Der K entschließt sich zur Annahme des Angebots; er kündigt dies dem V telefonisch an und erklärt die Annahme dann in einem Schreiben, das er am 28. November 2002 „per Einschreiben mit Rückschein" an den V versendet. Der V, der einen Vertragsschluss verhindern will, ist aus diesem Grund bei der zur üblichen Zeit stattfindenden Postzustellung am 29. November 2002 bewusst nicht anwesend, so dass nur ein Benachrichtigungsschein in seinen Briefkasten geworfen wird, den der V dann nach seiner Rückkehr auch vorfindet. Weitere Einschreiben sind ihm an diesem Tag nicht zugestellt worden. Der V ist sich sicher, dass sich der Benachrichtigungsschein auf eine per Einschreiben an ihn versandte Annahmeerklärung des K bezieht und entscheidet sich dazu, das auf dem Postamt lagernde Einschreiben erst am 1. Dezember 2002 abzuholen. Am 1. Dezember 2002 verlangt der K von V telefonisch Lieferung Zug-um-Zug gegen Zahlung von € 10 000,-. Der V erklärt, er habe das Schreiben erst heute von der Post geholt; die Annahmeerklärung des K sei daher verspätet (nach Früh).

Der K könnte Lieferung aufgrund eines Kaufvertrages mit V verlangen (§ 433 Abs. 1 S. 1 BGB). a) Ein aa) Angebot (das wird hier nicht weiter vertieft) bb) ist aaa) von V formuliert worden, so dass eine „Entäußerung" vorliegt, bbb) und auch abgegeben worden; ccc) es ist dem K zugegangen. b) Der K hat das Angebot aa) zwar nicht durch die telefonische „Ankündigung" einer Annahme angenommen, bb) wohl aber aaa) durch das Einschreiben (auch das wird hier nicht weiter vertieft) seine Annahme erklärt. bbb) Die Annahme ist wirksam geworden, weil aaaa) K sie formuliert, sich also „entäußert" hat und bbbb) abgesendet hat. cccc) Sie ist dem V auch zugegangen. cc) Ein Vertragsschluss setzt weiter voraus, dass bei Zugang der Annahme überhaupt noch ein annahmefähiger Antrag vorhanden ist. Hier könnte das Angebot des V nach §§ 146, 148 BGB erloschen sein. aaa) Fristablauf war nach § 188 Abs. 1 BGB mit Ablauf des 30. November 2002. bbb) Der Zugang der Annahme erfolgte aaaa) nicht am 29. November 2002, als der Benachrichtigungsschein in den Briefkasten V geworfen wurde, weil das Einschreiben selbst dadurch nicht in seinen Machtbereich gelangt ist, bbbb) sondern erst am 1. Dezember 2002 mit der Abholung des Schreibens, cccc) wenn man nicht doch aufgrund allgemeiner Erwägungen zu einem Zugang am 29. November 2002 kommt, weil der Empfänger (V) den Zugang bewusst verzögert hat: Nach einem Lösungsvorschlag dazu soll § 162 BGB analog angewendet werden, so dass die Rechtzeitigkeit fingiert wird; danach wäre die Annahmeerklärung spätestens am 30. November 2002 zugegangen. Nach a.A. kann der Erklärende, wenn er von der Verspätung erfährt, die Erklärung sofort nachholen; diese wirkt dann nach § 242 BGB zurück. Hier liegt die Wiederholung der Annahmeerklärung in dem telefonischen Lieferungsverlangen. Dass das telefonische Lieferungsverlangen nicht der vereinbarten Form (Annahme nicht per Einschreiben mit Rückschein) genügt, macht den Vertrag nicht nach § 125 S. 2 nichtig, weil die Einhaltung der Form „per Einschreiben mit Rückschein" keine Wirksamkeitsvoraussetzung ist; es geht um eine sog. „reine Übermittlungsform", die nur Beweiszwecken dient, deren Nichteinhaltung aber nicht zur Nichtigkeit führt. c) Angebot und Annahme decken sich inhaltlich. Danach ist der Kaufvertrag geschlossen und K hat einen Lieferungsanspruch Zug-um-Zug gegen Zahlung.

Der **Zugang** von Willenserklärungen **gegenüber Geschäftsunfähigen** oder **beschränkt Geschäftsfähigen** richtet sich nach **§ 131 BGB,** so dass

- bei **Geschäftsunfähigen** der Zugang gegenüber dem gesetzlichen Vertreter erfolgen muss (§ 131 Abs. 1 BGB),

- während bei **beschränkt Geschäftsfähigen** die Grundsätze der Wirksamkeit von Willenserklärungen beschränkt Geschäftsfähiger (dazu später) entsprechend gelten (§ 131 Abs. 2 BGB).

Fall 27: Dem 17 jährigen Büchersammler K wird von dem Buchhändler V, der den K für volljährig hält, eine ganz seltene illustrierte Marquis de Sade-Gesamtausgabe, die der K schon seit einiger Zeit sucht, schriftlich zum Kauf für einen bestimmten Preis angeboten. Das Angebot ist für eine Woche befristet. Am gleichen Tag ruft der V, dem ein anderer Kunde ein besseres Angebot unterbreitet hatte, den K an und erklärt, dass er das Angebot widerrufe. Der K begibt sich daraufhin zu dem V und erklärt die Annahme, bietet die sofortige bare Zahlung des Kaufpreises an und verlangt die Übereignung und Übergabe der noch im Laden befindlichen Gesamtausgabe. Der V weigert sich. Der K erzählt seinen Eltern sofort alles und diese sind mit dem Erwerb einverstanden, weil sie nicht wissen, wer Marquis de Sade war. Hat K einen Anspruch auf Lieferung Zug-um-Zug gegen Zahlung?

Der K könnte gegen V einen Anspruch aus einem Kaufvertrag haben (§ 433 Abs. 1 S. 1 BGB). a) Dazu müsste zwischen beiden ein Kaufvertrag geschlossen worden sein. aa) Der V hat aaa) ein Angebot erklärt (das wird hier nicht weiter vertieft). bbb) Das Angebot müsste wirksam geworden sein. aaaa) Der V hat es formuliert, sich also „entäußert", und bbbb) es abgegeben. ccc) Es müsste dem K zugegangen sein: aaaa) Der Zugang als solcher ist erfolgt. bbbb) Fraglich ist, ob der Zugang bei K wirksam war. Nach § 131 Abs. 2 S. 1, Abs. 1 BGB wird die Willenserklärung erst dann wirksam, wenn sie dem gesetzlichen Vertreter zugeht. Anders ist dies aber, wenn die Willenserklärung dem Minderjährigen einen lediglich rechtlichen Vorteil bringt (§ 131 Abs. 2 S. 2 BGB): So liegt es bei einem Angebot zum Abschluss eines Vertrages, weil für den Minderjährigen keine Pflicht zur Annahme besteht. ddd) Das mithin wirksam gewordene Angebot des V könnte aber wirksam durch den V widerrufen worden sein. Nach § 130 Abs. 1 S. 2 BGB ist dies jedoch nur bis zum Zugang möglich. bb) Der K hat dieses Angebot angenommen (auch das wird hier nicht weiter vertieft). cc) Das Angebot war im Moment der Annahme nicht erloschen. dd) Das Angebot und die Annahme decken sich. Der Kaufvertrag ist also zustandegekommen. b) Dem Vertrag steht wegen der Genehmigung der Eltern nicht das Wirksamkeitshindernis der §§ 107, 108 Abs. 1, 184 BGB entgegen.

Variante: Der Buchhändler V hat die ihm schwer verkäuflich zu sein scheinende illustrierte Marquis de Sade-Gesamtausgabe, verbunden mit einem auf eine Woche befristeten Kaufangebot und einem Angebot, sogleich Eigentümer zu werden, auf Wunsch des K an diesen übersandt. Noch am Tage des Eingangs der Sendung bei K widerruft der V, weil sich nun doch ein anderer Interessent gefunden hat, der das Doppelte zu zahlen bereit ist und er das Buch an diesen Kunden verkaufen möchte. Der K erklärt die Annahme und bittet den V, ihm eine Rechnung zuzusenden. K's Eltern, denen er von dem Kauf erzählt hatte, verweigern ihre Genehmigung, weil sie wissen, wer der Marquis de Sade war. Dem K fehlt das Geld zum Erwerb des teuren Buches, so dass er nicht zahlt. Er behält das Buch gleichwohl. Der V, dem der andere Kunde „abgesprungen" ist, verlangt von K 1. Bezahlung, 2. zumindest aber Rückgabe des Buches.

1. Der Zahlungsanspruch könnte sich aus einem Kaufvertrag ergeben (§ 433 Abs. 2 BGB). Dann müssten V und K einen Kaufvertrag über das Buch zu dem von V genannten Preis abgeschlossen haben. Dieser ist wegen der Verweigerung der Genehmigung der Eltern unheilbar unwirksam (§§ 107, 108 BGB). 2. Ein Herausgabeanspruch des V gegen K könnte sich aus a) § 985 BGB ergeben. aa) Der Inanspruchgenommene (K) ist Besitzer des Buches. bb) Der Anspruchsteller V müsste Eigentümer sein. aaa) Der V war Eigentümer. bbb) Der K könnte Eigentümer nach § 929 S. 1 BGB geworden sein. aaaa) Beide müssten sich über den Eigentumserwerb des K geeinigt (Einigung = Vertrag) haben: aaaaa) Der V hat gegenüber dem K ein entsprechendes Angebot erklärt. Dies ist dem K auch zugegangen, denn das Angebot zur Übereignung ist lediglich rechtlich vorteilhaft für den Erwerber K (§ 131 Abs. 2 S. 1 BGB). Der Widerruf ist verspätet (§ 130 Abs. 1 S. 2 BGB). bbbbb) Der K hat das Angebot angenommen. ccccc) Ein Eigentumsvorbehalt mit der Wirkung der §§ 929, 158 Abs. 1 BGB ist nicht vereinbart, weil sich der V das Eigentum nicht nach § 449 Abs. 1 BGB vorbehalten hat. Also ist K Eigentümer geworden. bbbb) Die Unwirksamkeit des Kaufvertrages steht dem nicht entgegen („Abstraktionsprinzip"). Der K hat also das Eigentum erworben, so dass ein Anspruch aus § 985 BGB deshalb ausscheidet. b) Der V könnte jedoch einen Anspruch auf Rückübereignung aus § 812 Abs. 1 S. 1, 1. Fall BGB („Leistungskondiktion") haben. aa) Der K hat als „etwas" das Eigentum und den Besitz an dem Buch erlangt, bb) und zwar durch Leistung des V an K und cc) ohne Rechtsgrund, weil der Kaufvertrag unwirksam ist.

Auch hier erkennen Sie hinsichtlich der Fallfrage 2 die Ihnen ja schon etwas vertrauten **allgemeinen Aufbauregeln** wieder: § 985 BGB wird vor § 812 BGB geprüft.

Der **Tod** oder die **Geschäftsunfähigkeit des Erklärenden** nach Abgabe einer Willenserklärung **beeinträchtigen nicht die Zugangsfähigkeit** einer Willenserklärung **(§ 130 Abs. 2 BGB)**.

4. Der Vertragsschluss (Angebot, Annahme, Deckungsgleichheit)

> Wichtig ist, dass Sie beim Lesen den „Ariadnefaden", der Sie aus dem juristischen Labyrinth, in das Sie sich mit der Aufnahme dieses Studiums hineinverirrt haben, herausführen soll, stets in der Hand behalten. Das gelingt nur, wenn Ihnen zu jedem Zeitpunkt klar ist, was Sie gerade und warum Sie es gerade jetzt erlernen. Daher ist immer wieder einmal eine **Standortbeschreibung** vonnöten.
>
> **1.** Sie sollen die Prüfung der vertraglichen Primäransprüche erlernen, damit Sie imstande sind, z.B. die folgende Fallfrage zu beantworten: „Kann der K von V Übereignung und Übergabe des Kfz des V Zug-um-Zug gegen Zahlung

des Kaufpreises aus einem Kaufvertrag (§ 433 Abs. 1 S. 1 BGB) verlangen?". Dazu müssen Sie wissen, wie ein Vertrag, insbesondere ein verpflichtender Vertrag, hier speziell ein Kaufvertrag, zustande kommt. Mittlerweile ist Ihnen bekannt, dass zum Abschluss eines Vertrages mindestens zwei übereinstimmende Willenserklärungen, Angebot und Annahme, vorliegen müssen. Daher haben wir uns zunächst dem Thema des **Wirksamwerdens von Willenserklärungen** zugewandt.

2. Die vorherigen Ausführungen zur Frage des Vorliegens und des Wirksamwerdens von Willenserklärungen betrafen die **Willenserklärungen im Allgemeinen**, also z.B. die Anfechtung, die Aufrechnung, die Kündigung etc. In dieses Spektrum gehören natürlich auch die (in den Beispielsfällen ja auch überwiegend behandelten) uns in erster Linie interessierenden, zum Abschluss eines Kaufvertrags führenden **vertraglichen Willenserklärungen**, also das „**Angebot**" und die „**Annahme**"; denn Sie wissen ja, dass man es gar nicht oft genug wiederholen kann: Für das Zustandekommen des Rechtsgeschäfts „Vertrag" müssen folgende **Voraussetzungen** erfüllt sein:

Vorliegen müssen **mindestens zwei auf den Abschluss eines Vertrages gerichtete Willenserklärungen**, genannt **Angebot** und **Annahme** (arge. § 151 BGB: „Der Vertrag kommt durch die Annahme des Antrags zustande, …").

Diese beiden Willenserklärungen müssen **aufeinander bezogen sein** und sich **inhaltlich decken** (arge. § 150 BGB).

3. Wir werden uns jetzt **unserem Programm folgend** auf diese beiden Arten von Willenserklärungen, nämlich auf die **vertraglichen Willenserklärungen (Angebot/Annahme) im Besonderen** konzentrieren, denn unser verkündetes **Ziel** (das wir nie aus dem Auge verlieren dürfen) ist ja das **Erlernen der Prüfung eines Vertragsschlusses**, und zwar zunächst eines Vertrages im Allgemeinen, und dann das Zustandekommen eines ein Schuldverhältnis begründenden Vertrages (z.B. eines Kaufvertrages, eines Darlehensvertrages, eines Mietvertrages, eines Werkvertrages etc.), aus dem sich Ansprüche ergeben könnten, im Besonderen.

a) Das Angebot

Wenn es jetzt um die genauere Bestimmung der Voraussetzungen der zu einem Vertragsschluss führenden Willenserklärungen (Angebot/Annahme), und zwar **zunächst** um das „**Angebot**", geht, muss erst einmal mit einem „**klassischen**" **Vorurteil** aufgeräumt werden:

Die Rollen des Anbieters und des Annehmenden sind insbesondere beim Abschluss eines Kaufvertrages nicht etwa so verteilt, dass es stets der zukünftige Verkäufer ist, der anbietet, und dass der potentielle Käufer stets annimmt. Das mag im täglichen Leben bei Verbrauchergeschäften typischerweise so sein, muss aber nicht immer so liegen! Jeder der zukünftigen Vertragspartner kann das Angebot abgeben oder die Annahme erklären; die Rollen sind also nicht

> festgelegt. Also: Es ist nicht immer der Verkäufer, der dem Käufer das Angebot macht! Die Rollen des Anbieters und des Annehmenden können während der Fallbearbeitung sogar wechseln (vgl. die später noch genauer dargestellten Auswirkungen des § 150 BGB).
>
> Wie Sie anlässlich der Erörterung der „Trierer Weinversteigerung" (könnten Sie den Fall – Sachverhalt und Lösung – noch referieren? Sie sollten es können!!) erfahren haben, sind die Rollen allerdings bei einer Versteigerung festgelegt (§ 156 BGB: hier kommt der Vertrag immer durch den Zuschlag zustande: Also der Ersteigerer bietet an, und der Versteigerer nimmt an).

Eine zum Vertragsschluss führende **Angebotserklärung**

- setzt wie **jede Willenserklärung** in **objektiver Hinsicht** voraus: einen **objektiven Tatbestand**, also einen **Kundgabeakt**, aus dem der Wille zu einem bestimmten Rechtsgeschäft (**„Rechtsfolgewillen"**) deutlich wird, und zwar (jetzt:) zur Erklärung eines auf den Abschluss eines Vertrages gerichteten **Antrags**; in **subjektiver Hinsicht** sind erforderlich: ein **Handlungswille** und ein **mindestens potentielles Erklärungsbewusstsein**.

- Damit die **Angebotserklärung wirksam** wird, muss sich der Erklärende ihrer **entäußert** haben, also die Erklärung formuliert und abgegeben haben, und die Erklärung muss **dem anderen Teil zugehen**.

Wir können also nunmehr weitgehend **auf den vorstehenden** zu den Willenserklärungen im Allgemeinen **gewonnenen Erkenntnissen** aufbauen. Sie werden daher hier über die subjektiven Voraussetzungen („Handlungswille" und mindestens „potentielles Erklärungsbewusstsein") und über die „Entäußerung" und den „Zugang" des Angebots oder Annahme nichts mehr lesen. Das würde eine überflüssige „Doppelung" unserer Darstellung bedeuten, zumal wir bei der Darstellung dieser Fragen ohnehin auf die vertraglichen Willenserklärungen „Angebot" und „Annahme" abgestellt hatten: Wer das alles schon wieder vergessen hat, muss leider zurück auf den Ausgangspunkt.

Allerdings: Bei der **Frage des Vorliegens eines Angebots** ergeben sich hinsichtlich des **objektiven Tatbestands** einige Besonderheiten. Dazu hatten wir – wie Sie sich bestimmt entsinnen – bisher folgende allgemeine und nunmehr für die Bestimmung des Vorliegens eines Angebots zu verfeinernde Kriterien ermittelt:

> **1.** Der „**Kundgabeakt**" kann in ausdrücklichem oder in schlüssigem Verhalten liegen.
>
> **2.** Bei der Frage, ob der **Kundgabeakt** einen **auf den Abschluss eines bestimmten Rechtsgeschäftes (hier: eines Vertrages) gerichteten „Rechtsfolgewillen"** äußert,
>
> a) geht es – **weil das Angebot eine „empfangsbedürftige Willenserklärung"** ist – darum, ob eine **Auslegung des Kundgabeaktes** den Schluss erlaubt, dass ein solcher Rechtsfolgewillen besteht. Zur Feststellung dessen werden die §§ 133, 157 BGB angewendet, auch wenn die Heranziehung dieser Normen auf den ersten Blick deshalb überrascht, weil es in diesem Stadium der Prüfung

> gar nicht um die Auslegung einer bestehenden Willenserklärung/eines geschlossenen Vertrages geht, sondern um die Frage, ob überhaupt eine zu einem Vertragsschluss führende Willenserklärung („Angebot") vorliegt:
>
> - Auf die **subjektiven Vorstellungen des Erklärenden (§ 133 BGB: wirklicher Wille)** ist nur dann abzustellen, wenn der Empfänger erkannt hat, was der Erklärende gemeint hat;
>
> - ansonsten kommt es **„normativ"** auf die Vorstellungen eines **sorgfältigen „objektiven Empfängers"** an (§ 157 BGB).
>
> **b)** Ein Antrag setzt zweierlei voraus: Die Erklärung muss **inhaltlich so bestimmt** und **vollständig** sein, dass ein bloßes „Ja" des Annehmenden zu einem Vertragsschluss führt; außerdem muss der Erklärende sich binden wollen (**„Rechtsbindungswille"**).

aa) Vollständigkeit und inhaltliche Bestimmtheit

Das **erste Auslegungskriterium** für das **Vorliegen eines** auf den Abschluss eines Vertrages gerichteten **Angebots** besteht also darin, dass die auf den Abschluss eines Vertrages gerichtete Willenserklärung inhaltlich **„vollständig"** und **„bestimmt"** sein muss.

Was die **inhaltliche Vollständigkeit** angeht, so müssen die wesentlichen Elemente des angestrebten Vertrages, die **Hauptpunkte („essentialia negotii")** im Angebot und in der Annahme enthalten sein. Diese Mindesterfordernisse ergeben sich bei den **„typisierten Verträgen"** aus der „vertragsbestimmenden" Norm. Bei **nicht typisierten Verträgen** müssen „alle Einzelheiten" des Inhalts im Angebot enthalten sein. Was aber sind „typisierte Verträge"? Lange können wir uns mit dieser Frage an dieser Stelle nicht aufhalten. Diese Frage betrifft nämlich an sich ein ganz anderes Thema, nämlich den Inhalt von verpflichtenden Verträgen; und zu gegebener Zeit werden Sie darüber noch sehr viel erfahren. Hier zunächst nur soviel: Das Gesetz hält im „Besonderen Teil" des Schuldrechts einen Vorrat von Normen bereit, durch die – falls den Vertragspartnern „nichts besseres einfällt" – die Inhalte bestimmter einzelner Schuldverhältnisse typisiert geregelt sind, z.B. für den Kaufvertrag in den §§ 433 ff., für den Mietvertrag in §§ 535 ff. etc. Bei derartigen „typisierten Verträgen" ist aber nicht nur der Inhalt „eines (typischen) Kaufvertrages" oder „eines (typischen) Mietvertrages" geregelt, sondern es sind in den die einzelnen Vertragsarten definierenden Normen (z.B. in §§ 433 oder in 535 BGB) auch die vertragsbestimmenden „essentialia negotii" fixiert; der sonstige gesetzliche Vorrat an Regelungen gehört nicht zu den „essentialia negotii".

> Merken Sie sich zunächst für das Erfordernis der **„essentialia negotii"** faustformelmäßig,
>
> **1.** dass bei **Typenverträgen** die jeweilige vertragsbestimmende Norm entscheidend für den Mindestinhalt des Angebots ist.

> Beim **Kaufvertrag** z.B. ist die vertragsbestimmende Norm der § 433 BGB; und es müssen bestimmt sein: Die geschuldete **Leistung**, also der Kaufgegenstand; und die geschuldete **Gegenleistung**, also der Kaufpreis. Grundsätzlich müssen auch die **Vertragsparteien** bestimmt sein; diese müssen aber nicht in jedem Fall konkret benannt werden, denn ein Angebot an die „Allgemeinheit" (= an unbekannte Personen = „ad incertas personas") kann im Einzelfall ausreichend sein (so z.B. bei der Aufstellung eines mit Ware gefüllten Automaten).
>
> Alles übrige kann, muss aber nicht im Angebot enthalten sein; das Gesetzesrecht (§§ 433 ff., 535 ff., 631 ff. BGB) ergänzt den Vertrag insoweit.
>
> **2.** Bei **nicht typisierten Verträgen** fehlt es an einer „vetragsbestimmenden" Norm, und es gibt keinen Vorrat an Normen im Gesetz. Also muss der gesamte Inhalts des beabsichtigten Vertrages im Angebot enthalten sein. So muss z.B. für ein Angebot zum Abschluss eines im Gesetz nicht typisiert geregelten Leasingvertrages verlangt werden, dass in ihm „alle Einzelheiten" des abzuschließenden Vertrages enthalten sind.

Die „essentialia negotii" sind – wie gesagt – der „Mindestinhalt" eines Angebots. Daher ist es dem Anbietenden unbenommen, zusätzlich zu den „essentialia negotii" auch **Nebenpunkte** (Zahlungsmodalitäten, Art und Weise der Verpackung etc.) zum Inhalt des Angebots zu machen.

Dass die „essentialia negotii" der Mindestinhalt des Angebots sein müssen, klingt so apodiktisch, dass man geneigt sein könnte anzunehmen, dass bei einer **inhaltlichen Unvollständigkeit** der Erklärung hinsichtlich der zu den **„essentialia negotii"** zählenden Punkte (also bei **anfänglichen „Regelungslücken"**) diese Erklärung unter keinen Umständen ein annahmefähiges Angebot sein könne: So ist es jedoch nicht, denn

- gelegentlich werden **inhaltlich unvollständige Erklärungen bei typisierten Verträgen durch das Gesetz ergänzt**: So hinsichtlich der Vergütung als solcher und ihrer Höhe beim Dienstvertrag durch § 612 Abs. 1, 2 BGB oder beim Werkvertrag durch § 632 Abs. 1, 2 BGB. Bei nicht **typisierten Verträgen** kann nur eine **„ergänzende Auslegung"** einem unvollständigen Angebot zur Annahmefähigkeit verhelfen.

<u>Fall 28:</u> Der B bringt seine Schuhe zu dem bekannten Schuster K. L. Apper (A) in der Rothenbaumchaussee, um sie mit einer neuen Gummisohle versehen zu lassen. Der A erklärt damit sein Einverständnis und besohlt die Schuhe. Als der B die Schuhe abholt, ist er sehr zufrieden mit der Arbeit und nimmt die Schuhe entgegen. Der A verlangt € 15,- dafür; hierbei handelt es sich um die übliche Vergütung. Der B weigert sich aber, überhaupt eine Vergütung zu zahlen, weil über eine Vergütung als solche und auch nicht über deren Höhe gesprochen worden sei; er sei nur bereit, € 10,- für den Wert der Arbeit zu zahlen (§§ 812 Abs. 1 S. 1 Fall 1, 818 Abs. 2 BGB).

Der Anspruch des A gegen den B könnte sich aus einem Werkvertrag ergeben (§ 631 Abs. 1 BGB). a) Der B müsste ein Angebot zum Abschluss eines Werkvertrags gemacht haben. aa) Die objektiven Voraussetzungen einer solchen Erklärung liegen vor: In der Äußerung des B aaa) liegt ein Kundgabeakt, bbb) aus dem der Wille zu einem bestimmten Rechtsgeschäft

(„Rechtsfolgewillen") deutlich wird, und zwar zur Erklärung eines auf den Abschluss eines Vertrages gerichteten Antrags. aaaa) Die Vertragsparteien sollen nach der Erklärung des B sein: Zum einen er, der B, als Besteller, und zum anderen der A als Werkunternehmer. bbbb) Der Gegenstand des Vertrages aaa) ist die Besohlung eines bestimmten Paar von Schuhen mit einer Gummisohle. cccc) Die Entgeltlichkeit aaaaa) als solche gilt als von dem anbietenden B stillschweigend erklärt, weil die Herstellung des Werks den Umständen nach nur gegen Entgelt zu erwarten ist (§ 632 Abs. 1 BGB). bbbbb) Hinsichtlich der Höhe ist von dem anbietenden B die „übliche Vergütung" erklärt worden (§ 632 Abs. 2 BGB). bb) Die subjektiven Voraussetzungen werden mangels irgendwelcher Zweifel hieran nicht angesprochen, cc) ebenso wenig der Umstand, dass der B sich der Erklärung entäußert hat und dass sie dem A zugegangen ist. b) Der A hat das Angebot angenommen. c) Der Anspruch ist nach §§ 640, 641 BGB fällig.

- Wenn im Angebot ein „essentieller" Punkt des Vertrages bewusst oder unbewusst nicht genannt ist, so dass das Angebot eine **anfängliche „Regelungslücke"** aufweist, kann die Erklärung gleichwohl ein wirksames Angebot sein, wenn sich die Lücke durch „ergänzende Auslegung" schließen lässt.

Fall 29: Der B.O. v. Dien (B) möchte gern die Rekonstruktion des „Berliner Schlosses" erreichen. Er bittet den ihm bekannten weltberühmten freischaffenden Kunsthistoriker Prof. Kunzelmann (K) aus New York um ein Gutachten über die „kunsthistorische Bedeutung" des seinerzeit gesprengten Bauwerks, um so maßgeblich auf die bevorstehende städtebauliche Entscheidung bei der Gestaltung der Mitte Berlins Einfluss nehmen zu können. Der K verlegt seinen Wohnsitz nach Berlin, mietet ein Büro an, stellt 2 qualifizierte Kunsthistoriker ein und konzentriert sich persönlich ausschließlich auf diese Aufgabe. Nach 1 jähriger Arbeit liefert der K ein 500 Seiten langes Gutachten ab, in dem er zum Ergebnis kommt, dass das zerstörte Schloss kunsthistorisch unbeachtlich gewesen sei. Der K verlangt von B eine Vergütung in Höhe von € 200 000,-. Der von dem Ergebnis enttäuschte B weigert sich, dem K eine Vergütung zu zahlen, weil über eine Vergütung als solche und auch nicht über deren Höhe gesprochen worden sei (nach Peters).

Der Anspruch könnte sich 1. aus einem Werkvertrag ergeben (§ 631 Abs. 1, 2 BGB). a) Der B müsste ein Angebot zum Abschluss eines Werkvertrags gemacht haben. aa) Die Vertragsparteien sollen nach der Erklärung der B und der K sein. bb) Der Gegenstand des Vertrages ist ein Gutachten (§ 631 Abs. 2 BGB) über die „kunsthistorische Bedeutung" des zerstörten „Berliner Schlosses". cc) Die Entgeltlichkeit als solche gilt als stillschweigend erklärt, weil die Herstellung des Werks den Umständen nach nur gegen Entgelt zu erwarten ist (§ 632 Abs. 1 BGB). dd) Hinsichtlich der Höhe aaa) ist – weil es hierfür keine „übliche" Vergütung (§ 632 Abs. 2 BGB) gibt – von B nichts erklärt worden. bbb) Wenn sich die Lücke aber durch „ergänzende Vertragsauslegung" nach § 157 BGB schließen lässt, dann liegt ein wirksames Angebot vor. Die Parteien hätten unter Berücksichtigung des Vertragszwecks redlicherweise („Treu und Glauben") und unter Berücksichtigung der „Verkehrssitte" vereinbart, dass K die Höhe der Vergütung nach §§ 315, 316 BGB die Vergütung nach „billigem Ermessen" bestimmen kann. Daher liegt ein wirksames Angebot des B vor. b) Der K hat es angenommen. 2. Der K hat die Höhe der Vergütung a) durch Erklärung gegenüber B (§ 315 Abs. 2 BGB) b) auf € 200 000,- bestimmt; dieser Betrag entspricht unter Berücksichtigung der Umstände (berufliche Qualifikation des K, Bedeutung des Gutachtens, Aufwand) billigem Ermessen. c) Der Anspruch ist fällig (§§ 640, 641, 646 BGB).

Übrigens: Bei **nachträglichen „Regelungslücken"**, die entstehen, weil die Parteien eine sich später ergebende Entwicklung nicht vorhergesehen haben, darf man dagegen den **Vertragsschluss als solchen nicht** weiter **problematisieren**, sondern muss den

Vertrag als geschlossen ansehen, dann aber den **Vertrag** zur Bestimmung seines Inhalts u.U. **„ergänzend auslegen"**. Dazu wird hier ein Fallbeispiel genannt; später – wenn es um den Inhalt von Verträgen geht – kommen wir darauf noch einmal zurück.

Fall 30: Die in verschiedenen entfernten Stadtteilen Hamburgs niedergelassenen nachnamensgleichen Fachärzte für Kardiologie Dr. Sch 1 (Praxis in Eimsbüttel) und Dr. Sch 2 (Praxis in Eppendorf) vereinbaren mit Einverständnis der Patienten einen die jeweiligen Patientenkarteien einschließenden Tausch ihrer Privatpraxen, um so jeweils in der Nähe ihrer Wohnungen (Dr. Sch 1: Wohnsitz in Eppendorf/Dr. Sch 2: Wohnsitz in Eimsbüttel) praktizieren zu können. Der Dr. Sch 1 ist über den Zulauf an Patienten in Eppendorf enttäuscht und lässt sich nach kurzer Zeit wieder in der Nähe der alten Praxis im Stadtteil Eimsbüttel nieder. Seine früheren Patienten lassen sich sofort wieder von ihm behandeln und wenden sich von Dr. Sch 2 ab, so dass der Umsatz des Dr. Sch 2 geringer wird. Der Dr. Sch 2 verlangt Unterlassung von Dr. Sch 1 (nach BGH).

Der Anspruch könnte sich a) aus einem Praxistauschvertrag ergeben (§§ 480, 453 BGB). Der Vertrag verstößt wegen des Einverständnisses der Patienten nicht gegen § 134 BGB i.V.m. § 203 Abs.1 Nr. 1 StGB. b) Die Parteien haben nicht vereinbart, dass es ihnen untersagt ist, sich alsbald wieder in der Nähe der alten Praxis niederzulassen. Weil derartige Vereinbarungen bei Praxistauschverträgen allgemein üblich sind, gibt es in diesem Vertrag eine „Regelungslücke" aa) Zu prüfen ist in einem solchen Fall zunächst, ob das dispositive Recht eine Regelung getroffen hat. Das ist nicht der Fall. bb) Daher muss im Wege der „ergänzenden Vertragsauslegung" ermittelt werden, was die Parteien in Anbetracht des gesamten Vertragszwecks unter Berücksichtigung von Treu und Glauben und der Verkehrssitte erklärt haben würden, wenn sie den offen gebliebenen Punkt ebenfalls geregelt hätten, ohne dass dadurch der Parteiwille verändert oder der Vertragsgegenstand erweitert wird. Hier hätten sie ein Niederlassungsverbot vereinbart, denn durch den Praxistausch sollte die ursprünglich zwischen den Tauschpartnern bestehende Neutralität im Wettbewerb unverändert bestehen bleiben.

Voraussetzung für das Vorliegen eines annahmefähigen Angebots ist aber nicht nur die soeben behandelte notwendige Vollständigkeit der Erklärung, sondern auch eine bestimmte Qualität der **Bestimmtheit** des **Inhalts der Erklärung**:

Die **Willenserklärung „Angebot"** muss **inhaltlich so bestimmt** sein, dass ein **bloßes „Ja"** des Annehmenden zum **Vertragsschluss** führt.

- In der **Regel** hat der Anbieter den **Inhalt** des (zu schließenden) Vertrages durch die **konkretisierte** Erklärung der **„essentialia negotii" genau fixiert**; dann sollten Sie über die Frage der Bestimmtheit des Angebots keine unnötigen Worte verlieren.

- Ausreichend für die Bestimmtheit des Inhalts der Erklärung ist es aber auch, wenn die **„essentialia negotii"** zwar nicht konkretisiert sind, aber **durch die Umstände** (z.B. Vorverhandlungen) **bestimmbar** sind. Zur Illustration sollen folgende Beispiele dienen, wobei der Grundfall natürlich völlig lebensfremd ist:

Fall 31: Der V erklärt dem K: „Ich verkaufe an Dich". Der K sagt: „Ja". Der K verlangt daraufhin Lieferung von V.

Ein Anspruch auf Lieferung könnte sich aus einem Kaufvertrag ergeben (§ 433 Abs. 1 S. 1 BGB). Es liegt aber kein annahmefähiges Angebot des V vor, weil nur die Parteien, nicht aber der Kaufgegenstand noch der Kaufpreis bestimmt oder aus den Umständen bestimmbar sind. Auch können sie nicht durch Auslegung nach §§ 133, 157 BGB (dazu sogleich mehr) bestimmt werden.

Variante: Der V hatte sich mit dem K und mit dem D in Vorverhandlungen auf den Verkauf eines bestimmten gebrauchten Autos des V für einen Preis von € 10 000,- verständigt. V hatte sich jedoch bisher nicht entschlossen, ob er den Wagen wirklich verkaufen wollte. Dann erklärt der V gegenüber dem K: „Ich verkaufe an Dich". Der K sagt: „Ja". K verlangt daraufhin Lieferung.

Ein Anspruch auf Lieferung könnte sich aus einem Kaufvertrag ergeben (§ 433 Abs. 1 S. 1 BGB). a) Hier liegt ein annahmefähiges Angebot des V an K vor, weil nicht nur die Parteien, sondern auch der Kaufgegenstand und der Kaufpreis aus den Umständen (Vorverhandlungen) bestimmbar sind. b) Der K hat durch sein „Ja" das Angebot angenommen.

Fall 32: Der V ist Hochseefischer; er bietet dem K den gesamten Fang des am heutigen Tag in den Nordatlantik auslaufenden Fischdampfers „Neptun" zu den „in Cuxhaven am Tage der Rückkehr von der Reise für den Fang gezahlten Tagespreisen" zum Kauf an. K sagt: „Ja". Bei der Wiederankunft der „Neptun" in Cuxhaven beträgt der Cuxhavener Preis für den gesamten Fang € 100 000,-. Der K verlangt Lieferung Zug-um-Zug gegen Zahlung von € 100 000,-. Der V ist dazu nicht bereit, weil er für den Fisch in Bremerhaven € 110 000,- erzielen kann.

Ein Anspruch auf Lieferung Zug-um-Zug gegen Zahlung von € 100 000,- könnte sich aus einem Kaufvertrag ergeben (§ 433 Abs. 1 BGB). a) Es müsste ein annahmefähiges Angebot des V vorliegen. aa) Hier sind nur die Parteien bestimmt. bb) der Kaufgegenstand und der Preis sind nicht bestimmt, wohl aber bestimmbar: aaa) Verkauft ist die „gesamte Ladung" bbb) zu dem „Cuxhavener Tagespreis am Tage der Rückkehr von der Reise"; beides lässt sich eindeutig bestimmen. b) Der K hat durch sein „Ja" das Angebot angenommen. Damit ist ein Kaufvertrag zustandegekommen. Der K hat einen Anspruch gegen den V auf Lieferung der Ladung Zug-um-Zug gegen Zahlung von € 100 000,-.

- Auch bei der **Möglichkeit einer Ermittlung der „essentialia negotii"** durch eine **„erläuternde" Auslegung** nach §§ 133, 157 BGB ist das Angebot ausreichend inhaltlich bestimmt.

Fall 33: Nachbar 1 (N 1) will auf seinem Grundstück einen Gewerbebetrieb errichten. Im Baugenehmigungsverfahren legt Nachbar 2 (N 2), der unmittelbar neben dem projektierten Gebäude wohnt und der für die Wohnqualität durch das Tag und Nacht von dem Gebäude ausgehende Licht fürchtet, Widerspruch gegen eine dem N 1 vom Bebauungsplan abweichend erteilte Baugenehmigung ein (kann man das überhaupt? Nachbarschutz im Verwaltungsrecht!). Der N 1 und der N 2 entschließen sich zur gütlichen Beilegung der Auseinandersetzung. Der N 2 bietet dem N 1 an, seinen Widerspruch zurückzunehmen, falls der N 1 sich zur Zahlung eines Betrages von € 10 000,- und zur Unterlassung des „Einbaus von Fenstern" in die Werkshalle auf der zum Grundstück des N 2 gelegenen Grundstücksseite verpflichtet. Der N 1 erklärt sich einverstanden. Der N 2 nimmt daraufhin den Widerspruch gegen die Baugenehmigung zurück und verlangt von N 1 die Zahlung von € 10 000,-. Der N 1 weigert sich, weil das Angebot des N 2 inhaltlich zu unbestimmt gewesen sei; so sei nicht sicher, ob z.B. auch der Einbau von Glasbausteinen unter das Verbot falle (nach BGH).

Der Anspruch kann sich aus dem geschlossenen Vertrag „sui generis" ergeben (§§ 241 Abs. 1, 311 Abs. 1 BGB). a) Das Angebot des N 2 müsste ausreichend bestimmt gewesen sein. Das Verbot des Einbaus von „Fenstern" bestimmt den Vertragsinhalt in ausreichender Weise: Der bei einer Auslegung nach §§ 133, 157 BGB zu berücksichtigende, sich aus der Vorgeschichte und den Vorverhandlungen ergebende Vertragszweck besteht darin, den Lichteinfall aus der

Werkshalle zu verhindern; daher sind mit dem Begriff „Fenster" alle baulichen Gestaltungen gemeint, die es mit sich bringen, dass Licht aus der Werkshalle auf das Grundstück des N 2 fällt (das wären übrigens auch Glasbausteine). Das Angebot des N 2 war daher ausreichend bestimmt. b) Der N 1 hat das Angebot angenommen. Der N 2 ist daher zur Zahlung verpflichtet.

- Auch die im Angebot enthaltene **Befugnis zur Bestimmung des Vertragsinhalts** durch **den Schuldner,** der zur Leistung einer nur der Gattung nach bestimmten **Sache** verpflichtet ist, also einer Sache „mittlerer Art und Güte", reicht aus (arge. § 243 BGB).

Fall 34: Der K interessiert sich für einen Kauf einer bestimmten Sorte von Brötchen bei Bäcker V. Der V erklärt, dass er dem K 10 Brötchen für insgesamt € 5,- verkaufen wolle. Der K sagt: „Ja". Der V sucht 10 Brötchen aus seinem im Laden bereit liegenden Warenvorrat aus. Er verlangt von dem K € 5,- Zug- um-Zug gegen Lieferung an den K.

Ein Anspruch auf Zahlung könnte sich aus einem Kaufvertrag ergeben (§ 433 Abs. 2 BGB). a) Es müsste ein annahmefähiges Angebot des V vorliegen. aa) Die Parteien, bb) und der Preis sind bestimmt. cc) Der Kaufgegenstand ist nur der Gattung nach bestimmt; das reicht für das Vorliegen eines Angebots aus (arge. § 243 Abs. 1 BGB). b) K hat durch sein „Ja" das Angebot angenommen. Damit ist ein Kaufvertrag zustande gekommen.

- Selbst die **Befugnis einer Partei** oder **eines Dritten** zur **Bestimmung von Leistung und Gegenleistung** reicht für das Erfordernis der Bestimmtheit des Angebots aus (arge. §§ 315 ff. BGB).

Fall 35: Der V hatte sich mit dem K über den Verkauf zweier bestimmter gebrauchter Autos (A 1 und A 2) geeinigt. Über den Preis hatten sie sich nicht verständigen können. Der V hatte daher erklärt, dass der Sachverständige S für das Auto A 1 den im Gebrauchtwagenhandel marktüblichen Preis für dieses Fahrzeug und für das Auto A 2, das als „Oldtimer" keinen marktüblichen Preis habe, den Kaufpreis „nach billigem Ermessen" bestimmen solle und dass diese Beträge dann als vereinbart gelten sollten. Der K sagte dazu: „Ja". Der S ermittelt für A 1 einen Preis von € 10 000,- als marktüblich im Gebrauchtwagenhandel und bestimmt den Preis für A 2 auf € 100 000,-. Der V verlangt von K Zahlung von € 10 000,- und € 100 000,- Zug-um-Zug gegen Lieferung der Autos. Der K weigert sich, weil er das A 1 nicht mehr erwerben will und weil der Preis für das Auto A 2 zu hoch sei; er habe in einer Fachzeitschrift eine Annonce mit einem Angebot für ein vergleichbares Auto vergleichbarer Qualität für € 30 000,- gesehen. Wie wird das Gericht über die Klage des V entscheiden?

Die zulässige Klage wäre begründet, wenn dem V ein Anspruch auf Zahlung aus einem Kaufvertrag zusteht (§ 433 Abs. 2 BGB). a) Es müsste ein annahmefähiges Angebot des V vorliegen. aa) Die Parteien, bb) und der Kaufgegenstand sind bestimmt. cc) Der Kaufpreis soll durch S bestimmt werden. Das reicht für das Vorliegen eines Angebots aus (arge. §§ 317 Abs. 1, 319 BGB). b) K hat durch sein „Ja" das Angebot angenommen. damit ist ein Kaufvertrag zustandegekommen. c) Die Höhe des Kaufpreises aa) für das Auto A 1 von € 10 000,- ergibt sich aus der Bestimmung durch den S (§ 317 Abs. 1 BGB). Insoweit ist die Klage begründet. bb) Die Bestimmung des Preises für das A 2 mit € 100 000,- ist offenbar unbillig; die Bestimmung erfolgt durch das „gestaltende" Urteil des Gerichts (§ 319 Abs. 1 S. 2 1. HS BGB). Mit der Maßgabe ist die Klage begründet.

bb) „Rechtsbindungswille"

Neben dem soeben abgehandelten Kriterium für ein wirksames Angebot in Gestalt der „Vollständigkeit und Bestimmtheit" ist das **zweite Wirksamkeitskriterium** für das **Vorliegen** eines auf den Abschluss eines Vertrages gerichteten **Angebots** ein **„Rechtsbindungswille"** des **Erklärenden**. Auch dessen Vorhandensein muss – wie Sie ja wissen – durch Auslegung nach §§ 133, 157 BGB ermittelt werden. Warum das so ist und welche Grundsätze hierfür gelten, haben Sie gerade gelesen; wenn Sie sich Ihrer Sache nicht mehr so ganz sicher sind, blättern Sie zurück! Durch das Vorliegen eines „Rechtsbindungswillens" unterscheidet sich das Angebot

- von den nicht verpflichtenden bloßen **Gefälligkeiten,**
- und von der sog. **„invitatio ad offerendum"** (= Aufforderung zur Abgabe eines Angebots).

(1) Gefälligkeiten

Als eine **bloße Gefälligkeit** anzusehen ist z.B. das „Angebot", eine andere Person mit „auf einen Ausflug an die Ostsee" zu nehmen, sie zu sich „zum Essen" einzuladen etc. Hierbei handelt es sich nach §§ 133, 157 BGB um lediglich sozial verpflichten sollende „Offerten", die nicht von einem „Rechtsbindungswillen" getragen sind. Sagt also der dazu Eingeladene in einer solchen Situation: „Ja, vielen Dank" ist dadurch nicht etwa ein Werkvertrag zustandegekommen, durch den der großzügige „Anbieter" verpflichtet ist, den Eingeladenen mit auf den Ausflug zu nehmen oder für ihn zu kochen und ihn zu bewirten. Ein im Vergleich zu diesen in juristischer Hinsicht weniger interessanten Beispielen durchaus heikler Fall ist der eines „Auftrags" einer „Lottospielgemeinschaft" an einen der sich dazu bereit erklärenden Mitspieler, den ausgefüllten Lottoschein zur Annahmestelle zu bringen: Wenn diese Erklärung einen „Auftrag"(-svertrag) nach §§ 662 ff. BGB zur Folge hätte, dann träfe den Beauftragten die Pflicht zur Ausführung und die Verletzung einer solchen Pflicht (z.B. die nicht rechtzeitige Abgabe des Lottoscheines) würde im Fall eines nur deshalb nicht erzielten Gewinnes zu einem Schadensersatzanspruch der Mitspieler gegen den „Beauftragten" in möglicherweise ungeahnter Höhe (denken Sie nur an den „Jackpot") aus § 280 Abs. 1 BGB führen. Man wird daher wegen dieses „Blicks auf die möglichen Folgen" einen „Rechtsbindungswillen" des „Beauftragten" verneinen und von einer zu nichts verpflichtenden bloßen Gefälligkeitszusage des Mitspielers ausgehen müssen.

(2) „Invitatio ad offerendum"

Die vorstehenden Fallkonstellationen sind aber letztlich doch von nur theoretischem Interesse; vom „Lottospieler-Gemeinschafts-Fall" einmal abgesehen werden Sie kaum Gelegenheit haben, darüber nachzusinnen, ob ein Angebot zum Abschluss eines Vertrages daran scheitert, weil lediglich eine „Gefälligkeit" gewollt war. Ernst wird es für Sie aber dann, wenn die **Frage zu diskutieren** ist, ob ein **„Angebot"** oder ob doch nur eine **„invitatio ad offerendum"** vorliegt, bei folgenden Konstellationen:

- der Übersendung von **Katalogen,** der Auslage von **Speisekarten,** der Veröffentlichung von **Inseraten,**

- der Ausstellung von Ware im **Schaufenster**,
- der Präsentation von Ware im **Selbstbedienungsgeschäft**,
- wobei Sie diese Diskussionen aber bitte nur dann beginnen, wenn in den Katalogen etc. der **Vertragsgegenstand (beim Kauf: die Ware)** und die **Gegenleistung (beim Kauf: der Preis)** inhaltlich ausreichend **bestimmt** sind, also die „essentialia negotii" bezeichnet werden.
- Besonders vertrackt ist die Rechtslage bei einem **„freibleibenden Angebot"**.

Über die Ergebnisse besteht teilweise Einigkeit. Speziell die Erklärungen in **Katalogen, Speisekarten** und in **Inseraten** sind lediglich **„Werbung"**, also **kein Angebot**. Das ergibt sich aus der folgenden, bei der von Ihnen vorzunehmenden Untersuchung, ob ein „Rechtsbindungswille" vorliegt, anzustellenden sehr einfachen Überlegung: Die Erklärung richtet sich in diesen Fällen an eine unbestimmte Zahl von Personen. Wenn mehrere der durch die Erklärung angesprochenen Personen die „Annahme" in Gestalt eines bloßen „Ja" mit der automatischen Folge eines jeweiligen Vertragsschlusses erklären würden, würde die Nachfrage wahrscheinlich irgendwann den vorhandenen Vorrat übersteigen; bei einer Speziesschuld wäre dies sogar bereits bei zwei derartigen „Annahmeerklärungen" der Fall. Die Konsequenz wäre, dass der Erklärende infolge der zwangsläufig daraus resultierenden Nichterfüllung von einer Vielzahl von Verträgen automatisch nach §§ 280 Abs. 1, 3, 283 BGB oder nach § 311 a Abs. 2 BGB schadensersatzpflichtig wäre. Dass der Erklärende ein derartiges ihm nachteiliges Ergebnis nicht eintreten lassen will, weiß auch der **sorgfältige „objektive Empfänger"**, auf den es hier für die Frage des „Rechtsbindungswillens" ankommt (**§ 157 BGB**). Also fehlt es in diesen Fällen unzweifelhaft an einem „Rechtsbindungswillen" des die Erklärung Abgebenden. Immer wieder diskutiert wird die Frage, ob nicht jedenfalls die mit einer Preisauszeichnung versehene **Schaufensterauslage** ein „Angebot" sein kann.

Fall 36: Im Schaufenster des von der W-AG betriebenen Warenhauses ist am „Körper" einer Schaufensterpuppe ein Pullover mit der Preisauszeichnung „€ 200,-" ausgestellt, der der vorbeiflanierenden Frustkäuferin E. L. Libis (L) sehr gefällt und der ihr – wie sie sogleich erkennt – auch der Größe nach passen würde. Als die Verkäuferin zur L sagt, dass dieser Pullover leider nicht mehr auf Lager sei, verlangt die L Zug-um-Zug gegen Zahlung von € 200,- Lieferung des Pullovers aus dem Schaufenster. Die Verkäuferin lehnt es ab, die Schaufensterpuppe zu entkleiden und den Pullover an die L zu übereignen und zu übergeben, weil dann das Schaufenster neu dekoriert werden müsste.

Der Anspruch könnte sich aus einem Kaufvertrag (§ 433 Abs. 1 S. 1 BGB) ergeben, wenn die Ausstellung des Pullovers nebst Preisauszeichnung im Schaufenster ein Angebot der W-AG zum Abschluss eines Kaufvertrages wäre, das dann die L durch Erklärung gegenüber der Verkäuferin (§§ 164 Abs. 3 BGB, 56, 6 Abs. 1HGB, 3 Abs. 1 AktG) angenommen hätte. Ein Angebot der W-AG liegt jedoch nicht vor. a) Zwar ist der in der Ausstellung des Pullovers liegende Kundgabeakt aa) wegen der Konkretisierung des Kaufgegenstandes und der Preisauszeichnung inhaltlich vollständig („essentialia negotii"); dass ein Vertragspartner nicht bezeichnet wird, ist unbeachtlich, weil es sich um eine Erklärung an die Allgemeinheit handeln würde. bb) Die Erklärung ist auch inhaltlich ausreichend bestimmt. b) Diese Präsentation lässt aber nicht den Schluss auf einen Rechtsbindungswillen im Sinne eines Angebots der W-AG zu. Das ergibt eine Auslegung nach den §§ 133, 157 BGB: Nach der maßgeblichen Sicht eines sorgfältigen „objektiven Empfängers" ist davon auszugehen, dass die W-AG sich mit der Schaufensterdekoration noch nicht binden wollte, sondern nur etwaige Interessenten zur Abgabe eines Angebots auffordern wollte („invitatio ad offerendum"). aa) Zur Begründung wird häufig ausgeführt, dass anderenfalls die W-AG jedem, der seinen Kaufwillen durch ein bloßes „Ja" (= ich nehme das Angebot an) äußert, bei nicht vorhandener Ware am Lager zum Schadensersatz statt der Leistung nach §§ 280 Abs. 1, 3, 283 oder §§ 311 a Abs. 2, 283 BGB verpflichtet wäre, und dass die W-AG, um dieses Ergebnis zu vermeiden, die Dekoration ständig an den Umfang der Lagerhaltung anpassen müsste. Dass ein Großanbieter von Waren dies nicht wolle, müsse sich ein „sorgfältiger objektiver Empfänger" sagen. Daher liege im Ausstellen der Ware im Schaufenster auch dann kein Angebot, wenn ein Preisschild angeheftet ist. Dem könnte man jedoch entgegenhalten, dass diese Einwände nicht zutreffen, wenn man die Präsentation von preisausgezeichneter Ware im Schaufenster als Angebot zum Verkauf nur dieses Einzelstückes auslegt. bb) Gegen die Annahme eines Rechtsbindungswillens spricht jedoch, dass ein „sorgfältiger objektiver Empfänger" sich sagen muss, dass der Aussteller von Waren nicht zu einer Umdekoration des Schaufensters auf den Kaufwunsch eines Kunden hin bereit ist.

Auch über dieses Ergebnis streitet eigentlich keiner. Zweifelhaft kann daher allenfalls die Konstellation sein, wenn im **Selbstbedienungsladen** die im Regal befindliche Ware preisausgezeichnet ist, und zwar entweder durch ein Preisetikett an der Ware selbst, oder durch ein die Strich-Codierung der Ware lesbar machendes bereit stehendes Lesegerät oder schließlich durch eine zur Strich-Codierung hinzutretende zusätzliche Preisauszeichnung am Regal. Damit sind die „essentialia negotii" gegeben. Dass der Vertragspartner nicht bezeichnet ist, ist aus den im Fall zuvor genannten auch hier geltenden Gründen unerheblich. Der dort maßgebliche Einwand gegen einen Rechtsbindungswillen ist hier jedoch nicht einschlägig. Denn hier kann es angesichts des Umstandes, dass sich die Erklärung ja nur auf die im Regal ausgelegte, also vorhandene Ware bezieht, nicht dazu kommen, dass der Geschäftsinhaber aus §§ 280 Abs. 1, 3, 283 bzw. § 311 a Abs. 2 BGB deshalb auf Schadensersatz in Anspruch genommen werden kann, weil er die Ware nicht vorrätig hat. Weil die Ware auch zum Verkauf bestimmt ist, entfällt hier auch das gegen ein Angebot sprechen könnende Argument, durch einen Kaufvertrag und eine infolge dessen erfolgende Erfüllung würde eine Dekoration entwertet. Man kann also in der Auslage der preisausgezeichneten Ware im Regal zwanglos ein „Angebot" des Geschäftsinhabers sehen. Allerdings wird man dann nicht annehmen dürfen, dass der Kunde ein solches Angebot bereits mit dem Legen der Ware in den Warenkorb annimmt, denn aus der Sicht eines sorgfältigen „objektiven" Empfängers der im Verhalten des Kunden liegenden Erklärung wird man nicht davon ausgehen können, dass der Kunde bereits zu diesem Zeitpunkt einen „Rechtsbindungswillen" hat, denn er (und übrigens auch der Betreiber des Selbstbedienungsladens) will bis in die „Kassenzone" hinein seine Wahlfreiheit (Zurücklegen, Austauschen der Ware) behalten; der Kaufvertrag soll erst mit der Vorlage der Ware in der Kassenzone zustande kommen. Ob aber bereits die Präsentation der Ware an der Kasse die Annahme ist, dürfte zweifelhaft sein, denn auch jetzt will der Kunde noch frei sein, sich umzuentscheiden. Und auch der Geschäftsinhaber möchte sicher nicht jedem die Ware an der Kasse präsentierenden Kunden verpflichtet sein. Denken Sie nur an den Alkoholisierten, der einige Flaschen Wodka vorlegt. Daher wird man annehmen müssen, dass es der Kunde ist, der durch die Präsentation der Ware an der Kasse das Angebot macht, welches dann durch das Eingeben der Stückzahl und des Preises oder der Warencodierung in die Kasse von dem Kassenpersonal, das den Inhaber vertritt (§ 164 BGB i.V.m. § 56 HGB), angenommen wird. Der **Vertragsschluss bei einer Internet-Auktion** lässt sich auf unterschiedliche Weise konstruieren: Weil das Höchstgebot kein „Zuschlag" ist, kommt bei Internet-Auktionen der Vertrag nicht nach § 156 BGB zustande, sondern nach den §§ 145 ff. BGB durch „Angebot" und „Annahme". Angenommen wird, dass die Freischaltung der Angebotsseite ein verbindliches Angebot ist (§ 7 Nr. 1 der Allgemeinen Geschäftsbedingungen von e-Bay) und dass das Gebot die Annahme dieses Angebots ist (§ 7 Nr. 2 der Allgemeinen Geschäftsbedingungen von e-Bay); der Internet-Auktionator ist dann jeweils der Empfangsvertreter der Parteien (§ 164 Abs. 3 BGB). Der Vertragsschluss erfolgt allerdings unter der auflösenden Bedingung eines höheren Gebots in der Bietfrist (§ 158 Abs. 2 BGB) oder (so kann man es auch sehen) unter der aufschiebenden Bedingung, dass kein höheres Gebot innerhalb der Bietfrist abgegeben wird (§ 158 Abs. 1 BGB). Man kann den Vertragsschluss aber auch in sehr kunstvoller Weise so konstruieren, dass die Freischaltung der Internet-Seite die vorweg erklärte Annahme des bei Bietschluss vorliegenden höchsten Gebots ist. Rechtsdogmatisch anspruchvoll ist die hier bisher noch unerörterte Frage, ob ein **„freibleibendes Angebot"** ein „Angebot" oder nur eine „invitatio ad offerendum" ist. Wenn es sich um ein Angebot handelte, bei dem in Abweichung von § 130 Abs. 1 S. 2 BGB der Widerruf des Angebots bis zum Vertragsschluss möglich sein soll, könnte es seine Funktion, dem Antragenden bis zum Vertragsschluss die Entscheidungsfreiheit zu belassen, dann nicht erfüllen, wenn der Empfänger sofort „Ja" sagt. Daher spricht mehr dafür, bei einem „freibleibenden Angebot" nach §§ 133, 157 BGB eine bloße „invitatio ad offerendum" anzunehmen, so dass der Empfänger durch seine „Annahme" das Angebot erklärt und der „freibleibend" Anbietende die zu einem Vertragsschluss führende Annahme erklären kann; es stellt sich dann die interessante und so oder so zu beantwortende Frage, ob das Schweigen des freibleibend Anbietenden auf die als Antrag anzusehende Angebotserklärung in Abweichung von der Regel, dass Schweigen keine Annahme bedeuten kann, zum Vertragsschluss führt.

b) Die Abschlussfreiheit

Nachdem wir nun wissen, unter welchen Voraussetzungen man vom Vorliegen eines Antrags (dem ersten „Baustein" eines Vertrages) ausgehen kann, müssen wir uns jetzt verdeutlichen, dass ein Antrag für den „anderen Teil" (zuweilen auch „Antragsgegner" genannt, wiewohl dieser keineswegs ein „Feind" des Antragstellers ist) für sich gesehen noch keinerlei Rechtsfolgen hat, sondern nur die Möglichkeit für den Antragsgegner begründet, diesen Antrag anzunehmen. Derjenige, dem gegenüber ein Antrag erklärt worden ist, ist also in seiner Entscheidung, ob er durch die Annahme den Vertragsschluss herbeiführen will, frei **(„Abschlussfreiheit")**.

> Die bereits einmal erwähnte Privatautonomie gewährleistet nämlich nicht nur das bereits erwähnte **Vertragsprinzip** (§ 311 Abs. 1 BGB), sondern auch die **Vertragsfreiheit** mit ihren **„drei Freiheiten"**: die (hier interessierende) **Abschlussfreiheit**, die **Inhaltsfreiheit** (dazu später mehr) und die **Formfreiheit** (dazu später mehr).

Das **Prinzip der Abschlussfreiheit** ist aber teilweise durch einen gesetzlichen **„Kontrahierungszwang"** durchbrochen, und zwar

- durch **ausdrückliche gesetzliche Bestimmungen** z.B. bei Monopolunternehmen des öffentlichen Versorgungswesens (z.B. Energieversorgung: § 6 EnergiewirtschaftsG; Transport: § 22 PersonenbeförderungsG), der **Rechtspflege** (Pflichtverteidigung: § 48 f. BRAO), und bei **marktbeherrschenden Unternehmen** (§ 26 Abs. 2 GWB).

- Ein Kontrahierungszwang besteht auch, wenn die Ablehnung eines Vertragsschlusses durch Nichtannahme des Antrags eine vorsätzliche sittenwidrige Schädigung bedeuten würde (§ 826 BGB), z.B. beim **Angebot von Gütern oder Dienstleistungen** mit einer für den Antragenden **lebenswichtigen** (einschließlich seiner kulturellen Bedürfnisse), nicht notwendig überlebenswichtigen **Bedeutung** und keiner für ihn bestehenden zumutbaren Ausweichmöglichkeit.

- Die **Rechtsfolge eines Kontrahierungszwanges** ist ein **Anspruch auf** den **Abschluss eines Vertrages** oder – falls der zum Vertragsabschluss Verpflichtete auf einen ihm gegenüber erklärten Antrag geschwiegen hat – ein Zustandekommen des Vertrages, weil Schweigen in einem solchen Fall nach § 242 BGB die Bedeutung einer Annahmeerklärung hat (dazu sogleich mehr).

Fall 37: Der „Verein der Theaterfreunde (VTF) eV." in der Kleinstadt Waldhagen (W) hat sich zum Ziel gesetzt, in W auf der einzigen Bühne der Stadt, in der Stadthalle, zuvor einstudierte Theaterstücke aufzuführen. Dazu ist ihm für die Aufführung des Jahres 2002 die Stadthalle an 6 Wochenenden mietweise zur Verfügung gestellt worden, um das Musical „Neues aus Waldhagen" aufzuführen. Der Altstar H. R. Einke (R) des deutschen Theaters, der sich in W zur Ruhe gesetzt hat, gründet nunmehr den „Verein der deutschen Theaterkunst (VTK) eV."; er möchte auf diese Weise Gelegenheit haben, zusammen mit einigen einzuladenden älteren Kollegen „auf seine alten Tage" noch ein wenig Theater zu spielen; er will Goethes „Faust" mit sich in seiner Paraderolle als Famulus nach dem Vorbild der berühmten Gründgens-Inszenierung der späten fünfziger Jahre aus dem Hamburger Schauspielhaus einstudieren. Der VTK bietet der Stadt W den Abschluss eines Mietvertrages für die Stadthalle zu den gleichen Vertragsbedingungen wie für den VTF an, um seine Einstudierungen an 6 anderen Wochenenden zu zeigen. Der hierfür zuständige Bürgermeister der Stadt W lehnt den Antrag des VTK ab, weil in W nur ein begrenzter kultureller Bedarf im Umfang von 6 Aufführungen im Jahr bestehe und weil das schauspielerische Können des R und seiner Kollegen die Niveauunterschiede zu der anderen nur mit Laienschauspielern besetzten Truppe zu deutlich machen würde. Hat der VTK gegen W einen Anspruch auf Überlassung der Stadthalle?

Der Anspruch könnte sich a) aus einem Mietvertrag ergeben (§ 535 Abs. 1 S. 1 BGB). Dann müsste ein Mietvertrag geschlossen worden sein. aa) Ein Antrag des VTK liegt vor. bb) Die Stadt W hat ihn jedoch nicht angenommen. b) Der VTK hat jedoch einen Anspruch auf Abschluss eines Mietvertrages aus §§ 826, 89, 31, 249 Abs. 1 BGB: aa) Die Monopolstellung der Stadt W verpflichtet sie dazu, den Antrag anzunehmen, wenn dem keine triftigen Gründe entgegenstehen: Hier ist die Ablehnung sittenwidrig (arge. Art. 5 Abs. 3 GG). Der Bürgermeister hat vorsätzlich gehandelt; dies ist der Gemeinde W nach §§ 89, 31 BGB zuzurechnen. bb) Der Schaden aaa) des VTK besteht in dem Nichtabschluss des Vertrages. bbb) Der Schaden ist nach § 249 Abs. 1 BGB durch Naturalrestitution (Abschluss eines Mietvertrages) zu ersetzen.

c) Die Annahme

Die Annahmeerklärung muss sich natürlich **auf das Angebot beziehen,** man sagt auch: Sie muss **mit dem Angebot „korrespondieren".**

Weil auch die **Annahmeerklärung eine Willenserklärung** ist, können wir weitgehend **auf den vorstehend gewonnenen Erkenntnissen** aufbauen. Wenn Sie daher meinen, dass Sie deshalb hier zur Vermeidung einer „Doppelung" der Ausführungen nichts über das Erfordernis eines „Handlungswillens" und eines mindestens „potentiellen Erklärungsbewusstseins" und über die Notwendigkeit einer Entäußerung des Angebots und des Zugangs lesen werden, haben Sie im Prinzip recht.

Aber: Es gibt einige zu beachtende **Besonderheiten der Annahme**, die hier behandelt werden müssen, und zwar

- beim **objektiven Tatbestand**
- und im Zusammenhang mit § 151 BGB bei der **Frage des Erklärungsbewusstseins** und des **Wirksamwerdens der Annahme (Zugang).**

aa) Objektiver Tatbestand

Ob der objektive Tatbestand einer vertraglichen Willenserklärung (hier der einer Annahme) vorliegt, wird – Sie entsinnen sich – wie folgt festgestellt:

> 1. Der „**Kundgabeakt**" kann in einer **ausdrücklichen Erklärung** oder in schlüssigem **(„konkludentem") Verhalten** liegen. Ob das **Schweigen** des Antragsgegners auf einen Antrag eine Annahmeerklärung ist, entscheiden dagegen nicht §§ 133, 157 BGB, sondern normative Überlegungen besonderer Art.
>
> 2. Bei der Frage, ob der sich **ausdrücklich, konkludent** oder **schweigend Erklärende** einen **auf den Abschluss eines bestimmten Rechtsgeschäftes** (hier: auf den Abschluss eines Vertrages) gerichteten **„Rechtsfolgewillen"** hat, geht es in theoretischer Hinsicht um Ihnen längst bekannte Fragen mit den immer gleichen Antworten:
>
> Auch hier – weil auch die Annahmeerklärung eine „empfangsbedürftige Willenserklärung" ist – werden die §§ 133, 157 BGB angewendet:
>
> - Auf die **subjektiven Vorstellungen des Erklärenden (§ 133 BGB: wirklicher Wille)** kommt es nur dann an, wenn der Empfänger, also der Antragende, erkannt hat, was der Erklärende, also der Antragsgegner, gemeint hat.
>
> - Ansonsten ist **nicht auf die wirklichen (subjektiven) Vorstellungen** der Person, von der der Kundgabeakt stammt, also nicht auf die Sicht des „Antragsgegners" abzustellen; sondern es kommt auf die Vorstellungen eines **sorgfältigen „objektiven Empfängers"** (hier des Antragenden) an, also darauf, ob eine **objektivierte Auslegung der Erklärung** den Schluss erlaubt, dass ein auf die Annahme des Angebots, also auf den Abschluss eines Vertrages gerichteter „Rechtsfolgewillen" besteht (**§ 157 BGB**).

(1) Kundgabeakt

Im **Idealfall** besteht bei der Annahme eines Angebots der Kundgabeakt in einem „**Ja**" oder in einem „**Einverstanden**". Häufig liegt die Annahmeerklärung in einem **konkludenten Verhalten**, z.B. in einer Kaufpreiszahlung. Schwierig zu beurteilen sind die Fälle von **Zueignungs- oder Gebrauchshandlungen** bei **unbestellt zugesendeten Sachen**.

Wenn in der **Zusendung** (wie meist) ein **Vertragsangebot** liegt, wird man in der **Regel** sagen müssen, dass **Zueignungs- und Gebrauchshandlungen eine konkludente Annahmeerklärung** sind, auf deren Zugang der Anbietende verzichtet hat (§ 151 BGB).

Fall 38: Der mit dem Historiker Histo (H) bekannte Privatmann P, der schon häufiger Bücher an H verkauft hat, weiß, dass H ganz dringend ein sehr seltenes und wertvolles wissenschaftliches Werk über die Kriminalität im Mittelalter sucht. Als der P das Buch zufällig durch eine Erbschaft erlangt, übersendet er es verbunden mit einem Kaufangebot an den H. Der H arbeitet damit und stellt es in seine Bibliothek. Den Kaufpreis zahlt der H nicht. Der P verlangt Zahlung.

Ein Anspruch könnte sich aus einem Kaufvertrag ergeben (§ 433 Abs. 2 BGB). a) Der P hat dem H durch die Übersendung des Buches, verbunden mit der Nennung des Preise, zugleich aa) auch ein Angebot zum Abschluss des Kaufvertrages gemacht, bb) das dem H zugegangen ist. b) Der H hat aa) das Angebot durch die Ingebrauchnahme des Buches angenommen. bb) Die Annahmeerklärung ist dem P zwar nicht zugegangen; hierauf hat er aber verzichtet (§ 151 BGB). Also ist der Kaufvertrag zustandegekommen.

Wenn es sich **aber** bei der Zusendung unbestellter Sachen um ein **Angebot eines Unternehmers (§ 14 BGB)** an einen **Verbraucher (§ 13 BGB)** handelt, liegt es anders: Denn nach **§ 241 a BGB** wird durch die Lieferung unbestellter Sachen „ein Anspruch" gegen den Verbraucher „nicht begründet". Da der Verbraucher infolgedessen auch unabhängig von einem Vertragsschluss berechtigt ist, die Sache zu benutzen und zu behalten, müssen Zueignungs- und Gebrauchshandlungen aus der Sicht eines vernünftigen Anbietenden nicht automatisch als Annahmeerklärung verstanden werden. Vielmehr kommt der Vertrag in einem solchen Fall nur durch eine ausdrückliche Annahmeerklärung oder durch eine konkludente Handlung, wie eine Kaufpreiszahlung, zustande.

Variante: Wie wäre es, wenn P ein Buchhändler wäre: Kann der P von H 1. Zahlung, 2. mindestens aber a) Herausgabe oder Rückübereignung des Buches verlangen und b) Schadensersatz wegen eines von H durch ein Zigarrenrauchen beim Lesen hervorgerufenes Brandloches?

1. Im Hinblick auf § 241 a BGB können bei einer Lieferung unbestellter Sachen durch einen Unternehmer an einen Verbraucher Zueignungs- und Gebrauchshandlungen nicht als Annahmeerklärung, auf deren Zugang nach § 151 BGB verzichtet wird, angesehen werden; der Vertrag kommt in einem solchen Fall nur durch ausdrückliche Annahmeerklärung oder durch eine konkludente Handlung, wie eine Kaufpreiszahlung, zustande. Da es daran fehlt, ist kein Vertrag zustande gekommen. 2. Der P könnte aber jedenfalls a) die Herausgabe oder die Rückübereignung des Buches verlangen. Dieser Anspruch besteht jedoch ungeachtet der Frage, ob der H Eigentümer oder nur Besitzer des Buches geworden ist, nicht, denn in § 241 a Abs. 1 BGB heißt es:"...wird ein Anspruch nicht begründet". aa) Daraus wird abgeleitet, dass dem unbestellt Zusendenden nicht nur keine vertraglichen Ansprüche, sondern auch keine gesetzlichen

Ansprüche zustehen sollen, also auch kein aaa) Herausgabeanspruch aus § 985 BGB bzw. bbb) kein Anspruch auf Rückübereignung und Besitzverschaffung aus § 812 Abs. 1 S. 1 1. Fall BGB („Leistungskondiktion"), bb) während andere annehmen, dass derartige Ansprüche bestehen sollen, wenn dadurch keine schutzwürdigen Belange des Verbrauchers (H) beeinträchtigt würden, was man hier ohne weiteres annehmen kann. b) Dass den Verbraucher keinerlei Aufbewahrungs- und Erhaltenspflichten treffen, ist völlig unbestritten, so dass je nach Standpunkt keine Ansprüche aus §§ 989, 990 BGB bzw. § 823 Abs. 1 BGB oder §§ 280 Abs. 1, 241 Abs. 2 BGB bestehen können.

Was die schwierige Frage, ob **Schweigen** eine **Annahmeerklärung** ist, angeht, so wissen Sie längst: Einen Rechtssatz des Inhalts „qui tacet consentire videtur" (= wer schweigt, stimmt zu) gibt es nicht. Umgekehrt ist aber auch die pauschale Aussage, dass Schweigen das Gegenteil einer „Erklärung" sei, also auch keine Willenserklärung, mithin auch keine Annahmeerklärung sein könne, unzutreffend. Sondern richtig ist, dass es Einzelfälle gibt, in denen ein **Schweigen als zustimmende Willenserklärung (Annahme)** angesehen werden kann, nämlich die,

- in denen das **Gesetz** einem **Schweigen** die **Bedeutung einer Zustimmung** (§§ 416 Abs. 1 S. 2, 516 Abs. 2, BGB, 362 HGB) beimisst;
- in denen es eine **Vereinbarung** gibt, nach deren Inhalt ein **Schweigen die Bedeutung eines „Ja"** haben soll
- und in denen **entgegen** einer sich aus **„Treu und Glauben"** (§ 242 BGB) ergebenden **Pflicht zum Widerspruch** geschwiegen wird und in denen daher ein **Schweigen: „Ja" bedeutet**.
- Gleiches gilt, wenn auf ein sog. **„kaufmännisches Bestätigungsschreiben"** geschwiegen wird.

Die beiden ersten Fälle bereiten keine Schwierigkeiten, wohl aber die beiden letzen Konstellationen:
Unter bestimmten Voraussetzungen soll nach **§ 242 BGB**

- das **Schweigen** des ursprünglich Antragenden **auf die verspätete Annahme**, die nunmehr als neues Angebot gilt (§ 150 Abs. 1 BGB), als **Annahme** gewertet werden können (hier muss schon einmal auf die – gleich im Anschluss vertieft erörterte – Frage des Erlöschens eines Angebots vorgegriffen werden; Sie sollten diesen kleinen „Sprung nach vorn" aber durchaus „verkraften" können!).

Fall 39: Der Galerist V bietet dem Kunsthändler K am Montag, den 7. Oktober 2002, per Fax ein bestimmtes, ganz seltenes und sehr gesuchtes Bild, das der K bereits bei V besichtigt hatte, zum Kauf zu einem bestimmten Preis an. Der K, der das Bild mit Gewinn an einen bereits auf das Bild „wartenden" Interessenten weiterverkaufen kann, entscheidet sich auf der Stelle für den Erwerb; er sendet noch am gleichen Tag, also am 7. Oktober 2002, einen dann am Vormittag des Mittwoch, den 9. Oktober 2002, zugestellten Brief mit der Annahmeerklärung an den V und bittet um sofortige Lieferung Zug-um-Zug gegen Zahlung des Preises. Der V, der bereits am Dienstag, den 8. Oktober 2002, einen anderen Käufer gefunden hatte und der das Bild an diesen Zug-um-Zug gegen Kaufpreiszahlung übereignet und übergeben hatte, reagierte auf das Schreiben des K nicht mehr. Der K verlangt von dem V Lieferung oder – falls der Anspruch ausgeschlossen sein sollte – Schadensersatz.

148 Teil 3. Vertragliche Primäransprüche

Ein Anspruch des K gegen V 1. auf Lieferung aus § 433 Abs. 1 BGB a) setzt den Abschluss eines Kaufvertrages voraus. aa) Ein aaa) Angebot des V aaaa) lag vor. bbbb) Es war ausreichend bestimmt. bbb) Es ist dem K zugegangen. bb) Der K hat das Angebot aaa) angenommen; bbb) die Annahmeerklärung ist dem V auch zugegangen. cc) Das Angebot könnte jedoch bereits erloschen gewesen sein, als dem V die Annahmeerklärung des K zuging, aaa) und zwar nach §§ 146, 147 Abs. 2 BGB. Die Annahmefrist des § 147 Abs. 2 BGB berechnet sich so, dass zu einer angemessenen Überlegungszeit (diese ist gewahrt, denn K entscheidet sich „auf der Stelle") diejenige Zeit, die für den Transport der Annahmeerklärung zu erwarten war (bei Verwendung des gleichen Erklärungsmittels wie beim Antrag), hinzugerechnet werden muss. Da der K ein anderes deutlich langsameres Transportmittel verwendet hatte als der V, war die Annahmefrist des § 147 Abs. 2 BGB am 9. Oktober 2002 überschritten. Das Angebot des V war daher erloschen. bbb) § 149 BGB greift nicht ein. dd) Die verspätete Annahme des K ist daher nach § 150 Abs. 1 BGB ein neuer Antrag des K. ee) Diesen neuen Antrag hat der V aaa) nicht ausdrücklich bbb) und auch nicht konkludent angenommen. ccc) Das Schweigen des V auf das neue Angebot des K könnte aber wie eine Annahmeerklärung behandelt werden: Grundsätzlich hat Schweigen allerdings gerade nicht die Bedeutung einer Annahmeerklärung. Ein Schweigen kann aber nach § 242 BGB als Annahmeerklärung anzusehen sein, wenn es treuwidrig ist, dass der Empfänger eines neuen Angebots i.S.d. § 150 Abs. 1 BGB dem anderen Teil nicht erklärt, dass er den Vertrag im Hinblick auf die Verspätung der Annahmeerklärung nicht mehr abschließen will. Das ist jedenfalls dann anzunehmen, wenn erkennbar ist, dass der andere Teil, weil er (wie hier der K als Kunsthändler) mit potentiellen Abnehmern auf Klarheit angewiesen ist und die Fristüberschreitung geringfügig ist. Also ist der Vertrag zustande gekommen und der Anspruch ist entstanden. b) Der Vertrag ist jedoch ein solcher ohne eine primäre Leistungspflicht, weil der Anspruch aufgrund eines vor Vertragsschluss liegenden Umstandes nach § 275 Abs. 1 BGB „ausgeschlossen" ist. 2. Der K könnte jedoch einen Anspruch aus § 311 a Abs. 2 BGB haben (dazu später mehr).

- Weiterhin soll das Schweigen des ursprünglich Antragenden auf einen neuen Antrag des anderen Teils nach **§ 150 Abs. 2 BGB** (dazu sogleich mehr), bei einer nur **geringfügigen Abweichung** der Annahmeerklärung vom ursprünglichen Antrag nach § 242 BGB als Annahmeerklärung des ursprünglich Antragenden angesehen werden können.

- Darüber hinaus hat der BGH – gegen die eine Vergewisserung des Antragenden für zumutbar haltende Lehre (Medicus) – sogar ein Schweigen auf einen **Antrag**, der in allen wichtigen Punkten den **Vorverhandlungen entsprach**, als Annahme angesehen.

- Hat eine ein Angebot ergänzende „**Freiklausel**" („ich biete das Auto für € 10 000,- freibleibend zum Kauf an") die rechtliche Konsequenz, dass wegen der Verwendung der Freiklausel lediglich eine **„invitatio ad offerendum"** vorliegt, und „nimmt" der andere Teil das „Angebot an", so handelt es sich bei dieser „Annahme" in Wahrheit um den Antrag. Lehnt der „freibleibend" Anbietende diesen Antrag nicht ab, so ist der Vertrag zustandegekommen.

- Wie Sie bereits wissen, bedeutet beim Bestehen einer **Kontrahierungspflicht** ein Schweigen des zum Vertragsabschluß verpflichteten auf ein Angebot Zustimmung, so dass dadurch der Vertrag zustandegekommen ist.

- Dagegen gehört hierher **nicht** das Zustandekommen eines Vertrages nach **§ 151 BGB** (typischer Anfängerfehler!!!); dazu sogleich mehr.

Durch Rechtsfortbildung ist der ursprünglich für das Handelsrecht, jetzt auch im Bürgerlichen Recht geltende (und sogar einmal im Gesetz erwähnte: lesen Sie § 1031 Abs. 2 ZPO!) Rechtssatz entwickelt worden, dass beim Schweigen auf ein sog. „kaufmännisches Bestätigungsschreiben" ein Vertrag unter folgenden Voraussetzungen zustande kommen kann:

- Es müssen **Verhandlungen** stattgefunden haben, die **in** dem **Bestätigungsschreiben** seitens des Absenders des „kaufmännischen Bestätigungsschreibens" gegenüber dem Empfänger als **endgültiger Vertragsschluss dargestellt** werden.
- Der **Absender** des „kaufmännischen Bestätigungsschreibens" muss von der **Richtigkeit** des bestätigten Sachverhalts **überzeugt** sein.
- Der Absender und der Empfänger des „kaufmännischen Bestätigungsschreibens" müssen **Kaufleute** oder jedenfalls **ähnlich einem Kaufmann** am Geschäftsleben teilnehmende Personen sein.
- Der **Empfänger** des „kaufmännischen Bestätigungsschreibens" hat diesem **nicht unverzüglich widersprochen**.

(2) „Rechtsbindungswille"

Zur Frage des „**Rechtsbindungswillens**" des **Annehmenden** gibt es keine Besonderheiten.

Zur Illustration der Relevanz des Rechtsbindungswillens auch für die Annahme soll noch einmal auf das Thema des Vertragsschlusses beim Kauf im **Selbstbedienungsladen** eingegangen werden:

Wenn man (was – wie oben dargestellt – ohne weiteres vertretbar ist) dazu kommt, dass in einer Auslage von preisausgezeichneter Ware im Regal eines Selbstbedienungsladens ein Angebot zum Abschluss eines Kaufvertrages seitens des Geschäftsinhabers liegt, wird man in der Tatsache, dass der Kunde die Ware in den Warenkorb legt, keine Annahmeerklärung des Kunden sehen können, denn aus der Sicht eines **sorgfältigen „objektiven Empfängers"** wird man davon ausgehen müssen, dass der Kunde bis in die „Kassenzone" hinein die Wahlfreiheit (Zurücklegen, Austauschen der Ware) behalten möchte; übrigens ist daran auch der Betreiber des Selbstbedienungsladens interessiert. Der Kaufvertrag soll also erst mit der Vorlage der Ware in der Kassenzone zustande kommen. Ob aber bereits die Präsentation der Ware an der Kasse durch den Kunden die Annahme ist, dürfte zweifelhaft sein, denn auch jetzt will der Kunde noch frei sein, sich umzuentscheiden. Und auch der Geschäftsinhaber möchte sicher nicht jedem Kunden, der die Ware an der Kasse präsentiert, verpflichtet sein. Daher wird man annehmen müssen, dass es der Kunde ist, der durch die Präsentation der Ware an der Kasse das Angebot macht, welches dann durch das Eingeben der Stückzahl und des Preises oder der Warencodierung in die Kasse von dem Kassenpersonal, das den Inhaber vertritt (§ 164 BGB i.V.m. § 56 HGB), angenommen wird.

bb) Wirksamwerden der Annahme

Die Annahme **wird** wie jede Willenserklärung **wirksam** durch **Formulierung**, durch **Abgabe** und (weil sie eine empfangsbedürftige Willenserklärung ist) durch **Zugang (§ 130 Abs. 1 S. 1 BGB)**. Dazu wissen Sie eigentlich schon alles.

Was aber den **Zugang der Annahmeerklärung** angeht, so gibt es eine „berühmt-berüchtigte" **Ausnahme zu § 130 Abs. 1 S. 1 BGB**, nämlich den **§ 151 BGB**, in dem es heißt: „Der Vertrag kommt durch die Annahme des Antrags zustande, ohne dass die Annahme erklärt zu werden braucht, wenn ……". Hierbei handelt es sich **nicht** etwa (wie man bei vordergründigem Lesen der Vorschrift denken könnte!) um die gesetzliche Regelung eines Falles, in dem ein **Schweigen** des Annehmenden ausnahmsweise einmal **als Annahme** angesehen wird (!), **sondern** – wie gesagt – um den Fall einer **Ausnahme** zu **§ 130 Abs. 1 BGB**.

> Es muss bei § 151 BGB
>
> 1. nämlich eine **Annahmeerklärung** vorliegen!! Diese Annahmeerklärung muss getragen sein von einem **Handlungswillen** und anders als sonst (weil nämlich der Empfänger hier nicht schutzbedürftig ist) auch von einem **Erklärungsbewusstsein**.
>
> 2. Die Besonderheit besteht darin, dass der **Zugang** der Annahmeerklärung unter den gesetzlichen Voraussetzungen des § 151 BGB **entbehrlich** ist, also „…. wenn eine solche Erklärung nach der Verkehrssitte nicht zu erwarten ist oder Antragende auf sie verzichtet hat", nämlich:
>
> Wenn nach der **Verkehrssitte** ein Zugang der Annahmeerklärung nicht zu erwarten ist, z.B. bei einem Kauf im Versandhandel, bei dem das Angebot in der Bestellung des Kunden und die Annahmeerklärung in der Aufgabe zum Versand liegt, so dass der Vertrag bereits durch die Aufgabe zum Versand zustandekommt und nicht erst beim Erhalt der Ware,
>
> oder wenn der **Antragende** (auch schlüssig) auf einen Zugang **verzichtet** hat, so bei der Übersendung unbestellter Waren, so dass in der Ingebrauchnahme unbestellt zugesandter Waren der Kaufvertrag zustande kommt (allerdings, wie Sie ja wissen, gilt dies wegen § 241 a BGB i.d.R. nicht bei Zusendung durch einen Unternehmer an einen Verbraucher!); oder es kommt ein Beherbungsvertrag zustande bei einer per Fax übersandten bzw. einer (früher üblichen) telegraphischen Hotelzimmerbestellung bereits durch die Eintragung in das für Zimmerreservierungen vorgesehene Reservierungsbuch des Hotels.

Fall 40: Der mit dem Historiker Histo (H) bekannte Privatgelehrte P, der schon häufiger Bücher von H geliehen hat und auch Bücher an H verkauft hat, erinnert sich, als er ein ganz seltenes wissenschaftliches Buch über Henker im Mittelalter erbt, daran, dass der H dieses Buch schon immer gesucht hat, und schickt es, verbunden mit einem Verkaufsangebot, an den H. Der H, der annimmt, der P· sende ihm endlich ein bei ihm schon vor langer Zeit entliehenes Buch zurück, liest den beigefügten Brief gar nicht erst, sondern stellt das Buch ohne weiteres Hinsehen in das „Henker und Folterer"-Regal seiner Bibliothek. Der P verlangt Zahlung des Kaufpreises.

> Ein Anspruch könnte sich aus einem Kaufvertrag ergeben (§ 433 Abs. 2 BGB). a) Der P hat dem H durch die Übersendung des Buches, verbunden mit der Nennung des Preises, zugleich aa) auch ein Angebot zum Abschluss des Kaufvertrages gemacht, bb) das dem H zugegangen ist. b) Der H hat aa) bei objektiver Betrachtungsweise das Angebot durch eine Betätigung des Annahmewillens (die Ingebrauchnahme des Buches) angenommen. bb) Diese Annahmeerklärung ist dem P zwar nicht zugegangen; hierauf hat er aber verzichtet (§ 151 BGB). cc) Für einen Vertragsschluss nach § 151 BGB ist aber ein wirklich existierender Annahmewille (also ein Erklärungsbewusstsein) erforderlich. Da es bei H daran fehlt, ist kein Kaufvertrag zustandegekommen.

d) Fortbestehen des Angebots

Inzwischen (denken Sie nur an den bereits von Ihnen bearbeiteten Bilder-Kauf-Fall) wissen Sie längst, dass ein Vertragsschluss rein technisch gesehen weiter voraussetzt, dass das **Angebot bei Zugang der korrespondierenden Annahmeerklärung noch existent war.** Nur dann ist es überhaupt „annahmefähig"; ansonsten geht die Annahmeerklärung „ins Leere".

Wir müssen uns also der Frage der **„Lebensdauer"** eines **Antrags** zuwenden.

> Vorab dazu die folgende **Übersicht**: Die Annahmefähigkeit des Angebots entfällt durch das Erlöschen des Antrags
>
> **wie bei jeder Willenserklärung**, also ganz allgemein und unabhängig von der Natur der Erklärung als Angebot (**„willenserklärungsspezifisch"**), infolge eines **Widerrufs** der **Angebotserklärung** bis zu deren Zugang (§ 130 Abs. 1 S. 2 BGB); hierzu finden Sie alles Nötige bei den allgemeinen Ausführungen zum Erlöschen von Willenserklärungen, so dass wir hier darauf nicht mehr eingehen,
>
> sowie speziell bei Angeboten (**„angebotsspezifisch"**) bei einem **Widerruf eines unter Ausschluss der Gebundenheit erklärten Antrags** (§ 145 BGB), bei der **Ablehnung** eines Antrags (§ 146 Fall 1 und § 150 Abs. 2 BGB), bei einem **Zeitablauf** (§§ 146, 147 ff. BGB) und (ausnahmsweise) infolge des **Todes oder der Geschäftsunfähigkeit des Anbieters** (§ 153 BGB).

Was die **Erlöschensgründe** für **vertragliche Willenserklärungen im Besonderen** (also die **„angebotsspezifischen"** Erlöschensgründe) angeht, auf die wir uns hier jetzt konzentrieren wollen,

- so ist der **Antrag in der Regel nach** seinem **Zugang bindend (§ 145 HS. 1 BGB)**. Sollte der **Antrag** jedoch wegen einer entsprechenden (einseitig möglichen!) Bestimmung (= Ausschluss der Bindung) des Antragenden **widerruflich** sein, so kann der Erklärende (also über die zeitlichen Grenzen der „willenserklärungsspezifischen" Widerrufsmöglichkeit des § 130 Abs. 1 S. 2 BGB hinaus) sein Angebot frei widerrufen. Wenn man – entgegen dem Ihnen hier gemachten Lösungsvorschlag – ein **„freibleibendes" Angebot** nicht als „invitatio ad offerendum", sondern bereits als Angebot ansieht, dann kommt der Vertrag durch die Annahme des Empfängers zustande. Wenn man dem freibleibend Anbietenden aber seine Freiheit erhalten will, müsste man einen Widerruf sogar noch nach der Annahme als möglich ansehen („Widerrufsvorbehalt"). Das sind keine glücklichen Konstruktionen; Sie sollten daher entsprechend dem obigen Vorschlag bei einem „freibleibenden Angebot" im Zweifel das Vorliegen einer „invitatio ad offerendum" befürworten.

- Eine zum Erlöschen des Antrags führende **Ablehnung des Antrags (§ 146 Fall 1 BGB)** ist eine empfangsbedürftige Willenserklärung des Empfängers. Wird durch den Empfänger später gleichwohl (z.B. aus Reue) die Annahme erklärt, liegt hierin ein (neues) Angebot desjenigen, der zuvor abgelehnt hatte (das ist übrigens gesetzlich nicht geregelt!), das dann zur Herbeiführung eines Vertragsschlusses vom ursprünglich Anbietenden angenommen werden muss.

- Eine „Annahme unter Erweiterungen.... gilt als ..." (= Fiktion) eine zum Erlöschen des Angebots führende „Ablehnung", allerdings mit der Besonderheit, dass man in ihr einen „neuen Antrag" **(§ 150 Abs. 2 BGB)** zu sehen hat, so dass in einem derartigen Fall nunmehr zu prüfen ist, ob der vormals Antragende diesen neuen Antrag angenommen hat.

- Am wichtigsten sind für Sie die Fälle des **Erlöschens** des Angebots **durch Zeitablauf (§ 146 BGB i.V.m. §§ 147 – 149 BGB)**; in diesen Fällen gibt es wiederum die Besonderheit, dass in der verspäteten Annahme ein neues Angebot liegt **(§ 150 Abs. 1 BGB)**, dessen evtl. Annahme Sie dann zu prüfen haben.

> Sie gehen bei der **Untersuchung, ob ein Antrag nach §§ 146, 147 – 149 BGB erloschen** ist, nach folgendem **Prüfungsschema** vor:
>
> Liegt eine **Fristbestimmung** vor? Frist: §§ 146, 148 BGB; bei Überschreitung unter Abwesenden: § 149 BGB; wenn nein: § 150 Abs. 1 BGB.
>
> Ist das **Angebot unter Anwesenden** gemacht? Frist: §§ 146, 147 Abs. 1 BGB; bei Überschreitung: § 150 Abs. 1 BGB.
>
> Ist das **Angebot unter Abwesenden** gemacht? Frist: §§ 146, 147 Abs. 2 BGB; bei Überschreitung: § 149 BGB; wenn nein: § 150 Abs. 1 BGB.
>
> Die **Frage, ob eine Fristüberschreitung** vorliegt, hängt vom Zugang der Erklärung ab. Ausführungen dazu finden sich vorstehend bei den Darlegungen zu den Willenserklärungen im Allgemeinen.

Das Schema wird jetzt wie folgt **vertieft erörtert**:

- Leicht zu verstehen ist die Konstellation eines Erlöschens nach **§§ 146, 148 BGB** wegen des **Ablaufs einer vom Antragenden gesetzten Annahmefrist**. Ist aber die Annahmefrist trotz für den Empfänger erkennbar rechtzeitiger Absendung versäumt worden, so hat der Empfänger die Verspätung anzuzeigen **(§ 149 S. 1 BGB)**; bei schuldhafter Verzögerung der Absendung der Anzeige „gilt die Annahme als nicht verspätet" **(§ 149 S. 2 BGB)**, übrigens wieder ein Fall der „Fiktion". Ist sie verspätet, greift **§ 150 Abs. 1 BGB** ein: Es liegt ein neues Angebot des verspätet Annehmenden vor.

- Wird bei einem nicht **fristgebundenen Angebot unter Anwesenden** dieses nicht sofort angenommen, so erlischt das Angebot **(§§ 146 Fall 2, 147 Abs. 1 BGB)**. Die Ausnahmeregelung des § 149 BGB ist hier praktisch nicht vorstellbar. Bei einer Verspätung gilt **§ 150 Abs. 1 BGB**: Es liegt ein neues Angebot des verspätet Annehmenden vor.

- Wird bei einem **nicht fristgebundenen Angebot unter Abwesenden** dieses nicht innerhalb der Frist des § 147 Abs. 2 BGB angenommen, so erlischt das Angebot (**§§ 146 Fall 2, 147 Abs. 2 BGB**). Ist die Annahmefrist trotz für den Empfänger erkennbar rechtzeitiger Absendung versäumt worden, so hat der Empfänger die Verspätung anzuzeigen (**§ 149 S. 1 BGB**); bei schuldhafter Verzögerung der Absendung der Anzeige „gilt die Annahme als nicht verspätet" (**§ 149 S. 2 BGB**). Ist sie verspätet, greift **§ 150 Abs. 1 BGB** ein: Es liegt ein neues Angebot des verspätet Annehmenden vor.

Fall 41: Der Galerist V bietet dem Kunsthändler K am Montag, den 7. Oktober 2002, per Fax ein bestimmtes ganz seltenes und sehr gesuchtes Bild, das der K bereits bei V besichtigt hatte, zum Kauf zu einem bestimmten Preis an. Der K, der das Bild mit Gewinn an einen bereits auf das Bild „wartenden" Interessenten weiterverkaufen kann, entscheidet sich auf der Stelle für den Erwerb; er sendet noch am gleichen Tag, also am 7. Oktober 2002, einen dann am Vormittag des Mittwoch, den 9. Oktober 2002 zugestellten, Brief mit der Annahmeerklärung an V und bittet um sofortige Lieferung Zug-um-Zug gegen Zahlung des Preises. Der V, der bereits am Dienstag, den 8. Oktober 2002, einen anderen Käufer gefunden hatte und das Bild an diesen Zug-um-Zug gegen Kaufpreiszahlung übereignet und übergeben hatte, lehnt die Lieferung unter Hinweis darauf ab. K will Lieferung, jedenfalls aber Schadensersatz.

Ein Anspruch des K gegen V 1. auf Lieferung aus § 433 Abs. 1 S. 1 BGB setzt den Abschluss eines Kaufvertrages voraus. a) Ein aa) Angebot des V aaa) lag vor. bbb) Es war ausreichend bestimmt. bb) Es ist dem K zugegangen. b) Der K hat das Angebot aa) angenommen; bb) die Annahmeerklärung ist dem V auch zugegangen. cc) Das Angebot könnte jedoch bereits erloschen gewesen sein, als die Annahmeerklärung des K zuging, aaa) und zwar nach §§ 146, 147 Abs. 2 BGB. Die Annahmefrist berechnet sich so, dass zu einer angemessenen Überlegungszeit (diese ist gewahrt, denn K entscheidet sich „auf der Stelle") die Zeit, die für den Transport der Annahmeerklärung zu erwarten war (bei Verwendung des gleichen Erklärungsmittels wie beim Antrag), hinzugerechnet werden muss. Da der K ein anderes deutlich langsameres Transportmittel verwendet hat, ist die Annahmefrist des § 147 Abs. 2 BGB am 9. Oktober 2002 überschritten. Das Angebot des V war daher erloschen. bbb) § 149 BGB greift nicht ein. c) Die verspätete Annahme ist daher nach § 150 Abs. 1 BGB ein neuer Antrag des K. d) Diesen hat der V abgelehnt. Also ist kein Kaufvertrag zustandegekommen und ein Lieferungsanspruch besteht nicht. 2. Da ein Schadensersatzanspruch aus §§ 280 Abs. 1, 3, 283 bzw. 311 a Abs. 2 BGB das Bestehen eines Schuldverhältnisses (hier: eines Kaufvertrages) voraussetzt, besteht er nicht.

Variante: Der V hatte nicht geantwortet.

a) Dass ein Schweigen des V auf ein neues Angebot i.S.d. § 150 Abs. 1 BGB nach § 242 BGB als Annahme gewertet werden kann, haben Sie sicher noch in Erinnerung. aa) Also ist der Kaufvertrag zustandegekommen und der Anspruch entstanden. bb) Es handelt sich jedoch um einen Vertrag ohne primäre Leistungspflicht, denn der Anspruch ist nach § 275 Abs. 1 BGB aufgrund eines bereits vor Vertragsschluss bestehenden Umstandes „ausgeschlossen". b) Der K könnte jedoch einen Anspruch aus § 311 a Abs. 2 BGB haben (dazu später mehr).

Variante: Der V hatte per Brief angeboten; der Brief ist am nächsten Tag zugestellt worden. Die nach sofortiger positiver Entscheidung des K noch am gleichen Tag verfasste und per Brief abgesandte Annahmeerklärung kommt wegen eines Sortierfehlers der Post erst drei Tage nach der Absendung bei V an. Der Absendetag ist durch einen deutlich lesbaren Poststempel für V zu erkennen. Der V rührt sich nicht. K verlangt nach einer Woche Lieferung. V weigert sich,

> weil er inzwischen einen anderen Käufer gefunden hat und den Kaufvertrag mit diesem auch bereits erfüllt hat.
>
> a) Hier ist die Annahme zwar verspätet und das Angebot wäre eigentlich nach §§ 146, 147 Abs. 2 BGB erloschen, als die Annahmeerklärung zugegangen ist. Sie gilt („Fiktion" = gesetzliche Lüge) jedoch als nicht verspätet (§ 149 S. 1, 2 BGB), sondern als rechtzeitig zugegangen, so dass der Antrag des V bei Zugang noch nicht nach §§ 146, 147 Abs. 2 BGB erloschen war. aa) Der Kaufvertrag ist zustandegekommen. Er ist auch trotz der vor Vertragsschluss eingetretenen Leistungshindernisses aus § 275 Abs. 1 BGB wirksam. bb) Gleichwohl besteht kein Anspruch aus § 433 Abs. 1 S. 1 BGB, weil er nach § 275 Abs. 1 BGB „ausgeschlossen" ist.

- Die Vorschrift des **§ 153 BGB** bestimmt, dass in der Regel (wenn also ein anderer Wille des Antragenden nicht anzunehmen ist) der Tod oder die Geschäftsunfähigkeit des Antragenden an der Annahmefähigkeit nichts ändert. (Versuchen Sie den Unterschied der Regelungen der §§ 153 und 130 Abs. 2 BGB zu verstehen und mit eigenen Worten zu beschreiben!).

e) Deckungsgleichheit („Kongruenz") von Angebot und Annahme

Die sich auf das Angebot beziehende **Annahmeerklärung** muss mit dem **Angebot vollständig deckungsgleich (= „kongruent")** sein, m.a.W.: Es muss **„Konsens"** bestehen (arge. **§ 150 Abs. 2 BGB**). Fehlt ein solcher Konsens, besteht also ein **„Dissens"**, so ist unter Heranziehung der **Auslegungsregeln der §§ 154, 155 BGB** zu entscheiden, ob der Vertrag ganz oder teilweise nicht zustande gekommen ist.

aa) Die Ermittlung der Deckungsgleichheit („Kongruenz") von Angebot und Annahme

Ob eine **Deckungsgleichheit („Kongruenz")** und damit **„Konsens"** besteht, wird **durch Auslegung** von **Angebot** und **Annahme** ermittelt. Die Rechtsgrundlage hierfür bilden die §§ 133, 157 BGB. Die im Wortlaut dieser Normen getroffene „Zuständigkeitsregelung", nach der für die Auslegung von Willenserklärungen (also auch von Angebot und Annahme) der § 133 BGB („psychologische" Erforschung des „wirklichen Willens") und für die Auslegung von Verträgen der § 157 BGB („normative" Auslegung nach „Treu und Glauben mit Rücksicht auf die Verkehrssitte") anwendbar ist, ist – wie Sie ja schon wissen – verfehlt. Vielmehr sind den Grundsätzen beider Normen folgend die nachstehenden **Auslegungsregeln für Willenserklärungen** entwickelt worden.

> 1. Wenn der jeweilige **Empfänger** einer Willenserklärung **nicht geschützt** werden muss (z.B. bei nicht empfangsbedürftigen Willenserklärungen; oder bei solchen empfangsbedürftigen Willenserklärungen, bei denen der Empfänger den wirklichen Willen des Erklärenden kennt) geht es um die von **§ 133 BGB** geforderte **Erforschung des „wirklichen Willens"** des Erklärenden durch eine **„natürliche Auslegung"**.
>
> 2. Wenn es jedoch einen **schutzwürdigen Empfänger** von Willenserklärungen gibt, muss aufgrund einer **„normativen Auslegung" (§ 157 BGB)**

> als Inhalt der Willenserklärung dasjenige zugrunde gelegt werden, was der Erklärungsempfänger nach Treu und Glauben unter Berücksichtigung der Verkehrssitte verstehen musste.

Übertragen wir das auf die hier interessierenden Willenserklärungen, nämlich die auf die Herbeiführung eines Vertragsschlusses gerichteten Willenserklärungen, also auf das „Angebot" und die „Annahme", ist in umgekehrter Reihenfolge der vorgenannten Regeln für den Inhalt **in erster Linie** dasjenige zugrunde zu legen, was der Erklärungsempfänger nach Treu und Glauben unter Berücksichtigung der Verkehrssitte verstehen musste; **in zweiter Linie** kann bei bestimmten Umständen aber auch der wirkliche Wille des Erklärenden maßgeblich sein. Das bedeutet im Einzelnen:

- Im **Grundsatz** soll es wegen der Schutzbedürftigkeit des jeweiligen Empfängers darauf ankommen, wie der Erklärungsempfänger die Willenserklärung nach Treu und Glauben unter Berücksichtigung der Verkehrssitte verstehen musste (was er als Willen des Erklärenden erkennen konnte); abgestellt wird also auf den **„objektivierten Empfängerhorizont"**.

Fall 42: Ein Kanadier aus Toronto als Käufer (K) und ein US-Amerikaner als Verkäufer (V) verhandeln in New York über den Abschluss eines Kaufvertrags über eine in New York befindliche bestimmte Ware, die der V dann nach Deutschland an die dortige Niederlassung des K liefern soll und die von dem K dort bezahlt werden soll. Der V hatte die Kaufsache zu einem Preis von „1 Millionen US-Dollar" angeboten. Der K, der nur für „1 Millionen kanadische Dollar" hatte kaufen wollen, hatte deshalb „Nein" sagen wollen, sich jedoch versprochen und versehentlich „Ja" gesagt. Als der von V Zug-um-Zug gegen Lieferung der Ware auf Zahlung von „1 Millionen US-Dollar" und auf Abnahme der Ware in Anspruch genommene K jegliche Leistung ablehnt, klagt der V vor einem deutschen Gericht auf Zahlung des Kaufpreises von 1 Millionen US-Dollar und Abnahme der Ware Zug-um-Zug gegen Lieferung der Ware. Der V und der K hatten die Anwendbarkeit deutschen Rechts vereinbart und zugleich die Anwendung des UN-Kaufrechts (CISG) ausgeschlossen.

1. Zunächst müssen wir wissen, welches Recht anwendbar ist für die Beurteilung der Frage, ob zwischen V und K ein Kaufvertrag abgeschlossen worden ist und welche Rechte daraus hergeleitet werden können,. Dies entscheidet das deutsche Gericht, vor dem geklagt wird, nach den Regeln des (deutschen: das IPR ist nationales Recht!) sog. „Internationalen Privatrechts" (IPR). Das IPR ist z.Tl. durch Richterrecht und z.Tl. in den Artt. 3 ff. des EGBGB geregelt. Auf den ersten Blick kommen in Betracht entweder das deutsche materielle Zivilrecht (BGB oder HGB) oder das Zivilrecht des Staates New York oder das Zivilrecht von Ontario oder das UN-Kaufrecht (CISG). Dazu müssen Sie wissen, dass bei einem internationalen Kauf, der nicht privaten Zwecken dient, der weiterhin grenzüberschreitende Sachverhalte betrifft und der Kontakt zu mindestens einem Vertragsstaat (das sind seit 1991 auch die USA, Kanada und Deutschland) hat und dessen Gegenstand Waren (= bewegliche Sachen) und ähnliche Gegenstände (z.B. Computerprogramme), nicht aber Flugzeuge sind, das sonst geltende nationale Recht hinsichtlich des Abschlusses einschließlich der Förmlichkeiten und hinsichtlich der Rechte und Pflichten aus dem Kaufvertrag durch das zu nationalem Recht gewordene UN-Kaufrecht (CISG) ersetzt wird. Die Anwendung des UN-Kaufrechts (CISG) ist aber abdingbar (Art. 6 CISG). Weil nach Art. 27 Abs. 1 EGBGB die Anwendung des deutschen Rechts vereinbart werden kann, scheint also allein wegen der generellen Abdingbarkeit des UN-Kaufrechts (CISG) alles klar zu sein. Aber Vorsicht: Eine bloße Vereinbarung der Anwendung deutschen Rechts würde nicht automatisch zur Anwendung des deutschen materiellen Zivilrechts (BGB oder HGB) führen, denn zum deutschen nationalen Recht gehört auch das UN-Kaufrecht (CISG). Hier aber haben

die Parteien aufgepasst und alles richtig gemacht: Sie haben zusätzlich zur Vereinbarung der Geltung deutschen Rechts auch die Anwendung des UN-Kaufrechts (CISG) ausdrücklich ausgeschlossen. Daher können wir bei der Fallbearbeitung das deutsche materielle Zivilrecht anwenden. 2. Ein Anspruch des V gegen den K auf Zahlung des Kaufpreises und Abnahme der Ware aus einem Kaufvertrag (§ 433 Abs. 2 BGB) setzt den Abschluss eines Kaufvertrags voraus. a) Es könnte ein Angebot des V vorliegen. aa) Voraussetzung ist das Vorliegen einer als „Angebot" zu bezeichnenden Willenserklärung. aaa) In objektiver Hinsicht liegt ein ausdrückliches erkennbares Verhalten, das den Willen des V zum Ausdruck bringt, einen Vertragsschluss durch Erklärung eines Angebots herbeizuführen, vor. Es lässt den Schluss auf einen bestimmten Rechtsfolgewillen zu: nämlich dem K ein Angebot zum Abschluss eines Kaufvertrages über einen bestimmte Ware für „1 Millionen US-Dollar" Kaufpreis zu machen („essentialia negotii"). bbb) Auch die subjektiven Voraussetzungen für eine (Angebots-) Willenserklärung (Handlungswille, Erklärungsbewusstsein) liegen vor. Aber Sie wissen ja: Darauf gehen Sie „im Ernstfall" der Klausur in einem Fall wie diesem, in dem diese Punkte überhaupt nicht diskussionswürdig sind, nicht ein. bb) Das Angebot ist auch wirksam geworden, weil es formuliert, abgegeben und dem K zugegangen ist. cc) Es ist von dem V auch nicht widerrufen worden. b) Der K hat das Angebot angenommen, indem er „Ja" gesagt hat. c) Der Antrag des V war nicht vor der Annahme des K nach §§ 146 ff. BGB erloschen. d) Die Annahme des K deckt sich inhaltlich mit dem Angebot des V, denn die Annahmeerklärung („Ja") des K bezieht sich auf den gesamten Inhalt des Antrags des V. Danach wäre der Kaufvertrag geschlossen und der Anspruch entstanden. 3. Der Vertrag kann jedoch von K nach § 119 Abs. 1 Fall 2 BGB mit der unmittelbaren Folge des § 142 Abs. 1 BGB (dazu später mehr) angefochten werden, wie es hier durch die Erklärung des K, nicht zahlen und abnehmen zu wollen, geschehen ist (§ 143 Abs. 1, 2 BGB), so dass der K nicht zur Abnahme und Kaufpreiszahlung verpflichtet ist. (Bei der Fallbearbeitung dürften Sie nicht auf § 122 BGB eingehen, weil nach diesem Anspruch nicht gefragt ist!). Übrigens: Lassen Sie sich bitte von dem aus „Rationalisierungsgründen" teilweise bewusst gewählten „Urteilsstil" dieser Lösungsskizze nicht „infizieren". Sie müssen Ihre Lösung natürlich im „Gutachtenstil" abfassen!

Zur Erarbeitung der Lösung empfiehlt sich folgende **Tabelle als Arbeitshilfe**:

Tabelle 1

	Antrag des V	**Annahme des K**	**Kongruenz/ Inkongruenz der Erklärungen**
innerer Wille	„Preis: 1 Million US-Dollar; bestimmte Ware, Vertragspartner: V und K"	Ablehnung („Nein")	Inkongruenz = unbeachtlich
erklärter Wille (nach §§ 133, 157 BGB: objektivierter Empfänger-Horizont)	„Preis: 1 Million US-Dollar; bestimmte Ware, Vertragspartner: V und K"	Annahme („Ja")	Kongruenz = **voller Konsens = Vertragsschluss**
Kongruenz/Inkongruenz von Wille und Erklärung	Kongruenz	Inkongruenz = **Anfechtbarkeit**	

Variante: Der US-Amerikaner V hatte die Kaufsache zu einem Preis von „1 Millionen Dollar" angeboten. Der Kanadier K, der dies als „1 Million kanadische Dollar" verstanden hatte, hatte deshalb „Ja" gesagt. Als der V Zug-um-Zug gegen Lieferung der Ware die Zahlung von 1 Mil-

A. Entstehung, Inhalte, Wirksamkeitshindernisse, Beendigung   157

lion US-Dollar und die Abnahme der Ware verlangte, lehnte der K ab. Der V klagt gegen K auf Zahlung des Kaufpreises von 1 Million US-Dollar und Abnahme der Ware Zug-um-Zug gegen Lieferung. (Gehen Sie wieder von einer wirksamen Vereinbarung der Anwendung deutschen Rechts aus.)

Ein Anspruch des V gegen K auf Zahlung des Kaufpreises und Abnahme der Ware aus einem Kaufvertrag (§ 433 Abs. 2 BGB) setzt 1. den Abschluss eines Kaufvertrags voraus. a) Es könnte ein aa) Angebot des V vorliegen. aaa) In objektiver Hinsicht liegt ein ausdrückliches erkennbares Verhalten, das den Willen des V zum Ausdruck bringt, einen Vertragsschluss durch Erklärung eines Angebots herbeizuführen, vor. Es lässt den Schluss auf einen bestimmten Rechtsfolgewillen, nämlich dem K ein Angebot zum Abschluss eines Kaufvertrages über eine bestimmte Ware für „1 Million Dollar" zu machen („essentialia negotii"), zu. bbb) Auch die subjektiven Voraussetzungen für eine (Angebots-) Willenserklärung (Handlungswille, Erklärungsbewusstsein) liegen vor. Dass Sie darauf in einem Fall wie diesem in einer Klausur nicht eingehen, wissen Sie inzwischen. bb) Das Angebot des V ist auch wirksam geworden, weil es formuliert, abgegeben und zugegangen ist. cc) Es ist nicht widerrufen worden. b) Der K hat das Angebot angenommen, indem er „Ja" gesagt hat. c) Der Antrag des V war nicht vor der Annahme des K nach §§ 146 ff. BGB erloschen. d) Das Angebot und die Annahme müssen sich inhaltlich decken. Dazu müssen sie nach §§ 133, 157 BGB ausgelegt werden. Wenn es schutzwürdige Personen gibt (z.B. bei empfangsbedürftigen Willenserklärungen, insbesondere natürlich bei Angebot und Annahme) muss der Inhalt der Erklärung in erster Linie durch eine „normative Auslegung" ermittelt werden: Es soll darauf ankommen, wie der jeweilige Erklärungsempfänger, und zwar der K bzw. der V die Willenserklärung des jeweils anderen Teils nach Treu und Glauben unter Berücksichtigung der Verkehrssitte verstehen musste, also auf den jeweiligen „objektivierten Empfängerhorizont". aa) Was den Antrag des V angeht, so kommt man unter Berücksichtigung der gesamten Umstände (V ist US-Amerikaner, die Verhandlungen fanden in New York statt, die Ware lagerte in New York) zum Ergebnis, dass der Erklärungsempfänger K die Willenserklärung des V nach Treu und Glauben unter Berücksichtigung der Verkehrssitte so verstehen musste, dass V erklärt hat: Kaufvertrag V – K über eine bestimmte Ware zu „1 Millionen US-Dollar". bb) Das „Ja" des K bezieht sich auf den gesamten Inhalt des Antrags des V und kann daher aus der objektivierten Sicht des Erklärungsempfängers V nur so zu verstehen sein, dass K sich mit „1 Million US-Dollar" einverstanden erklärt hat. cc) Das Angebot und die Annahme decken sich also vollständig. Danach wäre der Kaufvertrag geschlossen und der Anspruch aus § 433 Abs. 2 BGB entstanden. 2. Der Vertrag kann jedoch von K nach § 119 Abs. 1 Fall 2 BGB mit der unmittelbaren Folge des § 142 Abs. 1 BGB (dazu später mehr) angefochten werden, wie es hier durch die Erklärung des K, nicht zahlen und abnehmen zu wollen, geschehen ist (§ 143 Abs. 1, 2 BGB), so dass der K nicht zur Abnahme und Kaufpreiszahlung verpflichtet ist. (Bei der Fallbearbeitung dürften Sie nicht auf § 122 BGB eingehen, weil nach diesem Anspruch nicht gefragt ist!)

Zur Erarbeitung der Lösung empfiehlt sich wieder folgende **Tabelle als Arbeitshilfe**:

Tabelle 2

	Antrag des V	**Annahme des K**	**Kongruenz/ Inkongruenz der Erklärungen**
innerer Wille	„Preis: 1 Million US-Dollar; bestimmte Ware, Vertragspartner: V und K"	„Ja", „1 Million kanadische Dollar"	Inkongruenz = unbeachtlich
erklärter Wille (nach	„Preis: 1 Million	„Ja", „1 Million US-	Kongruenz = **voller**

§§ 133, 157 BGB: objektivierter Empfängerhorizont	US-Dollar; bestimmte Ware, Vertragspartner: V und K"	Dollar"	**Konsens = Vertragsschluss**
Kongruenz/Inkongruenz von Wille und Erklärung	Kongruenz	Inkongruenz = **Anfechtbarkeit**	

- Das war der Grundsatz, dem zufolge bei der Inhaltsbestimmung einer Willenserklärung wegen der Schutzbedürftigkeit des jeweiligen Empfängers auf den „objektivierten Empfängerhorizont" abgestellt werden soll, es also darauf ankommen soll, wie der Erklärungsempfänger die Willenserklärung nach Treu und Glauben unter Berücksichtigung der Verkehrssitte verstehen musste. Problematisch sind die Fälle, in denen es **für den Erklärenden unerkennbar** ist, dass seine Erklärung vom **objektiven Empfängerhorizont anders zu verstehen** war, **als sie gemeint** war. Hier geht es darum, wer das Risiko für die Fehlvorstellung des Erklärenden trägt.

Fall 43: Ein „Spaßvogel" tauscht in dem Restaurant des W unbemerkt die am unbesetzten Nachbartisch ausliegende Speisekarte durch eine von ihm vorher täuschend ähnlich gefälschte Speisekarte aus, bei der zwar die Speisen unverändert bleiben, wohl aber die Preise deutlich niedriger als auf den echten Speisekarten angezeigt werden. Der Gast Gustav Gans (G) bestellt das „Abendmenü", das aus „gebratener Gänseleber", einer „ganzen Ente" und „Rote Grütze" besteht und das nach der Preisauszeichnung auf der dem G vorliegenden (gefälschten) Speisekarte € 80,- kosten soll. Nach den sonst ausliegenden echten Speisekarten kostet das Menü € 100,-. Der Wert des Menüs beträgt € 90,-. Als W die Rechnung über € 100,- präsentiert, kommt es zu dem von dem „Spaßvogel" erhofften Streit zwischen W und G. Der W verlangt Zahlung von € 100,- (nach Medicus und von v. Ihering).

Der Anspruch könnte sich aus einem „Bewirtungsvertrag" (Kombinationsvertrag, der sich zusammensetzt aus Elementen eines Miet- und Dienstvertrages sowie eines Vertrages über die Lieferung neu herzustellender beweglicher Sachen) über das Abendmenü ergeben (§§ 535 Abs. 2, 611 S. 1, 651 Abs. 1, 433 Abs. 2 BGB). a) Die Speisekarte ist kein Angebot, sondern eine bloße „invitatio ad offerendum"; denn kein Gastwirt will sich für den Fall mangelnder Vorräte, z.B. an „Gänseleber", dem Risiko einer vertraglichen Verpflichtung, die „gebratene Gänseleber" servieren zu müssen, ohne Gänseleber vorrätig zu haben, aussetzen, sondern er möchte dem Gast in einem solchen Fall die Standardfloskel der Gastronomie: z.B. „Bratwurst" oder „Hummer ist leider aus" entgegenhalten können. Es fehlt also bei der Auslage einer Speisekarte am „Rechtsbindungswillen" des Gastwirtes. b) Das Angebot aa) gibt daher der Gast G ab. bb) Aus der Sicht eines „objektiven Empfängers" ist die Bestellung des G so zu verstehen, dass er das „Abendmenü" für „€ 80,-" bestellt. c) Die Annahmeerklärung aa) des W besteht im Servieren der Speisen. bb) Aus der Sicht aaa) eines „objektiven Empfängers" erklärt W die Annahme zu € 100,-. Damit bestünde kein Konsens und kein Vertrag; der W hätte einen Anspruch auf Zahlung eines Wertersatzes von € 90,- aus §§ 812 Abs. 1 S. 1 1. Fall („Leistungskondiktion"), 818 Abs. 2 BGB. bbb) Dieses Ergebnis wird teils für unangemessen gehalten, und es werden zur „Ergebniskorrektur" die üblichen Auslegungskriterien dahingehend ergänzt, dass bei für den Anbietenden, hier für den G, unerkennbaren auslegungsrelevanten Umständen die Annahmeerklärung aus dem Sinn des Angebots bestimmt werden muss (also ein Konsens zwischen G und W in Höhe von € 80,- angenommen werden muss). Dafür spricht immerhin, dass W, nicht aber der G das Risiko dafür trägt, dass auf den Tischen seines Lokals nur gültige, von ihm und nicht von „Spaßvögeln" stammende Speisekarten ausliegen.

Die Folge ist allerdings, dass der W den Vertrag nach § 119 Abs. 1 BGB anfechten kann; das wird er aber wohl im Hinblick auf § 122 BGB unterlassen.

- In den seltenen Fällen, in denen **kein Schutzbedürfnis für den Erklärungsempfänger** besteht, **weil der Empfänger den inneren Willen des Erklärenden kennt**, wird nach § 133 BGB durch „**natürliche Auslegung**" der „**wirkliche Wille**" des Erklärenden erforscht. Das ist **a)** erstens der Fall, wenn **Erklärungsempfänger** eine **Fehlvorstellung des Erklärenden durchschaut** hat und deshalb weiß, was der Erklärende wirklich will. **b)** Das gleiche gilt zweitens, wenn **beide Parteien einen Vertragsgegenstand übereinstimmend falsch bezeichnen** (das kommt bei Warenbezeichnungen gelegentlich vor). Dann kommt der Vertrag mit dem Inhalt, so wie er von den Parteien gewollt war, zustande: „**falsa demonstratio non nocet**" (= eine falsche Bezeichnung schadet nicht).

Variante: Der US-Amerikaner V erklärt, dass er zu „1 Million can-Dollar" verkaufen will. Der K weiß aufgrund der Vorverhandlungen, bei denen beide immer nur von US-Dollar gesprochen und dies auch beide gewollt hatten, dass der V sich im Augenblick des Vertragsschlusses versprochen und „US-Dollar" gemeint hatte. (Gehen Sie wieder von einer wirksamen Vereinbarung der Anwendung deutschen Rechts aus.)

Der Vertrag ist – weil es bei dieser Fallkonstellation allein auf den inneren Willen ankommt – mit einer Preisvereinbarung über 1 Million US-Dollar zustandegekommen.

Zur Erarbeitung der Lösung empfiehlt sich folgende **Tabelle als Arbeitshilfe**:

Tabelle 3

	Antrag des V	**Annahme des K**	**Kongruenz/ Inkongruenz der Erklärungen**
Nach § 133 BGB maßgeblicher wirklicher Wille	„Preis: 1 Million US-Dollar; bestimmte Ware, Vertragspartner: V und K	„Ja", „1 Million US-Dollar"	Kongruenz = **voller Konsens = Vertragsschluss**
Erklärter Wille (nach §§ 133, 157 BGB: objektivierter Empfängerhorizont)	Unbeachtlich	Unbeachtlich	unbeachtlich
Kongruenz/Inkongruenz von Wille und Erklärung	Unbeachtlich	Unbeachtlich	

Wenn die Auslegung dazu führt, dass **kein voller Konsens** besteht, dürfen Sie nicht sofort zum Dissens kommen, sondern müssen prüfen, ob zwischen den Parteien jedenfalls das für einen Vertragsschluss erforderliche **Mindestmaß an Übereinstimmung** besteht. Das kann sich aus einer „**ergänzenden**" Auslegung der Annahmeerklärung oder aus einer **entsprechende Anwendung der §§ 315 ff. BGB** ergeben.

160 Teil 3. Vertragliche Primäransprüche

> Fall 44: Der V will 10 Stück einer bestimmten Ware zum Stückpreis von € 10,- verkaufen und erklärt dies gegenüber dem K. Der K will 15 Stück zu diesem Stückpreis kaufen und erklärt dies auch. Der K verlangt daraufhin 15, jedenfalls aber 10 Stück Zug-um-Zug gegen Zahlung von € 10,- pro Stück. Der V verweigert jegliche Leistung mangels eines Vertragsschlusses (nach Kropholler)
>
> Der Anspruch des K gegen den V könnte sich aus einem Kaufvertrag ergeben (§ 433 Abs. 1 S. 1 BGB). a) Ein Mindestmaß an Übereinstimmung besteht hinsichtlich von 10 Stück der Ware zum Preis von € 10,- das Stück; insoweit besteht daher ein Kaufvertrag. b) Hinsichtlich der weiteren 5 Stück besteht ein „offener Dissens", und es gilt § 150 Abs. 2 BGB (dazu sogleich mehr).

bb) Offener Dissens

Beim sog. „offenen Dissens", bei dem die **Parteien sich dessen bewusst sind, dass sie sich nicht über alle Punkte geeinigt** haben und dass die noch lückenhafte Vereinbarung vervollständigt werden muss, ist hinsichtlich der Rechtsfolgen zu differenzieren.

(1) Offener Dissens über Hauptpunkte

Weil es für die **Hauptpunkte** eines Vertrages (das sind bei den Typenverträgen die „essentialia negotii" und evtl. die von den Parteien zu Hauptpflichten erhobene Nebenpflichten; bei den nicht typisierten Verträgen sind dies alle zur Durchführung erforderlichen Punkte) kein ergänzendes Gesetzesrecht gibt, ist für das Zustandekommen eines Vertrages eine Einigung der Parteien hierüber unerlässlich. Bei einem „**offenen" Einigungsmangel** über **Hauptpunkte** kommt also bereits „**aus der Natur des Vertrages" niemals** ein **Vertrag zustande**. Eine dies bestimmende gesetzliche Regelung gibt es nicht; man geht zur Begründung dieses Ergebnisses auch nicht auf § 154 BGB ein.

> Fall 45: Der V einigt sich am 1. Dezember 2002 mit dem K 1 über den Verkauf eines in einem von V gemieteten Lagerhaus untergebrachten Warenlagers zu einem Preis von € 100 000,-. Der V muss – wie in den Verhandlungen deutlich wird – das Lagerhaus bis zum 31. Januar 2003 geräumt herausgeben und will in dem Kaufvertrag vereinbaren, dass der K 1 das Warenlager am 15. Januar 2003 übernimmt; der K 1 erklärt dazu, dass er selbst erst am 30. Januar 2003 ein Lager für die Einlagerung der Waren zur Verfügung habe. Am 15. Dezember 2002 verlangt der K 1 von dem V Zug-um-Zug gegen Zahlung der € 100 000,- Lieferung, weil er überraschend schon jetzt eine Lagerhalle anmieten konnte. Der V lehnt ab, weil er inzwischen an den K 2 verkauft hat, der zur Abnahme am 15. Januar 2003 bereit war.
>
> Der K 1 könnte Lieferung verlangen, wenn zwischen ihm und V ein Kaufvertrag geschlossen worden wäre (§ 433 Abs.1 S. 1 BGB). Es lag ein offener Dissens über einen Hauptpunkt (an sich ist die Abnahmepflicht des Käufers aus § 433 Abs. 2 BGB zwar eine Nebenpflicht; hier ist sie aber von den Parteien zur Hauptpflicht erhoben worden); nach allgemeinen Grundsätzen kommt bei einem offenen Dissens über einen Hauptpunkt kein Vertrag zustande.

(2) Offener Dissens über Nebenpunkte

Wenn über **Nebenpunkte**, über die auch nur eine der Parteien eine Vereinbarung treffen wollte, keine Übereinstimmung erzielt worden ist, kommt lediglich **im Zweifel kein Vertrag** zustande (§ 154 BGB).

Fall 46: Der V bietet dem K eine bestimmte Sache zum Preis von € 10 000,- zum Kauf an; geliefert werden soll am 1. November 2002. Der K erklärt, er sei einverstanden, wolle aber den Kaufpreis in zwei aufeinander folgenden monatlichen Raten beginnend mit dem Monat der Lieferung zu je € 5000,- zahlen. Der V erwidert dazu, dass man darüber noch reden müsse. Dazu kommt es nicht mehr. Der K verlangt dann am 1. November 2002 unter Vorlage von € 5000,- die gesamte Lieferung von V; der V nimmt den Betrag an (nach Peters).

Der Lieferungsanspruch aus einem Kaufvertrag (§ 433 Abs. 1 S. 1 BGB) setzt den Abschluss eines Kaufvertrages voraus. a) Eine Einigung über die „essentialia negotii" liegt vor. b) Bezüglich der Zahlungsmodalitäten liegt keine Einigung vor. Das ist den Parteien auch bewusst. Da es nur um einen Nebenpunkt geht, ist der Vertrag nicht ohne weiteres, aa) sondern nur im Zweifel nicht geschlossen (§ 154 Abs. 1 BGB). bb) Wirksam wäre er, wenn die Parteien sich erkennbar binden wollten. Dafür spricht die Erklärung des V und das Leistungsbegehren des K sowie die Invollzugsetzung des Vertrages durch Zahlung und Entgegennahme.

Aber: Selbst in den Fällen, in denen der Zweifel nicht widerlegt ist, also ein Vertrag nicht zustande kommt, ist noch nicht alles „am Ende"; dann greift **§ 150 Abs. 2 BGB** ein: Die zum Dissens führende Erklärung ist ein neues Angebot.

Variante: Als der K von V Lieferung Zug-um-Zug gegen Zahlung von € 5000,- verlangt, reagiert der V nicht.

Der Anspruch des K gegen den V könnte sich aus einem Kaufvertrag ergeben (§ 433 Abs. 1 S. 1 BGB). a) Der Vertrag könnte aufgrund eines Angebots des V, das der K angenommen hat, zustande gekommen sein. aa) Eine Einigung über die „essentialia negotii" liegt vor. bb) Bezüglich der Zahlungsmodalitäten liegt keine Einigung vor. Das ist den Parteien auch bewusst. Da es nur um einen Nebenpunkt geht, ist der Vertrag nicht ohne weiteres, aaa) sondern nur im Zweifel nicht geschlossen (§ 154 Abs. 1 BGB). bbb) Da kein Anhalt dafür spricht, dass die Parteien sich erkennbar binden wollten, ist der Vertrag nicht geschlossen. b) Der Vertrag könnte aufgrund eines Angebots des K, das der V angenommen hat, zustande gekommen sein. aa) In der Erklärung des K, er sei einverstanden, wolle aber den Kaufpreis in zwei aufeinander folgenden monatlichen Raten beginnend mit dem Monat der Lieferung zu je € 5000,- zahlen, liegt ein neues Angebot (§ 150 Abs. 2 BGB). bb) Der V müsste es angenommen haben. Der V hat dies neue Angebot des K weder ausdrücklich noch schlüssig angenommen.

cc) Versteckter Dissens

Beim „**versteckten Dissens**", bei dem mindestens eine der Parteien sich nicht dessen bewusst ist, dass sie sich nicht über alle Punkte geeinigt haben, gilt folgendes.

(1) Versteckter Dissens über Hauptpunkte

Sie wissen ja schon: Weil es über die **Hauptpunkte** (das sind die „essentialia negotii" und evtl. von den Parteien zu Hauptpflichten erhobene Nebenpflichten; bei nicht typisierten Verträgen sind es alle zur Durchführung erforderlichen Punkte) kein ergänzendes Gesetzesrecht gibt, müssen die Parteien sich über sie geeinigt haben. Daher kommt auch bei einem **„versteckten" Einigungsmangel** über **Hauptpunkte** „aus der Natur des Vertrages" **kein Vertrag** zustande.

Fall 47: Ein Kanadier als Käufer (K) und ein US-Amerikaner als Verkäufer (V) verhandeln in London über den Abschluss eines Kaufvertrags über eine teils dort und teils in Kanada befindliche bestimmte Ware, die dann an die Niederlassung des K in Deutschland geliefert und hier auch bezahlt werden soll. Der V hatte die Kaufsache zu einem Preis von „1 Millionen Dollar" angeboten und meinte, dass dies von K als „1 Million US-Dollar" verstanden worden war. Der K, der nur für „1 Million kanadische Dollar" hatte kaufen wollen und auch meinte, dies von V gehört zu haben, hatte deshalb „Ja" gesagt. Beide meinten sie, sich geeinigt zu haben. Als der V von dem K Zug-um-Zug gegen Lieferung die Zahlung von 1 Million US-Dollar und Abnahme verlangte, lehnte K ab. V klagt vor einem deutschen Gericht auf Zahlung des Kaufpreises von 1 Million US-Dollar Zug-um-Zug gegen Lieferung. (Gehen Sie wieder von einer wirksamen Vereinbarung der Anwendung deutschen Rechts aus.)

Unter Zugrundelegung des Maßstabes des objektivierten Empfängerhorizontes muss – mangels irgendwelcher anderen objektiven Anhaltspunkte – davon ausgegangen werden, dass jeder der Erklärenden seine eigene Währung erklärt hat. Trotz der Vorstellung von einer Einigung ist mangels Feststellbarkeit übereinstimmender Erklärungsinhalte kein Vertrag zustandegekommen.

Tabelle 4

	Antrag des V	**Annahme des K**	**Kongruenz/ Inkongruenz der Erklärungen**
Innerer Wille	„Preis: 1 Million US-Dollar; bestimmte Ware, Vertragspartner: V und K"	„1 Million kanadische Dollar, bestimmte Ware, Vertragspartner: V und K"	Inkongruenz = **kein Vertragsschluss**
erklärter Wille (nach §§ 133, 157 BGB: objektivierter Empfängerhorizont)	„Preis: 1 Million US-Dollar; bestimmte Ware, Vertragspartner: V und K"	„1 Million kanadische Dollar, bestimmte Ware, Vertragspartner: V und K"	Inkongruenz = **kein Vertragsschluss**
Kongruenz/Inkongruenz von Wille und Erklärung	Kongruenz	Kongruenz	

(2) Versteckter Dissens über Nebenpunkte

Betrifft die von den Vertragschließenden **unerkannte unvollständige Einigung** nur **Nebenpunkte**, über die auch nur einer von ihnen eine Vereinbarung hatte treffen wollen, kommt ein Vertrag über das Vereinbarte dann zustande, wenn die Parteien sich nach dem **hypothetischen Parteiwillen** darauf auch ohne Regelung des Nebenpunktes verständigt hätten **(§ 155 BGB)**. Soweit eine hypothetische Einigung nicht festgestellt werden kann, gilt **§ 150 Abs. 2 BGB**.

Fall 48: Der V vermietet dem M eine Parterre-Wohnung in seinem Haus auf dem Oberland der Nordseeinsel Helgoland. Man verhandelt darüber, ob der M auch zur Eisbeseitigung und Schneeräumung auf dem Gehweg vor dem Haus verpflichtet sein soll. Der M und der V erzielen darüber keine Einigung und handeln zunächst einmal die übrigen Punkte des Vertrages aus; die Frage der Eisbeseitigung und der Schneeräumung auf dem öffentlichen Weg vor dem Haus zu Verkehrssicherungszwecken, über die sie sich an sich noch hatten verständigen wollen, wird in der Vorstellung, sich über alles geeinigt zu haben, dann doch vergessen, und der Mietvertrag wird unterzeichnet. Der M ist im Winter nicht auf der Insel und hatte auch keine Vorkehrungen für die Eis- und Schneebeseitigung getroffen. Als bei einem ersten winterlichen Schneefall kein Schnee beseitigt worden war und sich Nachbarn bei dem V beschwert hatten, stellte sich heraus, dass man sich beim Vertragsschluss über die Schnee- und Eisbeseitigung nicht geeinigt hatte. Der V, der sich über die Beschwerden der Nachbarn sehr geärgert hatte, verlangte von M Räumung der Wohnung.

Der V könnte Räumung a) nach § 985 BGB verlangen. aa) Der V ist Eigentümer. bb) Der M ist Besitzer. cc) Zu prüfen ist, ob der M ein Recht zum Besitz gegen den V hat (§ 986 Abs. 1 BGB). Dieses könnte sich aus § 535 Abs. 1 S. 1 BGB ergeben, wenn ein Mietvertrag zwischen V und M bestünde. aaa) Eine entsprechende Einigung über die „essentialia negotii" liegt vor. bbb) Keine Einigung ist über die Frage einer Schneeräumungspflicht erzielt worden aaaa) Dies ist keine Hauptpflicht, bbbb) sondern eine Nebenpflicht, über die man sich meinte, geeinigt zu haben. Der Vertrag wäre danach nur dann wirksam, wenn anzunehmen ist, dass der Vertrag auch ohne Einigung über diesen Punkt geschlossen worden wäre (§ 155 BGB). Davon ist auszugehen, weil es auf Helgoland nur äußerst selten einmal so nachhaltig friert und schneit (Meeresklima, Golfstrom), dass zu Verkehrssicherungszwecken Schnee geräumt und Eis beseitigt werden muss. Also besteht ein Mietvertrag zwischen V und M, und der hat M ein Recht zum Besitz gegenüber dem V. b) Auch ein Anspruch aus § 812 Abs. 1 S. 1 1. Fall („Leistungskondiktion") entfällt, weil der M die Wohnung mit Rechtsgrund besitzt (§ 535 BGB).

Das **Scheitern des Vertragsschlusses** nach § 155 BGB kann jedoch zur Konsequenz haben, dass derjenige, der einen Dissens durch schuldhaftes Verhalten verursacht hat, aus **§§ 280 Abs. 1, 311 Abs. 2, 241 Abs. 2 BGB** auf Schadensersatz in Höhe des negativen Interesses haftet.

Variante des US-Amerikaner – Kanadier-Falles: Der V hat – wie bei früheren Geschäften zwischen ihnen üblich – in der Vorstellung eines zustande gekommenen Vertrages die Ware an K's Niederlassung in Deutschland versandt; dadurch sind ihm hohe Kosten entstanden. Der V macht diese Kosten als Schadensersatz geltend. (Gehen Sie wieder von einer wirksamen Vereinbarung der Anwendung deutschen Rechts aus.)

Der Anspruch a) ergibt sich dem Grunde nach aus §§ 280 Abs. 1, 311 Abs. 2 Nr.1, 241 Abs. 2 BGB. Denn durch die Aufnahme von Vertragsverhandlungen ist zwischen dem V und dem K ein vertragsähnliches Schuldverhältnis entstanden, das zur Rücksicht verpflichtet. Diese Pflicht hat der K durch seine missverständliche Ausdrucksweise schuldhaft verletzt. b) Der Höhe nach wird das negative Interesse geschuldet: Der V kann von K verlangen, so gestellt zu werden, wie wenn er ihn nie gesehen hätte. Den V trifft jedoch wegen seiner eigenen missverständlichen Ausdrucksweise ein Mitverschulden, das nach § 254 Abs. 1 BGB zu einer angemessenen Schadensteilung führt (= jeder zur Hälfte).

5. Der Abschluss des Kaufvertrages nach dem UN-Kaufrecht (CISG)

Sie wissen nun, wie ein **Vertrag „als solcher"** zustande kommt, also ein Vertrag, den es so gar nicht gibt, weshalb uns immer der Abschluss des Ihnen ja so einigermaßen bekannten **Kaufvertrages nach den §§ 433 ff. BGB als „Dauer"-Beispiel** diente.

Die Wahl dieses Beispiels für den Vertragsschluss gibt uns die Veranlassung, an dieser Stelle mit wenigen Worten zu skizzieren, wie ein Kaufvertrag nach dem UN-Kaufrecht (CISG) zustande kommt. Es ist bereits angeklungen: Bei einem **internationalen Kauf**, der nicht privaten Zwecken dient, der grenzüberschreitende Sachverhalte betrifft, der Kontakt zu mindestens einem Vertragsstaat hat und dessen Gegenstand Waren (= bewegliche Sachen) oder ähnliche Gegenstände (z.B. Computerprogramme), nicht aber Luftfahrzeuge oder Wertpapiere, sind, wird das sonstige nationale Recht hinsichtlich des Abschlusses einschließlich der Förmlichkeiten und hinsichtlich der Rechte und Pflichten aus dem Kaufvertrag durch das zu nationalem Recht gewordene UN-Kaufrecht (CISG) ersetzt. Die Geltung des UN-Kaufrechts kann allerdings ausdrücklich oder konkludent ausgeschlossen werden (Art. 6 CISG); dafür reicht aber nicht aus die Vereinbarung der Geltung des Rechtes eines der Vertragsstaaten (wie z.B.: „Es gilt russisches/deutsches Recht"), denn das UNKaufrecht (CISG) ist in den vertragsstatten nationales Recht.

Das UN-Kaufrecht enthält (außer den später darzustellenden Sonderregeln zu den Leistungsstörungen) auch **besondere Regelungen über den Abschluss des Kaufvertrages**. Diese ähneln zum Glück so sehr dem uns (in dieser Hinsicht inzwischen ja vertrauten) BGB, dass der deutsche Jurist das Recht des internationalen Warenhandels in dieser Hinsicht zwanglos beherrschen kann.

---

1. Nötig sind zwei auf den Abschluss eines Vertrages gerichtete Willenserklärungen, genannt **Angebot** und **Annahme** (Artt. 14, 18 CISG):

a) Ein „**Angebot**" (= ein „Vorschlag zum Abschluss eines Kaufvertrages") setzt wie im deutschen Recht u.a. voraus:

Der Anbietende muss aus der Sicht eines „objektiven Dritten" den Willen haben, sich rechtlich zu binden **(Rechtsbindungswillen)**. Das ist dann der Fall, wenn die Erklärung ausdrücklich oder stillschweigend den Willen des Anbietenden zum Ausdruck bringt, im Falle der Annahme gebunden zu sein; ein „Vorschlag zum Abschluss eines Kaufvertrages", der nicht an eine Person oder mehrere bestimmte Personen gerichtet ist, ist kein Angebot, sondern nur die Aufforderung, ein Angebot abzugeben, wenn nicht das Gegenteil vom Vorschlagenden deutlich zum Ausdruck gebracht wird (Art. 14 Abs. 2 CISG).

Inhaltlich muss die Erklärung, um als Angebot zum Abschluss eines Vertrages, hier eines Kaufvertrages, angesehen werden zu können, so bestimmt sein, dass sie **mindestens** die sog „essentialia negotii" enthält. Dies sind: a) die **Ware** und deren **Menge**; sie müssen durch eine ausdrückliche oder stillschweigende Festsetzung oder durch eine Ermöglichung einer Festsetzung bestimmt werden (Art. 14 Abs. 1 CISG); b) der **Kaufpreis**, der entweder festgesetzt sein muss oder dessen Festsetzung ermöglicht wird (Art. 14 Abs. 1 CISG), wozu ein „Preisrahmen" für bestimmte Qualitäten oder eine Klausel, die eine Anpassung nach der Marktentwicklung vorsieht, ausreichen; c) und der **Vertragspartner**.

b) Die **Annahme** wird in der Regel ausdrücklich oder durch ein konkludentes Verhalten (z.B. die Annahme der Ware) erklärt. Dagegen führen ein **Schweigen** oder eine **bloße Untätigkeit** in der Regel nicht zum Vertragsschluss (Art. 18 Abs. 1 CISG).

2. Ähnlich wie bei § 130 Abs. 1 BGB werden das **Angebot und die Annahme im Regelfall** (Art. 15 Abs. 1 CISG) mit dem „**Empfang**" (= Zugang) **wirksam**.

a) Ein **Zugang** liegt vor, wenn die Erklärung an der postalischen Anschrift der Niederlassung des Empfängers abgegeben wird und damit in dessen Machtbereich gelangt ist (Art. 24 CISG).

b) Eine Annahme kann **ausnahmsweise** auch **ohne „Empfang" durch Ausführungshandlungen** (Absendung der Ware, Kaufpreiszahlung) wirksam werden, wenn dies unter den Parteien entstandenen Gepflogenheiten oder Gebräuchen entspricht (Art. 18 Abs. 3 CISG); diese Regelung entspricht dem § 151 BGB.

c) Vor dem Wirksamwerden der Erklärung kann das **Angebot** noch **zurückgenommen** werden, wenn die Rücknahmeerklärung vor oder gleichzeitig mit dem Angebot zugeht (Art. 15 Abs. 2 CISG). Auch die **Annahme** kann **zurückgenommen** werden, wenn die Rücknahmeerklärung dem Anbietenden vor oder in dem Zeitpunkt zugeht, in dem die Annahme wirksam geworden wäre (Art. 22 CISG).

3. Die **Annahme muss rechtzeitig erklärt** werden (Art. 18 Abs. 2 CISG), was ähnlich wie in den §§ 146, 148, 147 BGB nicht der Fall ist, wenn die Annahme nicht innerhalb der **Annahmefrist** (Art. 20 CISG) erklärt worden ist (Art. 18 Abs. 2 S. 2 CISG).

Wenn keine Annahmefrist gesetzt ist, wird die Annahme weiterhin nicht wirksam, wenn sie nicht innerhalb einer **angemessenen Frist**, für deren Bemessung die Umstände des Geschäfts und die Übermittlungsart des Anbietenden maßgeblich sind und die durchaus einmal 3 Wochen dauern kann, zugeht (Art. 18 Abs. 2 S. 2 CISG).

Der Anbietende kann eine hiernach verspätete Annahme wirksam werden lassen, wenn er den Annehmenden in diesem Sinne unterrichtet (§ 21 Abs. 1 CISG); eine verspätete Annahmeerklärung besteht daher (anders als nach § 150 Abs. 1 BGB!) nicht als Gegenangebot fort (arge. Art. 21 Abs. 1 CISG).

4. Der Vertragsschluss setzt weiter voraus, dass das **Angebot nicht erloschen** ist. Ein solches Erlöschen ist auf zweifache Weise möglich:

Der Anbieter kann (anders als nach § 145 BGB) das Angebot vor Abschluss des Vertrages **widerrufen**, wenn der Widerruf vor Absendung der Annahmeerklärung erklärt wird (Art 16 Abs. 1 CISG), es sei denn, es ist unwiderruflich.

Das Angebot erlischt (ähnlich wie bei § 146 BGB) auch durch **Ablehnung** (Art. 17 CISG); das bedeutet, dass der Empfänger des Angebots dieses nicht mehr annehmen kann, wenn er es einmal abgelehnt hat.

5. Die Annahme muss mit dem Angebot „**deckungsgleich**" sein (Art. 19, 21 CISG). Die Deckungsgleichheit muss durch **Auslegung** ermittelt werden (Art. 8 CISG): Dabei wird entweder auf den übereinstimmenden „wirklichen" Willen der Parteien abgestellt. Ist der subjektive Wille nicht erkennbar, kommt es

> auf den „Empfängerhorizont" einer vernünftigen Person an; der Maßstab ist dann „objektiv" der „gute Glaube" im „internationalen Handelsverkehr". Bei einer **abweichenden Annahmeerklärung** liegt wie bei § 150 Abs. 2 BGB ein neues (Gegen-) Angebot vor (Art. 19 Abs. 1 CISG). Der Vertrag kommt in einem solchen Fall erst dann zustande, wenn der (frühere) Anbieter dieses neue Angebot seinerseits annimmt. Die Annahme liegt bei unwesentlichen Änderungen bereits im Schweigen des Ursprungsanbieters (Art. 19 Abs. 2 CISG). Bei wesentlichen Änderungen (nach Art. 19 Abs. 3 CISG: Preis, Bezahlung, Qualität, Menge, Ort und Zeit der Lieferung etc.) bedarf es einer erklärten Annahme.

6. Hinausschieben der Wirksamkeit des Vertrages durch Bedingung

Nachdem wir nun i.d.R. am Beispiel des Kaufvertrages über den Vertragsschluss „als solches" eigentlich alles wissen, wäre es an der Zeit, sich den möglichen Inhalten von Verträgen, speziell von (den uns hier interessierenden) schuldrechtlich verpflichtenden Verträgen zuzuwenden, damit wir uns endlich von der Vorstellung, es gäbe nur Kaufverträge, „emanzipieren". Aber bevor wir uns daran machen, müssen Sie noch erfahren, dass man die Wirksamkeit eines Rechtsgeschäfts, speziell auch die eines Vertrages und ganz speziell auch die eines schuldrechtlich verpflichtenden (z.B. Kauf-)Vertrages vom Eintritt eines zukünftigen ungewissen Ereignisses, nämlich von einer „Bedingung" abhängig machen kann. Eine **Bedingung** ist eine Nebenabrede eines Rechtsgeschäfts, durch welche die Rechtswirkung des Rechtsgeschäfts von einem **„zukünftigen ungewissen Ereignis"** (auswendig lernen!) abhängig gemacht wird **(§§ 158 – 162 BGB)**. Sie **wirkt** entweder **aufschiebend (§ 158 Abs. 1 BGB)** oder **auflösend (§ 158 Abs. 2 BGB)**.

- Bei der aufschiebenden Bedingung **tritt die Rechtswirkung** des Rechtsgeschäfts erst infolge des Ereignisses **ein**;
- bei der auflösenden Bedingung **endet die** bereits eingetretene **Rechtswirkung** des Rechtsgeschäfts infolge des Ereignisses.

Zu unterscheiden ist die Bedingung von der **Befristung**: Bei dieser handelt es sich um eine Nebenabrede, bei der die Rechtswirkung eines Rechtsgeschäfts von einem **zukünftigen gewissen Ereignis (Anfangs- oder Endtermin)** abhängig gemacht wird **(§§ 163, 158 ff. BGB analog)**. Von der Befristung zu unterscheiden ist wiederum die **Betagung** einer Forderung z.B. durch eine die Fälligkeit der Forderung hinausschiebende Stundung: Eine Forderung auf Lieferung aus einem befristeten Kaufvertrag besteht vor Eintritt des Anfangstermins noch gar nicht, während bei einer Betagung durch Stundung die Forderung aus einem Kaufvertrag bereits besteht, aber noch nicht fällig ist. Machen Sie sich bitte das „Vergnügen" und definieren Sie, was man unter einer aufschiebenden/auflösenden „Bedingung", einer „Befristung" durch einen Anfangs-/Endtermin und was man unter einer „Betagung" einer Forderung durch eine Stundung versteht. Haben Sie die „Prüfung" bestanden?

Zurück zur Bedingung: Das zukünftige ungewisse **Ereignis** kann von jeglicher Art sein. Die für das Vorliegen einer Bedingung notwendige **Ungewissheit** des Eintritts des Ereignisses kann auf Zufall oder auf dem Willensentschluss eines Dritten oder sogar auf dem „Wollen" einer Partei des Rechtsgeschäfts, z.B. eines der Vertragspartner („Wollensbedingung"), beruhen. Es muss ein **zukünftiges** Ereignis sein, darf also nicht in der Vergangenheit oder in der Gegenwart liegen, auch wenn es den Parteien unbekannt ist. **Keine Bedingung** im Rechtssinne ist dagegen die **„Rechtsbedingung"** (= eine gesetzliche Voraussetzung für die Wirksamkeit eines Rechtsgeschäfts).

Die Bedingung kann grundsätzlich als **Nebenabrede allen Rechtsgeschäften** – also natürlich auch **allen Verträgen** – beigegeben werden. Wichtige **Ausnahmen („bedingungsfeindliche" Rechtsgeschäfte)** sind jedoch

- die **Auflassung** nach **§ 925 Abs. 2 BGB** (für „fortgeschrittene Leser": es gibt daher auch keinen Eigentumsvorbehalt beim Erwerb eines Grundstücks; lesen Sie § 449 BGB; dazu später mehr);
- der **§ 388 S. 2 BGB** (die **Aufrechnung** mit der Unterausnahme der Prozessaufrechnung, dazu später mehr);
- und **andere Gestaltungsrechte** (Anfechtung, Kündigung und Rücktritt).
- Was ist der **Grund für die „Bedingungsfeindlichkeit"** dieser Rechtsgeschäfte? Bei § 925 Abs. 2 BGB besteht die „ratio legis" darin, dass sich aus Gründen der Rechtsklarheit und Rechtssicherheit die dingliche Rechtslage an einem Grundstück (also wer Eigentümer eines Grundstücks ist) nur aus der auf der Auflassung und der darauf basierenden Grundbucheintragung ergeben soll und nicht abhängig sein soll von einem für niemanden erkennbaren und vorhersagbaren und sich vor allem nicht aus dem Grundbuch ergebenden „künftigen ungewissen Ereignis". Auch bei der Aufrechnung und anderen Gestaltungsrechten verlangt die Rechtsklarheit und die Rechtssicherheit nach einer Bedingungsfeindlichkeit.

> Für die **Fallbearbeitung** ist die Bedingung von erheblicher Bedeutung
>
> **1.** bei der **aufschiebend bedingten Übereignung** beim **Eigentumsvorbehalt** (§§ 929, 158 Abs. 1, 449 Abs. 1 BGB)
>
> **2.** und bei für den Fall der Erfüllung der gesicherten Forderung **auflösend bedingt vereinbarten Sicherungsgeschäften** (Sicherungszession, Sicherungsübereignung),
>
> also gar nicht so sehr für die Frage der Rechtswirksamkeit der uns in diesem Teil 3 ja so sehr interessierenden schuldrechtlich verpflichtenden Verträge; trotzdem befassen wir uns hier ausgiebig mit dem Bedingungsrecht. Für Sie bedeutet das allerdings, dass wir demnächst vom Pfad abweichen und uns mit sachenrechtlichen Fragen befassen werden. Sie werden dieses sich abzeichnende „juristische Abenteuer" aber mit Sicherheit schadlos überstehen.

a) Die Wirkung der Bedingung

Zunächst aber interessiert uns die Wirkung einer Bedingung: Der Eintritt des „künftigen ungewissen Ereignisses", also der **Bedingungseintritt** wirkt **„ex nunc"**, also vom dem Zeitpunkt des Eintritts des Ereignisses an, und **nicht**, wie viele Jungjuristen spontan meinen, **„ex tunc"**; das ist doppelt begründbar: Lesen Sie den § 158 BGB und nehmen Sie den Wortlaut ernst; außerdem ergibt sich die ex-nunc-Wirkung aus einem Umkehrschluss aus § 159 BGB. Eine hochinteressante Ausnahme hierzu ist der Eintritt der Wirksamkeit eines Vertrages nach dem „berühmten" § 110 BGB („Taschengeld-Paragraph"), der im Grundstudium in mindestens einer Klausur geradezu „unvermeidlich" zu sein scheint: Um den Minderjährigen vor schädigenden Belastungen seines Vermögens zu schützen, wird das Verpflichtungsgeschäft erst dann als wirksam behandelt, wenn er „die vertragsmäßige Leistung mit Mitteln bewirkt" hat, die ... überlassen worden sind". In dogmatischer Hinsicht trägt man dem durch eine **atypische Bedingungskonstruktion** Rechnung: Die Wirksamkeit des Verpflichtungsgeschäfts ist durch die vollständige Erfüllung aufschiebend bedingt, wobei diese entgegen §§ 158 Abs. 1, 159 BGB aufgrund der Fiktion des § 110 BGB („ gilt als von Anfang an wirksam") „ex tunc" (= zurück) wirkt; so wird bei einem Teilzahlungskauf eines Minderjährigen der Vertrag erst mit Zahlung der letzten Rate, dann aber rückwirkend auf den Zeitpunkt des Vertragsschlusses wirksam. Wenn Ihnen diese Passage im Augenblick zu schwierig vorkommt, brauchen Sie sich keine „Gedanken zu machen": Es wird alles noch einmal in einem anderen Zusammenhang wiederholt!

Die **Vereinbarung einer ex-tunc-Wirkung** des **Bedingungseintritts** hat nach § 159 BGB keine rückbeziehende Wirkung, sondern nur eine schuldrechtliche Bedeutung des Inahlts, dass die Parteien aufgrund einer solchen Vereinbarung einander verpflichtet sind, sich so zu stellen, wie wenn die Folge zu dem in der Vereinbarung vorgesehenen Zeitpunkt eingetreten wäre. Der folgende sehr interessante Fall wird Ihnen als Anfänger sehr viel abverlangen, weil wir einen ersten (angekündigten und daher nicht überraschenden!) Exkurs in das Kreditsicherungsrecht und Sachenrecht riskieren. Sie erfahren jetzt erstmals etwas vom **„Eigentumsvorbehalt"**, von dem Sie aber bereits laienhafte Vorstellungen haben dürfte. Stellen Sie sich also vor, dass ein Verkäufer (V) und ein Käufer (K) einen Kaufvertrag über eine bewegliche Sache schließen wollen und dass der V zu einer Vorleistung bereit ist: Er will die Kaufsache sofort liefern, während der K den Kaufpreis erst später begleichen soll. Warum sollte der V so unvernünftig sein? Weil er den Käufer nur so zum Abschluss des Kaufvertrages bewegen kann! Natürlich will und soll der V nach dem Willen beider Vertragsparteien für den Fall, dass der K seiner Kaufpreiszahlungsverpflichtung nicht nachkommt, gesichert sein. Eines der in Betracht kommenden und in der Rechtspraxis außerordentlich häufig verwendeten Sicherungsmittel ist der „Eigentumsvorbehalt": Im Kaufvertrag, in dem der V sich zur Vorleistung verpflichtet, wird vereinbart, dass der V sich das Eigentum bis zur vollständigen Zahlung des Kaufpreises vorbehält. Das hat in rechtlicher Hinsicht zur Folge, dass die ohne gleichzeitigen (Zug-um-Zug) Erhalt des Kaufpreises durch den V an den K erfolgende Übereignung der Kaufsache nach den §§ 929 ff. BGB „im Zweifel.....unter der aufschiebenden Bedingung vollständiger Zahlung des Kaufpreises" erfolgt (§§ 449 Abs. 1, 929 ff., 158 ff. BGB). Wenn der K später aus welchem Grunde auch immer den Kaufpreis nicht oder nicht vollständig zahlen sollte, kann der V nach § 323 BGB vom Kaufvertrag zurücktreten und dann (vergl. § 449 Abs. 2 BGB) die Kaufsache nach §§ 985, 986 BGB von K herausverlangen, denn der V ist mangels Bedingungseintritts (= vollständige Kaufpreiszahlung durch K) der Eigentümer der Kaufsache geblieben, während der K lediglich deren Besitzer geworden ist und nach dem zur Beendigung des Kaufvertrags führenden Rücktritt des V vom Kaufvertrag kein Recht zum Besitz aus dem Kaufvertrag mehr hat. Diese ersten Informationen zum „Eigentumsvorbehalt" reichen zunächst einmal dafür aus, dass Sie die folgenden Fälle nachvollziehen können. Wir wollen aber ganz sicher gehen: Weil die zuvor skizzierte Fallkonstellation für das „wirkliche Leben" und für die Ausbildung so ungeheuer wichtig ist und weil Sie durch die Gemengelage von Schuld- und Sachenrecht gerade als „Anfänger" so besonders „gefordert" werden, sollten Sie das Weiterlesen unterbrechen und sich wieder einmal einen kleinen Vortrag über das soeben Gelesene und vielleicht auch schon Gelernte halten. Erst dann sollten Sie den folgenden Fall bearbeiten!

Fall 49: Der V verkauft unter Vereinbarung eines Eigentumsvorbehalts im Kaufvertrag eine Kuh an den K und übereignet und übergibt sie anschließend an den K. Der K hat vereinbarungsgemäß bei Vertragsschluss die Hälfte des Kaufpreises an V gezahlt; die zweite Hälfte soll in drei Monaten bezahlt werden. Im Kaufvertrag ist weiter vereinbart, dass mit dem Eintritt der Bedingung die an ihren Eintritt geknüpften Folgen auf den Zeitpunkt des Abschlusses des Vertrages zurückwirken sollen. Die Kuh kalbt. Dann zahlt der K den restlichen Kaufpreis. Der V verlangt von dem K das Kalb heraus (nach Giesen).

Der V könnte Herausgabe aus § 985 BGB verlangen. a) Der K ist Besitzer des Kalbes. b) Der V müsste Eigentümer sein; dies könnte er nach § 953 BGB geworden sein: aa) Dann müsste das Kalb ein Erzeugnis sein. Es ist eine „Frucht" der Kuh, die als „Muttersache" (§ 99 Abs. 1 BGB) anzusehen ist. bb) Die „Frucht" (das Kalb) ist von der „Muttersache" (der Kuh) getrennt worden. cc) Der V müsste bei der Trennung der „Frucht" (Kalb) von der „Muttersache" (Kuh) Eigentümer der Muttersache (Kuh) gewesen sein: aaa) Ursprünglich war der V Eigentümer der Kuh. bbb) Die Wirkung der Übereignung der Kuh an den K war aufschiebend bedingt durch die vollständige Bezahlung des Kaufpreises (§§ 929 S. 1, 449 Abs. 1, 158 Abs. 1 BGB), so dass der V bis zu diesem Zeitpunkt Eigentümer der Kuh blieb. Mit dem Eintritt der Bedingung ist K „ex nunc" Eigentümer geworden. Die Vereinbarung einer Rückwirkung hat keine dingliche Wirkung (arge. § 159 BGB). Also ist der V bei der Trennung Eigentümer der Kuh gewesen und damit nach § 953 BGB Eigentümer des Kalbes geworden. c) Der K könnte jedoch ein Recht zum Besitz haben (§ 986 Abs. 1 BGB). Dieses könnte sich aus § 242 BGB ergeben, wenn der K gegen den V einen Anspruch darauf hätte, dass der V ihm das Kalb übereignet, denn dann müsste der V das an ihn herausgegebene Kalb sogleich wieder an K herausgeben; das Herausgabeverlangen des V wäre dann treuwidrig und ihm stünde der Einwand der Arglist entgegen (§ 242 BGB: „dolo agit ..."). Ein Anspruch auf Übereignung des Kalbs ergibt sich aa) entweder aus § 159 BGB bb) oder aus §§ 446 S. 2, 100, 99 BGB.

> Ihnen ist natürlich klar, dass wir uns mit diesem Fall doch recht weit von unserem eigentlichen Thema entfernt haben:
>
> Wir sind ja eigentlich damit befasst, uns die Voraussetzungen eines Vertragsschlusses, speziell natürlich eines verpflichtenden Vertrages zu erarbeiten. Und dabei sind wir darauf gestoßen, dass die Wirksamkeit eines Rechtsgeschäftes und damit auch die eines Vertrages vom Eintritt eines künftigen ungewissen Ereignisses (Bedingung) abhängig sein kann. Zur Illustration der Wirkung einer Bedingung haben wir jetzt aber einen Fall gebildet, bei dem es um eine aufschiebend bedingte Übereignung einer Kaufsache („Eigentumsvorbehalt") ging. Es wird Ihnen also gerade allerhand Flexibilität zugemutet und zugetraut. Übrigens: Über den Eigentumsvorbehalt werden Sie hier noch so viel lesen,

> dass Ihnen diese kleine (Vorab-) Einführung in diesen Themenkreis nur helfen wird.
>
> Und keine Sorge: Wir finden den Weg zu unserem Thema zurück!

Fall 50: Der V verkauft dem K am 1. November 2003 ein ihm gehöriges und von diesem bisher genutztes Auto unter der aufschiebenden Bedingung, dass es ihm, dem V, gelingt, bis zum 1. Dezember 2003 für sich einen neuen Wagen zu erwerben. Gleichzeitig bestellt der V bei einem Händler einen neuen Wagen. Da der V sich in der Zwischenzeit auf einer Auslandsreise befindet und er den an K verkauften Wagen nicht benötigt, überlässt er das verkaufte Auto bereits jetzt dem K. Der V behält aber den Kfz-Brief bei sich; der Kaufpreis soll bei Bedingungseintritt gezahlt werden. Schon auf der ersten Fahrt verunglückt der K schuldlos mit der Folge eines Totalschadens. Am 30. November 2003 wird dem V der Neuwagen geliefert. Der V verlangt Zahlung des Kaufpreises von K (nach Köhler).

Der Anspruch könnte sich aus einem Kaufvertrag ergeben (§ 433 Abs. 2 BGB). a) Der Kaufvertrag ist geschlossen. Die aufschiebende Bedingung ist eingetreten (§ 158 Abs. 1 BGB). Damit ist der Anspruch entstanden. b) Er könne aa) nach § 326 Abs.1, S. 1, 1. HS BGB entfallen sein. aaa) Der Kaufvertrag ist ein gegenseitiger Vertrag, denn die Hauptleistungspflichten (Lieferung/Zahlung) stehen im Gegenseitigkeitsverhältnis zueinander (= „do ut des = „ich gebe, damit Du gibst"). bbb) Der V müsste von seiner Leistungsverpflichtung nach § 275 Abs. 1 – 3 BGB befreit sein. Er schuldete nach § 433 Abs. 1 S. 1 BGB Übergabe und Übereignung. Er hatte diese Pflicht noch nicht erfüllt, so dass sie noch besteht, denn es fehlte – wie sich aus dem Einbehalt des Kfz-Briefes ergibt – jedenfalls noch an einer Übereignung an den K. Diese Übereignung ist ihm nach dem Totalschaden nicht mehr möglich, der Anspruch des K ist „ausgeschlossen" (§ 275 Abs. 1 BGB). Danach wäre der Anspruch des V gegen den K auf die Gegenleistung (Kaufpreiszahlung) entfallen. bb) Er könnte jedoch fortbestehen, wenn die Gegenleistungs- (= Preis-) Gefahr bereits vor Eintritt der Unmöglichkeit auf den K übergegangen ist. Dies könnte nach § 446 S. 1 BGB der Fall sein: aaa) Das Auto ist zwar an den K übergeben worden, bbb) der K war jedoch aaaa) noch nicht der Käufer des Autos, weil die Bedingung zu diesem Zeitpunkt noch nicht eingetreten war (§ 158 Abs. 1 BGB). bbbb) Weil jedoch die Übergabe eine vorweggenommene Teilerfüllung des Kaufvertrages war, wird in derartigen Fällen angenommen, dass die Parteien stillschweigend eine Rückwirkungsvereinbarung i.S.d. § 159 BGB geschlossen haben, so dass der K den V so zu stellen hat, als wäre ihm eine bereits verkaufte Sache übergeben worden. Danach ist der K also gem. §§ 433 Abs. 2, 159, 446 S. 1 BGB zur Kaufpreiszahlung an V verpflichtet.

b) Die Schwebezeit

Der bedingt Berechtigte ist in der Schwebezeit in einer unsicheren Situation. Den bestehenden Risiken trägt das Gesetz in mehrfacher Hinsicht Rechnung.

aa) Treuwidrige Vereitelung des Eintritts der Bedingung (§ 162 BGB)

Vereitelt eine Partei den Bedingungseintritt treuwidrig, so wird der **Bedingungseintritt fingiert (§ 162 BGB)**. Zur „Illustration" müssen Sie sich leider schon wieder mit einem Fall einer aufschiebend bedingten Übereignung („Eigentumsvorbehalt") „quälen".

Fall 51: Der Viehhändler V verkauft an den K am 1. Oktober 2002 eine Kuh unter Eigentumsvorbehalt. Die Kaufpreisraten sollen dem V nach dem Kaufvertrag jeweils am ersten Tag eines Monats um 12. 00 Uhr in dessen Büro in bar gezahlt werden; die letzte Rate ist am 1. Dezember 2003 fällig. Der V und der K einigen sich über den Eigentumsübergang auf den K und die Kuh wird dem K übergeben. Der K begibt sich am 1. Dezember 2003, wie auch schon in den Monaten zuvor, den Vereinbarungen entsprechend zu V' s Büro, um nunmehr die letzte Rate zu zahlen. Der V hat inzwischen erfahren, dass die Kuh trächtig ist, und er lässt den K daher nicht ein, so dass der K unverrichteter Dinge gehen muss. Jetzt wirft die Kuh ein Kalb. Der V verlangt das Kalb von dem K heraus.

Der V könnte von K Herausgabe des Kalbes aus § 985 BGB verlangen. a) Der K ist Besitzer des Kalbes. b) Der V müsste Eigentümer sein; dies könnte er nach § 953 BGB geworden sein: aa) Dann müsste das Kalb ein Erzeugnis sein. Es ist eine „Frucht" der Kuh als „Muttersache" (§ 99 Abs. 1 BGB). bb) Die „Frucht" (das Kalb) ist von der „Muttersache" (der Kuh) getrennt worden. cc) Der V müsste bei der Trennung der „Frucht" (Kalb) von der „Muttersache" (Kuh) Eigentümer derselben gewesen sein: aaa) Ursprünglich war der V Eigentümer der Kuh. bbb) Die Wirkung der Übereignung an den K war aufschiebend bedingt durch die vollständige Bezahlung des Kaufpreises (§§ 929 S. 1, 449 Abs. 1, 158 Abs. 1 BGB), so dass der V bis zu diesem Zeitpunkt Eigentümer blieb. aaaa) Die Bedingung ist nicht durch Zahlung der letzten Rate gem. § 158 Abs. 1 BGB eingetreten, weil der K den Kaufpreis nicht entrichtet hatte, bbbb) wohl aber wird der Bedingungseintritt gem. § 162 BGB fingiert, weil der V den Eintritt der Bedingung treuwidrig vereitelt hat. Mit dem Eintritt der Bedingung ist der K „ex nunc" Eigentümer der Kuh und damit auch des Kalbes (§ 953 BGB) geworden. Daher hat der V keinen Herausgabeanspruch gegen den K.

Fall 52: Der V verkauft am 1. November 2003 dem K ein dem V gehöriges und von diesem bisher genutztes Auto unter der aufschiebenden Bedingung, dass es ihm gelingt, bis zum 1. Dezember 2003 einen neuen Wagen zu erwerben. Im Nachhinein erscheint es dem V, dass der K äußerst unsympathisch ist; deshalb gönnt er ihm das Auto nicht. Der V entschließt sich daher dazu, entgegen seiner bisherigen Absicht einfach keinen neuen Wagen zu kaufen. Der K verlangt am 1. Dezember 2003 Lieferung Zug-um-Zug gegen Zahlung des Kaufpreises.

Der Anspruch könnte sich aus einem Kaufvertrag ergeben (§ 433 Abs. 1 S. 1 BGB). a) Der V und der K haben einen Kaufvertrag unter einer aufschiebenden (Wollens-) Bedingung geschlossen. b) Die Bedingung (Anschaffung eines neuen Wagens durch V) ist aa) nicht eingetreten, so dass der Vertrag nicht nach § 158 Abs. 1 BGB wirksam geworden ist. bb) Er könnte jedoch nach § 162 BGB wirksam geworden sein: § 162 BGB findet jedoch auf Wollensbedingungen keine Anwendung; denn es ist gerade Sinn und Zweck der Bedingung, dass das Wirksamwerden des Rechtsgeschäfts von der Willkür des V abhängen soll.

bb) Einwirkungen auf die Rechtsstellung des bedingt Berechtigten (§§ 161, 160 BGB)

(1) Zwischenverfügungen und Verfügungen im Wege der Zwangsvollstreckung

> Sie haben es ja hoffentlich inzwischen eingesehen: Man kann das Bedingungsrecht nicht ohne die Erörterung bedingter Verfügungen, speziell der durch die vollständige Zahlung des Kaufpreises aufschiebend bedingten Übereignung beweglicher Sachen („Eigentumsvorbehalt"), begreifen. Wir sind also plötzlich weit weg vom Thema der „Vertraglichen Primäransprüche" mitten im Sachenrecht gelandet. Da der „Sündenfall" längst eingetreten ist, „sündigen" wir jetzt

> auch munter weiter. Auch hier gilt wieder, dass Sie sich als Anfänger keine Sorgen machen müssen: Alles, was wir hier besprechen, wird später an den verschiedensten Stellen wiederholt und vertieft.

Sie haben soeben mit dem „Eigentumsvorbehalt" die wichtigste Konstellation einer bedingten Verfügung kennen gelernt. Da Sie ja hoffentlich noch erinnern, dass eine Verfügung die unmittelbare rechtsgeschäftliche Einwirkung auf ein bestehendes Recht durch Übertragung, Belastung, inhaltliche Änderung und Aufhebung ist, ist Ihnen natürlich auch klar, dass es noch andere Beispiele für eine bedingte Verfügung gibt. So ist die Abtretung einer Forderung nach § 398 BGB ebenfalls eine Verfügung; und sie kann natürlich ebenfalls unter einer Bedingung erfolgen (§§ 398, 158 ff. BGB). Bei einer solchen **bedingten Verfügung** (also z.B. bei einer durch die vollständige Zahlung des Kaufpreises aufschiebend bedingten Übereignung beweglicher Sachen, also bei dem Ihnen ja schon bekannten „Eigentumsvorbehalt", oder bei einer aufschiebend bedingten Abtretung einer Forderung) gibt es nun eine sehr interessante Frage, mit der Sie noch viele Male beschäftigt sein werden: Es kann der (z.B. aufschiebend) bedingt **Verfügende** in der Schwebezeit, also in der Zeit vor Eintritt der (aufschiebenden) Bedingung, **eine Zwischenverfügung** über das ihm ja noch immer zustehende Recht zugunsten einer anderen Person, also (wie die Juristen sagen) zugunsten eines „Dritten", z.B. durch eine Abtretung oder eine Übereignung **vornehmen**, durch die die von der Bedingung abhängige Wirkung zum Nachteil des ja nur (aufschiebend) bedingt Berechtigten vereitelt oder beeinträchtigt werden würde.

Hier gilt nun Folgendes:

- Diese Zwischenverfügung ist **zunächst wirksam**, da sie ja (wir befinden uns zeitlich vor dem Bedingungseintritt!) vom (immer noch) Berechtigten vorgenommen worden ist.

- **Aber:** Zum **Schutze des bedingt Berechtigten** erklärt das Gesetz diese Zwischenverfügung **im Falle des Eintritts der Bedingung** mit **ex-nunc-Wirkung**, also **nicht ex-tunc-Wirkung (!)**, für „insoweit unwirksam, als sie die von der Bedingung abhängige Wirkung vereiteln oder beeinträchtigen würde" (§ 161 Abs. 1, 2 BGB). Der dritte Erwerber z.B. der Forderung oder des Eigentums an einer beweglichen Sache darf jedoch – weil er schließlich ja vom Berechtigten erworben hat – nicht schlechter stehen als derjenige, der von einem Nichtberechtigten z.B. das Eigentum erworben hätte; deshalb erklärt das Gesetz **zum Schutz des Erwerbers** die evtl. bestehenden **Vorschriften über den Erwerb vom Nichtberechtigten** für entsprechend (warum nur „entsprechend"? Weil der Zwischenverfügende ja Berechtigter war!) **anwendbar (§ 161 Abs. 3 BGB)**. Bei einer Zwischenverfügung eines Zedenten zum Nachteil eines bedingt berechtigten Zessionars gilt § 161 Abs. 3 BGB natürlich nicht, weil es den gutgläubigen Erwerb einer Forderung nicht gibt und entsprechend anwendbare Vorschriften über den Erwerb vom Nichtberechtigten nicht existieren.

Fall 53: Der Gläubiger Z'dent tritt eine ihm gegen den Schuldner S zustehende fällige Darlehensforderung unter einer aufschiebenden Bedingung an den Z'ar 1 ab. Dann tritt der Gläubiger Z'dent sie unbedingt an den Z'ar 2 ab. Als dann die Bedingung eintritt, verlangt der Z'ar 2 und auch der Z'ar 1 Zahlung von S.

a) Der Z'ar 2 könnte von S Zahlung aus §§ 488 Abs. 1 S. 2, 398 S. 2 BGB verlangen, wenn er Gläubiger der Forderung geworden wäre. aa) Gläubiger war zunächst der Z'dent. bb) Durch die aufschiebend bedingte Abtretung an Z'ar 1 hat sich vor Eintritt der Bedingung an der Gläubigerstellung des Z'dent nichts geändert (§ 158 Abs. 1 BGB). cc) Der Z'ar 2 ist durch die unbedingte Abtretung seitens des Gläubigers Z'dent an ihn aaa) neuer Gläubiger des S geworden. bbb) Diese Abtretung ist jedoch aaaa) nach § 161 Abs. 1 BGB mit dem Eintritt der Bedingung ex nunc unwirksam geworden. bbbb) Weil es keinen gutgläubigen Erwerb von Forderungen gibt (argec. § 405 BGB), findet § 161 Abs. 3 BGB zugunsten des Z' ar 2 keine Anwendung. Daher ist der Z' ar 2 nicht Gläubiger geworden. b) Der Z'ar 1 ist durch den Bedingungseintritt Gläubiger geworden; er kann Zahlung von S verlangen.

Fall 54: Der V verkauft dem K 1 eine Hifi-Anlage unter Eigentumsvorbehalt und übereignet und übergibt sie dem Käufer. Der K 1 zahlt die Kaufpreisraten vertragsgemäß. Weil die Anlage einen Defekt hat, bringt der K 1 sie vor der Zahlung der letzten Rate zu V zur Mängelbeseitigung. Der V, der in Geldnot ist, veräußert die reparierte Anlage jetzt an den K 2 und übergibt und übereignet sie diesem nach § 929 S. 1 BGB. Nunmehr zahlt der K 1, der davon nichts weiß, die letzte Rate an den V. Als der K 1 die Anlage wieder bei V abholen will, erfährt er alles. Der K 1 verlangt von dem K 2 Herausgabe der Anlage.

Der Anspruch könnte sich aus § 985 BGB ergeben. a) Der K 2 ist Besitzer. b) Der K 1 müsste Eigentümer sein. aa) Eigentümer war der V. bb) Durch die Übereignung an den K 1 hat sich vor Eintritt der Bedingung (§§ 929 S. 1, 449 Abs. 1, 158 Abs. 1 BGB) an der Eigentümerstellung des V nichts geändert. cc) Der K 2 ist durch die Übereignung an ihn aaa) Eigentümer geworden (§ 929 S. 1 BGB). bbb) Diese Übereignung aaaa) wäre jedoch nach § 161 Abs. 1 BGB mit dem Eintritt der Bedingung ex nunc unwirksam geworden, bbbb) wenn der K 2 nicht nach § 161 Abs. 3, 932 BGB geschützt würde. Die Voraussetzungen liegen vor; § 935 BGB steht dem nicht entgegen, weil die Sache weder dem K 1 (er gab den unmittelbaren Besitz freiwillig auf) noch seinem Besitzmittler V (auch er gab den unmittelbaren Besitz freiwillig auf) abhanden gekommen ist. Damit ist der K 2 Eigentümer geworden und dem K 1 steht kein Herausgabeanspruch gegen den K 2 zu.

- Konsequenterweise werden vom Gesetz **Verfügungen im Wege der Zwangsvollstreckung** den rechtsgeschäftlichen Zwischenverfügungen gleichgestellt (§ 161 Abs. 1 S. 2 BGB).

(2) Vereitelung des Bedingungseintritts

Nach **§ 160 BGB** hat ein bedingt Berechtigter für den Fall der Vereitelung oder der Beeinträchtigung des von der Bedingung abhängigen Rechts im Falle des Bedingungseintritts einen auf das positive Interesse gerichteten Schadensersatzanspruch gegen den anderen Teil. Für verpflichtende Geschäfte hat das nur eine klarstellende Bedeutung; für bedingte Verfügungen ist § 160 BGB dagegen konstitutiv.

Fall 55: Der V verkauft am 1. Mai 2002 seinen alten Wagen an den K aufschiebend bedingt. Die aufschiebende Bedingung ist der Umstand, dass er, der V, seinerseits bis zum 1. Juni 2002 mit einem von ihm bereits gekauften Neuwagen beliefert wird. Dann erleidet der V einen verschuldeten Unfall mit einem Totalschaden als Folge. Als am 31. Mai 2002 der Neuwagen an den V geliefert wird, verlangt der K Schadensersatz statt der Leistung.

Der Anspruch ergibt sich a) aus § 280 Abs. 1, 3, 283 BGB und b) aus § 160 Abs. 1 BGB.

> **Fall 56:** Der V, der während des Monats Mai des Jahres 2002 auf einer Urlaubsreise ist, hat das Auto am 1. Mai 2002 an den K auflösend bedingt für den Fall einer Nichtbelieferung bis zum 1. Juni 2002 verkauft und übereignet und übergeben. Der K erleidet am 15. Mai 2002 einen verschuldeten Unfall mit einem Totalschaden als Folge. Weil der von V gekaufte Neuwagen nicht bis zum 1. Juni 2002 geliefert worden ist, verlangt der V Schadensersatz für den Wagen.
>
> Der Anspruch ergibt sich (konstitutiv) aus § 160 Abs. 2 BGB.

I. Jetzt müssen Sie, damit Sie angesichts der vielen Details das Wesentliche nicht aus dem Auge verlieren, wieder einmal **„tief Luft holen"** und sich **durch einen Blick zurück** wieder einmal vergegenwärtigen, in welchem Zusammenhang dies alles, was Sie hier gerade erarbeiten, steht.

Dazu wird die vorstehend vorgenommene **Ableitung des Vertragsschlusses** nach dem BGB noch einmal knapp zusammengefasst und in den Gesamtzusammenhang („Fallbearbeitung") eingeordnet. Stellen Sie sich dabei selbst auf die Probe und versuchen Sie, zu jedem dieser Punkte beim Lesen ein „inneres Mini-Referat" zu halten, mit dem Sie sich selbst beweisen, dass Sie alles verstanden haben und auch alles sicher erinnern; gelingt dies nicht, müssen Sie leider „zurück auf Los"! Betrügen Sie sich aber nicht selbst.

1. Gefragt wird am Ende des Ihnen für eine zu bearbeitende Hausarbeit/Klausur mitgeteilten Sachverhalts meistens nach einem **Anspruch** (§ 194 BGB) einer Person (Anspruchsteller) gegen eine andere Person (Anspruchsgegner). **2.** Ein Anspruch ergibt sich aus einem **Schuldverhältnis**. **3.** Schuldverhältnisse können sich aus dem **Gesetz** (z.B. § 823 Abs. 1 BGB) oder aus einem **Rechtsgeschäft** und zwar i.d.R. aus einem **verpflichtenden Vertrag**, zuweilen auch aus einem **einseitigen verpflichtenden Rechtsgeschäft** (§ 311 Abs. 1 BGB) ergeben. Uns interessieren im Augenblick nur rechtsgeschäftliche Ansprüche aus Verträgen. **4.** Der **Vertragsschluss als solcher** verlangt mindestens zwei einander inhaltlich entsprechende und mit Bezug aufeinander abgegebene Willenserklärungen. (Angebot/Antrag und Annahme). **5.** Das **Angebot** ist eine **Willenserklärung**. Die **Willenserklärung „Angebot"** verlangt **a)** wie jede Willenserklärung einen „Kundgabeakt", der **in objektiver Hinsicht** als Kundgabe eines **auf den Abschluss eines Vertrages** gerichteten „Rechtsfolgewillens" verstanden werden muss. Die Voraussetzungen sind: **aa)** in inhaltlicher Hinsicht die Erklärung der „essentialia negotii" und **bb)** das Vorliegen eines „Rechtsbindungswillens". **b)** Wie bei jeder Willenserklärung muss der Erklärende **in subjektiver Hinsicht** den Handlungswillen und mindestens das „potentielle" Erklärungsbewusstsein haben. **6.** Das Angebot ist eine **empfangsbedürftige Willenserklärung** (§ 130 BGB); **a)** Die „entäußerte" **Willenserklärung „Angebot"** muss daher **abgegeben** und **b)** dem Erklärungsempfänger **zugegangen** sein. **7.** Die **Annahmeerklärung** muss sich **auf das Angebot beziehen**. **8.** Durch die Annahmeerklärung muss das Angebot angenommen werden. Die **Willenserklärung „Annahme"** verlangt **a)** wie jede Willenserklärung einen „Kundgabeakt", der **in objektiver Hinsicht** als Kundgabe eines **auf den Abschluss eines Vertrages** gerichteten „Rechtsfolgewillens" verstanden werden muss. Die Voraussetzungen sind: **aa)** in inhaltlicher Hinsicht das Einverständnis mit den im Angebot erklärten „essentialia negotii" **(ausdrücklich: „Ja"/„konkludent"/„Schweigen")** und **bb)** das Vorliegen eines „Rechtsbindungswillens". **9.** Die Annahmeerklärung ist eine **empfangsbedürftige Willenserklärung** (§ 130 BGB); **a)** die „entäußerte" Willenserklärung muss daher abgegeben **b)** und dem Antragenden als Erklärungsempfänger zugegangen sein (Ausnahme § 151 BGB). **10.** Das **Angebot muss** bei Zugang der Annahmeerklärung **noch bestehen** (§ 130 Abs. 1 S. 2 bzw. §§ 145, 146 ff. BGB). **11.** Das Angebot und die Annahme müssen **deckungsgleich** sein. **12.** Sie haben auch gesehen, dass das Zustandekommen des „**Internationalen Kaufvertrags**" nach dem UN-Kaufrecht (CISG) besonderen Regeln folgt, welche sich i.E. aber i.w. mit dem deutschen Recht decken. **13.** Wie bei jedem Rechtsgeschäft, kann die Wirksamkeit des Vertrages durch eine **aufschiebende Bedingung** hinausgeschoben werden. **14.** Dass wir uns bei all dem praktisch **„selbst betrogen"** haben, ist Ihnen hoffentlich klar: Den „Vertrag als solchen" gibt es nicht, sondern immer nur den „Kaufvertrag", den „Werkvertrag", den „Mietvertrag", den „Darlehensvertrag" etc. oder den „Vertrag sui generis". Ohne eine derartige Einordnung wäre z.B. die Findung der Anspruchsgrundlage und die Bestimmung der „essentialia negotii" unmöglich. Hinsichtlich dieser Frage haben wir uns das „Spiel" zunächst „leicht gemacht", indem wir uns auf den Kaufvertrag, mit dem sich selbst der Anfänger aus vielfältiger täglicher Erfahrung gut auskennt, konzentriert haben. Dass es damit nicht sein Bewenden haben kann, wissen Sie auch schon. Demnächst werden Sie ausgiebig über die anderen Verträge und deren Inhalte informiert werden.

Bei dieser Fokussierung auf die verpflichtenden Verträgen verlieren Sie bitte nicht aus dem Auge, dass es auch **verfügende Verträge**, wie z.B. die Ihnen ja schon ein wenig bekannte Abtretung (§ 398 BGB) oder die z.B. für die Übereignung unerlässliche Einigung (§§ 929 ff., 873, 925 BGB) gibt; mit verfügenden Verträgen werden wir uns später noch zur Genüge befassen müssen. Zur „Erinnerung" daran haben sich die von Ihnen zuletzt bearbeiteten, ja schon recht schwierigen Fälle zum Bedingungsrecht fast ausschließlich damit befasst.

II. In besonderer Weise müssen Sie sich einer soeben bereits angeklungenen sehr wichtigen Überlegung, die die meisten jungen Juristen überhaupt nicht reflektieren, bewusst sein:

Darauf, dass Sie jetzt mit der Technik des Abschlusses eines „Vertrages als solchem" vertraut sind, dürfen Sie sich leider „nichts einbilden". Für die Fallbearbeitung nützt Ihnen das alles noch gar nichts. Denn einen „Vertrag als solchen", speziell einen „verpflichtenden Vertrag als solchen", gibt es, wie Sie ja wissen, gar nicht, sondern es gibt nur Kauf-, Schenkungs-, Werk-, Mietverträge etc.

1. Weil Ihnen fast jeder zu bearbeitende Fall abverlangt, dass Sie einen Anspruch des Anspruchstellers gegen den Anspruchsgegner in der Gutachtentechnik zu prüfen haben, bedeutet das bekanntlich rein arbeitstechnisch für Sie, dass Sie immer zunächst einen Obersatz zu formulieren haben, der – wenn Sie, wie es sich gehört, mit den „vertraglichen Ansprüchen" beginnen – z.B. lauten kann: „Der A könnte gegen B einen Anspruch auf Zahlung von ... aus einem X-Vertrag haben (§ Y BGB)". Niemals aber dürfen Sie schreiben: „Der A könnte gegen B einen Anspruch auf Zahlung von ... aus einem Vertrag haben"; denn – um es zum wiederholten Male zu sagen – es gibt keinen Anspruch aus einem „Vertrag als solchem". Spätestens jetzt wissen Sie, dass Sie bei der Prüfung, ob ein Vertrag vorliegt, in Wahrheit immer prüfen müssen, ob z.B. ein „Kaufvertrag", ein „Mietvertrag", ein „Darlehensvertrag" oder ein „Leasingvertrag" etc. geschlossen wurde. Sie werden sich entsinnen, dass wir in unseren bisherigen Fällen den einleitenden Obersatz ja auch immer so formuliert haben: „Der V könnte gegen den K einen Anspruch auf Zahlung von € 10 000,- aus einem Kaufvertrag (§ 433 Abs. 2 BGB) haben".

2. Der aufmerksame Leser hat dies natürlich längst bemerkt, denn auch wir haben bei unseren bisherigen Fällen immer nur mit Verträgen, die bestimmte Inhalte haben, gearbeitet, und nicht mit Verträgen „als solchen". Das geschah nicht etwa um der Farbigkeit der Darstellung willen, sondern allein deshalb, weil schon die Technik des Vertragsschlusses es voraussetzt, dass man das Zustandekommen eines Vertrages mit einem bestimmten Inhalt prüft. Denn die für das Vorliegen eines rechtswirksamen Angebots unerlässlichen „essentialia negotii" können überhaupt nur formuliert werden, wenn man bei der Prüfung des Vertragsschlusses einen ganz bestimmten Vertragsinhalt vor Augen hat.

3. Bevor Sie also Ihren „Obersatz" formulieren, müssen Sie daher die sich jetzt anschließende Darstellung, die Ihnen die in Betracht zu ziehenden Inhalte von verpflichtenden Verträgen vorstellt, durchgearbeitet haben.

Genau genommen hätte diese Passage schon vor der Technik des Vertragsschlusses abgehandelt worden sein müssen, damit Sie über die jeweiligen „essentialia negotii" orientiert gewesen wären; damit wäre aber die Gesamtdarstellung äußerst kopflastig geworden.

Oder man hätte bei jedem einzelnen in Betracht zu ziehenden Vertrag dessen Inhalt und den Vertragsschluss zugleich darstellen können; so macht es übrigens das UN-Kaufrecht (CISG), das zunächst den Abschluss des Kaufvertrages (also nicht des „Vertrages als solchen") regelt (Art. 14 – 24 CISG) und sodann den Inhalt. Ein solches Vorgehen würde zwar das erste Verständnis eines Laien oder jungen Juristen sehr erleichtern, würde aber dem „Ausklammerungsprinzip" des BGB zuwiderlaufen, demzufolge der Abschluss eines (wie gesagt: gar nicht existierenden) „Vertrages als solchem" im Allgemeinen Teil des BGB, und zwar i.w. in den §§ 145 ff. BGB, geregelt ist. Der in Betracht zu ziehende Inhalt von Verträgen ist dagegen den anderen Büchern des BGB zu entnehmen, und zwar z.B. der Inhalt der (uns hier interessierenden) verpflichtenden Verträge i.w. dem „Besonderen Schuldrecht".

Wir haben für unsere Darstellung einen Kompromiss gewählt: Wir haben uns zunächst die Technik des Abschlusses eines „Vertrages" (fast immer am Beispiel des uns allen inzwischen schon vertrauten Kaufvertrags) erarbeitet, und wir werden uns jetzt dem gesamten Spektrum der in Betracht zu ziehenden Möglichkeiten von Verträgen in inhaltlicher Hinsicht zuwenden.

Machen Sie sich also ans Werk: Ein **bunter Strauß möglicher Vertragsinhalte** (also nicht immer nur der Kauf-, Kauf- und wieder einmal Kaufvertrag), so bunt wie das Leben selbst, wartet auf Sie.

> 4. Die **jetzt zu beantwortende Frage** lautet: Woraus kann sich der Inhalt des ein Schuldverhältnis begründenden Vertrages eigentlich ergeben?
>
> Der Vertragsinhalt kann sich aus **gesetzlichen Typisierungen** ergeben; so der Fall beim Kaufvertrag; Handelskaufvertrag; Werkvertrag; Frachtvertrag; Dienstvertrag; Leihvertrag; Mietvertrag; Leasingvertrag; Auftrag; Kommissionsvertrag; Verwahrungsvertrag; Lagervertrag; Darlehensvertrag; Bürgschaftsvertrag; Gesellschaftsvertrag etc. Ferner sind **Mischungen** in Gestalt von **Kombinationen** oder **Verschmelzungen** aus typisierten Verträgen vorstellbar. Es gibt auch gesetzlich nicht geregelte „**verkehrstypische Verträge**", die teilweise auch „**moderne Vertragstypen**" genannt werden, wie Factoring; Leasing, Schuldbeitrittsvertrag; Garantievertrag; Patronatsvertrag.
>
> Die gesetzlichen Typisierungen können z.Tl. **zwingendes Recht** enthalten. Die meisten Bestimmungen sind aber abdingbar, so dass die Vertragsfreiheit es den **Parteien** ermöglicht, entweder durch **Individualvereinbarungen** oder durch **Allgemeine Geschäftsbedingungen (AGB)** oder durch eine **Mischung** aus beidem den **Vertragsinhalt** selbst **festzulegen**.
>
> Zu jedem Vertrag kann auch ein **Vorvertrag** geschlossen werden.
>
> Diese den vorherigen Stoff zusammenfassenden und einen Blick nach vorn werfenden Ausführungen kündigen Ihnen zugleich auch **unsere nächsten Themen** an.

7. Festlegung des Vertragsinhalts durch Typisierung (gesetzliche „Vertragstypen" oder „Mischverträge"/"verkehrstypische Verträge" bzw. „moderne Vertragstypen")

Wenn ein geschlossener Vertrag der Definition einer der **gesetzlich typisierten Vertragsarten** im 8. Abschnitt des 2. Buches **des BGB (Schuldrecht Besonderer Teil)** oder im Fall des internationalen Kaufes der Definition des **Art. 2 UN-Kaufrecht (CISG)** oder den Definitionsnormen der gesetzlich typisierten Vertragsarten im **4. Buch des HGB** entspricht, so richtet sich sein Inhalt, vorbehaltlich einer davon abweichenden individualvertraglich oder durch Allgemeine Geschäftsbedingungen getroffenen Vereinbarung nach diesen gesetzlichen Typisierungen. Möglich ist auch, dass **Mischverträge** bestehen, bei denen mehrere **Typen** miteinander **kombiniert** oder miteinander **verschmolzen** werden können.

Es gibt aber auch gesetzlich ungeregelte (z.B. das Factoring, der Leasingvertrag, der Schuldbeitrittsvertrag, der Garantievertrag) bzw. im Gesetz nur erwähnte, aber nicht definierte (z.B. das Finanzierungsleasing in §§ 499 ff. BGB) sog. „**verkehrstypische Verträge**", die teilweise sogar „**moderne Vertragstypen**" genannt werden (Martinek). Wenn ein Vertrag diesen durch die Rechtspraxis entwickelten Vorgaben entspricht, richtet sich sein Inhalt nach den Parteivereinbarungen, nach den Bestimmungen des Allgemeinen Schuldrechts und nach ihm ähnlichen gesetzlich typisierten Verträgen.

> Jetzt kommt etwas **sehr Wichtiges**: Wenn Sie bei der Fallbearbeitung vor der Frage nach der **Zuordnung des Vertrages zu** den einzelnen, im Gesetz als „Besondere Schuldverhältnisse" (des BGB: Kauf, Miete, Werkvertrag etc.; des HGB: Kommissionsvertrag, Lagervertrag etc.; des UN-Kaufrechts) **typisierten Verträgen** oder zu den durch die Rechtspraxis gebildeten „**verkehrstypischen Verträgen**" bzw. „**modernen Vertragstypen**" stehen, sollten Sie
>
> zuerst erwägen, ob eine solche **rechtliche Einordnung** nicht völlig **gleichgültig** ist: So kommt es z.B. bei einem Anspruch auf Schadensersatz wegen einer Verletzung von Verhaltenspflichten aus einem Vertrag aus §§ 280 Abs. 1, 241 Abs. 2 BGB überhaupt nicht darauf an, ob der Verkauf eines schlüsselfertigen Hauses ein Kaufvertrag oder ein Werkvertrag ist, denn die Verhaltenspflichten aus § 241 Abs. 2 BGB bestehen unabhängig davon, welche Rechtsnatur der Vertrag hat.
>
> Wenn es auf die rechtliche Einordnung ankommt, sollten Sie weiterhin vorab prüfen, ob nicht der **Sachverhalt** diese Frage bereits beantwortet hat: Wenn nämlich dort die Rede von einem „Kaufvertrag" ist oder davon, dass V dem K eine Sache „verkauft" hat, sollten sie nicht „päpstlicher als der Papst" sein und das Bestehen eines Kaufvertrags Ihrer Bearbeitung zugrundelegen.
>
> In allen anderen Fällen müssen Sie jedoch prüfen, ob der von Ihnen als geschlossen angesehene Vertrag **unter die die Vertragstypen definierenden Normen**, auch „**Definitionsnormen**" genannt, (z.B. § 433, 488, 516, 535, 611, 631 BGB, Art. 1 UN-Kaufrecht, CISG, § 383 HGB etc.) zu **subsumieren** ist. Bei verbleibenden Unklarheiten (z.B. ob der Vertrag mit einem Pianisten ein Dienst- oder Werkvertrag ist), kann auch die Frage maßgeblich sein, ob die der Definitionsnorm im Gesetz nachfolgenden **Normen** für eine bestimmte Einordnung sprechen.
>
> Wenn Elemente mehrerer Typen gegeben sind, ist zu erwägen, ob ein **Mischvertrag** vorliegt, bei dem mehrere **Typen** miteinander **kombiniert** werden oder miteinander **verschmolzen** worden sind.
>
> Gehört der Vertrag im vorgenannten Sinne nicht zu den typisierten Verträgen, ist zu prüfen, ob er den **Merkmalen** der „**verkehrstypischen Verträge**" bzw. denen der „**modernen Vertragstypen**" entspricht.
>
> Wenn eine Inhaltsbestimmung auf diesem Wege nicht möglich ist, dann müssen Sie prüfen, ob der **Vertragsinhalt durch die Parteien festgelegt** worden ist (**sub 8**).

a) Der Kaufvertrag

Normalerweise ist die Frage, ob ein Kaufvertrag vorliegt, kein Problem und sollte von Ihnen bei einer Fallbearbeitung auch nicht „künstlich" zu einem solchen „hochstilisiert" werden. Wenn ernsthafte Zweifel bestehen (z.B. kann beim Verkauf eines schlüsselfertigen Hauses u.U. ein Werkvertrag vorliegen), muss die Einordnung aufgrund einer Subsumtion des Definitionstatbestandes des Kaufvertrages und notfalls unter Zuhilfenahme der Folgenormen geprüft werden.

> **Definieren** kann man aufgrund der **§§ 433, 453 BGB** einen **Kaufvertrag** so, dass ein solcher vorliegt, wenn sich eine Person (der Verkäufer) vertraglich verpflichtet, einer anderen Person (dem Käufer) einen Kaufgegenstand (Sachen, Rechte bzw. Teilzeitwohnrechte oder sonstige Gegenstände) gegen eine Geldzahlung des Käufers als Gegenleistung zu verschaffen (zu übereignen und zu übergeben oder sonst zu übertragen).

Der Kaufvertrag ist in den **§§ 433 – 479 BGB** typisiert geregelt. Der erste Untertitel (§§ 433 – 453 BGB) enthält die für Sie bedeutsamsten **allgemeinen Regeln**, der zweite Untertitel enthält für Sie weniger relevante **besondere Arten des Kaufes** und der dritte Untertitel die durch die Schuldrechtsreform eingefügten Regelungen zum **Verbrauchsgüterkauf**.

- Beim **Sachkauf (§ 433 BGB)** kommen als eventuell verkaufte und vom Verkäufer zu übereignende Sachen **bewegliche** und **unbewegliche Sachen** und wegen § 90 a BGB auch die insoweit den beweglichen Sachen gleichgestellten **Tiere** in Betracht. Möglich ist auch der Kauf von **Sachgesamtheiten**, wie zum Beispiel ein Haus mit Inventar.

- Auf den **Kauf** von **Rechten** (z.B. Forderungen etc.) oder von **„sonstigen Gegenständen"** (das sind alle vermögenswerten Positionen, die Gegenstand **des wirtschaftlichen Tauschverkehrs** sein können: z.B. Unternehmen, Anwalts- und Arztpraxen; Strom und Wärme, Ideen, Erfindungen etc.) werden nach **§§ 453 Abs. 1, 433 BGB** die Vorschriften über den Sachkauf entsprechend angewendet.

> Natürlich regeln die **§§ 433 ff. BGB nur die schuldrechtliche Seite** des Umsatzgeschäftes Kauf.
>
> Nach dem **Trennungs-** und **Abstraktionsprinzip** folgt **das Erfüllungsgeschäft** anderen Regeln:
>
> Die beim Sachkauf geschuldete Übereignung und Übergabe richtet sich nach den Regeln des Sachenrechts, also eine Übereignung beweglicher Sachen nach §§ 929 ff. BGB und eine Übereignung von Grundstücken nach §§ 873, 925 BGB, und die weiterhin geschuldete Übergabe nach den §§ 854 ff. BGB.
>
> Eine beim Forderungskauf geschuldete Übertragung von Forderungen erfolgt nach den §§ 398 ff. BGB.
>
> Eine beim Rechtskauf geschuldete Übertragung von Rechten geschieht nach §§ 413, 399 ff. BGB.

aa) Der Abschluss des Kaufvertrages

Der Abschluss des Kaufvertrages weist i.w. keine Besonderheiten gegenüber dem Vertragsschluss „als solchem", den Sie ja gerade erlernt haben, auf. Das kann Sie nicht überraschen, weil unser „Musterbeispiel" für den Vertragsschluss fast ausschließlich der Kaufvertrag war.

Die **„essentialia negotii"**, über die Einigkeit bestehen muss, sind der **Kaufgegenstand**, der **Kaufpreis** und (mit Einschränkungen) auch die **Vertragsparteien**.

Der **Kaufgegenstand** können sein **Sachen** (§ 433 Abs. 1 BGB): Das sind körperliche Gegenstände (§ 90 BGB); gleichbehandelt werden Tiere (§ 90 a BGB). Sachen können bewegliche Sachen oder Grundstücke sein. Ein Kaufvertrag über Grundstücke bedarf zu seiner Wirksamkeit der notariellen Beurkundung (§ 311 b Abs. 1 S. 1 BGB); ist die Form nicht gewahrt, ist der Kaufvertrag nichtig (§ 125 BGB), der Mangel ist aber nach § 311 b Abs. 1 S. 2 BGB heilbar durch Auflassung (§§ 873, 925 BGB) und Eintragung in das Grundbuch (§ 873 BGB, §§ 13, 19, 20, 29, 39 GBO). Die verkaufte Sache kann eine ganz bestimmte Sache (z.B. Gebrauchtwagen) sein („Stückkauf") oder eine „nur der Gattung nach bestimmt(e)" Sache (z.B. Neuwagen) sein („Gattungskauf"). Die Sache muss beim Kaufvertragsschluss noch nicht existieren.

Ein **Kaufgegenstand** können auch übertragbare **„Rechte und sonstige Gegenstände"** sein (§ 453 Abs. 1 BGB). Beim Verkauf von **„Rechten"** ist in erster Linie an Forderungen zu denken; verkauft werden können aber auch andere übertragbare Rechte, wie z.B. auch Grundpfandrechte, Immaterialgüterrechte (wissen Sie noch, was damit gemeint ist? gelernt haben sollten Sie es!). Auch ein Rechtskauf kann formbedürftig sein: lesen Sie einmal § 15 Abs. 4 GmbHG (und vergleichen Sie ihn mit § 15 Abs. 3 GmbHG; worum geht es da?). Verkäufliche **„sonstige Gegenstände"** sind z.B. Elektrizität, Software (sofern sie nicht auf den Erwerber zugeschnitten ist: Werkvertrag!) oder – sehr wichtig – „Unternehmen".

> Den Anfänger irritiert häufig, dass ein Kaufvertrag auch dann wirksam ist, wenn der Verkäufer den Kaufgegenstand bereits verkauft haben sollte („Doppelverkauf") oder wenn der Verkäufer nicht der Berechtigte (z.B. nicht der Eigentümer der verkauften Sache oder Nichtinhaber der verkauften Forderung) ist.

Als geschuldeter **Kaufpreis** muss eine Gegenleistung in Geld vereinbart werden. Wird eine andere Leistung als Gegenleistung geschuldet (z.B. Sache oder Recht), liegt kein Kaufvertrag, sondern ein **Tauschvertrag** vor (§§ 480, 433 ff. BGB).

bb) Rechte und Pflichten beim Sachkauf

Das **Leitbild** für den Lernenden ist der **Verkauf von Sachen**.

> 1. Den **Verkäufer** von Sachen treffen als Vertragspflichten
>
> - nach **§ 433 Abs. 1 S. 1 BGB**: Die Pflicht zu **Übereignung** der Kaufsache nach §§ 929 ff. BGB bei beweglichen Sachen, bzw. 873, 925 BGB bei Grundstücken. Nach **§ 433 Abs. 1 S. 1 BGB** trifft den Verkäufer weiterhin die Pflicht zur **Übergabe** der Kaufsache nach §§ 854 ff. BGB. Die Rechtsfolgen einer Pflichtverletzung ergeben sich aus §§ 275 Abs. 1 – 3, 280, 283 – 285, 286, 311 a, 323, 326 BGB.

> - Nach **§ 433 Abs. 1 S. 2 BGB** muss die Kaufsache **frei von Mängeln** sein. Definiert werden die **Sachmängel** in § 434 BGB und die **Rechtsmängel** in § 435 BGB; welche Folgen die Lieferung einer bei Gefahrübergang (§§ 446, 447 BGB) mangelhaften Sache haben kann, regeln §§ 437 ff. BGB; eine **besondere Verjährungsregelung** für Ansprüche wegen bestehender Mängel findet sich in § 438 BGB; Haftungsausschlüsse enthalten die §§ 442, 444, 445 BGB.
>
> 2. Den **Käufer** trifft vor allem die Pflicht
>
> - zur **Kaufpreiszahlung** (§ 433 Abs. 2 BGB) und
> - zur **Abnahme** (§ 433 Abs. 2 BGB) der Kaufsache.
>
> 3. Die Verpflichtungen von Verkäufer und Käufer stehen im **Gegenseitigkeitsverhältnis** zueinander (§§ 320 ff. BGB).

(1) Verkäuferpflichten

Wie wohl jedermann weiß, ist durch einen **Kaufvertrag über Sachen** der **Verkäufer** dazu **verpflichtet,** dem Käufer das **Eigentum** an der Sache zu **verschaffen (§ 433 Abs. 1 S. 1 BGB)**. Maßgeblich dafür, wie das Eigentum übertragen wird, ist aufgrund des „Trennungsprinzips" das Sachenrecht: An beweglichen Sachen verschafft der Verkäufer dem Käufer das Eigentum nach §§ 929 ff. BGB durch Einigung und Übergabe oder durch Einigung und ein an die Stelle der Übergabe tretendes „Übergabesurrogat". Bei Grundstücken erfolgt die Übereignung durch Einigung (§ 873 Abs. 1 BGB) in der Form des § 925 BGB („Auflassung") und Eintragung in das Grundbuch (§ 873 Abs. 1 BGB). Die **„Normalfälle"** (der Eigentümer V eines juristischen Lehrbuchs verkauft dieses nach bestandenem Examen an den Käufer K) bereiten keinerlei Schwierigkeiten (der V ist nach § 433 Abs. 1 S. 1 BGB aus dem Kaufvertrag verpflichtet, dem K das Buch nach den §§ 929 ff. BGB zu übereignen und es ihm nach §§ 854 ff. BGB zu übergeben; der K ist nach § 433 Abs. 2 BGB verpflichtet, den Kaufpreis an den V zu zahlen und das Buch diesem abzunehmen), so dass wir über sie hier kein Wort verlieren wollen, sondern uns etwas **verzwickteren Fragen** zuwenden wollen.

Fall 57: Der V verkauft am 1. April 2004 dem K sein Fahrrad, das der V – wie der K auch weiß – vom 1. März 2004 bis zum 1. September 2004 an den M vermietet und diesem auch überlassen hat. Der K verlangt nach erfolgter Kaufpreiszahlung von dem V die Erfüllung seines Anspruchs aus § 433 Abs. 1 S. 1 BGB.

Der V kann dem K a) das Eigentum verschaffen (§ 931 BGB). b) Die wegen § 535 BGB von V derzeit nicht erfüllbare Pflicht zur Übergabe (= Verschaffung des unmittelbaren Besitzes) ist stillschweigend abgedungen.

Wenn der Käufer schon Eigentümer der verkauften Sache ist, ist ein Anspruch auf Übereignung wegen der Unmöglichkeit der Übereignung „ausgeschlossen" (§ 275 Abs. 1 BGB). Da der die Unmöglichkeit begründende Umstand bereits bei Vertragsschluss bestand, stellt sich zunächst die Frage, ob der Kaufvertrag überhaupt wirksam ist. Nach § 311 a Abs. 1 BGB steht das anfängliche zu § 275 Abs. 1 BGB, also zum

Ausschluss der Leistungsverpflichtung, führende Leistungshindernis der Wirksamkeit des Vertrages nicht entgegen. Daran schließt sich die weitere rein theoretisch interessante Frage an, ob ein solcher Kaufvertrag ein Vertrag ist, der insoweit keine primäre Leistungspflicht hat, oder ob er ein Vertrag ist, der von vornherein nur deshalb als wirksam angesehen wird, um einen Anspruch auf Schadensersatz aus § 311 a Abs. 2 BGB möglich zu machen, oder ob dem Anspruch auf Erfüllung eine rechtsvernichtende Einwendung entgegen steht. Das ist eine dogmatisch interessante, aber praktisch relativ unwichtige Frage! Wir kommen auf dieses Thema später ausführlich zurück.

Fall 58: Dem K wird ein Gemälde gestohlen. Nach 9 Jahren entdeckt er es bei dem Kunsthändler V. Weil er sehr an dem Bild hängt, kauft er das Bild. Er verlangt nach der Kaufpreiszahlung Übereignung und Verschaffung des Besitzes.

Der Anspruch a) auf Übereignung und Übergabe kann sich aus einem Kaufvertrag ergeben (§ 433 Abs. 1 S. 2 BGB). aa) Der Wirksamkeit des Kaufvertrages steht es nicht entgegen, dass der V nach § 275 Abs. 1 BGB nicht zur Übereignung verpflichtet ist (der K ist nach § 935 BGB immer noch Eigentümer); denn nach § 311 a Abs. 1 BGB „steht es (der Wirksamkeit eines Vertrages (….) nicht entgegen, dass der Schuldner nach § 275 Abs. 1 bis 3 nicht zu leisten braucht und das Leistungshindernis schon bei Vertragsschluss vorliegt". bb) Der Anspruch aaa) auf Übereignung ist allerdings nach § 275 Abs. 1 BGB „ausgeschlossen". bbb) Gleichwohl schuldet der V die Übergabe. b) Die Übertragung des Besitzes kann der K aber auch nach § 985 BGB verlangen.

Auch wenn nicht der Verkäufer, sondern ein Dritter Eigentümer der Kaufsache ist, kann der Verkäufer dem Käufer das Eigentum verschaffen, und zwar entweder durch eine von dem Verkäufer veranlasste Übertragung des Eigentums durch den Dritten an den Käufer, oder durch die Herbeiführung der Einwilligung/Genehmigung des Dritten in eine vom Verkäufer vorgenommene Übereignung an den Käufer nach §§ 929 ff., 185 Abs. 1, 2 S. 1 BGB, oder schließlich durch einen gutgläubigen Erwerb des Eigentums des Käufers vom Nichteigentümer (dem Verkäufer) nach §§ 932 – 935 BGB bzw. § 366 HGB bei beweglichen Sachen und § 892 BGB bei Grundstücken. Das werden Sie alles in Teil 6 erlernen.

Die weiterhin vom Verkäufer einer Sache geschuldete **Übergabe (§ 433 Abs. 1 S. 1 BGB)** der Kaufsache erfordert eine Besitzverschaffung; gemeint ist i.d.R. die Verschaffung des unmittelbaren Besitzes (§ 854 Abs. 1 BGB); der mittelbare Besitz (§ 868 BGB) reicht aus, wenn ein Dritter im Besitz der Sache ist, aber nicht, wenn der Verkäufer unmittelbarer Besitzer bleibt. Auch dazu werden Sie mehr in Teil 6 erfahren. Der so bestimmte Umfang der Besitzverschaffungspflicht des Verkäufers ist natürlich nicht zwingendes Recht, sondern kann abgedungen werden.

Fall 59: Der V verkauft eine in seinem Schaufenster stehende große Bodenvase an den K. H. Agen (K), der gerade wieder einmal umzieht und die Vase erst nach dem Umzug in der neuen Wohnung aufstellen will. Der K zahlt schon jetzt den Kaufpreis. Nach den getroffenen Vereinbarungen soll die Vase bis zum Umzug des K als Dekorationsstück im Schaufenster des V stehen bleiben; so lange soll der V die Vase für den K verwahren. Weil die S. Enga, mit der der K zusammen ziehen will, die Vase überhaupt nicht mag, verkauft der K seinen Anspruch gegen den V aus § 433 Abs. 1 S. 1 BGB an den angehenden Ehemann H. Elge (H), der die Vase seiner Frau zur Hochzeit schenken will, und tritt ihm den Anspruch gegen den V ab. Der H verlangt Lieferung oder Herausgabe von V (nach Medicus).

Der Anspruch des H gegen den V könnte sich 1. aus §§ 433 Abs. 1 S. 1, 398 BGB ergeben. a) Er ist in der Person des K entstanden (§ 433 Abs. 1 BGB) und an den H abgetreten worden (§ 398 BGB). b) Der H hätte ihn jedoch nicht erworben, wenn der Anspruch schon vor der Abtretung durch Erfüllung erloschen wäre (§ 362 Abs. 1 BGB). Dann müsste durch den Schuldner V bei K der Leistungserfolg herbeigeführt worden sein. aa) Der K hat nach § 930 BGB das Eigentum erlangt. bb) Der K hat aber aaa) keinen unmittelbaren, sondern nur mittelbaren Besitz erlangt; das soll – solange der V (wie hier) noch den unmittelbaren Besitz hat – für eine Übergabe i.S.d. § 433 Abs. 1 BGB nicht ausreichen (Medicus). bbb) Nach a.A. soll bei abweichender Vereinbarung auch die Verschaffung des mittelbaren Besitzes ausreichen; das ist wohl zutreffend und hier aufgrund einer Auslegung auch als von den Parteien vereinbart anzusehen, weil die Verwahrung durch den V vorwiegend in K's Interesse lag. Also ist der Anspruch aus § 433 Abs. 1 S. 1 BGB durch Erfüllung erloschen und konnte nicht nach § 398 BGB abgetreten werden. 2. Gleichwohl hat der H gegen den V einen Anspruch auf Herausgabe. Man wird die Abtretung nach §§ 133, 157 BGB „ergänzend" dahingehend auslegen müssen, dass der K zumindest den Herausgabeanspruch gegen V abgetreten hat a) zwar nicht den Anspruch aus § 985 BGB, denn dieser ist nicht abtretbar, weil er nicht vom Eigentum durch Abtretung „abgelöst" werden kann, b) wohl aber den aus dem Verwahrungsvertrag (§§ 688, 695 BGB).

Fall 60: Der V verkauft dem K sein Fahrrad, das er – wie der K auch weiß – an den D verliehen hat. Der K verlangt nach erfolgter Kaufpreiszahlung von dem V die Erfüllung seines Anspruchs aus § 433 Abs. 1 S. 1 BGB.

Der V kann dem K a) das Eigentum verschaffen (§ 931 BGB). b) Die Pflicht zur Übergabe (= Verschaffung des unmittelbaren Besitzes) ist stillschweigend abgedungen.

Weiterhin trifft den Verkäufer die **Pflicht**, dem Käufer die Sache **frei von Sach-** und **Rechtsmängeln** zu verschaffen (**§ 433 Abs. 1 S. 2 BGB**). Dieser inhaltlich so einleuchtende und harmlos klingende Satz hat es „in sich": Der Gesetzgeber trifft hier nämlich eine wichtige Weichenstellung. Weil das Gesetz damit die Verpflichtung zur Lieferung „frei von Sach- und Rechtsmängeln" zur Leistungspflicht erhebt, hat der Käufer auch einen primären Leistungsanspruch aus § 433 Abs. 1 S. 2 BGB auf die Sach- und Rechtsmängelfreiheit. Wann eine Kaufsache **„frei von Sachmängeln"** ist, bestimmt § 434 BGB. Die Voraussetzungen für die **Rechtsmängelfreiheit** enthält § 435 BGB.

> An sich müssten wir jetzt die Voraussetzungen dieser Vorschriften erörtern. Das „ersparen" wir uns hier. Denn eine Prüfung des Anspruchs aus § 433 Abs. 1 S. 2 BGB wird Ihnen bei der Fallbearbeitung selten abverlangt werden. Die Sachverhaltsgestaltungen und die daran anknüpfenden Fragestellungen werden nämlich meist so aussehen, dass der Käufer den Sachmangel/Rechtsmangel erst nach der Übergabe der Kaufsache (Gefahrübergang nach § 446 S. 1 BGB) an sich bemerkt und er daher vom Verkäufer nicht die Erfüllung seines auf Sach- und Rechtsmängelfreiheit gerichteten primären Leistungsanspruchs aus § 433 Abs. 1 S. 2 BGB verlangt, sondern einen Nacherfüllungsanspruch nach §§ 437 Nr. 1, 439 BGB geltend macht oder nach §§ 437 Nr. 2, 323/326 Abs. 5 BGB vom Kaufvertrag zurücktritt bzw. nach §§ 437 Nr. 2, 441 BGB die Kaufpreisschuld mindert und die daraus resultierenden Ansprüche auf Rückabwicklung bzw. Rückzahlung geltend macht oder Schadensersatz nach §§ 437 Nr. 3, 280 ff, 311 a Abs. 2 BGB fordert. Oder Sie werden zu prüfen haben, ob der Käufer auch vor Gefahrübergang Leistungs-

störungsansprüche geltend machen kann. Alle diese Ansprüche werden wir gesondert bei den Ansprüchen aufgrund von „Leistungsstörungen" in Teil 4 erörtern. Dort werden Sie dann auch ausgiebig davon unterrichtet werden, unter welchen Voraussetzungen eine Kaufsache „frei von Sachmängeln/ Rechtsmängeln" ist bzw. wann sie „sach- bzw. rechtsmangelhaft" ist.

Nur an zwei ganz einfach gelagerten, also keine Problematisierung der Sachmängel- bzw. Rechtsmängelfreiheit erforderlich machenden Fallbeispielen soll der **primäre Anspruch** des Käufers **aus § 433 Abs. 1 S. 2, 434/435 BGB** auf eine sach- und rechtsmängelfreie Lieferung „illustriert" werden.

Fall 61: Der K kauft bei dem V einen gebrauchten Sessel für sein Wohnzimmer. Bei der Anlieferung stellt der K fest, dass einer der Füße abgebrochen ist, so dass der Sessel kippelt. Der K weist den Sessel zurück und verlangt die Lieferung des Sessels mit vier Füßen.

Der Anspruch ergibt sich aus §§ 433 Abs. 1 S. 2, 434 BGB.

Fall 62: Der V verkauft dem K formgerecht (§ 311 b Abs. 1 BGB) ein Grundstück, das mit einer Hypothek zur Sicherung einer Darlehensforderung der Glaub-Bank gegen den V belastet ist, die im Grundbuch irrtümlich gelöscht war. Als der K noch vor der Übergabe und vor seiner Eintragung in das Grundbuch davon erfährt, verlangt er die Löschung der Hypothek.

Der Anspruch ergibt sich aus §§ 433 Abs. 1 S. 2, 435 BGB.

Variante: Die Hypothek war im Grundbuch irrtümlich gelöscht. Als K nach seiner Eintragung in das Grundbuch, aber vor der Übergabe des Grundstücks davon erfährt, verlangt er die Befreiung vom Rechtsmangel.

Der Anspruch ist „ausgeschlossen", weil der K das Grundstück gutgläubig lastenfrei erworben hat (§ 892 BGB).

Variante: Der K hat im Kaufvertrag wegen des günstigen Zinssatzes mit Genehmigung der Glaub-Bank die Schuld und die Hypothek unter Anrechnung auf den Kaufpreis übernommen. Noch vor der Übergabe und vor seiner Eintragung im Grundbuch reut ihn dies, weil es günstigere Finanzierungsmöglichkeiten gibt, und er verlangt Löschung der Hypothek.

Der K kann keine Löschung verlangen, weil er das Recht im Kaufvertrag übernommen hat und das Grundstück daher frei von Rechtsmängeln ist (§ 435 S. 1 BGB).

(2) Käuferpflichten

Nachdem wir jetzt die Verkäuferpflichten kennen, geht es nunmehr um die Pflichten des Käufers: Der **Käufer schuldet** nach § 433 Abs. 2 BGB im Zweifel sofort fällig (§ 271 BGB) die **Zahlung des Kaufpreises** und erfüllt diese nach der gesetzlichen Regelung durch Barzahlung, also durch Übereignung des Geldes nach §§ 929 ff. BGB, in der Praxis aber durch Leistung „an Erfüllungs Statt" (§ 364 Abs. 1 BGB) bargeldlos: Zu einer Zahlung durch Überweisung ist der Käufer bei Angabe des Girokontos (z.B. auf der Rechnung) berechtigt; die Kaufpreisschuld ist mit der stornierungsfesten Gutschrift auf dem Konto des Verkäufers erfüllt. In der Entgegennahme eines Wechsels oder eines Schecks liegt demgegenüber eine Leistung „erfüllungshalber" vor (§ 364 Abs. 2 BGB). Über die bargeldlose Zahlung durch Geldkarten, Scheck oder Wechsel erfahren Sie später mehr. Des Weiteren schuldet der Käufer die **Abnahme** der gekauften Sache (§ 433 Abs. 2 BGB).

(3) Der Kaufvertrag: Ein „gegenseitiger Vertrag"

Stellen Sie sich vor: Ein Verkäufer (V) hat einem Käufer (K) eine bewegliche Sache verkauft. Der K verlangt gestützt auf § 433 Abs. 1 S. 1 BGB Lieferung, hat aber kein Geld dabei, um seine Zahlungsverpflichtung aus § 433 Abs. 2 BGB zu erfüllen. Dies ist Ihnen im täglichen Leben vielleicht auch schon einmal passiert. Was würden Sie als Verkäufer V tun? Sie würden die Erfüllung Ihrer Leistungsverpflichtung verweigern, bis der Käufer „Zug-um-Zug" seine Zahlungsverpflichtung erfüllt. Wo ist aber bestimmt, dass Sie ein derartiges Leistungsverweigerungsrecht haben? Der Gesetzgeber hat diese Selbstverständlichkeit in den **§§ 320 ff. BGB** geregelt. Bereits aus der Überschrift des 2. Titel „Gegenseitiger Vertrag" und aus dem Wortlaut des § 320 BGB entnehmen Sie, dass Voraussetzung für dieses Leistungsverweigerungsrecht ist, dass die Verpflichtungen des Verkäufers und Käufers im **„Gegenseitigkeitsverhältnis"** zueinander stehen.

> Dazu wollen wir uns an dieser Stelle einen kurzen Überblick über die Arten schuldrechtlicher Verpflichtungen aus Rechtsgeschäften verschaffen, ein Thema, das in der Ausbildung allein schon wegen der „verwechselungstauglichen" Begriffe außerordentlich lästig ist. Das zeigt die in Vorlesungen und in Übungen auf die Frage, was eigentlich ein „gegenseitiger Vertrag" sei, immer wieder vernommene völlig sinnlose Antwort: Ein „gegenseitiger Vertrag" sei „ein zweiseitiger Vertrag". Sinnlos ist diese Antwort natürlich deshalb, weil Verträge immer (mindestens) „zweiseitig" sind. Also:
>
> **1.** Es gibt **einseitig verpflichtende Schuldverhältnisse aus Rechtsgeschäften**: z.B. aus einem Schenkungsvertrag (§ 516 BGB) oder einem Bürgschaftsvertrag (§ 765 BGB), aus einer „Auslobung" (§ 657 BGB) oder aus einem „Vermächtnis" (§§ 2147, 2174 BGB). Beachten Sie: Einseitig verpflichtende Schuldverhältnisse aus Rechtsgeschäften können sich sowohl aus Verträgen als auch aus einseitigen Rechtsgeschäften ergeben.
>
> **2.** Es gibt **zweiseitig verpflichtende Schuldverhältnisse aus Verträgen**, wobei die Verpflichtungen daraus entweder **a)** im **„Gegenseitigkeitsverhältnis"** zueinander stehen oder **b) „unvollkommen zweiseitig"** sind. Die Unterscheidung treffen Sie im „Subtraktionsverfahren": Sie prüfen zunächst, ob ein „Gegenseitigkeitsverhältnis" vorliegt; hierfür ist wesentlich, dass „die eine Verpflichtung um der anderen willen" eingegangen wird; am besten kann man dies durch Heranziehung des lateinischen Rechtssatzes: „do ut des" = „ich gebe, damit du gibst," ermitteln. Besteht hiernach kein Gegenseitigkeitsverhältnis, liegt ein „unvollkommen zweiseitig verpflichtender Vertrag" vor, **c)** sofern nicht ein aus beiden Elementen zusammengesetzter Vertrag gegeben ist. Das bedeutet konkret:

> **a)** Der **Kaufvertrag** (§ 433 BGB) ist ein „**gegenseitiger Vertrag**": Denn der Käufer verpflichtet sich zur Bezahlung des Kaufpreises, <u>damit</u> der Verkäufer die Kaufsache in mangelfreiem Zustand übereignet und sie übergibt. Der Verkäufer verpflichtet sich zur mangelfreien Übereignung und Übergabe, <u>damit</u> der Käufer den Kaufpreis bezahlt (und ggf. – z.B. beim Räumungsverkauf – sie auch abnimmt).
>
> **b)** Kein gegenseitiger Vertrag ist der **Leihvertrag** (§ 598 BGB): Ein Verleiher verpflichtet sich nicht zur unentgeltlichen Überlassung des Gebrauchs (§ 598 BGB), <u>damit</u> er die Sache zurück erhält (§ 604 BGB). Ginge es ihm darum, könnte er sie gleich behalten. Der Leihvertrag ist daher ein „**unvollkommen zweiseitig verpflichtender Vertrag**".
>
> **c)** Der **Mietvertrag** (§ 535 BGB) enthält im Gegenseitigkeitsverhältnis zueinander stehende Verpflichtungen, nämlich die Überlassungsverpflichtung des Vermieters aus § 535 Abs. 1 S. 1 BGB und die Verpflichtung des Mieters zur Zahlung der Miete (§ 535 Abs. 1 S. 2 BGB). Nicht im Gegenseitigkeitsverhältnis steht aber die Rückgabeverpflichtung des Mieters (§ 546 BGB), denn der Vermieter verpflichtet sich nicht zur Überlassung, <u>damit</u> er die Mietsache zurück erhält. Ginge es ihm darum, könnte er sie gleich behalten.

Die Lieferungs- und Zahlungsverpflichtungen von Verkäufer und Käufer stehen also im **Gegenseitigkeitsverhältnis** zueinander. Seltener sind die Fälle, in denen zwischen der Lieferungs- und Abnahmeverpflichtung ein Gegenseitigkeitsverhältnis besteht; es kommt aber doch vor (z.B. bei „Räumungsverkäufen"). Das Vorliegen eines Gegenseitigkeitsverhältnisses bedeutet, dass dem Käufer gegen den Zahlungsanspruch des Verkäufers und dass dem Verkäufer gegen den Lieferungsanspruch des Käufers jeweils die Einrede des nichterfüllten Vertrages zusteht (§ 320 BGB), dies jeweils mit der Folge, dass Verkäufer und Käufer einen Anspruch auf eine Zug-um-Zug-Erfüllung haben (§ 322 BGB). Zwingendes Recht ist das aber nicht.

Fall 63: Der V hat an den K eine Sache verkauft, die er diesem am 21. April 2002 liefern soll. Als der V an diesem Tag bei K erscheint um zu liefern, will sich dieser zwar die Sache übereignen und übergeben lassen, hat aber den Kaufpreis gerade „nicht zur Hand". Der V will dem K die Sache daher nicht überlassen. Der K will wissen, ob er einen durchsetzbaren Anspruch auf Übereignung und Übergabe der Sache hat.

Der Anspruch kann sich aus einem Kaufvertrag ergeben (§ 433 Abs. 1 S. 1 BGB) a) Ein Kaufvertrag ist geschlossen. b) Möglicherweis steht dem V jedoch ein Leistungsverweigerungsrecht aus § 320 Abs. 1 BGB zu. aa) Der Kaufvertrag zwischen V und K ist ein gegenseitiger Vertrag. Jede Partei erbringt ihre Leistung, um die Leistung der Gegenseite zu erhalten. bb) Dem V steht ein fälliger Gegenanspruch auf Zahlung des Kaufpreises zu (§ 433 Abs. 2, 271 Abs. 1 BGB), der im Gegenseitigkeitsverhältnis zur Lieferverpflichtung des V steht. cc) Der V ist nicht zur Vorleistung verpflichtet und dd) ist seinerseits selbst vertragstreu. ee) Im Ergebnis kann daher der V die Leistung verweigern. Er muss an K nur Zug-um-Zug gegen Zahlung des Kaufpreises übereignen und übergeben (§ 322 BGB).

Variante: Vereinbart war „Zahlung nach Rechnungserhalt".

In einem solchen Fall (oder bei einer konkludent vereinbarten Vorleistungspflicht des Verkäufers) hat der Verkäufer die Einrede aus § 320 BGB nicht.

Die Einrede aus § 320 BGB ist allerdings nicht gegeben, wenn der jeweilige Schuldner leistungsfrei geworden ist, oder umgekehrt formuliert: Die Einrede aus § 320 BGB besteht nur, solange derjenige, der die Einrede geltend macht, seinerseits noch einen Leistungsanspruch hat.

Fall 64: Der V hat dem K eine Sache verkauft. Nach Vertragsschluss, aber vor Erfüllung wird die Sache von einem Blitz getroffen. Der V verlangt Kaufpreiszahlung. Der K verweigert die Zahlung.

Der Anspruch des V gegen den K könnte sich aus einem Kaufvertrag ergeben (§ 433 Abs. 2 BGB). a) Ein Kaufvertrag ist geschlossen, also ist der Anspruch entstanden. b) Dem Anspruch des V könnte die Einrede des nichterfüllten Vertrages entgegenstehen (§ 320 BGB). aa) In der Verweigerung der Kaufpreiszahlung durch K könnte die Einrede des nichterfüllten Vertrages (§ 320 BGB) zu sehen sein. bb) Da aber der Leistungsanspruch des die Einrede geltend machenden K nach § 275 BGB Abs. 1 BGB „ausgeschlossen" ist, ist die Einrede aus § 320 BGB nicht gegeben. c) Vielmehr ist der Anspruch des V gegen den K aus § 433 Abs. 2 BGB entfallen (§ 326 Abs. 1 S. 1 BGB; dazu sogleich und später mehr).

(4) Überblick über die Rechtsfolgen der Verletzung der Verkäufer- und Käuferpflichten

Auch wenn dies jetzt ein äußerst unsystematischer Vorgriff auf spätere Erörterungen in diesem Teil 3 und vor allem auf die Darstellung des Leistungsstörungsrechts in Teil 4 ist, soll hier schon ein Blick auf die Folgen von **Verstößen des Verkäufers gegen die „primären" Pflichten aus § 433 Abs. 1 S. 1 BGB** geworfen werden (§§ 275 Abs. 1 – 3, 280, 283 – 285, 286, 311 a, 323, 326 BGB).

Befassen wir uns bei diesem Überblick zunächst mit den Auswirkungen von Leistungsstörungen auf die **Primäransprüche**. Der **Verkäufer kann von seinen Verpflichtungen zur Leistung frei** werden (§ 275 Abs. 1 – 3 BGB). Das hat dann Auswirkungen auf die **Verpflichtung des Käufers zur Kaufpreiszahlung** (§ 326 Abs. 1 BGB).

Fall 65: Der V verkauft dem K eine Sache, die kurz nach/kurz vor Kaufvertragsschluss verbrannt ist. Der K verlangt Lieferung.

a) Ist die Sache kurz nach Vertragsschluss verbrannt, ist der Anspruch aus dem Kaufvertrag wegen nachträglicher Unmöglichkeit der Leistung nach § 275 Abs. 1 BGB „ausgeschlossen".
b) Ist die Sache kurz vor Vertragsschluss verbrannt, liegt ein Fall anfänglicher Unmöglichkeit vor. Auch wenn in einem solchen Fall gleichwohl der Kaufvertrag wirksam ist (§ 311 a Abs. 1 BGB), kann kein primärer Leistungsanspruch gegeben sein. Warum? Die Frage beantworten Sie bitte selbst, bevor Sie weiterlesen! Fraglich ist allein, wie man dieses Ergebnis begründet: aa) Nach einer Sichtweise handelt es sich um einen Kaufvertrag ohne primäre Leistungspflicht, bb) nach anderer Sichtweise ist der Vertrag von vornherein nur auf Schadensersatz nach § 311 a Abs. 2 BGB gerichtet und cc) schließlich wird als dritter Lösungsvorschlag eine dem Verkäufer zustehende „rechtsvernichtende Einwendung" gegen den Lieferungsanspruch des Käufers propagiert. dd) Diese Frage ist meistens für die Fallbearbeitung bedeutungslos. Es

reicht völlig aus, wenn Sie im Einklang mit dem Wortlaut des Gesetzes schreiben: „Der Anspruch ist ausgeschlossen (§ 275 Abs. 1 BGB)."

Fall 66: Der V verkauft dem K eine Sache, die dem E gestohlen war. Der K verlangt Lieferung.

Weil der V das Eigentum wegen § 935 BGB dem K nicht verschaffen kann, könnte der Anspruch aus dem Kaufvertrag wegen Unmöglichkeit nach § 275 Abs. 1 BGB „ausgeschlossen" sein. a) Es handelt sich um einen Fall der anfänglichen Unmöglichkeit. b) Bei anfänglicher Unmöglichkeit besteht der Kaufvertrag nach § 311 a Abs. 1 BGB. Dass dann gleichwohl kein primärer Leistungsanspruch besteht, ist unzweifelhaft. Fraglich ist allein, wie man dies begründet: aa) Nach einer Sichtweise handelt es sich um einen Kaufvertrag ohne primäre Leistungspflicht, bb) nach anderer Sichtweise ist der Vertrag von vornherein nur auf Schadensersatz nach § 311 a Abs. 2 BGB gerichtet und cc) schließlich wird eine „rechtsvernichtende Einwendung" gegen den Lieferungsanspruch propagiert. dd) Es reicht völlig aus, wenn Sie schreiben: „Der Anspruch ist ausgeschlossen (§ 275 Abs. 1 BGB)."

Fall 67: Der V verkauft dem K auf einer Ruderbootstour auf der Alster einen Ring, der dem V nach Vertragsschluss, aber vor Übergabe und Übereignung an den K über Bord fällt. Der K verlangt Lieferung. Der V weigert sich, weil er dazu die Alster trocken legen und im Schlamm nach dem Ring suchen lassen müsste.

Der V hat die Erfüllung des Anspruchs aus § 433 Abs. 1 S. 1 BGB zu Recht nach § 275 Abs. 2 BGB verweigert.

Fall 68: Der V verkauft dem K formgerecht ein Haus, das kurz vor/kurz nach Kaufvertragsschluss verbrannt ist. Der K verlangt die Abtretung des Anspruchs des V gegen die Hamburger Feuerkasse.

Der Anspruch ergibt sich aus §§ 285, 275 Abs. 1 BGB. a) Der Kaufvertrag ist geschlossen. Er besteht auch im Fall anfänglicher Unmöglichkeit (§ 311 a Abs. 1 BGB) und ist damit Grundlage eines Anspruchs aus § 285 BGB. b) Der Anspruch ist nach § 275 Abs. 1 BGB ausgeschlossen. c) Die Versicherungssumme ist ein Ersatz für den geschuldeten Gegenstand.

Fall 69: Der V verkauft dem K eine Sache, die kurz vor/kurz nach Kaufvertragsschluss verbrannt ist. Der V verlangt Zahlung des Kaufpreises.

Der Anspruch aus § 433 Abs. 2 BGB ist nach § 326 Abs. 1 S. 1 BGB entfallen.

Fall 70: Der V verkauft dem K auf einer Ruderbootstour auf der Alster einen Ring, der dem V nach Vertragsschluss, aber vor Übergabe und Übereignung an den K deshalb über Bord fällt, weil der K das Boot mutwillig so zum Schaukeln gebracht hatte, dass der V Halt suchen musste und dabei den Ring über Bord fallen ließ. Der V verweigert die Lieferung weil er dazu die Alster ablaufen lassen müsste und im Schlamm nach dem Ring suchen müsste. Gleichwohl verlangt er die Zahlung des Kaufpreises.

Der Anspruch aus § 433 Abs. 2 BGB ist nicht nach § 326 Abs. 1 S. 1 BGB entfallen, weil der K das Leistungshindernis (Unmöglichkeit) allein zu verantworten hatte (§ 326 Abs. 2 S. 1 BGB).

Fall 71: Der V verkauft dem K ein Haus, das kurz vor/kurz nach Kaufvertragsschluss abgebrannt ist. Der K verlangt die Abtretung des Anspruchs des V gegen die Hamburger Feuerkasse. Der V verlangt den Kaufpreis.

Der Anspruch aus § 433 Abs. 2 BGB ist nicht nach § 326 Abs. 1 S. 1 BGB entfallen, weil der K das „stellvertretende commodum" nach § 285 BGB geltend gemacht hat (§ 326 Abs. 3 S. 1 BGB).

Von praktisch großer Bedeutung ist für den Kauf der **Gefahrübergang nach § 446 BGB**.

- Nach **§ 446 S. 1 BGB** geht die Gegenleistungsgefahr mit der Übergabe der verkauften Sache (Verschaffung des unmittelbaren Besitzes) auf den Käufer über. Der Käufer, der von diesem Zeitpunkt an die Sache nutzen kann, soll also auch das Risiko des zufälligen, also nicht des vom Käufer (dann gilt sowieso schon § 326 Abs. 2 S. 1 BGB) oder vom Verkäufer zu verantwortenden Untergangs und – über den Wortlaut der Vorschrift hinaus – auch des endgültigen Besitzverlustes (Diebstahl) tragen. Das ist auch gerecht, denn vom Augenblick der Übergabe an kann der Käufer die Sache vor derartigen Risiken bewahren.

- Gleiches soll gelten, wenn der Käufer in Annahmeverzug gerät (**§ 446 S. 3 BGB**).

Fall 72: Der V verkauft dem K ein Auto. Vor dem Eigentumserwerb des K, aber nach Übergabe an den K wird es von einem Blitz getroffen und verbrennt. Der V verlangt den Kaufpreis.

Der Anspruch aus § 433 Abs. 2 BGB ist nicht nach § 326 Abs. 1 S. 1 BGB entfallen, weil die Gegenleistungsgefahr bereits auf den K übergegangen war, als die Sache unterging (§ 446 S. 1 BGB).

Fall 73: Der V verkauft dem K ein Auto. Der K soll es bei V am 27. Mai 2003 um 12.00 Uhr abholen. Der K kommt nicht. Jetzt wird der Wagen von einem Blitz getroffen und verbrennt. Der V verlangt den Kaufpreis.

Der Anspruch aus § 433 Abs. 2 BGB ist nicht nach § 326 Abs. 1 S. 1 BGB entfallen, weil die Gegenleistungsgefahr bereits auf den K übergegangen war, als die Sache unterging (§§ 446 S. 3, 293 ff. BGB).

Die ebenfalls den **Gefahrübergang auf den Käufer** regelnde Vorschrift des **§ 447 BGB** ist für die Praxis von nur geringer Bedeutung, da sie beim **Verbrauchsgüterkauf** nach § 474 Abs. 1 BGB (= Verkauf einer beweglichen Sache von einem Unternehmer an einen Verbraucher) nicht anwendbar ist (§ 474 Abs. 2 BGB) und weil ansonsten in vielen Fällen eine Bringschuld vorliegen dürfte, dies insbesondere bei „Platzgeschäften", bei denen eigene Leute des Verkäufers zur Besorgung des Transportes eingesetzt werden. In juristischen Aufgabenstellungen ist die Vorschrift aber gleichwohl sehr beliebt. Sie setzt voraus,

- dass aufgrund der im Kaufvertrag getroffenen Vereinbarungen die Kaufsache an einen anderen Ort als den **Erfüllungsort** bzw. **Leistungsort** (= der Ort, an dem die Leistungshandlung erbracht werden muss) versandt wird, also bei einer „Holschuld" mit Versendungsabrede (= „**Schickschuld**"), nicht aber bei einer „reinen", also nicht durch eine Versendungsabrede modifizierten „Holschuld" oder bei einer „Bringschuld". Auch wenn bei der für die Feststellung der Art der Schuld erforderlichen Auslegung im Zweifel von einer „Holschuld" auszugehen ist (§ 269 Abs. 1, 3 BGB), dürfte – wie gesagt – sehr häufig gleichwohl eine Bringschuld vereinbart sein.

- Der **„andere(n) Ort"**, zu dem nach den Voraussetzungen des § 447 BGB die Kaufsache zu versenden ist, kann auch ein Ort innerhalb der gleichen Gemeinde sein („Platzgeschäft").

- § 447 BGB setzt weiter voraus, dass die Versendung auf **Verlangen des Käufers** geschehen ist; sie darf also nicht eigenmächtig seitens des Verkäufers erfolgt sein.

- Die Gefahr geht auf den Käufer über im Augenblick der **Auslieferung an die zum Transport eingeschaltete Person**: Post, Frachtführer, Verfrachter, Spediteur, aber auch Gelegenheitstransporteur.

- Der Übergang der Gegenleistungsgefahr auf den Käufer setzt voraus, dass den **Käufer** (dann sowieso schon § 326 Abs. 2 S. 1 BGB) und auch den **Verkäufer** an dem den Untergang herbeiführenden Ereignis **kein Verschulden** trifft. Werden für den Transport „schuldnerfremde" Personen eingesetzt, sind diese nicht die Erfüllungsgehilfen des Verkäufers i.S.d. § 278 BGB, weil sie bei der Besorgung des Transportes nicht im Pflichtenkreis des Schuldners (Verkäufer) tätig sind, denn dieser schuldet nur die Einschaltung der Transportperson, nicht aber die Besorgung des Transportes selbst; daher muss der Verkäufer sich ein Verschulden der Transportperson nicht zurechnen lassen: Die Gegenleistungsgefahr geht mit der Verladung (Passieren der Ladeklappe des LKW, der Bordwand des Schiffes) auf den Käufer über. Werden dagegen eigene Leute für den Transport eingesetzt und trifft diese ein Verschulden, soll § 278 BGB angewendet werden.

- Der Käufer trägt nur die Gefahr für den Untergang oder die Verschlechterung, die sich als die Realisierung von **„Beförderungsgefahren"** darstellt, also z.B. nicht die Gegenleistungsgefahr im Falle einer Unmöglichkeit der Leistung aufgrund einer behördlichen Beschlagnahme, die nicht durch den Transport als solchen verursacht wurde.

- Wenn der Käufer nach § 447 BGB zur Kaufpreiszahlung verpflichtet bleibt, stellt sich die Frage, ob der **Käufer** die schuldhaft handelnde **Transportperson auf Schadensersatz in Anspruch nehmen** kann. Fraglos hat der zur Kaufpreiszahlung verpflichtet bleibende Käufer einen Schaden, weil er die Kaufsache, die er nach §§ 433 Abs. 2, 447 BGB zu bezahlen hat, nicht erhält. Die Frage ist, ob er eine Schadensersatzanspruchsgrundlage hat: Ist die Transportperson ein Frachtführer, greift zugunsten des Käufers als des Empfängers **§ 421 Abs. 1 S. 2 HGB** ein; ansonsten gibt es mangels eines Vertrages mit der Transportperson keine vertraglichen und mangels Eigentums auch keine deliktischen Ansprüche des Käufers. Umgekehrt hat der Verkäufer als Vertragspartner der Transportperson und als Eigentümer der Kaufsache zwar Ansprüche aus §§ 634 Nr. 4, 280 bzw. §§ 280 Abs. 1, 241 Abs. 2 BGB und aus § 823 Abs. 1 BGB; er hat aber wegen des weiterhin bestehenden Kaufpreisanspruchs gegen den Käufer (§§ 433 Abs. 2, 447 BGB) keinen Schaden. Das Ergebnis, das zudem die Transportperson unangemessen begünstigen würde, ist nicht akzeptabel. Daher ist das Recht dahingehend fortgebildet worden, dass der Verkäufer den Schaden des Käufers (des „Dritten") geltend machen („liquidieren") kann, man sagt, ihn im Wege der **„Drittschadensliquidation"** geltend machen kann. Zu allem erfahren Sie mehr in Teil 9.

<u>Fall 74:</u> Der Privatmann V verkauft dem K einen „Oldtimer". Die Parteien vereinbaren, dass der V den Wagen unter Einschaltung des Frachtführers F auf einem Autotransporter zu K überführt. Auf der Fahrt verunglückt der F so schwer, dass der „Oldtimer" völlig zerstört ist. Der V verlangt den Kaufpreis.

Der Anspruch aus § 433 Abs. 2 BGB ist nicht nach § 326 Abs. 1 S. 1 BGB entfallen, weil die Gegenleistungsgefahr auf den K übergegangen war (§ 447 BGB).

Die vorstehenden Ausführungen betreffen die Auswirkungen von Leistungsstörungen auf die Primäransprüche; darüber werden Sie – wie gesagt – in diesem Teil 3 noch mehr lesen. Dem Käufer können infolge der Befreiung des Verkäufers aber auch **„Sekundäransprüche"** zustehen (§ 275 Abs. 4 BGB). Auch wenn dies das Thema des Teils 4 ist, greifen wir hier schon einmal ein wenig vor.

<u>Fall 75:</u> Der V verkauft dem K eine Sache, die kurz vor Kaufvertragsschluss verbrannt ist/die dem E gestohlen war und daher wegen § 935 nicht wirksam übereignet werden kann. Der K verlangt Schadensersatz wegen des ihm aus einem geplanten Weiterverkauf entgangenen Gewinns.

Der Anspruch Schadensersatz „statt der Leistung" ergibt sich aus §§ 311 a Abs. 2, 249 ff., 252 BGB.

<u>Fall 76:</u> Der V verkauft dem K auf einer Ruderbootstour auf der Alster einen Ring, der dem V nach Vertragsschluss, aber vor der Lieferung an K aus Leichtsinn über Bord fällt. Der V verweigert die Lieferung, weil er dazu die Alster trocken legen und im Schlamm nach dem Ring suchen lassen müsste. Der K verlangt Schadensersatz wegen des ihm aus einem geplanten Weiterverkauf entgangenen Gewinns.

Der Anspruch auf Schadensersatz „statt der Leistung" ergibt sich aus §§ 280 Abs. 1, 3, 283, 249 ff. 252 BGB.

<u>Fall 77:</u> Der V verkauft dem K eine Sache, die von V am 27. Mai 2003 um 12.00 Uhr geliefert werden soll. Der K will die Sache sogleich an den bereits auf die Lieferung wartenden X mit Gewinn weiterverkaufen. Der V erscheint nicht. Der K ruft den V an und setzt ihm eine Frist von 2 Tagen. Die Frist verstreicht fruchtlos. Der gewinnbringende Weiterverkauf an den X scheitert wegen des Ausbleibens der Leistung trotz der Fristsetzung. Der K verlangt Schadensersatz wegen des ihm deshalb entgangenen Gewinns.

Der Anspruch auf Schadensersatz „statt der Leistung" ergibt sich aus §§ 280 Abs. 1, 3, 281 Abs. 1 BGB.

<u>Variante:</u> Der K hatte die Sache für sich gekauft und musste, weil der V erst am 1. Juni 2003 liefert, zur Überbrückung von D eine andere vergleichbare Sache anmieten. Der K verlangt den Ersatz der an D gezahlten Miete.

Der Anspruch auf Ersatz des dem K entstandenen „Verzögerungsschadens" aufgrund der Verspätung „neben der Leistung" ergibt sich aus §§ 280 Abs. 1, 2, 286 BGB.

Fall 78: Der V ist dem K aufgrund eines Kaufvertrages zur Lieferung von Heizöl verpflichtet. Bei der Anlieferung löst sich der Schlauch aufgrund eines fehlerhaften Verschlusses und wegen des Fehlens einer vorgeschriebenen Sicherungsvorkehrung vom Tankwagen, so dass Öl in den Vordergarten des K läuft. Der K lehnt die weitere Belieferung durch den V ab und deckt sich – wegen eines zwischenzeitlichen Ölpreisanstieges teurer – bei einem anderen Händler ein. Der K verlangt die Differenz.

Der Anspruch auf Schadensersatz „statt der Leistung" ergibt sich aus §§ 280 Abs. 1, 3, 282 BGB.

Fall 79: Der V verkauft dem K eine Sache, die dem E gestohlen war. Der K verlangt Rückzahlung des bereits gezahlten Kaufpreises.

Der Anspruch ergibt sich aus §§ 275 Abs. 4, 323 Abs. 1, 326 Abs. 5, 346 ff. BGB.

Fall 80: Der V verkauft dem K auf einer Ruderbootstour auf der Alster einen Ring, der dem V nach Vertragsschluss, aber vor der Lieferung an K aus Leichtsinn über Bord fällt. Der V verweigert die Lieferung, weil er dazu die Alster trocken legen lassen müsste und im Schlamm nach Ring suchen lassen müsste. Der K verlangt Rückzahlung des bereits gezahlten Kaufpreises.

Der Anspruch ergibt sich aus §§ 275 Abs. 4, 323 Abs. 1, 326 Abs. 5, 346 ff. BGB.

Fall 81: Der V verkauft dem K eine Sache, die von V am 25. Mai 2003 um 12.00 Uhr geliefert werden soll. Der V erscheint nicht. Der K ruft den V an und setzt ihm eine Frist von 2 Tagen. Die Frist verstreicht fruchtlos. Der V hat jetzt kein Interesse mehr an der Sache. Er will den bereits gezahlten Kaufpreis zurück.

Der Anspruch ergibt sich aus §§ 323, 346 ff. BGB.

Fall 82: Der V ist dem K aufgrund eines Kaufvertrages zur Lieferung von Heizöl verpflichtet. Bei der Anlieferung löst sich der Schlauch aufgrund eines fehlerhaften Verschlusses vom Tankwagen, so dass Öl in den Vordergarten des K läuft. Der K lehnt die weitere Belieferung ab und verlangt Rückzahlung des bereits gezahlten Preises.

Der Anspruch ergibt sich aus §§ 324, 346 ff. BGB.

Damit haben Sie jetzt eine erste Vorstellung davon, welche **Rechtsfolgen** ein **Verstoß** gegen die **primären Pflichten eines Verkäufers aus § 433 Abs. 1 S. 1 BGB** nach sich zieht.

Wir riskieren jetzt erneut einen Vorgriff auf spätere Erörterungen des Leistungsstörungsrechts in Teil 4, indem Ihnen hier eine knappe Übersicht über die **Rechtsfolgen** von **Verstößen des Verkäufers gegen die primären Pflichten aus § 433 Abs. 1 S. 2 BGB** gegeben wird. Wenn eine Kaufsache sach- oder rechtsmangelhaft ist (§§ 434, 435 BGB) gelten **vor Gefahrübergang (§§ 446, 447 BGB)** die für die Verletzung der Pflicht aus § 433 Abs. 1 S. 1 BGB anwendbaren Regeln. Fallbeispiele dazu „ersparen" wir uns, weil dies auf eine bloße Wiederholung der vorherigen Ausführungen hinausliefe. Stattdessen sollen an einigen Beispielen die sog. **„Gewährleistungsrechte"** des Käufers **nach Gefahrübergang** aus § 437 BGB aufgezeigt werden:

Zunächst kann der Käufer **Nacherfüllung** verlangen (§§ 437 Nr. 1, 439 BGB). Von der Nacherfüllung kann der Verkäufer nach §§ 275 Abs. 1 – 3, 439 Abs. 3 BGB befreit sein.

Fall 83: Der K kauft bei dem V einen gebrauchten Sessel für sein Wohnzimmer. Erst nachdem V den Sessel geliefert hat, stellt K fest, dass einer der Füße abgebrochen ist, so dass der Sessel kippelt. K verlangt die Lieferung des Sessels mit vier Füßen.

Nach Gefahrübergang (§ 446 S. 1 BGB) hat der K gegen den V a) keinen Anspruch aus § 433 Abs. 1 S. 2 BGB, b) sondern einen Nacherfüllungsanspruch auf Lieferung eines Sessels mit vier Füßen aus §§ 434 Abs. 1, 437 Nr. 1, 439 Abs. 1 BGB.

Fall 84: Nach Abschluss des Kaufvertrages über ein Grundstück und Übergabe des Grundstücks, aber noch vor Auflassung und Eintragung in das Grundbuch hatte der Käufer K von der G-Bank erfahren, dass ihr eine Hypothek am Grundstück zusteht. Der K verlangt vom Verkäufer V die Löschung.

Nach Gefahrübergang (§ 446 S. 1 BGB) a) verwandelt sich der Anspruch aus § 433 Abs. 1 S. 2 BGB b) in einen Nacherfüllungsanspruch aus §§ 437 Nr. 1, 435 S. 1, 439 BGB.

Weiterhin kann der Käufer, wenn die Voraussetzungen des § 323 bzw. § 326 Abs. 5 BGB bezüglich des Nacherfüllungsanspruchs gegeben sind, vom Kaufvertrag **zurücktreten** (§§ 437 Nr. 2, 323/326 Abs. 5 BGB) oder unter den gleichen Voraussetzungen den Kaufpreis **mindern** bzw. eine Überzahlung zurückverlangen (§§ 437 Nr. 2, 441 BGB; die Minderung soll hier nicht weiter durch Fälle illustriert werden, insoweit wird auf Teil 4 verwiesen).

Fall 85: Der V verkauft an den K ein gebrauchtes Auto, das – für beide zunächst unerkennbar – einen behebbaren Motorschaden hat. Der K bemerkt dies eine Woche nach der Lieferung und verlangt von V unter Fristsetzung Beseitigung des Mangels und, als dies fruchtlos bleibt, Zugum-Zug gegen Rückgabe des defekten Kfz „sein Geld" zurück.

Der Anspruch ergibt sich aus §§ 437 Nr. 2, 434 Abs. 1 S. 2 Nr. 2, 323 Abs. 1, 346 Abs. 1 BGB.

Variante: Der Mangel ist unbehebbar.

Der Anspruch ergibt sich aus §§ 437 Nr. 2, 434 Abs. 1 S. 2 Nr. 2, 326 Abs. 5, 346 Abs. 1 BGB.

Schließlich kann der Käufer auch **Schadensersatz „statt der Leistung"** aus §§ 437 Nr. 3, 280 Abs. 1, 3, 283 bzw. 281 BGB oder §§ 437 Nr. 3, 311 a Abs. 2 BGB verlangen, wenn die entsprechenden Voraussetzungen hinsichtlich des Nacherfüllungsanspruchs gegeben sind.

Fall 86: Der V verkauft an den K eine gebrauchte Waschmaschine für € 180 ,-. Der K zahlt sofort in bar. Die Maschine soll am nächsten Tag von V geliefert werden. Gleich nach Vertragsschluss benutzt der V die Maschine noch ein letztes Mal. Er übersieht dabei, dass sich in der

Tasche einer zu waschenden Arbeitshose noch einige Schrauben befinden. Die Trommel wird beim Schleudern durch diese Fremdkörper irreparabel so beschädigt, dass in ihr geschleuderte Wäsche beschädigt wird. Dann liefert der V die Maschine an K aus. Als sich nach der ersten Wäsche lauter kleine Löcher in den Wäschestücken des K zeigen und der K den Mangel entdeckt, will der K die Maschine, die im mangelfreien Zustand € 200,- wert gewesen wäre, nicht mehr haben und verlangt Schadensersatz in Höhe von € 200,- Zug-um-Zug gegen Rückübereignung und Rückgabe der Maschine.

Der Anspruch auf € 200,- ergibt sich aus §§ 437 Nr. 3, 280 Abs. 1, 3, 283 BGB.

Fall 87: Der K kauft von V für € 8 000,- ein gebrauchtes Auto als „unfallfrei" und zahlt sofort in bar. Nach der Lieferung an K stellt sich heraus, dass der Wagen einen Unfallvorschaden hatte. Als „unfallfreies" Fahrzeug wäre es € 10 000,- wert gewesen, als „Unfallwagen" ist es nur € 8000,- wert. Der K verlangt Zahlung von € 10 000,- Zug-um-Zug gegen Rückgabe des Fahrzeugs an V.

Der K kann Schadensersatz „statt der Leistung" in Höhe von € 10 000,- Zug-um-Zug gegen Rückübereignung und Rückgabe des Fahrzeugs aus §§ 437 Nr. 3, 434 Abs. 1 S. 1, 311 a Abs. 2, 275 Abs. 1 BGB verlangen.

Fall 88: Der Gebrauchtwagenhändler V, der eine Werkstatt betreibt, verkauft und liefert dem K einen Gebrauchtwagen. Der von K gezahlte Kaufpreis beläuft sich auf € 10 000,-. Der Wagen hatte einen schon bei Übergabe an den K bestehenden reparablen Motorschaden. In mangelfreiem Zustand wäre der Wagen € 12 000,- wert gewesen. Der K setzt dem V eine Nachbesserungsfrist von 1 Woche. Diese verstreicht fruchtlos, weil V sich nicht um den Wagen kümmert. Dann schlägt der Blitz in den Wagen ein, so dass er in Brand gerät und völlig zerstört wird. Der K verlangt Schadensersatz „statt der Leistung" von V in Höhe von € 12 000,-.

Hier ergibt sich der Anspruch aus §§ 437 Nr. 3, 434 Abs. 1 S. 2 Nr. 2, 280 Abs. 1, 3, 281 BGB.

Schließlich soll ein erster Blick auf die Rechtsfolgen, die sich aus einem **Verstoß des Käufers gegen sein Pflichten aus § 433 Abs. 2 BGB** ergeben, geworfen werden.

Der Käufer kann zwar nach § 275 BGB von seiner Abnahmepflicht, aber nicht von seiner Zahlungspflicht befreit werden („Geld muss man haben" – wir werden diesen beliebten, aber missverständlichen Satz später noch erklären und relativieren!). Der Verkäufer kann bei einer **Nichterfüllung** der **Zahlungspflicht** und/oder der **Abnahmepflicht** nach §§ 280 Abs. 1, 3, 281 BGB Schadensersatz „statt der Leistung" verlangen, und zwar auch dann, wenn die Auslegung des Kaufvertrages ergeben sollte, dass die vom Käufer verletzte Abnahmepflicht lediglich eine Nebenleistungspflicht ist, denn das Gesetz macht bei § 280 Abs. 1 BGB keinen Unterschied dazwischen, ob Hauptleistungspflichten oder Nebenleistungspflichten verletzt worden sind. Bei einer Verletzung von **Verhaltenspflichten** des Käufers kann der Verkäufer Schadensersatz „statt der Leistung" aus §§ 280 Abs. 1, 3, 282 BGB fordern. Bei einer Verspätung des Käufers kann der Verkäufer den **„Verzögerungsschaden"** als Schadensersatz „neben der Leistung" unter den Voraussetzungen der §§ 280 Abs. 1, 2, 286 BGB verlangen. Der Verkäufer kann auch unter den Voraussetzungen des § 323 BGB und des § 324 BGB vom Kaufvertrag **zurücktreten**.

> **Orientieren wir uns wieder einmal**: Ausgehend von dem „Prototyp" des Sachkaufs haben

> **a)** wir uns einen Überblick über die Pflichten des Verkäufers aus § 433 Abs. 1 S. 1 BGB und aus § 433 Abs. 1 S. 2 BGB und die des Käufers aus § 433 Abs. 2 BGB und „vice versa" die Rechte des jeweils anderen Teils verschafft.
>
> **b)** Auch haben wir einen ersten (aber noch sehr kursorischen) Blick darauf geworfen, welche Folgen eine Verletzung dieser Pflichten hat; das war für den völlig unvorbereiteten jungen Juristen schon recht anspruchsvoll, vielleicht sogar überfordernd – aber keine Sorgen: Alles wird in diesem Teil 3 und in Teil 4 („Leistungsstörungen") Schritt für Schritt vertieft erarbeitet werden.

(5) Der Eigentumsvorbehaltskauf

Der **Ausgangspunkt** ist eine ganz **alltägliche Situation**: Der Verkäufer und der Käufer einer beweglichen Sache können beide aus ganz unterschiedlichen Motiven (der Käufer hat nicht genügend Geld und der Verkäufer will ihn trotzdem als Kunden gewinnen) ein Interesse daran haben, dass der Käufer die Kaufsache erhält, ohne zugleich (Zug-um-Zug) den Kaufpreis zahlen zu müssen. Dann werden der Verkäufer (V) und der Käufer (K) einen Kaufvertrag abschließen und der zu einer Vorleistung bereite Verkäufer wird sich verpflichten, die Kaufsache sofort an den Käufer zu liefern, während der Käufer den Kaufpreis erst später begleichen soll. Es leuchtet jedermann ein, dass der Verkäufer für den Fall, dass der Käufer seiner Kaufpreiszahlungsverpflichtung nicht nachkommt, in einer besonderen Weise gesichert sein will.

Wenn nämlich der Käufer den Anspruch auf Kaufpreiszahlung nicht erfüllt, dann ist der vorleistende Verkäufer durch das (Ihnen ja soeben erstmals vorgestellte) **„Leistungsstörungsrecht" nur unvollkommen geschützt**: Ein Anspruch auf **Schadensersatz „statt der Leistung"** nach §§ 280 Abs. 1, 3, 281 BGB nützt ihm bei einem (Sie dürfen nicht immer nur an die Fälle der „Leistungsunwilligkeit" denken) zahlungsunfähigen Schuldner wenig. Ein möglicher **Rücktritt** des Verkäufers nach §§ 323, 346 ff. BGB würde lediglich einen Anspruch auf Rückabwicklung zur Folge haben, hätte also nur schuldrechtliche Wirkung, so dass der Verkäufer im Falle einer **Einzelzwangsvollstreckung** eines anderen Gläubigers in die Kaufsache sich dagegen nicht nach § 771 ZPO zur Wehr setzen kann oder im Fall der **Insolvenz** des Käufers die Kaufsache nicht nach § 47 InsO aus der Insolvenzmasse aussondern kann. Dem Verkäufer ist daher letztlich nur dann geholfen, wenn er **bis zur vollständigen Zahlung des Kaufpreises Eigentümer der Kaufsache** bliebe; denn dann könnte er als Eigentümer in der Einzelzwangsvollstreckung eines anderen Gläubigers des Käufers gegen diesen erfolgreich nach § 771 ZPO („Drittwiderspruchsklage") klagen oder in der Insolvenz des Käufers die Kaufsache nach § 47 InsO aus der Insolvenzmasse aussondern.

Man kann dieses Ergebnis (Eigentum des Verkäufers bis zur vollständigen Kaufpreiszahlung) dadurch erreichen, dass die **Übereignung an den Käufer nach §§ 929 S. 1, 158 Abs. 1 BGB aufschiebend bedingt** vereinbart wird.

Das Gesetz erleichtert die Sicherung des Verkäufers in **§ 449 Abs. 1 BGB** dadurch, dass in den Fällen, in denen der Verkäufer und der Käufer im Kaufvertrag vereinbaren, dass „der Verkäufer einer beweglichen Sache (sich) das Eigentum bis zur Zahlung des Kaufpreises vorbehalten (hat)", anordnet, dass „im Zweifel anzunehmen (ist), dass das Eigentum unter der aufschiebenden Bedingung vollständiger Zahlung des Kaufpreises übertragen wird (Eigentumsvorbehalt)".

Durch den Eigentumsvorbehalt können übrigens auch andere Forderungen als die konkrete Kaufpreisforderung dadurch gesichert werden, dass das Eigentum erst übergeht, wenn z.B. „alle bestehenden Ansprüche des Verkäufers gegen den Käufer erfüllt sind"; unzulässig ist ein sog. „Konzernvorbehalt" (§ 449 Abs. 3 BGB).

Ein solcher Kaufvertrag, in dem „der Verkäufer einer beweglichen Sache (sich) das Eigentum bis zur Zahlung des Kaufpreises vorbehalten (hat)", bedeutet **in schuldrechtlicher Hinsicht**, dass der Verkäufer die Sache nur übergeben und dem Käufer das Eigentum lediglich aufschiebend bedingt durch eine vollständige Zahlung des Kaufpreises zu übertragen hat; zum Eigentumserwerb des Käufers muss er dann nichts mehr beitragen. Frei von Rechten Dritter (§ 433 Abs. 1 S. 2, 435 BGB) muss die Kaufsache erst bei Eintritt der Bedingung sein. Der Käufer schuldet die Kaufpreiszahlung, und zwar auch, wenn die Kaufsache für den Käufer unverschuldet untergegangen sein sollte (§ 446 S. 1 BGB als Ausnahme zu § 326 Abs. 1 S. 1 BGB). Dieser Kaufvertrag hat aber nicht nur die soeben genannten schuldrechtlichen Wirkungen, sondern auch eine **unmittelbar sachenrechtliche Konsequenz**: In sachenrechtlicher Hinsicht bleibt nämlich im Zweifel der Verkäufer bis zur vollständigen Zahlung des Kaufpreises Eigentümer und mittelbarer Besitzer (§ 868 BGB) der Kaufsache. In konstruktiver Hinsicht erreicht das Gesetz dies dadurch, dass die **im schuldrechtlichen Kaufvertrag getroffenen Vereinbarung** („hat sich der Verkäufer einer beweglichen Sache das Eigentum bis zur Zahlung des Kaufpreises vorbehalten…. .") eine **sachenrechtliche Wirkung** hat, derzufolge „im Zweifel anzunehmen (ist), dass das Eigentum unter der aufschiebenden Bedingung vollständiger Zahlung des Kaufpreises übertragen wird". Die „Dogmatiker" unter Ihnen erkennen sofort, dass dies in einem eigenartigen Kontrast zum „Trennungsprinzip" steht: Eine Vereinbarung im Kaufvertrag hat eine sachenrechtliche Wirkung! Ergänzt wird diese Regelung dadurch, dass das Gesetz in § 449 Abs. 2 BGB bestimmt, dass der bis zur vollständigen Kaufpreiszahlung Eigentümer gebliebene Verkäufer die Herausgabe der Kaufsache vom Käufer nach § 985 BGB erst herausverlangen kann, wenn er wirksam vom Kaufvertrag zurückgetreten ist; diese Bestimmung hat nur klarstellende Bedeutung, denn dass der Käufer bis zur Beendigung des Kaufvertrags durch einen Rücktritt des Verkäufers ein Recht zum Besitz aus dem Kaufvertrag hat, ergibt sich bereits aus §§ 986 Abs. 1 S. 1, 433 Abs. 1 BGB („exceptio rei traditae et venditae" = Recht zum Besitz aus dem Kaufvertrag). Der Verkäufer kann nach § 323 BGB zurücktreten, dies selbst dann, wenn der Kaufpreisanspruch verjährt ist und der Käufer sich hierauf beruft (§ 216 Abs. 2 S. 2 BGB). Zu all dem und auch zu der Rechtsstellung des Vorbehaltskäufers („Anwartschaftsrecht") erfahren Sie später noch viel mehr.

Das alles war Ihnen „in großen Zügen" bereits bekannt, denn wir haben bei der Erörterung der §§ 158 ff. BGB (Bedingungsrecht) bereits recht ausgiebig den Eigentumsvorbehalt abgehandelt. Eigentlich wissen Sie dazu jetzt schon alles. Gleichwohl erhalten Sie in Teil 6 noch ein weiteres Mal Gelegenheit, sich ausgiebig mit dem „Eigentumsvorbehalt" zu befassen.

Übrigens: Beim Verkauf unbeweglicher Sachen ist ein Eigentumsvorbehalt nicht möglich (§ 925 Abs. 2 BGB). Hier gibt es aber besondere Techniken, die ein vergleichbares Geschäft ermöglichen; diese werden Ihnen später vermittelt.

cc) Rechte und Pflichten beim Kauf von Rechten (z.B. „Teilzeit- Wohnrechtevertrag" und „Factoring") und von sonstigen Gegenständen (z.B. Unternehmenskauf)

(1) Der Rechtskauf

Beim **Rechtskauf (§§ 453 Abs. 1, 433 BGB)** trifft den Verkäufer die primäre Pflicht zur **Übertragung des** verkauften **Rechts**, und zwar wie beim Sachkauf zur **rechtsmangelfreien (§§ 453 Abs. 1, 3, 433 Abs. 1 S. 2, 435 BGB)** und (wenn das verkaufte Recht zum Besitz einer Sache berechtigt, wie z.B. ein Erbbaurecht nach § 1 ErbbauVO) sogar zur **sachmangelfreien** Übertragung des Rechts **(§§ 453 Abs. 1, 433 Abs. 1 S. 2, 434 BGB)**. Erfüllt wird der Vertrag durch den Verkäufer durch Übertragung des verkauften Rechts auf den Käufer, also z.B. beim Forderungskauf durch Zession nach § 398 BGB; beim Kauf einer Hypothek nach §§ 398, 1153, 1154 BGB etc.; und wenn es keine Spezialregelung gibt, nach § 413 BGB. Wenn das verkaufte Recht zum Besitz berechtigt (z.B. ein Nießbrauch nach §§ 1036 Abs. 1, 1059 BGB), dann ist der Verkäufer natürlich auch zur Besitzverschaffung verpflichtet (§§ 453 Abs. 1, 433 Abs. 1 BGB).

Ein **Spezialfall** des **Rechtskaufs** ist ein **Teilzeit-Wohnrechtevertrag** Durch einen solchen Teilzeit-Wohnrechtevertrag verpflichtet sich der Verkäufer, dem Käufer gegen Zahlung eines Gesamtpreises das Recht zu verschaffen, ein Wohngebäude zeitweise zu Erholungs- und Wohnzwecken zu nutzen; oder er verspricht durch einen solchen Teilzeit-Wohnrechtevertrag die Verschaffung eines solchen Rechts. Die Besonderheit der §§ 481 ff. BGB besteht darin, dass **Verbraucherschutzvorschriften** gelten, wenn der Verkäufer ein Unternehmer ist (§ 14 BGB) und der Käufer ein Verbraucher ist (§ 13 BGB) und das Recht für die Dauer von mindestens 3 Jahren verschafft werden soll: Der Vertrag bedarf dann der Schriftform, für deren Wahrung die elektronische Form nicht ausreicht, und zusätzlich der Aushändigung einer Vertragsabschrift (§ 484 BGB). Und dem Käufer steht ein Widerrufsrecht nach §§ 485, 355 BGB zu.

Ein weiterer besonderer Fall des Rechtskaufes ist das gesetzlich nicht typisierte, aber als verkehrstypisches Geschäft anzusehende **„echte Factoring"**: Der Gläubiger einer gegen einen Schuldner bestehenden Forderung (Factorer) verkauft diese an den Käufer (Factor). Der Verkäufer und Zedent überträgt sie sodann an den Käufer zum Zwecke des Einzugs; dem Zedenten wird Zug-um-Zug ein Geldbetrag, der sich aus dem Nennwert abzüglich eines Abschlags (sog. „Delkredere") errechnet, gutgeschrieben. Wenn – so beim hier interessierenden sog. „echten Factoring" – der Factor das Risiko der Erfüllung der Forderung trägt, also sowohl für die Verität (Existenz der Forderung) als auch für die Bonität (Leistungsfähigkeit des Schuldners) einsteht, handelt es sich um einen **Forderungskauf.** Wenn dagegen der Factor (meist eine Bank) das Risiko der Leistungsfähigkeit des Schuldners (sog. Bonität) nicht übernimmt und die Gutschrift daher nicht endgültig ist, sondern unter dem Vorbehalt der Erfüllung durch den Schuldner erfolgt, handelt es sich um ein Kreditgeschäft (sog. **„unechtes Factoring");** im Falle der Nichterfüllung durch den Schuldner erfolgt eine Rückbelastung des Zedenten mit der Gutschrift und eine Rückübertragung der Forderung auf ihn. Wir kommen darauf später noch einmal zurück.

(2) Der Unternehmenskauf

Ein **Unternehmen** kann durch den Rechtsträger als „sonstiger Gegenstand" verkauft werden (§§ 453 Abs. 1, 433 BGB). Hier gibt es zwei Techniken des Verkaufs.

- Verkauft werden können die einzelnen Wirtschaftsgüter, die das Unternehmen insgesamt oder die einen selbstständigen Teil des Unternehmens ausmachen (**„asset deal"**). Der **Kaufvertrag** muss diese Wirtschaftsgüter dann im einzelnen bezeichnen. Ein solcher Kaufvertrag ist grundsätzlich formfrei möglich, wenn aber z.B. – was häufig der Fall ist – zum Unternehmen ein dem Inhaber gehörendes Geschäftsgrundstück gehört, muss der Vertrag insoweit notariell beurkundet werden (§ 311 b Abs. 1 BGB). Die **Erfüllung** eines solchen Kaufvertrages durch den Verkäufer erfolgt durch eine Übertragung der einzelnen verkauften Gegenstände: also z.B. durch die Übergabe und die Übereignung der verkauften beweglichen Sachen (jedes Auto, jede Maschine, jeder Computer, jeder Bleistift etc.) nach § 929 ff. BGB, der Grundstücke nach §§ 873, 925 BGB; die Übertragung der verkauften Forderungen erfolgt nach § 398 ff. BGB, die der anderen Rechte nach den jeweiligen Spezialnormen für die Übertragung (eine Hypothek nach §§ 1153, 1154 BGB), sonst nach § 413 BGB; Verträge, z.B. ein Mietvertrag über das angemietete Geschäftsgrundstück, werden durch eine Vertragsübertragung (z.B. ein dreiseitiger Vertrag zwischen Vermieter, Verkäufer und Käufer) übertragen. Sollen auch Schulden übernommen werden, richtet sich dies nach §§ 414 ff. BGB. Hier sollten Sie auch einmal die §§ 17 ff. HGB, speziell die §§ 21 ff. HGB und ganz speziell den § 25 HGB lesen!

- Erfolgt die Veräußerung eines Unternehmens, dessen Rechtsträger eine juristische Person ist (Aktiengesellschaft, GmbH), durch Verkauf von Anteilsrechten (**„share deal"**), also z.B. von Aktien oder GmbH-Anteilen, so wird ein Kaufvertrag über diese Anteile abgeschlossen. Die Erfüllung des Kaufvertrages durch den Verkäufer erfolgt durch Übertragung der Anteilsrechte. Die zum Unternehmen gehörenden Gegenstände müssen nicht zum Zwecke der Erfüllung im einzelnen übertragen werden, denn an ihnen ist die juristische Person, an deren Identität sich durch die Veräußerung der Anteile bekanntlich nichts ändert, berechtigt.

dd) „Vertrag über die Lieferung neu herzustellender beweglicher Sachen", „Werklieferungsvertrag"

> Nach **§ 651 BGB** „(finden) auf einen Vertrag, der die Lieferung herzustellender oder zu erzeugender beweglicher Sachen zum Gegenstand hat,....die Vorschriften über den Kauf Anwendung".

Auf einen **Vertrag über die Lieferung neu herzustellender beweglicher Sachen** findet Kaufrecht Anwendung, und zwar auch dann, wenn nicht vertretbare Sachen, wie z.B. ein Maßanzug, oder Reiseprospekte herzustellen sind und man den Vertrag dann einen **„Werklieferungsvertrag"** nennt. Daher kann i. w. auf die vorstehenden Ausführungen zum Kaufvertrag Bezug genommen werden. Die für Sie wesentliche Folge ist, dass sich das Gewährleistungsrecht nach den §§ 434 ff. BGB richtet. wobei der Gewährleistungsansprüche ausschließende § 442 Abs. 1 S. 1 BGB auch dann

Anwendung findet, wenn der Mangel auf den vom Besteller gelieferten Stoff zurückzuführen ist (§ 651 S. 2 BGB). Bei einer Herstellung nicht vertretbarer Sachen werden allerdings die anzuwendenden §§ 434 ff. BGB durch die §§ 642, 643, 645, 649, 650 BGB ergänzt (§ 651 S. 3 BGB). Die durch § 651 BGB ausgesprochene sehr weitreichende Anwendbarkeit des Kaufvertragsrechts **reduziert** den **Anwendungsbereich des Werkvertragsrechts** auf die Herstellung unbeweglicher Sachen (Hausbau auf dem Grundstück des Bestellers), Reparaturarbeiten und die Herstellung unkörperlicher Werke (Gutachtenerstattung).

ee) Vorkaufsrecht

> Das in §§ 463 ff. BGB geregelte **obligatorische Vorkaufsrecht** wird üblicherweise als „**doppelt bedingter Kauf**" definiert: Der Kaufvertrag zwischen dem Vorkaufsberechtigten und dem Vorkaufsverpflichteten kommt zustande durch den Abschluss eines Kaufvertrages des Vorkaufsverpflichteten über den Kaufgegenstand mit einem Dritten (§ 463 BGB) – erste Bedingung – und durch die „Erklärung gegenüber dem Verpflichteten" (§ 464 Abs. 1 S. 1 BGB) – zweite Bedingung –.

Von besonderer Bedeutung ist das Vorkaufsrecht im Grundstücksrecht. Da man sich aber als Vorkaufsberechtigter „für" ein lediglich „**obligatorisches Vorkaufsrecht**" wegen des Risikos abweichender Verfügungen eines vorkaufsverpflichteten Grundeigentümers (der sicher gerne evtl. Schadensersatzansprüche in Kauf nimmt, wenn es sich wegen eines „guten Geschäfts" mit einem Dritten für ihn immer noch „lohnt", die Pflichten aus dem Vorkaufsvertrag zu verletzen) im wahrsten Sinne des Wortes „nicht viel kaufen kann", sieht das Gesetz die Möglichkeit eines „**dinglichen Vorkaufsrechts**" vor: Ein Grundstück kann mit einem Vorkaufsrecht dergestalt belastet werden, dass derjenige („**subjektiv-dinglich**": eine bestimmte Person; oder „**objektiv-dinglich**": der jeweilige Eigentümer eines anderen Grundstücks), zu dessen Gunsten die Belastung mit einem Vorkaufsrecht erfolgt, dem jeweiligen Eigentümer gegenüber zum Vorkauf berechtigt ist (§ 1094 BGB). Das Rechtsverhältnis zwischen dem Vorkaufsberechtigten und dem Vorkaufsverpflichteten richtet sich zwar auch nach den §§ 463 ff. BGB. Das Besondere am dinglichen Vorkaufsrecht ist aber die **vormerkungsgleiche Wirkung des dinglichen Vorkaufsrechts**, durch die Zwischenverfügungen des Vorkaufsverpflichteten unwirksam werden, wenn das Vorkaufsrecht ausgeübt wird (§§ 1098 Abs. 2, 883 Abs. 2 und 3, 888 BGB). Auf diese Weise erlangt der dinglich Vorkaufsberechtigte die erstrebte Sicherheit. Wir hätten darüber schon beim Kaufvertrag einige Worte verlieren können – aber dies ist ein noch besserer Moment, sich erste Kenntnisse zum **Sicherungsmechanismus der Vormerkung** zu machen. Dieses Institut ist von ungeheurer lebens- und ausbildungspraktischer Bedeutung und ist bei vielen jungen Juristen „gefürchtet". Dabei ist es problemlos zu verstehen. Stellen Sie sich vor, der V verkauft formgerecht ein ihm gehöriges Grundstück lastenfrei an den K (§§ 433 Abs. 1, 311 b Abs. 1 S. 1 BGB). Die Erfüllung durch Übergabe und Übereignung an den K durch Auflassung und Eintragung in das Grundbuch (§§ 873 Abs. 1, 925 BGB) soll vereinbarungsgemäß erst in 3 Monaten erfolgen, weil der K den Kaufpreis erst dann aufbringen kann. Der V, der ja

Eigentümer und Besitzer des Grundstücks bleibt, könnte in dieser Zeit das Grundstück an einen anderen Kaufinteressenten verkaufen oder an dem Grundstück zur Sicherung einer Darlehensforderung einer Bank dieser eine Hypothek bestellen (§§ 1113 ff. BGB). Um den K davor zu schützen, also dessen schuldrechtlichen Anspruch auf den Eigentumserwerb als solchen und auf den rechtsmangelfreien Eigentumserwerb zu sichern, kann zu seinen Gunsten eine Vormerkung in das Grundbuch eingetragen werden (lesen Sie §§ 883 Abs. 1, 885 BGB). Jetzt stellen Sie sich bitte vor: **(a)** „Vereitelnde Verfügung": Der V übereignet das Grundstück an einen X, bevor der K Eigentümer wird. Diese Übereignung ist zwar im Verhältnis zu allen auf der Welt wirksam, aber aufgrund der Vormerkung im Verhältnis zu K unwirksam (§ 883 Abs. 2 BGB), so dass, wenn der K nach 3 Monaten von dem V Zug-um-Zug gegen Zahlung des Kaufpreises die Auflassung verlangt, der Anspruch des K gegen den V aus §§ 433 Abs. 1, 311 b Abs. 1 S. 1 BGB nicht nach § 275 Abs. 1 BGB „ausgeschlossen" ist. Der K kann also von dem V die Auflassung verlangen und ihn notfalls prozessual durchsetzen (lesen Sie § 894 ZPO). Um Eigentümer des Grundstücks zu werden, muss der K allerdings zusätzlich auch die Eintragung in das Grundbuch bewirken. Die Voraussetzungen hierfür (lesen Sie §§ 13, 19/20, 29, 39 GBO) kann er weitgehend erfüllen, nur nicht die des § 39 GBO: Denn nicht der an ihn auflassende V, sondern (inzwischen der X) ist im Grundbuch als letzter eingetragen („voreingetragen"); daher wird das Grundbuchamt von K zu Recht die Zustimmung des X zur Eintragung des K verlangen. Auf diese Zustimmungserklärung hat der K einen Anspruch (lesen Sie § 888 BGB); notfalls kann er sie prozessual erzwingen (lesen Sie noch einmal § 894 ZPO). Somit ist es dem K möglich Eigentümer zu werden. **(b)** „Beeinträchtigende Verfügung": Der V belastet das Grundstück mit einer Hypothek zugunsten der Bank B, obwohl er es nach dem Kaufvertrag an den K lastenfrei zu übereignen hat. Aufgrund der Vormerkung kann der K von der B Zustimmung zur Löschung verlangen (§§ 888, 883 Abs. 2 BGB). Wenn Sie in der Lage sind, diese beiden einfachen Geschichten „nachzuerzählen", dann haben Sie den Kernbereich dessen, was eine „Vormerkung" ist, verstanden. Nicht anders ist es beim dinglichen Vorkaufsrecht: Verfügt der Vorkaufsverpflichtete zugunsten eines Dritten, indem er diesem das Grundstück übereignet, so ist diese Übereignung im Falle der Ausübung des Vorkaufsrechts zwar im Verhältnis zu allen auf der Welt wirksam, aber im Verhältnis zum Vorkaufsberechtigten unwirksam (§§ 1098 Abs. 2, 883 Abs. 2 BGB), so dass der Vorkaufsberechtigte vom Vorkaufsverpflichteten die Auflassung und vom Dritten die Zustimmung zu seiner Eintragung verlangen kann. Zur beeinträchtigenden Verfügung eines Vorkaufs-verpflichteten können Sie sich nun selbst ein Beispiel ersinnen.

ff) Verbrauchsgüterkauf

> Als **„Verbrauchsgüterkauf"** wird **definiert** ein Kaufvertrag über eine bewegliche Sache zwischen einem Verbraucher (§ 13 BGB) als dem Käufer und einem Unternehmer (§ 14 BGB) als dem Verkäufer, es sei denn, es handelt sich um den Kauf gebrauchter Sachen auf einer öffentlichen Versteigerung, an der der Verbraucher selber teilnehmen kann (**§ 474 Abs. 1 BGB**).

Der Verbrauchsgüterkauf ist wegen seiner großen Praxisrelevanz auch von größter Bedeutung für die Ausbildung: Wegen der zwingenden Regelung des **§ 474 Abs. 2 BGB** findet der den Übergang der Preisgefahr beim Versendungskauf regelnde § 447 BGB keine Anwendung; wegen der („halb"-) zwingen Wirkung des **§ 475 BGB** gibt es u.a. keinerlei Gewährleistungsausschluss beim Verkauf gebrauchter Sachen; das ist besonders wichtig für den Gebrauchtwagenhandel. Die Beweislastumkehr des **§ 476 BGB** (nach ihr wird vermutet, dass die Sache bereits bei Gefahrübergang mangelhaft war) führt zu einer garantieähnlichen Haftung des Verkäufers. Weitere Einzelheiten vermitteln Ihnen die Ausführungen zu den Leistungsstörungen.

gg) Handelskauf (HGB)

> Der **Handelskauf** ist in den §§ 373 ff. HGB geregelt und wird **definiert** als ein Kaufvertrag über Waren (= bewegliche Sachen) oder über Wertpapiere, der entweder für einen der Vertragspartner oder der für beide Vertragspartner ein Handelsgeschäft ist.

Um festzustellen, ob ein Handelskauf vorliegt, aber auch in anderen Zusammenhängen (z.B. für den uns bald interessierenden § 350 HGB) müssen Sie wissen, was ein **Handelsgeschäft** ist.

Hierunter versteht man das Geschäft eines Kaufmannes, das zum Betrieb seines Handelsgewerbes gehört **(§ 343 HGB)**. Dazu muss man zweierlei prüfen.

Zunächst geht es darum zu wissen, **wer** ein **Kaufmann** ist: Nach §§ 1, 2 Abs. 1 HGB

- ist **Kaufmann** diejenige **Person** oder diejenige **Handelsgesellschaft** (z.B. § 6 Abs. 1 HGB i.V.m. § 105 HGB), die ein Handelsgewerbe betreibt. Ein **Handelsgewerbe** ist jeder Betrieb eines Gewerbes (jede auf Gewinnerzielung und planmäßige Wiederholung gerichtete selbstständige Tätigkeit, die nicht rein wissenschaftlicher, künstlerischer oder freiberuflicher Art ist, wie die eines Rechtsanwalts oder Arztes), es sei denn (Umkehr der Beweislast!), dass diese Tätigkeit nach Art oder Umfang keinen in kaufmännischer Weise eingerichteten Geschäftsbetrieb erfordert (§ 1 Abs. 2 HGB); im Fall der Eintragung einer Firma in das Handelsregister kann nicht geltend gemacht werden, dass das Gewerbe kein Handelsgewerbe ist (§ 5 HGB). Als Handelsgewerbe gilt auch ein gewerbliches Unternehmen, dessen Firma in das Handelsregister eingetragen ist (§ 2 HGB).

- Ferner kann eine **Kapitalgesellschaft kraft** ihrer **Rechtsform** die Eigenschaften eines **Kaufmanns** haben (z.B. § 6 Abs. 2 HGB i.V.m. § 13 Abs. 3 GmbHG).

Damit ein Rechtsgeschäft eines Kaufmanns ein „Handelsgeschäft" ist, muss es **zum Betrieb seines Handelsgewerbes** gehören. Man erkennt sofort, dass es hier um die **Abgrenzung der Handelsgeschäfte** von den „**Privatgeschäften**" eines Kaufmanns, die natürlich außerhalb des Handelsrechts stehen, geht. Nach § 344 Abs. 1 HGB gibt es eine gesetzliche **Vermutung für** das Vorliegen eines **Handelsgeschäfts**, die unter den Voraussetzungen des § 344 Abs. 2 HGB sogar nur **begrenzt widerlegbar** ist.

Wenn also aufgrund dieser Voraussetzungen feststeht, dass ein **Kaufmann einen zum Betrieb seines Handelsgewerbes gehörenden Kaufvertrag** geschlossen hat, finden auf diesen die von den Regeln des BGB-Kaufes abweichenden Sonderregeln der §§ 373 ff. HGB Anwendung. Die **Besonderheiten des Handelskaufes** betreffen im wesentlichen Fragen des Besonderen Schuldrechts (z.B. das Gewährleistungsrecht). Daher ist für Sie besonders wichtig, dass beim **beiderseitigen** (= Verkäufer und Käufer sind Kaufmann) **Handelskauf**

- den Käufer nach § 377 HGB nach der Ablieferung eine **Untersuchungs-** und **Rügepflicht** und **Mängelanzeigepflicht** trifft, wobei die Unterlassung der Anzeige eine Genehmigungsfiktion zur Folge hat, sofern der Mangel nicht unerkennbar war (§ 377 Abs. 2 HGB).

- Unterbleibt die unverzügliche Anzeige eines sich **später zeigenden Mangels**, gilt die Ware auch in Ansehung dieses Mangels als genehmigt (§ 377 Abs. 3 HGB).

hh) Der Internationale Kauf (UN-Kaufrecht, CISG)

> Ein „**Internationaler Kauf**" ist gegeben, wenn ein **Vertrag** vorliegt, bei dem die Leistungspflichten denen der **Artt. 1 – 3, 30 ff., 43 ff. CISG** entsprechen, das heißt,
>
> - wenn der eine Teil verpflichtet ist, Waren (= bewegliche Sachen) und ähnliche Gegenstände (z.B. Computerprogramme), nicht aber Luftfahrzeuge oder Wertpapiere, zu übereignen und zu übergeben oder sonst zu übertragen, oder sich verpflichtet, eine noch herzustellende oder zu erzeugende Sache zu liefern, wenn nicht der Besteller einen wesentlichen Teil der erforderlichen Stoffe bereitzustellen hat oder der Vertrag wesentlich durch Dienstleistungselemente geprägt wird,
>
> - wenn weiterhin der andere Teil verpflichtet ist, dafür eine Gegenleistung in Geld (den Kaufpreis) zu zahlen
>
> - und wenn dieser Vertrag nicht privaten Zwecken dient, er grenzüberschreitende Sachverhalte betrifft und Kontakt zu mindestens einem Vertragsstaat hat.

Bei einem solchen Kaufvertrag wird das jeweilige nationale Recht hinsichtlich des Vertragsschlusses einschließlich der Förmlichkeiten und hinsichtlich der Rechte und Pflichten aus dem Kaufvertrag durch den typisierten Inhalt des UN-Kaufrechts (CISG) ersetzt. Zunächst sollen uns hier nur die **Primärpflichten** von **Verkäufer und Käufer** interessieren, die sich wie folgt zusammenfassen lassen.

- Den **Verkäufer** trifft die Pflicht zur Lieferung und Übereignung (Art. 30 CISG) vertragsgemäßer Ware (Art. 35 CISG), und zwar vorbehaltlich anderer Vereinbarungen beim praktisch regelmäßig vorliegenden „Beförderungsverkauf" am Ort der Übergabe an den ersten Beförderer (Art. 31 lit. a CISG). Bei einer Vereinbarung „Lieferung frei Haus" muss eine Auslegung ergeben, ob damit die Vereinbarung einer Bringschuld oder nur eine Kostentragungsregelung gemeint ist.

- Der **Käufer** ist zur Abnahme und Kaufpreiszahlung verpflichtet (Art. 53 CISG), und zwar, vorbehaltlich anderer Vereinbarungen (die z.B. noch nicht in der Angabe einer Bankverbindung liegen soll), anders als beim deutschen Recht nach §§ 269, 270 Abs. 4 BGB, am Sitz des Verkäufers (Art. 57 Abs. 1 lit. a CISG). Eine erst nach Monaten erfolgende Beanstandung der Rechnung soll für die Berechtigung der Forderung sprechen.
- Die Leistungen müssen, vorbehaltlich der Vereinbarung einer Vorleistungspflicht, **Zug-um-Zug** erbracht werden (arge. Art. 58 CISG).
- Für die **Übereignung** gibt es keine Regelung im CISG (Art. 4 CISG). Welches Recht hierfür anzuwenden ist, bestimmt das Internationale Privatrecht: Regelmäßig ist das Recht der „lex rei sitae" (= das Recht der „belegenen Sache", also das Recht des Landes, in dem sich die Sache befindet) anzuwenden.

> Der Käufer erwirbt also das Eigentum **je nach** der dazu geltenden **Rechtsordnung**
>
> - etwa bereits mit **Kaufvertragsschluss**,
> - oder erst nach einer **zusätzlichen Übergabe** der Kaufsache,
> - oder (wie im deutschen Recht) aufgrund des „Trennungsprinzips" erst nach einem **gesonderten Übereignungsgeschäft** nach den §§ 929 ff. BGB.
>
> Beim Verkauf beweglicher Sache kommt es sehr häufig dazu, dass der Käufer den Kaufpreis noch nicht beisammen hat und daher noch nicht zahlen kann, dass er aber die Sache schon nutzen soll, und zwar um damit das für Kaufpreiszahlung nötige Geld zu verdienen. Dem können die Vertragspartner bekanntlich nach dem BGB dadurch Rechnung tragen, dass die noch nicht erfüllte Kaufpreisforderung durch einen **Eigentumsvorbehalt** gesichert wird; das ist auch bei einem Kauf nach UN-Kaufrecht möglich (Art. 6 CISG). Die **sachenrechtlichen Fragen**, ob der Käufer automatisch mit der vollständigen Bezahlung des Kaufpreises das Eigentum erlangt und ob er in der „Schwebezeit" ein sog. „Anwartschaftsrecht" erlangt, richten sich nach dem nationalen Sachenrecht (Art. 4 CISG), also in der Regel nach dem Recht der „lex rei sitae".

b) Werkvertrag

> Der Vertrag, durch den sich der eine Teil (Unternehmer) zur Herstellung eines bestimmten Arbeitsergebnisses (Erfolg) in Gestalt eines individuellen Werks verpflichtet und durch den sich der andere Teil (Besteller) im Austausch dazu zur Entrichtung einer Vergütung verpflichtet, ist in **§ 631 BGB** als **Werkvertrag definiert.**

aa) Abschluss des Werkvertrages

Der Abschluss des Werkvertrages weist keine Besonderheiten auf. Die **„essentialia negotii"**, über die Einigkeit bestehen muss, sind das **„versprochene Werk"**, (mit Einschränkungen) die **Vergütung** und die **Vertragsparteien**. Was ein **„versprochenes Werk"** sein kann, ergibt sich aus §§ 631 Abs. 2, 675 BGB.

- Es kann einerseits (und das assoziiert man wegen des Wortes „Werk") die **Herstellung** oder **Veränderung einer Sache** ... sein" (§ 631 Abs. 2 1. Fall BGB). **Aber Vorsicht**: Da nach § 651 S. 1 BGB „auf einen Vertrag, der die Lieferung herzustellender oder zu erzeugender beweglicher Sachen zum Gegenstand hat, die Vorschriften über den Kauf Anwendung (finden)", reduziert sich der Anwendungsbereich des Werkvertragsrechts bei die Herstellung oder Veränderung einer Sache betreffenden Werkverträgen auf die Fälle der Herstellung von Bauwerken und die Fälle der reinen Reparaturarbeiten; alles andere sind „Verträge über die Lieferung herzustellender oder zu erzeugender beweglicher Sachen", auf die überwiegend das Kaufrecht angewendet wird (§ 651 BGB).

- Weiterhin kann „Gegenstand des Werkvertrags (...) auch ein **anderer durch Arbeit** oder **Dienstleistung herbeizuführender Erfolg** sein", wie z.B. die Bauplanung, die Bauleitung und die Bauaufsicht (Architektenvertrag), die Beförderung von Gütern oder Personen, das Freischleppen eines Schiffes (Schleppvertrag), die Erstellung eines Sachverständigengutachtens (§ 631 Abs. 2 2. Fall BGB).

- Schließlich kommen als Gegenstand eines Werkvertrags auch **Geschäftsbesorgungen** in Betracht (arge. § 675 BGB); das sind „selbstständige Tätigkeiten wirtschaftlicher Art, für die ursprünglich der Geschäftsherr selbst zu sorgen hatte, die ihm aber durch einen anderen (Geschäftsführer) abgenommen werden" (z.B. Vermögensverwaltung, Steuerberatung, Rechtsberatung).

> Trotz dieser einfach klingenden Grundsätze kann es zu **Abgrenzungsschwierigkeiten** kommen.
>
> **1. Die Abgrenzung zum Kaufvertrag** ist allerdings meist kein sehr großes Problem. Denn der grundlegende Unterschied ist evident: Bei einem Kaufvertrag wird i.d.R. die Lieferung einer bereits vorhandenen Sache geschuldet, während bei einem Werkvertrag der Unternehmer ein Werk herzustellen hat. **a)** Wenn der Unternehmer sich auch zur Lieferung verpflichtet hat, findet nach § 651 S. 1 BGB auf einen Vertrag über die Lieferung neu herzustellender beweglicher Sachen Kaufrecht Anwendung, und zwar selbst dann, wenn der Besteller den Stoff geliefert hat; bei unvertretbaren Sachen wird das Kaufrecht durch Werkvertragsrecht ergänzt (§ 651 S. 3 BGB). **b)** Bei Verträgen über die Lieferung schlüsselfertiger Fertighäuser besteht nach der Schuldrechtsreform wohl kein Bedürfnis mehr dafür, den Erwerb eines fertigen Hauses oder einer Eigentumswohnung vom Bauträger oder Bauherrn rechtlich als Werkvertrag einzuordnen, da das Gewährleistungsrecht des Kaufrechts in §§ 437 Nr. 1, 439 BGB nunmehr einen Nacherfüllungsanspruch kennt. **c)** Auch der Kauf mit Montageverpflichtung ist nunmehr ein Kaufvertrag (arge. § 434 Abs. 2 BGB).

> **2.** Bedeutsamer ist die ebenfalls bereits angesprochene **Grenzziehung zum Dienstvertrag**: **a)** Die Faustformel bei der für die Anwendung der §§ 631 ff. BGB nötigen Abgrenzung zum Dienstvertrag (§ 611 BGB), bei dem nur eine Tätigkeit (= Bemühen um einen Erfolg) geschuldet wird, ist die Fragestellung, wer das Risiko für das Eintreten des Erfolges tragen soll; beim Werkvertrag ist das der Verpflichtete, beim Dienstvertrag der Berechtigte. **b)** Weiterhin ist maßgeblich für das Vorliegen eines Werkvertrages, dass der Verpflichtete die **Macht hat**, den **Erfolg** zu **bewirken**: z.B. schuldet der mit der Erstellung eines Bauwerks beauftragte Bauunternehmer und/oder der mit dem Entwurf und der Bauaufsicht beauftragte Architekt die Erstellung des Bauwerks als Erfolg (= reiner Werkvertrag); der Chirurg schuldet zwar die Implantation einer Endoprothese, nicht aber die Genesung des Patienten (= Mischvertrag aus Werk- und Dienstvertrag); der Prozessanwalt schuldet nur die Prozessführung (= Geschäftsbesorgungsvertrag mit rein dienstvertraglichem Charakter). **c)** Schließlich sollte man zur rechtlichen Qualifizierung die Kontrollfrage stellen, ob die **Folgenormen** (z.B. das Gewährleistungsrecht des Werkvertragsrecht) auf das Rechtsverhältnis „**passen**": Bei der Einordnung eines Vertrages mit einem Pianisten würde nach dem o.g. Kriterium für einen Werkvertrag sprechen, dass der Pianist es im wahrsten Sinne des Wortes „in der Hand hat", den Erfolg (fehlerfreies Spielen) herbeizuführen. Trotzdem dürfte deshalb ein Dienstvertrag vorliegen, weil die der Definitionsnorm des § 631 BGB nachfolgenden Vorschriften einer solchen Einordnung widersprechen: Bei einer Einordnung als Werkvertrag nämlich könnte der „Besteller" von dem Pianisten als „Unternehmer" nach §§ 633, 634 Nr. 1, 635 Abs. 1 BGB die Nacherfüllung durch Herstellung eines „neuen Werkes" verlangen, falls dieser sich „verspielt". **d)** Für die **Abgrenzung nicht maßgeblich** ist die Art der Berechnung der Vergütung, denn den „Stundenlohn" gibt es sowohl bei Werk- als auch Dienstverträgen. Auch kommt es nicht darauf an, ob selbstständig oder unselbstständig gearbeitet wird.

Aber auch wenn man Verträge über den Erwerb eines fertigen Hauses oder einer Eigentumswohnung vom Bauträger oder Bauherrn rechtlich als Werkvertrag einordnet, bedarf der Werkvertrag nach § 311 b Abs. 1 BGB der notariellen Beurkundung.

Im Werkvertrag muss vereinbart sein, dass „der Besteller zur Entrichtung der vereinbarten **Vergütung** verpflichtet" ist. Diese wird (aber muss nicht: z.B. bei „Kompensationsgeschäften") in Geld bestehen. Ist die **Vergütungspflicht als solche** nicht vereinbart, „gilt sie als stillschweigend vereinbart, wenn die Herstellung des Werkes den Umständen nach nur gegen eine Vergütung zu erwarten ist" (§ 632 Abs. 1 BGB). Diese Fiktion kann nicht – wie bei einer Vermutung – widerlegt werden. Sie gilt aber nicht beim Kostenvoranschlag; dieser „ist im Zweifel nicht zu vergüten" (§ 632 Abs. 3 BGB). Wenn „die **Höhe der Vergütung** nicht bestimmt (ist)", so ist entweder eine „taxmäßige Vergütung" oder die „übliche Vergütung" als vereinbart anzusehen.

bb) Primäre Rechte und Pflichten aus dem Werkvertrag

Die primären **Rechte** und **Pflichten** von **Besteller und Unternehmer** aus einem **Werkvertrag** lassen sich wie folgt zusammenfassen.

- Der **Herstellungsanspruch des Bestellers ergibt** sich zwanglos aus dem Vertrag. Er ist nach § 631 Abs. 1 BGB gerichtet auf **Herstellung des versprochenen Werkes** und dies auch **frei von Mängeln**. Die **Leistungsgefahr** ist geregelt in § 275 BGB, die **Gegenleistungsgefahr** in § 326 BGB und in den §§ 644, 645 BGB und schließlich das **Gewährleistungsrecht** in den §§ 633 ff. BGB.

- Der sich aus § 631 Abs. 1 BGB ergebende **Anspruch des Unternehmers** auf den **Werklohn ("Vergütung")** ist als solcher häufig nur „stillschweigend" vereinbart (§ 632 Abs. 1 BGB). Der **Höhe nach** ergibt er sich i.d.R. **aus dem Vertrag**, sonst aber aus einer „**Taxe**", oder er richtet sich nach der „**üblichen Vergütung**" (§ 632 Abs. 2 BGB). Der **Anspruch des Unternehmers** auf den **Werklohn** ist **fällig** mit der **Abnahme** bzw. dem Vorliegen eines **Abnahmesurrogats** oder auch bei **Vollendung des Werkes** (§§ 640, 641, 641 a, 646 BGB). Unter der „**Abnahme**" des Werkes versteht man die „**körperliche Hinnahme**" verbunden mit der **Anerkennung** des Werkes **als im Wesentlichen vertragsgemäß**" (nach Heck). Wenn die körperliche Entgegennahme wegen der Natur des Werkes (z.B. Umgraben eines Gartens, Baumfällen) ausgeschlossen ist, reicht die **Billigung aus.** Der Besteller ist nach § 640 Abs. 1 BGB verpflichtet, das vertragsgemäß hergestellte Werk **abzunehmen**; die Abnahme darf nur wegen wesentlicher Mängel verweigert werden (arge. § 640 Abs. 1 S. 2 BGB). Unterlässt der Besteller die Abnahme trotz einer Verpflichtung dazu, steht ihr eine „**hypothetische Abnahme**" in den Fällen, in denen das Werk hätte abgenommen werden müssen, gleich (§ 640 Abs. 1 S. 3 BGB). Ist nach der Beschaffenheit des Werkes die Abnahme ausgeschlossen, tritt an ihre Stelle die „**Vollendung des Werkes**" (§ 646 BGB). Wenn man das so liest, könnte einem der Gedanke kommen, dass der Werkunternehmer in Fällen, in denen er die Zahlung des Werklohns verlangt und sich der Besteller weigert, das Werk abzunehmen, zwei Prozesse gegen den Besteller führen muss, und zwar zunächst einen Prozess auf Abnahme (lesen Sie § 894 ZPO) und danach einen Prozess auf den erst dann fälligen Werklohn. So „unpraktisch" sind die Juristen dann aber doch nicht: Es ist vielmehr allgemein anerkannt, dass der Unternehmer direkt auf die Werklohnzahlung klagen kann und dass in diesem Prozess „inzidenter" geprüft wird, ob das Werk hätte abgenommen werden müssen. Übrigens kann der Unternehmer auch schon **vor Fälligkeit** von dem Besteller **Abschlagszahlungen** verlangen (§ 632 a BGB).

- Diese Herstellungs- und Vergütungsverpflichtungen (und zwar auch die Abnahmeverpflichtung) stehen zueinander im „**Gegenseitigkeitsverhältnis**" i.S.d. §§ 320 ff. BGB. Der **Übergang der „Preisgefahr"** ist in §§ 644, 645 BGB geregelt.

Fall 89: Der B bestellt bei dem U den Bau einer Brücke. Der U errichtet die Brücke fehlerfrei. Einen Tag bevor der B zur Abnahme der Brücke erscheint, wird die Brücke durch ein Erdbeben zerstört. Der B verlangt den Neubau, der U Zahlung der Vergütung

1. Der Anspruch auf Neuerrichtung der Brücke kann sich aus § 631 Abs. 1 BGB ergeben. a) Die Voraussetzungen der Norm liegen vor. b) Der Anspruch ist aa) nicht nach § 275 Abs. 1 BGB „ausgeschlossen", da vor der Abnahme eines Werkes niemals Unmöglichkeit vorliegt. bb) § 275 Abs. 2, 3 BGB liegen nicht vor. Der U muss daher noch einmal leisten. 2. Der Anspruch auf Werklohn kann sich ebenfalls aus § 631 Abs. 1 BGB ergeben. a) Die Voraussetzungen

der Norm liegen vor. b) Die Vergütung wird nach § 641 Abs. 1 BGB aber erst mit der Abnahme fällig. Eine Abnahme ist aber noch nicht erfolgt; auch ist der B zum gegenwärtigen Zeitpunkt nicht zu einer Abnahme verpflichtet. Der U hat daher (noch) keinen Anspruch auf Werklohn.

Variante: Beim Abnahmetermin bemängelt der B kleine in der Tat bestehende optische Fehler an der Brücke (uneinheitlicher Farbanstrich des Brückengeländers) und verweigert die Abnahme. Der U setzt dem B eine Frist von 3 Tagen zur Abnahme, die B ungenutzt verstreichen lässt. Am darauf folgenden Tag kommt es zu dem Erbeben, und die Brücke stürzt ein. 1. Der B verlangt Neuerrichtung, 2. der U seinen Werklohn.

1. Der Anspruch des B gegen U auf Neuherstellung hat sich durch die Abnahme (hier fingiert nach § 640 Abs. 1 S. 3 BGB) in einen Anspruch auf Nacherfüllung (§§ 633, 634 Nr. 1, 635 BGB) verwandelt. Die Nacherfüllung ist jedoch durch die Zerstörung des Werkes nach fingierter Abnahme unmöglich (arge. § 644 BGB) geworden und damit „ausgeschlossen" (§ 275 Abs. 1 BGB). Der U muss daher keine neue Brücke errichten. 2. Der Anspruch auf die Vergütung ist a) aus aa) § 631 Abs. 1 BGB entstanden. bb) Er ist auch nach § 641 Abs. 1 S. 1 BGB fällig, aaa) zwar nicht wegen einer Abnahme (§ 640 Abs. 1 S. 1 BGB), bbb) wohl aber wegen eines Fristablaufs und einer deshalb eingetretenen Abnahmefiktion, da der Besteller beim Vorliegen nur unwesentlicher Mängel zur Abnahme verpflichtet war und die ihm gesetzte angemessene Frist abgelaufen ist (§ 640 Abs. 1 S. 3 BGB). b) Der Anspruch könnte aa) nach § 326 Abs. 1 S. 1 BGB erloschen sein; bb) die „Preisgefahr" ist aber nach § 644 BGB auf B übergegangen.

> Sie werden sich entsinnen, dass es bei der Darstellung des Kaufvertrags spätere Ausführungen dazu ein wenig vorwegnehmend einen ersten Überblick über die **Rechtsfolgen der Verletzungen der vertraglichen Pflichten** gab. Wenn Sie jetzt angesichts der beiden letzten Fälle etwa erwartet haben sollten, das würde sich bei all den anderen noch darzustellenden Vertragstypen wiederholen, dann werden Sie jetzt enttäuscht!
>
> Beim Kaufvertrag, dem im wirklichen Leben und in der Ausbildung am häufigsten vorkommenden und den meisten Lesern auch in rechtlicher Hinsicht vertrautesten Vertragstyp, konnte man derlei riskieren; dort machte ein solcher Überblick deshalb auch didaktisch einen Sinn. Bei allen anderen Vertragstypen besteht die Gefahr, dass ein derartiger Vorgriff Sie überfordert. Ihnen entgeht dadurch ja auch nichts, denn alles wird wenig später ausführlich gesondert dargestellt.

c) Reisevertrag

> Das gesetzlich typisierte Reisevertragsrecht kommt zur Anwendung, wenn sich ein Reiseveranstalter verpflichtet, dem Reisenden eine **„Gesamtheit von Reiseleistungen"** („Reise" = „Pauschalreise") zu erbringen (§ 651 a Abs. 1 S. 1 BGB) und dieser sich verpflichtet, dem Reiseveranstalter den vereinbarten **„Reisepreis"** zu zahlen (§ 651 a Abs. 1 S. 2 BGB).

Der Reisevertrag ist, wie sich aus der Titelüberschrift vor §§ 631 ff. BGB ergibt („Werkvertrag und ähnliche Verträge"), ein dem Werkvertrag ähnlicher Vertrag. Der rechtspolitische Hintergrund für die Schaffung des Sonderrechts für „Pauschalreisen" ist der Verbraucherschutz. Für den Abschluss des Reisevertrages gelten keine Besonderheiten.

- Durch den Reisevertrag ist der **Reiseveranstalter** verpflichtet, dem Reisenden eine **„Gesamtheit von Reiseleistungen"** („Reise" = „Pauschalreise") zu erbringen (§ 651 a Abs. 1 S. 1 BGB). Der Reiseveranstalter ist derjenige, der die Gesamtheit von Reiseleistungen verspricht. Das „Reisebüro" ist dagegen kein „Reiseveranstalter", sondern nur Handelsvertreter i.S.d. §§ 84 ff. HGB. Auch die sog. „Leistungsträger", die die einzelnen Reiseleistungen erbringen, wie die Hotels, die für die Unterbringung stellen, und die Fluggesellschaften, die den Transport, besorgen, sind keine „Reiseveranstalter"; vielmehr schließt der Reiseveranstalter mit ihnen einen Vertrag zugunsten des Reisenden, der diesen wiederum ein eigenes Forderungsrecht nach § 328 Abs. 1 BGB gegen den „Leistungsträger" verschafft.

- Der Reiseveranstalter ist dem **Reisenden** (das ist derjenige, der mit dem Reiseveranstalter den Reisevertrag abschließt oder ein Dritter, der nach § 651 b BGB in den Vertrag eingetreten ist) verpflichtet, diesem eine **„Gesamtheit von Reiseleistungen (Reise)"** zu erbringen (= **„Pauschalreise"**). Der Reisende hat den vereinbarten Reisepreis zu entrichten.

> **Kein Reisevertrag** ist daher
> - die **Individualreise** oder
> - die **Vermietung eines Kfz**, auch wenn es für eine **Reise** erfolgt.
>
> Bei der Buchung einer **Ferienunterkunft ohne jede weitere Leistung** läge demnach auch kein Reisevertrag vor. Dennoch hat die Rechtsprechung in diesem Fall § 651 f BGB entsprechend angewandt.

d) Frachtvertrag

> Wenn die Beförderung von Gütern zu Lande, zu Wasser und in der Luft zum Betrieb eines gewerblichen Unternehmens gehört und ein Vertrag geschlossen wird, durch den sich ein solcher Frachtführer verpflichtet, die Güter zum Bestimmungsort zu befördern und dort an den Empfänger abzuliefern, liegt ein **Frachtvertrag nach §§ 407 ff. HGB** vor.

Der Frachtvertrag (§§ 407 ff HGB) und der (hier nicht weiter angesprochene) Seefrachtvertrag sind der Sache nach ebenfalls Werkverträge, weil jeweils ein Erfolg geschuldet wird.

Am Frachtvertrag sind i.d.R. **beteiligt** der **Absender**, der **Frachtführer** und der **Empfänger**; der Absender kann auch ein aufgrund eines Speditionsvertrages (§§ 453 ff. HGB) für den Absender tätiger Spediteur sein; als solcher schließt er nämlich im eigenen Namen für fremde Rechnung Frachtverträge ab (= „Frachtenkommissionär").

- Der **Frachtführer** ist dem Absender **verpflichtet**, das **Gut zu befördern** und **abzuliefern** (§ 407 Abs. 1 HGB).

- Der **Empfänger** ist **gegenüber dem Frachtführer berechtigt,** nach der Ankunft die **Rechte aus dem Frachtvertrag** gegen die Erfüllung der Verpflichtungen aus dem Frachtvertrag geltend zu machen (§ 421 Abs. 1 HGB).
- Der **Frachtführer** hat nach § 420 Abs. 1 S. 1 HGB einen **Anspruch auf die Vergütung** (= „Fracht") gegen den Absender (§ 407 Abs. 2 HGB) und gegen den sein Ablieferungsrecht geltend machenden Empfänger in Höhe der noch geschuldeten „Fracht" (§ 421 Abs. 2 HGB); desweiteren hat er gegen den Absender einen Anspruch auf Ersatz von Aufwendungen (§ 420 Abs. 1 S. 2 HGB).
- Der **Frachtführer** schuldet **dem Absender** Schadensersatz für einen in zu vertretender Weise entweder von ihm selbst oder von „**seinen Leuten**" (§ 428 HGB: das sind alle, also auch die an der Transportbesorgung unbeteiligten, Beschäftigte des Frachtführers, selbst wenn sie – anders als der insoweit engere § 278 BGB – nur „bei Gelegenheit" gehandelt haben) herbeigeführte(n) Verlust oder Beschädigung des Gutes oder Versäumung der Lieferzeit (§ 425 Abs. 1 HGB) es sei denn die Pflichtverletzung beruht auf Umständen, die auch bei größter Sorgfalt unvermeidbar waren (§ 426 HGB).

Fall 90: Der Großhändler, Verkäufer und Absender Abs (A) schließt mit dem Frachtführer Fracht (F) einen Frachtvertrag, aufgrund dessen der F Frachtgut (100 Computer) zum Einzelhändler, Käufer und Empfänger Empf (E) am Bestimmungsort befördern und abliefern soll (Bringschuld). Der Kaufpreis soll nach Ankunft der Ware von dem E bezahlt werden; dann soll auch das Eigentum auf ihn übergehen. Vor der Verladung auf den LKW lagert der F das Frachtgut in seiner Frachthalle ein. Dort entwendet der verlässliche Buchhalter Buch (B) des F, der sich an einem Sonntag mit seinem Generalschlüssel zu Diebstahlszwecken auf das Firmengelände und in die Halle begeben hat, einen Computer „für den Hausgebrauch". Der A nimmt den F auf Schadensersatz in Anspruch.

Der Anspruch des A gegen F ergibt sich 1. aus § 425 Abs. 1 HGB. Der F muss sich das schuldhafte Verhalten „seiner Leute" zurechnen lassen (§ 428 HGB), also auch das des B, der in seinem Betrieb beschäftigt ist; dass dieser an der Besorgung des Transportes unbeteiligt ist und auch nur bei Gelegenheit seiner beruflichen Tätigkeit gehandelt hat, ist (anders als bei § 278 BGB) unbeachtlich. 2. Ein deliktischer Anspruch aus a) § 823 Abs. 1 BGB entfällt, weil den Abs an dem Diebstahl kein Verschulden trifft. b) Es besteht auch kein Anspruch aus § 831 BGB, weil der B nur bei Gelegenheit und nicht in Erfüllung einer ihm übertragenen Verpflichtung gehandelt hat.

- Ist das Frachtgut beschädigt, verspätet abgeliefert worden oder verloren gegangen, so kann der **Empfänger**, obwohl er ja nicht Partner des Frachtvertrages ist, die **Ansprüche aus dem Frachtvertrag in eigenem Namen** geltend machen (§§ 425, 421 Abs. 1 S. 2 HGB); das ist ein gesetzlich geregelter Fall der „**Drittschadensliquidation**", so dass im Transportrecht kein Anlass mehr für die Anwendung des durch Rechtsfortbildung entwickelten Instituts der „Drittschadensliquidation" (dazu später mehr) besteht.

Variante: Es handelt sich um eine Schickschuld; die Ware soll auf Verlangen des Käufers Empf zu ihm versandt werden. Abs und Empf wollen wissen, ob sie Ansprüche gegen den F haben.

1. Der Abs hat a) keinen Anspruch aus §§ 425 Abs. 1, 428 HGB, weil er wegen § 447 BGB keinen Schaden hat. b) Zu den deliktischen Ansprüchen: s. Grundfall. 2. Der Empf hat, a) obwohl nicht Vertragspartner des F, gegen diesen einen Anspruch aus §§ 425 Abs. 1, 428, 421

> Abs. 1 S. 2 HGB. b) Ansprüche aus Delikt (§§ 823 Abs. 1, 831 BGB) entfallen schon deshalb, weil der Empf noch nicht Eigentümer der Ware war.

e) Dienst- und Arbeitsvertrag

Der „gemeinsame Nenner" von Dienst- und Arbeitsvertrag ist das Bestehen eines Vertrages, der die Verpflichtung zur Leistung von Diensten gegen Entgelt beinhaltet.

aa) Dienstvertrag

> Ein Vertrag, durch den der eine Teil zur selbstständigen und eigenverantwortlichen Leistung von Diensten, der andere Teil als Gegenleistung zur Zahlung einer Vergütung verpflichtet wird, ist nach der **Definition** des § 611 BGB ein **Dienstvertrag**.

Der **Abschluss des Dienstvertrages** weist keine Besonderheiten auf. Eine spezielle, im Zusammenhang mit dem Vertragsschluss stehende Frage ist allerdings von einer gewissen Klausurrelevanz: Es geht um die Reichweite des (übrigens im „Einführungsfall" in Teil 1 erstmals erwähnten) § 113 BGB, und zwar um die Frage nach der Reichweite der „Sphärengeschäftsfähigkeit" (die z.B. auch die Anmietung eines Zimmers am Ort der Arbeitsstelle einschließt) und um die speziell hier interessierende Frage, ob „Ausbildungsverträge" zu den dort genannten „Dienst- und Arbeitsverhältnissen" gerechnet werden können: Man wird das wegen des in einem Ausbildungsvertrag liegenden „Erziehungsauftrages" verneinen müssen.

Die **„essentialia negotii"** sind der **Inhalt der Dienstpflicht** und die **Vergütung** als solche und deren Höhe. Gegenstand des Dienstvertrages können **„Dienste jeder Art"** sein (§ 611 Abs. 2 BGB), also eine Tätigkeit, nicht aber die Herbeiführung eines zwar angestrebten „Erfolges", denn dann läge ein Werkvertrag vor. Zur theoretisch einfahen, aber praktisch komplizierten Abgrenzung von Dienst- und Werkvertrag sollte man in erster Linie darauf abstellen, wer das Risiko für das Eintreten des angestrebten Erfolges trägt: Beim Werkvertrag ist das der Verpflichtete, beim Dienstvertrag der Berechtigte. Weiterhin ist für das Vorliegen eines Werk- und nicht eines Dienstvertrages kennzeichnend, dass der Verpflichtete die Macht hat, den Erfolg zu bewirken. Schließlich sollte man bei einer nötig werdenden Auslegung die Kontrollfrage stellen, ob die jeweiligen Folgenormen wie z.B. das Gewährleistungsrecht des Werkvertragsrechts überhaupt auf das Rechtsverhältnis „passen". Falls die **Vergütungspflicht** als solche nicht vereinbart ist, gilt die Fiktion des § 612 Abs. 1 BGB. Bei nicht vereinbarter Höhe der Vergütung gilt § 612 Abs. 2 BGB. Wer diese Vorschriften brav nachliest, erkennt die Parallele zu § 632 BGB.

Eine ganz wichtige (Ihnen eigentlich auch schon geläufige – Sie sehen, das Versprechen nach permanenter in den Text eingebauter Wiederholung wird eingehalten!) Besonderheit bei Dienstverträgen ist die **„Beschränkung der Nichtigkeitsfolgen"** bei einem nichtigen bzw. durch Anfechtung „vernichteten" (§§ 119 ff., 142 f. BGB) Dienstvertrag, wenn der scheinbar Verpflichtete bereits Dienstleistungen erbracht hat, der Vertrag also „in Vollzug" gesetzt worden ist, als man die Nichtigkeit „entdeckt" hatte: Um die in solchen Fällen an sich angezeigte Rückabwicklung nach Bereicherungsrecht (§§ 812 ff. BGB), die insbesondere wegen des § 818 Abs. 3 BGB zu ungerechten Ergebnissen für den vermeintlich Dienstverpflichteten führen würde, zu verhindern, wird angenommen, dass der nichtige Vertrag für die bereits erbrachten Dienste als wirksam behandelt wird, so dass der scheinbar Dienstverpflichtete vertragliche Ansprüche auf die Vergütung hat und nicht auf Ansprüche aus §§ 812 ff. BGB angewiesen ist; im Arbeitsrecht hat dies vor allem auch zur Folge, dass der Arbeitnehmer seine sich aus dem scheinbar wirksamen Arbeitsvertrag ergebenden besonderen Rechte (Urlaubsanspruch, Lohnfortzahlung etc.) behält. Dies gilt allerdings nicht bei einer Nichtigkeit des Vertrages nach §§ 138 oder §§ 134 i.V.m. mit einem Strafgesetz als Verbotsgesetz. Umgekehrt hat natürlich der scheinbar Dienstberechtigte ebenfalls vertragliche Ansprüche gegen den scheinbar Dienstverpflichteten. Letzteres gilt aber nicht, wenn der Dienstvertrag wegen fehlender Geschäftsfähigkeit des Dienstverpflichteten (§§ 106, 107 BGB) unwirksam ist; dann geht der „Minderjährigenschutz" vor. Testen Sie sich **bei dieser Gelegenheit** einmal selbst: Wissen Sie noch, bei welcher Art von Verträgen ebenfalls eine „Beschränkung der Nichtigkeitsfolgen" bei einer ursprünglichen Nichtigkeit bzw. einer durch Anfechtung herbeigeführten Nichtigkeit (§§ 119 ff., 142 f. BGB) angenommen wird? Bei Gesellschaftsverträgen!

Eine weitere Besonderheit des Dienstvertrages ist, dass es sich in der Regel um ein **Dauerschuldverhältnis** handelt. Dauerschuldverhältnisse zeichnen sich bekanntlich dadurch aus, dass bei ihnen **nicht nur** ein **einmaliger Leistungsaustausch geschuldet** ist, sondern dass die sich aus dem Schuldverhältnis ergebenden Rechte und Pflichten dauernd bestehen. Die **Beendigung** eines solchen Dauerschuldverhältnisses erfolgt durch **Kündigung**; das gilt auch für den Dienstvertrag: Eine Kündigung ist bei einem Dienstvertrag stets nach den §§ 621- 625 BGB nur unter Einhaltung der dort genannten Fristen möglich. Mit sofortiger Wirkung kann entweder beim Vorliegen aus wichtigem Grund (§ 626 BGB, Spezialregelung zu § 314 BGB) und bei besonderen Vertrauensstellungen (§ 627 BGB) gekündigt werden. Dabei können dann aber Ansprüche nach § 628 BGB entstehen.

Was die **primären Rechte und Pflichten** aus einem Dienstvertrag angeht,

- so wird nach § 611 Abs. 1 BGB von einem Dienstverpflichteten nur eine selbstständige und eigenverantwortliche **Tätigkeit** (= Bemühen um einen Erfolg) geschuldet, nicht aber der Arbeitserfolg der Tätigkeit selbst (das wäre nur bei einem Werkvertrag der Fall!) geschuldet, und zwar im Zweifel persönlich (§ 613 BGB). Welche Tätigkeit konkret geschuldet wird, ergibt sich aus dem Vertrag, wird aber durch das Weisungsrecht des Dienstberechtigten (**„Direktionsrecht"**) konkretisiert. Bleibt der Dienstverpflichtete untätig, kann der Dienstberechtigte auf Erfüllung klagen. Allerdings ist ein auf die Tätigkeit des Dienstverpflichteten gerichteter titulierter Anspruch (also ein Urteil mit dem Tenor: „Der Beklagte wird verurteilt, am 19. April 2004 zwischen 8. 00 Uhr und 12. 00 Uhr Reinigungsarbeiten in der Gastwirtschaft des Klägers ... nach dessen Weisungen vorzunehmen") regelmäßig nicht durch eine Zwangsvollstreckung erzwingbar (lesen Sie § 888 Abs. 3 ZPO), dies aber ausnahmsweise doch bei einem als „vertretbare Handlung" geschuldeten Tun (also bei einer auch von einem anderen erbringbaren Tätigkeit, wie z.B. einfache Reinigungsarbeiten) durch eine Zwangsvollstreckung nach § 887 ZPO (Ersatzvornahme). Umgekehrt ist ein Beschäftigungsanspruch des Dienstverpflichteten nach § 888 ZPO vollstreckbar.

212   Teil 3. Vertragliche Primäransprüche

Fall 91: Der A vereinbart mit dem Zweirad-Mechanikermeister B, dass der B die nicht mehr zu betätigende Gangschaltung am Fahrrad des A gangbar macht. Vereinbart wird ein Stundenlohn von € 30,-. Der B befasst sich damit 3 Stunden. Die Gangschaltung funktioniert gleichwohl nicht. Der B verlangt € 90,- von A. Der A verweigert die Bezahlung.

Der Anspruch könnte sich a) aus § 611 Abs. 1 BGB ergeben. Es ist aber kein Dienst- sondern ein Werkvertrag vereinbart, da der B das Risiko für den Erfolg (Gangbarkeit der Gangschaltung) übernommen hat. b) Der Anspruch aus § 631 Abs. 1 BGB ist mangels Abnahme bzw. mangels der Voraussetzungen für eine „hypothetische Abnahme" nicht fällig (§§ 640 f. BGB).

Variante: Der B hatte die Arbeit am Rad des Kunden A dem M, einem gelernten Zweirad-Mechaniker, der für € 10,- pro Stunde gelegentlich bei ihm aushilft, übertragen. Dieser befasst sich erfolglos 8 Stunden mit dem Rad des A. Als er € 80,- verlangt, weigert sich der B.

Der Anspruch ergibt sich aus § 611 Abs. 1 BGB. Zwischen dem B und dem M war ein Dienstvertrag vereinbart, denn der M hat nicht das Risiko des Erfolges seiner Tätigkeit übernommen, sondern sich nur dazu verpflichtet, unter B's fachlicher Anleitung und unter der Verwendung von dessen Betriebsmitteln (Werkstatt, Werkzeug) zu arbeiten.

Fall 92: Der Gastwirt B und der gelernte Gebäudereiniger M, der türkischer Staatsangehöriger ist, hatten vereinbart, dass der M jeden Montag zur Arbeit kommt, um Reinigungsarbeiten in dem durch den Wochenend-Betrieb verdreckten Lokal durchzuführen. Der M erschien am Montag, den 24. Februar 2004, nicht zur Arbeit, weil er inzwischen eine unter Strafandrohung ergangene Aufforderung der türkischen Armee erhalten hatte, sich binnen 3 Tagen zu einer Militärübung an der irakischen Grenze einzufinden, und deshalb sofort in die Türkei ausgereist war. Statt seiner hatte er seinen Freund F, der gelegentlich beim Putzen aushilft, zur Erfüllung seiner Arbeit geschickt und dem B mitgeteilt, dass er seinen Vertrag nach seiner Rückkehr wieder persönlich erfüllen wolle. Der B erhebt Klage gegen den M, der während der Zeit seiner Abwesenheit durch seine von ihm generalbevollmächtigten Eltern vertreten wird, auf Leistung mit dem Ziel, einen Titel ggf. im Weg der Ersatzvornahme nach § 887 ZPO durchzusetzen, um einen gelernten Gebäudereiniger tätig werden zu lassen.

Der Anspruch des B gegen den M auf Erbringung der Dienste aus einem von M ausdrücklich nicht gekündigten Dienstvertrag (§ 611 Abs. 1 BGB) ist a) zwar nicht durch die Stellung eines „Ersatzmannes" erfüllt (§ 613 BGB), b) er besteht aber gleichwohl nicht, denn der M hat zu Recht seine Leistung nach § 275 Abs. 3 BGB verweigert.

- Der Dienstberechtigte schuldet die vereinbarte **Vergütung** nach erbrachter Leistung der Dienste (§§ 611 Abs. 1, 614 BGB). Bei Fehlen vertraglicher Abreden gilt nach § 612 Abs. 1 BGB(= „Fiktion" = „gesetzliche Lüge") „eine Vergütung als stillschweigend vereinbart, wenn die Dienstleistung den Umständen nach nur gegen eine Vergütung zu erwarten ist"; hinsichtlich der Höhe ist die als vereinbart anzusehende „Taxe", die „taxmäßige" oder die „übliche" Vergütung geschuldet (§ 612 Abs. 2 BGB). Der zur Dienstleistung Verpflichtete behält seinen Anspruch auf die Vergütung, wenn er für eine „verhältnismäßig nicht erhebliche Zeit ohne sein Verschulden an der Dienstleistung verhindert ist" (§ 616 BGB). Der Dienstberechtigte muss als **Nebenpflicht Schutzmaßnahmen** treffen (§ 618 BGB).

A. Entstehung, Inhalte, Wirksamkeitshindernisse, Beendigung 213

Variante: Der M war in der Vergangenheit viermal für den B tätig geworden. Über eine Vergütung war bei Abschluss des Dienstvertrages nichts besprochen worden. Als die von M bevollmächtigten Eltern in seinem Namen die Zahlung der Vergütung für die Vergangenheit verlangen, verweigert der B die Bezahlung mit der Begründung, es sei keine Vereinbarung über die Vergütung getroffen worden.

Nach § 612 Abs. 1 BGB wird fingiert, dass eine Vergütung als solche vereinbart ist. Hinsichtlich der Höhe ist dann auf § 612 Abs. 2 BGB abzustellen.

Variante: Der B erklärt die Anfechtung, weil er nicht gewusst habe, dass bei Fehlen einer Vergütungsvereinbarung eine Vergütung als vereinbart gilt.

Es handelt sich hierbei um einen unbeachtlichen Rechtsfolgenirrtum.

bb) Arbeitsvertrag

> Der **Arbeitsvertrag** ist ein schuldrechtlicher Vertrag, durch den der eine Teil zur Leistung von Diensten als „**abhängige Tätigkeit**", der andere Teil zur Leistung einer Vergütung verpflichtet ist.

Die sich dabei im Einzelfall stellende Frage, ob eine „abhängige Tätigkeit" besteht, kann nicht durch Anwendung einer starren Abgrenzungsformel, sondern nur aufgrund einer Gesamtbetrachtung beantwortet werden, bei der folgende **Indikatoren für ein bestehendes Arbeitsverhältnis** des Beschäftigten sprechen können.

> **1. Materielle Kriterien**:
> - **Weisungsgebundene Arbeit**, die ohne Möglichkeit der freien Zeiteinteilung verrichtet werden muss.
> - **Eingliederung** des Beschäftigten in den Betrieb.
> - Tätigkeit von **gewisser Dauer**.
>
> **2. Formelle Kriterien**:
> - Erhalt **fester Bezüge**.
> - **Lohnfortzahlung** im Krankheitsfall oder während des Urlaubs.
> - **Abfuhr von Lohnsteuer und Sozialbeiträgen**.
> - Bezeichnung als „**Arbeitnehmer**".
> - Führung von **Personalunterlagen**.

Die vorstehenden Ausführungen zum Dienstvertrag können Sie auf den Arbeitsvertrag übertragen. Die Besonderheit des Arbeitsvertrages besteht darin, dass das Individual-Arbeitsrecht vom dem Gedanken durchdrungen ist, den Arbeitnehmer als den tendenziell schwächeren Vertragspartner zu schützen. Diesen Schutz verschafft der Gesetzgeber ihm **teils im BGB**, teils durch eine Vielzahl von **Nebengesetzen**, indem er das allgemeine Dienstvertragsrecht des BGB variiert.

- Für Sie besonders wichtig sind aus dem BGB der **§ 611 a BGB** (insbesondere § 611 a Abs. 2 BGB: Entschädigung in Geld bei geschlechtsbezogener Benachteiligung), der **§ 613 a BGB** („Betriebsübergang bricht nicht Arbeitsverhältnis"), der **§ 619 a BGB** (von § 280 Abs. 1 BGB abweichende Umkehr der Beweislast) und der **§ 623 BGB** (Schriftformerfordernis für Kündigung und Auflösungsvertrag).

- Das **Entgeltfortzahlungsgesetz (EFZG)** verpflichtet den Arbeitgeber, dem Arbeitnehmer bei Krankheit das Entgelt für eine bestimmte Zeit fortzuzahlen; interessant für die Fallbearbeitung ist die „cessio legis" in § 6 EFZG i.V.m. §§ 412, 399 ff. BGB.

- Im **Betriebsverfassungsgesetz** findet sich eine Pflicht, vor einer Kündigung den Betriebsrat anzuhören. Weitere Sonderregeln finden sich im

- **Mutterschutzgesetz** und im

- **Schwerbehindertengesetz.**

- Das Kündigungsrecht wird durch das **Kündigungsschutzgesetz** ganz erheblich eingeschränkt.

Für den Dienstverpflichteten ist es daher stets vorteilhaft, wenn ein Arbeitsvertrag vorliegt. In prozessualer Hinsicht werden Streitigkeiten von den Arbeitsgerichten entschieden.

f) Schenkung

> Das **Gesetz definiert in § 516 Abs. 1 BGB** die **Schenkung** so: „Eine Zuwendung, durch die jemand aus seinem Vermögen einen anderen bereichert, ist Schenkung, wenn beide Teile darüber einig sind, dass die Zuwendung unentgeltlich erfolgt". Bei einer unentgeltlichen Zuwendung sind in rechtlicher Hinsicht zu unterscheiden die formfrei gültige **„Handschenkung"** (§ 516 Abs. 1 BGB) und das formbedürftige (notarielle Beurkundung) **„Schenkungsversprechen"** (§ 518 BGB).

Die Bedeutung des Vertrages über eine **„Handschenkung"** erschöpft sich in der **Einigung über die Unentgeltlichkeit** einer bereits vollzogenen oder gleichzeitig mit der Einigung erfolgenden Zuwendung. Dadurch wird ein Bereicherungsanspruch des Zuwendenden gegen den Zuwendungsempfänger ausgeschlossen. Der **§ 516 BGB** ist also bei einer Fallbearbeitung **niemals** eine Primärleistungsansprüche beinhaltende **Anspruchsgrundlage.** Der **Vertragsschluss** folgt den §§ 145 ff. BGB mit der Besonderheit des § 516 Abs. 2 S. 2 BGB: In der Zuwendung ohne den Willen des Bedachten liegt ein Angebot zum Abschluss eines Schenkungsvertrags. Erfolgt keine Annahme (selten!), so kann der Zuwendende dem Bedachten eine Annahmefrist setzen; schweigt der Bedachte hierauf, gilt die Schenkung als angenommen.

Das **„Schenkungsversprechen"** ist trotz des so „einseitig" klingenden Wortes „Schenkungsversprechen" kein einseitiges Rechtsgeschäft, sondern ein Vertrag, durch den seitens des sich einseitig verpflichtenden Schenkers „eine Leistung schenkweise versprochen wird" **(§ 518 Abs. 1 S. 1 BGB)**. Hierbei handelt es sich also um eine einen primären Leistungsanspruch beinhaltende **Anspruchsgrundlage**. Der **Vertragsschluss** folgt den §§ 145 ff. BGB mit der Besonderheit des § 518 Abs. 1 BGB: Zwar bedarf nicht der Vertrag, wohl aber das „Versprechen", also die **Willenserklärung des Schenkers**, bedarf zu seiner Wirksamkeit der **notariellen Beurkundung**; dadurch soll der eine Schenkung Versprechende gewarnt werden. Der (evtl.) Formmangel führt zur Nichtigkeit (§ 125 BGB), wird aber (ex nunc!) geheilt „durch die Bewirkung der versprochenen Leistung" (§ 518 Abs. 2 BGB). Das ist sicher dann der Fall, wenn die Zuwendung erfolgt ist. Ausreichen soll sogar auch, dass der Schenker alles getan hat, was zur Herbeiführung des Leistungserfolgs von seiner Seite erforderlich ist.

Gegenstand der Handschenkung (§ 516 BGB) oder eines Schenkungsversprechens (§ 518 BGB) ist jeweils eine **unentgeltliche Zuwendung**: Unter einer **Zuwendung** versteht man eine Bereicherung des Vermögens des Beschenkten durch die Übereignung einer Sache oder durch Rechtsübertragung (§ 516 Abs. 1 BGB), nicht aber durch die Erbringung von Dienstleistungen (das wäre nämlich ein Auftrag nach §§ 662 ff. BGB) oder durch eine Gebrauchsüberlassung (das wäre eine Leihe nach §§ 598 ff. BGB) oder durch Kapitalnutzung (das wäre ein zinsloses Darlehen nach § 488 BGB) bei gleichzeitiger Entreicherung des Vermögens des Schenkers, wobei der zugewendete Vorteil nicht notwendig im Vermögen des Schenkers gestanden haben muss. Die Zuwendung ist **unentgeltlich**, wenn die Parteien sich einig sind, dass der Zuwendung keine Gegenleistung gegenüber steht, die Zuwendung also nicht im Gegenseitigkeitsverhältnis zu einer Gegenleistung steht, und sie auch nicht abhängig von der Erbringung einer Gegenleistung ist und sie auch nicht der Erwirkung einer Gegenleistung dient. Eine Unentgeltlichkeit ist selbst dann gegeben, wenn eine Gegenleistung aus dem Wert der Zuwendung selbst (Schenkung unter Auflage nach §§ 525 ff. BGB) oder wenn sie zur Belohnung („remuneratorische Schenkung") erbracht wird. Wenn bei einem **entgeltlichen Geschäft** ein **objektives Missverhältnis** zwischen dem **Wert der Leistung** und dem **Wert der Gegenleistung** besteht, kann eine **Auslegung** ergeben, **a)** dass die Parteien die Entgeltlichkeit des gesamten Geschäftes vereinbart haben, so dass überhaupt keine Schenkung, sondern z.B. ein Kaufvertrag vorliegt („Kauf zum Freundschaftspreis"). **b)** Wenn die Auslegung aber ergibt, dass der die Gegenleistung übersteigende Mehrwert der Zuwendung unentgeltlich zugewendet werden soll, liegt ein teils entgeltliches Geschäft (z.B. Kauf) und teils eine Schenkung vor (Typenverschmelzungsvertrag: „gemischte Schenkung"), wobei auf den entgeltlichen Teil z.B. die §§ 433 ff. BGB und auf den unentgeltlichen Teil die §§ 516 ff. BGB angewendet werden.

Zur Abgrenzung zu einer **Schenkung von Todes wegen** finden Sie ausführliche Darlegungen in Teil 11 dieses Buches.

g) Der Auftrag(svertrag)

> Das vom Gesetz als **„Auftrag"** bezeichnete in den §§ 662 ff. BGB typisierte Vertragsverhältnis wird dahingehend **definiert**, dass sich der Beauftragte durch den Auftrag gegenüber dem Auftraggeber verpflichtet, ein Geschäft unentgeltlich zu besorgen.

In terminologischer Hinsicht hätte der „Auftrag" vom Gesetzgeber eigentlich besser als „Auftragsvertrag" bezeichnet werden sollen; denn die (zwar „stilistisch elegantere") **Bezeichnung „Auftrag"** ist geeignet, den juristischen Neuling zu **verwirren**.

- Sie **suggeriert** nämlich eine (nicht bestehende: es geht schließlich um einen Vertrag!) **Einseitigkeit** der Begründung der Verpflichtung,
- und sie begründet zudem die **Gefahr von Verwechslungen,** so wird z.B. im Geschäftsleben häufig eine zu einem Vetragsschluss führende Annahmeerklärung i.S.d. §§ 145 ff. BGB umgangssprachlich als „Auftrag" bezeichnet, wenn es heißt „Ich erteile Ihnen hiermit den Auftrag zur Reparatur meines Autos".
- Auf die Spitz getrieben wird die **begriffliche Verwirrung** vom Gesetzgeber, indem er in § 663 BGB das Angebot zum Abschluss eines Auftrags(vertrages) einen „Auftrag" nennt!

aa) Der Abschluss eines Auftrags(vertrages)

Schon die Prüfung, ob ein **Auftrag(svertrag) geschlossen** worden ist, darf nicht unterschätzt werden. Der **Auftrag(svertrag)** wird wie jeder andere Vertrag auch
- durch ein **Angebot** (Sie wissen ja: das Gesetz bezeichnet es in § 663 BGB als „Auftrag"!) und eine **Annahme** geschlossen, die aufeinander bezogen, deckungsgleich und vom Inhalt her auf die Verpflichtung des Beauftragten zur unentgeltlichen Geschäftsbesorgung gerichtet sein müssen. Der Begriff **„Geschäftsbesorgung"** i.S.d. § 662 BGB wird sehr weit verstanden; es kann dabei um ein vom Beauftragten geschuldetes **rechtsgeschäftliches Handeln** (Kauf eines Autos) oder auch um geschuldete **Realakte** (Blumengießen während des Urlaubes) gehen. Wenn aber das Gesetz die Rechtsverhältnisse derartiger unengeltlicher Geschäftsbesorgungen anderweitig geregelt hat, gehen diese Bestimmungen als **lex specialis** den §§ 662 ff. BGB vor: Wenn also zum Beispiel eine Sache unentgeltlich verwahrt werden soll, gelten die Regelung über die Verwahrung (§§ 688 ff. BGB). Das alles ist nichts neues für Sie; warum also die eingangs ausgesprochene Warnung, die Frage des Vertragsschlusses nicht zu unterschätzen"? Die für die Fallbearbeitung zuweilen wichtige Frage, ob ein Auftrag(svertrag) zustande gekommen ist, ist schwierig zu beantworten, wenn einem sog. „Geschäftsbesorger" ein Antrag zugeht und dieser den Antrag nicht ablehnt: In **§ 663 BGB** ist bestimmt, dass einen sog. **„Geschäftsbesorger"** die **Obliegenheit zur Anzeige einer Ablehnung eines „Auftrags"** trifft. Wer nun annehmen sollte, dass eine Verletzung dieser Obligenheit zum Vertragsschluss führt, geht einen schweren Fehler. Der Vertrag kommt nicht durch Schweigen des „Geschäftsbesorgers" zustande. Vielmehr hat der Antragende lediglich nach §§ 280

Abs. 1, 311 Abs. 2, 241 Abs. 2, 663, 251 Abs. 1 BGB einen Schadenersatzanspruch. Ein noch schwerer Fehler wäre es übrigens, wenn über §§ 280 Abs. 1, 663, 249 Abs. 1 BGB einen Vertragsschluss „herbeizaubern" möchte!! Die praktische Bedeutung der Regelung des § 663 BGB scheint auf den ersten Blick sehr gering zu sein, da es doch niemanden geben dürfte, der öffentlich zur **unentgeltlichen** Geschäftsbesorgung bestellt ist; da aber §§ 675 Abs. 1 BGB **(entgeltliche Geschäftsbesorgung)** auch auf § 663 BGB verweist, erkennt man sofort die immense praktische Bedeutung des § 663 BGB z.B. für Notare, Rechtsanwälte und Steuerberater. Geradezu klassisch ist der Vergleich mit der Rechtslage im **Handelsrecht**; denn dort kommt es nach **§ 362 HGB** bei einer ähnlichen Konstellation zum Vertragsschluss!

- Bei der Prüfung des Abschlusses eines Auftrags(vertrages) ist stets besonders kritisch zu prüfen, ob bei demjenigen, der sich bereit erklärt hat, ein Geschäft unentgeltlich zu besorgen, überhaupt ein entsprechender **„Rechtsbindungswille"** bestand. Wenn zum Beispiel jemand auf Bitten eines anderen diesem verspricht, ihn unentgeltlich mit dem Auto mitzunehmen, so kann dies natürlich ein nach § 662 BGB zur Mitnahme im Auto verpflichtender Auftrag(svertrag) sein. Denkbar ist aber auch, dass lediglich eine rechtlich unverbindliche bloße Gefälligkeitszusage vorliegt. Diese Frage ist – wie Sie schon wissen – bereits bei der Frage des Vorliegens eines Vertragsschlusses unter dem Aspekt des „Rechtsbindungswillens" zu erörtern. Argumente für und gegen einen Rechtsbindungswillen sind vor allem die nach dem objektiven Empfängerhorizont zu beurteilende **Bedeutung der Angelegenheit für den** in Betracht zu ziehenden **Auftraggeber** und umgekehrt das nach dem objektiven Empfängerhorizont zu beurteilende **Risiko für den** in Betracht zu ziehenden **Beauftragten**. Schöpfen Sie bei der Auslegung in solchen Fällen den Sachverhalt voll aus.

> Ein Ihnen zu dieser Frage schon bekannter Fall ist die **Lottospielergemeinschaft** A, B, C, bei der sich der A auf Bitten der anderen bereit erklärt, die ausgefüllten Scheine zur Annahmestelle bringen, dies dann aber vergessen hat. Als sich herausstellt, dass auf einen der Lottoscheine der „Jackpot" mit einem Millionengewinn gefallen wäre, nehmen B und C den A aus §§ 280 Abs. 1, 3, 283 BGB in Anspruch.
>
> Sie wissen es bereits: Hier liegt wegen des hohen Haftungsrisikos, dessen sich der A bei vernünftiger Auslegung seines Versprechens nicht aussetzen wollte, kein „Rechtsbindungswille" zum Abschluss eines Auftrags(vertrages) vor; gegeben ist ein bloßes Gefälligkeitsversprechen; daher besteht kein vertraglicher Schadensersatzanspruch.

Der Auftrag ist kein sehr stabiles Vertragsverhältnis. Es gibt vielmehr allerlei besondere **Beendigungsgründe**; allerdings sollen den Vertragspartnern durch die Beendigung des Auftrags möglichst keine Nachteile entstehen (§§ 671 – 674 BGB):

- So kann der Auftrag **vom Auftraggeber jederzeit widerrufen** und **vom Beauftragten jederzeit gekündigt** werden (§ 671 BGB).
- Der Auftrag **erlischt im Zweifel** durch den **Tod des Beauftragten**, er **kann aber**, wenn es vereinbart ist, **fortbestehen** (§ 673 BGB).

- Der **Auftrag erlischt im Zweifel nicht durch den Tod** oder durch eine Geschäftsunfähigkeit des Auftraggebers, er **kann aber**, wenn es vereinbart ist, deshalb **erlöschen** (§ 672 BGB).

bb) Primäre Rechte und Pflichten aus einem Auftrag(svertrag)

Aus dem Auftrag(svertrag) ergeben sich **Rechte und Pflichten für beide Vertragspartner**; diese stehen allerdings **nicht im Gegenseitigkeitsverhältnis** zueinander; es handelt sich vielmehr um einen **unvollkommen zweiseitig verpflichtenden Vertrag**. Beweisen Sie dies selbst! Dazu müssen Sie allerdings erinnern, was für ein bestehendes „Gegenseitigkeitsverhältnis" maßgeblich ist? Typisch hierfür ist ein „do ut des" = „ich gebe, damit Du gibst".

Diese Rechte und Pflichten lassen sich wie folgt zusammenfassen:

---

1. Der Auftraggeber hat **gegen den Beauftragten**

a) einen Anspruch auf **Ausführung des Auftrags** (§ 662 BGB). Schuldhafte Verletzungen dieser Pflicht führen nach den allgemeinen Regeln (§ 280 Abs. 1 – 3 BGB) zu einem Schadensersatzanspruch. Die Ausführung muss **persönlich** (§ 664 BGB) und **gemäß den Weisungen** des Auftraggebers erfolgen (arge. § 665), wobei der Beauftragte unter den Voraussetzungen des § 665 BGB von den ihm erteilten Weisungen abweichen darf.

b) Weiterhin hat der Auftraggeber einen **Anspruch auf Herausgabe des** durch den Auftrag **Erlangten (§ 667 BGB)**. Dieser umfasst alles, was der Beauftragte

- **zur Ausführung des Auftrages erhalten** (z.B. nicht benötigte Zahlungsmittel, eine Vollmachtsurkunde) hat

- oder was er **in Ausführung des Auftrages erlangt** hat (z.B. Ansprüche gegen Dritte oder Rechte oder tatsächliche Positionen an Sachen: Ist er im Rahmen einer mittelbaren Stellvertretung Eigentümer einer Sache geworden, so muss er diese dem Auftraggeber übereignen und übergeben; hat er im fremden Namen gehandelt, so muss er sie nur übergeben, da der Auftraggeber dann bereits Eigentümer und der Beauftragte nur Besitzer ist).

2. Der Beauftragte hat **gegen den Auftraggeber** einen **Anspruch auf Ersatz aller Aufwendungen (§ 670 BGB)**. Aufwendungen sind alle freiwilligen Vermögenseinbußen. Sie sind dem Beauftragten zu ersetzen, wenn er sie den Umständen nach für erforderlich halten durfte; es kommt also nicht darauf an, ob sie tatsächlich erforderlich waren. Dieses Risiko trägt der Auftraggeber!

Wenn Ihnen dies alles z.Zt. noch etwas theoretisch anmutet, müssen Sie sich keine Sorgen machen: Sie werden dem Auftragsrecht noch an den verschiedensten Stellen dieses Buches begegnen und Gelegenheit zur Anwendung der §§ 662 ff. BGB haben. Immerhin sollen hier schon einmal zur Konkretisierung des Gesetzes drei **„klassische Klausurprobleme"** vorgestellt werden:

Die **gegenüber dem Auftraggeber** bestehende **Herausgabepflicht des Beauftragten aus § 667 BGB** ist gerichtet auf alles dasjenige, **was der Beauftragte im wirtschaftlichen Zusammenhang mit der Ausführung des Auftrags erlangt hat**.

Wenn also der Beauftragte etwas eingekauft hat, muss er den Kaufgegenstand herausgeben; wenn er etwas verkauft haben sollte, muss er den erlangten Kaufpreis herausgeben. Das ist alles recht einfach zu verstehen. Wenden wir uns daher originelleren Fragestellungen zu: So gehören zu dem „Erlangten" i.S.d. § 667 BGB eigenartigerweise auch vom Beauftragten erlangte **„Schmiergelder"**, weil die Vorschrift des § 667 BGB insgesamt gewährleisten soll, dass der Beauftrage aus der Ausführung des Auftrags keinerlei, also auch keine vertragswidrig erlangten Vorteile behält.

Fall 93: Der sich zur Ruhe setzen wollende Röntgenologe Dr. A beauftragt seinen Bekannten B mit dem Verkauf eines in der Stadt S ansonsten noch nicht vorhandenen gebrauchten Kernspin-Tomographen. Für den Erwerb interessieren sich die beiden anderen einzigen Röntgenärzte Dr. X und Dr. Ray. Beide Ärzte bieten als Kaufpreis € 500 000,-. Um den B zu einem Verkauf an ihn und nicht an Dr. Ray zu bewegen, zahlt der Dr. X, der in der Stadt unbedingt das Monopol für diese Diagnosetechnik erlangen möchte, an den B einen Betrag von € 10 000,- „Schmiergeld". Der B verkauft daher an Dr. X das Gerät für € 500 000,-. Als der B dem Dr. A stolz von seinem Verkaufserfolg berichtet, verlangt der Dr. A, der inzwischen von Dr. Ray alles erfahren hat, von B Herausgabe von € 510 000,-.

Der Anspruch ergibt sich aus §§ 662, 667 BGB. Er umfasst nicht nur den Kaufpreis, sondern auch das erhaltene „Schmiergeld", denn die Vorschrift soll insgesamt gewährleisten, dass der Beauftrage aus der Ausführung des Auftrags keinerlei Vorteil behält.

Ob der **Aufwendungsersatzanspruch des Beauftragten gegen den Auftraggeber aus § 670 BGB** auch **Schäden** umfasst, spielt bei vielen juristischen Aufgabenstellungen eine zentrale Rolle. Wenn man „Aufwendungen" als „freiwillige Vermögenseinbußen" definiert, können Schäden, die ja gerade keine freiwilligen, sondern „unfreiwillige Vermögenseinbußen" sind, schon begrifflich gesehen nicht ohne weiteres unter den Aufwendungsbegriff fallen. Weil es jedoch für unbillig gehalten wird, den Beauftragen alle Schäden an eigenen Rechtsgütern selbst tragen zu lassen, werden diese jedenfalls dann als „Aufwendungen" angesehen, wenn sie als „typisches Risiko" der geschuldeten Geschäftsbesorgung angesehen werden können; gestützt wird diese Lösung auch durch eine **Analogie zu § 110 HGB**.

Fall 94: Der S.T. Rizz (R) ist auf Bitten des Herrchens H damit einverstanden, für ein Wochenende auf dessen nicht erlaubnispflichtigen (sonst wäre der Vertrag wohl nach §§ 134 BGB, 143 StGB nichtig) „Kampfhund" Tassilo aufzupassen. Beim Gassigehen wird der R von dem sich über den vorbeilaufenden Kater Purgi erregenden und um sich schnappenden Tassilo gebissen. Der R verlangt von H Ersatz des Schadens.

1. Der Anspruch des R gegen H könnte sich aus §§ 662, 670 BGB ergeben. a) Zwischen R und H besteht ein Auftrag (§ 662 BGB); denn im Hinblick auf das Erfordernis der regelmäßigen Versorgung und Beaufsichtigung eines Haustieres im allgemeinen und eines „Kampfhundes" im besonderen liegt nicht nur eine bloße Gefälligkeit des R vor. b) Fraglich ist, ob die Verletzung des R eine Aufwendung ist. Aufwendungen sind freiwillige Vermögensopfer. Hier hat der R seine körperliche Unversehrtheit aber nicht freiwillig geopfert. Es liegt vielmehr ein Schaden, also ein unfreiwilliges Vermögensopfer, vor. Es ist jedoch anerkannt, dass nach § 670 BGB auch solche Schäden als Aufwendungen zu ersetzen sind, die Ausdruck eines typischen Risikos der übernommenen Tätigkeit sind. Daher kann der R Schadensersatz von H verlangen. 2. In Anspruchskonkurrenz dazu besteht ein Anspruch aus § 833 S. 1 BGB. 3. Ein weiterer deliktischer Anspruch aus § 823 Abs. 1 BGB scheitert jedenfalls am fehlenden Verschulden des H.

> Variante: Der R ist gebissen worden, weil er Tassilo, der nicht „bei Fuß" gehen wollte, durch wütendes Anschreien erschreckt hatte.
>
> Da den R als Beauftragten ein Mitverschulden an dem erlittenen Schaden trifft, ist sein Anspruch a) aus § 670 BGB gemäß § 254 Abs. 1 BGB analog zu kürzen. b) Dies gilt auch für einen Anspruch aus § 833 S. 1 BGB.

Eine beliebte Streitfrage ist, ob seitens des Beauftragten Aufwendungsersatz für solche geleisteten **Dienste** verlangt werden kann, die **zum Gewerbe oder zum Beruf des Beauftragten** gehören. Dagegen spricht das die §§ 662 ff. BGB beherrschende Prinzip der Unentgeltlichkeit des Auftrags. Man wird jedoch gleichwohl erörtern müssen, ob sich nicht aus § 1835 Abs. 3 BGB analog ein Aufwendungsersatzanspruch ergibt. Dabei sollte man im Auge haben, dass bei einem Aufwendungsersatzanspruch bei einer Geschäftsführung ohne Auftrag aus §§ 677, 683, 670 BGB die Analogie zu § 1835 Abs. 3 BGB sogar überwiegend befürwortet wird.

> Fall 95: Der Röntgenologe Dr. A, der wegen einer plötzlichen Erkrankung seine Tätigkeit aufgeben musste, bittet den mit ihm befreundeten B, ihm bei dem Verkauf seines gebrauchten Kernspin-Tomographen für € 500 000,- zu helfen. Der B, der hauptberuflich einen Kundendienst für radiologische Diagnosegeräte betreibt und auch die Geräte des Dr. A. wartet, erklärt seine Bereitschaft dazu. Durch seine Tätigkeit kennt der B den Interessenten Dr. X, an den der A das Gerät dann später auch verkauft. Das von B in seiner Freizeit geführte Gespräch mit Dr. X, bei dem er seine besonderen Kenntnisse von dem zu verkaufenden Gerät des Dr. A einbringt und bei dem er Dr. X auch von der Qualität des Geräts und der Angemessenheit des Preises überzeugt, dauert 2 Stunden. Der B verlangt von dem A als Aufwendungsersatz € 500,-. Dies entspricht der Vergütung für 2 Kundendienststunden.
>
> Der Anspruch könnte sich aus §§ 662, 670 BGB i.V.m. § 1835 Abs. 3 BGB analog ergeben. Dagegen, dass auch Aufwendungsersatz für die eigene berufliche Tätigkeit verlangt werden kann, könnte aber sprechen, dass dies dem Prinzip der Unentgeltlichkeit zuwiderlaufen würde. Beide Ansichten sind vertretbar.

cc) Verweisungen auf das Auftragsrecht

Wie bereits angesprochen: Der lebenserfahrene Leser mag sich gewundert haben, warum wir uns so ausgiebig mit dem Auftragsrecht befassen. Denn es kommt doch in unserer „egoistischen" Welt recht selten vor, dass jemand „altruistisch", also unentgeltlich für einen anderen tätig wird, geschweige denn sich dazu sogar vertraglich verpflichtet. In der Tat: Die eigentliche **rechtspraktische Bedeutung des Auftragsrechts** liegt in den zahlreichen **Verweisungen auf das Auftragsrecht in anderen Regelungsbereichen**.

Hier sind insbesondere zu nennen:

- Die (entgeltlichen) **Geschäftsbesorgungsverträge** (§§ 675 ff. BGB),
- die **Geschäftsführung ohne Auftrag** (§§ 677 ff. BGB),
- die **Geschäftsanmaßung** (§ 687 Abs. 2 BGB),
- das **Gesellschaftsrecht** (§§ 713 BGB, 110 HGB),

- das **Vereinsrecht** (§ 27 Abs. 3 BGB) oder
- das Handelsrecht mit dem **Kommissionsvertrag** (§§ 383 ff., 385 Abs. 2, 396 HGB).
- Mittelbare Bedeutung hat das Auftragsrecht auch für das **Stellvertretungsrecht** (§§ 164 ff. BGB). Sie werden noch sehen, dass der Fortbestand einer Vollmacht vom Fortbestand des ihr zugrunde liegenden Rechtsgeschäftes abhängt (§ 168 S. 1 BGB), und nicht selten ist das einer Vollmacht zugrunde liegende Rechtsgeschäft ein Auftrag. Sie wissen ja inzwischen, dass im Auftragsrecht in §§ 672 – 674 BGB ein Fortbestehen des Auftragsverhältnisses in bestimmten Fällen angeordnet wird, so dass in diesen Fällen über § 168 S. 1 BGB auch die Vollmacht fortbesteht.

h) Entgeltliche Geschäftsbesorgungsverträge, „bargeldloser Zahlungsverkehr" durch Bank-Überweisung und Zahlungskarte

aa) Entgeltliche Geschäftsbesorgungsverträge

> Wenn aufgrund eines Dienst- oder eines Werkvertrages seitens des Dienstverpflichteten bzw. seitens des Unternehmers im Interesse des Dienstberechtigten bzw. des Bestellers als den jeweiligen „Geschäftsherren" eine „selbstständige Tätigkeit wirtschaftlicher Art, für die ursprünglich der Geschäftsherr selbst zu sorgen hatte" (= „Geschäftsbesorgung") zu leisten ist, dann liegt ein **„entgeltlicher Geschäftsbesorgungsvertrag"** vor **(§ 675 BGB)**.

Die Praxisrelevanz wird Ihnen klar, wenn Sie denken an

- einen **Anwaltsvertrag** oder **Steuerberatervertrag**,
- einen **Baubetreuungsvertrag**,
- einen **Vermögensverwaltungsvertrag**,
- einen **Schiedsrichtervertrag** oder **Schiedsgutachtervertrag**
- einen **Treuhandvertrag**
- oder an einen **Bankvertrag**, i.d.R. als Rahmenvertrag für verschiedene Bankgeschäfte.

Auf derartige Verträge finden nach **§ 675 BGB** die Auftragsregeln der **§§ 663, 665 – 670, 672 – 674 BGB** entsprechende Anwendung. Diese **Regeln werden** dadurch **ergänzt**, dass die öffentlich bestellten oder die sich öffentlich erboten habenden Geschäftsbesorger (z.B. die Banken) für Standardgeschäfte zusätzlich eine Informationspflicht über ihre Entgelte trifft **(§ 675 a BGB)** und dass es bei Geschäftsbesorgungsverträgen, die die Übertragung von Wertpapieren zum Gegenstand haben, eine Sonderregelung über deren Kündigung gibt **(§ 676 BGB)**.

> Bei **bestimmten Geschäftsbesorgungsverträgen** gehen die speziellen Vorschriften über den **Überweisungsvertrag** (§§ 676 a ff. BGB), den **Zahlungsvertrag** (§§ 676 d ff. BGB) oder den **Girovertrag** (§§ 676 f ff. BGB) der all-

> gemeinen Regelung des § 675 BGB vor. Hierauf gehen wir sogleich noch genauer ein.

bb) „Bargeldloser Zahlungsverkehr" durch Bank-Überweisung und Zahlungskarte

Bei Geldschulden ist der Schuldner (z.B. ein Käufer nach § 433 Abs. 2 BGB) im Grundsatz zur Bargeldzahlung, also zur Übereignung von Geldscheinen und Münzen nach §§ 929 ff. BGB, verpflichtet. Von einer gewissen Grenze an ist das natürlich nicht realistisch. Im Gegenteil: Wer heute eine Schuld in Höhe von € 15 000,- in bar begleicht, steht a priori im Verdacht, über „Schwarzgeld" (= unversteuerte Einnahmen) zu verfügen und dieses Geld „waschen" zu wollen (was übrigens nach § 261 StGB strafbar wäre). In der Regel werden daher heute schon deshalb größere Geldbeträge bargeldlos gezahlt. Weil die Diskussion der Frage, auf welche Weise bargeldlos gezahlt werden kann, sehr gut in den hier erörterten Zusammenhang gehört, soll uns jetzt (quasi in einer „erholsamen" Unterbrechung der Darstellung der „Besonderen Schuldverhältnisse") der für die Praxis und bei der Fallbearbeitung (als zivilrechtliche Vorfrage übrigens nicht selten auch im Strafrecht) besonders bedeutsame **bargeldlose Zahlungsverkehr** durch **„Bank-Überweisung"** und durch **„Zahlungskarten"** beschäftigen.

> Zunächst soll darauf hingewiesen werden, dass es noch weitere „Techniken" des bargeldlosen Zahlens gibt (z.B. Akkreditiv, Scheck, Wechsel), auf die wir an dieser Stelle nicht weiter (sondern erst in Teil 10) eingehen wollen. Auch mit der Frage, ob und ggf. wann bei einer Bank-Überweisung oder der Zahlung mit einer Zahlungskarte eine Erfüllung eines Zahlungsanspruchs mit der Folge des Erlöschens des Anspruchs eintritt (§ 362 BGB), wollen wir uns hier nicht weiter befassen, weil die Darstellung dann doch zu „kopflastig" würde.

(1) Die bargeldlose Zahlung durch Bank-Überweisung

Die maßgeblichen Normen für die Bank-Überweisung finden Sie in den speziellen Vorschriften über den **Girovertrag (§§ 676 f ff. BGB)** und den **Überweisungsvertrag (§§ 676 a ff. BGB)**, die diese beiden besonderen Geschäftsbesorgungsverträge typisieren:

- Die **rechtliche Grundlage** für die Bank-Überweisung bilden die zwischen dem überweisenden Kunden bzw. dem Begünstigten und ihren jeweiligen Kreditinstituten (es kann natürlich auch dasselbe Kreditinstitut sein = „Hausüberweisung") geschlossenen **Giroverträge**: Ein Kreditinstitut ist durch den Girovertrag dem Kunden zur Kontoeinrichtung und zur Abwicklung der mit einem Kunden geschlossenen Überweisungsverträge (§ 676 f BGB), bzw. zur Gutschrift eingegangener Überweisungsbeträge verpflichtet (§ 676 g BGB).

- Die darauf aufbauende Bank-Überweisung selbst folgt den Regeln des **Überweisungsvertrages** (§ 676 a ff. BGB)

Einer Bank-Überweisung liegt in **rechtstechnischer Hinsicht** folgender Ablauf zugrunde:

1. Wie gesagt: Voraussetzung ist, dass **beide Parteien** (was im Wirtschafts- aber auch im Privatleben heute fast die Regel ist) je einen **Girovertrag** mit jeweils ihren Banken (die natürlich auch ein- und dieselbe Bank sein kann: „Hausüberweisung") abgeschlossen haben.

In diesem Girovertrag wird zwischen dem Kunden und dem Kreditinstitut die rechtliche Grundlage für den bargeldlosen Zahlungsverkehr gelegt:

- Das Kreditinstitut ist durch den Girovertrag zur **Kontoeinrichtung** und zur **Abwicklung der** mit dem Kunden geschlossenen **Überweisungsverträge** (vgl. § 676 f BGB)
- und zur **Gutschrift** eingegangener **Überweisungsbeträge** (vgl. § 676 g BGB) verpflichtet.

2. Der **Ablauf** ist folgender:

a) Der Überweisende (z.B.: der Käufer als Kaufpreisschuldner) reicht bei seiner „Schuldner-Bank" ein von ihm ausgefülltes Formular („Überweisungsträger") ein, mit dem er seine „Schuldner-Bank" zur Überweisung des geschuldeten Betrags auf das Konto des Überweisungsempfängers (z.B. der Verkäufer als Kaufpreisgläubiger) bei der „Gläubiger-Bank" beauftragt. Hierbei handelt es sich nicht etwa um eine Weisung i.S.d. §§ 675, 665 BGB, sondern um das Angebot zum Abschluss eines „Überweisungsvertrages" mit der „Schuldner-Bank" i.S.d. § 676 a BGB. Dieser **„Überweisungsvertrag"** kommt entweder zustande durch die Ausführung des „Überweisungsauftrags" durch die „Schuldner-Bank", mit der zugleich die nach § 151 BGB nicht zugangsbedürftige Annahme des Angebots erklärt wird. Oder der „Überweisungsvertrag" kommt durch das Fehlen eines unverzüglichen Widerspruchs der „Schuldner-Bank" zustande (§ 362 HGB).

Aus dem „Überweisungsvertrag" ergeben sich die Pflichten des „überweisenden Kreditinstituts" gegenüber dem „Überweisenden": Die „Schuldner-Bank" ist aus dem „Überweisungsvertrag" verpflichtet, die Überweisung baldmöglichst zu bewirken: nämlich innerhalb bestimmter Fristen, die ab Vorliegen des Überweisungsauftrags und Kontodeckung bzw. Kreditdeckung laufen (§ 676 a Abs. 2 BGB). Bei verspäteter, gekürzter oder gescheiterter Überweisung gibt es eine verschuldensunabhängige Haftung der Bank (§§ 676 b, 676 c BGB), die gerichtet ist: bei Verspätung auf Verzinsung (§ 676 b Abs. 1 BGB); bei gekürzter Überweisung auf Erstattung (§ 676 b Abs. 2 BGB); bei gescheiterter Überweisung auf Rückzahlung: „money-back-Garantie" (§ 676 b Abs. 3 BGB). Nach § 676 c BGB bleiben andere verschuldensabhängige Ersatzansprüche aus § 280 BGB unberührt, das überweisende Kreditinstitut hat sogar das Verschulden eines dazwischengeschalteten Kreditinstituts wie eigenes Verschulden zu vertreten (das ist nur eine Klarstellung, dass § 278 BGB gilt); bei summenmäßiger Beschränkung der Haftung gibt es Mindesthaftungsbeträge. Auch gibt es beiderseitige Kündigungsmöglichkeiten (§ 676 a Abs. 3, 4 BGB).

Aus dem „Girovertrag" ist die „Schuldner-Bank" verpflichtet, „abgeschlossene Überweisungsverträge" zu Lasten des Kontos des Kunden zu erfüllen (§ 676 f. BGB).

b) Wenn das Konto des Begünstigten nicht zufällig auch bei der überweisenden „Schuldner-Bank" geführt wird, so dass es zu einer „Hausüberweisung" kommt, muss diese den zu überweisenden Betrag an die Bank des Begünstigten übertragen. Wenn dies nicht unmittelbar erfolgt, dann durch Einschaltung einer Verrechnungsstelle der Banken bei den Landeszentralbanken. Die Rechtsgrundlage dafür ist der Zahlungsvertrag (§§ 676 d, e BGB).

c) Nach der Gutschrift auf ihrem Konto bei der Verrechnungsstelle schreibt die „Gläubiger-Bank" aufgrund des § 676 g BGB den Betrag dem Konto des Gläubigers gut; dieser hat dann gegen seine Gläubiger-Bank einen Anspruch auf Auszahlung aus seinem Girovertrag und kann Auszahlung verlangen oder durch Überweisung an Dritte verfügen.

(2) Die bargeldlose Zahlung durch Zahlungskarte

Die rechtliche Grundlage für die bargeldlose Zahlung durch die Verwendung von **Zahlungskarten** zur Zahlung bei Dritten (und zur Abhebung von Geldern bei institutsfremden Geldautomaten) ist ein Geschäftsbesorgungsvertrag zwischen dem Kartenaussteller und einem Karteninhaber (§ 675 BGB). Dieser kann durch eine **Zusatzvereinbarung** zu einem **Girovertrag** (z.B. bei der „Master-Card"), oder er kann **selbstständig** durch einen **„anderen Geschäftsbesorgungsvertrag"** mit einem Kartenaussteller (z.B. mit „American Express") geschlossen werden (arge. §§ 676 f, 676 h Abs. 2 BGB).

Eine Zahlung mittels einer Zahlungskarte verläuft in **rechtstechnischer Hinsicht** wie folgt:

1. Die **rechtliche Grundlage** bildet die folgende Konstellation eines sog. **„Dreiecksverhältnisses":**

a) Durch das **„Deckungsverhältnis"** (**„Emmissionsvertrag"** als Geschäftsbesorgungsvertrag nach § 675 BGB) sind der **„Kartenaussteller"** und der **„Karteninhaber"** miteinander verbunden.

b) Im **„Valutaverhältnis"** hat der **Gläubiger des Karteninhabers** einen Zahlungsanspruch (i.d.R. einen Anspruch auf Zahlung eines Kaufpreises oder Werklohnes oder einen Anspruch aus einem Bewirtungsvertrag) gegen den **Karteninhaber.**

b) Im **„Zuwendungsverhältnis"** besteht ein **Rahmenvertrag** zwischen dem **Kartenaussteller** und dem **Gläubiger des Karteninhabers, aa)** der diesen dazu verpflichtet, Kartenzahlungen zu akzeptieren (**„Akquisitionsvertrag";** daher nennt man den Vertragspartner des Kartenausstellers auch ein „Vertragsunternehmen" des Kartenausstellers) **bb)** und durch den das „Vertragsunternehmen" eine **Forderung auf Zahlung gegen den Kartenaussteller** erwirbt (§ 780 BGB).

Nachdem wir die Grundlagen, am besten durch Anfertigung einer Skizze, verstanden haben, wenden wir uns jetzt dem **tatsächlichen Ablauf** zu:

2. Der Karteninhaber geht (z.B. als Käufer) gegenüber dem Vertragsunternehmen (z.B. einem Verkäufer) eine Verpflichtung (z.B. auf Kaufpreiszahlung aus einem Kaufvertrag § 433 Abs. 2 BGB) ein.

3. Weil der Verkäufer ein Vertragsunternehmen des Kartenausstellers ist und der Käufer dies weiß, entscheidet sich der Käufer als Karteninhaber dazu, „mit der Karte" zu zahlen. Er unterzeichnet dazu entweder einen Belastungsbeleg (Belegverfahren) oder er übermittelt dem Vertragsunternehmen telefonisch, elektronisch oder mündlich seine Kartendaten (belegloses Verfahren).

4. Der Käufer als Karteninhaber erteilt dadurch dem Kartenaussteller eine im Rahmen des Emmissionsvertrages verbindliche und wegen des Zahlungscharakters unwiderrufliche Weisung (§§ 675, 665 BGB) des Inhalts, dass der Kartenaussteller die Verpflichtung des Karteninhabers aus dem Valutaverhältnis gegenüber dem Verkäufer als Vertragsunternehmen tilgt. Der Kartenaussteller erholt sich beim Käufer als Karteninhaber wie folgt: Wenn der Geschäftsbesorgungsvertrag eine Zusatzvereinbarung zum Girovertrag ist, stellt der Kartenaussteller seinen Aufwendungsersatzanspruch (§§ 675, 670 BGB) zuzüglich des vereinbarten Entgeltes als Belastung in das mit dem Karteninhaber bestehende Giro-Kontokorrent-Verhältnis ein. Wenn es sich um einen selbstständigen „anderen Geschäftsbesorgungsvertrag" handelt, macht der Kartenaussteller den Aufwendungsersatzanspruch im Rahmen der periodischen Abrechnungen mit dem Kreditinstitut des Karteninhabers geltend, das dann wiederum den Karteninhaber belastet.

5. Der Verkäufer als Vertragsunternehmen erlangt durch die Akquisition eine Forderung gegen den Kartenaussteller (§ 780 BGB).

6. Jetzt wartet auf Sie noch ein in lebenspraktischer Hinsicht und vielleicht auch als Fallbearbeitungsthema hochinteressantes Rechtsproblem: Das die Karte auf der Grundlage eines Girovertrages ausstellende Kreditinstitut bzw. ein anderer Kartenaussteller kann nach §§ 675, 676 h, 670 BGB von ihrem Kunden **„Aufwendungsersatz für die Verwendung von Zahlungskarten (....) nur verlangen, wenn diese nicht von einem Dritten missbräuchlich verwendet"** wurde.

a) Die **materiellrechtliche Aussage** dieser Norm erkennt jeder: Bei missbräuchlicher Verwendung der Karte durch einen Dritten steht dem Kartenaussteller kein Anspruch zu. **b)** Sie müssen sich allerdings dessen bewusst sein, dass der Kartenaussteller im Falle einer Verwendung der Karte die Behauptung des Karteninhabers, die Karte sei missbräuchlich durch einen Dritten verwendet worden, in aller Regel bestreiten wird. Es wird also darum gehen, wer den Missbrauch der Karte zu beweisen hat. Wer genau liest, erkennt sofort, dass § 676 h BGB zugleich die Frage nach der **Beweislast** beantwortet. **aa)** Zu unserer großen Überraschung **muss** der den Aufwendungsersatzanspruch geltend machende **Kartenaussteller** (!!) bei einem vom Karteninhaber behaupteten Missbrauch **beweisen, dass die Zahlungskarte nicht missbräuchlich verwendet worden ist**, sondern dass sie durch den Inhaber oder mit dessen Einverständnis durch einen Dritten eingesetzt wurde. **bb)** Das scheint auf den ersten Blick ein ungeheures Risiko für den Kartenaussteller zu bedeuten: Der Karteninhaber braucht offenbar einen Missbrauch der Karte nur zu behaupten und der Kartenaussteller, der ja für den Nicht-Missbrauch keine Beweismittel haben dürfte, wird keinen Aufwendungsersatz geltend machen können. Aber man sollte sich als Karteninhaber darüber „nicht zu früh freuen": Der behauptete Missbrauch muss nämlich im Streitfall vom Karteninhaber durch einen entsprechenden Tatsachenvortrag „substantiiert" werden; d.h. der Karteninhaber wird nicht umhin können, die tatsächlichen Umstände, die die von ihm behauptete missbräuchliche Verwendung möglich gemacht haben sollen, z.B. einen Verlust, einen Diebstahl, einen unerlaubten Einsatz der Karte durch einen Dritten, „substantiiert" vorzutragen und / oder „substantiiert" vorzutragen, auf welche Weise die „Geheimzahl" zur Kenntnis des Missbrauchers gelangt ist. Diese einen „erfolgreichen" Missbrauch überhaupt erst ermöglichenden Umstände – insbesondere natürlich die meistens nötige Kombination von Besitz der Karte und Kenntnis der Geheimzahl – beruhen aber typischerweise („prima facie") auf einer schuldhaften Pflichtverletzung des Karteninhabers (z.B. nachlässige Aufbewahrung der Karte zusammen mit einer Notiz über die „Geheimzahl"), so dass der Karteninhaber nach den Regeln des „prima-facie-Beweises" darlegen und notfalls beweisen muss, dass kein für eine schuldhafte Pflichtverletzung sprechender typischer Geschehensablauf, sondern ein atypischer Geschehensablauf vorlag: z.B. eine Kopie der Karte und der Geheimzahl durch einen entsprechend technisch manipulierten Geldautomaten. Gelingt ihm das nicht, ist er seinerseits dem Kartenaussteller schadensersatzpflichtig. Denn der Kartenaussteller kann den Karteninhaber, der den Missbrauch einer Zahlungskarte (Verlust der Karte infolge nicht sorgfältiger Aufbewahrung, Ermöglichung eines einheitlichen Zugriffs auf Karte und Pin-Nummer, keine unverzügliche Anzeige des Verlustes beim Kartenaussteller) schuldhaft ermöglicht hat, wegen einer von (zwar vom Kartenaussteller zu beweisenden, arge. § 676 h BGB, aber nach den vorstehenden Ausführungen i.d.R. prima-facie bewiesenen) schuldhaften Verletzung von Nebenpflichten aus dem Deckungsverhältnis aus §§ 280 Abs. 1, 241 Abs. 2 BGB auf Schadensersatz, in der Höhe durch § 254 BGB evtl. durch ein Mitverschulden des Kartenausstellers beeinflusst, in Anspruch nehmen und damit das Konto des Karteninhabers belasten.

Nach diesen Ausflügen zu den „Höhen" der Rechtsfragen zum bargeldlosen Zahlungsverkehr kehren wir jetzt aber wieder zurück zu den „Niederungen" der gesetzlich typisierten Vertragsinhalte!

i) Mä/aklervertrag, Handelsmakler

> Durch den Mä/aklervertrag verpflichtet sich der Auftraggeber, dem Makler „für den Nachweis der Gelegenheit zum Abschluss eines Vertrages einen Mäklerlohn zu zahlen, ... wenn der Vertrag infolge des Nachweises oder infolge der Vermittlung des Mäklers zustande kommt" (**§ 652 BGB**). Wer gewerbsmäßig für andere Personen die Vermittlung von Verträgen über die Anschaffung und Veräußerung von Waren, Wertpapieren, Versicherungen etc. betreibt, ohne von ihnen aufgrund eines Vertragsverhältnisses ständig damit betraut zu sein, ist ein Handelsmakler (**§ 93 Abs. 1 HGB**).

Der vom Gesetz immer noch „**Mäklervertrag**" genannte Maklervertrag (**§§ 652 ff. BGB**) ist ein einseitig verpflichtender besonderer Geschäftsbesorgungsvertrag. Von Bedeutung ist er für Immobilienverkaufsgeschäfte, Wohnungsvermietungsgeschäfte und Kreditgeschäfte.

- Aus einem Mä/aklervertrag ist nur der **Auftraggeber verpflichtet**: Er muss für den Nachweis der Gelegenheit zum Abschluss eines Vertrages einen Mäklerlohn („Courtage") zahlen. Der Mäklerlohn gilt als stillschweigend vereinbart, wenn die dem Makler übertragene Leistung den Umständen nach nur gegen eine Vergütung zu erwarten ist (§ 653 BGB). Das bedeutet natürlich nicht, dass ein Makler auch ohne Vertrag (quasi „aufgedrängt") einen Vergütungsanspruch hat; es muss sich vielmehr um eine dem **„Makler übertragene Leistung"** handeln, es gilt also: Kein Anspruch eines Maklers ohne Mä/aklervertrag. Die Höhe richtet sich nach einer Vereinbarung, sonst nach der Taxe oder nach der Üblichkeit (§ 653 BGB). Der Anspruch entsteht jedoch nur, wenn der Vertrag „infolge" der Tätigkeit (Nachweis oder Vermittlung) „des Mäklers zustande kommt"; daher gilt der Satz: **„Maklers Müh ist oft umsonst"**. Übrigens: Fortan nennen wir den Mä/akler nur noch „Makler".

- Der **Makler** ist daher auch **zu keiner Tätigkeit verpflichtet**.

Diese gesetzliche **Regelung ist** natürlich **abdingbar**; davon wird auch sehr häufig Gebrauch gemacht.

- Sehr häufig wird – abweichend von der gesetzlichen – Regel nicht der Vertragspartner des Maklers (z.B. der ihn beauftragende Grundstücksverkäufer oder Wohnungsvermieter), sondern ein **Dritter** (z.B. der Grundstückskäufer oder der Wohnungsmieter) **zur Zahlung des Maklerlohnes verpflichtet**; erreichen kann man dies z.B. durch einen im späteren Kaufvertrag bzw. Mietvertrag geschlossenen Vertrag zugunsten des Maklers als Dritten (§ 328 BGB), aufgrund dessen der Käufer bzw. der Meiter die vom Verkäufer bzw. vom Vermieter geschuldete Courtage an den Makler dergestalt zu leisten verspricht, dass der Makler einen eigenen Anspruch gegen den Käufer hat. Es kann auch ein **unabhängig vom Erfolg bestehender Aufwendungsersatzanspruch des Maklers** vereinbart werden, so dass „Maklers Müh" doch nicht „umsonst" war (§ 652 Abs. 2 BGB). Der Makler kann schließlich das für ihn bestehende beträchtliche Risiko, die Kausalität zwischen seiner Tätigkeit und dem Vertragsschluss nicht beweisen zu können, durch eine Vereinbarung des Inhalts abwenden, dass der Anspruch auf den **Maklerlohn lediglich den Erfolgseintritt als solchen** voraussetzt.

- Auch kann der **Makler** durch eine Vereinbarung **zur Tätigkeit verpflichtet** werden, so dass dann ein „**Maklerdienstvertrag**" vorliegt, auf den zusätzlich zu den §§ 652 ff. BGB die §§ 611 ff. BGB angewendet werden. Eine Tätigkeitspflicht des Maklers besteht auch beim „**Alleinauftrag**"; allerdings ohne dass damit automatisch eine Vergütungsverpflichtung einhergeht.

Ist der Makler gewerbsmäßig tätig, ist er also ein **Handelsmakler**, so finden auf die Vermittlung von Verträgen über die Anschaffung und Veräußerung von Waren, von Wertpapieren, von Versicherungen etc. die Vorschriften der §§ 93 ff. HGB Anwendung, nicht aber im Falle anderer Geschäfte, insbesondere nicht im Falle von Geschäften über unbewegliche Sachen (§ 93 Abs. 2 HGB). Die §§ 93 ff. HGB gelten nach § 93 Abs. 3 HGB auch für solche gewerblich tätigen Makler, die deshalb nicht Kaufmann sind (vergl. § 1 Abs. 2 HGB), weil das Unternehmen „nach Art und Umfang einen in kaufmännischer Weise eingerichteten Geschäftsbetrieb nicht erfordert." Deswegen gehört der Handelsmakler-Vertrag anders als der im „Besonderen Schuldrecht" des BGB geregelte „Mäklervertrag" auch nicht zu den „Besonderen Schuldverhältnissen" des HGB, den Handelsgeschäften (§§ 343 ff. HGB), sondern ist in den Vorschriften über den „Handelsstand" geregelt. Interessant ist, dass der Lohnanspruch vorbehaltlich anderer Vereinbarungen von beiden Parteien je zur Hälfte zu tragen ist (§ 99 HGB).

j) Kommissionsvertrag

> Besser als das Gesetz in **§ 383 HGB** kann man den **Kommissionsvertrag** nicht **definieren**: „Kommissionär ist, wer es gewerbsmäßig übernimmt, Waren oder Wertpapiere für Rechnung eines anderen (des Kommittenten) im eigenen Namen zu kaufen oder zu verkaufen". Diese Definition passt auch für den nicht im BGB typisierten Kommissionsvertrag mit einem nicht gewerbsmäßig handelnden (Gelegenheits-)Kommissionär, auf den §§ 675, 662 BGB und §§ 611 ff. oder 631 ff. BGB Anwendung finden.

Ist Ihnen persönlich schon einmal das „Kommissionsgeschäft" begegnet? Sagen Sie nicht vorschnell „Nein"! Denken Sie nur an die allerdings durch die Internet-Versteigerungen zunehmend in den Hintergrund tretenden „second-hand"-Läden für Kleidung oder Sportartikel: Wenn Sie ein abgelegtes Abendkleid oder ein Paar Ski verkaufen wollen, dann können Sie diese Sachen in ein solches Geschäft geben und dessen damit beauftragen, diese Sachen „im eigenen Namen", aber „für" Ihre „Rechnung" zu verkaufen. Nimmt dieser Ihr Angebot an, kommt zwischen Ihnen als „Kommittent" und dem Geschäftsinhaber als „Kommissionär" ein „Kommissionsvertrag" zustande. Zugleich erklären Sie die Einwilligung zu einer Übereignung und Übergabe der zu verkaufenden Sachen an einen Käufer (§ 185 Abs. 1 BGB). Im Falle eines Verkaufes an einen Dritten („Ausführungsgeschäft") wird Ihnen dann der von Dritten an den „Kommissionär" gezahlte Verkaufserlös abzüglich einer Provision für den Kommissionär ausgezahlt. Wenn Sie sich dagegen in der Rolle eines Käufers (also als „Dritter") in ein solches Geschäft begeben, um ein gebrauchtes Abendkleid oder ein Paar gebrauchte Ski zu erwerben, dann schließen Sie mit dem im eigenen Namen handelnden Inhaber des Geschäftes („Kommissionär") einen Kaufvertrag („Ausführungsgeschäft") ab, und der Inhaber erfüllt den Kaufvertrag durch Übergabe und Übereignung der gekauften Sachen an Sie (§§ 929 S. 1, 185 Abs. 1 BGB) Zug-um-Zug gegen Zahlung des Kaufpreises. Das somit auch in Ihrem Lebenskreis vorkommende Kommissionsgeschäft ist von praktisch erheblicher Bedeutung,

- wenn einem Verkäufer oder einem Käufer die eigene **Verkaufs-** oder **Einkaufsorganisation fehlt,**
- wenn der **Kommissionär besondere Marktkenntnisse** hat
- oder wenn man bei bestimmten Geschäften nicht nach außen auftreten möchte, so beim **Wertpapierhandel**, im **Gebrauchtwagenhandel** und im **Kunsthandel**. Speziell **Auktionshäuser** versteigern fremde Kunstgegenstände nicht im Namen des Einlieferers, sondern als dessen „Kommssionär" im eigenen Namen für dessen Rechnung.

Wie Sie aus den einführenden Bemerkungen wissen, sind die Beteiligten des Kommissionsgeschäftes sind der **„Kommittent"** als (Kommissions-)Vertragspartner des **„Kommissionärs"** und der **„Dritte"** als Vertragspartner des Kommissionärs im sog. „Ausführungsgeschäft". Sinnvoll wäre es, wenn Sie sich eine Zeichnung von diesem „Dreiecksverhältnis" machen würden.

- Zwischen dem Kommittenten und dem Kommissionär wird der **Kommissionsvertrag** geschlossen; es handelt sich der Sache nach um einen besonders ausgestalteten Geschäftsbesorgungsvertrag, auf den beim **gewerbsmäßig handelnden Kommissionär** die §§ 383 ff. HGB Anwendung finden; verbleibende Lücken werden durch §§ 675, 662 BGB und §§ 611 ff. BGB oder 631 ff. BGB geschlossen. Beim nicht gewerbsmäßig handelnden **(Gelegenheits-)Kommissionär** gelten nur die §§ 675, 662 BGB und §§ 611 ff. BGB oder 631 ff. BGB
- **Zwischen dem Kommissionär und dem Dritten** wird das **Ausführungsgeschäft** vorgenommen. Beim Ausführungsgeschäft handelt der Kommissionär (je nach Art der Kommission als Käufer oder als Verkäufer) gegenüber dem Dritten (je nach Art der Kommission als Verkäufer oder als Käufer) im eigenen Namen für fremde (des Kommittenten) Rechnung, also nicht etwa als „Stellvertreter", sondern als sog. „mittelbarer Stellvertreter". Das begründet Risiken für den Kommissionär: Ist er Verkaufskommissionär, so trifft ihn die Sach- und Rechtsmängelhaftung. Die i.d.R. als Verkaufskommissionäre handelnden Auktionshäuser pflegen deshalb die Gewährleistung gegenüber dem Ersteigerer auszuschließen. Weil hierdurch im Ergebnis der Einlieferer (Kommittent) auf Kosten des sich nicht von ihm, sondern von dem Auktionshaus (Verkaufskommissionär) „betrogen" fühlenden Ersteigerers (Dritter) geschützt wird, pflegen die Auktionshäuser (Verkaufskommissionär) ihre Ansprüche gegen den Einlieferer (Kommittent) aus einer mit dem Einlieferer vereinbarten kaufrechtlichen Gewährleistung an den Ersteigerer (Dritter) abzutreten. Das allerdings würde zu einer gerade nicht gewollten Offenlegung der Person des Einlieferers (Kommittenten) führen. Um dies zu vermeiden, verpflichten sich die Auktionshäuser (Verkaufskommissionär) nicht selten gegenüber dem Ersteigerer (Drit-

ter) dazu, deren eventuelle Gewährleistungsansprüche gegen den Einlieferer (Kommittent) geltend zu machen. Oder das Auktionshaus (Verkaufskommissionär) zahlt den Kaufpreis Zug-um-Zug gegen Rückübereignung und Rückgabe des Kommissionsgutes freiwillig an den Ersteigerer (Dritter) zurück und nimmt dann den Einlieferer (Kommittent) in Anspruch. Sie merken sicher, dass hier der gestalterischen Phantasie kaum Grenzen gesetzt sind. Die Ausarbeitung derartiger Verträge ist die klassische Arbeit des beratend tätigen Rechtsanwalts.

- Der **gewerbsmäßig handelnde Kommissionär** hat **im Verhältnis zum Kommittenten** das „übernommene Geschäft mit der Sorgfalt eines ordentlichen Kaufmannes auszuführen", sich also um den Abschluss eines Ausführungsgeschäfts zu bemühen, und dabei „das Interesse des Kommittenten wahrzunehmen und dessen Weisungen zu befolgen" (§ 384 Abs. 1 HGB). Beim nicht gewerbsmäßig handelnden **(Gelegenheits-)Kommissionär** gilt insoweit § 665 BGB. Aus dem Ausführungsgeschäft resultieren **Pflichten zur Abwicklung**: Den **gewerbsmäßig handelnden Kommissionär** treffen Anzeige- und Rechenschaftspflichten und die Pflicht zur Herausgabe des Erlangten (§ 384 Abs. 2 HGB). Er hat entweder aufgrund einer entsprechenden Vereinbarung oder aus § 384 Abs. 1 HGB einen i.d.R. erst bei Ausführung des Geschäftes fälligen (§ 396 Abs. 1 HGB) **Anspruch auf Provision**. Den **(Gelegenheits-) Kommissionär** treffen die gleichen Pflichten aus §§ 675, 666, 667 BGB. Einen Provisionsanspruch hat er aus §§ 675, 611, 613 BGB.

- Was die **Rechte des Kommittenten aus dem Ausführungsgeschäft** angeht, so kann der Kommittent bei einem **Kommissionsvertrag mit einem gewerbsmäßig handelnden Kommissionär (§§ 383 ff. HGB)** bei einer **Verkaufskommission** diese Rechte (§ 433 Abs. 2 BGB) erst nach einer nach § 398 BGB vorzunehmenden Abtretung des Anspruchs des Kommissionärs gegen den Dritten an den Kommittenten geltend machen (§ 392 Abs. 1 HGB). Bei einer **Einkaufskommission** steht das Eigentum an der vom Kommissionär gekauften Sache zunächst dem Kommissionär zu; der Kommittent wird erst nach einer Übereignung des Kommissionärs an ihn zum Eigentümer. Die daraus resultierenden **Gefahren für den Kommittenten** liegen auf der Hand: Er trägt das Risiko einer möglichen zwischenzeitlichen Insolvenz des Kommissionärs oder einer Einzelzwangsvollstreckung von Gläubigern des Kommissionärs in das bei der Einkaufskommission erworbene Kommissionsgut oder bei der Verkaufskommision in die zunächst dem Kommissionär zustehende Forderung aus dem Ausführungsgeschäft bzw. in den an ihn bereits gezahlten Kaufpreis. Ferner besteht das Risiko, dass der Kommissionär seiner gegenüber dem Kommittenten bestehenden Verpflichtung aus dem Innenverhältnis, dem Kommissionsvertrag, zuwiderlaufend das (Einkaufs-)Kommissionsgut anderweit übereignet oder die aus einer Verkaufskommission stammende Forderung abtritt oder dass der Dritte hiergegen die Aufrechnung erklärt oder dass der Kommissionär über den an ihn ausgezahlten Kaufpreis vertragswidrig verfügt. Diese naheliegenden **Gefahren** werden wie folgt weitgehend, aber nicht vollständig „**gebannt**": **a)** Bei der **Verkaufskommission aa)** bleibt der Kommittent Eigentümer des Kommissionsgutes bis zur Übereignung an den Dritten; die Übereignung an den Dritten zur Erfüllung des Kaufvertrages zwischen dem Kommissionär und dem Dritten („Ausführungsgeschäft") erfolgt aufgrund einer Zustimmung des Kommittenten nach §§ 929 ff., 185 BGB; das sich für den Kommittenten aus §§ 932 ff. BGB ergebende Risiko einer der Innenverhältnisbindung zuwiderlaufenden Verfügung des Kommissionärs lässt sich allerdings nicht abwenden (arge. § 137 BGB); damit „muss" der Kommittent „leben". **bb)** Nach dem Verkauf an den Dritten („Ausführungsgeschäft") steht die **aaa)** Kaufpreisforderung vor einer Abtretung an den Kommittenten zwar dem im eigenen Namen handelnden Kommissionär zu (§§ 433 Abs. 2 BGB, 392 Abs. 1 HGB), sie gilt aber auch ohne Abtretung an den Kommittenten nach § 398 BGB im Verhältnis zwischen dem Kommittenten und dem Kommissionär oder dessen Gläubigern bereits als Forderung des Kommittenten (§ 392 Abs. 2 HGB), so dass der Kommittent die Forderung in der Insolvenz des Kommissionärs aussondern kann (§ 47 InsO) und sich der Kommittent in der Einzelzwangsvollstreckung eines Gläubigers des Kommissionärs gegen eine Forderungspfändung mit der Drittwiderspruchsklage aus § 771 ZPO erfolgreich wehren kann; auch vor einer der Innenverhältnisbindung zuwiderlaufenden Abtretung der Forderung aus dem Kaufvertrag mit dem Dritten („Ausführungsgeschäft") ist der Kommittent durch § 392 Abs. 2 HGB geschützt, weil es einen gutgläubigen Erwerb von Forderungen nicht gibt. Eine Aufrechnung des Dritten mit einer Gegenforderung gegen eine noch nicht an den Kommittenten abgetretene Forderung des Kommissionärs aus dem „Ausführungsgeschäft" wird dagegen durch § 392 Abs. 2 HGB nicht verhindert, weil der Dritte als privilegierter Aufrechnungsgläubiger nicht zu den „Gläubigern" i.S.d. des § 392 Abs. 2 HGB gerechnet wird (BGH). **bbb)** Eine interessante Frage ist es, ob bei einer Barzahlung des Kaufpreises seitens des Dritten als Käufer an den im eigenen Namen handelnden Verkaufskommissionär als Verkäufer, der dadurch nach § 929 BGB Eigentümer des Geldes wird, der Kommittent durch eine analoge Anwendung des § 392 Abs. 2 HGB im Verhältnis zu Gläubigern des Kommissionärs in der Weise geschützt wird, dass er in einer Insolvenz des Kommissionärs nach § 47 InsO aussondern kann oder bei einer Einzelzwangsvollstreckung in das Vermögen des Kommissionärs nach § 771 ZPO klagen kann. Man wird hier in der Tat eine Lücke im Gesetz konstatieren müssen, denn § 392 Abs. 2 HGB regelt die Frage nicht, ob der im Fall der Zahlung an die Stelle der Kaufpreisforderung tretende Kaufpreis dem Kommittenten zusteht, und es stellt einen Wertungswiderspruch dar, den Kommittenten im Hinblick auf die dem Kommissionär zustehende Kaufpreisforderung vor dem Zugriff von Gläubigern zu schützen, diesen Schutz aber mit dem Einzug der Forderung entfallen zu lassen. Andererseits hat der Gesetzgeber dieses anzustrebende Ergebnis eines sich am durch Einzug der Forderung erlangten Erlöses fortsetzenden Schutzes offenbar nicht herbeiführen wollen, denn sonst hätte er anlässlich der Einführung der §§ 422 Abs. 2, 457 S. 2 HGB im Jahre 1998 den § 392 Abs. 2 HGB dementsprechend anpassen können. Es handelt sich also nicht um eine die analoge Anwendung des § 392 Abs. 2 HGB rechtfertigende, „planwidrige Lücke". Der Kommittent muss sich daher das Geld möglichst rasch (z.B. durch eine ante/i/zipierte Übereignung nach § 930 BGB) übereignen lassen, um bei einer nachfolgenden Einzelzwangsvollstreckung oder Eröffnung des Insolvenzverfahrens als Eigentümer aus § 771 ZPO bzw. § 47 InsO vorgehen zu können.

Bei einer bargeldlosen Zahlung auf das Konto des Kommissionärs, steht diesem die Forderung gegen seine Bank zu, so dass ein Schutz des Kommittenten vor einer Insolvenz des Kommissionärs durch § 47 InsO oder einer Einzelzwangsvollstreckung von Kommissionärsgläubigern durch § 771 ZPO nur durch vorherige Weiter-Überweisung an den Kommittenten möglich ist. **b)** Wenn der Kommittent bei der **Einkaufskommission aa)** vor einer Insolvenz über das Vermögen des Kommissionärs durch Aussonderung (§ 47 InsO) oder einer Einzelzwangsvollstreckung in das Vermögen des Kommissionärs durch Drittwiderspruchsklage (§ 771 ZPO) geschützt sein will, muss er sich so schnell wie möglich die mit seinen Geldmitteln eingekauften Sachen ante/i/zipiert nach § 930 BGB übereignen lassen. Dazu werden Sie später noch so manches zu erlernen haben. **bb)** Die dem Einkaufskommissionär zur Erfüllung des Ausführungsgeschäftes vorgeschossenen (vgl. § 669 BGB) Geldmittel werden allerdings im Zweifel nicht an den Kommissionär übereignet, sondern nur verbunden mit einer Verfügungsbefugnis (§ § 185 Abs. 1 BGB) überlassen, so dass jedenfalls insoweit keine Risiken aus einer Insolvenz des Kommissionärs (arge. § 47 InsO) oder einer gegen ihn gerichteten Einzelzwangsvollstreckung (arge. § 771 ZPO) drohen. **c)** Wie Sie ja wissen, finden bei einem **Kommissionsvertrag mit einem Gelegenheitskommissionär** die §§ 675, 662 ff. BGB und die §§ 611 ff. oder die §§ 631 ff. BGB Anwendung. Für den Kommittenten bestehen die gleichen Risiken wie beim Kommissionsvertrag nach §§ 383 ff. HGB; allerdings hilft hier **nicht (!!)** § 392 Abs. 2 HGB. Da Sie jetzt ja den „Durchblick" haben, können Sie versuchen, die oben aufgeworfenen Fragen für den „Gelegenheitskommissionär" zu beantworten. Halten Sie sich also selbst einen kleinen Vortrag. Denjenigen, die sich durch diese Kurzanalyse der Risiken für den Kommittenten und deren mögliche Überwindung im Augenblick noch überfordert fühlen, kann „Trost gespendet" werden: Wir werden auf all diese Fragen in den verschiedensten Zusammenhängen immer wieder zurückkommen.

k) Mietvertrag, Pachtvertrag, Leasingvertrag

In den §§ 535 ff. BGB ist der Vertrag über die entgeltliche Gebrauchsgewährung einer Sache typisiert **(Mietvertrag)**; kommt auch das Recht auf den Fruchtgenuss hinzu, handelt es sich um einen **Pachtvertrag**. Nicht gesetzlich geregelt, aber immerhin in den §§ 499 ff. BGB erwähnt, ist der **Leasingvertrag**.

> **1.** Die **Systematik der gesetzlichen Regelung** über die **Miet- und Pachtverträge** ist gewöhnungsbedürftig. Sie sollten, um sich die Suche nach den einschlägigen Normen zu erleichtern, sich jedenfalls die **Ordnung der „Untertitel"** einprägen.
>
> **Untertitel 1: Allgemeine Vorschriften** für (alle) **Mietverhältnisse** (§§ 535-548 BGB).
>
> **Untertitel 2**: **Mietverhältnisse** über **Wohnraum**; diese werden vom Gesetz wegen ihrer praktischen Relevanz vorangestellt.

> Kapitel 1: Allgemeine Vorschriften (§§ 549 – 555 BGB)
>
> Kapitel 2: Die Miete
>
>> Unterkapitel: Vereinbarungen über die Miete (§§ 556 – 556 b BGB)
>>
>> Unterkapitel: Regelungen über die Miethöhe (§§ 557-561 BGB)
>
> Kapitel 3: Vermieterpfandrecht (§§ 562-562 d BGB)
>
> Kapitel 4: Wechsel der Vertragsparteien (§§ 563-567b BGB)
>
> Kapitel 5: Beendigung des Mietverhältnisses
>
>> Unterkapitel: Allgemeine Vorschriften (§§ 568-572 BGB)
>>
>> Unterkapitel: Mietverhältnisse auf unbestimmte Zeit (§§ 573-574 c BGB)
>>
>> Unterkapitel: Mietverhältnisse auf bestimmte Zeit (§§ 575-575 a BGB)
>>
>> Unterkapitel: Werkwohnungen (§§ 576-576 b BGB)
>
> Kapitel 6: Besonderheiten bei der Bildung von Wohnungseigentum an vermieteten Wohnungen
>
> **Untertitel 3**: Mietverhältnisse über **andere Sachen** (§§ 578-580 a BGB).
>
> **Untertitel 4: Pacht** (§§ 581-584 b BGB)
>
> **Untertitel 5: Landpacht** (§§ 585-597 BGB)
>
> Bei der **Fallbearbeitung** geht man so vor, dass man **zunächst im speziellsten Bereich** nach einer gesetzlichen Regelung sucht. Sofern man hier nicht fündig wird, schaut man **in dem einem Kapitel** jeweils **vorangestellten allgemeinen Teil** nach. Sofern sich auch hier nichts findet, greift man auf die **allgemeinen Vorschriften für Mietverhältnisse** zurück. Wenn man auch dort nichts findet, so sucht man im **Allgemeinen Schuldrecht** und dann im **Allgemeinen Teil des BGB**.
>
> 2. Wie bereits gesagt: Nicht geregelt ist der im Gesetz allerdings hin und wieder erwähnte (vgl. §§ 499 Abs. 2, 500 – 504 BGB) **„Leasingvertrag"**.

Wir erproben dieses Vorgehen einmal an einem ganz einfachen Fall; an diesem Beispiel kann man sehen, wie der Gesetzgeber in mehreren Ebenen Regelungen „vor die Klammer" gezogen hat:

Fall 96: Der V vermietet an den von München nach Hamburg verzogenen M eine Wohnung in einem Mietshaus. Noch vor Übergabe der Wohnung an den M brennt es in dem Dachstuhl des Hauses, so dass die Wohnung durch Löschwasser bis zu ihrer Reparatur unbewohnbar ist. Der V verlangt dennoch die vereinbarte Miete von M. Der M verlangt Schadensersatz, weil er zwischenzeitlich wohnungslos ist und sich für eine höhere Miete in einem „boarding house" einmieten muss. Welche Anspruchsgrundlagen kommen in Frage?

1. Zunächst schauen wir im Untertitel 2 „Mietverhältnisse über Wohnraum" nach. Dort finden sich für unsere Fragen keine Normen. 2. Als nächstes suchen wir in den allgemeinen Vorschriften für Mietverhältnisse. a) Was den Anspruch des V auf Zahlung der Miete angeht, aa) ergibt

> sich dieser aus § 535 Abs. 2 BGB. bb) Die Frage, ob die Unbewohnbarkeit den Anspruch entfallen lässt, ist dort allerdings nicht geregelt. b) Für den Anspruch des M auf Schadensersatz finden sich zwar Anspruchsgrundlagen (§§ 536 und 536 a) BGB), die wir auch prüfen können. Sie führen jedoch nicht zum Erfolg, da stets eine Überlassung der Mietsache (vgl. § 536 Abs. 1 BGB) verlangt wird, die in unserem Fall nie erfolgt ist. 3. Völlig erschöpft von der Suche müssen wir nun doch wieder auf das uns ja schon ein wenig bekannte „Allgemeine Schuldrecht" zurückgreifen. a) Dort verrät uns § 326 Abs. 1 S. 1 1.HS BGB, dass M die Miete nicht zahlen muss b) und dass sein Schadenersatzanspruch sich nach §§ 280 Abs. 1, 3, 275 Abs. 1, 4, 283 BGB bestimmt.

aa) Mietvertrag

> Auch hier liefert wieder das Gesetz in **§ 535 Abs. 1 S. 1, Abs. 2 BGB** die beste **Definition**: „Durch den Mietvertrag wird der Vermieter verpflichtet, dem Mieter den Gebrauch der Mietsache während der Mietzeit zu gewähren" und: „Der Mieter ist verpflichtet, dem Vermieter die vereinbarte Miete zu entrichten".

(1) Vertragsschluss und seine Beendigung

Was den **Abschluss eines Mietvertrages** angeht, so gilt nichts besonderes: Mietverträge werden, wie alle anderen Verträge auch, grundsätzlich **formfrei** durch zwei aufeinander bezogene deckungsgleiche Willenserklärungen, **Angebot** und **Annahme**, geschlossen. Der **Vermieter** ist meistens zugleich auch **Eigentümer der Mietsache**, **muss** dies aber **nicht** sein.; auch ein Mieter kann als Vermieter eine Sache **(unter-)vermieten**. Eine **Formvorschrift** für Mietverträge über Wohnraum bei einer Vertragsdauer von über einem Jahr enthält § 550 BGB. Sie gilt über § 578 BGB auch für alle Mietverträge über Grundstücke. Bei Nichteinhaltung der Schriftform sind diese Verträge aber nicht etwa nichtig, sondern sind als für auf unbestimmte Zeit geschlossene Verträge anzusehen. Sie sind dann im Rahmen der gesetzlichen Bestimmungen kündbar. Der Sinn dieser Regelung liegt insbesondere darin, den Erwerber eines vermieteten Grundstücks vor unliebsamen Überraschungen in Gestalt eines nur mündlich vereinbarten langfristigen Mietvertrages zu schützen, wenn er nach der sogleich dargestellten Bestimmung des § 566 BGB („Kauf bricht nicht Miete") durch Erlangung des Eigentums zum Vertragspartner der Mieter wird.

Die **Vertragspartner eines Mietvertrages** sind und bleiben im Grundsatz diejenigen, die als Vermieter und Mieter den Mietvertrag geschlossen haben. Bei Mietverträgen über dem **Vermieter gehörige Grundstücke** und **Wohn- und Geschäftsräume** gilt aber aus Gründen des sozialen Schutzes und des Vertrauensschutzes im Falle der **Veräußerung** (bei einer Übereignung aufgrund von: Kauf, Tausch, Schenkung, Vermächtnis; und durch Zuschlag bei einer Zwangsversteigerung nach § 90 ZVG) **der Mietsache nach Überlassung an den Mieter** nach § 566 BGB, dass der Erwerber im Wege einer gesetzlichen Vertragsübernahme an die Stelle des bisherigen Vermieters tritt **(„Kauf bricht nicht Miete")** und dass der Veräußerer als der bisherige Vermieter nach § 566 Abs. 2 S. 1 BGB wie ein selbstschuldnerischer Bürge dafür haftet, dass der Erwerber seine Pflichten erfüllt. Diese Weiterhaftung des Veräußerers findet ihr Ende, wenn der Mieter, nachdem er durch eine Mitteilung des ehemaligen Vermieters und Veräußerers von der Veräußerung Kenntnis erlangt hatte, nicht zum nächstmöglichen Zeitpunkt kündigt. **Übrigens**: Aus dem gleichen Grundgedanken wie dem des § 566 BGB ist der Ihnen ja schon bekannte § 613 a BGB geschaffen worden. Eine kleine Frage „am Rande": Aus welchen beiden Gründen halten Sie eigentlich die Überschrift des § 566 BGB „Kauf bricht nicht Miete" (sie ist immerhin „amtlich" und daher Bestandteil des Gesetzes!!) für misslungen? Zum einen ist das Kausalgeschäft („Kauf") für die Rechtsfolge des § 566 BGB völlig unmaßgeblich, weil es ausschließlich auf den Eigentumsübergang, also das dingliche Geschäft, ankommt, so dass die Formulierung „Kauf bricht nicht Miete" in der Überschrift von § 566 BGB das „Trennungsprinzip" missachtet. Außerdem ist der „Kauf" nur ein einziges und nicht unbedingt repräsentatives Beispiel aus der Fülle der Möglichkeiten der Kausalgeschäfte rechtsgeschäftlicher Eigentumsübertragungen. Der Gesetzestext selbst ist dagegen dogmatisch insofern zutreffend, weil es dort, das dingliche Rechtsgeschäft begrifflich einbeziehend, heißt: „Wird (....) veräußert". Man fragt sich daher, warum es in der Überschrift nicht einfach „Veräußerung bricht nicht Miete" heißt!? Aber auch diese VÜberschrift wäre zu eng, weil sie den ebenfalls unter § 566 BGB fallenden Eigentumserwerb durch den Hoheitsakt „Zuschlag" nach § 90 ZVG nicht erfassen würde.

> Bei der **Übereignung** einer vom Eigentümer **vermieteten beweglichen Sachen nach § 931 BGB** gilt die Regelung des § 566 BGB natürlich nicht. Gleichwohl wird der Mieter davor geschützt, dass er die während der Mietzeit durch den Eigentümer-Vermieter nach § 931 BGB übereignete Sache nach § 985 BGB an den neuen Eigentümer herausgeben muss. Der Mieter hat nämlich gegenüber dem neuen Eigentümer ein Recht zum Besitz aus **§§ 986 Abs. 2, 535 Abs. 1 S, 1 BGB**.

Eine **Gebrauchsüberlassung an Dritte**, speziell eine „**Untervermietung**", durch den Mieter ist nur im Fall einer Erlaubnis des Vermieters (§ 540 BGB) oder bei vermietetem Wohnraum auch bei einem nachträglich entstehenden berechtigten Interesse des Mieters (§ 553 BGB) zulässig. Aber auch eine solchermaßen erlaubte Gebrauchsüberlassung führt nicht zu einer vertraglichen Beziehung zwischen dem Vermieter und dem Dritten („Untermieter").

> 1. Das Fehlen einer vertraglichen Beziehung zwischen (Haupt-)Vermieter und dem Drittem, dem der Gebrauch überlassen worden ist, also speziell dem Untermieter, hat zur Folge, dass der (Haupt-)Vermieter keine vertraglichen Schadensersatzansprüche gegen den Dritten hat, sondern nur gegen den Mieter. Dabei lässt das Gesetz den Mieter für den Dritten einstehen: Also muss bei erlaubter oder unerlaubter Gebrauchsüberlassung an einen Dritten, speziell an einen Untermieter, der Mieter im Verhältnis zum (Haupt-)Vermieter nach **§ 540 Abs. 2 BGB** für alle im Rahmen des Mietverhältnisses begangenen schuldhaften Handlungen des Dritte, also des Untermieters, durch die der Dritte, also der Untermieter, die Grenzen des Hauptmietvertrages nicht einhält, Schadensersatz leisten (z.B. bei der vorsätzlichen Herbeiführung einer Explosion in der Mietwohnung durch einen Untermieter). Warum hat der Gesetzgeber eigentlich den § 540 Abs. 2 BGB trotz des § 278 BGB geschaffen? Mangels eines Mietvertrages hat aber umgekehrt auch der Dritte, also auch der Untermieter, keine vertraglichen Ansprüche gegen den (Haupt-)Vermieter,

> z.B. aus § 536 a BGB; auch ist er grundsätzlich nicht in den Schutzbereich des Mietvertrages zwischen (Haupt-)Vermieter und Mieter einbezogen.
>
> **2.** Das Fehlen einer vertraglichen Beziehung zwischen dem (Haupt-)Vermieter und dem Dritten, also speziell dem Untermieter, hat für letzteren **gefährliche Konsequenzen**: Endet nämlich das Hauptmietverhältnis, so kann der Dritte, also auch der Untermieter, auch wenn er aufgrund eines mit dem Hauptmieter = Gebrauchsüberlasser, also Untervermieter, bestehenden Vertrages, meist eines Untermietvertrages, diesem gegenüber die Mietsache zu Recht besitzt, **a)** vom Eigentümer-Hauptvermieter **aa)** aus § 985 BGB auf Herausgabe in Anspruch genommen werden, denn ihm steht bei Beendigung des Hauptmietvertrages kein abgeleitetes „Recht zum Besitz" mehr zu (lesen Sie § 986 Abs. 1 S. 1 2. Fall BGB!); **bb)** in Anspruchskonkurrenz dazu steht ein Anspruch des Hauptvermieters gegen den Dritten, also auch gegen den Untermieter, aus § 546 Abs. 2 BGB. **b)** Letzterer Anspruch aus § 546 Abs. 2 BGB steht auch dem Nichteigentümer-Hauptvermieter zu (diese Vorschrift ist geradezu für ihn geschaffen worden; lesen Sie auch bei der Gelegenheit § 604 Abs. 4 BGB). Daher sollte sich jeder, dem eine Mietsache als Drittem, speziell als Untermieter (z.B. in einer WG), überlassen wird, genau überlegen, wie „sicher" das Hauptmietverhältnis, aus dem er sein Recht zum Besitz herleitet, ist.

Bei der nach § 535 Abs. 1 S. 1 BGB dem Mieter vom Vermieter zum Gebrauch zu überlassenden **„Mietsache"** muss es sich um eine **bewegliche Sache** oder um eine **unbewegliche Sache** oder um **Sachteile** handeln.

Mietsachen können daher sein:

- **Wohnräume** (§§ 535 – 548; 549 – 577 a; 536 Abs. 4; 547 Abs. 2 BGB);
- **Geschäftsräume** (§§ 535 – 548; nach § 578 BGB die: §§ 550, 552 Abs. 1, 554 Abs. 1 – 4, 562 – 562 d, 566 – 567 b, 569 Abs. 1, 2, 570; nach § 579 Abs. 2 BGB: der § 579 Abs. 2 BGB; §§ 580, 580 a Abs. 2, 4 BGB);
- **sonstige Räume**, die nicht Wohn- oder Geschäftsräume sind, wie z.B. ein Stellplatz in einer Sammelgarage (§§ 535 – 548; nach § 578 BGB die: §§ 550, 552 Abs. 1, 554 Abs. 1 – 4, 562 – 562 d, 566 – 567 b, 569 Abs. 1, 2, 570; nach § 579 Abs. 2 BGB: der § 579 Abs. 2 BGB; §§ 580, 580 a Abs. 1, 4 BGB);
- **Grundstücke** (§§ 535 – 548; nach § 578 BGB die: §§ 550, 552 Abs. 1, 554 Abs. 1 – 4, 562 – 562 d, 566 – 567 b, 569 Abs. 1, 2, 570; 579 Abs. 1, 580, 580 a Abs. 1, 4 BGB;
- **bewegliche Sachen** (§§ 535 – 548; 579 Abs. 1 S. 1, Abs. 2; 580; 580 a Abs. 3, 4 BGB).

Die vom Mieter als Gegenleistung für die Überlassung der Mietsache zu entrichtende **„Miete"** (erlaubt ist übrigens auch der früher geltende Begriff „Mietzins") ist in der Regel Geld; es können aber auch Sach- oder Dienstleistungen geschuldet sein. Die Höhe der Miete beruht auf der vertraglichen Vereinbarung. Bei durch den sozialen Wohnungsbau geschaffenem Wohnraum („Sozialwohnungen") gibt es eine Preisbindung. Ansonsten ist die Wirksamkeit der vereinbarten Miethöhe zuweilen an § 138 BGB und § 134 BGB i.V.m. mit § 5 des Wirtschaftsstrafgesetzbuchs (WiStG) zu überprüfen. Sollte er hiernach überhöht sein, besteht ein Rückforderungsanspruch gegen den Vermieter aus § 812 Abs. 1 S. 1 1. Fall BGB ("Leistungskondiktion"). Eine praktisch und auch theoretische sehr interessante Frage ist es, ob die einmal vereinbarte Miete unverändert bestehen bleibt oder ob und wie es ggf. zu einer **Veränderung der Miethöhe** kommen kann: Auszugehen ist davon, dass getroffene vertragliche Vereinbarungen nicht einseitig verändert werden können. Zu denken ist daher rechtstheoretisch an einen den Inhalt des Mietvertrages ändernden **"Abänderungsvertrag"**, an die Vereinbarung einer **"Staffelmiete"** oder einer **"Indexmiete"** (vgl. für Wohnraummietverträge § 557 Abs. 1, 2 BGB). Sind derartige Vereinbarungen nicht getroffen worden oder wird kein Änderungsvertrag geschlossen, kann der Vermieter den Weg der sog. **"Änderungskündigung"** wählen: Dazu kündigt er den Mietvertrag "ordentlich" und verbindet diese Kündigung mit einem Angebot zum Neuabschluss des Mietvertrages mit einer höheren Miete. Wenn der Mieter sein Einverständnis damit erklärt, wird ein neuer Mietvertrag abgeschlossen; ansonsten ist der Mieter zur Rückgabe verpflichtet (§ 546 BGB und möglicherweise auch § 985 BGB). Aber Vorsicht: Bei **Wohnraummietverträgen** kommt Kündigung zum Zwecke der Mieterhöhung, also eine Änderungskündigung, nicht in Betracht: Der Vermieter kann vielmehr "Mieterhöhungen nur nach Maßgabe der §§ 558 bis 560 verlangen" (§§ 557 Abs. 3, 558 b Abs. 4 BGB), also in einem förmlichen **Mieterhöhungsverfahren**. Dieses setzt dreierlei voraus: Eine über 15 Monate unveränderte Miete; ein "Mieterhöhungsverlangen" des Vermieters bis zur "ortsüblichen Vergleichsmiete", die sich aus einem eventuell vorhandenem "Mietspiegel", einer "Mietdatenbank", aus einem Sachverständigengutachten oder aus benannten "Vergleichswohnungen" ergeben kann (vgl. dazu §§ 558 Abs. 2, 558 c BGB), aber nicht über die "Kappungsgrenze" hinaus (§ 558 Abs. 3 BGB); und eine daraufhin erklärte "Zustimmung" des Mieters zur Mieterhöhung, die ersetzt werden kann durch ein auf die Klage des Vermieters ergangenes Urteil (§ 558 b Abs. 1 – 3 BGB i.V.m. § 894 ZPO). Die erhöhte Miete wird dann 3 Monate nach Zugang des Mieterhöhungsverlangens geschuldet (§ 558 b Abs. 1 BGB). Eine Mieterhöhung ist auch möglich bei "Modernisierungen" der Mietsache (§ 559 ff. BGB). Diese komplizierten Regeln sind wegen ihrer praktisch großen Bedeutung ein regelrechtes "Beschäftigungsprogramm" für Rechtsanwälte und Richter.

Ein **Mietverhältnis** kann durch einen **Aufhebungsvertrag**, eine **Befristung** oder natürlich – wie jedes "Dauerschuldverhältnis" – durch **Kündigung** (eine einseitige, empfangsbedürftige Willenserklärung) für die Zukunft **beendet werden** (§ 542 Abs. 1 BGB).

- Der **Aufhebungsvertrag** ist nach § 311 Abs. 1 BGB jederzeit möglich.
- Bei einer **Befristung** endet das Mietverhältnis nach § 542 Abs. 2 BGB vorbehaltlich einer vorherigen Aufhebung oder außerordentlichen Kündigung oder einer vertraglichen Verlängerung (wichtiger Fall: stillschweigende Verlängerung nach § 545 BGB). Bei einem Mietverhältnis über Wohnraum ist eine Befristung nur erschwert möglich (§ 575 BGB)
- Ansonsten endet das Mietverhältnis durch **Kündigung**, und zwar durch eine **ordentliche** befristete Kündigung (§ 542 Abs. 1 BGB), die bei Mietverhältnissen über Wohnraum aus sozialen Erwägungen für den Vermieter stark erschwert ist (§§ 573 ff. BGB: zusätzlich erforderliches "berechtigtes Interesse" aufgrund von

Vertragsverletzungen, Eigenbedarf), oder durch eine **außerordentlich befristete** Kündigung (§§ 540 Abs. 1 S. 2, 544, 563 Abs. 4, 563 a Abs. 2, 564 BGB) oder – besonders wichtig – durch eine **außerordentliche fristlose** Kündigung (§ 543 Abs. 1 BGB).

- Zur **Folge** hat die Beendigung eine **Pflicht des Mieters** bzw. des **Untermieters** zur **Herausgabe** der Mietsache aus § 546 Abs. 1, 2 BGB und ggf. nach § 985 BGB.

(2) Rechte und Pflichten

Aus einem **bestehenden** oder einem **beendeten Mietverhältnis** gibt es eine Reihe von **Rechten und Pflichten** des **Mieters** und des **Vermieters** und uU. auch eines **Dritten,** speziell eines **„Untermieters",** die Ihnen nicht nur aus lebenspraktischen Erwägungen geläufig sein müssen, sondern auch deshalb, weil sich hieraus eine Vielzahl von **klassischen Anspruchsgrundlagen** ergeben.

> **1.** Die einander gegenüber stehenden **Pflichten der Parteien eines Mietvertrages (Mieter/Vermieter)** lassen sich wie folgt zusammenfassen:
>
> **a)** Durch den Mietvertrag wird der **Vermieter verpflichtet**:
>
> - Zur **Überlassung** der Mietsache **zum Gebrauch** an den **Mieter** in gebrauchsfähigem Zustand (§ 535 Abs. 1 S. 1, 2 BGB) und auch zur **Erhaltung im gebrauchsfähigen Zustand** (§ 535 Abs. 1 S. 2 BGB),
>
> - bei **Sach- und Rechtsmängeln** zur Mängelbeseitigung, zur Zurückzahlung zuviel gezahlter Miete wegen einer Minderung der Miete, zur Leistung von Schadensersatz (ggf. auch an in den Schutzbereich des Mietvertrages einbezogene Personen), zur Leistung von Aufwendungsersatz für die Mängelbeseitigung (§§ 536 – 536 d, 812 BGB),
>
> - zum Ersatz notwendiger **Verwendungen** an den Mieter (§ 536 a Abs. 2 BGB und § 539 Abs. 1 BGB),
>
> - zur **Duldung der Wegnahme bestimmter Einrichtungen**, auch wenn diese nach den §§ 946 ff. BGB in das Eigentum des Vermieters übergegangen sind (§ 539 Abs. 2 BGB)
>
> - und zur **Zurückzahlung** noch **nicht abgewohnter** im Voraus entrichteter **Miete** (§ 547 BGB).
>
> **b)** Der Mieter ist verpflichtet:
>
> - Zur **Zahlung** der **Miete** (§ 535 Abs. 2 BGB),
>
> - zur ausschließlichen **Verwendung** der Mietsache **zum vereinbarten Gebrauch** (§§ 538, 540, 541, 543 Abs. 2 Nr. 2 BGB),
>
> - zur **Anzeige** von **Mängeln** der Mietsache an den Vermieter (§ 536c BGB),
>
> - zur **Duldung** von **Instandsetzungsarbeiten** (§ 554 Abs. 1 BGB);

- zur **Unterlassung des vertragswidrigen Gebrauchs** bei unerlaubter Überlassung der Mietsache an einen Dritten, speziell an einen „Untermieter", (§ 541 BGB),

- zur **Rückgabe der Mietsache** bei Beendigung des Mietverhältnisses (nach § 546 BGB und nach § 985 BGB, wenn der Vermieter der Eigentümer sein sollte), und zwar bei einer Überlassung an einen Dritten, also insbesondere bei einer Untervermietung, bei Beendigung des Hauptmietvertrages nach § 546 Abs. 2 BGB gegenüber dem Hauptvermieter, selbst wenn dieser nicht Eigentümer sein sollte.

c) Im **Gegenseitigkeitsverhältnis** stehen nur die **Pflichten zur mangelfreien Überlassung** und **zur Zahlung der Miete**.

2. Im Verhältnis des **(Haupt-)Vermieters** zu einem **Dritten, dem die Mietsache** vom Mieter **überlassen worden ist,** insbesondere zu einem „**Untermieter",**

a) können sich **keine Ansprüche aus einem Mietvertrag** ergeben, denn es gibt keine vertraglichen Verbindungen zwischen beiden. Daher hat der (Haupt-)Vermieter keine vertraglichen Schadensersatzansprüche gegen den Dritten, sondern nur solche gegen den Mieter, wobei der Mieter für den Dritten einstehen muss (§ 540 Abs. 2 BGB). Umgekehrt hat auch der Dritte keinen Anspruch aus § 536 a BGB gegen den (Haupt-)Vermieter; und der Dritte ist grundsätzlich nicht in den Schutzbereich des Mietvertrages zwischen (Haupt-)Vermieter und Mieter einbezogen.

b) Der **(Haupt-)Vermieter** kann aber **kraft Gesetzes von dem Dritten**, regelmäßig also von dem „Untermieter", **Herausgabe der Mietsache** verlangen:

aa) Wenn der (Haupt-) Mietvertrag besteht, aber die Gebrauchsüberlassung an den Dritten nicht berechtigt ist,

aaa) kann der Eigentümer-(Haupt-)Vermieter nach § 985 BGB von dem Dritten Herausgabe nach Maßgabe des § 986 Abs. 1 S. 2 BGB verlangen, weil der Dritte kein Recht zum Besitz gegenüber dem Eigentümer-(Haupt-)Vermieter hat.

bbb) Der Nichteigentümer-(Haupt-)Vermieter kann nur nach § 546 Abs. 2 BGB Herausgabe von dem Dritten verlangen. Dazu muss er das Mietverhältnis beenden (vergl. § 543 Abs. 1, 2 S. 1 Nr. 2 BGB).

bb) Wenn der (Haupt-) Mietvertrag nicht mehr besteht,

aaa) ist der Dritte dem Eigentümer-(Haupt-)Vermieter mangels eines abgeleiteten Rechtes zum Besitz (§ 986 Abs. 1 S. 1 2. Fall BGB) nach § 985 BGB und auch nach § 546 Abs. 2 BGB zur Herausgabe verpflichtet, wenn das (Haupt-)Mietverhältnis endet, und zwar insbesondere endet aufgrund einer außerordentlichen fristlosen Kündigung aus wichtigem Grund (§ 543 Abs. 2 Nr. 2 BGB). Bei einer Beendigung durch Kündigung durch den (Haupt-)Vermieter gelten die §§ 573, 574 BGB nicht zugunsten des Dritten.

> **bbb) Dem Nichteigentümer-(Haupt-)Vermieter ist der Dritte nur nach § 546 Abs. 2 BGB zur Herausgabe verpflichtet.**

Wir können dies alles hier natürlich nicht in aller Gründlichkeit behandeln, sondern müssen einige **Schwerpunkte** setzen:

Was die **Pflichten des Vermieters** angeht, so steht im Vordergrund die **Verpflichtung zur Gebrauchsüberlassung**: Der Vermieter muss dem Mieter die Mietsache **tatsächlich** zum Gebrauch **überlassen** (§§ 854, 866 BGB) und dies auch in einem zum **vertragsgemäßen Gebrauch geeigneten Zustand** (§ 535 Abs. 1 S. 1, und S. 2 1. Fall BGB), wobei sich die Pflichten aus speziellen Vereinbarungen im Mietvertrag ergeben oder sich nach der Üblichkeit (z.B. Wohnräume müssen beheizbar sein) richten. Die Mietsache muss auch im **vertragsgemäßen Zustand erhalten** werden (§ 535 Abs. 1 S. 2 2. Fall BGB): Die Erhaltungspflicht betrifft einerseits die Überlassungspflicht; d.h. dem Mieter darf der Besitz nicht wieder entzogen werden, auch darf er in seinem Recht zum Gebrauch nicht gestört werden, und zwar weder vom Vermieter noch von Dritten (soweit der Vermieter hierauf Einfluss hat). Weiterhin muss der Vermieter die Mietsache durch Reparaturen in Stand halten; eine völlig zerstörte Mietsache (dann greift § 275 Abs. 1 BGB ein) muss aber nicht wieder aufgebaut werden. Die Pflicht zur Gebrauchserhaltung kann, was die Instandsetzungspflicht angeht, abgedungen werden (z.B. durch „Überbürdung" der „Schönheitsreparaturen" auf den Mieter; bei einer formularmäßigen Verpflichtung des Mieters zu turnusmäßigen Schönheitsreparaturen und gleichzeitig zu einer Rückgabe in renoviertem Zustand ist die Klausel wegen der Summierung der beiden Pflichten nach BGH insgesamt nichtig nach § 307 BGB).

Die **Pflicht des Mieters** zur **Zahlung der Miete** muss „**praenumerando**", also zu Beginn des vereinbarten Mietzeitabschnitts, erfüllt werden (§ 556 b Abs. 1 BGB). Die Zahlungspflicht besteht auch dann, wenn der Mieter aus persönlichen Gründen verhindert ist, die Mietsache zu gebrauchen (§ 537 Abs. 1 S. 1 BGB). Bei Beendigung des Mietverhältnisses muss der Mieter die **Mietsache** an den Vermieter aufgrund einer vertraglichen Herausgabeverpflichtung **herausgeben** (§ 546 Abs. 1 BGB); sollte der Vermieter auch der Eigentümer sein, konkurriert damit ein (während des Bestehens des Mietvertrages nach § 986 BGB nicht bestehender!!) Herausgabeanspruch aus § 985 BGB. Ganz unumstritten ist das übrigens nicht: Es gibt auch eine Ansicht (Raiser), derzufolge bei einem bestehenden vertraglichen Herausgabeanspruch der Anspruch aus § 985 BGB aufgrund einer Gesetzeskonkurrenz entfällt (dazu lesen Sie später mehr). Zur Herausgabe an den (Haupt-) Vermieter verpflichtet ist aber auch ein Dritter, dem der Mieter die Sache zum Gebrauch überlassen hat, also i.d.R. an einen eventuellen „Untermieter" (§ 546 Abs. 2 BGB); diese Vorschrift ist wichtig, weil anderenfalls kein Anspruch des (Haupt-) Vermieters gegen den Dritten bestünde, wenn (Haupt-) Vermieter nicht der Eigentümer ist.

Fall 97: Der Eigentümer EV vermietet eine ihm gehörige Sache an den M und überlässt sie ihm. Das Mietverhältnis endet. Der EV verlangt Herausgabe von dem M.

a) Der Anspruch ergibt sich aus § 546 Abs. 1 BGB. b) Weiterhin besteht ein Anspruch auf Herausgabe aus § 985 BGB, wenn man – wie hier empfohlen wird – der Ansicht, dass ein Anspruch aus § 985 BGB aus Gründen der Gesetzeskonkurrenz ausscheidet, nicht folgt, denn: aa) Der EV ist Eigentümer der Sache, bb) der M Besitzer, cc) und er hat kein Recht zum Besitz aus §§ 986 Abs. 1, 535 Abs. BGB, da der Mietvertrag beendet ist.

Fall 98: Der E verliert eine ihm gehörige Sache. Der A findet sie und vermietet sie an den B. Das Mietverhältnis A – B endet. Der A und der E wollen wissen, ob sie Herausgabe von B verlangen könne.

1. Der A kann a) Herausgabe nach § 546 Abs. 1 BGB verlangen, b) nicht aber aus § 985 BGB, denn er ist nicht der Eigentümer. 2. Der E kann a) nicht Herausgabe aus § 546 Abs. 1 BGB verlangen, denn er ist nicht der Vermieter, b) wohl aber nach § 985 BGB, denn aa) er ist der Eigentümer (wer hier etwa bedacht oder nur reflexhaft eine Prüfung des „gutgläubigen Erwerbs" des B unter Einschluss einer Erörterung des § 935 BGB vornimmt oder auch nur daran denkt, zeigt, dass er noch keinen rechten „Durchblick" hat! – aber: wie sollte er diesen als Anfänger jetzt schon haben?). b) Der B ist Besitzer, c) und er hat kein Recht zum Besitz aus § 986 BGB (kleine Verständnistestfrage" am Rande": Hätte der B während des Bestehens des Mietvertrages ein „Recht zum Besitz" gegenüber dem E???).

Fall 99: Der A hat vom Eigentümer EV eine diesem gehörige Mietsache gemietet und sie an den B „untervermietet". Der B hat sie dann an den C „unter-untervermietet". Nach Beendigung des Mietvertrages A – B verlangt der A Herausgabe von C.

Der A hat a) in vertraglicher Hinsicht aa) keinen Anspruch aus § 546 Abs. 1 BGB, da zwischen A und C kein Mietvertrag besteht, bb) wohl aber aus § 546 Abs. 2 BGB. (Das ist geradezu der Musterfall zu § 546 Abs. 2 BGB, der geschaffen wurde, um einem Hauptvermieter, der seinerseits nicht zugleich der Eigentümer ist, einen quasivertraglichen Anspruch auf Herausgabe zu geben. b) Ein Anspruch aus § 985 BGB besteht mangels des Eigentums des A nicht.

(3) Veränderungen auf der „Vermieterebene"

Wegen der besonderen Klausurrelevanz soll hier (trotz der bereits erfolgten theoretischen Erläuterungen im Zusammenhang mit den Vertragsparteien eines Mietvertrages) noch einmal auf dieses Thema eingegangen werden.

- Wenn eine vom Eigentümer-Vermieter vermietete und an den Mieter überlassene **bewegliche Sache** während der Mietzeit von dem Eigentümer-Vermieter nach § 931 BGB an einen Dritten übereignet wird und dieser Herausgabe nach § 985 BGB verlangt, hat der Mieter ein Recht zum Besitz aus §§ 986 Abs. 2, 535 Abs. 1 BGB.

- Wenn vom Eigentümer-Vermieter vermieteter und an den Mieter überlassener **Wohnraum** vom Eigentümer-Vermieter nach Überlassung an den Mieter an einen Dritten veräußert wird, „so tritt der Erwerber anstelle des Vermieters in die sich während der Dauer seines Eigentums aus dem Mietverhältnis ergebenden Rechte und Pflichten ein" (§ 566 Abs. 1 BGB). Das gilt auch für die Vermietung von **Grundstücken** und **anderen** (also i.d.R. Geschäfts-) **Räumen** (§ 578 BGB). Dass die Regelung des § 566 BGB auch bei einem Eigentümerwechsel durch Zuschlag bei einer Zwangsversteigerung (§ 90 ZVG) gilt, ist Ihnen schon bekannt. Der § 566 BGB findet entsprechende Anwendung, wenn ein Nießbraucher ein Grundstück über die Dauer des Nießbrauchs hinaus vermietet hat (§ 1056 BGB) oder ein Vorerbe ein Grundstück über den Zeitpunkt des Nacherbfalls hinaus vermietet hat (§§ 2135, 1056 BGB): Der Mietvertrag besteht dann zwischen dem Mieter und dem Grundstückseigentümer (§ 1056 BGB) bzw. dem neuen Eigentümer (§ 2135 BGB). Der bisherige Vermieter scheidet aus dem Mietverhältnis aus; er haftet aber weiter. Das ist selbstverständlich für alle **bereits entstandenen Ansprüche** gegen ihn. Für **künftig entstehende Ansprüche** haftet er befristet bis zum ersten Kündigungstermin nach § 566 Abs. 2 BGB wie ein selbstschuldnerischer Bürge für die Verpflichtungen des neuen Vermieters. Auch hinsichtlich einer Mietsicherheit tritt der Erwerber als neuer Vermieter an die Stelle des ehemaligen Vermieters, den allerdings weiterhin die Rückgewährverpflichtung trifft (566a BGB). Die §§ 566 b – e BGB regeln die Auswirkung des Vermieterwechsels auf die Wirksamkeit von das Mietverhältnissen betreffenden Rechtsgeschäften zwischen dem ehemaligen Vermieter und dem Mieter im Verhältnis zum Erwerber und neuen Vermieter, und dies mit dem Ziel, bereits vorgenommene Verfügungen und Rechtsgeschäfte über die Miete aufrecht zu erhalten, auch wenn dem ehemaligen Vermieter keine Verfügungsmacht mehr über die Miete zusteht. Wissen Sie übrigens noch, wo es eine vergleichbare Regelung zu § 566 BGB gibt? § 613 a BGB!

Wer sich dies alles nicht merken will/kann, wird in der juristischen Ausbildung bald „ein ernstes Problem" haben! Daher einige „Kontrollfälle":

Fall 100: Der Eigentümer EV vermietet sein Auto für einen Monat an den M und überlässt dem M das Auto. Nach einer Woche verkauft der EV das Auto an den K. Weil der K sofort in bar zahlt, übereignet der V dem K das Auto am gleichen Tag nach §§ 929, 931 BGB (haben Sie § 931 BGB schon einmal gelesen?). Der K verlangt sofort Herausgabe von M.

Ein Anspruch a) aus § 546 Abs. 1 BGB besteht natürlich schon deshalb nicht, weil zwischen K und M kein Mietvertrag besteht; denn § 566 BGB gilt nicht bei der Vermietung beweglicher Sachen. b) In Betracht kommt aber ein Anspruch aus § 985 BGB: aa) Der K ist Eigentümer nach §§ 929, 931 BGB geworden. bb) Der M ist Besitzer. cc) Der K hat aaa) kein Recht zum Besitz aus § 986 Abs. 1 BGB, bbb) wohl aber aus §§ 986 Abs. 2, 535 Abs. 1 BGB, und zwar bis zur Beendigung des Mietvertrages (hier durch Zeitablauf).

Fall 101: Der Eigentümer EV vermietet dem M eine Wohnung in einem ihm gehörigen Mietshaus und überlässt sie ihm. Dann verkauft (§§ 433, 311 b Abs. 1 BGB) und übereignet er nach Zahlung des Kaufpreises das Haus an den K (§§ 873, 925 BGB). Der K verlangt Herausgabe von M.

a) Dem K könnte ein Anspruch auf Herausgabe aus § 985 BGB zustehen: aa) Er ist Eigentümer des Hauses geworden. bb) Der M ist Besitzer. cc) Aber er hat ein Recht zum Besitz (§ 986 Abs. 1 S. 1 1. Fall, 535, 566 BGB). b) Ein Anspruch aus § 546 Abs. 1 BGB des K gegen den M besteht nicht, weil der Mietvertrag nicht beendet ist. (Ist Ihnen aufgefallen, dass diese Lösungsskizze in gröbster Weise die Aufbauregeln verletzt hat? An sich hätte zunächst der „vertragliche Herausgabeanspruch" aus § 546 Abs. 1 BGB geprüft werden müssen; im Rahmen von dessen Prüfung hätte dann mittels des § 566 BGB verdeutlicht werden müssen, wieso überhaupt der K und nicht der EV „Vermieter" ist. Der hier gewählte „verbotene" Weg machte es aber leichter, den § 566 BGB zu „illustrieren" – dies war nur auf Kosten eines „Fehlers" möglich. Sie dürfen ihn natürlich nicht begehen!)

bb) Der Leasingvertrag, der Finanzierungsleasingvertrag, der Mietkauf

> Der **Leasingvertrag** ist gesetzlich **nicht typisiert** und daher auch **nicht definiert**, sondern ist ein sog. **„verkehrstypischer Vertrag"** oder, wie man auch sagt, ein **„moderner" Vertragstyp**, der dadurch gekennzeichnet ist, dass der Leasinggeber dem Leasingnehmer eine von diesem ausgesuchte Sache oder Sachgesamtheit für eine bestimmte Zeit, oft mit Verlängerungsoption, gegen ein ratenweise zu zahlendes Entgelt zum Gebrauch überlässt; der Leasingnehmer trägt (abweichend vom Mietvertrag und Mietkauf) die Gefahr des Untergangs, der Mangelhaftigkeit und der Instandhaltung; ihm werden allerdings die Gewährleistungsrechte des Leasinggebers gegen den Hersteller/Lieferanten abgetreten. Kombiniert wird dies meist, aber nicht notwendig mit einer Kaufoption für den Leasingnehmer.

Den **Leasingvertrag** kann man als einen **atypischen Mietvertrag** (hM.) oder als einen Vertrag „sui generis" (§§ 311 Abs. 1, 241 Abs. 1 BGB) einordnen.

> Die interessanteste Variante des Leasingvertrages ist das **„Finanzierungsleasing"**: Auch dieses ist **gesetzlich nicht definiert**, auch wenn der Begriff in § 499 Abs. 2 BGB im Gesetz erwähnt wird. Es geht um folgende Konstellation: **a)** Der erste Schritt ist, dass entweder der Leasinggeber das Leasinggut selbst erwirbt oder dass zunächst der (spätere) Leasingnehmer das Leasinggut erwirbt und es dann an den Leasinggeber veräußert. **b)** In jedem Fall überlässt der Leasinggeber (ursprünglich oder wieder) das Leasinggut gegen Entgelt dem Leasingnehmer. Durch das Entgelt und auch durch eine anschließende Verwertung werden die vom Leasinggeber bei der Anschaffung gemachten Aufwendungen und Kosten amortisiert. Das ratenweise gezahlte Entgelt errechnet sich nach dem Anschaffungswert zuzüglich der Kosten, der Vorfinanzierungszinsen, des Kreditrisikos und eines Gewinns des Leasinggebers.

Es handelt sich beim **„Finanzierungsleasing"** wirtschaftlich um einen **Sachkredit**. Daher finden auch die bei Finanzierungshilfen seitens eines Unternehmers (§ 14 BGB) die den Verbraucher (§ 13 BGB) und den Existenzgründer (§ 507 Abs. 2 BGB) schützen sollenden Vorschriften (§§ 499 Abs. 2, 500 – 504 BGB), auf die wir noch ausgiebig eingehen werden, Anwendung. Die **Vorzüge** des Finanzierungsleasings sind

- **für den Leasingnehmer**, dass er moderne Investitionsgüter ohne massiven Einsatz von Eigenkapital nutzen kann, und indirekte Vorteile steuerlicher Art genießt (Minderung der Ertragssteuern durch Passivierung der Mietzinsverpflichtung und keine Aktivierung der geleasten Sache oder Sachgesamtheit als Wirtschaftsgut),
- und **für den Leasinggeber** eine günstige Kapitalnutzung.

Der **Mietkauf** ist im Gegensatz dazu ein Mietvertrag, bei dem der Vermieter die Gefahr, die Gewährleistung und die Instandhaltung trägt, mit Ankaufsmöglichkeit für den Mieter.

cc) Pachtvertrag

> Auch hier entnehmen wir die **Definition** am besten dem Gesetz: „Durch den Pachtvertrag wird der Verpächter verpflichtet, dem Pächter den Gebrauch des verpachteten Gegenstandes und den Genuss der Früchte, soweit sie nach den Regeln der ordnungsgemäßen Wirtschaft als Ertrag anzusehen sind, während der Pachtzeit zu gewähren. Der Pächter ist verpflichtet, dem Verpächter die vereinbarte Pacht zu entrichten" **(§ 581 Abs. 1 BGB).**

Zu dem in den §§ 581 ff. BGB typisierten **Pachtvertrag** nur wenige Worte: Denn esgilt i.w. das Mietrecht (§ 581 Abs. 2 BGB). Die Besonderheit ist, dass sich, weitergehend als bei der Miete, das Recht auf Gegenstände (= Sachen und Rechte) bezieht, und der Pächter das Recht hat, auch die Früchte (§ 99 BGB) zu ziehen.

l) Leihvertrag

> Die beste **Definition** liefert wieder das Gesetz: „Durch den Leihvertrag wird der Verleiher einer Sache verpflichtet, dem Entleiher den Gebrauch der Sache unentgeltlich zu gestatten" **(§ 598 BGB).**

Es besteht also eine Verpflichtung des **Verleihers** zur unentgeltlichen Gebrauchsüberlassung an den Entleiher **(§ 598 BGB).** Wenn man nun meinen sollte, es gäbe wegen der Unentgeltlichkeit keine vertragliche Leistungsstörungsansprüche des Entleihers, so irrt man, denn: Bei Rechtsmängeln oder Fehlern der Sache, die das Gebrauchsinteresse des Entleihers verletzen, haftet der Verleiher, wenn auch nur bei Arglist **(§ 600 BGB).** Bei Verletzung des Erfüllungsinteresses des Entleihers (bei Unmöglichkeit, Verzug und Schlechterfüllung und Verletzung von vorvertraglichen Verhaltenspflichten aus § 241 Abs. 2 BGB) bestehen Ansprüche aus **§§ 280 ff. BGB**, dies aber nur bei Vorsatz und grober Fahrlässigkeit (§ 599 BGB). Bei Schäden, die sich nicht aus der Verletzung des Erfüllungsinteresses ergeben, also bei „Mangelfolgeschäden", z.B. der Überlassung eines nicht verkehrssicheren Kraftfahrzeugs, haftet der Verleiher aber nach dem Maßstab des § 276 BGB, während die Haftung des Verleihers aus **§§ 823 ff. BGB** nach § 599 BGB beschränkt sein soll. Anders als bei der Miete muss die Sache dem Entleiher seitens des Verleihers aber nicht in vertragsgemäßem Zustand überlassen werden und muss auch nicht von diesem in einem gebrauchsfähigen Zustand erhalten werden. Kein Wunder: Der Gebrauch ist schließlich unentgeltlich! und auf Schadensersatz bei einem Sach- oder Rechtsmangel, dies aber nur bei Arglist (§ 600 BGB). Der **Entleiher** darf den vertragsmäßigen Gebrauch der Sache nicht überschreiten, vor allem darf er die Sache nicht unerlaubt „unterverleihen" **(§ 603 BGB).** Er muss sie sorgfältig aufbewahren, und er trägt die gewöhnlichen Erhaltungskosten. Nach Ablauf der Leihe durch Zeitablauf, durch Zweckerfüllung oder durch Rückforderung nach Gebrauchsmöglichkeit oder ansonsten jederzeit besteht eine Rückgabepflicht des Entleihers aus **§ 604 Abs. 1 - 3 BGB** und auch eines eventuellen Unterentleihers aus **§ 604 Abs. 4 BGB**. Werfen Sie bei dieser Gelegenheit noch einmal einen Blick auf § 546 Abs. 2 BGB und machen sich noch einmal klar, welchen Normzweck die beiden Vorschriften haben: Sie begründen einen quasivertraglichen Herausgabeanspruch auch für diejenigen Vermieter und Verleiher, die nicht Eigentümer der überlassenen Sache sind und die daher keinen Anspruch aus § 985 BGB gegen einen Dritten, dem der Gebrauch überlassen worden ist, also gegen den „Untermieter" und „Unterentleiher", haben. Der Entleiher haftet dem Verleiher natürlich unbeschränkt aus den **§§ 280 ff.** oder den **§§ 823 ff. BGB**.

m) Verwahrungsvertrag

> Wer vertraglich verpflichtet ist, „eine ihm von dem Hinterleger übergebene bewegliche Sache" ent- oder unentgeltlich „aufzubewahren, hat einen **Verwahrungsvertrag** geschlossen (so die **Definition** in **§§ 688, 689 BGB**).

Der **Verwahrer** ist dem **Hinterleger beweglicher Sachen** vertraglich zur **Gewährung von Raum** und **zur Aufbewahrung** bei gleichzeitiger **Übernahme der Obhut** verpflichtet (§ 688 BGB). Der Verwahrer muss dem Hinterleger die verwahrte Sache jederzeit (auch bei vereinbarter Dauer der Verwahrung!) **herausgeben** (§ 695 BGB).

Fall 102: Der A hat mit dem B vereinbart, dass er sein Auto in der Tiefgarage des B gegen ein monatliches Entgelt abstellen darf. Das Auto wird aus der Garage gestohlen. Der A verlangt Schadensersatz von B, weil er die Tiefgarage nicht ausreichend überwacht habe.

Der Anspruch könnte sich aus §§ 280 Abs. 1, 241 Abs. 2 BGB ergeben. Den B trifft aber keine Bewachungspflicht, weil hier ein Mietvertrag gegeben ist.

Der Verwahrer hat – wenn vereinbart oder nach § 689 BGB wenn die Verwahrung nach den Umständen nur gegen Entgelt zu erwarten ist – einen **Vergütungsanspruch**. Der Verwahrungsvertrag ist dann ein gegenseitiger Vertrag.

Wenn vertretbare Sachen in der Art hinterlegt werden, dass das Eigentum auf den Verwahrer übergehen und dieser verpflichtet werden soll, Sachen von gleicher Art, Güte und Menge zurückzugewähren, so finden bei Geld (z.B. beim Sparvertrag) die Vorschriften über den Gelddarlehensvertrag (§§ 700, 488 BGB), bei vertretbaren Sachen (§ 91 BGB: „bewegliche Sachen, die im Verkehr nach Zahl, Maß oder Gewicht bestimmt zu werden pflegen" = 10 Eier und 1 Pfund Mehl) die Vorschriften über den Sachdarlehensvertrag Anwendung (§§ 700, 91, 607 BGB).

n) Lagervertrag

> Nach der gesetzlichen **Definition** des **Lagervertrages** in **§ 467 HGB** liegt ein solcher vor, wenn „die Lagerung und Aufbewahrung zum Betrieb eines" kaufmännisch betriebenen „gewerblichen Unternehmens gehört" und durch den Vertrag der „Lagerhalter verpflichtet (wird), das Gut zu lagern und aufzubewahren", und der „Einlagerer" dazu, die vereinbarte Vergütung zu zahlen.

Der in den **§§ 467 ff. HGB** typisierte **Lagervertrag** ist wie bei der Verwahrung nach §§ 688 ff. BGB dadurch gekennzeichnet, dass der Lagerhalter für Güter (= bewegliche Sachen) nicht nur Räume zur Verfügung stellt (dann: Miete!), sondern gewerbsmäßig durch Gewährung von Raum die Lagerung und Aufbewahrung bei gleichzeitiger Übernahme einer Obhutspflicht durchführt und auch nicht Eigentümer wird (anders aber: § 469 Abs. 2 HGB).

Die **Beteiligten** sind der **Einlagerer** und der **Lagerhalter**. Es geht um einen besonders ausgestalteten Verwahrungsvertrag, so dass die §§ 688 ff. BGB ergänzend angewendet werden.

- Den **Lagerhalter** trifft die Pflicht zur (persönlichen: § 691 BGB) ordnungsgemäßen **Aufbewahrung** und **Obhut** (§ 467 Abs. 1 HGB). Auch wenn eine Frist vereinbart ist, hat der Lagerhalter das Gut jederzeit auf Verlangen auszuhändigen (§ 473 Abs. 1 HGB).
- Der **Einlagerer** schuldet das Lagergeld als **Vergütung** (§ 467 Abs. 2 HGB).

o) Gesellschaftsvertrag

Der **Gesellschaftsvertrag** ist ein zum Zusammenschluss von Personen führender Vertrag. Er ist zugleich schuldrechtlich verpflichtender und organisationsrechtlicher Art. Der Vertrag kann gerichtet sein auf das Entstehen einer Körperschaft (hier interessieren: der eingetragene Verein, die GmbH und die Aktiengesellschaft) oder einer Personalgesellschaft (hier interessieren: die BGB-Gesellschaft, die offene Handelsgesellschaft und die Kommanditgesellschaft) oder auf das Entstehen eines nicht-rechtsfähigen Vereins. Wegen des Inhalts der Verträge kann auf die frühere ausführliche Darstellung in Teil 2 verwiesen werden.

p) Der Vergleich

> Geradezu klassisch ist die **(Klammer-) Definition** des **Vergleichs** in **§ 779 BGB**, so dass man von Ihnen erwarten kann, dass Sie dieselbe auswendig hersagen können: „Ein Vertrag, durch der den Streit oder die Ungewissheit der Parteien über ein Rechtsverhältnis im Wege gegenseitigen Nachgebens beseitigt wird (Vergleich)........".

Der **Vergleich** ist nach § 779 BGB ein **Vertrag**, durch den die Parteien den Streit oder die Ungewissheit über ein zwischen ihnen bestehendes, zur Disposition der Parteien stehendes (also z.B. nicht eine Ehe) Rechtsverhältnis beenden, und zwar durch gegenseitiges Nachgeben, an das geringe Anforderungen gestellt werden: ausreichend ist „jedes Opfer", typisch daher ein Verzicht auf einen Teil eines Anspruchs, eine Teilzahlungsabrede, die Stundung eines fälligen Anspruchs, nicht aber ein bloßes Anerkennen eines Anspruchs.

Der Vergleich schafft i.d.R. keine neue Schuld anstelle der alten Schuld (es liegt also **keine** Schuld-„Umschaffung" = „Novation" vor), sondern er verändert nur die bereits bestehende Schuld in Inhalt und Umfang.

Die den Vergleich definierende Norm enthält merkwürdigerweise zugleich einen Nichtigkeitsgrund (trägt also praktisch den „Todeskeim" in sich): Der Vergleich ist nach **§ 779 Abs. 1 BGB** ganz oder teilweise (§ 139 BGB) **unwirksam**, wenn der gemeinsam als feststehend angesehene Sachverhalt oder wenn bestimmte als vorhanden angenommene Rechtsverhältnisse (z.B. das Bestehen eines wirksamen Kaufvertrages oder das Eigentum einer Person) der Wirklichkeit nicht entsprechen und der Streit oder die Ungewissheit bei Kenntnis der Sachlage nicht entstanden sein würden. Die Dogmatiker unter Ihnen erkennen sofort: Das ist ein gesetzlich geregelter Fall des Fehlens der Geschäftsgrundlage, so dass für § 313 BGB kein Raum mehr ist.

> Ein Vergleich kann natürlich auch nach den allgemeinen Regeln nichtig sein bzw. durch Anfechtung (§§ 119 ff. BGB) vernichtbar sein: Aber – und dass ist eine **tückische Falle** – eine Anfechtung eines Vergleichs wegen eines Irrtums über diejenigen Tatsachen, die sich auf den umstrittenen oder ungewissen und durch den Vergleich erledigten Punkt beziehen, ist natürlich nicht möglich.

Ein Vergleich als solcher ist für die bereits miteinander streitenden Parteien nicht hilfreich, denn wenn „das Kind so so tief in den Brunnen gefallen ist", sind solche Personen meist zugleich an der eventuell nötig werdenden Durchsetzung einer vergleichsweisen Regelung durch die Zwangsvollstreckung interessiert, also daran, dass er zugleich ein „Vollstreckungstitel" ist. Nur dann ist er geeignet, einen Prozess, der einen Titel zum Ergebnis hätte (§ 704 ZPO) zu verhindern. Dieses Ziel lässt sich auf mehreren Wegen ermöglichen: Wenn beim Abschluss des Vergleiches Anwälte beteiligt sind, kann ein **Anwaltsvergleich** geschlossen werden, der die Zwangsvollstreckung aus dem Vergleich ermöglicht (§§ 796 a ff. ZPO): Hierzu ist eine von den Parteien und deren Rechtsanwälten unterschriebene Vergleichsurkunde erforderlich, in der sich der Schuldner der sofortigen Zwangsvollstreckung unterwirft. Dieser Vergleich kann dann bei einem Amtsgericht niedergelegt werden. Er wird, wenn aus ihm vollstreckt werden soll, durch das Prozessgericht für vollstreckbar erklärt. Der Vergleich kann aber auch vom örtlich zuständigen Notar in Verwahrung genommen und von diesem für vollstreckbar erklärt werden (§ 796 c ZPO). Diese den Vergleich für vollstreckbar erklärenden Beschlüsse sind Vollstreckungstitel (§ 794 Abs. 1 Nr. 4 b ZPO). Aber auch ohne die Einschaltung von Rechtsanwälten kann man einen vollstreckbaren außergerichtlichen **Vergleich** zwischen den Parteien **vor einer „Gütestelle"** schließen (§ 794 Abs. 1 Nr. 1 ZPO). Wenn es bereits zu einem Rechtsstreit gekommen sein sollte, kann im Prozess jederzeit ein **Prozessvergleich** geschlossen werden, durch den ein Rechtsstreit gütlich beendet werden soll. Dieser hat eine prozessrechtlich-materiellrechtliche **„Doppelwirkung"** oder **„Doppelnatur"**: Außer seiner materiell-rechtlichen Wirkung (Veränderung der Schuld in Inhalt und Umfang) beendet er auch die Rechtshängigkeit. Daher lässt die Unwirksamkeit des Prozessvergleichs nach § 779 BGB oder nach §§ 119 ff., 142 Abs. 1 BGB die Rechtshängigkeit wieder aufleben, so dass das an sich beendete Verfahren fortzusetzen ist und das Gericht durch Endurteil entscheiden muss (§ 300 ZPO). Der Prozessvergleich ist selbstverständlich auch ein Vollstreckungstitel (§ 794 Abs. 1 Nr. 1 ZPO).

q) Schuldversprechen, Schuldanerkenntnis

aa) Konstitutives abstraktes Leistungsversprechen (Schuldversprechen, Schuldanerkenntnis)

> Ein Vertrag, durch den „eine Leistung in der Weise versprochen wird, dass das Versprechen die Verpflichtung selbstständig begründen soll (Schuldverspre-

> chen)...." oder „durch den das Bestehen eines Schuldverhältnisses anerkannt wird (Schuldanerkenntnis)....." ist nach der gesetzlichen (**Klammer-**) **Definition** in **§§ 780, 781 BGB** entweder als „**Schuldversprechen**" oder als „**Schuldanerkenntnis**" zu bezeichnen.

Bei den **Leistungsversprechen** in Gestalt eines **Schuldversprechens (§ 780 BGB)** oder eines **Schuldanerkenntnisses (§ 781 BGB)** geht es um Verträge, durch die jemand unabhängig, also „abstrakt", von einem zugrunde liegenden Schuldverhältnis einen Anspruch erlangen soll. Es handelt sich mithin um **abstrakte Verträge**, also um solche, die ohne ein ihnen zugrunde liegendes Kausalverhältnis, jedenfalls aber losgelöst von solchen Kausalverhältnissen existieren können.

Schuldanerkenntnisse oder Schuldversprechen **begründen** konstitutiv eine **Forderung**. Sie bedürfen zu ihrer Wirksamkeit der **Form** einer **schriftlichen Erteilung** der **Willenserklärung des Versprechenden** oder des **Anerkennenden** (§§ 780, 781, 126 BGB) oder der **notariellen Beurkundung** (§ 126 Abs. 4 BGB) oder der **gerichtlichen Protokollierung** (§ 127 a BGB); nicht ausreichend ist die elektronische Form (§ 780 S. 2 BGB); formfrei möglich ist ein Anerkenntnis auf Grund einer Abrechnung, bei laufender Rechnung (§ 355 HGB) oder aufgrund einer Abrechnung oder eines Vergleichs (§ 782 BGB).

Der **Gegenstand** des Anerkenntnisses oder des Versprechens nach §§ 780, 781 BGB ist in der Regel die Verpflichtung zu einer Zahlung einer Geldsumme.

Beispiele für ein **Schuldversprechen** sind z.B. das Leistungsversprechen in einer Inhaberschuldverschreibung (§ 793 Abs. 1 BGB) und für ein **Schuldanerkenntnis** das wegen § 782 BGB formfreie Saldoanerkenntnis einer Bank.

Beim **Fehlen eines** vorgesehenen **Grundgeschäftes** ist das (ja abstrakte!!) Schuldversprechen oder Schuldanerkenntnis natürlich nicht unwirksam. Es kann dann aber kondiziert werden (§ 812 Abs. 1, 2 BGB), oder es kann dem Gläubiger die Einrede des §§ 821, 812 Abs. 1,2 BGB entgegengehalten werden.

bb) Deklaratorisches Schuldversprechen oder Schuldanerkenntnis, beweiserleichterndes Anerkenntnis

Wenn **bereits eine Grundverpflichtung** besteht, stellt sich allerdings die Frage, ob ein „Schuldanerkenntnis" oder ein „Schuldversprechen" überhaupt eine neue abstrakte vertragliche Verpflichtung i.S.d. §§ 780, 781 BGB entstehen lassen soll. Denn was sollen zwei nebeneinander bestehende Verpflichtungen zwischen denselben Parteien? Sie würde nicht einmal zur Erfüllung der bereits bestehenden Verpflichtung führen (§ 364 Abs. 2 BGB). Die zur Beantwortung dieser Frage allgemein anerkannte und daher maßgebliche Auslegungsregel geht dahin, dass nur dann eine Verpflichtung aus den §§ 780, 781 BGB begründet werden soll, wenn nach dem Willen der Parteien der Schuldner losgelöst von der anderen Verbindlichkeit allein aufgrund seines Leistungswillens schulden soll. Ist das nicht der Fall,

- so ist an das Vorliegen eines keine neue Anspruchsgrundlage schaffenden lediglich **deklaratorischen Schuldversprechens** zu denken, wenn die Parteien durch einen Vertrag den Inhalt eines zwischen ihnen bstehenden aber umstrittenen Schuldverhältnisses festlegen wollen,

- oder an das Vorliegen eines keine neue Anspruchsgrundlage schaffenden lediglich **deklaratorischen Schuldanerkenntnisses**, dessen Bedeutung in einer **Schuldbestätigung** mit der Folge eines **Einwendungsausschlusses** besteht.

Auch die einfache Erklärung des Schuldners, er werde auf seine Schuld leisten, wie die eines Unfallbeteiligten, der sich für schadensersatzpflichtig hält, schafft keinen materillrechtlichen Anspruch, sondern ist eine bloße Absichts- und Wissenserklärung. Hierbei handelt es sich lediglich um ein **beweiserleichternd wirkendes** einfaches **Anerkenntnisses** mit der Folge einer **Beweislastumkehr** ohne jeden rechtsgeschäftlichen Verpflichtungswillen.

r) Kreditgeschäfte, Verbraucher- und Existenzgründerschutz

Der Begriff „**Kredit**" kommt von (lat.) „**credere**" (= vertrauen, glauben). Ein Kreditgeschäft ist die (i.d.R. entgeltliche) Zurverfügungstellung eines Vermögensvorteils auf Zeit durch den Kreditgeber an den Kreditnehmer, der später von diesem ausgeglichen werden muss. Darauf, dass dies dann auch geschieht, „vertraut" oder daran „glaubt" der Kreditgeber. Jetzt wissen Sie übrigens auch, warum ein Forderungsberechtigter „Gläubiger" heißt! Der **Darlehensgeber** z.B. kann sich das **Risiko**, dass der Darlehensnehmer das Darlehen nicht tilgen kann, durch die Vereinbarung einer Verzinslichkeit des Darlehens „vergolden" lassen. Außerdem kann er die für ihn bestehenden Gefahren dadurch mindern, dass er die Gewährung des Darlehens von der Bestellung von Sicherheiten (z.B. eine Bürgschaft oder ein Grundpfandrecht wie eine Hypothek) abhängig macht. Darüber werden Sie in anderen Zusammenhängen mehr erfahren. Umgekehrt bestehen auch für den **Kreditnehmer** beträchtliche **Risiken**: Es ist eine psychologische Binsenweisheit, dass die Verlockung des „leichten Geldes" und die Langfristigkeit einer Darlehensschuld bei geschäftsunerfahrenen Menschen die Hemmungen schwächen kann. Die Regelungen zum Kreditgeschäft sind daher im BGB praktisch untrennbar vermengt mit der Frage des Verbraucher- und Existenzgründerschutzes, mit denen wir uns hier gründlich befassen werden. Weil diese Regelungen eine „beliebte" Fundgrube für juristische Aufgabenstellungen sind, werden die anschließenden Ausführungen zu den Kreditgeschäften recht ausführlich sein.

> Verschaffen wir uns zunächst einmal einen ersten Überblick und denken wir dabei hinsichtlich der – aus dem (fürsorglichen) Blickwinkel des Gesetzgebers offenbar stets unglaublich leichtsinnigen und unerfahrenen – „Verbraucher" und der „Existenzgründer" auch „gefahrenbewusst".

Klassisch ist eine Kreditgewährung durch ein **Gelddarlehen** (i.d.R. durch eine Bank, aber auch privat gewährt); Ausführungen zum Gelddarlehen als solches finden Sie **sub aa) (1)**.

Aber, wir wollen ja „gefahrenbewusst" sein. Machen wir uns also noch einmal klar, dass bei einem Gelddarlehen für den Verbraucher und für den Existenzgründer **zwei** jetzt zu konkretisierende **Risiken** bestehen:

> **1. Risiko:** Wenn ein **Verbraucher** (§ 13 BGB) oder ein **Existenzgründer** (§ 507 BGB) **bei** einem **Unternehmer** (§ 14 BGB) langfristige Zahlungsverpflichtungen eingehen, indem sie ihren **Kreditbedarf** durch ein **Gelddarlehen**

> decken, sind sie wegen der strukturellen Ungleichwertigkeit ihrer Lage im Verhältnis zu der des Unternehmers besonders **schutzwürdig**. Dem trägt das Gesetz dadurch Rechnung, dass es in den §§ 491 – 498 BGB unabdingbar und unumgehbar (§ 506 BGB) Schutzvorschriften, die den Bestimmungen der §§ 488 – 490 BGB vorgehen, geschaffen hat; diese sollen den **Schutz** eines Verbrauchers oder Existenzgründers vor dem **Risiko langfristiger Zahlungsverpflichtungen** durch **drei Maßnahmen** (**„Information"**, **„Form"** und **„Widerrufsrecht"**) gewährleisten.

Der Verbraucher-/Existenzgründerschutz beim **Gelddarlehen** ist hier **sub aa) (2)** unter der Überschrift „Verbraucherdarlehensvertrag" dargestellt.

> **2. Risiko**: Wenn ein Vertrag über die Lieferung einer Ware oder die Erbringung anderer Leistungen und ein mit einer anderen Person abgeschlossener, der Finanzierung dieses Geschäftes dienender „Verbraucherdarlehensvertrag" ein sog. **„verbundenes Geschäft"** sind, dann stellt sich die Frage, ob die verbraucherschützenden Regelungen betreffend den „Verbraucherdarlehensvertrag" auch für die Ansprüche aus dem dadurch finanzierten Geschäft gelten und ob umgekehrt die eventuell bestehenden verbraucherschützenden Rechte aus dem finanzierten Geschäft (z.B. Haustürgeschäft) für die Ansprüche aus dem Verbraucherdarlehensvertrag gelten und schließlich die Frage, ob Einwendungen aus dem finanzierten Geschäft den Ansprüchen aus dem Verbraucherdarlehensvertrag entgegenstehen.

Der Verbraucher-/Existenzgründerschutz bei einem sog. **„verbundenen Geschäft"** („Verbraucherdarlehensvertrag" – Vertrag über Lieferung einer Ware oder die Erbringung anderer Leistungen) wird **sub aa) (3)** erörtert.

Weiterhin müssen wir uns darüber im klaren sein, dass in der modernen Wirtschaft ein Kredit sehr häufig nicht als Gelddarlehen gewährt wird, sondern (und dies besonders gern an Verbraucher) in Gestalt von **„Finanzierungshilfen"**. Ausführungen zu den Finanzierungshilfen finden sich **sub bb) (1)**.

Auch hier werden wir die o.g. beiden Risiken ins Auge fassen müssen:

> **1. Risiko:** Nicht nur bei der Aufnahme eines Gelddarlehens, sondern auch in den Fällen, in denen **Verbraucher** (§ 13 BGB) oder **Existenzgründer** (§ 507 BGB) **bei einem Unternehmer** (§ 14 BGB) in der Weise **langfristige Zahlungsverpflichtungen** eingehen, dass sie ihren **Kreditbedarf** durch die Inanspruchnahme von **Finanzierungshilfen** decken, sind sie wegen der strukturellen Ungleichwertigkeit ihrer Lage im Verhältnis zu der des Unternehmers besonders **schutzwürdig**. Daher soll bei solchen Finanzierungshilfen der Verbraucher/Existenzgründer vor dem Verlockungseffekt: „Heute kaufen, morgen bezahlen" ebenso geschützt werden, wie wenn die Kreditgewährung durch ein Verbraucher-/Existenzgründerdarlehen erfolgt wäre. In den §§ 499 – 504, 507 BGB werden daher die Vorschriften über das Verbraucherdarlehen unabdingbar und unumgehbar (§ 506 BGB), allerdings vorbehaltlich einiger Sonderregeln, für entsprechend anwendbar erklärt. Der Schutz erfolgt beim **Teilzahlungsgeschäft** durch die Ihnen ja schon bekannten **drei Maßnahmen**

> („**Information**", „**Form**" und „**Widerrufsrecht**"), beim **Finanzierungsleasing** allerdings nur durch **zwei Maßnahmen** („**Form**" und „**Widerrufsrecht**").

Ausführungen zum **Verbraucher-/Existenzgründerschutz** bei **anderen Finanzierungshilfen** finden Sie **sub bb) (2)**.

> Was das Ihnen ja ebenfalls schon bekannte **2. Risiko** angeht, wird zu erörtern sein, ob es auch bei einem durch eine andere Finanzierungshilfe kreditierten Vertrag zu einem Auseinanderfallen zwischen Kreditgeber und einem die Lieferung einer Ware oder die Erbringung anderer Leistungen Schuldenden kommen kann.

Diese Frage, ob also ein **Verbraucher-/Existenzgründerschutz** bei einem „**verbundenen Geschäft**" auch bei einem durch eine andere Finanzierungshilfe kreditierten Vertrag über Lieferung einer Ware oder die Erbringung anderer Leistungen besteht, wird **sub bb) (3)** erörtert.

Der „allgegenwärtige" Verbraucherschutz führt natürlich auch zu ganz **verzwickten Konkurrenzproblemen**, was das Widerrufsrecht bei einem Verbraucherkreditvertrag und bei anderen Finanzierungshilfen angeht, die deshalb erheblich sind, weil die Fristberechnungen für die Ausübbarkeit des Widerrufs unterschiedlich erfolgen. Das ist keineswegs nur „graue Theorie", denn es ist ohne weiteres vorstellbar, dass Verbraucherdarlehensverträge oder Verträge, bei denen Finanzierungshilfen gewährt werden, in „Haustürsituationen" etc. geschlossen werden. Die Fragen, die sich daraus ergeben, dass die sich **für die Kreditierung geltenden Schutzvorschriften** mit den **verbraucher-/existenzgründerschützenden Widerrufsrechten**, die sich aus den Verträgen selbst (Haustürgeschäft, Fernabsatzvertrag, Teilzeit-Wohnrechtevertrag) ergeben, konkurrieren können, sind **sub cc)** dargestellt.

Der „**Ratenlieferungsvertrag**" (**§§ 505 ff. BGB**) hat mit unserem Thema, den Kreditgeschäften, unmittelbar nichts zu tun. Hierbei geht es um Verträge, bei denen die Leistung in Form von „Teilleistungen" („ratenweise") erbracht wird, also nicht um eine Kreditierung einer Gegenleistung. Übrigens: Weil im „Volksmund" das Wort „Rate" nicht selten im Sinne von „Teilzahlung" verwendet wird, ist die vom Gesetzgeber gewählte Terminologie leider eine „Quelle von Missverständnissen", um deren „Austrocknung" in der Ausbildung leider unverhältnismäßig viel Zeit verwendet werden muss: Also, der „Ratenlieferungsvertrag" hat nichts mit einer „ratenweisen" Erbringung der Gegenleistung, also nichts mit einer „Teilzahlung" zu tun, sondern meint einen Vertrag, bei dem die Leistung „ratenweise" erbracht wird.

Auch wenn es mithin beim „Ratenlieferungsvertrag" nicht um ein Kreditgeschäft geht, wird er vom Gesetz im unmittelbaren Anschluss an die Finanzierungshilfen geregelt. Das macht insofern Sinn, weil auch durch „Ratenlieferungsverträge" ähnlich wie bei den Finanzierungshilfen langfristige Zahlungsverpflichtungen begründet werden. Dieser innere Zusammenhang veranlasst auch uns dazu, hier **sub dd)** den Ratenlieferungsvertrag zu erörtern.

Für Sie weitgehend bedeutungslos ist der „**Sachdarlehensvertrag**", der schließlich **sub ee)** skizziert wird.

aa) Das Gelddarlehen (§ 488 BGB)

> Beim Gelddarlehen wird – so die gesetzliche **Definition** – „der Darlehensgeber durch den **Darlehensvertrag** verpflichtet, dem Darlehensnehmer einen Geldbetrag in vereinbarter Höhe zur Verfügung zu stellen" (**§ 488 Abs. 1 S. 1 BGB**) und „der Darlehensnehmer, einen geschuldeten Zins zu zahlen und bei Fälligkeit das zur Verfügung gestellte Darlehen zurückzuerstatten" (**§ 488 Abs. 1 S. 2 BGB**).

Das Gelddarlehen ist von größter wirtschaftlicher Bedeutung. Denken Sie dabei weniger an die Ihnen aus dem täglichen Leben geläufigen Privatdarlehen unter Bekannten („Kannst Du mir mal 10 Euro leihen?"), die meist geringe Beträge zum Gegenstand haben, die kurzfristig und die i.d.R. zinslos sind. Wirtschaftlich bedeutsam sind vielmehr die Darlehen von „Kreditinstituten" (Banken), von Wirtschaftsunternehmen (z.B. von Brauereien an Gastronomen), die des Staates (z.B. zur Wirtschaftsförderung durch sog. „Kreditanstalten", wie z.B. die Kreditanstalt für Wiederaufbau). Wirtschaftlich geht es bei einem Gelddarlehen um die Zurverfügungstellung einer **Kapitalnutzung auf Zeit**.

(1) Das Gelddarlehen als solches

Der **Abschluss des Darlehensvertrages** setzt wie jeder andere Vertrag zwei aufeinander bezogene sich inhaltlich deckende Willenserklärungen namens Angebot und Annahme voraus (§§ 145 ff. BGB). Sie sind von ihrem Inhalt her darauf gerichtet, dass dem Darlehensnehmer ein Geldbetrag zur Verfügung gestellt werden soll und dass vom Darlehensnehmer ein entsprechender Geldbetrag bei Fälligkeit zurückgezahlt werden soll. Gegenstand der Einigung ist auch, ob und ggf. (also beim verzinslichen Darlehen) in welcher Höhe Zinsen zu entrichten sein werden. Es ist auch möglich, dass die Parteien nach § 311 Abs. 1 BGB vereinbaren, dass eine aus einem anderen Grund bestehende Geldschuld des Darlehensnehmers gegenüber dem Darlehensgeber (z.B. eine bereits bestehende Kaufpreisschuld aus § 433 Abs. 2 BGB) als Darlehen geschuldet werden soll („Vereinbarungsdarlehen"), wobei dann jeweils zu erörtern ist, was aus der anderen (z.B. der Kaufpreis-) Schuld wird: Zu denken ist an ein Bestehenbleiben der alten Schuld mit allen evtl. bereits vorhandenen Sicherungsrechten; oder an eine Ersetzung der alten Schuld („Novation"), die mit dem Verlust aller evtl. bereits bestehender Sicherungsrechte einhergehen würde. Wie immer entscheidet auch hier die von Fall zu Fall zu unterschiedlichen Ergebnissen führende Auslegung darüber, was vereinbart ist (§§ 133, 157 BGB); „Kochrezepte" gibt es dazu nicht.

Bei juristischen Aufgaben wird sehr häufig zu erörtern sein, ob der **Darlehensvertrag nach § 138 BGB wegen Sittenwidrigkeit** bzw. **wegen Wuchers nichtig** ist. Der Wuchertatbestand des **§ 138 Abs. 2 BGB** ist allerdings i.d.R. wegen der fehlenden bzw. nicht feststellbaren subjektiven Voraussetzungen nicht gegeben, so dass es meist auf die Frage hinausläuft, ob der keine bzw. weniger strenge subjektive Voraussetzungen aufstellende **§ 138 Abs. 1 BGB** gegeben ist: Hiernach sind nichtig „wucherähnliche" Verträge, speziell hochverzinsliche Verbraucherkreditverträge bei einem auffälligen Missverhältnis zwischen Leistung und Gegenleistung, z.B. bei 100-%iger

Überschreitung des Marktzinses, wenn der Darlehensgeber sich zugleich leichtfertig der Einsicht verschließt, dass der Darlehensnehmer den hohen Zinssatz nur aufgrund seiner wirtschaftlich schwächeren Lage akzeptiert. Im Fall der Nichtigkeit des Darlehensvertrages stellt sich dann die spannende Frage nach der Rückzahlungsverpflichtung des „Darlehens"nehmers: Wegen der Nichtigkeit des Vertrages ergibt sich der Anspruch sicher nicht aus § 488 Abs. 1 S. 2 BGB, sondern – wenn überhaupt – nur aus § 812 Abs. 1 S. 1 1. Fall BGB („Leistungskondiktion"); im Zusammenhang damit ergibt sich die weitere Frage, ob und ggf. in welchem Umfang dieser Anspruch aus § 817 S. 2 BGB gesperrt ist. Eine in engem Zusammenhang damit stehende, juristisch außerordentlich „knifflige" Frage geht dahin, ob ein solcher („Wucher")- „Darlehens"geber überhaupt einen Zinsanspruch hat, und wenn ja, in welcher Höhe er besteht. Für den erfahrenen Juristen sind diese Themen natürlich Selbstverständlichkeiten, für den „Anfänger" aber große Geheimnisse, die an dieser Stelle noch nicht gelüftet werden sollen, sondern, weil es dabei um eine Frage der Unwirksamkeit eines (hier des Darlehens-) Vertrages wegen eines entgegenstehenden „Wirksamkeitshindernisses" geht, getreu unserem Plan erstmals in jenem Zusammenhang. Haben Sie also noch ein wenig Geduld.

Die sich aus einem wirksamen **Gelddarlehensvertrag als solchem** ergebenden **Rechte und Pflichten** sind leicht überschaubar:

Wenn kein „Vereinbarungsdarlehen" (was war das noch?) vorliegt, hat der **Darlehensgeber** „dem Darlehensnehmer einen **Geldbetrag** in vereinbarter Höhe **zur Verfügung zu stellen" (§ 488 Abs. 1 S. 1 BGB)**. Wie dies zu geschehen hat, ergibt sich aus dem Darlehensvertrag. So kann die Verpflichtung darauf gerichtet sein, die Darlehensvaluta zu übereignen oder sie bargeldlos zu zahlen. Diese Zahlung kann dann an den Darlehensnehmer selbst (§ 362 Abs. 1 BGB) oder durch Leistung an einen Dritten, z.B. zur Tilgung einer anderen (z.B. Kaufpreis-) Schuld aus (§§ 362 Abs. 2, 185 BGB), erfolgen. Es kann aber auch die Verpflichtung des Darlehensgebers bestehen, einen Dritten (gegen den wiederum der Darlehensgeber eine Forderung hat) anzuweisen, an den Darlehensnehmer (§ 362 Abs. 1 BGB) oder wiederum an einen Dritten, dem der Darlehensnehmer verpflichtet ist, zu leisten (§§ 362 Abs. 2, 185 BGB). Auch kann der Darlehensgeber verpflichtet sein, dem Darlehensnehmer einen Gegenstand zu übertragen, damit dieser ihn veräußern und den Erlös als Darlehen behalten soll. Wie Sie sehen, sind der juristischen „Phantasie hier kaum Grenzen gesetzt".

Der **Darlehensnehmer** ist **verpflichtet**, bei Fälligkeit das zur Verfügung gestellte **Darlehen zurückzuerstatten (§ 488 Abs. 1 S. 2 BGB)**, und zwar

- zum vereinbarten **Fälligkeitstermin** (§ 488 Abs. 3 S. 1 BGB);
- oder bei vereinbarten Zinsen nach **Kündigung durch den Darlehensgeber** mit einer **Kündigungsfrist** von **3 Monaten** (§ 488 Abs. 3 S. 1, 2 BGB);
- oder nach Ausübung eines wegen einer **Vermögensverschlechterung des Darlehensnehmers** gegebenen außerordentlichen Kündigungsrechts **durch den Darlehensgeber** (§ 490 Abs. 1 BGB);
- oder nach Ausübung eines **„Sonderkündigungsrechts" des Darlehensnehmers**, das gegeben ist bei Vereinbarung eines festen Zinssatzes fur einen bestimmten Zeitraum (bei Privatdarlehen nach § 489 Abs. 4 S. 1 BGB: unabdingbar!) unter den Voraussetzungen des § 489 Abs. 1 Nr. 1 – 3 BGB und bei

variablem Zinssatz jederzeit, dann mit dreimonatiger Frist (§ 489 Abs. 2 BGB); eine solche Kündigung „gilt" allerdings „als nicht erfolgt", wenn die Rückzahlung nicht binnen 2 Wochen nach Wirksamwerden der Kündigung erfolgt (§ 489 Abs. 3 BGB);

- oder nach Ausübung eines außerordentlichen **„Vorfälligkeitskündigungsrechts"** durch den **Darlehensnehmer** gekoppelt mit einer Verpflichtung zur Zahlung einer „Vorfälligkeitsentschädigung" (§ 490 Abs. 2 BGB).
- **Außerordentlich kündigen** kann der **Darlehensgeber** bei einer **Verschlechterung der Vermögensverhältnisse des Darlehensnehmers** oder einer **Entwertung der Sicherheiten** (§ 490 Abs. 1 BGB) und der **Darlehensnehmer** bei **„berechtigten Interessen"** (§ 490 Abs. 2 BGB).
- Sie müssen dieses subtile System der fälligkeitsbegründenden Umstände inhaltlich natürlich nicht beherrschen! Es reicht, wenn Sie wissen, dass ein Darlehen zum vereinbarten Fälligkeitstermin oder nach Kündigung fällig ist und dass die Einzelheiten in den §§ 488 bis 490 BGB geregelt sind.

Auch muss der **Darlehensnehmer** als **Entgelt** die vereinbarten (nie vergessen: es gibt auch „zinslose" Darlehen!) **Zinsen** zahlen. Ein nach dem Vertrag vom Darlehensnehmer **geschuldeter Zins (§ 488 Abs. 1 S. 2 BGB)** ist nach Ablauf je eines Jahres, sonst bei der Rückerstattung (§ 488 Abs. 2 BGB) **zu entrichten**. Alternative oder dazu tretende Formen der Entgeltleistungen sind das **„Disagio"** (Verminderung des Auszahlungsbetrages durch vorherigen Abzug); die Erhöhung des Rückzahlungsbetrages; die Beteiligung am mit dem Darlehen erwirtschafteten Gewinn (**„partiarisches Darlehen"**), das abzugrenzen ist von der „stillen Gesellschaft"; „erweitern" Sie doch zwischenzeitlich Ihren „Horizont" und lesen Sie einmal in den §§ 230 ff. HGB.

(2) Der Verbraucher-/Existenzgründerschutz bei Gelddarlehen
  („Verbraucherdarlehensvertrag")

Weil das Gelddarlehen für den privaten Kreditnehmer ein so ungeheuer gefährliches Geschäft ist, sind Regelungen dazu im BGB praktisch untrennbar vermengt mit den Vorschriften zum Verbraucher- und Existenzgründerschutz. Bei der Zurverfügungstellung von Geldmitteln aufgrund eines **entgeltlichen (Geld-) Darlehensvertrages** zwischen einem **Unternehmer (§ 14 BGB) als Darlehensgeber** einerseits und **einem Verbraucher (§ 13 BGB)** oder einem **Existenzgründer (§ 507 BGB) als Darlehensnehmer** andererseits (**„Verbraucherdarlehensvertrag"**) finden auf ihn die §§ 491 ff. BGB Anwendung.

Allerdings werden nach § 491 Abs. 2 Nr. 1 – 3 BGB die **Kleinkredite** (bis zu einem Betrag von € 200,-), die **Arbeitgeber-** und die **Wohnungsbauförderungskredite** vollständig aus dem Anwendungsbereich des Verbraucherdarlehensrechts herausgenommen. Wenn Verbraucher- bzw. Existenzgründerdarlehensverträge in einem **gerichtlichen Protokoll** aufgenommen oder **notariell beurkundet** sind und bei **bestimmten Finanzierungszwecken** finden bestimmte verbraucherschützende Vorschriften keine Anwendung (§ 491 Abs. 3 BGB).

Im übrigen aber gelten die §§ 492 – 498 BGB mit folgenden schwerpunktmäßigen Regelungen (**Schutz** durch die „Trias": **„Information", „Form" und „Widerruf"**):

- Mit **Ausnahme des Überziehungskredits** (§ 493 BGB) bedarf der **Verbraucher-** bzw. **Existenzgründerdarlehensvertrag** nach §§ 492 Abs. 1 S. 1 – 5, 507 BGB der (abgemilderten) **Schriftform** (nicht ausreichend: elektronische Form nach § 126 a BGB!), eines der **Information** des Darlehensnehmers dienenden bestimmten **Mindestinhaltes** und der **Zurverfügungstellung** einer Abschrift der Vertragserklärungen durch den Darlehensgeber (§§ 492 Abs. 1 S. 5 Nr. 1 – 7, Abs. 1 a, Abs. 3, 507 BGB). Wenn die **Schriftform insgesamt nicht eingehalten** ist oder wenn **die Angaben nach § 492 Abs. 1 - 6 BGB fehlen**, ist der **Vertrag nichtig** (§§ 494 Abs. 1, 507 BGB). Der **Formmangel** wird durch Empfang oder Inanspruchnahme des Darlehens **geheilt**, wodurch allerdings die Pflichten des Darlehensnehmers aus dem Vertrag (z.B. Zinsminderung bei unrichtiger Information über den effektiven Jahreszins) gemildert werden (§ 494 Abs. 2 BGB).

- Die die Informationspflicht einschließende Formvorschrift des § 492 Abs. 1 BGB erfasst in Ausnahme zu § 167 Abs. 2 BGB auch die **Vollmacht zum Abschluss** eines **Verbraucher-** bzw. **Existenzgründerdarlehensvertrages** (§§ 492 Abs. 4 BGB, 507), so dass diese Vollmacht wegen der faktischen Unerfüllbarkeit der Informationspflicht letztlich unerteilbar ist (was auch das rechtspolitische Ziel des Gesetzgebers war!). Da ja auch die **Vollmacht** zum Abschluss eines **Verbraucher-** bzw. **Existenzgründerdarlehensvertrages** (nach §§ 492 Abs. 4, 507 BGB: vorbehaltlich einer notariell beurkundeten Vollmacht und einer Prozessvollmacht ist die Einhaltung der Schriftform mit den Mindestangaben des § 492 Abs. 1 BGB erforderlich) formbedürftig ist, stellt sich die Frage, ob eine **Heilung** nach der Regelung des § 494 Abs. 2 BGB oder nur bei Auszahlung des Darlehens an den Darlehensnehmer selbst analog §§ 177, 182 BGB erfolgen kann und ob hierfür eine nach § 182 Abs. 2 formfrei mögliche Genehmigung ausreicht. **Übrigens**: Warum sind eigentlich die notariell beurkundete Vollmacht und die Prozessvollmacht aus dem § 492 Abs. 4, S. 2 BGB ausgenommen worden? Um die vollständige Vermögensverwaltung durch einen Generalbevollmächtigten zu ermöglichen, bei der die Vollmacht üblicherweise durch eine notariell beurkundete Vollmacht erfolgt, und um einen Prozessvergleich eines lediglich schriftlich zu bevollmächtigenden Rechtsanwalts (lesen Sie § 80 ZPO) zu ermöglichen. In diesen beiden Fällen ist die rechtliche Beratung über die Risiken des Verbraucher- bzw. Existenzgründerdarlehens gewährleistet.

<u>Fall 103:</u> Der Verbraucher V (§ 13 BGB) erteilt dem X mündlich Vollmacht, bei Unternehmer U (§ 14 BGB) einen mit 5 % verzinslichen Kredit über € 5000,- mit einer Laufzeit von 1 Jahr aufzunehmen und das Geld als Empfangsbote für ihn, den V, entgegenzunehmen. Der Darlehensvertrag wird geschlossen und das Darlehen durch Auszahlung an X, der das Geld als Empfangsbote für V entgegennimmt und dann an V aushändigt, valutiert. Nach 1 Jahr zahlt der V € 5000,- zurück; er verweigert aber die im Vertrag vereinbarte Zinszahlung. Der U verlangt daher die Zahlung von € 250,- von V.

Der geltend gemachte Zinsanspruch könnte sich aus einem Darlehensvertrag ergeben (§ 488 Abs. 1 S. 2 BGB). a) X und U haben einen Darlehensvertrag geschlossen. b) Der Vertrag würde für und gegen V wirken, aa) wenn X den V wirksam vertreten hätte (§ 164 Abs. 1 BGB). aaa)

Der X hat eine eigene Willenserklärung abgegeben. bbb) Er hat im Namen des V gehandelt. ccc) Er müsste Vertretungsmacht gehabt haben. Die Vollmacht aaaa) ist dem X intern erteilt worden (§ 167 Abs. 1 BGB). bbbb) Weil es sich um einen Verbraucherdarlehensvertrag handelt (§ 491 Abs. 1 BGB), aaaaa) bedarf die Vollmacht aber nach § 492 Abs. 4 BGB (abweichend von der Regel des § 167 Abs. 2 BGB) der Form des § 492 Abs. 1 – 2 BGB. Danach wäre die Vollmacht nach § 494 Abs. 1 BGB nichtig, und der X hätte als Vertreter ohne Vertretungsmacht gehandelt, als er den Vertrag abschloss, und der Darlehensvertrag wäre schwebend unwirksam (§ 177 Abs. 1 BGB), bbbbb) wenn nicht der Mangel der Form der Vollmacht nach § 494 Abs. 2 BGB dadurch geheilt wäre, dass das Geld an den X als Empfangsboten des V ausgezahlt worden ist. Das ist vom Gesetzgeber abgelehnt worden, weil so der Schutz des § 492 Abs. 4 BGB umgangen werden könnte. Danach hat der X als Vertreter ohne Vertretungsmacht gehandelt und der Darlehensvertrag wäre schwebend unwirksam. bb) Der Vertrag könnte aber dadurch rückwirkend wirksam geworden sein, dass der V das Geld in Empfang genommen hat und dadurch das vollmachtlose Handeln wirksam gemacht hätte (§§ 177 Abs. 1, 182 Abs. 1, 184 Abs. 1 BGB). aaa) Der Gesetzgeber hat angenommen, dass aaaa) in der Entgegennahme des Geldes durch den vollmachtlos vertretenen Darlehensnehmer eine konkludente Genehmigung des Vertrages läge (§§ 177 Abs. 1 BGB) bbbb) und zwar – was nach § 182 Abs. 1 BGB möglich ist – durch Erklärung gegenüber dem X. ccc) Fraglich ist jedoch, ob die Genehmigung der Form des § 492 BGB bedarf. Das wird man – analog der Rechtsprechung des BGH zu §§ 177 Abs. 1, 182 Abs. 2, 311 b Abs. 1 BGB – verneinen müssen. dddd) Der Vertrag wäre danach mit Rückwirkung (§ 184 Abs. 1 BGB) zustandegekommen. bbb) Dagegen wird eingewandt (v. Bülow), dass eine Genehmigung nach § 184 Abs. 1 BGB den Vertrag in vollem Umfang wirksam macht, während bei einer verbraucherdarlehensrechtlichen Heilung die Ansprüche des Darlehensgebers immerhin geschmälert würden (§ 494 Abs. 2 BGB). ccc) Dieses Argument „schüttet aber das Kind mit dem Bade aus"; man sollte besser bei einer Genehmigung durch eine „heilungsähnliche Inempfangnahme" § 494 Abs. 2 S. 2 BGB analog anwenden, so dass sich wegen der fehlenden Zinssatzangaben in der Vollmacht der Zinssatz auf den gesetzlichen Zinssatz ermäßigt. Das sollte man anzunehmen, denn der U darf nicht dadurch, dass man eine Heilung des Formmangels im Interesse des V angenommen hat, besser gestellt werden als bei einer Heilung des Vertrages. c) Daher besteht ein Zinsanspruch, aber nur in der Höhe des § 494 Abs. 2 S. 2 BGB.

- Dem Darlehensnehmer steht beim Verbraucherdarlehen nach § 495 BGB weiterhin das **Widerrufsrecht aus § 355 BGB** zu. Die 2-Wochenfrist des § 355 BGB beginnt nach § 355 Abs. 2 BGB mit der in Textform (§ 126 b BGB) zu erteilenden Belehrung über das Widerrufsrecht (sie muss Namen und Anschrift der Person bezeichnen, gegenüber der der Widerruf zu erklären ist); wegen des Formerfordernisses des Verbraucherdarlehensvertrages beginnt die Frist erst zu laufen, wenn die Voraussetzungen des § 355 Abs. 2 S. 3 BGB erfüllt sind. Aber auch bei nicht ordnungsgemäßer Belehrung erlischt das Widerrufsrecht spätestens 6 Monate nach Vertragsschluss (§ 355 Abs. 3 S. 1 BGB), es sei denn der Verbraucher ist nicht ordnungsgemäß über sein Widerrufsrecht belehrt worden (§ 355 Abs. 3 S. 3 BGB).

- Bei einem in Teilzahlungen zu tilgenden **Teilzahlungsdarlehen, ist eine Gesamtfälligkeitsstellung nur unter den Voraussetzungen des § 498 BGB möglich**. So wird verhindert, dass die gesamte Restschuld schon bei einem geringfügigen Rest zu zahlen ist.

Wegen der sich abzeichnenden **Relevanz für die Fallbearbeitung** muss schon hier darauf hingewiesen werden: Die Verbraucher- und Existenzgründer-

> Schutzvorschriften (§§ 491 ff./507, 491 ff. BGB) mit der Folge eines Widerrufsrechts nach §§ 491, 495, 355 BGB
>
> **gelten entsprechend** für die **Schuldübernahme** nach §§ 414 ff. BGB
>
> und wohl auch für den **Schuldbeitritt** zu einer Verpflichtung eines Darlehensnehmers, und zwar mit Sicherheit dann, wenn der Beitretende einer Schuld aus einem Verbraucher-/Existenzgründerdarlehensvertrag beitritt; denn der Schuldbeitritt hat ja eine vertragliche Mithaftung wie die eines Darlehensnehmers zur Folge. Man wird wegen der Schutzwürdigkeit die §§ 491 ff. BGB wohl auch dann anwenden müssen, wenn nur der Beitretende ein Verbraucher/Existenzgründer ist.
>
> Für die **Bürgschaft** ist die Anwendung der §§ 491 ff. BGB allerdings sehr zweifelhaft, weil eine Bürgschaft keine Verpflichtung aus einem „Darlehensvertrag" begründet. Wenn man eine Analogie befürwortet, so nur in den Fällen, in denen die Hauptschuld ein Verbraucher/Existenzgründerdarlehen ist, und nicht nur deshalb, weil der Bürge ein Verbraucher/Existenzgründer ist.
>
> Wer sich unter „Schuldbeitritt" oder „Bürgschaft" nichts vorstellen kann, braucht nicht lange zu warten; im Anschluss an die Kreditgeschäfte werden wir uns mit Kreditsicherungsverträgen befassen.

(3) Der Verbraucher-/Existenzgründerschutz bei einem „verbundenen Geschäft"

Geschäfte, die die Lieferung einer Ware oder die Erbringung anderer Leistungen zum Gegenstand haben, werden häufig in einen **Erwerbsvertrag** (z.B. in einen Kaufvertrag des K mit V) und einen **Darlehensvertrag** (z.B. des K mit der B-Bank) **aufgespalten**.

Die Frage ist, ob dadurch der Verbraucherschutz gefährdet ist, wenn der Käufer K ein Verbraucher (§ 13 BGB) ist und die Kredit gewährende B-Bank und der Verkäufer V Unternehmer (§ 14 BGB) sind.

- Wenn die Verträge über die Lieferung oder Leistungserbringung und die Darlehensverträge **wirtschaftlich getrennt** sind (z.B. beim klassischen Fall, bei dem der Verbraucher K ein „Anschaffungsdarlehen" bei „seiner" B-Bank aufnimmt und mit der Valuta als Käufer bei dem Unternehmer V als Verkäufer im Wege des Haustürkaufes eine Anschaffung tätigt und sie mit den Geldmitteln aus dem Darlehen bezahlt), dann werden diese wirtschaftlich getrennten Verträge auch rechtlich getrennt behandelt werden müssen: Der Widerruf des Kaufvertrages durch K nach §§ 312, 355 BGB und des Darlehensvertrages nach §§ 495, 355 BGB hat keine Bedeutung für den jeweils anderen Vertrag; auch können Einwendungen des K gegen V aus dem Kaufvertrag nicht der B-Bank entgegengehalten werden.

- Wenn aber ein „**Verbraucher-** bzw. **Existenzgründerdarlehensvertrag**" und ein **Vertrag** über die **Lieferung einer Ware** oder die **Erbringung einer anderen Leistung durch einen Unternehmer (§ 14 BGB)** an einen **Verbraucher (§ 13 BGB)** dadurch miteinander verknüpft sind, dass das Darlehen ganz oder teilweise der Finanzierung des anderen Vertrages dient und beide Verträge (was insbesondere bei einer Finanzierung der Gegenleistung des Verbrauchers durch den Unternehmer selbst oder im Falle einer Mitwirkung des Unternehmers bei einer Drittfinanzierung der Fall ist) eine **wirtschaftliche Einheit** bilden, dann sind sie **„verbundene Verträge"** (§ 358 Abs. 3 S. 1 BGB).

Die Rechtsprechung hatte schon immer unter Heranziehung des § 242 BGB Wege gefunden, einen Darlehensnehmer vor der Aufspaltung von Darlehensvertrag und finanziertem Geschäft bei „verbundenen Verträgen" zu schützen. Nunmehr ist diese Frage in den **§§ 358 f. BGB** einheitlich gesetzlich geregelt.

> Die gesetzliche Regelung besteht in einer
>
> **1. a) Erstreckung des Widerrufs**
>
> - seitens eines **Verbrauchers** (§ 358 Abs. 1 und 2 BGB) als Partner eines Vertrages über die Lieferung einer Ware oder über die Erbringung einer anderen Leistung durch einen Unternehmer **(nach §§ 355, 312 d Abs. 1 BGB bei Fernabsatzverträgen** und **nach §§ 355, 485 Abs. 1 bei Teilzeit-Wohnrechtsverträgen)** auf den damit **verbundenen Verbraucherdarlehensvertrag (§ 358 Abs. 1 BGB)**, dies bei gleichzeitigem Ausschluss des sich auf den Darlehensvertrag beziehenden Widerrufsrechts des Darlehensnehmers aus § 495 BGB (§ 358 Abs. 2 S. 2 BGB)
>
> - und des Widerrufs seitens eines **Verbrauchers** oder **Existenzgründers** als Partner eines **Verbraucher-** bzw. **Existenzgründerdarlehensvertrages** nach §§ 495, 507 BGB auf den mit ihm **verbundenen Vertrag über die Lieferung einer Ware oder die Erbringung einer anderen Leistung**, sofern dieser unwiderruflich ist (§ 358 Abs. 2 S. 1 BGB)
>
> **b)** und in einer daraus resultierenden **Rückabwicklung** des verbundenen Vertrages wie die des widerrufenen Vertrages nach **§ 357 BGB**.
>
> **2.** Weiterhin wird angeordnet ein **Einwendungsdurchgriff (§ 359 BGB)** bei Verträgen eines Verbrauchers mit einem Unternehmer mit einem Entgelt über € 200,-: Der Verbraucher kann die Darlehensrückzahlung verweigern, soweit Einwendungen aus dem verbundenen Vertrag gegenüber dem Unternehmer, mit dem er den verbundenen Vertrag geschlossen hat, zur Verweigerung der Leistung berechtigen würden. Wenn der Verbraucher Nacherfüllung verlangen kann, gilt dies aber nur, wenn die Nacherfüllung fehlgeschlagen ist, also nicht, wenn sie noch möglich ist (§ 359 S. 3 aE. BGB).

Fall 104: Der Koof (K) kauft am 1. Juni 2002 bei dem ein Einrichtungsgeschäft betreibenden Hendel (H), der den K zu Hause aufsucht, eine komplette Wohnzimmereinrichtung (bestehend aus einem Sofa, zwei Sesseln, einem Fernsehsessel, einem Couchtisch, einer eichene Schrankwand, einem Bücherschrank mit eingearbeiteten Buchrücken, einer Anrichte, einem Perserteppich, einem künstlichen Kamin, einem Zimmerspringbrunnen, einigen Ölbildern für die Wände, einem Zimmerkühlschrank für Bierflaschen, einem Flachbildfernseher und einer Musikanlage) zum Preis von € 15 000,-. Im Kaufvertrag wird der K über sein Widerrufsrecht nach §§ 312, 355 BGB belehrt. Das Geld zur Bezahlung des Kaufpreises hat der K allerdings nicht. Der H und der K sind sich daher einig, dass der Kaufpreis finanziert werden soll. Der H steht in ständiger Geschäftsverbindung mit der Teilzahlungsbank TZB und hat auch die Kreditantragsformulare vorrätig. Der K bevollmächtigt den H in der Form des § 492 Abs. 4 BGB zum Abschluss eines Darlehensvertrages, der durch Auszahlung der Valuta an den H erfüllt werden soll. Die in Monatsbeträgen zu erfüllende Rückzahlungsverpflichtung und die Zinsverpflichtung sollen durch die Sicherungsübereignung der Einrichtungsgegenstände an die TZB gesichert werden. Der Darlehens- und Sicherungsübereignungsvertrag wird schon am nächsten Tag durch den für K handelnden H in der Form des § 492 BGB mit der TZB abgeschlossen und auch durch Auszahlung an den H erfüllt. Das Wohnzimmer wird schon am Tage danach durch die Leute des H eingerichtet. Dem K gefällt die Einrichtung jetzt plötzlich nicht mehr, weil er sich in seinem ohnehin schon kleinen Wohnzimmer kaum noch bewegen kann. Daher erklärt er den Widerruf gegenüber dem H und stellt dem H die gekauften Sachen wieder zur Verfügung. Die TZB verlangt nach einem Monat die erste Darlehensrate.

Der Anspruch könnte sich aus einem Darlehensvertrag ergeben (§ 488 Abs. 1 S. 2 BGB). a) Der Vertrag ist wirksam geschlossen (§§ 488, 13, 14, 492, 164 Abs. 1, 492 Abs. 4 BGB). Das Darlehen ist durch die Auszahlung an H valutiert worden (§§ 362 Abs. 2, 185 BGB) b) Der Vertrag könnte jedoch durch den erklärten Widerruf beendet sein. aa) Der K hat nicht den Darlehensvertrag nach §§ 495 Abs. 1, 355 BGB widerrufen, sondern den Kaufvertrag nach §§ 312 Abs. 1, 355 BGB. bb) Wenn der Kaufvertrag und der Darlehensvertrag „verbundene Verträge" nach § 358 Abs. 3 BGB wären, wäre der K durch den Widerruf des Kaufvertrags nicht mehr an den Darlehensvertrag gebunden (§ 358 Abs. 1 BGB). Wenn ein Verbraucherdarlehensvertrag und ein Vertrag über den Verkauf einer Ware oder die Erbringung einer anderen Leistung durch einen Unternehmer (§ 14 BGB) an einen Verbraucher (§ 13 BGB) dadurch miteinander verknüpft sind, dass das Darlehen ganz oder teilweise der Finanzierung des anderen Vertrages dient und beide Verträge (was insbesondere bei einer Finanzierung der Gegenleistung des Verbrauchers durch den Unternehmer selbst oder einer Mitwirkung des Unternehmers bei einer Drittfinanzierung der Fall ist) eine wirtschaftliche Einheit bilden, dann sind sie ein „verbundener Vertrag" (§ 358 Abs. 3 S. 1 BGB). Hiernach wäre der Darlehensvertrag durch den Widerruf des Kaufvertrags beendet und die TZB-Bank hätte keinen Anspruch aus § 488 Abs. 1 S. 2 BGB. cc) Dem Widerruf des Kaufvertrages nach §§ 312, 355 BGB mit der Folge des § 358 Abs. 1 BGB steht jedoch § 312 a BGB entgegen. Er hätte mit der Folge des § 358 Abs. 2 BGB den Darlehensvertrag nach §§ 495, 355 BGB widerrufen müssen.

<u>Fall 105</u>: Der Verbraucher Koof (K) kauft am 1. Juni 2002 bei Händler und Unternehmer Hendel (H) ein neues Auto zum Preis von € 20 000,-. Das Geld zur Bezahlung des Kaufpreises hat der K nicht. Der H und der K sind sich einig, dass der gesamte Kaufpreis finanziert werden soll. Der H steht in ständiger Geschäftsverbindung mit der Teilzahlungsbank TZB und hat auch die Kreditantragsformulare vorrätig. Der K bevollmächtigt den H in der Form des § 492 Abs. 4 BGB zum Abschluss eines Darlehensvertrages, der durch Auszahlung der Valuta an H erfüllt werden soll. Die in Monatsbeträgen zu erfüllende Rückzahlungsverpflichtung und die Zinsverpflichtung sollen durch die Sicherungsübereignung des Autos an die TZB gesichert werden. Der Darlehens- und Sicherungsübereignungsvertrag wird durch den für K handelnden H in der Form des § 492 BGB mit der TZB abgeschlossen und auch durch Auszahlung an H erfüllt. Das Auto hat einen reparablen Schaden an der Heizung, dessen Beseitigung der H grundlos ablehnt. Der K zahlt daher die am 15. Juli 2002 geschuldete 1. Rate aus dem Darlehensvertrag nicht an die TZB. Die TZB verlangt Zahlung.

Der Anspruch könnte sich aus einem Darlehensvertrag ergeben (§ 488 Abs. 1 S. 2 BGB). a) Der Vertrag ist wirksam geschlossen (§§ 488, 13, 14, 492, 164 Abs. 1, 492 Abs. 4 BGB). Das Darlehen ist durch die Auszahlung an H valutiert worden (§§ 362 Abs. 2, 185 BGB). b) Dem Anspruch könnte die Einrede des nicht erfüllten Vertrages entgegenstehen (§§ 434, 433 Abs. 1 S. 2, 320 BGB). aa) Dieser Anspruch bestünde gegenüber dem H als Verkäufer. bb)

Fraglich ist, ob K auch der TZB gegenüber diese Einrede erheben kann. aaa) Wenn ein Verbraucherdarlehensvertrag und ein Vertrag über den Verkauf einer Ware oder die Erbringung einer anderen Leistung durch einen Unternehmer (§ 14 BGB) an einen Verbraucher (§ 13 BGB) dadurch miteinander verknüpft sind, dass das Darlehen ganz oder teilweise der Finanzierung des anderen Vertrages dient und beide Verträge (was insbesondere bei einer Finanzierung der Gegenleistung des Verbrauchers durch den Unternehmer selbst oder einer Mitwirkung des Unternehmers bei einer Drittfinanzierung der Fall ist) eine wirtschaftliche Einheit bilden, dann sind sie ein „verbundener Vertrag" (§ 358 Abs. 3 S. 1 BGB). bbb) Die Folge ist ein Einwendungsdurchgriff (§ 359 BGB) bei Verträgen mit einem Entgelt über € 200,-: Der Verbraucher kann die Darlehensrückzahlung verweigern, soweit Einwendungen aus dem verbundenen Vertrag ihn gegenüber dem Unternehmer, mit dem er den verbundenen Vertrag geschlossen hat, zur Verweigerung der Leistung berechtigen würden. Wenn der Verbraucher Nacherfüllung verlangen kann, gilt dies aber nur, wenn die Nacherfüllung fehlgeschlagen ist, also nicht, wenn sie noch möglich ist (§ 359 S. 3 aE. BGB). Da hier die geschuldete Nacherfüllung (§§ 437 Nr. 1, 439 BGB) noch möglich ist, kann der K die Zahlung an die TZB nicht verweigern.

bb) Die Deckung des Kreditbedarfs durch Finanzierungshilfen

Damit sind Ihnen das wichtigste Kreditgeschäft, das Gelddarlehen nämlich, und der damit im Zusammenhang zu sehende Verbraucher- und Existenzgründerschutz schon ein wenig vertraut.

Eine Kreditgewährung kann aber auch anders als durch Zurverfügungstellung von Geldmitteln auf Zeit erfolgen. Möglich ist auch ein Kredit, bei dem es überhaupt nicht zu Vermögensverschiebungen kommt, nämlich durch die Gewährung von **„Finanzierungshilfen"**.

(1) Die Finanzierungshilfen als solche

Sie sollten sich ein Bild von den im Folgenden skizzierten **„Finanzierungshilfen"** machen können:

- Das Ihnen ja bereits „vom Hörensagen" ein wenig bekannte **„unechte Factoring"** ist ein „verkehrstypischer Vertrag" bzw. ein „moderner Vertragstyp", der der Finanzierung dient: Aufgrund eines i.d.R. auf Dauer angelegten Vertrages lässt der Factor sich von einem Klienten dessen Forderungen aus Warenlieferungen etc. abtreten, um sie gegen ein Entgelt einzuziehen. Er erbringt für den Klienten Dienstleistungen (Buchhaltung, Einziehung der Forderung). Wie beim Diskontgeschäft (dazu später mehr) bevorschusst der Factor den Klienten bereits vor der Einziehung der Forderung. Anders als bei dem als Forderungskauf anzusehenden „echten Factoring", bei dem der Factor das Risiko der Uneinbringlichkeit der Forderung übernimmt (was er sich durch eine Provision, die bei der Entgeltberechnung einkalkuliert wird, vergüten lässt), behält sich beim unechten Factoring der Factor ein Rückgriffsrecht gegen den Klienten vor. Es handelt sich also um ein Kreditgeschäft.

- Unter einem **Zahlungsaufschub** versteht man nach der Definition in § 499 Abs. 1 BGB ein Hinausschieben der Fälligkeit zugunsten des Verbrauchers durch Stundung.

- Bei einem Ihnen ja auch schon ein wenig bekannten **Finanzierungsleasingvertrag** erwirbt der Leasinggeber selbst das Leasinggut oder der (spätere) Leasingnehmer erwirbt das Leasinggut und veräußert es dann an den Leasinggeber. In jedem Fall überlässt der Leasinggeber das Leasinggut dem Leasingnehmer. Der Leasingnehmer hat durch das zu leistende Entgelt und auch durch eine anschließende Verwertung für die Vollamortisation der vom Leasingeber bei der Anschaffung gemachten Aufwendungen und Kosten einzustehen; das ratenweise gezahlte Entgelt errechnet sich nach dem Anschaffungswert zuzüglich der Kosten, der Vorfinanzierungszinsen, des Kreditrisikos und eines Gewinns des Leasinggebers. Es handelt sich wirtschaftlich um einen Sachkredit.

- Die **Teilzahlungsgeschäfte** sind nach § 499 Abs. 2 BGB „Verträge, die die Lieferung einer bestimmten Sache oder die Erbringung einer bestimmten anderen Leistung gegen Teilzahlungen zum Gegenstand haben" (§§ 501 – 504 BGB). Unter „Teilzahlungen" versteht man mehrere, nacheinander fällig werdende Zahlungsbeträge. Wenn die „Lieferung einer bestimmten Sache" geschuldet wird, handelt es sich um einen Kaufvertrag; soweit es um „die Erbringung einer bestimmten anderen Leistung" geht, ist an kreditierte Reiseverträge, Ausbildungsverträge oder Partnerschaftsvermittlungen gedacht.

(2) Der Verbraucher-/Existenzgründerschutz bei Finanzierungshilfen (Zahlungsaufschub, Finanzierungsleasingvertrag, Teilzahlungsgeschäft)

Nimmt ein **Verbraucher/Existenzgründer** bestimmte **Finanzierungshilfen** (nämlich: einen Zahlungsaufschub, ein Finanzierungsleasing, oder eine Teilzahlung) **entgeltlich** in Anspruch, soll er vor dem Verlockungseffekt: „Heute kaufen, morgen bezahlen" ebenso geschützt werden, wie wenn die Kreditgewährung durch ein Verbraucher-/Existenzgründer- Gelddarlehen erfolgt wäre.

> Rechtstechnisch ist dies so gelöst:
>
> **1.** Nach **§§ 499 Abs. 1, 507 BGB**, werden – mit Ausnahme des § 492 Abs. 4 BGB (dessen ratio nur auf den „umgehungsträchtigen" Verbraucher- bzw. Existenzgründerdarlehensvertrag zutrifft) – die Vorschriften des Verbraucherdarlehensvertrages auch für alle entgeltlichen Finanzierungshilfen (den Zahlungsaufschub, die Finanzierungsleasingverträge und das Teilzahlungsgeschäft) eines Verbrauchers oder Existenzgründers für anwendbar erklärt.
>
> **2.** Nach **§§ 499 Abs. 2, 507 BGB** sind für Finanzierungsleasingverträge eines Verbrauchers oder Existenzgründers und für Teilzahlungsgeschäfte in §§ 500 – 504 BGB zusätzliche besondere Regelungen getroffen worden:
>
> **a)** Bei **Finanzierungsleasingverträgen**
>
> **aa)** gilt zwar das Schriftformerfordernis des § 492 Abs. 1 S. 1 – 4, Abs. 2 und 3 BGB, die Vertragsurkunde muss aber nicht den in § 492 Abs. 1 S. 5 BGB vorgeschriebenen Inhalt haben.

bb) Die Nichtigkeits- und Formheilungsvorschrift des § 494 gilt nicht; der Vertrag ist daher bei Formmängeln nach § 125 BGB unheilbar nichtig.

cc) Ein Rücktrittsrecht des Unternehmers wegen Zahlungsverzuges ist wegen des fehlenden Verweises des § 500 BGB auf § 503 Abs. 2 BGB als ausgeschlossen anzusehen; daher ist auch die Rücktrittsfiktion bei Wiederansichnahme (§ 503 Abs. 2 S.4 BGB) unanwendbar.

b) Bei **Teilzahlungsgeschäften** von Verbrauchern oder Existenzgründern gelten folgende Besonderheiten:

aa) Hier kann das **Widerrufsrecht** aus §§ 495 Abs. 1, 355, 507 BGB durch ein Rückgaberecht nach den §§ 356 f. BGB ausgeschlossen werden (§ 503 Abs. 1 BGB).

bb) Die Vertragserklärung erfordert die **Form** der §§ 492 Abs. 1 S. 1 – 4, 502, 507 BGB. Der Formmangel führt zur Nichtigkeit (§§ 502 Abs. 3 S. 1, 507 BGB). Geheilt werden kann der Formmangel mit verändertem Inhalt der Leistungspflicht des Verbrauchers nach §§ 503 Abs. 2 S. 3, 507 BGB, wenn dem Verbraucher bzw. dem Existenzgründer die Leistung übergeben worden ist oder die Leistung erbracht worden ist. Bei einem Teilzahlungsgeschäft, das gleichzeitig ein Fernabsatzgeschäft i.S.d. § 312 b BGB ist, gelten die Formerfordernisse nicht, wenn der Verbraucher vom Unternehmer die Informationen rechtzeitig in Textform erhält (§§ 502 Abs. 2, 126 b, 507 BGB).

cc) Bei **Zahlungsverzug** gibt es ein Rücktrittsrecht nur unter den Voraussetzungen der §§ 498 Abs. 1, 507 BGB (§§ 503 Abs. 2 S. 1, 507 BGB).

dd) Die **Wiederansichnahme** der Sache durch den Unternehmer aufgrund des Teilzahlungsgeschäfts gilt als Ausübung des Rücktrittsrechts (§§ 503 Abs. 2 S. 4, 507 BGB).

(3) Der Verbraucher-/Existenzgründerschutz bei einem „verbundenen Geschäft"

Auch wenn in § 499 Abs. 1 BGB für Finanzierungshilfen, nämlich für den Zahlungsaufschub, für Teilzahlungsgeschäfte und für Finanzierungsleasingverträge in den §§ 500 und 501 BGB die Vorschriften der §§ 358, 359 BGB für **„verbundene Verträge"** für anwendbar erklärt werden, scheint diese Verweisung ins Leere zu gehen. Denn diese Finanzierungshilfen sind ihrerseits bereits Bestandteil des finanzierten Geschäftes, so dass es an einem anderen „verbundenen Vertrag" fehlt. Was die Rechtswissenschaft und die Rechtspraxis aus dieser Verweisung „machen werden", bleibt der zukünftigen Entwicklung vorbehalten. Sie sollten sie beobachten.

cc) Konkurrenzverhältnis von Verbraucher- und Existenzgründerschutz bei Verbraucherdarlehensverträgen und Finanzierungshilfen/Verbraucherschutz bei Haustürgeschäften, Fernabsatzverträgen, Teilzeit-Wohnrechteverträgen

In diesem Zusammenhang muss schließlich eine – an sich mit dem Thema Kreditgeschäfte nicht mehr in einen unmittelbaren Zusammenhang zu bringende – Frage angesprochen werden:

Zwischen den sich aus **Verbraucherdarlehensverträgen** und **Finanzierungshilfen ergebenden Widerrufsrechten** und den **verbraucherschützenden Widerrufsrechten, die sich aus den Verträgen selbst (Haustürgeschäft, Fernabsatzvertrag, Teilzeit-Wohnrechtevertrag)** ergeben, kann es zu einem **Konkurrenzverhältnis** kommen, das wie folgt gelöst wird:

- **Vorrangig** ist die Konkurrenzregel des **§ 312 a BGB**: Hiernach tritt das Widerrufsrecht eines Verbrauchers aus § 312 BGB (Haustürgeschäft) zurück; die Regeln über den Widerruf von Verbraucherdarlehensverträgen oder mit sonstigen Finanzierungshilfen verbundenen Verträgen (§§ 491 bis § 504 BGB) sind also vorrangig. Die „ratio legis" ist, dass auf diese Weise die Sonderregeln für die Widerrufsfrist und die Belehrungsanforderungen Geltung erlangen sollen. Wenn § 312 a BGB insoweit aber nicht auf die Ratenlieferungsverträge (§ 505 BGB) verweist, ist das wohl ein Redaktionsversehen.

- **Nachrangig** ist die Konkurrenzregel des **§ 358 Abs. 2 S. 2 BGB**: Die sich für einen Verbraucher- bzw. Existenzgründerdarlehensvertrag aus §§ 495, 355, 507 BGB und für die Finanzierungshilfen aus §§ 499, 495, 355, 507 BGB ergebenden Widerrufsrechte treten hinter denjenigen Widerrufsrechten, die sich aus den finanzierten Verträgen ergeben (§§ 312 b ff. BGB: Fernabsatzvertrag; §§ 481 ff. BGB: Teilzeit-Wohnrechtevertrag) zurück (arge. § 358 Abs. 2 S. 2 BGB). Für den Existenzgründer, für den die Widerrufsrechte für den Lieferungsvertrag nicht bestehen, kann dies nicht gelten.

<u>Fall 106:</u> Der Unternehmer U räumt für seinen im Fernabsatz gegen den Verbraucher K entstandenen Kaufpreisanspruch diesem vereinbarungsgemäß Teilzahlungen ein.
Hier soll das (in der Fristberechnung von § 355 BGB abweichende) Widerrufsrecht aus § 312 d Abs. 2 BGB vorgehen (arg. § 358 Abs. 2 S. 2 BGB).

- Gleiches wird man, obwohl § 358 Abs. 2 S. 2 BGB insoweit schweigt, auch für Ratenlieferungsverträge annehmen müssen, so dass die Widerrufsregelung des § 312 d BGB die des §§ 505 Abs. 1, 355 BGB verdrängt. Für den Existenzgründer, für den die Widerrufsrechte für den Lieferungsvertrag nicht gelten, kann die Subsidiarität nicht bestehen.

dd) Ratenlieferungsvertrag

Keine Kreditgewährung ist die Lieferung in Teilleistungen, die sukzessive Belieferung oder der wiederkehrende Erwerb oder Bezug von Sachen. Hierauf gerichtete **Ratenlieferungsverträge** eines Verbrauchers/Existenzgründers mit einem Unternehmer (§§ 505 Abs. 1 Nr. 1 – 3, 507 BGB) haben jedoch langfristige Zahlungsverpflichtungen zur Folge, vor denen der Verbraucher/Existenzgründer, wie beim Verbraucherdarlehensvertrag und bei der Inanspruchnahme von Finanzierungshilfen durch **„Information in bestimmter Form"** und durch **„Widerruf"** geschützt werden soll.

- Der Vertrag bedarf, vorbehaltlich der Abrufbarkeit und sofortiger Speicherbarkeit der Vertragsbestimmungen und der AGB, der **Schriftform** (§§ 505 Abs. 2, 507 BGB) und einer **Mitteilung des Vertragsinhaltes in Textform**.
- Der Verbraucher oder der Existenzgründer haben ein **Widerrufsrecht** aus §§ 505 Abs. 1 S. 1, 355, 507 BGB bei Ratenlieferungsverträgen oberhalb der Bagatellgrenze (§§ 505 Abs. 1, S. 2, 491 Abs. 2 und 3, 507 BGB).

ee) Sachdarlehensvertrag (§ 607 BGB)

> Beim **Sachdarlehen** wird – so die gesetzliche **Definition** – „(der Darlehensgeber) durch den Sachdarlehensvertrag verpflichtet, dem Darlehensnehmer eine vereinbarte vertretbare Sache", nicht aber Geld (§ 307 Abs. 2 BGB), „zu überlassen" **(§ 607 Abs. 1 S. 1 BGB).** Spätestens bei Rückerstattung der überlassenen Sache (§ 609 BGB) „(ist) der Darlehensnehmer zur Zahlung eines Darlehensentgelts und bei Fälligkeit", und zwar zum vereinbarten Fälligkeitstermin oder nach Kündigung **(§ 608 Abs. 1 BGB)**, „zur Rückerstattung von Sachen gleicher Art, Güte und Menge verpflichtet" **(§ 607 Abs. 1 S. 2 BGB).**

Der Sachdarlehensvertrag wird in der Ausbildung meist mit dem Beispiel bekannt gemacht, dass ein Wohnungsnachbar sich am Sonntag von einem anderen Wohnungsnachbarn „3 Eier leiht", um damit einen Kuchen zu backen. Dass dies keine „Leihe" ist, wird deutlich daran, dass später nicht etwa die soeben „entliehenen" Eier, sondern natürlich 3 andere Eier (gleicher Art, Güte und Menge) zurückzugeben sein sollen, weil die überlassenen Eier verbacken werden sollen, um dem Kuchenteig die nötige Bindung zu verleihen, und daher nicht wieder zurückzugeben waren; es handelt sich also um einen Sachdarlehensvertrag. Praktische Bedeutung hat der Sachdarlehensvertrag beim „Wertpapierdarlehensvertrag", beim „Paletten-Vertrag". Auch wird auf ihn beim Summenverwahrungsvertrag verwiesen (§ 700 BGB).

s) Überblick über die Möglichkeiten einer Kreditsicherung

Wir haben gerade diverse Möglichkeiten vertraglich eingeräumter Kredite kennen gelernt. Es ist eine banale Erkenntnis, dass das bloße Vertrauen eines Kreditgebers, der Kreditnehmer werde den zur Verfügung gestellten Vermögensvorteil vereinbarungsgemäß ausgleichen und auch die vereinbarten Zinsen zahlen, diesen i.d.R. kaum veranlassen wird, einen Kredit zu gewähren. Der Kreditgeber wird sich vielmehr gegen das Risiko der zukünftigen Leistungsunwilligkeit und der zukünftigen Leistungsunfähigkeit des Kreditnehmers absichern wollen. Es gilt der Satz: **„Kein Kredit ohne Sicherheit"**.

> Bei der Frage der **Kreditsicherungsmittel** ist an folgende Möglichkeiten zu denken:

Es gibt zum einen die „**Personalsicherheiten**" (= persönliche Kreditsicherung): Die **Bürgschaft** ist eine **unselbstständige Hilfsverpflichtung** zur Sicherung einer fremden Schuld. Sie ist das typische Mittel einer persönlichen Kreditsicherung (§§ 765 ff. BGB). Wie ein Bürge haftet auch der Auftraggeber beim **Kreditauftrag** (§ 778 BGB). Das Ziel der Kreditsicherung kann aber auch durch einen **Schuldbeitritt** und durch einen **Garantievertrag** erreicht werden; beides ist gesetzlich nicht geregelt. In allen diesen Fällen haftet der Kreditsicherer mit seinem ganzen Vermögen. Das Versprechen (i.d.R. das einer Muttergesellschaft), einen Schuldner (i.d.R. eine Tochtergesellschaft) mit Geldmitteln auszustatten, nennt man „**Patronatserklärung**"; auch hierüber gibt es keine gesetzlichen Regelungen.

Die andere Kategorie der Kreditsicherungsmittel sind die „**Realsicherheiten**" (= sachliche Kreditsicherung): Ein Kredit kann auch durch Verwertungsrechte, wie das **Pfandrecht** (§§ 1204 ff. BGB), die **Sicherungsübereignung**, die **Sicherungszession**, die beide gesetzlich nicht geregelt sind, ferner durch die **Hypothek** (§§ 1113 ff. BGB) und durch die **(Sicherungs-) Grundschuld** (§§ 1191 ff. BGB), bei denen ein bestimmter Vermögensgegenstand (Sache, Forderung) als Sicherheit dient, gesichert werden.

Der in §§ 449, 929, 158 Abs. 1 BGB geregelte **Eigentumsvorbehalt** ist anders als die vorgenannten Realsicherungsrechte kein Sicherungsrecht i.S. eines Verwertungsrechtes, sondern ein Sicherungsrecht, durch das ein Herausgabeanspruch des vorleistenden Eigentümer-Verkäufers einer beweglichen Sache gegen den Käufer aus § 985 BGB mit dinglicher Wirkung und daher mit Vorrang gegenüber anderen Gläubigern des Käufers (§ 771 ZPO, § 47 InsO!) gesichert wird.

Von diesen Möglichkeiten sind wir hier (vergessen Sie nicht: wir sind bei der Frage der Ansprüche aus vertraglichen Schuldverhältnissen und nicht im Sachenrecht!) zunächst allein an solchen Sicherungsrechten interessiert, die zu Ansprüchen aus einem Vertrag führen; und das sind: **Die Bürgschaft** (dazu mehr **sub t)**), **der Schuldbeitritt** (dazu mehr **sub u)**) und **Garantievertrag** (dazu mehr **sub v)**). Der **Kreditauftrag** (§ 778 BGB) und die „im wirklichen Leben" nicht seltene „**Patronatserklärung**" (Absicherung eines Kredits einer „Tochtergesellschaft" durch Zusage der „Muttergesellschaft" gegenüber dem Kreditgeber, die „Tochtergesellschaft" bei der Erfüllung der Verbindlichkeiten aus dem Kreditvertrag zu unterstützen) vernachlässigen wir hier weitgehend. Dazu nur soviel: Ansprüche der Gläubiger bestehen nur bei einer „harten" Patronatserklärung (z.B.: „Wir werden die Tochtergesellschaft so ausstatten, dass sie ihren Verbindlichkeiten nachkommen kann"), nicht aber aus einer „weichen" Patronatserklärung (z.B.: „Wir betrachten die Schulden unsrer Tochter seit jeher wie eigene Verbindlichkeiten"). Die „harte" Patronatserklärung ist ein zwischen dem Gläubiger und der Mutter geschlossener unechter Vertrag zugunsten der Tochter, aufgrund dessen die Tochter keinen Anspruch gegen die Mutter erwirbt. Wie die Muttergesellschaft ihre Verpflichtung gegenüber dem Gläubiger erfüllt, bleibt ihr überlassen; denkbar ist z.B. eine Kapitalerhöhung oder ein Gesellschafterdarlehen an die Tochtergesellschaft. Die **Realsicherheiten** erörtern wir erst später im Zusammenhang mit den sachenrechtlichen Ansprüchen. Das gilt auch für den Eigentumsvorbehalt, von dem Sie allerdings schon sehr viel im Zusammenhang mit der Erörterung der §§ 158 ff. BGB und bei der Darstellung des Kaufvertrags erfahren haben.

t) Die Bürgschaft

> Die gesetzliche **Definition** der Bürgschaft in § 765 Abs. 1 BGB lautet: „Durch den **Bürgschaftsvertrag** verpflichtet sich der Bürge gegenüber dem Gläubiger eines Dritten, für die Erfüllung der Verbindlichkeit des Dritten einzustehen".

Die Bürgschaft ist ein für die Kreditpraxis sehr bedeutender **Kreditsicherungsvertrag**, der einen **Kreditgeber** deshalb in besonderer Weise dazu motivieren kann, einem Kreditnehmer einen Kredit zu gewähren, weil der **Bürge** sich durch den Bürgschaftsvertrag **verpflichtet**, mit seinem **gesamten Vermögen**, also mit allen ihm gehörenden beweglichen oder unbeweglichen Sachen und mit allen ihm zustehenden Forderungen, Rechten etc., **für die Erfüllung der Schuld des Kreditnehmers einzustehen**. Damit hat der Gläubiger einerseits einen Anspruch gegen den Hauptschuldner aus der gesicherten Forderung und andererseits eine Forderung gegen den Bürgen aus dem Bürgschaftsvertrag; er kann sich somit aus dem gesamten Vermögen zweier Personen befriedigen. Die Bürgschaft ist eine besonders hochwertige Sicherheit, denn bei den zur Verwertung berechtigenden Sicherungsrechten aufgrund einer Sicherungsübereignung, einer Hypothek bzw. einer Sicherungsgrundschuld oder einer Sicherungszession etc. stellt der Sicherungsgeber lediglich einen einzigen Gegenstand seines Vermögens (bewegliche Sache, Grundstück, Forderung etc.) als Sicherungsobjekt zur Verfügung. Allerdings sagt die unverkennbare „Opferbereitschaft" des Bürgen noch nichts über die Qualität der von ihm gebotenen Sicherheit aus; denn in erster Linie ist dafür entscheidend, wie vermögend, wie liquide und wie zahlungsbereit der Bürge ist. Man darf auch nicht aus dem Auge verlieren, dass der Gläubiger nur obligatorisch und nicht dinglich am Vermögen des Bürgen berechtigt ist, dass er also in vollem Umfang das Insolvenzrisiko nicht nur des Schuldners, sondern auch des Bürgen trägt. Das ist bei den Verwertungssicherungsrechten anders. Der beste Bürge ist unter diesem Aspekt eine inländische Großbank, die sich unwiderruflich und selbstschuldnerisch (§§ 771, 773 Abs. 1 Nr. 1 BGB; dazu später mehr) verbürgt hat; ein solcher Bürge ist ein sog. „tauglicher Bürge", durch dessen Stellung man z.B. in den Fällen der §§ 257 S. 2, 551 BGB Sicherheit leisten kann (lesen Sie dazu einmal die §§ 232 Abs. 2, 239 BGB). Noch „attraktiver" ist die Bürgschaft für den Gläubiger, wenn sich ein Bürge zusätzlich „auf erstes Anfordern" verbürgt (dazu später mehr).

Aus der **Sicht** eines **Bürgen** gibt es i.w. drei Motive dafür, das gewaltige Risiko, das eine Bürgschaft mit sich bringen kann (Zitat aus der Schuldrechtsvorlesung im Wintersemester 1962 von Konrad Zweigert: „Ein Jurist bürgt nicht!"), auf sich zu nehmen:

- Außer der aus persönlichen, oft rein emotionalen Gründen eingegangenen **Gefälligkeitsbürgschaft**, speziell unter Familienangehörigen, gibt es
- Bürgschaften von (insbesondere Mehrheits- und/oder geschäftsführenden) **Gesellschaftern** einer GmbH für ein eigenkapitalersetzendes Darlehen der Gesellschaft (§ 32 a Abs. 2 GmbHG) und
- **Bankbürgschaften** gegen Entgelt („Avalzinsen") z.B. zum Zwecke der Sicherungsleistung (§ 232 Abs. 2 BGB z.B. im Fall des § 257 S. 2 BGB oder des § 551 BGB).

> Wenn wir im Folgenden die **Bürgschaft** außerordentlich **gründlich behandeln** werden, so deshalb, weil dieser Vertragstyp für die Ausbildung von sehr großer Bedeutung und eine wahre „Fundgrube" für juristische Aufgabenstellungen ist. Für junge Juristen ist dies sehr fordernd, aber unausweichlich.

aa) Rechtliche Konstruktion der Bürgschaft

Die **Beteiligten** sind der **Gläubiger,** der **Hauptschuldner** und der **Bürge.**

- Gegeben sein müssen im „**Außenverhältnis**" ein **Bürgschaftsvertrag** zwischen dem Gläubiger und dem Bürgen und, weil die Bürgschaft „akzessorisch" ist, eine dem Gläubiger gegen den Hauptschuldner zustehende zu sichernde **Hauptforderung.**
- Weiterhin besteht in aller Regel im „**Innenverhältnis**" zwischen dem **Hauptschuldner** und dem **Bürgen** ein **Rechtsverhältnis**, aufgrund dessen der Bürge die Bürgschaftsverpflichtung eingegangen ist.

(1) Der Bürgschaftsvertrag

Der **Anspruch** des **Gläubigers gegen** den **Bürgen** aus **§ 765 BGB** setzt voraus, dass zwischen ihnen ein **Bürgschaftsvertrag** geschlossen ist.

> Bei der Prüfung des Vorliegens eines **Bürgschaftsvertrages** geht es um folgende zentrale Fragestellungen:
> - Wer sind die **Abschlusspartner** des Bürgschaftsvertrages?
> - **Vertretung** beim Abschluss des Bürgschaftsvertrages?
> - Was ist der **Inhalt** der Bürgschaftserklärung?
> - Gibt es spezifische Gründe für die **Nichtigkeit** des Bürgschaftsvertrages?
> - Müssen die **Verbraucherschutzvorschriften** angewendet werden?
> - Welche **Form** muss die Bürgschaftserklärung bzw. ein zu ihr hinführendes Rechtsgeschäft haben?

Was die Frage der **Abschlusspartner** eines **Bürgschaftsvertrages** angeht, so wird er wie jeder Vertrag nach den §§ 145 ff. BGB

- entweder **zwischen** dem **Gläubiger** und dem **Bürgen** abgeschlossen.
- Möglich ist aber auch ein Vertragsschluss nach §§ 765, 328 BGB **zwischen einem Versprechensempfänger** (i.d.R. der Hauptschuldner) **und einem Versprechenden** (Bürge) **zugunsten eines Dritten** (Gläubiger).

Fall 107: Der V hat gegen K eine am 1. September 2002 fällige Kaufpreisforderung aus im Jahre 2002 erfolgten Stahllieferungen. Als der K auf einen momentanen finanziellen Engpass hinweist, erklärt der V sich gegen Stellung eines selbstschuldnerischen Bürgen zu einer Stundung für 6 Monate bereit. Der K verhandelt daraufhin mit der B-Bank AG (B-Bank) über den Abschluss eines „Avalkreditvertrages", aufgrund dessen die B-Bank bis zu einer Höhe von € 1 000 000,- die selbstschuldnerische Bürgschaft für die Kaufpreisforderung des V übernehmen soll. Der Prokurist P der B-Bank wird während der Vertragsverhandlungen damit beauftragt, an den V zu schreiben, um die genaue Höhe der Forderung zu erfragen. Der P geht davon aus, dass der Bürgschaftsvertrag bereits geschlossen ist, und schreibt am 8. September 2002 an den V: „Wir haben die selbstschuldnerische Bürgschaft für Ihre Forderung in Höhe von € 1 000 000,- gegen den K übernommen. Wir bitten um die Aufgabe der Höhe der Forderung". Unter dem 10. September 2002 schreibt der V zurück:„Wir haben zur Kenntnis genommen, dass Sie die selbstschuldnerische Bürgschaft uns gegenüber in Höhe von € 1 000 000,- übernommen haben". Am 24. September 2002 schreibt die B-Bank zurück: „Wir haben keine Bürgschaft übernommen". Nachdem der V die B-Bank auf den Widerspruch zu ihrem Schreiben vom 8. September 2002 hingewiesen hatte, erwiderte die B-Bank unter dem 6. November 2002, dass das Schreiben vom 8. September 2002 auf einem Irrtum des P beruhe. Als K nach 6 Monaten nicht zahlt, nimmt der V die B-Bank in Anspruch (nach BGH).

Der Anspruch ergibt sich aus § 765 BGB, a) wenn zwischen V und der B-Bank ein wirksamer Bürgschaftsvertrag zustande gekommen ist (§ 765 BGB). aa) In dem Schreiben vom 8. September 2002 könnte ein der B-Bank nach §§ 164 BGB, 48 HGB zurechenbares Angebot zum Abschluss eines Bürgschaftsvertrages zu sehen sein, das der V durch sein Schreiben vom 10. September 2002 angenommen hätte. Bedenken dagegen erweckt der Umstand, dass dem für die B-Bank handelnden P das aktuelle Erklärungsbewusstsein fehlte. aaa) Der BGH hat angenommen, dass es sich um ein der B-Bank nach §§ 164 Abs. 1 BGB, 48 ff. HGB zurechenbares Angebot handele, weil auch bei fehlendem Erklärungsbewusstsein eine Erklärung als Willenserklärung anzusehen sei, wenn sie vom Empfänger nach Treu und Glauben und mit Rücksicht auf die Verkehrssitte als Willenserklärung aufgefasst werden durfte („potentielles Erklärungsbewusstsein"). bbb) Gegen das Vorliegen eines Angebots zum Abschluss eines Bürgschaftsvertrages spricht, dass die Erklärung einen bereits bestehenden Vertrag zum Inhalt hat („...haben ... übernommen.") und keinen Vertrag zustande kommen lassen will. b) Wenn man dieses Bedenken nicht teilt, muss man prüfen, ob – was bei dem Vorliegen einer Willenserklärung aufgrund „potentiellen Erklärungsbewusstseins" möglich sein soll – die B-Bank den Vertrag wirksam nach §§ 119 Abs. 1, 166 Abs. 1 BGB angefochten hat. aa) Der BGH hat dies für die Erklärung vom 24. September 2002 verneint, weil nicht erklärt worden sei, dass die Erklärung wegen des Willensmangels keine Geltung haben sollte; bb) und die Erklärung vom 6. November 2002 sei verspätet gewesen (§ 121 BGB).

Wir wollen uns jetzt auf die „klassische" Konstellation, eines **Bürgschaftsvertrages zwischen dem Gläubiger und dem Bürgen** und die weiteren bereits oben genannten **am häufigsten zu diskutierenden Fragen** (Vertretung, Inhalt der Bürgschaftserklärung, Nichtigkeitsgründe, Verbraucherschutz, Form) konzentrieren. Wie bei jedem Vertrag kann man auch beim Abschluss eines Bürgschaftsvertrages durch einen Boten oder durch einen Vertreter handeln (§ 164 BGB). Insbesondere kann bei einem solchen zwischen dem Gläubiger und dem Bürgen abgeschlossenen Vertrag der **Hauptschuldner** der **Bote** oder der **Vertreter** des **Bürgen** sein.

Fall 108: Der GBV ist Generalbevollmächtigter des Bü. Dieser hat nach der Vollmachtserteilung dem GBV den Abschluss von Bürgschaftsverträgen untersagt. Der GBV schließt im eigenen Namen für sich selbst handelnd einen Darlehensvertrag mit G ab. Zur Sicherung der Zahlungspflichten hieraus schließt er im Namen des Bü einen Vertrag über eine selbstschuldnerische Bürgschaft mit dem G in der Form des § 766 BGB. Der G hätte wissen müssen, dass der Bü dem GBV den Abschluss von Bürgschaftsverträgen untersagt hat. Der G nimmt den Bü in Anspruch. Der Bü verweigert die Leistung (nach BGH).

Der Anspruch ergibt sich aus § 765 BGB, wenn zwischen G und Bü ein wirksamer Bürgschaftsvertrag zustande gekommen ist (§§ 765, 766, 164 Abs.1 BGB). a) Eine Hauptverbindlichkeit besteht (§ 488 Abs. 1 S. 2 BGB). b) Die zum Abschluss eines Bürgschaftsvertrages aa) nötigen Willenserklärungen haben der Bü und der GBV abgegeben. bb) Die Willenserklärung des GBV entspricht der Form des § 766 BGB. cc) Der GBV müsste den Bü wirksam vertreten haben. aaa) Er hat im fremden Namen bbb) mit Vertretungsmacht gehandelt. Das Verbot des Bü Bürgschaftsverträge abzuschließen, schränkt die Vollmacht nicht ein; es handelt sich lediglich um eine im Innenverhältnis wirkende Weisung i.S.d. § 665 BGB. ccc) Der Vertrag ist nicht nach § 181 BGB nichtig, da der GBV nur auf der Seite des Bü tätig geworden ist. ddd) wohl aber liegt ein Fall des Missbrauchs der Vertretungsmacht vor, der – weil G diesen hätte erkennen können – zur schwebenden Unwirksamkeit (§ 177 BGB analog) und wegen der Verweigerung der Genehmigung seitens des Bü zur Nichtigkeit führt.

Fall 109: Der V hat gegen den K eine fällige Kaufpreisforderung in Höhe von € 100 000,-. Als der K nicht zahlen kann, erklärt sich der V gegen Stellung eines selbstschuldnerischen Bürgen zur Stundung der Forderung für 6 Monate bereit. Der K schließt mit der B-Bank AG einen „Avalkreditvertrag" des Inhalts ab, dass die B-Bank die selbstschuldnerische Bürgschaft für die Kaufpreisforderung des V übernimmt. Als K nach 6 Monaten nicht zahlt, nimmt der V die B-Bank in Anspruch (nach BGH).

Der Anspruch ergibt sich aus § 765 BGB, wenn zwischen dem V und der B-Bank AG ein wirksamer Bürgschaftsvertrag zustande gekommen ist (§ 765 BGB). a) Hier könnte der Vertrag nach §§ 765, 328 BGB zustande gekommen sein; der Form des § 766 BGB bedurfte er nach §§ 350, 6 HGB, 3 AktG nicht. b) Im Abschluss eines „Avalkreditvertrages" zwischen einem Schuldner und einer Bank liegt aber kein Bürgschaftsvertrag zugunsten des Gläubigers, sondern nur eine Verpflichtung der Bank gegenüber ihrem Kunden, einen Bürgschaftsvertrag abzuschließen. Ein solcher ist bisher aber nicht abgeschlossen worden.

In **inhaltlicher Hinsicht** muss die **Willenserklärung des Bürgen** alle **wesentlichen Merkmale der Bürgschaft** („essentialia negotii") umfassen:

- Die **Hauptforderung** muss **inhaltlich bestimmt** sein. Das ist **problematisch**, wenn unklar ist, für welche von **mehreren in Betracht kommenden Verbindlichkeiten** der Bürge sich verbürgt hat; hier hilft die Auslegung des Bürgschaftsvertrages. Bei **Verbindlichkeiten**, die **„unübersehbar"** sind, wie im Fall einer Bürgschaft „für alle nur irgendwie denkbaren künftigen Verbindlichkeiten" wird man die inhaltliche Bestimmtheit verneinen müssen; ausreichend sein dürfte aber eine sachliche Begrenzung auf Forderungen „aus einer Geschäftsverbindung" oder eine Bürgschaft für „alle gegenwärtigen und künftigen Forderungen einer Bank gegen den Hauptschuldner".

- Den **Gläubiger** (der u.U. aus der Bezeichnung der Hauptschuld bestimmt werden kann) der Hauptschuld.
- Den **Hauptschuldner** (der u.U. aus der Bezeichnung der Hauptschuld bestimmt werden kann).
- Und die **Erklärung des Bürgen**, für die Erfüllung der Hauptschuld **als Bürge für einen fremde Schuld** einstehen zu wollen,
- wobei es bestimmte **Sonderformen** gibt: a) Als **Ausfallbürgschaft**: Der Ausfallbürge kann nur in Anspruch genommen werden, wenn der Gläubiger „ausgefallen" ist, also wenn keine Zahlung erlangt worden ist und wenn bestellte Sicherheiten nicht zur Befriedigung geführt haben. b) Als **Teilbürgschaft**: Die Teilbürgen stehen nur für einen Teil der Forderung ein. c) Als **Höchstbetragsbürgschaft**: Der Höchstbetragsbürge haftet für die Erfüllung der gesamten Forderung, aber nur bis zu einem bestimmten Betrag. d) Als **Mitbürgschaft**: Die Mitbürgen stehen für dieselbe Verbindlichkeit als Gesamtschuldner ein (§ 769 BGB). e) Als **Nachbürgschaft**: Der Nachbürge bürgt für die Erfüllung durch den Hauptbürgen. f) Als **Rückbürgschaft**: Der Rückbürge steht für die Erfüllung der Regressverbindlichkeit des Hauptschuldners ein, indem er sich für den Rückgriffsanspruch des Bürgen gegenüber dem Hauptschuldner verbürgt. Wenn der Bürge an den Gläubiger gezahlt hat, sichert er den Rückgriffsanspruch aus dem Innenverhältnis (z.B. aus § 670 BGB) und den nach § 774 Abs. 1 S. 1 BGB auf den Bürgen übergegangenen Zahlungsanspruch des Gläubigers gegen den Hauptschuldner. Mit einer Zahlung an den Bürgen erlangt der Rückbürge über § 774 Abs. 1 S. 1 BGB diese beiden Ansprüche des Bürgen. g) Als **Zeitbürgschaft**; diese Bezeichnung hat eine doppelte Bedeutung: **aa)** Der Zeitbürge steht für alle Verbindlichkeiten des Hauptschuldners, die innerhalb einer bestimmten Frist entstehen, ein; **bb)** oder der selbstschuldnerische Bürge wird frei, wenn der Gläubiger seine Inanspruchnahme nicht innerhalb einer bestimmten Zeit anzeigt (§ 777 BGB).

Ein nach korrespondierender deckungsgleicher **Annahmeerklärung** zustande gekommener **Bürgschaftsvertrag** soll dann nach **§ 138 Abs. 1 BGB** nichtig sein können, wenn ein

- **krasses Missverhältnis zwischen der Verpflichtung des Bürgen** und seiner **Leistungsfähigkeit** besteht,
- es sich bei diesem um einen **vermögens-** und **einkommenslosen** bzw. **-schwachen Angehörigen** handelt
- und andererseits der **Gläubiger kein berechtigtes Interesse** an der Bürgschaft hat,
- **es sei denn** es besteht ein im Bürgschaftsvertrag ausgewiesener **besonderer Haftungszweck**: z.B. ein zu erwartender Vermögenszuwachs des Bürgen (bei einer zu erwartenden Erbschaft könnte dem aber § 311 b Abs. 4 BGB entgegenstehen) oder Vermögensverschiebungen des Hauptschuldners auf den Bürgen.

Ansonsten aber steht allein der Umstand, dass die Bürgschaftsforderung die wirtschaftliche Leistungskraft des Bürgen überfordert, der Wirksamkeit des Bürgschaftsvertrages nicht entgegen.

<u>Fall 110</u>: Auf Wunsch ihres Vaters S, der bei der G-Sparkasse eine Erweiterung seines Kreditlimits für einen Geschäftskredit beantragt hatte, hatte die B mit der G-Sparkasse einen Vertrag über eine Höchstbetragsbürgschaft über € 100 000,- formgerecht abgeschlossen. Die 21 jährige B besaß kein Vermögen und verdiente als ungelernte Fließbandarbeiterin monatlich € 1 150,-. Der Sachbearbeiter der Sparkasse kannte diese Umstände, hatte aber vor dem Vertragsschluss erklärt, sie, die B, gehe keine große Verpflichtung ein, er brauche ihre Unterschrift „nur für die Akten". Später geriet der S in Vermögensverfall, und die G-Sparkasse nahm die B in Anspruch (nach BGH).

Ein Anspruch aus § 765 BGB besteht deshalb nicht, weil der Bürgschaftsvertrag nach § 138 Abs. 1 BGB nichtig ist. Hierzu gibt es unterschiedliche Argumente: a) Entweder wird gesagt, Sittenwidrigkeit sei gegeben, weil die Privatautonomie (Art 2 Abs. 1 GG) aufgrund der strukturellen Unterlegenheit wegen des nach seinem Inhalt ungewöhnlich belastenden Bürgschaftsvertrages und wegen des offensichtlich unangemessenen Interessensausgleichs nicht mehr bestehe (BVerfG). b) Oder man argumentiert mit dem BGH rein zivilrechtlich aus § 138 Abs. 1 BGB heraus, indem man den Bürgschaftsvertrag aa) entweder schon deshalb für sittenwidrig hält, aaa) weil wegen der Höhe der Bürgschaft die nur geringe finanzielle Leistungskraft des Bürgen überstiegen ist und dieser krass überfordert wird und weil beim Abschluss des Bürgschaftsvertrages die Entscheidungsfreiheit des Bürgen wegen seiner persönlichen Nähe zum Schuldner in vom Gläubiger zurechenbar beeinflusster Weise ausgenutzt worden ist. bbb) Das kann hier auch nicht dadurch kompensiert werden, dass der Gläubiger ein berechtigtes Interesse an der Bürgschaft hat, weil nichts dafür spricht, dass der Schuldner eine Vermögensverlagerung auf den Bürgen beabsichtigt oder dass beim Bürgen ein Vermögenszuwachs bevorsteht. bb) Oder man begründet die Sittenwidrigkeit damit, dass der Gläubiger das Haftungsrisiko des Bürgen „verniedlicht" („nur für die Akten") hat.

Die Frage, ob die **Verbraucherschutzvorschriften** auf die Bürgschaft anwendbar sind, haben wir

- hinsichtlich der **§§ 491 ff. BGB** bereits erörtert und eine Analogie nur für die Fälle in Erwägunggezogen, in denen die Hauptschuld ein Verbraucher-/Existenzgründerdarlehen ist; dann kann dem Bürgen ein Widerrufsrecht nach §§ 491, 495, 355 BGB zustehen.
- Wenn der Hauptschuldner ein Verbraucher ist (§ 13 BGB) und die Hauptschuld in einer „Haustürsituation" begründet wird (§ 312 Abs. 1 BGB), dann soll, wenn auch der Bürge Verbraucher ist und auch die Übernahme der Bürgschaft in einer „Haustürsituation" erfolgt, der Bürge ein **Widerrufsrecht nach §§ 312, 355 BGB** haben.

Die **Bürgschaftserklärung** (also **nur die Willenserklärung des Bürgen** und nicht die des Gläubigers!!) bedarf zum Zwecke des Schutzes des Bürgen vor „Übereilung" grundsätzlich einer **Form**:
Die Bürgschaftserklärung und auch eine eventuelle spätere Erweiterung der Verpflichtung des Bürgen bedürfen in **doppelter Hinsicht** der **Form**: Sie muss **schriftlich** (§ 126 BGB) erklärt werden; anderenfalls ist der Vertrag nichtig (§ 125 BGB). Dazu müssen **alle wesentlichen Inhalte** (Person des Gläubigers, des Hauptschuldners, die zu sichernde Forderung und der Wille, sich verbürgen zu wollen) schriftlich vorliegen. Zugegangen ist eine solche Erklärung dem Gläubiger aber erst dann, wenn sie dem Gläubiger „**erteilt**" (= an den Gläubiger wenigstens vorübergehend ausgehändigt) worden ist (§ 766 S. 1 BGB). Das Formerfordernis gilt auch für Verpflich-

tungen des Bürgen gegenüber dem Gläubiger (i.d.R. durch einen Vorvertrag) zum Abschluss eines Bürgschaftsvertrages, weil sonst § 766 BGB umgangen werden könnte. Auch § 167 Abs. 2 BGB muss aus diesem Grunde in Fällen der Blankoausstellung einer Bürgschaftsurkunde teleologisch reduziert werden, wobei allerdings § 172 Abs. 2 BGB zum Schutze des Gläubigers angewendet werden kann. Auch die Genehmigung vollmachtlosen Handelns nach § 177 BGB muss entgegen der Regel des § 182 Abs. 2 BGB der Form des § 766 BGB genügen. Ein **Formmangel** führt nach **§ 125 BGB** zur **Nichtigkeit**. Die Berufung auf einen **versehentlichen Formmangel** seitens des Bürgen ist jedoch nach § 242 BGB bei „schlechthin untragbaren" Ergebnissen (zu denken wäre daran, dass der Bürge über einen engen Zeitraum hinweg Vorteile aus dem Kredit genossen hat) unzulässig. Allerdings sollte man im Fall der bewussten Nichtbeachtung der Form (= die Parteien stellen sich bewusst nicht dem Recht) mangels eines Rechtsfolgewillens dem Gläubiger keinen Erfüllungsanspruch zusprechen. Bei Nichtwahrung der Form ist eine **Heilung des Formmangels** möglich (§ 766 S. 3 BGB). Die Formbedürftigkeit hat auch Bedeutung für die **Auslegung der Bürgschaftserklärung**; sie richtet sich nach dem Wortlaut der Urkunde; außerhalb der Urkunde befindliche Tatsachen sind nur maßgeblich, wenn diese in der schriftlichen Erklärung einen Ausdruck gefunden haben („Andeutungstheorie"). Von dem Formerfordernis des § 766 BGB macht **§ 350 HGB** eine Ausnahme bei der **Bürgschaft eines Kaufmannes**.

Fall 111: Der S will einen privaten Kredit über € 100 000,- mit einer Laufzeit von 2 Jahren zu einem Zinssatz von 8 % zu einem noch nicht bestimmten Zeitpunkt bei einem seiner Bekannten aufnehmen. Der B ist bereit, dafür zu bürgen. Er stellt dem S eine von ihm unterschriebene Urkunde aus, in der es heißt: „Ich bürge selbstschuldnerisch für einen von S bei ... aufzunehmenden Kredit des S über € 100 000,- mit einer Laufzeit von 2 Jahren zu einem Zinssatz von 8 %". Er erklärt dem S mündlich, dass er ihn bevollmächtige, den Bürgschaftsvertrag mit dem jeweiligen Kreditgeber abzuschließen. Der S nimmt bei G einen Kredit über € 100 000,- mit einer Laufzeit von 2 Jahren zu einem Zinssatz von 8 % auf und schließt unter Vorlage der von ihm durch Einsetzung des Namens des G als Gläubiger vervollständigten Urkunde im Namen des B mit dem G einen dem Inhalt der so vervollständigten Urkunde entsprechenden Bürgschaftsvertrag ab. Der G nahm an, dass sein Name bereits von dem B in die Urkunde eingetragen worden sei. Als das Darlehen nach den 2 Jahren Laufzeit nicht getilgt wird, nimmt der G den B in Anspruch (nach BGH)

Der Anspruch könnte sich aus einem Bürgschaftsvertrag (§ 765 BGB) ergeben. a) Eine fällige Hauptforderung besteht. b) Es müsste ein Bürgschaftsvertrag zwischen B und dem G bestehen. Das wäre nach §§ 164, 765 BGB der Fall, wenn der S den B wirksam vertreten hätte. aa) Der S hat im Namen des B gehandelt. bb) Er müsste Vollmacht gehabt haben und im Rahmen der Vollmacht gehandelt haben. aaa) Es ist eine Innenvollmacht erteilt worden (§ 167 Abs. 1 1. Fall BGB). bbb) Die Vollmachtserteilung zum Abschluss eines Bürgschaftsvertrages bedarf aber (entgegen der Regel des § 167 Abs. 2 BGB) der Schriftform, weil sonst der Schutzzweck des § 766 BGB ausgehöhlt würde; die Vollmacht müsste schriftlich sein und den Gläubiger, den Hauptschuldner und die gesicherte Forderung bezeichnen (BGH). Danach hätte der S keine Vollmacht zum Abschluss des Bürgschaftsvertrages. ccc) Der BGH nimmt jedoch an, dass der B sich nach § 172 Abs. 2 BGB gegenüber dem gutgläubigen G so behandeln lassen muss, als wenn er den S wirksam bevollmächtigt hätte.

Fall 112: Der G ist einziger Gesellschafter der G-GmbH (sog. „Ein-Mann-GmbH"; vgl. dazu §§ 1, 7 Abs. 2 S. 3, 8 Abs. 2 S. 2, 19 Abs. 4 S. 1, 35 Abs. 4, 48 Abs. 3 GmbHG). Er schuldet der B-Bank € 100 000,- aus einem fälligen privaten Anschaffungsdarlehen, das er wegen eines finanziellen Engpasses z.Zt. nicht tilgen kann. Als die Bank Zahlung verlangt, verspricht er die

Stellung eines Bürgen gegen Stundung des Darlehens für 6 Monate. Die B-Bank erklärt sich dazu bereit. Im Auftrag des G ruft der Prokurist P der G-GmbH bei der B-Bank an und erklärt, dass die G-GmbH für die Schuld des G bürgen werde; der zu Bankgeschäften ermächtigte Sachbearbeiter SB der B-Bank erklärt sein Einverständnis und erklärt anschließend gegenüber dem G, dass die Forderung für 6 Monate gestundet sei. Als G nach Ablauf von 6 Monaten nicht gezahlt hat, nimmt die B-Bank die G-GmbH in Anspruch.

Der Anspruch kann sich aus § 765 BGB ergeben. a) Die Hauptschuld ergibt sich aus § 488 Abs. 1 S. 2 BGB. b) Fraglich ist, ob ein wirksamer Bürgschaftsvertrag geschlossen worden ist: aa) Das Angebot der G-GmbH ist durch P als deren Vertreter erklärt worden (§ 164 BGB); er hatte Vertretungsmacht und hat in deren Rahmen gehandelt (§§ 48 f. HGB; der Abschluss eines Bürgschaftsvertrages gehört zum Betrieb <u>eines</u> – § 49 HGB – Handelsgewerbes). Der Wirksamkeit würden §§ 766, 125 BGB entgegenstehen, wenn nicht § 350 HGB gilt; dazu müsste die Bürgschaft für die G-GmbH ein Handelsgeschäft gewesen sein (§ 343 HGB); das setzt folgendes voraus: Die G-GmbH müsste Kaufmann sein; das ist sie nach §§ 6 Abs. 2 HGB, 13 Abs. 3 GmbHG („Formkaufmann"). Der Abschluss des Bürgschaftsvertrages müsste „zum Betrieb <u>seines</u> Handelsgewerbes gehören"; dafür spricht die Vermutung des § 344 Abs. 1 HGB. Also ist der Bürgschaftsvertrag formwirksam. bb) Die Annahme hat der Sachbearbeiter SB der B-Bank wirksam für die B-Bank erklärt (§§ 164 BGB, 54 HGB). c) Kann die G-GmbH sich verteidigen (allgemeine Ausführungen dazu folgen später)?: aa) Die Einrede der Vorausklage nach § 771 BGB entfällt nach § 349 HGB. bb) Die Bürgin (G-GmbH) kann die Einrede des Hauptschuldners G aus der Stundung (§ 768 BGB) nach Ablauf der 6 Monate nicht mehr erheben.

<u>Fall 113</u>: Eine englische „Limited"-Gesellschaft (L) schließt als Verkäuferin durch ihren gesetzlichen Vertreter in Spanien einen Liefervertrag über 3000 Jeans mit der deutschen G-GmbH, einer „Einmann-GmbH", als Käuferin. Auf Drängen des Alleingesellschafters G der G-GmbH wird vereinbart, dass die L vorleistet. Zur Sicherung der Kaufpreisforderung der L gegen die G-GmbH gibt der G vor einem deutschen Notar eine selbstschuldnerische Bürgschaftserklärung ab und faxt diese an den Ort des Vertragsschlusses in Spanien. Zur Aushändigung einer Ausfertigung der Urkunde an den Vertreter der L kommt es nicht. Nach erfolgter Lieferung nimmt die L wegen Ausbleibens der Zahlung den G auf Zahlung in Anspruch (nach BGH).

1. Der Anspruch der L gegen den G könnte sich aus § 765 BGB ergeben. a) Da der Sachverhalt einen Auslandsbezug hat, muss geprüft werden, welches Recht anwendbar ist. aa) UN-Kaufrecht (CISG) gilt für die Bürgschaft nicht. bb) Nach Art. 28 Abs. 2 S. 1 EGBGB gilt deutsches Recht, da ein Bürgschaftsvertrag „die engsten Verbindungen mit dem Staat aufweist, in dem die Partei, welche die charakteristische Leistung zu erbringen hat, im Zeitpunkt des Vertragsabschlusses ihren gewöhnlichen Aufenthalt....hat"; das ist Deutschland. b) Der Bürgschaftsvertrag müsste daher nach deutschem Recht wirksam geschlossen worden sein. aa) Zwei auf den Abschluss eines Bürgschaftsvertrages gerichtete übereinstimmende Willenserklärungen liegen vor. bb) Fraglich ist, ob die Erklärung des G formgerecht ist. aaa) Wendet man auch hierauf deutsches Recht an, aaaa) so würde die Erklärung des G nicht der Formvorschrift des § 766 BGB („Erteilung in schriftlicher Form") entsprechen. Denn diese Norm setzt die Aushändigung der handschriftlich unterzeichneten Urkunde voraus. Eine Abschrift, Kopie, Fax etc. reicht grundsätzlich nicht. Daher ist die Form des § 766 nicht gewahrt. bbbb) Auch ist das Formerfordernis aaaaa) nach dem Wortlaut des § 350 HGB nicht entbehrlich, da der (Allein)Gesellschafter G einer GmbH kein Kaufmann ist; denn nicht er, sondern die G-GmbH betreibt das Handelsgewerbe (§ 1 HGB). bbbbb) Allerdings sollte man erwägen, auch die Alleingesellschaftern/Geschäftsführer im Hinblick auf teleologische Überlegungen in § 350 HGB einzubeziehen; denn diese Personen sind ebenso geschäftsgewandt wie die Gesellschaften, de-

ren Organe sie sind. Es ist daher durchaus vertretbar, das Argument aus dem Wortlaut („wer ein Handelsgewerbe betreibt") zurücktreten zu lassen und § 350 HGB anzuwenden. cccc) Wer dies anders sieht, müsste erwägen, ob die Berufung auf den Formmangel wegen Treuwidrigkeit nach § 242 BGB unzulässig ist. Man wird dies aber verneinen müssen, weil nach § 242 BGB der Formmangel nur dann unbeachtlich ist, wenn ein Bürge über einen langen Zeitraum hinweg Vorteile aus dem Kredit genossen hat. Danach ist die Bürgschaft nach deutschem Recht unwirksam. bbb) Die Frage ist jedoch, ob hinsichtlich der Form der Bürgschaft nach Art 11 Abs. 2, 3 EGBGB spanisches Recht als „Ortsrecht" anwendbar ist. Nimmt man dies an, dann muss man (in der Praxis üblicherweise durch ein Gutachten des Max-Planck-Instituts für Ausländisches und Internationales Privatrecht in Hamburg) klären, ob nach spanischem Recht die Form gewahrt ist. 2. Der Anspruch könnte sich aber auch aus §§ 778, 765 Abs. 1 BGB ergeben. a) Dazu müsste ein formfrei möglicher Kreditauftrag des Alleingesellschafters an die L zugunsten der GmbH aa) entweder vereinbart sein bb) oder aufgrund einer Umdeutung des formnichtigen Bürgschaftsvertrages nach § 140 BGB gegeben sein. b) Die Übernahme einer Vorleistungspflicht durch die L ist jedenfalls eine Finanzierungshilfe i.S.d. § 778 BGB. Entscheidend ist, ob der Alleingesellschafter G einen Anspruch gegen den Beauftragten auf Kreditgewährung an den Dritten erwerben wollte und sich umgekehrt selbst verpflichten wollte. c) Die Folge wäre eine bürgenähnliche Haftung des G.

(2) Die Hauptschuld, „Akzessorietätsprinzip"

Es muss weiterhin eine durch die Bürgschaft gesicherte **Hauptschuld** gegeben sein. Diese Abhängigkeit der Bürgschaftsverpflichtung von der Hauptschuld nennen wir das **„Akzessorietätsprinzip"**. Diese Hauptverbindlichkeit muss keinesfalls eine Geldforderung und auch keine Forderung aus einem Darlehen sein, wird es aber in der Regel sein.

Mit dem **Vorhandensein der Hauptschuld steht und fällt die Bürgschaft** (§ 765 Abs. 1 BGB). Wenn die gesicherte Hauptforderung noch nicht besteht, ist dies unbeachtlich, denn die gesicherte Forderung kann auch künftig oder bedingt sein (§ 765 Abs.2 BGB); vor Eintritt der Bedingung oder vor Entstehung der Forderung ist die Bürgschaft allerdings „gegenstandslos" oder – wie auch gesagt wird – „schwebend unwirksam". Was ist der Grund dafür, dass hier (und auch in § 1113 Abs. 2 BGB oder § 1204 Abs. 2 BGB) das jeweilige Sicherungsrecht für eine künftige oder eine bedingte Forderung „übernommen/bestellt werden" kann? Stellen Sie sich den Ablauf und die Interessenlage bei der Vornahme eines Kreditgeschäfts vor: Ein Kreditgeber ist i.d.R. ein vorsichtiger Mensch, und er wird den ihn ja zur Valutierung verpflichtenden Darlehensvertrag vernünftiger Weise erst dann abschließen, wenn die Kreditsicherung gewährleistet ist. Da aber eine Zug-um-Zug-Abwicklung von Darlehensvertrag und Sicherungsgeschäft bei Verträgen, an denen unterschiedliche Personen beteiligt sind, und bei gestreckten Tatbeständen, wie z.B. bei einer Hypothekenbestellung, schon rein technisch unvorstellbar sind, wird er den Darlehensvertrag erst dann abschließen oder das Darlehen erst dann valutieren, wenn bereits ein wirksamer Bürgschaftsvertrag vorliegt oder wenn die Hypothek oder das Pfandrecht wirksam bestellt sind.

Von besonderer Klausurrelevanz ist die Frage, ob im Fall der **Nichtigkeit der Hauptverbindlichkeit** die Bürgschaft wegen des Akzessorietätsprinzips die Bürgschaft entfällt oder ob in scheinbarer Ausnahme vom Akzessorietätsprinzip ein anstelle der an sich gesichert werden sollenden Hauptforderung eventuell bestehender **Bereicherungsanspruch durch die Bürgschaft gesichert** ist.

- Teils wird angenommen, dass es dafür darauf ankommen soll, dass der Bürge gewusst hat oder jedenfalls damit gerechnet hat, dass der Darlehensvertrag nichtig ist; in einem solchen Fall soll man seine Erklärung so auslegen können, dass er sich auch für einen Bereicherungsanspruch verbürgen wollte.
- Nach anderer Ansicht sollen die Grundsätze über die ergänzende Vertragsauslegung darüber entscheiden, ob der Bürge sich auch für die Bereicherungsschuld verbürgt hat.

Besonders bedeutsam ist diese Frage für die Fälle einer **Verbürgung für** ein sog. **„Wucherdarlehen"**.

Fall 114: Der G gewährt dem S ein Darlehen aufgrund eines wegen des völlig überhöhten Zinssatzes sittenwidrigen Darlehensvertrages, für dessen Rückzahlung der B sich formwirksam verbürgt hat. Der G nimmt den S nach Ablauf der vereinbarten Zeit auf Rückzahlung der Valuta in Anspruch.

a) Ein Anspruch aus § 488 Abs. 1 S. 2 BGB steht ihm wegen der Nichtigkeit des Vertrages gem. § 138 BGB nicht zu, b) wohl aber nach § 812 Abs. 1 S. 1 1. Fall („Leistungskondiktion") BGB, dem – wie Sie hoffentlich wissen (wenn nicht: keine Sorge, das alles behandeln wir gründlich im Bereicherungsrecht (!) – der § 817 S. 2 BGB nicht entgegensteht.

Variante: Wie vor. Der S ist in Vermögensverfall geraten. Der G nimmt den B in Anspruch.

Entscheidend ist, ob die Auslegung des Bürgschaftsvertrages ergibt, dass B sich im Falle der Nichtigkeit des Darlehensvertrages zur Sicherung eines eventuellen Bereicherungsanspruchs verbürgen wollte. (Die gleiche Problemstellung gibt es auch bei der Hypothek; dazu später mehr.) a) Gegen eine „automatische" Zuerkennung eines Anspruchs aus § 765 BGB spricht wohl die wertende Überlegung, dass zwar der Bereicherungsanspruch nicht durch § 817 S. 2 BGB gesperrt werden kann, dem Wucherer aber darüber hinaus kein vertraglicher Anspruch zuerkannt werden darf. b) Maßgeblich ist daher eine Auslegung im Einzelfall, bei der für eine Haftung des Bürgen sprechen soll, wenn er sich entgeltlich verbürgt hat (also z.B. als Kaufmann), während eine Gefälligkeitsbürgschaft eher nicht einen eventuellen Bereicherungsanspruch erfassen soll.

> Eine interessante Ausnahme vom Akzessorietätsprinzip bilden die Fälle des Wegfalls des Schuldners wegen dessen Vermögenslosigkeit: Wenn der Hauptschuldner eine Handelsgesellschaft ist und diese nach durchgeführter **Liquidation der Handelsgesellschaft** wegen Vermögenslosigkeit gelöscht wird, bleibt die Verpflichtung des Bürgen als selbstständige Verpflichtung erhalten. Das illustriert der folgende Fall.

Fall 115: Der G. Laube (G) hat eine Kaufpreisforderung gegen die S. C. Hulte-GmbH (S-GmbH), für die sich der der B. U. Erge (B) verbürgt hat. Die inzwischen überschuldete S-GmbH kann die Forderung nicht erfüllen. Nach Ablehnung der Eröffnung des Insolvenzverfahrens wird sie aufgelöst und schließlich wegen Vermögenslosigkeit nach § 141 a FGG von Amts wegen im Handelsregister gelöscht. Der G verlangt von B Zahlung. Weil die Forderung gegen die S-GmbH ohne deren Löschung verjährt wäre, beruft sich der B darauf (nach BGH und Peters).

Der Anspruch aus § 765 BGB a) ist entstanden. b) Er könnte wegen eines Wegfalls der gesicherten Hauptforderung infolge der Löschung der GmbH entfallen sein. aa) Denn es gibt wegen des Prinzips der Akzessorietät grundsätzlich keine Bürgschaft ohne Hauptforderung (arge. §§ 765, 767 BGB). bb) Aber hier muss man eine Ausnahme vom Prinzip der Akzessorietät machen, da der Wegfall der Hauptforderung gerade auf der Vermögenslosigkeit des Hauptschuldners beruht, gegen die die Bürgschaft den Gläubiger sichern soll. c) Der Bürge könnte die gegen die Hauptforderung gegebene Einrede der Verjährung nach §§ 768 Abs. 1 S. 1, 214 BGB gegen den ihn aus der Bürgschaft in Anspruch nehmenden Gläubiger geltend machen. aa) Der dagegen erhobene Einwand, dass eine erloschene Hauptforderung nicht verjähren könne, soll wie folgt zerstreut werden können: Der Bestand der Forderung sei keine Voraussetzung für die Geltendmachung der Verjährungseinrede. Denn wenn sie erhoben werde, würde in der Rechtspraxis nicht mehr geprüft, ob die Forderung tatsächlich bestehe. Ob man in den Fällen wie dem hier gegebenen, in denen feststeht, dass die Forderung nicht mehr besteht, anders entscheiden müsse, könne offen bleiben. Denn der im Interesse des Gläubigers angenommene Fortbestand der Bürgschaft trotz Wegfalls der Forderung dürfe nicht dazu führen, die Bürgschaft als eine selbstständige, nicht-akzessorische Forderung, unbegrenzt aufrecht zu erhalten. bb) Dagegen wird ins Feld geführt, dass die Berufung auf eine Verjährung nur dann zulässig sein könne, wenn der Gläubiger die Möglichkeit habe, deren Eintritt durch eine Rechtsverfolgung gegen den Schuldner i.S.d. § 204 BGB (z.B. Klageerhebung) zu verhindern. Dass die Möglichkeit, den Eintritt der Verjährung zu verhindern, das begriffsnotwendige Korrelat einer Verjährung ist, ergebe sich aus § 206 BGB. Weil eine verjährungshemmende Rechtsverfolgung wegen der Löschung der GmbH nicht möglich sei, sei die Berufung auf eine Verjährung seitens des Bürgen nicht zulässig.

Variante: Wie wäre es, wenn die S. C. Hulte-GmbH (S-GmbH) eine Ein-Mann-GmbH mit S. C. Hulte (H) als einzigem Gesellschafter und Geschäftsführer der GmbH wäre und dieser die Bürgschaft übernommen hätte (nach Peters)?

Hier steht man vor der durch Auslegung zu beantwortenden Frage, ob eine Bürgschaft oder ein Schuldbeitritt gegeben ist. 1. Kommt man zu einer Bürgschaft, läge in der Bürgschaft zugleich ein Anerkenntnis der Hauptschuld, das einen Neubeginn der Verjährung zur Folge hat (§ 212 BGB). 2. Nimmt man einen Schuldbeitritt an, für den immerhin spräche, dass der H als einziger Gesellschafter ein „eigenes unmittelbares wirtschaftliches Interesse" an der Erfüllung der Verbindlichkeit der GmbH hatte, gilt nicht der § 768 BGB, sondern § 425 Abs. 1, 2 BGB.

Was den **Umfang der Bürgenhaftung** angeht, so ist nach § 767 Abs. 1 S. 1 BGB „**für die Verpflichtung des Bürgen ... der jeweilige Bestand der Hauptverbindlichkeit maßgebend**". Vermindert sich die Hauptschuld oder erlischt die Hauptschuld, so teilt die Bürgschaftsverpflichtung deren Schicksal: Sie vermindert sich oder sie erlischt ebenfalls. Erhöht sich die Hauptschuld, so führt allerdings eine rechtsgeschäftliche Erweiterung, an der der Bürge nicht beteiligt ist, nicht zur Erhöhung der Bürgschaftsschuld (§ 767 Abs. 1 S. 3 BGB). Eine durch Allgemeine Geschäftsbedingungen bestimmte Erstreckung der Haftung auf alle bestehenden oder künftigen Forderungen aus der Geschäftsbeziehung des Gläubigers mit dem Hauptschuldner ist wegen der künftigen Forderungen nach § 307 Abs. 2 Nr. 1 BGB und wegen der gegenwärtigen Forderungen nach § 307 Abs. 1 BGB unwirksam. Dagegen erstreckt sich eine gesetzliche Erweiterung „durch Verschulden oder Verzug des Hauptschuldners" auch auf die Bürgschaftsverpflichtung (§ 767 Abs. 1 S. 2 BGB): So führt z.B. eine gesetzliche Erhöhung (z.B. durch einen Anspruch auf Ersatz des Verzögerungsschadens „neben der Leistung" aus §§ 280 Abs. 1, 2, 286 BGB) zu einer Erhöhung der Bürgschaftsschuld. Der Bürge haftet auch für die Kosten zur Durchsetzung der Hauptforderung (§ 767 Abs. 2 BGB).

Das Prinzip der „Akzessorietät" hat naturgemäß Auswirkungen auf die **Abtretbarkeit von Hauptforderung und Bürgschaftsforderung** und auf die **Folgen einer Abtretung.**

- Keine Frage ist, dass die **Hauptforderung**, die durch eine Bürgschaft gesichert wird, **abgetreten** werden kann. Die Rechte aus der für sie bestellten Bürgschaft gehen im Regelfall auf den neuen Gläubiger über (§ 401 Abs. 1 BGB). Zwingend ist dieser „**Mitlauf**" allerdings nicht, denn entweder können der Gläubiger und der Bürge durch ein „pactum de non cedendo" vereinbaren (§ 399 2. Fall BGB), dass die Forderung gegen den Bürgen nicht durch Abtretung auf den neuen Gläubiger übergehen soll. Oder der Zedent und der Zessionar können vereinbaren, dass nur die gesicherte Forderung („isoliert"), nicht aber die Rechte aus der Bürgschaft auf den neuen Zessionar übergehen soll; denn § 401 BGB ist kein zwingendes Recht. Eine interessante Frage ist, was aus der Bürgschaft wird, wenn die Hauptforderung abgetreten wird und die Rechte aus der Bürgschaft nicht auf den neuen Gläubiger übergehen.

Fall 116: Der G 1 veräußert und tritt seine durch eine selbstschuldnerische Bürgschaft des Bü gesicherte Darlehensforderung an den G 2 ab, wobei er für die Bonität der Forderung eintritt. Der Übergang der Rechte aus der Bürgschaft war durch Vertrag zwischen G 1 und dem Bü ausgeschlossen. Als der S bei Fälligkeit nicht zahlt, verlangt der G 1 von dem Bü Zahlung an den G 2. Der Bü zahlt an den G 2 und nimmt seinerseits den S in Anspruch.

Der Anspruch des Bü gegen den S könnte sich aus §§ 774 Abs. 1, 488 BGB ergeben. Dann müsste der Bü Bürge geblieben sein und als solcher den Gläubiger befriedigt haben. Voraussetzung dafür ist, dass die Verpflichtung aus dem Bürgschaftsvertrag trotz der Unabtretbarkeit der Bürgschaftsverpflichtung noch bestand. a) Wenn man annimmt, dass die Bürgschaftsforderung nach § 1250 Abs. 2 BGB analog erloschen ist (BGH), dann bestünde der Anspruch nicht. b) Man kann aber auch annehmen, dass es – wegen der Haftung des G1 für die Bonität des S – Fälle gibt, in denen ein praktisches Bedürfnis für das Fortbestehen der Bürgschaftsverpflichtung besteht, und dass aus dem Akzessorietätsprinzip kein automatisches „Identitätserfordernis" von Forderungs- und Bürgschaftsgläubiger abzuleiten sei (argec. § 1153 BGB); dann muss man hier von einem Fortbestehen der Bürgschaftsverpflichtung des Bü ausgehen. Der Bü hätte daher einen Regressanspruch gegen den S, wenn er auf Verlangen des G 1 an den G 2 leistet.

- Umgekehrt stellt sich die Frage, ob der **Gläubiger seine Forderung gegen einen Bürgen „isoliert" abtreten** kann, oder ob dem das Akzessorietätsprinzip entgegensteht.

Fall 117: Der Bü hat sich gegenüber dem G 1 für einen Darlehensanspruch gegen die A, B – oHG verbürgt. Die A, B – oHG wird wegen Gesellschaftsinsolvenz liquidiert. Der G tritt seinen Anspruch gegen den Bü an den G 2 ab. Der G 2 nimmt den Bü in Anspruch.

a) Man könnte wegen des Wegfalls des Hauptschuldners und dem damit verbundenen Untergang der Hauptschuld einen Untergang der Bürgschaftsverpflichtung annehmen. b) Weil aber die Bürgschaftsverpflichtung gerade für den Fall der Insolvenz des Hauptschuldners begründet wurde, kann sie nicht aus diesem Grunde untergehen, sondern muss ungeachtet der dogmatischen Bedenken gegen eine isolierte Abtretbarkeit der Rechte des Gläubigers gegen einen Bürgen als selbstständiger Anspruch bestehen bleiben.

bb) Die Verteidigung des Bürgen

Der **Bürge** kann sich **gegen** den ihn in Anspruch nehmenden **Gläubiger** auf unterschiedliche Weisen **verteidigen**, und zwar

> - mit die **Hauptschuld betreffenden Einwendungen** („**schuldnerbezogene Einwendungen**"),
> - mit eigenen **Einwendungen und Einreden des Bürgen aus dem Verhältnis zum Gläubiger** („**bürgenbezogene Einwendungen und Einreden**"),
> - mit den **Einreden des Hauptschuldners gegen die Forderung** („**schuldnerbezogene Einreden**"),
> - mit sich aus **Gestaltungsrechten des Hauptschuldners** hinsichtlich der Hauptforderung ergebenden Einreden (der „**Gestaltbarkeit**"),
> - mit einer sich aus der **Aufrechnungsmöglichkeit des Gläubigers** ergebenden Einrede (der „**Aufrechnungsbefugnis**")
> - und mit der Einrede der **Vorausklage**.

(1) Die Hauptschuld betreffende Einwendungen („schuldnerbezogene Einwendungen")

Aus dem Grundsatz der **Akzessorietät** folgt, dass der Bürge sich auf die **der Hauptschuld entgegenstehenden „Wirksamkeitshindernisse"** (= rechtshindernde Einwendungen) oder auf die die Hauptschuld beseitigenden **Beendigungsgründe** (= rechtsvernichtende Einwendungen) sowie auf die den gesicherten Anspruch betreffenden **„Erlöschensgründe"** berufen kann (**„schuldnerbezogene Einwendungen"**).

Fall 118: Der Bü hat sich formwirksam und unter Verzicht auf die Einrede der Vorausklage gegenüber dem V für eine Kaufpreisschuld des K bei dem V verbürgt. Als der K bei Fälligkeit der Kaufpreisforderung nicht zahlt, weil er mit einer ihm gegen den V zustehenden gerade fällig gewordenen Gegenforderung aufgerechnet hat, nimmt der V den Bü in Anspruch.

Der Anspruch könnte sich aus 765 Abs. 1 BGB ergeben. a) Der Bürgschaftsvertrag ist geschlossen. Eine Hauptforderung bestand. b) Der Anspruch ist jedoch untergegangen, weil die Hauptforderung durch die wirksame Aufrechnung seitens des K erloschen ist (§§ 387 ff., 389 BGB). Also besteht mangels Hauptschuld keine Bürgschaftsverpflichtung.

Ein **Verzicht auf die Einwendungen** oder die **Bestätigung eines nichtigen Vertrages** führt zur Entstehung einer bisher unwirksam gewesenen Hauptschuld und wirkt daher nicht gegen den Bürgen.

A. Entstehung, Inhalte, Wirksamkeitshindernisse, Beendigung

(2) Einwendungen und Einreden des Bürgen aus dem Verhältnis zum Gläubiger („bürgenbezogene Einwendungen und Einreden")

Selbstverständlich ist, dass der Bürge sich mit eigenen Einwendungen und Einreden aus der Beziehung zum Gläubiger verteidigen kann (**„bürgenbezogene Einwendungen und Einreden"**).

> 1. Was die „bürgenbezogenen Einwendungen" angeht,
>
> hat man in erster Linie an die bereits erörterten **„Wirksamkeitshindernisse"** der Nichtigkeit des Bürgschaftsvertrages wegen einer Formnichtigkeit (§§ 766, 125 BGB), eines Verstoßes gegen § 138 Abs. 1 BGB zu denken,
>
> ferner an die **„Beendigung"** des Bürgschaftsvertrages, z.B. durch Widerruf oder durch Anfechtung
>
> und an das **„Erlöschen"** der Bürgschaftsverpflichtung durch Erfüllung oder Erfüllungssurrogate (z.B. die Aufrechnung), durch Zeitablauf (§ 777 BGB) und an die Fälle, in denen der Gläubiger ohne Zustimmung des Bürgen eine den Regress verstärkende Sicherung aufgibt (§ 776 BGB),
>
> und schließlich an bürgschaftsrechtsspezifische Einwendung aus § 418 Abs. 1 S. 1 BGB im Fall eines **Schuldnerwechsels** nach §§ 414 ff. BGB.
>
> Bei einer den Regressanspruch des Bürgen aus §§ 774, 401 BGB entwertenden **Aufgabe von Sicherheiten** wird der Bürge frei (§ 776 BGB): das ist ein gesetzlich geregelter Fall der „Störung der Geschäftsgrundlage".
>
> Eine „Störung der Geschäftsgrundlage" (§ 313 BGB), weil der Bürge für den Gläubiger erkennbar erwartet hatte, der Schuldner werde zahlen, oder weil der Bürge davon ausgegangen war, dass andere Sicherheiten zur Befriedigung des Gläubigers führen würden, kann der Bürge nicht geltend machen, denn die Leistungsfähigkeit des Schuldners bzw. die Werthaftigkeit anderer Sicherheiten gehört zur Risikosphäre des Bürgen.
>
> 2. Hinsichtlich der **„bürgenbezogenen Einreden"** gibt es **keine Besonderheiten** gegenüber anderen Verpflichtungen aus Schuldverhältnissen.

Fall 119: Der Bü verbürgt sich selbstschuldnerisch gegenüber dem G für eine Darlehensschuld des S. Der Bü ist dabei davon ausgegangen, dass der S Eigentümer eines unbelasteten Mehrfamilienhauses ist. Er hat sich insoweit auch durch Einsicht in das Grundbuch Gewissheit verschafft. Als er von dem G aus der Bürgschaft in Anspruch genommen wird, stellt sich heraus, dass das Grundbuch unrichtig ist: Der S war nicht der Eigentümer. Der Bü erklärt daher gegenüber dem G die Anfechtung des Bürgschaftsvertrages wegen eines Irrtums über die Vermögensverhältnisse des S.

Ein Anspruch des G gegen Bü aus dem Bürgschaftsvertrag bestünde nicht, wenn der Bü den Vertrag wirksam nach §§ 119 Abs. 2, 142 Abs. 1 BGB angefochten hätte. Ein Irrtum über die Vermögensverhältnisse des Hauptschuldners ist aber gerade nicht verkehrswesentlich für einen Bürgschaftsvertrag, weil der Bürge das Risiko der Vermögenslosigkeit des Hauptschuldners übernommen hat.

<u>Variante:</u> Wie wäre es, wenn der S gewusst hätte, dass das Grundbuch unrichtig war und den Bü gerade durch Vortäuschung einer infolge vorhandenen Grundeigentums begründeten Bonität für den Abschluss des Bürgschaftsvertrages gewonnen hätte.

Ein Anspruch des G gegen Bü aus dem Bürgschaftsvertrag bestünde nicht, wenn der Bü den Vertrag wirksam nach §§ 123 Abs. 1, 142 Abs. 1 BGB angefochten hätte. a) Der S hat den Bü arglistig und rechtswidrig getäuscht. Die Täuschung war doppelt kausal für den Irrtum des Bü und für den Abschluss des Bürgschaftsvertrages mit G. b) Allerdings war der S Dritter und der G gutgläubig, so dass die arglistige Täuschung dem gutgläubigen G nicht zurechenbar war (§ 123 Abs. 2 S. 1 BGB).

<u>Fall 120:</u> Der Bü hat sich formwirksam und unter Verzicht auf die Einrede der Vorausklage gegenüber dem V für eine Kaufpreisschuld des K bei dem V verbürgt. Als der K bei Fälligkeit der Kaufpreisforderung nicht zahlt, nimmt der V den Bü in Anspruch. Dieser zahlt nicht, sondern rechnet mit einer ihm gegen den V zustehenden gerade fällig gewordenen Gegenforderung auf.

Der Anspruch des V gegen den Bü aus § 765 BGB ist nach §§ 387 f., 389 BGB erloschen

(3) Einreden des Hauptschuldners gegen die Forderung („schuldnerbezogene Einreden")

Was die Einreden des Hauptschuldners gegen die gesicherte Hauptforderung (Verjährung, Stundung, Einrede des Zurückbehaltungsrechts aus § 273 BGB, Einrede des nichterfüllten Vertrages aus § 320 BGB) angeht, so musste der Gesetzgeber handeln, um den Bürgen von willkürlichen Entscheidungen des Hauptschuldners, die Einreden zu erheben oder sie nicht geltend zu machen, unabhängig zu machen. Der Gesetzgeber hat sich dafür entschieden, dass der Bürge die dem **Hauptschuldner gegen die Forderung zustehenden Einreden („schuldnerbezogene Einreden")** geltend machen kann **(§ 768 BGB)**. Hier müssen Sie aber aufpassen: § 768 BGB meint wirklich nur die „Einreden", nicht aber die Gestaltungsrechte des Hauptschuldners, wie Rücktritt, Aufrechnung oder Anfechtung; die Ausübung dieser Rechte bleiben dem Hauptschuldner vorbehalten (arge. § 770 Abs. 1 BGB). Die dogmatisch interessanteste **Einrede** ist die **der Verjährung** nach §§ 768, 214 BGB. Hier stellt sich die Frage, welche Vorkehrungen der Gläubiger treffen muss, um die Einrede aus §§ 768, 214 BGB zu vermeiden. Wenn bei einer nicht selbstschuldnerischen Bürgschaft die gesicherte Forderung tituliert sein sollte, braucht der Gläubiger wegen §§ 197, 771 S. 2 BGB nichts zu befürchten. Ansonsten muss er klagen, um die Wirkung der §§ 197 Abs. 1 Nr. 3, 771 S. 2 BGB auszulösen. Gleiches gilt im Prinzip auch bei der selbstschuldnerischen Bürgschaft. Man sollte jedoch erwägen, ob man den Gläubiger bei einer nicht titulierten Forderung wirklich zu einer Klage gegen den Hauptschuldner veranlassen sollte.

<u>Fall 121:</u> Der Bü hat sich formwirksam und unter Verzicht auf die Einrede der Vorausklage (§§ 771, 773 Abs. 1 Nr. 1 BGB) gegenüber dem V für eine Kaufpreisschuld des K bei dem V verbürgt. Als K bei Fälligkeit der Kaufpreisforderung nicht zahlt, nimmt der V den Bü klageweise in Anspruch. Der Bü beruft sich auf die nach Klagerhebung eingetretene Verjährung der Hauptschuld (nach BGH und Peters).

Der Anspruch ergibt sich aus § 765 BGB. Der Bü könnte jedoch nach §§ 768, 214 BGB die Zahlung verweigern. a) Grundsätzlich gilt § 768 BGB, wenn die Verjährung nach Übernahme

der Bürgschaft eintritt, so dass der Bürge sich hiernach auf §§ 768, 214 BGB berufen könnte.
b) Fraglich ist, ob der Umstand, dass der Bü ein selbstschuldnerischer Bürge (§§ 771, 773 Abs. 1 Nr. 1 BGB) ist, der Möglichkeit der Erhebung der Einrede aus §§ 768, 214 BGB entgegensteht. aa) Wäre das nicht der Fall, würde das den Gläubiger, der die Erhebung der Einrede der Verjährung durch den Bürgen verhindern will, praktisch zu der ihm eigentlich durch den Verzicht auf die Einrede der Vorausklage erlassenen Klagerhebung mit den Konsequenzen zunächst des 197 Abs. 1 Nr. 3 BGB (30-jährige Verjährung infolge rechtskräftiger Verurteilung) und der „Nebenwirkung" des § 771 S. 2 BGB (Hemmung durch die „Vorausklage") „zwingen".
bb) Das aber kann nicht der Sinn der Verbesserung seiner Rechtsstellung gegenüber einem „selbstschuldnerischen Bürgen" sein: Zur Abwehr der Folgen des § 768 BGB kann nicht mehr von ihm verlangt werden, als eine Inanspruchnahme des Bürgen i.S.d. § 204 BGB zur unverjährten Zeit, also vor Eintritt der Verjährung der Hauptforderung.

Variante: Wie wäre es, wenn die Forderung des V gegen den K schon bei Abschluss des Bürgschaftsvertrages verjährt gewesen wäre (nach BGH)?
Der Anspruch ergibt sich aus § 765 BGB. a) Die Tatsache der Verjährung lässt die Hauptschuld bestehen. b) Der Bürge soll sich nicht auf die Verjährung der Hauptschuld berufen können.

Variante: Der B verweigert die Zahlung, weil der V bisher nicht an K geleistet hat.
Der Anspruch ergibt sich aus § 765 BGB; der Bü kann jedoch nach §§ 768, 320 BGB die Zahlung verweigern.

Variante: Der Bü zahlt, obwohl er weiß, dass der V nicht an K geliefert hat. Dann nimmt der Bü den K in Anspruch.
Der Anspruch ergibt sich aus § 774 Abs. 1, 433 Abs. 2 BGB. Der K kann jedoch nach §§ 412, 404, 320 BGB die Zahlung verweigern.

(4) Sich aus Gestaltungsrechten des Hauptschuldners ergebende Einreden („Einrede der Gestaltbarkeit")

Sie haben soeben gelernt, dass der § 768 BGB dem Bürgen erlaubt, die „dem Hauptschuldner zustehenden Einreden geltend zu machen". Dagegen ist es dem Bürgen nicht gestattet, dessen Gestaltungsrechte, wie Rücktritt, Aufrechnung oder Anfechtung auszuüben. Dies bleibt dem Hauptschuldner vorbehalten. Damit wäre der Bürge der „Gnade des Hauptschuldners" ausgesetzt und müsste hoffen, dass dieser sich dazu entschließt, die z.B. nach §§ 119 ff., 142 Abs. 1 BGB anfechtbare Hauptverbindlichkeit anzufechten. Weil es ein Wertungswiderspruch wäre, wenn der Bürge, der zu Verteidigungszwecken die der Hauptforderung entgegenstehenden Einreden des Hauptschuldners geltend machen kann, sich nicht auch auf die die Hauptforderung zu Fall bringenden Gestaltungsrechte des Hauptschuldners berufen dürfte, hat der Gesetzgeber es ihm ermöglicht, sich gegen die Inanspruchnahme seitens des Gläubigers mit der Einrede zu verteidigen, dass der Hauptschuldner die Möglichkeit hat, die **Hauptverbindlichkeit anzufechten (§ 770 Abs. 1 BGB).** Wie aber liegt es beim Vorliegen anderer bei ihrer Ausübung die Hauptforderung untergehen lassender Gestaltungsrechte des Hauptschuldners? Da der § 770 Abs. 1 BGB einen allgemeinen

Rechtsgedanken enthält (nach Canaris ist die Befugnis des § 770 Abs. 1 BGB Ausdruck der „konstitutionellen Schwäche der Hauptforderung"), ist allgemein anerkannt, dass die Befugnis zur Leistungsverweigerung nach § 770 Abs. 1 BGB generell auf **alle Gestaltungsrechte des Hauptschuldners** (in erster Linie ist an den **Rücktritt** zu denken) erweitert wird (daher: „**Einrede der Gestaltbarkeit**").

(5) Sich aus der Aufrechnungsmöglichkeit des Gläubigers ergebende Einrede („Einrede der Aufrechnungsbefugnis")

Auch kann der Bürge sich damit gegen den ihn in Anspruch nehmenden Gläubiger verteidigen, dass er die Leistung an den Gläubiger verweigern darf, wenn der **Gläubiger** die **Möglichkeit** hat, **sich durch Aufrechnung gegenüber dem Schuldner zu befriedigen (§ 770 Abs. 2 BGB)**; diese Verteidigungsmöglichkeit ist (ähnlich wie bei der „Einrede der Vorausklage") Ausdruck der „Subsidiarität" der Haftung des Bürgen (Canaris).

Ein typisches **Klausurproblem** ist, ob auch eine bloß **einseitige Aufrechnungsmöglichkeit** z.B. aufgrund eines vereinbarten oder gesetzlichen (§ 393 BGB) Aufrechnungsverbots für § 770 Abs. 2 BGB ausreicht.

- Wenn infolgedessen **nur der Gläubiger** (also nicht der Schuldner) **aufrechnen kann**, würde dies nach dem Wortlaut des § 770 Abs. 2 BGB der Einrede der Aufrechenbarkeit nicht entgegenstehen. Dagegen wird jedoch zum Teil eingewandt, dass das „Akzessorietätsprinzip" es gebiete, den Bürgen genau so haften zu lassen wie den Schuldner: Wenn also der Schuldner nicht aufrechnen kann, dann soll hiernach auch der Bürge sich nicht auf das Leistungsverweigerungsrecht des § 770 Abs. 2 BGB berufen dürfen. Für § 129 Abs. 3 HGB ist dies sogar allgemein anerkannt: Der Gesellschafter soll sich nicht auf § 129 Abs. 3 HGB berufen dürfen, wenn nur der Gesellschaftsgläubiger aufrechnen kann, nicht aber die oHG. Dem kann jedoch für die Bürgschaft nicht gefolgt werden: Bei der Haftung des Gesellschafters aus § 128 HGB geht es um die Wahrung des Prinzips des Gläubigerschutzes bei der oHG, das auch im Interesse des Gesellschafters selbst besteht; denn er profitiert von der besonderen Kreditwürdigkeit der oHG. Der Bürge hingegen ist seine Hilfsverpflichtung aus altruistischen Motiven eingegangen. Er verdient **weitgehende Schonung durch das Subsidiaritätsprinzip.**

- Wenn **nur der Schuldner** (nicht aber der Gläubiger) **aufrechnen kann**, steht dem Bürgen nach dem Wortlaut des § 770 Abs. 2 BGB die Einrede der Aufrechenbarkeit nicht zu.

Fall 122: Der G hat eine Forderung über € 10 000,- aus einem Darlehen gegen den HS, für die sich der Bü wirksam selbstschuldnerisch verbürgt hat. Aus Verärgerung darüber, dass der HS das Darlehen bei Fälligkeit nicht getilgt hat, zerstört der G das Auto des HS, das einen Wert von € 10 000,- hat, indem er es entwendet und am Hamburger Fischmarkt bei der Fischauktionshalle über die Kante der Kaimauer in die Elbe rollen lässt. Dann nimmt der G den Bü in Anspruch, der die Zahlung jedoch unter Hinweis auf den Gegenanspruch des HS gegen den G und eine sich daraus ergebende beiderseitige Aufrechnungsmöglichkeit verweigert.

Dem Anspruch des G gegen den Bü aus § 765 BGB könnte a) § 770 Abs. 1 BGB entgegenstehen, wenn man die Aufrechnungsmöglichkeit des HS als Gestaltungsrecht i.S.d. § 770 Abs. 1 BGB ansieht; dagegen spricht jedoch, dass die Berufung auf eine Aufrechnungsmöglichkeit als Verteidigungsmittel des Bürgen gesondert in § 770 Abs. 2 erfasst ist; b) eine Verteidigung des Bü durch Berufung auf die Einrede der Aufrechnungsbefugnis des G aus § 770 Abs. 2 BGB aa) ist deshalb zweifelhaft, weil der G wegen § 393 BGB nicht aufrechnen kann („der Schuft darf nicht aufrechnen"); bb) fraglich ist, ob sich dieser Umstand zum Vorteil des G (der durch § 393 BGB ja „bestraft" werden soll) und zum Nachteil des („unschuldigen") Bü auswirken darf und ob man nicht über den Wortlaut des § 770 Abs. 2 BGB hinaus in Analogie zu § 770 Abs. 1 BGB eine Verteidigung des Bürgen zulassen sollte; die hM. lehnt dies ab, weil die ratio legis des § 770 Abs. 2 nicht die einer „konstitutionellen Schwäche" der Hauptschuld sei, sondern das „Subsidiaritätsprinzip" (Canaris).

(6) Vergleich der Verteidigungsmöglichkeiten aus §§ 768, 770 BGB mit § 129 HGB und § 1137 BGB

Die Ihnen nunmehr bekannten diversen Verteidigungsmöglichkeiten des Bürgen sind eine gute Gelegenheit zur Wiederholung einer zentralen Frage aus dem Recht der Personalgesellschaften. Ich hoffe, Sie erinnern sich: **Recht ähnlich** wie die Verteidigungsmöglichkeiten des Bürgen ausgestaltet sind die **Verteidigungsmöglichkeiten** des **persönlich haftenden Gesellschafters** einer **oHG/KG**, also des **„Komplementärs"**, wegen einer ihn nach **§ 128 HGB als Gesamtschuldner** treffenden **Verbindlichkeit der Gesellschaft (§ 124 HGB)** aus **§ 129 HGB**:

> Der **§ 129 Abs. 1 HGB** entspricht dem **§ 768 BGB**;
>
> der **§ 129 Abs. 2 HGB** dem **§ 770 Abs. 1 BGB**;
>
> und der **§ 129 Abs. 3 HGB** entspricht dem **§ 770 Abs. 2 BGB** (dort stellt sich ebenfalls das zuvor erörterte Problem bei nur einseitiger Aufrechnungsbefugnis, und zwar entweder nur des Gläubigers: dann auch keine Einrede der Aufrechnungsbefugnis/oder nur des Schuldners, nicht des Gläubigers: dann bei § 393 BGB gleicher Streit wie bei der Bürgschaft).

Riskieren wir einen kleinen „Vorgriff": Auch die Verteidigung des **Eigentümers** eines mit einer **Hypothek belasteten Grundstücks** ist ähnlich wie bei der Bürgschaft geregelt (§ 1137 BGB; dazu später mehr bei den sachenrechtlichen Ansprüchen).

(7) Einrede der Vorausklage (der erfolglosen Zwangsvollstreckung)

Der Grundsatz der „Subsidiarität" der Bürgschaft (vgl. bereits § 770 Abs. 2 BGB) verlangt weiterhin, dass der Gläubiger den Bürgen erst nach einem (nur einmaligen) **erfolglosen Zwangsvollstreckungsversuch** (es reicht also nicht eine bloße „Vorausklage") gleich aus welchem Titel (z.B.: also nicht etwa nur aus einem Titel nach § 704 ZPO, sondern auch aus einem solchen aus § 794 ZPO) gegen den Hauptschuldner in Anspruch nehmen darf.

Die „Einrede der Vorausklage" ist allerdings praktisch bedeutungslos, weil der Gläubiger i.d.R. eine Kreditgewährung von einem Verzicht des Bürgen darauf (§ 773

Abs. 1 Nr. 1 BGB) abhängig machen wird und dieser deshalb mit dem Gläubiger eine entsprechende Vereinbarung treffen wird (**„selbstschuldnerische Bürgschaft"**).

Ein **Kaufmann**, für den die Bürgschaft ein **Handelsgeschäft** ist, ist kraft Gesetzes ein selbstschuldnerischer Bürge (**§ 349, 343, 344 HGB**).

cc) Die Inanspruchnahme des Bürgen

In der Praxis stellt sich nun die Frage, unter welchen Voraussetzungen der Gläubiger den Bürgen in Anspruch nehmen kann.

Für den **Regelfall** gelten keine Besonderheiten: Die Inanspruchnahme des Bürgen erfolgt im **Bürgschaftsfall**. Der Gläubiger muss im Bestreitensfall die Voraussetzungen des Bürgschaftsfalls beweisen. Der Bürge kann sich dagegen ggf. durch die vorgenannten **Verteidigungsmittel** zur Wehr setzen.

Das ist für den Gläubiger lästig und zeitraubend; denn er muss bei einem zahlungsunwilligen Bürgen einen möglicherweise mühsamen Rechtsstreit führen und sich mit den gesamten Verteidigungsmitteln, die Sie gerade eben kennen gelernt haben, auseinandersetzen. Für die Rechtspraxis hat man daher die **Bürgschaft „auf erstes Anfordern"** erfunden. Sie ist für den Gläubiger sehr praktisch, aber für den Bürgen äußerst gefährlich. Denn:

- Bei einer solchen Bürgschaft muss der **Gläubiger lediglich behaupten, der Bürgschaftsfall sei eingetreten**. Der Bürge kann dann zwar geltend machen, der Bürgschaftsvertrag sei nicht wirksam zustande gekommen; er kann sich aber nicht mit **Verteidigungsmitteln**, die sich **auf die Hauptforderung beziehen**, wehren, kann also z.B. nicht vorbringen, die Hauptforderung sei nicht entstanden oder sei erloschen. Der Bürge muss also (ähnlich wie der Garant, dazu später mehr) zunächst an den Gläubiger zahlen. Allerdings soll bei offensichtlicher und liquider Beweisbarkeit des Nichtbestehens der Hauptforderung **ausnahmsweise** § 242 BGB („dolo agit, qui petit ...") dem Anspruch aus § 765 BGB entgegenstehen.

- Der Bürge kann dann allerdings nach erfolgter Zahlung an den Gläubiger gegen diesen nur noch einen **Rückforderungsanspruch** aus § 812 Abs. 1 S. 1 1. Fall BGB („Leistungskondiktion") geltend machen. In dieser rechtlichen Auseinandersetzung kann er dann seine ausgeschlossenen Verteidigungsmittel vorbringen. Für den Bürgen ist dies deshalb nachteilig, weil er im Prozess die (stets unangenehme) **Klägerrolle** einnehmen muss, weil er weiterhin das **Insolvenzrisiko** und weil er selbst im Falle des Obsiegens das **Zwangsvollstreckungsrisiko** tragen muss. Muss er eigentlich auch das **„Entreicherungsrisiko"** (§ 818 Abs. 3 BGB) tragen? Das hängt davon ab, ob die §§ 819, 818 Abs. 4 BGB vorliegen.

Ob angesichts dieser gravierenden Nachteile für den ja ohnehin schon schwer leidenden Bürgen allein aufgrund der im Vertrag gewählten Bezeichnung, dass es sich um „Bürgschaft auf erstes Anfordern" handelt, eine solche automatisch als vereinbart anzusehen sind, ist eine Frage der Auslegung. Als Faustformel gilt: Ist der Bürge keine Bank soll i.d.R. eine einfache Bürgschaft vorliegen.

> Nunmehr wissen Sie, unter welchen Voraussetzungen der Gläubiger den Bürgen in Anspruch nehmen kann und wie der Bürge sich hiergegen verteidigen kann.

dd) Regressanspruch des Bürgen gegen den Hauptschuldner, insbesondere: Regress-Konkurrenz bei mehrfacher Sicherung durch akzessorische Sicherungsrechte

Jetzt stehen wir vor der umgekehrten Fragestellung: Der **Bürge** hat seine Leistung an den Gläubiger erbracht und will wissen, ob und ggf. wie er „**Regress**" beim **Hauptschuldner** nehmen kann.

Das „ob" des Regresses ist im Regelfall kein Problem: Natürlich kann der Bürge Regress nehmen, denn schließlich soll er, der dem Hauptschuldner ja nur „hilfreich zur Seite getreten ist", jedenfalls im Grundsatz nicht endgültig „auf der Schuld sitzen bleiben" (!). Interessant ist daher allein das „wie" des Rückgriffs. Das Gesetz eröffnet **zwei Regresswege** für den Bürgen,

- und zwar einmal aus der i.d.R. bestehenden Rechtsbeziehung zwischen dem Bürgen und dem Hauptschuldner (**„Innenverhältnis"**), die entweder ein Auftrag oder (bei Entgeltlichkeit, z.b. bei Banken als Bürgen) ein Geschäftsbesorgungsvertrag sein wird, gem. §§ 670, 662/675 BGB.

- Daneben besteht ein **cessio-legis-Regress nach §§ 774 Abs. 1 S. 1, 412, 399 ff.** BGB: Durch die Leistung des Bürgen wird der Schuldner nicht von seiner Schuld befreit, er braucht nur die von ihm geschuldete Leistung infolge der des Bürgen nicht mehr an den Gläubiger zu erbringen, sondern muss nunmehr an den Bürgen leisten. Zu diesem Zwecke ordnet das Gesetz an, dass die Forderung des Gläubigers auf den Bürgen übergeht, „soweit der Bürge den Gläubiger befriedigt".

- Problematisch ist das **Verhältnis dieser beiden Regresswege zueinander: a)** Man kann entweder annehmen, dass es nur einen einzigen mehrfach begründeten Regressanspruch des Bürgen gegen den Schuldner gibt. **b)** Oder man nimmt das Bestehen zweier selbstständiger Ansprüche an, zwischen denen der Bürge die Wahl hat. Der Unterschied besteht darin, dass nur bei der zweitgenannten Lösung die Einwendungen/Einreden aus dem Gläubiger-Hauptschuldner-Verhältnis (z.B. aus § 320 BGB) einem Regressanspruch aus dem Innenverhältnis unmittelbar entgegengehalten werden können. Es ergeben sich aber gleichwohl hinsichtlich der Verteidigungsmittel des Schuldners keine ergebnisrelevanten Unterschiede.

<u>Fall 123:</u> Der Bü hat sich im Auftrag des Käufers K gegenüber dem Verkäufer V formwirksam und unter Verzicht auf die Einrede der Vorausklage für die Erfüllung einer Kaufpreisschuld des K verbürgt. Als der K bei Fälligkeit der Kaufpreisforderung nicht an den V zahlt, nimmt der V den Bü in Anspruch. Der Bü zahlt, obwohl der V, wie Bü wusste, noch nicht an K geliefert hatte. Dann nimmt der Bü den K in Anspruch.

1. Wenn man annimmt, dass es nur einen einzigen mehrfach begründeten (§§ 662, 670/ 774 BGB) Regressanspruch gibt, würde diesem Regressanspruch die gegen die Hauptschuld bestehende Einrede des § 320 BGB aus §§ 774, 412, 404 BGB entgegenstehen. 2. Nimmt man dagegen das Bestehen zweier selbstständiger Ansprüche an, kann sich (je nach Wahl des Bü) der Anspruch ergeben aus a) § 774 Abs. 1, 412, 399 ff., 433 Abs. 2 BGB: Der K kann jedoch nach §§ 412, 404, 320 BGB die Zahlung verweigern. b) Der Anspruch kann sich auch ergeben

aus §§ 662, 670 BGB: Der Anspruch besteht nicht, weil der Bü die Aufwendungen nach den Umständen nicht für erforderlich halten durfte; er hätte gegenüber dem V nach §§ 768, 320 BGB die Leistung verweigern dürfen.

- Bei einer Bürgschaft für **Gesamtschuldner** soll es für den Regressanspruch in erster Linie darauf ankommen, **a)** ob der Bürge sich für alle Gesamtschuldner verbürgt hat; dann tritt der Bürge an die Stelle des Gläubigers und er kann (z.B. bei einer Bürgschaft für ein Darlehen) nach §§ 774 Abs. 1 S. 1, 412, 399 ff., 421, 488 Abs. 1 BGB gegen alle Gesamtschuldner vorgehen. **b)** Wenn der Bürge sich nur für einen der Gesamtschuldner verbürgt hat, **aa)** kann er Regress bei dem **Gesamtschuldner** nehmen, **für den** er sich **verbürgt** hat, **bb)** gegen einen **anderen Gesamtschuldner** kann er Regress nehmen, **aaa)** wenn dieser Gesamtschuldner (hätte er geleistet) in vollem Umfang gegenüber dem/den anderen Gesamtschuldner/n ausgleichsberechtigt wäre; **bbb)** nicht dagegen kann er gegen den/die anderen Gesamtschuldner Regress nehmen, wenn er diesem/n gegenüber zur Leistung an den Gläubiger verpflichtet war. **ccc)** Wenn der/die andere/n Gesamtschuldner jedoch **Schuldbeitretender** war/en, dann gelten Sonderregeln:

Fall 124: Der G hat dem S 1 ein Darlehen gegeben. Als der G den Kredit kündigen will, bittet der S 1, der gerade kein Geld hat, seine beiden Freunde Bü und S 2 um Hilfe: Nachdem daraufhin der Bü durch Vertrag mit G die selbstschuldnerische Bürgschaft übernommen hat und eine Woche später der S 2 der Schuld ebenfalls durch Vertrag mit dem G beigetreten ist, wird der Darlehensvertrag durch Vereinbarung mit G verlängert. Als das Darlehen später notleidend wird, nimmt der G den Bü in Anspruch, der auch zahlt. Der Bü nimmt jetzt den S 2 in Anspruch (nach Reinicke-Tiedtke).

1. Nach den oben dargestellten Grundsätzen hätte der Bü keinen Regressanspruch, da der S 1, für den sich der Bü verbürgt hat, dem anderen Gesamtschuldner (S 2), hätte dieser gezahlt, nach § 426 Abs. 1 S. 1 BGB im vollen Umfang ausgleichspflichtig gewesen wäre. 2. Das Ergebnis ist nicht hinnehmbar, weil umgekehrt der S 2, hätte er an G gezahlt, den Bü aus §§ 426 Abs. 1 S. 1, Abs. 2, 412, 401, 765 BGB in voller Höhe in Anspruch hätte nehmen können. 3. Daher wird man davon ausgehen müssen, dass die beiden Sicherungsgeber hinsichtlich des Regresses wie Mitbürgen nach §§ 774 Abs. 2, 426 Abs. 1 BGB behandelt werden.

- Dem Regressanspruch des Bürgen gegen den Hauptschuldner (wie immer man diesen auch konstruiert) stehen aber stets die **Einwendungen** aus dem **Rechtsverhältnis** zwischen dem **Hauptschuldner** und dem **Bürgen** entgegen (§ 774 Abs. 1 S. 3 BGB).

Fall 125: Der B.U.E. Nemann (Bü) verbürgt sich für seinen Sohn S. O. Nemann (S) für eine Darlehensforderung des G gegen S und vereinbart mit dem S, dass er bei ihm keinen Rückgriff nehmen werde, wenn er aus der Bürgschaft in Anspruch genommen werde und an G zahle. Nachdem der G den Bü in Anspruch genommen hat und dieser gezahlt hat, verlangt der Bü, der sich inzwischen mit dem S zerstritten hat, Zahlung von S (nach Reinicke-Tiedtke).

1. Einem Anspruch des Bü gegen S aus § 774 Abs. 1 S. 1 BGB steht § 774 Abs. 1 S. 3 BGB entgegen: a) Es ist vereinbart worden, dass der Bü keinen Rückgriff nehmen werde. b) Die Formnichtigkeit (§§ 518 Abs. 1, 125 BGB) dieses Schenkungsversprechen ist durch die Bewirkung der Leistung (Begründung der Bürgschaftsschuld) geheilt worden (§ 518 Abs. 2 BGB). 2. Aus dem Innenverhältnis (Schenkungsvertrag) gibt es keinen Regressanspruch.

- Wie Sie ja schon wissen, kann der Rückgriffsanspruch des Bürgen durch eine **„Rückbürgschaft"** gesichert werden. Der Rückbürge verbürgt sich für den Rückgriffsanspruch des Bürgen gegenüber dem Hauptschuldner und steht damit für die Erfüllung der Regressverbindlichkeit des Hauptschuldners ein: Wenn der Bürge B an den Gläubiger gezahlt hat, sichert der Rückbürge den Rückgriffsanspruch aus dem Innenverhältnis (z.B. aus § 670 BGB) und den nach § 774 Abs. 1 S. 1 BGB auf den Bürgen übergegangenen Zahlungsanspruch des Gläubigers gegen den Hauptschuldner. Im Falle einer Zahlung an den Bürgen erlangt der Rückbürge über § 774 Abs. 1 S. 1 BGB diese beiden Ansprüche des Bürgen.

- Nach §§ 774 Abs. 1 S. 1 BGB hat der Bürge nach §§ 412, 401 BGB einen Zugriff auf andere Sicherheiten (**„Nebenrechte"**); dies gilt für die in § 401 BGB genannten akzessorischen Sicherungsrechte und wegen der „Bürgschaftsähnlichkeit" analog § 401 BGB auch für den Schuldbeitritt. Der Übergang von Sicherungsrechten führt zusätzlich zu einer komplizierten **Konkurrenzproblematik**, die ein äußerst beliebtes Thema für Klausuren ist.

Fall 126: Der B hat sich für eine Forderung des G gegen den S in Höhe von € 150 000,- verbürgt, und der E hat zur Sicherheit eine Hypothek an seinem Grundstück über € 100 000,- bestellt. Bei Fälligkeit zahlt der S nicht. Was wäre dem B bzw. dem E zu raten (nach Canaris)?

1. Für beide drängt es sich auf den ersten Blick auf, als erster von beiden an den Gläubiger zu zahlen, was dem Bürgen als persönlichem Schuldner des G aus § 765 BGB ohne weiteres (§ 271 BGB) und dem nicht schuldenden Eigentümer aufgrund seines Befriedigungsrechts aus § 1142 BGB möglich ist. Die Folge wäre für beide ein Regress nach § 774 BGB (Bürge) bzw. § 1143 Abs. 1 S. 1 BGB (Eigentümer) jeweils i.V.m. §§ 412, 401 BGB, so dass die Regressforderung des zuerst Zahlenden durch die vom anderen gestellte Sicherung gesichert wäre. Die Konsequenz wäre also ein Tilgungs- „Wettlauf" zwischen B und E. Allgemein anerkannt ist, dass auf eine solche „Zufallslösungen" produzierende Weise das Kollisionsproblem nicht bewältigt werden kann. Außerdem würde der Regress davon abhängen, wen der Gläubiger = Sicherungsnehmer zuerst in Anspruch nimmt. 2. Es gibt zwei Lösungsversuche: a) Die früher hM. bevorzugte stets den Bürgen, der in voller Höhe Regress nehmen sollte; zur Begründung berief man sich auf § 776 BGB; dafür spricht auch, dass der Bürge „mehr riskiert" hat, indem er sein gesamtes Vermögen, ein Realsicherer aber nur ein einziges Vermögensobjekt als Sicherung zur Verfügung gestellt hat, so dass das größere „Opfer" des Bürgen honoriert werden muss. b) Die heute hL. und Rspr. will jedoch das Ausfallrisiko auf alle Sicherungsgeber verteilen und wendet dazu §§ 774 Abs. 2, 426 BGB analog an, so dass (wenn nichts anderes bestimmt ist!) der zuerst Leistende in voller Höhe den Regressanspruch gegen den persönlichen Schuldner und anteilig das andere Sicherungsrecht erwirbt bzw. einen anteiligen Ausgleichsanspruch gegen den anderen, nicht in Anspruch genommenen Sicherungsgeber erlangt. Der Rückgriff erfolgt prinzipiell nach Kopfteilen; wenn dagegen – wie hier – die Risikotragung unterschiedlich ist, muss die Aufteilung daran gemessen werden (hier: 3:2): Danach haftet dem in Anspruch genommenen Bürgen das Grundstück in Höhe von 3 der 5 Anteile, also in Höhe von € 60 000,-, während der in Anspruch genommene E € 100 000,- abzüglich des Eigenanteils von € 60 000,-, also € 40 000,- vom Bürgen B erstattet verlangen kann. Daher macht es lediglich für den E Sinn, eine eventuell drohende Zwangsvollstreckung nach § 1142 BGB abzuwenden.

Fall 127: Der G hat dem S 1 ein Darlehen gegeben. Als dieser den Kredit kündigen will, bittet der S 1, der gerade kein Geld hat, seine beiden Freunde Bü und S 2 um Hilfe: Nachdem daraufhin der Bü durch Vertrag mit G die selbstschuldnerische Bürgschaft übernommen hat und eine

Woche später der S 2 der Schuld ebenfalls durch Vertrag mit G beigetreten ist, wird der Darlehensvertrag durch Vereinbarung mit G verlängert. Als das Darlehen später notleidend wird, nimmt der G den Bü in Anspruch, der auch zahlt. Der Bü nimmt jetzt den S 2 in Anspruch (nach Reinicke-Tiedtke).

Die beiden Sicherungsgeber werden hinsichtlich des Regresses wie Mitbürgen nach §§ 774 Abs. 2, 426 Abs. 1 BGB behandelt.

- Bei **nicht akzessorischen Sicherungsrechten** (Sicherungsgrundschuld, Sicherungseigentum, Sicherungszession, Eigentumsvorbehalt) greift die „Automatik" der §§ 774 Abs. 1 S. 1, 412, 401 BGB nicht ein; es besteht aber ein schuldrechtlicher Anspruch des Bürgen gegen den Gläubiger auf Übertragung der Sicherungsrechte.

Fall 128: Der V hat eine ihm gehörige Sache an K unter Eigentumsvorbehalt veräußert. Die Kaufpreisforderung ist durch eine selbstschuldnerische Bürgschaft des Bü gesichert. Als der K den Kaufpreis nicht zahlt, nimmt der V den Bü in Anspruch, der auch zahlt. Der Bü und der K wollen wissen, welche Rechte sie haben.

a) Was die Rechte des Bü angeht, aa) geht nach §§ 774 Abs. 1 S. 1, 412, 399 ff., 433 Abs. 2 BGB die Kaufpreisforderung des V gegen den K auf ihn über. bb) Außerdem kann aus dem Innenverhältnis Regress genommen werden, also uU. nach §§ 662, 670 BGB. b) Das (vorbehaltene) Eigentum des V an der Kaufsache geht jedoch nicht nach § 401 BGB auf den Bü über. Nach § 242 BGB oder §§ 412, 401 BGB analog ist der V jedoch verpflichtet, dem Bü das Eigentum an der Kaufsache zu verschaffen. Diese Übereignung erfolgt nach § 931 BGB. Erfüllt der K den Regressanspruch, indem er an Bü zahlt, geht das Eigentum auf ihn über.

Fall 129: Die G-Bank hat eine Darlehensforderung gegen den S, die gesichert ist durch eine selbstschuldnerische Bürgschaft des Bü und eine Sicherungsübereignung des S mit der Maßgabe, dass der G-Bank die Übertragung des Sicherungseigentums an einen Zessionar gestattet ist. Als das Darlehen notleidend wird, zahlt der Bü an die G-Bank. Der Bü will sich an den S halten und notfalls das Sicherungsgut verwerten.

1. Was den Regress angeht, a) so steht die Darlehensforderung dem Bü zu (§§ 774, 412, 399 ff., 488 Abs. 1 S. 2 BGB). b) Außerdem kann aus dem Innenverhältnis Regress genommen werden, also uU. nach §§ 675, 670 BGB. 2. Das Sicherungseigentum a) ist nicht nach den §§ 774, 412, 401 BGB auf den Bü übergegangen. b) Vielmehr müssen die Dinge wie folgt gestaltet werden, damit Bü das Sicherungsgut erlangt und verwerten kann: Die G-Bank muss im Verhältnis zu Bü (§ 242 BGB bzw. §§ 412, 401 BGB analog) und darf im Verhältnis zu S (wegen einer hier ausdrücklich erklärten, sonst jedenfalls bei fehlender entgegenstehender Erklärung des Sicherungsgebers nach §§ 157, 242 BGB anzunehmenden Gestattung im Sicherungsvertrag) das Sicherungseigentum nach § 931 BGB an den Zessionar Bü (§§ 774, 412, 399 ff., 488 Abs. 1 S. 2 BGB) übertragen. aa) Der Bü kann die Sache von S nach § 985 BGB herausverlangen; § 986 Abs. 2 BGB steht nicht entgegen, weil der S nach Eintritt des Verwertungsfalls (das Darlehen war notleidend) kein Recht zum Besitz mehr hatte, sondern die Verwertung des Sicherungsgutes dulden musste. bb) Erfüllt der S durch Zahlungen an den Bü den Regressanspruch, dann wird der S Eigentümer nach Maßgabe des Sicherungsvertrages: entweder durch automatischen Rückfall oder durch eine gesonderte Rückübereignung. (Für die Mutigen und die Neugierigen unter Ihnen: Warum war es eigentlich wichtig, dass eine „Gestattung" des Sicherungsgebers vorliegt? Für die Wirksamkeit der Übereignung an den Bü als solche ist sie bedeutungslos, denn der Sicherungsnehmer war Eigentümer und ein Verbot wäre nach § 137 BGB unbeachtlich. Aber: wenn der Bü zum Zwecke der Verwertung der Herausgabe verlangt und die Über-

eignung an ihn nicht „gestattet" war, dann stünde dem Anspruch § 986 Abs. 2 BGB entgegen! Aber: das ist „höhere Mathematik", mit der Sie erst später vertraut gemacht werden).

- Etwas schwer verständlich ist **§ 774 Abs. 1 S. 2 BGB** („Der Übergang kann nicht zum Nachteil des Gläubigers geltend gemacht werden"): Er bezieht sich **a)** z.B. auf die Fallkonstellation einer vom Bürgen erbrachten Teilleistung; in einem solchen Fall soll der Bürge sich erst nach dem Gläubiger aus weiteren eventuell gestellten Sicherheiten befriedigen dürfen. **b)** Besonders klausurrelevant ist die sich aus § 774 Abs. 1 S. 2 BGB ergebende Beschränkung der Aufrechnungsmöglichkeit des Hauptschuldners gegen den Bürgen.

Fall 130: Der G hat gegen den S eine Darlehensforderung in Höhe von € 1000,-, die durch eine selbstschuldnerische Bürgschaft des Bü und durch ein Pfandrecht gesichert ist. Der Bü zahlt € 700,- an G. Wie ist die Rechtslage? (nach Brox-Walker).

In Höhe von € 700,- geht die Darlehensforderung des G gegen S nach §§ 774 Abs. 1 S. 1, 412, 488 Abs. 1 S. 2 BGB, insoweit gesichert durch das Pfandrecht auf den Bü über (§§ 774 Abs. 1, S.1, 412, 401, 1204 BGB). Dem G steht weiterhin ein Pfandrecht in Höhe von € 300,- zu; es ist nach § 774 Abs. 1 S. 2 BGB vorrangig gegenüber dem des Bü. Führt die Verwertung zu einem Erlös von € 400,-, erhält der G € 300,- und der Bü nur € 100,-.

Fall 131: Der Bü hat sich im Auftrag des K formwirksam und unter Verzicht auf die Einrede der Vorausklage gegenüber dem V für eine Kaufpreisschuld des K bei dem V verbürgt. Dem K steht gegen den V eine Gegenforderung zu, mit der er nicht aufrechnet; dem Bü ist die Aufrechnungsmöglichkeit des K nicht bekannt. Als der K bei Fälligkeit der Kaufpreisforderung nicht zahlt, nimmt der V den Bü in Anspruch. Der Bü zahlt und nimmt den K in Anspruch. Der K rechnet jetzt gegenüber dem Bü mit der ihm gegen V zustehenden Forderung auf (nach Reinicke-Tiedtke).

1. Der Bü hat gegen K einen Regressanspruch aus a) § 670 BGB und b) aus 774 Abs. 1 S. 1 BGB. 2. Der Anspruch kann durch die erklärte Aufrechnung erloschen sein. a) An sich steht dem K gegenüber dem Bü nach §§ 774 Abs. 1 S. 1, 412, 406 BGB eine Aufrechnungsmöglichkeit zu. b) Dem steht jedoch § 774 Abs. 1 S. 2 BGB entgegen, weil der Forderungsübergang einen Nachteil für den Bü bedeuten würde: Denn die Folge einer wirksamen Aufrechnung der Regressschuld wäre ein rückwirkender Wegfall der gesicherten Hauptforderung und damit der Bürgschaftsschuld, so dass der Bürge den V nur aus § 812 Abs. 1 S. 1 1. Fall BGB („Leistungskondiktion") in Anspruch nehmen und unverdient das Entreicherungs- und Insolvenzrisiko aus der Person des V tragen müsste.

ee) Befreiungsanspruch des Bürgen gegen den Hauptschuldner

Wenn einem Bürgen, der sich im Auftrag des Hauptschuldners verbürgt hat, nach einer Befriedigung des Gläubigers ein Regressanspruch gegen den Hauptschuldner zustehen würde, dieser Anspruch aber durch eine Veränderung der Verhältnisse gefährdet ist (z.B. durch eine wesentliche Vermögensverschlechterung des Hauptschuldners, eine wesentliche Rechtsverfolgungserschwerung etc.), dann kann der Bürge vom Hauptschuldner Befreiung von der Bürgschaftsschuld verlangen (§ 775 BGB). Kleine „Scherzfrage": Kann der Bürge auch im Falle einer wesentlichen Verschlechterung der Vermögensverhältnisse des Hauptschuldners nach § 313 BGB vom Gläubiger Befreiung von der Bürgschaftsschuld verlangen?

u) Schuldbeitrittsvertrag

Eine weitere, der Bürgschaft in vielem vergleichbare Möglichkeit der persönlichen Kreditsicherung ist der gesetzlich nicht typisierte **Schuldbeitritt** (gelegentlich auch sehr missverständlich „Schuldmitübernahme" oder „kumulative Schuldübernahme" genannt).

> Der Schuldbeitritt ist gesetzlich **nicht typisiert** und auch nirgends **definiert**. Er zählt zu den **verkehrstypischen Verträgen**. Bei einem Schuldbeitritt tritt der Beitretende neben dem bisherigen Schuldner in das Schuldverhältnis ein, so dass ein **Gesamtschuldverhältnis** von **Ursprungsschuldner** und dem **Schuldbeitretendem** entsteht.

Der vertragliche Schuldbeitritt wird wie die Bürgschaft als **Kreditsicherungsmittel** eingesetzt, so dass es zu schwierigen Abgrenzungsproblemen zur Bürgschaft kommen kann.

> Bei dieser Gelegenheit ein kurzer (zugegebenermaßen sehr begrenzt in diesen Zusammenhang passender!) Hinweis: Es gibt auch einen **gesetzlichen Schuldbeitritt**, und zwar in der höchst interessanten Regelung des **§ 25 HGB**. Diese Vorschrift geht von der Konstellation aus, dass ein Handelsgeschäft unter Lebenden unter Fortführung der Firma bzw. mit Nachfolgezusatz übernommen wird (vergl. § 22 HGB). Die Rechtsfolge ist u.a. ein (bei Eintragung im Handelsregister abdingbarer: § 25 Abs. 2 HGB) Schuldbeitritt des Erwerbers des Handelsgeschäfts hinsichtlich der Geschäftsverbindlichkeiten.

aa) Die rechtliche Konstruktion des Schuldbeitritts

Es gibt zwei Möglichkeiten der **rechtlichen Konstruktion** eines Schuldbeitritts:

- entweder schließen der **Gläubiger** und der der **Schuld Beitretende** einen Vertrag des o.g. Inhalts (**§ 414 BGB analog**);
- oder es wird zwischen dem **Schuldner** und dem der **Schuld Beitretenden** ohne Mitwirkung des Gläubigers ein Vertrag zugunsten des Gläubigers abgeschlossen (**§ 328 BGB**).
- Die Rechtsfolge ist eine selbstständige von der Schuld des ursprünglichen Schuldners unabhängig bestehende Verpflichtung, so dass Schuldner und Schuldbeitretender **Gesamtschuldner** sind.

(1) Abgrenzung von Bürgschaft und Schuldbeitritt

Bei der Fallbearbeitung kann sich die im Einzelfall sehr anspruchsvolle Aufgabe stellen, im Wege einer Auslegung zu ermitteln, ob eine **Bürgschaft** oder ein **Schuldbeitritt** vereinbart ist.

> Um diese Auslegung möglich zu machen, ist ein struktureller **Vergleich** von **Schuldbeitritt** und **Bürgschaft** hilfreich:

- Der **Schuldbeitritt** ist anders als die Bürgschaft **nicht akzessorisch**;
- der **Schuldbeitretende** steht für **eine eigene**, der **Bürge** für eine **fremde Schuld** ein;
- identisch ist der **Zweck**, weil **beide** Institute der **Sicherung** einer Forderung dienen;
- was das **Risiko** angeht, so ist **teils** die **Bürgschaft** wegen der automatischen Erweiterung der Schuld (§ 767 Abs. 1 S. 2, 2 BGB) riskanter, **teils** der **Beitritt**, weil die §§ 768, 770, 771 BGB nicht gelten und der Beitretende nur die bereits bestehenden Einwendungen hat, wobei bei späteren Veränderungen die §§ 422 – 425 BGB gelten;
- ähnlich ausgestaltet ist der **cessio-legis-Regress** nach § 774 BGB bei der Bürgschaft bzw. § 426 Abs. 2 BGB beim Schuldbeitritt.

Bei einer **Bilanz** dieses **Vergleichs** steht der Schuldbeitretende eher schlechter als der Bürge. Gleichwohl ist der **Schuldbeitritt formfrei** vereinbar; **§ 766 BGB gilt nicht.**

Wie gesagt: Bei der Prüfung, welches der beiden Sicherungsmittel von den Parteien vereinbart worden ist, geht es methodisch um eine Frage der **Auslegung,** bei der folgendes zu bedenken ist:

Keinesfalls (das wäre ein „**Zirkelschluss**" und damit ein **schwerer Kunstfehler!**) darf man aus der Tatsache einer Formfreiheit der auszulegenden Vereinbarung den Schluss ziehen, dass von den Parteien ein Schuldbeitritt gewollt war. Maßgeblich sind vielmehr diese Kriterien:

1. Bei einer durch **Rechtskundige** bzw. **von rechtlich Erfahrenen** gewählten klaren Bezeichnung („Bürgschaft"/„Schuldbeitritt") ist der **Wortlaut** maßgeblich.

2. Bei **verbleibenden Unklarheiten** (der Unterschied der Rechtsinstitute ist den Parteien nicht bekannt; es werden mehrdeutige Formulierungen verwendet: „ich komme für die Schuld des … auf", der Gläubiger „soll durch die Nichtzahlung des … keinen Schaden erleiden") **soll für die Auslegung erheblich** sein der Umstand, dass ein Schuldbeitretender eine eigene Verbindlichkeit begründen will und nicht – wie der Bürge – für eine fremde Verbindlichkeit einstehen will: Erkennbar sein soll dies daran, dass **für einen Schuldbeitritt typisch** ist, dass „**ein eigenes unmittelbares Interesse an dem Schuldverhältnis und der Erfüllung der Schuld**" besteht.

3. Da auch diese Abgrenzung nicht immer weiter hilft (schließlich kann durchaus auch ein Bürge „ein eigenes wirtschaftliches Interesse" an der Erfüllung der Hauptschuld haben!), soll **im Zweifel** eine **Bürgschaft** gewollt sein.

Fall 132: Der V steht in einer ständigen Geschäftsbeziehung zur K-GmbH. Die K-GmbH ist eine sog. „Ein-Mann-GmbH". Einziger Gesellschafter und Geschäftsführer ist der K. Als die K-GmbH eine unbestrittene Kaufpreisforderung des V aus einem Kaufvertrag in Höhe von

€ 1 000 000,- bei Fälligkeit nicht bezahlt, weil sie über keine ausreichenden Geldmittel verfügt, ruft der K, der einen Insolvenzantrag des V befürchtet, am 1. November 2002 bei V an und erklärt, dass die K-GmbH in Erfolg versprechenden Kreditverhandlungen mit der B-Bank stehe und dass er deshalb um Stundung bis zum 29. November 2002 bitte; er werde „persönlich für die noch offene Forderung des V einstehen", wenn sich der V mit diesem Vorschlag einverstanden erkläre. Der V erklärt sein Einverständnis mit allem. Obwohl die B-Bank der K-GmbH rechtzeitig einen Kredit über € 2 000 000,- gewährt, zahlt die K-GmbH nicht an den V, sondern befriedigt andere Gläubiger. Der V nimmt den K persönlich in Höhe der Forderung in Anspruch.

1. Ein Anspruch aus § 765 BGB besteht nicht, weil die Form des § 766 BGB nicht eingehalten wurde. Nach §§ 343 f., 350 HGB formfrei wirksam wäre die Bürgschaft nicht, weil zwar die K-GmbH Kaufmann ist (§ 6 HGB i.V.m. § 13 Abs. 3 GmbHG), nicht aber deren Geschäftsführer. 2. Der Anspruch würde sich aus einem Schuldbeitritt des K aus §§ 421, 414 analog BGB ergeben, wenn ein – ja bekanntlich formfrei möglicher – Schuldbeitrittsvertrag zwischen V und K geschlossen worden ist. Dazu muss die getroffene Vereinbarung ausgelegt werden. Der K hatte als einziger Gesellschafter ein „eigenes unmittelbares wirtschaftliches Interesse" an der Erfüllung der Verbindlichkeit, so dass ein Schuldbeitrittsvertrag als gewollt anzunehmen ist. (Noch einmal: Warum konnte man die Frage nicht wegen §§ 350, 343 f., 6 Abs. 2 HGB, 13 Abs. 3 GmbHG offen lassen? Weil die GmbH zwar Kaufmann ist, nicht aber deren Geschäftsführer.)

Fall 133: Der Sohn S ist in finanzieller Not und kann einen Kredit der G-Bank nicht bei Fälligkeit bezahlen. Sein Vater V begleitet ihn zu einer Besprechung mit der G-Bank. Dem zuständigen Sachbearbeiter erklärt er, dass die Bank sich „felsenfest darauf verlassen" könne, dass die Schuld „in einem Monat, notfalls auch von ihm" bezahlt werde. Als der S nicht zahlt, hält die G-Bank sich an V.

Hier besteht kein eigenes unmittelbares Interesse des V an dem Schuldverhältnis; daher war eine Bürgschaft gewollt, so dass der Vertrag nach §§ 766, 125 BGB nichtig ist.

(2) Schuldbeitrittsvertrag zwischen Gläubiger und Beitretendem

In **konstruktiver** Hinsicht kann ein **Schuldbeitrittsvertrag** durch einen Vertrag zwischen dem Gläubiger und dem der Schuld Beitretendem vereinbart werden. Dazu gelten folgende Regeln:

- Bei einem solchen nach **§ 414 BGB analog** möglichen **Vertrag** zwischen dem **Gläubiger** und dem **Beitretenden a)** kann aa) das Angebot des Beitretenden bb) vom Gläubiger angenommen werden durch ein „nach außen hervortretendes Verhalten, aus dem sich der Annahmewille unzweideutig ergibt" (BGH); zugehen muss es nach der Verkehrssitte nicht (§ 151 BGB). **b)** Fraglich ist, ob in der Mitteilung eines Schuldbeitrittsvertrages zwischen Schuldner und Beitretendem (dazu sogleich) durch den Beitretenden an den Gläubiger auch ein Angebot zum Abschluss eines Schuldbeitrittsvertrages zwischen Beitretendem und Gläubiger liegt.

- Ist die Schuld, zu der der Beitritt erfolgt, eine Schuld aus einem **Verbraucherdarlehensvertrag** (§§ 491, 13 BGB) oder ist jedenfalls der **Beitretende ein Verbraucher** (§ 13 BGB), so steht dem Beitretenden ein **Widerrufsrecht nach §§ 491, 495, 355 BGB** zu.

- Wenn der Schuldner ein Verbraucher ist (§ 13 BGB) und die Schuld in einer „**Haustürsituation**" begründet wird (§ 312 Abs. 1 BGB), dann soll, wenn auch der Beitretende Verbraucher ist und auch der Beitritt in einer „Haustürsituation" erfolgt, der Beitretende ein **Widerrufsrecht nach §§ 312, 355 BGB** haben.
- Die Schuld, zu der der Beitritt erfolgt, muss als **gegenwärtige oder künftige Schuld** bestehen; ansonsten ist der Beitritt nichtig.
- Der Schuldbeitritt kann aus den gleichen Gründen wie bei der Bürgschaft nach § 138 Abs. 1 BGB wegen **Sittenwidrigkeit** nichtig sein.
- Der Vertrag ist a) **grundsätzlich formfrei wirksam:** § 766 BGB ist nicht entsprechend anwendbar. b) Allerdings kann sich ein **Formerfordernis aa)** aus § 518 Abs. 1 BGB ergeben, wenn ein Schuldbeitritt zu einer sich aus einem Schenkungsvertrag ergebenden Schuld erfolgt. Erfolgt ein Schuldbeitritt zu einer Kaufpreiszahlungsverpflichtung aus einem Grundstücksverkauf soll – obwohl der Beitretende sich nicht zum Erwerb des Grundstücks verpflichtet – § 311 b Abs. 1 BGB analog angewendet werden. **bb)** Ist die Schuld, zu der der Beitritt erfolgt, eine Schuld aus einem **Verbraucherdarlehensvertrag** (§§ 491, 13 BGB) oder ist jedenfalls der **Beitretende** ein **Verbraucher** (§ 13 BGB), so bedarf der Schuldbeitrittsvertrag jedenfalls der Schriftform (§ 492 BGB); die Heilungsvorschrift des § 494 Abs. 2 BGB, die nur den Verbraucher vor Rückzahlungsansprüchen schützen soll, nicht aber den Gläubiger, ist auf den Schuldbeitritt nicht entsprechend anwendbar.

Fraglich ist, welche **Einwendungen** der Beitretende **gegenüber dem Gläubiger** hat.

- Einwendungen **aus dem Verhältnis zum Schuldner** hat der Beitretende analog § 417 Abs. 2 BGB nicht,
- wohl aber die **Einwendungen des Schuldners gegenüber dem Gläubiger**, die zu dem Zeitpunkt gegeben bzw. in dem Schuldverhältnis angelegt waren („Wurzeltheorie"), zu dem der Schuldbeitritt zustande gekommen ist.

(3) Schuldbeitrittsvertrag zwischen Schuldner und dem der Schuld Beitretenden

Der **Schuldbeitrittsvertrag** kann auch durch einen **Vertrag zwischen dem Schuldner und dem der Schuld Beitretenden** geschlossen werden. Dazu gelten folgende Regeln:

- Ein solcher **Schuldbeitrittsvertrag** kann nach § 328 BGB als **Vertrag zugunsten Dritter** zwischen dem Schuldner (als „Versprechensempfänger") und dem Beitretendem (als „Versprechendem") geschlossen werden. Der hieran unbeteiligte Gläubiger (der „Dritte") hat, wenn er diese Begünstigung nicht wünscht, das Zurückweisungsrecht aus § 333 BGB. Ob ein Schuldbeitritt oder nur eine Erfüllungsübernahme gewollt ist, muss durch **Auslegung** ermittelt werden (§ 328 Abs. 2 BGB).
- Ist die Schuld, zu der der Beitritt erfolgt, eine Schuld aus einem **Verbraucherdarlehensvertrag** (§§ 491, 13 BGB) oder ist jedenfalls der **Beitretende ein**

Verbraucher (§ 13 BGB), so steht dem Beitretendem ein **Widerrufsrecht nach §§ 491, 495, 355 BGB** zu.

- Wenn der Schuldner ein Verbraucher ist (§ 13 BGB) und die Schuld in einer „**Haustürsituation**" begründet wird (§ 312 Abs. 1 BGB), dann soll, wenn auch der Beitretende ein Verbraucher ist und auch der Beitritt in einer „Haustürsituation" erfolgt, der Beitretende ein **Widerrufsrecht nach §§ 312, 355 BGB** haben.
- Der Schuldbeitrittsvertrag kann **formfrei** geschlossen werden. Ist aber die Schuld, zu der der Beitritt erfolgt, eine Schuld aus einem **Verbraucherdarlehensvertrag** (§§ 491, 13 BGB) oder ist jedenfalls der **Beitretende ein Verbraucher** (§ 13 BGB), so bedarf der Schuldbeitrittsvertrag jedenfalls der Schriftform (§ 492 BGB); die Heilungsvorschrift des § 494 Abs. 2 BGB, die nur den Verbraucher vor Rückzahlungsansprüchen, nicht aber den Gläubiger schützen soll, ist auf den Schuldbeitritt nicht entsprechend anwendbar.

Was die **Einwendungen** des Beitretenden angeht, so steht der Gläubiger bei dieser Art des Schuldbeitritts durch Vertrag zwischen Schuldner und Schuldbeitretendem schlechter als bei einem Schuldbeitritt durch einen Vertrag zwischen Gläubiger und Schuldbeitretendem. Denn anders als nach § 417 Abs. 2 BGB analog muss sich der Gläubiger hier nach **§ 334 BGB** die Einwendungen aus dem Deckungsverhältnis (dem Vertrag zwischen dem Beitretenden und dem Schuldner) entgegenhalten lassen. Man wird allerdings zu prüfen haben, ob im Einzelfall der Gedanke des Vertrauensschutzes zu einem Einwendungsausschluss führt (z.B. durch Anzeige des Schuldbeitritts seitens des Beitretenden, die übrigens auch als Angebot zu einer Schuldübernahme durch Vertrag mit dem Gläubiger verstanden werden kann).

bb) Schuldner und Schuldbeitretender als Gesamtschuldner

Wir wissen jetzt, wie der Schuldbeitritt begründet wird. Wir wissen auch bereits, dass dem Gläubiger aufgrund des Schuldbeitritts der Schuldner und der Schuldbeitretende als Gesamtschuldner haften (§ 421 BGB). Das ist die erste Gelegenheit für uns, sich ein wenig mit der Gesamtschuld zu befassen. Sie sollten inzwischen Vertrauen in die Gesamtdarstellung gefasst haben: Wenn wir uns hier mit der „Gesamtschuld" befassen, ist das lediglich ein an dieser Stelle unerlässlicher Vorgriff auf später folgende Erörterungen, aber mit Sicherheit nicht „das letzte Wort" zu diesem Thema; im Gegenteil: von vielen anderen vorherigen Exkursen abgesehen, werden Sie sich in Teil 10 sehr gründlich mit der Gesamtschuld befassen. Dieser Hinweis ist aber kein „Freibrief" für Sie, die nächste Passage einfach zu „überschlagen" – im Gegenteil: Sie sollten sich konzentrieren und alles „mitnehmen", was Sie jetzt schon verstehen und sich merken können! Also: **Was** unter einer „Gesamtschuld" zu verstehen ist, definiert das Gesetz unüberbietbar präzise in § 421 BGB: „Schulden mehrere in der Weise, dass jeder die ganze Leistung zu bewirken verpflichtet, der Gläubiger die Leistung aber nur einmal zu fordern berechtigt ist (Gesamtschuldner)....". **Ob** eine solche, „Gesamtschuld" genannte, Konstellation gegeben ist, regelt das Gesetz in den verschiedensten Zusammenhängen (z.B. in §§ 421, 427, 431, 769, 840 BGB etc. Versuchen Sie sich von jeder dieser Konstellationen ein lebenspraktisches Bild zu machen: Sie können sich z.B. bei § 427 BGB vorstellen, dass M 1 und M 2 gemeinsam bei V als „Mitmieter" eine Wohnung mieten (§ 535 BGB); dann sind sie beide Mieter und schulden die Miete als Gesamtschuldner (§§ 535 Abs. 2, 427 BGB). Das **Wie**, also z.b. die Frage nach dem **Schicksal** der Ansprüche des Gläubigers gegen die Gesamtschuldner, beurteilt sich nach §§ 422 – 426 BGB. Darauf werfen wir jetzt „ein Auge".

(1) Außenverhältnis

Beim Außenverhältnis, also dem Rechtsverhältnis zwischen dem Gläubiger und den Gesamtschuldnern, hier also dem Hauptschuldner und dem der Schuld Beitretenden, ist zu unterscheiden zwischen „**individueller**" und „**genereller" Wirkung**.

> Die **Erfüllung** durch einen Gesamtschuldner wirkt für und gegen den anderen Gesamtschuldner (§ 422 BGB).
>
> Der **Gläubigerverzug**, den ein Gesamtschuldner herbeigeführt hat, wirkt ebenfalls für und gegen den anderen Gesamtschuldner (§ 424 BGB).
>
> Ob ein **Erlass** individuell oder generell wirkt, ist eine Frage der Auslegung (§ 423 BGB).
>
> Alle **anderen Tatsachen** wirken (vorbehaltlich einer anderen Bestimmung) nur für und gegen den Gesamtschuldner, in dessen Person sie eintreten (§ 425 BGB).

Dass die Ansprüche des Gläubigers gesamtschuldnerisch verbunden sind, hindert nicht ihre **Abtretung**. Bei der Abtretung der beiden Forderungen (also der Hauptschuld und der zur Sicherheit begründeten Verpflichtung des Beitretenden) sind folgende Konstellationen zu unterscheiden.

- Wenn der Gläubiger (= Zedent) einer Forderung, zu deren Sicherung ein anderer als Gesamtschuldner beigetreten ist, also der uns gerade interessierende „Schuldbeitritt" vorliegt, diese Konstellation gegenüber dem Zessionar offen legt, und **beide** sich **einigen**, dass **nur eine der beiden Forderungen abgetreten** werden soll, dann erwirbt der Zessionar auch nur diese eine ihm abgetretene Forderung: und zwar entweder nur die gesicherte oder die der Sicherung dienende Forderung gegen den Beitretenden. Wenn sie sich darauf einigen, dass beide Forderungen abgetreten werden sollen, dann erwirbt der Zessionar auch beide Forderungen. Wenn einer der Schuldner an den Gläubiger leistet, so tritt die Wirkung des § 422 BGB ein: auch der andere Schuldner wird frei.

- Wenn der Gläubiger (Zedent) eine Forderung abtritt, zu deren Sicherung ein anderer als Gesamtschuldner beigetreten ist, , also der uns gerade interessierende „Schuldbeitritt" vorliegt, er aber diese Konstellation bei der Abtretung nicht offen legt und daher die **Forderung gegen den Beitretenden nicht ausdrücklich mit auf den Zessionar überträgt**, dann stellt sich die Frage, ob die Forderung gegen den Schuldbeitretenden gleichwohl auf den Zessionar übergeht: Man ist sich im Ergebnis einig, dass in einem solchen Fall die der Sicherheit dienende Forderung gegen den Beitretenden ebenfalls auf den Zessionar übergeht; dies kann man entweder mit einer (ergänzenden) Vertragsauslegung oder (besser) mit einer Analogie zu der einen „Mitlauf" anordnenden Vorschrift des § 401 BGB begründen. Woraus rechtfertigt sich die Analogie? Aus der Rechtsähnlichkeit des

Schuldbeitritts mit der in den Beispielskatalog des § 401 BGB aufgenommenen akzessorischen Bürgschaft.

(2) Innenverhältnis

Vom Augenblick der Entstehung der Gesamtschuld an sind die Gesamtschuldner einander aus dem zugrunde liegenden **vereinbarten Innenverhältnis** (z.B. bei dem uns hier interessierenden „Schuldbeitritt" nicht selten ein Auftrag nach § 662 BGB) und zum anderen aus dem bei einer jeden Gesamtschuld bestehenden **gesetzlichen Innenverhältnis** (§ 426 Abs. 1 S. 1 BGB) verpflichtet, dafür Sorge zu tragen, dass keiner von beiden von dem Gläubiger in größerem Umfang, als es das Innenverhältnis verlangt, in Anspruch genommen wird. Das bedeutet, dass die Gesamtschuldner gegeneinander einen **Anspruch auf Befriedigung des Gläubigers** entsprechend den nach dem Innenverhältnis geschuldeten Anteilen haben; und sie können von dem jeweils anderen in Höhe des von diesem zu erbringenden Anteils **Befreiung von ihrer** im Außenverhältnis gegenüber dem Gläubiger bestehenden **Schuld** verlangen. Die **Anspruchsgrundlagen** für den Befreiungsanspruch gegen den jeweils anderen Gesamtschuldner sind für den Anspruch **aus dem vereinbarten Innenverhältnis** der Gesamtschuldner z.B. bei einem Auftrag **§§ 662, 670, 257 BGB** und für den Befreiungsanspruch **aus dem gesetzlichen Innenverhältnis** der Gesamtschuldner **§ 426 Abs. 1 S. 1 BGB**. Was den **Umfang dieses Anspruchs** angeht,

- so ist dafür z.B. bei einem Schuldbeitritt, mit dem wir uns hier ja besonders befassen, hinsichtlich des **Anspruchs auf Befreiung** aus dem **vereinbarten Innenverhältnis** bei einem zugrunde liegenden Auftrag aus §§ 662, 670, 257 BGB der Sinn und Zweck des Schuldbeitritts maßgeblich: Wenn der Beitretende mit seinem Schuldbeitritt nur einen Sicherungszweck erfüllen soll, dann ist der Schuldner gegenüber dem der Schuld Beitretenden in voller Höhe zur Leistung an den Gläubiger verpflichtet. Wenn aber der andere Gesamtschuldner ein „eigenes wirtschaftliches Interesse" an der Schuldtilgung hatte, weil er Mit-Vertragspartner, z.B. Mitmieter oder Mitdarlehensnehmer ist, kann der Anspruch auf Befreiung einen ganz anderen Umfang haben, möglicherweise sogar ganz entfallen.

- Für den in Anspruchskonkurrenz dazu bestehenden **Anspruch auf Befreiung** aus dem **gesetzlichen Innenverhältnis** (§ 426 Abs. 1 S. 1 BGB) gilt nichts anderes. Zwar scheinen hiernach auf den ersten Blick beide Gesamtschuldner einander stets zu gleichen Anteilen („Kopfteilen") zur Befreiung verpflichtet zu sein. Sie dürfen aber niemals die im Gesetz gemachte Einschränkung: „.....soweit nicht ein anderes bestimmt ist" übersehen. Eine solche anderweitige Bestimmung ergibt sich z.B. aus dem vereinbarten Innenverhältnis. Daher sind die beiden Ansprüche deckungsgleich.

cc) Regressanspruch des Beitretenden gegen den Hauptschuldner, insbesondere: Regress-Konkurrenz bei mehrfacher Sicherung durch akzessorische Sicherungsrechte

Wenn einer der Gesamtschuldner aufgrund seiner im Verhältnis zum Gläubiger („Außenverhältnis") bestehenden Verpflichtung, die ganze Leistung zu erbringen

(§ 421 BGB), mehr leistet als er nach dem Innenverhältnis leisten muss, dann versteht es sich von selbst, dass er gegen den/die anderen Gesamtschuldner einen Regressanspruch hat. Das gilt natürlich auch bei einem Gesamtschuldverhältnis zwischen Hauptschuldner und dem der Schuld Beitretenden.

- Der Schuldbeitretende hat daher einen Anspruch gegen den Hauptschuldner aus dem **vereinbarten Innenverhältnis** (bei einem Auftrag auf Aufwendungsersatz aus §§ 662, 670 BGB);
- weiterhin hat der Schuldbeitretende gegen den Hauptschuldner einen Anspruch aus dem **gesetzlichen Innenverhältnis** (§ 426 Abs. 1 S. 1 BGB);
- und schließlich geht kraft Gesetzes die Forderung des Gläubigers insoweit auf den Schuldbeitretenden über (**„cessio legis"**), als er nach § 426 Abs. 1 S. 1 BGB Ausgleich verlangen kann (§ 426 Abs. 2 BGB).
- Was konkret den Regress beim hier vorrangig interessierenden Schuldbeitritt angeht, **a)** so versteht es sich von selbst, dass der an den Gläubiger leistende Hauptschuldner keinen Regress nach § 426 Abs. 1 und 2 BGB beim Schuldbeitretenden nehmen kann; insoweit ist infolge des Sinn und Zwecks des Schuldbeitritts „....ein anderes bestimmt". **b)** Umgekehrt ist es selbstverständlich, dass der an den Gläubiger leistende Schuldbeitretende nach dem Willen der Parteien (Schuldner, Beitretender) nicht auf der Schuld „sitzen bleiben" soll, sondern vom Hauptschuldner, dessen Schuld er beigetreten ist, Ausgleich verlangen kann.
- Was den **Umfang** dieser **Regressansprüche** angeht, so kann auf die vorstehenden Ausführungen zum Umfang des Befreiungsanspruchs Bezug genommen werden; für den Regressanspruch gilt nichts anderes.
- Wegen des cessio-legis-Regresses aus § 426 Abs. 2 BGB gehen nach §§ 412, 401 BGB auch die **Sicherheiten** (Bürgschaft, Pfandrecht, Hypothek), die der Schuldner dem Gläubiger bestellt hat, auf den Schuldbeitretenden über. Bei nicht akzessorischen Rechten (Sicherungsgrundschuld, Sicherungseigentum, Sicherungszession, Eigentumsvorbehalt) besteht ein schuldrechtlicher Anspruch auf Übertragung. Hieraus ergibt sich das Ihnen schon bekannte **Konkurrenzproblem** unter mehreren Sicherungsgebern.

<u>Fall 134:</u> Der G hat dem S 1 ein Darlehen gegeben. Als der G den Kredit kündigen will, bittet der S 1, der gerade kein Geld hat, seine beiden Freunde Bü und S 2 um Hilfe: Nachdem der Bü die selbstschuldnerische Bürgschaft übernommen hat und eine Woche später der S 2 der Schuld durch Vertrag mit G beigetreten ist, wird der Darlehensvertrag durch Vereinbarung mit G verlängert. Als das Darlehen später notleidend wird, nimmt der G den S 2 in Anspruch, der auch zahlt. Der S 2 nimmt jetzt den Bü in Anspruch (nach Reinicke-Tiedtke).

Die beiden Sicherungsgeber werden hinsichtlich des Regresses wie Mitbürgen nach §§ 774 Abs. 2, 426 Abs. 1 BGB behandelt.

v) Garantievertrag

> Auch der **Garantievertrag** ist gesetzlich nicht typisiert und auch sonst nicht definiert. Er gehört zu den **verkehrstypischen Verträgen**. Durch einen Garan-

> tievertrag sichert ein Garant die Erbringung einer Leistung zu, zu der ein anderer verpflichtet ist.

Soweit ein solcher Garantievertrag der Kreditsicherung dient (Canaris: „Interzessions"-)Garantievertrag weist er äußere Ähnlichkeiten mit der Bürgschaft und mit dem Schuldbeitritt auf. Daher muss nicht selten durch **Auslegung** ermittelt werden, ob ein **Garantievertrag**, eine **Bürgschaft** oder ein **Schuldbeitritt** vereinbart ist.

- Einzelne **Strukturelemente** dieser drei Institute können bedeutsame **Auslegungskriterien** sein: So ist typisch für eine Garantie, dass die Schuld des Garanten vom Fortbestand oder zuweilen sogar von der Entstehung der gesicherten Forderung unabhängig (also nicht-akzessorisch) ist und dass der Garant an der Erfüllung der gesicherten Schuld ein besonders intensives wirtschaftliches Eigeninteresse hat.
- Demgegenüber ist der **Wortlaut** nur bei geschäftsgewandten Personen von Bedeutung.
- Bei verbleibenden **Zweifeln** ist eine Bürgschaft gewollt.

Man wird erwägen müssen, ob **§ 766 BGB** und **§ 774 BGB** und auch **§ 401 BGB** auf den **Garantievertrag entsprechend anwendbar** sind.

w) Schuldrechtliche Verträge ohne primäre Leistungspflicht

Zu guter letzt kann Ihnen nicht der Hinweis darauf erspart werden, dass der Gesetzgeber auch solche **schuldrechtliche Verträge** typisiert hat, die **keine Leistungspflicht begründen**, sondern die lediglich dazu da sind, für einen aufgrund dieses Vertrages herbeigeführten Rechtserwerb einen Rechtsgrund zu bilden. Man nennt diese Verbindlichkeiten deshalb auch **„unvollkommene Verbindlichkeiten"** oder **„Naturalobligationen"**. So wird bei einem Vertrag über eine **„Heiratsvermittlung"** (§ 656 BGB) „durch das Versprechen eines Lohnes für den Nachweis der Gelegenheit zur Eingehung einer Ehe eine Verbindlichkeit nicht begründet"; ferner heißt es in § 762 BGB gleichlautend: „Durch **Spiel oder Wette** wird eine Verbindlichkeit nicht begründet. ….". Dass gleichwohl das jeweils Geleistete nicht zurückgefordert werden kann, ergibt sich aus § 656 Abs. 1 S. 2 BGB bzw. aus § 762 Abs. 1 S. 2 BGB, in denen es jeweils heißt: „Das aufgrund …." des Versprechens/des Spieles oder der Wette „….Geleistete kann nicht deshalb zurückgefordert werden, weil eine Verbindlichkeit nicht bestanden hat". Dieser Satz wird sehr leicht dahin missverstanden, dass eine Rückforderung überhaupt ausgeschlossen ist. Beachten Sie bitte, dass ein Rückforderungsanspruch nur ausgeschlossen ist, wenn der jeweilige Vertrag zustandegekommen, wirksam und nicht beendet ist. Wenn also ein Minderjähriger ohne Zustimmung der gesetzlichen Vertreter einen Ehemäklervertrag abschließt und den vereinbarten Lohn zahlt, kann er diesen, vertreten durch seine gesetzlichen Vertreter, selbstverständlich nach § 812 Abs. 1 S. 1 1. Fall BGB („Leistungskondiktion") zurückverlangen; denn § 656 Abs. 1 S. 2 BGB schließt den Rückforderungsanspruch nur bei einem wirksamen Vertrag aus; der hier interessierende Vertrag ist aber nach §§ 107, 108 BGB wegen der endgültigen Verweigerung der Genehmigung nichtig.

x) Mischverträge

Die im Besonderen Schuldrecht des BGB geregelten Vertragstypen des BGB sind kein abschließender Katalog verpflichtender Verträge. Aufgrund der im Schuldrecht geltenden Vertragstypenfreiheit sind andere Gestaltungen möglich und im Rechtsleben auch sehr verbreitet.

Hierbei kann man **vier Fallgruppen** unterscheiden.

- **Typischer Vertrag mit andersartiger Nebenleistung**: Eine der Parteien schuldet neben der Hauptleistung eines typischen Vertrages eine andersartige Nebenleistung.

> **Zum Beispiel:** Kauf einer Computeranlage mit dazugehöriger Schulung der Mitarbeiter.

- **Kombinationsvertrag**: Ein Vertragspartner schuldet Hauptleistungen aus verschiedenen Vertragstypen.

> **Zum Beispiel: a)** Der „Beherbergungsvertrag" enthält Elemente der Miete, des Dienstvertrages, des Kaufes und des Werkvertrages; Schwerpunkt dürfte die Miete sein. **b)** Der „Bewirtungsvertrag" setzt sich zusammen aus Elementen eines Miet- und Dienstvertrages sowie eines Vertrages über die Lieferung neu herzustellender beweglicher Sachen.

- **Gekoppelter Vertrag**: Die Parteien tauschen Leistungen aus, die zu verschiedenen Vertragstypen gehören.

> **Zum Beispiel:** Der Mieter soll keine Miete zahlen, sondern stattdessen Hausmeisterleistungen erbringen.

- **Typenverschmelzungsvertrag**: Die von einer Partei geschuldeten Leistungen aus verschiedenen Vertragstypen sind untrennbar miteinander verbunden.

> **Zum Beispiel: a)** Verkauf einer Sache weit unter Wert („Freundschaftskauf"). **b)** Der in einem Vergleich geschlossene Kaufvertrag.

y) Bestimmung des typisierten Vertragsinhalts durch Auslegung

aa) Bestimmung des Inhalts der durch Gesetz typisierten Verträge

Die mit dieser Überschrift aufgeworfene Frage nach der **Inhaltsbestimmung eines gesetzlich typisierten Vertrages** durch **Auslegung** mag für den ganz jungen Juristen deshalb desillusionierend sein, weil er vielleicht inzwischen die Vorstellung entwickelt haben mag, dass das Gesetz so perfekt beschaffen ist, dass sein Inhalt ohne weiteres erkennbar ist. Das ist in der Tat das ehrgeizige Ziel von Kodifikationen, wie der des BGB, die es sich zum Ziel gesetzt haben, jeden denkbaren Konfliktfall zu erfassen und zu regeln. Bisweilen ist es aber unumgänglich, den Inhalt des Gesetzes durch Gesetzesauslegung zu bestimmen. Um Ihnen dies zu ermöglichen, soll Ihnen hier in aller Kürze ein Überblick über die bei der Gesetzesauslegung einzuhaltende Methodik und die möglichen Rechtsfolgen einer solchen vermittelt werden, wobei Sie sich dessen bewusst sein müssen, dass die Frage der Gesetzesauslegung sich natürlich nicht etwa auf unser gerade erörtertes Thema (Bestimmung des Vertragsinhalts gesetzlich typisierter Verträge) beschränkt. Da die Möglichkeit einer Auslegung des Gesetzes endet, wenn das Gesetz sich als „lückenhaft" erweist, werden wir uns im Anschluss daran auch mit den Möglichkeiten einer Schließung gesetzlicher Lücken befassen müssen. Sie können sich vielleicht vorstellen, dass diese in wissenschaftlicher Hinsicht zur „Methodenlehre" gehörenden Fragen in der Wissenschaft in hohem Maße kontrovers sind. Die „Klassiker" der modernen Methodenlehre sind Larenz, Esser (beide Autoren leben nicht mehr) und Canaris, der das Werk von Larenz fortgesetzt hat. Angesichts der ja sehr beschränkten Zielsetzung dieses Buches, wird auch dieser Überblick sich auf „Bewährtes" konzentrieren und Ihnen schwerpunktmäßig die mehr konservativen Vorstellungen von Larenz vermitteln.

(1) Gesetzesauslegung

Bei der Gesetzesauslegung ist **nicht der subjektive Wille des historischen Gesetzgebers**, sondern der **„im Gesetzeswortlaut objektivierte Wille des Gesetzgebers"** (BVerfG) zu erforschen.

Die dabei zu verwendenden **Methoden** sind in einer bestimmten Reihenfolge anzuwenden.

- Der **erste Schritt** ist die Erschließung des Wortsinns der Norm (**„sprachlich-grammatikalische Auslegung"**) durch die Zugrundelegung des allgemeinen Sprachgebrauchs, des besonderen Sprachgebrauchs der Juristen im Allgemeinen oder im gerade auszulegenden Gesetz.
- Der **zweite Schritt** besteht in der Heranziehung des Bedeutungszusammenhanges, in dem die Norm steht, und zwar des Gesetzes, dem die Norm entstammt, und bei aufgrund einer EU-Richtlinie erlassenen Gesetzen der entsprechenden EU-Richtlinie (**„systematische Auslegung"**).
- Der **dritte Schritt** ist die Berücksichtigung des Gesetzeszwecks (**„ratio legis"**), der sich vor allem aus den Vorstellungen der bei der Gesetzgebung beteiligten Personen (z.B. aus einem Regierungsentwurf nebst der Begründung, wie etwa beim „Schuldrechtsmodernisierungsgesetz" in der Drucksache 14/6040 der 14. Wahlperiode des Deutschen Bundestages) und aus der sonstigen Entstehungsgeschichte erschließt, wobei diese historischen Normvorstellungen im Lauf der Zeit gegenüber den sich aus der Gesamtrechtsordnung ergebenden „objektiv-teleologischen Kriterien" zurücktreten (**„teleologische Auslegung"**).
- Als **vierter Schritt** sind **allgemeine Rechtsprinzipien** zur Vermeidung von Wertungswidersprüchen zu berücksichtigen.
- Als **fünfter Schritt** gilt das Gebot einer engen Auslegung von sog. **„Ausnahmevorschriften"**.
- Der **sechste Schritt** verlangt eine **„verfassungskonforme"** Auslegung.

Diese einzelnen Schritte stehen in einem bestimmten Zusammenhang zueinander. Lässt der **Wortsinn** einer Norm, von dem auszugehen ist, mehrere Deutungen zu, so stehen Sie vor der Frage, die Norm restriktiv (auf den engeren Wortsinn beschränkt) oder extensiv (die weite Bedeutung des Wortes einbeziehend) anzuwenden. Um sich in dem einen oder anderen Sinne zu entscheiden, ist die Norm zunächst **systematisch** auszulegen. Wenn diese Überlegungen Sie dazu führen, dass Sie zwischen mehreren dem Wortsinn und dem Bedeutungszusammenhang nach jeweils möglichen Deutungen zu entscheiden haben, müssen Sie derjenigen Interpretation den Vorzug zu geben, bei der der Zweck der Norm (**ratio legis**), den Sie dann durch eine **teleologische Auslegung** ermitteln müssen, am ehesten erreicht wird. Wenn sich dabei ergibt, dass die auszulegende Vorschrift auf einem **allgemeinen Rechtsprinzip** beruht, muss mit Rücksicht darauf ein Wertungswiderspruch vermieden werden: „Gleiches muss Gleich" und „Ungleiches muss ungleich" behandelt werden (arge. Art 3 GG). Als **Ausnahmevorschriften** erkannte Normen müssen eng ausgelegt werden. Einen Vorrang vor allem hat eine „**verfassungskonforme Auslegung**"; so gebieten z.B. Artt. 1, 2 GG die Anerkennung der Leibesfrucht oder auch des „nondum conceptus" als eines in seiner Gesundheit verletzbaren „anderen" i.S.d. § 823 Abs. 1 BGB.

(2) „Lücken" im Gesetz

Die Möglichkeit einer Auslegung des Gesetzes endet allerdings, wenn das Gesetz sich als „lückenhaft" erweist, denn ein „Nichts" ist der Auslegung nicht zugänglich. Es gibt **zwei Konstellationen der Lückenhaftigkeit** des Gesetzes: Zum einen kann es sich ergeben, dass im Gesetz eine Bestimmung fehlt und dass diese „Lücke" im Widerspruch zum durch teleologische und historische Auslegung ermittelten Regelungsplan des Gesetzes steht („**planwidrige Lücke**"). Diese kann dadurch geschlossen werden, dass man die Grenze des möglichen Wortsinns sprengend, eine gesetzliche Regelung, die für einen oder für mehrere bestimmte Sachverhalte getroffen worden ist, auf den Ihnen vorliegenden Sachverhalt überträgt, weil der geregelte und der ungeregelte Sachverhalt einander „rechtsähnlich" sind. Man nennt dies eine „**Analogie**", und zwar im Falle der Anwendung einer für einen ähnlichen Sachverhalt im Gesetz enthaltenen Regel auf den nicht geregelten Sachverhalt eine „Einzelanalogie" (z.B. Anwendung des § 119 Abs. 1 BGB im Falle einer trotz fehlenden Erklärungsbewusstseins wegen eines „potentiellen Erklärungsbewusstseins" bestehenden Willens-erklärung) und bei der Ableitung eines allgemeinen Grundsatzes aus mehreren, im Gesetz für ähnliche Sachverhalte übereinstimmend gegebenen Regeln, der auf den nicht geregelten Sachverhalt angewandt werden kann, eine „Gesamtanalogie" (z.B. die Ableitung eines allgemeinen Beseitigungs- und Unterlassungsanspruchs bei Störungen „absoluter" Rechtsgüter oder Rechte aus §§ 12, 862, 1004, 1065, 1227 BGB analog). Ob zwei Sachverhalte, einer geregelt und einer ungeregelt, einander „rechtsähnlich" sind, entscheidet sich danach, ob sie in den für die rechtliche Wertung maßgeblichen Hinsichten übereinstimmen. Zu einer Analogie kann man sogar „gedrängt" sein, wenn eine Norm für einen bestimmten Sachverhalt eine Rechtsfolge ausspricht, die nach dem Gesetzeszweck für den Ihnen vorliegenden gesetzlich nicht geregelten Sachverhalt „erst-recht" gelten muss, dann muss die Rechtsfolge dieser Norm auch für jenen ungeregelten Sachverhalt angenommen werden. Man nennt dies einen „a maiore ad minus"- oder „erst-recht"-Schluss. Wenn die Lücke darin besteht, dass der Gesetzgeber es planwidrig unterlassen hat, die Unanwendbarkeit einer Norm bei bestimmten Sachverhalten anzuordnen, wird die Lücke im Wege der „**teleologischen**

Reduktion" dadurch geschlossen, dass die Norm mit der Begründung für unanwendbar erklärt wird, dass ihre Anwendung in bestimmten Fällen im Widerspruch zur „ratio legis" steht (z.B. wird § 167 Abs. 2 BGB bei einer unwiderruflichen Vollmacht zum Erwerb eines Grundstücks nicht angewendet). Das Gegenstück zur Lückenfüllung durch Analogie ist deren Verbot aufgrund eines **„Umkehrschlusses":** Aus der Tatsache der gesetzlichen Regelung eines oder mehrerer bestimmter Sachverhalte und aus der Nichtregelung ähnlicher Sachverhalte, kann, wenn die „ratio legis" eine Gleichstellung nicht will, geschlossen werden, dass eine Übertragung der getroffenen Regelung gerade nicht erfolgen soll. Wenn das Gesetz gelegentlich die Heilung des Formmangels infolge einer nachfolgenden Erfüllung zulässt (§§ 311 b Abs. 1, S. 2, 518 Abs. 2, 766 S. 3 BGB) erfolgt dies nur ausnahmsweise und ist nicht Ausdruck eines analogiefähigen Prinzips. Damit haben Sie diejenigen Konstellationen einer Lückenhaftigkeit des Gesetzes kennen gelernt, in denen eine „gesetzesimmanente Rechtsfortbildung" erfolgen kann. Wenn dies deshalb nicht möglich sein sollte, weil die **Lückenhaftigkeit durchaus dem gesetzlichen Plan entspricht**, andererseits aber die Schließung der Lücke erforderlich ist, weil entweder ein „unabweisbares Bedürfnis des Rechtsverkehrs" hiernach verlangt oder weil die „Natur der Sache" oder ein „vorrangiges rechtsethisches Prinzip" oder ein „Verfassungsprinzip" es erfordert, dann ist dies nur durch eine **Rechtsfortbildung „extra legem"** möglich und auch geschehen: Auf diesem methodischen Wege sind wegen eines dazu drängenden „unabweisbaren Bedürfnisses des Rechtsverkehrs" z.B. die „juristischen Erfindungen" der „Sicherungsübereignung" und des „Anwartschaftsrechts" gemacht worden; die weitgehende Gleichstellung des nichtrechtsfähigen Vereins mit den juristischen Personen ist eine „auf die Natur der Sache" zurückzuführende Rechtsfortbildung; die Anerkennung des Allgemeinen Persönlichkeitsrechts und der Rechtsfolgen seiner deliktischen Verletzung beruht auf „Verfassungsprinzipien" (Artt. 1, 2 GG) und war sogar geboten (Art. 1 Abs. 3 GG).

bb) Bestimmung des Inhalts von „verkehrstypischen Verträgen"

Die Inhalte der nicht durch das Gesetz, sondern durch die Verkehrsüblichkeiten typisierten „verkehrstypischen Verträge" erschließen sich aus den ihnen ähnlichen Typenverträgen (z.B. durch Anwendung des Mietrechts auf den Leasingvertrag) und den Gebräuchen des Rechtsverkehrs.

Es ist an der Zeit, dass Sie sich wieder einmal verdeutlichen, in welchem **größeren Zusammenhang alle diese Ausführungen stehen**.

Sie sind dabei, die Voraussetzungen für das Bestehen primärer vertraglicher Ansprüche kennen zu lernen, als die Voraussetzungen für das Vorliegen eines Vertrages.

Nachdem wir uns zunächst damit befasst hatten, die Technik des Abschlusses eines Vertrages als solche zu erarbeiten, haben wir uns klar gemacht, dass es einen „Vertrag als solchen" gar nicht gibt.

Ein Vertrag muss vielmehr einen Inhalt haben, also als (hier interessierender) verpflichtender Vertrag ein „Kaufvertrag", ein „Mietvertrag", ein „Werkver-

> trag" etc. sein oder als (uns später interessierender) verfügender Vertrag eine „Einigung" i.S.d. des § 929 BGB, des § 1204 BGB, des § 873 BGB etc. sein.
>
> Was die verpflichtenden Verträge angeht, so haben Sie gelernt, dass die **gesetzlichen Typisierungen** den Inhalt derjenigen Verträge bestimmen, die sich – orientiert an der Definition und an den inhaltsbestimmenden Normen – in diese Typen einordnen lassen. Die vorstehenden Ausführungen haben Ihnen einen ziemlich ausführlichen Überblick über die infolge gesetzlicher Typisierungen möglichen Inhalte von verpflichtenden Verträgen gegeben („Kaufvertrag", „Mietvertrag" etc.). Aufgefallen ist Ihnen, dass die Schwerpunkte unterschiedlich gesetzt wurden, also bestimmte Verträge (wie z.b. die Kreditverträge) auf den ersten Blick „unangemessen" breit und andere (wie z.B. den Werkvertrag) „unangemessen" knapp dargestellt wurden. Das ist kein Zufall, sondern beruht auf einem Plan: Die eher „knapp" abgehandelten Vertragstypen stehen in der Gesamtdarstellung im Vordergrund, so dass Sie weitere vertiefte Kenntnisse im Wege eines „Mosaiks" erlangen werden, während Sie über die hier umfänglich dargestellten Vertragstypen anderswo kaum noch Neues erfahren werden. Abschließend haben Sie gesehen, dass es nicht nur gesetzlich typisierte Verträge gibt, sondern auch einige durch die Rechtspraxis entwickelte „**verkehrstypische Verträge**", auch genannt „moderne Typisierungen", gibt. Auch deren Inhalte haben Sie kennen gelernt, wie z.b. den eines Lesasingvertrags oder eines Garantievertrags. Schließlich gibt es auch „**Mischverträge**".
>
> Zuletzt haben Sie dann gesehen, dass zur weiteren **Inhaltsbestimmung** der gesetzlich typisierten Verträge eine Gesetzesauslegung und zur Inhaltsbestimmung der verkehrstypischen Verträge eine Orientierung an vergleichbaren Typenverträgen und an Gebräuchen des Rechtsverkehrs nötig werden kann.

8. Festlegung des Vertragsinhalts durch die Parteien (Individualverträge, Allgemeine Geschäftsbedingungen): „Inhaltsfreiheit"

Durch die vorstehende Darstellung mag man veranlasst sein anzunehmen, dass der Inhalt von vertraglichen Schuldverhältnissen bei den Typenverträgen ausschließlich durch das ggf. auszulegende oder gar fortzubildende Gesetz und bei „verkehrstypischen Verträgen" durch deren sich aus vergleichbaren Typenverträgen und aus den Gebräuchen des Rechtsverkehrs ergebenden Typizität bestimmt wird.

Das aber ist ein Irrtum, denn die **Vertragsfreiheit** ermöglicht es den Vertragspartnern, den Inhalt eines schuldrechtlich verpflichtenden Vertrages frei und abweichend von den soeben erlernten gesetzlichen und sonstigen Typisierungen auszugestalten („**Inhaltsfreiheit**"). Um das zu verstehen, muss man sich beizeiten einen Überblick über das Phänomen der Vertragsfreiheit verschaffen.

- Sie kennen bereits die zur **Vertragsfreiheit** zählende, im Schuldrecht durch einige Fälle des „Kontrahierungszwangs" eingeschränkte **Abschlussfreiheit** (also: das „**Ob**" und das „**Mit wem**" des **Vertragsschlusses**).

- Um die Abschlussfreiheit geht es hier freilich nicht, sondern um die Freiheit der **inhaltlichen Ausgestaltung**, also um das „Wie" des Vertrages; hiermit werden wir uns jetzt befassen.
- Wir werden übrigens später noch weitere Auswirkungen der Vertragsfreiheit kennen lernen, so die **Formfreiheit** von Verträgen und die **Freiheit zur Änderung** und **Aufhebung** von Verträgen.
- Diese „sechs Freiheiten" sind aber **nicht unbegrenzt**, sondern vom Gesetz von **Rechtsgebiet zu Rechtsgebiet unterschiedlich** ausgestaltet.

Zur besseren Übersicht soll eine den Begriff der **Vertragsfreiheit** erläuternde Tabelle dienen.

Tabelle 5

	Schuldrecht	Sachenrecht	Familienrecht	Erbrecht
Abschluss-freiheit („ob")	Ja, aber Einschränkung durch „Kontrahierungszwang"	Ja	Ja	Ja
Abschlussfreiheit („mit wem")	Ja, aber Einschränkung durch „Kontrahierungszwang"	Ja	Ja	Ja
Inhaltsfreiheit („wie")	Ja, aber Einschränkung durch „zwingendes Recht" und durch die „Inhaltskontrolle" von AGB in § 307 ff. BGB	Nein	Nein	Nein
Formfreiheit	Ja, aber Einschränkung durch „Formzwang"	Nein	Nein	Nein
Änderungsfreiheit	Ja	Nein	Nein	Ja
Aufhebungsfreiheit	Ja	Ja	Nein	Ja

Angesichts der soeben gewonnenen Erkenntnis, nach der für die Parteien die Möglichkeit besteht, schuldrechtlich verpflichtende Verträge als „Individualverträge" abzuschließen und die Inhalte der Verträge durch derartige „Individualverträge" selbst oder durch in sie einzubeziehende „Allgemeine Geschäftsbedingungen" festzulegen, könnte man nun auf den Gedanken kommen, dass es kaum irgendwelche Verträge geben wird, für deren Inhalt die Ihnen ja nun bekannten gesetzlichen Typisierungen bzw. die verkehrstypischen Inhalte von entscheidender Bedeutung wären, und dass Sie sich daher den Inhalt der letzten weit über hundert Seiten **(sub A I 7)** umsonst erarbeitet haben. Das Gegenteil ist zum Glück richtig!

- **Überwiegend** geht es in der juristischen Ausbildung um schuldrechtlich verpflichtende Verträge, die den Definitionen der im Besonderen Schuldrecht gesetzlich typisierten Verträge zuzuordnen sind und die sich in inhaltlicher Hinsicht **ausschließlich nach den gesetzlichen Lösungsvorschlägen** richten.

- Wenn eine individuelle Gestaltung des Inhalts durch Individualvereinbarung oder durch in den Vertrag einbezogene Allgemeine Geschäftsbedingungen vorgenommen wird, so beschränkt sie sich meist auf einige wenige Abweichungen von den Regelungsvorschlägen der gesetzlichen Typisierung z.b. beim Leistungsstörungsrecht (speziell zum Gewährleistungsrecht) bzw. der verkehrstypischen Typisierung. Daher sind die allermeisten schuldrechtlich verpflichtenden Verträge – wenn sie nicht ohnehin ausschließlich den Regelungsvorschlägen der Typisierungen folgen – solche Verträge, deren Inhalt teils durch **das Gesetz** bzw. **die Verkehrstypizität** und teils durch den Inhalt der **Individualvereinbarung** oder der einbezogenen **Allgemeinen Geschäftsbedingungen** bestimmt wird.

a) Schranken der „Inhaltsfreiheit"

Der vorstehenden Tabelle haben Sie bereits entnommen, dass das Prinzip der „Inhaltsfreiheit" auch bei schuldrechtlich verpflichtenden Verträgen nicht unbegrenzt gilt. Es gibt gesetzliche Beschränkungen durch **„zwingendes Recht"** und durch Bestimmungen, durch die bei Verwendung **Allgemeiner Geschäftsbedingungen** die Einbeziehung überraschender Klauseln ausgeschlossen ist und durch die der Inhalt von Allgemeinen Geschäftsbedingungen kontrolliert wird.

> **1.** Der Gesetzgeber hat den Schutz eines strukturell schwächeren oder eines sozial schutzwürdigen Vertragspartners zuweilen durch **„zwingende"** (= unabdingbare) oder **„halbzwingende"** (= zum Nachteil einer Partei unabdingbare) **Normen** gewährleistet.
>
> **2.** Für Sie besonders wichtig sind folgende, Ihnen schon zum Teil bekannte Bestimmungen:
>
> **a)** Sie haben schon davon gelesen, dass beim sog. **Verbrauchsgüterkauf das gesetzlich typisierte Gewährleistungsrecht** des **Kaufrechts** praktisch **zwingendes Recht** ist; denn in § 475 BGB wird „halbzwingend" bestimmt, dass sich der Unternehmer-Verkäufer auf eine **vor** der **Mitteilung** eines **Mangels** der Kaufsache an den Verbraucher-Käufer getroffene, **zum Nachteil des Verbraucher-Käufers von den §§ 433 – 435, 437, 439 – 443 BGB abweichende, Vereinbarung nicht berufen darf.** Die Konsequenz daraus ist u.a., dass es auch beim Kauf gebrauchter Sachen keinen Gewährleistungsausschluss gibt. Das ist besonders dramatisch beim Gebrauchtwagenhandel. Darauf werden wir später noch einmal eingehen.
>
> **b)** Bekannt ist Ihnen schon, dass im **Mietrecht** nach § 573 Abs. 1 S. 2, Abs. 4, S. 2 BGB die Änderungskündigung eines Mietverhältnisses über Wohnraum zum Zwecke der Mieterhöhung „halbzwingend" verboten ist.
>
> **c)** Auch wissen Sie bereits, dass im Recht des **Dienstvertrags** nach § 619 BGB die Bestimmungen über die Fürsorgepflicht des Dienstberechtigten (§§ 617, 618 BGB) nicht im Voraus aufhebbar oder beschränkbar sind.
>
> **d)** Auch die Regeln über die Grenzen der Möglichkeit einer **Einbeziehung** von **Allgemeinen Geschäftsbedingungen** in den Vertrag und hinsichtlich der **Inhaltskontrolle** von **Allgemeinen Geschäftsbedingungen** sind Schranken der

> Inhaltsfreiheit von Verträgen. Darauf werden wir alsbald sehr gründlich eingehen.

Dass es noch **viele andere ganz- oder halbzwingende Vorschriften** gibt, die unmittelbar oder mittelbar für die Frage des Abschlusses, des Inhalts oder die Beendigung eines verpflichtenden Vertrages von Bedeutung sind, wollen wir nicht aus dem Auge verlieren und daher bei dieser Gelegenheit schon einmal erwähnen: Es handelt sich um die Vorschriften über die Rechts- und Handlungsfähigkeit; die Vorschriften, die die Vertragsfreiheit wegen bestehender Verbote bzw. aus ethisch-moralischen Gründen begrenzen (§§ 134, 138 BGB); die gesetzlichen Formvorschriften (z.B. §§ 311 b Abs. 1, 766 BGB), die Vorschriften über die Kündigung von Dauerschuldverhältnissen aus wichtigem Grund (§ 314 BGB). Es ist selbstverständlich, dass Sie im Folgenden darüber noch sehr viel lesen werden. Auch wenn Sie immer wieder auf zukünftige vertiefende Ausführungen verwiesen werden, sollten Sie alle zitierten Vorschriften immer wieder nachlesen und sich dabei Gedanken über Sinn und Zweck der Normen und ihren Kontext machen. Nur wer diesen Appell ernst nimmt, erlangt nach und nach die unerlässliche Routine im Umgang mit dem Gesetz. Wer sich das Leben jetzt bequem macht, muss später um so mehr leiden.

b) Festlegung des Vertragsinhalts durch Individualvereinbarung

aa) Festlegung durch Individualvereinbarung im Geltungsbereich des BGB

Der Inhalt eines schuldrechtlich verpflichtenden Vertrages kann – natürlich nur in den soeben angedeuteten Grenzen der „Inhaltsfreiheit" – durch **individuelle Vereinbarung** bestimmt werden.

Dazu gehört es auch, dass aufgrund einer individuellen Vereinbarung der **Vertragsinhalt einseitig** durch die **Vertragsparteien** oder durch **Dritte bestimmt** werden kann.

- Das ist z.B. bei Kaufverträgen über „Gattungssachen" (statistisch die Regel beim Alltagsgeschäft) eine Selbstverständlichkeit, über die man sich gar keine besonderen Gedanken zu machen pflegt: Wenn der Schuldner eine der **Gattung** nach bestimmte Sache zu leisten hat, ergibt sich ein **Bestimmungsrecht für den Schuldner** aus § 243 BGB; darauf kommen wir später noch genauer zurück.

- In dogmatischer Hinsicht wesentlich origineller ist das von den Vertragspartnern zu vereinbarende **Leistungsbestimmungsrecht für die Vertragsparteien** nach § 315 BGB oder **für Dritte** nach den §§ 317 ff. BGB, bei dem die Leistungsbestimmung nach bestimmten Kriterien (z.B. „marktüblicher Preis") oder „im Zweifel ….nach „billigem Ermessen zu treffen ist". Die Entscheidung, die ein dazu bestimmter Dritter trifft, ist übrigens kein für die staatlichen Gerichte unnachprüfbarer Schiedsspruch i.S.d. der §§ 1025 ff. ZPO, sondern ein im Rahmen der Vorgaben der § 317 ff. BGB gerichtlich nachprüfbares „Schiedsgutachten".

Fall 135: Der V hatte sich mit dem K über den Verkauf eines bestimmten gebrauchten Autos geeinigt. Über den Preis hatten sie sich nicht verständigen können. Der V hatte daher erklärt, dass der Sachverständige S den marktüblichen Preis bestimmen sollte. Der K sagte dazu: „Ja". Der S ermittelt einen Preis von € 10 000,- als marktüblich. Der V verlangt daraufhin von dem K Zahlung von € 10 000,- Zug-um-Zug gegen Lieferung des Autos.

> Ein Anspruch auf Zahlung könnte sich aus einem Kaufvertrag ergeben (§ 433 Abs. 2 BGB). a) Es müsste ein annahmefähiges Angebot des V vorliegen. aa) Die Parteien, bb) und der Kaufgegenstand sind bestimmt. cc) Der Kaufpreis soll durch S bestimmt werden. Das reicht für das Vorliegen eines Angebots aus (arge. § 317 Abs. 1 BGB). b) K hat durch sein „Ja" das Angebot angenommen. damit ist ein Kaufvertrag zustandegekommen. c) Die Höhe des Kaufpreises ergibt sich aus der Bestimmung durch S (§ 317 Abs. 1 BGB).

bb) Festlegung durch Individualvereinbarung im Geltungsbereich des UN-Kaufrecht (CISG)

Zur nach Art. 6 CISG auch für das UN-Kaufrecht (CISG) anerkannten **Vertragsfreiheit** gehört es, dass die **Vertragspartner den Inhalt von Schuldverhältnisse begründenden Verträgen frei gestalten** können, wenn kein „zwingendes Recht" gegeben ist. Sie müssen daher auch bei der Inhaltsbestimmung eines Kaufvertrages, der dem UN-Kaufrecht unterliegt, zunächst prüfen, ob die Parteien einen bestimmten **Vertragsinhalt durch eine Individualvereinbarung festgelegt** haben. Es gilt also nichts anderes als im Zivilrecht des BGB.

c) Festlegung des Vertragsinhalts durch Allgemeine Geschäftsbedingungen (AGB)

Das moderne Wirtschaftsleben bringt es mit sich, dass im **geschäftlichen Massenverkehr** notwendigerweise eine Vielzahl von gleichartigen Einzelverträgen, die jeweils eine Vielzahl von Regelungen erforderlich machen, geschlossen werden müssen.
   Der Inhalt solcher Verträge wird sehr häufig nicht den gesetzlich typisierten Regeln überlassen, andererseits aber auch nicht individuell von den Parteien durch Vereinbarungen bestimmt, sondern durch die Verwendung von einseitig gestellten „**Allgemeinen Geschäftsbedingungen**" (die wir hier zunächst mit der üblichen Abkürzung **AGB** bezeichnen wollen) festgelegt. Auf diese Weise kann,

- **abgesehen von den** stets individuell zu fixierenden „**essentialia negotii**",
- entweder der **gesamte Inhalt des Vertrages** durch AGB festgelegt werden, soweit dem nicht zwingendes Recht entgegensteht,
- oder auch nur ein Teil des Vertragsinhalts fixiert werden, indem man Individualvereinbarungen und AGB-Regelungen miteinander mischt, z.B. durch sog. „**Besondere Zusatzvereinbarungen**".

> Die Verwendung von AGB wirft stets **drei Fragen** auf, nämlich die Frage, **ob AGB** verwendet werden, ferner die Frage nach der wirksamen **Einbeziehung** der AGB in den Vertrag und schließlich die Frage nach einem Schutz des Vertragspartners des Verwenders der AGB vor einem Missbrauch der einseitigen Vertragsgestaltung durch eine **Inhaltskontrolle**.

aa) Festlegung des Vertragsinhalts durch Allgemeine Geschäftsbedingungen (AGB) im Geltungsbereich des BGB

Für Sie wird sich bei einer Fallbearbeitung, bei der es darum geht, ob Ansprüche aus einem schuldrechtlich verpflichtenden Vertrag gegeben sind, dessen Vertragsinhalt durch AGB bestimmt wird, daher i.d.R. die Aufgabe stellen, in **drei großen Arbeitsschritten**

- zunächst zu **prüfen, ob** überhaupt **AGB verwendet** werden,
- und wenn ja, **mit welchem Inhalt** sie **Vertragsinhalt** geworden sind **(Einbeziehung)**,
- und schließlich eine **Inhaltskontrolle** der AGB vorzunehmen.

Abgesehen davon befasst sich die **Rechtspraxis** mit den AGB noch unter zwei weiteren Aspekten, die für Ihre Fallbearbeitung allerdings bedeutungslos ist:

1. Verbraucherschutzrecht: Nach § 1 Unterlassungsklagengesetz (UnterlassungsklagenG) können bestimmte Sachwalter (Verbraucherschutzvereine, Industrie- und Handelskammern, Handwerkskammern) bei einer Verwendung oder Empfehlung unzulässiger AGB Unterlassungsansprüche geltend machen. (Gleiches gilt nach § 2 UnterlassungsklagenG übrigens auch bei Zuwiderhandlungen gegen andere Verbraucherschutzgesetze: Haustür- und Fernabsatzvertrag nach §§ 312 ff. BGB, Verbrauchsgüterkauf § 474 BGB, Verbraucherkreditgeschäft nach §§ 491 ff. BGB).

2. Kartellrecht: Unternehmen, die aufgrund einer Vereinbarung einheitliche AGB verwenden, bilden dadurch ein „Konditionenkartell". Wenn die AGB-Regelung nicht Preise und Preisbestandteile (unbeachtlich sind Skonti) zum Gegenstand hat, können diese Vereinbarungen vom Kartellverbot des § 1 GWB freigestellt werden durch Anmeldung bei der Kartellbehörde und Nicht-Widerspruch derselben (§ 9 GWB).

---

(1) Vorliegen von AGB

Die erste **Voraussetzung** dafür, dass der Vertragsinhalt durch AGB festgelegt wird, ist, dass **überhaupt AGB vorliegen**.

Unter **AGB** versteht man nach **§ 305 Abs. 1 BGB**:

- **vorformulierte** (durch den Verwender selbst oder durch eine andere Person, z.B. „Hamburger Mietvertrag für Wohnraum" durch den „Grundeigentümer-Verband Hamburg")
- **Vertragsbedingungen** (einschließlich einseitiger Kundenerklärungen, wie Vollmachtserteilung, oder bloße Bitten: z.B. zur Abgabe von Taschen im Supermarkt),
- die für eine unbestimmte **Vielzahl von Verträgen** (Planung der Verwendung seitens des Vorformulierers für mindestens drei Verträge; bei „Ver-

braucherverträgen", in denen vorformulierte Vertragsbedingung nur einmal verwendet werden sollen, finden aber gleichwohl einzelne Normen der §§ 305 ff. BGB Anwendung: Nach § 310 Abs. 3 Nr. 2 BGB gelten in „Verbraucherverträgen": der § 305 c Abs. 2 BGB – sog. „Unklarheitenregel" –, der § 306 BGB und die „Inhaltskontroll"–Normen der §§ 307 ff. BGB)

- vom **Verwender gestellt** worden sind (wenn sie nicht – was selten der Fall sein dürfte – durch den Verbraucher eingeführt wurden: Fiktion der Stellung durch den Unternehmer bei „Verbraucherverträgen" nach § 310 Abs. 3 Nr. 1 BGB)

- und die **nicht ausgehandelt** (für ein Aushandeln ist nötig eine Änderung oder Ergänzung der „gesetzesfremden" Bestimmungen der vorformulierten Vertragsbedingungen) worden sind,

- wobei es für die **Qualität als AGB nicht** auf **Äußerlichkeiten ankommt**, also nicht darauf, ob sie äußerlich gesonderter Bestandteil eines Vertrages sind oder ob sie in die Vertragsurkunde aufgenommen werden, welchen Umfang sie haben, in welcher Schriftart sie verfasst sind und welche Form der Vertrag hat.

Bei von den AGB **abweichenden Individualabreden** gehen diese den AGB vor (§ 305 b BGB).

Dagegen finden auch beim Vorliegen von AGB die §§ 305 ff. BGB keine bzw. nur eingeschränkte Anwendung in den Fällen der **Ausschlusstatbestände** des § 310 Abs. 4 BGB (Familien-, Erb-, Gesellschafts- und Arbeitsrecht).

(2) Einbeziehung der AGB

Die **AGB selbst** sind natürlich noch **kein Vertrag**, sondern sie sind „**für eine Vielzahl von Verträgen vorformulierte Vertragsbedingungen**"; ihre Geltung setzt also voraus – und das ist von Ihnen nunmehr zu **prüfen** – ob die **AGB überhaupt Vertragsinhalt** geworden sind, und damit überhaupt die Möglichkeit besteht, dass sie den Inhalt des Vertrages bestimmen. Die AGB werden **Vertragsbestandteil** durch **Einbeziehung (§§ 305 Abs. 2 ff. BGB)**. Das bloße Einverständnis der anderen Vertragspartei mit der Geltung der AGB reicht nicht aus, vielmehr ist Voraussetzung

- eine **Einbeziehungsvereinbarung**, die – vorbehaltlich einiger Ausnahmen – voraussetzt, dass der **Verwender** in spezifizierter Weise **auf die AGB hinweist** und dem anderen Teil die **Möglichkeit der Kenntnisnahme** verschafft und dass die andere Vertragspartei **mit ihrer Geltung einverstanden** ist.

Das bedeutet im Einzelnen Folgendes: Zur **Einbeziehung in den Vertrag** bedarf es einer **Einbeziehungsvereinbarung**, die voraussetzt

1. einen **Hinweis des Verwenders** beim Vertragsschluss in einer Weise, die der anderen Vertragspartei (nach § 310 Abs. 1 BGB nicht notwendig bei den weniger schutzbedürftigen Unternehmern des § 14 BGB, bei juristischen Per-

sonen des öffentlichen Rechts oder bei öffentlich-rechtlichen Sondervermögen als Vertragspartei, bei denen auch stillschweigende Willensübereinstimmungen ausreichen) **in zumutbarer Weise die Kenntnisnahme ermöglicht** (§ 305 Abs. 2 Nr. 1 und 2 BGB: Verständlichkeit der Formulierungen; mühelose Lesbarkeit; unter Anwesenden reicht das Aushängen oder Ausliegen aus, aber wohl kaum im Fall umfangreicher AGB bei „Eilgeschäften"; bei Abwesenden ist eine Übermittlung nötig), oder in anderer Weise z.B. bei genehmigten Beförderungsbedingungen (§ 305 a BGB);

2. ein **Einverständnis der anderen Vertragspartei** mit ihrer Geltung (§§ 305 Abs. 2 aE., 305 a Abs. 1 BGB); nach § 305 Abs. 3 BGB für eine bestimmte Art von Rechtsgeschäften auch im Voraus, letzteres allerdings nicht gegenüber Unternehmern i.S.d. § 14 BGB, juristischen Personen des öffentlichen Rechts oder öffentlich-rechtlichen Sondervermögen (§ 310 Abs. 1 BGB).

3. Wenn **beide Seiten AGB verwenden**, die inhaltlich miteinander kollidieren, **a)** würde man nach § 150 Abs. 2 BGB für die Frage der Geltung der AGB dazu kommen, dass eine vorbehaltlose Annahme einer Leistung zur Einbeziehung der AGB des Lieferanten führt, wenn dieser sich als letzter auf seine AGB berufen hat, also die AGB desjenigen einbezogen wären, der „**das letzte Wort**" hatte. **b)** Wenn aber der andere Teil eine dagegen gerichtete „**Abwehrklausel**" verwendet, **aa)** kommt es nicht zu einer Einbeziehung. **bb)** Es liegt vielmehr ein offener Dissens über Nebenpunkte (denn die „essentialia negotii" sind bekanntlich nie in den AGB vereinbart) vor; und nach der Zweifelsregel des § 154 Abs. 1 BGB ist davon auszugehen, dass die Parteien den Vertrag auch ohne Einbeziehung von AGBs durchführen wollten, so dass der Vertrag zu den Bestimmungen des dispositiven Rechts zu Stande kommt, also bei verpflichtenden Verträgen nach den gesetzlichen Typisierungen.

Nun wissen Sie also, wie verwendete AGB zum Vertragsinhalt werden. Sie wissen aber noch lange nicht, **mit welchem Inhalt** die **AGB** in den Vertrag **einbezogen** werden. Es ist nämlich keineswegs selbstverständlich, dass AGB (wie es neuerdings allenthalben heißt) „1 zu 1" Inhalt des Vertrages werden. **Einzelne Klauseln** können davon ausgenommen sein und sichd daher **nicht einbezogen**:

- Diejenigen Klauseln, die im **Gegensatz zu einer Individualabrede** stehen, sind natürlich nicht in den Vertrag einbezogen, denn Individualabreden haben Vorrang (**§ 305 b BGB**).

- Vertragsbestandteil werden nach **§ 305 c Abs. 1 BGB** auch nicht **überraschende** und **mehrdeutige Klauseln**, also solche „Bestimmungen in Allgemeinen Geschäftsbedingungen, die nach den Umständen, insbesondere nach dem äußeren Erscheinungsbild des Vertrages, so ungewöhnlich sind, dass der Vertragspartner des Verwenders mit ihnen nicht zu rechnen braucht (…)".

- Was die **Folgen der Nichteinbeziehung** betrifft, muss differenziert werden: Soweit hiernach entweder die AGB insgesamt oder soweit einzelne Klauseln nicht Vertragsbestandteil geworden sind, ist der Vertrag (abweichend von der Regel des § 139 BGB) nicht insgesamt nichtig, sondern bleibt im **Regelfall** im übrigen wirksam und richtet sich inhaltlich nach den gesetzlichen Vorschriften

(§ 306 Abs. 2 BGB). Der Vertrag ist allerdings **ausnahmsweise** insgesamt unwirksam, wenn das Festhalten an ihm trotz der nach § 306 Abs. 2 BGB vorgesehen Änderung zu einer unzumutbaren Härte für eine Vertragspartei führen würde (§ 306 Abs. 3 BGB). Dann ist Ihre Prüfung beendet.

(3) Inhaltskontrolle der AGB

Sind die AGB nach den vorstehenden Ausführungen mit einem bestimmten Inhalt in den Vertrag einbezogen, werden Sie bei der Fallbearbeitung i.d.R. als **dritten Arbeitsschritt** im Wege der „**Inzidentkontrolle**" die Wirksamkeit einer einschlägigen Klausel („**Inhaltskontrolle**") prüfen müssen.

> Die „Methodiker" unter Ihnen erkennen übrigens sofort, dass die (soeben dargestellte) Prüfung der Einbeziehung von AGB und die (jetzt zu erörternde) Inhaltskontrolle von AGB sich zwar formal in diese beiden Arbeitsschritte aufgliedern lassen, dass es aber sachlich gesehen bei diesen Untersuchungen zu Überschneidungen kommt, denn der Ausschluss der „überraschenden und mehrdeutigen Klauseln" aus dem Kreis der einbezogenen Klauseln beruht letztlich bereits auf einer Inhaltskontrolle; und auch ob eine Klausel „ungewöhnlich" ist, lässt sich nur aus ihrem Inhalt erschließen. Damit erkennen Sie wieder einmal, dass letztlich keine Systematik perfekt ist. Jetzt aber wieder zurück „zum Thema"!

Die in den **§§ 307 – 309 BGB** geregelte „**Inhaltskontrolle**" bedeutet (und das wissen Sie ja schon) nichts anderes als eine **Beschränkung** der „**Inhaltsfreiheit**" von Verträgen, also der Privatautonomie.

> Im Einzelnen gilt für die **Inhaltskontrolle** von AGB Folgendes:
>
> **1.** Die **Inhaltskontrolle** vollzieht sich in bestimmten kleinen Schritten:
>
> **a)** Die AGB sind in der „**kundenfeindlichsten Auslegung**" zu überprüfen; nach Ausschöpfung aller Auslegungsmöglichkeiten verbleibende Unklarheiten gehen zu Lasten des Verwenders (§ 305 c Abs. 2 BGB).
>
> **b)** Bei einer **Verwendung gegenüber** weniger schutzbedürftigen Personen (**Unternehmern** i.S.d. **§ 14 BGB**, **juristischen Personen des öffentlichen Rechts** oder gegenüber **öffentlich-rechtlichen Sondervermögen**) beschränkt sich die Inhaltskontrolle nach § 310 Abs. 1 S. 1 BGB nur auf § 307 BGB, wobei die Klauselverbote der §§ 308 und 309 BGB als Wertungskriterien zu berücksichtigen sind.
>
> **c) Ansonsten** erfolgt die Inhaltskontrolle nach §§ 307 – 309 BGB in dieser Reihenfolge:
>
> **aa) zunächst** (weil spezieller gegenüber § 307 BGB und strikter als § 308 BGB) nach **§ 309 BGB**: dort gibt es einen **Katalog** von Klauselverboten **ohne Wertungsmöglichkeit**;

bb) dann (weil strikter als § 307 BGB) nach **§ 308 BGB:** dort gibt es einen **Katalog** von Klauselverboten **mit Wertungsmöglichkeit;**

cc) schließlich nach **§ 307 BGB: Generalklausel** (Unwirksamkeit bei „unangemessener Benachteiligung" entgegen den Geboten von Treu und Glauben): im Falle der **Unklarheit und Unverständlichkeit** der Bestimmung (§ 307 Abs. 1 S. 2 BGB) oder beim Vorliegen von den **Regelbeispielen** (bei „Verbraucherverträgen" nach § 310 Abs. 3 Nr. 3 BGB auch unter Berücksichtigung der den Vertragsschluss begleitenden Umstände): **(a)** § 307 Abs. 2 Nr. 1 BGB: **Abweichung von** in den **Vertragstypen des BGB als „Leitbild"** enthaltenen **wesentlichen Grundgedanken** der dispositiven gesetzlichen Regelung; **(b)** und § 307 Abs. 2 Nr. 2 BGB: Beseitigung von **„Kardinalpflichten"** des Verwenders).

2. Rechtsfolge bei Unwirksamkeit:

a) Eine **Klausel,**

aa) die insgesamt gegen §§ 307 bis 309 BGB verstößt oder die nur zum Teil unwirksam ist, aber unteilbar ist, ist **vollständig unwirksam;** es gibt **„keine geltungserhaltende Reduktion",** durch die man sie im zulässigen Umfang bestehen lassen kann, weil sonst risikolos gesetzwidrige Klauseln verwendet werden könnten.

bb) Ist die **Klausel teilbar** und **verstößt nur ein Teil gegen §§ 307 bis 309 BGB,** ist sie ebenfalls insgesamt unwirksam, es sei denn der zulässige Teil der Klausel ist eine aus sich heraus verständliche und im Vertragsgefüge sinnvolle Regelung.

b) Die Unwirksamkeit von AGB bedeutet für den Vertrag,

aa) dass dieser **abweichend von § 139 BGB** im übrigen **wirksam bleibt (§ 306 Abs. 1 BGB);** hinsichtlich der unwirksamen Klausel erfolgt eine **Ersetzung der gesetzeswidrigen AGB** durch das dispositive Gesetz (§ 306 Abs. 2 BGB); oder durch ergänzende Vertragsauslegung, wenn es bei atypischen Verträgen kein dispositives Recht gibt (z.B. ist bei revolvierenden Globalsicherheiten eine unwirksame Sicherungsabrede durch eine Freigabeklausel ersetzt worden; dazu später mehr).

bb) Der **Vertrag** ist **aber insgesamt unwirksam,** wenn das Festhalten an ihm trotz der nach § 306 Abs. 2 BGB vorgesehenen Änderung zu einer **unzumutbaren Härte für eine Vertragspartei** führen würde (§ 306 Abs. 3 BGB).

3. Weil durch den (neuen) **§ 475 BGB** beim **„Verbrauchsgüterkauf" das Kaufrecht** praktisch **zwingendes Recht** wird, spielt die Inhaltskontrolle eine deutlich geringere Rolle als früher.

bb) **Festlegung des Vertragsinhalts durch Allgemeine Geschäftsbedingungen im Geltungsbereich des UN-Kaufrechts (CISG)**

Auch bei Kaufverträgen, die dem UN-Kaufrecht unterliegen, wird im **geschäftlichen Massenverkehr** der Inhalt von Verträgen gewöhnlich nicht von den Parteien durch eine Individualvereinbarung bestimmt, sondern durch die Verwendung von „**Standardbedingungen**" **(Formularbedingungen, Allgemeine Geschäftsbedingungen = AGB)** festgelegt. Hier gilt im Prinzip das gleiche Prüfungsschema wie nach dem BGB:

> 1. Zu untersuchen ist auch hiernach zunächst, ob die AGB **Vertragsbestandteil** geworden sind; hierfür ist eine **Einbeziehung** erforderlich.
>
> Dazu ist Voraussetzung,
>
> a) dass sie dem anderen Teil **zugänglich** sind, indem auf der Vorderseite des Auftragsformulars auf sie hingewiesen wird und sie auf der Rückseite abgedruckt sind.
>
> b) und dass sie **verständlich** sind, also in der Vertragssprache abgefasst sind.
>
> 2. Die **Inhaltskontrolle** richtet sich nach dem nationalen Recht. Allerdings wird der Maßstab für eine Unzulässigkeit der Abweichung vom normierten oder durch Präjudizien gebildeten Recht durch die Normen des CISG und nicht des nationalen Rechts gesetzt.

d) Die („erläuternde" und „ergänzende") Auslegung von Verträgen mit individuell oder durch Verwendung von AGB vereinbartem Inhalt

Man darf sich natürlich keine Illusionen machen: Eine Vereinbarung über den Inhalt des Vertrages ist wertlos, wenn keine Klarheit über deren Bedeutung besteht. Um diese Klarheit zu gewinnen, muss der Vertrag nicht selten ausgelegt werden.

> Die Notwendigkeit einer **Auslegung von Rechtsgeschäften** (nicht zu verwechseln mit der Auslegung von Gesetzen, auch wenn diese wie bei der Auslegung der gesetzlichen Bestimmungen zu den einzelnen Vertragstypen auch den Inhalt von Rechtsgeschäften bestimmen!) ist uns **als Aufgabenstellung** schon an mehreren Stellen begegnet, **a)** nämlich zunächst bei der Frage, **ob** überhaupt eine **Willenserklärung** (also auch, ob ein Angebot und/oder eine Annahme) vorliegt, **b)** und sodann bei der Frage, ob eine für einen Vertragsschluss erforderliche **Willensübereinstimmung** gegeben ist. Beide Fragen betrafen den Vertragsschluss als solchen. **c)** Jetzt geht es um die **Ermittlung des Inhalts** eines geschlossenen **Vertrages**.

aa) Die „erläuternde Vertragsauslegung"

Wenn sich bei einer Vertragsbestimmung, über deren Geltung sich die Parteien im vorgenannten Sinne einig waren, deren Tragweite nicht eindeutig aus den (es sei wiederholt: aus den übereinstimmenden, denn sonst bestünde wegen Dissenses kein Vertrag!) Erklärungen der Vertragsparteien erkennen lässt, dann soll insoweit der **Inhalt des Vertrages** durch eine „**erläuternde Vertragsauslegung**" bestimmt werden, indem man aus dem Wortlaut den übereinstimmenden Wille ermittelt.

> Wer die vorstehenden Zeilen, insbesondere den apodiktischen Satzteil „…(es sei wiederholt: aus den übereinstimmenden, denn sonst bestünde wegen Dissenses kein Vertrag!)…." einfach so hingenommen hat, hat ein sich hier zeigendes **methodisches Problem** verdrängt:
>
> Man kann nämlich zwanglos die Frage nach der Inhaltsbestimmung eines Vertrages durch „erläuternde Vertragsauslegung" auch als eine ausschließlich bei der Prüfung der Willensübereinstimmung zu lösende Aufgabe ansehen und damit die Inhaltsbestimmung eines Vertrages durch Auslegung als einen arbeitstechnisch bereits längst abgeschlossenen Vorgang betrachten, so dass für eine „erläuternde Vertragsauslegung" kein Raum mehr wäre. Manches spricht in der Tat dafür, dass man die Frage der Feststellung des Vorliegens einer „Einigung" der Vertragschließenden und die Frage des „Inhalts" ihrer Einigung überhaupt nicht voneinander trennen kann; denn bei der Prüfung, ob die beiden Willenserklärungen „Angebot" und „Annahme" übereinstimmen, hat man bereits notgedrungen ihren jeweiligen Inhalt und damit bereits auch den Inhalt der in Gestalt eines Vertrages erzielten Einigung ermittelt.
>
> Es gibt daher auch Literatur (z.B. Palandt), in denen der Leser überhaupt nur Informationen zur „erläuternden Auslegung von Willenserklärungen", speziell der vertraglichen Willenserklärungen, aber ganz konsequent nichts zur „erläuternden Vertragsauslegung" findet.
>
> Umgekehrt wird aber in der Literatur (vgl. z.B. Larenz-Wolff) auch eine von der Frage des Vertragsschlusses gesondert vorzunehmende „erläuternde Vertragsauslegung" über die „Tragweite einer Vertragsbestimmung, über die die Parteien sich einig waren", gefordert.
>
> Weil das so ist und weil es nicht die Aufgabe dieses Buches ist, eine so komplizierte (und in der Wissenschaft eigenartigerweise nicht ausdrücklich problematisierte) methodische Frage zu beantworten, werden auch wir uns mit der „erläuternden Vertragsauslegung" befassen.

Für eine „**erläuternde Auslegung**" von **Individualabreden** sind die §§ 133, 157 BGB maßgeblich.

Fall 136: Nachbar 1 (N 1) will auf seinem Grundstück einen Gewerbebetrieb errichten. Im Baugenehmigungsverfahren legt Nachbar 2 (N 2), der die Herabsetzung der Wohnqualität durch von dem Gebäude des Gewerbetriebs ausgehenden Lichts befürchtet, Widerspruch gegen eine dem N 1 abweichend vom Bebauungsplan erteilte Baugenehmigung ein. Er nimmt den Widerspruch zurück, nachdem der N 1 sich zur Zahlung eines Betrages von € 10 000,- und zur Unterlassung des Einbaus von „Fenstern" in die Werkhalle auf der zum Grundstück des N 2 hin gelegenen Grundstücksseite verpflichtet hatte und dem N 1 widrigenfalls einen Anspruch auf Beseitigung zuerkannt hatte. Der N 1 erbaut zur erforderlichen Beleuchtung der Halle mit Tageslicht diese Außenwand aus Glasbausteinen. Der N 2 verlangt die Entfernung der Glasbausteine (nach BGH).

Der Anspruch kann sich aus dem geschlossenen Vertrag „sui generis" ergeben (§§ 311 Abs. 1, 241 Abs. 1 BGB). a) Der Vertrag ist durch zwei übereinstimmende, aufeinander bezogene Willenserklärungen geschlossen; danach kann der N 2 die Beseitigung des Einbaus von „Fenstern" verlangen. b) Fraglich ist, ob unter „Fenstern" auch „Glasbausteine" zu verstehen sind. Entscheidend ist der nach §§ 133, 157 BGB zu ermittelnde Vertragszweck, den Lichteinfall aus der Werkhalle zu verhindern. Da Licht auch durch Glasbausteine nach außen dringen kann, ist auch deren Einbau verboten, und sie sind zu beseitigen.

Auch die Ihnen ja schon von der Erörterung der Auslegung von Willenserklärungen her bekannte **„falsa-demonstratio-non-nocet-Regel"** ist bei der inhaltsbestimmenden Vertragsauslegung zu berücksichtigen.

<u>Fall 137</u>: Der V und der K wollen einen Kaufvertrag über ein Auto des V („Auto A") zum Preise von € 10 000,- abschließen. Nach entsprechenden Vorverhandlungen wird der Kaufvertrag geschlossen. Im Kaufvertrag wird aufgrund eines beiderseitigen Versehens der Kaufgegenstand als „Auto B" bezeichnet. Der K zahlt den Kaufpreis von € 10 000,- und verlangt von V die Übergabe und die Übereignung von „Auto A". Wegen einer zwischenzeitlichen Wertsteigerung des „Autos A" verweigert der V die Lieferung.

Der Anspruch kann sich aus einem Kaufvertrag ergeben (§ 433 Abs. 1 S. 1 BGB). a) der Kaufvertrag ist wirksam geschlossen (§ 433 BGB). b) Die Frage ist, welchen Inhalt der Vertrag bezüglich des Kaufgegenstandes hat. Nach der „falsa-demonstratio-non-nocet-Regel" ist trotz der Bezeichnung des Kaufgegenstandes mit „Auto B" das „Auto A" verkauft.

Was die **„erläuternde Auslegung"** von **AGB** angeht, unterscheidet die Rechtspraxis zwischen der (ja bereits abgehandelten) Auslegung zum Zwecke einer Inhaltskontrolle und einer (hier interessierenden) erläuternden Auslegung:

- Sie sollten sich erinnern: Bei einer Inhaltskontrolle von AGB gilt der Maßstab der **„kundenfeindlichsten Auslegung"**: Die nach Ausschöpfung aller Auslegungsmöglichkeiten verbleibenden Unklarheiten gehen zu Lasten des Verwenders (§ 305 c Abs. 2 BGB).

- Bei der hier interessierenden **„erläuternden Auslegung"** von **AGB** ist, anders als bei Individualvereinbarungen, ausgehend von der Verständnismöglichkeit eines rechtlich nicht vorgebildeten Durchschnittskunden **deren „typischer Sinn" zu ermitteln**. Nach § 305 c Abs. 2 BGB ist bei unbehebbarem Zweifel und mindestens zwei möglichen Auslegungsergebnissen das Ergebnis der dem Kunden günstigsten (**„kundenfreundlichste") Auslegung** zugrundezulegen.

bb) Die „ergänzende Vertragsauslegung"

Wenn die Vertragsparteien beim Vertragsschluss an eine **später eingetretene Situation nicht gedacht** haben, der Vertrag also eine **„Regelungslücke"** aufweist, wird die unvollständige objektive Regelung aus dem Sinnzusammenhang des Vertrages ergänzt (**„ergänzende Vertragsauslegung"**).

> Sie werden sich entsinnen, dass wir bereits bei der Frage des Vertragsschlusses einer anfänglichen Regelungslücke dadurch Rechnung getragen haben, dass wir dann das Vorliegen eines Angebots problematisiert haben und ein solches nur dann angenommen haben, wenn die Regelungslücke durch ergänzende

> Auslegung geschlossen werden kann. Wählt man diesen Aufbau, dann spielt die „ergänzende Vertragsauslegung" nur bei solchen Fällen eine Rolle, bei denen sich erst nach Vertragsschluss eine Situation ergibt, an die die Parteien nicht gedacht haben.

Bei **lückenhaften Individualabreden** wird die unvollständige Regelung aus dem Sinnzusammenhang ergänzt.

<u>Fall 138:</u> Die in verschiedenen entfernten Stadtteilen Hamburgs niedergelassenen nachnamensgleichen Fachärzte für Kardiologie Dr. Sch 1 (Praxis in Eimsbüttel) und Dr. Sch 2 (Praxis in Eppendorf) vereinbaren mit Einverständnis der Patienten einen die Patientenkartei einschließenden Tausch ihrer Privatpraxen, um so jeweils in der Nähe ihrer Wohnungen (Dr. Sch 1: Wohnsitz in Eppendorf/Dr. Sch 2: Wohnsitz in Eimsbüttel) praktizieren zu können. Der Dr. Sch 1 ist über den Zulauf an Patienten in Eppendorf enttäuscht und lässt sich nach kurzer Zeit wieder in der Nähe der alten Praxis im Stadtteil Eimsbüttel nieder. Seine früheren Patienten lassen sich sofort wieder von ihm behandeln und wenden sich von Dr. Sch 2 ab, so dass der Umsatz des Dr. Sch 2 geringer wird. Der Dr. Sch 2 verlangt Unterlassung von Dr. Sch 1 (nach BGH).

Der Anspruch könnte sich a) aus einem Praxistauschvertrag ergeben (§§ 480, 453 BGB). Der Vertrag verstößt wegen des Einverständnisses der Patienten nicht gegen § 134 BGB i.V.m. § 203 Abs.1 Nr. 1 StGB. b) Die Parteien haben nicht vereinbart, dass es ihnen untersagt ist, sich wieder in der Nähe der alten Praxis niederzulassen. Weil derartige Vereinbarungen bei Praxistauschverträgen allgemein üblich sind, gibt es in diesem Vertrag eine „Regelungslücke" aa) Zu prüfen ist in einem solchen Fall zunächst, ob das dispositive Recht eine Regelung getroffen hat. Das ist nicht der Fall. bb) Daher muss ermittelt werden, was die Parteien in Anbetracht des gesamten Vertragszwecks unter Berücksichtigung von Treu und Glauben und der Verkehrssitte erklärt haben würden, wenn sie den offen gebliebenen Punkt ebenfalls geregelt hätten, ohne dass dadurch der Parteiwille verändert oder der Vertragsgegenstand erweitert wird. Hier hätten sie ein Niederlassungsverbot vereinbart, denn durch den Tausch sollte die ursprünglich zwischen den Tauschpartnern bestehende Neutralität im Wettbewerb unverändert bestehen bleiben.

Auch soll eine ergänzende Auslegung von **lückenhaften AGB** möglich sein, dies aber nicht zum Zwecke der Vermeidung einer Inhaltskontrolle unbilliger Klauseln.

e) Auslegung und Form („Andeutungstheorie")

Bei der **Auslegung formbedürftiger Verträge** ist es erforderlich, dass der durch Auslegung ermittelte Vertragsinhalt im Vertrag (also formwirksam) „angedeutet" ist („Andeutungstheorie"). Umgekehrt gewendet: Der Inhalt des Vertrages darf nicht aus Umständen hergeleitet werden, die ausschließlich außerhalb des (formwirksamen) Vertrages liegen.

<u>Fall 139:</u> Der V und der K wollen einen Kaufvertrag über ein Grundstück des V („Parzelle A" mit der Grundfläche von 1000 qm) zum Preise von € 100 000,- abschließen. Nach entsprechenden Vorverhandlungen wird der Kaufvertrag geschlossen. Im notariell beurkundeten Kaufvertrag wird aufgrund eines beiderseitigen Versehens der Kaufgegenstand als „Parzelle B mit einer Grundfläche von 1000 qm" bezeichnet. Der K zahlt den Kaufpreis von € 100 000,- und verlangt von V die Auflassung von „Parzelle A". Die „Parzelle B" ist nur 600 qm groß. Wegen einer

zwischenzeitlichen Wertsteigerung der „Parzelle A" verweigert der V die Auflassung der „Parzelle A" (nach BGH).

Der Anspruch kann sich aus einem Kaufvertrag ergeben (§ 433 Abs. 1 S. 1 BGB). a) der Kaufvertrag ist formwirksam geschlossen (§§ 433, 311 b Abs. 1 S. 1 BGB). b) Die Frage ist, welchen Inhalt der Vertrag bezüglich des Kaufgegenstandes hat. aa) Nach der bei der erläuternden Vertragsauslegung heranzuziehenden „falsa-demonstratio-non-nocet-Regel" wäre trotz der Bezeichnung des Kaufgegenstandes mit „Parzelle B" die „Parzelle A" verkauft worden. bb) Bei der Auslegung formbedürftiger Verträge ist es aber erforderlich, dass der durch Auslegung ermittelte Vertragsinhalt im Vertrag (also formwirksam) „angedeutet" ist. Umgekehrt gewendet: Der Inhalt darf nicht aus Umständen hergeleitet werden, die ausschließlich außerhalb des (formwirksamen) Vertrages liegen, also z.B. aus den Vorverhandlungen. Für die Auslegung darf daher nicht auf die Vorverhandlungen abgestellt werden. Hier findet sich dafür, dass „Parzelle A" verkauft werden sollte, als im Kaufvertrag angedeutet sprechende Tatsache, dass die „Parzelle A" die Grundfläche von „1000 qm" aufweist und dass dieser als zur Identifikation des Vertragsgegenstandes beitragende Umstand im notariell beurkundeten Vertrag aufgeführt ist.

9. Vorvertrag

Wenn dem Abschluss eines Vertrages noch tatsächliche und/oder rechtliche Hindernisse entgegenstehen, gleichwohl aber eine beiderseitige oder auch nur einseitige Bindung der Parteien auf Abschluss des Vertrages herbeigeführt werden soll, können die Parteien einen **„Vorvertrag"** abschließen, dessen Inhalt darin besteht, dass sie oder eine von ihnen sich dazu verpflichtet/t, einen **„Hauptvertrag" abzuschließen**.

Regelmäßig begründet ein solcher Vorvertrag natürlich lediglich einen **Anspruch auf Abschluss des „Hauptvertrages"**; gelegentlich aber – wenn der Abschluss des Hauptvertrages eine bloße Formalität ist – ergibt sich aus ihm auch ein **unmittelbarer Erfüllungsanspruch** auf die aufgrund eines an sich noch abzuschließenden verpflichtenden „Hauptvertrages" zu erbringende Leistung.

Erforderlich ist, dass die Parteien sich über alle wesentlichen Punkte des Hauptvertrages so geeinigt haben, dass der Inhalt des Hauptvertrages zumindest bestimmbar ist. Der Vorvertrag bedarf regelmäßig der Form des Hauptvertrages, weil sonst das Formerfordernis umgangen werden könnte. Man könnte nämlich sonst aus dem formfreien Vorvertrag auf Abgabe der für den Abschluss des Hauptvertrags nötigen Willenserklärung der Gegenseite klagen und das rechtskräftige Urteil würde nicht nur die nach dem materiellen Recht notwendige Willenserklärung, sondern auch die erforderliche Form ersetzen (§ 894 ZPO).

10. Abänderung des Inhalts von Verträgen

a) Abänderungsvertrag

Es ist eine Binsenweisheit, dass das Prinzip der Vertragsfreiheit es erlaubt, bestehende Verträge ihrerseits durch Verträge inhaltlich zu ändern. Interessant ist aber, dass eine Vertragspartei sogar zu einer Abänderung verpflichtet sein kann: Wie Sie ja bereits wissen, kann der Vermieter aufgrund eines (sehr komplizierte formelle Voraussetzungen aufstellenden) „Mieterhöhungsverlangens" vom Mieter die Zustimmung zur Erhöhung der Miete bis zur „ortsüblichen Vergleichsmiete", die in manchen Städten (so auch in Hamburg) aus einem sog. „Mietspiegel" ablesbar ist, verlangen (§§ 558 ff. BGB). Obsiegt der Vermieter im Prozess, gilt die Zustimmungserklärung des beklagten Mieters nach § 894 ZPO mit der Rechtskraft des Urteils als abgegeben.

Kommt es zum Abschluss eines Änderungsvertrages, verändert dieser nur den Inhalt des Vertrages; das vom Änderungsvertrag nicht erfasste ursprüngliche Schuldverhältnis bleibt hingegen unverändert. Daher bleiben auch die akzessorischen Sicherungsrechte bestehen. Anders liegt es bei der (seltenen) „Novation", bei der das bestehende Schuldverhältnis durch ein neues ersetzt wird.

b) Abänderung des Vertragsinhalts durch Anpassung wegen „Störung der Geschäftsgrundlage"

Erstmals beim Auftreten der Hyperinflation nach dem ersten Weltkrieg ergab sich die Frage, wie mit Verträgen umgegangen werden soll, wenn die Umstände sich so erheblich verändern, dass eine der Vertragsparteien unbillig belastet würde, müsste Sie den Vertrag beiderseits erfüllen.

> Spinnerei-Fall (nach RG): Der A war Gesellschafter einer oHG, die eine Vigogne- (= Strumpfgarn aus Wolle) Spinnerei betrieb. Die oHG wurde liquidiert und die Spinnerei im Zuge der Liquidation dem A übertragen. Am 21. Mai 1919 verkaufte er diese zum Preis von Reichsmark 600 000,- an den B im Wege eines (nach heutigem Sprachgebrauch) „asset deal". Die Parteien vereinbarten, dass die Spinnerei am 1. Januar 1920 in Erfüllung des Anspruchs aus (nach heutigem Recht) §§ 433 Abs. 1, 453 BGB an B übertragen (beim „asset deal" muss jeder einzelne Vermögensgegenstand nach §§ 433, 453 BGB verkauft und nach §§ 929 ff. BGB und/oder §§ 398 ff. bzw. § 413 BGB etc. dinglich wirksam übertragen werden) und übergeben werden sollte und dass der Kaufpreis in 2 gleichen Raten am 1. Januar 1920 und am 1. Januar 1921 bezahlt werden sollte. Ab Herbst 1919 kam es zu einer galoppierenden Inflation, in deren Folge die Reichsmark bis Januar 1920 um mehr als 80 % an Wert verlor. Als nunmehr der B Erfüllung verlangte, weigerte sich A.

Ein zum Ausschluss der Leistungspflicht führender Fall von Unmöglichkeit (**§ 275 Abs. 1 BGB**) liegt in einem solchen Fall offenkundig nicht vor. Auch greift **§ 275 Abs. 2 BGB** (unterstellt, diese Regelung hätte es seinerzeit bereits gegeben) nicht ein, da sich am Aufwand für den A nichts geändert hat, sondern ausschließlich das Verhältnis Leistung zu Gegenleistung betroffen ist. Auch ein Eigenschaftsirrtum im Sinne des **§ 119 Abs. 2 BGB** lag bei Vertragsschluss nicht vor. Zukünftige Entwicklungen sind nämlich keine Eigenschaften (= wertbildende Faktoren). Weil das BGB zu jener Zeit kein Rechtsinstitut zur Verfügung hatte, um einen Ausgleich der Interessen zu ermöglichen, entschloss sich das Reichsgericht dazu, durch richterliche Rechtsfortbildung „auszuhelfen". Es übernahm die von der Wissenschaft bereits entwickelte Lehre vom **„Wegfall der Geschäftsgrundlage"**, die das Prinzip, dass Verträge stets einzuhalten sind („pacta sunt servanda") durchbrach und es zuließ, dass bei schweren

Störungen der Geschäftsgrundlage der betroffene Vertragspartner **Vertragsanpassung** verlangen oder wenn diese nicht möglich war, vom Vertrag **zurücktreten** kann. Seit dem 1. Januar 2002 ist in **§ 313 BGB** die „Störung der Geschäftsgrundlage" kodifiziert worden. Es handelt sich, was die Voraussetzungen angeht, um eine „sehr vorsichtig" formulierte Norm.

Sie enthält nämlich **keine präzise Begriffsbestimmung** dessen, **was** eigentlich eine **„Geschäftsgrundlage"** ist. Das Gesetz spricht insoweit nur von „Umstände(n)" bzw. von „wesentlichen Vorstellungen", die „zur Grundlage des Vertrages geworden sind"; es unterscheidet damit lediglich zwischen der „objektiven Geschäftsgrundlage" in § 313 Abs. 1 BGB und der „subjektiven Geschäftsgrundlage" in § 313 Abs. 2 BGB.

Immerhin beschreibt das Gesetz in **§ 313 Abs. 1 BGB** präzise die **Voraussetzungen** der **Störung** der „**objektiven**" und in **§ 313 Abs. 2 BGB** die **Voraussetzungen** der **Störung** der „**subjektiven**" Geschäftsgrundlage, und benennt **in § 313 Abs. 3 BGB** auch die **möglichen Rechtsfolgen**: Ein Anspruch auf Anpassung des Vertrages und ausnahmsweise ein Rücktrittsrecht.

aa) Objektive und subjektive Geschäftsgrundlage

Unter der „**objektiven Geschäftsgrundlage**" kann man verstehen: Alle Umstände und allgemeinen Verhältnisse, deren Vorhandensein oder Fortdauer objektiv erforderlich sind, um den Vertrag entsprechend den Absichten der Parteien als sinnvolle Regelung erscheinen zu lassen. Als „**subjektive Geschäftsgrundlage**" kann man bezeichnen: Die beim Geschäftsabschluss zutage tretende und vom etwaigen anderen Teil in ihrer Bedeutsamkeit erkannte und nicht beanstandete Vorstellung eines Teils oder die gemeinsame Vorstellung der mehreren Beteiligten vom Sein oder vom Eintritt gewisser Umstände, auf deren Grundlage sich der Geschäftswille aufbaut. Die Umstände oder Vorstellungen dürfen **nicht** (z.B. als Bedingung oder Rechtsgrund) **Vertragsinhalt** geworden sein.

bb) Störungen der Geschäftsgrundlage

Die die Geschäftsgrundlage ausmachenden Umstände müssen sich „nach Vertragsschluss schwerwiegend verändert (haben)".

Die „klassische" Fallgruppe einer **Störung** der „**objektiven Geschäftsgrundlage**" ist die „**Äquivalenzstörung**", bei der das Verhältnis von Leistung und Gegenleistung durch unvorhersehbare Umstände unausgewogen wird. Die rechtshistorischen Vorbilder für die Bildung dieser Fallgruppe sind grundlegende soziale Umwälzungen durch Katastrophen, durch überraschende großpolitische Ereignisse (Kriege), durch erhebliche Änderungen des politischen Systems oder der weltwirtschaftlichen Lage (z.B. mit einem unvorhergesehenen Geldwertverfall im Gefolge wie beim „Vigogne-Spinnerei"-Fall).

Die Fallgruppen einer **Störung** der „**subjektiven Geschäftsgrundlage**" sind vielfältiger und können z.B. bestehen

- in einem **gemeinschaftlichen Motivirrtum,**

- in einem **einseitigen, von der anderen Partei widerspruchslos hingenommenen Irrtum**
- oder in einer **Störung des Verwendungszweckes**, bei der eine Leistung zwar noch erbracht werden kann, sie ihren Zweck allerdings nicht mehr erfüllen kann.
- Wenn man annimmt, dass im Fall einer **lediglich „wirtschaftlichen Unmöglichkeit"** § 275 Abs. 2 BGB nicht gelten soll, wäre dies ein weiterer Fall der **Störung der subjektiven Geschäftsgrundlage** nach § 313 Abs. 2 BGB (Canaris sieht dies sogar als die „entscheidende Pointe" des § 275 Abs. 2 BGB an).

c) Rechtsfolgen: Vertragsanpassung/Rücktritts- bzw. Kündigungsrecht

In erster Linie besteht ein **Anspruch auf Anpassung** an die geänderten Umstände. Bei fehlender Anpassungsmöglichkeit kann der benachteiligte Teil gemäß § 313 Abs. 3 BGB vom Vertrag **zurücktreten** oder bei Dauerschuldverhältnissen **kündigen**. Der Rücktritt oder die Kündigung sind jedoch nur als ultima ratio zulässig, eine Fortführung des Vertragsverhältnisses darf unter keinen Umständen mehr zumutbar sein.

aa) Vertragsanpassung

Wenn die Parteien den Vertrag nicht geschlossen hätten oder wenn sie ihn mit anderem Inhalt geschlossen hätten, sofern sie die Veränderung der zur Grundlage des Vertrages gewordenen Umstände vorhergesehen hätten, oder sofern sie vorausgesehen hätten, dass ihre zur Grundlage des Vertrages gewordenen wesentlichen Vorstellungen sich als falsch entpuppen würden, „so kann Anpassung des Vertrages verlangt werden, soweit einem Teil unter Berücksichtigung aller Umstände des Einzelfalls, insbesondere der vertraglichen oder gesetzlichen Risikoverteilung, das Festhalten am unveränderten Vertrag nicht zugemutet werden kann" (§ 313 Abs. 1, 2 BGB). Wegen des Erfordernisses der Unzumutbarkeit für „einen Teil" gibt es daher z.B. dann keine Anpassung, wenn beide Parteien wissen, dass es sich um ein spekulatives Geschäft handelt, wie z.B. bei Termingeschäften. Eine Anpassung des Vertrages, kann z.B. durch Herabsetzung der Schuld, durch Stundung, oder durch eine Teilung des Risikos erfolgen.

> § 313 Abs. 1 BGB gewährt einen Anspruch auf Vertragsanpassung. Wenn man dies wörtlich nimmt, müsste erst eine Klage auf Vertragsanpassung erhoben werden und nach deren Erfolg eine weitere Klage auf die diesem Inhalt entsprechende Leistung. Es ist davon auszugehen, dass sich die Ansicht durchsetzen wird, nach der direkt in einer Klage auf die Leistung geklagt werden kann. Dies war auch der Standpunkt des Reformgesetzgebers.

Fall 140: Ein Architekt gibt sein Geschäft auf und führt nur noch einen alten Beratungsvertrag mit der Grundstücksgesellschaft G fort. Sein Entgelt aus diesem Vertrag beträgt € 5000,- pro Jahr „zuzüglich Mehrwertsteuer". Einige Zeit nach der Geschäftsaufgabe weist die Gesellschaft den Architekten darauf hin, dass er wegen seines mittlerweile zu geringen Umsatzes nicht mehr umsatzsteuerpflichtig sei, weshalb die Zahlung des Umsatzsteueranteils entfallen könne. Der A meint, das Gesamthonorar sei fest vereinbart und müsse weiterhin gezahlt werden (nach Kittner).

In diesem Fall kann die G von dem A ggf. die Anpassung des Vertrages nach § 313 Abs. 1 BGB verlangen. a) Zwischen G und A besteht ein Vertrag. b) Fraglich ist, ob die Umsatzsteuerpflicht des A Geschäftsgrundlage geworden ist. Hier ergibt die Vertragsauslegung, dass die Parteien durch die Vereinbarung „zuzüglich Mehrwertsteuer" nur eine tatsächlich den A treffende Steuerlast auf die G umlegen wollten. Dieser Umstand der Umsatzsteuerpflicht ist für die Willensbildung beider Parteien erheblich und damit Geschäftsgrundlage. c) Durch die Geschäftsaufgabe hat sich die Geschäftsgrundlage nachhaltig verändert. d) Die Fortführung des Vertrages in seiner ursprünglichen Form ist der G nicht zumutbar. e) Die G kann daher Anpassung des Vertrages verlangen.

bb) Rücktritts- bzw. Kündigungsrecht

Sofern eine Vertragsanpassung nicht möglich oder einem Teil nicht zumutbar ist, kann der benachteiligte Teil vom Vertrag zurücktreten (§ 313 Abs. 3 BGB) bzw. bei einem Dauerschuldverhältnis kündigen. Die Abwicklung richtet sich nach den Rücktrittsregeln.

Fall 141: Der V verkauft im Jahre 2002 an den K für € 1 000 000,- Anlagenteile, die dieser dann in den Irak liefern soll, was der V auch weiß. Nach Abschluss des Vertrages verhängen die Vereinten Nationen ein Embargo über den Irak, aufgrund dessen keine Lieferungen mehr erfolgen dürfen. Ein Ende des Embargos ist nicht abzusehen. Der K hat für die Teile keine andere Verwendung und will sie daher nicht abnehmen und insbesondere auch nicht bezahlen. Der V meint, Verträge müsse man nun einmal einhalten und verlangt den Kaufpreis und die Abnahme.

Der Kaufpreis- und Abnahmeanspruch folgt aus § 433 Abs. 2 BGB. a) Ein Kaufvertrag ist wirksam geschlossen, der Anspruch daher entstanden. b) Der Kaufpreis- und Abnahmeanspruch ist nicht nach § 326 Abs. 1 S. 1 BGB erloschen, da die Erfüllung der Lieferverpflichtung nicht nach § 275 Abs. 1 BGB unmöglich geworden oder nach § 275 Abs. 2 BGB erschwert ist. Schließlich ist die Lieferung an K nach wie vor möglich. Unmöglich ist nur die Weiterlieferung in den Irak, deren Möglichkeit jedoch nicht Vertragsbestandteil ist. c) Der Anspruch kann aber durch einen Rücktritt des K erloschen sein (§ 346 Abs. 1 BGB). Durch den Rücktritt kann sich der Vertrag in ein Rückgewährschuldverhältnis umgewandelt haben, wodurch noch nicht erfüllte Leistungspflichten erlöschen. aa) Der Rücktritt wurde von K konkludent erklärt. bb) Notwendig ist ein Rücktrittsgrund. In Betracht kommt § 313 Abs.3 S. 1 BGB. Dazu muss eine „Störung der Geschäftsgrundlage" vorliegen. aaa) Zwischen V und K besteht ein Kaufvertrag. bbb) Eine Tatsache muss Geschäftsgrundlage geworden sein. In Betracht kommt die Annahme, dass die Weiterlieferung der Kaufsache in den Irak möglich ist. Hier wissen sowohl V als auch K, dass mit dieser Tatsache das Geschäft steht und fällt. Die Möglichkeit der Weiterlieferung ist daher Geschäftsgrundlage. ccc) Die Geschäftsgrundlage ist durch das Embargo nachhaltig verändert worden und ddd) die Vertragserfüllung dem K unzumutbar, da er die Teile nicht brauchen kann. eee) Eine Anpassung des Vertrages ist nicht möglich, weswegen der Rücktritt möglich ist (§ 313 Abs. 3 S. 1 BGB). Ein Rücktrittsgrund ist daher gegeben. c) Der Rücktritt greift durch, weswegen der Anspruch erloschen ist. V kann daher von K keine Kaufpreiszahlung verlangen.

Fall 142: Für den Krönungszug von Edward VII. im Jahre 1905 hatte der Engländer V an den deutschen Vertragspartner M Fensterplätze in der Straße Mall in London vermietet. Wegen eines starken Regens fiel der Krönungszug aus. Der M erklärte dem V daher, dass er die Fensterplätze nicht in Anspruch nehmen würde und erschien nicht. Der V verlangte den Mietzins von M und klagte, als dieser die Zahlung verweigerte, in Deutschland. Durch Einsatz einer „Zeitmaschine" transportieren wir den Fall in die Gegenwart und denken an das Krönungsjubiläum von

Königin Elizabeth II. im Jahre 2003. Unterstellen Sie, dass die Anwendung deutschen Rechts wirksam vereinbart worden ist.

1. Die Anwendung deutschen Rechts ergibt sich aus Art. 27 Abs.1 EGBGB. 2. Der Anspruch könnte sich aus § 535 Abs. 2 BGB ergeben. a) Der Anspruch ist entstanden. b) Er könnte erloschen sein nach § 326 Abs. 1 S. 1 BGB, wenn eine Unmöglichkeit vorläge (§ 275 Abs. 1 BGB). Dies soll nach einer Ansicht der Fall sein, da die Mietsache (der Fensterplatz) nur durch den Zweck (Stattfinden des Krönungszugs) Verkehrswert erlangt habe. b) Nach aA. ist der Mietzinsanspruch wegen eines Mangels der Mietsache gemindert (§ 536 Abs.1 S. 1 BGB). c) Nach einer weiteren Ansicht soll allerdings eine Auslegung des Vertrages ergeben, dass die Gegenleistung nur bei Erreichen des Zwecks des Vertrages geschuldet sei (Schlechtriem). d) Nach hM. (Larenz) kommt dagegen in einem solchen Fall der Zweckstörung nur eine „Störung der Geschäftsgrundlage" in Betracht: aa) Ein Fall der Unmöglichkeit sei nicht gegeben, denn der Vermieter verspricht nicht die Zweckerreichung. Aus diesem Grunde führe auch eine Auslegung nicht weiter. Gegen einen Mangel spreche, dass der Mietsache die Tauglichkeit zum vertraglich vorausgesetzten Gebrauch nicht fehle. bb) „Geschäftsgrundlage ist die beim Geschäftsabschluss zutage tretende und vom etwaigen Gegner in ihrer Bedeutsamkeit erkannte und nicht beanstandete Vorstellung eines Beteiligten oder die gemeinsame Vorstellung der mehreren Beteiligten vom Sein oder vom Eintritt gewisser Umstände, auf deren Grundlage der Geschäftswille sich aufbaut": Der geänderte tatsächliche Umstand war für den M bei Abschluss des Geschäftes in diesem Sinne von entscheidender Bedeutung. Denn nur bei einem Stattfinden des Krönungszuges würde es zu einer Inanspruchnahme der Räumlichkeiten des V kommen. Das hatte auch der Vermieter V erkannt. cc) Eine Vertragsanpassung war nicht möglich. Daher kann M kündigen (§ 313 Abs. 3 BGB) Der M hat die Kündigung auch erklärt.

Angesichts des gewaltigen Textvolumens, das Sie bisher bewältigt haben, müssen Sie sich zwischenzeitlich immer einmal klar machen, **womit Sie sich zur Zeit eigentlich befassen**: Es geht um die **Prüfung von primären Leistungsansprüchen aus verpflichtenden Verträgen**.

1. Dazu mussten Sie **a)** zunächst erfahren, wie ein „Vertrag als solcher" abgeschlossen wird. **b)** Sie haben sich dann verdeutlicht, dass die dazu gewonnenen Erkenntnisse einem bei der Fallbearbeitung nur wenig helfen, weil es den „Vertrag als solchen" überhaupt nicht gibt, sondern immer nur z.B. einen Kauf-, Miet-, Dienst-, Werkvertrag etc., also auch nur Ansprüche „…aus einem Kaufvertrag (§ 433 Abs. 1 S. 1 BGB)", „…aus einem Darlehensvertrag (§ 488 Abs. 1 S. 2 BGB) etc., also nur Ansprüche aus Verträgen mit einem bestimmten Inhalt. Um für die sich daher notwendigerweise an die Erörterung der bloßen Technik des Vertragsschlusses (§§ 145 ff. BGB) anschließende Prüfung, ob der in der Fallbearbeitung zu erörternde Vertrag ein Kauf-, Miet-, Dienst-, Werkvertrag etc. ist, gewappnet zu sein, muss man konkrete Vorstellungen davon haben, welchen Inhalt schuldrechtlich verpflichtende Verträge, speziell ein Kaufvertrag, ein Mietvertrag etc., dessen Zustandekommen von Ihnen zu untersuchen ist, überhaupt haben. Denn nur aus dem Inhalt, speziell aus dem sich aus der Defintionsnorm oder aus dem „Kerninhalt" des zu prüfenden Vertrages lässt sich erschließen, worin die „essentialia negotii" bestehen, die bereits in dem Angebot zum Abschluss eines Vertrages enthalten sein müssen, damit es überhaupt als ein wirksames Angebot zum Abschluss eines solchen Vertrages angesehen werden kann. Das war der Grund dafür, warum wir uns im Anschluss an die Erarbeitung der Voraussetzungen für den Abschluss eines Vertrages „als solchen" mit den Fragen nach den Inhalten von verpflichtenden Verträgen befasst haben. In Lehrbüchern für juristische Anfänger werden in diesem Zusammenhang gemeinhin nur Ausführungen zum Kaufvertrag gemacht. Das führt zu einer frühzeitigen Fixierung der jungen Juristen auf diesen Vertragstyp und zu einer Ausblendung der Inhalte aller anderen möglichen verpflichtenden Verträge mit der teilweise grotesken Folge, dass die Klausuren von juristischen Anfängern nicht selten stereotyp z.b. mit dem Obersatz : „Der X könnte von Y Zahlung der € 1000,- aus einem Kaufvertrag haben (§ 433 Abs. 2 BGB)" beginnen, auch wenn es ersichtlich um einen Mietvertrag oder Werkvertrag etc. ging. Um diese „Prägung" frühzeitig zu vermeiden, ist Ihnen vorstehend ein großes Spektrum möglicher Inhalte verpflichtender Verträge präsentiert worden. Das war sicher für manchen Leser ein hartes Brot, aber hilfreich war es mit Sicherheit. Genau genommen waren Sie erst, nachdem Sie sich dies alles erarbeitet haben, in der Lage, bei der Fallbearbeitung den „Obersatz" korrekt zu formulieren, wie z.B. „Der G könnte gegen den Bü einen Anspruch auf Zahlung von € 100 000,- aus einem Bürgschaftsvertrag haben (§ 765 BGB)". Dass der Inhalt von Verträgen sich natürlich nicht nur gesetzlich typisiert ist, sondern sich auch aus Individualabreden und was Nebenbestimmungen angeht, aus AGB ergeben kann und dass man ihn zuweilen durch Auslegung ermitteln muss, rundete diese Passage ab.

2. Guten Gewissens können Sie sich jetzt wieder dem Thema des Vertragsschlusses zuwenden. Wir werden als erstes die Frage erörtern, ob man einen Kauf-, Miet-, Werk-, Bürgschaftsvertrag etc. durch Einschaltung von „Mittelspersonen" abschließen kann.

11. Bei Rechtsgeschäften, insbesondere auch Vertragsabschlüssen, mitwirkende Personen (Schwerpunkt: Vertretung)

Zunächst sollten Sie sich anhand von alltäglichen Wahrnehmungen bewusst machen, dass Rechtsgeschäfte sehr häufig gerade nicht von denjenigen oder gegenüber denjenigen Personen, für oder gegen die die Rechtsgeschäfte wirken sollen, vorgenommen werden, sondern dass bei der Vornahme von Rechtsgeschäften, speziell auch bei dem Abschluss von Verträgen, also auch bei den uns hier in erster Linie interessierenden verpflichtenden Verträgen, sehr häufig andere Personen beteiligt sind, deren Handeln eine „Drittwirkung" hat: Wenn Sie z.B. in Tante Emmas Laden einkaufen, werden Sie nicht immer von der Inhaberin Tante Emma persönlich, sondern vielleicht von der bei ihr als Verkäuferin angestellten Nichte bedient; oder wenn Sie Kleidung in einem Kaufhaus der Karstadt AG kaufen, tritt Ihnen bekanntlich nicht der Vorstandsvorsitzende entgegen, sondern ein dort angestellter Verkäufer der Karstadt AG. Trotzdem kommt ein Kaufvertrag mit Tante Emma bzw. mit der Karstadt AG zustande (§§ 433, 164 Abs. 1, 3 BGB, 56 HGB).

Die uns im Folgenden interessierenden „Mittelspersonen", die mit „Drittwirkung" bei der Vornahme von Rechtsgeschäften, speziell beim Abschluss von Verträgen, insbesondere von verpflichtenden Verträgen, mitwirken können, sind

- **Vertreter,**
- **Organe juristischer Personen,**
- **Ehegatten,**
- **mittelbare Stellvertreter,**
- **Boten,**
- **Testamentsvollstrecker** oder **Insolvenzverwalter.**

Als erstes verschaffen wir uns einmal einen **Überblick über die Wirkungen des rechtsgeschäftlichen Handelns** dieser „Mittelspersonen" und lernen diese dabei zu unterscheiden.

Das Institut der **Vertretung**, mit dem wir beginnen wollen, ermöglicht es dem „Vertretenen", sich einer „Mittelsperson" in Gestalt eines „Vertreters" zu bedienen, und zwar

- bei der **Abgabe** (eines „**aktiven Vertreters**" oder „**Erklärungsvertreters**": § 164 Abs. 1 BGB) und
- beim **Empfang** (eines „**passiven Vertreters**" oder „**Empfangsvertreters**": § 164 Abs. 3 BGB)
- von **Willenserklärungen** oder von **geschäftsähnlichen Handlungen,**
- weil deren **eigenes vorgenanntes Verhalten** dem **Vertretenen unmittelbar zugerechnet** wird („Drittwirkung").

Fall 143: Der V und der K beabsichtigen, einen Kaufvertrag über das Auto des V zu schließen. Weil sie selbst nicht sachkundig sind, entschließen sie sich beide unabhängig voneinander dazu, den Vertrag jeweils durch eine Mittelsperson abschließen zu lassen. Der V erteilt dem A durch Erklärung gegenüber dem A die Vollmacht zum Verkauf des Autos zu einem Preis nicht unter € 10 000,-. Der K erteilt dem B durch Erklärung gegenüber dem B die Vollmacht zum Kauf des Autos zu einem Preis nicht über € 10 000,-. Nach gemeinsamer Besichtigung und entsprechenden Vorverhandlungen bietet der im Namen des V handelnde A mündlich dem im Namen des K handelnden B das Auto des V zum Preis von € 10 000,- zum Kauf an; der B erklärt sofort: „Ja". Der K verlangt daraufhin von dem V Lieferung Zug-um-Zug gegen Zahlung von € 10 000,-.

Der Anspruch könnte sich aus einem Kaufvertrag ergeben (§ 433 Abs. 1 S. 1 BGB). a) Es könnte ein für und gegen den V wirkendes Angebot vorliegen. aa) Der A hat ein wirksames Angebot erklärt. Diese Erklärung wirkt für und gegen den V (§§ 164 Abs. 1, 167 Abs. 1 BGB). bb) Die Erklärung ist dem B zugegangen (§ 130 Abs. 1 BGB). Dieser Zugang wirkt für und gegen den K (§§ 164 Abs. 3, 167 Abs. 1 BGB). b) Es könnte weiterhin eine für und gegen den K wirkende Annahmeerklärung vorliegen. aa) Der B hat die Annahme erklärt („Ja"). Diese Erklärung wirkt für und gegen den K (§§ 164 Abs. 1, 167 Abs. 1 BGB). bb) Die Erklärung ist dem A zugegangen (§ 130 Abs. 1 BGB). Dieser Zugang wirkt für und gegen den V (§§ 164 Abs. 3, 167 Abs. 1 BGB). c) Die Erklärung des A war nicht erloschen, als der B die Annahme erklärte (§ 147 Abs. 1 BGB). d) Die Erklärungen decken sich auch. Also ist ein Kaufvertrag zwischen V und K zustande gekommen. Der K kann von V Lieferung Zug-um-Zug gegen Zahlung von € 10 000,- verlangen.

<u>Variante:</u> Wie wäre es, wenn V und K minderjährig wären und A und B die jeweiligen Elternpaare wären.

V und K wären dann von A und B gesetzlich vertreten (§§ 164 Abs. 1, 3, 1629 Abs. 1 BGB)

Auch **Organe einer juristischen Person** sind „Mittelspersonen", die bei der **aktiven** oder **passiven** Vornahme von **Rechtsgeschäften** oder **geschäftsähnlichen Handlungen** mit Drittwirkung handeln, weil die juristische Person als solche dazu nicht in der Lage ist..

> In Wahrheit ist ein rechtsgeschäftliches Organhandeln natürlich – wie Sie längst wissen – gar **kein echter** Fall einer **„Drittwirkung"**, denn es handelt hier die juristische Person selbst durch ihr Außen-„Organ" (z.B. den Vorstand) und nicht – wie bei der Vertretung – das Organ als eine von dem Vertretenen unabhängige Person. Aber immerhin: Nach dem Gesetz haben die Organe „die Stellung" gesetzlicher Vertreter (**§ 26 Abs. 2 BGB**), aber eben auch nur „die Stellung", d.h. sie sind nicht der gesetzliche Vertreter.

<u>Variante (zum Autokauf-Fall):</u> Wie wäre es, wenn V-eV und K-eV eingetragene Vereine wären und A und B die jeweiligen Vorstände wären?

V-eV und K-eV wären dann so zu behandeln, wie wenn sie von A und von B gesetzlich vertreten würden (§§ 164 Abs. 1, 3, 26 Abs. 2 BGB).

Wenn es in § 1357 BGB heißt: „Jeder **Ehegatte** ist berechtigt, Geschäfte zur angemessenen Deckung des Lebensbedarfs der Familie mit Wirkung auch für den anderen Ehegatten zu besorgen" und dass „durch solche Geschäfte ... beide Ehegatten berechtigt und verpflichtet (werden), es sei denn...", dann ist diese Rechtsfolge, die unabhängig davon eintritt, ob der Handelnde sich als verheiratete Person zu erkennen gibt oder zu erkennen ist (Ehering), eine Form der **„Drittwirkung"**, die im Ergebnis der einer Vertretung sehr nahe kommt. Gleichwohl ist aufgrund des § 1357 BGB natürlich **keiner** der Ehegatten **der Vertreter** des jeweils **anderen Ehepartners**, denn die Drittwirkung des § 1357 BGB ist nicht etwa davon abhängig, dass der jeweils handelnde Ehepartner „im Namen" des anderen Ehepartners auftritt – im Gegenteil: Um die Wirkung des § 1357 BGB auszulösen, muss der der jeweils handelnde Ehepartner im eigenen Namen auftreten. Das schließt natürlich nicht aus, dass Ehegatten bei Geschäften zur angemessenen Deckung des Lebensbedarfs der Familie einander vertreten können, so dass die §§ 164 ff. BGB anwendbar werden.

<u>Fall 144</u>: Der mit der E verheiratete K kauft bei dem V einen Kühlschrank, ohne diesem zu sagen, dass er verheiratet ist. Vereinbart ist, dass bei Anlieferung bezahlt wird. Der Kühlschrank wird in Anwesenheit der E aufgestellt. Dann verlangt der V von der ihm zahlungskräftiger erscheinenden E Zahlung des Kaufpreises.

Der Anspruch ergibt sich aus §§ 433 Abs. 2, 1357 Abs. 1 S. 2 BGB.

Eine mittelbare **„Drittwirkung"** hat auch die leider in terminologischer Hinsicht leicht mit der Vertretung verwechselbare, aber inhaltlich ganz anders strukturierte sog. **„mittelbare Stellvertretung"**. Bei ihr liegt es so, dass der „mittelbare Stellvertreter" aufgrund eines mit dem „mittelbar Vertretenen" geschlossenen Vertrages (z.B.

aufgrund eines Auftrages, Geschäftsbesorgungsvertrages oder eines Kommissionsvertrages) mit einem „Dritten" im eigenen Namen handelnd ein Geschäft für Rechnung des „mittelbar Vertretenen" führt und das daraus Erlangte dann an den „mittelbar Vertretenen" herausgibt. Die „mittelbare Stellvertretung" beschränkt sich also auf das jeweilige „Innenverhältnis". Unser **„Musterbeispiel"** für die **„mittelbare Stellvertretung"** wird insoweit das Ihnen ja bereits geläufige **Kommissionsgeschäft** sein. Das „Innenverhältnis", innerhalb dessen die „mittelbare Stellvertretung" wirkt, ist das zwischen dem Kommittenten und dem Kommissionär.

- Da die „mittelbare Stellvertretung" im BGB nicht geregelt ist, greift man bei der **„Gelegenheitskommission"** für das Innenverhältnis (zwischen dem „mittelbar" Vertretenen und dem „mittelbaren Stellvertreter") bekanntlich auf das Auftragsrecht (§§ 662 ff. BGB) oder bei einer Entgeltlichkeit der Gelegenheitskommission auf das Recht des Geschäftsbesorgungsvertrages (§ 675 BGB) zurück.

- Im **HGB** gibt es für die **„gewerbsmäßige Kommission"** den in den §§ 383 ff. HGB typisierten Kommissionsvertrag und für die **„gewerbsmäßige"** sog. **„Frachtenkommission"** den in den §§ 407 ff. HGB typisierten Speditionsvertrag.

Noch einmal für diejenigen, die sich immer noch unsicher fühlen: Mit „Vertretung" i.S.d. §§ 164 ff. BGB hat das alles natürlich nichts zu tun!

Fall 145: Der V hat inseriert, dass er sein Auto für € 10 000,- verkaufen will. Der K will es erwerben. Da er weiß, dass V das Auto an jeden, nur nicht an ihn verkaufen will, weil sie beide verfeindet sind, vereinbart der K mit dem B, dass dieser das Auto des V für € 10 000,- als sein „Strohmann" bei dem V kauft und es dann an ihn, den K, „herausgibt". Dazu stattet der K den B mit einem Vorschuss in Höhe von € 10 000,- aus. Der B sucht den V auf, und der V erklärt gegenüber B ein Angebot zum Abschluss eines Kaufvertrages zum Preise von € 10 000,- über sein Auto. Der B erwidert sofort mit „Ja", ohne dem V zu sagen, dass er im o.g. Sinne von K beauftragt ist. Dann zahlt der B den Kaufpreis mit dem ihm von K vorgeschossenen Geld. Sodann verrät der B dem V, dass er von K zum Kauf beauftragt worden ist und dass er diesem das Auto herausgeben werde. Daraufhin weigert sich der V, das Auto an K bzw. an B zu liefern. 1. Der K verlangt von V Übereignung und Übergabe des Autos. 2. Kann der B von V Übereignung und Übergabe verlangen?

1. Ein Anspruch des K gegen den V könnte sich aus einem zwischen beiden geschlossenen Kaufvertrag ergeben (§§ 433 Abs. 1 S. 1, 164 BGB). a) Der V hat ein Angebot erklärt b) Der B hat es angenommen. Da B aber im eigenen Namen und nicht als Vertreter des K gehandelt hat, wirkt diese Erklärung nicht nach § 164 BGB für und gegen den K. Daher ist kein Kaufvertrag zwischen V und K zustande gekommen. 2. Der B hat einen Anspruch gegen V auf Übereignung und Übergabe aus einem zwischen beiden geschlossenen Kaufvertrag.

Variante: Der V hat das Auto an B übereignet und übergeben. Der K verlangt von ihm „Herausgabe" des Autos.

Der Anspruch ergibt sich aus §§ 662, 667 BGB.

Man kann sich bei der Abgabe und beim Empfang von Willenserklärungen oder geschäftsähnlichen Erklärungen auch eines **Boten**, der entweder **„Erklärungs-"** oder **„Empfangsbote"** sein kann, bedienen. Der Bote gibt im Unterschied zum Vertreter keine eigene Willenserklärung oder geschäftsähnlichen Erklärung ab, sondern überbringt eine fertige Willenserklärung oder geschäftsähnlichen Erklärung des Geschäftsherrn an einen anderen, oder er nimmt solche für den Geschäftsherrn entgegen und leitet sie an ihn weiter. Wer das Anschauliche schätzt, möge sich den „reitenden Boten" oder den „Fahrradkurier", der die Willenserklärung in einer umgehängten Tasche mit sich trägt, vorstellen. Die **„Drittwirkung"** seines Handelns hat selbstverständlich mit Vertretung ebenfalls nichts zu tun.

<u>Fall 146:</u> Der V aus Hamburg und der K aus Kiel haben sich darauf verständigt, schriftlich einen Kaufvertrag über das Auto des V zum Preise von € 10 000,- zu schließen; den Vertragsinhalt haben sie bereits entworfen. Der Vertrag soll durch Austausch der jeweils von ihnen unterzeichneten Vertragsurkunden zustande kommen. Weil sie keine Zeit haben, die Urkunden persönlich auszutauschen, schickt der V den A mit der von ihm unterzeichneten Vertragsurkunde und der K den B mit der von ihm unterzeichneten Vertragsurkunde. Der A und der B treffen sich in Neumünster und tauschen die Urkunden aus. Noch bevor der B wieder in Kiel ist, verlangt der K von dem V Lieferung Zug-um-Zug gegen Zahlung von € 10 000,-.

Der Anspruch könnte sich aus einem Kaufvertrag ergeben (§ 433 Abs. 1 S. 1 BGB). Der V und der K haben jeweils durch die Erklärungsboten A und B wirksam das Angebot bzw. die Annahme (wer von ihnen was erklärt hat, kann offen bleiben) erklärt. Die aufeinander bezogenen Erklärungen sind deckungsgleich. Die Erklärungen des jeweils anderen Teils sind dem V und dem K durch eine Inempfangnahme der jeweiligen Empfangsboten A und B zugegangen. Das Angebot war im Augenblick der Annahme nicht erloschen. Also ist der Kaufvertrag schon in Neumünster geschlossen. K hat den geltend gemachten Anspruch.

Der **Testamentsvollstrecker** (§ 2197 ff., 2205 BGB) oder der **Insolvenzverwalter** (§§ 56 ff., 80 InsO) sind keine Vertreter, sondern **„Amtspersonen"**, die aufgrund eigenen Rechts fremde Rechte wahrnehmen.

> **Grenzen wir das Thema** der **„Drittwirkung"** ein:
>
> **1.** Der **Schwerpunkt** der folgenden Darstellung liegt beim **Recht der Stellvertretung (§§ 164 ff. BGB)**. Die „Drittwirkung" des Handelns anderer Personen wie Organe, Ehepartner, mittelbare Stellvertreter, Boten, Amtspersonen spielen aber weiterhin eine bedeutende Rolle im Verlauf der weiteren Darstellung.
>
> **2.** Und im Vordergrund wird die Bedeutung des Vertretungsrechts für den Vertragsschluss stehen, also bei der **Zurechnung von zum Abschluss eines Vertrages führenden Willenserklärungen**, ders Angebots und der Annahme. Dass auch andere Willenserklärungen und „geschäftsähnliche Handlungen" nach den §§ 164 ff. BGB zugerechnet werden, wird in diesem Buch in den verschiedensten Zusammenhängen vermittelt werde.

a) Überblick über das Recht der Stellvertretung

Bei der Stellvertretung sind **drei Rechtsverhältnisse** zu unterscheiden:
- Das Rechtsverhältnis zwischen dem **Vertretenen** und dem **Vertreter** (das sog. **„Innenverhältnis"**);

- das Verhältnis zwischen dem **Vertretenen** und dem **Dritten** (das sog. „**Außenverhältnis**");
- und schließlich das Verhältnis zwischen dem **Vertreter** und dem **Dritten**, dem gegenüber der Vertreter handelt bzw. der gegenüber dem Vertreter handelt; dieses Verhältnis hat keine Bezeichnung und auch abgesehen von Nebenpflichten in besonderen – und juristisch dann sehr spannenden – später zu erörternden Konstellationen keine Rechtsfolgen.

> 1. Damit Sie ja nicht „**die Orientierung verlieren**", sollten Sie sich bitte noch einmal den **Gesamtaufbau unserer Darstellung** vor Augen führen: Wir haben – entsprechend dem Aufbau der Fallbearbeitung – damit begonnen, primäre Ansprüche aus vertraglichen Schuldverhältnissen zu erörtern. Wir haben bisher gelernt, wie ein Vertrag, also auch der uns im Moment am meisten interessierende schuldrechtliche Vertrag, rein technisch gesehen abgeschlossen wird und welche Inhalte schuldrechtliche Verträge haben können.
>
> 2. Jetzt wollen wir uns mit der Frage befassen,
>
> a) ob ein solcher schuldrechtlich verpflichtender (aber, und das wollen wir nie aus den Augen verlieren, natürlich auch jeder andere) Vertrag durch die Einschaltung eines Stellvertreters zwischen dem von ihm Vertretenen und einem Dritten herbeigeführt werden kann. Geregelt ist dies in den §§ 164 ff. BGB. Aber stimmt das wirklich? Schließlich heißt es doch in §§ 164 ff. BGB, dass "eine <u>Willenserklärung</u>, …. unmittelbar für und gegen den Vertretenen (wirkt)"; was hat das also mit der Herbeiführung eines <u>„Vertrages"</u> zu tun? Das ist natürlich eine „rhetorische" (= sich selbst beantwortende) „Frage", denn Verträge kommen bekanntlich durch zwei aufeinander bezogene, sich deckende „Willenserklärungen", Angebot und Annahme, zustande. Also sind doch die §§ 164 ff. BGB maßgeblich!
>
> b) Unsere „Fixierung" auf den Vertragsschluss, speziell den Abschluss des verpflichtenden Vertrages, bedeutet aber nicht, dass die §§ 164 ff. BGB nur für das Zustandekommen von Verträgen von Bedeutung wären. Wir bleiben uns dessen bewusst, dass es in § 164 Abs. 1 BGB heißt: „Eine <u>Willenserklärung</u>, ….wirkt unmittelbar für und gegen den Vertretenen". Also sind die Erkenntnisse, die wir hier gewinnen, natürlich für **alle „Willenserklärungen"**, also auch für eine Kündigung, eine Anfechtung etc. maßgeblich. Sie werden sogar sehen, dass die §§ 164 ff. BGB darüber hinaus auch z.B. für „geschäftsähnliche Handlungen", wie z.B. eine Mahnung nach § 286 Abs. 1 BGB, von Bedeutung sind.

Die **Voraussetzungen** für ein im „**Außenverhältnis**" wirksames Vertreterhandeln bei der (aktiven) **Abgabe einer Willenserklärung,** also auch der vertraglichen Willenserklärungen „Angebot" und „Annahme", oder der Vornahme geschäftsähnlicher Handlungen sind nach **§ 164 Abs. 1 S. 1 BGB** die Folgenden:

- **Anwendbarkeit** der §§ 164 ff. BGB und **Zulässigkeit** der Stellvertretung (**sub b)**),

- **eigenes Handeln des Vertreters** gegenüber einem Dritten **(sub c))**,
- Handeln **im Namen des Vertretenen (sub d))**,
- mit **Vertretungsmacht (sub e))**,
- **im Rahmen** der Vertretungsmacht **(sub f))**,
- **kein** Verstoß gegen **§ 181 BGB (sub g))**.
- Die **Rechtsfolge** ist eine unmittelbare (Dritt-)Wirkung der abgegebenen Willenserklärung für und gegen den Vertretenen.
- Die Aufzählung dieser Merkmale ist zugleich das grobe **Prüfungsschema** für die Fallbearbeitung und die **Gliederung der jetzt unmittelbar nachfolgenden Darstellung**.

Beim (passiven) **Empfang einer Willenserklärung** oder der Entgegennahme geschäftsähnlicher Handlungen gelten diese Voraussetzungen entsprechend (**§ 164 Abs. 3 BGB**), so dass Sie hierzu keine besonderen die Voraussetzungen zusammenfassenden Ausführungen finden werden.

b) Anwendbarkeit der §§ 164 ff. BGB und Zulässigkeit der Stellvertretung

Die **§§ 164 ff. BGB**

- sind **anwendbar** auf die **Abgabe** und auf den **Empfang** von **Willenserklärungen** (das interessiert uns hier, wo es um den Vertragsschluss geht, in erster Linie) und analog auf die Vornahme und die Entgegennahme von **geschäftsähnlichen Handlungen** (das können wir in anderen Zusammenhängen vertiefen: z.B. bei der Frage, ob durch einen Vertreter gemahnt und damit ein Schuldnerverzug nach § 286 BGB begründet werden kann); weiterhin werden über § 166 BGB Willensmängel und ein Kennen und Kennenmüssen des Vertreters teilweise dem Vertretenen zugerechnet (auch das wird uns später noch interessieren).
- Die §§ 164 ff. BGB sind jedoch **unanwendbar** für a) die Frage einer Zurechnung von **Realakten**, wie z.B. die Besitzergreifung nach § 854 Abs. 1 BGB (hier helfen aber §§ 854 Abs. 2, 855 und 868 BGB); das ist z.B. bei der Prüfung von Herausgabeansprüchen aus § 985 BGB von Bedeutung. b) Auch ein **Verschulden** wird nicht über § 164 BGB zugerechnet, sondern aa) innerhalb bestehender Schuldverhältnisse **aaa)** bei Organen juristischer Personen (z.B. Vorstand eines eV) ausschließlich über (je nach Standpunkt:) § 31 BGB oder über §§ 31, 278 BGB oder § 278 BGB **bbb)** und ansonsten über § 278 BGB und § 428 HGB. **bb)** Auch **deliktisches Verhalten** kann natürlich nicht über §§ 164 ff. BGB zugerechnet werden. aaa) Bei juristischen Personen gilt insoweit § 31 BGB, demzufolge der „Verein.... verantwortlich ist für den Schaden, den der Vorstand, ein Mitglied des Vorstands oder ein anderer verfassungsmäßig berufener Vertreter.......einem Dritten zufügt". bbb) Außerdem gibt es eine Einstandspflicht des „Geschäftsherrn" für deliktisches Verhalten von „Verrichtungsgehilfen" aus § 831 BGB, wobei es sich allerdings genau genommen um eine Haftung für vermutetes eigenes Verschulden des „Geschäftsherrn" handelt.

Also kurz gesagt: **Zulässig** ist die Stellvertretung **grundsätzlich** bei der **Abgabe** und bei dem **Empfang** von **Willenserklärungen aller Art**. Bei der Fallbearbeitung geht man nur bei den wenigen **Ausnahmen** auf die Frage der Zulässigkeit der Stellvertretung ein: so bei der Unanwendbarkeit der §§ 164 ff. BGB auf **höchstpersönliche Willenserklärungen** wie z.B. letztwillige Verfügungen, §§ 2064, 2274 BGB, oder bei einem **rechtsgeschäftlich vereinbarten Ausschluss der Möglichkeit einer Stellvertretung**. Auf eine bei manchen von Ihnen zu bearbeitenden Fällen wichtige Konstellation, bei der juristische Neulinge „gern" an der Zulässigkeit der Stellvertretung zweifeln, soll – auch wenn sie eigentlich erst „später dran" ist – schon jetzt einmal hingewiesen werden: Grundstücke werden bekanntlich nicht nach §§ 929 ff. BGB, sondern durch eine Einigung (§ 873 BGB) in der Form des § 925 BGB (genannt „Auflassung") und Eintragung in das Grundbuch übereignet, also kurz gesagt durch „Auflassung und Eintragung". Das in § 925 BGB aufgestellte Formerfordernis der **„gleichzeitigen Anwesenheit beider Teile"** für die **„Auflassung"** nach **§§ 873 Abs. 1, 925 BGB** bedeutet **keineswegs** ein **Vertretungsverbot**, weil das Gesetz nicht die „persönliche" Anwesenheit, sondern nur die „gleichzeitige" Anwesenheit verlangt. Wir kommen darauf noch zurück, und Sie werden sehen, dass die Vertretung bei der Auflassung geradezu typisch ist. Zur „Illustration" dieses Vorgriffs auf das (in Teil 6 dargestellten) Sachenrecht schnell noch ein wirklich völlig irrealer Fall:

Fall 147: Der V hat durch einen von Notar N beurkundeten Kaufvertrag ein ihm gehöriges Grundstück an den K für € 100 000,- verkauft (§§ 433, 311 b Abs. 1 BGB). Nach dem Vertragsinhalt soll der K den Kaufpreis am 1. Juli 2002 um 9.00 Uhr im Büro des Notars N in bar Zug-um-Zug gegen die Auflassung (§§ 873, 925 BGB) entrichten. Am 1. Juli 2002 erscheinen um 9.00 Uhr bei dem N der von V mündlich zur Übereignung des Grundstücks und zum Erwerb des Eigentums an dem Kaufpreis bevollmächtigte X und der von K mündlich zum Erwerb des Eigentums an dem Grundstück und zur Übereignung des Kaufpreises bevollmächtigte Y, der einen Geldkoffer mit € 100 000,- dabei hat. Der Y übergibt das Geld an den X und erklärt, dass der V das Eigentum daran erlangen soll; der X nimmt das Geld entgegen und erklärt sein Einverständnis. Der X (handelnd im Namen des V) und der Y (handelnd im Namen des K) erklären dann mündlich in Gegenwart des Notars N, dass das Eigentum am Kaufpreis auf V und das Eigentum am Grundstück an K übergehen soll. Der N nimmt diese Vorgänge zur Kenntnis. Liegt bei diesem natürlich irrealen (die Rechtswirklichkeit lernen Sie in anderem Zusammenhang kennen!) Ablauf eine wirksame Einigung i.S.d. §§ 873, 925 BGB vor?

Ja: a) Die Willenserklärungen i.S.d. §§ 873 Abs. 1, 925 BGB aa) sind von X und Y abgegeben und empfangen worden. bb) Die aufeinander bezogenen Willenserklärungen decken sich inhaltlich. cc) Die Willenserklärung des Anbietenden (X oder Y) war nicht erloschen, als der jeweils andere Teil die Annahme erklärt hatte. dd) Die Form der „Auflassung" ist gewahrt: aaa) Die Formvorschrift der §§ 873, 925 BGB setzt nur die gleichzeitige und nicht die persönliche Anwesenheit beider Teile voraus. bbb) Eine Beurkundung ist nach §§ 873, 925 BGB nicht erforderlich. b) Der V und K sind wirksam durch X und Y vertreten worden. aa) X und Y haben im Namen des jeweils Vertretenen gehandelt. bb) Sie haben jeweils eine Willenserklärung abgegeben bzw. jeweils bei dem Empfang nach außen hin Entscheidungsfreiheit gehabt. cc) Der V und der K haben den X und den Y wirksam bevollmächtigt (§ 167 BGB). Die Vollmachten bedürfen nicht der Form des Rechtsgeschäfts, auf das sich die Vollmacht bezieht (§ 167 Abs. 2 BGB), also nicht der Form des § 925 BGB. Also wirken die Willenserklärungen von X und Y für und gegen den V bzw. den K.

c) Eigenes wirksames Handeln des Vertreters, Abgrenzung zum Botenhandeln

Voraussetzung dafür, dass eine Person ein „**Vertreter**" i.S.d. §§ 164 ff. BGB ist, ist deren „**eigenes Handeln**" bei der Abgabe oder bei dem Empfang von Willenserklärungen oder der Vornahme von geschäftsähnlichen Handlungen oder deren Entgegennahme. Im Gegensatz dazu ist nämlich diejenige Person, die eine fertige Willenserklärung oder geschäftsähnliche Handlung eines anderen (nur) übermittelt, kein Vertreter, sondern nur ein „**Bote**".

Die **Abgrenzung** des „**Vertreters**" vom „**Boten**" erfolgt nach sehr einfachen **Kriterien**.

- Der **Vertreter** handelt **mit Entscheidungsfreiheit**, der **Bote** handelt **ohne Entscheidungsfreiheit**.

- Der **Maßstab** für die Beurteilung, ob eine Person mit Entscheidungsfreiheit gehandelt hat, ist deren **Auftreten** gegenüber dem jeweiligen Dritten und nicht etwa eine sich aus dem Innenverhältnis ergebende Befugnis zum entscheidungsfreien Handeln gegenüber dem Dritten. a) Bei einer **Abgabe** von Willenserklärungen oder bei einer Vornahme geschäftsähnlicher Handlungen kommt es für die Frage der Entscheidungsfreiheit darauf an, ob aus der Sicht des Dritten eine Möglichkeit der Mittelsperson zur **Einflussnahme auf den Inhalt** bestand, oder ob bei einem (ja auch vorstellbaren) **Vertreter mit „gebundener Marschroute"** eine Möglichkeit der Mittelsperson **zur Entscheidung über** das „**ob**" der Abgabe der Willenserklärung oder über das „**ob**" der Vornahme der geschäftsähnlichen Handlung bestand. b) Bei der **Entgegennahme** einer Willenserklärung oder einer geschäftsähnlichen Handlung ist maßgeblich, ob die Mittelsperson die Willenserklärung als ihm zugedacht empfangen hat; die Frage reduziert sich darauf, ob sie aus der Sicht des Dritten eine **Entscheidungsfreiheit über** das „**ob**" der Entgegennahme hatte.

> Bei der Beurteilung eines **funktionswidrigen Verhaltens** der „Mittelsperson" gelten folgende Regeln (Medicus):
>
> **1.** Wenn die Mittelsperson nach dem Innenverhältnis nur **Bote** sein sollte, sich aber **als Vertreter geriert**, so rechnet man – sofern die Mittelsperson sich im Rahmen des ihr Aufgetragenen („Botenmacht") hält – ihre Erklärung dem Auftraggeber zu; bei weisungswidrigem Verhalten gelten die §§ 177 ff. BGB.
>
> **2.** Wenn die Mittelsperson nach dem Innenverhältnis **Vertreter** sein sollte, sich aber **als Bote** geriert,
>
> **a)** erfolgt eine **Zurechnung der Willenserklärung**, wenn sie sich **innerhalb der „Vertretungsmacht"** bewegt;
>
> **b)** überschreitet die Mittelsperson die „**Vertretungsmacht**"
>
> **aa) unbewusst** (= handelt sie also subjektiv richtig), gilt § 120 BGB (= **Zurechnung der Willenserklärung, aber Anfechtung**);
>
> **bb) überschreitet** die Mittelsperson die „**Vertretungsmacht**" **bewusst** (= handelt sie also subjektiv unrichtig), erfolgt **keine Zurechnung**, und der Dritte hat

> Ansprüche gegen den Bevollmächtigenden aus §§ 280 Abs. 1, 311 Abs. 2 BGB i.V.m. § 278 BGB und gegen den falschen Boten aus § 179 BGB analog.
>
> **3.** Als vereinfachende **„Faustformel"** kann man sich einprägen: Handelt die Person trotz der Funktionswidrigkeit **innerhalb ihrer „Kompetenz"** erfolgt eine **Zurechnung**.

Hinsichtlich der Wirksamkeitsvoraussetzungen der **eigenen Willenserklärung des Vertreters** gibt es kaum Besonderheiten. Der **Vertreter** muss zwar **geschäftsfähig** (argec. § 165 BGB)**, allerdings nicht voll geschäftsfähig sein (§ 165 BGB).**

> Der Grund für diese Regelung leuchtet sowohl in dogmatischer als auch in rechtspolitischer Hinsicht ohne weiteres ein: Der Vertreter gibt eine eigene Willenserklärung ab, die dann für und gegen den Vertretenen wirkt.
>
> Die Willenserklärungen von **Geschäftsunfähigen** sind nichtig (§ 105 Abs. 1 BGB), existieren also praktisch nicht; daher kann es in solchen Fällen schon aus logischen Gründen kein wirksames Vertreterhandeln geben.
>
> Dagegen sind die Willenserklärungen von **beschränkt Geschäftsfähigen** ohne Zustimmung des gesetzlichen Vertreters dann wirksam, wenn der beschränkt Geschäftsfähige durch sie lediglich rechtliche Vorteile erlangt (§ 107 BGB). Das Vertreterhandeln wirkt in rechtlicher Hinsicht nur für und gegen den Vertretenen, ist also für den Vertreter zwar rechtlich nicht nachteilig, aber auch nicht lediglich rechtlich vorteilhaft, sondern „neutral". Wenn man über den Wortlaut des § 107 BGB hinaus auch neutrale Geschäfte eines Minderjährigen wegen deren Unschädlichkeit für den Minderjährigen für nicht zustimmungsbedürftig ansieht, versteht sich die weitere Aussage des § 165 BGB, dass die Wirksamkeit der Willenserklärung nicht dadurch beeinträchtigt wird, dass der „Vertreter in der Geschäftsfähigkeit beschränkt ist", von selbst. Weil aber auch ein anderer Standpunkt vertretbar ist, hat der Gesetzgeber vorsorglich die Wirksamkeit des Vertreterhandelns eines beschränkt Geschäftsfähigen ausdrücklich angeordnet.

Weitergehend kann übrigens der **Bote** sogar **geschäftsunfähig** sein; denn er überbringt eine fremde Willenserklärung, so dass es schon rein begrifflich gar nicht um das Vorliegen von Wirksamkeitsvoraussetzungen von Willenserklärungen gehen kann, also auch § 105 Abs. 1 BGB gar nicht zu diskutieren ist: es gilt der – schon erwähnte – Merkvers aus dem altberühmten Repetitorium Foth: **„Und ist das Büblein noch so klein, so kann es doch schon Bote sein".**

d) Handeln im Namen des Vertretenen („Offenheits- oder Offenkundigkeitsprinzip")/ Abgrenzung zum „Vertrag zugunsten Dritter"

Ein wirksames „Vertreterhandeln" setzt weiterhin voraus, dass es als solches für den „Dritten", dem gegenüber die Mittelsperson rechtsgeschäftlich oder rechtsgeschäftsähnlich handelt, „offenkundig" ist. Genauer gesagt, dass die Mittelsperson

„im Namen des Vertretenen" (§ 164 Abs. 1 S. 1 BGB) handelt und dass dies auch für den Dritten **erkennbar (§ 164 Abs. 2 BGB)** ist.

> Der rechtspolitische Grund hierfür leuchtet ohne weiteres ein: Für den Dritten muss (z.B. beim Vertragsschluss) zweifelsfrei sein, mit wem er den Vertrag schließt: Mit dem ihm gegenüber Handelnden oder mit einer anderen dahinterstehenden Person (dem Vertretenen). Denn der Dritte will sich natürlich ein Bild von der Leistungsfähigkeit und Vertrauenswürdigkeit der Person machen, mit der der Vertrag abgeschlossen wird.

Maßgeblich dafür, ob eine Person im **fremden Namen handelt**, ist nicht dessen wirlicher Wille, sondern wie der andere Teil das Verhalten des Vertreters verstehen durfte; dies kann

- sich aus einem **ausdrücklichen** Verhalten der handelnden Person (§ 164 Abs. 1 S. 2 1. Fall BGB) ergeben
- oder nach § 164 Abs. 1 S. 2 2. Fall BGB auch **aus den Umständen** (so handelt bei den sog. „betriebsbezogenen Geschäften" ein Arbeitnehmer stets im Namen des Inhabers, wer immer dieser auch ist).

Fall 148: Die V ist in der Boutique „Ann-Sue", die der Inhaberin Anna S. Use (U) gehört, halbtags als Verkäuferin angestellt. Alle zum Verkauf stehenden Waren gehören der U. Die K macht in der Vorweihnachtszeit einen Einkaufsbummel und kauft in der Boutique einen Pullover und bezahlt ihn. Die V, die als einzige Person im Geschäft tätig ist, tut gegenüber der Kundin K so, als ob ihr die Boutique gehöre. Die K zahlt den Kaufpreis. Sie vereinbart mit der V, dass der Pullover bis zum Ende des Einkaufsbummels der K für diese im Geschäft verwahrt wird, und dass die K schon jetzt das Eigentum an dem Pullover erhalten soll. Als die K am Nachmittag den Pullover abholen will, ist die Inhaberin U selbst anwesend. Die K verlangt unter Vorlage des Kassenzettels die Herausgabe. Die U weigert sich, weil sie inzwischen den auch ihr sehr gut stehenden und passenden Pullover als „Weihnachtsgeschenk" für sich persönlich beiseite gelegt hat.

Der Anspruch der K gegen die U kann sich ergeben aus 1. einem Kaufvertrag (§ 433 Abs. 1 S. 1 BGB). a) Zwischen U und K müsste ein Kaufvertrag geschlossen worden sein. aa) Die U und die K haben keinen Vertrag geschlossen, bb) wohl aber aaa) die V und die K. bbb) Dieser Vertragsschluss würde für und gegen die U wirken, wenn die V sie wirksam vertreten hätte (§ 164 BGB). aaaa) Die V hat eine eigene Willenserklärung abgegeben. bbbb) Sie hat zwar nicht ausdrücklich im Namen der U gehandelt. Da sie aber für ein Unternehmen (die Boutique „Ann-Sue") gehandelt hat, hat sie für den jeweiligen Inhaber gehandelt, auch wenn der Vertragspartner unrichtige Vorstellungen über dessen Person hat (§ 164 Abs. 1 S. 2 BGB). Also hat die V für die U gehandelt. cccc) Die V müsste Vertretungsmacht der U gehabt haben. Diese ist ihr nach § 167 BGB erteilt worden; zumindest gilt jedoch § 56 HGB. Also ist ein wirksamer Kaufvertrag zwischen der U und der K geschlossen worden. b) Der Lieferungsanspruch der K gegen die U ist aa) erfüllt nur hinsichtlich des Anspruchs auf Übereignung (§ 362 BGB), bb) nicht aber hinsichtlich der ebenfalls geschuldeten Übergabe. 2. Auch hat die K gegen die U einen Anspruch auf Herausgabe aus § 695 BGB, denn a) V und K haben einen Verwahrungsvertrag geschlossen (§ 688 BGB), der aus den vorgenannten Gründen auch für und gegen die U wirkt (§ 164 BGB). b) Die Hinterlegerin K kann die hinterlegte Sache jederzeit zurückfordern. 3. Herausgabe kann sie auch nach § 985 BGB verlangen. a) Die U ist Besitzerin. b) Die K müsste das Eigentum am Pullover erlangt haben. aa) Die U war die Eigentümerin. Die K könnte es durch eine Übereignung der U an sie erlangt haben (§§ 929, 930 BGB). aaa) Was die Einigung angeht, aaaa) so haben sich nicht die U und die K geeinigt, bbbb) wohl aber aaaaa) die V und die K. bbbbb) Diese Einigung würde für und gegen die U wirken, wenn die V sie wirksam vertreten hätte (§ 164 BGB). aaaaaa) Die V hat bei der Einigung i.S.d. § 929 BGB eine eigene Willenserklärung abgegeben. bbbbbb) Sie hat zwar nicht ausdrücklich im Namen der U gehandelt. Da sie aber für ein Unternehmen (die Boutique „Ann-Sue") gehandelt hat, hat sie für den jeweiligen Inhaber gehandelt, auch wenn der Vertragspartner unrichtige Vorstellungen über dessen Person hat (§ 164 Abs. 1 S. 2 BGB). Also hat die V für die U gehandelt. ccccc) Die V müsste Vertretungsmacht der U gehabt haben. Diese ist ihr nach § 167 BGB erteilt worden; zumindest gilt jedoch § 56 HGB. Also liegt eine wirksame Einigung zwischen U und K vor. bbb) Die Übergabe könnte nach § 930 BGB durch ein Besitzmittlungsverhältnis ersetzt worden sein, kraft dessen die U den Pullover für die K besitzt. aaaa) Hier ist von V und K ein Verwahrungsvertrag geschlossen worden (§ 688 BGB). bbbb) Dieser wirkt aus den vorgenannten Gründen auch für und gegen die U (§ 164 BGB). Also ist die K Eigentümerin des Pullovers geworden. c) Die U hat kein Recht zum Besitz (§ 986 BGB), und zwar auch nicht aus dem Verwahrungsvertrag (arge. § 665 BGB).

Wenn der **Handelnde den Willen** hat, **als Vertreter** zu handeln, er aber aufgrund seines Auftretens nicht als das eines in fremdem Namen handelnden, also nicht als das eines Vertreters, angesehen werden kann, wenn also die **Wirkungen** seiner Willenserklärung oder seiner geschäftsähnlichen Handlung **den Handelnden** entgegen seinen Vorstellungen (also: irrig) selbst **treffen**, dann stellt sich die Frage, ob er die Willenserklärung **wegen eines Inhaltsirrtums anfechten** kann. Beantwortet wird sie in **§ 164 Abs. 2 BGB**.

<u>Fall 149</u>: Der durch den A gemäß § 167 Abs. 1 1. Fall BGB zum Ankauf einer Sache des B wirksam bevollmächtigte V („Innenvollmacht") bietet im Rahmen der ihm erteilten Vollmacht handelnd dem B den Abschluss eines Kaufvertrages an. Dabei wollte der V für den A handeln, ohne das jedoch gegenüber dem B deutlich zu machen; auch die Umstände ergaben nicht, dass der V für den A handeln wollte. Als der B keine Zahlung erhält, verlangt er von dem V Zahlung des Preises Zug-um-Zug gegen Lieferung. Der V erklärt die Anfechtung seiner Willenserklärung mit der Begründung, dass er sich über die Wirkung seines Handelns geirrt habe.

Der V müsste den Kaufpreis aufgrund eines Kaufvertrags nach § 433 Abs. 2 zahlen, wenn er Käufer wäre. a) Mangels Handelns in fremdem Namen wirkt die Angebotserklärung des V für ihn selbst; und die Annahmeerklärung des B ist ihm gegenüber erklärt worden. Der Vertrag ist also zwischen dem B und dem V zustandegekommen. b) Die seitens des V erklärte Anfechtung könnte jedoch dazu geführt haben, dass die Angebotserklärung rückwirkend nichtig wäre (§ 142 Abs. 1 BGB). Als Anfechtungsgrund käme § 119 Abs. 1 BGB in Betracht. aa) Ein Inhaltsirrtum läge vor: Der V hat gewollt, dass das Angebot für und gegen den A wirkt; er hat aber mangels ausdrücklichen oder jedenfalls schlüssigen Verhaltens, für A handeln zu wollen, erklärt, dass das Angebot für und gegen ihn selbst wirkt. Also besteht eine Diskrepanz zwischen dem wirklichen und dem erklärten Geschäftswillen des V. bb) Die Anfechtung wegen eines derartigen Inhaltsirrtums ist jedoch nach § 164 Abs. 2 BGB ausgeschlossen; der Ausschluss der Anfechtung ist geradezu Sinn und Zweck des § 164 Abs. 2 BGB.

Es gibt aber auch die **umgekehrte Konstellation**: Wenn der Handelnde, der im eigenen Namen handeln will, versehentlich im fremden Namen auftritt, wird bei bestehender Vertretungsmacht der Vertretene berechtigt und verpflichtet (§ 164 BGB); wenn aber der Handelnde (wovon bei einer solchen Fallkonstellation meistens auszugehen sein dürfte) keine Vertretungsmacht hatte und auch keine Genehmigung nach §§ 177 Abs. 1, 182 Abs. 1, 184 Abs. 1 BGB durch den Vertretenen erklärt worden ist, droht dem Handelnden eine Haftung aus § 179 BGB. Dann drängt es sich für den Handelnden auf, die irrig im fremden Namen abgegebene Willenserklärung anzufechten, um sich so der Haftung aus § 179 Abs. 1 BGB zu entziehen. Eine solche Anfechtung soll aber ebenfalls an § 164 Abs. 2 BGB scheitern. Die Anwendung des § 164 Abs. 2 BGB auf solche Fälle erscheint aber doch recht zweifelhaft zu sein, weil – wie soeben gezeigt – § 164 Abs. 2 BGB eine ganz andere Funktion hat.

Sehr beliebt sind in der juristischen Ausbildung solche Fälle, in denen der Handelnde **nicht „in fremdem Namen"** gehandelt hat, sondern **„unter fremdem Namen"** aufgetreten ist. In diesen Fällen ist zu unterscheiden zwischen

- einer **bloßen Namenstäuschung**, die dann gegeben ist, wenn der Handelnde sich durch die **Verwendung eines falschen Namens** lediglich falsch benennt, aber damit nicht über seine Identität täuscht, also z.B. einen unzutreffenden Namen benutzt („Müller" nennt sich aus Eitelkeit „v. Müller"): § 164 BGB findet dann keine Anwendung, es liegt immer ein Eigengeschäft des Handelnden „Müller" vor;

- und einer **Identitätstäuschung**, die vorliegt, wenn der andere Teil aufgrund des Auftretens des Handelnden davon ausgehen durfte, ein Rechtsgeschäft mit derjenigen Person vorzunehmen, die den vom Handelnden zu Unrecht verwendeten Namen wirklich trägt: hier sollen die §§ 164 ff. BGB entsprechende Anwendung finden. Eine solche Identitätstäuschung liegt auch vor, wenn eine Person bei einer Internet-Auktion (z.B. bei e-Bay) den „Mitgliedsnamen" (Kennung) eines anderen verwendet. Denn die Person, deren Kennung man sich bedient, soll nicht etwa anonym bleiben, sondern wird von dem Auktionator nach Auktionsende aufgrund der Kennung identifiziert. Dass es dem Vertragspartner bei seinem Vertragsschluss auf eben diese Person als Vertragspartner ankommt, ergibt sich daraus, dass der hinter der Kennung stehenden Person aufgrund eines Bewertungssystems des Auktionators eine bestimmte Bonität zugeschrieben wird, die den Vertragspartner zum Abschluss des Vertrages motivieren soll.

Fall 150: Der Opernliebhaber O. Groj (O) möchte unbedingt eine Karte für die ausverkauften Wagner-Festspiele in Bayreuth erwerben, um sich dort von den Anstrengungen seiner rechtshistorischen Forschungen zu erholen. Er bestellte diese bei der Festspiel-Verwaltung unter dem Namen des Alt-Wagnersänger „René Kollo" (K) und fügt das Geld gleich bei; aus dem Kontingent für VIP's wurde dem O die letzte dort für VIPs überhaupt vorhandenen Karte mit der Maßgabe zugeteilt, dass er sich die Karte im Büro abholen könne. Als der weltberühmte K dort eine Karte bestellte, flog alles auf. Der K genehmigte die zum Vertragsschluss führende Erklärung des O und verlangte von der Festspiel-Verwaltung die Zuteilung der Karte für sich.

Dem K steht gegen den durch die Festspielverwaltung vertretenen Festspielbetreiber ein Anspruch aus einem verkehrstypischen „Theaterbesuchsvertrag" (§ 311 Abs. 1 BGB) zu. a) Zwar haben O und der Festspielbetreiber diesen Vertrag geschlossen. b) Der O hat dabei aber den K wirksam vertreten, so dass der Vertrag für und gegen den K wirkt. (§ 164 BGB). aa) Zwar hat der O im eigenen Namen gehandelt, als er sich des Namens des „René Kollo" bediente. Weil hier aber eine Identitätstäuschung vorliegt, ist das Handeln des O unter dem Namen des „René Kollo" als Handeln im Namen des Renè Kollo anzusehen. bb) Der O hatte allerdings keine Vertretungsmacht des René Kollo, so dass der Vertrag zwischen René Kollo und der Festspielverwaltung schwebend unwirksam war (§ 177 Abs. 1 BGB). Nach der auch der Festspiel-

Verwaltung gegenüber erklärbaren Genehmigung §§ 177 Abs. 1, 182 Abs. 1, 184 Abs. 1 BGB ist der Vertrag rückwirkend als mit René Kollo abgeschlossen anzusehen.

Wissen Sie noch, warum für eine Drittwirkung nach § 164 BGB ein Handeln „in fremdem Namen" erforderlich ist? Der Dritte will wissen, für und gegen wen die gegenüber ihm oder von ihm abgegebenen Willenserklärungen wirken, ob für und gegen den Handelnden (dem er vertraut) oder für und gegen eine andere ihm vielleicht überhaupt nicht bekannte Person, also kurz gesagt: um den Dritten zu schützen. Wenn aber der Dritte nicht schutzbedürftig ist, kann auf das Vorliegen des an sich für ein wirksames Vertreterhandeln konstitutiven **Handelns in fremdem Namen** verzichtet werden. Das ist beim klassischen Beispiel des „Geschäfts für den, den es angeht" der Fall, wenn

- die „Mittelsperson" **für einen** nach **objektiven** Kriterien bestimmbaren **Vertretenen handeln will („Fremdwirkungswillen")**, ohne dies jedoch zu erkennen zu geben,
- und es dem **„Dritten" gleichgültig** ist, **mit wem** das **Geschäft** abgeschlossen wird. Das ist typischerweise der Fall bei den sog. **„Bargeschäften des täglichen Lebens"**.
- Die Rechtsfolge besteht darin, dass das (Rechts-)**„Geschäft"** für und gegen denjenigen wirkt, **„den es angeht"**.

Fall 151: Der sich am Vormittag eines sonnigen Tages im Mai 2002 im BGB-Seminar im Rechtshaus in der Schlüterstraße zur Vorbereitung auf die 1. Klausur zum Großen BGB-Schein, die an diesem Tag um 14 Uhr ct. in Hörsaal B des Hauptgebäudes der Universität Hamburg geschrieben werden sollte, noch schnell mit dem damals „neuen" Leistungsstörungsrecht befassende Student H. Agen (S 1) bittet den bereits perfekt vorbereiteten Studenten H. Elge (S 2) darum, ihm auf dem Weg zum Kaffeetrinken einen BGB-Text mit dem „neuen Schuldrecht" bei der Filiale der Buchhandlung M. Auke (A) in der Schlüterstrasse zu kaufen. Der S 1 gibt dem S 2 dafür auch das Geld zur Bezahlung des Kaufpreises. Der S 2 begibt sich zu der Filiale des Buchladens A, wo die Textausgabe allerdings wegen der großen Nachfrage nicht vorrätig ist. Weil dem S 2 von der Verkäuferin zugesagt wird, dass noch ein Gesetzestext im Hauptgeschäft vorhanden sei und bis 13.00 Uhr vom Hauptgeschäft herbeigeschafft sein würde, kauft der S 2 das Buch schon jetzt, bezahlt auch gleich den Kaufpreis mit dem ihm von dem S 1 überlassenen Geld und lässt sich einen Beleg mit dem handschriftlichen Vermerk der Verkäuferin: „dtv-BGB-Textausgabe. Bezahlt. Lieferung ab 13. 00 Uhr" geben. Um 13. 55 Uhr betreten der S 1 und der S 2 auf dem Weg zur Klausur das Geschäft. Jetzt bemerkt der S 2 zu seinem Entsetzen, dass er seinen Gesetzestext mit dem „neuen Schuldrecht" zu Hause vergessen hat. Weil er sich an die Bemerkung der Verkäuferin am Morgen erinnerte, derzufolge wegen der gewaltigen Nachfrage überhaupt nur noch ein einziger Gesetzestext im Hauptgeschäft vorhanden sei, tritt er sehr forsch auf die Verkäuferin zu, legt den Beleg vor und verlangt die „heute Vormittag von mir gekaufte BGB-Textausgabe". Jetzt merkt der S 1, welches Spiel der S 2 gerade spielt, und verlangt seinerseits Lieferung des Gesetzestextes. Das Geschäft hat tatsächlich nur diese eine Ausgabe vorrätig. 1. Hat der S 1 gegen A einen Anspruch auf Lieferung an sich? 2. Wäre A durch eine im Hinblick auf die Vorlage des handschriftlichen Vermerks an den S 2 erfolgte Lieferung frei geworden?

1. Der S 1 hätte einen Anspruch aus einem Kaufvertrag (§ 433 Abs. 1 BGB), wenn der S 2 nach § 164 Abs. 1 BGB den Kaufvertrag mit Wirkung für S 1 abgeschlossen hätte. a) Der S 2 hat nicht ausdrücklich und auch nicht schlüssig im Namen des S 1 gehandelt. Auf das Merkmal des

Handelns in fremdem Namen wird jedoch verzichtet, wenn der Handelnde – wie hier der S 2 – subjektiv die Wirkungen des Geschäfts für den Vertretenen herbeiführen wollte („Fremdwirkungswillen") und wenn es sich – wie hier – um ein „Bargeschäft des täglichen Lebens" handelt. Dann ist es nämlich dem Dritten (A) gleichgültig, mit wem er den Vertrag abschließt; das Geschäft soll „mit Wirkung für den, den es angeht" zustande kommen. Das ist der S 1. b) Voraussetzung ist jedoch eine Vertretungsmacht des S 2; diese ist hier als Innenvollmacht erteilt worden (§ 167 BGB). Also hat der S 1 den Lieferungsanspruch. Wer gegen diese Lösung protestiert, weil der S 1 die Voraussetzungen eines „Geschäfts für den es angeht" nicht beweisen kann, hat unter „praktischen Gesichtspunkten" natürlich recht. 2. Hier könnte man an § 793 Abs. 1 S. 2 BGB oder an § 370 BGB analog denken.

Von besonderer Bedeutung ist das „Geschäft für den, den es angeht" bei der **Übereignung (§ 929 ff. BGB).** Der Vertretene kann bei einem Geschäft für den, den es angeht unmittelbar nach §§ 929, 164 BGB zum Eigentümer werden; es gibt also, anders als bei der „mittelbaren Stellvertretung" keinen „Durchgangserwerb" des Vertreters (das ist wichtig für den Fall einer zwischenzeitlichen Insolvenz des Vertreters oder einer Einzelzwangsvollstreckung von Gläubigern des Vertreters in dessen Vermögen).

<u>Fall 152:</u> Der Angström (A) ist am Hotel des R. Abbit (R) als Einkäufer angestellt. Als in Abwesenheit des im Urlaub befindlichen R für ein plötzlich bestelltes Bankett zusätzliches Silbergeschirr benötigt wird, kaufte der A die fehlenden Stücke bei John Silver (S) für € 2 000,-, ohne sich als Mitarbeiter des R zu erkennen zu geben. Den Kaufpreis verauslagte der A aus eigenen Mitteln und zahlte ihn sogleich in bar an S. Der S, dem das ihm einst von Trelawney geschenkte Silber gehörte, gab ihm das Geschirr mit. Der Glaub (G), der eine titulierte Forderung in Höhe von € 3 000,- gegen den A hat, hatte diesen Kauf zufällig wahrgenommen. Er beauftragte den Eilgerichtsvollzieher, und dieser pfändete gegen den Protest des A, Eigentümer des Silbers sei nicht er, sondern der R, das Geschirr (§§ 808 ff. ZPO). Der R und der A wollen wissen, ob sie etwas gegen die Zwangsvollstreckung unternehmen können (nach K. Schmidt, Stevenson und Updike).

1. Der R hätte mit einer Drittwiderspruchsklage (§ 771 ZPO) Erfolg, wenn ihm „ein die Veräußerung hinderndes Recht" an dem Silber zustünde. Dazu müsste er, der R, und nicht der A Eigentümer des Geschirrs geworden sein. Das ist der Fall, denn der R hat das Eigentum daran von dem S erworben (§§ 929 S. 1, 164 Abs. 1 BGB, 1, 54 HGB, 855 BGB): a) Was die Einigung angeht, aa) so hat der A eine eigene Willenserklärung abgegeben. bb) Er hat den R nach den Grundsätzen über das „Geschäft für den, den es angeht" bei der Einigung auch ohne Handeln im Namen des R vertreten: Der A wollte für den nach objektiven Kriterien (Anschaffung für das Bankett im Hotel des R) bestimmbaren R als Vertretenen rechtsgeschäftlich handeln; dem S war es gleichgültig, an wen er übereignet, weil es sich um ein „Bargeschäft des täglichen Lebens" handelt. cc) Vertretungsmacht für R hatte der A nach §§ 1, 54 HGB. b) Die Übergabe erfolgte an den R, weil A dessen Besitzdiener war (§ 855 BGB). Der R hat also das Eigentum sofort erworben, so dass ihm ein „die Veräußerung hinderndes Recht" an dem Geschirr zustand. 2. Der R a) könnte Erinnerung einlegen (§ 766 ZPO): Dieser sich gegen die „Art und Weise der Zwangsvollstreckung" richtende Rechtsbehelf (§ 766 ZPO) ist jedoch erfolglos, weil der Gerichtsvollzieher nach § 808 ZPO die „im Gewahrsam des Schuldners befindlichen körperlichen Sachen" pfänden kann, ohne dass es auf die dingliche Rechtslage (Eigentum des Schuldners A) ankäme. b) Unbegründet ware auch eine Drittwiderspruchsklage des A (§ 771 ZPO), denn nicht er, sondern der R war Eigentümer des Silbers.

Das Erfordernis eines „Handelns in fremdem Namen" ist also (von der Ausnahme des „Geschäfts für den, den es angeht" einmal abgesehen) die für das Eintreten der

Fremdwirkung entscheidende Vorbedingung: Wer nicht in fremdem Namen handelt, wird aufgrund eines „**Eigengeschäfts**" selbst Vertragspartner. Das scheint alles recht unproblematisch zu sein, aber: eine „**Fremdwirkung**" kann auch dadurch erzeugt werden, dass ein Dritter aufgrund eines von dem Versprechenden und dem Versprechensempfänger im eigenen Namen abgeschlossenen **Vertrages zugunsten eines Dritten** einen eigenen Anspruch erlangt (§ 328 BGB).

Wenn man sich das verdeutlicht, dann steht man plötzlich vor der Frage, wie sich die **Drittwirkung** nach **§§ 164 ff. BGB** und die nach **§§ 328 ff. BGB** voneinander **unterscheiden lassen**. Stellen Sie sich folgende alltägliche Konstellationen vor: Eltern lösen ein Bahnticket für ihr minderjähriges Kind; eine Versicherung beauftragt einen Anwalt für einen Versicherungsnehmer. Hier könnte das Kind von den Eltern oder der Versicherungsnehmer von dem Versicherer vertreten worden sein (§ 164 BGB), so dass das Kind wegen der Vertretungsmacht der Eltern (§ 1629 BGB) Vertragspartner des Beförderungsvertrages oder der das Handeln der Versicherung genehmigende Versicherungsnehmer (§§ 177, 182 BGB) Partner des Anwaltsvertrages wären. Es könnte aber auch jeweils zwischen den Eltern und der Bahn AG oder zwischen der Versicherung und dem Rechtsanwalt ein (später noch ausführlich behandelter) Vertrag zugunsten des Kindes bzw. zugunsten des Versicherungsnehmers geschlossen worden sein (§ 328 Abs. 1 BGB). Wegen der jeweils gegebenen „Drittwirkung" sind daher die **Vertretung eines Dritten** (§§ 164 ff. BGB) und der **Vertrag zugunsten eines Dritten** (§ 328 Abs. 1 BGB) durchaus „verwechslungsfähig". Der rechtstheoretische Unterschied besteht darin, dass der nach § 164 BGB vertretene Dritte selbst Vertragspartner wird, während beim echten Vertrag zugunsten Dritter (§ 328 BGB) dem Dritten lediglich ein Forderungsrecht zusteht. Die **Abgrenzung** ist danach vorzunehmen, ob der Handelnde das Handeln im fremden Namen nach außen deutlich gemacht hat. Ansonsten ist ein Handeln im eigenen Namen anzunehmen und damit ein Vertrag zugunsten Dritter.

---

1. Festgehalten werden soll hier, dass eine Person, die die **drei ersten Voraussetzungen** wirksamen Vertreterhandelns erfüllt, die also

- **zulässigerweise**

- eine **eigene Willenserklärung** abgibt/eine **Willenserklärung als ihm zugedacht** empfängt

- und dabei **im Namen des Vertretenen** handelt

bereits „**Vertreter**" genannt werden muss, ohne dass es für diese Bezeichnung auf das Bestehen einer Vertretungsmacht ankommt, denn anderenfalls gäbe es nicht die Rechtsfigur des „Vertreters ohne Vertretungsmacht" (das wird „gerne" übersehen!).

2. Die **Fremdwirkung** eines Vertreterhandelns hängt ab

- vom Vorliegen der **Vertretungsmacht** als solcher

- und davon, dass der **Vertreter auch im Rahmen der Vertretungsmacht** (also von ihr gedeckt) gehandelt hat.

e) Vertretungsmacht

In den meisten im Zusammenhang mit den §§ 164 ff. BGB zu bearbeitenden Aufgabenstellungen geht es vor allem um die Frage, ob dem Vertreter eine **Vertretungsmacht** zusteht. Wir wissen inzwischen längst, dass diese sich ergeben kann

- zum einen aus dem **Gesetz** oder aus einer **Organstellung**. Wenn die sich aus einer Organstellung ergebende Macht, die juristische Person zu berechtigen und zu verpflichten, als „**Vertretungsmacht kraft Organschaft**" (z.B. aus §§ 26 Abs. 2, 86 S. 1 BGB) und damit als Fall der „Vertretungsmacht" bezeichnet wird (Medicus), machen wir uns das zu eigen, auch wenn diese Formulierung in begrifflicher Hinsicht nicht den von uns bisher vertretenen Vorstellungen entspricht, weil wir das Handeln eines Organs einer juristischen Person stets als einen Fall des Eigenhandelns der juristischen Person eingeordnet haben. Weil aber die **Organe** juristischer Personen nach den zitierten gesetzlichen Vorschriften in jedem Fall die „**...Stellung eines gesetzlichen Vertreters...**" haben, steht der Begriff einer „Vertretungsmacht kraft Organschaft" in sprachlicher Hinsicht natürlich in Einklang mit dem Gesetz. Die Darstellung dazu leitet die Ausführungen zur Vertretungsmacht ein **(sub aa))**.

- Weiterhin und in erster Linie für Sie bedeutsam kann sich eine Vertretungsmacht ergeben aus einem **Rechtsgeschäft** (nach der berühmten Klammer-Definition in § 166 Abs. 2 S. 1 BGB genannt: „**Vollmacht**"), die **sub bb))** dargestellt wird.

- Eine vollmachtsähnliche Vertretungsmacht kann sich aus der **Setzung eines Rechtsscheins** ergeben, so bei der Vertretungsmacht durch Kundgabe einer vermeintlichen Innenvollmacht gem. §§ 171 Abs. 1, 172 Abs. 2 BGB **(sub cc))** oder einer Anscheinsvollmacht **(sub dd))**.

- Dass sich aus einer rechtsgeschäftlich erlangten Stellung als **Gesellschafter** eine Vertretungsmacht ergibt, ist Ihnen längst bekannt **(sub ee))**.

aa) Gesetzliche Vertretungsmacht, „Vertretungsmacht kraft Organschaft"

(1) Verleihung der Vertretungsmacht durch das Gesetz, Organstellung

Bei der gesetzlichen Vertretung wird dem Vertreter die **Vertretungsmacht durch das Gesetz verliehen.**
   Die **klassischen Beispiele** für die gesetzliche Vertretungsmacht sind

- die (Gesamt-) Vertretungsmacht der **Eltern (§§ 1626, 1629 BGB)** und die Vertretungsmacht des **Vormundes (§ 1793 Abs. 1 S. 1 BGB)**.

> Dass bei einer solchen gesetzlichen Vertretungsmacht Risiken für das Vermögen der gesetzlich Vertretenen bestehen, liegt auf der Hand. Denken Sie nur an die Machenschaften des Dr. Bartolo, des Vormundes der Rosina in Rossinis „Barbier von Sevilla"/Mozarts „Figaros Hochzeit"!! Deshalb hat der Gesetzgeber diese beschränkt.

> 1. Für **besonders gefährliche Geschäfte** (u.a. bei Interessenkonflikten und bei In-sich-Geschäften nach § 181 BGB, nicht aber bei „lediglich rechtlich vorteilhaften Geschäften") ist die Vertretungsmacht von Eltern und Vormündern ausgeschlossen (§§ 1795, 1629 Abs. 2/1795 BGB); in solchen Fällen muss ein Ergänzungspfleger bestellt werden (§ 1909 BGB).
>
> 2. Manche Geschäfte von Eltern und Vormündern, die man für das Kind oder Mündel als besonders **gefährliche Geschäfte** ansehen kann, bedürfen zu dessen Schutz der **vormundschaftsgerichtlichen Genehmigung** (§§ 1643, 1821, 1822/1820 ff. BGB, z.B. Verfügungen über Grundstücke).
>
> 3. Die **Haftung** des von den Eltern oder dem Vormund gesetzlich vertretenen und auf diese Weise verpflichtet wordenen **Minderjährigen** oder **Mündels** ist allerdings **beschränkt** auf das bei Eintritt der Volljährigkeit bzw. bei Ende der Vormundschaft vorhandene Vermögen des Kindes oder des Mündels (§§ 1629 a Abs. 1 S. 1, 1793 Abs. 2 BGB). Der dahinter stehende Rechtsgedanke ist klar: Auf diese Weise soll der Minderjährige bzw. der Mündel davor bewahrt werden, durch das Vertreterhandeln seiner Eltern oder des Vormund für sein ganzes Leben unzumutbar belastet zu werden. Die Haftungsbeschränkung ist nach dem Muster der Herbeiführung der Beschränkung der Erbenhaftung (dazu erfahren Sie mehr in Teil 11) ausgestaltet. Bei der Pflegschaft gilt dies nicht (§ 1915 Abs. 3 BGB).

- Eine gesetzliche Vertretungsmacht haben auch der **Betreuer (§ 1902 BGB)** und der **Pfleger**, den man sich als **Nachlass-, Ergänzungs-, Gebrechlichkeits-, Abwesenheits-, Leibesfrucht-, Unbekannten-, Sammelvermögenspfleger (NEGALUS; §§ 1909 – 1914, 1960 Abs. 2, 1915 Abs. 1, 1793 Abs. 1 S. 1 BGB)** denken muss. Wie gesagt: Hier gilt (anders als bei den Eltern und dem Vormund) nach § 1915 Abs. 3 BGB die Beschränkung der Minderjährigenhaftung aus §§ 1793 Abs. 2 BGB, 1629 a BGB nicht.

- Die **Organe** juristischer Personen sind dagegen keine gesetzlichen Vertreter, sondern haben nur die **„…Stellung eines gesetzlichen Vertreters…"** (§ 26 Abs. 2 S.1, 2. HS. BGB; erinnern Sie sich noch, warum es heißt: „…die Stellung…"?); damit sind die §§ 164 – 166 Abs. 1 BGB entsprechend anwendbar. Wir haben uns aber dazu entschlossen, hierfür den Begriff **„Vertretungsmacht kraft Organschaft"** zu akzeptieren.

Die das **Außenverhältnis** betreffende **gesetzliche Vertretungsmacht** und das ein Vertreterhandeln erlaubende **Innenverhältnis** müssen sich vom Umfang her nicht decken: Die Eltern als gesetzliche Vertreter des Kindes „haben die elterliche Sorge … zum Wohl des Kindes auszuüben" (§ 1627 S. 1 BGB). Auch wenn die Eltern hiergegen verstoßen, indem sie Gegenstände des Kindesvermögens unter Wert veräußern, sind die von ihnen vorgenommenen Rechtsgeschäfte nach außen Dritten gegenüber wirksam. Hieraus resultiert das (noch darzustellende) Problem, ob bei einem von dem Dritten erkannten oder für den Dritten erkennbaren Verstoß des Vertreters gegen die Innenverhältnisbindung das Vertreterhandeln unwirksam ist (**„Missbrauch der Vertretungsmacht"**).

(2) Ende der gesetzlichen Vertretungsmacht, Schutz des „guten Glaubens an den Fortbestand" einer gesetzlichen Vertretungsmacht, „Vertretungsmacht kraft Organschaft"

Die gesetzliche Vertretungsmacht **endet** mit dem Wegfall der gesetzlichen Voraussetzungen: z.b. die der Eltern mit der Vollendung des 18. Lebensjahres des Kindes. Der **gute Glaube an den Fortbestand der gesetzlichen Vertretungsmacht** wird nicht geschützt. Anders ist es bei der „**Vertretungsmacht kraft Organschaft**" (vgl. z.B. § 68 BGB).

bb) Rechtsgeschäftlich erteilte Vertretungsmacht („Vollmacht"): Erteilung, Erlöschen, Anfechtung

Bei der „**Vollmacht**" handelt es sich um die „**durch Rechtsgeschäft erteilte Vertretungsmacht**" (berühmte **Klammerdefinition in § 166 Abs. 2 BGB**).

> Was den **Aufbau** der gesetzlichen Bestimmungen zur Vertretung und Vollmacht in **Titel 5** angeht, so bedeutet **§ 166 Abs. 2 BGB** zugleich auch gesetzestechnisch eine **Zäsur:**
>
> Die §§ 164 – 166 Abs. 1 BGB gelten für Vertreterhandeln mit jeder denkbaren Form der Vertretungsmacht;
>
> die §§ 166 Abs. 2 – 176 BGB gelten nur für die mit rechtsgeschäftlich erteilter Vertretungsmacht Handelnden;
>
> die §§ 177 – 181 BGB betreffen dann wieder jede denkbare Form des Vertreterhandelns.

(1) Die Erteilung der Vollmacht

Die **Erteilung der „Vollmacht"** erfolgt

- durch **Rechtsgeschäft**, und zwar durch eine ausdrückliche oder schlüssige **einseitige empfangsbedürftige Willenserklärung**. Demgegenüber kann die **Prokura** nach § 48 HGB nur durch ausdrückliche Erklärung eines Vollkaufmanns erteilt werden; die nach § 53 Abs. 1 HGB außerdem erforderliche Eintragung in das Handelsregister ist nur deklaratorischer Natur und nicht (wie z.B. bei § 873 BGB) „konstitutiv". **a)** Die Willenserklärung richtet sich entweder an den zu Bevollmächtigenden (§ 167 Abs.1 1. Fall = „**Innenvollmacht**") **b)** oder an den Geschäftsgegner (§ 167 Abs.1 2. Fall = „**Außenvollmacht**"). **c)** Als dritte Möglichkeit der Vollmachtserteilung wird angesehen die **Erteilung einer Innenvollmacht durch Kundmachung nach außen** (§ 171 BGB).

- Auch kann durch Duldung seitens des Vertretenen eine als „**Duldungsvollmacht**" bezeichnete Vollmacht durch eine im „Dulden" liegende konkludente Willenserklärung **rechtsgeschäftlich** (z.B. Medicus) oder **fingiert rechtsgeschäftlich** (z.B. Peters) erteilt werden, wenn folgende Voraussetzungen gegeben sind: **a)** Der Vertreter ist während eines gewissen Zeitraums häufig im Namen des Vertretenen aufgetreten (objektiver Tatbestand); **b)** weiterhin kennt und duldet der voll geschäftsfähige Vertretene dieses Verhalten (Zurechnungstatbestand); **c)** und schließlich muss der Dritte in Bezug auf eine Bevollmächtigung des Vertreters gutgläubig sein (subjektiver Tatbestand).

Fall 153: Der Waldeigentümer Engel (E) hat den Förster Meier-Beckum (FMB) damit beauftragt, die in seinem Wald bei Renedabmoor nötigen Forstarbeiten (Holzeinschlag, Aufforstung, Herrichtung der Wege) durch Subunternehmer durchzuführen. Der FMB rechnet jährlich ab und berechnet dem E für seine Nebentätigkeit einen Festbetrag. Das in seinem Auftrag geschlagene Holz pflegt der FMB schon seit Jahren im Namen des E an den Holzhändler Holst (H) zu verkaufen und den jeweils von H in bar gezahlten Kaufpreis im Namen des E entgegenzunehmen und dann ohne entsprechende Absprache mit E für sich zu behalten, weil er meint, nur so sei er für seine aufwendige Tätigkeit angemessen bezahlt. Der E weiß von diesen für eigene Rechnung vorgenommenen Verkäufen des FMB, beanstandet diese aber nicht gegenüber FMB oder gegenüber H, weil er es sich mit FMB nicht verderben will. Als FMB wieder einmal 100 Festmeter Holz, die er auf einem Lagerplatz im Wald aufgestellt hatte, im Namen des E an H verkauft hat, dann aber nicht liefern kann, weil das Holz durch einen von FMB schuldhaft verursachten Brand vernichtet wurde, verlangt der H von E Schadensersatz. Der E erklärt gegenüber H, er habe den FMB nicht zu diesem Geschäft bevollmächtigt.

Der Anspruch des H gegen den E könnte sich aus §§ 280 Abs. 1, 3, 278, 283, 249 ff. BGB ergeben, wenn a) ein Kaufvertrag zwischen E und H zustandegekommen wäre. aa) Der FMB und der H haben einen Kaufvertrag geschlossen. bb) Dieser würde für und gegen den E wirken, wenn der FMB den E wirksam vertreten hätte (§ 164 Abs. 1 BGB). aaa) Der FMB hat im Namen des E gehandelt. bbb) Er hat eine eigene Willenserklärung (Angebot oder Annnahme) abgegeben. ccc) Der FMB müsste Vertretungsmacht haben. Der E hat ihm aaaa) ausdrücklich keine Vollmacht erteilt. bbbb) Es besteht aber eine Duldungsvollmacht. Denn: aaaaa) Der FMB hat jahrelang im Namen des E Holz verkauft und die Kaufverträge erfüllt sowie den Kaufpreis kassiert. bbbbb) Der voll geschäftsfähige E kannte und duldete dieses Verhalten. ccccc) Der H war in Bezug auf eine Bevollmächtigung des FMB durch E gutgläubig. Damit hat der E dem FMB (schlüssig oder fingiert) Vollmacht erteilt. b) Die weiteren Voraussetzungen der §§ 280 Abs. 1, 3, 278 Abs. 1, 283, 249 ff. BGB liegen vor.

Vorstellbar ist auch, dass durch einen hierzu vom Vertetenen bevollmächtigten Hauptvertreter ein **Untervertreter** eingeschaltet wird,

- indem der Untervertreter durch den im eigenen Namen handelnden Hauptvertreter zur Vertretung des Hauptvertreters bevollmächtigt wird; wenn der Untervertreter dann als „**Vertreter des (Haupt-)Vertreters**" auftritt, stellt sich die umstrittene Frage, ob die Wirkungen seines Handelns dann unmittelbar den Geschäftsherrn treffen oder ob sie erst den Hauptvertreter und damit nur mittelbar den Geschäftsherrn treffen;

- vorstellbar ist auch, dass der Untervertreter seitens des Hauptvertreters im Namen des Geschäftsherrn zur Vertretung des Geschäftsherren bevollmächtigt wird, so dass die Wirkungen deshalb den Geschäftsherrn unmittelbar treffen (**„Vertreter des Vertretenen"**).

Die **Vollmacht** kann auch **„postmortal"** (= über den Tod hinaus) bestellt werden. Bei Rechtsgeschäften seitens eines über den Tod hinaus Bevollmächtigten wird der jeweilige Erbe vertreten. Diese Möglichkeit einer „postmortalen" Bevollmächtigung ist praktisch von allergrößter Bedeutung: Durch eine einen Erbschein praktisch ersetzende (mindestens) notariell beglaubigte oder durch eine (und das ist bei zum Nachlass gehörigem Grundeigentum vorzuziehen) sogar notariell beurkundete und von den Schranken des § 181 BGB befreiend erteilte postmortale Generalbevollmächtigung eines (zukünftigen) Erben durch den (zukünftigen) Erblasser ist in vielen Fällen die nicht selten sehr umständliche und zeitraubende sowie kostenträchtige Erbscheinerteilung (vgl. §§ 2353 ff. BGB) überflüssig.

Vor allem dann, wenn eine **Vollmacht** auch dem Interesse des Bevollmächtigten oder dem eines Dritten dient, wird sie nicht selten **unwiderruflich** erteilt. Dies ist generell möglich (arge. § 168 S. 2 BGB), soll aber bei Generalvollmachten nicht erlaubt sein, weil dadurch die Freiheit des Vollmachtgebers in sittenwidriger Weise eingeschränkt wäre (§ 138 Abs. 1 BGB). Außerdem wird man einen Widerruf „aus wichtigem Grund" stets zulassen müssen (arge. §§ 626, 723, 314 BGB), und wenn eine Vollmacht nur im Interesse des Bevollmächtigten besteht, kann sie auch bei einer Bezeichnung als „unwiderruflich" durch den Vollmachtgeber widerrufen werden, ohne dass ein wichtiger Grund vorliegt.

Die **Erteilung einer Vollmacht** ist ein **in der Regel formfreies Rechtsgeschäft** (§ 167 Abs. 2 BGB); bemerkenswert sind folgende **Ausnahmen:**

- **Kraft Gesetzes formbedürftige Vollmachten** sind: a) Die Vollmacht zum Abschluss eines Verbraucherdarlehensvertrages (nach § 492 Abs. 4 BGB: vorbehaltlich einer notariell beurkundeten Vollmacht ist **Schriftform** mit den Mindestangaben des § 492 Abs. 1 und 2 BGB erforderlich; damit ist sie praktisch unerteilbar!). Bislang ungeklärt sind die Fragen, ob sich die Heilungsregelung des § 494 Abs. 2 BGB auf § 492 Abs. 4 BGB erstreckt oder ob eine Heilung nur in Betracht kommt bei einer Auszahlung des Darlehens an den Darlehensnehmer selbst (§§ 177, 182 BGB analog) oder ob eine nach §§ 177, 182 Abs. 2 BGB formfrei mögliche Genehmigung den Darlehensvertrag wirksam machen kann (hier gibt es interessantes Fallmaterial für Klausuren! Wissen Sie eigentlich, dass Sie das beim Durcharbeiten dieses Buches alles schon gelernt haben?); b) die Prozessvollmacht (Schriftform: § 80 Abs. 1 ZPO und nach § 492 Abs. 4 BGB nicht die Form des § 492 Abs. 1 und 2 BGB; das ist z.B. bedeutsam für Prozessvergleiche); c) die Vollmacht im Fall der §§ 134 f. AktG bedarf der Schriftform; d) der **öffentlichen Beglaubigung** bedürfen die Vollmacht in den Fällen der §§ 1484 Abs. 2, 1945 Abs. 3 BGB, des § 2 Abs. 2 GmbHG, e) oder der Bevollmächtigung zur Stellung von Anträgen an das Grundbuchamt (§§ 29, 30, 31 GBO).

- Als **gesetzlich ungeregelte Ausnahmen** merken Sie sich die folgenden Fallkonstellationen:

Fall 154: Der K erteilt dem V unwiderruflich eine schriftliche Vollmacht zum käuflichen Erwerb eines Grundstücks des E. Unter Vorlage dieser Vollmacht schließt der V, dabei im Namen des K handelnd, mit dem E als Verkäufer einen von dem Notar N (derselbe wird dies in der Realität, wenn er nicht von Sinnen ist, aus den in der Fall-Lösung dargestellten Gründen natürlich nie und nimmer tun!) beurkundeten Kaufvertrag (lesen Sie wieder einmal den so wichtigen § 311 b Abs. 1 S. 1 BGB und vergessen Sie jetzt nie wieder dessen Inhalt!), der auch die Auflassung (lesen Sie §§ 873, 925 BGB und vergessen Sie nie wieder deren Inhalt!) enthält. Der E verlangt die Zahlung des Kaufpreises von K.

Der E könnte gegen den K aus einem Kaufvertrag (§ 433 Abs. 2 BGB) einen Anspruch auf Kaufpreiszahlung haben, wenn ein Kaufvertrag zustandegekommen ist. a) Der V und der E haben einen Kaufvertrag abgeschlossen. b) Der Vertrag wäre mit Wirkung für und gegen K abgeschlossen worden, wenn der K wirksam von dem V vertreten worden wäre (§ 164 Abs. 1 BGB): aa) Der V hat eine auf den Abschluss eines Kaufvertrages gerichtete Willenserklärung im Namen des K abgegeben. bb) Er müsste Vertretungsmacht gehabt haben. Hier kommt nur eine von dem K erteilte Vollmacht in Betracht. aaa) Die erteilte Innenvollmacht bbb) könnte nach §§ 311 b Abs. 1 S. 1, 125 BGB nichtig sein: aaaa) An sich ist die Erteilung einer Vollmacht formfrei möglich (§ 167 Abs. 2 BGB). bbbb) Wenn aber die Vollmachtserteilung für den Vertretenen eine ebenso starke Bindung wie das Geschäft selbst herbeiführt und daher bei einer formfrei erteilbaren Vollmacht die Warnfunktion der Formvorschrift (hier § 311 b Abs. 1 S. 1 BGB) leer liefe, dann soll der die Formfreiheit der Vollmacht aussprechende § 167 Abs. 2 BGB „teleologisch (= nach dem Norm-Zweck = „telos" = Ziel) „reduziert" werden. So liegt es hier; die Vollmacht ist entgegen dem Wortlaut des § 167 Abs. 2 BGB formbedürftig, weil eine unwiderrufliche Vollmacht zum Erwerb eines Grundstücks den Vollmachtgeber ebenso bindet, wie das durch die Vollmacht ermöglichte nach § 311 b Abs. 1 BGB formbedürftige Geschäft selbst. Da hier die Vollmacht formfrei erteilt worden ist, ist sie nach § 125 BGB nichtig. Der K ist daher nicht wirksam von V vertreten worden. Daher ist kein Kaufvertrag zwischen K und E zustande gekommen.

Fall 155: Der S will einen privaten Kredit über € 100 000,- mit einer Laufzeit von 2 Jahren zu einem Zinssatz von 8 % zu einem noch nicht bestimmten Zeitpunkt bei einem seiner Bekannten aufnehmen. Der B ist bereit, dafür zu bürgen. Er stellt dem S eine von ihm unterschriebene Urkunde aus, in der es heißt: „Ich bürge selbstschuldnerisch für einen von S bei … aufzunehmenden Kredit des S über € 100 000,- mit einer Laufzeit von 2 Jahren zu einem Zinssatz von 8 %". Er erklärt dem S mündlich, dass er ihn bevollmächtige, den Bürgschaftsvertrag mit dem jeweiligen Kreditgeber abzuschließen und dessen Namen in die Bürgschaftserklärung einzufügen. Der S nimmt bei G einen Kredit über € 100 000,- mit einer Laufzeit von 2 Jahren zu einem Zinssatz von 8 % auf und schließt unter Vorlage der von ihm durch Einsetzung des Namens des G als Gläubiger vervollständigten Urkunde im Namen des B mit dem G einen dem Inhalt der so vervollständigten Urkunde entsprechenden Bürgschaftsvertrag ab. Der G nahm an, dass sein Name bereits von dem B in die Urkunde eingetragen worden sei. Als das Darlehen nach den 2 Jahren Laufzeit nicht getilgt wird, nimmt der G den B in Anspruch (nach BGH).

Der Anspruch könnte sich aus einem Bürgschaftsvertrag (§ 765 BGB) ergeben. a) Eine fällige Hauptforderung besteht. b) Es müsste ein Bürgschaftsvertrag zwischen B und dem G bestehen. Das wäre nach §§ 164, 765 BGB der Fall, wenn der S den B wirksam vertreten hätte. aa) Der S hat im Namen des B gehandelt. bb) Er müsste Vollmacht gehabt haben und im Rahmen der Vollmacht gehandelt haben. aaa) Es ist eine Innenvollmacht erteilt worden (§ 167 Abs. 1 1. Fall BGB). bbb) Die Vollmachtserteilung zum Abschluss eines Bürgschaftsvertrages bedarf aber (entgegen der Regel des § 167 Abs. 2 BGB) der Schriftform, weil sonst der Schutzzweck des § 766 BGB ausgehöhlt würde; die Vollmacht müsste schriftlich sein und den Gläubiger, den Hauptschuldner und die gesicherte Forderung bezeichnen (BGH). Danach hätte der S keine Vollmacht zum Abschluss des Bürgschaftsvertrages. ccc) Der BGH nimmt jedoch an, dass der B sich nach § 172 Abs. 2 BGB gegenüber dem gutgläubigen G so behandeln lassen muss, als ob er den S wirksam bevollmächtigt hätte.

Das **Verhältnis zwischen der Vollmacht und** einem „ihrer Erteilung zugrunde liegenden Rechtsverhältnis" (vgl. § 168 S. 1 BGB), kurz: **„Grundgeschäft"** genannt, ist kompliziert.

- Man muss sich, was die **Erteilung** angeht, die Vollmacht „losgelöst" von einem Grundverhältnis denken: Die Vollmacht ist also, was ihre Erteilung angeht,

„abstrakt". **a)** Das wäre nicht weiter bedeutsam, weil es doch nur besagt, dass für eine Vollmacht ein Grundverhältnis nicht notwendig ist, die Vollmacht also „isoliert" erteilt werden kann. Kommt so etwas vor? Nicht oft, aber doch z.b. in solchen Fällen, in denen weitblickende Ehepartner einander gegenseitig, in denen Eltern ihren Kindern und vernünftigerweise auch umgekehrt diese ihren Eltern eine Generalvollmacht und speziell auch Bankvollmachten erteilen, damit für den Fall von Krankheit oder Unfällen die laufenden Angelegenheiten der Vollmachtgeber besorgt werden können. Sie sollten einmal überlegen, ob Sie in Ihrem familiären Umfeld derartige Vorkehrungen anregen sollten. Derartige Vollmachten sollten übrigens für den Fall des Todes des jeweiligen Vollmachtgebers „über den Tod hinaus", also „postmortal" erteilt werden. Allerdings: Wenn dem kein Grundgeschäft zugrunde liegt, muss die „Basis" hierfür natürlich ein völliges Vertrauen zueinander sein. Mit einem solchen sehr sinnvollen Vorschlag können Sie den Grundstein für Ihre Funktion als „Familienjurist" legen. **b)** Viel wichtiger ist aber die weitere sich aus der Abstraktheit der Vollmacht ergebende Rechtsfolge, dass nämlich ein (regelmäßig ja gegebenes) Grundgeschäft und der Umfang einer Vollmacht sich (sofern sich nicht der Umfang der Vollmacht aus dem Grundgeschäft bestimmt) inhaltlich nicht decken müssen, insbesondere dass eine Vollmacht viel weiter reichen kann als das der Vollmacht zugrunde liegende „Innenverhältnis". Das ist z.B. dann der Fall, wenn das Innenverhältnis den Vertreter dazu verpflichtet, von der Vollmacht nur unter bestimmten Umständen oder nur in bestimmter Weise Gebrauch zu machen. Hieraus erwächst die (später zu beantwortende) Frage, ob bei einem Verstoß gegen diese Innenverhältnisbindung ein solcher „Missbrauch" der Vollmacht Auswirkungen auf die Wirksamkeit des Rechtsgeschäfts hat bzw. zu Schadensersatzansprüchen des Vertretenen gegen den Vertreter führt.

- Eigenartigerweise gilt dieses „Abstraktionsprinzip" nicht in jeder Hinsicht. So hängt das **Fortbestehen** der Vollmacht vom Grundgeschäft ab, so dass eine Vollmacht – ist sie erst einmal entstanden – **„kausal"** ist (§ 168 BGB).

(2) Das Erlöschen der „Vollmacht", Schutz des „guten Glaubens an den Fortbestand" einer erloschenen Vollmacht

Das Erlöschen der Vollmacht

- „bestimmt sich" nach § 168 S. 1 BGB „nach dem ihrer Erteilung zugrunde liegenden Rechtsverhältnis" (**„Grundverhältnis"**): Die Vollmacht erlischt daher mit der Beendigung des Auftrags (§§ 662 ff. BGB) oder des Geschäftsbesorgungsvertrages (§ 675 BGB) oder der Gesellschaft, es sei denn die Fortdauer wird nach §§ 169, 673 ff., 729 BGB fingiert; sie erlischt weiter mit der Beendigung des Arbeitsvertrages (§§ 611 ff. BGB).
- Nach § 168 S. 2 BGB erlischt die Vollmacht weiterhin durch einen **Widerruf** des Vollmachtgebers. Der Widerruf kann (weil nach § 168 S. 3 BGB der § 167 Abs. 1 BGB entsprechend angewendet wird) entweder gegenüber dem Vertreter oder gegenüber dem Dritten erklärt werden, und zwar ohne Rücksicht darauf, wie die Vollmacht ursprünglich erteilt worden ist; daher kann z.B. eine Innenvollmacht durch einen „Externen" Widerruf gegenüber dem Dritten erlöschen; es gel-

ten dann – dazu sogleich – aber die den Dritten in seinem Vertrauen auf den Fortbestand der Vollmacht schützen sollenden §§ 170, 173 BGB. Möglich ist auch ein Widerruf nach § 171 Abs. 2 BGB analog durch öffentliche Bekanntmachung. Eine etwa **„unwiderruflich"** erteilte **Vollmacht**, was bis zur Grenze des § 138 Abs. 1 BGB möglich ist, kann stets **aus wichtigem Grund widerrufen** werden (§§ 626, 723, 314 BGB analog); und wenn eine Vollmacht nur im Interesse des Bevollmächtigten besteht, kann sie auch bei einer Bezeichnung als „unwiderruflich" durch den Vollmachtgeber widerrufen werden, ohne dass ein wichtiger Grund vorliegt.

- Auch kann die Vollmacht aufgrund eines **einseitigen Verzichts des Vertreters** erlöschen.

- Schließlich kann auch der **Inhalt der Vollmacht** selbst das Erlöschen derselben zur Folge haben: Durch eine auflösende Bedingung oder eine Befristung oder durch eine Zweckerreichung, z.B. wenn die Vollmacht nur für ein bestimmtes Rechtsgeschäft erteilt worden ist.

Dem **Vertrauen** des Rechtsverkehrs **in die Fortdauer der** nach außen kundgetanen und sodann beendeten **Vollmacht** wird in der Weise Rechnung getragen, dass nach den §§ 168, 170 – 173 BGB die **Vertretungsmacht zugunsten** insoweit **Gutgläubiger bestehen bleibt**, und zwar

- bei einer **Außenvollmacht**, bis das Erlöschen dem Dritten vom Vollmachtgeber angezeigt ist (§ 170 BGB),

- bei **besonderer Kundgebung einer Innenvollmacht** bis zur Beseitigung des durch den Kundgebungstatbestand verursachten Rechtsscheins (§ 171 Abs. 2 BGB) und

- bei **Aushändigung einer Vollmachtsurkunde** bis zur Rückgabe oder Kraftloserklärung der Urkunde (§ 172 Abs. 2 BGB), dies

- aber (wie gesagt) alles **nur zugunsten Gutgläubiger** (§ 173 BGB);

und im Fall einer nach § 53 HGB in das Handelsregister einzutragenden **Beendigung der Bevollmächtigung eines Prokuristen**, aber auch nur **zugunsten eines Gutgläubigen** (§ 15 HGB).

Fall 156: Der A erteilt dem V eine Generalvollmacht durch Erklärung ihm gegenüber und stellt eine Vollmachtsurkunde darüber aus. Diese Urkunde wird aber gar nicht erst an den V ausgehändigt, weil der A die Vollmacht alsbald deshalb wieder widerruft, weil er meint, Anlass dazu zu haben, dem V zu misstrauen. Der in der Tat vertrauensunwürdige V stiehlt dem A die Urkunde, von deren Existenz er weiß und deren Aufbewahrungsort er kennt. Er kauft dann im Namen des A handelnd unter Vorlage der Urkunde bei dem B, der den V für bevollmächtigt hält, ein Auto. Der B verlangt von A Bezahlung und Abnahme.

Ein Anspruch des B gegen A ergäbe sich aus einem Kaufvertrag (§ 433 Abs. 2 BGB), wenn der a) zwischen V und B geschlossene Kaufvertrag b) für und gegen den A wirken würde. Das wäre der Fall, wenn V den A wirksam vertreten hätte (§§ 164 ff. BGB): aa) V hat eine eigene vertragliche Willenserklärung (Angebot oder Annahme) abgegeben und bb) im Namen des A gehandelt. cc) V müsste Vertretungsmacht gehabt haben: aaa) V hatte Vertretungsmacht (§ 167 BGB); bbb) diese ist aber erloschen (§ 168 BGB). ccc) Fraglich ist, ob sie zugunsten des gutgläubigen B fortbestand (§§ 172 Abs. 2, 173 BGB): aaaa) B war gutgläubig. bbbb) V hatte die Urkunde aaaaa) vorgelegt; bbbbb) sie war auch aaaaaa) echt – eine Fälschung würde nicht reichen – ; bbbbbb) sie war aber dem V nicht „ausgehändigt" worden, weil der V sie eigenmächtig an sich genommen hat; das begründet (vgl. die Wertung des § 935 BGB) keinen Rechtsschein i.S.d. § 172 Abs. 2 BGB.

(3) Anfechtung der Vollmacht

Ist die **Vollmacht anfechtbar erteilt** worden, so stellt sich die Frage, ob die Erteilung der Vollmacht wie jedes andere Rechtsgeschäft auch durch den Vollmachtgeber angefochten werden kann. Die Frage klingt einfach, ist aber kompliziert und kann nicht pauschal beantwortet werden. Die Antwort hängt von einer Abwägung der Interessen (Berücksichtigung des Irrtums, Vertrauensschutz, Insolvenzrisiko) der Beteiligten (Vertretener, Vertreter und Dritter) ab.

Eine **Anfechtung der Vollmacht vor Betätigung der Vollmacht** ist ohne weiteres möglich, denn zu diesem Zeitpunkt hat niemand ein berechtigtes Interesse am Fortbestand. Die Möglichkeit einer Anfechtung ist jedoch wegen der ohnehin gegebenen jederzeitigen Widerrufsmöglichkeit des Vollmachtgebers (§ 168 BGB) und wegen der bei einer bisher nicht betätigten Vollmacht uninteressanten Rückwirkung der Anfechtung (§ 142 Abs. 1 BGB) nur von theoretischer Bedeutung.

Dagegen soll eine **Anfechtung der bereits betätigten Vollmacht** nach einer der dazu vertretenen Ansichten **generell ausscheiden** und stets nur das Vertretergeschäft gegenüber dem Dritten angefochten werden können (Brox, Medicus). Nach anderen Ansichten soll es für einen solchen Ausschluss der Anfechtbarkeit **keine tragfähigen Gründe** geben. Denn bei der Anfechtung einer **bereits betätigten Außenvollmacht** werde der Dritte ausreichend durch §§ 170, 173 BGB geschützt. Bei einer anfechtbar erteilten **bereits betätigten Innenvollmacht** ist die „gesetzeskonforme Lösung" die einer Anfechtung der Vollmacht durch den Vertretenen gegenüber dem Vertreter (§ 143 Abs. 3 S. 1 BGB) mit der Folge einer Haftung des Vertreters (nunmehr nach § 142 Abs. 1 BGB: „Vertreter ohne Vertretungsmacht") aus § 179 BGB (i.d.R.: § 179 Abs. 2 BGB) gegenüber dem Dritten und einem Rückgriff des Vertreters gegen den Vertretenen (§ 122 BGB). Demgegenüber wird vorgeschlagen, die bereits betätigte Innenvollmacht hinsichtlich der Anfechtung wie eine Außenvollmacht zu behandeln (Flume): Der Vertretene muss dann die Vollmacht gegenüber dem Dritten anfechten (§ 143 Abs. 3 S. 1 analog BGB). Die Folge einer solchen Anfechtung der Vollmacht durch den Vertretenen gegenüber dem Dritten ist eine Haftung des Vertretenen aus § 122 BGB gegenüber dem Dritten. So vermeidet man bei der Abwicklung bei einer Insolvenz des Vertreters auftretende ungereimte Ergebnisse: Denn bei einer Anfechtung einer Vollmacht gegenüber dem Vertreter hätte dies zur Folge, dass der Vertreter (nunmehr nach § 142 Abs. 1 BGB: Vertreter ohne Vertretungsmacht) dem Dritten nach § 179 BGB haften müsste und dass der Vertreter sich dafür beim Vertretenen nach § 122 BGB erholen könnte; ist diese „Kette" jedoch wegen einer Insolvenz des aus § 179 BGB haftenden Vertreters (nach § 142 Abs. 1 BGB: Vertreter ohne Vertretungsmacht) unterbrochen, wäre der Dritte auf die Insolvenzquote angewiesen.

Fall 157: Der Eigen (E) entschließt sich Ende Dezember 2001 dazu, im Januar 2002 sein Auto durch den Veit (V) zu verkaufen. Der E stellt sich als zu erzielenden Preis einen Betrag von € 2000,- vor. In einem am 31. Dezember 2001 aufgesetzten Schreiben an den V, mit dem er diesen mit dem Verkauf beauftragt und ihn zum Verkauf bevollmächtigt, verschreibt er sich und schreibt nach „alter Gewohnheit": „DM 2000,-" anstelle von „€ 2000,-". Der V wundert sich deshalb nicht über die Währungsbezeichnung, weil die „DM" noch bis zum 28. Februar

2002 als Zahlungsmittel Geltung hatte, und er schließt im Namen des E am 5. Januar 2002 einen Kaufvertrag über das Auto des E zum Preis von „DM 2000,-" mit dem Koof (K). Als der K daraufhin von dem E Lieferung des Autos Zug-um-Zug gegen Zahlung von „DM 2000,-" verlangt, erkennt der E seinen Irrtum. Er erklärt die Anfechtung der Vollmacht gegenüber V und gegenüber K. Kann K Lieferung von E verlangen; kann er jedenfalls Schadensersatz von E verlangen? Kann K sich notfalls auch an V halten und kann dieser sich ggf. bei E erholen?

1. Ein Lieferungsanspruch des K gegen E entfällt a) nach einem Lösungsvorschlag aufgrund der Anfechtung der Vollmacht gegenüber K und V (§§ 119 Abs. 1, 142 Abs. 1, 143 Abs. 2 und Abs. 3 S. 1 BGB) b) Wer dagegen annimmt, dass die Vollmacht nur gegenüber dem V angefochten werden kann (§ 143 Abs. 3, S. 1 BGB), kommt zum gleichen Ergebnis, weil aa) die Vollmacht rückwirkend unwirksam geworden ist und kein Rechtscheintatbestand (speziell nicht §§ 172 Abs. 1, 173 Abs. 1 BGB) vorliegt, bb) so dass der V ohne Vertretungsmacht gehandelt hat (§ 177 BGB). 2. Der K hat a) bei der Lösung der erst genannten Ansicht einen Anspruch auf Ersatz des negativen Vertrauensinteresses aus § 122 BGB gegen den E. b) Wer auf den Wegfall der Vertretungsmacht aufgrund der Anfechtung gegenüber dem V abstellt, aa) kommt zu einer Schadensersatzhaftung des V aus § 179 Abs. 2 BGB gegenüber K; bb) der V kann sich insoweit bei E nach § 122 BGB erholen.

Wenn man – wie Ihnen hier vorgeschlagen wurde – eine **„Duldungsvollmacht"** als **konkludent erteilte Vollmacht** ansieht, muss man auch deren Anfechtbarkeit wegen eines „Irrtums über die Konkludenz des Handelns" bejahen.

Fall 158: Der Waldeigentümer Engel (E) hat den Förster Meier-Beckum (FMB) damit beauftragt, die nötigen Forstarbeiten (Holzeinschlag, Aufforstung, Herrichtung der Wege) durch Subunternehmer durchzuführen. Der FMB rechnet jährlich ab und berechnet dem E für seine Nebentätigkeit einen Festbetrag. Der FMB pflegt das in seinem Auftrag geschlagene Holz ohne entsprechende Absprache mit E schon seit Jahren im Namen des E an den Holzhändler Holst (H) zu verkaufen und den jeweils von H in bar gezahlten Kaufpreis im Namen des E entgegenzunehmen und dann für sich zu behalten, weil er meint, nur so sei er für seine aufwendige Tätigkeit angemessen bezahlt. Der E weiß von diesen für eigene Rechnung vorgenommenen Verkäufen des FMB, beanstandet diese aber nicht gegenüber FMB oder gegenüber H, weil er es sich mit FMB nicht verderben will. Nachdem der FMB wieder einmal 100 Festmeter Holz, die er auf einem Lagerplatz im Wald aufgestellt hatte, im Namen des E gegen sofortige Barzahlung an H verkauft hat, und der H gerade das Holz verladen will, kommt der E, der zufällig zusammen mit FMB den Wald inspiziert, dazu. Der E untersagt dem H den Abtransport mit der Begründung, er habe den FMB nicht zu diesem Geschäft bevollmächtigt. Als der H auf die jahrelange Praxis der Holzverkäufe durch den in E's Namen handelnden FMB an ihn hinweist, erklärt der E, dass er nicht gewusst habe, dass aus seinem Verhalten auf die Erteilung einer Vollmacht geschlossen werden könne; deshalb erkläre er vorsorglich gegenüber dem H die Anfechtung des Kaufvertrages und gegenüber FMB die Anfechtung einer eventuellen Vollmacht jeweils wegen Irrtums.

Der Anspruch des H gegen E würde sich aus § 433 Abs. 1 S. 1 BGB ergeben, wenn 1. ein Kaufvertrag zwischen E und H zustandegekommen wäre. a) FMB und H haben einen Kaufvertrag geschlossen. b) Dieser würde für und gegen den E wirken, wenn der FMB, den E wirksam vertreten hätte (§ 164 Abs. 1 BGB). aa) Der FMB hat im Namen des E gehandelt. bb) Er hat eine eigene Willenserklärung (Angebot oder Annnahme) abgegeben. cc) FMB müsste Vertretungsmacht haben. E hat ihm aaa) ausdrücklich keine Vollmacht erteilt. bbb) Es besteht aber eine Duldungsvollmacht: aaaa) Der FMB hat jahrelang im Namen des E Holz verkauft und die Verträge erfüllt bzw. jeweils den Kaufpreis entgegengenommen. bbbb) Der voll geschäftsfähige E kannte und duldete dieses Verhalten. cccc) Der H war in Bezug auf eine Bevollmächtigung des

> FMB gutgläubig. Damit hat der E dem FMB (schlüssig oder fingiert) Vollmacht erteilt. 2. Der E hat a) den Kaufvertrag gegenüber H und b) die Duldungsvollmacht jeweils wirksam wegen eines „Irrtums über die Konkludenz des Handelns" angefochten (§§ 119 Abs. 1, 142 Abs. 1, 143 Abs. 2 und Abs. 3 S. 1 BGB). Er ist daher nicht zur Lieferung verpflichtet

In den beiden Fällen hat der Vertretene die Anfechtung gegenüber dem Vertreter und gegenüber dem Vertragspartner erklärt. Er ist offenkundig „auf Nummer Sicher gegangen", weil er offenbar nicht wusste, wer eigentlich der richtige **Anfechtungsgegner** ist. Bei **nicht betätigter Vollmacht** ist der Anfechtungsgegner derjenige, dem gegenüber sie erteilt worden ist (§ 143 Abs. 3 S. 1 BGB). Ist die **Vollmacht betätigt**, soll durch die Anfechtung der Vollmacht letztlich das Vertretergeschäft beseitigt werden; daher ist der Anfechtungsgegner der Geschäftsgegner (§ 143 Abs. 2 BGB).

cc) Vertretungsmacht durch Kundgabe einer vermeintlichen Innenvollmacht gem. §§ 171 Abs. 1, 172 Abs. 2 BGB (Erteilung, Beendigung, Anfechtung)

(1) Erteilung von Vertretungsmacht durch Kundgabe einer vermeintlichen Innenvollmacht gem. §§ 171 Abs. 1, 172 Abs. 2 BGB

Stellen Sie sich vor, dass einer Person namens V von der Person namens B zwar keine Vollmacht nach § 167 BGB und auch keine kundgemachte Innenvollmacht nach § 171 Abs. 1 BGB erteilt worden ist und dass auch kein Fall der Erteilung einer Vollmacht an den V durch Duldung seitens des B vorliegt, dass aber die Person B durch besondere Mitteilung an Dritte oder durch öffentliche Bekanntmachung oder durch Aushändigung einer Vollmachtsurkunde an den V kundgegeben hat, sie, die Person B, habe dem V Vollmacht erteilt. Wenn nun diese Person V mit einem Dritten namens D, der an das Bestehen der Vollmacht glaubt, im Namen des angeblich Vollmachtserteilers B ein Rechtsgeschäft vornimmt, so muss vom Ergebnis her gesehen der hinsichtlich der Bevollmächtigung gutgläubige D in seinem Vertrauen auf das Bestehen der Vollmacht des V geschützt werden. Und in der Tat: So hat es das Gesetz auch in § 171 Abs. 1 BGB bzw. §§ 172 Abs. 1, 171 BGB jeweils i.V.m. dem analog anzuwendenden § 173 BGB bestimmt. Man sieht ein derartiges Verhalten des B als die **Erteilung einer** der Außenvollmacht ähnelnden **Vertretungsmacht** an.

Hiernach wird also allein durch die

- **Erfüllung der Kundgebungstatbestände** des **§ 171 Abs. 1 BGB** (= besondere Mitteilung oder öffentliche Bekanntmachung einer vermeintlichen internen Bevollmächtigung) und des **§ 172 Abs. 1 BGB** (= Aushändigung einer Vollmachtsurkunde über eine vermeintliche interne Bevollmächtigung, die dem Dritten vorgelegt wird), also durch eine bloße „**Kundgabe einer vermeintlichen Innenvollmacht**",
- im Verhältnis zu **gutgläubigen Dritten (§ 173 BGB analog)**
- eine **Vertretungsmacht erteilt,** die einer Außenvollmacht gleichsteht.

> Allerdings muss man beachten, dass die Verwirklichung der Kundgebungstatbestände der §§ 171 Abs. 1, 172 Abs. 1 BGB, durch deren Verwirklichung bei Gutgläubigkeit des Dritten die Vertretungsmacht erteilt wird, keine „Willens-

erklärungen" sind, sondern „Wissenserklärungen", für deren Wirksamkeit **nicht** ein bloßer Zugang nach **§ 130 Abs. 1 BGB** wie bei einer rechtsgeschäftlichen Vollmachtserteilung ausreicht, **sondern** für die **die Erlangung der Kenntnis des Kundgebungstatbestandes** erforderlich ist.

Fall 159: Der Produzent Prince (P) beabsichtigt, der Vera (V) demnächst eine Verkaufsvollmacht für die von ihm hergestellten Kosmetikprodukte einzuräumen. Der P versendet schon vorab an seine Kunden, u.a. auch dem K 1 und dem K 2, ein Rundschreiben mit dem Inhalt, dass er „der Vera (V) eine Vollmacht zum Verkauf seiner Produkte erteilt" habe. Der Brief mit dem Rundschreiben wird dem K 1 von der Post wie an jedem Tag um 10. 00 Uhr des 27. Mai 2002 in den Firmenbriefkasten geworfen. Der Lehrling des K 1 leert den Briefkasten aus Trägheit aber erst am Nachmittag, so dass der K 1 den Brief erst um 17. 00 Uhr liest. Die V, die von P's Absicht, ihr eine Verkaufsvollmacht zu erteilen, weiß, hatte schon um 12. 00 Uhr im Namen des P mit dem K 1 einen Kaufvertrag geschlossen. Der K 1 hatte den Vertrag abgeschlossen, weil er an die Vertretungsmacht der V deshalb geglaubt hatte, weil in der Branche schon lange das Gerücht kursierte, die V hätte Verkaufsvollmacht. Der K 2 liest den Brief am 27. Mai 2002 um 11. 00 Uhr. Er ist gut befreundet mit dem P und weiß, dass dieser der V die Vollmacht erst am 1. Juni 2002 erteilen will. Gleichwohl schließt er um 12. 15 Uhr mit der im Namen des P auftretenden V einen Kaufvertrag, weil er damit rechnet, dass P ihn genehmigen werde. Als der K 1 und der K 2 Erfüllung der Kaufverträge verlangen, weigert der P sich, weil die V, die sich schon einmal bei den Kunden beliebt machen wollte, zu Preisen etwas unter dem Marktpreis verkauft hatte. Damit hätte sie sich allerdings im Rahmen der zu erteilenden Vollmacht gehalten, weil diese eine Gewährung von Rabatt vorgesehen hatte. Gleichwohl hatte der P sich darüber geärgert.

Der K 1 und der K 2 können von P keine Lieferung verlangen, weil die Kaufverträge nicht für und gegen P wirken. a) Die V hatte nämlich keine Vertretungsmacht. aa) Nach § 167 BGB ist der V keine Vollmacht erteilt worden. bb) Die Erklärung des P in dem Rundschreiben begründete keine Vertretungsmacht der V nach §§ 171 Abs. 1, 173 analog BGB, und zwar aaa) zugunsten des K 1 nicht, weil es sich hierbei nicht um eine Vollmachtserteilung durch einseitige Willenserklärung, für die ein Zugang i.S.d. § 130 BGB schon (der um 10. 00 Uhr vorgelegen hätte) ausreichen würde, handelt, sondern um die Erteilung einer Vertretungsmacht, für die die Erlangung der Kenntnis Voraussetzung ist; Kenntnis hatte der K 1 aber erst um 17. 00 Uhr erlangt, als der Kaufvertrag bereits geschlossen war. bbb) Der K 2 hatte zwar, wie erforderlich, Kenntnis erlangt; er war jedoch bösgläubig i.S.d. § 173 BGB, der auf § 171 Abs. 1 BGB entsprechend angewendet wird. b) Die V war daher Vertreterin ohne Vertretungsmacht (§ 177 BGB). Weil der P die Genehmigung verweigert hat, sind die Verträge mit K 1 und K 2 unwirksam.

(2) Beendigung der Vertretungsmacht

Eine Vertretungsmacht, die deshalb besteht, weil nach §§ 171 Abs. 1 bzw. 172 Abs. 1, 171 BGB eine **vermeintliche Innenvollmacht kundgegeben worden ist** und weil der **Dritte**, dem gegenüber rechtsgeschäftlich bzw. rechtsgeschäftsähnlich gehandelt worden ist, hinsichtlich der Vollmachtserteilung **gutgläubig** war (§ 173 BGB analog), wird **beendet** durch den Widerruf der Kundgebung nach § 171 Abs. 2 BGB bzw. durch die Rückgabe oder Kraftloserklärung der Vollmachtsurkunde nach § 172 Abs. 2 BGB.

Der **Schutz des guten Glaubens** des Rechtsverkehrs **an die Fortdauer der Vertretungsmacht** ist in den §§ 171 Abs. 2, 172 Abs. 2, 173 BGB so geregelt, dass die **Vertretungsmacht** zugunsten Gutgläubiger **bestehen bleibt.**

(3) Anfechtung der Vertretungsmacht

Da das Schutzbedürfnis des Rechtsverkehrs bei einer nach §§ 171 Abs. 1 bzw. 172 Abs. 1, 171 BGB **kundgegebenen vermeintlichen Innenvollmacht**, die **gutgläubigen Dritten** gegenüber besteht (§ 173 BGB analog), nicht größer ist als bei der Erteilung einer Außenvollmacht, ist sie – auch wenn es sich nur um eine „Wissens-" und nicht um eine „Willenserklärung" handelt – **anfechtbar** (Flume).

Fall 160: Der Produzent Prince (P) beabsichtigt, der Vera (V) demnächst eine Verkaufsvollmacht einzuräumen. Der P versendet schon vorab an seine Kunden, u.a. auch dem K, ein Rundschreiben über die Erteilung einer Vollmacht. Infolge eines Schreibfehlers teilt er mit, dass er „dem Xaver (X) Vollmacht zum Verkauf seiner Produkte erteilt" habe. Der K erhält das Rundschreiben. Weil in der Branche schon lange das Gerücht kursierte, der X würde eine Verkaufsvollmacht für P erhalten, glaubte K an die Vollmachtserteilung und gratulierte dem ihm gut bekannten X zu diesem Vertrauensbeweis des P. Der X schließt sofort einen Kaufvertrag mit K ab. Als K von P Erfüllung des Kaufvertrages verlangt, weigert der P sich, weil der X unter Marktpreis verkauft hatte, und ficht seine Mitteilung wegen des ihm unterlaufenen Irrtums an.

Einen Lieferungsanspruch gegen P aus einem Kaufvertrag (§ 433 Abs. 1 S. 1 BGB) hat der K nicht, weil der P seine Mitteilung wirksam angefochten hat (§§ 119 Abs. 1, 142 Abs. 1 BGB).

dd) Anscheinsvollmacht

Letztlich ist der Schutz des Rechtsverkehrs durch die Ihnen soeben vorgestellte eigentümliche Konstruktion einer Erteilung von Vertretungsmacht durch die Kundgabe einer vermeintlichen Innenvollmacht gemäß §§ 171 Abs. 1 bzw. 172 Abs. 1, 171 BGB i.V.m. 173 BGB analog aber doch unzureichend. Denn der Rechtsverkehr wird hierdurch in seinem guten Glauben an das Bestehen einer Vollmacht nur bei der willentlichen Erfüllung ganz bestimmter Rechtsscheintatbestände (Kundgebung, Aushändigung einer Vollmachtsurkunde) seitens des Vertretenen geschützt. Hierbei handelt es sich aber nur um einen schmalen Ausschnitt aus dem Spektrum der Konstellationen, in denen der Rechtsverkehr eines Schutzes bedarf.

Um diese unbefriedigende Situation zu verbessern, hat man im Wege der Rechtsfortbildung das Institut der sog. **„Anscheinsvollmacht"** entwickelt:

- Wenn der Vertreter wiederholt und häufig im Namen des Vertretenen auftritt **(objektiver Rechtsscheintatbestand),**

- und wenn der voll geschäftsfähige **Vertretene** zwar **von diesem Verhalten nichts weiß**, es **aber hätte erkennen und verhindern können** (= „**Fahrlässigkeit**"),

- und wenn der **Rechtsschein** für das rechtsgeschäftliche Handeln des Dritten gegenüber dem Vertreter **ursächlich ist** (was voraussetzt, dass der Dritte selbst oder über Dritte Kenntnis vom Rechtsscheintatbestand hat),

- und wenn der Dritte gem. § 173 BGB analog gutgläubig in Bezug auf eine Bevollmächtigung **(subjektiver Tatbestand)** ist,

- dann besteht die **Rechtsfolge** darin, dass das Rechtsgeschäft für und gegen den Vertretenen wirkt, als ob eine Vollmacht erteilt worden wäre; nach anderer Ansicht (Medicus) kann der Dritte nach seiner Wahl entweder den **Vertretenen** aus **§§ 280 Abs. 1, 311 Abs. 2, 241 Abs. 2 BGB** auf den Ersatz des Vertrauensschadens (der Dritte kann verlangen so gestellt zu werden, wie wenn er den Vertreter nie gesehen hätte) oder den **Vertreter** aus **§ 179 BGB** in Anspruch nehmen.

Fall 161: Der Waldeigentümer Engel (E) hat den Förster Meier-Beckum (FMB) damit beauftragt, die nötigen Forstarbeiten (Holzeinschlag, Aufforstung, Herrichtung der Wege) durch Subunternehmer durchzuführen. Der FMB rechnet jährlich ab. Der FMB pflegt das in seinem Auftrag geschlagene Holz schon seit Jahren im Namen des E an den Holzhändler Holst (H) zu verkaufen und behält das Geld für sich. E weiß von diesen Verkäufen nichts. In der Abrechnung des F taucht der Posten „Einnahmen aus Holzverkauf" niemals auf. Der E glaubt, das Holz sei in Deutschland unverkäuflich und der Holzeinschlag werde durch F zum Zwecke der „Entsorgung" verschenkt. Als FMB wieder einmal 100 Festmeter Holz, die er auf einem Lagerplatz im Wald aufgestellt hat, im Namen des E verkauft hat, aber nicht liefern kann, weil das Holz durch einen von FMB schuldhaft verursachten Brand vernichtet wurde, verlangt der H von E Schadensersatz.

Der Anspruch des H gegen E könnte sich aus §§ 280 Abs. 1, 3, 275 Abs. 1, 283, 278, 249 BGB ergeben, wenn 1. ein Kaufvertrag zwischen E und H zustandegekommen wäre. a) FMB und H haben einen Kaufvertrag geschlossen. b) Dieser würde für und gegen den E wirken, wenn der FMB den E wirksam vertreten hätte (§ 164 Abs. 1 BGB). aa) Der FMB hat im Namen des E gehandelt. bb) Er hat eine eigene Willenserklärung (Angebot oder Annnahme) abgegeben. cc) FMB müsste Vertretungsmacht haben aaa) E hat ihm aaaa) ausdrücklich keine Vollmacht und bbbb) eine solche auch nicht durch Duldung (schlüssig oder fingiert) erteilt, weil er von dem Verhalten des FMB nichts wusste. bbb) In Betracht kommt aber eine Anscheinsvollmacht des FMB: aaaa) Der FMB ist wiederholt und häufig im Namen des Vertretenen aufgetreten. bbbb) Der voll geschäftsfähige E weiß zwar von diesem Verhalten nichts, hätte es aber erkennen und verhindern können, wenn er sich mit der Frage des Verbleibs des Holzes und geleisteter Zahlungen befasst hätte. cccc) Der Rechtsschein war für das Handeln des H ursächlich, denn er kannte das Vertreterhandeln des FMB. dddd) Der H war gem. § 173 BGB analog gutgläubig in Bezug auf eine Bevollmächtigung des FMB durch E. Nach hM. besteht die Rechtsfolge darin, dass das Rechtsgeschäft für und gegen den Vertretenen wirkt, wie wenn eine Vollmacht erteilt worden wäre. Also ist ein Kaufvertrag zwischen E und H zustandegekommen. 2. Die weiteren Voraussetzungen der §§ 280 Abs. 1, 3, 278, 283, 249 ff. BGB liegen vor.

ee) Vertretungsmacht aus der Stellung als Gesellschafter

Sie wissen bereits, dass die rechtsgeschäftlich erlangte **Stellung als Gesellschafter** es mit sich bringt, dass

- bei der **BGB-Gesellschaft** die/der geschäftsführungsbefugte/n Gesellschafter ermächtigt ist/sind, die BGB-**Außengesellschaft** oder nach der älteren Sichtweise auch bei der BGB-Außengesellschaft und stets bei der BGB-**Innengesellschaft** die anderen Gesellschafter zu vertreten (**§ 714 BGB**), und dass

- bei der **oHG/KG** die persönlich haftenden Gesellschafter (wenn man nicht durch den Gesellschaftsvertrag von der Vertretung ausgeschlossen ist) zur Vertretung der Gesellschaft ermächtigt sind (**§ 125 HGB**).

f) Handeln im Rahmen der Vertretungsmacht

> Wie bereits einleitend gesagt, handelt der Vertreter nicht bereits dann mit Vertretungsmacht, wenn ihm Vertretungsmacht erteilt worden ist und diese noch besteht. Gerade junge Juristen vergessen es bei der Fallbearbeitung häufig im Gefühl der Euphorie, die vielleicht schwierige Prüfung des Vorliegens einer Vertretungsmacht glücklich überstanden zu haben, nunmehr auch zu untersuchen, ob der Vertreter überhaupt im Rahmen der Vertretungsmacht gehandelt hat.

Denn erforderlich ist natürlich auch bei bestehender Vertretungsmacht, dass das **konkrete Rechtsgeschäft** von der **Vertretungsmacht gedeckt** ist, m.a.W.: Der **Vertreter** muss, um die Wirkung des § 164 BGB auszulösen, **innerhalb der bestehenden Vertretungsmacht** handeln. Dazu muss der Umfang in **sachlicher** (= für welche Geschäfte?) und in **persönlicher** (= wem gegenüber?) Hinsicht bestimmt werden.

aa) Gesetzliche Vertretungsmacht

Der **Umfang** der **Vertretungsmacht** ergibt sich bei **gesetzlicher Vertretungsmacht** aus dem Gesetz. Zu beachten sind einige Schranken: So können grundsätzlich keine Schenkungen durch Eltern (§ 1641 BGB), Vormünder (§ 1804 BGB) und Pfleger (§ 1915 BGB) mit Wirkung gegen die Vertretenen vorgenommen werden. Wenn man wie hier das rechtsgeschäftliche Handeln von Organen juristischer Personen nach außen, z.B. das des Vorstandes eines eingetragenen Vereins wegen des Wortlauts des § 26 Abs. 2 S. 1 BGB („Stellung eines gesetzlichen Vertreters") dem Vertretungsrecht zuordnet (**„Vertretungsmacht kraft Organschaft"**), muss man von einer grundsätzlich unbeschränkten Vertretungsmacht ausgehen, die allerdings in Ausnahmefällen beschränkt ist, wenn das Geschäft **„ultra vires"** (= „offensichtlich außerhalb des Vereinszwecks") liegt.

bb) Vollmacht

Bei der **Vollmacht** ergibt sich der **Umfang** der Vertretungsmacht

- aus dem **Erteilungsgeschäft**. Meist wird der **sachliche Umfang** und der **persönliche Wirkungsbereich** der Vollmacht genau bestimmt sein; es gibt dabei alle Möglichkeiten im Spektrum zwischen einer **„Spezialvollmacht"** bis hin zu einer **„Generalvollmacht"** (die übrigens keinesfalls „unbeschränkt" ist, sondern die auch ihre Grenzen hat. So hat der Generalbevollmächtigte für außergewöhnliche, den Vertretenen schädigende Geschäfte keine Vollmacht; auch ist die Erteilung einer den Vollmachtgeber vollständig „verdrängenden Vollmacht" nicht möglich). Gibt das Erteilungsgeschäft keine Auskunft über den Umfang der Vollmacht, ist die Vollmachtserklärung – ggf. unter Heranziehung des (an sich „abstrakten"!) Grundverhältnisses – auszulegen.

- In einigen Fällen bestimmt das **Gesetz** die sachliche Reichweite der Vollmacht: Durch die Erteilung der **Prokura** bevollmächtigt ein Kaufmann den Prokuristen unbeschränkbar zu allen Arten von gerichtlichen und außergerichtlichen Geschäften und Rechtshandlungen, die der Betrieb irgendeines – nicht etwa dieses, von seinem Prinzipal betriebenen!!! – Handelsgewerbes mit sich bringt, allerdings mit Ausnahme von Veräußerungen und Belastungen von Grundstücken (§ 49 HGB). Nach §§ 54 ff. HGB ist der (beschränkbare aber auch über die Vollmacht eines Prokuristen hinaus erweiterbare) Umfang der **Handlungsvollmacht** gesetzlich bestimmt. Nach § 56 HGB gelten Angestellte in einem Laden oder Warenlager als zu Verkäufen und Inempfangnahme von Waren als ermächtigt. Der **persönliche Wirkungsbereich** einer Vollmacht ist z.Tl. gesetzlich bestimmt (§§ 171 Abs. 1, 172 Abs. 2 BGB). Was die Vollmacht von geschäftsführenden Gesellschaftern angeht, so wird der Umfang in § 714 BGB dahingehend bestimmt, dass sie besteht, „...soweit einem Gesellschafter die Befugnis zur Geschäftsführung zusteht...", also durch die §§ 709 ff. BGB. In **§ 126 HGB** bzw. **§§ 161, 164, 126 HGB** ist (unbeschränkbar) die Vertretungsmacht des Gesellschafters einer oHG bzw. des Komplementärs einer KG geregelt: „....erstreckt sich auf alle gerichtlichen und außergerichtlichen Geschäfte und Rechtshandlungen einschließlich der Veräußerung und Belastung von Grundstücken sowie der Erteilung und des Widerrufs einer Prokura".

Wenn der innerhalb der Grenzen seiner Vertretungsmacht handelnde Vertreter eventuelle Bindungen aus dem Innenverhältnis (die sich z.B. aus dem der Vollmacht zugrundeliegenden Vertrag selbst ergeben oder aus Weisungen des Vollmachtgebers, wie denen eines Arbeitgebers aufgrund seines „Direktionsrechtes" oder eines Auftraggebers aus § 665 BGB) missachtet, wenn also ein Fall des **„Missbrauchs der Vertretungsmacht"** vorliegt, dann wird bei einer **beschränkbaren Vertretungsmacht** (und das ist die Regel!) zu prüfen sein, ob eine bestehende Innenverhältnisbindung den Umfang der Vertretungsmacht inhaltlich bestimmt oder ob im Fall einer nachträglichen einschränkenden Weisung oder Ausübung des Direktionsrechtes auch die Vollmacht teilweise eingeschränkt werden sollte (§ 168 BGB). Eine Weisung an einen Generalbevollmächtigten, ein bestimmtes Geschäft oder bestimmte Arten von Geschäften zu unterlassen, also z.B. keine Bürgschaftsverträge abzuschließen, dürfte keine nach außen wirkende Vollmachtsbeschränkung sein, sondern sich in ihrer Wirkung auf das Innenverhältnis beschränken. In den Fällen der **kraft Gesetzes unbeschränkbaren Vertretungsmacht** (Prokurist, Gesellschafter einer oHG, Komplementär einer KG) beschränkt sich die Bindung auf das Innenverhältnis.

Bei einem der Innenverhältnisbindung zuwiderlaufenden **Missbrauch der Vertretungsmacht** durch den Vertreter stellt sich jedoch die Frage, ob es Fallkonstellationen gibt, bei denen ein solcher Missbrauch der Vertretungsmacht zur Folge hat, dass das Rechtsgeschäft dem Vertretenen nicht zugerechnet wird. Bei ihrer Beantwortung darf man nicht nur die Interessen des vertretenen Geschäftsherrn sehen, sondern muss auch die schutzwürdigen Interessen des Dritten, dem gegenüber der Vertreter handelt, im Auge haben.

- In der **Regel** ist mit Rücksicht auf die schutzwürdigen Interessen des Dritten der Missbrauch der Vertretungsmacht **für das Außenverhältnis unbeachtlich**. Der Vertretene hat lediglich aus dem Innenverhältnis gegen den missbräuchlich handelnden Vertreter einen **Schadensersatzanspruch aus §§ 280 Abs. 1, 241 Abs. 2, 249 ff. BGB auf Freistellung** von den nachteiligen Auswirkungen des Missbrauchs der Vertretungsmacht.

- Umgekehrt führt ein **kollusives Zusammenspiel** des missbräuchlich handelndem Vertreters mit dem Dritten **zum Zwecke der Schädigung des Vertretenen** zur Nichtigkeit des Rechtsgeschäfts nach § 138 Abs. 1 BGB.

- Die am schwierigsten zu beurteilende Fallgruppe ist – wie immer – die zwischen den beiden eben genannten Extrema einzuordnende „Mittellage": Wenn der Vertreter seine **Vertretungsmacht missbraucht** und wenn der **Dritte dies erkennt** oder der **Missbrauch** für ihn so **offenkundig war**, dass er sich ihm aufgrund ihm bekannter Umstände wegen ihrer objektiven Evidenz aufdrängen musste (wenn also „**begründete Zweifel**" am Bestehen der Vertretungsmacht entstehen mussten), steht der Wirksamkeit des Vertreterhandelns der **Einwand der unzulässigen Rechtsausübung entgegen (§ 242 BGB)** und **§ 177 BGB** soll **entsprechend** angewendet werden. Wenn allerdings der Vertretene den Missbrauch wegen fehlender Kontrolle des Vertreters ermöglicht hat, sollen die Folgen des Geschäfts analog § 254 BGB geteilt werden.

Fall 162: Prokrust (P) ist Prokurist des Kaufmann Klaas Klever (K), der in seinem Großunternehmen „First Klass" Landmaschinen für die ganze Welt herstellt. Der P ist dort für den Einkauf von Zulieferprodukten für Mähdrescher zuständig. Der K kauft durch den P schon seit Jahren Zulieferteile u.a. auch bei dem Kleinbetrieb des Veit (V) ein. Zwischen P und V ist aufgrund dieser engen Geschäftskontakte auch eine persönliche Freundschaft entstanden. Der Kundendienst des V, der sich den K hierdurch als Kunden erhalten wollte, ist außerordentlich großzügig. Als er aber einmal eine Nachbesserung zu Recht wegen Unverhältnismäßigkeit verweigerte (§ 439 Abs. 3 BGB) war der K, der ein Unternehmer vom „alten Schrot und Korn" ist und der sich in seinem Unternehmen um alles kümmert, darüber so verärgert, dass er den P anwies, fortan nicht mehr bei V einzukaufen. Der P war entsetzt, weil sein Freund V weitgehend von dem Geschäft mit K abhängig geworden war. Als er dem V eröffnete, dass er auf Weisung des K fortan woanders einkaufen müsse, gelang es dem um seine Existenz fürchtenden V, den P dazu zu überreden, sich um die Anweisung des K nicht zu kümmern, sondern weiterhin bei ihm, dem V, einzukaufen, indem er versprach, fortan alle Forderungen des K zu erfüllen. Der mitleidige P kaufte daher zum Marktpreis abzüglich des seit Beginn der Geschäftsbeziehung üblichen Rabatts von 10 % für € 10 000,- Zulieferteile bei V. Als der K sich die von P abgeschlossenen Verträge ansah, erkannte er, dass er von P hintergangen worden ist. Als der V Bezahlung und Abnahme der Ware verlangt, weigert sich der K.

Ein Anspruch des V gegen K auf Zahlung von € 10 000,- und Abnahme könnte sich aus einem Kaufvertrag ergeben (§ 433 Abs. 2 BGB). a) V und P aa) haben einen Kaufvertrag geschlossen. bb) Dieser Vertrag wäre nach § 138 Abs. 1 BGB nichtig, wenn V und P kollusiv zum Nachteil des K zusammengewirkt hätte. Zwar haben sich V und P darauf verständigt, einen Vertrag abzuschließen, obwohl dieser den Weisungen des Geschäftsherren K zuwiderlief. Dies geschah jedoch nicht in Schädigungsabsicht: Die für K bisher objektiv vorteilhafte Geschäftsbeziehung ist lediglich fortgesetzt worden. b) Der Kaufvertrag würde jedoch nur dann für und gegen K wirken, wenn er von P wirksam vertreten worden wäre (§ 164 Abs. 1 BGB). aa) P hat eine eigene Willenserklärung bb) im Namen des K abgegeben. cc) Er hatte auch aaa) Vertretungsmacht (§§ 167 Abs. 1 BGB, 48 HGB). bbb) Fraglich ist, ob er auch im Rahmen der Vertretungsmacht gehandelt hat. aaaa) Das Geschäft mit V liegt im gesetzlich bestimmten Rahmen der Vertretungsmacht (§ 49 HGB), bbbb) Die ihm erteilte Weisung ist keine Dritten gegenüber wirksame Beschränkung (§ 50 HGB). dd) Gleichwohl aaa) könnte der V so zu behandeln sein, wie wenn der P keine Vertretungsmacht gehabt hätte (§§ 242, 177 BGB), weil der P als der Vertreter des K seine Vertretungsmacht missbraucht hat und der V dies erkannt hat. bbb) Der BGH verlangt jedoch bei gesetzlich unbeschränkter Vertretungsmacht (Prokurist, Komplementär einer oHG/KG) ein Handeln bewusst zum Nachteil des Vertretenen. aaaa) Daran könnte man hier zweifeln, weil eine Schädigungsabsicht fehlt. bbbb) Wenn man allerdings den Nachteil im evidenten Weisungsverstoß sieht (Palandt), läge ein rechtlich relevanter Missbrauch vor. Der P hat daher wie ein Vertreter ohne Vertretungsmacht gehandelt, so dass der Kaufvertrag schwebend unwirksam war (§ 177 BGB analog). dd) Da K die Genehmigung verweigert hat, ist der Kaufvertrag nicht zwischen V und K zustande gekommen.

g) Kein Verstoß gegen § 181 BGB

Wenn ein und derselbe Vertreter auf beiden Seiten eines Rechtsgeschäfts mitwirkt (**„Mehrvertretung"**) oder wenn der Vertreter mit sich selbst und einem von ihm vertretenen „Dritten" ein Rechtsgeschäft vornimmt (**„Selbstkontrahieren"**) und ihm dies **nicht** ausnahmsweise **erlaubt ist,** dann überschreitet der Vertreter seine Vertretungsmacht (**§ 181 BGB**); er handelt dann als **Vertreter ohne Vertretungsmacht**, so dass das **Geschäft schwebend unwirksam** ist (§ 177 BGB).

Das (ausnahmsweise gegebene) Erlaubtsein eines „In-sich-Geschäfts" kann nach § 181 BGB

- entweder auf einer **„Gestattung"** beruhen (durch ein einseitiges Rechtsgeschäft oder durch das Gesetz, z.B. in § 125 Abs. 2 HGB)
- oder bei einem Vertreterhandeln in **„Erfüllung einer Verbindlichkeit"** gegeben sein.

Maßgeblich für das Erlaubniserfordernis einer Mehrvertretung ist **grundsätzlich eine** rein **formal** bestehende Personenidentität, und **nicht** das Bestehen einer **materiellen Interessenkollision**, denn § 181 BGB ist nach seiner „ratio legis" eine reine Ordnungsvorschrift. Trotzdem wendet man **§ 181 BGB** dann **nicht** an, wenn im **konkreten Einzelfall keine Interessenkollision** besteht (**„teleologische Reduktion"** des § 181 BGB).

Fall 163: Nach der Bundestagswahl 2002 nimmt der E aufgrund von noch in der Wahlnacht abgegebenen politischen Aussagen eines maßgeblichen Politikers an, dass die Freibeträge für die Erbschafts- und Schenkungsteuer bei Grundstücken drastisch herabgesetzt werden sollen. Er und seine Frau F entschließen sich, dem zuvorzukommen und ihrem 17 jährigen Sohn S ein dem E gehöriges Grundstück zu schenken. Sie begeben sich noch am nächsten Tag zum Notar. Der E will mit dem Sohn S (den er und seine Frau vertreten) einen notariell beurkundeten Schenkungsvertrag abschließen. Würden Sie als Notar dies für möglich halten?

Der Vertragsschluss a) in notariell beurkundeter Form (§§ 311 b Abs. 1, S. 1; 516 Abs.1, 518 Abs. 1 BGB) wäre an sich ohne weiteres möglich. b) Fraglich ist aa) zunächst, ob der S wirksam von E und F vertreten werden kann. aaa) Nach §§ 164 Abs. 1, 1629 BGB hätten die Eltern die gesetzliche (Gesamt-)Vertretungsmacht für den S. bbb) Die Vertretungsmacht könnte aber nach §§ 1629 Abs. 2, S. 1, 1795 Abs. 2, 181 BGB dahingehend beschränkt sein, dass die Mitwirkung eines (Ergänzungs-)Pflegers nach § 1909 BGB erforderlich wäre. Das wäre der Fall, wenn ein nicht erlaubter Fall der Mehrvertretung gegeben wäre (§ 181 BGB). aaaa) Rein formal liegen die Voraussetzungen des § 181 BGB vor, denn der E ist einerseits als Vertragspartei und andererseits auf Seiten des von ihm mit-vertretenen S rechtsgeschäftlich tätig. Auch liegt keine Gestattung, für die ein Ergänzungspfleger nach § 1909 BGB erforderlich wäre, vor; auch handelt der E nicht in Erfüllung einer Verbindlichkeit, etwa zur Erfüllung seiner Unterhaltspflicht; vielmehr soll hier eine solche Verbindlichkeit in Gestalt eines Schenkungsvertrages (§§ 516, 516 BGB) ja erst begründet werden. bbbb) Andererseits besteht keine Interessenkollision, weil der vertretene S lediglich rechtliche Vorteile i.S.d. § 107 BGB aus der Schenkung hat, denn es gibt keine unmittelbar aus dem Geschäft herrührenden Verpflichtungen. In einem solchen Fall soll § 181 BGB nicht angewendet werden („teleologische Reduktion"). bb) Aus den genannten Gründen bedarf es auch keiner (ggf. durch einen Ergänzungspfleger auszusprechenden) Genehmigung mit Rücksicht auf § 107 BGB.

Umgekehrt jedoch wird bei **bestehender Interessenkollision ohne Personenidentität** die Vorschrift des **§ 181 BGB nicht** allein deshalb **analog** angewendet.

<u>Fall 164:</u> Der Bürge (B) hat dem Nimm (N) eine notariell beurkundete Generalvollmacht erteilt. Der N benötigt einen Kredit und schließt im eigenen Namen handelnd mit Gib (G) als Darlehensgeber einen Darlehensvertrag (§ 488 BGB) und schließt weiterhin – insoweit im Namen des B handelnd – zur Sicherung des Rückzahlungs- und Zinsanspruchs des G gegen ihn zwischen dem G als Gläubiger und dem B als Bürgen formgerecht (§ 766 BGB) und unter Verzicht auf die Einrede der Vorausklage (§§ 771, 773 Abs. 1 Nr. 1 BGB) einen Bürgschaftsvertrag ab. Als das Darlehen notleidend wird, nimmt der G den B in Anspruch. Der B verweigert die Zahlung unter Berufung auf eine bei N bestehende Interessenkollision (nach RG).

Der Anspruch des G gegen B könnte sich aus einem Bürgschaftsvertrag zwischen G und B ergeben (§ 765 BGB). a) Voraussetzung ist eine Hauptforderung des G; diese ergibt sich aus dem Darlehensvertrag G – N (§ 488 Abs. 1 S. 2 BGB). b) Ferner muss zwischen dem Gläubiger G und dem B ein Bürgschaftsvertrag geschlossen sein. aa) Dessen Voraussetzungen (§ 765 BGB) liegen an sich vor. bb) Fraglich ist allein, ob der N den B wirksam vertreten hat. aaa) Die Voraussetzungen der §§ 164 ff. BGB liegen vor; insbesondere handelt der N auch nicht außerhalb der Grenzen einer Generalvollmacht, denn es handelt sich nicht um ein außergewöhnliches, den Vertretenen schädigendes Geschäft, bei dem auch der Generalbevollmächtigte keine Vollmacht hätte. bbb) Zu prüfen ist, ob die von N im Namen des B abgegebene Willenserklärung nach §§ 181, 177 BGB schwebend unwirksam ist. aaaa) Ein Fall der Mehrvertretung liegt nicht vor, bbbb) wohl aber eine Interessenkollision bei N. Das allein aber reicht nicht aus, um eine erlaubnispflichtige Mehrvertretung anzunehmen. c) Der N hat überdies auf die Einrede der Vorausklage verzichtet (§ 773 Abs. 1 Nr. 1 BGB). Der B muss also an G zahlen.

h) Vertretung ohne Vertretungsmacht bei Verträgen und einseitigen Rechtsgeschäften

Handelt beim (hier ja in erster Linie interessierenden) **Vertragsschluss** ein Vertreter **ohne Vertretungsmacht**, weil sie ihm gar nicht oder jedenfalls nicht so weitreichend, wie er gehandelt hat, erteilt worden ist, so finden die **§§ 177, 178 BGB** Anwendung. Das Geschäft ist schwebend unwirksam (§ 177 Abs. 1 BGB) und seine Wirksamkeit hängt von der Genehmigung des Vertretenen (§§ 182, 184 BGB) ab. Gleiches soll (wie bereits ausgeführt) bei einem Fall des **Missbrauchs der Vertretungsmacht** und im Falle des **§ 181 BGB** gelten. Zunächst trägt also der Dritte, mit dem der Vertreter das Rechtsgeschäft vornimmt, das Risiko, dass der Vertreter keine Vertretungsmacht hat. Daher ist es sinnvoll, sich beim Kontrahieren mit einem Vertreter stets die Vertretungsmacht z.B. durch eine Vollmachtsurkunde nachweisen zu lassen. Der Dritte kann sich jedoch ggf. beim Vertreter ohne Vertretungsmacht schadlos halten.

Der durch einen Vertreter ohne Vertretungsmacht **Vertretene** oder der **Geschäftsgegner** können den **Schwebezustand beenden**, und zwar

- der **Vertretene** durch: eine rückwirkende Genehmigung (§§ 177 Abs.1, 182, 184 Abs. 1 BGB), die gegenüber dem Vertreter oder dem Geschäftsgegner zu erklären ist (§§ 177 Abs.1, 182 Abs.1 BGB) oder durch die Verweigerung derselben;
- der **Geschäftsgegner** durch: eine Aufforderung zur Genehmigung (§ 177 Abs. 2 BGB), die – bei Nichterklärung – als Fiktion einer Verweigerung angesehen wird, oder durch einen Widerruf (§ 178 BGB).

Fall 165: Der Grundeigentümer E erteilt dem V durch schriftliche Erklärung ihm gegenüber eine unwiderrufliche Vollmacht zum Verkauf seines Grundstücks. Der V schließt im Namen des E mit K einen notariell beurkundeten Kaufvertrag, der von der Vollmacht gedeckt ist. Der K verlangt Auflassung von E. Obwohl der E inzwischen gegenüber dem V mündlich erklärt hatte, dass er mit dem Kaufvertrag einverstanden sei, erklärte er jetzt, weil er den Vertrag und die Genehmigung mittlerweile bereut, gegenüber K, dass er die V gegenüber erklärte Genehmigung widerrufe.

Ein Anspruch des K gegen E könnte sich aus einem Kaufvertrag ergeben (§ 433 Abs. 1 S. 1 BGB). a) Der V und der K haben einen formwirksamen Kaufvertrag geschlossen (§§ 433, 311 b Abs. 1 BGB). b) Der Vertrag würde für und gegen E wirken, wenn V den E wirksam vertreten hätte (§ 164 Abs. 1 BGB). aa) V hat eine eigene Willenserklärung abgegeben. bb) Er hat im Namen des E gehandelt. cc) Er müsste Vertretungsmacht haben. aaa) Die Vollmacht ist intern erteilt (§ 167 Abs. 1 BGB). bbb) Sie bedarf aber – abweichend von der Regel des § 167 Abs. 2 BGB – als unwiderrufliche Vollmacht der notariellen Beurkundung (§ 311 b Abs. 1 BGB). Daher hat V als Vertreter ohne Vertretungsmacht gehandelt, als er den Vertrag abschloss; der Kaufvertrag ist schwebend unwirksam (§ 177 Abs. 1 BGB). dd) Der Vertrag könnte durch die Erklärung gegenüber dem V rückwirkend wirksam geworden sein (§§ 177 Abs. 1, 182 Abs. 1, 184 Abs. 1 BGB). aaa) E hat den Vertrag genehmigt (§§ 177 Abs. 1 BGB) bbb) und zwar – was nach § 182 Abs. 1 BGB möglich ist – gegenüber dem V. ccc) Fraglich ist, ob die Genehmigung der Form des § 311 b Abs. 1 BGB bedarf; das hält der BGH wegen des Wortlauts des § 182 Abs. 2 BGB nicht für erforderlich. ddd) Der gegenüber K erklärte Widerruf der Genehmigung ist unbeachtlich, denn die Genehmigung kann nicht widerrufen werden (argec. § 183 BGB). eee) Der Vertrag ist daher mit Rückwirkung (§ 184 Abs. 1 BGB) zustandegekommen. Also kann der K die Auflassung von E verlangen.

Fall 166: Der Verbraucher V (§ 13 BGB) erteilt dem X mündlich Vollmacht, bei Unternehmer U (§ 14 BGB) einen mit 5 % verzinslichen Kredit über € 5000,- mit einer Laufzeit von 1 Jahr aufzunehmen und das Geld als Empfangsbote für ihn, den V, entgegenzunehmen. Der Darlehensvertrag wird geschlossen und das Darlehen durch Auszahlung an X, der das Geld als Empfangsbote für V entgegennimmt und dann an V aushändigt, valutiert. Nach 1 Jahr zahlt der V € 5000,- zurück; er verweigert aber die im Vertrag vereinbarte Zinszahlung. Der U verlangt daher die Zahlung von € 250,- von V.

Der geltend gemachte Zinsanspruch könnte sich aus einem Darlehensvertrag ergeben (§ 488 Abs. 1 S. 2 BGB). a) X und U haben einen Darlehensvertrag geschlossen. b) Der Vertrag würde für und gegen V wirken, aa) wenn X den V wirksam vertreten hätte (§ 164 Abs. 1 BGB). aaa)

Der X hat eine eigene Willenserklärung abgegeben. bbb) Er hat im Namen des V gehandelt. ccc) Er müsste Vertretungsmacht gehabt haben. Die Vollmacht aaaa) ist dem X intern erteilt worden (§ 167 Abs. 1 BGB). bbbb) Weil es sich um einen Verbraucherdarlehensvertrag handelt (§ 491 Abs. 1 BGB), aaaaa) bedarf die Vollmacht aber nach § 492 Abs. 4 BGB (abweichend von der Regel des § 167 Abs. 2 BGB) der Form des § 492 Abs. 1 – 2 BGB. Danach wäre die Vollmacht nach § 494 Abs. 1 BGB nichtig, und der X hätte als Vertreter ohne Vertretungsmacht gehandelt, als er den Vertrag abschloss, und der Darlehensvertrag wäre schwebend unwirksam (§ 177 Abs. 1 BGB), bbbbb) wenn nicht der Mangel der Form der Vollmacht nach § 494 Abs. 2 BGB dadurch geheilt wäre, dass das Geld an den X als Empfangsboten des V ausgezahlt worden ist. Das ist vom Gesetzgeber abgelehnt worden, weil so der Schutz des § 492 Abs. 4 BGB umgangen werden könnte. Danach hat der X als Vertreter ohne Vertretungsmacht gehandelt und der Darlehensvertrag wäre schwebend unwirksam. bb) Der Vertrag könnte aber dadurch rückwirkend wirksam geworden sein, dass der V das Geld in Empfang genommen hat und dadurch das vollmachtlose Handeln wirksam gemacht hätte (§§ 177 Abs. 1, 182 Abs. 1, 184 Abs. 1 BGB). aaa) Der Gesetzgeber hat angenommen, dass aaaa) in der Entgegennahme des Geldes durch den vollmachtlos vertretenen Darlehensnehmer eine konkludente Genehmigung des Vertrages läge (§§ 177 Abs. 1 BGB) bbbb) und zwar – was nach § 182 Abs. 1 BGB möglich ist – durch Erklärung gegenüber dem X. ccc) Fraglich ist jedoch, ob die Genehmigung der Form des § 492 Abs. 4, Abs. 1 – 2 BGB bedarf. Das wird man – analog der Rechtsprechung des BGH zu §§ 177 Abs. 1, 182 Abs. 2, 311 b Abs. 1 BGB – verneinen müssen. dddd) Der Vertrag wäre danach mit Rückwirkung (§ 184 Abs. 1 BGB) zustandegekommen. bbb) Dagegen wird eingewandt (v. Bülow), dass eine Genehmigung nach § 184 Abs. 1 BGB den Vertrag in vollem Umfang wirksam macht, während bei einer verbraucherdarlehensrechtlichen Heilung die Ansprüche des Darlehensgebers immerhin geschmälert würden (§ 494 Abs. 2 BGB). ccc) Dieses Argument „schüttet aber das Kind mit dem Bade aus"; man sollte besser bei einer Genehmigung durch eine „heilungsähnliche Inempfangnahme" § 494 Abs. 2 S. 2 BGB analog anwenden, so dass sich wegen der fehlenden Zinssatzangaben in der Vollmacht der Zinssatz auf den gesetzlichen Zinssatz ermäßigt. Das ist anzunehmen, denn der U darf nicht dadurch, dass man eine Heilung des Formmangels angenommen hat, besser gestellt werden als bei einer Heilung des Vertrages. c) Daher besteht ein Zinsanspruch, aber nur in der Höhe des § 494 Abs. 2 S. 2 BGB.

Nimmt ein Vertreter ein **einseitiges Rechtsgeschäft** ohne Vertretungsmacht vor, ist es grundsätzlich **nichtig (§ 180 BGB)**; jedoch finden die §§ 177 ff. BGB Anwendung, wenn derjenige, gegenüber dem ein solches Rechtsgeschäft vorzunehmen war, die behauptete Vertretungsmacht nicht beanstandet hat oder damit einverstanden war, dass der Vertreter ohne Vertretungsmacht gehandelt hat **(§ 180 S. 2 BGB)**, oder wenn ein einseitiges Rechtsgeschäft gegenüber einem Vertreter ohne Vertretungsmacht mit dessen Einverständnis vorgenommen wird **(§ 180 S. 3 BGB)**.

Wird der Vertrag oder das in Rede stehende einseitige Rechtsgeschäft, auf das ausnahmsweise § 177 BGB entsprechend anwendbar ist, nicht wirksam, weil die Genehmigung verweigert wird oder weil die Verweigerung fingiert wird, kann der **Dritte** sich nach **§ 179 Abs. 1 BGB an den Vertreter** ohne Vertretungsmacht **halten** und **nach seiner Wahl** von ihm

- **Erfüllung (§ 179 Abs. 1 BGB)** oder
- **Schadensersatz wegen Nichterfüllung (§ 179 Abs. 1 BGB)** oder aber auch nur
- **Vertrauensschadensersatz (§ 179 Abs. 2 BGB)** verlangen,

- es sei denn, dass die **Ausnahmetatbestände** des **§ 179 Abs. 3 BGB** eingreifen.

Bei der **Untervertretung** kann

- die **Untervollmacht fehlen**; dann **haftet der Untervertreter nach § 179 BGB**;
- **fehlt** es an einer **Hauptvollmacht**, so haftet der **Untervertreter, wenn er die Stellung als Untervertreter verschweigt**, nicht aber bei Offenlegung.

i) Wirkung des Vertreterhandelns

aa) Unmittelbare Wirkung für und gegen den Vertretenen, insbesondere beim Vertragsschluss

Wenn ein Vertreter mit Vertretungsmacht durch Abgabe oder Empfang einer Willenserklärung rechtsgeschäftlich oder rechtsgeschäftsähnlich handelt, dann treffen die Wirkungen unmittelbar den Vertretenen (§ 164 Abs. 1 S. 1, Abs. 3 BGB): Wenn der Vertreter z.B. ein Angebot abgibt, eine Anfechtung erklärt, einen Mietvertrag kündigt oder einen Schuldner mahnt oder wenn diese Erklärungen gegenüber ihm abgegeben werden, dann treffen diese Willenserklärungen unmittelbar den Vertretenen, als ob dieser die Erklärungen abgegeben hätte oder sie ihm gegenüber abgegeben worden wären; der Vertreter ist der eigentlich Handelnde, er „repräsentiert" den Vertretenen (**„Repräsentationstheorie"**).

Dass es **durch das Handeln des Vertreters** (der ja auf Seiten nur des einen Vertragspartners oder nur auf Seiten des anderen Vertragspartners oder gar auf beiden Seiten handeln kann) **zu einem Vertragsschluss zwischen dem Vertretenen und einem Dritten** kommen kann, wissen wir längst. Wir wollen uns jetzt Rechenschaft ablegen, **wie** dies **konstruktiv** erfolgt.

> Bei der **Fallbearbeitung** gibt es theoretisch zwei Möglichkeiten der Darstellung:
>
> **1.** Man kann die beiden Willenserklärungen „Angebot" und „Annahme" getrennt betrachten und prüfen, ob sie jeweils für und gegen den Vertretenen wirken.
>
> **2.** Übersichtlicher, weil man die Frage nach dem Vertragsschluss und die nach der Wirksamkeit der Vertretung nicht miteinander verquicken muss, ist es in den meisten Fällen, wenn Sie zunächst prüfen, ob die Voraussetzungen eines Vertragsschlusses zwischen dem handelnden Vertreter und dem Dritten, als ob diese die Vertragspartner wären, gegeben sind, und wenn Sie erst im Anschluss daran prüfen, ob das Handeln des Vertreters für und gegen den/die jeweiligen Vertretenen wirkt.
>
> **3.** Wir haben in unseren Lösungsskizzen beide Methoden verwendet. Ergebnisrelevant ist die Entscheidung für die eine oder die andere Aufbaumethode nicht.

bb) „Willensmängel" und „Kenntnis und Kennenmüssen" gewisser Umstände
(§ 166 BGB).

Die „rechtlichen Folgen einer Willenserklärung" können – das werden wir später noch ausgiebig behandeln müssen – „durch Willensmängel oder durch die Kenntnis oder das Kennenmüssen gewisser Umstände" bei einem eingeschalteten Vertreter „beeinflusst werden" (§ 166 Abs. 1 BGB).

„Willensmängel" und das „Kennen" oder das „Kennenmüssen" von Umständen können insoweit von Bedeutung sein, als durch sie „die rechtlichen Folgen einer Willenserklärung ….beeinflusst werden"; das kann in zweierlei Hinsicht der Fall sein:

- „Willensmängel" und das „Kennen" oder das „Kennenmüssen" von „Umständen" können Bedeutung haben für die **unmittelbaren Folgen** einer durch einen Vertreter abgegebenen bzw. empfangenen Willenserklärung, also speziell für das Zustandekommen oder die Wirksamkeit eines **Vertrages** (der uns hier ja am meisten interessiert): Beispiele für insoweit relevante „Willensmängel" sind die Ihnen ja schon ein wenig bekannten Anfechtungsgründe (§§ 119 ff. BGB) und ein Beispiel für die „Kenntnis oder das Kennenmüssen gewisser Umstände" sind die subjektiven Voraussetzungen des Ihnen ja ebenfalls geläufigen § 138 BGB.

- „Willensmängel" und ein „Kennen" oder ein „Kennenmüssen" von Umständen können aber auch Bedeutung haben für außerhalb der unmittelbaren Wirkungen einer durch einen Vertreter abgegebenen bzw. empfangenen Willenserklärung liegende **mittelbare Folgen**: Zu denken ist an die Kenntnis von Sachmängeln (§ 442 Abs. 1 S. 1 BGB), an die Gutgläubigkeit (z.B. §§ 892, 932 ff. BGB) oder an die Kenntnis des Fehlens des rechtlichen Grundes (§ 819 BGB).

Eine Ihnen sicher schon lange „auf den Nägeln brennende" Frage lautet, auf wessen Person es ankommt, ob ein „Willensmangel" oder ob ein „Kennen" bzw. ein „Kennenmüssen" von solchen „Umständen": Auf die Person des Vertreters (der gehandelt hat) oder auf die Person des Vertretenen (den die Wirkungen des Rechtsgeschäfts treffen)?

Auf den ersten Blick scheint die Antwort sehr einfach zu sein: Da wir ja wissen, dass es nach der „**Repräsentationstheorie**" der Vertreter ist, der i.S.d. § 164 BGB handelt, kommt es natürlich **im Grundsatz auf die Person des Vertreters** an (**§ 166 Abs. 1 BGB**) und nicht auf die Person des Vertretenen.

Würde man diesen Grundsatz mit aller Konsequenz ausnahmslos umsetzen, könnte das allerdings zu **unbilligen Ergebnissen** führen; daher gibt es gesetzliche und durch die Rechtswissenschaft und Rechtspraxis entwickelte **Korrekturen** dieses Grundsatzes:

- Wenn man nämlich gemäß dem Grundsatz des § 166 Abs. 1 BGB bei **Willensmängeln** nur auf die Person des Vertreters abstellen würde, so würde bei einem weisungsgebundenen Vertreterhandeln aufgrund einer Vollmacht (**„Vertreter mit gebundener Marschroute"**) übersehen werden, dass bei dieser Konstellation das Geschäft ausschließlich auf dem Willen des Vertretenen beruht; daher muss man hinsichtlich solcher Willensmängel, die nur beim Vertretenen bestehen, ausnahmsweise auch auf die **Person des Vertretenen** abstellen. Zur Begründung dessen hat man § 166 Abs. 2 BGB analog angewendet, obwohl die „ratio legis" des § 166 Abs. 2 BGB (Schutz des Geschäftsgegners vor einem „vorgeschickten" Vertreter) hier nun wirklich nicht einschlägig ist. Von der Rechtsprechung ist daher z.B. entschieden worden, dass der Vertretene dann, wenn er durch eine arglistige Täuschung eines anderen dazu veranlasst wurde, einem gutgläubigen bevollmächtigten Vertreter eine Weisung zum Abschluss des Geschäftes zu erteilen, das Geschäft selbst nach § 123 Abs. 1 BGB anfechten kann.

- Wenn man weiterhin gemäß dem Grundsatz des § 166 Abs. 1 BGB für die „**Kenntnis** oder das **Kennenmüssen gewisser Umstände**" ausschließlich auf die Person des Vertreters abstellen würde, wäre es möglich, dass ein „bösgläubiger" (also die Kenntnis habender oder haben müssender) Vertretener sich „hinter einem gutgläubigen Vertreter verstecken" könnte, indem er diesen gewissermaßen „vorschickt". Daher musste das Gesetz jedenfalls **für ein weisungsgebundenes Vertreterhandeln** aufgrund einer Vollmacht von der Regel des § 166 Abs. 1 BGB, dass es hinsichtlich des Kennens und des Kennenmüssens auf die Person des Vertreters ankommt, **Ausnahmen** machen und in diesen Fällen auf **die Person des Vertretenen abstellen** (**§ 166 Abs. 2 BGB**). Die Rechtswissenschaft und die Rechtspraxis haben herausgearbeitet, dass für das „Kennen" und für das „Kennenmüssen" von „Umständen" **nicht nur bei weisungsgebundenem Vertreterhandeln** auf die Person des Vertretenen abzustellen ist, sondern auch dann, wenn das Geschäft eines bevollmächtigten Vertreters deshalb auf einem Willensentschluss des Vertretenen beruht, weil der **Vertreter von dem Vertretenen zu dem Geschäft veranlasst worden** ist bzw. weil der **Vertretene trotz Kenntnis** der maßgeblichen Umstände **nicht eingreift** und das Geschäft **nicht verhindert**.

(1) Willensmängel und Anfechtung

Sie wissen jetzt: Wenn bei einer von einem Vertreter mit Wirkung für und gegen den Vertretenen (§ 164 Abs. 1 BGB) abgegebenen Willenserklärung **Willensmängel** vorliegen, die sich als **Anfechtungsgründe** darstellen, kommt es für eine **Anfechtung durch den Vertretenen**

- zwar im Grundsatz darauf an, dass der Willensmangel beim Vertreter vorliegt (**§ 166 Abs. 1 BGB**);
- ausnahmsweise soll aber nach **§ 166 Abs. 2 BGB** analog beim Einsatz eines weisungsgebunden handelnden bevollmächtigten Vertreters (man nennt ihn: „**Vertreter mit gebundener Marschroute**") auf das Vorliegen eines Willensmangels beim Vertretenen abgestellt werden.

Fall 167: Der V will an den durch den X vertretenen K sein Auto verkaufen und erklärt gegenüber dem für den K auftretenden X: „Ich biete mein Auto zum Preis von € 12 000,- zum Kauf an". Der X verhört sich und meint „€ 11 000,-" gehört zu haben. Der X, der eine Vollmacht für einen Kauf bis zu einem Preis von € 12 000,- hatte, erklärt deshalb in der Vorstellung, damit ein Angebot des V zum Preise von € 11 000,- anzunehmen, „Ja". Als der V von K Zahlung von € 12 000,- Zug-um-Zug gegen Lieferung verlangt, stellt sich das Missverständnis des X heraus. Der K erklärt, dass er wegen des Versehens des X die Zahlung und Abnahme verweigere.

Der Anspruch des V gegen K könnte sich aus einem Kaufvertrag ergeben (§ 433 Abs. 2 BGB). a) Der Kaufvertrag ist geschlossen (§§ 433 Abs. 1, 164 Abs. 1, 3 BGB). b) Er ist jedoch durch die Anfechtungserklärung als von Anfang an nichtig anzusehen sein (§§ 119 Abs. 1, 166 Abs. 1, 142 Abs. 1 BGB).

Fall 168: Der V will dem K sein Auto verkaufen. Bei den Vertragsvorverhandlungen erklärt er dem K, dass das Auto mit einem „neuen Austauschmotor" ausgestattet sei, obwohl er nur eine Generalüberholung des Motors vorgenommen hatte. Der K erteilt daraufhin dem dazu bereiten X den Auftrag und die Vollmacht, das Auto für € 12 000,- zu kaufen. Der V erklärt gegenüber dem für K auftretenden X, der von der in Wahrheit nicht erfolgten Ausstattung mit einem Austauschmotor nichts ahnend war und sich insofern auch keine Gedanken darüber machte, welche Art Motor vorhanden war: „Ich biete mein Auto zum Preis von € 12 000,- zum Kauf an". Der X erklärt: „Einverstanden". Nach Barzahlung des Kaufpreises durch den K und Lieferung durch den V stellt der K fest, dass der Motor nur generalüberholt ist. Der K erklärt die Anfechtung des Vertrages wegen arglistiger Täuschung und verlangt Rückzahlung der zufällig noch unvermischt bei dem V vorhandenen € 12 000,-. Der V weigert sich; jedenfalls aber ist er nur zur Rückzahlung Zug-um-Zug gegen Rückübereignung des Autos bereit.

Der Anspruch des K gegen den V könnte sich 1. aus § 985 BGB ergeben. a) Der K müsste Eigentümer der € 12 000,- sein. aa) Der K hatte das Geld an V übereignet (§ 929 S. 1 BGB). bb) Die Übereignung könnte nach §§ 123 Abs. 1, 142 Abs. 1 BGB als von Anfang an nichtig anzusehen sein. aaa) Der K hat die Anfechtung erklärt. bbb) Der Anfechtungsgrund des § 123 Abs. 1 BGB („arglistige Täuschung") aaaa) setzt eine Täuschung voraus. Der V hat den K über die Ausstattung des Autos mit einem „Austauschmotor" getäuscht. aaaaa) Allerdings ist nicht der X, auf dessen Vorstellung es nach dem Wortlaut des § 166 Abs. 1 BGB ankommt, getäuscht worden, bbbbb) sondern der von ihm vertretene K. Auch wenn § 166 Abs. 2 BGB Willensmängel nicht erwähnt und an sich nicht dem Schutz des Vertretenen dienen soll, wird die Vorschrift wegen der vorhandenen gesetzlichen Lücke auf einen Fall wie den vorliegenden analog angewendet. Wenn der Vertretene (der K) durch eine arglistige Täuschung dazu veranlasst wurde, dem bevollmächtigten gutgläubigen Vertreter (X) eine Weisung zum Abschluss des Geschäftes zu erteilen, kann dieser das vom Vertreter vorgenommene Rechtsgeschäft nach § 123 Abs. 1 BGB anfechten. bbbb) Die Täuschung des V war „doppelt kausal" auch für die zum Abschluss des Einigungsvertrages hinsichtlich der Übereignung des Kaufpreises führende Willenserklärung des K. ccc) Die Täuschung des V war arglistig, weil vorsätzlich. Also war die Übereignung des als Kaufpreis gezahlten Geldes nichtig (§§ 123 Abs. 1, 166 Abs. 2 analog, 142 Abs. 1 BGB). Der K war (noch) Eigentümer des Geldes. b) Der V ist Besitzer des Geldes. c) Der V dürfte kein Recht zum Besitz haben (§ 986 BGB). aa) Das Recht zum Besitz könnte sich aus § 433 Abs. 2 BGB ergeben. Der Kaufvertrag ist jedoch ebenfalls wirksam angefochten worden (§§ 123 Abs. 1, 142 Abs. 1, 166 Abs. 2 BGB analog, 142 Abs. 1 BGB). Also hat der K einen Anspruch auf Herausgabe des Geldes gegen V. bb) Ob ein Anspruch auf Rückübereignung des Autos aus § 812 Abs. 1 S. 1 1. Fall BGB („Leistungskondiktion") des V gegen den K wegen des eines daraus resultierenden Zurückbehaltungsrechts (§§ 273, 274 BGB) ein Recht zum Besitz i.S.d. § 986 BGB begründet, ist umstritten. d) Wer ein Recht des V zum Besitz aus § 986 BGB verneint, müsste dem V aber ein Herausgabeverweigerungsrecht aus §§ 273, 812 Abs. 1 S. 1 1. Fall BGB („Leistungskondiktion") zuerkennen, das zur Zug-um-Zug-Verurteilung des V führen würde (§ 274 BGB). 2. Des Weiteren hat der a) K gegen den V einen Anspruch aus § 812 Abs. 1 S. 1 1. Fall BGB („Leistungskondiktion") auf Herausgabe des Geldes. aa) Der V hat als „etwas" den Besitz erlangt, bb) durch Leistung des K an V und cc) wegen der wirksamen Anfechtung des Kaufvertrages auch ohne Rechtsgrund. b) Jedoch kann er Herausgabe nur Zug-um-Zug gegen Rückübereignung des Autos verlangen, und zwar aa) nach der Saldotheorie bb) und auch nach der Zweikonditionentheorie gemäß §§ 812 Abs. 1 S. 1 1. Fall BGB (Leistungskondiktion"), 273, 274 BGB. 3. Schließlich kann der K von V Herausgabe a) aufgrund eines deliktischen Schadensersatzanspruchs verlangen: § 823 Abs. 1 BGB, § 823 Abs. 2 BGB i.V.m. 263 StGB, § 826 BGB, jeweils i.V.m. § 249 Abs. 1 BGB. b) Ein Zurückbehaltungsrecht aus §§ 812 Abs. 1 S. 1 1. Fall BGB (Leistungskondiktion"), 273,

274 BGB scheitert daran, dass § 393 BGB („Der Schuft darf nicht aufrechnen") analog auf § 273 BGB angewendet wird.

In aller **Regel** kann nur der **Vertretene** (bei entsprechender Reichweite der Vertretungsmacht auch vertreten durch den Vertreter) die Anfechtung **erklären**, weil allein ihn die Rechtsfolgen treffen.

Wenn aber der Vertreter ein **Vertreter ohne Vertretungsmacht** war und ohne Anfechtung des Vertrages nach § 179 BGB in Anspruch genommen werden kann, ist es erwägenswert, **ausnahmsweise** dem **Vertreter** eine evtl. gegebene **Anfechtungsmöglichkeit** in der Weise zuzusprechen, dass er sie ausüben kann, um sich auf diese Weise einer Inanspruchnahme aus § 179 BGB zu entziehen.

(2) Die Kenntnis oder das Kennenmüssen gewisser Umstände

Die Bedeutung des § 166 Abs. 1 BGB für „**die Kenntnis oder das Kennenmüssen gewisser Umstände**" ist Ihnen ja schon einleitend vermittelt worden. Versuchen Sie sich noch einmal zu erinnern.

> **1.** Für die uns hier ja am meisten interessierende **Frage des Vertragsschlusses selbst** kommt es nur selten auf ein Kennen oder ein Kennenmüssen von Umständen an; ein Beispiel sind die subjektiven Voraussetzungen des § 138 BGB.
>
> **2.** Bedeutsamer ist das Kennen und Kennenmüssen gewisser Umstände für **andere Rechtswirkungen**, z.B. für die Frage eines Ausschlusses von Gewährleistungsrechten aufgrund einer Kenntnis des Käufers von den Sachmängeln (§ 442 Abs. 1 S. 1 BGB), die Frage der Gutgläubigkeit des Erwerbers bei dem Erwerb des Eigentums an Grundstücken bzw. Rechten an Grundstücken und an beweglichen Sachen (§§ 892, 932 ff. BGB), bei der Frage der Kenntnis des Fehlens des rechtlichen Grundes (§ 819 BGB).

Um Ihnen davon einen konkreten ersten Eindruck zu verschaffen, soll dazu ein Beispiel aufgezeigt werden. Wenn dieses Beispiel mit unserem eigentlichen Thema – dem Abschluss von Verträgen, speziell verpflichtenden Verträgen – nichts zu tun hat, soll Sie das bitte nicht verängstigen: Wir gehen später auf alle diese Fragen noch einmal sehr gründlich ein.

Fall 169: Der V hat sich von E ein diesem gehörendes Fahrrad geliehen und will es dem K verkaufen. Zum Zwecke des käuflichen Erwerbs des Rades hat der K seinem Angestellten X einerseits zum Abschluss des Kaufvertrages und andererseits zur Mitwirkung an der beiderseitigen Erfüllung des Vertrages Vollmacht durch Erklärung ihm gegenüber erteilt. Dem X ist bekannt, dass nicht der V sondern der E Eigentümer des Rades ist. Der K hingegen weiß dies nicht und hätte dies auch nicht wissen können. Der X schließt im Namen des K den Kaufvertrag, zahlt den ihm von K überlassenen Kaufpreis in bar. Der V einigt sich mit dem X weiterhin über die Übereignung des Fahrrades an den K; und der X nimmt danach das Rad für K entgegen und stellt es bei sich in den Keller, um es demnächst an den K auszuhändigen. Noch bevor der X das Rad an K weitergibt, verlangt E Herausgabe des Rades von dem K. Der K kann beweisen, dass X ein stets verlässlicher Mitarbeiter war.

Der Anspruch könnte sich 1. aus § 985 BGB ergeben. a) Der E müsste Eigentümer des Rades sein. aa) Er war Eigentümer. bb) Durch das Verleihen an den V ist der E Eigentümer geblieben (lesen Sie bei der Gelegenheit der Bearbeitung dieses Falles wieder einmal die §§ 598 ff. BGB durch). cc) Der E könnte das Eigentum durch eine Übereignung des V an den K verloren haben (§§ 929 S. 1, 164 ff., 855, 932 Abs. 1 S. 1 BGB). aaa) Voraussetzung ist eine Einigung. aaaa) Der V hat eine zu einem solchen Vertrag führen sollende Willenserklärung abgegeben. bbbb) Der K selbst hat keine Willenserklärung abgegeben, wohl aber der X. cccc) Der Einigungsvertrag wäre zwischen V und K geschlossen worden, wenn K wirksam von X vertreten worden wäre (§ 164 Abs. 1 BGB). aaaaa) Der X hat im Namen des K gehandelt. bbbbb) Ihm war durch Erklärung ihm gegenüber Vertretungsmacht erteilt worden (§ 167 Abs. 1 BGB). ccccc) Der X hat im Rahmen der Vertretungsmacht gehandelt. Also ist ein Einigungsvertrag zwischen V und K zustande gekommen. bbb) Die Übergabe aaaa) ist nicht durch Übertragung der tatsächlichen Sachherrschaft von V auf K erfolgt. bbbb) Der K könnte den Besitz nur durch Übertragung der tatsächlichen Sachherrschaft erlangt haben. aaaaa) Nach § 164 Abs. 1 BGB kann Besitz nicht erworben werden, weil es sich dabei um einen Realakt handelt (arge. § 854 Abs. 1 BGB) und nicht um eine Willenserklärung oder um eine geschäftsähnliche Handlung. bbbbb) Der X ist aber als Angestellter des K der Besitzdiener des K (§ 855 BGB). Also hat K den Besitz erlangt. ccc) Der V war aber nicht Eigentümer des Fahrrades. Daher könnte K das Eigentum nur gutgläubig nach § 932 Abs. 1 S. 1 BGB erlangt haben. aaaa) Der den gutgläubigen Eigentumserwerb ausschließende Tatbestand des § 935 BGB liegt nicht vor, weil die Sache weder dem E noch dem die Sache für ihn besitzenden V abhanden gekommen (= unfreiwilliger Besitzverlust) ist, denn sowohl der E als auch der V haben den Besitz freiwillig aufgegeben. bbbb) Es liegt ein aaaaa) rechtsgeschäftlicher Erwerb bbbbb) im Sinne eines Verkehrsrechtsgeschäfts vor. ccccc) Die aaaaaa) Vermutung der Gutgläubigkeit bbbbbb) wäre durch die Bösgläubigkeit des X (§ 932 Abs. 2 BGB) widerlegt, wenn dessen Kenntnis dem K zugerechnet werden müsste. Das ist nach § 166 Abs. 1 BGB der Fall. Also hat K kein Eigentum erworben. b) Der K ist Besitzer des Rades, auch wenn es sich nicht in seinem Gewahrsam befindet (§ 855 BGB). c) Der K dürfte kein Recht zum Besitz gegenüber E haben (§ 986 Abs. 1 BGB). aa) Ein eigenes Recht zum Besitz hat er nicht. bb) K könnte ein abgeleitetes Recht zum Besitz haben. aaa) Der K hat ein Recht zum Besitz im Verhältnis zu V aus dem Kaufvertrag; dieser ist wirksam, auch wenn die verkaufte Sache nicht dem V, sondern dem E gehört und dieser der Erfüllung des Kaufvertrages (Übereignung) an K – wie das Herausgabeverlangen zeigt – nicht zustimmt (§ 311 a Abs. 1 BGB). bbb) Dieses Recht kann der K jedoch nicht dem E entgegenhalten, weil der V nicht zum Verkauf an K befugt war (arge § 986 Abs. 1 S. 2 BGB). Also kann der E von K Herausgabe verlangen. 2. Weiterhin besteht ein Anspruch aus §§ 1007 Abs. 1, 166 Abs. 1, 855 BGB. 3. Ein Herausgabeanspruch aus §§ 831 Abs. 1 S. 1, 249 Abs. 1 BGB scheitert am Entlastungsbeweis (§ 831 Abs. 1 S. 2 BGB).

So, und jetzt müssen alle diejenigen, die das Buch bis zu dieser Stelle durchgelesen haben, vor allem aber diejenigen, die es auch durchgearbeitet haben, **einmal tief Luft holen**. Sie haben jetzt viele hundert Seiten hinter sich. Und was wissen Sie bis jetzt?

Zunächst haben Sie gelernt, wie man schriftliche juristische Aufgaben bewältigt. Sie wissen weiterhin, welche „Personen" rechtserheblich handeln können, was die „Gegenstände" von Rechten sind und was „Rechtsgeschäfte" sind. Sie wissen, was ein „Anspruch" ist, dass ein „Anspruch" sich aus einem „rechtsgeschäftlichen Schuldverhältnis", speziell einem „verpflichtenden Vertrag" oder aus einem „gesetzlichen Schuldverhältnis" ergeben kann. Wir haben uns dann auf die verpflichtenden Verträge und die daraus resultierenden primären Ansprüche konzentriert. Dazu mussten wir das „Zustandekommen" von Ver-

> trägen überhaupt und von verpflichtenden Verträgen speziell, erlernen. Dies und die möglichen „Inhalte" sind inzwischen längst keine Geheimnisse mehr für Sie. Und Sie haben zuletzt gelernt, dass Verträge, speziell auch die uns in erster Linie interessierenden verpflichtenden Verträge, durch die Einschaltung von Mittelspersonen, speziell ist hier an die Vertreter zu denken, zustande kommen können. Wenn Sie angesichts dieser gerafften Zusammenfassung denken, das sei ja sehr wenig – dann sind Sie ungerecht gegen sich selbst: Sie mussten sich mit einer ungeheuren Menge von Details befassen und parallel zu diesem „roten Faden" gab es eine Fülle von Exkursen und auch Ausblicke auf Themen, die wir später noch sehr gründlich zu bearbeiten haben. Sie haben aber insoweit recht: Examen können Sie mit diesem Ausschnitt des gesamten Stoffes und Ihrem bisherigen Wissen dazu natürlich noch nicht machen, nicht einmal die Grundlagen für den Erwerb des „Großen BGB-Scheins" haben Sie bisher erworben.
>
> Also seien wir ehrlich: Sehr „weit" sind Sie noch nicht. Sie könnten „guten Gewissens" noch nicht einmal unsere selbst gestellte erste Aufgabe, die Prüfung eines „primären Leistungsanspruchs" aus einem verpflichtenden Vertrag bewältigen, denn Sie wissen bisher noch nichts über die „Wirksamkeitshindernisse" und nichts über die Gründe, die zur „Beendigung" eines Vertrages führen können etc.
>
> Also: Die Arbeit geht weiter! Und ich kann Ihnen versprechen: Ihr Wissen nimmt zu, und zwar nicht langsam und kontinuierlich, sondern in einem sich ständig erweiternden Ausmaß, etwa so, wie wenn man einen kleinen Schneeball einer Abhang herunterrollt, der sich binnen Kurzem zu einer großen Schneekugel entwickelt.

II. „Wirksamkeitshindernisse"

Nachdem Sie also nun den Entstehungstatbestand eines Vertrages, speziell auch den eines verpflichtenden Vertrages, kennen gelernt haben, müssen wir uns jetzt den Umständen zuwenden, die man als sog. **„Wirksamkeitshindernisse"** (= **„rechtshindernde Einwendungen"** = **„Nichtigkeitsgründe")** bezeichnet.

Das sind solche „von Amts wegen" (also ohne die Notwendigkeit eines Berufens des anderen Teils darauf) zu berücksichtigende Umstände, die der Wirksamkeit eines Rechtsgeschäfts, also insbesondere eines verpflichtenden Vertrags, entgegenstehen, obwohl dessen Entstehungstatbestand vorliegt.

Es sind dies: ganz bestimmte Defizite in der Person des Erklärenden (§§ 104 ff. BGB); der Formmangel (§§ 125 ff. BGB); die Gesetzeswidrigkeit (§ 134 BGB), die Sittenwidrigkeit und der Wucher (§ 138 BGB) sowie das Scheingeschäft (§ 117 BGB).

1. Defizite in der Person des Erklärenden

Das Vorhandensein der Fähigkeit, eigenverantwortlich zu entscheiden, ist die Voraussetzung für eine wirksame Willenserklärung des Erklärenden.

Das Gesetz geht davon aus, dass jeder Mensch grundsätzlich diese Fähigkeit aufweist. Die Ausnahmen müssen daher auch von demjenigen, der sich darauf beruft, bewiesen werden. Das ist nicht nur für Verteilung der Beweislast im Prozess von Bedeutung, sondern auch für die Fallbearbeitung: Sie dürfen nämlich nur dann, wenn aufgrund des Sachverhaltes Anlass dazu besteht, erörtern, ob eine Willenserklärung unwirksam ist, weil es bestimmte persönliche Defizite gibt.

a) Bewusstlosigkeit oder vorübergehende Störungen der Geistestätigkeit

Eine im **Zustand der Bewusstlosigkeit** oder der **vorübergehenden Störung der Geistestätigkeit** (z.b. im Alkohol- oder Drogenrausch) abgegebene Willenserklärung ist nichtig (§ 105 Abs. 2 BGB). Das sind – wie eben gerade gesagt – Ausnahmetatbestände, so dass man in der Fallbearbeitung darauf nur eingeht, wenn der Sachverhalt irgendwelche Anhaltspunkte dafür liefert!

> Menschen, die sich in einem solchen Zustand befinden, sind (das ist eine „klassische" Fehlvorstellung junger Juristen, die gerade etwas über „Geschäftsfähigkeit" gelernt haben) übrigens nicht etwa „geschäftsunfähig". Daher können ihnen gegenüber Willenserklärungen wirksam abgegeben werden und auch zugehen (argec. § 131 BGB).

b) Das Fehlen der vollen Geschäftsfähigkeit

Kraft seiner Geschäftsfähigkeit kann der Mensch Rechtsgeschäfte selbständig wirksam vornehmen. Die **Regel** ist die **volle Geschäftsfähigkeit**; die **Geschäftsunfähigkeit** (§ 104 BGB) oder die **beschränkte Geschäftsfähigkeit** (§§ 106 – 113 BGB) sind die **Ausnahmen**.

> Es sei noch einmal wiederholt: Bei der Fallbearbeitung verlieren Sie über das Bestehen bzw. über das Fehlen der vollen Geschäftsfähigkeit nur dann ein Wort, wenn Anlass dazu besteht. Dass Ihnen ein solcher Anlass gegeben wird, ist übrigens durchaus naheliegend, weil Ihnen gerade am Anfang der Ausbildung die Erörterung von Rechtsfragen abverlangt wird, die im Zusammenhang mit dem Schutz der nicht in vollem Umfang Geschäftsfähigen stehen, und dies weit über das Maß des in der Rechtswirklichkeit Üblichen hinausgehend. Bei der Bearbeitung solcher Fälle steht im Vordergrund meistens die Frage, welche Auswirkungen das Fehlen der vollen Geschäftsfähigkeit eines „Minderjährigen" für den Vertragsschluss hat; daher werden wir uns hier auch darauf konzentrieren. Ansonsten finden Sie in diesem Buch in den unterschiedlichsten Zusammenhängen weitere Ausführungen zum „Minderjährigenrecht".

aa) Geschäftsunfähigkeit des unter 7 Jahre alten Minderjährigen und des geistig Kranken

Nach **§ 104 BGB** sind **geschäftsunfähig,** mit der **Folge der Nichtigkeit** ihrer Willenserklärungen **(§ 105 Abs. 1 BGB)**:

- die **unter 7 Jahre** alten Menschen (§ 104 Nr. 1 BGB) und

- die sich bei Abgabe der Willenserklärung in einem die freie Willensbildung ausschließenden Zustand befindenden **geistig Kranken** (§ 104 Nr. 2 BGB). **Achtung:** das sind nicht die Personen, die sich in den Zuständen des § 105 Abs. 2 BGB befinden!! Diese sind geschäftsfähig; es sind nur ihre Willenserklärungen nichtig.

Die **Geschäftsunfähigen** bedürfen für wirksame Willenserklärungen **stets** eines **gesetzlichen Vertreters**; eine **Sonderregelung** findet sich dazu jetzt in § 105 a BGB (dazu sogleich mehr). Wer die gesetzlichen Vertreter sind, ergibt sich nicht aus dem Allgemeinen Teil des BGB, sondern aus dem **4. Buch des BGB**, dem sog. „**Familienrecht**":

- Bei den nach § 104 Nr. 1 BGB Geschäftsunfähigen (das sind die **unter 7 Jahre alten Minderjährigen**) sind die gesetzlichen Vertreter die **Eltern als Gesamtvertreter** (§§ 1626, 1629 Abs. 1 BGB) oder in den Konstellationen des § 1680 BGB der jeweils **verbliebene Elternteil**. In manchen Fällen ist (wie Sie bereits wissen) die Vertretung durch die Eltern ausgeschlossen (§§ 1629 Abs. 2, 1795 Abs. 1, 2, 181 BGB), und es bedarf dann eines (Ergänzungs-) Pflegers; zuweilen (bei besonders riskanten Geschäften) muss sogar das Vormundschaftsgericht mitwirken (§§ 1643, 1821, 1822 BGB). Steht der Minderjährige nicht unter elterlicher Sorge, ist gesetzlicher Vertreter der **Vormund** (§ 1793 BGB); auch für diesen gilt das Genehmigungserfordernis für riskante Geschäfte (§§ 1821, 1822 BGB – Sie wissen ja: die „Dr. Bartolo-Paragraphen").

- Der gesetzliche Vertreter des nach § 104 Nr. 2 BGB Geschäftsunfähigen **(der geistig kranke Volljährige)** ist der **Betreuer** (§ 1902 BGB); er wird unter den Voraussetzungen des § 1896 Abs. 1 BGB (durch eine psychische Krankheit oder eine körperliche, geistige oder seelische Behinderung bedingte vollständige oder teilweise Unfähigkeit zur Besorgung der eigenen Angelegenheiten) für bestimmte Aufgabenkreise (§ 1896 Abs. 2 BGB) bestellt. Nach § 1903 BGB kann ein „Einwilligungsvorbehalt" angeordnet werden; das entspricht hinsichtlich der Rechtsfolgen in etwa der früher möglichen „Entmündigung".

> Um **kein Missverständnis aufkommen zu lassen**: Die Bestellung eines Betreuers führt nicht etwa zur Geschäftsunfähigkeit des Betreuten! Ob Geschäftsunfähigkeit besteht, beurteilt sich allein nach § 104 Nr. 2 BGB, so dass sich in manchen Fällen, insbesondere bei den „lucida intervalla" (= „lichten Momenten"), die Handlungsmöglichkeiten verdoppeln können: Der Betroffen ist bei einem „lucidum intervallum" geschäftsfähig und kann zugleich vom Betreuer vertreten werden.

Fall 170: Der 6-jährige K erhält von den Eltern € 1,-, damit er sich – wie schon häufiger zuvor – an einem der heißen Tage des Sommers 2003 bei dem benachbarten Kiosk des V ein Eis kaufen kann. Der K sagt höflich zu V:„Ich möchte gerne 2 Kugeln Erdbeereis für einen Euro kaufen". Der V sagt „Ja" und gibt dem K das Eis; dann greift der K in die Hosentasche, um die Münze hervorzuholen. Infolge dieser Bewegung hält er die Eistüte nicht mehr ganz senkrecht und die beiden Kugeln fallen zu Boden und zerschmelzen. Vor Schreck läuft der K nach Hause. Der V verfolgt ihn und verlangt von dem K, vertreten durch dessen Eltern, die Zahlung von € 1,-. Die Eltern verweigern für den K die Bezahlung.

Der Anspruch könnte sich aus einem Kaufvertrag ergeben (§ 433 Abs. 2 BGB). a) Der Anspruch könnte entstanden sein. Zwei aufeinander bezogene, auf den Abschluss eines Kaufvertrages über 2 Kugeln Erdbeereis zum Preis von € 1,- gerichtete und sich deckende Willenserklärungen, Angebot und Annahme, liegen vor. aa) Hinsichtlich der Willenserklärung des V („Ja") gibt es nichts zu bedenken. bb) Was die Worte des K („Ich möchte gerne 2 Kugeln Erdbeereis für einen Euro kaufen") angeht, ist an Folgendes zu denken: aaa) Weil der K geschäftsunfähig ist (§ 104 Nr. BGB), ist die Willenserklärung (versteht man sie als seine, des K, Willenserklärung) nichtig, so dass durch sie ein Kaufvertrag nicht zustandegekommen ist. bbb) Der Vertrag könnte aber zustandegekommen sein, wenn seine Eltern ihn beim Abschluss des Kaufvertrages vertreten hätten (§§ 164 Abs. 1, 1626, 1629 Abs. 1 BGB). aaaa) Seine Eltern müssten eine eigene Willenserklärung über den Kauf von „2 Kugeln Erdbeereis für einen Euro" abgegeben haben. Diese Erklärung haben sie durch den K als ihren Boten abgegeben. bbbb) Die Eltern müssten diese (von K überbrachte) Willenserklärung im Namen des K abgegeben haben. Das kann man den Umständen entnehmen (§ 164 Abs. 1 S. 2 BGB). cccc) Die Eltern hatten Vertretungsmacht (§§ 1626, 1629 Abs. 1 BGB). Also ist der Kaufvertrag zustandegekommen und der Kaufpreisanspruch entstanden. b) Der Anspruch könnte nach § 326 Abs. 1 S. 1 BGB erloschen sein. aa) Der noch nicht durch Erfüllung seitens des V erloschene (eine Übereignung des Eises soll im Zweifel erst nach der noch nicht erfolgten Übereignung des Kaufpreises an V erfolgen) Anspruch auf Übereignung ist durch das Zubodenfallen und Zerschmelzen der Eiskugeln „ausgeschlossen" (§ 275 Abs. 1 BGB): Denn die ursprüngliche Gattungsschuld ist auf das „eingetütete" Eis konkretisiert worden (§ 243 Abs. 2 BGB), und dem V ist die Lieferung dieses konkreten Eises unmöglich. bb) Der K dürfte den Umstand, aufgrund dessen der V nicht leisten muss, nicht zu vertreten haben (§ 326 Abs. 2 S. 1 BGB). Der K aaa) hat zwar fahrlässig gehandelt. Nach §§ 276 Abs. 1 S. 2, 828 Abs. 1 BGB ist er hierfür aber nicht verantwortlich. bbb) Fraglich ist jedoch, ob er sich ein Verschulden seiner gesetzlichen Vertreter anlasten lassen muss (§§ 278 S. 1, 1626, 1629 Abs. 1 BGB). Das würde voraussetzen, dass es bei objektiver Betrachtungsweise vorhersehbar war, dass es bei der Vertragsabwicklung wegen des Ungeschicks dieses Kindes dazu kommen kann, dass die Kaufsache noch vor der Erfüllung untergeht. Die „Zug-um-Zug-Abwicklung" (§ 320 BGB) beim Eiskauf ist bekanntlich „unfallträchtig"; man wird aber davon ausgehen müssen, dass die Eltern bei einem „erfahrenen Eiskäufer", wie K es ist, davon ausgehen konnten, dass er während des Bezahlvorgangs das Eis nicht zu Boden fallen lassen wird. Danach wäre der Anspruch des V erloschen. cc) Hier war aber die Preisgefahr bereits auf K übergegangen, so dass K doch zahlen muss (§ 446 S. 1 BGB).

bb) Verträge volljähriger Geschäftsunfähiger (§ 105 a BGB)

Zum Zwecke der Verbesserung der sozialen Integration erwachsener geistig Behinderter hat der Gesetzgeber im Jahre 2002 durch **§ 105 a BGB** bestimmt, dass – vorbehaltlich einer „erheblichen Gefahr für die Person oder das Vermögen des Geschäftsunfähigen" – immer dann, wenn „ein volljähriger Geschäftsunfähiger ein Geschäft des täglichen Lebens, das mit geringwertigen Mitteln bewirkt werden kann, (tätigt), ... der von ihm geschlossene Vertrag in Ansehung von Leistung und ... Gegenleistung als wirksam (gilt), soweit Leistung und Gegenleistung bewirkt sind".

Dies bedeutet, dass

- **zwar** einerseits der von dem Geschäftsunfähigen geschlossene **Vertrag nichtig** ist,
- dass **aber** andererseits der Vertrag **partiell** (in Ansehung von Leistung und Gegenleistung) **als wirksam gilt** (Fiktion = „gesetzliche Lüge"), soweit Leistung und Gegenleistung bewirkt sind.

Damit ist ausgeschlossen, dass die bewirkten Leistungen zurückgefordert werden können, und zwar weder aus § 812 BGB noch aus § 985 BGB.

> **Fall 171:** Die an einer schweren rezidivierenden manisch-depressiven Erkrankung leidende, in einer Behindertenwohngemeinschaft lebende 30-jährige K kauft bei V als Weihnachtsgeschenk für ihre Nachbarin und beste Freundin, die körperbehinderte N 1, die einen Kater namens „Herr Paul" hat, für € 30,- eine Dose mit Katzenfutter der Marke „Katz-Gourmet de luxe". Die K bezahlt den Kaufpreis aus ihrem monatlichen Taschengeld von € 100,-. Der V verpackt ihr die Dose in Weihnachtspapier und händigt sie an die K aus. Als der Betreuer B das Paket am Vormittag des 24. Dezember bei K sieht und die K stolz über den Inhalt berichtet, ist er verärgert über diese Verschwendung. Der B fordert den V, bei dem die K schon häufiger in aus seiner Sicht verschwenderischer Weise eingekauft hatte, auf, den Kaufvertrag rückgängig zu machen. Der V, der Schwierigkeiten befürchtet, verlangt von K unter einem Vorwand Herausgabe der Dose Zug-um-Zug gegen Rückzahlung von € 30,-.
>
> Der Anspruch könnte sich aus 1. § 812 Abs. 1 S. 1 1. Fall BGB („Leistungskondiktion") und aus § 985 BGB ergeben. Auf die Einzelheiten dieser Anspruchsgrundlagen (wir haben sie zwar schon häufiger angewendet, vielleicht lesen Sie diese aber noch einmal nach!!) braucht hier nicht weiter eingegangen zu werden, 2. denn die Rückforderungsansprüche sind ausgeschlossen: a) Ein Anspruch aus §§ 812 Abs. 1 S. 1 1. Fall („Leistungskondiktion"), 104 Nr. 2, 105 Abs. 1 BGB ist durch § 105 a S. 1 BGB gesperrt, denn der „geschlossene Vertrag", und damit ist unzweifelhaft der Kaufvertrag gemeint, gilt in Ansehung von Leistung und Gegenleistung als wirksam, soweit aa) – wie hier geschehen – Leistung und Gegenleistung bewirkt sind, bb) wenn – wie hier – ein volljähriger Geschäftsunfähiger cc) ein Geschäft des täglichen Lebens, wie es bei einem Anstandsgeschenk unter Freunden gegeben ist, dd) das – wie hier – mit geringwertigen Mitteln bewirkt werden kann. ee) Der Ausnahmetatbestand des § 105 a S. 2 BGB greift nicht ein. b) Hier kann offen bleiben, ob das Gesetz die (partielle) Wirksamkeit nur des schuldrechtlichen Vertrages fingiert oder auch die des dinglichen Vertrages; denn es muss aus teleologischen Gründen davon ausgegangen werden, dass die Rückforderungssperre auch einen eventuellen Herausgabeanspruch aus § 985 BGB erfasst, anderenfalls liefe die Norm leer.

cc) Beschränkte Geschäftsfähigkeit der über 7 Jahre alten Minderjährigen

Die Rechtsgeschäfte, also auch die **auf den Abschluss eines Vertrages gerichteten Willenserklärungen („Angebot" und „Annahme") eines beschränkt Geschäftsfähigen** (= zwischen 7 und 18 Jahre alten: §§ 2, 106 BGB) **Minderjährigen** sind **nur unter besonderen Voraussetzungen wirksam**.

(1) Sphärengeschäftsfähigkeit

In den Fällen der „**Sphärengeschäftsfähigkeit**" (Bötticher) der **§§ 112, 113 BGB** ist der Minderjährige voll geschäftsfähig und kann daher allein wirksame Verträge schließen.

Praktisch bedeutsam ist allein die (von uns schon in den verschiedensten Zusammenhängen angesprochene) Bestimmung des **§ 113 BGB**, nach der dem zur Eingehung von Dienst- und Arbeitsverhältnissen durch die gesetzlichen Vertreter „ermächtigten" beschränkt geschäftsfähigen Minderjährigen für diesen Bereich die volle Geschäftsfähigkeit zusteht. Eine „berühmte" und in Anfängerklausuren „strapazierte" **Ausnahme** zu § 113 BGB sind die Ausbildungsverträge, bei denen der Erziehungsgedanke dominiert und es daher nicht um eine entgeltliche Leistung von Arbeit und Diensten geht.

Fall 172: Der 17 jährige Azubi A kündigt fristgemäß den von ihm im Einverständnis mit seinen Eltern mit Meister M geschlossenen Ausbildungsvertrag durch Erklärung gegenüber M. Der A, den die Kündigung reut, kommt gleichwohl weiter zur Ausbildung und verlangt die Ausbildungsvergütung von M.

Der Anspruch des A gegen M könnte sich aus §§ 611 BGB i.V.m. § 3 Abs. 2 BerBG ergeben. Der Vertrag ist wirksam geschlossen worden (§§ 611, 106, 107, 1629 BGB, 3 Abs. 2 BerBG). Fraglich ist, ob der Vertrag wirksam von A gekündigt worden ist. Die Kündigung ist trotz des § 113 BGB nicht ohne Zustimmung der gesetzlichen Vertreter möglich, weil es sich um einen Ausbildungsvertrag handelt; die wegen des Verlustes des Anspruchs auf Ausbildung und Zahlung der Ausbildungsvergütung nicht lediglich rechtlich vorteilhafte (§ 107 BGB) Kündigung ist nichtig (§ 111 BGB).

Variante: Der A kommt nicht. Kann der M Weiterarbeit von A verlangen und ggf. in der Zwangsvollstreckung erzwingen können?

a) Ja: s. zuvor. b) Nein: Lesen Sie § 888 Abs. 2 ZPO und amüsieren Sie sich bei dieser Gelegenheit über die Perfektion des Gesetzgebers, der im gleichen Zusammenhang auch Urteile auf Eingehung der Ehe und auf Herstellung der ehelichen Lebensgemeinschaft (suchen Sie einmal nach den Anspruchsgrundlagen, auf denen solche Urteile beruhen! Diese existieren!) der Durchsetzung durch Zwangsvollstreckung entzieht (wer hätte das gedacht?!).

Eine **Beschränkung der Haftung** des „sphärengeschäftsfähigen" Minderjährigen auf das bei Eintritt der Volljährigkeit vorhandene Vermögen wie bei den nach §§ 107, 108, 111 BGB wirksamen Geschäften (§ 1629 a Abs. 1 BGB) gibt es **bei §§ 112, 113 BGB** übrigens **nicht** (vgl. § 1629 a Abs. 1 BGB): der Minderjährige ist eben „sphärengeschäftsfähig".

(2) Wirksamkeit wegen lediglich rechtlicher Vorteilhaftigkeit

Ansonsten sind die Willenserklärungen eines Minderjährigen, also auch die auf den Abschluss eines Vertrages gerichteten Willenserklärungen, nur **wirksam**, wenn sie dem Minderjährigen **lediglich rechtliche Vorteile** bringen (§§ 107, 108 BGB). Dabei geht es im Grundsatz nur um die **rechtlichen Wirkungen,** so dass rechtliche Nachteile, gleich ob sie kraft Rechtsgeschäfts oder kraft Gesetzes entstehen, das Geschäft schwebend unwirksam machen, wobei aber neuerdings (BGH, systemwidrig!) solche den Minderjährigen kraft Gesetzes treffende persönliche Verpflichtungen unbeachtlich sein sollen, die ihrem Umfang nach begrenzt und wirtschaftlich derart unbedeutend sind, dass sie unabhängig von Umständen des Einzelfalls eine Verweigerung der Genehmigung durch den gesetzlichen Vertreter oder durch den Ergänzungspfleger nicht rechtfertigen könnten. Im Grundsatz ist die Wirksamkeit der Verpflichtungs- und Erfüllungsgeschäfte nach dem **„Trennungsprinzip"** getrennt zu prüfen; **ausnahmsweise** soll eine „Gesamtbetrachtung" erfolgen, wenn durch eine isolierte Betrachtung der Schutz des § 107 BGB umlaufen wird.

> **1. Regel („Trennungsprinzip"):** Wenn ein 11-Jähriger von einem Erwachsenen die „Blaue Mauritius" für € 50,- kauft, dann ist der Kaufvertrag schwebend unwirksam, weil den beschränkt Geschäftsfähigen die Pflicht zur Kaufpreiszahlung trifft (§ 107 BGB). Die Übereignung der Briefmarke ist wirksam, weil zugunsten des beschränkt Geschäftsfähigen ein Recht übertragen wird.
>
> **2. Ausnahme („Gesamtbetrachtung"):** Wenn einem 11-Jährigen von den Eltern ein Grundstück geschenkt wird, das mit einer persönliche Pflichten begründenden Reallast belastet ist (§ 1108 BGB), so wäre der Schenkungsvertrag wirksam, weil die persönliche Verpflichtung nur ein mittelbarer Nachteil aus dem Schenkungsvertrag ist, die Übereignung aber schwebend unwirksam (§ 107 BGB). Die Eltern könnten aber gleichwohl das Erfüllungsgeschäft (§§ 873, 925 BGB) wirksam als Vertreter des Kindes als Erwerber (§ 1629 BGB) mit sich selbst als Übereignende vornehmen, ohne dass ein Ergänzungspfleger (§ 1909 BGB) nötig wäre, weil kein Verstoß gegen das Verbot des § 181 BGB vorliegt, denn das Geschäft besteht ausschließlich in der Erfüllung einer Verbindlichkeit aus dem Schenkungsvertrag (§ 181 2. HS BGB). Um dies zu verhindern fordert der BGH eine Gesamtbetrachtung von dinglichem und schuldrechtlichen Geschäft: Ein sich erst aus dem dinglichen Geschäft ergebender rechtlicher Nachteil, soll den Schenkungsvertrag schwebend unwirksam machen, so dass § 1909 BGB anzuwenden wäre.

Nicht lediglich rechtlich vorteilhaft sind nur die Rechtsgeschäfte, die **unmittelbar rechtliche Pflichten begründen** oder **Rechte aufheben** oder **mindern**.

> Folgende **Beispiele** sollten Ihnen bekannt sein:
>
> **1. Verpflichtungsgeschäfte:**
>
> Bei **gegenseitigen Verträgen** (z.B. Kauf, Miete) oder **unvollkommen zweiseitig verpflichtenden Verträgen** (Leihe, Verwahrung, Auftrag) gibt es stets unmittelbare rechtliche Nachteile für einen minderjährigen Vertragspartner. Bei dem einseitig verpflichtenden **Schenkungsvertrag** gibt es für den Beschenkten hingegen nur rechtliche Vorteile, es sei denn, es wird an den Minderjährigen unter einer Auflage geschenkt (§ 525 BGB).
>
> **2. Dingliche Geschäfte:**
>
> Der **Eigentumserwerb** ist grundsätzlich rechtlich nur vorteilhaft. Beim Erwerb des **Eigentums an einem Grundstück** begründen die (Grund-) Steuerpflichtigkeit und öffentlich-rechtliche Lasten keinen Nachteil, wenn sie ihrem Umfang nach begrenzt und wirtschaftlich derart unbedeutend sind, dass sie unabhängig von Umständen des Einzelfalls eine Verweigerung der Genehmigung durch den gesetzlichen Vertreter oder durch den Ergänzungspfleger nicht rechtfertigen könnten. **Dingliche Belastungen**, die nicht persönlich verpflichten (Hypothek), sind kein Nachteil, weil nur mit dem Grundstück gehaftet wird (§ 1147 BGB); ebenso dürfte eine Schenkung eines Grundstücks mit einem Nießbrauchsvorbehalt rechtlich lediglich vorteilhaft sein, weil das sonstige Vermögen des Minderjährigen nicht betroffen ist. Wenn eine dingliche Belastung aber persönliche Pflichten begründet (Reallast: § 1108 BGB), liegt ein

rechtlicher Nachteil vor. Auch aus dem **Erwerb dinglicher Rechte herrührende persönliche Verpflichtungen** (beim Erwerb von Wohnungseigentum Pflichten aus § 14 WEG; und – leicht übersehen – beim Erwerb eines vermieteten Hauses die Pflichten aus dem Mietvertrag nach §§ 566, 535 BGB: wissen Sie noch, was in dem „hochberühmten" § 566 BGB steht???) schließen einen lediglich rechtlichen Vorteil aus.

3. Bei **Leistungen an einen minderjährigen Gläubiger** zum Zwecke der Erfüllung einer Verpflichtung (z.B. des Verkäufers an einen minderjährigen Käufer) kommt es zu einem eigenartigen Ergebnis: **a)** Die Übereignung einer geschuldeten Sache, z.B. Zahlung des Kaufpreises, die Rückzahlung der Darlehensvaluta und der Zinsen bei Fälligkeit eines einem Minderjährigen zustehenden z.B. ererbten Darlehensanspruchs ist dinglich wirksam; **b)** die Erfüllungswirkung tritt gleichwohl mangels „Empfangszuständigkeit" nicht ein.

4. Wem hier wieder einiges fremd war, der muss sich zwar sagen lassen, dass von allem bisher schon einmal die Rede war, es sei ihm aber wieder einmal „**Trost gespendet**": Wir werden uns mit allem noch gründlich befassen.

„**Neutrale**" (also weder lediglich rechtlich nachteilige noch rechtlich vorteilhafte) **Geschäfte** sind dagegen **wirksam**, obwohl sie streng genommen nicht „lediglich rechtlich vorteilhaft sind". Das hatte Sie bereits der § 165 BGB (in dem der Gesetzgeber „sicherheitshalber" eine Regelung getroffen hat) gelehrt: „Die Wirksamkeit einer von oder gegenüber einem Vertreter abgegebenen Willenserklärung wird nicht dadurch beeinträchtigt, dass der Vertreter in seiner Geschäftsfähigkeit beschränkt ist".

<u>Fall 173:</u> Der minderjährige V verkauft, übereignet und übergibt eine von ihm bei E geliehene Sache an den gutgläubigen K. Der E verlangt von K Herausgabe (nach Medicus und Kropholler).

1. Der Anspruch könnte sich aus § 985 BGB ergeben. a) K ist Besitzer. b) Der E müsste Eigentümer sein: aa) Er war es. bb) Die leihweise Überlassung an den V ändert daran nichts. cc) Die Übereignung des V an den K könnte zu einem Eigentumserwerb des K nach §§ 929 S. 1, 932 Abs. 1 BGB geführt haben. aaa) Der aaaa) Grundtatbestand des § 929 S. 1 BGB ist gegeben. Fraglich ist, ob die eine Einigung (dinglicher Vertrag mit dem Inhalt, dass das Eigentum übergeht) zum Ziel haben sollende vertragliche WE des K nach § 107 BGB schwebend unwirksam ist. Nach hM. führt die Veräußerung einer fremden Sache zu keinem rechtlichen Nachteil i.S.d. § 107 BGB: Die Übereignung einer fremden Sache hat keinen Rechtsverlust für den minderjährigen V zur Folge. Eventuelle nachteilige mittelbare Folgen (Verpflichtung des V gegenüber dem E zur Zahlung von Schadensersatz aus §§ 280 Abs. 1, 3, 283 und § 823 Abs. 1, 2 i.V.m. § 246 StGB oder zur Herausgabe des durch die Verfügung Erlangten aus § 816 Abs. 1 S. 1 BGB oder aus §§ 687 Abs. 2, 681 S. 2, 667 BGB) bleiben bei § 107 BGB außer Betracht. Rechtliche Vorteile gibt es auch keine. Das Rechtsgeschäft ist „neutral" und damit wirksam. bbbb) Der Tatbestand des § 932 BGB ist gegeben. cccc) § 935 BGB liegt nicht vor. Danach hätte K das Eigentum erworben. bbb) Nach anderer, wohl vorzugswürdiger Ansicht (Medicus) führt das Ergebnis zu einem Wertungswiderspruch: Der K wird so besser gestellt, als er stünde, wenn der V Eigentümer wäre; er hätte dann kein Eigentum erlangt. Nach dieser Ansicht ist E Eigentümer geblieben. c) Der K hat kein Recht zum Besitz. 2. Unterstellt, der K wäre Eigentümer geworden (so die hM), stellt sich die Frage, ob ein Anspruch aus § 816 Abs. 1 S. 2 BGB des E gegen den K bestünde (dazu später mehr).

(3) Nicht lediglich rechtlich vorteilhafte Geschäfte

Bei nicht lediglich rechtlich vorteilhaften Geschäften muss nach **§§ 107, 183 BGB** für deren Wirksamkeit eine **Einwilligung** der/des gesetzlichen Vertreter(s) (= der Eltern gemeinschaftlich nach § 1626 BGB oder eines Elterteils nach § 1680 BGB bzw. des Vormunds nach § 1793 BGB) vorliegen.

Die **Einwilligung** ist eine **vorher erklärte Zustimmung** (Legaldefinition in § 183 S. 1 BGB), die das Rechtsgeschäft „ex nunc" („von nun an" = vom Augenblick der Einwilligung an) wirksam macht. Vorstellbar sind hier:

- eine **Spezialeinwilligung** (= für ein bestimmtes Rechtsgeschäft), die sich auf das abzuschließende Geschäft **beziehen** muss,

- oder eine **Generaleinwilligung** (= für noch nicht individualisierte Rechtsgeschäfte), die nicht etwa in einer bloßen Mittelüberlassung gesehen werden kann (argec. § 110 BGB, der sonst überflüssig wäre!) und die – wenn sie gegeben ist – eng ausgelegt werden muss, um den Grundgedanken des Minderjährigenschutzes zu wahren, wobei zu beachten ist, dass eine (den Minderjährigen „quasi vollgeschäftsfähig" machende) **unbeschränkte Generaleinwilligung** unzulässig ist.

Fall 174: Die Eltern E haben ihrem Sprössling S zum 13. Geburtstag € 25,- für einen Nachmittag auf dem gerade stattfindenden Volksfest „Hamburger Dom" geschenkt. Das Fahrgeld für die Hin- und Rückfahrt mit der U-Bahn soll er zunächst verauslagen; sie wollen es ihm dann später erstatten. Der S sagt sich jedoch, dass er das Fahrgeld lieber die Geister- anstelle der U-Bahn bezahlen will und fährt „schwarz". Der Kontrolleur K schnappt ihn und verlangt das „erhöhte" Fahrgeld von € 25,-. Sie sind als inzwischen arrivierter Rechtsanwalt zufällig im Zug und mischen sich ein. „Das Kind" erklärt sich zu Ihrem „Klienten". Welchen Rechtsrat erteilen sie dem S (nach Grisham und Erich Kästner)? Unterstellen Sie, dass ein wirksamer Beförderungsvertrag Voraussetzung für die Verpflichtung zur Zahlung des erhöhten Fahrgeldes ist und dass die Einbeziehung der AGB wirksam wäre und die AGB einer Inhaltskontrolle standhalten würden.

Die Verpflichtung des S gem. § 339 BGB zur Zahlung besteht nur dann, wenn ein wirksamer Beförderungsvertrag geschlossen ist. Da der S minderjährig ist und der Abschluss des Beförderungsvertrags auch nicht lediglich rechtlich vorteilhaft ist (§ 107 BGB), hängt die Wirksamkeit von der Einwilligung der E ab (§ 107 BGB). Nach einer Ansicht soll die Einwilligung der gesetzlichen Vertreter mit der Benutzung eines öffentlichen Verkehrsmittels und deshalb auch mit dem Abschluss eines Beförderungsvertrages nicht für den Antritt einer „Schwarzfahrt" gelten; die Einwilligung der Eltern (stillschweigend) sei nur unter der Bedingung einer bezahlten Fahrt erteilt worden. Nach anderer (wegen § 162 BGB analog vorzugswürdigen) Ansicht soll es allein darauf ankommen, ob die Eltern mit der Benutzung der U-Bahn einverstanden waren. Das ist hier der Fall. Also ist das „erhöhte" Beförderungsentgelt geschuldet. (Machen Sie also großzügig ein Geschenk, bezahlen Sie Ihrem „Klienten" die € 25,- und retten Sie den Geburtstag)!

Die **Haftung des Minderjährigen beschränkt sich** allerdings **auf das bei Eintritt der Volljährigkeit vorhandene Vermögen des Kindes** (§ 1629 a Abs.1 S. 1, 2. HS BGB). So soll der Minderjährige davor bewahrt werden, durch den Leichtsinn seiner Eltern für sein ganzes Leben unzumutbar belastet zu werden. Die Haftungsbeschränkung ist nach dem Muster der Herbeiführung der Beschränkung der Erbenhaftung ausgestaltet (dazu mehr in Teil 11).

Die Vorschrift des **§ 110 BGB** behandelt einen besonderen Fall der Einwilligung, der im Verhältnis zur generellen Einwilligung nachrangig ist. Gelesen werden muss die Vorschrift also folgendermaßen: „Ein von dem Minderjährigen ohne <u>ausdrückliche</u> Zustimmung des gesetzlichen Vertreters geschlossener Vertrag gilt als von Anfang an wirksam, wenn….". Denn es handelt sich bei der Regelung des § 110 BGB um einen **Spezialfall** (konkludent durch Überlassung von Mitteln) **der Einwilligung i.S.d. § 107 Fall 2 BGB**. Dem **Erziehungsgedanken** entspringt das Erfordernis, dass die Leistung bewirkt worden sein muss „mit Mitteln…, die ihm", dem Minderjährigen, „zu diesem Zweck oder zu freier Verfügung von dem Vertreter oder mit dessen Zustimmung von einem Dritten überlassen worden sind".

> Typischerweise ist Geld, und zwar „Taschengeld" oder ein belassenes Arbeitseinkommen, ein „Mittel", das dem Minderjährigen zu **„freier Verfügung überlassen"** ist. Bei der Überlassung von (Geld-)Mitteln durch einen „Dritten" kommt es für die Anwendbarkeit des § 110 BGB hingegen auf die entsprechende Zustimmung des gesetzlichen Vertreters an. Ob Surrogate (Lehrbuchbeispiel: Autokauf eines Minderjährigen mit Geld aus einem Lottogewinn, wobei der Einsatz mit Taschengeld bezahlt wurde) dazu gehören, beurteilt sich aus dem Erziehungszweck.

Die **Wirksamkeit** tritt bei § 110 BGB – anders als bei § 107 2. Fall BGB – aber **erst mit der Leistungsbewirkung** ein. Der Sinn und Zweck der Vorschrift besteht nämlich zwar einerseits darin, den Minderjährigen bis zu einer gewissen Grenze eigenverantwortlich rechtsgeschäftlich handeln zu lassen. Um den Minderjährigen aber andererseits vor schädigenden Belastungen seines Vermögens zu schützen, wird das Verpflichtungsgeschäft erst dann als wirksam behandelt, wenn er „die vertragsmäßige Leistung mit Mitteln <u>bewirkt</u>" hat, „die … überlassen worden sind". Die in der Mittelüberlassung zu sehende Einwilligung ist also insofern enger als die sonstige Einwilligung, weil sie nicht zur Folge hat, dass der Minderjährige zu einer Leistung verpflichtet bleibt. In dogmatischer Hinsicht trägt man dem durch eine **atypische Bedingungskonstruktion** Rechnung: Die Wirksamkeit des Verpflichtungsgeschäfts ist durch die vollständige Erfüllung aufschiebend bedingt, wobei diese entgegen §§ 158 Abs. 1, 159 BGB aufgrund der Fiktion des § 110 BGB („ gilt als von Anfang an wirksam") „ex tunc" (= zurück) wirkt. Die Folge ist, dass bei unteilbaren Geschäften (z.B. bei einem Teilzahlungskauf) der gesamte Vertrag erst mit Zahlung der letzten Rate rückwirkend auf den Zeitpunkt des Vertragsschlusses wirksam wird. Dagegen sind teilbare Geschäfte, wie z.B. ein Mietvertrag, jeweils für den Zeitraum, für den der Minderjährige die Leistung bewirkt hat, wirksam.

Fehlt es an einer Einwilligung oder ist ein vom Minderjährigen geschlossener Vertrag nicht nach § 110 BGB wirksam, ist ein **Vertrag „schwebend unwirksam";** und es bedarf für seine Wirksamkeit einer sich auf das abgeschlossene Geschäft beziehenden **Genehmigung (§§ 108, 109, 184 Abs. 1 BGB)**, die nach § 184 Abs.1 BGB „ex tunc" wirkt.

<u>Fall 175:</u> Der 16-jährige M kauft vom Händler V ein Fahrrad für € 200,-. Seine Eltern hatten ihm für diesen Kauf € 200,- zum Geburtstag geschenkt. Der K zahlt aus dem ihm überlassenen Geld € 10,- an. Die Restzahlung soll bei der in zwei Wochen zu erwartenden Lieferung erfolgen. Der M kann die Zeit nicht abwarten und kauft bei einem anderen Händler ein vergleichba-

res Rad für € 190,-, das nach sofortiger Barzahlung mit dem ihm überlassenen Geld sogleich an den M übereignet und übergeben wird. Nach Anlieferung des Fahrrades bei V verlangt dieser von M Zahlung von € 190,- Zug-um-Zug gegen Lieferung. Die Eltern verweigern die Genehmigung des Vertrages, weil der M ja nun ein Fahrrad hat.

Der Anspruch könnte sich aus einem Kaufvertrag ergeben (§ 433 Abs. 2 BGB). Der Kaufvertrag a) ist nicht nach § 110 BGB wirksam, weil der M die Leistung an V nicht bewirkt hat. Dieser Fall zeigt die Bedeutung des § 110 BGB: Der nicht lediglich rechtlich vorteilhafte Vertrag, für den das Geld bestimmt war, bleibt schwebend unwirksam, wenn der Minderjährige das Geld verliert oder anderweitig verbraucht. b) Der Vertrag des M mit dem V, der für den M nicht lediglich rechtlich vorteilhaft ist, aa) könnte allerdings dann doch wirksam sein, wenn in der Geldüberlassung zugleich eine Einwilligung für den Kauf des Rades bei V läge. Zwar ist es in der Tat theoretisch möglich, dass die Mittelüberlassung zugleich eine Einwilligung ist. Angesichts des § 110 BGB kann man dies aber nur annehmen, wenn es dafür besondere Anhaltspunkte gibt. Diese sind hier nicht erkennbar. bb) Wegen der Verweigerung der Genehmigung ist der Vertrag des M mit V nichtig.

Variante: Der M hat kein Geld von den Eltern bekommen und kauft das Fahrrad von V ohne deren Einwilligung. Um die von V eingeforderte Genehmigung der Eltern zu erlangen, täuscht er ihnen einen Kaufpreis von € 180,- vor. Die Eltern genehmigen den Vertragsschluss dem M gegenüber (§ 182 BGB). V verlangt von M Zahlung von € 200,- Zug-um-Zug gegen Lieferung.

Der Anspruch könnte sich aus einem Kaufvertrag ergeben (§ 433 Abs. 2 BGB). Der Kaufvertrag ist jedoch nach §§ 107, 108 Abs. 1, 184 Abs. 1 BGB schwebend unwirksam, weil die Eltern nicht wirksam genehmigt haben. Ihre Erklärung bezog sich wegen der Fehlinformation des M nicht auf den von M mit V abgeschlossenen Vertrag.

Während des Schwebezustandes kann der Vertragspartner des Minderjährigen den Vertrag widerrufen, wenn er nicht gewusst hat, dass sein Vertragspartner beschränkt geschäftsfähig war oder wenn der beschränkt Geschäftsfähige das Vorliegen einer Einwilligung vorgetäuscht hat (§ 109 BGB). Beendet werden kann der Schwebezustand nach § 108 BGB, indem der Vertragspartner den gesetzlichen Vertreter zur Genehmigung mit der Folge des § 108 Abs. 2 BGB auffordert: Die Genehmigung kann, anders als § 182 BGB es vorsieht, fortan nur noch gegenüber dem Vertragspartner erklärt werden; wird sie binnen 2 Wochen nicht erklärt, gilt sie als verweigert.

Wenn die **Genehmigung verweigert** wird, ist der Vertrag von Anfang an unwirksam. Wird die Genehmigung erteilt, ist der Vertrag von Anfang an wirksam; der inzwischen volljährig Gewordene kann die Genehmigung (auch schlüssig, z.B. durch Fortsetzung des Vertrages) **erklären.**

Fehlt bei einem einseitigen Rechtsgeschäft die Einwilligung, ist das Rechtsgeschäft **nichtig** (§ 111 S. 1 BGB).

> Wir verdeutlichen vorsorglich noch einmal den **Standort dieser Ausführungen in der Gesamtdarstellung.**
>
> Es geht um die Prüfung vertraglicher Primäransprüche, wie z.B. den Anspruch des Verkäufers gegen den Käufer einer Sache auf Kaufpreiszahlung aus einem Kaufvertrag (§ 433 Abs. 2 BGB) oder den des Gläubigers gegen den Bürgen

aus einem Bürgschaftsvertrag (§ 765 BGB) u.v.a.m. Dazu muss ein Kaufvertrag oder ein Bürgschaftsvertrag etc. zustande gekommen sein. Nachdem Sie anfangs gelernt haben, wie Verträge, speziell auch die uns zunächst interessierenden verpflichtenden Verträge, zustande kommen, welchen Inhalt sie haben, dass sie auch durch die Einschaltung von Mittelspersonen, insbesondere Vertretern, geschlossen werden können, sind Sie jetzt damit befasst, die Umstände kennen zu lernen, die das Entstehen eines Vertrages hindern können und die man deshalb auch als sog. „**Wirksamkeitshindernisse**" (= „**rechtshindernde Einwendungen**") bezeichnet.

In rechtlicher Hinsicht handelt es sich dabei um solche „von Amts wegen" zu berücksichtigenden Umstände, die einen Anspruch aus einem Rechtsgeschäft, also insbesondere aus einem verpflichtenden Vertrag, ausschließen, obwohl dessen Entstehungstatbestand vorliegt. „Von Amts wegen" heißt, dass der Richter („das Amt") diese Umstände zu berücksichtigen hat, auch wenn keine der Parteien sich auf das Bestehen eines „Wirksamkeitshindernisses" (= „rechtshindernde Einwendungen") berufen hat. Das gilt dann auch für Sie, denn bei der Fallbearbeitung sind Sie „das Amt".

Soeben haben Sie gelernt, dass bestimmte **Defizite in der Person des Erklärenden (§§ 104 ff. BGB)** der Wirksamkeit eines Vertrages, also auch eines verpflichtenden Vertrages, entgegenstehen können. Als Nächstes geht es um einen eventuellen **Formmangel** des Rechtsgeschäfts, hier speziell eines Vertrages, und zwar in erster Linie eines verpflichtenden Vertrages.

Jetzt sollten Sie wieder „auf dem Laufenden" sein.

2. Formmangel

Prinzipiell sind **Willenserklärungen** – und damit alle Rechtsgeschäfte – **formfrei**. Es gibt aber ein breites Spektrum von **Ausnahmen** in Gestalt von **gesetzlichen Formvorschriften**; außerdem kann das Erfordernis zur Einhaltung einer **Form** von den Parteien **vertraglich vereinbart** worden sein.

- Die **Rechtsfolge** der Nichteinhaltung der **gesetzlichen Form** ist die **Nichtigkeit** des Rechtsgeschäfts (§ 125 S. 1 BGB), während die Nichteinhaltung einer **vereinbarten Form** nur **im Zweifel** zur **Nichtigkeit** führt (§ 125 S. 2 BGB).
- Gelegentlich lässt das Gesetz (ausnahmsweise, daher besteht kein analogiefähiges Prinzip!) eine **Heilung des Formmangels** durch eine nachfolgende Erfüllung zu (§§ 311 b Abs. 1, S. 2, 518 Abs. 2, 766 S. 3 BGB).

a) Arten der Form

In etwa **nach der „Strenge" der Form geordnet**, kann man im Wesentlichen folgende Arten von Formen unterscheiden:
So gibt es **gesetzlich vorgeschriebene** Formen.

- Bestimmte Erklärungen müssen **bei gleichzeitiger Anwesenheit vor einer zuständigen Stelle** abgegeben werden (z.B. die Auflassung nach § 925 Abs. 1 BGB oder die Eheschließung nach § 1310 Abs. 1 BGB).
- Einer **notariellen Beurkundung** bedürfen eine Vielzahl von Verträgen, z.B. nach **§ 311 b Abs. 1 BGB** „ein Vertrag, durch den sich der eine Teil verpflichtet, das Eigentum an einem Grundstück zu übertragen oder zu erwerben"; das sind z.B. Grundstückskaufverträge oder auch Gesellschaftsverträge mit einer auf Übertragung von Eigentum oder von Miteigentumsanteilen an Grundstücken oder Anwartschaftsrechten an Grundstücken gerichteten Einlageverpflichtung; oder nach **§ 518 Abs. 1 BGB** ein Schenkungsversprechen. Unter einer hierfür erforderlichen **„notariellen Beurkundung"** versteht man nach §§ 128 BGB, 8 BeurkG folgenden Vorgang: Die Willenserklärung(en) wird (werden) von dem (n) Beteiligten in einer Verhandlung vor einem Notar abgegeben und von diesem schriftlich festgehalten („Niederschrift"); die Niederschrift wird vorgelesen und von dem (n) Beteiligten genehmigt.
- Nach §§ 1154, 129 BGB kann eine Buchhypothek auch durch öffentlich beglaubigte Abtretungserklärung und Übergabe des Hypothekenbriefes übertragen werden; bestimmte Erklärungen gegenüber dem Grundbuchamt bedürfen nach §§ 29 GBO, 129 BGB der **öffentlichen Beglaubigung**. Bei ihr wird die Unterschrift unter einer eine Erklärung enthaltenden Urkunde durch einen Notar als echt bezeugt, indem dieser sich von der Identität des Erklärenden überzeugt (Personalausweis) und in einem Beglaubigungsvermerk festhält, dass die in ihm namentlich angeführte Person und der Erklärende identisch sind (§§ 129 BGB, 39 f. BeurkG).
- Zuweilen verlangt das Gesetz auch die Einhaltung der **Schriftform** und z.Tl. auch das Vorliegen **zusätzlicher Umstände**, so bei bestimmten Verbraucherverträgen: Beim Verbraucherdarlehensvertrag ist nach § 492 Abs. 1 – 3 BGB erforderlich die Schriftform mit Mindestangabepflichten und die Zurverfügungstellung einer Abschrift (ebenso nach § 499 BGB beim Zahlungsaufschub; ebenso nach § 500 BGB beim Finanzierungsleasing, ebenso nach §§ 501, 502 BGB beim Teilzahlungsgeschäft; nach § 505 Abs. 2 BGB beim Ratenlieferungsvertrag; bei Haustürgeschäften und Teilzeit-Wohnrechteverträgen und den anderen in § 312 a BGB genannten Verträgen, die den Regelungen der Verbraucherdarlehensverträge unterfallen, gehen die vorgenannten Regeln vor, so dass auch die zuvor dargestellten Formvorschriften gelten); für die Bürgschaftserklärung wird nach §§ 766, 126 BGB verlangt: Schriftform und „Erteilung" der Bürgschaftserklärung (= Zurverfügungstellung der Originalurkunde). Für die Wahrung der Schriftform ist nach § 126 Abs. 1 BGB ein geschriebener Text und eine eigenhändige Namensunterschrift erforderlich; sie kann u.U. nach § 126 a BGB durch eine elektronische Signatur ersetzt werden (aber z.B. nicht bei dem Verbraucherdarlehensvertrag nach § 492 Abs. 1 S. 2 BGB oder nach § 766 S. 2 BGB bei der Bürgschaft).
- Bei der Testamentsform des **eigenhändigen Testaments** muss dieses eigenhändig geschrieben und unterschrieben werden (§ 2247 Abs. 1 BGB): Diese Form verlangt insoweit mehr als die Schriftform, als zusätzlich eine „Eigenhändigkeit" des Textes und der Unterschrift verlangt werden; nicht aber ist – wie bei der

Schriftform – eine Unterschrift mit dem Namen nötig (als Unterschrift reicht: „Dein Onkel"), was allerdings für die Rechtspraxis nicht anzuraten ist, weil (z.b. beim Vorhandensein mehrerer Onkel) nur mühsam aufzuklärende Identifikationsfragen auftauchen können.

- Auch kann die **„Textform"** nötig sein (§ 554 Abs. 3 BGB). Für die Textform reicht eine in einer Urkunde o.ä. enthaltene Erklärung, aus der sich die Person des Erklärenden ergibt und in der der Abschluss der Erklärung erkennbar gemacht ist (§ 127 BGB).

Das waren die wesentlichen gesetzlich vorgeschriebenen Formvorschriften. Bei einer **„gewillkürten Form"**, also bei einer durch Vereinbarung geschaffenen Notwendigkeit zur Einhaltung einer Form, kann man die vorstehend beschriebenen gesetzlichen Erklärungsformen wählen, oder man kann selbst erdachte Formen (nicht selten z.b. eine Übermittlungsform: „per Boten" oder „per Einschreiben") vorsehen: So kann in einem Mietvertrag vereinbart sein, dass die Kündigung „schriftlich" oder „per Einschreiben" erfolgen soll.

b) Gesetzlich vorgeschriebene Form

Aus dem Spektrum der gesetzlich vorgeschriebenen Formen greifen wir uns hier die für Sie in der Ausbildung wichtigsten Konstellationen heraus

- die Form des **§ 311 b Abs. 1 S. 1 BGB** (Erforderlichkeit der notariellen Beurkundung bei vertraglicher Verpflichtung zur Übertragung oder zum Erwerb von Grundstücken),
- des **§ 518 Abs. 1 BGB** (Erforderlichkeit der notariellen Beurkundung des Schenkungsversprechens, nicht etwa der Handschenkung, so dass der Notar nicht beim Weihnachtsfest dabei sein muss!).

Die Formvorschrift des **§ 766 BGB** (Schriftform und Erteilung der Bürgschaftserklärung) besprechen wir nicht erneut; diese ist Ihnen bereits bei der Darstellung des Bürgschaftsvertrages ausreichend verdeutlicht worden. Die **übrigen gesetzlichen Formerfordernisse** wurden bereits und werden noch in anderen, jeweils passenden Zusammenhängen besprochen.

aa) Umfang der Formpflicht bei §§ 311 b Abs. 1, 518 Abs. 1 BGB

Keiner besonderen Darstellung bedarf es, dass in den Fällen des § 311 b Abs. 1 BGB und des § 518 Abs. 1 BGB jeweils der **Vertrag selbst**, also z.B. der Grundstückskaufvertrag oder das vertragliche Schenkungsversprechen bei der Vertragsschenkung („Schenkungsversprechen"), der notariellen Beurkundung bedarf, und zwar ganz bestimmt die Vereinbarung der jeweiligen **„essentialia negotii"**, aber auch solche **Nebenabreden**, ohne die die Parteien den Vertrag nicht geschlossen hätten.
    Interessant ist aber Konstellation einer **Verbindung eines** hiernach **formbedürftigen Vertrages mit einem anderen,** als solchem **formfrei möglichen Vertrags**. Dann ist der formfreie Vertrag ebenfalls formbedürftig, wenn die Geschäfte miteinander „stehen und fallen".

Fall 176: Der Bauunternehmer V und der K schließen einen schriftlichen Vertrag, der den V dazu verpflichtet, nach den Plänen des K auf einem dem V gehörigen Grundstück ein Einfamilienhaus für € 300 000,- zu errichten und das Hausgrundstück nach Fertigstellung gegen Zahlung von weiteren € 200 000,- an den K zu übergeben und zu übereignen. Der V verlangt nach Fertigstellung des Rohbaus, der einen Wert von 1/3 der Gesamtvergütung hat, eine Abschlagzahlung von € 100 000,-.

Der Anspruch auf Abschlagzahlung könnte sich aus einem Werkvertrag ergeben (§ 632 a BGB). Die Parteien haben einen Vertrag geschlossen, der sich aus einem Werk- und einem Kaufvertrag zusammensetzt (Warum eigentlich kein Vertrag über die Lieferung neu herzustellender beweglicher Sachen nach § 651 BGB?? Lesen Sie § 651 BGB gründlich: „... Lieferung herzustellender oder zu erzeugender beweglicher Sachen...."). Der Kaufvertrag ist nach §§ 311 b Abs. 1, 125 BGB nichtig. Da beide Verträge so eng miteinander verbunden sind, dass sie miteinander stehen und fallen, ist auch der Werkvertrag nichtig. Der V hat daher keinen Anspruch aus § 632 a BGB gegen K.

Nicht nur die nach § 311 b Abs. 1 BGB oder nach § 518 Abs. 1 BGB formbedürftigen Verpflichtungsgeschäfte, sondern auch solche **Verträge**, die **bei wirtschaftlicher Betrachtungsweise** einem solchen **Verpflichtungsvertrag gleichgestellt** werden müssen, bedürfen der Form des § 311 b Abs. 1 BGB oder nach § 518 Abs. 1 BGB. Die Hauptbeispiele sind der **Vorvertrag** und die **unwiderrufliche Veräußerungs-** oder **Erwerbsvollmacht**.

Fall 177: Der ein Im- und Exportgeschäft betreibende Geschäftsmann S beabsichtigt, bei der G-Bank einen Kredit mit 5-jähriger Laufzeit mit 6%-iger Verzinsung in Höhe € 1 000 000,- aufzunehmen. In den Kreditverhandlungen verlangt die B-Bank die Stellung eines selbstschuldnerischen Bürgen. Der S ruft aus den Räumen der G-Bank den B an, der sich ihm gegenüber zu einer Bürgschaft für dessen Geschäftstätigkeit bereit erklärt hatte. Der B verpflichtet sich telefonisch gegenüber dem Prokuristen P der G-Bank dazu, einen Bürgschaftsvertrag zur Sicherung eines Darlehens des S über € 1 000 000,- mit 5-jähriger Laufzeit und 6%-iger Verzinsung abschließen zu wollen. Der P veranlasst deshalb die Auszahlung des Darlehens. Als der B erfährt, dass der S die Darlehensvaluta gar nicht für seine Geschäftstätigkeit, sondern für waghalsige Börsenspekulationen einsetzen will, weigert er sich, den Bürgschaftsvertrag mit der G-Bank abzuschließen.

Ein Anspruch der G-Bank gegen B auf Abschluss eines Bürgschaftsvertrages könnte sich aus einem Vorvertrag ergeben (§§ 311 Abs. 1, 765, 164 BGB, 48 f. HGB). Wenn dem Abschluss eines Vertrages noch tatsächliche und rechtliche Hindernisse entgegenstehen, gleichwohl aber eine beiderseitige oder auch nur einseitige Bindung der Parteien auf Abschluss des Vertrages herbeigeführt werden soll, können die Parteien einen „Vorvertrag" abschließen, dessen Inhalt darin besteht, dass sie beide oder einer von ihnen verpflichtet sind/ist , einen anderen verpflichtenden Vertrag („Hauptvertrag", hier einen Bürgschaftsvertrag) abzuschließen. Regelmäßig begründet ein solcher Vorvertrag lediglich einen Anspruch auf Abschluss des „Hauptvertrages". Der Vorvertrag bedarf, weil ansonsten eine Formvorschrift umgangen werden könnte, der Form des Hauptvertrages, hier also der des § 766 S. 1 BGB (Schriftform und Erteilung der Willenserklärung des zukünftigen Bürgen). Weil diese Form nicht eingehalten ist, ist der Vorvertrag nichtig (§ 125 BGB).

Ein zusätzliche Erweiterung der Formpflicht wird leicht übersehen: Auch solche Verträge, die das nach § 311 b Abs. 1 BGB oder nach § 518 Abs. 1 BGB formbedürftige

Geschäft nachträglich ändern (**„Änderungsverträge"**) bedürfen der vorgeschriebenen Form.

Fall 178: Der V verkauft dem K formgerecht eine Eigentumswohnung in einem 30 Jahre alten Hochhaus für € 90 000,- und verschweigt dabei, dass ihm bereits durch den Verwalter eröffnet worden ist, dass demnächst Fassadenrenovierungen notwendig sind, die zu Belastungen für die Wohnungseigentümer in Höhe von je € 20 000,- führen werden. Der K zahlt den Kaufpreis; zu seinen Gunsten wird eine von dem V bewilligte Auflassungsvormerkung in das Grundbuch eingetragen. Nach dem Inhalt des Kaufvertrags trägt der K nunmehr die Nutzungen und die Lasten der Wohnung. Als der K auf der alsbald danach anberaumten Wohnungseigentümerversammlung von den geplanten Baumaßnahmen hört, verlangt er von dem V eine Rückzahlung eines Teils des Kaufpreises in Höhe von € 10 000,-. Der V und der K schließen einen schriftlichen Vertrag, in dem der V sich zur Rückzahlung des Kaufpreises in Höhe von € 10 000,-. verpflichtet und in dem der K auf die Geltendmachung von Gewährleistungsrechten oder einer Anfechtung des Kaufvertrags verzichtet. Der K verlangt die Zahlung von € 10 000,- von V.

Der Anspruch besteht nicht, weil die Vereinbarung als Abänderung des Kaufvertrages der Form des § 311 b Abs. 1 BGB bedurft hätte und mangels dieser Form nach § 125 S. 1 BGB nichtig ist.

bb) Heilung eines Formmangels

Nach **§ 311 b Abs. 1 S. 2** wird der **Formmangel** durch **Auflassung** und **Eintragung in das Grundbuch** (also nicht ausschließlich „durch Eintragung" in das Grundbuch, wie häufig vereinfachend gesagt wird!) **mit ex-nunc-Wirkung geheilt**, wenn die Parteien übereinstimmend die Veräußerung oder den Erwerb noch wollen mit der Folge, dass der Vertrag dann „seinem ganzen Inhalt nach", also einschließlich eventueller formnichtiger Nebenabreden, wirksam wird.

Fall 179: Der Auftraggeber AG vereinbart mit dem Auftragnehmer AN mündlich, dass dieser unentgeltlich für den AG ein Grundstück vom Eigentümer E käuflich erwirbt. Der AN schließt mit dem E einen Kaufvertrag über das Grundstück in eigenem Namen. Es wird daraufhin von E an den AN übereignet. Der AG verlangt von dem AN Übereignung an sich und bietet dem AN den verauslagten Kaufpreis sowie die ihm entstandenen Kosten an. Der AN, der inzwischen Gefallen an dem Grundstück gefunden hat, weigert sich (nach BGH).

Der Anspruch des AG gegen AN könnte sich aus § 667 BGB ergeben, wenn ein wirksamer Auftrag bestünde. a) Ein solcher Vertrag (§ 662 BGB) ist geschlossen worden. b) Er könnte jedoch nach §§ 311 b Abs. 1, S. 1, 125 BGB formnichtig sein. aa) Teilweise wird angenommen, aaa) dass der Auftrag formbedürftig sei, weil durch diesen Vertrag eine den Auftragnehmer AN durch die Ausführung des Auftrags bedingte Verpflichtung zur Herausgabe nach § 667 BGB (also eine Übereignungsverpflichtung) entstünde. Danach wäre der Auftrag nichtig (§§ 311 b Abs.1, S. 1, 1, 125 BGB). bbb) Der Formmangel wäre nicht nach § 311 b Abs. 1 S. 2 BGB durch die Übereignung des E an AN geheilt. bb) Der BGH hält aber aaa) lediglich die Begründung der Erwerbsverpflichtung des Beauftragten (AN) für formbedürftig; danach wäre der Auftrag zwar zunächst auch formnichtig nach §§ 311 b Abs. 1, S. 1, 125 S. 1 BGB. bbb) Durch den Erwerb des Grundstücks durch den AN wäre der Formmangel jedoch geheilt (§ 311 b Abs. 1, S. 2 BGB). Danach müsste der AN das Grundstück an AG übereignen.

Fall 180: Der V verkauft in notariell beurkundeter Form sein Grundstück „lastenfrei" für € 1 000 000,- an den K bei gleichzeitiger Bewilligung einer Auflassungsvormerkung zugunsten des K durch V; im Kaufvertrag werden allerdings aufgrund einer ohne Wissen des Notars getroffenen Abrede nur € 800 000,- beurkundet, um so Kosten und Grunderwerbsteuern „zu sparen". Sodann bestellt V der B-Bank zur Sicherung eines Darlehens eine Hypothek von € 500 000,-. Der K, der davon nichts erfährt, zahlt wie vereinbart den gesamten Kaufpreis von € 1 000 000,- an den V. Die Auflassung wird formgerecht erteilt, und der K wird als Eigentümer im Grundbuch eingetragen. Der K verlangt von der B-Bank die Zustimmung zur Löschung der Hypothek.

1. Aus § 894 BGB ergibt sich der Anspruch nicht, weil auch bei einer (evtl.) vormerkungswidrigen Verfügung des V (dazu sogleich) das Grundbuch nicht unrichtig wird. 2. In Betracht kommt daher nur ein Anspruch aus § 888 BGB. a) Dann müsste eine wirksame Vormerkung bestanden haben: aa) Sie ist – wie erforderlich – im Grundbuch eingetragen. bb) Eine Bewilligung des V als Eigentümer liegt vor. cc) Erforderlich ist weiterhin ein wirksamer schuldrechtlicher Anspruch gerichtet auf dingliche Rechtsänderung: In Betracht kommt hier ein Anspruch aus einem Kaufvertrag zwischen beiden (§ 433 Abs. 1 S. 1 BGB), wenn ein solcher zwischen beiden geschlossen worden wäre. aaa) Der von dem Notar beurkundete Kaufvertrag über einen Preis von € 800 000,- könnte nach § 117 Abs. 1 nichtig sein. aaaa) Der V und der K haben beide entsprechende, auf den Abschluss eines Kaufvertrags gerichtete empfangsbedürftige Willenserklärungen abgegeben. bbbb) Ihre Willenserklärungen haben sie einverständlich mit diesem Inhalt aber nur zum Schein abgegeben. Ihr mit dem Scheingeschäft angestrebtes Ziel (Kostenersparnis) konnten und wollten sie mit dem bloßen Schein eines auf diesen Preis lautenden Kaufvertrages erreichen. Daher ist ein Kaufvertrag mit dem Inhalt eines Preises von € 800 000,- nichtig. bbb) Wirksam sein könnte aber das „dissimulierte Geschäft" über € 1 000 000,- (§ 117 Abs. 2 BGB). Dann aber müssten dessen Wirksamkeitsvoraussetzungen gegeben sein; insbesondere müsste die Formvorschrift des § 311 b Abs. 1 S. 1 BGB erfüllt sein, weil der Vertrag sonst nach § 125 S. 1 BGB nichtig wäre. aaaa) Die Preisabrede ist aaaaa) beurkundungspflichtig, weil es dabei um eines der „essentialia negotii", also um eine vertragsbestimmende Abrede geht. Da nicht der gewollte Betrag von € 1 000 000,- beurkundet ist, wäre der Kaufvertrag nichtig. bbbbb) Wenn allerdings die beurkundeten „€ 800 000,-" nach der „falsa demonstratio non nocet"-Regel als beurkundete „€ 1 000 000,-" anzusehen wären, wäre dem Formerfordernis des § 311 b Abs. 1 S. 1 BGB entsprochen. Damit würde man jedoch die Einhaltung der gesetzlichen Form des § 311 b Abs. 1 S. 1 BGB der Disposition der Parteien unterwerfen, was nicht angeht. Nur beiderseitige irrtümliche Falschbezeichnungen können nach dem Grundsatz „falsa demonstratio non nocet" einen Verstoß gegen § 311 b Abs. 1 S 1 BGB unbeachtlich machen. Der Kaufvertrag ist daher nicht nach § 117 Abs. 2 BGB wirksam. bbbb) Der Formmangel ist jedoch nach § 311 b Abs. 1 S . 2 BGB geheilt. b) Die Verfügung (Belastung des Grundstücks) müsste vormerkungswidrig sein (§§ 888, 883 Abs. 2 BGB): aa) Verkauft worden war das Grundstück „lastenfrei". bb) Vormerkungswidrig wäre die Verfügung des V aber nur dann, wenn z.Zt. der Verfügung die Vormerkung bestanden hätte: diese war zunächst unwirksam, weil der Kaufvertrag formnichtig war (Akzessorietät!); dann ist sie – mit der Heilung der Nichtigkeit des Kaufvertrages – wirksam geworden, aber nur „ex nunc" (keine rückwirkende Kraft der Heilung!); daher bestand bei der Verfügung keine Vormerkung. K kann nicht die Zustimmung zur Löschung der Hypothek von der B-Bank verlangen. (Die „Moral von der Geschicht": :Hände weg von „Schwarzgeschäften"!).

Als **„Heilungsfälle"** merken Sie sich bitte

- außer dem soeben dargestellten § 311 b Abs. 1 S. 2 BGB :
- Bei der Schenkung wird das **formnichtige Schenkungsversprechen** durch die „Bewirkung der geschuldeten Leistung" geheilt (**§ 518 Abs. 2 BGB**).

- Auch heilt die Erfüllung der Hauptverbindlichkeit durch den Bürgen den **formnichtigen Bürgschaftsvertrag (§ 766 S. 3 BGB)**.
- Gleiches gilt mit inhaltlichen Modifikationen der Verpflichtungen beim **Verbraucherdarlehensvertrag (§ 494 BGB)**; nach §§ 499, 494 BGB beim **Zahlungsaufschub**; aber nach § 500 BGB nicht beim Finanzierungsleasing, nach § 501 BGB nicht beim Teilzahlungsgeschäft, nach § 505 Abs. 2 nicht beim Ratenlieferungsvertrag, und natürlich auch bei den nach **§ 312 a BGB** diesen Regeln unterliegenden **Haustürgeschäften** etc.
- Allen diesen Heilungsfällen darf man aber **kein allgemeines „Heilungsprinzip"** des Inhalts, dass „Erfüllung den Formmangel heilt" entnehmen!

cc) Unbeachtlichkeit des Formmangels

Ein bedeutsames praktisches und klausurwichtiges Problem ist die Fragestellung, ob die **Nichtbeachtung der Form nach § 242 BGB unbeachtlich** sein kann. Zu unterscheiden ist diese Frage von dem Problem, ob die Nichtaufklärung über das Formerfordernis zu einem Schadensersatzanspruch aus §§ 280 Abs. 1, 311 Abs. 1, 241 Abs. 2 BGB führen kann. Zur Illustration gehen wir nun doch auf den Bürgschaftsvertrag ein.

Fall 181: Der B hat sich in Kenntnis der Formvorschrift des § 766 BGB und wissend, dass diese auf ihn als Privatmann Anwendung findet, durch mündliche Erklärung dem G gegenüber, der den B aufgrund bewusst falscher Angaben des B irrig für einen Kaufmann gehalten hat (vgl. §§ 1, 350, 343, 344 HGB), zur Sicherung eines Rückzahlungs- und Zinsanspruchs aus einem noch nicht valutierten Darlehensvertrag zwischen dem Darlehensnehmer S und dem Darlehensgeber G verbürgt. Der B hat die falschen Angaben gemacht, um seinerseits als besonders solvent zu gelten und um so dem ihm gut bekannten S das von diesem dringend benötigte Darlehen zu verschaffen. Daraufhin hat der G das Darlehen valutiert, was er bei Kenntnis der Nichtigkeit der Bürgschaft nicht getan hätte. Als über das Vermögen des S das Insolvenzverfahren eröffnet wird, hält der G sich an B. Dieser beruft sich auf den Formmangel und auf die Einrede der Vorausklage (nach Medicus).

Der G könnte einen Anspruch gegen B aus § 765 BGB haben. a) Eine Hauptforderung besteht (§ 488 Abs. 1 S. 2 BGB). b) Es müsste ein Bürgschaftsvertrag geschlossen worden sein. aa) Der Vertrag ist geschlossen. bb) Er müsste formwirksam sein. aaa) Auszugehen ist davon, dass der Vertrag nach §§ 766 S. 1, 125 BGB nichtig ist, weil auch nicht die §§ 1, 350, 343, 344 HGB eingreifen. bbb) Möglich ist, dass die Berufung auf den Formmangel seitens des B unbeachtlich ist (§ 242 BGB). Dazu sind folgende Fallgruppen denkbar: aaaa) In dem (hier nicht gegebenen) Fall der bewussten Nichtbeachtung der Form (= die Parteien stellen sich bewusst nicht dem Recht) sollte man mangels eines Rechtsfolgewillens keinen Erfüllungsanspruch zusprechen. bbbb) Bei versehentlicher Nichtbeachtung der Form (hier ebenfalls nicht gegeben) soll bei „schlechthin untragbaren" Ergebnissen, z.B. dann, wenn der Bürge über einen langen Zeitraum hinweg Vorteile aus dem Kredit genossen hat, der Formmangel unbeachtlich sein (BGH), oder es soll ein Schadensersatzanspruch aus §§ 280 Abs. 1, 311 Abs. 2, 241 Abs. 2 BGB auf das negative Interesse gegeben sein (hL). cccc) In den Arglistfällen (so hier!) besteht Einigkeit, dass der Vertrag als wirksam behandelt wird, wobei teilweise dem Betroffenen ein Wahlrecht (analog dem Anfechtungsrecht, das der arglistig Getäuschte ausüben kann, aber nicht ausüben muss) zwischen Erfüllung und Schadensersatz eingeräumt wird. Hier hat der

> G Erfüllung verlangt. c) Ob auch die Berufung auf die Einrede der Vorausklage (§ 771 BGB) nach § 242 BGB ausgeschlossen ist (vgl. § 349 HGB), kann offen bleiben, da in jedem Fall § 773 Abs. 1 Nr. 3 BGB dieselbe ausschließt.

c) Vereinbarte („gewillkürte") Form

Die Parteien können die **Einhaltung einer Form frei vereinbaren** und das durch ihre Vereinbarung selbst geschaffene Formerfordernis (sehr wichtig!) auch selbst **formlos jederzeit konkludent wieder aufheben** (daher ist iE. jede formwidrige spätere Vertragsänderung i.d.R. im Ergebnis wirksam! Eine „Heilungsregelung" musste der Gesetzgeber daher gar nicht erst ins Auge fassen).

Die **Folge eines Verstoßes** gegen eine gewillkürte Form ist **nicht etwa „automatisch"** die **Nichtigkeit** des Rechtsgeschäfts. Vielmehr muss die **Auslegung** ergeben, ob Nichtigkeit die von den Parteien gewollte Rechtsfolge ist (§ 125 S. 2 BGB); dazu gelten folgende Regeln:

- **Nichtigkeit** soll gegeben sein, wenn die Einhaltung der Form Wirksamkeitsvoraussetzung sein soll;
- **keine Nichtigkeit** liegt vor, wenn die Form lediglich der Klarstellung und Beweissicherung dienen soll.

> Fall 182: V und K schließen einen Kaufvertrag und vereinbaren ein Rücktrittsrecht für den K, das dieser „bis zum 1. Juli 2002 schriftlich per Einschreiben ausüben" kann. Beide erfüllen den Vertrag. Der K drückt dem V die von ihm unterschriebene Rücktrittserklärung am 30. Juni 2002 in die Hand und verlangt Rückzahlung des Kaufpreises Zug-um-Zug gegen Rückübereignung und Rückgabe der Kaufsache.
>
> Der Anspruch kann sich aus §§ 346 Abs. 1 S. 1, 348 BGB ergeben, wenn K wirksam von dem Kaufvertrag zurückgetreten ist. a) Das Rücktrittsrecht ist vereinbart. b) Der Rücktritt aa) ist erklärt und innerhalb der Frist zugegangen. bb) Er könnte nach § 125 S. 2 BGB nichtig sein. Dazu muss die Formvorschrift ausgelegt werden. aaa) Die Schriftform ist konstitutiv. bbb) Die „Übermittlungsform" dient nur Beweiszwecken. Also ist die formwidrige Erklärung des Rücktritts nicht nichtig.

3. Gesetzliches Verbot

Ein weiteres „Wirksamkeitshindernis" (= „rechtshindernde Einwendung") ist die Nichtigkeit eines Rechtsgeschäfts und damit auch eines verpflichtenden Vertrages wegen eines Verstoßes gegen ein gesetzliches Verbot. Ein **gesetzliches Verbot** kann **in allen Gesetzen i.S.d. Art 2 EGBGB (= jede Rechtsnorm)** ausgesprochen werden: also in EG-Normen, im GG, in Gesetzen, in Rechtsverordnungen und in Satzungen.

- Man denkt bei einem gesetzlichen Verbot mit einer Nichtigkeitsfolge automatisch sofort an § 134 BGB. Das ist ein wenig vorschnell. Denn es gibt „Verbotsgesetze", die die Nichtigkeitsfolge selbst aussprechen (z.B. **Art. 9 Abs. 3 GG**: der Koalitionsfreiheit zuwider laufende Abreden; **§ 444 BGB**: unwirksamer Ausschluss des Gewährleistungsrechts bei Arglist und Garantieübernahme).
- In der Regel wird es aber in der Tat auf **§ 134 BGB** ankommen. Hiernach sind alle gegen ein gesetzliches Verbot verstoßenden Rechtsgeschäfte nichtig. Die

A. Entstehung, Inhalte, Wirksamkeitshindernisse, Beendigung 385

Frage, ob ein Gesetz ein „Verbotsgesetz" i.S.d. § 134 BGB ist, kann durchaus knifflig sein, denn keinesfalls sind gesetzlich verbotenen Rechtsgeschäfte stets nichtig: Entscheidend ist vielmehr, ob eine **Gesetzesauslegung** ergibt, dass ein dem Verbotsgesetz **entgegenstehendes Rechtsgeschäft wirkungslos sein soll**. Dazu ist abzustellen auf Sinn und Zweck der Bestimmung: Indiziell bedeutsam ist vor allem, wem gegenüber das Verbot ausgesprochen worden ist. Richtet sich das Verbot gegen beide Geschäftspartner, ist im Zweifel von Nichtigkeit auszugehen; ist es nur für einen Teil verboten, kommt es für die Nichtigkeit darauf an, ob es schlechthin verboten ist.

Fall 183: Der Steuerberater St entwirft für seinen Mandanten M eine Räumungsklage. Er verlangt das dafür vereinbarte Honorar.

Der Anspruch könnte sich aus 1. §§ 631, 675 BGB ergeben. a) Der Geschäftsbesorgungsvertrag ist geschlossen. b) Er ist jedoch nach §§ 134 BGB, § 1 RBerG (Schönfelder Nr. 99) nichtig. Es geht um eine Besorgung fremder Rechtsangelegenheiten; diese „darf nur" von Personen mit behördlicher Erlaubnis betrieben werden, ist also verboten. Auch wenn sich das Verbot nur an einen der Vertragspartner (St) richtet, ist der Vertrag nichtig, weil dem Sinn und Zweck des Gesetzes nur durch Nichtigkeit des Geschäftsbesorgungsvertrages entsprochen werden kann. 2. In Betracht kommt aber ein Anspruch aus §§ 677, 683, 670 BGB. Dazu später mehr. 3. Der St könnte auch einen Anspruch aus § 812 Abs. 1 S. 1 1. Fall BGB („Leistungskondiktion") haben. Dazu und zu der in Betracht zu ziehenden „Sperre" aus § 817 S. 2 BGB später mehr.

Fall 184: Der V verkauft an den K ein von einem Freund kopiertes Computerspiel für € 5,-. Die von V gebrannte CD-Rom ist defekt. Der K verlangt Lieferung einer neuen CD-Rom.

Der Anspruch kann sich aus §§ 651 S. 1 oder 311 Abs.1, 241 Abs. 1, 437 Nr. 1, 434 Abs. 1 S. 2 Nr. 2, 439 Abs. 1 BGB ergeben. a) aa) Weil der V die CD selbst herstellt, findet, da es sich dabei um eine bewegliche Sache handelt und sich der V auch zur Lieferung verpflichtet hat, Kaufvertragsrecht Anwendung (§ 651 S. 1 BGB); der Gewährleistungsanspruch könnte sich dann aus §§ 651 S. 1, 437 Nr. 1, 439 Abs. 1 BGB ergeben. bb) Wenn man dagegen beim Softwareerwerb das Vorliegen eines urheberrechtlichen Vertrages eigener Art (= „sui generis") annehmen wollte, könnte sich der Anspruch dann aus §§ 311 Abs. 1, 241, 437 Nr. 1, 434 Abs. 1 S. 2 Nr. 2, 439 Abs. 1 BGB analog ergeben. b) Fraglich ist jedoch in jedem Fall, ob der Vertrag überhaupt wirksam ist. Er wäre nach § 134 BGB nichtig, wenn das Geschäft gegen ein gesetzliches Verbot verstößt. Hier kommt § 96 Abs. 1 UrhG als Verbotsgesetz in Betracht, wonach rechtswidrig hergestellte Vervielfältigungsstücke von urheberrechtlich geschützten Werken nicht verbreitet werden dürfen. Computerprogramme sind nach §§ 69 a ff. UrhG urheberrechtlich geschützt. Der Vertrag verstößt somit gegen ein gesetzliches Verbot und ist nichtig. Ein Anspruch des K besteht daher nicht.

4. *Sittenwidrigkeit und Wucher*

Ein weiteres von Ihnen zu beachtendes „Wirksamkeitshindernis" (= „rechtshindernde Einwendung") ist die Nichtigkeit eines Rechtsgeschäfts, speziell eines verpflichtenden Vertrages, weil es sittenwidrig ist oder ein Wuchergeschäft ist (§ 138 BGB).

a) Sittenwidrigkeit (§ 138 Abs. 1 BGB)

> Bei der Prüfung
>
> **I. der Voraussetzungen des § 138 Abs. 1 BGB**
>
> **1.** geht man stets von der berühmten Formel des Reichsgerichts aus, derzufolge **sittenwidrig ist, was dem „Anstandsgefühl aller billig und gerecht Denkenden" widerspricht.** Sie ist nämlich keinesfalls so vage und verschwommen, wie ihr gerne nachgesagt wird; vielmehr enthält sie durchaus **konkrete Beurteilungskriterien** für die Frage der Sittenwidrigkeit:
>
> - In **„qualitativer" Hinsicht** besagt die Formel, dass kein subjektiver Maßstab angelegt werden darf, sondern die „herrschende Rechts- und Sozialmoral" (Larenz) und ergänzend dazu die „Wertentscheidungen des Grundgesetzes" (Medicus);
>
> - weiterhin fordert sie dazu auf, in **„quantitativer" Hinsicht** auf die „durchschnittlichen Anschauungen" abzustellen (BGH);
>
> - schließlich macht sie deutlich, dass hinsichtlich des **Zeitpunkts** der Beurteilung auf die Vornahme des Rechtsgeschäfts abzustellen ist, es sei denn die Anschauungen wandeln sich und lassen bei einer späteren Abwicklung das Geschäft (wichtiger Fall: testamentarische Einsetzung der Geliebten!) sittengemäß werden.
>
> **2.** Aus der Fragestellung, ob das Rechtsgeschäft dem „Anstandsgefühl aller billig und gerecht Denkenden" widerspricht, sind **Fallgruppen** hervorgegangen, bei denen von der Sittenwidrigkeit von Rechtsgeschäften (hier nur aufgeführt bei Verträgen und letztwilligen Verfügungen) auszugehen ist.
>
> **a)** Nach § 138 Abs. 1 BGB sittenwidrig wegen des **gegen den Vertragspartner gerichteten Zwecks** sind z.B.
>
> - bei Sicherungsgeschäften: **Knebelungsverträge**;
>
> - Verträge unter **Ausnutzung** von **Monopolstellungen**;
>
> - **wucherähnliche Verträge** (speziell hochverzinsliche Verbraucherkreditverträge bei einem auffälligen Missverhältnis zwischen Leistung und Gegenleistung z.B. bei 100 %-iger Überschreitung des Marktzinses, wenn der Darlehensgeber sich zugleich leichtfertig der Einsicht verschließt, dass der Darlehensnehmer den hohen Zinssatz nur aufgrund seiner wirtschaftlich schwächeren Lage akzeptiert);
>
> - der Abschluss von **Bürgschaftsverträgen**, die **(a)** entweder den Bürgen so sehr überfordern dass die Privatautonomie nicht mehr besteht (Art. 2 Abs. 1 GG), **(b)** oder bei denen die Höhe der Bürgschaft die nur geringe finanzielle Leistungskraft des Bürgen so sehr übersteigt, dass dieser krass überfordert wird, **(c)** oder bei denen beim Abschluss des Bürgschaftsvertrages die wegen einer persönlichen Nähe des Bürgen zum Gläubiger gegebene Einschränkung der Entscheidungsfreiheit des Bürgen in einer dem Gläubiger zurechenbar beeinflussten Weise ausgenutzt worden ist **(d)**

oder schließlich bei Bürgschaftsverträgen, bei deren Abschluss der Gläubiger das Haftungsrisiko „verniedlicht".

b) Sittenwidrig wegen des **gemeinschafts-** oder **drittwidrigen** Zwecks sind:

- der Abschluss von Verträgen unter **Verletzung von Regeln des Standesrechts** (z.B. Vereinbarung eines Erfolgshonorars mit einem Rechtsanwalt);
- **gemeinschaftswidrige Verträge**;
- **auf** die **Schädigung Dritter gerichtete Verträge** (speziell bei Sicherungsgeschäften: Übersicherung, Gläubigerbenachteiligung oder Verleitung zum Vertragsbruch bei Sicherungsgeschäften).

c) Sittenwidrig **wegen des Inhalts** sind:

- Verträge in der **Sexualsphäre**;
- den **Kulturgüterschutz** verletzende Verträge;
- vertragliche **Kommerzialisierung** von **Entscheidungen**, die frei bleiben müssen;
- Verträge, die in die **Ehe-** und **Familienordnung** eingreifen;
- und **zurücksetzende Verfügungen von Todes wegen**.
- **Natürlich** unterfällt dem § 138 Abs. 1 BGB **nicht** die **bloße Anfechtbarkeit**; denn dann wäre § 123 BGB überflüssig!!

3. Umstritten ist, ob für § 138 Abs. 1 BGB die **objektive Sittenwidrigkeit** ausreicht oder ob eine **Kenntnis der Umstände** hinzukommen muss. Richtig ist wohl, dass bei Sittenverstößen, die sich gegen den Geschäftsgegner richten, ein in subjektiver Hinsicht einseitiger Verstoß des anderen Teils ausreicht; bei allgemeinheits- oder drittwidrigen Sittenverstößen müssen jedoch beide die zur Sittenwidrigkeit führenden Umstände kennen. Bei einer durch den Inhalt des Rechtsgeschäfts begründeten Sittenwidrigkeit reicht die objektive Sittenwidrigkeit für die Nichtigkeitsfolge aus. Keinesfalls ist das **Bewusstsein der Sittenwidrigkeit** erforderlich.

II. Auf der **Rechtsfolgenseite** ist die Konsequenz eine **Nichtigkeit** des **Grundgeschäfts** und nicht eine Nichtigkeit des **(argec. § 138 Abs. 2 BGB: „sittlich wertneutralen")** dinglichen **Erfüllungsgeschäfts**, es sei denn, dass der Sittenverstoß gerade in der Herbeiführung des Erfolges liegt; dann ist (auch) das dingliche Erfüllungsgeschäft nichtig. Es kommt daher normalerweise hinsichtlich bereits erbrachter Leistungen (nur) zu einer Rückabwicklung über § 812 Abs. 1 S. 1 1. Fall BGB („Leistungskondiktion") mit der möglichen Sperre aus § 817 S. 2 BGB (dazu später mehr).

Hier einige **Beispiele** zur Illustration:

Fall 185: Auf Wunsch ihres Vaters S, der bei der G-Sparkasse (GSP) eine Erweiterung seines Kreditlimits für einen Geschäftskredit beantragt hatte, hatte die B mit der G-Sparkasse einen

Vertrag über eine Höchstbetragsbürgschaft über € 100 000,- formgerecht abgeschlossen. Die 21-jährige B besaß kein Vermögen, hatte keinen Beruf erlernt und war arbeitslos.

Ein Anspruch aus § 765 BGB besteht deshalb nicht, weil der Bürgschaftsvertrag nach § 138 Abs. 1 BGB nichtig ist. Sittenwidrigkeit ist gegeben, weil die G-Sparkasse beim Abschluss des Vertrages ein so starkes Übergewicht hat, dass sie den Vertragsinhalt faktisch einseitig bestimmen kann und damit die Privatautonomie (Art 2 Abs.1 GG) nicht mehr besteht. Dass nur die GSP objektiv und subjektiv sittenwidrig gehandelt hat, reicht bei einer gegen den Vertragspartner gerichteten Sittenwidrigkeit aus.

Fall 186: Der V verkauft der K, die damit ihren Ehemann vergiften will, gegen Rechnung Rattengift. Die K hält ihre Tat für erforderlich, weil der Ehemann ein Ungeheuer ist und weil sie seit Jahrzehnten von ihm psychisch und physisch misshandelt worden ist und sie von niemandem Hilfe erhalten hat. Der V weiß von dem Plan und hält die Tat ebenfalls für geboten. Nach der Tat, die sofort von der K selbst durch eine Anzeige bei der Polizei aufgedeckt worden ist, verlangt der V von der K den Kaufpreis oder jedenfalls einen Wertersatz. Die K weigert sich (nach Kropholler).

Der Anspruch könnte sich 1. aus einem Kaufvertrag ergeben (§ 433 Abs. 2 BGB). a) Dieser ist geschlossen. b) Er könnte nichtig sein (§ 138 Abs. 1 BGB). aa) Der als solcher nicht sittenwidrige Vertrag ist wegen des gegen das Leben eines Dritten gerichteten Zwecks objektiv sittenwidrig; bb) der V und die K kannten die zur Sittenwidrigkeit führenden Umstände. cc) Das fehlende Bewusstsein der Sittenwidrigkeit ist unmaßgeblich. 2. Ein Anspruch auf Wertersatz könnte sich aus §§ 812 Abs. 1 S. 1 1. Fall („Leistungskondiktion"), 818 Abs. 2 BGB ergeben. a) Die K müsste „etwas" (= jeder vermögenswerte Vorteil) erlangt haben. Sie hat entweder aa) das Eigentum und den Besitz an dem Gift erlangt; wenn man jedoch die Übereignung nach § 929 S. 1 BGB ebenfalls für sittenwidrig und nach § 138 Abs. 1 BGB nichtig halten sollte, weil sich die Sittenwidrigkeit gerade in der Übereignung manifestiert, hat die K (mindestens) den Besitz an dem Gift erlangt. (Sie müssen sich bei der Fallbearbeitung entscheiden und dürfen die Frage nicht alternativ beantworten!) b) Die K hat das „etwas" (Eigentum und/oder Besitz) durch Leistung (= bewusste und zweckgerichtete Mehrung fremden Vermögens) des Anspruchstellers V erlangt. c) Es bestand kein Rechtsgrund (§ 138 Abs. 1 BGB). d) Danach müsste die K dem V Wertersatz leisten, weil der Bereicherungsgegenstand von der K nicht mehr herausgegeben werden kann. e) Der Anspruch ist jedoch nach § 817 S. 2 BGB ausgeschlossen (dazu später mehr).

Fall 187: Der Controller C des Versicherungsunternehmens U 1 hat aufgedeckt, dass der Versicherungsvertreter V unter Verstoß gegen ein vertragliches Konkurrenzverbot auch für das Versicherungsunternehmen U 2 Verträge vermittelt hat. Der C verpflichtet sich gegen die unentgeltliche Übereignung nach § 929 S. 1 BGB eines dem V gehörenden Geländewagens zum Stillhalten. Als später die Vertragsverstöße des V auf anderem Wege „ans Licht kommen", verlangt der V Herausgabe des Autos von C (nach Baur-Stürner).

Der Anspruch des V gegen den C könnte sich aus § 985 BGB ergeben. a) Der C ist Besitzer. b) Der V müsste Eigentümer sein. aa) Der V war Eigentümer. bb) Er könnte das Eigentum an C verloren haben. aaa) Die Voraussetzungen des § 929 S. 1 BGB liegen vor. bbb) Die Übereignung könnte nach § 138 Abs. 1 BGB nichtig sein. Die getroffene Vereinbarung ist sittenwidrig. Fraglich ist, ob die Übereignung hiervon betroffen ist oder ob sie „sittlich wertneutral" ist. Hier nimmt man an, dass sich der Makel der Sittenwidrigkeit gerade aus Zweck und Wirkung des dinglichen Geschäfts ergibt. Also ist der V Eigentümer geblieben. c) Der C hat kein Recht zum Besitz (§ 986 BGB). d) Umstritten ist die Frage, ob der Herausgabeanspruch nach § 817 S. 2 BGB analog „gesperrt" ist. Dafür spricht folgende Überlegung: Wenn man annähme, dass die Übereignung „sittlich wertneutral" wäre, dann wäre nur das Verpflichtungsgeschäft

(Schenkungsvertrag nach § 516 BGB) nach § 138 Abs. 1 nichtig, und der V hätte nur einen Bereicherungsanspruch aus § 812 Abs. 1 S. 1 1. Fall BGB („Leistungskondiktion") gegen den C; diesem Anspruch stünde aber § 817 S. 2 BGB entgegen (diese Vorschrift sperrt nicht nur den Anspruch aus § 817 S. 1 BGB, sondern – weil sie sonst leer liefe – auch den aus § 812 Abs. 1 S. 1 1. Fall BGB („Leistungskondiktion"); dazu später mehr). Der V kann aber nicht dadurch besser gestellt werden, dass nicht nur das Verpflichtungsgeschäft, sondern auch das Verfügungsgeschäft nichtig ist.

Fall 188: Die zeitweise in St. Petersburg und Ekaterinenburg in Russland lebende E. Cila (E) hat bei ihrer Rückkehr nach Deutschland eine wertvolle Ikone unter Verletzung eines russischen Ausfuhrverbotes eingeführt. In Deutschland hat sie dann mit dem Händler A. N. Tiquarius (A), der von dem russischen Ausfuhrverbot weiß, einen Kaufvertrag über die Ikone zu einem Kaufpreis von € 50 000,- geschlossen. Als der A die Abnahme und die Bezahlung verweigert, will die E wissen, ob sie einen Anspruch auf Zahlung Zug-um-Zug gegen Lieferung der Ikone hat.

Ein Anspruch kann sich aus einem Kaufvertrag ergeben (§ 433 Abs. 2 BGB) a) Der A hat zwar mit der E einen Kaufvertrag geschlossen. b) Der Vertrag könnte aber nichtig sein. aa) Nach § 134 BGB ist er nicht nichtig. Dass die E gegen ein in Russland geltendes gesetzliches Verbot verstoßen hat, ist für die deutschen Gerichte unbeachtlich. Denn durchgesetzt werden können wirtschaftspolitische Eingriffsregelungen grundsätzlich nur durch die jeweiligen nationalen (also russischen) Behörden bzw. Gerichte und nicht durch die deutschen Gerichte; ein Staat macht sich nämlich grundsätzlich nicht zum „Büttel eines fremden Staates". bb) Der Vertrag könnte jedoch nach § 138 Abs. 1 BGB nichtig sein. Ausnahmsweise sind deutsche oder andere nationale Gerichte bereit, wirtschafts- und außenpolitischen Eingriffsregelungen fremder Staaten bei der rechtlichen Beurteilung hiergegen verstoßender Rechtsbeziehungen Privater Rechnung zu tragen, wenn hinsichtlich der Wertungen, die hinter der ausländischen Regelung stehen, Übereinstimmung besteht. Der BGH hat daher entschieden, dass ein gegen ausländisches Recht verstoßender Vertrag über die Lieferung von Kunstgegenständen sittenwidrig und damit nach § 138 Abs. 1 BGB nichtig ist, weil über den Kulturgüterschutz und über das Recht eines Ursprungslandes, die Ausfuhr heimischer Kunst zu verbieten, Übereinstimmung bestehe. Hierfür reicht die objektive Sittenwidrigkeit aus.

b) Wucher (§ 138 Abs. 2 BGB)

Der **Wucher (§ 138 Abs. 2 BGB)** ist ein Sonderfall der Sittenwidrigkeit (arge: „Nichtig ist insbesondere ... „).

1. Die **Voraussetzungen** lassen sich in **drei „Ebenen"** aufteilen (Bork); es sind:

- Die „**Ebene des Rechtsgeschäfts**": Vorliegen muss ein **Austauschgeschäft (-vertrag)**, bei dem in **objektiver Hinsicht** ein „**auffälliges Missverhältnis zwischen Leistung und Gegenleistung**" (Faustregel nach BGH: 100 % oder mehr über dem Marktpreis) besteht;

- die „**Ebene des Schwachen**": Eine **Zwangslage**, eine **Unerfahrenheit**, ein **Mangel an Urteilsvermögen** oder eine **erhebliche Willensschwäche**;

- die „**Ebene des Starken**": Hinzukommen muss **subjektiv die Kenntnis** und die **Ausnutzung** der **Defizite** durch den anderen Teil.

Sie wissen ja schon: Speziell wegen der Schwierigkeit der Feststellung dieser Umstände auf den „drei Ebenen" ist die „Wucherähnlichkeit" als Nichtigkeitsgrund i.S.d. § 138 Abs. 1 BGB entwickelt worden, die z.B. bei hochverzinslichen Verbraucherkrediten im Falle eines auffälligen Missverhältnisses zwischen Leistung und Gegenleistung (z.B. bei 100 %-iger Überschreitung des Marktzinses) dann, wenn der Darlehensgeber sich zugleich leichtfertig der Einsicht verschließt, dass der Darlehensnehmer den hohen Zinssatz nur aufgrund seiner wirtschaftlich schwächeren Lage akzeptiert, zur Nichtigkeit führt.

2. Die **Rechtsfolge** des § 138 Abs. 2 BGB ist die Nichtigkeit des Grundgeschäfts und (!) die des Verfügungsgeschäfts zugunsten des Wucherers (arge.": ... sich versprechen oder gewähren lässt..."); wir haben hier also einen **Durchbrechungsfall des „Abstraktionsprinzips"**.

Fall 189: Der verarmte V ist der Mieter des K. Weil er seine Miete schon seit zwei Monaten nicht mehr bezahlt hat und der K ihm fristlos gekündigt hat, verkauft der V, um dadurch Geldmittel zur Zahlung des rückständigen Mietzinses und der Nutzungsentschädigung zu erlangen und um so seine alsbaldige Obdachlosigkeit zu vermeiden, dem K auf dessen Vorschlag ein ihm gehöriges Gemälde von Kallmorgen „Hafenarbeiter auf dem Weg zur Arbeit" im Werte von € 20 000,- für € 2 000,-. Der Vertrag wird von beiden erfüllt. Unmittelbar danach macht der V eine Erbschaft von € 1 000 000,-. Der V verlangt das an K übereignete Bild zurück. Der K weigert sich, will aber jedenfalls die noch unvermischt mit anderem Geld (natürlich total lebensfremd!) in bar bei V vorhandenen € 2 000,- zurück (nach Peters).

1. Der V kann das Bild nach § 985 BGB herausverlangen. Denn der Kaufvertrag und das dingliche Verfügungsgeschäft (Übereignung des Bildes an den Wucherer) sind wegen Wuchers nichtig (§ 138 Abs. 2 BGB). 2. Was den von K gegen den V geltend gemachten Anspruch auf Herausgabe der noch unvermischt mit anderem Geld in bar bei V vorhandenen € 2 000,- angeht, a) so ist die Übereignung des Geldes durch den Wucherer K an den Bewucherten V wirksam, denn nichtig ist nur das Verfügungsgeschäft des Bewucherten (was der Wucherer „...sich gewähren lässt"), nicht aber die Übereignung an den Bewucherten; daher besteht insoweit kein Anspruch aus § 985 BGB. b) Der K könnte einen Anspruch aa) aus § 812 Abs. 1 S. 1 1. Fall BGB („Leistungskondiktion") haben; bb) dem könnte § 817 S. 2 BGB entgegenstehen (dazu später mehr).

Auch wenn der Wuchertatbestand des § 138 Abs. 2 BGB ein Spezialfall der Sittenwidrigkeit des § 138 Abs. 1 BGB ist, spielt er in der Praxis – insbesondere auch beim „Wucherdarlehen" – eine geringere Rolle, weil es meist an den subjektiven Voraussetzungen fehlt, so dass es dann letztlich doch maßgeblich auf die Voraussetzungen des § 138 Abs. 1 BGB ankommt.

5. Teilnichtigkeit

Die **Regel ist eindeutig:** Wenn ein Teil eines Rechtsgeschäfts nichtig ist (= Teilnichtigkeit), dann ist **im Zweifel** das **gesamte Rechtsgeschäft nichtig** (§ 139 HS. 1 BGB).
Die **Ausnahme hiervon** formuliert § 139 HS. 2 BGB dahingehend, dass der nicht von der Nichtigkeit erfasste Teil des Rechtsgeschäfts **ausnahmsweise** dann **wirksam** ist, wenn **das Rechtsgeschäft auch ohne den nichtigen Teil vorgenommen worden wäre.** Dies setzt in **objektiver Hinsicht** zweierlei voraus, nämlich die **Einheitlichkeit** und die **Teilbarkeit** des Rechtsgeschäfts, und in **subjektiver Hinsicht** einen **mutmaßlichen Fortgeltungswillen** voraus. Im einzelnen: (a) Die **Einheitlichkeit eines Rechtsgeschäfts** beruht auf einem sich aus den Erklärungen der Parteien unter Berücksichtigung der Verkehrssitte ergebenden „Einheitlichkeitswillen" der Parteien des Inhalts, dass entweder Teile eines Rechtsgeschäfts, speziell Teile eines Vertrages, oder dass einzelne äußerlich getrennte Rechtsgeschäfte, selbst Verträge unterschiedlichen Typs, „miteinander stehen und fallen" (BGH). Nicht ausreichend, aber indiziell für einen Einheitlichkeitswillen ist eine äußere Verbindung oder ein wirtschaftlicher Zusammenhang. Zum **Beispiel** können **Teile eines einheitlichen Rechtsgeschäfts** sein die Vereinbarung über die Höhe einer Rechtsanwaltsvergütung oder einer Miete und der übrige Inhalt eines Anwalts- oder eines Wohnungsmietvertrages. Als **Beispiel** für die **Einheitlichkeit zweier äußerlich getrennter Rechtsgeschäfte** sei genannt ein Mietvertrag über eine Wohnung und ein Kaufvertrag zwischen dem Vermieter/Verkäufer und Mieter/Käufer über den käuflichen Erwerb eines vom Mieter zur Einrichtung vorgesehenen antiken Möbelstücks beim Vermieter. **(b)** Die weiterhin erforderliche **Teilbarkeit des Rechtsgeschäftes** ist gegeben, wenn der verbleibende Teil des Rechtsgeschäfts für sich gesehen als selbstständiges Rechtsgeschäft Bestand haben kann. Das wäre im Falle eines Dissenses hinsichtlich des Wohnungsmietvertrages für den verbleibenden Kaufvertrag über das antike Möbelstück der Fall. Sollte bei einem Anwaltsvertrag die Vereinbarung einer Rechtsanwaltsvergütung wegen eines Verstoßes gegen die Schriftformbestimmung des § 4 des Rechtsanwaltsvergütungsgesetzes nach § 125 BGB nichtig sein oder sollte in einem Wohnungsmietvertrag die Vereinbarung der Miete nach § 134 BGB i.V.m. § 5 WirtschaftsstrafG (= mehr als 20 % über der ortsüblichen Miete) oder wegen Mietwuchers nach § 138 Abs. 2 BGB nichtig sein, so kann der Vertrag in einen erlaubten und einen verbotenen bzw. sittenwidrigen und sittengemäßen Teil zerlegt werden. Dagegen soll im Fall einer Nichtigkeit nach § 138 Abs. 1, 2 BGB aufgrund einer Vereinbarung von „Wucherzinsen" keine Teilbarkeit gegeben sein, weil gegen eine teilweise Aufrechterhaltung des Geschäfts spricht, dass dann das Geschäft des Wucherers risikolos wäre, eigentlich ein „generalpräventives" und damit „zivilrechtsfremdes" Argument. **(c)** Die nach § 139 BGB regelmäßig eintretende Rechtsfolge der Gesamtnichtigkeit gilt ausnahmsweise dann nicht, wenn nach dem mutmaßlichen Parteiwillen (RG: wie hätten die Parteien bei Kenntnis der Teilnichtigkeit nach Treu und Glauben und unter Berücksichtigung der Verkehrssitte entschieden?) ein **mutmaßlicher Fortgeltungswille** anzunehmen ist. Das wäre der Fall, wenn das antike Möbelstück auch für die Einrichtung einer anderen Wohnung geeignet wäre und nicht auf die Mietwohnung „zugeschnitten" wäre.

Fall 190: Der V vermietet der M. Ata (M), die mit dem Gedanken des Erwerbes spielt, ein wegen der allgemein schwierigen wirtschaftlichen Lage schwer verkäufliches Haus auf der Wattseite der Insel Sylt auf unbestimmte Zeit zu einem jährlich im Voraus zu zahlenden und wegen der Kaufabsichten der M deutlich unter der Ortsüblichkeit liegenden Jahresmietzins von € 20 000,-. In dem schriftlichen Mietvertrag ist vereinbart, dass die M – sofern sie nicht bis zum 31. Dezember 2002 Gegenteiliges erklärt – das Haus für € 900 000,- abzüglich des Jahresmietzinses kauft. Abgelenkt durch die Vorbereitungen für die Sylvester-Feier vergisst die M, die sich letztlich doch nicht auf Dauer an das Haus binden will, die an sich beabsichtigte Erklärung, nicht kaufen zu wollen, abzugeben. Der V erklärt am 1. 1. 2003 mit einer notariell beurkundeten Erklärung die Annahme des Angebots der M zum Abschluss eines Kaufvertrags und verlangt von der M als Kaufpreis € 880 000,- Zug-um-Zug gegen die Auflassung, jedenfalls aber € 20 000,- Mietzins für das Jahr 2003 (nach Peters).

1. Dem V steht kein Anspruch gegen die M auf Zahlung eines Kaufpreises zu, da ein formwirksamer Kaufvertrag nicht vorliegt (§§ 433, 311 b Abs. 1 S. 1, 125 BGB). 2. Ein Anspruch auf Zahlung von € 20 000,- könnte der V aus einem Mietvertrag haben (§ 535 Abs. 2 BGB). a) Ein Mietvertrag ist zustande gekommen. b) Der Mietvertrag könnte jedoch nach §§ 433, 311 b Abs. 1 S. 1, 125, 139 BGB nichtig sein. aa) Dann müsste die (nichtige) Ankaufsverpflichtung und der Mietvertrag ein einheitliches Geschäft sein. Das ist der Fall, weil die beiden Geschäfte „miteinander stehen und fallen sollen" (BGH). Denn die Parteien verfolgen mit dem Geschäft die Vorbereitung des Verkaufes des Grundstücks. bb) Die Geschäfte sind teilbar, weil der wirksame Teil (Mietvertrag) für sich allein einen Sinn macht. cc) Nach der Regel des § 139 BGB wäre von einer Gesamtnichtigkeit auszugehen. Nach dem mutmaßlichen Parteiwillen hätten die Parteien den Mietvertrag auch in Kenntnis der Nichtigkeit der Ankaufsverpflichtung geschlossen: Die M, weil sie das Haus als Mieter für unbestimmte Zeit bewohnen wollte; der V weil das Haus ohnehin schwer verkäuflich war. Daher ist der Mietvertrag wirksam und die M zur Zahlung von € 20 000,- verpflichtet. c) Nach § 556 b Abs. 1 BGB ist der Mietzins „praenumerando" (= im Voraus) fällig.

Eine beliebte Streitfrage ist es, ob das Verpflichtungsgeschäft und das dingliche Erfüllungsgeschäft ein einheitliches Geschäft mit der möglichen Folge einer **Durchbrechung des Abstraktionsprinzips nach § 139 BGB** sein können.

Fall 191: Der K aus Hamburg will am Kiosk des V am Bahnhof Zoo in Berlin eine „Bild"-Zeitung kaufen, legt eine 2-€-Münze auf den Tresen und sagt: „Eine BZ". Der V händigt ihm eine „BZ" aus und legt das entsprechende Wechselgeld dazu. Jetzt bemerkt der K seinen Irrtum und erklärt dem V, dass er mit der Bezeichnung „BZ" die „Bild"-Zeitung" gemeint habe. In diesem Augenblick kommt ein Dieb und reißt dem K die Zeitung („BZ"), die dieser noch in den Händen hält, weg. Der K läuft dem D nach, stellt ihn und verlangt Herausgabe der Zeitung.

1. Der K könnte gegen D einen Anspruch aus § 985 BGB haben. a) Der D ist Besitzer der „BZ". b) Der K müsste Eigentümer der „BZ" sein. a) Eigentümer war der V. b) Er hat sie aa) an den K nach § 929 S. 1 BGB übereignet. bb) Die Übereignung könnte unwirksam geworden sein. aaa) Der K hat den Kaufvertrag wirksam wegen eines Inhaltsirrtums (= er wusste nicht, was er sagt) angefochten (§§ 119 Abs. 1, 143 Abs. 1, 142 Abs. 1 BGB), so dass der Kaufvertrag rückwirkend entfallen ist. bbb) Fraglich ist, ob dadurch auch die Übereignung unwirksam geworden ist. aaaa) Dagegen spricht das Abstraktionsprinzip. bbbb) Dies könnte jedoch nach § 139 BGB durchbrochen sein: aaaaa) Hier wäre zu diskutieren, ob das Grund- und das dingliche Vollzugsgeschäft eine Einheit i.S.d. § 139 BGB bilden. Das soll nach der Lehre „grundsätzlich" nicht der Fall sein; eine rechtsgeschäftliche Durchbrechung soll allenfalls durch die

Vereinbarung eines Bedingungszusammenhanges von Verpflichtungs- und Erfüllungsgeschäft möglich sein. Die Rechtsprechung ist bei „besonderen Umständen", für die „konkrete Anhaltspunkte" vorliegen müssen (z.b. Kaufvertrag und – nach § 925 Abs. 2 BGB bedingungsfeindliche – Auflassung), großzügig; hier – bei einem „Handgeschäft des täglichen Lebens", bei dem ohnehin schwer zwischen Verpflichtungs- und Verfügungsgeschäften zu unterscheiden ist, könnte man vielleicht ebenfalls eine solche Ausnahme annehmen. Nimmt man das an, bbbbb) ist das Geschäft wohl auch als teilbar anzusehen, weil nach Abtrennung des unwirksamen Teils (Kaufvertrag) ein wirksamer Rest (Übereignung), der für sich gesehen einen Sinn machen würde, vorläge. cccc) Da die Parteien das verbleibende Geschäft (Übereignung) nicht ohne einen wirksamen Kaufvertrag gewollt hätten, ist von einer Gesamtnichtigkeit auszugehen. Danach ist der V Eigentümer geblieben, so dass schon deshalb ein Anspruch des K gegen den D aus § 985 BGB entfällt. 2. Der K hat aber gegen den D einen Anspruch aus §§ 858, 859 Abs. 2, 861 Abs. 1 BGB 3. und aus § 1007 Abs. 1 BGB.

Das Rechtsgeschäft besteht unabhängig von § 139 BGB fort, wenn nach dem ausdrücklichen Willen der Parteien eine **Geltungserhaltungsvereinbarung für den Fall der teilweisen Unwirksamkeit** getroffen wurde. Eine Fortgeltung kann auch ungeachtet eines Fortgeltungswillens der Parteien eintreten, wenn es der **Zweck der Verbotsnorm** gebietet: So besteht ein Vertrag beim Verstoß gegen Preisvorschriften, wie im Fall der nach § 125 BGB i.V.m. § 4 RVG nichtigen Honorarvereinbarung oder von Miethöhebestimmungen (§ 134 BGB i.V.m. § 5 WirtschaftsstrafG) zu dem zulässigen Betrag fort, wenn dieser normativ bestimmt ist. Es gibt auch **Sonderregeln zu § 139 BGB**, wie z.B. § 276 Abs. 3 BGB oder § 306 Abs. 1 BGB.

III. Beendigung (Anfechtung, Rücktritt, Widerruf, Kündigung, Aufhebung)

Sie wissen jetzt, wie ein **Vertrag geschlossen** wird **(sub I)**, und Sie kennen nunmehr auch die seiner „**Wirksamkeit**" entgegenstehenden „**Hindernisse**" **(sub II)**. Wie Sie aber wissen, kann ein **geschlossener** und **wirksamer Vertrag** auch wieder beendet werden, so dass die von Ihnen zu prüfenden sich aus dem Vertrag ergeben sollenden Ansprüche wegen einer solchen **Beendigung** nicht entstehen können. Die wichtigsten Fälle der „Beendigung" eines Rechtsgeschäftes bzw. eines Vertrages sind die **Anfechtung**, der **Rücktritt**, der **Widerruf** bei „Verbraucherverträgen", die **Kündigung** und der **Aufhebungsvertrag**.

1. Die erklärte Anfechtung

Derjenige, der eine wirksam gewordene Willenserklärung, z.B. ein Angebot zum Abschluss eines Vertrages, abgegeben hat, kann sich natürlich nicht einfach (z.B. aus „Reue") von seiner Erklärung wieder „lossagen" mit der Folge, dass der zustande gekommene Vertrag, zu dem diese Willenserklärung infolge einer Annahmeerklärung des anderen Teils inzwischen geführt hat, infolge einer solchen „Lossagung" wieder beendet wäre. Dann wären der allgemeinen Rechtsunsicherheit „Tür und Tor geöffnet". Das zeigt bereits sehr deutlich, dass auch der Gesetzgeber es den Parteien nur in solchen Fällen, in denen die „Einzelfallgerechtigkeit" es aus besonderen Gründen zwingend gebietet, möglich machen durfte, sich von wirksam gewordenen Willenserklärungen wieder zu lösen. Eine der Fallkonstellationen, in denen er dies zugelassen hat, ist die eines Widerspruchs zwischen dem wirksam gewordenen Inhalt der „Willenserklärung" und dem davon abweichenden „Geschäftswillen" des Erklärenden. Sie wissen längst, dass das Gesetz hier der „Rechtssicherheit" den Vorzug vor der „Einzelfallgerechtigkeit" in der Weise gegeben hat, dass allein die „Willenserklärung" gilt, nicht aber der davon abweichende und insoweit unerklärt gebliebene „Geschäftswille" des Erklärenden. Zugleich aber hat das Gesetz im Sinne der „Einzelfallgerechtigkeit" einen Kompromiss gefunden, indem es dem Erklärenden unter bestimmten Voraussetzungen (lesen Sie die §§ 119 ff. BGB) die Möglichkeit gibt, seine „Willenserklärung" durch gestaltende Anfechtungserklärung (§ 143 BGB) mit rückwirkender Kraft (§ 142 Abs. 1 BGB) zu „vernichten". Da „Willenserklärungen" die Bausteine von „Rechtsgeschäften" sind, erfasst die Wirkung der Anfechtung notwendigerweise auch das „Rechtsgeschäft", dessen Bestandteil die angefochtene und „vernichtete" Willenserklärung ist (§ 142 Abs. 1 BGB). Bekanntlich ist das wichtigste aller Rechtsgeschäfte der Vertrag. Mit diesem, und zwar speziell mit dem verpflichtenden Vertrag, befassen wir uns in diesem Teil 3 des Buches. Wenn ein geschlossener **Vertrag** aufgrund einer **erklärten Anfechtung** (§§ 119 – 123, 143, 142 Abs. 1 BGB) **von Anfang an als nichtig** anzusehen ist und daher „**wieder beendet ist**" (Medicus), **kann** natürlich auch **kein Anspruch** aus einem schuldrechtlich verpflichtenden Vertrag **bestehen**. Dieser einfache Gedankengang dürfte die Bedeutung der Anfechtung für eine Fallbearbeitung, bei der Sie zu prüfen haben, ob dem Anspruchsteller gegen den Anspruchsgegner ein Anspruch aus einem verpflichtenden Vertrag zusteht, deutlich machen.

> Wenn wir uns hier auf die **Beendigung einer Vertragsbeziehung** als Folge einer **erklärten Anfechtung** konzentrieren, ist das natürlich eine **inhaltliche Verkürzung**, denn die Anfechtung (sie ist im Allgemeinen Teil des BGB geregelt) ist nicht nur für das Rechtsgeschäft „Vertrag" und seine Bausteine, die Willenserklärungen „Angebot" und „Annahme", und auch nicht nur für die Beendigung daraus resultierender verpflichtender und damit anspruchsbegründender Verträge geschaffen worden, sondern für alle nur denkbaren „Willenserklärungen" (lesen Sie z.B. § 119 Abs. 1 BGB: „Wer bei der Abgabe einer Willenserklärung....") bzw. alle „Rechtsgeschäfte" (lesen Sie § 142 Abs. 1 BGB: „Wird ein anfechtbares Rechtsgeschäft angefochten, so ist es als von Anfang an nichtig anzusehen") und auch für geschäftsähnliche Handlungen. Unsere zunächst erfolgende Beschränkung auf die Anfechtung von schuldrechtlich verpflichtenden Verträgen bzw. ihre Bausteine lässt sich nur aus Gründen der Ökonomie der Darstellung rechtfertigen: Es geht hier in Teil 3 nun einmal in erster Linie um Ansprüche aus schuldrechtlich verpflichtenden Verträgen. Ich denke, man kann Ihnen und Sie können es sich zutrauen, die anschließende Darstellung und die gefundenen Ergebnisse auf die Anfechtung anderer „Willenserklärungen" bzw. „Rechtsgeschäfte", als es verpflichtende Verträge bzw. ihre rechtsgeschäftlichen Bausteine (Angebot und Annahme) sind, zu übertragen.

> **Übrigens**: Interessant (aber für die Rechtsfolgen völlig bedeutungslos) ist es, dass das Gesetz hinsichtlich der Anfechtbarkeit in den § 119 ff. BGB von der Anfechtung von „Willenserklärungen" und hinsichtlich der Rechtsfolgen der Anfechtung eines anfechtbaren Rechtsgeschäfts von einem „als von Anfang an nichtig anzusehen(den) „Rechtsgeschäft" spricht. Zerbrechen Sie sich bitte darüber nicht unnötig den Kopf.

Bei der **Anfechtung** und ihren **Rechtsfolgen** geht es also **rechtspolitisch** gesehen um die **Lösung** eines **Widerstreits** zwischen

- dem Prinzip der **Rechtssicherheit** (das Vertrauen der Allgemeinheit, speziell des Geschäftsgegners, auf den Bestand des Rechtsgeschäfts) einerseits
- und dem Prinzip der **individuellen Gerechtigkeit** (Berücksichtigung des persönlichen Versehens oder der Wirkung einer von außen kommenden Beeinflussung des Erklärenden) andererseits.

Diesen **Konflikt löst das Gesetz** auf eine ganz bestimmte Weise: Bei grundsätzlich allen Willenserklärungen, also (es sei wiederholt!) nicht nur bei den hier schwerpunktmäßig erörterten vertraglichen Willenserklärungen, bei denen die Erklärung des Geschäftswillens fehlerhaft (Irrtum) war, oder bei deren Abgabe der Erklärende aus psychischen Gründen (Täuschung oder Drohung) unfrei war, kann der Erklärende seine Willenserklärung innerhalb bestimmter Fristen durch gestaltende Willenserklärung gegenüber bestimmten Personen rückwirkend „vernichten".

> Vorab soll auf ein **Formulierungsproblem** bei der **Fallbearbeitung** hingewiesen werden:
>
> Bei den hier in erster Linie interessierenden Verträgen, speziell den verpflichtenden Verträgen, wird die Anfechtung im Gutachten häufig mit der Formulierung geprüft: „Der Anspruch des K gegen den V aus einem Kaufvertrag (§ 433 Abs.1 S. 1 BGB) könnte deshalb nicht bestehen, weil der Kaufvertrag infolge der von V erklärten Anfechtung als von Anfang an nichtig anzusehen ist und damit beendet ist (§§ 119 Abs. 1 1. Fall, 142 Abs. 1 BGB)". Das ist – obwohl genau genommen die Anfechtung die zum Vertragsschluss führende Willenserklärung des V (Angebot oder Annahme) betrifft – so üblich und auch akzeptabel.
>
> Man muss sich – wenn man dies so schreibt – nur immer dessen bewusst sein, dass es in Wahrheit die zum Vertragsschluss führenden Willenserklärungen „Angebot" oder „Annahme" sind, die von der Anfechtung mit der Wirkung des § 142 Abs. 1 BGB betroffen sind, und dass der „Vertrag" deshalb „als von Anfang an nichtig anzusehen ist", weil es nach der Anfechtung des „Angebots" oder der Anfechtung der „Annahme" und dessen/deren rückwirkendem Wegfall mangels der Existenz zweier übereinstimmender Willenserklärungen („Angebot" und „Annahme") an den beiden unerlässlichen „Bausteinen" eines jeden Vertrages fehlt, so dass es i.E. in der Tat zutreffend ist, zu formulieren,

> dass z.B. „der Kaufvertrag als von Anfang nichtig anzusehen und damit beendet ist (§§ 119 Abs. 1 1. Fall, 142 Abs. 1 BGB)".

Folgendes **Prüfungsschema** ist grundsätzlich einzuhalten; es bildet zugleich die Gliederung der folgenden Darstellung. Zu prüfen sind:

- **Anwendbarkeit des Anfechtungsrechts (sub a))**,
- **Zulässigkeit der Anfechtung (sub b))**,
- **Anfechtungsgrund (sub c))**,
- **Anfechtungserklärung (sub d))** und die
- **Anfechtungsfolgen (sub e))**.

a) Anwendbarkeit des Anfechtungsrechts

Es geht nach dem Wortlaut des Gesetzes in §§ 119 – 123 BGB bzw. § 142 Abs. 1 BGB bei der Anfechtung um die **Beseitigung** von **„Willenserklärungen"/„Rechtsgeschäften"**; dazu zählt das Schweigen jedenfalls auch dann, wenn dieses eine echte Willenserklärung (sog. „beredtes Schweigen") ist, aber nicht dann, wenn es vom Gesetz als Ablehnung fingiert wird (§§ 108 Abs. 2 S. 2, 177 Abs. 2 S. 2, 415 Abs. 2 S. 2 BGB). Entsprechend angewendet werden die §§ 119 ff. BGB daher nur auf diejenigen **fingierten Willenserklärungen**, die eine Zustimmung bedeuten. Die §§ 119 ff. gelten auch für **„geschäftsähnliche Handlungen"** (wie eine Mahnung oder Fristsetzung, Erteilung von Vertretungsmacht nach §§ 171 Abs.1, 172 Abs. 1 BGB).

Gelernt haben wir, dass darüber hinaus nach hM. **§ 119 Abs. 1 BGB analog** angewendet wird in den Fällen, in denen trotz fehlenden Erklärungsbewusstseins wegen eines für ausreichend erachteten **„potentiellen Erklärungsbewusstseins"** das Bestehen einer Willenserklärung angenommen wurde („Trierer Weinversteigerung") und in den Fällen, in denen trotz einer nicht gewollten Abgabe bei einem gleichwohl **zurechenbar veranlassten Inverkehrbringen einer Erklärung** das Wirksamwerden einer Willenserklärung angenommen wurde („Sekretärinnen-Fall"). Vielleicht sollten Sie dies noch einmal alles nachlesen?!

Die Grenze der Anwendbarkeit der Anfechtungsregeln ist aber erreicht bei **Rechtsscheintatbeständen**: Diese können nicht durch Anfechtung beseitigt werden; umstritten ist dies allerdings hinsichtlich eines „Irrtums über die Konkludenz des Handelns" (ich hoffe, Sie erinnern sich an die damit zusammenhängende Problematik der systematischen Einordnung der Duldungsvollmacht!).

b) Zulässigkeit der Anfechtung

Die **§§ 119 ff. BGB** werden **verdrängt**

- im **Eherecht** durch § 1313 BGB,
- im Arbeits- und Gesellschaftsrecht bei bereits in Vollzug gesetzten anfechtbaren Arbeits- und Gesellschaftsverträgen durch die Hilfskonstruktion des **„faktischen Vertrags"** bzw. durch eine **„Beschränkung der Nichtigkeitsfolgen"**,
- und im **Erbrecht** wegen der §§ 2078 ff., 2281 ff. BGB.

Ausgeschlossen ist die Anfechtung, wenn ein anfechtbares Rechtsgeschäft vom Anfechtungsberechtigten „bestätigt" worden ist **(§ 144 Abs. 1 BGB)**.

Darüber hinaus kann speziell **ausgeschlossen** sein eine **Anfechtung nach § 119 BGB** in den folgenden Fallkonstellationen:

- Eine Anfechtung nach § 119 Abs. 1 BGB ist dann nicht möglich, wenn eine Person im eigenen Namen gehandelt hat, aber im fremdem Namen hat handeln wollen **(§ 164 Abs. 2 BGB)**.

Fall 192: Der durch A nach § 167 Abs. 1 1. Fall BGB zum Ankauf einer Sache von B wirksam bevollmächtigte V bietet im Rahmen der erteilten Vollmacht dem B den Abschluss eines Kaufvertrages an. Dabei wollte er für A handeln, ohne das jedoch gegenüber dem B deutlich zu machen; auch die Umstände ergaben nicht, dass der V für A handeln wollte. Als der B keine Zahlung erhält, verlangt er von V Zahlung des Kaufpreises Zug-um-Zug gegen Lieferung. Der V erklärt die Anfechtung seiner Willenserklärung mit der Begründung, dass er sich über die Wirkung seines Handelns geirrt habe.

Der V müsste aus einem Kaufvertrag gem. § 433 Abs. 2 BGB zahlen, wenn er Käufer wäre. a) Mangels Handelns in fremdem Namen wirkt die von V abgegebene Angebotserklärung für und gegen ihn selbst (§ 164 Abs. 2 BGB); und die Annahmeerklärung des B ist ihm gegenüber erklärt worden. Der Vertrag ist also zwischen dem V und dem B zustande gekommen. b) Die von V erklärte Anfechtung könnte jedoch dazu geführt haben, dass die Angebotserklärung rückwirkend als nichtig anzusehen wäre (§ 142 Abs. 1 BGB). Als Anfechtungsgrund käme § 119 Abs. 1 BGB in Betracht. aa) Ein Inhaltsirrtum läge vor: Der V hat gewollt, dass das Angebot für und gegen den A wirkt; er hat aber erklärt, dass es für und gegen ihn selbst wirkt. bb) Die Anfechtung wegen eines derartigen Inhaltsirrtums ist jedoch nach § 164 Abs. 2 BGB ausgeschlossen; der Ausschluss der Anfechtung ist geradezu Sinn und Zweck des § 164 Abs. 2 BGB.

- Hinsichtlich eines bei der Fallbearbeitung nicht selten zentralen Konkurrenzproblems, nämlich des **Verhältnisses** einer **Anfechtbarkeit** nach **§ 119 Abs. 2 BGB** wegen eines Irrtums über die Mangelfreiheit **zu** einem **Gewährleistungsrecht** aus einem **Kaufvertrag** oder **Werkvertrag** wegen eben dieses Mangels soll hier zunächst ganz bewusst nur angedeutet werden, dass der Gesetzgeber anlässlich der Schuldrechtsreform 2002 den bisher von der Rechtspraxis für den Zeitraum nach Gefahrübergang angenommenen Vorrang des Gewährleistungsrechts bei Sachmängeln vor einer Anfechtung nach § 119 Abs. 2 BGB für völlig selbstverständlich angesehen hat. Der Gesetzgeber hält es sogar für nahe liegend, dass die Rechtsprechung sich dahin entwickeln wird, dass eine Anfechtung durch den Käufer wegen eines Irrtums über die Mangelfreiheit sogar schon vor Gefahrübergang, also generell, ausgeschlossen sein soll. Auch bei den (durch § 435 BGB den Sachmängeln gleichgestellten) Rechtsmängeln könnte nach den Vorstellungen des Gesetzgebers im Hinblick auf die gleiche Verjährungsregelung fortan – vorbehaltlich einer sich anders entscheidenden Rechtsprechung – die Anfechtung generell ausgeschlossen sein. Man wird also die Rechtsentwicklung abwarten müssen! Diese kurzen Bemerkungen an dieser Stelle des Buches wird ohnehin nur der „Eingeweihte" und vielleicht auch derjenige verstehen, der bei der ja bereits erfolgten Darstellung des Kaufvertragsrechts gut aufgepasst hat; eine schon jetzt erfolgende gründliche Erläuterung würde aber den Rahmen dieses Teils 3 sprengen; hier sei nur soviel gesagt: Wenn sich nach Gefahrübergang (beim

Sachkauf z.B. nach Übergabe der Kaufsache nach § 446 S. 1 BGB) herausstellt, dass die Kaufsache nach § 434 BGB sach- oder nach § 435 BGB rechtsmangelhaft ist, dann hat der Käufer ausschließlich die Gewährleistungsrechte nach § 437 BGB. Wenn er zusätzlich wegen seines Irrtums über die Mangelfreiheit der Kaufsache nach § 119 anfechten könnte, würde dies nicht hinnehmbare Folgen haben. Alles Weitere hierzu werden Sie demnächst im Zusammenhang mit einigen Fällen und vor allem in Teil 4 erfahren.

- Ob § 119 BGB angewendet werden kann, wenn alle (wegen Zweiseitigkeit der meisten Verträge: i.d.R. also beide) Vertragspartner irren (**"all-"** bzw. **"beiderseitiger Irrtum"**) ist umstritten. Teilweise werden – um die Konsequenzen des § 122 BGB nicht auf den rein zufällig zuerst die Anfechtung erklärenden Beteiligten abzuwälzen – die ja neuerdings in § 313 BGB kodifizierten Regeln über die **"Störung der Geschäftsgrundlage"** angewendet (Larenz). Dagegen wird zu Recht eingewandt, dass i.d.R. nur derjenige anfechten wird, der seine Interessen beim Vertragsschluss vernachlässigt hat, und dass er es dann auch verdient, den daraus entstandenen Nachteil (§ 122 BGB) zu tragen (Medicus).

Fall 193: Der V verkauft dem K einen Ring, den beide als „vergoldet" ansehen, obwohl er in Wahrheit massiv ist, für € 10,-. Der Vertrag wird beiderseits erfüllt. Als sich heraus stellt, dass der Ring massiv golden ist und der angemessene Kaufpreis € 100,- beträgt, verlangt der V 1. die Zahlung von weiteren € 90,- (nach Medicus) 2. und hilfsweise Herausgabe des Ringes Zug-um-Zug gegen Rückzahlung der € 10,-.

1. Der V könnte einen Anspruch auf Zahlung von € 90,- aus einem hinsichtlich des Kaufpreises nach den Regeln über die „Störung der Geschäftsgrundlage" angepassten (§ 313 Abs. 2, 1, 3 BGB) Kaufvertrags verlangen (§ 433 Abs. 2 BGB). 2. Wer sich dem nicht anschließt, kommt zu einem Anspruch aus § 812 Abs. 1 S. 1 1. Fall BGB („Leistungskondiktion"). a) Der K hat das Eigentum und den Besitz an dem Ring, also ein „etwas", erlangt, b) durch Leistung des Anspruchstellers V an K. c) Da der V den Kaufvertrag nach § 119 Abs. 2 BGB mit der Folge des § 142 Abs. 1 BGB wirksam angefochten hat (Auslegung des Herausgabeverlangens), d) hat der K aa) das Erlangte herauszugeben bb) und zwar nach der „Saldotheorie" Zug-um-Zug gegen Rückzahlung des Kaufpreises (€ 10,-). e) Warum ist hier nicht von einer Spezialität des Gewährleistungsrechts auszugehen? Weil der Verkäufer Ansprüche geltend macht!

c) Anfechtungsgrund

Wir hatten es bereits einleitend gesagt: Derjenige, der eine Willenserklärung abgegeben hat, kann sich natürlich nicht einfach aus „Reue", z.B. weil er als Verkäufer dem Käufer die Kaufsache nicht gönnt etc., von ihr „lossagen", um den Vertrag „zu Fall zu bringen". Dann wären der Rechtsunsicherheit „Tür und Tor geöffnet" und der Grundsatz „pacta sunt servanda" hätte keine Gültigkeit mehr. Es gibt also **kein "Reurecht"**, sondern es **gibt nur ein "Anfechtungsrecht"** mit ganz bestimmten Anfechtungsgründen (nämlich bestimmte Arten des Irrtums und bestimmte Eingriffe in die Willensentschließungsfreiheit bei Abgabe der Willenserklärung), bei deren Vorliegen der Gesetzgeber eine rechtspolitische Notwendigkeit gesehen hat, eine Anfechtungsmöglichkeit zu schaffen. Ansonsten bleibt der Erklärende aus Gründen der Rechtssicherheit an seine Erklärung gebunden.

Also noch einmal: Die Ermöglichung einer Anfechtung durch den Gesetzgeber war keine durch die Logik gebotene Notwendigkeit, sondern eine rein rechtspolitisch begründete Wollensentscheidung.

aa) § 119 BGB (Anfechtung wegen Erklärungs-, Inhalts-, Eigenschaftsirrtums)

Bei den Ausführungen zur notwendigen Kongruenz von Willenserklärungen für einen Vertragsschluss ist bereits angeklungen, dass das Gesetz zwar im Interesse der Sicherheit des Rechtsverkehrs den **Inhalt einer vertraglichen Willenserklärung** ohne Rücksicht auf den inneren Geschäftswillen des Erklärenden **durch Anlegung des Maßstabes des objektivierten Empfängerhorizontes bestimmt**, andererseits aber dem **abweichenden** unerklärt gebliebenen inneren **Geschäftswillen** des Erklärenden dadurch Rechnung trägt, dass der **Erklärende** bei ganz bestimmten Fehlerquellen, nämlich in den Fällen des **Erklärungs-**, des **Inhalts-** (§ 119 Abs. 1 BGB) und des **Eigenschaftsirrtum** (§ 119 Abs. 2 BGB), seine dadurch beeinflusste **Willenserklärung durch Anfechtung rückwirkend vernichten** kann (§ 142 Abs. 1 BGB). Daraus folgt zugleich, dass Fehlvorstellungen im Bereich der einer Formulierung der Willenserklärung vorgelagerten Willensbildung („**Motivirrtum**") unbeachtlich sind; dies ergibt i.ü. auch ein Umkehrschluss aus § 119 Abs. 2 BGB, wenn man den Irrtum über eine „verkehrswesentliche Eigenschaft" als ausnahmsweise beachtlichen Motivirrtum ansieht.

> Die Anfechtungsgründe des § 119 BGB setzen voraus:
> - Einen im vorgenannten Sinne **rechtlich relevanten Irrtum** des Erklärenden und
> - eine „**Kausalität**" des Irrtums für die Willenserklärung.

(1) Erklärungsirrtum

Der **Erklärungsirrtum (§ 119 Abs. 1 2. Fall BGB)** kommt in der Praxis relativ selten vor, wird aber gerade bei von Anfängern zu bearbeitenden Fällen durchaus häufig ins Spiel gebracht. Er bereitet keine großen Schwierigkeiten.

Ein Erklärungsirrtum liegt vor, wenn der **Erklärende „nicht weiß, was er sagt"** (= Irrtum bei der Erklärungshandlung). Es geht dabei um die Fälle des **Versprechens** oder **Verschreibens** bei der Abgabe der Willenserklärung.

Fall 194: Der V bietet dem K am 1. Januar 2002 eine bestimmte Sache für „DM 1000,-" zum Kauf an, obwohl er „€ 1000,-" hatte schreiben wollen. K sagt: „Einverstanden" und verlangt Lieferung Zug-um-Zug gegen Zahlung von DM 1000,-. V weigert sich unter Hinweis darauf, dass er sich verschrieben habe.

a) Der Anspruch des K auf Lieferung aus einem Kaufvertrag (§ 433 Abs. 1 S. 1 BGB) ist entstanden, weil ein Kaufvertrag mit dem Inhalt (Kaufvertrag zwischen V als Verkäufer und K als Käufer über eine bestimmte Sache zum Preis von DM 1000,-) zustande gekommen ist. b) Der

Kaufvertrag ist jedoch durch die von V erklärte Anfechtung nach §§ 119 Abs. 1 2. Fall, 142 Abs. 1 BGB als von Anfang an nichtig (und damit als „beendet") anzusehen.

Bei einer in der Praxis durchaus vorkommenden **Fehlvorstellung** über den **Inhalt** einer vom Erklärenden **ungelesen unterschriebenen Urkunde** soll eine **Anfechtung nicht möglich** sein, weil bei der Unterzeichnung einer Urkunde, von deren Inhalt man ganz bewusst keine Vorstellungen hat, kein „Irrtum" (= die unbewusste Diskrepanz zwischen Erklärung und Willen) vorliegt. **Ausnahmsweise** kann der Erklärende dann bei einer Fehlvorstellung vom Inhalt einer ungelesen unterschriebenen Urkunde anfechten, wenn er aufgrund eines Umstandes, der einem Fehler in der Erklärungshandlung durch Verschreiben sehr ähnlich ist, falsche Vorstellungen vom Inhalt der Urkunde entwickelt hatte; z.B. dann, wenn man eine abweichend vom eigenen Diktat geschriebene Willenserklärung im Vertrauen auf die zutreffende Übernahme des diktierten Textes ungelesen unterschreibt.

Keine Anfechtung soll möglich sein bei der Unterzeichnung eines **abredewidrig ausgefüllten Blanketts**, von dem der Empfänger annehmen musste, dass die Erklärung vom Erklärenden stammt (§ 172 Abs. 2 BGB analog); wohl aber, wenn der Ausfüllende sich bei der Ausfüllung irrt (§ 166 Abs. 1 BGB analog).

(2) Inhaltsirrtum

In den Fällen eines **Inhaltsirrtums (§ 119 Abs. 1 1. Fall BGB)** weiß der Erklärende zwar, „was er sagt", aber **„der Erklärende weiß nicht, was er damit sagt"** (= Irrtum über die Bedeutung der Erklärung wegen einer Diskrepanz zwischen dem „Geschäftswillen" und dem „Inhalt der Willenserklärung"). Dass es überhaupt zu einer solchen Diskrepanz kommen kann, hängt damit zusammen, dass bei der Ermittlung des Inhalts der Willenserklärung bekanntlich auf den objektivierten Empfängerhorizont abgestellt wird (§§ 133, 157 BGB).

> Die **Fallgruppen,** in denen ein Inhaltsirrtum **rechtlich beachtlich** ist bzw. **zu diskutieren** ist, sind:
>
> - Der Irrtum über die Bedeutung und Tragweite der Erklärung (**„Verlautbarungsirrtum"**);
> - der Irrtum über den Geschäftsgegner, die Geschäftsart und den Geschäftsgegenstand (**„Identitätsirrtum"**);
> - der Irrtum über die Kalkulation (**„Kalkulationsirrtum"**);
> - und der Irrtum über die **Rechtsfolgen** der angefochtenen Erklärung (**„Rechtsfolgenirrtum"**);
> - mit Sicherheit ist hingegen **rechtlich unbeachtlich** der **„Motivirrtum"**.

Im Einzelnen gilt Folgendes:

Der **„Verlautbarungsirrtum"**, bei dem sich der Erklärende über die Bedeutung und Tragweite seiner Erklärung irrt (meist weil er bestimmte Fachausdrücke nicht richtig beurteilt), ist stets beachtlich.

Fall 195: Waldeigentümer Engel (E) bietet dem Städter Stadler (S) „bereits im Wald an der Wegkreuzung lagernde und vom Käufer abzuholende 10 Festmeter Kiefernholz" zum Preis von € 100,- zum Kauf an. Der S sagt: „Einverstanden" und zahlt den Kaufpreis durch Überweisung von seinem Konto bei der S-Bank auf E's Konto bei der E-Bank. Als der S dann das Holz aus dem Wald holen will, erkennt er, dass es sich bei den „10 Festmeter Kiefernholz" um einen Stapel zersägtes Holz mit den Maßen 5 Meter x 2 Meter handelt, während er sich unter „10 Festmeter Kiefernholz" einen „genau 10 m langen festen Kiefernstamm" vorgestellt hatte. Da der S mit einem 10 m langen Stamm eine Balancierstrecke für einen Trimm-Dich-Pfad hatte herstellen wollen, verweigert er die Abnahme und verlangt den Kaufpreis zurück.

Der Anspruch könnte sich aus §§ 812 Abs. 1 S. 1 1. Fall („Leistungskondiktion"), 818 Abs. 2 BGB ergeben. a) Der E hat durch die Überweisung eine Forderung gegen seine E-Bank (Gutschrift: „abstraktes Schuldversprechen" nach § 780 BGB) erlangt, b) und zwar (unter Einschaltung (1.) der S-Bank, (2.) der Verrechnungsstelle der Banken und (3.) der E-Bank als Leistungsgehilfen) durch Leistung des S. c) Die Leistung müsste ohne Rechtsgrund erbracht worden sein. aa) Ein Kaufvertrag ist geschlossen; nach §§ 133, 157 BGB ist unter „Festmeter" das beim Holzverkauf übliche Raummaß (Kubikmeter = Meter x Meter ./. der Hohlräume zwischen den Stämmen) zu verstehen, so dass die Willenserklärungen sich auch insoweit decken. bb) Der S hat den Vertrag jedoch aaa) wirksam nach § 119 Abs. 1 1. Fall BGB wegen eines Inhaltsirrtums (er wusste nicht, was er mit dem Fachausdruck „Festmeter" sagte) angefochten, bbb) und zwar rechtzeitig (§ 121 BGB) und ccc) gegenüber dem richtigen Anfechtungsgegner (§ 143 Abs.1, 2 BGB), so dass ddd) der Vertrag als von Anfang an unwirksam anzusehen ist (§ 142 Abs. 1 BGB). d) Da die erlangte Gutschrift nicht herausgegeben werden kann, hat der E dem S in Höhe von € 100,- Wertersatz zu leisten (§ 818 Abs. 2 BGB).

Beim ebenfalls stets beachtlichen **Identitätsirrtum** geht es um Fehlvorstellungen über den Geschäftsgegner, die Geschäftsart oder den Geschäftsgegenstand.

Speziell beim Irrtum über den Kaufgegenstand muss man allerdings sorgfältig zwischen einem beachtlichen Identitätsirrtum (dazu der folgende „Pferdekauf-Fall") und einem im Rahmen des § 119 Abs. 1 BGB unbeachtlichen Beschaffenheitsirrtums (dazu der darauf folgende „Zucker/Salz-Fall") unterscheiden.

Fall 196: Der K will bei dem Pferdehändler V ein Pferd erwerben. Ihm sticht ein edler Schimmel, der ganz allein auf der Koppel an der Einfahrt zu V' s Hof steht, ins Auge. Er sieht sich das Pferd genauer an und beschließt, es zu kaufen. Der K und der V einigen sich ohne weitere Besichtigung im Büro des V über den Kauf „des auf der Koppel bei der Einfahrt stehenden Schimmels" zu einem bestimmten Preis. Der K zahlt den vereinbarten Preis sofort in bar. Als der V zur Verladung des gekauften Pferdes hinzukommt, sieht er zu seinem Entsetzen, dass auf der Koppel sein wertvolles Privatpferd „Feder" steht, das er zu dieser Tageszeit wie gewöhnlich im Stall stehend gewähnt hatte, das aber heute ausnahmsweise ohne sein Wissen von einem Pferdepfleger schon vorzeitig auf die besagte Koppel getrieben worden war. Der V hatte beim Vertragsschluss über den Verkauf „des auf der Koppel stehenden Schimmels" an einen anderen Schimmel namens „Bianco", ein vergleichsweise plumpes Pferd, gedacht, der nach seiner Vorstellung zu dieser Tageszeit wie gewöhnlich auf der besagten Koppel hätte stehen sollen. Weil der V sein Pferd „Feder" um jeden Preis behalten will, erklärt er die Anfechtung des Kaufvertrages. Der K verlangt Lieferung des Pferdes „Feder".

Der Anspruch des K gegen den V könnte sich aus einem Kaufvertrag (§ 433 Abs. 1 S. 1 BGB) ergeben. a) Der V und der K haben einen Kaufvertrag über „Feder" geschlossen. b) Dieser könnte jedoch durch eine Anfechtung seitens des V als von Anfang an nichtig anzusehen sein (§§ 119 Abs. 1, 142 Abs. 1 BGB). aa) Der V müsste einen Anfechtungsgrund haben. Hier kommt ein als Inhaltsirrtum beachtlicher Identitätsirrtum des V in Betracht: Der V hat (als Angebot oder als Annahme, was dahinstehen kann) nach §§ 133, 157 BGB mit seiner Erklärung, den Schimmel auf der Koppel an der Einfahrt verkaufen zu wollen, erklärt, dass der Schimmel „Feder" verkauft werden solle. Gewollt hatte er jedoch den Verkauf von „Bianco". Weil er zwar wusste, was er sagte, aber nicht wusste, was er damit sagte, liegt ein beachtlicher Inhaltsirrtum vor (§ 119 Abs. 1 BGB). bb) Die Anfechtung ist aaa) durch die Erfüllungsverweigerung unter Berufung auf den Irrtum erklärt worden, bbb) und zwar rechtzeitig (§ 121 BGB) und ccc) gegenüber dem richtigen Anfechtungsgegner (§ 143 Abs.1, 2 BGB). cc) Die Wirkung der Anfechtung besteht in der rückwirkend eintretenden Nichtigkeit der vertraglichen Willenserklärung des V, sei es nun das Angebot oder die Annahme (§ 142 Abs. 1 BGB); damit entfällt ein „Baustein" für den Kaufvertrag. Der K hat daher keinen Anspruch auf Lieferung des Schimmels „Feder".

Fall 197: Der K will Salz kaufen und sucht dazu den „Tante-Emma"-Laden des V auf, zeigt auf einen ganz bestimmten, auf dem Regal mit den Salzsäcken stehenden, mit einem für Salz üblichen Preis ausgezeichneten Sack und erklärt, er möchte „diesen Sack" kaufen. Gegen Zahlung des Kaufpreises händigt ihm der V auch diesen Sack in der Vorstellung, er enthalte Salz, aus. In Wahrheit enthält der Sack Zucker. Der K zahlt den am Regal angezeigten Preis und geht. Als der V später feststellt, dass in dem Sack Zucker war, verlangt er den Sack mit dem Zucker von K zurück.

Dem V könnte ein Anspruch aus § 812 Abs. 1 S. 1 1. Fall BGB („Leistungskondiktion") gegen K zustehen. a) Der K hat „etwas" – den Besitz und (weil die eventuell erklärte und ggf. noch zu prüfende Anfechtung wegen des „Abstraktionsprinzips" die Wirksamkeit der Übereignung unberührt lassen würde) auch das Eigentum an dem Sack Zucker – erlangt, b) und zwar durch Leistung (= bewusste zweckgerichtete Mehrung fremden Vermögens) des Anspruchstellers V. c) Diese Leistung müsste ohne Rechtsgrund erfolgt sein. aa) Der Rechtsgrund könnte ein Kaufvertrag sein; dieser ist geschlossen. bb) Möglicherweise ist der Kaufvertrag durch eine von V erklärte Anfechtung nach §§ 119 Abs. 1, 2, 142 Abs. 1 BGB als von Anfang an nichtig anzusehen. Was den Anfechtungsgrund angeht, könnte man aaa) an § 119 Abs. 1 1. Fall BGB (Inhaltsirrtum) denken: aaaa) Hier liegt allerdings kein beachtlicher Irrtum über die Identität der Kaufsache vor, denn es ist genau der Sack, den V sich als Kaufgegenstand vorgestellt hatte, an den K verkauft worden. bbbb) Ein Inhaltsirrtum läge aber dann vor, wenn man mit der Lehre von der „Sollbeschaffenheit" annähme, der V hätte mit seiner Erklärung, den von ihm bezeichneten Sack an K verkaufen zu wollen, zusätzlich erklärt, dass der Sack „Zucker" enthält; dass dies zusätzlich erklärt worden ist, könnte sich nach §§ 133, 157 BGB aus dem tatsächlichen Inhalts des Sacks ergeben. Wenn man dies annimmt, dann wäre ein rechtlich relevanter Inhaltsirrtum gegeben, weil der V ja hatte erklären wollen, einen Sack mit dem Inhalt „Salz" verkaufen zu wollen. In der Tat gibt es eine Lehre (entwickelt von Raape), die meint, dass – weil ein Gegenstand von seinen Eigenschaften nicht getrennt werden könne – die Eigenschaften eines Vertragsgegenstandes stets Bestandteile des erklärten rechtsgeschäftlichen Willens seien und dass daher Fehlvorstellungen von den Beschaffenheitsmerkmalen ein Inhaltsirrtum seien. Diese Lehre ist jedoch nicht haltbar. Die Beschaffenheitsmerkmale einer Sache gehören nämlich nicht zum Inhalt einer Willenserklärung; vielmehr wird die Identität einer bestimmten Sache ausschließlich durch ihre räumliche Lage festgelegt; anders mag es bei einer Gattungsschuld sein. Die Vorstellungen von der Beschaffenheit einer bestimmten Kaufsache sind vielmehr nur ein Motiv für den Entschluss, sie zu kaufen oder zu verkaufen. Die Lehre von der „Sollbeschaffenheit" kommt überdies zu einer dogmatisch nicht akzeptablen Vermengung des § 119 Abs. 1 BGB mit § 119 Abs. 2 BGB, weil die Anfechtung dann ohne die einschränkende Voraussetzung der „Verkehrswesentlichkeit" der Eigenschaft möglich wäre. Schließlich spricht gegen diese Lehre, dass man ihr zufolge im Falle eines Irrtums des Käufers eine zeitlich weiträumig mögliche (§ 121 BGB) Anfechtung nach § 119 Abs. 1 BGB wegen Fehlvorstellungen des

Käufers über die Beschaffenheit neben den nach § 438 BGB kurz verjährenden Gewährleistungsrechten aus §§ 434 ff. BGB zuließe. Anders mag es – wie gesagt – bei einem (hier nicht gegebenen) Gattungskauf sein, da bei einem solchen Kauf der Kaufgegenstand erst durch die Vorstellungen der Parteien von seinen Eigenschaften bestimmt wird, so dass die Eigenschaften Bestandteile des rechtsgeschäftlichen Willens wären und eine Fehlvorstellung ein Inhaltsirrtum wäre; das Problem ist dann jedoch, dass stets ein beiderseitiger Irrtum vorliegt, der nach den Regeln über die „Störung der Geschäftsgrundlage" behandelt wird (§ 313 BGB). Hier kommt jedenfalls § 119 Abs. 1 BGB bzw. eine „Störung der Geschäftsgrundlage" nicht in Betracht, bbb) wohl aber der Anfechtungsgrund des § 119 Abs. 2 BGB: Dazu folgen sogleich Ausführungen.

Ein **Rechtsfolgenirrtum** ist als bloßer **Motivirrtum** unbeachtlich, wenn der Erklärende sich über eine Rechtsfolge irrt, die allein kraft Gesetzes, nicht aber aufgrund des Willens des Erklärenden eintritt. Er kann aber auch ein rechtlich beachtlicher **Inhaltsirrtum** sein, wenn sich die Rechtsfolge aus dem Inhalt seiner Erklärung ergibt.

<u>Fall 198:</u> Der V verkauft dem K eine Sache. Als dem V die Erfüllung unmöglich wird, weil er die Sache fahrlässig zerstört hat, nimmt der K ihn aus §§ 280 Abs. 1, 3, 283, 249 ff. BGB auf Schadensersatz in Anspruch. Der V ficht den Vertrag jetzt an, weil ihm diese Rechtsfolge unbekannt war (nach Medicus).

Hier kommt eine Anfechtung nicht in Betracht, weil die Rechtsfolge, über die der V sich geirrt hat, ausschließlich kraft Gesetzes eintritt.

<u>Fall 199:</u> Der V verkauft ein seetüchtiges Segelboot an den K, und zwar „nebst Zubehör". Die auf dem Boot befindliche Rettungsinsel hält der V jedoch für nicht mitverkauft. Als er erfährt, dass nach § 97 BGB die Rettungseinrichtungen als mitverkauft anzusehen sind, ficht der V den Vertrag an (nach Kropholler).

Die Rettungsinsel ist als „Zubehör" i.S.d. § 97 BGB mitverkauft. Dass V die Insel nicht als Zubehör angesehen hat, berechtigt nach § 119 Abs. 1 BGB zur Anfechtung: denn bei einem Irrtum über den Inhalt eines Begriffs, der gesetzlich definiert ist, ist ein Inhaltsirrtum gegeben.

Ein **Kalkulationsirrtum** soll nach der Rechtsprechung ausnahmsweise dann kein unbeachtlicher Motivirrtum, sondern ein beachtlicher Inhaltsirrtum sein, wenn diejenige Kalkulation „offen" gelegt und zum Gegenstand der Vertragsverhandlungen gemacht worden ist, die zur Abgabe der wegen eines Irrtums bei der Kalkulation angefochtenen Willenserklärung geführt hat („externer Kalkulationsirrtum"). War die Kalkulation jedoch nicht erkennbar („interner Kalkulationsirrtum"), ist der Irrtum als bloßer Motivirrtum unbeachtlich.

Stets unbeachtlich ist ein **bloßer Motivirrtum.** Insoweit hält das Gesetz das Vertrauen des Geschäftsgegners für höherwertig als die Individualgerechtigkeit.

<u>Fall 200:</u> Der K kauft bei V eine Sache, die er dem D zum Geburtstag schenken will. Als sich herausstellt, dass er nicht eingeladen ist, ficht er den Kaufvertrag an.

Hier deckt sich der Wille des K, die Sache zu kaufen, mit der entsprechenden (Angebots- oder Annahme-) Erklärung des v. Dass der Wille aufgrund einer fehlerhaften Vorstellung auf der Motivationsebene („Motivirrtum") gebildet worden ist, ist rechtlich unbeachtlich.

Neben diesem typischen Schulbeispiel sollten Sie sich als **Beispiele** für einen **unbeachtlichen Motivirrtum** merken: Den Irrtum über den **Wert** eines Gegenstandes und den Irrtum über **die Kaufkraft des Geldes**. Eine dogmatisch interessante Frage ist, ob der nach § 119 Abs. 2 BGB rechtlich relevante Irrtum über verkehrswesentliche Eigenschaften ein vom Gesetz ausnahmsweise anerkannter Motivirrtum ist (dazu sogleich).

(3) Eigenschaftsirrtum

Der **Eigenschaftsirrtum** wird unter bestimmten Voraussetzungen als beachtlich angesehen **(§ 119 Abs. 2 BGB)**.

> Für die weitere Erörterung sollen vorab einige weitgehend unstreitige **Grundbegriffe** klargestellt werden:
>
> 1. Unter „**Sachen**" versteht man die Vertragsgegenstände; auf die Definition des § 90 BGB kommt es in diesem Zusammenhang nicht an.
>
> 2. Die „**Eigenschaften**" von Sachen sind ihnen unmittelbar anhaftende oder von ihnen ausgehende, gegenwärtige und dauerhafte Umstände physischer, tatsächlicher, wirtschaftlicher, sozialer oder rechtlicher Art, die den Wert zu bestimmen pflegen (= **wertbildende Faktoren**).
>
> **Merken Sie sich:** der **Wert** oder der **Marktpreis** einer Sache ist niemals ein wertbildender Faktor, also **keine Eigenschaft**; denn er haftet der Sache nicht unmittelbar, gegenwärtig und dauerhaft an, sondern ist das Ergebnis von Angebot und Nachfrage. Dies ist eine „sehr beliebte Fehlerquelle"!
>
> 3. Unter „**Personen**" versteht man diejenigen, auf die sich das Rechtsgeschäft bezieht; in der Regel ist das der Geschäftsgegner, es kann aber auch ein Dritter sein. Die „**Eigenschaften**" von Personen sind deren natürliche Merkmale, rechtliche oder tatsächliche Verhältnisse, die auf die Wertschätzung Einfluss haben können.

Wie Sie ja längst wissen: Bei der Prüfung des § 119 Abs. 2 BGB dürfen Sie nicht voreilig sein. Denn im Fall eines Sach- oder Rechtsmangels einer Kaufsache gehen die **§§ 434 ff. BGB** als **Spezialnormen einer Irrtumsanfechtung durch den Käufer** nach § 119 Abs. 2 BGB vor. Die bereits genannten „klassischen" Gründe dafür sind: Ließe man die Anfechtung des Käufers zu, könnte er hierdurch die regelmäßige Verjährungsfrist des § 438 Abs. 1 Nr. 3 BGB, die kürzer ist als die Anfechtungsfrist des § 121 BGB, und auch einen eventuellen bestehenden Ausschluss der Gewährleistungsrechte bei grob fahrlässiger Unkenntnis des Mangels umgehen. Nach dem „neuen Schuldrecht" kommt als weiteres Argument hinzu, dass der Verkäufer (weil der Käufer nach § 439 BGB beim Vorliegen eines Mangels vorrangig nur Nacherfüllung verlangen kann) ein Recht auf die „zweite Andienung" hat, ein Recht, das ihm der Käufer durch eine Anfechtung nach § 119 Abs. 2 BGB nehmen könnte. Fraglich ist, von welchem Zeitpunkt an der Vorrang des Gewährleistungsrechts und der gleichzeitige Ausschluss des § 119 Abs. 2 BGB gilt: Die Gewährleistungsrechte bestehen vom Augenblick des Gefahrübergangs an, also i.d.R. vom Zeitpunkt der Übergabe an (§ 446 BGB). Daher spricht viel dafür, jedenfalls vorher eine Anfechtung noch zuzulassen. Der RegE hält es dagegen für nahe liegend, „die Anfechtung wegen eines Eigenschaftsirrtums als von vornherein ausgeschlossen anzusehen", meint aber, dass die Frage der Rechtsprechung überlassen bleiben soll. Man kann nur hoffen, dass Sie dies alles sorgfältig gelesen haben: Das gilt nur für die Anfechtung durch den Käufer! Der **Verkäufer kann** selbstredend **nach § 119 Abs. 2 BGB anfechten**, denn für ihn gibt es keine das Anfechtungsrecht ausschließende Konkurrenzsituation zu den §§ 434 ff. BGB. Allerdings: Unzulässig ist die Anfechtung nach § 119 Abs. 2 BGB, wenn der Verkäufer sich hierdurch den Gewährleistungsrechten des Käufers entziehen will. Die klassischen Fälle hierfür sind diejenigen, in denen der Wert eines verkauften Kunstwerks aufgrund einer anderen Herkunft, als sie die Parteien angenommen hatten, deutlich über dem gezahlten Kaufpreis liegt. Auch wenn es in diesen Fällen regelmäßig so liegt, dass sowohl der Verkäufer als auch der Käufer sich über eine verkehrswesentliche Eigenschaft der Kaufsache geirrt haben („Doppelirrtum"), soll § 119 Abs. 2 BGB und nicht § 313 BGB (Fehlen der Geschäftsgrundlage) gelten. Erklärt der Verkäufer die Anfechtung nach § 119 Abs. 2 BGB, ist er aus § 122 BGB zum Ersatz des Vertrauensschadens verpflichtet. Das war natürlich nicht das „letzte Wort" zu diesen Fragen; Sie werden im Zusammenhang mit der Darstellung des Gewährleistungsrechts des Käufers aus den §§ 434 ff. BGB hiermit erneut konfrontiert werden. Wie gesagt: Das war Ihnen eigentlich schon längst bekannt. Weil dieses Thema aber für die Fallbearbeitung so ungeheuer wichtig ist, war die „Zwischenwiederholung" sicher nicht unschädlich.

Wenn Sie das Konkurrenzproblem „überwunden" haben, besteht die zentrale Frage bei der Prüfung des § 119 Abs. 2 BGB im Rahmen einer Fallbearbeitung regelmäßig darin zu beurteilen, ob die Eigenschaft, über die der Anfechtende unrichtige Vorstellungen hatte, überhaupt **verkehrswesentlich** ist. Bei der Feststellung der Verkehrswesentlichkeit stehen sich i.w. zwei **unterschiedliche** Standpunkte – die **objektive** oder die **subjektive** Betrachtungsweise – gegenüber.

- Die **objektive Theorie** stellt zur Bestimmung der Verkehrswesentlichkeit auf die objektiven Verkehrsanschauungen ab; nach ihr ist § 119 Abs. 2 BGB also genau genommen ein gesetzlich anerkannter Fall des Motivirrtums.
- Die **subjektive Theorie** verlangt für die Verkehrswesentlichkeit, dass die Eigenschaft Vertragsinhalt geworden ist; nach ihr ist der § 119 Abs. 2 BGB daher ein Unterfall des nach § 119 Abs. 1 BGB anerkannten Inhaltsirrtums.
- Schließlich gibt es auch eine **differenzierende Sichtweise**, derzufolge bei **typischen Eigenschaften** die Verkehrsanschauung und bei **untypischen Eigenschaften** der Vertragsinhalt über die Verkehrswesentlichkeit entscheidet.

Fall 201: Der K, der einen echten Barockleuchter erwerben will, kauft in dem Laden des V, der echte Antiquitäten und auch Imitate feilbietet, zu einem sehr niedrigen Preis einen Leuchter in barockem Stil, den er für echt hält, der aber in Wahrheit unecht ist. Der K findet noch vor der Übergabe und der Übereignung an ihn heraus, dass der Leuchter unecht ist und will sich vom Kaufvertrag durch Anfechtung lösen (nach Larenz).

a) § 119 Abs. 1 BGB scheidet nach den vorstehenden Ausführungen zur Lehre von der Sollbeschaffenheit aus. b) In Betracht kommt aa) nach dem hier gemachten Vorschlag vor Gefahrübergang zulässigerweise bb) eine Anfechtung nach § 119 Abs. 2 BGB. aaa) Die Echtheit der Kaufsache, über die der K sich geirrt hat, ist ein wertbildender Faktor, also eine Eigenschaft einer Sache. bbb) Sie müsste verkehrswesentlich sein: aaaa) Nach der objektiven Theorie (Larenz) ist die objektive Verkehrsauffassung maßgeblich. Selbst wenn man bei der Ermittlung der objektiven Verkehrsauffassung auf die konkreten Umstände abstellt (Kauf beim Trödler) muss man hier zur Verkehrswesentlichkeit kommen, da der Trödler auch mit echter Ware handelt. bbbb) Nach der subjektiven Theorie (Begründer: Flume) kommt es auf die „Geschäftswesentlichkeit" (Medicus) an; danach wäre die Echtheit nur dann verkehrswesentlich, wenn sich die Wesentlichkeit ausdrücklich oder stillschweigend aus den Erklärungen der Parteien oder aus dem Geschäftstyp ergibt, kurz gesagt: Wenn die Wesentlichkeit im Rechtsgeschäft „angeklungen" ist. Das ist hier aus folgenden Gründen nicht der Fall: Der K hat nicht ausdrücklich gegenüber V erklärt, dass er einen echten Leuchter suche; der V handelt sowohl mit echten Kunstgegenständen als auch mit Imitaten; der Preis spricht ebenfalls dagegen, dass der Erklärende die Vorstellung von der Echtheit seiner vertraglichen Willenserklärung zugrunde gelegt hat, so dass sie zu deren Inhalt geworden ist. cccc) Nach der zwischen typischen und untypischen Eigenschaften differenzierenden Sicht ist – weil die Echtheit keine typische Eigenschaft eines Leuchters in barockem Stil ist – eine Verkehrswesentlichkeit nur gegeben, wenn die Eigenschaft Vertragsinhalt geworden ist, was – wie zuvor ausgeführt – nicht der Fall ist.

Fall 202: Der V verkauft dem K eine Sache auf Kredit. Der B hat auf Bitten des K zur Sicherung der Kaufpreisforderung einen Bürgschaftsvertrag mit V geschlossen. Als sich herausstellt, dass der K wider Erwarten des B vermögenslos ist, erklärt der B die Anfechtung des Bürgschaftsvertrages gegenüber V.

In Betracht kommt eine Anfechtung nach § 119 Abs. 2 BGB wegen eines Irrtums über eine verkehrswesentliche Eigenschaft einer Person (hier des K). a) Unter einer „Person" i.S.d. § 119 Abs. 2 BGB versteht man denjenigen, auf den sich das Rechtsgeschäft bezieht. Das kann bei einem Bürgschaftsvertrag der Hauptschuldner sein. Die Zahlungsfähigkeit des Hauptschuldners ist auch ein wertbildender Faktor, weil hiervon das Risiko des Bürgen, in Anspruch genommen zu werden, und auch die Qualität eines evtl. Regressanspruches (§ 774 BGB) abhängt. b) Verkehrswesentlich ist die Eigenschaft (Leistungsfähigkeit des Hauptschuldners) jedoch nicht: sie ist es aa) weder objektiv, denn für den Geschäftstyp der Bürgschaft ist es gerade typisch, dass der Hauptschuldner leistungsunfähig ist, bb) noch ist sie „geschäftswesentlich", denn dass es für die Übernahme der Bürgschaft auf die Leistungsfähigkeit des Bürgen ankommt, ist im Geschäft nicht als wesentlich „angeklungen". cc) Da die Leistungsfähigkeit eines Hauptschuldners auch nicht typisch für die Bürgschaft ist, hätte sie nach der differenzierenden Theorie vereinbart worden sein müssen, um als verkehrswesentlich angesehen werden zu können.

Fall 203: Der K, der einen echten Barockleuchter erwerben will, kauft in dem Laden des V, einen Leuchter in barockem Stil, den er für echt hält, für € 10 000,-. Bevor der Vertrag erfüllt wird, äußert ein Bekannter den Verdacht, dass der gekaufte Leuchter ein Imitat sei. Der V ist nicht bereit, den Leuchter zurückzunehmen, weil er aufgrund einer Expertise von seiner Echtheit überzeugt ist. Um einem Rechtsstreit aus dem Weg zu gehen, einigen sich der V und der K darüber, dass der Kaufpreis mit Rücksicht auf die umstrittene Echtheit € 5 000,- betragen soll. Gegen Barzahlung von € 5 000,- übergibt und übereignet der V den Leuchter. Jetzt stellt sich heraus, dass der Leuchter eine auch für einen Fachmann kaum erkennbare Fälschung im Werte von € 500,- ist. Der K erklärt die Anfechtung des Vertrages und verlangt Rückzahlung der erhaltenen € 5 000,- Zug-um-Zug gegen Rückgabe des Leuchters.

Der Anspruch könnte sich aus § 812 Abs. 1 S. 1 1. Fall BGB („Leistungskondiktion") ergeben. a) Der K hat das Eigentum an den € 5 000,- erlangt, b) und zwar durch Leistung des V. c) Fraglich ist, ob ohne Rechtsgrund geleistet wurde: Rechtsgrund war ein durch einen Vergleich abgeänderter Kaufvertrag (§§ 779, 433 BGB). aa) Dieser Vergleich ist nicht nach § 779 BGB unwirksam, weil nicht etwa der „als feststehend zugrunde gelegte Sachverhalt (nicht) der Wirklichkeit ... entsprach", sondern sich der streitige Sachverhalt (Echtheit des Leuchters) anders darstellte, als die Parteien es angenommen hatten. bb) Der Vertrag könnte von K wirksam angefochten worden sein, so dass er als von Anfang an als nichtig anzusehen wäre (§ 142 Abs. 1 BGB). aaa) Die Anfechtung ist erklärt worden (§ 143 Abs. 1, 2 BGB). bbb) Es müsste ein Anfechtungsgrund aus §§ 119 Abs. 2 BGB gegeben sein: Ein Irrtum, der sich auf einen durch den Vergleich erledigten umstrittenen oder ungewissen Punkt bezieht, ist aber nicht „verkehrswesentlich" i.S.d. § 119 Abs. 2 BGB. Denn der Vergleich ist gerade deshalb geschlossen worden, um diesen umstritten Punkt (mögliche Unechtheit des Leuchters) zu erledigen.

Variante: Wie wäre es, wenn der V gewusst hätte, dass der Leuchter eine Fälschung ist.

Dann wäre der Anspruch aus § 812 Abs. 1 S. 1 1. Fall BGB („Leistungskondiktion") gegeben, weil der Vergleich durch eine Anfechtung nach §§ 123 Abs. 1 („arglistige Täuschung"), 142 Abs. 1 BGB als von Anfang an nichtig anzusehen wäre .a) Die Anfechtung ist erklärt worden. b) Die Täuschung lag in der Behauptung, von der Echtheit überzeugt zu sein. Unbeachtlich ist, dass diese Erklärung sich auf den Streitpunkt, der durch den Vergleich beseitigt werden sollte, bezieht. c) Die Täuschung war rechtswidrig. d) Der K hatte sich geirrt. e) Der V hatte – weil vorsätzlich und auf den Abschluss des Vergleichs gerichtet – den K „arglistig" getäuscht. f) Die Täuschung war auch für den Irrtum des K und den Vergleichsschluss (und daher „doppelt") kausal.

(4) Anfechtbarkeit wegen falscher Übermittlung (§ 120 BGB)

Wenn eine **Willenserklärung** durch eine zur Übermittlung verwendete Person (i.d.R. ein Bote, auch ein Dolmetscher) **unbewusst falsch übermittelt** wird, kann der Erklärende die solchermaßen verfälschte Willenserklärung nach § 120 BGB mit der Folge des § 142 Abs. 1 BGB anfechten. Bei bewusster Falschübermittlung ist die Willenserklärung für denjenigen, dessen Erklärung überbracht, bzw. übertragen werden soll, „automatisch" unverbindlich.

(5) Kausalität zwischen Irrtum und angefochtener Willenserklärung

Der Maßstab für die (häufig vernachlässigte) Prüfung der sog. **„Kausalität"** (genau genommen wird eine Bewertung gefordert) **zwischen dem rechtlich relevanten Irrtum** und **der angefochtenen Willenserklärung** ist die Fragestellung, ob der Irrende die Willenserklärung bei Kenntnis der Sachlage und bei verständiger Würdigung des Falles nicht abgegeben haben würde (§ 119 Abs. 1 aE. BGB). Das gilt auch für § 120 BGB, der auf § 119 BGB verweist.

(6) Vertrauensschutz für den Erklärungsempfänger?

Über die weiteren Voraussetzungen einer Anfechtung (vor allem die nach § 143 BGB unerlässliche „Anfechtungserklärung") und auch über die Rechtsfolgen einer erklärten Anfechtung, nämlich die rückwirkende Beseitigung der Willenserklärungen (§§ 119 f., 142 Abs. 1 BGB) werden Sie noch allerlei erfahren. Im Augenblick könnte Sie die Vorstellung irritieren, dass es infolge einer erklärten Anfechtung mit der Rechtsfolge einer rückwirkenden Beseitigung der Willenserklärung zu einem Konflikt zwischen dem Interesse des Erklärenden und dem Interesse der sonst am Rechtsverkehr Beteiligten, die auf den Bestand der Willenserklärung vertrauen, kommt.

Dieses zunächst berechtigte „Misstrauen" in die Weisheit des Gesetzes kann jedoch zerstreut werden.

Bei nicht empfangsbedürftigen Willenserklärungen wird es einen solchen Widerstreit der Interessen nicht geben. Ganz anders liegt es aber bei empfangsbedürftigen Willenserklärungen: Der Empfänger der angefochtenen Willenserklärung hat ein virulentes Interesse am Schutz seines Vertrauens auf den Bestand der Willenserklärung. Dieses Vertrauen ist auch berechtigt, denn nicht er, der Empfänger, ist für den Anfechtungsgrund „verantwortlich", sondern der „irrende" Erklärende: Der hat sich verschrieben, versprochen etc. Wenn das Gesetz gleichwohl in den Fällen einer Anfechtung nach §§ 119 f. BGB dieses Vertrauen „auf dem Altar der Individualgerechtigkeit opfert", musste er einen Ausgleich schaffen, wie es dann in § 122 BGB auch geschehen ist: „...wenn die Erklärung einem anderen gegenüber abzugeben war, diesem, anderenfalls jedem Dritten den Schaden zu ersetzen, den der andere oder der Dritte dadurch erleidet, dass er auf die Gültigkeit der Erklärung vertraut, jedoch nicht über den Betrag des Interesses hinaus, welches der andere oder der Dritte an der Gültigkeit der Erklärung hat". Sie erkennen sofort, dass es sich um eine der wenigen Anspruchsgrundlagen handelt, die es im Allgemeinen Teil des BGB gibt (lesen Sie z.B.: § 160 oder § 179 BGB). Es geht um einen Schadensersatzanspruch ohne ein Verschuldenserfordernis. Gerichtet ist der Anspruch auf das negative Vertrauensinteresse: Der Anspruchsteller kann verlangen so gestellt zu werden, wie er stünde, wenn er den anderen Teil „nie gesehen hätte" (Bork). Interessant ist, dass ein Mitverschulden des Anspruchsinhabers, das darin besteht, dass „der Beschädigte den Grund .....der Anfechtbarkeit kannte oder infolge von Fahrlässigkeit nicht kannte (kennen musste)", nicht im Wege einer Schadensteilung nach § 254 BGB berücksichtigt wird, sondern zum Ausschluss der Schadensersatzpflicht führt (§ 122 Abs. 2 BGB). Wenn der Anfechtungsgegner den Irrtum durch schuldloses Handeln herbeigeführt haben sollte, greift § 122 Abs. 2 BGB nicht ein. Dann aber kann § 254 BGB, für den jetzt wieder Raum ist, eine Herabsetzung des Schadensersatzanspruchs erfordern.

Am Rande sei daran erinnert: § 122 BGB gilt auch in dem seltenen Fall einer Nichtigkeit nach § 118 BGB („Scherzgeschäft") und analog in den Fällen, in denen man entgegen der hM. wegen fehlenden aktuellen Erklärungsbewusstseins („Trierer Weinversteigerung") das Vorliegen einer Willenserklärung verneint, oder in den Fällen, in denen man bei einem nicht gewollten, aber zurechenbar veranlassten Inverkehrbringen einer Erklärung deren Abgabe verneint („Sekretärinnen-Fall").

bb) § 123 BGB (Anfechtung wegen arglistiger Täuschung und rechtswidriger Drohung)

Ging es bei den Anfechtungstatbeständen der §§ 119, 120 BGB darum, einer auf bestimmte Weise zustande gekommenen Diskrepanz zwischen Wille und Erklärung Rechnung zu tragen, besteht die **Funktion** einer **Anfechtung** wegen **arglistiger Täuschung (§ 123 Abs. 1 1. Fall, Abs. 2 BGB)** und wegen **rechtswidriger Drohung (§ 123 Abs. 1 2. Fall BGB)** in der Beseitigung eines Rechtsgeschäfts, das darauf beruht, dass der eine Willenserklärung Abgebende in bestimmter Weise unzulässig (nämlich infolge einer Täuschung bzw. einer Drohung) in seiner **Entschließungsfreiheit beeinflusst** worden war.

Was die **Konkurrenzen** angeht,

- kann es zu einer solchen mit **§ 138 Abs. 1 BGB** kommen, wenn man eine arglistige Täuschung oder eine rechtswidrige Drohung als „Sittenwidrigkeit" mit der automatischen Nichtigkeitsfolge ansieht. Im Falle einer solchen Gleichsetzung von „Anfechtbarkeit" mit „Sittenwidrigkeit" müsste man § 123 BGB wegen seiner zusätzlichen Voraussetzungen (z.B. Kausalität, Erklärung, Frist) dem § 138 Abs. 1 BGB vorgehen lassen, weil § 123 BGB sonst leer liefe.

- Nicht als lex specialis vorgehen soll dagegen der § 123 BGB einem **Anspruch** des arglistig Getäuschten oder rechtswidrig Bedrohten aus §§ 823 Abs. 2 BGB, 263/240 StGB, 249 Abs. 1 BGB auf Naturalrestitution in Gestalt einer **Befreiung** von Verpflichtungen aus einem durch Betrug oder Nötigung herbeigeführten Vertrag.

- Nicht ausgeschlossen wird eine Anfechtung nach § 123 BGB durch infolge derselben Tatsachen gegebene **Gewährleistungsrechte**. Zu beachten ist aber, dass – sofern wirksam angefochten worden ist – mangels eines Vertrages (dieser ist nach §§ 123, 142 Abs. 1 BGB als von Anfang an nichtig anzusehen) kein Gewährleistungsrecht mehr besteht.

(1) Arglistige Täuschung

Die Anfechtung wegen **arglistiger Täuschung** ist die für die Fallbearbeitung bedeutendere Konstellation des § 123 Abs. 1 BGB.

> Die Anfechtung wegen **arglistiger Täuschung setzt voraus**:
> - Eine **Täuschung** durch Tun/Unterlassen
> - über **Tatsachen**;
> - eine **Rechtswidrigkeit** der Täuschung,
> - einen **kausal** auf die Täuschung zurückzuführenden **Irrtum**
> - und eine **kausal** auf den Irrtum zurückzuführende **Willenserklärung**;
> - ferner eine **Arglist** der Täuschung
> - und eine Täuschung durch die **richtige Person**.

Unter einer **Täuschung** versteht man ein **auf Irreführung gerichtetes Verhalten** durch die Erregung oder durch die Aufrechterhaltung eines Irrtums. Täuschen kann man durch **Tun** oder durch **Unterlassen**. Zur Unterscheidung kann man – wie auch sonst (z.B. bei § 823 Abs. 1 BGB oder bei § 13 StGB) – die althergebrachte Formel des Reichsgerichts in Strafsachen heranziehen, die nach dem „**Schwerpunkt der Vorwerfbarkeit**" fragt. Bei einem Unterlassen muss eine Rechtspflicht zum Tun gegeben sein. In diesem Zusammenhang ist es nicht selten so, dass **§ 242 BGB** bestimmt, dass bei einem Verschweigen des Erklärenden der andere Teil nach Treu und Glauben redlicherweise Aufklärung verlangen kann, und dies auch dann, wenn der Erklärungsgegner sich seinerseits unschwer Kenntnis verschaffen kann:

- So müssen bei gestellten **Fragen** die darauf gegebenen Antworten zutreffend und vollständig sein; den Vertragszweck gefährdende oder vereitelnde Umstände müssen stets genannt werden.
- **Aber auch ohne Fragen** müssen z.B. **beachtliche Mängel einer Kaufsache offenbart** werden.

Fall 204: Der Atnels (A) verkauft eine Eigentumswohnung in einem Altbau in der Fürst-Bismarck-Straße an die J. v. Puttkammer (J). In diesem Haus waren vor 10 und vor 5 Jahren jeweils in den Holzbalken unterhalb von zu anderen Wohnungen gehörenden Fußböden durch „Schwamm" (ein Holz und andere Baumaterialien zerstörender trotz Beseitigung von Schäden immer wiederkehrender Pilz) entstandene Schäden durch eine Fachfirma beseitigt worden. Im notariell beurkundeten Kaufvertrag sichert der A der J zu, dass „kein Schwamm vorhanden" sei. Die J erfährt dann von den früheren Schwammschäden. Als der A Zahlung des Kaufpreises Zug-um-Zug gegen Auflassung und Übergabe der Wohnung verlangt, weigert sich die J und ficht den Kaufvertrag wegen „arglistiger Täuschung" an.

Der A könnte gegen die J einen Anspruch auf Kaufpreiszahlung Zug-um-Zug gegen Auflassung und Übergabe der Wohnung aus einem Kaufvertrag (§ 433 Abs. 2 BGB) haben. a) Der Kaufvertrag ist geschlossen (§§ 433, 311 b Abs. 1 S. 1 BGB, § 4 Abs. 3 WEG). b) Er könnte aber wegen der erklärten Anfechtung nach §§ 123 Abs. 1, 142 Abs. 1 BGB als von Anfang an nichtig anzusehen sein. aa) Die J hat den Kaufvertrag angefochten, und zwar rechtzeitig (§ 121 BGB) und gegenüber dem A als dem richtigen Anfechtungsgegner (§ 143 Abs. 1, 2 BGB). bb) Der A müsste die J getäuscht, aaa) also sie über Tatsachen irregeführt haben. Hier kommt nur eine Täuschung durch Unterlassen in Betracht. aaa) Der A hat es unterlassen, auf die früheren Schwammschäden hinzuweisen. bbb) Eine Pflicht zur Aufklärung bestand aus § 242 BGB, weil auch ohne Fragen beachtliche Mängel der Kaufsache offenbart werden müssen. Ein früher behandelter Schwammschaden an der Balkenlage zwischen den Wohnungen ist – wenn (wie hier) ein Rückfallrisiko besteht – ein erheblicher Mangel des mitgekauften Gemeinschaftseigentums (§ 1 Abs. 2 WEG). cc) Erlaubt war das Verschweigen nicht. dd) „Doppelte Kausalität" liegt vor, weil der Irrtum der J und der Abschluss des Kaufvertrages auf der Täuschung beruhen. ee) Der A hat aaa) zwar nicht mit direktem Vorsatz, bbb) wohl aber mit bedingtem Vorsatz geschwiegen und dies, um den Abschluss des Kaufvertrages mit der J nicht zu gefährden. Der Kaufvertrag ist also als von Anfang an unwirksam anzusehen (142 Abs. 1 BGB). Ein Anspruch des A auf Zahlung des Kaufpreises Zug-um-Zug gegen Auflassung ist nicht gegeben.

Bloße irreführende Werturteile („ich biete Ihnen mein fabelhaftes Auto zum Kauf an") sind dagegen keine arglistige Täuschung i.S.d. § 123 Abs. 1 BGB, auch wenn es sich in Wahrheit bei dem Auto „um Schrott" handelt; denn es muss **über Tatsachen** getäuscht werden.

Die Täuschung muss weiterhin **rechtswidrig** sein, darf also nicht von der Rechtsordnung erlaubt sein. Dieses Merkmal leitet man daraus ab, dass bei der 2. Alternative des § 123 Abs. 1 BGB die Rechtswidrigkeit (der „Drohung") vorausgesetzt wird und es „a maiore ad minus" bei der 1. Alternative (der „Täuschung") nicht anders sein könne. Es gibt allerdings nur wenige Fälle, in denen eine arglistige Täuschung nicht auch zugleich rechtswidrig ist: z.B. dann, wenn die Falschbeantwortung einer Frage erlaubt war („Recht zur Lüge"), weil bereits das Stellen der Frage unzulässig war (z.B. Fragen nach Vorstrafen bei Abschluss eines Kaufvertrags; praktisch häufig im Arbeitsrecht: Fragen nach Schwangerschaft beim Einstellungsgespräch).

Es muss weiterhin eine (**„doppelte"**) **Kausalität** bestehen: <u>Zum einen</u> muss die **Täuschung kausal zu einem Irrtum** geführt haben. Und <u>zum anderen</u> muss die angefochtene **Willenserklärung kausal auf dem Irrtum** beruhen, was der Fall ist, wenn der Erklärende die Willenserklärung überhaupt nicht, nicht zu diesem Zeitpunkt oder nicht mit diesem Inhalt abgegeben hätte.

Der Begriff der **Arglist** setzt **Vorsatz** einschließlich des **dolus eventualis** voraus: Der Täuschende muss wissen oder es billigend in Kauf nehmend für möglich halten, dass seine Angaben unrichtig sind, und er muss weiterhin wissen oder es billigend in Kauf nehmend für möglich halten, dass die Täuschung zu einem Irrtum geführt hat und dass der Erklärende seine Erklärung ohne die Täuschung nicht abgegeben hätte.

<u>Fall 205:</u> Der Autohändler V kauft ein Auto bei D zwecks Weiterveräußerung. Der D sichert ihm zu, dass der Wagen einen Austauschmotor habe; in Wahrheit ist der Motor nur generalüberholt. Der V glaubt der Zusage des D und überprüft sie nicht weiter. Dann verkauft er den Wagen an den K und sichert auch ihm zu, dass der Wagen einen Austauschmotor habe. Der Vertrag wird beiderseits erfüllt; der K zahlt den Preis durch Überweisung seiner K-Bank an den V auf dessen Konto bei der V-Bank. Der zunächst gutgläubig gewesene K ficht den Vertrag ausdrücklich wegen „arglistiger Täuschung" an, als er die Wahrheit über den Motor herausfindet, und verlangt von dem V Rückzahlung des Kaufpreises Zug-um-Zug gegen Rückübereignung und Rückgabe des Wagens.

Der Anspruch könnte sich aus §§ 812 Abs. 1 S. 1 1. Fall („Leistungskondiktion"), 818 Abs. 2 BGB ergeben. a) Der V hat durch die Überweisung eine Forderung (Gutschrift: „abstraktes Schuldversprechen" nach § 780 BGB) gegen seine V-Bank erlangt, b) und zwar durch Leistung des K, vorgenommen durch Einschaltung seiner K-Bank, der Verrechnungsstelle der Banken und der V-Bank als Leistungsgehilfen. c) Die Leistung des K müsste ohne Rechtsgrund erbracht worden sein. Rechtsgrund könnte der Kaufvertrag sein. aa) Der Vertrag ist zustande gekommen. bb) Fraglich ist, ob der K ihn wirksam nach § 123 BGB angefochten hat. aaa) Der K hat die Anfechtung erklärt, und zwar rechtzeitig (§ 121 BGB) und gegenüber dem richtigen Anfechtungsgegner (§ 143 Abs.1, 2 BGB). bbb) Der V hat den K über Tatsachen irregeführt; ccc) erlaubt war dies nicht. ddd) „Doppelte Kausalität" liegt vor. eee) Der V hat den K auch „arglistig", aaaa) zwar nicht mit direktem Vorsatz, bbbb) wohl aber mit bedingtem Vorsatz (BGH: „ins Blaue hinein" handelnd) getäuscht, um so den Kaufvertrag zustande zu bringen. Daher ist der Kaufvertrag als von Anfang an unwirksam anzusehen (142 Abs. 1 BGB). d) Da die erlangte Gutschrift nicht herausgegeben werden kann, hat V dem K in Höhe des Kaufpreises Wertersatz zu leisten (§ 818 Abs. 2 BGB), und zwar Zug-um-Zug gegen Rückübereignung und Rückgabe des Wagens („Saldotheorie").

Bei lediglich **fahrlässigen** Täuschungen soll nach einer sehr zweifelhaften Rechtsprechung des BGH entgegen in der Wissenschaft dazu vertretenen Ansichten ein Aufhebungsanspruch aus **§§ 280 Abs. 1, 311 Abs. 2, 249 Abs. 1 BGB** gegeben sein (dazu lesen Sie später mehr).

Dass eine rückwirkende Beseitigung von empfangsbedürftigen Willenserklärungen zu einem Interessenkonflikt zwischen dem Interesse des arglistig und rechtswidrig Getäuschten und dem Interesse der sonst am Rechtsverkehr Beteiligten, die auf den Bestand der Willenserklärung vertrauen, führen kann, ist Ihnen inzwischen sicher bewusst. Sie erinnern auch, dass das bei einer Anfechtung nach §§ 119, 120 BGB „auf dem Altar der Individualgerechtigkeit geopferte" Vertrauen durch einen Anspruch aus § 122 BGB kompensiert wird. Bei einer Anfechtung wegen arglistiger Täuschung nach § 123 BGB ist die Interessenlage allerdings anders. Der arglistig täuschende

Empfänger der angefochtenen Willenserklärung ist nicht automatisch schutzbedürftig. Daher gilt auch § 122 BGB nicht. Das leuchtet auch ohne weiteres ein, denn wenn der Empfänger einer Willenserklärung einen anderen arglistig täuscht, verdient dieser keinen Vertrauensschutz! So übersichtlich, wie es auf den ersten Blick scheint, ist die Interessenlage aber nicht: Denn § 123 Abs. 1 BGB setzt nämlich nicht voraus, dass der Empfänger der wegen arglistiger und rechtswidriger Täuschung angefochtenen Willenserklärung notwendigerweise identisch ist mit demjenigen, der die arglistige Täuschung verübt hat. Es heißt nämlich im Gesetz hinsichtlich des in Betracht kommenden Täuschers völlig personenneutral: „Wer.....durch arglistige Täuschung.....bestimmt worden ist". Für eine nach § 123 Abs. 1 BGB relevante arglistige Täuschung kommt offenbar jedermann in Betracht. Jetzt wird es interessant: Stellen Sie sich einmal vor, dass Sie vor dem Schaufenster des Antiquitätenladens A.N. Tiques (A) stehend dort inmitten allerlei Gerümpel einen für € 1 000.- käuflich zu erwerbenden hübschen silbernen Leuchter in barockem Stil entdecken und dass plötzlich ein etwas schäbig, aber gleichwohl vornehm gekleideter älterer Herr neben Ihnen steht und sich als „Freiherr v. Hagen" (FvH) vorstellt und in traurigem Ton erzählt, dass in eben dem Licht dieses Leuchters im Wasserschloss seiner Vorfahren bei Tecklenburg einst Goethe seinem Vorfahren aus den „Wahlverwandtschaften" vorgelesen habe; er habe vor einigen Jahren aus unverschuldeter wirtschaftlicher Not das Schloss nebst dem Inventar, zu dem auch dieser echte barocke Leuchter gehört habe, verkaufen müssen. Vor einer Woche habe er nun den Leuchter zufällig hier im Schaufenster entdeckt. Ein Kauf dieses Leuchters sei ein „Schnäppchen", weil er in Wahrheit „viele Tausende" wert sei. Aber er könne ihn sich nicht mehr leisten. Dann zieht FvH den Hut und geht weiter. In Wahrheit ist der Leuchter ein Imitat im Werte von € 800.- und FvH ist ein guter Freund des verarmten A. Um diesem Kunden zuzuführen, stellt er sich auf Spaziergängen gelegentlich neben Kaufinteressenten, die in das Schaufenster des A sehen, und schwindelt diesen etwas vor, um sie zum Kauf zu veranlassen. Er handelt aus Mitleid mit A und ohne dessen Wissen. Sie aber gehen FvH auf den Leim und kaufen bei dem A den Leuchter nach einigem Handeln für € 800.-. Später verrät Ihnen ein Kenner, dass Leuchter dieser Art schon seit Jahren in den Niederlanden hergestellt werden. Sie wollen den Kaufvertrag gegenüber dem A wegen arglistiger Täuschung anfechten. Wenn Sie jetzt nicht mehr als getäuschter Kunde, sondern als Jurist über diesen Fall nachdenken, dann erkennen Sie sofort, dass zwar einerseits der Tatbestand des § 123 Abs. 1 BGB gegeben ist, dass aber andererseits eine Person, der gegenüber eine Erklärung abgegeben worden ist (hier: der A), nicht uneingeschränkt darunter „leiden" darf, dass der Erklärende (hier: der Kunde) seine Willenserklärung anfechten kann, nur weil er von „irgendjemandem" (hier: von dem FvH) arglistig und rechtswidrig getäuscht worden ist und seine Willenserklärung auf der Täuschung beruht. Auch bei einer arglistigen Täuschung verdient der Empfänger einer Willenserklärung (A) Vertrauensschutz. Das Gesetz trägt dem nicht durch einen Vertrauensschadensersatzanspruch, sondern dadurch Rechnung, dass es den Kreis derjenigen, die außer dem Erklärenden selbst rechtlich relevant täuschen können, eingrenzt. Die **Täuschung** muss daher, um rechtlich erheblich zu sein, **von der „richtigen" Person ausgehen.** Wer ist das? Die Antwort darauf liefert **§ 123 Abs. 2 BGB.**

1. Wie Sie den vorstehenden Bemerkungen entnommen haben, kann bei **nicht empfangsbedürftigen Willenserklärungen** die arglistige Täuschung von jeder denkbaren Person ausgehen.

2. Bei **empfangsbedürftigen Willenserklärungen**

a) ist die arglistige Täuschung stets relevant, wenn sie (was die praktische Regel sein dürfte) vom **Erklärungsempfänger** selbst stammt; denn dieser ist dann, wenn er arglistig täuscht, nicht schutzbedürftig. Das ist in unserem Beispiel nicht der Fall, weil der Erklärungsempfänger A den erklärenden Käufer nicht arglistig getäuscht hat.

b) Wenn die arglistige Täuschung aber von einer **anderen Person, als es der Erklärungsgegner** ist (das ist hier der FvH), herrührt, dann stellt sich aus den vorgenannten Gründen die Frage nach der Zurechnung der Täuschung; hier gibt es zwei Konstellationen, die unterschieden werden müssen:

- Steht die andere **Person**, die den Erklärenden arglistig getäuscht hat, **„im Lager"** des Erklärungsempfängers, so erfolgt eine automatische Zurechnung. Dazu ist erforderlich, dass die andere Person „mit Wissen und Wollen" des Erklärungsempfängers handelt (§ 278 BGB analog). Das gilt nicht für FvH.

- Wenn aber die andere Person außerhalb dieses Personenkreises steht, also ein **„Dritter"** ist, so kommt es für die Zurechnung darauf an, ob der Erklärungsgegner hinsichtlich der arglistigen Täuschung bösgläubig ist (**§ 123 Abs. 2 S. 1 BGB**). Weil der A hinsichtlich der „verkaufsfördernden" Aktion des FvH gutgläubig war, muss er sich dessen arglistige Täuschung nicht zurechnen lassen.

- Die Frage ist daher, **wer „zum Lager"** des **Erklärungsempfängers** zu rechnen ist: Das sind dessen Vertreter, dessen „Vertrauenspersonen" und auch dessen „Verhandlungsgehilfen", **faustformelmäßig** also alle diejenigen, für die der Erklärungsempfänger nach **§ 278 BGB** einzustehen hätte.

3. Beim **Vertrag zugunsten Dritter** gibt es alternativ vier Möglichkeiten der arglistigen Täuschung des Versprechenden, nämlich die durch den Versprechensempfänger, die durch den infolge des Vertrags „berechtigten Dritten" bzw. die durch eine in seinem „Lager" stehende Person oder schließlich durch die eines „Vierten": **a)** Die Täuschung durch den Versprechensempfänger ist ein Fall des § 123 Abs. 1 BGB, **b)** die Täuschung durch den „berechtigten Dritten" bzw. eine „in seinem Lager" stehende Person ist ein Fall des § 123 Abs. 2 S. 1 BGB. **c)** Für den Fall einer Täuschung durch einen „Vierten" wird für eine Anfechtung gegenüber dem „berechtigten Dritten" i.S.d. § 328 BGB (§ 143 Abs. 2 2. Fall BGB) nach § 123 Abs. 2 S. 2 BGB vorausgesetzt, dass der „berechtigte Dritte" die Täuschung kannte oder kennen musste.

Fall 206: Der vermögenslose DN will bei DG ein Darlehen aufnehmen. Der DG verlangt die Stellung eines Bürgen. Der DN bittet den Bü um Übernahme der Bürgschaft. Als der Bü zögert, behauptet der DN, er sei Eigentümer eines Mietshauses, und er zeigt dem Bü zum Beleg einen von ihm geschickt gefälschten Grundbuchauszug. Daraufhin übernimmt der Bü formwirksam die selbstschuldnerische Bürgschaft. Der Darlehensvertrag wird geschlossen und das Darlehen durch Auszahlung an DN valutiert. Weil DN die Rückzahlungsverpflichtung nicht erfüllt, nimmt der DG den Bü in Anspruch. Jetzt erfährt der Bü von der Vermögenslosigkeit des DN und erklärt die Anfechtung des Bürgschaftsvertrages.

a) § 119 Abs. 2 BGB greift nicht ein, weil eine Fehlvorstellung des Bürgen über die Leistungsfähigkeit des Hauptschuldners kein Irrtum über eine verkehrswesentliche Eigenschaft einer Person (des Hauptschuldners) ist. b) Möglich ist aber eine Anfechtung nach § 123 Abs. 1 BGB aa) Die Voraussetzungen des § 123 Abs. 1 BGB liegen aufgrund einer rechtswidrigen und arglistigen Täuschung des DN, die „doppelt kausal" war, vor. bb) Da aber der DN „Dritter" (also nicht eine „Person des Vertrauens" des DG) ist und weil der DG die Täuschung des „Dritten" nicht kannte oder nicht kennen musste, kann die Täuschung dem DG nicht zugerechnet werden (§ 123 Abs. 2 S. 1 BGB).

Fall 207: Der V will eines seiner Mietshäuser verkaufen. Als der K Interesse zeigt, verweist er ihn an den mit der Verwaltung seiner Mietshäuser betrauten Hausverwalter HV, der ihm das Haus in allen Einzelheiten zeigen und ihm auch die Mietverträge vorlegen werde. Der HV möchte sich einerseits gegenüber dem V unentbehrlich machen und hofft andererseits, dass ein neuer Eigentümer ihn mit der Verwaltung betrauen wird. Er entschließt sich deshalb heimlich dazu, durch Manipulationen in den Mietverträgen diese „vermieterfreundlich" auszugestalten (z.B. durch eine Erhöhung der Miete auf die Beträge, die gerade erst im Wege eines Mieterhöhungsverfahrens nach §§ 557 ff. BGB geltend gemacht werden, zu denen die Mieter aber noch keine Zustimmungserklärung abgegeben haben); auch behauptet er wahrheitswidrig gegenüber dem K bei der Besichtigung, dass eine gerade durchgeführte Inspektion der Gasheizungszentrale (Brenner, Steuerung, Pumpen) ergeben habe, dass die Anlage ohne größere Reparaturen noch 10 Jahre betrieben werden könne; in Wahrheit war ihm am Tag zuvor von der im Hause tätigen Heizungsfirma wegen irreparabler Verschleißschäden dringend nahe gelegt worden, noch vor Beginn der Heizperiode eine völlig neue Zentrale zu installieren, weil sie den Belastungen eines mit Beginn der Heizperiode nötigen Dauerbetriebes nicht einmal einen Tag lang gewachsen wäre. Rein äußerlich wirkt die Anlage allerdings fehlerfrei; sie sprang auch sofort an und lief eine Stunde lang, als der HV dem K den Betrieb demonstrierte. Der HV hatte diese schlechte Nachricht auch dem V verschwiegen, um einen möglichen Verkauf an K nicht zu gefährden. Der K kauft das Grundstück am 1. Juli 2002 formwirksam „wie besehen". Das Haus wird ihm am 15. September 2002 nach der bargeldlos durch Überweisung erfolgten Zahlung des Kaufpreises übergeben und aufgelassen; der „Verrechnungstag" ist der 1. Oktober 2002. Am 1. Oktober 2002 stellt sich heraus, dass die Mietverträge manipuliert waren und dass die Mieterhöhungsverlangen nicht der Form und dem Inhalt des § 558 a BGB entsprachen. Ferner versagte am 1. Oktober 2002 aufgrund des bereits festgestellten Verschleißschadens die Heizung bei ihrem ersten Einsatz und musste erneuert werden. Der V erklärt sich außerstande, diese Mängel zu beseitigen. Am 1. Dezember 2002 wird der K als Eigentümer in das Grundbuch eingetragen. Der K erklärt den Rücktritt und verlangt Rückzahlung des Kaufpreises Zug-um-Zug gegen Rückübereignung des Hauses.

Der Anspruch ergibt sich aus §§ 433 Abs. 1 S. 2, 434 Abs. 1 S. 2 Nr. 1, 437 Nr. 2, 323 Abs. 1 und Abs. 2 Nr. 1, 346 ff. BGB. a) Bei Gefahrübergang (§ 446 S. 1 BGB: Übergabe an den K) hatte die Kaufsache aa) einen Defekt an der Heizung, aufgrund dessen sich das Haus nicht für die nach dem Vertrag vorausgesetzte Beschaffenheit (Wohnraumvermietung) eignete (§ 434 Abs. 1 S. 2 Nr. 1 BGB). bb) Dagegen ist die Kaufsache nicht deshalb fehlerhaft, weil ihr bei Gefahrübergang eine vereinbarte Beschaffenheit fehlte (434 Abs. 1 S. 1 BGB): Zwar ist die Miethöhe bei einem Mietshaus ein wertbildender Faktor und damit ein Beschaffenheitsmerkmal; es ist aber insoweit keine Beschaffenheitsvereinbarung getroffen worden. b) Das Gewährleistungsrecht ist nicht wirksam nach § 444 BGB ausgeschlossen worden. aa) Nach § 444 BGB ist ein Ausschluss unwirksam, wenn der V den Mangel arglistig verschwiegen hätte. Den V traf eine Pflicht zur Aufklärung aus § 242 BGB, weil auch ohne Fragen beachtliche Mängel der Kaufsache (Nichtbeheizbarkeit eines Mietshauses) offenbart werden müssen. Hier aber wusste der V nichts von dem Mangel. Fraglich ist, ob er sich die Arglist des HV zurechnen lassen muss (§ 123 Abs. 2 S. 1 BGB analog). bb) Diese Frage kann offen bleiben, weil die Klausel „verkauft wie besehen" nur die Haftung für solche Mängel ausschließt, die bei ordnungsgemäßer Besichtigung ohne Zuziehung eines Sachverständigen wahrnehmbar waren. Da der Mangel nicht so offenbar war, dass er ohne sachverständige Beratung erkennbar war, ist das Gewährleistungsrecht nicht ausgeschlossen worden. c) Der K ist vom Vertrag zurückgetreten. Einer Fristsetzung bedurfte es nach § 323 Abs. 2 Nr. 1 BGB nicht.

<u>Variante</u>: Wie wäre es, wenn der K noch am 2. Oktober 2002 gegenüber dem V die „Anfechtung" des Kaufvertrages erklärt und hierauf gestützt die Rückzahlung des Kaufpreises Zug-um-Zug gegen Rückübereignung und Rückgabe des Grundstücks verlangt hätte?

Der Anspruch könnte sich aus § 812 Abs. 1 S. 1 1. Fall BGB („Leistungskondiktion") ergeben. a) Der V hat durch die durch Überweisung erfolgte bargeldlose Zahlung des Kaufpreises eine Forderung gegen seine Bank (Kontogutschrift) erlangt, b) und zwar durch Leistung des K. c) Der Rechtsgrund war der Kaufvertrag; er könnte mit rückwirkender Kraft durch die erklärte Anfechtung entfallen sein (§§ 119 Abs. 2 oder § 123, 142 Abs. 1 BGB). aa) Der K hat die Anfechtung gegenüber dem richtigen Anfechtungsgegner rechtzeitig erklärt (§§ 121, 124, 143 BGB). bb) Es müsste ein Anfechtungsgrund gegeben sein. aaa) Was den Irrtum über den Zustand der Heizungsanlage angeht, aaaa) so könnte dieser nach § 119 Abs. 2 BGB zur Anfechtung berechtigen. Eine Anfechtung wegen eines Irrtums über verkehrswesentliche Eigenschaften nach § 119 Abs. 2 BGB ist, soweit (so hier) die §§ 434, 437 BGB anwendbar sind, also nach Gefahrübergang (§ 446 S. 1 BGB: Übergabe ab K), ausgeschlossen. Das Mängelgewährleistungsrecht ist das speziellere Recht; anderenfalls würde z.B. das Nacherfüllungsrecht des Verkäufers aus § 439 BGB „unterlaufen werden" können; auch würde § 438 BGB durch die Fristenregelung der § 121 BGB umgangen werden können. bbbb) Der Verkäufer verdient jedoch bei einer arglistigen Täuschung keinen Schutz, und es besteht daher kein Grund den Käufer auf die Rechte aus § 437 BGB zu beschränken; daher ist der Anfechtungsgrund des § 123 Abs. 1 BGB zu prüfen: Der K ist aaaaa) zwar nicht dadurch, dass der V ihm nichts vom Erfordernis des Neueinbaus einer Heizungszentrale erzählt hat, arglistig durch Unterlassen getäuscht worden; denn der V wusste von diesem Erfordernis nichts, hatte also nicht vorsätzlich gehandelt. bbbbb) Wohl aber ist der K von HV rechtswidrig und arglistig getäuscht worden; denn dieser wusste, dass den V objektiv eine Pflicht zur Aufklärung des K über die Notwendigkeit des Neubaus einer Heizungszentrale aus § 242 BGB traf, weil auch ohne Fragen beachtliche Mängel der Kaufsache (Nichtbeheizbarkeit eines Mietshauses) offenbart werden müssen. Die Täuschung war auch „doppelt kausal" für den Kaufvertrag. Diese Täuschung muss der V sich zurechnen lassen, weil der HV nicht Dritter, sondern als Verhandlungsgehilfe bei der Vorbereitung des Kaufvertragsschlusses eine „Person seines Vertrauens" war. bbb) Was den Irrtum über den Inhalt der Mietverträge (Höhe der Miete) angeht, so gelten die vorstehenden Ausführungen entsprechend: Denn die Miethöhe ist bei einem Mietshaus ein wertbildender Faktor und damit ein Beschaffenheitsmerkmal, so dass aaaa) das Mängelgewährleistungsrecht einer Anfechtung nach § 119 Abs. 2 BGB zwar vorgeht, bbbb) nicht aber einer solchen nach § 123 Abs. 1 BGB. aaaaa) Hier hat zwar auch nicht der gutgläubige V arglistig getäuscht, bbbbb) wohl aber der HV, und der V muss sich nach § 123 Abs. 2 S. 1 BGB diese Täuschung zurechnen lassen, weil der HV nicht „Dritter", sondern als Verhandlungsgehilfe des V dessen „Vertrauensperson" war. Daher hat der K den Kaufvertrag wirksam angefochten. Der Kaufvertrag ist mit rückwirkender Kraft als nichtig anzusehen (§ 142 Abs. 1 BGB). Der K hat daher den Kaufpreis ohne Rechtsgrund überwiesen. d) Der V ist nach §§ 812 Abs. 1 S. 1 1. Fall

("Leistungskondiktion"), 818 Abs. 2 BGB aa) zum Wertersatz verpflichtet, bb) dies aber nur Zug-um-Zug gegen Rückübereignung und Rückgabe des Grundstücks ("Saldotheorie").

(2) Rechtswidrige Drohung

Die Anfechtung einer Willenserklärung wegen **widerrechtlicher Drohung** (§ 123 Abs. 1 2. Fall BGB) setzt voraus

> 1. eine **Drohung** (= das Inaussichtstellen eines künftig eintretenden Umstandes, auf dessen Eintritt der Drohende jedenfalls vorgibt, Einfluss zu haben), das sich als **„Übel"** (= Nachteil mit der Folge einer psychischen Zwangslage) darstellt,
>
> 2. dass diese Drohung für die Abgabe der Willenserklärung **kausal** war und dass
>
> 3. die Drohung **rechtswidrig war**. Die Rechtswidrigkeit wird wie bei **§ 240 Abs. 2 StGB** nach den Grundsätzen über die **„Zweck-Mittel-Relation"** geprüft, so dass eine solche gegeben ist,
>
> - wenn entweder nur das **Drohungsmittel** rechtswidrig war (z.B. Ankündigung einer Straftat, um jemanden zur Annahme eines Angebots zum Abschluss eines Kaufvertrags über dessen Auto zu bewegen),
>
> - oder wenn nur der **Zweck** rechtswidrig war (Ankündig prozessualen Geltendmachung einer bestehenden Darlehensforderung, um jemanden zur Annahme eines Angebots zum Abschluss eines gesetzlich verbotenen Kaufvertrags über Kriegswaffen zu bewegen),
>
> - oder wenn **zwischen** dem **Mittel und** dem **Zweck** kein „innerer Zusammenhang" bestand (Ankündig prozessualen Geltendmachung einer bestehenden Darlehensforderung, um jemanden zur Annahme eines Angebots zum Abschluss eines Kaufvertrags über dessen Auto zu bewegen).
>
> 4. Bei **Drohungen Dritter** gibt es kein **Zurechnungsproblem** wie bei der arglistigen Täuschung: Es ist gleichgültig, wer Drohender ist. Das ist bemerkenswert, denn hier wird das Vertrauen eines Erklärungsempfängers, der nicht selbst gedroht hat, der sich die Drohung eines anderen nicht zurechnen lassen muss und der hinsichtlich der Drohung nicht bösgläubig war, ohne jede Kompensation (§ 122 BGB gilt ja nicht!) „auf dem Altar der Individualgerechtigkeit geopfert".

Fall 208: Der Arbeitnehmer AN unterschlägt bei seinem Arbeitgeber AG € 100 000,-. Als alles herauskommt, vereinbaren AN und AG eine ratenweise Tilgung der Schadensersatzschuld, mit der Maßgabe, dass die Raten am ersten Tag eines jeden Monats fällig sind und bei nicht rechtzeitiger Zahlung auch nur einer Rate die gesamte jeweilige Restforderung sofort fällig ist. Für die Erfüllung dieser Verpflichtung hat sich auf Verlangen des AG die erfolgreich im Berufsleben stehende Ehefrau F des AN formwirksam selbstschuldnerisch verbürgt. Sie hat sich dazu bereit gefunden, weil der AG erklärt hat, er würde sonst die Straftat des AN sofort bei der Polizei anzeigen. Als der AN schon die erste Rate nicht bei Fälligkeit entrichtet, stellt der AG die gesamte Forderung fällig und nimmt die F in Anspruch. Die F erklärt die Anfechtung des Bürgschaftsvertrages wegen rechtswidriger Drohung (nach BGH und Zweigert).

Ein Anspruch des AG gegen die F könnte sich aus einem Bürgschaftsvertrag ergeben (§ 765 BGB). a) Der Bürgschaftsvertrag aa) ist formwirksam (§ 766 S. 1 BGB) geschlossen worden. bb) Es bestand eine Hauptforderung (§ 823 Abs. 1, 2 BGB i.V.m. § 246 Abs. 2 StGB, 311 BGB). b) Ein Fall einer nach Art. 2 GG bzw. nach § 138 Abs. 1 BGB nichtigen „Verwandtenbürgschaft" besteht nicht. c) Fraglich ist, ob die F den Bürgschaftsvertrag mit der Folge der rückwirkenden Unwirksamkeit wirksam angefochten hat (§§ 123 Abs. 1, 142 Abs. 1 BGB). aa) Die Anfechtung ist fristgerecht gegenüber dem Anfechtungsgegner erklärt worden. bb) Eine Drohung (= das Inaussichtstellen eines künftigen Umstands, auf dessen Eintritt der Drohende jedenfalls vorgibt, Einfluss zu haben), das sich als ein „Übel" (= Nachteil mit der Folge einer psychischen Zwangslage: Strafanzeige gegen den Ehemann) darstellt, liegt vor. cc) Die Drohung war für die Abgabe der Willenserklärung kausal. dd) Die Drohung müsste auch rechtswidrig gewesen sein. Dieses Merkmal wird wie bei § 240 Abs. 2 StGB nach den Grundsätzen der Zweck-Mittel-Relation geprüft, so dass Rechtswidrigkeit gegeben ist, wenn aaa) das Drohungsmittel rechtswidrig war (was hier angesichts des § 158 StPO nicht der Fall ist). bbb) Auch der Zweck (Erlangung von Schadensersatz) war nicht rechtswidrig. ccc) Fraglich ist, ob deshalb von einer Rechtswidrigkeit auszugehen ist, weil zwischen dem Mittel und dem Zweck kein „innerer Zusammenhang" bestand: Hier ist die Bürgin F unter Ausnutzung ihrer Angst um die Zukunft eines ihr emotional verbundenen Menschen zum Abschluss des Bürgschaftsvertrages veranlasst worden. Daher war die Drohung rechtswidrig. (Anders wäre es, wenn sie selbst von dem unterschlagenen Geld Vorteile gehabt hätte). Die F hat den Bürgschaftsvertrag daher wirksam mit der Folge rückwirkender Unwirksamkeit angefochten.

d) Anfechtungserklärung

Die Anfechtung ist ein **Gestaltungsrecht;** sie muss daher

- **erklärt** werden, und zwar
- vom **Anfechtungsberechtigten**
- **fristgerecht** und
- gegenüber dem richtigen **Anfechtungsgegner.**

Ob die **Anfechtung erklärt** worden ist, ergibt oft nur eine **Auslegung nach §§ 133, 157 BGB:** Häufig liegt die Erklärung der Anfechtung eines Vertrages bereits in einer Leistungsverweigerung eines aus einem verpflichtenden Vertrag Inanspruchgenommenen. Wenn Anfechtungsgründe aus § 119 Abs. 2 BGB und zugleich aus § 123 Abs. 1 S. 1 1. Fall BGB gegeben sind, muss die Auslegung ergeben, auf **welchen Anfechtungsgrund** die Erklärung gestützt werden soll. Wichtig ist dies für § 122 BGB. Notfalls kann eine Anfechtung nach § 123 BGB sogar „nachgeschoben" werden (dazu sogleich). Die Auslegung muss ggf. auch ergeben, **welches Rechtsgeschäft** bei **anfechtbarem Grundgeschäft** und bei **anfechtbarem Verfügungsgeschäft** (bei „Fehleridentität"), also ob nur ersteres oder zugleich auch das dingliche Geschäft angefochten worden ist.

Zur **Anfechtung berechtigt** ist der **Erklärende.** Im **Vertretungsfalle** muss der Vertretene anfechten, kann sich dabei jedoch auch durch den die anfechtbare Erkärung abgegeben habenden oder durch einen anderen Vertreter vertreten lassen. Wenn der Vertreter aber keine Vertretungsmacht hatte und deshalb (dazu später) nach § 179 BGB in Anspruch genommen werden kann, kann es einen Sinn machen, ihm eine evtl. gegebene Anfechtungsmöglichkeit zu geben, damit er sich der Inanspruchnahme entziehen kann.

Der maßgebliche **Anfechtungsgegner** wird durch **§ 143 BGB** bestimmt. Bei einem **Vertrag** (das ist der wichtigste Fall) ist dies „der andere Teil" (§ 143 Abs. 1, 2 BGB). Daran ändert übrigens auch nichts die Abtretung eines Anspruchs nach § 398 BGB, denn die Abtretung führt nicht etwa dazu, dass der Zessionar Vertragspartner würde. Wer dies annehmen sollte, verwechselt die „Zession" mit einer „Vertragsübernahme". Wenn der Vertragspartner und damit der Anfechtungsgegner „abgetaucht" und unauffindbar ist, kann natürlich trotzdem die Anfechtung (wie übrigens auch jede andere Willenserklärung) ihm gegenüber erklärt werden (lesen Sie den praktisch durchaus wichtigen § 132 BGB). Bei einer Anfechtung nach § 123 Abs. 2 S. 2 BGB im Fall einer Täuschung durch einen „Vierten" ist der Anfechtungsgegner der „berechtigte Dritten" i.S.d. § 328 BGB (§ 143 Abs. 2 2. Fall BGB). Bei den (hier: vergessen Sie nicht, uns interessiert i.w. der Vertrag, speziell der verpflichtende Vertrag) **einseitigen Rechtsgeschäften** gelten § 143 Abs. 3, 4 BGB.

Die **Fristen** ergeben sich aus §§ 121 bzw. 124 BGB: Unterscheiden Sie hier bitte unbedingt die **Anfechtungsfristen** (§§ 119, 121 BGB: unverzüglich/§§ 123, 124 BGB: 1 Jahr) und die **Ausschlussfrist** (stets: 10 Jahre).

e) Anfechtungsfolgen

Die Anfechtung hat zur Folge

- **primär** die rückwirkende Nichtigkeit
- und **sekundär** u.U. Schadensersatzansprüche.
- **Mittelbar** hat die Tatsache einer Anfechtung auch Auswirkungen auf die Beurteilung der Gutgläubigkeit eines hinsichtlich der „Anfechtbarkeit" Bösgläubigen.
- Auch kann es infolge einer Anfechtung **Auswirkungen auf** bereits **nichtige Rechtsgeschäfte** geben.

Die **primäre Folge** der Anfechtung ist die **rückwirkende Nichtigkeit** der angefochtenen Willenserklärung (**§ 142 Abs. 1 BGB**): Das „Rechtsgeschäft ... ist ... als von Anfang an nichtig anzusehen". Der Anfechtende kann die **Anfechtung auf** einen **Teil beschränken**, wenn das Rechtsgeschäft teilbar ist (arge. § 139 BGB). Das **Anfechtungsrecht** begründet aber **kein „Reurecht"**: Wenn der Anfechtungsgegner dem Anfechtungsberechtigten unverzüglich nach der Anfechtung erklärt, das Geschäft so gelten zu lassen, wie der Anfechtungsberechtigte es sich vorgestellt habe, dann ist damit **nach § 242 BGB die Nichtigkeitsfolge abgewendet.**

Fall 209: Variante zum Schimmel-Kauf-Fall („Feder"/„Bianco"): Der K erklärt sich einverstanden, den Schimmel „Bianco" anstelle von „Feder" Zug-um-Zug gegen Zahlung des für „Feder" vereinbarten Preises zu erwerben. Der immer noch verärgerte V verweigert gleichwohl unter Berufung auf die Anfechtung die Lieferung.

Der K hat gegen den V einen Anspruch auf Lieferung von „Bianco" aus einem Kaufvertrag (§ 433 Abs. 1 BGB). Denn wenn der Anfechtungsgegner dem Anfechtungsberechtigten unverzüglich nach der Anfechtung erklärt, das Geschäft so gelten zu lassen, wie er dies sich vorgestellt habe, dann ist damit nach § 242 BGB die Nichtigkeitsfolge abgewendet.

Von einer aus §§ 119 ff., 142 Abs. 1 BGB resultierenden rückwirkenden **Nichtigkeit** von **verpflichtenden Verträgen**

- ist **grundsätzlich nur das Grundgeschäft** betroffen.
- Bei §§ 123 Abs. 1, 142 Abs. 1 BGB ist aber regelmäßig auch das **dingliche Verfügungsgeschäft** anfechtbar (Durchbrechung des „Abstraktionsprinzips" wegen Fehleridentität); es muss dann jeweils durch Auslegung ermittelt werden, ob auch das dingliche Verfügungsgeschäft angefochten sein soll.

Fall 210: Der V verkauft dem K eine schwer verkäufliche Sache für € 10 000,-. Nach dem Inhalt des Kaufvertrages soll der V sie sofort an den K übergeben und übereignen, der K aber erst in 1 Monat den Kaufpreis zahlen. Der K hat den V zu einer solchen Vereinbarung dadurch bewogen, dass er dem V unter Vorlage einer Abschrift des Testaments des Erblassers E und einer diesen betreffenden Sterbeurkunde erklärt hat, dann eine Geldzahlung aus einem zu seinem Gunsten angeordneten Vermächtnis in Höhe von € 100 000,- zu erhalten (§§ 2147, 2174 BGB). Der K wusste jedoch bereits zu diesem Zeitpunkt, dass der Nachlass überschuldet war und dass er keine Zahlung zu erwarten hatte. Der V übergibt bereits jetzt mit Rücksicht auf die Erklärungen des K und die Schwerverkäuflichkeit der Kaufsache diese an K und übereignet sie ihm nach § 929 S. 1 BGB. Als der K nach Ablauf des Monats nicht gezahlt hat und der V aufgrund von Nachforschungen erfährt, dass der K ihn getäuscht hatte, erklärt der V gegenüber dem K die Anfechtung aller seiner Willenserklärungen aus diesem Geschäft und verlangt Herausgabe der Sache.

Der Anspruch könnte sich 1. aus § 985 BGB ergeben. a) Der K ist Besitzer. b) Der V müsste Eigentümer sein. aa) Der V war Eigentümer. bb) Er könnte das Eigentum an den K verloren haben. aaa) Die Voraussetzungen des § 929 S. 1 BGB liegen vor. bbb) Die Übereignung könnte nach §§ 123 Abs. 1, 142 Abs. 1 BGB rückwirkend als nichtig anzusehen sein. Der V hat die „Anfechtung aller seiner Willenserklärungen aus diesem Geschäft", also auch derjenigen, die zur Einigung i.S.d. § 929 S. 1 BGB geführt hat, erklärt. Der Tatbestand des § 123 Abs. 1 BGB liegt vor. Anerkannt ist, dass bei einer arglistigen Täuschung hiervon auch das „Verfügungsgeschäft" betroffen ist, weil der Verkäufer nur deshalb übereignet hat, weil er unter dem Einfluss der arglistigen Täuschung stand. c) Da auch der Kaufvertrag angefochten und daher nach §§ 123 Abs.1, 142 Abs. 1 BGB nichtig ist, hat K auch kein Recht zum Besitz (§ 986 BGB). 2. Dem V steht auch ein Anspruch aus § 812 Abs. 1 S. 1 1. Fall BGB („Leistungskondiktion") zu: a) Der K hat zwar (wie soeben gesehen) nicht das Eigentum, wohl aber den Besitz an der Kaufsache erlangt, b) und zwar durch Leistung des V c) und wegen der erklärten Anfechtung auch des Kaufvertrages ohne Rechtsgrund (§§ 123 Abs. 1, 142 Abs. 1 BGB).

Bei einigen Willenserklärungen führt – wegen der faktischen Undurchführbarkeit einer bereicherungsrechtlichen Rückabwicklung – eine Anfechtung häufig nur zu einer Nichtigkeit „ex nunc" (**Beschränkung der Nichtigkeitsfolgen**). So soll bei der Anfechtung von bereits erfüllten **Dienst- oder Arbeitsverträgen** und bei bereits in Vollzug gesetzten (also nicht bloß zur Invollzugsetzung verpflichtenden) **Gesellschaftsverträgen**

- **für die Vergangenheit** von einer Wirksamkeit des Vertrages ausgegangen werden, so dass z.B. bei Arbeitsverträgen Ansprüche auf das vertragliche Entgelt oder auf Urlaub bestehen. Wenn dieses Phänomen zuweilen als „faktischer Vertrag" bezeichnet wird, ist das keine sehr glückliche Terminologie.
- Dagegen besteht **für die Zukunft** keinerlei Bindung.

Die **sekundäre Folge** bei einer Anfechtung einer empfangsbedürftigen Willenserklärung nach §§ 119, 120 BGB ist, wie Sie ja inzwischen längst wissen, ein vom Verschulden des Anfechtenden unabhängiger **Anspruch** des Anfechtungsgegners **auf Ersatz des negativen Vertrauensinteresses** bis zur Grenze des positiven Interesses **(§ 122 BGB)**. Warum nicht bei der Anfechtung nicht empfangsbedürftiger Willenserklärungen und auch nicht bei einer Anfechtung nach § 123 BGB? Lesen Sie zunächst sorgfältig den § 122 BGB und erinnern sich dann an unsere kurz zuvor angestellten Überlegungen zu eben dieser Frage!!

Zu § 122 BGB wissen Sie eigentlich längst alles; daher nur noch wenige Worte: Nach § 122 Abs. 1 BGB kann der Anfechtungsgegner verlangen, so gestellt zu werden, wie er stünde, wenn er gewusst hätte, dass die Willenserklärung nicht wirksam war **(Faustformel: „wie wenn er den Anfechtenden nie gesehen hätte")**. Der Anspruch kann jedoch nach § 122 Abs. 2 BGB (lex specialis zu § 254 Abs. 1 BGB) ausgeschlossen (also: „alles oder nichts") sein, wenn der Anfechtungsgegner den Anfechtungsgrund kannte bzw. kennen musste.

Übrigens soll **daneben** auch eine Inanspruchnahme des Anfechtenden aus **§§ 280, 311 Abs. 2 BGB möglich** sein; denn die Voraussetzungen und Folgen der beiden Ansprüche sind unterschiedlich: Bei **§§ 280, 311 Abs. 2 BGB** kommt es auf ein (vermutetes) Verschulden des Anfechtenden an; der Anspruch ist auf das unbegrenzte negative Interesse gerichtet; § 254 Abs. 1 BGB greift ein. Dazu werden Sie an anderer Stelle noch mehr lesen!

Mittelbar wirkt sich im Falle einer erklärten Anfechtung mit der Folge des § 142 Abs. 1 BGB die Kenntnis bzw. das Kennenmüssen voom Anfechtungsgrund, also von der Anfechtbarkeit eines Rechtserwerbes, auf die Beurteilung der eventuell relevanten Frage über die Gutgläubigkeit hinsichtlich des Nichtrechts aus **(§ 142 Abs. 2 BGB)**. Einzelheiten zu dieser spannenden Frage finden sich an diversen anderen Stellen (z.B. bei §§ 818 Abs. 4, 819 oder 932 BGB). Gleichwohl riskieren wir hier wieder einmal einen Vorgriff.

Fall 211: Dem E gehören zwei sich sehr ähnelnde Schmuckstücke S 1 und S 2, wobei S 2 wertvoller ist als S 1. Der E verkauft das Schmuckstück S 1 an den K. Nach Zahlung des Kaufpreises durch K will der E dem K das Schmuckstück S 1 zum Zwecke der Erfüllung des Kaufvertrags übergeben und übereignen. Er vergreift sich dabei jedoch und übereignet und übergibt dem K das Schmuckstück S 2. Der K bemerkt das Versehen, korrigiert den E aber nicht. Dann verkauft und übereignet und übergibt der K das Schmuckstück an den X, dem er lachend von der Verwechselung des E erzählt hatte. Als der E das Schmuckstück S 2 bei dem X entdeckt, verlangt er von dem X die Herausgabe.

Der Anspruch kann sich aus § 985 ergeben. a) Der X ist Besitzer. b) Der E müsste Eigentümer sein. aa) Er war Eigentümer. bb) Er hat aaa) das Eigentum an dem Schmuckstück S 2 an den K übertragen (§ 929 S. 1 BGB). bbb) Die Übereignung könnte jedoch nach §§ 119, 142 Abs. 1 BGB wegen einer Anfechtung der zur Einigung führenden Willenserklärung des E rückwirkend unwirksam geworden sein. aaaa) Zwar liegt in der Person des E ein zur Anfechtung berechtigender Irrtum i.S.d. § 119 Abs. 1 BGB vor, und zwar je nach Fallgestaltung ein Inhaltsirrtum (wenn der E zwar wusste, was er erklärte, aber nicht wusste, was er damit erklärte) oder ein Erklärungsirrtum (wenn er nicht wusste, was er erklärte). bbbb) Der E hat jedoch seine zur Einigung führende Willenserklärung nicht gegenüber dem K angefochten. Also ist der K Eigentümer geworden und der E hat das Eigentum verloren. Der E hat daher keinen Anspruch aus § 985 BGB auf Herausgabe gegen den X.

Variante: Der E hat die Anfechtung seiner zur Einigung führenden Willenserklärung rechtzeitig (§ 121 BGB) gegenüber dem K (§ 143 Abs. 1, 2 BGB) erklärt.

Der Anspruch kann sich aus § 985 ergeben. a) Der X ist Besitzer. b) Der E müsste Eigentümer sein. aa) Er war Eigentümer. bb) Er hat aaa) das Eigentum an dem Schmuckstück S 2 an den K übertragen (§ 929 S. 1 BGB). bbb) Die Übereignung könnte jedoch nach §§ 119, 142 Abs. 1 BGB wegen einer Anfechtung der zur Einigung führenden Willenserklärung des E rückwirkend unwirksam geworden sein. aaaa) Dem E ist bei der Übereignung des Schmuckstücks S 2 ein zur Anfechtung berechtigender Irrtum i.S.d. § 119 Abs. 1 BGB unterlaufen, und zwar je nach Fallgestaltung ein Inhaltsirrtum (wenn der E zwar wusste, was er erklärte, aber nicht wusste, was er damit erklärte) oder ein Erklärungsirrtum (wenn er nicht wusste, was er erklärte). bbbb) Der E hat seine zur Einigung führende Willenserklärung auch wirksam angefochten. Also ist der K nicht Eigentümer geworden. (Kontrollfrage: Beruht dieses Zwischenergebnis nicht auf einer Verletzung des „Abstraktionsprinzips"? Nein: Der zur Anfechtung berechtigende Irrtum des E und die Anfechtung betreffen die zur Übereignung des E an den K führende Einigung und nicht den der Übereignung zugrunde liegenden Kaufvertrag des E mit K, der übrigens „irrtumsfrei" war!) cc) Der X könnte das Eigentum von K erworben haben. aaa) Der X hat das Eigentum nicht nach § 929 S. 1 BGB erworben, weil der K Nicht-Berechtigter war, denn er war nicht der Eigentümer und auch nicht zur Übereignung befugt. bbb) Der X könnte das Eigentum gutgläubig erworben haben. aaaa) Es liegt ein rechtsgeschäftlicher Erwerb (Übereignung), bbbb) im Sinne eines Verkehrsrechtsgeschäfts (nicht innerhalb eines Gesamtvermögens) vor. cccc) Der zu § 929 S.1 BGB gehörende Gutglaubenstatbestand ist § 932 Abs. 1 S. 1 BGB: Er verlangt nicht mehr als dddd) Gutgläubigkeit bei der Vollendung des am fehlenden Eigentum des Übereigners gescheiterten Rechtserwerbs. aaaaa) Der an sich vermutete gute Glaube des Erwerbers („…es sei denn…") bbbbb) ist jedoch widerlegt, weil der Erwerber X die Anfechtbarkeit des Eigentumserwerbs des K kannte und weil der E die Anfechtung auch erklärt hat (§ 142 Abs. 2 BGB). Also hat der X kein Eigentum erworben. c) Der X hat auch kein Recht zum Besitz gegenüber dem E (§ 986 BGB). Also muss er das Schmuckstück S 2 herausgeben.

Sogar **nichtige Rechtsgeschäfte** können durch wirksame Anfechtung „noch einmal vernichtet" werden (juristischer „overkill"), wenn dies aus wertenden Überlegungen geboten ist (Lehre von den **„Doppelwirkungen im Recht"**, begründet von Kipp):

- So ist anerkannt ist, dass **bereits nach § 119 BGB wirksam angefochtene** und daher an sich schon längst „vernichtete", also bereits als nichtig anzusehende (§ 142 Abs. 1 BGB) **Rechtgeschäfte** ein weiteres Mal **nach § 123 BGB angefochten** werden können, um so die für den Anfechtungsberechtigten nachteilige Rechtsfolge des § 122 Abs. 1 BGB zu vermeiden.

Fall 212: Der V hat an die M eine Sache verkauft und ihn dabei arglistig über bestimmte Eigenschaften der Sache getäuscht. Als der M feststellt, dass er sich über verkehrswesentliche Eigenschaften geirrt hat, ficht er nach § 119 Abs. 2 BGB den Kaufvertrag an. Es kommt zur Rückabwicklung und V verlangt von K den Ersatz des ihm entstandenen Vertrauensschadens (§ 122 BGB). Nunmehr entdeckt der M, dass er von V arglistig getäuscht worden ist und erklärt die Anfechtung nach § 123 Abs. 1 BGB.

Dies soll nach der Lehre von den „Doppelwirkungen im Recht" möglich sein, um den ungünstigen Folgen des Nichtigkeitsgrundes (§§ 119 Abs. 2, 142 Abs. 1, 122 BGB) zu entgehen; bei Anfechtung wegen arglistiger Täuschung wird bekanntlich kein Vertrauensschadensersatz geschuldet.

- Auch der **Minderjährigenschutz** verlangt nach der Möglichkeit einer Anfechtung eines unwirksamen Geschäfts. Das demonstriert eine „Fortschreibung" des soeben bearbeiteten Falles.

> Fall 213: Der minderjährige M verkauft an den ihn arglistig täuschenden K eine ihm gehörende Sache ohne Zustimmung seiner Eltern, die dann später auch die Genehmigung verweigern. Der M übergibt und übereignet die Sache in Erfüllung des Kaufvertrages an den K. Der K übereignet die Sache weiter an den X, der die arglistige Täuschung des K kannte, nicht aber die Minderjährigkeit des M. Der M, vertreten durch seine gesetzlichen Vertreter, erklärt gegenüber K die Anfechtung des Kaufvertrags mit K und auch der Übereignung an K wegen arglistiger Täuschung und verlangt von dem X Herausgabe der Sache.
>
> Der Anspruch kann sich aus § 985 ergeben. a) Der X ist Besitzer. b) Der M müsste Eigentümer sein. aa) Er war Eigentümer. bb) An den K hat er das Eigentum nicht verloren (§§ 107, 108 Abs. 1 BGB). cc) Er könnte das Eigentum jedoch an den X durch die Übereignung K an X verloren haben (§§ 929 S. 1, 932 Abs. 1 S. 1, 932 Abs. 2 BGB): aaa) Der Grundtatbestand des § 929 S. 1 BGB ist gegeben. bbb) Der X müsste gutgläubig gewesen sein; die Kenntnis der Anfechtbarkeit des Eigentumserwerbs des K könnte ihn nach § 142 Abs. 2 BGB bösgläubig gemacht haben: aaaa) Eine Anfechtung nach § 123 Abs. 1 BGB würde auch die Übereignung an K erfassen (anerkannter Fall der Durchbrechung des Abstraktionsprinzips!), so dass die Kenntnis der Anfechtbarkeit der Kenntnis vom Nichteigentum des K gleichstehen würde, bbbb) dies aber nur – sehr wichtig! -, wenn eine Anfechtung erfolgt ist (§ 142 Abs. 2 BGB): Der M hat die Anfechtung wegen arglistiger Täuschung mit Zustimmung der gesetzlichen Vertreter erklärt. Die Voraussetzungen der Anfechtung nach § 123 Abs. 1 BGB wegen arglistiger Täuschung liegen vor. Fraglich ist aber, ob eine bereits nichtige (die endgültige Verweigerung der Genehmigung seitens des gesetzlichen Vertreter führt zur Nichtigkeit) Willenserklärung angefochten werden kann. Dies bejaht die Lehre von den „Doppelwirkungen im Recht", der zufolge auch nichtige Geschäfte angefochten werden können, wenn es die Interessenlage gebietet: Das wird für die vorliegende Fallkonstellation bejaht, weil es nicht angehen kann, den arglistig getäuschten Minderjährigen unter der ihn schützen sollenden Minderjährigkeit leiden zu lassen, indem man ihm die den § 142 Abs. 2 BGB auslösende Anfechtung versagt. Er würde sonst schlechter gestellt als ein voll Geschäftsfähiger. Also war der X bösgläubig. Er hat kein Eigentum erworben. c) Der X hat kein Recht zum Besitz gegenüber dem M (§ 986 BGB). Daher kann der M Herausgabe verlangen.

2. Der Rücktritt

Ein **vertraglich vorbehaltener** oder ein **gesetzlicher Rücktritt** von einem **schuldrechtlich verpflichtenden Vertrag** führt im Fall einer unerlässlichen („gestaltenden") Rücktrittserklärung (§ 349 BGB) zu einem Rückgewährschuldverhältnis, aufgrund dessen die empfangenen Leistungen und die gezogenen Nutzungen zurückzugewähren sind (§ 346 Abs. 1 BGB). Der erklärte Rücktritt „verwandelt" den Vertrag in ein „Rückgewährschuldverhältnis", und **„beendet" zugleich einen verpflichtenden Vertrag.**

> Bevor darüber weitere Ausführungen folgen, sollte man sich verdeutlichen, dass der erklärte Rücktritt bei der **Fallbearbeitung** eine „Doppelfunktion" hat.
>
> 1. Zum einen: Aus der hierdurch herbei geführten Umwandlung des Vertrages in ein Rückgewährschuldverhältnis folgt zugleich, dass die **„Primär-**

> **verpflichtungen"**, soweit sie noch nicht erfüllt sein sollten, **nicht mehr bestehen**. Der Rücktritt führt also zur **Beendigung des Vertrages** und damit zum Wegfall einer **primären vertraglichen Leistungsverpflichtung**. Das ist auch der Grund dafür, warum wir den Rücktritt auch an dieser Stelle, wo es um die Beendigung von verpflichtenden Verträgen geht, darstellen.
>
> **2.** Zum anderen: Der erklärte Rücktritt hat weiterhin als „**Sekundäranspruch**" einen **Rückgewähranspruch** aus § 346 BGB zur Folge.
>
> Wir konzentrieren uns hier auf die Funktion des Rücktritts als „vertragsbeendendes" Institut. Die „eigentliche" Darstellung zum Rücktrittsrecht werden Sie im Zusammenhang mit den sich aufgrund des Rücktritts ergebenden „Sekundäransprüchen" in Teil 4 finden.

a) Vertragliches Rücktrittsrecht

Vertragliche Rücktrittsrechte („Rücktrittsvorbehalt") sind relativ selten; sie können **ausdrücklich** oder **stillschweigend** vereinbart werden; ist ein **Rücktrittsrecht** des Verwenders in **Allgemeinen Geschäftsbedingungen** vorgesehen, ist es unwirksam, wenn der Verwender das Recht hat, „sich ohne sachlich gerechtfertigten und im Vertrag angegebenen Grund von seiner Leistungspflicht zu lösen" (§ 308 Nr. 3 BGB).

<u>Fall 214:</u> Der V verkauft an den K eine Sache. Der K ist sich bei Vertragsschluss nicht ganz sicher, ob er die Sache wirklich haben möchte. Der V ist daher damit einverstanden, dass der K eine Woche Zeit erhält, die Sache zu testen. Innerhalb dieser Woche soll dem K ein Rücktrittsrecht zustehen. Als der V nach zwei Tagen die Kaufpreiszahlung verlangt, erklärt der K den Rücktritt.

Ein Anspruch des V gegen den K auf Kaufpreiszahlung könnte sich aus einem Kaufvertrag ergeben (§ 433 Abs. 2 BGB). a) Der Kaufvertrag ist geschlossen; also ist der Kaufpreisanspruch entstanden. b) Dem Anspruch könnte der erklärte Rücktritt entgegenstehen, weil hierdurch der Vertrag beendet sein könnte. aa) Der V und der K haben ein Rücktrittsrecht vertraglich vereinbart (§ 346 Abs. 1 BGB). bb) Der Rücktritt ist durch den K innerhalb der vereinbarten Frist erklärt worden (§ 349 BGB). cc) Also hat sich der Kaufvertrag in ein Rückgewährschuldverhältnis verwandelt und der Anspruch auf Kaufpreiszahlung besteht nicht mehr.

<u>Fall 215:</u> Der V verkauft an den K eine Sache. Der V ist sich bei Vertragsschluss nicht ganz sicher, ob er die Sache wirklich verkaufen möchte. In seinen Allgemeinen Geschäftsbedingungen ist daher die Klausel vorgesehen: „Der Verkäufer kann binnen einer Woche vom Kaufvertrag zurücktreten". Der K zahlt den Kaufpreis sofort. Als er nach zwei Tagen Zug-um-Zug gegen Zahlung des Kaufpreises Übergabe und Übereignung der Kaufsache verlangt, erklärt der V den Rücktritt.

Ein Anspruch des K gegen V auf Lieferung könnte sich aus einem Kaufvertrag ergeben (§ 433 Abs. 1 BGB). a) Der Kaufvertrag ist geschlossen; also ist der Lieferungsanspruch entstanden. b) Dem Anspruch könnte der erklärte Rücktritt als den Vertrag beendende Einwendung entgegenstehen. aa) Der V und K haben ein Rücktrittsrecht vertraglich vereinbart (§ 346 Abs. 1 BGB). Der Rücktritt ist durch V innerhalb der vereinbarten Frist erklärt worden (§ 349 BGB). bb) Die Klausel ist jedoch nach § 308 Nr. 3 BGB unwirksam, weil sie es dem Verwender V ermöglicht, sich „ohne sachlich gerechtfertigten und im Vertrag angegebenen Grund" vom Vertrag zu lösen. Der V muss Zug-um-Zug gegen Zahlung des Kaufpreises dem K die Sache übergeben und übereignen.

b) Gesetzliche Rücktrittsrechte

Gesetzliche Rücktrittsrechte gibt es nach § 313 Abs. 3 BGB bei den „Störungen der Geschäftsgrundlage", nach § 321 Abs. 2 S. 2, 3 BGB bei der sog. „Unsicherheitseinrede", nach §§ 323, 326 Abs. 5 BGB als solche bzw. i.V.m. §§ 437 Nr. 2, 634 Nr. 3 BGB bei Nicht- und Schlechtleistungen, nach § 324 BGB im Fall der Verletzung einer „Verhaltenspflicht" aus § 241 Abs. 2 BGB, nach § 438 Abs. 4 S. 3, 634 a Abs. 4, S. 3, im Fall der Einrede des Rücktritts durch Käufer oder Besteller.

Hier interessieren uns zunächst nur die **gesetzlichen Rücktrittsrechte aus § 326 Abs. 5 BGB und aus § 323 BGB.**

aa) Wegen Unmöglichkeit (§ 326 Abs. 5 BGB)

Wenn der Schuldner aus einem gegenseitigen Vertrag nach § 275 Abs. 1–3 BGB leistungsfrei wird, soll der Gläubiger generell die Möglichkeit haben, vom ganzen Vertrag zurückzutreten **(§ 326 Abs. 5 BGB)**. Die Ausübung des Rücktrittsrechts durch eine Rücktrittserklärung (§ 349 BGB) hat zur Folge, dass der **Vertrag beendet** ist und dass es damit zum **Wegfall** einer **primären vertraglichen Leistungsverpflichtung** kommt. Dies gilt für die Primärleistungsansprüche und für die Nacherfüllungsansprüche aus **§§ 437 Nr. 2, 440, 326 Abs. 5 BGB** bzw. aus **§§ 634 Nr. 3, 636, § 326 Abs. 5 BGB.**

- Die **Bedeutung des Rücktritts als Beendigungsgrund für primäre Leistungsverpflichtungen** aufgrund einer **Beendigung des Vertrages** ist aber bei dieser Konstellation recht **gering**. Denn – wie Sie demnächst erfahren werden – entfällt in diesen Fällen in aller Regel die primäre vertragliche Leistungsverpflichtung (nämlich der Anspruch auf die Erbringung der Gegenleistung) schon automatisch nach § 326 Abs. 1 S. 1 1. HS BGB, so dass für einen Rücktritt nach § 326 Abs. 5 BGB keine Notwendigkeit mehr besteht.

- Daher **reduziert** sich der Bedarf für ein **Rücktrittsrecht**, durch dessen Ausübung ein **Vertrag beendet wird** und es daher zum Wegfall einer **primären vertraglichen Leistungspflichtung** kommt, auf die Konstellationen, in denen **wegen § 326 Abs. 1 S. 2 BGB** der **§ 326 Abs. 1 S. 1 BGB** nicht angewendet werden kann. Das ist dann der Fall, wenn ein Verkäufer mangelhaft geliefert hat und ihm die Erfüllung des Nacherfüllungsanspruchs des Käufers (§§ 434, 437 Nr. 1, 439 BGB) nach § 275 Abs. 1–3 BGB unmöglich ist.

Fall 216: Der V verkauft dem K eine Sache, die dann vor Erfüllung des Vertrages durch den V infolge eines Zufalls verbrennt. Der V verlangt Zahlung des Kaufpreises von K.

Der Anspruch könnte sich aus einem Kaufvertrag ergeben (§ 433 Abs. 2 BGB). a) Der V und der K haben aa) einen Kaufvertrag abgeschlossen. bb) Der Kaufvertrag ist nicht durch einen Rücktritt nach §§ 326 Abs. 5, 349 BGB in ein Rückgewährschuldverhältnis umgewandelt worden und besteht daher noch. Der Anspruch ist also entstanden. b) Der Anspruch auf die Gegenleistung ist jedoch entfallen, weil dem V die Leistung (Lieferung der Kaufsache) unmöglich geworden ist und der Lieferungsanspruch ausgeschlossen ist (§§ 326 Abs. 1 S. 1 1. HS, 275 Abs. 1 BGB).

Fall 217: Der V verkauft dem K einen gebrauchten Wagen. Der Wagen hatte – wie sich bald nach der Übergabe herausstellt – einen technischen Defekt, der nur durch den Einbau eines nicht mehr erhältlichen Ersatzteils behoben werden kann. Der K hatte den Kaufpreis noch nicht gezahlt. Der V verlangt den Kaufpreis.

Der Anspruch könnte sich aus einem Kaufvertrag ergeben (§ 433 Abs. 2 BGB). a) Der Kaufvertrag ist geschlossen; also ist der Anspruch entstanden. b) Er könnte aa) nach §§ 326 Abs. 1 S. 1, 434, 437 Nr. 1, 439, 275 Abs. 1 BGB entfallen sein. Dem aber steht § 326 Abs. 1 S. 2 BGB entgegen.

Variante Der K hatte dem V eine fruchtlos verstrichene Frist von 2 Wochen zur Beseitigung des Mangels gesetzt. Als der V den Kaufpreis verlangt, erklärt der K den Rücktritt.

Der Anspruch könnte sich aus einem Kaufvertrag ergeben (§ 433 Abs. 2 BGB). a) Der Kaufvertrag ist geschlossen. b) Er könnte aber durch einen Rücktritt beendet sein. aa) Ein Rücktrittsrecht des K aaa) aus §§ 433, 434 Abs. 1, 437 Nr. 2, 323, 346 BGB ist wegen der Unbehebbarkeit des Mangels nicht gegeben. bbb) Dem K steht aber ein Rücktrittsrecht aus §§ 433, 434 Abs. 1, 437 Nr. 2, 326 Abs. 5 BGB, 275 Abs. 1, 346 BGB zu. bb) Der Rücktritt ist erklärt worden (§ 349 BGB) cc) Der Kaufvertrag ist dadurch in ein Rückgewährschuldverhältnis umgewandelt und damit beendet worden. Der K schuldet mithin keine Kaufpreiszahlung mehr.

bb) Wegen Nichtleistung (§ 323 BGB)

Auch die Nichtleistung begründet ein Rücktrittsrecht (**§ 323 BGB**), dessen Ausübung durch eine Rücktrittserklärung (§ 349 BGB) zur Folge hat, dass der **Vertrag beendet** ist und es damit zum **Wegfall** einer **primären vertraglichen Leistungsverpflichtung** kommt. Dies gilt auch für die **Rücktrittsrechte aus §§ 437 Nr. 2, 440, 323 BGB** bzw. aus **§§ 634 Nr. 3, 636, 323 BGB**.

Fall 218: Der V ist aus einem Kaufvertrag vom 27. Mai 2002 verpflichtet, dem K am 1. Juni 2002 die verkaufte Ware zu liefern. Der V liefert nicht, verlangt aber Zahlung des Kaufpreises von dem K. Der K setzt dem V ergebnislos eine Frist von 3 Tagen und erklärt dann den Rücktritt.

Der Anspruch könnte sich aus einem Kaufvertrag ergeben (§ 433 Abs. 2 BGB). a) Der Kaufvertrag ist geschlossen. b) Infolge eines erklärten Rücktritts könnte der Vertrag beendet sein. aa) Das Rücktrittsrecht ergibt sich aus § 323 Abs. 1 BGB. aaa) Dem K stand ein am 1. Juni 2002 fälliger Leistungsanspruch zu. bbb) Der V hat die Leistung bei Fälligkeit nicht erbracht. ccc) Der K hat ihm ergebnislos eine angemessene Nachfrist gesetzt. ddd) § 323 Abs. 6 BGB liegt nicht vor. bb) Der K hat den Rücktritt erklärt (§ 349 BGB). cc) Der Kaufvertrag ist dadurch in ein Rückgewährschuldverhältnis umgewandelt und damit beendet worden. Der K schuldet mithin keine Kaufpreiszahlung mehr.

Fall 219: Der V verkauft dem K einen gebrauchten Wagen. Der Wagen hatte – wie sich bald nach Übergabe herausstellt – einen technischen Defekt, der nur durch den Einbau eines leicht erhältlichen Ersatzteils behoben werden kann. Der K hatte den Kaufpreis noch nicht gezahlt, sondern dem V eine fruchtlos verstrichene Frist von 2 Wochen zur Beseitigung des Mangels gesetzt. Als der V den Kaufpreis verlangt, erklärt der K den Rücktritt.

Der Anspruch könnte sich aus einem Kaufvertrag ergeben (§ 433 Abs. 2 BGB). a) Der Kaufvertrag ist geschlossen. b) Er könnte aber durch einen Rücktritt beendet sein. aa) Der Rücktritt ist erklärt worden. bb) Das Rücktrittsrecht ergibt sich aus §§ 433, 434 Abs. 1, 437 Nr. 2,

323, 346 BGB. cc) Der Kaufvertrag ist dadurch in ein Rückgewährschuldverhältnis umgewandelt und damit beendet worden. Der K schuldet mithin keine Kaufpreiszahlung mehr.

cc) Rücktrittsrecht wegen einer Nebenpflichtverletzung (§ 324 BGB)

Ein Rücktrittsrecht besteht schließlich auch in den Fällen von Nebenpflichtverletzungen (§ 324 BGB). Im Falle der Rücktrittserklärung (§ 349 BGB) ist der **Vertrag beendet** und damit eine **primäre vertragliche Leistungsverpflichtung entfallen**.

Fall 220: Der Küchenhändler V verkauft dem K eine von V zu montierende Einbauküche. Der V liefert die Teile an; dazu muss er die einzelnen Teile durch das aufwändig restaurierte Jugendstiltreppenhaus im Hause des K transportieren. Trotz mehrfacher Aufforderungen des K, beim Transport durch das Treppenhaus äußerst vorsichtig zu sein, werden schon bei der ersten Anlieferung durch Unachtsamkeiten der Mitarbeiter des V das vergoldete schmiedeeiserne Treppengeländer und unersetzliche Fußbodenfliesen erheblich beschädigt. Daraufhin verweigert der K dem V und seinen Leuten den weiteren Zutritt in sein Haus. Der V verlangt Abnahme und Bezahlung.

Der Anspruch könnte sich aus einem Kaufvertrag ergeben (§§ 433 Abs. 2 BGB). a) Der Kaufvertrag ist als Kaufvertrag mit Montageverpflichtung (also kein gemischter Kauf- und Werkvertrag: arge. § 434 Abs. 2 S. 1 BGB) geschlossen. b) Einem Anspruch des V gegen K könnte ein erklärter Rücktritt als vertragsbeendend entgegenstehen. aa) Das Rücktrittsrecht ergibt sich aus §§ 324, 241 Abs. 2 BGB. aaa) Der Kaufvertrag V – K ist ein gegenseitiger Vertrag. bbb) Der V hat gegenüber K Pflichten aus § 241 Abs. 2 BGB verletzt. ccc) Dem K ist das Festhalten am Vertrag unzumutbar. bb) Der Rücktritt ist erklärt (§ 349 BGB). cc) Dadurch ist der Kaufvertrag, der er in ein Rückgewährschuldverhältnis umgewandelt worden ist, beendet worden. Der K schuldet mithin keine Abnahme und keine Kaufpreiszahlung.

3. Widerruf bei Verträgen mit besonderen Risiken (hier speziell die Verbraucherverträge mit besonderen Vertriebsformen: Haustürgeschäfte, Fernabsatzverträge, E-Commerce-Verträge)

Der gesetzlich zugelassene **Widerruf nach § 355 BGB** bei Verträgen mit besonderen Risiken wirkt ebenfalls **vertragsbeendend**.

Bei **Verträgen mit besonderen Risiken** steht besonders gefährdeten Vertragspartnern ein **Widerrufsrecht** gegenüber Unternehmern (§ 14 BGB) nach **§ 355 BGB** zu:

- dem **Verbraucher** (§ 13 BGB) nach § 312 Abs. 1 BGB bei **Haustürgeschäften**;

- dem **Verbraucher** (§ 13 BGB) nach § 312 d BGB bei **Fernabsatzverträgen**;

- dem **Kunden** nach § 312 e BGB bei **e-commerce-Verträgen**;

- dem Verbraucher (§ 13 BGB) nach § 485 BGB bei **Teilzeit-Wohnrechteverträgen**;

- dem **Verbraucher** oder **Existenzgründer** (§§ 13, 507 BGB) nach § 495 Abs. 1 BGB beim **Verbraucherdarlehensvertrag**;
- dem **Verbraucher** oder **Existenzgründer** (§§ 13, 507 BGB) nach §§ 499, 495 Abs. 1 BGB beim **Zahlungsaufschub**;
- dem **Verbraucher** oder **Existenzgründer** (§§ 13, 507 BGB) nach §§ 500, 495 Abs. 1 beim **Finanzierungsleasingvertrag**;
- dem **Verbraucher** oder **Existenzgründer** (§§ 13, 507 BGB) nach §§ 501, 495 beim **Teilzahlungsgeschäft**, abwendbar nach § 503 BGB durch ein Rückgaberecht;
- dem **Verbraucher** oder **Existenzgründer** (§§ 13, 507 BGB) nach § 505 BGB bei **Ratenlieferungsverträgen**.

Das Widerrufsrecht kann ersetzt werden durch ein „uneingeschränktes Rückgaberecht" (§ 356 BGB).

Wir beschränken uns bei unserer Darstellung auf die vertragsbeendenden Folgen des Widerrufsrechts hinsichtlich der Verbraucherverträge mit besonderen Vertriebsformen **(Haustürgeschäfte, Fernabsatzverträge, e-commerce-Verträge)**. Auf die sonstigen gefährdenden Verträge soll hier nicht weiter eingegangen werden. Denn teils dürften sie für die Ausbildung weniger bedeutsam sein **(Teilzeit-Wohnrechtevertrag)** und teils **(Verbraucherkreditverträge)** sind sie Ihnen bereits ausführlich dargestellt worden, wobei auch auf das Widerrufsrecht eingegangen wurde.

Es entspricht recht idyllischen (einen an den berühmten „Tante-Emma-Laden" denken lassenden) **überkommenen Vorstellungen**, dass ein Vertragsschluss über entgeltliche Leistungen oder die Bestimmung zu einem solchen Vertragsschluss zwischen einem Kunden und einem Unternehmer regelmäßig im Geschäftslokal des Unternehmers erfolgt, das der gedanklich auf einen Vertragsschluss vorbereitete Kunde eigens aus diesem Grunde aufgesucht hat.

Die Methoden des Vertriebes haben sich in den **letzten Jahrzehnten** einschneidend verändert:

- Es ist immer üblicher geworden, dass ein Kunde zum Abschluss eines Vertrages über entgeltliche Leistungen (Kaufverträge, Werkverträge, Mietverträge, Geschäftsbesorgungsverträge, Maklerverträge, Reiseverträge, Bürgschafts- und Sicherungsverträge) mit einem Unternehmer an seinem **Arbeitsplatz**, in seiner **Privatwohnung**, auf **Freizeitveranstaltungen**, in **Verkehrsmitteln** oder im Bereich **öffentlicher Verkehrsflächen** bestimmt wird, so dass die Verträge verkürzt genannt **„Haustürgeschäfte"** sind (§ 312 BGB), denn eigenartigerweise ist das „Zuhause" des Verbrauchers nach der Begriffsbildung des Gesetzgebers überall auf der Welt, nur nicht im Geschäftslokal des Unternehmers – eine etwas eigentümliche Vorstellung, mit der wir Juristen natürlich spielend fertig werden!).
- Nach schon länger zurückliegenden Anfängen durch das „Versandgeschäft" (die Versandhäuser „Quelle" und „Otto" begannen damit in der unmittelbaren Nachkriegszeit) hat es sich in den **letzten Jahren** infolge technischer Innovationen als durchaus übliche und wahrscheinlich immer üblicher werdende Vertriebspraxis

eingebürgert, dass ein Verbraucher und ein Unternehmer einen Vertrag über eine Warenlieferung (bewegliche Sachen, Strom-, Gas-, Wasser-, Fernwärmelieferung) oder eine Dienstleistung (Werkverträge, Geschäftsbesorgungsverträge, Maklerverträge, Bürgschafts- und Sicherungsverträge) unter ausschließlicher Verwendung von Fernkommunikationsmitteln (Briefe, Kataloge, Telefonate, Telekopien, E-Mails, Rundfunk, im Wege des „e-commerce" über Tele- und Mediendienste) abschließen (§ 312 b BGB), genannt: „**Fernabsatzverträge**".

Diese Formen des Vertriebes bringen **erhebliche Risiken** für einen **Verbraucher** bzw. einen **Kunden** mit sich:

- Bei den „**Haustürgeschäften**" besteht die Gefahr der „Überrumpelung" des Verbrauchers (§ 13 BGB) durch den Unternehmer (§ 14 BGB);
- Bei den „**Fernabsatzverträgen**" kennt der Verbraucher (§ 13 BGB) die Waren und Dienstleistungen nur aus den Informationen, die ihm durch den Unternehmer (§ 14 BGB) im Wege der Fernkommunikation übermittelt werden; auch können die Techniken der zum Vertragsschluss eingesetzten Fernkommunikationsmittel den einzelnen Verbraucher überfordern. Speziell der Einsatz von „**Tele- und Mediendiensten**" (**e-commerce**) zum Vertragsschluss durch einen Unternehmer begründet für jeden Kunden, also nicht nur für Verbraucher, Risiken, die sich aus der Technik dieser Dienste ergeben.

> Diese Risiken will das Gesetz durch **Verbraucher- bzw. Kundenschutzvorschriften** dadurch abmildern,
>
> 1. dass der Verbraucher bei „**Haustürgeschäften**" und bei „**Fernabsatzverträgen**" ein zweiwöchiges **Widerrufsrecht aus § 355 BGB** hat.
>
> a) Bei „**Haustürgeschäften**" nach § 312 BGB (nach 312 a BGB gelten allerdings bei solchen „Haustürgeschäften", die zugleich Verbraucherdarlehensverträge und Finanzierungshilfen i.S.d. §§ 491 - 504 BGB oder Teilzeit-Wohnrechteverträge i.S.d. §§ 481 ff. BGB sind, der spezielle §§ 495, 355 BGB) ergibt sich das (allerdings durch ein Rückgaberecht ersetzbare: § 356 BGB) Widerrufsrecht des Verbrauchers aus §§ 312 Abs. 1, 355 BGB und
>
> b) bei „**Fernabsatzverträgen**" (mit Ausnahme der Verträge i.S.d. § 312 d Abs. 4 BGB!) ergibt es sich aus §§ 312 d, 355 BGB.
>
> 2. Bei den „**Fernabsatzverträgen**" kommen noch vorvertragliche Informationspflichten (§ 312 c BGB i.V.m. § 1 der Verordnung über Informationspflichten, BGB-InfoV), aus denen sich Einzelheiten des Vertrages, insbesondere auch die Identität des Vertragspartners ergeben müssen, hinzu.
>
> 3. Für einen **Vertragsschluss im Wege des elektronischen Geschäftsverkehrs** zwischen einem Unternehmer und einem Kunden, der Verbraucher sein kann (dann gilt auch § 312 b BGB), aber nicht Verbraucher sein muss (dann gilt nur § 312 e BGB), durch Einschaltung eines Tele-Mediendienstes („**e-commerce**") gibt es eine **vorvertragliche** Verpflichtung zur Ausgestaltung des technischen Ablaufs von Bestellungen und zur Erteilung von bestimmten Informationen gem. § 3 der BGB-InfoV (§ 312 e BGB).

> **4.** Werden die vorvertraglichen Pflichten aus §§ 312 c, 312 e BGB nicht erfüllt, so kommt es zu diesen **Rechtsfolgen**:
>
> **a)** Nach §§ 312 d Abs. 2, 312 e Abs. 3 S. 2 BGB beginnt die zweiwöchige **Widerrufsfrist nicht zu laufen**.
>
> **b)** Im Falle der **Nichterfüllung** oder der **nicht vollständigen** Erfüllung der Informationspflicht aus § 312 e Abs.1 BGB i.V.m. § 3 der BGB-InfoV hierüber kann sogar der **Vertragsschluss** daran **scheitern**, dass das elektronische Signal des Verbrauchers (Mausklick) keine Willenserklärung ist, oder dass die „essentialia negotii" (Leistungsgegenstand, Gegenleistung, Vertragspartner) nicht bestimmt waren. Eine entgegen § 312 e Abs. 1 Nr. 1 BGB fehlende Korrekturmöglichkeit des Mausklicks kann zu einer Anfechtung nach § 119 Abs. 1 BGB führen.
>
> **c)** Eine **Nichterfüllung** der vorvertraglichen Pflichten gerichtet auf Zurverfügungstellung technischer Mittel zur Erkennung und Berichtigung von Eingabefehlern (§ 312 e Abs. 1 Nr. 1 BGB) oder zur vorvertraglichen Information (§ 312 e Abs. 1 Nr. 2 BGB) kann eine **Pflichtverletzung** sein, die zu einem **Schadensersatzanspruch aus §§ 280 Abs. 1, 311 Abs. 2 BGB** führt, aufgrund derer nach § 249 Abs. 1 BGB die Befreiung von einem kausal hierauf beruhenden Vertrag verlangt werden kann.

Aber, wie gesagt: Wir wollen nicht aus dem Auge verlieren, dass es in diesem Teil 3 um die primären Ansprüche aus verpflichtenden Verträgen geht und dass wir uns daher ganz auf die **Rechtsfolgen des Widerrufs** für die primäre Leistungsverpflichtung konzentrieren.

Der **Widerruf** kann durch den Verbraucher in Textform (§ 126 b BGB) oder konkludent durch Rücksendung der Sache innerhalb von 2 Wochen **erklärt** werden. Die Frist beginnt bei „deutlich gestalteter Belehrung" über das Widerrufsrecht zu laufen (§ 355 Abs. 2 BGB). Die Frist ist bei rechtzeitiger Absendung gewahrt (§ 355 Abs. 1 S. 2 2. HS BGB). Spätestens **erlischt** das Widerrufsrecht 6 Monate nach Vertragsschluss (§ 355 Abs. 3 S. 1 BGB), dies aber nur, wenn der Verbraucher ordnungsgemäß über sein Widerrufsrecht belehrt worden ist (§ 355 Abs. 3 S. 3 BGB).

Der **Widerruf** hat folgende **rechtliche Konsequenzen**:

- In rein rechtstheoretischer Hinsicht kann man annehmen, dass der Widerruf verhindert, dass der **Vertrag bei Ablauf der Widerrufsfrist wirksam wird**. Sieht man dies so, dann muss man das Widerrufsrecht bei den „**Wirksamkeitshindernissen**" prüfen (so der BGH, der den Widerruf als „rechtshindernde Einwendung" ansieht). In dieser Darstellung wird aber das **Widerrufsrecht aus § 355 BGB** als ein **besonderes gesetzliches Rücktrittsrecht**, bei dem der Vertrag bis zur Ausübung „schwebend wirksam" ist, eingeordnet, also als „**vertragsbeendender**" Umstand angesehen. Dafür spricht der systematische Zusammenhang mit dem „Rücktritt", der deutlich wird an der gemeinsamen Einordnung im Titel 5 und weiterhin durch die in § 357 BGB getroffene Anordnung, dass die Rückabwicklung sich nach gesetzlichem Rücktrittsrecht vollzieht.

a) Bei der uns hier primär interessierenden Frage nach dem Schicksal des primären Leistungsanspruchs aus einem Vertrag wollen wir also davon ausgehen, dass der Widerruf zur **Beendigung des Vertrages** führt. Dass die gegenteilige dogmatische Einordnung ebenfalls vertreten werden kann (immerhin ist man mit dem BGH in „bester Gesellschaft"), ist selbstverständlich! **b)** Nicht unerwähnt bleiben soll, dass bei bereits erbrachter Leistung die **Rückabwicklung** nach gesetzlichem Rücktrittsrecht erfolgt (§§ 357, 346 ff. BGB), wobei die Haftung des Widerrufsberechtigten allerdings verschärft ist, weil der Widerruf nicht auf einer Vertragsverletzung des Unternehmers beruht. Konsequenterweise entfällt die Haftungsverschärfung, wenn der Unternehmer den Verbraucher nicht entsprechend belehrt hat (§ 357 Abs. 3 BGB).

Fall 221: Die Rentnerin Rita Rüstig (R) kauft und bezahlt anlässlich einer von Viffig (V) für € 5,- veranstalteten Verkaufsfahrt in den Harz „mit Kaffee und Kuchen satt" eine Warmhalte-Kaffeekanne eines chinesischen Fabrikats im Verkaufswert von € 20,- zum Preis von € 60,-. Über ein Widerrufsrecht wird die R nicht belehrt. Die R hatte nur € 55,- dabei. Sie gibt dem großzügigen V ihre Adresse und einigt sich mit ihm darauf, dass sie die restlichen € 5,- bei der nächsten Ausflugsfahrt, an der sie sicher wieder teilnehmen werde, zahlen werde. Am Tag darauf lässt die R die Kanne versehentlich beim Abwaschen fallen, so dass sie zerspringt. Aus gesundheitlichen Gründen nimmt die R fortan an keiner weiteren Verkaufsfahrt teil. 1. Nach 7 Monaten verlangt der V von der R die € 5,-. 2. Die R ihrerseits verlangt von dem V Rückzahlung der € 55,- 3. Der V verlangt von der R Wertersatz für die Kanne. Die R, die inzwischen von ihrer Freundin den wahren Verkaufswert erfahren hatte, erklärt jetzt den Widerruf des Vertrages (nach Köhler).

1. Der Zahlungsanspruch des V a) wäre aus einem Kaufvertrag entstanden (§ 433 Abs. 2 BGB) und zunächst nur in Höhe von € 55,- erloschen (§ 362 Abs. 1 BGB), b) wenn dieser Kaufvertrag nicht nach §§ 433, 13, 14, 312 Abs. 1 Nr. 2, 355 Abs. 1 S. 1 BGB durch einen erklärten Widerruf beendet ist: aa) Die R hat den Widerruf erklärt. bb) Sie müsste zum Widerruf berechtigt sein: Der V war Unternehmer (§ 14 BGB). Die R war Verbraucherin (§ 13 BGB). Die R ist zum Abschluss eines Vertrages über eine entgeltliche Leistung auf einer vom Unternehmer V durchgeführten Freizeitveranstaltung bestimmt worden (§ 312 BGB). cc) Der Widerruf muss aaa) allerdings innerhalb von 2 Wochen erklärt werden (§ 355 Abs. 1 BGB), bbb) kann aber, wenn (wie hier) die Belehrung über das Widerrufsrecht fehlt, auch noch nach dem Ablauf der 6-Monatsfrist des § 355 Abs. 3 S. 1 BGB erklärt werden (§ 355 Abs. 3 S. 3 BGB). dd) Was die Rechtsfolgen angeht, kann aaa) man entweder annehmen, dass der Widerruf verhindert, dass der Vertrag mit Ablauf der Widerrufsfrist wirksam wird, dass es sich also bei dem Widerruf um ein „Wirksamkeitshindernis" bzw. eine „rechtshindernde Einwendung" handelt (BGH), bbb) oder (wie hier vorgeschlagen wird) den Widerruf als zur „Beendigung des Vertrages" führende Erklärung ansehen. ccc) Wie auch immer: Die primäre Leistungspflichten aus dem Vertrag sind entfallen 2. Der Rückzahlungsanspruch ergibt sich aus §§ 433, 355 Abs. 1 S. 1, 312 Abs. 1 Nr. 2, 357, 346 Abs. 1 BGB. 3. Wertersatz für die Kanne aus §§ 433, 355 Abs. 1 S. 1, 312 Abs. 1 Nr. 2, 357, 346 Abs. 2 S. 1 Nr. 3 BGB schuldet die R nicht, weil sie nicht nach § 357 Abs. 3 S. 1 BGB in Textform auf diese Rechtsfolge hingewiesen worden ist.

Variante: Müsste die R Wertersatz leisten, wenn sie nach §§ 355 Abs. 2, 312 Abs. 2, 357 Abs. 1, 3 BGB über ihr Widerrufsrecht belehrt worden wäre und sie die Kanne nur aus der Originalverpackung ausgepackt und mit heißem Wasser ausgespült hätte.

Ja: Nach §§ 355, 357 Abs. 1 S. 1, 346 Abs. 2 S 1 Nr. 3, 357 Abs. 3 BGB, a) zwar nicht wegen des Auspackens, weil dies allein der Prüfung der Sache diente, b) wohl aber wegen des Ausspülens, weil dies als eine bestimmungsgemäße Ingebrauchnahme anzusehen ist und die Sache dadurch verschlechtert ist, weil sie nunmehr als gebrauchte und damit erheblich wertgeminderte Sache angesehen werden muss.

Variante: Wie wäre es hinsichtlich eines Wertersatzanspruchs, wenn die nach §§ 355 Abs. 2, 312 Abs. 2, 357 Abs. 1, 3 BGB über ihr Widerrufsrecht belehrte R die ausgepackte Kanne zu ihrem sonstigen Küchengeschirr auf einen Tisch in der Küche gestellt hätte und dann aufgrund eines leichten Versehens beim Putzen alle dort abgestellten Sachen heruntergefegt und zerstört hätte.

Sie müsste auch dann für die Kanne nach § 346 Abs. 2 Nr. 3 Wertersatz leisten, weil die Privilegierung nach § 346 Abs. 3 Nr. 3, 277 BGB (Beschränkung der Wertersatzhaftung auf „diligentia quam in suis") wegen §§ 355, 357 Abs. 3 S. 3 BGB keine Anwendung findet.

- Bei **verbundenen Verträgen** (§ 358 Abs. 3 BGB) befreit der wirksame **Widerruf des Liefervertrages** den Verbraucher auch von der Bindung an einen mit dem Vertrag verbundenen Verbraucherdarlehensvertrag (§ 358 Abs. 1 BGB). Im Falle eines wirksamen **Widerrufs des Darlehensvertrages** nach §§ 495, 355 ist der Verbraucher an einen mit dem Vertrag verbundenen Lieferungsvertrag nicht gebunden (§ 358 Abs. 2 S. 1BGB). Bei einer **Konkurrenz** der Widerrufsrechte ist ein Widerruf nach §§ 495, 355 BGB ausgeschlossen (§ 358 Abs. 2 S. 2 BGB ausgeschlossenen); er ist dann aber als Widerruf des Liefervertrages anzusehen (§ 358 Abs. 2 S. 3 BGB). Durch den Widerruf kommt es nicht nur zu einem Wegfall der Bindung an die Verträge, sondern auch zu einer **Rückabwicklung nach § 357 BGB**.

Fall 222: Der Koof (K) kauft am 1. Juni 2002 bei dem ein Einrichtungsgeschäft betreibenden Hendel (H), der den K zu Hause aufsucht, eine komplette Wohnzimmereinrichtung (bestehend aus einem Sofa, zwei Sesseln, einem Fernsehsessel, einem Couchtisch, einer eichenen Schrankwand, einem Bücherschrank mit eingearbeiteten Buchrücken, einer Anrichte, einem Perserteppich, einem künstlichen Kamin, einem Zimmerspringbrunnen, einigen Ölbildern für die Wände, einem Zimmerkühlschrank für Bierflaschen, einem Flachbildfernseher und einer Musikanlage) zum Preis von € 15 000,-. Im Kaufvertrag wird der K über sein Widerrufsrecht nach §§ 312, 355 BGB belehrt. Das Geld zur Bezahlung des Kaufpreises hat der K allerdings nicht. Der H und der K sind sich daher einig, dass der Kaufpreis finanziert werden soll. Der H steht in ständiger Geschäftsverbindung mit der Teilzahlungsbank TZB und hat auch die Kreditantragsformulare vorrätig. Der K bevollmächtigt den H in der Form des § 492 Abs. 4 BGB zum Abschluss eines Darlehensvertrages, der durch Auszahlung der Valuta an den H erfüllt werden soll. Die in Monatsbeträgen zu erfüllende Rückzahlungsverpflichtung und die Zinsverpflichtung sollen durch die Sicherungsübereignung der Einrichtungsgegenstände an die TZB gesichert werden. Der Darlehens- und Sicherungsübereignungsvertrag wird schon am nächsten Tag durch den für K handelnden H in der Form des § 492 BGB mit der TZB abgeschlossen und auch durch Auszahlung an den H erfüllt. Das Wohnzimmer wird schon am Tage danach durch die Leute des H eingerichtet. Dem K gefällt die Einrichtung jetzt plötzlich nicht mehr, weil er sich in seinem ohnehin schon kleinen Wohnzimmer kaum noch bewegen kann. Daher erklärt er den Widerruf gegenüber dem H und stellt dem H die gekauften Sachen wieder zur Verfügung. Die TZB verlangt nach einem Monat die erste Darlehensrate.

Der Anspruch könnte sich aus einem Darlehensvertrag ergeben (§ 488 Abs. 1 S. 2 BGB). a) Der Vertrag ist wirksam geschlossen (§§ 488, 13, 14, 492, 164 Abs. 1, 492 Abs. 4 BGB). Das Darlehen ist durch die Auszahlung an H valutiert worden (§§ 362 Abs. 2, 185 BGB) b) Der Vertrag könnte jedoch durch den erklärten Widerruf beendet sein. aa) Der K hat nicht den Darlehensvertrag nach §§ 495 Abs. 1, 355 BGB widerrufen, sondern den Kaufvertrag nach §§ 312 Abs. 1, 355 BGB. bb) Wenn der Kaufvertrag und der Darlehensvertrag „verbundene Verträge" nach § 358 Abs. 3 BGB wären, wäre der K durch den Widerruf des Kaufvertrags nicht mehr an den Darlehensvertrag gebunden (§ 358 Abs. 1 BGB). Wenn ein Verbraucherdarlehensvertrag und ein Vertrag über den Verkauf einer Ware oder die Erbringung einer anderen Leistung durch einen Unternehmer (§ 14 BGB) an einen Verbraucher (§ 13 BGB) dadurch miteinander verknüpft sind, dass das Darlehen ganz oder teilweise der Finanzierung des anderen Vertrages dient und beide Verträge (was insbesondere bei einer Finanzierung der Gegenleistung des Verbrauchers durch den Unternehmer selbst oder einer Mitwirkung des Unternehmers bei einer Drittfinanzierung der Fall ist) eine wirtschaftliche Einheit bilden, dann sind sie ein „verbundener Vertrag" (§ 358 Abs. 3 S. 1 BGB). Hiernach wäre der Darlehensvertrag durch den Widerruf des Kaufvertrags beendet und die TZB-Bank hätte keinen Anspruch aus § 488 Abs. 1 S. 2 BGB. cc) Dem Widerruf des Kaufvertrages nach §§ 312, 355 BGB mit der Folge des § 358 Abs. 1 BGB steht jedoch § 312 a BGB entgegen. Der K hätte mit der Folge des § 358 Abs. 2 BGB den Darlehensvertrag nach §§ 495, 355 BGB widerrufen müssen.

4. Beendigung von Dauerschuldverhältnissen (Zeitablauf, Kündigung)

Die bisherigen Beispiele hatten stets Verträge zum Gegenstand, die durch einen **einmaligen Leistungsaustausch** erfüllt wurden. Es gibt aber auch Vertragsverhältnisse, die auf eine längere Dauer ausgerichtet sind, die sog. **Dauerschuldverhältnisse**. Sie zeichnen sich dadurch aus, dass **Leistungen über einen längeren Zeitraum zu erbringen sind,** wie z.B. Miet-, Leasing-, Leih-, Darlehens-, Dienst-, Verwahrungs-, Gesellschafts-, Franchising-, Automatenaufstellungs-, Bierbezugs- oder Versicherungsverträge. Sie begründen während ihrer Laufzeit ständig neue Leistungspflichten (gerichtet auf ein dauerndes Verhalten oder die Erbringung wiederkehrender Leistungen), leistungsbezogene Nebenpflichten und Schutzpflichten, so dass eine „ständige Pflichtanspannung" besteht.

Auf ein Dauerschuldverhältnis passen manche Regelungen des Allgemeinen Schuldrechts nicht. So ist es zum Beispiel praktisch nicht möglich, einen durchgeführten Mietvertrag nach 5jähriger Laufzeit im Falle eines gem. §§ 324, 349 BGB erklärten Rücktritts nach den §§ 346 ff. BGB zurück abzuwickeln. Deswegen ist ein **Rücktritt nach Invollzugsetzung des Dauerschuldverhältnisses ausgeschlossen.** Es besteht aber stattdessen die Möglichkeit einer **Kündigung**, die das Schuldverhältnis für die Zukunft beendet, bereits erbrachte Leistungen und Gegenleistungen jedoch unberührt lässt. Das Kündigungsrecht ist im Besonderen Schuldrecht an vielen Stellen speziell geregelt.

Dauerschuldverhältnisse können **beendet** werden

- durch **Zeitablauf** (vgl. z.B. §§ 488 Abs. 3, 575 f., 604 Abs. 1, 620 Abs. 1, 723 BGB)
- durch **besondere Beendigungsgründe** (vgl. z.B. § 604 Abs. 2, 3 BGB)
- oder durch **ordentliche Kündigung** (vgl. z.B. §§ 488 Abs. 3, 568 ff., 605, 620 Abs. 2, 723 BGB)
- oder durch **Kündigung aus wichtigem Grund** (vgl. z.B. die **Spezialvorschriften** wie §§ 543, 569, 626, 723 BGB).
- Auch wenn es für ein bestimmtes Schuldverhältnis keine speziellen Regelungen für eine **Kündigung aus wichtigem Grund** geben sollte, also z.B. bei Franchi-

sing-, Automatenaufstellungs-, Bierbezugs- oder bei Versicherungsverträgen, ist gleichwohl eine solche Kündigung unabdingbar gegeben, kurz gesagt: Für alle Dauerschuldverhältnisse besteht stets die Möglichkeit einer **Kündigung aus wichtigem Grund (§ 314 Abs. 1 BGB)**. Sollte der wichtige Grund, was praktisch der Regelfall sein dürfte, in der Verletzung einer Pflicht aus dem Vertrag herrühren, so ist vor der Kündigung eine Fristsetzung oder Abmahnung erforderlich (§ 314 Abs. 2 BGB). Wegen des in der Regel engeren Kontaktes zwischen Gläubiger und Schuldner sind die Pflichten zur Rücksichtnahme (§ 241 Abs. 2 BGB) häufig umfangreicher. Genauso wie beim Rücktritt kann neben der Kündigung Schadensersatz verlangt werden (§ 314 Abs. 4 BGB).

Die **Kündigung** kann man nach folgendem **Schema prüfen**. Beachten Sie die Parallelität zur Prüfung des Rücktritts:

1. Bestehen eines **Kündigungsrechtes**, und zwar eines

ordentlichen oder **außerordentlichen** Kündigungsrechts, wobei

Spezialnormen im Besonderen Schuldrecht vorrangig sind;

2. **kein Ausschluss** der Kündigung (auch hier wieder spezielle Ausschlussgründe im Besonderen Schuldrecht).

3. Wirksame **Kündigungserklärung** (dies kann auch der 1. Prüfungspunkt sein)

Fall 223: Der S ist begeisterter Sportler. Er ist daher ständiger Benutzer eines Fitnessstudios (F). In dem Studio ist er „Mitglied" geworden, zahlt daher ein monatliches Nutzungsentgelt und kann so oft trainieren, wie er möchte. Bei einem Training verletzt sich der S schwer, da ein Gerät nicht ordnungsgemäß gewartet worden ist. Der hierfür zuständige Trainer hatte, um Kosten zu sparen, die Wartung unterlassen. Der S hat nunmehr die Freude am Sport verloren. Er kündigt daher seine „Mitgliedschaft" fristlos, kurz nachdem er aus dem Krankenhaus entlassen wurde. F verlangt weiterhin das vereinbarte Entgelt für die Studionutzung.

Der Anspruch kann sich aus einem „Studionutzungsvertrag", einem Vertrag „sui generis" (= eigener Art) ergeben (§§ 311 Abs. 1, 241 Abs. 1, 278 BGB). a) Der Anspruch auf das Nutzungsentgelt ist durch Vertragsschluss entstanden. b) Er könnte aber für die Zeit nach der Kündigung des S erloschen sein. Hier kommt eine Kündigung aus wichtigem Grund nach § 314 Abs. 1 BGB in Betracht. aa) Der S hat den Vertrag gekündigt. bb) Dazu muss ein Dauerschuldverhältnis vorliegen. Ein Dauerschuldverhältnis zeichnet sich dadurch aus, dass während der Vertragslaufzeit ständig neue Vertragspflichten hinzukommen und dass dem Zeitelement eine wesentliche Bedeutung zukommt. So liegt es bei einem „Studionutzungsvertrag", denn der Betreiber muss das Studio ständig betriebsbereit halten, und der Nutzer muss monatlich zahlen. cc) Weiterhin muss ein wichtiger Grund vorliegen. Ein solcher liegt vor, „wenn dem kündigenden Teil unter Berücksichtigung aller Umstände des Einzelfalls und unter Abwägung der beiderseitigen Interessen die Fortsetzung des Vertragsverhältnisses bis zur vereinbarten Beendigung oder bis zum Ablauf der vereinbarten Kündigungsfrist nicht zugemutet werden kann". Als Beispiel nennt das Gesetz in § 314 Abs. 2 BGB „eine Verletzung einer Pflicht aus dem Vertrag". Hier liegt eine Verletzung von Pflichten aus § 241 Abs. 2 BGB vor. Die erforderliche umfassende Abwägung ergibt, dass dem S ein Festhalten am Vertrag unzumutbar ist. Der Sorgfaltsverstoß war besonders grob und erschütterte das Vertrauen des S in die Verkehrssicherheit der Sportgeräte des F. Ein wichtiger Grund liegt daher vor. dd) Da der wichtige Grund in der Verletzung einer Sorgfaltspflicht nach § 241 Abs. 2 BGB bestand, hätte der S dem F möglicherweise vorher eine Frist setzen oder ihn abmahnen müssen (§ 314 Abs. 2 S. 1 BGB). Nach § 314 Abs. 2 S. 2 BGB wird jedoch auf § 323 Abs. 2 Nr. 3 BGB verwiesen. Dort ist eine Fristsetzung dann nicht erforderlich, wenn besondere Umstände vorliegen, die unter Abwägung der beiderseitigen Interessen den sofortigen Rücktritt rechtfertigen. Dies dürfte hier wegen der schweren Verletzung und der groben Nachlässigkeit des F der Fall sein. ee) Die Kündigung ist unmittelbar nach der Entlassung aus dem Krankenhaus und daher innerhalb einer angemessenen Frist erfolgt. Der S muss daher kein weiteres Entgelt zahlen.

Variante: Der S verlangt nach Erklärung der Kündigung Schadensersatz und Schmerzensgeld wegen seiner Verletzungen.

Der Anspruch ergibt sich aus §§ 280 Abs. 1 S. 1, 241 Abs. 2, BGB und ist gerichtet auf Schadensersatz und Schmerzensgeld (§ 253 Abs. 2 BGB). Nach § 314 Abs. 4 BGB schließt die erklärte Kündigung die Möglichkeit, Schadensersatz zu fordern, nicht aus (vgl. die Parallele zum Rücktritt, § 325 BGB).

5. Der Aufhebungsvertrag

Auf die gleiche Weise wie ein Vertrag geschlossen werden kann, kann er auch wieder aufgehoben werden (arge. § 311 Abs. 1 BGB). Dazu müssen nicht viele Worte gemacht werden. In der Systematik der Fallbearbeitung ist der Aufhebungsvertrag ein weiterer Fall der **Beendigung eines (hier interessierend: verpflichtenden) Vertrages** mit der Folge dass infolgedessen kein vertraglicher Anspruch bestehen kann. Auch wenn der Aufhebungsvertrag ein „actus contrarius" des aufgehobenen Vertrages ist, ist er nicht etwa das „Spiegelbild" des aufgehobenen (hier: verpflichtenden) Vertrages. Was z.B. die Frage der Formbedürftigkeit eines Aufhebungsvertrages, durch den ein nach § 311 b Abs. 1 BGB formbedürftiger Vertrag aufgehoben wird, angeht, so darf nicht automatisch § 311 b Abs. 1 BGB angewendet werden, sondern es muss differenziert werden: Der bereits durch Auflassung und Eintragung in das Grundbuch (§§ 873, 925 BGB) vollzogene Grundstückskaufvertrag kann nur durch einen ebenfalls der Form des § 311 b Abs. 1 BGB entsprechenden Aufhebungsvertrag beendet werden, weil er die Vertragspartner entweder aufgrund einer im Aufhebungsvertrag getroffenen Vereinbarung oder kraft Gesetzes nach § 812 Abs. 1 S. 2. 1. Fall BGB („Leistungskondiktion) zu einer Rückübereignung und zum Rückerwerb verpflichtet; gleiches soll gelten, wenn der Käufer jedenfalls ein Anwartschaftsrecht durch bindende Auflassung (§§ 925, 873 Abs. 2 BGB) und Stellung des Eintragungsantrags durch den Käufer bzw. Eintragung einer Auflassungsvormerkung erworben hat. Dagegen kann der noch nicht vollzogene Kaufvertrag formfrei aufgehoben werden.

1. Leisten wir uns wieder einmal einen „**Rückblick**": Die **bisherige Darstellung** lässt sich wie folgt skizzieren:

 • Der Ausgangspunkt war die ausbildungstypische Situation, bei der eine juristische Aufgabenstellung darin besteht, dass Sie im Rahmen eines Sachverhalts eine **Fallfrage** zu beantworten haben.

 • Diese Fallfrage verlangt von Ihnen in aller Regel, dass Sie durch Subsumtion einer Anspruchsgrundlage prüfen müssen, ob eine Person (Anspruchsteller) gegen eine andere Person (Anspruchsgegner) einen **„Anspruch"** (das Recht, ein Tun oder Unterlassen zu verlangen) hat.

- Wir haben uns dann verdeutlicht, dass sich ein Anspruch stets aus einem **Schuldverhältnis** ergibt. Die gesetzliche Regelung dieses Schuldverhältnisses enthält auch die Norm, aus der sich der geltend gemachte Anspruch möglicherweise ergibt: das ist die zu subsumierende **„Anspruchsgrundlage"**.

- Rein **aufbautechnisch bedingt** standen a) zunächst **im Vordergrund** die Ansprüche aus **rechtsgeschäftlich begründeten Schuldverhältnissen**, und zwar in erster Linie die **aus einem verpflichtenden Vertrag zwischen Anspruchsteller und Anspruchsgegner** (§ 311 Abs. 1 BGB), während Ansprüche aus **einseitigen Rechtsgeschäften** (z.B. aufgrund einer Auslobung nach § 657 BGB) dabei weitgehend außer Betracht blieben. b) Die Erörterung von **vertragsähnlichen** Ansprüchen und Ansprüchen aus **gesetzlich begründeten Schuldverhältnissen** erfolgt erst später.

- Sie haben sich daher zunächst in erster Linie mit der **Prüfung des Vorliegens eines verpflichtenden Vertrages** befassen müssen. Zunächst ging es um die **Technik des Vertragsschlusses**. Weil es einen „Vertrag als solchen" aber nicht gibt, ging es anschließend um die möglichen **Inhalte der verpflichtenden Verträge**. Darauf haben Sie sehr viel Zeit verwendet.

- Erörtert worden ist dann, ob bei Rechtsgeschäften, speziell auch beim Vertragsschluss, Mittelspersonen **(Vertreter, Boten)** mitwirken können.

- Sodann haben Sie erfahren, dass man die Wirkung von Rechtsgeschäften, speziell auch die von Verträgen, vom Vorliegen bestimmter künftiger ungewisser Ereignisse **(Bedingungen)** abhängig machen kann.

- Einen großen Raum nahm dann die Prüfung von **„Wirksamkeitshindernissen"** (oder auch **„rechtshindernde Einwendungen"** genannt) für Rechtsgeschäfte und damit auch für Verträge, speziell auch verpflichtende Verträge, ein; in Betracht kommen dabei: Defizite in der Person des Erklärenden (Geschäftsunfähigkeit/beschränkte Geschäftsfähigkeit); Formmängel, Gesetzeswidrigkeit; Sittenwidrigkeit; Wucher.

- Schließlich haben wir gesehen, dass der Anspruchsgegner „Gegenrechte" (Anfechtung, Rücktritt, Widerruf bei Verträgen mit besonderen Risiken, Kündigung oder die Aufhebung des Vertrages) haben kann, die zur **Beendigung** des vertraglichen Schuldverhältnisses führen und die auf diese Weise dem Bestehen eines Anspruchs aus einem vertraglichen Schuldverhältnis entgegenstehen. Zum gleichen Ergebnis kann ein Aufhebungsvertrag führen.

- Wenn Sie an die **Fallbearbeitung** denken, **a)** so kann Ihre Anspruchsprüfung bereits auf dieser Wegstrecke zu einem **Endergebnis** führen, **aa)** wenn z.B. kein Vertrag geschlossen ist: „Also besteht zwischen A und B kein Kaufvertrag. Daher steht dem A gegen den B kein Anspruch auf Zahlung von …/auf Übereignung und Übergabe von … zu", oder weil er zwar geschlossen ist, aber ihm Wirksamkeitshindernisse entgegen stehen, oder weil er zwar geschlossen ist, ihm auch keine Wirksamkeitshindernisse entgegenstehen, wohl aber Beendigungsgründe vorliegen. **bb)** Aber es kann ach so sein, dass Ihre Prüfung dazu geführt hat, dass zwischen A und B ein Kaufvertrag besteht, keine Wirksamkeitshindernisse gegeben sind, keine Beendigungsgründe vorliegenund der Anspruch damit also entstanden ist. Wenn Sie dann nach dem Sachverhalt auch keinerlei Anlass zur Prüfung haben, ob es sich m einen Vertrag ohne primäre Leistungspflicht handelt, oder ob der Anspruchs erloschen ist oder ob ihm Einreden, die zur Undurchsetzbarkeit des Anspruchs führen, entgegenstehen (dazu sogleich **sub B**), dann kann Ihr Endergebnis lauten: „Also steht dem A gegen den B ein Anspruch auf Zahlung von …/auf Übereignung und Übergabe von ….zu.". **b)** So einfach liegt es aber nicht immer. **aa)** Denn in einigen wenigen Fällen haben Sie Anlass zu untersuchen, ob der Vertrag keine primären Leistungspflichten begründet. Wenn Sie das wie meist bejahen, berechtigt Sie die Feststellung eines zustande gekommenen und wirksamen und nicht beendeten verpflichtenden Vertrages nur zur Formulierung eines **Zwischenergebnisses**: „Also besteht zwischen A und B ein Kaufvertrag. Damit ist ein **Anspruch** des A gegen den B auf Zahlung von …/auf Übereignung und Übergabe … aus § 433 Abs. 2 BGB/aus § 433 Abs. 1 BGB **entstanden**". **bb)** Jetzt geht es nur noch darum, ob der entstandene Anspruch erloschen ist oder ob ihm Einreden entgegenstehen, die zur Undurchsetzbarkeit führen. Dann Und dann haben Sie zu prüfen, ob der entstandene Anspruch erloschen ist oder ob ihm Einreden entgegenstehen.

2. Daher wird jetzt der **„Blick nach vorn gerichtet"**: Im Folgenden werden wir uns mit dem **Schicksal des Anspruchs aus einem verpflichtenden Vertrag** befassen.

B. Der Anspruch aus einem verpflichtenden Vertrag

Gehen Sie jetzt also bitte davon aus, dass die bisherige Fallbearbeitung Sie noch **nicht** zu einem **Endergebnis geführt hat**, sondern dass Sie nur festgestellt haben, dass der Vertrag geschlossen ist, dass ihm keine Wirksamkeitshindernisse entgegen stehen und dass er nicht beendet ist, Sie aber Anlass haben, zu untersuchen, ob des deshalb **„entstandene Anspruch"** zur Leistung verpflichtet.

In einem solchen Fall müssen Sie jetzt bei der Fallbearbeitung Ihre **Prüfung** mit der Fragestellung fortsetzen, ob der aufgrund eines wirksamen und nicht beendeten verpflichtenden Vertrages **entstandene Anspruch**,
- möglicherweise **nicht mehr besteht** weil er **erloschen ist (sub II)**,
- oder ob er zwar noch besteht, aber nicht durchgesetzt werden kann, weil ihm **rechtshemmende Einreden** entgegenstehen **(sub III)**.
- Das sind die beiden klassischen Fragen, wenn es um das Schicksal eines Anspruchs aus einem verpflichtenden Vertrag geht. Vorangestellt werden muss aber

die logisch vorrangige Frage, ob es auch **verpflichtende Verträge ohne primäre Leistungspflicht** gibt **(sub I)**.
- Dies alles erörtern Sie aber bitte nicht „blindlings" bei jeder Fallbearbeitung, sondern **nur, wenn** der **Sachverhalt** Ihnen zu einer derartigen Prüfung einen **Anlass bietet.**

I. Vertrag ohne primäre Leistungspflicht (§ 311 a Abs. 1 BGB)

Es ist schon überraschend: Nun haben Sie sich über hunderte von Seiten hinweg mit den Voraussetzungen für das Zustandekommen von verpflichtenden Verträgen mit deren möglichen Inhalten, den in Betracht zu ziehenden entgegenstehenden Wirksamkeitshindernissen sowie mit möglichen Beendigungsgründen vertraut gemacht, und jetzt erfahren Sie, dass es verpflichtende Verträge gibt, die rein rechtstechnisch gesehen „zustandegekommen" sind, die einen zu einer bestimmten Leistung verpflichtenden Inhalt haben, die auch „wirksam" sind und die nicht „beendet" sind, die aber gleichwohl keine pimäre Leistungspflicht begründen. Wer ein sorgfältiger Leser ist und ein gutes Gedächtnis hat, kann über diese These nicht erstaunt sein, denn wir haben schon früher auf die Möglichkeit hingewiesen, dass es Verträge gibt, die keine primäre Leistungspflicht haben. Bei den meisten Lesern wird aber die Erinnerung daran „verschüttet" sein. Deshalb nähern wir uns diesem Thema noch einmal ganz vorsichtig und weit ausholend: Sie sollten sich einmal vorstellen, dass ein Verkäufer (V) einem Käufer (K) durch einen Kaufvertrag eine ganz bestimmte Sache („Speziesschuld") verkauft hat, und zwar eine Sache, die ohne Wissen des V und des K kurz vor dem Vertragsschluss verbrannt war. Wenn der Käufer K nun aus dem Kaufvertrag, gestützt auf die Anspruchsgrundlage § 433 Abs. 1 S. 1 BGB Zug-um-Zug gegen Zahlung des Kaufpreises Lieferung vom Verkäufer V verlangt, so stellt sich die Frage, ob der Kaufvertrag besteht, also ob er zustande gekommen ist, ob ihm „Wirksamkeitshindernisse" (= „rechtshindernde Einwendungen") entgegenstehen oder ob er beendet ist. Bei diesen Fragen bewegen Sie sich inzwischen auf „vertrautem Terrain". Wenn Sie zum Ergebnis kommen sollten, dass ein wirksamer und nicht beendeter Kaufvertrag vorliegt, könnten Sie veranlasst sein, Ihr Zwischenergebnis dahingehend zu formulieren, dass der „Anspruch auf Lieferung entstanden ist". Dabei hätten Sie allerdings außer acht gelassen, dass der V schon bei Abschluss des Kaufvertrages außer Stande war, die Verpflichtung aus einem Kaufvertrag zu erfüllen. Sie haben sicher schon einmal davon gehört und werden hier darüber noch mehr lesen, dass in einem solchen Fall der Lieferungsanspruch deshalb „ausgeschlossen" ist. Wie sollte es auch anders sein, denn es gilt der berühmte römisch-rechtliche Rechtssatz: „Impossibilium nulla est obligatio" (=„auf etwas Unmögliches kann eine Verpflichtung nicht gerichtet sein"). Im Gesetz hat diese Regel ihren Niederschlag in § 275 Abs. 1 BGB gefunden: „Der Anspruch auf Leistung ist ausgeschlossen, soweit diese für den Schuldner oder für jedermann unmöglich ist". Die Frage ist, ob nicht in solchen Fällen, in denen „das Leistungshindernis schon bei Vertragsschluss vorliegt", bereits der verpflichtende Kaufvertrag nicht besteht, weil ihm ein „Wirksamkeitshindernis" (= „rechtshindernde Einwendung") entgegensteht, das wir vielleicht bereits unter A II. hätten abhehandelt haben müssen. Auch wenn Sie dort dazu nichts gelesen haben: So abwegig ist die Frage nicht, denn in der Tat galt bis zum 31. Dezember 2001 der § 306 BGB a.F., in dem es hieß: „Ein auf eine unmögliche Leistung gerichteter Vertrag ist nichtig". Nach „altem Recht" bestünde also gar kein Kaufvertrag. Nunmehr aber heißt es in § 311 a Abs. 1 BGB genau gegenteilig: „Der Wirksamkeit eines Vertrages steht es nicht entgegen, dass der Schuldner nach § 275 Abs. 1 bis 3 BGB nicht zu leisten braucht und das Leistungshindernis schon bei Vertragsschluss vorliegt". Was hat sich der Gesetzgeber dabei gedacht? In der Begründung des Regierungsentwurfs lesen Sie dazu u.a.: „Die Anordnung der Wirksamkeit des Vertrages in § 311 a Abs. 1 BGB steht nicht in Widerspruch zu § 275 Abs. 1 BGB. Allerdings gilt diese Vorschrift auch für die anfängliche Unmöglichkeit. Ein Anspruch auf die Primärleistung kommt daher hier von vornherein nicht in Betracht. Das ist jedoch keineswegs unvereinbar mit der Wirksamkeit des Vertrags, sondern bedeutet lediglich, dass hier ein Vertrag ohne primäre Leistungspflicht entsteht, was seit langem eine anerkannte dogmatische Kategorie darstellt. Dieser bildet die Grundlage für einen etwaigen Surrogationsanspruch nach § 285 und vor allem für Ersatzansprüche nach § 311 a Abs. 2". Nach diesen Ausführungen in der Begründung des Regierungsentwurfs besteht also tatsächlich in den Fällen einer anfänglichen, also schon bei Vertragsschluss vorliegenden, Unmöglichkeit zwar ein verpflichtender Vertrag, aber eben ein **„Vertrag ohne primäre Leistungspflicht"**. Das scheint auf den ersten Blick eine „an den Haaren herbei gezogene" juristische Konstruktion des Gesetzgebers zu sein. So ist es aber nicht: Es gibt nämlich sog. „unvollkommene Verbindlichkeiten", auch „Naturalobligationen" genannt, die ein vergleichbares Bild bieten: Bei einem Vertrag über eine **„Heiratsvermittlung"** (§ 656 BGB) wird „durch das Versprechen eines Lohnes für den Nachweis der Gelegenheit zur Eingehung einer Ehe eine Verbindlichkeit nicht begründet"; und in § 762 BGB heißt es gleichlautend: „Durch **Spiel oder Wette** wird eine Verbindlichkeit nicht begründet. ....". Sie entsinnen sich vielleicht jetzt daran, dass diese Verträge allein den Sinn haben, dass das gleichwohl Geleistete nicht zurückgefordert werden kann (lesen Sie: §§ 656 Abs. 1 S. 2 und 762 Abs. 1 S. 2 BGB). Wem die dogmatische Einordnung einer Verbindlichkeit, der aufgrund eines anfänglich vorliegenden Umstandes ein leistungsbefreiendes Hindernis (§ 275 Abs. 1-3 BGB) entgegen steht, bei den „unvollkommenen Verbindlichkeiten" nicht zusagt, kann das unzweifelhaft zutreffende Ergebnis, dass der primäre Erfüllungsanspruch „ausgeschlossen" ist (§ 275 Abs. 1 BGB) bzw. dass der Schuldner die Leistung verweigern kann (§ 275 Abs. 2, 3 BGB), aber auch anders, und zwar so begründen, dass er den nach § 311 a Abs. 1 BGB wirksamen Vertrag als einen **Vertrag** ansieht, der von vornherein nicht auf die primäre Leistungspflicht, sondern **nur auf die Leistung von Schadensersatz gerichtet** ist (z.B. *Canaris*), oder er kann davon ausgehen, dass dem Anspruch eine **rechtsvernichtende Einwendung** entgegensteht. Das klingt alles recht einfach. In der Tat: Keine großen Schwierigkeiten bereiten die Fälle, in denen das Leistungshindernis eine bei Vertragsschluss bestehende Unmöglichkeit ist (§ 275 Abs. 1 BGB). Wenn aber ein Fall des § 275 Abs. 2 oder 3 BGB gegeben ist, tun sich dogmatische Hürden auf, die genommen werden müssen, bevor man sich dazu entschließt, das Vorliegen eines Vertrages ohne Leistungsverpflichtung anzunehmen, denn in § 311 a Abs. 1 BGB heißt es, dass dazu das „Leistungshindernis" bei Vertragsschluss vorliegen muss. Worin liegt denn nun das Leistungshindernis bei § 275 Abs. 2, 3 BGB? In den die Leistungserschwerung ausmachenden Umständen, die zur Leistungsverweigerung berechtigen, oder in der Erklärung der Leistungsverweigerung? Würde man die Erklärung der Leistungsverweigerung als das „Leistungshindernis" ansehen, dann gäbe es insoweit keine anfänglichen Leistungshindernisse, denn die Leistungsverweigerung kann der Vertragsschuldner naturgemäß erst nach dem Abschluss des Vertrages erklären. Aus der Tatsache, dass der Gesetzgeber die beiden Fälle des § 275 Abs. 2, 3 BGB in den § 311 a Abs. 1 BGB aufgenommen hat, folgt, dass er offenbar unter dem „Leistungshindernis" i.S.d. § 311 a Abs. 1 BGB **die Leistungserschwerung ausmachenden Umständen** gemeint hat. In der Fallbearbeitung sollten Sie aber auf diese dogmatische Frage überhaupt nicht eingehen; Sie müssen nämlich nicht „päpstlicher als der Papst" (= der Gesetzgeber) sein und brauchen daher im Hinblick auf den Wortlaut des Gesetzes lediglich zu schreiben, dass z.B. **„ein Anspruch des K gegen den V auf Übereignung und Übergabe aus § 433 Abs. 1 S. 1 BGB ausgeschlossen ist (§ 275 Abs. 1 BGB)"** oder dass **„der V die Übereignung und Übergabe verweigern kann (§ 275 Abs. 1 BGB/§ 275 Abs. 2 BGB)"**. Was die weitere Darstellung zur Konstellation der schon bei Vertragsschluss vorliegenden Leistungshindernisse angeht, so stehen wir hier vor einem gewissen **Dilemma**: Rein aufbaulogisch gesehen müsste eine ausführliche Darstellung der Voraussetzungen § 275 Abs. 1 – 3 BGB eigentlich schon jetzt erfolgen. Wir müssten also erörtern, wann eine Leistung unmöglich ist (§ 275 Abs. 1 BGB) und unter welchen Voraussetzungen Leistungsverweigerungsrechte aus § 275 Abs. 2, 3 BGB bestehen. Andererseits aber sind die Fälle der Befreiung eines Schuldners von seiner primären Leistungspflicht wegen anfänglich vorliegender Leistungshindernisse doch außerordentlich theoretische Konstellationen, denn wer geht schon eine vertragliche Verpflichtung zu einer Leistung ein, die schon bei Vertragsschluss unerbringbar ist. Denn jeder vernünftige Vertragschließende versichert sich bei Vertragsschluss seiner Fähigkeit zu leisten. Die meisten Fälle, bei denen Sie sich mit dem Wegfall einer primären Leistungspflicht aus den Gründen des § 275 Abs. 1 – 3 BGB zu befassen haben, sind daher solche mit nachträglich entstehenden Leistungshindernissen. Das ist auch der Grund, warum wir die Erörterung des § 275 BGB schwerpunktmäßig „nach hinten verschieben", indem wir diese Norm im Zusammenhang mit dem nachträglichen Wegfall eines entstandenen primären Leistungsanspruchs aus einem Vertrag erörtern. Gleichwohl sollen einige Beispiele die Konstellation illustrieren, bei der infolge eines „schon bei Vertragsschluss" vorliegenden Leistungshindernisses ein Vertrag ohne primäre Leistungspflicht besteht.

<u>Fall 224</u>: Der V verkauft dem K eine ihm gehörige Sache, die eine Sekunde vor Vertragsschluss verbrannt ist. Der K verlangt Lieferung der Sache von V.

Der Anspruch könnte sich aus einem Kaufvertrag ergeben (§ 433 Abs. 1 S. 1 BGB. a) V und K haben einen Kaufvertrag abgeschlossen; der Umstand, dass das Leistungshindernis schon bei Vertragsschluss vorlag, steht der Wirksamkeit des Vertrages nicht entgegen (§ 311 a Abs. 1 BGB). b) Der Kaufvertrag ist jedoch ein „Vertrag ohne primäre Leistungspflicht", weil die Leistung jedermann (also „objektiv") anfänglich unmöglich ist. Sie schreiben <u>in der Klausur</u> dann: „Ein Anspruch des K gegen den V auf Lieferung der Kaufsache ist ausgeschlossen (§ 275 Abs. 1 BGB)."

<u>Variante</u> Der V verkauft K eine ihm gehörige Sache, die ihm vor Vertragsschluss von einem unbekannten Dieb gestohlen wurde. Die Suche nach dem Dieb ist aussichtslos. K verlangt Lieferung der Sache von V.

Der Anspruch könnte sich aus einem Kaufvertrag ergeben (§ 433 Abs. 1 S. 1 BGB). a) Der Kaufvertrag ist geschlossen; der Umstand, dass das Leistungshindernis schon bei Vertragsschluss vorlag, steht der Wirksamkeit des Vertrages nicht entgegen (§ 311 a Abs. 1 BGB). b) Der Kaufvertrag wäre jedoch ein „Vertrag ohne primäre Leistungspflicht", wenn der Anspruch auf Lieferung nach § 275 Abs. 1 BGB deshalb „ausgeschlossen" wäre, wenn die Leistung jedermann (also „objektiv") anfänglich unmöglich ist und dieses Leistungshindernis schon bei Vertragsschluss vorlag. aa) Dem V ist zwar die Übereignung nach § 931 BGB durch Abtretung des Herausgabeanspruchs gegen den D aus §§ 823 Abs. 1, 249 Abs. 1 BGB bzw. durch bloße Einigung (dazu später mehr) möglich, bb) wohl aber kann der V die Kaufsache nicht an den K übergeben. Daher besteht kein Anspruch aus dem Kaufvertrag und Sie schreiben in der Klausur kurz und bündig: „Ein Anspruch des K gegen den V auf Lieferung der Kaufsache ist ausgeschlossen (§ 275 Abs. 1 BGB)."

Variante: Der V verkauft dem K eine Sache, die er zuvor bereits an den an den D verkauft und übereignet und übergeben hatte. Der D ist nicht bereit, die Sache an den V zurück zu geben bzw. zurück zu übereignen. Der K verlangt Lieferung der Sache von V.

Die Lösung ist identisch mit der des vorherigen Falles: Es besteht kein Anspruch auf Lieferung aus dem Kaufvertrag. Denn ein Anspruch des K gegen den V aus dem Kaufvertrag (§ 433 Abs. 1 BGB) ist nach § 275 Abs. 1 BGB „ausgeschlossen", weil sich der Verkäufer das Eigentum und den Besitz am Leistungsgegenstand nicht verschaffen kann und daher nicht an K übereignen und übergeben kann.

Variante: Bei der von V, einem Millionär, an K für € 900,- verkauften Sache handelt es sich um einen Diamantring im Werte von € 1 000,-, den er seiner Freundin F geliehen hatte. Die F hatte am Tag zuvor mit einem Nebenbuhler des V eine Ruderboottour auf der Alster unternommen, und dabei war ihr der Ring über Bord gefallen. Die F hatte es bisher nicht gewagt, dem V den Verlust zu beichten. Der Ring wäre nur wiederzubeschaffen, wenn man die Alster trocken legen ließe und den Schlamm durchsuchte, was mit – auch den V überfordernden – Kosten in Höhe von € 500 Millionen verbunden wäre. Der K verlangt Lieferung des Ringes von V. Der V lehnt die Lieferung ab (nach Heck und RegE).

Der K könnte einen Anspruch gegen den V aus einem Kaufvertrag haben (§ 433 Abs. 1 S. 1 BGB). a) Der Kaufvertrag ist zustande gekommen; er ist wirksam und nicht beendet. b) Die Frage ist, ob ein Lieferungsanspruch entstanden ist. aa) Das wäre mit Sicherheit nicht der Fall, wenn ein Fall anfänglicher Unmöglichkeit vorläge (§ 275 Abs. 1 BGB). Da eine Bergung des Ringes technisch möglich wäre, liegt keine Unmöglichkeit vor. Die Frage ist, ob der Umstand, dass dem Schuldner V die Leistung „wirtschaftlich unmöglich" ist, zum Ausschluss des Leistungsanspruchs führt. Ein Umkehrschluss aus § 275 Abs. 2 BGB zeigt, dass es keine Unmöglichkeit aus wirtschaftlichen Gründen gibt; die „wirtschaftliche Unmöglichkeit" soll allenfalls ein Fall der „Störung der Geschäftsgrundlage" (§ 313 BGB) sein (Canaris). bb) Zu erörtern ist weiterhin, ob ein Fall des § 275 Abs. 2 BGB vorliegt, bei dem das „Leistungshindernis" bei Vertragsschluss vorliegt, und ob dieser Umstand dazu führen würde, dass ein Kaufvertrag ohne primäre Leistungspflicht besteht. aaa) Der V hätte das Recht, die Leistung nach § 275 Abs. 2 BGB zu verweigern, wenn die Verschaffung einen i.S.d. § 275 Abs. 2 S. 1 BGB unverhältnismäßigen Aufwand erfordern würde, was bei dem Missverhältnis zwischen dem Leistungsinteresse des K im Werte von € 100,- und den Bergungskosten von € 500 Millionen unzweifelhaft der Fall wäre. Wenn man dieses Recht, nach § 275 Abs. 2 BGB die Leistung zu verweigern als „Leistungshindernis" ansieht, läge ein Kaufvertrag ohne primäre Leistungsverpflichtung vor. bbb) Wenn man aber als „Leistungshindernis" erst die nach Vertragsschluss erklärte Leistungsverweigerung ansieht, wäre der Anspruch des K gegen den V zwar entstanden,

c) aber nach § 275 Abs. 2 BGB durch die Leistungsverweigerung erloschen. Sie wissen ja inzwischen, dass Sie Ihre Klausur mit diesen Überlegungen nicht belasten, sondern kurz und bündig schreiben sollen: „Der V hat die Lieferung des Ringes zu Recht verweigert (§ 275 Abs. 2 BGB)."

Diese gekünstelten Fälle (die wir auch noch um vergleichbar seltene Fälle anfänglicher rechtlicher Unmöglichkeit verlängern könnten) machen deutlich, wie theoretisch die Konstellation eines Ausschlusses einer primären vertraglichen Leistungspflicht aufgrund anfänglicher Leistungshindernisse ist. Zu § 275 Abs. 1 BGB aufgrund einer anfänglichen Unmöglichkeit mag man sich ja noch Fälle vorstellen können, die halbwegs lebensnah sind. Bei § 275 Abs. 2 BGB war dies kaum noch möglich. Ein Fall zu § 275 Abs. 3 BGB soll Ihnen erspart bleiben. Wie gesagt: Mit § 275 BGB werden wir uns „erst richtig" befassen, wenn es um die Frage geht, ob ein „entstandener Anspruch" wegen eines bei Verträgen „nach Vertragsschluss entstandenen Leistungshindernisses nach § 275 Abs. 1-3 BGB entfallen ist". Haben Sie also noch ein wenig Geduld.

Wir werden uns jetzt wieder der **„Realität der Fallbearbeitung"** zu, also den Fällen, in denen ein **Anspruch „entstanden ist"**, weil ein schuldrechtlich verpflichtender Vertrag (denken Sie bitte daran, dass wir uns hier ganz bewusst auf diese Schuldverhältnisse konzentrieren) zustande gekommen ist, weil ihm keine Wirksamkeitshindernisse entgegen stehen und der nicht beendet ist, und der Vertrag auch primäre Leistungspflichten begründet, und wir **nach dem Sachverhalt einen Anlass haben zu prüfen**, ob er **erloschen (sub II)** ist oder ob ihm **Einreden (sub III)** entgegen stehen, die zur Undurchsetzbarkeit des Anspruchs führen.

II. Das Erlöschen des Anspruchs

> Vorab soll das **Programm der folgenden Darstellung** genau bestimmt werden:
>
> 1. Bei der Prüfung der rechtlichen Möglichkeiten des Erlöschens von Ansprüchen wollen wir mit der **Erfüllung** und den **Erfüllungssurrogaten** (also z.B. der Aufrechnung) beginnen (**sub 1.**).
>
> 2. Sodann werden wir **(sub 2.)** das **Erlöschen** von rechtsgeschäftlichen, speziell vertraglichen Ansprüchen infolge von Leistungsstörungen erörtern, und zwar das Erlöschen von **Leistungsansprüchen** und bei gegenseitigen Verträgen auch das Erlöschen von **Gegenleistungsansprüchen** aufgrund einer Unerbringbarkeit der Leistungsverpflichtung.
>
> 3. Von geringerer Bedeutung ist der dann angesprochene **Erlassvertrag (sub 3.)**.
>
> 4. Einem Anspruch, also auch einem vertraglichen Anspruch, können schließlich sog. **Ausübungsschranken** entgegenstehen **(sub 4.)**.

> **5.** Schließlich kann ein Anspruch auch **durch** eine **Zession** oder eine **Schuldübernahme** „erlöschen".
>
> **a)** Bei einer **Zession** (§§ 398 ff. BGB) sprechen wir von einem „Erlöschen" des Anspruchs, weil er nach erfolgter Abtretung nicht mehr dem Anspruchsteller zusteht, sondern einer anderen Person (§ 398 S. 2 BGB). Das Gleiche gilt für eine „cessio legis".
>
> **b)** Bei einer **befreienden Schuldübernahme** (§§ 414, 415 BGB) besteht der Anspruch des Anspruchstellers gegen den Anspruchsgegner deshalb nicht mehr und wird daher als „erloschen" angesehen, weil nachträglich ein anderer die Schuld des Anspruchsgegners diesen befreiend übernommen hat.
>
> Diese Institute (Zession, Schuldübernahme) werden hier aber nur kurz und auch ausschließlich unter dem Aspekt des Erlöschens eines Anspruchs **(sub 5.)** angesprochen und dann später in einem anderen Zusammenhang vertieft behandelt (Teil 10).

1. Erlöschen des Anspruchs durch Erfüllung und Aufrechnung

a) Die Erfüllung

Der **Regelfall des Erlöschens eines Anspruchs** aus einem rechtsgeschäftlichen, insbesondere aus einem vertraglichen Schuldverhältnis, oder auch aus einem gesetzlichen Schuldverhältnis ist die **Erfüllung (§ 362 BGB)**. Dieser Satz scheint auf den ersten Blick im Widerspruch zum Wortlaut des § 362 BGB zu stehen, wo es heißt: „Das Schuldverhältnis erlischt....". Der Wortlaut des Gesetzes ist in der Tat missverständlich. Diese Formulierung bedeutet nämlich nicht etwa, dass durch die Erfüllung das „Schuldverhältnis i.w.S." (also z.B. der Kaufvertrag) „erlischt", sondern dass nur das „Schuldverhältnis i.e.S." (also der Anspruch des Käufers auf Übergabe und Übereignung/der Anspruch des Verkäufers auf Zahlung des Kaufpreises) „erlischt". Nicht alle der bei der Prüfung der Erfüllung zu prüfenden Voraussetzungen ergeben sich unmittelbar aus dem Wortlaut des § 362 BGB. Folgendes **Prüfungsschema** (das zugleich die **Gliederung** für die folgenden Ausführungen ist) erscheint sinnvoll zu sein:

- Der **Schuldner** oder ein **Dritter** führt **(sub aa))**
- beim **Gläubiger** oder einem **Dritten (sub bb))**
- am **Erfolgsort** zur **rechten Zeit** den geschuldeten **Leistungserfolg** oder einen **anderen Erfolg** herbei, **(sub cc))**
- wobei der **Zweck Erfüllung** sein muss **(sub dd))**
- und der Gläubiger die **Empfangszuständigkeit** haben muss **(sub ee))**.

aa) Erfüllung durch den Schuldner oder einen Dritten

Der Wortlaut des § 362 Abs. 1 BGB ist hinsichtlich der Frage, **wer** die Leistung zu erbringen hat, neutral.

Offenbar wird stillschweigend vom Gesetz vorausgesetzt, dass der **Schuldner selbst** oder (wenn der Schuldner nicht höchstpersönlich leisten muss) durch Einschaltung anderer Personen, die wir **Leistungsgehilfen** nennen, zu erfüllen hat; das ist so selbstverständlich, dass das Gesetz dazu „schweigen" konnte.

Fall 225: Der V hat eine Wohnung an den M vermietet. Der M hat zwei Zimmer der Wohnung erlaubterweise (lesen Sie: § 553 BGB) an seine Freunde A und B untervermietet. Als der M für ein Auslandssemester nach Warwick in England geht, beauftragt er den sich damit einverstanden erklärenden A (§ 662 BGB), für diese Zeit die Miete an den V zu bezahlen, was der A für den vereinbarten Zeitraum auch tut. Der A zahlt weiterhin die aus dem Untermietvertrag geschuldete Miete an den M. 1. Kann der V später trotzdem von M die Zahlung der Miete verlangen? 2. Kann der A den verauslagten Betrag von M verlangen?

1. Der Anspruch des V gegen M aus § 535 Abs. 2 BGB ist a) entstanden, b) aber durch Erfüllung seitens des M (der sich des damit beauftragten A bedient hat) erloschen (§ 362 Abs. 1 BGB); ein Dritter hat hier also nicht geleistet. 2. Der A kann von M Aufwendungsersatz nach § 670 BGB verlangen.

Anstelle des Schuldners **können** aber auch **Dritte** leisten, wobei zwischen den Fällen der **bloßen Möglichkeit eines** jeden Dritten, anstelle des Schuldners die Leistung zu bewirken (**§ 267 Abs. 1 BGB**), und den Fällen, in denen ein Dritter ein **Recht** dazu hat, also ihm ein „**Ablösungsrecht**" bzw. „**Befriedigungsrecht**" z.B. nach §§ 268, 1142, 1225, 1249 BGB zusteht, unterschieden werden muss.

> In diesen Fällen einer befreienden Leistung eines Dritten zur Erfüllung einer fremden Verbindlichkeit stellt sich die später in anderen Zusammenhängen immer wieder erörterte (bei Einstandspflichten Dritter für den Schuldner z.B. des Bürgen, Privat-Versicherers, Sozialversicherers, Arbeitgebers, Unterhaltsverpflichteten) hochinteressante Anschlussfrage, ob der leistende **Dritte beim Schuldner „Regress"** (= „Rückgriff") nehmen kann.

In der **Regel** kann anstelle des Schuldners der (wir nennen ihn hier fortan für den „Hausgebrauch" so) „**allgemeine**" Dritte nach **§ 267 Abs. 1 BGB befreiend** an den Gläubiger leisten. Es gibt hiervon nur zwei **Ausnahmen**, in denen ein Dritter nicht befreiend die Leistung bewirken kann, nämlich

- wenn eine **höchstpersönliche** („in Person" zu leistende) **Schuld** besteht (§ 267 Abs. 1 S. 1 BGB)
- oder wenn der **Gläubiger** die Leistung **ablehnt** und der **Schuldner widerspricht** (§ 267 Abs. 2 BGB).

Fall 226: Der M hat es unterlassen, für die Weiterzahlung des Mietzinses Vorsorge zu treffen; daraufhin entschließt sich der A zur Zahlung an den V. 1. Kann der V nach der Rückkehr des M von diesem erneut Zahlung verlangen? 2. Kann der A von M Zahlung verlangen?

1. Fraglich ist, ob M nach §§ 362 Abs. 1, 267 BGB von der Mietzinsschuld aus § 535 Abs. 2 BGB frei geworden ist. Dritter ist, wer mit dem Willen, auf eine fremde Schuld zu leisten, geleistet hat. Der A ist also Dritter. Da der M nicht in Person zu leisten hatte (§ 267 Abs. 1 S. 1 BGB) und kein gemeinsamer Widerspruch von Gläubiger V und Schuldner M der Erfüllungswirkung entgegensteht (§ 267 Abs. 2 BGB), ist M frei geworden. 2. Beim Regressan-

spruch des A empfiehlt es sich – wie bei jedem Regressanspruch – folgendes Prüfungsschema gedanklich durchzuspielen: Gibt es einen Regressanspruch aus einem Innenverhältnis entweder aus einem Vertrag zwischen dem Schuldner und dem Dritten (z.B. §§ 662, 670 BGB) oder aus dem Gesetz (§ 426 Abs. 1 BGB)?/einen Ausgleichsanspruch aufgrund einer „cessio legis" (z.B.: §§ 268 Abs. 3, 426 Abs. 2, 774, 1143 BGB, 67 VVG, 116 SGB X, 6 EFZG)?/einen sonstigen gesetzlichen Ausgleichsanspruch (z.B. §§ 677, 683, 670; 687 Abs. 2, 681 S. 2, 670 BGB)?/einen Anspruch des Regress nehmenden Dritten gegen den Gläubiger auf Abtretung seiner Ansprüche gegen den Schuldner (§§ 255, 285 BGB)?/oder einen Anspruch aus § 812 Abs. 1 S. 1 2. Fall BGB („Kondiktion in sonstiger Weise") mit dem zusätzlichen Problem der „aufgedrängten Bereicherung"? Sie erkennen schon aus dieser Zusammenstellung, wie anspruchsvoll diese Fragestellung ist. Wir sparen uns die Antworten solange auf, bis wir mehr dazu wissen.

Bestimmte **(„besondere")** **Dritte** sind demgegenüber privilegiert: Sie haben nicht nur die Möglichkeit, die befreiende Leistung anstelle des Schuldners an den Gläubiger zu bewirken, sondern ein **Recht zur Befreiung des Schuldners** und werden beim Regress durch eine „cessio legis" bevorzugt; man nennt sie, wie Sie ja schon wissen, auch **„Ablösungsberechtigte"** bzw. **„zur Befriedigung Berechtigte"**.

So kann Dritten ein Ablösungsrecht aus § 268 BGB zustehen, wenn der **Gläubiger** die **Zwangsvollstreckung in einen dem Schuldner gehörigen Gegenstand** „betreibt" und ein anderer, also ein „Dritter", Gefahr läuft, ein Recht an dem Gegenstand zu verlieren. Um im speziellen Fall einer bevorstehenden Zwangsvollstreckung nach § 1147 BGB in das mit einer Hypothek/Grundschuld belastete Grundstück die Kosten der Zwangsvollstreckung zu vermeiden, verlagert § 1150 BGB den Zeitpunkt für die Möglichkeit einer Ablösung nach § 268 BGB, die nach dessen Wortlaut erst ab dem „Betreiben" derselben besteht, vor auf den Moment des „Verlangens der Befriedigung aus dem Grundstück".

Fall 227: Der V hat in einem ihm gehörenden Haus auf der „richtigen" Seite der Elbchaussee dem sehr wohlhabenden 60jährigen M eine Wohnung mit Elbblick zu einem festen Mietzins für 20 Jahre vermietet. Zur Sicherung einer gegen den V bestehenden Darlehensforderung der Bank B-Bank (B) hat der V der B eine Hypothek an dem Grundstück bestellt (§ 1113 BGB); der V hat sich weiterhin gegenüber der B formgerecht der sofortigen Zwangsvollstreckung unterworfen (§§ 794 Abs. 1 Nr. 5, 800 ZPO). Schon kurz nach Abschluss des Mietvertrages wird die Forderung fällig, und die B verlangt Zahlung von dem V und, als diese nicht erfolgt, Befriedigung aus dem Grundstück. Der M, der die Wohnung unbedingt behalten will, befürchtet im Falle einer Zwangsvollstreckung in das Grundstück (§ 1147 BGB), dass ein eventueller Ersteigerer den Mietvertrag begründet mit einem Eigenbedarf kündigen wird. 1. Sind die Sorgen des M berechtigt? 2. Was kann M machen?

1. Zu den Sorgen des M: Ein Ersteigerer wird nach § 90 ZVG durch Zuschlag neuer Eigentümer. An sich gilt nun – obwohl keine „freiwillige Verfügung" über einen Vertragsgegenstand vorliegt – nach einhelliger Ansicht § 566 BGB, so dass M wegen der Befristung des Mietvertrages auch bei einem Eigenbedarf des Ersteigerers eine Fortsetzung des Mietverhältnisses verlangen könnte (§ 574 BGB). Aber § 57 a ZVG ermöglicht aus Gründen des Gläubigerschutzes (wieso? Anderenfalls könnte ein Grundstück an einen „Strohmann" – z.B. einen „verlässlichen" Familienangehörigen – zum Schein langfristig und billig vermietet werden und so „versteigerungsfest" werden, weil niemand ein derartiges Grundstück wird ersteigern wollen) eine Kündigung nach dem Ablauf der gesetzlichen Fristen (§ 573 c BGB). 2. Abwendungsmöglichkeit für M: a) Der M könnte die B unter den Voraussetzungen des § 267 BGB mit der Regressfolge der §§ 677, 683 oder der §§ 684 S. 1, 812 oder § 812 Abs. 1 S. 1 2. Fall BGB befriedigen; das

> ist aber – wegen der (theoretischen) Möglichkeit eines gemeinsamen Widerspruchs und wegen der Schwäche des Regresses (uU. „nur" § 812 BGB mit der möglichen Folge des nach § 818 Abs. 3 BGB zu tragenden Entreicherungsrisikos) – nicht die optimale Lösung für einen Dritten, wie den M. b) Der Gesetzgeber hat bestimmten Dritten in Fällen eines drohenden Rechtsverlustes eine gegenüber § 267 BGB verbesserte Rechtsstellung gegeben, nämlich ein sog. „Ablösungsrecht": Hier kommt aufgrund des Verlangens der B-Bank nach Befriedigung aus dem Grundstück ein Ablösungsrecht aus §§ 1150, 268 Abs. 1 S. 2 BGB in Betracht. Der Regress ergibt sich dann aus § 268 Abs. 3 BGB. Was ist daran vorteilhaft? Die (allerdings nur niedrigen) Schranken des § 267 BGB gelten nicht; vor allem aber erfolgt der Regress im Wege einer „cessio legis", bei dem nach §§ 268 Abs. 3, 412, 399 ff, 401 BGB auch die Sicherungsrechte (hier die Hypothek) auf den ablösungsberechtigten Dritten übergehen.

Es gibt noch **weitere Ablösungsrechte** bzw. **Befriedigungsrechte**, auf die wir später genauer eingehen werden: So kann im Fall der drohenden Zwangsvollstreckung in ein Grundstück aufgrund einer Hypothek (§ 1147 BGB) der Eigentümer (besonders interessant für den vom Schuldner personenverschiedenen Eigentümer) nach § 1142 BGB den Gläubiger befriedigen. Hingewiesen werden soll noch auf § 1249 BGB. Wir werden dies alles später weiter vertiefen. Im Augenblick haben Sie zu der uns hier interessierenden Frage genügend Kenntnisse.

bb) Leistung an den Gläubiger oder einen Dritten

Anders als bei der soeben erörterten Frage, wer zur Erfüllung verpflichtet ist, nimmt das Gesetz dazu, **an wen** geleistet werden muss bzw. werden kann, um die Wirkung des § 362 BGB auszulösen, ausdrücklich Stellung.

So hebt das Gesetz in § 362 Abs. 1 BGB die Selbstverständlichkeit hervor, dass **an den Gläubiger** geleistet werden muss.

Ohne Frage wirkt auch eine Leistung **an einen Dritten** befreiend, wenn der Gläubiger damit einverstanden ist, wenn er also seine (vorherige) **Einwilligung** (§§ 362 Abs. 2, 185 Abs. 1 BGB) oder seine **Genehmigung** (§§ 362 Abs. 2, 185 Abs. 2 BGB) erklärt hat.

> Daraus, dass der Gesetzgeber in § 362 Abs. 2 BGB eine Verweisung auf § 185 BGB für erforderlich gehalten hat, lässt sich übrigens folgern, dass die zum Untergang des Anspruchs führende Entgegennahme einer Leistung zum Zwecke der Erfüllung keine „Verfügung" ist, denn anderenfalls wäre die Anwendung des § 185 BGB selbstverständlich und müsste nicht eigens angeordnet werden! Ein weiterer Beleg dafür, dass die zu einem Erlöschen eines Anspruchs führende Inempfangnahme einer Leistung keine Verfügung ist, ist die Existenz des § 816 Abs. 2 BGB, der anderenfalls angesichts des § 816 Abs. 1 S. 1 BGB überflüssig wäre. Was ist denn eigentlich eine „Verfügung"? Können Sie diesen Begriff definieren? Wer die Antwort nicht kennt, möge sich darum kümmern!

Frei wird der Schuldner auch dann, wenn das **Gesetz eine befreiende Leistung an einen Nichtgläubiger** deshalb zulässt, weil der Rechtsschein einer fort/bestehenden Gläubigerschaft besteht und der Schuldner gutgläubig auf die Gläubigerstellung des „Scheingläubigers" vertraut; wir wollen diese Konstellationen für den „Hausgebrauch" fortan die **„Legitimationsfälle"** nennen.

Fall 228: Der E ist Eigentümer eines Fahrrades und leiht es dem L. Als der L mit dem Rad herumfährt, kommt es dazu, dass der D das Rad rechtswidrig und schuldhaft beschädigt. Der D zahlt sofort die € 50,- ausmachenden Reparaturkosten an den sich als Eigentümer ausgebenden L, weil er ihn für den Eigentümer und Schadensersatzgläubiger hält. Der L lässt die Reparatur jedoch nicht ausführen und behält das Geld für sich. Als er das Rad zurückgibt, verweist er den E wegen der Beschädigung an den D. Hat der E gegen D einen Anspruch auf Schadensersatz in Höhe von € 50,-?

a) Der E hatte gegen den D einen Anspruch aus §§ 823 Abs. 1, 249 Abs. 2 S. 1 BGB. b) Fraglich ist, ob er nach § 362 BGB durch die Zahlung des D an L erloschen ist: aa) Der Schuldner (D) hat geleistet. bb) Er hat aber nicht an den Gläubiger (E), sondern an einen Nichtgläubiger (L) geleistet. cc) Ein Fall der §§ 362 Abs. 2, 185 BGB liegt nicht vor. bbb) Der D ist jedoch nach § 851 BGB frei geworden.

Fall 229: Der V hat gegen den K eine Kaufpreisforderung aus dem Verkauf einer Sache. Er verkauft die Forderung an den X (§§ 433, 453 BGB) und tritt sie dem X „still" (d.h.: ohne dem Schuldner K etwas davon zu sagen) ab. Dann verlangt der V von dem K Zahlung, wobei er die zwischenzeitlich erfolgte Zession an den X verschweigt; Der K zahlt an den V, weil er ihn für den Gläubiger hält. Später verlangt der X unter Berufung auf die Zession Zahlung von dem K. Der K verweigert die Zahlung, weil er – wie er sagt – bereits „befreiend" an den V geleistet habe.

a) Der aus § 433 Abs. 2 BGB entstandene Anspruch des V gegen den K ist aa) aufgrund des den Rechtsgrund bildenden Kaufvertrages V – K (§§ 433 Abs. 2, 453 BGB) bb) durch die Zession auf den X übergegangen (§ 398 BGB). b) Ist K durch Erfüllung (§ 362 BGB) frei geworden? aa) Der Schuldner (K) hat geleistet, bb) jedoch nicht an den Gläubiger (X), sondern an einen Nichtgläubiger (V); hier ist der K nach § 407 Abs. 1 BGB frei geworden, dies aber nur, wenn er (wie hier) diesen Schutz in Anspruch nehmen will.

Die für Sie in Zukunft maßgeblichen **Schuldnerschutzvorschriften** dieser Art sind §§ 370, 407 – 409, 793 Abs. 1 S. 2, 807, 808, 851, 2367 BGB, 56, 354 a S. 2 HGB (**selbst bei Kenntnis der Abtretung**), Art. 40 Abs. 3 WG. Lesen Sie bitte jede dieser Vorschriften in Ruhe durch und versuchen Sie, sich ein Bild von der jeweiligen Fallkonstellation zu machen. Wem diese „exotischen" Normen zunächst fremd bleiben, möge nicht gleich an sich selbst zweifeln. Wir kommen auf alles diverse Male zurück, so dass sich Ihre Kenntnisse nach und nach herausbilden und festigen werden. Wie Sie ja wissen, gilt das nicht nur für den hier gerade erörterten Fragenkreis, sondern für fast alles, was Sie in diesem Buch lesen. Sie dürfen daher niemals zu früh aufgeben, wenn Sie irgendetwas nicht sogleich verstehen und sich nicht einprägen können, sondern müssen stetig und beharrlich weiter arbeiten!

Im **Rechtsverhältnis** zwischen dem **Gläubiger** und dem **Scheingläubiger**, an den befreiend geleistet worden ist, gibt es folgende von Ihnen zu erörternde **Ausgleichsansprüche** des Gläubigers gegen den Scheingläubiger,

> 1. und zwar auf **Herausgabe des Erlangten**
>
> - aus einer (eventuell bestehenden) **rechtsgeschäftlichen Sonderbeziehung** zwischen dem wahren Gläubiger und dem Scheingläubiger;
> - aus § 285 BGB analog,

- aus §§ 687 Abs. 2, 681 S.2, 667 BGB,
- aus § 816 Abs. 2 BGB, der dem Gläubiger einen Ausgleichsanspruch gegen den Scheingläubiger gibt;

2. und auf **Schadensersatz**

- aus §§ 280 Abs. 1, 241 Abs. 2 BGB,
- möglicherweise auch aus § 823 Abs. 1 BGB (str.!),
- aus § 826 BGB
- und schließlich aus §§ 687 Abs. 2, 678 BGB.

Variante: Der X verlangt von dem V einen Ausgleich dafür, dass der K dem X gegenüber frei geworden ist (Schadensersatz oder Herausgabe des Erlangten).
1. Ansprüche auf Schadensersatz: a) Vertragliche Ansprüche? aa) Nicht aus §§ 280 Abs. 1, 3, 283 BGB, denn der V hat durch die Zession den Kaufvertrag erfüllt; bb) aber aus §§ 280 Abs. 1, 241 Abs. 2 BGB, weil der V sich nicht als Gläubiger der Forderung hätte ausgeben dürfen, und er deshalb eine dem X gegenüber aus dem Kaufvertrag bestehende Nebenpflicht (§ 242 BGB) bei vermutetem Verschulden verletzt hat. b) Gesetzliche Ansprüche aa) können sich ergeben aus §§ 823 Abs. 1, 249 Abs. 2 S. 1 BGB wegen eines Eingriffs in die Forderungszuständigkeit als sonstiges Recht (umstritten); bb) auch aus § 826 BGB kann ein Schadensersatzanspruch gegeben sein; cc) schließlich kommt ein Anspruch aus §§ 687 Abs. 2, 678 BGB in Betracht. 2. Ferner stehen dem Gläubiger X gegen den Dritten V auch Ansprüche auf Herausgabe des Erlangten zu: a) Ergeben könnte sich der Anspruch aus § 285 BGB; aa) dagegen spricht jedoch, dass der V seine Leistung mit der Abtretung erbracht hat und die spätere unberechtigte Geltendmachung der Forderung und die Leistungsannahme keine Unmöglichkeit zur Folge hat. bb) Man kann aber daran denken, § 285 BGB analog anzuwenden; Weitere Ansprüche ergeben sich b) aus § 816 Abs. 2 BGB und c) aus §§ 687 Abs. 2, 681 S. 2, 667 BGB.

cc) Am Erfolgsort muss zur rechten Zeit die geschuldete Leistung oder eine andere Leistung erbracht werden

Damit eine Leistung zur Erfüllung führt, muss sie am **Erfolgsort** erbracht werden:

- Bei der **Bringschuld** liegt der Erfolgsort beim Gläubiger,
- bei der **Holschuld** beim Schuldner und
- bei der **Schickschuld** beim Gläubiger.

Welche dieser generell in Betracht kommenden Arten einer Schuld („**Bringholschick**") im Einzelfall vorliegt, bestimmt die Auslegung mit der Auslegungsregel des § 269 BGB.

Vom **Erfolgsort** zu unterscheiden ist der **Leistungsort**. Letzterer ist entscheidend dafür, wo die (vor allem die zur Konkretisierung einer Gattungsschuld nötige) **Leistungshandlung** vorgenommen werden muss. Mit der Frage der das Schuldverhältnis, genauer: den Anspruch, zum Erlöschen bringenden „Erfül-

> lung", die uns hier ausschließlich interessiert, hat dieser Leistungsort nichts zu tun. Der Gesetzgeber unterscheidet leider in begrifflicher Hinsicht nicht zwischen Erfolgs- und Leistungsort, sondern nennt auch den Leistungsort missverständlich „Erfüllungsort" (vgl. § 447 BGB).

Die Leistung muss **zur rechten Zeit** erfolgen. Dazu bestimmt § 271 Abs. 1, 2 BGB, dass „der Schuldner (die Leistung) sofort bewirken kann", wenn „...eine Zeit für die Leistung weder bestimmt noch aus den Umständen zu entnehmen ist" und dass, sofern „eine Zeit bestimmt (ist), ... im Zweifel anzunehmen (ist), dass ... der Schuldner sie vorher bewirken kann". Wieso eigentlich nur „im Zweifel"? Ist es dem Gläubiger nicht stets recht, wenn der Schuldner seine Leistung noch vor Ablauf der Leistungszeit erbringt? Nein! Denken Sie nur an ein hochverzinsliches befristetes Darlehen: Hier hat der Darlehensgeber und Gläubiger des Rückzahlungsanspruchs ein Interesse an den Zinsen. Lesen Sie bei der Gelegenheit auch einmal § 489 BGB.

(1) Erbringung der geschuldeten Leistung

Die zentrale Frage ist meistens, welche **Leistung** geschuldet ist – also was als **„schuldgerechter Erfolg"** (Medicus) anzusehen ist. Das **ergibt** sich zwanglos aus der jeweiligen **Anspruchsgrundlage**: Der Verkäufer einer Sache z. B. schuldet nach § 433 Abs. 1 S. 1 BGB die Übereignung und die Übergabe der verkauften Sache, der Darlehensnehmer ist nach § 489 Abs. 1 S. 2 BGB verpflichtet, „einen geschuldeten Zins zu zahlen und bei Fälligkeit, das zur Verfügung gestellte Darlehen zurückzuerstatten" etc. Mit dem für eine Erfüllung zu erbringenden „schuldgerechten Erfolg" dürfen Sie aber nicht die vom Schuldner zu erbringenden **„Leistungshandlungspflichten"** verwechseln; diese spielen in ganz anderen später darzustellenden Zusammenhängen eine Rolle (z.B. bei der Frage, ob eine Gattungsschuld konkretisiert worden ist).

In der Regel wird die Herbeiführung eines **Leistungserfolges** geschuldet.

> Betrachten wir dazu noch einmal das „klassische Beispiel" des Kaufvertrages: Beim **Kauf einer Sache** wird aus einen **Kaufvertrag (§ 433 Abs. 1 BGB)** geschuldet:
>
> **1. vom Verkäufer:**
>
> a) die **Übereignung** der verkauften Sache (§ 433 Abs. 1 S. 1 BGB),
>
> b) ihre **Übergabe** (§ 433 Abs. 1 S. 1 BGB),
>
> c) sowie deren **Sach-** und **Rechtsmängelfreiheit** (§ 433 Abs. 1 S. 2 BGB);
>
> **2. vom Käufer:**
>
> a) die Zahlung des Kaufpreises, also die **Übereignung des Geldes** (§ 433 Abs. 2 BGB)
>
> b) und „die gekaufte Sache **abzunehmen**".

Fall 230: Der K sucht sich bei dem Möbelhändler V einen gebrauchten Sessel für sein Wohnzimmer aus. Der V und der K schließen einen Kaufvertrag über den Sessel und vereinbaren,

dass der V ihn liefert. Als V den Sessel anliefert, stellt K fest, dass einer der Füße abgebrochen ist, so dass der Sessel kippelt. Der K weist den Sessel zurück und verlangt die Lieferung des Sessels mit vier Füßen.
Der Anspruch könnte sich 1. aus einem Kaufvertrag ergeben (§ 433 Abs. 1 S. 2 BGB). a) Der Kaufvertrag ist geschlossen. Der Anspruch ist also entstanden b) Der Anspruch könnte erloschen sein (§ 362 Abs. 1 BGB). aa) Dann müsste der Schuldner V bb) beim Gläubiger K cc) den schuldgerechten Erfolg herbeigeführt haben. Das ist nicht der Fall, weil der Sessel nicht frei von Sachmängeln ist (§§ 433 Abs. 1 S. 2, 434 Abs. 1 S. 2 Nr. 2 BGB). Die geschuldete Leistung ist also nicht erbracht worden. Der K hat einen Anspruch auf Lieferung eines Sessels mit vier Füßen. 2. Warum ergibt sich dieser Anspruch nicht aus §§ 437 Nr. 1, 439 BGB? Weil die Gefahr noch nicht auf den K übergegangen ist (§ 446 S. 1 BGB).

Es gibt aber auch Schuldverhältnisse, bei denen kein Erfolg, sondern lediglich eine **Tätigkeit** geschuldet wird: so z.b. beim Dienstvertrag (§ 611 BGB).
   Es kann auch ein **bloßes Unterlassen** geschuldet sein (§ 241 Abs. 1 S. 2 BGB), z.b. **vertraglich** geschuldet aus § 311 Abs. 1 BGB (kein Klavierspielen zwischen 13. 00 Uhr und 15. 00 Uhr; kein Konkurrenzunternehmen am gleichen Ort zu eröffnen; ein bestimmtes wettbewerbswidriges Verhalten zu unterlassen etc.) oder **gesetzlich** geschuldet aus §§ 1004, 862 BGB.

(2) Erbringung einer anderen Leistung

Der Schuldner wird aber nicht nur dann frei, wenn er den geschuldeten Leistungserfolg erbringt, sondern auch dann, wenn der Gläubiger mit einer **anderen als der geschuldeten Leistung** einverstanden ist **(§ 364 Abs.1 BGB)**: Leistung „an Erfüllungs statt".
   Ein praktisch häufiger Fall ist in diesem Zusammenhang die **unbare Zahlung durch Überweisung**: Durch sie verschafft der Schuldner dem Gläubiger anstelle des an sich geschuldeten Eigentums am Geld (Sie wissen ja „Bargeld lacht") eine Forderung in Höhe des geschuldeten Betrages gegen dessen Bank (§ 676 g BGB bzw. nach erfolgter Gutschrift aus § 780 BGB). Darin liegt keine Erfüllung nach § 362 BGB, wohl aber im Falle einer stornierungsfesten Gutschrift auf dem Bankkonto des Gläubigers eine den Schuldner befreiende „Leistung an Erfüllungs statt", sofern das dafür nötige Einverständnis des Gläubigers vorliegt. In der Praxis sieht man dies z.B. in der Angabe des Kontos des Gläubigers durch diesen (z.B. auf einer Rechnung).
   Dagegen liegt „im Zweifel" (Auslegungsregel!) dann keine Leistung an Erfüllungs statt vor, wenn der **Schuldner** zum Zwecke der Befriedigung des Gläubigers diesem gegenüber eine **neue Verbindlichkeit** übernimmt (§ 364 Abs. 2 BGB); man nennt das eine „**Leistung erfüllungshalber**". Eine solche liegt vor, wenn der Schuldner einer **Geldschuld** dem Gläubiger einen von ihm ausgestellten oder sogar auch angenommenen **Wechsel** oder einen von ihm ausgestellten **Scheck** überträgt. Dazu erfahren Sie später mehr.

Fall 231: Der V verkauft dem K am späten Freitagnachmittag sein Fahrrad für € 100,-. Der V liefert gleich und der K zahlt im Einverständnis mit dem V durch Hingabe eines Schecks, den der V – weil die Banken schon geschlossen haben – erst am Montag vorlegen kann. Am Abend will der V ins Kino gehen. Weil er kein Bargeld hat, ruft er den K an und verlangt – gestützt

> auf § 433 Abs. 2 BGB – von dem K Barzahlung aus dem geschlossenen Kaufvertrag. Der K weigert sich, weil er dem V den Scheck gegeben habe.
>
> a) Der Anspruch ist entstanden. b) Er ist auch nicht durch Erfüllung erloschen. aa) Denn der Schuldner hat bb) dem Gläubiger cc) nicht aaa) die geschuldete Leistung (§ 433 Abs. 2: Zahlung) erbracht; bbb) die Begebung des Schecks war nur eine nicht zur Erfüllung führende Leistung erfüllungshalber, weil der K dadurch „zum Zwecke der Befriedigung des Gläubigers diesem gegenüber eine neue Verbindlichkeit" aus Art. 12 ScheckG (Rückgriffshaftung des Ausstellers; dazu später mehr) übernommen hat; die Kaufpreisforderung ist daher nicht erloschen (§ 364 Abs. 2 BGB). b) Dem daher weiterhin bestehenden Anspruch aus § 433 Abs. 2 BGB steht jedoch ein Einwand aus einer stillschweigend getroffenen Vereinbarung entgegen, dass V erst aus dem Scheck versuchen muss, Befriedigung zu erlangen; bis dahin gilt die Forderung als gestundet.

Wenn sich die Forderung aus der „zum Zwecke der Befriedigung des Gläubigers diesem gegenüber" eingegangenen neuen „Verbindlichkeit" nicht gegen den Schuldner, sondern gegen einen Dritten richtet, greift § 364 Abs. 2 BGB seinem Wortlaut nach nicht ein. Gleichwohl ist auch dann von einer Leistung erfüllungshalber auszugehen, so z.B. bei der Verwendung einer **Geldkarte**.

> Bei einer als Geldkarte verwendeten ec-Karte erwirbt das Unternehmen, das die Karte akzeptiert, einen Garantieanspruch gegen den Kartenaussteller aufgrund einer mit diesem abgeschlossenen Rahmenvereinbarung; der Kartenaussteller seinerseits hat zum Ausgleich einen Aufwendungsersatzanspruch gegen den Karteninhaber (vgl. dazu § 676 h BGB). Ebenso wie zur Frage einer Zahlung mit einem Wechsel oder Scheck erfahren Sie später mehr zur Bezahlung mit einer Geldkarte.

<u>Variante:</u> Der V ist ein Händler, und K „zahlt" mit einer ec-Karte.

a) Der Anspruch ist nicht erloschen, b) aber gestundet.

Sehr leicht übersehen wird, dass ein **bloßer Erfolgseintritt** für eine **Erfüllung nicht ausreicht**. Die **Leistung** muss vielmehr auch **bewirkt** worden sein. Tritt nämlich der Erfolg z.B. durch Zufall ein (ein Regenguss führt zu der geschuldeten Bewässerung eines Feldes; aufgrund einer Springflut kommt das bei Scharhörn in der Elbmündung aufgelaufene und aufgrund eines Schleppvertrages, § 631 ff. BGB, freizuschleppende Schiff von allein frei), liegt ein Fall der Unmöglichkeit der Erbringung der geschuldeten Leistung vor (dazu später mehr). Wer neugierig ist, wird aber sofort die Frage aufwerfen, ob der Reeder des Hochseeschleppers mangels Erfüllung weiterhin aus dem Schleppvertrag verpflichtet bleibt und ob er die Vergütung verlangen kann. Dazu einige wenige Hinweise: Der fortbestehende Anspruch aus § 631 Abs. 1 BGB ist „ausgeschlossen" (§ 275 Abs. 1 BGB), denn die Herbeiführung des Erfolges ist unmöglich, wenn das freizuschleppende Schiff schon freigekommen ist. Der Anspruch auf die vereinbarte Vergütung (§ 631 Abs. 1 BGB) wäre nach § 326 Abs. 1 S. 1 1. HS BGB erloschen, wenn nicht ausnahmsweise die „Gegenleistungsgefahr" auf den Schuldner übergegangen wäre; dazu können Sie ja einmal die §§ 644, 645 BGB lesen und sich fragen, ob man diese nicht vielleicht analog anwenden kann (dazu später mehr). Zu denken ist auch an eine Lösung nach § 313 BGB.

(3) „Inzahlungnahme"

In der „Klausurpraxis" sehr „beliebt" ist die für den Kfz-Neuwagenhandel sehr bedeutsame **„Inzahlungnahme"** des bisherigen Gebrauchtwagens des Käufers.
Vereinbaren der Verkäufer und der Käufer, dass der Verkäufer bereit ist, den Altwagen des Käufers für einen bestimmten Betrag in Zahlung zu nehmen, liegt darin eine sog. **Ersetzungsbefugnis**, die es dem Käufer ermöglicht, einen Teil des Kaufpreises für den Neuwagen durch die Überlassung des alten gebrauchten Fahrzeugs zu entrichten. Macht er davon Gebrauch, so erlischt der Teil des Kaufpreises nach **§ 364 Abs. 1 BGB**.

Wenn nun entweder der Neuwagen oder der Altwagen Sachmängel aufweisen oder deren Lieferung unmöglich ist, stellt sich die Frage, wie sich diese Leistungsstörungen auf den Kaufvertrag und die daraus resultierenden Rechte und Pflichten auswirken. Anerkanntermaßen erfolgt die Hingabe des Gebrauchtwagens unter einem konkludenten Ausschluss der Sachmängelgewährleistung, aber nur soweit es um übliche Verschleiß- und Gebrauchsmängel geht.

Der folgende Fall und eine Reihe von Varianten sollen die einzelnen Fragen exemplarisch aufzeigen:

Fall 232: Der K ist Eigentümer eines gebrauchten Opel Omega. Er möchte jedoch gern stattdessen einen Sportwagen fahren und begibt sich deshalb zum Autohändler V, der ihn zum Kauf eines Audi TT überredet. Dieser soll € 30 000,- kosten. Der V ist bereit, den gebrauchten Opel Omega, den K ja nicht mehr braucht und selbst nur schwer verkaufen kann, für € 2000,- „in Zahlung" zu nehmen. Der V und der K werden sich einig. Einige Tage später soll der Audi TT Zug-um-Zug gegen den Opel Omega und Zahlung von € 28 000,- übereignet und übergeben werden. Bevor es dazu kommt, wird der Opel Omega durch einen von K nicht verschuldeten Unfall völlig zerstört. Der V verlangt von K daher Zug-um-Zug gegen die Lieferung des Audi TT Zahlung von € 30.000,- .

Der Anspruch kann sich aus einem Kaufvertrag ergeben (§ 433 Abs. 2 BGB). Ein Kaufvertrag setzt eine Einigung bezüglich eines Austausches von zu übereignender und zu übergebender Ware gegen Geld voraus. Hier sollte jedoch als ein Teil des Kaufpreises der Wagen „in Zahlung" gegeben werden. Fraglich ist daher, ob dennoch ein Kaufvertrag vorliegt. Die Abrede lässt sich in der Weise auslegen, dass der Käufer zwar berechtigt ist, den Gebrauchtwagen an Stelle eines Teils des Kaufpreises hinzugeben, dass er dazu jedoch nicht verpflichtet ist. Er kann stattdessen auch den vollen Kaufpreis bezahlen. Ihm steht somit eine „Ersetzungsbefugnis" hinsichtlich der Kaufpreisverpflichtung zu. Ein Kaufvertrag nach § 433 BGB liegt also vor, der Anspruch auf den Kaufpreis aus § 433 Abs. 2 BGB ist somit entstanden. Fraglich ist, ob sich der Untergang des Gebrauchtwagens darauf auswirkt. Denkbar ist das Vorliegen einer Unmöglichkeit, mit der Folge, dass der Anspruch des V gegen K „ausgeschlossen" ist (§ 275 Abs. 1 BGB). Wie aber soeben festgestellt, liegt eine bloße dem K zustehende Ersetzungsbefugnis vor. Da der K auch den Kaufpreis in voller Höhe bezahlen kann, liegt keine ihn nach § 275 Abs. 1 BGB befreiende Unmöglichkeit zur Erfüllung der Zahlungsverpflichtung vor. In Ausnahmefällen gewährt die Rechtsprechung allerdings dem Neuwagenkäufer die Möglichkeit, sich wegen Wegfalles der Geschäftsgrundlage vom Vertrag zu lösen. Notwendig ist dafür aber, dass der Neuwagenkäufer deutlich gemacht hat, dass er den Neuwagenkauf nur durch die Inzahlunggabe des Gebrauchtfahrzeugs finanzieren konnte. Dies war hier nicht der Fall. Der V kann daher Zug-um-Zug gegen Lieferung € 30 000,- von K verlangen.

Variante: Der Opel Omega war, was K wusste, ein Unfallwagen. Dies hatte er dem V verschwiegen. Der V stellte diesen Umstand aber einige Tage nach der Übernahme des Fahrzeugs bei einer Routineuntersuchung fest. Der V verlangt von dem K Zahlung von weiteren € 2000,- Zug-um-Zug gegen Rückgabe des Opel Omega an K.

a) Die in Betracht zu ziehende Anspruchsgrundlage ist § 433 Abs. 2 BGB. aa) Ein wirksamer Kaufvertrag liegt vor, so dass der Anspruch entstanden ist. bb) Der Anspruch kann jedoch nach § 364 Abs. 1 BGB erloschen sein. Dazu muss eine Leistung an Erfüllungs statt vorliegen, die der Gläubiger angenommen hat. Die Inzahlungnahme gibt dem Käufer das Recht, anstelle des Kaufpreises den Gebrauchtwagen zu übereignen und zu übergeben. Es liegt daher eine Leistung an Erfüllungs statt vor, die V angenommen hat. Der Anspruch ist daher erloschen. b) Der Anspruch kann sich aber aus § 433 Abs. 2 BGB i.V.m. §§ 365, 437 Nr. 2, 323, 326 Abs. 5, 346 Abs. 1 BGB ergeben. Hier lag eine Leistung an Erfüllungs statt vor, so dass der Leistende wie ein Verkäufer Gewähr leisten muss. Fraglich ist daher, ob der V gleichwohl von K die Zahlung des Kaufpreises in Höhe von weiteren € 2000.- verlangen kann. Zwar ist durch die Leistung an Erfüllungs statt die ursprüngliche Kaufpreisforderung erloschen. Durch einen Rücktritt des V soll diese Forderung (nach hM. automatisch) wieder aufleben. aa) Der Rücktritt wurde konkludent durch das Rückforderungsverlangen des V erklärt. bb) Als Rücktrittsgrund kommt eine ursprüngliche Unmöglichkeit der Nacherfüllung in Betracht (§ 326 Abs. 5 BGB). Ein Anspruch auf Nacherfüllung bestand hier von Anfang an nicht, da der Mangel unbehebbar war. Ein Rücktrittsgrund ist daher gegeben. Ein Ausschluss der Gewährleistung, der bei Inzahlungnahme in der Regel konkludent vereinbart ist, scheitert jedenfalls an der Kenntnis des K (§ 444 BGB). c) Ein Ausschluss des Rücktrittsrechts liegt nicht vor. V kann daher Zug-um-Zug gegen Rückgabe des Opel Omega die Zahlung von weiteren 2000,- € verlangen.

Variante: Der V verlangt Zahlung von Schadensersatz in Höhe von € 2500,-. Denn für diesen Betrag hätte er den Opel Omega weiterverkaufen können, wenn dieser mangelfrei gewesen wäre.

Der Anspruch könnte sich aus §§ 433, 365, 437 Nr. 3, 311 a Abs. 2 BGB ergeben. Die Voraussetzungen liegen vor. Man könnte jedoch in der Parteivereinbarung einen konkludenten Ausschluss der Haftung auf Schadensersatz statt der Leistung sehen. Wenn man diese von der Literatur vertretene Ansicht gutheißt, muss man den Anspruch verneinen.

Variante: Der V will den Opel Omega behalten, verlangt aber Zahlung von weiteren € 1000,-, weil der Opel Omega durch den Unfallvorschaden nur die Hälfte wert sei.

Die Lösung ergibt sich aus §§ 433, 365, 437 Nr. 2, 441 Abs. 4 BGB. Soweit die hier berechtigte Minderung durchgreift, lebt der ursprüngliche Kaufpreisanspruch wieder auf. Der K muss daher noch € 1000,- nachzahlen.

Variante: Der Opel Omega ist in gutem Zustand, doch hat der speziell für K ausgesuchte (= Stückschuld) Audi TT einen unbehebbaren erheblichen Mangel. Der K verlangt den von ihm bezahlten Kaufpreis (= € 28 000,-) und den bereits übereigneten und übergebenen Opel Omega heraus.

Der Anspruch ergibt sich aus §§ 433, 437 Nr. 2, 434 Abs. 1 S. 2 Nr. 2, 323 Abs. 5 S. 2, 326 Abs. 5, 346 Abs. 1 BGB. a) Die Voraussetzungen eines Rücktrittsrechts des K wegen des Sachmangels liegen vor. b) Der Umfang des Anspruchs umfasst die Wiederherstellung des status quo ante, also vor dem Leistungsaustausch. K kann daher € 28 000,- und die Herausgabe des von ihm übereigneten und übergebenen Opel Omega verlangen.

<u>Variante:</u> Der Opel Omega ist mittlerweile verkauft. Der K verlangt daher Wertersatz.

Bezüglich des Opel Omega steht dem K ein Anspruch auf Wertersatz nach §§ 437 Nr. 2, 326 Abs. 5, 346 Abs. 2 Nr. 2 BGB zu.

<u>Variante:</u> Der V hat den Mangel des Audi TT, der nach Vertragsschluss eintrat, verschuldet. Der K verlangt von ihm die gezahlten € 30 000,- zurück. Seinen Opel-Omega will er nicht mehr wiederhaben, da er bereits anderswo günstig einen Sportwagen gekauft hat.

Hier kommt als Anspruchsgrundlage §§ 437 Nr. 3, 434, 280 Abs. 1, 3, 283 BGB in Betracht. a) Die Voraussetzungen eines Schadenersatzanspruches statt der Leistung liegen wegen der von V zu vertretenden unbehebbaren Mangelhaftigkeit des Audi TT vor. b) Die Schadenshöhe bestimmt sich danach, wie der Geschädigte ohne die Pflichtverletzung des Schädigers stehen würde („Differenzhypothese"). Fraglich ist, ob wie beim Rücktritt nur Rückzahlung von € 28 000,- und Rückübereignung und Übergabe des Opel Omega oder Zahlung von € 30 000,- verlangt werden kann. Diese Frage ist nach der Rechtsprechung zum alten Schuldrecht dahingehend zu beantworten, dass ein Anspruch darauf besteht, den gleichen wirtschaftlichen Erfolg zu erreichen. Demnach hätte der Neuwagenkäufer bei erfolgreicher Durchführung des Geschäftes seinen Altwagen zum Gegenwert von € 2000,- eingetauscht und ihm wäre insbesondere ein zwischenzeitlicher Wertverlust erspart geblieben. Demnach soll er Zahlung von € 30.000,- verlangen können.

dd) Der Zweck muss Erfüllung sein

Dieses Merkmal ist i.d.R. unproblematisch und sollte daher nur dann erörtert werden, wenn der Sachverhalt es erfordert.

<u>Fall 233:</u> Der S schuldet dem ihm flüchtig bekannten G aus einem zinslosen Darlehen € 100,-. Zufällig hat am Tage der vereinbarten Fälligkeit des Darlehens der G Geburtstag. Er hat sich von seinen Gästen eine finanzielle Unterstützung für eine Weltreise gewünscht. Der S ist auch eingeladen. Er übergibt dem G nach der Gratulation einen Briefumschlag, in dem € 100,- sind. Am nächsten Tag bedankt sich der G bei S für das „schöne Geschenk" und fordert den S auf, nunmehr das Darlehen zurückzuzahlen. Zu Recht?

Der Anspruch könnte sich aus § 488 Abs. 1 S. 2 BGB ergeben. a) Die Voraussetzungen sind: Darlehensvertrag, Valutierung, Fälligkeit. Der Anspruch ist danach entstanden. b) Der Anspruch könnte durch Erfüllung erloschen sein (§ 362 Abs. 1 BGB). aa) Der Schuldner S hat bb) beim Gläubiger G cc) den Leistungserfolg des § 488 Abs. 1 S. 2 BGB bewirkt. dd) Der Zweck muss die Erfüllung der Darlehensverpflichtung gewesen sein: aaa) Nach den früheren „Vertragstheorien" müsste dazu der für eine Erfüllung vorausgesetzte sog. „Erfüllungsvertrag" nach §§ 133, 157 BGB ausgelegt werden; diese Theorien sind jedoch aus folgenden Gründen zu verwerfen: Die „reine Vertragstheorie" verlangt den Abschluss eines „Erfüllungsvertrages"; folgte man dieser Lehre, wäre eine Unterlassungsschuld (vgl. § 241 Abs. 1 S. 2 BGB) nicht erfüllbar. Nach der „modifizierten Vertragstheorie" soll jedenfalls bei einem für die Erfüllung erforderlichen Vertrag wie bei einer nach § 433 Abs. 1 S. 1 BGB u.a. geschuldeten Übereignung ein „Erfüllungsvertrag" mit dem Inhalt, dass die Schuld durch die Übereignung erlöschen soll, geschlossen werden; dagegen sprechen der hiervon nichts enthaltende Wortlaut des § 362 BGB und die Möglichkeiten der einseitigen Leistungsbestimmung durch den Schuldner in § 366 Abs. 1, 367 Abs. 2 BGB (das sind Argumente, die natürlich auch gegen die „reine" Vertragstheorie sprechen). bbb) Daher ist heute herrschend die Theorie von der „realen Leistungsbewirkung": Danach soll es für die Erfüllung bei gleichzeitiger Zulassung von Tilgungsbestimmungen durch den Schuldner allein auf die reale Leistungsbewirkung ankommen. Die

Zuordnung der Leistung zur Schuld leitet diese Lehre daraus ab, ob sie objektiv der geschuldeten Leistung entspricht. Danach wäre hier Erfüllung gegeben; denn eine besondere Tilgungsbestimmung ist nicht zu erkennen. ccc) Eine andere vielleicht zu favorisierende Lehre (Gernhuber) verlangt primär für die Erfüllung auch die „reale" Bewirkung der Leistung, fordert aber zusätzlich eine auslegungsfähige und im Streitfall auch nach § 133 BGB analog auszulegende geschäftsähnliche Zweckbestimmung (Theorie der „finalen Leistungsbewirkung"); maßgeblich bei einer solchen Auslegung wäre hier, ob S schenken (dagegen spricht die für ein Geschenk an einen flüchtigen Bekannten eher untypische Höhe des Betrages) oder erfüllen wollte (dafür spricht die mit der Darlehensschuld identische Höhe des Betrages und die Zahlung am Fälligkeitstage). Hier wären angesichts des etwas „dürren" Sachverhalts beide Lösungen vertretbar.

ee) Empfangszuständigkeit des Gläubigers

Eine weitere **ungeschriebene Voraussetzung** für die Erfüllung ist die **Empfangszuständigkeit** des Gläubigers. Auch hiermit sollte man sich bei der Fallbearbeitung nur dann befassen, wenn der Sachverhalt ernsthaft Anlass dazu bietet.

Dieser Anlass besteht bei dem dafür „klassischen" Fall einer Leistung des Schuldners an einen **minderjährigen Gläubiger**, ohne dass die Zustimmung des gesetzlichen Vertreters zur Herbeiführung der Erfüllungswirkung vorliegt.

Fall 234: Der G hatte eine am 1. Juni 2002 fällige Forderung gegen S aus einem Darlehen in Höhe von € 10 000,-. Am 30. März 2002 verstirbt der G; sein Alleinerbe ist der 17 jährige Sohn E des G. Am 1. Juni 2002 zahlt der S ohne Wissen der Mutter M des E an den von ihm für volljährig gehaltenen E die € 10 000,-. Dieser gibt das Geld innerhalb weniger Tage in Spielhallen aus. Dann beichtet er der M alles. Diese verlangt namens ihres Sohnes von S Zahlung in Höhe von € 10 000,-. Zu Recht?

1. Der Anspruch des E gegen den S ist gem. § 488 Abs. 1 S. 2 BGB entstanden und nach § 1922 BGB auf ihn übergegangen. 2. Fraglich ist, ob er nach § 362 Abs. 1 BGB erloschen ist: a) Der Schuldner S hat b) an den Gläubiger E gezahlt. c) Er müsste damit den Leistungserfolg des §§ 488 Abs. 1 S. 2, 929 S. 1 BGB (Übereignung von € 10 000,-) herbeigeführt haben: aa) Die dafür erforderliche Übergabe liegt vor. bb) In der Zahlung und Entgegennahme liegt ein Vertrag i.S. einer dinglichen Einigung. Fraglich ist, ob diese – weil nicht lediglich rechtlich vorteilhaft – mangels einer Zustimmung der Mutter als gesetzlicher Vertreterin (§ 1680 Abs. 1 BGB) schwebend unwirksam ist (§ 107 BGB). Die Übereignung ist für sich gesehen lediglich rechtlich vorteilhaft; ein rechtlicher Nachteil könnte jedoch darin liegen, dass ein Eigentumserwerb eine Erfüllungswirkung und damit einen Forderungsverlust, also einen rechtlichen Nachteil, zur Folge hätte. Daher wird die Ansicht vertreten, für den Eigentumserwerb sei die Zustimmung des gesetzlichen Vertreters nötig. Nach anderer Auffassung muss jedoch wegen des Abstraktionsprinzips die Frage der Wirksamkeit der Übereignung unabhängig von der durch sie herbeigeführten Erfüllungswirkung beurteilt werden, so dass die Übereignung als lediglich rechtlich vorteilhaft angesehen werden muss; dem ist beizupflichten. Daher ist der E Eigentümer geworden und der Leistungserfolg ist eingetreten. d) Der Zweck war Erfüllung (nach der zuvor abgelehnten „Vertragstheorie" wäre allerdings der den Zweck festlegende Erfüllungsvertrag an § 107 BGB gescheitert!). e) Unstreitig ist, dass man auch ohne Zugrundelegung einer Vertragstheorie die Interessen des Minderjährigen nach den Grundsätzen des § 107 BGB zu beachten hat. aa) Allerdings soll nach einer der dazu vertretenen Ansichten die Erfüllung durch Leistung an den minderjährigen Gläubiger auch ohne Zustimmung des gesetzlichen Vertreters eintreten, weil eine Gesamtbetrachtung zeige, dass dem Minderjährigen nur Vorteile entstünden. bb) Ansonsten wird jedoch eine Er-

füllungswirkung verneint, weil dem E die „Empfangszuständigkeit" (Larenz), die der gesetzliche Vertreter wegen der ihm nach § 1626 Abs. 1 BGB obliegenden „Vermögenssorge" habe, fehle: Erfüllung tritt danach erst ein, wenn der Leistungsgegenstand an den gesetzlichen Vertreter gelangt sei bzw. dieser der Erfüllungswirkung zugestimmt habe (§ 107 BGB analog). Das ist hier nicht der Fall. Der S muss also (noch einmal) zahlen.

<u>Variante:</u> Der E hatte aufgrund von auf der Berufsschule erworbenen Rechtskenntnissen gewusst, dass Leistungen an ihn als minderjährigen Gläubiger nicht zur Erfüllung führen können. Der S meint, eine Gegenforderung in Höhe von € 10 000,- zu haben, und erklärt gegenüber dem E, vertreten durch die M, die Aufrechnung. Hat E weiterhin einen Zahlungsanspruch?

Der Anspruch könnte nach §§ 387 – 389 BGB erloschen sein, wenn die Voraussetzungen der Aufrechnung (Erklärung der Aufrechnung, Wechselseitigkeit, Gleichartigkeit, Durchsetzbarkeit der „Gegenforderung", Erfüllbarkeit der „Hauptforderung", kein Aufrechnungsausschluss) gegeben sind. Problematisch ist hier allein die Frage, ob der S eine Gegenforderung gegen den E hat: a) In Betracht kommt eine solche aus § 812 Abs. 1 S. 1 1. Fall BGB („Leistungskondiktion"). aa) Der E hat etwas (Eigentum an € 10 000,-) erlangt (s.o.), bb) durch Leistung des Anspruchstellers S und cc) ohne Rechtsgrund („sine causa"), weil der Zweck (Erfüllung) nicht eingetreten ist (s.o.), dd) so dass aaa) gem. § 818 Abs. 2 BGB ein Zahlungsanspruch des S gegen den E in Höhe von € 10 000,- gegeben wäre. bbb) Der E ist jedoch uU. entreichert (§ 818 Abs. 3 BGB); das an ihn gezahlte Geld oder ein Gegenwert befindet sich nicht mehr in seinem Vermögen. Fraglich ist jedoch, ob er sich hierauf berufen kann, weil er den Mangel des rechtlichen Grundes (fehlende Erfüllungswirkung) gekannt hat (§§ 818 Abs. 4, 819 BGB). Das Problem ist, was ein Minderjähriger i.S.d. des § 819 BGB „kennen" kann? Man könnte hier wieder auf § 107 BGB abstellen, möglicherweise aber auch auf den Maßstab des § 828 BGB; dazu später mehr. b) Zu erörtern wäre auch ein Gegenanspruch aus §§ 823 Abs. 2 BGB, 263 StGB, 828 Abs. 2 S. 1 BGB.

Im Falle der **Insolvenz** des Gläubigers ist der **Insolvenzverwalter nach § 80 InsO** empfangszuständig, so dass der Schuldner bei Leistung an den Gläubiger, über dessen Vermögen das Insolvenzverfahren eröffnet worden ist, ohne Zustimmung des Insolvenzverwalters nicht frei wird. Allerdings wird ein Schuldner, der die Eröffnung des Insolvenzverfahrens nicht kannte, nach § 82 S. 1 InsO frei; seine Gutgläubigkeit wird vermutet, wenn er vor der öffentlichen Bekanntmachung der Eröffnung des Insolvenzverfahrens (§ 30 InsO) geleistet hat.

> Sind Sie noch orientiert und wissen, an welcher Stelle der Gesamtdarstellung Sie sich gerade befinden? Diese Frage erscheint angesichts der vielen Exkurse (zuletzt: „Inzahlungnahme" beim Neuwagenkauf) und Querverweise (soeben: auf Vorschriften des Insolvenzverfahrens), die Ihnen zugemutet werden, nicht unberechtigt. Also, zurück auf den „Pfad der Tugend": Es geht um die Ansprüche aus zur Leistung verpflichtenden schuldrechtlichen Verträgen,
>
> **1.** und zwar um deren Erlöschen durch **„Erfüllung"**. Als Ergebnis der Lektüre der letzten 14 Seiten sollte zumindest das Ihnen vermittelte „Rohprüfungsschema" einer Erfüllungsprüfung, das zugleich die Gliederung des Textes war, sofort „abrufbar" sein: **a)** Der Schuldner oder ein Dritter **b)** führt beim Gläubiger oder einem Dritten **c)** den geschuldeten Erfolg oder einen anderen Erfolg herbei, **d)** wobei der Zweck die Erfüllung eines Anspruch ist und

> e) der Gläubiger „empfangszuständig" ist. Wenn Sie diese einzelnen Merkmale vor Ihrem „geistigen Auge" vorbeiziehen lassen, werden Ihnen mit Sicherheit auch viele von den vorher erarbeiteten Details wieder in den Sinn kommen.
>
> **2.** Als nächstes werden wir uns mit einem „Erfüllungssurrogat", nämlich mit der **„Aufrechnung"** befassen, über die Sie ja gerade etwas gelesen haben.

b) Erlöschen des Anspruchs durch Aufrechnung

Die **Aufrechnung** hat folgende **Funktionen**:

- Sie ist, wie gesagt, in erster Linie ein **„Erfüllungssurrogat"** (§§ 387 - 389 BGB), das dem Schuldner die **Tilgung erleichtert**;
- entgegen § 266 BGB ermöglicht die Aufrechnung **Teilleistungen**;
- weiterhin hat sie eine **Befriedigungsfunktion** (Tilgung einer Forderung ohne Prozess und ohne Zwangsvollstreckung (= **„Privatvollstreckung"**)
- und eine **„Sicherungsfunktion"** (bevorzugte Behandlung des zur Aufrechnung Berechtigten in der Insolvenz durch § 94 ff. InsO).

Die **Voraussetzungen** einer **Aufrechnung** ergeben sich aus folgendem **Prüfungsschema** (das wiederum zugleich die **Gliederung** für die anschließenden Ausführungen ist).

> **Erklärung** der Aufrechnung;
>
> **Wechselseitigkeit**, z.Tl. auch **„Gegenseitigkeit"** genannt, von „Hauptforderung" und „Gegenforderung"; welche der beiden Forderungen man „Hauptforderung" und welche „Gegenforderung" nennt, ist gleichgültig; **in dieser Darstellung** wird als „Gegenforderung" stets die Forderung des Aufrechnenden („mit der aufgerechnet wird"/„die aufgerechnet wird") bezeichnet;
>
> **Gleichartigkeit**;
>
> **Durchsetzbarkeit** der „Gegenforderung";
>
> **Erfüllbarkeit** der „Hauptforderung";
>
> **Kein Ausschluss** der Aufrechnung.
>
> **Nicht** wird vorausgesetzt eine **„Konnexität"** von Forderung und Gegenforderung wie beim Zurückbehaltungsrecht aus §§ 273, 274 BGB.

Die bloße Aufrechnungslage (man sagt auch: „Aufrechenbarkeit") bewirkt für sich gesehen grundsätzlich nichts; der zur Aufrechnung Berechtigte muss vielmehr die **Aufrechnung erklären (§ 388 BGB)**, wenn die Wirkung des § 389 BGB herbeigeführt werden soll. Ob eine Aufrechnungserklärung vorliegt, müssen Sie durch Auslegung ermitteln (§§ 133, 157 BGB). Kommen Sie dazu, dass es an einer Aufrechnungserklärung fehlt, prüfen Sie gar nicht erst weiter. Als Gestaltungsrecht ist die

Aufrechnung aus Gründen der Rechtssicherheit **bedingungsfeindlich**; der Gläubiger der Hauptforderung (= die Forderung, gegen die die Aufrechnung erklärt wird) soll nämlich nicht dadurch „verunsichert" werden, dass die Wirkung der Aufrechnung von „künftigen ungewissen Ereignissen" abhängt. Dagegen ist die sog. **„Rechtsbedingung"** keine der Wirksamkeit einer Aufrechnungserklärung entgegenstehende Bedingung; denn insoweit geht es nicht um eine Abhängigkeit von einem „künftigen ungewissen Ereignis", denn die Rechtslage ist immer „gewiss", auch wenn wir Sie vielleicht nicht immer richtig kennen, weil wir sie falsch beurteilen. In diesen Zusammenhang gehört auch die Frage der Möglichkeit einer **„Hilfsaufrechnung" im Prozess**, bei der der Beklagte (der sich primär anderweitig gegen die Klage wehrt) „hilfsweise" (für den Fall der ansonsten erfolgenden Verurteilung) durch eine Aufrechnung mit einer Gegenforderung verteidigt. Auch hier besteht keine einer Aufrechnung entgegenstehende Rechtsunsicherheit, da der Richter die Aufrechnung nur im Falle der ansonsten sicher erfolgenden Verurteilung berücksichtigt. In § 19 Abs. 3 GKG ist die Hilfsaufrechnung übrigens anerkannt, so dass sich die Diskussion um die Zulässigkeit erledigt haben dürfte. Weil bei Bedingungen, deren Eintritt in der Macht des Aufrechnungsgegners liegt (= **„Potestativbedingungen"**), keine Rechtsunsicherheit über die Wirkung der Aufrechnung entstehen kann, bestehen keine Bedenken gegen die Zulässigkeit einer durch eine Wollensbedingung bedingten Aufrechnungserklärung.

Fall 235: Der Verkäufer V beliefert den K mit von K für € 5000,- gekauften Möbeln. Beim Transport durch das Treppenhaus zerkratzt der V durch sein Ungeschick die Wandfarbe. Der K erklärt gegen die Kaufpreisforderung die Aufrechnung mit seinem Schadensersatzanspruch in Höhe der Reparaturkosten von € 500,- für den Fall, dass der V nicht binnen 10 Tagen die Ausbesserung selbst vornimmt. Der V unternimmt nichts und verlangt von K, der nach Ablauf der 10 Tage nur € 4 500,- gezahlt hat, die Zahlung von weiteren € 500,-.

Der Anspruch des V gegen den K könnte sich aus einem Kaufvertrag ergeben (§ 433 Abs. 2 BGB). a) Der Anspruch ist in Höhe von € 5000,- entstanden. b) Er könnte erloschen sein. aa) In Höhe von € 4 500,- ist er nach § 362 Abs. 1 BGB erloschen. bb) In Höhe von weiteren € 500,- könnte er nach §§ 387, 388, 389 BGB erloschen sein. aaa) Dem V stand ein (Rest-)Anspruch in Höhe von € 500,- aus § 433 Abs. 2 BGB gegen den K zu; der K hat gegen den V einen Anspruch aus § 823 Abs. 1 BGB und aus § 280 Abs. 1 BGB, jeweils i.V.m. § 249 Abs. 2 S. 1 BGB in Höhe von € 500,-; damit ist die Voraussetzung der Gegenseitigkeit gegeben. bbb) Gleichartigkeit ist gegeben. ccc) auch die Durchsetzbarkeit der Gegenforderung ddd) und die Erfüllbarkeit der Hauptforderung. eee) Die Aufrechnung ist auch erklärt worden, allerdings unter einer Bedingung; deren Erfüllung stand aber in der Macht des V, so dass die Bedingung zulässig war. fff) Die (Rest-) Forderung ist daher erloschen, insoweit als die Forderungen sich decken (hier gleich groß).

In diesen Zusammenhang gehört wieder einmal ein kleiner **Exkurs**: Soeben lasen Sie, dass die bloße „Aufrechenbarkeit" rechtlich nichts bewirke, sondern dass eine Aufrechnung stets erklärt werden müsse. Das ist hinsichtlich der uns in erster Linie interessierenden Wirkung des § 389 BGB zutreffend. Aber: „Die ganze Wahrheit" ist es doch nicht, denn

1. die bloße **Aufrechenbarkeit einer Forderung** begründet immerhin in bestimmten Konstellationen die **Einrede der Aufrechenbarkeit**, und zwar für

> **a)** den **Bürgen** (§ 770 Abs. 2 BGB)
>
> **b)** und die („bürgenähnlichen") **Drittverpfänder** bei der **Hypothek** und dem **Pfandrecht** (§§ 1137 Abs. 1 S. 1, 1211 Abs. 1 S. 1 BGB),
>
> **c)** den **persönlich haftenden Gesellschafter einer oHG** bzw. den **Komplementär einer KG** (§ 129 Abs. 3 HGB bzw. §§ 161 Abs. 3, 129 Abs. 3 HGB) und
>
> **d)** den **Miterben** (BGH: §§ 770 Abs. 2 BGB, 129 Abs. 3 HGB analog).
>
> **2.** Die Aufrechnungslage begründete jedoch **keine Einrede der Aufrechenbarkeit** im Sinne einer **dauernden Einrede i.S.d.** § 813 BGB, so dass ein zur Aufrechnung berechtigter Schuldner, der die Aufrechnung nicht erklärt hat, die von ihm auf die Schuld erbrachte Leistung nicht etwa zurückfordern kann.

Als nächste Voraussetzung einer wirksamen Aufrechnung prüfen Sie stets die **„Wechselseitigkeit" oder „Gegenseitigkeit"** von Forderung und Gegenforderung. Das **Prinzip der Wechselseitigkeit** bzw. **Gegenseitigkeit** bereitet **grundsätzlich keine Schwierigkeiten**: Der Gläubiger der „Hauptforderung" ist Schuldner der „Gegenforderung" und umgekehrt ist der Gläubiger der „Gegenforderung" zugleich Schuldner der „Hauptforderung". Wer sich das nicht vorstellen kann, möge eine Zeichnung fertigen. Von Bedeutung sind allein die **Durchbrechungen** des Wechselseitigkeits- bzw. Gegenseitigkeitsprinzips.

> **1.** Bei einer Zession kann der Schuldner mit einer Forderung gegen den Zedenten gegenüber dem Zessionar aufrechnen, und zwar: **a)** überdauert nach **§ 406 BGB 1. Fallgruppe** eine zum Zeitpunkt der Zession der Hauptforderung vorhandene Möglichkeit des Schuldners, mit einer Gegenforderung gegenüber dem Zedenten aufzurechnen, in der Weise die Zession der Hauptforderung und damit den Gläubigerwechsel, dass der Schuldner nunmehr gegenüber dem Zessionar aufrechnen kann. **b)** Darüber hinaus kann nach **§ 406 BGB 2. Fallgruppe** der Schuldner sogar mit einer erst nach der Zession erworbenen gegen den Zedenten bestehenden Gegenforderung gegenüber dem Zessionar aufrechnen, wenn nicht einer der Ausnahmetatbestände („…es sei denn, dass…", die nur bei entsprechendem Anlass zu prüfen sind!) des § 406 eingreift. Einzelheiten dazu werden Sie später erfahren.
>
> **2.** Nach **§ 407 Abs. 1 BGB** kann bei einer „stillen Zession" der in Bezug auf die Tatsache der Zession gutgläubige Schuldner weiterhin gegenüber dem Zedenten mit einer gegen ihn bestehenden Gegenforderung mit Wirkung gegen den Zessionar aufrechnen.
>
> **3.** Es können sogar außerhalb der Gläubiger-Schuldner-Beziehung stehende **dritte Personen** aufrechnen, und zwar
>
> **a) Ablösungsberechtigte** oder **Befriedigungsberechtigte** (z.B. §§ 268 Abs. 2, 1142 Abs. 2 BGB).

> **b)** Möglich ist auch die **Aufrechnung mit einer einem Dritten zustehenden**, also fremden **Forderung**, wenn der Dritte als Gläubiger der „Gegenforderung" nach § 185 BGB seine Zustimmung erteilt.

Problemlos ist das weitere Erfordernis der **Gleichartigkeit der geschuldeten Leistungen**. Die Forderungen müssen auf gattungsgleiche Leistungsgegenstände gerichtet sein, so dass eine Aufrechnung mit „Äpfeln gegen Birnen" nicht möglich ist. Wird mit einer „ungleichartigen Gegenforderung" aufgerechnet, so ist zu überlegen, ob hier nicht mindestens ein Zurückbehaltungsrecht geltend gemacht werden soll.

Die **Gegenforderung muss durchsetzbar** sein, d.h. sie muss **bestehen** (also nicht nur künftig oder aufschiebend bedingt sein), sie muss auch **fällig** (§ 271 BGB: im Zweifel sofort) und **einredefrei** sein (§ 390 S. 1 BGB; beachten Sie die Ausnahme aufgrund der sich im Gesetz immer wieder zeigenden „Schwäche der Einrede der Verjährung" in § 215 BGB: Die Verjährung der Gegenforderung ist unschädlich, wenn sie zum Zeitpunkt der erstmaligen Aufrechnungsmöglichkeit unverjährt war).

Die **Hauptforderung** muss auch **erfüllbar** sein; das ist sie nach § 271 BGB im Zweifel sofort.

Schließlich darf die **Aufrechnung nicht ausgeschlossen sein**. Ausgeschlossen sein kann die Aufrechnung

- durch **vertragliche Aufrechnungsverbote**, z.B. durch die Handelsklausel „netto Kasse gegen Dokumente": Klar ist, dass „netto Kasse" ein Verbot der Aufrechnung beeinhaltet: Das Geld soll ohne Abzug in die Kasse gelangen. Aber, was versteht man unter dem Zusatz „gegen Dokumente"? Gemeint sind damit z.B. der Frachtbrief oder das Konnossement. Dabei handelt es sich um Wertpapiere, die den Anspruch gegen den Frachtführer oder den Verfrachter auf Auslieferung der zur Beförderung übernommenen Güter verbriefen (wir kommen darauf später zurück); bedeutsame **gesetzliche Schranken für vertragliche Aufrechnungsverbote** finden sich in §§ 556 b Abs. 2 BGB, 309 Nr. 3 BGB.

- Es gibt auch **gesetzliche Aufrechnungsverbote**: So z.B. im praktisch seltenen, aber rechtlich interessanten Fall des **§ 393 BGB** (die Hauptforderung ergibt sich aus einer vorsätzlich begangenen unerlaubten Handlung), der eine „Privatrache" des Gläubigers (= Schuldners dieser Gegenforderung) unterbinden soll (einprägsame Formulierung des legendären Hamburger Repetitors Busch: „Der Schuft darf nicht aufrechnen"); die Vorschrift sperrt auch die Aufrechnung gegen einen konkurrierenden vertraglichen Schadensersatzanspruch. Wenn allerdings sowohl der **Gläubiger** als auch der **Schuldner** jeweils **aus vorsätzlich begangener unerlaubter Handlung Schadensersatz** schulden, entfällt diese „ratio legis".

Fall 236: Der G hat gegen den S eine Darlehensforderung in Höhe von € 1, 0 Million; der Rückzahlungsanspruch ist durch eine wirksam vereinbarte selbstschuldnerische Bürgschaft des B gesichert. Aus Wut darüber, dass der S nicht zahlt, brennt der G das Haus des S nieder, so dass diesem ein Schaden in Höhe von genau € 1, 0 Million entsteht. Dann nimmt er den B aus dem Bürgschaftsvertrag in Anspruch.

Die Anspruchsgrundlage ist § 765 BGB. Die Voraussetzungen für eine Inanspruchnahme des Bürgen sind: a) Wirksamer Bürgschaftsvertrag (§ 765 BGB); hier laut Sachverhalt gegeben. b) Hauptforderung; hier laut Sachverhalt gegeben (§ 488 Abs. 1 S. 2 BGB). c) Keine Verteidigungsmöglichkeiten des Bürgen: aa) Die Einrede der Vorausklage (§ 771 BGB) ist wirksam durch

Vereinbarung ausgeschlossen (§ 773 Abs. 1 Nr. 1 BGB). bb) Von den Einreden der §§ 768, 770 BGB kommt hier § 770 Abs. 2 BGB in Betracht; danach muss der Gläubiger die Möglichkeit einer Befriedigung durch Aufrechnung haben; hier steht der Aufrechnung seitens des G aber § 393 BGB entgegen. Das Problem ist, ob § 770 Abs. 2 BGB auch dann gegeben ist, wenn nur der Hauptschuldner aufrechnen kann oder ob es andere dogmatische Hilfskonstruktionen gibt, die dem B „helfen" könnten (das wissen Sie sicher alles noch aus der Darstellung des Bürgschaftsrechts, oder??).

Die **Wirkung der Aufrechnung** besteht darin, dass nach § 389 BGB die Haupt- und Gegenforderung rückwirkend („ex tunc", und zwar rückbezogen auf den Eintritt der Aufrechnungslage) erlöschen. In dieser **Tilgungsfunktion** liegt die Hauptbedeutung der Aufrechnung. Die Forderungen erlöschen, **„soweit sie sich decken"**; die Forderungen müssen also nicht gleich hoch sein. Deshalb ist § 389 BGB eine Ausnahme von § 266 BGB (Verbot von Teilleistungen). Es gibt eine Reihe von daraus resultierenden **Nebenfolgen**: So kann aufgrund der Rückwirkung der Aufrechnung eine wegen einer Nichterfüllung oder wegen einer nicht gehörigen Erfüllung an sich verwirkte Vertragsstrafe (§ 339 BGB) oder eine Verzugsfolge entfallen.

Fall 237: Der G hat eine kalendermäßig bestimmte, am 1. Dezember 2002 fällige Kaufpreisforderung gegen den S in Höhe von € 1000,-. Der S zahlt nicht, sondern erklärt am 1. Januar 2003 mit einer in gleicher Höhe bestehenden, bereits am 15. November 2002 fällig gewesenen Gegenforderung gegen den G, die er von G's Gläubiger X gekauft und sich hat abtreten lassen, die Aufrechnung. Der G verlangt von S für den Monat Dezember 2002 Verzugszinsen.

Der Anspruch könnte sich aus § 288 Abs. 1 BGB ergeben. Voraussetzung ist, dass S am 1. Januar 2003 einen Monat lang im Verzug war. a) Die Voraussetzungen der §§ 286 Abs. 1 S. 1, Abs. 2 Nr. 1, Abs. 4, 285, 288 Abs. 2 BGB liegen an sich vor; b) durch eine wirksam erklärte, auf den 1. Dezember 2002 zurückwirkende Aufrechnung wären sie jedoch entfallen: aa) Die Aufrechnung ist erklärt worden. bb) Der Gegenseitigkeit steht nicht entgegen, dass S die Gegenforderung von X erworben hat; cc) die Gegenforderung ist fällig (15. November 2002); dd) die Hauptforderung ist erfüllbar (1. Dezember 2002); ee) die Aufrechnung ist nicht ausgeschlossen. Die Forderung des G gegen S ist also nach § 389 BGB „ex tunc" erloschen. Also entfällt der Verzug.

Die Möglichkeit, durch die bloße Erklärung der Aufrechnung mit einer Gegenforderung die Hauptforderung ganz oder teilweise zum Erlöschen zu bringen, bedeutet, dass man in diesem Umfang seine Gegenforderung ohne Prozess und ohne Zwangsvollstreckung (= **„Privatvollstreckung"**) durchsetzen kann. Wieso das? Der Aufrechnende erlangt durch die Aufrechnungserklärung mit der Wirkung des § 389 BGB die Befreiung von der gegen ihn bestehenden Forderung. Wie liegt es aber, wenn der Gläubiger der Hauptforderung, gegen die mit der Gegenforderung aufgerechnet wurde, die Gegenforderung bestreitet oder die Berechtigung zur Aufrechnung aus Rechtsgründen in Zweifel zieht; muss man dann als Inhaber der Gegenforderung nicht doch prozessieren und anschließend die Zwangsvollstreckung betreiben? Nein: Man kann geduldig warten, bis der Gläubiger der Hauptforderung seine Forderung (ggf. prozessual) geltend macht und kann sich dagegen mit dem Hinweis auf die bereits erklärte Aufrechnung verteidigen. Auf diese Weise hat man als Aufrechnungsberechtigter den gewaltigen Vorteil, in der viel bequemeren Rolle des Beklagten zu sein. Erinnern Sie noch das Institut der „Bürgschaft auf erstes Anfordern", bei der es ebenfalls zu einer derartigen bequemen Auswechselung der Parteirollen kommt?

Schließlich ist der Aufrechnungsgläubiger in der Insolvenz des Gläubigers der Hauptforderung bevorzugt („**Sicherungsfunktion**"): Wenn der Insolvenzschuldner gegen den Insolvenzgläubiger eine aufrechenbare gleichartige Gegenforderung hat, die der Insolvenzverwalter gegen ihn geltend macht, ist der Insolvenzgläubiger nicht durch die Eröffnung des Insolvenzverfahrens daran gehindert, die Aufrechnung zu erklären (§ 94 InsO). Dadurch wird der Insolvenzgläubiger in vollem Umfang befriedigt und erhält nicht nur die Insolvenzquote.

2. Entfallen von Ansprüchen infolge von Leistungshindernissen und ähnlich wirkenden Umständen

Ansprüche aus Schuldverhältnissen, also vor allem auch die uns hier zunächst interessierenden Ansprüche aus verpflichtenden Verträgen, können infolge von Leistungshindernissen entfallen. Dies kann der Fall sein

- hinsichtlich des **primären Leistungsanspruchs des Gläubigers** auf die Hauptleistung oder auf die Erbringung einer leistungsbezogenen Nebenpflicht **infolge** von Leistungshindernissen, wie der **Unmöglichkeit zur Erbringung der Leistung (§ 275 Abs. 1 BGB)** und den theoretisch anders gelagerten, aber praktisch gleichgestellten Leistungshindernissen der **faktischen** und der **persönlichen Unmöglichkeit (§ 275 Abs. 2, 3 BGB)**, infolge der Erhebung der **Einrede des Notbedarfs** bei der Schenkung (§ 519 BGB), infolge eines **Annahmeverzugs (§§ 300 Abs. 2, 644 Abs. 1 S. 2 BGB)** oder infolge eines Ausschlusses des Anspruchs auf die Leistung nach § 281 Abs. 4 BGB. In diesem Zusammenhang sollen Sie noch einmal daran erinnert werden, dass in den Fällen, in denen einem Schuldner aus einer vertraglichen Verpflichtung die Erbringung der Leistung deshalb unmöglich ist, weil „das Leistungshindernis schon bei Vertragsschluss vorliegt", ein Vertrag ohne primäre Leistungspflicht gegeben sein soll, so dass rein sprachlogisch gesehen, in diesen Fällen der Anspruch nicht „entfällt", sondern (überhaupt) nicht besteht.

- Weiterhin können Ansprüche aus Schuldverhältnissen, also vor allem auch die uns hier zunächst interessierenden Leistungsansprüche aus verpflichtenden Verträgen entfallen bei **gegenseitigen Verträgen** hinsichtlich des **Gegenleistungsanspruchs des** nach § 275 Abs. 1 – 3 BGB leistungsfrei gewordenen **Schuldners gegen den Gläubiger (§ 326 Abs. 1 S. 1 BGB)**.

a) Das Entfallen des primären Leistungsanspruchs infolge von Leistungshindernissen

Zu Beginn soll Ihnen eine **Übersicht als Wegweiser** den Einstieg ermöglichen.

> Der **primäre Leistungsanspruch des Gläubigers**
>
> - „**ist ausgeschlossen**", soweit und solange dem **Schuldner die Leistung unmöglich** ist (§ 275 Abs. 1 BGB).
> - In den Fällen einer zwar theoretischen Möglichkeit zur Leistung, aber letztlich „**faktischen Unmöglichkeit**" (§ 275 Abs. 2 BGB) oder denen einer „**persönlichen Unmöglichkeit**" aufgrund der Unzumutbarkeit von

> persönlich zu erbringenden Leistungen (§ 275 Abs. 3 BGB) hat der **Schuldner ein Leistungsverweigerungsrecht.**

Ergänzen wir dies durch eine **erste Konkretisierung: Primäre Leistungsansprüche** aus **verpflichtenden Verträgen** und natürlich auch (denn es geht in § 275 BGB ganz generell um die Verpflichtung eines Schuldners und nicht etwa nur eines Schuldners aus verpflichtenden Verträgen) aus gesetzlichen Schuldverhältnissen,

- sind durch eine **von Amts wegen zu berücksichtigende Unmöglichkeit der Erbringung der Leistung** (also: automatisch) „ausgeschlossen" (§ 275 Abs. 1 BGB), und zwar unabhängig davon, ob die Leistungserbringung nur dem Schuldner (subjektiv) oder jedermann (objektiv) unmöglich ist, ob dies bereits anfänglich (also schon vor Entstehung des Schuldverhältnisses) der Fall war oder ob dem Schuldner die Leistungserbringung erst nachträglich (also nach Entstehung des Schuldverhältnisses) unmöglich geworden ist und ob der Schuldner die Unmöglichkeit zu vertreten hat oder nicht. Diese Regelung entspricht dem hergebrachten Grundsatz: **„impossibilium nulla est obligatio" (= auf Unmögliches kann eine Verpflichtung nicht gerichtet sein).** Was die Fälle der „anfänglichen Unmöglichkeit" angeht, so haben wir uns dazu entschlossen, dem Gläubiger den Anspruch aus dem verpflichtenden Vertrag schon deshalb zu versagen, weil der dazu verpflichtende Vertrag ein **„Vertrag ohne primäre Leistungspflicht"** (RegE) ist.

- In den Fällen einer zwar theoretischen Möglichkeit zur Leistung, aber letztlich **„faktischen** (zuweilen auch: **„praktische"** genannt) **Unmöglichkeit"** (§ 275 Abs. 2 BGB) oder denen einer **„persönlichen Unmöglichkeit"** aufgrund der Unzumutbarkeit von persönlich zu erbringenden Leistungen (§ 275 Abs. 3 BGB) **erlöschen** die primären Leistungsansprüche dadurch, dass der **Schuldner durch die Erhebung einer Einrede die „Leistung verweigert".**

- Um irgendwelchen wahrscheinlich sehr rasch aufkeimenden Missverständnissen vorzubeugen, hat das Gesetz in § 275 Abs. 4 BGB **klarstellend angeordnet**, dass dem Gläubiger, der seinen Leistungs- bzw. Nacherfüllungsanspruch verliert, bestimmte **Sekundäransprüche** zustehen; damit befassen wir uns aber erst, wenn es um die Ansprüche des Gläubigers gegen den leistungsfreien Schuldner geht.

- Unter anderem ist in § 275 Abs. 4 BGB darauf hingewiesen worden, dass der Gläubiger, der seinen Anspruch auf die Leistung verloren hat, unabhängig davon, ob anfängliche, nachträgliche zu vertretende oder nicht zu vertretende Unmöglichkeit vorliegt, nach § 285 BGB die Herausgabe eines vom Schuldner erlangten Surrogats **(„stellvertretendes commodum")** verlangen kann.

aa) Ausschluss der Leistungspflicht nach § 275 Abs. 1 BGB („Der Anspruch auf Leistung ist ausgeschlossen")

(1) Der Ausschluss des Anspruchs auf Leistung (§ 275 Abs. 1 BGB)

Die **Voraussetzung** für einen **Ausschluss des Anspruchs auf Leistung durch § 275 Abs. 1 BGB** ist ein **„Unmöglich-Sein"** in dem Sinne, dass die Leistung nicht erbracht werden kann: Die **„objektive"** (= „für jedermann" bestehende) **Unmöglichkeit** und die „**subjektive**" (= die nur „für den Schuldner bestehende") **Unmöglichkeit** (zuweilen auch „Unvermögen" genannt) sind gleichgestellt. Das Leistungshindernis muss ein **realer tatsächlicher oder rechtlicher Umstand** sein.

> Um das gesetzliche Konzept besser zu verstehen, beschränken wir uns anfangs auf Konstellationen, bei denen sich die Frage nach der „Unmöglichkeit" quasi von selbst beantwortet.

Die **Rechtsfolge des § 275 Abs. 1 BGB** ist, dass der **Anspruch „ausgeschlossen ist"**, also **nicht besteht** oder **entfällt**. Es handelt sich hier (wie schon mehrfach betont) um eine **Einwendung** (also um eine „von Amts wegen", also ein vom Fallbearbeiter auch dann zu berücksichtigender Ausschlussgrund, wenn der Schuldner sich nicht auf ihn beruft). Was den **Umfang des Wegfalls der Leistungspflicht** angeht, so ist der Anspruch aber nur ausgeschlossen, „soweit" Unmöglichkeit besteht. Wenn bei einer teilbaren Leistung nur eine Teilunmöglichkeit vorliegt, greift § 275 Abs. 1 BGB auch nur insoweit ein; wegen des möglichen Teils bleibt der Schuldner zur Leistung verpflichtet. Allerdings muss man im Auge haben, dass auch bei einer teilweisen Unmöglichkeit wegen des Vertragszwecks eine vollständige Unmöglichkeit gegeben sein kann. Daher ist eine Teilunmöglichkeit letztlich nur gegeben, wenn die noch mögliche Teilleistung für den Gläubiger weiterhin von Interesse ist.

<u>Fall 238:</u> Der V verkauft dem K eine Sache, die nach Vertragsschluss aber vor Erfüllung verbrennt. Der K verlangt Lieferung der Sache von dem V.

Der Anspruch könnte sich aus einem Kaufvertrag ergeben (§ 433 Abs. 1 S. 1 BGB). a) Der V und der K haben einen Kaufvertrag abgeschlossen. b) Der Anspruch des K aa) ist daher entstanden, bb) aber nach § 275 Abs. 1 BGB „ausgeschlossen", weil die Leistung jedermann (also „objektiv") nachträglich unmöglich geworden ist.

<u>Fall 239:</u> Der V verkauft dem K eine Sache, die nach Vertragsschluss aber vor Erfüllung von einem unbekannten Dieb gestohlen wird. Die Suche nach dem Dieb ist aussichtslos. Der K verlangt Lieferung der Sache von dem V.

Der Anspruch könnte sich aus einem Kaufvertrag ergeben (§ 433 Abs. 1 S. 1 BGB). a) Der Kaufvertrag ist geschlossen b) Der aa) entstandene Anspruch bb) könnte nach § 275 Abs. 1 BGB „ausgeschlossen" sein. aaa) Dem V ist zwar die Übereignung nach § 931 BGB durch Abtretung des Herausgabeanspruchs gegen den D aus §§ 823 Abs. 1, 249 Abs. 1 BGB bzw. durch bloße Einigung (dazu später mehr) möglich; bbb) der V kann aber die Kaufsache nicht an den K übergeben: Die Übergabe ist dem Verkäufer unmöglich geworden, so dass der Anspruch des K gegen den V „ausgeschlossen" ist.

<u>Fall 240:</u> Der V verkauft dem K eine ihm gehörige Sache. Nach Vertragsschluss aber vor Erfüllung verkauft er sie an den D und übereignet und übergibt sie diesem. Der D ist nicht bereit, die Sache an den V zurück zu geben bzw. zurück zu übereignen. Der K verlangt Lieferung der Sache von dem V.

Das Ergebnis ist identisch mit dem des vorherigen Falles: Der entstandene Anspruch des K gegen den V aus dem Kaufvertrag (§ 433 Abs. 1 BGB) ist nach § 275 Abs. 1 BGB „ausgeschlossen" und damit entfallen, weil sich der Schuldner das Eigentum und den Besitz am Leistungsgegenstand nicht verschaffen und daher die Sache nicht an K übereignen und übergeben kann.

Fall 241: Der V verkauft dem K eine ihm gehörige Sache. Nach Vertragsschluss, aber vor Erfüllung verkauft er sie an den D und übereignet und übergibt sie ihm. Der D ist nur gegen einen Aufpreis von 20 % dazu bereit, die Sache an den V zurück zu verkaufen und zu übereignen und zu übergeben. Der V verweigert deshalb gegenüber dem K die Leistung. Der K verlangt Lieferung der Sache von dem V.

Ein Anspruch des K gegen den V aus dem Kaufvertrag (§ 433 Abs. 1 BGB) ist a) entstanden, b) und aa) nicht nach § 275 Abs. 1 BGB „ausgeschlossen", weil sich der Schuldner den Leistungsgegenstand verschaffen kann. bb) Der V könnte aber die Leistung nach § 275 Abs. 2 BGB verweigern, aa) wenn er dies – was der Fall ist – erklärt hätte bb) und wenn die Verschaffung einen i.S.d. § 275 Abs. 2 S. 1 BGB unverhältnismäßigen Aufwand erfordern würde. Das ist bei dem von D verlangten Aufpreis von 20 % im Hinblick auf § 275 Abs. 2 S. 2 BGB nicht der Fall. Also kann der K Lieferung verlangen.

Fall 242: Der V schuldet dem K aus einem Kaufvertrag die Lieferung von 10 gleichwertigen antiken Porzellanvasen (Stückschuld!). Davon werden 5 nach Vertragsschluss zerstört. Der Kaufpreis für alle Vasen zusammen beträgt € 100 000 ,-. Der K verlangt Lieferung von dem V.

Der Lieferungsanspruch könnte sich aus einem Kaufvertrag ergeben (§ 433 Abs. 1 S. 1 BGB). a) Der entstandene Anspruch des K gegen den V aus dem Kaufvertrag (§ 433 Abs. 1 BGB) b) könnte wegen der 5 zerstörten Vasen (also teilweise) nach § 275 Abs. 1 BGB „ausgeschlossen" und damit entfallen sein. Nach § 275 Abs. 1 BGB ist der Anspruch bei einer teilbaren Leistung ausgeschlossen, „soweit" die Leistung unmöglich ist. Der Käufer kann also nur noch 5 Vasen verlangen.

Fall 243: Der V verkauft eine eigens durch den Hersteller H für ihn hergestellte, technisch komplizierte Sache an den K. Dem V wird von H aufgrund einer zwischen H und V bestehenden Vereinbarung zu Recht verboten, die Gebrauchsanweisung an den K auszuhändigen, weil anderenfalls ein Betriebsgeheimnis des H verraten würde. Der K verlangt die Gebrauchsanweisung von dem V.

Der Anspruch auf Aushändigung der Gebrauchsanweisung ergibt sich aus einer leistungsbezogenen Nebenpflicht des Kaufvertrags (§ 242 BGB), die einen Verkäufer dazu verpflichtet, der Vorbereitung, der Durchführung und der Sicherung der Hauptleistung dienende Nebenpflichten zu erbringen (insbesondere Gebrauchsanweisungen bei aus technischen Gründen schwer zu bedienenden Sachen auszuhändigen). Aus rechtlichen Gründen ist die Erfüllung dieser Pflicht unmöglich und daher der Anspruch darauf ausgeschlossen (§ 275 Abs. 1 BGB).

(2) Unmöglichkeit

Zur „Entschärfung" der Problematik des § 275 Abs. 1 BGB hatten wir uns zunächst auf Fälle konzentriert, bei denen das Vorliegen des Leistungshindernisses „Unmöglichkeit" durch den Sachverhalt praktisch vorgegeben wurde.

Das darf Sie auf keinen Fall dazu verführen, die Frage der rechtlichen Einordnung eines Leistungshindernisses als einen Fall der „Unmöglichkeit" zu unterschätzen. Eine knappe **Übersicht** soll zeigen, wie vielfältig die **Konstellationen** sind, bei denen von einer **Unmöglichkeit** auszugehen ist.

1. Eine naturgesetzlich begründete Unmöglichkeit kann gegeben sein:

a) beim **Untergang** eines geschuldeten Leistungsgegenstandes;

b) bei einer derartigen **Verschlechterung** eines geschuldeten Leistungsgegenstandes, dass er bei wirtschaftlicher Betrachtungsweise ein anderer Leistungsgegenstand wird;

c) bei einer Verpflichtung zur Lieferung einer **Sache**, die aus einer **nicht mehr hergestellten Gattung** stammt;

d) im Falle des **Todes** eines (zu einer höchstpersönlichen Leistung verpflichteten) Schuldners.

2. Unmöglichkeit kann die Folge eines **Zeitablaufs** bei absolutem Fixgeschäft sein.

3. Eine **Zuwiderhandlung bei einer Unterlassungsschuld** führt zur Unmöglichkeit.

4. Bestimmte **rechtliche Gründe**, z.B. die Nichtherbeiführbarkeit des Erfolges, weil ein Recht (z.B. Eigentum) nicht verschafft werden kann, weil

a) ein (die Zustimmung verweigernder) **Dritter Eigentümer** einer z.B. zu übereignenden Sache ist und er unter keinen Umständen zur Übereignung bereit ist,

b) der **Gläubiger bereits Eigentümer** der z.B. zu übereignenden Sache ist.

c) Manchmal stehen auch andere Rechtsnormen der Leistungserbringung entgegen, z.B. ein Einfuhrverbot für bestimmte Waren.

5. Bei **Unauffindbarkeit** z.B. der verkauften Sache nach einem Diebstahl trotz aller Mühen.

6. Zweckstörungen sollen ebenfalls zur Unmöglichkeit führen können,

a) wenn, der **Zweck bereits erreicht ist** (das freizuschleppende Schiff ist durch eine Springflut freigekommen) oder

b) **wenn** der **Zweck unerreichbar ist** (der zu behandelnde Patient ist bereits tot).

7. Besonders kompliziert ist die Frage einer **wirtschaftlichen Unmöglichkeit**:

a) Eine **übermäßige Leistungserschwerung** soll nicht unter § 275 Abs. 1 BGB fallen, sondern allenfalls als „faktische Unmöglichkeit" ein Fall des § 275 Abs. 2 BGB sein können oder gar überhaupt nur als „Störung der Geschäftsgrundlage" (§ 313 BGB) erfassbar sein.

b) Bei einer **Geldschuld** muss man unterscheiden: **aa)** Im Fall einer (regelmäßig gegebenen) **Geldsummenschuld** kann § 275 Abs. 1 BGB nicht gelten. **aaa)** Eine für jedermann bestehende Unmöglichkeit kann nicht bestehen, weil Geld immer existiert. **bbb)** Auch gibt es keinen denkbaren Fall, bei dem es so liegt, dass jedenfalls dem konkreten Schuldner die Leistung von Geld unmöglich wäre. Das gilt selbst für den Fall der Insolvenz des Schuldners. Allerdings ist der dazu in der Ausbildung zur (Schein-)Begründung üblicherweise verwendete Satz („Geld hat man zu haben") absolut sinnlos. Es geht ja darum, ob die Leistung möglich ist und nicht darum, ob man sie möglich machen muss. Entscheidend ist vielmehr folgende rein normative Überlegung: Bei einer Insolvenz eines Schuldners kommt es (auf Antrag) zum Insolvenzverfahren über das Vermögen des Schuldners; die durch die Rechtsordnung geschaffene Möglichkeit eines Insolvenzverfahrens setzt also begrifflich voraus, dass (trotz einer Insolvenz, also trotz fehlenden Geldes) Ansprüche gegen den (Insolvenz-)Schuldner bestehen. Daher ist es auch einem wirtschaftlich leistungsunfähigen Schuldner im Rechtssinne (also: „normativ") „möglich" eine Geldschuld zu bezahlen! bb) Wenn der Anspruch auf **bestimmte Münzen oder Geldnoten** gerichtet ist, gelten natürlich die allgemeinen Grundsätze.

8. Die **Unmöglichkeit muss dauernd sein** und darf nicht nur vorübergehend sein; allerdings ist auch eine vorübergehende Unmöglichkeit wie eine dauernde Unmöglichkeit zu behandeln, wenn der Vertragszweck nicht mehr erreicht werden kann und ein Festhalten am Vertrag unzumutbar ist.

In aller Regel wird der Sachverhalt nur feststehende Tatsachen enthalten, die Sie dann zu subsumieren haben. Gerade bei der Frage der Unmöglichkeit lassen sich aber sehr gut Fälle bilden, bei denen der **Sachverhalt** unter den Parteien (in der Regel werden es Verkäufer und Käufer sein) **umstritten** ist; nicht selten gibt es nämlich Fälle, in denen ein an sich leistungsfähiger, aber leistungsunwilliger Schuldner einfach nur behauptet, dass er nicht leisten könne, während er in Wahrheit sehr wohl leisten kann.

Fall 244: Der V verkauft dem K ein Bild. Der V behauptet, das Bild sei nach Abschluss des Kaufvertrages leider verbrannt, so dass er nicht liefern könne. Der K glaubt ihm nicht und meint, das Bild hänge weiterhin bei dem V an der Wand und der V wolle einfach nicht liefern, weil er den Verkauf inzwischen bereue. Der K erhebt deshalb Klage gegen V auf Übereignung und Übergabe des Bildes Zug-um-Zug gegen Zahlung des Kaufpreises. Der V benennt den Z als Zeugen für seine Behauptung, das Bild sei verbrannt. Wird das Gericht den Z laden und vernehmen oder wird es den Beklagten ohne Beweisaufnahme zur Leistung verurteilen, so dass dann der obsiegende Kläger den Gerichtsvollzieher beauftragen kann und dieser dann nach § 883 ZPO bei V nach dem Bild suchen kann (nach Zimmer)?

Steht die Unmöglichkeit nicht fest, weil der klagende Gläubiger die Möglichkeit und der beklagte Schuldner die Unmöglichkeit behauptet, a) wird aa) neuerdings angenommen, dass über die Behauptung des beklagten Schuldners, der Anspruch sei wegen Unmöglichkeit ausgeschlossen, Beweis erhoben werden müsse. Das ergebe sich aus § 275 Abs. 1 BGB, nach dem der Schuldner auch bei zu vertretender Unmöglichkeit von der Primärleistungsverpflichtung frei werde. Das hat für den klagenden Gläubiger den Nachteil, dass sein Leistungsanspruch von dem Ergebnis der Beweisaufnahme und der (nicht selten, weil auf subjektiven Glaubwürdigkeitsbewertungen des Gerichts beruhenden und daher unkalkulierbaren!) Beweiswürdigung abhängt und nicht von der (objektiv verlässlichen) Suche nach dem Bild durch den Gerichtsvollzieher in der Zwangsvollstreckung. bb) Daher wird vorgeschlagen, bei streitiger Unmöglichkeit jedenfalls dann über die behauptete Unmöglichkeit keinen Beweis zu erheben, wenn der Beklagte im Fall des behaupteten Unvermögens zum Schadensersatz aufgrund eines feststehenden Verschuldens verpflichtet wäre und den klagenden Gläubiger kein Mitverschulden trifft.

b) Wenn im Fall einer behaupteten Unmöglichkeit nach den vorstehenden Ausführungen (je nach Ihrem Standpunkt dazu) eine Beweisaufnahme über die vom beklagten Schuldner behauptete Unmöglichkeit erforderlich ist, ist als Ergebnis vorstellbar, dass dem beklagten Schuldner trotz in Wahrheit bestehender Unmöglichkeit der Beweis der Unmöglichkeit nicht gelingt, was zur Folge hat, dass er zur Erbringung einer unmöglichen Leistung verurteilt wird. Das Gesetz nimmt dieses Ergebnis hin, denn aa) es ist für den Schuldner (abgesehen von der Kostenfolge des § 91 ZPO) folgenlos. Der Gläubiger vollstreckt dann ohne Ergebnis. bb) Auch für den Gläubiger ist dies nicht nachteilig, weil er die Möglichkeit hat, nach § 281 Abs. 1 S. 1, Abs. 4 BGB Schadensersatz zu verlangen.

Eine für juristische Aufgabenstellungen und auch in der Praxis sehr bedeutsame (praktisch nur beim Kaufvertrag vorkommende) Fallgestaltung ist eine solche, bei der der Schuldner (also beim Kauf: der Verkäufer hinsichtlich der Lieferungspflicht) dem Gläubiger (also beim Kauf: dem Käufer) nicht die Lieferung einer bestimmten Sache (Stückschuld), sondern eine „der Gattung nach bestimmte Sache" schuldet (§ 243 Abs. 1 BGB). Eine **Unmöglichkeit** ist **bei** einer solchen **„Gattungsschuld"** begrifflich überhaupt erst dann vorstellbar, wenn sich die Leistungsverpflichtung des Schuldners (Verkäufer) auf einen bestimmten Leistungsgegenstand beschränkt. Das ist nach dem Wortlaut des Gesetzes der Fall, wenn „der Schuldner das zur Leistung einer solchen Sache seinerseits Erforderliche getan" hat (§ 243 Abs. 2 BGB); wir nennen diesen Vorgang auch **„Konkretisierung"** der Gattungsschuld.

> Die „**Konkretisierung**" bei einer Gattungsschuld tritt ein
>
> **1. nach § 243 Abs. 1, 2 BGB,**
>
> a) wenn der Schuldner aus der Gattung eine **Sache „mittlerer Art und Güte"** ausgesucht hat und **ausgesondert** hat
>
> b) **und** der Schuldner in Bezug auf diese Sache „mittlerer Art und Güte" die von ihm **nach dem Vertrag geschuldete „Leistungshandlung"** vorgenommen hat; er hat sie so anzubieten, dass der Gläubiger bei Verweigerung der Annahme in Annahmeverzug geraten würde.
>
> aa) Im gesetzlichen (Regel-)Fall einer sogenannten **„Holschuld"** (§ 269 Abs. 1 BGB) muss der Gläubiger die geschuldete Leistung beim Schuldner abholen. Der Schuldner ist daher lediglich verpflichtet, die ausgesonderte Sache **bereit zu halten** und dem Gläubiger **wörtlich anzubieten** (§ 295 S. 1 2. Fall BGB), wobei umstritten ist, ob hierfür eine Mitteilung über die Aussonderung gemacht werden muss oder ob eine Aufforderung zur Abholung unter Einräumung einer Abholungsfrist ausreicht. Das **wörtliche Angebot ist entbehrlich**, wenn für das Abholen ein Zeitpunkt nach dem Kalender bestimmt ist (§ 296 S. 1 BGB) oder der Gläubiger ernsthaft (§ 295 S. 1 1. Fall) und endgültig erklärt hat, die Leistung nicht anzunehmen, weil das Anbieten dann eine leere Förmelei wäre (§ 242 BGB). Kommen Sie nun aber nicht auf die Idee, in dem Bereitstellen läge bereits eine Erfüllung i.S.d. § 362 Abs. 1 BGB! Zur Erfüllung muss der Verkäufer übereignen und übergeben, was er aber nicht getan hat.

> **bb)** Bei der **Bringschuld** kommt es erst dann zur Konkretisierung, wenn der Schuldner, wozu er verpflichtet ist, die Sache zur Wohnung oder zur geschäftlichen Niederlassung des Gläubigers gebracht hat und sie ihm tatsächlich angeboten hat.
>
> **cc)** Bei der **Schickschuld** ist der Schuldner lediglich verpflichtet, die Versendung der Sache zu besorgen. Daher muss der Schuldner sie für die Konkretisierung an eine Transportperson übergeben haben.
>
> **dd)** Woher wissen Sie denn nun, ob eine Hol-, Bring- oder Schickschuld gegeben ist? Das verraten Ihnen die **§§ 269, 270 BGB: aaa)** In erster Linie ergibt sich dies aus einer Parteivereinbarung (§ 269 Abs. 1 S. 1 1. Fall BGB). **bbb)** Haben die Parteien den Leistungsort nicht bestimmt, kommt es auf die Umstände, insbesondere auf die Natur des Schuldverhältnisses an (§ 269 Abs. 1 S. 1 2. Fall BGB), wobei auf die Verkehrssitte (§ 157 BGB) und ggf. den Handelsbrauch (§ 346 HGB) abzustellen ist: Bei Geschäften des täglichen Lebens ist der Leistungsort beim Schuldner (Holschuld). Übernimmt der Verkäufer die Anlieferung von Lebensmitteln bei betagten Kunden liegt eine Bringschuld vor. Werden Waren im Handelsverkehr übersandt, liegt eine Schickschuld vor. **ccc)** Im Zweifel liegt keine Bringschuld vor (§ 269 Abs. 3 BGB). **ddd)** Bei Geldschulden gilt nichts anderes (§ 270 Abs. 4 BGB); der scheinbar für eine Bringschuld sprechende § 270 Abs. 1 BGB betrifft lediglich die Gefahrtragung.
>
> **2.** Es gibt schließlich noch eine weitere, etwas schwierige Form der Konkretisierung nach **§ 300 Abs. 2 BGB**. Sie soll später erläutert werden. Im Augenblick würde sie nur verwirren. Wir kommen darauf zurück.

Fall 245: Der Kartoffelhändler V verkaufte am Montag, den 13. September 2004 an den K zehn Zentner Kartoffeln der Sorte „Hansa". Vereinbart war, dass er sie am nächsten Tag, Dienstag, den 14. September 2004, ab 12 Uhr für den K zur Abholung bereithält. Der V, der bei Vertragsschluss noch nicht über eine entsprechende Menge Kartoffeln verfügt, besorgte zehn Zentner Kartoffeln der Marke „Hansa" von guter Qualität und stellt sie zum vereinbarten Zeitpunkt in Säcke verpackt für K zur Abholung bereit. Kurz vor 12 Uhr werden die Kartoffeln aus irgendeinem Grund vernichtet. Der K verlangt Lieferung von V.

Der Anspruch auf Lieferung könnte sich aus einem Kaufvertrag ergeben (§ 433 Abs. 1 S. 1 BGB). a) Ein Kaufvertrag ist geschlossen, also ist auch ein Anspruch auf Lieferung entstanden. b) Der Anspruch könnte jedoch „ausgeschlossen" sein (§ 275 Abs. 1 BGB). Dann müsste dem V die Übereignung und die Übergabe „unmöglich" geworden sein. aa) Dies ist deshalb problematisch, da der V dem K ursprünglich nicht speziell die zerstörten Kartoffeln, sondern nur irgendwelche Kartoffeln der Sorte „Hansa" mittlerer Art und Güte geschuldet hat (§ 243 Abs. 1 BGB: sog. „Gattungsschuld"). Dem V wäre es auch jetzt noch ohne weiteres möglich, zehn Zentner Kartoffeln der Marke „Hansa" mittlerer Art und Güte zu besorgen. bb) Die Schuld des V hätte sich aber nach § 243 Abs. 2 BGB auf die bereits von ihm beschafften und am Dienstag, den 14. September 2004, 12 Uhr, zur Abholung bereit gehaltenen Kartoffeln „konkretisiert", wenn der V alles getan hätte, was von seiner Seite zur Erfüllung seiner Leistungspflicht notwendig war. Der V hat die Kartoffeln ausgesondert und bereit gestellt. Die Frage, ob der Schuldner V davon dem K eine Mitteilung hätte machen müssen oder ob er ihn unter

Einräumung einer Abholungsfrist zur Abholung hätte auffordern müssen (§ 295 BGB), kann hier offen bleiben, denn weil der V die Kartoffeln am Dienstag, den 14. September 2004 ab 12 Uhr zur Abholung ausgesondert haben und zur Abholung bereit halten sollte, beschränkte sich der Anspruch von diesem Zeitpunkt an auf die ausgesonderten und bereit gestellten zehn Zentner Kartoffeln (§ 296 BGB) und es liegt nach deren Zerstörung Unmöglichkeit vor. Ein Anspruch auf Lieferung ist nach § 275 Abs. 1 BGB ausgeschlossen.

Fall 246: Der Elektrohändler H ist vertraglich verpflichtet, der Seniorin K einen Fernseher zu liefern und ihn ihr anzuschließen. Der H fährt mit einem einwandfreien, fabrikneuen Fernseher zu K. Die K ist zum vereinbarten Termin nicht anwesend, so dass der H unverrichteter Dinge wieder zurückfahren muss. Infolge eines Unfalls auf der Rückfahrt wird der Fernseher zerstört. Die K verlangt Lieferung.

Der Anspruch könnte sich aus einem Kaufvertrag ergeben (§ 433 Abs. 1 S. 1 BGB). a) H und K haben einen Kaufvertrag geschlossen. Die Montageverpflichtung des H ändert nichts an dieser rechtlichen Einordnung (arge. § 434 Abs. 2 S. 2 BGB). b) Der Anspruch könnte nach § 275 Abs. 1 BGB „ausgeschlossen" sein. aa) Die Lieferungsverpflichtung hat sich auf den zu der K gebrachten Fernseher konkretisiert (§ 243 Abs. 2 BGB). aaa) Der Fernseher war „mittlerer Art und Güte". bbb) Der H hat seine Leistungshandlung erbracht: Es handelte sich um eine „Bringschuld". Der H ist zur Wohnung der K gefahren und hat dieser dort den Fernseher angeboten. bb) Die Leistung dieses Fernsehers ist dem H nicht mehr möglich. Der Leistungsanspruch der K ist also ausgeschlossen (§ 275 Abs. 1 BGB).

Sorgfältig unterscheiden muss man die Gattungsschuld von der so genannten **„beschränkten Gattungsschuld"** oder **„Vorratsschuld"**: Damit sind Fälle gemeint, in denen der Lieferant zwar aus einer Gattung liefern muss, aber beide Parteien davon ausgehen, dass die Lieferung aus einem eigenen Bestand bzw. aus eigener Produktion des Schuldners erfolgen soll. Wenn nun dessen gesamte Vorräte oder seine gesamte Produktion vernichtet werden, ist er nicht verpflichtet, aus anderen Beständen die geschuldeten Stücke zu beschaffen, auch wenn ihm dies möglich sein sollte. In solchen Fallgestaltungen wird von Ihnen eine gründliche Argumentation verlangt, mit der sie das Vorliegen einer beschränkten Gattungsschuld dartun. Eine „klassische" Konstellation der beschränkten Gattungsschuld ist die, bei der der Lieferant ein „Urproduzent" ist, also z.B. der Fall der Verpflichtung eines Bauern zur Lieferung von Kartoffeln; sie ist beschränkt auf Kartoffeln aus seiner Ernte.

- Ist also bei einer Vorratsschuld der **Vorrat untergegangen**, ist der Anspruch im Umfang des Untergangs wegen Unmöglichkeit ausgeschlossen (§ 275 Abs. 1 BGB).

Fall 247: Der V hat 100 Kühe. 40 Kühe davon hat er an den K verkauft. Bei einem Feuer in seinem Stall kommen 80 Tiere ums Leben. Der K verlangt die Lieferung von 40 Kühen.

Der Anspruch könnte sich aus einem Kaufvertrag ergeben (§ 433 Abs. 1 S. 1 BGB). a) Der Kaufvertrag ist geschlossen. b) Der entstandene Anspruch des K ist nach § 275 Abs. 1 BGB insoweit ausgeschlossen, als Unmöglichkeit besteht. aa) Es handelt sich um eine Vorratsschuld; bb) durch den Tod von 80 Tieren reduziert sich der Vorrat auf 20 Tiere. Insoweit ist der V zur Lieferung in der Lage, im Übrigen liegt Unmöglichkeit mit der Folge des Ausschlusses des Anspruchs vor. Daher kann der K nur die Lieferung von 20 Kühen verlangen.

- Besonders spannend sind die Fälle, in denen der **Vorrat für mehrere Gläubiger gedacht** ist, der Vorrat aber nur teilweise untergegangen ist, so dass er für die volle Erfüllung an einige Gläubiger ausreichen würde, während andere keine Erfüllung erhielten: Hier könnte man nach dem Prioritätsprinzip den Ausgang des „Wettlaufs" der Gläubiger oder dessen „Gutdünken" darüber entscheiden lassen, wem gegenüber der Schuldner zur Erfüllung verpflichtet ist und wessen Ansprüche ausgeschlossen sind (275 Abs. 1 BGB). Man kann die Gläubiger einer Vorratsschuld aber auch nach § 242 BGB als „Gefahrengemeinschaft" wie z.B. bei der „Großen Haverei" im Seerecht begreifen (Würdinger) und eine anteilige Berechtigung der Gläubiger am verbliebenen Vorrat annehmen.

> Fall 248: Der V hat 100 Kühe. 40 hat er an K 1, 20 an K 2 und 40 an K 3 verkauft. Bei einem Feuer in seinem Stall kommen 50 Tiere ums Leben. Der K 1 verlangt Lieferung von 40 Kühen.
>
> Der Anspruch könnte sich aus einem Kaufvertrag ergeben (§ 433 Abs. 1 S. 1 BGB). a) Der Kaufvertrag ist geschlossen. b) Der entstandene Anspruch des K 1 ist nicht nach § 275 Abs. 1 BGB „ausgeschlossen", denn 40 Kühe waren noch vorhanden. c) Da man die Gläubiger einer Vorratsschuld nach § 242 BGB als „Gefahrengemeinschaft" wie z.B. bei der „Großen Haverei" im Seerecht begreifen muss, hat jeder von ihnen nur einen anteiligen Anspruch auf Lieferung aus dem verbliebenen Vorrat: der K 1 und der K 3 auf je 20 Kühe und der K 2 auf 10 Kühe.

Beim **Werkvertrag** steht es hinsichtlich der Unmöglichkeit ähnlich wie bei der Gattungsschuld: Geschuldet wird ein „Werk" (= die Herbeiführung eines Erfolges), so dass eine „Unmöglichkeit" gedanklich erst dann vorstellbar ist, wenn sich die Leistung auf einen bestimmten Erfolg „konkretisiert" hat; diese „Konkretisierung" tritt ein durch die „Abnahme" des Werkes. Darunter versteht man die „**körperliche Hinnahme** verbunden mit der **Anerkennung** des Werkes **als im Wesentlichen vertragsgemäß**" (nach Heck) oder, wenn die körperliche Entgegennahme wegen der Natur des Werkes (z.B. Umgraben eines Gartens, Baumfällen) ausgeschlossen ist, die bloße Billigung des Werkes. Wenn dagegen „......nach der Beschaffenheit des Werkes die Abnahme ausgeschlossen (ist), so tritt ... an die Stelle der Abnahme die Vollendung des Werkes" (§ 646 BGB). Die Abnahme ist eine – wie Sie eben gesehen haben – für den Werkunternehmer existenzielle Frage. Deswegen besteht auch ein im Gegenseitigkeitsverhältnis stehender **Anspruch auf Abnahme** (§ 640 Abs. 1 S. 1 BGB). Die Abnahme darf nur wegen wesentlicher Mängel verweigert werden (arge. § 640 Abs. 1 S. 2 BGB) und kann ggf. **fingiert** werden (§ 640 Abs. 1 S. 3 BGB).

> Fall 249: Der B bestellt bei dem U den Bau einer Brücke. Der U errichtet die Brücke fehlerfrei. Einen Tag bevor der B zur Abnahme der Brücke erscheint, wird die Brücke durch ein Erdbeben zerstört. Der B verlangt den Neubau, der U Zahlung der Vergütung
>
> 1. Der Anspruch auf Neuerrichtung der Brücke kann sich aus § 631 Abs. 1 BGB ergeben. a) Die Voraussetzungen der Norm liegen vor. b) Der Anspruch ist aa) nicht nach § 275 Abs. 1 BGB „ausgeschlossen", da vor der Abnahme eines Werkes niemals Unmöglichkeit vorliegt. bb) § 275 Abs. 2, 3 BGB liegen nicht vor. U muss daher noch einmal leisten. 2. Der Anspruch auf Werklohn kann sich a) ebenfalls aus § 631 Abs. 1 BGB ergeben. Die Voraussetzungen der Norm liegen vor. Die Vergütung wird nach § 641 Abs. 1 BGB aber erst mit der Abnahme fällig. Eine Abnahme ist aber noch nicht erfolgt; auch ist der B zum gegenwärtigen Zeitpunkt nicht zu einer Abnahme verpflichtet. U hat daher (noch) keinen Anspruch auf den Werklohn.

<u>Variante</u>: Beim Abnahmetermin bemängelt der B kleine in der Tat bestehende optische Fehler an der Brücke (uneinheitlicher Farbanstrich des Brückengeländers) und verweigert die Abnahme. Der U setzt dem B eine Frist von 3 Tagen zur Abnahme, die B ungenutzt verstreichen lässt. Am darauf folgenden Tag kommt es zu dem Erbeben, und die Brücke stürzt ein. 1. Der B verlangt Neuerrichtung, 2. der U seinen Werklohn.

1. Der Anspruch des B gegen U auf Neuherstellung hat sich durch die Abnahme (hier fingiert nach § 640 Abs. 1 S. 3 BGB) in einen Anspruch auf Nacherfüllung (§§ 633, 634 Nr. 1, 635 BGB) verwandelt. Die Nacherfüllung ist jedoch durch die Zerstörung des Werkes nach fingierter Abnahme unmöglich (arge. § 644 BGB) geworden und damit „ausgeschlossen" (§ 275 Abs. 1 BGB). Der U muss daher keine neue Brücke errichten. 2. Der Anspruch auf die Vergütung ist a) aus aa) § 631 Abs. 1 BGB entstanden. bb) Er ist auch nach § 641 Abs. 1 S. 1 BGB fällig, aaa) zwar nicht wegen einer Abnahme (§ 640 Abs. 1 S. 1 BGB), bbb) wohl aber wegen eines Fristablaufs und einer deshalb eingetretenen Abnahmefiktion, da der Besteller beim Vorliegen nur unwesentlicher Mängel zur Abnahme verpflichtet war und die ihm gesetzte angemessene Frist abgelaufen ist (§ 640 Abs. 1 S. 3 BGB). b) Der Anspruch könnte aa) nach § 326 Abs. 1 S. 1 BGB erloschen sein; bb) die „Preisgefahr" ist aber nach § 644 BGB auf B übergegangen.

> **Fassen wir kurz zusammen**, was Sie soeben gelernt haben:
>
> Besteht das „Leistungshindernis" darin, dass es dem Schuldner unmöglich ist, die Leistung zu erbringen, „(ist) der Anspruch auf die Leistung ausgeschlossen". Der Ausschluss der Leistungspflicht ist „von Amts wegen" zu berücksichtigen, also nicht nur dann, wenn der Schuldner die Leistung verweigert. Das ist der Kern der vorstehenden Ausführungen.

bb) Das Leistungsverweigerungsrecht des Schuldners bei einer „Leistungserschwerung" aufgrund „faktischer" und „persönlicher Unmöglichkeit" (§ 275 Abs. 2, 3 BGB)

Anders als bei § 275 Abs. 1 BGB geht es hier um Fälle von „Leistungshindernissen", die es dem Schuldner nicht unmöglich machen zu leisten, sondern es ihm lediglich „erschweren", die an sich mögliche Leistung zu erbringen. Es ist nicht immer ganz einfach, die Grenze zur Unmöglichkeit bzw. dem Unvermögen i.S.d. des § 275 Abs. 1 BGB mit der Rechtsfolge des automatischen Ausschlusses der Leistungspflicht zu ziehen. Die Unmöglichkeit bzw. das Unvermögen setzt eine Unbehebbarkeit des Umstandes, der an der Leistung hindert, voraus. Wenn also die nach § 433 Abs. 1 BGB zu liefernde Sache nicht dem Verkäufer gehört, dann liegt keine Unmöglichkeit vor, wenn der Eigentümer im Grundsatz zur Übereignung bereit ist, auch wenn er dafür einen überhöhten Preis verlangt.

Während es bei der „Unmöglichkeit" i.S.d. § 275 Abs. 1 BGB aus logischen Gründen klar war, dass der Anspruch auf die Leistung ganz oder teilweise „ausgeschlossen" sein muss (das wussten schon die „alten Römer" und so heißt es in der „Celsus-Regel": „impossibilium nulla est obligatio" = auf etwas Unmögliches kann eine Verpflichtung nicht gerichtet sein), versteht es sich überhaupt nicht von selbst, dass ein in einer bloßen Erschwerung liegendes „Leistungshindernis" zum „Ausschluss der Leistungspflicht" führen soll. Dazu bedurfte es einer entsprechenden rechtspolitischen Entscheidung des Gesetzgebers!

Diese Entscheidung hat der Gesetzgeber der Schuldrechtsreform in der Tat getroffen: Der Schuldner soll sich in bestimmten Fällen einer „Leistungserschwerung" von der Leistungsverpflichtung befreien können. Es geht dabei um Fälle, in denen zwar die Leistung erbracht werden kann, aber

- die Erbringung der Leistung „**faktisch**" **unmöglich** ist (**§ 275 Abs. 2 BGB**)
- oder in denen sie dem Schuldner „**persönlich unmöglich**" ist (**§ 275 Abs. 3 BGB**).
- Diese üblich gewordenen Bezeichnungen einer „faktischen" bzw. „persönlichen Unmöglichkeit" (später werden Sie auch von einer „wirtschaftlichen Unmöglichkeit" hören), obwohl von einer „Unmöglichkeit" gerade nicht die Rede ist (!), halte ich in didaktischer Hinsicht für wenig glücklich.

Im Unterschied zu § 275 Abs. 1 BGB ist die **Rechtsfolge des § 275 Abs. 2, 3 BGB** aber nicht etwa ein automatisches Entfallen der Leistungspflicht, sondern es besteht nur ein **Leistungsverweigerungsrecht des Schuldners**, das dieser durch die **Erhebung** einer **Einrede** auch geltend machen muss, will er leistungsfrei werden. So gesehen ist auch die amtliche Überschrift des § 275 BGB („Ausschluss der Leistungspflicht"), die eigentlich nur für § 275 Abs. 1 BGB, demzufolge der Anspruch in der Tat „ausgeschlossen" ist, passt, nicht aber für § 275 Abs. 2 und 3, äußerst unglücklich; warum hat man nicht den Begriff „Leistungsbefreiung" o.ä. gewählt?

> Die Einreden nach § 275 Abs. 2 und 3 BGB hätte man somit auch im Zusammenhang mit den anderen Einreden am Ende dieses Teils darstellen können. **Wegen der Sachnähe zu § 275 Abs. 1 BGB** werden sie hier behandelt.

Was den **Umfang** des Leistungsverweigerungsrechts angeht, so besteht es nur insoweit, als die faktische oder persönliche Unmöglichkeit besteht. Wenn das Leistungsverweigerungsrecht bei einer teilbaren Leistung nur teilweise ausgeübt werden kann, greift § 275 Abs. 2, 3 BGB auch nur insoweit ein; wegen des noch möglichen Teils bleibt der Schuldner zur Leistung verpflichtet. Allerdings muss man im Auge haben, dass auch bei einer teilweisen Unmöglichkeit wegen des Vertragszwecks eine vollständige Unmöglichkeit gegeben sein kann. Daher ist eine Teilunmöglichkeit letztlich nur dann gegeben, wenn die noch mögliche Teilleistung für den Gläubiger weiterhin von Interesse ist.

> **1.** Wir hatten uns schon klargemacht, dass für die Fallbearbeitung die Notwendigkeit der Erhebung einer Einrede nach § 275 Abs. 2, 3 BGB in den Fällen, in denen man im Rahmen der Prüfung eines **vom Gläubiger geltend gemachten Leistungsanspruchs** ein **Leistungsverweigerungsrecht** zu prüfen hat, i.d.R. kein Problem darstellt, weil der Sachverhalt dann meist ergibt, dass der Schuldner die Leistung verweigert.
>
> **2. Allerdings:** Bei der (noch zu erörternden) Prüfung eines Anspruchs des Gläubigers auf **Rückforderung einer von ihm bereits erbrachten Gegenleistung** in Fällen des § 275 Abs. 2 und 3 BGB (§ 326 Abs. 4 BGB) bzw. bei der Prüfung des Gegenleistungsanspruchs des Schuldners bei gegenseitigen Ver-

> trägen (§ 326 Abs.1 – 4 BGB) darf man die Notwendigkeit der Erhebung der Einrede aus § 275 Abs. 2, 3 BGB keinesfalls übersehen. Diese Gefahr ist sehr groß, weil der Wortlaut des § 326 Abs. 1 BGB („Braucht der Schuldner nach § 275 Abs. 1 bis 3 nicht zu leisten, ...") das Erfordernis einer Erhebung der Einrede leider nicht ausdrücklich erwähnt.

(1) Die „faktische Unmöglichkeit" (§ 275 Abs. 2 BGB)

Das Leistungsverweigerungsrecht des **§ 275 Abs. 2 BGB** knüpft an die Konstellation der sog. „**faktischen Unmöglichkeit**" (zuweilen auch „**praktische Unmöglichkeit**" genannt) an: Der Schuldner kann nach § 275 Abs. 2 S. 1 BGB in denjenigen Fällen die Leistung verweigern, in denen letztlich kein vernünftiger Gläubiger Erfüllung verlangen würde, weil die „Leistung einen Aufwand erfordern würde, der unter Beachtung des Inhalts des Schuldverhältnisses und der Gebote von Treu und Glauben in einem groben Missverhältnis zu dem Leistungsinteresse des Gläubigers steht", wobei nach § 275 Abs. 2 S. 2 BGB bei dieser Abwägung ein Vertretenmüssen des Schuldners für das Leistungshindernis berücksichtigt werden muss. Um einem Missverständnis vorzubeugen: § 275 Abs. 2 S. 2 BGB erlaubt nicht umgekehrt den Schluss, dass ein Schuldner, den kein Verschulden an dem Leistungshindernis trifft, keinerlei Anstrengungen zur Erbringung der Leistung zu unternehmen braucht! Niemals kann § 275 Abs. 2 BGB zur Verweigerung der Erfüllung eines Anspruchs auf Geldzahlung berechtigen, weil zwischen dem Aufwand zur Beschaffung von Geld und dem Leistungsinteresse kein grobes Missverhältnis bestehen kann.

Dagegen soll die sog. bloße **„wirtschaftliche Unmöglichkeit"** nicht unter § 275 Abs. 2 BGB fallen; für sie sollen die Regeln über die „Störung der Geschäftsgrundlage" (§ 313 BGB) gelten (*Canaris*, der dies sogar als die „entscheidende Pointe" des § 275 Abs. 2 BGB ansieht). Hierüber ist das letzte Wort aber sicher noch nicht gesprochen, denn aus dem Wortlaut des § 275 Abs. 2 BGB lassen sich die Fälle der „wirtschaftlichen Unmöglichkeit" nur schlecht ausgliedern: Die in § 275 Abs. 2 BGB genannten Kriterien verlangen nämlich nicht nur eine Berücksichtigung des Gläubigerinteresses, sondern stellen auch auf den „Aufwand" ab; das impliziert auch die Berücksichtigung der wirtschaftlichen Leistungsfähigkeit des Schuldners.

<u>Fall 250</u>: Der Millionär V verkauft bei einer Ruderbootfahrt auf der Alster an den K einen Diamantring im Werte von € 1000,- zum Preis von € 900,-. Der Ring fällt dem V sodann über Bord. Der Ring wäre nur wiederzubeschaffen, wenn man die Alster trocken legen ließe und den Schlamm durchsuchte, was mit – auch den V überfordernden – Kosten in Höhe von € 500 Millionen verbunden wäre. Der K verlangt Lieferung des Ringes. Der V lehnt die Lieferung ab (nach Heck und RegE).

Der Anspruch könnte sich aus einem Kaufvertrag ergeben (§ 433 Abs.1 S. 1 BGB). a) Der V und der K haben einen Kaufvertrag abgeschlossen. b) Der aa) entstandene Lieferungsanspruch ist bb) nicht nach § 275 Abs. 1 BGB „ausgeschlossen" und damit entfallen, denn eine Bergung des Ringes aaa) wäre technisch möglich. bbb) Die Frage ist, ob der Umstand, dass dem Schuldner V die Leistung „wirtschaftlich unmöglich" ist, zum Ausschluss des Leistungsanspruchs führt. Ein Umkehrschluss aus § 275 Abs. 2 BGB zeigt, dass es keine Unmöglichkeit aus wirtschaftlichen Gründen gibt; die „wirtschaftliche Unmöglichkeit" soll allenfalls ein Fall der „Störung der Geschäftsgrundlage" (§ 313 BGB) sein (Canaris). cc) Gleichwohl ist der V nicht zur

Lieferung des Ringes verpflichtet. aaa) Denn ihm steht ein – von ihm auch geltend gemachtes – Leistungsverweigerungsrecht wegen „faktischer Unmöglichkeit" zu, weil eine Leistung durch den Schuldner V einen Aufwand erfordern würde, der in einem groben Missverhältnis zum Leistungsinteresse des Gläubigers K steht, so dass kein vernünftiger Gläubiger Erfüllung verlangen würde (§ 275 Abs. 2 S. 1 BGB). bbb) Weil der V die Lieferung abgelehnt hat, hat er von seinem Leistungsverweigerungsrecht auch Gebrauch gemacht.

Variante: Wie wäre es, wenn der V den Ring nach dem Verkauf an K mit den an K gerichteten Worten: „Den wirst Du nie bekommen" in die Alster geworfen hätte?

Nach § 275 Abs. 2 S. 2 BGB ist bei der Bestimmung des Ausmaßes der dem Schuldner zuzumutenden Anstrengungen auch zu berücksichtigen, ob der Schuldner (V) das Leistungshindernis zu vertreten hat. Allerdings dürfte eine Abwägung ergeben, dass auch in einem solchen Fall der V ein Leistungsverweigerungsrecht aus § 275 Abs. 2 S. 1 BGB hat.

Fall 251: Der V verkauft dem K ein Auto, das dem D gehört und ihm gestohlen worden war. Der V, der das Auto geerbt hatte, hatte es immer für sein eigenes Auto gehalten. Das Eigentum des D stellt sich erst nach Abschluss des Kaufvertrags und vor der Lieferung an K heraus. Der D ist bereit, den Wagen für das Dreifache seines gemeinen Wertes an den V zu verkaufen und zu übereignen. Als der K Lieferung des Autos von dem V Zug-um-Zug gegen Kaufpreiszahlung verlangt, weigert sich der V (nach Canaris).

Der Anspruch des K gegen den V aus dem Kaufvertrag (§ 433 Abs. 1 BGB) ist a) nicht nach § 275 Abs. 1 BGB wegen einer nicht gegebenen Möglichkeit zur Übereignung an K „ausgeschlossen"; denn der Schuldner V kann sich das Eigentum an dem Leistungsgegenstand verschaffen und kann dann den Wagen an K übereignen. Aus der Tatsache, dass der Gesetzgeber die Fälle der durch eine Beschaffung des Leistungsgegenstandes (z.B. durch Erwerb bei einem Dritten) behebbaren Unmöglichkeit in § 275 Abs. 2 BGB geregelt hat, muss nämlich gefolgert werden, dass der Gesetzgeber in § 275 Abs. 1 BGB lediglich an die Fälle gedacht hat, in denen der Schuldner sich den Leistungsgegenstand überhaupt nicht verschaffen kann. b) In Fällen wie diesen, in denen rechtlich zweifelhaft ist, ob sie als Unvermögen zu qualifizieren sind, oder nicht" (Canaris), soll stets § 275 Abs. 2 BGB angewendet werden. Der Anspruch könnte daher aa) aufgrund der Leistungsverweigerung des V bb) nicht bestehen, aaa) wenn die Leistung einen i.S.d. § 275 Abs. 2 S. 1 BGB unverhältnismäßigen Aufwand erfordern würde. Das ist bei der Höhe des von D verlangten Preises der Fall, denn kein vernünftiger Gläubiger erwartet die Leistung, weil unter Beachtung des Inhalts des Schuldverhältnisses und der Gebote von Treu und Glauben ein solcher Aufwand in einem groben Missverhältnis zu dem Leistungsinteresse des Gläubigers steht. Zu verlangen ist allenfalls, dass er den Marktpreis und ggf. etwas mehr aufwendet, nicht aber das Dreifache des Marktpreises. bbb) Der höhere Anforderungen stellende § 275 Abs. 2 S. 2 BGB greift nicht ein, weil der V das Leistungshindernis nicht zu vertreten hat.

Variante: Wie wäre es, wenn der V gewusst hätte, dass sein Großvater, dessen Alleinerbe er geworden ist, den Wagen gestohlen hatte, er aber (völlig!) rechtsirrig angenommen hätte, dass er durch den Erbfall das Eigentum erlangt hätte (nach Kropholler).

Wenn der Schuldner aufgrund einer (hier nicht gegebenen) Kenntnis der Rechtslage oder aufgrund eines (hier gegebenen) schuldhaften Irrtums über die Rechtslage die Kaufsache veräußert hat, dann sind von ihm nach § 275 Abs. 2 S. 2 BGB erhöhte Anstrengungen zu erwarten, so dass er dem K zur Leistung verpflichtet wäre.

(2) Die „persönliche Unmöglichkeit" (§ 275 Abs. 3 BGB)

In **§ 275 Abs. 3 BGB** geht es um eine „persönliche Unmöglichkeit" in **besonderen Unzumutbarkeitsfällen**, in denen es so liegt, dass ein Leistungshindernis der Erbringung höchstpersönlich zu erfüllender Leistungsverpflichtungen aus Dienst- bzw. Arbeitsverträgen, Werkverträgen und Geschäftsbesorgungsverträgen entgegensteht und bei einer Abwägung von Leistungshindernis und Leistungsinteresse dem Schuldner nicht zugemutet werden kann, die Leistung zu erbringen.

Fall 252: Die für einen Gounod-Abend von der Staatsoper (S) engagierte Sängerin Castafiore (C) weigert sich trotz eines ausverkauften Hauses aufzutreten, weil ihr Ehemann, Captain Haddock (H), an diesem Abend an einer plötzlich aufgetretenen lebensgefährlichen Komplikation seines alkoholmissbrauchsbedingten Leberleidens erkrankt ist.

Der Anspruch der S gegen die C könnte sich aus einem Dienstvertrag ergeben (§ 611 BGB). a) Der Vertrag ist geschlossen. b) Der Anspruch der S könnte aa) nach § 275 Abs. 1 BGB ausgeschlossen und damit erloschen sein, wenn man hier einen Fall der subjektiven Unmöglichkeit annähme. Eine Fallkonstellation wie diese (ähnlich auch in einem vom BAG entschiedenen Fall: Verweigerung der Arbeitsleistung wegen eines Antritts eines Wehrdienstes im ausländischen Heimatstaat, wenn bei Nichterfüllung der Wehrpflicht die Todesstrafe droht) soll jedoch – wie § 275 Abs. 3 BGB zeigt – nicht unter § 275 Abs. 1 BGB fallen und automatisch zum Ausschluss des Anspruchs führen, bb) sondern dem Schuldner nur ein Leistungsverweigerungsrecht nach § 275 Abs. 3 BGB geben. Voraussetzung dafür ist, dass dem Schuldner unter Abwägung des Leistungsinteresses des Gläubigers und des Leistungshindernisses auf Seiten des Schuldners nicht zugemutet werden kann, die Leistung zu erbringen. Das ist bei einem Fall, wie er hier vorliegt, anerkannt.

Variante: Wie wäre es, wenn die Komplikation auf einen Alkoholexzess des H am Vortage zurückzuführen ist, den die C im Wissen um die möglicherweise lebensgefährlichen Komplikationen initiiert hatte?

Hier stellt sich die Frage, ob bei einem Leistungsverweigerungsrecht nach § 275 Abs. 3 BGB wie bei § 275 Abs. 2 BGB unter Heranziehung des § 275 Abs. 2 S. 2 BGB das Verschulden der Schuldnerin C am Leistungshindernis bei der Abwägung zu berücksichtigen ist. Nach dem Regierungsentwurf, der noch die beiden Fälle des § 275 Abs. 2, 3 BGB in Abs. 2 als Satz 1 (der heutige Abs. 2) und als Satz 2 (der heutige Abs. 3) zusammengefasst hatte, wäre in der Tat zu erwägen gewesen, ob der damalige § 275 Abs. 2 S. 3 BGB (das ist der heutige § 275 Abs. 2 S. 2 BGB) auch auf die Fälle des heutigen Absatzes 3 anwendbar ist. Die jetzige redaktionelle Ausgestaltung lässt diese Annahme nicht mehr zu, so dass es bei der Prüfung des Leistungsverweigerungsrechtes aus § 275 Abs. 3 BGB nicht auf ein Verschulden des Schuldners am Leistungshindernis ankommen kann.

Fall 253: Der A arbeitet als Anwalt in einer großen Kanzlei.

a) Als der A an einem Tag an einer schweren Erkältung leidet, möchte er die Erbringung seiner Arbeitsleistung verweigern.

b) Einige Tage später ist aus der Erkältung eine Lungenentzündung geworden. A möchte dennoch unbedingt in der Kanzlei arbeiten, um ausreichend abrechenbare Stunden für eine Bonuszahlung zusammen zu bekommen. Sein Vorgesetzter will A wieder nach Hause schicken, da er unter diesen Umständen nicht arbeiten könne.

a) Der A ist aufgrund des Arbeitsvertrages grundsätzlich zur Erbringung der Arbeitsleistung verpflichtet. aa) Unmöglichkeit nach § 275 Abs. 1 BGB liegt nicht vor, da der A trotz seiner Erkältung zur Arbeitsleistung imstande wäre. bb) A kann die Leistung jedoch nach § 275 Abs. 3 BGB verweigern.

b) Hier ist die Arbeitsleistung schon nach § 275 Abs. 1 BGB unmöglich, so dass A keine Einrede erheben, der Arbeitgeber aber seine Arbeitsversuche auch nicht annehmen muss.

cc) Übersicht zu § 275 BGB

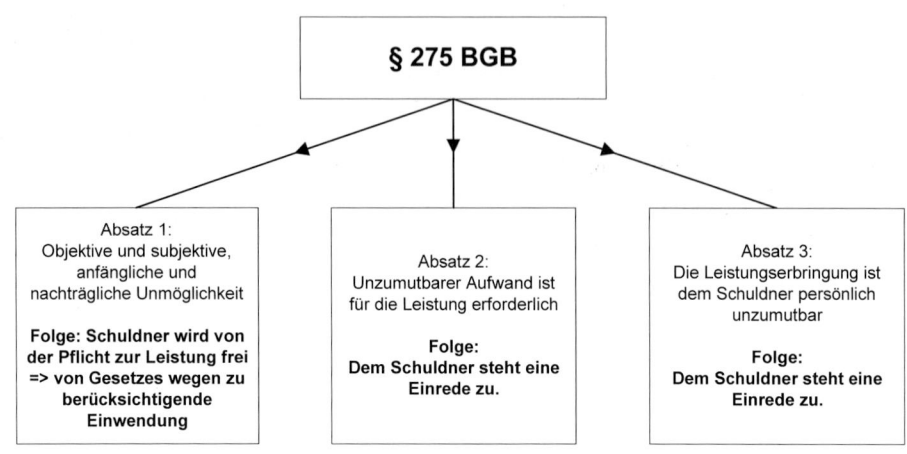

Abb. 1

In § 275 Abs. 4 BGB ist (klarstellend) darauf hingewiesen worden, dass der Gläubiger, der seinen Anspruch auf die Leistung verloren hat, unabhängig davon, ob anfängliche, nachträgliche zu vertretende oder nicht zu vertretende Unmöglichkeit vorliegt, „Sekundäransprüche" hat. Darauf gehen wir dann im 4. Teil dieses Buches weiter ein.

dd) Einrede des Notbedarfs (§ 519 BGB)

Sie erinnern sich vielleicht noch: Aufgrund eines formgültigen Schenkungsversprechens („Vertragsschenkung" nach § 518 BGB) hat der Beschenkte einen primären Erfüllungsanspruch. Der Schenker kann außer nach § 275 BGB durch die Erhebung der Einrede des „Notbedarfs" von seiner Erfüllungspflicht frei sein (§ 519 BGB).

ee) Anspruch auf Herausgabe des Ersatzes (§ 285 BGB)

Zu den Vorschriften, auf die § 275 Abs. 4 BGB (klarstellend) verweist, gehört auch § 285 BGB. Hiernach kann der Gläubiger vom nach § 275 Abs. 1 – 3 BGB leistungsfrei gewordenen Schuldner die Herausgabe eines vom Schuldner erlangten Surrogates (**„stellvertretendes commodum"**) verlangen.

Es ist fast eine „Geschmacksfrage", in welchem Zusammenhang man bei einer am Fallaufbau orientierten Darstellung des Zivilrechts den Anspruch aus § 285 BGB erörtert: Im Zusammenhang mit dem Thema des Schicksals des Erfüllungsanspruchs (also an dieser Stelle) oder bei den Leistungsstörungen. Beides hat seine Berechtigung. Wir schließen einen Kompromiss und sprechen diesen Anspruch hier erst einmal an und erörtern ihn dann im Leistungsstörungsrecht vertiefend.

<u>Fall 254</u>: Der V verkauft dem K für € 900,- eine Sache im Werte von € 1 000,-, die eine Sekunde vor (oder nach) Vertragsschluss verbrannt ist. Die Sache ist bei der V-Versicherung gegen Feuer versichert. K verlangt Abtretung des Anspruchs des V gegen die V-Versicherung auf Zahlung von € 1 000,-.

Der Anspruch könnte sich aus §§ 275 Abs. 4, 285 BGB ergeben. a) Der V schuldete dem K Lieferung aus einem Kaufvertrag (§ 433 Abs. 1 BGB). b) Der V braucht die Leistung jedoch nicht zu erbringen, weil der Anspruch des K deshalb „ausgeschlossen" ist, weil die Leistungsverpflichtung deshalb nicht besteht, weil sie jedermann anfänglich (nachträglich) unmöglich ist (§ 275 Abs. 1 BGB). c) Der V hat für den geschuldeten Gegenstand einen Ersatzanspruch erlangt (§ 1 Abs. 1 S. 1 VVG). Dessen Abtretung kann der K verlangen.

ff) Sonderproblem: Übergang der Leistungsgefahr nach §§ 300 Abs. 2, 644 Abs. 1 S. 2 BGB

(1) Annahmeverzug bei einer Gattungsschuld (§ 300 Abs. 2 BGB)

Der Gläubiger trägt also die Leistungsgefahr bei der Stückschuld und bei der „konkretisierten Gattungsschuld". Bei einer bestimmten Fallkonstellation soll der Gläubiger bei einer Gattungsschuld die Leistungsgefahr auch schon vor einer Konkretisierung tragen müssen, nämlich vom Augenblick des **Annahmeverzuges** an (§ 300 Abs. 2 BGB).

<u>Fall 255</u>: Der K hat bei dem V ein Fernsehgerät Marke „08/15" (Gattungskauf) gekauft, das von dem V geliefert und bei dem K zu Hause aufgestellt und angeschlossen werden soll (Bringschuld!). Der V ruft den K an und teilt ihm mit, dass er das Gerät gern am übernächsten Tag liefern und anschließen würde; bei dieser Gelegenheit könne der K dann auch den Kaufpreis bezahlen. Der K teilt mit, dass er zwar das Gerät gern hätte; er weigert sich aber, den Kaufpreis am übernächsten Tag bereit zu halten. Der V macht sich zwei Tage später dennoch auf den Weg zu K. Bei einem Verkehrsunfall, den der V nicht verschuldet hat, wird der Fernseher zerstört. Der K verlangt die Lieferung eines Fernsehers der Marke „08/15" von V, was dieser ablehnt. Der V will stattdessen seinerseits den Kaufpreis von K (nach Brox-Walker)

1. Der Anspruch des K gegen V auf Lieferung eines Fernsehers der Marke „08/15" kann sich aus einem Kaufvertrag ergeben (§ 433 Abs. 1 S. 1 BGB). a) Der Kaufvertrag ist geschlossen. b) Der Anspruch kann jedoch nach aa) § 275 Abs. 1 BGB „ausgeschlossen" und damit erloschen sein, wenn die Leistung unmöglich geworden ist. Hier handelt es sich um eine sog. „Gattungsschuld", bei der Unmöglichkeit aaa) grundsätzlich erst eintritt, wenn die gesamte Gattung nicht mehr existiert, was hier nicht der Fall ist, bbb) oder wenn die Gattungsschuld nach § 243 Abs. 2 BGB auf einen bestimmten Fernseher der Marke „08/15" konkretisiert worden ist mit der Folge, dass sich der Anspruch auf diese eine Sache beschränkt. Dazu muss der Schuldner das seinerseits Erforderliche getan haben: Vereinbart war Lieferung und Anschluss eines Fernsehgerätes Marke „08/15". Es handelte sich daher um eine „Bringschuld". Also muss der Schuldner die Ware aussuchen, zum Gläubiger bringen und sie ihm tatsächlich anbieten. Hier

war der V niemals mit dem Fernseher bei K angelangt, so dass er das seinerseits Erforderliche noch nicht getan hat. Eine Konkretisierung nach § 243 Abs. 2 BGB scheidet daher aus. ccc) Nach § 300 Abs. 2 BGB geht jedoch bei einer Gattungsschuld die Leistungsgefahr auf den Gläubiger in dem Augenblick über, in dem sich der Gläubiger im Annahmeverzug befindet. Im Annahmeverzug befindet sich der Gläubiger, wenn er die ihm vom Schuldner „angebotene Leistung nicht annimmt" (§ 293 BGB). Dazu ist grundsätzlich ein tatsächliches Angebot erforderlich (§ 294 BGB), das hier nicht vorliegt. Nach § 295 S. 1 BGB genügt jedoch auch ein wörtliches Angebot, wenn der Gläubiger sich ernsthaft und endgültig weigert, die Leistung anzunehmen. Auch dies war vorliegend nicht der Fall, da K sehr wohl den Fernseher annehmen wollte. Nach § 298 BGB reicht es jedoch auch aus, wenn der Gläubiger zwar die Leistung annehmen, seine Gegenleistung aber nicht erbringen will. Dies war hier der Fall. Es lag also Annahmeverzug vor. Nach § 300 Abs. 2 BGB ist damit die Leistungsgefahr hinsichtlich der angebotenen Sache auf den Gläubiger K übergegangen. Er kann daher nach der nunmehr eingetretenen Unmöglichkeit keine neue Leistung verlangen. Der Anspruch aus § 433 Abs. 1 S. 1 BGB ist erloschen. 2. Der Kaufpreisanspruch des V gegen K kann sich aus einem Kaufvertrag ergeben (§ 433 Abs. 2 BGB) a) Der Kaufvertrag ist geschlossen. b) Der Anspruch auf Zahlung des Kaufpreises kann erloschen sein nach aa) § 326 Abs. 1 S. 1 BGB, da dem V die Leistung nach § 275 Abs. 1 BGB unmöglich geworden ist. bb) Nach der Ausnahmevorschrift des § 326 Abs. 2 S. 1 2 Alt. BGB. bleibt der Anspruch aber bestehen, wenn sich der Gläubiger zum Zeitpunkt der Unmöglichkeit im Annahmeverzug befindet. Dies war hier der Fall. Der K bleibt also zur Zahlung des Kaufpreises verpflichtet.

> Da Sie (um es ein wenig selbstironisch zu formulieren) in der Ausbildung ja nicht nur „für das Leben lernen", sondern am Rande auch „für das Examen" lernen, sei folgender „lerntaktischer Hinweis" erlaubt: Fälle wie dieser sind ein sehr tauglicher Ausgangsstoff für Aufgaben in Prüfungen. Durch einige Abwandlungen oder Ergänzungen lassen sich zahlreiche verschiedene Problemkreise „abfragen".
>
> Man könnte zum Beispiel das Vorliegen einer Bringschuld weniger deutlich zum Ausdruck bringen, so dass man als Bearbeiter gehalten ist, im Rahmen des § 269 BGB eine Vertragsauslegung nach §§ 133, 157 BGB vorzunehmen.
>
> Oder man könnte die Frage eines Verschuldens des V zu einem eigenen Problemkreis ausgestalten oder statt des V einen Erfüllungsgehilfen (Problem des § 278 BGB) handeln lassen.
>
> Bei der Prüfung eines Schadensersatzanspruches (§§ 280 Abs. 1, 3, 283 BGB) könnte von Bedeutung werden, dass der Schuldner beim Gläubigerverzug nur für Vorsatz und grobe Fahrlässigkeit haftet (§ 300 Abs. 1 BGB).
>
> Man könnte den Fall auch um das Problemfeld „Surrogationsansprüche" erweitern, indem man die Bearbeiter veranlasst, Ansprüche gegen den hier ungenannten Unfallgegner zu prüfen. Insoweit hätte der K aus § 285 BGB einen Anspruch auf Abtretung dieser Ansprüche.
>
> Sie sehen also, dass § 300 Abs. 2 BGB eine interessante Norm ist. An sie müssen Sie immer denken, wenn bei Gattungsschulden mündliche Angebote vorkommen.

(2) Annahmeverzug beim Werkvertrag (§ 644 Abs. Abs. 1 S. 2 BGB)

Eine identische Interessenlage finden wir beim Werkvertrag. Die Leistungspflicht aus einem Werkvertrag entspricht nämlich der einer Gattungsschuld.

Wegen dieser Identität der Interessenlage verwundert es nicht, dass der Gesetzgeber in §§ 631, 644 Abs. 1 S. 2 BGB eine dem § 300 Abs. 2 BGB vergleichbare Anordnungen getroffen hat.

gg) Ausschluss des Anspruchs auf die Leistung nach § 281 Abs. 4 BGB

> Hin und wieder sind Vorgriffe unerlässlich. Das gesamte Zivilrecht lässt sich leider nicht (schon gar nicht in einer nach den Bedürfnissen der Fallbearbeitung strukturierten Darstellung) derart „pyramidal" aufgebaut darstellen, dass jede Fragestellung sich aus vorher dargestellten Grundlagen beantworten lässt.
>
> Sie werden in Teil 4 davon lesen, dass ein Gläubiger unter bestimmten Voraussetzungen „Schadensersatz statt der Leistung" verlangen kann, wenn der Schuldner seine Leistung nicht erbringt, obwohl er sie erbringen könnte (§§ 280 Abs. 1, 3, 281 BGB).
>
> Sie werden sogleich erkennen, dass dies auch von Bedeutung ist für die hier diskutierte Frage, ob und ggf. unter welchen Voraussetzungen der Gläubiger seinen Anspruch auf die Erbringung der ihm seitens des Schuldners primär geschuldeten Leistung verliert.

Wenn nämlich der Gläubiger Schadensersatz „statt der Leistung" aus § 281 Abs. 1 BGB fordert, erlischt damit der Anspruch auf die Leistung (**§ 281 Abs. 4 BGB**).

Der Gesetzgeber verkündet hiermit an sich keine besonders tiefsinnige Erkenntnis, denn es handelt sich letztlich um eine reine Klarstellung: Denn wer Schadensersatz **„statt der Leistung"** verlangt, kann nicht weiterhin Erfüllung verlangen.

Der Sinn der Vorschrift besteht darin, den auf Schadensersatz „statt der Leistung" in Anspruch genommenen Schuldner von der Pflicht zu befreien, sich weiterhin für die Erbringung der geschuldeten Leistung leistungsbereit zu halten; den Wert der Leistung muss er allerdings wegen des Schadensersatzanspruchs aus § 281 Abs. 1 BGB bereithalten.

Die interessanteste Frage, die § 281 Abs. 4 BGB aufwirft, ist die, unter welchen Voraussetzungen der Gläubiger mit der Folge des Verlustes des Anspruchs auf die Leistung „Schadensersatz <u>verlangt</u> hat". Bei diesem Verlangen handelt es sich um eine geschäftsähnliche Handlung, auf die die Regeln über das Rechtsgeschäft entsprechend anwendbar sind. Damit ist aber noch nicht gesagt, wann man vom Vorliegen eines solchen „Verlangens" auszugehen hat.

- Mit Sicherheit liegt ein Schadensersatzverlangen darin, dass der Gläubiger die **Schadensersatzklage** erhoben hat.
- Umgekehrt ist sicher, dass für ein „Verlangen" jedenfalls **nicht ausreichend** ist, wenn der Gläubiger lediglich erklärt, seine Rechte „bis hin zum Schadensersatz

geltend machen" zu wollen oder „mit der Prüfung eines Schadensersatzanspruchs einen Rechtsanwalt beauftragt" zu haben (RegE).

b) Bei gegenseitigen Verträgen: Das Entfallen des Gegenleistungsanspruchs des nach § 275 BGB leistungsfreien Schuldners der unmöglich gewordenen Leistung gegen den Gläubiger

> Die **vorstehenden Ausführungen** betrafen das Schicksal des primären Leistungsanspruchs des Gläubigers der unmöglich gewordenen Leistung, also die Frage: „Wen trifft die **„Leistungsgefahr?"**. Wie immer betrafen diese Ausführungen schwerpunktmäßig einen primären Leistungsanspruch aus einem verpflichtenden Vertrag.
>
> **Jetzt** geht es um das Schicksal des Anspruchs des leistungsfrei gewordenen Schuldners gegen den Gläubiger auf die „Gegenleistung", also um die Frage: „Wer trägt die **Gegenleistungsgefahr**"? Diese Ausführungen betreffen ausschließlich Ansprüche aus verpflichtenden Verträgen, und zwar „gegenseitigen Verträgen", denn nur bei ihnen gibt es eine Verpflichtung zur Erbringung einer „Gegenleistung".

Also noch einmal: Die hier aufgeworfene Frage, ob der Gläubiger die von ihm geschuldete Gegenleistung erbringen muss, obwohl der Schuldner nach § 275 BGB „leistungsfrei" geworden ist, oder umgekehrt gewendet: die Frage, ob der „leistungsfreie" Schuldner seinen Gegenleistungsanspruch behält, kann sich natürlich nur bei „**gegenseitigen Verträgen**" stellen, denn nur bei diesen gibt es „Gegenleistungsansprüche", die vielleicht entfallen oder weiter bestehen können.

> Wie Sie längst wissen, sind **gegenseitige Verträge** solche Verträge, bei denen die Leistungs- und die Gegenleistungspflicht im „Gegenseitigkeitsverhältnis" zueinander stehen; dazu gibt es eine ganz eindeutige **Definition**.
>
> Für die Gegenseitigkeit ist entscheidend, dass die eine Leistung um der anderen Leistung willen erbracht werden muss, bzw. dass „gegeben wird, damit der andere Teil gibt" (= **„do ut des"** = „ich gebe, damit du gibst" = „Synallagma").
>
> **Gegenseitige Verträge sind** z.B. der Kaufvertrag, der Werkvertrag, der Mietvertrag. Zu beachten ist, dass bei gegenseitigen Verträgen nicht unbedingt alle Verpflichtungen im Gegenseitigkeitsverhältnis zueinander stehen: So steht z.B. die Rückgabeverpflichtung des Mieters nach § 546 BGB nicht im Gegenseitigkeitsverhältnis zur Überlassungsverpflichtung des Vermieters nach § 535 Abs. 1 BGB; denn niemand vermietet, damit er die Mietsache zurückerhält (sonst könnte er sie ja gleich behalten)!
>
> **Kein gegenseitiger Vertrag** ist z.B. der Auftrag (§§ 662 ff. BGB): Daher steht der Anspruch des Auftraggebers auf Besorgung des Geschäfts (§ 662 BGB) nicht im Gegenseitigkeitsverhältnis zum Aufwendungsersatzanspruch des Beauftragten (§ 670 BGB). Auch die Leihe ist z.B. kein gegenseitiger Vertrag;

> erklären Sie es sich selbst! Man nennt diese Verträge **„unvollkommen zweiseitige Verträge"**.

Die Auswirkungen des Ausschlusses der Leistungspflicht auf den Gegenleistungsanspruch stehen in vollem Einklang mit dem „Gerechtigkeitsgefühl"; man sieht die „Waage der Justitia" förmlich vor sich:

- In der **Regel entfällt auch der Gegenleistungsanspruch des leistungsfrei gewordenen Schuldners (§ 326 Abs. 1 S. 1 1. HS BGB).**
- Aber es gibt bestimmte **Ausnahmen,** bei deren Vorliegen vom Gläubiger die Gegenleistung erbracht werden muss, obwohl der Anspruch auf die Leistung ausgeschlossen ist.

aa) Regel: Der Anspruch auf die Gegenleistung entfällt (§ 326 Abs. 1 S. 1 1. HS BGB)

Als **Regel** gilt, dass der **Anspruch des Schuldners der Leistung auf die Gegenleistung entfällt**, wenn der Schuldner leistungsfrei wird **(§ 326 Abs. 1 S. 1 1. HS, 275 Abs. 1 – 3 BGB).**

Fall 256: Der V verkauft dem K eine Sache, die eine Sekunde nach Vertragsschluss verbrannt ist. V verlangt Zahlung des Kaufpreises von K.

Der Anspruch könnte sich aus einem Kaufvertrag ergeben (§ 433 Abs. 2 BGB). a) Der V und der K haben einen Kaufvertrag abgeschlossen. Der Anspruch ist also entstanden. b) Der Anspruch ist jedoch entfallen, weil dem V die Leistung (Lieferung der Kaufsache) unmöglich ist und der Lieferungsanspruch „ausgeschlossen" ist (§§ 326 Abs. 1 S. 1 1. HS, 275 Abs. 1 BGB).

Fall 257: Der V verkauft dem K eine Sache, die eine Sekunde vor Vertragsschluss/eine Sekunde nach Vertragsschluss von einem unbekannten Dieb gestohlen wurde. Die Suche nach dem Dieb ist aussichtslos. V verlangt Zahlung des Kaufpreises von K.

Der Anspruch könnte sich aus einem Kaufvertrag ergeben (§ 433 Abs. 2 BGB a) V und K haben einen Kaufvertrag abgeschlossen. Der Anspruch aus § 433 Abs. 2 BGB ist also entstanden. b) Der Anspruch ist jedoch entfallen, weil dem V die Leistung (Lieferung der Kaufsache) unmöglich ist und der Lieferungsanspruch „ausgeschlossen" ist (§§ 326 Abs. 1 S. 1 1. HS, 275 Abs. 1 BGB).

Fall 258: Der V verkauft dem K eine ursprüglich ihm, dem, V gehörige Sache, die jetzt aber dem D gehört, weil der V sie eine Sekunde vor Vertragsschluss/eine Sekunde nach Vertragsschluss an D verkauft und übereignet hat und die der D nicht bereit ist, an K zu übereignen bzw. an den V zurückzuübereignen. Der V verlangt Zahlung des Kaufpreises von K.

Der Anspruch könnte sich aus einem Kaufvertrag ergeben (§ 433 Abs. 2 BGB). a) V und K haben einen Kaufvertrag abgeschlossen. Der Anspruch aus § 433 Abs. 2 BGB ist also entstanden. b) Der Anspruch ist jedoch entfallen, weil dem V die Leistung (Lieferung der Kaufsache) unmöglich ist und der Lieferungsanspruch „ausgeschlossen" ist (§§ 326 Abs. 1, S. 1 1. HS, 275 Abs. 1 BGB).

Fall 259: Der Millionär V verkauft bei einer Ruderbootfahrt auf der Alster an den K einen Diamantring im Werte von € 1 000,- für € 900,-. Der Ring fällt sodann über Bord. Der Ring wäre nur wiederzubeschaffen, wenn man die Alster trocken legen ließe und den Schlamm durchsuchte, was mit – auch für V unerschwinglichen – Kosten in Höhe von € 500 Millionen verbunden wäre. V verlangt die Zahlung des Kaufpreises.

Der Anspruch könnte sich aus einem Kaufvertrag ergeben (§ 433 Abs. 2 BGB). a) V und K haben einen Kaufvertrag abgeschlossen. Der Anspruch ist also entstanden. b) Der Anspruch könnte jedoch entfallen sein, weil der V leistungsfrei geworden ist (§§ 326 Abs. 1 S. 1 1. HS, 275 Abs. 1, 2 BGB). aa) Der Lieferungsanspruch ist aaa) nicht nach § 275 Abs. 1 BGB „ausgeschlossen", denn eine Bergung des Ringes aaaa) wäre technisch möglich. bbbb) Die Frage ist, ob der Umstand, dass dem Schuldner V die Leistung „wirtschaftlich unmöglich" ist, zum Ausschluss des Leistungsanspruchs führt. Ein Umkehrschluss aus § 275 Abs. 2 BGB zeigt, dass es keine Unmöglichkeit aus wirtschaftlichen Gründen gibt; die „wirtschaftliche Unmöglichkeit" soll allenfalls ein Fall der „Störung der Geschäftsgrundlage" (§ 313 BGB) sein (Canaris). bbb) Gleichwohl ist der V nicht zur Lieferung des Ringes verpflichtet. aaaa) Denn ihm steht ein – von ihm auch geltend gemachtes – Leistungsverweigerungsrecht wegen „faktischer Unmöglichkeit" zu, weil eine Leistung durch den Schuldner V einen Aufwand erfordern würde, der in einem groben Missverhältnis zum Leistungsinteresse des Gläubigers K steht, so dass kein vernünftiger Gläubiger Erfüllung verlangen würde (§ 275 Abs. 2 S. 1 BGB). bbb) Aber der V hat die Einrede nicht erhoben. Also ist der Kaufpreisanspruch nicht nach §§ 326 Abs. 1 S. 1 1. HS, 275 Abs. 2 S. 1 BGB erloschen. c) K kann jedoch die Zahlung nach § 320 BGB verweigern.

Variante: Als K die Lieferung des Ringes verlangt, lehnt V ab.

Der Kaufpreisanspruch ist jetzt nach §§ 326 Abs. 1 S. 1 1. HS, 275 Abs. 2 BGB erloschen.

bb) Ausnahmen: Verantwortlichkeit des Gläubigers für die Unmöglichkeit/Annahmeverzug des Gläubigers (§ 326 Abs. 2 S. 1 BGB)

Abweichend von der Regel des § 326 Abs. 1 S. 1 1. HS BGB entfällt nach **§ 326 Abs. 2 S. 1 BGB** der Anspruch auf die Gegenleistung nicht,

- wenn der **Gläubiger für den die Leistungsfreiheit nach § 275 Abs. 1 – 3 BGB begründenden Umstand allein** oder **weit überwiegend verantwortlich** ist (**§ 326 Abs. 2 S. 1 1. Fall BGB**).

- oder wenn ein solcher Umstand, den der Schuldner nicht zu vertreten hat, zu einer Zeit eintritt, zu der der **Gläubiger im Annahmeverzug** war (**§ 326 Abs. 2 S. 1 2. Fall BGB**).

Dass der Gesetzgeber diese beiden Ausnahmen geschaffen hat, leuchtet ohne weiteres ein: Ein Käufer, der die zu liefernde Kaufsache schuldhaft zerstört hat, muss selbstverständlich zur Kaufpreiszahlung verpflichtet bleiben.

Fall 260: V schuldet dem K aus einem Kaufvertrag die Lieferung einer Vase. Vor der Übereignung zerstört der K die Vase mutwillig. Der K verlangt Lieferung, der V Bezahlung.

1. Der Lieferungsanspruch des K gegen V (§ 433 Abs. 1 BGB) ist nach § 275 Abs. 1 BGB wegen Unmöglichkeit der Leistungserbringung „ausgeschlossen". 2. Der Kaufpreisanspruch des V gegen K (§ 433 Abs. 2 BGB) a) wäre nach § 326 Abs. 1 S. 1 1. HS, 275 BGB entfallen, b) wenn – wie hier – nicht § 326 Abs. 2 S. 1 BGB eingreifen würde. K muss daher (natürlich) zahlen.

Die Frage, wofür ein Gläubiger allein oder weit überwiegend verantwortlich ist, ist allerdings nicht immer so einfach wie in diesem Fall zu beantworten. Zu § 326 Abs. 2 S. 1 1. Fall BGB kann man

- eine „**Sphärentheorie**" vertreten, nach der alle zum Ausschluss der Leistungspflicht führenden Leistungshindernisse i.S.d. § 275 BGB, also auch die nicht vom Gläubiger verursachten und nicht von ihm zu vertretenden Leistungshindernisse als vom Gläubiger zu verantworten anzusehen sind, wenn sie nur aus der Sphäre des Gläubigers stammen;
- oder man kann nach **Fallgruppen** differenzieren und eine Verantwortlichkeit des Gläubigers annehmen bei einem **leistungshindernden rechtswidrigen und schuldhaften Verhalten des Gläubigers,** bei einer **schuldhaften Verletzung von Mitwirkungspflichten,** bei einer schuldhaften „**Obliegenheitsverletzung**" oder bei einer **vertraglichen Risikoübernahme** seitens des Gläubigers der nach § 275 BGB nicht zu erbringenden Leistungsverpflichtung.

<u>Fall 261</u>: Der P hat für sich und seine Frau S eine Flugreise nach Chile gebucht. Am Tage vor der Abreise wird ihnen von der Fluggesellschaft F mitgeteilt, dass die chilenischen Behörden für die Einreise einen Nachweis einer Impfung gegen Typhus verlangen; daher macht auch die F den Transport von einem Impfnachweis abhängig. Der P und die S können wegen eines akuten grippalen Infektes nicht geimpft werden. Sie treten daher vom Vertrag mit F zurück. Die F verlangt die volle Vergütung (nach BGH).

Der Anspruch der F gegen den P und die S kann sich aus §§ 631, 649, BGB ergeben. a) Der Anspruch ist aus §§ 631, 649 BGB entstanden. b) Er könnte aber erloschen sein. aa) Der Anspruch der F ist grundsätzlich nach §§ 326 Abs. 1 S. 1 1. HS, 275 BGB erloschen, weil die F nach § 275 Abs. 1 BGB wegen des Einreiseverbots von ihrer Transportverpflichtung frei geworden ist. bb) Der Anspruch würde aber fortbestehen, wenn der P und die S die Unmöglichkeit zu vertreten haben. aaa) Folgt man der „Sphärentheorie", nach der alle auch unverursachten und unverschuldeten zum Ausschluss der Leistungspflicht nach § 275 BGB führenden Leistungshindernisse, wenn sie nur aus der Sphäre des Gläubigers stammen, als vom Gläubiger zu verantworten anzusehen sind, müssen der P und die S dafür einstehen, dass sie die gesundheitlichen Voraussetzungen für die Reise nicht geschaffen haben; sie müssten zahlen. bbb) Folgt man der anderen Ansicht, derzufolge es eines leistungshindernden, rechtswidrigen und schuldhaften Verhaltens des Gläubigers, einer schuldhaften Verletzung von Mitwirkungspflichten, einer schuldhaften „Obliegenheitsverletzung" oder einer vertraglichen Risikoübernahme seitens des Gläubigers bedarf, läge keine Verantwortlichkeit des Gläubigers i.S.d. § 326 Abs. 2 S. 1 BGB vor, so dass der Anspruch nicht nach § 326 Abs. 2 S. 1 1. Fall BGB fortbesteht, sondern entfallen wäre. cc) Der Anspruch wäre aber dann nicht entfallen, wenn die Gegenleistungsgefahr zuvor auf P und S übergegangen wäre. Hier hat der BGH § 645 Abs. 1 BGB analog angewendet und der F eine Teilvergütung zugesprochen.

Der Gläubiger bleibt dem leistungsfrei gewordenen Schuldner aber nicht nur dann zur Gegenleistung verpflichtet, wenn er für das Leistungshindernis allein oder weit überwiegend verantwortlich ist. Der Anspruch auf die Gegenleistung bleibt auch dann bestehen, wenn sich der Gläubiger zum Zeitpunkt der Unmöglichkeit im **Annahmeverzug** befindet (**§ 326 Abs. 2 S. 1 2. Fall BGB**). Geregelt sind die Voraussetzungen des Annahmeverzuges in den §§ 293 ff. BGB. Danach müssen Sie prüfen, ob die Leistung so angeboten wurde, wie dies erforderlich war. Das hängt davon ab, welche Leistungshandlung der Schuldner zu erbringen hat. Sie erinnern sich: es gibt Hol-, Schick-

und Bringschulden; die dafür maßgebliche Auslegungsregel finden Sie in den §§ 269 f. BGB.

Fall 262: Der Kartoffelhändler V verkauft an den K zehn Zentner Kartoffeln aus der Lüneburger Heide der Sorte „Hansa". Vereinbart ist, dass er sie am nächsten Tag ab 12 Uhr für den K zur Abholung bereithält. Der V, der bei Vertragsschluss noch nicht über eine entsprechende Menge verfügte, besorgte zehn Zentner Kartoffeln der Marke „Hansa" von guter Qualität und stellte sie in Säcke verpackt für K zur Abholung bereit. Kurz vor 12 Uhr werden die für K bei V bereit gehaltenen Kartoffeln aus irgendeinem Grund vernichtet. V verlangt Zahlung des Kaufpreises.

a) Anspruch des V gegen K ist nach § 433 Abs. 2 BGB entstanden. b) Er ist aber nach §§ 326 Abs. 1 S. 1 1. HS, 275, 243 Abs. 2 BGB entfallen.

Variante: Wie wäre es, wenn der K nicht, wie vereinbart, um 12 Uhr erschienen ist und die Kartoffeln um 17 Uhr durch einen Zufall (= kein Verschulden des V oder des K) vernichtet worden sind?

a) Ein Anspruch auf Kaufpreiszahlung ist nach § 433 Abs. 2 BGB entstanden. b) Er könnte aa) nach §§ 326 Abs. 1 S. 1 1. HS, 275 Abs. 1, 243 Abs. 2 BGB entfallen sein. Die Voraussetzungen dieser Normen liegen vor: aaa) Die Konkretisierung ist eingetreten: Der V hat das „seinerseits Erforderliche getan": Er hat die Kartoffeln „mittlerer Art und Güte" bereitgestellt und damit dem K angeboten (was ausreicht, da nach § 269 Abs. 1 BGB eine Holschuld vorliegt), so dass die Leistungspflicht des V nach § 275 Abs. 1 BGB „ausgeschlossen" ist. Danach wäre auch der Gegenleistungsanspruch entfallen. bbb) Möglicherweise greift aber die Ausnahme nach § 326 Abs. 2 S. 1 2. Fall BGB ein. Dazu muss sich der K im Annahmeverzug befunden haben, was anhand der §§ 293 ff. BGB zu prüfen ist. Vorliegend musste V die geschuldete Leistung dem K anbieten. Dies hat er durch Aussondern und Bereitstellen getan (Holschuld!). Daher befand sich K ab 12.00 Uhr im Annahmeverzug, womit die Voraussetzungen des § 326 Abs. 2 S. 1, 2. Fall BGB erfüllt sind. K muss daher zahlen, obwohl er keine Kartoffeln erhält!

Wem dieses Ergebnis unbillig vorkommt, dem sei gesagt, dass der K, wenn er die Lieferung rechtzeitig abgeholt hätte, auch als Eigentümer bei zufälligem Untergang als Träger der „Sachgefahr" („casum sentit dominus") den Schaden selbst zu tragen gehabt hätte. Um ihn durch die Tatsache des in seiner Sphäre liegenden Annahmeverzugs nicht besser zu stellen, ordnet § 326 Abs. 2 S. 1 2. Fall BGB einen Gefahrübergang an. Lesen Sie auch noch einmal § 446 S. 3 BGB, wo der Gesetzgeber für den Kaufvertrag seinen Standpunkt noch einmal bekräftigt und gleichzeitig auch verdeutlicht, dass der Käufer, an den die Sache (vor Erfüllung) übergeben worden ist, die Sachgefahr trägt.

> Interessant wäre es übrigens, wenn V faulige Kartoffeln, also nicht solche „mittlerer Art und Güte" (§ 243 Abs. 1 BGB) bereitgestellt hätte. Dann würde zum einen der Leistungsanspruch nicht nach § 275 Abs. 1 BGB ausgeschlossen sein; und hinsichtlich des Gegenleistungsanspruches würde § 326 Abs. 2 S. 1 2. Fall BGB nicht eingreifen, da der Annahmeverzug nach § 293 voraussetzt, dass die Leistung
>
> - zur **richtigen Zeit** (im Zweifel sofort, § 271 Abs. 1 BGB)
> - am **richtigen Ort** (Hol-, Bring- oder Schickschuld, vgl. § 269 BGB)

> - in **richtiger Art und Weise** (!) angeboten wird.
>
> Letzteres wäre aber nicht der Fall wegen der „nicht „mittlerer Art und Güte" entsprechenden Qualität. Gliedern Sie ruhig einmal die Lösung bei dieser Sachlage und staunen Sie über das völlig andere Ergebnis!

cc) Sonstige Ausnahmen: Freiwerden von einer Nacherfüllungspflicht, teilweises Freiwerden, Geltendmachung des stellvertretenden commodum, Übergang der Preisgefahr

Es gibt weitere **Ausnahmefälle**, in denen **trotz** einer **Leistungsfreiheit des Schuldners** der Anspruch des Schuldners gegen den Gläubiger auf die **Gegenleistung nicht entfällt**, sondern fortbesteht.

Das Verständnis dieser Ausnahmen wird sich vor allem dem Anfänger im Augenblick nicht ohne weiteres erschließen. Spätestens bei der gesonderten Erörterung der Leistungsstörungen in Teil 4 wird der Leser Sinn und Zweck dieser Ausnahmen jedoch verstehen.

- Das ist einmal der Ihnen längst bekannte Fall, bei dem ein **nicht vertragsgemäß leistender Schuldner** eine **Nacherfüllungsverpflichtung nach § 275 Abs. 1 – Abs. 3 BGB nicht erbringen muss**; hier schließt das Gesetz in § 326 Abs. 1 S. 2 BGB die Anwendung des § 326 Abs. 1 S. 1 BGB ausdrücklich aus. Liefert nämlich z.B. ein Verkäufer mangelhaft, so steht dem Käufer ein Nacherfüllungsanspruch zu (§§ 434, 437 Nr. 1, 439 BGB). Dieser Nacherfüllungsanspruch ist wegen § 433 Abs. 1 S. 2 BGB ein primärer Leistungsanspruch. Wenn der Verkäufer von der Pflicht zur Erfüllung des Nacherfüllungsanspruchs nach § 275 Abs. 1 – 3 BGB befreit wäre, würde grundsätzlich nach § 326 Abs. 1 S. 1 BGB auch die Kaufpreisverpflichtung in voller Höhe erlöschen; da aber die Kaufsache durch den Ausschluss der Nacherfüllungspflicht nach § 275 BGB i.d.R. niemals völlig entwertet ist (ein Kratzer am Lack eines Neuwagens reduziert dessen Wert nicht auf Null), wäre eine solche Rechtsfolge, wie sie sich aus § 326 Abs. 1 S. 1 BGB ergeben würde, absolut unangemessen. Auch würde dem Verkäufer das Recht auf Nacherfüllung genommen, wenn der Käufer von seiner Kaufpreiszahlungsverpflichtung frei würde bzw. nach § 326 Abs. 4 BGB seine bereits erbrachte Gegenleistung zurückverlangen kann; dies soll er erst nach §§ 437 Nr. 2, 323 BGB (also nach fruchtloser Fristsetzung hinsichtlich der Nacherfüllung) bzw. §§ 437 Nr. 2, 326 Abs. 5 BGB bei erheblicher Mangelhaftigkeit im Falle unmöglicher Nacherfüllung. Dieses ganze wohl durchdachte System würde durcheinander gewirbelt, wenn das Gesetz nicht den § 326 Abs. 1 S. 1 BGB durch § 326 Abs. 1 S. 2 BGB für unanwendbar erklärt hätte. Der Käufer kann die Inanspruchnahme also nur abwehren, indem er nach §§ 434, 437 Nr. 2, 323/326 Abs. 5 BGB vom Vertrag zurücktritt.

Fall 263: Der V verkauft dem K einen gebrauchten Wagen. Der Wagen hatte – wie sich bald nach Übergabe herausstellt – einen technischen Defekt, der nur durch den Einbau eines nicht mehr erhältlichen Ersatzteils behoben werden kann. Der K hatte den Kaufpreis noch nicht gezahlt. Der V verlangt den Kaufpreis.

Der Anspruch könnte sich aus einem Kaufvertrag ergeben (§ 433 Abs. 2 BGB). a) Der Kaufvertrag ist geschlossen; also ist der Anspruch entstanden. b) Er könnte nach §§ 326 Abs. 1 S. 1, 434, 437 Nr. 1, 439, 275 Abs. 1 BGB automatisch erloschen sein. Dem aber steht § 326 Abs. 1 S. 2 BGB entgegen.

Variante Der K hatte dem V eine fruchtlos verstrichene Frist von 2 Wochen zur Beseitigung des Mangels gesetzt. Als der V den Kaufpreis verlangt, erklärt der K den Rücktritt.

Der Anspruch könnte sich aus einem Kaufvertrag ergeben (§ 433 Abs. 2 BGB). a) Der Kaufvertrag ist geschlossen. b) Er könnte aber durch einen Rücktritt beendet sein. aa) Ein Rücktrittsrecht des K aaa) aus §§ 433, 434 Abs. 1, 437 Nr. 2, 323, 346 BGB ist wegen der Unbehebbarkeit des Mangels nicht gegeben. bbb) Dem K steht aber ein Rücktrittsrecht aus §§ 433, 434 Abs. 1, 437 Nr. 2, 326 Abs. 5 BGB, 275 Abs. 1, 346 BGB zu. bb) Der Rücktritt ist erklärt worden (§ 349 BGB) cc) Dadurch ist der Kaufvertrag beendet worden, weil er in ein Rückgewährschuldverhältnis umgewandelt worden ist. Der K schuldet mithin keine Kaufpreiszahlung mehr

- Eine weitere Ausnahme von § 326 Abs. 1 S. 1 1. HS BGB ist die Regelung des § 326 Abs. 1 S. 1 2. HS BGB. Man muss sich dessen bewusst sein, dass es keineswegs der Regelfall ist, dass die Leistung vollständig unmöglich wird. Es gibt auch die Konstellation der zu **Teilleistungen** führenden **„Teilunmöglichkeit"**. Die **Auswirkung einer Teilunmöglichkeit auf die Gegenleistungsverpflichtung** regeln §§ 326 Abs. 1 S. 1 HS. 2, 441 Abs. 3 BGB. Wenn sich bei teilbaren Leistungen das Leistungshindernis wegen einer **Teilunmöglichkeit** nur auf einen Teil der Leistung erstreckt oder wenn eine nur vorübergehende Leistungsfreiheit (RegE) besteht, wird der Gläubiger nur teilweise frei **(§§ 326 Abs. 1 S. 1, 2. HS, 441 Abs. 3 BGB)**; der Gläubiger kann aber zurücktreten (§ 326 Abs. 5 BGB). Allerdings muss man im Auge haben, dass auch bei einer teilweisen Unmöglichkeit wegen des Vertragszwecks eine vollständige Unmöglichkeit gegeben sein kann. Daher gilt die Minderung nach §§ 326 Abs. 1 S. 1 2. HS, 441 Abs. 3 BGB letztlich nur, wenn die noch mögliche Teilleistung für den Gläubiger von Interesse ist.

Fall 264: Der V schuldet dem K aus einem Kaufvertrag die Lieferung von 10 gleichwertigen antiken Porzellanvasen (Stückschuld!). Davon werden 5 nach Vertragsschluss zerstört. Der Kaufpreis für alle Vasen zusammen beträgt € 100 000,-. Der K verlangt Lieferung, der V den Kaufpreis.

1. Hinsichtlich des Lieferungsanspruches des K aus § 433 Abs. 1 S. 1 BGB gilt § 275 Abs. 1 BGB: „Der Anspruch auf Leistung ist ausgeschlossen, soweit diese für den Schuldner ... unmöglich ist". Der Käufer kann also nur noch 5 Vasen verlangen. 2. Der Anspruch des V auf die Gegenleistung mindert sich, da eine Teilleistung nach § 326 Abs. 1 S. 1 2. HS. BGB vorliegt, nach Maßgabe des § 441 Abs. 3 BGB: Diese Norm beinhaltet die folgende sehr einfache Berechnungsformel: „Preis der gesamten Leistung : Preis der Teilleistung (x) = Umfang der gesamten Leistung : Umfang der Teilleistung" : Wenn Sie diese Gleichung nach „x auflösen", ergibt sich als geschuldeter Preis der Betrag von € 50 000,-.

- Wenn der **Gläubiger des Leistungsanspruchs** vom Schuldner das **„stellvertretende commodum"** geltend macht (§ 285 Abs. 1 BGB), verlangt es die „Gerechtigkeit", dass in einem solchen Fall der Anspruch auf die Gegenleistung entgegen der Regel des § 326 Abs.1 S. 1 BGB fortbesteht (**§ 326 Abs. 3 BGB**); denn anderenfalls würde der Gläubiger das „stellvertretende commodum" ohne jede Gegenleistung erlangen können.

Fall 265: Der V verkauft dem K für € 900,- eine Sache im Werte von € 1000,-, die eine Sekunde vor Vertragsschluss verbrannt ist. Die Sache ist bei der V-Versicherung gegen Feuer versichert. Der V tritt dem K auf dessen Verlangen seinen Anspruch gegen die V-Versicherung auf Zahlung von € 1000,- ab. Der V verlangt Zahlung des Kaufpreises von K.
Der Anspruch auf Zahlung des Kaufpreises könnte sich aus einem Kaufvertrag ergeben (§ 433 Abs. 2 BGB). a) Der V und der K haben einen Kaufvertrag abgeschlossen, der Anspruch ist also entstanden. b) Der Anspruch könnte jedoch aa) entfallen sein, weil dem V die Leistung (Lieferung der Kaufsache) unmöglich war (§§ 326 Abs. 1, 275 Abs. 1 BGB). bb) Er würde jedoch fortbestehen, wenn der K nach § 285 BGB Abtretung des Anspruchs des V gegen die Versicherung verlangen würde (§§ 326 Abs. 3, 285 Abs. 1 BGB): aaa) Der V schuldete dem K Lieferung aus einem Kaufvertrag (§ 433 Abs. 1 BGB). bbb) Der V braucht die Leistung jedoch nicht zu erbringen, weil der Anspruch des K deshalb „ausgeschlossen" ist, weil die Leistung jedermann anfänglich unmöglich war, so dass keine Leistungspflicht bestand (§ 275 Abs. 1 BGB). ccc) Der V hat für den geschuldeten Gegenstand einen Ersatzanspruch erlangt (§ 1 Abs. 1 S. 1 VVG). d) Der K hat den Anspruch auf Abtretung aus § 285 BGB auch geltend gemacht. Also besteht der Kaufpreisanspruch des V gegen den K fort.

- Besonders wichtig sind die **Fallkonstellationen**, bei denen es aus rechtspolitischen Gründen geboten ist, den **Gläubiger die Preisgefahr tragen** zu lassen, ihn also die Gegenleistung auch dann erbringen zu lassen, wenn er die Leistung seinerseits nicht erhält. Die **klassischen Fälle** sind beim **Kaufvertrag** die **§§ 446 S. 1, 3** (vgl. auch § 326 Abs. 2 S. 1 2. Fall BGB) und **447 BGB**: Der Käufer soll vom Augenblick der **Übergabe der Sache** an ihn die Preisgefahr tragen (**§ 446 S. 1 BGB**), denn schließlich kann der Käufer von nun an die Nutzungen ziehen (§ 446 S. 2 BGB) und kann die Sache vor dem zufälligen Untergang besser bewahren als der Schuldner; der Schuldner hat hingegen keine Möglichkeit mehr, die Sache zu schützen. Dass der Käufer vom **Annahmeverzug** an so behandelt werden muss, wie wenn ihm die Sache übergeben worden ist, er also die Preisgefahr tragen muss, versteht sich von selbst (**§ 326 Abs. 2 S. 1 2. Fall BGB**); daher war mit § 446 S. 3 BGB auch nur eine Klarstellung nötig, dass dies auch beim Kaufvertrag gilt. Auch beim **Versendungskauf** ist es angemessen, den Käufer, in dessen Interesse die Versendung erfolgt, die Gegenleistungsgefahr tragen zu lassen (**§ 447 Abs. 1 BGB**). Denn beim Versendungskauf (§ 447 BGB) übernimmt der Verkäufer mit der Versendung Aufgaben, die nach der Wertung des § 269 BGB eigentlich dem Käufer obliegen; dann soll auch der Käufer die Gefahr tragen. Beim Verbrauchsgüter-Kaufvertrag (§§ 433, 474 BGB: Kauf einer beweglichen Sache durch einen Verbraucher von einem Unternehmer mit Ausnahme des Erwerbs gebrauchter Sachen in einer öffentlichen Versteigerung, an der der Verbraucher persönlich teilnehmen kann) gilt § 447 BGB nicht (§ 474 Abs. 2 BGB).

Fall 266: Der V verkauft dem K eine Sache und behält sich im Kaufvertrag das Eigentum vor. Zum Zwecke der Vertragserfüllung übergibt und übereignet der V dem K die Sache. Eigentümer bleibt der V (Eigentumsvorbehalt gem. §§ 929 S. 1, 158 Abs. 1, 449 BGB). Bei K schlägt der Blitz in die Sache ein, so dass diese vollständig verbrennt. Der V will den restlichen Kaufpreis von K.

Der Anspruch aus § 433 Abs. 2 BGB ist aufgrund des Abschlusses des Kaufvertrages entstanden. a) Er könnte jedoch nach §§ 326 Abs. 1 S. 1 1. HS, 275 Abs. 1 BGB entfallen sein. Dessen Voraussetzungen liegen vor. Danach wäre der Anspruch entfallen, b) wenn nicht eine der Ausnahmen zu § 326 Abs. 1 S. 1 BGB eingreift. Hier kommt § 446 S. 1 BGB in Betracht. Dem K ist die Kaufsache übergeben worden. Also muss der K zahlen.

Fall 267: Der Antiquitätenhändler V in Hamburg-Eppendorf verkauft dem Antiquitätenhändler K aus Hamburg-Winterhude eine provenzalische Standuhr. Da K's Lieferwagen defekt ist, kann er die Uhr nicht transportieren. Der V und der K vereinbaren, dass der V seinen Freund F beauftragt, die Uhr zu K zu bringen. F unternimmt dies als Freundschaftdienst für V unentgeltlich. Der F ist ein zuverlässiger Fahrer, mit dem der V bisher nur gute Erfahrungen gemacht hat. Die Uhr wird auf den Kleinlaster des F verladen. Auf der Krugkoppelbrücke fährt der F zu schnell, er gerät ins Schleudern, der Wagen durchbricht die Brückenmauer und stürzt in die Alster, wo die Uhr unauffindbar im jahrhunderte alten Schlamm versinkt. 1. Der V verlangt von dem K die noch nicht erfolgte Bezahlung. 2. Der K möchte wissen, ob er sich an F halten kann, wenn er den Kaufpreis zahlen muss.

1. Der Anspruch des V gegen den K auf den Kaufpreis a) ist aus einem Kaufvertrag entstanden (§ 433 Abs. 2 BGB). b) Der Anspruch könnte aa) nach § 326 Abs. 1 S. 1 1. HS BGB entfallen sein): aaa) Der Kaufvertrag ist ein gegenseitiger Vertrag. bbb) Dem Schuldner V ist die Leistungsverpflichtung aus § 433 Abs. 1 BGB unmöglich geworden; er kann nicht übereignen und übergeben; der Anspruch ist ausgeschlossen (§ 275 Abs. 1 BGB). Danach wäre die Kaufpreisforderung des V entfallen, bb) wenn nicht eine der Ausnahmen eingriffe: aaa) Der K hat die Unmöglichkeit nicht zu vertreten, so dass § 326 Abs. 2 S. 1 1. Fall BGB nicht eingreift. bbb) Hier käme ein Übergang der Gegenleistungsgefahr auf den K aus § 447 Abs. 1 BGB in Betracht. Die Voraussetzungen sind aaaa) Versendung vom Leistungsort an einen anderen Ort, bbbb) dies auf Verlangen des Käufers, cccc) Übergabe an die Transportperson, dddd) Untergang durch Verwirklichung des typischen Transportrisikos vorliegen. eeee) Der Untergang ist auch weder von V noch von K zu vertreten: aaaaa) Den K trifft kein Verschulden, bbbbb) und auch nicht den V, denn aaaaaa) ihn trifft kein (Auswahl-) Verschulden; bbbbbb) auch muss er sich das Verhalten des F nicht nach § 278 BGB zurechnen lassen, weil dieser nicht im Pflichtenkreis des V tätig war (Schickschuld = Holschuld mit Versendungsabrede); anders soll es sein, wenn es sich bei dem F um Personal des V gehandelt hätte. Also muss der K an den V zahlen. 2. Die zweite Fallfrage beantworten wir hier nicht, sondern erst in Teil 4 und beim Schadensersatzrecht (Teil 9). Auf die Probleme sei jedoch hingewiesen: a) Die Sonderregelung des § 421 HGB gilt nicht, weil der F unentgeltlich handelt (vgl. § 407 Abs. 2 HGB). b) Sonstige vertragliche Ansprüche hat der K mangels Vertrages mit F nicht. Da der K auch nicht Eigentümer ist, hat er keinen Anspruch aus § 823 Abs. 1 BGB. c) Wohl aber hat der V vertragliche und deliktische Ansprüche, denn er ist der Vertragspartner des F und war der Eigentümer. Der V hat jedoch wegen § 447 BGB keinen Schaden. d) Die durch Rechtsfortbildung gefundene Lösung besteht darin, dass der V den Schaden des „Dritten" (K) „liquidieren" kann („Drittschadensliquidation").

- Auch beim **Werkvertrag** ist die Gefahrtragung hinsichtlich der Gegenleistung grundsätzlich in § 326 BGB geregelt. Werkvertragliche Sonderregeln, kraft derer die **Gegenleistungsgefahr** schon vorher auf den Besteller übergeht, sind: **§ 644 Abs. 1 S. 1 BGB** (bei Abnahme/Fertigstellung), **§ 644 Abs. 1 S. 2 BGB** (bei Annahmeverzug des Bestellers); **§ 644 Abs. 2, 447 BGB** (bei Versendung); **§ 645 BGB** (Untergang aufgrund eines Mangels des vom Besteller gelieferten

Stoffes oder aufgrund einer Anweisung des Bestellers) und die Grundsätze der „**Sphärentheorie**".

<u>Fall 268:</u> Der B bestellt bei dem U den Bau einer Brücke. Der U errichtet diese auch mangelfrei. Beim Abnahmetermin bemängelt der B kleine optische Fehler an der Brücke und verweigert die Abnahme. Der U setzt dem B eine Frist von 3 Tagen zur Abnahme, die B ungenutzt verstreichen lässt. Am darauf folgenden Tag kommt es zu dem Erdbeben, und die Brücke stürzt ein. 1. Der B verlangt Neuerrichtung, 2. der U seinen Werklohn.

1. Der Anspruch des B gegen U auf Neuherstellung hat sich durch die Abnahme (hier fingiert nach § 640 Abs. 1 S. 3 BGB) in einen Anspruch auf Nacherfüllung (§§ 633, 634 Nr. 1, 635 BGB) verwandelt. Die Nacherfüllung ist jedoch durch die Zerstörung des Werkes nach fingierter Abnahme unmöglich (arge. § 644 BGB) geworden und damit „ausgeschlossen" (§ 275 Abs. 1 BGB). Der U muss daher keine neue Brücke errichten. 2. Der Anspruch auf die Vergütung ist a) aus aa) § 631 Abs. 1 BGB entstanden. bb) Er ist auch nach § 641 Abs. 1 S. 1 BGB fällig, aaa) zwar nicht wegen einer Abnahme (§ 640 Abs. 1 S. 1 BGB), bbb) wohl aber wegen eines Fristablaufs und einer deshalb eingetretenen Abnahmefiktion, da der Besteller beim Vorliegen nur unwesentlicher Mängel zur Abnahme verpflichtet war und die ihm gesetzte angemessene Frist abgelaufen ist (§ 640 Abs. 1 S. 3 BGB). bb) Der Anspruch könnte aaa) nach § 326 Abs. 1 S. 1 BGB erloschen sein; bbb) die „Preisgefahr" ist aber nach § 644 BGB auf B übergegangen.

<u>Fall 269:</u> Der Schneider U arbeitet für den B einen Anzug um. Nach Fertigstellung der Arbeiten bringt er den mangelfrei umgearbeiteten Anzug zu B zur Anprobe und Abnahme nach Hause. Der B ist nicht anwesend, so dass U den Anzug einer Haushilfe des B aushändigt. Bevor der B den Anzug anprobieren kann, wird er infolge eines noch in der Zeit der Abwesenheit des B durch Schweißarbeiten auf dem Dach verursachten Brandes in B's Wohnung zerstört. Der U will die vereinbarte Vergütung.

a) Der Anspruch ist entstanden (§ 631 Abs. 1 BGB). b) Er könnte aa) nach § 326 Abs. 1 S. 1 1. HS BGB erloschen sein; dessen Voraussetzungen liegen vor, weil die Umarbeitung des Anzugs infolge des Untergangs nicht mehr möglich ist (§ 275 Abs. 1 BGB) Danach wäre der Anspruch des U entfallen, bb) wenn nicht eine der Ausnahmen des §§ 326 Abs. 1 S. 1 1. HS, 275 BGB eingreift. aaa) Zwar hat der B die Unmöglichkeit nicht zu vertreten, so dass § 326 Abs. 2 S. 1 1. HS BGB nicht eingreift. bbb) Die Gegenleistungsgefahr könnte aber bereits auf den B übergegangen sein, als die Unmöglichkeit eintrat: aaaa) Eine Abnahme durch B liegt mangels einer auch nur stillschweigenden Erklärung, dass das Werk als im wesentlichen (in der Hauptsache) als vertragsgemäße Erfüllung angesehen werde, nicht vor. bbbb) Nach der hM. soll die Gegenleistungsgefahr jedoch auch bereits dann auf den Besteller übergehen, wenn das zufällige Ereignis, das zum Untergang geführt hat, seinen Ursprung in der Sphäre des Bestellers hat („Sphärentheorie", die man aus § 645 BGB analog ableiten kann). Das wäre hier der Fall: Der B schuldet die Vergütung.

c) Bei gegenseitigen Verträgen: das Erlöschen im Falle der Geltendmachung eines Anspruchs aus § 281 Abs. 1 BGB

Die Frage, was aus dem Anspruch auf die **Gegenleistung** wird, wenn der Gläubiger Schadensersatz „statt der Leistung" aus § 281 Abs. 1 BGB verlangt, wird vom Gesetz zwar nicht ausdrücklich, wohl aber aus dem Ihnen ja bereits bekannten § 281 Abs. 4 BGB erschließbar beantwortet.

Nach dieser Vorschrift entfällt der Anspruch auf die Leistung, sobald der Gläubiger Schadenersatz „statt der Leistung" verlangt hat. Daraus kann für die uns hier interessierende Frage, was aus dem Anspruch auf die Gegenleistung wird, folgender Schluss gezogen werden: Wenn hiernach schon der Leistungsanspruch des vertragstreuen Gläubigers untergeht, dann muss erst recht der Anspruch des vertragsuntreuen Schuldners auf die Gegenleistung erlöschen. Wir wollen uns dies zunächst nur merken. Darauf kommen wir zurück, wenn wir wissen, wann ein solcher Schadenersatz gefordert werden kann.

d) „Arbeitsausfall" (§ 615 BGB)

Im **Dienstvertragsrecht** gibt es beim „Arbeitsausfall" Konstellationen, bei denen es für die Frage, ob die Vergütung zu bezahlen ist, auf eine **Abgrenzung** von **Annahmeverzug** und **Unmöglichkeit** mit der Folge ankommt, dass im ersteren Fall (Vorliegen von Annahmeverzug) die Vergütung weiterhin zu entrichten wäre (§ 615 S. 1 BGB), während im letzteren Fall (Unmöglichkeit) der Anspruch erlöschen würde (§ 326 Abs. 1 S. 1 BGB).

Für das **Arbeitsrecht** hat der Gesetzgeber in § 615 S. 3 BGB eine Lösung gefunden, die das Ergebnis nicht von der jeweiligen dogmatischen konstruktiven Einordnung der Ursachen für den „Arbeitsausfall" abhängig macht: Der Arbeitnehmer kann ohne Nachleistungsverpflichtung die Vergütung verlangen, wenn „der Arbeitgeber das Risiko des Arbeitsausfalls trägt".

Fall 270: Durch einen Blitzschlag in eine Überlandleitung bricht die Stromversorgung für den gewerblichen Betrieb des AG zusammen, so dass die Maschinen, an denen der Student S für einen Tag und der Arbeitnehmer (AN) beschäftigt sind, für einen Tag ausfallen. Der AG schickt den S und den AN nach Hause. Sie verlangen von dem AG volle Bezahlung für den ausgefallenen Tag.

1. Der Anspruch des S könnte sich aus § 611 BGB ergeben. a) Entfallen wäre der Vergütungsanspruch nach §§ 326 Abs. 1 S. 1 1. HS, 275 BGB, wenn eine Unmöglichkeit der von S zu erbringenden Dienste vorläge. b) Läge indessen ein Annahmeverzug des AG vor, hätte der S einen Anspruch auf Vergütung ohne Nacharbeitsverpflichtung (§ 615 S. 1 BGB). Für Unmöglichkeit spricht, dass eine geschuldete Dienstleistung einer absoluten Fixschuld nahe kommt. Allerdings kann allein der Umstand, dass die Dienstleistung in einem bestimmten Zeitraum nicht erbracht werden kann, noch nicht die Unmöglichkeit begründen; vielmehr muss auf die „Nachholbarkeit" der Dienstleistung im Einzelfall abgestellt werden. Daher soll bei Stromausfall, Ausfall von Maschinen bei festgelegten Arbeitsabläufen nicht die Möglichkeit der Nachholung bestehen, und es würde rein begrifflich gesehen in der Tat Unmöglichkeit vorliegen. Danach wäre hier der Vergütungsanspruch des S untergegangen. 2. Was den AN angeht, so gilt § 615 S. 3 BGB. Hiernach ist die Frage des Erlöschens oder des Weiterbestehens der Verpflichtung des Arbeitgebers zur Zahlung der Vergütung unabhängig von der Einordnung der Leistungsstörung als „Unmöglichkeit" oder „Annahmeverzug" so geregelt, dass immer dann, wenn der Arbeitgeber das „Risiko des Arbeitsausfalls trägt", § 615 S. 1, 2 BGB entsprechend angewendet wird. Zur Beurteilung dieser Frage a) hat man früher eine Lösung durch die „Sphärentheorie" gesucht: Das Gegenleistungsrisiko muss danach derjenige tragen, aus dessen Sphäre das Leistungshindernis stammt. b) Heute wird mehr auf die typischen Fallgruppen – Tragung des „Betriebsrisikos" und des „Arbeitskampfrisikos" – abgestellt (BAG): aa) Das Betriebsrisiko (um das es hier geht), trägt stets der Arbeitgeber, also bei Betriebsstörungen aufgrund von z.B. Auftragsmangel, Ausfall von Betriebs- und Hilfsstoffen, Feuer, Wetterereignissen, behördlichen Interventionen bei Smog etc. bb) Beim Arbeitskampf wird unterschieden zwischen Teilstreik im selben Betrieb (die Arbeitnehmer tragen des Risiko) und der Situation einer Fernwirkung eines Streiks von außerhalb des Kampfgebiets (es kommt auf einen organisatorischen Zusammenhang zwischen den kämpfenden Parteien und dem betroffenen Betrieb an); gleiches

gilt sinngemäß für die Aussperrung. Weil hier der AG das Risiko des Arbeitsausfalls trägt, kann der AN die Vergütung ohne Nacharbeitsverpflichtung verlangen.

e) Umgehung durch Rücktritt nach § 326 Abs. 5 BGB?

Sie haben gerade gelernt, dass der Anspruch auf die Gegenleistung in bestimmten Fällen nicht nach §§ 326 Abs. 1 S. 1 1. HS, 275 BGB erlischt: Es handelte sich dabei um die Fälle der überwiegenden Verantwortlichkeit des Gläubigers für die Unmöglichkeit (§ 326 Abs. 2 S. 1 1. Fall BGB), des Annahmeverzuges (§ 326 Abs. 2 S. 1 2. Fall BGB) und des Gefahrüberganges nach Normen des besonderen Schuldrechts (§§ 446, 447, 644 BGB u.s.w.).

Durch einen ihn von der Zahlungsverpflichtung befreienden Rücktritt könnte der Gläubiger diese Normen umgehen. § 326 Abs. 5 BGB verweist jedoch auf § 323 BGB, der in Absatz 6 einen entsprechenden Ausschluss enthält. Nicht erwähnt werden dort allerdings die Gefahrübergangsvorschriften des Besonderen Teils. Man muss § 323 Abs. 6 BGB auf diese aber analog anwenden, um einen Wertungswiderspruch zu vermeiden.

3. Der Erlassvertrag

Ein Anspruch entfällt durch einen Erlassvertrag (§ 397 Abs. 1 BGB); bei einem Erlassvertrag zwischen dem Gläubiger und einem Gesamtschuldner entscheidet die Auslegung darüber, ob der Erlass nur zwischen den Partnern des Erlassvertrages oder auch zugunsten der übrigen Schuldner wirkt (§ 423 BGB).

4. Rechtsmissbrauch

Der Anwendung eines Rechts steht die sich aus § 242 BGB ergebende „Einwendung der unzulässigen Rechtsausübung" entgegen (es handelt sich also um eine einen Anspruch zum Erlöschen bringende „rechtsvernichtende Einwendung", so dass eine Berufung hierauf nicht erforderlich ist!), weil die Geltendmachung des Rechtes durch § 242 BGB immanent beschränkt ist.

- Die zur Unzulässigkeit der Rechtsausübung führende Treuwidrigkeit kann darin liegen, dass **arglistig erlangte Rechte geltend gemacht** werden; dies im Einzelnen hier darzustellen, macht wenig Sinn; über den gesamten Text verteilt, werden Sie Beispiele hierfür finden; denken Sie z.B. an den bereits erörterten „Missbrauch der Vertretungsmacht". Übrigens: Die wörtliche Übersetzung des lateinischen Begriffs **„exceptio doli"** lautet **„Einrede der Arglist"**; dies könnte einen auf den Irrweg führen, es handele sich hier um eine (nur nach Erhebung zu berücksichtigende) „Einrede"; es ist und bleibt eine Einwendung! Denn die Geltendmachung des Rechtes ist durch § 242 BGB immanent beschränkt.

- Eine Unzulässigkeit der Rechtsausübung kann aber auch darin zu sehen sein, dass **Rechte in treuwidriger Weise geltend gemacht werden**. Ein Beispiel dafür ist die Geltendmachung von Rechten nach Ablauf einer langen Zeit, wenn die späte

Geltendmachung aufgrund besonderer Umstände treuwidrig ist (**„Verwirkung"**). Unzulässig ist die Rechtsausübung auch, wenn der Anspruchsteller eine Sache heraus verlangt, die er gleich wieder zurückgeben müsste (**„dolo agit, qui petit, quod statim redditurus est"**).

Fall 271: Vübbe (V) vermietete im Jahre 1975 der Mita (M) eine ihm in einer Groß-Wohnanlage gehörende Eigentumswohnung; nach dem Mietvertrag ist eine Nettokaltmiete von DM 500,- und ein von der Mieterin zu zahlender Betriebskostenvorschuss von DM 100,- vereinbart. Die zunächst eingesetzte Hausverwaltung rechnete nie über die verbrauchsabhängigen Kosten, so auch nicht über die Heizkosten, ab, so dass der V auch gegenüber M nicht über die Heizkosten abrechnen konnte. Der geschäftlich ungelenke V hatte die M auch nie darüber informiert, warum er nicht abrechnete. Die inzwischen Rentnerin gewordene M hatte daher nie Geld für eine eventuelle Heizkostennachzahlung angespart. Im Jahre 2000 verstarb der V. Der Testamentsvollstrecker TV hatte davon gehört, dass demnächst eine neue Hausverwaltung bestellt werden würde und dass diese Heizkostenabrechnungen auch für die Vergangenheit erstellen würde. Der TV teilte der M dies mit und kündigte an, dass sie mit Heizkostennachzahlungen zu rechnen habe. Im Jahre 2001 erfolgt eine erste Abrechnung durch eine neue Hausverwaltung für das Jahr 1999, aufgrund derer der TV die M nach vorheriger Abrechnung auf eine Heizkostennachzahlung in Höhe von DM 1000,- in Anspruch nimmt. Für das Jahr 2000 ergibt sich eine Nachzahlung von DM 1200,-. Er verlangte Zahlung von DM 2200,-.

Der Anspruch könnte sich aus einem Mietvertrag ergeben (§ 535 Abs. 2 BGB). a) Vereinbart ist eine Nettokaltmiete, so dass M zur Zahlung der Heizkosten verpflichtet ist. b) Dem Anspruch könnte jedoch der Einwand der Verwirkung (unzulässige Rechtsausübung gem. § 242 BGB) entgegenstehen. aa) Das Recht auf die Heizkostennachzahlung war noch nie und dies für lange Zeit (25 Jahre) geltend gemacht worden. bb) Aus dem Verhalten des V durfte die M entnehmen, dass sie mit einer Rechtsausübung nicht mehr rechnen musste; cc) die M hatte sich hierauf eingerichtet. dd) Fraglich ist, ob es mit Treu und Glauben zu vereinbaren ist, dass der TV das Recht doch noch geltend macht. aaa) Hinsichtlich der Nachzahlung für das Jahr 1999 wäre es treuwidrig; bbb) nach der Ankündigung des TV konnte die M sich für das Jahr 2000 auf eine Nachzahlung einrichten.

Fall 272: Der V verkauft dem K eine Sache, die er zuvor der B-Bank zur Sicherheit für eine Darlehensforderung (§ 488 BGB) übereignet (§ 930 BGB) hatte, unter Eigentumsvorbehalt für € 50 000,- und übergibt und übereignet sie ihm zum Zwecke der Erfüllung des Kaufvertrags (§§ 929 S. 1, 158 Abs. 1, 449 BGB). Als das Darlehen notleidend wird, will die B-Bank das Sicherungseigentum, so wie es der Sicherungsvertrag vorsieht, verwerten, und sie verlangt zunächst Herausgabe der Sache von dem V und – als V erklärt hatte, dass er die Sache an den K veräußert habe – Herausgabe von diesem. Der K hat noch eine letzte Kaufpreisrate von € 500,- zu entrichten.

Ein Herausgabeanspruch der B-Bank gegen K könnte sich aus § 985 BGB ergeben. a) Die B-Bank müsste Eigentümerin sein. aa) Sie hatte das Eigentum nach § 930 BGB erlangt bb) und auch nicht nach §§ 929, S. 1, 932 Abs. 1 S. 1, Abs. 2 BGB an den K verloren, denn die Bedingung (vollständige Bezahlung des Kaufpreises durch K an V) war noch nicht eingetreten. b) Der K ist Besitzer der Sache. c) Der K dürfte kein Recht zum Besitz haben (§ 986 BGB). aa) Ein von dem V abgeleitetes Recht zum Besitz hatte der K nicht, denn die Weiterveräußerung des Sicherungsgutes ohne Einverständnis der B-Bank war dem V nicht gestattet (arg e § 603 S. 2 BGB). bb) Ein eigenes Recht zum Besitz könnte sich aus einem „Anwartschaftsrecht" an der Sache ergeben. Ein Anwartschaftsrecht hätte der K, wenn von einem mehrgliedrigen Erwerbstatbestand (hier § 929 BGB) schon so viele Merkmale verwirklicht wären, dass es allein in der Hand des Erwerbers liegt, den Vollrechtserwerb herbeizuführen, und der Vollrechtsinhaber den Rechtserwerb nicht mehr einseitig verhindern kann; das ist nach hM. beim Erwerb nach §§ 929, 158 Abs. 1, 449 BGB wegen der Regelung des § 161 Abs. 1 BGB der Fall. Der Anwartschaftsrechtsinhaber hat eine Rechtsstellung, die der BGH als „wesensgleiches minus des Vollrechts" bezeichnet. aaa) Der K hatte das Anwartschaftsrecht nach §§ 929 S. 1, 932 Abs. 1 S. 1, Abs. 2 BGB gutgläubig von V erworben; § 935 BGB steht dem Erwerb nicht entgegen, weil die B-Bank den Besitz nicht unfreiwillig verloren hat. bbb) Die Frage ist aber, ob ein Anwartschaftsrecht ein eigenes Recht zum Besitz i.S.d. § 986 BGB gegen den Eigentümer gibt. Wer dies bezweifelt, d) muss mit dem BGH prüfen, ob das Herausgabeverlangen der B-Bank gegen § 242 verstößt, weil der Anspruchsteller eine Sache herausverlangt, die er gleich wieder (nämlich nach Zahlung der letzten Rate) an den dann zum Eigentümer gewordenen K zurückgeben müsste („dolo agit, qui petit, quod statim rediturus est"). Das wäre hier der Fall. Also hat die B-Bank keinen Herausgabeanspruch gegen K.

Unzulässig ist auch eine **„schikanöse" Rechtsausübung**, die dann gegeben wäre, wenn die Rechtsausübung nur den Zweck haben kann, einem anderen einen Schaden zuzufügen **(§ 226 BGB)**, das kommt bei der Fallbearbeitung praktisch nie vor.

5. Verlust des Anspruchs durch Forderungsübergang und Schuldübernahme

Eigentlich sind wir jetzt am Ende der Erörterung derjenigen Umstände, die einen aus einem verpflichtenden Vertrag entstandenen Anspruch auf die Leistung bzw. (bei gegenseitigen Verträgen) auf die Gegenleistung entfallen lassen. Ein Anspruchsverlust (und dies nicht nur bei Ansprüchen aus verpflichtenden Verträgen) kann sich jedoch noch unter einem anderen Aspekt ergeben, der Ihnen vielleicht einigermaßen überraschend vorkommt. Sowohl der Forderungsübergang als auch die Schuldübernahme können den Verlust eines Anspruchs zur Folge haben:

- Wenn nämlich eine dem Anspruchsteller gegen den Anspruchsgegner zustehende Forderung durch vertragliche oder gesetzliche Zession (= Abtretung) auf eine andere Person übergeht, so steht sie nicht mehr dem Anspruchsteller (= dem Zedenten der ursprünglich ihm zustehenden Forderung), sondern nunmehr dem Zessionar als dem neuen Gläubiger zu; so gesehen führt der **Forderungsübergang** also in der Tat zum **Verlust des Anspruchs** des Anspruchstellers.

- Bei dem „Gegenstück" zur Zession, der Schuldübernahme richtet sich die Forderung nicht mehr gegen den Anspruchsgegner als dem Alt-Schuldner, sondern gegen den Neu-Schuldner; so gesehen führt auch die **Schuldübernahme** zum **Verlust des Anspruchs**.

> Wir werden uns daher, beschränkt auf diesen Aspekt kurz mit der Zession und der Schuldübernahme befassen müssen. Eine gründliche Behandlung dieser beiden Institute findet sich dann später in Teil 10.

a) Verlust des Anspruchs durch Forderungsübergang

Ein Forderungsübergang kann

- die Folge einer rechtsgeschäftlichen Abtretung (**„Zession"**) sein (§ 398 BGB)
- oder die Folge eines durch das Gesetz angeordneten Forderungsübergangs sein z.B. in §§ 268 Abs. 3, 426 Abs. 2, 774 BGB u.v.a.m. (**„cessio legis"**).

Wie gesagt: Eine geschlossene Darstellung zur „Zession" finden Sie in Teil 10. Durch den folgenden Fall soll daher auch nur „illustriert" werden, wieso der Anspruchsteller durch eine Zession einen Anspruch verlieren kann.

Fall 273: Der Veit (V) verkauft dem Koof (K) eine Sache für € 1000,-. Der V liefert an den K und tritt dann seinen Anspruch auf Zahlung des Kaufpreises an Zar (Z) ab. Der V verlangt Zahlung von € 1000,- von dem K.

Der Anspruch könnte sich aus einem Kaufvertrag ergeben (§ 433 Abs. 2 BGB). a) Der Kaufvertrag ist geschlossen; also ist der Anspruch des V gegen K entstanden. b) Der Anspruch ist jedoch infolge des Abtretungsvertrages nach § 398 S. 2 BGB auf Z übergegangen, so dass er dem V nicht mehr zusteht.

b) Verlust des Anspruchs durch Schuldübernahme

Die in den **§§ 414 ff. BGB** geregelte **Schuldübernahme** ist das **logische Gegenstück zum Forderungsübergang**: An die Stelle des „Altschuldners" tritt der „Neuschuldner". Weil der Gläubiger damit seinen bisherigen Schuldner verliert, führt die Schuldübernahme zum Erlöschen eines Anspruchs gegen den bisherigen Schuldner.

Das Gesetz stellt zwei **rechtstechnisch unterschiedliche** Wege zur Herbeiführung einer Schuldübernahme zur Verfügung, bei denen – anders als bei der Zession wegen der Abhängigkeit des Werts der Forderung von der Person des Schuldners – die Mitwirkung des Gläubigers vonnöten ist,

- nämlich zum einen die relativ selten verwendete Technik des **§ 414 BGB**: Der übernehmende **Neuschuldner** und der **Gläubiger** schließen ohne Mitwirkung des Altschuldners (warum entbehrlich?) einen **Schuldübernahmevertrag**.
- Weiterhin gibt es als Regelfall den Weg des **§ 415 BGB**: hier schließen der **Alt-** und der **Neuschuldner den Schuldübernahmevertrag**; die Mitwirkung des Gläubigers besteht hier in dessen Genehmigung nach §§ 182, 184 BGB (Besonderheit in § 416 Abs. 1 S. 2 BGB) nach vorheriger Anzeige (Besonderheit in § 416 Abs. 1 S.1, 2, 3 BGB) der Schuldübernahme durch Alt- oder Neuschuldner.

Eine geschlossene Darstellung zur „Schuldübernahme" finden Sie in Teil 10. Auch hier soll durch einen ganz einfachen Fall nur „illustriert" werden, inwieweit eine Schuldübernahme einen Anspruch entfallen lässt.

Fall 274: Der V verkauft dem K ein ihm gehöriges Grundstück, das mit einer Hypothek zugunsten der G-Bank belastet ist. Der K übernimmt im Kaufvertrag die gesicherte Schuld und die Hypothek unter Anrechnung auf den Kaufpreis. Der K wird als neuer Eigentümer im Grundbuch eingetragen. Der V zeigt der G-Bank die Schuldübernahme schriftlich mit dem Hinweis des § 416 Abs. 2 S. 2 BGB an. Die G-Bank erklärt eine Woche später, dass sie die Übernahme genehmige. Bei Fälligkeit zahlt der K nicht an die G-Bank. Daraufhin verlangt die G-Bank von V Zahlung.

Der Anspruch der G-Bank aus § 488 Abs. 1 S. 2 BGB a) gegen den V ist entstanden b) aber richtet sich nach §§ 415, 416 BGB nicht mehr gegen V, so dass die G-Bank keinen Anspruch mehr gegen den V auf Zahlung hat; sie kann sich nur noch an den K halten. Zur **Klarstellung** sei gesagt: Selbstverständlich kann die B-Bank nach § 1147 BGB von K Duldung der Zwangsvollstreckung verlangen.

III. Die zur Undurchsetzbarkeit des Anspruchs führenden Einreden

Die **Einreden** der Verjährung, des Zurückbehaltungsrechts, des nichterfüllten Vertrages und der Mangelhaftigkeit lassen (anders als die Einreden aus § 275 Abs. 2, 3 BGB) den Anspruch unberührt, sondern haben eine **rechtshemmende Wirkung**. Dass Einreden im Gegensatz zu den Einwendungen **nicht „von Amts wegen"** zu berücksichtigen sind, sondern erst, wenn der **Schuldner sich auf sie beruft** (er muss **ein„reden"**), wissen Sie bereits von der Erörterung der Einreden aus § 275 Abs. 2, 3 BGB; Gleiches gilt natürlich auch hier (z.B. bei § 214: BGB: „...der Schuldner (ist) berechtigt, die Leistung zu verweigern."). Ob sich im Einzelfall der Anspruchsgegner auf die Einrede berufen hat, ist bei der Fallbearbeitung jeweils durch Auslegung zu ermitteln; meist liegt ein solches Verhalten in der im Sachverhalt erwähnten Zurückweisung des Anspruchs.

Auch wenn Einreden ihre Wirkung erst entfalten, wenn man sich auf sie beruft, kann bei einer Fallbearbeitung zu erörtern sein, ob sie auch unabhängig davon gewisse Wirkungen haben. Es stellt sich die Frage, ob bereits das bloße Vorliegen eines Einredetatbestands dem Eintritt des Verzuges entgegensteht: Bei einem Zurückbehaltungsrecht des Schuldners (**§ 273 BGB**) reicht das Vorliegen des Einredetatbestandes nicht aus und der Verzug entfällt erst wegen fehlender **Durchsetzbarkeit** des Anspruchs, wenn der Schuldner sich vor oder bei Eintritt der Verzugsvoraussetzungen auf das Zurückbehaltungsrecht beruft; der Grund ist, dass der Gläubiger damit die Möglichkeit hat, das Zurückbehaltungsrecht abzuwenden (§ 273 Abs. 3 BGB). **Anders** (sehr wichtig!) liegt es **bei § 320 BGB**: hier reicht das bloße Bestehen der Einrede zum Verzugsausschluss aus. Dazu später mehr.

> Machen Sie sich bitte deutlich, dass wir hier das **Thema der „Einreden"** bewusst **verkürzt** darstellen:
>
> **1.** Wenn wir hier die Einreden der Verjährung, des Zurückbehaltungsrechts, des nichterfüllten Vertrages und der Mangelhaftigkeit im Zusammenhang mit der **Prüfung von Ansprüchen aus verpflichtenden Verträgen** erörtern, so müssen Sie sich dessen bewusst sein, dass diese Einreden **auch bei anderen Ansprüchen Geltung** haben können. Das zeigt Ihnen bereits eine einfache systematische Überlegung: Das Recht der Verjährung ist im Allgemeinen Teil des BGB und das Zurückbehaltungsrecht im Allgemeinen Schuldrecht geregelt. Nach dem Ihnen ja bekannten „Ausklammerungsprinzip" des BGB bedeutet das, dass die Einrede der Verjährung im gesamten BGB und das Zurückbehaltungsrecht für das (ebenfalls im gesamten BGB geregelte) Schuldrecht gilt. Nur die Einrede des nichterfüllten Vertrages aus § 320 BGB hat einen recht beschränkten Anwendungsbereich: Sie gilt nur bei den „gegenseitigen Verträ-

ge" (lesen Sie in „Buch 2, Abschnitt 3" des BGB die Überschrift von Titel 2: „Gegenseitiger Vertrag").

2. Die schwerpunktmäßige **Konzentration** auf die **Einreden der Verjährung**, des **Zurückbehaltungsrechts**, des **nichterfüllten Vertrages** und der **Mangelhaftigkeit** darf Ihnen nicht den Blick versperren: Es gibt noch weitere für Sie bedeutsame Einreden, nämlich die Einrede der „**unerlaubten Handlung**" (die gegen eine deliktisch = i.d.R. betrügerisch erlangte Forderung bestehende Einrede aus § 853 BGB) und die Einrede der „**ungerechtfertigten Bereicherung**" (die gegen eine wirksam, aber rechtsgrundlos erlangte Forderung bestehende Einrede aus § 821 BGB).

1. Die Einrede der Verjährung

a) Das Leistungsverweigerungsrecht

Unter der Verjährung versteht man den Ablauf von Zeit, durch den der Schuldner eines Anspruchs ein Leistungsverweigerungsrecht erhält (§ 214 BGB: „**Nach Eintritt der Verjährung ist der Schuldner berechtigt, die Leistung zu verweigern**"). Diese Einrede dient der Sicherung des Rechtsfriedens und dem Schutz des Schuldners. Alle Ansprüche unterliegen grundsätzlich der Verjährung (**§ 194 Abs. 1 BGB**); ausnahmsweise unverjährbar sind bestimmte in § 194 Abs. 2 BGB genannte familienrechtliche Ansprüche sowie der Grundbuchberichtigungsanspruch und dazu gehörige Ansprüche (§ 898 BGB).

Sie müssen daher – aber bitte nur, wenn ein Anlass dazu besteht (!) – am Ende jeder Anspruchsprüfung untersuchen, ob der Anspruch verjährt ist und ob – weil die Verjährung ja (nur) eine Einrede begründet (**§ 214 Abs. 1 BGB),** diese auch geltend gemacht worden ist.

Man kann eine **Verjährung** so **prüfen**:

1. Geht es überhaupt um einen **Anspruch** (§ 194 Abs. 1 BGB), **der verjähren kann** (Ausnahmen: die Fälle des § 194 Abs. 2 BGB und des § 898 BGB: der Grundbuchberichtigungsanspruch und dazu gehörige Ansprüche)?

2. Ist die **Verjährungsfrist abgelaufen**?

a) Dauer der Verjährungsfrist:

aa) regelmäßige Verjährungsfrist: 3 Jahre (§ 195 BGB);

bb) Ausnahmen davon:

aaa) § 196 BGB (10 Jahre: Ansprüche auf Rechte an Grundstücken), **bbb)** § 852 BGB (10 Jahre: Anspruch auf Herausgabe eines durch unerlaubte Handlung erlangten Vermögensvorteils); **ccc)** § 197 BGB (30 Jahre: Herausgabeansprüche aus dem Eigentum und anderen dinglichen Rechten, nicht aber Beseitigungs- und Unterlassungsansprüche aus § 1004 BGB: familienrechtliche Ansprüche mit Ausnahme von Unterhaltsansprüchen; erbrechtliche Ansprüche; titulierte Ansprüche), ddd) §§ 438, 634 a BGB (Gewährleistungsansprüche, werden bei der Darstellung dieser Ansprüche in Teil 4 vertieft).

b) Beginn der Verjährungsfrist:

aa) Bei regelmäßiger Verjährungsfrist: objektiv (Anspruch entstanden) + subjektiv (Kenntnis oder grobfahrlässige Unkenntnis von anspruchsbegründenden Umständen und Schuldner) zum Ende des Jahres, in dem die beiden Umstände kumulativ vorliegen (§ 199 BGB).

bb) Bei anderen Verjährungsfristen

aaa) mit der **Entstehung des Anspruchs** (§ 200 BGB), soweit nicht ein anderer Verjährungsbeginn bestimmt ist,

bbb) wie in §§ 201, 438 Abs. 2, 634 a Abs. 2, 852 BGB

ccc) oder bei **Unterlassungsansprüchen**, die immer mit der Zuwiderhandlung beginnen (§§ 199 Abs. 5, 200, 201 BGB).

c) Begrenzung der Regelverjährung durch **Höchstfristen**: Wegen des subjektiv bestimmten Beginns der Regelverjährung musste der Gesetzgeber Höchstfristen bestimmen, die von einem objektiv bestimmbaren Augenblick an ohne Rücksicht auf ihre Entstehung und/oder die Kenntnis oder grobfahrlässige Unkenntnis laufen; anderenfalls wären Konstellationen vorstellbar, bei denen ein Anspruch nie verjährt. Die Höchstfristen sind je nach Art des Anspruchs bestimmt worden; sie betragen:

aa) Bei **Schadensersatzansprüchen wegen Verletzung von Leib und Leben**: 30 Jahre (§ 199 Abs. 2 BGB),

bb) bei Ansprüchen auf **Herausgabe eines durch unerlaubte Handlung erlangten Vermögensvorteils**: 30 Jahre von dem den Schaden auslösenden Ereignis an (§ 852 BGB),

cc) bei **sonstigen Schadensersatzansprüchen**: 10 Jahre nach der Entstehung oder in 30 Jahren von dem den Schaden auslösenden Ereignis an (§ 199 Abs. 3 BGB);

dd) bei **sonstigen Ansprüchen** beträgt die Höchstfrist 10 Jahre (§ 199 Abs. 4 BGB).

d) Hemmung, Ablaufhemmung, Neubeginn: Bei der Verjährungshemmung bleibt der jeweilige Zeitraum (§§ 203 – 208 BGB: Verhandlungen, Rechtsverfolgung, bei Leistungsverweigerungsrechten, bei höherer Gewalt, bei familiären Gründen, häusliche Gemeinschaft bei Verletzung der sexuellen Selbstbestimmung) bei der Berechnung der Frist unberücksichtigt (§ 209 BGB). Der Ablauf der Verjährung ist gehemmt bei Defiziten in der Geschäftsfähigkeit und dem Fehlen eines gesetzlichen Vertreters (§ 210 BGB) und in Nachlassfällen (§ 211 BGB). Die Verjährung beginnt neu bei einem Anerkenntnis und bei der Vornahme von Vollstreckungshandlungen (§ 212 BGB).

3. Abweichende Vereinbarungen sind in den Grenzen der §§ 202, 475 Abs.2 (Verbrauchsgüterkauf) und § 309 Nr. 8 b. ff. BGB (bei AGB) möglich.

> **4. Verjährung bei Anspruchskonkurrenz**: Grundsätzlich werden konkurrierende Ansprüche auch hinsichtlich der Verjährung unabhängig voneinander behandelt. Sollte jedoch für einen der konkurrierenden Ansprüche eine kurze Verjährung gelten, kann der Zweck der Norm es gebieten, auch einen damit konkurrierenden Anspruch gleichermaßen „kurz" verjähren zu lassen. So soll z.B. § 548 Abs. 1 S. 1 BGB (Ersatzansprüche des Vermieters gegen den Mieter wegen Veränderung oder Verschlechterung der Mietsache aus §§ 280 Abs. 1, 3, 283 BGB verjähren in sechs Monaten nach Rückgabe der Mietsache) auch für einen Anspruch aus § 823 Abs. 1 BGB wegen einer Eigentumsverletzung gelten, weil durch § 548 BGB eine rasche Auseinandersetzung der Beteiligten herbeigeführt werden soll und mit dem Anspruch aus §§ 280 Abs. 1, 3, 283 BGB i.d.R. ein Anspruch aus § 823 Abs. 1 BGB konkurriert.
>
> **5.** Ist die **Einrede erhoben** worden? (§ 214 Abs. 1 BGB). Dies kann z.B. in einer Leistungsverweigerung zu sehen sein oder von Ihnen als Möglichkeit unterstellt werden, so dass Sie auf die Prüfung der Verjährung nicht verzichten sollten, wenn Sie meinen, dass der Schuldner sich nicht auf die Einrede der Verjährung berufen hat.

b) Keine Auswirkungen der Verjährung auf dingliche Sicherungsrechte, auf die Aufrechenbarkeit und auf die Geltendmachung eines Zurückbehaltungsrechts

Auch wenn der Schuldner eines Anspruchs ein Leistungsverweigerungsrecht hat, kann sich der **Gläubiger aus einem dinglichen Sicherungsrecht** befriedigen: So kann man nach § 216 Abs. 1 BGB trotz Verjährung des jeweils gesicherten Anspruchs die Duldung der Zwangsvollstreckung aus einer Hypothek (§ 1147 BGB) verlangen; oder man kann die Verwertung eines Pfandrechts durch Pfandverkauf (§§ 1228 ff. BGB) betreiben; oder man kann die Verwertung einer zur Sicherung übereigneten Sache bzw. einer zur Sicherung abgetretenen Forderung (§ 206 Abs. 2 S. 1 BGB) vornehmen; oder man kann die Herausgabe einer unter Eigentumsvorbehalt und daher aufschiebend bedingt übereigneten beweglichen Sache verlangen (§ 216 Abs. 2 S. 2 BGB).

Bei der Aufrechnung und beim Zurückbehaltungsrecht steht die Verjährung einer Gegenforderung weder der Möglichkeit, mit ihr aufzurechnen, noch der Möglichkeit zur Ausübung eines Zurückbehaltungsrechts entgegen, wenn der Gegenanspruch zu dem Zeitpunkt noch nicht verjährt war, als erstmals aufgerechnet oder die Leistung verweigert werden konnte (§ 215 BGB).

2. Das Zurückbehaltungsrecht (§ 273 BGB)

Durch die Geltendmachung des Zurückbehaltungsrechts **kann der Schuldner**

- die **Durchsetzbarkeit** des gegen ihn bestehenden Anspruchs bis zur Erbringung einer ihm vom Gläubiger geschuldeten Leistung **einschränken**
- und zugleich auf den Gläubiger **Druck ausüben**, den zur Zurückbehaltung berechtigenden Gegenanspruch zu erfüllen.

> 1. Die **Voraussetzungen** des § 273 BGB lassen sich ganz grob durch fünf Merkmale (**G, F, K, kA, E**) kennzeichnen:
>
> **a)** Es muss ein **Gegenanspruch** (**G**) bestehen;
>
> **b)** der Gegenanspruch des Schuldners muss **fällig** sein (**F**);
>
> **c)** weiterhin muss **Konnexität** (**K**) zwischen dem Anspruch und dem Gegenanspruch bestehen.;
>
> **d)** es darf kein Ausschluss (**kA**) des Zurückbehaltungsrechts vorliegen;
>
> **e)** das Zurückbehaltungsrecht muss durch Erhebung der **Einrede** (**E**) geltend gemacht werden.
>
> 2. Die **Rechtsfolge** (§ 274 BGB) ist, dass der Schuldner dem Gläubiger seine Leistung nur noch Zug-um-Zug gegen Erbringung der Leistung des Gläubigers schuldet.

Es muss ein **Gegenseitigkeitsverhältnis** i.S.d. § 273 BGB bestehen: Beide Parteien müssen einen Anspruch gegen den jeweils anderen haben. Falls ein Gegenseitigkeitsverhältnis i.S.d. §§ 320 ff. BGB („do ut des") vorliegt, gilt jedoch § 320 BGB (dazu sogleich).

Der **Gegenanspruch** des Schuldners gegen den Gläubiger muss **fällig** sein. Er muss also entstanden und durchsetzbar sein. Daher kommen bedingte oder künftige sowie einredebehaftete Ansprüche des Schuldners nicht in Betracht. Die Verjährung des Gegenanspruchs ist unschädlich, wenn der Gegenanspruch zu dem Zeitpunkt, zu dem die Zurückbehaltung erstmals möglich war, unverjährt war (§ 215 BGB). Gleichartig müssen die Ansprüche nicht sein, so dass also – anders als bei der Aufrechnung – wegen eines „auf Lieferung von Birnen" gerichteten Gegenanspruchs die Erfüllung eines Anspruchs „auf Lieferung von Äpfeln" verweigert werden kann.

Nach dem Wortlaut des § 273 Abs.1 BGB müssen der Anspruch und der Gegenanspruch „aus demselben rechtlichen Verhältnis" herrühren („**konnex**" sein). Anerkannt ist, dass dafür ein „**einheitliches Lebensverhältnis**" im natürlichen, wirtschaftlichen Sinne ausreicht.

<u>Fall 275:</u> Der E lässt eine ihm gehörige Sache entgeltlich durch den V verwahren. Der V ist unaufmerksam. Daher kann der D die Sache stehlen. Der E verlangt von dem V wegen des Verlustes der Sache Schadensersatz „statt der Leistung". Der V verweigert die Leistung, weil er E ihm zuvor seinen Anspruch aus §§ 823 Abs. 1, 249 ff. BGB gegen den D abtreten müsse.

Der Anspruch des E gegen den V a) ergibt sich aus §§ 688, 695, 280 Abs. 1, 3, 283, 249 ff. BGB. b) Der V kann die Leistung nach § 273 BGB verweigern, weil er aa) einen Gegenanspruch auf Abtretung des Anspruchs des E gegen den D aus §§ 823 Abs. 1, 249 ff. BGB hat (§ 255 BGB). bb) Der Gegenanspruch ist fällig (§ 271 BGB). c) Dass Konnexität besteht, ergibt § 255 BGB: „ ... ist zum Ersatz nur gegen Abtretung der Ansprüche verpflichtet ... „. cc) Das Zurückbehaltungsrecht ist nicht ausgeschlossen. dd) Die Einrede ist erhoben worden. ee) Rechtsfolge: § 274 BGB (Zahlung „Zug-um-Zug" gegen Abtretung).

Das **Zurückbehaltungsrecht darf nicht ausgeschlossen** sein. Derartige Ausschlussgründe sind teils gesetzlich angeordnet (z.B. in § 175 BGB). Ausschlusstatbestände können auch vertraglich vereinbart werden, allerdings nicht durch Allgemeine Geschäftsbedingungen (§ 309 Nr. 2 b BGB). Auch bei Aufrechnungsverboten ist ein Zurückbehaltungsrecht ausgeschlossen, so z.B. auch bei § 393 BGB, so dass auch die Regel gilt, dass „der Schuft .... nicht zurückbehalten" darf. Schließlich kann auch aus Gründen der „Natur des Schuldverhältnisses" ein Zurückbehaltungsrecht ausgeschlossen sein.

Fall 276: Der G hat dem S zwei Darlehen gegeben (D 1: € 1000,- fällig am 31. März 2002/D 2: € 2000,- fällig am 1. April 2002). Der S zahlt das D 1 am 20. Februar 2002 zurück und verlangt am 2. April 2002 den von ihm für das Darlehen D 1 ausgestellten Schuldschein für D 1 zurück. Der G beruft sich auf ein Zurückbehaltungsrecht weil der S das D 2 nicht am 1. April 2002 zurückgezahlt hat.

a) Der S hat gegen den G einen Anspruch auf Rückgabe des Schuldscheins aus § 371 BGB. b) Dem könnte jedoch § 273 BGB mit der Folge des § 274 BGB entgegenstehen. aa) Der G hat einen fälligen Gegenanspruch aus § 488 Abs. 1 S. 2 BGB. bb) Es besteht Gegenseitigkeit. cc) Beide Ansprüche entstammen bei natürlicher wirtschaftlicher Betrachtungsweise einem einheitlichen Lebensverhältnis. dd) Das Zurückbehaltungsrecht ist jedoch aus Gründen „der Natur des Schuldverhältnisses" ausgeschlossen. Der Rückgabeanspruch aus § 371 BGB soll den Schuldner vor erneuter Inanspruchnahme schützen. Dieser Zweck würde vereitelt, wenn der Gläubiger den Schuldschein weiter in Besitz behalten dürfte.

Das Zurückbehaltungsrecht muss **einredeweise geltend gemacht werden**; „von Amts wegen" wird es nicht berücksichtigt. Das gilt auch, um einen Verzug abzuwenden (dazu später mehr).

Die **Wirkung** ist, dass der Schuldner seine Leistung nur noch im Austausch mit der seitens des Gläubigers geschuldeten Leistung erbringen muss; im Prozess bedeutet dies eine Zug-um-Zug-Verurteilung (§ 274 BGB).

3. Die Einrede des nichterfüllten Vertrages (§ 320 BGB)

Eine besondere Einrede ergibt sich bei **gegenseitigen Verträgen.** Diese Verträge sind dadurch gekennzeichnet, dass es sich um **zweiseitig verpflichtende Verträge** handelt, bei denen alle oder auch nur einzelne Verpflichtungen aus dem Vertrag in einem „Gegenseitigkeitsverhältnis" zueinander stehen: d.h. die eine Leistung wird um der anderen willen erbracht (= **„do ut des"** = „ich gebe, damit Du gibst" = „Synallagma"). Das klassische Beispiel ist der Kaufvertrag: Der Verkäufer verpflichtet sich zur Lieferung, um den Kaufpreis zu erhalten; der Käufer verpflichtet sich zur Kaufpreiszahlung, um Lieferung zu erhalten. Rechtlich hat dies u.a. zur Folge, dass die im Gegenseitigkeitsverhältnis zueinander stehenden Leistungsverpflichtungen **grundsätzlich „Zug um Zug"** erbracht werden müssen und dass jeder der beiden Schuldner bis zur Erbringung der Gegenleistung des anderen Schuldners die „Einrede des nicht erfüllten Vertrages" erheben kann (§ 320 Abs. 1 S. 1 BGB).

Die Folge einer Berufung auf diese **Einrede im Prozess ist eine Zug-um-Zug-Verurteilung des sich darauf berufenden Schuldners (§ 322 Abs. 1 BGB)**; ebenso müssten Sie bei der Fallbearbeitung entscheiden. Auf diese Weise wird zweierlei bewirkt: Jeder der gegenseitig Verpflichteten ist gesichert vor dem Verlust einer Leistung ohne Erhalt der Gegenleistung; außerdem wird auf den jeweils anderen Teil Druck ausgeübt, seine Gegenleistung zu erbringen.

Fall 277: Der V hat dem K eine Sache verkauft, die er diesem am 21. April 2002 liefern soll. Als er sich an diesem Tag mit der Sache zu K begibt, will dieser zwar die Sache entgegennehmen, hat aber den Kaufpreis gerade „nicht zur Hand". V will dem K die Sache nicht überlassen. K will wissen, ob er einen durchsetzbaren Anspruch auf Übereignung und Übergabe der Sache hat.

Der Anspruch kann sich aus einem Kaufvertrag ergeben (§ 433 Abs. 1 S. 1 BGB) a) Ein Kaufvertrag ist geschlossen. b) Möglicherweis steht dem V jedoch ein Leistungsverweigerungsrecht aus § 320 Abs. 1 BGB zu. aa) Der Kaufvertrag zwischen V und K ist ein gegenseitiger Vertrag. Jede Partei erbringt ihre Leistung, um die Leistung der Gegenseite zu erhalten. bb) Dem V steht ein fälliger Gegenanspruch auf Zahlung des Kaufpreises zu (§ 433 Abs. 2, 271 Abs. 1 BGB), der im Gegenseitigkeitsverhältnis zur Lieferverpflichtung des V steht. cc) Der V ist nicht zur Vorleistung verpflichtet dd) und ist selbst vertragstreu. ee) Im Ergebnis kann daher V die Leistung verweigern. Er muss an K nur Zug-um-Zug gegen Zahlung des Kaufpreises übereignen und übergeben (§ 322 BGB).

Variante: Vereinbart war „Zahlung nach Rechnungserhalt".

In einem solchen Fall (oder bei einer konkludent vereinbarten Vorleistungspflicht des Verkäufers) hat der Verkäufer die Einrede aus § 320 BGB nicht.

Fall 278: Der K sucht bei V einen gebrauchten Sessel für sein Wohnzimmer aus. Als V den Sessel anliefert, stellt K fest, dass einer der Füße abgebrochen ist, so dass der Sessel kippelt. K nimmt den Sessel nicht entgegen. Der V verlangt sofortige Kaufpreiszahlung. Der K verweigert die Zahlung unter Hinweis auf den fehlenden Sesselfuß.

Der Anspruch könnte sich aus einem Kaufvertrag ergeben (§ 433 Abs. 2 BGB). a) Der Kaufvertrag ist geschlossen. Der Anspruch ist also entstanden b) Dem Anspruch steht die Einrede des nicht erfüllten Vertrages entgegen (§ 320 BGB) aa) Der Kaufvertrag zwischen V und K ist ein gegenseitiger Vertrag. Jede Partei erbringt ihre Leistung, um die Leistung der Gegenseite zu erhalten. bb) Dem K steht ein fälliger Gegenanspruch auf Lieferung einer mangelfreien Sache zu (§ 433 Abs. 1 S. 2 BGB), der im Gegenseitigkeitsverhältnis zur Zahlungsverpflichtung des K steht. cc) K ist nicht zur Vorleistung verpflichtet und dd) ist selbst vertragstreu. ee) Im Ergebnis kann daher K die Leistung verweigern. Er muss an V nur Zug-um-Zug gegen Lieferung einer mangelfreien Sache zahlen (§ 322 BGB). Sie sollten zur Selbstkontrolle überlegen, warum dieser Fall nicht beim nächsten Giederungspunkt Ziff. 4 unter der Überschrift „Einrede der Mangelhaftigkeit" eingeordnet worden ist: Weil in diesem Fall noch kein Gefahrübergang vorliegt.

Die Abwicklung einer Zug-um-Zug-Verurteilung soll Sie zunächst nicht weiter interessieren. Sie erfolgt entweder freiwillig oder – wenn der Anspruch zwangsweise durchgesetzt werden muss – in der Zwangsvollstreckung: Der Gläubiger muss dem

Schuldner die Leistung spätestens mit der Vollstreckungshandlung (ggf. durch den Gerichtsvollzieher) in einer den Annahmeverzug begründenden Weise anbieten.

Hiervon wird dann eine **Ausnahme** gemacht, wenn einer der **Schuldner vorzuleisten** hat (§ 320 Abs. 1 S. 1 aE. BGB); eine Unterausnahme hiervon ist § 321 BGB, demzufolge bei einer Vermögensverschlechterung der Zug-um-Zug-Mechanismus wiederhergestellt wird. Vorleistungsverpflichtungen ergeben sich aus Vereinbarung oder aus Gesetz (z.B. muss beim Mietvertrag der Mieter nach § 556 b Abs. 1 BGB vorleisten; beim Dienstvertrag muss der Dienstverpflichtete nach § 614 BGB vorleisten).

4. Einrede der Mangelhaftigkeit

Sie wissen ja schon aus der Darstellung des Kaufvertrags, dass dem Käufer beim **Bestehen eines Mangels bei Gefahrübergang Gewährleistungsrechte** aus § 437 BGB zustehen (Nacherfüllung, Rücktritt, Minderung, Schadensersatz). Bei einer Fallbearbeitung kann sich die (hier in Teil 4 gründlich erörterte) Frage nach („Sekundär-") Ansprüchen des Käufers aus § 437 BGB stellen, aber auch die – hier zunächst allein interessierende – Frage aufgeworfen werden, ob sich der vom Verkäufer auf Kaufpreiszahlung in Anspruch genommene Käufer einredeweise damit verteidigen kann, dass die Kaufsache mangelhaft ist und dass er aus diesem Grunde nicht zur Kaufpreiszahlung verpflichtet sein kann.

In der Tat: Wenn der Käufer wegen eines **behebbaren Mangels** einen Nacherfüllungsanspruch hat (§§ 437 Nr. 1, 434, 439 BGB), so kann er dem Kaufpreisanspruch des Verkäufers aus § 433 Abs. 2 BGB die Einrede des nichterfüllten Vertrages aus § 320 BGB entgegenhalten. Denn der Verkäufer ist nach der Gesetz gewordenen „Erfüllungstheorie" (§ 433 Abs. 1 S. 2 BGB) dem Käufer zur Lieferung einer mangelfreien Sache verpflichtet, und diese Pflicht steht im Gegenseitigkeitsverhältnis zur Kaufpreiszahlungsverpflichtung aus § 433 Abs. 2 BGB. Ist aber der **Mangel unbehebbar**, steht dem zur Geltendmachung von Gewährleistungsrechten berechtigten Käufer keine Einrede zu: Die Einrede aus § 320 BGB ist deshalb nicht gegeben, weil dem Käufer kein Nacherfüllungsanspruch zusteht (nach §§ 275 Abs. 1-3, 439 Abs. 3 BGB) und die (sogleich noch weiter vertiefte) Einrede aus § 438 Abs. 4, 5 BGB betrifft eine andere Fallkonstellation. Eine „allgemeine Mängeleinrede" aus § 242 BGB („dolo agit qui petit....") soll deshalb nicht gegeben sein, weil durch sie dem Käufer bis zur Verjährung der Gewährleistungsansprüche ein den Verkäufer im Unklaren lassendes „Überlegungsrecht", welches Gewährleistungsrecht er nun auszuüben gedenkt, eingeräumt würde.

Der Käufer, der seinerseits nicht etwa von seiner Leistungspflicht frei geworden ist (§ 326 Abs. 1 S. 2 BGB), ist jetzt in einer verzwickten Situation, aus der es nur einen Ausweg gibt: Er muss sich für einen der Rechtsbehelfe aus § 437 Nr. 2, 3 BGB (Rücktritt, Minderung, Schadensersatz „statt der Leistung") entscheiden: Wählt er den Rücktritt (§§ 437 Nr. 2, 323, 326 Abs. 5 BGB), verwandelt sich der Kaufvertrag in ein Rückgewährschuldverhältnis (§ 346 Abs. 1 BGB), so dass die Verpflichtung aus § 433 Abs. 2 BGB nicht mehr besteht. Wählt er Minderung, gilt dies auch nach §§ 441 Abs. 4 S. 2, 346 BGB. Wählt er Schadensersatz, entfällt die Kaufpreisschuld des Käufers aus einem „a maiore ad minus"- Schluss aus § 281 Abs. 4 BGB: Wenn schon der leistungstreue Käufer bei einem Schadensersatzverlangen „statt der Leistung" seinen Primäranspruch verliert (§ 281 Abs. 4 BGB), dann doch erst recht der leistungsuntreue Verkäufer.

Interessant ist noch eine (eben schon angedeutete) Besonderheit: Der Käufer kann trotz **Verjährung der Mängelansprüche** und eines deshalb unwirksamen Rücktritts bzw. einer deshalb unwirksamen Minderung (§§ 438, 218 BGB) die Zahlung des Kaufpreises insoweit verweigern, als er aufgrund des Rücktrittsrechts oder der Minderung dazu berechtigt sein würde (§ 438 Abs. 4, 5 BGB). Soweit für Rücktritt oder Minderung eine Nacherfüllungsfrist gesetzt werden muss, muss die Fristsetzung auch vor Erhebung der Mängeleinrede aus § 438 Abs. 4, 5 BGB erfolgen.

Wem diese Ausführungen noch „zu hoch" und „zu abstrakt" waren: Keine Sorge, wir gehen darauf in Teil 4 bei der Erörterung der „Sekundäransprüche" aus dem besonderen Gewährleistungsrecht gründlich ein.

Machen Sie sich wieder einmal bewusst, an welcher **Position der Gesamtdarstellung** Sie sich gerade befinden.

1. Sie wissen, worum es bei der Fallbearbeitung geht und Sie verstehen etwas von der Technik der Fallbearbeitung. 2. Bestimmte juristische Grundbegriffe sind Ihnen geläufig. 3. Auf diesen aufbauend haben Sie gelernt, unter welchen Voraussetzungen man einen Anspruch aus einem verpflichtenden Vertrag hat. Genannt werden hier nur die Stichworte: **a)** Vertragsschluss und Vertragsinhalte, Wirksamkeitshindernisse, Beendigungsgründe. **b)** Sodann haben Sie gelernt, dass Ansprüche erlöschen, ausgeschlossen oder entfallen können, verloren gehen können oder dass ihnen rechtshemmende Einreden entgegenstehen können. **c)** Dass ein solcher vertraglicher Primäranspruch in der Regel den Vertragspartnern gegeneinander zusteht, ist selbstverständlich. Dass er aber auch einem anderen zustehen kann, sollen die folgenden Ausführungen zeigen.

C. Der Vertrag zugunsten Dritter

Bisher war es für Sie selbstverständlich, dass der primäre Gläubiger (also einen Forderungsübergang z.B. nach § 398, 412, 1922 BGB hinweggedacht) eines Anspruchs aus einem verpflichtenden Vertrag immer nur der jeweilige Vertragspartner sein kann. Das ist eine sehr häufige, aber beileibe nicht die einzig denkbare Konstellation. Mit der konstruktiv sehr interessanten Rechtsfigur des **Vertrages zugunsten Dritter** trägt das Gesetz dem Bedürfnis der Vertragspartner Rechnung, ein **Forderungsrecht** aus einem verpflichtenden **Vertrag zwischen einem Versprechenden (VSP) und einem Versprechensempfänger (VE) einem Dritten (D)** in der Weise **zuzuwenden, „dass der Dritte unmittelbar das Recht erwirbt, die Leistung zu fordern"** (§ 328 Abs. 1 BGB). Die Rechtsfolge dieses Instituts besteht also darin, dass ein Dritter, wiewohl nicht Vertragspartner, **von vornherein (originär) Gläubiger eines Anspruchs** aus einem verpflichtenden Vertrag, den andere Personen (VE und VSP) geschlossen haben, ist.

Verwechseln Sie also bitte den Vertrag zugunsten Dritter nicht mit der Ihnen ja schon andeutungsweise bekannten Zession (§ 398 ff. BGB), durch die ein Dritter (Zessionar) dadurch **nachträglich** Gläubiger eines Anspruchs (z.B. aus ei-

> nem verpflichtenden Vertrag) werden kann, dass ein Ursprungsgläubiger (Zedent) sie an ihn überträgt.

Man fragt sich natürlich, was die **Gründe dafür** sein können, dass die Parteien eines Vertrages diese rechtstechnisch bestehende Möglichkeit, einem Dritten ein Forderungsrecht zuzuwenden, wählen:

- Denkbar ist z.B., dass sich die Beteiligten eines Vertrages auf diese Weise eine „**Abkürzung des Leistungsweges**" ermöglichen wollen.

> So lassen sich folgende Wege einer **Abkürzung des Leistungsweges** denken: Der Versprechensempfänger (VE) kauft eine Ware bei dem Versprechenden (VSP) und verkauft sie sogleich weiter an den Dritten (D). Die **Abwicklung der beiden Kaufverträge** kann dann so erfolgen,
>
> **1.** dass der Verkäufer VSP die Ware aufgrund seiner Verpflichtung aus § 433 Abs. 1 S. 1 BGB an den Käufer VE liefert und der sie dann aufgrund seiner Verpflichtung als Verkäufer aus § 433 Abs. 1 S. 1 BGB weiter an den Käufer D liefert („Leistungskette").
>
> **2.** Man kann aber auch an folgende Abwicklung denken: Der VE weist den VSP an, direkt an D zu liefern; oder VE und VSP vereinbaren die Direktlieferung an den D. Der D erlangt keinen eigenen Anspruch gegen den VSP. Der VSP liefert dann an den D (Fälle der „Durchlieferung" oder „Direktlieferung").
>
> Der „Leistungskette", der „Durchlieferung" und der „Direktlieferung" werden Sie im Bereicherungsrecht beim „Training" des Leistungsbegriffs wieder begegnen.
>
> **3.** Schließlich (und nur dabei handelt es sich um die uns im Folgenden interessierende Konstruktion eines „Vertrags zugunsten eines Dritten") können der VSP und der VE einen Vertrag des Inhalts schließen, dass der D „unmittelbar das Recht erwirbt" die Lieferung von dem VSP zu fordern (§§ 433 Abs. 1 S. 1, 328 Abs. 1 BGB).

- Ein Bedürfnis dafür, dass ein anderer als ein Vertragspartner unmittelbar das Recht erwerben soll, eine Leistung zu fordern, kann sich auch aus **Versorgungserwägungen** ergeben; denken Sie z.B. an einen Lebensversicherungsvertrag, bei dem der „Bezugsberechtigte" eine andere Person ist als der Versicherungsnehmer.

I. Rechtliche Konstruktion

Beim Vertrag zugunsten Dritter geht es um den Richtungswechsel der Leistungspflicht im Rahmen eines beliebigen verpflichtenden Vertrages. Der **Schuldner (Versprechender = VSP)** verpflichtet sich, eine Leistung an einen vom **Gläubiger (Versprechensempfänger = VE)** verschiedenen **Dritten (= D)** zu erbringen. Ob auch andere Vertragsarten als verpflichtende Verträge als Vertrag zugunsten Dritter ausgestaltet werden können, ist umstritten.

Entscheidend ist nun, wie sich der Richtungswechsel vollziehen soll: Dazu muss man zwischen zwei Arten von Verträgen mit Drittwirkung unterscheiden, die leider (und das verwirrt manchen Lernenden unnötig) sehr ähnlich und damit verwechslungsfähig benannt werden; es sind zum einen der „**echte Vertrag zugunsten Dritter**" und zum anderen der „**unechte Vertrag zugunsten Dritter**". Der Unterschied betrifft das Verhältnis zwischen dem Versprechenden und dem Dritten.

- Beim „**echten Vertrag zugunsten Dritter**" erhält der Dritte einen eigenen Anspruch gegen den Versprechenden, er erwirbt nach § 328 Abs. 1 BGB „unmittelbar das Recht, die Leistung zu fordern".

- Ein „**unechter Vertrag zugunsten eines Dritten**" liegt vor, wenn dem Dritten „das Recht, die Leistung zu fordern" nicht zugewendet werden soll, sondern nur der Versprechensempfänger Leistung an den Dritten verlangen kann und der Versprechende mit befreiender Wirkung an den Dritten leisten kann.

- Nur der „**echte Vertrag zugunsten eines Dritten**" ist ein „**Vertrag zugunsten Dritter**" i.S.d. **§§ 328 ff. BGB**. Das BGB enthält in den §§ 328 ff. BGB einige **Auslegungsregeln** zur Abgrenzung der beiden vorgenannten Vertragsarten.

- Es gibt natürlich **nicht „den" Vertrag zugunsten Dritter „als solchen"**. In den §§ 328 ff. BGB ist nämlich kein gesonderter Vertragstyp geregelt. Vielmehr geht es um eine vom Regelfall abweichende Aufteilung der Gläubigerbefugnisse aus einem (beliebigen) Vertrag (systematisch spricht hierfür auch die Einordnung der §§ 328 ff. BGB in das Allgemeine Schuldrecht und nicht bei den einzelnen Vertragstypen). Es gibt daher nur einen „Kaufvertrag etc. zugunsten eines Dritten". Dementsprechend ist auch die **Anspruchsgrundlage** zu formulieren, die niemals allein „§ 328 Abs. 1 BGB" lauten kann, sondern immer nur z.B. „**§§ 433 Abs. 1, 328 Abs. 1 BGB**". Wir nennen diese vertragliche Beziehung zwischen dem Versprechensempfänger (VE) und dem Versprechenden (VSP) künftig das „**Deckungsverhältnis**"; das Gesetz nennt es in den §§ 328 ff. BGB den „**Vertrag**". Die Rechtsbeziehung zwischen dem Versprechensempfänger (VE) und dem Dritten (D) nennen wir das „**Valutaverhältnis**". Der Anspruch des Dritten (D) gegen den Versprechenden (VSP) entstammt allein dem Deckungsverhältnis; das Valutaverhältnis zwischen dem Dritten (D) und dem Versprechensempfänger (VE) liefert nur den Rechtsgrund dafür, warum der Dritte im Verhältnis zum Versprechensempfänger (VE) das Erlangte behalten darf. Die Beziehung zwischen dem Versprechenden (VSP) und dem Dritten (D) nennen wir das „**Zuwendungsverhältnis**".

> An dieser Stelle werden Sie noch einmal daran erinnert, sich bei allen zu bearbeitenden (auch hier beim Lesen dieses Buches!) Fällen, zumindest aber bei Fällen mit mehr als zwei Personen, Skizzen anzufertigen. Wenn Sie diese Regel hier beim Vertrag zugunsten Dritter beherzigen, wird das sehr hilfreich sein: Sie werden dabei Gemeinsamkeiten mit anderen Dreipersonenverhältnissen erkennen, insbesondere durch die Unterscheidung der Rechtsverhältnisse

> und ihre Bezeichnung als Deckungs- und Valutaverhältnis, was Ihnen das Verstehen aller dieser Konstellationen außerordentlich erleichtern wird.
>
> Es empfiehlt sich, den Vertrag zugunsten Dritter als „rechtwinkliges Dreieck", bei dem das „Deckungs-" und das „Valutaverhältnis" die „Katheten" und das „Zuwendungsverhältnis die „Hypothenuse" ist und bei dem die beiden Gläubiger (der Versprechensempfänger und der Dritte) mit dem die beiden verbindenden „Valutaverhältnis" auf der Gläubigerebene (also „oben") und der einzige Schuldner, der Versprechende, unten verortet werden, das Zuwendungsverhältnis also von unten nach oben rechts führt.

Aus der Tatsache, dass es beim Vertrag zugunsten Dritter nur um einen „Richtungswechsel" hinsichtlich des Anspruchs des Versprechensempfängers VE gegen den Versprechenden VSP geht, folgt zugleich, dass sich durch einen Vertrag zugunsten Dritter am Fortbestand eines Grundvertrages zwischen Versprechendem VSP und Versprechensempfänger VE nichts ändert; der Versprechende und der Versprechensempfänger sind und bleiben die Partner des Grundvertrages. Der Vertrag zugunsten Dritter führt also nicht etwa zu einer „Vertragsübertragung". Der VE hat daher auch nach § 335 BGB im Zweifel weiterhin das Recht, die Leistung an den Dritten zu fordern; im Rechtsstreit handelt es sich um einen Fall der „gesetzlichen Prozessstandschaft".

II. Primärer Anspruch des Dritten

Sie wissen es ja inzwischen: Es gibt nicht „den" Vertrag zugunsten Dritter „als solchen" und daher auch keinen „Anspruch" des Dritten (D) gegen den Versprechenden (VSP) aus § 328 Abs. 1 BGB". Wer also seine schriftliche Arbeit mit dem Obersatz beginnt: „Der D könnte von dem VSP Zahlung in Höhe von € 1000,- aus § 328 Abs. 1 BGB" verlangen, hat praktisch schon „verloren".

Vielmehr bezieht sich der Vertrag zugunsten eines Dritten immer zugleich auf einen „Grundvertrag" (z.B. Kaufvertrag, Darlehensvertrag etc.) zwischen dem Versprechenden (VSP) und dem Versprechensempfänger (VE) und der Obersatz müsste bei einem Kaufvertrag als Grundvertrag daher lauten: „Der D könnte von dem VSP Übereignung und Übergabe des PKW aus §§ 433 Abs. 1 S. 1, 328 Abs. 1 BGB verlangen".

> Bei der Prüfung von Ansprüchen des Dritten gegen den Versprechenden sollten folgende **Prüfungspunkte** berücksichtigt werden:
>
> Wirksamer **Grundvertrag** zwischen dem Versprechenden und dem Versprechensempfänger.
>
> Eine **Auslegung des Vertrages** muss ergeben, dass dem **Dritten ein eigenes Forderungsrecht** aus dem Grundvertrag zusteht.
>
> **Keine Ausübung des Zurückweisungsrechts** durch den Dritten gem. § 333 BGB.

Keine **Einrede des Versprechenden.**

1. *Wirksamer Grundvertrag im Deckungsverhältnis*

Da der Anspruch des Dritten (D) daraus resultiert, dass ihm ein aus einem Grundvertrag herrührendes Forderungsrecht des Versprechensempfängers (VE) gegen den Versprechenden (VSP) zugewendet wird, steht und fällt sein Anspruch mit einem Anspruch des Versprechensempfängers gegen den Versprechenden. Die Voraussetzung dafür ist ein **wirksamer Grundvertrag** im **Deckungsverhältnis** zwischen dem Versprechensempfänger (VE) und dem Versprechenden (VSP). Das ergibt sich mittelbar daraus, dass das Gesetz in § 334 BGB bestimmt, dass der Versprechende (VSP) sich auch gegenüber dem Dritten (D) auf Einwendungen aus dem Deckungsverhältnis berufen kann. Dass dagegen das Bestehen oder die Wirksamkeit des Valutaverhältnisses zwischen dem Versprechensempfänger (VE) und dem Dritten (D) ohne jede Bedeutung für die Frage eines Anspruchs des Dritten gegen den Versprechenden sind, ist selbstverständlich, denn der Anspruch des Dritten (D) gegen den Versprechenden (VSP) entstammt allein dem Deckungsverhältnis; das Valutaverhältnis zwischen dem Dritten (D) und dem Versprechensempfänger (VE) liefert nur den Rechtsgrund dafür, warum der Dritte im Verhältnis zum Versprechensempfänger (VE) den Anspruch erlangt und die an ihn erbrachte Leistung behalten darf. Die für das Bereicherungsrecht höchst bedeutsame Frage, wer an den Dritten geleistet hat, wird uns später noch ausgiebig beschäftigen.

Daher prüfen wir, wenn es um einen Anspruch des D gegen den VSP geht, nur ob **im Deckungsverhältnis** ein **wirksamer Grundvertrag** zwischen dem Versprechensempfänger (VE) und dem Versprechenden (VSP) **geschlossen** ist, und berücksichtigen dabei die „**Wirksamkeitshindernisse**" (=„**rechtshindernde Einwendungen**"), wie die **Einwendungen der §§ 105, 125, 134, 138 BGB**, sowie die **vertragsbeendenden Umstände**, wie z.B. einer **Anfechtung** mit der Folge des § 142 Abs. 1 BGB oder eines **Rücktritts**.

Dagegen gehört **nicht** hierher die **Prüfung von den einen Anspruch zum Erlöschen bringenden Umständen** wie die Erfüllung durch eine Leistung an den Versprechensempfänger oder entsprechende Erfüllungssurrogate, da ja die Leistung nach den Grundsätzen des Vertrages zugunsten Dritter allein dem Dritten zugute kommen soll. Der Versprechende wird also durch eine Leistung an den Versprechensempfänger nicht befreit. Auch ist es dem Versprechenden nicht möglich, die Aufrechnung mit einer Forderung gegen den Versprechensempfänger zu erklären.

2. *Echter Vertrag zugunsten Dritter*

Ob die Vertragspartner (VE und VSP) den Abschluss eines „echten" oder eines „unechten" Vertrages zugunsten eines Dritten abgeschlossen haben, ist eine Frage der Auslegung des „Vertrages" (also des „Deckungsverhältnisses"). Das Gesetz hat dazu **Auslegungsregeln** zur Verfügung gestellt, die die **§§ 133, 157 BGB ergänzen**:

- Nach **§ 328 Abs. 2 BGB** soll bei der Auslegung in erster Linie auf eine „besondere Bestimmung" der Parteien abgestellt werden. Fehlt es an einer solchen, dann soll „aus den Umständen, insbesondere aus dem Zweck des Vertrages zu entnehmen" sein, „ob der Dritte das Recht erwerben ...soll".

<u>Fall 279</u>: Zum 7. Geburtstag ihres Enkels E hat seine schon damals recht gebrechliche und in wirtschaftlicher Hinsicht wenig gesichert lebende Großmutter G bei der S-Sparkasse ein Sparbuch angelegt, in das der Name des E eingetragen wird; sie behält das Buch jedoch zunächst in Besitz, beabsichtigt aber, es dem E, wenn er volljährig geworden ist, auszuhändigen. Die G zahlt jährlich unter großen persönlichen Opfern DM 600,- und später € 300,- ein. Weil der E in der Pubertät eine in ihren Augen schlechte Entwicklung genommen hat, behält sie auch nach dem 18. Geburtstag des E das Sparbuch für sich. Als der inzwischen 20-jährige E sie einmal besucht und – während sie Kaffee kocht – neugierig in ihren Sachen herumstöbert, entdeckt er das Sparbuch mit seinem Namen und verlangt es von der G heraus. Diese weigert sich.

Der E könnte einen Anspruch auf Herausgabe des Sparbuchs aus § 985 BGB haben. a) Die G ist Besitzerin des Sparbuchs. b) Der E müsste Eigentümer des Sparbuchs sein. Ein Sparbuch ist ein „Schuldschein" i.S.d. § 952 BGB, d.h. „das Recht an dem Papier folgt", anders als bei Inhaberschuldverschreibungen i.S.d. § 793 BGB, „dem Recht aus dem Papier". Entscheidend dafür, ob E Eigentümer des Sparbuchs ist, ist also, ob er Inhaber der Forderung aus dem „Sparvertrag" ist (rechtlich ein Darlehensvertrag nach § 488 BGB oder ein „unregelmäßiger Verwahrungsvertrag" nach §§ 700, 488 BGB). aa) Das hängt zunächst davon ab, wie die G beim Abschluss des Vertrages aufgetreten ist. Hat sie dabei als Vertreterin des E ohne Vertretungsmacht gehandelt, ist der Vertrag nach § 177 Abs. 1 BGB zunächst schwebend unwirksam, ist dann aber durch eine im Herausgabeverlangen des E zu sehende Genehmigung des E gegenüber G (§§ 177 Abs.1, 182 Abs. 1, 184 Abs. 1) von Anfang an wirksam geworden, so dass E Gläubiger geworden wäre. Allerdings spricht das Auftreten der G beim Ausfüllen des Kontoeröffnungsantrags (irrelevant ist, dass der Name des E in das Buch eingetragen wurde) dafür, dass sie im eigenen Namen gehandelt hat. Eine Stellvertretung liegt mithin nicht vor. bb) Der E wäre dennoch Gläubiger geworden, wenn die S und die G einen Sparvertrag zugunsten des E als Drittem vereinbart hätten und verabredet hätten, dass dem E ein eigenes Forderungsrecht gegen die S zustehen soll (§§ 488 bzw. 700, 488, 328 Abs. 1 BGB: echter Vertrag zugunsten Dritter). Ob ein solcher echter Vertrag zugunsten Dritter vorliegt, ist durch Auslegung (§§ 133, 157, 328 Abs. 2 BGB) des Sparvertrages als Deckungsverhältnis eines möglichen Vertrages zugunsten Dritter zu ermitteln. Für einen echten Vertrag zugunsten Dritter könnte der auf E lautende Name im Sparbuch sprechen. Allerdings hat dieser Umstand wegen § 808 BGB kaum Bedeutung für die Ausübung des Gläubigerrechts und ist daher nur ein sehr schwaches Indiz dafür, dass eine Gläubigerstellung des E gewollt war. Dafür, dass die G Gläubigerin bleiben wollte, sprechen die Umstände, wie ihre schwierige wirtschaftliche Lage und (entscheidend) die Tatsache, dass sie Besitzerin des Sparbuchs geworden und geblieben ist. Somit liegt kein echter Vertrag zugunsten Dritter vor und die G ist Gläubigerin. Sie ist damit Eigentümerin am Sparbuch. E hat damit keinen Herausgabeanspruch gegen die G.

- Eine **„negative"**, also gegen das Vorliegen eines „echten" Vertrages zugunsten Dritter sprechende **Auslegungsregel** enthält **§ 329 BGB**: Wenn sich der Versprechende in einem Vertrag mit dem Versprechensempfänger dazu verpflichtet, an einen Dritten, der ein Gläubiger des Versprechensempfängers ist, zu leisten, um diesen zu befriedigen, ohne dabei die Schuld zu übernehmen, „so ist im Zweifel nicht anzunehmen", dass der Dritte „unmittelbar das Recht erwerben soll, die Befriedigung von ihm zu fordern". Vielmehr soll hierdurch im Zweifel nur ein Recht des Versprechensempfängers begründet werden, vom Versprechenden die Bewirkung der Leistung an den Dritten zu verlangen („unechter Vertrag zugunsten eines Dritten"). Sie wissen ja längst, dass wir eine derartige Vereinbarung eine „**Erfüllungsübernahme**" nennen. Nur am Rande sei erwähnt: Ein weiterer wichtiger Fall einer „Erfüllungsübernahme" ist eine an der fehlenden Genehmigung des Gläubigers gescheiterten Schuldübernahme durch einen Vertrag zwischen Schuldner und Schuldübernehmer (§ 415 Abs. 3 BGB).

Fall 280: Der D hat eine Forderung gegen den VE aus einem Kaufvertrag vom 27. Mai 2003 in Höhe von € 100,-, die am 5. August 2003 fällig ist. Am 1. Juni 2003 schließt der VE als Darlehensgeber mit dem VSP als Darlehensnehmer einen Darlehensvertrag über ein zinsloses Darlehen in Höhe von € 100,- ab; in diesem Vertrag ist vereinbart, dass der VSP das ebenfalls am 5. August 2003 fällige Darlehen an den D zurückzahlt. Der D, der von dieser Vereinbarung erfahren hat, verlangt am 5. August 2003 von VSP Zahlung von € 100,-.

Der Anspruch würde sich aus §§ 488 Abs. 1 S. 2, 328 Abs. 1 BGB ergeben, wenn der VE und der VSP einen Darlehensvertrag mit einer Rückzahlungsverpflichtung zugunsten des D geschlossen hätten; die Zweifelsregelung des § 329 BGB ergibt jedoch, dass keine solche Vereinbarung getroffen wurde; vielmehr hat es der VSP lediglich im Verhältnis zu dem VE übernommen, dessen Verbindlichkeit bei D zu erfüllen („Erfüllungsübernahme").

- Bei **Lebensversicherungs- und Leibrentenverträgen,** deren Bezugsberechtigte Dritte sind, liegt dagegen im Zweifel ein echter Vertrag zugunsten Dritter vor (§ 330 BGB). Dem liegt der Gedanke zugrunde, dass die Versorgung eines Dritten nur dann ausreichend gewährleistet ist, wenn dieser einen eigenen Anspruch erhält.

- Im Hinblick auf den allgemeinen Rechtsgedanken, der § 330 BGB zugrunde liegt, wird man ganz allgemein sagen können, dass bei **Verträgen, die die Versorgung eines Dritten** dadurch **sicherstellen sollen,** dass dem Dritten Forderungsrechte zustehen sollen, im Zweifel ein echter Vertrag zugunsten Dritter vorliegt.

Fall 281: Der alternde VE hat eine Ehefrau F und eine Geliebte D, von der die F nichts weiß und auch nach dem Tod des VE nichts erfahren soll. Der fürsorgliche VE will beide versorgt sehen. Deshalb setzt er seine Frau F als alleinige Erbin ein und legt bei der VSP – Sparkasse ein Sparkonto auf den Namen der D an. Mit dem Sachbearbeiter der Sparkasse wird vereinbart, dass die VSP – Sparkasse nach dem Tod des VE die D von dem Sparkonto unterrichten soll. So geschieht es: Der VE verstirbt und die VSP – Sparkasse benachrichtigt die bei dem ihr genannten Kontostand von € 150 000,-- hocherfreut reagierende D. Derweil findet die F das Sparbuch im Nachlass des VE. Die F ruft bei der D an und widerruft alle Erklärungen ihres Mannes im Zusammenhang mit der Errichtung des Sparbuchs. Die D verlangt von der F Herausgabe des Sparbuchs (nach BGH).

Der Anspruch der D gegen die F auf Herausgabe des Sparbuchs könnte sich aus § 985 ergeben. a) Die F ist im Besitz des Sparbuchs. b) Die D müsste Eigentümerin des Sparbuchs sein. Wie Sie ja wissen, „folgt" nach § 952 BGB bei einem Sparbuch „das Recht an dem Papier dem Recht aus dem Papier". Eigentümer ist also derjenige, der Inhaber der Forderung aus § 488 Abs. 1 S. 2 BGB bzw. §§ 700, 488 Abs. 1 S. 2 BGB ist. aa) Zu seinen Lebzeiten war der VE Forderungsinhaber und damit Eigentümer des Sparbuchs. bb) Mit dem Tode wird aaa) die D Gläubigerin nach §§ 488 Abs. 1 S. 2, 328 Abs. 1 BGB bzw. §§ 700, 488 Abs. 1 S. 2, 328 Abs. 1 BGB. bbb) Vereinzelt wird allerdings angenommen, das Deckungsverhältnis sei nach § 125 BGB nichtig wegen Nichteinhaltung der Form des § 2301 BGB. Nach ganz überwiegender Ansicht betrifft die Formvorschrift des § 2301 BGB nicht das Deckungsverhältnis, sondern nur das Valutaverhältnis. Danach ist ohne Rücksicht auf die Voraussetzungen des § 2301 BGB die D Gläubigerin und Eigentümerin des Sparbuchs geworden. c) Fraglich ist jedoch, ob die F ein Recht zum Besitz hat. Ein solches könnte sich aus § 242 BGB („dolo agit, qui petit quod statim redditurus est") ergeben, wenn die an sich zur Herausgabe verpflichtete F das Sparbuch sogleich wieder zurückverlangen könnte. Einen solchen Anspruch könnte die F gegen die D aus § 812 Abs. 1 S. 1 1. Fall BGB („Leistungskondiktion") haben. aa) Die D hat „etwas" – das Eigentum am Sparbuch – erlangt. bb) Geleistet hat zwar nicht die F, wohl aber der VE, dessen Leistung der F zugerechnet wird (§ 1922 BGB). cc) Die Leistung müsste ohne Rechtsgrund erfolgt sein; der Rechtsgrund muss im „Valutaverhältnis" gegeben sein. In Betracht kommt ein Schenkungsvertrag zwischen VE und der D (§ 516 BGB). aaa) Das Angebot des VE ist mittels der VSP – Sparkasse als Botin erklärt worden und der D zugegangen, was nach § 130 Abs. 2 BGB auch nach dem Tod des VE möglich ist. Der danach erfolgte Widerruf der F war daher verspätet (arge § 130 Abs. 1 S. 2 BGB). Die D hat das Angebot konkludent angenommen, denn sie reagierte „hocherfreut". Dies konnte sie auch noch, denn das Angebot war nicht durch den zwischenzeitlichen Tod erloschen (§ 153 BGB). Auf den Zugang der Annahmeerklärung bei der F hat der VE verzichtet, so dass der Vertrag nach § 151 BGB ohne Zugang der Annahmeerklärung zustande kommen konnte. bbb) Möglicherweise ist der Vertrag aber wegen Formunwirksamkeit nichtig. aaaa) Der in Betracht zu ziehende Formmangel des § 518 Abs. 1 BGB ist gem. § 518 Abs. 2 BGB geheilt durch den mit dem Todesfall noch vor dem Zustandekommen des Schenkungsvertrages erfolgten Erwerb der Forderung durch die D. Damit liegt ein wirksames Valutaverhältnis vor, die Leistung erfolgte mithin mit Rechtsgrund. Damit steht der F gegen die D kein Recht zum Besitz aus § 242 BGB zu. Sie muss das Sparbuch an die D herausgeben. bbbb) Eine weitere Frage ist, ob das Valutaverhältnis eine Verfügung von Todes wegen ist und daher wegen der Nichteinhaltung der Form letztwilliger Verfügungen nach §§ 2301 Abs. 1, 125 BGB nichtig ist. aaaaa) Man kann dem § 2301 BGB die Funktion zuerkennen, die Umgehung des Erbrechts und seiner Formvorschriften durch ein Ausweichen in die Konstruktion eines Vertrages zugunsten Dritter zu vermeiden. Daher wird in der Lehre in solchen Fällen die Nichtigkeit des Schenkungsvertrages wegen fehlender Testamentsform oder Erbvertragsform (§§ 2231 ff., 2276 ff. BGB) angenommen. Eine Anwendung des § 2301 Abs. 2 BGB wird verneint, weil nicht der Erblasser zu Lebzeiten, sondern der Erbe das Vermögensopfer erbracht habe. bbbbb) Die Rechtspraxis argumentiert dagegen, dass bei einem Vertrag zugunsten Dritter, der die Versorgung des Dritten sicherstellen soll (so hier), nach dem Willen des Gesetzes gem. § 331 BGB die Forderung mit dem Tode des VE entstehen soll. Damit sei § 331 BGB als lex specialis zu § 2301 BGB anzusehen, so dass er keine Anwendung findet. Damit ist auch unter diesem Aspekt das Valutaverhältnis wirksam, die Leistung erfolgte mithin mit Rechtsgrund. Damit steht der F gegen die D kein Recht zum Besitz aus § 242 BGB zu. Sie muss das Sparbuch an die D herausgeben.

3. Keine Ausübung eines Zurückweisungsrechts des Dritten

Durch eine einseitige empfangsbedürftige Willenserklärung gegenüber dem Versprechenden kann der Dritte sein bereits angefallenes Recht zurückweisen (§ 333 BGB). Er wird dadurch vor einem aufgedrängten Rechtserwerb geschützt.

4. Keine Einrede des Versprechenden

Nach § 334 BGB kann der Versprechende sich auch mit Einreden aus dem Deckungsverhältnis, wie etwa mit Einreden nach § 273 BGB und § 320 BGB gegen den Anspruch des Dritten verteidigen.

Fall 282: Die Fluggesellschaft Ovoklup-Air (OA) vercharterte an den Reiseveranstalter „Lackners Lustige Reisen" GmbH (LL) 100 Plätze eines Fluges von St. Petersburg nach Hamburg am 5. August 2003. Die Flugscheine sollte und hatte die LL im eigenen Namen ausgestellt. Am 5. August 2003 verweigern die Mitarbeiter der OA dem D, der bei dem Reisebüro Ecila Etalp (E) eine Pauschalreise zur 300-Jahrfeier nach St. Petersburg mit Rückflug nach Hamburg mit dem gecharterten Flugzeug gebucht und bezahlt hatte, den Rückflug. Als Grund wird genannt, dass die LL der OA den Flug nicht bezahlt habe. Kann der D von OA Beförderung verlangen (nach BGH)? Unterstellen Sie die Anwendung deutschen Rechts.

Ein Anspruch des D auf Beförderung könnte sich aus dem zwischen der OA und der LL geschlossenen Chartervertrag ergeben, wenn es sich hierbei um einen echten Vertrag zugunsten des D handelt (§§ 631 Abs. 1, 328 Abs. 1 BGB). a) Die OA hat mit der LL als „Grundvertrag" einen Chartervertrag abgeschlossen. Dieser verpflichtete die OA, die ihr von LL benannten Reisenden an einem bestimmten Tag von St. Petersburg nach Hamburg zu fliegen. b) Weiter müsste dem D aus diesem Vertrag ein eigenes Forderungsrecht zustehen (echter Vertrag zugunsten Dritter). Ob nur der LL dieses Recht zustehen sollte oder ob auch D einen eigenen Anspruch erwerben sollte, ist im Wege der Auslegung zu ermitteln (§ 328 Abs. 2 BGB). Aus dem Zweck des Chartervertrages ergibt sich, dass die Beförderung des Reisenden sicherzustellen ist. Es ist daher interessengemäß, dem Reisenden einen eigenen unmittelbaren Beförderungsanspruch zu gewähren. Der Chartervertrag stellt mithin einen echten Vertrag zugunsten des D dar. c) Weiter hat D den Beförderungsanspruch nicht nach § 333 BGB zurückgewiesen. d) Möglicherweise könnte aber die OA die Beförderung gem. §§ 320, 334 BGB verweigern, weil die LL die Vergütung aus dem Chartervertrag nicht an die OA gezahlt hat. aa) Grundsätzlich kann der Versprechende (OA) auch dem Dritten (D) gegenüber die Einreden aus dem Deckungsverhältnis entgegenhalten. Hierzu gehört auch die Einrede des nichterfüllten Vertrages nach § 320 BGB. bb) Möglicherweise könnte aber die nicht zwingende Vorschrift des § 334 BGB stillschweigend abgedungen worden sein. Aufgrund der Tatsache, dass der Reisende auf die Zahlung durch seinen Reiseveranstalter keinen Einfluss hat und die Zahlung somit allein in den Risikobereich des Versprechensempfängers fällt, ist nach dem Zweck des Vertrages, bei dem der Reisende von einem einredefreien Beförderungsanspruch ausgeht, zugunsten des Reisenden stillschweigend von einer Abbedingung des § 334 BGB auszugehen. Damit steht dem D ein durchsetzbarer Beförderungsanspruch gegen die OA zu.

> Wichtig ist, dass § 334 BGB abdingbar ist, so dass im Deckungsverhältnis die Verteidigungsmöglichkeiten des Versprechenden erweitert oder eingeschränkt werden können. Dies kann auch stillschweigend geschehen.

III. Abgrenzung zum Stellvertretungsrecht

Sie sind schon einmal darauf aufmerksam gemacht worden, dass die **Vertretung eines Dritten** und der **Vertrag zugunsten eines Dritten** aufgrund der „Drittwirkung" als „gemeinsamer Nenner" durchaus „verwechslungsfähig" sind.

> Denken Sie nur an folgende Fälle: Eltern lösen ein Bahnticket für ihr Kind. Eine Versicherung beauftragt einen Anwalt für ihren Versicherungsnehmer.

Der Unterschied besteht in rechtlicher Hinsicht darin, dass ein vertretener Dritter selbst zum Vertragspartner wird, während beim echten Vertrag zugunsten Dritter dem Dritten lediglich ein Forderungsrecht zusteht. Die **Abgrenzung** ist danach vorzunehmen, ob der Handelnde nach außen im fremden Namen gehandelt hat; dann liegt eine

Vertretung vor. Ansonsten ist ein Handeln im eigenen Namen anzunehmen und damit ein Vertrag zugunsten Dritter.

IV. Exkurs: Verfügung zugunsten Dritter

Man ist sich weitgehend einig, dass das BGB über den Sonderfall des § 414 BGB hinaus keine wirksamen Verfügungen zugunsten eines Dritten einräumt, weil die §§ 328 ff. BGB unmittelbar nur für schuldrechtliche Verpflichtungsverträge gelten sollen und eine analoge Anwendung der §§ 328 ff. BGB deshalb nicht möglich ist, weil eine Verfügung zugunsten eines Dritten nicht dem im Sachenrecht geforderten Bestimmtheitsprinzip genügen würde. Im Übrigen fehlt es wohl auch an der für eine Analogie nötigen Lücke im Gesetz, weil durch Einschaltung eines Stellvertreters gleiche Ergebnisse erzielbar sind wie durch einen dinglichen Vertrag zugunsten Dritter.

Aber – wie fast immer – lassen sich auch andere Lösungen vertreten: Eine Übereignung soll dann nach § 328 BGB möglich sein, wenn jedenfalls der für einen Erwerb des Eigentums nötige Vollzugsakt vorliegt. Auch soll § 328 BGB den Erwerb von Forderungsrechten und dinglichen Leistungs- bzw. Duldungs-(z.B. § 1147 BGB) ansprüchen ermöglichen.

> Fall 283: Der VE will eine dem VSP gehörende Sache, die der D aufgrund eines Fundes bereits in Besitz hat, an den D übereignen, ohne selbst vorher Eigentümer zu werden. Der VE und der VSP einigen sich zu diesem Zweck dahingehend, dass die Sache fortan dem D gehören soll. Der Gläubiger G des D pfändet sie aufgrund eines Titels, den er gegen den D hat. Der VSP erhebt Drittwiderspruchsklage.
>
> Die Klage wäre nach § 771 ZPO begründet, wenn dem VSP „ein die Veräußerung hinderndes Recht" an der Sache zustünde. Das könnte das Eigentum an ihr sein. Der VSP war Eigentümer. Er könnte das Eigentum an den D nach §§ 929 S. 1, 328 BGB verloren haben, wenn Verfügungsverträge zugunsten Dritter möglich wären. Überwiegend wird dies abgelehnt, weil nach dem Wortlaut des § 328 BGB nur ein Forderungsrecht zugewendet werden kann. Danach hätte der D kein Eigentum erworben und die Klage wäre begründet. Aber auch derjenige, der dinglich wirkende Verfügungsgeschäfte zugunsten Dritter zulassen will, muss beim Eigentumserwerb den – hier fehlenden (!) – Vollzugsakt zwischen dem Erwerber und Verfügendem fordern. Der VSP ist Eigentümer geblieben, und die Klage ist daher begründet.

> Nachdem Sie nun gelernt haben, durch ein Rechtsgutachten zu beurteilen, ob einem Anspruchsteller ein primärer vertraglicher Anspruch zusteht, sollten Sie jetzt für eine kurze Zeit einmal den „elfenbeinernen Turm" verlassen und einen Blick in die Rechtswirklichkeit werfen, um kurz und bündig zu erfahren, wie man eigentlich einen Anspruch durchsetzt. Hier wird wieder viel Neues auf Sie „einstürmen". Aber auch der „Anfänger" sollte sich nicht sperren: Dem „Mutigen (und ich meine auch: dem Neugierigen) gehört die Welt" und nicht dem „Übervorsichtigen". Außerdem sollten Sie sich als Anfänger darüber im Klaren sein, dass selbst fortgeschrittenere Studierende meist nicht die geringsten Vorstellungen davon haben, wie Ansprüche in der Rechtswirklichkeit

durchgesetzt werden. Sie sind also mit ihrem Vorstellungsdefizit „in bester Gesellschaft".

D. Die Durchsetzung von Ansprüchen

Wie gesagt: Die aufgrund der bisherigen Darstellung erlangten Erkenntnisse ermöglichen es Ihnen jetzt, in materiellrechtlicher Hinsicht zu prüfen, ob einer Person („Anspruchsteller") gegen eine andere Person („Anspruchsgegner") ein Anspruch aus einem Rechtsgeschäft, insbesondere natürlich aus einem durch Vertrag begründeten Schuldverhältnis (§ 311 Abs. 1 BGB), zusteht und ob dieser Anspruch auch durchsetzbar ist. Sie wissen auch, dass es außer den rechtsgeschäftlichen, speziell vertraglichen, Ansprüchen auch Ansprüche aus dem Gesetz gibt; diese haben wir bisher weitgehend „ausgeblendet", kommen aber bald (in den Teilen 5 bis 9) auf diese zurück.

Nunmehr ist der geeignete Augenblick gekommen, den Fortgang der bisher rein materiellrechtlichen Darstellung zu unterbrechen, um zu erfahren, **wie ein Anspruch** in der Rechtswirklichkeit **durchgesetzt wird**, wie also z.B. der Gläubiger eines Herausgabeanspruchs aus § 546 Abs. 1 BGB oder aus § 985 BGB diesen durchsetzen kann oder wie der Gläubiger eines auf Geldzahlung gerichteten Anspruchs (z.B. aus §§ 433 Abs. 2 oder 488 Abs. 1 S. 2 BGB) „zu seinem Geld kommt", wenn der Herausgabe- oder Zahlungsschuldner nicht freiwillig erfüllt. Auch kann sich die Frage stellen, in welcher Situation der Gläubiger sich befindet, wenn der Schuldner mehrere Gläubiger hat und sein Vermögen nicht ausreicht, alle Gläubiger zu befriedigen.

Sie können davon ausgehen, dass ein bestehender Anspruch in aller Regel auch **freiwillig erfüllt** wird, weil, Gott sei Dank, meistens die Vernunft siegt. Wenn ein geltend gemachter Anspruch **nicht erfüllt** wird, so beruht dies meistens auf folgenden Gründen:

- Zwischen dem Anspruchsteller und Anspruchsgegner besteht **Streit** darüber, **ob überhaupt** ein Anspruch gegeben ist, weil entweder der **Sachverhalt** unter den Parteien **umstritten** ist und/oder weil sie **unterschiedlicher Auffassung über** maßgebliche **Rechtsfragen** sind,
- oder einfach nur deshalb, weil der Inanspruchgenommene **nicht leisten will**;
- nicht selten wird ein Anspruch deshalb nicht erfüllt, weil der Schuldner wegen seiner vielen anderen Schulden **nicht leisten kann**.

Immer dann stellt sich die Frage, wie der Anspruchsteller den von ihm geltend gemachten Anspruch verwirklichen kann.

I. Die Durchsetzung von Rechten mit staatlicher Hilfe

Die Realisierung von Forderungen ist (von einigen Ausnahmen abgesehen) keine „Privatsache" des Gläubigers. Niemand darf die verbindliche Feststellung des Bestehens eines Anspruchs und/oder die Durchsetzung seines vermeintlichen Anspruchs „in die eigene Hand nehmen" oder sich umgekehrt der Realisierung des Rechtes in den Weg stellen: Die Zuerkennung und die Abwehr von Ansprüchen erfolgt i.d.R.

mittels der „durch die Gerichte ausgeübt(e)"... „**rechtsprechende Gewalt**" des Staates („Judikative": Art. 92 GG) im sog. „**Erkenntnisverfahren**". Es ist weiterhin die Aufgabe der **vollziehenden Gewalt** des Staates („**Exekutive**"), den im Erkenntnisverfahren dem „Gläubiger" gegen den „Schuldner" zuerkannten Anspruch im „**Vollstreckungsverfahren**" umzusetzen.

1. Das Erkenntnisverfahren

Derjenige, der einen aus seiner Sicht bestehenden seitens des Inanspruchgenommenen aber nicht erfüllten zivilrechtlichen Anspruch durchsetzen will (wir nannten ihn bisher: Anspruchsteller), wird, nachdem er aus bestimmten taktischen, Ihnen bald einleuchtenden Gründen, den **Anspruchsgegner außergerichtlich zur Leistung aufgefordert** hat, den Anspruch mit gerichtlicher Hilfe durchsetzen wollen. Wenn er sich dazu entschließt, sollte er bei einem auf Zahlung einer bestimmten Geldsumme gerichteten Anspruch (z.B. aus § 433 Abs. 2 BGB) zunächst das **Mahnverfahren** ins Auge fassen (§§ 688 ff. ZPO), dies aber nur dann, wenn er davon ausgeht, dass der Anspruchsgegner gegen den Anspruch keine tatsächlichen oder rechtlichen Einwände erheben wird, sondern nur deshalb nicht zahlt, weil er nicht zahlen will oder z.Zt. nicht zahlen kann. Das Verfahren beginnt mit dem Antrag auf Erlass eines Mahnbescheides beim Amtsgericht des eigenen Wohnsitzes auf einem amtlichen Vordruck. Nach rein formeller Prüfung des Antrags wird ein „Mahnbescheid" dem Antragsgegner zugestellt. Wird innerhalb von 2 Wochen kein Widerspruch eingelegt, wird der Mahnbescheid für vollstreckbar erklärt und heißt dann „Vollstreckungsbescheid". Dieser steht einem vorläufig vollstreckbar erklärtem Versäumnisurteil gleich (§ 700 ZPO) und ist ein Vollstreckungstitel (§ 704 ZPO; lesen Sie auch § 796 ZPO). Wird gegen den Mahnbescheid Widerspruch eingelegt, was bis zur Verfügung des Vollstreckungsbescheides möglich ist (§ 694 ZPO), und beantragt eine Partei die Durchführung des streitigen Verfahrens, so wird die Sache an das zuständige Gericht abgegeben (§ 696 ZPO); dieses führt dann das Streitverfahren durch (§ 697 ZPO). Gegen den Vollstreckungsbescheid, der ja einem für vorläufig vollstreckbar erklärten Versäumnisurteil gleich steht, kann ein Einspruch eingelegt werden, der dazu führt, dass der Rechtsstreit an das zuständige Gericht abgegeben wird (§ 700 ZPO). Sie erkennen, dass das Mahnverfahren einem Anspruchsteller außerordentlich schnell einen Vollstreckungstitel verschaffen kann. Wenn der Anspruchsteller kein Mahnverfahren will, z.B. weil der Anspruchsgegner bereits vorprozessual den Anspruch in tatsächlicher oder rechtlicher Hinsicht bestritten hat bzw. ein Mahnverfahren nach § 688 ZPO nicht zulässig wäre, kommt es zum **Streitverfahren**. Zu dessen Darstellung kommen wir jetzt ohnehin: Wir müssen nämlich auch die Konstellation ins Auge fassen, bei der der Anspruchsteller zwar eine Geldforderung geltend macht, er aber davon ausgehen muss, dass der Anspruchsgegner sich gegen die Inanspruchnahme zur Wehr setzen wird, oder davon, dass der geltend gemachte Anspruch nicht „mahnverfahren-tauglich" ist, weil es nicht um die Zahlung einer bestimmten Geldsumme geht, sondern z.B. um Herausgabe, Übereignung, Grundbuchberichtigung etc.. Dann wird der Anspruchsteller gegen den Anspruchsgegner **Klage erheben** müssen (§ 253 ZPO). Um die Darstellung jetzt insbesondere für den Anfänger nicht zu unübersichtlich werden zu lassen, müssen wir an dieser Stelle eine **thematische „Selbstbeschränkung"** vornehmen: Im Rahmen dieses Buches ist zunächst nur Raum für die

Darstellung des „Verfahrens im ersten Rechtszug", so dass wir uns weitgehend hierauf konzentrieren werden. Das Rechtsmittelverfahren wird zwar nicht ignoriert, aber nur sehr knapp dargestellt werden und von den „besonderen Verfahren" werden nur der Arrest und die einstweilige Verfügung erörtert, dies aber erst nach der Darstellung des Vollstreckungsverfahrens. Also **konzentrieren wir uns** jetzt voll auf das „**Verfahren im ersten Rechtszug**": Damit eine **Klage zulässig** ist, müssen vorliegen: (und dies sind zugleich die wesentlichen „**Zulässigkeitsvoraussetzungen**", bei deren Nichtvorliegen das Gericht die Klage als unzulässig abweisen wird; dazu später mehr) die **deutsche Gerichtsbarkeit** (ihr unterworfen sind alle Deutschen und alle im Inland lebenden Ausländer bis auf die Exterritorialen); es muss bei einem ordentlichen (§ 13 GVG) und einem funktionell erstinstanzlich **zuständigen Gericht** (Amtsgericht oder Landgericht; nie das OLG: nur Berufungsinstanz; nie der BGH: nur Revisionsinstanz), das sachlich (kompliziertes System der §§ 23 ff., 71 ff. GVG: u.a. streitwertabhängig bis € 5000,- Amtsgericht; darüber: Landgericht) und örtlich (§§ 12 ff. ZPO) zuständig ist, geklagt werden. Dies kann nur geschehen **durch** eine und **gegen** eine **aktiv/passiv parteifähige** (§ 50 ZPO, beachten Sie auch: §§ **705 BGB, 124 HGB**) und eine **aktiv/passiv prozessfähige** (§§ **51 ZPO**, beachten Sie auch: §§ **54 S. 2, 705 BGB, 124 HGB**) Person (Kläger/Beklagter), und zwar entweder durch den Kläger persönlich oder vertreten durch einen anderen (§ 79 ZPO: „Parteiprozess"), in den Fällen fehlender „**Postulationsfähigkeit**" des § 78 ZPO aber nur vertreten durch einen Rechtsanwalt. Die **Klage** muss den Mindestinhalt des § **253 ZPO** (Parteienbezeichnung, Benennung des **Gerichts** und Festlegung des **Streitgegenstands**, also kurz gesagt „Partei + Gericht + Streitgegenstand") haben. Den „Streitgegenstand", zuweilen sagt man auch „Anspruch im prozessualen Sinn", bestimmt man mittels der sehr praktischen Formel „zweigliedrig": „Antrag + Sachverhalt = Streitgegenstand"; dabei muss der vom Kläger zu stellende Antrag so genau gefasst sein, dass aus einem Urteilstenor, der sich nach dem Antrag richten muss (§ 308 ZPO), die Zwangsvollstreckung möglich ist. Der Kläger muss ein **Rechtsschutzbedürfnis** haben; ein Problem gibt es i.w. nur bei der Feststellungsklage nach § 256 ZPO, ferner wenn es für die Durchsetzung des geltend gemachten Anspruchs einen „einfacheren und billigeren Weg" gibt und wenn die Klagebefugnis zweifelhaft ist (Problem bei „gewillkürter Prozessstandschaft"). Weiterhin ist für die Zulässigkeit der Klage unerlässlich, dass die Sache **nicht** anderswo **rechtshängig** ist und nicht bereits **rechtskräftig** entschieden worden ist (maßgeblich dafür ist, ob eine Identität des jeweiligen „Streitgegenstandes" besteht). Unzulässig kann eine Klage auch sein, wenn ein nach § **15 a EGZPO** i.V.m. landesrechtlichen Vorschriften vorgeschriebener Einigungsversuch vor einer Gütestelle nicht stattgefunden hat (dazu später mehr). Der **Rechtsstreit** ist mit Einreichung der Klage „**anhängig**". Durch die i.d.R. erst nach Zahlung eines Gerichtskostenvorschusses (§ 3 GKG) von Amts wegen veranlasste und durchgeführte (§§ 166 ff. ZPO) **Zustellung der Klage** an den Beklagten (§§ 270 f. ZPO) wird die Streitsache dann auch „**rechtshängig**" (§§ 253, 261 ZPO) mit u.U. für Sie bei der Prüfung der materiellrechtlichen Rechtslage bedeutsamen materiellrechtlichen Folgen: §§ 262 ZPO, 818 Abs. 4, 989 BGB. Der Vorsitzende des Gerichts bestimmt i.d.R. zugleich mit der Zustellung die weitere **Verfahrensweise** (§ 272 Abs. 2 ZPO); hierfür sieht das Gesetz folgendes vor: Der Rechtsstreit soll in der Regel in einem „umfassend vorbereiteten ... (Haupttermin)" erledigt werden (§ 272 Abs. 1 ZPO); dazu wird vom Vorsitzenden entweder ein „früher erster Termin" (§§ 272 Abs. 2,

275 BGB) oder ein „schriftliches Vorverfahren" veranlasst (§§ 272 Abs. 2, 276 ZPO). Wie auch immer: Der Beklagte erhält rechtliches Gehör (§§ 275 Abs. 1 S. 1, 276 Abs. 1 S. 2 ZPO: „Frist zur Klageerwiderung"), und es wird immer eine mündliche Verhandlung (entweder ein „früher erster Termin" oder ein „Haupttermin") stattfinden. Zum Zwecke der **gütlichen Beilegung des Rechtsstreits** geht – wenn nicht bereits ein Einigungsversuch vor einer Gütestelle stattgefunden hat oder eine Güteverhandlung erkennbar aussichtslos erscheint – der mündlichen Verhandlung eine Güteverhandlung voraus, zu der die Parteien persönlich gehört werden sollen (§ 278 Abs. 2 – 5 ZPO). Scheitert die Güteverhandlung und kommt es weder hier noch später in der mündlichen Verhandlung zu einer gütlichen Beilegung des Rechtsstreits (§ 278 Abs. 1 ZPO) durch einen Prozessvergleich, so muss der Rechtsstreit entschieden werden. In tatsächlicher Hinsicht ist **Grundlage** für die **Entscheidung** entweder der von den Parteien übereinstimmend vorgetragene oder der **„unstreitige"** Sachverhalt (das ist in aller Regel der Sachverhalt, den Sie in der Universität zur Fallbearbeitung vorgelegt bekommen) oder der im Fall des rechtlich unerheblichen Bestreitens **„wie ein unstreitiger Sacherhalt zu behandelnde Sachverhalt"** oder schließlich im Falle des rechtserheblichen Bestreitens der Tatsachen eines Parteivortrags durch den jeweiligen Gegner der **„bewiesene" Sachverhalt**. Gelingt es dem Beweislastpflichtigen nicht, seine durch den Gegner in rechtserheblicher Weise bestrittenen Behauptungen zu beweisen, spielen diese Behauptungen des Beweislastpflichtigen für die Entscheidung des Gerichts keine Rolle. Das ist ein ganz wichtiger Punkt! Sie müssen sich also merken: Das Gericht ermittelt nicht etwa (wie im Strafverfahren, Verwaltungsprozessverfahren oder im FGG-Verfahren, also in Verfahren, in denen jeweils der „Untersuchungsgrundsatz" bzw. die „Inquisitionsmaxime" gilt) den Sachverhalt „von Amts wegen". Sondern es gilt im Zivilprozess der **„Beibringungsgrundsatz":** Die Parteien tragen jeder für sich den Sachverhalt aus ihrer Sicht vor und müssen sich dabei jeweils auch zum Tatsachenvortrag der Gegenseite nach § 138 Abs. 2 ZPO zum einen „substantiiert" erklären (ein „bloßes Bestreiten" reicht also nicht; nur nach § 138 Abs. 4 ZPO ist ein bloßes „Bestreiten mit Nichtwissen" zulässig, nämlich bei tatsächlichen Behauptungen (eigentlich „ein weißer Schimmel"!) der anderen Partei, die weder eigene Handlungen noch Gegenstand von eigenen Wahrnehmungen der jeweiligen Gegenpartei sind), und sie müssen sich zum anderen wahrheitsgemäß erklären (§ 138 Abs. 1 ZPO). Eine nicht auf diese Weise (substantiiert bzw. zulässigerweise „mit Nichtwissen" und wahrheitsgemäß) bestrittene Tatsache gilt nach § 138 Abs. 3 ZPO als zugestanden: Das bedeutet, dass die Behauptung der Gegenseite so behandelt wird, als ob sie unbestritten ist; sie wir also i.E. wie eine „unstreitige Tatsache" angesehen wird. Sie merken schon: **§ 138 ZPO** ist eine der wichtigsten Normen des Zivilprozessrechtes überhaupt! Wer mitgedacht hat, der weiß jetzt auch, dass der bloße Vortrag von Rechtsmeinungen, die denen der anderen Partei widersprechen, kein (bestreitender) Tatsachenvortrag ist; hierbei handelt es sich nur um eine Art „Plädoyer", welches das Gericht in den ersten Instanzen (Amtsgericht und Landgericht) oft nur mäßig interessiert; denn es gilt die alte Rechtsweisheit: „iura novit curia" (= „nur das Gericht kennt das Recht", und nicht etwa die Parteien oder ihre Anwälte); in der Berufungsinstanz und besonders in der Revisionsinstanz vor dem BGH sind die Rechtsansichten der Rechtsanwälte natürlich schon bedeutsamer; schließlich sind die beim BGH auftretenden Rechtsanwälte besonders qualifiziert und nur beim BGH zugelassen. Da es im Zivilprozess um die Durchsetzung privater Rechte mit staatlicher Hilfe

geht, können auch die Parteien über die Eckpunkte des Verfahrens weitgehend bestimmen („**Dispositionsmaxime**"): Das beginnt damit, dass der Kläger das Verfahren nach seinem Belieben einleitet; er kann auch die erhobene Klage ändern (§§ 263 f. ZPO), sie zurücknehmen (§ 269 ZPO) oder einen Verzicht erklären (§ 306 ZPO); das Gericht darf sich bei seiner Entscheidung nur im Rahmen eines Antrags bewegen, also zwar weniger, aber niemals mehr oder gar etwas anderes, als vom Kläger beantragt war, zuerkennen (§ 308 Abs. 1 ZPO). Umgekehrt kann auch der Beklagte den „Anspruch" (gemeint ist der „Anspruch" im prozessualen Sinn = Streitgegenstand) anerkennen, und das Gericht muss dann auf Antrag des Klägers gegen den Beklagten ein Anerkenntnisurteil aussprechen, auch wenn es erkennt, dass die Klage unbegründet wäre (§ 307 ZPO). Wenn Sie das verstanden haben, wissen Sie bereits als Student nach allen schlechten Erfahrungen in der Referendarausbildung mehr als so mancher Referendar! Wir können uns jetzt guten Gewissens mit dem **Zivilprozessverfahren** befassen. Im Wesentlichen sind folgende **Verfahrensabläufe** vorstellbar: **(1)** Wenn die **Klage unzulässig** ist oder während des Verfahrens unzulässig wird, wird sie durch „Prozessurteil" als „unzulässig" abgewiesen. Ein solches Prozessurteil hat nur eingeschränkte Rechtskraft, denn über den „Streitgegenstand" bzw. „Anspruch im prozessualen Sinn" (= Antrag + Sachverhalt) ist überhaupt nicht entschieden worden, und der Kläger kann daher, nach evtl. Beseitigung des die fehlende Zulässigkeit begründenden Umstandes noch einmal klagen, ohne dass dieser erneuten Klage der Einwand der Rechtskraft entgegengehalten werden könnte. Das Gericht wird sich daher, um einen neuen Prozess zu vermeiden, darum bemühen, die Parteien dazu zu veranlassen, bestehende Zulässigkeitshindernisse möglichst zu beheben. **(2)** Wenn die **Klage** wie meistens **zulässig** ist, **(a)** kann sie „**unschlüssig**" sein. Das ist dann der Fall, wenn sich das in seinem Antrag (§§ 253, 308 ZPO) manifestierende Begehren des Klägers in materiellrechtlicher Hinsicht nicht einmal aus dem eigenen Tatsachenvortrag rechtfertigt. Um herauszufinden, ob die Klage schlüssig oder unschlüssig ist, fertigt der Richter immer (natürlich nur intern, also für sich privat!) ein kurzes Gutachten an (oft nur auf einem „Schmierzettel", der lose in der Akte verwahrt wird), in dem er prüft, ob der Sachvortrag des Klägers den geltend gemachten Antrag rechtfertigt. Wenn der Richter aufgrund seines Gutachtens Bedenken gegen die Schlüssigkeit hat und der Kläger trotz entsprechenden Hinweises durch das Gericht nach § 139 ZPO die eventuell zur Unschlüssigkeit führenden Defizite im Tatsachenvortrag nicht durch weiteren Sachvortrag ausgeglichen („nachgebessert") hat, die Klage also unschlüssig bleibt, muss die Klage schon im ersten Termin durch ein Sachurteil abgewiesen werden. Erwächst dieses klagabweisende Urteil in Rechtskraft, so kann der Kläger nicht noch ein weiteres Mal klagen; dem steht der Einwand der Rechtskraft entgegen. **(b)** Meistens wird die Klage aber **schlüssig** sein. **(aa)** Wenn der Beklagte in einem solchen Fall den Vortrag des Klägers nicht bestreitet oder ihn sogar bestätigt, dann ist der Sachverhalt nach den Grundsätzen des § 138 ZPO „unstreitig" und der Beklagte wird antragsgemäß verurteilt, wobei die **Entscheidungsgrundlage** in tatsächlicher Hinsicht **der unstreitige Sachverhalt ist.** Wenn der Beklagte nur solchen Sachvortrag des Klägers bestreitet, der für die Schlüssigkeit der Klage unerheblich war, dann ist das „Bestreiten" des Beklagten rechtlich „unerheblich". Rechtlich unerheblich ist das Bestreiten auch dann, wenn der Beklagte den vom Kläger vorgetragenen Sachverhalt nur unsubstantiiert oder unter Verstoß gegen die Wahrheitspflicht bestreitet, oder wenn er den Sachvortrag des Klägers unzulässigerweise mit Nichtwissen bestreitet. Wenn der Beklagte trotz eines Hinweises des Gerichts nach § 139 ZPO bei seinem rechtlich unerheblichen Bestreiten bleibt, wird das Gericht den vom Kläger vorgetragenen Sachverhalt **„wie einen unstreitigen Sachverhalt behandeln"** und der Klage stattgeben. **(bb)** Wenn der Beklagte jedoch den für die Schlüssigkeit erheblichen Sachvortrag des Klägers substantiiert und wahrheitsgemäß bzw. zulässigerweise mit Nichtwissen bestreitet, dann ist das **Bestreiten rechtlich „erheblich"**. Jetzt muss der Sachverhalt durch eine Beweisaufnahme aufgeklärt werden. Vorbehaltlich besonderer Beweislastregelungen im Gesetz – z.B. in dem für Sie in Teil 4 wichtig werdenden § 280 Abs. 1 S. 2 BGB oder in § 932 Abs. 1 BGB:"....,es sei denn..." – trägt immer die Partei die Beweislast für die tatsächlichen Voraussetzungen einer Norm, wenn diese ihr günstig ist. Die hiernach beweispflichtige Partei muss den Beweis durch Benennung zulässiger Beweismittel (§§ 371 ff. ZPO: **SAPUZ** = **S**achverständigengutachten, **A**ugenschein, **P**arteivernehmung, **U**rkundenbeweis, **Z**eugenbeweis) antreten. Das Gericht erlässt dann einen **„Beweisbeschluss"** (§§ 358 ff. ZPO), in dem es die Beweisaufnahme dadurch, dass es die vom Beweispflichtigen vorgetragenen und von ihm zu beweisenden Tatsachenbehauptungen und die dazu (von der beweispflichtigen Partei benannten) Beweismittel und ggf. auch die durch die nicht beweispflichtige Partei „gegenbeweislich" benannten Beweismittel aufführt und die Beweisaufnahme anordnet. Die Kosten für die Beweisaufnahme muss die Partei, die den Beweis angetreten hat, vorschießen. Das kann bei einem in Auftrag zu gebenden Sachverständigengutachten oder bei einer Vernehmung eines auswärtigen Zeugen mit Reise- und Übernachtungskosten sehr kostenaufwändig werden. Durch die **Beweisaufnahme** muss der Beweispflichtige das Gericht, das nicht an formale Beweisregeln (etwa nach dem Motto: 3 Zeugen sind mehr wert als 1 Zeuge) gebunden ist, sondern die Beweise „frei" (das heißt aber nicht etwa: „willkürlich") würdigen kann (§ 286 ZPO), von der Richtigkeit seiner Behauptung überzeugen. Das Gericht wird dann seine Entscheidung **aufgrund des bewiesenen Sachverhalts treffen** oder **seine Entscheidung damit begründen, dass der beweispflichtige Kläger/Beklagte seine Behauptung nicht beweisen konnte** (man nennt diese Beweisnot des Beweispflichtigen auch ein „non liquet") oder (was eigentlich nicht nötig ist, zuweilen aber „demonstrativ" erfolgt) darauf stützen, dass sogar das Gegenteil der aufgestellten Behauptung bewiesen ist. Eine solche Beweisaufnahme soll möglichst in einem „Haupttermin" stattfinden, an dessen Schluss sogleich die Entscheidung verkündet werden soll. Dieses Ideal wird selten verwirklicht, meist finden mehrere Termine statt. **(3)** Zu bedenken ist, dass bei aller Schriftlichkeit des Zivilprozesses **grundsätzlich** (es gibt z.B. auch ein hier nicht weiter besprochenes sog. „schriftliches Verfahren") das **Mündlichkeitsprinzip** (§ 128 Abs. 1 ZPO) gilt; bei (sehr häufig vorkommend) mehreren Terminen werden alle diese Termine als ein einziger Termin behandelt („Einheitlichkeit der mündlichen Verhandlung"). **(4)** Im Zusammenhang damit steht, dass der Zivilprozess das sog. **„Versäumnisurteil"** kennt, das hier nur für den Fall der Säumnis in der mündlichen Verhandlung erörtert wird. **(a)** Wenn der **säumige Beklagte** zur mündlichen Verhandlung **(aa)** über eine **schlüssige Klage** trotz ordnungsgemäßer Ladung unentschuldigt nicht erschienen ist (und deshalb „säumig" ist), wird er auf Antrag des Klägers (in der Regel wegen der guten Vorbereitung des Richters durch sein Gutachten: gleich im Termin) durch ein Versäumnisurteil antragsgemäß verurteilt werden (§ 331 Abs. 1 ZPO), dies selbst dann, wenn der nicht erschienene Beklagte mit einem noch vor dem Termin bei dem Gericht eingegangenen Schriftsatz den Klägervortrag rechtserheblich bestritten hatte; das Gericht darf diese Ausführungen dann nicht zur Kenntnis nehmen, wenn nicht mündlich verhandelt wird, denn ein Schriftsatz ist nicht mehr als die Ankündigung eines entsprechenden mündlichen Vortrags in der Verhandlung, ersetzt diesen Vortrag aber nicht. Der Beklagte muss, wenn er sich gegen das Versäumnisurteil wehren will, dagegen Einspruch einlegen (§§ 338 ff. ZPO), der im Fall der Zulässigkeit die Folge des § 342 ZPO hat: „...der Prozess (wird), soweit der Einspruch reicht, in die Lage zurückversetzt, in der er sich vor Eintritt der Säumnis befand"; die sog. „Säumniskosten" trägt der Beklagte in jedem Fall, wie immer das Verfahren nach der Einlegung des Einspruchs auch ausgehen mag (§ 344 ZPO). Das gleiche gilt für den Einspruch gegen einen Vollstreckungsbefehl, der ja einem Versäumnisurteil gleich steht. **(bb)** War die **Klage jedoch unschlüssig** und erscheint der Beklagte nicht, so wird die Klage, wenn der Kläger gleichwohl den Antrag auf Erlass eines Versäumnisurteils stellt, wegen ihrer Unschlüssigkeit als unbegründet abgewiesen; das ist dann kein Versäumnisurteil, gegen das der Kläger mit der Folge des § 342 ZPO Einspruch einlegen könnte, sondern ein sog. „unechtes Versäumnisurteil". **(b)** Ist der **Kläger säumig**, so wird die Klage – gleich ob schlüssig oder unschlüssig – abgewiesen (§ 330 ZPO). **(c)** Bei einer erneuten Säumnis ergeht ein sog. **„zweites Versäumnisurteil"**, gegen das man keinen Einspruch mehr einlegen kann (§ 345 ZPO). **(5)** Wenn der Beklagte den mit der Klage geltend gemachten Anspruch bereits erfüllt hat, ist die **Hauptsache erledigt**. Gestritten wird dann nur noch über die Kosten des Rechtsstreits. **(a)** Wenn die Erledigungserklärung übereinstimmend (**„beiderseitig"**) erfolgt, wird durch das Gericht über die Kosten des Rechtsstreits nach billigem Ermessen unter Berücksichtigung des bisherigen Sach- und Streitstandes durch Beschluss entscheiden (**§ 91 a ZPO**). Das Gericht klärt bei einer solchen übereinstimmenden Erledigungserklärung trotz einer eventuellen Schlüssigkeit der Klage und trotz eines rechtserheblichen Bestreitens den an sich aufklärungsbedürftigen Sachverhalt nicht auf, erhebt also keinen Beweis, und stellt auch nicht fest, wann es zu dem erledigenden Ereignis gekommen ist: Ob vor Einreichung der Klage; ob nach Einreichung, aber vor Zustellung der Klage; oder nach Zustellung der Klage. Es entscheidet vielmehr ausschließlich nach der Aktenlage und lässt die Kosten diejenige Partei tragen, die den Rechtsstreit voraussichtlich verloren hätte; i.d.R. kommt es dabei aber nicht zu einer „Alles- oder Nichts"-Entscheidung, sondern zu einem „salomonischen" Beschluss aufgrund einer subtil differenzierenden Prognose des Ausgangs des Rechtsstreits. Häufig werden auch die „Kosten gegeneinander aufgehoben": Die Gerichtskosten werden geteilt, und jeder trägt seine eigenen Kosten. **(b)** Wenn nur der Kläger die Hauptsache (**„einseitig"**) für erledigt erklärt und beantragt, dem Beklagten die Kosten des Rechtsstreits aufzuerlegen, der Beklagte aber bestreitet, dass das erledigende Ereignis eingetreten sei (z.B. erklärt: er habe gar nicht auf den mit der Klage geltend gemachten Anspruch gezahlt, sondern auf eine ganz andere Schuld; oder er habe schon vor Rechtshängigkeit, also vor Zustellung der Klage, gezahlt), dann liegt in der einseitigen Erledigungserklärung eine sachdienliche Klageänderung mit dem Antrag, nunmehr die Erledigung der Hauptsache festzustellen (§ 263 ZPO oder § 264 ZPO); und das Gericht muss nunmehr entscheiden, ob die Klage zulässig und begründet war und ob die Hauptsache z.B. durch die erfolgte Zahlung erledigt ist, weil auf diese Schuld nach Rechtshängigkeit gezahlt worden ist; darüber muss ggf. sogar Beweis erhoben werden. So ein Erledigungsstreit kann ein durchaus komplizierter Prozess sein. Die Kosten des Rechtsstreits trägt die Partei, die unterliegt (**§ 91 ZPO**, also nicht: § 91 a ZPO). Wenn dies alles relativ ausführlich dargestellt wurde, so deshalb weil es sich um ein Lieblingsthema von „Praktikerprüfern" handelt. **(6)** Sehr oft kommt es spätestens in der mündlichen Verhandlung zu einer Beendigung des Rechtsstreits durch einen **Prozessvergleich**; in sehr vielen Fällen ist dies eine sehr empfehlenswerte verfahrensökonomische Lösung eines Konflikts. Das Gesetz drängt den Richter geradezu zum Prozessvergleich, indem es ihn dazu auffordert, in jeder Lage des Verfahrens auf eine gütliche Beilegung des Rechtsstreits bedacht zu sein (§ 278 Abs. 1 ZPO). Gewählt werden sollte dieser Ausweg bei aufwändigen Beweisaufnahmen mit für beide Parteien ungewissem Ergebnis, bei schwierigen Rechtsfragen mit diversen vertretbaren Lösungsvorschlägen ohne gefestigte Rechtsprechung der Obergerichte, bei einer Eilbedürftigkeit der Sache und drohender zeitraubender Beweisaufnahme oder bei zu erwartenden Kosten weit über dem Wert des Streitgegenstandes. Sein weiterer Vorteil besteht darin, dass das Verfahren schnell und Kosten sparend beendet wird und dass aus einem Prozessvergleich auch die Zwangsvollstreckung erfolgen kann (§ 794 Abs. 1 Nr. 1 ZPO). Der Prozessvergleich hat eine prozessrechtlich-materiellrechtliche **„Doppelwirkung"**: Seine **prozessuale Wirkung** besteht darin, dass er die **Rechtshängigkeit beendet**; in **materiellrechtlicher Hinsicht** ist der Prozessvergleich zugleich ein gegenseitiger Vertrag, durch den die Parteien den Streit oder die Ungewissheit über ein zwischen ihnen bestehendes Rechtsverhältnis durch gegenseitiges Nachgeben beenden (§ 779 BGB). Man sagt, dass der Prozessvergleich „auf beiden Beinen ruht"; die Konsequenz ist, dass er insgesamt in sich zusammenbricht, wenn man ihm eines der beiden Beine nimmt, so dass eine Unwirksamkeit des Prozessvergleichs nach § 779 BGB oder nach §§ 119 ff., 142 Abs. 1 BGB die Rechtshängigkeit wieder aufleben lässt und das beendete Verfahren fortzusetzen ist. **(7)** Ansonsten entscheidet das Gericht durch **Endurteil** (§ 300 ZPO): Die **Klage kann** entweder **als unzulässig** oder als **unbegründet abgewiesen werden**. Der Tenor lautet im ersteren Fall: „Die Klage wird als unzulässig abgewiesen." Der zulässigen Klage kann **ganz oder teilweise stattgegeben** werden. Der Tenor lautet dann z.B.: „Der Beklagte wird zur Herausgabe des Kraftfahrzeuges der Marke ... Fahrgestellnummer ... polizeiliches Kennzeichen ... an den Kläger verurteilt" oder bei einem Teilerfolg zusätzlich: „Im übrigen wird die Klage abgewiesen". Bei völliger Unbegründetheit lautet der Tenor: „Die Klage wird abgewiesen". Es folgen dann im Tenor die Nebenentscheidungen, u.a. die Kostenentscheidung, deren Kostenfolge sich aus den §§ 91 ff. ZPO (Prinzip: der Verlierer trägt die Kosten) ergibt, und i.d.R. eine Entscheidung zur vorläufigen Vollstreckbarkeit des Urteils. Das **schriftlich** in den Akten befindliche **Urteil wird** i.d.R. durch Verlesen des Tenors mündlich **verkündet**. Später erhalten die Parteien begründete Ausfertigungen. In den Gründen verwendet der Richter den Ihnen als Studenten streng verbotenen „Urteilsstil", z.B.: „Die Klage ist begründet. Der Kläger hat einen Anspruch gegen den Beklagten auf Zahlung des Kaufpreises in Höhe von € 30 000,- aus dem vom Kläger erfüllten Kaufvertrag vom 15. Juni 2002 (§ 433 Abs. 2 BGB). Denn ....". **(8)** Gegen das Urteil kann das **Rechtsmittel** der Berufung eingelegt werden, wenn der Beschwerdegegenstand über € 600.- liegt oder das erstinstanzliche Gericht die Berufung zugelassen hat (§ 511 Abs. 2 ZPO). Über die Berufung gegen Urteile des Amtsgerichts entscheidet das Landgericht, in Familiensachen und internationalen Fällen das Oberlandesgericht; über Berufungen gegen erstinstanzliche Urteile des Landgerichts entscheidet das Oberlandesgericht. Gegen alle Berufungsurteile ist die Revision zugelassen (§ 542

ZPO), über die der Bundesgerichtshof entscheidet. Es gibt nur noch die Zulassungsrevision wegen grundsätzlicher Bedeutung und zur Fortbildung des Rechts (§ 543 ZPO). Wird die Revision nicht zugelassen, kann dagegen ab einer Beschwer von € 20 000,- die Nichtzulassungsbeschwerde eingelegt werden (§ 544 ZPO).

2. Das Vollstreckungsverfahren

In der universitären Ausbildung ist man geneigt, sich die Verwirklichung des Rechts als einen geradezu paradiesischen Zustand vorzustellen, in dem das Gutachten, das die Prüfung einer Anspruchsgrundlage zum Gegenstand hat, die abschließende Entscheidung über „Recht" und „Unrecht" trifft. Das ist aber ebenso illusionär, wie die Schlussszene eines alten Hollywood-Films, bei dem die Liebenden bei sich langsam schließendem Vorhang einander in Arme sinken oder in den Abendhimmel hineinreiten: Nicht selten ist das Glück nur von kurzer Dauer, und es beginnt ein großes Elend.

- Zunächst muss jener Anspruch im soeben skizzierten **Erkenntnisverfahren** mit allen seinen Risiken bei der Tatsachenfeststellung und der rechtlichen Beurteilung durch das Gericht, die sich ja keinesfalls mit den Vorstellungen der Rechtssuchenden und deren Anwälten decken müssen, durchgesetzt und tituliert werden, immer im Bewusstsein, dass man nirgendwo so sehr „in Gottes Hand ist, wie auf hoher See und vor Gericht".

- Wer sich jetzt über seinen „Sieg" freut, der weiß nicht, dass das Allerschlimmste noch kommen kann: Wenn der titulierte Anspruch nicht freiwillig erfüllt wird, muss er im **Vollstreckungsverfahren** realisiert werden. Das Vollstreckungsverfahren ist für den Studierenden mangels jeglicher praktischer Erfahrungen nicht leicht zu verstehen. Der anschließende Überblick soll nur die wichtigsten Grundkenntnisse vermitteln.

Zuerst darf der Ausgangspunkt nie aus den Augen geraten: Die zwangsweise Durchsetzung eines Anspruchs ist, wenn er „tituliert" ist, „in die Hände des Staates gelegt", der in einem rechtlich geordneten Verfahren das Recht des Gläubigers durchsetzt. **(1)** Die vom Gläubiger zu betreibende Zwangsvollstreckung setzt dreierlei voraus: **„Titel, Klausel, Zustellung des Urteils"** (§ 750 ZPO). Unter einem **Vollstreckungstitel** versteht man eine öffentliche Urkunde, aus der sich ergibt, dass ein bestimmter materiellrechtlicher Anspruch durch Zwangsvollstreckung zu realisieren ist. Der Titel muss den Gläubiger, den Schuldner und den Inhalt und Umfang des zu vollstreckenden Anspruchs bezeichnen. In der Regel erfolgt die Zwangsvollstreckung aus rechtskräftigen oder vorläufig vollstreckbar erklärten Endurteilen (§ 704 ZPO). Weitere Vollstreckungstitel finden Sie in § 794 ZPO; kennen sollten Sie den Prozessvergleich (§ 794 Abs. 1 Nr. 1 ZPO) und die sog. „vollstreckbare Urkunde" (§ 794 Abs. 1 Nr. 5 ZPO ggf. i.V.m. § 800 ZPO). Der Gläubiger bedarf i.d.R. (Ausnahme z.B. §§ 929, 946 ZPO: Arrestbefehle oder einstweilige Verfügungen) einer mit einer **Vollstreckungsklausel** (= Zeugnis, dass der Titel vollstreckbar ist) versehenen Ausfertigung des Titels. Das **Urteil** muss dem Schuldner spätestens mit Beginn der Zwangsvollstreckung **zugestellt** werden. Das vom Gläubiger mit der Zwangsvollstreckung zu „beauftragende" (das hat nichts mit §§ 662 ff. BGB zu tun!) Vollstreckungsorgan ist der **Gerichtsvollzieher** oder das **Vollstreckungsgericht**. **(2)** Geht es um eine **Zwangsvollstreckung wegen einer Geldforderung, (a)** kann der Gläubiger die Zwangsvollstreckung in das sog. **"bewegliche Vermögen"** des Schuldners durch Pfändung mit der Folge der Entstehung eines Pfändungspfandrechts betreiben (§§ 803 ff. ZPO), **(aa)** und zwar durch den Gerichtsvollzieher nach §§ 808 ff. ZPO in pfändbare (§ 811 ZPO) **körperliche Sachen**, die sich im Gewahrsam des Schuldners oder im Gewahrsam eines zur Herausgabe bereiten Dritten befinden (§ 809 ZPO), wobei die dingliche Rechtslage (also die Frage, ob der Schuldner Eigentümer ist) für den Gerichtsvollzieher ohne jedes Interesse ist; ihn interessiert nur der Gewahrsam des Schuldners. Ist der Schuldner nicht der Eigentümer, muss der Eigentümer sich mit der Drittwiderspruchsklage aus § 771 ZPO gegen die Zwangsvollstreckung zur Wehr setzen (dazu später mehr). Die Verwertung erfolgt bei Geld durch Ablieferung an den Gläubiger (§ 815 ZPO), sonst durch öffentliche Versteigerung (§ 814 ZPO). **(bb)** Wegen Geldforderungen kann auch in **Forderungen des** Schuldners, die diesem gegen einen **"Drittschuldner"** zustehen, und in **andere Rechte** des Schuldners vollstreckt werden (§§ 828 ff. ZPO). Hier ist das Vollstreckungsorgan nicht der Gerichtsvollzieher, sondern das Vollstreckungsgericht. **(aaa)** Was die Zwangsvollstreckung in Forderungen des Schuldners gegen einen Drittschuldner angeht, **(aaaa)** so wird nach § 829 ZPO eine Geldforderung durch einen „Pfändungsbeschluss" des Vollstreckungsgerichts gepfändet, indem das Verbot an den Drittschuldner („inhibitorium") ausgesprochen wird, an den Schuldner zu zahlen; und indem dem Schuldner geboten wird, jede Verfügung über die Forderung und auch deren Einziehung zu unterlassen („arrestatorium"). Die Verwertung erfolgt nach § 835 Abs. 1 ZPO nach der Wahl des Gläubigers durch einen „Überweisungsbeschluss" des Vollstreckungsgerichts, durch den (das ist die Regel:) eine „Überweisung (der gepfändeten Forderung) zur Einziehung" oder (das ist die Ausnahme:) mit der Folge des § 835 Abs. 2 ZPO eine „Überweisung (der gepfändeten Forderung) an Zahlungs Statt zum Nennwert" angeordnet wird. Wer bei § 835 Abs. 2 ZPO nicht sofort an § 364 BGB denkt, zeigt sich damit selbst, dass er bisher nicht sorgfältig gearbeitet hat („zurück auf Los"?!). Ferner müssten Sie beim Lesen der Ausführung zu § 835 Abs. 1 ZPO sofort die gedankliche Brücke zur Zession und (der schon weiter entwickelte Jurist) zur Einziehungsermächtigung geschlagen haben: Die „Überweisung zur Einziehung" ist nämlich nichts anderes als eine „Einziehungsermächtigung" und die „Überweisung an Zahlungs Statt zum Nennwert" eine Art „cessio judicialis". Die Zwangsvollstreckung wegen einer Geldforderung des Gläubigers in eine Geldforderung des Schuldners erfolgt also kurz gesagt durch einen „Pfändungs- und Überweisungsbeschluss" des Vollstreckungsgerichts. Die praktisch bedeutsamste Geldforderung, in die die Zwangsvollstreckung betrieben wird, ist die Lohn- oder Gehaltsforderung. Die für den Gläubiger notwendigen Informationen darüber, wer ein „Drittschuldner" seines Schuldners (also z.B. der Arbeitgeber des Schuldners oder ein Darlehensnehmer des Schuldners) ist, erhält der Gläubiger über § 807 ZPO (eidesstattliche Offenbarungsversicherung). Auch bei der Zwangsvollstreckung in Geldforderungen des Schuldners gegen einen Drittschuldner gibt es Pfändungsgrenzen (§§ 850 ff. ZPO). Nach der „Überweisung zur Einziehung" oder „an Zahlungs Statt zum Nennwert" muss der Gläubiger aus dem ihm überwiesenen Anspruch gegen den Drittschuldner u.U. sogar prozessual vorgehen (wobei er sich aufgrund der Schuldnerschutzvorschriften der §§ 404 ff. BGB Einwendungen aus der Rechtsbeziehung des Drittschuldners gegen den Schuldner entgegenhalten lassen muss) und anschließend an die prozessuale Durchsetzung des gepfändeten und zur Einziehung oder an Zahlungs Statt zum Nennwert überwiesenen Anspruchs u.U. diesen wiederum durch Zwangsvollstreckung gegen den Drittschuldner realisieren. Wer nicht spätestens jetzt erkennt, wie „hart das Brot eines Gläubigers" sein kann, ist lebensfremd! Eine Sonderregel finden Sie zur Zwangsvollstreckung in eine hypothekarisch gesicherte Forderung in § 837 ZPO. **(bbbb)** Dass übrigens nicht nur gegen Drittschuldner bestehende Geldforderungen der Pfändung unterliegen, dürfte den Nachdenklichen unter Ihnen längst klar sein: Lesen Sie die §§ 846 ff. ZPO. Der Fortgeschrittenere unter Ihnen mag ja einmal die Zwangsvollstreckung wegen einer Geldforderung des Gläubigers in einen Lieferungsanspruch des Schuldners (als Käufer) gegen den Drittschuldner (als Verkäufer) aus § 433 Abs. 1 S. 1 BGB „durchspielen". Das ist ein sehr effektives „juristisches Training". Sie werden dabei erkennen, dass sich alles aus dem Gesetz ergibt; das Zwangsvollstreckungsrecht ist ein wahres Wunderwerk an juristischer Logik! **(bbb)** § 857 ZPO ermöglicht die Zwangsvollstreckung in „andere Rechte" des Schuldners. Wer hier wieder einmal die Parallele zu den §§ 398 ff. BGB sucht, der muss jetzt an § 413 BGB denken. **(b)** Die Zwangsvollstreckung wegen einer Geldforderung in das **unbewegliche Vermögen** richtet sich nach dem ZVG (§§ 864 ff. ZPO) und erfolgt durch Zwangsversteigerung (Eigentumsübergang durch „Zuschlag", § 90 ZVG, Sonderkündigungsrecht des Ersteigerers nach § 57 a ZVG zur Verhinderung der Folgen des § 566 BGB), Zwangsverwaltung und Zwangshypothek. Dazu werden Sie später in Teil 8 noch so manches lernen! **(3)** Wird nicht die Zahlung von Geld (das war soeben unser Thema), sondern die **Herausgabe von Sachen** geschuldet (z.B. aus § 546 Abs. 1 oder § 985 BGB), **(a)** so nimmt der Gerichtsvollzieher dem Schuldner die **beweglichen Sachen** weg und übergibt sie dem Gläubiger (§ 883 ZPO). **(b)** Bei vom Schuldner an den Gläubiger herauszugebenden **unbeweglichen Sachen** setzt der Gerichtsvollzieher den Schuldner „aus dem Besitz" und weist den „Gläubiger in den Besitz" ein (§ 885 ZPO): Die dramatische Bezeichnung hierfür lautet „Zwangsräumung". Der Gerichtsvollzieher kann dabei den Widerstand des Schuldners durch Gewalt brechen (§ 892 ZPO). **(c)** Bei **im Gewahrsam Dritter befindlichen Sachen** wird dem Gläubiger durch das Vollstreckungsgericht der Anspruch des Schuldners gegen den Dritten überwiesen; das weitere Verfahren kennen Sie bereits (§§ 886, 835 ZPO); hieraus erkennen Sie zugleich, dass es nicht nur aus materiellrechtlicher Sicht (§ 868 BGB), sondern auch aus vollstreckungsrechtlicher Sicht Sinn macht, den mittelbaren Besitzer als „tauglichen" Herausgabeschuldner i.S.d. § 985 BGB anzusehen; das materielle Recht und das Vollstreckungsrecht greifen hier sehr schön ineinander; wir werden das später noch vertiefen. **(4) Vom** Schuldner zu erbringende **Handlungen, (a)** die (wie z.B. aus einem Werkvertrag geschuldete Handwerkerleistungen) auch von anderen Personen als vom Schuldner erbracht werden können **(„vertretbare Handlungen")**, werden durch Ersatzvornahme vollstreckt (§ 887 ZPO). **(b)** Wenn (wie z.B. bei einer Auskunftserteilung oder einer Rechnungslegung) die Handlung eines Dritten nicht denselben rechtlichen oder wirtschaftlichen Erfolg herbeiführen kann, wie die vom Schuldner zu erbringende Handlung („**unvertretbare Handlung**"), kommt keine Ersatzvornahme in Betracht. Handelt es sich bei der unvertretbaren Handlung um eine solche, deren Erfüllung ausschließlich vom Willen des Schuldners abhängt, erfolgt die Zwangsvollstreckung durch die auf Antrag erfolgende Verhängung von Zwangsgeld oder Zwangshaft (§ 888 Abs. 1 ZPO). Wenn die Erfüllung einer unvertretbaren Handlung nicht ausschließlich vom Willen des Schuldners abhängt, (z.B. Leistung eines Künstlers, Schriftstellers, Verfassers eines Lehrbuchs im Zivilrecht), ist eine Zwangsvollstreckung unmöglich; der Gläubiger kann aber Schadensersatz verlangen (§ 893 BGB). Die Regelungen des § 888 Abs. 1 ZPO gelten nicht, wenn es um die

Verurteilung zur Eingehung einer Ehe, zur Herstellung des ehelichen Lebens und zur Leistung von Diensten aus einem Dienstvertrag geht (§ 888 Abs. 3 ZPO). **(5)** Bei einer Verurteilung zur Abgabe einer **Willenserklärung** gilt die Willenserklärung als in der jeweils erforderlichen Form (z.B. § 925 BGB) abgegeben (§ 894 ZPO). **(6)** Zur Herbeiführung **(a)** der **Übereignung beweglicher Sachen** durch Zwangsvollstreckung bedarf es daher der Wegnahme durch den Gerichtsvollzieher zum Zweck der Ablieferung an den Gläubiger (§ 883 ZPO), der Zustellung des Urteils mit einer Vollstreckungsklausel (§§ 726 Abs. 2, 730 ZPO) und der Einigungserklärung des Gläubigers. Ein gutgläubiger Erwerb wird durch §§ 898 ZPO, 932 ff. BGB möglich gemacht. **(b)** Zur **Übereignung unbeweglicher Sachen** muss der Gläubiger die Form des § 925 BGB noch erfüllen und die Eintragung nach §§ 13, 20, 29, 39 GBO herbeiführen.

Fall 284: Der V verkauft dem K gegen Barzahlung und Quittung eine von NE „ererbte" bewegliche Sache. Der K zahlt den Kaufpreis. Als der V seinerseits den Vertrag nicht erfüllt, klagt der K gegen den V und beantragt dessen Verurteilung zur Übergabe und Übereignung der Sache. Der V wird antragsgemäß rechtskräftig verurteilt. Der K stellt dem V das mit einer Vollstreckungsklausel (§§ 726 Abs. 2, 730 ZPO) versehene Urteil zu und erklärt gegenüber dem V das Angebot zur Einigung i.S.d. § 929 BGB. Als der V die Sache nicht herausgibt, beauftragt der K den Gerichtsvollzieher damit, dem V die Sache wegzunehmen und ihm zu übergeben. Das geschieht (§ 883 ZPO). Jetzt stellt sich heraus, dass die Sache dem E gehört und dass er sie dem NE lediglich geliehen hatte. Der E verlangt Herausgabe von K.

Der Anspruch könnte sich aus § 985 BGB ergeben. a) K ist Besitzer. b) E müsste Eigentümer sein. aa) E war Eigentümer. bb) NE hat das Eigentum nicht erworben. cc) V hat das Eigentum nicht erworben. dd) K könnte es erworben haben (§ 929 S. 1 BGB). aaa) Gegeben sein müsste eine Einigung. aaaa) Der K hat seine Willenserklärung dazu abgegeben; sie ist dem V zugegangen. bbbb) Die Willenserklärung des V wird durch das rechtskräftige Urteil ersetzt (§ 894 ZPO); dem V ist das Urteil zugestellt worden. bbb) Die Übergabe ist erfolgt (§ 883 ZPO). ccc) Der V war aber nicht der Eigentümer. Da K gutgläubig war, hat er das Eigentum nach §§ 898 ZPO, 932 BGB erworben. Daher hat E keinen Herausgabeanspruch.

(7) Einwendungen (a) gegen die **Art und Weise der Zwangsvollstreckung** (z.B. Verletzung des § 750 ZPO oder der §§ 808, 809 ZPO: Pfändung bei einem nicht zur Herausgabe bereiten Dritten) werden durch die **Erinnerung** (§ 766 ZPO) geltend gemacht. **(b) Materielle** Einwendungen **gegen** den **titulierten Anspruch** (z.B. eine vor der Zwangsvollstreckung erfolgte freiwillige Erfüllung des Anspruchs aus § 433 Abs. 2 BGB) müssen durch eine **Vollstreckungsabwehrklage** geltend gemacht werden: Derartige Einwendungen sind aber nur dann relevant, wenn sie nach der letzten mündlichen Verhandlung entstanden sind; mit vorher entstandenen Einwendungen ist der Schuldner – das folgt aus dem Grundgedanken der „Rechtskraft" – „präkludiert" (§ 767 Abs. 2 ZPO). Helfen kann dem Schuldner im Fall einer Praeklusion nach § 767 Abs. 2 ZPO nur noch ein Wiederaufnahmeverfahren oder ein Anspruch aus § 826 BGB.

Fall 285: Der DG hat als Kläger gegen den DN als Beklagten in einem Rechtsstreit aufgrund einer letzten mündlichen Verhandlung am 12. Juni 2002 ein rechtskräftiges Urteil erwirkt, durch das der Beklagte (DN) zur Rückzahlung eines Darlehens in Höhe von € 1000,- verurteilt worden ist. Der DN hatte im Prozess behauptet, das Darlehen längst getilgt zu haben, konnte aber für die (von ihm zu beweisende) Erfüllung mangels eines Beweismittels den Beweis nicht antreten. Jetzt findet der DN die Quittung des DG, aus der sich ergibt, dass er am 1. Juni 2002 gezahlt hatte, wieder. 1. Er will sich gegen die bevorstehende Zwangsvollstreckung wenden. 2. Könnte DN auch die Aufhebung des rechtskräftigen Urteils erwirken?

1. a) Eine Vollstreckungsabwehrklage (§ 767 ZPO) wäre erfolglos, weil der DN mit dem Erfüllungseinwand „praekludiert" ist; dieser beruht nämlich auf Tatsachen, die bereits vor Schluss der letzten mündlichen Verhandlung entstanden sind (§ 767 Abs. 2 ZPO). b) In Betracht kommt aber ein Anspruch des DN gegen den DG auf Unterlassung der Zwangsvollstreckung und Herausgabe des Titels aus §§ 826, 249 Abs. 1 BGB, weil der DG das Urteil sittenwidrig, nämlich in Kenntnis des Umstandes, dass das Darlehen bereits getilgt war, erwirkt hatte (sog. „Urteilserschleichung" durch Prozessbetrug nach §§ 263 StGB, 138 Abs. 1 ZPO). 2. Außerdem könnte der DN nach rechtskräftiger strafrechtlicher Verurteilung des DG wegen Betruges (§ 581 ZPO) die Rechtskraft des Urteils durch eine Restitutionsklage beseitigen (§§ 578, 580 Nr. 4 ZPO, 263 StGB).

Variante: Der Beklagte (DN) hatte noch nicht gezahlt. Er erklärt Rechtsmittelverzicht gegen das Urteil, weil er zu Recht verurteilt worden war, und erfüllt am 16. Juni 2002 die titulierte Hauptforderung aus § 488 Abs. 1 S. 2 BGB und die Kostenforderung des Klägers (DG) aus § 91 ZPO. Entgegen dem Grundsatz des § 757 ZPO hat der DG den Titel bei sich behalten und kündigt nunmehr die Zwangsvollstreckung an.

Hier kann der DN aus § 767 ZPO erfolgreich klagen: Er ist nicht nach § 767 Abs. 2 ZPO praekludiert, weil der Erfüllungseinwand nach letzter mündlicher Verhandlung entstanden ist.

(c) Wird die **Zwangsvollstreckung in einen schuldnerfremden Gegenstand** betrieben (der Gerichtsvollzieher pfändet im Auftrag des Gläubigers G eine dem Eigentümer E gehörige und an den Schuldner S verliehene und in dessen Gewahrsam befindliche bewegliche Sache), so kann der Schuldner S dagegen keine Erinnerung geltend machen, denn der Gerichtsvollzieher hat im Einklang mit § 808 ZPO gehandelt: Maßgeblich ist allein der Gewahrsam des Schuldners. Wohl aber kann der Eigentümer eine **Drittwiderspruchsklage** erheben und mit ihr ein die „Veräußerung hinderndes Recht" geltend machen (§ 771 ZPO). Ein die „Veräußerung hinderndes Recht" eines Dritten ist z.B. dessen **Eigentum** (denken Sie in erster Linie an den **Eigentumsvorbehalt** des Verkäufers bei der Zwangsvollstreckung durch Gläubiger des Käufers in die dem Verkäufer nach §§ 449, 929, 158 Abs. 1 BGB noch gehörende Kaufsache und nach dem BGH an das **Sicherungseigentum** bei einer Zwangsvollstreckung von Gäubigern des Sicherungsgebers in das Sicherungsgut, während in der Lehre zuweilen § 805 ZPO favorisiert wird), das **Anwartschaftsrecht** (denken Sie an das Anwartschaftsrecht des Vorbehaltskäufers bei einer allerdings i.d.R. am fehlenden Gewahrsam des Schuldners scheiternden Zwangsvollstreckung von Gläubigern des Eigentumsvorbehaltsverkäufers), die Forderungsberechtigung des Treunehmers bei der **Sicherungszession** im Fall der Zwangsvollstreckung durch Gläubiger des Sicherungsgebers. Wenn bei einer Sicherungstreuhand (Sicherungsübereignung, Sicherungszession) Gläubiger des Sicherungs-(Treu-)nehmers die Einzelzwangsvollstreckung betreiben, so kommt es für die Frage der Berechtigung des Sicherungs-(Treu-)gebers aus § 771 ZPO im Fall der Einzelzwangsvollstreckung durch den Gläubiger des Sicherungs-(Treu-)nehmers, also des Sicherungseigentümers bzw. des Sicherungszessionars, auf den Status der gesicherten Forderung an: Ist sie bereits getilgt und erfolgt ein automatischer Rückfall auf den Sicherungsgeber infolge einer im Sicherungsvertrag vereinbarten auflösenden Bedingung (§ 158 Abs. 2 BGB) oder ist ein schuldrechtlicher Rückübertragungsanspruch bereits erfüllt, wofür eine bloße Einigung bzw. ein Vertrag ausreicht (bei der Sicherungsübereignung nach § 929 S. 2 BGB und bei der Sicherungszession nach § 398 BGB), ist der Sicherungsgeber zweifelsfrei aus § 771 ZPO berechtigt. Aber auch schon vorher steht ihm § 771 ZPO zu, weil sich durch die Tilgung die Sicherungstreuhand in eine Verwaltungstreuhand verwandelt und der Verwaltungstreugeber bei der Einzelzwangsvollstreckung durch Gläubiger des Verwaltungstreunehmers in das Treugut durch § 771 ZPO geschützt ist (dazu sogleich noch einmal). Wenn die gesicherte Forderung noch besteht, muss man diskutieren, ob der Sicherungsgeber ohne weiteres aus § 771 ZPO vorgehen kann oder ob er die gesicherte Forderung zuvor tilgen muss. Am interessantesten ist die Situation, in der der Sicherungsfall eingetreten ist, weil dann die Beschränkung aus dem Treuhandvertrag entfällt, so dass das Treugut nunmehr den Gläubigern des Sicherungsnehmers zusteht und der Sicherungsgeber nicht mehr gem. § 771 ZPO vorgehen kann. Auch die Rechtsstellung des **Treugebers** als wirtschaftlichen Inhabers des Rechtes bei der **Verwaltungstreuhand** oder bei der **Inkassozession** sind nach § 771 ZPO geschützt. Einen sehr interessanten Sicherungsmechanismus findet man in **§ 392 Abs. 2 HGB**, durch den die wirtschaftlich dem Kommittenten, aber rechtlich dem Kommissionär zustehenden Ansprüche aus dem Ausführungsgeschäft im Verhältnis zu Gläubigern des Kommissionärs dem Kommittenten zugewiesen werden.

Fall 286: Der Kommittent Komtent hat den gewerbsmäßig als Kommissionär tätigen Kär beauftragt, das Auto des Komtent zu verkaufen. Der Kär verkauft das Auto im eigenen Namen für Rechnung des Komtent an den Dritt, der nicht sogleich zahlt. Ein Gläubiger des Kär pfändet aufgrund eines rechtskräftigen Titels die Kaufpreisforderung des Kär gegen den Dritt und lässt sie sich zur Einziehung überweisen. Der Komtent erhebt Drittwiderspruchsklage.

Die Klage ist nach § 771 ZPO begründet, wenn dem Kläger (Komtent) an der Forderung ein die Veräußerung hinderndes Recht zusteht: a) Das wäre der Fall, wenn der Komtent bereits Gläubiger der Forderung gegen den Dritt wäre. Gläubiger ist vor der Abtretung an den Komtent nach § 398 BGB der Kär (§ 392 Abs. 1 HGB). b) Aber nach § 392 Abs. 2 HGB gilt die Forderung aus dem Ausführungsgeschäft des Kommissionärs mit dem Dritten im Verhältnis zu Gläubigern des Kommissionärs auch ohne Abtretung an den Kommittenten bereits als Forderung des Kommittenten. Die Klage des Komtent ist also begründet.

(d) Bei einem **besitzlosen** (z.B. **Vermieter-)Pfandrecht** eines Dritten an dem Gegenstand, in den die Zwangsvollstreckung betrieben wird, kann dieser zwar der Pfändung nicht widersprechen, wohl aber **Klage auf vorzugsweise Befriedigung** erheben (§ 805 ZPO). Warum ist nicht auch der Inhaber eines Besitzpfandrechts (z.B. aus § 647 BGB) gleichermaßen geschützt? Weil ihm schon §§ 766, 808, 809 ZPO helfen!

3. Modernes „Konfliktmanagement"

Genau genommen haben wir soeben **„das Pferd von hinten aufgezäumt"**, indem wir die Durchsetzung eines Anspruchs unter Einschaltung staatlicher Gerichte und die für den Fall nicht freiwilliger Erfüllung notwendige Zwangsvollstreckung als Regelfall dargestellt haben. Das mag zwar statistisch gesehen noch der Realität entsprechen, aber die Rechtswirklichkeit wandelt sich: Die Zukunft liegt in einem modernen „Konfliktmanagement", das auf Streitvermeidung, außergerichtlicher Streitbeilegung und notfalls außergerichtliche Streitentscheidung ausgerichtet ist. Im Vordergrund sollte natürlich das Bemühen um **Streitvermeidung** stehen; hier sind die Künste des vertragsgestaltenden und beratenden Rechtsanwalts gefordert. Die mit Spitzenjuristen besetzten international agierenden Großkanzleien pflegen bezeichnenderweise auch kaum zu prozessieren. Sie setzen auf Streitvermeidung. Indes: Wie Schiller uns in Wilhelm Tell lehrt, ist Streit unter Menschen unvermeidlich: „Es kann der Frömmste nicht in Frieden bleiben, wenn es dem bösen Nachbarn nicht gefällt." Aber auch wenn es deshalb oder aus durchaus rationalen Gründen zu einem Konflikt kommen sollte, können die Parteien jederzeit miteinander verhandeln und im Wege des gegenseitigen Nachgebens einen **„außergerichtlichen Vergleich"** schließen (§ 779 BGB). Die Parteien können sich sogar durch eine in einen Vertrag aufgenommene „Verhandlungsabrede" zu einer solchen Verhandlung verpflichten. Sollte aufgrund von Verhandlungen unter den Parteien ein Vergleich zur außergerichtlichen Streitbeilegung geschlossen worden sein (§ 779 BGB), wäre er ohne die Möglichkeit einer Zwangsvollstreckung aus diesem Vergleich allerdings nur ein „stumpfes Schwert". Dazu muss der Vergleich aber zugleich ein „Vollstreckungstitel" sein. Nur dann ist er geeignet, einen Prozess zu verhindern. Das lässt sich auf mehreren Wegen ermöglichen: Wenn beim Abschluss des Vergleiches Anwälte beteiligt sind, kann ein „Anwaltsvergleich" geschlossen werden, der die Zwangsvollstreckung aus dem Vergleich ermöglicht (§§ 796 a ff. ZPO): Hierzu ist eine von den Parteien und deren Rechtsanwälten unterschriebene Vergleichsurkunde erforderlich, in der sich der/die Schuldner der sofortigen Zwangsvollstreckung unterwirft/werfen. Dieser Vergleich kann dann bei einem Amtsgericht niedergelegt werden. Er wird dann durch das Prozessgericht für vollstreckbar erklärt. Der Vergleich kann aber auch vom örtlich zuständigen Notar in Verwahrung genommen und für vollstreckbar erklärt werden. Diese den Vergleich für vollstreckbar erklärenden Beschlüsse sind Vollstreckungstitel (§ 794 Abs. 1 Nr. 4 b ZPO). Aber auch ohne die Einschaltung von Rechtsanwälten kann man einen vollstreckbaren außergerichtlichen Vergleich zwischen den Parteien vor einer „Gütestelle" schließen (§ 794 Abs. 1 Nr. 1 ZPO). Die Erfahrung lehrt allerdings, dass Vergleiche dieser Art zunehmend schwieriger auf dem klassischen Verhandlungsweg zu erzielen sind. Paradoxerweise sind dafür nicht selten verantwortlich die Rechtsanwälte, von denen man sich bei der außergerichtlichen Streitbeilegung beraten lässt. Denn sie sind oft zu parteiisch und zu einseitig auf den Vorteil ihres Mandanten bedacht, so dass sie einem „gegenseitigen Nachgeben", wie es ein Vergleich voraussetzt, im Wege stehen können. Daher bedient man sich heute in zunehmender Weise der Hilfe einer neutralen Institution oder eines neutralen Dritten, die/der sich ohne eigene Entscheidungsgewalt darum bemüht, den zu Verhandlungen bereiten Parteien schnell und kostengünstig zu einer Einigung zu verhelfen, indem sie Einigungsvorschläge unterbreiten, die unverbindlich sind, also nur eine Anregung sind. Die hierfür klassischen Methoden sind die Mediation und die Schlichtung. Sie gehen zurück auf US-amerikanische Methoden, die dort begrifflich unter der Bezeichnung **„Alternative Dispute Resolution (ADR)"** zusammengefasst werden. Die in manchen Bereichen begrifflich schwer von der Schlichtung zu sondernde **Mediation** ist ein Verfahren zur freiwilligen, außergerichtlichen Streitbeilegung, bei dem die Parteien mit Hilfe der Moderation eines neutralen Dritten, des Mediators, eine eigenverantwortliche Problemlösung erarbeiten. Angeboten wird die Mediation von Mediatoren, die aus sehr unterschiedlichen Berufen stammen (Rechtsanwälte, Unternehmensberater, Psychologen, Sozialarbeiter, Sozialpädagogen). Ausbildungsstandards sind nicht festgelegt. Den Parteien steht es frei, sich auf einen der vielen miteinander konkurrierenden Mediatoren zu einigen. Durchaus hilfreich kann es sein, eine Mediationsstelle in Anspruch zu nehmen, die qualifizierte Mediatoren nachweisen kann, auf die die Parteien sich dann einigen können. Der Mediator hat, anders als ein Schiedsrichter, keine Entscheidungs- oder Zwangsgewalt. Der Mediator soll auch keinen Vorschlag zur Beilegung des Konflikts machen; darin besteht auch der begriffliche Unterschied zur Schlichtung. Vielmehr erwartet man bei der Mediation, dass die Parteien durch die Moderation eines nicht über den Streit entscheidenden und auch keine Lösungsvorschläge machenden Dritten die wahren Gründe des Streits erkennen, sie offenlegen und aus diesem Grunde selbst eine optimale Problemlösung für beide Seiten finden. Weit verbreitet ist die Mediation insbesondere in den angloamerikanischen Ländern und in Asien. In Deutschland findet sie vor allem Anwendung bei familiären Auseinandersetzungen und im Wirtschaftsrecht bei Streitigkeiten unter Gesellschaftern und im Rahmen von Sanierungen; neuerdings findet die Mediation auch im öffentlichen Recht in Planungs- und Genehmigungsverfahren Anwendung. Für die Wirtschaft bietet dieses Verfahren eine Alternative zum Schiedsgericht oder zur ordentlichen Gerichtsbarkeit. Die Vorteile der Mediation liegen vor allem in der regelmäßig gegebenen Zeit- und Kostenersparnis. Auch kann durch die einvernehmliche Konfliktlösung eine nachhaltige Störung der Geschäftsbeziehung vermieden werden, was ein wesentliches Anliegen von Konfliktparteien in der Wirtschaft ist. Entscheidend für die Wahl eines Mediationsverfahrens spricht auch, dass im Gegensatz zu Gerichtsverfahren, die auf die Lösung zeitlich zurückliegender Konflikte gerichtet sind, oftmals zukünftige Entwicklungen in die Konfliktlösung einbezogen werden. Sollte die Mediation zu keiner Einigung führen, kann trotzdem ein gerichtliches oder schiedsgerichtliches Verfahren nachgeschaltet werden. Durch Vereinbarung von Beweisverwertungsverboten kann verhindert werden, dass im Mediationsverfahren erlangte Kenntnisse im Gerichtsverfahren verwertet werden. Im Idealfall besteht das Ergebnis einer Mediation in einer Lösung des Konflikts, die vertraglich fixiert wird und im Wege des Anwaltsvergleichs oder durch einen Gütestellenvergleich vollstreckbar ausgestaltet wird. Neuerdings gibt es sogar Bestrebungen, eine „gerichtsnahe Mediation" einzuführen, indem bei Gerichten bestimmte Spruchkörper oder einzelne eigens dafür freigestellte Richter als Mediator tätig werden. Diese nehmen auf Initiative des Spruchkörpers, bei dem die Sache anhängig ist, und im Einverständnis mit den Parteien oder auf Initiative der Parteien Einsicht in die Akten der anhängigen Verfahren. Der Mediator schreibt dann die Parteien an, wobei er ihnen das beabsichtigte Verfahren mitteilt. Es kommt dann zu einer Mediationsverhandlung. In dieser vereinbaren die Parteien Vertraulichkeit. Der Gerichtsmediator leitet das Gespräch. Er gibt keine rechtlichen Hinweise und macht auch keine Lösungsvorschläge. Eine Einigung wird in einem Ergebnisprotokoll festgehalten. Der Mediator gibt dann die Akte mit dem Ergebnisprotokoll an den Spruchkörper zurück. Prozessbeendigende Erklärungen müssen dann im anhängigen Verfahren abgegeben werden. Die **Schlichtung** ist ein in der Regel auf freiwilliger Basis oder wegen einer bestehenden gesetzlichen oder vertraglich vereinbarten Verpflichtung der Parteien hierzu stattfindendes geordnetes Verfahren, durch das die gütliche Beilegung einer Streitigkeit durch Vermittlung eines Schlichters, der meist eine Gütestelle oder eine andere Institution ist, dadurch herbeigeführt wird, dass der Schlichter einen Lösungsvorschlag macht und die Parteien sich darauf in Gestalt eines vollstreckbaren Vergleichs verständigen. Wie Sie bereits wissen, ist in einzelnen Bundesländern Deutschlands (Bayern, NRW, B-W, Brandenburg, Hessen) in Bagatellfällen (geringer Streitwert: bis € 750,-; Nachbarstreit; Ehrverletzung) eine Klage vor einem staatlichen Gericht erst dann zulässig, wenn erfolglos ein „Einigungsversuch", also eine Schlichtung vor einer „Gütestelle" versucht worden ist (**§ 15 a EGZPO**). Die Gütestellen können Rechtsanwälte, Notare, aber auch Organisationen wie z.b. Anwaltsvereine sein. In diesen Zusammenhang gehört auch, dass nach dem Ihnen ebenfalls inzwischen bekannten **§ 278 Abs. 2 ZPO** der mündlichen Verhandlung vor einem staatlichen Gericht zum Zwecke der gütlichen Beilegung des Streits eine „Güteverhandlung" voraus gehen muss, es sei denn, es hat bereits ein Einigungsversuch vor einer außergerichtlichen Gütestelle stattgefunden oder die Güteverhandlung erscheint erkennbar aussichtslos. In einer solchen Güteverhandlung hat das Gericht den Sach- und Streitstand mit den Parteien unter freier Würdigung aller Umstände zu erörtern. Erscheinen die Parteien hierzu nicht, ist das Ruhen des Verfahrens anzuordnen. In geeigneten Fällen kann das Gericht eine außergerichtliche Streitschlichtung vorschlagen. Als besonders erfolgreich haben sich diese Ideen des Gesetzgebers (§ 15 a EGZPO, § 278 Abs. 2 ZPO) allerdings nicht erwiesen: Nach neuesten Forschungen sind die Verfahren nach § 15 a ZPO „ein Tropfen auf den heißen Stein"; insbesondere pflegen bei vermögensrechtlichen Bagatellstreitigkeiten die Kläger in das Mahnverfahren auszuweichen (§ 15 Abs. 2 Nr. 5 EGZPO). Um die Güteverhandlung nach § 278 Abs. 2 ZPO zu vermeiden, ist es üblich, dass die sich immerhin insoweit einigen Parteien dem Gericht vortragen, dass die Schlichtung aussichtslos sei. Subsidiär gegenüber einer anderweitigen Schuldenbereinigung ist das **„Verbraucherinsolvenzverfahren"**: Bevor nämlich auf Antrag einer natürlichen Person, die keine oder nur eine geringfügige selbstständige Tätigkeit ausübt, über deren Vermögen das sog. Verbraucherinsolvenzverfahren (§ 304 InsO) eröffnet werden kann, muss der einen solchen Antrag stellende Schuldner mit dem Eröffnungsantrag eine Bescheinigung einer geeigneten Person oder Stelle vorlegen, aus der sich ergibt, dass innerhalb der letzten sechs Monate vor dem Eröffnungsantrag eine außergerichtliche Einigung mit den Gläubigern über die Schuldenbereinigung erfolglos versucht worden ist (§ 305 Abs. 1 Nr. 1 InsO). Bedeutsam ist das kostenfreie Schlichtungsverfahren bei Streitigkeiten zwischen Banken und ihren Kunden, das durch die Allgemeinen Geschäftsbedingungen der Banken wirksam vereinbart ist. Diesem Verfahren liegt die „Verfahrensordnung für die **Schlichtung von Kundenbeschwerden im deutschen Bankgewerbe** (BVO)" zugrunde. Danach muss vorab eine Prüfung durch die Kundenbeschwerdestelle erfolgen; die Bank kann der Beschwerde intern abhelfen; anschließend geht das Verfahren in eine Schlichtung über, in der lediglich der Urkundenbeweis statthaft ist. Für die Bank ist der Schlichtungsspruch bei einem Amtsgerichtsstreitwert verbindlich. Neben diesen gesetzlich vorgeschriebenen oder vertraglich vereinbarten Schlichtungen gibt es im Wirtschaftsleben diverse institutionelle Schiedsorganisationen, die streitenden Parteien spezielle Schlichtungsordnungen und eine institutionelle Infrastruktur bereitstellen. Ein besonders interessantes Beispiel hierfür ist die Möglichkeit einer außergerichtlichen Beilegung eines Konflikts durch Schlichtung unter Einschaltung des **„Beijing-Hamburg Conciliation Centre Hamburg"**. Die Beilegung von Meinungsverschiedenheiten durch Schlichtung („Conciliation") hat in China und anderen ostasiatischen Staaten eine lange Tradition.

Nach chinesischem Verständnis sollte ein Konflikt nicht dadurch gelöst werden, dass jede Seite ihre Interessen unnachgiebig und ohne Rücksicht auf die Interessen der anderen Seite verfolgt. Der Wunsch, das Gesicht zu wahren und dieses auch dem anderen zu ermöglichen, spielt eine wichtige Rolle. Demgemäß wird die Einleitung gerichtlicher oder schiedsgerichtlicher Schritte sehr häufig als endgültiger Abbruch der Beziehungen aufgefasst. Die im Westen verbreitete Meinung, nach Abschluss eines Prozesses könne man sich wieder in die Augen sehen und auch wieder Geschäfte miteinander machen, ist chinesischen Partnern durchaus fremd. Immerhin: Die These, dass der beste Prozess derjenige sei, der gar nicht erst geführt werde, dürfte sich auch hierzulande immer größerer Zustimmung erfreuen. Im Wirtschaftsverkehr mit der Volksrepublik China eröffnet sich durch die Errichtung des „Beijing-Hamburg Conciliation Centre" in Hamburg und in Peking erstmals die Möglichkeit, das Schlichtungsverfahren auf gesicherter institutioneller Grundlage durchzuführen. Beide Institutionen - die Schlichtungsstelle in Peking ist Teil der chinesischen Außenhandelskammer „China Council for the Promotion of International Trade" (CCPIT) - haben zu diesem Zweck im Mai 1987 einen Kooperationsvertrag abgeschlossen. Beide Seiten unterhalten Sekretariate, die für die administrative Abwicklung des Schlichtungsverfahrens zur Verfügung stehen. Jedes Sekretariat führt eine Liste empfohlener Schlichter und ist auf Wunsch der Beteiligten bereit, Schlichter vorzuschlagen oder zu bestellen. Die Sekretariate erfüllen im Zuge der Schlichtungsverfahren praktisch die Funktion gerichtlicher Geschäftsstellen; sie vermitteln die Kommunikation zwischen Schlichter und Parteien, fordern Kostenvorschüsse ein, laden zu Verhandlungen etc. Je nach Lage des Falles können mündliche Verhandlungen und weitere Untersuchungen durchgeführt werden, wobei die Schlichter jederzeit Vorschläge zu einer Beilegung des Konfliktes machen können. Sie sollen sich dabei von den Prinzipien der Objektivität, Fairness und Gerechtigkeit leiten lassen und unter anderem die Rechte und Verpflichtungen der Parteien, die einschlägigen Handelsbräuche, die sonstigen Umstände des Streitfalles und auch die früheren Geschäftsgepflogenheiten der Parteien in Betracht ziehen. Das Verfahren ist vertraulich. Vereinbarte Beweisverwertungsverbote sorgen dafür, dass Erkenntnisse aus einem Schlichtungsversuch nicht in einem eventuellen späteren Rechtsstreit verwertet werden dürfen. Die Annahme eines Schlichtungsvorschlages ist freiwillig. Die Parteien können sich allerdings im Einzelfall auch schon vorab einem Schlichtungsvorschlag unterwerfen. In jedem Falle ist das Schlichtungsergebnis in einem schriftlichen Vergleich niederzulegen. Dessen Vollstreckbarkeit kann nach § 794 Abs. 1 Nr. 1 oder Nr. 5 ZPO ermöglicht werden. Wenn es zu keiner außergerichtlichen Streitbeilegung durch eine Schlichtung oder durch eine Mediation kommt, ist immer noch an eine **außergerichtliche Streitentscheidung** im Wege der **Schiedsgerichtsbarkeit** zu denken (§§ 1025 ff. ZPO). Es gibt viele Argumente dafür, jedenfalls bei Streitigkeiten mit hohem Streitwert, ein Schiedsgerichtsverfahren zu vereinbaren, und zwar vor allem bei internationalen Streitigkeiten: Die Vorbehalte gegen eine ausländische Justiz entfallen; das Schiedsgericht entscheidet schneller und billiger als ein staatliches Gericht in einem mehrinstanzlichen Prozess; durch die Möglichkeit einer Einflussnahme auf die Zusammensetzung des Schiedsgerichts ist die Fachkompetenz des Schiedsgerichts meist größer als die eines staatlichen Gerichts; die Parteien können nicht nur das anzuwendende staatliche Recht frei wählen, sondern – und das ist eine Besonderheit – ein Schiedsgericht von der Bindung an staatliches Recht zu befreien und es rein nach der

„Billigkeit" bzw. nach transnationalem Recht, der „lex mercatoria", oder nach „allgemeinen Rechtsgrundsätzen" entscheiden lassen; ein Schiedsgerichtsverfahren ist nur „parteiöffentlich", so dass „neugierige" Dritte, wie z.B. Konkurrenten, vom Streit und dessen Inhalt nichts erfahren. Im Streit aus einem Vertrag zwischen einem Privaten und einem fremden Staat ist ein Schiedsgericht sogar praktisch unumgänglich, denn für den Privaten würde die Unterwerfung unter die Gerichtsbarkeit des fremden Staates nicht die erforderliche Rechtssicherheit bieten, da der fremde Staat Herr über die Rechtsordnung ist, nach der entschieden wird; und umgekehrt wäre es für den Staat nicht hinnehmbar, wenn er sich in die Zuständigkeit der Gerichte eines Drittstaates begibt. Es gibt zwei Hauptformen von Schiedsgerichten, die „Gelegenheitsschiedsgerichte" bzw. „ad hoc"-Schiedsgerichte, die für einen bestimmten Einzelfall konstituiert werden. Und es gibt „Institutionelle Schiedsgerichte", die für die Entscheidung einer unbestimmten Vielzahl von Fällen zur Verfügung stehen. Dazwischen stehen „Mischformen": So liefert die „Hamburger freundschaftliche Arbitrage" einen losen Rahmen mit Begriffsbestimmungen, einigen Vorgaben zur Konstituierung des Schiedsgerichts und Festschreibung des Schiedsortes Hamburg, ohne jedoch ein Sekretariat oder eine Richterliste zur Verfügung zu stellen. Dagegen liefert die „Deutsche Institution für Schiedsgerichtsbarkeit eV." (DIS) einen festen organisatorischen Rahmen (Geschäftsstelle, Prüfungskompetenz hinsichtlich der formalen Vollständigkeit der Klageerhebung, Einforderung eines Kostenvorschusses, Bestellungskompetenz für Schiedsrichter etc.). Schiedsgerichte sind „Privatgerichte", denen die Entscheidung bürgerlicher Rechtsstreitigkeiten übertragen wird. Das schiedsrichterliche Verfahren ist möglich, wenn der ordentliche Rechtsweg zulässig ist, aber wirksam durch ein Rechtsgeschäft ersetzt wird. Die Folge ist, dass immer dann, wenn „…vor einem Gericht Klage erhoben (wird), die Gegenstand einer Schiedsvereinbarung ist, ... das Gericht die Klage als unzulässig abzuweisen (hat), sofern der Beklagte dies…. rügt" (§ 1032 ZPO). Die Ersetzung der staatlichen Gerichtsbarkeit beruht auf einer formgebundenen Schiedsvereinbarung, die eine selbstständige Vereinbarung (Schiedsabrede) oder eine Klausel in einem Vertrag (Schiedsklausel) sein kann (§§ 1029 ff. ZPO), oder auf einer letztwilligen Verfügung oder einer Satzungsbestimmung beruht (§ 1066 ZPO). Schiedsgerichte ersetzen die staatlichen Gerichte bei der Rechtsfindung vollständig, so dass es nicht möglich ist, die Beantwortung einzelner Rechtsfragen dem Schiedsgericht zu übertragen (z.B. ob ein Vertrag, aus dem sich der Anspruch ergeben soll, wirksam gekündigt worden ist) und im Übrigen das staatliche Gericht entscheiden zu lassen; dazu kann man aber einen Schiedsgutachtenvertrag abschließen (dazu sogleich mehr). Vielmehr muss das Schiedsgericht immer berechtigt sein, über den geltend gemachten Anspruch insgesamt oder über einen quantitativ abgrenzbaren Teil des Anspruchs selbstständig und abschließend zu entscheiden. Die Schiedsgerichte üben anstelle der staatlichen Gerichte materiell Rechtsprechung aus. Das Verfahren kann bei „ad-hoc"-Schiedsgerichten frei vereinbart werden; man kann auch bestehende Schiedsordnungen durch Bezugnahme im Schiedsvertrag übernehmen. Ist keine Bestimmung getroffen, so kann das Schiedsgericht das Verfahren nach seinem Ermessen bestimmen (§ 1042 Abs. 4 ZPO). Bei „Institutionellen Schiedsgerichten" gilt deren Verfahrensordnung. Der Schiedsspruch ist ein Akt der Rechtsprechung. Die staatlichen Gerichte haben kein Recht zur Überprüfung des Schiedsspruchs dahingehend, ob das Schiedsgericht das materielle Recht richtig angewendet hat. Seine Vollstreckbarkeit erhält der Schiedsspruch allerdings nur durch die Anordnung eines staatlichen Gerichts (§§ 1060, 1062 ZPO). Der staatliche Richter hat im Aufhebungsverfahren (§ 1059 ZPO) und im Vollstreckbarkeitserklärungsverfahren ein eingeschränktes Kontrollrecht hinsichtlich der Einhaltung des Verfahrens. Zuständig in diesen Verfahren ist das Oberlandesgericht. Die Mitglieder von Körperschaften (Vereine, Verbände) sind häufig durch Satzungsregeln verpflichtet, Streitigkeiten nicht von ordentlichen Gerichten, sondern von Vereins- oder Verbandsschiedsgerichten entscheiden zu lassen. Dann gelten die Vorschriften der ZPO über das Schiedsgerichtsverfahren entsprechend (§ 1066 ZPO). Wenn dagegen durch die Satzung von Vereinen oder Verbänden Vereins- oder Verbandsgerichte (z.B. von Sportverbänden, Wirtschaftsverbänden, politischen Parteien) zur Ausübung einer „Strafgewalt" (z.B. Sperre von Sportlern; Verhängung von Bußgeldern; Aberkennung von Ämtern) eingerichtet werden, sind dies keine Schiedsgerichte. Die Folge ist, dass diese Entscheidungen von staatlichen Gerichten überprüft werden können, und zwar vorbehaltlich einer Übertragung auf Schiedsgerichte durch die ordentlichen Gerichte. Im Gegensatz zur Schiedsvereinbarung, bei der der Rechtsstreit insgesamt entschieden werden soll, bezieht sich der **Schiedsgutachtervertrag** lediglich auf ein einzelnes, durch das Schiedsgutachten verbindlich zu klärendes Element einer von einem staatlichen Gericht oder einem Schiedsgericht zu treffenden Entscheidung. Der Entscheider ist Gutachter, nicht Richter. Verlangt wird von ihm Vertragsgestaltung oder Inhaltsbestimmung, nicht aber Streitentscheidung. Es gibt das Schiedsgutachten im weiteren Sinne, bei denen das Gutachten rechtsgestaltend wirken soll: Leistungsbestimmung i.S.d. §§ 317 ff. BGB („nach billigem Ermessen"), Anpassung eines bestehendes Vertrages an veränderte Umstände („spätere Ergänzung"); so kann bei dem Verkauf einer Sache vereinbart werden, dass der Kaufpreis der von einem Schiedsgutachter festzusetzende „marktübliche Preis" sein soll; oder es soll bei einem Mietvertrag über ein Gewerbegrundstück die jährlich erfolgen sollende Anpassung der Höhe der Miete durch einen Schiedsgutachter erfolgen; und es gibt das Schiedsgutachten im engeren Sinne, durch das Feststellungen getroffen werden sollen, und zwar Tatsachen oder indirekt leistungsbestimmende Faktoren festgestellt werden sollen, wie z.B. für die Frage einer Leistungsverpflichtung und deren Umfang maßgebliche Rechtsfragen, wie Auslegungsfragen oder Wertbestimmungen. In der Wirtschaft hat man damit durchweg positive Erfahrungen gemacht, weil auf diese Weise nicht nur tatsächliche Fragen, sondern auch solche juristischer Art schnell und kostengünstig gelöst werden können.

Damit ist hoffentlich deutlich geworden, dass es ernsthafte Alternativen zur Streitentscheidung vor staatlichen Gerichten gibt und dass man gut beraten ist, bei der Streitentscheidung den Weg einer Schlichtung, einer Mediation oder eines Schiedsgerichtsverfahrens zu beschreiten.

Und verlieren Sie nie aus dem Auge, was Ihnen längst bekannt ist: Selbst wenn „das Kind in den Brunnen gefallen ist" und der Streit vor den staatlichen Gerichten rechtshängig geworden ist, gibt es noch einen Ausweg aus dem „Irrgarten der Justiz". Jederzeit kann ein **Prozessvergleich** geschlossen werden, durch den ein Rechtsstreit gütlich beendet werden soll. Er hat dann eine prozessrechtlich-materiellrechtliche „Doppelwirkung", denn außer seiner materiellen Wirkung (Veränderung der Schuld in Inhalt und Umfang) beendet er auch die Rechtshängigkeit des Rechtsstreits. Die aus der „Doppelwirkung" resultierende Konsequenz ist Ihnen geläufig: Sie lässt im Falle der Unwirksamkeit des Prozessvergleichs nach § 779 BGB oder nach §§ 119 ff.,

142 Abs. 1 BGB die Rechtshängigkeit wieder aufleben, so dass das an sich beendete Verfahren fortzusetzen ist und das Gericht durch Endurteil entscheiden muss (§ 300 ZPO). Der Prozessvergleich ist selbstverständlich auch ein Vollstreckungstitel (§ 794 Abs. 1 Nr. 1 ZPO).

4. Die Eilverfahren *(Arrest und einstweilige Verfügung)*

Die Erlangung eines rechtskräftigen Urteils (bis zu 3 Instanzen, mögliche Zurückverweisungen nicht eingerechnet) kann sehr viel Zeit in Anspruch nehmen. Dass ein Bedürfnis nach vorheriger Sicherung bestehen kann, leuchtet ohne weiteres ein:

- So kann die Gefahr drohen, dass ein Schuldner Vermögenswerte beiseite schafft.
- Die Veröffentlichung einer unwahren Tatsachenbehauptung durch ein Presseorgan steht unmittelbar bevor, so dass ein rechtskräftiges Unterlassungsurteil zu spät käme.
- Für den Käufer eines Grundstücks besteht die Gefahr, dass der Verkäufer eines Grundstücks, der es dem Käufer „lastenfrei" verkauft hat, an einen anderen Käufer verkauft und übereignet oder es in der Schwebezeit zur Sicherung eines nach Abschluss des Kaufvertrags bei einer Bank aufgenommenen Darlehens mit einer Hypothek belastet.
- Wenn der wahre Eigentümer eines Grundstücks gegen den zu Unrecht als Eigentümer in das Grundbuch eingetragenen Nicht-Eigentümer („Buchbesitzer") einen Rechtsstreit über die Verpflichtung des „Buchbesitzers" zur Zustimmung zur Berichtigung aus § 894 BGB führt, besteht die Gefahr, dass der Nicht-Eigentümer vor der Rechtskraft über das Grundstück verfügt (Übereignung, Belastung) und ein Dritter das Grundstücksrecht gutgläubig erwirbt (§ 892 BGB).

Diese realistischen Beispiele zeigen, dass ohne einen einstweiligen Rechtsschutz bestimmte Ansprüche praktisch nicht durchgesetzt werden können.

> Das Gesetz hat daher zur Sicherung
>
> - der **Durchsetzung von Geldforderungen** die Möglichkeit zur Erwirkung des **Arrestes** (§§ 916 ff. ZPO)
> - und zur **Verwirklichung anderer Ansprüche** die **einstweilige Verfügung** (§§ 935 ff. ZPO) geschaffen. Die einstweilige Verfügung spielt im Rechtsleben eine erhebliche Rolle als derjenige Rechtsbehelf, mit dem die Unterlassung einer ehrkränkenden Behauptung erzwungen werden kann, oder mit dem die Bewilligung des Eigentümers zur Eintragung einer zur Sicherung eines obligatorischen Anspruchs auf dingliche Rechtsänderung erforderlichen Vormerkung (§§ 883, 888 BGB) erwirkt werden kann (§ 885 Abs. 1 BGB), auch die Eintragung eines den gutgläubigen Erwerb vom Buchberechtigten verhindernden (§ 892 BGB) Widerspruchs (§§ 894, 899 Abs. 2 BGB) kann mittels einer einstweiligen Verfügung ermöglicht werden.

Das Gericht erlässt die **Entscheidung** i.d.R. als „Beschluss" (also nicht als Urteil) nach einem i.d.R. schriftlichen, schnellen und „summarischen" Verfahren.

> 1. Die **Tatsachenbasis** der gerichtlichen Entscheidung ist der durch alle präsenten Beweismittel und durch eine eidesstattliche Versicherung glaubhaft (§§ 920 Abs. 2, 294 ZPO) gemachte Sachverhalt (das Gericht muss von der „guten Möglichkeit" des Geschehens überzeugt sein, nicht aber – wie sonst im Erkenntnisverfahren – „voll überzeugt" sein).
>
> 2. Daraus muss sich bei der Subsumtion in rechtlicher Hinsicht ein **„Verfügungsanspruch"** (also ein materiellrechtlicher Anspruch) ergeben:
>
> **a)** bei einem beantragten **Arrest** muss dies eine Geldforderung sein (§ 916 ZPO),
>
> **b)** bei einer beantragten **einstweiligen Verfügung** muss dies sein:
>
> - bei der **„Sicherungsverfügung"** ein Anspruch auf eine Individualleistung, wie z.B. Herausgabe einer Sache, Übereignung eines Grundstücks, Grundbuchberichtigung (§ 935 ZPO);
>
> - bei der **„Regelungsverfügung"** ein Anspruch auf Herbeiführung eines Zustandes z.B. durch Regelung der Geschäftsführung bei einer Gesellschaft während eines Prozesses über den Ausschluss eines Geschäftsführers (§ 940 ZPO);
>
> - bei der **„Leistungsverfügung"**: ein Leistungsanspruch (Rechtsfortbildung);
>
> - oder bei der **„Unterlassungsverfügung"** ein Unterlassungsanspruch (Rechtsfortbildung).
>
> 3. Es muss weiterhin ein glaubhaft gemachter (§§ 920 Abs. 2, 294 ZPO) **Arrestgrund/Verfügungsgrund** bestehen, der voraussetzt,
>
> **a)** dass **ohne Verhängung des Arrestes** die Vollstreckung des Urteils vereitelt werden würde
>
> **b)** oder dass **ohne Anordnung der einstweiligen Verfügung**
>
> - bei der **„Sicherungsverfügung"** die Verwirklichung des Anspruchs auf eine Individualleistung vereitelt oder wesentlich erschwert werden würde (§ 935 ZPO); hier gibt es zwei **ganz wichtige Ausnahmen:** Bei §§ 885 Abs. 1, 899 Abs. 2 BGB (= Vormerkung und Widerspruch) muss die Gefährdung nicht glaubhaft gemacht werden; die Gefährdung liegt hier „in der Natur der Sache", außerdem wäre es praktisch überhaupt nicht glaubhaft zu machen, dass der Verkäufer eines Grundstücks noch vor dem Eigentumserwerb des Käufers eine anderweitige Veräußerung oder Belastung in der Schwebezeit plant;
>
> - bei der **„Regelungsverfügung"** ohne die Regelung wesentliche Nachteile entstehen oder Gewaltmaßnahmen drohen würden (§ 940 ZPO);

- bei der **„Leistungsverfügung"** das Überleben gefährdet wäre;
- bei der **„Unterlassungsverfügung"** die Verwirklichung des Anspruchs vereitelt oder wesentlich erschwert werden würde.

<u>Fall 287:</u> Der NE ist zu Unrecht anstelle des E als Eigentümer eines Grundstücks im Grundbuch eingetragen. Er verkauft es formwirksam (§ 311 b Abs. 1 S. 1 BGB) an den K. Der K erwirkt die Eintragung einer Vormerkung durch eine einstweilige Verfügung; den Verfügungsanspruch macht er durch Vorlage des notariell beurkundeten Kaufvertrags glaubhaft (§§ 885 Abs. 1 BGB, 935, 294 ZPO). Noch vor der Eintragung des K als Eigentümer macht der E einen Grundbuchberichtigungsanspruch geltend (§ 894 BGB), den der NE durch Zustimmung zur Grundbuchberichtigung erfüllt. Jetzt verlangt der K von dem NE die Auflassung zur Eintragung im Grundbuch.

Der Anspruch gegen den NE auf Auflassung könnte sich aus einem Kaufvertrag ergeben (§ 433 Abs. 1 BGB). a) Der Anspruch ist entstanden, weil ein formwirksamer Kaufvertrag geschlossen worden ist; der Vertrag ist auch trotz des fehlenden Eigentums des NE wirksam (§ 311 a Abs. 1 BGB). b) Der Anspruch könnte aa) aber deshalb ausgeschlossen sein, weil es dem NE als Nichteigentümer nicht möglich war, das Eigentum zu übertragen (§ 275 Abs. 1 BGB). bb) Dem könnte aber § 883 Abs. 2 BGB entgegenstehen; dann aber müsste dem K eine Vormerkung zustehen, und der NE müsste vormerkungswidrig verfügt haben: aaa) Die Grundbuchberichtigung zugunsten des E ist zwar keine vormerkungswidrige Verfügung; gleichwohl wird § 883 Abs. 2 BGB analog angewendet. Der NE wird also wie der Eigentümer behandelt und könnte daher dem K die Auflassung erteilen. bbb) Voraussetzung ist aber, dass dem K eine Vormerkung zustand. aaaa) Zwar besteht ein obligatorischer Anspruch K – NE; bbbb) auch ist die Vormerkung aufgrund einer einstweiligen Verfügung (§§ 885 Abs. 2 BGB, 935 ZPO) zugunsten des K im Grundbuch eingetragen worden. cccc) Allerdings war der NE nicht der Eigentümer. Insoweit ist jedoch §§ 893, 892 BGB einschlägig. Da aber die Eintragung durch einstweilige Verfügung und nicht durch rechtskräftiges Urteil nach §§ 894, 898 ZPO erwirkt wurde, liegt kein rechtsgeschäftlicher Erwerb i.S.d. der §§ 892, 893 BGB vor. Mangels Vormerkung kann die Vormerkungswirkung des § 883 Abs. 2 BGB nicht eingreifen; der NE wird daher nicht wie ein Eigentümer behandelt. Der Anspruch auf Auflassung ist daher ausgeschlossen (§ 275 Abs. 1 BGB).

Der **Vollzug** des **Arrestes** soll nur zur Sicherung, aber nicht zur Befriedigung des Gläubigers führen; daher wird beim dinglichen Arrest nur gepfändet (§§ 928 ff. ZPO) und nicht verwertet; der persönliche Arrest kann zur Anordnung der Haft führen (§ 933 ZPO). Bei der **einstweiligen Verfügung** kann das Gericht die erforderliche Maßnahme auch selbst gestaltend bestimmen, wobei folgende Grenzen bestimmen: So darf die „Sicherungsverfügung" nur zur Sicherung des Gläubigers führen; und eine Herausgabe von Sachen darf nicht an den Gläubiger, sondern muss an einen „Sequester" erfolgen. Auch bei der „Regelungsverfügung" darf nicht mehr bestimmt werden, als zur Sicherung des Gläubigers nötig ist. Bei der „Leistungs-" und „Unterlassungsverfügung" kommt es allerdings zwangsläufig zur Erfüllung.

Erweist sich die Anordnung eines Arrests oder einer einstweiligen Verfügung als von Anfang an ungerechtfertigt, so ist derjenige, der den Arrest oder die einstweilige Verfügung erwirkt hat, unabhängig von einem Verschulden zum Schadensersatz verpflichtet **(§ 945 ZPO).**

> **Fall 288:** Der unerkennbar geisteskranke V hat an den K 1 für € 1 000 000,- ein Grundstück verkauft. Der K 1 erwirkt die Eintragung einer Vormerkung durch eine einstweilige Verfügung; den Verfügungsanspruch macht er durch Vorlage des notariell beurkundeten Kaufvertrags glaubhaft (§§ 885 Abs. 1, 935, 294 ZPO). Eine von dem V noch vor Eintragung des K 1 als Eigentümer beabsichtigte Veräußerung an den K 2 zum Preis von € 1 500 000,- scheitert, als der K 2 die Vormerkung zugunsten des K 1 im Grundbuch entdeckt. Später stellt sich die Geisteskrankheit des V heraus. Der V macht, vertreten durch seinen Vormund, einen Schadensersatzanspruch in Höhe von € 500 000,- geltend.
>
> Der Anspruch könnte sich aus § 945 ZPO ergeben. a) Die einstweilige Verfügung, aufgrund derer die Vormerkung in das Grundbuch eingetragen war, war von Anfang an ungerechtfertigt, denn nach §§ 104 Nr. 2, 105 Abs. 1 BGB besteht kein Verfügungsanspruch aus § 433 Abs. 1 BGB. b) Dass den K kein Verschulden traf, ist unbeachtlich. c) Der V hat aber keinen Schaden erlitten, weil der gewinnbringende Kaufvertrag mit K 2 ebenfalls nach §§ 104 Nr. 2, 105 Abs. 1 BGB nichtig gewesen wäre.

5. Das Insolvenzverfahren

Unsere bisherigen Vorstellungen von der Durchsetzung von Ansprüchen beruhten auf der idyllischen Vorstellung, dass der Schuldner leistungsfähig, aber aus entweder nachvollziehbaren Gründen (er leistet nicht, weil er von einem anderen Sachverhalt ausgeht als der Gläubiger und /oder er vertritt andere Rechtsansichten als der Gläubiger) oder aus „taktischen Gründen", wenn nicht gar aus „reiner Bosheit" leistungsunwillig ist. Nun wissen wir aber alle, dass viele **Schuldner** ihre Verpflichtungen nur deshalb nicht erfüllen, weil sie **leistungsunfähig** sind. Sollte ein leistungsunfähiger Schuldner, was sehr wahrscheinlich ist, nicht nur einen sondern mehrere Gläubiger haben, für deren Befriedigung das noch vorhandene Vermögen keinesfalls ausreichen würde, würde ein Wettlauf der Gläubiger beginnen, der durch Rücksichtslosigkeiten einzelner Gläubiger oder auch durch Gefälligkeiten des Schuldners einzelnen Gläubigern gegenüber, die er sich für die Zukunft als Geschäftspartner erhalten möchte, oder schließlich durch Zufälle entschieden wird. Wegen des Grundsatzes der „Priorität" (= „wer zuerst kommt, mahlt zuerst") würde dies dazu führen, dass einige Gläubiger zufällig eine volle, manche Gläubiger nur eine teilweise und die meisten Gläubiger aber gar keine Befriedigung erlangen. Es kann auch so sein, dass der Schuldner seine „Lieblingsgläubiger" bevorzugt und nur an sie erfüllt. Das kann die Rechtsordnung nicht hinnehmen. Daher gibt es seit alters her in allen Rechtsordnungen geordnete Verfahren, die die gleichmäßige Befriedigung der Gläubiger zum Ziel haben. In Deutschland handelt es sich dabei um das bis zum 31. Dezember 1998 in der Konkursordnung (KO) geregelte „Konkursverfahren" und seit dem 1. Januar 1999 um das in der Insolvenzordnung (InsO) geregelte „Insolvenzverfahren". **(1)** Wenn der **„insolvenzfähige" Schuldner** (§ 11 InsO) zahlungsunfähig zu werden droht, weil er seine Zahlungspflichten voraussichtlich nicht bei Fälligkeit wird erfüllen können (§ 18 InsO), oder gar zahlungsunfähig ist (§ 17 InsO) oder wenn juristische Personen (GmbH, AG) überschuldet sind (§ 19 InsO), besteht ein **Insolvenzgrund**. In einem solchen Fall kann (gelegentlich: muss) der Schuldner (§ 13 InsO) oder kann ein Gläubiger (§ 14 InsO) bei dem Amtsgericht als Insolvenzgericht (§§ 2 ff. InsO) die **Eröffnung des Insolvenzverfahrens beantragen.** **(2)** Das Insolvenzgericht hat nach § 21 InsO **bis zur Entscheidung über den Antrag Sicherungsmaßnahmen** durch Bestellung eines vorläufigen Insolvenzverwalters, Anordnung eines Verfügungsverbots, Einstellung von Einzelzwangsvollstreckungsmaßnahmen zu ergreifen, um eine nachteilige Veränderung der Lage des Schuldnervermögens zu verhindern („**vorläufiges Insolvenzverfahren**") (3) Das Insolvenzgericht kann nach einer Prüfung der Gründe und gestützt auf eine Beurteilung des vorläufigen Insolvenzverwalters entscheiden, das **Insolvenzverfahren** zu **eröffnen** (§ 27 InsO) oder den **Antrag abzuweisen.** Trotz bestehender Insolvenzgründe kann der Antrag bei einem nicht einmal die Kosten des Verfahrens deckenden Vermögen auch „**mangels Masse**" abgewiesen werden (§ 26 Abs. 1 S. 1 InsO). Sofern dafür aber ein entsprechender Geldbetrag vorgeschossen wird, wird das Verfahren gleichwohl eröffnet (§ 26 Abs. 1 S. 2 InsO), und der Vorschießende kann von denen, die einen Insolvenzantrag pflichtwidrig nicht gestellt hatten (z.b. die Geschäftsführer einer GmbH) Erstattung verlangen (§ 26 Abs. 3 InsO). Der Abweisung des Insolvenzantrages „mangels Masse" will das Gesetz dadurch begegnen, dass der (neue) Insolvenzgrund des § 18 InsO (drohende Zahlungsunfähigkeit) eingeführt wurde, so dass das Insolvenzverfahren eröffnet werden kann, bevor „das Kind in den Brunnen gefallen ist". (4) Im **Eröffnungsbeschluss** wird der Insolvenzverwalter ernannt (§ 27 Abs. 1 InsO). Die Gläubiger werden in dem Beschluss aufgefordert, ihre Forderungen anzumelden (§ 28 Abs. 1 InsO) und ihre Sicherungsrechte zu bezeichnen (§ 28 Abs. 2 InsO). Die Schuldner des Insolvenzschuldners werden aufgefordert, nicht mehr an den Insolvenzschuldner, sondern an den Insolvenzverwalter zu leisten (§§ 28 Abs. 3, 82 InsO). Der Beschluss wird öffentlich bekannt gemacht (§ 30 InsO; dies hat nach § 82 S. 2 InsO Bedeutung für die von einer Gutgläubigkeit der Schuldner des Insolvenzschuldners abhängende Befreiungswirkung einer Zahlung), ggf. dem Handels-, Vereins- und Genossenschaftsregister übermittelt (§ 31 InsO) und im Grundbuch eingetragen (§§ 32, 81 Abs. 1 S. 2 InsO). **(5)** Der **Zweck des Insolvenzverfahrens** ist die gemeinschaftliche Befriedigung der **Insolvenzgläubiger**, also der Gläubiger des Insolvenzschuldners, die einen zur Zeit der Eröffnung des Insolvenzverfahrens begründeten Vermögensanspruch gegen den Schuldner haben (§ 38 InsO), durch Verwertung des Schuldnervermögens und Verteilung des Erlöses oder durch eine insbesondere zum Erhalt des Unternehmens in einem Insolvenzplan getroffene abweichende Regelung (§ 1 InsO). **(6)** Vom Insolvenzverfahren wird die „**Insolvenzmasse**" erfasst; das ist das gesamte pfändbare (§ 36 InsO) Schuldnervermögen zur Zeit der Eröffnung und (das ist neu) das während des Verfahrens erlangte Vermögen (§ 35 InsO). Auch Auslandsvermögen des Insolvenzschuldners wird hiervon erfasst („Universalitätsprinzip"). Die Durchsetzung hängt allerdings davon ab, dass die inländische Insolvenz im Ausland anerkannt wird; daraus folgt, dass immer dann, wenn ein ausländischer Staat dem „Territorialitätsprinzip" folgt und die inländische Insolvenz nicht anerkennt, der Insolvenzverwalter das Auslandsvermögen nicht zur Masse ziehen kann und Einzelzwangsvollstreckungen nicht verhindern kann. Der Insolvenzverwalter nimmt die Insolvenzmasse sofort in Besitz und Verwaltung (§ 148 InsO). Es ist die Aufgabe des Insolvenzverwalters, dafür zu sorgen, dass das Insolvenzverfahren nicht sogleich wieder eingestellt werden muss und dass eine möglichst hohe **Verteilungsmasse** zur Verfügung steht. **(7) Rechtstechnisch** wird dies dadurch ermöglicht, dass der Insolvenzverwalter nunmehr das **Verwaltungs- und Verfügungsrecht** über die Insolvenzmasse hat (§ 80 InsO), dass Verfügungen des Insolvenzschuldners mit einem auf §§ 892, 893 BGB beschränkten Gutglaubensschutz unwirksam sind (§ 81 InsO), dass dem Insolvenzschuldner für an ihn erfolgende Leistungen seiner Schuldner die Empfangszuständigkeit fehlt, es sei denn, dass die Schuldner gutgläubig sind (§ 82 InsO), dass Insolvenzgläubiger ihre Forderungen nicht mehr prozessual, sondern nur noch nach den Vorschriften über das Insolvenzverfahren geltend machen können (§ 87 InsO) und dass sie auch keine Einzelzwangsvollstreckung betreiben können (§ 89 InsO). Aufrechnungsgläubiger können hingegen ihre „Privatvollstreckung" grundsätzlich auch nach der Eröffnung des Insolvenzverfahrens betreiben, indem er die Aufrechnung erklären und so volle Befriedigung erlangen kann (§§ 94 ff. InsO). **(8)** Der Insolvenzverwalter kann zum Zwecke der **Anreicherung der Masse** gegen Schuldner des Insolvenzschuldners ihm erfolgversprechend erscheinende Aktivprozesse führen und die Zwangsvollstreckung betreiben. Auch können Aktiv- und Passivprozesse weitergeführt werden (§§ 85 ff. InsO). **Nicht oder nicht vollständig erfüllte gegenseitige Verträge** können nach (durch den anderen Teil nach §§ 103 Abs. 2 S. 2 , 107 Abs. 2 InsO in unterschiedlicher Weise provozierbarer) Wahl des Insolvenzverwalters erfüllt werden und die Erfüllung dann auch vom anderen Teil verlangt werden (§ 103 InsO). Wenn bei der Insolvenz eines Käufers beim Eigentumsvorbehalt der Vertrag wegen des fehlenden Eigentumsübergangs auf den Käufer noch nicht erfüllt ist und der Insolvenzverwalter nach § 103 Abs. 2 InsO die Erfüllung des Kaufvertrages ablehnt, erlischt das bis dahin zur Masse gehörige Anwartschaftsrecht des Käufers, weil die Bedingung nicht mehr eintreten kann, und der Verkäufer kann dann als Eigentümer aussondern (§ 47 InsO). Bei einer Verkäuferinsolvenz hat der Insolvenzverwalter kein Ablehnungsrecht, wenn unter Eigentumsvorbehalt verkauft und der Besitz auf den Käufer übertragen worden ist (§ 107 Abs. 1 BGB). Die Erfüllung von durch eine Vormerkung gesicherten Ansprüchen kann stets verlangt werden (§§ 883 ff. BGB, 106 InsO). **(9)** Durch die **Insolvenzanfechtung** können vor der Eröffnung des Insolvenzverfahrens vorgenommene, die Insolvenzgläubiger benachteiligende Rechtshandlungen angefochten werden (§§ 129 ff. InsO), so dass durch anfechtbare Handlungen veräußerte, weggegebene oder aufgegebene Vermögensgegenstände zur Insolvenzmasse nach §§ 819, 818 Abs. 4 BGB „zurückzugewähren" sind. Durch Zwangsvollstreckung von Gläubigern des Insolvenzschuldners in dessen „Krise" erlangte Pfändungspfandrechte werden sogar ohne Anfechtung unwirksam (§ 88 InsO). **(10)** Umgekehrt muss der Insolvenzverwalter aber auch **nicht zur Insolvenzmasse gehörende Gegenstände herausgeben** (§ 47 InsO: „Aussonderung"). Das gilt z.B. für die Kaufsache, die bis zur vollständigen Kaufpreiszahlung nach §§ 449 Abs. 1, 929, 158 Abs. 1 BGB im Eigentum des **Vorbehaltsverkäufer** verbleibt, wenn bei der Käuferinsolvenz der Vertrag wegen des fehlenden Eigentumsübergangs auf den Käufer noch nicht erfüllt ist und der Insolvenzverwalter nach §§ 103 Abs. 2, 107 Abs. 2 InsO die Erfüllung des Kaufvertrages abgelehnt hat; denn dann erlischt das bis dahin zur Masse gehörige Anwartschaftsrecht des Käufers, weil die Bedingung nicht mehr eintreten kann, und der Verkäufer kann dann als Eigentümer aussondern (§ 47 InsO). Wegen des neuerdings bestehenden Verbots des „Konzernvorbehalts" in § 449 Abs. 3 BGB fällt ein erheblicher Teil der früher zur Aussonderung berechtigten Eigentümer aus dem Kreis der Lieferanten des Insolvenzschuldners weg. Bei der fremdnützigen **Verwaltungstreuhand**, z.B. einer Inkassozession, ist es gewohnheitsrechtlich anerkannt, dass in der Insolvenz des Treunehmers der Treugeber aussondern kann. In der Insolvenz des Treugebers kann der Insolvenzverwalter das Treugut nach § 812 Abs. 1 S. 2 1. Fall BGB herausverlangen, weil der Verwaltungstreuhandvertrag nach §§ 115, 116 InsO erloschen ist. Bei der eigennützigen **Sicherungstreuhand**, wie z.B. der Sicherungsübereignung oder der Sicherungszession hat der Sicherungsnehmer in der Sicherungsgeberinsolvenz trotz seines Eigentums kein Aussonderungsrecht, sondern nur ein Recht auf abgesonderte Befriedigung (§§ 51 Nr. 1, 50 InsO). In der **Sicherungsnehmerinsolvenz** hat der Sicherungsgeber im Fall der Erfüllung der gesicherten Forderung ein Aussonderungsrecht: Das ist bei einer auflösend bedingten Übertragung des Sicherungsgutes (Übereignung bzw. Zession) oder im Fall der erfolgten Erfüllung des Rückübertragungsanspruchs auf den Sicherungsgeber durch bloße Einigung (§ 929 S. 2 BGB bzw. Abtretung nach § 398 BGB) selbstverständlich. Aber auch dann, wenn dem Sicherungsgeber nach dem Sicherungsvertrag nur ein Rückübertragungsanspruch zusteht, steht dem Sicherungsgeber ein Aussonderungsrecht zu, denn nach der Forderungstilgung ist die Sicherungstreuhand wie eine Verwaltungstreuhand zu behandeln. Daher stellt sich die Frage, ob vor Erfüllung des gesicherten Anspruchs der Sicherungsgeber die gesicherte Forderung vorzeitig tilgen kann, um auf diese Weise aussondern zu können. **(11)** Der Insolvenzverwalter hat die **Insolvenzmasse** nach Maßgabe der §§ 156 ff. InsO zu **verwerten**, sofern dem nicht Beschlüsse der Gläubigerversammlung entgegenstehen (§ 159 InsO). Sicherungsgut von zur Absonderung berechtigten Gläubigern wird in die Verwertung einbezogen (§§ 165 ff. InsO): Wenn der Insolvenzverwalter das Sicherungsgut, das aufgrund dinglicher Verwertungsrechte zur abgesonderten Befriedigung berechtigt (§§ 49 ff. InsO), in Besitz hat (z.B. bei der Sicherungsübereignung, aber nicht bei der Verpfändung), erfolgt eine freihändige Verwertung seitens des Insolvenzverwalters (§ 166 Abs. 1 InsO). Auch eine an den Schuldner zur Sicherheit abgetretene Forderung kann von dem Insolvenzverwalter durch Inanspruchnahme des Drittschuldners eingezogen oder in anderer Weise verwertet werden (§ 166 Abs. 2 InsO). Der Ausgleich zugunsten der Absonderungsberechtigten erfolgt durch eine Entschädigung (§ 169 InsO) und im Falle der Verwertung von beweglichen Sachen und Forderungen durch eine Vorwegentnahme aus der Insolvenzmasse (§ 170 InsO). An Grundstücken bestehende, zur abgesonderten Befriedigung berechtigende Rechte hindern die Zwangsversteigerung oder Zwangsverwaltung durch den Insolvenzverwalter nicht (§ 165 InsO). Die vorgehenden zur Absonderung berechtigenden Rechte fallen in das geringste Gebot (§§ 44, 52 ZVG) und bleiben ggf. bestehen, so dass die Verwertung durch den Insolvenzverwalter keinen Rechtsverlust zur Folge hat. **(12)** Die **Massegläubiger** müssen aus der Insolvenzmasse **vorweg befriedigt** werden (§ 53 InsO); Masseverbindlichkeiten sind die Kostenschuld (§ 54 InsO), Verbindlichkeiten aus den Handlungen des Insolvenzverwalters sowie des vorläufigen Insolvenzverwalters, die Verpflichtungen aus gegenseitigen Verträgen, deren Erfüllung zur Insolvenzmasse verlangt wird oder deren Erfüllung für die Zeit nach der Eröffnung des Verfahrens erfolgen muss, und die Ansprüche aus ungerechtfertigter Bereicherung der Masse (§ 55 Abs. 1 InsO) sowie nach § 126 Abs. 3 InsO die Sozialplanansprüche. Bei der (nach § 207 InsO) zur Einstellung des Verfahrens führenden Unzulänglichkeit der Masse werden die Massegläubiger in der Rangfolge des § 209 InsO (Faustformel: „nach den Kosten Neu vor Alt") befriedigt. **(13)** Die **Befriedigung der Insolvenzgläubiger** setzt eine schriftliche Anmeldung der Forderung zur „Tabelle" voraus (§§ 174 ff. InsO). Sie wird im Prüfungstermin geprüft (§ 176 InsO). Bleibt sie durch den Insolvenzverwalter oder den Gläubiger unwidersprochen, gilt sie als festgestellt (§ 177 InsO). Wird die Forderung bestritten, muss der Gläubiger die Feststellung durch Klage betreiben (§§ 179 f. InsO), wobei sich der Streitwert nach dem bei der Verteilung zu erwartenden Betrag richtet (§ 182

InsO). Über die zu verteilenden Forderungen erstellt der Insolvenzverwalter ein Verteilungsverzeichnis (§ 188 InsO). **(14)** Subsidiär gegenüber einer anderweitigen Schuldenbereinigung ist das „**Verbraucherinsolvenzverfahren**": Bevor nämlich auf Antrag einer natürlichen Person, die keine oder nur eine geringfügige selbstständige Tätigkeit ausübt, über deren Vermögen das sog. Verbraucherinsolvenzverfahren (§ 304 InsO) eröffnet werden kann, muss der einen solchen Antrag stellende Schuldner mit dem Eröffnungsantrag eine Bescheinigung einer geeigneten Person oder Stelle vorlegen, aus der sich ergibt, dass innerhalb der letzten sechs Monate vor dem Eröffnungsantrag eine außergerichtliche Einigung mit den Gläubigern über die Schuldenbereinigung erfolglos versucht worden ist (§ 305 Abs. 1 Nr. 1 InsO). Der Schuldner muss weiterhin ein Vermögensverzeichnis und einen Schuldenbereinigungsplan vorlegen, der alle Regelungen enthalten kann, die unter Berücksichtigung der Interessen der Gläubiger und der Verhältnisse des Schuldners geeignet sind, zu einer angemessenen Schuldenbereinigung zu führen (§ 305 Abs. 1 Nr. 3,4 InsO). Hierüber muss das Insolvenzgericht noch einmal eine Entscheidung herbeiführen (§§ 306 ff. InsO). Wenn die Gläubiger diesen Plan annehmen, hat er die Wirkung eines Prozessvergleichs, ist also ein Vollstreckungstitel. Dadurch ist das Verfahren beendet (§ 308 InsO). Bei Ablehnung wird das Insolvenzverfahren eröffnet und vereinfacht durchgeführt (§§ 311 ff. InsO). **(15)** Wenn durch das Insolvenzverfahren über das Vermögen einer natürlichen Person Verbindlichkeiten des Insolvenzschuldners ungedeckt geblieben sind, kann der Insolvenzschuldner eine **Restschuldbefreiung** erlangen (§§ 286 ff. InsO). Für Verbraucher, an die der Gesetzgeber bei der Schaffung dieses Instituts ursprünglich gedacht hatte, ist die Restschuldbefreiung von geringerer Bedeutung, weil zu erwarten ist, dass insoweit eine andere Form der Schuldenbereinigung vereinbart wird (vergl. § 305 InsO). Wenn das Institut überhaupt Bedeutung gewinnen sollte, dann für persönlich haftende Unternehmer als Insolvenzschuldner. Der Schuldner muss die Restschuldbefreiung beantragen (§ 287 InsO); versagt werden kann sie auf Antrag eines Gläubigers bei früherer Illoyalität des Schuldners (§ 290 InsO). Der Insolvenzschuldner muss sich die Restschuldbefreiung „verdienen": Nach § 287 Abs. 2 S. 1 InsO muss er für sechs Jahre den pfändbaren Teil seiner Forderungen aus Dienstverhältnissen an einen Treuhänder abtreten (§ 287 Abs. 2 InsO) und für diese Zeit eine angemessene Erwerbstätigkeit ausüben (§ 295 Abs. 1 Nr. 1 InsO). Ererbtes Vermögen ist zur Hälfte abzuliefern, während sonstiges erworbenes Vermögen nicht unter die Restschuldbefreiung fällt (§ 295 Abs. 1 Nr. 2 InsO). Der Insolvenzschuldner muss über seinen Wohnsitz, seine Beschäftigungsstelle und über seine Vermögensverhältnisse Auskunft geben (§ 295 Abs. 1 Nr. 3 InsO). Zahlungen zur Befriedigung der Insolvenzgläubiger sind an den Treuhänder zu leisten (§ 295 Abs. 1 Nr. 4 InsO). Der Treuhänder kehrt die Eingänge an die Gläubiger und später auch an den Schuldner aus (§ 292 InsO). Die Restschuldbefreiung wird dem Schuldner versagt, wenn er seine Obliegenheiten verletzt (§§ 295, 296 InsO). Wird die Restschuldbefreiung erteilt, wirkt sie gegen alle Insolvenzgläubiger (§ 301 InsO). Widerrufen wird sie, wenn nachträglich bekannt wird, dass der Schuldner seine Obliegenheiten verletzt hat (§ 303 InsO). **(16)** Abweichend von der gesetzlichen Regelung zur Befriedigung der Absonderungsberechtigten und der Insolvenzgläubiger, zur Verwertung der Insolvenzmasse und deren Verteilung an die Beteiligten sowie zur Haftung des Schuldners nach Beendigung des Insolvenzverfahrens können Regelungen in einem **Insolvenzplan** getroffen werden (§§ 1, 217 ff. InsO), der nach einem besonderen Abstimmungsverfahren und nach Bestätigung durch das Insolvenzgericht (§§ 235 ff. InsO) wirksam wird und dann zur Aufhebung des Insolvenzverfahrens führt (§ 258 InsO). Seine Wirkungen bestehen in bestimmten im Plan vorgesehenen Gestaltungen (§§ 254 ff. InsO); der Plan ist auch Vollstreckungstitel (§ 257 InsO). Die Planerfüllung kann durch den Insolvenzverwalter überwacht werden (§ 260 InsO). **(17)** Wegen des „Universalitätsprinzips" erfassen **ausländische Insolvenzverfahren** grundsätzlich das in Deutschland befindliche Vermögen des Schuldners.

II. Die „private" Durchsetzung von Rechten

Die private Durchsetzung von Rechten ist die Ausnahme: Immerhin hat der Gesetzgeber es in einigen wenigen Konstellationen ermöglicht, dass der Gläubiger ein ihm zustehendes Recht selbst, also ohne die Einschaltung des Staates, durchsetzen kann.

1. Selbsthilferechte

Diese Regelungen haben außer ihrer **primären Funktion**, die Durchsetzung von Rechten zu ermöglichen, die weitere (im Gesetz, z.B. in § 229 BGB, z.Tl. sogar nur als einzige Konsequenz genannt) **sekundäre Bedeutung**, dass der Gläubiger sich in einem solchen Fall „rechtmäßig" verhält (also die eines **Rechtfertigungsgrundes**), so dass der Gläubiger für die Ausübung des Selbsthilferechts weder zivilrechtlich aus §§ 823 ff. BGB in Anspruch genommen noch bestraft werden kann.

Nur zur Herbeiführung einer vorläufigen Sicherung dient das **allgemeine Selbsthilferecht der §§ 229 f. BGB**; es hat sehr strenge Voraussetzungen.

> **1. Gerechtfertigt ist** (§ 229 BGB): Die **Wegnahme, Zerstörung** oder **Beschädigung einer Sache**; die **Festnahme** des Schuldners; die **Brechung des Widerstandes** des Schuldners durch Gewalt gegen Sachen oder Personen (arge. § 892 ZPO).
>
> **2.** Dem Handelnden, dem von ihm Vertretenen oder einem den Handelnden beauftragenden Auftraggeber muss ein **eigener Anspruch gegen den Schuldner zustehen** (§ 229 BGB). Ist der Anspruch bedingt, darf die Möglichkeit des Eintritts der Bedingung nicht so „entfernt" sein, dass der Anspruch „keinen gegenwärtigen Vermögenswert" hat (arge §§ 230 Abs. 2 BGB, 916 Abs. 2 ZPO).
>
> **3.** „**Obrigkeitliche Hilfe**" (damit ist in erster Linie gerichtliche Hilfe, aber auch die der Polizei gemeint, wenn es so liegt, dass die Verletzung privater Rechte die öffentliche Sicherheit und Ordnung verletzt, also die Polizei für ihren Schutz zuständig ist) darf **nicht rechtzeitig** zu erlangen sein oder muss **zu Unrecht verweigert** werden (§ 229 BGB).
>
> **4.** Ohne sofortiges Eingreifen des Gläubigers muss die **Gefahr einer Vereitelung der Anspruchsverwirklichung** oder die **Gefahr einer wesentlichen Erschwerung der Durchsetzung des Rechtes** (Beiseiteschaffen des Vermögens, Flucht ins Ausland) bestehen (§ 229 BGB).

> 5. Die Handlung muss zur Abwendung der Gefahr **erforderlich** sein (§ 230 Abs. 1 BGB).
>
> 6. Bei einer **Selbsthilfe durch Wegnahme** muss der Gläubiger, der keinen Titel hat, anschließend einen **dinglichen Arrest** beantragen (§§ 230 Abs. 2 BGB, 916 ZPO).
>
> 7. Bei einer **Selbsthilfe durch eine nicht alsbald beendete Festnahme** muss der Gläubiger anschließend einen **persönlichen Arrest** beantragen (§§ 230 Abs. 3 BGB, 918, 920 ZPO).
>
> 8. Der Gläubiger muss mit „**Selbsthilfewillen**" gehandelt haben (subjektives Rechtfertigungselement).
>
> **Merke:** Bei einem Irrtum über die tatsächlichen Voraussetzungen des § 229 BGB besteht ein Schadensersatzanspruch aus **§ 231 BGB** (vgl. § 945 ZPO).

Ein Sonderfall des § 229 BGB ist das **weit weniger strenge Selbsthilferecht des Vermieters** nach § 562 b Abs. 1 S. 2 BGB gegen den „rückenden Mieter":

> 1. **Gerechtfertigt ist**: Die Verhinderung des Entfernens oder bei Auszug die Inbesitznahme von Sachen,
>
> 2. an denen ein nicht bereits nach § 562 a BGB erloschenes **Vermieterpfandrecht** (§ 562 BGB) besteht,
>
> 3. im Fall einer aktuellen Entfernung der Sachen. Gerechtfertigt ist also kein präventives oder korrigierendes Verhalten. Sind die Sachen bereits entfernt worden, besteht ein Herausgabeanspruch aus § 562 b Abs. 2 BGB.

Das **Recht zur „Besitzwehr"** oder zur **„Besitzkehr" des Besitzers** bzw. des **Besitzdieners** aus § 859 Abs. 1, 2 BGB ist ebenfalls ein Selbsthilferecht.

> 1. Gerechtfertigt ist: Nach § 859 Abs. 1 BGB die „Besitzwehr" (Verteidigung); bei Entzug nach § 859 Abs. 2 BGB auch die „Besitzkehr" (Wiederabnahme und bei „frischer Tat" Wiederabnahme nach Verfolgung) und bei Grundstücken nach § 859 Abs. 3 BGB die sofortige „Wiederbemächtigung".
>
> 2. Das Selbsthilferecht steht dem **unmittelbaren oder mittelbaren Besitzer** (§§ 859 Abs. 1, 869 BGB) und dem **Besitzdiener** (§§ 860, 855 BGB) oder ihren Helfern zu
>
> 3. gegen denjenigen, der **verbotene Eigenmacht** (Besitzentzug oder Besitzstörung ohne Willen des Besitzers) begeht (§ 858 Abs. 1 BGB) oder bei Entziehung gegen den fehlerhaften Besitzer oder denjenigen, der dessen Besitznachfolger ist (§ 858 Abs. 2 S. 2 BGB).

Wer sich für **weitere Selbsthilferechte** interessiert, mag den **§ 910 BGB** und vor allem den **§ 962 BGB** lesen.

2. Die Aufrechnung

Bereits geläufig ist Ihnen, dass man auch die Aufrechnung als einen Fall der privaten Durchsetzung von Rechten begreifen kann, weil der Aufrechnende die gegen ihn gerichtete Forderung, soweit beide Forderungen sich decken, zum Erlöschen bringt und er insoweit seine Gegenforderung durchsetzt, ohne einen Titel erlangen zu müssen und ohne die Zwangsvollstreckung betreiben zu müssen („**Privatvollstreckung**"). Aber es ist „nicht alles Gold, was glänzt": Denn eine prozessuale Inanspruchnahme des Aufrechnenden durch den die Gegenforderung bestreitenden oder die Wirksamkeit der Aufrechnung bezweifelnden Gläubiger der Hauptforderung ist natürlich weiterhin möglich. Aber der verbleibende Vorteil des Aufrechnenden liegt in der Umkehrung der Parteirollen: Der Aufrechnende ist nunmehr in der vergleichsweise bequemen Rolle des Beklagten. Sie entsinnen sich: Der Rollenwechsel im Prozess war auch der Vorteil bei der „Bürgschaft auf erstes Anfordern". Der weitere Vorteil der Aufrechnungsbefugnis liegt darin, dass sich eine Aufrechnung auch in der **Insolvenz** der Aufrechungsgläubiger i.d.R. durchsetzt (§§ 94 ff. InsO).

Wenn Sie jetzt bis zu diesem Punkt durchgehalten haben, können Sie **tief durchatmen**: Sie haben weit über 500 Seiten gelesen, unglaublich viel gelernt bzw. wiederholt: Sie wissen jetzt, wie man Fälle bearbeitet. Sie beherrschen einige unerlässliche hochkomplizierte Grundbegriffe (Personen, Sachen, Rechtsgeschäfte, Trennungs- und Abstraktionsprinzip). Sie wissen, wie man Verträge schließt. Sie kennen die Inhalte von verpflichtenden Verträgen. Sie wissen, warum Rechtsgeschäfte, speziell Verträge und insbesondere verpflichtende Verträge, unwirksam sein können oder wie sie ihr Ende finden können. Sie wissen dass es Fälle gibt, in denen eine entstandene Leistungspflicht, speziell eine solche aus verpflichtenden Verträgen, trotz einer Verpflichtung dazu nicht bzw. nicht mehr besteht und dass dann (bei gegenseitigen Verträgen) bei bestimmten leistungsbefreienden Umständen auch die Gegenleistungspflicht entfallen oder als Ausnahme dazu unter besonderen Umständen fortbestehen kann. Sie wissen auch, dass Ansprüchen hemmende Einreden entgegenstehen können. Dann sind Sie auch noch in die Geheimnisse des Vertrages zugunsten Dritter eingeweiht worden. „Angereichert" worden ist all dies mit einer Fülle von (themenbezogenen) Exkursen, durch die Sie z.Tl. auch schon vorbereitet wurden auf all die schwierigen Fragen, die noch auf Sie warten. Und „zu guter Letzt" folgte auch noch eine ausgiebige Darstellung dazu, wie (die bisher ja „nur auf dem Papier bestehenden") Ansprüche in der Rechtswirklichkeit durchgesetzt werden.

Man muss es zugeben: Das Jurastudium ist außerordentlich anspruchsvoll. Aber: Wer von Anfang des Studiums an zügig, stetig und konzentriert arbeitet, hat es mit absoluter Sicherheit leichter, als alle diejenigen, die die Dinge vor sich her schieben, sich „treiben lassen" und die zusammen mit vielen anderen, denen es gleichermaßen schlecht geht, nach und nach den Anschluss verlieren und schließlich „auf ein Wunder hoffen", ein teures Wunder übrigens, das dann „Repetitor" genannt wird. Weil aber selbst dieses „Wunder", das bei manchen in nichts anderem besteht, als dass man sich allein deshalb, weil es nämlich nun etwas kostet (!), zum systematischen und stetigen sowie fleißigen

Lernen (jetzt aber eher „Pauken") angehalten fühlt, bei vielen kaum noch etwas bewirkt, sind diese armen Menschen bis kurz vor Toresschluss ständig in einer unerfreulichen Stimmungslage zwischen schlechtem Gewissen und immer wieder aufkeimender Panik. Oder sie stumpfen ab und werden alt und älter, bis sie schließlich aufgegeben und Jahre ihres Lebens vertan haben, und zwar nicht, weil sie zu dumm waren, sondern allein deshalb, weil sie nicht wussten, dass man für den Studienerfolg überhaupt arbeiten muss, und wenn man sich dazu „aufgerafft" hat, wie man dafür arbeiten muss. Bleiben Sie also auf dem „Pfad der Tugend"! Sie haben beinahe die Hälfte des Buches gelesen. Geben Sie jetzt nicht auf, sondern arbeiten Sie zügig weiter. Folgen Sie dem hier ausgelegten „roten Faden", der Sie (aus dem das Labyrinth des Zivilrechts in die Freiheit) geleitet und wenden Sie sich nunmehr in Teil 4 den „Leistungsstörungen" zu. Das ist zwar eine schwierige Aufgabe; Sie sind aber schon ein wenig darauf vorbereitet, und Sie werden langsam merken, dass nach und nach „ein Rädchen in das andere greift" und Sie einen Überblick gewinnen.

Teil 4. Sekundäransprüche bei Leistungsstörungen

A. Überblick

I. Leistungsstörungen von Schuldverhältnissen aus Rechtsgeschäften

Stellen wir zunächst einen **Rückblick auf Teil 3** an: Sie sind jetzt damit vertraut, dass sich aus einem Rechtsgeschäft, speziell aus einem verpflichtenden Vertrag, für den Schuldner eine „**Leistungspflicht**" ergeben kann, die nach dem Inhalt des Rechtsgeschäftes, speziell dem Inhalt des verpflichtenden Vertrages, geschuldete Leistungen i.S.d. § 241 Abs. 1 BGB (das sind: die „Hauptleistungen" und die „leistungsbezogenen Nebenleistungen") zu erbringen. Wir nennen einen darauf gerichteten Anspruch bekanntlich „**Primäranspruch**". Viele von Ihnen zu bearbeitende Fälle beschränken sich in der Tat auf die Prüfung eines solchen Primäranspruchs.

Leider ist es aber weder im Leben noch in der Ausbildung immer so einfach: Aus Teil 3 ist Ihnen ja bereits bekannt, dass es bei sich aus Rechtsgeschäften, speziell bei aus verpflichtenden Verträgen ergebenden „Leistungspflichten" zu sog. „**Leistungsstörungen**" kommen kann. Sie haben dazu gelernt, dass es Leistungsstörungen gibt, die den **Primäranspruch entfallen lassen**. Erinnern Sie sich also:

- Ein verpflichtender Vertrag kann beim Bestehen eines vereinbarten oder eines gesetzlichen Rücktrittsgrundes **durch einen Rücktritt „beendet"** werden, so dass deshalb keine Primäransprüche aus dem Vertrag mehr gegeben sind.

- Sie haben weiter erfahren, dass ein sich aus einem Schuldverhältnis (zum wiederholten Mal: bisher hatten Sie nur mit Schuldverhältnissen aus verpflichtenden Verträgen zu tun) ergebender Primäranspruch **durch Leistungshindernisse „ausgeschlossen"** sein kann oder dass seine Erfüllung infolge von Leistungshindernissen verweigert werden kann (§§ 275 Abs. 1 – 3 BGB) und dass gleichzeitig bei Schuldverhältnissen aus gegenseitigen Verträgen im Regelfall auch der Anspruch auf die Gegenleistung erlischt (§ 326 Abs. 1 S. 1 BGB).

> Das gehört jetzt alles zu Ihrem Fundus an Wissen; Sie müssen das dazu in Teil 3 Erlernte absolut sicher beherrschen. Aber bitte „lügen Sie sich nichts in die Tasche", sondern lesen Sie bei „inneren Zweifeln" alles lieber vorher noch einmal nach, bevor Sie jetzt weiter lesen.

Denn **jetzt** gehen wir einen großen **Schritt weiter**: In Teil 3 ist Ihnen ja bereits angekündigt worden, dass im Falle von „Störungen" bei der Erbringung von „Leistungspflichten" aus Rechtsgeschäften, speziell aus verpflichtenden Verträgen (also: **„Leistungsstörungen"**), dem Gläubiger gegen den Schuldner der gestörten Leistungsverpflichtung durch das Gesetz **„Sekundäransprüche"** zuerkannt werden.

So sind Sie in Teil 3 bereits darauf hingewiesen worden, dass es in **§ 275 Abs. 4 BGB** einen klarstellenden Hinweis des Inhalts gibt, dass es in den Fällen, in denen der **Schuldner** aufgrund der in § 275 Abs. 1 – 3 BGB genannten „Leistungsstörungen" von der Verpflichtung zur Erfüllung der Leistungspflicht **frei wird**, quasi zum „Ausgleich" für den Gläubiger, der seinen Anspruch auf die primäre Leistung verloren hat, **„Sekundäransprüche" aus §§ 280 – 285, 311 a, 326 BGB** gibt.

Damit knüpfen wir an bereits Erörtertes an. Dabei bleibt es aber nicht, denn wir müssen **jetzt** noch **„einen Schritt weiter"** gehen. Dem einen oder anderen unter Ihnen mag es vielleicht neu sein, aber es ist so: Außer den Ihnen bereits bekannten zur Leistungsfreiheit des Schuldners aus § 275 Abs. 1 – 3 BGB führenden „Leistungsstörungen" (wie z.B. die Nichtleistung aufgrund einer „Unmöglichkeit" in § 275 Abs. 1 BGB) gibt es auch noch andere „Leistungsstörungen", die zu ganz anderen „Sekundäransprüchen" als die Ihnen aus in § 275 Abs. 4 BGB benannten Anspruchsgrundlagen führen:

- So kann der Gläubiger als „Sekundäranspruch" nach **§§ 280 Abs. 1, 2, 286 BGB** den Ersatz eines ihm entstandenen „Verzögerungsschadens" verlangen, wenn der sich im Verzug befindliche Schuldner **verspätet leistet**.

- Weiterhin hat der Gläubiger „Sekundäransprüche", wenn der Schuldner **gar nicht leistet, obwohl** ihm die Erbringung der **Leistung möglich** ist: Er kann Schadensersatz „statt der Leistung" verlangen **(§§ 280 Abs. 1, 3, 281 BGB) oder zurücktreten (§ 323 BGB).**

- Auch kann ein Gläubiger „Sekundäransprüche" haben, weil der Schuldner die Leistung deshalb „nicht wie geschuldet" erbringt, weil die Leistung qualitativ mangelhaft ist (**„Schlechtleistung"**).

> Was die zuletzt genannten „Sekundäransprüche" im Falle einer „Schlechtleistung" angeht, sollen Sie schon jetzt einmal darauf hingewiesen werden, dass wir hier fortan eine wichtige Differenzierung vornehmen müssen, weil es für die Rechtsfolgen einer „Schlechtleistung" von Bedeutung ist, ob das Gesetz für den Fall einer „Schlechtleistung" ein spezielles Gewährleistungsrecht enthält oder nicht.

> Überraschenderweise gibt es bei den meisten typisierten Verträgen, so z.b. bei den besonders bedeutsamen Dienstverträgen (Arztvertrag, Anwaltsvertrag, Steuerberatervertrag, Wirtschaftsprüfervertrag, Maklervertrag), beim Auftrag, beim Geschäftsbesorgungsvertrag, beim Gesellschaftsvertrag, bei der Bürgschaft etc. **kein** derartiges **spezielles Gewährleistungsrecht**. Wenn es kein spezielles Gewährleistungsrecht gibt, gilt bei „Schlechtleistungen" das allgemeine Leistungsstörungsrecht der §§ 280 ff. BGB.
>
> Dagegen besteht ein **spezielles Gewährleistungsrecht** beim Kauf-, Werk-, Miet- und beim Reisevertrag. Die dazu im Gesetz enthaltenen Sonderregeln gehen im Grundsatz dem allgemeinen Leistungsstörungsrecht vor. Aber auch wenn es beim Kauf-, Werk-, Miet- und beim Reisevertrag ein solches spezielles Gewährleistungsrecht gibt, so kann gleichwohl bei einer „Schlechtleistung" partiell auch das allgemeine Leistungsstörungsrecht gelten: So ist z.b. beim Kauf- oder Werkvertrag auch bei „Schlechtleistungen" bis zum Gefahrübergang (z.b. beim Kaufvertrag vor der Übergabe und beim Werkvertrag vor der Abnahme bzw. vor der fingierten Abnahme) das allgemeine Leistungsstörungsrecht der §§ 280 ff. BGB anzuwenden und erst nach Gefahrübergang das spezielle Gewährleistungsrecht.
>
> Wir kommen auf dieses Thema noch oft genug zurück, und Sie müssen sich das alles hier noch nicht „merken", aber doch schon ein erstes Mal bewusst zur Kenntnis nehmen. Denn bald kommt es auf diese Differenzierungen entscheidend an.

Jetzt aber wieder zurück zu unserem ersten Überblick über die „Leistungsstörungen". Es gibt noch weitere Neuerungen für Sie:

- Machen Sie sich bitte noch einmal klar, dass die bisherige Übersicht ausschließlich solche „Leistungsstörungen" betraf, die sich daraus ergeben, dass vom Schuldner **„Leistungspflichten"** aus **§ 241 Abs. 1 BGB** (also „Hauptleistungspflichten" oder „leistungsbezogene Nebenpflichten" bzw. „Nebenleistungspflichten") durch Nichtleistung wegen Unmöglichkeit, durch Nichtleistung trotz Möglichkeit, durch verspätete Leistung oder durch Schlechtleistung verletzt werden.

- Einen Schuldner treffen aber nicht nur solche „Leistungspflichten". Vielmehr kann nach **§ 241 Abs. 2 BGB** „das Schuldverhältnis ... nach seinem Inhalt jeden Teil zur Rücksicht auf die Rechte, Rechtsgüter und Interessen des anderen Teils" verpflichten; wir bezeichnen diese Pflichten fortan im Gegensatz zu den „Leistungspflichten" als **„Verhaltenspflichten"** (Palandt) bzw. als **„nicht leistungsbezogene Nebenpflichten"**. Bei diesen Pflichten geht es also nicht um die Pflicht zur Erbringung einer Leistung (das wären die „Leistungspflichten"), sondern um Pflichten im Hinblick auf die Art und Weise der Erbringung der Leistung. Die Verletzungen von „Verhaltenspflichten" bzw. „nicht leistungsbezogene Nebenpflichten" werden herkömmlicherweise zu den „Leistungsstörungen" gerechnet. Die zivilrechtliche „Sanktion" der Verletzung einer solchen „Verhaltenspflicht" bzw. einer „nicht leistungsbezogenen Nebenpflicht" ist zum einen ein **Schadensersatzanspruch** des Gläubigers gegen den Schuldner aus § 280 Abs. 1 i.V.m. § 241 Abs. 2 BGB auf Ersatz des „negativen Interesses": Der Gläubiger kann verlangen, so gestellt zu werden, wie wenn die Verhaltenspflichtverletzung nicht stattgefunden hätte.

> Man kann sich fragen, welches **rechtspolitische Bedürfnis** eigentlich für die gesetzliche Schaffung eines solchen Anspruchs aus §§ 280 Abs. 1 241 Abs. 2 BGB besteht, weil doch bei einer Verletzung von Rechten, Rechtsgütern und Interessen des anderen Teils ohnehin eine **deliktische Haftung aus § 823 Abs. 1 BGB** eingreift. Dieser Einwand trifft jedoch nicht; denn der Gläubiger wird durch einen Anspruch aus §§ 280 Abs. 1, 241 Abs. 2 BGB deutlich besser gestellt als durch einen Anspruch aus § 823 BGB: Zum einen kommt ihm die bei § 823 BGB nicht gegebene Verschuldensvermutung in § 280 Abs. 1 S. 2 BGB zugute. Außerdem eröffnet der Anspruch aus § 280 Abs. 1 S. 1 BGB die Möglichkeit einer Verschuldenszurechnung nach § 278 BGB, während bei einem deliktischen Anspruch lediglich § 831 BGB mit dem für den Schadensersatzgläubiger bestehenden Exkulpierungsrisiko anwendbar wäre. Außerdem verpflichtet das Gesetz in § 241 Abs. 2 BGB den Schuldner nicht nur zur Rücksicht auf die „Rechte und Rechtsgüter", sondern darüber hinaus auch zum Schutz der „Interessen des anderen Teils". Dadurch wird deutlich, dass § 280 Abs. 1 S. 1 BGB über den begrenzten Schutzbereich des § 823 Abs. 1 BGB hinausgehend (Sie wissen vielleicht schon: Deliktsschutz gibt es nur bei einer Verletzung von Leben, Körper, Gesundheit, Eigentum und „sonstigen Rechten", aber nicht bei einer Primärverletzung des „Vermögens") sogar das bloße Vermögen des anderen Teils schützt, so z.B. bei schädlichen Vermögensdispositionen des Gläubigers aufgrund falscher Beratung des Schuldners aus einem Anlageberatungsvertrag (Geschäftsbesorgungsvertrag nach § 675 BGB). Fragen kann man sich natürlich auch, warum der Gläubiger diese Privilegierung verdient. Die Bevorzugung vor einem Gläubiger aus § 823 BGB beruht darauf, dass bei § 241 Abs. 2 BGB bereits ein Schuldverhältnis besteht, während es bei § 823 BGB erst durch das Delikt entsteht. Dass den Anfänger alle diese Überlegungen im Augenblick überfordern, ist selbstverständlich – aber Anlass zur Resignation ist das nicht; denn binnen Kurzem wird auch diesen Lesern dies alles wie selbstverständlich klingen.

- Auf den ersten Blick außerordentlich überraschend ist vielleicht der Umstand, dass die Verletzung einer „Verhaltenspflicht" aus § 241 Abs. 2 BGB nicht nur den soeben angesprochenen Anspruch auf Ersatz des „negativen Interesses" aus §§ 280 Abs. 1, 241 Abs. 2 BGB, sondern unter bestimmten Voraussetzungen auch einen Anspruch auf Schadensersatz „statt der Leistung" (**§§ 280**

Abs. 1, 3, 282, 241 Abs. 2 BGB) begründen kann. Auch kann bei einem gegenseitigen Vertrag der Gläubiger bei der Verletzung einer „Verhaltenspflicht" aus § 241 Abs. 2 BGB unter bestimmten Voraussetzungen von einem Vertrag zurücktreten (§ 324, 241 Abs. 2 BGB). Im Hinblick auf diese beiden zuletzt genannten Regelungen dürfte vielleicht auch die Einordnung einer Verhaltenspflichtverletzung bei den „Leistungsstörungen" legitimiert sein.

- Die den vorstehenden Ausführungen zugrunde liegende **Unterscheidung** von „**Leistungs-**" (§ 241 Abs. 1 BGB) und „**Verhaltenspflichten**" (§ 241 Abs. 2 BGB) ist theoretisch recht einfach zu treffen, kann aber im Einzelfall doch auf erhebliche **Abgrenzungsprobleme** stoßen, weil eine saubere begriffliche Trennung in manchen Fallkonstellationen praktisch unmöglich ist; das können Ihnen die folgenden, der Begründung des Regierungsentwurfs zur Schuldrechtsmodernisierung entnommenen, Beispiele zeigen: Bei Bewachungs- und Beratungsverträgen besteht die Leistungspflicht (§ 241 Abs. 1 BGB) gerade in einem Schutz von Rechtsgütern durch Bewachung oder durch Aufklärung; eine Aufklärungspflicht durch Anleitung zum Gebrauch einer technischen Einrichtung kann sowohl dem Leistungsinteresse des Gläubigers (Ermöglichung des Betriebes als solchem) als auch dem Schutzinteresse des Gläubigers (Schutz vor Verletzungen des Betreibers beim Betrieb der technischen Einrichtung) dienen.

II. Leistungsstörungen von gesetzlichen Schuldverhältnissen

> Um jetzt die folgenden Ausführungen zu verstehen, **sollten Sie sich bewusst machen**, dass die Ihnen schon aus Teil 3 bekannten und soeben neu vorgestellten zu „Sekundäransprüchen" eines Gläubigers gegen einen Schuldner führenden „**Leistungsstörungen**" bisher ausschließlich an **Schuldverhältnissen aus Rechtsgeschäften**, speziell die aus verpflichtenden Verträgen, demonstriert wurden. Insofern schlossen sich diese Ausführungen ja auch nahtlos an den Teil 3 an, in dem wir uns auf die Primäransprüche aus Rechtsgeschäften, speziell solche aus verpflichtenden Verträgen, konzentriert hatten.

Dabei kann es nicht bleiben; wir müssen unseren **Horizont** noch ein wenig **erweitern**: Sie wissen wahrscheinlich längst, dass es nicht nur rechtsgeschäftliche, speziell vertragliche Schuldverhältnisse gibt, sondern auch Schuldverhältnisse, die ausschließlich auf einer gesetzlichen Anordnung beruhen; wir nennen sie deshalb „**gesetzliche Schuldverhältnisse**". Da bisher von diesen „gesetzlichen Schuldverhältnissen" immer nur am Rande die Rede war, soll hier ein erster kurzer Überblick gegeben werden: Für Sie wichtige „**gesetzliche Schuldverhältnisse**" sind z.B.

- die Ihnen ja schon aus Teil 3 geläufigen gesetzlichen Schuldverhältnisse zwischen dem **Anfechtenden und dem Anfechtungsgegner** (§ 122 BGB), zwischen **dem Vertreter ohne Vertretungsmacht und dem Dritten** (§ 179 BGB) sowie das Schuldverhältnis aus einer **Geschäftsführung ohne Auftrag** (§§ 677 ff. BGB, Einzelheiten dazu Teil),

- das Schuldverhältnis aus einem **Eigentümer-Besitzer-Verhältnis** (§§ 985 ff. BGB, dazu Teil 6),

- das Schuldverhältnis aus einer unerlaubten Handlung bzw. **„Delikt"** (§§ 823 ff. BGB, dazu Teil 7)

- und das Schuldverhältnis aus einer **ungerechtfertigten Bereicherung** (§§ 812 ff. BGB, dazu Teil 8).

Wenn Ihnen diese drei zuletzt genannten Normenkomplexe noch gar nichts oder nur wenig sagen, können Sie natürlich insoweit wie angeblich der Vogel Strauß bei Gefahr den „Kopf in den Sand stecken" und (übrigens zu Recht!) darauf vertrauen, dass Sie in diesem Buch zur rechten Zeit und am rechten Ort Informationen über diese und auch andere „gesetzliche Schuldverhältnisse" erhalten werden. Sie sollten aber im eigenen Interesse neugierig sein und das Weiterlesen für 20 Minuten unterbrechen und schon einmal einen Blick in Ihnen vielleicht neue Gebiete des BGB werfen und sich die soeben genannten Vorschriften ansehen und versuchen, sich ein Bild davon zu machen, was der Gesetzgeber hier geregelt hat. Dann werden Sie nämlich sehen, dass es **auch bei solchen „gesetzlichen Schuldverhältnissen"** so etwas wie **„Leistungspflichten"** geben kann. Wenn Sie das verstanden haben, können sich auch vorstellen, dass die Erfüllung dieser „Leistungspflichten" durch Herbeiführung der Unmöglichkeit, durch Verspätung, durch Nichtleistung trotz Möglichkeit oder durch Schlechtleistung „gestört" werden kann, so dass also auch der Gläubiger eines gesetzlichen Schuldverhältnisses aus einer „Leistungsstörung" resultierende Ansprüche haben kann. Vorstellen können Sie sich sicher auch, dass solche gesetzlichen Schuldverhältnisse „Verhaltenspflichten" („nicht leistungsbezogene Nebenpflichten") begründen können (§ 241 Abs. 2 BGB) und dass durch deren Verletzung ebenfalls Ansprüche auf Schadensersatz entstehen können.

Daraus können Sie entnehmen, dass das in diesem 4. Teil darzustellende Leistungsstörungsrecht nicht nur für durch Rechtsgeschäft begründete Schuldverhältnisse gilt, sondern auch für die gesetzlichen Schuldverhältnisse. Allerdings (und das ist jetzt sehr wichtig!) gibt es bei den gesetzlichen Schuldverhältnissen für „Leistungsstörungen" häufig vorrangig geltende und abschließende Sonderregeln, auf die dann später (z.B. bei der Darstellung der §§ 985 ff. oder der §§ 812 ff. BGB) im Einzelnen näher eingegangen wird; wer neugierig ist, kann ja schon einmal die §§ 987 – 1001 BGB oder §§ 818 Abs. 3 ff. BGB lesen.

> Diese Ausführungen zu den gesetzlichen Schuldverhältnissen mögen bei dem einen oder anderen Leser die Sorge ausgelöst haben, dass plötzlich

> außerordentlich viel über ihn „hereinbricht". Aber **keine Sorge**: Sie werden jetzt nicht etwa im Zusammenhang mit den Leistungsstörungen auch noch mit dem Fragenkreis der Leistungsstörungen bei „gesetzlichen Schuldverhältnissen" konfrontiert werden. Das würde Sie in der Tat überfordern. Damit lassen wir uns noch Zeit. Wir werden uns im Folgenden bei der Darstellung der „Leistungsstörungen" und deren Rechtsfolgen ganz bewusst „zurücknehmen" und ganz auf die rechtsgeschäftlichen, speziell die vertraglichen Schuldverhältnisse konzentrieren. Durch die vorstehenden Ausführungen sollten nur eventuell bei Ihnen bereits bestehende „Hemmungen", die Regeln des allgemeinen Leistungsstörungsrechts auch auf gesetzliche Ansprüche anzuwenden, „abgebaut werden".

III. Schuldverhältnisse aus vorvertraglichem „geschäftlichen Kontakt" („culpa in contrahendo")

Als wären der Probleme und Besonderheiten nicht schon genug: Es gibt nicht nur rechtsgeschäftlich und gesetzliche Schuldverhältnisse, sondern auch so etwas wie **juristische „Zwitter"**, nämlich Schuldverhältnisse, die man zwar als „gesetzliche Schuldverhältnisse" bezeichnen muss, die aber andererseits den rechtsgeschäftlichen (genauer: den vertraglich begründeten) Schuldverhältnissen nahe stehen.

Seit dem Ende des 19. Jahrhunderts ist nach einer „juristischen Entdeckung" des berühmten Rechtswissenschaftlers *v. Ihering* anerkannt, dass sich aus einem **vorvertraglichen „geschäftlichen Kontakt"** natürlich noch keine Leistungspflichten, wohl aber **„Verhaltenspflichten"**, die man auch **„nicht leistungsbezogene Nebenpflichten"** nennen kann, ergeben können. Diese bis zum 31. Dezember 2001 gewohnheitsrechtlich anerkannte Erkenntnis hat der Gesetzgeber nunmehr in §§ 311 Abs. 2, 241 Abs. 2 BGB gesetzlich festgeschrieben. Eine zusätzliche, ebenfalls früher gewohnheitsrechtlich anerkannte, jetzt aber auch gesetzlich normierte juristische Delikatesse besteht darin, dass diese „Verhaltenspflichten" aus einem vorvertraglichen „geschäftlichen Kontakt" sogar „Dritte", die gar nicht Vertragspartner werden sollen, treffen können (§§ 311 Abs. 3, 241 Abs. 2 BGB).

Die Verletzung solcher Verhaltenspflichten aus vorvertraglichem geschäftlichen Kontakt zieht natürlich auch eine zivilrechtliche Sanktion nach sich: Der Verletzte hat einen Anspruch auf Schadensersatz. Das leitete man bis zum 31. Dezember 2001 aus dem ebenfalls gewohnheitsrechtlich anerkannten Institut der **„culpa in contrahendo"** (= „cic" = „Verschulden bei Vertragsschluss") ab. Heute ergibt sich dieser Anspruch aus dem Gesetz (**§§ 280 Abs. 1, 311 Abs. 2, 241 Abs. 2 BGB**).

> An dieser Stelle ist ein kleiner Hinweis zum **Aufbau der Gesamtdarstellung** angezeigt:

> **1.** Man könnte die **Voraussetzungen** und die **Rechtsfolgen von Verletzungen** derartiger „**Verhaltenspflichten**" aus einem **vorvertraglichen „geschäftlichen Kontakt**" durchaus ebenfalls **bei den „Leistungsstörungen**", also in diesem 4. Teil abhandeln. Das werden Sie in manchen Lehrbüchern auch so finden. Weil aber diese Schuldverhältnisse – anders als die rechtsgeschäftlich oder gesetzlich begründeten Schuldverhältnisse – keinerlei Leistungspflichten begründen, geht es bei den Verletzungen von „Verhaltenspflichten" aus einem vorvertraglichen „geschäftlichen Kontakt" letztlich gar nicht um „Leistungsstörungen". Diese „Ausgliederung" der Darstellung der Rechtsfolgen von Verletzungen von „Verhaltenspflichten" aus einem vorvertraglichen „geschäftlichen Kontakt" entspricht, wie Sie ja wissen, auch den (für den Aufbau dieses Buches ja in erster Linie maßgeblichen) Aufbauregeln bei der Fallbearbeitung. Aus allen diesen Gründen ist von den Autoren die Entscheidung getroffen worden, die Ansprüche aus §§ 280, 311 Abs. 2, 241 Abs. 2 BGB schwerpunktmäßig zusammen mit anderen vertragsähnlichen Schuldverhältnissen gesondert im 5. Teil zu erörtern.
>
> **2.** Schon jetzt soll aber darauf hingewiesen werden, dass wir aus bestimmten, Ihnen dann auch erläuterten Gründen auch in diesem Teil 4 an einer Stelle der Darstellung aufbautechnisch nicht umhinkönnen, auf diesen Schadensersatzanspruch einzugehen. Es lässt sich eben nicht alles „systemrein" voneinander getrennt präsentieren!

IV. Das „Programm" des 4. Teils

Dieser recht umfängliche und schon sehr ins Detail gehende erste Überblick hat Ihnen zugleich das „**Programm**" des **4. Teil des Buches** vermittelt. Allerdings müssen wir, bevor es nun „richtig losgeht", in das auf den ersten Blick doch recht undurchsichtige **Gewirr** von Möglichkeiten von „**Leistungsstörungen**" und daraus resultierenden „**Sekundäransprüchen**" Ordnung bringen.

Aus dogmatischen Gründen, die Ihnen später einleuchten werden,

- verschieben wir die Erörterung der sich aus „Schlechtleistungen" ergebenden „Sekundäransprüche" aufgrund eines **speziell geregelten Gewährleistungsrechts** (Kauf, Werkvertrag, Miete, Reisevertrag) auf einen späteren Zeitpunkt **(sub C. ff.)**

- und konzentrieren uns zunächst auf die übrigen Leistungsstörungen, also auf das sog. „**allgemeine Leistungsstörungsrecht**" (sub B.).

B. „Sekundäransprüche" aus dem allgemeinen Leistungsstörungsrecht

I. Überblick

Eine „**Leistungsstörung**" setzt begrifflich das Vorliegen eines auch zur Leistung verpflichtenden „Schuldverhältnisses" voraus. Unter einem „**Schuldverhältnis**" versteht man eine **rechtliche Sonderverbindung zwischen zwei Personen**, die man „**Gläubiger**" und „**Schuldner**" nennt. Aus einer solchen „Schuldverhältnis" genannten „Sonderverbindung" können die folgenden **Pflichten** entstehen:

- Die als „**Gläubiger**" zu bezeichnende Person kann **von** der „**Schuldner**" zu nennenden Person die Erbringung einer „**Leistung**", die eine „Hauptleistung" und eine „leistungsbezogene Nebenleistung" (= „Nebenleistung") sein kann, **fordern** (§ 241 Abs. 1 S. 1 BGB). Die Leistung kann auch in einem Unterlassen bestehen (§ 241 Abs. 1 S. 2 BGB).

- Jeder Teil ist weiterhin mittels einer sog. „**Verhaltenspflicht**" bzw. „**nicht leistungsbezogenen Nebenpflicht**" zur „Rücksicht auf die Rechte, Rechtsgüter und Interessen des anderen Teils" verpflichtet (§ 241 Abs. 2 BGB).

Graphisch kann man dies so darstellen:

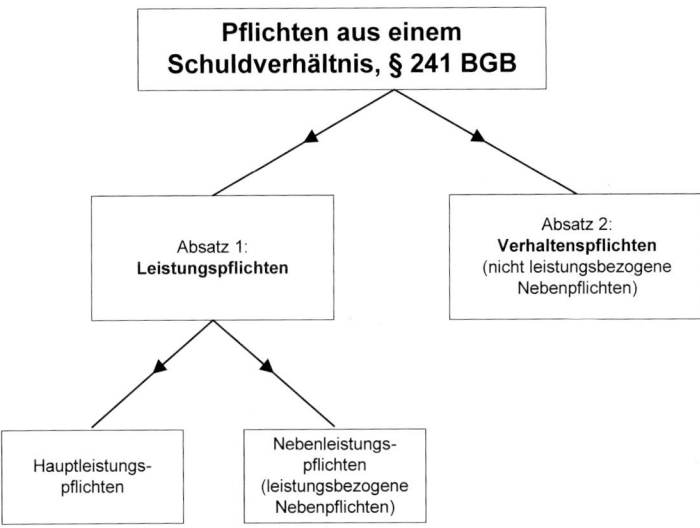

Abb. 2

Die uns im Folgenden interessierenden „**Sekundäransprüche**" ergeben sich aus „Leistungsstörungen", die entweder in einer **Verletzung von** „**Leistungspflichten**" (das sind „Hauptleistungspflichten" oder „leistungsbezogene Nebenpflichten") oder in einer **Verletzung von „Verhaltenspflichten"** („nicht leistungsbezogene Nebenpflichten") bestehen.

1. Die zu Schuldverhältnissen führenden „Sonderverbindungen" und die daraus resultierenden Pflichten

Zum wiederholten Male, aber „repetitio est mater studiorum" (= „Die Wiederholung ist die Mutter des Erlernens"):
Zu **„Schuldverhältnissen"** führende „Sonderverbindungen" können entstehen

- durch ein **Rechtsgeschäft**, speziell durch einen verpflichtender Vertrag, (§ 311 Abs. 1 BGB),

- aus einer Anordnung des **Gesetzes**

- und (uns schwerpunktmäßig erst später in Teil 5 interessierend!) aus einem **vorvertraglichen „geschäftlichen Kontakt"** (§ 311 Abs. 2 BGB).

Die den Schuldner treffenden **Pflichten** lassen sich zu zwei Pflichtengruppen ordnen:

- **Leistungspflichten (§ 241 Abs. 1 BGB)** sind alle jene Pflichten, die die rechtzeitige, vollständige und ordnungsgemäße Erfüllung sowie die Absicherung der vertraglich begründeten Ansprüche (§ 241 Abs. 1 BGB) zum Inhalt haben; sie werden unterteilt in „Hauptleistungspflichten" und „leistungsbezogene Nebenpflichten (= „Nebenleistungspflichten"). Die **Hauptleistungspflichten** sind z.B. bei vertraglichen Verpflichtungen diejenigen Pflichten, die dem Vertragstyp sein Gepräge geben oder die sonst nach dem Willen der Parteien wesentlich sein sollen (z.B. beim Kaufvertrag die Zahlungspflicht des Käufers, da sonst eine Schenkung vorläge). Demgegenüber dienen die **leistungsbezogenen Nebenpflichten** z.B. bei vertraglichen Verpflichtungen der Vorbereitung, Durchführung und Sicherung der Hauptleistung (z.B. die Einweisung des Käufers eines Computers in die Bedienung einer neuen Produktionssoftware).

- Es gibt aber nicht nur „Leistungspflichten". Denn darüber hinausgehend kann nach **§ 241 Abs. 2 BGB** ein „Schuldverhältnis ... nach seinem Inhalt jeden Teil zur Rücksicht auf die Rechte, Rechtsgüter und Interessen des anderen Teils" verpflichten; wir bezeichnen diese im Gegensatz zu den „Leistungspflichten" als **„Verhaltenspflichten"** bzw. als **„nicht leistungsbezogene Nebenpflichten"**. Gerichtet sind sie nicht auf die Erbringung der Leistung (das sind bekanntlich die „Leistungspflichten"), sondern auf die Art und Weise der Erbringung der Leistung. Durch die in § 241 Abs. 2 BGB ausgesprochene Verpflichtung eines jeden an einem Schuldverhältnis Beteiligten nicht nur zur Rücksicht auf die „Rechte und Rechtsgüter", sondern auch zum Schutz der „Interessen des anderen Teils" wird deutlich, dass über den begrenzten Schutzbereich des § 823 Abs. 1 BGB hinaus auch das bloße Vermögen geschützt sein kann, so z.b. bei schädlichen Vermögensdispositionen aufgrund falscher Beratung.

a) Schuldverhältnisse aus einem Rechtsgeschäft und die daraus resultierenden Pflichten

Das Gesetz hat in **§ 311 Abs. 1 BGB** hervorgehoben, dass es **Schuldverhältnisse aus Rechtsgeschäften**, speziell aus verpflichtenden Verträgen gibt. Diese können (es kann gar nicht oft genug wiederholt werden) einerseits nach § 241 Abs. 1 BGB „**Leistungspflichten**" („Hauptleistungspflichten" oder „leistungsbezogene Nebenpflichten") und andererseits nach § 241 Abs. 2 BGB „**Verhaltenspflichten**" bzw. „**nicht leistungsbezogene Nebenpflichten**" zur „Rücksicht auf die Rechte, Rechtsgüter und Interessen des anderen Teils" begründen.

> Beispiel: Der K kauft bei dem V eine Vase. Der K will Lieferung, der V Bezahlung. In diesem Beispiel geht es um die Frage der Verpflichtung zur Erfüllung von Hauptleistungspflichten aus einem durch Rechtsgeschäft, speziell einem verpflichtenden Vertrag, entstandenen Schuldverhältnis, und zwar aus einem Kaufvertrag (§ 433 Abs. 1 und 2 BGB).

> Beispiel: Der T verstirbt. In seinem formwirksamen Testament ist der E als Erbe eingesetzt. Dem V hat der T eine bestimmte Vase als Vermächtnis ausgesetzt. Der V verlangt von E die Übereignung und Übergabe der Vase. Auch in diesem Beispiel geht es um Hauptleistungspflichten aus einem Schuldverhältnis, das aus einem einseitigen Rechtsgeschäfts (Vermächtnis) entstanden ist (§§ 1939, 2147, 2174 BGB).

> Beispiel: Der K kauft bei V eine Vase. Der K zahlt den Kaufpreis. Vereinbart ist, dass der K sie am 5. Dezember 2002 bei V abholt. Als der K dazu den Laden betritt, rutscht er auf einer dort liegenden Bananenschale aus und verletzt sich. Der V selbst hatte die Bananenschale kurz zuvor aus Nachlässigkeit fallen- und liegengelassen. Der K will Schadensersatz. In diesem Beispiel geht es um eine Verletzung von „Verhaltenspflichten" bzw. „nicht leistungsbezogenen Nebenpflichten", die den V zur Rücksicht auf die Rechte, Rechtsgüter und Interessen des K anhalten und um einen sich aus der Verletzung einer solchen Pflicht ergebenden Anspruch aus §§ 280 Abs. 1, 241 Abs. 2 BGB.

b) Schuldverhältnisse aus Gesetz und die daraus resultierenden Pflichten

Dass es weiterhin auch Schuldverhältnisse gibt, die man als „**gesetzliche Schuldverhältnisse**" bezeichnet, weil sie sich ausschließlich aus dem Gesetz ergeben, hat der Gesetzgeber als selbstverständlich unterstellt und nicht gesondert hervorgehoben. Auch gesetzliche Schuldverhältnisse begründen nach § 241 BGB sowohl **„Leistungs"**- als auch **„Verhaltenspflichten"** bzw. „nicht leistungsbezogene Nebenpflichten".

> Beispiel: Das Auto des A ist verunglückt und liegt rauchend im Strassengraben. Der B löscht das Feuer mit seinem Feuerlöscher. Er verlangt die Kosten für die neue Füllung von dem A. Hier geht es um Leistungspflichten (Aufwendungsersatz) aus einem durch Geschäftsführung ohne Auftrag entstandenen Schuldverhältnis (§§ 677 ff. BGB).

> Beispiel: Die Kühe des Bauern A grasen wegen eines defekten Zaunes die Weide des Bauern B ab. Der B verlangt Wertersatz für das Gras. Hier geht es um Leistungspflichten (Herausgabe des Erlangten) aus einem durch ungerechtfertigte Bereicherung entstandenen Schuldverhältnis (§§ 812 ff. BGB).

> Beispiel: Der J wirft beim Ballspielen aus Versehen die Scheibe des E ein. Der E verlangt Schadensersatz in Form des Einbaus einer neuen Scheibe. Hier geht es um Leistungspflichten (Schadensersatz durch „Naturalrestitution") aus dem durch eine unerlaubte Handlung entstandenen Schuldverhältnis (§§ 823 ff., 249 ff. BGB).

> Beispiel: Der A hat aufgrund eines nichtigen Pachtvertrages ein Grundstück des B im Besitz. Der A kennt die Unwirksamkeit des Pachtvertrages. Dennoch erntet er auf dem Grundstück ausgesäte Kartoffeln. Der B verlangt Herausgabe des Grundstücks und der Kartoffeln. Der A begehrt im Gegenzug Ersatz für seine Saat und die investierte Arbeit. Hier geht es um Leistungspflichten aus dem durch Eigentümer-Besitzer-Verhältnis entstandenen Schuldverhältnis (§§ 985 ff. BGB).

> Beispiel: Der J wirft beim Ballspielen aus Versehen die Scheibe des E ein. E verlangt Schadensersatz durch Naturalrestitution (§ 249 Abs. 1 BGB). Der J schickt den Glaser G, der aus Ungeschick die intakte Scheibe des danebenliegenden Fensters zerstört. In diesem Beispiel geht es um „Verhaltenspflichten" bzw. „nicht leistungsbezogene Nebenpflichten" des J gegenüber dem E aus einem gesetzlichen Schuldverhältnis aus §§ 823, 249 Abs. 1 BGB. (Unterschied zum ersten „Glaser-Fall": Bei der Schädigung durch den G bestand zwischen J und E ein gesetzliches Schuldverhältnis aus § 823 Abs. 1 BGB.)

c) Schuldverhältnisse aus einem vorvertraglichen „geschäftlichen Kontakt" und die daraus resultierenden Pflichten

Dass es Schuldverhältnisse aus **vorvertraglichem „geschäftlichen Kontakt"** gibt, hat das Gesetz in **§ 311 Abs. 2 BGB** geregelt. Auch **Dritte**, die nicht selbst Vertragspartei werden sollen, können dazu verpflichtet sein, diese „Verhaltenspflichten" bzw. „nicht leistungsbezogene Nebenpflichten" zu erfüllen. Dies insbesondere dann, wenn sie in besonderem Maße Vertrauen für sich in Anspruch nehmen und dadurch die Vertragsverhandlungen oder den Vertragsschluss erheblich beeinflussen (§§ 311 Abs. 3, 241 Abs. 2 BGB).

> Sie sind bereits darauf hingewiesen worden, dass wir uns mit den Rechtsfolgen einer Verletzung von „Verhaltenspflichten" bzw. „nicht leistungsbezogene Nebenpflichten" aufgrund eines **vorvertraglichen „geschäftlichen Kontakts"** (§ 311 Abs. 2 BGB) prinzipiell erst in Teil 5 befassen werden, dass wir aber aus aufbautechnischen Gründen nicht umhin kommen werden, an einer Stelle des Teils 4 kurz darauf einzugehen. Daher – und natürlich auch als willkommene Gelegenheit zur Vorbereitung auf Teil 5 – sind diese vorgezogenen Hinweise durchaus sinnvoll.

Dieses Schuldverhältnis begründet aber **keine „Leistungspflichten"**, sondern nach §§ 311 Abs. 2, 241 Abs. 2 BGB **nur „Verhaltenspflichten"** bzw. **„nicht leistungsbezogene Nebenpflichten"**.

> Beispiel: Der A will den Laden des B betreten, um dort etwas einzukaufen. Bevor es dazu kommt, wird er von einer nachlässig angebauten herabstürzenden Werbetafel am Kopf getroffen und verletzt. In diesem Beispiel geht es um „Verhaltenspflichten" des V gegenüber dem K aus einem „geschäftlichen Kontakt".

> Beispiel: Die B-Bank verkauft als Vertreterin Anteile an einem Wohnungsbauprojekt der Invest-GmbH. Sie wirbt dabei gegenüber Interessenten, die bisher keine Bankkunden waren, massiv mit ihrer eigenen Sachkompetenz und versichert, die Invest-GmbH sei „wirtschaftlich solide". Das Investmentprojekt scheitert und der Geschäftsführer der Invest-GmbH wird nie wieder gesehen, die Gesellschaft wird insolvent. Die enttäuschten Investoren verlangen Schadensersatz von der B-Bank, die das Geschäft lediglich vermittelt hatte. In diesem Beispiel geht es um die Frage, ob die B-Bank gegenüber den Investoren „Verhaltenspflichten" bzw. „nicht leistungsbezogene Nebenpflichten" traf, obwohl sie nicht Vertragspartnerin werden sollte.

d) Sonstige vertragsähnliche Schuldverhältnisse

Diskutieren kann man, ob es vertragsähnliche Schuldverhältnisse aus einem „nachbarrechtlichen Gemeinschaftsverhältnis" oder aus „Gefälligkeitsverhältnissen" gibt. Wir stellen das zurück, denn für die Frage des Vorliegens einer „Leistungsstörung" eignet sich ein solches Schuldverhältnisse mangels des Bestehens einer Leistungsverpflichtung nicht.

2. Folgerungen für die Arbeitstechnik bei der Fallbearbeitung

> Ein kurzes Resümee: Wie wir jetzt wissen, können „Leistungsstörungen" darin bestehen, dass aus Schuldverhältnissen herrührende „Leistungspflichten" („Hauptpflichten" und „leistungsbezogene Nebenpflichten") oder „Verhaltenspflichten" bzw. „nicht leistungsbezogene Nebenpflichten" verletzt werden.

Im Folgenden wird es ganz konkret darum gehen, die sich aus „Leistungsstörungen" ergebenden Ansprüche kennen zu lernen. Bevor wir damit beginnen, müssen Sie als Leser den dabei **gewählten Aufbau** verstehen. Man kann hierbei rein theoretisch auf zweierlei Weisen vorgehen.

Entweder man analysiert den Sachverhalt und **typisiert die** dort erkennbaren **Verletzungen von Pflichten** wie folgt:

- als Pflichtverletzung als solche,

- als Pflichtverletzung speziell durch eine verspätete Erbringung,

- als Pflichtverletzung speziell durch eine Nichterbringung trotz einer dazu bestehenden Möglichkeit,

- als Pflichtverletzung speziell durch eine Herbeiführung der Unmöglichkeit der Leistung oder

- als Pflichtverletzung speziell durch eine Schlechtleistung

und **sucht dann** im Gesetz nach dazu **passenden Anspruchsgrundlagen** und subsumiert schließlich die Pflichtverletzungen unter dieselben. **So verfuhr man nach dem „alten Schuldrecht"** und so verfahren auch heute noch manche Autoren, wie z.B. *Medicus*, der anknüpfend an die Art der Leistungsstörung z.B. „Ansprüche wegen Unmöglichkeit der Leistung" oder „Ansprüche wegen einer Schlechtleistung" etc. prüft.

Der andere Weg ist der, dass man **die Anspruchsgrundlagen nach ihren Rechtsfolgen** wie folgt **typisiert**:

- als Anspruchsgrundlagen auf Ersatz von Schäden, die nicht auf ein endgültiges Ausbleiben der Leistung als solcher zurückzuführen sind („**Schadensersatz neben der Leistung**")

B. „Sekundäransprüche" aus dem allgemeinen Leistungsstörungsrecht   559

- als Anspruchsgrundlagen auf Ersatz von Schäden, die auf ein endgültiges Ausbleiben der Leistung als solcher zurückzuführen sind („**Schadensersatz statt der Leistung**"),
- oder anstelle dessen auf den „**Ersatz vergeblicher Aufwendungen**"
- als Anspruchsgrundlagen auf „**Herausgabe des Ersatzes**", also von Surrogaten
- als Anspruchsgrundlagen auf „**Rückgewähr von erbrachten Leistungen**"

und dass man dann aus dem Spektrum der Möglichkeiten diejenigen **Anspruchsgrundlagen auswählt, die**, was die Rechtsfolge angeht, mit dem sich **aus der Fallfrage ergebenden Anspruchsziel des Anspruchstellers identisch** sind, und sie sodann subsumiert. Erklärtermaßen im Gegensatz zu der als erstes genannten und dem „alten Schuldrecht" verhafteten Methode **wählen wir diesen zuletzt genannten Weg**. Denn „für die gedankliche Prüfungsreihenfolge ergibt sich aus der neuen Gesetzessystematik eine wichtige Änderung: Während früher zunächst die Art der Leistungsstörung ermittelt werden musste, um über die Anwendung der richtigen Norm (z.B. §§ 325, 326 oder § 463 BGB a.F.) zu entscheiden, ist diese Frage nunmehr zweitrangig. Auszugehen ist nach der neuen Rechtslage vielmehr von der begehrten Rechtsfolge: Schadensersatz statt der Leistung, Ersatz von Verzugsschäden, Schadensersatz neben der Leistung (z.B. Mangelfolgeschäden) oder Rückgewähransprüche nach Rücktritt. Aufgrund dieser Rechtsfolge ist dann zu entscheiden, ob die Anspruchsgrundlage in den §§ 281-283, 280 Abs. 3 bzw. § 311 a Abs. 2 (Schadensersatz statt der Leistung) .... zu suchen ist. Erst dann wird ggf. die Frage relevant, welche Art der Leistungsstörung vorliegt, um z.B. aus den §§ 281 – 283, 283 BGB, § 311 a Abs. 2 BGB die richtige Anspruchsgrundlage zu wählen" (*Lorenz-Riehm*). Dieser Aufbau ist deshalb vorteilhaft und wird schon deshalb auch für die folgende Darstellung der Leistungsstörungen verwendet, weil unterschiedliche Formen der Leistungsstörungen nicht selten zu gleichen Rechtsfolgen führen können, und weil man diesen Aufbau direkt auf die Technik der Fallbearbeitung (die für unseren Aufbau ja das „Maß aller Dinge" ist) übertragen kann: **Wir** werden also im Folgenden **von der durch den Anspruchsteller begehrten Rechtsfolge („Anspruchsziel") ausgehen** und dann **die jeweils hierzu passende Anspruchsgrundlage finden und subsumieren.**

Zur **Arbeitserleichterung** erhalten Sie die nachstehende Übersicht, die Sie sich herauskopieren sollten, damit Sie sich beim Weiterlesen ständig orientieren können. Auf die Leistungsstörungen bei gesetzlichen Schuldverhältnissen ist dieses Schema natürlich nur begrenzt übertragbar, weil insoweit in großem Umfang Sonderregeln, die die allgemeinen Regeln verdrängen können, bestehen: z.B. wird § 285 BGB im Bereicherungsrecht durch § 818 Abs. 2 BGB verdrängt und findet auf § 985 BGB keine Anwendung (weitere Einzelheiten folgen später).

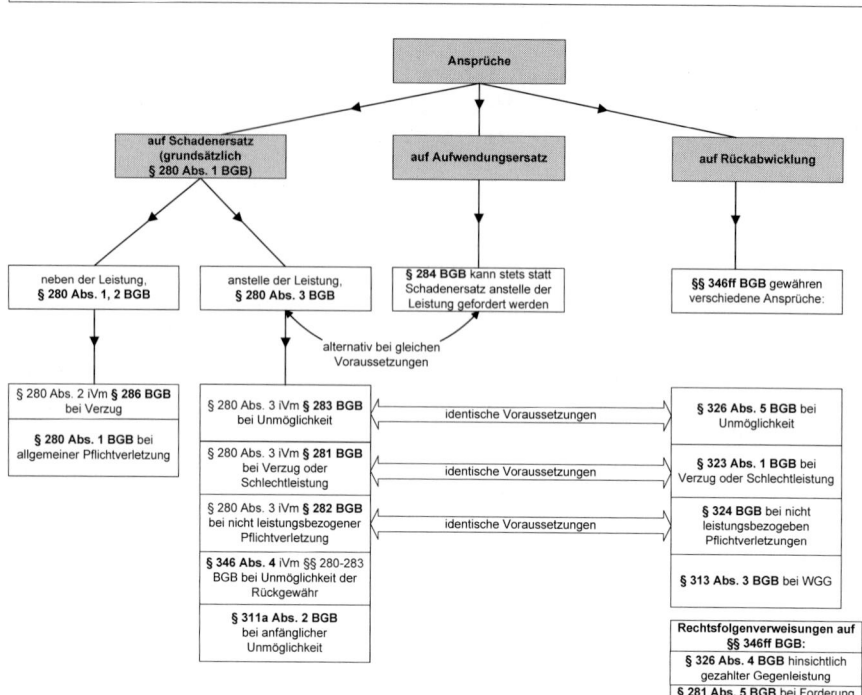

Abb. 3

> Bevor es jetzt „richtig los geht", machen wir uns wieder und vorerst zum letzten Mal klar, dass wir uns hier (**sub B**) noch nicht mit denjenigen Leistungsstörungen befassen, die darauf beruhen, dass der Schuldner einen sach- oder rechtsmangelhaften Kaufgegenstand liefert, ein sach- oder rechtsmangelhaftes Werk herstellt, eine mangelhafte Sache vermietet oder eine mangelhafte Reise erbringt. Darum geht es erst **sub C. ff.**

II. Auf Schadensersatz gerichtete „Sekundäransprüche"

Gehen wir gemäß unserer soeben entwickelten, **am „Anspruchsziel" orientierten Methode** zunächst einmal davon aus, dass Sie bei der **Fallbearbeitung** aufgrund der Fallfrage und des Sachverhalts Anlass dazu haben zu prüfen, ob dem Anspruchsteller wegen einer „Leistungsstörung" als **„Sekundäranspruch"** ein **Schadensersatzanspruch** zusteht.

1. Vorabprüfung, ob ein Schaden vorliegt

Bei der **Prüfung von Schadensersatzansprüchen** unterscheidet man in der Fallbearbeitung die beiden Fragen,

- ob ein Tatbestand gegeben ist, aufgrund dessen Schadensersatz geschuldet ist (**haftungsbegründender Tatbestand**) und
- ob und in welchem Umfang ein Schaden entstanden ist und wie dieser zu ersetzen ist (**haftungsausfüllender Tatbestand**), deren Beantwortung sich nach den §§ 249 ff. BGB richtet.

> Was den **Prüfungsaufbau** angeht, so gibt es **zwei Methoden**:
>
> 1. In aller **Regel** prüfen Sie zunächst den **haftungsbegründenden Tatbestand** und sodann den **haftungsausfüllenden Tatbestand**. Hinsichtlich des gliederungstechnischen Aufbaus gibt es zwei Möglichkeiten.
>
> **a)** Man kann innerhalb der Prüfung einer Anspruchsgrundlage nach „Haftungsbegründender Tatbestand" und „Haftungsausfüllender Tatbestand" gliedern. Diese Methode empfiehlt sich aber nur, wenn Sie zur Schadensentstehung und zum Umfang des Schadens sowie zur Art und Weise des Schadensersatzes weitergehende Ausführungen machen müssen.
>
> **b)** Wenn Sie aber die Frage des zu ersetzenden Schadens mangels jeglicher Probleme praktisch „mit einem Satz" abhandeln könne, können Sie die entsprechenden Ausführungen zum Schadensersatz auch als letzten Prüfungspunkt hinter die Merkmale des haftungsbegründenden Tatbestandes anfügen.
>
> 2. In den seltenen **Ausnahmefällen**, in denen **offensichtlich** (!) **kein Schaden** eingetreten ist, kann man (Medicus hält dies dann offenbar sogar für ein „Muss") den Prüfungspunkt „Schaden" vorziehen und kann bei negativem Ergebnis auf eine Prüfung des „haftungsbegründenden Tatbestandes" völlig verzichten. Man kann dann z.B. schreiben, dass „es auf die Voraussetzungen des Schadensersatzanspruchs aus ... nicht ankommt, da jedenfalls kein Schaden entstanden ist".

Ist das Vorliegen eines Schadens jedenfalls nicht auszuschließen, dann geht es bei einer entsprechenden Fallfrage, versteht sich, um die Suche nach der Anspruchsgrundlage für einen Schadensersatzanspruch und deren Subsumtion.

2. § 280 Abs. 1 S. 1 BGB als „zentrale Anspruchsgrundlage auf Schadensersatz" bei Pflichtverletzungen

a) Zentrale Stellung des § 280 Abs. 1 BGB

Die Vorschrift des § 280 Abs. 1 S. 1 BGB ist (abgesehen von der später erörterten Anspruchsgrundlage des § 311 a Abs. 2 BGB) die einzige und damit die „zentrale Anspruchsgrundlage", aufgrund derer der Gläubiger Schadensersatz verlangen kann, wenn entweder der Schuldner selbst eine **Pflicht aus einem Schuldverhältnis in zu vertretender Weise verletzt hat** oder wenn er sich das entsprechende Verhalten einer anderen Person zurechnen lassen muss.

Für einen solchen Anspruch ist es mangels einer Differenzierung des Gesetzes völlig **gleichgültig**,

- ob das **Schuldverhältnis** auf einem **Rechtsgeschäft** beruht oder sich aus dem **Gesetz** oder (hier zunächst nicht interessierend) aus einem **vorvertraglichen** „geschäftlichen Kontakt" ergibt,

- und ob durch den Inanspruchgenommenen eine „**Leistungspflicht**" („Hauptleistungspflicht" oder „leistungsbezogene Nebenpflicht") aus **§ 241 Abs. 1 BGB** oder eine „**Verhaltenspflicht**" bzw. „**nicht leistungsbezogene Nebenpflicht**" aus **§ 241 Abs. 2 BGB** verletzt wurde.

Nach der von uns gewählten **Arbeitsmethode** ist für die **Bestimmung** der von Ihnen zu prüfenden **Anspruchsgrundlage** auf den „**Sekundäranspruch**" ausschließlich die durch den Anspruchsteller angestrebte Rechtsfolge (das „**Anspruchsziel**") maßgeblich. Wer die auf Schadensersatz wegen einer Leistungsstörung gerichteten Anspruchsgrundlagen durchsieht, wird entdecken, dass man sie wie folgt typisieren kann: Der Anspruchsteller, der Schadensersatzansprüche geltend machen will,

- kann entweder **Schadensersatz** „**neben der Leistung**"

- oder **Schadensersatz** „**statt der Leistung**" geltend machen wollen (mitunter auch beides).

b) Die verschiedenen Anspruchsgrundlagen und ihre Abgrenzung

Je nach den sich aus der Fallfrage ergebenden „Wünschen" des Anspruchstellers kommen für **Schadensersatzansprüche** folgende **Anspruchsgrundlagen** in Betracht:

- Bei einem auf **Ersatz von Schäden**, die nicht auf ein endgültiges Ausbleiben der Leistung als solcher zurückzuführen sind („**neben der Leistung**"), gerichteten Begehren des Anspruchstellers kommen als Anspruchsgrundlagen in Betracht **§ 280 Abs. 1 BGB** selbst oder **§§ 280 Abs. 1, 2, 286 BGB** (Sonderfälle: **§ 288 BGB** oder **§ 352 HGB** oder **§ 291 BGB**), die jetzt sogleich als erste dargestellt werden (**sub 3**).

- Bei einem auf **Ersatz von Schäden**, die auf ein endgültiges Ausbleiben der Leistung als solcher zurückzuführen sind („**statt der Leistung**") gerichteten Begehren des Anspruchstellers kommen als Anspruchsgrundlagen in Betracht: **§§ 280 Abs. 1, 3, 281 – 283 BGB** und **§ 311 a Abs. 2 BGB**, die im Anschluss daran dargestellt werden (**sub 4**).

Bei der Auswahl der Schadensart und damit der richtigen Anspruchsgrundlage ist aber zu bedenken, dass **kein all zu starres Schema** verwendet werden sollte. Ein und derselbe Schaden kann, je nachdem zu welcher Zeit er geltend gemacht wird, auf verschiedene Anspruchsgrundlagen zu stützen sein.

> Beispiel (nach Lorenz): Bei Saisonartikeln kann der Käufer den entgangenen Gewinn aus möglichen Weiterverkäufen zunächst, d.h. solange der Gewinn noch realisierbar ist, nur als Schadensersatz anstelle der Leistung geltend machen. Mit Ende der Saison ist die Leistung zwar immer noch möglich, der Schaden aber mittlerweile endgültig eingetreten. Er ist damit als Schadensersatz neben der Leistung einzustufen. Dies mag kritischen Lesern merkwürdig vorkommen, da sich die Anspruchsgrundlagen in ihren Voraussetzungen ggf. deutlich unterscheiden, insbesondere der Schadensersatz anstelle der Leistung im Beispielsfall eine Nachfristsetzung voraussetzt. Die Einstufung ist aber deswegen konsequent, weil eine Nachfristsetzung nach endgültiger Realisierung des Schadens keinen Sinn mehr haben würde.

Insgesamt ist das **Verhältnis der Anspruchsgrundlagen** noch in verschiedener Hinsicht **unklar**. Die Problemfelder sollen hier nur kurz vorgestellt werden, da sie den „Einsteiger" sonst überfordern. Sie werden später jeweils näher beleuchtet.

Abgrenzungsprobleme ergeben sich in folgenden Konstellationen:
- Zwischen **§ 286 BGB** und **§ 281 BGB**, wenn nach der Entstehung der Verzögerungsschäden ein Schadensersatzanspruch anstelle der Leistung entsteht.
- Zwischen **§ 283 BGB** und **§ 281 BGB**, wenn nach dem Fristablauf i.S.d. § 281 BGB die Leistung nach § 275 BGB nicht mehr erbracht werden muss.
- Außerdem zwischen **§ 280 Abs. 1 BGB direkt** und **§ 280 Abs. 1, 2, 286 BGB** bei den sog. **Betriebsausfallschäden**, einem Problem des Kauf- und Werkvertragsrechts.

3. Anspruch auf Schadensersatz „neben der Leistung"

Beginnen wir also mit den Fällen, bei deren Bearbeitung Sie der **Fallfrage entnehmen**, dass der Anspruchsteller das „**Anspruchsziel**" verfolgt, wegen einer „Leistungsstörung" Ersatz von solchen Schäden zu erhalten, die nicht auf ein endgültiges Ausbleiben der Leistung als solcher zurückzuführen sind oder umgekehrt formuliert: Ersatz von Schäden, die man durch die Erbringung der Leistung als solcher nicht abwenden könnte (**Schadensersatz „neben der Leistung"**).

Schadensersatz „neben der Leistung" kann nur in Betracht kommen

- wegen einer **verspäteten Erbringung der Leistung,**
- wegen einer **Leistung „nicht wie geschuldet"** bzw. **Schlechterfüllung**
- oder wegen einer **Verletzung von „Verhaltenspflichten"** bzw. **„nicht leistungsbezogenen Nebenpflichten"** aus **§ 241 Abs. 2 BGB.**

Denn die jeweils daraus (Verspätung, Schlechterfüllung, Verhaltenspflichtverletzung) resultierenden Schäden könnte man nicht durch eine Erbringung der Leistung als solcher beseitigen, weil sie dadurch nicht „wieder gutmachbar" sind.

> Niemals hingegen kann Schadensersatz „neben der Leistung" verlangt werden, wenn der Schuldner nach § 275 Abs. 1 – 3 BGB leistungsfrei ist oder wenn der Schuldner trotz einer ihm nach § 281 Abs. 1 BGB gesetzten Nachfrist nicht geleistet haben sollte und der Gläubiger nunmehr Schadensersatz verlangt, weil auch dann der Erfüllungsanspruch erlischt (§ 281 Abs. 4 BGB). In diesen Fällen kann daher – und das bestimmt das Gesetz ja auch folgerichtig in § 280 Abs. 3 BGB – Schadensersatz nur „statt der Leistung" verlangt werden. Mit dieser „Binsenweisheit" verschonen Sie aber bitte diejenigen, die Ihre schriftlichen Arbeiten korrigieren sollen!
>
> **Also, auf geht's!** Wir gehen zunächst von Folgendem aus: Der Gläubiger verlangt nach der Fallfrage Schadensersatz „neben der Leistung", und zwar (damit beginnen wir) weil der Schuldner die Leistung verspätet erbracht hat.

a) Schadensersatz wegen verspäteter Leistung: Ersatz des Verzögerungsschadens (§§ 280 Abs. 1 und 2, 286 BGB), Verzugs-, Fälligkeits- und Prozesszinsen (§ 288 BGB, 352 HGB, 291 BGB) und Ersatz von Mehraufwendungen bei Annahmeverzug (§ 304 BGB)

Wenn die **„Leistungsstörung"** darin besteht, dass der **Schuldner** seine **Leistung bei Fälligkeit nicht erbringt,** hat der Gläubiger die „Qual der Wahl":

- Wenn der Gläubiger weiterhin an der Erbringung der Leistung interessiert ist, wird er nach §§ 280 Abs. 1, 2, 286 BGB als **Schadensersatz neben der Leistung** seinen **Verzögerungsschaden** ersetzt verlangen (§§ 280 Abs. 1 und 2, 286 BGB) oder **Verzugs-, Fälligkeits-** und **Prozesszinsen** fordern (§§ 288 BGB, 352 HGB, 291 BGB) oder einen Anspruch auf **Ersatz seiner Mehraufwendungen** (§ 304 BGB) geltend machen. **Mit diesen Fragen befassen wir uns hier,** denn hier geht es um die Ansprüche auf „Schadensersatz neben der Leistung".

- Falls aber der Gläubiger wegen der Leistungsverzögerung kein Interesse mehr an der Erbringung der Leistung hat, wird er dagegen gem. §§ 280 Abs. 1, 3,

281 BGB **Schadensersatz „statt der Leistung"** verlangen wollen. **Damit befassen wir uns erst später.**

aa) Anspruch auf Ersatz des Verzögerungsschadens als Schadensersatz neben der Leistung (§§ 280 Abs. 1 und 2, 286 BGB)

Entscheidet sich der Gläubiger, weil er weiterhin an der bei Fälligkeit nicht erbrachten Leistung interessiert ist, dazu, einen Schadensersatzanspruch auf Ersatz seines **Verzögerungsschadens** neben dem Anspruch auf die ihn weiterhin interessierende Leistung geltend zu machen, so ist die in Betracht zu ziehende **Anspruchsgrundlage in den §§ 280 Abs. 1 und 2, 286 BGB** zu finden.

Die Voraussetzungen für einen Anspruch auf Ersatz des Verzögerungsschadens aus §§ 280 Abs. 1, 2, 286 BGB lassen sich „Schritt für Schritt" aus dem Gesetz ablesen.

(1) Auf Leistungspflicht gerichtetes Schuldverhältnis

Das für einen Schadensersatzanspruch aus §§ 280 Abs. 1 und 2, 286 BGB vorausgesetzte **Schuldverhältnis** setzt hier eine Leistungsverpflichtung (Wortlaut: „Leistet der Schuldner ... nicht") voraus, kann sich also nur

- entweder aus einem **Rechtsgeschäft** (und zwar i.d.R. aus einem Vertrag)

Fall 289: Das Auto des A ist verunglückt und liegt rauchend im Strassengraben. Auf Bitten des A löscht der B das Feuer mit seinem Feuerlöscher. Der B verlangt die Kosten für die neue Füllung von A. Der A zahlt trotz Mahnung seitens des B nicht. Daraufhin beauftragt der B seinen Rechtsanwalt R mit der Geltendmachung der Forderung. R berechnet nach dem RVG dem B Gebühren, deren Erstattung der B von A verlangt.
Der Anspruch ergibt sich aus §§ 662, 670, 280 Abs. 1 und 2, 286 Abs. 1 BGB.

- oder aus dem **Gesetz** (z.B. §§ 677 ff., 812 ff., 987 i.V.m. 990 Abs. 2 ff. BGB etc.) ergeben. Sie merken: Das „feierliche Versprechen", sie in diesem Teil 4 nicht mit Leistungsstörungen bei gesetzlichen Schuldverhältnissen zu belasten, wird hier „gebrochen". Sie werden es schon verkraften.

Fall 290: Das Auto des A ist verunglückt und liegt rauchend im Strassengraben. Der A liegt bewusstlos neben dem Wagen. Der B löscht das Feuer mit seinem Feuerlöscher. Er verlangt die Kosten für die neue Füllung von A. Der A zahlt trotz Mahnung seitens des B nicht. Daraufhin beauftragt der B seinen Rechtsanwalt R mit der Geltendmachung der Forderung. R berechnet dem B Gebühren, deren Erstattung der B von A verlangt.
Der Anspruch ergibt sich aus §§ 677, 683, 670, 280 Abs. 1 und 2, 286 Abs. 1 BGB.

(2) Vorliegen der Verzugsvoraussetzungen

Da der Anspruch aus §§ 280 Abs. 1, 2, 286 BGB folgt, müssen die Voraussetzungen beider Normen miteinander verbunden werden. Die für die Subsumtion des

§ 280 Abs. 1 BGB erforderliche **Pflichtverletzung** besteht in einer Nichtleistung oder einer Leistungsverzögerung durch verspätete Leistung trotz Fälligkeit und Mahnung (Inhalt des § 286 Abs. 1 BGB). Wenn dazu das Vertretenmüssen hinzukommen, so nennen wir diese Situation **Schuldnerverzug**.

> Der **Begriff der Pflichtverletzung**, der für (fast) alle Ansprüche wegen Leistungsstörungen eine zentrale Rolle spielt, ist folgendermaßen zu verstehen: Eine Pflichtverletzung liegt bei Haupt- oder Nebenleistungspflichtverletzungen bereits dann vor, wenn **rein objektiv irgendwelche Haupt- oder Nebenleistungspflichten verletzt wurden**. Ob diese Pflichtverletzung dem Schuldner zuzurechnen ist, wird erst für das Vertretenmüssen relevant. Bei den später zu behandelnden Folgen der Verletzung von „Verhaltenspflichten" bzw. „nichtleistungsbezogenen Nebenpflichten" folgt dagegen aus der Verletzung der Schutzgüter des § 241 Abs. 2 BGB allein noch keine Pflichtverletzung. Dort muss man den Zusammenhang zwischen der Verletzungsfolge und einem Schuldnerverhalten ausdrücklich feststellen.

In der Regel wird die **ganze Leistung** nicht erbracht. Wenn der Schuldner ganz bewusst **nur einen Teil der Leistung** erbringt, liegt eine Teilleistung i.S.d. § 266 BGB vor, die der Gläubiger nach § 266 BGB zurückweisen kann, so dass auch dann von einer Nichterbringung der **ganzen Leistung** auszugehen ist. Wenn der Schuldner den Teil als Erfüllung annimmt, dann besteht die Pflichtverletzung nur hinsichtlich des nicht erbrachten Teils der Leistung.

Eine Pflicht verletzt der Schuldner natürlich nur, wenn er zur Leistung verpflichtet ist. Dazu muss der Schuldner **trotz der Möglichkeit dazu** die von ihm geschuldete **fällige Leistung nicht rechtzeitig erbracht haben**. Ist die Leistung unmöglich, so wird der Schuldner nach § 275 Abs. 1 BGB von der Leistungspflicht frei, weil der Anspruch dann ausgeschlossen ist (vgl. Teil 3).

Der Verzug knüpft daran an, dass die **Leistungshandlung nicht rechtzeitig erbracht** wird, wie der folgende Fall zeigt.

Fall 291: Der V verkauft dem K ein bestimmtes Auto, das der V nach dem Inhalt des Vertrages aus Süddeutschland durch den T zum Wohnsitz des K überführen muss (Schickschuld nach § 269 Abs. 3 BGB). Vereinbarter Lieferungszeitpunkt ist der 1. Dezember 2004. Der Wagen wird am Morgen des 1. Dezember 2004 dem T übergeben, der das Auto nach der Überführungsfahrt dem K übergeben soll. Der T verunglückt auf der Überführungsfahrt infolge einer Massenkarambolage in den Kasseler Bergen, und der Wagen wird völlig zerstört. Der K benötigt dringend einen Wagen und mietet bis zum Erwerb eines vergleichbaren Fahrzeugs am 16. Dezember 2004 ein Auto. Er verlangt Schadensersatz in Höhe des Mietzinses für das Ersatzfahrzeug vom 1. Dezember 2004 bis 16. Dezember 2004 (nach Kropholler).

Dem K steht kein Anspruch aus §§ 280 Abs. 1, 2, 286 Abs. 1, 2 Nr. 1, 249 BGB zu, weil der V seine Leistungshandlung (Übergabe auf die Transportperson) rechtzeitig erbracht hat und sie ihm infolge des Unfalls unmöglich ist, so dass er leistungsfrei ist (§ 275 Abs. 1 BGB).

Der **Verzug endet**, wenn der Leistungsanspruch nach §§ 275, 281 Abs. 4 BGB oder wegen eines erklärten Rücktritts nicht mehr besteht. Dies ist nur konsequent, denn von diesem Zeitpunkt an stellt die Nichtleistung keine Pflichtverletzung mehr dar. Wenn der Verzug nachträglich entfällt (z.b. wegen zwischenzeitlicher Unmöglichkeit nach § 275 Abs. 1 BGB), so entfallen die Folgen „ex nunc", so dass bereits entstandene Ansprüche bestehen bleiben. Bei den Leistungsstörungen aus § 275 Abs. 2, 3 BGB ist erforderlich, dass die Einrede geltend gemacht wird.

Fall 292: Der V verkauft dem K ein bestimmtes Auto, das der V nach dem Inhalt des Vertrages aus Süddeutschland zum Wohnsitz des K überführen muss (Bringschuld). Vereinbarter Lieferungszeitpunkt ist der 1. Dezember 2002. Der Wagen steht am 1. Dezember 2002 nicht für K bereit, weil es der V versäumt hat, die Überführung zu veranlassen. Der K, der das Auto dringend benötigt, muss bis zum Eintreffen des V ein Fahrzeug mieten. Am Abend des 16. Dezember 2002 wird der Wagen auf der Überführungsfahrt infolge einer glatteisbedingten Massenkarambolage kurz vor dem Ziel in den Harburger Bergen völlig zerstört. Der K verlangt Schadensersatz in Höhe des Mietzinses für das Ersatzfahrzeug vom 1. Dezember 2002 bis 16. Dezember 2002 (nach Kropholler).

Der Anspruch ergibt sich aus §§ 280 Abs. 1, 2, 286 Abs. 1, 2 Nr. 1, 249 BGB. Die zur Leistungsfreiheit des V führende Unmöglichkeit lässt die bereits eingetretenen Verzugsfolgen nicht entfallen sondern wirkt sich erst auf die Zeit nach der Unmöglichkeit aus (d.h., ab dem 17. Dezember wird kein Schadensersatz mehr geschuldet).

Problematisch ist das Vorliegen des Schuldnerverzuges, wenn der Schuldner eine **Einrede** erheben kann, aufgrund derer er die Leistung verweigern darf, so z.B. eine Einrede wegen eines Zurückbehaltungsrechts aus §§ 273, 320 BGB oder die Einrede der Verjährung (§ 214 Abs. 1 BGB), der ungerechtfertigten Bereicherung aus § 821 BGB, der unerlaubten Handlung aus § 853 BGB und aus § 1000 BGB (Einrede des Besitzers aufgrund eines Verwendungsersatzanspruchs). Denn ein Schuldnerverzug setzt außer der Fälligkeit voraus, dass der **Anspruch durchsetzbar** ist. Unter diesen Umständen ist die Verweigerung der Leistung nach dem Gesetz berechtigt und stellt keine Pflichtverletzung dar. Dieses **ungeschriebene Merkmal** soll sicherstellen, dass der Schuldner nicht zum Schadensersatz aufgrund einer Verzögerung der Leistung verpflichtet ist, wenn er die Leistung rechtmäßig verweigern kann. Allerdings müssen Einreden geltend gemacht werden, um wirksam zu sein. Eine andere Frage ist es jedoch, ob für den Ausschluss des Schuldnerverzuges nicht schon die bloße Möglichkeit der Einredeerhebung ausreicht; hier wird differenziert: Bei den Einreden der §§ 273 und 1000 BGB muss die Einrede erhoben werden, damit der Gläubiger die Möglichkeit erhält, die Einrede z.B. durch eine Sicherheitsleistung (§ 273 Abs. 3 BGB) abzuwenden. Bei der Einrede nach § 320 BGB muss der Gläubiger seine Leistung anbieten und den Schuldner in Annahmeverzug setzen. Grund hierfür ist, dass bei § 320 BGB dem Schuldner die Erbringung einer Sicherheit nicht helfen würde. Bei den „Einreden" aus § 275 Abs. 2, 3 BGB wird man aus Gründen der Rechtssicherheit die Geltendmachung fordern müssen. Bei allen anderen Einreden genügt bereits deren Existenz, um den Verzug auszuschließen!

Fällig ist die Leistungsverpflichtung **sofort** (§ 271 BGB); dies aber nur „im Zweifel", denn abweichend hiervon können die Parteien einen anderen Leistungszeitpunkt vereinbaren. Das **Hinausschieben der Fälligkeit** aufgrund einer Vereinbarung nennen wir „**Stundung**". Nicht rechtzeitig erbracht ist die Leistung, wenn die Leistungshandlung verspätet ist (vgl. oben).

Vorliegen muss weiterhin die „**zusätzliche Voraussetzung des § 286 BGB**". Das bedeutet, dass für einen Schadensersatzanspruch auf Ersatz des Verzögerungsschadens neben der Leistung wegen einer Verspätung zusätzlich vorausgesetzt wird, dass der Schuldner mit der Erfüllung seiner Leistungsverpflichtung im Schuldnerverzug ist (§§ 280 Abs. 2, 286 BGB).

- Nach § 286 Abs. 1 BGB müssen eine **Mahnung** oder **Mahnsurrogate** vorliegen (Erhebung der Leistungsklage/Zustellung eines Mahnbescheides),

> **1.** Unter einer **Mahnung** versteht man jede eindeutige und bestimmte Aufforderung, mit der der Gläubiger unzweideutig zum Ausdruck bringt, dass er eine bestimmte geschuldete Leistung verlangt; sie kann auch in höflicher Form abgefasst werden. Eine bloße Auflistung der geschuldeten Leistung ohne Aufforderung reicht gerade nicht (arge § 286 Abs. 3 BGB), wohl aber eine Fristsetzung nach §§ 281 Abs. 1, 323 BGB.
>
> **2.** Eine Mahnung kann erst nach der Fälligkeit erklärt werden bzw. frühestens zugleich mit dem die Fälligkeit begründenden Ereignis.
>
> **3.** Die Mahnung ist kein Rechtsgeschäft, da die an sie geknüpften Rechtsfolgen nicht aufgrund des Willens des Mahnenden eintreten, sondern aufgrund gesetzlicher Bestimmung. Die Mahnung ist aber eine sog. „**geschäftsähnliche Handlung**", auf die die Regelungen über die Willenserklärung (Abgabe, Zugang, Vertretung usw.) entsprechend anwendbar sind.

- oder es muss eine **Entbehrlichkeit der Mahnung** nach § 286 Abs. 2 BGB gegeben sein: Nr. 1: kalendermäßige Bestimmtheit („dies interpellat pro homine" = das Datum mahnt anstelle des Menschen)/Nr. 2: nach dem Kalender mögliche Berechenbarkeit des Leistungszeitpunkts aufgrund einer durch Vertrag, Gesetz oder Urteil vorgenommenen Bestimmung einer angemessenen Leistungszeit nach einem Ereignis („ab Lieferung", „ab Rechnungsstellung")/Nr. 3: ernsthafte und endgültige Erfüllungsverweigerung durch den Schuldner/Nr. 4: durch Interessenabwägung gerechtfertigte Entbehrlichkeit der Mahnung, wobei abzuwarten bleibt, welche Anforderungen die Rechtsprechung hieran stellen wird. Letztlich wurde durch diese Regelung bestehende Rechtsprechung kodifiziert.

> Als Beispiele für § 286 Abs. 2 Nr. 4 BGB nennt die Begründung des Regierungsentwurfs die aufgrund eines Werkvertrags geschuldete Reparatur eines Wasserrohrbruchs oder die „Selbstmahnung", bei der der Schuldner

> selbst vor einer Mahnung dem Gläubiger mitteilt, dass er leisten werde, um so einer Mahnung zuvorzukommen.

Fall 293: Der B vereinbart mit dem U, dem einzigen Klempner des Ortes, die sofortige Reparatur eines Rohrbruchs einer verdeckt im Mauerwerk eines Altbaus verlaufenden Frischwasserleitung in einem dem B gehörigen, gewerbsmäßig an diverse Parteien vermieteten Mietshaus. Weil die Leitung nicht gesondert absperrbar war, musste der B das Hauptventil schließen, um einen massiven Wasserschaden zu verhindern. Der U erscheint erst 3 Tage später zur Reparatur. Auswärtige Klempnerfirmen waren – weil der Auftrag an einem Freitag gegen 15.00 Uhr unmittelbar vor Feierabend des letzten Arbeitstages vor einem Wochenende mit nachfolgendem Feiertag am Montag aufgetreten war und es in der Region einen Klempnernotdienst nicht gab – nicht erreichbar. Die Mieter haben wegen der fehlenden Wasserversorgung (zu Recht) eine geminderte Miete gezahlt. Der B verlangt von U, dem alle diese Umstände bekannt waren, Ersatz des Schadens in Höhe der € 200,- ausmachenden Differenz zu dem mit den Mietern vereinbarten Mietzins.

Der B macht einen Verzögerungsschaden geltend. Der Anspruch auf Zahlung von € 200,- könnte sich aus §§ 280 Abs. 1, 2, 286, 249 ff. BGB ergeben. a) Vorausgesetzt ist ein wirksames Schuldverhältnis; hier liegt ein Werkvertrag vor (§ 631 BGB). b) Zu den daraus resultierenden Schuldnerverpflichtungen gehört die zur Einhaltung des sich aus dem Schuldverhältnis ergebenden Leitungszeitpunkts (hier: „sofort"= nach §§ 133, 157 BGB innerhalb der nächsten Stunde). Der Schuldner U hat diese Pflicht verletzt, weil er die Werkleistung nicht zu dem nach dem Schuldverhältnis geschuldeten Zeitpunkt erbracht hat. c) Die nach § 280 Abs. 2 BGB erforderlichen „zusätzlichen Voraussetzungen" des § 286 BGB liegen vor. Eine Mahnung ist hier nach § 286 Abs. 2 Nr. 4 BGB entbehrlich: Aus besonderen Gründen ist unter Abwägung der beiderseitigen Interessen der sofortige Eintritt des Verzuges gerechtfertigt, wenn es um Pflichten geht, deren Erfüllung offensichtlich besonders eilig ist. d) Das nach § 280 Abs. 1 S. 2 BGB vermutete Vertretenmüssen ist nicht widerlegt. Nicht erforderlich ist eine – durch § 286 Abs. 4 BGB allerdings nahe gelegte erneute Prüfung, ob die Verschuldensvermutung widerlegt ist; das ist bereits bei der Prüfung der Voraussetzungen des § 280 Abs. 1 BGB geschehen. e) Zu ersetzen ist das negative Interesse in Höhe € 200,- (§§ 249 Abs. 1, 251 Abs. 1 BGB).

- Bei **Entgeltforderungen** liegt nach § 286 Abs. 3 BGB ein Verzug auch vor: **a)** spätestens **30 Tage nach Fälligkeit** und **nach Zugang einer Rechnung oder gleichwertiger Zahlungsaufstellung** (gegenüber einem Verbraucher nur nach vorherigem Hinweis auf diese Folgen in der Rechnung oder Zahlungsaufstellung), **b)** gegenüber einem Nichtverbraucher allerspätestens (z.B. bei unsicherem Zeitpunkt eines Zugangs oder überhaupt eines Zugangs von Rechnung und Zahlungsaufstellung) **30 Tage nach Fälligkeit und Empfang der Gegenleistung**.

Fall 294: Der U schickt nach Fertigstellung und Abnahme der Arbeiten die Rechnung über € 1 000,- an B (gewerblicher Vermieter). Dieser zahlt erst 2 Monate später. Der U musste zur Überbrückung des Einnahmeausfalls einen kurzfristigen Bankkredit zu den üblichen Zinsen von 9 % über dem Basiszinssatz in Anspruch nehmen. Der U macht die Zinsen, die ihm ab dem 31. Tage nach Zugang der Rechnung bei B von der Bank berechnet worden sind, geltend.

Der U macht einen Verzögerungsschaden geltend. Der Anspruch auf Zahlung der Zinsen könnte sich aus §§ 280 Abs. 1, 2, 286, 249 ff. BGB ergeben. a) Vorausgesetzt ist ein wirksames Schuldverhältnis; hier liegt ein Werkvertrag vor (§ 631 BGB). b) Zu den daraus resultierenden Schuldnerverpflichtungen gehört die Einhaltung des sich aus dem Schuldverhältnis ergebenden Leitungszeitpunkts der Werklohnzahlung (hier: gem. §§ 640, 641 BGB mit der Abnahme). Der Schuldner B hat diese Pflicht verletzt, weil er die Zahlung nicht erbracht hat. c) Die nach § 280 Abs. 2 BGB erforderlichen „zusätzlichen Voraussetzungen" des § 286 BGB liegen vor: aa) Nichtleistung trotz Möglichkeit bei Fälligkeit. bb) Zwar sind die Voraussetzungen des § 286 Abs. 1, 2 BGB nicht gegeben. cc) Der Verzug ist jedoch 30 Tage nach Fälligkeit und Zugang der Rechnung eingetreten (§ 286 Abs. 3 S. 1 BGB, da der B als gewerbsmäßiger Vermieter kein Verbraucher ist, § 286 Abs. 3 S. 2, 13 BGB). d) Das vermutete Verschulden ist nicht widerlegt. e) Der U kann das negative Interesse nach § 249 BGB geltend machen: Auch wenn die gesetzlichen Verzugszinsen nur 8 % über dem Basiszinssatz betragen (§ 288 Abs. 2 BGB), kann der U einen höheren Schaden geltend machen (§ 288 Abs. 4 BGB.)

Variante: Wie wäre es, wenn der U den B nach 3 Tagen gemahnt, der B gleichwohl nicht gezahlt hätte und der U die Zinsen vom Zeitpunkt nach Zugang der Mahnung verlangt hätte?

Hier wäre der Verzug nach § 286 Abs. 1, S. 1 BGB bereits durch die Mahnung eingetreten. § 286 Abs. 3 BGB ist nicht mehr – wie noch vor der Schuldrechtsreform aufgrund eines berühmt-berüchtigten gesetzgeberischen Fehlers – lex specialis zu den sonstigen verzugsauslösenden Tatbeständen. Es handelt sich vielmehr um eine Auffangnorm, die unter bestimmten Voraussetzungen den Verzug eintreten lässt, wenn eine Mahnung aus irgendeinem Grund unterblieben ist.

- Nicht erforderlich ist eine Prüfung, ob die Verschuldensvermutung widerlegt ist; das erfolgt nämlich bei der Prüfung der Voraussetzungen des § 280 Abs. 1 BGB (dazu gleich). Lassen Sie insoweit nicht durch **§ 286 Abs. 4 BGB** irritieren, der Ihnen auf den ersten Blick eine solche Prüfung abverlangt.

Denn insoweit ist die den § 286 Abs. 4 BGB einschließende Verweisung des § 280 Abs. 2 BGB auf § 286 BGB wohl redaktionell verfehlt. Die Prüfung des § 286 Abs. 4 BGB ist nur bei den einen Schuldnerverzug voraussetzenden §§ 287, 288 BGB notwendig. Dort hat sie eine klarstellende Funktion, da der Schuldnerverzug nur solange anhält, wie der Schuldner die Nichtleistung zu vertreten hat (RegE). In der Fallprüfung sollte man sich zu dieser Frage überhaupt nicht äußern, sondern beim zu prüfenden Merkmal „Vertretenmüssen" einfach und ausschließlich § 280 Abs. 1 S. 2 BGB zitieren. (dazu sogleich mehr).

---

(3) Vertretenmüssen

Ein Schadensersatzanspruch aus § 280 Abs. 1. und 2, 286 BGB setzt (ebenso wie ein solcher aus §§ 280 Abs. 1 S. 1, Abs. 3, 281/282/283 BGB) eine **zu vertreten-**

den **Pflichtverletzung** voraus. Im Gesetz wird eine **Verschuldensvermutung** dahingehend ausgesprochen, dass der Schuldner die Pflichtverletzung zu vertreten hat (§ 280 Abs. 1 S. 2 BGB). Gründe für eine „Entlastung" des Schuldners von der Verschuldensvermutung können sein: Außerhalb des übernommenen Risikos liegende unverschuldete tatsächliche (z.b. schwere Krankheit des Schuldners) oder rechtliche (z.b. Importbeschränkungen) Leistungshindernisse. Ein Rechtsirrtum über das Bestehen der Forderung entschuldigt nur, wenn zuvor ein Rechtsrat eingeholt worden ist, der die höchstrichterliche Rechtsprechung zugrunde legt.

Fall 295: Der V verpflichtet sich gegenüber dem K in einem Kaufvertrag vom 1. April 2004 zur Beschaffung eines bestimmten, zurzeit dem E gehörigen Picasso-Gemäldes bis zum 2. Mai 2004. Der K zahlt bereits bei Vertragsschluss den Kaufpreis an V. Es gelingt dem V aber erst am 10. Mai 2004, dem E das Bild abzukaufen, weil der E sich zunächst nicht zum Verkauf entscheiden konnte. Der V liefert dem K das Bild am 11. Mai 2004. Der K kann das Bild deshalb nicht – wie es beabsichtigt war und bei rechtzeitiger Lieferung möglich gewesen wäre – auf einer Ausstellung präsentieren, wofür er eine Vergütung von € 2 000,- erhalten hätte. Der K verlangt daher Schadensersatz. Der V wendet ein, dass der E sich noch im März zum Verkauf an V bis zum 1. Mai bereit erklärt hatte, ab Ende April aber aus rein persönlichen Gründen den Verkauf immer weiter hinaus gezögert habe; dafür könne er nichts (nach Kropholler).

Der Anspruch ergibt sich aus §§ 280 Abs. 1, 2, 286, 249 ff. BGB. Der V hat sich nicht exkulpiert, weil er (wie nach § 276 BGB möglich) das Beschaffungsrisiko übernommen hat und weil dieses auch Verzögerungen bei der Beschaffung umfasst (RegE).

> Auch wenn der Rücktritt nach § 323 und der Schadensersatzanspruch aus §§ 280 Abs. 1, 2, 286 BGB unterschiedliche Voraussetzungen haben, müssen Sie bedenken, dass eine **nach § 323 Abs. 1 BGB** erfolgte Fristsetzung **immer zugleich eine Mahnung im Sinne des § 286 BGB** darstellt. Der Gläubiger kann daher neben der Rückforderung aus dem Rücktritt auch bereits entstandene Verzögerungsschäden nach § 286 Abs. 1 BGB ersetzt verlangen. Dass die Geltendmachung von Schadensersatz neben dem Rücktritt zulässig ist, bestimmt § 325 BGB.

(4) Zu ersetzender Schaden

Das Schadensersatzrecht werden wir später noch ausführlich behandeln. Was den **Umfang des Schadensersatzanspruchs („Verzögerungsschaden")** angeht, hier nur soviel: Der Gläubiger kann verlangen, so gestellt zu werden, wie wenn der Schuldner rechtzeitig erfüllt hätte (§ 249 Abs. 1 BGB, und zwar regelmäßig als Wertersatz nach § 251 Abs. 1 BGB). Der Schaden umfasst alle Nachteile, die während des Verzuges durch die vorübergehende Nichtleistung oder durch Leistungsverzögerung entstanden und durch eine spätere Leistungserbringung nicht behoben werden könnten. Dieser Schaden kann übrigens sogar das Leistungsinteresse übersteigen.

Fall 296: Der V hat an den K für dessen Restaurantbetrieb Heizöl zum Preise von € 2000,- verkauft, das nach dem Vertrag wegen eines plötzlichen Kälteeinbruchs noch am Freitag, den 13. Dezember 2004, um 15.00 Uhr geliefert werden soll. Der V versäumt den Termin und liefert erst am Montag, den 16. Dezember 2004. Der K konnte an diesem Wochenende keinen anderen Heizöllieferanten auftreiben. Alle waren sie wegen der plötzlichen starken Kälte ausgebucht. Die Heizung fiel wegen Ölmangels am Sonnabendnachmittag aus. Der K musste schließen und konnte eine Hochzeitsgesellschaft, mit der er einen festen Vertrag hatte, nicht bewirten. Er verlangte von V € 3000,- entgangenen Gewinn.

Der Anspruch ergibt sich aus §§ 280 Abs. 1 und 2, 286 Abs. 1 S. 1, Abs. 2 Nr. 1, 249 Abs. 1 BGB. Eine Mahnung war nach § 286 Abs. 2 Nr. 1 BGB entbehrlich.

Endet der Verzug wegen des Wegfalls der Leistungspflicht nach §§ 275, 281 Abs. 4 BGB oder wegen eines erklärten Rücktritts, können keine weiteren Verzögerungsschäden mehr entstehen: Für den Schaden, der in dem Zeitraum zwischen Verzugseintritt und Wegfall des Verzuges infolge eines Wegfalls der Leistungspflicht eintritt, gilt §§ 280 Abs. 1 und 2, 286; die weiteren auf der Verzögerung beruhende Schäden sind dann als Schadensersatz „statt der Leistung" nach §§ 280 Abs. 1 und 3, 281 – 283 BGB zu ersetzen.

> Die **Abgrenzung der Schadensarten** ist neuerdings umstritten. Die Problematik haben Sie bereits kennen gelernt. Manche Autoren wollen die Verzögerungsschäden aus §§ 280 Abs. 1, 2, 286 BGB in einen später entstehenden Schadensersatzanspruch anstelle der Leistung einbeziehen. Wer dieser Ansicht folgen will, müsste mit der Prüfung des jeweiligen Schadensersatzanspruches anstelle der Leistung beginnen und bei der Schadensberechnung den Verzögerungsschaden mit einrechnen.

Fall 297: Der K kaufte am 1. September 2004 formgerecht eine Eigentumswohnung von V und zahlte am gleichen Tag vereinbarungsgemäß den Kaufpreis auf das Treuhandkonto des Notars. Der V hatte die Auflassung erteilt. Der Notar sollte nunmehr die Eintragung des K als Eigentümer herbeiführen. Übergeben werden sollte die Wohnung am 1. Oktober 2004. Der K hatte die Wohnung zum 1. Oktober 2004 an M für 5 Jahre gewerblich vermietet. Als der K am 1. Oktober nicht den Schlüssel erhielt, setzte er dem V eine Nachfrist bis zum 15. Oktober 2004. Als der V auch am 1. November 2004 den Schlüssel nicht übergeben hatte, verlangte er Schadensersatz wegen des ihm nach Abzug aller Aufwendungen entgangenen Gewinns (nach Lorenz – Riehm).

1. Für die Zeit vom 1. Oktober 2004 (Verzugsbeginn nach § 286 Abs. 2 Nr. 1 BGB) bis 31. Oktober 2002 (Verzugsende wegen Erlöschen des Anspruchs nach § 281 Abs. 4 BGB) steht dem K ein Anspruch aus §§ 280 Abs. 1, 2, 286 Abs. 1, 2 Nr. 2, 249 Abs. 1, 252 BGB zu.
2. Der weitere Verzögerungsschaden ist nach §§ 280 Abs. 1, 3, 281, 249 Abs. 1, 252 BGB zu ersetzen.

Nicht unter §§ 280 Abs. 1, 2, 286 BGB fallen solche Kosten, die entstanden sind, um den Verzug überhaupt erst auszulösen.

> Fall 298: Der S schuldet G Geld. Der G beauftragt den Rechtsanwalt R mit der Rechtsverfolgung. Der R mahnt daraufhin den S. Die deshalb entstandenen Anwaltskosten verlangt der G von dem S nach § 286 BGB ersetzt.
> Dieser Anspruch besteht nicht. Die Beauftragung des Anwalts erfolgt vor Verzugseintritt und ist daher nicht erstattungsfähig. Anders wäre es freilich, wenn S den G schon vorher in Verzug gesetzt hätte.

(5) Abschlussübersicht

Die nachfolgende Übersicht fasst die **Voraussetzungen** eines Anspruchs auf Ersatz eines Verzögerungsschadens aus §§ 280 Abs. 1, 2, 286 BGB noch einmal zusammen.

→ **I. Haftungsbegründende Voraussetzungen**
1. Bestehen eines **zu einer Leistung verpflichtenden** rechtsgeschäftlichen oder gesetzlichen **Schuldverhältnisses**.
2. Nichtleistung oder Leistungsverzögerung durch **verspätete Leistung** der ganzen Leistung oder eines Teils davon (§ 286 Abs. 1 BGB); entfällt, sobald keine Leistungspflicht besteht (nach §§ 275, 346, 281 Abs. 4).
3. **Mahnung** (§ 286 Abs. 1 S. 1 BGB) oder Mahnungssurrogat (§ 286 Abs. 1 S. 2 BGB) oder **Entbehrlichkeit der Mahnung** (§ 286 Abs. 2, 3 BGB).
4. Vermutetes **Vertretenmüssen**: Fehlende Entlastung (§ 280 Abs. 1 S. 2 BGB, a.A.: § 286 Abs. 4 BGB).

→ **II. Haftungsumfang**
Ersatz des **Verzögerungsschadens** neben der Leistung nach §§ 249 ff. BGB.

bb) Bei Geldschulden: Anspruch auf Verzugs-, Fälligkeits- und Prozesszinsen als Mindestschadensersatz neben der Leistung (§§ 288 BGB, 353 HGB, 291 BGB)

Als auf den Ersatz eines (**Mindest-**) **Schadens neben der Leistung** gerichtete Ansprüche kann man auch die vom Gesetz in **eigenständigen Anspruchsgrundlagen** geregelten **Ansprüche auf Zahlung** von **Verzugs-, Fälligkeitszinsen** und **Prozesszinsen** bei **Geldschulden** ansehen.

Nach § 288 Abs. 1 BGB (der übrigens – anders als hier vorgeschlagen – auch als bloße den Verzögerungsschadensersatz aus § 286 BGB erweiternde Norm angesehen werden kann), hat der Schuldner während des Verzuges mit einer Geldschuld (die Verzugsvoraussetzungen müssen daher vorliegen!) diese mit 5 % über dem Basiszinssatz zu verzinsen („**Verzugszinsen**"). Bei Rechtsgeschäften, an denen ein Verbraucher nicht beteiligt ist, beträgt nach § 288 Abs. 2 BGB der Zinssatz 8 % über dem Basiszinssatz. Der Basiszinssatz beträgt seit dem 1. Januar 2006 1,37 %. Hierbei handelt es sich um einen neben der Leistungspflicht zu erbringenden **„Mindestschadensersatz"**, dessen Ersatz der Gläubiger verlangen kann, ohne einen Schaden nachweisen zu müssen. § 288 Abs. 1 BGB ist keine abschließende Regelung, wie § 288 Abs. 3 BGB für aus einem anderen Rechtsgrund geschuldete „höhere Zinsen" (z.B. aus einer vertraglichen Vereinbarung) und § 288 Abs. 4 BGB für den Fall noch **höherer Zinsschäden** (z.B. wenn der Gläubiger wegen der ausbleibenden Zahlung einen teureren Kredit aufnehmen musste) klarstellt; in diesen Fällen kann der Gläubiger diese höheren Zinsen über §§ 280 Abs. 1, 2, 286 BGB ersetzt verlangen. Das Geltendmachen der Verzugszinsen schließt die Geltendmachung eines tatsächlich entstandenen sonstigen **weiteren Verzögerungsschadens** nicht aus (§ 288 Abs. 4 BGB).

> Fall 299: Der V hatte den Erwerb der an den K verkauften Ware durch Inanspruchnahme eines Bankkredits der B-Bank finanziert. Diesen am 1. April 2003 fälligen Kredit wollte der V mit der einen Hälfte des am 31. März 2003 fälligen Kaufpreises tilgen. Die andere Hälfte des Kaufpreises wollte er ab 1. April 2003 dem S als verzinsliches Darlehen zur Verfügung stellen. Der K zahlt den Kaufpreis aber erst am 1. Mai 2003. Die B-Bank hatte inzwischen den Kredit gegen eine Erhöhung der Zinsen um einen Monat verlängert. Der S hatte sich das Geld anderswo geliehen. Der V will von K Schadensersatz.
>
> Dem V steht a) nicht nur ein Anspruch auf die Verzugszinsen als Mindestschadensersatz aus § 288 Abs. 1 BGB (bzw. §§ 286, 288 Abs. 1 BGB) zu, b) sondern auch ein Anspruch auf Ersatz des konkret entstandenen Verzögerungsschadens aus §§ 288 Abs. 4, 286 BGB: aa) auf Ersatz der wegen der Verspätung an die B-Bank zu zahlenden höheren Zinsen, bb) und wegen der entgangenen Geldanlagemöglichkeit (§ 252 BGB).

Geldschuldgläubiger, die **Kaufleute** sind, können **von Kaufleuten** aus **beiderseitigen Handelsgeschäften** neben der Leistung sogar **Fälligkeitszinsen** verlangen (§ 353 HGB). Die Höhe richtet sich nach dem gesetzlichen Zinssatz des HGB (§ 352 HGB), beträgt also 5 % pro Jahr. In einer Fallbearbeitung würde man allerdings mit der Prüfung eines Anspruchs aus §§ 280 Abs. 1, 2, 286, 288 beginnen, da dieser Anspruch weitergehender ist. Erst danach sollte man § 353 HGB prüfen. Die Voraussetzungen wären: (1) Beteiligte sind **Kaufleute** (§§ 1ff HGB), (2) Forderung ist für beide ein **Handelsgeschäft** (§§ 343, 344 HGB), (3) **Forderung** ist **fällig**.

Sofern der Schuldner verklagt ist, kann der Gläubiger einer Geldschuld **ab Rechtshängigkeit** ohne Rücksicht darauf, ob der Schuldner im Verzug ist, neben der Leistung auch **Prozesszinsen** verlangen (§ 291 BGB). Dies ist wichtig, falls der Verzug z.B. am fehlenden Vertretenmüssen scheitert. Für universitäre Prüfungsarbeiten ist dieser Anspruch kaum bedeutsam, in der Praxis (also auch für die Referendare unter den Lesern) ist er aber äußerst wichtig und sollte daher bekannt sein.

Beachten Sie hierbei, dass der Beginn des Berechnungszeitraumes bei § 291 BGB immer einen Tag <u>nach</u> Rechtshängigkeit eintritt.

> Beispiel: Zustellung der Klageschrift am 2. März. 2006 bedeutet Zinsen nach § 291 BGB seit dem 3. März 2006!

cc) Umgekehrt: Anspruch des Schuldners auf Ersatz von Mehraufwendungen bei Annahmeverzug (§ 304 BGB)

Bisher ging es uns um die Ansprüche des Gläubigers aufgrund einer verspäteten Leistung des Schuldners. Umgekehrt kann aber auch dem Schuldner einer Leistungsverpflichtung wegen Verzögerungen bei der Annahme durch den Gläubiger ein Schaden entstehen.

Der Ersatz eines solchen Schadens kann zumeist nicht nach §§ 280 Abs. 1, 2, 286 BGB verlangt werden, da die Annahme einer Leistung keine Leistungs"-pflicht" (Ausnahme: § 433 Abs. 2 BGB!!), sondern eine „Obliegenheit" ist.

> Unter dem aus dem Versicherungsrecht (werfen Sie einen Blick die für jeden Versicherungsnehmer – also auch für Sie! – ungeheuer wichtigen §§ 16 ff. VVG) entlehnten Begriff **„Obliegenheit"** (*R. Schmidt*) versteht man Verbindlichkeiten, die einen Person nicht zur Erfüllung verpflichten und deren Verletzung daher auch keine Schadensersatzpflichten begründen, deren Nichtbeachtung aber zu Rechtsverlusten oder anderen Nachteilen führt: z.B. die Anzeigepflicht aus § 149 BGB, die Schadensminderungspflicht aus § 254 BGB (die daher eigentlich Schadensminderungsobliegenheit heißen müsste), die Annahmeobliegenheit des Gläubigers aus §§ 293 ff. BGB, die Untersuchungs- und Rügeobliegenheit aus § 377 HGB (die im Gesetz auch Rügepflicht heißt).

Die **Voraussetzungen** eines **Anspruchs** des Schuldners **auf Ersatz von Mehraufwendungen aus § 304 BGB** sind

- Zum einen das Bestehen eines Schuldverhältnisses mit Leistungspflicht,

- außerdem der **Annahmeverzug** des Gläubigers (§§ 293 ff. BGB),

> Zur Prüfung, ob Annahmeverzug nach §§ 293 ff BGB vorliegt, kann dieses kleine Prüfungsschema verwendet werden. Seinen Nutzen entfaltet es einmal für den hier erörterten Anspruch aus § 304 BGB und weiterhin für die anderen Rechtsfolgen des Annahmeverzugs (§§ 300-303 BGB).
>
> a) **Erfüllbarkeit des Anspruches**: Der Schuldner darf im Grundsatz seine Leistung jederzeit erfüllen (§ 271 BGB).
>
> b) **Angebot der Leistung** nach §§ 294-296 BGB.
>
> c) **Möglichkeit der Leistung** (§ 297 BGB).
>
> d) **Nichtvorliegen des § 299 BGB**.
>
> e) **Nichtannahme der Leistung** (§ 293 BGB) oder **Annahme ohne Angebot der Gegenleistung** (§ 298 BGB).

- und das Vorliegen dadurch bedingter **Mehraufwendungen** des Schuldners für ein erfolgloses Angebot der Leistung und eine Aufbewahrung und Erhaltung des geschuldeten Gegenstandes. Personen, die bestimmte Leistungen geschäftsmäßig anbieten, sollten auch für ihren Arbeitslohn einen Ersatz verlangen dürfen, weil bei ihnen auch die aufgewendete Zeit und Arbeitskraft eine Aufwendung sind (§ 1835 Abs. 3 BGB analog; ebenso bei der GoA, §§ 677, 683 BGB, dazu mehr in Teil 5).

Wenn die Nichtannahme der Leistung **zugleich** die **Verletzung** einer **Leistungspflicht** (z.B. bei § 433 Abs. 2 BGB: erzwingbare Abnahmepflicht des Käufers) darstellt, so greifen bei einem (vermuteten) Verschulden neben § 304 BGB auch §§ 280 Abs. 1, 2, 286 BGB ein.

> § 304 BGB hat für den Schuldner aber den Vorteil, dass ein Vertretenmüssen nicht erforderlich ist. Erfasst werden aber nur Aufwendungen, nicht Schäden, was den Anspruch andererseits entwertet.

Fall 300: Der Pferdebesitzer P 1 bringt zwei Reitpferde zum Pferdetrainer T. Der P 1 vereinbart mit dem T, dass dieser die Pferde gegen ein Entgelt zu Trabrennpferden ausbilden soll. Nach Abschluss des Trainings ruft T den P 1 an und teilt ihm das Ende des Trainings mit. Weiterhin fordert er den P 1 auf, die Pferde am nächsten Tag abzuholen. Der P 1 erklärt dem verblüfften T, dass ihn das alles gar nichts mehr anginge, da die Pferde schon vor Monaten an den P 2 verkauft worden seien, der ihm versprochen habe, die Pferde nach dem Training abzuholen. Der P 2 erscheint tatsächlich 4 Monate später und holt die Pferde ab. In der Zwischenzeit hat der T die Pferde weiter gefüttert und untergestellt. Der T verlangt dafür das für ihn übliche Entgelt in Höhe von € 1500.- von P 1.

Der Anspruch kann sich aus § 304 BGB ergeben. a) Zwischen P 1 und T muss zunächst ein Schuldverhältnis bestanden haben. Hier lag ein Vertrag eigener Art (= „sui generis") vor (§§ 311 Abs. 1, 241 Abs. 1 BGB); zu den Pflichten des T gehörte u.a. die Rückgabe der Pferde nach der Ausbildung. b) Der P 1 müsste hinsichtlich der Rückgabeverpflichtung in Annahmeverzug gekommen sein. Annahmeverzug liegt vor, wenn der Gläubiger eine ihm angebotene Leistung nicht annimmt (§ 293 BGB). aa) Grundsätzlich ist dazu ein tatsächliches Angebot erforderlich (§ 294 BGB). Die Leistung muss dabei so angeboten werden, dass der Gläubiger nur noch zugreifen muss. Hier lag eine Holschuld vor (§ 269 Abs. 1 BGB). Dazu hätte der T die Pferde speziell für den P 1 bereithalten müssen. Der Sachverhalt enthält dazu keine Angaben. bb) Es genügt aber ein wörtliches Angebot, wenn der Gläubiger die Annahme der Leistung verweigert. Dies war hier der Fall. P 1 war daher im Annahmeverzug. c) Die von T verlangten Kosten müssen Mehraufwendungen sein. aa) Es handelt sich beim Füttern der Pferde um ein freiwilliges Vermögensopfer, mithin um Aufwendungen. bb) Die Aufwendungen beruhten auf der Aufbewahrung und Erhaltung des geschuldeten Gegenstandes. Der P 1 muss daher zahlen.

Variante: Der T verlangt für seine Pferdepflegertätigkeit ein Entgelt in Höhe der üblichen Vergütung.

Der Anspruch ergibt sich aus § 304 BGB, weil bei Personen, die bestimmte Leistungen geschäftsmäßig anbieten, auch die aufgewendete Zeit und Arbeitskraft Aufwendungen sind (§ 1835 Abs. 3 BGB analog; ebenso bei §§ 677, 683 BGB).

> Sie wissen jetzt, unter welchen Voraussetzungen der Gläubiger von einem die Leistung verspätet erbringenden Schuldner Schadensersatz „neben der Leistung" in Gestalt eines „Verzögerungsschadens" verlangen kann dass und ihm weitere Ansprüche (auf Zinsen) zustehen. Dass der Schuldner seinerseits bei verzögerter Entgegennahme seiner Leistung gegen den Gläubiger einen Anspruch auf Ersatz eines Mehraufwandes hat, haben wir bei dieser Gelegenheit mit angesprochen.

b) Anspruch auf Schadensersatz „neben der Leistung" wegen einer Leistung „nicht wie geschuldet" bzw. „Schlechterfüllung" (§ 280 Abs. 1 BGB)

Die Vorschrift des **§ 281 Abs. 1 BGB** zeigt, dass es als eine „Pflichtverletzung" i.S.d. § 280 Abs. 1 BGB, die zur Schadensersatzpflicht führen kann, anzusehen ist, wenn der Schuldner nicht „wie geschuldet" bzw. „schlecht" leistet. Dort heißt es: „Soweit der Schuldner die fällige **Leistung ... nicht wie geschuldet erbringt,** ... ".

> Bitte machen Sie sich aber zunächst noch einmal bewusst, dass wir uns aus noch zu erläuternden dogmatischen Gründen dafür entschieden haben, die Erörterung der Leistungsstörung „Schlechtleistung" aufgrund eines **speziell geregelten Gewährleistungsrechts** (Kauf-, Werk-, Miet- und Reisevertrag) auf einen späteren Zeitpunkt zu verschieben.
>
> Damit machen wir jetzt auch ernst: Sie werden daher hier nichts über einen Anspruch auf Schadensersatz des Käufers/Bestellers/Mieters/Reisenden gegen den Verkäufer/Werkunternehmer/Vermieter/Reiseveranstalter neben der Leistung wegen der Lieferung/Herstellung/Überlassung/Erbringung einer/s mangelhaften Ware/Werkes/Mietsache/Reise lesen. Und zwar auch nicht, wenn das spezielle Gewährleistungsrecht z.B. deshalb nicht gilt, weil die Gefahr noch nicht auf den Käufer übergegangen ist. Das alles „heben wir uns" noch für später „auf" (C. ff.).

aa) Leistung „nicht wie geschuldet" bzw. „Schlechterfüllung" in der „Gewährleistungslücke"

Wenn es also Ansprüche auf Schadensersatz „neben der Leistung" aus § 280 Abs. 1 BGB wegen einer Leistung „nicht wie geschuldet" bzw. wegen einer „schlecht erfüllten" Leistung gibt, so denkt das Gesetz dabei an Schuldverhältnissen ohne **speziell geregeltes Gewährleistungsrecht**, also z.B. an den Dienstvertrag (Arztvertrag, Anwaltsvertrag, Steuerberatervertrag, Wirtschaftsprüfervertrag), an den Maklervertrag, an den Auftrag, an den Gesellschaftsvertrag, an den Bürgschaftsvertrag etc. und – schon wieder werden sie entgegen dem Eingangsversprechen erwähnt – an die gesetzlichen Schuldverhältnisse, also an die Konstellationen einer **"Gewährleistungslücke"**. Lücke bedeutet hier allein, dass bei diesen Schuldverhältnissen im besonderen Schuldrecht eine den §§ 434 ff. BGB vergleichbare Regelung fehlt und deswegen bei „nicht wie geschuldet" erbrachten bzw. „schlecht erfüllten" Leistungen auf das allgemeine Leistungsstörungsrecht zurückgegriffen werden kann.

> Vor der Schuldrechtsreform wurden die Fälle, bei denen es um eine Schlechterfüllung in der „Gewährleistungslücke" ging, durch das gewohnheitsrechtlich anerkannte Institut der **„positiven Forderungsverletzung"** („pFV"), von manchen auch (ungenau) als „positive Vertragsverletzung" („pVV") bezeichnet, gelöst. Dieses Institut wurde im Jahre 1902 durch den Rechtswissenschaftler *Hermann Staub* „entdeckt". Die Bezeichnung rührt daher, dass in den der „pFV" zugerechneten Fällen ein Schuldner, anders als bei Unmöglichkeit oder Verzug, nicht die Leistung als solche oder ihre rechtzeitige Erbringung unterlässt, sondern durch „positives" Tun einen Schaden herbeiführt.

Das für einen Schadensersatzanspruch aus § 280 Abs. 1 S. 1 BGB vorausgesetzte **Schuldverhältnis** ist dann das die Leistungspflicht begründende Schuldverhältnis.

Die **Pflichtverletzung** liegt in einer **Leistung „nicht wie geschuldet"** bzw. **„Schlechterfüllung"** der Primärleistungsverpflichtung.

Ein Schadensersatzanspruch aus § 280 Abs. 1 S. 1 BGB setzt weiterhin einen **zu vertretenden Pflichtverstoß** voraus. Im Gesetz wird eine **Verschuldensvermutung** dahingehend ausgesprochen, dass der **Schuldner die Pflichtverletzung zu vertreten** hat (§ 280 Abs. 1 S. 2 BGB).

Der richtige Umgang mit dieser Vermutung ist für die **Fallbearbeitung von größter Bedeutung**:

- Gewohnt sind Sie vielleicht solche Fallkonstellationen, bei der im Sachverhalt tatsächliche Anhaltspunkte für ein Verschulden des Schuldners gegeben sind. In solchen Fällen müssen Sie **§ 276 BGB subsumieren**.

- Wenn aber der Sachverhalt keine tatsächlichen Umstände enthält, aus denen man Schlüsse darauf ziehen kann, dass der Schuldner die Pflichtverletzung i.S.d. § 276 BGB zu vertreten hat, dann müssen Sie unter Berufung auf die gesetzliche **Verschuldensvermutung** des § 280 Abs. 1 S. 2 BGB von seinem Verschulden ausgehen. Es wäre in einem solchen Fall sogar verboten, durch „phantasievolle" Spekulationen aus dem eigenen Erfahrungshorizont den Sachverhalt zu „ergänzen", nur um sich auf diese Weise tatsächliches Material für eine Prüfung des § 276 BGB zu verschaffen.

> Die prozessrechtlich Interessierten (das sollten Sie eigentlich alle sein, denn es gibt auch in der Ausbildung und im 1. Staatsexamen Zivilrechtsklausuren mit prozessrechtlich und sogar zwangsvollstreckungsrechtlich re-

> levanten Fragestellungen; außerdem sind Sie ja alle binnen Kurzem Referendar!) sollten sich klarmachen, dass diese Vermutung die **Freiheit des Klägers von Darlegungs- und Beweispflichten** bedeutet. Dem Beklagten steht es aber frei, das vermutete Vertretenmüssen durch einen entsprechenden im Bestreitensfall von ihm zu beweisenden Vortrag zu widerlegen. Diese Darlegungs- und Beweiserleichterung ist von praktisch gar nicht zu überschätzender Bedeutung. Zum Vergleich: Bei einem Anspruch aus § 823 Abs. 1 BGB muss der Gläubiger (von seltenen Ausnahmen abgesehen) die ein Verschulden begründenden Tatsachen vortragen und sie notfalls beweisen, was häufig sehr schwierig ist.

Eine ganz wichtige **Ausnahme von der Verschuldensvermutung des § 280 Abs. 1 S. 2 BGB** findet sich in § 619 a BGB für das Arbeitsrecht: Der Arbeitgeber, der vom Arbeitnehmer Ersatz für den aus der Verletzung einer Pflicht aus dem Arbeitsverhältnis entstehenden Schaden verlangt, hat vorzutragen und notfalls zu beweisen, dass der Arbeitnehmer die Pflichtverletzung zu vertreten hat.

Wenn Sie **bei der Fallbearbeitung** durch „verschuldensrelevante" Tatsachenangaben im Sachverhalt zur Prüfung des Vorliegens des Verschuldens (genauer gesagt: zur **Prüfung, ob die Verschuldensvermutung widerlegt** ist) veranlasst werden, so erhalten Sie hier einige zentrale Informationen, die Ihnen die Prüfung erst einmal möglich machen sollen. Zum Zwecke der „Entzerrung" der sonst allzu „kopflastig" werdenden Gesamtdarstellung werden Sie erst im späteren Verlauf des Textes vertiefte Informationen erhalten (so z.B. zur Frage der Verschuldenszurechnung nach § 278 BGB):

- Der Schuldner muss **verschuldensfähig** sein (§ 276 Abs. 1 S. 2, 827, 828 BGB): Er muss also das 7. Lebensjahr (und bei unvorsätzlich herbeigeführten Verkehrsunfällen das 10. Lebensjahr; diese Regelung wirkt sich aber nur bei deliktischen Ansprüchen aus) vollendet haben. Vor Vollendung des 18. Lebensjahrs ist er nicht **verantwortlich**, wenn er bei Begehung der Handlung nicht die zur Erkenntnis der Verantwortlichkeit erforderliche Einsicht hat, was selten der Fall sein dürfte. Eine Einschränkung auch für volljährige Personen findet sich in § 827 BGB.

- Hinsichtlich des Verschuldensmaßstabes müssen Sie davon ausgehen, dass der Schuldner **grundsätzlich Vorsatz und Fahrlässigkeit** zu vertreten hat (§ 276 Abs. 1 S. 1 BGB).

> 1. Unter (dem gesetzlich nicht definierten) **Vorsatz** versteht man das „Wissen und Wollen des rechts- und pflichtwidrigen Erfolges". Der Vorsatz entfällt also, wenn das Bewusstsein der Rechts- und Pflichtwidrigkeit fehlt („Vorsatztheorie"). Da ein solcher Irrtum aber meistens auf Fahrlässigkeit beruht (so z.B. bei einer irrtümlich falschen Einschätzung der Rechtslage durch den Schuldner ohne Einholung von Rechtsrat), muss der Schuldner häufig gleichwohl Schadensersatz leisten.

> 2. Der Rechtsbegriff der **Fahrlässigkeit** wird in § 276 Abs. 2 BGB definiert als die Außerachtlassung der „im Verkehr erforderlichen Sorgfalt"; welche Sorgfalt im Verkehr erforderlich ist, bestimmt sich objektiv nach der durchschnittlich von einer Person des Verkehrskreises (einschließlich der Berufsgruppe), zu der der Schuldner gehört, zu erwartenden Sorgfalt.

- Es gibt allerdings **Ausnahmen** in Gestalt eines **milderen** (§ 300 Abs. 1 BGB: bei Annahmeverzug nur Haftung für Vorsatz und grobe Fahrlässigkeit) oder **schärferen** (§ 287 S. 2 BGB: beim Schuldnerverzug Haftung für Zufall!) **Haftungsmaßstabes**. Solche Fälle werden wir später gesondert erörtern.

- Das Verschulden muss sich immer auf den Tatbestand der jeweiligen Pflichtverletzung beziehen, also **nicht auf** den **Schaden** gerichtet sein.

- Bei bestehenden Schuldverhältnissen, um die es hier geht, also bei Verträgen und anderen Sonderverbindungen, also auch bereits bestehenden gesetzlichen Schuldverhältnissen, muss man sich als Schuldner auch ein Verschulden von **Erfüllungsgehilfen** und von **gesetzlichen Vertretern** nach § 278 BGB und im Fall des Frachtvertrages das Verschulden seiner „**Leute**" nach § 428 HGB zurechen lassen. Dieses wichtige Thema (insbesondere die Haftung für Erfüllungsgehilfen nach § 278 BGB) erörtern wir später gesondert.

- Wie Sie längst wissen, müssen die **juristischen Personen** und **rechtsfähige Personengesellschaften** sich das schuldhafte Verhalten ihrer **Organe** oder ihrer **Geschäftsführer** zurechnen lassen (§ 31 BGB oder § 31 BGB analog oder §§ 26 Abs. 2 S. 1, 278 BGB).

Für das Vorliegen eines Schadensersatzanspruchs neben der Leistung wegen einer „nicht wie geschuldet" erbrachten Leistung oder einer „schlecht erfüllten" Leistung aus § 280 Abs. 1 S. 1 BGB muss schließlich auch ein **Schaden** gegeben sein, der auf den zum Schadensersatz verpflichtenden Umstand (äquivalent und adäquat kausal und zum Schutzbereich der Norm gehörig) zurückführbar ist. Dieser wird nach der „**Differenzhypothese**" so **berechnet**, dass die bestehende (Ihnen durch den Sachverhalt vermittelte) Vermögenslage („Ist-Zustand") mit derjenigen verglichen wird, die ohne den zum Schadensersatz verpflichtenden Umstand gegeben wäre („Soll-Zustand"). Bei diesem Vergleich muss auch der widerleglich als Schaden vermutete entgangene Gewinn (§ 252 BGB) als Schadensposten berücksichtigt werden. Unberücksichtigt bleiben hypothetische Vorteile, gegen deren Berücksichtigung höherrangiges Recht spricht oder die auf verbotenem oder sittenwidrigem Erwerb beruhen würden.

> Ob auch die **Einbuße an anderen „Lebensgütern"** (z.B. entgangene Urlaubsfreude, entgangene Nutzung eines Sportwagens) infolge des zum Schadensersatz verpflichtenden Umstandes zu ersetzen ist, ist dann eine Frage des Haftungsumfanges. Umgekehrt müssen als „Schadensabzugsposten" alle die **für das Vermögen vorteilhaften Umstände** berücksichtigt werden, die nach einer wertenden Betrachtungsweise äquiva-

> lent und adäquat kausal auf die Pflichtverletzung zurückzuführen sind und die nach Sinn und Zweck des Schadensersatzrechtes vom Schaden abgesetzt werden müssen. Zu berücksichtigen ist weiterhin ein Mitverschulden des Geschädigten (§ 254 BGB).

Das „Wie" des Schadensersatzes ergibt sich aus den §§ 249 ff. BGB.

Die **Voraussetzungen eines Anspruchs auf Schadensersatz neben der Leistung aus § 280 Abs. 1 S. 1 BGB** sind also kurz zusammengefasst die folgenden:

→ I. **Haftungsbegründende Voraussetzungen**
Vorüberlegung: „Gewährleistungslücke" (ungeschriebenes Merkmal, sofern Gewährleistungsrecht eingreift prüft man zuvor die entsprechende Norm und kommt gar nicht zu § 280 BGB).
1. Bestehen eines **Schuldverhältnisses**.
2. **Pflichtverletzung**: Leistung „nicht wie geschuldet" bzw. „Schlechterfüllung".
3. **Vertretenmüssen**: Fehlende Entlastung (§ 280 Abs. 1 S. 2 BGB; Ausnahme § 619 a BGB!!).

→ II. **Haftungsumfang**
Ersatz des entstandenen Schadens nach §§ 249 ff. BGB.

Fall 301: Dr. A nimmt einen „sozial indizierten" Schwangerschaftsabbruch bei der Patientin P vor. Wegen eines Kunstfehlers wird die Schwangerschaft nicht unterbrochen, und die P bringt ein gesundes Kind zur Welt. Die unverheiratete P verlangt Ersatz der Unterhaltskosten von Dr. A (nach Medicus).

Die P macht einen Anspruch auf Schadensersatz „neben der Leistung" geltend. Dieser Anspruch könnte sich aus §§ 280 Abs. 1, 241 Abs. 1 BGB ergeben. a) Das Schuldverhältnis ist ein Dienstvertrag (§ 611 BGB). Er ist wirksam (§ 138 Abs. 1 BGB liegt bei einem „sozial indizierten" Schwangerschaftsabbruch nicht vor, ebenso wenig § 134 BGB, da der Schwangerschaftsabbruch wegen § 218 a StGB hier nicht strafbar ist!). b) Es gibt kein spezielles Gewährleistungsrecht („Gewährleistungslücke"). c) Die qualitativ mangelhafte Leistung ist eine Leistung „nicht wie geschuldet" bzw. „Schlechterfüllung", also eine Pflichtverletzung. d) Die Verschuldensvermutung des § 280 Abs. 1 S. 2 BGB ist nicht widerlegt. e) Der Schaden ist nicht das Kind, sondern die „Unterhaltslast" der P aus § 1601 BGB. aa) Dieser Schaden beruht äquivalent und adäquat kausal auf der Vertragsverletzung und liegt im Schutzbereich der Norm (gerade dem Ziel der Verhinderung einer weiteren Schwangerschaft und Geburt diente der Vertrag). Seiner Anerkennung könnten aber normative Erwägungen entgegenstehen. Der 2. Senat des BVerfG lehnt die Ersatzpflicht generell ab, weil „die Verpflichtung der staatlichen Gewalt, jeden Menschen in seinem Dasein um seiner selbst willen zu achten" dies verbiete. Richtig ist es dagegen, mit dem BGH einen Vermögensschaden in der Belastung mit der Unterhaltspflicht zu sehen. Denn wenn durch einen wirksamen Vertrag die Herbeiführung vermögenswerter Interessen vereinbart werden kann, dann muss im Fall einer Leistungsstörung die wirtschaftlich angestrebte Folge auch durch Schadensersatz herbeigeführt werden können. bb) Der Schadensersatz erfolgt durch Kompensation des Unterhaltsschadens nach § 251 Abs. 1 BGB.

Fall 302: Der Bestand der von der Kassiererin K bedienten Kasse weist gegenüber der Abrechnung ein Manko von € 100,- auf. Der Arbeitgeber Ag verlangt Schadensersatz und erhebt, als die K die Zahlung von € 100,- verweigert, Klage vor dem Arbeitsgericht. Der Ag behauptet, die K habe einen € 100,- – Schein in ihr eigenes Portemonnaie gesteckt. Die K bestreitet dies und behauptet, ein sich als Kunde ausgebender Trickdieb habe den Schein aus der Kasse gezogen, als sie ihm nach einem Kauf das Wechselgeld herausgegeben habe. Die Wahrheit lässt sich durch das Gericht nicht aufklären.

a) Der Anspruch könnte sich zunächst aus §§ 611, 675, 667, 280 Abs. 1 S. 1, Abs. 3, 283 BGB ergeben. § 667 BGB greift jedoch nicht ein, weil die K wegen § 855 BGB den Kassenbestand nicht besessen hatte, also auch nichts, was sie durch eine Geschäftsbesorgung erlangt hätte, herauszugeben hatte (BAG). b) In Betracht kommt ein Anspruch aus § 280 Abs. 1 S. 1, 241 Abs. 1 BGB. aa) Das Schuldverhältnis ist der Arbeitsvertrag (§ 611 BGB). bb) Es gibt kein spezielles Gewährleistungsrecht („Gewährleistungslücke"). cc) Es müsste eine Pflichtverletzung der K vorliegen. In Betracht kommt eine Leistung „nicht wie geschuldet" bzw. „Schlechterfüllung". Der Ag muss dazu grundsätzlich darlegen und beweisen, dass die K eine Pflicht aus dem Arbeitsvertrag verletzt hat. Hier kommt der Schaden aus dem Verantwortungsbereich („Sphäre") der K (sie ist für den Kassenbestand verantwortlich); daher muss die K sich entgegen der Regel entlasten. Dazu enthält der Sachverhalt nichts. Also ist von einer Pflichtverletzung der K auszugehen. dd) Nach § 619 a BGB muss – abweichend von der Regel des § 280 Abs. 1 S. 2 BGB – nicht die K ihr fehlendes Verschulden beweisen, sondern der Ag ist für ihr Verschulden beweispflichtig: Der klagende Arbeitgeber (Ag) hat im Prozess die Tatsachen vorzutragen, aus denen sich ein Verschulden des beklagten Arbeitnehmers (K) ergibt. Die beklagte Arbeitnehmerin (K) hat diese Behauptung bestritten und ihrerseits einen Sachverhalt vorgetragen, der ihr Verschulden ausschließt. Der klagende Arbeitgeber hätte jetzt seine Behauptung beweisen müssen. Dazu enthält der Sachverhalt nichts. Also kann nicht von einem Verschulden der K ausgegangen werden. ee) Die K ist nicht zum Ersatz des Schadens verpflichtet.

Fall 303: Der A stellt den Studenten S für 3 Tage zu je 8 Stunden für € 20,- pro Stunde für die Inventur seines Ladengeschäftes ein. Am letzten Tag schätzt der S die Warenbestände nur noch, anstatt genau zu zählen. Der A stellt dies erst nach der Bezahlung des S fest, als ihn der Steuerberater auf grobe Widersprüche zwischen den Belegen und der Inventurzahlen vom letzten Tag, die sich nicht durch Schwund infolge von Verlusten und Diebstahl oder durch Zählfehler bei der Inventur erklären lassen, hingewiesen hat. Der A muss die Inventur für den letzten Tag durch den I für € 160,- wiederholen lassen und verlangt Schadensersatz von S in Höhe von € 160,-.

Der A macht einen Anspruch auf Schadensersatz neben der Leistung geltend. Dieser Anspruch könnte sich aus §§ 280 Abs. 1, 241 Abs. 1 BGB ergeben. a) Das Schuldverhältnis ist ein Dienstvertrag (§ 611 BGB). b) Es gibt kein spezielles Gewährleistungsrecht („Gewährleistungslücke"). c) Die qualitativ mangelhafte Leistung ist eine Leistung „nicht wie geschuldet" bzw. „Schlechterfüllung", also eine Pflichtverletzung. d) Die aa) Verschuldensvermutung des § 280 Abs. 1 S. 2 BGB ist nicht widerlegt (§ 619 a BGB gilt nicht, weil der S kein Arbeitnehmer ist). bb) Zu erörtern ist eine Haftungsmilderung nach arbeitsrechtlichen Grundsätzen. aaa) Ein Arbeitnehmer soll dem Arbeitgeber in vollem Umfang nur bei Vorsatz und grober Fahrlässigkeit auf Schadensersatz haften, während bei einfacher Fahrlässigkeit eine Reduktion der Haftung erfolgt und bei leichter Fahrlässigkeit gar nicht gehaftet wird. aaaa) Voraussetzung dafür war nach früherer Ansicht eine sog. „gefahrengeneigte Arbeit", bei der die Fürsorgepflicht des Arbeitgebers eine Rücksichtnahme auf den Arbeitnehmer gebot, die auch die Inanspruchnahme auf Schadensersatz einbezog. bbbb)

Später hat man darauf abgestellt, dass es um eine angemessene Verteilung des Betriebsrisikos geht, und dass es auf das Vorliegen einer „gefahrengeneigten Arbeit" nicht ankommt. cccc) In Abweichung von dieser Pauschallösung wird auch propagiert, die Verteilung der Risiken mit Hilfe des § 254 BGB stufenlos zu regeln. dddd) Heute kann man das Ergebnis am besten mit dem in § 276 Abs. 1 S. 1 BGB als verschuldensmaßstabs-relevant genannten „sonstigen Inhalt des Schuldverhältnisses" begründen. bbb) Der A ist kein Arbeitnehmer (s.o.). Gleichwohl stellt sich die Frage, ob man ihn, was die Haftungsbeschränkung angeht, wie einen solchen behandeln kann. Sie kann hier offen bleiben, denn der S hat seine Pflichten vorsätzlich verletzt, indem er anstelle zu zählen die Mengen „geschätzt" hat. Daher hat er nach allen Ansichten schuldhaft gehandelt, und auch für eine Herabsetzung der Schadensersatzpflicht aus § 254 BGB besteht kein Anlass. e) Daher hat der S dem A den durch die Pflichtverletzung entstandenen Schaden zu ersetzen.

Fall 304: Der Examenskandidat A erkennt 1 Woche nach Erhalt der Hausarbeit am 1. April 2002, dass er fortan ständig ein neu aufgelegtes Handbuch benötigen wird, das sich zum damaligen Zeitpunkt als einziges wissenschaftliches Werk dieser Art mit dem „neuen Schuldrecht" befasst. Weil das einzige am Fachbereich vorhandene Exemplar ständig von Professoren ausgeliehen ist, beschließt der A das Handbuch für € 50,- zu kaufen. Wegen großer Zeitnot beauftragt er den Kommilitonen B damit, das Buch für ihn bei der Buchhandlung Mauke zu kaufen und gibt ihm das dafür nötige Geld. Der B kauft das Buch. Auf dem Wege zu A verunglückt er aufgrund leichter Fahrlässigkeit. Das Buch wird so zerstört, dass die letzten 30 Seiten vollkommen unleserlich sind. Der A muss daher zur rechtswissenschaftlichen Bibliothek in Kiel fahren und die Seiten aus dem Buch kopieren und verlangt von B Schadensersatz in Höhe der Kopierkosten

Der A machten einen Anspruch auf Schadensersatz neben der Leistung geltend. Der Anspruch könnte sich aus §§ 280 Abs. 1, 241 Abs. 1 BGB ergeben. a) Der Auftrag ist ein Schuldverhältnis. b) Das Auftragsrecht enthält kein Gewährleistungsrecht (sog. „Gewährleistungslücke") c) Vorliegen müsste eine Leistung „nicht wie geschuldet" bzw. „Schlechterfüllung". Der B hat durch die Beschädigung des herauszugebenden Buches die Herausgabepflicht aus § 667 BGB verletzt. d) Er müsste schuldhaft gehandelt haben. aa) Die Verschuldensvermutung des § 280 Abs. 1 S. 2 BGB ist nicht widerlegt. bb) Nicht anwenden kann man die Regeln über die Haftungsbeschränkung im Arbeitsrecht, cc) wohl aber aufgrund des nach § 276 Abs. 1 S. 1 BGB maßgeblichen „Inhalts des Schuldverhältnisses" analog §§ 521, 690, 708, 1359, 2131 BGB eine Haftungsbeschränkung auf die eigenübliche Sorgfalt (§ 277 BGB). e) Daher haftet der B nicht.

Damit Sie bei „Leistungsstörungen" nicht immer nur an Ansprüche aus rechtsgeschäftlichen, speziell vertragliche Ansprüche denken, soll immer wieder einmal ein Sekundäranpruch aus einer Pflichtverletzung bei **gesetzlichen Schuldverhältnissen** „eingestreut" werden. Aber keine Sorge: Sie werden hier nicht „überfahren", sondern demnächst in Teil 5 umfassend über die „Geschäftsführung ohne Auftrag" instruiert werden.

Fall 305: Bei A ist die Waschmaschine übergelaufen, so dass bereits Wasser den Flur entlang läuft. Der darunter wohnende Nachbar N, der Zugang zu der Wohnung des A hat, stellt bei A das Wasser ab, um so größere Schäden zu verhindern. In der Eile stößt der N bei der Suche nach dem Absperrhahn eine versteckt in einer dunklen Nische stehende kostbare Vase des A um.

Dem A könnte ein Anspruch a) aus §§ 677, 683, 280 Abs. 1 BGB zustehen. aa) Zwischen A und N bestand ein Schuldverhältnis aus § 677, 683 BGB: Das Abdrehen des Wassers ist ein fremdes Geschäft. Der N hat mit Fremdgeschäftsführungswillen gehandelt. Die Übernahme des Geschäfts ist interessengemäß und entspricht auch dem mutmaßlichen Willen des A. bb) Das Umwerfen der Vase ist eine gegen § 677 BGB verstoßende pflichtwidrige Ausführung, weil der N das Geschäft nicht so geführt hat, wie es das Interesse des Geschäftsherrn mit Rücksicht auf dessen wirklichen oder mutmaßlichen Willen erfordert. cc) Der N müsste die Pflichtverletzung zu vertreten haben. Hier liegen verschuldensrelevante Angaben im Sachverhalt vor, so dass Sie sich nicht auf die Verschuldensvermutung in § 280 Abs. 1 S. 2 BGB berufen dürfen. aaa) Der N hat fahrlässig gehandelt. bbb) Fraglich ist, ob hier § 680 BGB eingreift und der N nur für Vorsatz oder grobe Fahrlässigkeit haftet. Das hängt davon ab, ob man eine dem A drohende dringende Gefahr i.S.d. § 680 BGB annimmt. § 680 BGB setzt eine dringende, d.h. aktuelle, unmittelbar drohende Gefahr für Personen oder Vermögen des Geschäftsherrn oder eines Angehörigen voraus. Eine solche Notsituation lag vor. Damit haftet N nicht auf Schadensersatz aus §§ 677, 280 Abs. 1 BGB, weil hier lediglich einfache Fahrlässigkeit vorliegt. b) Die Haftungsmilderung gilt auch für den konkurrierenden Anspruch des Geschäftsherrn aus § 823 Abs. 1 BGB, da sie sonst leer laufen würde.

bb) Leistung „nicht wie geschuldet" bzw. „Schlechterfüllung" durch Verletzung von leistungsbezogenen Nebenpflichten bei bestehendem Gewährleistungsrecht

Wir dürfen mit der eingangs ausgesprochenen Warnung, dass bei gesetzlich geregelten Gewährleistungsrechten kein Raum für einen Schadensersatzanspruch aus § 280 Abs. 1 BGB wegen einer Leistung „nicht wie geschuldet" bzw. einer „Schlechterfüllung" besteht, allerdings nicht „das Kind mit dem Bade ausschütten"!

Sie müssen sich nämlich Folgendes vergegenwärtigen: Wenn einen Schuldner die Pflicht zur Erbringung von solchen „leistungsbezogenen Nebenpflichten" trifft, deren Verletzung nicht zugleich eine mangelhafte Leistung i.S.d. eines evtl. gegebenen speziellen Gewährleistungsrechts bedeutet, dann besteht keine einen Anspruch aus § 280 Abs. 1 BGB ausschließende Kollision zu einem speziellen gesetzlichen Gewährleistungsrecht.

Konkret gesagt: Es ist anerkannt, dass immer dann, wenn derartige leistungsbezogene Nebenpflichten verletzt werden und der Käufer deshalb einen Schadensersatzanspruch geltend macht, nicht das vom Gesetz vorgehaltene spezielle Gewährleistungsrecht (z.B. beim Kaufvertrag aus §§ 437 Nr. 3, 280 Abs. 1 BGB) gilt, sondern nur § 280 Abs. 1 BGB. Dies ist der Fall bei Kaufverträgen, Werkverträgen, Mietverträgen, Reiseverträgen, also solchen Verträgen mit einem speziellen Gewährleistungsrecht, wie z.B. beim Kaufvertrag, die Pflicht des Verkäufers zur Aufklärung des Käufers, zur Beratung des Käufers, zur Verpackung der Ware oder zur ordnungsgemäßen Anlieferung und Auslieferung der Ware.

Fall 306: Der V verkauft am 1. Februar 2002 an den einen Gartenservice betreibenden K eine gerade neu auf dem Markt erschienene elektrische Motorsäge, die er als einziger deutscher Händler aus den USA importiert hat. Der V weist den K ein, ohne K einen – wegen der unterschiedllichen elektrischen Anschlüsse – für den deutschen Markt erforderlichen zusätzlichen Bedienungshinweis zu geben. Das beruht darauf, dass der V von der Notwendigkeit eines solchen Hinweises deshalb nichts wusste, weil er selbst von dem Hersteller keine entsprechende zusätzliche Bedienungsanleitung erhalten hatte. Der Brief des Herstellers war nämlich wegen seines in deutscher Sprache abgefassten komplizierten technischen Inhalts im Rahmen der übergründlichen Antiterrorismus-Kontrollen vom FBI beschlagnahmt worden. K nahm die Säge in Betrieb. Durch einen Bedienungsfehler, der K nicht unterlaufen wäre, wenn er den zusätzlichen Bedienunghinweis erhalten hätte, wird die Motorsäge leicht beschädigt. K will von V Ersatz in Höhe der Reparaturkosten (nach RegE).

Der Schadensersatzanspruch könnte sich aus §§ 280 Abs. 1 S. 1, 249 ff. BGB ergeben, a) denn die Nichtaushändigung ist die Verletzung einer Nebenpflicht (RegE) b) es sei denn, dass der V sich entlasten kann (§ 280 Abs. 1 S. 2 BGB), wofür einiges spricht.

Aus diesem Gunde werden wir den Anspruch auf Schadensersatz „neben der Leistung" wegen der Verletzung einer leistungsbezogenen Nebenpflicht auch nur hier an dieser Stelle erörtern und nicht später beim Gewährleistungsrecht des Kaufvertrags, des Werkvertrags oder des Mietvertrags.

Bei der Darstellung der Gewährleistungsrechte werden wir uns allerdings mit der Frage des Schadensersatzes für Schäden, die auf einen Mangel zurückzuführen sind (sog. „Mangelfolgeschäden") und die z.B. beim Kaufvertrag nach §§ 437 Nr. 3, 280 Abs. 1 BGB zu ersetzen sind, befassen müssen. Außerdem werden wir diese Fälle von denen abgrenzen müssen, in denen es um die Verletzung einer leistungsbezogenen Nebenpflicht geht und bei denen sich der Anspruch auf Schadensersatz neben der Leistung aus § 280 Abs. 1 BGB ergibt.

> Sie werden sich in diesem Zusammenhang vielleicht längst gefragt haben, worin eigentlich der Unterschied zwischen einem Anspruch aus § 280 Abs. 1 BGB und (beim Kaufvertrag) aus §§ 437 Nr. 3, 280 Abs. 1 BGB besteht, und ob diese ganze Diskussion nicht ein juristisch-dogmatisches „Glasperlenspiel" ist. Schließlich ist „Schadensersatz" doch gleich „Schadensersatz". Aber weit gefehlt: Von entscheidender Bedeutung ist die Unterscheidung für die Verjährung: So verjährt z.B. ein Schadensersatzanspruch als Gewährleistungsanspruch beim Kauf nach §§ 437 Nr. 3, 280 Abs. 1 BGB regelmäßig innerhalb von 2 Jahren nach Gefahrübergang (§ 438 Abs. 1 Nr. 3, Abs. 2 BGB), während ein Anspruch aus § 280 Abs. 1 BGB innerhalb von 3 Jahren verjährt und die Verjährung erst mit dem Schluss des Jahres beginnt, in dem der Gläubiger von dem Anspruch Kenntnis erlangt hat oder hätte erlangen müssen (§§ 195, 199 Abs. 1 BGB). Weitere Unterschiede sind die Ausschlussgründe in §§ 444, 445 BGB, die nur bei Ansprüchen aus §§ 437 Nr. 3, 280 Abs. 1 BGB gelten.

Wenn diese Frage nun also doch von Bedeutung ist, sollten wir schon einmal einen Blick „in die Zukunft" werfen und die **Differenzierung zwischen „Mangelfolgeschaden" und Schaden wegen Schlechterfüllung einer leistungsbezogenen Nebenpflicht** erproben:

In der Regel sind die **Grenzen klar**, und es ist schon „auf den ersten Blick" eindeutig zu erkennen, ob der Schaden auf die Schlechterfüllung einer „leistungsbezogenen Nebenpflicht" oder auf einen Sachmangel zurückzuführen ist, also ein beim Kauf nach §§ 437 Nr. 3, 280 Abs. 1 BGB zu ersetzender „Mangelfolgeschaden" ist.

Fall 307: Der V verkauft an den K Hafer, den dieser zur Fütterung seiner Pferde verwenden soll. Der Hafer kostet € 100.-. Der Hafer ist durch den falsch dosierten Einsatz eines die Lagerfähigkeit verbessernden Konservierungsmittels vergiftet, was der V hätte wissen müssen. Zwei Pferde des K sterben (Wert zusammen € 4000,-). Der K verlangt Nachlieferung mangelfreien Hafers und Ersatz für die beiden Pferde in Höhe von € 4000 .- (nach dem „Pferdefutter-Fall" in RGZ 66, 289).

1. Der Nachlieferungsanspruch ergibt sich aus §§ 437 Nr. 1, 439 Abs. 1 BGB (Einzelheiten dazu unter Teil 4 C.). 2. Der Anspruch auf Schadensersatz für die Pferde kann sich aus §§ 437 Nr. 3, 280 Abs. 1 BGB ergeben. a) Zwischen dem V und dem K bestand ein wirksamer Kaufvertrag b) Der Hafer war nicht, wie vertraglich vorausgesetzt, zum Verzehr durch Tiere geeignet und daher mangelhaft (§ 434 Abs. 1 S. 2 Nr. 1 BGB). Der Mangel lag zum Zeitpunkt des Gefahrüberganges (hier nach § 446 S. 1 BGB) vor. Der V hat damit seine Pflicht zur mangelfreien Leistung (§ 433 Abs. 1 S. 2 BGB) verletzt. c) Der V handelte fahrlässig (§ 276 Abs. S. 1 BGB), da er von der Vergiftung hätte wissen können. d) Als Rechtsfolge muss V dem K den erlittenen Schaden in Höhe von € 4000,- ersetzen.

Fall 308: Der V verkauft und liefert das bei der Herstellung von Kartoffelchips anfallende Abfallprodukt „Kartoffelpülpe" als Futtermittel an den Bauern K, ohne den K über die zulässige „Dosierung" bei der Fütterung zu informieren. Die Tiere erreichen wegen einer Falschdosierung nicht das notwendige Schlachtgewicht. Der K verlangt Schadensersatz (nach „Kartoffelpülpefall" in BGHZ 93, 23, wo es um eine Schenkung ging).

Der Anspruch auf Ersatz ergibt sich – wenn wie hier kein Mangel der Kaufsache, sondern eine unterlassene Aufklärung vorliegt – aus §§ 437 Nr. 3, 280 Abs. 1 S. 1 BGB.

Mitunter sind die **Grenzen** jedoch **fließend**.

Fall 309: Der V verkauft dem K für dessen Wäscherei einen Wäschetrockner. Dieser benötigt einen Kamin mit mindestens 380 cm^2 Querschnitt zum Ablüften. Der in den Räumen des K zur Verfügung stehende Kamin ist kleiner, was der V übersehen hat. Im Winter, als die anderen Wohnungen ihre Heizungen betreiben, kommt es zu erheblichen Störungen, als deren Folge der K seinen Betrieb aufgeben muss. Deswegen verlangt er 2 ½ Jahre nach Lieferung des Trockners von V Schadensersatz. Der V beruft sich auf Verjährung (nach dem „Wäschereifall" in BGH NJW 1985, 2472 f.).

Hier stellt sich die Frage, ob der Anspruch nach §§ 437 Nr. 3, 280 Abs. 1 S. 1 BGB oder nach § 280 Abs. 1 BGB zu ersetzen ist. Im ersteren Fall wäre der Anspruch verjährt, im letzteren Falle nicht. Hier wird man zu dem Ergebnis kommen, dass der Trockner selbst nicht mangelhaft war, sondern dass der V nur eine unter § 241 Abs. 2 BGB fallende Beratungs- oder Hinweispflicht verletzt hat. Der Ersatzanspruch ist daher auf § 280 Abs. 1 BGB direkt zu stützen und nicht verjährt. Bei der Ausarbeitung der Gliederung der Falllösung hätte man mit §§ 437 Nr. 3, 280 Abs. 1 begonnen und die Abgrenzung beim Prüfungspunkt „Sachmangel" vorgenommen.

c) Anspruch auf Schadensersatz „neben der Leistung" wegen einer Verletzung einer „Verhaltenspflicht" (§§ 280 Abs. 1 S. 1, 241 Abs. 2 BGB)

> Sie haben es hoffentlich noch „im Auge": Wir befassen uns im Augenblick mit den Fällen, in denen der Anspruchsteller einen Anspruch auf **Schadensersatz „neben der Leistung"** geltend macht. Bisher ging es bei den Ansprüchen auf Schadensersatz „neben der Leistung" aus § 280 Abs. 1 BGB um Pflichtverletzungen, die die **Leistungspflicht (§ 241 Abs. 1 BGB)** betrafen: Der Schuldner leistete **„verspätet" (sub a))** oder er erbrachte die Leistung **„nicht wie geschuldet"** bzw. **„schlecht" (sub b))**.
>
> Jetzt **(sub c))** wird es darum gehen, dass der eine Teil eines Schuldverhältnisses eine gegenüber dem anderen Teil bestehende **„Verhaltenspflicht" aus § 241 Abs. 2 BGB verletzt**, und dass der andere Teil deswegen Schadensersatz „neben der Leistung" verlangt.

Sie wissen ja längst und haben es hier schon bis zum Überdruss gelesen, dass der Schuldner nicht nur Pflichten schuldet, die zum „Leistungsprogramm" gehören, sondern nach § 241 Abs. 2 BGB auch sog. „Verhaltenspflichten" bzw. „nicht leistungsbezogene Nebenpflichten". Wenn der Gläubiger „neben der Leistung" einen Schadensersatzanspruch geltend macht, weil vom Schuldner **„Verhaltenspflichten" bzw. „nicht leistungsbezogene Nebenpflichten"** i.S.d. **§ 241 Abs. 2 BGB verletzt** worden sind, ist die in Betracht zu ziehende **Anspruchsgrundlage auf den Ersatz des Schadens „neben der Leistung"** (ausschließlich!) **§§ 280 Abs. 1 S. 1, 241 Abs. 2 BGB**. Dass es sich hier um einen Schadensersatzanspruch „neben der Leistung" handelt, ist unschwer zu erkennen, denn der Schaden beruht nicht darauf, dass die Leistung als solche endgültig ausbleibt, denn die Erbringung der Leistung als solche würde den durch eine „Verhaltenspflichtverletzung" ausgelösten Schaden nicht tilgen.

> Vor der Schuldrechtsreform wurden auch diese Fälle durch das gewohnheitsrechtliche Institut der **„positiven Forderungsverletzung"** („pFV"), von manchen auch (ungenau) als positive Vertragsverletzung (pVV) bezeichnet, gelöst (vgl. dazu oben).

aa) Verletzung von „Verhaltenspflichten" durch einen Partner des Schuldverhältnisses

Die **Voraussetzungen eines Schadensersatzanspruchs aus §§ 280 Abs. 1 S. 1, 241 Abs. 2 BGB** sind kurz zusammengefasst die folgenden:

> → I. **Haftungsbegründende Voraussetzungen**
> 1. Bestehen eines rechtsgeschäftlichen oder gesetzlichen **Schuldverhältnisses**.
> 2. Pflichtverletzung: **Verletzung von „Verhaltenspflichten"** (§ 241 Abs. 2 BGB).
> 3. **Vertretenmüssen**: Fehlende Entlastung (§ 280 Abs. 1 S. 2 BGB; Ausnahme: § 619 a BGB!!).
>
> → II. **Haftungsumfang**
> Ersatz des entstandenen Schadens „neben der Leistung" nach §§ 249 ff. BGB.

(1) Schuldverhältnis

Das für einen Schadensersatzanspruch aus § 280 Abs. 1 S. 1 BGB vorausgesetzte **Schuldverhältnis** kann sich entweder aus einem **Rechtsgeschäft** (§ 311 Abs. 1 BGB, und zwar i.d.R. aus einem Vertrag) oder aus dem **Gesetz** ergeben. Wir beschränken uns hier ganz bewusst zunächst auf solche rechtsgeschäftlichen oder gesetzlichen Schuldverhältnisse, aus denen sich Leistungsansprüche ergeben, denn unser Thema sind zurzeit die „Leistungsstörungen". Verhaltenspflichtverletzungen bei vorvertraglichen Schuldverhältnissen werden in Teil 5 behandelt.

Fall 310: Der J wirft beim Ballspielen aus Versehen eine Fensterscheibe des E ein. Der E erhält Schadensersatz nach §§ 823 Abs. 1, 249 Abs. 2 S. 1 BGB in Geld und beauftragt den Glaser G mit der Reparatur. Der G schickt seinen Gesellen H, der aus Ungeschick beim „Entglasen" der Reste der defekten Fensterscheibe auch die intakte Scheibe des danebenliegenden Fensters zerstört. Der E verlangt Schadensersatz von G.

Hier geht es um einen Anspruch auf Schadensersatz „neben der Leistung" wegen der Verletzung einer rechtsgeschäftlich durch einen Werkvertrag begründeten Verhaltenspflicht aus §§ 280 Abs. 1, 631, 241 Abs. 2, 278, 249 Abs. 1 BGB.

Vertraglich begründete „Verhaltenspflichten" aus § 241 Abs. 2 BGB können einen zur Leistung verpflichtenden Vertrag sogar überdauern und „nachwirken".

Fall 311: Rechtsanwalt R hat bei V Kanzleiräume gemietet. Der R fusioniert sodann mit einer Großpraxis. Der Mietvertrag R – V wird vertraglich aufgehoben. Der R räumt die Praxisräume, lässt jedoch sein Praxisschild mit einem Hinweis auf seine neue Anschrift an der Gebäudeaußenwand zurück. Der V entfernt das Schild sofort nach dem Auszug des R. Ein schon früher zu R empfohlener ausländischer Mandant findet den R daher nicht. Der R erleidet einen Vermögensschaden (nach Kropholler).

Der R hat gegen V einen Schadensersatzanspruch aus § 280 Abs. 1 BGB. a) Es bestand eine aus dem Gewerbemietvertrag nachwirkende Leistungstreuepflicht des V, dem M für einen längeren Zeitraum den Hinweis auf die örtliche Verlegung seiner beruflichen Tätigkeit zu ermöglichen. b) Diese hat er durch die Demontage des Schildes verletzt, c) und zwar schuldhaft. d) Zu ersetzen ist der daraus entstandene Vermögensschaden des R.

B. „Sekundäransprüche" aus dem allgemeinen Leistungsstörungsrecht 589

Von geringerer Bedeutung sind „Verhaltenspflichten" aus zur Leistung verpflichtenden gesetzlichen Schuldverhältnissen.

<u>Fall 312:</u> Der J wirft beim Ballspielen aus Versehen eine Fensterscheibe des E ein. Der E verlangt Schadensersatz durch Naturalrestitution von J (§§ 823 Abs. 1, 249 Abs. 1 BGB). Der J schickt den von ihm beauftragten Glaser G, der aus Ungeschick beim „Entglasen" der Reste der defekten Fensterscheibe die intakte Scheibe des danebenliegenden Fensters zerstört. Der E verlangt Schadensersatz von J.

Hier geht es um einen Anspruch auf Schadensersatz „neben der Leistung" wegen der Verletzung einer gesetzlich begründeten (Verpflichtung zur Naturalrestitution aus §§ 823 Abs. 1, 249 Abs. 1 BGB) Verhaltenspflicht aus §§ 280 Abs. 1, 823 Abs. 1, 241 Abs. 2, 278, 249 Abs. 1 BGB.

<u>Fall 313:</u> Der Radfahrer R hat einen Schwächeanfall erlitten und liegt bewusstlos am Rand einer einsamen Landstrasse. Der Autofahrer A fährt den R ins Krankenhaus. Das wertvolle Rennrad des R stellt er ungesichert an einen Baum. Es wird gestohlen. Der R verlangt Schadensersatz von A.

Hier geht es um einen Anspruch auf Schadensersatz „neben der Leistung" wegen der Verletzung einer gesetzlich begründeten (§§ 677, 683, 241 Abs. 2 BGB) Verhaltenspflicht aus §§ 280 Abs. 1, 241 Abs. 2, 278, bzw. 823 Abs. 1, 249 Abs. 1 BGB.

(2) Pflichtverletzung

Eine **Pflichtverletzung** setzt einen Verstoß gegen eine „**Verhaltenspflicht**" („nicht leistungsbezogene Nebenpflicht") durch einen der Partner des Schuldverhältnisses voraus. Zur Bestimmung des Ausmaßes der Pflichten aus § 241 Abs. 2 BGB enthält das Gesetz außer der Generalklausel einer Verpflichtung des Schuldners „**zur Rücksicht auf die Rechte, Rechtsgüter und Interessen des anderen Teils**" keine weiteren Hinweise. Von der Rechtsprechung und Rechtswissenschaft ist das „**Pflichtenprogramm**" konkretisiert worden.

- Es kann dabei um die **Verletzung von „Schutzpflichten"**, sich bei Abwicklung des Schuldverhältnisses so zu verhalten, dass Körper, Leben, Eigentum und sonstige Rechtsgüter des anderen Teils nicht verletzt werden, gehen.

<u>Fall 314:</u> Der U soll bei dem B eine Wand streichen. Dies gelingt ihm auch sehr gut, er stößt aber aus Unachtsamkeit eine wertvolle Vase um. Der B verlangt Ersatz für diese Vase in Geld.

Der Anspruch kann sich a) aus § 280 Abs. 1 S. 1 BGB ergeben. aa) Zwischen dem U und dem B bestand ein Schuldverhältnis in der Form eines Werkvertrages (Schuldverhältnis i.S.v. § 311 Abs. 1 BGB) bb) Der U hat die sich aus § 241 Abs. 2 BGB ergebende Pflicht verletzt, „Rücksicht auf die Rechte, Rechtsgüter pp." zu nehmen. Verletzt worden ist eine „Schutzpflicht". cc) Der U handelte „unachtsam", also fahrlässig (§ 276 Abs. 1 und 2 BGB). dd) Der U muss daher dem B den entstandenen Schaden in Geld ersetzen (§ 249 Abs. 2 S. 1 BGB). b) Weiterhin besteht ein Anspruch aus §§ 823 Abs. 1, 249 Abs. 2 S. 1 BGB (dazu später mehr).

Fall 315: Der J wirft beim Ballspielen aus Versehen eine Fensterscheibe des E ein. Der E beauftragt den Glaser G mit der Reparatur. Der G schickt seinen Gesellen H, der aus Ungeschick beim „Entglasen" der Reste der defekten Fensterscheibe die intakte Scheibe des danebenliegenden Fensters zerstört. Der E verlangt Schadensersatz von G durch Einbau einer neuen Scheibe.

Auch hier besteht ein Anspruch auf Schadensersatz wegen der Verletzung einer „Schutzpflicht" aus §§ 280 Abs. 1, 631, 241 Abs. 2, 278, 249 Abs. 1 BGB.

- Bei **Offenbarungspflichten** geht es um die Pflichten zur unaufgeforderten Aufklärung über entscheidungserhebliche Tatsachen. Wenn diese Pflicht bereits bei den Vertragsverhandlungen besteht und verletzt worden ist, liegt kein Fall der §§ 280 Abs. 1, 241 Abs. 2 BGB, sondern eine Schadensersatzhaftung aus §§ 280 Abs. 1, 311 Abs. 2, 241 Abs. 2 BGB vor (dazu mehr in Teil 5).

Fall 316: Die E-Werk AG führt schon lang geplante Leitungsarbeiten aus, die eine eintägige Abschaltung des Stroms für den Kunden K zur Folge haben. K, der eine Eierbrüterei betreibt, erfährt davon erst am Morgen des Arbeitstages, so dass er die Brutvorgänge nicht rechtzeitig abbrechen kann. Die Eier verderben, und der K erleidet einen Schaden von € 10 000,- (nach BGH).

Der K hat gegen die E-Werk AG, mit der er durch einen privatrechtlichen Stromlieferungsvertrag verbunden ist, einen Anspruch auf Ersatz des negativen Interesses aus §§ 280 Abs. 1, 241 Abs. 2 BGB, weil diese ihrer „Verhaltenspflicht", die Kunden rechtzeitig von Stromsperren zu unterrichten, schuldhaft nicht nachgekommen ist.

Fall 317: Der Optiker O will mit einem Photo des Schauspielers Fuchsberger, das ihm von seinem Berufsverband zugesandt worden ist, die Schaufenster seiner Münchener Filialen dekorieren und entsprechende Anzeigen schalten. Das Bild zeigt den O auf einem Empfang neben Fuchsberger stehend; Fuchsberger trägt eine bestimmte Brille. Der O beauftragt die Werbeagentur des W mit der Herstellung der Groß-Photos und mit der Organisation der Werbemaßnahme. Der W hat Bedenken, ob dies ohne Zustimmung von Fuchsberger möglich ist, äußert diese aber nicht. Fuchsberger klagt später gegen den O und erhält eine Lizenzgebühr von € 20 000,- zugesprochen, die er auch erhält. Der O nimmt den W auf Schadensersatz in Anspruch.

Der Anspruch könnte sich aus §§ 280 Abs. 1, 241 Abs. 2 BGB ergeben. a) Bei der Herbeiführung des Vermögensschadens des O bestand zwischen O und W ein vertragliches Schuldverhältnis (§§ 631 ff. BGB). b) Den W traf aus dem Werkvertrag eine „Verhaltenspflicht" dahingehend, den O vor drohenden Schäden zu warnen. aa) Diese hat er nicht erfüllt, indem er den O nicht auf das von ihm erkannte Risiko einer Inanspruchnahme durch Fuchsberger aus § 823 Abs. 1 BGB auf Schadensersatz (materielles bzw. immaterielles Interesse) bzw. § 812 BGB (Lizenzgebühr) hingewiesen hat. bb) Die Verschuldensvermutung aus § 280 Abs. 1 S. 2 BGB ist nicht widerlegt, denn der W musste als Betreiber einer Werbeagentur wissen, dass eine solche Werbeaktion wegen der sonst gegebenen Verletzung des Allgemeinen Persönlichkeitsrechts und des Rechts am eigenen Bild (§ 22 KUG) des Fuchsberger von dessen u.U. nur gegen eine Lizenzgebühr zu erhaltenden Zustimmung abhängig gemacht werden musste. c) Die Rechtsfolge ist ein neben der Erfüllung bestehender Schadensersatzanspruch auf das negative Interesse: dieses besteht in der Belastung mit einem

B. „Sekundäransprüche" aus dem allgemeinen Leistungsstörungsrecht 591

Anspruch des Fuchsberger aus § 812 Abs. 1 BGB. Es ist nach § 251 Abs. 1 BGB in Geld in Höhe von € 20 000,- zu ersetzen.

- Aufgrund von **Mitwirkungspflichten** können die Partner eines Schuldverhältnisses dazu verpflichtet sein, bei erforderlichen Genehmigungen mitzuwirken und keine entgegenstehenden Hindernisse zu schaffen.
- Leicht übersehen werden die **Leistungstreuepflichten**. Die Pflichten, den Vertragszweck nicht zu beeinträchtigen, können z.B. verletzt werden durch eine Erfüllungsverweigerung oder durch eine unberechtigte Kündigung.

Fall 318: Aufgrund eines Kaufvertrages vom 1. Februar 2002 ist der V verpflichtet, dem K am 1. Februar 2003 ein bestimmtes, noch von ihm, dem V, anzukaufendes Schiff zu liefern. Im Dezember 2002 erklärt der V, dass er das Schiff nicht liefern werde, weil er kein Geld für die Beschaffung habe. Der K beauftragt den Rechtsanwalt R, der ihn darüber beraten soll, ob er, der K, sich vom Vertrag lösen kann. Der R rät dem K, von dem Kaufvertrag nach § 323 Abs. 4 BGB zurückzutreten und berechnet ihm ein vorab schriftlich vereinbartes Stundenhonorar von € 300,-. Der K will von Ihnen wissen, ob er tatsächlich zurücktreten kann und ob er von V Schadensersatz in Höhe von € 300,- verlangen kann.

1. Nach § 323 Abs. 4 BGB kann der K schon vor Fälligkeit deshalb zurücktreten, weil es offensichtlich ist, dass die Voraussetzungen eines Rücktritts nach § 323 Abs. 1, 2 BGB vorliegen werden. 2. Der Schadensersatzanspruch ergibt sich aus § 280 Abs. 1 S. 1 BGB, weil in der Erfüllungsverweigerung eine Verletzung der Leistungstreuepflicht liegt, die den Schuldner verpflichtet, alle nicht unter § 281 BGB fallenden Schäden (z.B. Rechtsberatungskosten) zu ersetzen, wobei jedoch nur Kosten in Höhe der Sätze des Rechtsanwaltsvergütungsgesetzes (RVG, ersetzt die BRAGO) anzusetzen wären.

> Machen Sie sich bitte klar, dass eine Abgrenzung zwischen den leistungsbezogenen Nebenpflichten aus § 241 Abs. 1 BGB und den Verhaltenspflichten aus § 241 Abs. 2 BGB immer dann, wenn es um „Schutzpflichten" geht, nicht immer ganz eindeutig möglich ist. Die Abgrenzung ist aber wegen identischer Rechtsfolgen auch beliebig. Das im Rahmen der „Pflichtverletzung" maßgebliche Abgrenzungskriterium ist nach Madaus, ob die Pflichtverletzung Auswirkungen auf die Hauptleistung hat (dann § 241 Abs. 1 BGB) oder nicht (dann § 241 Abs. 2 BGB).

(3) Vertretenmüssen

Dass ein Schadensersatzanspruch aus § 280 Abs. 1 S. 1 BGB einen **verschuldeten Pflichtverstoß** voraussetzt und das Gesetz eine **Verschuldensvermutung** dahingehend enthält, dass der **Schuldner die Pflichtverletzung zu vertreten** hat (§ 280 Abs. 1 S. 2 BGB), ist Ihnen ja längst bekannt. Auch die bereits erörterten möglichen Veränderungen des Verschuldensmaßstabes können hier von Bedeutung werden.

Fall 319: Der Radfahrer R hat einen Schwächeanfall erlitten und liegt bewusstlos am Rand einer einsamen Landstrasse. Der Autofahrer A fährt den R ins Krankenhaus. Das wertvolle

Rennrad des R stellt er in der Eile ungesichert an einen Baum. Es wird gestohlen. Der R verlangt Schadensersatz von A.

Hier geht es um einen Anspruch auf Schadensersatz „neben der Leistung" wegen der a) Verletzung einer gesetzlich begründeten (§§ 677, 683 BGB) Verhaltenspflicht aus §§ 280 Abs. 1, 677, 683 BGB. b) Den A trifft jedoch keine nach § 680 BGB erforderliche grobe Fahrlässigkeit.

Fall 320: Der S stellt Kartoffelchips her. Dabei entsteht als Abfall Kartoffelpülpe. Der Landwirt G hat hierfür Bedarf, er will die Pülpe als Tierfutter verwenden. S schenkt daher die Kartoffelpülpe dem G. Die Schweine des G gehen wegen übermäßiger Fütterung mit der Kartoffelpülpe ein. G verlangt von S Schadensersatz, da er über die möglichen Risiken einer „Überdosierung" nicht hinreichend aufgeklärt worden sei (nach dem „Kartoffelpülpe – Fall" des BGH).

Der Anspruch kann sich aus §§ 280 Abs. 1 S. 1, 241 Abs. 2 BGB ergeben. a) Fraglich ist zunächst, ob § 280 Abs. 1 S. 1 BGB überhaupt anwendbar ist. Dem könnte der Vorrang und die Ausschließlichkeit des Schenkungsgewährleistungsrechts nach §§ 523 Abs. 1, 524 Abs. 1 BGB entgegenstehen. Um diesen Vorrang zu begründen, müsste aber ein Mangel der geschenkten Sache vorliegen. Hier ist die Pülpe an sich völlig in Ordnung und nicht mangelhaft; daher greifen die abschließenden Regelungen nicht ein. § 280 Abs. 1 S. 1 BGB ist daher anwendbar. b) Da zwischen S und G ein Schenkungsvertrag geschlossen ist, besteht auch ein Schuldverhältnis zwischen beiden (aus § 516 Abs. 1 BGB). c) Als Pflichtverletzung kommt hier in Betracht, dass der S den G nicht über mögliche Risiken bei der Verfütterung von Kartoffelpülpe gewarnt hat. Er hat damit gegen eine Pflicht nach § 241 Abs. 2 BGB verstoßen. d) Es kann aber an einem (vermuteten: § 280 Abs. 1 S. 2 BGB) Vertretenmüssen fehlen. Grundsätzlich hat der Schuldner Vorsatz und jede Fahrlässigkeit zu vertreten (§ 276 Abs. 1 BGB). Da hier jedoch allenfalls eine leichte Fahrlässigkeit vorliegt, ist fraglich, ob nicht ein milderer Haftungsmaßstab bestimmt ist. Dieser kann sich aus § 521 BGB ergeben, wonach der Schuldner nur für Vorsatz und grobe Fahrlässigkeit haftet, für leichte Fahrlässig hingegen gar nicht. Hierbei stellt sich aber die Frage, ob § 521 BGB auf den vorliegenden Fall anzuwenden ist. Die Norm erfasst nach ihrem Wortlaut alle Ansprüche gegen den Schenker. Hierzu müssen jedoch aus teleologischen Gründen Einschränkungen gemacht werden. So sollen jedenfalls solche Nebenpflichtverletzungen nicht unter § 521 BGB fallen, die keinen Bezug zur Schenkung haben (z.B. Sturz in eine Grube bei Abholung der geschenkten Sache). Eindeutige Fälle des § 521 BGB sind dagegen die Ansprüche im direkten Zusammenhang mit der Schenksache (z.B. bei leicht fahrlässig herbeigeführter Unmöglichkeit). Der vorliegende Fall liegt zwischen diesen beiden Fallgruppen. Zwar liegt kein Mangel der geschenkten Sache vor, doch besteht bei der verletzten Schutzpflicht eine gewisse Nähe zur Schenksache. Der BGH hat daher die mildere Haftung auch für solche Schutzpflichten bejaht, die im unmittelbaren Zusammenhang mit der Schenksache stehen, wie dies hier der Fall ist. S haftet daher nur für Vorsatz und grobe Fahrlässigkeit. Da hier nur leichte Fahrlässigkeit vorliegt, besteht der Anspruch aus § 280 Abs. 1 S. 1 BGB nicht.

(4) Schaden

Insoweit gilt das im vorigen Abschnitt gesagte auch hier: Es muss ein **Schaden** gegeben sein, der auf den zum Schadensersatz verpflichtenden Umstand (äquivalent und adäquat kausal und zum Schutzbereich der Norm gehörig) zurückführbar sein muss. Dieser wird wie auch sonst nach der „**Differenzhypothese**" so **berechnet**.

> Bitte beachten Sie, dass für bestimmte Nebenpflichtverletzungen im besonderen Schuldrecht **Schadensersatzansprüche** vorgesehen sind, nämlich in **§§ 611a Abs. 2, 627 Abs. 2 S. 2, 628 Abs. 2 BGB**. Diese (selten relevanten) Ansprüche sind als Spezialnormen vorrangig. Der Gesetzgeber hätte diese „Unordnung" dadurch vermeiden können, dass er die speziellen Ansprüche gestrichen und stattdessen nur die Pflichten normiert hätte. Dann wäre immer § 280 Abs. 1 BGB als Anspruchsgrundlage einschlägig.

bb) Verletzung von „Verhaltenspflichten" durch einen Dritten („Eigenhaftung Dritter")

Sie sind ja schon „vorgewarnt" worden: Auch wenn wir uns hier eigentlich nicht mit den Rechtsfolgen einer Verletzung von „Verhaltenspflichten" bzw. „nicht leistungsbezogenen Nebenpflichten", die sich aus einem vorvertraglichen „geschäftlichen Kontakt" ergeben (§§ 311 Abs. 2, 241 Abs. 2 BGB), befassen wollen, müssen wir jetzt doch darauf eingehen.

Sie werden in Teil 5 spezifiziert erfahren, dass aufgrund eines **vorvertraglichen „geschäftlichen Kontakts" i.S.d. § 311 Abs. 2 BGB** ein ausschließlich „Verhaltenspflichten" i.S.d. § 241 Abs. 2 BGB, also keine Leistungspflichten begründendes **Schuldverhältnis** mit der Folge eines Schadensersatzanspruchs aus § 280 Abs. 1 S. 1 BGB entstehen kann (§ 311 Abs. 2, 241 Abs. 2 BGB).

Und das ist noch nicht alles: Ein solches ausschließlich „Verhaltenspflichten" begründendes Schuldverhältnis aufgrund „geschäftlichen Kontakts" kann nach § 311 Abs. 3 BGB auch **zu Lasten Dritter,** also zum Nachteil von Personen, die nicht Vertragspartei werden sollen (wie z.B. ein Stellvertreter, ein Verhandlungsgehilfe oder ein Makler), entstehen, wenn dieser Dritte **in besonderem Maße Vertrauen** für sich in Anspruch nimmt und gerade dadurch die Verhandlungen oder den Vertragsschluss erheblich beeinflusst oder wenn der Dritte ein **unmittelbar eigenes wirtschaftliches Interesse am Vertragsschluss** hat, weil er wirtschaftlich in eigener Sache tätig wird. Es handelt sich dabei um die sog. **„Eigenhaftung Dritter"**.

Fall 321: Die F, Lehrerin von Beruf, hat vor 30 Jahren, als sie schon im Beruf stand, von ihren Eltern ein in der Hamburger Innenstadt gelegenes Feinkostgeschäft geerbt. Das Geschäft wird seitdem von ihrem Mann V betrieben, der auch schon für die Eltern das Geschäft geführt hat. Der V ist Angestellter der F und bezieht zum Zwecke der Altersversorgung und Krankenversicherung ein kleines Gehalt. Die F hat mit der Führung des Geschäftes nichts zu tun. Die Familie lebt vom Geschäftseinkommen und von dem Einkommen der F. Als der Kunde K das Geschäft betritt, rutscht er auf einem Ölfleck aus, der sich gebildet hatte, weil der Lehrling L eine Olivenölflasche hatte fallen lassen und den Fleck nicht sofort vollständig beseitigt hatte. Der durch den Sturz verletzte K will von dem V Schadensersatz (nach „Linoleumrollenfall" des RG und „Gemüseblattfall" des BGH).

1. In Betracht kämen Ansprüche aus geschäftlichem Kontakt. a) Der Anspruch auf Schadensersatz könnte sich aus §§ 280 Abs. 1 S. 1, 241 Abs. 2 BGB ergeben. aa) Ein Schuldverhältnis aaa) ist durch die Aufnahme von Vertragsverhandlungen (§§ 311 Abs. 2 Nr. 1 BGB) entstanden, auch wenn es noch nicht zum Vertragsschluss gekommen ist und auch hinterher nicht mehr kommt. bbb) Fraglich ist, ob das Schuldverhältnis nach § 311 Abs. 3 auch zu V entstanden ist. § 311 Abs. 3 S. 2 BGB beschränkt ein „Verhaltenspflichten" begründendes Schuldverhältnis zu einem Dritten auf die Fälle, in denen der Dritte in besonderem Maße Vertrauen für sich in Anspruch nimmt und gerade dadurch die Verhandlungen oder den Vertragsschluss erheblich beeinflusst. Hier ist der V praktisch der Inhaber des Geschäftes. Außerdem hat der Inanspruchgenommene (V) ein unmittelbar eigenes wirtschaftliches Interesse am Vertragsschluss. Daher treffen den V im Verhältnis zu K „Verhaltenspflichten" aus § 241 Abs. 2 BGB. bb) Weil der V nicht dafür Sorge trug, dass der Ölfleck sofort vollständig beseitigt wurde, oder weil der L dabei nachlässig vorging, hat der V seine Pflicht zur Rücksicht auf die Rechtsgüter des Käufers (§ 241 Abs. 2 BGB) verletzt cc) und dabei auch schuldhaft gehandelt (§ 276 BGB) bzw. musste er sich das Verschulden des L zurechnen lassen (§ 278 BGB). dd) Daher besteht ein Anspruch auf Ersatz der Heilungskosten (§ 249 Abs. 2 S. 1 BGB). b) Hinsichtlich des Anspruchs auf Schmerzensgeld aa) ist Anspruchsgrundlage ebenfalls §§ 280 Abs. 1 S. 1, 241 Abs. 2 ggf. i.V.m. § 278 BGB. bb) Ein Anspruch auf Schmerzensgeld ergibt sich nach § 253 Abs. 2 BGB wenn – wie hier – eine Verletzung des Körpers vorliegt. 2. Weiterhin bestehen Ansprüche aus §§ 823 Abs. 1, 249 ff. BGB.

Das, was Sie soeben gelesen haben, hatte mit unserem gerade erörterten Thema zugegebenermaßen nichts zu tun und diente allein zur Erleichterung des Verständnisses der anschließenden Ausführungen.

Sie müssen nämlich wissen, dass die Rechtsprechung den Rechtsgedanken des § 311 Abs. 3 BGB konsequent weiterentwickelt hat und eine derartige **„Eigenhaftung Dritter"**, wie sie in § 311 Abs. 3 BGB geregelt ist, auch bei **Verletzungen von Verhaltenspflichten bei einem bestehenden Vertrag** (und jetzt sind wir wieder „beim Thema") angenommen hat, wenn beim Abschluss des Vertrages die soeben erörterten Voraussetzungen einer „Eigenhaftung Dritter" gegeben waren. Um das zu verdeutlichen, bedarf es nur einer geringfügigen Veränderung des vorherigen Falles.

Variante: Die Nachlässigkeit erfolgte nach dem erfolgten Einkauf des K: Dieser verunglückte, als er den Laden verließ.

Hier ändert sich nichts, denn eine Eigenhaftung Dritter besteht auch bei Schutzpflichtverletzungen nach Vertragsschluss, wenn – wie hier – bei Vertragsschluss die Voraussetzungen des § 311 Abs. 3 BGB gegeben waren.

Verdeutlichen Sie sich doch zwischendurch wieder einmal **den Stand der Erörterungen**, damit Sie nicht „den Wald vor lauter Bäumen" aus dem Auge verlieren:

1. Wir sind bei der durch die Fallfrage geforderten Prüfung von **„Sekundäransprüchen"** wegen einer **„Leistungsstörung"**.

2. Wir haben uns eine Fallfrage vorgestellt, nach der der Anspruchsteller das **Anspruchsziel** verfolgt, wegen einer „Leistungsstörung" den **Ersatz eines ihm entstandenen Schadens** zu verlangen.

3. Wir haben inzwischen weiterhin gelernt, dass das „Allgemeine Leistungsstörungsrecht" einmal den Anspruch auf **Ersatz eines Schadens „neben der Leistung"** und zum anderen den **Ersatz eines Schadens „statt der Leistung"** kennt.

4. Daher müssen wir im Einzelfall herausfinden, welches Ziel der Anspruchsteller verfolgt: a) Wenn der Anspruchsteller diejenigen Schäden geltend macht, die nicht auf das endgültige Ausbleiben der Leistung zurückzuführen sind, geht es ihm um den **Ersatz von Schäden „neben der Leistung"**. b) Macht der Anspruchsteller den Ersatz von Schäden geltend, die auf das endgültige Ausbleiben der Leistung zurückzuführen sind, geht es ihm um den **Ersatz von Schäden „statt der Leistung"**.

5. Wir haben **bisher** die Konstellation erörtert,

a) dass sich aus der Fallfrage und dem Sachverhalt ergibt, dass der Anspruchsteller Schäden geltend macht, die nicht auf das endgültige Ausbleiben der Leistung zurückzuführen sind, dass es ihm also um den **Ersatz von Schäden „neben der Leistung"** geht: aa) Bei einer **Verspätung der Leistung** ist der „Verzögerungsschaden" aus §§ 280 Abs. 1, 2, 286 BGB (sowie aus §§ 288 BGB, 353 HGB, 291 BGB) zu ersetzen, bb) bei Erbringung der **Leistung „nicht wie geschuldet"** bzw. einer **„Schlechtleistung"** ist die Anspruchsgrundlage § 280 Abs. 1 BGB und bei einer **Verletzung von „Verhaltenspflichten"** i.S.d, § 241 Abs. 2 BGB ergibt sich der Anspruch ebenfalls aus § 280 Abs. 1 BGB (i.V.m. § 241 Abs. 2 BGB).

b) Jetzt kommt der **nächste Schritt**: Wir befassen uns mit der Konstellation, dass sich aus der Fallfrage und dem Sachverhalt ergibt, dass der Anspruchsteller Schäden geltend macht, die auf das endgültige Ausbleiben der Leistung zurückzuführen sind, es ihm also um den Ersatz von Schäden **„statt der Leistung"** geht.

4. Schadensersatz „statt der Leistung"

Gehen wir also jetzt davon aus, dass das sich aus der Fallfrage ergebende Anspruchsziel des Anspruchstellers darauf gerichtet ist, wegen einer „Leistungsstörung" Ersatz solcher Schäden zu erhalten, die auf ein endgültiges Ausbleiben der Leistung als solcher zurückzuführen sind oder umgekehrt gewendet die durch die Herbeiführung der Leistung als solcher abgewendet werden könnten („**Schadensersatz statt der Leistung**").

Anders als bei Ansprüchen wegen einer Verzögerung der Leistung (§§ 280 Abs. 1, 2, 286 BGB), eines Mangelfolgeschadens (§ 280 Abs. 1 BGB) oder wegen einer „Verhaltenspflichtverletzung" (§§ 280 Abs. 1, 241 Abs. 2 BGB) tritt der Schadensersatzanspruch also nicht neben die Leistungspflicht, sondern ersetzt diese ganz oder teilweise.

> Vorab eine **knappe Übersicht**: Schadensersatz „statt der Leistung" kann verlangt werden:
>
> - Wegen einer **Leistungsbefreiung des Schuldners nach § 275 Abs. 1 - 3 BGB** aufgrund von entweder nachträglich entstehender oder bereits anfänglich vorliegender Leistungshindernisse (§§ 280 Abs. 1, 3, 283/§ 311 a Abs. 2 BGB): dazu lesen Sie mehr **sub a)** und **sub b)**.
>
> - Wegen **nicht** oder **nicht wie geschuldet erbrachter Leistung** (§§ 280 Abs. 1 S. 1, Abs. 3, 281 BGB): dazu lesen Sie mehr **sub c)**.
>
> - Wegen **Verletzung einer „Verhaltenspflicht"** (§§ 280 Abs. 1 S. 1, Abs. 3, 282 BGB): dazu lesen Sie mehr unter **sub d)**.

a) Schadensersatz „statt der Leistung wegen nachträglicher nach § 275 Abs. 1-3 BGB leistungsbefreiender Leistungshindernisse (§§ 280 Abs. 1 S. 1, Abs. 3, 283 BGB)

> Machen Sie sich zunächst noch einmal klar, dass Ihnen die **Rechtsfolgen** des § 275 Abs. 1 – 3 BGB für den **„primären Leistungsanspruch"** des Gläubigers des Leistungsanspruchs und für einen bei gegenseitigen Verträgen gegebenen Gegenleistungsanspruch des Schuldners des Leistungsanspruchs längst bekannt sind:
>
> a) Der Anspruch des Gläubigers des Leistungsanspruchs auf die Leistung ist ausgeschlossen oder die Erfüllung kann verweigert werden (§ 275 Abs. 1 – 3 BGB);
>
> b) bei **gegenseitigen Verträgen entfällt grundsätzlich auch der Gegenleistungsanspruch** des Schuldners des Leistungsanspruchs (§ 326 Abs. 1 BGB; denken Sie aber immer an die Ausnahmen: § 326 Abs. 2 S. 1, Abs. 3 BGB und die Fälle des Übergangs der Preisgefahr wie z.B. §§ 446, 447 BGB).

Jetzt soll es aber allein um die Frage gehen, ob der Gläubiger des Leistungsanspruchs in den Fällen, in denen der nach § 275 Abs. 1 – 3 BGB leistungsfrei gewordene Schuldner das Leistungshindernis zu vertreten hat, als **„Sekundäranspruch"** einen **Schadensersatz „statt der Leistung"** verlangen kann.

Ausgangspunkt ist wieder die „zentrale Anspruchsgrundlage" des § 280 Abs. 1 BGB.

> Dass im Fall des § 275 Abs. 1 – 3 BGB überhaupt nur Schadensersatz „statt der Leistung", und nicht etwa „Schadensersatz neben der Leistung" verlangt werden kann, versteht sich von selbst: Denn der Schaden beruht auf der endgültigen Nichterbringung wegen einer Unmöglichkeit und ihr gleichgestellter Fälle; wegen der bei § 275 BGB gegebenen Unerbringbarkeit könnte der Schaden auch gar nicht durch eine hypothetische Herbeiführung der Leistung beseitigt werden. Der in § 275 Abs. 4 BGB erfolgte Hinweis auf § 283 BGB ist daher letztlich sogar überflüssig; es hätte eigentlich nur auf § 280 Abs. 1 BGB verwiesen werden müssen. Nötig war die gesetzliche Verweisung eigentlich nur, um zu verdeutlichen, dass die Herbeiführung einer Leistungsbefreiung i.S.d. § 275 Abs. 1 – 3 BGB eine Pflichtverletzung i.S.d. § 280 Abs. 1 BGB ist. Aber wir wollen den Gesetzgeber nicht tadeln: Für die Rechtsanwendung ist es hilfreich, wenn verdeutlicht worden ist, dass in diesen Fällen Schadensersatz statt der Leistung geschuldet wird.

Die Vorschriften, die uns diese Selbstverständlichkeit verkünden, sind §§ 280 Abs. 3, 283 BGB, wo es heißt, dass Schadensersatz „statt der Leistung" geschuldet wird, wenn die „zusätzlichen Voraussetzungen des § 283 BGB" (und das sind just die Fälle des § 275 Abs. 1 – 3 BGB) vorliegen.

Daraus resultiert ein ganz einfaches **Prüfungsschema**:

> → I. **Haftungsbegründende Voraussetzungen**
> 1. Bestehen eines rechtsgeschäftlichen oder gesetzlichen auf eine **Verpflichtung zur Leistung i.S.d. § 241 Abs. 1 BGB gerichteten Schuldverhältnisses.**
> 2. **Pflichtverletzung** (und zugleich zusätzliche Voraussetzung des § 283 BGB): Nichterbringung einer „Leistungspflicht" i.S.d. § 241 Abs. 1 BGB aufgrund **nachträglicher Herbeiführung der Leistungsbefreiung nach § 275 Abs. 1 – 3 BGB.**
> 3. **Vermutetes Vertretenmüssen** (§ 280 Abs. 1 S. 2 BGB; Ausnahme § 619 a BGB).
>
> → II. **Haftungsumfang**
> Ersatz des entstandenen Schadens „statt der Leistung" nach §§ 249 ff. BGB.

Zitieren Sie als **Anspruchsgrundlage** am besten nur die §§ 280 Abs. 1, 3, 283 BGB. Überflüssig, aber nicht etwa verboten, ist die Nennung des (ohnehin ja nur klarstellenden) § 275 Abs. 4 BGB.

aa) Bestehen eines auf eine Verpflichtung zur Leistung i.S.d. § 241 Abs. 1 BGB gerichteten Schuldverhältnisses

Das **Schuldverhältnis** kann sich aus **Vertrag** oder **Gesetz** ergeben. Denken Sie also bitte nicht immer nur an Leistungsverpflichtungen aus Verträgen (und bei jenen nicht immer nur an Kaufverträge, auch wenn wir immer wieder derartige Beispiele bilden). Betroffen sein muss von der Verletzung eine „**Leistungspflicht**" i.S.d. § 241 Abs. 1 BGB, also eine **Hauptleistungs-** oder eine **leistungsbezogene Nebenpflicht** und nicht eine „Verhaltenspflicht" aus § 241 Abs. 2 BGB. Es kommen als Schuldverhältnisse daher nur solche in Betracht, bei denen zunächst eine Leistungspflicht bestand.

> Dazu einige erläuternde **Beispiele:** Schadensersatz statt der Leistung kann nach §§ 280 Abs. 1 S. 1, Abs. 3, 283 BGB verlangt werden
>
> 1. wenn die geschuldete Kaufsache nicht geliefert werden kann, weil der Verkäufer sie nach Vertragsschluss schuldhaft zerstört hat (nachträgliche Unmöglichkeit der Erbringung einer Hauptleistungspflicht bei einem zur Leistung verpflichtenden vertraglichen Schuldverhältnis),
>
> 2. oder wenn der durch ein Vermächtnis Beschwerte die an den Erben zu übergebende und zu übereignende Sache schuldhaft zerstört hat (Unmöglichkeit der Erbringung einer Hauptleistungspflicht bei zur Leistung verpflichtendem Schuldverhältnis aus einseitigem Rechtsgeschäft).
>
> 3. Gleiches gilt, wenn der Besitzer im Eigentümer-Besitzer-Verhältnis die herauszugebenden Früchte (§§ 987, 990 BGB) nicht mehr herausgeben kann, weil er sie schuldhaft zerstört hat. Auch er haftet aus §§ 280 Abs. 1 S. 1, Abs. 3, 283 BGB (Unmöglichkeit der Erbringung einer Hauptleistungspflicht bei zur Leistung verpflichtendem gesetzlichen Schuldverhältnis).
>
> 4. Dem Verkäufer einer für ihn eigens hergestellten Sache wird vom Hersteller aufgrund einer zwischen Hersteller und Verkäufer bestehenden Vereinbarung nach dem Abschluss des Kaufvertrags mit einem Käufer zu Recht verboten, die Gebrauchsanweisung an den Käufer auszuhändigen, weil dadurch ein Betriebsgeheimnis des Herstellers verraten würde. Der Käufer kann Schadensersatz statt der ganzen Leistung aus 280 Abs. 1 S. 1, Abs. 3, 283 BGB verlangen, weil dem Verkäufer die Erfüllung einer leistungsbezogenen Nebenpflicht rechtlich unmöglich geworden ist.

bb) **Pflichtverletzung und zusätzliche Voraussetzung nach § 283 BGB: Herbeiführung der Leistungsbefreiung nach § 275 Abs. 1 – 3 BGB**

Die **Pflichtverletzung** besteht in der Nichtleistung aufgrund der **nachträglichen Herbeiführung** einer **Leistungsbefreiung** nach **§ 275 BGB**. Damit sind dann auch die nach § 280 Abs. 3 BGB erforderlichen „**zusätzlichen Voraussetzungen des § 283 BGB**" gegeben. Die (objektive) Pflichtverletzung beruht in der Herbeiführung der Leistungsbefreiung durch aktives Tun oder durch Unterlassen.

In der **Regel** wird es um Leistungshindernisse gehen, durch die der Schuldner aus schuldrechtlich verpflichtenden Verträgen, aus einseitigen Rechtsgeschäften oder aus gesetzlichen Schuldverhältnissen **vollständig von seiner Leistungspflicht befreit** wird. Der Anspruch auf Schadensersatz ist dann auf den Ersatz des Schadens „statt der ganzen Leistung" gerichtet. Manchmal ist die Leistung jedoch nur teilweise unmöglich. Dann stellt sich (auf der Rechtsfolgenseite) die Frage, unter welchen Voraussetzungen Schadensersatz statt der gesamten Leistung verlangt werden kann. In der Fallbearbeitung empfiehlt es sich zunächst bei der **Pflichtverletzung** den Umfang der Befreiung festzustellen und bei der **Schadensberechnung** zu klären, ob Schadensersatz wegen der gesamten Leistung gefordert werden kann.

Fall 322: Der V verkauft dem K eine Sache im Werte von € 1000,- für einen Kaufpreis von € 900,-. Die Kaufsache wurde nach Vertragsschluss aber vor Erfüllung von dem V an den D verkauft und übereignet und übergeben. Der D ist nicht (also auch nicht gegen eine hohe Geldzahlung) bereit, die Sache an den V zurück zu übereignen. Der K verlangt von V Schadensersatz in Höhe von € 100,-.

Der Anspruch könnte sich aus §§ 433 Abs. 1 S. 1, 280 Abs. 1 S. 1, Abs. 3, 283 BGB ergeben. a) Der V und der K haben einen Kaufvertrag abgeschlossen. Also besteht zwischen ihnen ein Schuldverhältnis. b) Durch die Übereignung und Übergabe an den D hat der Schuldner V sich die Erfüllung der sich aus § 433 Abs. 1 S. 1 BGB ergebenden Leistungspflicht mit der Folge eines Ausschlusses des Anspruchs unmöglich gemacht (§ 275 Abs. 1 BGB) und die Leistungspflicht damit verletzt. c) Das weiterhin erforderliche Vertretenmüssen des Schuldners an der Pflichtverletzung (Herbeiführung der zur Leistungsbefreiung führenden Unmöglichkeit) ist aufgrund der verschuldensrelevanten Mitteilungen des Sachverhaltes gegeben (§ 276 BGB: Vorsatz). Dass das Verschulden „vermutet" wird (§ 280 Abs. 1 S. 2 BGB), ist bei einer solchen Fallkonstellation nicht maßgeblich. d) Nach § 280 Abs. 3, 283 Abs. 1 BGB kann der Gläubiger Schadensersatz „statt der Leistung" verlangen: Der Käufer kann verlangen, so gestellt zu werden, wie wenn V den Kaufvertrag erfüllt hätte. Naturalrestitution nach § 249 Abs. 1 BGB kann er nicht verlangen, sondern nur Wertersatz nach § 251 Abs. 1 BGB. Hätte der V den Kaufvertrag erfüllt, wäre der K Eigentümer und Besitzer einer Sache im Werte von € 1000,- gewesen; zugleich hätte er als Kaufpreis € 900,- zahlen müssen. Der Schaden wird nach der Differenztheorie berechnet: Zu ersetzen ist die Differenz zwischen dem Wert der Kaufsache und dem vereinbarten Preis. Sie beläuft sich auf € 100,-.

Fall 323: Die N-GmbH handelt mit Nutzfahrzeugen. Da ihre Kunden häufig nicht sofort den gesamten Kaufpreis zahlen können, arbeitet sie mit der B-Bank zusammen. Diese schließt daher einen Darlehensvertrag (§§ 488 ff. BGB) mit dem Käufer ab. Die N-GmbH übereignet dann im Einvernehmen mit dem jeweiligen Kunden das Fahrzeug zur Sicherheit an die B-Bank. Im Februar 2002 verkaufte die N-GmbH an die X-GmbH einen fabrikneuen LKW zum Preis von € 60 000,-. Die X-GmbH leistete eine Anzahlung in Höhe von € 20 000,-. Es wurde ein Eigentumsvorbehalt vereinbart. Die X-GmbH ließ am 25. Februar 2002 von der Werkstatt des W einen Ladekran auf das Fahrzeug montieren, da sie diesen für ihre Arbeit brauchte. Der Kran ist ein Universalmodell für diverse LKW-Typen, den man ohne Wertverlust wieder abbauen und auf einen anderen LkW montieren könnte. Der W behielt sich bis zur vollständigen Bezahlung der Werkstattrechnung in Höhe von € 6 000,- das Eigentum an dem Kran vor. Am 8. März 2002 bat die N-GmbH nach Absprache mit der X-GmbH die B-Bank um Finanzierungshilfe. Die B-Bank sollte der X-GmbH ein Darlehen über € 40 000,- geben und diesen Betrag an die N-GmbH auszahlen. Als Sicherheit für die Darlehensforderung sollte sie das Eigentum am Fahrzeug von der N-GmbH erhalten. Die X-GmbH war mit diesem Vorgehen einverstanden und schloss einen Darlehensvertrag über die € 40 000,- mit der B-Bank ab. In der Vereinbarung zwischen N-GmbH und B-Bank wurde als Sicherheit der näher bezeichnete LKW „samt Ladekran" vereinbart. Dazu kam es, weil die N-GmbH unachtsamerweise nicht wusste, dass der Ladekran noch nicht bezahlt war. Zug um Zug gegen die Sicherungsübereignung zahlte die B-Bank die € 40 000,- an die N-GmbH aus. In den Folgemonaten zahlte die X-GmbH nur € 20 000,- an die B-Bank. Weitere Zahlungen leistete sie nicht. Als die B-Bank das Fahrzeug vertragsgemäß verwerten wollte, widersprach der W. Um nun dennoch das Fahrzeug verwerten zu können, bezahlte die B-Bank die Werkstattrechnung in Höhe von € 6 000,- an W. Die B-Bank möchte gern wissen, ob sie von der N-GmbH Schadensersatz in Höhe des an W gezahlten Betrages verlangen kann (nach Pukall). Beachten Sie hierzu die im Anschluss an die Lösung eingefügte Skizze. Derartige Hilfsmittel sollten Sie sich bei komplexen Fällen auch erstellen.

Der geltend gemachte Anspruch ist gerichtet auf Schadensersatz „statt der Leistung". Anspruchsgrundlage kann daher §§ 280 Abs. 1 S. 1, Abs. 3, 283 BGB sein. a) Zwischen der N-GmbH und der B-Bank muss ein wirksames Schuldverhältnis bestanden haben. Dies ist der Sicherungsvertrag (§§ 311 Abs. 1, 241 Abs. 1 BGB). Die N-GmbH war nicht nur Vermittlerin eines Vertrages zwischen der B-Bank und der X-GmbH, sondern sie verpflichtete sich selbst, die Sicherheit bereitzustellen. b) Weiterhin muss die N-GmbH eine Pflichtverletzung begangen haben. Diese könnte darin liegen, dass die N-GmbH sich die von ihr geschuldete Leistung nachträglich unmöglich gemacht hat. Sie hätte der B-Bank das Eigentum an LKW und Kran verschaffen müssen. aa) Dies hätte durch eine Übereignung an die B-Bank nach § 931 BGB durch Einigung und Abtretung des Herausgabeanspruchs gegen die X-GmbH geschehen können. Dazu hätte die N-GmbH aber Eigentümerin des LKW samt Kran gewesen sein müssen. Das Eigentum am LKW bestand von Anfang an und verblieb wegen des Eigentumsvorbehaltes auch bei der N-GmbH. Zweifelhaft ist aber das Eigentum am Ladekran. Ein Eigentumserwerb der N-GmbH bezüglich des Krans hätte nach § 947 Abs. 2 BGB erfolgt sein können. Da der Kran aber universell verwendbar war und ohne Wertverlust von dem LKW zu trennen war, wurde er nicht wesentlicher Bestandteil des LKW (§ 93 BGB), so dass die N-GmbH auf diesem Wege kein Eigentum erlangt hat. Die N-GmbH ist auch nicht Eigentümer nach § 930 BGB geworden, da die X-GmbH wegen des Eigentumsvorbehaltes des W nicht Eigentümerin des Krans war. Ein gutgläubiger Erwerb der N-GmbH nach § 933 BGB scheitert daran, dass der LKW nicht an die N-GmbH übergeben worden ist. Im Ergebnis hat somit die N-GmbH der B-Bank den Ladekran nicht wie im Sicherungsvertrag geschuldet übereignet. bb) Fraglich ist, ob der N-GmbH die Erfüllung des Sicherungsvertrages bereits anfänglich unmöglich gewesen war (dann wäre nämlich § 311 a Abs. 2 BGB und nicht der hier geprüfte Anspruch aus §§ 280 Abs. 1, 3, 283 BGB gegeben!) oder ob die Pflichtverletzung nachträglich entstand. aaa) Für eine anfängliche Unmöglichkeit spricht, dass die N-GmbH von Anfang an nicht Eigentümerin war.

bbb) Da die N-GmbH aber die Möglichkeit hatte, durch Zahlung an W das Eigentum für die B-Bank zu erwerben, liegt ein Fall nachträglicher Unmöglichkeit vor. (Einen Unterschied würde dies im Ergebnis für die Lösung nicht machen). c) Die N-GmbH hat die Pflichtverletzung zu vertreten, da sie es aus Unachtsamkeit versäumt hatte, die Eigentumsverhältnisse am Ladekran festzustellen. d) Die B-Bank kann verlangen, so gestellt zu werden, wie wenn die N-GmbH ordnungsgemäß erfüllt hätte. Naturalrestitution nach § 249 Abs. 1 BGB kann sie nicht verlangen, sondern nur Wertersatz nach § 251 Abs. 1 BGB. Hätte die N-GmbH der B-Bank das Eigentum am Kran wie vereinbart verschafft, so hätte die B den LKW ohne Zahlung von € 6 000,- an die W verwerten können. Dieser Betrag ist ihr Schaden. Sie kann daher in dieser Höhe Ersatz von der N-GmbH verlangen.

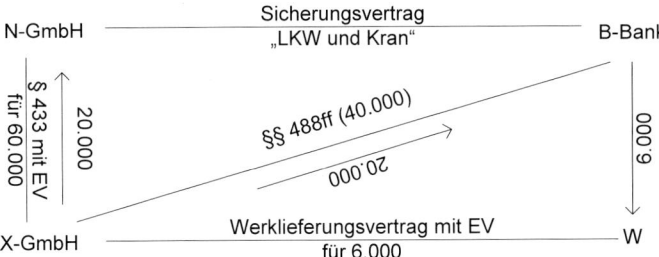

Abb. 4

Fall 324: Der Erblasser T vermacht dem Vermächtnisnehmer V ein wertvolles Rennpferd. Der Erbe E behandelt das ihm verhasste Tier so schlecht, dass es vor der Übereignung an V eingeht. V verlangt Schadensersatz von E (nach Kupisch).

Der Anspruch kann sich aus §§ 280 Abs. 1 und 3, 283 BGB ergeben. Dazu muss zwischen den Beteiligten a) ein Schuldverhältnis bestanden haben. Dieses folgt hier aus dem Vermächtnis, einem einseitigen Rechtsgeschäft (§§ 1939, 2147ff BGB). b) Der E hat die sich aus § 2174 BGB ergebende Pflicht, das Pferd an V zu übereignen und zu übergeben, nicht erfüllt, indem er die nachträgliche Unmöglichkeit der Leistung (§ 275 Abs. 1 BGB) herbeigeführt hat und damit seine Leistungspflicht verletzt. c) Der E kann sich hierfür nicht nach § 280 Abs. 1 S. 2 BGB exkulpieren. d) der E muss daher dem V Schadensersatz in Höhe des Wertes des Pferdes leisten (§§ 249 Abs. 1, 251 Abs. 1 BGB).

Sie dürfen aber nicht aus dem Auge verlieren, dass auch bei einer vollständigen Befreiung eines Schuldners aus **gesetzlichen Schuldverhältnissen** durch Unmöglichkeit nach § 275 BGB die §§ 280 Abs. 1, 3, 283 BGB anwendbar sind.

> Beispiel: Wenn der Besitzer im Eigentümer-Besitzer-Verhältnis (§§ 987ff BGB) die nach § 987 Abs. 1 BGB geschuldeten Nutzungen nicht herausgeben kann, so kommt eine Haftung auf Schadensersatz nach §§ 280 Abs. 1, 3, 283 BGB in Betracht!

Dies alles waren Konstellationen, bei denen der Schuldner von der gesamten Leistungspflicht frei geworden ist.

Wie gesagt: In der Regel wird der Schuldner nach § 275 Abs. 1- 3 BGB insgesamt von seiner Leistungspflicht frei. Es kann aber bei der Fallbearbeitung **ausnahmsweise** so liegen, dass der Schuldner aus schuldrechtlich verpflichtenden Verträgen, aus einseitigen Rechtsgeschäften oder aus gesetzlichen Schuldverhältnissen nur teilweise von der Leistung befreit ist (§ 275 Abs. 1 – 3 BGB).

Dazu zunächst eine „Reminiszenz" an Teil 3, die sich mit der Frage des Schicksals der primären Leistungs- und (bei gegenseitigen Verträgen) der Gegenleistungsansprüche befasst.

Fall 325: Der V verkauft dem Pferdehändler K zwei Pferde für je € 10 000,-. Eines verendet nach Vertragsschluss, aber vor der Übereignung und Übergabe an K aufgrund eines Fütterungsfehlers des V. 1. Der K verlangt Lieferung der Pferde, 2. der Verkäufer Bezahlung der Pferde.

1. Der Anspruch auf Übereignung und Übergabe aus § 433 Abs. 1 S. 1 BGB erlischt nach § 275 Abs. 1 BGB bezüglich des verendeten Pferdes. 2. Auch der Kaufpreisanspruch in Höhe von insgesamt € 20 000,- erlischt in Höhe von € 10 000,- nach § 326 Abs. 1 HS. 2 BGB.

Hier interessiert uns aber bekanntlich nicht mehr das Schicksal des „Primäranspruchs", sondern die **„Sekundäransprüche"** des Gläubigers des Leistungsanspruchs auf Schadensersatz „statt der Leistung" gegen den Schuldner, wenn dieser nach § 275 Abs. 1 – 3 BGB teilweise von der Leistung befreit ist:

Sie müssen auch hier wieder aufpassen. Denn die Ihnen auf den Nägeln brennende Frage, ob der Schadensersatzanspruch „statt der Leistung" sich bei teilweiser Leistungsbefreiung auf den nicht zu erbringenden Teil beschränkt oder ob die Gesamtleistung von ihr erfasst wird und Schadensersatz statt der ganzen Leistung verlangt werden kann, stellt sich nur dann, wenn der Gläubiger die Teilleistung nicht bereits nach § 266 BGB zurückgewiesen hat. Wenn aber der Gläubiger die Teilleistung angenommen hat, kommt es darauf an, ob er an dem eingeschränkten Leistungsaustausch interessiert ist oder ob er kein Interesse an der Teilleistung hat (§§ 280, 283 S. 2, 281 Abs. 1 S. 2 BGB):

- Hat der Gläubiger ein Interesse an der Teilleistung, weil der eingeschränkte Leistungsaustausch für ihn von Nutzen ist, so kann er sich dafür entscheiden, die Teilleistung zu behalten. Dann „zerfällt der Vertrag in zwei selbstständige Teile": Der Schadensersatzanspruch beschränkt sich auf den nicht erbrachten Teil (**„kleiner Schadensersatz"**). Für die erbrachte Teilleistung schuldet der Gläubiger einen entsprechenden Teil der Gegenleistung. Hiergegen kann er mit seinem Schadensersatzanspruch aufrechnen.

Variante: Der K nimmt das überlebende Pferd entgegen und will wissen, ob und in welchem Umfang er Schadensersatz verlangen kann, wenn er jedes Pferd mit einem Gewinn von € 2000,- hätte weiterverkaufen können und ob und in welcher Höhe er zur Kaufpreiszahlung verpflichtet ist.

1. Der K kann a) Schadensersatz „statt der Leistung" aus §§ 280 Abs. 1, 3, 283 BGB verlangen. aa) Es besteht ein Schuldverhältnis in der Form eines Kaufvertrages. bb) Die

Pflichtverletzung liegt in der Herbeiführung einer nachträglichen Leistungsbefreiung durch den V hinsichtlich des gestorbenen Pferdes. cc) Ein Vertretenmüssen liegt vor. b) Was den Umfang des Schadenersatzanspruches angeht, so kann Ersatz nur für das verendete Pferd verlangt werden („kleiner Schadensersatz"), denn der K hat weiterhin ein objektiv zu bestimmendes Interesse an dem einen Pferd (§ 283 S. 2, 281 Abs. 1 S. 2, 249 ff., 252 BGB. 2. Was die Kaufpreisschuld angeht, so ist diese in Höhe von € 20.000,- entstanden. a) in Höhe von € 10.000,- ist sie nach § 326 Abs. 1 S. 1 BGB erloschen, weil die Lieferung des einen Pferdes unmöglich geworden ist. b) Gegen den restlichen Anspruch kann der Käufer mit seinem Schadensersatzanspruch in Höhe von € 2.000,- aufrechnen (§§ 387 ff. BGB), so dass der verbleibende Kaufpreisanspruch € 8000,- beträgt.

Fall 326: Der V verkauft dem K eine ererbte aus 10 Flaschen bestehende Sammlung von Champagnerflaschen aus dem Nachlass des Fürsten von Bismarck, dessen Lieblingsgetränk bekanntlich der Champagner war. Der K beabsichtigt, die Flaschen einzeln weiterzuveräußern. Nach dem Abschluss des Kaufvertrages trinkt der V eine Flasche aus. Der K will wissen, ob er Schadensersatz für 9 oder für 10 Flaschen verlangen kann.

Dem K steht ein Anspruch aus §§ 280 Abs. 1, 3, 275 Abs. 1, 283 S. 1, 2, 281 Abs. 1 S. 2, 249 ff. BGB auf Schadensersatz „statt der Leistung" für eine Flasche zu, denn „statt der ganzen Leistung" könnte er nur dann Schadensersatz verlangen, wenn er an der Teilleistung zuzüglich des Schadensersatzes für die eine Flasche kein Interesse hätte. Das ist nicht der Fall, weil er die Flaschen einzeln verkaufen wollte.

- Die Frage kann aber auch so lauten, ob der Gläubiger bei einer Teilleistung Schadensersatz „statt der ganzen Leistung" (= **„großer Schadensersatz"**) verlangen kann. Das Gesetz hat sich im Interesse des Schuldners, der ja immerhin einen Teil der Leistung erbracht hat und deswegen nicht ohne Schutzbedürfnis ist, dafür entschieden, dass dieser dem Gläubiger einen Schadensersatz „statt der ganzen Leistung" nur zusteht, wenn der Gläubiger an dem eingeschränkten Leistungsaustausch nicht interessiert ist (§§ 280 Abs. 1, 3, 283, 281 Abs. 1 S. 2 BGB). Das Interesse ist jedoch normativer Art. Es kommt auf das **objektiv fehlende Interesse**, nicht auf das tatsächliche Interesse des Gläubigers an. Ansonsten würden die Einschränkungen praktisch leer laufen.

Variante: Wie wäre es, wenn der V die Absicht hatte, die Flaschen als „Sammlung-Bismarck" zu verkaufen.

Dann hätte er kein Interesse an der Teilleistung und könnte Schadensersatz „statt der ganzen Leistung" verlangen

Fall 327: Der K hat von V einen Besteckkasten mit Messern, Gabeln und Löffeln aus dem Biedermeier gekauft, den er nach einer Erneuerung der Versilberung durch Galvanisierung an X weiterverkaufen wollte. Dem V wird die Lieferung der Gabeln und Löffel unmöglich, weil sie bei der Galvanisierung infolge eines Versehens des V zerstört werden; der V kann daher nur die Messer liefern. Als der X erklärt, dass er am Erwerb nur der Messer nicht interessiert sei, verlangt der K von V Schadensersatz für die gesamte Leistung in Höhe des entgangenen Gewinns aus einem Weiterverkauf.

Der Anspruch des K aus §§ 280 Abs. 1, 3, 275 Abs. 1, 283 S. 1, 2, 281 Abs. 1 S. 2, 249 Abs. 1, 252, 251 Abs. 1 BGB ist gerichtet auf einen Schadensersatz „statt der ganzen Leistung" (= „großen Schadensersatz"), da der K an einer Teilleistung (nur Messer) zuzüglich eines Schadensersatzes für die nach § 275 Abs. 1 BGB erbringbare Leistung kein Interesse hat und daher ein Interessewegfall an der ganzen Leistung vorliegt.

cc) Vermutetes Vertretenmüssen

Aus § 280 Abs. 1 S. 2 BGB folgt, dass der **Anknüpfungspunkt für den** für einen Schadensersatzanspruch konstitutiven **Verschuldensvorwurf** die **Herbeiführung der Leistungsbefreiung nach § 275 Abs. 1 – 3 BGB** ist.

Dass das **Verschulden vermutet** wird (§ 280 Abs. 1 S. 2 BGB), ist inzwischen für Sie ja „ein alter Hut". Für den Fall, dass der Sachverhalt verschuldensrelevante Tatsachen enthält, haben Sie **§ 276 BGB** zu subsumieren; insoweit kann auf die bereits im Rahmen der Anspruchsvoraussetzungen des § 280 Abs. 1 BGB erfolgten ersten Darlegungen zu § 276 BGB verwiesen werden; diese werden – wie Ihnen ja auch schon mitgeteilt wurde – später noch erheblich vertieft.

Fall 328: Der Gebrauchtwagenhändler V schließt in seinem Büro mit dem K 1 einen Kaufvertrag über einen mit einer „roten Nummer" zugelassenen Gebrauchtwagen ab, den beide unmittelbar zuvor besichtigt und Probe gefahren hatten. Nach sofortiger Barzahlung des Kaufpreises sind V und K 1 sich über den Eigentumsübergang auf den K 1 einig. Als der K 1 das Auto in Besitz nehmen und damit wegfahren will, ist es aber verschwunden. Der V hatte nämlich nach der Probefahrt den Schlüssel versehentlich stecken lassen und den Wagen auf dem unbewachten und für Kaufinteressenten zugänglichen Abstellplatz geparkt. Der Kaufinteressent K 2 hatte auf seinem Besichtigungsrundgang, kurz nachdem der V und K 1 im Büro den Kaufvertrag geschlossen hatten, das Fahrzeug startbereit stehen gesehen und die „günstige Gelegenheit" genutzt, ein Auto „umsonst" zu erwerben und war damit auf Nimmerwiedersehen davongefahren. Kann der K 1 von V Schadensersatz (vorausgesetzt er hat einen Schaden, z.B. einen entgangenen Gewinn aus einem geplanten gewinnbringenden Weiterverkauf erlitten) „statt der Leistung" verlangen?

Der Anspruch könnte sich aus §§ 280 Abs. 1, 3, 283 BGB ergeben. a) Der V war vertraglich verpflichtet, dem K das Eigentum und den Besitz zu verschaffen (§ 433 Abs. 1 S. 1 BGB). Es bestand daher ein Schuldverhältnis. b) Dem V könnte dies nach Vertragsschluss unmöglich geworden sein. aa) Das Eigentum an dem Auto könnte der V dem K 1 zwar nicht mehr nach § 929 S. 1 BGB, wohl aber nach § 931 BGB durch Abtretung des Herausgabeanspruchs aus §§ 823 Abs. 1, 249 Abs. 1 BGB gegen den K 2 übertragen; bb) der V kann es aber nicht an K – wie nach § 433 Abs. 1 BGB auch geschuldet – übergeben. c) Die Frage ist, ob der V sich entlasten kann. Das für §§ 280 Abs. 1, 3, 283 BGB maßgebliche Verschulden bezieht sich auf die Herbeiführung des Leistungshindernisses. Der V hatte den Schlüssel stecken lassen; der Abstellplatz war unbewacht und für jedermann zugänglich. Daher kann der V sich nicht entlasten. d) Ein Schaden des K 1 ist daher zu ersetzen.

Dass auch **abweichend vom Verschuldensmaßstab des § 276 BGB** Schadensersatz „statt der Leistung" aus §§ 280 Abs. 1, 3, 283 BGB wegen der Nichterbringung der Leistung aufgrund einer Leistungsbefreiung nach § 275 BGB geschuldet werden kann, soll an zwei Beispielen demonstriert werden.

B. „Sekundäransprüche" aus dem allgemeinen Leistungsstörungsrecht 605

- So kann ein **Schuldner auch für Zufall haften** müssen (§ 287 S. 2 BGB): Während des Schuldnerverzuges haftet der Schuldner für Zufall, sofern der Schaden nicht auch bei rechtzeitiger Leistung eingetreten sein würde. Zufall bedeutet, dass weder Gläubiger noch Schuldner die Leistungsstörung zu vertreten haben. Sehr leicht übersehen wird, dass es auf § 287 S. 2 BGB nicht ankommt, wenn der Schaden kausal auf den Schuldnerverzug zurückzuführen ist, also ein bereits nach §§ 280 Abs. 1, 2, 286 BGB zu ersetzender Verzögerungsschaden ist.

Fall 329: Der V schuldet dem K die Lieferung einer bestimmten Partie mit in Dosen verpacktem Kaviar am 1. März 2003. Der V liefert am 1. März 2003 nicht. Am 2. März 2003 wird die Partie durch einen Zufall zerstört. Der K verlangt Schadensersatz.

Der Anspruch kann sich aus §§ 280 Abs. 1, 3, 283 BGB ergeben. a) Zwischen V und K besteht ein Schuldverhältnis in der Form eines Kaufvertrages. b) V hat seine Lieferpflicht verletzt. Durch die Zerstörung der geschuldeten Partie Dosen ist ihm seine Leistung nach § 275 Abs. 1 BGB unmöglich, weswegen auch die zusätzlichen Voraussetzungen des § 283 BGB vorliegen. c) Notwendig ist weiter ein Vertretenmüssen. aa) Grundsätzlich hat der Schuldner Vorsatz und Fahrlässigkeit zu vertreten (§ 276 Abs. 1 S. 1 BGB). bb) Hier kann aber nach § 287 S. 2 BGB eine strengere Haftung bestimmt sein. Dazu muss jedoch Schuldnerverzug nach § 286 BGB vorliegen. aaa) V hat die fällige Leistung nicht erbracht. bbb) Eine Mahnung war nach § 286 Abs. 2 Nr. 1 BGB entbehrlich, da die Leistungszeit nach dem Kalender auf den 1.März 2003 bestimmt war. ccc) V kann sich nicht nach § 286 Abs. 4 BGB (hier kommt es auf ihn an, vgl. oben!) exkulpieren. ddd) Schuldnerverzug liegt daher vor, weswegen V auch für den hier vorliegenden Zufall haftet. d) Der V haftet daher auf Schadensersatz nach den §§ 249 ff. BGB.

- Wegen des passenden Zusammenhangs soll für die Fälle, in denen wegen der Nichterbringung der Leistung aufgrund einer Leistungsbefreiung nach § 275 BGB ein Anspruch auf Schadensersatz „statt der Leistung" aus §§ 280 Abs. 1, 3, 283 BGB geltend gemacht wird, darauf hingewiesen werden, dass ein Schuldner, der eine **„Garantie"** übernommen hat, sich nicht „exkulpieren" kann, weil es sich bei einer Garantieübernahme um eine (auch konkludent) mögliche vertragliche Verpflichtung handelt, für den Eintritt eines bestimmten Erfolges auch ohne Verschulden einzustehen. Ferner soll darauf hingewiesen werden, dass ein Schuldner, der das **„Beschaffungsrisiko"** übernommen hat, jedes Unvermögen zu vertreten hat, das auf der Verwirklichung eines spezifischen Beschaffungsrisikos beruht, gleich ob es um eine Stück- oder eine Gattungsschuld geht.

Fall 330: Der V verpflichtet sich gegenüber K in einem Kaufvertrag zur Beschaffung eines bestimmten, dem E gehörigen Picasso-Gemäldes. Es gelingt dem V nicht, dem E das Bild abzukaufen. Der K kann das ihm nicht gelieferte Bild nunmehr nicht – wie beim Erwerb von V möglich – mit Gewinn weiterverkaufen. Der K verlangt Schadensersatz. Der V wendet ein, dass der E sich früher zum Verkauf an den V bereit erklärt hatte, jetzt aber aus rein persönlichen Gründen den Verkauf verweigert habe; dafür könne er nichts (nach Kropholler).

> Der Anspruch ergibt sich aus §§ 280 Abs. 1, 3, 283, 249 ff. 252 BGB. Der V hat sich nicht exkulpieren können. Zwar liegt weder Vorsatz noch Fahrlässigkeit vor, doch hat er das Beschaffungsrisiko übernommen (§ 276 Abs. 1 BGB).

> Gegenbeispiel: Der V verspricht die Lieferung irakischen Öls. Die Lieferung wird unmöglich, weil völlig unerwartet die US-Armee in den Irak einmarschiert und alle Ölförderanlagen beschlagnahmt. Man kann zunächst davon ausgehen, dass V ein Beschaffungsrisiko übernommen hat. Es muss sich aber gerade um ein Leistungshindernis handeln, das mit der Eigenart der Schuld als Beschaffungsschuld zusammenhängt. Das ist hier jedoch nicht der Fall, weswegen V nicht haftet. Die Rechtsprechung zum neuen Schuldrecht hat daher ausdrücklich festgestellt, dass ein Verkäufer nicht schon dann die Nichtleistung zu vertreten hat, wenn er ein Beschaffungsrisiko übernommen hat.

dd) Der zu ersetzende Schaden

Schließlich muss auch ein **Schaden** auf den zum Schadensersatz verpflichten Umstand (äquivalent und adäquat kausal und zum Schutzbereich der Norm gehörig) zurückführbar sein. Der Schadensersatzanspruch ist **nie auf Naturalrestitution** gerichtet, da er schließlich gerade an die Stelle der Leistung tritt. Grundlage ist daher nicht § 249 Abs. 1 BGB sondern allein § 251 Abs. 1 BGB.

Der Schaden wird wie auch sonst nach der „**Differenzhypothese**" berechnet, indem die bestehende (Ihnen durch den Sachverhalt vermittelte) Vermögenslage („Ist-Zustand") mit derjenigen verglichen wird, die ohne den zum Schadensersatz verpflichtenden Umstand gegeben wäre („Soll-Zustand"). Bei diesem Vergleich muss auch der widerleglich als Schaden vermutete entgangene Gewinn (§ 252 BGB) als Schadensposten berücksichtigt werden, der häufig der Höhe nach im Sachverhalt konkret beziffert ist oder der auch „abstrakt" berechnet werden kann, indem man die Differenz zwischen Marktwert und vereinbartem Preis zugrunde legt. Außerdem werden bei der Schadensberechnung alle sonstigen im Sachverhalt genannten, für das Vermögen nachteiligen Umstände als „Schadensposten" berücksichtigt, die nach einer wertenden Betrachtungsweise äquivalent und adäquat kausal auf die Pflichtverletzung zurückzuführen sind und die nach dem Schutzzweck der Norm zu ersetzen sind; dazu zählen z.B. die Mehrkosten bei einem „Deckungsgeschäft". Das alles war Ihnen bereits bekannt.

Bei den Ansprüchen auf Schadensersatz „statt der Leistung" bei gegenseitigen Verträgen (das dürften die Hauptfälle eines Schadensersatzanspruches „statt der Leistung" aus §§ 280 Abs. 1, 3, 283 BGB sein) gibt es bei der Ermittlung des Schadens nach der „Differenzhypothese" eine zusätzliche Besonderheit: Bei **gegenseitigen Verträgen** ist der Gläubiger des Schadensersatzanspruchs dem Schuldner des Schadensersatzanspruchs zur Erbringung einer Gegenleistung verpflichtet. Daraus resultiert die Frage, welche Bedeutung diese Gegenleistungsverpflichtung bei der Ermittlung des Schadens spielt. Es gibt dazu zwei theoretisch denkbare Alternativen: Man kann annehmen, dass der Gläubiger, der Schadensersatz „statt der Leistung" verlangen kann, weiterhin seine Gegenleistung schuldet. Wenn dies so ist, dann muss diese Belastung seines Vermögens als „Schadensposten" angesehen werden. Man kann aber auch annehmen, dass bei gegenseitigen Verträgen die Leistungspflichten des Schadensersatzschuldners und des Schadensersatzgläubigers zur Erbringung der Leistungen erlöschen und der Schaden in der Differenz von hypothetisch geschuldeter Leistung und hypothetisch geschuldeter Gegenleistung besteht. Hinzu kommen nach beiden Ansichten die nach der „Differenzhypothese" zu berücksichtigenden sonstigen Schadensposten bzw. Abzugsposten.

Hinsichtlich der **Ermittlung des Schadens** stellt sich also bei **gegenseitigen Verträgen** die Frage, ob der Gläubiger des Anspruchs auf Schadensersatz „statt der Leistung" darauf beschränkt ist,

- die Differenz der Vermögenswerte von Leistung und Gegenleistung zu verlangen (**„Differenztheorie"**). Man muss sich das so vorstellen, dass die gegenseitigen Pflichten auf Erbringung von Leistung und Gegenleistung erlöschen und der Anspruch sich automatisch auf die Differenz reduziert. Diese Berechnungsmethode wird zunächst durch das Gesetz nahe gelegt. Wie Sie wissen, erlöschen der Leistungsanspruch (nach § 275 BGB) und der Gegenleistungsanspruch (nach § 326 Abs. 1 BGB), was eine Erbringung der Leistung des Gläubigers eigentlich nicht mehr vorsieht.

<u>Fall 331:</u> Der V verkauft eine Sache im Wert von € 1000,- für den Preis von € 900,- an den K. Die Sache geht vor Übergabe aufgrund eines schuldhaften Verhaltens des V unter. K verlangt Schadensersatz „statt der Leistung".
Der Anspruch ergibt sich aus §§ 280 Abs. 1, 3, 283, 249 ff. BGB. a) Hinsichtlich des Schadensumfangs gilt grundsätzlich, dass man die Schadenshöhe im Wege der Differenzbildung zwischen dem Wert der untergegangenen Leistung und der Gegenleistung (hier € 100,-) ermittelt („Differenztheorie"). b) Diesen Betrag kann der K nach §§ 280 Abs. 1, 3, 283 BGB ersetzt verlangen.

- Das Gegenstück ist die **„Surrogationstheorie"**: An die Stelle der ursprünglich geschuldeten Leistung tritt als „Surrogat" deren Wert, und der Gläubiger kann die Leistung des Surrogates gegen Erbringung der von ihm geschuldeten Gegenleistung verlangen. Für diese Sichtweise spricht, dass das Erlöschen der Gegenleistungspflicht nach § 326 Abs. 1 BGB nur den Gläubiger schützen soll. Er kann aber auf diesen Schutz verzichten und seine Leistung noch erbringen. Ein weiteres Argument ist, dass der Gläubiger ansonsten praktisch gezwungen wäre, die Folgen eines Rücktritts in Kauf zu nehmen.

- Man kann sich im Regelfall ohne Entscheidung des Theorienstreits dafür aussprechen, dem Gläubiger eines Schadensersatzanspruchs „statt der Leistung" die **Wahlfreiheit** zwischen einem **Schadensersatz** nach der **„Differenztheorie"** und der **„Surrogationstheorie"** zu gewähren.

- Selbst wer im Grundsatz der Auffassung ist, dass der Gläubiger eines Anspruchs auf Schadensersatz „statt der Leistung" lediglich einen Anspruch auf die Differenz der Vermögenswerte von Leistung und Gegenleistung hat („Differenztheorie"), muss Ausnahmen zulassen, wenn der Gläubiger des Anspruchs auf Schadensersatz „statt der Leistung" ein **berechtigtes Interesse** daran hat, seine Gegenleistung in vollem Umfang zu erbringen und als „Gegenleistung" dafür Ersatz für die gesamte Leistung zu erhalten, oder wenn er seine Leistung bereits erbracht hat (**„abgeschwächte Differenztheorie"**).

> Fall 332: Die T 1 schließt einen Tauschvertrag mit T 2, aufgrund dessen das Auto der T 1 (Wert € 15 000,-) gegen das Motorrad des T 2 (Wert € 20 000,-) getauscht wird. Der T 2 fährt das Motorrad vor der Übereignung und Übergabe fahrlässig zu Schrott. Die T 1 möchte ihr Auto nicht behalten sondern es dem T 2 übergeben und dafür € 20 000 .-verlangen.
>
> Dies soll der T 1 nach §§ 280 Abs. 1, 3, 283, 249 ff. BGB nach der „Surrogationstheorie" möglich sein, wenn sie ein besonderes Interesse daran hat, die Sache loszuwerden oder wenn die Leistung gar schon erbracht ist.

Wenn in einem Fall einer **vom Schadensersatzgläubiger bereits erbrachten Gegenleistung** die Ermittlung des Schadens nach der **„Differenztheorie"** erfolgt, dann kann der Schadensersatzgläubiger die Rückforderung der bereits erbrachten Leistung verlangen. Es ist nämlich zugunsten des Gläubigers davon auszugehen, dass sich seine Leistung rentiert hätte (**„Rentabilitätsvermutung"**), so dass die Gegenleistung den Mindestschaden darstellt. Das läuft i.E. auf eine Kumulation von Schadensersatz und (faktischem) Rücktritt hinaus. Dagegen bestehen keine Bedenken, denn sie ist nunmehr nach § 325 BGB möglich.

Auch hier gilt natürlich, dass hypothetische Vorteile unberücksichtigt bleiben, gegen deren Berücksichtigung höherrangiges Recht spricht oder die auf verbotenem oder sittenwidrigem Erwerb beruhen würden.

Das **„Wie"** des Schadensersatzanspruchs bestimmt sich nach den §§ 249 ff. BGB. Der Gläubiger kann aber niemals eine „Naturalrestitution" nach § 249 Abs. 1 BGB verlangen, weil dies bei einem Anspruch auf Schadensersatz „statt der Leistung" gedanklich ausgeschlossen ist. Verlangt werden kann nur Kompensation durch Wertersatz nach § 251 Abs. 1 BGB.

> In den allermeisten Fällen ist eine Berechnung nach der Differenztheorie die einzig anzusprechende und sinnvolle Lösung. Die Surrogationstheorie ist nur dann interessant, wenn die Leistung des Gläubigers nicht in Geld besteht. Besteht sie in Geld kommt es nach einer Aufrechnung ohnehin zum selben Ergebnis wie nach der Differenztheorie.

ee) Beiderseitiges Vertretenmüssen

Bekannt ist Ihnen, dass beim Vorliegen der Voraussetzungen des § 275 Abs. 1 – 3 BGB die **„Primäransprüche"** deshalb nicht bestehen, weil der **Anspruch auf die Leistung** dann „ausgeschlossen" ist (§ 275 Abs. 1 BGB) bzw. gegen ihn Einreden gelten gemacht werden können (§ 275 Abs. 2 und 3 BGB) und weil der **Anspruch auf die Gegenleistung** nach § 326 Abs. 1 S. 2 BGB von Gesetzes wegen entfällt, wenn nicht der Gläubiger bei eigenem Vertretenmüssen nach § 326 Abs. 2 BGB zur Gegenleistung verpflichtet bleibt.

Wir wissen jetzt auch, dass dem Gläubiger gegen den Schuldner als „**Sekundäranspruch**" ein Anspruch auf Schadensersatz „statt der Leistung" zusteht (§§ 280 Abs. 1, 3, 283 BGB), wenn der **Schuldner** das jeweilige nach § 275 Abs. 1 – 3 BGB zur Leistungsbefreiung führende **Leistungshindernis zu vertreten** hat. Das Gesetz sagt uns aber nicht, wie zu entscheiden ist, wenn der **Gläubiger und der Schuldner** das jeweilige nach § 275 Abs. 1 – 3 BGB zur Leistungsbefreiung führende **Leistungshindernis zu vertreten** haben. Nur bei weit überwiegendem Vertretenmüssen des Gläubigers behält der Schuldner den Anspruch auf die Gegenleistung (§ 326 Abs. 2 S. 1 BGB).

Unter der Geltung des „neuen" Schuldrechts wird die Auffassung vertreten, dass die Leistungspflicht nach § 275 Abs. 1 BGB und die Gegenleistungspflicht nach § 326 Abs. 1 S. 1 BGB erlöschen und dass der Schadensersatzanspruch des Gläubigers aus §§ 280 Abs. 1, 3, 283 BGB nach § 254 BGB zu kürzen ist. Die Anwendung dieser vom Gesetz nahe gelegten Vorgehensweise führt dazu, dass das Gegenseitigkeitsverhältnis der Primäransprüche sich nicht angemessen in der Höhe der Sekundäransprüche wieder findet:

Beispiele (Vertretenmüssen jeweils 50:50):

a) Wert der Sache = 1000, Preis = 1000 (neutrales Geschäft). Ergebnis: Der Anspruch des Käufers gegen den Verkäufer beläuft sich auf 0. Der Schaden wäre, wie sonst auch, nach der Differenztheorie zu berechnen. Die Differenz beträgt aber 0.

b) Wert der Sache = 1000, Preis 900 (gutes Geschäft). Ergebnis: Der Anspruch des Käufers gegen Verkäufer beläuft sich auf 50. Die Differenz beträgt 100 und diese wäre nach § 254 BGB um 50% zu kürzen.

c) Wert der Sache = 1000, Preis = 1100 (schlechtes Geschäft). Ergebnis: Der Anspruch des Käufers gegen den Verkäufer beträgt 0. Die Differenz wäre im Beispiel negativ, womit sich kein Schadensersatzanspruch ergibt.

Schlussfolgerung: Die Berechnungsformel stellt nicht sicher, dass sich die Vorteile eines guten Geschäftes auch beim Sekundäranspruch fortsetzen.

Es ist daher allgemein anerkannt, dass die **Berechnungsweise** geändert werden muss. Noch ist ungeklärt, wie diese Berechnung im Einzelnen aussehen soll. Die nötige Vertiefung können Sie bei Bedarf für eine Hausarbeit vornehmen. Für eine Klausur sind solche vertieften Kenntnisse nicht erforderlich. Hier soll ein schlanker und gut vertretbarer Lösungsweg aufgezeigt werden (nach Mattheus). Im **Ausgangspunkt** folgt dieser der **gesetzlichen Regelung**, wonach der Anspruch auf die Leistung nach **§ 275 BGB** und der Anspruch auf die Gegenleistung nach **§ 326 Abs. 1 BGB** entfallen. Dem Gläubiger steht ein Anspruch aus **§§ 280 Abs. 1, 3,**

283 BGB zu, wobei der Schaden wie sonst auch **nach der Differenztheorie** zu berechnen ist. Eine Berechnung nach der Surrogationstheorie scheidet wegen § 326 Abs. 2 BGB aus. Der Anspruch ist **nach § 254 BGB anteilig zu kürzen.** Dem Schuldner steht ebenfalls ein Schadensersatzanspruch zu. Der Gläubiger ist nämlich verpflichtet, alles zu unterlassen, was die Leistung unmöglich machen kann (§ 241 Abs. 2 BGB). Anspruchsgrundlage für den Schadensersatzanspruch ist **§ 280 Abs. 1 BGB direkt.** Die Höhe bestimmt sich nach der entgangenen Gegenleistung. Auch hier ist **nach § 254 BGB zu kürzen.** Weniger überzeugend scheint der Lösungsweg zu sein, der auf den Anspruch aus § 280 Abs. 1 BGB direkt verzichtet und stattdessen den Anspruch aus §§ 280 Abs.1, 3, 283 BGB nach der Surrogationstheorie berechnet, die den so ermittelten Anspruch dann nach § 254 BGB kürzt und schließlich die volle Gegenleistung abzieht (z.B. Stoppel). Dagegen wird vorgebracht, dass damit im Ergebnis § 326 Abs. 2 BGB angewendet wird. Ergebnisrelevant wird der Meinungsstreit nur bei wirtschaftlich nachteiligen Geschäften. Nach dieser Ansicht käme man bei einem Preis von 1100 bei einem Wert von 1000 zu einem Anspruch des Käufers in Höhe von 1000 (Surrogationstheorie), gekürzt auf 500. Davon wäre die volle Gegenleistung abzuziehen, womit der Verkäufer im Ergebnis 600 bekäme und damit besser stünde als nach der oben benutzten Berechnungsweise. Für die hier vertretene Berechnungsweise spricht die Nähe zum Gesetzestext. Die Frage ist noch in der wissenschaftlichen Diskussion und es sind für Sie daher beide Lösungen gangbar.

<u>Fall 333:</u> Der V verkauft an den K eine Sache (Stückschuld) im Wert von € 1000 .- für € 900,-. Durch eine gemeinsame Unachtsamkeit (Quote 1 : 1) von V und K wird die Sache bei der Anlieferung zerstört. Der K verlangt Lieferung oder Schadensersatz in Geld. Der V verlangt Bezahlung.

1. K gegen V: a) Der Anspruch auf Lieferung aus einem Kaufvertrag (§ 433 Abs. 1 S. 1 BGB) ist nach § 275 Abs. 1 BGB „ausgeschlossen". b) Ein Anspruch auf Schadensersatz kann sich aus § 280 Abs. 1, 3, 283 BGB ergeben. Die Voraussetzungen liegen vor (das wäre in einer Klausur natürlich näher auszuführen). Die Schadensberechnung erfolgt nach der üblichen Methode (Differenztheorie). Die Differenz zwischen Leistung und Gegenleistung beträgt € 100,-. Der Anspruch ist nach § 254 BGB um 50% zu kürzen und beläuft sich daher auf € 50,-. Diesen Betrag kann K von V fordern. 2. V gegen K: a) Dem V kann gegen den K ein Anspruch auf Kaufpreiszahlung aus einem Kaufvertrag zustehen (§ 433 Abs. 2 BGB). aa) Der Anspruch ist entstanden. bb) Er kann aber nach § 326 Abs. 1 S. 1 BGB erloschen sein, wenn nicht eine Ausnahme zu dieser Norm vorliegt. Die Ausnahme findet sich nicht in § 326 Abs. 2 S. 1 1. Fall BGB, da diese Norm nur solche Fälle erfassen soll, in denen das Vertretenmüssen des Gläubigers so gewichtig ist, dass er praktisch allein verantwortlich ist. Dies ist bei einer Quote von 50:50 jedoch nicht der Fall. Der Anspruch ist daher erloschen und V kann keine Kaufpreiszahlung mehr fordern. b) Dem V kann aber ein Schadensersatzanspruch aus § 280 Abs. 1 BGB zustehen. aa) Ein wirksames Schuldverhältnis liegt vor. K hat die aus § 241 Abs. 2 herrührende Pflicht, alles zu unterlassen, was die Leistungserbringung durch V gefährdet, verletzt. Er hat diese Pflichtverletzung auch zu vertreten. bb) Die Schadenshöhe berechnet sich aus der entgangenen Gegenleistung (€ 900,-). Der Anspruch ist jedoch nach § 254 BGB um 50% zu kürzen und beträgt daher im Ergebnis € 450,- . 3. Nach erfolgter Aufrechnung (§ 389 BGB) bekommt V im Ergebnis € 400,- von K.

Sehen Sie in der nachfolgenden **Tabelle**, wie sich der Fall entwickelt hätte, wenn ein anderes Verhältnis von Wert und Preis der Sache vorgelegen hätte:

Tabelle 1

Wert	Preis	Ergebnis V gegen K
1000	900	400 (ein gutes Geschäft bleibt gut)
1000	1100	550 (ein schlechtes Geschäft bleibt schlecht)
1000	1000	500 (beim neutralen Geschäft teilen sich die Parteien den Schaden)

Der vorherige Beispielsfall war modellhaft und daher sehr einfach konstruiert, was kaum je der (Prüfungs-) Praxis entsprechen dürfte. Häufiger liegt das beiderseitige Vertretenmüssen nicht so klar auf der Hand. Man denke sich hierzu folgenden Beispielsfall:

Fall 334: Der V verkauft seinen Fuhrbetrieb an den K und bietet ihm mehrfach die Übertragung an. Der K bestreitet aber zu Unrecht den Abschluss des Kaufvertrages und verweigert Übernahme und Kaufpreiszahlung. Nach einiger Zeit veräußert V den Betrieb zu einem geringeren Preis an den Dritten D (nach RG).

Das Verhalten des V wäre nur dann rechtmäßig, wenn er dem K zuvor nach § 323 Abs. 1 BGB eine Frist gesetzt hätte und dann den Rücktritt erklärt hätte oder wenn die Voraussetzungen eines Selbsthilfeverkaufs (§ 383 BGB) vorgelegen hätten. Beides lag nach dem Sachverhalt nicht vor. Der Verkauf an den D war daher objektiv pflichtwidrig. Auf der anderen Seite hat der K durch seine unberechtigte Weigerung die Leistungsstörung mit herbeigeführt. Es liegt also ein Fall beiderseitigen Vertretenmüssens vor, der entsprechend den oben genannten Grundsätzen zu lösen wäre. Quote: Im Zweifel 1:1.

b) Anspruch auf Schadensersatz „statt der Leistung" aufgrund eines bereits bei Vertragsschluss vorliegenden nach § 275 Abs. 1 – 3 BGB leistungsbefreienden Leistungshindernisses bei verpflichtenden Verträgen (§ 311 a Abs. 2 BGB und § 122 BGB analog)

Rufen Sie sich bitte noch einmal in Erinnerung, dass der soeben dargestellte „Sekundäranspruch" des Gläubigers gegen den Schuldner auf Schadensersatz „statt der Leistung" aus §§ 280 Abs. 1, 3, 283 BGB die Fallkonstellation betraf, bei der eine den Schuldner aus einem rechtsgeschäftlichen (in erster Linie vertraglichen) oder gesetzlichen Schuldverhältnis treffende Leistungspflicht dadurch verletzt wird, dass in einer von ihm zu vertretenden Weise **nachträglich ein den Schuldner nach § 275 Abs. 1 – 3 BGB von der Leistungspflicht befreiendes Leistungshindernis** herbeigeführt wird.

Man erkennt sofort, dass davon natürlich nicht diejenigen Fälle erfasst sind, in denen sich ein Schuldner durch einen Vertrag zur Erbringung einer Leistung verpflichtet hat, diese aber nach § 275 Abs. 1 – 3 BGB deshalb nicht zu erbringen braucht, weil das ihn befreiende Leistungshindernis schon vor Vertragsschluss vorgelegen hatte. Denn vor dem Vertragsschluss traf den Schuldner im Verhältnis zum (späteren) Gläubiger noch keine Leistungspflicht, so dass eine zu diesem Zeitpunkt erfolgende Herbeiführung eines den Schuldner nach § 275 Abs. 1 – 3 BGB leistungsfrei machenden Leistungshindernisses keine ihm gegenüber dem Gläubiger bestehende Pflicht verletzten konnte. Daher kann § 280 BGB diese Fallkonstellation gar nicht erfassen.

Da der **Gesetzgeber aber andererseits** aufgrund einer entsprechenden rechtspolitischen Absicht **wollte, dass** in derartigen Fällen eines vertraglichen Leistungsversprechens, welches wegen eines bereits beim Vertragsschluss bestehenden Leistungshindernisses vom späteren Schuldner nicht erfüllt zu werden braucht, **dem Gläubiger ein Anspruch auf Schadensersatz „statt der Leistung" zustehen soll**, musste das Gesetz zu diesem Zwecke – weil ein Anspruch wegen der eben genannten Gründe aus §§ 280 Abs. 1, 3, 283 BGB nicht gegeben sein kann – mit **§ 311 a Abs. 2 BGB eine eigenständige Anspruchsgrundlage** erhalten. Mit dieser werden wir uns jetzt befassen.

Bei einem „schon bei Vertragsschluss" vorliegenden Leistungshindernis, aufgrund dessen der Schuldner eines verpflichtenden Vertrages nach § 275 Abs. 1 – 3 BGB von seiner Leistungspflicht i.S.d. § 241 Abs. 1 BGB – also von der Pflicht zur Erbringung der „Hauptleistung" oder der Pflicht zur Erfüllung von „leistungsbezogenen Nebenpflichten" – befreit ist, stehen wir vor einer eigenartiger Konstellation:

Wenn der Gesetzgeber zunächst in § 311 a Abs. 1 BGB, anders als noch § 306 BGB a.F. den Vertrag trotz des Wegfalls der Leistungsverpflichtung ausdrücklich für wirksam erklärt (vgl. Teil 3), so ist dagegen aus logischen Gründen nichts einzuwenden; diese Anordnung widerspricht nur scheinbar dem Grundsatz „impossibilium nulla est obligatio" (= „niemand ist zur Erbringung einer unmöglichen Leistung verpflichtet"), weil hierdurch nicht etwa das Vorliegen eines Erfüllungsanspruchs postuliert wird, sondern ausschließlich die dogmatischen Grundlagen dafür gelegt werden sollen, dem Gläubiger nach § 311 Abs. 2 BGB einen Anspruch auf Schadensersatz zuzusprechen.

Wenn dem Vertragsgläubiger in § 311 a Abs. 2 BGB, dogmatisch vorbereitet durch § 311 a Abs. 1 BGB, ein Anspruch auf Schadensersatz „statt der Leistung" zugebilligt wird, so war dies rechtspolitisch gesehen keinesfalls die „einzig denkbare" Lösung, die der Gesetzgeber wählen konnte. Der Gesetzgeber hätte sich ebenso gut dahingehend entscheiden können, dem Gläubiger nach dem Vorbild des § 307 BGB a.F. lediglich einen Schadensersatzanspruch auf das negative Vertrauensinteresse zu geben, ihn also so zu stellen, wie er gestanden hätte, wenn er gewusst hätte, dass der Schuldner schon vor Vertragsschluss leistungsfrei ist. Der Gesetzgeber hat aber aus sachgerechten rechtspolitischen Erwägungen ein Bedürfnis dafür gesehen, dem Gläubiger gegen den schon bei Vertragsschluss leistungsfreien Schuldner einen Anspruch auf **Schadensersatz „statt der Leistung"**, also auf das „positive Interesse" zuzusprechen; denn der

Schuldner wird auf diese Weise durch eine drohende Schadensersatzpflicht in besonders intensiver Weise dazu angehalten, sich bei Abschluss eines verpflichtenden Vertrages seiner Leistungsfähigkeit zu versichern und „nichts zu versprechen, was er nicht halten kann".

> Diese rechtspolitische Absicht und ihre Umsetzung ist von der Literatur auch weitgehend als gelungen gebilligt worden. Manchen Vertretern war sie nicht einmal ausreichend, da dem Schuldner die Exkulpation möglich ist. Stattdessen wurde von diesen Autoren die Einführung einer Garantiehaftung gefordert.

Als junge Juristen werden Sie im Examen sicher mit der Frage rechnen müssen, wieso der Gesetzgeber eigentlich den § 311 a Abs. 1 BGB geschaffen hat, wo es doch als „Zentralnorm" für auf Schadensersatz gerichtete „Sekundäransprüche" den § 280 BGB gibt. Wer bisher konzentriert mitgearbeitet hat und sich deshalb noch an die obigen einführenden Bemerkungen erinnert, kennt die Antwort: Ein Anspruch auf Schadensersatz „statt der Leistung" kann nämlich bei einer anfänglichen Unmöglichkeit gerade **nicht aus § 280 Abs. 1, 3, 283 BGB** abgeleitet werden. Denn ein solcher Anspruch würde voraussetzen, dass der Schuldner in einer von ihm zu vertretenden Weise eine ihm gegenüber dem Gläubiger bestehende Verpflichtung zur Leistung i.S.d. § 241 Abs. 1 BGB verletzt hätte. Bei der hier maßgeblichen Konstellation (= bereits vor Vertragsschluss vorliegendes nach § 275 Abs. 1 – 3 BGB von der Leistungspflicht befreiendes Leistungshindernis) bestand aber vor einem Vertragsschluss keine solche Pflicht, denn der spätere Schuldner (eines Schuldverhältnisses ohne Leistungspflicht!) war zu diesem Zeitpunkt niemandem auf der Welt (schon gar nicht dem späteren Gläubiger gegenüber) zur Leistung verpflichtet. Daher kommt ein Anspruch aus §§ 280 Abs.1, 3, 283 BGB bei schon vor Vertragsschluss bestehenden Leistungshindernissen, die zur Befreiung des Schuldners von Leistungspflichen i.S.d. § 241 Abs. 1 BGB führen (z.B. eine Zerstörung der erst später verkauften Sache), schlechterdings nicht in Betracht. Der Gesetzgeber war daher gehalten, mit dem **§ 311 a Abs. 2 BGB** eine eigenständige Schadensersatzanspruchsgrundlage zu schaffen, wenn er seine Absicht umsetzen wollte, einem Vertragsgläubiger einen Anspruch auf Schadensersatz „statt der Leistung" auch dann zuzusprechen, wenn das nach § 275 Abs. 1 – 3 BGB zur Leistungsbefreiung führende Leistungshindernis bereits vor Vertragsschluss vorlag.

Die **„Pflichtverletzung"** (die im Wortlaut des § 311 a BGB nicht vorkommt) liegt aus allen diesen Gründen auch nicht etwa in der Herbeiführung des vor Vertragsschluss zur Leistungsbefreiung nach § 275 Abs. 1 – 3 BGB führenden Leistungshindernisses (z.B. Zerstörung der nach § 433 Abs. 1 BGB zu leistenden Sache), sondern darin, dass der Schuldner durch den Vertragsschluss eine Leistung verspricht, die er aufgrund eines schon vor Vertragsschluss bestehenden Leistungshindernisses gar nicht erbringen kann.

Der Vertragsschuldner hat diese **„Pflichtverletzung" zu vertreten**, wenn er bei Vertragsschluss das bereits vor Vertragsschluss bestehende Leistungshindernis kannte oder es hätte kennen müssen (§ 311 a Abs. 2 S. 2 BGB). Nicht kommt es darauf an, dass er es selbst in zu vertretender Weise herbeigeführt hat oder dass ihm schuldhafte Herbeiführung eines Dritten zuzurechnen ist.

> Dass der Gesetzgeber einen solchen Anspruch nur bei vertraglichen Ansprüchen geschaffen hat (daher auch der „weit von § 280 BGB entfernte Standort" im Gesetz!), hat einen ganz einfachen Grund: Bei allen anderen Schuldverhältnissen mit aus ihnen resultierenden Leistungspflichten, also bei Schuldverhältnissen aufgrund von einseitigen Rechtsgeschäften oder bei gesetzlichen Schuldverhältnissen, besteht vor deren Entstehung kein Vertrauenstatbestand, dem man als Schuldner Rechnung tragen muss. Nur im vertraglichen Bereich besteht ein Schutzbedürfnis, das es rechtfertigt, den Schuldner durch Gewährung eines Anspruchs auf Schadensersatz „statt der Leistung" an sein Versprechen zu binden.

Die Voraussetzungen des daher in § 311a Abs. 2 S. 1 BGB geschaffenen eigenständigen Anspruchs sind:

> → I. **Haftungsbegründende Voraussetzungen**
> 1. Bestehen eines auf eine **Verpflichtung zur Leistung** i.S.d. § 241 Abs. 1 BGB gerichteten Vertrages
> (der wegen § 311 a Abs. 1 BGB wirksam ist)
> 2. **Befreiung von der Leistungspflicht** nach § 275 Abs. 1 – 3 BGB aufgrund eines schon bei Vertragsschluss bestehenden Leistungshindernisses.
> 3. **Vertretenmüssen**: Fehlende Entlastung hinsichtlich der Kenntnis oder zu vertretenden Unkenntnis bezüglich des Vorliegens des anfänglichen Leistungshindernisses (§ 311a Abs. 2 S. 2 BGB)
> → II. **Haftungsumfang, §§ 249 ff**
> Ersatz des entstandenen Schadens „statt der Leistung" nach §§ 249 ff. BGB.

Als **Anspruchgrundlage** sollten Sie nur § 311a Abs. 2 S. 1 BGB zitieren (nicht zusätzlich § 275 Abs. 4 BGB). Bei Teilleistungen bzw. teilweise unmöglichen Leistungen gelten wieder §§ 311 a Abs. 1 S. 2, 281 Abs. 1 Satz 2 und 3 BGB, also die Ihnen bekannte, soeben bei § 283 BGB erörterte Regelungen. Kommen wir jetzt zu **den Einzelheiten dieser bedeutsamen Anspruchsgrundlage**.

aa) Wirksamer Vertrag

Gegeben sein muss ein auf eine **Verpflichtung zur Leistung** i.S.d. § 241 Abs. 1 BGB (das sind bekanntlich „Hauptleistungspflichten" oder „leistungsbezogene Nebenpflichten") **gerichteter Vertrag**.

Dieser Vertrag muss wirksam sein, darf also z.B. nicht nach §§ 119, 142 Abs. 1, 134, 138 BGB nichtig sein. Warum wir diese Selbstverständlichkeit ausgerechnet hier erwähnen, hat einen besonderen Grund: Bei der Prüfung der Wirksamkeit kann man nämlich als Fallbearbeiter durchaus auf die – aus der Sicht des Schuldners übrigens „fabelhafte" - Idee kommen und prüfen, ob der Schuldner den Vertrag nicht vielleicht nach §§ 142 Abs. 1, 119 Abs. 2 BGB wegen eines Eigenschaftsirrtums bereits angefochten hat bzw. noch anfechten kann, weil zum Beispiel das bereits vor Vertragsschluss dem Verkäufer fehlende Eigentum an der verkauften Sache eine verkehrswesentliche Eigenschaft ist, über die der Schuldner sich in der irrigen Annahme, er sei der Eigentümer, i.S.d. § 119 Abs. 2 BGB geirrt habe. Der Gedanke ist nicht schlecht, aber die Anfechtung ist dennoch ausgeschlossen, wenn sie allein dem Zweck dient, sich auf diese Weise der Haftung aus § 311 a Abs. 2 BGB zu entziehen. Wenn Sie in einer Klausur den Eindruck haben, der Aufgabensteller erwartet zu dieser Problematik Ausführungen, etwa weil die Anfechtung ausdrücklich erklärt wird, so prüfen Sie unter dem Prüfungspunkt wirksamer Vertrag, ob dieser durch eine Anfechtung nach §§ 119 Abs. 2 , § 142 Abs. 1 BGB nichtig ist und erörtern unter Heranziehung der obigen Ausführungen, ob § 119 Abs. 2 BGB i.E. anwendbar ist und verneinen dies. Die anderen Nichtigkeitsgründe (z.B. § 125 S. 1 BGB) sind selbstverständlich anwendbar und schließen den Anspruch aus.

bb) Befreiung von der Leistungspflicht nach § 275 Abs. 1 – 3 BGB aufgrund eines schon bei Vertragsschluss bestehenden Leistungshindernisses

Ein Anspruch auf Schadensersatz „statt der Leistung" aus § 311 a Abs. 2 BGB ist sowohl bei **anfänglich objektiver Unmöglichkeit** gegeben als auch bei **anfänglichem Unvermögen**. Diese Feststellung bereitet an sich nur wenige Schwierigkeiten.
Man muss sich aber des Risikos einer Vermengung dieser beiden Fallkonstellationen (**Anspruch aus § 311 a Abs. 2 BGB**) mit der eines nachträglichen Unvermögens (**Anspruch aus §§ 280 Abs. 1, 3, 283 BGB**) bewusst sein. Wichtig ist die Unterscheidung deshalb, weil – wie Sie ja nun zu Genüge wissen – die Anknüpfungspunkte für die Pflichtverletzung und für das daran orientierte Vertretenmüssen bei §§ 280 Abs. 1, 3, 283 BGB und bei § 311 a Abs. 2 BGB völlig unterschiedlicher Art sind: Bei §§ 280 Abs. 1, 3, 283 BGB besteht die Pflichtverletzung im Herbeiführen eines befreienden Leistungshindernisses, während bei § 311 a Abs. 2 BGB die Pflichtverletzung in der Begründung der vertraglichen Verpflichtung zu einer von ihm unerbringbaren Leistung liegt.

<u>Fall 335:</u> Der V verkauft eine Sache an den K. Bei Vertragsschluss ist der V noch nicht der Eigentümer der Sache, hat diese aber bereits von dem D gekauft. Später weigert sich der D, die Sache an den V zu übereignen, so dass der V die Sache nicht an den K übereignen kann. Der K verlangt Schadensersatz von V.

1. Man sollte in der Prüfung mit §§ 280 Abs. 1, 3, 283 beginnen und a) nach der Klassifizierung des Schuldverhältnisses unter dem Prüfungspunkt b) „Pflichtverletzung" durch Herbeiführung des zu einer Unmöglichkeit führenden Leistungshindernisses fragen, ob das Leistungshindernis wegen des fehlenden Eigentums des V bereits bei Vertragsschluss bestand oder ob es erst nach Vertragsschluss aufgrund der Weigerung des D, die Sache an den V zu übereignen, entstanden ist. Mit letzterer Überlegung kann man durchaus zu einem

nachträglichen Unvermögen kommen. c) Geht man so vor, ist weiter fraglich, aa) ob der V sich exkulpieren kann (§ 280 Abs. 1 S. 2 BGB) bb) oder ob der V eine Garantie für seine Leistungsfähigkeit übernommen hat. 2. Wer auf das (anfänglich) fehlende Eigentum abstellt, kommt zu einem Anspruch aus § 311 a Abs. 2 BGB und muss prüfen, ob der V sich dahingehend entlasten kann, dass er bei Vertragsschluss das Leistungshindernis nicht kannte oder nicht kennen musste.

Fall 336: Der Gebrauchtwagenhändler V schließt in seinem Büro mit dem K 1 einen Kaufvertrag über einen mittels einer „roten Nummer" zugelassenen Gebrauchtwagen ab, den beide unmittelbar zuvor besichtigt und Probe gefahren hatten. Nach sofortiger Barzahlung des Kaufpreises sind der V und der K 1 sich über den Eigentumsübergang einig. Als der K 1 das Auto in Besitz nehmen will, ist es aber verschwunden. Der V hatte nämlich nach der Probefahrt den Schlüssel versehentlich stecken lassen und den Wagen auf dem auf dem unbewachten und für jeden Kaufinteressenten zugänglichen Abstellplatz geparkt. Der Kaufinteressent K 2 hatte auf seinem Besichtigungsrundgang das Fahrzeug startbereit stehen gesehen und hatte, noch bevor der V und der K 1 das Büro betreten hatten, um den Kaufvertrag zu schließen, die „günstige Gelegenheit" genutzt, ein Auto „umsonst" zu erwerben und war damit auf Nimmerwiedersehen davongefahren. Kann der K 1 von V Schadensersatz (vorausgesetzt er hat einen Schaden, z.B. einen entgangenen Gewinn aus einem geplanten gewinnbringenden Weiterverkauf, erlitten) „statt der Leistung" verlangen?

Der Anspruch könnte sich aus § 311 a Abs. 2 BGB ergeben. a) Der V war vertraglich verpflichtet, dem K das Eigentum und den Besitz zu verschaffen (§ 433 Abs. 1 S. 1 BGB); der Vertrag ist nach § 311 a Abs. 1 BGB wirksam. b) Dem V müsste dies vor Vertragsschluss unmöglich geworden sein. aa) Das Eigentum an dem Auto könnte der V dem K 1 nach § 931 BGB durch Abtretung des Herausgabeanspruchs aus §§ 823 Abs. 1, 249 Abs. 1 BGB gegen den K 2 übertragen, bb) er kann es aber nicht übergeben. c) Die Frage ist, ob der V sich entlasten kann. aa) Das für § 311 a Abs. 2 BGB maßgebliche Verschulden bezieht sich nicht auf die Herbeiführung des Leistungshindernisses, bb) sondern auf eine Kenntnis oder zu vertretende Unkenntnis des Leistungshindernisses. Der V wusste nicht von dem Diebstahl; auch kann nicht verlangt werden, dass der V sich vor Vertragsschluss noch einmal vergewissert, ob der Wagen noch auf dem Hof steht. Anders wäre es vielleicht, wenn der V vor Vertragsschluss im Büro gemerkt hätte, dass er den Schlüssel im Fahrzeug steckenlassen hatte. d) Ein eventueller Schaden des K 1 ist daher nicht zu ersetzen (eine andere Ansicht wäre vertretbar).

Wir müssen auch in diesem Zusammenhang wieder einmal vorgreifen und uns daran erinnern, dass Ihnen einleitend zu Teil 4 bekannt gemacht und später noch einmal in Erinnerung gerufen worden ist, dass es auch bei einem lediglich vorvertraglichen „geschäftlichen Kontakt" zu „Verhaltenspflichten" bzw. „nicht leistungsbezogene Nebenpflichten" unter zukünftigen Vertragspartnern kommen kann (§§ 311 Abs. 2, 241 Abs. 2 BGB), bei deren vermuteter schuldhafter Verletzung Schadensersatzansprüche aus §§ 280 Abs. 1, 311 Abs. 2, 241 Abs. 2 BGB bestehen.

Wenn man dies im Auge hat, so erkennt man rasch, dass es durchaus zu einem **Konkurrenzverhältnis zwischen den Ansprüchen aus §§ 311 a Abs. 2, 241 Abs. 2 BGB** einerseits und aus **§§ 280 Abs. 1, 311 Abs. 2, 241 Abs. 2 BGB** andererseits kommen kann. Denn wer vor Vertragsschluss seinen zukünftigen Vertragspartner von Gesetzes wegen vermutet schuldhaft nicht darüber aufklärt, dass ein zur Leistungsbefreiung nach § 275 Abs. 1 – 3 BGB führendes Leistungshindernis besteht, verletzt damit eine dem anderen Teil gegenüber bestehende vorvertragliche Aufklärungspflicht aus § 241 Abs. 2 BGB und wäre daher nach §§ 280 Abs. 1, 311 Abs. 2, 241 Abs. 2 BGB schadensersatzpflichtig. Die Konsequenz aus einem Schadensersatzanspruch aus §§ 280 Abs. 1, 311 Abs. 2, 241 Abs. 2 BGB besteht darin, dass der Schuldner zum Ersatz des „negativen Interesses" verpflichtet wäre. Ein solcher Anspruch, wäre er gegeben, könnte im Einzelfall weiterreichend sein als ein auf Schadensersatz statt der Leistung gerichteter Anspruch aus § 311 a Abs. 2 BGB. Aus diesem Grunde wird man im Anwendungsbereich des **§ 311 a Abs. 2 BGB** diese Anspruchsgrundlage als „**lex specialis**" zu der Anspruchsgrundlage **§ 280 Abs. 1, 311 Abs. 2, 241 Abs. 2 BGB** ansehen müssen.

Fall 337: Der V verkauft an den K eine vor Vertragsschluss untergegangene Sache für € 1000,-, die einen Wert von € 1500,- hat. Der V hätte sich bei Vertragsschluss sagen müssen, dass die Sache längst untergegangen war. Wegen des abgeschlossenen Vertrages unterlässt es der K, eine andere Einkaufsgelegenheit zum Preis von € 900,- zu nutzen. Der K verlangt Schadensersatz (nach Wilmowsky).

1. Hier beträgt das nach § 311 a Abs. 2 S. 1 BGB zu ersetzende positive Interesse des K € 500,- (Differenz von Wert und Preis). 2. Das nach §§ 280 Abs. 1, 311 Abs. 2, 241 Abs. 2 BGB zu ersetzenden negative Interesse, das darauf gerichtet ist, den K so zu stellen, als hätte der K den V nie gesehen, beträgt € 600,-. Im Anwendungsbereich des § 311 a Abs. 2 BGB soll jedoch nur der Ersatz des positiven Interesse gewährt werden und kein darüber hinausgehender Ersatz des negativen Interesse durch eine Anwendung der §§ 280 Abs. 1, 311 Abs. 2, 241 Abs. 2 BGB.

Manchmal stellt sich auch die Frage, ob man statt auf den **Vertragsschluss** nicht besser auf den **Zeitpunkt der Angebotserklärung** des Schuldners abstellen sollte. Denken Sie nur an die Fallkonstellation, bei der das Leistungshindernis nach Abgabe des Angebots aber vor dessen Annahme eintritt. Der Schuldner würde dann nach § 311 a Abs. 2 BGB auf das positive Interesse haften. Unbilligkeiten kann man vermeiden, indem man dem Schuldner in diesen Fällen ein ungeschriebenes Widerrufsrecht (über § 130 Abs. 1 S. 2 BGB hinaus) zubilligt oder jedenfalls dem Angebotsempfänger die Berufung auf das Angebot zu verweigern.

cc) Vermutetes Verschulden: Kenntnis oder zu vertretende Unkenntnis bezüglich des Leistungshindernisses (§ 311 a Abs. 2 S. 2 BGB)

Wie schon erwähnt, ist Voraussetzung für einen Anspruch aus § 311 a Abs. 2 S. 1 BGB, dass der Schuldner das anfängliche Leistungshindernis kannte oder dass er von ihm hätte wissen müssen; ein solches **Verschulden wird vermutet** (§ 311a Abs. 2 S. 2 BGB). Wenn es keine „verschuldensrelevanten Tatsachen" im Sachverhalt gibt, sollten Sie ohne Not keine „Verschuldensdebatte eröffnen".

Bei einer gleichwohl durchaus einmal nötigen **Prüfung der Verschuldensfrage** unter Heranziehung von im Sachverhalt ausgeführter „verschuldensrelevanter Umstände" müssen Sie bedenken, dass eine sehr weit reichende Pflicht zur Vergewisserung der Leistungsfähigkeit bei solchen anfänglichen Leistungshindernissen postuliert wird, die der **Schuldnersphäre** entstammen; das geht so weit, dass gefordert wird, den Schuldner letztlich sogar für die „**Zulänglichkeit des eigenen Geschäftkreises**" haften zu lassen. Weiterhin sollte man im Auge haben, dass die an § 311 a Abs. 2 BGB geübte nicht unberechtigte Kritik, die Verschuldensabhängigkeit der Schadensersatzhaftung führe trotz der Verschuldensvermutung in § 311 a Abs. 2 S. 2 BGB zu einer Begünstigung des „leichtfertigen Schuldners", weil sie zur Folge haben könne, dass ein Vertragsschuldner, der wisse, dass er sich eventuell mit Unkenntnis hinsichtlich des anfänglichen Leistungshindernisses herausreden könne, eine eingegangene Verpflichtung nicht mehr so ernst nehmen werde, wie jemand, der für seine Leistungsfähigkeit unbedingt einstehen muss. Diese Kritik sollte Sie dazu ermuntern, immer dann, wenn der **Schuldner sich nach § 311 a Abs. 2 S. 2 BGB entlasten** kann, nicht vergessen zu prüfen, ob der Schuldner durch sein Leistungsversprechen nicht vielleicht eine Garantie für seine Leistungsfähigkeit übernommen hat, die zu einem Vertretenmüssen ohne Verschulden (§ 276 Abs. 1 S. 1 BGB) führt (**Garantiehaftung**).

Fall 338 (nach OLG Karlsruhe): Der V verkauft, übergibt und übereignet an den hinsichtlich des Eigentums des V gutgläubigen K eine Sache, die dem E von dem D gestohlen worden war und die der V von D im Glauben, dieser sei Eigentümer, erworben hatte. Der E verweigert die Genehmigung der Übereignung an den K. Der K kann die Sache daher nicht, wie er es vorgehabt hatte, mit Gewinn weiterveräußern. Der K verlangt den entgangenen Gewinn als Schadensersatz.

Der Anspruch könnte sich aus § 311 a Abs. 2 BGB ergeben. a) Der sich aus einem wirksamen Kaufvertrag (§§ 433, 311 a Abs. 1 BGB) ergebende Anspruch b) kann wegen der Unmöglichkeit einer Übereignung an K (§ 935 BGB) von V nach § 275 Abs. 1 BGB nicht erfüllt werden. c) Für den V war es jedoch „schlechterdings unerkennbar", dass die Sache gestohlen war, so dass der V nach § 311 a Abs. 2 S. 2 BGB keinen Schadensersatz schuldet. aa) Anders wäre es nur, wenn er eine Garantie übernommen hätte (§ 276 Abs. 1 S. 1 a.E. BGB). Aus der bloßen Tatsache des anfänglichen Unvermögens hatte man früher im Wege des Umkehrschlusses aus § 306 BGB a.F. auf eine Garantiehaftung geschlossen. Eben diese Lösung hat das Gesetz aufgegeben. bb) Daran ändert nichts die Überlegung, dass dies eine Begünstigung des „leichtfertigen Schuldners" zur Folge haben werde; denn der Vertragsschuldner, der wisse, dass er sich eventuell mit Unkenntnis herausreden kann, werde eine eingegangene Verpflichtung nicht mehr so ernst nehmen, wie jemand, der für seine Leistungsfähigkeit unbedingt einstehen muss (Knütel). cc) Der V schuldet daher keinen Schadensersatz.

> Diskutiert wird, eine nicht mögliche und daher nicht erfolgte **Eigentumsverschaffung** als einen Rechtsmangel anzusehen und daher einen Anspruch aus Gewährleistungsrecht (§§ 437 Nr. 3, 311 a Abs. 2 BGB) zu gewähren. Dafür besteht nach unserer Ansicht kein Anlass: Der Verkäufer ist nach § 433 Abs. 1 S. 1 BGB verpflichtet, die Sache zu <u>übereignen</u> und zu übergeben. Die von dieser Verpflichtung nach einer am Wortlaut, an der Grammatik und der systematischen Stellung orientierten Auslegung gesondert in § 433 Abs. 1 S. 2 BGB statuierte Pflicht zur Verschaffung der „Sache frei von Sach- und Rechtsmängeln" hat nichts mit der Eigentumsverschaffungspflicht des Verkäufers zu tun; diese wird nur in § 433 Abs. 1 S. 1 BGB geregelt. Kann er diese bereits anfänglich nicht einhalten, liegt

> eine anfängliche Unmöglichkeit zur Erfüllung der Pflichten aus § 433 Abs. 1 S.1 BGB vor und der Schadensersatzanspruch ergibt sich aus § 311 a Abs. 2 BGB.
>
> Entsprechend wird man beim **Kauf von Forderungen** differenzieren müssen. Ist die Forderung erloschen oder mit einer Einrede behaftet, so liegt ein Rechtsmangel vor (Folge: §§ 437ff BGB). Ist die Übertragung dagegen wegen Nichtexistenz unmöglich, so greift das allgemeine Leistungsstörungsrecht ein.

Beim Forderungsverkauf wird eine Garantiehaftung des Verkäufers für das Bestehen der Forderung von einigen Autoren bejaht.

<u>Fall 339:</u> Der Zürn (Z) verkauft an den Krall (K) eine gegen den S in Höhe von € 10 000,- bestehende Kaufpreisforderung für € 8000,- (§§ 433, 453 BGB), um auf diese Weise sofort Geld für die Forderung zu erhalten und nicht warten zu müssen, bis der S freiwillig zahlt, oder um die Forderung nicht gerichtlich und im Wege der Zwangsvollstreckung durchsetzen zu müssen. Es stellt sich jedoch heraus, dass die Forderung wegen einer weder Z noch K bekannten oder erkennbaren Geisteskrankheit des S (§§ 433 Abs. 2, 105 Abs. 1, 104 Nr. 2 BGB) nicht wirksam begründet worden ist. Wie ist die Rechtslage?
1. Ein Anspruch des K gegen Z auf Übertragung der Forderung aus §§ 433 Abs. 1 S. 1, 453 Abs. 1 BGB besteht nicht wegen § 275 Abs. 1 BGB, da eine nicht existente Forderung nicht nach § 398 BGB abgetreten werden kann. 2. Der Anspruch des Z gegen den K auf den Kaufpreis aus § 433 Abs. 2 BGB besteht nicht wegen § 326 Abs. 1 S. 1 BGB. 3. Fraglich ist aber, ob dem K gegen den Z ein Schadensersatzanspruch aus § 311 a Abs. 2 BGB zusteht. a) Ein wirksamer Vertrag zwischen Z und K liegt vor (§ 311 a Abs. 1 BGB). b) Der Z war von Anfang an von seiner Leistungspflicht befreit (§ 275 Abs. 1 BGB). c) Fraglich ist aber, ob der Z die Leistungsstörung zu vertreten hat (§ 311 a Abs. 2 S. 2 BGB). aa) Zu vertreten hat der Z als Schuldner aus §§ 433 Abs. 1 S. 1, 453 BGB nach § 276 Abs. 1 S. 1 BGB grundsätzlich Vorsatz und Fahrlässigkeit, beides liegt aber nicht vor, da das Nichtbestehen der Forderung dem Z weder bekannt noch erkennbar war. bb) Es ist aber zu erwägen, ob er beim Verkauf einer Forderung wegen der Art dieses Geschäftes eine Garantie für das Bestehen der Forderung übernimmt. Dies wird unter Verweis auf den § 437 a.F. BGB vertreten. In der Tat spricht dafür, dass der Käufer einer Forderung sich beim Kauf von Rechten, die nicht in das Grundbuch eingetragen sind, insbesondere von Forderungen, auf die Angaben des Verkäufers der Forderung zu deren Existenz müsse verlassen können, dass es anders als beim Kauf einer beweglichen Sache keinen für die Existenz der Forderung und für die Berechtigung des Verkäufers an ihr sprechenden Rechtsschein gibt, wie etwa beim Kauf beweglicher Sachen oder von anderen mit dem Besitz verbundenen Rechten in Gestalt des Besitzes (§ 1006 BGB) oder beim Kauf von Rechten an unbeweglichen Sachen in Gestalt der Eintragung in das Grundbuch (§ 891 BGB). Aus diesem Grunde ist die Garantiehaftung des Schuldners angemessen. Der V hat daher die Unkenntnis vom Leistungshindernis zu vertreten und schuldet Schadensersatz.

Für die **Bonität** (=Werthaltigkeit) der Forderung haftet der Verkäufer nach den gesetzlichen Vorschriften nicht. Diese Haftung kann nur durch eine vertragliche Vereinbarung begründet werden.

Die Kenntnis von „Hilfspersonen" soll sich der Schuldner übrigens nach **§ 278 BGB** zurechnen lassen müssen. Auf den § 166 BGB, dessen Anwendung durchaus nahe läge, soll es insoweit nicht ankommen.

> **Beispiel:** Die zum Verkauf und zur Erfüllung der Verträge bevollmächtigten Verkäufer V 1 und V 2 arbeiten für den Kunsthändler U. Der V 1 verkauft ein Gemälde an den K, weil er nicht mitbekommen hatte, dass V 2 es bereits an den X verkauft und übereignet und übergeben hatte. In diesem Fall haftet U dem K nach § 311 a Abs. 2 BGB auf Schadenersatz. Er hat die Unkenntnis von dem zur anfänglichen Unmöglichkeit führenden Leistungshindernis trotz seiner persönlichen Unkenntnis (kein § 276 Abs. 1 BGB!) zu vertreten, da er sich die Kenntnis des V 2 nach § 278 BGB zurechnen lassen muss.

dd) Der Schadensersatzanspruch („positives Interesse")

Die **Schadensberechnung** erfolgt in gleicher Weise wie bei §§ 280 Abs. 1, 3, 283 BGB, d.h. es ist von der **Differenzhypothese** auszugehen. Die von dort bekannten Probleme im Zusammenhang mit der Differenz- und Surrogationstheorie sind entsprechend zu behandeln. Auf eine Wiederholung soll hier verzichtet werden. Wer unsicher ist, sollte die entsprechende Passage nochmals nachlesen.

Fall 340: Der V verkauft eine Sache im Wert von € 1000,- für den Preis von € 900,- an den K. Die Sache ist vor Vertragsschluss untergegangen. Der V hatte dies gewusst. Der K verlangt Schadensersatz „statt der Leistung".

a) Der Anspruch ergibt sich aus § 311 a Abs. 2 BGB 249 ff. BGB. b) Hinsichtlich der Schadensermittlung gilt nach der „Differenztheorie", dass man die Schadenshöhe im Wege der Differenzbildung zwischen dem Wert der untergegangenen Leistung und der Gegenleistung (hier € 100,-) ermittelt. Diesen Betrag kann der K ersetzt verlangen.

Fall 341: Rechtzeitig zum Frühling 2003 wollen die T 1 und der T 2 das Cabrio der T 1 (Wert € 10 000,-) gegen das Motorrad des T 2 (Wert € 11 000,-) tauschen. Sie schließen am 1. Februar 2003 einen Tauschvertrag über die ihnen bekannten, jetzt im Winterlager stehenden Fahrzeuge. Der T 2 hatte das Motorrad seit Oktober 2002 in der Scheune eines Bauern untergestellt und sich nicht mehr darum gekümmert. Die Scheune war schon im Dezember 2002 mitsamt Motorrad abgebrannt. Die Erben des bei dem Brand ums Leben gekommenen Bauern hatten den T 2 nicht benachrichtigt. Die T 1 verlangt Schadensersatz und möchte ihr Auto nicht behalten sondern es dem T 2 übergeben und dafür € 11 000,- verlangen, um sich davon ein Motorrad zu kaufen.

Dies soll der T 1 nach §§ 311 a Abs. 2, 249 ff. BGB (der T 2 kann sich nicht entlasten) nach der „Surrogationstheorie" möglich sein, weil sie ein besonderes Interesse daran hat, das alte Auto loszuwerden.

> An eine **Minderung des Schadensersatzanspruches** nach § 254 Abs. 2 S. 1 BGB ist zu denken, wenn auch der Gläubiger Kenntnis von dem Leistungshindernis hat oder aber dieses kennen müsste.

ee) Anspruch auf Schadensersatz nach § 122 BGB analog

Die gerade zuvor referierte rechtspolitisch gemeinte Kritik, die vom Gesetzgeber angeordnete Verschuldensabhängigkeit der Schadensersatzhaftung aus § 311 a Abs. 2 BGB führe trotz der Verschuldensvermutung in § 311 a Abs. 2 S. 2 BGB zu einer Begünstigung des „leichtfertigen Schuldners", hat außer dem Hinweis auf eine mögliche Garantiehaftung auch die Idee provoziert, in den Fällen der anfänglichen Unmöglichkeit, in denen der Schuldner das Leistungshindernis nicht kannte oder nicht hätte kennen müssen und in denen keine Garantiehaftung gegeben ist, dem Gläubiger jedenfalls das **negative Interesse** zuzusprechen. Hierzu wird teilweise **§ 122 BGB analog** angewendet (*Canaris*), weil es sich bei einer Verpflichtung zur Erbringung einer objektiv unmöglichen Leistung um eine Irrtumslage, die der des § 119 Abs. 2 BGB vergleichbar sei handele und weil die Rechtsfolge der einer erklärten Anfechtung ähnele.

> Eine Analogie setzt eine **planwidrige Regelungslücke** und eine identische Interessenlage zwischen geregeltem und ungeregeltem Fall voraus. Die erforderliche identische Interessenlage lässt sich nach dem eben Gesagten noch recht gut bejahen. Es bereitet aber Schwierigkeiten, eine „planwidrige" Lücke in der gesetzlichen Regelung festzustellen. Denn der Reformgesetzgeber kannte das Problem und hat es bewusst nicht geregelt. Die Gegenansicht lehnt aus diesen methodischen Überlegungen heraus die analoge Anwendung des § 122 BGB auf die ursprüngliche Unmöglichkeit ab.

In einer schriftlichen Arbeit müssten Sie sich mit dieser Frage auseinandersetzen. Sie würden beginnen mit einem Anspruch aus § 311a Abs. 2 BGB. Wenn dieser Anspruch wegen fehlenden Verschuldens (der Schuldner kann sich entlasten) nicht gegeben ist und auch kein Fall einer Garantiehaftung vorliegt, schließt sich die Prüfung eines Anspruchs aus § 122 BGB analog an. Dabei haben Sie zuerst zu erörtern, ob die Voraussetzungen einer Analogie überhaupt vorliegen, wobei Sie die soeben aufgezeigten Argumente anführen und sich begründet (!) entscheiden. Je nachdem ob Sie dieser Lösung folgen wollen, prüfen Sie dann den Anspruch aus § 122 BGB analog zu Ende, was praktisch nur noch auf eine Schadensberechnung hinausläuft.

Fall 342: Der V und der K schließen am Mittag des 1. Juli 2002 in Hamburg einen Kaufvertrag über das Segelboot des V, das auf einer „Marina" in Arnis an der Schlei am Steg liegt, ab. Am Vormittag des 1. Juli 2002 war das Boot jedoch durch einen Brand zerstört worden. Der V erfuhr davon erst am Nachmittag durch einen Anruf des Hafenmeisters. Der K will wissen, ob er Schadensersatz verlangen kann, weil er das Boot unmittelbar nach Abschluss des Kaufvertrags an D mit Gewinn weiter verkauft hat; jedenfalls möchte er Ersatz der Kosten, die ihm durch den Vertragsschluss mit D entstanden sind.

1. Der Lieferungsanspruch aus § 433 Abs. 1 BGB ist nach § 275 Abs. 1 BGB „ausgeschlossen". 2. Den Ersatz a) des positiven Interesses kann K nach § 311 a Abs. 2 BGB nur dann verlangen, aa) wenn der V sich nicht entlasten kann. Da das Risiko eines Brandschadens für ein in einem Hafen liegenden Schiff gering ist, kann man es nicht für vorwerfbar halten, wenn der V keine Erkundigungen über seine Leistungsfähigkeit eingeholt hat. bb) Für die Annahme einer Garantiehaftung spricht nichts. Schadensersatz „statt der Leistung" kann der K daher nicht verlangen. b) Wohl aber könnte der K die Vertragskosten nach § 122 BGB analog ersetzt verlangen (hier wären die oben genannten Argumente zur Annahme einer Analogie anzuführen und abzuwägen).

ff) Exkurs: Streitiger Sachverhalt

Wer unter Ihnen praktisch denkt, dem wird schnell klar sein, dass im „wirklichen Leben" der Grund für eine Nichtleistung in der Regel nicht immer so klar auf der Hand liegt wie in unseren in dieser Hinsicht so „bequemen" Sachverhalten, in denen Ihnen das den Schuldner nach § 275 Abs. 1 – 3 BGB befreiende Leistungshindernis praktisch „ auf dem Silbertablett serviert" wird.

Es wird nämlich in der Praxis häufig entweder so sein, dass der Schuldner einfach nicht leistet und dabei den Gläubiger völlig im Unklaren darüber lässt, warum er nicht leistet. Nicht selten aber wird der Schuldner zwar eine auf eine Leistungsfreiheit i.S.d. des § 275 Abs. 1 – 3 BGB hinauslaufende Erklärung zum Grunde für seine Nichtleistung abgeben, indem er z.B. behauptet, dass ihm die Leistung unmöglich ist, z.B. weil der Leistungsgegenstand nach Vertragsschluss untergegangen ist oder bereits vor Vertragsschluss untergegangen war, der Gläubiger aber dem Schuldner diese Erklärung nicht „abnimmt", weil er einen ernsthaften Anlass dafür hat anzunehmen, dass der Schuldner seine Verpflichtung (aus welchem Grund auch immer) nicht erfüllen will und den behaupteten Untergang daher nur „vorschiebt". Dann steht er ebenso da, wie wenn ihm gar nichts erklärt worden ist.

In beiden Fällen einer für den Gläubiger bestehenden Unklarheit hinsichtlich der Frage der Leistungsmöglichkeit des Schuldners stellt sich die Frage, wie man als Gläubiger verfahren soll.

- Der Gläubiger sollte in jedem Fall dem Schuldner zuerst eine **Frist zur Erfüllung** setzen (§§ 280 Abs. 3, 281 Abs. 1 S. 1 BGB).

- Nach ergebnislosem Fristablauf kann er dann **Schadensersatz statt der Leistung** aus §§ 280 Abs.1, 3, 281 Abs. 1 S. 1 BGB bzw. § 311 a Abs. 2 BGB verlangen, oder er kann **zurücktreten** (§ 323 BGB). In einem **Rechtsstreit**, in dem der Gläubiger diese Schadensersatz- oder die Rückabwicklungsansprüche geltend macht, braucht der Gläubiger zum Grunde für die Nichtleistung nichts, schon gar nicht eine Unmöglichkeit vortragen oder gar zu beweisen.

c) Anspruch auf Schadensersatz „statt der Leistung" wegen „nicht oder nicht wie geschuldet erbrachter Leistung" (§§ 280 Abs. 1 S. 1, Abs. 3, 281 BGB)

> Stürzen Sie sich nicht vorschnell auf die Prüfung des § 281 BGB. Denn:
>
> **1.** Falls nach dem Sachverhalt **Leistungshindernisse** gegeben sind, durch die der **Schuldner leistungsfrei** wird, dürfen Sie ausschließlich die Ihnen ja gerade bekannt gemachten Schadensersatzansprüche aus §§ 280 Abs. 1, 3, 283 BGB oder aus § 311 a Abs. 2 BGB und niemals einen Schadensersatzanspruch aus §§ 280 Abs. 1 S. 1, Abs. 3, 281 BGB prüfen, denn dieser Anspruch setzt gedanklich die Möglichkeit zur Leistung voraus. „Tappen" Sie also nicht „in die Falle" des insoweit verführerischen Wortlauts des § 281 Abs. 1 BGB und behandeln Sie die Nichtleistung aufgrund einer Unmöglichkeit niemals als „Nichtleistung" i.S.d. 281 Abs. 1 S. 1 BGB.
>
> **2.** Auch dann, wenn nach dem Sachverhalt eine **Unmöglichkeit jedenfalls erörterungsbedürftig** ist (z.B. wenn sich der Schuldner auf ein in Wirklichkeit nicht bestehendes Leistungsverweigerungsrecht nach § 275 Abs. 2, 3 BGB beruft), müssen Sie zuerst §§ 280 Abs. 1, 3, 283 BGB bzw. § 311 a Abs. 2 BGB prüfen und ggf. nach einer Inzidentprüfung des § 275 Abs. 2, 3 BGB das Vorliegen dieser Anspruchsgrundlage mangels Unmöglichkeit ablehnen.
>
> **3.** Der Schadenersatzanspruch statt der Leistung folgt auch dann aus §§ 280 Abs. 1, 3, 283 BGB, wenn die **Unmöglichkeit der Leistung während einer im Rahmen der §§ 280 Abs. 1, 3, 281 BGB gesetzten Frist** eintritt. Denken Sie für diesen Fall auch an die verschärfte Haftung nach § 287 S. 2 BGB, da mit der Fristsetzung regelmäßig Verzug (§ 286 BGB) begründet wird.

Also: Erst dann, wenn Sie ganz sicher davon ausgehen können, dass der Schuldner noch zur Leistung verpflichtet ist, dürfen Sie prüfen, ob der Gläubiger als „Sekundäranspruch" Schadensersatz „statt der Leistung" nach §§ 280 Abs. 1, 3, 281 BGB deshalb verlangen kann,

- weil der Schuldner

- die dem Gläubiger gegenüber bestehende Verpflichtung zur Leistung i.S.d. § 241 Abs. 1 BGB (das sind „Hauptleistungspflichten" oder „leistungsbezogene Nebenpflichten")

- in vom Schuldner zu vertretender Weise

- bei Fälligkeit „nicht" (= „Spätleistung")

- oder „nicht wie geschuldet" (= „Schlechtleistung")

• erbracht hat.

> Übrigens: Über die **Tauglichkeit des Begriffs „Spätleistung"** lässt sich trefflich streiten: Der Begriff „Spätleistung" suggeriert nämlich, dass die Leistung verspätet <u>erbracht wird</u> (nach dem Motto: „spät kommt sie, aber sie kommt"). Das kann zwar so sein; es ist aber nicht erforderlich: das Gesetz spricht nämlich davon, dass „der Schuldner die fällige Leistung <u>nicht</u> ... erbringt", aber nicht davon, dass sie irgendwann erbracht wird. Wichtig ist allein, dass sie <u>erbracht werden kann</u>.

Die **Voraussetzungen** eines Anspruchs aus §§ 280 Abs. 1 S. 1, Abs. 3, 281 BGB sind kurz gesagt die Folgenden:

> → I. **Haftungsbegründende Voraussetzungen**
> 1. Bestehen eines auf eine Verpflichtung zur Leistung i.S.d. § 241 Abs. 1 BGB gerichteten **Schuldverhältnisses**.
> 2. Pflichtverletzung: **Nichterbringung der möglichen Leistung** („Spätleistung") oder Erbringung einer Leistung **„nicht wie geschuldet"** („Schlechtleistung") bei Fälligkeit
> 3. **Fristsetzung und Fristablauf oder Entbehrlichkeit der Fristsetzung** (§ 281 Abs. 2 BGB), bei Unterlassungsansprüchen Abmahnung (§ 281 Abs. 3 BGB).
> 4. **Vertretenmüssen**: Fehlende Entlastung (§ 280 Abs. 1 S. 2 BGB; Ausnahme § 619 a BGB)
> a) hinsichtlich mangelhafter Leistung und
> b) hinsichtlich unterlassener Leistung nach Fristsetzung
> 5. Bei gegenseitigem Vertrag: **„Vertragstreue" des Gläubigers**
>
> → II. **Haftungsumfang**
> Ersatz des entstandenen Schadens nach §§ 249 ff. BGB

aa) Bestehen eines auf eine Verpflichtung zur Leistung i.S.d. § 241 Abs. 1 BGB gerichteten Schuldverhältnisses

Das **Schuldverhältnis**, das die Verpflichtung zur Leistung i.S.d. § 241 Abs. 1 BGB (also „Hauptleistungspflichten" oder „leistungsbezogene Nebenpflichten") begründet, kann sich aus einem Rechtsgeschäft, natürlich speziell aus einem **Vertrag**, oder (daran soll wieder einmal erinnert werden!) auch aus dem **Gesetz** ergeben: Denken Sie also bitte nicht immer nur an Leistungsverpflichtungen aus Verträgen (und bei jenen nicht immer nur an die Kaufverträge) auch wenn wir hier immer wieder derartige Beispiele bilden!! Daher wählen wir jetzt einmal ein eher ungewöhnliches Fallbeispiel, dass Sie wieder einmal dazu zwingt, ein wenig in die Zukunft zu schauen: nämlich hin zu den schon auf sie wartenden „dinglichen Ansprüchen".

Fall 343: Infolge eines Sturmes wird in der Silvesternacht 2002/2003 eine große Plane, die der Absicherung eines Dachausbaus des Bauherren BH dient, auf das Grundstück seiner Nachbarin N, einer etwas älteren Dame, geweht und versperrt deren Hauseingang, so dass die N, als sie spät nach Mitternacht von einer Feier zurückkehrt, ihr Haus nicht mehr betreten kann. Die Plane ist zu schwer und zu unhandlich, als dass die N diese selbst entfernen könnte. Der BH, der zusammen mit seinen erwachsenen Söhnen in seinem Haus Silvester feiert, will sich jedoch nicht stören lassen und ist nicht bereit, die Plane jetzt zu entfernen: „Ich werde die Plane morgen zusammen mit meinen Söhnen beiseite schaffen. Jetzt feiern wir erstmal weiter." Immerhin lädt der BH die N „zum Trost" auf die Feier ein. Die total übermüdete N lehnt ab und setzt dem BH eine Frist zur Beseitigung der Plane binnen einer halben Stunde, ohne dass der BH etwas unternimmt. Die von der N daraufhin alarmierte Feuerwehr hat wegen der üblichen Silvestereinsätze und der Behebung noch dringenderer Sturmschäden keine Kapazitäten frei, um die Plane beiseite zu räumen. Somit bestellt die N einen Klempner- und Dachdeckernotdienst, der die Plane für € 200,- entfernt und abtransportiert (nach BGH und Lorenz/Riehm).

1. Ein Anspruch aus §§ 280 Abs. 1, 2 286 BGB ist gerichtet auf einen Ersatz des Verzögerungsschaden „neben der Leistung". An der Leistung hat die N aber kein Interesse mehr. 2. Daher ergibt sich der Anspruch aus §§ 280 Abs. 1, 3, 281 Abs. 1 BGB. a) Das den BH zur Leistung verpflichtende Schuldverhältnis ergibt sich aus § 1004 Abs. 1 BGB. b) Der BH hat die von ihm geschuldete Leistung bei Fälligkeit (§ 271 BGB) nicht erbracht. c) Eine Fristsetzung war entbehrlich (§ 281 Abs. 2 BGB). d) Der BH hat vorsätzlich gehandelt. e) Die N kann Schadensersatz in Höhe von € 200,- nach §§ 249 Abs. 1, 251 BGB verlangen. 3. Der Anspruch folgt nicht aus §§ 677, 683, 670 BGB, denn in den Fällen einer erklärten Erfüllungsverweigerung will der Geschäftsherr (BH) gerade nicht, dass das Geschäft auf seine „Kosten" geführt wird. 4. Ein deliktischer Anspruch a) aus § 823 Abs. 1 BGB scheidet mangels Verschuldens des BH aus, b) wohl aber besteht ein Schadensersatzanspruch aus §§ 823 Abs. 2, 1004 BGB; denn § 1004 BGB wird als Schutzgesetz i.S.d. § 823 Abs. 2 BGB angesehen. 5. Ein Anspruch aus § 812 Abs. 1 S. 1 BGB („Rückgriffskondiktion") würde allenfalls zu einem Anspruch auf Herausgabe der ersparten Aufwendungen des BH führen.

Die **Verpflichtung zur Leistung i.S.d. § 241 Abs. 1 BGB** muss eine „Hauptleistungspflicht" oder eine „leistungsbezogene Nebenpflicht" sein, darf daher keine bloße „Verhaltenspflicht" i.S.d. § 241 Abs. 2 BGB sein (argec. §§ 280 Abs. 1, 3, 282 BGB).

Fall 344: In einem Wohnraummietvertrag zwischen V und M ist die Verpflichtung des Mieters M zur Erbringung von Schönheitsreparaturen nach dem Ablauf von 5 Jahren wirksam vereinbart. Als der M nach Ablauf der Frist aufgrund einer wirksamen fristgerechten ordentlichen Kündigung auszieht, hinterlässt er die Wohnung unrenoviert. Der V setzt ihm fruchtlos eine Frist von 2 Wochen. Dann beauftragt er den Maler Quast, der ihm für die Schönheitsreparaturen € 1000,- berechnet. Der V verlangt Schadensersatz von dem M. Der M erklärt, er habe die Renovierungsarbeiten wegen einer Lösungsmittelallergie nicht vornehmen können; zur Beauftragung eines Malers fehle es ihm am Geld.

Der Anspruch ergibt sich aus §§ 280 Abs. 1, 3, 281 Abs. 1 BGB. Denn der M hat trotz einer Fristsetzung eine leistungsbezogene Nebenpflicht nicht erbracht. Weil die Pflicht zur Leistung von Schönheitsreparaturen nicht höchstpersönlich erbracht werden muss und weil man – wie der etwas sinnlose, und anderswo schon problematisierte, aber übliche Satz lautet – als Schuldner „Geld haben (muss)", ist die Verschuldensvermutung nicht widerlegt.

bb) Pflichtverletzung: Nichterbringung der Leistung bei Fälligkeit („Spätleistung"), Erbringung einer Leistung „nicht wie geschuldet" („Schlechtleistung")

(1) Nichterbringung der möglichen Leistung bei Fälligkeit und Durchsetzbarkeit des Anspruchs auf Leistung

Dass die Nichterbringung einer **erbringbaren Leistung** bei Fälligkeit eine „Pflichtverletzung" i.S.d. § 280 Abs. 1 BGB ist, ergibt sich aus § 281 Abs. 1 BGB und versteht sich damit von selbst. Hier gibt es keine großen Probleme; die einzige Gefahr, die hier „lauert" ist, dass man – davor wurden Sie bereits nachdrücklich gewarnt – eine „Nichterbringung" der Leistung i.S.d. § 281 Abs. 1 BGB auch dann annimmt, wenn die Nichterbringung darauf beruht, dass der Schuldner nach § 275 Abs. 1 – 3 BGB leistungsfrei geworden ist; § 281 BGB und § 283 BGB schließen einander aus! Nur der vordergründige Leser „tappt in diese Falle" des Gesetzes. Wenn der Schuldner in den Fällen des § 275 Abs. 2, 3 BGB die Einrede nicht erhoben hat, ist ihm die Leistung noch möglich; gleichwohl kann er nicht nach §§ 280 Abs. 1, 3, 281 BGB schadensersatzpflichtig sein, und zwar entweder deshalb, weil man sagt, dass die Möglichkeit der Erhebung der Einrede dem Anspruch die Durchsetzbarkeit nimmt, oder weil man annimmt, dass der Schuldner sich jedenfalls im Hinblick auf die Einrede exkulpieren kann. Vertrackt sind die Fälle, in denen die Unmöglichkeit nach Ablauf der gesetzten Frist eintritt: Da die Leistungspflicht dann noch besteht (sie erlischt erst mit dem Schadensersatzverlangen: § 281 Abs. 4 BGB), wird man dann wohl einen Schadensersatzanspruch „statt der Leistung" nicht aus § 280 Abs. 1, 3, 281 BGB, sondern aus §§ 280 Abs. 1, 3, 283 BGB herleiten müssen.

Fällig ist eine geschuldete Leistung im Zweifel sofort (§ 271 BGB). Verlieren Sie bitte bei der Fallbearbeitung hierüber keine unnötigen Worte.

Verlangt wird auch, dass der Leistungsanspruch **durchsetzbar** ist. Dies ergibt sich nicht aus dem Wortlaut des Gesetzes und auch nicht aus einem Vergleich mit den (in der Tat die Durchsetzbarkeit des Leistungsanspruchs verlangenden) Verzugsvoraussetzungen; denn das Gesetz verlangt für einen Anspruch aus §§ 280 Abs. 1, 3, 281 BGB gerade nicht das Vorliegen des Verzuges (auch wenn dieser praktisch gesehen immer gegeben sein dürfte). Man wird jedoch aus einer Gesamtschau der gesetzlichen Einredemöglichkeiten ableiten müssen, dass immer dann, wenn einem Leistungsanspruch eine Einredemöglichkeit entgegensteht, dem Einredeberechtigten aus der Nichterfüllung keine Nachteile entstehen dürfen. Das bedeutet, dass der Anspruch aus §§ 280 Abs. 1, 3, 281 BGB dann nicht gegeben ist, wenn der Schuldner die Einreden aus §§ 320, 275 Abs. 2 und 3 BGB erheben kann.

Für den Anspruch auf Schadensersatz statt der Leistung wegen Nichtleistung bei Fälligkeit wird, anders als beim Ersatz des Verzögerungsschadens wie soeben erläutert, gerade **kein Verzug** i.S.d. § 286 BGB vorausgesetzt. Darauf hat der Gesetzgeber deshalb verzichtet, weil für den Gläubiger in aller Regel nur das Ausbleiben der Leistung selbst erkennbar ist, nicht aber der Grund hierfür, so dass er keine Veranlassung hat, die Verzugsvoraussetzungen herbeizuführen (§ 286 Abs. 1 BGB) oder deren Vorliegen (§ 286 Abs. 2, 3 BGB) zu überprüfen. Anderenfalls würde man ihn zu einer Mahnung „ins Blaue hinein", also zu rein die Nichterbringung einer **erbringbaren Leistung** bei Fälligkeit einer rein formelhaften Erklärung, veranlassen. Der Gläubiger soll sich in einer solchen Situation möglichst einfach Klarheit über das Fortbestehen des Leistungsanspruchs bzw. über eine Substituierung des Leistungsanspruchs durch einen Schadensersatzanspruch verschaffen können, indem er dem Schuldner eine angemessene Frist zur Leistung bestimmt (§ 281 Abs. 1 S. 1 BGB), es sei denn, dass die Fristsetzung entbehrlich ist (§ 281 Abs. 2 BGB).

> Weil aber eine solche Fristsetzung nach § 281 Abs. 1 S. 1 BGB mindestens die Qualität einer Mahnung (i.S.d. § 286 Abs. 1 BGB) hat, bzw. in den Fällen der Entbehrlichkeit der Fristsetzung nach § 281 Abs. 2 BGB die Voraussetzungen des Verzuges nach § 286 Abs. 2 Nr. 3 und 4 BGB vorliegen, kann jedenfalls in diesen Fällen nicht die Konstellation auftreten, dass der Gläubiger zwar Schadensersatz „statt der Leistung" verlangen oder nach § 323 Abs. 1 BGB zurücktreten kann, ohne dass sich der Schuldner zugleich nach § 286 BGB in Verzug befindet.

Was die **Nichterbringung der Leistung** angeht, so wird es in der **Regel** so liegen, dass die **gesamte Leistung** bei Fälligkeit nicht erbracht wird. Der Gläubiger kann dann unter den sonstigen Voraussetzungen der §§ 280 Abs. 1, 3, 281 BGB Schadensersatz „statt der ganzen Leistung" verlangen.

Fall 345: Der V 1 verkauft am 30. Januar 2002 dem K einen Fernseher für € 1000,-, den der K u.a. als Bildschirm für Vorträge benötigt. Der vereinbarte Fälligkeitstermin ist der 1. Februar 2002. Der V 1 liefert nicht. Der K setzt daraufhin dem V 1 eine Frist von 2 Tagen, die ergebnislos verstreicht. Dann kauft er bei dem V 2 einen vergleichbaren Fernseher, für den er wegen einer inzwischen eingetretenen Preissteigerung € 1010,- zahlen muss. Für die 2 Tage muss er einen vergleichbaren Fernseher für € 50,- mieten. Der K verlangt von V 1 Schadensersatz in Höhe von € 60,-.

1. In Höhe der € 10,- geht es um einen Anspruch auf Schadensersatz „statt der Leistung", den K aus §§ 280 Abs. 3, 281 BGB ersetzt verlangen kann. a) Der Kaufvertrag V 1 – K begründet ein wirksames Schuldverhältnis; aus dem Kaufvertrag ergibt sich ein fälliger Lieferungsanspruch des K gegen V 1; ein Fall der Leistungsbefreiung des Schuldners aus § 275 Abs. 1 – 3 BGB besteht nicht. b) Der V 1 war dazu verpflichtet, die Leistung am 1. Februar 2002 zu erbringen; diese Pflicht hat er verletzt. c) Weiterhin müssen die besonderen Voraussetzungen des § 280 Abs. 3, 281 BGB vorliegen: aa) hier liegt eine Leistungsaufforderung mit Setzung einer angemessenen Frist (= die so lang sein muss, dass der Schuldner die Leistung erbringen kann, aber nicht so lang, daraufhin mit den Vorbereitungen für die Leistung zu beginnen und sie dann zu erbringen) vor (§ 281 Abs. 1 S. 1 BGB). bb) Die Frist ist erfolglos abgelaufen (§ 281 Abs. 1 S. 1 BGB). d) Die Verschuldensvermutung des § 280 Abs. 1 S. 2 BGB ist nicht widerlegt. e) Die Rechtsfolge besteht darin, dass bei Ausbleiben der ganzen Leistung der Gläubiger Schadensersatz statt der ganzen Leistung verlangen kann (nach § 281 Abs. 1 S. 1 BGB): Hier beläuft sich das positive Interesse auf € 10,- (Deckungsgeschäft). 2. Der Anspruch auf Zahlung der € 50,- ist auf Ersatz des Verzögerungsschadens „neben der Leistung" gerichtet und ergibt sich aus §§ 280 Abs. 1, 2, 286 BGB.

Wenn weniger geleistet wird als geschuldet ist, so wird dies als **teilweise Nichtleistung** behandelt, und nicht als (rein sprachlich auch in Betracht zu ziehender) Fall der Erbringung der Leistung „nicht wie geschuldet". Das leitet man daraus ab, dass es in § 281 Abs. 1 S. 1 BGB heißt: „Soweit der Schuldner die fällige Leistung nicht ... erbringt" und damit deutlich wird, dass eine Zuwenigleistung einer teilweisen Nichterbringung gleichgestellt wird. Der Satzteil „ ... oder nicht wie geschuldet erbringt, ... " kann daher nur auf die „Schlechtleistung" oder die Leistung eines anderen Leistungsgegenstandes gemünzt sein.

- Wie wir auch schon bei der Darstellung der Voraussetzungen eines Schadensersatzanspruchs „statt der Leistung" aus §§ 280 Abs. 1, 3, 283 BGB gesehen haben, ist die Frage, ob der Gläubiger bei einer Teilleistung des Schuldners Schadensersatz „statt der ganzen Leistung" oder nur „statt des ausgebliebenen Teils" der Leistung verlangen kann, zunächst davon abhängig, ob der Gläubiger die **Teilleistung** wegen des darin liegenden Verstoßes gegen **§ 266 BGB zurückgewiesen** hat. Bei einer Zurückweisung ist nämlich die Leistung insgesamt nicht erbracht worden; und unter den sonstigen Voraussetzungen §§ 280 Abs. 1, 3, 281 BGB kann der Gläubiger Schadensersatz „statt der ganzen Leistung" verlangen.

- Wenn aber der Gläubiger die **Teilleistung angenommen** hat, kommt es darauf an, ob ein eingeschränkter Leistungsaustausch für den Gläubiger von Interesse ist. Dann muss er die Teilleistung behalten und kann Schadensersatz „statt der Leistung" nur hinsichtlich der noch ausstehenden Teilleistung verlangen („kleiner Schadensersatz"). Ausnahmsweise kann der Gläubiger Schadensersatz „statt der ganzen Leistung" („großer Schadensersatz") verlangen, wenn er kein Interesse an der Teilleistung hat (§§ 280, 283 S. 2, 281 Abs. 1 S. 2 BGB).

Fall 346: Der V verkauft dem Pferdehändler K zwei Pferde für je € 10 000,-. Bei Fälligkeit liefert der V nur ein Pferd, das der K annimmt. Nach ergebnisloser Fristsetzung hinsichtlich des anderen Pferdes verlangt der K Schadensersatz „statt der Leistung". Der K will wissen, ob und in welchem Umfang er Schadensersatz verlangen kann, wenn er jedes Pferd mit einem Gewinn von € 2000,- hätte weiterverkaufen können.

Der K kann Schadensersatz „statt der Leistung" nur für das nicht gelieferte Pferd verlangen („kleiner Schadensersatz"), denn er hatte weiterhin ein Interesse an einem eingeschränkten Leistungsaustausch (§§ 280 Abs. 1, 3, 281 Abs. 1 S. 2 BGB).

Fall 347: Der K hat von dem V ein bestimmtes, aus je 6 Messern, Gabeln und Löffeln bestehendes Besteck aus der Biedermeierzeit gekauft, das er an den D weiterverkaufen will. Der V entscheidet sich dafür, die Gabeln und Löffel zu behalten und liefert nur die Messer. Der K verlangt nach ergebnisloser Fristsetzung von dem V Schadensersatz für die gesamte Leistung in Höhe des entgangenen Gewinns aus einem Weiterverkauf. Der V weigert sich, verlangt aber zumindest die Herausgabe der Messer.

1. Der Anspruch des K aus §§ 280 Abs. 1, 3, 281 Abs. 1 S. 2, 249 Abs. 1, 251 Abs. 1 BGB ist gerichtet auf einen Schadensersatz „statt der ganzen Leistung" (= „großen Schadensersatz"), da der K an der Teilleistung (nur Messer) kein Interesse hat und daher ein Interes-

B. „Sekundäransprüche" aus dem allgemeinen Leistungsstörungsrecht

sewegfall an der ganzen Leistung vorliegt. 2. Die Messer kann V nach § 283 S. 2, 281 Abs. 5 BGB zurückverlangen.

- Die im Hinblick auf §§ 434 Abs. 3, 633 Abs. 2 BGB für klärungsbedürftig gehaltene Frage, ob man auch beim **Kauf-** bzw. **Werkvertrag** eine „**Zuwenigleistung**" seitens eines Verkäufers/Werkunternehmers als Teilleistung ansehen kann oder man sie im Hinblick auf §§ 434 Abs. 3, 633 Abs. 2 S. 3 BGB als Schlechtleistung anzusehen hat, stellt sich nur, wenn der Verkäufer/Werkunternehmer mit der Lieferung der Mindermenge seine Verbindlichkeit insgesamt erfüllen wollte. Denn wenn der Verkäufer/Werkunternehmer bewusst nur eine Zuwenigleistung erbracht hat, liegt eine Teilleistung vor, und es gelten die zuvor aufgestellten Grundsätze.

> Eine vernünftige Lösung dieses Problems, das übrigens eine Parallele beim Rücktritt hat (dort § 323 Abs. 5 S. 1, 2 BGB) liegt darin, § 434 Abs. 3 bzw. 633 Abs. 2 S. 3 BGB allein im besonderen Pflichtverletzungsrecht anzuwenden. Das bedeutet, dass man bei der Frage der Mangelhaftigkeit wegen der Gleichstellung getreu dem Gesetzestext einen Mangel annimmt, dass man aber auf der Rechtsfolgenseite, also im allgemeinen Pflichtverletzungsrecht die Gleichstellung ignoriert und eine Schlechtleistung als Schlechtleistung und eine Teilleistung als Teilleistung behandelt. Hauptargument: Ansonsten hätte § 281 Abs. 1 S. 2 BGB praktisch keinen Anwendungsbereich. Die Frage ist allerdings sehr umstritten.

Fall 348: Der V verkauft am 1. August 2002 an den K 100 Flaschen Rotwein zum Preis von je € 10,-, liefert aber bei Fälligkeit am 15. Oktober 2002 keinen Wein an den K, weil er von seinem Lieferanten nicht beliefert worden ist. Der K setzt dem V eine Frist zur Lieferung von 100 Flaschen des gekauften Weins bis zum 1. November 2002. Als diese Frist fruchtlos verstrichen ist, verlangt der K Schadensersatz für 100 Flaschen in Höhe von € 100,-, weil die Preise für Wein durch eine am 1. November 2002 geltende neue 10 %ige „Weinsteuer" verteuert worden sind.

Der Anspruch ergibt sich aus §§ 280 Abs. 1, 3, 281 BGB.

Fall 349: Der V verkauft am 1. August 2002 an K 100 Flaschen Rotwein zum Preise von je € 10,-, liefert aber bei Fälligkeit am 15. Oktober 2002 nur 90 Flaschen an den K, weil er von seinem Lieferanten nicht ausreichend versorgt worden ist. Der K weist die Lieferung des K insgesamt zurück und setzt dem V eine Frist zur Lieferung von 100 Flaschen des gekauften Weins bis zum 1. November 2002. Als diese fruchtlos verstrichen ist, verlangt der K Schadensersatz für 100 Flaschen in Höhe von € 100,-, weil die Preise für Wein durch eine am 1. November 2002 geltende neue 10 %ige „Weinsteuer" verteuert worden sind.

Auch bei einer „Zuweniglieferung" seitens eines Verkäufers liegt eine Teilleistung vor, wenn der Verkäufer bewusst nur eine Mindermenge geliefert hat. Wenn der Gläubiger die Teilleistung wegen des darin liegenden Verstoßes gegen § 266 BGB zurückgewiesen hat, ist die Leistung insgesamt nicht erbracht worden. Unter den sonstigen – hier vorliegenden – Voraussetzungen §§ 280 Abs. 1, 3, 281 BGB kann der Gläubiger Schadensersatz „statt der ganzen Leistung" verlangen.

Variante: Der K nimmt die 90 Flaschen entgegen und setzt dem K eine Frist zur Lieferung von 10 Flaschen des gekauften Weins bis zum 1. November 2002. Als diese fruchtlos verstrichen ist, verlangt der K Schadensersatz für 10 Flaschen in Höhe von € 10,- , weil die Preise für Wein durch eine am 1. November 2002 geltende neue 10 %ige „Weinsteuer" verteuert worden sind.

Wenn der Käufer die Teilleistung angenommen hat, muss er diese behalten und kann unter den sonstigen Voraussetzungen §§ 280 Abs. 1, 3, 281 BGB Schadensersatz „statt der Leistung" nur hinsichtlich der noch ausstehenden Teilleistung verlangen („kleiner Schadensersatz").

Variante: Der K benötigt den Wein für ein am 3. November 2002 stattfindendes Fest, bei dem allen Gästen der gleiche Wein serviert werden soll. Nach Ablauf der dem V gesetzten Frist bemüht sich der K um die Beschaffung des fehlenden Weins. Weil er keine 10 Flaschen des bei V gekauften Weins auftreiben kann, kauft er 100 Flaschen eines anderen vergleichbaren Weins, für den er insgesamt € 1200,- bezahlen muss. Er stellt dem V die gelieferten 90 Flaschen wieder zur Verfügung und verlangt die Zahlung von € 1200,-.

Ausnahmsweise kann der Käufer Schadensersatz „statt der ganzen Leistung" („großer Schadensersatz") verlangen, weil er kein Interesse an der Teilleistung hat (§ 281 Abs. 1 S. 2 BGB).

(2) Erbringung einer Leistung „nicht wie geschuldet" („Schlechtleistung")

Wir haben oben bereits herausgearbeitet, dass der Satzteil des § 281 Abs. 1 S. 1 BGB „Soweit der Schuldner die fällige Leistung ... nicht wie geschuldet erbringt, ...", auf die „Schlechtleistung", also zum einen auf die Fälle einer **qualitativ mangelhaften Leistung** gemünzt ist.

> Soweit es sich um mangelhafte Leistungen handelt, für die der Gesetzgeber ein spezielles Gewährleistungsrecht aufgestellt hat (Kaufvertrag, Werkvertrag, Mietvertrag und Reisevertrag), wollen wir uns bekanntlich mit den Rechtsfolgen einer qualitativ mangelhaften Leistung erst später (C. ff.) befassen.

Hier interessieren also nur qualitativ mangelhafte Leistungen bei Schuldverhältnissen ohne spezielles Gewährleistungsrecht. Dass es bei mangelhafter Dienstleistung eines Dienstverpflichteten i.d.R. zu Ansprüchen auf Ersatz eines Schadens neben der Leistung aus § 280 Abs. 1 BGB kommt, haben wir bereits erkannt. Es soll aber auch ein Anspruch auf Ersatz eines Schadens „statt der Leistung" aus §§ 280 Abs. 1, 3, 281 BGB geben, wenn ein für einen längeren Zeitraum zu

Diensten Verpflichteter keine vertragsgemäßen Leistungen erbracht hat und die Mängel nicht behebbar oder trotz Fristsetzung nicht nachgebessert werden.

<u>Fall 350</u>: Der A stellt den Studenten S für 3 Tage zu je 8 Stunden für € 20,- pro Stunde für die Inventur seines Ladengeschäftes ein. Der A stellt während des 2. Tages fest, dass der S zwar am 1. Tag fehlerfrei gearbeitet hat, aber schon zu Beginn des 2. Tages damit begonnen hat, anstelle zu zählen die Warenbestände einfach nur zu schätzen. Er fordert den S auf, die bisher nur geschätzten Bestände exakt nachzuzählen und die übrigen Bestände fortan ausschließlich zu zählen. Der S lehnt das ab. Daraufhin kündigt der A dem S fristlos (§ 626 BGB) und beauftragt den I für € 25,-/Stunde mit der restlichen Zählung. Billigere Arbeitskräfte sind kurzzeitig nicht aufzutreiben. Der A verlangt von S die Differenz zur Vergütung in Höhe von € 80,-.

Der Anspruch ergibt sich aus §§ 281 Abs. 1, 3, 249 ff. BGB.

Des Weiteren ist der Satzteil des § 281 Abs. 1 S. 1 BGB „Soweit der Schuldner die fällige Leistung ... <u>nicht wie geschuldet</u> erbringt, ... ", auch auf die Fälle der **Leistung eines anderen Leistungsgegenstandes (= „Anderslieferung")** gemünzt.

<u>Fall 351</u>: Der B.I.G. Spender (S) verpflichtet sich in einem notariell beurkundeten Schenkungsversprechen gegenüber dem D. O. Natus (N) zur Übereignung und Übergabe eines bestimmten Autos am 1. Juni 2003. Der S bringt dem N ein Segelboot. Der N weist das Boot zurück und setzt dem B eine einwöchige Frist zur Erfüllung, die fruchtlos verstreicht. Nunmehr verlangt der N Schadensersatz „statt der Leistung".

Der Anspruch ergibt sich aus § 280 Abs. 1, 3, 281 BGB.

Der Gläubiger kann allerdings nicht aus §§ 280 Abs. 1, 3, 281 BGB Schadensersatz „statt der Leistung" verlangen, wenn er eine andere Leistung als die geschuldete Leistung an Erfüllungs statt angenommen hat (§ 364 Abs. 1 BGB).

<u>Variante</u>: Der N nimmt das Boot entgegen, segelt einen Tag damit auf dem idyllischen Schaalsee. Dann setzt er dem B eine einwöchige Frist zur Lieferung des Autos, die fruchtlos verstreicht. Nunmehr verlangt der N Schadensersatz „statt der Leistung".

Ein Anspruch auf Schadensersatz „statt der Leistung" aus §§ 280 Abs. 1, 3 281 Abs. 1 BGB setzt einen fälligen Anspruch auf Lieferung voraus. Da der Anspruch aus §§ 516, 518 BGB nach § 364 Abs. 1 BGB erloschen ist, besteht kein Anspruch aus §§ 280 Abs. 1, 3 281 Abs. 1 BGB.

cc) Fristsetzung und Fristablauf oder Entbehrlichkeit der Fristsetzung

Erforderlich ist, dass der Schuldner trotz einer **Fristsetzung** oder trotz eines die **Fristsetzung entbehrlich machenden Sachverhalts** die Leistung „nicht oder nicht wie geschuldet" erbracht hat.

(1) Fristsetzungserfordernis

Das zentrale Merkmal des § 281 Abs. 1 BGB ist die **Fristsetzung**. Mit ihr soll der Schuldner eine „zweite Chance" erhalten.

Die **Fristsetzung** muss sich auf diejenige Handlung beziehen, durch deren Erbringung die Pflichtwidrigkeit entfällt: Hat der Schuldner gar nicht oder nur teilweise geleistet, muss die Fristsetzung dazu dienen, dem Schuldner die „zweite Chance" zu geben, nunmehr die Leistung bzw. den Leistungsrest zu erbringen; hat der Schuldner nicht wie geschuldet geleistet, weil er qualitativ schlecht geleistet hat, so dient die Fristsetzung dazu, den Mangel zu beheben; hat der Schuldner nicht wie geschuldet geleistet weil er eine Anderslieferung erbracht hat, so dient die Fristsetzung dazu, den geschuldeten Leistungsgegenstand zu erbringen. Die jeweils erforderliche Handlung muss bezeichnet werden; ausreichend dürfte es sein, wenn die Pflichtverletzung benannt wird, so dass sich im Wege der Auslegung ermitteln lässt, welche Handlung erforderlich ist.

Was **die Dauer der Frist** angeht, so gilt, dass die Frist „angemessen" sein muss. Das bedeutet, dass sie so lang bemessen sein muss, dass der Schuldner die Leistung noch erbringen kann. Sie muss aber nicht so lange sein, dass auch derjenige Schuldner, der mit der Leistungserbringung überhaupt noch nicht begonnen hat, die Frist einhalten kann. Wird eine zu kurze Frist gesetzt, so ist dies nicht etwa unwirksam sondern setzt eine angemessene Frist in Gang.

Fall 352: Der V 1 vereinbart mit K am 1. Juni 2002 die Lieferung einer von V 1 zuvor noch herzustellenden Theaterkulisse für € 1000,-. Für die Herstellung setzt der V 1 insgesamt 14 Arbeitstage und 1 Tag für den vereinbarten Transport zu K an; dabei legt er einen 8 Stunden-Tag zugrunde. Geliefert werden soll am 1. Juli 2002. Als der V 1 am 1. Juli 2002 die Kulisse nicht anliefert, setzt der K dem V 1 eine Nachfrist von 10 Tagen. Als der V 1 auch nach 10 Tagen nicht geliefert hat, kauft der K eine entsprechende fertige Kulisse bei einem anderen Theater (V 2). An den V 2 muss er € 1100,- zahlen. Der K verlangt Schadensersatz in Höhe von € 100,- von V 1. Der V 1 wendet ein, dass er bei Fristsetzung die Arbeiten sofort aufgenommen habe, er aber nicht innerhalb von 10 Tagen habe leisten können, weil allein die Herstellung 14 Tage in Anspruch nehme und daher die ihm gesetzte Frist zu kurz war. Der K macht gegen V 1 einen Anspruch auf Schadensersatz statt der Leistung geltend.

Der Anspruch könnte sich aus §§ 651, 280 Abs. 1, 3, 281, 249 Abs. 1, 251 Abs. 1 BGB ergeben. a) Voraussetzung ist ein wirksames Schuldverhältnis; hier liegt ein Vertrag über eine herzustellende bewegliche Sache, auf den Kaufrecht Anwendung findet, vor (§ 651 BGB). Daher besteht ein Lieferungsanspruch des K gegen V 1; ein Fall der der Leistungsfreiheit des Schuldners aus § 275 Abs. 1 – 3 BGB besteht nicht. b) Zu den daraus resultierenden Schuldnerverpflichtungen gehört die zur Einhaltung des sich aus dem Schuldverhältnis ergebenden Leistungszeitpunkts (hier: 1. Juli 2002). Der Schuldner V 1 hat diese Pflicht verletzt, weil er die Sache nicht zu dem nach dem Schuldverhältnis geschuldeten Zeitpunkt geliefert hat. c) Gemäß §§ 280 Abs. 1, 3, 281 Abs. 1 S. 1 BGB müsste dem V 1 weiterhin aa) eine angemessene Frist zur Nacherfüllung gesetzt worden sein. K hat die Frist mit 10 Tagen bemessen. Angemessen wäre sie, wenn der Schuldner die Leistung erbringen kann; sie muss nicht aber so lang sein, dass sie es dem Schuldner überhaupt erst ermöglicht, mit der Leistung anzufangen und sie bei Fristablauf zu erbringen. Hier hätten von V 1 im Hinblick darauf, dass er der ursprünglichen Leistungspflicht nicht entsprochen hatte und mit den Arbeiten noch gar nicht begonnen hatte, größere Anstrengungen (z.B. durch Überstunden) und damit schnelleres Handeln erwartet werden dürfen. Die Frist von 10 Tagen war daher angemessen. bb) Die V gesetzte Frist ist erfolglos verstrichen. d) Das nach § 280 Abs. 1 S. 2 BGB vermutete Vertretenmüssen des V 1 ist nicht widerlegt. e) Bei Ausbleiben der ganzen Leistung kann der Gläubiger aa) Schadensersatz statt der ganzen Leistung verlangen. bb) Der K kann Schadensersatz statt der Leistung nach §§ 249, 251 Abs. 1 BGB geltend machen: Hier beläuft sich das positive Interesse auf € 100,- (Deckungsgeschäft).

Variante: Der K hat dem V 1 eine Frist von 2 Tagen gesetzt. Als V 1 nach 10 Tagen nicht geliefert hat, verlangt er Schadensersatz in Höhe von € 100,-, weil er die Kulisse nunmehr von V 2 wegen einer inzwischen erfolgten Preiserhöhung für das Rohmaterial für € 1100,- erwirbt. V 1 wendet ein, dass die ihm gesetzte Frist zu kurz war.

Das Ergebnis ändert sich nicht. Die Setzung einer zu kurzen Frist macht die Fristsetzung nicht etwa insgesamt unwirksam, sondern setzt eine angemessene Frist in Gang.

Variante: Der K verbindet die Setzung der 2-Tagesfrist mit der Erklärung, dass er die Kulisse in 3 Tagen unbedingt für die wegen des Terminplans des Hauptdarstellers überraschend vorzeitig angesetzte Kostüm- und Kulissenprobe des Theaterstücks, für das die Kulisse gedacht war, benötige. Der V 1 liefert nicht. Der K behilft sich auf der Probe durch Anmietung eines vergleichbaren Kulissenteils von einem anderen Theater (V 2) für € 50,-. Als V 1 auch nach 10 Tagen nicht geliefert hat, verlangt der K Schadensersatz in Höhe von € 150,-, weil er die Kulisse nunmehr von V 2 für € 1100,- erwirbt. Der V 1 wendet ein, dass die ihm gesetzte Frist zu kurz war.

1. Hinsichtlich der € 100,- steht dem K kein Anspruch auf Schadensersatz statt der Leistung nach §§ 651, 280 Abs. 1, Abs. 3, 281 BGB zu: Wenn der Gläubiger deutlich macht, dass es ihm gerade auf die Kürze der Frist ankommt, setzt eine zu kurz bemessene Frist keine angemessene Frist in Gang; die Fristsetzung ist unwirksam (RegE). 2. Hinsichtlich der € 50,- geht es um den Verzögerungsschaden. Der Anspruch ergibt sich aus §§ 651, 280 Abs. 1, Abs. 2, 286 Abs. 1, 2 Nr. 1, 249 BGB.

> Bei **Unterlassungspflichten** ist eine Fristsetzung unsinnig. An ihre Stelle tritt eine sog. Abmahnung (§ 281 Abs. 3 BGB). Wichtig ist diese Regelung z.B., wenn ein Handelsvertreter für die Zeit nach seinem Ausscheiden einem Wettbewerbsverbot (§ 90 a HGB) unterliegt und trotzdem Wettbewerb betreibt. Mit der Abmahnung wird der Unterlassungspflichtige dazu aufgefordert, das Verhalten zu unterlassen.
>
> Zur Abmahnung allgemein sei noch angemerkt: Ihre Bedeutung hat sie insbesondere im **Wettbewerbsrecht** (geregelt u.a. im UWG). Dort fordert der Abmahnende den Abgemahnten zur Abgabe einer strafbewehrten Unterlassungserklärung auf und stellt dem Abgemahnten häufig auch die Kosten für den eigenen Rechtsanwalt in Rechnung. Anspruchsgrundlage für diese Kosten sind die Normen der GoA. Der Abmahnende hätte schließlich auch direkt auf Unterlassung der wettbewerbswidrigen Handlung klagen können, was für den Abgemahnten wegen der dort sehr hohen Streitwerte teurer gewesen wäre. Die Abmahnung liegt daher objektiv im Interesse des Ab-

> gemahnten. Die von einigen sog. „Abmahnvereinen" allein aus Profitgründen durchgeführten Abmahnwellen haben das Institut der Abmahnung in letzter Zeit in Verruf gebracht (dazu später mehr). Eine unberechtigte Abmahnung kann als Eingriff in den eingerichteten und ausgeübten Gewerbebetrieb des Abgemahnten Schadensersatzansprüche aus § 823 Abs. 1 BGB begründen (dazu später mehr).

(2) Entbehrlichkeit der Fristsetzung

§ 281 Abs. 2 BGB nennt zwei Fallgruppen, in denen eine Fristsetzung entbehrlich ist, der Gläubiger also sofort Schadensersatz verlangen kann.

- Die erste Fallgruppe ist die **ernsthafte und endgültige Erfüllungsverweigerung** nach Fälligkeit der Leistung. Eine Fristsetzung wäre hier unnötiger Formalismus und ist daher entbehrlich. Gleichgestellt werden kann ein Verzicht des Schuldners auf die Fristsetzung.

> Sofern die **ernsthafte und endgültige Erfüllungsverweigerung vor Fälligkeit** erfolgt, enthält das Gesetz anders als beim Rücktritt (§ 323 Abs. 4 BGB) keine ausdrückliche Regelung. Der Schadensersatzanspruch folgt aus §§ 280 Abs. 1, 3, 282 BGB. Ein Argument hierfür ist die ständige Praxis vor der Schuldrechtsreform, die die Erfüllungsverweigerung als Verletzung der Leistungstreuepflicht (aus § 241 Abs. 2 BGB) ansah. Nach anderer Ansicht soll man in diesem Fall § 281 BGB analog anwenden und auf das Erfordernis der Fälligkeit verzichten. Sachlich bedeutet dies keinen Unterschied.

- Die zweite Fallgruppe ist eine **Generalklausel**. Die Fristsetzung ist entbehrlich, wenn unter Abwägung der beiderseitigen Interessen die sofortige Geltendmachung des Schadensersatzanspruches gerechtfertigt ist. Anerkannte Fälle hierzu sind der Kauf von Saisonware und die sog. „just-in-time-Verträge" (das sind Verträge, bei denen der eine Teil dem anderen Teil zu einem bestimmten Zeitpunkt liefern muss, wenn dessen Produktion ordnungsgemäß betrieben werden soll; bleibt die Leistung aus, so muss dem Gläubiger mit Hilfe des Anspruchs aus §§ 280 Abs. 1, 3, 281 BGB sofort, also ohne vorherige Fristsetzung, eine Ersatzbeschaffung möglich sein, weil sonst der Schaden noch viel größer würde).

Fall 353: Der Hehn (H) betreibt eine Hühnerfarm. Das Futter bezieht er von Lifa (L). Die Verträge werden stets am Freitag einer jeden Woche neu abgeschlossen. Dabei sind der jeweilige Tagespreis und der jeweilige Bedarf des H hinsichtlich der Sorten und Mengen für die kommende Woche maßgeblich. Um eine Lagerhaltung des verderblichen Futters zu vermeiden, wird in jedem dieser Verträge vereinbart, dass der L am Montag der auf den Vertragsschluss folgenden Woche das Hühnerfutter anliefert. Als am Montag, den 10. Februar 2003 die am Freitag zuvor vereinbarte Lieferung ausbleibt und bei L niemand telefonisch zu erreichen ist, kauft der Hehn sofort bei der Fa. Feed (F) das Hühnerfutter für diese

eine Woche. Wegen der nötigen Sofortbelieferung muss H hierfür einen um € 1000,- höheren Preis zahlen. In dieser Höhe verlangt der H von L Schadensersatz.
Der Anspruch ergibt sich a) nicht aus §§ 280 Abs. 1, 2, 286 BGB, denn es geht nicht um die Geltendmachung eines Schadens „neben der Leistung", sondern „statt der Leistung", die Nachholung der ausgebliebenen Lieferung würde den Schaden nicht beseitigen. b) Der Anspruch ergibt sich §§ 280 Abs. 1, 3, 281 BGB. Die Fristsetzung war nach 281 Abs. 2 2. Fall BGB entbehrlich: Es handelt sich hier um einen „just-in-time-Vertrag", bei dem der eine Teil dem anderen Teil zu einem bestimmten Zeitpunkt liefern muss, wenn dessen Produktion ordnungsgemäß betrieben werden soll; bleibt die Leistung aus, so muss dem Gläubiger mit Hilfe des Anspruchs aus §§ 280 Abs. 1, 3, 281 BGB sofort, also ohne vorherige Fristsetzung, eine Ersatzbeschaffung möglich sein, weil sonst der Schaden noch viel größer würde.

Wir werden noch sehen, dass das Gesetz die Voraussetzungen für einen Schadensersatzanspruch aus §§ 280 Abs. 1, 3, 281 BGB und ein Rücktrittsrecht aus § 323 BGB weitgehend parallel ausgestaltet hat. Das hängt auch mit der „Genese" dieser Vorschriften zusammen: Ihre gemeinsame „Wurzel" ist § 326 BGB aF. Die Gemeinsamkeiten mit der Vorgängernorm enden aber bei den Ausschlussgründen für das Fristsetzungserfordernis: Für den Rücktritt ist nach § 323 Abs. 2 BGB eine Fristsetzung dann nicht erforderlich, wenn ein „relatives Fixgeschäft" vorliegt (§ 323 Abs. 2 Nr. 2 BGB). Hieran knüpft sich die methodisch interessante Frage an, ob diese Vorschrift auf § 281 Abs. 2 BGB analog angewendet werden kann oder ob ein Umkehrschluss angezeigt ist, weil der Gesetzgeber bewusst keine ausfüllungsbedürftige Lücke gelassen hat (wohl vorzugswürdig). Dass man sich hier mitunter mit § 281 Abs. 2 2. Fall BGB helfen kann, hat sich soeben gezeigt.

dd) Vermutetes Vertretenmüssen

Aus § 280 Abs. 1 S. 2 BGB folgt, dass die Nichterbringung der Leistung bei Fälligkeit bzw. die Erbringung der Leistung „nicht wie geschuldet" vom Schuldner zu vertreten sein muss und dass das **Vertretenmüssen vermutet** wird. Der **Anknüpfungspunkt für den Verschuldensvorwurf**

- ist bei einem Fristsetzungserfordernis die **Nichtleistung oder die Leistung „nicht wie geschuldet" trotz Nachfristsetzung**. Durch sie erhält der Schuldner nämlich häufig erstmals Kenntnis davon, dass der Gläubiger die Leistung bei Fälligkeit nicht oder „nicht wie geschuldet" erhalten hat. Sollte ihm aber bezüglich der ursprünglich unterbliebenen oder schlechten Leistung bereits ein Vorwurf zu machen sein, so kann auch dies allein ein Vertretenmüssen begründen.

> Beispiele: (1) Der Schuldner versäumt wegen eines Organisationsmangels in seinem Betrieb die Leistung, nachdem ihm eine Frist gesetzt wurde. (2) Der Schuldner unternimmt nach Vertragsschluss keine Anstalten, den Vertrag einzuhalten. Nachdem ihm sein Gläubiger eine Frist gesetzt wird, scheitert die Nacherfüllung an einem nicht zu vertretenden unvorhersehba-

> ren Streik.
> Vertretenmüssen wäre in beiden Fällen zu bejahen.

- Ist die Fristsetzung entbehrlich, kommt es ohnehin auf die Nichterbringung oder Leistung „nicht wie geschuldet" an.

Was den **Verschuldensmaßstab** angeht, so kann verwiesen werden auf die bereits erfolgten einführenden Darlegungen zu § 280 Abs. 1 S. 2 BGB und zu § 276 BGB, die – wie Ihnen ja auch schon zugesagt wurde – später noch vertieft werden.

Meist scheitert die **Exkulpation** daran, dass der Schuldner, der ja nur selten in Person leisten muss, sich auf fehlende Geldmittel beruft: dass dies nicht ausreicht zeigt der plakative Satz: „Geld muss man haben". Wissen Sie noch, warum dieser Satz i.E. Geltung hat, aber zur Begründung nicht taugt? Ein ganz interessante Konstellation zur Frage der Exkulpation ist die, dass der Schuldner in den Fällen des § 275 Abs. 2, 3 BGB die Einrede nicht erhoben hat: Auch wenn man dann einen Anspruch aus §§ 280 Abs. 1, 3, 281 BGB nicht an der fehlenden Durchsetzbarkeit des nicht erfüllten Anspruchs aufgrund der Behaftung mit einer Einrede scheitern lässt, wird der Schuldner jedenfalls deshalb nicht nach §§ 280 Abs. 1, 3, 281 BGB schadensersatzpflichtig sein, weil er sich dann exkulpieren kann.

Wegen des passenden Zusammenhangs soll für die Fälle, in denen wegen der Nichterbringung der Leistung bei Fälligkeit ein Anspruch auf Schadensersatz „statt der Leistung" geltend gemacht wird, noch einmal darauf hingewiesen werden,

- dass ein Schuldner, der eine **„Garantie"** übernommen hat, sich nicht „exkulpieren" kann,

- und dass ein Schuldner, der das **„Beschaffungsrisiko"** übernommen hat, für jedes Unvermögen einzustehen hat, dass auf der Verwirklichung eines spezifischen Beschaffungsrisikos beruht.

Fall 354: Der seinen Betrieb allein betreibende Großhändler V hat dem Gastronomen K am 15. Mai 2003 100 Ztr. Kartoffeln der Züchtung „Hansa" aus der Ernte 2003 verkauft; vereinbart ist, dass V sie am 1. Oktober 2003 bei dem K anliefert. Der V erleidet Mitte September 2003 unverschuldet einen schweren Unfall, aufgrund dessen er monatelang bettlägerig ist. Er lässt dem K mitteilen, dass er seine gesamte Geschäftstätigkeit längere Zeit ruhen lassen müsse und daher nicht werde liefern können. Als der V wegen seiner Erkrankung am 1. Oktober 2003 nicht liefert, setzt der K ihm eine Nachfrist bis zum 15. Oktober 2003. Als diese ergebnislos verstreicht, verlangt der K – weil er sich inzwischen teurer eindecken muss – Schadensersatz statt der Leistung in Höhe der Differenz.

Der Anspruch könnte sich aus §§ 280 Abs. 1, 3, 281 Abs. 1 BGB ergeben. Der V hat die Nichtlieferung jedoch nicht zu vertreten, denn a) ihn trifft daran kein Verschulden und b) die Nichtlieferung beruht auf einer Erkrankung und damit nicht dem übernommenen „Beschaffungsrisiko".

ee) Vertragstreue des Gläubigers bei „gegenseitigen Verträgen"

Verlangt wird, dass bei „gegenseitigen Verträgen" (Sie wissen doch hoffentlich noch, was „do ut des" bedeutet?!) der einen Schadensersatzanspruch aus §§ 280 Abs. 1, 3, 281 BGB geltend machende Gläubiger seinerseits „vertragstreu" gewesen sein muss. Dieses Merkmal ist bei gegenseitigen Verträgen als ungeschriebenes Merkmal in § 281 BGB hineinzuinterpretieren. Das scheint zunächst nichts Neues zu sein, denn wir haben bei dem Merkmal der „Durchsetzbarkeit" den Anspruch aus §§ 280 Abs. 1, 3, 281 BGB scheitern lassen, wenn dem Anspruch des Gläubiger die Einrede des nichterfüllten Vertrages (§ 320 BGB) entgegensteht. Wenn aber nun der Schuldner vorleistungspflichtig ist, so dass § 320 BGB nicht eingreift, der Gläubiger aber die Erbringung seiner Gegenleistung bereits im Vorwege verweigert, dann soll die darin liegende Leistungsuntreue, den Anspruch aus §§ 280 Abs. 1, 3, 281 BGB entfallen lassen.

> Beispiel: Der V soll an K eine größere Lieferung erbringen. Die Bezahlung soll einen Monat später stattfinden, d.h. V ist vorleistungspflichtig. K setzt dem V eine Frist zur Leistungserbringung, erklärt aber zugleich, dass er den Kaufpreis wohl wegen der schwierigen Wirtschaftslage nicht vollständig bzw. rechtzeitig wird zahlen können. Ein Schadensersatzanspruch aus §§ 280 Abs. 1, 3, 281 BGB scheidet in diesem Fall nach Fristablauf aus, da K sich selbst nicht vertragstreu verhalten hat.

ff) Kein Wegfall des Interesses des Gläubigers an der Rückgewähr erforderlich („Zwangskauf")

Es gibt keine („ungeschriebene") zusätzliche Voraussetzung für einen Anspruch des Gläubiger auf Schadensersatz „statt der Leistung" aus §§ 280 Abs. 1, 3, 281 BGB des Inhalts, dass zusätzlich ein „Wegfall des Interesses des Gläubigers an der Rückgewähr" zu verlangen ist. Das kann, wie das folgende Beispiel zeigt, zu eigentümlichen Ergebnissen führen (**„Zwangskauf"**), die allerdings nach Treu und Glauben korrigierbar sind.

Fall 355: Der V aus Hamburg hat an den wohlhabenden M, der ebenfalls in Hamburg lebt, ein Cabriolet im Werte von € 10 000,- vom 1. Mai 2003 bis zum 1. September 2003 vermietet. Als der sich mitsamt dem Auto in Hamburg aufhaltende M das Auto am 1. September 2003 nicht zurückgibt, setzt ihm der V, obwohl er zu diesem Zeitpunkt keinen anderen Mietinteressenten hat, eine Rückgabefrist von 1 Tag. Der V sieht nämlich die Gelegenheit, auf diese Weise das Auto, das er zum Ende der „Cabrio-Saison" gerne verkauft hätte, für das er aber bisher keinen Käufer gefunden hatte, gegen den Ersatz seines Wertes loszuwerden. Als die Frist ergebnislos verstrichen ist, weil der M wegen des überraschend schönen Sommerwetters Anfang September lieber mit seiner neuen Freundin in dem Auto an die Ostsee gefahren ist, anstatt es dem V zurückzugeben, verlangt der V von M Schadensersatz in Höhe des Wertes des Autos Zug-um-Zug gegen Übereignung (nach RegE).

K macht einen Anspruch auf Schadensersatz „statt der Leistung" geltend. Der Anspruch könnte sich aus §§ 535, 546 Abs. 1, 280 Abs. 1, 3, 281 Abs. 1 S. 1, 249 BGB ergeben.

a) Vorausgesetzt ist ein wirksames Schuldverhältnis; hier liegt ein Mietvertrag vor (§ 535 BGB). b) Aus dem Mietvertrag ergibt sich aa) ein am 1. September 2003 fälliger Herausgabeanspruch des V gegen M (§ 546 Abs. 1 BGB); ein Fall der Leistungsfreiheit des Schuldners aus § 275 Abs. 1 – 3 BGB besteht nicht. bb) Der Schuldner M hat diese Pflicht verletzt, weil er die Mietsache nicht zu dem nach dem Mietvertrag geschuldeten Zeitpunkt zurückgegeben hat. c) Gemäß §§ 280 Abs. 3, 281 BGB müssten weiterhin aa) eine Leistungsaufforderung mit Setzung einer angemessenen Frist vorliegen (§ 281 Abs. 1 S. 1 BGB). Der K hat die Frist mit 1 Tag bemessen. Angemessen wäre sie, wenn der Schuldner die Leistung erbringen kann. Die Frist von einem Tag war angemessen, weil es dem in Hamburg ansässigen und die Mietsache in Besitz habenden M ohne weiteres möglich war, das Auto innerhalb eines Tages zurückzugeben. bb) Die dem M gesetzte Frist ist erfolglos verstrichen. d) Der M hat schuldhaft i.S.d. § 276 BGB (Vorsatz) gehandelt. (auf die Verschuldensvermutung des § 280 Abs. 1 S. 2 BGB sollte man angesichts der verschuldensrelevanten Umstände im Sachverhalt nicht eingehen). e) Bei Ausbleiben der ganzen Leistung kann der Gläubiger Schadensersatz statt der ganzen Leistung verlangen. Der V kann Schadensersatz statt der Leistung nach § 249 Abs. 1 BGB geltend machen und verlangen, so gestellt zu werden, wie wenn ordnungsgemäß erfüllt worden wäre. aa) V kann daher den Wert der Mietsache in Geld gegen Übereignung derselben verlangen. bb) Diese Lösung aaa) entspricht dem Gesetz, weil der Gesetzgeber ausdrücklich darauf verzichtet hat, in Fällen, in denen die Leistung in der Rückgewähr eines bestimmten Gegenstandes besteht, für einen Schadensersatzanspruch des Gläubigers statt der Leistung (§§ 280 Abs. 1, Abs. 3, 281 BGB) als zusätzliche Voraussetzung ein Wegfall des Interesses des Gläubigers an der Rückgewähr zu verlangen (RegE). bbb) Das Ergebnis – es läuft auf einen „Zwangskauf" hinaus – soll aber jedenfalls in Missbrauchsfällen, wie er hier gegeben ist (V hat die kurze Frist nicht wegen einer geplanten anderweitigen Vermietung, sondern zur Herbeiführung des Zwangskaufs gesetzt), durch § 242 BGB korrigiert werden (RegE).

gg) Auswirkung auf die Gegenleistung

Auch wenn die Frage nicht in diesen Zusammenhang, sondern zur Erörterung des Schicksals des Primäranspruchs gehört (und dort auch in Teil 3 erörtert worden ist – erinnern Sie sich noch?), sollten wir uns aus Anlass der Anwendung des § 281 BGB einmal fragen, was eigentlich aus dem Anspruch auf die **Gegenleistung** wird, wenn der Gläubiger Schadensersatz „statt der Leistung" aus § 281 Abs. 1 BGB verlangt: Diese Frage beantwortet mittelbar § 281 Abs. 4 BGB. Sobald Schadensersatz statt der Leistung gefordert wird, entfällt hiernach der Anspruch auf die Leistung. Daraus kann folgender Schluss gezogen werden: Wenn nach § 281 Abs. 4 BGB schon der Leistungsanspruch des vertragstreuen Gläubigers untergeht, dann muss erst recht der Anspruch des vertragsuntreuen Schuldners auf die Gegenleistung erlöschen. In der Fallbearbeitung darf nicht vorschnell von einem Schadensersatzverlangen ausgegangen werden. Häufig möchte der Gläubiger seinen Primäranspruch nicht sofort preisgeben und muss dies auch nicht. Insbesondere Erklärungen von Laien sind mit einer gewissen Vorsicht auszulegen. Zu prüfen ist stets, ob die Erklärung den eindeutigen Willen erkennen lässt, sich zukünftig auf das Schadensersatzbegehren beschränken zu wollen. Der Gläubiger kann somit nach Fristablauf nach seinem Belieben weiter die Leistung fordern oder Schadensersatz verlangen. Missbraucht er seine Stellung, z.B. indem er den Schuldner Bemühungen zur Erfüllung treffen lässt, um kurz vor deren Abschluss Schadensersatz zu verlangen, so ist ein Ausschluss des Schadensersatzanspruches nach § 242 BGB zu erwägen.

> Übrigens: Bei § 283 BGB stellte sich diese Frage nicht, da dort die Leistungspflicht nach § 275 Abs. 1-3 BGB und die Gegenleistungspflicht nach § 326 Abs. 1 S. 1 BGB bereits kraft Gesetzes entfiel.

hh) Schadensersatz

(1) Allgemein

Bereits aus den zuvor bearbeiteten Fällen haben Sie ersehen, dass der Schadensersatzgläubiger verlangen kann, dass der Schadensersatzschuldner ihn so stellt, wie wenn der Schuldner ordnungsgemäß erfüllt hätte. Eigentlich könnte man hinsichtlich der Schadensberechnung auf die Ausführungen zu §§ 280 Abs. 1, 3, 283 BGB und § 311 a Abs. 2 BGB verweisen, da im Ergebnis keine Unterschiede bestehen sollten. Man braucht aber die Surrogationstheorie bei § 281 BGB nicht und das hat folgenden Grund: Anders als bei der Unmöglichkeit erlöschen die Ansprüche auf Leistung und Gegenleistung nicht automatisch sondern erst wenn der Gläubiger nach Fristablauf Schadensersatz verlangt (§ 281 Abs. 4 BGB). Will der Gläubiger daher seine eigene Leistung noch erbringen (was nur dann sinnvoll sein kann, wenn diese nicht in Geld besteht), so kann er einfach weiterhin seinen Erfüllungsanspruch geltend machen und die entstandenen Verzögerungsschäden nach §§ 280 Abs. 1, 2, 286 BGB ersetzt verlangen. Ist er an der eigenen Leistungserbringung nicht mehr interessiert, so kann er Schadensersatz verlangen und diesen dann allein nach der Differenztheorie berechnen. Einige Autoren halten die Surrogationstheorie trotz der soeben geäußerten Bedenken für anwendbar, kommen aber am Ende zu inhaltlich identischen Ergebnissen.

Fall 356: Der V verkauft ein ihm gehöriges Auto im Werte von € 10 000,- an den K für € 12 000,- und übergibt und übereignet es an den K. Der K zahlt den Kaufpreis trotz Setzung einer angemessenen Nachfrist nicht. Der V will wissen, wie er vorgehen soll.

Es gibt vier Wege: 1. Der V kann a) Schadensersatz „statt der Leistung" aa) aus §§ 280 Abs. 1, 3, 281 Abs. 1 BGB geltend machen. bb) Nach der Differenztheorie kann der V von dem K Schadensersatz in Höhe von € 2000,- verlangen. 2. Gleichzeitig (§ 325 BGB) kann der V die Herausgabe und Rückübereignung des Autos nach Erklärung des Rücktritts nach §§ 323, 346 BGB fordern. 3. Wenn man a) die „Surrogationstheorie" für anwendbar hält, so kann er sich aber auch dafür entscheiden, nach der „Surrogationstheorie" vorzugehen: aa) Danach belässt der V dem K das Auto und bb) verlangt Schadensersatz in Höhe von € 12 000,-. b) Man kann aber die Anwendbarkeit der „Surrogationstheorie" auch mit dem Argument ausschließen, dass sie gegen die Wertung des § 281 Abs. 4 BGB verstieße. 4. V verlangt a) weiter die Zahlung des Kaufpreises aus § 433 Abs. 2 BGB und macht b) seine eventuellen Verzögerungsschäden nach §§ 280 Abs. 1, 2, 286 BGB geltend.

Variante: der V hat das Auto noch nicht übereignet.

> a) Nach der „Differenztheorie" kann er das Auto behalten und Schadensersatz in Höhe von € 2000,- geltend machen. b) Wenn man der „Surrogationstheorie" oder jedenfalls der Lehre von der Wahlfreiheit folgt, dann kann der V Schadensersatz in Höhe von € 12 000,- Zug-um-Zug gegen Übergabe und Übereignung des Autos verlangen.

Auch hier gilt natürlich, dass hypothetische Vorteile unberücksichtigt bleiben, gegen deren Berücksichtigung höherrangiges Recht spricht oder die auf verbotenem oder sittenwidrigen Erwerb beruhen würden.

Das **„Wie"** des Schadensersatzanspruchs bestimmt sich wie auch sonst nach §§ 249 BGB, Naturalrestitution ist ausgeschlossen.

(2) Abgrenzung zu § 286

Wenn der Gläubiger erfolgreich Ansprüche aus §§ 280 Abs. 1, Abs. 3, 281 BGB und aus § 280 Abs. 1, Abs.2, 286 BGB geltend machen kann, so ergeben sich **Überschneidungsprobleme**. Der Anspruch auf Schadensersatz anstelle der Leistung soll den Gläubiger so stellen, wie er bei ordnungsgemäßer und rechtzeitiger Leistung gestanden hätte. Das umfasst auch Verzögerungsschäden.

<u>Beispiel</u>: Der Eisdielenbesitzer B bestellt eine neue Kühltruhe. Sie wird zum Liefertermin nicht geliefert. Der B setzt dem Lieferanten eine Nachfrist und verlangt nach deren Ablauf Schadensersatz anstelle der Leistung. In der Zwischenzeit muss er eine Ersatztruhe mieten. Hinterher kauft er für einen höheren Preis eine andere Truhe. Der höhere Kaufpreis fällt eindeutig unter § 281 BGB. Die Mietkosten dagegen lassen sich bei § 286 BGB und bei § 281 BGB einordnen.

Eine mögliche Lösung dieses Problems besteht darin, den Anspruch auf Schadensersatz anstelle der Leistung erst mit der Schadensersatzforderung durch den Gläubiger entstehen zu lassen. Vorher fällt der Verzögerungsschaden allein unter § 286 BGB. Nach der Entstehung des Schadensersatzanspruches aus § 281 BGB verliert der Anspruch aus § 286 BGB seine Bedeutung, da ein Anspruch auf die Leistung nicht mehr besteht und damit auch kein Schadensersatzanspruch neben dieser Leistung mehr sinnvoll ist. Im praktischen Fall müsste man somit zunächst §§ 280 Abs. 1, Abs. 3, 281 BGB prüfen und sich im Rahmen der Schadensberechnung dazu äußern, welche Schäden im Einzelnen umfasst sind und dass dies auch die an sich von § 286 BGB erfassten Schäden sind.

d) Anspruch auf Schadensersatz „statt der Leistung" wegen einer „Verhaltenspflichtverletzung" (§§ 280 Abs. 1 S. 1, Ab. 3, 241 Abs. 2, 282 BGB)

> Sie entsinnen sich bestimmt, dass wir uns schon ausgiebig mit einem Schadensersatzanspruch aus § 280 Abs. 1 S. 1 BGB wegen der Verletzung einer „Verhaltenspflicht" (§ 241 Abs. 2 BGB) beschäftigt haben. Dabei ging es um einen Schadensersatzanspruch „neben der Leistung", der also neben der fortbestehenden Leistungspflicht bestand.

Schadensersatz „statt der Leistung" soll nicht nur dann geschuldet sein, wenn „Leistungspflichten" verletzt werden, sondern **auch bei Verletzungen von „Verhaltenspflichten"**, und zwar auch dann, wenn dadurch das Leistungsinteresse des Gläubigers nicht berührt ist. Stellen Sie sich bitte einmal vor, dass ein Schuldner eine „Verhaltenspflicht" aus § 241 Abs. 2 BGB so schwerwiegend verletzt, dass dem Gläubiger die Leistung durch den Schuldner nicht mehr zuzumuten ist. Der Gesetzgeber hat sich für eine solche Fallkonstellationen dahingehend entschieden, dem Gläubiger unter den „zusätzlichen Voraussetzungen" des § 282 BGB einen Anspruch auf Schadensersatz „statt der Leistung" zuzuerkennen (§§ 280 Abs. 1, S. 1, Abs. 3, 282 BGB). Dass das Gesetz hier auf eine Fristsetzung verzichtet, leuchtet ein, denn eine „Nachholung" der Pflichterfüllung ist gedanklich nicht vorstellbar: „Das Kind ist bereits in den Brunnen gefallen".

→ I. **Haftungsbegründende Voraussetzungen**
1. Bestehen eines auf eine Verpflichtung zur Leistung i.S.d. § 241 Abs. 1 BGB gerichteten **Schuldverhältnisses**
2. Verletzung einer „**Verhaltenspflicht**" (nach § 241 Abs. 2 BGB)
3. **Vertretenmüssen**: Fehlende Entlastung (§ 280 Abs. 1 S. 2 BGB; Ausnahme § 619 a BGB)
4. **Unzumutbarkeit** der Leistung für den Gläubiger

→ II. **Haftungsumfang**
Ersatz des entstandenen Schadens „statt der Leistung" nach §§ 249 ff. BGB

aa) Schuldverhältnis mit Leistungspflicht

Gegeben sein muss also ein auf eine **Verpflichtung zur Leistung i.S.d. § 241 Abs. 1 BGB gerichtetes Schuldverhältnis**. Daraus und aus der Tatsache, dass Schadensersatz „statt der Leistung" verlangt werden kann, folgt zugleich, dass ein vorvertragliches, noch keine Leistungspflichten begründendes Schuldverhältnis aus „geschäftlichem Kontakt" (§ 311 Abs. 2, 3 BGB) dafür nicht ausreicht (h.M.). In Betracht kommen also praktisch nur Leistungsansprüche aus vertraglichen Schuldverhältnissen, rein theoretisch natürlich auch Leistungsansprüche aus einseitigen rechtsgeschäftlichen oder gar auch gesetzlichen Schuldverhältnissen.

bb) Verhaltenspflichtverletzung, Vertretenmüssen und Unzumutbarkeit

Verletzt worden sein muss eine „**Verhaltenspflicht**" aus § 241 Abs. 2 BGB. Die **Leistung** darf dem Gläubiger **infolge der Pflichtverletzung „nicht mehr zuzumuten sein**": Das bedeutet, dass die Leistung gerade wegen der Pflichtverletzung unzumutbar geworden ist. Diese Wertungsfrage muss durch eine Abwägung der Interessen des Gläubigers und des Schuldners beantwortet werden. Von Bedeutung kann hier eine Abmahnung des Gläubigers sein, dies vor allem dann, wenn ein Pflichtverstoß aus der Sicht des Schuldners ohne besonderes Gewicht zu sein scheint. Umgekehrt kann bei schweren Pflichtverletzungen (ersichtlich großer

Schaden; Vorsatz des Schuldners, vielleicht gar Straftat) sofort Schadensersatz gefordert werden.

> Beispiel für Unzumutbarkeit: Putzfrau spricht mit der Presse über Privatleben ihres prominenten Arbeitgebers.

In der Fallbearbeitung ist das Merkmal der Unzumutbarkeit häufig nicht völlig eindeutig zu bestimmen. Als Bearbeiter sollte man sich daher große Mühe geben, alle Aspekte des Falles umfassend zu würdigen. So vermeidet man Nachteile, wenn die Lösungsskizze zu einem anderen Ergebnis kommen sollte. Im Notfall kann man das Merkmal auch nach dem Vertretenmüssen prüfen. Dadurch schneidet man sich bei Verneinung keine Erörterungen ab.

cc) Zu ersetzender Schaden

Der Anspruch auf **Ersatz des Schadens „statt der Leistung"**: Die „Leistung" i.S.d. § 282 BGB ist diejenige Leistungspflicht, auf die sich die verletzte „Verhaltenspflicht" bezieht. Auch hier wird der zu ersetzende **äquivalent und adäquat kausale und im Schutzbereich der Norm liegende Schaden** nach der „Differenzhypothese" in der Weise ermittelt, dass die bestehende (Ihnen durch den Sachverhalt vermittelte) Vermögenslage mit derjenigen verglichen wird, die ohne die Pflichtverletzung gegeben wäre. Es kommt wie bei §§ 280 Abs. 1, 3 , 283 und 311 a Abs. 2 BGB eine Berechnung nach der Differenz- oder Surrogationstheorie in Betracht.

Fall 357: Der U soll die Wohnung des B streichen (Vergütung: € 3000,-). In diesen Räumen befinden sich wertvolle Antiquitäten. Noch vor dem ersten Pinselstrich bricht ein Feuer aus, weil der U beim Anrühren von Farbe unter Verwendung von leicht entflammbaren Lösungsmitteln raucht und es beim Anreißen des Streichholzes zu einer Verpuffung kommt. Durch den Brand entsteht erheblicher Sachschaden. Der B, der seine wertvolle Einrichtung gefährdet sieht, hat das Vertrauen in den U verloren. 1. Er verlangt von U Schadensersatz wegen der Brandschäden und wegen der für einen anderen Maler M wegen einer zwischenzeitlichen Lohn- und Lohnnebenkostenerhöhung erhöhten Vergütung von € 3200,-. 2. Als der M seine Leistung wegen einer Erkrankung nicht erbringen kann, verlangt der B dann doch von U Erfüllung.

1. Ansprüche des B gegen U auf Schadensersatz: a) Für den Feuerschaden ist Schadensersatz nach § 280 Abs. 1 S. 1, 241 Abs. 2 BGB zu leisten. b) Was die Mehrkosten für den anderen Maler angeht, so kann sich ein solcher Anspruch „statt der Leistung" aus §§ 280 Abs. 1, 3, 282 ergeben. aa) Es besteht ein wirksames Schuldverhältnis (Werkvertrag, § 631 ff. BGB). bb) Der U hat eine „Verhaltenspflicht" aus § 241 Abs. 2 BGB verletzt. cc) Diese Pflichtverletzung hat er zu vertreten (§ 276 Abs. 1 BGB), da er grob fahrlässig gehandelt hat. dd) Weitere Leistungen des U sind dem B aufgrund der Pflichtverletzung des U auch ohne Abmahnung nicht zuzumuten: Der Schaden ist erheblich. Der U hat einfachste Grundregeln seines Handwerks missachtet. ee) Die Höhe berechnet sich nach der „Differenzhypothese": Bei ordnungsgemäßer Erfüllung hätte B für diese € 3000 .- bezahlt. Durch die Einschaltung des anderen Malers muss er € 3200,- bezahlen, womit sich der Schadensersatzanspruch aus §§ 280 Abs. 1, 2, 282 BGB der Höhe nach auf € 200,- beläuft. 2. Der Erfüllungsanspruch aus § 631 BGB ist nach § 281 Abs. 4 BGB analog ausgeschlossen.

Der Schadensersatzanspruch tritt stets an die Stelle der **gesamten Leistung**. Eine schon erbrachte Leistung kann **analog § 281 Abs. 5 BGB** zurückverlangt werden.

<u>Variante</u>: Wie wäre es, wenn U bereits ein Fenster, für das im Vertrag ein Einzelpreis von € 200,- vereinbart gewesen war, fertig gestrichen hätte und es daraufhin zu dem Feuer gekommen wäre und der U im Hinblick darauf die Schadensersatzzahlung abgelehnt hätte.

Der a) Schadensersatzanspruch des B aus §§ 280 Abs. 1, 3, 282 BGB b) wäre durch die in der Zahlungsverweigerung liegende Aufrechnungserklärung des U mit einem Gegenanspruch aus § 281 Abs. 5, 346 Abs. 2 Nr. 1 BGB nach §§ 387 ff. BGB erloschen.

5. Abschlussübersicht

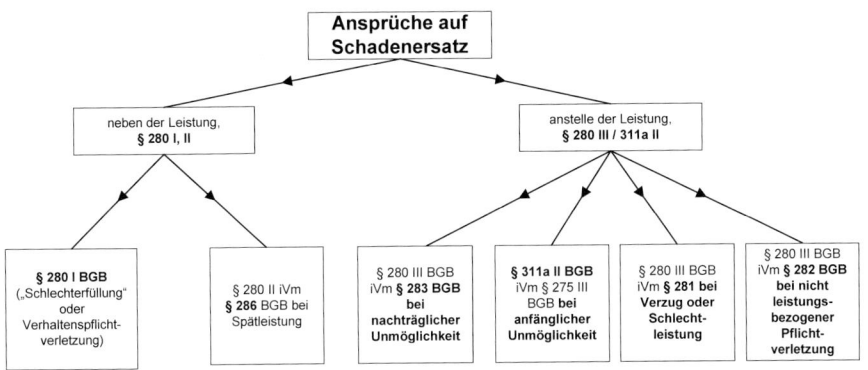

Abb. 5

III. Anspruch auf Ersatz vergeblicher Aufwendungen

1. Voraussetzungen des Anspruches

Wo immer das Gesetz einem Gläubiger einen **Anspruch auf Schadensersatz** „statt der Leistung" zuerkennt (§§ 280 Abs. 1, 3, 281, 282, 283 BGB und in § 311 a Abs. 2 BGB), hat es dem Gläubiger das **Wahlrecht** eingeräumt, anstelle des Schadensersatzes „statt der Leistung" den „**Ersatz der Aufwendungen**" zu verlangen, die er im Vertrauen auf den Erhalt der Leistung gemacht hat und billigerweise machen durfte, es sei denn, deren Zweck wäre auch ohne die Pflichtverletzung des Schuldners nicht erreicht worden. Auch wenn dieser Anspruch zugeschnitten ist auf Schadensersatzansprüche „statt der Leistung" bei der Verletzung von Pflichten aus Verträgen, muss man sich immer wieder verdeutlichen, dass hier auch Ansprüche aus einseitigen Rechtsgeschäften (Musterbeispiel: Vermächtnis) oder aus Gesetz in Betracht kommen.

Mit diesem Anspruch sollen solche dem Gläubiger entstandene Nachteile erfasst werden, die vor der Schuldrechtsmodernisierung seitens der Rechtsprechung dem Nichterfüllungsschaden mit der Begründung zugeordnet wurden, dass sich die vom Gläubiger im Vertrauen auf den Leistungserhalt gemachten und durch die nicht erfolgte Leistung „frustrierten Aufwendungen" im Fall der Erbringung der Leistung durch einen Ertrag in Höhe der Aufwendungen amortisiert und damit als „rentabel" erwiesen hätten (**„Rentabilitätsvermutung"**), dies allerdings nicht, wenn der Zweck von vornherein „unrentabel" war, also insbesondere dann, wenn das Vorhaben des Gläubigers überhaupt keine wirtschaftlichen Ziele verfolgte, also gar nicht auf Rentabilität ausgerichtet war.

Die Regelung des § 284 BGB gibt dem Gläubiger nunmehr einen von Rentabilitätserwägungen unabhängigen Aufwendungsersatzanspruch, der sich allerdings auf die Aufwendungen beschränkt und nicht den Gewinn einbezieht, den der Gläubiger bei einem anderen, im Vertrauen auf den Erhalt der Leistung ausgeschlagenen Geschäft gemacht hätte.

Fall 358: Der Slenta kauft eine bestimmte überlebensgroße weibliche Bronzeplastik vom Künstler Gantenbein. Im Vertrauen auf die Lieferung lässt Slenta auf der Terrasse seiner Luxuswohnung am Turmweg in Hamburg-Rotherbaum einen Sockel aufmauern. Weil Gantenbein sich von der ihm ans Herz gewachsenen Plastik nicht trennen kann, zerstört er sie vor der Lieferung an den Slenta. Der Slenta verlangt von Gantenbein Ersatz für die Aufwendungen.

Der Anspruch ergibt sich aus §§ 280 Abs. 1, 3, 283, 284 BGB.

Fall 359: Der V möchte eine Zeltdisco veranstalten. Dazu benötigt er ein Zelt, eine Musikanlage und eine Biertheke. Diese Sachen bezieht er von drei verschiedenen Vermietern: Das Zelt von dem A für € 1.000,-, die Musikanlage von B für € 400,-. Aufgrund einer Ungeschicklichkeit des C wird die Theke, die dieser an V vermietet hat, beim Transport zum Zelt zerstört. Da Ersatz nicht mehr beschafft werden kann, fällt die Disco aus. Der V möchte gern von C die Kosten für Zelt und Musikanlage ersetzt bekommen, da A und B (zu Recht) auf Bezahlung bestehen (§§ 535, 537 BGB) und der V an sie gezahlt hat.

1. Der Anspruch ist nicht auf Schadensersatz „statt der Leistung" gerichtet (§§ 280 Abs. 1, 3, 283 BGB), da die Mietzinsansprüche der A und B gegen den V nicht aufgrund der Pflichtverletzung des C entstanden sind und fortbestehen. 2. Dem V könnte jedoch ein Anspruch aus §§ 280 Abs. 1, 3, 283, 284 BGB zustehen. a) Die Anmietung von Zelt und Musikanlage waren ein freiwilliges Vermögensopfer (Aufwendungen) des V, das er im Vertrauen auf die Leistung des C gemacht hatte und auch billigerweise hatte machen dürfen. b) Zu prüfen ist aber, ob die Voraussetzungen eines Schadensersatzanspruches dem Grunde nach gegeben sind („anstelle des Schadensersatzes"). Zu prüfen ist hier daher §§ 280 Abs.1, 3, 283 BGB. aa) Zwischen dem V und dem C bestand ein wirksames Schuldverhältnis (Mietvertrag: §§ 535 ff. BGB). bb) Der C hat seine Pflicht zur Leistung verletzt und cc) dabei schuldhaft gehandelt. Die Voraussetzungen eines Anspruches auf Schadensersatz liegen daher vor. c) Die Aufwendungen waren im Vertrauen auf die Leistung nicht unangemessen. d) Im Ergebnis kann der V Ersatz seiner Aufwendungen verlangen. Sie belaufen sich hier auf die an A und B gezahlten Beträge (zusammen also € 1400.-).

Variante: Welche Ansprüche hat V, bevor er an A und B gezahlt hat?

In diesem Fall besteht die Aufwendung in der Begründung der Verpflichtung gegenüber A und B. Der V kann aber über § 257 Befreiung von der Verbindlichkeit von C verlangen.

<u>Fall 360:</u> Der K hat aus rein ideellen Gründen vom Kunsthändler H, zu weit überhöhtem Preis, dem E gestohlene Bilder erworben. Der H hätte – wenn er die kriminalpolizeilichen Rundschreiben, in denen Kunsthändler über den Diebstahl von Kunstwerken unterrichtet werden, regelmäßig gelesen hätte – erkennen können, dass die an K veräußerten Kunstwerke gestohlen waren. Der K hatte für den Erwerb der Bilder einen Bankkredit aufgenommen. Noch vor Lieferung der Bilder an K gibt der H die Bilder an den E auf dessen Verlangen hin heraus. Der K verlangt von H Befreiung von den Zinsen (nach RegE).

Der Anspruch des K gegen H könnte sich aus §§ 311 a Abs. 2 S. 1, 2. Alt., 284 BGB ergeben. a) Es liegt ein Kaufvertrag vor. b) Dem H war die Übereignung an K anfänglich unmöglich nach § 275 Abs. 1 BGB (wegen § 935 BGB). c) Das vermutete Verschulden ist nicht widerlegt. d) Der K kann die Aufwendungen, die er im Vertrauen auf den Leistungserhalt gemacht hat und billigerweise machen durfte, ersetzt verlangen. Hier stellt sich aa) die „Glücksfallproblematik": Die Leistungsstörung ist für den Gläubiger angesichts des Umstandes, dass er übereuert gekauft hatte, ein „Glücksfall". Das aber soll einem Aufwendungsersatzanspruch nicht entgegenstehen. bb) Der Umstand, dass der K mit dem Erwerb ausschließlich ideele Zwecke verfolgte, steht einer Anwendung des § 284 BGB nicht entgegen. § 284 BGB ist damit eine Quasi-Ausnahme zu § 253 BGB.

<u>Variante:</u> Der K hat die Bilder zum Zwecke des Wiederverkaufs erworben. Sie waren aber mangels eines Kundenkreises unverkäuflich. Der K hatte, um sie zu veräußern, ein Ladenlokal angemietet. Er verlangt von H Ersatz für die Mietzinsen.

Hier greift §§ 311a Abs. 2, S. 1 2. Fall, 284 letzte Alt. („es sei denn ... ") BGB ein: Denn bei auf Gewinnerzielung gerichteten Geschäften ist die Rentabilitätsvermutung widerlegt, wenn feststeht, dass die Aufwendungen bei ordnungsgemäßer Durchführung des Geschäftes nicht wieder hereingeholt worden wären.

Der praktisch wichtigste Anwendungsbereich von § 284 BGB dürften die **Vertragskosten** sein. Darunter fallen zum Beispiel Beurkundungskosten. Ebenfalls hierher gehören sog. Vertragsdurchführungskosten (z.B. Einbau- und Montagekosten). Kosten für die Vorbereitung des Vertragsschlusses sind dagegen nicht ersatzfähig, da sie auch bei Nichtzustandekommen angefallen wären.

Eine Grenze stellen nur solche Aufwendungen dar, die völlig übereilt waren oder eine **ganz unangemessenen Höhe** hatten. In diesen Fällen durfte der Gläubiger die Aufwendungen billigerweise nicht machen.

> <u>Beispiel:</u> Der Käufer eines Bildes beschafft vor dessen Lieferung einen Rahmen, der den mehrfachen Kaufpreis des Bildes übersteigt.

Eine weitere Grenze sind Aufwendungen, die auch ohne die Pflichtverletzung des Schuldners nicht zum Erfolg geführt hätten.

> Beispiel: Parteivorsitzender P mietet eine Halle für eine Parteikundgebung. Der Wirt weigert sich grundlos, die Halle am fraglichen Tag zu übergeben. P hat umfangreiche Werbemaßnahmen für die Veranstaltung durchgeführt. Die Versammlung hätte aber wegen eines Verbots nach dem Versammlungsgesetz ohnehin nicht durchgeführt werden können.

Bitte beachten Sie bitte folgendes: Es wurde zunächst angenommen, dasss § 284 BGB nur im nichtkommerziellen Bereich anzuwenden sei. Diesem Standpunkt hat der BGH nun ausdrücklich widersprochen und erklärt, dass § 284 BGB auch im kommerziellen Bereich gelten soll. Das lässt aber offen, ob die Aufwendungen auch weiterhin auf die sog. Rentabilitätsvermutung gestützt und als Schadensposten geltend gemacht werden können. Relevant werden kann dieser Streit vor allem dann, wenn neben frustrierten Aufwendungen auch sonstige Schäden liquidiert werden sollen. Wendet man § 284 BGB an, so bekommt man wegen des Alternativitätsverhältnisses („Anstelle...") Argumentationsprobleme, die man mit der Rentabilitätsvermutung nicht hätte. Es bleibt abzuwarten, wie die Rechtsprechung zu dieser Frage sich entwickelt.

Zu den nach § 284 BGB zu ersetzenden Aufwendungen soll, ebenso wie im Recht der GoA auch ein **Ersatz für eigene Arbeitsleitungen** gehören, allerdings nur, wenn die ausgeführte Tätigkeit zum Gewerbe oder Beruf des Gläubigers gehört.

2. Verhältnis zu Schadensersatzforderungen

Neben Aufwendungsersatz nach § 284 BGB kann nach dem Wortlaut zwar kein Schadensersatz anstelle der Leistung, wohl aber sonstiger Schadensersatz (neben der Leistung) verlangt werden.

> Beispiel (nach BGH): Der Autokäufer kann neben den Aufwendungen für den Umbau des Fahrzeuges auch Schadensersatz für die notwendige Einschaltung eines Gutachters (aus § 280 BGB) verlangen. Diese Kosten wären nach § 284 BGB nicht ersatzfähig, da sie nicht im Vertrauen auf die ordnungsgemäße Leistung gemacht wurden.

Manche Autoren vertreten die Ansicht, **§ 284 BGB teleologisch zu reduzieren** und ihn entgegen dem Wortlaut immer anzuwenden, wenn keine doppelte Kompensation droht.

> Beispiel (nach Gsell): Der Pferdeliebhaber P kauf ein Reitpferd zu einem sehr günstigen Preis und erwirbt in Vorfreude auf die Lieferung auch Zaumzeug und Sattel, in die er den Namen des Pferdes eingravieren lässt. Am Ende wird das Pferd trotz Nachfristsetzung nicht geliefert, weswegen P Schadensersatz anstelle der Leistung und Aufwendungsersatz fordert. In diesem Fall soll die Differenz zum Marktpreis als Schadensersatz anstelle der Leistung und die Anschaffungen als Aufwendungen ersatzfähig sein.

> Hätte P das Pferd weiterverkaufen wollen, so hätte er mit der Rentabilitätsvermutung beide Positionen als Schadensersatz geltend machen können. Dies spricht für die Richtigkeit der teleologischen Reduktion.

IV. Verantwortlichkeit für Dritte, Verschiebung des Haftungsmaßstabes

Gelernt haben Sie jetzt, dass die aus der „Zentralnorm" des § 280 Abs. 1 BGB abzuleitende Schadensersatzansprüche eine **„Pflichtverletzung"** (darüber wissen Sie inzwischen fast „alles") und ein **Vertretenmüssen** daran voraussetzen. Eine positive Prüfung des Vertretenmüssens ist allerdings meist nicht notwendig, weil nach § 280 Abs. 1 S. 2 BGB das **Vertretenmüssen vermutet** wird. Zu erörtern ist daher in der Fallbearbeitung i.d.R. nur, ob der Schuldner sich „entlastet" bzw. „exk/c/ulpiert" hat. Nur dann, wenn der Sachverhalt durch „verschuldensrelevante" Tatsachenangaben Anlass dazu bietet, müssen Sie eine Verschuldensprüfung (genauer gesagt: zur **Prüfung, ob die Verschuldensvermutung widerlegt** ist) vornehmen. Dazu wissen Sie ja schon einiges:

- Das zu subsumierende Verschulden muss sich immer **auf** den Tatbestand der jeweiligen **Pflichtverletzung** beziehen, nicht auf den zu ersetzenden Schaden.

- Sie müssen genau herausarbeiten, welche **Pflichtverletzung der Anknüpfungspunkt** für das vermutete Verschulden ist.

> Dies ist ein gute Gelegenheit, sich noch einmal alle in Betracht kommenden Schadensersatzansprüche des allgemeinen Leistungsstörungsrechts zu vergegenwärtigen.
>
> Anknüpfungspunkt für das Verschulden ist:
>
> 1. Bei Ansprüchen auf Schadensersatz „neben der Leistung"
> a) aus §§ 280 Abs. 1, 2, 286 BGB wegen eines „Verzögerungsschadens" ist es der Umstand, aufgrund dessen die rechtzeitige Leistung unterbleibt oder trotz Mahnung nicht geleistet wird.
> b) Bei Ansprüchen aus § 280 Abs. 1 BGB
> aa) wegen einer Leistung „nicht wie geschuldet" bzw. „Schlechterfüllung": der Umstand der zur mangelhaften Leistung geführt hat
> bb) wegen einer Verletzung einer „Verhaltenspflicht": die Verletzung der „Verhaltenspflicht".
>
> 2. Bei Ansprüchen auf Schadensersatz „statt der Leistung"
> a) aus §§ 280 Abs. 1, 3, 283 BGB: die zum Ausschluss der Leistungspflicht nach § 275 Abs. 1 – 3 BGB führenden Leistungshindernisse,
> b) aus § 311 a Abs. 2 BGB: das Wissen um die zum anfänglichen Aus-

schluss der Leistungspflicht nach § 275 Abs. 1 – 3 BGB führenden Leistungshindernisse,
c) aus §§ 280 Abs. 1, 3, 281 BGB: zunächst die ursprüngliche Nichtleistung oder die Leistung „nicht wie geschuldet" und falls es insoweit an einem Vertretenmüssen fehlt als nächstes die unterbliebene Nacherfüllung trotz Nachfristsetzung,
d) aus §§ 280 Abs. 1, 3, 282 BGB: die Verletzung der „Verhaltenspflicht".

- Der **verschuldensfähige** Schuldner (nach Vollendung des 7. Lebensjahres) muss **verantwortlich** (vor Vollendung des 18. Lebensjahrs bei Begehung der Handlung mit der zur Erkenntnis der Verantwortlichkeit erforderlichen Einsicht) gehandelt haben (§ 276 Abs. 1 S. 2, 827, 828 BGB).

- Hinsichtlich des Verschuldensmaßstabes müssen Sie davon ausgehen, dass der Schuldner **grundsätzlich Vorsatz und Fahrlässigkeit** zu vertreten hat (§ 276 Abs. 1 S. 1 BGB).

> **1.** Unter (dem gesetzlich nicht definierten) **Vorsatz** versteht man das „Wissen und Wollen des rechts- und pflichtwidrigen Erfolges". Der Vorsatz entfällt also, wenn dem Handelnden das Bewusstsein der Rechts- und Pflichtwidrigkeit fehlt („Vorsatztheorie", anders im Strafrecht, § 17 StGB!); da ein solcher Irrtum aber meistens fahrlässig ist (so z.B. bei einer irrtümlich falschen Einschätzung der Rechtslage durch den Schuldner ohne Einholung von Rechtsrat), muss der Schuldner gleichwohl Schadensersatz leisten.
>
> **2.** Die **Fahrlässigkeit** wird in § 276 Abs. 2 BGB definiert als die Außerachtlassung der „im Verkehr erforderlichen Sorgfalt"; welche Sorgfalt „im Verkehr" erforderlich ist, bestimmt sich objektiv nach der durchschnittlich von <u>einer</u> (also nicht der konkret handelnden) Person des Verkehrskreises (einschließlich der Berufsgruppe), zu dem er gehört, zu erwartenden Sorgfalt.

Das alles war, wie gesagt, bekannt und Sie sind bisher mit diesem „Schmalspurwissen" sicher sehr gut „über die Runden gekommen". Auf diesem Stand können Sie jedoch nicht bleiben; wir müssen diese Basis in zweierlei Richtungen erweitern.

- Hin und wieder ist bereits angeklungen, dass sich ein Schuldner in „Sonderverbindungen", also im Rahmen bestehender Verträge und anderer Schuldverhältnisse, ein Verschulden seiner **Erfüllungsgehilfen** und seiner **gesetzlichen Vertreter** nach § 278 BGB zurechnen lassen muss. Ein Schuldner hat nämlich nicht nur den eigenen Vorsatz und die eigene Fahrlässigkeit zu vertreten (§ 276 Abs. 1 BGB) sondern mitunter auch das Verschulden bestimmter bei der „Erfüllung" eingesetzter „Gehilfen". Das werden wir jetzt vertiefen und zusätzlich erfahren, dass der Frachtführer sogar für das Verschulden seiner **„Leute"** (ein noch viel weiterreichender Begriff als „Erfüllungsgehilfe") nach § 428 HGB einstehen muss. Dass die **juristischen Personen** sich das schuldhafte Verhalten ihrer **Organe** zurechnen lassen müssen, wussten Sie schon lange (§ 31 BGB).

- Sie haben inzwischen auch schon davon gehört, dass es vom Haftungsmaßstab des § 276 BGB abweichende **Ausnahmen** in Gestalt eines **kraft Gesetzes** mildern (§ 300 Abs. 1 BGB: bei Annahmeverzug nur Haftung für Vorsatz und grobe Fahrlässigkeit) oder schärferen (§ 287 S. 2 BGB: beim Schuldnerverzug Haftung für Zufall!) Haftungsmaßstabes gibt und dass dieser auch kraft entsprechender **Vereinbarungen** abgemildert oder verschärft werden kann. Auch das werden wir jetzt vertieft erörtern.

1. Verantwortlichkeit des Schuldners für Dritte

a) Haftung für Erfüllungsgehilfen nach § 278 BGB

Unser Ausgangspunkt, dass es für die Frage des Verschuldens auf die Person des Schuldners selbst ankommt, war natürlich naiv. Die Arbeitsteiligkeit der modernen Wirtschaft bedingt es, dass der Schuldner im Rahmen bestehender Schuldverhältnisse häufig eine für ihn tätige **Hilfsperson** einsetzt. Selbstverständlich ist, dass sich ein Schuldner dadurch nicht einer eventuellen Verschuldenshaftung aus § 280 Abs. 1 BGB entziehen kann.

Das BGB hat für diesen Fall in § 278 BGB Vorkehrungen getroffen. Danach hat „der Schuldner ... ein Verschulden seines gesetzlichen Vertreters und der Personen, derer er sich zur Erfüllung seiner Verbindlichkeiten bedient" (wir nennen die letztere Person fortan: den „Erfüllungsgehilfen") „in gleichem Umfang zu vertreten wie eigenes Verschulden". Die Haftung für „Erfüllungsgehilfen" ist das Korrektiv für die Erweiterung der eigenen Handlungsmöglichkeiten durch die Vorteile der Arbeitsteilung! Ohne die Möglichkeit einer solchen Zurechnung nach § 278 BGB stünde der Geschädigte sehr schlecht da. Er wäre auf deliktische Ansprüche angewiesen, die Ansprüchen auf Schadensersatz aus bestehenden Schuldverhältnissen meist nicht gleichwertig sind. Denn deliktische Ansprüche aus § 823 Abs. 1 BGB setzen die Verletzung einer der dort genannten geschützten Rechtspositionen voraus, zu denen nicht das Vermögen gehört. In den Fällen einer reinen, manche sagen „primären" Vermögensverletzung gibt es daher – von Ansprüchen aus §§ 823 Abs. 2 BGB i.V.m. §§ 263, 266 StGB und § 826 BGB einmal abgesehen – keine deliktischen Schadensersatzansprüche. Bei deliktischen Ansprüchen könnte der Anspruchsteller sich außerdem häufig nur an den meist vermögenslosen Gehilfen halten, dem er auch noch dessen Verschulden nachzuweisen hätte; denn der vielleicht vermögendere Geschäftsherr kann sich sehr oft nach § 831 Abs. 1 S. 2 BGB exkulpieren und würde deshalb gar nicht haften.

Man prüft in der **Fallbearbeitung**, nachdem man unter dem Oberbegriff „Vertretenmüssen" ggf. zunächst ein eigenes Verschulden des Schuldners geprüft hat, die folgenden Prüfungspunkte:

---

1. Bestehendes Schuldverhältnis.

2. Handeln eines „Erfüllungsgehilfen".

> **3.** Handeln **„in Erfüllung"** einer zwischen den Vertragsparteien bestehenden Verbindlichkeit und **nicht nur „bei Gelegenheit"**.
>
> **4. Pflichtverletzung** und **Verschulden** des Gehilfen; keine Exkulpation wie bei § 831 Abs. 1 S. 2 BGB durch den Schuldner möglich!

aa) Bestehendes Schuldverhältnis

Dass eine Verschuldenszurechnung nach § 278 BGB ein „bestehendes Schuldverhältnis", also eine Sonderbeziehung zwischen zwei Personen, voraussetzt, folgt aus dem Wortlaut der Norm, in der die Rede ist von: „Schuldner" und „Erfüllung seiner Verbindlichkeit".
 Als Schuldverhältnisse i.S.d. § 278 BGB sind anzusehen

- die **rechtsgeschäftlichen Schuldverhältnisse** i.S.d. § 311 Abs. 1 BGB, also i.d.R. Verträge (einschließlich der noch zu behandelnden „Verträge mit Schutzwirkung für Dritte"),

- die rechtsgeschäftsähnlichen Schuldverhältnisse aus **vorvertraglichem „geschäftlichem Kontakt"** (§ 311 Abs. 2 BGB, natürlich auch der zu Dritten nach § 311 Abs. 3 BGB)

- und die **Schuldverhältnisse aus Gesetz**.

Fall 361: Der S hat das Auto des O fahrlässig beschädigt, so dass er Schadensersatz aus §§ 823 Abs. 1, 249 Abs. 1 BGB schuldet. Der S lässt durch seinen Freund F das Auto reparieren. Dieser setzt den Wagen fahrlässig in Brand, wodurch ein weiterer Schaden entsteht.

Für diesen Schaden haftet der S nach §§ 280 Abs. 1, 278 BGB. 1. Das Schuldverhältnis folgt hier aus § 823 Abs. 1 BGB. Es bestand zum Zeitpunkt des Inbrandsetzens bereits. 2. Die Pflichtverletzung besteht in der Verletzung einer Pflicht aus § 241 Abs. 2 BGB. 3. Das Vertretenmüssen folgt zwar nicht aus einem Verschulden des S, wohl aber kommt eine Zurechnung nach § 278 BGB in Betracht, a) da eine Sonderverbindung zwischen S und O bestand, b) F mit Wissen und Wollen des S in dessen Pflichtenkreis tätig war und damit Erfüllungsgehilfe war und c) auch in Erfüllung der Verbindlichkeit handelte, und d) dabei pflichtwidrig und schuldhaft handelte.

Fall 362: Der Scheinerbe SE hält sich für den Erben des E. Er lagert den aus Möbeln bestehenden Nachlass bei dem Lagerhalter LH ein. Dann erfährt er, dass der wirkliche Erbe der WE ist. Durch ein schuldhaftes Verhalten des LH bricht ein Brand aus, der die eingelagerten Sachen zerstört. Der WE verlangt von SE Schadensersatz.

Der Anspruch ergibt sich mangels einer Vertragsbeziehung zwischen LH und WE aus §§ 989, 990, 278 BGB (Details hierzu später).

- Keinesfalls (und das ist **einer der „beliebtesten" Anfängerfehler**) gilt § 278 BGB außerhalb „bestehender Schuldverhältnisse".

Fall 363: Der B hat mit dem Dachdecker U einen Werkvertrag über das Decken des Daches seines Hauses abgeschlossen. Der von U angestellte Dachdeckergeselle D lässt aus Ungeschick beim Dachdecken einen Dachziegel auf die Strasse fallen und verletzt damit den B, der gerade sein Haus verlässt. Der B will Schadensersatz von U.

Der B hat gegen den U einen Anspruch 1. aus §§ 280 Abs. 1, 241 Abs. 2, 276, 278, 249 ff. BGB wegen der Verletzung einer „Verhaltenspflicht" aus einem zwischen B und U bestehenden Werkvertrag und 2. aus § 831 BGB (dazu später mehr).

Variante: Verletzt worden ist der Passant P, der auf dem Gehweg vorbeiging.

Der P hat gegen den U a) natürlich keinen Anspruch aus aa) §§ 280 Abs. 1, 241 Abs. 2, 276, 278, 249 ff. BGB, weil zwischen P und U keine Sonderbeziehung bestand, als dieser verletzt wurde, bb) und schon gar nicht aus „§§ 823, 278 BGB" (hier sträubt sich die Feder!), weil das gesetzliche Schuldverhältnis zwischen U und P aus Delikt (hier aus § 831 BGB) überhaupt erst durch die Verletzung des P entstanden (wichtiger Unterschied!) ist. b) Wohl aber hat der P einen Anspruch aus § 831 BGB gegen den U (dazu später mehr)

In der Fallbearbeitung hat man bei der Prüfung des jeweiligen Schadenersatzanspruches schon als ersten Prüfungspunkt das Schuldverhältnis erörtert. Bei der erneuten Prüfung nach § 278 BGB kann man daher einfach nach oben verweisen.

bb) Handeln eines „Erfüllungsgehilfen"

In aller Regel werden Sie es bei der Fallbearbeitung mit den **„Erfüllungsgehilfen"** zu tun haben.

> Nachts um 03.00 Uhr aus dem Tiefschlaf geweckt, müssen Sie die folgende Definition präsentieren können: **„Erfüllungsgehilfe ist, wer mit Wissen und Wollen des Schuldners in dessen Pflichtenkreis als seine Hilfsperson tätig wird"**.

Daraus, dass ein „Erfüllungsgehilfe" eine Person ist, die „mit Wissen und Wollen des Schuldners" tätig wird, darf man allerdings nicht schließen, dass diese Person „Vertretungsmacht" haben muss, dass sie „weisungsabhängig" oder dass sie gar „sozial abhängig" vom „Geschäftsherren" sein muss oder dass für den Geschäftsherren durch Kontrolle oder Überwachung die Möglichkeit der Einflussnahme bestehen muss; es muss zwischen dem Schuldner und der als Erfüllungsgehilfen in Betracht gezogenen Person nicht einmal ein Vertragsverhältnis bestehen. Das alles kann, aber muss nicht so sein! Dass auch Amtsträger (Notar) oder monopolartige Versorger (Energieversorger) Erfüllungsgehilfen sind, erscheint allerdings doch recht zweifelhaft, weil hier von „Arbeitsteilung" (wer kann schon den Strom, das Trinkwasser – erlaubt – selbst erzeugen oder einen Grundstückskauf selbst „notariell beurkunden"?) kaum noch die Rede sein kann. Anders sieht es wohl bei Bahn und Post aus, denn Sachen „von A nach B" transportieren, kann man als Schuldner auch selbst

> Außerordentlich „verwechslungsträchtig" sind die Rechtsfiguren des „Erfüllungsgehilfen" (§ 278 BGB) und des **„Verrichtungsgehilfen"** (§ 831 BGB).
>
> An sich ist dies merkwürdig, weil die Funktionen völlig unterschiedlich sind: In § 278 BGB geht es um eine Verschuldenszurechnung innerhalb bestehender Schuldverhältnisse und damit mittelbar um die Begründung einer Haftung des „Geschäftsherren" für fremdes Verschulden, während § 831 BGB eine Anspruchsgrundlage für vermutetes eigenes Verschulden des „Geschäftsherren" darstellt. Auch sind die Eigenschaften der als „Erfüllungsgehilfe" und als „Verrichtungsgehilfe" in Betracht zu ziehenden Person völlig unterschiedlich: Während es für den „Erfüllungsgehilfen" i.S.d. § 278 BGB völlig unbeachtlich ist, ob die Person vom Geschäftsherrn sozial abhängig ist, ist eine soziale Abhängigkeit für den „Verrichtungsgehilfen" i.S.d. § 831 BGB konstitutiv.
>
> Das Verwechslungsrisiko rührt wohl daher, dass insofern kein echtes Alternativitätsverhältnis zwischen der Stellung eines „Verrichtungsgehilfen" und der eines „Erfüllungsgehilfen" besteht, also eine einzige Person bei bestimmten Fallkonstellationen zugleich „Erfüllungsgehilfe" und „Verrichtungsgehilfe" sein kann („Personalunion").
>
> Übrigens: § 278 BGB hat trotz des Begriffs „Erfüllungs"gehilfe wirklich nichts, aber auch gar nichts zu tun mit der Herbeiführung einer Erfüllung i.S.d. § 362 BGB durch Zurechnung eines der „Erfüllung" dienenden Handelns eines „Gehilfen". Eine (von mir bisher nie gesehene) Veranlassung, hierauf hinzuweisen, gab eine vor kurzem durchgesehene Arbeit eines (wirklich begabten) Studenten in einer Übung im Bürgerlichen Recht für Fortgeschrittene, in der dieser die Herbeiführung einer Erfüllung über §§ 362 Abs. 1, 278 BGB konstruierte. Das war natürlich ein „black out" – im Examen kann so etwas fürchterliche Folgen haben!

Fall 364: Der B hat mit dem Dachdecker U einen Werkvertrag über das Decken des Daches seines Hauses abgeschlossen. Der von U angestellte Dachdeckergeselle D lässt aus Ungeschick beim Dachdecken einen Dachziegel auf die Strasse fallen und verletzt damit den B, der gerade sein Haus verlässt. Der B will Schadensersatz von U.

Der B hat gegen den U einen Anspruch 1. aus §§ 280 Abs. 1, 241 Abs. 2, 276, 278 BGB wegen der Verletzung einer „Verhaltenspflicht" aus einem zwischen B und U bestehenden Werkvertrag, denn der D ist Erfüllungsgehilfe des U, weil er mit Wissen und Wollen des Schuldners U in dessen Pflichtenkreis als seine Hilfsperson tätig geworden ist, 2. und aus § 831 BGB, denn der D ist auch „Verrichtungsgehilfe" des U : „Personalunion" (dazu später mehr).

Variante: Der aufgrund eines Werkvertrags zwischen dem U und dem „Subunternehmer" SU (§ 631 BGB) mit den Arbeiten am Dach des B befasste SU lässt aus Ungeschick beim

Dachdecken einen Dachziegel auf die Strasse fallen und verletzt damit den B, der gerade sein Haus verlässt. Der B will Schadensersatz von U.

Der B hat gegen den U einen Anspruch 1. aus §§ 280 Abs. 1, 241 Abs. 2, 276, 278 BGB wegen der Verletzung einer „Verhaltenspflicht" aus einem zwischen B und U bestehenden Werkvertrag, denn der SU ist Erfüllungsgehilfe, weil er mit Wissen und Wollen des Schuldners U in dessen Pflichtenkreis als seine Hilfsperson tätig geworden ist; dass er aufgrund des Subunternehmer-Werkvertrags (§ 631 BGB) nicht weisungsabhängig ist, ist völlig unerheblich. 2. aber nicht aus § 831 BGB, weil ein „Verrichtungsgehilfe" weisungsabhängig sein muss (dazu später mehr).

cc) Handeln in Erfüllung einer Verbindlichkeit

(1) Tätigwerden im Pflichtenkreis

Zur Verschuldenszurechnung kann aber nur ein **Tätigwerden im Pflichtenkreis des Schuldners** führen. Dabei denkt man zuerst an die Leistungspflichten.

Fall 365: V verkauft an K eine bestimmte Büromaschine. Vereinbart ist, dass die Sache bei K angeliefert und dort aufgestellt werden soll. Auf dem Transport zerstört der Fahrer des V die Sache durch Unachtsamkeit. K verlangt Schadensersatz „statt der Leistung" von V, weil er eine vergleichbare Maschine wegen einer zwischenzeitlichen Verteuerung nur zu einem höheren Preis erwerben kann.

Der Anspruch des K gegen V kann sich aus §§ 280 Abs. 1, 3, 276, 278, 283, 249 ff. BGB ergeben. a) Zwischen V und K besteht ein wirksames Vertragsschuldverhältnis (§ 433 BGB). b) Weiterhin muss eine Pflichtverletzung vorliegen. Dieses Merkmal ist rein objektiv zu prüfen. Durch die Herbeiführung der Unmöglichkeit ist die objektiv bestehende Pflicht des Schuldners V zu leisten, verletzt worden (§ 275 Abs. 1 BGB). c) Der Schuldner muss die Pflichtverletzung zu vertreten haben. aa) Ihn selbst trifft kein Verschulden, weshalb er die Pflichtverletzung nach § 276 Abs. 1 BGB nicht zu vertreten hat. bb) Es kommt aber ein Vertretenmüssen nach § 278 BGB in Betracht. aaa) Zwischen V und K besteht ein Schuldverhältnis. bbb) Der Fahrer des V war mit dessen Wissen und Wollen zur Erfüllung seiner Verbindlichkeit tätig. Er war daher Erfüllungsgehilfe des V. ccc) Er handelte bei der Zerstörung der Waren auch in Erfüllung der Verbindlichkeit. ddd) Der Fahrer hat fahrlässig gehandelt (§ 276 Abs. 2 BGB). d) Der V ist daher zum Schadensersatz verpflichtet.

> Sie haben sicherlich gemerkt, dass die Formulierungen mitunter etwas „unrund" sind. Dies hat damit zu tun, dass die Erörterung der Pflichtverletzung durch den Schuldner bereits einen Teil der Zurechnung erfasst. Man liest zwar stets, dass § 278 eine Zurechnung fremden Verschuldens ist, doch wird genau genommen auch die Pflichtverletzung zugerechnet. Achten Sie bei Übungsarbeiten speziell auf dieses sehr häufige Problem!

Fall 366: Antiquitätenhändler V in Eppendorf verkauft dem K aus Winterhude eine provencalische Standuhr im Werte von € 10 000,- zum Preise von € 8 000,-. Da K nur einen kleinen zweisitzigen Mercedes besitzt, kann er sie nicht transportieren. V und K vereinbaren, dass V den Gelegenheits-Frachtführer F beauftragt, die Uhr zu K zu bringen. F ist ein zuverlässiger Fahrer, mit dem V bisher nur gute Erfahrungen gemacht hat. Die Uhr wird auf den Kleinlaster des F verladen. Auf der Krugkoppelbrücke fährt der F zu schnell, er gerät ins Schleudern, der Wagen durchbricht die Brückenmauer und stürzt in die Alster, wo die Uhr unauffindbar im Schlamm versinkt. Der K verlangt von V Schadensersatz statt der Leistung in Höhe von € 2.000,-.

Der Anspruch würde sich §§ 280 Abs. 1, 3, 283, 278, 276, 249 ff. BGB ergeben, wenn der V die Unmöglichkeit der Übergabe und Übereignung zu vertreten hätte. a) Den V trifft kein eigenes (Auswahl-) Verschulden (§ 276 BGB). b) Er könnte sich jedoch das Verschulden des F zurechnen lassen müssen (§ 278 BGB). aa) Der F ist mit Wissen und Wollen des V für ihn tätig geworden. bb) Er müsste auch in dessen Pflichtenkreis tätig geworden sein, was davon abhängt, welche Leistungshandlungspflichten der V schuldete (Hol-, Schick- oder Bringschuld?); nur bei der Bringschuld wäre der F Erfüllungsgehilfe, denn nur dann gehört der Transport zum Gläubiger zu den Pflichten des Schuldners; wegen § 269 Abs. 1, 3 BGB ist aber von einer Schickschuld auszugehen. Also muss der V sich das Verschulden des F nicht zurechnen lassen. Der K kann keinen Schadensersatz verlangen. (Im vorigen Fall war wegen der Pflicht zum Anschluss der Maschine eine Bringschuld anzunehmen, weshalb es auf § 269 Abs. 3 nicht ankam.)

Variante: Wie wäre es, wenn der F ein Mitarbeiter des V gewesen wäre?

Dann wird man § 278 BGB anwenden müssen, so dass der K einen Anspruch gegen V aus §§ 280 Abs. 1, 3, 283, 278, 276, 249 ff. BGB hätte. Die Begründung hierfür ist, dass anderenfalls in derartigen Fällen der Käufer keinen Schadensersatzanspruch haben würde: dem Verkäufer stünde nämlich gegen seinen als Transportperson eingesetzten Arbeitnehmer wegen der arbeitsrechtlichen Grundsätze zur Verteilung des Betriebsrisikos i.d.R. (nur bei Vorsatz und grober Fahrlässigkeit, sonst nur gemindert) kein voller oder gelegentlich gar kein (an den Käufer) abtretbarer Anspruch zu. Das aber wäre dem Käufer nicht zuzumuten, weil dieser keinen Einfluss darauf hat, ob der Verkäufer eigene und ggf. welche Leute er zum Transport einsetzt; dem Verkäufer dagegen wäre eine Haftung aus §§ 280 Abs. 1, 3, 283, 278, 276, 249 BGB dagegen sehr wohl zuzumuten, denn er kann auf die Gestaltung des Transportes in jeder Hinsicht einwirken.

Beim **Kaufvertrag** stellt sich die Frage, ob der **Hersteller der Erfüllungsgehilfe des Verkäufers** ist: Beim Verkauf von bereits vor Vertragsschluss hergestellter Fertigprodukte ist der Hersteller deshalb nicht Erfüllungsgehilfe des Verkäufers, weil schon wegen der zeitlichen Reihenfolge (zunächst abgeschlossene Produktion, dann erst Kaufvertrag) nicht mehr im Pflichtenkreis des Schuldners aus dem Kaufvertrag (Verkäufer) tätig wird. Wenn dagegen der Hersteller beim Beschaffungskauf erst nach dem Kaufvertrag mit der Herstellung beauftragt wird, so stellt sich die Frage, ob § 278 BGB deshalb nicht angewendet werden kann, weil der Verkäufer nur die Übereignung und Übergabe einer mangelfreien Sache (§ 433 Abs. 1 S. 1 und 2 BGB), nicht aber deren Herstellung schuldet. Dagegen spricht aber, dass der Verkäufer sich durch die Einschaltung des Herstellers die Vorteile der Arbeitsteilung zunutze macht und es keinen Unterschied machen darf, ob ein (auf Lieferung herzustellender Sachen gerichteter) Werklieferungsvertrag oder ein (auf Lieferung zu beschaffender Sachen) gerichteter Kaufvertrag geschlossen wird. Eine andere Frage ist, ob ein „Fachgeschäft", also ein Verkäufer, der nicht nur bloßer „Verteiler" ist, die verkaufte Ware auf erkennbare Mängel überprüfen muss, was zu bejahen ist.

Zum Gebrauch einer Sache berechtigte Personen (z.B. Mieter oder Entleiher) sind verpflichtet die Sache vor Schäden zu bewahren; bei der Erfüllung dieser Pflicht können andere Personen ihre Erfüllungsgehilfen sein, z.B. Mitbewohner der gemieteten Wohnung, bestimmungsgemäße Benutzer einer entliehenen Sache; man kann sie dann **„Bewahrungsgehilfen"** nennen.

Fall 367: Der Verein „Landjugend von 1953 e.V." (LJ) veranstaltet ein Vereinsfest. Hierfür leiht der Verein, vertreten durch seinen Vorsitzenden V, beim Bierverlag B Gläser. Auf dem doch sehr stürmischen Fest werden diverse Gläser zerschlagen. Es lässt sich nicht aufklären, welche der anwesenden Vereinsmitglieder dafür verantwortlich sind. B verlangt Ersatz vom Verein.

Der Anspruch kann aus §§ 280 Abs. 1, 3, 283 BGB folgen. a) Als Schuldverhältnis liegt hier ein Leihvertrag vor (§§ 598 ff. BGB). b) Aus § 604 Abs. 1 BGB folgt die Pflicht zur Rückgabe. Sie ist hier unmöglich geworden (§ 275 Abs. 1 BGB). c) Außerdem muss ein Vertretenmüssen vorliegen. aa) Hier kommt ein Verschulden der juristischen Person LJ nicht in Betracht, sondern ausschließlich bb) eine Zurechnung. aaa) Zwar kennen Sie bereits § 31 BGB, doch hat hier nicht der Vorstand die Gläser zerstört. bbb) Es kommt aber eine Zurechnung des Verschuldens von Vereinsmitgliedern nach § 278 BGB in Betracht. aaaa) Ein Schuldverhältnis liegt, wie bereits geprüft, vor. bbbb) Fraglich ist, ob die Vereinsmitglieder Erfüllungsgehilfen sind. Erfüllungsgehilfe ist jeder, der mit Wissen und Wollen des Schuldners in dessen Pflichtenkreis tätig wird. Hier bestand eine Pflicht zum Schutz der geliehenen Sachen, die den beteiligten Vereinsmitgliedern überlassen worden ist. cccc) Sie handelten hier auch in Erfüllung dieser Verbindlichkeit. (Anders wäre es z.B., wenn die Gläser im Vereinshaus gelagert gewesen wären und dort von zufällig anwesenden Mitgliedern zerstört worden wären.). dddd) Der Verein muss daher dem B Schadensersatz für die Gläser leisten.

Zum Pflichtenkreis zählen auch die **„Verhaltenspflichten"** bzw. „nicht leistungsbezogene Nebenpflichten" aus § 241 Abs. 2 BGB.

Fall 368: Der E lagert in Kästen verpacktes Geschirr bei dem Lagerhalter LH ein. Der Lagerarbeiter A wird von LH angewiesen, die Kisten umzusetzen. Infolge seines Ungeschicks rutscht eine Kiste vom Gabelstapler und zerbricht mitsamt dem Geschirr. Der E nimmt den LH auf Schadensersatz in Anspruch.

Der Anspruch ergibt sich aus §§ 467 HGB, 280 Abs. 1, 276, 278 BGB: Hier ist der A Erfüllungsgehilfe, weil er bei der Erfüllung einer „vertragsspezifischen Pflicht" eingesetzt wurde.

Fall 369: Der E lagert in Kästen verpacktes Geschirr bei dem Lagerhalter LH ein. Der im Auftrag des LH tätige Dachdecker D repariert das Pappdach der Lagerhalle und setzt dabei eine Gasflamme ein. Dadurch gerät die Lagerhalle in Brand. Die Sachen des E werden zerstört. Der E nimmt den LH auf Schadensersatz in Anspruch.

Der Anspruch aus §§ 467 HGB, 280 Abs. 1, 241 Abs. 2, 276, 278 BGB soll sich auch ergeben bei einer „Einschaltung in die Erfüllung einer bloßen Schutzpflicht" aus § 241 Abs. 2 BGB (Medicus).

(2) Handeln „in Erfüllung" der Verbindlichkeit und nicht nur „bei deren Gelegenheit"

Eine Verschuldenszurechnung erfolgt aber nur, wenn der Erfüllungsgehilfe **„in Erfüllung der Verbindlichkeit"** und nicht nur **„bei deren Gelegenheit"** gehandelt hat. Überwiegend wird angenommen, dass zwischen den dem Erfüllungsgehilfen im Hinblick auf die Erfüllung von Pflichten aus dem Schuldverhältnis übertragenen Aufgaben und der schuldhaften Handlung des Erfüllungsgehilfen ein „innerer sachlicher Zusammenhang" bestehen muss. Andere lassen ausreichen, wenn die Übertragung der Aufgaben dem Erfüllungsgehilfen die schuldhafte Handlung wesentlich erleichtert hat.

<u>Fall 370:</u> Der B schließt mit dem U einen Werkvertrag ab, aufgrund dessen der U die Wohnung des B zu streichen hat. Der U setzt den Malergesellen G ein. Der G lässt den Farbtopf fallen, so dass das Parkett beschädigt wird. Aus Frust bestiehlt der G den B. Der B verlangt Schadensersatz von U.

Ein Anspruch aus §§ 631, 280 Abs. 1, 241 Abs. 2, 278, 276 BGB steht dem B wegen der Beschädigung des Fußbodens zu: a) Denn der G ist auch in die Erfüllung einer Schutzpflicht aus § 241 Abs. 2 BGB eingeschaltet worden, b) und er hat bei deren Verletzung nach beiden Ansichten bei Erfüllung der ihm übertragenen Aufgaben gehandelt. 2. Hinsichtlich des Diebstahls hat er a) nach der überwiegenden Ansicht mit der Verletzung der „Verhaltenspflicht" nur „bei Gelegenheit" der ihm übertragenen Aufgaben gehandelt, weil der innere Zusammenhang zwischen übertragenen Aufgaben und Diebstahl fehlt, b) während nach der anderen Ansicht die ihm übertragene Tätigkeit den Diebstahl erleichtert hat; denn ohne Zutritt in die Wohnung hätte er den B nicht bestehlen können.

dd) Verschulden des Erfüllungsgehilfen

Der Schuldner hat nach § 278 BGB das Verschulden des Erfüllungsgehilfen wie eigenes Verschulden zu vertreten.

Man muss dazu prüfen, ob das Verhalten des Erfüllungsgehilfen als ein Verhalten des Schuldners gedacht, eine schuldhafte Pflichtverletzung darstellen würde. Es kommt also auf den **Verschuldensmaßstab des Schuldners selbst** und nicht auf den an den Erfüllungsgehilfen anzulegenden Verschuldensmaßstab an: So mögen für einen „Lehrling" bestimmte Pflichtverletzungen nicht fahrlässig sein; entscheidend ist aber die vom „Meister" zu erwartende Sorgfalt. Anderenfalls könnte man sich durch die Arbeitsteilung der Verantwortlichkeit entziehen.

b) Haftung für gesetzliche Vertreter (§ 278 BGB)

Oft vergessen wird, dass einem innerhalb bestehender Schuldverhältnisse nach § 278 BGB auch das Verschulden (und sogar bloßes Tathandeln) **gesetzlicher Vertreter** zugerechnet wird. Darunter versteht man alle Personen, die wirksam für andere Personen handeln können: Ehegatten füreinander (§ 1357 BGB), Eltern für die Kinder (§ 1629 Abs. 1 BGB), Insolvenzverwalter (§ 80 InsO) oder sogar Treuhänder.

Kompliziert ist die Frage, ob die Zurechnung des schuldhaften Verhaltens von „Organen" der „Vereine" (also des eingetragenen Vereins, der GmbH, der AG) über §§ 278, 26 Abs. 2 S. 1 BGB und bei der Stiftung über §§ 278, 86 S. 1 BGB erfolgt, oder ob hier § 31 BGB angewendet wird, oder ob § 31 BGB nur für die Zurechnung von Delikten heranzuziehen ist.

Fall 371: Der „TV Salto" e.V. (TVS) veranstaltet ein Sportfest. Der sich am Aufbau der Geräte beteiligende Vorsitzende des Vorstandes Volker (V) befestigt die Reckstange nicht richtig, so dass der zum TVS gehörige R. Eck (R) abstürzt und sich verletzt. Der nicht zum Vorstand gehörige Turnwart D. Ankwart (D) hatte den oberen Holm des Stufenbarrens nicht richtig montier, so dass die vom TVS eingeladene Turnerin Tina (T) deshalb stürzt und sich verletzt. Beide nehmen sie den TVS in Anspruch.

1. Der Anspruch des R ergibt sich aus a) §§ 280 Abs. 1, 241 Abs. 2, 31 bzw. 278, 26 Abs. 2 S. 1 BGB, denn aufgrund der Mitgliedschaft zwischen dem TVS und seinem Mitglied R bestehen nach § 241 Abs. 2 BGB Verhaltenspflichten des Vereins gegenüber den Mitgliedern, Rücksicht auf deren Rechtsgüter (körperliche Integrität) zu nehmen. Der TVS muss für die schuldhafte Pflichtverletzung des V (je nach dem dazu eingenommenen Standpunkt) entweder nach § 31 BGB oder nach §§ 278, 26 Abs. 2 S. 1 BGB einstehen. b) Ferner ist der TVS dem R aus §§ 823 Abs. 1, 31 BGB zum Schadensersatz verpflichtet. 2. Die T hat a) ebenfalls einen Anspruch aus §§ 280 Abs. 1, 241 Abs. 2, 31 bzw. 278 BGB. Sie ist zwar kein Mitglied des TVS; dieser ist ihr aber aufgrund der von ihr angenommenen Einladung (Vertrag „sui generis") zu dem Sportfest nach §§ 311 Abs. 1, 241 Abs. 2 BGB zur Erfüllung von Verhaltenspflichten verpflichtet. Auch wenn der D kein Vorstandsmitglied ist, muss der TVS für ihn einstehen, weil er als Turnwart „verfassungsmäßig berufener Vertreter" des TVS ist, und zwar (je nach dem dazu eingenommenen Standpunkt) entweder nach § 31 BGB oder nach § 278 BGB. b) Ferner ist der TVS der T aus §§ 823 Abs. 1, 31 BGB zum Schadensersatz verpflichtet.

Fall 372: Der Vorstand des „TV Salto" e.V. (TVS) entrichtet die an V zu entrichtende Miete für das Vereinslokal trotz einer kalendermäßigen Fälligkeitsvereinbarung nicht pünktlich. Der V verlangt Verzugszinsen.

Der Anspruch ergibt sich entweder aus §§ 288, 286 Abs. 2 S. 1 Nr. 1, 278, 26 Abs. 2 S. 1 BGB oder aus §§ 288, 286 Abs. 2 S. 1 Nr. 1, 31 BGB. Die Zurechnung des schuldhaften Verhaltens von Organen des e.V. innerhalb bestehender Schuldverhältnisse erfolgt (je nach dem dazu eingenommenen Standpunkt) entweder über §§ 278, 26 Abs. 2 S. 1 BGB oder über § 31 BGB.

c) Haftung für die „Leute" des Frachtführers

Der Frachtführer haftet nach § 425 Abs. 1 HGB dem Absender auf Schadensersatz für von ihm oder von „seinen Leuten" (§ 428 HGB: das sind alle, auch die an der Transportbesorgung unbeteiligten Beschäftigten des Frachtführers, selbst wenn sie – anders als bei § 278 BGB – nur „bei Gelegenheit" gehandelt haben) in zu vertretender Weise (§ 426 HGB: nur nicht für bei größter Sorgfalt unvermeidbaren Umstände) herbeigeführten Verlust, Beschädigung und für eine Versäumung der Lieferzeit (§ 425 Abs. 1 HGB). Diese über § 278 BGB hinausgehende Erweiterung der Zurechnung macht den § 428 HGB so besonders interessant.

Fall 373: Der Großhändler, Verkäufer und Absender Abs (A) schließt mit dem Frachtführer Fracht (F) einen Frachtvertrag, aufgrund dessen der F Frachtgut (100 Computer) zum Einzelhändler, Käufer und Empfänger (E) am Bestimmungsort befördern und abliefern soll (Bringschuld). Das Eigentum soll nach Ankunft der Ware von K bezahlt werden; dann soll auch das Eigentum übergehen. Vor der Verladung auf den LKW lagert der F das Frachtgut in seiner Frachthalle ein. Dort entwendet der verlässliche Buchhalter Buch (B) des F, der sich an einem Sonntag mit seinem Generalschlüssel zu Diebstahlszwecken auf das Firmengelände und in die Frachthalle begeben hat, einen Computer. Der A nimmt den F auf Schadensersatz in Anspruch.

Der Anspruch des A gegen F ergibt sich 1. aus § 425 Abs. 1 HGB. Der F muss sich das schuldhafte Verhalten „seiner Leute" zurechnen lassen (§ 428 HGB), also auch das des B, der in seinem Betrieb beschäftigt ist; dass dieser an der Besorgung des Transportes unbeteiligt ist und auch nur bei Gelegenheit seiner beruflichen Tätigkeit gehandelt hat, ist (anders als bei § 278 BGB) unbeachtlich. 2. Ein deliktischer Anspruch aus a) § 823 Abs. 1 BGB entfällt, weil den F an dem Diebstahl kein Verschulden trifft. b) Es besteht auch kein Anspruch aus § 831 BGB, weil der B nur „bei Gelegenheit" und nicht in Erfüllung einer ihm übertragenen Verpflichtung gehandelt hat.

Beachten Sie, dass nach § 407 HGB Frachtführer jeder ist, der entgeltlich Transporte erledigt. Er muss nicht unbedingt Kaufmann sein und diese Tätigkeit auch nicht regelmäßig ausüben. Der Anwendungsbereich ist daher relativ weit!

2. Verschiebung des Haftungsmaßstabes

Grundsätzlich haftet der Schuldner und auch sein Erfüllungsgehilfe bzw. gesetzlicher Vertreter nur bei Verschulden (§ 276 Abs. 1 S. 1 BGB). Dies bedeutet eine Haftung für Vorsatz und für jede (also auch für die leichteste) Fahrlässigkeit.

Unter bestimmten Voraussetzungen kann der Haftungsmaßstab verschärft oder gemildert sein: Das ergibt sich aus § 276 Abs. 1 S. 1 BGB, demzufolge die Haftung für Vorsatz und Fahrlässigkeit nur gilt, „wenn eine strengere oder mildere Haftung weder bestimmt noch aus dem sonstigen Inhalt des Schuldverhältnisses, insbesondere aus der Übernahme einer Garantie oder eines Beschaffungsrisikos zu entnehmen ist".

a) Rechtsgeschäftliche Haftungsverschärfungen oder Haftungsmilderungen

Mit der Formulierung in § 276 Abs. 1 S. 1 BGB („wenn eine strengere oder mildere Haftung weder **bestimmt ... ist**") sind von § 276 BGB abweichende vertragliche Vereinbarungen gemeint. Durch sie kann die Haftung entweder verschärft (z.B. auf Haftung ohne Verschulden) oder gemildert (Haftung nur für grobe Fahrlässigkeit) werden. Dass solche Vereinbarungen generell möglich sind, folgt aus dem Prinzip der Vertragsfreiheit („Inhaltsfreiheit").

Eine vertragliche, auch konkludent mögliche, **Haftungsverschärfung** ist die ausdrücklich genannte „**Garantie**"; durch sie sichert der Schuldner dem Gläubiger zu, für alle Folgen einer Pflichtverletzung einzustehen. Besondere Bedeutung haben Garantieversprechen im besonderen Schuldrecht. So kann der Verkäufer, Vermieter oder Werkunternehmer bestimmte Eigenschaftszusicherungen abgeben.

Wegen der weitreichenden Haftungsrisiken ist bei der Annahme einer stillschweigenden Garantie jedoch Vorsicht geboten. Eine weitere Möglichkeit ist die Übernahme eines „**Beschaffungsrisikos**". Praktisch relevant ist dieses vor allem bei Gattungsschulden und Geldschulden, kommt aber auch für Stückschulden in Betracht.

> V verspricht dem K die Beschaffung eines bestimmten Gemäldes von Picasso. Er haftet aus §§ 280 Abs. 1, 3, 281/283 BGB auch dann, wenn er schuldlos nicht zur Lieferung imstande ist, sofern sich gerade das Beschaffungsrisiko realisiert hat.

Die **Haftungsmilderungen** werden i.d.R. **ausdrücklich** vereinbart. An das Vorliegen einer **konkludenten** Haftungsmilderung wäre zu denken beim Auftragsrecht, das anders als andere unentgeltliche Geschäfte (vgl. z.B. § 521 BGB) keine gesetzliche Milderung der Haftung enthält. **Einschränkungen** der freien Vereinbarkeit von Haftungsmilderungen finden sich

- in § 276 Abs. 3 BGB: „Die Haftung **wegen Vorsatzes** kann dem Schuldner nicht **im voraus** erlassen werden", was aber nicht für die Haftung von Erfüllungsgehilfen und gesetzliche Vertreter gilt (§ 278 S. 2 BGB)

- in den **Arglist-** und/oder **Garantiefällen** des §§ 444, 639 BGB (kein Gewährleistungsausschluss soweit Arglist des Verkäufers/des Werkunternehmers oder ein Garantieübernahme vorliegt), des § 536 d BGB (kein Gewährleistungsausschluss bei Arglist des Vermieters),

- bei der Verwendung von **AGB** durch **Unternehmer** gegenüber **Verbrauchern** (§ 310 Abs. 1 BGB) und bei **vorformulierten Klauseln** in **Verbraucherverträgen** (§ 310 Abs. 3 Nr. 2 BGB) nach § 309 Nr. 7 BGB (kein Haftungsausschluss bei Verletzung von Leben, Körper, Gesundheit und bei grobem Verschulden auch nicht für Erfüllungsgehilfen und gesetzliche Vertreter).

Fall 374: Der T schließt in seinen „Allgemeinen Nutzungsbedingungen" für die neben seiner Tankstelle von ihm betriebene Autowaschanlage die eigene Haftung für Fahrlässigkeit aus. Der B lässt sein Auto waschen, das dabei aufgrund fahrlässigen Verhaltens des T beschädigt wird.
Bei der Prüfung eines Anspruchs aus §§ 280 Abs. 1 S. 1, 241 Abs. 2 BGB müssen Sie unter dem Prüfungspunkt „Vertretenmüssen" erwägen, ob eine Haftung des T für bloße Fahrlässigkeit ausgeschlossen ist. Es folgt dann die normale AGB-Prüfung (Vorliegen von AGB, Einbeziehung, Auslegung, Inhaltskontrolle). Dabei ergibt sich, dass die Klausel gegen § 309 Nr. 7 b) BGB verstößt und daher unwirksam ist. Der T ist daher zum Schadensersatz verpflichtet.

Denken Sie insbesondere daran, dass §§ 308 und 309 BGB nicht für **Geschäfte gegenüber Unternehmern** gelten (§ 310 Abs. 1 S. 1 BGB). Gegenüber Unternehmern sind nämlich Haftungsausschlüsse grundsätzlich zulässig, solange es nicht um die **Kardinalpflichten** des Vertrages geht und dadurch die Erreichung des Vertragszwecks gefährdet wird (§ 307 BGB).

b) Gesetzliche Haftungsverschärfungen oder Haftungsmilderungen

Der Haftungsmaßstab kann aber nicht nur vertraglich verändert werden, sondern auch durch **gesetzliche Sonderbestimmungen.**

aa) Gesetzliche Haftungsverschärfungen

Wenn sich der **Schuldner im Verzug** befindet (also die Voraussetzungen des § 286 BGB vorliegen), so haftet er gem. **§ 287 BGB** zum einen für „jede Fahrlässigkeit" (Satz 1) und zum anderen auch für die „durch Zufall eintretende Unmöglichkeit der Leistung", sofern nicht „der Schaden auch bei rechtzeitiger Leistung eingetreten wäre" (S. 2).

Dass in § 287 S. 1 BGB ausdrücklich eine Haftung „während des Verzuges" für „jede Fahrlässigkeit" bestimmt wird, verwundert auf den ersten Blick, da wir ja soeben gelernt haben, dass schon nach § 276 Abs. 1 S. 1 BGB für jede Fahrlässigkeit gehaftet wird. Die Erklärung für die Regelung des § 287 S. 1 BGB liegt darin, dass bei manchen Schuldverhältnissen gesetzliche Haftungserleichterungen eingreifen. So haftet der unentgeltliche Verwahrer nur für die eigenübliche Sorgfalt (§ 690 BGB). Nur für Vorsatz und grobe Fahrlässigkeit haften der Schenker (§ 521 BGB) und der Verleiher (§ 599 BGB).

Der § 287 S. 2 BGB ist eine **Sonderregel für die Unmöglichkeit.** Der Schuldner haftet hier auch für Zufall, es sei denn der Schaden wäre auch bei rechtzeitiger Leistung eingetreten. Dieser Haftungsmaßstab gilt aber nicht für die Nebenpflichten aus § 241 Abs. 2 BGB.

Fall 375: Der V verkauft an den K ein altes Bild (Stückschuld). Er soll es am 11. Juni 2002 an K liefern. Diesen Termin kann der V jedoch wegen ungeschickter Terminplanung nicht einhalten. Am 12. Juni 2002 verbrennt das Bild, nachdem im Haus des V der Blitz eingeschlagen war. Der K verlangt Schadensersatz von V.

Der Anspruch kann sich hier aus §§ 280 Abs. 1, 3, 283 BGB ergeben. Der K verlangt nämlich Schadensersatz „statt der Leistung". a) Zwischen dem V und dem K bestand ein Kaufvertrag. b) Der V ist von der aus § 433 Abs. 1 BGB geschuldeten Leistung frei geworden (§ 275 Abs. 1 BGB). c) Fraglich ist, ob das vermutete Verschulden (§ 280 Abs. 1 S. 2 BGB) des V widerlegt ist. aa) Grundsätzlich haftet der Schuldner nach § 276 Abs. 1 S. 1 BGB nur für Vorsatz und Fahrlässigkeit. Beides ist aber bei „höherer Gewalt" wie sie bei einem Blitzschlag vorliegt, nicht gegeben. bb) Hier kann sich jedoch eine Haftungsverschärfung nach § 287 S. 2 BGB ergeben haben, wenn V sich bei Eintritt der Unmöglichkeit im Schuldnerverzug (§ 286 BGB) befunden hatte. aaa) Der V hat an den K nicht geleistet, obwohl der Anspruch fällig (Leistungszeit bestimmt auf 11. Juni 2002) und durchsetzbar war. bbb) Eine Mahnung war nicht erforderlich, da die Leistungszeit kalendermäßig bestimmt war (§ 286 Abs. 2 Nr. 1 BGB). ccc) Der V müsste die Nichtleistung bei Fälligkeit zu vertreten haben (hier müssen Sie auf § 286 Abs. 4 BGB abstellen und nicht auf § 280 Abs. 1 S. 2 BGB!): Da der V bei seiner Terminplanung einen Fehler gemacht hat, hat er die Nichtleistung bei Fälligkeit auch zu vertreten. ddd) Es liegt also Schuldnerverzug vor. Als Rechtsfolge haftet V auch für Zufall, sofern nicht auch bei rechtzeitiger Leistung der Schaden eingetreten wäre. Hätte der V am 11. Juni 2006 das Bild an den K übereignet und übergeben, wäre es am 12. Juni 2002 nicht verbrannt. Der V hat daher die Unmöglichkeit zu vertreten. d) Daher steht dem K gegen V ein Anspruch auf Schadensersatz „statt der Leistung" aus §§ 280 Abs. 1, 3, 283, 249 ff. BGB zu. e) Der Schadensumfang kann mangels weiterer Sachverhaltsangaben nicht ermittelt werden.

Sie sind schon einmal darauf hingewiesen worden, dass sehr leicht übersehen wird, dass es auf § 287 S. 2 BGB dann nicht ankommt, wenn der Schaden ohnehin kausal auf den Schuldnerverzug zurückzuführen ist, es sich bei dem Schaden also um einen bereits nach §§ 280 Abs. 1, 2, 286 BGB zu ersetzende Verzögerungsschaden handelt.

> Nochmals: Ihnen sollte aufgefallen sein, dass hier erstmals § 286 Abs. 4 BGB subsumiert worden ist. Wissen Sie noch, warum dies bei der Prüfung eines Anspruchs aus §§ 280 Abs. 1, 2, 286 BGB nicht erforderlich war? Weil sich bei dieser Prüfung die maßgebliche Verschuldensvermutung bereits aus § 280 Abs. 1 S. 2 BGB ergibt!

<u>Variante:</u> Der V hat an den K unter sonst gleichen Umständen ein Haus verkauft, dessen Übergabe am 11. Juni 2002 stattfinden sollte.

Hier greift § 287 S. 2 BGB nicht ein, da der Schaden auch bei rechtzeitiger Leistung eingetreten wäre.

Die **Garantie** kann auch vertraglich übernommen werden (arge. §§ 442 Abs. 1 S. 2, 444 BGB). Auch kann aus dem **„sonstigen Inhalt des Schuldverhältnisses"** eine Haftungsverschärfung folgen: So hat der Schuldner einer Geldschuld das Fehlen von Geldmitteln stets zu vertreten. Verwechseln Sie diese Frage aber nicht mit dem bei § 275 Abs. 1 BGB erörterten Problemkreis, ob überhaupt Unmöglichkeit (§ 275 Abs. 1 BGB) vorliegt, was bei Geldschulden nie der Fall ist. Das ausdrücklich genannte **„Beschaffungsrisiko"** ist eine auf die **Gattungsschuld** zugeschnittene Regelung: solange die Leistung aus der Gattung an sich möglich ist, hat der jeweilige Schuldner seine Unfähigkeit zur Leistung (gleich ob Unvermögen oder Verzug) zu vertreten. Natürlich muss man § 243 Abs. 2 BGB im Auge behalten: denn wenn die Gattungsschuld konkretisiert wurde, haftet der Schuldner nur bei einem vermuteten bzw. vorliegenden Verschulden. Auch bei **Geldschulden** trägt der Schuldner das Beschaffungsrisiko, so dass der Geldschuldner auch dann in Schuldnerverzug kommt, wenn er den Geldmangel nicht zu vertreten hat.

bb) Gesetzliche Haftungsmilderung

Spiegelbildlich zur soeben dargestellten Haftungsverschärfung aus § 287 S. 1 BGB gibt es auch eine **Privilegierung des Schuldners**, wenn der **Gläubiger in Annahmeverzug** (§§ 293 ff. BGB) kommt. Nach **§ 300 Abs. 1 BGB** beschränkt sich nämlich die **Haftung des Schuldners** auf Vorsatz und grobe Fahrlässigkeit. Grobe Fahrlässigkeit liegt nach einer Formel aus der Rechtsprechung vor, „**wenn einfachste Überlegungen nicht angestellt wurden und nicht beach-**

tet wurde, was im gegebenen Fall jedem einleuchten musste". Es handelt sich ähnlich wie bei der Unzumutbarkeit in § 282 BGB um einen **unbestimmten Rechtsbegriff**, der unter Ausnutzung der gesamten Sachverhaltsangaben erörtert werden sollte. Die Definition allein hilft in der Regel nicht weiter.

Fall 376: Der V verkauft an den K ein fabrikneues Auto (Gattungsschuld). Der K soll das Auto am 11. Juni 2002 um 12.00 Uhr abholen. Der Wagen wird am Morgen des 11. Juni 2002 vom Werk angeliefert und um 12.00 Uhr für K bereitgestellt. Der K versäumt diesen Termin jedoch, weil er an diesem Tag einen auswärtigen Gerichtstermin hat. Der V hat keinen Stellplatz für das Fahrzeug in seinen Verkaufsräumen und stellt den Wagen daher auf seinen Hof. Dabei verschließt er das Auto, aktiviert aber versehentlich nicht die Alarmanlage. In der Nacht zum 12. Juni 2002 wird das Auto von Unbekannten, die das Hoftor aufbrechen, gestohlen. Der K verlangt Lieferung eines neuen Kfz, hilfsweise Schadensersatz, der V die Zahlung des Kaufpreises von K.

1. Der in erster Linie geltend gemachte Lieferungsanspruch des K ist a) zwar nach § 433 Abs. 1 S. 1 BGB entstanden, er kann aber b) nach § 275 Abs. 1 BGB ausgeschlossen sein. Fraglich ist, ob Unmöglichkeit vorliegt. Hier wurde eine nur der Gattung nach bestimmte Sache verkauft. In solchen Fällen liegt Unmöglichkeit aa) grundsätzlich nur vor, wenn die Leistung aus der gesamten Gattung nicht mehr möglich ist. Hier könnte V aber problemlos ein neues Kfz besorgen. bb) Wenn jedoch eine Konkretisierung nach § 243 Abs. 2 BGB erfolgt ist, beschränkt sich die Schuld des V auf dieses Fahrzeug. Dazu müsste der Schuldner V das seinerseits erforderliche getan haben. Vereinbart war hier eine Holschuld. Den Schuldner trifft bei einer solchen Schuld die Pflicht die zu leistende Sache auszusondern und bereit zu stellen. Dies hat er hier getan. Es lag daher eine Konkretisierung vor. Durch die Zerstörung der konkretisierten Sache trat Unmöglichkeit ein. Der Anspruch auf Lieferung ist „ausgeschlossen". Der V muss daher kein neues Kfz liefern. 2. Der hilfsweise geltend gemachte Schadensersatzanspruch kann sich aus §§ 280 Abs. 1, 3, 283 BGB ergeben. a) Ein wirksamer Vertrag lag vor. b) Dem V ist die Leistung unmöglich geworden, so dass der Anspruch nach § 275 Abs. 1 BGB „ausgeschlossen" ist. c) Problematisch ist das Vertretenmüssen. aa) Grundsätzlich haftet der Schuldner für Vorsatz und jede Fahrlässigkeit. Hier liegt im Nichteinschalten der Alarmanlage mindestens eine leichte Fahrlässigkeit. bb) Es kann hier jedoch eine Haftungserleichterung nach § 300 Abs. 1 BGB eingreifen, mit der Folge, dass V nur für grobe Fahrlässigkeit haftet. Hier befand sich der K im Annahmeverzug, da V die Leistung zwar nicht tatsächlich angeboten (§ 294 BGB) hat und auch kein ausdrückliches wörtliches Angebot (§ 295 BGB) gemacht hat, jedoch war das Angebot nach § 296 S. 1 BGB wegen der kalendermäßigen Bestimmung entbehrlich. K befand sich daher im Annahmeverzug. V haftet daher nach § 300 Abs. 1 BGB nur für grobe Fahrlässigkeit. Fraglich ist, ob in dem Nichteinschalten der Alarmanlage eine grobe Fahrlässigkeit zu sehen ist. Eine grobe Fahrlässigkeit ist eine besonders schwere Sorgfaltspflichtverletzung, bei der „einfachste Überlegungen nicht angestellt wurden und nicht beachtet wurde, was im gegebenen Fall jedem hätte einleuchten müssen" (Einzelheiten sehr streitig, umfangreiche Rechtsprechung). Die Nichtbenutzung einer Alarmsicherung stellt eine erhebliche Unachtsamkeit dar, was zunächst für grobe Fahrlässigkeit spricht. Gegen grobe Fahrlässigkeit spricht aber, dass durch Abschließen des Wagens und Nutzung eines verschlossenen Hofes ein hoher Sicherheitsstandard angewendet wurde, der einen Diebstahl unwahrscheinlich machte. Der V hat die Unmöglichkeit somit nicht zu vertreten, er haftet daher auch nicht auf Schadensersatz. 3. Der Zahlungsanspruch des V aus § 433 Abs. 2 BGB kann a) nach § 326 Abs. 1 S. 1 BGB erloschen sein. Dessen Voraussetzungen liegen vor. b) Der K be-

fand sich jedoch im Annahmeverzug. Daher bleibt der Anspruch auf die Gegenleistung nach § 326 Abs. 2 S. 1 BGB bestehen. Der K muss daher zahlen.

Der **Schenker** haftet nur für **Vorsatz und grobe Fahrlässigkeit** (§ 521 BGB). Das bezieht sich natürlich auf das Verschulden bei der Nichterfüllung der Leistungspflicht. Die Frage, ob und in wieweit diese Haftungsmilderung auch die Haftung für Verletzungen von Verhaltenspflichten betrifft (§§ 280 Abs. 1, 241 Abs. 2 BGB), wird wohl so zu beantworten sein, dass § 521 BGB angewendet werden kann, wenn „die verletzte Schutzpflicht im Zusammenhang mit dem Vertragsgegenstand steht".

Fall 377: Der S stellt Kartoffelchips her. Dabei entsteht als Abfall Kartoffelpülpe. Der Landwirt G hat hierfür Bedarf, er will die Pülpe als Tierfutter verwenden. Der S schenkt daher die Kartoffelpülpe dem G. Die Schweine des G gehen wegen übermäßiger Fütterung mit der Kartoffelpülpe ein. G verlangt von S Schadensersatz, da er über die möglichen Risiken nicht hinreichend aufgeklärt worden sei (Kartoffelpülpe – Fall nach BGH).

Der Anspruch kann sich aus §§ 280 Abs. 1 S. 1, 241 Abs. 2 BGB ergeben. a) Fraglich ist zunächst, ob § 280 Abs. 1 S. 1 BGB überhaupt anwendbar ist. Dem könnte der Vorrang und die Ausschließlichkeit des Schenkungsgewährleistungsrechts nach §§ 523 Abs. 1, 524 Abs. 1 BGB entgegenstehen. Um diesen Vorrang zu begründen, müsste aber ein Mangel der geschenkten Sache vorliegen. Hier ist die Pülpe an sich völlig in Ordnung und nicht mangelhaft; daher greifen die für ihren Anwendungsbereich abschließenden Regelungen nicht ein. § 280 Abs. 1 S. 1 BGB ist daher anwendbar. b) Da zwischen S und G ein Schenkungsvertrag geschlossen ist, besteht auch ein Schuldverhältnis zwischen beiden (aus § 311 Abs. 1 BGB). c) Als Pflichtverletzung kommt hier in Betracht, dass der S den G nicht über mögliche Risiken bei der Verfütterung von Kartoffelpülpe gewarnt hat. Er hat damit gegen eine Pflicht nach § 241 Abs. 2 BGB verstoßen. d) Es kann aber an einem (vermuteten: § 280 Abs. 1 S. 2 BGB) Vertretenmüssen fehlen. Grundsätzlich hat der Schuldner Vorsatz und jede Fahrlässigkeit zu vertreten (§ 276 Abs. 1 BGB). Da hier jedoch allenfalls eine leichte Fahrlässigkeit vorliegt, ist fraglich, ob nicht ein milderer Haftungsmaßstab bestimmt ist. Dieser kann sich aus § 521 BGB ergeben, wonach der Schuldner nur für Vorsatz und grobe Fahrlässigkeit haftet, für leichte Fahrlässigkeit hingegen gar nicht. Hierbei stellt sich aber die Frage, ob § 521 BGB auf den vorliegenden Fall anzuwenden ist. Die Norm erfasst nach ihrem Wortlaut alle Ansprüche gegen den Schenker. Hierzu müssen jedoch aus teleologischen Gründen Einschränkungen gemacht werden. So sollen jedenfalls solche Nebenpflichtverletzungen nicht unter § 521 BGB fallen, die keinen Bezug zur Schenkung haben (z.B. „Sturz in eine Grube" bei Abholung der geschenkten Sache). Eindeutige Fälle des § 521 BGB sind dagegen die Ansprüche im direkten Zusammenhang mit der Schenksache (z.B. bei leicht fahrlässig herbeigeführter Unmöglichkeit). Der vorliegende Fall liegt zwischen diesen beiden Fallgruppen. Zwar liegt kein Mangel der geschenkten Sache vor, doch besteht dennoch bei der verletzten Schutzpflicht eine gewisse Nähe zur Schenksache. Der BGH hat daher die mildere Haftung auch für solche Schutzpflichten bejaht, die im unmittelbaren Zusammenhang mit der Schenksache stehen, wie dies hier der Fall ist. S haftet daher nur für Vorsatz und grobe Fahrlässigkeit. Da hier nur leichte Fahrlässigkeit vorliegt, besteht der Anspruch aus § 280 Abs. 1 S. 2 BGB nicht.

V. Der Anspruch auf das „stellvertretende commodum"

Bei bestimmten Fallkonstellationen könnte es zu einer Art „ungerechtfertigter Bereicherung" (Schultz) eines nach § 275 Abs. 1 – 3 BGB leistungsfrei gewordenen Schuldners führen, wenn man ihm dasjenige beließe, was er für den „geschuldeten Gegenstand ... als Ersatz" empfangen hat. Daher hat das Gesetz in § 285 BGB bestimmt, dass der Gläubiger gegen den Schuldner einen Anspruch auf „Herausgabe des als Ersatz Empfangenen oder Abtretung des Ersatzanspruchs" (= **„stellvertretendes commodum"**) hat. Auf diese Weise kann eine „ungerechtfertigte Bereicherung" des leistungsfreien Schuldners durch den Gläubiger „abgeschöpft" werden.

Im **Prüfungsaufbau** lohnt es sich, den Anspruch aus § 285 BGB vorzuziehen. Sofern der Anspruch erfolgreich geltend gemacht wird, hat er Auswirkungen auf andere Ansprüche, da das Surrogat nach § 285 Abs. 2 BGB bzw. analog dieser Vorschrift auf Schadensersatzansprüche bzw. Wertersatzansprüche nach § 346 Abs. 2 BGB anzurechnen ist.

→ I. Voraussetzungen
1. Bestehen eines **Schuldverhältnisses**.
2. Schuldner wird (nachträglich) bzw. ist (ursprünglich) gem. **§ 275 Abs. 1 – 3 BGB** von Leistungspflicht frei/befreit.
3. Schuldner erlangt aufgrund der Leistungsbefreiung einen **Ersatz oder Ersatzanspruch**.
4. **Gläubiger verlangt Herausgabe** des Surrogats

→ II. Rechtsfolge
Schuldner muss den „Ersatz" an den Gläubiger herausgeben oder einen „Ersatzanspruch" gegen Dritten abtreten.

Bei § 285 BGB handelt es sich um eine so genannte **schuldrechtliche Surrogation**. An die Stelle des einen Anspruches tritt ein anderer. Weitere derartige Ansprüche, die sie in einer Klausur im Auge behalten sollten sind §§ 667 und 816 BGB (dazu später mehr).

Überlegen Sie stets, wenn Sie in einer „Anwaltsklausur" um Rat gefragt werden, ob es wirklich sinnvoll ist, das Surrogat zu fordern. Häufig nämlich steht der Gläubiger besser da, wenn er nur Schadensersatz fordert! Wenn Sie dies nicht glauben, so lösen Sie einfach mal Fälle, in denen Sie für den Wert der Leistung, für ihren Preis und für den Wert des Surrogates unterschiedliche Geldbeträge einsetzen. Sie werden staunen!

- Nach dem unmittelbaren Gesetzeswortlaut geht es bei § 285 BGB um einen **Anspruch** auf **Abtretung von Ansprüchen** des nach § 275 BGB leistungsfreien Schuldners z.B. gegen eine **Versicherungsgesellschaft** aus einem Versicherungsvertrag oder gegen einen **deliktischen Schädiger**, wie einen Dieb oder einen Zerstörer einer geschuldeten Sache, aus unerlaubter Handlung bzw. auf die **Herausgabe** des jeweils bereits **als Ersatz Empfangenen**.

B. „Sekundäransprüche" aus dem allgemeinen Leistungsstörungsrecht

Fall 378: Der V verkauft dem K für € 900,- eine Sache im Werte von € 1000,-, die eine Sekunde vor Vertragsschluss verbrannt ist. Die Sache ist bei der V-Versicherung gegen Feuer versichert. Der K verlangt Abtretung des Anspruchs des V gegen die V-Versicherung auf Zahlung von € 1000,-.

Der Anspruch auf Abtretung ergibt sich aus § 285 Abs. 1 BGB. a) V schuldete dem K Lieferung aus einem Kaufvertrag (§§ 433 Abs. 1, 311 a Abs. 1 BGB). b) Der V braucht die Leistung jedoch nicht zu erbringen. Denn der Anspruch des K ist deshalb ausgeschlossen, weil die Leistung jedermann unmöglich ist (§ 275 Abs. 1 BGB). c) Der V hat für den geschuldeten Gegenstand einen Ersatzanspruch (§ 1 Abs. 1 S. 1 VVG) erlangt.

- Auch wenn der aus einem zur Leistungsbefreiung führenden Rechtsgeschäft („Doppelverkauf" einer Sache durch den Verkäufer und Erfüllung des Zweit-Kaufvertrages) erzielte Erlös vom Wortlaut des § 285 BGB her gesehen kein „Ersatz" für den geschuldeten Gegenstand ist, soll ein solches **„commodum ex negotiatione"** (= „aus einem Rechtsgeschäft") nach § 285 BGB herauszugeben sein. Hier muss man allerdings **aufpassen**: Herausverlangt werden kann immer nur das rechtsgeschäftliche Surrogat, das der Leistung entspricht, von deren Erbringung der Schuldner nach § 275 BGB befreit ist.

Fall 379: Der V verkauft an den K für € 900,- eine Sache im Werte von € 1000,-. Nach Vertragsschluss, aber vor Erfüllung, verkauft der V sie für € 1000,- an den D („Doppelverkauf") und übergibt und übereignet sie an den D, nachdem dieser den Kaufpreis in Höhe von € 1000,- gezahlt hat. Der D ist nicht bereit, die Sache an den V zurück zu übereignen. Der K verlangt von dem V Zahlung von € 1000,-.

Der Anspruch auf Zahlung ergibt sich aus § 285 Abs. 1 BGB. a) Der V schuldete dem K Lieferung aus einem Kaufvertrag (§ 433 Abs. 1 BGB). b) Der V braucht die Leistung jedoch nicht zu erbringen. Denn der Anspruch des K ist deshalb ausgeschlossen, weil dem V die Leistung unmöglich ist (§ 275 Abs. 1 BGB). c) Der V hat für den geschuldeten Gegenstand einen „Ersatz" (dazu zählt nach h.M. auch das „stellvertretende commodum ex negotiatione" = aus einem Rechtsgeschäft) erlangt; diesen muss der Schuldner V an den Gläubiger K herausgeben. (Zur Frage des hier nicht relevanten – die Erörterung wäre hier also ein Fehler!! – Gegenleistungsanspruchs des V gegen den K werden Sie im nächsten Fall Ausführungen finden).

Fall 380: Der E verleiht eine Sache an den L im Werte von € 100,-. Der L unterschlägt die Sache und veräußert sie für € 120,- an den D, der den L für den Eigentümer hält. Der E verlangt den Erlös von dem L.

Der Anspruch ergibt sich a) nicht aus § 604, 285 BGB, weil zwischen der auf Besitzübertragung gerichteten Leistungsverpflichtung des L (die deshalb nicht mehr erbracht werden muss, weil der D nach §§ 929 S. 1, 932 BGB Eigentümer geworden ist) und dem Gegenstand, für den der Schuldner einen „Ersatz" erlangt hat (nämlich für das an den D verlorene Eigentum) keine Identität besteht, b) sondern aus §§ 687 Abs. 2, 681 S. 2, 667 BGB, c) und aus § 816 Abs. 1 S. 1 BGB.

- Eine beliebte Klausurproblematik besteht darin, zu erörtern, ob der Eigentümer gegen einen Herausgabeschuldner aus **§ 985 BGB**, der den Besitz (vor Rechtshängigkeit der Herausgabeklage) weitergegeben hat und daher die Herausgabe nicht mehr schuldet, einen Anspruch auf Herausgabe des erzielten Erlöses als „stellvertretendes commodum ex negotiatione" nach § 285 BGB hat.

Fall 381: Dem E wird von dem D eine Sache gestohlen. Der D veräußert sie an den K weiter. Weil der K unauffindbar ist, verlangt der E von D mittels einer Klage einen Betrag in Höhe des erzielten Erlöses, der um 20 % über dem gemeinen Wert liegt.

1. Der Schadensersatzanspruch aus §§ 823 Abs. 1, 2 BGB, 242 StGB, 249 ff. BGB beläuft sich nur auf den gemeinen Wert der Sache (100 %), nicht aber auf den von E geltend gemachten Übererlös (120 %). 2. Zu prüfen ist daher ein Anspruch aus §§ 985, 285 BGB: Zwischen E und D bestand ein Schuldverhältnis aus § 985 BGB. Zu unterscheiden ist die (hier gegebene) Unmöglichkeit durch Weiterveräußerung und die (hier nicht gegebene) Unmöglichkeit durch zufälligen Untergang. a) Durch die (Weiter-)Veräußerung an den K ist dem D die Herausgabe an den E unmöglich geworden. Da man im Rahmen des § 285 BGB auch das „commodum ex negotiatione" als herauszugebendes Surrogat einschließlich eines Übererlöses erfasst, könnte der Anspruch des E gegen D gegeben sein. Gleichwohl wendet die h.M. § 285 BGB nicht auf § 985 BGB an, weil (in begrifflicher Hinsicht gesehen) der Anspruch aus § 985 BGB nicht – wie § 285 BGB es voraussetzt – erlischt, sondern sich nunmehr gegen den Besitzer K (der wegen § 935 BGB nicht Eigentümer geworden ist) fortsetzt; außerdem soll diese Lösung aus verschiedenen (m.E. durchaus zu entkräftenden) Gründen nicht der Interessenlage entsprechen: es würde die „Opfergrenze" für den D überschritten werden, wenn der D einerseits den Erlös nach § 285 BGB herauszugeben hätte und andererseits nach § 311a Abs. 2 BGB von dem K in Anspruch genommen werden könnte und der D im Fall der Rückforderung des bereits an E ausgekehrten Erlöses dessen Insolvenzrisiko tragen müsste (Westermann); auch würde der E bei einer Veräußerungskette eine Vielzahl von Ansprüchen erhalten. Letztlich spricht die Möglichkeit, einen Anspruch aus § 816 Abs. 1 S. 1, 185 BGB geltend zu machen, entscheidend gegen die Anwendung der §§ 985, 285 BGB. b) Eine (hier nicht vorliegende!) Ausnahme soll allerdings zugunsten der Anwendung von §§ 985, 285 BGB gemacht werden, wenn die Unmöglichkeit durch Zufall eingetreten ist und dem Herausgabeschuldner daraus ein Anspruch (z.B. gegen eine Versicherung) erwächst: § 816 Abs. 1 S. 1 BGB greift dann nicht ein, und die Lücke muss „a maiore ad minus" durch § 285 BGB geschlossen werden, denn der Eigentümer habe ein viel stärkeres Interesse an einem solchen Surrogat als ein bloß schuldrechtlich Berechtigter. 3. Ferner hat der E einen Anspruch aus §§ 687 Abs. 2, 681 S. 2, 667 BGB auf Herausgabe des aus der Geschäftsbesorgung Erlangten, schuldet aber seinerseits nach §§ 687 Abs. 2, 684 S. 1 , 812 ff. BGB dem D Aufwendungsersatz. 4. Schließlich ist ein Anspruch aus § 816 Abs. 1 S. 1 BGB zu prüfen: a) Der D hat mit der Veräußerung an den K als Nichtberechtigter verfügt. b) Diese Verfügung müsste im Verhältnis zu E wirksam sein. aa) An sich ist sie unwirksam (§ 935 BGB). bb) Sie könnte aber durch eine Genehmigung des E nach §§ 185 Abs. 2, 184 Abs. 1 BGB wirksam geworden sein. Diesem Lösungsvorschlag der ganz h.M. ist beizupflichten. Denn es wäre ein Wertungswiderspruch, den E – nur weil er seinen Herausgabeanspruch aus § 985 BGB wegen des Untertauchens des K überhaupt nicht durchsetzen kann (Canaris) oder weil dieser wertlos geworden ist, weil die Sache zwischenzeitlich verschlechtert ist – schlechter zu stellen als bei Wirksamkeit der Verfügung. Eine Genehmigung wird bereits in der Klage auf den Erlös gesehen. Danach wäre der Erlös, und zwar auch der „Übererlös" herauszugeben. Diese Lösung begegnet zwar konstruktiven Bedenken; diese sollen jedoch nach h.M. nicht entscheidend sein, weil sie ausräumbar seien: Zu einer Überschreitung der „Opfergrenze" und einer Anspruchskumulation kommt es bei dieser Konstruktion jedenfalls nicht, weil der K und alle seine Nachfolger Eigentümer werden. Das Bedenken, dass der D wegen der Rück-

B. „Sekundäransprüche" aus dem allgemeinen Leistungsstörungsrecht 667

wirkung der Genehmigung zum „Berechtigten" geworden sei, soll nicht schlüssig sein, weil die Rückwirkung nur die Folgen, nicht aber die Voraussetzungen betrifft (Larenz). Das für E darin liegende Risiko eines Rechtsverlustes durch die bereits in der Klageerhebung (also vor einem Urteil und vor einer erfolgreichen Durchsetzung durch Vollstreckung!) zu sehende Genehmigung ohne mindestens gleichzeitige Erlangung des Erlöses wird dadurch ausgeräumt, dass man entweder (logisch deshalb nicht unbedingt überzeugend, weil das den Anspruch zusprechende Urteil eine vorliegende Genehmigung gerade voraussetzt) eine Verurteilung des K zur Herausgabe Zug-um-Zug gegen die Genehmigung ausspricht und diese erst wirksam werden soll, wenn der Erlös (ggf. erst in der Zwangsvollstreckung) herausgegeben wird, oder (dogmatisch zweifelhaft) die Genehmigung von der Bedingung der Erlösherausgabe abhängig macht. c) Interessant und sehr bedeutsam für Klausuren ist die – später erörterte – (zu verneinende) Frage, ob der K den an D gezahlten Kaufpreis als Entreicherung (§ 818 Abs. 3 BGB) absetzen kann.

Versuchen Sie sich jetzt bitte daran zu erinnern, was Sie bereits über das Schicksal des **Gegenleistungsanspruch** des Schuldners bei gegenseitigen Verträgen wissen, wenn der Gläubiger einen Anspruch aus § 285 BGB geltend macht. Halten Sie sich bitte im Wege des „inneren Monologs" einen kleinen Vortrag, bevor Sie sich an die Bearbeitung des nächsten Falles machen!

Fall 382: Der V verkauft dem K für € 900,- eine Sache im Werte von € 1000,-, die eine Sekunde nach Vertragsschluss verbrannt ist. Die Sache ist bei der V-Versicherung gegen Feuer versichert. Der K verlangt Abtretung des Anspruchs des V gegen die V-Versicherung auf Zahlung von € 1000,-. Der V verlangt Zahlung des Kaufpreises von dem K.

1. Der Anspruch auf Abtretung des Anspruches auf die Versicherungssumme kann aus § 285 BGB folgen a) Der V schuldete dem K Lieferung aus einem Kaufvertrag (§ 433 Abs. 1 BGB). b) Der V braucht die Leistung jedoch nicht zu erbringen weil der Anspruch des K deshalb ausgeschlossen ist, weil die Leistung jedermann unmöglich ist (§ 275 Abs. 1 BGB). c) Der V hat für den geschuldeten Gegenstand einen Ersatzanspruch erlangt (§ 1 Abs. 1 S. 1 VVG). Er schuldet daher die Abtretung der Forderung.

2. Der Anspruch auf Kaufpreiszahlung könnte sich aus einem Kaufvertrag ergeben (§ 433 Abs. 2 BGB). a) Der V und der K haben einen Kaufvertrag abgeschlossen. Der Anspruch ist also entstanden. b) Der Anspruch könnte jedoch aa) entfallen sein, weil dem V die Leistung (Lieferung der Kaufsache) unmöglich ist und der Lieferungsanspruch daher ausgeschlossen ist (§§ 326 Abs. 1, 275 Abs. 1 BGB). bb) Er würde jedoch fortbestehen, wenn dem K ein Anspruch auf das von ihm geltend gemachte stellvertretende commodum zustünde und von ihm geltend gemacht wird (§§ 326 Abs. 3, 285 Abs. 1 BGB). Dies ist hier der Fall (s.o.). cc) Der K macht diesen Anspruch auch geltend. Also besteht der Kaufpreisanspruch des V gegen den K fort.

Abwandlung: Die Versicherungssumme beträgt nur € 500,-.

1. An dem Anspruch auf Abtretung der Versicherungssumme aus § 285 BGB ändert sich nichts. 2. Der Anspruch auf Kaufpreiszahlung aus § 433 Abs. 2 BGB bleibt wiederum bestehen, er ist aber nach §§ 326 Abs. 3 S. 2, 441 Abs. 3 BGB zu kürzen und beträgt damit nur noch € 450,-.

> Wir sollten uns zwischenzeitlich wieder einmal verdeutlichen, was wir gerade machen.
>
> 1. Nachdem Sie im **Teil 3** die auf Erbringung der Leistung gerichteten „**Primäransprüche**" **aus verpflichtenden Verträgen** kennen gelernt haben, geht es jetzt in **Teil 4** darum, die sich aus den „Leistungsstörungen" ergebenden sog. „**Sekundäransprüche**" zu erörtern.
>
> 2. Aus dogmatischen Gründen haben wir uns dazu entschieden, zwischen den „Sekundäransprüchen" aufgrund des „Allgemeinen Leistungsstörungsrechts" (B) und denjenigen, die sich aus einer qualitativ minderwertigen (mangelhaften) Leistung ergeben (C ff.), zu differenzieren und dies auch im Aufbau deutlich zu machen.
>
> 3. Bei der Erörterung der „Allgemeinen Leistungsstörungen" haben wir uns nicht auf die Leistungsstörungen bei verpflichtenden Verträgen beschränkt, sondern auch solche bei Verpflichtungen aus einseitigen Rechtsgeschäften und auch gesetzlichen Schuldverhältnissen einbezogen.
>
> 4. Es hat sich gezeigt, dass man bei der Fallbearbeitung nicht von den Normen, sondern **von den Anspruchszielen ausgehen** muss. Begonnen haben wir mit **Schadensersatzansprüchen** „**neben der Leistung**" und **Schadensersatzansprüchen** „**statt der Leistung**" (II.); inhaltlich untrennbar von den Ansprüchen auf Schadensersatz „statt der Leistung" sind die **Ansprüche auf Ersatz** „**vergeblicher Aufwendungen**" (III.). Nachdem wir uns dann noch mit Modifikationen der Schadensersatzhaftung befasst hatten (IV.), passte dann der Anspruch auf das „**stellvertretende commodum**" (V) am besten in den zuvor besprochenen Zusammenhang.

VI. Der Anspruch auf Rückgewähr infolge eines Rücktritts vom Vertrag

Zu den Folgen von „Leistungsstörungen" gehört auch Rückabwicklung aufgrund eines **Rücktritts von einem Vertrag**.

> Unter einem **Rücktritt** versteht man die durch Rücktrittsgründe ermöglichte Rückgängigmachung eines Vertrages durch eine einseitige empfangsbedürftige Willenserklärung.

Die Logik eines „pyramidalen" Aufbaus (von den Anspruchsvoraussetzungen zu den Rechtsfolgen) einer Darstellung würde verlangen, dass wir zunächst die Gründe kennen lernen, die zu einem solchen Rücktritt berechtigen. Wir hingegen haben stets die Fallbearbeitung vor Augen. Deshalb „zäumen" wir bei dieser Darstellung des Rücktritts wieder einmal „das Pferd von hinten auf":

Ausgelöst durch eine auf **„Rückgewähr"** gerichtete **Fallfrage** sollten uns

- zunächst die **Rechtsfolgen des Rücktritts** interessieren.
- Sodann erörtern wir die für die Ausübung des Rücktrittsrechts nötige **Rücktrittserklärung**
- und schließlich die **Rücktrittsgründe.**

1. Rechtsfolgen eines Rücktritts

Sie wissen längst, dass ein erklärter Rücktritt **verschiedene Folgen** hat, die in der Fallbearbeitung unterschiedlich verortet werden müssen. Sie entsinnen sich, dass in Teil 3 der Rücktritt deshalb zu prüfen war, weil durch ihn ein zu einem primären Leistungsanspruch führender verpflichtender Vertrag beendet wird. Hier interessieren uns eigentlich nur (noch) „die Sekundäransprüche" in Gestalt von Rückgewähransprüchen. Gleichwohl wollen wir unseren Blick nicht immer nur auf das gerade erörterte Thema fixieren, sondern auch bereits früher Erlerntem unsere wiederholte Aufmerksamkeit schenken.

Wenn Sie also bei der Fallbearbeitung vor der Frage stehen, an welcher Stelle Sie einen erklärten Rücktritt prüfen, müssen Sie sich vergegenwärtigen,

- dass wir uns mit dem Rücktritt bereits in Teil 3 beschäftigt haben und dabei erkannt haben, dass durch die Rücktrittserklärung der **Vertrag „beendet"** wird und sich in ein Rückgewährschuldverhältnis verwandelt, was automatisch zur Folge hat, dass kein Anspruch auf Erfüllung der primär geschuldeten Leistung besteht. Das alles war den Verfassern des BGB so selbstverständlich, dass sie diese Rechtsfolge nirgendwo im Gesetz und schon gar nicht in §§ 346 ff. BGB ausgesprochen haben.
- Das Gesetz beschränkt sich vielmehr auf eine **Regelung des Rückgewähranspruchs** in § 346 Abs. 1 BGB, in der es heißt, dass die **„empfangenen Leistungen zurückzugewähren und die gezogenen Nutzungen herauszugeben"** sind.

a) Beendigung des Vertrages: Kein „Primäranspruch" aus einem verpflichtenden Vertrag

Wenn es Ihnen bei der **Fallbearbeitung** um die Frage geht, ob durch die Rücktrittserklärung der **Vertrag „beendet"** wird und damit kein Anspruch auf Erfüllung der primär geschuldeten Leistung mehr besteht, dann prüfen Sie:

---
1. Rücktrittserklärung: Einseitig empfangsbedürftige Rücktrittserklärung (§ 349 BGB)

> **2. Rücktrittsgrund:** Bestehen eines vertraglichen oder gesetzlichen Rücktrittsrechts.
>
> **3. Kein Ausschluss:** Hier ist insbesondere an § 350 BGB (Ablauf einer gesetzten Rücktrittsfrist) und an § 218 BGB (Verjährung eines Nacherfüllungsanspruchs und Berufung des Schuldners darauf) zu denken.
>
> **4. Rechtsfolge:** Der Vertrag ist beendet; der Anspruch auf Erfüllung der primär geschuldeten Leistung besteht nicht mehr.

Nach dieser kurzen „Reminiszenz" wenden wir uns jetzt neuen Fragen zu.

b) Ansprüche auf „Rückgewähr", auf „Wertersatz" (mit: Ausschlusstatbeständen und Bereicherungsanspruch), auf Schadensersatz und Folgeansprüche

Wenn es Ihnen aber – und das ist das uns hier interessierende Thema – aufgrund der Fallfrage darum geht, ob aufgrund des erklärten Rücktritts

- die aufgrund des Vertrages **„empfangenen Leistungen zurückzugewähren und die gezogenen Nutzungen herauszugeben"** sind (**§ 346 Abs. 1 BGB**), oder

- ob derjenige, der aus § 346 Abs. 1 BGB die Rückgewähr und die Herausgabe von Nutzungen schuldet und diese Pflicht nicht oder nicht ordnungsgemäß erfüllen kann, nach **§ 346 Abs. 2 BGB Wertersatz** zu leisten hat, oder

- ob – wenn diese **Pflicht** wiederum nach **§ 346 Abs. 3 S. 1 BGB** entfallen ist – eine „verbleibende Bereicherung" herauszugeben ist (**§ 346 Abs. 3 S. 2, 812 ff. BGB**), oder

- ob der Rückgewährschuldner, der den Rückgewähranspruch und den Nutzungsherausgabeanspruch aus **§ 346 Abs. 1 BGB** schuldhaft nicht erfüllt, aus **§ 346 Abs. 4 BGB zum** Schadensersatz nach §§ 280 bis 283 BGB verpflichtet ist, oder

- ob das **„stellvertretende commodum" nach § 285 BGB** herauszugeben ist, oder

- ob derjenige Rückgewährpflichtige, der keine **Nutzungen gezogen** hat, **Wertersatz** leisten muss (**§ 347 Abs. 1 BGB**), oder

- ob Verwendungsersatz zu leisten ist (**§ 347 Abs. 2 BGB**),

dann kann Ihnen folgendes **Prüfungsschema** empfohlen werden:

> → I. **Voraussetzungen**
> 1. **Rücktrittserklärung** (§ 349 BGB).
> 2. **Rücktrittsgrund** (vertragliches/gesetzliches Rücktrittsrecht).
> 3. **kein Ausschluss** des Rücktritts.
>
> → II. **Rechtsfolge (mögliche Ansprüche eines Beteiligten)**.
> 1. Pflicht zur **Rückgewähr der empfangenen Leistung** und zur Herausgabe der Nutzungen (§ 346 Abs. 1 BGB).
> 2. Statt Rückgewähr der Leistung und Herausgabe der Nutzungen **Wertersatz** unter den Voraussetzungen des § 346 Abs. 2 BGB, sofern dieser nicht nach § 346 Abs. 3 S. 1 BGB ausgeschlossen ist;
> 3. mindestens: Herausgabe der **verbleibenden Bereicherung** nach § 346 Abs. 3 S. 2 BGB,
> 4. **Schadensersatz** wegen Verzögerung neben der Leistung (§§ 280 Abs. 1, 2, 286 BGB) und statt der Leistung nach § 346 Abs. 4 BGB i.V.m. den §§ 280 ff. BGB.
> 5. Herausgabe des „**stellvertretenden commodum**" aus § 285 BGB.
> 6. Wertersatz für **nicht gezogene Nutzungen** (§ 347 Abs. 1 BGB).
> 7. **Verwendungsersatz** (§ 347 Abs. 2 BGB).

aa) Anspruch auf „Rückgewähr" und auf Herausgabe der gezogenen Nutzungen

(1) Grundsatz der Rückgewähr „in Natur"

Ist die **zurück zu gewährende Leistung** „rückgebbar" (liegen also nicht die Tatbestände des § 346 Abs. 2 BGB vor), ist die Leistung, so wie sie erlangt wurde, „in Natur" zurück zu übertragen. Hier gibt es kaum Probleme.

<u>Fall 383:</u> Der V hat an K am 1. Dezember 2002 eine bewegliche Sache verkauft, die K an die B verschenken will. Obwohl der K den Kaufpreis noch nicht bezahlt hat, übergibt und übereignet der V die Sache an den K. Im Kaufvertrag ist vereinbart, dass der K ein bis zum 31. Dezember 2002 zu erklärendes Rücktrittsrecht hat. Der K erklärt den Rücktritt am 25. Dezember 2002, weil die Sache der B nicht gefallen hat. Der V will wissen, welche Ansprüche er hat.

Der V kann 1. aus § 433 Abs. 2 BGB keine Bezahlung mehr verlangen, weil der Kaufvertrag durch die Rücktrittserklärung „beendet" ist: Der Kaufvertrag hat sich in ein Rückgewährschuldverhältnis umgewandelt, das den K nicht (mehr) zur Bezahlung verpflichtet.
2. Der V kann aber nach § 346 Abs. 1, 349 BGB vorgehen. a) Der Rücktritt ist erklärt worden. b) Rücktrittsgrund ist ein vertraglich vereinbartes Rücktrittsrecht. c) Der Rücktritt ist nicht ausgeschlossen. d) Als Rechtsfolge kann der V aa) Rückübereignung der Sache verlangen, weil durch den Rücktritt nur der verpflichtende Vertrag, nicht aber die Übereignung „beendet" ist. bb) Auch kann er Rückgabe (Wiedereinräumung des Besitzes) verlangen.

<u>Variante:</u> Der V hatte sich im Kaufvertrag „das Eigentum bis zur Zahlung des Kaufpreises vorbehalten".

Der V kann 1. a) keine Rückübereignung nach §§ 346, 349 BGB verlangen, weil der K mangels Bedingungseintritts (= Vollständige Kaufpreiszahlung) nach §§ 929 S. 1, 158

Abs. 1, 449 Abs. 1 BGB (noch) kein Eigentum erlangt hat. b) Wohl aber kann der V Rückgabe nach §§ 346 Abs. 1, 349 BGB verlangen. 2. Der V kann auch nach § 985 BGB Herausgabe der Sache verlangen, denn a) der V ist Eigentümer, b) der K ist Besitzer, c) und der K hat kein Recht zum Besitz an der Sache (§ 986 Abs. 1 BGB), und zwar aa) nicht aufgrund des Kaufvertrages aus § 433 Abs. 1 S. 1 BGB („exceptio rei venditae et traditae" = Einwand des Verkaufs und der Übergabe), weil der Kaufvertrag durch den Rücktritt des K in ein Rückgewährschuldverhältnis umgewandelt worden ist, und bb) nicht aufgrund des Anwartschaftsrechtes, weil dieses infolge des Rücktritts des K deshalb nicht mehr besteht, weil nunmehr mangels eines Kaufvertrages die Bedingung für den Eigentumserwerb (vollständige Kaufpreiszahlung) nicht mehr eintreten kann.

(2) Rückgewähr von Bargeld

Eine Sonderfrage ist, nach welchen Regeln beim Rücktritt **empfangenes Bargeld** zurückzugewähren ist. Häufig ist das gezahlte Bargeld nämlich nicht mehr vorhanden (z.B. durch Einzahlung aufs Konto oder Vermischung mit anderem Geld): Nach dem Gesetzeswortlaut könnte man hier § 346 Abs. 2 BGB anwenden, wodurch aber auch die Ausschlussgründe aus § 346 Abs. 3 BGB zur Anwendung kommen könnten. Man sollte daher bei zurück zu gewährendem **Bargeld nur § 346 Abs. 1 BGB** anwenden, womit dem Rückgewährschuldner stets auch ein eventueller „Entreicherungseinwand" abgeschnitten wäre.

Variante: Der K hatte den Kaufpreis vollständig in bar bezahlt und dann den Rücktritt rechtzeitig erklärt. Der K verlangt Zug-um-Zug gegen Rückübereignung und Rückgabe die Rückzahlung des Kaufpreises. Der V hatte das Geld verloren.

Der Anspruch auf Rückzahlung ergibt sich aus §§ 346 Abs. 1, 349 BGB.

(3) Herausgabe von Nutzungen

Herauszugeben sind nach §§ 346 Abs. 1, 100 BGB auch die **gezogenen Nutzungen** (= Früchte und sonstige Gebrauchsvorteile); bei erlangten Gebrauchsvorteilen wird der Wert errechnet aufgrund eines Vergleichs zwischen tatsächlicher Gebrauchsdauer und voraussichtlicher Gesamtnutzungsdauer („**Wertverzehr**").

Fall 384: Der V veräußert an den K einen fabrikneuen Geländewagen für € 50 000,-. Vereinbart wird ein Rücktrittsrecht für den K innerhalb eines Jahres. Der K lässt das Auto auf sich zu. Wegen einer Erkrankung kann er das Fahrzeug nicht nutzen. Nach 6 Monaten erklärt er den Rücktritt und übereignet und übergibt Zug-um-Zug gegen Rückzahlung des Kaufpreises das Auto an den V zurück. Der V verlangt die Herausgabe der gezogenen Nutzungen, weil der Wagen zugelassen worden war und weil wegen eines Preisverfalls auf dem Markt einen Wertverlust erlitten hatte. Der K verlangt von V gezogene Nutzungen, weil der V den Kaufpreis zu jährlich 5 % verzinslich angelegt hat (nach Kropholler).

1. Der Anspruch des V gegen K könnte sich aus §§ 346 Abs. 1, 100, 349 BGB ergeben (die Voraussetzungen des Rücktritts liegen vor, vgl. oben). Der Wert einer Nutzung errechnet sich aufgrund eines Vergleichs zwischen tatsächlicher Gebrauchsdauer und voraussichtlicher Gesamtnutzungsdauer („Wertverzehr"). a) Voraussetzung für einen Anspruch auf Herausgabe von Nutzungen ist aber das Erlangen von Gebrauchsvorteilen durch den Rückge-

währpflichtigen; b) die bloße Wertminderung, die sich aus der Zulassung eines Autos ohne Einsatz des Wagens im Straßenverkehr ergibt (weil es sich nach den Verkehrsanschauungen nunmehr um einen „gebrauchten" Wagen handelt), reicht dafür nicht aus; auch nicht der Wertverlust durch einen Preisverfall. 2. Der V kann die gezogenen Nutzungen (Zinsen) in Höhe von € 1250,- nicht herausgeben (da sie lebensnah nicht als Bargeld vorliegen). Er muss daher Wertersatz nach § 346 Abs. 2 BGB zahlen.

bb) Anspruch auf „Wertersatz", Ausschlusstatbestände, Mindestanspruch (Herausgabe einer Bereicherung)

(1) Anspruchsgrundlagen für einen Wertersatzanspruch

Der Wertersatzanspruch ist davon abhängig, dass die **Rückgewähr** nach § 346 Abs. 1 BGB **nicht möglich** ist („statt der Rückgewähr"). Dabei ist zu prüfen, ob diese nach § 275 Abs. 1 BGB objektiv oder subjektiv unmöglich ist oder nach § 275 Abs. 2 BGB verweigert werden darf. Wertersatz wird also immer erst dann geschuldet, wenn die Rückgewähr endgültig nicht mehr möglich ist. Will der Rückgewährgläubiger stattdessen Geldersatz haben, so muss er eine Frist setzen und dann nach §§ 346 Abs. 4, 280 Abs. 1, 3, 281 Abs. 1 S. 1 BGB vorgehen.

> Beispiel: Ein gekauftes Hausgrundstück wird mit einer Hypothek belastet. Bei einer späteren Rückabwicklung des Kaufvertrages folgt der Anspruch auf unbelastete Rückgewähr des Grundstückes aus § 346 Abs. 1 BGB, da die Beseitigung der Hypothek durch Zahlung des Käufers möglich ist.

Eine mittlerweile **beachtliche Gegenansicht** lehnt eine solche **„Beseitigungspflicht"** ab, da sie den Rückgewährschuldner zu stark belaste, ihm insbesondere das Privileg des § 346 Abs. 3 Nr. 3 BGB gefährdet. Nach dieser Ansicht kommt es allein darauf an, ob die in § 346 Abs. 1 BGB genannten Umstände vorliegen oder nicht. Auf § 275 BGB soll es nicht ankommen.

Folgende in **§ 346 Abs. 2 S. 1 BGB** aufgeführten Umstände führen dazu, dass anstelle eines Anspruchs auf Rückgewähr ein **Anspruch auf Wertersatz** besteht:

Nr. 1: Die Rückgewähr oder Herausgabe ist nach der Natur des Erlangten ausgeschlossen. Gemeint sind damit „nicht-gegenständliche" Leistungen, wie Dienste.

> Beispiel: Rückgewähr von erbrachtem Auftritt durch eine Musikgruppe, Nutzung einer Wohnung.

Nr. 2: Der empfangene Gegenstand ist verbraucht, veräußert, belastet, verarbeitet oder umgestaltet.

> Beispiele: Nahrungsmittel sind konsumiert (verbraucht), Sachen an Dritte übereignet (veräußert), Sachen verpfändet (belastet), Äpfel zu Apfelmus

> verarbeitet (verarbeitet) oder aus einem regulären PKW ein Fahrzeug für Stoppelfeldrennen gemacht (umgestaltet) worden.

Eine **analoge Anwendung** kommt für die **Fälle eines gesetzlichen Eigentumserwerbs** durch Verbindung oder Vermischung (§§ 946ff BGB) in Betracht.

Eine Veräußerung liegt **nicht** vor bei einer **bloßen Herausgabe** an einen Dritten. So muss kein Wertersatz geleistet werden, wenn die zurückzugebende Sache nicht an den Verkäufer sondern an den wahren Eigentümer herausgegeben wird. Sie ist allerdings unter § 346 Abs. 2 S. 1 Nr. 3 BGB zu subsumieren.

> Fall 385: K kauft bei V eine Rolex. Als sich herausstellt, dass diese gestohlen ist gibt K die Uhr an den wahren Eigentümer E heraus, der unter keinen Umständen bereit ist, auf die Uhr zu verzichten und verlangt von V sein Geld zurück. V will vom zurückzuzahlenden Kaufpreis im Wege der Aufrechung den Wert der Rolex abziehen. Besteht ein Anspruch des V gegen K auf Wertersatz? (nach Reischl)
> Anspruchsgrundlage kann 1. zunächst § 346 Abs. 2 S. 1 Nr. 2 BGB sein. Dem K steht analog § 326 Abs. 4 BGB ein Anspruch auf Rückgabe der Uhr zu (dazu später mehr). Als allein einschlägige Alternative kommt eine „Veräußerung" in Betracht. Veräußerung bedeutet jedoch eine rechtsgeschäftliche Eigentumsübertragung. Hier liegt aber eine bloße rein tatsächliche Herausgabe vor, die nicht rechtsgeschäftlicher Art ist, weswegen § 346 Abs. 2 S. 1 Nr. 2 BGB zu verneinen ist. 2. Es greift aber § 346 Abs. 2 S. 1 Nr. 3 BGB ein. Die Herausgabe der Rolex steht dem dort erfassten Untergang wertungsmäßig gleich. Der Wertersatzanspruch ist aber nach § 346 Abs. 3 Nr. 2 BGB ausgeschlossen, da auch V die Uhr an den Eigentümer hätte herausgeben müssen.

Nr. 3: Der empfangene Gegenstand hat sich **verschlechtert** oder ist **untergegangen**. Insbesondere der Untergang der Sache ist weit zu verstehen und umfasst jede Art der Unmöglichkeit, die empfangene Sache zurückzugeben. Allein die Tatsache, dass die zurückgegebene Sache nicht mehr neuwertig ist, begründet aber keinen Wertersatzanspruch.

> Beispiele: Das zurück zu gewährende Kfz ist durch randalierende Jugendliche beschädigt worden (verschlechtert) oder das Kfz ist von den Jugendlichen gestohlen und später angezündet worden, wobei der Wagen völlig ausbrannte (untergegangen). Über den Wortlaut hinaus wird man hier auch den Diebstahl einer Sache einordnen müssen (Palandt): Die Sache ist dann zwar weder verschlechtert noch untergegangen sondern vielmehr ist die Herausgabe aus sonstigen Gründen unmöglich. Es entspricht aber dem gesetzgeberischen Interesse und auch der Billigkeit, auch in diesem Fall eine Wertersatzpflicht anzuordnen, die freilich meist ohnehin wieder an § 346 Abs. 3 Nr. 3 BGB scheitern dürfte.

Fall 386: Der V hat an den K 10 Tonnen Äpfel für € 2000,- verkauft. Aus diesen Äpfeln will der K eine besondere Sorte Apfelwein machen, für die er genau diese 10 Tonnen benötigt. Eine geringere Menge Apfelwein wäre für den K nicht verkäuflich. Eine Vermischung mit anderen Äpfeln wäre nicht mit den für K üblichen Qualitätsstandards vereinbar. Der V liefert zunächst 8 Tonnen, die der K sofort zerkleinert und für die weitere Verarbeitung vorbereitet. Der K verlangt nun Lieferung der restlichen Äpfel und setzt dem V hierzu eine

Frist. Der V liefert jedoch nicht, obwohl ihm dies möglich wäre. Er hat das Versäumnis nicht zu vertreten. Nach ergebnislosem Fristablauf tritt der K vom Vertrag zurück. Der V verlangt Rückgabe der Äpfel, hilfsweise Wertersatz. Der K weigert sich und verlangt seinerseits Ersatz für den von ihm bereits mit den Äpfeln verrührten Zucker (Preis: € 400,-).
I. Ansprüche des V: 1. Anspruch auf Rückgabe der Äpfel (§ 346 Abs. 1 BGB). a) Es muss zunächst ein wirksamer Rücktritt vorliegen. aa) Der Rücktritt ist von K erklärt worden. bb) Ein Rücktrittsgrund stand dem K aus § 323 Abs. 1 BGB zu, dessen Voraussetzungen hier vorliegen. Insbesondere war ein Rücktritt vom gesamten Vertrag möglich, da der K an der Teillieferung kein Interesse hatte (das wäre in einer Fallbearbeitung näher auszuführen). cc) Der Rücktritt war auch nicht ausgeschlossen. b) Die Rückgewähr ist aber durch die Verarbeitung unmöglich geworden; daher ist der Anspruch nach § 275 Abs. 1 BGB ausgeschlossen. 2. Anspruch auf Wertersatz (§ 346 Abs. 2 S. 1 BGB): a) Der K hätte eigentlich nach § 346 Abs. 1 BGB die Leistung zurückzugewähren, wenn nicht Unmöglichkeit vorläge. b) Hier kann einer der Fälle für einen Wertersatz eingreifen. In Betracht kommt § 346 Abs. 2 S. 1 Nr. 2 BGB. Der K hat die Äpfel verarbeitet. Deshalb ist er grundsätzlich zum Wertersatz verpflichtet. c) Der Anspruch kann aber nach § 346 Abs. 3 S. 1 ausgeschlossen sein. aa) § 346 Abs. 3 S. 1 Nr. 1 BGB greift nicht ein, da kein Mangel der Äpfel vorlag (diskutabel ist, ob aus § 434 Abs. 3 BGB etwas anderes folgt. Dies ist aber nach richtiger Ansicht nicht der Fall, vgl. dazu bereits bei § 281 Abs. 1 S. 3 BGB.) bb) Als Ausschlussgrund greift aber § 346 Abs. 3 S. 1 Nr. 2 BGB ein. Der V hat den Untergang der Äpfel zu vertreten, da er durch die unterlassene Nacherfüllung die weitere Nutzung der verarbeiteten Äpfel vereitelt hat. d) Der K ist daher nicht verpflichtet, an den V Wertersatz zu leisten.
II. Anspruch des K: Dem K kann ein Wertersatzanspruch für den von ihm verwendeten Zucker zustehen. Der Anspruch kann sich aus § 347 Abs. 2 S. 1 BGB ergeben. Der Anspruch entsteht allerdings erst, wenn entweder die Sache zurückgegeben wurde oder Wertersatz geleistet wurde. Beides ist hier nicht der Fall; daher besteht der Anspruch auf Verwendungsersatz noch nicht.

Dass die Erklärung des Rücktritts insbesondere dann sinnvoll ist, wenn Schadensersatz wegen fehlenden Vertretenmüssens nicht gefordert werden kann, zeigt uns der Vergleich mit der Variante.

Variante: Wie wäre es, wenn V die Nichterfüllung zu vertreten gehabt hätte?
1. Dann hätte K Schadensersatz anstelle der gesamten Leistung verlangen können (§§ 280 Abs. 1, 3, 281 BGB). Er hätte dann über § 281 Abs. 5 BGB ebenfalls nach § 346 Abs. 2 BGB Wertersatz leisten müssen. Den aufgewendeten Zucker hätte K dann nach § 280 Abs. 1 BGB ersetzt verlangen können. 2. Zusätzlich zum Schadensersatz hätte K auch zurücktreten können (§ 325). Er hätte dann alle bisher genannten Ansprüche nebeneinander geltend machen können, hätte aber freilich nur einmal Ersatz für den Zucker erhalten.

Für die bestimmungsgemäße Ingebrauchnahme ist kein Wertersatz zu leisten (§ 346 Abs. 2 S. 1 Nr. 3 2. Hs. BGB). Ansonsten würde der Rückgewährverpflichtete für denselben Vorgang zweimal bezahlen müssen. Daher ist z.B. wie oben erwähnt der Minderwert durch Erstzulassung eines gekauften Pkw nicht zu ersetzen. Dieses Privileg gilt allerdings nicht für die Rückabwicklung nach Verbraucherschutzvorschriften, sofern der Verbraucher über die Folge ordnungsgemäß belehrt wurde (§ 357 Abs. 3 BGB).

Bei der **Berechnung des Wertersatzes** ist gem. § 346 Abs. 2 S. 2 BGB die im Vertrag bestimmte Gegenleistung zugrunde zu legen. Gemeint ist damit, dass der zu leistende vollständige Wertersatz der Höhe nach der vereinbarten Gegenleistung entsprechen soll. So soll z.B. im Fall des § 346 Abs. 2 Nr. 1 BGB die Musikgruppe nach ihrem Auftritt trotz des erfolgten Rücktritts Wertersatz in Höhe der vereinbarten Gegenleistung erhalten. Problematisch sind aber die Fälle, in denen der Leistungsgegenstand mangelhaft war und der Rücktritt gerade deshalb erfolgte; dann muss die Wertersatzpflicht entsprechend gemindert sein.

Fall 387: Der V verkauft dem K ein mangelhaftes Auto für € 16 000,-, das mangelfrei einen Verkehrswert von € 15 000,- gehabt hätte, tatsächlich aber nur € 12 000,- wert ist. Der K zahlt den Kaufpreis. Der Wagen wird an den K übergeben und übereignet. Der K verursacht grob fahrlässig einen Verkehrsunfall, durch den der Wagen vollständig zerstört wird. Aus diesem Anlass wird der Mangel aufgedeckt. Der K tritt vom Kaufvertrag zurück und verlangt Rückzahlung des Kaufpreises; der V will Wertersatz für den Wagen (nach Lorenz-Riehm – Achtung: Der Fall bezieht sich auf das eigentlich erst später zu behandelnde Kaufrecht).
1. Der Anspruch des K gegen den V ergibt sich aus §§ 433, 434 Abs. 1, 437 Nr. 2, 326 Abs. 5, 346 Abs. 1 BGB. 2. Der V kann von dem K Wertersatz für das Auto nach § 346 Abs. 2 Nr. 3 BGB verlangen. Der Wertersatz beläuft sich auf den Kaufpreis abzüglich des mangelbedingten Minderwerts des Autos (= € 12 000,-), so dass i.E. der K € 4000,- zurück erhielte.

> An dieser Stelle soll kurz darauf hingewiesen werden, dass in der Literatur teilweise **abweichende Berechnungskonzepte** verfolgt werden. So wollen einzelne Autoren nicht den objektiven Wert der mangelhaften Leistung als Grundlage verwenden, sondern das Äquivalenzinteresse durch eine Anwendung der von der Minderung her bekannten Berechungsgrundlage (§§ 441 Abs. 3, 638 Abs. 3 BGB) erhalten. Gegen diese Ansicht lässt sich aber einwenden, dass damit das Rücktrittsrecht wirtschaftlich betrachtet sinnlos wäre, da die stattdessen mögliche Minderung zum selben Ergebnis führt.

Variante: Der K mindert stattdessen den Kaufpreis nach §§ 433, 434 Abs. 1, 437 Nr. 2, 441 BGB auf € 12 800,-.

Nach §§ 433, 434 Abs. 1, 437 Nr. 2, 441 Abs. 4, 346 Abs. 1 könnte er € 3200,- zurück verlangen.

§ 346 Abs. 2 S. 2 BGB darf aufgrund **einer teleologischen Reduktion bei verbraucherschützenden Rücktrittsrechten** (aus §§ 312, 312d BGB) nicht angewendet werden, da sonst der Unternehmer auf diesem Wege letztlich doch die von der Rechtsordnung nicht gebilligte Gegenleistung erhielte. Zu ersetzen ist dann nur der objektive Wert, bei nichtkörperlichen Leistungen nur eine tatsächlich noch vorhandene Bereicherung (§ 346 Abs. 3 S. 2 BGB).

(2) Ausschlusstatbestände für einen Wertersatzanspruch

Der Wertersatzanspruch aus § 346 Abs. 2 BGB kann nach § 346 Abs. 3 BGB entfallen, wenn die folgenden **Ausschlusstatbestände** gegeben sind:

- Nach **§ 346 Abs. 3 Nr. 1 BGB** entfällt der Wertersatzanspruch, wenn der zum Rücktritt berechtigende Mangel erst während der Verarbeitung auftritt. Man sollte diese Norm **analog** auf die Fälle eines **Verbrauchs einer Sache** anwenden. Denken Sie nur an „abgelaufene" Lebensmittel, die der Käufer aber noch zum Teil verzehrt hat (falls er sich dabei eine Lebensmittelvergiftung zugezogen hat, wären auch Schadensersatzansprüche und Schmerzensgeld zu gewähren).

> Weiteres Beispiel: K bestellt Material für die Herstellung von Computerprozessoren bei V. Nach der Verarbeitung stellt sich heraus, dass das Material minderwertig war und die Prozessoren nicht funktionieren. Nach erfolgloser Nachfristsetzung tritt er vom Vertrag zurück (§§ 437 Nr. 2, 323 BGB). V verlangt Wertersatz für das Material. Dieser Anspruch aus § 346 Abs. 2 S. 1 Nr. 2 BGB scheitert an § 346 Abs. 3 S. 1 Nr. 1 BGB.

- Nach **§ 346 Abs. 3 Nr. 2 BGB** entfällt der Wertersatzanspruch weiterhin, soweit der Gläubiger (= des Rückgewähranspruches) die Verschlechterung oder den Untergang zu vertreten hat oder dieser Schaden auch beim Gläubiger eingetreten wäre. Letzteres dürfte kaum je zu beweisen sein.

> Beispiele: Der Verkäufer räumt dem Käufer eines zur Sicherheit gekauften zweiten Farbeimers ein Rücktrittsrecht ein, falls der erste Eimer ausreichen sollte. Später verweigert er grundlos die Rücknahme des zweiten Eimers, so dass dessen Verfallsdatum abläuft und die Farbe unbenutzbar wird. Der grundsätzlich geschuldete Wertersatzanspruch entfällt nach § 346 Abs. 3 Nr. 2 BGB, da der Verkäufer die Verschlechterung zu vertreten hat.
>
> Der Käufer eines mangelhaften Hausgrundstückes kann das Haus nicht zurückgeben, weil es nach einem Blitzschlag abgebrannt ist. Seine Wertersatzpflicht entfällt, weil der Untergang auch beim Verkäufer eingetreten wäre.

Besonders bedeutsam dürften Fälle mangelhafter Lieferungen sein, bei denen der Mangel zum Untergang der Sache führt. Dabei trifft den Verkäufer nicht notwendigerweise ein Verschulden, er hat aber den Untergang bzw. die Verschlechterung dennoch zu vertreten, da die mangelfreie Lieferung in seinen Pflichtenkreis fällt.

> Beispiel: Das gekaufte Pferd leidet bei Übergabe an einer Krankheit und stirbt bald darauf, weswegen der Käufer den Rücktritt vom Vertrag erklärt.

- Nach § 346 Abs. 3 Nr. 3 BGB entfällt der Wertersatzanspruch auch, wenn im Fall des gesetzlichen Rücktrittsrechts die Verschlechterung oder Untergang beim Berechtigten (= Rücktrittsberechtigten) eingetreten ist, dieser aber die eigenübliche Sorgfalt (vgl. aber § 277 BGB) beobachtet hat.

> **Beispiel:** Hier kommen vor allem solche Fälle in Betracht, bei denen etwa der Käufer einer mangelhaften Sache berechtigt vom Kaufvertrag zurücktritt (§ 437 Nr. 2 BGB), er vorher aber die Sache unter Anwendung seiner eigenüblichen Sorgfalt (bzw. Sorgfaltslosigkeit) beschädigt hat.

Die Regelung ist bei wortlautgetreuer Anwendung nicht immer interessengemäß: Die Grundannahme, dass der nach einem gesetzlichen Rücktrittsrecht Berechtigte sein Rücktrittsrecht nicht kennt und daher sorglos mit dem Vertragsgegenstand umgeht greift dann nicht durch, wenn er bereits Kenntnis vom Rücktrittsrecht hat. Dem kann man dadurch Rechnung tragen, indem man die Norm in diesen Fällen teleologisch reduziert und den Wertersatzanspruch gewährt.

> **Beispiel:** K hat eine Maschine gekauft. Er bemerkt, dass diese einen Mangel hat (und dass er deswegen zurücktreten könnte), benutzt sie aber weiter, wobei er sie aufgrund einer seiner eigenen Sorgfalt entsprechenden Fehlbedienung die Maschine zerstört. Hier sollte man den Wertersatzanspruch aus § 346 Abs. 2 Nr. 3 BGB nicht an § 346 Abs. 3 Nr. 3 BGB scheitern lassen. Diese Lösung ist wohl h.M. aber umstritten.

In solchen Situationen sollte auch daran gedacht werden, dass die Unachtsamkeit als Verletzung einer Pflicht zur Rücksichtnahme auf den Vertragspartner angesehen werden kann, die einen Schadensersatzanspruch nach §§ 280 Abs. 1, 241 Abs. 1 BGB begründen kann. Dieser kann deswegen interessant sein, weil er nicht auf die vertragliche Gegenleistung beschränkt ist und auch Folgeschäden umfasst.

> **Beispiel:** Ein Gemälde ist das unerkannte Werk eines alten Meisters und daher € 10.000,- wert. V verkauft es an K für € 3.000,-. Erfährt K von einer Rücktrittsmöglichkeit des V und geht das Bild danach unter, so beträgt der Wertersatzanspruch maximal € 3.000,-, während der Schadensersatz sich auf € 10.000,- beläuft.

Erwägenswert ist eine **analoge Anwendung** auf **Veräußerung** und **Verbrauch**. Sie ist für den Verbrauch als eine der Verschlechterung ähnliche Situation weitgehend anerkannt. Problematischer sind Fälle der Veräußerung. Bei ihnen liegt wegen des regelmäßig erlangten Veräußerungsgewinnes eine andere Interessenlage vor und die Wertersatzplicht trifft den Rückgewährpflichtigen nicht unbillig, weswegen eine Analogie zwar zu diskutieren aber letztlich abzulehnen ist.

Sofern ein vertraglich gewährtes Rücktrittsrecht einem gesetzlichen Rücktritt nachgebildet ist, so soll **§ 346 Abs. 3 Nr. 3 BGB analog** anwendbar sein und der

Wertsersatzanspruch entfallen, wenn zugleich auch die Voraussetzungen des gesetzlichen Rücktrittsrechts vorliegen. Andernfalls droht ein Wertungswiderspruch.

> Beispiel: Ein Unternehmenskaufvertrag gewährt dem Käufer ein vertragliches Rücktrittsrecht bei bestimmten Mängeln. Sofern der Käufer aufgrund dieses Rücktrittsrechts zurücktritt, gleichzeitig aber auch § 323 BGB vorliegt, so kommt ihm die Haftungsmilderung in § 346 Abs. 3 Nr. 3 BGB zugute.

Alle diese **„Privilegien" bestehen** jedoch dann **nicht**, wenn der Rücktrittsschuldner nach „ausgeübtem Rücktrittsrecht" eine Rückgewährpflicht aus § 346 Abs. 1 BGB verletzt und sich deshalb nach §§ 346 Abs. 4, 280 – 282 BGB schadensersatzpflichtig macht; dann gilt auch nicht der gemilderte Haftungsmaßstab aus § 346 Abs. 3 Nr. 3 BGB (dazu sogleich mehr).

Auch wenn der Wertersatzanspruch nach § 346 Abs. 3 S. 1 Nr. 1 – 3 BGB ausgeschlossen ist, so bleibt die Pflicht zur **Herausgabe der verbleibenden Bereicherung** bestehen (§§ 346 Abs. 3 S. 2 BGB, 818 ff.); es handelt sich hierbei nach der Gesetzesbegründung um eine Rechtsfolgenverweisung auf das Bereicherungsrecht.

Fall 388: Der Rücktrittsberechtigte beschädigt die beim Rückgewährpflichtigen befindliche Sache, möchte aber gern diese beschädigte Sache zurückhaben.

In diesem Fall ist der Anspruch aus § 346 Abs. 1 BGB nach § 346 Abs. 2 Nr. 3 BGB in einen Wertersatzanspruch umgewandelt worden, der jedoch nach § 346 Abs. 3 Nr. 2 BGB ausgeschlossen ist. Nach § 346 Abs. 3 S. 2, 818 ff. BGB erhält der Rücktrittsberechtigte gleichwohl die beschädigte Sache zurück.

Fall 389: V verkauft an K ein Grundstück mit einem Ferienhaus, das bereits bei Übergabe aufgrund eines Konstruktionsfehlers einsturzgefährdet ist, was K aber nicht erkennen kann. K streicht das Haus in einer anderen Farbe neu und verbringt 2 Wochen Urlaub darin. Bei einem starken Sturm stürzt das Haus zusammen. K tritt nach §§ 437 Nr. 2, 326 Abs. 5 BGB berechtigt vom Kaufvertrag zurück. Für die Farbe hat er € 500 aufgewendet, den gleichen Betrag hätte er für die Anmietung eines anderen Hauses zahlen müssen. (nach Schwab).
1. Der Anspruch auf Wertersatz für das Haus aus § 346 Abs. 2 S. 1 Nr. 3 BGB entfällt nach § 346 Abs. 3 S. 1 Nr. 2 und 3 da V zum einen den Untergang wegen der mangelhaften Leistung zu vertreten hat und zum anderen, weil ein gesetzliches Rücktrittsrecht vorlag. 2. Es bleibt ein Anspruch aus § 346 Abs. 3 S. 2 BGB. Er hat immerhin die geldwerte Nutzung des Ferienhauses erlangt. Fraglich ist aber, ob K noch bereichert ist (§ 818 Abs. 3 BGB), da er per Saldo wegen des neuen Anstrichs nichts erlangt hat. Im Rahmen des Bereicherungsrechts ist diese Frage zu bejahen. Unter Wertungsgesichtspunkten problematisch ist hier aber, dass es sich vorliegend um Verwendungen handelt, die nach § 347 Abs. 2 BGB nicht zu ersetzen wären, da sie eine nützliche Verwendung sind und den V nicht (mehr) bereichern. § 347 Abs. 2 BGB soll nach dem Willen des Gesetzgebers eine abschließende Regelung für Verwendungen sein. Einem Wertersatzanspruch aus § 346 Abs. 2 BGB könnten die Kosten für den Anstrich daher im Wege der Aufrechung nicht entgegengehalten werden. Für den Anspruch aus § 346 Abs. 3 S. 2 BGB sollen diese Einschränkungen aber nicht gelten, da § 346 Abs. 3 S. 2 BGB nur solche Vermögensvorteile abschöpfen soll, die per

Saldo im Vermögen noch vorhanden sind. Hier beläuft sich der Saldo aber auf Null, weswegen kein Anspruch besteht.

cc) Anspruch auf Ersatz des Verzögerungsschadens neben der Leistung (§§ 280 Abs. 1, 2, 286 BGB) und des Schadensersatzes „statt der Leistung" (§ 346 Abs. 4 BGB)

Selbstverständlich ist, dass der Rückgewährberechtigte vom Rückgewährpflichtigen wegen verspäteter Rückgewähr den **Verzögerungsschaden neben der Leistung** ersetzt verlangen kann (§§ 280 Abs. 1, 2, 286 BGB). Die Nichterwähnung des § 286 BGB in § 346 Abs. 4 BGB erlaubt keinen Umkehrschluss.

Ebenso selbstverständlich ist und wird in § 346 Abs. 4 BGB daher auch nur klargestellt, dass bei einer Verletzung einer Pflicht aus § 346 Abs. 1 BGB (also **nach ausgeübtem Rücktrittsrecht**) der Rücktrittsgläubiger **Schadensersatz „statt der Leistung"** nach **§§ 280 – 283 BGB** verlangen kann, wenn der Schuldner seine Rückgewährpflicht nicht erfüllt.

> Durch diesen Anspruch aus §§ 346 Abs. 4, 280 – 283 BGB wird das Haftungsprivileg zugunsten des gesetzlich Rücktrittsberechtigten aus § 346 Abs. 3 Nr. 3 BGB wieder eingeschränkt oder umgekehrt formuliert: Die Befreiung von der Wertersatzpflicht aus § 346 Abs. 3 BGB, vor allem die Haftungsbeschränkung aus § 346 Abs. 3 Nr. 3 BGB gilt nicht.

- Die **objektive Pflichtverletzung** i.S.d. §§ 326 Abs. 4, 280 Abs. 1, 3, 281 – 283 BGB liegt entweder darin, dass der Rücktrittsschuldner nicht seiner Pflicht aus § 346 Abs. 1 BGB nachkommt, den Leistungsgegenstand in dem Zustand zurückzugewähren, in dem er sich bei ordnungsgemäßer Nutzung befindet. Das gilt mit Sicherheit dann, wenn die zum **Untergang oder zur Verschlechterung führende Handlung nach Erklärung des Rücktritts** liegt. Ob eine objektive Pflichtverletzung auch dann gegeben ist, wenn die zum **Untergang oder zur Verschlechterung führende Handlung vor Erklärung des Rücktritts** erfolgt (so Palandt), wird teilweise bezweifelt: die Rechtsfolgen sollen sich dann nur aus § 346 Abs. 2, 3 BGB ergeben. Dies lässt sich schon damit begründen, dass vor der Rücktrittserklärung ja noch keine verletzbare Pflicht bestand. Jedenfalls für vertragliche Rücktrittsrechte wird man wegen der Vorwirkung des Rückabwicklungsschuldverhältnisses eher eine Haftung annehmen können. Aber auch für gesetzliche Rücktrittsgründe wird eine strenge Haftung vor der Rücktrittserklärung vertreten, wenn der Rücktrittsschuldner den Rücktrittsgrund positiv kennt oder er sich ihm aufdrängen muss. Nachforschungspflichten bestehen insoweit aber nicht. Man wird die Rechtsentwicklung abwarten müssen.

- Das **Vertretenmüssen** der objektiven Pflichtverletzung wird vermutet (§ 280 Abs. 1 S. 2 BGB). Es gelten §§ 276, 278 BGB. Eine strengere Haftung kann sich aus § 287 BGB ergeben, eine mildere aus § 300 BGB ergeben. Wenn man auch eine vor Rücktrittserklärung verursachte Vereitelung der Rückgewährpflicht als unter §§ 346 Abs. 4, 280 Abs. 1, 3, 281-283 BGB fallende **objektive**

Pflichtverletzung ansehen wollte, dann wird man die Frage, ob der Rücktrittsschuldner die Pflichtverletzung **zu vertreten** hat, unterschiedlich danach zu beantworten haben, ob es sich um einen vertraglichen oder um einen gesetzlichen Rücktrittsgrund handelt und die Antwort beim gesetzlichen Rücktrittsrecht davon abhängig machen, ob es um die Haftung des Rücktrittsgegners oder um die des Rücktrittsberechtigten geht: **Nach Erklärung des Rücktritts** sind die Rückgewährpflichtigen bei beiden Arten des Rücktritts zur sorgsamen Behandlung des Leistungsgegenstandes verpflichtet. Bei einem vertraglich vereinbarten Rücktrittsrecht müssen die Vertragspartner als „potentielle" Rückgewährpflichtige **schon vor Erklärung des Rücktritts** mit dem empfangenen Leistungsgegenstand sorgfältig umgehen, dürfen ihn also nicht sorgfaltswidrig oder übermäßig gebrauchen oder in zurechenbarer Weise einer besonderen Gefahr aussetzen; bei einem gesetzlichen Rücktrittsrecht gilt dies für einen (für den Rücktritt verantwortlichen) Rücktrittsgegner bereits ab Empfang und für den Rücktrittsberechtigten, wenn er weiß, dass die Rücktrittsvoraussetzungen gegeben sind.

- Die für einen **Schadensersatzanspruch „statt der Leistung"** nach § 280 Abs. 3 BGB erforderlichen **zusätzlichen Voraussetzungen** sind entweder die des **§ 283 BGB** (eine Leistungsfreiheit nach § 275 Abs. 1 – 3 BGB) oder die des **§ 281 BGB** (Nichterfüllung trotz Fristsetzung oder Entbehrlichkeit der Fristsetzung).

Fall 390: K kauft bei V ein Auto. Es erweist sich als unbehebbar mangelhaft, weswegen K den Rücktritt erklärt. Nach dem Rücktritt benutzt er den Wagen jedoch weiter.
a) Der V muss für mehrere Tage einen Ersatzwagen beschaffen, da ihm der Wagen des K nicht rechtzeitig zu Verfügung steht.
b) Was kann V tun, wenn K den Wagen trotz Rücktrittserklärung nicht zurückgibt?
c) K beschädigt den Wagen schuldhaft auf der Fahrt zu V.
d) K wird auf der Fahrt zu V schuldlos in einen Unfall verwickelt.
e) K erkennt den Defekt. Er nutzt den Wagen aber weiter für wichtige Termine und will erst in der folgenden Woche zurücktreten. Bei einem unverschuldeten Unfall wird der Wagen zerstört. V entgeht ein Weiterveräußerungsgewinn.
Lösung: In allen Varianten steht dem K ein Rücktrittsrecht zu (§§ 437 Nr. 2, 326 Abs. 5, 346ff BGB).
a) Hier kann V den Verzugsschaden nach §§ 280 Abs. 1 S. 1, 286 Abs. 2 BGB ersetzt verlangen, weil K seine Rückgabepflicht aus § 346 Abs. 1 BGB verspätet erfüllt hat.
b) Hier bietet sich eine Fristsetzung nach § 281 Abs. 1 BGB an. Nach Fristablauf steht dem V nach §§ 346 Abs. 4, 280 Abs. 1 S. 1, 281 Abs. 1 BGB ein Schadensersatzanspruch zu.
c) Der Schadensersatzanspruch folgt hier aus §§ 346 Abs. 4, 280 Abs. 1 S. 1, 283 BGB.
d) Hier scheidet mangels Vertretenmüssen ein Anspruch aus §§ 346 Abs. 4, 280 Abs. 1 S. 1, 283 BGB aus. Manche Autoren wollen allerdings nach § 326 Abs. 1 BGB analog den Rückzahlungsanspruch des K aus § 346 Abs. 1 BGB entfallen lassen, um so eine angemessene Risikoverteilung, die mit den Wertungen der Saldotheorie (siehe Bereicherungsrecht) vereinbar ist zu erreichen. Diese Sichtweise ist jedoch mit dem Gesetzeswortlaut nicht vereinbar.
e) Hier stellt sich die Frage, ob man dem Rückgewährschuldner auch nach Kenntnis die Privilegierung des § 346 Abs. 3 S. 1 Nr. 3 BGB belässt (s.o.).

(4) „Stellvertretendes commodum" (§ 285 BGB)

Der Rückgewährgläubiger kann unabhängig vom Bestehen eines Schadensersatzanspruchs auch das „stellvertretende commodum" verlangen, wenn der Rückgewährschuldner von der Rückgewährpflicht nach § 275 Abs. 1 – 3 BGB befreit ist. Parallel hierzu steht dem Rückgewährgläubiger ein Anspruch auf Herausgabe der verbleibenden Bereicherung aus § 346 Abs. 3 S. 2 BGB zu.

(5) Folgeansprüche

Abschließend prüft man die **Folgeansprüche** aus § 347 Abs. 1, 2 BGB:

- Der **Rückgewährgläubiger** kann vom Rückgewährschuldner nach **§ 347 Abs. 1 BGB Wertersatz** für nicht gezogene Nutzungen, die er nach den Regeln einer ordnungsgemäßen Wirtschaft hätte ziehen müssen, verlangen.

- Umgekehrt kann der **Rückgewährschuldner**, der einen zurück zu gewährenden Gegenstand zurückgewährt oder der Wertersatz leistet, oder dessen Wertersatzpflicht nach § 346 Abs. 3 Nr. 2 und 3 BGB ausgeschlossen ist, von dem Rückgewährgläubiger den Ersatz seiner **notwendigen Verwendungen** verlangen (§ 347 Abs. 2 S. 1 BGB). Darunter fallen alle Verwendungen, die den Untergang oder die Verschlechterung der Sache verhindern und die der gewöhnlichen Nutzungsfähigkeit der Sache dienen. Alle anderen Verwendungen sind nur zu ersetzen, wenn sie den Rückgewährberechtigten bereichern.

> **Beispiele:** Die Reparatur der Bremsen eines Autos fallen unter § 347 Abs. 2 S. 1 BGB, der Einbau eines Sportlenkrades fällt dagegen nur unter § 347 Abs. 2 S. 2 BGB. Im letzteren Fall kann sich der Rückgewährgläubiger unter dem Stichwort der „aufgedrängten Bereicherung" weigern, für ihn sinnlose Verwendungen zu ersetzen.

- Wer Probleme mit den **Begriffen „Nutzungen"** und **„Verwendungen"** hat, dem kann an dieser Stelle nicht weitergeholfen werden. Diese Begrifflichkeiten gehören schwerpunktmäßig zum Eigentümer-Besitzer-Verhältnis (§§ 987 ff. BGB) und werden erst in Teil 6 abgehandelt.

> Damit sind uns die Rechtsfolgen des Rücktritts klar. Jetzt geht es an die Voraussetzungen eines Rücktritts.

2. Die Rücktrittserklärung (§ 349 BGB)

> Es mag eigentümlich wirken, dass wir noch vor den „Rücktrittsgründen" auf die „Rücktrittserklärung" eingehen. Das ist aus fallbearbeitungstaktischen Gründen aber unbedingt erforderlich: Denn fehlt es an einer Rück-

> trittserklärung, ist eine Erörterung der Rücktrittsgründe – so spannend sie auch sein mögen – absolut „tabu"!! Anders kann es ggf. in einer Klausur aus Anwaltssicht sein. Dort kann ein sinnvoller aber noch nicht erklärter Rücktritt empfohlen werden.

Ein Rücktrittsrecht aus Vertrag oder aus Gesetz wird durch **einseitige, empfangsbedürftige, gestaltende Erklärung** ausgeübt. Als „Gestaltungsrecht" ist sie bedingungs- und befristungsfeindlich.

Sollte die Aufgabenstellung von Ihnen verlangen, durch **Auslegung (§ 133 BGB)** zu ermitteln, ob ein Rücktritt erklärt worden ist, kann es hilfreich sein, sich die unterschiedlichen **Motive für** die Erklärung eines **Rücktritts** bewusst zu machen:

- Wie wir bereits wissen, kann ein Rücktritt dazu dienen, einen vertraglichen Anspruch durch Herbeiführung einer **„Beendigung" des Vertrages** abzuwehren.

- Es kann einem Vertragspartner aber auch darum gehen, einfach nur eine **vertragliche Bindung „abzustreifen"**,

- und/oder darum, seine **schon erbrachten Leistungen zurückzubekommen**, dies häufig dann, wenn der Rücktrittsberechtigte erkennt bzw. befürchtet, dass ein an sich auch interessanter Schadensersatzanspruch daran scheitert/scheitern kann, dass der Schuldner sich nach § 280 Abs. 1 S. 2 BGB exkulpieren kann.

3. Die Rücktrittsgründe

In der **„Zentralnorm" des Rücktrittsrechts**, dem § 346 Abs. 1 BGB, werden die beiden Rücktrittsgründe für ein Rücktrittsrecht genannt: Das **vertraglich vereinbarte Rücktrittsrecht** und zum anderen das in der Rechtspraxis ungleich wichtigere **gesetzliche Rücktrittsrecht**.

a) Vertragliches Rücktrittsrecht

Vertragliche Rücktrittsrechte sind zumindest in juristischen Aufgabenstellungen außerordentlich selten. Denkbar sind sie natürlich, und daher soll hier ein kurzes Beispiel zeigen, wie man solche Fälle prüft:

> Fall 391: Der V verkauft an den K eine Sache. Der K ist sich bei Vertragsschluss nicht ganz sicher, ob er die Sache wirklich haben möchte. V ist daher damit einverstanden, dass K eine Woche Zeit hat, die Sache zu testen. Innerhalb dieser Woche soll er ein Rücktrittsrecht ausüben können. Den Kaufpreis bezahlt der K bei Vertragsschluss. Nach 6 Tagen ruft der K den V an und erklärt den Rücktritt und verlangt „sein Geld" zurück. Der V ist dazu bereit, aber nur Zug um Zug gegen Rückgabe der Sache.
>
> Der Anspruch auf Rückzahlung kann sich a) aus §§ 346 Abs. 1, 349 BGB ergeben. aa) K hat den Rücktritt erklärt. bb) Dem K stand ein vertragliches Rücktrittsrecht zu. cc) Ein Aus-

schluss, hier insbesondere durch Fristablauf kommt nicht in Betracht. dd) Dem K steht daher grundsätzlich ein Rückzahlungsanspruch zu. b) Der Anspruch ist aa) aber nicht durchsetzbar, weil dem V die Einrede aus §§ 348, 320 BGB zusteht. bb) Nach §§ 348, 322 BGB kann der K die Leistung nur Zug um Zug gegen Rückgabe der Sache verlangen. Dazu ist der K laut Sachverhalt auch bereit.

b) Gesetzliches Rücktrittsrecht

Die für Sie bedeutsamen **gesetzlichen Rücktrittsrechte** gibt es (nach der Reihenfolge der Regelungen im Gesetz geordnet)

- nach **§ 313 Abs. 3 BGB** bei den Störungen der Geschäftsgrundlage,
- nach **§ 321 Abs. 2 S. 2 BGB** bei der sog. „Unsicherheitseinrede",
- nach **§§ 323, 326 Abs. 5, 437, 634** BGB bei Nicht- und Schlechtleistungen,
- nach **§ 324 BGB** im Fall der Verletzung einer „Verhaltenspflicht" aus § 241 Abs. 2 BGB,
- nach **§ 326 Abs. 5 BGB** bei Leistungsfreiheit nach § 275 BGB,
- nach **§ 438 Abs. 4 S. 3, 634 a Abs. 4 S. 3 BGB** im Fall der Einrede des Rücktritts durch Käufer oder Besteller.

Uns interessieren aus diesem Spektrum:

1. zunächst nur die **Rücktrittsgründe** des Allgemeinen Leistungsstörungsrechts **aus §§ 326 Abs. 5, 324** und **§ 323 BGB** sowie das Rücktrittsrecht aus **§ 313 Abs. 3 BGB** wegen einer Störung der Geschäftsgrundlage.

2. Wenn man in einer Fallbearbeitung die Rücktrittsgründe aus §§ 323 Abs. 1 und § 326 Abs. 5 BGB anzusprechen gedenkt, muss man **aufbautechnisch** den **Rücktritt wegen Unmöglichkeit** (§ 326 Abs. 5 BGB) **vor** dem **Rücktritt wegen Verzugs** (§ 323 Abs. 1 BGB) prüfen, da Unmöglichkeit den Verzug (der ja eine fällige Leistungspflicht voraussetzt) denklogisch ausschließt. Daran orientiert sich auch unser Aufbau.

aa) Rücktritt wegen Leistungsbefreiung (§ 326 Abs. 5 BGB)

→ **I. Voraussetzungen**
 1. **Rücktrittserklärung.**
 2. Bestehen eines **gegenseitigen Vertrages.**
 3. **Rücktrittsgrund:** Der Schuldner wird (nachträglich) bzw. ist (ursprünglich) gem. **§ 275 Abs. 1 – 3 BGB** von einer Leistungspflicht, die nicht im Gegenseitigkeitsverhältnis stehen muss (str.), frei.
 4. **Keine Ausschlussgründe:** kein Ausschluss des Rücktrittsrechts nach §§ 326 Abs. 5, 323 Abs. 6, § 218 BGB.

→ **II. Rechtsfolge**
 Rückgewährschuldverhältnis aus §§ 346 ff. BGB.

Wenn der Schuldner aus einem gegenseitigen Vertrag nach § 275 Abs. 1 – 3 BGB leistungsfrei wird, soll der Gläubiger generell die Möglichkeit haben vom ganzen Vertrag zurückzutreten (**§ 326 Abs. 5 BGB**); er kann dann nach § 346 BGB Herausgabe der erbrachten Gegenleistung verlangen.

Da aber der Gläubiger in diesen Fällen nach **§§ 326 Abs. 4, 346 – 348 BGB** schon von Gesetzes wegen einen Rückgewähranspruch nach Rücktrittsgrundsätzen hat, hat das Rücktrittsrecht aus § 326 Abs. 5 BGB nur einen kleinen Anwendungsbereich:

- Das Rücktrittsrecht ist für den Gläubiger bei folgender Konstellation von **Bedeutung:** Wenn eine an sich geschuldete Nacherfüllung einer nicht vertragsgemäßen Leistung nach § 275 Abs. 1 – 3 BGB nicht erbracht werden muss, bleibt die Gegenleistung weiterhin nach § 326 Abs. 1 S. 2 BGB geschuldet; wenn die Gegenleistung bereits erbracht sein sollte, kommt daher ein Rückforderungsanspruch aus § 326 Abs. 4 BGB nicht in Betracht. In einem solchen Fall kann ein Rücktrittsrecht aus § 326 Abs. 5 BGB von Bedeutung werden: das ist i.w. ein Thema des besonderen Gewährleistungsrechts (**§§ 437 Nr. 2, 326 Abs. 5 und §§ 634, Nr. 3, 326 Abs. 5 BGB**); dazu später mehr.

- Wenn die nach § 275 BGB nicht zu erbringende **Leistungspflicht nicht in einem Gegenseitigkeitsverhältnis** zu der bereits erbrachten Gegenleistung steht, so gibt es keinen Rückforderungsanspruch aus § 326 Abs. 4, Abs. 1, 346 ff. BGB. Auch hier „schlägt die Stunde" des § 326 Abs. 5 BGB, weil es für ein Rücktrittsrecht aus § 326 Abs. 5 BGB nicht erforderlich ist, dass die nicht zu erbringende Leistungspflicht in einem Gegenseitigkeitsverhältnis zu der bereits erbrachten Gegenleistung steht.

Einige Autoren verlangen für die Anwendung der §§ 323 und 325 BGB neuerdings, dass die **gestörte Leistung im Gegenseitigkeitsverhältnis** stehen muss. Das Hauptargument dafür soll sein, dass § 320 BGB das Zurückbehaltungsrecht (unstreitig) nur bei Leistungen im Gegenseitigkeitsverhältnis gewährt. Wegen einer Leistungsstörung, die nicht einmal eine Einrede gewährt soll ein (weiterreichender) Rücktritt nicht möglich sein.

> Gegen diese Ansicht lässt sich ins Feld führen, dass zum einen der Gesetzgeber davon ausging, dass ein Gegenseitigkeitsverhältnis nicht bestehen muss und dass der Gesetzeswortlaut hierfür nichts hergibt. Auf den Streit sollte man nur eingehen, wenn ausnahmsweise eine Leistung gestört ist, die nicht im Gegenseitigkeitsverhältnis steht, was selten ist.

- Eine weitere Fallkonstellation, bei der ein Rücktrittsrecht aus § 326 Abs. 5 BGB von Bedeutung ist, ist die der **teilweisen Unmöglichkeit**: Wie Sie ja wissen, entfällt die Leistungspflicht nach § 275 Abs. 1 BGB nur „soweit", wie die Leistung unmöglich ist; konsequenterweise bestimmt § 326 Abs. 1 S. 1 2. HS. BGB, dass der Anspruch auf die Gegenleistung nur insoweit entfällt, wie der Schuldner die Leistung nicht schuldet. Durch § 326 Abs. 5 BGB wird es möglich, dass der Gläubiger sich vom gesamten Vertrag lösen kann.

- Eine weitere praktische Funktion hat § 326 Abs. 5 BGB in solchen Fällen, in denen (was praktisch sehr häufig der Fall ist) **für den Gläubiger Unklarheit** darüber besteht, warum er die Leistung nicht erhält. Er kann dann gem. § 323 BGB nach Fristsetzung zurücktreten. Wenn sich dann aber herausstellen sollte, dass ein Rücktritt nach § 323 BGB wegen einer Leistungsfreiheit des Schuldners nicht in Betracht kam, bleibt der erklärte Rücktritt (nunmehr gegründet auf § 326 Abs. 5 BGB) auf jeden Fall wirksam.

> **Kurz zusammengefasst** kann man sagen: auf § 326 Abs. 5 BGB kommt es also an
>
> **1.** bei §§ 437 Nr. 2, 326 Abs. 5 und §§ 634, 326 Abs. 5 BGB (dazu später mehr)
>
> **2.** wenn kein Gegenseitigkeitsverhältnis von unmöglicher Leistungspflicht und erbrachter Gegenleistung besteht
>
> **3.** bei teilweiser Unmöglichkeit und
>
> **4.** bei Unklarheiten darüber, ob ein Fall des § 275 Abs. 1-3 BGB oder nur Nichtleistung vorliegt.

Die erste Voraussetzung für das Vorliegen des gesetzlichen Rücktrittsgrundes aus § 326 Abs. 5 BGB ist das Vorliegen eines **gegenseitigen Vertrages** (Sie wissen ja noch: wenn ein „do ut des" - Verhältnis zwischen beiderseitigen Pflichten besteht).

Des Weiteren muss der Schuldner nach **§ 275 BGB von der Leistungspflicht** (die nicht im Gegenseitigkeitsverhältnis stehen muss!) **befreit** sein, und zwar unabhängig davon, ob die Leistungsbefreiung auf Unmöglichkeit zur Leistung (§ 275 Abs. 1 BGB) oder durch die Erhebung einer Einrede bei faktischer oder persönlicher „Unmöglichkeit" (§ 275 Abs. 2, 3 BGB) erfolgt; die zur Leistungsbefreiung nach § 275 Abs. 2, 3 BGB erforderliche Erhebung der Einrede wäre im Fallaufbau inzident zu prüfen, sofern man dies nicht vorher schon im Hinblick auf das Erlöschen der Primärleistungspflicht § 275 BGB geprüft hatte und darauf verweisen kann.

Durch die Verweisung in §§ 326 Abs. 5 2. HS BGB auf § 323 Abs. 6 BGB besteht eine **Rücktrittssperre** dann, wenn der Rücktrittsberechtigte „für den Umstand, der ihn zum Rücktritt berechtigen würde, allein oder weit überwiegend verantwortlich ist" (ab etwa 90% Verantwortungsquote) oder wenn der von ihm nicht zu vertretende „Umstand zu einer Zeit eintritt, zu welcher der Gläubiger" als Rücktrittsberechtigter „im Verzug der Annahme ist".

Da nur Ansprüche der Verjährung unterliegen (§ 194 BGB), kann das Rücktrittsrecht als „Gestaltungsrecht" nicht verjähren. Durch einen Kunstgriff hat es der Gesetzgeber gleichwohl möglich gemacht, den Schuldner vor einem nach Ablauf der Verjährung des Leistungsanspruchs erfolgenden Rücktritt zu schützen: Es erklärt den **Rücktritt für „unwirksam"**, wenn der Leistungsanspruch verjährt ist und (unausgesprochen) wenn sich der Schuldner hierauf beruft (§ 218 Abs. 1 BGB).

> Als **„Faustformel"** kann man sich also merken: Die Voraussetzungen, unter denen der Gläubiger nach § 326 Abs. 5 BGB zurücktreten kann, sind identisch mit denen, unter denen nach §§ 280 Abs. 1, 3, 283 Schadensersatz verlangt werden kann, nur dass es für das Rücktrittsrecht auf ein Vertretenmüssen nicht ankommt!

bb) Rücktritt wegen Nichtleistung oder wegen nicht vertragsgemäßer Leistung beim gegenseitigen Vertrag (§ 323 BGB)

Wenn ein Vertragsschuldner aus einem gegenseitigen Vertrag trotz Nachfristsetzung nicht oder nicht vertragsgemäß leistet, kann der Gläubiger nach ergebnisloser Nachfristsetzung oder bei deren gesetzlich bestimmter Entbehrlichkeit vom Vertrag zurücktreten (§ 323 BGB).

> → **I.** **Voraussetzungen**
> 1. **Rücktrittserklärung, § 349 BGB.**
> 2. Bestehen eines **gegenseitigen Vertrages**
> 3. Rücktrittsgrund.
>   a) **Nichterbringung oder nicht vertragsgemäße Erbringung einer fälligen** (Ausnahme: § 323 Abs. 4 BGB) **Leistung**, die nicht im Gegenseitigkeitsverhältnis stehen muss (str.).
>   b) Setzung einer angemessenen **Nachfrist** (§ 323 Abs. 1 BGB) bzw. **Abmahnung** oder **Ausnahme** hiervon (§ 323 Abs. 2 BGB) und fruchtloser Fristablauf.
> 4. Eigene **Vertragstreue** des Rücktrittsberechtigten (ungeschriebenes Merkmal).
> 5. **Keine Ausschlussgründe**: kein Ausschluss des Rücktrittsrechts nach

> § 323 Abs. 5 , 6 und 218 BGB.
> → II. **Rechtsfolge**
> Rückgewährschuldverhältnis aus §§ 346 ff. BGB.

Bestehen muss also ein **gegenseitiger Vertrag** (= „do ut des") und ein daraus herrührender **Leistungsanspruch**, der aber nicht selbst im Gegenseitigkeitsverhältnis stehen muss.

Der Anspruch muss **fällig** sein. Weiterhin muss der Anspruch auf die Leistung **durchsetzbar** sein. Das Bestehen einer dauernden Einrede oder einer aufschiebenden Einrede soll ein Rücktrittsrecht ausschließen. Ausnahmsweise besteht aber auch ein Rücktrittsrecht vor der Fälligkeit: Nämlich bei einer Erfüllungsverweigerung des Schuldners **vor Fälligkeit** (§ 323 Abs. 4 BGB). Bei den Schadensersatzansprüchen hatten wir ein ähnliches Problem. Dort haben wir mangels einer Regelung wie § 323 Abs. 4 BGB überlegt (und verneint) und den Anspruch statt aus § 281 Abs. 1 BGB analog aus § 282 BGB hergeleitet.

Fall 392: In einem Kaufvertrag vom 2. Januar 2003 verpflichtet sich der V zur Belieferung des K am 11. Februar 2003. Als der V nicht liefert, setzt der K dem V eine Frist bis zum 20. Februar 2003. Als diese fruchtlos verstrichen ist, erklärt der K den Rücktritt und verlangt die Rückzahlung des von ihm bereits vollständig entrichteten Kaufpreises von € 500,- von V.

Der Anspruch ergibt sich aus §§ 323 Abs. 1, 346 ff. BGB.

Variante: Der K hatte entgegen seiner vertraglichen Verpflichtung, den Kaufpreis bis zum 1. Februar 2003 zu zahlen, noch nicht entrichtet.

Dem K steht kein Anspruch aus §§ 323 Abs. 1, 346 ff. BGB zu, weil der Anspruch nicht durchsetzbar ist (§ 320 BGB).

Variante: Der V hatte sich durch einen Kaufvertrag zur Belieferung des K an dessen Wohnsitz am 11. Februar 2003 verpflichtet. Als V am 15. Januar 2003 ankündigte, die Kaufsache nur gegen einen Aufpreis von € 200,- an K's Wohnsitz zu liefern, erklärt der K den Rücktritt und verlangt die Rückzahlung des von ihm bereits vollständig entrichteten Kaufpreises.

Der Anspruch ergibt sich aus §§ 323 Abs. 1, 4 , 346 ff. BGB.

Weiterhin ist Voraussetzung, dass der **Schuldner** die **Leistung nicht** oder **nicht vertragsgemäß erbracht** hat. Hier soll schon einmal darauf hingewiesen werden, dass die wichtigsten Anwendungsfälle des § 323 BGB (Erbringung der Leistung „nicht vertragsgemäß") die §§ 437 Nr. 2, 323 BGB bzw. §§ 634 Nr. 3, 323 BGB sind; weil dies aber kein Thema des Allgemeinen Leistungsstörungsrechts, sondern des Besonderen Gewährleistungsrechts ist, wird dies später vertieft werden.

> Verlieren Sie bitte nicht aus dem Auge, dass immer dann, wenn der Schuldner nach § 275 Abs. 1 – 3 BGB nicht zu leisten braucht, mangels ei-

B. „Sekundäransprüche" aus dem allgemeinen Leistungsstörungsrecht

> nes fälligen Leistungsanspruchs § 323 Abs. 1 BGB nicht angewendet wird; ein Rücktrittsrecht ergibt sich dann allein aus dem Ihnen ja inzwischen bekannten § 326 Abs. 5 BGB.

Der Gläubiger muss für einen Rücktritt aus § 323 BGB **grundsätzlich** dem Schuldner **ergebnislos** eine angemessene **Nachfrist gesetzt** oder bei Unterlassungsansprüchen eine **Abmahnung** erteilt haben (§ 323 Abs. 3 BGB). Auch wenn § 323 und §§ 280 Abs. 1, 2, 286 BGB unterschiedliche Voraussetzungen haben, müssen Sie bedenken, dass eine Fristsetzung nach § 323 Abs. 1 BGB immer zugleich eine Mahnung im Sinne des § 286 BGB darstellt, der Gläubiger kann daher neben der Rückforderung aus dem Rücktritt bereits entstandene Verzögerungsschäden nach § 286 Abs. 1 BGB ersetzt verlangen. Dass die Geltendmachung von Schadensersatz neben dem Rücktritt zulässig ist, bestimmt § 325 BGB.

Ausnahmsweise erklärt das Gesetz in § 323 Abs. 2 BGB die **Fristsetzung** aber für **entbehrlich**:

- **§ 323 Abs. 2 Nr. 1 BGB** ist eine Parallelregelung zu § 281 Abs. 2 BGB: **Verweigert der Schuldner die Leistung ernsthaft und endgültig**, so wäre eine Fristsetzung purer Formalismus. Deshalb darf der Gläubiger in diesem Fall sofort zurücktreten.

Fall 393: In einem Kaufvertrag vom 2. Januar 2003 verpflichtet sich der V zur Belieferung des K am 11. Februar 2003. Der V bittet den K am 15. Januar 2003 um eine Verlängerung der Lieferfrist bis zum 15. März 2003. Der K lehnt ab. Als der V am 11. Februar 2003 nicht liefert, erklärt der K den Rücktritt und verlangt die Rückzahlung des von ihm bereits vollständig entrichteten Kaufpreises von € 500,-.

Der K hat keinen Anspruch aus §§ 323 Abs. 1, 2 Nr. 1, 346 ff. BGB, a) denn in der Bitte um eine Verlängerung der Lieferfrist ist keine ernsthafte und endgültige Verweigerung der Leistung; der K hätte also eine Nachfrist setzen müssen. b) Ein Fixgeschäft nach § 323 Abs. 2 Nr. 2 BGB liegt trotz der terminlichen Fixierung nicht vor, weil nicht ersichtlich ist, dass das Geschäft mit der Fristeinhaltung „steht und fällt".

Variante: Der V erklärt am 11. Februar 2003, dass er nun gar nicht mehr in der Lage sei zu liefern.

Hier ergibt sich der Anspruch aus §§ 323 Abs. 1, 2 Nr. 1, 346 ff. BGB, denn in der Erklärung liegt eine ernsthafte und endgültige Verweigerung der Leistung.

- Eine der Regelung des **§ 323 Abs. 2 Nr. 2 BGB** entsprechende Bestimmung ist in § 281 BGB allerdings nicht zu finden. Hier geht es um das sog. **„relative Fixgeschäft"**, bei dem eine Verspätung zu einem Rücktrittsrecht ohne Nachfristsetzung führt. Ein „relatives Fixgeschäft" liegt vor, wenn ein **bestimmter Leistungstermin** vereinbart ist **und** wenn dieser durch eine **Parteivereinbarung** („prompt", „genau", „spätestens") eine so **hervorgehobene Bedeutung** erhalten hat, dass das Geschäft mit der Einhaltung der Frist **„steht und fällt"**. Allerdings darf die Einhaltung nicht so bedeutsam sein, dass bei seinem Verstreichen bereits Unmöglichkeit eintritt; das wäre dann ein „**absolutes Fixgeschäft**", das Sie schon aus Teil 3 kennen.

Fall 394: Die Fa. „Haralds Fliesenhandel" (H) hat am 1. Februar 2002 an den K, der durch seinen Fliesenleger seine Terrasse fliesen lassen möchte, 20 qm einer „aus einer Partie" stammenden Fliese eines italienischen Herstellers mit der Bezeichnung „Siena" für € 2000,- verkauft. Die Lieferung soll am 15. Mai 2002 um 8.00 Uhr auf der Baustelle an den für diesen Zeitpunkt bestellten Fliesenleger erfolgen. Der K hat den gesamten Kaufpreis von € 2000,- an H bereits bei Abschluss des Kaufvertrages gezahlt. Als H um 8.00 Uhr des 15. Mai 2002 den K anruft und erklärt, dass man noch dabei sei, die Fliesen zu beschaffen und dass man bis 14.00 Uhr die Anlieferung vornehmen könne, erklärt der K, dass er eine verspätete Lieferung von H nicht annehmen werde; Der K verlangt Rückzahlung der € 2000,-.

Der Anspruch könnte sich aus §§ 346 Abs. 1, 323 Abs. 1 BGB ergeben. Dann müsste K wirksam vom Vertrag zurückgetreten sein. a) K hat den Rücktritt erklärt (§ 349 BGB). b) Dem Gläubiger K aa) stand am 15. Mai 2002 um 8.00 Uhr ein fälliger Leistungsanspruch aus einem gegenseitigen Vertrag, gerichtet auf Lieferung von 20 qm Fliesen „Siena" aus „einer Partie" gegen den Schuldner H zu (§ 433 Abs. 1 BGB). Der Schuldner H hat die Leistung bei Fälligkeit nicht erbracht (§ 323 Abs. S. 1 BGB). bb) (1) Eine nach § 323 Abs. 1 S. 1 BGB erforderliche Leistungsaufforderung mit Setzung einer angemessenen Frist liegt nicht vor; der K hat eine weitere Leistung sofort abgelehnt. (2) Die Leistungsaufforderung mit Fristsetzung könnte nach § 323 Abs. 2 BGB entbehrlich sein. Hier liegt nach § 323 Abs. 2 Nr. 2 BGB der Fall des „relativen Fixgeschäftes" vor. c) Es liegt auch kein Ausschluss nach aa) § 323 Abs. 6 BGB (kein Rücktrittsrecht bei Verantwortlichkeit des Gläubigers für den Rücktrittsgrund bzw. Eintritt des Rücktrittsgrundes während des Gläubigerverzuges) vor. bb) Ein Ausschluss nach § 218 Abs. 1 BGB liegt ebenfalls nicht vor, da eine Verjährung des Leistungsanspruchs nicht vorliegt. d) Dem K steht also ein Anspruch aus § 346 Abs. 1 BGB auf Rückzahlung der € 2000,- zu.

- In **§ 323 Abs. 2 Nr. 3 BGB** findet sich eine – wiederum mit § 281 Abs. 2 BGB identische – **Generalklausel,** derzufolge eine Fristsetzung entbehrlich ist, wenn besondere Umstände vorliegen, die nach Abwägung der beiderseitigen Interessen zum sofortigen Rücktritt berechtigen. Aus der Darstellung des § 281 BGB ist Ihnen bekannt, dass man hier an „just-in-time-Verträge" und die Verpflichtung zur Lieferung von Saisonware denken muss.

Wie auch bei § 281 BGB ist Voraussetzung für ein Rücktrittsrecht, dass der **Rücktrittsberechtigte seinerseits vertragstreu** ist. Dieses Merkmal taucht im Gesetz nicht auf, folgt jedoch aus § 242 BGB (sog. tu-quoque-Einwand).

Fall 395: In einem Kaufvertrag vom 2. Januar 2003 verpflichtet sich der V zur Belieferung des K am 11. Februar 2003. Von dem Kaufpreis in Höhe von € 1000,- soll der K am 15. Januar 2003 einen Betrag von € 500,- zahlen, der Rest soll erst am 1. Februar 2003 gezahlt werden. Der K zahlt am 15. Januar 2003 wie vereinbart € 500,- und kündigt gleichzeitig an, den restlichen Kaufpreis erst am 1. Mai 2003 zahlen zu wollen. Als der V am 11. Februar 2003 nicht liefert, setzt der K ihm eine Nachfrist bis zum 1. März 2003. Als diese fruchtlos verstreicht, erklärt der K den Rücktritt und verlangt Rückzahlung.

Dem K steht kein Anspruch aus §§ 323 Abs. 1, 2 Nr. 1, 346 ff. BGB (deren geschriebene Voraussetzungen allesamt vorliegen) zu, weil durch die eigenmächtige Hinausschiebung der Zahlungsfrist erkennen lässt, dass er seinerseits nicht vertragstreu ist.

Weiterhin darf **keine Rücktrittssperre** bestehen (§ 323 Abs. 6 BGB). Die Ausschlussgründe entsprechen denen bei § 325 BGB. Der Rücktritt kann (ganz oder teilweise) ausgeschlossen sein, wenn

- den Gläubiger **ein überwiegendes Verschulden** an der Nichtleistung oder an der nicht vertragsgemäßen Leistung trifft oder der Rücktrittsgrund zur Zeit eines Annahmeverzuges des Rücktrittsberechtigten eingetreten ist (§ 323 Abs. 6 BGB). In diesem Fall steht dem Gläubiger kein Rücktrittsrecht zu.

    Beispiel: Die Leistungserbringung scheitert daran, dass der Gläubiger eine falsche oder unleserliche Lieferadresse angegeben hat.

- Wenn in § 323 Abs. 5 S. 2 BGB weiterhin bestimmt wird, dass bei einer **nicht vertragsgemäßen Leistung** der Rücktritt dann nicht möglich sein soll, wenn die Pflichtverletzung unerheblich ist, so ist diese Regelung zugeschnitten auf die folgende Fallkonstellation des Gewährleistungsrechts: Der gekaufte Neuwagen hat eine ganz unerhebliche und kaum sichtbare Schramme am Unterboden. In solchen Fällen eines „Bagatellmangels" soll der Verkäufer vor einem Rücktritt nach §§ 433 Abs. 1 S. 2, 434 Abs. 1, 437 Nr. 2, 323 BGB mit seinen u.U. gravierenden wirtschaftlichen Folgen (rapider Wertverlust durch Erstzulassung seitens des Käufers) geschützt werden; letztlich ist dieses Vorschrift deshalb notwendig geworden, weil ein Mangel auch bei unerheblichen Abweichungen der „Ist-„ von der „Sollbeschaffenheit" vorliegt. Dazu später mehr bei der Darstellung des Gewährleistungsrechts.

> Nach der Rechtsprechung wäre ein Mangel, der **etwa 1% des Kaufpreises** ausmacht unerheblich. Ob man diesen Satz verallgemeinern kann, bleibt abzuwarten.

- In der Regel wird die **gesamte Leistung nicht oder nicht vertragsgemäß erbracht**. Die Antwort auf die Frage, ob bei einer **Teilleistung** nur ein Teilrücktritt oder ein Rücktritt vom gesamten Vertrag möglich ist, hängt davon ab, ob der Gläubiger die Teilleistung nach § 266 BGB zurückgewiesen hat oder nicht. Wenn er die Leistung zurückgewiesen hat, ist die gesamte Leistung nicht erbracht worden. Wenn der Gläubiger die Teilleistung dagegen angenommen hat, so kann er im Regelfall nur einen Teilrücktritt erklären, es sei denn er hat an der Teilleistung kein Interesse (§ 323 Abs. 5 S. 1 BGB).

- Genauso wie bereits beim Schadensersatzanspruch nach § 281 BGB bereitet die Zuweniglieferung beim Kaufvertrag und beim Werkvertrag Schwierigkeiten: Abgestellt werden kann entweder auf § 323 Abs. 5 S. 1 BGB, oder man kann (wegen §§ 434 Abs. 3, 633 Abs. 3 BGB) wiederum daran denken, dass auch eine Zuweniglieferung eine „nicht vertragsgemäße" Lieferung ist, was zur Folge hätte, dass ein Rücktritt hinsichtlich der gesamten Lieferung schon bei einer **erheblichen Pflichtverletzung** ohne Rücksicht auf einen **Interessenwegfall** des Gläubigers möglich ist. Die besseren Argumente sprechen dafür, in diesen Fällen auf § 323 Abs. 5 S. 1 BGB abzustellen, da dessen Anwendungsbereich ansonsten praktisch auf Null schrumpfen würde.

> Sie haben sicher bemerkt, dass auch hier eine unübersehbare Parallele zu einem Schadensersatzanspruch – hier zu § 281 BGB – besteht. Aber abweichend zu § 281 BGB verlangt das Gesetz für einen Rücktritt grundsätzlich **kein Vertretenmüssen** des Schuldners.

cc) Wegen „Verhaltenspflichtverletzung" beim gegenseitigen Vertrag (§ 324 BGB)

Ein Rücktrittsrecht gibt es schließlich auch bei einer Verletzung von bei einem gegenseitigen Vertrag bestehenden „Verhaltenspflichten" („nicht leistungsbezogene Nebenpflichten").

> Das war wegen des Ihnen ja inzwischen immer deutlicher gewordenen Prinzips der Parallelität von Ansprüchen auf Schadensersatz „statt der Leistung" und „Rücktritt" zu erwarten. Denn schließlich gibt es bei der Verletzung einer „Verhaltenspflicht" einen Anspruch auf Schadensersatz „statt der Leistung" aus §§ 280 Abs. 1, 3, 241 Abs. 2, 282 BGB. Konsequenterweise musste der Gesetzgeber gleiches für das Recht zum Rücktritt bestimmen.

Es muss ein **gegenseitiger Vertrag** sowie die **Verletzung einer „Verhaltenspflicht"** („nicht leistungsbezogene Nebenpflichten") aus § 241 Abs. 2 BGB gegeben sein, aufgrund derer dem Gläubiger das **Festhalten am Vertrag unzumutbar** ist.

Wir können uns dies leicht an einem Beispiel verdeutlichen, und dabei zugleich eine kleine Wiederholung der Schadensersatzansprüche vornehmen:

Fall 396: Die als selbstständige Reinigungsunternehmerin tätige P soll die nach einem Umbau verdreckte Wohnung des B reinigen. Der B hat den fest vereinbarten Werklohn vorab gezahlt. Am ersten Tag zerstört die P beim Transport einer Leiter schuldhaft ein großes Fenster, weswegen der B die P zu mehr Sorgfalt ermahnt. Am nächsten Tag geht auf gleiche Weise eine andere Scheibe zu Bruch. Der B verlangt Schadensersatz hinsichtlich der zerstörten Fensterscheiben. Außerdem erklärt er den Rücktritt vom Vertrag und verlangt Zurückzahlung des Werklohnes Zug-um-Zug gegen Wertersatz für die geleisteten Reinigungsarbeiten.

1. Der B kann seine Anzahlung zurückfordern, wenn er wirksam von dem geschlossenen Werkvertrag zurückgetreten ist (§§ 346 Abs. 1, 349 BGB). a) Der Rücktritt ist erklärt worden. b) Es müsste ein Rücktrittsgrund vorliegen. aa) § 326 Abs. 5 BGB greift nicht ein, denn eine Unmöglichkeit liegt nicht vor, da P ja noch putzen kann. bb) Auch ist die eigentliche Werkleistung der P vertragsgemäß, weswegen § 323 Abs. 1 BGB nicht eingreift. cc) Es kommt daher als Rücktrittsgrund nur § 324 BGB in Betracht. aaa) Zwischen P und B

besteht ein gegenseitiger Vertrag (§§ 631 ff. BGB). bbb) Die P hat eine ihr gegenüber dem B bestehende „Verhaltenspflicht" aus § 241 Abs. 2 BGB verletzt. ccc) Dem B ist das Festhalten am Vertrag wegen der schweren und wiederholten Pflichtverletzungen nicht länger zumutbar. Zur Begründung dessen können Sie mit der Höhe des Schadens, der Schwere des Verschuldens, der Häufigkeit der Pflichtverletzungen und mit vergeblichen „Ermahnungen" des B argumentieren. c) Ausschlussgründe liegen nicht vor. d) B kann daher seine Anzahlung zurückverlangen (§ 346 Abs. 1), dies aber nur Zug-um-Zug (§ 348 BGB) gegen Wertersatz nach § 346 Abs. 2 Nr. 1 BGB für die erfolgten Reinigungsarbeiten. 2. Ein Schadensersatzanspruch des B gegen die P ergibt sich a) aus § 280 Abs. 1 S. 1 BGB. aa) Zwischen P und B besteht ein Werkvertrag und damit ein wirksames Schuldverhältnis. bb) Die P hat eine dem B gegenüber bestehende „Verhaltenspflicht" (§ 241 Abs. 2 BGB) verletzt. cc) Sie handelte dabei fahrlässig i.S.v. § 276 Abs. 1 BGB. dd) Als Rechtsfolge (1) schuldet P den Ersatz des angerichteten Schadens (§ 249 Abs. 2 BGB). (2) Die Geltendmachung von Schadensersatz ist neben dem Rücktritt möglich (§ 325 BGB). b) Außerdem schuldet die P Schadensersatz aus §§ 823 Abs. 1, 249 ff. BGB

> Warum hat der B hier den Rücktritt erklärt und hat nicht einfach nach § 649 BGB den Werkvertrag gekündigt? Weil die P dann das Geld hätte behalten dürfen. Nach § 649 S. 2 BGB bleibt der Vergütungsanspruch nämlich grundsätzlich bestehen und es dürfen nur ersparte Aufwendungen abgezogen werden.

Eine (ungeschriebene) Einschränkung zu § 324 BGB muss man sich noch merken: Die Norm ist nur anwendbar, wenn die **Pflichtverletzung nach Vertragsschluss** stattfindet. Bei vorvertraglichen Pflichtverletzungen ist ein Rücktritt nach § 324 BGB nicht möglich. Dem Gläubiger hilft aber in solchen Fällen mitunter ein Anspruch aus §§ 280 Abs. 1, 241 BGB (dazu mehr in Teil 5) oder die Ihnen schon bekannte Anfechtung des Vertrages.

> Beispiel: Der Sportler S hat einen Vertrag mit dem Trainer T abgeschlossen, wonach dieser ihn trainieren soll. S hat keine Kenntnis davon, dass T bei seiner früheren Tätigkeit in einen Dopingskandal verwickelt war. Als er davon erfährt, will er vom Vertrag zurücktreten. T verlangt das vereinbarte Entgelt. Der Anspruch ist entstanden. Er ist nicht durch Rücktritt beendet werden, weil § 324 BGB auf vorvertragliche Nebenpflichtverletzungen nicht anwendbar ist. In Betracht kommen aber eine Anfechtung nach §§ 142 Abs. 1, 119 Abs. 2 BGB bzw., ein Anspruch auf Vertragsaufhebung aus §§ 280 Abs. 1, 241 Abs. 2 BGB.

dd) Wegen einer Störung der Geschäftsgrundlage (§ 313 Abs. 3 BGB)

Eine zum Rücktritt berechtigende Leistungsstörung ist die hinsichtlich der Voraussetzungen bereits ausführlich in Teil 3 dargestellte „Störung der Geschäftsgrundlage" (§ 313 BGB). Genau genommen ist bei der Störung der Geschäftsgrundlage **nicht** eigentlich **eine Leistung gestört** sondern es handelt sich eher um eine „**Störung des Vertrages**" (*Medicus*). Die Sachnähe rechtfertigt aber eine Erörterung an dieser Stelle.

Sie entsinnen sich: Als Rechtsfolge ergibt sich in erster Linie ein **Anspruch auf Anpassung** des Vertrages, z.B. durch Herabsetzung der Schuld, Stundung, Teilung des Risikos.

Fall 397: Ein Architekt gibt sein Geschäft auf und führt nur noch einen alten Beratungsvertrag mit der Grundstücksgesellschaft G fort. Sein Entgelt aus diesem Vertrag beträgt € 5000,- pro Jahr „zuzüglich Mehrwertsteuer". Einige Zeit nach Geschäftsaufgabe weist die Gesellschaft den Architekten darauf hin, dass er wegen seines mittlerweile zu geringen Umsatzes jetzt ja nicht mehr umsatzsteuerpflichtig sei, weshalb die Zahlung des Umsatzsteueranteils entfallen könne. Der A meint, dass Gesamthonorar sei fest vereinbart und müsse weiterhin gezahlt werden (nach Kittner).

In diesem Fall kann die G von A ggf. die Anpassung des Vertrages nach § 313 Abs. 1 BGB verlangen. a) Zwischen G und A besteht ein Vertrag. b) Fraglich ist, ob die Umsatzsteuerpflicht des A Geschäftsgrundlage geworden ist. Hier ergibt die Vertragsauslegung, dass die Parteien durch die Vereinbarung „zuzüglich Mehrwertsteuer" erreichen wollten, dass eine tatsächlich den A treffende Steuerlast von der G getragen werden sollte. Dieser Umstand der Umsatzsteuerpflicht ist für die Willensbildung beider Parteien erheblich und damit Geschäftsgrundlage. c) Durch die Geschäftsaufgabe hat sich die Geschäftsgrundlage nachhaltig verändert. d) Die Fortführung des Vertrages in seiner ursprünglichen Form ist der G nicht zumutbar. e) G kann daher Anpassung des Vertrages verlangen.

Die Anpassung kommt allerdings dann nicht in Betracht, wenn sich nach Wertung aller Umstände ergibt, dass eine Partei das Risiko von Irrtümern und Änderungen der Umstände allein tragen soll. Fälle zu § 313 BGB bieten fast immer Spielraum für unterschiedliche Lösungen und Meinungen. Die Geschäftsgrundlage ist schließlich eine Erfindung „aus der Not heraus". Es gibt daher häufig keine ganz eindeutige Lösung. Der Klausurerfolg hängt somit davon ab, eine stimmige Argumentation zu entwickeln.

Beispiel (nach BGH): Der Vater, der einen Krankhausvertrag für seine Tochter in dem Glauben abschließt, es bestehe ein gesetzlicher Krankenversicherungsschutz, muss die Behandlungskosten selbst tragen, wenn sich dies als Irrtum erweist, weil das Risiko einer Fehleinschätzung als aus seiner Sphäre stammen ihm zugewiesen ist.

Sofern eine **Vertragsanpassung nicht möglich** oder einem Teil **nicht zumutbar** ist, kann der benachteiligte Teil vom Vertrag zurücktreten (§ 313 Abs. 3 BGB), bzw. bei einem Dauerschuldverhältnis kündigen. Die Abwicklung richtet sich nach den bekannten Rücktrittsregeln.

Fall 398: Der V verkauft am 1. Februar 2006 an den K für einen Preis von € 1 000 000,- von V noch herzustellende Anlagenteile für einen Unkrautvernichtungsmittel produzierenden Industriebetrieb. Geliefert werden soll am 1. Februar 2007. Vereinbart ist, dass K spätestens am 1. Juni 2006 noch vor Aufnahme der Herstellung der Anlagenteile eine Anzahlung von € 250 000,- an V zahlt. Der Rest soll bei Auslieferung an K oder eine von ihm zu benennende Person bezahlt werden Der K beabsichtigt, diese Anlagenteile an den Iran zu verkaufen. Das ist dem V bekannt. Nach Abschluss des Vertrages verhängen die Vereinten Nationen am 15. April 2006 ganz überraschend ein Handelsembargo über den Iran, aufgrund dessen keine derartigen Lieferungen mehr dorthin erfolgen dürfen. Ein Ende des

Embargos ist nicht abzusehen. Der K hat für die Teile keine andere Verwendung und verweigert die von V am 1. Juni 2006 geforderte Anzahlung.

Der Kaufpreisanspruch folgt aus §§ 651, 433 Abs. 2 BGB. a) Ein Werklieferungsvertrag ist wirksam geschlossen, der Anspruch daher entstanden. b) Der Kaufpreisanspruch ist nicht nach § 326 Abs. 1 S. 1 BGB erloschen, da die Erfüllung der Lieferverpflichtung weder nach § 275 Abs. 1 BGB unmöglich geworden noch nach § 275 Abs. 2 BGB erschwert ist. Schließlich ist die Lieferung an K nach wie vor möglich. Unmöglich ist nur die Weiterlieferung in den Iran. Die Möglichkeit des Verkaufs an den Iran ist aber nicht Gegenstand der Vertragsvereinbarungen. c) Der Anspruch kann aber durch einen Rücktritt des K erloschen sein, weil sich der Kaufvertrag in ein Rückgewährschuldverhältnis umgewandelt haben könnte, wodurch noch nicht erfüllte Leistungspflichten erlöschen (§§ 346 Abs. 1, 349 BGB). aa) Der Rücktritt wurde von K konkludent erklärt. bb) Als Rücktrittsgrund kommt in Betracht § 313 Abs. 3 S. 1 BGB. Dazu muss eine „Störung der Geschäftsgrundlage" vorliegen. aaa) Zwischen V und K besteht ein Kaufvertrag. bbb) Eine Tatsache muss Geschäftsgrundlage geworden sein. „Geschäftsgrundlage ist die beim Geschäftsabschluss zutage tretende und vom etwaigen Gegner in ihrer Bedeutsamkeit erkannte und nicht beanstandete Vorstellung eines Beteiligten oder die gemeinsame Vorstellung mehrerer Beteiligter vom Sein oder vom Eintritt gewisser Umstände, auf deren Grundlage der Geschäftswille sich aufbaut": Der Kaufvertrag „steht und fällt" mit der Lieferbarkeit an den Iran. Dies wissen sowohl V als auch K. Die Lieferbarkeit in den Iran ist daher Geschäftsgrundlage des Kaufvertrages. ccc) Die Geschäftsgrundlage ist durch das Embargo nachhaltig verändert worden und ddd) die Vertragserfüllung dem K unzumutbar, da er die Anlagenteile nicht brauchen kann. eee) Eine Anpassung des Vertrages ist nicht möglich. Daher steht dem K ein Rücktrittsrecht zu (§ 313 Abs. 3 S. 1 BGB). Ein Rücktrittsgrund ist daher gegeben. d) Aufgrund des erklärten Rücktritts ist der Anspruch erloschen. Der V kann daher von K keine Zahlung verlangen.

Die Klausuren behandeln selten nur den Wegfall der Geschäftsgrundlage sondern verlangen eine Abgrenzung zu anderen Instituten, insb. § 275 Abs. 2, 3 BGB.

<u>Fall 399:</u> Für den Krönungszug von Edward VII. im Jahre 1901 hatte der Engländer V an den Deutschen M Fensterplätze in der Straße Mall in London vermietet. Wegen eines starken Regens fiel der Krönungszug aus. Der M erklärte dem V daher, dass er die Fensterplätze nicht in Anspruch nehmen würde und erschien nicht. Der V verlangt den Mietzins von M und klagt, als dieser die Zahlung verweigert, in Deutschland. Unterstellen Sie dabei, dass die Anwendung des seit dem 1. Januar 2002 geltenden deutschen BGB wirksam vereinbart worden ist.

1. Die Anwendung deutschen Rechts ergibt sich aus Art. 27 Abs. 1 EGBGB. 2. Der Anspruch könnte sich aus § 535 Abs. 2 BGB ergeben. a) Der Anspruch ist entstanden. b) Er könnte erloschen sein aa) nach § 326 Abs. 1 S. 1 BGB, wenn Unmöglichkeit vorläge (§ 275 Abs. 1 BGB). aaa) Dies soll nach einer Ansicht der Fall sein, da die Mietsache (der Fensterplatz) nur durch den Zweck (Stattfinden des Krönungszugs) Verkehrswert erlangt habe. bbb) Nach aA. ist der Mietzinsanspruch wegen eines Mangels der Mietsache gemindert (§ 536 Abs. 1 S. 1 BGB). Nach dieser Ansicht können auch mittelbare Umstände, die der Mietsache selbst nicht anhaften, wie hier der Ausfall des Krönungszuges einen Mangel der Mietsache begründen. ccc) Nach einer weiteren Ansicht soll allerdings eine Auslegung des Vertrages ergeben, dass die Gegenleistung nur bei Erreichen des Zwecks des Vertrages geschuldet sei (Schlechtriem). bb) Es kommt aber eine ein Erlöschen aufgrund eines Rücktritts in Betracht, wobei als aaa) Rücktrittsgrund eine Wegfall der Geschäftsgrundlage dient. Nach h.M. (Larenz) kommt in einem solchen Fall der Zweckstörung nur eine „Störung der Geschäftsgrundlage" in Betracht: Ein Fall der Unmöglichkeit sei nicht gegeben, denn der

> Vermieter verspricht nicht die Zweckerreichung. Aus diesem Grunde führe auch eine Auslegung nicht weiter. Gegen einen Mangel spreche, dass der Mietsache die Tauglichkeit zum vertraglich vorausgesetzten Gebrauch nicht fehle. „Geschäftsgrundlage ist die beim Geschäftsabschluss zutage tretende und vom etwaigen Gegner in ihrer Bedeutsamkeit erkannte und nicht beanstandete Vorstellung eines Beteiligten oder die gemeinsame Vorstellung der mehreren Beteiligten vom Sein oder vom Eintritt gewisser Umstände, auf deren Grundlage der Geschäftswille sich aufbaut": Der geänderte tatsächliche Umstand war für den M bei Abschluss des Geschäftes in diesem Sinne von entscheidender Bedeutung. Denn nur bei einem Stattfinden des Krönungszuges würde es zu einer Inanspruchnahme der Räumlichkeiten des V kommen. Das hatte auch der Vermieter V erkannt. Eine Vertragsanpassung war nicht möglich. Daher kann M zurücktreten (§ 313 Abs. 3 BGB). Auf § 313 Abs. 3 S. 2 BGB kommt es nicht an, da Mietverträge zwar in der Regel Dauerschuldverhältnisse sind, hier aber ein bloßer einmaliger Leistungsaustausch vorgesehen war, bei dessen Abwicklung die für Dauerschuldverhältnisse typischen Probleme nicht eintreten konnten. bb) Der M hat den Rücktritt auch erklärt.

Das **Verhältnis** zwischen **§ 275 Abs. 2 BGB und § 313 BGB** ist relativ unklar. In vielen Fällen sind beide Normen zu erörtern. Die mittlerweile herrschende Meinung hält die beiden Normen für grundsätzlich parallel anwendbar. Da sie aber unterschiedliche Bezugspunkte haben, greifen sie nicht automatisch gleichzeitig ein: Bei § 275 Abs. 2 BGB kommt es auf das Verhältnis von Aufwand des Schuldners zum Leistungsinteresse des Gläubigers an. Bei § 313 BGB dagegen ist das Verhältnis vom Aufwand des Schuldners zum Wert der Gegenleistung maßgeblich.

> **Beispiel (nach BGH):** Der Kunde K bestellt bei der Porschehändlerin V ein demnächst erscheinendes Sondermodell für € 120.000,-. Porsche entscheidet sich aber, das Modell nicht über die Händler sondern direkt zu vertreiben. Die limitierten Modelle sind sehr begehrt und kaum zu bekommen. V müsste, um ein Fahrzeug zu erwerben € 350.000,- ausgeben. Die Voraussetzungen von § 275 Abs. 2 BGB liegen nicht vor, weil mit dem höheren Preis auch das Interesse des K an der Lieferung steigt. In Betracht kommt aber eine Lösung über § 313 BGB, da das Verhältnis von Aufwand und Gegenleistung gestört ist.

4. „Rechtsfolgenverweisungen" auf Rücktrittsrecht

> Damit haben wir uns verdeutlicht, dass man aufgrund eines vereinbarten oder aufgrund eines gesetzlichen Rücktrittsgrundes von einem Vertrag zurücktreten kann. Der unerfahrene Jungjurist ist durchaus in der Gefahr, ein solches gesetzliches Rücktrittsrecht zu verwechseln mit solchen Bestimmungen, in denen das Gesetz lediglich auf die Regeln der §§ 346 ff. BGB verweist, ohne aber eine Subsumtion der Voraussetzungen eines gesetzlichen Rücktrittsrechts oder eine Rücktrittserklärung zu fordern.

Bei derartigen **Verweisungen** sind die Voraussetzungen der Norm, auf die verwiesen wird (also hier bei § 346 BGB: Rücktrittsgrund, Rücktrittserklärung und

Fehlen von Ausschlussgründen) nicht zu subsumieren: Es interessieren nur die Rechtsfolgen (insbesondere die Pflicht zur Rückgewähr).

a) Wegen Unmöglichkeit (§ 326 Abs. 4 BGB)

Eine solche Rechtsfolgenverweisung auf das Rücktrittsrecht kennen Sie bereits: Wenn der Schuldner nach § 275 BGB leistungsfrei wird, entfällt bei gegenseitigen Verträgen nach § 326 Abs. 1 S. 1 BGB auch der Anspruch auf die Gegenleistung. Sofern der Gläubiger die Gegenleistung schon bewirkt hat, kann er sie nach §§ 326 Abs. 4, 346 Abs. 1 BGB zurückfordern.

> Bei der Prüfung von Rechtsfolgenverweisungen zitiert man im Obersatz zunächst die verweisende Norm, hier also § 326 Abs. 4 BGB. Geprüft werden auch nur die Voraussetzungen der verweisenden Norm. Die Rechtsfolgen folgen dann aus der Norm, auf die verwiesen wird!

Fall 400: Der V hat dem K eine Sache (Stückschuld) verkauft. Deren Lieferung wurde ihm dann schuldhaft unmöglich. Der K verlangt den angezahlten Kaufpreis in Höhe von € 1000,- zurück.

Der Anspruch kann sich aus §§ 326 Abs. 4, 346 Abs. 1 BGB ergeben. a) Zwischen V und K besteht ein gegenseitiger Vertrag. b) Der K hat die Gegenleistung bewirkt. c) Die Gegenleistung muss nach „dieser Vorschrift" (§ 326 BGB) „nicht geschuldet" sein. aa) Hier wurde K nach § 326 Abs. 1 S. 1 1. HS BGB frei, da dem V seine Leistung nach § 275 Abs. 1 BGB unmöglich wurde. bb) Die Ausnahmetatbestände (lesen Sie dazu noch einmal in Teil 3 nach!) sind nicht gegeben. d) Als Rechtsfolge muss V den erhaltenen Kaufpreis an K zurückzahlen (§ 346 Abs. 1 BGB).

Im Gesetz nicht geregelt ist die Frage, nach welcher Norm eigentlich der Schuldner seine unmöglich gewordene Leistung (bzw. was davon noch übrig ist) zurückerlangen kann. Man wird ihm einen Rückgabeanspruch aus § 326 Abs. 4 BGB analog zubilligen müssen.

Fall 401: V verkauft und übergibt an K gegen Zahlung des Kaufpreises eine Rolex-Uhr, die dem X gestohlen wurde. V und K wollen jeweils ihre Leistungen zurück. V möchte die Uhr, obwohl sie ihm nicht gehört wieder in seinen Besitz bringen, um nicht Schadensersatzansprüchen des wahren Eigentümers ausgesetzt zu sein.

1. K bekommt seine Leistung nach § 326 Abs. 4, 346 Abs. 1 BGB zurück. Es liegt Unmöglichkeit einer Leistung vor. Fehlendes Eigentum führt nämlich zur Nichterfüllung und nicht nur zu einem Rechtsmangel (vgl. oben). K hat eine nach § 326 Abs. 1 BGB nicht geschuldete Leistung erbracht und kann diese nunmehr zurückfordern. 2. V bekommt die Uhr nach § 326 Abs. 4 BGB analog zurück. Es besteht nämlich für den vorliegenden Fall keine gesetzliche Regelung. Anders als sonst muss der Gläubiger nämlich nicht zurücktreten, um seine Leistung zurückzubekommen sondern bekommt diese kraft Gesetzes (§ 326 Abs. 4 BGB) und verschafft so dem Schuldner keinen Rückgewähranspruch. Es besteht aber kein Grund, dem K die Uhr zu belassen, da der V ein Interesse daran haben muss, die Uhr zur Vermeidung von Ersatzansprüchen wieder in seinen Besitz zu bekommen.

Bei **Teilunmöglichkeit** ergeben sich Unterschiede zwischen dem Anspruch aus §§ 326 Abs. 5, 346 Abs. 1 BGB und §§ 326 Abs. 4, 346 Abs. 1 BGB. Nur nach dem Rücktrittsrecht kann der Gläubiger seine vollständige Leistung zurückverlangen.

Fall 402: Die Firma F will ihren sämtlichen Mitarbeitern eine Flasche Wein zu Weihnachten schenken. Um das Zusammengehörigkeitsgefühl zu stärken, sollen alle 100 Mitarbeiter eine identische Flasche zum Preis von je € 10,- erhalten. Der Weinhändler W, der die Lieferung vornehmen sollte, kann nur 40 Flaschen liefern, da die Übrigen durch ein Versehen an einen anderen Kunden überlassen wurden. Die F erklärt den Rücktritt und möchte den schon gezahlten Kaufpreis zurück.

Der Anspruch kann sich 1. zunächst aus §§ 323 Abs. 5, 346 Abs. 1 BGB ergeben. a) F hat den Rücktritt erklärt b) Ein wirksamer Kaufvertrag und damit ein gegenseitiger Vertrag liegen vor. c) Als Rücktrittsgrund kommt § 326 Abs. 5 BGB in Betracht. Die Leistung ist teilweise unmöglich, womit die Voraussetzungen vorliegen. d) Der Rücktritt ist nicht ausgeschlossen. e) Fraglich ist allein der Umfang der Pflicht zur Rückgewähr. Es liegt eine Teilunmöglichkeit vor. Ein Rücktritt vom gesamten Vertrag ist nur möglich, wenn an der Teilleistung kein Interesse mehr besteht (§§ 326 Abs. 5, 323 Abs. 5 BGB). Dies ist der Fall, da F allen Mitarbeitern eine identische Flasche schenken wollte. f) F kann somit den gesamten Kaufpreis in Höhe von € 1.000,- zurückverlangen.

2. Zusätzlich besteht ein Anspruch aus §§ 326 Abs. 4, 346 Abs. 1 BGB. Dieser erlaubt aber nur eine Rückforderung, soweit die Gegenleistung nicht geschuldet wurde. Dies bestimmt sich nach §§ 326 Abs. 1 S. 1 2. Hs., 441 Abs. 3 BGB. Bei einer Teilleistung entfällt der Anspruch daher nur in Höhe von € 600,-.

b) Wegen Forderung von Schadensersatz anstelle der Leistung (§ 281 Abs. 5 BGB)

Wenn der Gläubiger, der nach §§ 280 Abs. 1, 3, 283, 281 BGB Schadensersatz „statt der Leistung" verlangen kann und deshalb **„Schadensersatz statt der ganzen Leistung"** fordert, dann erlischt aufgrund dieses **Verlangens** der Anspruch auf die Leistung: Das ergibt sich aus § 281 Abs. 4 BGB bzw. aus §§ 283 S. 2, 281 Abs. 4 BGB. Der Grund hierfür leuchtet ein; wer Schadensersatz „statt der ganzen Leistung" geltend macht, kann nicht zugleich die Leistung geltend machen.

Wenn der auf Schadensersatz „statt der ganzen Leistung" in Anspruch genommene Schuldner seinerseits bereits etwas geleistet haben sollte, so muss er dieses Geleistete natürlich zurück verlangen können. Folgerichtig hat das Gesetz in § 281 Abs. 5 BGB angeordnet, dass **„der Schuldner zur Rückforderung des Geleisteten ... berechtigt"** ist, und zwar wegen der „Rechtsfolgenverweisung" nach den Vorschriften der **§§ 346 bis 348 BGB**.

Fall 403: Der V verkauft an den K mehrere Sachen. Er liefert bei Fälligkeit jedoch nur eine der Sachen. Der K weist die Teilleistung nach § 266 BGB zurück und verlangt (nach §§ 280 Abs. 1, 3, 281 Abs. 1 BGB zu Recht) Schadensersatz „statt der ganzen Leistung". 1. Später verlangt der K dann doch Lieferung der restlichen Sachen. 2. Der V verlangt Herausgabe der einen von ihm gelieferten Sache und 3. Bezahlung des gesamten Kaufpreises.

1. Der Anspruch des K auf Lieferung aus dem Kaufvertrag (§ 433 Abs. 1 S. 1 BGB) ist gemäß § 281 Abs. 4 BGB erloschen. 2. Der V kann das Geleistete nach § 281 Abs. 5 BGB gemäß §§ 346 – 348 BGB zurückfordern. 3. Der Anspruch des V auf Bezahlung des Kaufpreises aus dem Kaufvertrag (§ 433 Abs. 2 BGB) ist erloschen. Hier fehlt es an einer gesetzlichen Regelung. Trotzdem ist das Ergebnis klar: Der Schuldner verliert seinen Anspruch auf die Gegenleistung. Begründen kann man dies mit einem „a maiore ad minus"-Schluss aus § 281 Abs. 4 BGB: Wenn schon der leistungstreue Gläubiger (K) infolge seines Schadensersatzverlangens den Anspruch auf die Leistung verliert, dann muss erst recht der leistungsuntreue Schuldner (V) seinen Anspruch auf die Gegenleistung verlieren.

c) Exkurs: Rechtsfolgenverweisung auf das Rücktrittsrecht wegen Widerrufs eines Vertrages nach Verbraucherschutznormen

Diese kurze Passage hat wohlgemerkt **mit** dem **Leistungsstörungsrecht** eigentlich **nichts zu tun**. Dieser „Exkurs" ist allein aus dem Grund an dieser Stelle eingefügt worden, weil es im Kern um eine Rechtsfolgenverweisung auf das gerade erörterte Rücktrittsrecht geht.

> Die Widerrufsrechte nach den Verbraucherschutznormen kennen Sie bereits aus Teil 3. Wir werden die Rücktrittsgründe hier nicht erneut erörtern; dort haben Sie die Widerrufsrechte als Gründe für das Erlöschen von Ansprüchen kennen gelernt: Nutzen Sie diese Gelegenheit zu einem Rückblick!

Wenn nun die Leistung des Verbrauchers oder Unternehmers bereits erbracht ist, so stellt sich die Frage nach der Rückgewähr. § 357 BGB verweist insoweit (Rechtsfolgenverweisung) auf das Rücktrittsrecht nach §§ 346 ff. BGB, dass jedoch teilweise zugunsten des Verbrauchers modifiziert wird.

<u>Fall 404:</u> Frau K ist als allein erziehende Mutter nachmittags häufig zuhause um auf ihre Tochter aufzupassen. Eines Nachmittags besucht sie spontan der Staubsaugerverkäufer V, der für die Firma Gigasuck ® tätig ist. Er führt ihr verschiedene Staubsauger vor. Sie findet den sehr gesprächigen V sympathisch und entschließt sich zum Kauf eines Staubsaugers Modell Gigasuck 312 für 250,- €. Sie füllt hierzu ein Formular aus, in dem als Verkäufer die Firma Gigasuck genannt ist. Außerdem sind sonst genannt der Preis von € 250.- und eine Lieferfrist von 4 Wochen ab Bestellung. Weitere Angaben enthält das Formular nicht. K bezahlt den Kaufpreis. Als sie einige Tage später merkt, dass sie sich den Staubsauger eigentlich nicht leisten kann, erklärt sie mit Brief an Gigasuck den Widerruf des Vertrages und verlangt ihr Geld zurück.

Der Anspruch ergibt sich aus §§ 357 Abs. 1, 346 Abs. 1, 312 Abs. 1 BGB. a) K hat den Widerruf des Geschäftes erklärt. b) Ein Widerrufsrecht steht ihr aus § 312 BGB zu. Gigasuck ist Unternehmer i.S.d. § 14 BGB und K ist Verbraucherin nach § 13 BGB. Der Abschluss des Vertrages erfolgte durch mündliche Verhandlung in einer Privatwohnung (§ 312 Abs. 1 BGB) und Ausschlussgründe nach § 312 Abs. 3 BGB liegen nicht vor. c) Für die Rückabwicklung verweist § 357 Abs. 1 S. 1 BGB auf die §§ 346ff BGB. Aus § 346 Abs. 1 BGB folgt daher die Rückzahlungspflicht der Firma Gigasuck. Ob das Geld noch trennbar vorhanden ist spielt keine Rolle, wenn man wie oben von uns angenommen davon ausgeht, dass ohnehin § 346 Abs. 1 BGB eingreift.

5. Schadensersatz neben Rücktritt

Für den Fall, dass der Gläubiger bei einem gegenseitigen Vertrag nach § 326 Abs. 5 BGB vom ganzen Vertrag zurücktritt, stellt sich die Frage, ob der Gläubiger **neben dem Rücktritt auch Schadensersatz** statt der Leistung verlangen kann. Diese – nach altem Recht aus logischen Gründen abgelehnte – Kombination wird jetzt in § 325 BGB ausdrücklich zugelassen (einen entsprechenden Fall kennen Sie auch schon).

Für den Gläubiger hat die Kombination von Rücktritt und Schadensersatz in bestimmten Situationen gute Gründe:

- Nach § 346 Abs. 1 BGB hat der Gläubiger einen **Anspruch auf den tatsächlich gezahlten Kaufpreis**. Als Mindestschadensersatz kann der Kaufpreis nur im Rahmen der (widerlegbaren) Rentabilitätsvermutung zurückverlangt werden.
- Nur nach Rücktrittsrecht erhält der Gläubiger **Sachleistungen** wie z.B. in Zahlung gegebene Gebrauchtwagen **zurück**.

Die Kombination erfolgt in der Weise, dass (1) zunächst die ausgetauschten Leistungen rückabgewickelt werden. (2) Danach wird der Restschadensersatz nach der Differenztheorie berechnet. Die Schadensberechnung nach der Surrogationstheorie schließt den gleichzeitigen Rücktritt aus.

Fall 405: Die Fa. „Haralds Fliesenhandel" (H) hat am 1. Februar 2002 an den K, der durch seinen Fliesenleger seine Terrasse fliesen lassen möchte, 20 qm einer „aus einer Partie" stammenden Fliese eines italienischen Herstellers mit der Bezeichnung „Siena" für € 2000,- verkauft. Die Lieferung soll am 15. Mai 2002 um 8.00 Uhr auf der Baustelle an den für diesen Zeitpunkt bestellten Fliesenleger erfolgen. Der K hat den gesamten Kaufpreis von € 2000,- an H bereits bei Abschluss des Kaufvertrages gezahlt. Als der H am 15. Mai 2002 um 8.00 Uhr nur 18 anstelle der gekauften 20 qm liefert und erklärt, dass man den Rest schon noch beschaffen werde, erklärt der K, dass er diese und jede weitere Lieferung von H ablehne und die Rückzahlung der bereits gezahlten € 2000,- verlange. Jetzt fällt dem K ein, dass er für den wartenden Fliesenleger unbedingt Fliesen benötigt. Um Fliesen zu beschaffen, fährt der K mit einem Taxi von Fliesenhändler zu Fliesenhändler durch die Stadt. Es gelingt ihm, für € 2000,- aus „einer Partie" stammende 20 qm der Fliese „Siena" zu kaufen. Für das Taxi hat er € 200,- ausgegeben. Der K verlangt zum einen die Rückzahlung der gezahlten € 2000,- und Schadensersatz in Höhe von € 200,- von H.

1. Hinsichtlich € 2000,- steht dem K ein Anspruch aus §§ 346 Abs. 1, 323 Abs. 1 BGB zu.
2. Der K macht hinsichtlich der € 200,- weiter einen Verzögerungsschaden geltend. Der Anspruch könnte sich aus §§ 280 Abs. 1, 2, 286 Abs. 1 BGB ergeben. a) Vorausgesetzt ist ein wirksames Schuldverhältnis. aa) Hier liegt ein Kaufvertrag vor (§ 433 BGB). bb) Fraglich ist jedoch, ob die Umwandlung in ein Rückgewährsschuldverhältnis durch den vom K erklärten Rücktritt das Erfordernis des Vorliegens eines wirksamen Schuldverhältnisses entfallen lässt. Dazu findet sich keine Regelung im Gesetz. Unter der Geltung der §§ 286, 326 BGB a.F. war unbestritten, dass der Rücktritt von einem gegenseitigen Vertrag nach § 326 BGB a.F. (entspricht dem § 323 BGB) nicht an der Geltendmachung eines Verzögerungsschadens hinderte; wenn es in § 325 BGB jetzt heißt, dass das Recht, bei einem gegenseitigen Vertrag Schadensersatz zu verlangen, durch einen Rücktritt nicht ausgeschlossen wird, kann davon ausgegangen werden, dass damit am Verhältnis zwischen Verzögerungsschadensersatz und Rücktritt nichts geändert werden sollte. b) Zu den daraus resultierenden Schuldnerverpflichtungen gehört die zur Einhaltung des sich aus dem

Schuldverhältnis ergebenden Leitungszeitpunkts (hier: „am 15. Mai 2002 um 8.00 Uhr"). aa) Der Schuldner H hat diese Pflicht verletzt, weil er die Leistung nicht zu dem nach dem Schuldverhältnis geschuldeten Zeitpunkt erbracht hat. bb) Die nach § 280 Abs. 2 BGB erforderlichen Voraussetzungen des § 286 BGB liegen vor. Eine Mahnung ist hier nach § 286 Abs. 2 Nr. 1 BGB entbehrlich. c) Das vermutete Vertretenmüssen ist nicht widerlegt. d) Nach § 249 S. 2 BGB ist das negative Interesse in Höhe von € 200,- zu ersetzen.

Variante: Nachdem der K erklärt hat, dass er diese und jede weitere Lieferung durch H ablehne und die Rückzahlung der bereits gezahlten € 2000,- verlange, fällt ihm ein, dass er ja für den wartenden Fliesenleger unbedingt die Fliesen benötigt. Er fragt bei einem anderen Händler an und schließt einen Kaufvertrag zum Preis von € 2200,-. Daraufhin verlangt K von H außer den Taxikosten weitere € 200,- € als Schadensersatz. Der H wendet dagegen ein, dass der Vertrag durch den von K erklärten Rücktritt in ein Rückgewährschuldverhältnis umgewandelt sei, dass ein Schadensersatzanspruch wegen einer Nichterfüllung des Kaufvertrages nicht gegeben sein könne.

1. Dass dem K Anspruch auf Schadensersatz „statt der Leistung" zusteht, ist bereits ausgeführt worden (§§ 280 Abs. 1, 3, 281 BGB). 2. Eine Kombination von Schadensersatz und Rücktritt ist auch dann möglich, wenn der Gläubiger vorgeleistet hat und voreilig den Rücktritt erklärt hat. Die früher nötige gekünstelte Lösung, den Rücktritt in ein Schadensersatzverlangen umzudeuten, macht das Gesetz durch § 325 BGB überflüssig.

6. Primäranspruch beim Rücktritt

Manchmal reut den Gläubiger ein vorschnell erklärter Rücktritt.

Fall 406: Die Fa. „Haralds Fliesenhandel" (H) hat am 1. Februar 2002 an K, der durch seinen Fliesenleger seine Terrasse fliesen lassen möchte, 20 qm einer „aus einer Partie" stammenden Fliese eines italienischen Herstellers mit der Bezeichnung „Siena" für € 2000,- verkauft. Die Lieferung soll am 15. Mai 2002 um 8.00 Uhr auf der Baustelle an den für diesen Zeitpunkt bestellten Fliesenleger erfolgen. Der K hat den gesamten Kaufpreis von € 2000,- an H bereits bei Abschluss des Kaufvertrages gezahlt. Als H am 15. Mai 2002 um 8.00 Uhr nur 18 anstelle der gekauften 20 qm liefert und erklärt, dass man den Rest schon noch beschaffen werde, erklärt der K, dass er diese und jede weitere Lieferung von H ablehne und die Rückzahlung der bereits gezahlten 2000,- € verlange, fällt ihm ein, dass er für den wartenden Fliesenleger unbedingt Fliesen benötigt. Keiner der Hamburger Fliesenhändler hat jedoch 20 qm „Siena"-Fliesen aus „einer Partie" vorrätig. Daraufhin verlangt er von H Lieferung der gekauften Fliesen.

Der Anspruch aus § 433 Abs. 1 BGB ist jedoch durch die Umwandlung des Kaufvertrags in ein Rückgewährschuldverhältnis gem. §§ 346 Abs. 1, 349 BGB erloschen.

Ziehen wir wieder eine **Zwischenbilanz** und werfen gleichzeitig einen **Blick nach vorn**:

1. Wir können die Voraussetzungen von sich aus Rechtsgeschäften, speziell verpflichtenden Verträgen, ergebenden „primären" auf Leistung gerichteten Ansprüchen subsumieren (Teil 3).

> **2.** Wir wissen jetzt auch, dass und welche „Sekundäransprüche" es bei „Leistungsstörungen" gibt (Teil 4 A und B), und zwar in erster Linie bei Verpflichtungen aus rechtsgeschäftlichen Schuldverhältnissen, speziell verpflichtenden Verträgen. Wir haben aber auch gesehen, dass es Leistungsstörungen bei Verpflichtungen zur Leistung aufgrund gesetzlicher Schuldverhältnisse gibt, wobei wir allerdings im Auge haben, dass bei einzelnen gesetzlichen Schuldverhältnissen besondere Regelungen für Leistungsstörungen existieren.
>
> **3.** Wir dürfen uns aber nicht „auf den gewonnenen Lorbeeren ausruhen". Denn offen ist noch die Frage der Rechtsfolgen qualitativ mangelhafter Leistungen. Wir haben nämlich ganz bewusst die Fragen, die sich daraus ergeben, dass die erbrachte **Leistung mangelhaft** ist, weitgehend aus dem Thema der „Leistungsstörungen" ausgeklammert.
>
> **a)** Das hatte einen ganz bestimmten dogmatischen Grund: Der Gesetzgeber hat nämlich die Voraussetzungen und Rechtsfolgen einer qualitativ minderwertigen Leistung für bestimmte einzelne Vertragstypen (Kaufvertrag, Werkvertrag, Mietvertrag und Reisevertrag) grundsätzlich im „Besonderen Schuldrecht" speziell nach den Bedürfnissen des einzelnen Schuldverhältnisses geregelt. Wir nennen dies das **„Besondere Gewährleistungsrecht"**. Soweit es ein spezielles „Besonderes Gewährleistungsrecht gibt, ist dieses **innerhalb seines Anwendungsbereiches** als „lex specialis" vorrangig gegenüber dem Allgemeinen Leistungsstörungsrecht. Dies ist vor allem deshalb von Bedeutung, weil für die Ansprüche aus Gewährleistungsrecht und aus Allgemeinem Leistungsstörungsrecht unterschiedliche Verjährungsvorschriften gelten.
>
> Dagegen findet **außerhalb des Anwendungsbereiches des speziellen Gewährleistungsrechts** (Ansprüche wegen einer mangelhaften Kaufsache oder Werkleistung vor Gefahrübergang, sowie Ansprüche wegen mangelhafter Mietsache vor deren Übergabe) das Allgemeine Leistungsstörungsrecht Anwendung.
>
> **b)** Dass bei allen anderen Vertragsarten (z.B. beim Dienst- bzw. Arbeitsvertrag oder beim Auftrag) bei mangelhaften Leistungen kein „Besonderes Gewährleistungsrecht" existiert, sondern dass das Allgemeine Leistungsstörungsrecht gilt, wissen Sie längst.

C. Gewährleistungsansprüche beim Kaufvertrag

Das Kaufrecht bot nach dem alten Schuldrecht ein System von Gewährleistungsansprüchen, das mit den Regeln des im allgemeinen Schuldrecht geregelten allgemeinen Leistungsstörungsrechts nichts gemein hatte. Das hat der Gesetzgeber geändert. Er hat das besondere Gewährleistungsrecht mit dem allgemeinen Leistungsstörungsrecht dahingehend harmonisiert und auch rechtstechnisch verschränkt, dass sich die Ansprüche des Käufers bei Sach- und Rechtsmängeln hinsichtlich der Voraussetzungen und der Rechtsfolgen fast nur aus dem allgemeinen Leistungsstörungsrecht ergeben.

Dieser „Brückenschlag" vom besonderen Gewährleistungsrecht zum allgemeinen Leistungsstörungsrecht ist durch den dogmatischen Kunstgriff möglich geworden, dass der Gesetzgeber es dem Verkäufer in § 433 Abs. 1 S. 2 BGB zur **Leistungspflicht** i.S.d. des § 241 Abs. 1 BGB gemacht hat, „dem Käufer die Sache **frei von Sach- und Rechtsmängeln** zu verschaffen". Damit hat der Gesetzgeber sich für die (früher nicht allgemein anerkannte) sog. **„Erfüllungstheorie"** ausgesprochen. Nunmehr ist klar, dass eine mangelhafte Leistung keine Erfüllung bewirkt.

Die Frage der **Rechtsfolgen** der Lieferung einer sach- oder rechtsmangelhaften Lieferung sind in § 437 BGB sehr übersichtlich zusammengefasst worden: Der Käufer einer mangelhaften Sache kann zunächst **„Nacherfüllung"** ansonsten **„Rückgewähr"** oder **„Minderung"** und **„Schadensersatz"** usw. verlangen.

> Bei dieser Gelegenheit soll **eine thematische Beschränkung** eingeräumt werden:
>
> Die meisten Darstellungen des Gewährleistungsrechts beim Kauf konzentrieren sich auf den **„Sachkauf"**. In der Tat: Hier liegt das Schwergewicht der Bedeutung der §§ 434 ff. BGB in der Ausbildung.
>
> Der sog. **„Kauf von Rechten und sonstigen Gegenständen"** (die „amtliche" Überschrift des § 453 BGB greift mit „Rechtskauf" zu kurz!) tritt meist in den Hintergrund, und die meisten Darstellungen beschränken sich auf einen dem § 453 BGB entnommenen Hinweis, dass „die Vorschriften über den Kauf von Sachen ... entsprechende Anwendung (finden)". Ganz so einfach, wie damit suggeriert wird, ist die Analogie aber nicht: Wann sind z.B. eine Hypothek (= „Recht"), wann ein Unternehmen (= „sonstiger Gegenstand") mangelhaft. Und so unbedeutsam ist der sog. Rechtskauf gerade in der Praxis nicht, denken Sie nur an den eben genannten Unternehmenskauf! Aber auch wir begehen erst einmal die soeben beanstandete „Sünde", das Bequeme und Gewohnte zur Regel und das Unbequeme und Ungewohnte einfach zur Ausnahme zu erklären. Aber ganz „totschweigen" werden wir den sog. Rechtskauf nicht – nur: zu Beginn der Darstellung werden Sie sehr wenig davon lesen; später wenden wir uns immerhin dem Gewährleistungsrecht beim Unternehmenskauf etwas gründlicher zu.

I. Rechtsbehelfe des Käufers nach „Gefahrübergang"

1. Der „Gefahrübergang"

Das **maßgebliche Ereignis** dafür, dass **anstelle** des **allgemeinen Leistungsstörungsrechts** das **spezielle Gewährleistungsrecht** des Kaufes gilt, ist der **Gefahrübergang**. Dies folgt direkt aus § 434 Abs. 1 S. 1 BGB.

> Nutzen wir gleich einmal die Gelegenheit zur Wiederholung: Sie erinnern sich hoffentlich, dass wir bereits bei verschiedenen Gelegenheiten einen Anlass dazu hatten, uns über „zu tragende Gefahren" unter dem Aspekt, wer das Risiko einer Unerbringbarkeit der Leistung trägt, Gedanken zu machen.
>
> 1. Wir haben gelernt, insoweit zwischen
>
> a) der nach § 275 BGB als vom Gläubiger zu tragenden **„Leistungsgefahr"** (Schicksal des Leistungsanspruchs)
>
> b) und nach § 326 Abs. 1 BGB (mit vielfältigen Ausnahmen) vom Schuldner der nicht zu erbringenden Leistung zu tragenden **„Gegenleistungsgefahr"** (Schicksal des Gegenleistungsanspruchs)
>
> zu unterscheiden.
>
> 2. Bilden Sie zur Selbstkontrolle sofort je einen „Primitivfall", und zwar auch zu den Ausnahmen zu § 326 Abs. 1 S. 1 BGB; gelingt Ihnen das nicht, müssen Sie zurück „auf Los", genauer: die entsprechenden Passagen von Teil 3 noch einmal durcharbeiten!!

Der in §§ 434 Abs. 1 BGB gemeinte **„Gefahrübergang"** ist der **Übergang der „Gegenleistungsgefahr"**, also (hier beim Kauf) der durch bestimmte Ereignisse fixierte Zeitpunkt, von dem an der Verkäufer den Kaufpreis vollständig verlangen kann, obwohl er selbst nicht oder nicht vollständig erfüllt hat. Es gibt drei Ihnen bereits bekannte gesetzlich normierte Momente des Gefahrübergangs:

- Den Gefahrübergang durch **Übergabe** der **Kaufsache auf den Käufer** (§ 446 S. 1 BGB).

Fall 407: Der V verkauft an den K eine Sache, die aus irgendeinem Grund mangelhaft ist. Der K hat den Mangel vor der Übergabe bemerkt und die Sache deswegen zurückgewiesen. Der K verlangt Lieferung einer mangelfreien Sache.

Der Anspruch ergibt sich aus § 433 Abs. 1 S. 1, 2 BGB. Der V und der K haben einen wirksamen Kaufvertrag geschlossen, und der V schuldet aus diesem Vertrag dem K die Lieferung und die Mangelfreiheit der verkauften Sache (§ 433 Abs. 1 S. 2 BGB).

Variante: Der K hat den Mangel erst nach der Übergabe bemerkt.

Der Anspruch aus § 433 Abs. 1 S. 1, 2 BGB hat sich durch den Gefahrübergang in einen Nacherfüllungsanspruch verwandelt. Die maßgebliche Anspruchsgrundlage ist daher §§ 437 Nr. 1, 439 Abs. 1 BGB, dessen Voraussetzungen vorliegen (dazu später mehr).

- Den Gefahrübergang durch **Annahmeverzug** (§ 446 S. 3 BGB). Die Voraussetzungen des Annahmeverzuges haben Sie im allgemeinen Leistungsstörungsrecht im Zusammenhang mit dem Anspruch aus § 304 BGB sowie mit dem Übergang der Leistungsgefahr nach § 300 Abs. 2 BGB und der dort ebenfalls geregelten Haftungserleichterung (§ 300 Abs. 1 BGB) kennen gelernt.

- Und schließlich den Gefahrübergang durch **Übergabe** der **Kaufsache an die Versendungsperson** (§ 447 BGB).

- Bei **Gattungskäufen** muss zur Annahme eines Gefahrübergangs allerdings durch eine zusätzliche hypothetische Überlegung eine gedankliche Hürde überwunden werden: Da bei einer mangelhaften Leistung die Kaufsache wegen ihrer Mangelhaftigkeit nicht „mittlerer Art und Güte" ist, kommt es infolge des Mangels nicht zur Konkretisierung nach § 243 Abs. 2 BGB, also auch nicht zum „Gefahrübergang". Daher muss man zur Bejahung eines Gefahrübergangs fragen, ob die Gefahr bei hypothetisch mangelfreier Leistung, also bei „hypothetischer Konkretisierung", übergegangen wäre.

<u>Fall 408</u>: Der V verkauft an den K eine mangelhafte Gattungssache und übergibt sie dem K. Der K bemerkt den Mangel und verlangt Lieferung einer mangelfreien Sache.
a) Der Anspruch auf Lieferung aus § 433 Abs. 1 S. 1, 2 BGB ist durch den Gefahrübergang (hier aufgrund einer „hypothetischen Konkretisierung" nach § 446 S. 1 BGB) in einen Nacherfüllungsanspruch umgewandelt worden und besteht nunmehr nicht mehr. b) Dem K steht aber ein Anspruch auf Lieferung einer mangelfreien Sache aus §§ 437 Nr. 1, 439 Abs. 1 BGB zu.

Auf den ersten Blick scheinen diese Falllösungen, nach denen sich der Anspruch auf Lieferung einer mangelfreien Kaufsache einmal aus § 433 Abs. 1 S. 2 BGB und zum anderen (nach Gefahrübergang) aus § 437 Nr. 1, 439 Abs. 1 BGB ergeben, eine „reine Förmelei" zu sein, wird doch in jedem Fall dasselbe geschuldet. Aber weit gefehlt: Der Unterschied besteht darin, dass der Anspruch aus § 433 Abs. 1 S. 2 BGB der ursprüngliche Erfüllungsanspruch ist, während der Anspruch aus § 437 Nr. 1, 439 Abs. 1 BGB ein Gewährleistungsanspruch ist, die sich beide dadurch unterscheiden, dass der Gesetzgeber aus rechtspolitischen Gründen (Interesse des Rechtsverkehrs an einer beschleunigten Abwicklung des Umsatzgeschäfts Kauf) unterschiedliche Verjährungsregeln geschaffen hat. Der Unterschied, ob der Käufer hier seinen ursprünglichen Erfüllungsanspruch oder einen Gewährleistungsanspruch geltend macht wird deutlich, wenn Sie den Fall dahingehend variieren, dass seit dem Gefahrübergang mehr als 2 Jahre vergangen sind. Dann ist nämlich der Nacherfüllungsanspruch aus §§ 437 Nr. 1, 439 Abs. 1 BGB (je nach Art des Mangels) verjährt (§§ 438 Abs. 1 Nr. 3, Abs. 2 BGB), und der Verkäufer als Schuldner des Nacherfüllungsanspruchs kann die Verjährungseinrede (§ 214 Abs. 1 BGB) erheben. Hätte der Schuldner dagegen noch nicht geliefert, so stünde dem Gläubiger mangels Gefahrenübergang der ursprüngliche Erfüllungsanspruch aus § 433 Abs. 1 S. 1, 2 BGB zu, der nach der regelmäßigen Verjährungsfrist (§ 195 BGB: 3 Jahre) und erst ab Kenntnis oder Kennenmüssen des Anspruchs (§ 199 Abs. 1 BGB) verjährt wäre.

Hier noch einmal kurz die **Unterschiede** zwischen ursprünglichem **Erfüllungsanspruch und Gewährleistungsanspruch** im Überblick:

	Erfüllungsanspruch	Nacherfüllungsanspruch
Verjährung	§§ 195, 199 BGB	§§ 438 Abs. 1 Nr. 3, 438 Abs. 2 BGB
Inhalt	Übereignung und Übergabe (§ 433 Abs. 1 BGB)	Wahlrecht des Käufers: Nachbesserung oder Nachlieferung
Leistungsverweigerungsrechte	§ 275 Abs. 2, 3 BGB	zusätzlich § 439 Abs. 3 BGB
Ausschlussgründe	-	§§ 442 Abs. 1 BGB

> Wenn bei der **Fallbearbeitung** das Bestehen eines „Gefahrübergangs" für den Fallbearbeiter nicht „auf der Hand liegt" oder wenn die Frage, ob es zum „Gefahrübergang" gekommen ist, ein ersichtlich vom Aufgabensteller zur Erörterung gestelltes Problem ist, sollten Sie mit der Prüfung derjenigen Anspruchsgrundlagen, die den Gefahrübergang voraussetzen, beginnen und unter dem Prüfungspunkt „Gefahrenübergang" (ggf. inzident bei der Frage, ob ein Nacherfüllungsanspruch besteht) untersuchen, ob dieser vorliegt. Sofern dies nicht der Fall ist, lehnt man den Anspruch ab und prüft einen entsprechenden Anspruch aus dem Allgemeinen Leistungsstörungsrecht (dazu später mehr unter C II.).

2. Vorliegen eines Sach- oder Rechtsmangels

Alle in § 437 BGB genannten Rechtsbehelfe setzen das Vorliegen eines Mangels voraus und zwar entweder eines **Sachmangels (§ 434 BGB)** oder eines **Rechtsmangels (§ 435 BGB)**.

a) Sachmangel

aa) Grundlagen

> Die vielleicht etwas eigenartig anmutende gesetzgeberische Wortwahl, durch die in § 434 BGB aufgezeigt wird, unter welchen Voraussetzungen eine Kaufsache „frei von Sachmängeln" ist, zwingt uns dazu, die Voraussetzungen des **Vorliegens eines Sachmangels mittels eines „Umkehrschluss" aus § 434 BGB** zu bestimmen.

Ein Sachmangel liegt demnach vor, wenn die Kaufsache **bei Gefahrübergang „nicht die vereinbarte Beschaffenheit hat"**; man kann auch sagen: wenn **bei Gefahrübergang** die „**Ist-Beschaffenheit**" der Sache **negativ** von ihrer „**Soll-Beschaffenheit**" abweicht.

- Bei der „**Beschaffenheit**" geht es um die solche Umstände, die nach der Vekehrsanschauung für die Brauchbarkeit und den Wert der Sache von Bedeutung sind: Das ist der tatsächliche Zustand (Beispiele von Palandt: „neu", „gebraucht", Größe, Gewicht, Alter, Material, Motorkraft, Höchstgeschwindigkeit, Energieverbrauch). Bewusst nicht entschieden hat der Gesetzgeber die Streitfrage, ob damit nur die der Sache unmittelbar anhaftenden Umstände oder auch solche Umstände heranzuziehen sind, die außerhalb der Sache selbst (wie z.B. Umsatz oder Ertrag beim Unternehmenskauf, Mietertrag beim Zinshaus) liegen; dies zu entscheiden, bleibt der Rechtswissenschaft und Rechtspraxis (also bei der Fallbearbeitung: Ihnen!) überlassen; verneinen Sie das Vorliegen einer Beschaffenheit und deshalb das Vorliegen eines Sachmangels, bleibt ein Defizit bei Abweichungen von Vereinbarungen aber keinesfalls folgenlos: Sie kommen dann zu §§ 280 ff., 320 ff. BGB und das kann wie Sie wissen u.a. wegen der längeren Verjährung Vorteile für den Anspruchsteller haben!

- Die „**Ist-Beschaffenheit**" wird Ihnen **in der Ausbildung** durch den **Sachverhalt** der zu bearbeitenden Aufgabe mitgeteilt; in der **prozessualen Praxis** ergibt sich die „Ist-Beschaffenheit" bekanntlich durch den entweder unstreitigen Parteivortrag oder durch das Ergebnis der Beweisaufnahme (nicht selten aufgrund eines vorprozessualen selbständigen Beweisverfahrens nach §§ 485 ff. ZPO).

- Die „**Soll-Beschaffenheit**" richtet sich a) vorrangig nach der **Parteivereinbarung** (§ 434 Abs. 1 S. 1 BGB), so genannter „subjektiver Fehlerbegriff". b) Wenn die Parteien, wie es häufig der Fall ist, nichts Ausdrückliches vereinbart haben, kommt es auf die **nach dem Vertrag vorausgesetzte Beschaffenheit** an (§ 434 Abs. 1 S. 2 Nr. 1 BGB). Hier darf natürlich nur auf den von beiden Parteien vorausgesetzten Vertragszweck abgestellt werden und nicht auf einseitig gebliebene besondere Erwartungen des Käufers, die der Verkäufer nicht erkennen konnte. c) Lässt sich eine durch Parteivereinbarung oder eine nach dem Vertrag vorausgesetzte Beschaffenheit nicht ermitteln, ist für die Soll-Beschaffenheit abzustellen auf die Eignung für die **gewöhnliche Verwendung** und das **Vorliegen derjenigen Beschaffenheit, die bei Sachen der gleichen Art üblich** ist und die der **Käufer** nach Art der Sache **erwarten kann** (§ 434 Abs. 1 S. 2 Nr. 2 BGB) oder mit deren Vorliegen man **als Käufer** deswegen **rechnen kann**, weil der Kaufsache durch bestimmte öffentliche Äußerungen des Verkäufers, des Herstellers oder seines Gehilfen bestimmte Eigenschaften zugesprochen wurden (§ 434 Abs. 1 S. 3 BGB). **d)** Auch eine **mangelhafte Montage** durch den Verkäufer oder seinen Erfüllungsgehilfen begründet einen Mangel (**§ 434 Abs. 2 S. 1 BGB**). **e)** Gleiches gilt für die Lieferung einer Sache mit **mangelhafter Montageanleitung** (**§ 434 Abs. 2 S. 2 BGB:** sog. „**Ikea-Klausel**"). **f)** Die durch eine Parteivereinbarung bestimmte „Soll-Beschaffenheit" (§ 434 Abs. 1 S. 1 BGB) geht allen anderen Regelungen vor. **g)** Gleiches gilt für den Vertragszweck (§ 434 Abs. 1 S. 2 Nr. 1 BGB). **h)** Bei der Fallbearbeitung geht man entsprechend der Reihenfolge der im Gesetz aufgeführten Merkmale vor.

- Auch wenn bisher nur die Rede von „**Sachmängeln**" und von „**Rechtsmängeln**" einer **Sache** war, und wenn dies auch im Folgenden fast ausschließlich so bleiben wird, wollen wir nicht aus dem Auge verlieren, dass **Gegenstand eines Kaufvertrages** auch „**Rechte und sonstige Gegenstände**" sein können und dass hierauf „**die Vorschriften über den Kauf entsprechende Anwendung (finden)**" (§ 453 BGB).

bb) Ergänzungen

Das waren die Grundlagen. Jetzt gehen wir „**ins Detail**":

Stufe 1: Die Beschaffenheit ist „**vereinbart**", wenn der Inhalt des Kaufvertrages den Verkäufer ausdrücklich oder konkludent durch eine verbindliche Beschreibung der Beschaffenheit oder durch im Verkaufsgespräch in Bezug genommene Werbeaussagen (RegE) oder schließlich sogar aufgrund einer Verkehrsübung oder eines Handelsbrauchs dazu verpflichtet, die Sache in einem auf diese Weise festgelegten tatsächlichen Zustand zu übereignen und zu übergeben. Bei einem formbedürftigen (z.B. nach § 311 b Abs. 1 BGB Grundstücks-) Kaufvertrag muss die Beschaffenheitsvereinbarung von der Form umfasst (also im Beispiel: notariell beurkundet) sein. Eine Genehmigung nach § 182 BGB (z.B. im Fall des § 177 BGB) muss die Beschaffenheitsvereinbarung umfassen. Die Vereinbarung kann sich auch auf Umstände erstrecken, die außerhalb der verkauften Sache selbst liegen, wie z.B. der „gute Ruf" eines Hotels, dies war nach altem Schuldrecht umstritten. Nur solche Umstände, die gar nicht mehr mit der Kaufsache selbst zusammenhängen, zählen nicht zu ihrer Beschaffenheit, wie z.B. ein an die Person des Käufers anknüpfender Steuervorteil. Fehler bei derartigen Angaben können aber nach §§ 311 Abs. 2, 241 Abs. 2, 280 Abs. 1 S. 1 BGB ersatzpflichtig machen.

> Beispiele: Wenn die Parteien vereinbaren, dass Wellstegträger mit einer Stärke von 40 cm zu liefern sind, sind solche mit 30 cm Stärke mangelhaft (§ 434 Abs. 1 S. 1 BGB).
>
> Verkauft Finanzberater F dem K eine Eigentumswohnung mit der Angabe, die Wohnung biete dem K steuerliche Abschreibungsmöglichkeiten, die sich dann jedoch als Irrtum erweisen, so ist die Wohnung zwar nicht mangelhaft und Gewährleistungsrecht greift nicht ein, es kommen dann aber Ansprüche aus dem allgemeine Leistungsstörungsrecht zur Anwendung.
>
> Was mit einer Beschaffenheitsvereinbarung gemeint ist, kann im Einzelfall **Auslegungsprobleme** bereiten. So kann z.B. ein von einem Kfz-Händler als „fabrikneu" bezeichnetes Kraftfahrzeug dieser Bezeichnung nicht entsprechen und deswegen mangelhaft sein, weil es bei dem Kfz-Händler bereits mehr als 12 Monate gelagert worden ist (nach BGH). Dies soll auch dann gelten, wenn Fahrzeuge dieses Typs bei Vertragsschluss unverändert weiterproduziert werden. Bei anderen technischen Geräten (z.B. Kühlaggregaten), bei denen der Markt dem Alter keine so große Bedeutung einräumt wie bei Kfz, begründet allein eine längere Lagerzeit allerdings keinen Mangel.

Stufe 2: In der Vertragspraxis wird jedoch vor allem bei alltäglichen Geschäften keine Beschaffenheitsvereinbarung getroffen. Dann greift der „Auffangtatbestand" des § 434 Abs. 1 S. 2 Nr. 1 BGB ein, und es soll für die Mangelhaftigkeit in zweiter Linie auf ein negatives Abweichen von einem **vertraglich vorausgesetzten Verwendungszweck** ankommen. Die Frage ist, welche Anforderungen an das Merkmal „nach dem Vertrage vorausgesetzte Verwendung" zu stellen sind.

Sicher ist, dass damit **vertragliche Vereinbarungen**, die eine bestimmte Verwendung der Kaufsache betreffen, gemeint sind. Eine solche – auch konkludent mögliche (RegE) - Vereinbarung wird in der Regel dadurch getroffen, dass der Käufer bei Abschluss des Kaufvertrages sagt, zu welchem Zweck er die Sache kaufen will und der Verkäufer dem (meist konkludent) zustimmt (Palandt: beim Kauf von Lebensmitteln: der gefahrlose Verzehr innerhalb der Haltbarkeitsfrist; beim Kauf eines Computers: die normale Speicherfähigkeit). Bewusst offen gelassen hat es der Gesetzgeber, ob auch bloß **übereinstimmende Vorstellungen der Parteien im Vorfeld des Vertrages**, denen zufolge die Sache für einen bestimmten Verwendungszweck geeignet sein soll, ausreichen (RegE). Bei **formbedürftigen Kaufverträgen** (z.B. § 311 b Abs. 1 BGB) reicht nach der „Andeutungstheorie" eine formgerechte Andeutung des vertraglich vorausgesetzten Zweckes aus.

> Beispiel: Wenn der Käufer belegte Brote für eine Feier bestellt, so müssen diese (jedenfalls bei Übergabe) noch genießbar und nicht schimmelig sein. Dies ergibt sich auch ohne ausdrückliche Vereinbarung aus dem Vertragszweck (§ 434 Abs. 1 S. 2 Nr. 1 BGB).

Die **Stufen 1 und 2** sind Ausdruck der Lehre vom sog. **„subjektiven Fehlerbegriff"**.
Der auf den folgenden **Stufen 3 und 4** festzustellende Sachmangel ist auf die Lehre vom sog. **„objektiven Fehlerbegriff"** zurückzuführen.

Stufe 3: Wenn keine Beschaffenheitsvereinbarung vorliegt oder wenn mangels bestimmter vertraglicher Vereinbarungen oder übereinstimmender Vorstellungen im Vorfeld des Vertrages keine Defizite bei einer nach dem Vertrag vorausgesetzten Verwendung vorliegen, ist die Sache aber auch dann sachmangelhaft, wenn sie **nicht der allgemeinen Verkehrserwartung entspricht**. Das Gesetz drückt das so aus, dass die Kaufsache „sich (nicht) für die gewöhnliche Verwendung eignet" und dass sie nicht „eine Beschaffenheit aufweist, die bei Sachen der gleichen Art üblich ist und die der Käufer nach Art der Sache erwarten kann" (§ 434 Abs. 1 S. 2 Nr. 2 BGB).

> Von praktischer Bedeutung ist diese Konstellation vor allem beim Kauf gebrauchter Sachen, z.B. eines Gebrauchtwagens: Beim Kauf eines „Jahreswagens" mit einer Laufleistung von 10 000 km ist der Vergleichsmaßstab eine „Sache gleicher Art". Es kommt dabei darauf an, welche Eigenschaften ein Durchschnittskäufer anhand der „Art der Sache" (Alter, Laufleistung) erwarten kann. Ein gebrauchter Wagen ist daher nicht „von der gleichen Art" wie ein Neuwagen desselben Typs.
>
> Nach § 453 BGB ist auch beim Kauf von Rechten (z.B. einer Forderung) § 434 BGB anwendbar. Daher stellt sich die Frage, ob z.B. die Durchsetzbarkeit der gekauften Forderung („Bonität") zur allgemeinen Verkehrserwartung gehört, so dass beim Kauf einer undurchsetzbaren Forderung das Sachmangelgewährleistungsrecht Anwendung findet. Das wird allgemein verneint, so dass eine Haftung für die „Bonität" nur bei einer Parteivereinbarung nach § 434 Abs. 1 S. 1 BGB in Betracht kommt. Kurz gesagt: Der Verkäufer einer Forderung haftet nur für deren „Verität" (Existenz der Forderung), nicht aber für ihre „Bonität" (Durchsetzbarkeit).

Die Kaufsache ist auch dann sachmangelhaft, wenn sie **nicht einer auf besondere Weise geweckten Verkehrserwartung entspricht**: Weil sie nicht diejenigen Eigenschaften aufweist, mit deren Vorliegen man als Käufer deswegen rechnen kann, weil sie der Kaufsache durch bestimmte öffentliche Äußerungen des Verkäufers, des Herstellers oder seines Gehilfen zugesprochen wurden (§ 434 Abs. 1 S. 3 BGB). Hinsichtlich der „öffentlichen Äußerungen" ist insbesondere an die „Werbung" oder an die „Kennzeichnung über bestimmte Eigenschaften", z.B. in Katalogen, zu denken; eine solches Zusprechen von Eigenschaften darf sich aber nicht nur als bloße Bewertung (z.B. des Inhalts, ein Produkt sei „besser als" ein Konkurrenzprodukt) darstellen. Abzuwarten bleibt hier, welche Zurechnungskriterien die Rechtsprechung entwickeln wird, insbesondere wer eigentlich „Gehilfe" ist. Gemeint ist offenbar nicht ein „Erfüllungsgehilfe" (argec. § 434 Abs. 2 BGB, wo der Gesetzgeber in anderem Zusammenhang das Wort „Erfüllungsgehilfe" verwendet), sondern vielleicht eine Person von der Stellung eines Handelsvertreters (§§ 84 ff. HGB). Kein Mangel liegt dann vor, wenn die Erklärung nachträglich in gleichwertiger Weise (also ähnlich öffentlichkeitswirksam) berichtigt worden ist oder wenn sie ohne Einfluss für den Vertragsschluss war. Bei einer Gehilfenerklärung liegt ein Sachmangel nicht vor, wenn der Verkäufer die Äußerung nicht kannte und sie nicht hätte kennen müssen. Vor der Annahme einer einen Sachmangel begründenden „öffentlichen Äußerung" sollten Sie stets überlegen, ob nicht schon eine Beschaffenheitsvereinbarung vorliegt (§ 434 Abs. 1 S. 1 BGB).

> Beispiel: Der Hersteller PH-Print preist seine neuen Laserdrucker mit einer Druckleistung von 10 Seiten pro Minute an. Wenn nun der Kunde K vom Computerhändler H einen solchen Drucker erwirbt, so ist dieser Drucker mangelhaft, wenn er nur 9 Seiten pro Minute auswirft. Ohne § 434 Abs. 1 S. 3 BGB würde man einen Mangel schwerlich begründen können, sofern nicht zwischen K und H eine Abrede zur Beschaffenheit besteht (dann § 434 Abs. 1 S. 1 BGB), was aber häufig gerade deshalb nicht der Fall sein wird, da sich der Kunde auf die Werbung des Herstellers verlässt und daher keine weiteren Vereinbarungen trifft.

Fall 409: Der Jäger J kauft beim Vertragshändler V einen VW Golf, nachdem er in der Jägerfachzeitschrift „Wild und Hund" eine Herstellerwerbung gesehen hatte, wonach der Wagen einen Verbrauch von nur 5 Litern haben soll. Tatsächlich verbraucht der Wagen aber 6,5 Liter. J verlangt mehrfach Abhilfe von V, der auch mehrmals erfolglos versucht, den Spritverbrauch zu reduzieren. Am Ende tritt der J vom Vertrag zurück und verlangt die Rückzahlung des Kaufpreises. V kannte die Zeitschrift „Wild und Hund". Eine Berichtigung der Anzeige ist zwar erfolgt, jedoch nicht in „Wild und Hund" sondern im „Spiegel" und im „Stern" (nach Reischl).
Anspruchsgrundlage können §§ 437 Nr. 2, 323 Abs. 1, 440 S. 1, 346 Abs. 1 BGB sein. a) Ein wirksamer Kaufvertrag liegt vor. b) Fraglich ist, ob der Wagen mangelhaft ist. aa) Eine ausdrückliche Vereinbarung der Beschaffenheit (§ 434 Abs. 1 S.1 BGB) liegt nicht vor. bb) Auch ist keine bestimmte vertragliche Vereinbarung einer bestimmten Verwendung getroffen worden (§ 434 Abs. 1 S. 2 Nr. 1 BGB) und ein Verbrauch von 5 Litern ist auch keine übliche Beschaffenheit (Nr. 2). cc) Als übliche Beschaffenheit kann aber nach § 434 Abs. 1 S. 3 BGB auch eine Eigenschaft gelten, die durch eine öffentliche Äußerung des Herstellers verbreitet wurde. Damit gilt der Verbrauch von 5 Litern als übliche Beschaffenheit. (1) Die Zurechnung der Werbeaussage kann aber wegen rechtzeitiger Berichtigung ausgeschlossen sein. Dazu muss aber, was vorliegend nicht der Fall ist, in gleicher Weise und auch an gleicher Stelle eine berichtigte Anzeige erscheinen. Eine Berichtigung in einer anderen Zeitschrift genügt nicht. (2) Zuletzt kommt ein Ausschluss wegen fehlender Kenntnis des Verkäufers in Betracht. Zwar hatte der V keine Kenntnis von der Anzeige und es kann von ihm auch nicht erwartet werden, dass er alle verfügbaren Medien zur Kenntnis nimmt, doch muss von einem Vertragshändler verlangt werden, dass er sich über Werbemaßnahmen seines Herstellers informiert. Er musste daher die Werbung kennen. Der Wagen ist daher wegen der Zurechung der Werbeaussage mangelhaft. c) Eine Rücktrittserklärung des J liegt vor. d) Als Rücktrittsgrund kommt § 323 Abs. 1 BGB in Betracht, wobei eine Nachfristsetzung nach § 440 S. 1 und S. 2 BGB entbehrlich war. e) Da der Rücktritt auch nicht ausgeschlossen war, kann J die Rückzahlung des Kaufpreises verlangen.

Ganz unproblematisch ist das Merkmal allerdings nicht. Dem Wortlaut nach haftet auch ein Privatmann, wenn er die Sache (im Beispiel den PH-Drucker) an einen anderen Privatmann in Kenntnis der Werbung später einmal weiterverkauft. In der Literatur (*Medicus*) wird diese Haftung daher bejaht, wenn der private Verkäufer sich nicht deutlich von den Herstellerangaben distanziert. Andere verweisen darauf, dass nach dem Zweck des Gesetzes nur die „professionellen" Verkäufer erfasst werden sollten. Ursache für den Streit ist die Zugrundelegung des Mangelbegriffes für den Verbrauchsgüterkauf als Grundsatz für alle Kaufverträge.

Stufe 4: Eine weitere Ergänzung des Mangelbegriffes nimmt § 434 Abs. 2 BGB vor. Auch eine **mangelhafte Montage** durch den Verkäufer oder seinen Erfüllungsgehilfen (§ 278 BGB) begründet einen Mangel (**§ 434 Abs. 2 S. 1 BGB**). Gleiches gilt für die Lieferung einer Sache mit **mangelhafter Montageanleitung** (**§ 434 Abs. 2 S. 2 BGB**), man spricht hier von der sog. „**IKEA-Klausel**".

Wird beim Kauf einer Sache mit Montageverpflichtung durch den Verkäufer eine mangelfreie Sache an einen Käufer geliefert, diese aber bei der im Vertrag vereinbarten Montage unsachgemäß montiert, so stellt sich vorab die Frage, ob wegen der Montageverpflichtung ein reiner Kauf- oder auch ein reiner Werkvertrag oder ein gemischter Vertrag vorliegt und die weitere damit zusammenhängende Frage, welches Gewährleistungsrecht im Fall eines **Montagefehlers** eingreift. Hier stellt § 434 Abs. 2 S. 1 BGB klar, dass das Gewährleistungsrecht des Kaufes Anwendung findet und dass es nicht auf die Einordnung des Vertrages als Kauf- oder Werk- oder eines gemischten Vertrages ankommt. Wenn die Montage durch den Verkäufer oder durch eine Person, die die Stellung eines Erfüllungsgehilfen (§ 278 BGB) hat (Achtung: die aber nicht schuldhaft gehandelt haben muss, weil es bei § 434 Abs. 2 BGB nur um die Zurechnung eines fremden Verhaltens, nicht aber Verschuldens geht!!!), fehlerhaft ist, dann stellt sich die Frage nach der Anwendbarkeit des Gewährleistungsrechts des Kaufes bei zwei in tatsächlicher Hinsicht voneinander zu unterscheidenden Konstellationen:

- Denkbar ist zum einen, dass der **Montagefehler zu einem Mangel** der zunächst mangelfreien Sache **führt**.

> Beispiel: Der K kauft bei dem V eine Waschmaschine und vereinbart mit dem V, dass dieser den Wasseranschluss vornimmt. Die Maschine wird geliefert und aufgestellt. Durch eine fehlerhafte Montage des Mitarbeiters M des V dringt Wasser in die Elektronik, die eigentlich trocken bleiben sollte. Wenn eine zunächst mangelfreie Sache geliefert wird, die nur dadurch mangelhaft wird, dass der Verkäufer sie sodann unsachgemäß montiert oder beim Käufer aufstellt, liegt ein Sachmangel vor (§ 434 Abs. 2 S. 1 BGB). Der V muss sich das Verhalten des M, seines Erfüllungsgehilfen, zurechnen lassen (§ 278 BGB).

- Weiterhin ist die Möglichkeit in Betracht zu ziehen, dass die Beschaffenheit der Sache durch den Montagefehler nicht beeinträchtigt wird.

> Beispiel: Der K kauft bei dem V eine Kücheneinrichtung und vereinbart mit dem V, dass dieser sie in die Küche des K einbaut. Der V baut die Kü-

che selbst ein, und zwar in der Weise unsachgemäß, dass die Schränke zwar schief hängen, als solche aber einwandfrei genutzt werden können. Als Sachmangel nach § 434 Abs. 2 S. 1 BGB wird es auch angesehen, wenn allein die Montage selbst fehlerhaft ist, ohne dass dies zu einer Beeinträchtigung der Beschaffenheit der Sache führt (RegE).

Ein Sachmangel liegt auch vor, wenn eine Kaufsache zur Montage – nicht unbedingt durch den Käufer bzw. den Besteller selbst – bestimmt ist, und die **Montageanleitung mangelhaft ist**, es sei denn, der Montageanleitungsfehler hat sich nicht ausgewirkt, weil der Monteur (wer immer es auch war) die Sache aufgrund eigener Sachkenntnis fehlerfrei montiert hat (§ 434 Abs. 2 S. 2 BGB).

Beispiel: Der K erwirbt in einem bekannten schwedischen Möbelhaus das Hochbett „Sove". Dieses ist auch von bester Qualität. Leider erweist sich der Aufbau aber als nicht möglich, da die Aufbauanleitung aus dem Schwedischen in unverständliches Deutsch übersetzt wurde. Nach den allgemeinen Regeln würde nur ein Mangel der Anleitung vorliegen, nicht aber ein solcher des Hochbettes. Wegen § 434 Abs. 2 S. 2 BGB ist aber auch das Hochbett mangelhaft, was dem Käufer die Gewährleistungsrechte aus § 437 BGB eröffnet. Dazu gehört im Rahmen der Nacherfüllung (§ 439 Abs. 1 BGB) wohl auch, dass die falsch zusammengesetzte Ware vom Verkäufer wieder in ihren Urzustand zerlegt wird, da allein die Lieferung einer nur fehlerfreien Anleitung den Käufer nicht in die Lage versetzt, die Ware sachgerecht zu montieren.

Von einigen Autoren wird eine **analoge Anwendung des § 434 Abs. 2 BGB auf mangelhafte Gebrauchs- und Bedienungsanleitungen** befürwortet. Wer dies mangels planwidriger Lücke nicht mitmachen möchte, muss den Mangel der Sache in diesen Fällen auf § 434 Abs. 1 BGB stützen. Bei ganz fehlender Bedienungsanleitung sollte man dagegen eine Nebenpflichtverletzung (§ 241 Abs. 2 BGB) annehmen.

Stufe 5: Die letzte Ergänzung erfolgt durch § 434 Abs. 3 BGB. Einem Sachmangel steht die **Falschlieferung** (die einer anderen Sache, also eines sog. „**Aliud**") oder einer **zu geringen Menge** (= „**Zuwenig-**„ oder „**Minderlieferung**") gleich. Zu dieser Gleichstellung hat sich der Gesetzgeber nicht aus Gründen der begrifflichen Logik oder Gründen der gesetzlichen Systematik entschlossen, sondern ausschließlich aus rechtspolitischen Erwägungen; er hätte bei Falsch- und Zuweniglieferungen auch das allgemeine Leistungsstörungsrecht für anwendbar erklären können. Für die Unterstellung der Falsch- und Zuweniglieferung unter das Gewährleistungsrecht soll sprechen, dass die Interessenlage sich nicht wesentlich von der des Vorliegens eines Sachmangels im engeren Sinne unterscheidet: So mache es für den Käufer keinen Unterschied, ob ihm von den gekauften 100 Flaschen Wein nur 90 Flaschen (also 10 Flaschen gar nicht bzw. 10 Flaschen einer anderen Sorte) geliefert werden oder ob er 100 Flaschen erhält, von denen wegen undichter Korken 10 Flaschen nur Essig enthalten. In beiden Fällen erhalte der Käufer nur

90 brauchbare Flaschen (RegE). Hinsichtlich der Gleichstellung von **Zuweniglieferung** und **Schlechtlieferung** kann man dies ohne weiteres nachvollziehen. Was allerdings die Gleichstellung von **Falschlieferung** und **Schlechtlieferung** angeht, mag auf den ersten Blick verwundern, dass man aufgrund dessen in der Tat den (für einen Laien wirklich absurd klingenden) Satz aufstellen kann, dass „guter Zucker mangelhaftes Salz" ist. Die Gleichstellung, die es nach dem bis zum 31. Dezember 2001 geltenden Recht nicht gab, hat jedoch ganz erhebliche Vorteile. Früher musste man entscheiden, ob die Lieferung eines „Aliud" als eine Nichterfüllung, oder eine Schlechtleistung anzusehen ist, da beides völlig unterschiedliche Rechtsfolgen hatten: Bei Annahme einer Schlechtleistung griff die kurze Verjährung des Gewährleistungsrechts (§ 477 BGB a.F.: 6 Monate) ein, während bei Annahme eines Anspruchs wegen einer Nichterfüllung die damalige Regelverjährung nach § 195 BGB a.F. 30 Jahre betrug. Die rechtliche Einordnung der Lieferung eines „Aliud" machte es erforderlich, Fragen zu beantworten wie die, ob eine Schlechtleistung vorliegt, weil z.B. „Sommerweizen schlechter Winterweizen" oder ob „gutes Haifischfleisch schlechtes Walfischfleisch" ist oder ob jeweils eine Nichterfüllung vorliegt. Dabei hat sich herausgestellt, dass bei Gattungsschulden die Grenzziehung zwischen Mangel und Nichterfüllung von der Bildung der Gattungen abhängig ist: Bei sehr „weiträumiger" Definition der Gattung (z.B. Sommer- und Winterweizen gehören der Gattung „Getreide" an) kommt man eher zu einer Mangelhaftigkeit als bei „enger" Definition der Gattung. Die schließlich in der Rechtspraxis (überwiegend nur für den Handelskauf akzeptierte) gefundene Lösung bestand darin, nach §§ 377, 378 (a.F.) HGB analog bei einer sog. „Genehmigungsfähigkeit" des „Aliud" das Vorliegen eines Mangels anzunehmen, ansonsten von einer Nichterfüllung auszugehen. Diese „Gedankenakrobatik" ist nunmehr nicht mehr nötig: Bei einer Falschlieferung greift nach § 434 Abs. 3 BGB nach Gefahrübergang das Gewährleistungsrecht ein.

Fall 410: V verkauft an K die Ladung des Frachtschiffes Jessica. Dieses Schiff hat „Haakjöringsköd" geladen. Beide gehen davon aus, dass es sich dabei um Walfischfleisch handelt. Tatsächlich ist „Haakjöringsköd" aber die norwegische Bezeichnung für Haifischfleisch. Dieser Unterschied ist für den K erkennbar wichtig, da Fisch aller Art in Deutschland (der Fall spielte 1916, also während des Ersten Weltkriegs) der Beschlagnahme unterliegt, Walfischfleisch (der Wal ist ein Säugetier) nicht darunter fällt und daher frei gehandelt werden kann. Tatsächlich beschlagnahmen die Behörden die Ladung nach der Übereignung an K beim Eintreffen in Bremerhaven. Der K verlangt von V sein Geld zurück (nach RGZ 99, 147ff. – Haakjöringsköd-Fall).

Der Anspruch kann sich (nach heute geltendem Recht) aus §§ 437 Nr. 2, 326 Abs. 5, 346 Abs. 1 BGB ergeben. a) Zwischen V und K bestand ein wirksamer Kaufvertrag. Fraglich ist, mit welchem Inhalt. Hier lag eine übereinstimmende Falschbezeichnung vor: Der V und der K wollten einen Vertrag über Walfischfleisch schließen; verkauft war daher die Ladung der „Jessica" als Walfischfleisch („falsa demonstratio non nocet"). b) Ein Mangel kann darin liegen, dass der V Haifischfleisch anstelle von Walfischfleisch geliefert hatte. Rein vom Sprachgebrauch her ist Haifischfleisch kein schlechtes Walfischfleisch. Einem Sachmangel ist es aber gleichgestellt, wenn vom Verkäufer eine andere als die geschuldete Sache geliefert wird (§ 434 Abs. 3 BGB).

c) Der Rücktritt wurde von K konkludent durch das Rückzahlungsverlangen erklärt. d) Als Rücktrittsgrund kommt § 326 Abs. 5 BGB in Betracht. aa) Zwischen dem V und dem K ist ein Vertrag geschlossen worden. bb) Weiterhin muss dem K ein Anspruch zugestanden haben, dessen Erfüllung unmöglich geworden ist. Dies kann hier der Nacherfüllungsanspruch aus § 439 Abs. 1 BGB gewesen sein. cc) Die Erfüllung des Anspruches müsste dem Verkäufer unmöglich sein. § 326 Abs. 5 BGB differenziert nicht zwischen ursprünglicher und nachträglicher Unmöglichkeit. Hier lag ein Stückkauf vor, da die Ladung eines bestimmten Schiffes (durch die vertragliche Abrede war die Schuld auf die Ladung der „Jessica" beschränkt) verkauft wurde. Wegen der falschen Beladung dieses Schiffes ist eine Erfüllung mit anderem Walfischfleisch nicht möglich; daher ist die Leistung unmöglich. Ein Rücktrittsgrund ist daher gegeben. e) Der Rücktritt ist auch nicht nach §§ 326 Abs. 5, 323 Abs. 6 BGB ausgeschlossen. f) K kann daher die Rückzahlung des Kaufpreises von V verlangen.

Von der **Anwendung des Gewährleistungsrechts auf die Zuwenig- und die Falschlieferung** werden jedoch auch **Ausnahmen** gemacht:

Wenn das Gesetz eine nach Stückzahl und Gewicht gegebene „**Zuwenig-**" oder „**Minderlieferung**" infolge der **Gleichstellung von Zuwenig- und Schlechtlieferung** in § 434 Abs. 3 BGB als Sachmangel behandelt, so dass der Käufer deshalb nach Gefahrübergang nicht die Rechte aus dem Allgemeinen Leistungsstörungsrecht hat, sondern aus § 437 BGB, so gilt dies aber nur dann, wenn der **Verkäufer** die erbrachte Lieferung **zum Zwecke der vollständigen Erfüllung**, und nicht etwa bewusst als Teilleistung **erbracht hatte**.

Beim **Stückkauf** wird diskutiert, ob von der Regel des § 434 Abs. 3 BGB dann eine **Ausnahme** gemacht werden muss, wenn der Verkäufer eine andere als die gekaufte Sache geliefert hat („**Identitätsaliud**"). In der Tat geht die Gesetzesbegründung des RegE (unterstützt von z.B. *Canaris*) davon aus, dass dann ein Fall der „Nichterfüllung" gegeben ist und daher der Erfüllungsanspruch des Käufers aus § 433 Abs. 1 S. 1 BGB fortbesteht. Daher wird teilweise angenommen, dass bei einem „Identitätsaliud" **generell** keine Gewährleistungsansprüche bestehen; denn § 434 Abs. 3 BGB verfolge allein den Zweck, die Abgrenzungsschwierigkeiten bei verschiedenen Gattungsarten zu vermeiden, so dass der Anwendungsbereich des § 434 Abs. 3 BGB „teleologisch" auf die Gattungsschuld „reduziert" werden müsse:

Fall 411: Der V verkauft dem K ein von diesem zuvor besichtigtes Bild von Spitzweg. Geliefert wird das Bild eines zeitgenössischen Malers. Der K verlangt Lieferung des Bildes von Spitzweg (nach Westermann).

Der Anspruch ergibt sich aus § 433 Abs. 1 S. 1 BGB, und nicht aus §§ 433, 434 Abs. 3, 437 Nr. 1, 439 BGB.

Andere wollen bei Stückschulden zwar grundsätzlich § 434 Abs. 3 BGB anwenden, nicht aber bei „**groben**" **Abweichungen**:

Fall 412: Der V verkauft dem K ein Fass Rotwein. Geliefert wird ein Pferd. Der K verlangt Lieferung des Rotweines (nach Medicus).

> Der Anspruch ergibt sich aus § 433 Abs. 1 S. 1 BGB, und nicht aus §§ 433, 434 Abs. 3, 437 Nr. 1, 439 BGB.

Zur Abgrenzung zwischen Nichterfüllung und Mangelhaftigkeit wird bei den Fällen der Anderslieferung teilweise auch auf den Erfüllungswillen des Verkäufers abgestellt: dieser fehle nicht nur bei absichtlicher, sondern auch bei irrtümlicher Lieferung eines „Identitätsaliuds", so dass dann „Nichterfüllung" gegeben sei. Sicher ist aber eines: Um das Vorliegen eines Mangels zu bejahen, kommt es – anders als nach früherem Recht – nach jetzt geltendem Recht nicht mehr auf eine „Genehmigungsfähigkeit" des „aliud" an (das folgt aus der jetzt erfolgten Aufhebung des § 378 HGB a.F.)

Diesen **Einschränkungen**, die die Lieferung eines „Identitätsaliud" beim Stückkauf als generell oder bei groben Abweichungen als Nichterfüllung behandeln wollen, kann man den anders lautenden Gesetzeswortlaut entgegen halten: Für eine Einbeziehung des Stückkaufes auch beim „Identitätsaliud" in § 434 Abs. 3 BGB spricht jedenfalls der klare Gesetzeswortlaut, der gerade keine Differenzierung vorsieht, denn der Gesetzgeber hatte offenbar alle Abgrenzungsschwierigkeiten zwischen einer „Falsch-" und einer Schlechtlieferung vermeiden wollen, und zwar auch bei der Stückschuld und sei die Abweichung noch so extrem; für eine solche Lösung spricht auch die höhere Rechtssicherheit durch eine einheitliche Verjährung.

Man fragt sich natürlich nach der **Relevanz dieser Kontroverse**, denn auf den ersten Blick besteht zwischen den Ansprüchen des Käufers aus dem allgemeinen Leistungsstörungsrecht und den Gewährleistungsansprüchen hinsichtlich der Ergebnisse im Wesentlichen Identität. Aber Sie wissen ja schon, dass diese Kontroverse von Bedeutung werden kann, wenn die Verjährungsfrist des § 438 BGB abgelaufen ist, die Regelverjährung aber noch läuft. Bedeutsam könnte die Entscheidung in dieser Frage auch werden, wenn der Verkäufer irrtümlich eine wertvollere Sache geliefert hat: Wenn dies als Lieferung einer mangelhaften Kaufsache angesehen wird und der Käufer keine Gewährleistungsrechte geltend macht, würde die Sache bei ihm verbleiben; aber ob dieses von niemandem gewollte absurde Ergebnis nur vermieden werden kann, indem man bei der Lieferung eines „Identitätsaliud" beim Stückkauf den § 434 Abs. 3 BGB nicht anwendet, erscheint zweifelhaft.

Eine weitere Frage wäre, nach welchen Normen eine **Aliud-Lieferung zurückgefordert** werden kann.

> **Beispiel:** Verkäufer V liefert aus Versehen statt einer 200 GB-Festplatte eine mit 300 GB Speicherplatz.

Wenn der Verkäufer die dingliche Übereignung aufgrund eines Irrtums nach § 142 Abs. 1 BGB anfechten kann, so kann er Herausgabe nach **§ 985 BGB** verlangen. Die Anfechtung soll grundsätzlich möglich sein, wenn sich der Verkäufer dadurch nicht der Gewährleistungshaftung entzieht. Das ist bei irrtümlicher Lieferung einer höherwertigen Sache jedoch nicht der Fall. Falls eine Anfechtung mangels Anfechtungsgrund nicht durchgreift, ist ein Anspruch aus **§ 812 Abs. 1 S. 1**

1. Alt. BGB zu prüfen. Dabei ist die Frage zu erörtern, ob die irrtümliche Lieferung einer anderen Sache als Erfüllung anzusehen ist. Da die Lieferung einer anderen Sache nach § 434 Abs. 3 BGB einen Sachmangel begründet und nach § 433 Abs. 1 S. 2 BGB der Verkäufer die mangelfrei Lieferung schuldet, liegt keine Erfüllung vor (**Erfüllungstheorie!**). Das weitere Vorgehen ist umstritten. Einige Autoren wollen den Anspruch bejahen, wenn dadurch dem Käufer keine Rechte entzogen werden. Andere lehnen ihn grundsätzlich ab und wollen dem Käufer die höherwertige Sache belassen. Im Beispiel dürfte demnach der Käufer K die höherwertige Festplatte ohne Aufpreis behalten! Unseres Erachtens sieht eine sachgerechte Lösung so aus, dass der Verkäufer zunächst die geschuldete Sache liefern sollte und danach nach § 439 Abs. 4 BGB die „mangelhafte" höherwertige Sache zurückverlangen kann.

<u>Fall 413:</u> Der K kauft beim Gebrauchtwagenhändler V einen gebrauchten VW Golf. Der Wagen soll am nächsten Tag von V zu K's Wohnung gebracht und gegen Barzahlung übereignet werden. Ein Versehen in V's Betrieb führt dazu, dass angenommen wird, der K habe einen auch zum Verkauf stehenden gebrauchten BMW 318 i gekauft. Der BMW 318 i wird daher an den K ausgeliefert und gegen Barzahlung übereignet. Der V verlangt Herausgabe des Fahrzeugs von K (nach Musielak).

1. Ein Anspruch aus § 985 BGB besteht nicht, a) denn der BMW 318 i ist nach § 929 BGB übereignet worden, b) und zwar unanfechtbar, da genau dieser Wagen übereignet werden sollte. 2. Nach § 812 Abs. 1 S. 1 1. Fall BGB kann Herausgabe verlangt werden, a) wenn man die aus den unterschiedlichsten (zuvor referierten) Gründen Ansicht vertritt, dass bei einem Stückkauf Nichterfüllung gegeben sei, wenn irrtümlich eine andere als die geschuldete Sache geliefert werde („Identitätsaliud"). b) Wer sich bei der Interpretation des § 362 BGB der Theorie von der „finalen Leistungsbewirkung" anschließt, kann wegen fehlenden Erfüllungswillen des Verkäufers zur Nichterfüllung und damit auf anderem Wege zu einem Anspruch aus § 812 Abs. 1 S. 1 1. Fall BGB („Leistungskondiktion") kommen. 3. Die Lösung kann ansonsten nur bei § 242 BGB gesucht werden.

> Wie auch immer: Sie müssen niemals befürchten, dass einem Käufer, der die Lieferung als Zuwenig- oder Falschlieferung erkennt, das (ihm wegen der kurzen Verjährung nachteilige) Gewährleistungsrecht quasi „aufgedrängt" werden kann: Der Käufer kann die Zuwenig- oder Falschlieferung natürlich zurückweisen (ob nach § 320 BGB oder nach § 242 BGB ist umstritten), so dass es nicht zum Gefahrübergang kommt.

Zu erinnern ist noch an die im allgemeinen Leistungsrecht schon erörterte **Kontroverse**, ob die Gleichstellung der Zuwenig- und Aliudlieferung sich auch auf die Abgrenzung in § 281 Abs. 1 S. 2 bzw. 3 BGB und in § 323 Abs. 5 S.1 bzw. 2 BGB auswirken soll. Am sachgerechtesten scheint es, dort keine Gleichstellung vorzunehmen sondern diese nur auf der Tatbestandsseite, d.h. für die Anwendung von § 437 BGB durchzuführen.

cc) Bedeutung von Eigenschaftszusicherungen

Der Verkäufer leistet nur Gewähr für die **Mangelfreiheit bei Gefahrübergang**. Er muss nicht dafür einstehen, dass die gekaufte Sache die gesamte Dauer der Gewährleistungsfrist intakt bleibt und dass der Käufer sie deshalb solange nutzen kann.

> Beispiele: Aus dem eben erwähnten Grund ist ein Paar Rollerblades nicht deshalb mangelhaft, weil die Rollen nach 14-monatigem täglichem Fahren abgenutzt sind. Ebenso wenig ist ein Lebensmittel mangelhaft, nur weil es nicht 2 Jahre haltbar ist.

In diesem Zusammenhang gewinnen **Eigenschaftszusicherungen** ihre besondere Bedeutung. Sichert der Rollerbladeverkäufer im obigen Beispiel zu, seine Rollerblades hielten „mindestens 2 Jahre Dauerbetrieb" aus, so sind sie mangelhaft, wenn das nicht der Fall ist. Umgekehrt kann der Verkäufer durch eine **Eigenschaftsvereinbarung** seine Haftung beschränken, indem er im Beispiel vereinbart, dass die Rollen 1000km halten. Sind sie danach verbraucht, so liegt kein Mangel vor. Zwischen der haftungserweiternden Eigenschaftszusicherung und der haftungsbegrenzenden Eigenschaftsvereinbarung können sich Abgrenzungsschwierigkeiten ergeben, die der Verkäufer durch eindeutige Vertragsgestaltung vermeiden sollte.

Im Rahmen eines **Verbrauchsgüterkaufes** darf die Eigenschaftsvereinbarung nicht dazu führen, dass ein eigentlich verbotener Gewährleistungsausschluss umgangen wird (§ 475 Abs. 1 S. 2 BGB). Unzulässig und unwirksam sind daher nach h.M. jedenfalls solche Vereinbarungen, die im Widerspruch zu anderen Teilen des Vertrages stehen oder lediglich in AGB vereinbart werden.

> Beispiel: Ein Auto wird ausdrücklich als Schrottwagen zum Ausschlachten verkauft, was auch Sinn des Vertrages ist (zulässig). Ein Gebrauchtwagen wird als Schrott verkauft, obwohl klar ist, dass der Käufer ihn fahren will und soll (unzulässig). Ein Paar Schuhe soll nach Angaben des Herstellers nur 1000 Schritte halten (unzulässig, nach Schubel).

b) Rechtsmangel

In **§ 435 BGB** ist bestimmt, dass eine Kaufsache dann „frei von Rechtsmängeln ist, wenn Dritte in Bezug auf die Sache keine oder nur die im Kaufvertrag übernommenen Rechte gegen den Käufer geltend machen können". Im Weg des Umkehrschlusses entnehmen wir der Vorschrift, dass **Rechtsmängel** solche **Rechte sind, die „Dritte in Bezug auf die Sache ... gegen den Käufer geltend machen können"**, wenn es sich nicht um Rechte handelt, die vom Käufer „im Kaufvertrag übernommen" wurden.

Als Rechtsmängel **anzusehende Rechte**, die einem **Dritten Rechte gegen den Käufer zustehen,**

- sind in erster Linie beschränkt **dingliche Rechte**, wie z.B. Pfandrechte i.S.d. §§ 1204 ff. BGB oder Grundpfandrechte i.S.d. §§ 1113 ff. BGB. Gleichgestellt ist nach § 435 S. 2 BGB die Eintragung eines nicht existierenden Rechtes im Grundbuch; diese Gleichstellung ist ohne weiteres plausibel, weil insoweit die Gefahr eines gutgläubigen Erwerbs des nicht bestehenden Rechtes durch einen Dritten besteht (§ 892 Abs. 1 BGB). Im Einzelnen werden Sie darüber bei der Darstellung der dinglichen Ansprüche mehr erfahren. Sie sollen aber schon hier darauf hingewiesen werden, dass das Bestehen eines beschränkt dinglichen Rechts, das an sich einen Rechtsmangel begründet, bei einem gutgläubig lastenfreien Erwerb (bei beweglichen Sachen nach § 936 BGB/bei Grundstücksrechten nach § 892 BGB) keinen Rechtsmangel mehr darstellt. Bei Gefahrübergang bekommt der Erwerber die Sache schließlich frei von Rechten Dritter.

Fall 414: Der K kauft von dem V formgerecht ein Grundstück. Im Grundbuch ist eine Hypothek zugunsten des X eingetragen. Die gesicherte Forderung war schon vor Jahren bezahlt worden. Nachdem K als Eigentümer eingetragen ist und ihm das Grundstück übergeben worden ist, verlangt der K von dem V die Herbeiführung der Löschung dieser Hypothek. Der V weigert sich, da die Hypothek ja unstreitig nicht mehr bestehe und die Löschung ihn Gebühren kosten würde.

Der Anspruch des K kann sich aus §§ 437 Nr. 1, 439 BGB ergeben. a) Ein wirksamer Kaufvertrag liegt vor. b) Das Grundstück muss bei Gefahrübergang mangelhaft gewesen sein. In Betracht kommt ein Rechtsmangel nach § 435 BGB. aa) Ein tatsächlich bestehendes fremdes Recht (§ 435 S. 1 BGB) kommt nicht in Betracht, da anstelle der Hypothek eine Eigentümergrundschuld besteht, die dem Käufer als dem neuen Eigentümer zusteht (§§ 1163 Abs. 1 S. 2, 177 BGB). bb) Da aber bereits bloße Eintragung der Hypothek einem Rechtsmangel gleichsteht (§ 435 S. 2 BGB), ist die Kaufsache rechtsmangelhaft. Der Rechtsmangel bestand bei Gefahrübergang (§ 446 BGB). c) Der K kann daher die Beseitigung des Rechtsmangels verlangen (§ 439 BGB).

- Die „Rechte gegen den Käufer" müssen nicht stets dingliche Rechte aus dem BGB sein. Denkbar sind auch **Immaterialgüterrechte**.

Fall 415: Der V verkauft an K T-Shirts mit dem Aufdruck ADIDAS, die aber von einem anderen Hersteller ohne die Zustimmung von ADIDAS hergestellt wurden. Als K diese T-Shirts vermarkten will, wird ihm dies durch ADIDAS untersagt (§ 14 Abs. 2 Nr. 1, Abs. 3 Nr. 1 MarkenG).

Hier haben die T-Shirts einen Rechtsmangel, aufgrund dessen dem K Gewährleistungsansprüche zustehen.

- Auch **öffentlich-rechtliche Beschränkungen** können Rechtsmängel sein. Für die öffentlichen Lasten eines Grundstückes trifft § 436 BGB eine **Sonderregel**. Ohne diese Sonderregel würde das Bestehen öffentlicher Lasten stets Gewährleistungsrechte zur Folge haben, was der Gesetzgeber aber wegen der damit verbundenen Zufälligkeiten für unzweckmäßig gehalten hat.

> Fall 416: Die Straße vor dem Haus des Verkäufers V wurde 3 Monate vor dem Verkauf des Hauses saniert. Nach öffentlichem Recht haftet dafür der jeweilige Grundstückseigentümer. Als der Käufer K bereits 2 Monate im neuen Haus wohnt, verlangt die Gemeinde G wegen der nunmehr 5 Monate zurückliegenden Arbeiten aufgrund öffentlich-rechtlicher Vorschriften € 20 000 .- von K. Dieser will nach erfolgter Zahlung V in Anspruch nehmen.
> Der Anspruch ergibt sich aus § 436 Abs. 1 BGB, weil die Bauarbeiten vor Vertragsschluss durchgeführt wurden.

In folgende böse „Falle" dürfen Sie nicht „tappen":

1. Es ist **kein Rechtsmangel**, wenn die Sache gar nicht dem Verkäufer gehört, es **dem Verkäufer also am Eigentum selbst fehlt**, und der Käufer das Eigentum deshalb (z.B. wegen § 935 BGB) nicht erwirbt. Denn dann hat der Verkäufer nicht etwa seine Pflicht aus § 433 Abs. 1 S. 2 BGB mit der Folge von Gewährleistungsrechten des Käufers verletzt, sondern er hat seine Pflicht aus § 433 Abs. 1 S. 1 BGB („übereignen und übergeben") nicht erfüllt. Es soll aber nicht verschwiegen werden, dass einige Autoren das fehlende Eigentum als Rechtsmangel ansehen. Dagegen spricht vor allem der Wortlaut des § 433 Abs. 1 S. 1 BGB.

2. Die **Lösung** besteht darin, dass dann der Erfüllungsanspruch aus § 433 Abs. 1 S. 1 BGB fortbesteht und ggf. die Regeln des Allgemeinen Leistungsstörungsrecht gelten: z.B. bei einer Unmöglichkeit zur Übereignung die §§ 280 Abs.1, 3, 283 bzw. § 311 a Abs. 2 BGB. Diese Ansprüche unterliegen nicht der kurzen Verjährung des § 438 BGB.

---

c) Entbehrlichkeit der Abgrenzung von Sach- und Rechtsmängeln

Stellen Sie sich vor, dass jemand ein Haus verkauft, in dem auch die Kellerräume bewohnt werden, was aber baurechtlich unzulässig ist. Wenn nun die Bauaufsichtsbehörde dem neuen Eigentümer diese Nutzung untersagt, ergibt sich die Frage, ob ein Sach- oder ein Rechtsmangel vorliegt.

Die Rechtsprechung nahm nach dem bis zum 31. Dezember 2001 geltenden Recht einen Sachmangel an (dafür spricht, dass die Baurechtswidrigkeit auf der Beschaffenheit der Bausache beruht), was in einer prozessualen Auseinandersetzung zwischen dem Verkäufer und Käufer wegen der mittlerweile eingetretenen Verjährung mit hoher Wahrscheinlichkeit die Niederlage für den Käufer bedeutet hätte. Bei Annahme eines Rechtsmangels wäre der Fall umgekehrt ausgegangen: der Käufer hätte obsiegt. Seit dem 1. Januar 2002 stehen Sach- und Rechtsmängel gleich, § 437 BGB spricht allgemein von Mangelhaftigkeit und meint damit Sach- und Rechtsmängel. Insoweit ist es in der Regel beliebig, ob man einen Rechts- oder einen Sachmangel annimmt. Die Abgrenzungsprobleme dürften sich damit im Wesentlichen erledigt haben.

d) Unerheblichkeit des Mangels

Man könnte meinen, dass „Bagatellen" (ein kleiner Kratzer am Lack des gekauften neuen Autos) kein Mangel sein können. Die Frage der Erheblichkeit des Mangels spielt aber für die Frage des Vorliegens eines Mangels keine Rolle (mehr; anders war es noch bei § 459 Abs. 1 BGB a.F.).

Von Bedeutung ist die **Unerheblichkeit des Mangels** allerdings für die Rechtsfolge:

- Die **Nacherfüllung** kann in Fällen der – bei einer Unerheblichkeit nicht selten gegebenen – Unverhältnismäßigkeit verweigert werden (§ 439 Abs. 3 BGB);
- bei **unerheblichen Sach-** oder **Rechtsmängeln** gibt es **kein Rücktrittsrecht** (§§ 433, 437 Nr. 2, 326 Abs. 5, 323 Abs. 5 S. 2/323 Abs. 5 S. 2 BGB, dazu später mehr);
- das Gleiche gilt daher konsequenterweise auch für den letztlich wie beim Rücktritt zu einer Rückabwicklung führenden „großen" **Schadensersatzanspruch** (§§ 437 Nr. 3, 280 Abs. 1, 3, 281 Abs. 1 S. 3/283 S. 2, 281 Abs. 1 S. 3/311 a Abs. 2, 281 Abs. 1 S. 3 BGB).

> Beispiel (BGH): Ein Reparaturaufwand von € 100,- für ein Auto kann ein unerheblicher Mangel darstellen. Dieser Betrag machte weniger als 1% des Kaufpreises aus.

Das werden wir alles noch im Einzelnen vertieft erläutern.

3. Sach- oder Rechtsmangel bei Gefahrübergang

Der **Mangel** muss **bei Gefahrübergang** gegeben sein. Wenn die Kaufsache erst nach Gefahrübergang mangelhaft wird, so ist dies kein Gewährleistungsfall, sondern fällt allein in den Risikobereich des Käufers, der die „Sachgefahr" trägt („casum sentit dominus").

> Haben Sie eine praktische Idee, wie man die „Sachgefahr" abwenden kann? Durch den Abschluss einer Versicherung!

Manchmal wird ein Fehlverhalten des Verkäufers auch erst nach Gefahrübergang relevant. In diesem Fall greift das Kaufgewährleistungsrecht nicht ein, es kann sich aber ein Anspruch aus allgemeinem Leistungsstörungsrecht ergeben.

Fall 417: V liefert an den K einen Zentralrechner („Server"). Er vergisst, ihm mitzuteilen, dass dieser neue Rechner nicht direkt neben den bereits vorhandenen gestellt werden darf. Der neue Rechner erleidet deswegen einen Überhitzungsschaden.

Der Anspruch folgt nicht aus dem Kaufgewährleistungsrecht, da der Rechner bei Gefahrübergang mangelfrei war sondern allein aus §§ 280 Abs. 1, 241 Abs. 2 BGB, sofern man unterstellt, dass der V dem K zur Aufklärung über das Risiko verpflichtet war.

4. Beweislast (§ 363/§ 476 BGB)

Die (im Vergleich zu § 459 BGB a.F.) neue Formulierung in § 434 Abs. 1 BGB: „Die Sache ist frei von Sachmängeln, wenn ... „ bedeutet nicht etwa, dass (nunmehr) der Verkäufer die Sachmangelfreiheit zum Zeitpunkt des Gefahrübergangs beweisen müsste. Vielmehr gilt für die Frage der Beweislast für das Vorhandensein von Sachmängeln weiterhin die Regelung des **§ 363 BGB**, auch wenn in dieser Norm nur von der falschen und unvollständigen, nicht aber von der mangelhaften Leistung die Rede ist; seit jeher ist jedoch unbestritten, dass die Vorschrift auch gerade die Mangelhaftigkeit meint.

- Daher muss bis zum **Augenblick der Annahme als Erfüllung** der Verkäufer die Mangelfreiheit

- und vom **Augenblick der Annahme als Erfüllung** an der Käufer die Mangelhaftigkeit zum Zeitpunkt des Gefahrübergangs beweisen.

Beim **Verbrauchsgüter-Kaufvertrag** (§§ 433, 474 BGB = Kauf einer beweglichen Sache durch einen Verbraucher von einem Unternehmer mit Ausnahme des Erwerbs gebrauchter Sachen in einer öffentlichen Versteigerung, an der der Verbraucher persönlich teilnehmen kann) wird nach **§ 476 BGB** dann, wenn sich ein **Sachmangel innerhalb von 6 Monaten seit Gefahrübergang zeigt, vermutet**, dass die Sache **bereits bei Gefahrübergang mangelhaft** war; diese dem Käufer günstige Beweislastregel gilt nach § 476 BGB allerdings nicht, wenn der Verkäufer seinerseits beweisen kann, dass diese Vermutung mit der Art der Sache (gebrauchte Sachen, verderbliche Sachen) oder des Mangels unvereinbar ist (Einzelheiten hierzu später).

Nimmt beim Verbrauchsgüter-Kaufvertrag der Unternehmer seinen Lieferanten in Anspruch („**Unternehmerrückgriff**"), weil er eine neu hergestellte Sache von einem Verbraucher zurücknehmen musste oder weil der Verbraucher den Kaufpreis gemindert hatte, so findet § 476 BGB auf diese Beziehung (die natürlich kein Verbrauchsgüter-Kaufvertrag ist) Anwendung, und zwar mit der Maßgabe, dass die 6-Monatsfrist des § 476 BGB mit dem Übergang der Gefahr auf den Verbraucher beginnt (§§ 478 Abs. 3, 476 BGB). Der Grund für die Anwendbarkeit ist darin zu sehen, dass der von einem Verbraucher in Anspruch genommene Letztverkäufer (praktisch also der Einzelhändler), für den – weil er ja Unternehmer ist – die Sonderregeln des Verbrauchsgüter-Kaufvertrags nicht gelten, die Nachteile eines verbesserten Verbraucherschutzes nicht allein tragen soll. Weil auch der Lieferant des Letztverkäufers nicht schlechter gestellt werden kann als der Letztverkäufer, sollen in einer bis zum Hersteller reichenden Lieferkette die in § 478 BGB geregelten Erleichterungen der Käuferrechte (u.a. auch hinsichtlich der Beweislast) gelten.

Verdeutlichen wir uns wieder einmal, was wir **inzwischen gelernt** haben: Wir wissen jetzt, unter welchen Voraussetzungen der Käufer die Gewährleistungsrechte aus § 437 BGB hat. Welche Rechte er im Einzelnen hat, soll nunmehr erörtert werden.

5. Übersicht über das Kaufgewährleistungsrecht

Dazu verschaffen wir uns zunächst einmal einen graphischen Überblick, auf den Sie immer wieder zurückgreifen sollten, wenn Sie sich „im Gestrüpp" der gesetzlichen Regeln zu verirren drohen.

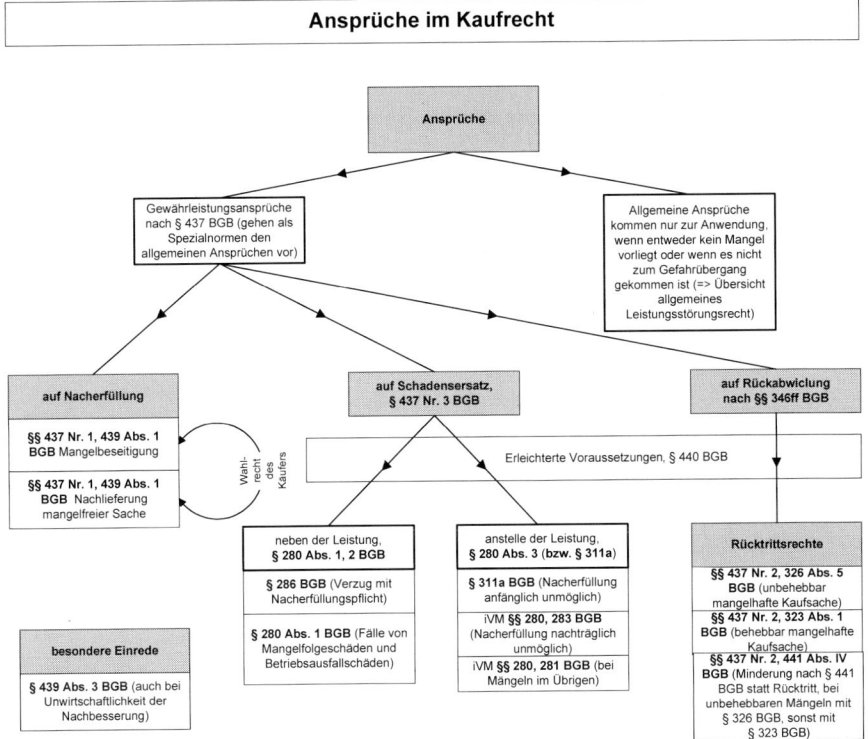

Abb. 6

Aus den Gesetzesmaterialien und aus § 440 BGB folgt:

1. Der Nacherfüllungsanspruch (§ 437 Nr. 1 BGB) ist der **„primäre Rechtsbehelf"** des Käufers (= „Vorrang der Nacherfüllung"), denn alle anderen Rechtsbehelfe (nach §§ 437 Nr. 2 und 3 BGB: Rücktritt oder Minderung, Schadensersatz) setzen **grundsätzlich** (aber: keine Regel ohne Ausnahmen!) voraus, dass dem Verkäufer zuvor erfolglos eine Frist gesetzt worden ist. Der Käufer kann also grundsätzlich nicht sogleich den Kaufvertrag rückgängig machen oder den Kaufpreis mindern oder Schadensersatz verlangen.

2. Umgekehrt formuliert: Der **Verkäufer** hat grundsätzlich das **Recht** zur „**zweiten Andienung**", also das „**Recht auf Vertragserfüllung**".

6. Ansprüche auf Nacherfüllung (Nachbesserung, Lieferung einer mangelfreien Sache)

Das Kaufrecht gewährt dem Käufer in **§§ 437 Nr. 1, 439 BGB** zwei Nacherfüllungsansprüche, die er alternativ geltend machen kann. Dies ist zum einen der Anspruch auf **Lieferung einer mangelfreien Sache** (= „Nachlieferungsanspruch") und zum anderen der Anspruch auf **Beseitigung des Mangels** (= „Nachbesserungsanspruch").

→ I. **Voraussetzungen**
 1. Vorliegen eines wirksamen **Kaufvertrages**.
 2. Die **Kaufsache** hat
  a) einen **Sachmangel** (§ 434 BGB)
  b) oder einen **Rechtsmangel** (§ 435 BGB)
  c) z. Zt. des **Gefahrübergangs**.
 3. **Keine Befreiung** des Verkäufers **von der Nacherfüllungspflicht** nach §§ 275 Abs. 1-3, 439 Abs. 3 BGB.
 4. **Keine Verjährung** (§ 438 BGB).

→ II. **Rechte des Käufers:**
 Der Käufer kann nach seiner Wahl entweder Nachbesserung oder Lieferung einer mangelfreien Sache verlangen (§ 439 Abs. 1 BGB). Der Verkäufer hat die dazu erforderlichen Aufwendungen zu tragen (§ 439 Abs. 2 BGB).

a) Nacherfüllung (Nachbesserung oder Lieferung einer mangelfreien Sache)

aa) Grundsätzliches

Der Nacherfüllungsanspruch (Nachbesserung oder Lieferung einer mangelfreien Sache) ist eine Variation des ursprünglichen Erfüllungsanspruchs aus § 433 Abs. 1 S. 2 BGB auf Lieferung einer mangelfreien Sache. Mit dem „Gefahrübergang" bzw. bei Gattungsschulden mit dem „hypothetischen Gefahrübergang" auf den Käufer verwandelt er sich in einen durch die Regeln des Gewährleistungsrechts modifizierten Nacherfüllungsanspruch gerichtet auf entweder Nachbesserung oder Lieferung einer mangelfreien Sache (§§ 437 Nr. 1, 439 BGB):

- Als solcher kann er nach **§ 275 Abs. 1 BGB** wegen einer Unmöglichkeit der Nacherfüllung „ausgeschlossen" sein, ihm kann im Falle der „faktischen Unmöglichkeit" die Einrede aus **§ 275 Abs. 2 BGB** entgegengehalten werden, bei einer (wohl nur theoretisch vorstellbaren) „persönlichen Unmöglichkeit" der Nacherfüllung hat der Verkäufer die Einrede aus **§ 275 Abs. 3 BGB** und schließlich darüber hinausgehend auch die besonderen Einreden des **§ 439 Abs. 3 BGB**. Der Anspruch verjährt nach **§ 438 BGB**.

- Da es sich aber immer noch um einen im Gegenseitigkeitsverhältnis stehenden Erfüllungsanspruch handelt, kann der auf Zahlung des Kaufpreises in Anspruch genommene Käufer bis zur mangelfreien Leistung die Einrede des **§ 320 BGB** erheben und die Kaufpreiszahlung verweigern.

> Wegen der inhaltlichen Unterschiede zwischen Erfüllungsanspruch und Nacherfüllungsanspruch darf dem Verkäufer eine **„Flucht in die Nacherfüllung"** nicht gestattet werden. Der Käufer kann daher die Annahme einer mangelhaften Sache nach § 294 BGB bzw. § 242 BGB verweigern, ohne dadurch in Annahmeverzug zu kommen (Folge: § 446 S.3 BGB). Häufig wird aber gerade bei Großbetrieben ein Gefahrübergang praktisch nicht zu verhindern sein, da z.B. Lagermitarbeiter Waren häufig ungeprüft entgegennehmen. Bei **offensichtlichem Missbrauch** (z.B. Lieferung eines Computergehäuses ohne Inhalt) wird man dem Verkäufer auch nach Gefahrübergang eine Berufung auf die Beschränkungen des Nacherfüllungsanspruches nach § 242 BGB verweigern können.

Der Nachbesserungsanspruch wird erst mit dem **Nachbesserungsverlangen** des Käufers fällig. Das Nachbesserungsverlangen ist daher konstitutiv für die Geltendmachung des Anspruchs. Dies ist auch sinnvoll: Vor dem Verlangen kann der Verkäufer ja gar nicht wissen, welches Mängelrecht der Käufer geltend macht. In der Fallbearbeitung kommt es auf dieses Verlangen jedoch in der Regel nicht an, da der Käufer dort praktisch immer jedenfalls konkludent eine Nacherfüllung verlangt hat. Sie können das Merkmal daher grundsätzlich unerörtert lassen.

bb) Die Herbeiführung der Nacherfüllung

Grundsätzlich hat der Käufer ein **Wahlrecht** zwischen den beiden Formen der Nacherfüllung. Er ist aber nicht zu einer Wahl verpflichtet und wird in vielen Fällen die Wahl dem sachkundigeren Verkäufer überlassen.

Beim <u>Qualitätsmangel nach § 434 Abs. 1 und 2 BGB</u> besteht dieses Wahlrecht

- grundsätzlich uneingeschränkt beim **„Gattungskauf"**: Der Gattungskäufer kann entweder die Lieferung eines mangelfreien („mittlerer Art und Güte") Stücks aus der Gattung oder die Beseitigung des Mangels fordern. Wenn aber (eine sehr theoretische Annahme!) die gesamte Gattung oder (schon eher wahrscheinlich) bei einem „beschränkten Gattungskauf" der gesamte Vorrat den Mangel aufweist, ist das Wahlrecht beschränkt auf die Nachbesserung.

Fall 418: Der K kauft in dem V-Warenhaus das letzte noch vorrätige Exemplar einer Ware, die regelmäßig nachgeliefert wird. Diese ist mangelhaft. Der K verlangt Lieferung einer mangelfreien Sache oder Beseitigung des Mangels.

Der Anspruch ist wahlweise gerichtet auf Lieferung einer mangelfreien Sache oder Beseitigung des Mangels und ergibt sich aus §§ 433, 434 Abs. 1 S. 2 Nr. 1 bzw. Nr. 2, 437 Nr. 1, 439 Abs. 1 BGB.

Variante: Bei der Ware handelt es sich um einen Restposten.

Hier besteht der Anspruch auf Lieferung einer mangelfreien Sache nicht, weil es sich um eine beschränkte Vorratschuld handelt (§ 275 Abs. 1 BGB). Wohl aber kann der K Beseitigung des Mangels verlangen.

- Beim **„Stückkauf"** scheint der Käufer grundsätzlich keine Nachlieferung, sondern nur die Beseitigung des Mangels verlangen zu können, weil nach dem Kaufvertrag nur die Lieferung einer ganz bestimmten Kaufsache geschuldet wird (so *Lorenz* u.a.). Ansonsten droht dem Verkäufer das Risiko, bei der Nachlieferung zu einer weitergehenden Leistung verpflichtet zu sein, als nach dem Vertrag vereinbart. Nach wohl überwiegender Ansicht und nach Rechtsprechung des OLG Braunschweig soll eine Pflicht zur Nachlieferung aber bestehen, wenn die mangelhafte Sache durch eine andere Sache wirtschaftlich ersetzbar ist. Ein gutes Argument für diese auch hier vertretene Ansicht ist, dass bei zahlreichen Geschäften der Käufer ein bestimmtes vertrauenserweckendes Gattungsstück aussucht und so den Beteiligten eine langwierige Festlegung der Gattungsmerkmale erspart. In diesem Fall entspricht es dem wirtschaftlichen Interesse der Parteien, bei Mängeln auf ein anderes vorhandenes Gattungsstück auszuweichen. Diese Ansicht wird sowohl von den Gesetzesmaterialien als auch dadurch gestützt, dass das Gesetz in § 439 Abs. 1 BGB anders als nach altem Schuldrecht keinen Unterschied mehr zwischen Stückkauf und Gattungskauf macht. Sofern der Verkäufer ein Privatmann ist, der große Probleme haben kann, einen Ersatzgegenstand zu beschaffen, ist ggf. eine andere Betrachtungsweise angezeigt.

> Um die Ersatzlieferung beim Stückkauf ist mittlerweile ein sehr engagierter Streit in der Literatur entbrannt. Während manche eine Ersatzlieferung kategorisch ausschließen, ist diese nach anderen Ansichten möglich. Die Anforderungen sind allerdings unterschiedlich: (1) Manche stellen darauf ab, ob eine **vertretbare Sache i.S.d. § 91 BGB** verkauft wurde. (2) Andere fragen danach, ob der Stückkauf **funktional mit einem Gattungkauf vergleichbar** ist, was insbesondere in „Selbstbedienungsfällen" zu bejahen ist. (3) Am weitesten gehen diejenigen, die es ausreichen lassen, wenn die **Kaufsache „ersetzbar"** ist und die **Ersatzsache gleichwertig und gleichartig** ist.
>
> Eine Stellungnahme kann man sich ersparen, wenn man durch Auslegung des Vertrages dazu kommt, dass eigentlich gar keine Stückschuld vorliegt sondern eine Gattungsschuld. Das hängt schließlich allein davon ab, was

die Parteien gewollt haben. Diese Lösung bietet sich insbesondere bei „Selbstbedienungsfällen" an.

Fall 419: Der V verkauft dem K seinen gebrauchten Wagen. Als K am Tage nach der Übergabe und Übereignung mit dem Wagen fahren will, stellt sich heraus, dass über Nacht wegen eines bereits bei der Übergabe an K vorhandenen Lecks des Öltanks das gesamte Motoröl ausgetreten ist. Der K verlangt Lieferung eines mangelfreien Wagens.
Der a) an sich aus §§ 433, 434 Abs. 1 S. 2 Nr. 1, 437 Nr. 1, 439 Abs. 1 BGB gegebene Anspruch auf Lieferung eines mangelfreien Wagens b) kann „ausgeschlossen" sein, weil der V lediglich die mangelfreie Lieferung eines einzigen Wagens schuldete und ihm daher die Lieferung eines (anderen) mangelfreien Wagens nicht möglich ist (§ 275 Abs. 1 BGB). Wenn man allerdings auch bei der Stückschuld die Nacherfüllung durch Lieferung einer anderen, wirtschaftlich vergleichbaren Sache zulässt (was sehr streitig ist), so kann der K Lieferung eines vergleichbaren mangelfreien Wagens verlangen, wenn ein solcher zu zumutbaren Bedingungen (§ 439 Abs. 3 BGB) beschafft werden kann.

Fall 420: Der Autohändler V verkauft dem K einen Neuwagen, den der K zunächst bei V bestellen wollte, dann aber auf dem Hof des V zufällig mit der von ihm gewünschten Ausstattung entdeckt hat. Am nächsten Tag stellt sich heraus, dass der Wagen unrettbar mangelhaft ist. K verlangt die Lieferung eines anderen Neuwagens.
Hier stellt sich die Frage, ob ein Anspruch auf Nachlieferung (§§ 433, 434 Abs. 1 S. 2 Nr. 1, 437 Nr. 1, 439 Abs. 1 BGB) gegeben ist. Dies kann zweifelhaft sein, weil eine Stückschuld vorliegen könnte. Ob bei einer Stückschuld ein Nachlieferungsanspruch besteht, ist zweifelhaft (wäre auszuführen, s.o.). Fraglich ist aber, ob überhaupt eine Stückschuld vorliegt. Hätte K den Wagen nicht zufällig entdeckt, so hätte er ein entsprechendes Fahrzeug bestellt. Die Parteien wollte somit übereinstimmend eine Gattungsschuld vereinbaren. Die Auswahl des vorhandenen Fahrzeuges hatte nicht den Erklärungswert, gerade diesen Wagen erwerben zu wollen. Die Frage nach der Nachlieferung bei der Stückschuld stellt sich somit nicht. V muss ein Ersatzfahrzeug bestellen.

Liefert der Verkäufer eine <u>andere als die geschuldete Sache</u> bzw. <u>eine zu geringe Menge</u> und ist dies nach § 434 Abs. 3 BGB als Mangel einzustufen,

- so kann bei der **Anderslieferung beim „Stückkauf"** („Identitätsaliud") der Käufer Nacherfüllung nur durch Lieferung der wirklich geschuldeten Sache verlangen; die Beseitigung des Mangels ist ausgeschlossen.

Behalten Sie aber bitte die bereits verdeutlichte Kontroverse im Auge, dass es noch ungeklärt ist, ob bei einem „Identitätsaliud" überhaupt von einer Mangelhaftigkeit nach § 434 Abs. 3 BGB auszugehen ist oder ob eine Nichterfüllung gegeben ist, also ein Anspruch aus § 433 Abs. 1 S. 1 BGB (*Canaris, Westermann*); auch *Medicus* befürwortet dies für den Fall einer „groben Abweichung".

- Bei der **Anderslieferung beim „Gattungskauf"** ist grundsätzlich nur an Nacherfüllung durch Lieferung einer mangelfreien („mittlerer Art und Güte") Sache aus der Gattung zu denken. Ansprüche auf Beseitigung des Mangels sind aber dann denkbar, wenn es möglich ist, die gelieferte, einer anderen Gattung als der geschuldeten Sache angehörende Lieferung so umzurüsten, dass sie der geschuldeten Gattung angehört.

Fall 421: K kauft bei V eine Ölpumpe für Olivenöl vom Typ „Olivio" mit einer vereinbarten Leistung von 5 bar; der V übernimmt die Montage im Betrieb des K. Geliefert und installiert wird eine Ölpumpe für Mineralöl vom Typ „Mineralio" mit gleicher Leistung. Sie ist aber für Pflanzenöle wegen der abweichenden Viskosität unbrauchbar. Durch Austausch des Filtersystems lässt sich eine Pumpe vom Typ „Mineralio" jedoch mit vertretbarem Aufwand so umrüsten, dass sie wie eine Pumpe vom Typ „Olivio" zum Pumpen von Olivenöl tauglich ist. K verlangt von V den Umbau.

Der Anspruch ergibt sich aus §§ 437 Nr. 1, 439 Abs. 1, 1. Fall BGB.

- Bei einer **Zuweniglieferung** wird der Nacherfüllungsanspruch des Käufers i.d.R. nur auf Ausgleich der fehlenden Menge gerichtet sein; denkbar sind aber auch auf eine völlige Neulieferung gerichtete Nacherfüllungsansprüche (§§ 434 Abs. 1, 434 Abs. 3, 437 Nr. 1, 439 Abs.1, Fall 1 BGB).

Fall 422: Der K kauft bei dem V 20 qm farblich aufeinander abgestimmte Terrassenfliesen aus Carrara-Marmor. Geliefert werden nur 15 qm. Der K verlangt von dem V eine Gesamtneulieferung von 20 qm, weil bei einer bloßen Nachlieferung von 5 qm die Möglichkeit farblicher Abweichungen besteht (nach RegE).

In einem solchen Fall besteht auch bei einer Zuweniglieferung ein Nachlieferungsanspruch in Gestalt einer Gesamtneulieferung (§§ 437 Nr. 1, 439 Abs. 1, Fall 1 BGB).

> Die Tatsache, dass wir uns soeben ausgiebig mit einem Nacherfüllungsanspruch aus §§ 437 Nr. 1, 439 BGB in den Fällen befasst haben, in denen der Verkäufer wegen einer Anderslieferung oder einer Zuweniglieferung nach § 434 Abs. 3 BGB „mangelhaft" geleistet hat, darf Ihnen nicht den Blick dafür verstellen, dass das **Gewährleistungsrecht** in diesen Fällen **nicht zwangsläufig** gilt:
>
> Wenn der Käufer erkennt, dass der Verkäufer eine andere als die geschuldete Sache liefert („Anderslieferung"), dann kann er diese Leistung selbstredend zurückweisen und so verhindern, dass das erst mit Gefahrübergang geltende Gewährleistungsrecht gilt.
>
> Das gleiche gilt bei einer „Zuweniglieferung": Der Käufer kann dann die Leistung nach § 266 BGB zurückweisen.

Der **Käufer ist an** seine **einmal getroffene Wahl nicht gebunden**. Wird die gewählte Art der Nacherfüllung nach getroffener Wahl unmöglich, so kann er noch auf die andere Möglichkeit ausweichen. Die beiden Wahlmöglichkeiten stehen nach umstrittener aber herrschender Ansicht nämlich im Verhältnis der sog. **elektiven Konkurrenz**. Nach anderer Ansicht ist die einmal getroffene Wahl nach § 263 Abs. 2 BGB bindend, da es sich um eine sog. **Wahlschuld** nach § 262ff BGB handelt. Die herrschende Meinung lehnt diesen Standpunkt ab, da dadurch die Käuferrechte entgegen der Absicht des Gesetzgebers und der europarechtlichen Vorgaben zu stark eingeschränkt wird.

> Beispiel: V soll einen defekten Neuwagen, den er dem K verkauft hat auf dessen Wunsch nachbessern. In der Werkstatt des V wird das Auto durch Zufall zerstört. K kann nun nach h.M. immer noch die Lieferung eines anderen Fahrzeuges verlangen.

b) Befreiung von der Pflicht zur Nacherfüllung

Sehr häufig wird ein Nacherfüllungsanspruch deshalb nicht bestehen, weil der Verkäufer von dieser Pflicht befreit ist:

- So kann der Anspruch **wegen Unmöglichkeit** einer Nacherfüllung „**ausgeschlossen**" sein (**§ 275 Abs. 1 BGB**), oder die Nacherfüllung kann vom Verkäufer nach **§ 275 Abs. 2, 3 BGB** verweigert werden.

- Schließlich kann der Nacherfüllungsanspruch aufgrund einer Verweigerung des Verkäufers wegen unverhältnismäßiger Kosten **§ 439 Abs. 3 BGB** ausgeschlossen sein.

aa) „Ausschluss des Nacherfüllungsanspruchs" wegen „Unmöglichkeit" der Nacherfüllung (§ 275 Abs. 1 – 3 BGB)

(1) Automatisch „ausgeschlossener" Nacherfüllungsanspruch (§ 275 Abs. 1 BGB)

Ein Nacherfüllungsanspruch kann nach § 275 Abs. 1 BGB automatisch „ausgeschlossen" sein, wenn beide Arten der Nacherfüllung des § 439 Abs. 1 BGB (Lieferung einer mangelfreien Sache/Beseitigung des Mangels) unmöglich sind.

Ein solcher Fall einer zum Ausschluss des Nacherfüllungsanspruchs führenden Unmöglichkeit ist gegeben wenn beim **Stückkauf** eine **besondere Art von Mangel** besteht, wie z.B. bei der aufgrund eines Kaufvertrages erfolgten Lieferung eines irreparabel durchgerosteten Gebrauchtwagen oder eines „Unfallwagens":

- Weil nur die Lieferung der speziell gekauften Sache geschuldet ist, ist die **Lieferung einer** anderen **mangelfreien Sache unmöglich**;

- aufgrund der Art des Mangels ist auch eine **Beseitigung des Mangels unmöglich**.

> Fall 423: Der V, der eine Autowerkstatt betreibt, liefert dem K einen ihm als „unfallfrei" verkauften Gebrauchtwagen. Als der K herausfindet, dass der Wagen früher einmal einen Frontalzusammenstoß erlitten hat, verlangt er die Lieferung eines anderen mangelfreien Wagens oder die Beseitigung des Mangels. Der V weigert sich, weil – wie er mit einem

Sachverständigengutachten nachweist – alle Unfallfolgen durch eine Reparatur technisch beseitigt seien.

Der Anspruch könnte sich aus §§ 437 Nr. 1, 439 Abs. 1 BGB ergeben. a) V und K haben einen Kaufvertrag geschlossen. b) Der Wagen ist mangelhaft, denn er weicht von der Beschaffenheitsvereinbarung („unfallfrei") ab; dass er technisch einwandfrei ist, spielt keine Rolle. Der Mangel bestand bei Gefahrübergang (§ 446 S. 1 BGB). c) Der Nacherfüllungsanspruch ist jedoch ausgeschlossen (§ 275 Abs. 1 BGB), weil beide Arten der Nacherfüllung des § 439 Abs. 1 BGB (Lieferung einer anderen mangelfreien Sache/Beseitigung des Mangels) unmöglich sind: aa) die Lieferung eines anderen „unfallfreien" und damit mangelfreien Autos ist dem V unmöglich, weil nur die Lieferung des konkret gekauften Autos geschuldet ist; bb) eine Beseitigung des Mangels ist unmöglich, weil der „Makel", ein „Unfallwagen" zu sein, nicht beseitigt werden kann.

Wenn nur eine Art der Nacherfüllung unmöglich ist, so ist nach § 275 Abs. 1 BGB der Nacherfüllungsanspruch nicht etwa insgesamt ausgeschlossen, sondern nur „insoweit", als die Unmöglichkeit besteht.

Variante: Das Auto ist zwar „unfallfrei", hat aber einen Motorschaden.

a) Der Anspruch auf Lieferung eines (anderen) mangelfreien Autos ist ausgeschlossen. b) K kann aber die Beseitigung des Mangels verlangen, weil V eine Autowerkstatt betreibt und daher die Reparatur für ihn ohne große Probleme möglich ist.

Die Nacherfüllung ist aber nur dann als möglich einzustufen, wenn **am Ende** eine **völlig mangelfreie Leistung** steht.

Beispiel (nach BGH): Ein verkaufter Hund leidet an einer Fehlstellung des Hüftgelenks. Diese ist nicht behebbar. Möglich ist es nur, dem Hund über eine Operation und anschließende regelmäßige Nachsorge ein relativ normales Leben zu ermöglichen. Diese Operation ist keine Nachbesserung. Der Hund ist unbehebbar mangelhaft!

Auch bei einer Gattungsschuld kann die Nacherfüllung in der Form der Nachlieferung unmöglich sein. Dies gilt vor allem, wenn kein weiteres Gattungsstück zur Verfügung steht. Manchmal ist die Nacherfüllung aber auch aus anderen Überlegungen unmöglich.

Beispiel (nach BGH): Der vom Züchter gelieferte Hund (Gattungsschuld) ist unheilbar krank. Eine Nachlieferung soll unmöglich sein, wenn der Hund schon 5 Monate bei der Familie des Käufers lebt und dadurch eine persönliche Bindung an das Tier entstanden ist.

(2) Leistungsverweigerungsrecht nach § 275 Abs. 2, 3 BGB

Dass eine „vom Käufer gewählte Art der Nacherfüllung" auch nach **§ 275 Abs. 2, 3 BGB** „verweigert" werden kann, ist an sich selbstverständlich, kann aber auch dem Wortlaut des § 439 Abs. 3 S. 1 BGB entnommen werden, wo der Gesetzgeber dies „sicherheitshalber" noch einmal formuliert hat. Allerdings ist ein Leistungsverweigerungsrecht aus § 275 Abs. 3 BGB schwer vorstellbar, denn welcher Nacherfüllungsanspruch kann nur „persönlich" erbracht werden? Auch dürfte ein Leistungsverweigerungsrecht aus § 275 Abs. 2 BGB letztlich nur von theoretischer Bedeutung sein, da das Nacherfüllungsverweigerungsrecht des Verkäufers aus § 439 Abs. 3 BGB viel weiter reicht: Für die Möglichkeit zur Verweigerung der vom Käufer gewählten Nacherfüllung genügt nämlich nach § 439 Abs. 3 BGB eine Unverhältnismäßigkeit der Kosten, während § 275 Abs. 2 BGB ein grobes Missverhältnis fordert. Wenn nur eine Art der Nacherfüllung verweigert werden kann, so ist nach § 275 Abs. 1, 3 BGB der Nacherfüllungsanspruch nicht etwa insgesamt, sondern nur „insoweit", als das Verweigerungsrecht besteht, ausgeschlossen.

> Schiessen Sie aber in der Euphorie über die Feststellung, dass der Verkäufer von der Pflicht zur sachmangelfreien Leistung befreit ist, nicht über das Ziel hinaus: Die **Befreiung nach § 275 BGB** reicht nur „soweit", wie das Leistungshindernis besteht. Der Verkäufer bleibt also immer noch zur Übereignung und zur Übergabe verpflichtet.

bb) Nacherfüllungsverweigerungsrecht trotz Möglichkeit wegen
   Unverhältnismäßigkeit (§ 439 Abs. 3 BGB)

Auch wenn dem Verkäufer die Erfüllung des Nacherfüllungsanspruchs möglich ist (also § 275 BGB nicht entgegensteht), kann er nach § 439 Abs. 3 BGB die Nacherfüllung verweigern: Die kaufrechtsspezifische und inhaltlich auf den Nacherfüllungsanspruch des Käufers beschränkte Einrede des **§ 439 Abs. 3 S. 1, 2 BGB** setzt voraus, dass die vom Käufer gewählte Art der Nachbesserung nur mit unverhältnismäßigen Kosten möglich ist.

Für die Unverhältnismäßigkeit kommt es vor allem auf den Wert der Sache im mangelfreien Zustand, die Bedeutung des Mangels und auf die Frage an, ob die andere Art der Nacherfüllung ohne erhebliche Nachteile möglich ist. Die ja noch sehr spärliche Rechtsprechung (das „Rennen" hat das LG Ellwangen „gemacht") hat in einem Fall, in dem die Lieferung eines neuen Autos anstelle der möglichen Nachbesserung gefordert wurde, eine Unverhältnismäßigkeit i.S.d. § 439 Abs. 3 BGB angenommen, wenn der Kostenaufwand hierfür 30 % über dem Kostenaufwand für die Nachbesserung liegt. **Bezugsgrößen** sind stets der **Wert der mangelfreien Sache** und die **Kosten der Nacherfüllung**. Unerheblich ist dagegen das Verhältnis zum Kaufpreis, da dieser Ausdruck des Äquivalenzverhältnisses ist, welches für § 439 Abs. 3 BGB keine Rolle spielt.

Der Anspruch des Käufers beschränkt sich dann auf die andere Art der Nacherfüllung (§ 439 Abs. 3 S. 3 BGB). Sofern bei dieser anderen Art der Nacherfüllung irgendwelche Mängel bestehen bleiben, ist sie dem Käufer nicht zumutbar.

> 1. Typischerweise ist bei geringwertigen **Waren des täglichen Bedarfs** die Nachbesserung unverhältnismäßig und die Lieferung einer mangelfreien Sache der angemessene Rechtsbehelf.
>
> 2. Bei **teuren und komplexen Waren** wie zu Beispiel einem Kfz ist wegen des rapiden Wertverlustes eines Fahrzeuges durch die Zulassung bzw. erst recht durch die erste Nutzung die Nachbesserung der angemessene Weg.
>
> 3. Besteht der Mangel wegen eines **behebbaren Montagefehlers**, so ist allein die Nachbesserung der geeignete Rechtsbehelf.

Fall 424: Der K kauft bei dem V für € 100,- eine wertvolle neue Vase (Gattungskauf!). Erst zuhause bemerkt der K, dass an einer Seite die Emaillierung abgeschlagen ist. Er verlangt daher von V die Lieferung einer neuen Vase. Der V bietet an, die fehlende Emaillierung durch einen Farbanstrich zu beseitigen. Die Beschaffung einer neuen Vase lehnt er ab, da er diese eigens vom Großhändler bestellen müsste, was Versandkosten in Höhe von € 80 .- verursachen würde. Der K ist damit nicht einverstanden.

Der Anspruch auf Lieferung einer mangelfreien Sache a) beruht auf §§ 437 Nr. 1, 439 Abs. 1 BGB. Die Voraussetzungen liegen vor. b) Fraglich ist, ob der Anspruch auch durchsetzbar ist. Dem könnte hier die erhobene Einrede des § 439 Abs. 3 S. 1, 2 BGB entgegenstehen. aa) Einerseits ist zwar die vom Käufer gewählte Art der Nachbesserung nur mit sehr hohen Versandkosten möglich, die schon fast den Kaufpreis erreichen. Danach spricht manches gegen einen Anspruch des K auf Lieferung einer mangelfreien Sache. Der K müsste sich mit einem Nachbesserungsanspruch begnügen. bb) Andererseits ist bei der Verhältnismäßigkeitsprüfung zu berücksichtigen, ob die andere Art der Nacherfüllung ohne erhebliche Nachteile für den Käufer wäre: Hier ist ein Gegenstand verkauft worden, bei dem es besonders auf das perfekte Erscheinungsbild ankommt. Es ist daher dem Käufer nicht zuzumuten, eine sichtbar reparierte Vase zu erhalten. Das Leistungsverweigerungsrecht des Verkäufers greift daher nicht durch. Der V muss eine mangelfreie neue Vase beschaffen und an K liefern.

Fall 425: Der Verkäufer V verkauft an den Käufer K ein sehr seltenes neues Rennrad (Gattungskauf!). Der V hat nur ein einziges Exemplar davon in seinem Lager. Nachdem der K das Fahrrad mitgenommen hatte, stellt sich heraus, dass ein Teil der Gangschaltung nicht richtig funktioniert. Der K verlangt Lieferung eines neuen Fahrrades, hilfsweise die Reparatur durch V, außerdem hat er Kosten für den Transport des defekten Fahrrades zu V tragen müssen, deren Ersatz er ebenfalls verlangt. Der V hingegen möchte das Rad nicht „umtauschen", da er dann sehr hohe Versandkosten zum Hersteller aufbringen muss. Er kann aber das defekte Teil auch problemlos austauschen.

1. Dem K könnte a) ein Anspruch auf Lieferung eines neuen Fahrrades zustehen (§§ 437 Nr. 1, 439 Abs. 1 BGB). aa) Zwischen dem V und dem K bestand ein wirksamer Kaufvertrag. bb) Das Fahrrad hat aaa) bei Gefahrübergang nach § 446 BGB durch Übergabe an den K bbb) einen Sachmangel, da es sich in Ermangelung einer Beschaffenheitsvereinbarung zwischen V und K oder eines ausdrücklich genannten Vertragszwecks jedenfalls nicht zum gewöhnlichen Gebrauch eignete (§ 434 Abs. 1 Nr. 2 BGB). cc) Dem V steht aber die Ein-

rede des § 439 Abs. 3 S. 1 BGB zu: Durch die Lieferung einer mangelfreien Sache entstehen ihm hohe Kosten, und die Nachbesserung ist für den Käufer ohne Nachteile. V hat die Einrede erhoben. dd) Dem K steht daher kein Anspruch auf Lieferung einer mangelfreien Sache zu. b) Was den Anspruch auf Nachbesserung aus §§ 437 Nr. 1, 439 Abs. 1 BGB angeht, aa) so liegen die Voraussetzungen vor. bb) Dem V steht gegen diesen Anspruch auch keine Einrede nach § 439 Abs. 3 BGB zu. Der Anspruch besteht daher. 2. Dem K sind gem. § 439 Abs. 2 BGB die Kosten des Transportes zu ersetzen.

Fall 426: Der K kauft im Kaufhaus des V eine Eieruhr für € 5,-. Einige Tage später stellt sich heraus, dass sie aufgrund eines schon bei Übergabe bestehenden Mangels nicht funktioniert. Der K verlangt Nachbesserung oder Lieferung einer anderen Eieruhr. Der V lehnt ab, da sie nur mit Kosten von etwa € 15,- möglich wäre.

Der Anspruch auf Nacherfüllung ergibt sich aus §§ 437 Nr. 1, 439 Abs. 1 BGB. a) Hinsichtlich des geltend gemachten Anspruchs auf Beseitigung des Mangels hat der V die Nacherfüllung wegen der damit verbundenen unverhältnismäßigen Kosten zu Recht verweigert (§ 439 Abs. 3 S. 1, 2 BGB). b) Der Anspruch beschränkt sich auf die andere Art der Nacherfüllung, die Nachlieferung (§ 439 Abs. 3 S. 3 BGB).

Fall 427 (nach OLG Braunschweig): Autohändler V verkaufte an den Käufer K einen bereits erstzugelassenen Pkw Seat Ibiza mit einer Laufleistung von 10km für € 12 000,-. Das Fahrzeug sollte mit ABS und 4 Airbags ausgestattet sein, was jedoch nicht der Fall war. Dennoch wäre es im gegenwärtigen Zustand € 14 000,- wert. K verlangt Nachlieferung eines anderen Fahrzeugs mit den vereinbarten Ausstattungsmerkmalen. V erklärt, so ein Fahrzeug nicht verfügbar zu haben und die (am Markt mögliche) Besorgung sei unzumutbar, da der Listenpreis für so ein Fahrzeug bei etwa € 15 000,- liege.

Der Anspruch auf Nachlieferung kann aus § 439 Abs. 1 BGB folgen. a) Die Voraussetzungen liegen vor, da ein wirksamer Kaufvertrag geschlossen ist und das Fahrzeug mangelhaft ist. b) Zu erörtern ist weiter, ob auch bei einem Stückkauf (Gebrauchtwagen!) ein Anspruch auf Nachlieferung gegeben sein kann. Dies kann mit den oben bereits genannten Argumenten bejaht werden. c) Fraglich ist, ob der Nacherfüllungsanspruch ausgeschlossen ist. aa) Ein Ausschluss nach § 275 Abs. 1 BGB käme nur in Betracht, wenn ein entsprechendes Fahrzeug am Markt nicht zu beschaffen wäre. Dies ist jedoch vorliegend nicht der Fall, weswegen § 275 Abs. 1 BGB ausscheidet. bb) In Betracht kommt aber ein Ausschluss nach § 439 Abs. 3 S. 1 BGB wegen unverhältnismäßiger Kosten. Dazu sind der Wert der mangelfreien Sache und die Kosten der Nacherfüllung gegenüberzustellen. Der Kaufpreis bleibt außer Betracht. Die Kosten der Nacherfüllung betragen somit nur € 1 000,-, da der Verkäufer den Wagen im Wert von € 14 000,- zurückerhält und dafür ein Fahrzeug im Wert von € 15 000,- liefern muss. Dies in Relation gesetzt zum Wert im mangelfreien Zustand (€ 15 000,-) ergibt ein Verhältnis von etwa 6,7 % und ist nicht unverhältnismäßig.

Umstritten ist die Frage, ob einem **Händler ohne eigene Reparaturwerkstatt** die **Nachbesserung zugemutet** werden kann oder ob in diesem Fall nur eine Nacherfüllung in Betracht kommt. Da der Händler die Nachbesserung nicht selbst vornehmen muss, kann er dazu einen Dritten einschalten. Seine fehlende Vorsorge soll ihn jedenfalls nicht entlasten.

c) Gegenrechte des Verkäufers (§§ 439 Abs. 4, 346 ff. BGB)

Erfüllt der Verkäufer einen Anspruch auf Lieferung einer mangelfreien Sache, so kann er die von ihm gelieferte mangelhafte Sache zurückverlangen (§§ 439 Abs. 4, 346 ff. BGB).

> Variante: Nachdem der K eingesehen hat, dass er nur einen Anspruch auf Lieferung einer mangelfreien Eieruhr hat, verlangt er von dem V eine neue Eieruhr. Der V will auch liefern, jedoch nur Zug-um-Zug gegen Rückgabe der defekten Uhr, die er nämlich seinerseits seinem Lieferanten zurückgeben möchte.
>
> a) Der Anspruch auf Lieferung einer mangelfreien Eieruhr folgt, wie Sie ja wissen, aus §§ 437 Nr. 1, 439 Abs. 1 BGB. b) Möglicherweise steht dem V jedoch ein Zurückbehaltungsrecht aus § 273 Abs. 1 BGB zu. Dazu muss dem V gegen den K ein fälliger und einredefreier Gegenanspruch aus demselben rechtlichen Verhältnis zustehen. aa) Der Gegenanspruch gegen den K kann hier aus §§ 439 Abs. 4, 346 Abs. 1 BGB herrühren. bb) Fraglich ist jedoch, ob dieser Anspruch bereits besteht. Denn nach dem Wortlaut der Norm muss der Verkäufer zunächst eine mangelfreie Sache liefern, bevor er die mangelhafte zurückverlangen kann. Der Anspruch ist also noch nicht fällig. Daher steht dem V auch kein Zurückbehaltungsrecht zu. Der V muss daher zunächst liefern. Erst danach kann der V die defekte Eieruhr zurückverlangen.

> Variante: Der V hat nun die neue Eieruhr geliefert. Als er von dem K die alte Eieruhr zurückverlangt, ist diese nicht mehr vorhanden. Der K hat sie nämlich wegen einer Nachlässigkeit verloren. Der V verlangt für die alte Uhr Schadensersatz von K in Höhe von € 3,-, was dem Wert der defekten Uhr entsprach.
>
> Der Anspruch kann sich aus §§ 439 Abs. 4, 346 Abs. 1, 4, 280 Abs. 1, 3, 283 BGB ergeben. a) Dem V stand gegen K zunächst ein Anspruch aus §§ 439 Abs. 4, 346 Abs. 1 BGB („Rechtsfolgenverweisung") auf Rückgabe der alten Uhr zu. b) Die Rückgabe ist dem V unmöglich geworden (§ 275 Abs. 1 BGB). c) Für diesen Fall verweist § 346 Abs. 4 BGB auf §§ 280 – 283 BGB („Rechtsgrundverweisung"), so dass ein Anspruch aus §§ 280 Abs. 1, 3, 283 BGB gegeben sein könnte: aa) Der K hat die Rückgewährpflicht aus § 346 BGB verletzt, indem er sie sich mit der Folge des § 275 Abs. 1 BGB unmöglich gemacht hat. bb) Der K handelte fahrlässig (§ 276 BGB). cc) Die zusätzlichen Voraussetzungen des § 283 BGB liegen vor: Ausschluss der Rückgewährpflicht nach § 275 Abs. 1 BGB. dd) Der K muss daher dem V in Höhe von € 3,- Schadensersatz „statt der Leistung" leisten.

d) Der Anspruch des Käufers auf Ersatz seiner Aufwendungen für die Nacherfüllung

In **§ 439 Abs. 2 BGB** wird klargestellt, dass der Verkäufer die Aufwendungen für die Nacherfüllung (insbesondere Transport-, Wege-, Arbeits- und Materialkosten) selbst zu tragen hat. Daraus folgt zugleich ein **Anspruch des Käufers auf Ersatz seiner Aufwendungen,** die – sofern sie in Geld geleistet wurden – nach Maßgabe des § 256 BGB zu verzinsen sind.

> Machen Sie sich wieder einmal klar, was Sie **soeben gelernt** haben: Der mangelhaft belieferte Käufer hat gegen den Verkäufer einen „primären Anspruch" auf Nacherfüllung (§§ 437 Nr. 1, 439 BGB); wir wissen auch, das

> dieser Anspruch dann nicht besteht, wenn die Erfüllung dem Verkäufer nach § 275 BGB nicht möglich ist oder wenn er sich trotz Möglichkeit auf das Nacherfüllungsverweigerungsrecht aus § 439 Abs. 3 BGB beruft.

e) Ausblick auf mögliche „Sekundäransprüche" des Käufers

Unsere weiteren Überlegungen zu Gewährleistungsrechten des Käufers hängen davon ab, wie der Verkäufer sich im Einzelfall diesen Ansprüchen gegenüber verhält.

Der Verkäufer kann seiner Pflicht aus §§ 437 Nr. 1, 439 BGB gehorchend die Nacherfüllung herbeiführen. Dann sind weitere Überlegungen entbehrlich.

Der Verkäufer kann aber auch aus den unterschiedlichsten Gründen nichts unternehmen; das sind die uns interessierenden **„pathologischen" Konstellationen**, auf die wir schon einmal einen Blick werfen wollen:

- Wenn die Nichterfüllung darauf beruht, dass der Verkäufer von seiner **Verpflichtung zur Nacherfüllung befreit** ist (§ 275 Abs. 1 – 3 BGB), dann stellt sich für den Käufer die Frage, ob er **„Sekundäransprüche"** geltend machen kann: Zu denken ist an ein Rücktrittsrecht des Käufers nach § 437 Nr. 2, 326 Abs. 5, 323 BGB oder an eine Minderung des Kaufpreises nach §§ 437 Nr. 2, 441 BGB; der Käufer kann aber auch Schadensersatz „statt der Leistung" nach §§ 437 Nr. 3, 280 Abs. 1, 3, 283/311 a Abs. 2 BGB geltend machen.

- Wenn hingegen dem Verkäufer eine Nacherfüllung möglich ist, also § 275 Abs. 1 – 3 BGB nicht vorliegt, er aber gleichwohl die **Nacherfüllung nicht vornimmt**, so kann dies entweder darauf beruhen, dass er sich auf § 439 Abs. 3 BGB beruft oder auch darauf, dass er einfach nichts tut und „die Hände in den Schoß legt". Auch in diesen Fällen stellt sich für den Käufer die Frage, ob er **„Sekundäransprüche"** geltend machen kann: Zu denken ist an ein Rücktrittsrecht des Käufers nach §§ 437 Nr. 2, 323 BGB oder eine Minderung des Kaufpreises nach §§ 437 Nr. 2, 441 BGB; der Käufer kann aber auch Schadensersatz „statt der Leistung" nach §§ 437 Nr. 3, 280 Abs. 1, 3, 281 BGB geltend machen. In den Fällen, in denen die Passivität des nacherfüllungspflichtigen Verkäufers darauf beruht, dass er sich auf das Nacherfüllungsverweigerungsrecht aus § 439 Abs. 3 BGB beruft, bedarf es über die Ausnahmefälle der §§ 323 Abs. 2, 281 Abs. 2 hinaus keiner Fristsetzung (§ 440 BGB).

- Den Leser, der sich im allgemeinen Leistungsstörungsrecht gut auskennt, kann dies alles natürlich nicht überraschen. Man muss sich den Nacherfüllungsanspruch aus §§ 437 Nr. 1, 439 BGB nur als „modifizierten" Leistungsanspruch denken und schon läuft alles in „gewohnten Bahnen", sieht man einmal ab von den „kaufvertragsspezifischen" Besonderheiten des § 439 Abs. 3 BGB (zusätzlicher Leistungsbefreiungsgrund) und § 440 BGB (zusätzlicher „Nachfristsetzungsentbehrlichkeitsgrund") sowie der Tatsache, dass die

Minderung (§§ 437 Nr. 2, 441 BGB) ein im allgemeinen Leistungsstörungsrecht unbekannter Rechtsbehelf ist.

- Einem „**Überflieger**" könnte diese knappe Übersicht über die Gewährleistungsrechte des Käufers sogar ausreichen, um sich mit dem Gewährleistungsrecht vertraut zu machen. Aber keine Sorge: wer ist schon ein „Genie"? Wir werden uns im Folgenden gründlich und solide mit allen Einzelheiten dieser gerafften Zusammenfassung beschäftigen!

> Damit kennen Sie also unser **weiteres „Programm"**. Wir ordnen dies nur etwas anders als in der vorstehenden Übersicht, und zwar nach den Arten der „Sekundäransprüche" und beginnen. Wir halten uns an die schon im allgemeinen Leistungsstörungsrecht verwendete Reihenfolge: Zunächst Schadensersatzansprüche und Aufwendungsersatz, danach Rücktritt (ergänzt um die kaufspezifische Minderung).

7. Schadensersatzansprüche

Wenn das sich aus der Fallfrage ergebende „Anspruchsziel" des Käufers auf den Ersatz eines Schadens gerichtet ist, so können sich dahinter mehrere Fragen verbergen:

> **a)** Es kann dem Käufer um den Ersatz eines Schadens „**statt der Leistung**" gehen.
>
> Ebenso wie im Allgemeinen Leistungsstörungsrecht kann der Käufer infolge der Mangelhaftigkeit auch Ansprüche auf Ersatz eines mangelbedingten Schadens „statt der Leistung" verlangen. Dabei geht es um den Schaden, der dadurch entstanden ist, dass die mangelfreie Leistung endgültig nicht erbracht wird.
>
> **aa)** Dieser Anspruch besteht dann, wenn der Verkäufer die geschuldete Nacherfüllung nicht leistet, weil er hiervon befreit ist („unbehebbare Mangel"): nach §§ 437 Nr. 3, 280 Abs. 1, 3, 283/311 a Abs. 2 BGB
>
> **bb)** Dieser Anspruch besteht auch dann, wenn dem Verkäufer die Nacherfüllung zwar möglich ist („behebbarer Mangel"), er aber gleichwohl die Nacherfüllung nicht vornimmt: §§ 437 Nr. 3, 280 Abs. 1, 3, 281 BGB.
>
> Damit werden wir uns zunächst **sub a)** befassen.
>
> **b)** Es soll schon jetzt darauf hingewiesen werden, dass es dem einen Schadensersatzanspruch geltend machenden Käufer auch darum gehen kann, den Ersatz eines mangelbedingten Schadens „**neben der Leistung**" geltend zu machen. Dabei geht es um den Schaden, der durch die Lieferung der

> mangelhaften Kaufsache eingetreten ist und der nicht mehr durch eine hypothetische Nacherfüllung beseitigt werden kann.
>
> Damit werden wir uns dann **sub b)** befassen.

a) Schadensersatz „statt der Leistung" / „Aufwendungsersatz"

Wenn der Käufer den Ersatz derjenigen Schäden geltend macht, die darauf zurückzuführen sind, dass ihm **endgültig keine mangelfreie Sache** geliefert wird, so geht es ihm um den **Ersatz eines Schadens „statt der Leistung"**; alternativ dazu kann der Käufer auch **Aufwendungsersatz** verlangen

Wie auch im allgemeinen Leistungsstörungsrecht kann ein solcher Anspruch deshalb bestehen,

- weil die Nacherfüllungspflicht des Verkäufers nicht mehr besteht oder ursprünglich nicht bestanden hat (**„unbehebbarer Mangel"**): dann ist die **Anspruchsgrundlage** entweder **§§ 437 Nr. 3, 280 Abs. 1, 3, 283 BGB** oder **§§ 437 Nr. 3, 311 a Abs. 2 BGB**, (sub aa)),

- oder weil der Verkäufer die bestehende Nacherfüllungspflicht (**„behebbarer Mangel"**) **nicht erfüllt** hat: dann ist die **Anspruchsgrundlage §§ 437 Nr. 3, 280 Abs. 1, 3, 281 BGB** (sub bb)).

- Der **Aufwendungsersatzanspruch** folgt aus **§ 284 BGB** (sub cc)).

aa) Nichtbestehen der Nacherfüllungspflicht wegen „Unbehebbarkeit" des Mangels

In den Fällen, in denen die Nacherfüllungspflicht des Verkäufers nicht besteht, kann der Käufer sofort (d.h. ohne dem Verkäufer eine Nachfrist setzen zu müssen) nach §§ 437 Nr. 3, 280 Abs. 1, 3, 283/311 a Abs. 2 BGB Schadensersatz „statt der Leistung" verlangen.

> Für die jeweilige **Anspruchsgrundlage** ist maßgeblich,
>
> - ob das den Käufer von der Nacherfüllungspflicht befreiende **Leistungshindernis** (§ 275 Abs. 1 – 3) **nachträglich entstanden ist** (= nachträglich unbehebbarer Mangel): es gelten §§ 437 Nr. 3, 280 Abs. 1, 3, 283 BGB
>
> - oder ob das den Käufer von der Nacherfüllungspflicht befreiende **Leistungshindernis** (§ 275 Abs. 1 – 3 BGB) **anfänglich vorlag** (= anfänglich unbehebbare Mangel): es gelten die §§ 437 Nr. 3, 311 a Abs. 2 BGB.

> - Der **zeitliche Bezugspunkt** für die Frage der Nachträglichkeit oder Anfänglichkeit des Leistungshindernisses ist der **Vertragsschluss** (arge. §§ 283 S. 1 und 311 a Abs. 2: „bei Vertragsschluss"). Zur Klarstellung: Es kommt nicht darauf an, wann der Mangel entstanden ist sondern wann er unbehebbar geworden ist.

(1) Nichtmehrbestehen der Nacherfüllungspflicht wegen nachträglicher Leistungshindernisse (= nachträglicher „unbehebbarer" Mangel)

Ist der Sachmangel wegen **nachträglich entstandener Leistungshindernisse** nicht behebbar (§§ 275 Abs. 1 – 3, 439 Abs. 3 BGB), so kann der Käufer vom Verkäufer **Schadensersatz „statt der Leistung"** nach §§ 437 Nr. 3, 280 Abs. 1, 3, 283, 275 Abs. 1- 3 BGB verlangen.

> → I. **Haftungsbegründende Voraussetzungen**
> 1. Vorliegen eines wirksamen **Kaufvertrages**.
> 2. **Kaufsache** ist bei Gefahrübergang **mangelhaft**.
> 3. **Wegfall des Nacherfüllungsanspruchs** (§ 275 Abs. 1- 3 BGB; ggf. diskutieren: § 439 Abs. 3 BGB) aufgrund eines Leistungshindernisses, das **nach Vertragsschluss** eingetreten ist.
> 4. **Vertretenmüssen** (§ 280 Abs. 1 S. 2 BGB): Fehlende Entlastung
>   a) bezüglich der Lieferung einer mangelhaften Sache und
>   b) bezüglich der Erhaltung der eigenen Fähigkeit zur mangelfreien Nacherfüllung.
> 5. kein Ausschluss der Gewährleistungsrechte (insb. § 442 BGB).
> 6. Keine **Verjährung** (§§ 214 Abs. 1, 438 BGB).
>
> → II. **Haftungsumfang**
> Ersatz des entstandenen Schadens nach §§ 249 ff. BGB: „Großer" oder „kleiner" Schadensersatz.

Was die Voraussetzungen des Anspruchs angeht, so brauchen wir hier zum Erfordernis des Vorliegens eines **wirksamen Kaufvertrags** keine Worte zu verlieren.

Die **Pflichtverletzung** besteht darin, dass der Verkäufer entgegen seiner Pflicht aus § 433 Abs. 1 S. 2 BGB eine mangelhafte Sache geliefert hat bzw. verursacht hat, dass eine mangelfrei Sache nun mit einem unbehebbaren Mangel versehen ist.

Der Mangel muss infolge von Leistungshindernissen zu einem „**unbehebbaren**" **Mangel** geworden sein: Das ist dann der Fall,

- wenn der Verkäufer nicht dazu in der Lage ist, mangelfrei nachzuliefern oder die Kaufsache (z.B. wegen der Herbeiführung einer irreparablen Beschädigung) in einen mangelfreien Zustand zu versetzen, und deshalb nach **§ 275 Abs. 1 BGB** die Nacherfüllung nicht zu erbringen braucht

- oder wenn er sie nach **§ 275 Abs. 2, 3 BGB** zu Recht verweigert hat, wobei § 275 Abs. 3 BGB wohl praktisch ohne Bedeutung ist.

- Der aufmerksame Leser dürfte bereits dem Lösungsschema entnommen haben, dass hier nicht vorgeschlagen werden soll, eine wirksame Nacherfüllungsverweigerung nach § 439 Abs. 3 BGB als Befreiung vom Nacherfüllungsanspruch, wie § 283 BGB es voraussetzt, anzusehen. In der Literatur wird dies bisweilen befürwortet. Der Verweis in § 440 BGB lässt aber erkennen, dass die Lösung dieser Fälle über § 281 BGB erfolgen soll.

Für einen Anspruch aus §§ 437 Nr. 3, 280 Abs. 1, 3, 283 BGB ist Voraussetzung, dass der **Verkäufer nach Vertragsschluss** von seiner Nacherfüllungsverpflichtung aus §§ 437 Nr. 1, 439 Abs. 1 BGB befreit worden ist. Dass der zeitliche erste Bezugspunkt für die Nachträglichkeit oder die Anfänglichkeit des Leistungshindernisses der Vertragsschluss ist, ergibt sich aus dem Wortlaut der §§ 437 Nr. 3, 280 Abs. 1, 3, 283 S. 1/311 a Abs. 2 BGB: „bei Vertragsschluss". Wenn aber bei einem zunächst behebbaren Mangel der Käufer dem Verkäufer eine Nacherfüllungsfrist setzt (§§ 437 Nr. 1, 280 Abs. 1, 3, 281 Abs. 1 BGB) und bei dem Verkäufer die den Wegfall der Pflicht zur Nacherfüllung zur Folge habenden Voraussetzungen des § 275 BGB erst nach Eintritt der Haftungsvoraussetzungen eintreten, ist dies (natürlich) kein Fall des §§ 437 Nr. 3, 280 Abs. 1, 3, 283 BGB, sondern des §§ 437 Nr. 1, 280 Abs. 1, 3, 281 Abs. 1 BGB; dazu sogleich mehr. Wenn allerdings während der noch laufenden Frist die Unmöglichkeit eintritt, so folgt die Haftung allein aus §§ 437 Nr. 3, 280 Abs. 1, 3, 283 BGB.

Das vermutete **Vertretenmüssen** kann grundsätzlich **zwei Bezugspunkte** haben:
- Der Verkäufer kann bereits die **Lieferung der mangelhaften Kaufsache** zu vertreten haben. Dies ist zum Beispiel der Fall, wenn er die Mangelhaftigkeit der Kaufsache kannte (Vorsatz). Ausreichend ist es aber auch, wenn er es sorgfaltswidrig unterlassen hat, die Sache auf Mängel zu untersuchen (Fahrlässigkeit).

> Beispiel: V liefert an K wissentlich einen defekten Fernseher. Dieser wird bei K am nächsten Tag vom Blitz getroffen und zerstört. V haftet nach §§ 437 Nr. 3, 280 Abs. 1, 3, 283 BGB. Bezugspunkt für das Vertretenmüssen ist die ursprünglich mangelhafte Leistung.

Hierbei muss man sich der Frage zuwenden, wie weit die Untersuchungspflicht des Verkäufers geht. Nach der Gesetzesbegründung soll zum Beispiel bei industriell hergestellter Massenware die Pflicht weniger weit reichen als bei hochwertigen Produkten. Die Sachkunde des Verkäufers soll ebenfalls für die Reichweite der Pflicht relevant sein.

> Beispiel: Ein Gebrauchtwagenhändler wird einen Gebrauchtwagen auf für den Käufer nicht ohne weiteres erkennbare Mängel untersuchen müssen.

Im Fall einer Haftung wegen einer in § 276 Abs. 1 BGB ausdrücklich vorgesehenen Übernahme einer „Garantie" haftet der Verkäufer auch ohne Verschulden. Eine Garantie in diesem Sinne liegt insbesondere bei der bindenden Zusicherung bestimmter Eigenschaften vor.

> Eine solche „Garantie" i.S.d. § 276 BGB hat übrigens nichts zu tun mit den noch zu erörternden Beschaffenheits- und Haltbarkeitsgarantien, bei denen es nicht um eine Veränderung des Haftungsmaßstabes geht, sondern um einen selbständigen Anspruch des Käufers (vgl. § 434 BGB).

Eine weitere Möglichkeit einer Haftung ohne Verschulden ist die Übernahme eines **Beschaffungsrisikos**. Gelingt dem Verkäufer die Beschaffung nicht, so muss er dafür verschuldensunabhängig einstehen.

- Häufig hat der Verkäufer die Mangelhaftigkeit nicht zu vertreten oder dies kann ihm zumindest in der Praxis nicht nachgewiesen werden. In diesem Fall reicht es aus, wenn er das **Unmöglichwerden der Nacherfüllung zu vertreten** hat.

> Beispiel: V liefert an K ein Auto mit Motorschaden, ohne dass er diesen kannte oder kennen konnte. Als K es zur Nachbesserung in die Werkstatt des V bringt, wird es durch eine Unachtsamkeit mit der Hebebühne vollkommen zerstört. Auch hier ergibt sich eine Haftung aus §§ 437 Nr. 3, 280 1, 3, 283 BGB, da jedenfalls die Unmöglichkeit der Nacherfüllung von V zu vertreten ist.

Speziell bei § 275 Abs. 2, 3 BGB ist der Grund für den Wegfall des Nacherfüllungsanspruchs nun aber nicht etwa die Erhebung der Einrede selbst (denn dann würde man immer zum Vorsatz kommen!); der Bezugpunkt ist vielmehr der der Erhebung der Einrede zugrunde liegende Umstand. Der Verkäufer hat sich ggf. auch das Verschulden eines Erfüllungsgehilfen zurechnen zu lassen (§ 278 BGB).

> Es soll nicht verschwiegen werden, dass in der Literatur bezüglich des **Bezugspunktes des Vertretenmüssens** verschiedene Ansichten anzutreffen sind. Manche Autoren vertreten den Standpunkt, allein das Unmöglichwerden der Nacherfüllungspflicht sei maßgeblich (*Lorenz-Riem*), andere stellen nur auf die Lieferung einer mangelhaften Sache ab (*Huber*) und lassen andere Bezugspunkte unerörtert. Der hier vertretene Standpunkt, der in der Literatur vor allem von *Schubel* vertreten wird, ist eine vermittelnde Lösung, die Wertungswidersprüche und grobe Ungerechtigkeiten vermeidet.

Der Klarstellung und der Sicherheit halber soll darauf hingewiesen werden, dass ein (ja auch völlig sinnloses) **Nachfristsetzungserfordernis nicht besteht**, weil § 283 BGB nicht auf § 281 Abs. 1 S. 1 BGB verweist.

Dass die **Gewährleistungsansprüche nicht ausgeschlossen** sein dürfen, versteht sich ebenfalls von selbst. Dieses Merkmal kann man auch im Fallaufbau vorziehen, wenn ein Ausschluss auf der Hand liegt. Unter welchen Voraussetzungen ein Ausschluss möglich ist, werden wir später erörtern. Gleiches gilt für die **Verjährung** (§ 438 BGB); auch sie werden wir später zusammenhängend darstellen.

Was den **Inhalt des Schadensersatzanspruchs** „statt der Leistung" aus §§ 437 Nr. 3, 280 Abs. 1, 3, 283 BGB angeht, so ist dem Käufer der Schaden zu ersetzen,

C. Gewährleistungsansprüche beim Kaufvertrag 741

der ihm dadurch entstanden ist, dass eine mangelfreie Leistung des Verkäufers an ihn endgültig ausgeblieben ist: Das ist zum einen der eigentliche „Mangelschaden" und zum anderen der durch das endgültige Ausbleiben der mangelfreien Sache verursachte „Mangelfolgeschaden".

- Der Käufer kann sich dafür entscheiden, die mangelhafte Sache zu behalten und im Übrigen vom Verkäufer verlangen so gestellt zu werden, wie wenn seitens des Verkäufers mangelfrei erfüllt worden wäre („**kleiner Schadensersatz**"): Er kann danach zunächst den Minderwert der verkauften Sache ersetzt verlangen, der sich errechnet aus der Differenz zwischen dem Wert der mangelhaften Sache und dem Wert im hypothetisch mangelfreien Zustand. Verlangt werden können auch die Mangelbeseitigungskosten, die den Minderwert u.U. übersteigen. Ferner kann der Käufer den Ersatz aller sich aus dem Ausbleiben der mangelfreien Leistung ergebenden Nachteile fordern, z.B. die Belastung mit Schadensersatzansprüchen eines Dritten, an den der Käufer die von ihm bereits weiterverkaufte Sache nicht mangelfrei liefern kann, oder einen entgangenen Gewinn, oder den sich aus dem Ausbleiben der mangelfreien Leistung ergebenden „Verzögerungsschaden". Den Anspruch auf den kleinen Schadensersatz kann der Käufer trotz der Regelung des § 325 BGB aber **nicht neben** einem gleichzeitig erklärten **Rücktritt** geltend machen, denn durch die Rücktrittserklärung ist der Erfüllungsanspruch des Käufers erloschen.

- Der Käufer kann aber auch Schadensersatz „statt der ganzen Leistung" verlangen, indem er die mangelhafte Kaufsache zurückgibt und den Ersatz der Schäden verlangen, die bei ordnungsgemäßer Erfüllung nicht eingetreten wären („**großer Schadensersatz**"). Die zusätzliche Voraussetzung dafür ist jedoch, dass ein **nicht unerheblicher Mangel** besteht (§§ 437 Nr. 3, 280 Abs. 1, 3, 283 S. 1, 2, 281 Abs. 1 S. 3 BGB). Umgekehrt gewendet: Bei einem geringfügigem Mangel (einer „Bagatelle") gibt es keinen Anspruch auf den Schadensersatz „statt der ganzen Leistung". Der Grund dafür, dass der „große Schadensersatz" nur bei einem „nicht unerheblichen Mangel" geltend gemacht werden kann, ist Ihnen schon einmal genannt worden: Der „große Schadensersatzanspruch" führt nämlich letztlich zu einer Rückabwicklung des Kaufvertrages wie bei einem Rücktritt nach §§ 437 Nr. 2, 323 bzw. 326 Abs. 5 BGB; ein Rücktritt soll aber nach §§ 437 Nr. 2, 323 Abs. 5 S. 3 BGB bzw. §§ 437 Nr. 2, 326 Abs. 5, 323 Abs. 5 S. 3 BGB nur bei einer nicht unerheblichen Pflichtverletzung möglich sein, also nicht bei einem geringfügigem Mangel (einer „Bagatelle"). Die Beschränkung des Anspruchs auf Ersatz des „großen Schadensersatzes" auf die Fälle nicht unerheblicher Mangelhaftigkeit versperrt also die Umgehung der Rücktrittssperre der §§ 437 Nr. 2, 323 Abs. 5 S. 3 BGB bzw. §§ 437 Nr. 2, 326 Abs. 5, 323 Abs. 5 S. 3 BGB durch Geltendmachung des „großen Schadensersatzanspruchs". Die Ihnen vom all gemeinen Leistungsstörungsrecht her bekannte und hier wie dort gleichermaßen zu beantwortenden Frage, ob auch bei einem wegen teilweisen Wegfall des Nacherfüllungsanspruchs bestehenden Quantitätsmangel (§ 434

Abs. 3 BGB) die bloße Erheblichkeit der Minderleistung i.S.d. §§ 437 Nr. 3, 283, 281 Abs. 1 S. 3 BGB ausreicht, um Schadensersatz der „statt der ganzen Leistung" nach §§ 437 Nr. 3, 283 BGB zu verlangen oder ob ein zusätzlicher Interessewegfall nach §§ 283, 281 Abs. 1 S. 2 BGB erforderlich ist, stellt sich auch hier. Dies aber nur, wenn der Käufer die Leistung als Erfüllung angenommen hat und nicht, wenn der Käufer die Minderleistung als Teilleistung nach § 266 BGB zurückgewiesen hat, denn dann ist die gesamte Leistung nicht erbracht worden, so dass das „Allgemeine Leistungsstörungsrecht" anwendbar ist. Diesen Anspruch kann der Käufer **neben einem Rücktritt** verlangen (§ 325 BGB). Verlangt der Käufer den „großen Schadensersatz" hat der **Verkäufer einen Anspruch auf Rückgewähr** der von ihm erbrachten Leistung nach § 281 Abs. 5 BGB.

Fall 428: Der Gebrauchtwagenhändler V, der eine Werkstatt betreibt, verkauft und liefert dem K einen Gebrauchtwagen. Der von K gezahlte Kaufpreis beläuft sich auf € 10 000,-. Der Wagen hat einen schon bei Übergabe an K bestehenden reparablen Motorschaden. In mangelfreiem Zustand wäre der Wagen € 12 000,- wert gewesen. Der K setzt dem V eine Frist zur Beseitigung des Mangels von einer Woche. Bevor der V sich des Wagens annehmen kann, schlägt der Blitz in den Wagen ein, so dass er in Brand gerät und völlig zerstört wird. Der K verlangt Schadensersatz „statt der Leistung" von V in Höhe von € 12 000,-.

Ein – hier zu erörternder – Anspruch aus §§ 437 Nr. 3, 280 Abs. 1, 3, 283 BGB scheitert daran, dass den V kein Verschulden hinsichtlich des die „Unbehebbarkeit" zur Folge habenden Umstandes trifft.

Fall 429: Der V verkauft an den K eine bei Vertragsschluss intakte gebrauchte Waschmaschine für € 180 .-. Der K zahlt sofort in bar. Die Maschine soll am nächsten Tag von V geliefert werden. Gleich nach Vertragsschluss benutzt er die Maschine noch ein letztes Mal. Er übersieht dabei, dass sich in der Tasche einer gewaschenen Arbeitshose noch einige Schrauben befinden. Die Trommel wird beim Schleudern durch diese Fremdkörper durch die Bildung scharfkantiger Risse irreparabel beschädigt. Dann liefert der V die Maschine an K aus. Als sich nach der ersten Wäsche in der Trommel infolge der Risse lauter kleine Löcher in den Wäschestücken des K zeigen und der K daraufhin den Mangel entdeckt, will der K die Maschine, die im mangelfreien Zustand € 200,- wert gewesen wäre, nicht mehr haben und verlangt von V a) Schadensersatz in Höhe von € 200,- Zug-um-Zug gegen Rückübereignung und Rückgabe der Maschine und b) weitere € 300,- für die zerstörte Wäsche.

1. Der Anspruch auf € 200,- kann sich aus §§ 437 Nr. 3, 280 Abs. 1, 3, 283 BGB ergeben. a) Zwischen V und K besteht ein wirksamer Kaufvertrag. b) Die Sache war bei Gefahrübergang mangelhaft. c) Dem K steht mit dem Abschluss des Kaufvertrages grundsätzlich ein Nacherfüllungsanspruch zu (§§ 437 Nr. 1, 439 Abs. 1 BGB). Dessen Erfüllung ist dem V nach dem Abschluss des Kaufvertrages unmöglich geworden und daher „ausgeschlossen" (§ 275 Abs. 1 BGB). d) Das vermutete Vertretenmüssen (§§ 437 Nr. 3, 280 Abs. 1 S. 2 BGB) des V hinsichtlich des die Unbehebbarkeit zur Folge habenden Umstandes ist nicht widerlegt; im Gegenteil: Der Sachverhalt enthält verschuldensrelevante Tatsachen, aus denen sich ergibt, dass der V fahrlässig gehandelt hat (§ 276 BGB). e) Der Anspruch ist nicht nach § 438 BGB verjährt (in einer Klausur ist so ein Satz natürlich völlig überflüssig, weil der Sachverhalt überhaupt keinen Anlass bietet, darüber nachzudenken!!). f) Der K

kann daher Schadensersatz anstelle der Leistung verlangen. Vorzugehen ist nach der Differenztheorie. Dem Käufer steht es dabei frei, ob er die mangelhafte Leistung behalten will und nur den Minderwert ersetzt verlangt (sog. „kleiner Schadensersatz") oder ob er die mangelhafte Leistung zurückgibt und den Wert der mangelfreien Sache ersetzt verlangt (sog. „großer Schadensersatz"); der „große Schadensersatz" setzt nach §§ 437 Nr. 3, 280 Abs. 1, 3, 275, 283 S. 1, 2, 281 Abs. 1 S. 3 BGB bei einer nicht wie geschuldet bewirkten Leistung eine nicht unerhebliche Pflichtverletzung voraus, die hier unzweifelhaft gegeben ist. Bei einer hypothetischen Nacherfüllung, die zu einer mangelfreien Kaufsache geführt hätte, hätte der K eine Waschmaschine im Wert von € 200 .- erlangt, also einen Vermögenszuwachs von € 200 .-. Diesen Betrag kann er Zug-um-Zug gegen Rückübereignung und Rückgabe der Maschine von V ersetzt verlangen. 2. Der Anspruch auf Ersatz der Schäden an der Wäsche des K i.H.v. € 300,- ergibt sich a) aus §§ 437 Nr. 3, 280 BGB und b) aus § 823 Abs. 1 BGB.

(2) Ursprüngliches Nichtbestehen der Nacherfüllungspflicht wegen anfänglicher Leistungshindernisse (= anfänglich unbehebbarer Mangel)

Ist der Sachmangel wegen **anfänglich bestehender Leistungshindernisse** nicht behebbar, so dass bereits **ursprünglich keine Nacherfüllungspflicht besteht** (§§ 275 Abs. 1 – 3, 439 Abs. 3 BGB), kann der Käufer vom Verkäufer **Schadensersatz „statt der Leistung"** nach §§ **437 Nr. 3, 311 a Abs. 2, BGB** verlangen.

→ I. **Haftungsbegründende Voraussetzungen**
  1. Vorliegen eines wirksamen **Kaufvertrages.**
  2. **Sache** ist **bei Gefahrübergang mangelhaft.**
  3. Bestehen eines **unbehebbaren Mangels** bereits **bei Vertragsschluss,** der einen Nacherfüllungsanspruch von Anfang an ausschloss (§ 311 a BGB).
  4. **Vertretenmüssen**: Der Verkäufer muss sich dahingehend „doppelt entlasten", dass er
    a) weder den Mangel
    b) noch (also auch nicht) die die Unbehebbarkeit des Mangels begründenden Leistungshindernisse kannte und dass er auch seine Unkenntnis nicht zu vertreten hat.
  5. **Kein Ausschluss** von Gewährleistungsrechten.
  6. Keine **Verjährung** (§ 438).
→ II. **Haftungsumfang**
  Ersatz des entstandenen Schadens nach §§ 249 ff. BGB: „großer" oder „kleiner" Schadensersatz.

Was die Voraussetzungen des Anspruchs angeht, so brauchen wir auch hier zum Erfordernis des Vorliegens eines **wirksamen Kaufvertrags** keine Worte zu verlieren.

Die **Pflichtverletzung** besteht darin, dass der Verkäufer sich zu einer unmöglichen Leistung verpflichtet hat.

Für einen Anspruch aus §§ 437 Nr. 3, 311 a Abs. 2 BGB ist Voraussetzung, dass der **Nacherfüllungsanspruch (§ 439 Abs. 1) von Anfang an** deshalb **nicht**

bestand, weil die Nacherfüllung wegen einer Unmöglichkeit anfänglich „ausgeschlossen" war (§ 275 Abs. 1 BGB) oder nach § 275 Abs. 2, 3 BGB anfänglich verweigert werden konnte.

> Sofern die Leistungsverweigerung auf § 439 Abs. 3 BGB beruhte, muss auf §§ 437 Nr. 3, 280 Abs. 1, Abs. 3, 281 BGB zurückgegriffen werden. Diese Norm ist in § 311 a Abs. 1 BGB nicht genannt. Es besteht insofern auch kein Bedürfnis, weil § 440 BGB die Nachfristsetzung entbehrlich macht.

Hinsichtlich des vermuteten **Verschuldens** geht es darum, dass der Verkäufer sich dahingehend „doppelt entlasten" muss, dass er nicht wusste oder nicht hätte wissen müssen, dass vor Vertragsschluss eine unbehebbare Mangelhaftigkeit bestand, also: nicht wusste oder nicht hätte wissen müssen, dass ein Mangel gegeben war und dass dieser unbehebbar ist (§§ 311 a Abs. 2, 276 BGB). Achtung: Bei den Nacherfüllungsverweigerungsrechten aus §§ 275 Abs. 2, 3 BGB geht es als Verschuldensanknüpfungspunkt um die die Verweigerungsrechte begründenden Umstände, nicht aber um die (ja stets vorsätzliche!) Verweigerung der Nacherfüllung selbst. Bei einer (in § 276 Abs. 1 BGB ausdrücklich geregelten) Übernahme einer „Garantie" versichert der Verkäufer die Richtigkeit seines Versprechens, mangelfrei leisten zu können. Das ist z.B. nicht schon dann der Fall, wenn er erklärt, dass ihm „verborgene Mängel nicht bekannt" seien. Dass diese „Garantie" nichts zu tun hat mit einer Beschaffenheits- und Haltbarkeitsgarantie (vergl. § 434 BGB), wissen Sie ja schon. Bei Hilfspersonen geht es zwar um eine Kenntniszurechung, die Zurechnungsnorm soll aber dennoch wie im allgemeinen Leistungsstörungsrecht auch § 278 BGB und nicht (was nahelege) § 166 BGB sein.

Häufig stellt sich die Frage, ob das Vertretenmüssen deswegen zu bejahen ist, weil eine **Untersuchung durch den Verkäufer unterblieben** ist. Dabei wird man danach zu differenzieren haben, ob eine solche Untersuchung wegen der besonderen Sachkunde des Verkäufers zu erwarten war oder nicht. Bei industriell hergestellten Massengütern wird man dies eher zu verneinen haben, bei einem Fachhändler dagegen eher zu bejahen.

Probleme bereitet mitunter auch die **Haftung wegen Kenntnis**. Bei wortlautgetreuer Auslegung führt sie dazu, dass der Verkäufer über alle ihm bekannten Mängel, d.h. auch über unerhebliche aufklären müsste, um seine Haftung aus §§ 437 Nr. 3, 311 a Abs. 2 BGB zu vermeiden. Teile der Literatur wollen deshalb die Haftung auf offenbarungspflichtige Mängel beschränken und damit Bagatellfälle von der Haftung ausnehmen. Als Argument wird angeführt, dass solche Mängel für die Kaufentscheidung nicht von Bedeutung seien.

Ein (ja auch völlig sinnloses) **Nachfristsetzungserfordernis** besteht nicht.

Dass die **Gewährleistungsansprüche nicht ausgeschlossen** sein dürfen, versteht sich ebenfalls von selbst. Unter welchen Voraussetzungen dies möglich ist, werden wir später erörtern.

Was den **Inhalt des Schadensersatzanspruchs** „statt der Leistung" aus §§ 437 Nr. 3, 311 a Abs. 2, 275 Abs. 1- 3 BGB angeht, so ist dem Käufer der Schaden zu ersetzen, der ihm dadurch entstanden ist, dass eine **mangelfreie Leistung des**

Verkäufers an ihn endgültig ausgeblieben ist: Das ist der eigentliche „**Mangelschaden**" und weiterhin der durch das endgültige Ausbleiben der mangelfreien Sache verursachte „**Mangelfolgeschaden**".

Was den **Inhalt des Schadensersatzanspruchs** „statt der Leistung" angeht, so ist auch hier an **zwei Optionen des Käufers** zu denken, d.h. er kann den großen oder den kleinen Schadensersatz geltend machen, wobei für den großen Schadensersatz zusätzliche Voraussetzungen erfüllt sein müssen. Die Ausführungen zur nachträglichen Unmöglichkeit gelten mitsamt den dort erörterten Problemen entsprechend.

<u>Fall 430:</u> Der renommierte Kunsthändler V verkauft dem K ein mit „Burra 33" (engl. Surrealist, 1905-1976) signiertes Ölgemälde für € 10 000,-, wobei er seiner eigenen Überzeugung gemäß versichert, dass das Bild „ein Original von der Hand des Künstlers" sei. Das Bild ist indes nicht echt. Als echtes Bild wäre es € 300 000,- wert gewesen. Der K entscheidet sich dafür, das Bild zu behalten und von V € 290 000,- Schadensersatz zu verlangen (nach BGH).

Der Anspruch könnte sich aus §§ 437 Nr. 3, 311 a Abs. 2 BGB ergeben. a) Es liegt ein wirksamer Kaufvertrag vor. b) Hinsichtlich der Echtheit des Bildes war eine Beschaffenheitsvereinbarung getroffen worden, so dass die bei Gefahrübergang vorliegende Unechtheit ein Mangel ist (§ 434 Abs. 1 S. 1 BGB). c) Der Mangel war schon bei Vertragsschluss unbehebbar, so dass ein Nacherfüllungsanspruch „ausgeschlossen" war (§ 275 Abs. 1 BGB). d) Das nach § 311 a Abs. 2, S. 2 BGB vermutete Verschulden (Kenntnis oder fahrlässige Unkenntnis des Mangels <u>und</u> seiner Unbehebbarkeit) ist mangels verschuldensrelevanter Angaben im Sachverhalt nicht widerlegt; „spekulieren Sie also nicht herum"! e) Der K kann daher Schadensersatz „statt der Leistung" verlangen. Er hat sich für den „kleinen Schadensersatz" entschieden. Daher kann er die Wertdifferenz zwischen der Vermögenslage infolge einer Lieferung einer mangelfreien Kaufsache und der Vermögenslage, die infolge der Sachmangelhaftigkeit gegeben ist, verlangen, also Zahlung von € 290 000,-.

<u>Fall 431:</u> Der K kauft von dem V für € 8000,- ein gebrauchtes Auto als „unfallfrei" und zahlt sofort in bar. Nach der Lieferung an K stellt sich heraus, dass der Wagen einen Unfallvorschaden hatte. Als „unfallfreies" Fahrzeug wäre es € 10 000,- wert gewesen, als „Unfallwagen" ist es nur € 8000,- wert. Der K verlangt Zahlung von € 10 000,- Zug-um-Zug gegen Rückgabe des Fahrzeugs an V.

Der K könnte von V Schadensersatz „statt der Leistung" in Höhe von € 10 000,- Zug-um-Zug gegen Rückübereignung und Rückgabe des Fahrzeugs aus §§ 437 Nr. 3, 311 a Abs. 2, 275 Abs. 1 BGB verlangen. a) Es liegt ein wirksamer Kaufvertrag vor. b) Der Wagen war als „Unfallwagen" bei Gefahrübergang mangelhaft. c) Dem Käufer stand schon bei Vertragsschluss kein Nacherfüllungsanspruch zu. Denn der Mangel ein „Unfallwagen" zu sein, ist ein anfänglicher unbehebbarer Mangel, so dass ein Nacherfüllungsanspruch „ausgeschlossen" war (§ 275 Abs. 1 BGB). d) Das nach § 311 a Abs. 1 S. 2 BGB vermutete Verschulden (Kenntnis oder fahrlässige Unkenntnis des den Nacherfüllungsanspruch entfallen lassenden Leistungshindernisses <u>und</u> seiner Unbehebbarkeit) ist nicht widerlegt. e) Der K kann daher Schadensersatz „statt der Leistung" verlangen. Weil der Mangel nicht nur unerheblich ist, kann er nach §§ 437 Nr. 3, 311 a Abs. 2, 281 Abs. 1 S. 3 BGB den „großen Schadensersatz in Höhe von € 10 000,- Zug-um-Zug gegen Rückübereignung und Rückgabe des Fahrzeugs verlangen.

bb) Nichterbringung der Nacherfüllung trotz „Behebbarkeit" des Mangels

> Machen Sie sich noch einmal klar: Die vorherigen Ausführungen betrafen die Ansprüche des Käufers auf Schadensersatz „statt der Leistung" bei einer (nachträglich eingetretenen oder anfänglich bestehenden) Unbehebbarkeit des Mangels.

Wenn die Pflichtverletzung des Verkäufers darin besteht, dass er an den Käufer eine mit einem **behebbaren Mangel** behaftete Sache liefert, den „behebbaren" Mangel aber entgegen der Verpflichtung aus §§ 437 Nr. 1, 439 Abs. 1 BGB **nicht beseitigt**, dann kann der Käufer den **Ersatz des** durch das endgültige Ausbleiben der Lieferung einer mangelfreien Sache entstandenen **Schadens „statt der Leistung"** nach §§ 437 Nr. 3, 280 Abs. 1, 3, 281 BGB verlangen.

> → **I. Haftungsbegründende Voraussetzungen**
> 1. Vorliegen eines wirksamen **Kaufvertrages**.
> 2. Pflichtverletzung: **Kaufsache** ist bei Gefahrübergang **mangelhaft**.
> 3. Nichterbringung der Nacherfüllung trotz Nachfristsetzung.
>   **a) Verkäufer erfüllt** bestehenden **Nacherfüllungsanspruch** (also kein Fall von §§ 275, 439 Abs. 3 BGB) **nicht oder nicht wie geschuldet.**
>   **b)** Wirksam gesetzte und abgelaufene **Nacherfüllungsfrist** (§ 281 Abs. 1 S. 1 BGB) oder Entbehrlichkeit der Fristsetzung (§§ 281 Abs. 2, § 440 BGB).
> 4. **Vertretenmüssen** (§ 280 Abs. 1 S. 2 BGB): Fehlende Entlastung
>   a) bezüglich der Lieferung einer mangelhaften Sache oder
>   b) bezüglich der nicht oder nicht ordnungsgemäß erbrachten Nacherfüllung.
> 5. **kein Ausschluss** der Gewährleistungsrechte (insb. § 442 BGB).
> 6. Keine **Verjährung** (§§ 214 Abs. 1, 438 BGB).
>
> → **II. Haftungsumfang**
> Ersatz des entstandenen Schadens nach §§ 249 ff. BGB: „Großer" oder „kleiner" Schadensersatz.

(1) Voraussetzungen

Die **Pflichtverletzung** besteht darin, dass der Verkäufer entgegen seiner Verpflichtung aus § 433 Abs. 1 S. 2 BGB eine mit einem behebbaren Mangel behaftete Sache an den Käufer liefert und den „behebbaren" Mangel entgegen der Verpflichtung aus §§ 437 Nr. 1, 439 Abs. 1 BGB nicht beseitigt <u>oder</u> eine Nachlieferungspflicht nicht erbringt. Letzteres ist für die Fälle von Bedeutung, in denen der Verkäufer sich hinsichtlich der Belieferung des Käufers mit einer mangelhaften Sache exkulpieren kann, denn dieser Umstand ändert nichts daran, dass er verschuldensunabhängig zur Nacherfüllung verpflichtet bleibt (§ 439 Abs. 1 BGB); kommt der Verkäufer dieser Pflicht nicht nach, so ist das eine Pflichtverletzung, für die er nach §§ 437 Nr. 3, 280 Abs. 1, 3, 281 BGB Schadensersatz „statt der Leistung" zu leisten hat.

Dem Käufer steht ein **Nacherfüllungsanspruch aus § 439 Abs. 1 BGB** zu. Es dürfen also dem Anspruch keine Leistungshindernisse aus § 275 BGB entgegenstehen; wenn dies der Fall ist, stehen dem Käufer ggf. Ansprüche aus §§ 437 Nr. 3, 280 Abs. 1, 3, 283 BGB zu (s.o., mehr dazu folgt sogleich). Der Ausschluss eines Nacherfüllungsanspruchs aufgrund des Nacherfüllungsverweigerungsrechts des **§ 439 Abs. 3 BGB** führt nicht etwa dazu, dass kein Nacherfüllungsanspruch besteht; das ist die Konsequenz aus der hier propagierten Ansicht, dass das Vorliegen von § 439 Abs. 3 BGB keinen Anspruch des Käufers aus §§ 437 Nr. 3, 280 Abs. 1, 3, 283 BGB auslöst.

Der **Verkäufer erfüllt** den **Nacherfüllungsanspruch nicht** oder **nicht wie geschuldet**.

Der wichtige Unterschied zum Schadensersatzanspruch wegen (anfänglich oder nachträglich) unbehebbarer Mängel ist das Erfordernis einer **ergebnislosen Nachfristsetzung**: Durch dieses Erfordernis sichert das Gesetz den Vorrang des Nacherfüllungsanspruchs vor dem Schadensersatzanspruch. Die sich aus § 281 Abs. 2 BGB ergebenden Ausnahmen hierzu sind uns ja längst aus dem „Allgemeinen Leistungsstörungsrecht" bekannt: In erster Linie geht es um die Fälle, in denen der Verkäufer die Nacherfüllung „ernsthaft und ausdrücklich verweigert". Entbehrlich ist die Nachfristsetzung aber auch, wenn „besondere Umstände vorliegen, die unter Abwägung der beiderseitigen Interessen die sofortige Geltendmachung des Schadensersatzanspruchs rechtfertigen", z.B. in solchen Fällen, in denen deshalb zu einem bestimmten Zeitpunkt nacherfüllt werden muss, weil nur so eine bestimmte Produktion möglich ist. Hinzu kommt hier – in Abweichung zum „Allgemeinen Leistungsstörungsrecht" – die Ausnahme des **§ 440 BGB**: Diese Regelung stellt klar, dass auch eine wegen § 439 Abs. 3 BGB berechtigte Leistungsverweigerung den Gläubiger dazu berechtigt, Schadensersatz „statt der Leistung" ohne Nachfristsetzung zu fordern (§ 440 S. 1 1. Fall BGB). Bedeutung erlangt §§ 440 S. 1, 439 Abs. 3 BGB aber nur dann, wenn nicht schon eine Frist gesetzt ist. Dann nämlich kann der Käufer schon nach den allgemeinen Regeln Schadensersatz verlangen. Weiterhin kann ohne Nachfristsetzung Schadensersatz statt der Leistung verlangt werden, wenn „die dem Käufer zustehende Art der Nacherfüllung fehlgeschlagen oder ihm unzumutbar ist" (§ 440 S. 1 2. Fall BGB). Durch eine Fiktion („eine Nachbesserung gilt als fehlgeschlagen") wird in § 440 S. 2 BGB die Anzahl der Nacherfüllungsversuche auf in der Regel zwei begrenzt. Für § 440 S. 2 BGB reicht es aus, wenn die vom Käufer gewählte Art der Nacherfüllung zwei Mal fehlgeschlagen ist. Es kommt nicht darauf an, ob der Verkäufer danach noch ohne weiteres die andere Art der Nacherfüllung erbringen kann. Merken Sie sich also, dass man bei „die dem Käufer zustehende Art der Nacherfüllung" ein „konkret" hinzusetzen kann.

Fall 432: Der V verkauft an den K ein Wohnmobil. Der K fährt damit nach Hause. Dort bemerkt er, dass die Bordelektronik nicht funktioniert. Ständig leuchten die Rücklichter nicht ordnungsgemäß. Der K verlangt daraufhin von dem V Nachbesserung. Der V nimmt das Wohnmobil in seine kleine Werkstatt mit und versucht dort, den Defekt zu reparieren. Nachdem der K das Wohnmobil wieder bei sich hat, ergeben sich Probleme mit dem Gasherd. Der V repariert auch diesen Defekt. Als sich wenige Tage später herausstellt, dass ein

Wandschrank sich wegen unzureichender Verankerung gelöst hat, will der K das Wohnmobil nicht mehr behalten. Er kauft daher von D ein anderes gleichartiges Wohnmobil, das jedoch € 1000,- teurer ist. Diesen Betrag verlangt der K von dem V. Der V verlangt das gelieferte Wohnmobil zurück.

1. Der Anspruch des K gegen den V kann sich aus §§ 437 Nr. 3, 280 Abs. 1, 3, 281 Abs. 1 BGB ergeben. a) Ein wirksamer Kaufvertrag liegt vor. b) Hieraus ergibt sich ein Nacherfüllungsanspruch des K aus §§ 437 Nr. 1, 439 BGB. c) Der Verkäufer müsste den Nacherfüllungsanspruch entweder nicht oder nicht wie geschuldet erbracht haben. Hier hat der V seine Nacherfüllungspflicht nicht wie geschuldete erbracht, weil er die Mängel nicht beseitigt hat. d) Das Verschulden des V hinsichtlich der nicht erfüllten Pflicht zur mangelfreien Lieferung (§§ 433 Abs. 1 S. 2, 280 Abs. 1 S. 2 BGB) wird vermutet. e) Als weitere Voraussetzung aa) muss der Käufer dem Verkäufer grundsätzlich eine angemessene Nachfrist zur Nacherfüllung gesetzt haben (§§ 437 Nr. 3, 281 Abs. 1 BGB). Eine Nachfristsetzung liegt nicht vor. bb) Die Nachfristsetzung ist auch nicht nach § 281 Abs. 2 BGB entbehrlich. cc) Es greift aber möglicherweise § 440 S. 1 BGB („Nachbesserung fehlgeschlagen") ein. Hierzu hilft die gesetzliche Fiktion in § 440 S. 2 BGB, wonach die Nachbesserung nach dem zweiten Versuch als fehlgeschlagen gilt, es sei denn, es liegen besondere Umstände vor. Hier hat der V erfolglos zweimal nachgebessert, ohne dass die Mängel behoben wurden. Insoweit ist die Nachbesserung also fehlgeschlagen, auf eine Fristsetzung kommt es damit nicht mehr an. f) Die Schadenshöhe bemisst sich nach dem Unterschied zwischen ordnungsgemäßer (Nach)erfüllung und dem durch die mangelhafte Leistung entstandenen Zustand. Hier verlangt der K Schadensersatz statt der ganzen Leistung. Diesem Verlangen steht wegen der Vielzahl der Nachbesserungen auch nicht § 281 Abs. 1 S. 3 BGB entgegen. Zu vergleichen sind also der Zustand mit und der ohne ordnungsgemäße Nacherfüllung: Hätte der V das Wohnmobil ordnungsgemäß und vollständig nachgebessert, hätte der K kein anderes Wohnmobil zu einem höheren Preis erwerben müssen. Der gezahlte Mehrpreis i.H.v. € 1000,- ist dem K somit von V zu ersetzen.
2. Der Anspruch des V auf Rückgabe des Wohnmobils folgt aus §§ 437 Nr. 3, 281 Abs. 5, 346 Abs. 1 BGB.

Als eines der wohl umstrittensten Probleme des neuen Schuldrechts gilt die **Selbstvornahme einer Nachbesserung ohne Fristsetzung**. Nach dem oben gesagten besteht ohne wirksame Nachfristsetzung bzw. Entbehrlichkeit der Nachfristsetzung kein Anspruch aus §§ 437 Nr. 3, 280 Abs. 1, Abs. 3, 281 BGB. Eine Minderung oder ein Rücktritt sind aus gleichem Grund ebenfalls nicht möglich. Das Gesetz schützt so das **Recht des Verkäufers zur zweiten Andienung** bzw. den Vorrang der Nacherfüllung. In der Literatur wurden verschiedene Konstruktionen entwickelt, mit denen der Käufer die Aufwendungen für eine selbst durchgeführte Nachbesserung ersetzt bekommen kann. Der BGH hat diese Konstruktionen verworfen, da sie den Vorrang der Nacherfüllung gefährden und weil das Gewährleistungsrecht abschließend sei.

Fall 433 (nach BGH): Der K kauft bei V ein Auto, das einen behebbaren Defekt aufweist. Der K unterlässt (aus hier nicht zu erörternden Gründen) die Nachfristsetzung sondern lässt den Defekt selbst durch eine Werkstatt beheben. Er verlangt die Kosten der Reparatur von V ersetzt.
1. Dem K steht mangels Nachfristsetzung kein Anspruch aus §§ 437 Nr. 3, 280 Abs. 1, 3, 283 BGB zu (wäre auszuführen). 2. Auch eine Minderung des Kaufpreises greift aus gleichen Gründen nicht durch 3. Nach der Literatur (Lorenz) soll der Käufer in solchen Fällen

über § 326 Abs. 2 S. 2 BGB analog die vom Verkäufer ersparten Aufwendungen von diesem ersetzt verlangen, da diese sonst nach § 439 Abs. 2 BGB vom Verkäufer zu tragen wären. Durch die Mängelbeseitigung wird die Nacherfüllung unmöglich. Die Unmöglichkeit hat der Käufer zu vertreten. Dem Verkäufer bliebe so nach § 326 Abs. 2 S. 1 BGB der Anspruch auf die Gegenleistung, wobei er sich nach § 326 Abs. 2 S. 2 BGB die ersparten Aufwendungen anrechnen lassen müsste. Sofern der Kaufpreis bereits bezahlt ist, sollen diese Aufwendungen zurückgefordert werden können. Diese Ansicht ist aber mit der Rechtsprechung abzulehnen, da die §§ 437ff BGB abschließend sind. Das Gesetz gewährt dem Käufer anders als dem Besteller (§§ 634 Nr. 2, 637 BGB) und dem Mieter (§ 536a Abs. 2 BGB) keinen Aufwendungsersatzanspruch bei Selbstbeseitigung des Mangels. Diese Lücke ist nicht planwidrig sondern gesetzlich gewollt, womit eine Analogie ausscheidet. Das Recht zur zweiten Andienung soll dem Verkäufer ermöglichen, die Nacherfüllung selbst vorzunehmen und sich insbesondere davon zu überzeugen, welche Mängel vorliegen. 4. Gleiches gilt für einen Anspruch aus Geschäftsführung ohne Auftrag (§§ 684 BGB iVm. § 818 Abs. 2 BGB und 5. aus ungerechtfertigter Bereicherung (§§ 812 Abs. 1 S. 1, 818 Abs. 2 BGB).

Der Fall zeigt, dass dem Käufer **keine gesetzlichen Ansprüche** zustehen, **wenn er** eine erforderliche **Nachfristsetzung unterlässt**. Um dadurch entstehenden Unbilligkeiten zu begegnen, muss aber über die Entbehrlichkeit der Nacherfüllung besonders kritisch nachgedacht werden.

<u>Fall 434 (nach BGH):</u> Der Jäger J kauft beim Züchter Z einen Hundewelpen. Dieser erweist sich nach wenigen Tagen als schwer krank, so dass J ihn sofort zum Tierarzt seines Vertrauens bringt und ihn dort an diesem und den nächsten Tagen behandeln lässt. Die Kosten verlangt er von Z ersetzt, der sich aber mit Verweis auf die unterlassenen Nachfristsetzung weigert, diese Kosten zu bezahlen.
1. Der Anspruch kann sich aus §§ 437 Nr. 3, 280 Abs. 1, 3, 281 BGB ergeben. Eine Nachfristsetzung ist nicht erfolgt. Sie könnte aber nach § 281 Abs. 2 BGB entbehrlich sein, weil besondere Umstände die sofortige Geltendmachung von Schadensersatz rechtfertigen. Hier war es für den J notwendig, seinen Hund wegen der drohenden Gefahr sofort ärztlich versorgen zu lassen, was eine Kontaktaufnahme zu Z ausschloss. Aber auch bei den weiteren Behandlungen bedurfte es keiner Nachfristsetzung, da das Wechseln des Tierarztes unzumutbar war (Argument Tierschutz, aber Achtung: Allein deshalb, weil der Hund für die private Nutzung erworben wurde, wäre eine Nachfristsetzung nach dem BGH nicht entbehrlich gewesen). Eine solche Ausnahme liegt hier somit vor, weshalb Schadensersatz ohne Nachfristsetzung gefordert werden kann. 2. Andere Ansprüche (§§ 326 Abs. 2 S. 2 BGB analog, Geschäftsführung ohne Auftrag, Bereicherungsrecht) bestehen, wie oben gezeigt, nicht.

Der Bundesgerichtshof hat allerdings in einem anderen Fall (Tausch zweier Pferde) ausdrücklich entschieden, dass nicht bei jedem Tierkauf die Nachfristsetzung entbehrlich ist. Es muss sich schon um einen **echten Notfall** handeln.

Die <u>Verschuldensvermutung</u> (§§ 437 Nr. 3, 280 Abs. 1 S. 2 BGB)

- kann sich **zum einen** auf die **Pflicht des Verkäufers zur mangelfreien Lieferung** aus § 433 Abs. 1 S. 2 BGB beziehen: Nicht entscheidend ist, ob er die Mangelhaftigkeit selbst herbeigeführt hat, sondern dass der Verkäufer erkannt hat oder hätte erkennen müssen oder nicht verhindert hat oder hätte verhindern müssen, dass der Käufer eine mangelhafte Sache erhält. Das wirft die Frage nach der **Untersuchungspflicht** auf: Beim Verkauf von neu hergestellten Sachen wird man bei gewerblichen Verkäufern von industriell hergestellten Massenwaren nicht verlangen können, dass er die Waren auf Mängel überprüft. Wenn es allerdings um hochwertige und fehleranfällige Produkte geht und der Verkäufer genügend Sachkunde hat, wird man bei mangelnder Untersuchung ein Verschulden annehmen können. Beim Verkauf gebrauchter Sachen kann der Käufer von einem Verkäufer ohne Werkstatt nur eine Überprüfung auf leicht erkennbare Mängel erwarten; bei einer dazugehörigen Werkstatt kann vom Verkäufer eine eingehende Untersuchung erwartet werden. Bei privaten Verkäufern ist der Maßstab generell geringer. Der Hersteller ist nicht Erfüllungsgehilfe des Verkäufers nach § 278 BGB, denn er ist nicht mit Wissen und Wollen des Verkäufers in dem sich aus dem Kaufvertrag mit dem Käufer ergebenden Pflichtenkreis tätig geworden, sondern „im Vorfeld" dieses Kaufvertrags. Eine Haftung ohne Verschulden besteht bei einer vertraglich übernommenen Garantie, durch die der Verkäufer verspricht, für das Fehlen einer Eigenschaft auch ohne Verschulden einstehen zu wollen (§ 276 Abs. 1 S. 1 BGB), so z.B. beim Gebrauchtwagenkauf, wenn der Verkäufer Zusicherungen gibt, wie: „Austauschmotor", „TÜV neu". Noch einmal soll darauf hingewiesen werden, dass diese „Garantie" nichts zu tun hat mit einer Beschaffenheits- und Haltbarkeitsgarantie (vergl. § 434 BGB).

- Das Verschulden des Verkäufers kann **zum anderen** aber auch darin liegen, dass er sich nicht **hinsichtlich der Nichterfüllung der Nacherfüllung** innerhalb der gesetzten Frist (§§ 433 Abs. 1 S. 2, 280 Abs. 1 S. 2, Abs. 3, 281 BGB) entlasten kann. Dies kann von Bedeutung sein für die Fälle, in denen der Verkäufer zwar nicht den Mangel, wohl aber die Nichtvornahme der Nacherfüllung zu vertreten hat. Man muss sich aber darüber im Klaren sein, dass der Verkäufer sich wohl nur in solchen Fällen entlasten kann, in denen die Nacherfüllungspflicht eine „höchstpersönliche" Schuld ist; ansonsten kann der Verkäufer sich immer eines Dritten als Nacherfüllungs-Gehilfen bedienen; auf mangelnde Geldmittel hierfür kann sich der Verkäufer nicht zum Zwecke der Entlastung berufen!

> Der **Bezugspunkt des Vertretenmüssens** ist bei § 281 Abs. 1 BGB äußerst umstritten. Einige Autoren (z.B. *Huber*) stellen allein auf die Lieferung einer mangelhaften Sache ab, andere (*Lorenz/Riehm*) allein auf eine unterlassene Nacherfüllung. Die soeben dargestellte Differenzierung ist unseres Erachtens eine elegante Lösung dieses Konflikts, dies sich für eine Klausur anbietet.

Wenn man sich verdeutlicht, dass es beim Anspruch auf Schadensersatz „statt der Leistung" um den Ersatz des Schadens geht, der darauf beruht, dass der Käufer endgültig keine mangelfreie Leistung erhält, dann ist es eine stillschweigende Voraussetzung, dass der Verkäufer ein **Schadensersatzverlangen i.S.d. § 281**

Abs. 4 BGB erhebt; denn erst aufgrund eines Schadensersatzverlangens erlischt der Leistungsanspruch „endgültig". Bei den Ansprüchen aus §§ 437 Nr. 3, 280 Abs. 1, 3, 283/311 a Abs. 2 BGB mussten wir hierüber kein Wort verlieren: denn dort stand bereits aufgrund der Unbehebbarkeit des Mangels das endgültige Ausbleiben einer mangelfreien Lieferung fest.

(2) Inhalt des Schadensersatzanspruchs

Was den **Inhalt des Schadensersatzanspruchs „statt der Leistung"** aus §§ 437 Nr. 3, 280 Abs. 1, 3, 281 BGB angeht, so ist dem Käufer der Schaden zu ersetzen, der ihm dadurch entstanden ist, dass eine **mangelfreie Leistung des Verkäufers an ihn endgültig ausgeblieben ist**: Das ist der eigentliche „**Mangelschaden**" und weiterhin der durch das endgültige Ausbleiben der mangelfreien Sache verursachte „**Mangelfolgeschaden**". Die bekannte Differenzierung zwischen „großem" und „kleinem" Schadensersatz besteht auch hier.

Fall 435: Der auf den Verkauf von Computern spezialisierte V verkauft dem K ein internetfähiges Notebook. Dessen eingebautes Modem erweist sich als defekt. Der K fordert den V ergebnislos auf, ihm ein anderes mangelfreies Gerät zu liefern. Dann verlangt er die Rückzahlung des Kaufpreises und wegen einer Preissteigerung auf dem Markt den Ersatz der Kosten, die ihn der Erwerb eines vergleichbaren Notebooks mehr kosten wird, Zug-um-Zug gegen Rückgabe des defekten Notebooks. Der V wendet ein, dass er in der Lage wäre, noch am gleichen Tag ein einwandfreies Modem in das Notebook einzubauen (nach Brox-Walker).

Der Anspruch könnte sich aus §§ 437, 281 BGB ergeben a) Ein Kaufvertrag liegt vor. b) Die Kaufsache war bei Gefahrübergang mangelhaft. c) Dem K stand ein Nacherfüllungsanspruch aus §§ 437 Nr. 1, 439 BGB zu. d) Der V hat den von K geltend gemachten Nachlieferungsanspruch nicht erfüllt. e) Den V trifft ein Verschulden; denn er kann sich hinsichtlich der Nichterfüllung seiner Pflicht zur mangelfreien Lieferung nicht entlasten: man kann von einem spezialisierten Händler einen Probebetrieb erwarten. f) Der K hat dem V ergebnislos eine Nachfrist gesetzt. g) Der K macht einen Schadensersatzanspruch „statt der ganzen Leistung" geltend. Die Voraussetzung dafür ist ein nicht unerheblicher Sachmangel (§§ 437, 281 Abs. 1 S. 3 BGB). Hier dürfte der Mangel deshalb nicht als erheblich anzusehen sein, weil das defekte Modem mit geringem Aufwand ausgetauscht werden kann.

Fall 436: Der V verkauft am 1. August 2004 an den K 100 Flaschen Rotwein zum Preise von je € 10,- und liefert bei Fälligkeit am 15. Oktober 2004 eine vom Lieferanten des V verpackte Kiste, in der entgegen der Vorstellung des V aber nur 90 Flaschen sind. Der K bemerkt dies einige Tage nach der Ablieferung. Die dem V gesetzte angemessene Nachfrist bis zum 1. November 2004 verstreicht fruchtlos. Der K erklärt den Rücktritt und verlangt Zug-um-Zug gegen Rückübereignung und Rückgabe der 90 Flaschen Schadensersatz für 100 Flaschen i.H.v. € 100,-, weil die Preise für Wein durch eine ab dem 1. November 2004 geltende neue 10 %ige „Weinsteuer" verteuert worden sind (nach RegE und Lorenz-Riehm).

a) Folgt man der Ansicht, dass bei einer Zuweniglieferung des Verkäufers der Käufer nach §§ 437 Nr. 3, 434 Abs. 3, 437 Nr. 3, 281 Abs. 1 S. 3 BGB Schadensersatz „statt der ganzen Leistung" („großer Schadensersatz") verlangen und nach §§ 434 Abs. 3, 437 Nr. 2, 323

Abs. 5 S. 2 BGB vom Vertrag insgesamt zurücktreten kann, wenn die Pflichtverletzung „nicht unerheblich" ist, dann könnte der K wegen der 10 %igen Abweichung, die nicht unerheblich ist, Schadensersatz „statt der ganzen Leistung" verlangen und zugleich (§ 325 BGB) vom Vertrag insgesamt zurücktreten. b) Verlangt man aber für einen Schadensersatzanspruch „statt der ganzen Leistung" und für ein Rücktrittsrecht vom Vertrag insgesamt nach §§ 434 Abs. 3, 437 Nr. 2, 323 Abs. 5 S. 2 BGB zusätzlich ein Interessewegfall des Käufers an der Zuwenigleistung, also dass die erbrachte Zuwenigleistung und der geschuldete „kleine Schadensersatz" zusammengenommen das Leistungsinteresses des Gläubigers nicht abdecken, dann wären diese Voraussetzungen hier nicht gegeben, weil dem Interesse des K an der Gesamtleistung (Versorgung mit 100 Flaschen Rotwein) durch die Teilleistung (90 Flaschen) und durch die Leistung des „kleinen Schadensersatz" i.H.v. € 10,- , durch den der Mehrpreis für den „Deckungskauf" ausgeglichen wird, entsprochen werden kann.

cc) Anspruch auf „Aufwendungsersatz"

Wenn dem Käufer aus §§ 437 Nr. 3, 280 Abs. 1, 3, 281/283, oder §§ 437 Nr. 3, 311 a Abs. 2 BGB ein Anspruch auf Ersatz des Schadens „statt der Leistung" zusteht, kann er alternativ hierzu und auch neben einem Rücktritt oder einer Minderung des Kaufpreises (§ 325 BGB) auch den Ersatz seiner Aufwendungen verlangen. Der Anspruch ergibt sich aus §§ 437 Nr. 3, 284 bzw. 311 a Abs. 2 BGB.

Fall 437: Der K kauft formwirksam (§ 311 b Abs. 1 S. 1 BGB) das Einfamilienhaus des V. Nach Zahlung des Kaufpreises wird der V als Eigentümer in das Grundbuch eingetragen (§§ 873 Abs. 1, 925 BGB). Der K hat im Kaufvertrag die Kosten für den Notar und den Makler vollständig übernommen und bezahlt. Jetzt stellt sich heraus, dass sich im Dachstuhl Holzbock befindet. Der V lehnt die Beseitigung des Holzbocks mit der Begründung: „das ist Schicksal" ab. Der K erklärt den Rücktritt vom Kaufvertrag und verlangt 1. Rückzahlung des Kaufpreises sowie 2. Ersatz der Notar- und Maklerkosten.

1. Der Anspruch auf Rückzahlung des Kaufpreises ergibt sich aus §§ 437 Nr. 2, 323, 346 BGB. 2. Aufwendungsersatz kann der K geltend machen nach §§ 437 Nr. 3, 280 Abs. 1, 3, 281, 284 BGB.

Der Anspruch aus §§ 437 Nr. 3, 284 BGB kann auch Aufwendungen erfassen, die nach Rücktrittsrecht als Verwendungen zu ersetzen wären (§ 347 Abs. 2 BGB). Dabei reicht § 284 BGB ggf. weiter als der Anspruch aus § 347 Abs. 2 BGB, da neben notwendigen Verwendungen auch sonstige Aufwendungen ersatzfähig sind.

b) Schadensersatz „neben der Leistung"

Wenn der mangelhaft belieferte Käufer Ersatz derjenigen Schäden verlangt, die durch eine gedachte („hypothetische") Nacherfüllung nicht mehr beseitigt werden können, geht es ihm um einen **Schadensersatz „neben der Leistung"** .
Derartige Schäden können entweder **„Verzögerungsschäden"** sein oder **„Mangelfolgeschäden"**.

aa) „Verzögerungsschäden"

> Hier müssen wir zunächst aufpassen, und dürfen die sogleich zu erörternde Frage nach einem Anspruch auf Ersatz des „Verzögerungsschadens", der „neben der Leistung" zu ersetzen ist, nicht verwechseln mit der Frage nach dem Ersatz desjenigen „Verzögerungsschadens", der darauf beruht, dass
>
> - der Käufer im Fall des unbehebbaren Sachmangels keine mangelfreie Kaufsache erhält
>
> - oder wenn der Käufer einen Schadensersatzanspruch nach Ablauf der Nacherfüllungsfrist geltend macht.
>
> - Ein solcher „Verzögerungsschaden" ist nämlich nicht mehr durch gedachte („hypothetische") Nacherfüllung zu beseitigen; es geht also um einen Schadensersatz „statt der Leistung". Sie haben deshalb ja oben bereits gelernt, dass ein solcher „Verzögerungsschaden" des Käufers nach §§ 437 Nr. 3, 280 Abs. 1, 3, 283/311 a Abs. 2 bzw. 280 Abs. 1, 3, 281 BGB zu ersetzen ist.
>
> - Es stellen sich auch hier die schon aus dem allgemeinen Leistungsstörungsrecht bekannten Abgrenzungsprobleme. Auch hier bietet es sich an, dass Verhältnis zwischen §§ 280 Abs. 1, 2, 286 BGB und §§ 280 Abs. 1, 3, 281 BGB aufgrund einer zeitlichen Komponente zu bestimmen (wer sich nicht mehr erinnert, sollte dies nochmals nachlesen!).

Der Käufer kann unter zwei verschiedenen Aspekten wegen einer Verzögerung der Belieferung des Käufers mit einer mangelfreien Sache den Ersatz eines **„Verzögerungsschadens"** verlangen:

- Es kann so liegen, dass der Schaden darauf beruht, dass er die mangelhafte Sache **wegen ihrer Mangelhaftigkeit** erst verspätet einsetzen kann (**„Betriebsausfallschaden"**) **(sub (1))**.

- Es kann aber auch so liegen, dass der Käufer Schadensersatz neben der Leistung deshalb verlangt, weil der **Nacherfüllungsanspruch verspätet erfüllt wird** (**sub (2)**).

(1) „Nutzungs- bzw. Betriebsausfallschaden"

Nicht leicht zu beantworten ist die Frage, wonach der Käufer Schadensersatz erhält, weil er die **mangelhafte Sache wegen des Mangels nur verzögert „in Betrieb" nehmen kann** (**„Nutzungs- bzw. Betriebsausfallschaden"**).

> Beispiel: Der Chip-Hersteller K hat eine neue Fertigungsstraße für seine Mikrochips bestellt. Der Lieferant V liefert pünktlich. Nachdem K einige Tage lang erfolglos versucht hat, die Fertigungsstraße in Betrieb zu nehmen merkt er, dass dies deshalb nicht gelingt, weil die gelieferte Kompo-

> nente defekt ist. Erst jetzt mahnt er den V zur Abhilfe. In der Zwischenzeit ist durch den Ausfall der Produktion ein Schaden von € 100.000,- entstanden. V hatte bei der Lieferung aufgrund interner Hinweise einen Mangel für möglich gehalten, diese Hinweise aber nicht weiter verfolgt. K verlangt Ersatz des Betriebsausfallschadens.

Diese **Frage ist** mittlerweile **sehr umstritten** und dürfte sich zu einem „**Klassiker**" des neuen Schuldrechts entwickeln. Sie wird zumeist im Zusammenhang mit Kaufverträgen diskutiert, ist aber analog auf das Werkvertragsrecht zu übertragen. Der Streit beruht darauf, dass je nachdem, worauf man den Anspruch stützt, unterschiedliche Anforderungen erfüllt sein müssen (Mahnung oder Nachfristsetzung erforderlich?). Rechtsprechung zu dieser Frage liegt noch nicht vor. Im Grundsatz werden mittlerweile **3 Ansichten** vertreten:

- Teilweise wird der Anspruch auf **§§ 437 Nr. 3, 280 Abs. 1, 3, 281 BGB** gestützt. Diese Ansicht wird vor allem mit einem Hinweis auf das **vor der Schuldrechtsreform geltende Recht** begründet, wo Betriebsausfallschäden als Mangelschäden eingestuft wurden. Die Ansicht führt dazu, dass Schäden, die vor einer **Fristsetzung** durch den Käufer eintreten, nicht ersetzt werden. Gegen die Ansicht spricht, dass der Betriebsausfallschaden nicht an die Stelle der ursprünglich geschuldeten Leistung tritt und es sich deswegen nicht um einen Schadensersatz anstelle der Leistung handelt. Im Übrigen ist die Kategorie „Mangelschäden" durch die Neugestaltung des Schuldrechts überholt.
- Andere Autoren stützen den Anspruch auf **§§ 437 Nr. 3, 280 Abs. 1, 2, 286 BGB**. Dies hat zur Folge, dass **Schäden erst ab Verzugseintritt**, d.h. sobald der Verkäufer gemahnt wurde, ersetzt werden müssen. Die Ansicht stützt sich darauf, dass der Kernvorwurf an den Schuldner lautet, seiner Pflicht zur mangelfreien Leistung nicht rechtzeitig nachgekommen zu sein, womit die Voraussetzung des § 280 Abs. 2 BGB erfüllt wäre, dass eine Verzögerung der Leistung vorliege..
- Die wohl **h.M.** stützt den Anspruch dagegen auf **§§ 437 Nr. 3, 280 Abs. 1 BGB**. Demnach sind die Betriebsausfallschäden **schon ab der mangelhaften Lieferung** zu ersetzen. Dies hat den Vorteil, dass für den Käufer keine Schutzlücken entstehen. Hiergegen wurde eingewandt, dass dadurch derjenige schlechter gestellt wird, der anstatt überhaupt nicht zu liefern eine mangelhafte Lieferung vornimmt. Diese Kritik ist jedoch nicht berechtigt. Die mangelhafte Lieferung ist etwas anderes als eine Nichtleistung. Anders als die Nichtleistung ist der Käufer schutzbedürftig, da er die Mangelhaftigkeit nicht immer sofort erkennen kann. Die mangelhafte Leistung kann daher gefährlicher sein als die Nichtleistung. Ein weiteres Argument ist, dass auch der Reformgesetzgeber davon ausging, dass die Betriebsausfallschäden direkt nach § 280 BGB zu ersetzen seien. Zusätzlich wird das „Recht des Verkäufers zur zweiten Andienung" nicht tangiert, da der Schadensersatzanspruch „neben der Leistung" ihn nicht von der Nacherfüllung abhält.

<u>Fall 438:</u> Der V verkauft dem K eine Druckmaschine, die der K in seiner Druckerei einsetzen will. Der Notschalter ist – wie V weiß – defekt. Der K stellt dies fest, als er die Maschine angeschlossen hat und sie für den eiligen Auftrag eines Kunden, an dem er € 1000,-

verdient hätte, in Betrieb nehmen will. Vorschriften der zuständigen Berufsgenossenschaft verbieten die Inbetriebnahme. Der K muss daher den Auftrag eines seiner Kunden durch einen Sub-Werkunternehmer ausführen lassen, so dass ihm der Gewinn in Höhe von € 1000,- entgeht.

Ein solcher mangelbedingter Nutzungsausfallschaden (hier ein „Nutzungs- bzw. Betriebsausfallschaden") ist nach §§ 433, 434, 437 Nr. 3, 280 Abs. 1 BGB zu ersetzen. Zwischen den Parteien besteht ein wirksamer Kaufvertrag, der V hat seine Pflicht durch die Lieferung einer mangelhaften Kaufsache verletzt und auch ein Verschulden steht fest. Die Verzugsvoraussetzungen des § 286 BGB müssen nicht zusätzlich vorliegen.

Der Anspruch aus §§ 437 Abs. 1 Nr. 3, 280 Abs. 1, 2, 286 BGB ist aber dann wieder relevant, wenn der Anspruch aus §§ 437 Nr. 3, 280 Abs. 1 BGB am fehlenden Vertretenmüssen scheitert.

<u>Abwandlung</u>: V hatte keine Chance, den Fehler zu erkennen. K bemerkt ihn dafür sofort und mahnt den V, noch bevor der Auftrag abzuarbeiten ist. Aufgrund einer Nachlässigkeit sorgt V nicht für eine Reparatur bzw. für eine Ersatzmaschine.

I. Der Ersatz des Betriebsausfallschadens folgt grundsätzlich aus §§ 437 Nr. 3, 280 Abs. 1 BGB (str., wäre auszuführen). Letztlich kann die Frage aber offenbleiben, da V die mangelhafte Lieferung nicht zu vertreten hat. II. Der Anspruch ergibt sich jedoch aus §§ 437 Nr. 3, 280 Abs. 1, 2, 286 BGB, weil jedenfalls die unterlassene Lieferung trotz Mahnung den Schaden verursacht hat.

(2) „Weitergehende Schäden"

Wenn es um den Ersatz eines weitergehenden Schadens, der durch die Verzögerung der Nacherfüllung entsteht, geht, so stellt sich die Frage, ob jedenfalls dafür die Verzugsvoraussetzungen gegeben sein müssen.

> Man muss sich zunächst darüber im Klaren sein, dass dieser Anspruch relativ bedeutungslos ist, weil – wie zuvor gezeigt – der mangelbedingte Nutzungsausfallschaden bereits nach §§ 437 Nr. 3, 280 Abs. 1 zu ersetzen ist. Von Bedeutung ist dieser Anspruch daher vor allem nur für die Rechtsverfolgungskosten (RegE) und für den Fall, dass der Anspruch direkt aus § 280 Abs. 1 BGB an einem fehlenden Vertretenmüssen scheitert.

Nach dem Willen des Gesetzgebers (RegE) soll der Verkäufer zum Ersatz solcher „weitergehender Schäden" nur unter den **zusätzlichen Voraussetzungen des Verzugs** verpflichtet sein (§§ 437 Nr. 3, 280 Abs. 1, 2, 286 BGB). Das ist angesichts der vorherigen Darlegungen zum Wortlaut und zur Systematik des § 437 Nr. 3 BGB allerdings nur schwer begründbar.

Sie brauchen diese Kontroverse natürlich dann nicht zu entscheiden, wenn ohnehin Verzug vorliegt: Das dürfte meist deshalb der Fall sein, weil die regelmäßig vorliegende Aufforderung zur Nacherfüllung, jedenfalls aber die Fristsetzung nach § 281 BGB meist zugleich eine Mahnung ist.

<u>Variante:</u> Der K fordert den V zur Behebung des Defektes binnen 24 Stunden auf. Als der V sich nicht rührt, beauftragt der K seinen Rechtsanwalt R damit, den V unter Klagandro-

hung zur Beseitigung des Mangels aufzufordern. Daraufhin wird der Mangel behoben. R berechnet dem K für das Aufforderungsschreiben (im Einklang mit dem RVG) € 80,-. K verlangt von V Zahlung von € 80,-.

Der „Nacherfüllungsverzögerungsschaden" ist nach §§ 433, 434, 437 Nr. 3, 280 Abs. 1, 286 BGB zu ersetzen. Es ist also ein Verzug des Verkäufers als dem Schuldner der Nacherfüllungsverpflichtung erforderlich. Die erforderliche Mahnung liegt in der Fristsetzung (RegE).

Fall 439: Der ländliche Spielmannszug „Wohlklang von 1854 e.V." (W-Verein) bestellte am 2. Januar 2003 durch seinen Vorstand (V) beim einzigen Schneider (S) der ganzen Gegend für seine Mitglieder 10 Uniformjacken in der dem Schneider bekannten üblichen Ausfertigung. Die Jacken sollen am 15. April 2003 fertig sein. Nachdem der V die Jacken an diesem Tag abgeholt hatte, stellte ein Mitglied beim Auspacken zu Hause entsetzt fest, dass sie aus blauem statt aus dem üblichen grünen Tuch gefertigt sind (was S nicht zu vertreten hatte). Sie sind daher für den W-Verein, der nach eigenem Verständnis ein „Traditionsverein" ist, natürlich unbrauchbar. Der V verlangt daher noch am 16. April 2003 namens des W-Vereins die unverzügliche Lieferung neuer Jacken. Diese werden auch am 1. Mai 2003 fehlerfrei von S geliefert, die blauen Jacken erhält der S zurück. Am 25. April 2003 hatte der W-Verein jedoch wegen der fehlenden Jacken einen Auftritt des Spielmannszugs absagen müssen. Ihm entging daher ein Entgelt von € 500 .-, und er musste zudem € 1000 .- Vertragsstrafe zahlen. Der W-Verein nimmt daraufhin den Schneider auf Schadensersatz in Höhe von € 1500 .- in Anspruch.

Der Anspruch kann sich aus §§ 437 Nr. 3, 280 Abs. 1, 2, 286 BGB ergeben. Dass der W-Verein selbst anspruchsberechtigt sein kann, beruht darauf, dass er rechtsfähig ist (vgl. § 21 BGB). a) Fraglich ist zunächst, ob überhaupt das Kaufrecht anwendbar ist. aa) Das ist deshalb zweifelhaft, weil kein Kaufvertrag vorliegt. Hier geht es nämlich nicht um die Lieferung einer schon vorhandenen Ware gegen Geld sondern um deren individuelle Herstellung. Deshalb liegt ein Werkvertrag (§ 631 ff. BGB) vor bb) Da aber bewegliche Sachen herzustellen und zu liefern sind, sind gleichwohl die Regeln über den Kauf gem. § 651 S. 1 BGB anwendbar. b) Zwischen dem W-Verein und dem S ist der Vertrag wirksam geschlossen worden. c) Der S müsste mit der Erfüllung seiner Nacherfüllungspflicht in Verzug gekommen sein. aa) Dazu ist zunächst zu klären, ob eine Pflicht zur Nacherfüllung (§§ 437 Nr. 1, 439 Abs. 1 BGB) bestand. Dies ist der Fall, wenn die Uniformen einen Mangel aufwiesen. Ob ein Mangel vorliegt, regelt § 434 BGB. Hier ist zunächst an eine Abweichung der Beschaffenheit von der vereinbarten Beschaffenheit zu denken. Es ist eine Frage der Auslegung, ob hier die „übliche Beschaffenheit" stillschweigend vereinbart ist. Jedenfalls aber liegt ein Fall des § 434 Abs. 1 S. 2 Nr. 1 BGB vor, da dem S die geplante Nutzung bekannt war. Die Uniformen waren daher mangelhaft. Der Mangel lag auch zum Zeitpunkt des Gefahrüberganges (hier nach § 446 S. 1 BGB) vor. bb) Weiterhin müssen die Voraussetzungen des Verzugs (§ 286 BGB) vorliegen. Der Anspruch auf Lieferung einer mangelfreien Sache war sofort mit Lieferung der mangelhaften Uniformen am 15. April 2003 fällig (§ 271 BGB). Die ebenfalls notwendige Mahnung liegt im Verlangen des V (§§ 26 Abs. 2 S. 1, 164 ff. BGB) nach sofortiger Nachlieferung am 16. April 2003. Man könnte jedoch auch an eine Entbehrlichkeit gem. § 286 Abs. 2 Nr. 1 BGB denken. Die Verzugsvoraussetzungen liegen jedenfalls vor. d) Der S müsste die Spätleistung auch zu vertreten haben (§ 280 Abs. 1 S. 2 BGB). Da der Sachverhalt hierzu keine („verschuldensrelevanten") Angaben enthält, müssen Sie davon ausgehen, dass das vermutete Verschulden an der nicht rechtzeitig erfolgten Nacherfüllung nicht widerlegt ist. e) Im Ergebnis liegen daher die Anspruchsvoraussetzungen vor. Der Verein kann daher den Ersatz aller Verzögerungsschäden nach Maßgabe des § 249 Abs. 1 BGB verlangen. aa) Hierbei sind zunächst die entgangene Einnahme in Höhe von € 500 .- zu nennen (vgl. auch § 252 BGB). bb) Ebenfalls zu ersetzen ist die gezahlte Vertragsstrafe in Höhe von € 1000 .-. Insgesamt kann der W-Verein vom S die Zahlung von € 1500,- verlangen. Hinweis: Hätte S die ursprüngliche mangelhafte Lieferung zu vertreten gehabt, so würde sich die Frage nach den „Betriebsausfallschäden" stellen! Sofern S (was er zu beweisen hätte) eine rechtzeitige Nachlieferung nicht hätte durchführen können, so wäre das Vertretenmüssen zu verneinen.

bb) Ersatz des „Mangelfolgeschadens" (= „Begleitschaden") und Abgrenzung zum Ersatz eines Schadens wegen einer „Verhaltenspflichtverletzung"

(1) Ersatz des „Mangelfolgeschadens" (= „Begleitschaden")

Zu den infolge der Lieferung einer mangelhaften Sachen bereits endgültig eingetretenen Schäden, die durch eine hypothetische Nacherfüllung nicht mehr beseitigt werden können, zählen auch die Schäden die der Käufer an anderen Rechten, Rechtsgütern oder rechtlich geschützten Interessen erleidet.

<u>Fall 440:</u> Der V verkauft dem K ein Auto, dessen Bremsen nicht funktionieren, was V hätte erkennen können. Der K verunglückt deshalb. Während der Reparatur muss der K, der auf ein Auto angewiesen ist, einen Mietwagen nehmen (nach Medicus).
Der Anspruch ergibt sich aus §§ 437 Nr. 3, 280 Abs. 1 BGB.

Verlangt der Käufer deren Ersatz, handelt es sich um einen Anspruch auf Ersatz von Schäden „neben der Leistung". Denn wenn z.B. die Kühe des Bauern an schlechtem Viehfutter eingehen, dann kann dieser Schaden nicht mehr durch eine Nacherfüllung in Gestalt der Lieferung mangelfreien Futters behoben werden.

Für solche sog. „**Mangelfolgeschäden**" (= „**Begleitschäden**") kann der Käufer Schadensersatz nach §§ 437 Nr. 3, 280 Abs. 1 BGB verlangen. Das Prüfungsschema ist ganz einfach:

→ I. **Haftungsbegründende Voraussetzungen**
1. Bestehen eines wirksamen **Kaufvertrages.**
2. Verletzung einer Leistungspflicht durch **Lieferung einer bei Gefahrübergang mangelhaften Sache** oder **Nichterbringung einer Nacherfüllungspflicht.**
3. **Vertretenmüssen**: Fehlende Entlastung (§ 280 Abs. 1 S. 2 BGB).
4. **Kein Ausschluss** der Gewährleistung.
5. Keine **Verjährung** (§§ 214 Abs. 1, 438 BGB).

→ II. **Haftungsumfang**
Ersatz des entstandenen Schadens nach §§ 249 ff. BGB.

Was die Voraussetzungen des Anspruchs angeht, so brauchen wir auch hier zum Erfordernis des Vorliegens eines **wirksamen Kaufvertrags** keine weiteren Worte zu verlieren.

Dass die **Gewährleistungsansprüche nicht ausgeschlossen** sein dürfen, versteht sich ebenfalls von selbst. Unter welchen Voraussetzungen dies möglich ist, werden wir später erörtern.

Die **Pflichtverletzung** besteht darin, dass der Verkäufer entgegen seiner Verpflichtung aus § 433 Abs. 1 S. 2 BGB eine mit einem Sachmangel behaftete Sache an den Käufer liefert. Sie kann auch darin bestehen, dass eine Nacherfüllungspflicht nicht erfüllt wird. Diese Fallgruppe ist dann von Bedeutung, wenn der Verkäufer sich hinsichtlich der Belieferung des Käufers mit einer mangelhaften Sache exkulpieren kann: Dieser Umstand ändert nämlich nichts daran, dass er verschuldensunabhängig grundsätzlich zur Nacherfüllung verpflichtet bleibt (§ 439 Abs. 1 BGB); kommt er dieser Pflicht nicht nach, so ist das eine Pflichtverletzung, für die er nach §§ 437 Nr. 3, 280 Abs. 1 BGB Schadensersatz „neben der Leistung" zu leisten hat.

Bei der Prüfung des nach § 280 Abs. 1 S. 2 BGB vermuteten **Vertretenmüssen**

- kommt es **einerseits** darauf an, ob der **Verkäufer das Vorliegen eines Mangels erkannt hat oder hätte erkennen können**. Das wirft die bereits mehrfach erörterte Frage nach dem Umfang der Sorgfaltsanforderungen und damit der **Untersuchungspflicht** eines Verkäufers auf: Beim Verkauf von neu hergestellten Sachen wird man bei gewerblichen Verkäufern von industriell hergestellten Massenwaren nicht verlangen können, dass er die Waren auf Mängel überprüft. Wenn es allerdings um hochwertige und fehleranfällige Produkte geht und der Verkäufer genügend Sachkunde hat, wird man bei mangelnder Untersuchung ein Verschulden annehmen können. Beim Verkauf gebrauchter Sachen kann der Käufer von einem Verkäufer ohne Werkstatt nur eine Überprüfung auf leicht erkennbare Mängel erwarten; bei einer dazugehörigen Werkstatt kann vom Verkäufer eine eingehendere Untersuchung erwartet werden. Bei privaten Verkäufern ist der Maßstab generell geringer. Der Hersteller ist nicht Erfüllungsgehilfe des Verkäufers, weshalb der Verkäufer für dessen Fehlleistungen nicht einstehen muss!

- Wenn der Pflichtverstoß darin liegt, dass der Verkäufer eine Nacherfüllungspflicht nicht innerhalb der gesetzten Frist erfüllt hat, kommt es andererseits für das Verschulden darauf an, ob der Verkäufer sich davon entlasten kann, **den Mangel verursacht oder gekannt zu haben oder darauf, dass die Nichtvornahme der Nacherfüllung ihm nicht vorzuwerfen** ist.

Wie Sie wissen besteht die Möglichkeit, bei **Gattungsschulden** das Beschaffungsrisiko zu übernehmen. Sofern dies der Fall ist, haftet der Verkäufer für Schadensersatzansprüche anstelle der Leistung (§§ 280 Abs. 1, 3, 281 oder 283 BGB) auch ohne Verschulden (§ 276 Abs. 1 S.1 BGB). Nach *Canaris* soll dieser Haftungsmaßstab nicht für etwaige Mangelfolgeschäden eingreifen, da es sich dabei nicht um ein typisches Beschaffungsrisiko handelt und obendrein bei derartigen Schäden ein unverhältnismäßig großes Haftungsrisiko besteht. Typischerweise umfasse der Parteiwillen diese Haftung nicht. Andere Autoren (*Medicus*) lehnen diese Einschränkung ab, da sie zum einen nicht dem Wortlaut des Gesetzes entspricht und zum anderen die Interessenlage vergleichbar ist. Schließlich obliegt anders als bei einer Stückschuld die Auswahl der zu liefernden Sachen allein dem Verkäufer.

Der **Inhalt des Schadensersatzanspruchs** ist der Ersatz der reinen Mangelfolgeschäden. Nicht nach §§ 437, 280 Abs. 1 BGB zu ersetzen sind die Schäden, die das Erfüllungsinteresse betreffen; insoweit sind §§ 437 Nr. 3, 281, 283, 311 a Abs. 2 BGB zuständig. Zur Abgrenzung ist wiederum auf die Ausführungen im allgemeinen Leistungsstörungsrecht hinzuweisen.

Fall 441: Der Hersteller H liefert an V ein Impfserum gegen die Geflügelpest. Der V verkauft dies weiter an den Hühnerzüchter K, der damit seine Tiere impfen lässt. Das Serum ist mit Geflügelpestviren verseucht. Daran verenden 2000 Tiere. Die Verseuchung ist von H durch Unachtsamkeit bei der Herstellung verursacht worden. Der V hatte keine Kenntnis, und es war für ihn auch nicht erkennbar, dass das Serum verseucht war. Der K verlangt 1. von V und 2. von H Schadensersatz für die verendeten Hühner (nach BGHZ 51, 91 – „Hühnerpestfall"):

1. Der Anspruch des K gegen V kann sich aus §§ 437 Nr. 3, 280 Abs. 1 BGB ergeben. a) Zwischen V und K bestand ein wirksamer Kaufvertrag. b) Weiterhin muss eine Pflichtverletzung vorliegen, die hier in der Lieferung einer mangelhaften Kaufsache (§ 433 Abs. 1 S. 2 BGB) liegen kann. Das verseuchte Serum ist nicht zum vertraglich vorausgesetzten Zweck geeignet (§ 434 Abs. 1 S. 2 Nr. 1 BGB) bzw. entspricht nicht der üblichen Beschaffenheit (§ 434 Abs. 1 S. 2 Nr. 2 BGB) und ist daher mangelhaft. Durch die Lieferung hat der V daher seine Pflicht zur Lieferung einer mangelfreien Kaufsache verletzt. c) Den V muss ein Verschulden treffen. aa) Die Verschuldensvermutung (§ 280 Abs. 1 S. 2 BGB) ist hinsichtlich eines eigenen Verschuldens (nach § 276 Abs. 1 S. 2 BGB: Vorsatz und Fahrlässigkeit) widerlegt. Denn der V wusste nichts von der Verseuchung und hätte davon auch nichts wissen können; auch trifft ihn als Verkäufer grundsätzlich keine Pflicht zur Überprüfung der Kaufsache auf alle denkbaren Mängel. bb) Zu erwägen ist aber eine Zurechnung des Verschuldens des fahrlässig handelnden H nach § 278 BGB. Dazu muss H Erfüllungsgehilfe sein. Erfüllungsgehilfe ist, wer mit Wissen und Wollen des Schuldners in dessen Pflichtenkreis tätig wird. Hier schuldete der Verkäufer lediglich die Übereignung und Übergabe der Sache im mangelfreien Zustand (vgl. § 433 Abs. 1 S. 2 BGB), und nicht wie ein Werkunternehmer deren Herstellung. Weil hier die Pflichtverletzung den Herstellungsprozess betrifft, der nicht zum Pflichtenkreis des Verkäufers gehört, ist der Hersteller nicht Erfüllungsgehilfe des Verkäufers. Im Ergebnis fehlt es daher an einem Vertretenmüssen des V. Ein Anspruch aus §§ 437 Nr. 3, 280 Abs. 1 BGB besteht nicht. 2. Bestehen könnte jedoch ein Anspruch gegen den H aus § 823 Abs. 1 BGB (Produkthaftung, dazu später mehr).

Fall 442: Der V verkauft an den K Hafer, den dieser zur Fütterung seiner Pferde verwenden soll. Der Hafer kostet € 100 .-. Der Hafer ist im Lager des V durch den falsch dosierten Einsatz eines die Lagerfähigkeit verbessernden Konservierungsmittels vergiftet, was der V hätte wissen müssen. Zwei Pferde des K sterben (Wert zusammen € 4000,-). Der K verlangt Nachlieferung mangelfreien Hafers und Ersatz für die beiden Pferde in Höhe von € 4000 .- (nach Pferdefutter-Fall in RGZ 66, 289).

1. Der Nachlieferungsanspruch ergibt sich aus §§ 437 Nr. 1, 439 Abs. 1 BGB. 2. Der Anspruch auf Schadensersatz für die Pferde kann sich a) aus §§ 437 Nr. 3, 280 Abs. 1 BGB ergeben. aa) Zwischen V und K bestand ein wirksamer Kaufvertrag bb) Der Hafer war nicht, wie vertraglich vorausgesetzt, zum Verzehr durch Tiere geeignet und daher mangelhaft (§ 434 Abs. 1 S. 2 Nr. 1 BGB). Der Mangel lag zum Zeitpunkt des Gefahrüberganges

(hier nach § 446 S. 1 BGB) vor. Der V hat damit seine Pflicht zur mangelfreien Leistung (§ 433 Abs. 1 S. 2 BGB) verletzt. cc) Der V handelte fahrlässig (§ 276 Abs. S. 1 BGB), da er von der Vergiftung hätte wissen können. dd) Als Rechtsfolge muss der V dem K den erlittenen Schaden in Höhe von € 4000,- ersetzen. b) Weiterhin ist ein Anspruch aus § 823 Abs. 1 BGB gegeben.

Fall 443: Der Computerspezialist C kauft beim Möbelhaus M einen Computertisch. Der Tisch ist auch einwandfrei, hat jedoch eine derartig unverständliche Aufbauanleitung, dass der C beim Zusammenbau eine Querstrebe falsch montiert. Als er dann den Tisch mit seiner nagelneuen Computeranlage aufstellt (Wert Computer und Bildschirm: € 2000 .-), kippt der Tisch wegen des fehlerhaften Zusammenbaus unvermittelt um, wobei die Computeranlage zerstört wird. Der C verlangt von dem M Schadensersatz. Der M ist bereit, dem C den Tisch ordnungsgemäß aufzubauen, was auch geschieht. Im Übrigen weigert er sich, irgendwelche Zahlungen zu leisten.

Der Anspruch des C könnte sich 1. aus §§ 437 Nr. 3, 280 Abs. 1 BGB ergeben. a) Zwischen V und M besteht ein wirksamer Kaufvertrag. b) Fraglich ist, ob hier eine Pflichtverletzung durch die Lieferung einer mangelhaften Kaufsache vorliegt. aa) Hier war der Tisch eigentlich mangelfrei, da er sich zum vereinbarten Zweck, der Nutzung als Computertisch eignete. bb) Es greift aber § 434 Abs. 2, S. 2 BGB ein, da die mitgelieferte Montageanleitung mangelhaft war. Dadurch wird auch die Kaufsache selbst mangelhaft. Es liegt also eine Pflichtverletzung vor. c) Die Haftung würde nur entfallen, wenn M die Pflichtverletzung nicht zu vertreten hat. Das Verschulden des M wird vermutet. Der Sachverhalt enthält keine entlastungsrelevanten Angaben. Die Voraussetzungen der §§ 437 Nr. 3, 280 Abs. 1 BGB liegen mithin vor. M muss Schadensersatz für den zerstörten Rechner leisten. 2. Der Anspruch könnte sich auch aus § 823 Abs. 1 BGB ergeben.

Fall 444: Der V verkauft dem K ein Auto, dessen Bremsen nicht funktionieren. Der K verunglückt und will wegen seiner Verletzungen Schadensersatz (nach Medicus).

Der Anspruch ergibt sich a) aus §§ 437 Nr. 3, 280 Abs. 1 BGB und b) aus § 823 Abs. 1 BGB.

(2) Abgrenzung zur Haftung für „Verhaltenspflichtverletzungen" (§§ 280 Abs. 1, 241 Abs. 2 BGB)

Wenn der Käufer aber einen Schaden nicht deshalb erlitten hat, weil die Kaufsache einen Mangel aufweist, sondern deshalb, weil der Verkäufer „Verhaltenspflichten" aus § 241 Abs. 2 BGB (z.B. Beratungs- oder Hinweispflichten) verletzt hat, steht dem Käufer ein Anspruch auf Schadensersatz zu, der sich dann nicht aus §§ 437 Nr. 3, 280 Abs. 1 BGB, sondern **aus § 280 Abs. 1, 241 Abs. 2 BGB** ergibt.

Auf den ersten Blick könnte man nach dem Motto „Schadensersatz ist Schadensersatz" sagen, dass diese feinsinnige Unterscheidung überflüssig sei. Von entscheidender Bedeutung ist der Unterschied aber für die Verjährung: Ansprüche nach **§§ 437 Nr. 3, 280 Abs. 1 BGB** verjähren regelmäßig innerhalb von 2 Jahren nach Gefahrübergang (§ 438 Abs. 1 Nr. 3, Abs. 2 BGB) und Ansprüche aus **§§ 280 Abs. 1, 241 Abs. 2 BGB** innerhalb von 3 Jahren, beginnend mit dem Schluss des Jahres, in dem Gläubigers von dem Anspruch Kenntnis erlangt hat oder hätte erlangen müssen (§§ 195, 199 Abs. 1 BGB).

In der Regel macht die Unterscheidung der auf einen Sachmangel zurückzuführender Schäden und solcher Schäden, die auf eine fehlerhafte Beratung etc. beruhen, keine Schwierigkeiten; mitunter sind die Grenzen aber fließend.

<u>Fall 445:</u> Der V verkauft dem K für dessen Wäscherei einen Wäschetrockner. Dieser benötigt einen Kamin mit mindestens 380 cm² Querschnitt zum Ablüften. Der in den Räumen des K zur Verfügung stehende Kamin ist kleiner, was der V übersehen hat. Im Winter, als die anderen Wohnungen ihre Heizungen betreiben, kam es zu erheblichen Störungen, in deren Folge der K seinen Betrieb aufgeben musste. Deswegen verlangt er 2 ½ Jahre nach Lieferung des Trockners von dem V Schadensersatz (nach BGH NJW 1985, 2472 f. „Wäschereifall").

Hier stellt sich die Frage, ob der Schaden nach §§ 437 Nr. 3, 280 Abs. 1 S. 1 BGB oder nach §§ 280 Abs. 1, 241 Abs. 2 BGB zu ersetzen ist. Im ersteren Fall wäre der Schadensersatzanspruch verjährt, im letzteren Falle nicht. Hier wird man zu dem Ergebnis kommen, dass der Trockner selbst nicht mangelhaft war sondern dass der V nur eine unter § 241 Abs. 2 BGB fallende Beratungs- oder Hinweispflicht verletzt hat. Der Ersatzanspruch ist daher auf §§ 280 Abs. 1, 241 Abs. 2 BGB direkt zu stützen und nicht verjährt. In einer Fallbearbeitung hätte man mit §§ 437 Nr. 3, 280 Abs. 1 begonnen und die Abgrenzung beim Prüfungspunkt „Sachmangel" vorgenommen.

8. Rücktritt

Der Käufer, der von einem Verkäufer mit einer mangelhaften Kaufsache beliefert worden ist, muss nicht unbedingt Nacherfüllung nach §§ 437 Nr. 1, 439 BGB verlangen wollen und die Anforderungen an einen Schadensersatzanspruch mögen nicht gegeben sein, z.B. weil es am Vertretenmüssen mangelt. Er kann somit durchaus ein Interesse daran haben, durch einen Rücktritt vom Kaufvertrag dessen Rückabwicklung herbeizuführen: Auf diese Weise kann er sich des Kaufgegenstandes und seiner Kaufpreiszahlungsverpflichtung entledigen und bereits von ihm erbrachte Leistungen zurückerhalten. Besonders auf der Hand liegt ein solches Interesse des Käufers dann, wenn der Verkäufer seinerseits nicht nacherfüllen muss (§§ 275, 439 Abs. 3 BGB).

Wir erkennen also, dass das Rücktrittsrecht aus § 437 Nr. 2 BGB (das kein Verschulden des Verkäufers voraussetzt) sehr häufig die ideale Lösung für den Käufer darstellt. In rechtstechnischer Hinsicht wird ihm der Rücktritt in **§§ 437 Nr. 2, 326 Abs. 5/323 BGB** ermöglicht.

Wir stoßen hier auf ein <u>Darstellungsproblem</u>: Wenn Sie sich bereits in der Ausbildungsliteratur mit dem Rücktrittsrecht des Käufers aus § 437 BGB befasst haben sollten, ist Ihnen ja vielleicht aufgefallen,

- dass dort teilweise (z.B. bei *Brox-Walker*) als **Anspruchsgrundlage** für einen Anspruch auf Rückgewähr aus einem Rücktrittsrecht **ausschließlich §§ 437 Nr. 2, 323, 346 Abs. 1 BGB** genannt werden, nicht aber **§§ 437 Nr. 2, 326 Abs. 5, 346 Abs. 1 BGB**; das beruht darauf, dass hiernach der von § 437 Nr. 2 BGB ebenfalls in Bezug genommene § 326 Abs. 5 BGB nicht als besonderer Rücktrittsgrund angesehen wird, sondern ihm lediglich die Bedeutung eines **weiteren „Nachfristsetzungsentbehrlichkeitsgrundes"** beigemessen wird, also den §§ 323 Abs. 2, 440 BGB gleichgesetzt wird.

- Dass wir uns hier anders entschieden haben, konnten Sie dem vorstehenden Überblick über die Gewährleistungsrechte des Käufers bereits entnehmen; wir werden im Folgenden differenzieren: Erfolgt der Rücktritt wegen einer **Befreiung des Verkäufers von der Pflicht zur Nacherfüllung nach § 275 BGB**, so ergibt sich das Rücktrittsrecht aus **§§ 437 Nr. 2, 326 Abs. 5, 346 ff. BGB**; erfolgt der Rücktritt wegen **Nichterbringung einer dem Verkäufer möglichen Nacherfüllung**, so ergibt sich das Rücktrittsrecht aus **§§ 437 Nr. 2, 323, 346 ff. BGB**. Für diese Betrachtungsweise sprechen folgende Erwägungen: Zwar ist der Wortlaut des § 437 Nr. 2 BGB zur Beantwortung dieser Frage unergiebig, denn der Hinweis aus § 326 Abs. 5 BGB könnte einerseits ein Hinweis auf einen Rücktrittsgrund, andererseits aber auch wie der Hinweis auf § 440 BGB dazu dienen, diese beiden Normen als über § 323 Abs. 2 BGB hinausreichende „Nachfristsetzungsentbehrlichkeitsgründe" anzusehen. Entscheidend sollte folgendes sein: Der Nacherfüllungsanspruch aus §§ 437 Nr. 1, 439 BGB ist, wie Sie ja wissen, ein „modifizierter" Leistungsanspruch (arge. § 433 Abs. 1 S. 2 BGB), so dass – wenn nicht besondere kaufrechtliche Bedürfnisse Sonderregelungen erforderlich machen würden (insbesondere eine kürzere Verjährung) – eigentlich das allgemeine Leistungsstörungsrecht auch im Fall einer mangelhaften Leistung des Verkäufers anzuwenden wäre. Da das (mithin an sich anwendbare) allgemeine Leistungsstörungsrecht zwischen einem Rücktritt wegen Unmöglichkeit der Erfüllung eines Leistungsanspruchs nach § 275 BGB (dann Rücktritt aus § 326 Abs. 5 BGB) und wegen sonstiger Nichterfüllung (dann Rücktritt aus § 323 BGB) differenziert, muss dies auch auf das besondere Gewährleistungsrecht übertragen werden.

> Wie gesagt: Letztlich handelt es sich natürlich um ein reines **Darstellungsproblem**, bei dem die Ergebnisse nicht unterschiedlich ausfallen!

a) Rücktritt wegen einer Befreiung des Verkäufers von der Pflicht zur Nacherfüllung

In den Fällen, in denen dem Verkäufer als Schuldner des Nacherfüllungsanspruchs **beide Arten der Nacherfüllung des § 439 Abs. 1 BGB** (Lieferung einer mangelfreien Sache/Beseitigung des Mangels) **unmöglich** sind oder in denen er insoweit ein Leistungsverweigerungsrecht nach §§ 275 Abs. 2, 3 BGB ausgeübt hat, ergibt sich für den Käufer der Rücktrittsgrund aus § 326 Abs. 5 BGB, der (so der eindeutige Wortlaut des § 326 Abs. 5 BGB) auf § 323 BGB verweist, und zwar mit der Maßgabe, dass eine Fristsetzung nicht erforderlich ist, so dass die Verweisung ganz offenbar allein den Sinn hat, § 323 Abs. 5 S. 2 BGB (Ausschluss wegen Unwesentlichkeit des Mangels) und § 323 Abs. 6 BGB (Ausschluss bei alleiniger oder überwiegender Verantwortlichkeit des Rücktrittsberechtigten, also des Käufers, für den zum Rücktritt berechtigenden Umstand oder bei Annahmeverzug des

Rücktrittsberechtigten bei Eintreten des zum Rücktritt berechtigenden Umstandes) anwendbar zu machen.

> **Vorsicht**: Hier droht eine tückische „**Falle**"!
>
> **1.** Dies sind die „Fallstricke": Im Fall einer gänzlichen oder teilweisen Leistungsbefreiung eines Schuldners aus einem gegenseitigen Vertrag regelt § 326 Abs. 1, S. 1, 1. HS BGB das „Schicksal" des Gegenleistungsanspruchs in überaus gerechter Weise so, dass der Gegenleistungsanspruch „automatisch" gänzlich oder teilweise erlischt. Wenn wir jetzt ganz logisch weiter denken, scheint dies folgende Konsequenz haben zu müssen: Zwar muss auch der Verkäufer einer mangelhaften Sache weiterhin seine Pflicht zur Übereignung und Übergabe erfüllen, er muss aber wegen der Befreiung von der Nacherfüllungspflicht nicht „mangelfrei" an den Käufer leisten, ist also teilweise von seiner Leistungspflicht frei. Eine solche teilweise Befreiung des Verkäufers von den Pflichten aus § 433 Abs. 1 BGB könnte daher zur Folge haben, dass auch der Käufer „automatisch" nach §§ 326 Abs. 1 S. 1, 2. HS, 441 Abs. 3 BGB zwar nicht insgesamt, wohl aber teilweise nach Minderungsgrundsätzen von seiner Gegenleistungspflicht frei würde und im Fall einer bereits darüber hinausgehend erbrachten Zahlung des Kaufpreises nach §§ 326 Abs. 4, 346 ff. BGB Rückzahlung verlangen könnte. Eine solche Lösung liefe auf eine Art „**Zwangsminderung**" hinaus.
>
> **2.** Das Gesetz will diese Konsequenz nicht. Es will dem Käufer das in § 437 Nr. 2 BGB vorgesehene Wahlrecht zwischen Rücktritt und Minderung erhalten. Deshalb hat es die o.g., auf den ersten Blick sich aufdrängenden Rechtsfolgen aus §§ 326 Abs. 1 S. 1, 2. HS, Abs. 4, 441 Abs. 3 BGB in § 326 Abs. 1 S. 2 BGB ausgeschlossen. Für eben diesen Fall ist das Rücktrittsrecht (natürlich ohne das Erfordernis – einer bei einer Unmöglichkeit in der Tat überflüssigen – Fristsetzung) aus § 326 Abs. 5 BGB geschaffen worden, das ansonsten wegen § 326 Abs. 4 BGB überflüssig wäre.

→ **I. Voraussetzungen**
1. Vorliegen eines wirksamen **Kaufvertrages**.
2. **Kaufsache** ist **mangelhaft**, § 437 zur Zeit des Gefahrüberganges i.S.d. § 434 BGB.
3. **Rücktrittserklärung,** § 349 BGB.
4. **Rücktrittsgrund** (§ 326 Abs. 5 BGB):
   a) Die **Nacherfüllung** nach § 439 Abs. 1 BGB (Lieferung einer mangelfreien Sache/Beseitigung des Mangels) **war** wegen Unmöglichkeit „**ausgeschlossen**" (§ 275 Abs. 1 BGB)
   b) oder **Ausübung** eines **Leistungsverweigerungsrechts** (§§ 275 Abs. 2, 3 BGB).
5. **kein Ausschluss** des Rücktrittsrechts
   a) **Mangel** darf **nicht unerheblich** sein (§§ 437 Nr. 2, 326 Abs. 5, 323 Abs. 5 S. 2 BGB); bei „**Zuweniglieferung**": zusätzlichen **Interessefortfall** diskutieren (§§ 437 Nr. 2, 326 Abs. 5, 323 Abs. 5 S. 1 BGB).
   b) § 323 Abs. 6 BGB (Vertretenmüssen des Käufers).
   c) § 218 Abs. 1 BGB (Verjährung des Nacherfüllungsanspruchs).
6. **kein Ausschluss der Gewährleistungsrechte.**

→ **II. Rechte des Käufers**
Rückabwicklung nach §§ 346 ff. BGB.

Eine Rückabwicklung aufgrund eines Rücktrittsrechts des Käufers aus §§ 437 Nr. 2, 326 Abs. 5 BGB setzt eine auch bei formbedürftigen Geschäften (§ 311 b Abs. 1 S. 1 BGB) formfrei mögliche (arge. § 456 S. 2 BGB) **Rücktrittserklärung (§ 349 BGB)** voraus. Es handelt sich um eine mit dem Zugang wirksam werdende gestaltende Willenserklärung (§ 130 Abs. 1 BGB). Der Käufer ist an seine Erklärung gebunden und kann daher nach einem erklärten Rücktritt nicht mehr Minderung verlangen; vor Übereilung ist er dadurch geschützt, dass er den Rücktritt erst nach Fristablauf erklären kann. Damit steht unzweifelhaft fest, dass auch dieses Rücktrittsrecht ein Gestaltungsrecht ist. Wegen der nunmehr gesetzlich bestimmten Rechtsnatur kommt es auf den nach altem Recht zu erörternden Theorienstreit (Herstellungstheorie, Vertragstheorie, Theorie vom richterlichen Gestaltungsakt) nicht mehr an: die „alte Literatur" ist daher „durch einen Federstrich des Gesetzgebers Makulatur" geworden, für Sie also völlig unbrauchbar!

Vorliegen muss natürlich ein **wirksamer Kaufvertrag**.

Die **Kaufsache muss bei Gefahrübergang mangelhaft** i.S.d. §§ 434, 435 BGB sein. In erster Linie denkt man hier bei den Sachmängeln immer an die **Qualitätsmängel** (§ 434 Abs. 1, 2 BGB). Ein zum Rücktritt berechtigender Fehler kann aber auch eine „**Anderslieferung**" oder „**Zuweniglieferung**" sein (§ 434 Abs. 3 BGB).

> Bei aller Theorie müssen Sie immer praktisch denken, und Sie sollten sich immer wieder darauf besinnen, dass die Anwendung des Gewährleistungsrechts bei einer als Mangel in Betracht zu ziehenden „**Anderslieferung**" (§ 434 Abs. 3 BGB) keinesfalls zwingend ist. Im Gegenteil: Die Anwendung des Gewährleistungsrechts ist dann sogar eher fern liegend! Wenn

nämlich der Käufer erkennt (und das kann ihm im „wirklichen Leben" eigentlich gar nicht verborgen bleiben!), dass der Verkäufer eine andere als die geschuldete Sache liefert, dann kann er natürlich diese Leistung zurückweisen und so verhindern, dass das erst mit dem Gefahrübergang (§ 446 BGB) geltende Gewährleistungsrecht zur Anwendung kommt. Die soeben ausgesprochene Warnung gilt natürlich auch bei der ebenfalls als Mangel in Betracht zu ziehenden **„Zuweniglieferung"** (**§ 434 Abs. 3 BGB**): Der Käufer kann dann die als Zuweniglieferung erkannte Minderleistung als Teilleistung nach § 266 BGB zurückweisen, so dass es nicht zum Gefahrübergang (§ 446 BGB) kommt.

Der aufmerksame Käufer wird daher in aller Regel bei der Belieferung, also noch vor dem Gefahrübergang, wahrnehmen, dass er „falsch" beliefert worden ist oder dass eine „Zuweniglieferung" vorliegt; und er wird daher die Leistung nicht annehmen.

In den hier interessierenden Fallkonstellationen einer Befreiung des Verkäufers von der Pflicht zur Nacherfüllung ergibt sich der **Rücktrittsgrund** aus §§ 437 Nr. 2, 326 Abs. 5 BGB; dazu ist Voraussetzung, dass dem Verkäufer als Schuldner des Nacherfüllungsanspruchs beide Arten der Nacherfüllung des § 439 Abs. 1 BGB (Lieferung einer mangelfreien Sache/Beseitigung des Mangels) unmöglich sind oder er insoweit sein Leistungsverweigerungsrecht nach § 275 Abs. 2, 3 BGB ausgeübt hat.

Hier stellt sich nun wiederum die sehr interessante Frage, ob auch die Ausübung des Rechts zur Verweigerung der Nacherfüllung nach § 439 Abs. 3 BGB ein Rücktrittsrecht aus § 326 Abs. 5 BGB auslöst. Der klare Wortlaut des § 326 Abs. 5 BGB steht dagegen. Nach den Vorstellungen des Gesetzgebers ist § 439 Abs. 3 BGB eine „besondere Ausprägung des Rechtsgedankens von § 275 Abs. 2, 3 BGB" (RegE). Daher liegt eine Einbeziehung des § 439 Abs. 3 BGB in die Rücktrittsgründe des § 326 Abs. 5 BGB nicht völlig fern. Andererseits spricht dagegen, dass dann § 440 BGB, nach dem eine Nachfristsetzung im Falle einer Nachbesserungsverweigerung nach § 439 Abs. 3 BGB entbehrlich ist, überflüssig wäre. Gegen eine Anwendung der §§ 437 Nr. 2, 326 Abs. 5 BGB im Fall des § 439 Abs. 3 BGB spricht auch, dass hierfür kein rechtspolitischer Bedarf besteht; denn die Nachfristsetzung wäre in jedem Fall entbehrlich: entweder nach §§ 437 Nr. 2, 326 Abs. 5 BGB oder – wenn man auf das Rücktrittsrecht aus §§ 437 Nr. 2, 323 BGB abstellt – nach § 440 BGB. Man sollte sich daher an den Wortlaut des §§ 437 Nr. 2, 326 Abs. 5 BGB halten und dieses Rücktrittsrecht nur gelten lassen, wenn die Verpflichtung des Verkäufers zur Nachbesserung nach § 275 BGB entfallen ist.

Für ein Rücktrittsrecht nach §§ 437 Nr. 2, 326 Abs. 5 BGB ist erforderlich, dass der **Mangel nicht unerheblich** ist. Bei „Bagatellen" ist zwar ein Mangel gegeben; für einen Rücktritt reichen sie jedoch nicht aus (§§ 437 Nr. 2, 326 Abs. 5, 323

Abs. 5 S. 2 BGB). Die Beurteilung des Vorliegens der Unerheblichkeit, bereitet i.d.R. keine Probleme: Ein Kratzer im Lack eines Neuwagens ist eine „Bagatelle" und kann kein Rücktrittsrecht aus §§ 437 Nr. 2, 326 Abs. 5 BGB begründen, sondern kann nur zur Minderung führen (§§ 437 Nr. 2, 326 Abs. 5, 441 BGB). Eine vertrackte Kontroverse bahnt sich aufgrund der Tatsache, dass das Gesetz auch eine Zuweniglieferung als Mangel ansieht, an: Wenn der Käufer eine Zuweniglieferung als Erfüllung entgegengenommen hat, so dass wegen des Gefahrübergangs nach §§ 434 Abs. 3, 446 BGB das Gewährleistungsrecht anwendbar ist, stellt sich die Frage, ob für einen Rücktritt des Käufers vom gesamten Vertrag bereits die Nicht-Unerheblichkeit der Zuweniglieferung i.S.d. §§ 437, 326 Abs. 5, 323 Abs. 5 S. 2 BGB ausreicht, oder ob der Käufer auch zusätzlich das Interesse an der „Zuweniglieferung" verloren haben muss (§§ 437 Nr. 2, 326 Abs. 5, 323 Abs. 5 S. 1 BGB). In der Tat wird zuweilen bereits aus der bloßen Tatsache, dass das Gesetz eine Minderleistung einem Sachmangel gleichstellt (§ 434 Abs. 3 BGB) gefolgert, dass Sachmängel und „Zuweniglieferungen" auch hinsichtlich der Rechtsfolge eines Rücktrittsrecht gleichbehandelt werden, so dass bereits eine Erheblichkeit der Minderleistung i.S.d. § 323 Abs. 5 S. 2 BGB für ein Rücktritt des Käufers vom Kaufvertrag insgesamt ausreichen soll. Die Konsequenz wäre, dass es bei einer Minderleistung nur die Alternative gibt zwischen entweder einem Rücktritt vom gesamten Vertrag im Fall der Erheblichkeit der Minderleistung oder überhaupt keinem Rücktritt im Falle der Unerheblichkeit der Minderleistung (§§ 433, 434 Abs. 3, 437 Nr. 2, 323 Abs. 5, S. 2 BGB). Wenn man dagegen auch die „Zuweniglieferung" wie eine „Teilleistung" behandelt, dann kommt auch bei einer erheblichen „Zuweniglieferung" grundsätzlich nur ein Teilrücktritt nach §§ 437 Nr. 2, 326 Abs. 5 BGB in Betracht, während ein Rücktritt vom gesamten Vertrag zusätzlich einen Wegfall des Interesses des Käufers an der Teilleistung erfordert (§§ 433, 434 Abs. 3, 437 Nr. 2, 326 Abs. 5, 323 Abs. 5 S. 1 BGB). Für diese Lösung soll sprechen, dass anderenfalls der § 323 Abs. 5 S. 1 BGB seines praktisch wichtigsten Anwendungsbereiches – dem Kauf-, Tausch- und Werklieferungsverträgen – entzogen wäre und dass es zu Wertungswidersprüchen zu den Ergebnissen bei allen anderen Verträgen käme, und schließlich, dass die Gleichsetzung von Falsch- und Minderlieferungen mit einem Sachmangel in § 434 Abs. 3 BGB nur das rechtspolitische Ziel hatte, die Abgrenzungsschwierigkeiten auf der Tatbestandsseite zu beseitigen, nicht aber bestimmten sollte, unter welchen Voraussetzungen ein Rücktritt möglich sein soll. Natürlich sind insoweit beide Lösungen vertretbar. Eine herrschende Meinung hat sich bisher noch nicht herausgebildet; Rechtsprechung gibt es noch nicht und in der Literatur werden beide Ansichten vertreten.

Angesichts der soeben diskutierten Rücktrittssperre des § 323 Abs. 5 S. 2 BGB wird der eine oder der andere unter Ihnen vielleicht auf den „genialen" Gedanken gekommen sein, bei einem an dem Erfordernis der Erheblichkeit des Mangels scheiternden Rücktritt die angestrebte wechselseitige Rückgewähr der Leistungen durch die – einem Rücktritt praktisch gleichkommende – Geltendmachung eines „großen" Schadensersatzanspruches „statt der Leistung" nach §§ 437 Nr. 3, 280 Abs. 1, 3,

> 281 BGB zu umgehen: Das aber verhindert das (wirklich sehr aufmerksame!) Gesetz in weiser Voraussicht dadurch, dass es in § 281 Abs. 1 S. 3 BGB das Erfordernis der Erheblichkeit der Pflichtverletzung (hier: der Mangelhaftigkeit) auch zur Voraussetzung für einen Anspruch auf den Ersatz des „großen" Schadensersatzes erhoben hat.

Der **Rücktritt** darf schließlich **nicht nach §§ 437 Nr. 2, 326 Abs. 5, 323 Abs. 6 BGB ausgeschlossen** sein, weil der zum Rücktritt berechtigende Umstand (Mangel oder Befreiung des Verkäufers von der Nacherfüllungspflicht) vom Käufer allein oder überwiegend zu vertreten ist oder weil er während eines Annahmeverzuges hinsichtlich der ordnungsgemäß vom Verkäufer angebotenen Nacherfüllung eingetreten ist.

Die **Rechtsfolge** besteht darin, dass das ursprüngliche Schuldverhältnis sich in ein **Rückgewährschuldverhältnis** umwandelt (§§ 437 Nr. 2, 326 Abs. 5, 346 ff. BGB). Der Käufer kann nach § 346 Abs. 1 BGB einen von ihm bereits gezahlten Kaufpreis sowie die erzielten Zinsen oder „entgegen der Regeln einer ordnungsgemäßen Wirtschaft" nicht gezogene Zinsen (§ 347 Abs. 1 BGB) verlangen. Er selbst muss Zug-um-Zug (§ 348 BGB) die Kaufsache, die erzielten Nutzungen (§ 346 Abs. 1 BGB) oder die „entgegen der Regeln einer ordnungsgemäßen Wirtschaft" nicht gezogene Nutzungen herausgeben (§ 347 Abs. 1 BGB); kann er dies nicht, schuldet er nach § 346 Abs. 2 S. 1 BGB vorbehaltlich der Ausnahmen des § 346 Abs. 3 BGB Wertersatz in Höhe der Gegenleistung (§ 346 Abs. 2 S. 2 BGB), jedenfalls aber eine „verbleibende Bereicherung" (§ 346 Abs. 2 BGB). Im Falle der Beschädigung oder Zerstörung der Kaufsache haftet der Käufer nach §§ 346 Abs. 4, 280 ff. BGB.

<u>Fall 446:</u> Der V verkauft an den K ein gebrauchtes Auto, das – für beide zunächst unerkennbar – einen nicht behebbaren Motorschaden hat. Der K bemerkt dies eine Woche nach der Lieferung und verlangt von V „sein Geld" zurück.

Der Anspruch kann sich aus §§ 437 Nr. 2, 326 Abs. 5, 346 Abs. 1 BGB ergeben. a) Ein wirksamer Kaufvertrag lag vor. b) Der Wagen war bei Gefahrübergang fehlerhaft. Denn das Fahrzeug hätte natürlich auch als Gebrauchtwagen einen funktionstüchtigen Motor aufweisen müssen, schließlich will nach den übereinstimmenden Vorstellungen der Parteien der Käufer mit dem Auto fahren (§ 434 Abs. 1 S. 2 Nr. 1 BGB). c) Der K hat den Rücktritt konkludent durch das Rückzahlungsverlangen erklärt. d) Das Rücktrittsrecht ergibt sich aus §§ 437 Nr. 2, 326 Abs. 5 BGB, weil der Sachmangel nicht behebbar war, so dass beide Arten des Nacherfüllungsanspruchs „ausgeschlossen" waren (§ 275 Abs. 1 BGB). e) Der Rücktritt ist auch nicht nach § 323 Abs. 5 S. 2 BGB ausgeschlossen, da der Mangel nicht unerheblich i.S.d. §§ 437 Nr. 2, 326 Abs. 5, 323 Abs. 5 S. 2 BGB war. f) Der K kann daher Rückgabe des defekten Kfz verlangen (§ 348 BGB), und ist Zug-um-Zug zur Rückzahlung des Kaufpreises nach § 346 Abs. 1 BGB verpflichtet.

<u>Fall 447:</u> Der V verkauft und liefert an K im Jahre 2003 eine bestimmte Kiste in der sich laut Etikett des Weinbauern 50 Flaschen Rotwein des Jahrgangs 1953 einer bestimmten Lage („Georgenfeld") befinden, die der K – wie er dem V erklärt – seinem Freund Georg zu einem 50. Geburtstag schenken will. Als K den Wein auspackt, ist der Wein in 2 Flaschen wegen undichter Korken bereits zu Essig geworden. Der K moniert dies. Daraufhin

teilt ihm der V mit, dass er auf Nachfrage von dem Weinbauern erfahren habe, dass es von diesem Wein keine Flaschen mehr gebe. Darauf erklärt der V den Rücktritt vom ganzen Vertrag und verlangt Rückzahlung des Kaufpreises Zug-um-Zug gegen Rückübereignung des gelieferten Weines.

Der Anspruch ergibt sich aus §§ 437 Nr. 2, 326 Abs. 5, 346 BGB. a) Ein den gesamten Kaufvertrag erfassender Rücktritt ist auch bei einer nur teilweise mangelhaften Kaufsache möglich. Dass kann man daraus folgern, dass der Gesetzgeber den § 469 BGB a.F. bewusst nicht übernommen hat. Allerdings muss man sorgfältig prüfen, ob die Kaufsache aus diesem Grunde nur unerheblich mangelhaft i.S.d. §§ 437 Nr. 2, 326 Abs. 5, 323 Abs. 5 S. 2 BGB ist. Das wird man hier nicht sagen können. b) Ob man auch auf § 323 Abs. 5 S. 1 BGB abstellen muss, können Sie erst nach der Bearbeitung der Variante entscheiden.

Variante: Als der K die Kiste auspackt, sind in ihr nur 48 Flaschen. Der K moniert dies. Daraufhin teilt ihm der V mit, dass er von dem Weinbauern auf Nachfrage erfahren habe, dass es von diesem Wein keine weiteren Flaschen mehr gebe. Darauf erklärt der V den Rücktritt vom ganzen Vertrag und verlangt Rückzahlung des Kaufpreises Zug-um-Zug gegen Rückübereignung des gelieferten Weines.

a) Es liegt ein Kaufvertrag vor. b) Die Kaufsache war bei Gefahrübergang (§ 446 S. 1 BGB) nach § 434 Abs. 3 BGB mangelhaft. c) Der Rücktritt ist erklärt. d) Der Rücktrittsgrund ergibt sich aus §§ 437 Nr. 2, 326 Abs. 5 BGB. e) Der Mangel ist erheblich. f) Was die Frage angeht, ob für einen Rücktritt zusätzlich erforderlich sei, dass der K kein Interesse an einem teilweisen Leistungsaustausch hat (§§ 437 Nr. 2, 326 Abs. 5, 323 Abs. 5 S. 1 BGB), aa) so wollen wir – wie ja auch sonst bei Kontroversen - nicht abschließend Stellung nehmen, aber doch ein Argument nennen, dass Ihnen bei der Fallbearbeitung vielleicht weiterhilft: Für die Ansicht, die für einen Rücktritt vom ganzen Vertrag allein auf Erheblichkeit der Zuweniglieferung abstellt (§§ 437 Nr. 2, 326 Abs. 5, 323 Abs. 5 S. 2 BGB) und hierfür nicht zusätzlich den Wegfall des Interesses des Käufers an der Restleistung verlangt (§§ 437 Nr. 2, 326 Abs. 5, 323 Abs. 5 S. 1 BGB) spricht, dass nur so gesichert ist, dass dieser Fall und der vorherige Fall, die beide von der Interessenlage her identisch sind, gleichläufig gelöst werden können: Es macht nämlich für den Käufer keinen Unterschied, ob 2 der Flaschen verdorben sind oder ob 2 Flaschen fehlen. Wer sich allerdings nicht dieser Lösung anschließt, wird wohl kaum umhinkönnen, auch bei einer qualitativ teilweise mangelhaften Kaufsache auf §§ 437 Nr. 2, 326 Abs. 5, 323 Abs. 5 S. 1 BGB abzustellen – sonst drohen Wertungswidersprüche! bb) Sehr häufig kann man aber – wie auch dieser Fall zeigt – die Frage offen lassen, denn auch in diesem Fall wäre von einem Interessenwegfall bei K auszugehen, so dass man auch bei der Anwendung des §§ 437 Nr. 2, 326 Abs. 5, 323 Abs. 5 S. 1 BGB zum Rücktritt vom ganzen Vertrag käme.

Fall 448: Der V, der eine Autowerkstatt betreibt, verkauft dem K einen Gebrauchtwagen, der – wie K erst nach der Lieferung bemerkt – einen Motorschaden hat. Der K verlangt von V Beseitigung des Mangels. Dazu bringt er den Wagen zu V. Der V, der bisher von einem Motorschaden auch nichts gewusst hatte, erkennt den Defekt nicht und fordert den K zu einer gemeinsamen Probefahrt auf. Auf dieser verunglückt der K aufgrund seines Verschuldens, so dass der Wagen einen Totalschaden erleidet. Dann erklärt der K den Rücktritt und verlangt Rückzahlung des Kaufpreises.

Der a) an sich nach §§ 437 Nr. 2, 326 Abs. 5, 346 BGB mögliche Rücktritt b) ist nach §§ 437 Nr. 2, 326 Abs. 5, 323 Abs. 6 1. Fall BGB ausgeschlossen, weil der K die Unmöglichkeit der Nacherfüllung allein zu vertreten hat.

Zuletzt soll noch auf den in der **Praxis** wohl **wichtigsten Ausschlussgrund** hingewiesen werden, nämlich auf die **Verjährung**. Der Rücktritt ist nämlich auch dann ausgeschlossen, wenn der Nacherfüllungsanspruch verjährt ist und sich der Schuldner auf die Verjährung beruft (**§ 218 Abs. 1 BGB**).

<u>Fall 449</u>: K kauft bei V einen Computer. Nach 2 ½ Jahren bemerkt er, dass der Computer nur über einen Arbeitsspeicher von 128MB verfügt und nicht wie bestellt und bezahlt über 256MB. Eine Nachrüstung ist nicht möglich. K möchte daher den Kaufpreis zurückerhalten. V beruft sich auf die Verjährung.

Der Anspruch kann aus §§ 437 Nr. 2, 326 Abs. 5, 346 Abs. 1 BGB folgen. a) Ein wirksamer Kaufvertrag und b) ein Mangel der Kaufsache liegen (unproblematisch) vor. c) Die Rücktrittserklärung liegt konkludent im Rückzahlungsverlagen. d) Die Voraussetzungen von § 326 Abs. 5 BGB liegen ebenfalls vor, da die Nacherfüllung mangels Nachrüstbarkeit unmöglich ist. e) Der Rücktritt kann aber nach § 218 Abs. 1 BGB ausgeschlossen sein. Dazu muss der Nacherfüllungsanspruch verjährt sein und der V müsste sich darauf berufen haben (§ 218 Abs. 1 S. 1 BGB). Hier bestand wegen § 275 Abs. 1 BGB von Anfang an kein Nacherfüllungsanspruch, der verjähren konnte. Gleichgestellt sind nach § 218 Abs. 1 S. 2 BGB aber diejenigen Fälle, in denen der Nacherfüllungsanspruch verjährt wäre. Die Verjährungsfrist eines Anspruches aus § 439 Abs. 1 BGB beträgt nach § 438 Abs. 1 Nr. 3 BGB im vorliegenden Fall 2 Jahre und zwar beginnend ab Ablieferung der Sache (§ 438 Abs. 2 BGB). Nach 2 ½ Jahren ist der Anspruch somit verjährt, weswegen der Rücktritt ausgeschlossen ist. V hat sich auch ausdrücklich auf die Verjährung berufen.

b) Rücktritt wegen Nichterbringung der Nacherfüllung

Entsprechend unserem oben eingenommenen und begründeten Standpunkt besteht in den Fällen, in denen der **gewährleistungspflichtige Verkäufer die ihm mögliche Nacherfüllung nicht erbringt**, ein **Rücktrittsrecht** des Käufers **aus §§ 437 Nr. 2, 323 BGB**.

→ **I.   Voraussetzungen**
1. Vorliegen eines wirksamen **Kaufvertrages**.
2. Kaufsache ist **mangelhaft** (§ 437 BGB) zur Zeit des Gefahrüberganges i.S.d. § 434 BGB.
3. **Rücktrittserklärung** (§ 349 BGB).
4. **Rücktrittsgrund** (§ 323 Abs. 1 BGB).
   a) Nichterfüllung des **Nacherfüllungsanspruchs (aus § 439 Abs. 1 BGB)**.
   b) **Nachfristsetzung** (§§ 437 Nr. 2, 323 Abs. 1 BGB) oder **Entbehrlichkeit** (§§ 437 Nr. 2, 323 Abs. 2, 440, 478 Abs. 1 BGB) und fruchtloser Fristablauf.
5. **Kein Ausschluss** des Rücktrittsrechts.
   a) Der **Mangel** darf **nicht unerheblich** sein (§§ 437 Nr. 2, 323 Abs. 5 S. 2 BGB); bei „**Zuweniglieferung**" ist die Frage des Erfordernisses eines zusätzlichen Interessefortfalls zu diskutieren (§§ 437 Nr. 2, 323 Abs. 5 S. 1 BGB)
   b) §§ 437, 323 Abs. 6 BGB
   c) § 218 Abs. 1 BGB.

> → II.
> 6. **Kein Ausschluss der Gewährleistungsrechte.**
> **Rechte des Käufers**
> Rückabwicklung nach §§ 346 ff. BGB.

Was die Notwendigkeit einer **Rücktrittserklärung (§ 349 BGB)**, des Vorliegens eines **wirksamen Kaufvertrags** und eines **bei Gefahrübergang mangelhaften Kaufgegenstandes** angeht, kann auf die vorstehenden Ausführungen zum Rücktritt nach §§ 437 Nr. 2, 326 Abs. 5 BGB verwiesen werden.

Der erste wesentliche Unterschied zu dem zuvor erörterten Rücktritt aus §§ 437 Nr. 2, 326 Abs. 5 BGB besteht darin, dass sich der Rücktrittsgrund aus § 323 BGB ergibt und damit einen **bestehenden Nacherfüllungsanspruch** voraussetzt. Dieser Anspruch wäre nicht gegeben, wenn die Verpflichtung des Verkäufers zur Nacherfüllung nach § 275 BGB entfallen ist. Die Ausübung des Nachbesserungsverweigerungsrechts aus § 439 Abs. 3 BGB führt nach dem hier eingenommen und bereits begründeten Standpunkt trotz der systematischen Nähe zu § 275 Abs. 2, 3 BGB nicht zu einem Wegfall des Nacherfüllungsanspruchs; in einem solchen Fall ergibt sich das Rücktrittsrecht des Käufers aus §§ 437 Nr. 2, 323 BGB.

Weiterhin verlangt §§ 437 Nr. 2, 323 BGB im Grundsatz, dass eine dem Verkäufer vom Käufer **gesetzte angemessene Frist zur Nacherfüllung erfolglos abgelaufen** ist (§§ 437 Nr. 2, 323 Abs. 1 BGB). Die **Fristsetzung ist** aber **entbehrlich**

- nach § 323 Abs. 2 Nr. 1 BGB, wenn der Verkäufer die Nacherfüllung „**ernsthaft und endgültig verweigert**" und zwar unberechtigt,

> Beachten Sie, dass an die **Verweigerung** tendenziell etwas strengere Anforderungen zu stellen sind, als im allgemeinen Leistungsstörungsrecht. Allein in der Behauptung des Verkäufers, die Sache sei mangelfrei, liegt keine ernsthafte und endgültige Verweigerung der Nacherfüllung. Würde man dies anders sehen, so wäre die Stellung eines Verkäufers zu sehr geschwächt.

- weiterhin nach § 323 Abs. 2 Nr. 2 BGB dann, wenn der Verkäufer nicht „zu einem vertraglich vereinbarten Termin oder innerhalb einer bestimmten Frist" („**relatives Fixgeschäft**") eine mangelfreie Sache liefert und wenn der **Käufer im Kaufvertrag „den Fortbestand seines Leistungsinteresses an die Rechtzeitigkeit der Leistung gebunden hat"**

> Hierbei ist vor allem an den **Kauf von Saisonware** oder **Urlaubsausrüstung** zu denken. So wäre zum Beispiel beim Kauf einer Taucherausrüstung für einen Urlaub in Kapstadt, der wenige Wochen später beginnen soll, eine Nacherfüllungsfrist von 2 Wochen, die eigentlich völlig ausreichend wäre, ausnahmsweise unangemessen. Problematisch ist allerdings, ob es insoweit einer konkreten Vereinbarung bedarf, was der Gesetzeswortlaut

> nahe legt: „Ich fliege nächstes Wochenende nach Kapstadt und benötige dafür...". Sonderlich realitätsnah ist das Verlangen dieser Angabe nicht.

- oder schließlich nach § 323 Abs. 2 Nr. 3 wenn **„besondere Umstände vorliegen, die unter Abwägung der beiderseitigen Interessen den sofortigen Rücktritt rechtfertigen"**,

> Große Bedeutung kommt dieser Alternative nicht zu, da in den praktisch relevanten Fällen stets bereits § 440 BGB einschlägig sein dürfte, dessen Satz 1 3. Alt. ihm bereits bei Unzumutbarkeit der Nacherfüllung die Nachfristsetzung erlässt. Dogmatischer Unterschied ist jedoch, dass bei § 323 Abs. 2 Nr. 3 BGB Käufer- und Verkäuferinteressen zu berücksichtigen sind. Ausnahmsweise kann das Verkäuferinteresse an der Nacherfüllung so gering sein, dass eine Nachfristsetzung entbehrlich ist.

- **§ 440 S. 1 Alt. 1 BGB**, wenn der **Verkäufer beide Arten der Nacherfüllung** nach **§ 439 Abs. 3 BGB verweigert**,

> Die Verweigerung nach § 440 BGB ist etwas grundsätzlich anderes als die nach § 323 Abs. 2 Nr. 1 BGB. Es handelt sich nämlich hier um eine berechtigte Verweigerung der Nacherfüllung im Gegensatz zu einer unberechtigten in § 323 Abs. 2 Nr. 1 BGB. Nach einigen Literaturstimmen soll es aber für § 440 BGB auch ausreichen, wenn sich der Verkäufer unberechtigterweise auf eine unzumutbare Leistungserschwerung beruft. Die Norm soll nämlich allein den Verkäufer schützen und ihm ein „Recht der zweiten Andienung" gewähren, auf das er allerdings auch konkludent verzichten kann.

- **§ 440 S. 1 Alt. 2 BGB** wenn die **vom Käufer gewählte Art der Nacherfüllung fehlgeschlagen** ist bzw. nach § 440 S. 2 BGB als fehlgeschlagen fingiert wird,

> Über den kodifizierten Fall (§ 440 S. 2 BGB) einer zweimalig fehlgeschlagenen Nachbesserung dürfte auch eine erhebliche Verzögerung ein Fehlschlagen der Nachbesserung begründen. In der Praxis wird der Käufer dem Verkäufer häufig die Sache zur Nachbesserung überlassen ohne ausdrücklich eine Nachfrist zu setzen.

- oder nach **§ 440 S. 1 Alt. 3 BGB** sie **dem Käufer unzumutbar** ist (gemeint sind damit Fälle, in denen eine Abhilfe mit erheblichen Unannehmlichkeiten für den Käufer verbunden ist oder in denen der Käufer vom Verkäufer arglistig getäuscht worden ist).

> Dass und warum § 440 BGB überhaupt angewendet wird, haben wir bei der Darstellung des Rückrittsrechts aus §§ 437 Nr. 2, 326 Abs. 5 BGB dargelegt.

- Ein weiterer Fall der Entbehrlichkeit der Fristsetzung findet sich in den Fällen, in denen bei einem **Verbrauchsgüter-Kaufvertrag** der Unternehmer seinen Lieferanten in Anspruch nimmt, weil er eine neu hergestellte Sache von einem Verbraucher zurücknehmen musste oder weil der Verbraucher den Kaufpreis gemindert hatte (**§ 478 Abs. 1 BGB**); dies ist ein **Spezialfall der Unzumutbarkeit i.S.d. des § 440 S. 1 BGB.** Der rechtspolitische Grund für die zuletzt genannte Ausnahme vom Erfordernis der Nachfristsetzung liegt darin, dass der von einem Verbraucher in Anspruch genommene Letztverkäufer (praktisch also der Einzelhändler), für den – weil er Unternehmer ist – die Sonderregeln des Verbrauchsgüter-Kaufvertragsrecht nicht gelten, die Nachteile eines verbesserten Verbraucherschutzes nicht allein tragen soll. Weil auch der Lieferant des Letztverkäufers nicht schlechter gestellt werden kann als der Letztverkäufer, sollen in einer bis zum Hersteller reichenden Lieferkette die in § 478 BGB geregelten Erleichterungen der Käuferrechte (hier die Fristsetzung in § 437 BGB) gelten. Der Letztverkäufer bzw. der in einer Lieferantenkette vor ihm stehende Verkäufer kann unmittelbar nach Rücknahme der mangelhaften Sache seinerseits von dem Kaufvertrag mit seinem Lieferanten zurücktreten, ohne eine meist sinnlose Nacherfüllungsgelegenheit geben zu müssen.

Einige Autoren vertreten noch eine weitere (**ungeschriebene**) **Fallgruppe** der Entbehrlichkeit der Nachfristsetzung. So soll, wenn eine Kaufsache schon verspätet geliefert wird und deswegen bereits eine Nachfrist gesetzt wurde, bei einer dann mangelhaften Lieferung sofort zurückgetreten werden dürfen. Dies lässt sich mit dem Gesetzeswortlaut gut begründen. Die Lösung kann aber leicht unbillige Konsequenzen erzeugen und sollte daher nicht pauschal angewendet werden. Besser ist es daher, die spezielleren kaufrechtlichen Normen anzuwenden und z.B. im Rahmen der „Unzumutbarkeit" des § 440 BGB eine Abwägung vorzunehmen.

> **Beispiel (nach Mattheus):** Eine Druckmaschine wird verspätet geliefert, nachdem bereits eine Nachfrist gesetzt worden ist. 18 Monate später stellt sich ein bedeutsamer, aber leicht zu behebender Defekt heraus. Nach der eben zuerst genannten Ansicht wäre ein Rücktritt sofort möglich.

Wegen der **übrigen Voraussetzungen** (dass also der **Mangel nicht unerheblich** sein darf, dass man bei einer **Zuweniglieferung** für einen Rücktritt vom gesamten Vertrag diskutieren muss, ob hierfür auch ein Interessenwegfall vonnöten ist und dass der **Rücktritt** schließlich **nicht nach §§ 437 Nr. 2, 323 Abs. 6 BGB ausgeschlossen** sein darf) und auch wegen der **Rechtsfolgen** kann wieder auf die vorstehenden Ausführungen verwiesen werden. Sollte der Nacherfüllungsanspruch verjährt sein, was inzident zu prüfen wäre, so ist der Rücktritt nach § 218 Abs. 1 BGB ausgeschlossen, wenn sich der Verkäufer auf die Verjährung beruft.

<u>Fall 450:</u> Der K kauft bei dem V für € 45 000 .- eine Druckmaschine mit der Möglichkeit zum Digitaldruck. Die Maschine wirft gelegentlich fehlerhafte Drucke aus. Der K ist verärgert und verlangt die Lieferung einer neuen Maschine. Der V meint, dass sei unnötig. Man könne den Fehler auch durch ein „Firmware-Update" bei der vorhandenen Maschine beheben. Durch den von K begehrten Austausch der Maschine könne er die gelieferte Maschine nicht mehr als neuwertig verkaufen und zum anderen müsse er dann ein Transportunternehmen mit der Abholung beauftragen. Gern sei er bereit, den Defekt in der vorgeschlagenen Weise zu beheben. Wie ist die Rechtslage?

Der Nacherfüllungsanspruch des K gegen den V auf Lieferung einer mangelfreien Sache a) ergibt sich aus §§ 437 Nr. 1, 439 Abs. 1 BGB. b) Der V kann die von dem K gewählte Nachlieferung einer mangelfreien Sache jedoch nach § 439 Abs. 3 BGB verweigern, weil sie nur mit unverhältnismäßigen Kosten möglich ist: Zu berücksichtigen sind hier die Kosten für den Transport und der Umstand, dass der Mangel ohne erhebliche Nachteile für den Käufer durch Nachbesserung beseitigt werden kann.

<u>Variante:</u> Der K sieht nun auch ein, dass er nur die Nachbesserung verlangen kann. Der V erscheint innerhalb der nächsten 3 Monate dreimal im Betrieb des K und bastelt an der Druckmaschine herum. Dennoch ist der Defekt nicht behoben. Der K hat nunmehr keine Lust mehr, länger zu warten und erklärt den Rücktritt. Der V meint, dies sei nicht möglich, da der K ihm keine Nachfrist gesetzt habe. Der K verlangt nunmehr die € 45 000 .- zurück. Der V weigert sich, jedenfalls will er das Geld nur Zug-um-Zug gegen Rückgabe der Druckmaschine zurückzahlen.

Der Anspruch kann sich aus §§ 437 Nr. 2, 323 Abs. 1, 346 Abs. 1 BGB ergeben. a) Ein wirksamer Kaufvertrag besteht. b) Die Kaufsache war bei Gefahrübergang mangelhaft (§§ 434 Abs. 1 S. 2 Nr. 1, 446 S. 1 BGB). c) Der Rücktritt wurde erklärt. d) Dem K steht ein Nacherfüllungsanspruch nach §§ 437 Nr. 1, 439 Abs. 1 BGB zu. e) Der K hat aber dem V keine aa) nach §§ 437 Nr. 1, 323 BGB grundsätzlich erforderliche Nachfrist gesetzt. bb) Die Fristsetzung aaa) ist auch nicht nach § 323 Abs. 2 BGB entbehrlich. bbb) Hier greift aber § 440 S. 1, 2 BGB ein: Nach dem erfolglosen zweiten Nachbesserungsversuch gilt die Nachbesserung als fehlgeschlagen und ein Rücktritt ist ohne weitere Fristsetzung möglich. f) Der V hat hier seine Nacherfüllungspflicht aus §§ 437 Nr. 1, 439 Abs. 1 BGB nicht erbracht. g) Der Rücktritt ist auch nicht nach § 323 Abs. 5 S. 2 BGB ausgeschlossen, da der Defekt keineswegs unerheblich ist. h) Dem V steht aber nach §§ 348, 320 BGB ein Zurückbehaltungsrecht zu. Er muss daher das Geld nur Zug-um-Zug gegen Rückgabe der Maschine zurückzahlen.

<u>Fall 451:</u> Der K kauft bei V ein Modellflugzeug als Bausatz. Beim Zusammenkleben der Holzteile macht der K einen Fehler. Der Grund hierfür ist die beiliegende Montageanleitung, die für K unerkennbar für eine nur in den Vereinigten Staaten vertriebene Version des Bausatzes gedacht war, so dass die Maße nicht zutreffend waren. Das Flugzeug ist, wie sich schnell herausstellt, nicht mehr flugfähig zu machen. Der K verlangt von V zunächst die Lieferung eines neuen Bausatzes mit korrekter Bauanleitung. Der V ist dazu nicht bereit, woraufhin der K „sein Geld" zurückverlangt. Der V meint, dass er jedenfalls den Wert des nunmehr defekten Bausatzes „abziehen" wird.

1. Der Anspruch auf Rückzahlung des Kaufpreises kann aus §§ 437 Nr. 2, 323 Abs. 1, 346 Abs. 1 BGB folgen. a) Zwischen V und K bestand ein wirksamer Kaufvertrag. b) Die Kaufsache muss bei Gefahrübergang mangelhaft gewesen sein. aa) Hier war zwar der Bausatz selbst nicht mangelhaft, bb) doch führte die mangelhafte Montageanleitung zum Vorliegen eines Sachmangels (§ 434 Abs. 2 S. 2 BGB). Der Mangel lag auch bei Gefahrübergang vor (§ 446 S. 1 BGB). c) Der K hat den Rücktritt erklärt (§ 349 BGB). d) Dem K steht ein Nacherfüllungsanspruch nach §§ 437 Nr. 1, 439 Abs. 1 BGB zu. e) Der K hat dem V keine aa) grundsätzlich erforderliche Nachfrist gesetzt (§§ 437 Nr. 2, 323 Abs. 1 BGB). bb) Möglicherweise ist die Nachfristsetzung hier aber entbehrlich. aaa) Auf § 440 BGB kann insoweit nicht abgestellt werden, da V zum einen nicht beide Arten der Nacherfüllung (berechtigt!) verweigert hat (§ 440 S. 1 BGB) und zum anderen die dem Käufer zustehende Nachlieferung nicht fehlgeschlagen oder unzumutbar ist (§ 440 S. 2 BGB). bbb) Die Entbehrlichkeit der Nachfristsetzung kann aber aus § 323 Abs. 2 Nr. 1 BGB folgen. Der V hat die Nachlieferung unberechtigt verweigert. K kann daher zurücktreten, ohne vorher eine Nachfrist zu setzen. f) Der V hat hier seine Nacherfüllungspflicht aus §§ 437 Nr. 1, 439 Abs. 1 BGB nicht erbracht. g) Der Mangel war auch nicht unerheblich i.S.d. §§ 437 Nr. 2, 323 Abs. 5 S. 2 BGB. h) Dem K steht daher grundsätzlich ein Anspruch auf Rückzahlung des Kaufpreises zu. 2. Möglicherweise ist der Anspruch nach § 389 BGB durch Aufrechung erloschen. a) Die Aufrechnung wurde von V konkludent erklärt, indem er äußerte, er werde den von ihm geltend gemachten Betrag „abziehen". b) Gegeben sein müsste eine Aufrechnungslage (§ 387 BGB). Dazu muss dem V gegen K ein gleichartiger und fälliger Gegenanspruch zustehen. Der Anspruch kann sich hier aus § 346 Abs. 2 BGB ergeben. Grundsätzlich ist der K zur Rückgewähr des Bausatzes aus § 346 Abs. 1 BGB verpflichtet. Weil ihm dies im ursprünglichen Zustand nicht mehr möglich ist, schuldet er nach § 346 Abs. 2 S. 1 Nr. 2 BGB Wertersatz, wenn nicht eine Ausnahme nach § 346 Abs. 3 BGB eingreift. Hier greift § 346 Abs. 3 Nr. 1 BGB ein. Der Mangel hat sich erst beim Zusammenbau gezeigt. Es besteht daher kein Wertersatzanspruch, weswegen auch keine Aufrechnungslage besteht. V muss daher den vollen Kaufpreis an K zurückzahlen

<u>Variante:</u> Der V möchte dennoch jedenfalls das defekte Modell zurückhaben, um bei seinem Lieferanten Regress nehmen zu können. Vorher möchte er dem K den Kaufpreis nicht zurückzahlen.

Der Anspruch folgt aus §§ 437 Nr. 2, 323, 346 Abs. 1, 2, 3 S. 2 BGB. Die Voraussetzungen liegen vor (siehe soeben). Über § 348 BGB steht dem V eine Einrede aus § 320 BGB zu. Er muss daher nur Zug-um-Zug gegen Rückgabe des Modells den Kaufpreis zurückerstatten.

c) Verweis auf das Rücktrittsrecht

Sobald der Verkäufer bei der Nachlieferung eine mangelfreie Sache geliefert hat, kann er die zunächst gelieferte mangelhafte Sache zurückverlangen (§ 439 Abs. 4 BGB). Die Abwicklung erfolgt über §§ 346ff BGB. In der praktischen Anwendung sind jedoch, wie der nachfolgende Fall zeigt, Wertungsgesichtspunkte zu berücksichtigen.

<u>Fall 452:</u> K kauft einen Neuwagen bei V, der einen Defekt aufweist. Er benutzt ihn 2 Monate und erhält danach nach mehreren Anläufen einen anderen Neuwagen von V. V verlangt den bisherigen Wagen heraus und außerdem Nutzungsersatz für 2 Monate Nutzung des Wagens.
1. Der Anspruch auf Rückübereignung und Übergabe des defekten Wagens folgt aus

§§ 439 Abs. 4, 346 Abs. 1 BGB. 2. Der Anspruch auf die gezogenen Nutzungen folgen dem Wortlaut nach grundsätzlich auch aus §§ 439 Abs. 4, 346 Abs. 1 BGB. Hierbei ist jedoch im Hinblick auf die Lastenverteilung eine teleologische Reduktion der Norm zu erwägen. Verantwortlich für die Nutzung des Wagens war der V. Er hätte nach § 433 Abs. 1 S. 2 BGB von Anfang an einen mangelfreien Wagen liefern müssen. Es erscheint daher angemessen, ihm einen Nutzungserstattungsanspruch aus § 346 Abs. 1 BGB nicht zuzubilligen. Andere Autoren wenden das Gesetz wortlautgetreu an und verweisen außerdem darauf, dass der Käufer ja nun durch die spätere Lieferung für den anderen Wagen eine längere Nutzungsdauer erhält. Dem lässt sich jedoch entgegenhalten, dass die tatsächliche Nutzung des Wagens spekulativ ist und Käufer nicht zwingend in ihren Genuss kommen muss, weswegen er keinen Nutzungsersatz nach § 346 Abs. 1 BGB schulden soll.

d) Folgen des Rücktritts

Ganz gleich aus welchem Grund der Rücktritt letztlich erfolgt, richtet sich die Abwicklung immer nach §§ 346ff. BGB. Die dazu notwendigen Kenntnisse haben Sie bereits in der Darstellung des allgemeinen Leistungsstörungsrechts erlangt. Hier soll nur auf zwei kaufrechtsrelevante Besonderheiten bei den **Ausschlussgründen** des § 346 Abs. 3 BGB hingewiesen werden:

- **§ 346 Abs. 3 S. 1 Nr. 2 BGB** befreit den Käufer von der Wertersatzpflicht, wenn der Mangel der Kaufsache zu deren Untergang geführt hat. Der Verkäufer hat dann nämlich, da er zur mangelfreien Leistung verpflichtet war (§ 433 Abs. 1 S. 2 BGB) den Untergang zu vertreten.
- **§ 346 Abs. 3 S. 1 Nr. 3 BGB** hilft dem Käufer für den Fall, dass er die Kaufsache beim Betrieb im Rahmen seiner eigenüblichen Sorgfalt beschädigt hat. Diese Privilegierung ist aber dann zweifelhaft, wenn der Käufer bereits Kenntnis von seinem Rücktrittsrecht hat, wobei die Details umstritten sind. Die Frage wäre unter dem Stichwort teleologische Reduktion der Nom zu erörtern.

9. Minderung

Der zu einem Rücktritt berechtigte Käufer kann sich alternativ zum Rücktritt auch dafür entscheiden, die gekaufte und gelieferte mangelhafte Sache zu behalten und nur den wegen des Mangels zuviel gezahlten Kaufpreis zurückzufordern. Dazu muss der Käufer die Minderung erklären (§ 437 Nr. 2 BGB). Hinsichtlich der Voraussetzungen ist das Minderungsrecht durch § 441 BGB („Statt zurückzutreten, kann der Käufer den Kaufpreis durch Erklärung gegenüber dem Käufer mindern") an die Rücktrittsvoraussetzungen „angekoppelt". Der Sache nach kommt die Minderung der Geltendmachung eines „kleinen Schadensersatzanspruchs" nahe, ohne dass für sie ein Verschulden vorliegen müsste.

→ **1. Voraussetzungen**
   1. Vorliegen eines wirksamen **Kaufvertrages**.
   2. **Kaufsache** ist **mangelhaft** (§ 437 BGB) i.S.d. des § 434 BGB.
   3. **Minderungserklärung**, §§ 437 Nr. 2, 441 Abs. 1 S. 1 BGB.
   4. **Alle Voraussetzungen des Rücktritts** liegen vor: also Rücktrittsgründe

> nach §§ 437 Nr. 2, 326 Abs. 5 oder 323 Abs. 1 BGB.
> 5. **kein Ausschluss** der Minderung.
> a) **Ausschlussgrund** des §§ 437 Nr. 2, 326 Abs. 5, 323 Abs. 5 S. 2/323 Abs. 5 S. 2 BGB (= **Unerheblichkeit des Mangels**) nach § 441 Abs. 1 S. 2 BGB gilt bei der Minderung **nicht**.
> b) § 323 Abs. 6 BGB (ggf. über § 326 Abs. 5 BGB).
> c) § 218 Abs. 1 BGB.
> → **II. Rechte des Käufers**
> Der Käufer kann Rückzahlung des zuviel gezahlten Kaufpreises verlangen (§§ 441 Abs.1, 4, 346 Abs. 1, 347 Abs. 1 BGB).

Auch die **Minderung** muss **erklärt** werden. Sie ist nämlich ebenso wie der Rücktritt ein Gestaltungsrecht

Was die Notwendigkeit des Vorliegens eines **wirksamen Kaufvertrags** und eines **bei Gefahrübergang mangelhaften Kaufgegenstandes** angeht, kann auf die vorstehenden Ausführungen zum Rücktritt nach §§ 437 Nr. 2, 326 Abs. 5/323 BGB verwiesen werden. Es müssen weiterhin die (vorstehend dargestellten) **Voraussetzungen des Rücktritts** gegeben sein; dabei müssen Sie (um im System zu bleiben) wieder unterscheiden zwischen den Rücktrittsvoraussetzungen wegen einer Befreiung des Verkäufers von der Pflicht zur Nacherfüllung nach §§ 437 Nr. 2, 326 Abs. 5 BGB und wegen einer Nichterbringung der Nacherfüllung nach §§ 437 Nr. 2, 323 BGB.

Dass der **Ausschlussgrund** des §§ 437 Nr. 2, 326 Abs. 5, 323 Abs. 5 S. 2/323 Abs. 5 S. 2 BGB (= **Unerheblichkeit des Mangels**) für die Minderung bedeutungslos ist (§ 441 Abs. 1 S. 2 BGB), dass also auch bei „Bagatellen" gemindert werden kann, ist Ihnen schon gesagt worden und daher hoffentlich bekannt – anderenfalls wäre der Käufer rechtlos!

Die **Rechtsfolge** besteht darin, dass durch die Minderung der **Kaufvertrag dahingehend umgestaltet** wird, dass der **Betrag der Gegenleistung eine vom Vertragsinhalt abweichende Höhe** erhält (§§ 433, 437 Nr. 2, 441 Abs. 1 S. 2, Abs. 3 BGB): Der Kaufpreis wird in dem Verhältnis herabgesetzt, in welchem der Wert der Sache in mangelfreiem Zustand zu dem wirklichen Wert gestanden haben würde. Das ist die „gute alte Proportionalrechnung", an die sich sicher so mancher mit Grauen erinnert. Der Zeitpunkt für die Ermittlung der Werte ist der des Vertragsschlusses. Wenn der Käufer den Mangel mit zu vertreten haben sollte, soll § 254 BGB entsprechend angewendet werden (RegE). Der Käufer, der bereits mehr als den geminderten Kaufpreis gezahlt hat, hat einen **Erstattungsanspruch** nach §§ 433, 437 Nr. 2, 441 Abs. 1 S. 2, Abs. 3, 4 BGB.

Fall 453: Der V verkauft an den K für € 60,- eine Sache, die bei Lieferung einen unbehebbaren Mangel hat. Im mangelfreien Zustand wäre die Sache € 40,- wert gewesen, wegen des Mangels hatte sie aber nur einen Wert von € 30,-. Der K, der bereits den vollen Kaufpreis gezahlt hat, erklärt die Minderung und verlangt Erstattung des überzahlten Betrages (nach Canaris).

a) Der Anspruch ergibt sich aus §§ 437 Nr. 2, 326 Abs. 5, 441 Abs. 1 , Abs. 3, 4, 346 BGB.
b) Was die Höhe des überzahlten Betrages angeht, ist die Formel des § 441 Abs. 3 BGB

maßgeblich: Vereinbarter Preis (€ 60,-): hypothetischer Wert der mangelfreien Sache (€ 40,-) = nunmehr geschuldeter Preis (X): realer Wert der mangelhaften Sache (€ 30,-). Der nunmehr geschuldete Preis (X) beträgt also: X = (60 x 30) : 40 = € 45,-. Der Anspruch des beläuft sich auf € 15,-.

Fall 454: Der V, der eine Autowerkstatt betreibt, verkauft dem K einen Gebrauchtwagen, der – wie K erst nach der nach vollständiger Kaufpreiszahlung erfolgten Lieferung bemerkt – einen Motorschaden hat. Der K verlangt Beseitigung des Mangels. Dazu bringt er den Wagen zu V. Der V, der bisher ebenfalls von einem Motorschaden nichts wusste, erkennt den Defekt nicht und fordert den K zu einer gemeinsamen Probefahrt auf. Auf dieser verunglückt der K aufgrund seines Verschuldens, so dass der Wagen einen Totalschaden erleidet. Dann erklärt der K die Minderung 1. und verlangt Erstattung des überzahlten Betrages, 2. Mindestens aber die für die Nachbesserung ersparten Aufwendungen (nach Lorenz)

1. Die a) an sich nach §§ 437 Nr. 2, 326 Abs. 5, 441 Abs. 1, 3, 4, 346 BGB mögliche Minderung b) ist nach §§ 437 Nr. 2, 326 Abs. 5, 323 Abs. 6 1. Fall BGB ausgeschlossen, weil der K die Unmöglichkeit der Nacherfüllung allein zu vertreten hat. 2. Der V muss sich auf seinen Kaufpreisanspruch die ersparten Aufwendungen für die Nachbesserung anrechnen lassen (§ 326 Abs. 2 S. 2 BGB analog); insoweit war der Kaufpreis nicht geschuldet. Der K kann daher die „Überzahlung" nach §§ 326 Abs. 4, 346 ff. BGB analog erstattet verlangen.

Wenn der Käufer den Mangel ohne Nachfristsetzung selbst beseitigt, so sollen ihm nach dem BGH keine Ansprüche gegen den Verkäufer zustehen. Die Einzelheiten und die zu prüfenden Ansprüche haben Sie im Zusammenhang mit §§ 437 Nr. 3, 280 Abs. 1, 3, 281 BGB kennen gelernt.

Fall 455: Der V verkauft an den K ein neues Auto. der K nutzt dieses Auto einige Tage und bemerkt dann einen Defekt in der Elektronik, den der V bisher weder kannte noch bemerken konnte. Der K ersucht den V, den Defekt in seiner Werkstatt zu beseitigen, was dieser auch zweimal versucht. Trotz dieser Reparaturmaßnahmen, bleibt der an sich behebbare Fehler bestehen. Dem K gefällt das neue Auto aber so sehr, dass er sich dafür entscheidet den Wagen mitsamt dem Defekt zu behalten und einen Teil des Kaufpreises zurückzuverlangen.

Der Anspruch kann sich aus §§ 437 Nr. 2, 323, 441 Abs. 3, 346 BGB ergeben. a) Zwischen V und K bestand ein wirksamer Kaufvertrag. b) Die Kaufsache war bei Gefahrübergang mangelhaft. c) Die Minderung ist erklärt. d) Eine aa) Fristsetzung nach § 323 Abs. 1 BGB lag nicht vor, bb) sie war auch nicht nach § 323 Abs. 2 BGB entbehrlich. cc) Jedoch greift § 440 S. 2 BGB ein, da bereits zwei erfolglose Nachbesserungsversuche unternommen wurden. e) Die Minderung bestimmt sich nach der Berechnungsformel des § 441 Abs. 3 BGB.

> Wir wollen wieder einmal **resümieren**. Soeben haben Sie gelernt:
>
> Wenn der Verkäufer die geschuldete Nacherfüllung nicht leistet, weil er hiervon befreit ist, kann der Käufer das Rücktrittsrecht nach §§ 437 Nr. 2, 326 Abs. 5 BGB geltend machen. Wenn dem Verkäufer die Nacherfüllung jedoch möglich ist, er aber gleichwohl die Nacherfüllung nicht vornimmt, so steht dem Käufer ein Rücktrittsrecht nach §§ 437 Nr. 2, 323 BGB zu. Alternativ dazu kann der Käufer die Minderung nach §§ 437 Nr. 2, 441 BGB erklären.

10. Ausschluss der Gewährleistungsrechte

Gewährleistungsrechte können ausgeschlossen sein durch Vereinbarung oder durch Gesetz.

> Bei der **Fallbearbeitung** kann man den **Ausschluss der Gewährleistungsrechte** direkt im Anschluss an die Bejahung eines Mangels prüfen, oder man kann daraus einen neuen Prüfungspunkt machen. Sofern man davon ausgeht, dass der Ausschluss wirksam ist, sollte man den Prüfungspunkt vorziehen, um überflüssige Erörterungen zu vermeiden. Die Probleme des Falles liegen dann meist an anderer Stelle.

a) Ausschluss der Gewährleistungsrechte durch Vereinbarung

Die Gewährleistungsrechte eines Käufers können durch eine vertragliche Vereinbarung mit dem Verkäufer ausgeschlossen werden (arge. § 444 BGB).

Dies geschieht i.d.R. durch bestimmte **vertragliche Klauseln**: Die Klausel **„wie besehen"/"wie besichtigt"** bedeutet, dass (nur) die Haftung für solche Mängel ausgeschlossen ist, die bei einer ordnungsgemäßen Besichtigung ohne Sachverständigen erkennbar waren. Die Klausel **„wie die Sache steht und liegt"** bedeutet i.d.R. einen totalen (also auch verborgene Mängel einbeziehenden) Haftungsausschluss. Ein **„Ausschluss jeder Gewährleistung"** schließt alle Ansprüche vollständig aus.

Auf einen Ausschluss der Gewährleistungsrechte kann der Verkäufer sich allerdings dann nicht berufen (§ 444 BGB), *soweit* er

- den Mangel **arglistig** verschwiegen

- oder eine **Garantie** für das Vorhandensein einer Eigenschaft übernommen hat.

Die Neuregelung des § 444 BGB hat zu erheblicher Kritik aus dem Kreis der Investitionsgüterindustrie geführt, weil nun nach dem zunächst verwendeten Gesetzeswortlaut („wenn" anstelle von „soweit") bei Garantien keinerlei Haftungsbegrenzungen mehr möglich schien. Die Gewähr von Garantien ist aber in diesem Wirtschaftsbereich durchweg üblich und wurde nach altem Recht durch entsprechende summenmäßige Haftungshöchstgrenzen relativiert, was nun nicht mehr möglich schien.

Der Gesetzgeber ist dieser Kritik gefolgt und hat im Wortlaut der Norm das Wort *„wenn"* durch ein *„soweit"* ersetzt und dadurch zum Ausdruck gebracht, dass Gewährleistungsausschlüsse möglich sind, solange dadurch nicht arglistig verschwiegene Mängel ausgeschlossen sind oder die Aussage von Garantien relativiert wird.

> Beispiel: V liefert an K eine Aktenvernichtungsmaschine und garantiert dabei einen Aktendurchsatz von 10.000 kg/Stunde. Falls dieser nicht er-

> reicht wird werden eventuelle Schadenersatzansprüche auf maximal € 500.000,- beschränkt. Diese Beschränkung war wegen § 444 BGB a.F. unwirksam und V haftete wegen der Garantieübernahme unbeschränkt. Nach der Neufassung ist die Beschränkung wirksam, da die Haftungsbeschränkung nicht die Garantie beeinträchtigt.

Bei **privaten Verkäufen** sollte man wegen der weit reichenden Rechtsfolgen mit der **Annahme von Garantien zurückhaltend** sein. Eine konkludente Zusicherung kommt nur angenommen werden, wenn ein wertbildender Faktor während der Vertragsverhandlungen besonders bekräftigt wird.

Die Unwirksamkeit des Ausschlusses eines Gewährleistungsanspruchs nach § 444 BGB lässt die Wirksamkeit des Kaufvertrages im Übrigen unberührt (Ausnahme zu § 139 BGB).

Beim **Verbrauchsgüter-Kaufvertrag** ist ein vor Mitteilung des Mangels vereinbarter Gewährleistungsausschluss unwirksam (§ 475 Abs. 1 BGB). Das gilt ähnlich auch für den Rückgriffanspruch des Unternehmers (§ 478 Abs. 4 BGB). Die Konsequenzen für den Gebrauchtwagenhandel sind unübersehbar: ein Gewährleistungsausschluss ist praktisch nicht mehr möglich!

Der Gewährleistungsausschluss erfolgt in der Praxis in der Regel durch **AGB**. Grundsätzlich sind Einschränkungen der Verkäuferhaftung auch auf diesem Wege möglich. Dies gilt hinsichtlich der Schadensersatzansprüche auch für den Verbrauchsgüterkauf (§ 475 Abs. 3 BGB). Zu beachten sind dann aber stets die AGB-rechtlichen Grenzen (insb. § 309 Nr. 8b BGB). Für neu hergestellte Sachen können daher die Ansprüche auf Nacherfüllung, Rücktritt oder Minderung nicht ausgeschlossen oder eingeschränkt werden.

b) Ausschluss der Gewährleistungsrechte durch Gesetz

aa) Kenntnis des Käufers (§ 442 BGB)

Jede Art von Gewährleistungsansprüchen ist ausgeschlossen, wenn der Käufer den Mangel bei Vertragsschluss kennt (§ 442 Abs. 1 S. 1 BGB); im Fall grob fahrlässiger Unkenntnis kann ein Mangel nur geltend gemacht werden, wenn der Verkäufer den Mangel arglistig (= vorsätzlich) verschwiegen hat oder eine Beschaffenheitsgarantie übernommen hat (§ 442 Abs. 1 S. 2 BGB).

Fall 456: Der V verkauft an den K einen gebrauchten Computer. Der V teilt dem K vor Vertragsschluss mit, dass das Gerät dazu neigt, bei längerem Betrieb „abzustürzen", vermutlich wegen schlechter Wärmeableitung. Der K benutzt den Rechner einige Tage. Der Defekt stört ihn so sehr bei der Arbeit, dass er nach 2 Wochen von dem V Nachbesserung verlangt. V weigert sich.

Der Anspruch kann sich aus §§ 437 Nr. 1, 439 Abs. 1 BGB ergeben. Voraussetzung ist das Vorliegen eines Mangels. a) Man könnte das Vorliegen eines Mangels mit der Erwägung bezweifeln, dass aufgrund einer Beschaffenheitsvereinbarung ein derartiger Defekt („Abstürzen" nach längerem Betrieb) nicht als Mangel anzusehen ist (§ 434 Abs. 1 S. 1 BGB). b) Wer wegen der Einseitigkeit der Mitteilung am Zustandekommen einer solchen Vereinbarung zweifelt, muss jedoch davon ausgehen, dass die Gewährleistungsansprüche des K nach § 442 Abs. 1 S. 1 BGB ausgeschlossen sind, da K den Mangel kannte. Ein Nacherfüllungsanspruch kommt daher nicht in Betracht.

<u>Fall 457:</u> Der K kauft von dem V formgerecht ein Grundstück. Im Grundbuch ist eine Hypothek zugunsten des H eingetragen. Nachdem der K als Eigentümer eingetragen ist, verlangt er von V die Herbeiführung der Löschung dieser Hypothek. Der V macht geltend, dass er die Hypothek nicht beseitigen muss, da der K diese bei Vertragsschluss gekannt hat.

Grundsätzlich würde § 442 Abs. 1 S. 1 BGB eingreifen, § 442 Abs. 2 BGB verpflichtet den Verkäufer jedoch zur Beseitigung des Rechts trotz Kenntnis des Käufers. Der V muss daher auch hier die Hypothek löschen lassen.

bb) Erwerb in öffentlicher Versteigerung

Beim **Erwerb einer Sache in öffentlicher Versteigerung** aufgrund eines Pfandrechts unter der Bezeichnung als „Pfand" hat der Käufer nach § 445 BGB Gewährleistungsrechte nur, wenn der Verkäufer

- den Mangel **arglistig** verschwiegen
- oder eine **Garantie** für das Vorhandensein einer Eigenschaft übernommen hat.

Beim **Verbrauchsgüter-Kaufvertrag** findet § 445 BGB keine Anwendung (§ 474 Abs. 2 BGB).

cc) Gewährleistungsausschluss nach § 377 HGB

Einen besonderen Gewährleistungsausschluss kennt das **Handelsrecht**. Für Kaufleute ist es besonders wichtig, dass Umsatzgeschäfte wie z.B. der Kauf, zügig abgewickelt werden. Längere Unsicherheiten über das Bestehen von Gewährleistungsrechten sind daher unerwünscht. Aus diesem Grund bestimmt § 377 Abs. 1 HGB, dass der Käufer beim beiderseitigen Handelskauf (§§ 373 ff. HGB) die gelieferte Ware **„unverzüglich"** (Legaldefinition in § 121 Abs. 1 BGB: „ohne schuldhaftes Zögern") **untersucht.** Es dürfen hinsichtlich der Untersuchungspflicht keine überzogenen Anforderungen gestellt werden. So kann nicht verlangt werden, dass sämtliche Stücke einer Lieferung geprüft werden, es genügen Stichproben.

Sollte sich ein **Mangel** zeigen, so muss der Käufer dem Verkäufer von diesem **„unverzüglich"** Anzeige machen **(„rügen")**. Unterlässt der Gläubiger diese „Rüge", so gilt die Ware trotz ihrer Mangelhaftigkeit als genehmigt, es sei denn, dass es sich um einen bei der Untersuchung nicht erkennbaren Mangel handelt (§ 377 Abs. 2 HGB).

Sofern sich der **Mangel später zeigt**, muss ebenfalls unverzüglich gerügt werden; falls dies nicht geschieht, gilt die Ware wiederum als genehmigt (§ 377 Abs. 3 HGB).

> Dieser unerlässliche „**Exkurs**" **in das HGB** ist die beste Gelegenheit, sich über zwei handelsrechtliche Grundbegriffe (Kaufmann und Handelsgeschäft) die für viele Normen im HGB Tatbestandsvoraussetzungen sind, die nötige Klarheit zu verschaffen. Hier gibt es häufig erhebliche Unsicherheiten, obwohl bei der Fallbearbeitung meistens ein Blick in das Gesetz vollkommen ausreicht.
>
> **1.** Ein **Kaufmann** ist nach § 1 Abs. 1 HGB jeder, der ein Handelsgewerbe betreibt. Ein Gewerbe ist jede dauernde auf Gewinnerzielung gerichtete erlaubte Tätigkeit mit Ausnahme der freiberuflichen Tätigkeit (z.B. Rechtsanwalt, Arzt). Was ein Handelsgewerbe ist, verrät uns § 1 Abs. 2 HGB. Selbst wenn diese Voraussetzungen nicht vorliegen sollten, ist gem. § 5 HGB Kaufmann, wer in das Handelsregister eingetragen ist. Besonders einfach ist es bei den Handelsgesellschaften (oHG, KG, GmbH, AG): Sie sind nach § 6 Abs. 1 HGB kraft Gesetzes wegen ihrer Rechtsform Kaufleute (und werden daher oft auch „Formkaufmann" genannt), und zwar ganz gleich, ob die Voraussetzungen des § 1 HGB vorliegen oder nicht. In den Gesetzen zu den einzelnen Handelsgesellschaften steht daher auch ausdrücklich, dass es sich um Handelsgesellschaften handelt (§ 3 Abs. 1 AktG, § 13 Abs. 3 GmbHG).
>
> **2.** Die **Handelsgeschäfte** sind „alle Geschäfte eines Kaufmanns, die zum Betrieb seines Handelsgewerbes gehören" (§ 343 HGB). In § 344 Abs. 1 HGB wird vermutet, dass „die von einem Kaufmann vorgenommenen Rechtsgeschäfte" zum Betrieb seines Handelsgewerbes gehören. Diese Vermutung ist nach § 344 Abs. 2 HGB bei „Schuldscheinen" sogar nur durch den gegenteiligen Inhalt der Urkunde widerlegbar.
>
> **3. Probebeispiel:** Verkauft die X-GmbH an den gewerbsmäßigen Händler K eine Sache, so handelt es sich um einen beiderseitigen Handelskauf, bei dem § 377 HGB eine Rolle spielen kann.

<u>Fall 458:</u> Der K bestellt für die Errichtung eines Flachdaches auf den Anbau seiner Bäckerei beim Baustoffhändler V Wellstegträger, die 40 cm hoch sein sollen. Der V liefert aber aufgrund eines Versehens nur 32 cm hohe Wellstegträger. Wegen der zu geringen Tragkraft biegt sich das neu gebaute Dach durch und muss neu gebaut werden. Der K verlangt von dem V Schadensersatz für die anderen dabei verschwendeten Materialien (nach BGH).

Der Anspruch kann sich aus §§ 437 Nr. 3, 280 Abs. 1 BGB ergeben. a) Zwischen V und K ist ein wirksamer Kaufvertrag geschlossen worden. b) Die Kaufsache aa) ist mangelhaft, da die Wellstegträger nicht die vereinbarte Beschaffenheit aufweisen. bb) Möglicherweise hat der K jedoch die gelieferte Ware nach § 377 HGB genehmigt mit der Folge, dass die Ware trotz ihrer Mangelhaftigkeit als genehmigt gilt. aaa) Dazu muss zunächst ein Handelskauf vorliegen. Ein Handelskauf ist jeder Kaufvertrag, bei dem ein Kaufmann eine Ware für sein Handelsgeschäft erwirbt. Hier hat der K die Wellstegträger für sein Bäckereigeschäft gekauft; daher liegt ein Handelskauf vor (§ 343 HGB). bbb) Weiterhin muss der K eine Rüge unterlassen haben. Hier hat K die Stahlträger entgegengenommen, ohne den Mangel zu rügen. ccc) Es darf kein unerkennbarer Mangel nach § 377 Abs. 2 HGB vorgelegen haben. Hier war die Größenabweichung von 8 cm selbst einem Laien ohne weiteres erkennbar. ddd) Die Rechtsfolge des § 377 Abs. 2 HGB ist die Fiktion einer Genehmigung der Ware. Demnach gelten die gelieferten Stahlträger als mangelfrei. Also kann der K kein Gewährleistungsrecht (dazu zählt auch der Anspruch auf Ersatz eines Mangefolgeschadens) geltend machen. 2. Ein Anspruch kann sich hier jedoch aus § 823 Abs. 1 BGB ergeben, wenn man die Rechtsprechung zu den „Weiterfresserfällen" anerkennt (dazu mehr in Teil 7).

11. Mängeleinrede

> Bisher haben wir uns nur damit befasst, dass die Gewährleistungsrechte aus § 437 BGB Ansprüche des Käufers gegen den Verkäufer begründen. Bei einer Fallbearbeitung kann sich aber auch die Frage stellen, ob sich der auf Kaufpreiszahlung in Anspruch genommene Käufer einredeweise damit verteidigen kann, dass die Kaufsache mangelhaft ist so dass er aus diesem Grunde nicht zur Kaufpreiszahlung verpflichtet sein kann.
> Wenn wir das in die Systematik der Fallbearbeitung einordnen, so handelt es sich natürlich nicht um die Geltendmachung eines „Sekundäranspruchs" des Käufers wegen einer „Leistungsstörung", sondern um die Geltendmachung einer „rechtshindernden Einrede". Aus diesem Grund war es auch für uns erforderlich, bereits in Teil 3 auf die Mängeleinrede einzugehen. Das soll zunächst in Erinnerung gerufen und hier jetzt vertieft werden.

a) Behebbarer Mangel

Wenn der Käufer wegen eines behebbaren Mangels einen Nacherfüllungsanspruch hat (§§ 437 Nr. 1, 439 BGB), so kann er dem Kaufpreisanspruch des Verkäufers aus § 433 Abs. 2 BGB die Einrede des nichterfüllten Vertrages aus **§ 320 Abs. 1 BGB** bis zur ordnungsgemäßen Nacherfüllung entgegenhalten. Denn der Verkäufer ist nach der Gesetz gewordenen „Erfüllungstheorie" (§ 433 Abs. 1 S. 2 BGB) dem Käufer zur Lieferung einer mangelfreien Sache verpflichtet, und diese Pflicht steht im Gegenseitigkeitsverhältnis. Beschränkt ist dieses Zurückbehaltungsrecht durch **§ 320 Abs. 2 BGB**: Grundsätzlich besteht ein Zurückbehaltungsrecht in voller Höhe es sei denn, der Mangel ist geringfügig und die Zurückbehaltung des gesamten Kaufpreises verstößt deshalb gegen Treu und Glauben.

b) Unbehebbarer Mangel

aa) „Mängeleinrede"

Ist der Mangel unbehebbar, so steht dem Verkäufer nach § 326 Abs. 1 S. 2 BGB der Kaufpreisanspruch zu.

- Die Einrede aus **§ 320 BGB** ist nicht gegeben, weil dem Käufer kein Nacherfüllungsanspruch zusteht (nach §§ 275 Abs. 1 – 3, 439 Abs. 3 BGB). Die Einrede aus § 438 Abs. 4, 5 BGB betrifft andere Fallkonstellationen: Der Käufer, dessen Rücktrittsrecht oder Recht zur Minderung wegen einer vom Verkäufer erhobenen Verjährungseinrede unwirksam ist, kann die Zahlung des Kaufpreises ganz (Rücktritt) oder teilweise (Minderung) verweigern, soweit er dazu aufgrund von Rücktritt oder Minderung berechtigt sein würde. Eine „**allgemeine Mängeleinrede**" durch einen Rückgriff auf § 242 BGB („dolo agit qui petit ... ") soll deshalb nicht möglich sein, weil durch sie das Gewährleistungsrecht nicht konkretisiert wird und eine auf Zahlung des Kaufpreises gerichtete Klage des Verkäufers als unbegründet abgewiesen werden müsste, ohne dass der beklagte Käufer sich seinerseits für ein Gewährleistungsrecht entscheiden müsste. Das dürfe nicht möglich sein, weil der Käufer dann bis zur Verjährung der Gewährleistungsansprüche ein den Verkäufer in nicht hinnehmbarer Weise im Unklaren lassendes „Überlegungsrecht" hätte, welches Gewährleistungsrecht er denn nun auszuüben gedenke. Eine solche Unklarheit soll vor allem auch deswegen für den Verkäufer inakzeptabel sein, weil ja auch Rechtsbehelfe in Betracht kämen, bei denen sein Kaufpreisanspruch nicht wie beim Rücktritt oder wie beim „großen Schadensersatz" ganz entfallen würde: z.B. sei der Käufer bei einer Minderung oder bei der Geltendmachung des „kleinen Schadensersatzes" weiterhin (z.T.) zur Kaufpreiszahlung verpflichtet; würde die (erst kurz vor Ablauf der Verjährungsfrist zu treffende) Entscheidung des Käufers auf die Geltendmachung solcher die Kaufpreisschuld (z.T.) bestehen lassenden Rechtsbehelfe fallen, so hätte der Käufer bis zu diesem Zeitpunkt den Vorteil, die Kaufpreisschuld zinslos (§§ 286 bzw. 288 BGB greifen wegen der verzugsausschließenden Mängeleinrede nicht ein) zurückhalten zu können.

- Die Konsequenz dieser Überlegungen ist, dass dem zur Geltendmachung von Gewährleistungsrechten berechtigten Käufer keine Einrede zusteht und der Käufer sich nur durch die sofortige Rücktritts- oder Minderungserklärung verteidigen kann. Einige Autoren wollen ihm daher entgegen den obigen Ausführungen doch die allgemeine Mängeleinrede aus § 242 BGB zuerkennen, weil man ihn sonst „in den Rücktritt" treiben würde, nehmen dafür aber die oben dargestellten letztlich nicht vertretbaren Unsicherheiten im Abwicklungsverhältnis in Kauf.

bb) Geltendmachung von Gewährleistungsrechten

Der Käufer, der ja auch nicht etwa von seiner Leistungspflicht frei geworden ist (man kann nur hoffen, Sie entsinnen sich: nach § 326 Abs. 1 S. 2 BGB), ist jetzt allerdings in einer verzwickten Situation, aus der es nur einen Ausweg gibt. Er muss sich für einen der Rechtsbehelfe aus § 437 Nr. 2, 3 BGB (Rücktritt, Minderung, Schadensersatz „statt der Leistung") entscheiden:

- **Wählt er den Rücktritt** (§§ 437 Nr. 2, 323/326 Abs. 5 BGB) verwandelt sich der Kaufvertrag in ein Rückgewährschuldverhältnis (§ 346 Abs. 1 BGB), so dass die Verpflichtung aus § 433 Abs. 2 BGB nicht mehr besteht.

- **Wählt er Minderung,** gilt dies auch nach §§ 441 Abs. 4 S. 2, 346 BGB.

- **Wählt er Schadensersatz,** entfällt die Kaufpreisschuld des Käufers aus einem „a maiore ad minus"- Schluss aus § 281 Abs. 4 BGB: Wenn schon der leistungstreue Käufer bei einem Schadensersatzverlangen „statt der Leistung" seinen Primäranspruch verliert (§ 281 Abs. 4 BGB), dann doch erst recht der leistungsuntreue Verkäufer.

c) Mängeleinrede trotz Verjährung der Mängelansprüche

Im Vorgriff auf die sogleich erfolgende Erörterung der Verjährung sei bereits jetzt darauf hingewiesen, dass der Käufer trotz einer Verjährung nach § 438 BGB und eines deshalb unwirksamen Rücktritts bzw. einer unwirksamen Minderung (§§ 438, 218 BGB) die Zahlung des Kaufpreises verweigern kann, als er aufgrund des Rücktrittsrechts oder der Minderung dazu berechtigt sein würde (§ 438 Abs. 4, 5 BGB). Die Rückzahlung eines bereits entrichteten Kaufpreises nach § 813 BGB kann er jedoch nicht verlangen (§§ 813 S. 2, 214 Abs. 2 S. 1 BGB).

12. Verjährung

a) Beginn, Fristen, Ablaufhemmung und Wirkung

aa) Beginn, Fristen

Die Verjährung der Ansprüche aus § 437 BGB weicht hinsichtlich des **Beginns der Verjährungsfrist** und **der Dauer** von den allgemeinen Regeln über Verjährung ab:

- Aus Gründen der Rechtssicherheit kommt es in Abweichung von § 199 BGB **nach § 438 Abs. 2 BGB** für den <u>besonderen gesetzlichen Verjährungsbeginn</u> ausschließlich auf den objektiven Zeitpunkt der Übergabe (bei Grundstücken) oder der Ablieferung (bei beweglichen Sachen) an. Für den Verkauf von Rechten oder anderen Gegenständen (§ 453 BGB) gilt, dass bei Forderungsverkäufen der Zeitpunkt der Zession (§ 398 BGB) und für Betriebsveräußerungen die Betriebsübernahme maßgeblich ist. Die <u>besondere gesetzliche Verjährungsfrist</u> beträgt **grundsätzlich 2 Jahre (§ 438 Abs. 1 Nr. 3 BGB)**, sofern nicht **ausnahmsweise** die **Spezialfälle** der § 438 Abs. 1 Nr. 1 BGB (30 Jahre, wenn der Mangel ein dingliches zur Herausgabe verpflichtendes Recht eines Dritten oder ein im Grundbuch eingetragenes Recht betrifft) und der für Sie in erster Linie interessante Fall des **§ 438 Abs. 1 Nr. 2 lit. b) BGB** vorliegen: Hiernach verjährt der **Anspruch des Werkunternehmers gegen einen Lieferanten von Baumaterialien, deren Einbau zur Mangelhaftigkeit des Bauwerks führt, erst in 5 Jahren.** Der Grund für diese Regelung ist darin zu sehen, dass so dem Werkunternehmer, der wegen eines auf mangelhaftem Materials beruhenden Baumangel vom Besteller auf Gewährleistung mit einer Verjährungsfrist von 5 Jahren in Anspruch genommen werden kann, die Möglichkeit eines Rückgriffs gegen den Lieferanten nicht durch die Verjährung des kaufrechtlichen Gewährleistungsanspruchs genommen werden soll.

Fall 459: Der V verkauft und liefert an den Bauhandwerker KU spezielle Balkonstützen aus Stahl, die dieser für den Ersatz der Träger eines Balkons an einem bereits bestehenden Haus des B verwendet. Die Balkonstützen haben aber nicht die vereinbarte Tragkraft. Dies stellt sich 3 Jahre nach der Abnahme des Balkons heraus, als die Stützen sich unter der Last der Balkone zu verformen beginnen. Der B verlangt von KU nach §§ 634 Nr. 1, 635 Abs. 1 BGB Nacherfüllung. Der KU verlangt deshalb von dem V Lieferung von Stahlstützen mit der vereinbarten Tragkraft. Der V beruft sich auf Verjährung.

a) Der Anspruch des KU gegen den V ergibt sich aus §§ 433, 434 Abs. 1 S. 1, 437 Nr. 1, 439 Abs. 1 BGB. b) Dem Anspruch könnte die Einrede der Verjährung entgegenstehen (§§ 214 Abs. 1, 438 BGB). aa) Der V hat sich auf die Verjährung berufen. bb) Die Verjährungsfrist müsste abgelaufen sein. (1) Die allgemeine Verjährungsfrist des § 438 Abs. 1 Nr. 3 BGB ist abgelaufen. (2) Hier kommt aber die 5-Jahres-Frist des § 438 Abs. 1 Nr. 2 lit b) BGB in Betracht: Durch sie sorgt das Gesetz für einen zeitlichen Gleichlauf mit der Verjährungsfrist aus § 634 a Abs. 1 Nr. 1 BGB, damit der Bauhandwerker Regress bei seinen Lieferanten nehmen kann. Voraussetzung ist, (aa) dass die gekaufte Sache – wie hier bei den von KU gekauften Balkonstützen der Fall – mangelhaft ist. (bb) Bei der Sache muss es sich um eine solche handeln, die ihrer üblichen Verwendungsweise nach – also nach objektiven Kriterien (mithin unabhängig von der Sichtweise des jeweiligen Lieferanten) – zur Verwendung für ein Bauwerk bestimmt ist (gemeint ist die Neuerrichtung einer unbeweglichen durch Verwendung von Arbeit und Material in Verbindung mit dem Erdboden hergestellte Sache oder Erneuerungs- und Umbauarbeiten an einem bereits errichteten Bauwerk, wenn sie für die Konstruktion, Bestand, Erhaltung oder Benutzbarkeit von wesentlicher Bedeutung ist und wenn die eingebauten Teile fest mit dem Gebäude verbunden sind). Hier geht es um Erneuerungsarbeiten an einem Bauwerk. Die Balkonträger sind nach der üblichen Verwendungsweise hierfür bestimmt. (cc) Der KU hat die Balkonträger auch im konkreten Fall so verwendet. (dd) Die Mangelhaftigkeit der Träger hat die Mangelhaftigkeit des Gebäudes verursacht. Also ist der Anspruch des KU gegen V nicht verjährt.

Variante: Die Träger haben zwar nicht die im Kaufvertrag vereinbarte Tragkraft, entsprechen aber der Vorgabe in der Bauplanung. Nach 3 Jahren beginnen die Stützen sich zu neigen, weil das von KU gebaute Fundament nicht auf der tragenden Schicht des Bodens aufgebaut worden ist. Der B verlangt von dem KU nach §§ 634 Nr.1, 635 Abs. 1 BGB Nacherfüllung. Der KU muss dazu neue Stützen aufstellen. Er erkennt jetzt, dass die Dimensionierung nicht der im Kaufvertrag getroffenen Vereinbarung entspricht und verlangt deshalb von V Lieferung von Stahlstützen der vereinbarten Dimension. Der V beruft sich auf Verjährung.

a) Der Anspruch des KU gegen den V ergibt sich aus §§ 433, 434 Abs. 1 S. 1, 437 Nr. 1, 439 Abs. 1 BGB. b) Dem Anspruch könnte die Einrede der Verjährung entgegenstehen (§§ 214 Abs. 1, 438 BGB). aa) V hat sich auf die Verjährung berufen. bb) Die Verjährungsfrist müsste abgelaufen sein. aaa) Hier kommt die 5-Jahres-Frist des § 438 Abs. 1 Nr. 2 b) BGB nicht in Betracht, weil zwischen dem Werkmangel und Sachmangel der Kaufsache kein Kausalzusammenhang besteht (RegE). bbb) Daher kommt die allgemeine Verjährungsfrist des § 438 Abs. 1 Nr. 3 (2 Jahre nach Gefahrübergang) in Betracht. Diese ist abgelaufen.

§ 438 Abs. 1 Nr. 2 lit b) BGB betrifft aber nicht nur die Fälle, in denen der Werkunternehmer das mangelhafte Material unmittelbar erworben hat, sondern auch die **Ansprüche von Zwischenhändlern**, über die das Material an den es dann einbauenden Werkunternehmer geliefert wurde, **gegen andere Zwischenhändler** oder **gegen den Hersteller des mangelhaften Baumaterials**. Denn ein Zwischenhändler ist im Verhältnis zu anderen Zwischenhändlern oder Herstellern in der gleichen schutzwürdigen Lage wie der Werkunternehmer. Auch wenn der Besteller das – vom Werkunternehmer dann eingebaute – Material gekauft hat und daher kein Regressproblem (Anspruch des Werkunternehmers gegen Lieferanten bzw. Zwischenhändler untereinander oder gegen Hersteller) die Anwendung des § 438 Abs. 2 Nr. 2 lit b) BGB rechtfertigen könnte, soll die Vorschrift – und zwar jetzt aus einer anderen ratio legis – **zugunsten des das mangelhafte Baumaterial einkaufenden Bestellers** anwendbar sein: Auch in diesen Fällen kann der Besteller die Mängel erst nach dem Einbau erkennen.

- Der regelmäßige Verjährungsbeginn (**§ 199 BGB**) und die regelmäßige Verjährungsfrist (§ 195 BGB) gelten dann, wenn der Verkäufer den Mangel arglistig (= vorsätzlich) verschwiegen hat (§ 438 Abs. 3 BGB); die 5-Jahresfrist des § 438 Abs. 1 Nr. 2 BGB wird dadurch aber nicht unterschritten (§ 438 Abs. 3, S. 2 BGB).

- Der Verjährungsbeginn und die Verjährungsfrist können abweichend von § 438 BGB vertraglich vereinbart werden. Eine Verlängerung ist bis zur Höchstfrist von 30 Jahren möglich (§ 202 Abs. 2 BGB). Eine Verkürzung für eine Haftung wegen Vorsatzes ist nicht möglich (§ 202 Abs. 1 BGB).

bb) Ablaufhemmung

Zu einer **Hemmung des Ablaufs der Verjährungs-** bzw. **Unwirksamkeitsfristen** kommt es beim Verbrauchsgüterkauf: Nimmt beim Verbrauchsgüter-Kaufvertrag der Unternehmer seinen Lieferanten in Anspruch, weil er eine neu hergestellte Sache von einem Verbraucher zurücknehmen musste oder weil der Verbraucher den Kaufpreis gemindert hatte, so tritt die Verjährung der in § 437 BGB bestimmten Ansprüche des Unternehmers gegen seinen Lieferanten wegen des Mangels einer an einen Verbraucher verkauften neu hergestellten Sache frühestens 2 Monate nach dem Zeitpunkt ein, in dem der Unternehmer die Ansprüche des Verbrauchers erfüllt hat. Diese Ablaufhemmung endet spätestens 5 Jahre nach dem Zeitpunkt, in dem der Lieferant die Sache an den Unternehmer abgeliefert hat. Entsprechendes gilt in der Lieferkette (§ 479 Abs. 3 BGB). Der Grund liegt darin, dass der von einem Verbraucher in Anspruch genommene Letztverkäufer (praktisch also der Einzelhändler), für den – weil er Unternehmer ist – die Sonderregeln des Verbrauchsgüter-Kaufvertrags/Werklieferungsvertrags-Recht nicht gelten, die Nachteile eines verbesserten Verbraucherschutzes nicht allein tragen soll.

cc) Wirkung

Was die **Wirkung** der eingetretenen Verjährung anbelangt,

- so betrifft nach **§ 438 Abs. 1 BGB** die besondere Verjährung **alle in § 437 Nr. 1, 3 BGB genannten Ansprüche**: Den Nacherfüllungsanspruch, die Schadensersatzansprüche „statt der Leistung" und die Ansprüche auf Ersatz des Mangelfolgeschadens. Sie führt zu einem Leistungsverweigerungsrecht aus § 214 Abs. 1 BGB. Der folgende Fall ist ein Parallelfall zum schon behandelten „Wäschetrocknerfall".

Fall 460: Der KfZ-Vertragshändler K betreibt eine eigene Tankstelle. Von V bezieht er permanent Treibstoff. Bei einer Lieferung verwechselt der V die Einfüllstutzen und füllte in den für Superbenzin bestimmten Tank Normalbenzin ein. Der K erlitt Schäden an den Motoren diverser ihm gehörender Fahrzeuge und verlangt dafür Schadensersatz, dies jedoch erst 2 Jahren und einem Monat nach der Ablieferung des Treibstoffes. Der V beruft sich auf Verjährung (nach BGH).

a) Wenn sich der Schadensersatzanspruch aus §§ 437 Nr. 3, 280 Abs. 1 BGB ergibt, weil man das in den Tank für Superbenzin eingefüllte Normalbenzin als mangelhaftes Superbenzin ansieht, stünde dem Anspruch die Einrede der Verjährung entgegen (§§ 438 Abs. 1 Nr. 3, 214 BGB). b) Wenn man den Anspruch direkt aus auf § 280 Abs. 1 BGB ableitet, würde die erst ab Kenntnis bzw. ab grob fahrlässiger Unkenntnis zu laufen beginnende (§ 199 Abs. 1 BGB) Verjährungsfrist des § 195 BGB (3 Jahre) gelten, so dass der Anspruch nicht verjährt wäre. Die Rechtsprechung (BGH) hat hierzu entschieden, dass das Einfüllen in den falschen Tank keinen Sachmangel begründet; daher ergibt sich der Anspruch direkt aus § 280 Abs. 1 BGB.

- Nicht erwähnt werden in § 438 Abs. 1 BGB die Gestaltungsrechte aus §§ 437 Nr. 2, 323 BGB auf Rücktritt und §§ 437 Nr. 2, 441 BGB auf Minderung, denn Gestaltungsrechte unterliegen nicht der Verjährung (argec. § 194 BGB). Daher gibt es in **§ 438 S. 1 Abs. 4, 5 BGB** eine Sonderregelung, nach der **§ 218 BGB** für anwendbar erklärt wird: Der **Rücktritt nach §§ 437 Nr. 2, 323 BGB und die Minderung nach §§ 437 Nr. 2, 441 BGB** sind danach „unwirksam", wenn der Anspruch auf Leistung oder Nacherfüllungsanspruch verjährt ist und der Verkäufer sich hierauf beruft. Hier hatte das Gesetz bei wörtlicher Betrachtung in seiner ersten Fassung einen „**Konstruktionsfehler**": In den Fällen in denen die Nacherfüllung unmöglich ist, besteht kein Nacherfüllungsanspruch, der verjähren könnte; das hätte zur Folge, dass der Rücktritt zeitlich unbegrenzt erklärt werden könnte. Dies wurde als nicht zweckmäßig erkannt, weswegen nach § 218 Abs. 1 S. 2 BGB auf die dann fiktive Verjährung derartiger Ansprüche abgestellt wird.

b) Korrektur von „Wertungswidersprüchen" und Unbilligkeiten

Die Verjährungsregeln des § 438 BGB können in bestimmten Fällen zu Wertungswidersprüchen führen, bei denen der **Käufer bei einem wirksamen Vertrag schlechter stehen kann als bei einem unwirksamen Vertrag.**

Fall 461: Der V verkauft an den K einen Schnellkochtopf für dessen Küche. Der Topf hat einen Mangel und explodiert 2 Jahre und 4 Monaten nach Ablieferung, wodurch die Küche des K verwüstet wird. Der K verlangt Schadensersatz von V. Der V beruft sich auf Verjährung

1. Ein wegen des vermuteten Verschuldens des V bestehender Schadensersatzanspruch des K aus §§ 437 Nr. 3, 280 Abs. 1 BGB wäre nach §§ 438 Abs. 1 Nr. 3, 214 BGB verjährt. 2. Ein Anspruch aus § 823 Abs. 1 BGB würde daran scheitern, dass dort das Verschulden positiv festgestellt werden müsste, was nach dem hier beschriebenen Sachverhalt nicht möglich wäre.

Variante: Der Vertrag zwischen V und K ist aus irgendeinem Grund (z.B. weil K geisteskrank ist, §§ 104 Nr. 2, 105 Abs. 1 BGB) nichtig.

In diesem Fall würde sich der Anspruch aus §§ 311 Abs. 2, 280 Abs. 1 BGB ergeben. Der Anspruch wäre nicht verjährt: Es gilt die Verjährungsfrist des § 195 BGB (3 Jahre); sie beginnt erst ab Kenntnis bzw. ab grob fahrlässiger Unkenntnis zu laufen (§ 199 Abs. 1 BGB). Der Vergleich zwischen Ausgangsfall und Variante zeigt, dass der Käufer bei einem wirksamen Vertrag schlechter steht als bei einem unwirksamen Vertrag. Es liegt nahe, den darin liegenden Wertungswiderspruch dadurch aufzulösen, dass man auf den Anspruch aus §§ 311 Abs. 2, 280 Abs. 1 BGB die Verjährungsvorschrift des § 438 BGB analog anwendet.

In bestimmten Fällen stellt sich auch die Frage einer **Abgrenzung** zwischen einem Anspruch aus **Gewährleistungsrecht** und aus **vorvertraglicher Pflichtverletzung** (§§ 280 Abs. 1, 311 Abs. 2, 241 Abs. 2 BGB). Die h.M. geht nämlich grundsätzlich davon aus, dass die Gewährleistungsansprüche in ihrem Anwendungsbereich vorrangig und ausschließlich eingreifen, da nur so unterschiedliche Haftungsmaßstäbe und insbesondere abweichende Verjährungsfristen vermieden werden.

Fall 462: Der V verkauft dem K für dessen Wäscherei einen Wäschetrockner. Dieser benötigt einen Kamin mit mindestens 380 cm^2 Querschnitt zum Ablüften. Der in den Räumen des K zur Verfügung stehende Kamin ist kleiner, was der V übersehen hat. Im Winter, als die anderen Wohnungen ihre Heizungen betreiben, kam es zu erheblichen Störungen, in deren Folge der K seinen Betrieb aufgeben musste. Deswegen verlangt er 2 ½ Jahre nach Lieferung des Trockners von V Schadensersatz. Der V beruft sich auf Verjährung (nach dem „Wäschereifall" in BGH NJW 1985, 2472 f.).

Hier stellt sich die Frage, ob der Anspruch nach §§ 437 Nr. 3, 280 Abs. 1 S. 1 BGB oder nach § 280 Abs. 1 BGB zu ersetzen ist. Im ersteren Fall wäre der Anspruch verjährt, im letzteren Falle nicht. Hier wird man zu dem Ergebnis kommen, dass der Trockner selbst nicht mangelhaft war sondern dass der V nur eine unter § 241 Abs. 2 BGB fallende Beratungs- oder Hinweispflicht verletzt hat. Der Ersatzanspruch ist daher auf § 280 Abs. 1 BGB direkt zu stützen und nicht verjährt. Bei der Ausarbeitung der Gliederung der Falllösung hätte man mit §§ 437 Nr. 3, 280 Abs. 1 BGB begonnen und die Abgrenzung beim Prüfungspunkt „Sachmangel" vorgenommen.

Die kurze Verjährungsfrist, die vor der Schuldrechtsreform nur 6 Monate (§ 477 BGB a.F.) betrug, veranlasste die Rechtsprechung zum Ausgleich grober Unbilligkeiten durch die **Anwendung des Deliktsrechts**.

Fall 463: Der K kauft bei dem V einen Swimmingpool. Der Preis beträgt € 100 000,-. Der Pool hat ein Pumpensystem, das von einem Schwimmschalter gesteuert wurde. Um die Pumpe vor Schäden durch einen Leerlauf zu bewahren, sollte der Schwimmschalter die Pumpe abschalten, wenn der Pool sich entleert haben sollte. Weil der Schwimmschalter (Wert: € 10.-) defekt war, kam es nach 2 Jahren und 6 Monaten nach der Ablieferung des Pools aufgrund eines Kurzschlusses zu einem Brand des Pumpensystems, wodurch der Pool im Wesentlichen zerstört wurde. Der V hätte aufgrund von früheren Vorfällen wissen müssen, dass der verwendete Schwimmschaltertyp zu Kurzschlüssen neigte. Der K verlangt dennoch sein Geld zurück. Der V beruft sich auf Verjährung („Schwimmschalterfall" nach BGH).

1. Weil dem Anspruch aus §§ 437 Nr. 3, 280 Abs. 1 BGB die Einrede der Verjährung entgegenstand, (§§ 438 Abs. 1 Nr. 3, 214 BGB) 2. sah sich die Rechtsprechung, die dieses Ergebnis für inakzeptabel hielt, veranlasst, einen Anspruch des K aus § 823 Abs. 1 BGB in Betracht zu ziehen. a) Vorliegen könnte eine Verletzung des Eigentums des K an dem Pool. aa) Wenn – wie hier einem Käufer eine mangelhafte Sache geliefert wird – spricht allerdings gegen das Vorliegen einer Eigentumsverletzung, dass der Käufer nie das Eigentum an einer intakten Sache hatte, so dass rein begrifflich nicht von einer Eigentumsverletzung gesprochen werden könnte. bb) Die Rechtsprechung hat jedoch den Kaufgegenstand in einen intakten und daher deliktisch verletzbaren Teil (Wert: € 99 990,-) und in einen mangelhaften Teil (Wert: € 10.-) „aufgeteilt". Eine solche „Aufteilung" soll dann möglich sein, wenn – wie hier – der mangelhafte und der mangelfreie Teil der Kaufsache funktionell voneinander trennbar sind. Wenn sich bei einer solchen Konstellation der Mangel in den funktionell abgrenzbaren intakten Teil der Kaufache (bildhaft) „weitergefressen" hat („Weiterfresser-Fälle"), soll darin eine Eigentumsverletzung des intakten Teils liegen. cc) Es ist noch unklar, ob diese von der Lehre z.T. kritisierte (es sei allein der Sinn des § 823 Abs. 1 BGB, vor Schäden zu schützen, die von der Sache ausgehen, nicht aber vor solchen, die an ihr selbst entstehen; außerdem werde das Vertragsrecht „ausgehöhlt", wenn man die kurzen Verjährungsfristen des § 438 BGB unterlaufe) Rechtsprechung nach der erheblichen Verlängerung der Gewährleistungsfristen auf 2 Jahre an diesem Ansatz festhalten wird. Der RegE hat dies bewusst offen gelassen. b) Diese Eigentumsverletzung beruht auf einem Verhalten des V, c) das als rechtswidrig und d) schuldhaft zu bewerten ist. e) Der Anspruch aus § 823 Abs. 1 BGB ist nicht verjährt. Es gilt die allgemeine Verjährungsfrist des § 195 BGB von 3 Jahren, beginnend mit dem Schluss des Jahres, in dem der Anspruch entstanden ist und der Gläubiger von den anspruchsbegründenden Umständen und der Person des Schuldners Kenntnis erlangt hat (§ 199 BGB).

c) Mängeleinrede trotz Ausschluss von Rücktritt und Minderung

Für den Fall, dass der Käufer einer mangelhaften Sache den Kaufpreis noch nicht bezahlt haben sollte, und er erst nach Ablauf der Verjährungsfrist den Rücktritt/die Minderung erklärt, kann im Prinzip der Verkäufer wie Sie schon wissen den Rücktritt bzw. die Minderung unwirksam werden lassen (§§ 438 Abs. 4 S. 1, Abs. 5, 218 BGB) und seinerseits seinen erst in 3 Jahren verjährenden Vergüttungsanspruch (§ 195 BGB) in vollem Umfang geltend machen.

Das Gesetz hat aber dem **Käufer** ein **Leistungsverweigerungsrecht** insoweit eingeräumt, als er aufgrund eines Rücktritts oder einer Minderung dazu berechtigt gewesen wäre (§ 438 Abs. 4 S. 2, Abs. 5 BGB). Soweit für Rücktritt oder Minderung eine Nacherfüllungsfrist gesetzt werden muss, muss die Fristsetzung auch vor Erhebung der Mängeleinrede aus § 438 Abs. 4, 5 BGB erfolgen.

> Dieses Leistungsverweigerungsrecht ist aber keine „dauernde Einrede"
> i.S.d. § 813 BGB, so dass es keinen Rückzahlungsanspruch aus §§ 813,
> 438 Abs. 4 S. 2, Abs. 5 BGB für denjenigen gibt, der trotz seines Leistungsverweigerungsrechtes den Kaufpreis gezahlt haben sollte.

Kompensiert wird das Leistungsverweigerungsrecht des Käufers oder Bestellers, dessen Rücktrittsrecht unwirksam geworden ist, durch ein dem Verkäufer oder Unternehmer zustehendes Rücktrittsrecht (§ 438 Abs. 4 S. 3 BGB).

13. Parallelansprüche zum Gewährleistungsrecht

a) Haftung aus unerlaubter Handlung

Neben einer Haftung aus Gewährleistungsrecht stellt sich in bestimmten Fallgruppen die Frage nach einer Haftung aus unerlaubter Handlung. Dabei ist an zwei Situationen zu denken: Zum einen kann der Verkäufer bei Abschluss des Vertrages eine unerlaubte Handlung gegen den Käufer begehen, zum anderen kann in bestimmten Fällen die Lieferung einer mangelhaften Sache als eine unerlaubte Handlung zu beurteilen sein.

Im ersten Fall geht es vor allem um **Fälle von arglistigen Täuschungen**. Sie geben dem Käufer einen Anspruch auf Schadensersatz aus § 823 Abs. 2 BGB i.V.m. § 263 StGB oder aus § 826 BGB. Er ist entweder auf Rückgängigmachung des Vertrages oder auf Anpassung des Vertrages hin zu den Bedingungen, zu denen er ohne Täuschung geschlossen worden wäre gerichtet. Dieser Anspruch ist für den Käufer äußerst günstig. Da er aber den Vorsatz des Verkäufers beweisen muss (keine Vermutung!), helfen diese Ansprüche vielfach nicht weiter. In der Fallbearbeitung sind sie aber immer im Auge zu behalten. Parallel ist dann immer auch an einen Anspruch aus §§ 812 Abs. 1 S. 1 1. Alt, 142 Abs. 1, 123 BGB zu denken.

Im zweiten Fall geht es um die ihnen schon bekannten **„Weiterfresserfälle"**. Nach der Rechtsprechung des BGH kann die Lieferung einer mangelhaften Sache eine Eigentumsverletzung darstellen, wenn der mangelhafte Teil abtrennbar ist. Die dazu wichtigen Fälle sind der Schwimmschalterfall und der Gaszugfall. Einzelheiten erfahren Sie im Teil über die unerlaubten Handlungen.

In allen Fällen verjähren die deliktischen Schadensersatzansprüche nach §§ 195ff. BGB und damit in der Regel später und stellen daher für den Käufer eine interessante Alternative dar.

b) Vertragsanfechtung und Bereicherungsrecht

Die Möglichkeiten einer Vertragsanfechtung wegen eines Inhalts- oder Erklärungsirrtums (§ 119 Abs. 1 BGB) aufgrund eines Irrtums über eine verkehrswesentliche Eigenschaft einer Sache oder Person (§ 119 Abs. 2 BGB) und wegen arglistiger Täuschung oder rechtswidriger Drohung (§ 123 BGB) sind Ihnen geläufig; ebenso die Folgen: Der angefochtene (z.B. Kauf-)Vertrag ist mit rückwirkender Kraft unwirksam (§ 142 Abs. 1 BGB); bei der Anfechtung eines verpflichtenden (z.B. Kauf-) Vertrags steht den Parteien ein Anspruch aus § 812 Abs. 1

S. 1 1. Fall BGB („Leistungskondiktion") auf Herausgabe der Leistung zu, wenn das Verpflichtungsgeschäft bereist erfüllt ist; die Wirkung der Anfechtung nach § 123 BGB kann sogar das dingliche Erfüllungsgeschäft erfassen (sog. „Doppelmangel", bei dem das Abstraktionsprinzip durchbrochen wird). Die Anfechtung bietet sich vor allem dann an, wenn Gewährleistungsrechte bereits verjährt sind.

Bei Kaufverträgen bestehen, soweit es um die Fälle einer Anfechtung nach § 119 Abs. 1 BGB (Inhalts- und Erklärungsirrtum) und § 123 BGB (arglistiger Täuschung oder rechtswidriger Drohung) geht, keine Bedenken gegen die Zulässigkeit einer Anfechtung. Da die Anfechtung jedoch den Vertrag *ex tunc* unwirksam macht und damit grundsätzlich alle Gewährleistungsansprüche entfielen (sie setzen nach § 437 BGB einen wirksamen Kaufvertrag voraus), ist jedenfalls bei Anfechtungserklärungen durch einen Laien ggf. eine Auslegung geboten, wonach in Wahrheit ein Rücktritt erklärt werden soll.

> Beispiel: Käufer K wurde von Verkäufer V vorsätzlich über die Unfallfreiheit eines Fahrzeuges getäuscht. Er teilt dem V mit, dass er den Vertrag „anfechte" und sein Geld zurückwolle. Die „Anfechtung" kann als Rücktritt zu deuten sein. Dies hat für K den Vorteil, dass ihm ggf. bestehende weitere Ansprüche auf Schadensersatz erhalten bleiben.

aa) Anfechtung wegen Irrtums über „verkehrswesentliche Eigenschaften" der Kaufsache durch den Käufer

Probleme bereitet hingegen die Zulassung einer **Anfechtung** des Kaufvertrags durch den Käufer **nach § 119 Abs. 2 BGB** wegen eines **Irrtums über eine verkehrswesentliche Eigenschaft einer „Sache"** (= **Gegenstand eines Rechtsgeschäfts**), wenn es sich hierbei um die Kaufsache handelt.

Ein entsprechender Anfechtungsgrund besteht regelmäßig beim Vorliegen eines Sachmangels, weil der Käufer – sonst hätte er den Kaufvertrag nicht abgeschlossen – in aller Regel unzutreffende Vorstellungen über eine „verkehrswesentliche Eigenschaft" der Kaufsache hatte.

Wenn es dem Käufer möglich wäre, den Kaufvertrag nach § 119 Abs. 2 BGB anzufechten, weil er sich über „verkehrswesentliche Eigenschaften" der Kaufsache geirrt hat,

- so hätten die Regeln über die **Verjährung** nach § 438 BGB nur noch eine **eingeschränkte Bedeutung**: Zwar muss eine Anfechtung „unverzüglich" erklärt werden (§ 121 Abs. 1 BGB), dies muss aber erst nach (subjektiver) Erlangung der Kenntnis von dem Irrtum erfolgen. Mithin könnte der Käufer auch noch nach Ablauf der rein objektiv ab Übergabe eines verkauften Grundstücks bzw. ab Ablieferung einer beweglichen Sache zu laufen beginnenden Verjährungsfrist (§ 438 Abs. 2 BGB) anfechten. Damit würde die Regelung der Verjährungsfrist von 2 Jahren in § 438 Abs. 1 Nr. 3 BGB bedeutungslos.

- Das **Recht des Verkäufers auf Nacherfüllung** (§§ 437 Nr. 1, 439 BGB) könnte **unterlaufen** werden.

- Die im Interesse des Verkäufers bestehenden **Untersuchungs- und Rügepflichten aus § 377 HGB** wären bei der Zulassung einer Anfechtung **bedeutungslos**.

- Einer Anfechtung steht es nicht entgegen, wenn der Käufer den Sachmangel infolge grober Fahrlässigkeit nicht erkannt hat, so dass dieser **Gewährleistungsausschluss (§ 442 Abs. 1 S. 2 BGB)** durch eine Anfechtung nach § 119 Abs. 2 BGB **ausgehebelt** werden könnte.

Um diese Umgehung des § 438 BGB zu verhindern, ist es allgemeine Ansicht, dass **die Gewährleistungsansprüche** eine gegenüber einer Anfechtung **nach § 119 Abs. 2 BGB vorrangige** Spezialregelung sind. Also: Wann immer ein Mangel, und zwar nach der Schuldrechtsreform ein **Sach-** oder ein **Rechtsmangel** (früher nur bei Sachmängeln) vorliegt, ist wegen dieses Mangels die Anfechtung durch den Käufer nach § 119 Abs. 2 BGB ausgeschlossen.

Fall 464: Der V verkauft an den K ein Bild, das nach ihrer beider Überzeugung von Caspar David Friedrich gemalt worden ist. Tatsächlich stammt das Bild von einem anderen unbekannten Maler. 3 Jahre nach dem Kauf bemerkt ein sachkundiger Bekannter des K den Irrtum. Der K verlangt von V sein Geld zurück.

1. Ein Anspruch aus §§ 437 Nr. Nr. 2, 326 Abs. 5, 346 ff. BGB scheitert daran, dass der Nacherfüllungsanspruch verjährt ist und ein Rücktritt nicht mehr möglich ist (§ 218 Abs. 1 BGB). 2. Ein Anspruch aus § 812 Abs. 1 S. 1 1. Alt. BGB („Leistungskondiktion") würde voraussetzen, dass der K den Rechtsgrund (Kaufvertrag) durch Anfechtung beseitigen konnte (§ 142 Abs. 1 BGB). Fraglich ist, ob eine Anfechtung nach § 119 Abs. 2 BGB überhaupt möglich ist. Dem steht entgegen, dass sich der Irrtum auf einen Sachverhalt bezog, der einen Sachmangel begründete. Um nicht das vorrangige Sachmangelgewährleistungsrecht (insbesondere die im Vergleich zu den allgemeinen Regeln kurze Verjährung) zu umgehen, kommt eine Anfechtung nicht in Betracht. Der K kann daher nicht Rückzahlung des Kaufpreises verlangen.

bb) Anfechtung wegen Irrtums über „verkehrswesentliche Eigenschaften" der Kaufsache durch den Verkäufer

Auch der Verkäufer, der ebenfalls nicht selten unrichtige Vorstellungen von der Beschaffenheit der verkauften Sache hatte, soll nach § 242 BGB nicht nach § 119 Abs. 2 BGB wegen eines Irrtums über die „verkehrswesentlichen Eigenschaften" anfechten können, wenn er sich hierdurch den Gewährleistungsansprüchen entziehen würde. Dabei ist ggf. inzident zu prüfen, ob solche bestehen (gleich, ob verjährt oder nicht).

Fall 465: Der V verkauft dem K ein Bild, das beide für eine gut gelungene Kopie des im Rijksmuseum in Amsterdam hängenden Bildes „Die Feder" des berühmten auf Vogelbilder spezialisierten niederländischen Barockmalers Hondekoeter halten. Der Vertrag wird beiderseits erfüllt. In Wahrheit ist das Bild ein bisher unbekanntes Original des Malers mit einem identischen Sujet. Der V erklärt die Anfechtung wegen eines Irrtums über die verkehrswesentlichen Eigenschaften des Bildes und verlangt Herausgabe des Bildes von K Zug-um-Zug gegen Rückzahlung des Kaufpreises.

Der Anspruch ergibt sich aus § 812 Abs. 1 S. 1 1. Fall BGB („Leistungskondiktion"). a) Der Anspruchsgegner K hat das Eigentum und den Besitz am Bild erlangt, also ein „etwas", b) und zwar durch Leistung des Anspruchstellers V. c) Der Rechtsgrund besteht aufgrund der erklärten Anfechtung nicht (§§ 119 Abs. 2, 142 Abs. 1 BGB). Die Anfechtung ist zulässig, da sicher ist, dass der K hier keine Gewährleistungsansprüche geltend machen wird. d) Die Rückabwicklung durch Rückübereignung und Rückgabe erfolgt nach der Saldotheorie Zug-um-Zug gegen Rückzahlung des von V herauszugebenden Kaufpreises.

cc) Folgen der Anfechtung

Durch die Anfechtung erlangt der Käufer bzw. Verkäufer einen Anspruch aus § 812 Abs. 1 S. 1 1. Alt. BGB. Der Umfang bestimmt sich nach § 818 Abs. 2 BGB. Da jedenfalls auf Verkäuferseite häufig Bösgläubigkeit vorliegt, ist an die verschärfte Haftung (§§ 818 Abs. 4, 819 Abs. 1, 292, 987ff. BGB) zu denken.

c) Vorvertragliche Pflichtverletzungen

Wenn der Verkäufer bereits bei Abschluss des Vertrages den Mangel kennt oder kennen muss, so verletzt er bei gleichwohl abgeschlossenem Vertrag eine vorvertragliche Aufklärungspflicht und würde daher nach dem allgemeinen Pflichtverletzungsrecht nach §§ 280 Abs. 1, 311 Abs. 2 BGB auf Schadenersatz haften. Da der Schaden im Abschluss des Kaufvertrages liegt, könnte der Käufer dann stets auf diesem Wege Vertragsaufhebung verlangen. Damit würde in vielen Fällen das kaufrechtliche Anspruchssystem umgangen werden (kurze Verjährung, spezifische Ausschlussgründe in §§ 442, 445 BGB, Vorrang der Nachrfüllung). Aus diesem Grund darf ein Anspruch aus §§ 280 Abs. 1, 311 Abs. 2 BGB nicht gewährt werden, wenn sich die unterlassene Aufklärung auf einen Mangel der Sache bezog. Dies gilt nach neuerer Rechtsprechung **auch bei vorsätzlichen Täuschungen**. Der Schutz des Käufers wird allein über §§ 437 Nr. 3, 311 a Abs. 2, 284 BGB gewährleistet. Die dort enthaltene Wertung (Ersatz des positiven Interesses, kurze Verjährung) darf nicht durch die Anwendung von §§ 280 Abs. 1, 311 Abs. 2 BGB umgangen werden. In diesen Fällen greift aber häufig die oben genannte deliktische Haftung ein.

14. Besonderheiten zum Verbrauchsgüterkauf

Aufgrund einer europäischen Richtlinie war der deutsche Gesetzgeber gehalten, die Rechte von Verbrauchern im Kaufrecht zu stärken. Im Rahmen der Schuldrechtsreform wurden große Teile dieser Richtlinie im Kaufrecht des BGB (§§ 433 ff. BGB) umgesetzt. Einige nicht in diesen allgemeinen Regelungsrahmen passende Einzelfragen hat der Gesetzgeber in einem besonderen Untertitel normiert (§§ 474 ff. BGB). Diese Regelungen gelten ergänzend zum allgemeinen

Kaufrecht (§ 474 Abs. 1 S. BGB). Sofern eine Frage nicht in den §§ 474-479 BGB geregelt ist, gelten daher die §§ 433-473 BGB.

a) Anwendungsbereich des Verbrauchsgüterkaufs

Der Anwendungsbereich der Regeln über den Verbrauchsgüterkauf lässt sich knapp durch drei Faktoren kennzeichnen:

- **Persönlicher Faktor: Der beteiligte Käufer ist** Verbraucher (§ 13 BGB) **und der** Verkäufer **ist** Unternehmer (§ 14 BGB). Der Käufer kann sich nach dem BGH nicht auf die Vorschriften des Verbrauchsgüterkaufs berufen, wenn er einen **gewerblichen Verwendungszweck** der Kaufsache **vortäuscht**.

> Beispiel: Der K kauft bei V ein Kraftfahrzeug, wobei er angibt, dass er es für seinen Handwerksbetrieb benötigt. Dies tut er, da ihm bekannt ist, dass V nur an Unternehmer verkauft, gegenüber denen er die Gewährleistung wirksam ausschließen kann. In diesem Fall kann der K später keine Ansprüche wegen Mängeln geltend machen, da er sich aufgrund seiner Täuschung als Unternehmer behandeln lassen muss (§ 242 BGB).

- **Rechtlicher Faktor:** Vorliegen muss ein **Kaufvertrag;** ausgenommen von der Anwendung des Verbrauchsgüterkaufrechts ist der Kauf gebrauchter beweglicher Sachen in einer öffentlichen Versteigerung (Hauptfall: Versteigerung von Fundsachen), an der der Verbraucher persönlich teilnehmen kann (§ 474 Abs. 1 S. 2 BGB).

- **Gegenständlicher Faktor:** Es muss sich um den Kauf einer **beweglichen Sache** (dazu zählen nicht Strom und Wasser) handeln. Grundstücke scheiden daher aus. Die gekaufte Sache muss nicht zum Verbrauch bestimmt sein (Man sollte daher besser vom „Verbraucherkauf" sprechen).

b) Sonderregeln für den Kaufvertrag

Wenn Sie die Voraussetzungen des Verbrauchsgüterkaufes bejaht haben, so hat dies zur Folge, dass (nach § 475 Abs. 1 BGB bis zur Mitteilung eines Mangels an den Unternehmer unabdingbar) folgende **Sonderregeln für den Kaufvertrag** gelten.

aa) Nichtgeltung der §§ 445 und 447 BGB (§ 474 Abs. 2 BGB)

Nach **§ 474 Abs. 2 BGB** findet **§ 447 BGB** keine Anwendung. Bei einem Verbrauchsgüterkauf kommt es also nicht durch eine auf Verlangen des Käufers erfolgende Versendung der Kaufsache „nach einem anderen Ort als dem Erfüllungsort" zum Übergang der Preisgefahr auf den Käufer, „sobald der Verkäufer die Sache dem Spediteur ... ausgeliefert hat". Der rechtspolitische Grund für diese Regelung ist darin zu sehen, dass der Käufer vor Transportrisiken, die der Verkäufer besser beherrschen kann (durch Auswahl der Transportperson oder durch Versicherung des Transportrisikos) als der Käufer, geschützt werden soll. Auch soll dem Käufer als Verbraucher nicht zugemutet werden, den Kaufpreis zahlen müssen, um sich dann auf dem umständlichen (über V führenden) Weg der „Drittschadensliquidation" zur Geltendmachung des Ersatzes seines Schadens an den die Transportperson halten zu müssen.

Fall 466: Der Privatmann K kauft kurz vor Weihnachten 2002 bei der auf dem Lande gelegenen Möbelfabrik des V eine für seine Wohnung gedachte Schrankwand. Weil der K keine Transportkapazität hat, vereinbaren V und K, dass der V den Transport zu K übernimmt. Der V beauftragt den verlässlichen Frachtführer F. Als plötzliches „Blitzeis" auftritt, hält der F auf der Autobahn an. Ein nicht zum Halten zu bringender LKW rammt den Wagen des F, so dass es zu einem Totalschaden kommt. Der V verlangt den Kaufpreis von K.

Der nach § 433 Abs. 2 BGB entstandene Kaufpreisanspruch ist nach § 326 Abs. 1 S. 1 BGB erloschen. Die in Betracht zu ziehende Ausnahme des § 447 BGB greift wegen § 474 Abs. 2 BGB nicht ein.

Durch diese Bestimmung sind zahlreiche interessante Klausurprobleme des Themenbereichs Versendungskauf hinfällig geworden!

Auch findet nach **§ 474 Abs. 2 BGB** das **Haftungsprivileg bei öffentlicher Versteigerung (§ 445 BGB)** keine Anwendung. Dies gilt allerdings wegen § 474 Abs. 1 S. 2 BGB nicht für gebrauchte Sachen.

bb) Unwirksamkeit „abweichender Vereinbarungen" (§ 475 BGB)

Der Unternehmer kann sich als Verkäufer bei einem Verbrauchsgüterkauf nicht auf eine vor Mitteilung eines Mangels an den Unternehmer getroffene Vereinbarung mit dem Verbraucher berufen, die für den Verbraucher nachteilig von den §§ 433 bis 435 BGB, 437, 439 bis 443 BGB abweicht, und zwar unabhängig davon, ob es sich um neue oder um gebrauchte Kaufsachen handelt. Eine Umgehung durch anderweitige Gestaltung ist unzulässig (§ 475 Abs. 1 S. 2 BGB). Dass auch keine Herabsetzung der Verjährungsfristen vereinbart werden kann (§ 475 Abs. 2 BGB), wissen Sie ja bereits. Die Konsequenzen für den Gebrauchtwagenhandel sind unübersehbar: ein Gewährleistungsausschluss ist praktisch nicht mehr möglich!

> Die Gebrauchtwagenhänder haben versucht, diese Konsequenz durch ein sog. **Agenturgeschäft** zu umgehen. Dabei wird vereinbart, dass der Händler einen in Zahlung gegebenen Altwagen im Namen des Kunden verkauft. Dadurch handelt es sich nicht um einen Verbrauchsgüterkauf, da Verkäufer ein Verbraucher ist. Sofern der Händler aber Garantien für einen bestimmten erzielbaren Preis gewährt und so letztlich das Risiko des Geschäfts trägt, liegt ein Umgehungsgeschäft i.S.d. § 475 Abs. 1 S. 2 BGB vor (BGH).

Fall 467: Der Gebrauchtwagenhändler V verkauft an den Privatmann K einen gebrauchten Wagen und bezeichnet den Tachostand mit 50 000 km. Im ausgehandelten Kaufvertrag wird vereinbart: „Gekauft wie besichtigt und unter Ausschluss jeder Gewährleistung". Der Kaufvertrag wird beiderseits erfüllt. Später erfährt der K, dass die wirkliche Laufleistung 80 000 km beträgt. Der V hatte von der Tachomanipulation des Voreigentümers nichts gewusst und hätte sie auch nicht erkennen können. Der K erklärt den Rücktritt und verlangt von V den Kaufpreis Zug-um-Zug gegen Rückübereigung und Rückgabe des Wagens. Der V beruft sich auf den Gewährleistungsausschluss.

Dem K könnte der Anspruch aus §§ 437 Nr. 2, 323 Abs. 3, 326 Abs. 5, 346 ff. BGB zustehen. a) Zwischen dem V und dem K war ein Kaufvertrag geschlossen worden. b) Der Wagen müsste mangelhaft sein. aa) Eine als gebraucht verkaufte Sache ist natürlich nicht bereits deshalb mangelhaft, weil sie nicht die Eigenschaften einer neuen Sache hat. Abnutzung und dergleichen allein begründen keinen Mangel. bb) Jedoch ist die Vereinbarung der Laufleistung eine Beschaffenheitsvereinbarung nach § 434 Abs. 1 S. 1 BGB. Der Wagen war daher mangelhaft, c) und zwar bei Gefahrübergang. d) Der K konnte nach §§ 437 Nr. 2, 323 BGB ohne Fristsetzung (§ 326 Abs. 5 BGB) den Rücktritt erklären. e) Der Ausschluss des Gewährleistungsrechts ist nach § 475 Abs. 1 BGB unwirksam. f) Der K kann daher nach § 346 ff. BGB den Kaufpreis Zug-um-Zug gegen Rückübereigung und Rückgabe des Wagens verlangen.

Eine Ausnahme von diesen sehr strengen Regeln gilt nur für Schadensersatzansprüche (§ 475 Abs. 3 BGB): Insoweit kann der Unternehmer mit dem Verbraucher abweichendes vereinbaren, dies jedoch unbeschadet der §§ 307-309 BGB, an denen die Vereinbarungen wegen § 310 Abs. 3 Nr. 2 BGB regelmäßig zu messen sein werden; auch gilt hier natürlich die Arglist- und Garantieschranke des § 444 BGB. Der rechtspolitische Grund für die Ausnahmeregelung des § 475 Abs. 3 BGB ist, dass der Verkäufer sonst keinen Schutz vor den oft weit reichenden Belastungen aus der Inanspruchnahme wegen entstandenen Mangelfolgeschäden hätte.

cc) Beweislastumkehr

Im allgemeinen Kaufrecht muss der Käufer beweisen, dass die gekaufte Sache bei Gefahrübergang mangelhaft war, um seine Rechte aus § 437 BGB durchsetzen zu können (vgl. oben). Bei einem Verbrauchsgüterkauf gilt innerhalb der **ersten 6 Monate seit Gefahrübergang** eine dahin lautende **gesetzliche Vermutung**, dass die gekaufte **Sache bereits bei Gefahrübergang mangelhaft** war, wenn ein Sachmangel in dieser Zeit auftritt (§ 476 BGB). Der Grund hierfür ist, dass dem Unternehmer der Beweis der Mangelfreiheit bei Gefahrübergang leichter fällt, als dem Käufer der Beweis der Mangelhaftigkeit bei Gefahrübergang.
Die Bestimmung des § 476 BGB hat sich zu einem **Schwerpunkt der Rechtsprechung zum neuen Kaufrecht** entwickelt. Es ist daher empfehlenswert, hierzu einige Kenntnisse vorzuhalten. Die Einzelheiten sind sehr umstritten, wobei sich der Streit noch dadurch verkompliziert, dass die Norm im Hinblick auf die Verbrauchsgüterkaufrichtlinie richtlinienkonform ausgelegt werden muss.
Damit die Vermutung greift, muss der Käufer die sog. **Vermutungsbasis** nachweisen. Die Bestimmung setzt zunächst voraus, dass sich ein Mangel binnen

6 Monaten ab Gefahrübergang „zeigt". Dies bedeutet nicht unbedingt, dass der Mangel bei Gefahrübergang nicht schon erkennbar geworden sein darf.

> Beispiel (nach BGH): Die Karosserie eines Fahrzeuges ist leicht verbogen, was bei genauem Hinsehen erkennbar gewesen wäre. Wir dies 4 Monate später entdeckt, so zeigt sich der Mangel erst dann.

Es reicht aus, wenn sich **irgendein Mangel** zeigt. Der Mangel muss also nicht derjenige sein, der bereits bei Gefahrübergang (Grundmangel) vorgelegen hat sondern es reicht aus, wenn sich ein Folgemangel zeigt.

> Beispiel: Der Motor hat zunächst einen unerkennbaren Defekt. Später erleidet er aufgrund dieses Defekts einen Totalschaden.

Die Vermutung hilft aber nur weiter, wenn feststeht, dass ein Mangel vorliegt. Sie **wirkt nach dem BGH nur in zeitlicher Hinsicht**, d.h. es wird vermutet, dass der vom Käufer bewiesene Mangel schon bei Gefahrübergang vorgelegen hat. Der Verkäufer kann die Grundlage der Vermutung daher dadurch erschüttern, dass er eine Alternativursache für einen Mangel aufzeigt. Damit hat der Käufer die Vermutungsbasis nämlich nicht nachgewiesen. Die Literatur ist großzügiger und erstreckt die Vermutung auch darauf, dass ein Grundmangel vorgelegen hat.

> Beispiel (nach BGH): Der Gebrauchtwagen erleidet nach 4 Monaten einen Motorschaden. Als Ursache kommen ein defekter Zahnriemen oder ein Schaltfehler des Fahrers in Betracht. Die Vermutung greift nach dem BGH nicht ein, da nicht bewiesen ist, dass ein Mangel vorlag. Nach der Literatur dagegen wird zusätzlich vermutet, dass der Grundmangel zum Motorschaden geführt hat.

Die **Vermutung ist ausgeschlossen**, wenn sie mit der Art der Sache oder der Art des Mangels unvereinbar ist. Die Gesetzesbegründung ging noch davon aus, dass die Vermutung bei gebrauchten Sachen unanwendbar sei, da sie mit der Art der Sache unvereinbar sei. Hiervon ist die Rechtsprechung aber mittlerweile abgerückt.

> Beispiel: Der Gebrauchtwagen zeigt nach einigen Wochen Mängel.

Umstritten ist, ob § 476 BGB auch auf den Kauf von Tieren anwendbar ist.

Auch dann, wenn die Vermutung mit der **Art des Mangels** nicht vereinbar ist, gilt § 476 BGB nicht. Dies gilt z.B. für Tierkrankheiten (sofern man dies nicht schon an der Art der Sache scheitern lässt) oder das Verderben von Lebensmitteln. Eine äußere Beschädigung einer Sache schließt die Vermutung nicht grundsätzlich aus, es sei denn, die Beschädigung war so offensichtlich, dass es unwahrscheinlich ist, dass der Verbraucher diese Beschädigung bei Übergabe übersehen hätte.

Liegen die Voraussetzungen vor, so wird nach § 476 BGB vermutet, dass der Sachmangel schon bei Gefahrübergang vorhanden war.

> Fall 468: Der V (Unternehmer) verkauft an K (Verbraucher) ein Auto. Nach 3 Monaten zeigt sich ein elektronischer Defekt. Der V behauptet, das rühre von unsachgemäßer Handhabung durch den K her. Der K meint, es handle sich hierbei um einen Produktionsfehler. Es lässt sich im Prozess nicht klären, wessen Darstellung richtig ist. K verlangt Nachbesserung.
>
> Den sich aus §§ 437 Nr. 1, 439 BGB ergebenden Anspruch kann der K nur dann geltend machen, wenn die Sache bei Gefahrübergang mangelhaft war. Dies kann hier nicht aufgeklärt werden. Möglicherweise greift hier aber die Vermutung nach § 476 BGB ein. Ein Verbrauchsgüterkauf liegt vor. Fraglich ist aber, ob sich ein Mangel innerhalb von 6 Monaten nach Gefahrübergang gezeigt hat. Dazu muss feststehen, dass das Fahrzeug zu irgendeinem Zeitpunkt nach Gefahrübergang mangelhaft gewesen ist. Dies steht hier nicht fest, da unklar ist, ob die Beschädigung durch einen schon vorhandenen Defekt oder durch Fehlbenutzung verursacht worden ist.

c) Der Unternehmerregress

Durch die Schuldrechtsreform wurden die Rechte der Käufer als Verbraucher gegenüber einem Unternehmer als Verkäufer nachhaltig gestärkt. Das soll aber nicht zur Konsequenz haben, dass der Einzelhändler als Unternehmer die Nachteile, die sich aus dem verbesserten Käuferschutz ergeben, auch dann allein zu tragen hat, wenn der Mangel der Kaufsache auf einen Fehler im Herstellungsprozess, also nicht auf ihn, zurückzuführen ist. Der Gesetzgeber hat sich daher dafür entschieden, demjenigen Unternehmer, der (als „Einzelhändler") den Verbraucher beliefert, im Verhältnis zu seinen „Lieferanten" (§ 478 Abs. 1 BGB) einen Rückgriffsanspruch zu geben; ferner soll ein solcher Rückgriff auch bei einer bis zum Hersteller reichenden „Lieferkette" möglich sein (§ 478 Abs. 5 BGB).

aa) Beweislastumkehr

Im Fall der **Beweislastumkehr des § 476 BGB** wird der Fristbeginn zwischen Händler und Lieferant auf den Zeitpunkt des Gefahrübergangs an den Verbraucher angepasst (**§ 478 Abs. 3 BGB**). Das bedeutet Folgendes:
   Nimmt beim Verbrauchsgüterkaufvertrag der Unternehmer im Wege des Rückgriffs seinen Lieferanten in Anspruch, weil er eine neu hergestellte Sache von einem Verbraucher zurücknehmen musste oder weil der Verbraucher den Kaufpreis gemindert hatte, so findet § 476 BGB auf diese Beziehung (die natürlich kein Verbrauchsgüter-Kaufvertrag ist) Anwendung, und zwar mit der Maßgabe, dass die 6-Monatsfrist des § 476 BGB mit dem Übergang der Gefahr auf den Verbraucher beginnt (§§ 478 Abs. 3, 476 BGB).

bb) Fristsetzung

Der vom Verbraucher in Anspruch genommene Unternehmer ist davon befreit, gegen den Lieferanten eine Frist in Gang zu setzen, wenn er diesen im Wege des Rückgriffs in Anspruch nimmt, weil er eine neu hergestellte Sache von einem Verbraucher zurücknehmen musste oder wenn der Verbraucher den Kaufpreis gemindert hatte (§ 478 Abs. 1 BGB); dies ist ein Spezialfall der Unzumutbarkeit i.S.d. des § 440 S. 1 BGB. Der Letztverkäufer bzw. der in einer Lieferantenkette vor ihm stehende Verkäufer kann also unmittelbar nach Rücknahme der mangelhaften Sache seinerseits von dem Kaufvertrag mit seinem Lieferanten zurücktreten, ohne diesem eine meist sinnlose Nacherfüllungsgelegenheit geben zu müssen.

cc) Aufwendungsersatzanspruch infolge einer Nacherfüllung

Wenn beim Verbrauchsgüterkauf über eine neu hergestellte Sache der Unternehmer als Letztverkäufer einen Nacherfüllungsanspruch des Verbrauchers aus §§ 437 Nr. 1, 439 Abs. 1 BGB zu erfüllen und deshalb hierfür nach § 439 Abs. 2 BGB die Aufwendungen zu tragen hatte, kann er diese Aufwendungen von seinem Lieferanten nach **§ 478 Abs. 2 BGB** ersetzt verlangen. Dies gilt aber nur wenn der Mangel bereits bei Gefahrübergang auf den letztverkaufenden Unternehmer vorhanden war, was bekanntlich nach §§ 478 Abs. 3, 476 BGB für Mängel, die innerhalb von 6 Monaten nach Übergang der Gefahr auf den Verbraucher aufgetreten sind, zugunsten des letztverkaufenden Unternehmers vermutet wird. Notwendig ist, dass der Letztverkäufer einem entsprechenden Anspruch des Verbrauchers ausgesetzt war. Bei Rücknahme allein aus Kulanz ist ein Rückgriff selbstverständlich nicht möglich.

Dieser Anspruch verjährt in zwei Jahren nach Ablieferung der Sache (**§ 479 Abs. 1 BGB**); zugunsten des letztverkaufenden Unternehmers ist der Ablauf der Verjährung gehemmt, um zu verhindern, dass der Unternehmer, der die Ware erst nach einer Lagerzeit bei sich verkauft und dann kurz vor Ablauf der 2 jährigen Verjährungsfrist aus § 438 Abs. 1 Nr. 3 BGB den Nacherfüllungsanspruch erfüllt hat, seinen Aufwendungsersatz einbüsst. Die Verjährungsregelung findet auch Anwendung auf die Ansprüche des Lieferanten und der übrigen Käufer in einer Lieferkette gegen den jeweiligen Verkäufer, wenn die Schuldner Unternehmer sind (**§ 479 Abs. 3 BGB**).

dd) Rügeobliegenheit

Ein Gewährleistungsausschluss zwischen Händler und Lieferant durch die Ihnen schon bekannte unterlassene Rüge (§ 377 HGB) lässt allerdings weiterhin die Ansprüche erlöschen (**§ 478 Abs. 6 BGB**).

ee) Verjährung

Dass der Aufwendungsersatzanspruch aus § 478 Abs. 2 BGB in zwei Jahren nach Ablieferung der Sache (§ 479 Abs. 1 BGB) verjährt, wissen Sie ja schon. Sie wissen auch, dass der Ablauf der Verjährung zugunsten des letztverkaufenden Unternehmers gehemmt ist, um so zu verhindern, dass der Unternehmer, der die Ware erst nach einer Lagerzeit bei sich verkauft und dann kurz vor Ablauf der 2 jährigen Verjährungsfrist aus § 438 Abs. 1 Nr. 3 BGB den Nacherfüllungsanspruch erfüllt hat, seinen Aufwendungsersatz einbüßt. Auch haben Sie schon erfahren, dass diese Verjährungsregelung auch Anwendung findet auf die Ansprüche des Lieferanten und der übrigen Käufer in einer Lieferkette gegen den jeweiligen Verkäufer, wenn die Schuldner Unternehmer sind (§ 479 Abs. 3 BGB). Nun aber müssen Sie noch zusätzlich erfahren, dass die letztgenannte „Wohltat" des Gesetzes (Ablaufhemmung) auch die Ansprüche aus § 437 BGB betrifft (**§ 479 Abs. 2 BGB**).

ff) Keine Hilfe durch § 478 BGB

Keine Hilfe bringen die Regeln über den „Unternehmerregress" allerdings, wenn zwischen Lieferant und Einzelhändler und zwischen Einzelhändler und Verbraucher verschiedene Abreden hinsichtlich der Beschaffenheit der Kaufsache erfolgten: Verkauft der Hersteller eine Waschmaschine mit einem Kratzer unter Hinweis auf diesen Mangel an den Einzelhändler und veräußert der diese Maschine ohne Hinweis auf den Mangel an einen Verbraucher weiter, so steht dem Einzelhändler nach (berechtigter) Minderung durch den Verbraucher natürlich kein Rückgriffanspruch zu!

Sie müssen die Einzelheiten nicht auswendig lernen. Merken Sie sich einfach, dass der Gesetzgeber den Einzelhändler schützen wollte und dass der verbesserte Verbraucherschutz letztlich auf Kosten des Produzenten gehen soll. Wann immer also ein Verbraucher berechtigt (!) Ansprüche gegen den Händler geltend macht, können die §§ 478, 479 BGB dazu führen, dass der eigene kaufrechtliche Anspruch des Händlers gegen den Lieferanten durch Sonderregeln privilegiert wird, sei es durch abweichende Verjährungsregelungen oder in anderer Weise. An der Stelle, an der der Anspruch des Händlers nach allgemeinem Kaufrecht scheitern würde, gehen Sie auf die Sonderregelungen ein.

---

gg) Analoge Anwendung der §§ 478, 479 BGB

Es soll Ihnen nicht vorenthalten werden, dass im neueren Schrifttum verschiedene analoge Anwendungen der §§ 478, 479 BGB erörtert werden und zwar für die folgenden Fälle:
- Die **werkvertragliche Lieferkette**: Bei ihr steht am Ende kein Verbrauchsgüterkauf sondern ein Werkvertrag.
- Die **unterbrochene bzw. stecken gebliebene Lieferkette**: Die Mangelhaftigkeit des Produkts wird festgestellt, bevor der Verkauf an einen Verbraucher stattfindet.
- Die **Unternehmer-Lieferkette**: Am Ende der Kette steht kein Verbraucher sondern ein Unternehmer.
- Und zuletzt auf die **Vertragsbeziehung zwischen Hersteller und Zulieferer**.

Insoweit bleibt die weitere Entwicklung abzuwarten. Gegen die Analogien spricht die Ausnahmefunktion der §§ 478, 479 BGB.

15. Rechte des Käufers bei Rechtsmängeln

Bisher eindeutig „zu kurz gekommen" in dieser Darstellung sind die **Rechte des Käufers bei** (den Sachmängeln gleichgestellten: §§ 433 Abs. 1 S. 2, 435 BGB) **Rechtsmängeln.** Das Gesetz unterscheidet in § 437 BGB unter Überschrift „Rechte des Käufers bei Mängeln" nicht zwischen den Rechten des Käufers wegen eines „Sach- oder Rechtsmangels". Daher ein kurzer Überblick über die Rechte des Käufers aus § 437 BGB im Fall von Rechtsmängeln.

Fall 469: Der K kauft von dem V formgerecht ein Grundstück. Im Grundbuch ist noch eine über € 100 000,- valutierende Hypothek zugunsten des X eingetragen. Die gesicherte Darlehensforderung, die ursprünglich € 100 000,- betrug, war jedoch schon vor Jahren in voller Höhe zurückgezahlt worden. Nachdem der K als Eigentümer eingetragen ist und ihm das Grundstück übergeben worden ist, verlangt der K von dem V die Herbeiführung der Löschung dieser Hypothek. Der V weigert sich, da die Hypothek ja unstreitig nicht mehr bestehe und die Löschung ihn Gebühren kosten würde.

Der Anspruch des K kann sich aus §§ 437 Nr. 1, 439 BGB ergeben. a) Hierzu muss das Grundstück bei Gefahrübergang mangelhaft gewesen sein. In Betracht kommt ein Rechtsmangel nach § 435 BGB. aa) Ein tatsächlich bestehendes fremdes Recht (§ 435 S. 1 BGB) kommt nicht in Betracht, da anstelle der Hypothek zugunsten des X eine Eigentümergrundschuld zugunsten des K besteht (§§ 1163 Abs. 1 S. 2, 1177 BGB). bb) Die bloße Eintragung der Hypothek steht aber einem Rechtsmangel gleich (§ 435 S. 2 BGB). Deshalb kann der K die Mängelbeseitigung verlangen. b) Der Rechtsmangel bestand bei Gefahrübergang (§ 446 BGB). c) Der K kann daher die Beseitigung des Rechtsmangels verlangen (§ 439 BGB).

Variante: Der K erklärt den Rücktritt vom Vertrag und verlangt Rückzahlung des Kaufpreises Zug-um-Zug gegen Rückübereignung und Rückgabe des Grundstücks.

Der Anspruch könnte sich aus §§ 437 Nr. 2, 323 Abs. 1, 2 Nr. 1, 346 ff. BGB ergeben; da der Rechtsmangel jedoch unerheblich ist, scheidet ein Rücktritt aus (§ 325 Abs. 5 S. 2 BGB).

Variante: Der K erklärt die Minderung und verlangt die Rückzahlung des zuviel gezahlten Kaufpreises.

Der Anspruch ergibt sich aus §§ 437 Nr. 2, 441, 346 ff. BGB.

Fall 470: Der V verkauft an K eine Anzahl von T-Shirts mit dem Aufdruck ADIDAS, die aber von einem Hersteller ohne die Zustimmung von ADIDAS hergestellt worden waren. Als K diese T-Shirts vermarkten will, wird ihm dies durch ADIDAS untersagt (§ 14 Abs. 2 Nr. 1, Abs. 3 Nr. 1 MarkenG). Der K verlangt Schadensersatz.

Der K kann von V Schadensersatz „statt der Leistung" nach §§ 437 Nr. 3, 311 a Abs. 2 BGB verlangen.

16. Größerer Fall

Um Ihnen die Gelegenheit zu geben, auch einmal den „Ernstfall" zu erproben, wird Ihnen ein Sachverhalt nebst Lösungsskizze vorgestellt, der im Sommersemester 2003 in einer Übung für Anfänger im Bürgerlichen Recht als Klausur zu bearbeiten war.

Fall 471: Der V ist Eigentümer eines seit fast dreihundert Jahren in Familienbesitz befindlichen, gerade neu mit Reet eingedeckten sog. „Haubargs" auf der Halbinsel Eiderstedt an der Nordsee. Es handelt sich dabei um eines der nur dort vorkommenden mehrere hundert Jahre alten, besonders konstruierten großen Bauernhäuser, bei denen sich die gesamte bäuerliche Wirtschaft unter einem einzigen gewaltigen Dach vereint. Getragen wird das Dachgerüst von 4 jeweils 12 Meter hohen „Ständern", die einen sog. „Vierkant" bilden.

Das Haus ist denkmalgeschützt und ist daher vom jeweiligen Eigentümer in äußerlich unverändertem Zustand zu erhalten; im Fall der Zerstörung ist ein Wiederaufbau oder eine sonstige Bebauung des Grundstücks nicht erlaubt.

Der V verkauft das Haus formwirksam (§ 311 b Abs. 1 S. 1 BGB) an den K; im Kaufvertrag ist u.a. vereinbart, dass das Haus „frei von Holzbock und Schwamm" sei. Der K beabsichtigte, das Haus nach einigen (zulässigen) Umbauten im Inneren des Hauses an den Interessenten X weiterzuverkaufen, so dass ihm nach Abzug von Unkosten ein Gewinn von € 100 000,- verbleibt.

Nach Zahlung des vereinbarten Kaufpreises i.H.v. € 1 300 000,- wurde das Haus an den K übergeben und übereignet (§§ 873, 925 BGB).

1. Variante: Einige Tage nach der Übergabe und Übereignung stellte sich heraus, dass sich schon seit Jahrzehnten im Dachstuhl des Hauses Holzbock befindet, so dass der Einsturz des Daches bei einem schweren Sturm droht. Der V hatte das Haus bisher für holzbockfrei gehalten. Der K verlangt von dem V die Beseitigung des Holzbocks, was wegen der aufwendigen Dachkonstruktion und der anschließenden Notwendigkeit einer neuen Dachdeckung mit Reet € 350 000,- kosten würde, wovon der Staat insgesamt nur € 50 000,- tragen würde. Der V weigert sich wegen der nach seiner Meinung „zu hohen" Kosten für ihn, die an sich mögliche Beseitigung des Holzbocks und die damit verbundene Neueindeckung des Daches vorzunehmen.

2. Variante: V gibt nach und beauftragt zunächst zur Bekämpfung des Holzbocks die Fachfirma. „Ho-Bo-Ex" des B ein. Um das genaue Ausmaß des Holzbockbefalls zu ermitteln, sägt der selbst tätige sehr verlässliche Inhaber B, der die tragenden Funktion eines jeden der „Ständer" verkennt, einen von ihnen zu ¾ durch, so dass dieser seine Stabilität verliert und das gesamte Haus nach einer kräftigen Windbö, wie sie an der Nordsee vorkommen, „wie ein Kartenhaus" in sich zusammenfällt. Der K verlangt, nachdem er den Kaufpreis bereits zurückerhalten hat, von dem V Schadensersatz „statt der Leistung" i.H.v. € 100 000,-.

3. Variante: Der K setzte dem V sofort nach der einige Tage nach der Übergabe und Übereignung getroffenen Feststellung des Holzbockbefalls eine angemessene Nachbesserungsfrist von 6 Monaten. Die Frist verstreicht fruchtlos, weil der V sich überhaupt nicht um die Beseitigung des Holzbocks kümmert. Als der X daraufhin „abspringt", verlangt der K von dem V Schadensersatz „statt der Leistung" i.H.v. € 100 000,-.

4. Variante: Der V hatte von dem Holzbockbefall gewusst und ihn dem K verschwiegen. Als der X wegen des später entdeckten Holbockbefalls „abspringt", verlangt der K von dem

V Schadensersatz „statt der Leistung" i.H.v. € 1 400 000,- Zug-um-Zug gegen Rückgabe und Rückübereignung des Grundstücks.

5. Variante: Der V lässt innerhalb von 6 Monaten den Holzbock beseitigen und das Dach neu eindecken. Der danach zur Überprüfung des Erfolgs der Arbeiten durch den K bestellte Gutachter stellt fest, dass zwar der Holzbock beseitigt sei, entdeckt aber zufällig, dass das Mauerwerk des Hauses schon seit vielen Jahrzehnten mit „Schwamm" (das ist ein die Bausubstanz von Gebäuden, speziell Holz und Stein, mit der Zeit zerstörender Pilz, der als solcher endgültig nicht zu beseitigen ist, sondern immer wiederkehrende Reparaturarbeiten erforderlich macht) befallen ist. Weil das Haus deshalb nicht weiterverkäuflich ist, verlangt der K von dem V Zahlung von € 1 400 000,- Zug-um-Zug gegen Rückgabe und Rückübereignung des Hauses.

6. Variante: Der K wollte das Haus selbst bewohnen. Er hatte im Kaufvertrag die Kosten für den Notar und den Makler vollständig übernommen und bezahlt. Als sich herausgestellt hatte, dass sich im Dachstuhl Holzbock befindet, hatte der V die Beseitigung des Holzbocks mit der Begründung „das ist Schicksal" abgelehnt. Daraufhin erklärte der K den Rücktritt vom Kaufvertrag und verlangt 1. Rückzahlung des Kaufpreises sowie 2. Ersatz der bezahlten Notar- und Maklerkosten.

Lösungsskizze

1. Variante: Der Anspruch ergibt sich a) aus §§ 437 Nr. 1, 439 BGB. b) § 439 Abs. 3 BGB steht nicht entgegen: Er selbst hätte das Haus auch im Nichtverkaufsfall erhalten müssen (Denkmalschutz); ausdrückliche Zusicherung („frei von Holzbock"); hochwertige Kaufsache; keine Nachlieferung möglich.

2. Variante: Der Anspruch ergibt sich aus §§ 437 Nr. 3, 280 Abs. 1, 3, 283, 278, 249 ff., 252 BGB.

3. Variante: Der Anspruch folgt aus §§ 437 Nr. 3, 280 Abs. 1, 3, 281, 249 ff. 252 BGB. Die Voraussetzungen (hier: Ablauf der Nacherfüllungsfrist) liegen vor. Der V hat insoweit schuldhaft gehandelt, weil er die Nacherfüllung vorsätzlich unterlassen hat. Der Anspruch auf die Zahlung von € 100 000,- ist mithin gegeben.

4. Variante: Der Anspruch folgt wiederum aus §§ 437 Nr. 3, 280 Abs. 1, 3, 281, 249 ff. 252 BGB. Die Voraussetzungen liegen vor. Wegen der Arglist des V ist eine Nacherfüllung dem K nicht zumutbar und eine Fristsetzung daher entbehrlich. K erhält den Kaufpreis und den entgangenen Gewinn ersetzt. Der Anspruch auf die Zahlung von € 1 400 000,- ist mithin gegeben.

5. Variante: Der K könnte von V Schadensersatz „statt der Leistung" i.H.v. € 1 400 000,- Zug-um-Zug gegen Rückübereignung und Rückgabe des Hauses aus §§ 437 Nr. 3, 311 a Abs. 2, 275 Abs. 1 BGB verlangen. a) Es liegt ein wirksamer Kaufvertrag vor. b) Das Haus war wegen des Schwammbefalls bei Gefahrübergang mangelhaft. c) Dem Käufer stand schon bei Vertragsschluss kein Nacherfüllungsanspruch zu, weil der Mangel anfänglicher unbehebbar war, so dass ein Nacherfüllungsanspruch „ausgeschlossen" war (§ 275 Abs. 1 BGB). d) Das nach § 311 a Abs. 1 S. 2 BGB vermutete Verschulden (Kenntnis oder fahrlässige Unkenntnis des den Nacherfüllungsanspruch entfallen lassenden Leistungshindernisses und seiner Unbehebbarkeit) ist nicht widerlegt. e) Der K kann daher Schadensersatz „statt der Leistung" verlangen. Weil der Mangel nicht nur unerheblich ist, kann er nach §§ 437 Nr. 3, 311 a Abs.2, 281 Abs. 1 S. 3 BGB den „großen Schadensersatz in Höhe von € 100.000,- ersetzt verlangen. Der Anspruch folgt aus §§ 437 Nr. 3, 280 Abs. 1, 3, 281, 249 ff. 252 BGB. Die Voraussetzungen (hier: Ablauf der Nacherfüllungsfrist) liegen vor.

Der V hat insoweit schuldhaft gehandelt, weil er die Nacherfüllung vorsätzlich unterlassen hat. Der Anspruch auf die Zahlung von € 100 000,- ist mithin gegeben.

6. Variante: 1. Der Anspruch auf Rückzahlung des Kaufpreises ergibt sich aus §§ 437 Nr. 2, 323, 346 Abs. 1 BGB. 2. Aufwendungsersatz kann der K geltend machen nach §§ 437 Nr. 3, 280 Abs. 1, 3, 281, 284, 325 BGB.

II. Rechtsbehelfe des Käufers vor Gefahrübergang

Bei einem **behebbaren Sach- oder Rechtsmangel** kann der Käufer

- die ihm angebotene mangelhafte Leistung des Verkäufers ablehnen und nach § 320 BGB die Kaufpreiszahlung insgesamt verweigern bis der Mangel behoben ist.
- Eine nach § 434 Abs. 3 als Mangel anzusehende Zuweniglieferung kann der Käufer nach § 266 BGB zurückweisen.
- Der Käufer kann (nicht durch § 439 BGB modifiziert) die Lieferung einer mangelfreien Sache verlangen (direkt aus § 433 Abs. 1 S. 2 BGB).
- Erfüllt der Verkäufer den Anspruch auf Lieferung einer mangelfreien Sache nicht, kann der Käufer (i.d.R. nach Fristsetzung) vom Kaufvertrag zurücktreten (§ 323 BGB) oder
- (i.d.R. erst nach Fristsetzung) nach §§ 280, Abs. 1, 3, 281 BGB Schadensersatz „statt der Leistung" verlangen.
- Der Käufer kann auch die Lieferung der mangelhaften Sache Zug-um-Zug gegen Zahlung des nach § 441 BGB geminderten Kaufpreises verlangen, indem er der Kaufpreisforderung den Einwand der Arglist (§ 242 BGB. „dolo agit, qui petit ...") entgegenhält.

Bei einem **unbehebbaren Sach- oder Rechtsmangel**

- Kann der Käufer die ihm angebotene mangelhafte Leistung des Verkäufers ablehnen und nach § 320 BGB die Kaufpreiszahlung insgesamt verweigern.
- Wegen § 275 Abs. 1 – 3 BGB besteht kein Anspruch auf Lieferung einer mangelfreien Sache; der Käufer kann auch die Lieferung der mangelhaften Sache Zug-um-Zug gegen Zahlung des nach § 441 BGB geminderten Kaufpreises verlangen, indem er der Kaufpreisforderung den Einwand der Arglist (§ 242 BGB. „dolo agit, qui petit ...") entgegenhält. Neuerdings wird die Ansicht vertreten, dass jedenfalls bei einem **nur unerheblichen unbehebbaren Mangel / einer unerheblichen Zuweniglieferung** der Käufer die **Kaufsache annehmen muss** und darauf verwiesen ist, den Kaufpreis zu mindern.
- Der Käufer kann nach §§ 323, 326 Abs. 5 BGB bei einem nicht unerheblichen Mangel zurücktreten.

- Im Falle des (nach § 280 Abs. 1 S. 2 BGB) vermuteten Verschuldens bestehen Schadensersatzansprüche nach § 311 a Abs. 2 BGB oder nach §§ 280 Abs. 1, 3, 283 BGB „statt der Leistung".

III. „Beschaffenheits- und Haltbarkeitsgarantie"

Das soeben dargestellte gesetzliche Gewährleistungsrecht trägt dem Interesse des Käufers, dass die Kaufsache zum Zeitpunkt des Gefahrübergangs eine bestimmte Beschaffenheit hat (= sachmangelfrei ist), Rechnung. Häufig hat ein Käufer jedoch weiterreichende Interessen, und zwar insbesondere dahingehend, dass die Kaufsache nicht nur sachmangelfrei ist, sondern dass sie auch möglichst lange Zeit die Beschaffenheit behält/sachmangelfrei bleibt (oder besser: „haltbar ist"). Dem wird im Gesetz nicht Rechnung getragen.

Durch **Vertrag** kann jedoch vom Verkäufer und/oder vom Hersteller, von einer Herstellervertriebsgesellschaft oder von einem Importeur eine „**Beschaffenheits-** und/oder **Haltbarkeitsgarantie**" übernommen werden.

Auf eine solche Garantie lässt sich ein Verkäufer bzw. ein Hersteller sehr häufig ein, weil dadurch die Qualität der Ware belegt wird und sich die Marktchancen verbessern. Es handelt sich dabei um ein „**unselbstständiges**" **Garantieversprechen**, durch das dem Käufer/Besteller die Sachmängelfreiheit der gekauften Sache vom Verkäufer oder vom Hersteller, von Herstellervertriebsgesellschaften oder Importeuren versprochen wird.

1. Materielles Recht

Das Gesetz regelt die Garantie in § 443 BGB (ergänzt durch § 477 BGB) in materieller Hinsicht bewusst unvollständig.

a) Schuldner der Garantie

Nach bisher herrschender Rechtsprechung kann eine solche Garantie entweder **Bestandteil des Kaufvertrages** sein, also durch eine Vereinbarung mit dem Verkäufer zustande kommen („**Verkäufergarantie**"). Wenn der Hersteller, eine Herstellervertriebsgesellschaft oder ein Importeur der Ware eine sog. „**Garantieerklärung**" beifügen, dann kommt mit ihnen – durch den Verkäufer als Bote oder Vertreter – ein Vertrag („**Herstellergarantie**") zustande.

b) Inhalt der Garantie

Für die Frage, **ob** ein „**Garantiefall**" vorliegt, sind der Inhalt der Garantieerklärung und auch die in der einschlägigen Werbung genannten Bedingungen (§ 443 Abs. 1 BGB) maßgeblich. Häufig werden nur einzelne Teile oder bestimmte Eigenschaften der Sache von der Garantie erfasst. Die Geltungsdauer („**Garantiefrist**") kann durch einen Zeitraum, durch andere Daten (z.B. Kilometerleistung) oder eine Kombination mehrerer Elemente dieser Art bestimmt werden. Fraglich ist, welche **Rechtsfolgen** ein Garantiefall auslöst. Auch hierfür sind der Inhalt der Garantieerklärung und auch die in der einschlägigen genannten Werbung genannten Bedingungen (§ 443 Abs. 1 BGB) entscheidend.

- Bei der **Verkäufergarantie** werden häufig ausdrücklich nur Nachbesserungen oder Ersatzlieferungen versprochen, zuweilen aber auch Rücktritt und Minderung. Ein Schadensersatzanspruch soll dem Käufer nur dann zustehen, wenn in der Garantie zugleich eine Eigenschaftszusicherung zu sehen ist. Wenn in einer Verkäufergarantie nichts über die Rechte des Käufers ausgesagt wird, soll dies im Zweifel besagen, dass alle gesetzlichen Gewährleistungsrechte gegeben sind (RegE).

- Bei der **Herstellergarantie** werden Rücktritt und Minderung nicht vorkommen, weil der Hersteller gegen den Endabnehmer keine Kaufpreisforderung hat.

- Bei einer inhaltlich übereinstimmenden **Verkäufer- und Herstellergarantie** wird die Geltendmachung von Rechten nach § 425 BGB nur eine Individualwirkung haben.

Es handelt sich immer nur um **zusätzliche Rechte** des Käufers, so dass gesetzliche Ansprüche (in erster Linie sind damit Gewährleistungsrechte gemeint) unberührt bleiben (§ 443 Abs. 1 BGB).

Die **Verjährung** von Garantieansprüchen soll sich nach der Rechtsprechung nach der Länge der Garantiefristen bemessen: Bei Garantiefristen, die die gesetzlichen Verjährungsfristen nicht übersteigen, bleibt es bei den gesetzlichen Verjährungsfristen. Bei Garantiefristen, die die gesetzlichen Verjährungsfristen übersteigen, soll dies zur Folge haben, dass die Verjährungsfrist erst mit der Entdeckung des Mangels innerhalb der Garantiefrist zu laufen beginnt.

2. Prozessuale Lösung bei der „Haltbarkeitsgarantie"

Anstelle einer materiellen Regelung hat das Gesetz in **§ 443 Abs. 2 BGB eine prozessuale Lösung** gewählt:

Der **Käufer** muss die Einräumung der Garantie beweisen; er muss ferner beweisen, dass der Mangel sachlich von der Garantie erfasst wird; und (in dem eher seltenen Fall, dass er den Mangel erst nach Ablauf der Garantiefrist geltend macht) dass der Mangel während der Garantiefrist aufgetreten ist. Beweist er dies, dann wird vermutet, dass dies ein Garantiefall ist, so dass der Käufer nicht auch noch beweisen muss, dass der in der Garantiezeit aufgetretene Mangel eine Auswirkung eines bereits bei Gefahrübergang vorhandenen Mangels ist (§ 443 Abs. 2 BGB).

Wenn der **Verkäufer** oder der **Hersteller pp.** die Inanspruchnahme aus der Garantie abwehren wollen, weil der Mangel die Folge einer unsachgemäßen Behandlung oder der Beschädigung durch einen Dritten sei, dann müssen sie dies beweisen; dieser Beweis kann nicht durch den Beweis einer technisch einwandfreien

Herstellung geführt werden, sondern nur durch den Beweis einer unsachgemäßen Behandlung oder eines sonstigen, von Außen kommenden, Ereignisses (RegE).

IV. Der Kauf von „Rechten und sonstigen Gegenständen"

Nach § 453 Abs. 1 BGB ist das Kaufvertragsrecht auf den Verkauf von „Rechten" und „sonstigen Gegenständen" anwendbar, also im Grundsatz auch das Gewährleistungsrecht.

1. Kauf von „sonstigen Gegenständen"

Beim Kauf von „sonstigen Gegenständen" kann das Sach- und Rechtsmängelgewährleistungsrecht entsprechend angewendet werden (§ 453 Abs. 1 BGB).

Der interessanteste Fall eines Kaufes „sonstiger Gegenstände" ist der des **„Unternehmenskaufs"** im Wege des **„asset deal"**, bei dem es als Inbegriff von Sachen, Rechten und sonstigen Gegenständen verkauft wird. Die §§ 434 ff. BGB finden dann wegen einzelner mangelhafter Gegenstände keine Anwendung. Denn verkauft ist das Unternehmen als Ganzes und dieses ist wegen des Mangels einzelner Bestandteile nicht automatisch mangelhaft. Maßgeblich ist vielmehr, ob das Unternehmen mangelhaft ist.

- Bei **Mängeln des sachlichen Substrats** (also z.B. defekte Maschinen oder erhebliche Fehlbestände) wird ein Mangel des Unternehmens bejaht, wenn sie **so gravierend sind, dass die wirtschaftliche Grundlage des Unternehmens erschüttert** wird (BGH).

- **Umsätze, Erträge und Verbindlichkeiten** haften einem Unternehmen nicht unmittelbar an, so dass Angaben hierzu keine Beschaffenheitsangaben nach § 434 Abs. 2 Nr. 1 BGB sind (BGH). Als Konsequenz ergibt sich ein **Schadensersatzanspruch** nicht aus §§ 434 ff. BGB sondern **aus §§ 280 Abs. 1, 311 Abs. 2 BGB**. Dies hat für den Käufer den Vorteil der längeren Verjährung. Wenn man dagegen annimmt, dass nach der Schuldrechtsreform der Begriff der Beschaffenheitsangaben weit zu interpretieren sei, sind auch unzutreffende Angaben zu Umsätzen, zu Erträgen und Verbindlichkeiten als Mängel des gekauften Unternehmens anzusehen; das hat den Vorteil einer einheitlichen Verjährung von Ansprüchen des Käufers.

- Aus dem **Grundgedanken der §§ 281 Abs. 1, 323 Abs. 5 S. 1 BGB** folgt, dass Schadensersatz und Rücktritt nur hinsichtlich der konkret mangelhaften Sache möglich sind. Ein Rücktritt vom gesamten Unternehmenskauf bzw. ein Schadensersatz anstelle der gesamten Leistung sind nicht möglich.

<u>Fall 472:</u> Der V verkauft an K eine Autowerkstatt zusammen mit allen Werkzeugen, Forderungen gegen Kunden, Markenrechten und Kundenstamm für € 350 000 .-. Dieser Preis ist angemessen. Eine Hebebühne, die im ordnungsgemäßen Zustand € 10 000,- wert ist, erweist sich nach der Betriebsübergabe als unbehebbar defekt und wertlos. Der K sieht ein,

dass er nicht das gesamte Unternehmen zurückgeben kann, verlangt aber eine Herabsetzung des Kaufpreises um € 10 000,-.

Der Anspruch könnte sich aus §§ 437 Nr. 2, 441 Abs. 1, 3, 4 S. 1 BGB ergeben. a) Ein Kaufvertrag über das Unternehmen ist geschlossen (§§ 433, 453 BGB) b) Das Unternehmen könnte mangelhaft sein. Insoweit kommt ein Mangel des sachlichen Substrats in Betracht. Die Hebebühne ist für die Autowerkstatt so wichtig, dass sie die Grundlage des Unternehmens betrifft. Es liegt somit ein Mangel des sachlichen Substrats vor, der das Unternehmen mangelhaft macht. c) der Mangel bestand bei Gefahrübergang (§§ 453, 446 BGB). d) Die Voraussetzungen für einen Rücktritt liegen vor (§ 326 Abs. 5 BGB). K konnte daher die Minderung vollziehen. Sie führt unter Zugrundelegung der Formel des § 441 Abs. 3 BGB zu einem Rückzahlungsanspruch i.H.v. € 10 000 .-.

Beim Kauf von Unternehmensanteilen („**share deal**") handelt es sich um einen **Rechtskauf.**

2. Kauf von „Rechten"

Beim Kauf von Rechten ist die unmittelbare Anwendung des Sach- und Rechtsmängelgewährleistungsrechts begrifflich nur vorstellbar beim Verkauf von Rechten, die zum Besitz berechtigen (§ 453 Abs. 3 BGB). Ansonsten kann das Sach- und Rechtsmängelgewährleistungsrecht nur entsprechend (auch § 435 BGB ist unmittelbar nur auf den Sachkauf zugeschnitten) angewendet werden (§ 453 Abs. 1 BGB).

Der interessanteste Fall eines Rechtskaufes ist der des Kaufes von Unternehmensanteilen („**share deal**"). Gekauft werden Gesellschaftsanteile (z.B. Aktien, GmbH-Anteile). Beim Rechtskauf sieht das Gesetz nur eine Haftung für die Verität, nicht aber für die Bonität vor (vgl. oben). Wenn nun aber nicht die Gesellschaftsanteile einen Rechtsmangel aufweisen sondern das Unternehmen einen Mangel hat (z.B. mangelhafte Sachen, Fehlbestände) aufweist, so enthält das Gesetz keinen Gewährleistungsanspruch. Anerkannt ist insoweit, dass die §§ 434 ff. BGB analog angewandt werden sollen, wenn wirtschaftlich betrachtet das gesamte Unternehmen gekauft wird. Umstritten ist lediglich, ob dafür 51 % genügen, oder ob nahezu alle Anteile gekauft werden müssen.

Fall 473: Der K kauft von V 95 % dessen Anteile an der Import-Export GmbH. Deren Warenbestände weisen erhebliche, vom Inhalt des Kaufvertrages abweichende Fehlbestände auf. Der K verlangt Rückzahlung des Kaufpreises.

a) Der Anspruch ergibt sich nicht aus §§ 453 Abs. 1, 437 Nr. 2, 323 Abs. 1, 346 Abs. 1 BGB, da die verkauften Rechte keinen Rechtsmangel aufweisen. Der Verkäufer haftet nur für das Bestehen der Rechte (Verität), nicht für deren Werthaltigkeit (Bonität). Die Gesellschaftsanteile bestehen aber. b) Der Anspruch ergibt sich jedoch analog aus §§ 437 Nr. 2, 323 Abs. 1, 346 Abs. 1 BGB. Bei wirtschaftlicher Betrachtung ist das gesamte Unternehmen verkauft. Es ist wegen der erheblichen Fehlbestände mangelhaft; deshalb kann der K vom Vertrag zurücktreten.

Maßgeblicher Zeitpunkt für das Eingreifen von Gewährleistungsansprüchen kann nicht die Übergabe sein, da eine solche beim Rechtskauf nicht stattfindet. Stattdessen soll es auf den **Zeitpunkt der Abtretung** (nach § 398 BGB) ankommen. Von diesem Zeitpunkt an läuft auch die Verjährung- Im gerade gezeigten Fall des Unternehmensverkaufes soll es dagegen (obwohl ja ein Recht verkauft ist) auf die Betriebsübergabe ankommen.

D. Gewährleistungsansprüche beim Werklieferungsvertrag

Die in **§ 651 BGB** geregelten (**Werklieferungs-)Verträge** haben die Verpflichtung zur Lieferung noch herzustellender oder zu erzeugender beweglicher Sachen zum Gegenstand. Auf diese Verträge findet das **Kaufrecht** Anwendung.

> Beispiele: Auf Lieferung und Einbau von Baumaterialien gerichtete Verträge unterfallen (über § 651 BGB) dem Kaufrecht, während individuell erstellte Software trotz der Lieferung eines Datenträgers dem Werkvertragsrecht unterliegen soll, da die geistige Leistung dabei ganz im Vordergrund steht.

Das gilt natürlich auch für das Gewährleistungsrecht. Die Besonderheit ist, dass der Gewährleistungsausschluss des § 442 BGB (= Ausschluss der Gewährleistung bei Kenntnis des Mangels bzw. Beschränkung der Gewährleistung bei grob fahrlässiger Unkenntnis des Mangels auf die Fälle der Verkäuferarglist) auch gelten soll, wenn der Mangel auf den vom Besteller gelieferten Stoff zurückzuführen ist.

> Die gesetzliche Regelung des § 651 BGB reduziert den Anwendungsbereich des „echten" Werkvertragsrechts auf die Herstellung von Bauwerken, reine Reparaturarbeiten und die Herstellung nicht-körperlicher Werke (z.B. Bauplanung durch einen Architekten, Erstellung von Gutachten).

E. Gewährleistungsansprüche beim Werkvertrag

I. Einführung in das Gewährleistungsrecht

> Sie wissen ja längst aus Teil 3, dass für den in den §§ 631 ff. BGB typisierten Werkvertrag kennzeichnend ist, dass der „Unternehmer zur Herstellung des versprochenen Werkes ... verpflichtet" und dass dieses „... sowohl die Herstellung oder Veränderung einer Sache als auch ein anderer durch Arbeit oder Dienstleistung herbeizuführender Erfolg sein" kann (§ 631 BGB). Wenn durch einen Vertrag „die Lieferung herzustellender oder zu erzeugender beweglicher Sachen" geschuldet wird, so finden die Vorschriften über den Kauf Anwendung (§ 651 BGB). Ein Werkunternehmer ist jeder, der sich zur Herstellung eines Werkes verpflichtet. Er ist mit dem Unter-

> nehmer i.S.d. § 14 BGB nicht zwingend identisch, da z.B. auch Verbraucher i.S.d. § 13 BGB sich zur Erbringung einer Werkleistung verpflichten können.

Wie beim Kaufvertrag (§ 433 Abs. 1 S. 2 BGB) gilt auch im Werkvertragsrecht die „Erfüllungstheorie": „Der Unternehmer hat dem Besteller das Werk frei von Sach- und Rechtsmängeln zu verschaffen" (§ 633 Abs. 1 BGB). Wenn das Werk mangelhaft ist, kann der Besteller die in der „Katalognorm" des § 634 BGB zusammengefasst dargestellten Gewährleistungsrechte (die der des § 437 BGB beim Kauf entspricht) geltend machen. Die Ihnen vom Gewährleistungsrecht beim Kauf her schon bekannte Frage lautet, bis zu welchem Ereignis das „allgemeine Leistungsstörungsrecht" und von welchem Ereignis an das Besondere Gewährleistungsrecht gilt:

- **Bis zum Gefahrübergang** hat der Besteller den Anspruch auf Erfüllung, und bei Störungen gilt das „Allgemeine Leistungsstörungsrecht".

- **Nach dem** Gefahrübergang gelten die §§ 634ff. BGB. Die Gefahr geht über mit der Abnahme des Werkes (nach *Heck* ist dies die „körperliche Hinnahme verbunden mit der Anerkennung des Werkes als im Wesentlichen vertragsgemäß" oder – wenn eine körperliche Hinnahme aufgrund der Natur des Werkes faktisch ausscheidet – nach Billigung des Werkes) oder – wenn sie „nach der Beschaffenheit des Werkes ausgeschlossen" ist – mit Vollendung des Werkes (§ 646 BGB). Anders als im Kaufrecht (dort § 434 BGB) ist im Werkvertragsrecht der maßgebliche Zeitpunkt für die Bestimmung der Mangelhaftigkeit nicht ausdrücklich geregelt. Da aber vor Abnahme noch keine Anhaltspunkte dafür bestehen, in welchem Zeitpunkt der Unternehmer das Werk als abgeschlossen ansieht, muss auf die Abnahme abgestellt werden. Dies war auch schon vor der Reform ganz allgemeine Ansicht.

> In der Praxis ebenfalls besonders wichtig sind die Regelungen der **VOB** (Verdingungsordnung für Bauleistungen), die im weiten Umfang vom BGB abweichende Regelungen enthalten. Diese Regelungen werden von den Vertragsparteien regelmäßig zur Vertragsgrundlage gemacht, da sie sich als praktisch sinnvoll erwiesen haben. Sie sind ihrer rechtlichen Natur nach nicht Gesetz, sondern **Allgemeine Geschäftsbedingungen.**

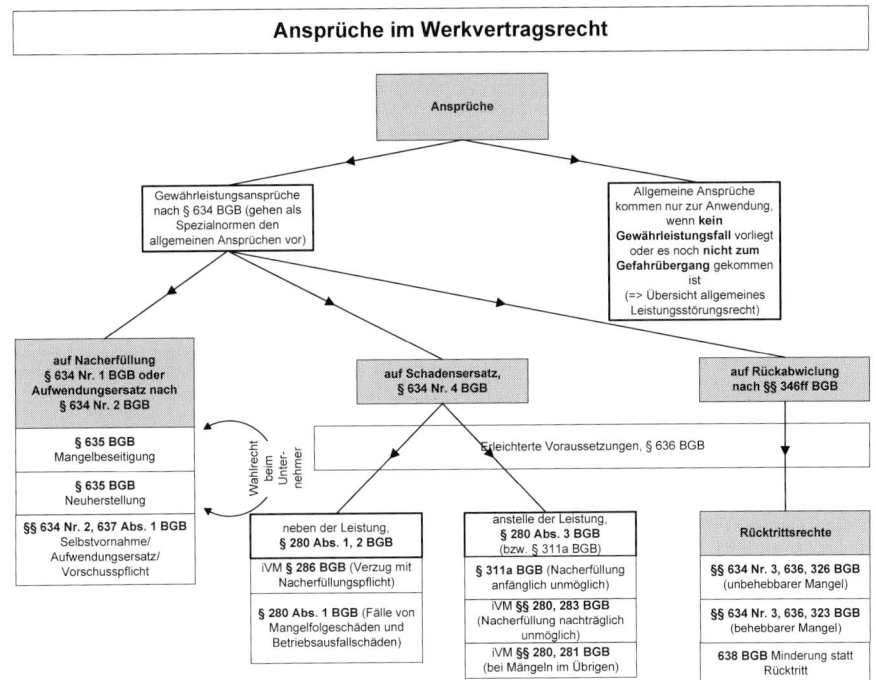

Abb. 7

II. Das Gewährleistungsrecht im Einzelnen

1. Begriff des Mangels

Der Werkunternehmer ist ebenso wie der Verkäufer verpflichtet, ein **sach- und rechtsmangelfreies Werk** zu liefern (§ 633 Abs. 1 BGB). Der Mangelbegriff ist fast völlig identisch zum kaufrechtlichen Mangelbegriff.

a) Sachmängel

Ein **Sachmangel** ist die „**Abweichung der Ist-Beschaffenheit von der Soll-Beschaffenheit**". Die Ist-Beschaffenheit entnehmen wir dem Sachverhalt; die Soll-Beschaffenheit ist eine normative (in § 633 Abs. 2 BGB geregelte) Frage. Da wir die hier auftauchenden Begriffe bereits alle aus dem Gewährleistungsrecht des Kaufes kennen, beschränken wir uns auf eine Übersicht:

- Es kommt auch hier zunächst auf die **vereinbarte Beschaffenheit** an (§ 633 Abs. 2 S. 1 BGB). Bei der Vertragsgestaltung muss man daher bei komplexen Werken die geschuldete Werkleistung möglichst genau beschreiben. Im Baugewerbe sollten daher alle zu erbringenden Leistungen und Materialien exakt beschrieben werden (Leistungsbeschreibung).

> **Beispiel:** Ein errichtetes Haus ist mangelhaft, wenn von der Vertragsinhalt gewordenen Bauzeichnung abgewichen wurde, auch wenn damit keinerlei Nachteile verbunden sind.

- Sofern eine Beschaffenheitsvereinbarung nicht erfolgt ist, kommt es auf die **vertraglich vorausgesetzte Verwendung** an. Das Werk ist mangelhaft, wenn es sich nicht zu dieser Verwendung eignet (§ 633 Abs. 2 S. 2 Nr. 1 BGB).

> **Beispiel:** Ein Haus ist auch dann mangelhaft, wenn es als Wohnhaus errichtet wurde, sich hierfür aber aus irgendeinem Grund nicht eignet, weil z.B. die Wände feucht sind.

- **Wenn keine Verwendung vertraglich bestimmt wird**, so kommt es auf die **Eignung zur gewöhnlichen Verwendung** an, die bei Werken der gleichen Art üblich ist, und die der Besteller erwarten kann (§ 633 Abs. 2 S. 2 Nr. 2 BGB).

> **Beispiel:** Ein Mangel liegt vor, wenn handwerkliche Arbeiten nicht fachgerecht („handwerksgerecht") ausgeführt wurden oder wenn das Werk von allgemein anerkannten, zum Teil gesetzlich vorgegebenen Standards abweicht.

- Mangelhaft ist ein Werk auch dann, wenn ein **anderes Werk als das bestellte** (aliud) oder das Werk in **zu geringer Menge** hergestellt wird (§ 633 Abs. 2 S. 3 BGB).

> **Beispiel:** Die mit der Inspektion eines Kfz beauftragte Reparaturwerkstatt führt nicht alle ihr übertragenen Arbeiten durch, oder sie wechselt den Filter der Klimaanlage anstelle des Ölfilters aus.

- **Aber:** Nicht alles, was wir aus § 434 BGB kennen, finden wir auch in § 633 BGB: So gibt es keine Haftung des Unternehmers für Werbeaussagen und für fehlerhafte Montageanleitungen. Das sind Besonderheiten der Verbrauchsgüterkaufrichtlinie, die nicht im Werkvertragsrecht umgesetzt werden mussten. Wegen der regelmäßig gegebenen Individualität eines jeden Werkes wäre eine Haftung für Werbeaussagen auch wenig nützlich. Montageanleitungen für den Besteller sind bei einem Werkvertrag ohnehin schwer vorstellbar.

Die Mangeldefinition orientiert sich an **körperlichen Werken**. Man kann und muss diese Definition (Abweichung der Ist- von der Sollbeschaffenheit) aber entsprechend auch auf **unkörperliche Werke** ausdehnen.

> Beispiel: Der Komponist K erhält den Auftrag, für ein Theaterstück die notwendigen Musikstücke zu arrangieren. Die von ihm gelieferte Komposition erweist sich als nicht spielbar.

b) Rechtsmängel

Der Unternehmer muss das Werk auch frei von Rechtsmängeln liefern. Das Werk ist frei von Rechtsmängeln, wenn Dritte in Bezug auf das Werk keine oder nur die im Vertrag übernommenen Rechte gegen den Besteller geltend machen können (§ 633 Abs. 3 BGB). Wichtigste Fälle von Rechtsmängeln eines Werkes sind zu Unterlassungsansprüchen führende Verletzungen von **Immaterialgüterrechten** eines Dritten.

> Wissen Sie eigentlich noch, was „Immaterialgüterrechte" sind? Sie haben in Teil 2 darüber einiges gelesen. Beispiele sind die Marke, das Patent, das Geschmacksmuster und das Urheberrecht. Es handelt sich um absolute Rechte, aufgrund derer der Rechtsinhaber bestimmte Verhaltensweisen Dritter untersagen kann. Wir kommen darauf später noch ein weiteres Mal zurück.

Fall 474: Der Architekt A plant für den Bauherrn B ein Gebäude. Er verwendet dabei Konstruktionspläne des Architekten C, bei dem er früher gearbeitet hatte. Der C hatte die Pläne für ein vergleichbares Gebäude erstellt. Der A hatte kein Nutzungsrecht an dem Urheberrecht des C (§§ 2 Nr. 4, 7, 31 UrhG). Als der B davon erfährt, verlangt er von dem A die Beseitigung des Rechtsmangels binnen 1 Monats. Als diese Frist ergebnislos verstrichen ist, verlangt er die Rückzahlung des bereits gezahlten Werklohns.

Der Anspruch ergibt sich aus §§ 634 Nr. 3, 323, 346 BGB.

c) Unerheblichkeit des Mangels

Die Frage der Erheblichkeit des Mangels spielt – ebenso wie beim Kauf – für die Frage des Vorliegens eines Mangels keine Rolle. Von Bedeutung ist die **Unerheblichkeit des Mangels** allerdings für die Rechtsfolgen:

- Die **Nacherfüllung** kann in Fällen der – bei einer Unerheblichkeit nicht selten gegebenen – Unverhältnismäßigkeit verweigert werden (§ 635 Abs. 3 BGB);
- bei **unerheblichen Sach- oder Rechtsmängeln** gibt es **kein Rücktrittsrecht** (§§ 634 Nr. 3, 326 Abs. 5, 323 Abs. 5 S. 2/323 Abs. 5 S. 2 BGB);
- das Gleiche gilt daher konsequenterweise auch für den letztlich wie beim Rücktritt zu einer Rückabwicklung führenden **„großen" Schadensersatzanspruch** (§§ 635 Nr. 3, 280 Abs. 1, 3, 281 Abs. 1 S. 3/283 S. 2, 281 Abs. 1 S. 3/311 a Abs. 2, 281 Abs. 1 S. 3 BGB).

In der **Fallbearbeitung** ist es sinnvoll, die Erheblichkeit bei Schadensersatzansprüchen auf der Rechtsfolgenseite zu erörtern. Beim Rücktrittsrecht handelt es sich um einen Rücktrittsausschlussgrund. Man sollte dann dort erörtern, ob der Rücktritt ganz oder teilweise ausgeschlossen ist und das gefundene Ergebnis am Ende der Prüfung noch einmal zusammenfassen.

> Nachdem Sie jetzt wissen, wann ein Werk mangelhaft ist, geht es jetzt um die Ansprüche des Bestellers gegen den Unternehmer.

2. Ansprüche auf Nacherfüllung

Ist das Werk bei der Abnahme mangelhaft, so hat der Besteller einen Anspruch auf Nacherfüllung (§§ 634 Nr. 1, 635 BGB). Genauso wie beim Kaufrecht hat sich mit der Abnahme der **ursprüngliche Erfüllungsanspruch** in einen **Nacherfüllungsanspruch verwandelt**.

Die Nacherfüllung wird auch im Werkvertragsrecht durch **Mangelbeseitigung** oder durch **Neuherstellung** durchgeführt. Aber anders als im Kaufrecht, wo der Gläubiger des Anspruchs (der Käufer) das Wahlrecht zwischen diesen beiden Alternativen hat, steht beim **Werkvertrag** das **Wahlrecht** nicht dem Gläubiger (dem Besteller) sondern **dem Unternehmer als Schuldner** zu. Das Gesetz hat es für angemessener erachtet, dem fachlich meist versierteren Werkunternehmer die Wahl zu lassen, wie er die Nacherfüllung durchführt.

> Dass diese „Umwandlung" des ursprünglichen Erfüllungsanspruchs aus §§ 631, 633 Abs. 1 BGB in einen Nacherfüllungsanspruch kein „juristisches Glasperlenspiel" ist, sondern ernsthafte Konsequenzen hat, wissen Sie ja schon aus dem Gewährleistungsrecht des Kaufes: So wird durch § 635 Abs. 3 BGB ein über § 275 Abs. 2 BGB hinausgehendes Leistungsverweigerungsrecht anwendbar (vergl. § 439 Abs. 3 BGB!) und vor allem tritt hinsichtlich der Verjährung der § 634 a BGB (vgl. § 438 BGB) an die Stelle der §§ 195, 199 BGB.

Fall 475: Der B beauftragt den U mit der Errichtung eines Hauses nach vorgegebenen Plänen. Der U errichtet das Haus, doch verwendet er abweichend von den Plänen eine andere Art Dachziegel. Der B bemerkt die Abweichung zunächst nicht und nimmt das Haus ab (§ 640 BGB; Kurzformel: „körperliche Entgegennahme + Billigung"). Erst einige Monate später stellt sich heraus, dass der U falsche und auch qualitativ minderwertige Dachziegel verwendet hatte. Der B verlangt von U einen Austausch der Dachziegel.

1. Der Anspruch könnte sich aus §§ 631 Abs. 1, 633 Abs. 1 BGB ergeben. Zwischen den Beteiligten besteht ein wirksamer Werkvertrag. Das Werk weicht von der vereinbarten Beschaffenheit ab und ist daher mangelhaft (§ 633 Abs. 2 S. 1 BGB). 2. Durch die Abnahme (§ 640 BGB) ist der Anspruch jedoch in einen Nacherfüllungsanspruch verwandelt worden, so dass der Anspruch sich aus §§ 634 Nr. 1, 635 Abs. 1 BGB ergibt.

Gehen wir aber **jetzt** nach diesen ersten einführenden Bemerkungen ins **Detail**!

a) Mangelbeseitigung oder Neuherstellung

Wie bereits ausgeführt, hat der Besteller bei einem Werkvertrag in erster Linie einen **Anspruch auf Nacherfüllung**, der **nach Wahl des Werkunternehmers** (also anders als beim Kaufvertrag, wo der Käufer wählen darf) auf Beseitigung des Mangels oder auf Neuherstellung des Werkes (§§ 631, 633, 634 Nr. 1, 635 Abs. 1 BGB) gerichtet ist.

→ **I. Voraussetzungen**
1. Vorliegen eines wirksamen **Werkvertrages**.
2. Werk ist **mangelhaft** (§ 634 BGB) zum Zeitpunkt der **Abnahme** (§ 640 BGB).
3. **Kein Ausschluss** nach § 275 Abs. 1 BGB und **keine Einrede** nach §§ 275 Abs. 2, 3, 635 Abs. 3 BGB.
4. Kein Gewährleistungsausschluss.
5. Keine **Verjährung** (§§ 214 Abs. 1, 634 a BGB).

→ **II. Rechte des Bestellers**
Der Besteller kann Nacherfüllung verlangen: nach Wahl des Unternehmers in der Form der **Mangelbeseitigung** oder der **Neuherstellung**.

Die Hauptfälle eines Sachmangels sind die der **Qualitätsmängel** (§ 633 Abs. 1, 2 BGB).

Fall 476: Der Bauunternehmer U verpflichtet sich im Werkvertrag zum Bau eines aus Holz zu errichtenden Wohnhauses, welches am Hamburger Elbhang gelegenen ist. Besteller ist der Großverleger B, der aufgrund der Publikationen seines Verlages der Ökologie verpflichtet ist. Das Dach und die Außenwände sollen wegen der feuchten und rauen Witterung des Nordens aus einem extrem wetterfesten Regenwaldholz, das nur in Chile in einer einzigen Holzplantage angebaut wird, hergestellt werden. Der U bezieht das Holz vom Lieferanten L. Dieser erwirbt wegen großer Lieferschwierigkeiten der Plantage und einer damit verbundenen, von ihm bei der Kaufpreiskalkulation nicht berücksichtigten massiven Preiserhöhung, zum kalkulierten Preis täuschend ähnlich aussehendes Holz, das der Plantagenbetreiber zur Überbrückung des Lieferproblems durch einen verbotenen Holzeinschlag in nach chilenischem Recht geschützten wilden Regenwäldern Chiles, die am Westhang der Anden wachsen, gewonnen hat. Er liefert es im Wissen von dessen Herkunft dem U. Wegen einer durch Bestechung eines käuflichen Gutachters erlangten inhaltlich falschen Expertise und einer darauf basierenden Freigabeerklärung der chilenischen Behörden war für U auch bei äußerster Anspannung der einem Bauunternehmer möglichen Sorgfalt die Falschlieferung nicht als solche zu erkennen. Nachdem der U den Dachstuhl aus dem von L gelieferten Holz errichtet und der B diesen als gelungen abgenommen hat, macht der den B zufällig besuchende Holzfachwirt H den Bauherren darauf aufmerksam, dass – wie nur er als spezialisierter Fachmann erkennen könne – wild wachsendes Regenwaldholz verbaut wird. Der B verlangt von U Nacherfüllung. In Deutschland ist der Verbau wild wachsenden Regenwaldholzes aus Chile zwar ungern gesehen, aber nicht verboten.

Der Anspruch könnte sich aus §§ 631, 633, 634 Nr. 1, 635 Abs. 1 BGB ergeben. a) Zwischen dem U und dem B besteht ein Werkvertrag. b) Das Werk ist mangelhaft, weil es nicht die vereinbarte Beschaffenheit aufweist (§ 633 Abs. 2 S. 1 BGB). c) Nach §§ 634 Nr. 1,

635 Abs. 1 BGB kann der B die Nacherfüllung – hier durch Beseitigung des Mangels durch teilweisen Neubau – verlangen.

Auch in den Fällen der **Falsch- oder Zuwenigherstellung** liegt ein Sachmangel vor, so dass auch insoweit Nacherfüllungsansprüche in Betracht kommen (§§ 631, 633 Abs. 2 S. 3, 634 Nr. 1, 635 Abs. 1 BGB). Anders als beim Kaufvertrag spielen diese Fälle naturgemäß nur eine geringe Rolle (RegE).

Speziell im Fall einer **Falschherstellung** wird es in erster Linie nur um einen **Neuherstellungsanspruch** gehen (§§ 634 Nr. 1, 635 Abs. 1 BGB); nur selten wird ein Mangelbeseitigungsanspruch in Betracht kommen. Der Werkunternehmer kann dennoch wählen. In Betracht kommt aber in erster Linie ein Neuherstellungsanspruch, der auf die Herstellung eines mangelfreien anderen Werkes gerichtet ist. Abgesehen von dem über § 275 Abs. 2 BGB hinausgehenden Leistungsverweigerungsrecht (§ 635 Abs. 3 BGB) und der von §§ 195, 199 BGB abweichenden Verjährungsregelung (§ 634 a BGB) besteht kein inhaltlicher Unterschied zum primären Erfüllungsanspruch aus §§ 631, 633 Abs. 1 BGB. Ein Anspruch auf **Mangelbeseitigung** kommt aus §§ 631, 633 Abs. 2 S. 3, 634 Nr. 1, 635 Abs. 1 BGB in Betracht. Vorstellbar ist ein solcher Anspruch beim Vorliegen eines Werkvertrags überdies nur dann, wenn es möglich ist, das hergestellte Werk so umzurüsten, dass es das geschuldete Werk ist.

Fall 477: Die von B mit dem Austausch des Kühlers eines Kfz beauftragte Reparaturwerkstatt U wechselt den Ölbehälter aus. Der B nimmt den Wagen ab.

Der B kann nach §§ 634 Nr. 1, 635 Abs. 1 BGB die Auswechselung des Kühlers verlangen.

Bei der **Zuwenigherstellung** ist der Nacherfüllungsanspruch auf Neuherstellung gerichtet.

Fall 478: Die von B mit der Inspektion eines Kfz beauftragte Reparaturwerkstatt U führt nicht alle ihr übertragenen Arbeiten durch. Der B nimmt den Wagen ab.

Der B kann nach §§ 634 Nr. 1, 635 Abs. 1 BGB die Nachholung der fehlenden Arbeiten als Neuherstellung verlangen.

b) Befreiung von der Pflicht zur Nacherfüllung

Sehr häufig wird ein Nacherfüllungsanspruch deshalb nicht bestehen, weil der Verkäufer von der Pflicht zur Nacherfüllung befreit ist:

- So kann der Anspruch **wegen Unmöglichkeit** einer Nacherfüllung „ausgeschlossen" sein (§ 275 Abs. 1 BGB), oder die Nacherfüllung kann vom Verkäufer nach § 275 Abs. 2, 3 BGB verweigert werden. Hier folgt nur ein Beispiel zu § 275 Abs. 1 BGB. Fälle zu den Leistungsverweigerungsrechten aus § 275 Abs. 2, 3 BGB können Sie sich „zur Abwechslung" ja einmal selbst ausdenken.

Fall 479: Konstrukteur K hat versprochen, ein „perpetuum mobile" (= eine sich selbst antreibende „ewig laufende" Maschine) zu konstruieren. Dies erweist sich als physikalisch unmöglich.

Hier besteht wegen § 275 Abs. 1 BGB kein Anspruch auf mangelfreie Leistung: er ist „ausgeschlossen".

- Auch kann der Nacherfüllungsanspruch aufgrund einer Verweigerung des Verkäufers wegen unverhältnismäßiger Kosten **§ 635 Abs. 3 BGB** nicht gegeben sein (denken Sie bitte an die Parallelvorschrift des § 439 Abs. 3 BGB). Dieses Leistungsverweigerungsrecht ist für den Unternehmer günstiger. Bei § 275 Abs. 2 BGB kam es, wie Sie wissen, auf das Verhältnis zwischen Leistungsaufwand und Leistungsinteresse an. Bei § 635 Abs. 3 BGB dagegen sind die Beseitigungskosten und der Beseitigungserfolg ins Verhältnis zu setzen.

Fall 480: Der U plant und baut für das Hotel des B eine Fahrstuhlanlage. Der Werklohn dafür beträgt € 100 000,- . Nach Fertigstellung des gesamten Hotels stellt sich heraus, das der Fahrstuhl die im Vertrag mit U vereinbarte Transportkapazität nicht ganz erreicht und daher mangelhaft ist. Dieser Mangel ließe sich nur durch einen vollständigen Neubau des Fahrstuhlschachtes und dem Einbau einer neuen Fahrstuhlanlage beheben. Das würde allerdings ca. € 250 000,- kosten.

Hier könnte U die aus §§ 634 Nr. 1, 635 Abs. 1 BGB geschuldete Nacherfüllung nach § 635 Abs. 3 BGB verweigern.

c) Gegenrechte des Unternehmers

Wenn der Unternehmer ein neues Werk herstellt, so kann er vom Besteller die Rückgewähr des mangelhaften Werkes nach Rücktrittsgrundsätzen verlangen (§§ 634 Nr. 1, 635 Abs. 4, 346 ff. BGB).

Fall 481: Der B hat bei der Autowerkstatt des U die Reifen seines Autos für einen Werklohn von € 600,- auswechseln lassen. Zu Hause angekommen stellt B fest, dass U einen Reifen hat einbauen lassen, der für sein Auto nicht zugelassen ist, so dass bei einer Weiterbenutzung des Autos eine akute Unfallgefahr besteht. Er demontiert den Reifen und ersetzt ihn durch den Reservereifen. Dann fährt er zu U, der einen passenden Reifen einbaut und anschließend Herausgabe des zunächst installierten Reifens verlangt.

Der U, der als Werkunternehmer teilweise ein neues Werk hergestellt hat, kann von B die Rückgewähr des mangelhaften Werkes verlangen (§§ 634 Nr. 1, 635 Abs. 1, 4, 346 ff. BGB)

d) Aufwendungsersatzanspruch des Bestellers

Sofern dem Besteller durch die Nacherfüllung **Aufwendungen** entstehen, wie z.B. Transport-, Wege-, Arbeits und Materialkosten, so wird im Gesetz klargestellt, dass diese **der Unternehmer zu tragen** hat (§ 635 Abs. 2 BGB).

Fall 482: Der U soll aufgrund eines Werkvertrags mit dem B dessen Auto reparieren. Er versucht dies auch, doch leider ist die Reparatur nicht erfolgreich. Der B muss daher das

Auto noch einmal in die Werkstatt bringen. Für die Rückfahrt nach Hause und für die erneute Anreise 3 Tage später entstehen ihm Kosten für Bahn und Taxi in Höhe von € 40,-, die er von U ersetzt verlangt. Die aufwändige zweite Reparatur führt der Leiharbeiter A durch, was € 300,- kostet. Der U verlangt dieses Geld von B.

1. der Anspruch des B gegen U auf Bezahlung der Reisekosten in Höhe von € 40,- ergibt sich aus § 635 Abs. 2 BGB. a) Ein wirksamer Werkvertrag liegt vor. b) Dem B stand ein Nacherfüllungsanspruch nach §§ 634 Nr. 1, 635 Abs. 1 BGB zu. c) Die geltend gemachten Kosten sind Wegekosten. 2. Der Anspruch des U gegen B könnte sich aus § 631 Abs. 1 BGB ergeben. § 635 Abs. 2 BGB stellt jedoch klar, dass die Kosten vom Unternehmer zu tragen sind. U kann daher nicht die Bezahlung der € 300,- verlangen.

3. Recht auf Selbstvornahme

Eine Ihnen aus dem Kaufvertragsrecht unbekannte Besonderheit des Werkvertragsrechts ist das **Recht** des Bestellers auf **Selbstvornahme** (§§ 634 Nr. 2, 637 BGB). Wenn der Unternehmer die Nacherfüllung innerhalb einer ihm gesetzten angemessenen Frist nicht erbringt, kann der Besteller die Mangelbeseitigung selbst vornehmen und Ersatz der dafür erforderlichen **Aufwendungen** und sogar einen **Vorschuss** verlangen (§ 637 Abs. 3 BGB). Anders liegt es nur dann, wenn der Unternehmer die Nacherfüllung nicht schuldet (§ 275 Abs. 1 BGB) oder verweigern kann (§§ 275 Abs. 2, 3, 635 Abs. 3 BGB). Könnte der Besteller in diesen Fällen die Aufwendungen für die Nacherfüllung verlangen, so würde er den Unternehmer auf diesem Wege zur eigentlich nicht geschuldeten Nacherfüllung zwingen. Die Fristsetzung kann nach §§ 634 Nr. 2, 637 Abs. 2, 323 Abs. 2 BGB entbehrlich sein, wenn sie erfolglos bleiben wird, weil der Unternehmer die Nacherfüllung ernsthaft und endgültig verweigert, wenn es sich bei der Nacherfüllung um ein „relatives Fixgeschäft" handelt oder wenn besondere Umstände vorliegen, die eine sofortige Selbstvornahme rechtfertigen.

Fall 483: Der B beauftragt den U mit der Errichtung eines Hauses nach vorgegebenen Plänen. Der U errichtet das Haus, doch verwendet er eine andere Art Dachziegel. Der B bemerkt die Abweichung zunächst nicht und nimmt das Haus ab. Erst einige Monate später stellt sich heraus, dass der U falsche und auch qualitativ minderwertige Dachziegel verwendet hatte. Der B verlangt von U einen Austausch der Dachziegel. U entfernt die Dachziegel, errichtet einen neuen Dachstuhl und beginnt mit dem Eindecken. Als nur noch wenige Pfannen fehlen, stellt der U die Arbeit ein, da er dringend eine andere Baustelle bearbeiten muss. B setzt ihm unter Hinweis auf die ihm drohenden Schäden bei Regen eine Nachfrist von 10 Tagen. Als sich auch danach keine Fortschritte zeigen, beauftragt der B den Dachdecker D mit dem Abschluss der Arbeiten. Dieser erledigt die restliche Arbeit innerhalb eines Tages und erhält dafür von B einen Werklohn in Höhe von € 2000,-. Diesen Betrag verlangt der B von U ersetzt.

Der Anspruch kann sich aus §§ 634 Nr. 2, 637 Abs. 1 BGB ergeben. a) Zwischen B und U besteht ein wirksamer Werkvertrag. b) Dem B steht ein Nacherfüllungsanspruch nach §§ 634 Nr. 1, 635 Abs. 1 BGB zu, da der U ein mangelhaftes Werk erstellt hat. c) Der B hat dem U eine angemessene Frist gesetzt; diese ist fruchtlos abgelaufen. d) Bei dem geltend gemachten Betrag muss es sich um Aufwendungen gehandelt haben, die zur Beseitigung des Mangels erforderlich waren. Aufwendungen sind alle freiwilligen Vermögensopfer. Hier beruhte die Beauftragung und Bezahlung des D auf einem freien Entschluss des B.

Außerdem war die Maßnahme notwendig, um den Mangel zu beseitigen. U muss daher dem B die an D gezahlten € 2000 .- ersetzen.

<u>Variante</u>: Wie eben, nur dass bereits am Tag der Arbeitseinstellung ein schwerer Wolkenbruch droht, und der B deshalb sofort einen anderen Dachdeckermeister beauftragt.
Die Lösung ist identisch, mit der Abweichung, dass über §§ 637 Abs. 2, 323 Abs. 2 Nr. 3 BGB die Fristsetzung entbehrlich ist.

<u>Variante</u>: Dem B fehlt das Geld für die Bezahlung des D. Daher verlangt er von U einen Vorschuss in Höhe von € 2000,-. Der U verweigert die Zahlung. Daraufhin nimmt B einen Kredit bei der K-Bank auf, für den er (marktübliche) 10 % Zinsen zahlen muss. Der B verlangt nach Eindeckung des Daches von U außerdem Aufwendungsersatz in Höhe von € 2000,- auch noch 10 % Zinsen.
1. Der Anspruch auf Aufwendungsersatz in Höhe von € 2000,- steht dem B gegen U zu.
2. Der von B geltend gemachte Zinsanspruch ist gerichtet auf den Ersatz eines Verzögerungsschadens. Er könnte sich aus §§ 280 Abs. 1, 2, 286, 249 BGB ergeben. a) Vorausgesetzt ist ein wirksames Schuldverhältnis: Hier besteht eine sich aus einem Werkvertrag ergebende Verpflichtung zur Leistung eines Vorschusses für die zur Beseitigung eines Mangels erforderlichen Aufwendungen (§§ 631, 633 Abs. 2 S. 2, 634 Nr. 2, 637 Abs. 1, 3 BGB). b) Zu den daraus resultierenden Schuldnerverpflichtungen gehört die Einhaltung des sich aus dem Schuldverhältnis ergebenden Leistungszeitpunkts (hier: „sofort"; vgl. § 271 BGB). Der Schuldner U hat diese Pflicht verletzt, weil er den Vorschuss nicht zu dem nach dem Schuldverhältnis geschuldeten Zeitpunkt erbracht hat. c) Die nach § 280 Abs. 2 BGB erforderlichen Voraussetzungen des § 286 BGB liegen vor. Eine Mahnung ist hier nach § 286 Abs. 2 Nr. 3 BGB entbehrlich. d) Das vermutete Verschulden ist nicht widerlegt. e) Zu ersetzen ist das negative Interesse in Höhe von 10 % Zinsen (§ 249 Abs. 2 BGB).

Wenn der Werkunternehmer die Nacherfüllung nach § 635 Abs. 3 BGB zu Recht wegen Unverhältnismäßigkeit der Kosten verweigert hat, ist die **Ersatzvornahme und damit auch der Aufwendungsersatzanspruch ausgeschlossen** (§ 637 Abs. 1 a. E. BGB).

<u>Fall 484</u>: Der in Hamburg beruflich tätige Rechtsanwalt Dr. P. Nida (N) lebt 80 km von Hamburg entfernt in Schleswig-Holstein in einem abgeschieden liegenden Häuschen im Walde. Der N hat bei der Autowerkstatt des U in Hamburg die Reifen seines Autos für einen Werklohn von € 600,-, wovon € 50,- Arbeitslohn sind, auswechseln lassen. Zu Hause angekommen stellt N fest, dass die Radmuttern am linken Vorderreifen nicht fest angezogen worden sind. Er ruft bei U an und verlangt, dass dieser sofort einen Mitarbeiter zu ihm nach Hause schicke, um die Radmuttern anzuziehen. Der U verweigert dies unter Hinweis auf ihm entstehende Kosten von € 250,-, und unter Hinweis darauf, dass auch eine lokale Werkstatt in der Lage sei, die Radmuttern anzuziehen. Der B setzt dem U eine Nachfrist von 24 Stunden und beauftragt nach deren ergebnislosem Ablauf den Dorfschmied D mit der Fixierung des Rades, der ihm den angemessenen Werklohn von € 10,- berechnet. Der N verlangt von U den Ersatz seiner Aufwendungen.

a) Der Anspruch auf Aufwendungsersatz könnte sich aus §§ 634 Nr. 2, 637 Abs. 1 BGB ergeben. aa) Ein Werkvertrag ist geschlossen. bb) Das Werk ist mangelhaft, weil das Fahrzeug wegen der losen Radmuttern nicht fahrbereit ist und sich damit nicht für die vertraglich vorausgesetzte Verwendung eignet. cc) Die – angemessene – Nachfrist ist ergebnislos verstrichen. dd) Dem B sind Aufwendungen in Höhe von € 10,- für die Selbstbeseitigung entstanden. ee) Der Nacherfüllungsanspruch könnte aber deshalb nicht gegeben sein, aaa) weil der U die Nacherfüllung zu Recht nach § 635 Abs. 3 BGB verweigert hatte (§ 637 Abs. 1 a.E. BGB). bbb) Hier stellt sich die Frage, ob man § 637 Abs. 1 a.E. BGB dahingehend teleologisch reduziert auslegen muss, dass ein Ausschluss des Aufwendungsersatzanspruchs dann nicht in Betracht kommt, wenn bei Zugrundelegung der geltend gemachten Kosten für den Aufwendungsersatz (€ 10,-) keine Unverhältnismäßigkeit gegeben wäre. Ein solches Ergebnis entspräche auch durchaus der ratio legis des § 637 Abs. 1 a E. BGB: Verhinderung einer nach § 635 Abs. 3 BGB ausgeschlossenen Nacherfüllung im Gewande eines Aufwendungsersatzanspruchs für eine Ersatzvornahme. b) Wer diese Korrektur nicht vornehmen will, kann den Interessen des N nur über die Minderung oder über einen Schadensersatzanspruch gerecht werden.

4. Schadensersatzansprüche/Ansprüche auf „Aufwendungsersatz"

Auch bei Werkverträgen kann der Besteller Schadensersatzansprüche geltend machen. Sie können gerichtet sein auf **Schadensersatz „statt der Leistung"/ „Aufwendungsersatz"** und auf **Schadensersatz „neben der Leistung"**.

a) Schadensersatz „statt der Leistung"/„Aufwendungsersatz"

Wenn der Käufer den Ersatz derjenigen Schäden geltend macht, die darauf zurückzuführen sind, dass endgültig kein mangelfreies Werk hergestellt wird, so geht es ihm um den Ersatz eines **Schadens „statt der Leistung"**.
Wie auch im Allgemeinen Leistungsstörungsrecht kann ein solcher Anspruch deshalb bestehen,

- weil die Nacherfüllungspflicht des Unternehmers nicht mehr besteht oder ursprünglich nicht bestanden hat (**„unbehebbarer Mangel"**): dann ist die **Anspruchsgrundlage** entweder **§§ 634 Nr. 4, 280 Abs. 1, 3, 283 BGB** oder **§§ 634 Nr. 4, 311 a Abs. 2 BGB**,

- oder weil der Unternehmer die bestehende Nacherfüllungspflicht (**„behebbarer Mangel"**) nicht erfüllt hat: Dann ist die **Anspruchsgrundlage §§ 634 Nr. 4, 280 Abs. 1, 3, 281 BGB**.

Sie wissen bereits aus dem allgemeinen Leistungsstörungsrecht, dass die Abgrenzung zwischen Schadensersatz neben der Leistung und anstelle der Leistung nicht immer einfach ist. Der Unterschied ist wegen der ggf. erforderlichen Nachfristsetzung praktisch bedeutsam. Anhand eines kurzen Beispieles aus dem Werkvertragsrecht soll dieses Problem wiederholt werden:

> Beispiel: U erstellt für B eine Lagerverwaltungssoftware. Diese hat verschiedene Programmierfehler, weswegen a) das Lager nicht ordnungsgemäß geführt werden kann und immer wieder Fehler auftreten, die die Inbetriebnahme des Lagers verhindern und b) ein Mitarbeiter von einem automatischen Ladekran am Kopf verletzt wird. Die Schäden im Zusammenhang mit a) sind Schäden anstelle der Leistung, da sie durch Durchfüh-

> rung der Nacherfüllung entfallen würden. Bis dahin besitz der Besteller ein Werk, das nicht ordnungsgemäß ist. Der Schaden bei b) dagegen ist durch Nacherfüllung nicht zu beseitigen und daher als Schadenersatz neben der Leistung ohne weiteres ersatzfähig. Sollte im Fall a) ein Gewinn unwiederbringlich entgangen sein, so scheint es sinnvoll, diesen in Anlehnung an die Betriebsausfallschäden im Kaufrecht als Schadensersatz neben der Leistung einzuordnen. Hilfreich ist auch die schon bekannte Konstruktion einer zeitlichen Abgrenzung, d.h. nach Fristablauf diesen Anspruch auch auf § 281 BGB zu stützen.

aa) Nichtbestehen der Nacherfüllungspflicht wegen „Unbehebbarkeit" des Mangels

In den Fällen, in denen die Nacherfüllungspflicht des Unternehmers nicht besteht, kann der Käufer sofort (d.h. ohne dem Verkäufer eine Nachfrist zu setzen) nach § 634 Nr. 4, 280 Abs. 1, 3, 283/311 a Abs. 2 BGB Schadenersatz „statt der Leistung" verlangen.

(1) Nachträgliche Unmöglichkeit der Nacherfüllung (§§ 634 Nr. 4, 283 BGB)

→ I. **Haftungsbegründende Voraussetzungen**
1. Vorliegen eines wirksamen **Werkvertrages.**
2. **Werk** ist bei Abnahme (§ 640 BGB) **mangelhaft** (§ 633 BGB).
3. **Wegfall** des zunächst bestehenden **Nacherfüllungsanspruchs** (§ 275 Abs. 1 – 3 BGB; ggf. diskutieren, 635 Abs. 3 BGB).
4. Vermutetes **Vertretenmüssen**: Fehlende Entlastung bezüglich des Eintritts des unbehebbaren Mangels (§ 280 Abs. 1 S. 2 BGB).
5. **Kein Ausschluss von Gewährleistungsrechten.**
6. **Keine Verjährung** (§ 634 a BGB).

→ II. **Haftungsumfang**
Ersatz des entstandenen Schadens nach §§ 249 ff. BGB: „Großer" oder „kleiner" Schadensersatz.

Fall 485: Der aufgrund eines Vertrages mit B zur Sicherung von Daten verpflichtete EDV-Unternehmer U löscht einen Teil der zu sichernden Daten. Der B verlangt Schadensersatz (nach Lorenz-Riehm).
Der Anspruch ergibt sich aus §§ 634 Nr. 4, 280 Abs. 1, 3, 283, 249 BGB.

Fall 486: Der Unternehmer U baut im Hotel des B eine Fahrstuhlanlage ein. Erst nach Fertigstellung des Baues stellt sich heraus, dass diese wegen eines Berechnungsfehlers des U nicht die vereinbarte Kapazität hat. Der B verlangt Nacherfüllung. Ein Austausch der Anlage ist aber technisch nicht mehr möglich. B ist notgedrungen bereit, die Fahrstuhlanlage zu behalten. Er verlangt aber Schadensersatz von U.
Der Anspruch ergibt sich aus §§ 634 Nr. 4, 280 Abs. 1, 3, 283 BGB. a) Ein wirksamer Werkvertrag besteht. b) Das Werk hat bei Abnahme wegen der Abweichung der Ist-

Beschaffenheit von der vertraglich vereinbarten Soll-Beschaffenheit einen Sachmangel (§ 633 Abs. 2 S. 1 BGB). c) Ein Nacherfüllungsanspruch aus §§ 634 Nr. 1, 635 Abs. 1 BGB besteht nicht (§ 275 Abs. 1 BGB), d) da der Mangel unbehebbar ist. e) Der U kann sich hinsichtlich des Eintritts des unbehebbaren Mangels nicht entlasten (§ 280 Abs. 1 S. 2 BGB): er hat einen Rechenfehler gemacht. f) Der B macht den „kleinen Schadensersatzanspruch" geltend: Er entscheidet sich dafür, das Werk zu behalten und macht aa) die Differenz zwischen dem Wert einer vertragsgemäßen Fahrstuhlanlage und der tatsächlich gelieferten Fahrstuhlanlage geltend; bb) darüber hinaus kann er auch den wegen der Kapazitätsprobleme ihm entgangenen Gewinn verlangen (§ 252 BGB)

Wenn ein Unternehmer die Nacherfüllung wegen der Unverhältnismäßigkeit der Kosten berechtigt nach § 635 Abs. 3 BGB verweigert, stellt sich wiederum die Ihnen schon aus dem Gewährleistungsrecht des Kaufes bekannte Frage, ob auch im Falle des § 635 Abs. 3 BGB ein zur Anwendung der §§ 634 Nr. 4, 280 Abs. 1, 3, 283 BGB führender Fall der Unbehebbarkeit besteht. Wir sollten uns auch hier im Hinblick auf die sonst überflüssige Verweisung in § 634 Nr. 4 BGB auf § 636 BGB dafür entscheiden, diese Fälle über §§ 634 Nr. 4, 280 Abs. 1, 3, 281 BGB zu lösen. Einen inhaltlichen Unterschied bedeutet dies aber nicht.

(2) Ursprünglich unmögliche Nacherfüllung (§§ 634 Nr. 4, 311a Abs. 2 BGB)

In den Fällen, in denen bereits bei Vertragsschluss feststeht, dass das Werk nicht wie versprochen hergestellt werden kann, kann sich ein Schadensersatzanspruch aus §§ 634 Nr. 4, 311 a Abs. 2 BGB ergeben.

→ I. **Haftungsbegründende Voraussetzungen**
1. Vorliegen eines wirksamen **Werkvertrages**.
2. **Werk** bei Abnahme **mangelhaft** (§§ 633, 634 BGB).
3. Ein **Nacherfüllungsanspruch** aus § 635 BGB bestand schon bei Vertragsschluss wegen einer nach §§ 275 Abs. 1- 3, 635 Abs. 3 BGB gegebenen Undurchführbarkeit des Werkes nicht.
4. Vermutetes **Vertretenmüssen**: Der Unternehmer muss sich dahingehend entlasten, dass er die Unbehebbarkeit des Mangels des Werkes nicht kannte oder nicht hätte kennen müssen (§ 311 a Abs. 2 S. 2 BGB).
5. **Kein Ausschluss von Gewährleistungsrechten.**
6. Keine **Verjährung** (§ 634 a BGB).

→ II. **Haftungsumfang**
Ersatz des entstandenen Schadens nach §§ 249 ff. BGB: Großer oder kleiner Schadensersatz.

In konsequenter Weiterführung unserer beim Gewährleistungsrecht des Kaufes getroffenen Entscheidung, dem Käufer einen Anspruch aus §§ 437 Nr. 3, 311 a Abs. 2 BGB bei einem bereits vor Vertragsschluss gegebenen Nacherfüllungsverweigerungsrecht des Verkäufers aus § 439 Abs. 3 BGB zuzuerkennen, sollten wir uns auch hier dafür entscheiden, einen Anspruch aus §§ 634 Nr. 4, 311 a Abs. 2 BGB zu geben, wenn bereits vor Vertragsschluss feststeht, dass ein mangelfreies Werk im Hinblick auf § 635 Abs. 3 BGB unerbringbar ist.

Fall 487: Die Druckerei des D verpflichtet sich gegenüber dem Bekleidungshersteller B, auf dessen T-Shirts „Harry Potter"-Figuren aufzudrucken. Ein Recht hierzu hat die D nicht. D hatte aus Leichtsinn nicht darüber nachgedacht, dass er möglicherweise fremde Schutzrechte zu beachten hat. Die Rechteinhaber verbieten die Verbreitung der ansonsten makellosen T-Shirts, woraufhin diese vernichtet werden. Der B verlangt von D Schadensersatz, da er seinerseits Lieferverpflichtungen gegenüber X nicht nachkommen kann und diesem eine Vertragsstrafe bezahlen muss.

Der Anspruch kann sich aus §§ 634 Nr. 4, 311 a Abs. 2 BGB ergeben. a) Zwischen D und B bestand ein wirksamer Werkvertrag. Die Tatsache, dass D niemals mangelfrei leisten konnte, lässt gemäß § 311 a Abs. 1 BGB die Wirksamkeit des Vertrages unberührt. b) Die t-shirts waren bei Abnahme rechtsmangelhaft (§ 633 Abs. 3 BGB). c) Dies stand bereits bei Vertragsschluss fest. d) Der D kann sich hinsichtlich der Kenntnis der unbehebbaren Mangelhaftigkeit des Werkes nicht entlasten. Er hätte sich hinsichtlich der Rechte erkundigen müssen. e) Der B kann von D daher Schadensersatz anstelle der Leistung verlangen. Er ist also so zu stellen, wie er bei ordnungsgemäßer Erfüllung gestanden hätte. In diesem Fall hätte er zum einen durch den Verkauf der T-Shirts einen Gewinn erwirtschaftet und zum anderen hätte er keine Konventionalstrafe zahlen müssen. Beide Posten sind ihm von D zu ersetzen.

bb) **Nichterbringung der Nacherfüllung trotz „Behebbarkeit" des Mangels (§§ 634 Nr. 4, 281 BGB)**

> Machen Sie sich noch einmal klar: Die vorherigen Ausführungen betreffen einen Anspruch des Bestellers auf Schadensersatz „statt der Leistung" wegen der (nachträglichen eingetretenen oder anfänglich bestehenden) Unbehebbarkeit des Mangels.

Wenn aber die Pflichtverletzung des Unternehmers darin besteht, dass er ein Werk herstellt, das bei der Abnahme einen behebbaren Mangel aufweist, er diesen aber entgegen der Verpflichtung aus §§ 634 Nr. 1, 635 Abs. 1 BGB nicht beseitigt, dann kann der Besteller den **Ersatz des** durch das endgültige Ausbleiben der Herstellung eines mangelfreien Werkes entstandenen **Schadens „statt der Leistung"** nach §§ **634 Nr. 4, 280 Abs. 1, 3, 281 BGB** verlangen.

→ **I. Haftungsbegründende Voraussetzungen**
  1. Vorliegen eines **wirksamen Werkvertrages.**
  2. **Werk** bei Gefahrübergang **mangelhaft** (§§ 633, 634 BGB).
  3. Nichterfüllung des Nacherfüllungsanspruchs trotz Fristsetzung oder Entbehrlichkeit der Fristsetzung.
     a) Der Unternehmer **erfüllt** den **Nacherfüllungsanspruch nicht** oder **nicht wie geschuldet**
     b) trotz ihm gesetzter angemessener **Nacherfüllungsfrist** (§ 281 Abs. 1 S. 1 BGB) oder **Entbehrlichkeit** der Fristsetzung (§§ 281 Abs. 2, 636 BGB).
  4. vermutetes **Vertretenmüssen**: Fehlende Entlastung hinsichtlich
     a) der ursprünglich mangelhaften Leistung oder

> b) der Pflicht zur Vornahme der Nacherfüllung.
> 5. **Kein Ausschluss von Gewährleistungsrechten.**
> 6. Keine **Verjährung** (§§ 214 Abs. 1, 438 BGB).
> → **II. Haftungsumfang**
> Ersatz des entstandenen Schadens nach §§ 249 ff. BGB: „Großer" oder „kleiner" Schadensersatz.

Zentral ist auch hier das grundsätzliche Erfordernis der Fristsetzung zur Durchführung der Nacherfüllung. Aber - ebenso wie im Kaufrecht - ist auch beim Schadensersatz aus §§ 634 Nr. 4, 280 Abs. 1, 3, 281 BGB die Fristsetzung zuweilen entbehrlich. Im Kaufrecht fand sich die Regelung in **§ 440 BGB**, im Werkvertragsrecht erlaubt **§ 636 BGB** das Absehen von einer Fristsetzung, wenn

- der Unternehmer die Nacherfüllung **gem. § 635 Abs. 3 BGB berechtigt verweigert**,
- die Nacherfüllung **fehlschlägt** oder
- sie dem Besteller **unzumutbar** ist.

> Erinnern Sie sich noch? Anders als im Kaufrecht gibt es **keine Fiktion**, wonach die **Nacherfüllung** nach dem zweiten Versuch als **fehlgeschlagen** gilt (§ 440 S. 2 BGB). Man sollte jedoch erwägen, auf die Werkvertragsfälle § 440 S. 2 BGB analog anzuwenden, wenn vergleichbare Situationen vorliegen. Bei komplexen Werken (wie z.B. der Erstellung einer umfangreichen Software) muss das aber nicht der Fall sein. Dann sind auch mehr als zwei Nacherfüllungsversuche zumutbar.

Der **Bezugspunkt für das Vertretenmüssen** ist noch relativ umstritten. Wir meinen, dass man vorrangig auf die Erstellung eines mangelhaften Werkes abstellen sollte. Wenn den Unternehmer bereits insoweit ein Vorwurf trifft, so ist die Nachfristsetzung nur noch ein objektives Kriterium und ein Verschulden ist insoweit nicht relevant. Wenn der Unternehmer aber die Mangelhaftigkeit nicht zu vertreten hat, dann kann er sich dadurch schadenersatzpflichtig machen, dass er die geschuldete Nacherfüllung schuldhaft nicht erbringt. Diese Vorgehensweise ist identisch mit derjenigen im allgemeinen Leistungsstörungsrecht und im Kaufrecht.

<u>Fall 488:</u> Der Maler M soll eine Wand im Hause des Gründlich (G) streichen. Dies erledigt er auch. Der G nimmt das Werk ab. Es zeigt sich aber am nächsten Tag, dass die Farbe nicht deckend ist und die vorherige Wandfarbe wieder zum Vorschein kommt. G verlangt von M, er solle „noch mal übermalen" und setzt ihm hierfür eine Frist von einer Woche. Der M erscheint jedoch nicht. Der G lässt daraufhin einen anderen Maler kommen, der die Arbeit ordnungsgemäß erledigt. Dadurch entstehen aber Mehrkosten in Höhe von € 100,- für den G, die er von dem M ersetzt verlangt.

Der Anspruch kann sich aus §§ 634 Nr. 4, 280 Abs. 1, 3, 281 BGB ergeben. a) Es bestand ein wirksamer Werkvertrag. b) M hat ein bei Abnahme mangelhaftes Werk erbracht, c) weswegen aa) dem G ein Nacherfüllungsanspruch (§ 635 Abs. 1 BGB) zustand. Der M hat die Nacherfüllungsverpflichtung bb) trotz der ihm durch G gesetzten angemessenen

Frist zur Nacherfüllung nicht erfüllt. d) Vom vermuteten Vertretenmüssen kann sich ein Unternehmer exkulpieren, aa) wenn er die Nacherfüllung in Person zu leisten hat und sie aus in seiner Person liegenden Gründen von ihm nicht erbracht werden kann; das aber ist hier jedenfalls nicht der Fall. bb) Ansonsten wird die Nichterbringung i.d.R. nur auf einen Geldmangel des Unternehmers zurückzuführen sein, der aber bekanntlich nicht entlastet. cc) Hier gibt es gar keine verschuldensrelevanten Angaben im Sachverhalt, so dass Sie sich auf die Bemerkung beschränken sollten, dass der M sich „nicht entlastet" hat. e) Der M muss daher dem G den entstandenen Schaden ersetzen. Zu diesem Schaden gehören die Kosten für einen anderen Maler.

cc) Inhalt des Anspruches

Was den Anspruch auf **Ersatz eines Schadens „statt der Leistung"** wegen des endgültigen Ausbleibens eines mangelfreien Werkes angeht,

- so muss jedenfalls theoretisch auch hier zwischen den beiden Möglichkeiten des **„großen"** und des **„kleinen Schadensersatzes"** unterschieden werden, wobei letzterer nur bei „nicht unerheblichen Mängeln" in Betracht kommt (§§ 634 Nr. 4, 280 Abs. 1, 3, 283, 281 Abs. 1 S. 3 BGB). Warum eigentlich? Entsinnen Sie sich noch an das sonst gegebene Risiko, den Anspruch auf den Ersatz des „großen Schadensersatzes" als „Trojanisches Pferd" zu missbrauchen? Der „große Schadensersatz" scheidet allerdings praktisch aus: Wir hatten schon beim Rücktrittsrecht darauf hingewiesen, dass in dem wichtigsten Fall des Werkvertrages – dem Vertrag über die Errichtung eines Bauwerks auf einem Grundstück des Bestellers – ein Rücktritt technisch nicht durchführbar sein dürfte. Nur bei Bauträgerverträgen (wenn man sie weiterhin als Werkverträge einordnet), bei denen neben der Errichtung des Bauwerks auch die Übereignung des Grundstücks geschuldet wird, dürfte der Rücktritt vorstellbar sein und auch im Interesse des Rücktrittsgegners liegen, da dieser das Grundstück nebst dem (mangelhaften) Bauwerk dann anderweitig verwerten kann. In allen anderen Fällen liegen aber wohl doch nur Werklieferungsverträge nach § 651 BGB vor, so dass ohnehin das Kaufrecht Anwendung findet. Für den einem Rücktrittsrecht vergleichbaren Anspruch auf Ersatz des „großen" Schadensersatzes gilt nichts anderes.

- Zu **ersetzen** sind der Minderwert der Werkleistung und die Folgeschäden, die sich aus dem Ausbleiben der mangelfreien Leistung ergeben. Dazu gehört auch der „Verzögerungsschaden", der darauf beruht, dass der Besteller im Fall des unbehebbaren Mangels kein mangelfreies Werk erhält, oder wenn der Besteller einen Schadensersatzanspruch nach Ablauf einer dem Unternehmer gesetzten Nacherfüllungsfrist geltend macht. Zu ersetzen ist natürlich auch der dem Besteller entgangene Gewinn (§ 252 BGB).

Nach §§ 634 Nr. 4, 284 BGB kann der Besteller als Gläubiger eines Anspruchs auf Schadensersatz „statt der Leistung" aus §§ 634 Nr. 4, 280 Abs. 1, 3, 283/281 BGB und aus §§ 634 Nr. 4, 311 a Abs. 2 BGB auch **Aufwendungsersatz** verlangen, wenn er in Erwartung der Leistung **freiwillige Vermögensopfer** erbracht hat, die sich nunmehr als sinnlos herausstellen.

Fall 489: Wenn Sie einen Beispielsfall benötigen, so stellen Sie sich einfach vor, der T-Shirt-Hersteller im Harry-Potter-Fall hätte eine umfangreiche Werbeaktion gestartet und dabei ganz erhebliche Kosten gehabt, die ihn viel stärker treffen als die Konventionalstrafe.

Er kann dann über §§ 634 Nr.4, 284 BGB Aufwendungsersatz von der Druckerei verlangen.

b) Schadensersatz „neben der Leistung"

Wenn der Besteller Schadensersatzansprüche geltend macht, bei denen die hypothetische Nacherfüllung den Schaden nicht mehr beseitigt, dann handelt es sich um einen **Schadensersatz „neben der Leistung"**.

Derartige Schäden können entweder **„Verzögerungsschäden"** oder **„Mangelfolgeschäden"** sein.

aa) „Verzögerungsschäden"

Hier müssen wir zunächst aufpassen, und dürfen die sogleich zu erörternde Frage nach einem Schadensersatz auf Ersatz des „neben der Leistung" zu ersetzenden „Verzögerungsschadens" nicht verwechseln mit der Frage nach dem Ersatz desjenigen „Verzögerungsschadens", der darauf beruht, dass

- der Besteller im Fall des unbehebbaren Mangels **nicht rechtzeitig ein mangelfreies Werk erhält**
- oder wenn der Besteller einen **Schadensersatzanspruch nach Ablauf der Nacherfüllungsfrist** geltend macht.

Ein solcher „Verzögerungsschaden" ist nämlich endgültig eingetreten und nicht mehr durch hypothetische Nacherfüllung zu beseitigen; es geht dann also in Wahrheit um einen Schadensersatz „statt der Leistung". Sie haben deshalb ja oben bereits gelernt, dass ein solcher „Verzögerungsschaden" des Bestellers nach §§ 634 Nr. 4, 280 Abs. 1, 3, 283/311 a Abs. 2 bzw. 280 Abs. 1, 3, 281 BGB zu ersetzen ist.

Der Besteller kann unter zwei verschiedenen Aspekten wegen einer Verzögerung der Herstellung eines mangelfreien Werkes den Ersatz eines **„Verzögerungsschadens"** verlangen:

- Der Schaden beruht darauf, dass er das mangelhafte Werk **wegen seiner Mangelhaftigkeit** erst verspätet einsetzen kann (**„Nutzungs- bzw. Betriebsausfallschaden"**) (**sub (1)**).

- Der Besteller verlangt deshalb Schadensersatz neben der Leistung, weil der **Nacherfüllungsanspruch verspätet erfüllt** wird (**sub (2)**).

(1) „Nutzungs- bzw. Betriebsausfallschaden"

Der dem Besteller infolge der Verzögerung der Erbringung eines mangelfreien Werks erwachsene mangelbedingte Folgeschaden ist – wie wir bereits beim Gewährleistungsrecht des Kaufs herausgearbeitet haben – mangels einer Verweisung des § 634 Nr. 4 BGB auf § 286 BGB dirckt aus §§ 634 Nr. 4, 280 Abs. 1 BGB zu ersetzen; der Unternehmer „genießt" also nicht den „Schutz des § 286 BGB". Der mitdenkende Leser muss sich hier die Frage stellen: Wieso „Schutz des § 286 BGB"? Entsinnen Sie sich, dass Sie diese Frage schon einmal hatten beantworten müssen? Für den, der es nicht mehr weiß: Sehen Sie sich nur die von § 280 Abs. 2 BGB geforderten zu § 280 Abs. 1 BGB hinzutretenden „zusätzlichen Voraussetzungen des § 286" an. Die damit gemeinten Verzugsvoraussetzungen des § 286 BGB sind beträchtliche Hürden, die der Gläubiger erst einmal überwinden muss, um den Ersatz des „Verzögerungsschadens" verlangen zu können.

Man kann an dieser Stelle die **gleichen Überlegungen** anstellen **wie** bei den Betriebsausfallschäden im **Kaufgewährleistungsrecht**. In der Literatur wird diese Problematik überwiegend anhand des Kaufgewährleistungsrechts diskutiert.

Fall 490: Der U errichtet aufgrund eines Vertrages mit dem B für diesen eine Werkshalle. Die Halle ist bei Abnahme wegen eines Planungsfehlers des U mangelhaft, so dass die Aufsichtsbehörden eine Aufnahme der Produktion verbieten. Der Mangel wird erst einen Monat später durch Nacherfüllung behoben. Der U macht Schadensersatz für den einmonatigen „Betriebsausfall" geltend.

Der Anspruch ergibt sich aus §§ 634 Nr. 4, 280 Abs. 1 BGB.

Auf §§ 280 Abs. 1, 2, 286 BGB muss man aber dann zurückgreifen, wenn der Unternehmer die mangelhafte Leistung zunächst nicht zu vertreten hat. Unter den zusätzlichen Voraussetzungen des § 286 BGB kann der Besteller dann die Betriebsausfallschäden liquidieren. Dabei muss man aber beachten, dass dem Unternehmer ebenso wie dem Verkäufer eine sanktionslose Nacherfüllungsphase zusteht. Die Verzugsvoraussetzungen liegen daher erst nach Ablauf der angemessenen Nachfrist vor.

Abwandlung: Wie eben aber diesmal beruht der Mangel auf einem nicht erkennbaren Materialfehler. B fordert den U zur Nacherfüllung binnen 3 Wochen auf und verlangt nach diesem Zeitpunkt den Nutzungsausfallschaden ersetzt. U hatte die Nacherfüllung aufgrund einer Fehlplanung nicht erbringen können.

1. Anspruchsgrundlage können zunächst §§ 634 Nr. 4, 280 Abs. 1 BGB sein. a) Ein wirksamer Werkvertrag liegt vor. b) Die Pflichtverletzung liegt in der Erstellung eines mangelhaften Werkes. c) Es fehlt aber an einem Vertretenmüssen hinsichtlich dieser Pflichtverletzung. 2. In Betracht kommt aber ein Anspruch aus §§ 634 Nr. 4, 280 Abs. 2, 286 BGB. a) Ein Werkvertrag liegt vor. b) U hat seine Pflicht zur rechtzeitigen Nacherfüllung verletzt. c) Eine wirksame Mahnung ist in der Aufforderung zur Nacherfüllung zu sehen. d) U hat die Nichterbringung der Nacherfüllung zu vertreten. e) Der Umfang des Schadenersatzes erfasst die Nutzungsausfallschäden nach Ablauf der gesetzten angemessenen Nachfrist.

(2) „Weitergehende Schäden"

Wenn es um einen „weitergehenden Schaden" geht, der durch die Verzögerung der Nacherfüllung entsteht, soll nach dem Willen des Gesetzgebers (RegE) der Unternehmer nur unter den zusätzlichen Voraussetzungen des Verzugs verpflichtet sein (§§ 634 Nr. 4, 280 Abs. 1, 2, 286 BGB). Das ist angesichts des Wortlauts des § 634 Nr. 4 BGB nur schwer begründbar. Sie brauchen diese Frage aber nicht zu entscheiden, wenn ohnehin Verzug vorliegt, was deshalb meistens der Fall sein wird, weil die regelmäßig vorliegende Aufforderung zur Nacherfüllung, die Fristsetzung nach §§ 634 Nr. 4, 280 Abs. 1, 3, 281 BGB zugleich eine Mahnung ist.

bb) Ersatz des „Mangelfolgeschadens" bzw. „Begleitschadens"

Zu den infolge der Herstellung eines mangelhaften Werkes bereits endgültig eingetretenen Schäden, die durch eine hypothetische Nacherfüllung nicht mehr beseitigt werden können, zählen auch die Schäden, die der Besteller an anderen Rechten, Rechtsgütern oder rechtlich geschützt Interessen erleidet.

Verlangt der Besteller deren Ersatz, handelt es sich um einen Anspruch auf Ersatz von Schäden „neben der Leistung". Für solche sog. **„Mangelfolgeschäden"** (= **„Begleitschäden"**) kann der Besteller Schadensersatz nach §§ 634 Nr. 4, 280 Abs. 1 BGB verlangen.

Fall 491: Der U soll aufgrund eines Vertrages mit dem B an dessen Auto einen Ölwechsel durchführen. Dabei wird der Verschluss aus Unachtsamkeit nicht ordnungsgemäß eingeschraubt. Deshalb läuft das Öl während der Fahrt aus, und der Motor des Fahrzeuges wird zerstört. Der B verlangt Ersatz für den Schaden an seinem Fahrzeug.

Der Anspruch kann sich aus §§ 634 Nr. 4, 280 Abs. 1 BGB ergeben. a) Zwischen dem U und dem B bestand ein wirksamer Werkvertrag. b) Der U hat beim Ölwechsel nicht „handwerksgerecht" gearbeitet und damit ein mangelhaftes Werk (§ 633 Abs. 2 S. 2 Nr. 2 BGB) erbracht. Darin liegt eine Pflichtverletzung. c) Der U handelte fahrlässig. d) Der B kann daher Ersatz seines Schadens verlangen. Der U muss ihm daher den Schaden an seinem Fahrzeug ersetzen.

Fall 492: Die Baufirma B soll aufgrund eines Vertrages mit H dessen Haus renovieren. Unter anderem soll sie ein neues Regenwasserableitungssystem erstellen, da das alte marode ist. Die B montiert daher neue Regenrinnen und Fallrohre. Dem H gefallen die Arbeiten sehr gut, und er nimmt sie ohne Beanstandungen ab. Leider sind die Fallrohre nicht ausreichend dimensioniert, da B sich in seiner Planung vertan hat. Dies führt dazu, dass bei stärkerem Regen das Wasser an den Hausmauern herunter läuft. Die Mauern durchfeuchten und es müssen aufwendige Reparaturen am Mauerwerk vorgenommen werden. Der H verlangt von B Ersatz für die Reparaturarbeiten.

Der Anspruch kann sich aus §§ 634 Nr. 4, 280 Abs. 1 BGB ergeben. a) Zwischen den Parteien ist ein wirksamer Werkvertrag abgeschlossen (§ 631 Abs. 2 BGB: „Veränderung einer Sache"). b) Die B muss eine Pflichtverletzung begangen haben, die in der Herstellung eines mangelhaften Werkes liegen muss (sonst allgemeines Leistungsstörungsrecht). Vorliegend bestand keine ausdrückliche Abrede, welche Beschaffenheit das Regenabflusssystem haben sollte. Es sollte aber nach dem Vertragszweck geeignet sein, das Haus vor Schäden durch Regen zu schützen. Diesen Zweck hat es nicht erfüllt; deshalb ist das Werk mangelhaft (§ 633 Abs. 2 S. 2 Nr. 1 BGB). Zumindest eignet sich das Werk nicht für die gewöhnliche Verwendung und ist deshalb mangelhaft (§ 633 Abs. 2 S. 2 Nr. 2 BGB). c) Die B hat den Mangel aufgrund eines Planungsfehlers zu vertreten. d) Die B muss demnach dem H die entstandenen Schäden nach §§ 249 ff. BGB ersetzen.

5. Rücktritt

Der nach §§ 634 Nr. 3, 323/326 Abs. 5 BGB mögliche Rücktritt ist ein einseitiges Gestaltungsrecht, für dessen Ausübung sich der Besteller entscheiden wird, wenn er sich nach Gefahrübergang vom Vertrag lösen will, weil der Unternehmer von der Nacherfüllungspflicht gesetzlich befreit ist, oder weil der Unternehmer die Nacherfüllung aus anderen Gründen nicht durchführt. Die Rechtsfolge ist ein Rückgewährschuldverhältnis aus §§ 346 ff. BGB. Der Rücktritt macht für den Besteller vor allem dann einen Sinn, wenn er von seinem Selbstvornahmerecht aus §§ 634 Nr. 2, 637 BGB keinen Gebrauch machen will, wenn ein Schadensersatzanspruch wegen fehlenden Vertretenmüssens nicht eingreift oder ein Vermögensschaden nicht besteht. Dabei muss man allerdings sehen, dass in dem wichtigsten Fall des Werkvertrages – dem Vertrag über die Errichtung eines Bauwerks auf einem Grundstück des Bestellers – ein Rücktritt technisch nicht durchführbar sein dürfte.

Über den Rücktritt kann der Besteller dann den bereits gezahlten Werklohn (Abschlagzahlung nach § 632 a BGB!!) zurückerlangen bzw. seine Pflicht zur Werklohnzahlung zum Erlöschen bringen. Der Rücktritt ist notwendig, da wegen § 326 Abs. 1 S. 2 BGB weder § 326 Abs. 1 S. 1 noch § 326 Abs. 4 BGB gelten und es daher nicht zu einem automatischen Erlöschen kommt!).

> Verwechseln Sie bitte nicht den Rücktritt wegen einer bei Abnahme bestehenden Mangelhaftigkeit des Werkes mit dem Kündigungsrecht des Bestellers aus § 649 BGB. Bei diesem bleibt (vorbehaltlich ersparter Aufwendungen oder anderweitigen Erwerbs bzw. böswillig unterlassenen anderweitigen Erwerbs) der Vergütungsanspruch bestehen.

a) Rücktrittsrecht wegen nachträglicher Unmöglichkeit der Nacherfüllung (§§ 634 Nr. 3, 326 Abs. 5 BGB)

Wenn der Unternehmer im Falle einer bei der Abnahme nicht unerheblichen Mangelhaftigkeit des Werkes (§ 634 Nr. 3, 326 Abs. 5, § 323 Abs. 5 S. 2 BGB) von der nach §§ 634 Nr. 1, 635 BGB geschuldeten Nacherfüllung nach § 275 BGB befreit ist, der Mangel also vom Unternehmer nicht zu beheben ist, kann der Besteller ohne Setzung einer Nachfrist nach §§ 634 Nr. 3, 326 Abs. 5 BGB mit der Folge einer Umwandlung des Werkvertrages in ein Rückgewährschuldverhältnis aus den §§ 346 ff. BGB vom Werkvertrag zurücktreten.

> Beim Rücktrittsrecht des Käufers aus §§ 437 Nr. 2, 326 Abs. 5 BGB hatten wir uns dagegen entschieden, auch das Leistungsverweigerungsrecht aus § 439 Abs. 3 BGB als einen Fall des §§ 437 Nr. 2, 326 Abs. 5 BGB anzusehen. Sie erinnern sich hoffentlich. Beim Rücktrittsrecht des Bestellers aus §§ 634 Nr. 3, 326 Abs. 5 BGB stellt sich im Hinblick auf § 635 Abs. 3 BGB (Nacherfüllungsverweigerungsrecht des Unternehmers wegen unverhältnismäßiger Kosten) die gleiche Frage, die vor allem im Hinblick

> auf §§ 634 Nr. 3, 636 BGB) im gleichen Sinne beantwortet wird: Im Fall des § 635 Abs. 3 BGB kann der Besteller nicht nach §§ 634 Nr. 3, 326 Abs. 5 BGB zurücktreten, sondern nur nach §§ 634 Nr. 3, 323 BGB (allerdings wegen §§ 634 Nr. 3, 636 BGB ohne Fristsetzungserfordernis). Wie bereits gesagt: Es handelt sich um ein reines Darstellungsproblem.

b) Rücktrittsrecht wegen Nichterbringung der Nacherfüllung, (§§ 634 Nr. 3, 323 BGB)

Wenn der Unternehmer im Falle einer bei Abnahme nicht unerheblichen Mangelhaftigkeit des Werkes (§ 634 Nr. 3, 326 Abs. 5, § 323 Abs. 5 S. 2 BGB) nicht von der nach §§ 634 Nr. 1, 635 BGB geschuldeten Nacherfüllung befreit ist, der Mangel also behebbar ist, der Besteller aber gleichwohl den Nacherfüllungsanspruch nicht erfüllt, kann der Besteller nach §§ 634 Nr. 3, 323 Abs. 1 BGB vom Werkvertrag zurücktreten.

Unerlässlich dafür ist das im **Grundsatz** bestehende Erfordernis der **ergebnislosen Fristsetzung** zur Durchführung der Nacherfüllung. Aber – ebenso wie im Kaufrecht – ist auch beim Rücktritt aus §§ 634 Nr. 3, 323 BGB die Fristsetzung zuweilen **ausnahmsweise** entbehrlich. Im Kaufrecht fand sich dazu die Regelung in § 440 BGB, im Werkvertragsrecht erlaubt **§ 636 BGB** das Absehen von einer Fristsetzung, wenn

- der Unternehmer die Nacherfüllung **gem. § 635 Abs. 3 BGB berechtigt verweigert**,
- die Nacherfüllung **fehlschlägt** oder
- sie dem Besteller **unzumutbar** ist.

> Mitunter stellt sich die Frage nach einer analogen Anwendung von § 440 S. 2 BGB.

Fall 493: Prof. Ungemach (U) soll aufgrund eines Vertrages mit der B-GmbH (B) für diese ein Rechtsgutachten über die rechtliche Zulässigkeit von „Powershopping" (eine besondere Vertriebsart beim Internet-Handel) erstellen. Der U übergab das Gutachten an die B-GmbH, die es nach einer ersten Durchsicht durch einen ihrer Mitarbeiter billigte. Später stellte sich heraus, dass das Gutachten noch zahlreiche nach dem Vertrag zu beantwortende Fragen offen ließ. Die B-GmbH verlangt daher von dem U Nachbesserung und Vervollständigung des Gutachtens. Der U ist sehr beschäftigt und kommt der Aufforderung nicht nach. Da die B unmittelbar vor der Entscheidung steht, das „Powershopping"-Geschäft zu betreiben, und das Gutachten daher dringend braucht, setzt ihr Geschäftsführer (G) dem U eine Nachfrist von 4 Wochen. Als sich auch danach nichts tut, erklärt der G den Rücktritt vom Vertrag und schickt dem U sein Gutachten zurück. Ein weiteres Gutachten bei einem anderen Rechtswissenschaftler bestellt die B nicht, da sich „Powershopping" mittlerweile als nicht rentabel erwiesen hat. Der U verlangt von der B den vereinbarten Werklohn.

Der Anspruch des U gegen die B kann sich aus § 631 Abs. 1 BGB ergeben. a) Ein wirksamer Werkvertrag ist geschlossen worden. Die Erstellung von Gutachten ist erfolgsbezogen und daher eine Werkleistung (§ 631 Abs. 2 BGB). b) Der Anspruch kann aber nach §§ 634 Nr. 3, 323, 346 Abs. 1 BGB erloschen sein. Durch einen wirksamen Rücktritt wandelt sich ein Vertrag in ein Rückgewährschuldverhältnis um. Das hat zur Folge, dass noch nicht erfüllte Leistungspflichten erlöschen. aa) Der Rücktritt wurde von der B über ihren vertretungsbefugten Geschäftsführer G (§ 35 GmbHG) erklärt (§ 349 BGB). bb) Als Rücktrittsgrund kommen §§ 634 Nr. 3, 323 Abs. 1 BGB in Betracht. aaa) Das Werk war mangelhaft, weil es nicht die vereinbarte Beschaffenheit aufweist (§ 633 Abs. 1 S. 1 BGB). bbb) Der U hat die von ihm nach § 635 Abs. 1 BGB geschuldete Nacherfüllung nicht erbracht. ccc)Die B hat ihm hierzu eine hinreichende Frist gesetzt, die fruchtlos abgelaufen ist. Ein Rücktrittsgrund liegt daher vor. cc) Ein Ausschluss des Rücktrittsrechts liegt nicht vor, insbesondere ist die Pflichtverletzung nicht unerheblich (§ 323 Abs. 5 S. 2 BGB), da das Gutachten in wesentlichen Fragen unvollständig war. d) Der Anspruch ist daher durch Rücktritt erloschen. Der U kann daher keinen Werklohn von der B verlangen.

Weil der Rücktritt ein Gestaltungsrecht ist, kann er nicht verjähren. Er ist aber **unwirksam, wenn der Nacherfüllungsanspruch verjährt** ist. Das Werkvertragsrecht verweist insofern ausdrücklich auf § 218 BGB (vgl. § 634 a Abs. 5 BGB).

6. Minderung

Die Minderung spielt immer dann eine Rolle, wenn der Rücktritt wegen Unerheblichkeit der Pflichtverletzung ausgeschlossen ist, oder wenn der Besteller ein Interesse daran hat, das mangelhafte Werk zu behalten, was er bei einem Rücktritt nicht könnte. Wenn der Besteller also trotz des Vorliegens der Rücktrittsvoraussetzungen am Vertrag festhalten will, kann er alternativ zum Rücktritt die Minderung erklären (§§ 634 Nr. 3, 638 BGB).

Es müssen dazu die Voraussetzungen des Rücktritts vorliegen. Allerdings gilt der Ausschlusstatbestand des § 323 Abs. 5 S. 2 BGB nicht. Die Minderung ist daher anders als der Rücktritt auch bei einer unerheblichen Pflichtverletzung, also bei „Bagatellen", möglich. Die Minderung ist genauso wie der Rücktritt ein Gestaltungsrecht. Sie muss gegenüber dem Unternehmer erklärt werden. Nach einer berechtigten Minderungserklärung wird die Vergütung nach dem aus § 441 Abs. 3 BGB bekannten System herabgesetzt (§ 638 Abs. 3 BGB). Ein darüber hinaus schon bezahlter Werklohn ist nach Rücktrittsrecht zurückzuzahlen (§ 638 Abs. 4 BGB). Maßgeblicher Zeitpunkt für die Berechnung ist der Vertragsschluss – bei größeren Werkleistungen eine nicht unproblematische Regelung.

Fall 494: Der U verpflichtet sich vertraglich gegenüber dem B, für diesen ein Haus zu errichten. Die Vergütung soll € 150 000.- betragen. Nach der Abnahme stellt sich als einziger Mangel heraus, dass die Fußbodenkacheln im gesamten Haus von minderer Qualität sind als im Vertrag vereinbart. Dadurch ist das Haus € 1 000,- weniger wert. Dieser Mangel beruht darauf, dass der U von seinem Lieferanten falsch beliefert wurde, dies jedoch nicht erkannt hatte und auch bei großer Sorgfalt nicht hätte erkennen können. Ein nachträgliches Austauschen der Kacheln ist nicht möglich, weil es die im Vertrag vorgesehenen Kacheln nunmehr nicht mehr gibt. Der B ist verärgert und möchte gern vom Vertrag zurücktreten.

Sofern dies nicht möglich ist, möchte der U wenigstens den Werklohn um den Aufpreis für bessere Kacheln mindern. Der U verlangt den nach Abzug der Abschlagzahlungen (§ 632 a BGB) geschuldeten vollen Werklohn.

Der Anspruch des U gegen den B ergibt sich aus § 631 Abs. 1 S. 1 BGB. a) Der U und der B haben einen wirksamen Werkvertrag abgeschlossen (§ 631 Abs. 2 BGB: „Veränderung einer Sache", nämlich des Grundstückes; das Haus ist nach § 94 Abs. 1 BGB wesentlicher Bestandteil des Grundstücks). Obwohl der U die dazu benötigten Baustoffe geliefert hat, liegt kein Werklieferungsvertrag nach § 651 BGB vor, weil keine bewegliche Sache hergestellt wird. b) Der Anspruch kann jedoch durch die Beendigung des Vertrages aufgrund eines Rücktritts nach § 346 Abs. 1 BGB erloschen sein. aa) Der Rücktritt wurde von B erklärt. bb) Als Rücktrittsgrund kommen §§ 634 Nr. 3, 326 Abs. 5 BGB in Betracht. Die Voraussetzungen liegen vor. Der Anspruch auf Nacherfüllung (§§ 634 Nr. 1, 635 Abs. 1 BGB) ist nach § 275 Abs. 1 BGB „ausgeschlossen". Ein Rücktrittsgrund ist daher gegeben. cc) In Betracht kommt aber ein Ausschluss des Rücktrittsrechtes nach § 323 Abs. 5 S. 2 BGB, auf den in § 326 Abs. 5 2. Hs. BGB verwiesen wird. Der Mangel ist im Hinblick auf das gesamte Werk als nicht erheblich einzustufen. Ein Rücktritt ist daher ausgeschlossen. Der Werkvertrag ist daher nicht beendet. c) Möglicherweise ist der Werklohnanspruch des U gegen den B jedoch nach §§ 634 Nr. 3, 638 Abs. 3 S. 1 BGB durch eine wirksame Minderung des B herabgesetzt worden. aa) Der B hat die Minderung gegenüber dem U erklärt (§ 638 Abs. 1 S. 1 BGB). bb) Als Minderungsgründe kommen die bekannten Rücktrittsgründe („statt zurückzutreten") in Betracht, hier also §§ 634 Nr. 3, 326 Abs. 5 BGB. Die Voraussetzungen liegen vor. cc) Der Ausschlussgrund des §§ 326 Abs. 5 2. Hs., 323 Abs. 5 S. 2 BGB findet nach § 638 Abs. 1 S. 2 BGB keine Anwendung. dd) Der Werklohn ist daher nach dem in § 638 Abs. 3 S. 1 BGB genannten Maß herabgesetzt. Hier ist mangels näherer Angaben davon auszugehen, dass das Werk den vereinbarten Preis (€ 150.000) wert war. Durch die mangelhaften Kacheln ist es nur € 149.000 wert. Wendet man nun die Formel an, so ergibt sich eine Minderung von € 1 000. B muss daher nur € 149 000 zahlen. In Höhe von € 1000,- ist der Werklohnanspruch erloschen.

Weil auch die Minderung ein Gestaltungsrecht ist, kann sie nicht verjähren. Wie der Rücktritt ist sie aber **unwirksam, wenn der Nacherfüllungsanspruch verjährt** ist (§§ 634 a Abs. 5, 218 Abs. 1 BGB).

7. Gewährleistungsausschluss

Gewährleistungsausschlüsse gibt es im Werkvertragsrecht ebenso wie im Kaufrecht. Sie führen dazu, dass die ansonsten bestehenden Gewährleistungsrechte ausgeschlossen sind.

- Nach **§ 640 Abs. 2 BGB** verliert der Besteller seine Gewährleistungsansprüche, wenn er ein Werk in Kenntnis des Mangels abnimmt und sich dabei seine Rechte nicht vorbehält.
- **Vertragliche Gewährleistungsausschlüsse** sind grundsätzlich möglich. Sie sind allerdings nach **§ 639 BGB** unwirksam bei Arglist und bei einem Verstoß gegen Garantiezusagen. Weitere Einschränkungen können aus dem AGB-Recht herrühren.

> Die zu § 444 BGB bekannte Problematik bestand auch hier. Der Gesetzgeber hat daher auch hier das „wenn" durch ein „soweit" ersetzt.

8. Verjährung

Die Verjährung von Gewährleistungsansprüchen ist im Werkvertragsrecht in § 634 a BGB **nach verschiedenen Werktypen differenziert** geregelt. Verjährungsbeginn ist abweichend von § 199 BGB normalerweise der Zeitpunkt der Abnahme des Werkes (§ 634 a Abs. 2 BGB). Anderes gilt aber bei immateriellen Werken, bei denen der regelmäßige Verjährungsbeginn gilt (§ 634 a Abs. 1 Nr. 3, Abs. 2 BGB). Der Grund für diese Ungleichbehandlung ist es, bei den immateriellen Werken eine aufgrund Kenntnisabhängigkeit lange Verjährung zu erreichen.

Wie dem Käufer steht auch dem Besteller nach Ablauf der Verjährung das Recht zu, die Zahlung des Werklohnes zu verweigern, sog. Mängeleinrede (§ 634 a Abs. 4 S. 2 BGB). Der Werkunternehmer kann dann aber vom Vertrag zurücktreten und das Werk zurückverlangen (§ 634 a Abs. 4 S. 3 BGB).

Für arglistig verschwiegene Mängel gilt die allgemeine Verjährungsfrist (§ 634 a Abs. 3 S. 1 BGB). Das bedeutet auch, dass die Verjährung erst mit Kenntnis bzw. grob fahrlässiger Unkenntnis beginnt.

9. Parallelansprüche zum Gewährleistungsrecht

Ebenso wie im Kaufrecht stellt sich beim Werkvertragsrecht die Frage nach parallel anzuwendenden Rechtsinstituten. Grundsätzlich kann auf die dortige Darstellung verwiesen werden. Die Klausurfälle betreffen allerdings in der Regel das Kaufrecht.

Hinzuweisen ist zunächst auf **Schadensersatzansprüche wegen nicht mangelbezogener Pflichtverletzungen.** Sie unterfallen § 280 Abs. 1 BGB direkt. Die kurze Verjährung des Werkvertragsrechts gilt für sie nicht.

> Beispiel: Unternehmer U hat bei Besteller B eine Produktionsmaschine umgerüstet. Die Umrüstung erfolgte auch mangelfrei. U weist die Mitarbeiter des B jedoch fehlerhaft auf die neue Maschine ein, weswegen es zu einem Schaden kommt. Dieser Schaden ist nach § 280 Abs. 1 BGB direkt zu ersetzen, die Pflichtverletzung folgt aus der Verletzung einer Instruktionspflicht (§ 241 Abs. 2 BGB).

Parallel bestehen auch häufig **Ansprüche aus unerlaubter Handlung** (§§ 823ff. BGB), sofern in der mangelhaften Werkleistung zugleich die Verletzung absoluter Rechte liegt. Die Deliktsansprüche verjähren nach ihren eigenen Regeln und sind daher für den Besteller häufig günstiger als die Gewährleistungsansprüche.

10. Größerer Übungsfall

Um den jüngeren Juristen unter Ihnen Gelegenheit zu geben, auch einmal den „Ernstfall" zu trainieren, erproben Sie sich an folgendem Fall, der etwas abgewandelt in einer Übung im Bürgerlichen Recht für Anfänger als Hausarbeit zu bearbeiten war.

<u>Fall 495:</u> Der Grundeigentümer G. Anov (G) verpflichtet sich in einem notariell beurkundeten Vertrag mit der M. Ata (M) dazu, gegen Zahlung von – nach dem jeweiligen Baufortschritt in Raten an den G zu entrichtenden – € 3 000 000,- (dazu ist ein detaillierter Zahlungsplan vereinbart) auf seinem, G's, bislang unbebauten Grundstück am Leinpfad in Hamburg-Harvestehude ein Haus zu errichten. Die Errichtung soll durch einen Generalübernehmer U. N. Tanema (U), mit dem ausschließlich er, der G, in vertraglicher Beziehung stehen soll, erfolgen. Anschließend soll der G der M das Eigentum an dem Haus verschaffen und es an sie übergeben.

Nach Fertigstellung im Februar 2003 wird das Haus an die M, die ganz begeistert ist und auch sofort einzieht, übergeben. Nach dem Eingang der bei Übergabe zu zahlenden letzten Rate wird das Haus auch an sie übereignet.

Als es in den ersten Apriltagen 2003 zu schweren Regenfällen kommt, dringt wegen einer insgesamt völlig unfachmännischen Dachdeckung an mehreren Stellen Wasser in größeren Mengen in die Wohnung und beschädigt den im oberen Geschoss stehenden Steinway-Flügel der M, der repariert werden muss. Die M verlangt noch am 2. April 2003 von dem G die sofortige provisorische Abdeckung und völlige Neueindeckung des Daches. Der G hört sich zwar alles an, unternimmt jedoch nichts. Denn er befindet sich inzwischen in einer wirtschaftlich schwierigen Lage. Weil auch der U deshalb noch in großem Umfang Forderungen gegen den G hat, wagt der G es nicht, Gewährleistungsansprüche gegen den U, der bis dahin still gehalten hat, geltend zu machen. Zur Beauftragung anderer Handwerker fehlt es dem G an Geldmitteln. Wegen des weiterhin eindringenden Wassers ist das Haus für einen Monat unbewohnbar. Die M zieht daher in ein der Qualität des Hauses vergleichbares Hotel um. Sie beauftragt am 10. April 2003 den Dachdecker Ruf (R), der auf eine Eilausschreibung hin das billigste Angebot abgegeben hat, mit einer vollständigen Neueindeckung des Daches für € 30 000,-. Nach mangelfreier Fertigstellung der Arbeiten am Dach und der Abnahme durch die M verlangt die M von dem G Zahlung dieses Betrages an den R; auch fordert sie den Ersatz der ihr entstandenen Kosten für die Reparatur des Steinwayflügels und für die Unterbringung im Hotel.

Weiterhin hatte sich ab Anfang April 2003 im Garten des Grundstücks auf dem zum Leinpfadkanal hin befindlichen Rasen eine große Pfütze gebildet, die nicht mehr abtrocknete, sondern sich in der Sommerwärme der folgenden Monate in einen großen stinkenden Sumpf verwandelte. Die Ursache hierfür war die Bildung einer bis an das Grundwasser heranreichenden Mulde und eine das natürliche Versickern von Regenwasser verhindernde Bodenverdichtung infolge der monatelangen Ablagerung von Bodenaushub und schweren Baumaterialien auf dem Gartengelände und die anschließende Planierung das Gartens mit schwersten Baumaschinen. Wegen des üblen Geruchs und der aufsteigenden Mücken konnte die M schon alsbald nach ihrer Rückkehr aus dem Hotel in das Haus ihre Dachterrasse gar nicht benutzen und musste trotz größter Hitze ständig bei geschlossenem Fenster schlafen.

Als sicher war, dass und warum das Wasser dauernd auf dem Rasen stehen blieb und sich dort langsam ein Dauersumpf bildete, beauftragte die M am 1. August 2003 den Gartenbauunternehmer Hortus (H), der auf eine Eilausschreibung hin das billigste Angebot abgegeben hatte, damit, das Wasser vom Rasen abzupumpen, eine Drainage zu verlegen, die Mulde mit Sand auszugleichen, neuen Mutterboden aufzubringen und einen neuen Rasen auszusäen. Nach der direkt nach Fertigstellung der Arbeiten und der Abnahme erfolgten Zahlung an den H verlangt die M von dem G Zahlung in Höhe von € 15 000,-.

Die M will wissen, **1.** ob sie die geltend gemachten Zahlungsansprüche (Zahlung der Kosten für die Steinway-Flügelreparatur, für die Hotelunterbringung und für die Gartenreparatur an sich; Zahlung der Dachreparatur an den R) gegen den G hat und ob sie **2.** auch vom Vertrag zurücktreten kann.

<u>Lösungsskizze</u>

1. Fallfrage (Zahlungsansprüche)

A. Ansprüche der M gegen den G auf Zahlung

I. Wegen der Dachreparatur an den Ruf (R)

Ein Anspruch der M gegen den G auf Zahlung an den R könnte sich aus §§ 634 Nr. 2, 637, 257 BGB ergeben.

1. Dann müsste zwischen der M und dem G ein Werkvertrag geschlossen worden sein.

Hier muss abgegrenzt werden zwischen Kaufvertrag/ Werkvertrag/ Geschäftsbesorgungsvertrag (Bauträgervertrag oder Baubetreuungsvertrag); hier liegt ein „Bauträgervertrag" vor (vergl. dazu Palandt-Sprau § 675 Rn. 13 ff.), auf den, was das Gewährleistungsrecht angeht, die §§ 633 ff. BGB angewendet werden.

2. Wenn das Werk einen Mangel hat, und wenn der Unternehmer die Nacherfüllung innerhalb einer ihm gesetzten angemessenen Frist nicht erbringt, so kann der Besteller die Mangelbeseitigung selbst vornehmen und Ersatz der dafür erforderlichen Aufwendungen verlangen (§§ 634 Nr. 2, 637 Abs. 1 BGB).

a) Das Werk hat einen Mangel (Undichtigkeit des Daches).

b) Eine Fristsetzung ist nicht erfolgt. Die Fristsetzung kann aber nach §§ 634 Nr. 2, 637 Abs. 2, 323 Abs. 2 BGB entbehrlich sein, wenn sie erfolglos bleiben wird, weil der Unternehmer die Nacherfüllung ernsthaft und endgültig verweigert, außerdem wenn es sich bei der Nacherfüllung um ein „relatives Fixgeschäft" handelt, oder wenn besondere Umstände vorliegen, die eine sofortige Selbstvornahme rechtfertigen; letzteres ist hier einschlägig: Bei einer Dachleckage des genannten Ausmaßes ist eine sofortige Selbstvornahme gerechtfertigt.

c) Zahlung an den R kann nach § 257 BGB verlangt werden.

Hinweis: Auf §§ 634 Nr. 4, 280 Abs. 1, 3, 281 BGB sollte man hier nicht abstellen. Zum einen ist § 637 BGB die speziellere Norm, zum anderen sind deren Voraussetzungen einfacher zu erfüllen (kein Vertretenmüssen erforderlich!). Zuletzt ist der Umfang ein anderer, da der Schadenersatzanspruch auf den Minderwert des Werkes verweist, der nicht unbedingt mit den Mangelbeseitigungskosten identisch sein muss. Wer sichergehen möchte kann diesen Anspruch nach dem Anspruch aus § 637 BGB erörtern.

II. Wegen der Unbewohnbarkeit des Hauses gegen den G entstandene Hotelkosten („Betriebsausfallschaden")

Der dem Besteller infolge der Verzögerung der Erbringung eines mangelfreien Werks erwachsene mangelbedingte Folgeschaden ist mangels einer Verweisung des § 634 Nr. 4 BGB auf § 286 BGB direkt aus §§ 634 Nr. 4, 280 Abs. 1 BGB zu ersetzen; der Besteller „genießt" also nicht den „Schutz des § 286 BGB". G muss sich dabei das Verschulden des U nach § 278 BGB zurechnen lassen.

III. Wegen der Beschädigung des Flügels gegen den G („Mangelfolgeschaden")

Zu den infolge der Herstellung eines mangelhaften Werkes bereits endgültig eingetretenen Schäden, die durch eine hypothetische Nacherfüllung nicht mehr beseitigt werden können, zählen auch die Schäden, die der Besteller an anderen Rechten, Rechtsgütern oder rechtlich geschützt Interessen erleidet. Verlangt der Besteller deren Ersatz, handelt es sich um einen Anspruch auf Ersatz von Schäden „neben der Leistung". Für solche sog. „Mangelfolgeschäden" (= „Begleitschäden") kann der Besteller Schadensersatz nach §§ 634 Nr. 4, 280 Abs. 1 BGB verlangen.

B. Wegen der Trockenlegung des Gartens

I. Ein Anspruch auf Ersatz von Aufwendungen für eine Selbstvornahme (§§ 634 Nr. 2, 637 BGB) scheitert an der fehlenden Nachfristsetzung (§§ 637 Abs. 2, 323 Abs. 2 BGB).

II. Ein Anspruch auf Schadensersatz „statt der Leistung" aus §§ 437 Nr. 3, 280 Abs. 1, 3, 281 /283 BGB besteht nicht (vergl. Lorenz, NJW 2003, 1417, 1418). Hier ist wiederum auf das Kaufrechtliche Gewährleistungsrecht zurückzugreifen, da es hier nicht um ein erstelltes Werk (Haus) sondern um das verkaufte Grundstück geht.

1. denn ein Anspruch aus §§ 437 Nr. 3, 280 Abs. 1, 3, 281 BGB scheitert daran,

a) dass bei Aufnahme der Arbeiten die M dem G keine Frist gesetzt hatte und dass keiner der Fristsetzungsentbehrlichkeitsgründe der §§ 281 Abs. 2, 440 BGB vorlagen.

b) sowie daran, dass von dem Augenblick an, in dem der Mangel durch die M beseitigt ist, der Mangel nicht mehr zu beseitigen ist (§ 275 Abs. 1 BGB), so dass §§ 437 Nr. 3, 280 Abs. 1, 3, 281 BGB schon deshalb nicht eingreifen können.

2. Ein Anspruch aus §§ 437 Nr. 3, 280 Abs.1, 3, 283 BGB scheitert daran, dass der Verkäufer den Ausschluss der Nacherfüllung infolge der verfrühten Selbstvornahme nicht zu vertreten hat.

III. Die Frage ist, ob der Verkäufer G die für die geschuldete Nacherfüllung (§§ 437 Nr. 3, 439 BGB) ersparten von ihm geschuldeten Aufwendungen gleichwohl dem Käufer zu ersetzen hat.

Nach Lorenz (NJW 2003, 1417, 1418 f.) besteht hier eine gesetzliche Lücke, die nach §§ 326 Abs. 4, 326 Abs. 2 S. 2 BGB geschlossen werden soll.

2. Fallfrage Rücktritt

Rücktrittsrechte können sich aus §§ 634 Nr. 3 BGB wegen der unterlassenen Dachreparatur und aus §§ 437 Nr. 2 BGB wegen der unterlassenen Trockenlegung des Gartens ergeben.

I. Wegen der unterlassenen Dachreparatur

Der nach §§ 634 Nr. 3, 323/326 Abs. 5 BGB mögliche Rücktritt ist ein einseitiges Gestaltungsrecht, für das sich der Besteller entscheiden wird, wenn er sich nach Gefahrübergang vom Vertrag lösen will, weil der Unternehmer von der Nacherfüllungspflicht gesetzlich befreit ist oder weil der Unternehmer die Nacherfüllung aus anderen Gründen nicht durchführt. Die Rechtsfolge ist ein Rückgewährschuldverhältnis aus §§ 346 ff. BGB.

1. Nach §§ 634 Nr. 3, 323 Abs. 1 BGB kann die M nicht zurücktreten, weil der Mangel behoben ist und daher kein Nacherfüllungsanspruch besteht (§ 275 Abs. 1 BGB).

2. Wohl aber kann die M nach §§ 634 Nr. 3, 326 Abs. 5 BGB zurücktreten. Ein Ausschluss nach § 326 Abs. 6 BGB kommt nicht in Betracht, weil die M, die mit §§ 634 Nr. 2, 637 BGB ein gesetzliches Recht wahrgenommen hat, die Unmöglichkeit der Nacherfüllung nicht allein zu vertreten hat.

II. Wegen der unterlassenen Trockenlegung des Gartens

1. Ein Rücktritt nach §§ 437 Nr. 2, 323 BGB scheitert an der fehlenden Fristsetzung und weil ein Ausnahmetatbestand (z.B. 323 Abs. 2 BGB, 440 BGB) nicht gegeben ist.

2. Ein Rücktritt nach §§ 437 Nr. 2, 326 Abs. 5 BGB scheitert an § 326 Abs. 6 BGB.

III. Rechtsbehelfe des Bestellers vor Gefahrübergang

Die soeben dargestellten Gewährleistungsrechte des Bestellers betrafen dessen Rechte **nach der Abnahme des mangelhaften Werkes**, also die Situation, in der der Besteller das Werk als im Wesentlichen vertragsgemäß körperlich entgegengenommen hat oder es (wenn eine körperliche Hinnahme aufgrund der Natur des Werkes faktisch ausscheidet) gebilligt hat.

Natürlich kann der Besteller die Abnahme eines als mangelhaft erkannten Werks ablehnen. Anders als der Käufer kann er aber wie sich aus § 640 Abs. 1 S. 1 BGB ergibt **nur wegen wesentlicher Mängel die Abnahme verweigern**. Dies liegt daran, dass die Abnahme beim Werkvertrag eine Hauptleistungspflicht ist.

Ist der Mangel behebbar, kann er vor Abnahme aus § 631 BGB **weiterhin die Erfüllung verlangen**. Er kann dann nach fruchtloser Fristsetzung vom Werkvertrag zurücktreten (§ 323 BGB) oder Schadensersatz „statt der Leistung" verlangen (§§ 280 Abs. 1, 3, 281 BGB).

Ist der Mangel nicht behebbar, kann der Erfüllungsanspruch nicht geltend gemacht werden (§ 275 BGB). Der Besteller kann aber nach § 326 Abs. 5 BGB ohne Fristsetzung vom Vertrag zurücktreten. Schadensersatz „statt der Leistung" kann der Besteller verlangen unter den Voraussetzungen der 280 Abs. 1, 3, 283 oder § 311 a Abs. 2 BGB.

Auf § 634 BGB kommt es in all diesen Fällen nicht an.

> Der Besteller kann natürlich auch das mangelhafte Werk unter Vorbehalt der Gewährleistungsrechte abnehmen um z.B. den Werklohn zu mindern (§§ 640 Abs. 2, 634 Nr. 3, 638 BGB).

F. Gewährleistungsansprüche beim Reisevertrag

I. Grundlegendes

Das Reisevertragsrecht kommt zur Anwendung, wenn sich ein Reiseveranstalter verpflichtet, dem Reisenden eine **„Gesamtheit von Reiseleistungen"** zu erbringen (§ 651 a Abs. 1 BGB). Bei der Buchung einer Ferienunterkunft ohne jede weitere Leistung läge demnach kein Reisevertrag vor. Dennoch hat die Rechtsprechung in diesem Fall §§ 651 a ff. BGB entsprechend angewandt. Die **Partner des „Reisevertrages"** sind der „Reisende" und der „Reiseveranstalter".

- Der **„Reiseveranstalter"** ist derjenige, der die Gesamtheit von Reiseleistungen verspricht. Nicht Reiseveranstalter (sondern Handelsvertreter nach §§ 84 ff. HGB) ist das Reisebüro. Ebenfalls kein Reiseveranstalter sind die sog. Leistungsträger, also die Personen, die vor Ort die Reiseleistungen erbringen, wie Hotels, Clubs etc. und die Fluggesellschaften. Mit diesen schließt der Reiseveranstalter einen Vertrag zugunsten des Reisenden ab, der diesem ein eigenes Forderungsrecht nach § 328 Abs. 1 BGB verschaffen kann.

- Der **„Reisende"** ist derjenige, der mit dem Reiseveranstalter den Reisevertrag abschließt. Er kann nach § 651 b BGB verlangen, dass an seiner statt ein Dritter in den Vertrag eintritt.

Leider hat der Gesetzgeber das Gewährleistungsrecht beim Reisevertragsrecht anders als beim Werkvertrags- und Kaufrecht bisher nicht in das System des neuen Schuldrechts eingegliedert. Daher folgen die Gewährleistungsansprüche eigenen Regeln. Eine Ankopplung an das allgemeine Pflichtverletzungsrecht wie beim Kauf- und Werkvertragsrecht gibt es bisher nicht. Dementsprechend stellt sich mitunter die Frage, wann die Ansprüche aus dem Reisevertragsrecht und wann das allgemeine Pflichtverletzungsrecht eingreifen. Die grundsätzliche Antwort lautet, dass **nach Beginn der Reise nur noch das Reisevertragsrecht** anwendbar ist. Ein Rückgriff auf das allgemeine Schuldrecht ist nicht zulässig. Dennoch werden Sie die Anspruchsziele allesamt wiedererkennen.

II. Die Gewährleistungsansprüche

Alle Gewährleistungsansprüche des „Reisenden" aus dem Reisevertrag richten sich daher nur gegen den „Reiseveranstalter". Die §§ 651 a ff. BGB regeln umfassend und abschließend, welche **Ansprüche dem „Reisenden"** wegen einer **mangelhaften Reise** gegen den „Reiseveranstalter" zustehen.

> Leistungsstörungsansprüche des **„Reiseveranstalters"** oder gar der **„Leistungsträger"** sind in §§ 651 a ff. BGB nicht geregelt. Für sie gilt das allgemeine Pflichtverletzungsrecht.

1. Vorliegen eines Mangels

Die **Reise ist mangelhaft**, wenn sie nicht die zugesicherten Eigenschaften hat oder mit Fehlern behaftet ist, die den Wert oder die Tauglichkeit zum gewöhnlichen oder nach dem Vertrag vorausgesetzten Nutzen aufheben oder mindern (§ 651 c Abs. 1 BGB).

Ein solcher Reisemangel ist Voraussetzung für alle Gewährleistungsansprüche. Ein Reisemangel liegt übrigens auch vor, wenn Reiseleistungen verspätet erbracht werden. Das ist sehr wichtig, weil der Regelungsbereich des Gewährleistungsrechtes damit anders als bei den anderen Gewährleistungsrechten auch den Bereich der Verspätung umfasst. Konkurrierende Ansprüche aus §§ 280 Abs. 1, 2, 286 und 280 Abs. 1, 3, 281 sind daher im Bereich des Reisevertragsrechts nicht anwendbar.

Fall 496: Der T bucht eine 3-tägige Reise zur Steubenparade in New York. Kaum in New York angekommen, muss er mitten in der Nacht 5 Stunden am Flughafen warten, weil der Reiseveranstalter es versäumt hat, rechtzeitig einen Bustransfer zum Hotel zu organisieren. Der T zeigt den Mangel sofort per Telefon an, was die Situation aber auch nicht verbessert. Der T verlangt vom gezahlten Reisepreis Rückzahlung in Höhe von 5%.

a) Der Anspruch könnte sich aus §§ 651 d Abs. 1 S. 2, 638 Abs. 4, 346 ff. BGB ergeben, wenn der Reisepreis sich kraft Gesetzes (also „automatisch", und nicht erst durch gestaltende Erklärung!) nach §§ 651 d Abs. 1, 638 Abs. 3 BGB in dieser Höhe gemindert hat. aa) Ein Reisevertrag liegt vor. bb) Weiterhin muss ein „Reisemangel" vorliegen. Eine Reise ist fehlerhaft, wenn ihre Ist-Beschaffenheit von der Soll-Beschaffenheit (negativ) abweicht. Das wäre der Fall, wenn sie nicht die zugesicherten Eigenschaften hat oder mit Fehlern behaftet ist, die den Wert oder die Tauglichkeit zum gewöhnlichen oder nach dem Vertrag vorausgesetzten Nutzen aufheben oder mindern (§ 651 c Abs. 1 BGB). Hier sollte der T mit dem Bus nach seiner Ankunft ohne größere Wartezeit zum Hotel gebracht werden (wenn dies nicht ausdrücklich vereinbart wurde, so lässt sich das Ergebnis aus einer Vertragsauslegung gewinnen). Dies war objektiv nicht der Fall; deshalb war die Reise mangelhaft. cc) Der Reisende darf es nicht schuldhaft unterlassen haben, den Mangel anzuzeigen. Hier hat T den Reiseveranstalter sofort informiert. Der Reispreis ist daher gemindert. dd) Die Höhe ist Tatfrage. Angesichts der Kürze der Reise und der „jet-lag"-Situation ist der 5-stündige „Zwangsaufenthalt" auf dem Flughafen eine beträchtliche Minderung der Qualität der Reise. b) Zu erwägen ist, ob außerdem ein Anspruch aus §§ 280 Abs. 1, 2, 286 BGB besteht. Fraglich ist aber, ob diese Normen neben dem Reisevertragsrecht anwendbar sind. Grundsätzlich geht das Reisevertragsrecht innerhalb seines Anwendungsbereiches jeder anderen Regelung vor. Da speziell auch Verspätungen unter den Fehlerbegriff des Reisevertragsrechts fallen, ist kein Raum für einen Anspruch aus §§ 280 Abs. 1, 2, 286 BGB.

2. Die Ansprüche im Einzelnen

Nach Reisebeginn ist das Gewährleistungsrecht des Reisevertragsrechts gegenüber dem „Allgemeinen Leistungsstörungsrecht" speziell. Man beginnt daher bei der Fallbearbeitung mit den Ansprüchen aus §§ 651 c ff. BGB und stellt danach abschließend fest, dass Ansprüche aus dem Allgemeinen Leistungsstörungsrecht nicht anwendbar sind.

> Eine Reiseleistung wird verspätet erbracht. Der Reisende verlangt Ersatz für einen dadurch erlittenen Verzögerungsschaden. Man prüft und bejaht zuerst § 651 d BGB. Dann erst prüft man §§ 280 Abs. 1, 2, 286 BGB und stellt dabei fest, dass die Norm wegen des Vorrangs des Gewährleistungsrechts nicht anwendbar ist (siehe vorangegangenen Beispielsfall).

Der Reisende kann bei einem **„Reisemangel"**

- nach § 651c Abs. 2 BGB **Abhilfe** verlangen;. Wenn innerhalb einer vom Reisenden gesetzten Frist keine Abhilfe erfolgt, kann er selbst Abhilfe schaffen und dafür **Ersatz der erforderlichen Aufwendungen** verlangen (§ 651 c BGB).

> Variante: Der T hatte, statt zu warten, ein Taxi zum Hotel genommen.
> Dem T stünde ein Anspruch auf Aufwendungsersatz zu (§ 651 c Abs. 3 BGB).

- Für den Zeitraum, in dem die Reise mangelhaft war, **mindert sich der Reisepreis** von Gesetzes wegen (§ 651 d Abs. 1 BGB). Einer Minderungserklärung wie im Kaufrecht bedarf es nicht. Zum Schutz des Reiseveranstalters mindert sich der Reisepreis nicht, wenn der Reisende es schuldhaft unterlassen hat, den Mangel anzuzeigen (§ 651d Abs. 2 BGB). Die Minderung erfolgt wie beim Werkvertrag (§ 638 Abs. 3 BGB), bereits gezahlter Reisepreis kann über §§ 651 d Abs. 1 S. 2, 638 Abs. 4, 346 ff. BGB **nach Rücktrittsrecht zurückverlangt** werden. Die Minderung ist ebenso wie im Kauf- und Werkvertragsrecht nicht davon abhängig, dass den Reiseunternehmer ein Verschulden trifft.

- Wenn ein Mangel so gravierend ist, dass die Reise erheblich beeinträchtigt ist, kann der Reisende den Reisevertrag, der ja eine Art Dauerschuldverhältnis ist, **kündigen**, wenn er zuvor eine Frist gesetzt hat (§ 651 e BGB).

- Einen **Schadensersatzanspruch wegen Nichterfüllung** hat der Reisende, es sei denn, den Reiseveranstalter trifft kein Verschulden (§ 651 f BGB), wobei der Reisende auch für nutzlos aufgewandten Urlaub entschädigt wird (§ 651 f Abs. 2 BGB). Terminologisch stammt der Begriff „Schadensersatz wegen Nichterfüllung" aus „vergangenen Zeiten", denn neuerdings heißt es bekanntlich Schadensersatz „statt der Leistung".

3. Die Ausschlussfrist des § 651g BGB und die Verjährung

Eine reiserechtliche Besonderheit stellt die **Ausschlussfrist** zur Geltendmachung von Ansprüchen wegen Minderung oder Schadensersatz dar. Der „Reisende" muss die Ansprüche gegenüber dem „Reiseveranstalter" nach § 651g Abs. 1 BGB binnen eines Monats nach Ende der Reise geltend gemacht haben. Mitunter machen die Reisenden ihre Ansprüche irrtümlich gegen das Reisebüro geltend. Ein permanent mit der Vermittlung von Reisen beauftragtes Reisebüro gilt nach § 91 Abs. 2 HGB als ermächtigt, solche Erklärungen mit Wirkung gegen den Reiseveranstalter entgegen zu nehmen. Wurde die Frist versäumt, so kann der Reisende die Ansprüche später nur noch geltend machen, wenn er an der Einhaltung der Frist ohne Verschulden verhindert war. Diese Frist soll eine schnelle Abwicklung von Reisemängeln ermöglichen, da sich naturgemäß nach längerer Frist die Beweislage zusehends verschlechtert. Allerdings soll die Geltendmachung von Ersatzansprüchen schon während der Reise eine Wiederholung nach Ende der Reise entbehrlich machen.

Hinsichtlich der **Verjährung** gelten ähnliche Regeln wie im Werkvertragsrecht: Die Verjährungsfrist beträgt 2 Jahren nach Reiseende. Solange allerdings zwischen Reisendem und Reiseveranstalter Verhandlungen stattfinden, ist die Verjährung gehemmt (§ 203 BGB). Wenn neben den reisevertraglichen Gewährleistungsansprüchen auch Ansprüche aus Deliktsrecht (§ 823 BGB) bestehen, so unterliegen diese nicht der Verjährung des § 651 g BGB. Sie können daher ggf. auch noch später geltend gemacht werden. Das Reisevertragsrecht ist schließlich nur gegenüber sonstigen vertraglichen Ansprüchen vorrangiges Spezialgesetz. Dies gilt selbstredend genauso wenig wie im Kauf- und Werkvertragsrecht gegenüber deliktischen Ansprüchen.

G. Gewährleistungsansprüche beim Mietvertrag

I. Einführung und Übersicht

Das Gewährleistungsrecht des Mietrechts ist in den „allgemeinen Vorschriften für Mietverhältnisse" (§§ 535 – 548 BGB) geregelt. Anders als beim Kauf- bzw. Werkvertrag verweist das Mietrecht ebenso wie das Reisevertragsrecht nur punktuell (z.B. § 536 a Abs. 2 Nr. 1 BGB) auf das allgemeine Leistungsstörungsrecht und enthält ansonsten eigenständige Regelungen. Das hängt damit zusammen, dass der Gesetzgeber das Mietrecht schon vor der Schuldrechtsreform reformiert hatte. Das Gewährleistungsrecht der §§ 536 ff. BGB greift ein, wenn die Mietsache an den Mieter übergeben wurde und die Mietsache einen Mangel aufweist. Alle daraus entstehenden Fragen sind **speziell und abschließend im Mietrecht** des BGB geregelt.

Wenn allerdings die Mietsache vollständig zerstört wird, so greift auch noch nach Übergabe das allgemeine Leistungsstörungsrecht (hier also Unmöglichkeit, §§ 275 Abs. 1, 326 Abs. 1 BGB usw.) ein.

> Beispiele: Ein Mangel der Mietsache liegt vor bei Schimmelbildung in der Wohnung, nicht richtig schließenden Fenstern, Baulärm, hoher Kraftstoffverbrauch eines Pkw und wegen Einsturzgefahr nicht benutzbarem Balkon. Unmöglichkeit liegt dagegen vor, wenn vermietetes Haus abbrennt oder bei einer Explosion zerstört wird.

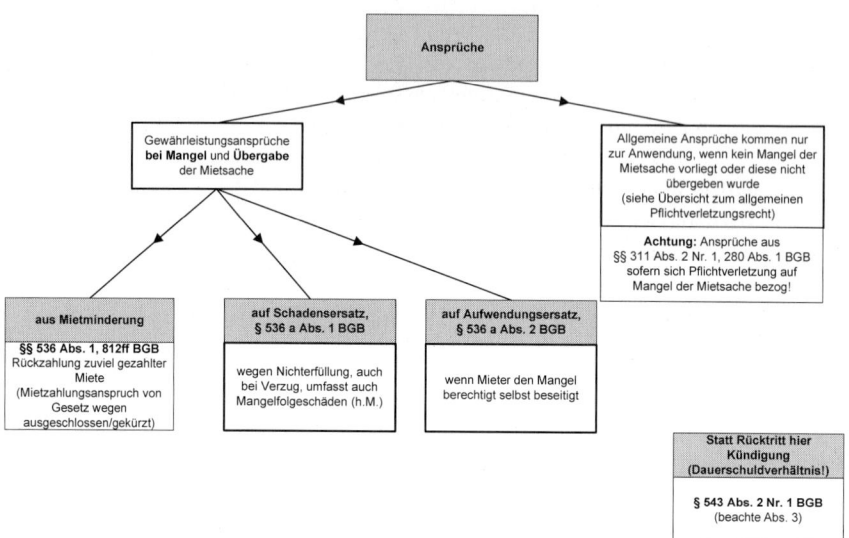

Abb. 8

II. Das Gewährleistungsrecht im Einzelnen

Da die **Voraussetzungen** der Gewährleistungsrechte ganz ähnlich sind, werden Sie in einer Übersicht dargestellt:

→ I. Voraussetzungen
1. Vorliegen eines wirksamen **Mietvertrages**.
2. **Mietsache ist mangelhaft**
a) Sachmangel oder
b) Rechtsmangel
c) Tauglichkeit der Mietsache zum vertragsgemäßen Gebrauch ist eingeschränkt
d) Minderung der Tauglichkeit ist nicht unerheblich.
Alternative: Zusicherung des Vermieters (ersetzt a-d)
3. **Übergabe** der Mietsache (gilt z.T. nicht bei § 536 a BGB).
4. **kein Ausschluss**
a) vertraglich (Grenze: § 536 d BGB)
b) gesetzlich (§§ 536 b S. 1-3, 536 c Abs. 2 BGB).
5. keine Verjährung
a) grds. Regelverjährung, §§ 195, 199 BGB
b) Ausnahme: § 548 Abs. 1 und 2 BGB.

> **→ II. Rechte des Mieters**
> 1. Befreiung von der Zahlungspflicht bzw. Herabsetzung („**Mietminderung**"), § 536 Abs. 1 BGB (keine „gestaltende Mietminderungserklärung" nötig, sondern „automatische Minderung der Miete durch das Gesetz!).
> 2. **Schadensersatz wegen Nichterfüllung**, § 536a Abs. 1 BGB.
> 3. **Aufwendungsersatz** für eigenständige Mangelbeseitigung, § 536a Abs. 2 BGB.
> 4. Recht zur fristlosen **Kündigung** (§ 543 Abs. 1 Nr. 1 BGB).

1. Mangelbegriff

Die Mietsache ist mangelhaft, wenn sie einen **Sach- oder Rechtsmangel** hat (§ 536 BGB).

Bei den **Sachmängeln** unterscheidet man zwischen Fehlern, die die Tauglichkeit zum vertragsmäßigen Gebrauch beeinträchtigen, und dem Fehlen einer zugesicherten Eigenschaft (§ 536 Abs. 1 S. 1, Abs. 2 BGB). Im Wesentlichen gilt also auch hier ein **subjektiver Fehlerbegriff**. Fehlerhaft ist die Sache, wenn sie sich nicht zu dem vereinbarten Zweck (Vertragsauslegung!) eignet.

> Beispiel: Der vermietete Wohnraum ist wegen Pilzbefalles nicht bewohnbar.

> Beispiel: Der Vermieter vermietet Räume in einem Wohngebiet als gewerbliche Räume. Der Mieter kann das Gewerbe aber wegen der öffentlich-rechtlichen Nutzungsbeschränkungen in diesen Räumen nicht ausüben (kein Rechtsmangel, da Beschränkung aus Beschaffenheit der Sache, hier Lage im Wohngebiet, herrührt, vgl. identische Wertung im Kaufrecht!).

Ist keine bestimmte Beschaffenheit vereinbart, so ist die Einhaltung der maßgeblichen technischen Normen geschuldet.

Beispiel (nach BGH): Eine Neubauwohnung ist mangelhaft, wenn sie nicht nach den geltenden Vorschriften schallisoliert ist. Bei Altbauwohnungen gelten neue Normen dagegen nur bei Umbaumaßnahmen.

Für **Rechtsmängel** wird genauso gehaftet wie für Sachmängel. Die Rechtsmängel sind nur private Rechte Dritter, die öffentlich-rechtlichen Beschränkungen führen zu Sachmängeln. Es kann sich um obligatorische Rechte oder um absolute Rechte handeln.

> Beispiele: Mietsache ist mit dinglichem Recht belastet oder Vermieter hat **Doppelvermietung** vorgenommen und die Mietsache bereits an einen Mieter übergeben. Dieser Mieter hat dann ein Recht zum Besitz, was für den anderen Mieter einen Rechtsmangel begründet.

Bei allen Ansprüchen wegen Mängeln wird vorausgesetzt, dass der Mangel die Tauglichkeit tatsächlich beeinträchtigt. Das bloße Bestehen des Mangels genügt insoweit nicht. Insoweit unterscheidet sich das Mietrecht von Kauf- und Werkvertragsrecht, bei denen schon das Bestehen des Mangels ausreicht.

> **Beispiel:** V vermietet an M eine Wohnung, an der dem X ein dingliches Wohnrecht zusteht. X macht dieses Wohnrecht allerdings nicht geltend und lässt M unbehelligt dort wohnen. M steht in diesem Fall trotz des Rechtsmangels kein Gewährleistungsrecht zu, da der Mangel die Tauglichkeit nicht konkret beeinträchtigt.

Die Mängelrechte stehen dem Mieter nach § 536 Abs. 2 BGB auch beim **Fehlen einer zugesicherten Eigenschaft** zu. Da nach § 536 a BGB für anfängliche Mängel bereits ohne Verschulden gehaftet wird (und jede Zusicherung bei Vertragsschluss erfolgt) wirken sich Zusicherungen nur hinsichtlich unerheblicher Gebrauchsminderungen oder solche Mängel, die sich überhaupt nicht auf die Gebrauchstauglichkeit auswirken.

Für **unerhebliche Minderungen der Tauglichkeit** haftet der Vermieter nämlich grundsätzlich nicht (§ 536 Abs. 1 S. 3 BGB), insoweit weicht das Mietrecht von Kauf- und Werkvertragsrecht ab. Die Regelung soll verhindern, dass wegen „jeder Kleinigkeit" Rechtsstreitigkeiten entstehen, die sonst die Basis des Dauerschuldverhältnisses Mietvertrag zerstören könnten. Das ändert aber nichts daran, dass der Mieter wegen solcher Mängel weiterhin ordnungsgemäße Erfüllung verlangen kann.

2. Ausschluss des Gewährleistungsrechts

Die Gewährleistungsrechte sind zum einen **vertraglich** abdingbar, sofern der Vermieter nicht arglistig handelt (§ 536 d BGB).

Als gesetzliche Gewährleistungsausschlüsse kommen in Betracht:

- **Kenntnis** des Mieters vom Mangel bei Vertragsschluss (§ 536 b S. 1 BGB).

- Eine **grob fahrlässige Unkenntnis** des Mangels führt grundsätzlich zum Ausschluss, es sei denn, der Vermieter handelte arglistig (§ 536 b S. 2 BGB).

- Die **Annahme der Mietsache in Kenntnis des Mangels** führt zum Ausschluss der Rechte, wenn diese nicht ausdrücklich vorbehalten werden (§ 536 b S. 3 BGB).

- Der wichtigste Ausschluss ist der, dass der **Mieter die Mängelanzeige unterlässt**, (§ 536 c Abs. 2 S. 2 BGB). Die ratio legis ist darin zu sehen, dass es treuwidrig ist, es durch die mangelnde Anzeige dem Vermieter unmöglich zu machen, dem Mangel zu beseitigen und anderseits Gewährleistungsrechte geltend zu machen. Notwendig ist eine Kausalität zwischen unterlassener Anzeige und unterlassener Abhilfe.

- Nicht ausdrücklich geregelt ist der Fall, dass der **Mieter den Mangel verschuldet** hat. Man kann insoweit aber auf § 326 Abs. 2 BGB analog verweisen und damit den Anspruch des Mieters zu Fall bringen.

- Zahlt der Mieter (trotz Mängelanzeige) über längere Zeit vorbehaltlos die Miete, obwohl er einen Mangel bemerkt hat, so kann der Vermieter einem späteren Rückzahlungsbegehren die Einrede der **Verwirkung** (§ 242 BGB) entgegenhalten.

3. Die Rechte des Mieters

a) Befreiung von der Entrichtung der Miete oder Mietminderung

Sofern die Mietsache einen Mangel hat, ist der Mieter durch das Gesetz (also „automatisch", und nicht erst durch eine rechtsgestaltende Minderung) von der Mietzahlungspflicht befreit bzw. nur zur Zahlung in geminderter Höhe verpflichtet (§ 536 Abs. 1 S. 1 BGB). Anders als im Kauf- und Werkvertragsrecht bedarf es auch keiner Fristsetzung. Auf ein Verschulden des Vermieters kommt es für die Befreiung von der Entrichtung der Miete oder die Mietminderung nicht an. Diese Verbesserung der Stellung des Mieters wird (wie Sie ja schon wissen) dadurch kompensiert, dass bei unterlassener Mängelanzeige das Gewährleistungsrecht ausgeschlossen ist (§ 536 c BGB). Eine schon bezahlte Miete kann nach der Rechtsprechung des BGH nach § 812 Abs. 1 S. 1 1. Fall BGB („Leistungskondiktion") zurückgefordert werden. Neuere Literaturstimmen befürworten dagegen einen Anspruch aus §§ 441 Abs. 4, 638, 346ff. BGB analog, da nicht ersichtlich sei, weshalb der Mieter hinsichtlich des Entreicherungsrisikos (§ 818 Abs. 3 BGB) schlechter stehen soll als Käufer und Besteller. Dem lässt sich mit dem Einwand begegnen, dass Verkäufer und Werkunternehmer durch die ausdrückliche Erklärung der Minderung eine Sicherheit haben, die dem Vermieter fehlt.

Fall 497: Der M hat von V eine Wohnung für einen monatlichen Nettokaltmietzins von € 800,- gemietet. Der M zahlt per Dauerauftrag. Nach der Übergabe an M wird auf einem dem E gehörigen Grundstück ein Haus abgerissen und ein neues Haus errichtet. Der Dreck und Lärm ist so stark, dass der M tagsüber den Balkon nicht nutzen und die Fenster nicht öffnen kann. Der M zeigt dies dem V am 23. Mai 2003 an. Der V erklärt, darauf leider keinen Einfluss zu haben. Der M ändert seinen Dauerauftrag am 27. Mai 2003. Die Umstellung auf den (unterstellen Sie bitte: angemessen) geminderten Betrag von € 720,- wird von der Bank für den Monat Juni nicht umgesetzt, so dass der V einen Betrag von € 800,- erhält. Der M verlangt Rückzahlung von € 80,- von V.

Der Anspruch ergibt sich aus § 812 Abs. 1 S. 1 1. Fall BGB („Leistungskondiktion"). a) Der V hat etwas (Gutschrift über € 800,-) erlangt, b) durch Leistung des M, der zur Zahlung seine Bank, die Vermieter-Bank und die Verrechnungsstelle der Banken eingeschaltet hat. c) Die Leistung erfolgte in Höhe von € 80,- ohne Rechtsgrund, denn insoweit ist die Miete nach § 536 Abs. 1 S. 2 BGB gemindert. d) Der V hat in dieser Höhe Wertersatz nach § 818 Abs. 2 BGB zu leisten.

Die Mietminderung umfasst nach der neueren Rechtsprechung die sog. **Bruttomiete**, d.h. auch die ggf. separat gezahlten Nebenkosten können gemindert werden.

b) Schadensersatz wegen Nichterfüllung

Schadensersatz kann der Mieter nach **§ 536 a Abs. 1 BGB** verlangen, wenn ein Mangel

- entweder schon **bei Vertragsschluss vorhanden** war („Garantiehaftung")
- oder **später wegen eines vom Vermieter zu vertretenden Umstandes entstanden** ist
- oder wenn der Vermieter mit der **Beseitigung des Mangels in Schuldnerverzug** gekommen ist (§ 286 BGB).

Besonders problematisch ist, **welche Schäden** unter § 536 a Abs. 1 BGB fallen. Unzweifelhaft sind die sog. „Mangelschäden" (unmittelbares Erfüllungsinteresse = Minderwert der Mietsache, Kosten für anderweitige Unterbringung, Mängelbeseitigungskosten, Vertragskosten, entgangener Gewinn) zu ersetzen. Ob auch die „Mangelfolgeschäden" (Nachteile an sonstigen Rechten und Rechtsgütern) darunter fallen oder ob diese nach § 280 Abs. 1 BGB zu ersetzen sind, ist ungeklärt. Von Bedeutung ist diese Frage für anfängliche Mängel, weil bei der Anwendung des § 280 Abs. 1 BGB stets ein (wenn auch vermutetes) Vertretenmüssen erforderlich ist, während es bei § 536 a Abs. 1 BGB hierauf nicht ankäme. Es werden hier drei Lösungsansätze vertreten:

- Teilweise wird angenommen, **§ 536 a Abs. 1 BGB** erfasse nur „**Mangelschäden**", während „**Mangelfolgeschäden**" nach § 280 Abs. 1 S. 1 BGB und damit nur bei (allerdings vermutetem) Verschulden ersetzt werden müssen.

- Überwiegend wird § 536 a Abs. 1 BGB auf „**Mangelschäden**" und auf „**Mangelfolgeschäden**" angewendet, was dazu führt, dass diese auch bei unverschuldeter Mangelhaftigkeit zu ersetzen sind.

- Erwägen kann man auch eine **Einschränkung der Garantiehaftung** bei anfänglichen Mängeln in solchen Fällen, in denen der Mangel für den Vermieter auch bei größter Sorgfalt nicht erkennbar war, im Übrigen aber für alle Mangel- und Mangelfolgeschäden § 536 a Abs. 1 BGB anwenden. Wenn die Einschränkung eingreift, wäre der jetzt wieder anwendbare Anspruch aus § 280 Abs. 1 BGB zu prüfen. Er würde jedoch in Fällen, in denen der Mangel auch bei größter Sorgfalt nicht erkennbar ist, am fehlenden Verschulden scheitern.

Fall 498: Das Rückschlagventil im Hause des V, das die Kellerräume vor einer Überschwemmung durch einen Rückstau aus dem öffentlichen Siel bewahren soll, ist defekt.

Dieser Defekt hatte in der Vergangenheit schon häufiger dazu geführt, dass die Wohnung im Souterrain des Hauses überflutet wurde. Das aber wusste der V nicht, als er die Wohnung im Frühjahr des Jahres 2002 an den M vermietete, da er das Haus selbst gerade zuvor erworben hatte. Die gesamte Einrichtung des M wurde bei heftigen Regenfällen des Sommers Herbst 2002 ein Opfer der Fluten. Der M muss bis zur Trocknung der Räume eine andere teurere Wohnung beziehen.

Der M kann von V Schadensersatz aus § 536 a Abs. 1 1. Fall BGB auch ohne ein Verschulden des V verlangen, da ein anfänglicher Mangel vorliegt. a) Zu ersetzen ist mit Sicherheit der Mangelschaden, also die Mehrkosten für die anderweitige Unterbringung. b) Was die Mangelfolgeschäden (Zerstörung der Einrichtung) angeht, so wären die beiden zuletzt genannten Ansichten zu einer Haftung aus § 536 a Abs. 1 BGB gekommen. Da aber nach der ersten Ansicht § 280 Abs. 1 S. 1 BGB einschlägig wäre, käme es auf ein Verschulden des V an; man wird wohl davon ausgehen müssen, dass der V sich exkulpieren kann. Der Meinungsstreit ist daher mit oben genannten Argumenten zu diskutieren und von Ihnen zu entscheiden.

Fall 499: Eine Zweigstelle der „Öffentlichen Bücherhallen" der Freien und Hansestadt Hamburg (FHH) „verleiht" Bücher entgeltlich, schließt also in Wahrheit „Mietverträge" i.S.d. § 535 BGB ab. Ein Buch ist für die Leiterin der Bücherhalle, Frau Barbara (B), trotz größter Sorgfalt unerkennbar mit dem SARS-Krankheitserreger behaftet, so dass ein Leser (L) schwer erkrankt. Der L verlangt Schadensersatz von der FHH.

Zu prüfen ist, ob dem L gegen die FHH a) ein Anspruch aus § 536 a Abs. 1 1. Fall BGB zusteht. Dem Wortlaut nach greift § 536 a Abs. 1 1. Fall BGB ein, sofern man nicht davon ausgeht, dass nach § 536 a Abs. 1 BGB nur Mangelschäden zu ersetzen sind. aa) Wegen der bereits bei Vertragsschluss gegebenen Mangelhaftigkeit kommt es auf ein Verschulden nicht an. bb) Wer jedoch eine Haftung aus § 536 a Abs. 1 1. Fall BGB in Fällen auch bei größter Sorgfalt unerkennbarer Mängel ausschließt, b) müsste eine Schadensersatzhaftung aus § 280 Abs. 1 S. 1 BGB prüfen und sie mangels Verschuldens verneinen.

Entgegen dem Wortlaut soll auch in den **Fällen der Doppelvermietung** und Übergabe der Sache an einen Mieter die Haftung aus § 536 a Abs. 1 BGB und nicht aus § 311 a Abs. 2 BGB folgen. Dies ist eine von der Rechtsprechung begründete Ausnahme von dem Grundsatz, dass § 536 a BGB erst ab Übergabe eingreifen soll. In den Fällen der Doppelvermietung kommt es nämlich nie zur Übergabe an den zweiten Mieter und gleichzeitig ist es wertungsmäßig unbillig, den Vermieter in diesem Fall nach § 311 a Abs. 2 BGB milder haften zu lassen.

Bei der Schadensberechnung ist eine bereits durchgeführte Minderung anspruchsmindernd zu berücksichtigen.

c) Anspruch auf Aufwendungsersatz

Dem Mieter steht ein Aufwendungsersatzanspruch zu, wenn er einen Mangel der Mietsache selbst beseitigt, weil der Vermieter mit der Beseitigung im Verzug (§ 286 BGB) ist oder die umgehende Beseitigung des Mangels zur Erhaltung oder Wiederherstellung des Bestandes der Mietsache erforderlich ist (§ 536 a Abs. 2 BGB).

Aufwendungen, die nicht der Beseitigung eines Mangels sondern der Vorbereitung eines Mietvertrages dienen sind anders als im Kauf- und Werkvertragsrecht, wo auf § 284 BGB verwiesen wird, als Schäden im Sinne des § 536 a BGB einzustufen, da sie frustrierte Aufwendungen sind (sog. „Rentabilitätsvermutung").

In § 539 BGB findet sich ein Verweis auf die Geschäftsführung ohne Auftrag (Rechtsgrundverweis), durch den der Mieter nicht mangelbezogene Aufwendungen ersetzt verlangen kann.

4. Verhältnis der Gewährleistungsansprüche des Mieters zum allgemeinen Leistungsstörungsrecht und zur Anfechtung

a) Verhältnis der Gewährleistungsansprüche des Mieters zum allgemeinen Leistungsstörungsrecht

Auf folgende **Probleme** ist zu achten:

- Der Vermieter hat die **Pflicht, mangelfrei zu leisten**. Anders als im Kaufrecht wird der Erfüllungsanspruch durch die ggf. bestehenden Gewährleistungsansprüche nicht ausgeschlossen. Daher bleibt es dem Mieter unbenommen, gegen die Forderung der Miete die Einrede nach § 320 BGB zu erheben. Die mangelfreie Leistung ist anders als im alten Kaufrecht im Mietrecht immer schon eine synallagmatische Hauptleistungspflicht!

- Für die **anfänglich mangelhafte Mietsache** ist bis zur Übergabe das allgemeine Recht (§§ 280 Abs. 1, 3, 281 BGB) anzuwenden. Erst nach Übergabe verdrängen die §§ 536 ff. BGB die allgemeinen Regeln. Sofern also eine Mietsache von Anfang an mangelhaft ist, kann der Mieter sich weigern, sie anzunehmen und stattdessen nach §§ 280 Abs.1, 2, 3 i.V.m. §§ 286, 281, 283, 311 a BGB vorgehen. Im Einzelnen ist hier aber vieles streitig und wäre in einer Hausarbeit näher zu ermitteln.

- Ist die **Gebrauchsüberlassung bei Vertragsschluss unmöglich**, so haftet der Vermieter nach § 311 a Abs. 2 BGB nach den Grundsätzen des allgemeinen Leistungsstörungsrechts.

- Sofern eine **vorvertragliche Pflichtverletzung** sich auf das Vorhandensein von Mängeln bezieht, greifen die §§ 311 Abs. 2 Nr. 1, 280 Abs. 1 S. 1 BGB nicht ein. Ließe man dies zu, so würde man die §§ 536ff. BGB aushebeln. Denn dann könnte der Mieter ohne Rücksicht auf die Ausschlussgründe des Mietrechts Schadensersatz verlangen. In der Klausur prüfen Sie daher zuerst die mietrechtlichen Ansprüche. Sofern Sie dort feststellen, dass ein Mangel der Mietsache vorliegt, dürfen Sie §§ 311 Abs. 2 Nr. 1, 280 Abs. 1 S. 1 BGB nicht mehr anwenden, auch wenn die mietrechtlichen Ansprüche aus irgendeinem Grunde nicht eingreifen. Eine Ausnahme macht die Rechtsprechung wie auch im Kaufrecht bei Arglist des Vermieters, da dieser dann nicht schutzwürdig ist.

- Falls der Mieter die Miete nicht zahlt, kann der Vermieter nicht nach § 323 Abs. 1 BGB zurücktreten sondern ist darauf beschränkt, nach §§ 543 Abs. 1, 2 Nr. 3, 569 Abs. 3 BGB zu **kündigen**.

- Wenn der **Mieter die Mietsache** entgegen § 546 Abs. 1 BGB **nicht zurückgibt**, so kann ihm der Vermieter eine Frist setzen und danach Schadenersatz nach §§ 280 Abs. 1, 3, 281 BGB verlangen. Aus dem allgemeinen Leistungsstörungsrecht kennen Sie bereits den Fall des sog. **Zwangskaufs**, den man mit § 242 BGB abwehren kann. Im Wohnungsmietrecht soll aus § 571 Abs. 2 BGB folgen, dass Schadenersatz wegen Nichterfüllung grundsätzlich erst nach einem Räumungsurteil und anschließendem Fristablauf gefordert werden kann. Zu dieser Ansicht kommt man bei wörtlichem Verständnis des § 571 Abs. 2 BGB nicht, da der Schadensersatzanspruch aus § 281 BGB bereits bei Fristablauf entstanden ist, wodurch der Rückgabeanspruch durch Schadensersatzforderung erlischt (§ 281 Abs. 4 BGB) und ein Räumungsprozess gar nicht mehr möglich wäre.

b) Verhältnis der Gewährleistungsansprüche des Mieters zur Anfechtung

Aus dem Kaufrecht wissen Sie, dass Gewährleistungsvorschriften das Anfechtungsrecht als Spezialregelungen verdrängen können. Da es im Mietvertragsrecht zu keinen derartigen tatbestandsmäßigen Überschneidungen mit dem Gewährleistungsrecht kommt, dürfen die §§ 119 Abs. 1, 123 BGB jederzeit angewandt werden. Auch beim Mietvertrag stellt sich aber die Frage, ob die Anfechtung wegen eines Eigenschaftsirrtums (§ 119 Abs. 2 BGB) zulässig ist. Die herrschende Meinung bejaht diese Frage, da die Miete anders als das Kaufrecht keine Möglichkeit biete, den Vertrag rückabzuwickeln. Eine mögliche Kündigung wirkt schließlich nur ex nunc.

5. Verjährung der Ansprüche

Im Mietrecht besteht anders als im Kauf- und Werkvertragsrecht keine Sonderregel für Gewährleistungsansprüche. Es kommen daher die allgemeinen Regeln zur Anwendung. Die Verjährungszeit beträgt daher nach § 195 BGB drei Jahre und sie beginnt nach § 199 BGB mit Entstehung des Anspruchs und Kenntnis bzw. grobfahrlässiger Unkenntnis. Eine Ausnahmeregelung ist allein § 548 BGB. Wichtig ist dort vor allem Absatz 1. Der Anspruch des Vermieters wegen Verletzung der Rückgabepflicht aus § 546 Abs. BGB verjährt in 6 Monaten seit Rückerhalt der Mietsache. Parallelansprüche aus § 280 Abs. 1 BGB direkt, aus Delikt und aus Eigentum werden von der Norm ebenfalls erfasst, da die kurze Frist sonst regelmäßig nicht angewendet werden würde.

Fall 500: V vermietet an M eine Wohnung. M gibt die Wohnung zurück, wobei aber der mitvermietete Herd durch M zerstört wurde. V bemerkt dies zunächst nicht, da er die Wohnung im Anschluss an den Auszug des M nicht vermietet. Nach 7 Monaten verlangt er von M Schadenersatz für den Herd. M beruft sich auf Verjährung.

Dem V kann 1. ein Anspruch aus §§ 546 Abs. 1, 280 Abs. 1, 283 BGB zustehen. a) Das Schuldverhältnis liegt im Mietvertrag zwischen V und M. Aus diesem Mietvertrag schuldete der M die Rückgabe des Herdes (§ 546 Abs. 1 BGB). b) Der M hat seine Pflicht zur Leistung nachträglich unmöglich gemacht. c) Er hat dies auch zu vertreten. d) Dennoch ist der

Anspruch nach § 548 Abs. 1 S. 1, 2 BGB nach 7 Monaten bereits verjährt. 2. Dem V kann außerdem ein Anspruch aus § 823 Abs. 1 BGB zustehen. a) Die Voraussetzungen liegen vor (wäre auszuführen). b) Fraglich ist aber, ob dieser Anspruch nicht ebenfalls nach § 548 Abs. 1 BGB verjährt ist. Ob § 823 Abs. 1 BGB von § 548 Abs. 1 BGB mitumfasst ist, ist eine Frage der Auslegung. Grundsätzlich verjähren im BGB alle Ansprüche unabhängig voneinander. Eine Ausnahme muss aber immer dann gelten, wenn durch unabhängige Verjährungsfristen eine kürzere Verjährung praktisch immer leer laufen würde. Dies wäre bei § 548 BGB der Fall. Es ist nämlich kaum ein Fall denkbar, in dem nicht neben den mietrechtlichen Ersatzansprüchen auch ein Anspruch aus § 823 Abs. 1 BGB gegeben ist. Die Frist muss diesen Anspruch daher mit umfassen, weswegen vorliegend auch insoweit Verjährung eingetreten ist.

H. Gewährleistungsansprüche beim Schenkungsvertrag

Von nur geringer Bedeutung für Sie ist die Haftung des Schenkers für Sachmängel. Der Schenker haftet nur bei arglistigem Verschweigen von Mängeln (§§ 523 Abs. 1, 524 Abs. 1 BGB). Diese Regelung ist abschließend. Ein Rückgriff auf das allgemeine Leistungsstörungsrecht würde diese Privilegierung des Schenkers durchkreuzen und ist daher nicht zulässig.

Fall 501: Onkel O schenkt seinem Neffen N ein gebrauchtes Auto, von dem er annahm, es sei in einwandfreiem Zustand. Dieses bleibt auf der ersten Fahrt des N wegen eines Getriebeschadens liegen. Das Abschleppen kostet € 100,- und die Reparatur würde € 500,- kosten. N verlangt diese Beträge von O ersetzt. O weigert sich.

Anspruchsgrundlage kann 1. zunächst § 524 Abs. 1 BGB sein. Voraussetzung ist a) zunächst das Vorliegen eines wirksamen Schenkungsvertrages. N und O haben sich über einen unentgeltlichen Erwerb geeinigt. Die zunächst nach §§ 125 S. 1, 518 Abs. 1 BGB formunwirksame Schenkung ist nach § 518 Abs. 2 BGB durch Übergabe und Übereignung des Wagens geheilt. b) Außerdem muss der O einen Mangel arglistig verschwiegen haben. Dies war vorliegend nicht der Fall, weswegen dem N kein Schadenersatzanspruch zusteht. 2. Ein Anspruch aus §§ 280 Abs. 1, 3, 281 Abs. 1 BGB kommt nicht in Betracht, weil das Schenkgewährleistungsrecht eine abschließende Regelung darstellt. Im Ergebnis haftet O daher nicht.

Auch Verzugszinsen kann der Beschenkte nicht verlangen (§ 522 BGB in Abweichung von § 288 BGB). Im Übrigen hat der Schenker nur Vorsatz und grobe Fahrlässigkeit zu vertreten (§ 521 BGB); diese Haftungsmilderung ist jedoch grundsätzlich nur für die Haftung bzgl. der Leistung bestimmt.

Fall 502: Der S stellt Kartoffelchips her. Dabei entsteht als Abfall Kartoffelpülpe. Der Landwirt G hat hierfür Bedarf, er will die Pülpe als Tierfutter verwenden. Der S schenkt daher die Kartoffelpülpe dem G. Die Schweine des G gehen wegen übermäßiger Fütterung mit der Kartoffelpülpe ein. Der G verlangt von S Schadensersatz, da er über die möglichen Risiken nicht hinreichend aufgeklärt worden sei (Kartoffelpülpe – Fall nach BGH).

Der Anspruch kann sich aus § 280 Abs. 1 S. 1 BGB ergeben. a) Fraglich ist zunächst, ob § 280 Abs. 1 S. 1 BGB überhaupt anwendbar ist. Dem könnte der Vorrang und die Ausschließlichkeit des Schenkungsgewährleistungsrechts nach §§ 523 Abs. 1, 524 Abs. 1 BGB entgegenstehen. Um diesen Vorrang zu begründen, müsste aber ein Mangel der geschenkten Sache vorliegen. Hier ist die Pülpe nicht mangelhaft; daher greifen die abschließenden Regelungen nicht ein. § 280 Abs. 1 S. 1 BGB ist daher anwendbar. b) Da zwischen S und G ein Schenkungsvertrag geschlossen ist, besteht auch ein Schuldverhältnis zwischen beiden. c) Als Pflichtverletzung kommt hier in Betracht, dass der S den G nicht über mögliche Risiken bei der Verfütterung von Kartoffelpülpe gewarnt hat. Er hat damit gegen eine Pflicht nach § 241 Abs. 2 BGB verstoßen. d) Es kann aber an einem (vermuteten: § 280 Abs. 1 S. 2 BGB) Vertretenmüssen fehlen. Grundsätzlich hat der Schuldner Vorsatz und jede Fahrlässigkeit zu vertreten (§ 276 Abs. 1 BGB). Da hier jedoch allenfalls eine leichte Fahrlässigkeit vorliegt, ist fraglich, ob nicht ein milderer Haftungsmaßstab bestimmt ist. Dieser kann sich aus § 521 BGB ergeben, wonach der Schuldner nur für Vorsatz und grobe Fahrlässigkeit haftet, für leichte Fahrlässig hingegen gar nicht. Hierbei stellt sich aber die Frage, ob § 521 BGB auf den vorliegenden Fall anzuwenden ist. Die Norm erfasst nach ihrem Wortlaut alle Ansprüche gegen den Schenker. Hierzu müssen jedoch aus teleologischen Gründen Einschränkungen gemacht werden. So sollen jedenfalls solche Nebenpflichtverletzungen nicht unter § 521 BGB fallen, die keinen Bezug zur Schenkung haben (z.B. „Sturz in eine Grube" bei Abholung der geschenkten Sache). Eindeutige Fälle des § 521 BGB sind dagegen die Ansprüche im direkten Zusammenhang mit der Schenksache (z.B. bei leicht fahrlässig herbeigeführter Unmöglichkeit). Der vorliegende Fall liegt zwischen diesen beiden Fallgruppen. Zwar liegt kein Mangel der geschenkten Sache vor, doch besteht dennoch bei der verletzten Schutzpflicht eine gewisse Nähe zur Schenksache. Der BGH hat daher die mildere Haftung auch für solche Schutzpflichten bejaht, die im unmittelbaren Zusammenhang mit der Schenksache stehen, wie dies hier der Fall ist. S haftet daher nur für Vorsatz und grobe Fahrlässigkeit. Da hier nur leichte Fahrlässigkeit vorliegt, besteht der Anspruch aus § 280 Abs. 1 S. 2 BGB nicht.

I. Gewährleistungsansprüche bei anderen Verträgen

I. Andere Vertragsarten

Bisher haben wir nun fünf Gewährleistungssysteme mit ihren jeweiligen Anspruchsgrundlagen kennen gelernt. Dies waren das **Kaufgewährleistungsrecht** (unter C.), das **Werkvertragsgewährleistungsrecht** (unter E.), das **Gewährleistungsrecht für Reisemängel** (F.) und das **Mietrecht** (G.). Das Gewährleistungsrecht bei der **Schenkung** haben wir nur am Rande behandelt (H.). Der Tausch verweist auf den Kauf (§ 480 BGB) und erspart sich so eigene Gewährleistungsregeln. Dabei waren Kauf- und Werkvertragsrecht in ihren Strukturen extrem ähnlich. Beide verwiesen in weitem Umfang auf die Ansprüche des allgemeinen Leistungsstörungsrechts. Etwas anders verhielt es sich mit Reisevertrags- und Mietrecht, die beide ein eigenständiges Gewährleistungsrecht aufweisen, das keinen Verweis auf das allgemeine Schuldrecht enthält.

Alle **anderen Vertragstypen** verfügen über kein eigenständiges Gewährleistungsrecht. Wir wissen ja schon lange, dass insoweit das **allgemeine Leistungsstörungsrecht** unmittelbar zur Anwendung kommt, d.h. der Schuldner haftet auf Schadensersatz für mangelhafte Leistungen nach **§ 280 Abs. 1 S. 1 BGB**, wenn mangelhafte Leistungen zu einer Verletzung anderer Rechtsgüter führen, und nach §§ 280 Abs. 1, 3, 281 BGB auf Schadensersatz „statt der Leistung", wenn er trotz Fristsetzung keine ordnungsgemäße Leistung erbringt.

> Beispiel: Der Rechtsanwalt, der bei der Prozessführung (Dienstvertrag und kein Werkvertrag: denn der Anwalt verspricht nicht, den Prozess zu gewinnen, was i.Ü. „standeswidrig" und damit wohl auch sittenwidrig wäre, so dass der Anwaltsvertrag dann sogar nach § 138 Abs. 1 BGB nichtig wäre) fahrlässig die Einrede der Verjährung nicht erhebt, haftet ebenfalls nach § 280 Abs. 1 S. 1 BGB.

II. Anwendbare Regeln bei gemischten Verträgen

Eine weitere Frage ist aber, welches Gewährleistungsrecht bei gemischten Verträgen anzuwenden ist. Die schuldrechtlichen Vertragstypen des BGB regeln die Inhalte von Verträgen nicht abschließend. Aufgrund der im Schuldrecht anders als z.B. im Sachenrecht geltenden Vertragstypenfreiheit sind andere Gestaltungen möglich und im Rechtsleben auch sehr verbreitet.

Hierbei kann man **vier Fallgruppen** unterscheiden:

- **typischer Vertrag mit andersartiger Nebenleistung**
  Eine der Parteien schuldet neben der Hauptleistung eines typischen Vertrages eine andersartige Nebenleistung

  > Beispiel: Kauf einer Computeranlage mit dazugehöriger Schulung der Mitarbeiter

- **Kombinationsvertrag**
  Ein Vertragspartner schuldet Hauptleistungen aus verschiedenen Vertragstypen

  > Beispiel: Beherbergungsvertrag (enthält Elemente der Miete, des Dienstvertrages und des Kaufes, Schwerpunkt dürfte die Miete sein)

- **Gekoppelter Vertrag**
  Die Parteien tauschen Leistungen aus, die zu verschiedenen Vertragstypen gehören.

  > Beispiel: Mieter zahlt keine Miete, sondern erbringt stattdessen Hausmeisterleistungen.

- **Typenverschmelzungsvertrag**
  Die von einer Partei geschuldeten Leistungen aus verschiedenen Vertragstypen sind untrennbar miteinander verbunden

> Beispiel: Schenkung einer Sache unter Wert.

Es stellt sich nun die Frage, welches Gewährleistungsrecht man bei diesen Verträgen anwenden kann. Grundsätzlich gilt, dass **für die Beendigung** des Schuldverhältnisses diejenige Leistung maßgeblich ist, die den Gesamtcharakter des Vertrages maßgeblich prägt. Bei **anderen Leistungsstörungen** gilt, dass diejenigen Regelungen angewendet werden, die zu der gestörten Leistung gehören.

III. Atypische Verträge

Noch nicht behandelt haben wir bisher die **atypischen Verträge**. Dies sind Verträge, die weder ausschließlich einem gesetzlichen Leitbild zugeordnet werden können noch sich einer der soeben genannten „Mischungen" zurechnen lassen.

Die atypischen Verträge sind zum einen **verkehrstypische Verträge** („moderne Vertragstypen"). Bei den verkehrstypischen Verträgen haben sich im Laufe der Zeit bestimmte Regelungsmuster herausgebildet, die mit gewissen Variationen jedem neuen Vertrag zugrunde gelegt werden.

> Beispiele: Leasing, Factoring, Garantievertrag, Franchising

Die Einzelheiten zu diesen Verträgen müssen Sie nicht auswendig wissen. Wissen müssen Sie aber, dass für die Frage der Gewährleistung auch bei diesen Verträgen die Zuordnung zu einem gesetzlichen Leitbild wichtig sein kann. So stellt sich die Frage, ob ein Leasingvertrag nach § 307 Abs. 2 Nr. 1 BGB am gesetzlichen Leitbild des Mietvertrages gemessen werden darf, konkret, ob es zulässig ist, die Gewährleistung auszuschließen und stattdessen die Kaufgewährleistungsansprüche gegen den Verkäufer der Leasingsache abzutreten (h.M.: grundsätzlich ja).

Oder es handelt sich um **vollständig selbst ausgehandelte Verträge** für besondere Zwecke, die sich keinem Leitbild eindeutig zurechnen lassen, (z.B. neuartige Vertragsformen im Internetrecht). Dann werden die Parteien häufig „ihr eigenes Gewährleistungsrecht" vereinbart haben.

J. Sekundäransprüche beim Vertrag zugunsten Dritter

Mit der Frage der Sekundäransprüche aus Leistungsstörungen beim echten Vertrag zugunsten Dritter sind Sie bereits einmal (damals weit „vor der Zeit") behelligt worden. Zunächst ist zu hoffen, dass Sie sich noch daran erinnern, was überhaupt ein „Vertrag zugunsten eines Dritten" ist.

> Hier zunächst eine kleine **„Gedächtnisauffrischung"**.
>
> Beim Vertrag zugunsten Dritter geht es um den Richtungswechsel der Leistungspflicht im Rahmen eines beliebigen Vertrages. Der **Schuldner (Ver-**

> sprechende = **VSP**) verpflichtet sich, eine Leistung an einen vom **Gläubiger (Versprechensempfänger = VE)** personenverschiedenen **Dritten (= D)** zu erbringen, und zwar dergestalt, dass der D einen eigenen Anspruch gegen den VSP erhält. Der D ist an dem Abschluss des Vertrages nicht beteiligt.
>
> Es gibt nicht „den" Vertrag zugunsten Dritter „als solchen" und daher natürlich auch keinen „Anspruch aus § 328 Abs. 1 BGB". Wer also seine schriftliche Arbeit mit dem Obersatz: „Der D könnte von VSP Zahlung in Höhe von € 1000,- aus § 328 Abs. 1 BGB" verlangen, hat schon „verloren".
>
> Vielmehr bezieht sich der Vertrag zugunsten eines Dritten immer auf einen „Grundvertrag" (z.B. Kaufvertrag, Darlehensvertrag etc.) und der Obersatz könnte daher lauten: „Der D könnte von VSP Übereignung und Übergabe der PKW aus §§ 433 Abs. 1 S. 1, 328 Abs. 1 BGB verlangen".

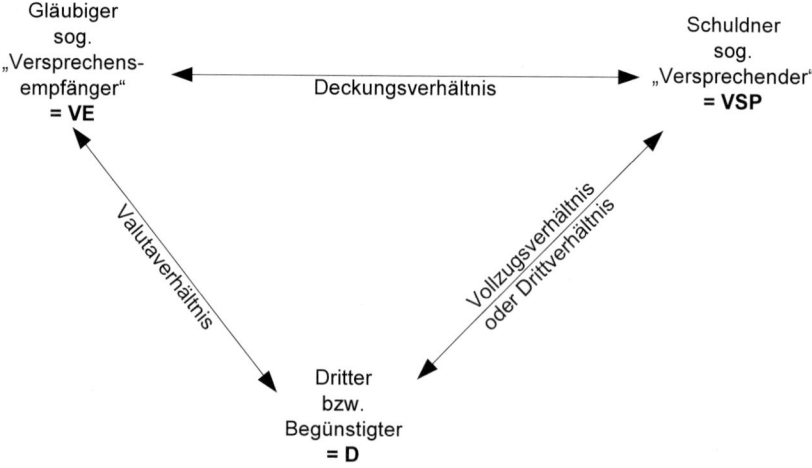

Abb. 9

Bei der Frage nach den Sekundäransprüchen wegen Leistungsstörungen beim Vertrag zugunsten Dritter muss unterschieden werden, wer Ansprüche geltend macht.
- Der **Versprechende** hat „Sekundäransprüche" aus dem Grundvertrag des Deckungsverhältnisses nur gegenüber dem Versprechensempfänger. Auch eventuell nötige Gestaltungsrechte (z.B. Rücktrittserklärungen) müssen durch Erklärung gegenüber dem Versprechensempfänger ausgeübt werden. Bei einem Rücktritt soll grundsätzlich auch nur der Versprechensempfänger Rückgewähr schulden. Ausnahmsweise kann auch der Dritte Rückgewähr schulden, wenn im Valutaverhältnis eine Schenkung vorliegt (typischerweise bei „Ver-

sorgungsfällen"), oder wenn der Dritte aus anderen Gründen nicht schutzwürdig ist. Auf einen Wegfall der Leistungspflicht wegen der oben genannten Rechte gegen den Versprechensempfänger kann sich der Versprechende auch dem Dritten gegenüber berufen. Gegen den Dritten kann der Versprechende wegen Verhaltenspflichtverletzungen Schadensersatzansprüche aus § 280 Abs. 1, 241 Abs. 2 BGB haben.

- Der **Dritte** hat alle Ansprüche, die die Gläubigerstellung des Versprechensempfängers insgesamt unberührt lassen, also Schadensersatzansprüche „neben der Leistung" gegen den Versprechenden (z.B. aus §§ 280 Abs. 2, 286 BGB), Ansprüche aus § 285 BGB oder Ansprüche auf Nacherfüllung (§§ 437 Nr. 1, 439 bzw. 634 Nr. 1, 635 BGB).

- Der **Versprechensempfänger** behält dagegen alle Rechte, die auf die Gläubigerstellung insgesamt Einfluss nehmen, wie Rücktrittsrechte (§§ 323, 326 Abs. 5 BGB), Rücktrittsrechte aus Gewährleistungsrecht (§§ 437 Nr. 2, 323 bzw. 326 Abs. 5 oder 634 Nr. 3, 323, 326 Abs. 5 BGB), Ansprüche auf Schadensersatz „statt der Leistung" (§§ 280 Abs. 1, 3, 281 – 283 BGB, 311 a Abs. 2) und Ansprüche auf Schadensersatz „statt der Leistung" aus Gewährleistungsrechten (§§ 437 Nr. 3, 281 bzw. 283 BGB bzw. 311 a Abs. 2 BGB oder 634 Nr. 4, 281 bzw. 283 bzw. 311 a Abs. 2), muss aber zur Ausübung die Zustimmung des Dritten einholen, weil dieser sein Forderungsrecht nicht gegen seinen Willen verlieren darf.

Fall 503: Vater VE will seinem Sohn D zum bestandenen Examen ein Auto schenken und schließt mit dem Händler VSP einen Kaufvertrag über einen von den beiden besichtigten und Probe gefahrenen Audi A 3 ab. Dabei versichert der VSP, der Wagen sei unfallfrei und praktisch neuwertig. Nach der bestandenen Prüfung holt der D das Auto ab. Beim Betreten des Geländes stößt er versehentlich mit dem Fuß gegen eines der ausgestellten Fahrzeuge des VSP und verursacht Kratzer an einer der Radkappen. Zu Hause angekommen zeigt D den Wagen stolz seinen Kommilitonen. Diese stellen mit ihrem Expertenblick sofort fest, dass es sich offensichtlich um einen Unfallwagen handelt. Der D und der VE sind sauer. Sie wollen den Wagen zurückgeben und den von ihnen gezahlten Kaufpreis zurückhaben. Dies machen sie gegenüber VSP geltend. Der VSP verlangt im Gegenzug den durch den Fußtritt angerichteten Schaden von D ersetzt.

1. Der VE könnte gegen VSP einen Anspruch auf Rückzahlung des gezahlten Geldes aus §§ 437 Nr. 2, 326 Abs. 5, 346 Abs. 1 BGB haben. a) Ein wirksamer Kaufvertrag zwischen VE und VSP liegt vor. b) Der Wagen war bei Gefahrübergang wegen der Abweichung des Wagens von der vereinbarten Beschaffenheit fehlerhaft (§ 434 Abs. 1 BGB). c) Ein Rücktrittsgrund steht dem VE aus § 437 Nr. 2, 326 Abs. 5 BGB zu, denn der Mangel (Unfallwagen) war unbehebbar. Einer vorherigen Bestimmung einer Frist zur Nacherfüllung bedurfte es nach § 326 Abs. 5 BGB nicht, da die Nacherfüllung unmöglich war. d) Das Rücktrittsrecht aa) muss von VE gegenüber dem D erklärt werden, da der Rücktritt eine völlige Umgestaltung des Vertrages zur Folge hat. Das ist hier der Fall. bb) Der VE bedarf dazu der Zustimmung des D, weil er sonst gegen seinen Willen sein Forderungsrecht verlieren würde. Der D ist mit der Rückabwicklung einverstanden. Der VE hat damit einen Anspruch auf Rückzahlung des gezahlten Kaufpreises. 2. Der VSP hat gegen D einen Anspruch a) aus §§ 280 Abs. 1, § 241 Abs. 2 BGB wegen fahrlässiger Verletzung einer Schutzpflicht aus

einer vertragsähnlichen Beziehung b) sowie aus § 823 Abs. 1 BGB wegen rechtswidriger und schuldhafter Eigentumsverletzung.

K. Vertragsstrafe

In einem Vertrag kann vereinbart werden, dass „der Schuldner dem Gläubiger für den Fall, dass er seine Verbindlichkeit nicht oder nicht in gehöriger Weise erfüllt", also für den Fall einer Leistungsstörung, eine **Vertragsstrafe**, also „die Zahlung einer Geldsumme als Strafe" oder „eine andere Leistung", verspricht (§§ 339, 342 BGB).

Eine solche Vertragsstrafenvereinbarung, die in einem Akzessorietätsverhältnis zu einer vom Gläubiger durchsetzbaren Hauptverpflichtung zu einem Tun oder einem Unterlassen steht (§ 339 BGB), nennt man ein **„unselbstständiges Strafversprechen"**.

Die Bedeutung einer solchen Vereinbarung

- liegt in erster Linie darin, dass durch sie der **Druck auf den Schuldner**, seiner Hauptverpflichtung so wie geschuldet nachzukommen, verstärkt wird. Zum anderen bietet ein **gesetzlicher Schadensersatzanspruch des Gläubigers aufgrund einer Leistungsstörung** häufig **keinen angemessenen Ausgleich** für die erlittenen Nachteile, weil der Gläubiger häufig **a)** nicht beweisen kann, dass bei ihm überhaupt ein Vermögensschaden (nach § 253 Abs. 1 BGB führt i.d.R. nur ein solcher zu einem Schadensersatzanspruch in Geld) vorliegt und **b)** wie hoch ggf. ein Vermögensschaden ist. Um diese beiden Ziele zu erreichen, vereinbart man häufig eine Strafe, die den zu erwartenden Schaden deutlich übersteigt. Klassische Beispiele sind Vertragsstrafen im **Baugewerbe** zur Sicherung eines Fertigstellungszeitpunkts (hier ist oft nicht klar, ob die Nichterfüllung überhaupt zu einem Vermögensschaden führt) oder zur Sicherung von Unterlassungsverpflichtungen im **Wettbewerbsrecht** (hier ist oft die Höhe eines sich aus einer Zuwiderhandlung ergebenden Schadens unklar).

- Abgrenzen muss man die Vertragsstrafe von einer vertraglichen Vereinbarung, die lediglich eine sich im Bereich des zu erwartenden Schadens bewegende **Schadenspauschalierung** zum Inhalt hat, die aber nicht dazu dienen soll, einen zusätzlichen Druck auf den Schuldner zu entfalten.

Die **Vertragsstrafe ist verwirkt**, wenn der Schuldner mit der Hauptverpflichtung in Verzug kommt (§ 339 S. 1 BGB) bzw. bei Unterlassungspflichten mit der Zuwiderhandlung (§ 339 S. 2 BGB). Hier stellt sich eine nette dogmatische Problematik, die geradezu dazu „einlädt", hieraus ein „Klausurproblem" zu machen: Weil nach § 286 Abs. 4 BGB ein Verzug des Schuldners ein – freilich vermutetes – Vertretenmüssen voraussetzt, gilt dies auch für die Verwirkung der Vertragsstrafe nach § 339 S. 1 BGB. Bei einer Unterlassenspflicht soll nach dem Wortlaut des Gesetzes die bloße (also auch die unverschuldete) „Zuwiderhandlung" für eine

Verwirkung der Vertragsstrafe (§ 339 S. 2 BGB) ausreichen. Man wird jedoch auch insoweit ein verschuldetes Zuwiderhandeln verlangen müssen, weil der Gesetzgeber mit der Schaffung des Verwirkungstatbestands „Zuwiderhandeln" lediglich dem Umstand Rechnung tragen wollte, dass es bei Unterlassungsverpflichtungen keinen Verzug gibt, nicht aber das Verschuldenserfordernis des § 339 S. 1 BGB ausblenden wollte. Mit diesem Problem kombinieren kann man die weitere Frage, ob man bei einer Unterlassungspflicht auch für das Fehlverhalten eines Erfüllungsgehilfen einzustehen hat.

Eine Vertragsstrafe kann aber auch für den Fall versprochen werden, dass der Versprechende eine bestimmte Handlung vornimmt oder unterlässt, ohne dass der Gläubiger hieraus einen durchsetzbaren Anspruch hätte (§ 343 Abs. 2 BGB). Man nennt es dann ein „selbstständiges Strafversprechen". Durch ein solches wird ein mittelbarer Zwang zu einem bestimmten nicht geschuldeten Verhalten geübt.

Weil eine Vertragsstrafe i.d.R. über den nach dem Gesetz geschuldeten Schadensersatz hinausgeht, muss der Schuldner daher geschützt werden: So können Vertragsstrafen in Wohnraummietverträgen (**§ 555 BGB**) und durch Allgemeine Geschäftsbedingungen überhaupt nicht wirksam vereinbart werden (**§ 309 Nr. 6 BGB**). Vertragsstrafenvereinbarungen können nach **§ 138 BGB** nichtig sein, aber nicht allein wegen ihrer Höhe (arg e § 343 BGB). Eine verwirkte, aber noch nicht entrichtete unverhältnismäßig hohe Vertragsstrafe kann durch Gestaltungsurteil herabgesetzt werden (**§ 343 BGB**; vergl. aber §§ 348, 351 HGB!). Weil dieser Schutz nicht bei Schadenspauschalierungen besteht, kann die Abgrenzung zur Vertragsstrafe fallentscheidend und daher besonders wichtig sein.

Fall 504: Der Apotheker Quack (Q) hat ein Geheimrezept für ein von ihm entwickeltes Heilmittel gegen Haarausfall, dessen Herstellung nicht durch ein Patent geschützt ist, dem ihm bekannten Chemiker Forml (F) überlassen, der damit chemische Versuche vornehmen will. Der F hat sich vertraglich verpflichtet, das Rezept „sorgfältigst geheim zu halten" und keinen seiner Mitarbeiter Einblick nehmen zu lassen. Für den Fall, dass es durch Verlust oder sonst wie dennoch zur Kenntnis Dritter gelange, hat sich der F zur Zahlung von € 500 000,- verpflichtet. Der F verwahrt das Rezept in seinem Tresor und nimmt nur nach Feierabend Einblick in das Rezept. Es gelingt jedoch dem Mitarbeiter M des F, während der Arbeitszeit durch einen für F nicht zu durchschauenden Taschenspielertrick für kurze Zeit den Tresorschlüssel an sich zu bringen und eine Kopie von dem Rezept zu machen. Er veräußert es an eine US-Pharmafirma. Der F verlangt Zahlung der € 500 000,-.

Der Anspruch des Q gegen den F könnte sich aus § 339 BGB ergeben. a) Vereinbart ist eine Vertragsstrafe, b) der Anspruch kann sich vorliegend nur aus § 339 S. 2 BGB ergeben, denn die Verpflichtung zur Geheimhaltung ist darauf gerichtet, es zu unterlassen, andere von dem Rezept Kenntnis nehmen zu lassen. aa) Der Verrat des Geheimrezepts ist eine Zuwiderhandlung. bb) Sie müsste schuldhaft erfolgt sein, auch wenn nach § 339 S. 2 BGB im Fall einer Unterlassungspflicht die bloße (also auch die unverschuldete) „Zuwiderhandlung" für eine Verwirkung der Vertragsstrafe (§ 339 S. 2 BGB) auszureichen scheint, wird man ebenso wie bei § 339 S. 1 BGB ein verschuldetes Zuwiderhandeln verlangen müssen, weil der Gesetzgeber mit der Schaffung des besonderen Verwirkungstatbestands „Zuwiderhandeln" in § 339 S. 2 BGB lediglich dem Umstand Rechnung tragen wollte, dass es bei Unterlassungsverpflichtungen keinen Verzug gibt, nicht aber das Verschuldenserfordernis des § 339 S. 1 BGB ausblenden wollte. aaa) Den F traf kein Verschulden an der Verletzung der Pflicht, es zu unterlassen, das Geheimrezept Dritten mitzuteilen, bbb) wohl aber den M.

Es fragt sich, ob der F sich das Verschulden des M zurechnen lassen muss. aaaa)Das wäre dann der Fall, wenn § 278 BGB auf Unterlassungspflichten anwendbar ist. Dagegen spricht jedoch, dass § 278 BGB eine Norm ist, die auf dem Gedanken der Pflichtenübertragung beruht, die bei einer Geheimhaltungsverpflichtung logisch undenkbar ist. bbbb) Man wird aber wohl im Wege der ergänzenden Vertragsauslegung annehmen müssen, dass der F sich verpflichtet hat, für einen schuldhaften Geheimnisverrat seiner Mitarbeiter einzustehen. c) Die Strafe könnte unverhältnismäßig hoch sein und daher nach § 343 BGB herabzusetzen sein. Dafür spricht, dass aa) es sich um den Schutz eines Rezepts zu einem Medikament mit unbekannter Wirkung handelt und bb) dass es sich nicht um ein eigenes Verschulden des F, sondern ein Verschulden eines Dritten handelt.

Zwischenbetrachtung: Diejenigen, die das Buch bisher kontinuierlich gelesen, die nach eigener Einschätzung alles verstanden und die den Inhalt zu ihrem „aktiven Basiswissen" gemacht haben, können sich hier beglückwünschen lassen.

Für viele, gerade die Anfänger, war manches sehr schwer oder vielleicht noch gar nicht zu verstehen. Sie sollten aber gleichwohl durchhalten. Fast ständig erhalten Sie Gelegenheit zu Wiederholungen, die Ihnen manches, was Sie bisher nur zum Teil verstanden haben, noch deutlicher machen werden. Demnächst eröffnen sich auch völlig neue Perspektiven für Sie. Bevor Sie aber jetzt weiter lesen, sollten Sie erst einmal ein kleines „Zwischen-Fest" feiern! Sie haben es verdient!

Teil 5. „Vertragsnahe" Ansprüche

Die bisherigen Ausführungen betrafen diejenigen Schuldverhältnisse, die Ansprüche auf die Erbringung von „Leistungen" begründen. Schwerpunktmäßig hatten wir uns bei deren Erörterung auf die Schuldverhältnisse aus Rechtsgeschäften, insbesondere aus verpflichtenden Verträgen, konzentriert. Dabei hatten wir mit den auf die Erbringung einer Leistung gerichteten „Primäransprüchen" begonnen (Teil 3). Im Anschluss daran hatten wir uns mit den „Leistungsstörungen" befasst, wobei es schwerpunktmäßig wieder um solche Schuldverhältnisse ging, die aus Rechtsgeschäften, insbesondere aus verpflichtenden Verträgen herrühren (Teil 4). Bei diesen Ausführungen ist mehrfach angeklungen, dass es auch gesetzliche Schuldverhältnisse gibt, die zur Erbringung von Leistungen verpflichten, und dass auf diese teilweise das Allgemeine Leistungsstörungsrecht anwendbar ist, teilweise aber auch dem Leistungsstörungsrecht vorgehende Sonderregeln existieren. Quasi „zwischen" vertraglichen und gesetzlichen Ansprüchen stehen bestimmte Ansprüche, die man unter dem Oberbegriff **„vertragsnahe Ansprüche"** zusammenfassen kann (Medicus); hiermit werden wir uns in Teil 5 befassen.

Das ist für Sie kein vollkommen neues Thema. Denn wir hatten bereits in **Teil 3** angesprochen, dass es „vertragsnahe" Sonderbeziehungen gibt, aus denen „vertragsnahe" Schadensersatzansprüche wegen eines **enttäuschten Vertrauens in die „Gültigkeit" eines Rechtsgeschäfts**, speziell eines Vertrages, hervorgehen können.

- Zu denken ist hierbei an die Ansprüche aus **§ 122 BGB** im Fall der Nichtigkeit eines Rechtsgeschäfts nach § 118 BGB, im Fall der Anfechtung eines Rechtsgeschäfts nach §§ 119, 120 BGB mit der Wirkung des § 142 Abs. 1 BGB sowie in einer Vielzahl von Konstellationen, bei denen § 122 BGB analog angewendet wird,

- und an Ansprüche aus **§ 179 BGB** im Fall der Vertretung ohne Vertretungsmacht.

- Auch sind Sie bei der Darstellung des Inhalts des Auftragsvertrages auf die Folgen der Nichteinhaltung der Pflichten aus **§ 663 BGB** hingewiesen worden.

In **Teil 4** haben Sie weiterhin davon gelesen, dass es **gesetzliche Schuldverhältnisse** gibt, die **„vertragsähnlicher Natur"** sind, aus denen bei Pflichtverletzungen „vertragsnahe" Schadensersatzansprüche resultieren. Gemeint sind damit

- das **gesetzliche Schuldverhältnis** aus einem **vorvertraglichen „geschäftlichen Kontakt"** (§ 311 Abs. 2, 3 BGB). Die „Vertragsähnlichkeit" dieses gesetzlichen Schuldverhältnisses ergibt sich daraus, dass die Beteiligten im Vorfeld eines Vertrages zusammentreffen.

- Des Weiteren gehört hierher das **gesetzliche Schuldverhältnis** aus einer **Geschäftsführung ohne Auftrag**, üblicherweise auch kurz **„GoA"** genannt (§§ 677 ff. BGB). Die „Vertragsähnlichkeit" dieses gesetzlichen Schuldverhältnisses beruht auf dessen Nähe zum Auftragsrecht.

Damit haben Sie auch schon das **„Programm"** des **Teils 5** vor Augen.

A. Enttäuschtes Vertrauen in die Gültigkeit eines Rechtsgeschäfts

I. Schadensersatzpflicht aus § 122 BGB

Nach § 122 BGB hat der Erklärende im Fall der Nichtigkeit einer von ihm abgegebenen Willenserklärung nach § 118 BGB („Scherzgeschäft"), im Fall der Beendigung eines Rechtsgeschäfts durch Anfechtung seiner Willenserklärung nach §§ 119, 120 BGB sowie in etlichen Fällen einer **analogen Anwendung des § 122 BGB** immer dann, „…wenn die Erklärung einem anderen gegenüber abzugeben war, diesem, anderenfalls jedem Dritten den **Schaden** zu **ersetzen**, den der andere oder der Dritte dadurch erleidet, dass er auf die Gültigkeit der Erklärung vertraut, jedoch nicht über den Betrag des Interesses hinaus, welches der andere oder der Dritte an der Gültigkeit der Erklärung hat".

Hierbei handelt es sich um einen vom Verschulden unabhängigen **Anspruch** des Erklärungsgegners **auf Ersatz des negativen Vertrauensinteresses** bis hin zur Grenze des positiven Interesses.

- Der in seinem Vertrauen auf die Gültigkeit Enttäuschte kann nach **§ 122 Abs. 1 BGB** verlangen, so gestellt zu werden, wie er stünde, wenn er gewusst hätte, dass die Willenserklärung nicht gültig war **(Faustformel: wie wenn er den anderen Teil**, z.B. den Anfechtenden, **„nie gesehen" hätte)**.

- Der Anspruch kann jedoch nach **§ 122 Abs. 2 BGB** (lex specialis zu § 254 Abs. 1 BGB) ausgeschlossen sein (hier gilt also – anders als bei dem „gleitenden System" des § 254 BGB – das „Alles-oder-Nichts-Prinzip"), wenn „der Beschädigte den Grund der Nichtigkeit oder der Anfechtbarkeit kannte oder infolge von Fahrlässigkeit nicht kannte (kennen musste)". Wenn der Anspruchsteller den Nichtigkeitsgrund oder den Irrtum durch schuldloses Handeln herbeigeführt hat, greift § 122 Abs. 2 BGB nicht ein. Dann kann § 254 BGB eine Herabsetzung des Schadensersatzanspruchs erfordern.

> Wir können das alles im Folgenden nicht in „voller Breite" darstellen, sondern wollen uns
>
> 1. kurz und knapp auf die Fallkonstellationen der **Anwendung des § 122 BGB** bei den Anfechtungsfällen der **§§ 119, 120 BGB** konzentrieren, wobei die Voraussetzungen der §§ 119, 120 BGB als aus Teil 3 bekannt unterstellt werden.

> **2. Die Anwendung des § 122 BGB** im Falle des **§ 118 BGB** („Scherzgeschäft") wird, wie auch schon in Teil 3, ganz bewusst völlig ausgeklammert, weil diese Fälle doch relativ selten sind.
>
> **3.** Die Fälle einer **analogen Anwendung des § 122 BGB**, die Ihnen auch schon aus Teil 3 und Teil 4 bekannt sind, mögen zwar sehr wichtig und auch sehr interessant sein. Wir werden Sie hier aber nicht wieder aufgreifen. Sie sind nämlich insoweit schon ausreichend orientiert! Wer sich nicht so recht erinnert, der möge sich auf die Erörterung der Haftung des Erklärenden bei fehlendem Erklärungsbewusstsein („Trierer Weinversteigerung") und bei „abhanden gekommenen" Willenserklärungen in Teil 3 besinnen und auf die in Teil 4 erörterte Konstellation derjenigen Fälle einer anfänglichen Unmöglichkeit, in denen der Schuldner das Leistungshindernis nicht kannte oder nicht hätte kennen müssen und in denen keine Garantiehaftung gegeben ist, so dass eine Schadensersatzhaftung aus § 311 a Abs. 2 BGB ausscheidet, für die aber diskutiert wird, dass dem Gläubiger jedenfalls aufgrund einer analogen Anwendung des § 122 BGB das negative Interesse zuzusprechen ist.

Daher fassen wir uns jetzt auch sehr kurz:

Fall 505: Der V will dem K 1 sein Auto, das € 5 500,- wert ist, verkaufen. Als der K 1 nach einer Besichtigung und Probefahrt in Gegenwart seines Freundes Z. E. Uge (Z) begeistert erklärte, dass der Wagen ein „wahres Prachtstück" sei und dass er ihn für € 6 500,- kaufen wolle, erklärt der V sein Einverständnis. Der K 1 hatte sich bei seinem Angebot für den V unerkennbar versprochen und anstelle eines Preises von „€ 5 500,-", den er hatte anbieten wollen, einen Preis von „€ 6 500,-" erklärt. Der V und der K 1 sind sich weiterhin einig, dass der K 1 den zu entrichtenden Kaufpreis erst in einer Woche zu zahlen brauche. Der K 1 zahlt am Fälligkeitstermin € 5 500,-. Als der V daraufhin unter Berufung auf die auch von Z wahrgenommene und bestätigte Erklärung des K 1 die Zahlung von weiteren € 1000,- verlangt, erkennt der K 1 seinen damaligen Irrtum und erklärt die Anfechtung des Kaufvertrages. Der V hatte in der Zwischenzeit ein Kaufangebot des K 2 für einen Preis von € 6 600,- mit Rücksicht auf den bereits mit K 1 abgeschlossenen Kaufvertrag abgelehnt. Der V verlangt jetzt Schadensersatz von K 1 (nach Peters).

Der Anspruch des V gegen den K 1 ergibt sich aus §§ 122, 119 Abs. 1 BGB. Der V kann von dem K 1 verlangen, so gestellt zu werden, wie wenn er, der V, den K 1 „nie gesehen hätte". Wäre es so, dann hätte der V den Wagen für € 6 600,- an den K 2 verkauft: a) Sein negatives Interesse beträgt daher € 1 100,-. b) Nach § 122 Abs. 1 BGB geht der zu ersetzende Schaden „jedoch nicht über den Betrag des Interesses hinaus, welches der andere ... an der Gültigkeit der Erklärung hat". Das Interesse des V an der Gültigkeit der Erklärung beträgt € 1000,-. Daher kann der V von dem K 1 Schadensersatz in Höhe von € 1000,- verlangen.

Variante: Wie wäre es, wenn der V einen Kaufpreis von € 5 500.- gefordert und der K 1 während der Probefahrt immer davon gesprochen hätte, dass er einen Preis von € 5 500,- für angemessen halte und keinesfalls mehr bezahlen wolle und könne?

Hier musste der V „den Grund der ... Anfechtbarkeit" kennen, so dass der Anspruch nach § 122 Abs. 2 BGB entfällt.

Eine Inanspruchnahme des Anfechtenden aus §§ 280, 311 Abs. 2, 241 Abs. 2 BGB soll **neben** dessen Inanspruchnahme aus § 122 BGB **möglich** sein; denn die Voraussetzungen und die Folgen der beiden Ansprüche sind unterschiedlich: Für einen Anspruch aus §§ 280, 311 Abs. 2, 241 Abs. 2 BGB kommt es anders als bei einem Anspruch aus § 122 BGB auf ein (vermutetes) Verschulden des Anfechtenden an seinem Irrtum an; der Anspruch ist auf das unbegrenzte negative Interesse gerichtet; und es gilt § 254 Abs. 1 BGB anstelle des § 122 Abs. 2 BGB.

II. Die Haftung wegen einer Vertretung ohne Vertretungsmacht (§ 179 BGB)

Über die Rechtsfolgen eines Handelns ohne Vertretungsmacht erinnern Sie sich aus **Teil 3** sicherlich mindestens noch an Folgendes:

> **1.** Handelt ein Vertreter **ohne Vertretungsmacht** (weil die Vertretungsmacht ihm gar nicht oder nicht so weit reichend, wie er gehandelt hat, zusteht), oder liegt ein Fall des **Missbrauchs der Vertretungsmacht** oder ein Fall des **§ 181 BGB** vor, so finden
>
> **a)** die **§§ 177 ff. BGB** Anwendung: Das Rechtsgeschäft (z.B. ein **Vertrag**) ist **schwebend unwirksam** (§ 177 Abs. 1 BGB). Ein **einseitiges Rechtsgeschäft** ist sogar grundsätzlich **nichtig** (§ 180 BGB); ausnahmsweise finden jedoch auch die §§ 177 ff. BGB Anwendung (**§ 180 S. 2 BGB**).
>
> **b)** Zunächst **trägt** also **der Geschäftsgegner**, mit dem der Vertreter das Rechtsgeschäft vornimmt, das **Risiko**, dass der **Vertreter keine Vertretungsmacht** hatte. Daher ist es sinnvoll, sich bei Rechtsgeschäften mit einer als Vertreter auftretenden Person stets die Vertretungsmacht nachweisen zu lassen (z.B. sich eine Vollmachtsurkunde zeigen zu lassen) oder sich des Bestehens der Vertretungsmacht sonstwie zu vergewissern (z.B. durch Erkundigungen beim Vertretenen). Der Dritte kann sich jedoch ggf. beim Vertreter ohne Vertretungsmacht schadlos halten; dazu kommen wir sogleich.
>
> **2.** Der von einem Vertreter ohne Vertretungsmacht Vertretene oder der Geschäftsgegner können den Schwebezustand, wenn er ihnen denn bekannt ist, beenden, und zwar
>
> **a)** der **Vertretene durch**: rückwirkende Genehmigung (§§ 177 Abs.1, 184 Abs. 1 BGB), die gegenüber dem Vertreter oder dem Geschäftsgegner zu erklären ist (§§ 177 Abs. 1, 182 Abs.1 BGB) oder durch Verweigerung derselben;
>
> **b)** und der **Geschäftsgegner durch**: Aufforderung zur Genehmigung (§ 177 Abs. 2 BGB), die – bei Nichterklärung – im Wege der Fiktion einer Verweigerung derselben gleichgestellt wird (§ 177 Abs. 2 S. 2 BGB).

Wird ein **Vertrag** (das sind die für Sie interessanten Fälle!) nicht wirksam, weil die Genehmigung verweigert wird oder die Verweigerung fingiert wird, kann der **Ge-**

schäftsgegner sich nach **§ 179 Abs. 1 BGB** an den **Vertreter ohne Vertretungsmacht** halten und **nach seiner Wahl** von ihm

- **Erfüllung (§ 179 Abs. 1 BGB)** oder
- **Schadensersatz wegen Nichterfüllung (§ 179 Abs. 1 BGB)** oder aber auch nur
- **Schadensersatz wegen enttäuschten Vertrauens (§ 179 Abs. 2 BGB)** verlangen,
- es sei denn, dass die **Ausnahmetatbestände** des **§ 179 Abs. 3 BGB** eingreifen.

Fall 506: Der K beauftragt und bevollmächtigt den V, für ihn bei dem D ein bestimmtes Auto, das € 9 500,- wert ist, zum Preise von € 10 000,- zu kaufen. Der V kauft bei dem D im Namen des K ein anderes Auto, das € 9000,- wert ist, zum Preis von € 10 000,-. Der K verweigert die Genehmigung. Der D verlangt von dem V Zahlung des Kaufpreises. Der V ist dazu nur bei einer Zug – um – Zug – Lieferung des Autos bereit. 1. Der V verlangt Lieferung, was D ablehnt. 2. Der D verlangt hingegen Bezahlung, was V ablehnt, da D nicht liefert.

1. Der Anspruch des V gegen den D auf Lieferung könnte sich aus § 433 Abs. 1 BGB ergeben. Zwar haben die beiden keinen Kaufvertrag miteinander geschlossen; wohl aber hat der D den V nach § 179 Abs. 1 BGB auf Erfüllung in Anspruch genommen. Fraglich ist, ob der V dadurch die Stellung eines Käufers erlangt hat. Das wird (mit nicht unbedingt überzeugenden Gründen) überwiegend abgelehnt; folgt man dem, steht dem V kein Anspruch auf Lieferung gegen den D zu. 2. Der Anspruch des D gegen den V a) ergibt sich aus §§ 179 Abs. 1, 433 Abs. 2 BGB. b) Dem Anspruch könnte § 320 BGB entgegenstehen: aa) Zwischen V und D müsste ein gegenseitiger Vertrag bestehen. Der Vertreter ohne Vertretungsmacht soll aber – wie gesagt – nicht zum Vertragspartner des Geschäftsgegners werden. bb) Gleichwohl soll er die Stellung des Käufers hinsichtlich dessen eventueller Gegenrechte haben, also u.a. auch aus § 320 BGB. Der V braucht daher nur Zug-um-Zug gegen Lieferung zu zahlen.

Variante: Der D verlangt Schadensersatz wegen Nichterfüllung.

Der D kann wählen. Ein Schadensersatzanspruch aus § 179 Abs. 1, 2. Fall BGB berechnet sich nach der Differenztheorie aus der Differenz zwischen dem Wert der Leistung (€ 9 000,-) und der – wäre der Vertrag geschlossen worden – geschuldeten Gegenleistung (€ 10 000,-), beläuft sich also auf € 1 000,-.

Variante: Der K hat die Vollmacht in einer manischen Phase einer manisch-depressiven Psychose erteilt (§§ 104 Nr. 2, 105 Abs. 1 BGB). Der V, der von der Erkrankung nichts weiß, hat die Erkrankung nicht erkannt; er hat den K lediglich als besonders gut gelaunt eingeschätzt. Der V hält sich im Rahmen der vermeintlich erteilten Vollmacht und kauft im Namen des K das ihm von dem K genannte Auto. Der inzwischen wieder genesene K verweigert später die Genehmigung des Kaufvertrages und die Bezahlung und Abnahme des von D zur Lieferung an ihn bereitgehaltenen Fahrzeugs. Der D verlangt daher von dem V Schadensersatz in Höhe von € 1500,-, weil er – trotz eines sich auf € 11 000,- belaufenden nachfolgenden Angebots eines gewissen X – das Auto im Vertrauen auf die Wirksamkeit des Vertrages mit K nicht an den X veräußert hatte.

a) Der Anspruch könnte sich aus § 179 Abs. 1 BGB ergeben. aa) Der V war Vertreter ohne Vertretungsmacht beim Abschluss des Kaufvertrages; denn er war nach §§ 104 Nr. 2, 105 Abs. 1 nicht wirksam nach § 167 BGB bevollmächtigt worden; und die Genehmigung des Vertrages ist von dem wieder genesenen K verweigert worden. bb) Der Schadensersatzanspruch des D gegen den V ergibt sich aber nicht aus § 179 Abs. 1 BGB, denn der V hat den Mangel der Vertretungsmacht nicht gekannt (arge. § 179 Abs. 2 BGB). b) Vielmehr hat der D nur einen Anspruch aus § 179 Abs. 2 BGB auf das negative Vertrauensinteresse gegen den

> V: Danach kann der D verlangen, so gestellt zu werden, wie er stehen würde, wenn er den V „nie gesehen hätte", also so wie wenn er nicht auf die Gültigkeit des Vertrages vertraut hätte. Hätte er darauf nicht vertraut, hätte er das Auto mit € 1 500,- Gewinn (§ 252 BGB) an den abgewiesenen Interessenten X verkauft. Der Anspruch aus § 179 Abs. 2 BGB wird jedoch durch das Erfüllungsinteresse begrenzt, so dass er nur einen Schadensersatzanspruch in Höhe von € 500,- geltend machen kann.

Bei der **Untervertretung** kann

- die **Untervollmacht fehlen**; dann haftet der Untervertreter nach § 179 BGB;
- **fehlt es an einer Hauptvollmacht**, so haftet der Untervertreter bei Offenlegung seiner Stellung als Untervertreter nicht, wohl aber wenn er diese verbirgt.

Entsprechend findet § 177 BGB auch Anwendung auf **einseitige Rechtsgeschäfte**, wenn auf diese nach § 180 S. 2 BGB ausnahmsweise der § 177 BGB entsprechend anwendbar ist.

III. Pflicht zur Ablehnung eines Auftrags

> Wenn einem „öffentlich bestellten" oder sich selbst „öffentlich erboten" habenden „Geschäftsbesorger" ein Antrag zugeht und er diesen Antrag nicht ablehnt, so kommt hierdurch kein Auftrag(svertrag) zustande (arge. § 663 BGB, argec. § 362 HGB). Anders wäre es im Fall des § 362 HGB!

In **§ 663 BGB** ist aber bestimmt, dass einen „öffentlich bestellten" oder sich selbst „öffentlich erboten" habenden **„Geschäftsbesorger"** (das sind z.B. Notare, Rechtsanwälte und Steuerberater) die **Obliegenheit zur unverzüglichen** (berühmte Legaldefinition in § 121 Abs.1 BGB: „ohne schuldhaftes Zögern") **Anzeige einer Ablehnung eines „Auftrags"** trifft. Eine Verletzung dieser Pflicht führt dann über §§ 280 Abs. 1, 251 BGB zu einem Schadensersatzanspruch.

> Übrigens (kleine Denksportaufgabe zwischendurch): Warum kommt man nicht nach §§ 280 Abs. 1, 249 Abs. 1 BGB zu einem auf Naturalrestitution gerichteten Schadensersatzanspruch mit der Folge eines Vertragsschlusses?

Ich hoffe, dass Sie bemerkt haben, dass diese Ausführungen zu § 663 BGB völlig an der Rechtswirklichkeit vorbeigehen, weil die Vorschrift des § 663 BGB als solche natürlich deshalb keinerlei praktische Bedeutung hat, weil ein „öffentlich bestellter" oder sich selbst „öffentlich erboten" habender „Geschäftsbesorger" niemals – wie aber für einen „Auftrag" nach § 662 BGB erforderlich – unentgeltlich tätig ist. Eine unentgeltliche Geschäftsbesorgung wäre sogar standeswidrig. Die **praktische Bedeutung dieser Regelung** liegt daher bei der Verweisung des § 675 Abs. 1 BGB auf den § 663 BGB.

> **Fall 507:** Der Steuerpflichtige S muss bis zum 31. Mai 2003 seine Einkommensteuererklärung abgeben. Als er am 27. Mai 2003 feststellt, dass er den Termin nicht halten kann, beauftragt er im Hinblick darauf, dass die Frist zur Abgabe der Steuerklärung bei einer Vorbereitung derselben durch einen Steuerberater bis zum 30. September 2003 verlängert werden kann, den Steuerberater B mit der Vorbereitung der Steuererklärung und der Beantragung der Fristverlänge-

rung und fügt dem Auftrag die aus seiner Sicht maßgeblichen Unterlagen bei. Der beruflich voll ausgelastete B hat keine Zeit für die Annahme eines weiteren Mandats und legt das Schreiben des S unbeantwortet ab. Erst als gegen den S am 30. September 2003 vom Finanzamt ein Zwangsgeld zur Abgabe seiner Einkommensteuererklärung festgesetzt wird, stellt der S fest, dass der B das Mandat überhaupt nicht angenommen und daher auch keine Fristverlängerung beantragt hat. Der S beauftragt am 1. Oktober 2003 einen anderen Steuerberater und verlangt von B Schadensersatz in Höhe des Zwangsgeldes.

Der Anspruch ergibt sich aus §§ 675, 663, 280 Abs. 1 BGB.

B. Vertragsähnliche Rechtsverhältnisse

I. Ansprüche aus vorvertraglichem „geschäftlichen Kontakt"

Bestimmt entsinnen Sie sich aus Teil 4 und aus den gerade gelesenen einleitenden Bemerkungen zu Teil 5 noch daran, aus welchem Grunde wir das **gesetzliche Schuldverhältnis** aus einem **vorvertraglichem „geschäftlichen Kontakt"** (§ 311 Abs. 2, 3 BGB) aus der Erörterung der „Leistungsstörungen" in Teil 4 ausgeklammert hatten: Das Schuldverhältnis aus § 311 Abs. 2, 3, BGB begründet keine Leistungspflichten i.S.d. § 241 Abs. 1 BGB, sondern nur „Verhaltenspflichten" aus § 241 Abs. 2 BGB, so dass Verletzungen dieser Pflichten keine „Leistungsstörungen" sind.

1. Die Haftung aus einer Verletzung von „Verhaltenspflichten" aus vorvertraglichem „geschäftlichen Kontakt" zwischen potentiellen Vertragspartnern

a) Wiederholung: Die Verletzung von „Verhaltenspflichten" aus bestehenden Schuldverhältnissen (§§ 280 Abs. 1, 241 Abs. 2 BGB)

Zunächst ein **Rückblick** auf das in Teil 4 erarbeitete „Allgemeine Leistungsstörungsrecht": Wir erinnern uns noch einmal daran, dass Sie gelernt haben,

- dass **aus** einem **bestehenden rechtsgeschäftlich begründeten Schuldverhältnis**, also in der Regel aus einem verpflichtenden Vertrag, nicht nur Leistungspflichten, sondern auch zur „Rücksicht auf die Rechte, Rechtsgüter und Interessen des anderen Teils" verpflichtende **„Verhaltenspflichten"** herrühren können (§§ 311 Abs. 1, 241 Abs. 2 BGB).

<u>Fall 508</u>: Der U soll bei dem B eine Wand streichen. Dies gelingt ihm auch sehr gut, er stößt aber während der Arbeit eine wertvolle Vase um. Der B verlangt von dem U Ersatz für diese Vase in Geld.

Der Anspruch kann sich a) aus §§ 280 Abs. 1 S. 1, 241 Abs. 2 BGB ergeben. aa) Zwischen U und B bestand ein Schuldverhältnis in der Form eines Werkvertrages (§ 631 Abs. 1 BGB). bb) Der U hat die sich aus § 241 Abs. 2 BGB ergebende Pflicht verletzt, „Rücksicht auf die Rechte, Rechtsgüter...." zu nehmen. cc) Das Verschulden des U wird vermutet (§ 280 Abs. 1 S. 2 BGB). dd) Der U muss daher dem B den entstandenen Schaden in Geld ersetzen (§ 249 Abs. 2 S. 1 BGB). b) Weiterhin besteht ein Anspruch aus §§ 823 Abs. 1, 249 Abs. 2 S. 1 BGB (dazu später mehr).

- Nach dem Wortlaut des § 241 Abs. 2 BGB sind darüber hinaus auch solche Fallkonstellationen vorstellbar, in denen es um die Verletzung von „Verhaltenspflichten" geht, die auf einem **bestehenden „gesetzlichen Schuldverhältnis"** beruhen, z.B. einem solchen aus §§ 823 Abs. 1, 249 Abs. 1 BGB.

> **Fall 509:** Der J wirft beim Ballspielen aus Versehen eine Fensterscheibe des E ein. Der E verlangt Schadensersatz durch Naturalrestitution (§ 249 Abs. 1 BGB). Der J schickt den Glaser G, der aus Ungeschick beim „Entglasen" der Reste der defekten Fensterscheibe die intakte Scheibe des danebenliegenden Fensters zerstört. Der E verlangt von J (auch) Ersatz für die durch G zerstörte Scheibe.
>
> Der Anspruch ergibt sich aus §§ 823 Abs. 1, 249 Abs. 1 BGB i.V.m. §§ 280 Abs. 1, 241 Abs. 2, 278, 249 Abs. 1 BGB.

b) Neu: Die Verletzung von „Verhaltenspflichten" aus vorvertraglichem „geschäftlichen Kontakt" zwischen den potentiellen Vertragspartnern („culpa in contrahendo")

> Das alles war eine bloße Wiederholung, auf der wir jetzt aufbauen: Schon seit jeher („Entdecker": R. v. Jhering im Jahre 1861) war (zuletzt gewohnheitsrechtlich verfestigt) anerkannt, dass aus einem vorvertraglichen geschäftlichen Kontakt unabhängig davon, ob daraus ein Vertragsschluss erwächst, kraft Gesetzes ein vertragsähnliches Vertrauensverhältnis entsteht und dass dieses Schuldverhältnis „Verhaltenspflichten" begründet, deren schuldhafte Verletzung zu einem Anspruch auf Schadensersatz führt. Diese zu Gewohnheitsrecht gewordene wahrhaft geniale Idee (genannt: **„culpa in contrahendo" = „Verschulden bei Vertragsschluss"**) hat der Gesetzgeber nunmehr aufgegriffen und in § 311 Abs. 2, 3 BGB gesetzlich geregelt.

Nach dem Wortlaut der §§ 311 Abs. 2, 241 Abs. 2 BGB erwachsen „Verhaltenspflichten" aus § 241 Abs. 2 BGB nicht nur aus bestehenden Schuldverhältnissen, sondern auch aus einem vorvertraglichen **„geschäftlichen Kontakt"**, den der Gesetzgeber in drei Fallgruppen (zwei konkrete und eine Generalklausel) eingeteilt hat:

- Nämlich in die Fälle eines geschäftlichen Kontakts durch die **„Aufnahme von Vertragsverhandlungen"** (Nr. 1)
- und durch die **„Anbahnung eines Vertrages"** (Nr. 2).
- Wenn Sie bei der Subsumtion des § 311 Abs. 2 BGB auf die Generalklausel der Nr. 3 **(„ähnliche geschäftliche Kontakte")** zurückgreifen wollen, müssen Sie bedenken, dass ein bloßer sozialer Kontakt nicht zur Begründung eines Schuldverhältnisses ausreicht; es muss vielmehr eine Vergleichbarkeit zu Nr. 1 und 2 gegeben sein.

Man kann die verschiedenen **Arten** von **„Verhaltenspflichten"** aus §§ 311 Abs. 2, 3, 241 Abs. 2 BGB in zwei Fallgruppen einteilen: in solche, die in keinem Zusammenhang mit dem projektierten Vertragsschluss stehen, und in Verhaltenspflichten, die in einem Zusammenhang zu dem projektierten Vertragsschluss stehen.

aa) Die Verletzung von „Verhaltenspflichten" ohne Bezug zum projektierten Vertragsschluss

Um „Verhaltenspflichten", die in keinem Zusammenhang mit dem Vertragsschluss als solchem stehen, geht es in den Fällen, in denen es zu Verletzungen von Rechtsgütern und Rechten von in vorvertraglichem geschäftlichen Kontakt miteinander stehenden Personen kommt. Wenn es hier zu konkurrierenden Ansprüchen aus §§ 280 Abs. 1, 311 Abs. 2, 241 Abs. 2 BGB einerseits und § 823 Abs. 1 BGB kommt, fragt man sich natürlich nach der Bedeutung eines solchen Anspruchs aus §§ 280 Abs. 1, 311 Abs. 2, 241 Abs. 2 BGB und nach dem Grund dafür, warum man die Entdeckung der „cic" so feiert. Die Antwort fällt leicht, denn die Vorteile eines Anspruchs aus §§ 280 Abs. 1, 311 Abs. 2, 241 Abs. 2 BGB liegen auf der Hand: Was das pflichtwidrige Verhalten dritter (z.B. Hilfs-)Personen angeht, so gilt § 278 BGB und nicht § 831 BGB mit seiner vom Anspruchsteller „gefürchteten", aber wohl doch weit überschätzten Möglichkeit des „Exculpationsbeweises". Und es gilt die Verschuldensvermutung des § 280 Abs. 1 S. 2 BGB, die im Prozess, anders als bei § 823 Abs. 1 BGB, die Darlegungs- und Beweislast dem auf Schadensersatz in Anspruch Genommenen auferlegt. Der früher gegen einen Anspruch aus „cic" ins Feld geführte Nachteil, er gewähre, anders als ein deliktischer Anspruch, kein Schmerzensgeld, hat sich durch die Neuschaffung des auch den § 847 BGB a.F. ersetzenden § 253 Abs. 2 BGB erledigt.

<u>Fall 510:</u> Der K möchte im Geschäft des V einen Bodenbelag aus Linoleum einkaufen. Er lässt sich verschiedene Muster zeigen. Der V stellt zwei große Linoleumrollen beiseite, um dem K eine weitere zu zeigen. Eine der sehr schweren Rollen kippt um und verletzt den K schwer. Der K fordert Ersatz der Heilungskosten und Schmerzensgeld (nach RG, „Linoleumrollenfall").

a) In Betracht kommt ein Anspruch auf Schadenersatz und Schmerzensgeld aus einem vorvertraglichem „geschäftlichem Kontakt" aus §§ 280 Abs. 1 S. 1, 311 Abs. 2, 241 Abs. 2, 249 ff. BGB. aa) Ein Schuldverhältnis aus vorvertraglichem „geschäftlichen Kontakt" ist durch die Aufnahme von Vertragsverhandlungen (§§ 311 Abs. 2 Nr. 1 BGB) entstanden, auch wenn es zum Zeitpunkt der Verletzung noch nicht zum Vertragsschluss gekommen ist und auch später kein Vertrag geschlossen wird. bb) Weil der V nicht dafür Sorge trug, dass die Linoleumrollen umsturzsicher beiseite gestellt wurden, hat er seine Pflicht, Rücksicht auf die Rechtsgüter des Käufers zu nehmen (§ 241 Abs. 2 BGB), verletzt cc) und dabei auch schuldhaft gehandelt (§ 276 BGB). dd) Daher besteht ein Anspruch aaa) auf Ersatz der Heilungskosten (§ 249 Abs. 2 S. 1 BGB). bbb) Hinsichtlich des Anspruchs auf Schmerzensgeld ergibt sich dieser im Fall einer Körperverletzung aus § 253 Abs. 2 BGB. b) Weiterhin bestehen Ansprüche aus §§ 823 Abs. 1, 249 ff. BGB auf Ersatz der Heilungskosten (§ 249 Abs. 2 S. 1 BGB) und auf Schmerzensgeld (§ 253 Abs. 2 BGB).

<u>Variante:</u> Wie wäre es, wenn der K mit der Vorstellung, vielleicht eine Linoleumrolle zu kaufen, aber ohne feste Kaufabsicht, durch das Kaufhaus gegangen wäre, und eine der unbefestigt aufrecht aufgestellten Linoleumrollen auf ihn gefallen wäre, als er sie gerade betrachtete?

Die Lösung ist identisch, denn dann wäre das Schuldverhältnis durch die „Anbahnung eines Vertrages, bei welcher der eine Teil" (der K) „im Hinblick auf eine etwaige rechtsgeschäftliche Beziehung dem anderen Teil" (dem V) „die Möglichkeit zur Einwirkung auf seine Rechte ... gewährt" entstanden (§ 311 Abs. 2 Nr. 2 BGB).

Variante: Wie wäre es, wenn der K im Kaufhaus herumgegangen wäre, um sich irgendwelche Waren anzusehen.

Nicht anders, denn hier läge nach § 311 Abs. 2 Nr. 3 BGB ein „ähnlicher geschäftlicher Kontakt" vor.

Variante: Wie wäre es, wenn der K sich nur vor einem Regenguss unterstellen wollte?

Dann läge nur ein bloßer „sozialer Kontakt" vor, der nicht ausreichen würde. Daher käme nach h.M. (a.A.: Medicus) nur ein deliktischer Anspruch in Betracht (§ 823 Abs. 1 BGB).

bb) Verletzung von „Verhaltenspflichten" mit Bezug zum projektierten Vertragsschluss als solchem

(1) Scheiternlassen des Vertragsschlusses

Eine vorvertragliche Pflichtverletzung kann darin liegen, dass **Vertragsverhandlungen** in einem Stadium, in dem bei der einen Seite **bereits ein berechtigtes Vertrauen in den Abschluss des Vertrages geweckt** worden ist, von der anderen Seite **grundlos abgebrochen** werden. Der in seinem Vertrauen auf den Abschluss eines Vertrages Enttäuschte kann dann das negative Vertrauensinteresse ersetzt verlangen.

Fall 511: Der HSV (denken Sie ihn sich als e.V.) sucht für die nächste Saison wieder einmal einen neuen Trainer, der den bisher tätigen Fußballlehrer Trene ablösen soll. Der Manager Machet (M) wird mit der Sondierung beauftragt. Er hält den bei einem anderen Club tätigen Quelix (Q) für bestens geeignet, die bequeme und leistungsunwillige Mannschaft wieder zu motivieren. Die Vertragsbedingungen für einen 4-Jahresvertrag werden bis in alle Einzelheiten ausgehandelt. Der M erklärt schließlich, dass Q seinen jetzigen Vertrag beenden müsse. Dann werde die nach der Satzung des HSV für den Abschluss des Vertrages mit einem Trainer notwendige Zustimmung des Präsidenten des HSV nur noch „eine Formsache" sein. Der Q hebt daher seinen bisherigen Vertrag, der noch 2 Jahre Laufzeit hatte, auf. Der Präsident des HSV erteilt jedoch die Zustimmung zu einem Vertragsschluss mit Q nicht, ohne dass es hierfür einen Grund gibt. Der Q verlangt vom HSV das vereinbarte Gehalt für 4 Jahre, mindestens jedoch das ihm für 2 Jahre entgangene Gehalt seines ehemaligen Clubs.

In Betracht kommt ein Anspruch aus §§ 280 Abs. 1, 311 Abs. 2, 241 Abs. 2 BGB. a) Zwischen dem HSV und Q besteht aufgrund der Vertragsverhandlungen eine vorvertragliche Sonderbeziehung (§ 311 Abs. 2 BGB). b) Beim Scheiternlassen eines Vertrages kann eine Pflichtverletzung dann gegeben sein, wenn aa) – wie hier aufgrund der vollständigen Einigung mit dem M – bei dem Q der Eindruck erweckt worden ist, dass der Vertrag mit Sicherheit zustande kommen wird oder wenn – wie hier ebenfalls – Vorleistungen von Q im Hinblick auf den sicheren Vertragsschluss verlangt werden. bb) Ferner darf kein triftiger Grund für das Scheiternlassen des Vertrages bestanden haben; hier wird überhaupt kein Grund für die Nichterteilung der Zustimmung genannt. c) Das vermutete Verschulden des Präsidenten des HSV, das sich der HSV nach § 31 BGB zurechnen lassen muss, ist nicht widerlegt (§ 280 Abs. 1 S. 2 BGB). d) Der HSV schuldet dem Q aa) aber nicht das positive (Erfüllungs-)Interesse, also nicht das mit M ausgehandelte Gehalt für 4 Jahre, sondern bb) das negative Interesse: Der Q kann danach verlangen, so gestellt zu werden, wie wenn er gewusst hätte, dass der Vertrag nicht zustande kommen würde; dann hätte er den bestehenden 2-Jahresvertrag nicht aufgehoben. Er kann also das ihm entgangene Gehalt seines alten Clubs verlangen.

(2) Enttäuschtes Vertrauen in die Wirksamkeit eines Rechtsgeschäfts

Gesetzlich geregelte Fälle, in denen es um den Schutz des Vertrauens in die Wirksamkeit von Rechtsgeschäften, speziell eines Vertrages, geht, finden sich bekanntlich in §§ 122, 179 und §§ 663, 280 BGB. Diese Spezialregelungen gehen natürlich vor! Gesetzlich ungeregelt sind allerdings Konstellationen, in denen der **Anschein eines wirksamen Vertrages** (z.B. durch die Herbeiführung eines **Dissenses** oder durch die **Vortäuschung der Formfreiheit** eines in Wahrheit formbedürftigen Geschäfts) hervorgerufen wird. Auch in solchen Fällen könnte ein Anspruch auf Schadensersatz aus §§ 280 Abs. 1 S. 1, 311 Abs. 2, 241 Abs. 2, 249 Abs. 1 BGB gegeben sein.

Fall 512: Ein Kanadier als Käufer (K) und ein US-Amerikaner als Verkäufer (V) verhandeln in London über den Abschluss eines Kaufvertrags über eine teils dort und teils in Kanada befindliche bestimmte Ware, die an die Niederlassung des K in Deutschland geliefert und hier auch bezahlt werden soll. Der V hatte die Kaufsache zu einem Preis von „1 Millionen Dollar" angeboten und meinte, dass dies von dem K als „1 Millionen US-Dollar" verstanden worden war. Der K, der nur für „1 Millionen kanadische Dollar" hatte kaufen wollen und auch meinte, ein solches Angebot von dem V gehört zu haben, hatte deshalb „Ja" gesagt. Beide meinten sie, sich geeinigt zu haben. Als der V von dem K Zug – um – Zug gegen Übereignung und Übergabe der Ware die Zahlung von „1 Millionen US-Dollar" verlangte, lehnte der K ab. Der V hat – wie bei früheren Geschäften zwischen ihnen üblich – die Ware bereits an K's Niederlassung in Deutschland versandt; dadurch sind ihm hohe Unkosten entstanden. Der V macht diese als Schadensersatz geltend. Der V und der K haben die Anwendbarkeit deutschen Rechts vereinbart und zugleich wirksam die Anwendung des UN-Kaufrechts (CISG) ausgeschlossen, so dass – wie Sie ja längst wissen – deutsches Recht anwendbar ist.

Der Anspruch des V gegen den K auf Ersatz seiner Kosten für die Aufwendungen a) besteht dem Grunde nach (§§ 280, 311 Abs. 2, 241 Abs. 2 BGB). Denn durch die Aufnahme von Vertragsverhandlungen ist zwischen dem V und dem K ein vertragsähnliches Schuldverhältnis entstanden, das zur Rücksicht verpflichtet. Diese Pflicht hat der K durch seine missverständliche Erklärung („Ja") rechtswidrig und schuldhaft verletzt. b) Der Höhe nach wird das negative Interesse geschuldet: Der V kann von dem K verlangen, so gestellt zu werden, wie wenn er ihn nie gesehen hätte. Den V trifft jedoch wegen seiner eigenen missverständlichen Ausdrucksweise („1 Millionen Dollar") ein Mitverschulden, das nach § 254 Abs. 1 BGB zu einer angemessenen Schadensteilung führt (= jeder zur Hälfte).

Fall 513: Der V verkauft im Rahmen eines „Baubetreuungsvertrages" ein ihm gehörendes Baugrundstück privatschriftlich an den gerade aus Kasachstan nach Deutschland zugewanderten und hierzulande geschäftlich unerfahrenen K, der von einem Formzwang für derartige Geschäfte (§ 311 b Abs. 1 S. 1 BGB) nichts weiß. Der K hat bei Freunden für den Kauf ein langfristiges und ungesichertes und deshalb hochverzinsliches Darlehen aufgenommen. Nach der Zahlung des vereinbarten Preises wird dem K das Grundstück übergeben. Der K nimmt an, dass er jetzt der Eigentümer sei. Als der K anlässlich einer weiteren Kreditaufnahme bei einer Bank, die eine grundpfandrechtliche Sicherung verlangt, erstmals von der Notwendigkeit einer Auflassung und Eintragung im Grundbuch für den Eigentumserwerb erfährt, verlangt der K von dem V die für die Übereignung des Grundstücks nötige Auflassung (§§ 873, 925 BGB). Als der V, den das Geschäft inzwischen reut, die Auflassung unter Hinweis auf §§ 311 b Abs. 1 S. 1, 125 BGB verweigert, erklärt der K, dass der Vertrag bei entsprechender Aufklärung durch den V notariell beurkundet geschlossen worden wäre. Jedenfalls will der K die Befreiung von der eingegangenen Darlehensschuld.

1. Der Anspruch auf Übereignung a) könnte sich aus § 433 Abs. 1 S. 1 BGB ergeben. aa) Der Kaufvertrag ist jedoch nach §§ 311 b Abs. 1 S. 1, 125 BGB nichtig. bb) Der K kann die Übereignung nur verlangen, wenn die Berufung des V auf die Nichtigkeit aus §§ 311 b Abs. 1 S. 1, 125 BGB unbeachtlich wäre. aaa) Es wird angenommen, dass unter ganz besonderen Umständen (wenn die Berufung auf den Formmangel „schlechthin untragbar" ist, z.B. bei Arglist) die Berufung auf den Formmangel wegen eines Verstoßes gegen Treu und Glauben unzulässig sei. bbb) Man kann aber auch die Ansicht vertreten, dass überhaupt nur ein Anspruch aus §§ 280 Abs. 1 S. 1, 311 Abs. 2, 241 Abs. 2, 249 ff. BGB gegeben sein kann. b) Wie auch immer: Weil hier kein „Arglistfall", bei dem die Berufung auf den Formmangel treuwidrig sein soll, gegeben ist, kommt allenfalls ein Anspruch des K auf Schadensersatz aus §§ 280 Abs. 1 S. 1, 311 Abs. 2, 249 ff. BGB in Betracht. aa) Eine vorvertragliche Sonderbeziehung ist gegeben (§ 311 Abs. 2 Nr. 1 BGB). bb) Den V traf speziell als Baubetreuer gegenüber dem ersichtlich unerfahrenen K eine Offenbarungspflicht hinsichtlich der Formbedürftigkeit des Vertrages. cc) Der V hat schuldhaft gehandelt. dd) Fraglich ist, ob der K das positive Interesse (also die Übereignung und Übergabe) verlangen kann. aaa) Daran könnte man denken, weil § 311 b Abs. 1 S. 1 BGB hier weniger den Baubetreuer, sondern mehr den Erwerber schützen soll; so gesehen wäre ein Anspruch auf Erfüllung denkbar. bbb) Das wird jedoch in der Lehre zu Recht abgelehnt, weil das Ergebnis einem Kontrahierungszwang sehr nahe kommt. 2. Der K hat jedoch aus §§ 280 Abs. 1 S. 1, 311 Abs. 2, 241 Abs. 2, 249 Abs. 1 BGB einen Anspruch auf das negative Interesse, also auf Ersatz des negativen Vertrauensschadens, nämlich auf die Befreiung von der Darlehensschuld (Medicus).

Fall 514: Der V verkauft an den K ein Grundstück (Wert: € 100 000,-) durch einen in Schriftform abgefassten (§ 126 BGB) und von dem Rechtsanwalt R „zu Protokoll" genommenen Vertrag für € 90 000,-. Dabei täuschen V und R dem geschäftlich unerfahrenen und gerade aus Kasachstan nach Deutschland zugewanderten K vor, dass diese Form ausreiche. Als der K nach Zahlung des Kaufpreises die Übereignung verlangt, weigert sich der V unter Berufung auf § 311 b Abs. 1 BGB. Der K hat im guten Glauben an die Wirksamkeit des Vertrages eine andere Gelegenheit zum Kauf eines vergleichbaren unmittelbar daneben liegenden Grundstückes für € 95 000,- nicht genutzt. Als sich herausstellt, dass der Vertrag mit V nichtig ist (§ 125 BGB), verlangt der K von dem V Schadensersatz.

Ein Anspruch des K auf Schadensersatz könnte sich aus §§ 280 Abs. 1 S. 1, 311 Abs. 2, 249 ff. BGB ergeben. a) Zwischen dem V und dem K bestand aufgrund der Vertragsverhandlungen ein Schuldverhältnis (§ 311 Abs. 2 Nr. 1 BGB). b) Der V hat seine Pflicht, den anderen Vertragspartner vor Schäden zu bewahren, verletzt, indem er ihn über die einzuhaltende Form täuschte. c) Der V handelte schuldhaft (Vorsatz!). d) Der V hat daher dem K den diesem entstandenen Schaden zu ersetzen. Fraglich ist aber, wie dieser zu berechnen ist. Nach §§ 280 Abs. 1 S. 1, 249 ff. BGB ist der K so zu stellen, wie er ohne die Pflichtverletzung gestanden hätte. Hier hätte K ohne die Täuschung gewusst, dass der Vertrag unwirksam ist und stattdessen das andere Angebot angenommen. Er kann daher den Gewinn verlangen, der ihm bei Abschluss des Vertrages mit dem Dritten entgangen ist (Wert € 100 000,- ./. € 95 000,- Kaufpreis, also € 5 000,-). Nicht verlangen kann er dagegen den entgangenen Gewinn bei Abschluss des Vertrages mit V (€ 100 000,- ./. € 90 000,- = € 10 000,-). Dies wäre ein Ersatz des positiven Interesses, das nach §§ 280 Abs. 1 S. 1, 311 Abs. 2, 249 ff. BGB nicht ersetzt wird!

(3) Herbeiführung eines nachteiligen Vertragsschlusses

Für die vorgenannten Fallgruppen war typisch, dass infolge der Verhaltenspflichtverletzung der Vertrag nicht zustande kam. Es gibt aber auch Fälle, in

> denen die „Verhaltenspflichtverletzung" zum Abschluss eines nachteiligen Vertrages führt.

Das Gesetz sieht lediglich in den Fällen der Herbeiführung eines nachteiligen Vertragsschlusses durch Täuschung vor, dass der Benachteiligte den Vertrag wegen arglistiger Täuschung anfechten (§ 123 BGB) und mit rückwirkender Kraft beenden kann (§ 142 Abs. 1 BGB). Weil § 123 Abs. 1 BGB aber vorsätzliche Falschangaben verlangt (Arglist), versagt der Schutz bei lediglich fahrlässigen Falschangaben. Nach einer allerdings zweifelhaften Rechtsprechung des BGH soll in solchen Fällen ein Aufhebungsanspruch aus §§ 280 Abs. 1, 311 Abs. 2, 241 Abs. 2, 249 Abs. 1 BGB dem Benachteiligten „helfen".

<u>Fall 515:</u> Der Zahnarzt Z macht dem Privatpatienten P, einem Beamten, ein Angebot für eine Zahnimplantation für € 8 000,- und erklärt, dass die gesamte Leistung „beihilfefähig" sei. Der P nimmt das Angebot an. Der Z macht eine Röntgenaufnahme und stellt einen Behandlungsplan auf. Als der P vorsorglich den Kostenvoranschlag des Z der Beihilfestelle vorlegt, erfährt er, dass als beihilfefähig nur Leistungen in Höhe von € 500,- anerkannt werden können. Der P will vom Vertrag los. Der Z erklärt, dass er die Beihilfebestimmungen in rechtlicher Hinsicht anders als die Beihilfestelle verstanden habe. Er erklärt sich mit einer Aufhebung des Vertrages einverstanden, verlangt aber jedenfalls die Bezahlung des Kostenvoranschlags, der Röntgenaufnahme und der Aufstellung des Behandlungsplans, für die im Vertrag ein Einzelpreis von € 100,- vorgesehen war.

a) Der Kostenvoranschlag „ist im Zweifel nicht zu vergüten" (§ 632 Abs. 3 BGB). b) Ansonsten könnte sich der Anspruch aus einem Werkvertrag ergeben (§ 631 Abs. 1 BGB). aa) Der Vertrag ist geschlossen. bb) Die Aufhebung des Vertrages wirkt ex nunc. cc) Der Vertrag ist auch nicht wirksam nach § 123 Abs. 1 BGB angefochten worden, weil der Z aaa) zwar nicht vorsätzlich, bbb) wohl aber fahrlässig gehandelt hat. Denn er hätte, wenn er schon Auskünfte über die Erstattungsfähigkeit der Leistungen gibt, als juristischer Laie zuvor eine Auskunft der Behörde einholen müssen. dd) Der P könnte aber aufgrund eines Aufhebungsanspruchs aus §§ 280 Abs. 1, 311 Abs. 2, 249 Abs. 1 BGB verlangen, so gestellt zu werden, wie wenn der Z ihn richtig informiert hätte. Dann hätte er den Vertrag nicht geschlossen. Sie müssen hier gründlich diskutieren, ob bei lediglich fahrlässigen Täuschungen ein solcher Anspruch besteht.

<u>Fall 516:</u> Der K erwirbt von dem V dessen Eigentumswohnung zum Marktpreis für € 80 000,-. Zur Finanzierung nimmt der K bei der B-Bank ein Darlehen über € 100 000,- auf. Der K war für den Kauf der Wohnung von D – einem Mitarbeiter einer das Objekt für den V vermarktenden X-Gesellschaft – geworben worden. Der D hatte das Finanzierungsmodell des V vorwerfbar irrig so verstanden, dass die von V garantierten Mieteinnahmen aus einer Vermietung der Wohnung und die mit dem Erwerb der Wohnung verbundenen steuerlichen Vorteile summenmäßig der aus dem Darlehen der B-Bank geschuldeten Tilgung und Zinsen entsprächen, so dass der Erwerb keine zusätzliche finanzielle Belastung für den Käufer K mit sich bringen würde. Dieser „perpetuum mobile"-Effekt tritt jedoch – wie sich nach Vertragsschluss herausstellt – nicht ein; vielmehr hat der K monatlich € 2000,- an die B-Bank zu zahlen; und zu einer Wertsteigerung der Wohnung wird es nicht kommen. Der K verlangt Rückabwicklung (nach BGH).

Eine Rückabwicklung nach a) §§ 894, 985, 812 ff. BGB wegen einer wirksamen Anfechtung nach §§ 123, 142 Abs. 1 BGB erfolgt nicht. aa) Dies nicht deshalb, weil der D „Dritter" i.S.d. des § 123 Abs. 2 S. 1 BGB gewesen wäre, denn als Erfüllungsgehilfe des V – dazu sogleich – stand er „im Lager des V", bb) sondern, weil der D lediglich fahrlässig gehandelt hat, eine „Arglist" aber (mindestens bedingten) Vorsatz verlangt. b) Der K könnte einen Anspruch auf

Aufhebung des Vertrages gem. §§ 280 Abs. 1, 311 Abs. 2, 241 Abs. 2, 249 Abs. 1, 276, 278 BGB (D ist Erfüllungsgehilfe der X-Gesellschaft und diese ist Erfüllungsgehilfin des V) haben. Wenn Sie in diesem Zusammenhang die Rechtsansicht vertreten wollen, dass bei einem Vertragsschluss aufgrund von (speziell: fahrlässigen) Falschangaben im Wege eines Schadensersatzanspruches die Aufhebung des Vertrages verlangt werden kann, ist allerdings Voraussetzung hierfür ein Schaden des K, aa) der gegeben wäre, wenn die Wohnung „ihr Geld nicht wert" gewesen wäre, was hier nicht der Fall ist (€ 80 000,- waren der Marktpreis). bb) Der Schaden des K soll aber darin bestehen, dass die Mieteinnahmen und die Steuerersparnis den Kaufpreis nicht decken und dass die verbleibende Differenz auch nicht durch eine Wertsteigerung der Wohnung ausgeglichen wird. Daher soll der K einen Anspruch auf Rückabwicklung haben.

Zu einem überraschenden Ergebnis kommt man, wenn im **Zusammenhang mit dem Vertragsschluss** stehende **Aufklärungspflichten** nicht erfüllt werden, so dass bestimmte Erwartungen, die von einem künftigen Vertragspartner an einen Vertrag gestellt werden, enttäuscht werden. Der Vertragspartner kann dann verlangen, so gestellt zu werden, wie er stünde, wenn die Aufklärungspflicht erfüllt worden wäre.

Fall 517: Der aus Anatolien stammende VN beabsichtigt, für seinen neuen PKW bei der VR-Versicherung (VR) einen Kfz-Haftpflichtversicherungsvertrag und, weil er demnächst eine Heimatreise plant, wegen der in der Türkei nicht gegebenen Versicherungspflicht und der sonstigen Unfallrisiken auch eine „Vollkaskoversicherung" abzuschließen. Dies alles erklärt er im Büro der VR dem zuständigen Sachbearbeiter. Ein Kfz-Haftpflicht- und ein Kasko-Versicherungsvertrag werden abgeschlossen. Auf seiner Reise stößt der VN in seinem Heimatdorf mit seinem Wagen unverschuldet mit einem Eselskarren zusammen, wodurch das Auto erheblich beschädigt wird. Einen Schadensersatz erhält er nicht. Er lässt den Unfall polizeilich aufnehmen und meldet den Schaden der VR. Diese verweigert die Leistung mit der Begründung, dass das Dorf in Anatolien und damit nicht in Europa läge und der abgeschlossene Vertrag nur für Europa gelte (nach BGH).

a) Aus dem Versicherungsvertrag hat der VN keinen Anspruch gegen die VR. b) In Betracht kommt eine Schadensersatzanspruch des VN gegen die VR aus §§ 280 Abs. 1, 311 Abs. 2, 241 Abs. 2 BGB. aa) Durch die Stellung des Antrags ist eine vorvertragliche Sonderbeziehung zwischen dem VN und der VR entstanden (§ 311 Abs. 2 Nr. 1 BGB). bb) Die VR traf wegen des ihr bekannten besonderen Risikos eine Aufklärungspflicht; sie hätte dem VN raten müssen, eine auch für Asien geltende Versicherung abzuschließen. cc) Die fahrlässige Pflichtverletzung des Sachbearbeiters (§ 276 BGB) muss die VR sich nach § 278 BGB zurechnen lassen. dd) Der Schadensersatz besteht darin, dass die VR den VN so stellen muss, wie er bei richtiger Beratung durch die VR gestanden hätte. Wäre er zutreffend beraten worden, hätte er den Asien umfassenden Versicherungsschutz durch Abschluss eines entsprechenden Versicherungsvertrags erlangt und der Schaden wäre ihm durch die VR ersetzt worden (positives Interesse); nicht jedoch soll er den Abschluss eines Kaskoversicherungsvertrages verlangen können. Die VR muss also den Schaden abzüglich der Prämiendifferenz in Geld ersetzen.

(4) Vorrang der §§ 122, 179 Abs. 2 und § 311 a Abs. 2 BGB

Wie bereits gesagt: Die speziellen Regeln über den **Ersatz des negativen Vertrauensschadens** nach erfolgter Anfechtung **(§ 122 BGB)** und über den Ersatz des negativen Vertrauensschadens infolge eines Handelns ohne Vertretungsmacht **(§ 179 Abs. 2 BGB)** gehen natürlich einem Anspruch aus §§ 280 Abs. 1, 311 Abs. 2, 241 Abs. 2 BGB vor.

Komplizierter ist das **Verhältnis** zu einem **Schadensersatzanspruch** aus **§ 311 a Abs. 2 BGB**: Ist der Schuldner aus einem verpflichtenden Vertrag aufgrund eines schon bei Vertragsschluss bestehenden Leistungshindernisses nach § 275 Abs. 1-3 BGB leistungsfrei, so ist der Vertrag wirksam (§ 311 a Abs. 1 BGB) und der Schuldner schuldet dem Gläubiger Schadensersatz „statt der Leistung" (also das „positive Interesse"), es sei denn, er kannte bei Vertragsschluss das Leistungshindernis nicht und hatte seine Unkenntnis auch nicht zu vertreten (§ 311 a Abs. 2 BGB). Man erkennt unschwer, dass der Schuldner bei dieser Konstellation zugleich auch eine vorvertragliche Aufklärungspflicht aus § 241 Abs. 2 BGB verletzt hat, denn er hätte den Gläubiger über das bestehende Leistungshindernis aufklären müssen. Die Konsequenz daraus ist, dass der Schuldner hiernach auch nach §§ 280 Abs. 1, 311 Abs. 2, 241 Abs. 2 BGB zum Ersatz des „negativen Interesses" verpflichtet sein könnte, ein Anspruch, der im Einzelfall weiter reichend sein kann, als der Anspruch aus § 311 a Abs. 2 BGB, der auf den Ersatz des „positiven Interesses" gerichtet ist. Das kann der Gesetzgeber nicht gewollt haben. Daher wird man im Anwendungsbereich des § 311 a Abs. 2 BGB diese Anspruchsgrundlage als „lex specialis" zu § 280 Abs. 1, 311 Abs. 2, 241 Abs. 2 BGB ansehen müssen, also **ausschließlich § 311 a Abs. 2 BGB** anwenden dürfen.

<u>Fall 518:</u> Der V verkauft an den K eine schon vor Vertragsschluss untergegangene Sache für € 1 000,- die € 1 500,- wert ist. Der V hätte sich bei Vertragsschluss sagen müssen, dass die Sache längst untergegangen war. Wegen des abgeschlossenen Vertrages unterlässt es der K, eine andere vergleichbare Einkaufsgelegenheit zum Preis von € 900,- zu nutzen. Der K verlangt Schadenersatz (nach Wilmowsky).

a) Hier beträgt das nach § 311 a Abs. 2 S. 1 BGB zu ersetzende positive Interesse des K € 500,- (Differenz von Wert und Preis). b) Das nach §§ 280 Abs. 1, 241 Abs. 2 BGB zu ersetzende negative Interesse, das darauf gerichtet ist, den K so zu stellen, als hätte er den V nie getroffen, beträgt € 600,-. Im Anwendungsbereich des § 311 a Abs. 2 BGB soll jedoch nur der Ersatz des positiven Interesse gewährt werden und kein darüber hinausgehender Anspruch auf Ersatz des negativen Interesses durch eine Anwendung des §§ 280 Abs. 1, 241 Abs. 2 BGB bestehen.

2. Die Haftung eines Dritten aus einer Verletzung von „Verhaltenspflichten" aus vorvertraglichem „geschäftlichen Kontakt" („Eigenhaftung Dritter")

Aufgrund eines „**geschäftlichen Kontakts**" i.S.d. **§ 311 Abs. 2 BGB** kann auch zu **Dritten**, die selbst nicht Vertragspartner werden sollen, ein „Verhaltenspflichten" i.S.d. § 241 Abs. 2 BGB begründendes **Schuldverhältnis** entstehen (§ 311 Abs. 3 S. 1 BGB) mit der Folge von **Schadensersatzansprüchen gegen den Dritten** bei der Verletzung von Verhaltenspflichten. Es handelt sich dabei um die so genannte „**Eigenhaftung Dritter**".

Aber **Vorsicht**: Nicht jeder Stellvertreter, Verhandlungsgehilfe oder Makler soll als Dritter aus §§ 280 Abs. 1 S. 1, 311 Abs. 2, 3, 241 Abs. 2, 249 ff. BGB haften. Das Gesetz beschränkt in § 311 Abs. 3 S. 2 BGB ein solches Schuldverhältnis, das „Verhaltenspflichten" eines Dritten begründet, ganz gezielt auf die Fälle, in denen **der Dritte in besonderem Maße Vertrauen für sich in Anspruch nimmt** und gerade **dadurch die Verhandlungen oder den Vertragsschluss erheblich beeinflusst**. Andererseits ist die Regelung des § 311 Abs. 3 BGB nicht abschließend. Denn eine

Schadensersatzhaftung wegen einer Verletzung von Verhaltenspflichten aus § 241 Abs. 2 BGB soll auch dann möglich sein, wenn der Inanspruchgenommene ein **unmittelbar eigenes wirtschaftliches Interesse am Vertragsschluss** hat; dafür reicht allerdings ein bloßes Interesse am Erhalt einer Provision nicht aus; es muss sich um ein Geschäft handeln, bei dem der Dritte wirtschaftlich in eigener Sache tätig wird.

Fall 519: Die Lehrerin F hat vor 30 Jahren, als sie schon im Beruf stand, von ihren Eltern ein in der Hamburger Innenstadt gelegenes Feinkostgeschäft geerbt. Das Geschäft wird seitdem von ihrem Mann V, der auch schon für die Eltern seiner Frau das Geschäft geführt hatte, betrieben. Der V ist Angestellter der F und bezieht zum Zwecke der Altersversorgung und Krankenversicherung ein kleines Gehalt. Die F hat mit der Führung des Geschäftes nichts zu tun. Die Familie lebt vom Geschäftseinkommen und von dem beiderseitigen Einkommen. Als der Kunde K das Geschäft betritt, rutscht er auf einem Ölfleck aus, der sich gebildet hatte, weil der Lehrling L eine Olivenölflasche hatte fallen lassen und den Fleck nicht sofort vollständig beseitigt hatte. Der durch den Sturz verletzte K will von V Schadensersatz.

1. In Betracht kämen Ansprüche aus geschäftlichem Kontakt. a) Der Anspruch auf Schadensersatz könnte sich aus §§ 280 Abs. 1 S. 1, 311 Abs. 2, 241 Abs. 2 BGB ergeben. aa) Ein Schuldverhältnis aaa) ist durch die Aufnahme von Vertragsverhandlungen (§§ 311 Abs. 2 Nr. 1 BGB) entstanden, auch wenn es noch nicht zum Vertragsschluss gekommen ist und auch hinterher nicht mehr kommt. bbb) Fraglich ist, ob das Schuldverhältnis nach § 311 Abs. 3 auch zu dem in Anspruch genommenen V entstanden ist. § 311 Abs. 3 S. 2 BGB schafft ein „Verhaltenspflichten" begründendes Schuldverhältnis zu einem Dritten beschränkt auf die Fälle, in denen der Dritte in besonderem Maße Vertrauen für sich in Anspruch nimmt und gerade dadurch die Verhandlungen oder den Vertragsschluss erheblich beeinflusst. Hier ist der V faktisch der Inhaber des Geschäftes. Außerdem hat der in Anspruch genommene V ein unmittelbar eigenes wirtschaftliches Interesse am Vertragsschluss mit den Kunden (hier mit K). Daher treffen den V im Verhältnis zu K „Verhaltenspflichten" aus § 241 Abs. 2 BGB. bb) Weil aaa) der V nicht dafür Sorge trug, dass der Ölfleck beseitigt wurde oder weil der L dabei nachlässig vorging, hat der V seine Pflicht zur Rücksicht auf die Rechtsgüter des Käufers (§ 241 Abs. 2 BGB) verletzt und dabei auch schuldhaft gehandelt (§ 276 BGB) bbb) oder er muss sich das Verhalten und Verschulden des L zurechnen lassen (§§ 278, 276 BGB). dd) Daher besteht ein Anspruch auf Ersatz der Heilungskosten (§ 249 Abs. 2 S. 1 BGB). b) Hinsichtlich des Anspruchs auf Schmerzensgeld aa) ist Anspruchsgrundlage ebenfalls § 280 Abs. 1 S. 1 BGB. bb) Ein Anspruch auf Schmerzensgeld ergibt sich im Fall einer Körperverletzung nach § 253 Abs. 2 BGB. 2. Weiterhin bestehen Ansprüche aus §§ 823 Abs. 1, 249 ff. BGB.

Variante: Die Nachlässigkeit erfolgte nach dem Einkauf des K; und dieser verunglückte, als er den Laden verließ.

Hier ändert sich nichts, denn eine Eigenhaftung Dritter besteht auch bei Schutzpflichtverletzung nach Vertragsschluss, wenn bei Vertragsschluss die Voraussetzungen des § 311 Abs. 3 BGB gegeben waren.

3. Ansprüche aus vorvertraglichem „geschäftlichen Kontakt" bei nichtigen bzw. potentiell nichtigen vertraglichen Schuldverhältnissen

Auch bei nichtigen bzw. potentiell nichtigen vertraglichen Schuldverhältnissen kommt man zu einer Haftung aus §§ 280 Abs. 1, 311 Abs. 2, 241 Abs. 1 BGB, wegen einer Verletzung von „Verhaltenspflichten" aus einem allgemeinen Vertrauensschuldverhältnis (Canaris), dies aber nur dann, wenn einer Inanspruchnahme nicht der **Schutzzweck** der jeweiligen Nichtigkeitsgründe entgegensteht.

B. Vertragsähnliche Rechtsverhältnisse   875

Fall 520: Der unerkennbar geisteskranke K rutscht nach einem Großeinkauf im Geschäft des V, der im Laden von dem Marktleiter M vertreten wird, auf einer vor der Kasse liegenden Bananenschale aus. Den V trifft kein Verschulden; für den M kann der V den „Entlastungsbeweis" führen.

1. Deliktische Ansprüche scheiden aus: a) für § 823 Abs. 1 BGB fehlt es am Verschulden des V; b) § 831 BGB greift wegen des „Entlastungsbeweises" nicht ein (§ 831 Abs. 1 S. 2 BGB). 2. In Betracht kommt aber a) eine Schadensersatzhaftung aus §§ 280 Abs. 1, 311 Abs. 2, 241 Abs. 2, 278, 249 ff. BGB wegen einer Verletzung von „Verhaltenspflichten" aus einem allgemeinen Vertrauensschuldverhältnis, weil der V das vermutete Verschulden des M nicht widerlegt hat (§ 280 Abs. 1 S. 2 BGB). Um jedem Missverständnis vorzubeugen: Der von V geführte „Entlastungsbeweis" i.S.d. § 831 Abs. 1 S. 2 BGB betrifft allein die den V selbst betreffende Verschuldensvermutung des § 831 BGB und widerlegt daher nicht etwa die den M betreffende Verschuldensvermutung. b) Entgegenstehen darf dem aber nicht der Schutzzweck der Nichtigkeitsnorm (§ 105 BGB); das ist nicht der Fall, weil es ja um Ansprüche des geisteskranken K und nicht um Ansprüche gegen ihn geht.

Übrigens: Die Verletzung der Aufbauregeln, die Sie sicher bemerkt haben, war „Mittel zum Zweck": Erst die Lückenhaftigkeit des Deliktsschutzes lässt einen die Bedeutung der Idee von Canaris eines „Vertrauensschuldverhältnisses" erkennen.

Variante: Der K ist gesund, geisteskrank ist der V.

Hier steht einer Schadensersatzhaftung des V 1. aus §§ 280 Abs. 1, 311 Abs. 2, 241 Abs. 2 BGB der Schutzzweck des § 105 BGB entgegen. 2. Bei § 823 Abs. 1 BGB wäre § 827 BGB zu erörtern.

II. Ansprüche aus Geschäftsführung ohne Auftrag („GoA")

Eine **„Geschäftsführung ohne Auftrag"** (wir bezeichnen sie **in diesem Teil 5** nunmehr fortan als **„GoA"**) liegt vor, wenn eine Person („Geschäftsführer") ein Geschäft für einen anderen („Geschäftsherrn") besorgt, ohne dass er dazu rechtsgeschäftlich oder sonstwie berechtigt war. Ein solches Verhalten führt zu einem gesetzlichen, aber wegen der Nähe zum Auftragsrecht (§§ 662 ff. BGB) vertragsähnlichen Schuldverhältnis aus den §§ 677 ff. BGB.

Von der **Zielrichtung** her gesehen lassen sich die Regelungen über die GoA wie folgt zusammenfassen:

- Dem **Geschäftsführer** dienen die Vorschriften über die GoA dadurch, dass sie bei einer berechtigten GoA (das ist der Fall, wenn außer den Voraussetzungen des § 677 BGB auch die des § 683 BGB vorliegen) die Stellung des Geschäftsführers dadurch verbessern, dass ihm anstelle eines bloßen Bereicherungsanspruchs ein **Aufwendungsersatzanspruch** zuerkannt wird. Ein „Nebenprodukt" der berechtigten GoA besteht darin, dass der Geschäftsführer vor bestimmten Ansprüchen „gefeit" ist **(Schutz vor Ansprüchen)**: Der Geschäftsführer kann nicht aus § 812 BGB auf Herausgabe des Erlangten in Anspruch genommen werden, weil die berechtigte GoA ein Rechtsgrund ist. Darüber hinaus ist die berechtigte GoA ein **Rechtfertigungsgrund**, so dass keine deliktische Inanspruchnahme des Geschäftsführers durch den Geschäftsherrn aus §§ 823 ff. BGB möglich ist. Im Fall eines Besitzerwerbes begründet eine berechtigte GoA ein **Recht zum**

Besitz, so dass eine Inanspruchnahme des Geschäftsführers aus §§ 987 ff. BGB ausscheidet.

- Der **Geschäftsherr** wird **durch eine Haftungsverschärfung** vor einem **aufdringlichen Eindringen** in seine Sphäre **geschützt** (§ 678 BGB).
- Den **Interessen des Geschäftsführers** und des **Geschäftsherrn** gleichermaßen dient der weitere Regelungsschwerpunkt der GoA, der darin liegt, eine **gerechte Verteilung des** durch die Geschäftsführung **Erlangten** zwischen den Beteiligten zu erreichen.

Nach diesem ersten Überblick über die unterschiedlichen Zielrichtungen der §§ 677 ff. BGB, sollen jetzt – auch zunächst nur im Überblick – die **unterschiedlichen Arten der GoA** vorgestellt werden: Wenn der Geschäftsführer bei der Führung des Geschäftes **mit Fremdgeschäftsführungswillen** handelt, liegt eine **echte GoA** vor (§§ 677 – 686 BGB); diese kann entweder **berechtigt** (§§ 677, 683 BGB) oder auch **unberechtigt** (§§ 677, 684 BGB) sein. Wenn der Geschäftsführer ohne Fremdgeschäftsführungswillen handelt, ist ein Fall einer **unechten GoA** gegeben, die dann entweder eine **irrtümliche GoA** ist (gesetzlich ungeregelt) oder eine **angemaßte Eigengeschäftsführung** ist (§ 687 Abs. 1, 2 BGB).

Nun können wir uns strukturiert nach den Arten der GoA **den Einzelheiten** zuwenden.

1. Ansprüche aus echter berechtigter GoA

a) Einschränkungen des Anwendungsbereichs der GoA

Der vorsichtige Jurist steckt erst einmal die Grenzen seiner Möglichkeiten ab. Daher ist vor einer Darstellung der Voraussetzungen der echten berechtigten GoA der **Anwendungsbereich** der **§§ 677, 683 BGB** zu bestimmen: Weil „durch die Erbringung unbestellter ..... Leistungen durch einen Unternehmer an einen Verbraucher ..... ein Anspruch gegen diesen nicht begründet (wird)" (§ 241 a Abs. 1 BGB), besteht in diesen Fällen auch kein Anspruch aus §§ 677, 683, 670 BGB. Die GoA scheidet auch dann aus, wenn es um die Frage geht, ob Aufwendungen, die zur Vorbereitung eines Vertragsschlusses gemacht wurden, zu ersetzen sind, weil derjenige, der die Aufwendungen erbringt, das Risiko, dass es nicht zu einem Vertragsschluss kommt, selbst zu tragen hat. Man kann die GoA auch für unanwendbar erklären, wenn sich ein Verkehrsteilnehmer im Straßenverkehr „aufopfert", um einer eigenen Haftung aus § 7 StVG zu entgehen (dazu später mehr).

b) Voraussetzungen der echten berechtigten GoA

Nachdem wir diese (selten einschlägigen) „Hürden" der Unanwendbarkeit der GoA „genommen haben", geht es nun um das Vorliegen der Voraussetzungen der echten berechtigten GoA. Die echte berechtigte GoA setzt voraus, dass jemand ein **Geschäft besorgt**, das **fremd** ist, und dass er bei der Geschäftsbesorgung mit **Fremdgeschäftsführungswillen** handelt, dies **ohne** dazu **beauftragt** oder sonst dazu **berechtigt** zu sein (§ 677 1. HS BGB), und dass schließlich einer der im Gesetz genannten besonderen **Berechtigungsgründe** (§§ 683, 679, 684 S. 2 BGB) vorliegt. Weil Sie mit diesen

„kondensierten" Ausführungen zunächst wenig anfangen könne, werden diese jetzt in ihre einzelnen Merkmale „aufgelöst" dargestellt.

aa) Geschäftsbesorgung

Unter einer **Geschäftsbesorgung** versteht man die **Erledigung jeder Angelegenheit**; der Begriff wird also **wie beim Auftrag** sehr weit ausgelegt und ist nicht wie beim Geschäftsbesorgungsvertrag nach §§ 675 ff. auf **rechtsgeschäftliche Handlungen** beschränkt, umfasst also auch **tatsächliche Handlungen**. Für eine Geschäftsbesorgung ist es nicht erforderlich, dass sie eigenhändig ausgeführt wird, der Geschäftsführer kann sich dazu auch Dritter bedienen.

> Einige „klausurtypische Beispiele" für Geschäftsbesorgungen sind die Erfüllung fremder Schulden, die Rettung fremder Personen oder Sachen in Gefahrensituationen und der An-/Verkauf von Sachen.

bb) Fremdes Geschäft

Für das Vorliegen einer echten GoA ist es nach § 677 1. HS BGB wesentlich, dass durch die Geschäftsbesorgung ein „Geschäft für einen anderen" (= **fremdes Geschäft**) besorgt wird. Fremd ist ein Geschäft, das in den Zuständigkeitsbereich eines anderen fällt.

Bei einem sog. „**objektiv fremden**" Geschäft ist immer ein fremdes Geschäft gegeben. Ein solches liegt vor, wenn ein Geschäft äußerlich erkennbar zu einem fremden Rechts- und Interessenkreis gehört. Objektiv eigene oder neutrale Geschäfte können („**subjektiv**") **fremde Geschäfte** sein, wenn eine äußerlich erkennbare Fremdbestimmung vorliegt. Für die Annahme eines „fremden Geschäfts" ist nicht erforderlich, dass es sich um ein ausschließlich „fremdes Geschäft" handelt. Dafür reichen auch sog. „**Auch – fremde**" **Geschäfte** (zuweilen lesen Sie auch auf „Deutschlatein": „Auch – Gestion") aus, bei denen der Geschäftsführer ein Geschäft besorgt, dessen Übernahme dem äußeren Erscheinungsbild nach zugleich sowohl im eigenen als auch im fremden Interesse liegt.

> **1. Klassische Beispiele** für das **Vorliegen eines fremden Geschäfts**
>
> a) aufgrund eines „**objektiv fremden**" **Geschäfts** sind: Die Veräußerung fremder Sachen oder die Erfüllung fremder Schulden, eine Hilfeleistung, eine „Selbstaufopferung" im Straßenverkehr durch Ausweichen, wenn man in solchen Fällen nicht ohnehin eine Unanwendbarkeit der GoA annimmt.
>
> b) Das typische Beispiel für ein fremdes Geschäft in Gestalt eines „**subjektiv fremden**" **Geschäfts** ist der Ankauf von Sachen für einen anderen, bei dem der Geschäftsführer seinen Fremdgeschäftsführungswillen gegenüber dem Verkäufer erkennbar zum Ausdruck bringt.
>
> c) Ein Beispiel für ein „**auch fremdes**" **Geschäft** ist der „Klassiker", bei dem der A den Pkw des B, der die Grundstückseinfahrt des A versperrt, abschleppen lässt, um „freie Fahrt" zu haben.

2. Kein fremdes Geschäft liegt vor,

a) wenn bei einer **echten Gesamtschuld** (dazu später mehr) ein Gesamtschuldner an den Gläubiger vom Umfang her mehr leistet, als er nach dem Innenverhältnis leisten müsste. Der Gesamtschuldner leistet dann nämlich aufgrund seiner eigenen aus § 421 BGB bestehenden Pflicht, ungeachtet des zwischen den Gesamtschuldnern bestehenden Innenverhältnisses an den Gläubiger die ganze Leistung bewirken zu müssen. Die Zuvielleistung ist daher kein Geschäft der anderen Gesamtschuldner.

b) Auch bei der sog. **„unechten Gesamtschuld"** (dazu gleich mehr) ist die Leistung eines der Schuldner nicht das Geschäft des anderen Verpflichteten. Denn: Leistet der nach dem Verhältnis der Schuldner untereinander nachrangig zur Befriedigung des Gläubigers verpflichtete „Versorger", so wird der vorrangig zur Befriedigung des Gläubigers verpflichtete Schuldner dadurch nicht frei und daher durch die Leistung auch nicht in seinem Rechtskreis berührt, so dass schon deshalb eine GoA ausscheidet. Leistet umgekehrt der vorrangig zur Befriedigung des Gläubigers verpflichtete Schuldner an den Gläubiger, so geschieht dies deshalb, weil er im Verhältnis zum nachrangig verpflichteten Schuldner die Leistung an den Gläubiger allein vornehmen muss, so dass seine Leistung schon deshalb ein ausschließlich eigenes Geschäft ist.

Das Gesetz schweigt zu der Frage, **wer** der **Geschäftsherr** ist. Beim **objektiv fremden Geschäft** ist es die Person, deren Angelegenheit besorgt wird, weil sie hierfür unmittelbar zuständig ist. Bei **subjektiv fremden Geschäften** ergibt sich die Person des Geschäftsherrn aus dem Inhalt des Fremdgeschäftsführungswillens. Es kann auch **mehrere Geschäftsherren** geben. Allerdings bedeutet der Umstand, dass von einer Geschäftsführung mittelbare Vorteile für einen Dritten entstehen, nicht, dass der reflexmäßig begünstigte Dritte zum Geschäftsherrn einer GoA wird.

Fall 521: Der M hat bei dem V eine Wohnung gemietet und sie während eines Auslandssemesters erlaubt an die UM untervermietet. Aufgrund eines Bankversehens hat der V mehrere an ihn überwiesene Mieten nicht erhalten. Als der V die fristlose Kündigung ankündigt, zahlt die UM die ausstehenden Mieten an den V und nimmt bei M Regress.

Der Anspruch ergibt sich aus §§ 677, 683 S. 1, 670 BGB. a) Die Tilgung der Forderung des V gegen den M durch die UM als Dritten (§ 267 BGB) ist ein Geschäft des M, also ein fremdes Geschäft, denn es ist Sache des M, die Miete an den V zu zahlen (§ 535 Abs. 2 BGB). b) Der Fremdgeschäftsführungswille der UM wird vermutet. c) Das Geschäft entspricht dem Interesse und dem mutmaßlichen Willen des M (§ 683 S. 1 BGB). Also kann die UM von M Aufwendungsersatz nach § 670 BGB verlangen.

Variante Der D, ein „Verehrer" der UM, zahlt die Miete an den V, um die Gunst der UM dadurch zu erlangen, dass er ihr die Wohnung erhält, nimmt dann aber Regress bei der UM, als er von ihr nicht „erhört" wird.

Es besteht kein Anspruch aus §§ 677, 683 S. 1, 670 BGB. Denn die Tilgung der Forderung des V gegen den M durch den D als Dritten (§ 267 BGB) ist kein Geschäft der UM. Zwar hat auch die UM im Falle einer fristlosen Kündigung nach § 543 BGB im Hinblick auf den Räumungsanspruch des V gegen sie aus § 985 BGB und/oder § 546 Abs. 3 BGB einen mittelbaren Vorteil aus der Zahlung des D an V; dieser „Reflex" reicht aber nicht aus, um ein für UM „objektiv fremdes" und damit fremdes Geschäft i.S.d. § 677 BGB anzunehmen. Geschäftsherr ist allein der M. Daran ändert auch der Irrtum des D nichts (§ 686 BGB).

Besonders heikle Fragen stellen sich im Zusammenhang mit den Fällen des „auch-fremden"-Geschäfts. Besonders interessant ist der **Regress unter „unechten Gesamtschuldnern"**. Hier müssen Sie, auch wenn Sie es bereits „besser wissen", u.a. auch einen Anspruch aus §§ 677, 683 S. 1, 670 BGB unter dem Aspekt einer eventuell vorliegenden „auch-Gestion" diskutieren.

<u>Fall 522:</u> Die Gemeinde G ist kraft eines Vertrages mit der Kirche (K) für die bauliche Erhaltung eines Kirchenbaus verantwortlich. Als das Bauwerk durch den Brandstifter B beschädigt worden ist, nimmt die G nach von ihr herbeigeführter Wiederherstellung des Gebäudes den B in Anspruch („Fuldaer Dombrandfall").

1. Ein Regressanspruch der G gegen den B aus § 426 BGB scheidet aus, a) wenn man mangels „Gleichstufigkeit" (Argument: Die G ist, ähnlich wie ein Versicherer, ein bloßer „Versorger", so dass von vornherein nur ein Regress der G gegen B in Betracht kommt, niemals aber ein Regress des B gegen G) das Bestehen eines Gesamtschuldverhältnisses ablehnt (dazu später mehr). b) Neuere Ansichten nehmen an, dass auch bei fehlender „Gleichstufigkeit" jedenfalls dann ein Gesamtschuldverhältnis aus § 421 BGB vorliegt, wenn keine spezielle Regressregelung besteht, wie z.B. bei § 67 VVG. Dem Einwand, dass diese Konstruktion theoretisch auch einen Regressanspruch des den Schadensersatz leistenden B gegen die G möglich machen würde, begegnet man mit dem Argument, dass durch den im Rahmen des § 426 Abs. 1 BGB analog anwendbaren § 254 Abs. 1 BGB „ein anderes bestimmt ist" und der B daher im Innenverhältnis zu G zu 100 % schulde. 2. Ein Anspruch aus §§ 677, 683, 670 BGB entfällt, a) weil die Leistung der G nicht zu einer Befreiung des B führt und b) weil die G nicht einmal „auch" die Geschäfte des B führen wollte. 3. Aus § 812 Abs. 1 S. 1 2. Fall. BGB („Nichtleistungskondiktion" in Gestalt einer „Auslagenkondiktion") hat die G keinen Regressanspruch, weil die G nicht als Dritte gem. § 267 BGB die Schuld des B getilgt hat, sondern mit der Wiederherstellung des Kirchenbaus ihre eigene Verpflichtung gegenüber K aus dem Vertrag erfüllen wollte; anders wäre es nur, wenn man zu Regresszwecken die Leistung nachträglich „fremdbestimmen" kann; dazu später mehr. 4. Die Lösung „der Wahl" ist wohl eine analoge Anwendung des § 255 BGB zur Ermöglichung eines Zessionsregresses (Selb), so dass die G von K die Abtretung der Ansprüche der K gegen den B verlangen kann und dann aus abgetretenem Recht gegen B vorgehen kann.

Besonders vertrackt sind die Fälle, in denen ein **Hoheitsträger** Aufwendungsersatz verlangt.

<u>Fall 523:</u> Die freiwillige Feuerwehr der Gemeinde G löscht einen Waldbrand, der durch Funkenflug einer Dampflokomotive der „Deutschen Bundesbahn" (DB; Rechtsvorgängerin der „Deutsche Bahn AG") ausgelöst worden war. Die G verlangt Ersatz ihrer Aufwendungen von der DB (nach BGH).

Auch hier ist problematisch, ob die G ein fremdes Geschäft (der DB) geführt hat: Die G ist dem BGH zufolge einerseits aufgrund öffentlich-rechtlicher Pflichten, andererseits aber auch im Interesse der DB tätig geworden („Auch – Gestion"), so dass sie auch ein fremdes Geschäft mit Fremdgeschäftsführungswillen geführt habe; nach der hL. verstößt dies gegen Art. 20 Abs. 3 GG, weil ein Verwaltungsträger die Kosten für öffentlich-rechtliche Dienstleistungen nur aufgrund gesetzlicher Vorschriften (Polizeirecht) verlangen kann.

Zu diesem von der Lehre generell gewünschten Ergebnis kann im Einzelfall jedenfalls das Prinzip der **Spezialität** führen.

Fall 524: Der als Privatier nach Ülvesbüll auf die Halbinsel Eiderstedt gezogene Hein Ritsch (HR) befasst sich hier alsbald mit der Rinderzucht. In dieser Eigenschaft lässt er durch seinen Mitarbeiter S. R. Eklöv (S) drei ihm gehörende Jungrinder nach Husum zum Viehmarkt transportieren. Trotz Beobachtung aller Sorgfaltspflichten durch S riss sich beim Abladen eines der Tiere los und rannte davon. Auf seiner Flucht quer durch die „graue Stadt am Meer" verursachte das Rind mehrere Verkehrsunfälle und griff schließlich in einer Fußgängerzone Menschen an. Als es der Polizei nicht gelang, das Rind einzufangen, schoss der Polizeibeamte Theo Sturm (TS) mit seiner Dienstpistole aus dem geöffneten Fenster seines Streifenwagens und tötete das Tier. Dadurch erlitt der TS ein Knalltrauma an beiden Ohren und war drei Wochen arbeitsunfähig krank. Das Land Schleswig-Holstein (SH) verlangt von HR Erstattung der im Wege der „Beihilfe" geleisteten Heilbehandlungskosten. Gehen Sie davon aus, dass im einschlägigen Polizeirecht und den ergänzenden Normen eine lückenlose Regelung der Ansprüche der Polizei gegen den Polizeipflichtigen für den Fall der unmittelbaren Ausführung oder einer Ersatzvornahme getroffen worden ist (nach BGH).

1. Ein Anspruch des Landes SH könnte sich aus eigenem Recht aus §§ 677, 683 S. 1, 670 BGB ergeben. a) Der BGH bejaht die Anwendung der Regeln der GoA im Verhältnis zwischen Verwaltungsträgern und Privatpersonen auch in solchen Fällen, in denen der Verwaltungsträger in Erfüllung öffentlich-rechtlicher Pflichten tätig geworden ist, wenn er dabei „auch" im Interesse des Privaten (hier: HR) gehandelt hat. Dagegen wird unter Hinweis auf Art. 20 Abs. 3 GG eingewandt, dass bei einer behördlichen Pflicht zum Tätigwerden das Rechtsverhältnis zwischen Staat und Bürger ausschließlich öffentlich-rechtlicher Natur und nicht zugleich privatrechtlicher Natur sein könne. Zumindest aber scheide eine GoA jedenfalls bei einer polizeilichen Eilmaßnahme zum Zwecke der Gefahrenabwehr deshalb aus, weil die Geschäftsbesorgung dann „berechtigt" erfolge, so dass § 677 BGB gar nicht vorliegen könne. b) Hier kann man diese Fragen offen lassen, weil auch nach dem BGH ein Anspruch des Landes SH aus §§ 677, 683 S. 1, 670 BGB deshalb nicht gegeben ist, weil man anderenfalls durch die Anwendung der §§ 677 ff. BGB die abschließend geregelten polizeilichen Eingriffs- und Kostentragungsnormen unterlaufen würde. 2. Aus aufgrund einer beamtenrechtlichen Überleitungsvorschrift (cessio legis i.S.d. § 412 BGB) übergegangem Recht könnte dem Land SH gegen den HR a) ein Anspruch aus §§ 677, 683 S. 1, 670 BGB zustehen, wenn die Handlung des TS eine privatrechtliche Geschäftsführung (ohne Auftrag) für den HR gewesen wäre. Das ist nicht der Fall, weil eine dienstliche Tätigkeit des Beamten nicht zugleich privatrechtlicher Art sein könne. b) Auch ist auf SH kein Anspruch des TS gegen den HR aus § 831 Abs. 1 BGB übergegangen, weil der HR sich für den S entlasten konnte (§ 831 Abs. 1 S. 2 BGB).

Besonderheiten ergeben sich bei der sog. **Selbstaufopferung im Straßenverkehr**.

Fall 525: Taxifahrer T fährt durch ein Wohngebiet, als plötzlich der körperlich schwächliche 80-jährige Rentner R unmittelbar vor ihm infolge einer „aus heiterem Himmel" losbrechenden Sturmbö vom Gehweg auf die Straße „geweht" wird. Der T kann ein Überfahren des R nur dadurch vermeiden, dass er seinen Wagen reaktionsschnell nach rechts lenkt und erst in einer Hecke zum Stehen kommt. Der Wagen erleidet Lackschäden. Der T, der 5 km/h gefahren war und den R als möglichen künftigen Fahrgast im Auge gehabt hatte, fühlt sich nicht verantwortlich und verlangt von dem R Ersatz seiner Schäden.

1. a) In Betracht kommt ein Aufwendungsersatzanspruch aus §§ 677, 683 S. 1, 670 BGB. aa) Sie sind bereits einleitend darauf hingewiesen worden, dass es bei der Bearbeitung von Fällen, in denen es um den Ersatz von Aufwendungen in Gestalt selbst erlittener Schäden aufgrund ei-

ner „Selbstaufopferung" im Straßenverkehr durch das Ausweichen eines Kfz-Fahrers geht, zulässig ist, einen „abgekürzten Lösungsweg" zu wählen, indem man unter dem Aspekt der Unanwendbarkeit der GoA erörtert, ob der Anspruchsteller für den hypothetischen Fall des Eintritts des durch die „Selbstaufopferung" verhinderten Verkehrsunfalls schadensersatzpflichtig gewesen wäre, weil er den Entlastungsbeweis aus § 7 Abs. 2 StVG nicht hätte führen können. Weil der Anspruchsteller dann den bei einem Dritten hypothetisch entstandenen Schaden zu ersetzen hätte, muss er erst recht den eigenen zur Abwendung des Unfalls erlittenen Selbstaufopferungsschaden tragen. Wenn man diesen Weg einschlägt und zu einem Entlastungsbeweis i.S.d. § 7 Abs. 2 StVG kommt oder wenn man diesem Vorschlag zur Bearbeitung nicht folgt, schließt sich an bzw. beginnt die Prüfung mit der Erörterung der §§ 677, 683, 670 BGB: bb) Es müssten die Voraussetzungen einer berechtigten GoA vorliegen. aaa) Geschäftsführung: Sie umfasst jede Tätigkeit, es genügen auch tatsächliche und ganz kurzzeitige Handlungen, wie hier das Herumreißen des Lenkrades und Steuern des Fahrzeugs in eine Hecke. bbb) Fremdes Geschäft des R: aaaa) Die Abwendung von einem anderen drohenden Gefahren ist im Grundsatz dessen Geschäft. bbbb) Fraglich ist, ob sich an dieser Beurteilung etwas ändert, wenn der T dem R deshalb ausgewichen ist, um eine eigene zivilrechtliche Haftung zu vermeiden. Nach § 7 Abs. 1 StVG trifft den Halter eine Gefährdungshaftung für Schäden, die aus dem Betrieb seines Fahrzeugs entstehen (dazu später mehr). Da eine Haftung aus § 7 StVG nur bei „höherer Gewalt" ausgeschlossen ist (§ 7 Abs. 2 StVG), kommt es darauf an, ob der durch das Ausweichen des T vermiedene Unfall auf „höherer Gewalt" beruht hätte. Das wird man annehmen müssen, weil er ausschließlich auf Naturgewalten zurückzuführen gewesen wäre. Da der T also dem R nicht schadensersatzpflichtig gewesen wäre, wenn er ihn überfahren hätte, kann das Ausweichen des T nicht dem Abwenden der eigenen Haftpflicht aus § 7 StVG gedient haben. Es fragt sich allerdings, ob nicht auch bei einer von Ihnen evtl. angenommenen Haftpflichtigkeit des T nach § 7 StVG von einem fremden Geschäft auszugehen ist, weil ihn in einem solchen Fall angesichts des Eintretens des Haftpflichtversicherers doch allenfalls der Verlust eines Schadensfreiheitsrabatts, also ein mittelbarer Nachteil, zum Handeln veranlasst hätte. Selbst wenn man dies annimmt, wird man das Vorliegen einer „Auch-Gestion" in Erwägung ziehen müssen. ccc) Wenn man, wie auch immer, dazu kommt, dass ein fremdes Geschäft vorliegt, ist zu prüfen, ob der T mit Fremdgeschäftsführungswillen gehandelt hat. aaaa) Dieser wird bei einem hier vorliegenden objektiv fremden Geschäft vermutet. bbbb) Widerlegt ist die Vermutung auch nicht, wenn der T gehandelt hätte, um eine eigenen Haftpflicht zu vermeiden. Er hätte dann „auch" mit Fremdgeschäftsführungswillen gehandelt. ddd) Da der T zur Rettungshandlung weder vertraglich noch gesetzlich verpflichtet oder beauftragt war, liegt eine GoA oder sonstige Berechtigung vor. Aus § 680 BGB ergibt sich, dass speziell die allgemeine Hilfspflicht bei Unglücksfällen gem. § 323 c StGB keine die GoA ausschließende Berechtigung zur Folge hat. eee) Die solchermaßen abzuleitende echte GoA wäre berechtigt, wenn die Übernahme des Geschäfts dem Interesse und dem wirklichen oder dem mutmaßlichen Willen des Geschäftsherrn entsprach (§ 683 S. 1 BGB). Die Rettungshandlung war objektiv nützlich und lag mithin im Interesse des R. Der mutmaßliche Wille ergibt sich aus dem Interesse. Damit war die Geschäftsübernahme berechtigt. cc) Damit hat der T einen Anspruch auf Aufwendungsersatz aus §§ 677, 683, 670 BGB. aaa) Der T hat einen Schaden erlitten. Die Frage ist daher, ob ein Schaden eine Aufwendung ist. Denn eine Aufwendung ist ein „freiwilliges Vermögensopfer", während ein Schaden ein „unfreiwilliger Nachteil" ist. Bei sog. „risikotypischen Begleitschäden" und dem (hier anzunehmenden) Fall einer freiwilligen Aufsichnahme von Schadensrisiken ist eine Gleichsetzung von „Aufwendung" und „Schaden" angezeigt; anders wäre es bei einem Schaden, der Ausdruck eines allgemeinen Lebensrisikos ist (dazu folgt später mehr). bbb) Einer Kürzung des Anspruchs wegen bloßer Mitverursachung der Gefahrenlage durch die Teilnahme am Straßenverkehr könnte sich aus § 7 StVG ergeben. ccc) Wer eine „Auch-Gestion" angenommen haben sollte, muss den Geschäftsführer T die im eigenen Interesse vorgenommenen Aufwendungen tragen lassen. b) Ein Schadensersatzanspruch des T aus § 823 Abs. 1 BGB wegen einer Eigentumsverletzung scheidet schon wegen mangelndem Verschuldens des R aus, denn es ist nicht ersichtlich, dass R beim Sturz auf die Straße die im Verkehr erforderliche Sorgfalt außer Acht gelassen und damit fahrlässig gehandelt hat. Auf das schwierige (in Teil 7 erörterte) Zurechnungsproblem brauchen Sie daher nicht einzugehen („Hilfeleisterfall"). 2. Zu beachten ist jedoch, dass gem. § 13 S. 2 SGB VII i.V.m. § 116 SGB X der Anspruch aus GoA auf den Träger der gesetzlichen Unfallversicherung übergegangen sein könnte (Fall der „cessio legis"!), da die Selbstaufopferung ein Fall der Nothilfe ist, bei der die Unfallversicherung gem. §§ 2 Abs. 1 Nr. 13 a, 13 SGB VII Leistungen zur Erstattung der Schäden des Geschäftsführers, hier also an T, zu erbringen hat. (Die Einzelheiten des Erstattungsanspruchs können von Ihnen in der Klausur nicht verlangt werden. Sie sollten jedoch § 116 SGB X kennen. Auf den Verweis hierauf in speziellen sozialrechtlichen Normen wird der Aufgabensteller Sie aber hinweisen).

cc) Fremdgeschäftsführungswille

Letztlich ergibt sich aus § 687 BGB, dass eine echte GoA voraussetzt, dass der Geschäftsführer mit **Fremdgeschäftsführungswillen** für den Geschäftsherrn handelt und dass dies auch äußerlich erkennbar ist: Der Geschäftsführer muss wissen, dass es sich um ein „fremdes Geschäft" handelt, und er muss „im Interesse des Geschäftsherrn" tätig werden wollen. Auf eine zutreffende Vorstellung von der Person des Geschäftsherren kommt es nicht an: Bei ungenauer oder falscher Vorstellung von der Person des Geschäftsherrn wird der richtige Geschäftsherr verpflichtet (§ 686 BGB).

- Bei **objektiv fremden Geschäften** besteht allein aufgrund der Vornahme des Geschäfts eine Vermutung für das Bestehen eines Fremdgeschäftführungswillens.

> Wenn der Handelnde das objektiv fremde Geschäft irrig für sein eigenes hält, gelten die §§ 677 ff. BGB nicht (arge. § 687 Abs. 1 BGB). Wenn der Handelnde das fremde Geschäft als fremdes Geschäft erkennt, es aber gleichwohl als eigenes behandelt, gelten ebenfalls nicht die §§ 677 ff. BGB, sondern (weil rechtswidrig gehandelt wird) das Delikts- und (weil kein Rechtsgrund besteht) das Bereicherungsrecht, und der Handelnde haftet nach § 687 Abs. 2 BGB wie ein Geschäftsführer ohne Auftrag.

- Auch bei den **„Auch – fremden Geschäften"** wird vermutet, dass ein fremdes Geschäft „mit" besorgt wird; es wird dann wie ein insgesamt fremdes Geschäft behandelt.

- Die objektiv eigenen oder die neutralen Geschäfte entfalten, wie dargestellt, ihren Fremdheitscharakter erst durch den Willen, das Geschäft zu einem fremden Geschäft zu machen (**„subjektiv fremdes Geschäft"**). Dieser muss irgendwie nach außen hervortreten. Diese Problematik spielt insbesondere eine Rolle beim Ankauf von Sachen für einen anderen.

> Beim Ankauf von Sachen für einen anderen beachten Sie bitte,
>
> **1.** dass es für das Vorliegen einer GoA genügt, dass der Fremdgeschäftsführungswille irgendwie hervortritt, also nicht notwendigerweise gegenüber dem Vertragspartner oder bei dem Vertragsschluss.

2. Im Rahmen der Weiter-Übereignung der von einem mittelbaren Stellvertreter (zB. von einem Kommissionär) angekauften und zu Eigentum erworbenen Sachen an den mittelbar vertretenen Geschäftsherrn (z.B. an den Kommittenten) kann die GoA eine wichtige Rolle als konkretes Rechtsverhältnis i.S.d. § 868 BGB spielen und eine Übereignung nach §§ 929, 930 BGB ermöglichen.

- Für die Frage, ob die Regeln der **GoA** bei Geschäftsbesorgungen aufgrund **unwirksamer Dienst-, Werk-** oder **Geschäftsbesorgungsverträge** Anwendung finden, kommt es entscheidend darauf an, ob in derartigen Fällen ein Fremdgeschäftsführungswille gegeben ist.

Fall 526: Der Steuerberater S berät eine Mandantin M erfolgreich in einer Mietsache und verlangt dafür ein Honorar.
1. Vertragliche Ansprüche aus §§ 675, 611 BGB stehen dem S nicht zu. Der Vertrag ist nämlich gem. § 134 i.V.m. § 1 RechtsberatungsG nichtig, da die Beratung gegen § 1 RechtsberatungsG, einem Verbotsgesetz i.S.d. § 134 BGB, dessen Auslegung zudem ergibt, dass seine Verletzung das Rechtsgeschäft nichtig machen soll, verstieß. 2. In Betracht kommt ein Aufwendungsersatzanspruch aus §§ 677, 683 S. 1, 670 BGB. Fraglich ist jedoch, ob die GoA bei Geschäftsbesorgungen aufgrund unwirksamer Verträge überhaupt anzuwenden ist. a) Dazu wird gesagt, dass nach der Systematik des Gesetzes die Abwicklung nichtiger Verträge nach den Regeln der Leistungskondiktion erfolgen solle. Nähme man eine GoA an, wäre diese ein Rechtsgrund im Rahmen der §§ 812 ff. BGB, so dass ein Anspruch des S aus §§ 812 Abs. 1 S. 1, 1. Fall ("Leistungskondiktion"), 818 Abs. 2 BGB nicht bestünde. Durch das Zusprechen eines Anspruchs aus GoA würden im Ergebnis auch wichtige Sperrvorschriften, wie § 814 BGB und insbesondere § 817 S. 2 BGB, der dem Anspruch wegen Verstoßes des S gegen ein gesetzliches Verbot entgegenstehen würde, umgangen. b) Der BGH will dagegen die GoA anwenden. aa) Er bejaht das Vorliegen eines fremden Geschäfts, das mit Fremdgeschäftsführungswillen geführt wird, weil der handelnde „Vertrags"partner im fremden Aufgaben- und Pflichtenkreis tätig werde und damit ein objektiv fremdes Geschäft mit vermutetem Fremdgeschäftsführungswillen wahrnimmt. Der Umstand, dass daneben zur Erfüllung einer vermeintlichen Vertragspflicht gehandelt wird, führe nicht zu einem eigenen Geschäft, sondern lediglich zu einem „auch – fremden – Geschäft", was zur Anwendung der §§ 677 ff. BGB ausreiche. Auch das Merkmal „ohne Auftrag" sei aufgrund der Nichtigkeit des Vertrages gegeben. Dagegen lässt sich anführen, dass es bei der Erfüllung einer vermeintlichen Vertragspflicht ausschließlich um ein eigenes Geschäft gehe; auch handele der Geschäftsführer lediglich zum Zwecke der Erfüllung seiner eigenen Pflichten und habe mithin keinen Fremdgeschäftsführungswillen. bb) Selbst wenn man das Vorliegen einer GoA und damit die Voraussetzungen eines Anspruchs aus §§ 677, 683 S. 1, 670 BGB bejahen würde, ist zweifelhaft, ob es sich bei einem verbotenen Geschäft um Aufwendungen handelt, die, wie § 670 BGB es verlangt, der Geschäftsführer „den Umständen nach für erforderlich halten darf".

dd) Kein Auftrag oder sonstige Berechtigung

In aller Regel beruht die Führung eines fremden Geschäfts auf einem rechtsgeschäftlichen oder gesetzlichen Rechtsverhältnis. Die Regeln über die GoA greifen beim Bestehen eines solchen Rechtsverhältnisses nicht ein; sie sind subsidiär, d.h. sie sollen nur gelten, wenn das Rechtsverhältnis zwischen den Parteien weder vertraglich geregelt noch durch eine gesetzliche Regelung erfasst wird.

- Das Merkmal **„ohne Auftrag"** bedeutet also, dass kein den Geschäftsführer verpflichtendes Rechtsgeschäft vorliegt, insbesondere kein Auftrag, kein Dienst-, Werk- oder Geschäftsbesorgungsvertrag.
- Das notwendige Fehlen einer **„sonstigen Berechtigung"** meint jede gesetzliche Legitimation, die Geschäfte eines anderen zu besorgen, wie sie z.B. den Eltern, dem Insolvenzverwalter, dem Testamentsvollstrecker zusteht. Aus § 680 BGB ergibt sich, dass die allgemeine Hilfspflicht bei Unglücksfällen gem. § 323 c StGB keine die GoA ausschließende Berechtigung ist. Auch ein zum Handeln berechtigendes Notwehrrecht ist keine „sonstige Berechtigung".

ee) Besondere Berechtigung der Geschäftsführung

Wir dürfen unser Ziel nicht aus dem Auge verlieren: Es geht um die sich aus einer echten und berechtigten GoA ergebenden Ansprüche. Nachdem wir nunmehr die Voraussetzungen für das Vorliegen einer „echten" GoA abgehandelt haben, geht es nunmehr um die zusätzlich erforderlichen Merkmale, die es rechtfertigen, die GoA auch als eine **„berechtigte" GoA** bezeichnen zu können. Nicht nur für den juristischen Laien scheint unsere Begriffswelt paradox zu sein, haben wir doch soeben als Voraussetzung für das Vorliegen einer „echten" GoA verlangt, dass der Geschäftsführer nicht vom Geschäftsherrn „beauftragt" oder „sonst (dazu) berechtigt" sein dürfe. Das scheint nicht dazu zu passen, dass es gleichwohl eine **berechtigte Geschäftsführung** gibt, deren Vorliegen davon abhängt, dass sie **objektiv** dem **Interesse** und **subjektiv** dem **wirklichen oder mutmaßlichen Willen** des Geschäftsherrn entspricht (§ 683 S. 1 BGB). Sie werden aber rasch erkennen, dass das einerseits erforderliche Fehlen einer Beauftragung oder einer Berechtigung (§ 677 BGB) und die andererseits nötigen Voraussetzungen für das Vorliegen einer berechtigten GoA aus § 683 BGB nichts miteinander gemein haben, so dass kein innerer Widerspruch zwischen den Tatbestandsmerkmalen besteht. Warum es von Bedeutung ist, ob die „echte" GoA (§ 677 BGB) auch „berechtigt" ist (§ 683 S. 1 BGB), werden Sie im Einzelnen erst erfahren, wenn es um die Darstellung der Rechtsfolgen geht. Aber wir wollen hier keine „Geheimniskrämerei" betreiben. Nicht nur aus der Überschrift („Ansprüche aus echter berechtigter GoA"), sondern auch aus der vorherigen Darstellung mit ihren Fällen wissen Sie längst, dass sich aus einer echten berechtigten GoA Ansprüche ergeben. Wir haben uns bisher auf den Anspruch des Geschäftsführers gegen den Geschäftsherrn auf Aufwendungsersatz aus §§ 677, 683 S. 1, 670 BGB konzentriert: Hiernach kann bei einer berechtigten GoA der Geschäftsführer „wie ein Beauftragter Ersatz seiner Aufwendungen verlangen". Später werden Sie noch andere Ansprüche kennen lernen. Also wenden wir uns jetzt den **Voraussetzungen** der **berechtigten GoA** zu (§ 683 S. 1 BGB).

(1) Interesse des Geschäftsherrn

Das nach § 683 S. 1 BGB für das Vorliegen einer berechtigten Geschäftsführung ohne Auftrag einerseits erforderliche Interesse des Geschäftsherrn ist gegeben, wenn die Geschäftsübernahme für ihn **nach der konkreten Sachlage im Einzelfall objektiv nützlich** ist.

> Wichtig ist, dass bei der Beurteilung des Interesses des Geschäftsherrn auf die Übernahme des Geschäfts und nicht auf die Ausführung desselben abgestellt wird.

(2) Wille und mutmaßlicher Wille des Geschäftsherrn

Für eine berechtigte GoA ist nach § 683 S. 1 BGB weiter erforderlich, dass die Geschäftsführung dem wirklichen oder mutmaßlichen Willen des Geschäftsherrn entspricht. Hierbei ist primär auf den wirklichen Willen und subsidiär auf den mutmaßlichen Willen abzustellen.

- Der **wirkliche Wille** muss, ausdrücklich oder konkludent, erkennbar geworden sein. Wem gegenüber, spielt keine Rolle; insbesondere braucht der Geschäftsführer den wirklichen Willen des Geschäftsherrn nicht zu kennen. Er ist auch dann beachtlich, wenn er unvernünftig oder interessenwidrig ist. Weicht der so verstandene „wirkliche Wille" vom geheimen inneren Willen ab, so ist nach § 116 BGB analog dieser „geheime Vorbehalt" unbeachtlich.

- Liegt ein wirklicher Wille des Geschäftsherrn nicht vor, so entscheidet der **mutmaßliche Wille**. Dies ist nicht derjenige Wille des Geschäftsherrn, den der Geschäftsführer subjektiv mutmaßt, sondern derjenige, den der Geschäftsherr objektiv bei Beurteilung aller Umstände im Zeitpunkt der Übernahme geäußert haben würde. Dieser ergibt sich regelmäßig aus dem (bereits festgestellten) objektiven Interesse des Geschäftsherren an der Geschäftsführung, so dass seine Feststellung meist völlig unproblematisch ist.

Wie der Geschäftsführer das Interesse und den Willen des Geschäftsherrn einschätzen durfte, ist unerheblich; das Risiko fehlerhafter Situationseinschätzungen trägt der Geschäftsführer. Das BGB bewertet also den Schutz vor ungebetener Einmischung höher als den Vertrauensschutz des Geschäftsführers. Teilweise wird jedoch vertreten, § 680 BGB sei bei Unglücksfällen analog anzuwenden, wenn eine fahrlässige Fehleinschätzung des Willens vorliege.

(3) Verhältnis von Wille und Interesse

Wir haben uns bisher „brav" an den Gesetzeswortlaut des § 683 BGB gehalten, indem wir die vom Gesetz für die Frage der Berechtigung der Geschäftsführung zu subsumierenden Merkmale, nämlich das im objektiven Sinne gemeinte „Interesse" an der „Übernahme der Geschäftsführung" und den Willen als zwei kumulativ vorhanden sein müssende Voraussetzungen für die Berechtigung der Geschäftsführung angesehen haben. In der Tat: Nach dem Gesetzeswortlaut stehen Wille und Interesse auf gleicher Stufe und sind beides Voraussetzungen einer berechtigten GoA. Ein bei objektiver Betrachtungsweise fehlendes Interesse des Geschäftsherrn an der Geschäftsführung kann also nicht durch die Tatsache, dass sie gleichwohl dem wirklichen Willen des Geschäftsherrn entsprach, wettgemacht werden. Wenn also der Geschäftsführer (GF) weiss, dass der mit ihm befreundete Wagner-Fan und Geschäftsherr (GH) trotz großer finanzieller Probleme für eine Karte des „Ring" in Bayreuth „alles zu zahlen" bereit ist und er daher für den GH eine auf dem Kartenschwarzmarkt angebotene Karte zu einem Überpreis erwirbt, dann hat er hiernach keinen Anspruch auf Aufwendungsersatz aus §§ 677, 683, 670 BGB.

Nach der Gegenansicht (Medicus) ist der wirkliche Wille vorrangig und das objektiv verstandene Interesse im Wege einer teleologischen Reduktion nicht mehr zu prüfen, wenn der wirkliche Wille feststeht, so dass man auch eine zwar interessenwidrige, wohl aber dem Willen des Geschäftsführers entsprechende Geschäftsführung als berechtigt i.S.d. 683 BGB ansehen müsse. Die Begründung hierfür lautet, dass der Geschäftsherr für das Geschäft allein zuständig ist, so dass nach den Regeln der Privatautonomie in erster Linie sein Wille dafür entscheidend sei, ob die Geschäftsführung berechtigt ist. Bei dieser Sichtweise reduziert sich die Bedeutung des „Interesses" an der „Übernahme der Geschäftsführung" auf die eines „Indikators" für das Bestehen des mutmaßlichen Willens des Geschäftsführers. Hiernach hätte der GF gegen den GH einen Anspruch auf Aufwendungsersatz aus §§ 677, 683, 670 BGB.

(4) Unbeachtlichkeit des entgegenstehenden Willens (§§ 683 S. 2, 679 BGB)

Nach **§ 679 BGB** ist der einer Geschäftsführung entgegenstehende Wille des Geschäftsherrn dann unerheblich, wenn es um eine im öffentlichen Interesse zu erfüllende Pflicht oder eine gesetzliche Unterhaltspflicht geht.

Die von § 679 1. Fall BGB vorausgesetzte (**„im öffentlichen Interesse"** zu erfüllende) Pflicht kann privat- oder öffentlich-rechtlich begründet sein. Es muss sich um eine echte Rechtspflicht handeln, die auf dem Gesetz oder auf einem Vertrag beruhen kann. Ein klassisches Beispiel hierfür sind vor allem die Verkehrssicherungspflichten des Geschäftsherrn. Das Erfüllen der Pflicht durch das Eingreifen des Geschäftsführers muss im öffentlichen Interesse liegen. Nötig ist dazu, dass ohne die Erfüllung der in Frage stehenden Verpflichtung dringende, konkrete Interessen der Allgemeinheit gefährdet oder beeinträchtigt werden.

Eine **„gesetzliche Unterhaltspflicht"** des Geschäftsherren, die § 679 2. Fall BGB voraussetzt, kann auf ehe- und familienrechtlichen Vorschriften, so z.B. auf §§ 1360 ff., 1570 ff., 1601 ff. BGB, beruhen. Unterhaltspflichten, die auf einem Vertrag oder einer unerlaubter Handlung beruhen, werden dagegen nicht erfasst.

Beide Pflichten müssten ohne das Tätigwerden des Geschäftsführers nicht rechtzeitig erfüllt werden; also müssen diese im Zeitpunkt der Geschäftsführung fällig gewesen sein; ein Verzug (§ 286 BGB) ist jedoch keine notwendige Voraussetzung.

---

1. Probleme bereitet ein Anspruch aus §§ 677, 683, 670 BGB bei der **Rettung eines „Selbstmörders"** wegen dessen entgegenstehenden Willens.

Teilweise wird angenommen, dass § 679 BGB nicht eingreifen soll, da es keine „im öffentlichen Interesse" liegende rechtliche Pflicht gibt, am Leben zu bleiben. Ein Großteil der Literatur weitet aber, um trotzdem § 679 BGB anwenden zu können, die Vorschrift auf diejenigen Fälle aus, in denen der Wille des Geschäftsherrn gegen ein „gesetzliches Verbot" oder gegen die „guten Sitten" verstößt. Weil speziell den Selbstmörder eine sittliche Pflicht treffe, für seine Lebenserhaltung Sorge zu tragen, sei sein entgegenstehender Wille sittenwidrig und damit unbeachtlich.

> Teilweise wird der einer Rettung entgegenstehende Wille des Selbstmörders analog §§ 104 Nr. 2, 105 BGB beim Vorliegen eines sog. präsuizidalen Syndroms für unbeachtlich gehalten (vgl. hierzu die parallele Problematik bei § 216 StGB).
>
> Beim Appellselbstmord wird teilweise eine Genehmigung nach § 684 S. 2 BGB angenommen.
>
> **2.** Andere befürworten daher eine **ausschließlich deliktsrechtliche Lösung**: Durch den Selbstmordversuch werde der Retter zum Tätigwerden herausgefordert und dürfe sich auch dazu herausgefordert fühlen (§ 323 c StGB). Der Helfer soll daher gegen den schuldhaft handelnden Selbstmörder einen Anspruch auf Ersatz seiner Körper-, Gesundheits- und Eigentumsschäden nach § 823 Abs. 1 BGB haben („Hilfeleisterfälle"). Im Unterschied zur Lösung über die GoA sind hier natürlich nur Schäden zu ersetzen und keine sonstigen Aufwendungen, insbesondere nicht die berufliche Tätigkeit z.B. eines Arztes zu vergüten.

(5) Genehmigung nach § 684 S. 2 BGB

Durch die ex tunc (§ 184 BGB) wirkende Genehmigung wird eine zunächst unberechtigte GoA zu einer berechtigten GoA. Die Genehmigung kann auch konkludent, insbesondere durch ein Herausgabeverlangen nach §§ 681 S. 2, 667 BGB erfolgen. Damit der Geschäftsherr sich für eine Genehmigung der unberechtigten Geschäftsführung entscheiden kann, hat er einen Anspruch auf Rechnungslegung gem. §§ 677, 681 S. 2, 666 BGB.

c) Rechtsfolgen einer echten berechtigten GoA

Obwohl der aufmerksame Leser ja längst weiss, warum wir uns so sehr darum bemüht haben, die Voraussetzungen einer „echten berechtigten" GoA zu verstehen, soll es jetzt noch einmal gesagt werden. Im Wesentlichen gibt es folgende Ansprüche bei einer echten berechtigten GoA aus den §§ 677 ff. BGB:

- Die des **Geschäftsherren** gegen den Geschäftsführer auf **Herausgabe des** durch die Geschäftsführung **Erlangten** und auf **Ersatz von** mit der Geschäftsführung in Zusammenhang stehenden **Schäden,**
- und den Anspruch des **Geschäftsführers** gegen den Geschäftsherrn auf **Aufwendungsersatz.**

aa) Ansprüche des Geschäftsherrn gegen den Geschäftsführer bei einer echten berechtigten GoA

> Die folgenden Ausführungen gelten natürlich in erster Linie **für die echte berechtigte GoA** (§§ 677, 683 BGB). Sie gelten aber auch für die **echte unberechtigte, aber vom Geschäftsführer genehmigte GoA**; denn aus der

> Tatsache, dass dem Geschäftsführer dann, wenn der Geschäftsherr die nichtberechtigte Geschäftsführung genehmigt, die gleichen Rechte zustehen wie bei einer berechtigten GoA (§ 684 S. 2 BGB), muss man folgern, dass auch dem Geschäftsherrn, der ja nicht schlechter stehen darf als der Geschäftsführer, diejenigen Ansprüche zustehen, die ihm bei einer berechtigten GoA zustünden.

(1) Anspruch des Geschäftsherrn gegen den Geschäftsführer auf Herausgabe des Erlangten bei einer echten berechtigten GoA

In § 681 S. 2 BGB werden die Pflichten eines Beauftragten aus §§ 666 bis 668 BGB auf den Geschäftsführer bei der GoA übertragen: Den Geschäftsführer treffen daher als Nebenpflichten eine **Auskunfts-** und **Rechenschaftspflicht** (§§ 681 S. 2, 666 BGB), deren Erfüllung es dem Geschäftsherrn oft überhaupt erst möglich macht, die Ansprüche aus §§ 681 S. 2, 667, 668 BGB geltend zu machen.

Die meist im Vordergrund einer Fallbearbeitung stehende Pflicht des Geschäftsführers, das **Erlangte herauszugeben** (§§ 681 S. 2, 667 BGB) erstreckt sich auch auf den erzielten Gewinn und auf die Verzinsung verwendeten Geldes (§ 668 BGB).

(2) Anspruch auf Schadensersatz gegen den Geschäftsführer aus der Ausführung der Geschäftsführung bei einer echten berechtigten GoA

Der Geschäftsführer hat das Geschäft so zu führen, wie das Interesse des Geschäftsherrn es mit Rücksicht auf dessen wirklichen oder mutmaßlichen Willen erfordert (§ 677 BGB). Verletzt der Geschäftsführer schuldhaft diese Pflicht, haftet er gem. §§ 677, 280 Abs. 1 BGB auf Schadensersatz.

> Der **„wirkliche Wille"** und der **„mutmaßliche Wille"** sowie das **„Interesse des Geschäftsherrn"** haben also eine **Mehrfachfunktion**:
>
> **1.** Sie sind einerseits von Bedeutung zur Qualifikation der Geschäftsführung als „berechtigt" i.S.d. § 683 BGB (mit dieser Frage haben Sie sich soeben ausgiebig befasst).
>
> **2.** Sie begründen eine Haftung des Geschäftsführers wegen eines Übernahmeverschuldens aus § 678 BGB (dazu alsbald mehr).
>
> **3.** Gleichzeitig bestimmen sie aber auch das Pflichtenprogramm für die Ausführung der Geschäftsführung (§ 677 BGB).

<u>Fall 527</u>: Bei A, der nicht zu Hause ist, ist die Waschmaschine übergelaufen, so dass bereits Wasser den Flur entlangläuft. Der darunter wohnende Nachbar N, der Zugang zu der Wohnung des A hat, stellt bei A das Wasser ab, um so größere Schäden zu verhindern. In der Eile stößt der N bei der Suche nach dem Absperrhahn eine versteckt in einer dunklen Nische stehende kostbare Vase des A um. Der A verlangt Schadensersatz von N.

Dem A könnte ein Anspruch a) aus §§ 677, 683, 280 Abs. 1 BGB zustehen. aa) Zwischen A und N bestand ein Schuldverhältnis aus § 677, 683 BGB: Das Abdrehen des Wassers ist ein fremdes Geschäft; der N hat mit Fremdgeschäftsführungswillen gehandelt; die Übernahme des Geschäfts ist interessengemäß und entspricht auch dem mutmaßlichen Willen des A. bb) Das Umwerfen der Vase ist eine gegen § 677 BGB verstoßende pflichtwidrige Ausführung, weil der N das Geschäft nicht so geführt hat, wie es das Interesse des Geschäftsherrn mit Rücksicht auf dessen wirklichen oder mutmaßlichen Willen erfordert. cc) Der N müsste schuldhaft gehandelt haben; hier liegen verschuldensrelevante Angaben im Sachverhalt vor, so dass Sie sich nicht auf die Verschuldensvermutung in § 280 Abs. 1 S. 2 BGB berufen dürfen. aaa) Der N hat leicht fahrlässig gehandelt. bbb) Fraglich ist, ob hier § 680 BGB eingreift und der N nur für Vorsatz oder grobe Fahrlässigkeit haftet. Das hängt davon ab, ob man eine dem A drohende dringende Gefahr i.S.d. § 680 BGB annimmt. § 680 BGB setzt eine dringende, d.h. aktuelle, unmittelbar drohende Gefahr für die Person oder das Vermögen des Geschäftsherren oder eines Angehörigen voraus. Eine solche Notsituation lag vor. Damit haftet N nicht auf Schadensersatz aus §§ 677, 280 Abs. 1 BGB. b) Die Haftungsmilderung gilt auch für den konkurrierenden Anspruch des Geschäftsherren aus § 823 Abs. 1 BGB, da sie sonst leer laufen würde.

Zur **Klarstellung**: Werden bei der Geschäftsführung Dritte verletzt, so gilt ihnen gegenüber § 680 BGB nicht.

bb) Ansprüche des Geschäftsführers bei einer echten berechtigten GoA

Sie wissen längst, dass der **Geschäftsführer** bei einer berechtigten GoA **nach §§ 677, 683, 670 BGB** verlangen kann, dass ihm der Geschäftsherr sämtliche **Aufwendungen ersetzt,** die ihm im Zuge der Geschäftsführung entstanden sind und die er für erforderlich halten durfte, und dass dies auch bei einer Genehmigung einer unberechtigten Geschäftsführung gilt (§ 684 S. 2 BGB).

- Aufwendungen sind **freiwillige Vermögensopfer** des Geschäftsführers, die er zum Zwecke der Ausführung der Geschäftsbesorgung gemacht hat. Zu denken ist an durch die Geschäftsführung verursachte Geldzahlungen, tatsächliches Handeln (Verbrauch oder Abnutzung eigener Sachen), Eingehen von Verbindlichkeiten etc., die zu einem Vermögensverlust des Geschäftsführers führen.

- Zu ersetzen sind alle Aufwendungen, die ein verständiger Geschäftsführer nach pflichtgemäßem Ermessen **„für erforderlich halten" durfte** (§ 670 BGB). Erwägenswert ist es, § 680 BGB bei der Frage der Erforderlichkeit analog anzuwenden, so dass bei einer Geschäftsführung zur Gefahrenabwehr der Rahmen weiter gesteckt werden muss. Erfolgen die Aufwendungen sowohl im Fremd- als auch im Eigeninteresse, so sind sie, sofern keine gegenständliche Abgrenzung erfolgen kann, nach dem Gewicht der Interessen und der Verantwortlichkeit aufzuteilen.

- Bei einem Anspruch eines zugleich in eigenem und zugleich in fremdem Interesse handelnden Geschäftsführers eines **„auch-fremden" Geschäfts** aus §§ 677, 683 S. 1, 670 BGB, muss der Geschäftsführer die in seinem eigenen Interesse vorgenommenen Aufwendungen selbst tragen.

- Der Anspruch steht dem Geschäftsführer jedoch nicht zu, wenn er im Zeitpunkt der Geschäftsübernahme erkennbar nicht die Absicht hatte, vom Geschäftsherrn Ersatz zu verlangen (**§ 685 BGB**).

- Wegen der Verweisung auf das durch ein Entgeltverzicht gekennzeichnetes Auftragsrecht ist grundsätzlich davon auszugehen, dass nach §§ 677, 683 S. 1, 670 BGB keine **Vergütung für** eine eventuell **aufgeopferte Zeit und Arbeitskraft** geschuldet wird. Wohl aber ist nach **§ 1835 Abs. 3 BGB analog** eine berufstypische Tätigkeit des Geschäftsführers zu vergüten, da hier wie dort wegen der Gesetzlichkeit des Schuldverhältnisses keine Vergütung vereinbart werden kann. Vertretbar ist aber auch der Standpunkt, eine Vergütungsverpflichtung nur dann anzunehmen, wenn die Übernahme nach **§§ 612, 632 BGB analog** nur gegen eine Vergütung zu erwarten war.

- Da, wie dargestellt, Aufwendungen grundsätzlich freiwillige Vermögensopfer sind, stellt sich die Frage, ob auch ein **Schaden**, obwohl ja unzweifelhaft ein unfreiwilliges Vermögensopfer, als „Aufwendung" i.S.d. von § 670 BGB angesehen werden kann. Man hat sich dafür entschieden, solche Schäden als „Aufwendungen" zu behandeln und nach § 670 BGB zu ersetzen, die dadurch entstanden sind, dass sich bei der Geschäftsführung ein typisches Risiko der übernommenen Tätigkeit realisiert hat („risikotypische Begleitschäden"), und die nicht Ausdruck eines allgemeinen Lebensrisikos sind. Zur Begründung wird häufig auf § 110 HGB hingewiesen. Folgt man dem, sind die Vorschriften der §§ 249 ff. BGB, insbesondere § 254 BGB, und §§ 844, 845 BGB anzuwenden. Die früher stets wegen des Wortlauts des § 847 BGB a.F. verneinte Frage, ob auch Schmerzensgeld verlangt werden kann, stellt sich mit der Schaffung des § 253 Abs. 2 BGB neu: Nach der „ratio legis" des Schmerzensgeldanspruchs („Ausgleichs- und Genugtuungsfunktion") dürfte jedenfalls wegen des mangelnden Bedürfnisses nach Genugtuung aufgrund fremden Unrechts kein Schmerzensgeldanspruch bestehen.

Für einen Nothelfer besteht ein gesetzlicher Unfallversicherungsschutz nach § 2 Abs. 1 Nr. 13 a - c SGB VII. Der Geschäftsführer hat also einen Ersatzanspruch gegen den Versicherungsträger. Der Anspruch des Geschäftsführers gegen den Geschäftsherrn geht nach § 116 SGB X auf den Unfallversicherungsträger über.

Fall 528: Im Hause des verreisten A ist es bei einem Unwetter wegen einer Undichtigkeit eines Oberlichtes zu einem Wassereinbruch gekommen, so dass bereits Wasser den Treppenhausflur entlang läuft. Der im Hause wohnende Mieter M, ein selbstständiger Klempnermeister, der Zugang zu der Wohnung des A hat, dichtet das Oberlicht ab, um so größere Schäden zu verhindern. In der Eile zerreißt sich der M beim Öffnen der klemmenden Dachluke die Hose. Der M verlangt Schadensersatz von N und Vergütung in Höhe des nach § 612 Abs. 2 BGB zu bemessenden Lohnes für eine Klempnerstunde.

Dem A könnte ein Anspruch aus §§ 677, 683, 670 BGB zustehen. a) Zwischen A und M bestand ein Schuldverhältnis aus § 677, 683 BGB: Das Abdrehen des Wassers ist ein fremdes Geschäft; der M hat mit Fremdgeschäftsführungswillen gehandelt; die Übernahme des Geschäfts ist interessengemäß und entspricht auch dem mutmaßlichen Willen des A. b) Was den aa) Schaden des M angeht, sind solche Nachteile als Aufwendung zu ersetzen, die dadurch entstanden sind, dass sich durch die Geschäftsführung das typische Risiko der übernommenen Tätigkeit realisiert hat („risikotypischer Begleitschaden"), die also nicht Ausdruck des allgemeinen

Lebensrisikos sind: das ist bei Beschädigung der Hose der Fall. bb) Nach § 1835 Abs. 3 BGB analog ist eine berufstypische Tätigkeit zu vergüten

2. Ansprüche aus echter nichtberechtigter GoA

a) Voraussetzungen der echten nichtberechtigten GoA

Sie wissen ja inzwischen, dass sich die echte nichtberechtigte GoA von der echten berechtigten GoA lediglich dadurch unterscheidet, dass es bei der nichtberechtigten GoA an einem Berechtigungsgrund gem. § 683 BGB u.U. i.V.m. § 679 oder § 684 S. 2 BGB fehlt.

> **Vorliegen** müssen also die Voraussetzungen des § 677 BGB:
> - eine Geschäftsbesorgung
> - ein fremdes Geschäft
> - ein Fremdgeschäftsführungswille
> - ohne Auftrag oder sonstige Berechtigung
>
> **Fehlen** müssen nach § 684 S. 1 BGB
> - die Voraussetzungen des § 683 BGB
> - oder des § 684 S. 2. BGB

b) Rechtsfolgen einer echten nichtberechtigten GoA

aa) Ansprüche des Geschäftsherrn bei einer echten nichtberechtigten GoA

(1) Schadensersatzanspruch des Geschäftsherrn wegen der Übernahme der Geschäftsführung

Die Haftung des Geschäftsführers aus § 678 BGB wegen eines Übernahmeverschuldens ist für den Geschäftsherrn deshalb so interessant, weil sie deutlich schärfer ist als die aus § 823 Abs. 1 BGB. Das ergibt sich aus den im Folgenden aufgeführten Voraussetzungen: Die **Übernahme der Geschäftsführung** muss dem **wirklichen** bzw. dem **mutmaßlichen Willen** des Geschäftsherrn widersprechen. Jedoch ist § 678 BGB unanwendbar, wenn der Wille des Geschäftsherrn gem. § 679 BGB unbeachtlich ist oder wenn der Widerspruch zu ihm durch Genehmigung gem. § 684 S. 2 BGB behoben wurde. Weiterhin muss dem Geschäftsherrn durch die unberechtigte Geschäftsführung ein **Schaden** entstanden sein. Dafür reicht ein reiner Vermögensschaden aus, und es bedarf anders als bei § 823 Abs. 1 BGB keiner Verletzung einer geschützten Rechtsposition (Rechtsgut, absolutes Recht). Zwischen der Geschäftsführung und dem Schaden muss lediglich ein **Kausalzusammenhang** i.S. einer „**conditio sine qua non**" bestehen; einer Adäquanz der Kausalität bedarf es nicht. Was das **Übernahmeverschulden** angeht, so wird verlangt, dass der Geschäftsführer den entgegenstehenden Willen gekannt hat oder ihn infolge von Fahrlässigkeit nicht gekannt hat. Das Verschulden des Geschäftsführers muss nicht auf den Eintritt des Schadens gerichtet sein. Die Ihnen ja schon bekannte, an sich auf die berechtigte echte GoA zugeschnittene haftungsmildernde Vorschrift des § 680 BGB mit ihrer Haftungsbeschränkung auf Vorsatz und grobe Fahrlässigkeit bei einer Gefahrenabwehr soll auch auf die echte unberechtigte GoA entsprechende Anwendung finden. Ganz am Rande: Diese Norm gilt auch für die konkurrierenden Ansprüche aus Delikt.

Fall 529: Der GF hört laute Hilfeschreie aus der verschlossenen Wohnung seines Nachbarn GH. Er nimmt an, dass dieser gerade überfallen wird und tritt die Tür ein. Dann muss er feststellen, dass der GH sich gerade einen Fernsehkrimi angesehen hat und deswegen auch von den Bemühungen des GF (Klingeln, Klopfen), in die Wohnung zu gelangen, nichts bemerkt hatte. Der GF hätte bei äußerster Anspannung seiner Sorgfalt wegen der neben den Hilfeschreien erklingenden Musik, wie sie für einen Film typisch ist, erkennen können, dass die Überfallgeräusche einem Fensehfilm entstammten. Der GH verlangt von GF Schadensersatz für die zerstörte Tür (nach Köhler).

a) Ein Anspruch des GH gegen den GF auf Schadensersatz könnte sich aus § 678 ergeben. aa) Es handelt sich mangels der Voraussetzungen des §§ 683, 684 S. 2 BGB um eine echte nichtberechtigte GoA i.S.d. § 677 BGB. bb) Die Übernahme der Geschäftsführung stand zum wirklichen Willen des GH im Widerspruch. aaa) Das hätte der GF erkennen können. bbb) Wenn aber der Haftungsmaßstab des § 680 BGB gelten würde, dann müsste mindestens grobe Fahrlässigkeit gegeben sein. Der § 680 BGB wird auch auf das Übernahmeverschulden einer nichtberechtigten Geschäftsführung ohne Auftrag angewendet, also auch auf die Frage, ob die irrtümliche Annahme einer Geschäftsführung ohne Auftrag auf einem Verschulden beruht. Da der GF nicht grob fahrlässig gehandelt hat, haftet er nicht. b) Weiterhin könnte sich ein Schadensersatzanspruch aus § 823 Abs. 1 BGB ergeben. aa) Eine Eigentumsverletzung liegt vor. bb) Diese ist einem Verhalten des GF zurechenbar. cc) Die Rechtswidrigkeit ist indiziert. Die Handlung ist nicht gerechtfertigt, denn die Voraussetzungen einer rechtfertigenden berechtigten Geschäftsführung ohne Auftrag liegen nicht vor. dd) Der GH müsste weiter schuldhaft gehandelt haben. aaa) Er hat mit Wissen und Wollen die Tür eingetreten, also vorsätzlich gehandelt. Nach der im Zivilrecht geltenden Vorsatztheorie müsste der GF auch im Bewusstsein der Pflichtwidrigkeit gehandelt haben. Dem GF fehlt es, den Vorsatz ausschließend, am Unrechtsbewusstsein, weil er irrig die Voraussetzungen einer berechtigten Geschäftsführung ohne Auftrag angenommen hat. bbb) Der GF könnte aber fahrlässig gehandelt haben, wenn der Irrtum vorwerfbar war. Auch insoweit ist jedoch der Haftungsmaßstab des § 680 BGB maßgeblich. Da der GF nicht grob fahrlässig gehandelt hat, haftet er auch nicht aus § 823 Abs. 1 BGB.

Der Geschäftsführer haftet, wenn ihm ein Übernahmeverschulden zur Last fällt, ähnlich einem Schuldner im Verzug (§ 287 BGB) oder ähnlich einem deliktischen Besitzer nach § 848 BGB unabhängig von einem weiteren Verschulden für jeden Schaden, der sich aus der Geschäftsführung ergibt. Alle diese Vorschriften sind Ausdruck des allgemeinen Rechtsgedankens, dass derjenige, der einen unerlaubten Zustand herbeiführt, ohne weiteres Verschulden für alle Folgen haftet.

Variante: Der GF hätte sich wegen der aus der Wohnung nach den Hilfeschreien erklingenden Polizeisirenen-Töne sagen müssen, dass es sich nicht um einen Überfall auf den GH, sondern um eine Fernsehszene handelte. Beim Eindringen in die Wohnung stolperte er über eine für jedermann unerkennbar direkt hinter der Tür stehende kostbare Vase und zerstört diese. Der GH verlangt Schadensersatz für die Zerstörungen an der Tür und der Vase.

Der Anspruch ergibt sich aus § 678 BGB; a) denn jetzt hat der GF grob fahrlässig gehandelt, weil er die erforderliche Sorgfalt deshalb in besonders schwerem Maße verletzt hatte, weil bei Anstellung einfachster Überlegungen zu erkennen war, dass es hier um eine Fernsehszene ging, und dies jedermann einleuchten musste. b) Der Anspruch ist gerichtet auf aa) Ersatz des Schadens an der Tür. bb) Aber auch für die für sich gesehen schuldlose Zerstörung der Vase muss Schadensersatz geleistet werden, denn wenn dem GF ein Übernahmeverschulden zur Last fällt, muss er unabhängig von einem weiteren Verschulden für jeden Schaden einstehen, der sich aus der Geschäftsführung ergibt.

(2) Anspruch des Geschäftsherrn auf Herausgabe des Erlangten und Schadensersatz wegen Ausführungsverschuldens

Es stellt sich die Frage, ob der Geschäftsherr auch dann, wenn eine echte GoA nicht berechtigt und auch nicht von ihm genehmigt worden ist, einen Anspruch auf **Herausgabe des Erlangten** oder auf **Schadensersatz wegen einer Pflichtverletzung bei der Ausführung** hat.

Dies ist eines der **„klassischen" Probleme** des Rechts **der GoA**, das Sie so oder so lösen können:

- a) **Positiv**: Man kann die den Geschäftsführer zur **Herausgabe des Erlangten** verpflichtenden §§ 681 S. 2, 667 BGB auch auf den nichtberechtigten Geschäftsführer mit dem Argument anwenden, dass der nichtberechtigte Geschäftsführer nicht besser stehen dürfe als der berechtigte Geschäftsführer. Dafür spricht auch, dass der § 681 S. 2 BGB nach § 687 Abs. 2 BGB sogar bei einer angemaßten Eigengeschäftsführung anwendbar ist, so dass die §§ 677, 681 BGB erst recht bei einer echten unberechtigten GoA gelten müssten. b) Letzteres Argument würde dann auch die Möglichkeit eröffnen, dem Geschäftsherrn einen Anspruch auf **Ersatz eines** bei der Ausführung entstandenen **Schadens** nach §§ 677, 280 BGB zuzusprechen.

- a) **Negativ**: Gegen das Bestehen eines Anspruchs des Geschäftsherrn gegen den Geschäftsführer im Fall der echten nichtberechtigen GoA auf **Herausgabe des Erlangten** nach §§ 681 S. 667 BGB spricht aber, dass dann kein Bedarf mehr bestünde für eine Genehmigung seitens des Geschäftsherrn nach § 684 S. 2 BGB und dass diese Vorschrift dann praktisch leer liefe. Es lässt sich daher durchaus sagen, dass der Geschäftsführer, wenn er die Ansprüche auf Herausgabe des Erlangten geltend machen wolle, die Geschäftsführung gem. § 684 S. 2 BGB genehmigen müsse. Als weiteres Argument gegen einen Anspruch aus §§ 681, 667 BGB lässt sich anführen, dass § 684 S. 1 BGB die Herausgabe des Erlangten an den Geschäftsführer anordnet, so dass der Geschäftsführer das an den Geschäftsherrn Geleistete stets sofort wieder zurückverlangen könne und einem Anspruch des Geschäftsherrn aus §§ 681 S. 2, 667 BGB gegen den Geschäftsführer der Einwand „dolo agit, qui petit..." aus § 242 BGB entgegenstehen würde, so dass der Anspruch auf Herausgabe des Erlangten aus §§ 681 S. 2, 667 BGB also praktisch nie durchsetzbar wäre. Die zutreffende Lösung soll danach in einem Ausgleich nach Bereicherungsrecht bestehen (§ 684 S. 1 BGB): Der Geschäftsherr soll dem Geschäftsführer alles, was er durch die Geschäftsführung erlangt hat, herausgeben (das sind die Aufwendungen des Geschäftsführers, die tatsächlich zu einer Bereicherung des Geschäftsherrn geführt haben), und der Geschäftsführer soll (über den Wortlaut des § 684 S. 1 BGB hinaus!) verpflichtet sein, die auf Kosten des Geschäftsherrn erlangte Bereicherung herauszugeben. **b)** Gegen das Bestehen eines **Schadensersatzanspruchs** aus §§ 677, 280 BGB des Geschäftsherrn gegen den Geschäftsführer im Falle der unberechtigten GoA kann man einwenden, dass der Geschäftsführer bei unberechtigter GoA die Geschäftsführung zu unterlassen habe und sie nicht etwa so vorzunehmen habe, wie es „das Interesse des Geschäftsherrn mit Rücksicht auf dessen wirklichen oder mutmaßlichen Willen" erfordert; eine Pflicht zur ordnungsgemäßen Ausführung nach § 677 BGB werde mithin durch eine unberechtigte GoA nicht begründet.

- Sie können den Streit z.Tl. dadurch „entschärfen", dass Sie in dem Herausgabeverlangen, jedenfalls aber in der Klageerhebung auf Herausgabe des Erlangten i.d.R. eine **konkludente Genehmigung i.S.d. § 684 S. 2 BGB** sehen.

bb) Ansprüche des Geschäftsführers

Bei einer echten nichtberechtigten GoA hat der Geschäftsführer gem. §§ 684 S. 1, 812 ff. BGB gegen den Geschäftsherrn einen Bereicherungsanspruch, der gerichtet ist auf das, was der Geschäftsherr aus der Geschäftsführung erlangt hat und um das er noch bereichert ist (§ 818 Abs. 3 BGB). Um den Streit, ob es sich hierbei um einen Rechtsfolgen- oder Rechtsgrundverweis handelt, brauchen Sie sich nicht zu kümmern, weil beide Lehren insoweit harmonisiert sind, als auch die einen Rechtsfolgenverweis propagierende Lehre die Sperrtatbestände der §§ 814, 815 und § 817 S. 2 BGB anwendet. Der Erfolg, den der Geschäftsführer erzielt hat, kann i.d.R. aber nicht herausgegeben werden, so dass der Anspruch sich auf die Herausgabe derjenigen Aufwendungen richtet, die den Geschäftsherrn bereichern. Die Ableitung dieses unstreitigen Ergebnisses hängt davon ab, nach welchen Vorschriften man den Geschäftsführer bei einer echten unberechtigten GoA zur Herausgabe des Erlangten verpflichtet hält. Mit dieser Frage hatten wir uns soeben auseinander gesetzt:

- **Bejaht** man eine **Verpflichtung des Geschäftsführers** zur Herausgabe des Erlangten **aus §§ 681 S. 2, 667 BGB**, dann **kann der Geschäftsführer seine Aufwendung aus §§ 684 S. 1, 812 ff. BGB** verlangen, aber nur solche Aufwendungen, die zur Bereicherung des Geschäftsherrn geführt haben.
- **Verneint** man eine **Verpflichtung des Geschäftsführers** zur Herausgabe des Erlangten aus §§ 681 S. 2, 667 BGB und kommt man nach § 684 S. 1 BGB zu wechselseitigen Bereicherungsansprüchen, also zu einer **Verpflichtung des Geschäftsführers** (über den Wortlaut des Gesetzes hinaus!!) **aus §§ 684 S. 1, 812 ff. BGB**, dann kann der **Geschäftsführer Ersatz seiner Aufwendungen aus §§ 684 S. 1, 812 ff BGB** verlangen.
- Das bedeutet i.E., dass der Geschäftsführer nur die Aufwendungen ersetzt erhält, die zu einer Bereicherung des Geschäftsherrn geführt haben. Er trägt das Risiko, dass seine Aufwendungen erfolglos blieben.

3. Defizite bei der Geschäftsfähigkeit von Geschäftsführer und Geschäftsherrn

„Ist der **Geschäftsführer geschäftsunfähig** oder in der **Geschäftsfähigkeit beschränkt**", so wird er dadurch geschützt, dass „er nur nach den Vorschriften über den

Schadensersatz wegen unerlaubter Handlungen und über die Herausgabe einer ungerechtfertigten Bereicherung verantwortlich" ist (§ 682 BGB). Wegen der „ratio legis" (Schutz des Geschäftsführers) bleiben jedoch die Ansprüche des Geschäftsführers aus GoA bestehen. Wenn es an der Geschäftsfähigkeit des Geschäftsherrn fehlt, entsteht das Schuldverhältnis aus GoA gleichwohl (argec. § 682 BGB).

III. Die Geschäftsanmaßung

Die Einordnung der **Geschäftsanmaßung (§ 687 Abs. 2 BGB)** in diesen Zusammenhang (Ansprüche aus „vertragsähnlichen Rechtsverhältnissen") ist natürlich dogmatisch völlig verfehlt. Sie ist nur aus „pragmatischen" Gründen gerechtfertigt, weil die Vorschrift des § 687 Abs. 2 BGB auf die Regeln der GoA verweist.

> **Nicht zu verwechseln** ist die **Geschäftsanmaßung** mit der **irrtümlichen Eigengeschäftsführung**, die in den §§ 677 ff. BGB nicht geregelt ist und nach den §§ 812 ff. BGB abgewickelt werden muss.

1. Die Voraussetzungen einer Geschäftsanmaßung

Die Voraussetzungen einer Geschäftsanmaßung i.S.d. § 687 Abs. 2 BGB sind:

- Führung eines Geschäfts,
- das objektiv fremd ist
- ohne Auftrag oder Berechtigung dazu
- in Kenntnis der Fremdheit und der Nichtberechtigung (Eigengeschäftsführungswille).

2. Die Rechtsfolgen

a) Die Ansprüche des Geschäftsherrn gegen den Geschäftsführer

Der Geschäftsherr hat natürlich Ansprüche aus §§ 823 ff. BGB, aus §§ 987 ff BGB und aus §§ 812 ff. BGB.

Fall 530: Der U baut Baumaterial, das der D dem E gestohlen und an ihn geliefert hat, in das Haus des B ein, nachdem er von der Herkunft erfahren hatte.
Der E kann von U Schadensersatz aus §§ 989, 990 BGB verlangen, denn der U ist nach § 935 BGB nicht Eigentümer geworden.

Der Geschäftsherr kann das Geschäft aber auch an sich ziehen, indem er die Rechte geltend macht, die ein Geschäftsherr bei der GoA hat,

- so z.B. durch die Geltendmachung eines Anspruchs auf Herausgabe des durch die Geschäftsführung Erlangten, auf Zinsen und Rechnungslegung nach **§§ 687 Abs. 2 S. 1, 681 S. 2, 666 – 668 BGB.**

> Variante: Der E verlangt von dem U Herausgabe des erlangten Werklohnes.
> Der Anspruch könnte sich aus §§ 687 Abs. 2, 681 S. 2, 667 BGB ergeben. a) Weil er keinen Schadensersatz geltend macht, gehen die §§ 987 ff. BGB nicht vor. b) aa) Der Einbau ist ein fremdes Geschäft, da der U von D kein Eigentum erlangt hat (§ 935 BGB). bb) Eigengeschäftsführungswille des U. cc) Der U war dazu nicht berechtigt. dd) Der U kannte bei der Geschäftsführung (Einbau) die Fremdheit der Sache. Daher ist der U zur Herausgabe des Erlangten verpflichtet.

- und ggf. auf Schadensersatz aus §§ 687 Abs. 2 S. 1, 678 BGB.

b) Die Ansprüche des Geschäftsführers gegen den Geschäftsherrn

Die **Ansprüche des Geschäftsführers gegen den Geschäftsherrn** richten sich, wenn der Geschäftsherr den **Geschäftsführer** nach § 687 Abs. 2, 681 S. 2, 667 BGB auf das durch die Geschäftsführung Erlangte in Anspruch nimmt, nach **§§ 687 Abs. 2 S. 2, 684 S. 1 BGB;** hier besteht also die gleiche Situation wie bei der echten unberechtigten GoA; bei § 687 Abs. 2 BGB ist man sich allerdings einig, dass **der Geschäftsherr seinen Anspruch behält** und der Geschäftsführer nach **§§ 684 S. 1, 812 BGB** lediglich einen **Aufwendungsersatzanspruch** hat (der Ausgleich erfolgt i.d.R. durch Aufrechnung)!

> Variante: Der E verlangt von U Herausgabe des Werklohnes. Der B rechnet mit einem Gegenanspruch auf Ersatz seiner Unkosten und des an D gezahlten Kaufpreises auf.
>
> a) Der Anspruch des E gegen den U könnte sich aus §§ 687 Abs. 2, 681 S. 2, 667 BGB ergeben. aa) Der Einbau ist ein fremdes Geschäft, da der U von D kein Eigentum erlangt hat (§ 935 BGB). bb) Eigengeschäftsführungswille des U. cc) Der U war dazu nicht berechtigt. dd) Der U kannte bei der Geschäftsführung (Einbau) die Fremdheit der Sache. Herauszugeben ist das Erlangte. b) Der Anspruch könnte nach §§ 389, 687 Abs. 2, 684 S. 1, 812 Abs. 2, 819, 994 Abs. 2 BGB durch die Aufrechung erloschen sein. aa) Die Unkosten sind Aufwendungen, bb) nicht aber der an D gezahlte Kaufpreis.

Teil 6. Dingliche (sachenrechtliche) Ansprüche

A. Dingliche Ansprüche als solche

Auf den ersten Blick scheint der in der Überschrift dieses Teils zu lesende Begriff „dingliche (sachenrechtliche) Ansprüche" ein Widerspruch in sich zu sein. Denn dingliche Rechte sind bekanntlich solche Rechte, die einer Person die unmittelbare Herrschaft über eine Sache verleihen. So stehen dem Inhaber eines dinglichen Rechts bestimmte Befugnisse zu, z.B. dem Eigentümer die aus § 903 BGB. Was hat das aber nun mit einem „Anspruch" (nach § 194 BGB „das Recht von einem anderen ein Tun oder Unterlassen zu verlangen") zu tun? Schließen die beiden Komponenten des Begriffes **„dinglicher"** und **„Anspruch"** sich nicht aus, weil doch **„dinglich"** zum „Sachenrecht" gehört und **„Anspruch"** zum „Schuldrecht" und weil „Sachenrecht" und „Schuldrecht" doch nichts miteinander zu tun haben, praktisch „Feuer" und „Wasser" sind, wie uns das „Trennungs-" und „Abstraktionsprinzip" lehrt?

Nun, es handelt sich nur um einen scheinbaren Widerspruch! Sie müssen sich zunächst klar machen, dass die sich aus der unmittelbaren Herrschaft über eine Sache ergebenden Befugnisse eines dinglich Berechtigten als solche völlig bedeutungslos wären, wenn das Gesetz dem Berechtigten nicht die Möglichkeit verleihen würde, diese Rechte durch Ansprüche zu verwirklichen.

- Wenn z.B. einem dinglich Berechtigten die **aus einem dinglichen Recht herrührenden Befugnisse streitig gemacht** werden (also z.B. ein Dritter den Eigentümer bei der Ausübung seiner Befugnisse aus § 903 BGB stört oder ihm die Sache vorenthält), dann können je nach Sachlage dem dinglich Berechtigten zwar Ansprüche aus einem mit dem Dritten bestehenden vertraglichen Schuldverhältnis zustehen oder der dinglich Berechtigte mag gegen den Dritten gesetzliche Ansprüche aus einem der im „Besonderen Schuldrecht" geregelten gesetzlichen Schuldverhältnisse haben; das muss aber keinesfalls so sein. Denn nicht immer bestehen vertragliche Beziehungen und nicht immer liegen die §§ 677 ff., 812 ff. oder die §§ 823 ff. BGB vor.

- Wenn ein dingliches Recht dem Berechtigten besondere Befugnisse verleiht (z.B. nach § 1113 BGB eine Hypothek dem Hypothekar ein Recht zur Zahlung einer Geldsumme „aus dem Grundstück"), dann muss der **dinglich Berechtigte seine besonderen Befugnisse** auch **realisieren** können. Auch dann mag es vielleicht einen Anspruch aus einem verpflichtenden Vertrag geben, der den dinglich Berechtigten dazu berechtigt; das muss aber nicht so sein.

Das Gesetz jedenfalls hat nicht darauf vertraut, dass der dinglich Berechtigte zum Zwecke der Realisierung seiner Befugnisse aus einem dinglichen Recht Ansprüche aus verpflichtenden Verträgen oder aus dem Gesetz hat, sondern es hat ihm (dann nicht selten mit vertraglichen und anderen gesetzlichen Ansprüchen konkurrierend) sog. **„dingliche (sachenrechtliche) Ansprüche"** zuerkannt, mittels derer er das ihm zustehende **„dingliche Recht verwirklichen"** (Heck) kann. Wir wollen dies einmal für unsere beiden vorgenannten Beispiele konkretisieren und zeigen, dass es in der Tat **„primäre" dingliche Ansprüche** gibt, mittels derer die dinglichen Rechte verwirklicht werden:

- Der Eigentümer, dem seine Befugnisse aus § 903 BGB streitig gemacht werden, hat gegen einen Störer Ansprüche aus **§ 1004 BGB** auf Beseitigung oder Unterlassung oder gegen denjenigen, der ihm die Sache vorenthält, einen Anspruch aus **§ 985 BGB** auf Herausgabe. Der Eigentümer eines Grundstücks hat auch das Recht, als solcher im Grundbuch eingetragen zu sein; ist ein anderer statt seiner zu Unrecht im Grundbuch eingetragen, kann er dies durch Geltendmachung eines Grundbuchberichtigungsanspruchs nach **§ 894 BGB** erreichen.

- Der Hypothekar kann vom Eigentümer des belasteten Grundstücks nach **§ 1147 BGB** die Duldung der Zwangsvollstreckung verlangen.

Sie werden sogleich erkennen, dass es neben diesen **„primären" dinglichen (sachenrechtlichen) Ansprüchen** auch **„Sekundäransprüche"** gibt. Das sind uns ja bereits vertraute Begriffe aus den Teilen 3 und 4, so dass Sie sich „wieder zu Hause" fühlen dürfen.

Nachdem Sie nun erkannt haben, dass Sie sich eigentlich im „vertrauten Milieu" bewegen, soll dies alles jetzt durch eine **Übersicht** und anschließend durch einige ausgewählte **Beispielsfälle** (die keinesfalls abschließend gemeint sind!) **„illustriert"** werden. Gut vorstellbar ist, dass bei manchem Leser ein gelindes Entsetzen ausbricht, wenn er sich in den folgenden ein bis zwei Stunden (soviel Zeit sollten Sie sich nehmen) mit einer ungeheuren Fülle von Möglichkeiten an Ansprüchen, Fragestellungen, Antworten und vor allem Paragraphen herumschlagen muss. Weichen Sie dieser Herausforderung aber um keinen Preis aus; lesen Sie alle zitierten Vorschriften nach; versuchen Sie, sich ein erstes Bild zu machen. Sie entrinnen dem ohnehin nicht! Es ist in der Tat eine „Bewährungsprobe", nicht der Versuchung zu erliegen, diese Passage nur zu „überfliegen". Ein Jurist muss ausdauernd und beharrlich sein. Üben Sie dies hier!

---

1. Es gibt **aufgrund eines Besitzverlustes** „primäre" Ansprüche auf Herausgabe gegen den Besitzer einer Sache und „Sekundäransprüche" sowie umgekehrt „primäre" Gegenansprüche des Besitzers und „Sekundäransprüche":

a) Im **Verhältnis des dinglich Berechtigten** (Eigentümers, eines Nießbrauchberechtigten, eines Pfandgläubigers/eines Anwartschaftsberechtigten hierauf) als Anspruchsteller **zum** jeweiligen **personenverschiedenen Besitzer** einer Sache als Anspruchsgegner (**§§ 985, 1227, 1065 BGB**), also aus einem **Recht zum Besitz** (=„petitorisch")

aa) steht diesem **gegen den Besitzer**

aaa) primär

(1) ein Anspruch auf **Herausgabe** der Sache, weil ein Inhaber dieser dinglichen Rechte, an der ihm eines der genannten dinglichen Rechte zusteht, ein Recht darauf hat, sie zu besitzen (§§ 985, 1065 und 1227 BGB),

(2) ein Anspruch, der aber durch ein Recht zum Besitz (§ 986 BGB) **ausgeschlossen** sein kann,

(3) dem **Einwendungen** entgegenstehen können (§ 241 a BGB, § 817 S. 2 BGB analog),

(4) der **erloschen** sein kann durch die Ihnen aus der Erörterung der vertraglichen Verpflichtungen ja schon bekannten Erlöschensgründe (Erfüllung oder Erfüllungssurrogate nach §§ 362 ff., 387 ff. BGB, Ausschluss wegen Unmöglichkeit nach § 275 Abs. 1 BGB), § 241 a BGB, § 817 S. 2 BGB

(5) und gegen den aufgrund von Gegenansprüchen des Anspruchsgegners (des Besitzers) wegen gemachter Verwendungen aus §§ 985, 1065, 1227, jeweils i.V.m. §§ 994 ff. BGB als **Einreden** ein **Herausgabeverweigerungsrecht** aus §§ 994 ff., 1000 BGB oder ein **Zurückbehaltungsrecht** aus § 273 BGB geltend gemacht werden kann oder gegen den die Einrede der **Verjährung** aus §§ 214, 197 Abs. 1 Nr. 1 BGB erhoben werden kann.

bbb) Weiterhin gibt es **sekundär**

(1) Ansprüche des dinglich berechtigten Gläubigers des Herausgabeanspruchs gerichtet auf Herausgabe von **Nutzungen** und auf **Schadensersatz wegen Verschlechterung, Untergangs oder anderweitiger Unmöglichkeit der Herausgabe** (§§ 985, 1065, 1227 jeweils i.V.m. §§ 987 ff. BGB), wegen **Verzuges** des unrechtmäßigen Besitzers bei der Erfüllung des Herausgabeanspruchs nach §§ 985, 1065, 1227 jeweils i.V.m. §§ 990 Abs. 2, 280, 286 BGB, und u.U. wegen Erwerbs eines „Surrogats" aus § 285 BGB (denn beim Eigentumsherausgabeanspruch wird ein Anspruch auf das „stellvertretende commodum" durch Anwendung des § 285 BGB diskutiert),

(2) die **erloschen** sein können durch die Ihnen aus der Erörterung der vertraglichen Verpflichtungen ja schon bekannten Erlöschensgründe (Erfüllung oder Erfüllungssurrogate nach §§ 362 ff., 387 ff. BGB, Ausschluss wegen Unmöglichkeit nach § 275 Abs. 1 BGB)

(3) und denen **Einreden** (aus §§ 214, 195; 273; 275 Abs. 2, 3 BGB) entgegenstehen können.

bb) Es gibt auch jeweils **Gegenansprüche des Besitzers** als Herausgabeschuldner gegen den Inhaber der dinglichen Rechtsstellung

aaa) primär

(1) wegen gemachter **Verwendungen** aus §§ 985, 1065, 1227 jeweils i.V.m. 994 ff., 1001 BGB,

(2) die **erloschen** sein können durch die Ihnen aus der Erörterung der vertraglichen Verpflichtungen ja schon bekannten Erlöschensgründe (Erfüllung oder Erfüllungssurrogate nach §§ 362 ff., 387 ff. BGB)

(3) und denen **Einreden** (aus §§ 214, 195; 273; 275 Abs. 2, 3 BGB) entgegenstehen können.

bbb) und **sekundär**

(1) Schadensersatzansprüche nach den §§ 280 ff. BGB,

(2) die **ausgeschlossen** sein können durch die Ihnen aus der Erörterung der vertraglichen Verpflichtungen ja schon bekannten Erlöschensgründe (Erfüllung oder Erfüllungssurrogate nach §§ 362 ff., 387 ff. BGB)

(3) und denen **Einreden** (aus §§ 214, 195; 273; 275 Abs. 2, 3 BGB) entgegenstehen können.

b) Im **Verhältnis des Besitzers zu** einem personenverschiedenen **verboten besitzenden Besitzer** als Anspruchsgegner **(§ 861 BGB)**, also aus dem Besitz (= „possesorisch")

aa) steht dem **Besitzer gegen** den personenverschiedenen **verbotenen Besitzer**

aaa) primär

(1) ein Anspruch auf **Wiedereinräumung** des durch verbotene Eigenmacht entzogenen Besitzes (§ 861 BGB), zugunsten des mittelbaren Besitzers aber nur bei verbotener Eigenmacht eines Dritten, nicht aber des unmittelbaren Besitzers (§ 869 S. 1 BGB),

(2) der nur bei eigenem fehlerhaftem Besitz (§ 861 Abs. 2 BGB) und begrenzt durch ein Recht zum Besitz **ausgeschlossen** sein kann (§ 863 BGB),

(3) der **erloschen** sein kann durch die Ihnen aus der Erörterung der vertraglichen Verpflichtungen ja schon bekannten Erlöschensgründe (Erfüllung oder Erfüllungssurrogate nach §§ 362 ff., 387 ff. BGB, Ausschluss wegen Unmöglichkeit nach § 275 Abs. 1 BGB)

(4) und gegen den ein **Zurückbehaltungsrecht** aus § 273 BGB geltend gemacht werden kann sowie die Einrede der Verjährung erhoben werden kann (§§ 214, 195 BGB).

bbb) Dagegen gibt es sekundär keine Ansprüche des **Besitzer gegen** den personenverschiedenen **verbotenen Besitzer.**

bb) Es gibt auch keine sekundären Gegenansprüche des verbotenen Besitzers als Herausgabeschuldner gegen den besseren Besitzer

c) Im **Verhältnis des früheren und besseren Besitzers zu** einem anderen **Besitzer** als Anspruchsgegner **(§ 1007 BGB)**, also aus dem Besitz (= **possesorisch**)

aa) steht dem **früheren und besseren Besitzer** gegen den **anderen Besitzer**

aaa) primär

(1) ein Anspruch auf **Herausgabe**, weil man den Besitz gutgläubig erworben hatte und einem die Sache dann abhanden gekommen ist oder der jetzige Besitzer den Besitz bösgläubig erworben hat (§ 1007 Abs. 1, 2 BGB),

(2) der nach § 1007 Abs. 3 BGB **ausgeschlossen** sein kann,

(3) der **erloschen** sein kann durch die Ihnen aus der Erörterung der vertraglichen Verpflichtungen ja schon bekannten Erlöschensgründe (Erfüllung oder Erfüllungssurrogate nach §§ 362 ff., 387 ff. BGB, Ausschluss wegen Unmöglichkeit nach § 275 Abs. 1 BGB)

(4) und gegen den wegen gemachter Verwendungen des Herausgabeschuldners ein **Herausgabeverweigerungsrecht** aus §§ 1007 Abs. 3 S. 2, 994 ff., 1000 BGB geltend gemacht werden kann und gegen den die Einrede der Verjährung erhoben werden kann (§§ 214, 195 BGB).

bbb) Weiterhin gibt es **sekundär**

(1) Ansprüche des Gläubigers des Herausgabeanspruchs auf Herausgabe von Nutzungen und Schadensersatz wegen Verschlechterung, Untergangs oder anderweitiger Unmöglichkeit der Herausgabe (§§ 1007 Abs. 3 S. 2, 987 ff. BGB), wegen Verzuges des unrechtmäßigen Besitzers bei der Erfüllung des Herausgabeanspruchs nach §§ 990 Abs. 2, 280, 286 BGB,

(2) die **erloschen** sein können durch die Ihnen aus der Erörterung der vertraglichen Verpflichtungen ja schon bekannten Erlöschensgründe (Erfüllung oder Erfüllungssurrogate nach §§ 362 ff., 387 ff. BGB, Ausschluss wegen Unmöglichkeit nach § 275 Abs. 1 BGB)

(3) und denen **Einreden** (aus §§ 214, 195; 273; 275 Abs. 2, 3 BGB) entgegenstehen können.

bb) Es gibt auch jeweils Gegenansprüche des Besitzers als Herausgabeschuldner gegen den früheren Besitzer

aaa) primär

(1) wegen gemachter **Verwendungen** aus §§ 1007 Abs. 3 S. 2, 994 ff., 1001 BGB

(2) die **erloschen** sein können durch die Ihnen aus der Erörterung der vertraglichen Verpflichtungen ja schon bekannten Erlöschensgründe (Erfüllung oder Erfüllungssurrogate nach §§ 362 ff., 387 ff. BGB, Ausschluss wegen Unmöglichkeit nach § 275 Abs. 1 BGB)

(3) und denen **Einreden** (aus §§ 214, 195; 273; 275 Abs. 2, 3 BGB) entgegenstehen können.

> **bbb)** Und **sekundär** bestehen
>
> **(1)** Schadensersatzansprüche nach den §§ 280 ff. BGB,
>
> **(2)** die **erloschen** sein können durch die Ihnen aus der Erörterung der vertraglichen Verpflichtungen ja schon bekannten Erlöschensgründe (Erfüllung oder Erfüllungssurrogate nach §§ 362 ff., 387 ff. BGB, Ausschluss wegen Unmöglichkeit nach § 275 Abs. 1 BGB)
>
> **(3)** und denen **Einreden** (aus §§ 214, 195; 273; 275 Abs. 2, 3 BGB) entgegenstehen können.
>
> Zur **Klarstellung** wird darauf hingewiesen, dass es natürlich auch schuldrechtliche Herausgabeansprüche und die dazugehörigen Sekundäransprüche gibt, die mit den sachenrechtlichen Herausgabeansprüchen konkurrieren: z.B. des Eigentümer-Vermieters gegen den besitzenden Mieter (§ 546 Abs. 1 BGB), des Eigentümer-Verleihers gegen den besitzenden Entleiher (§ 604 Abs. 1 BGB); des Eigentümer-Auftraggebers gegen den besitzenden Beauftragten (§ 667 BGB), des Eigentümer-Geschäftsherren gegen den Geschäftsführer ohne Auftrag (§§ 677, 683, 681 S. 2, 667 BGB); des Eigentümer-Geschäftsherrn gegen den besitzenden angemaßten Geschäftsführer (§§ 687 Abs. 2, 681 S. 2, 667 BGB); gegen den ungerechtfertigt bereicherten Besitzenden (§ 812 Abs. 1 S. 1 BGB); des Eigentümers gegen den Deliktsbesitzer (§§ 823, 249 S. 1 BGB). Auch gibt es den Gesamtanspruch des Erben gegen den Erbschaftsbesitzer (§ 2018 BGB).

> Wer meint, das sei es schon gewesen, der irrt: Dies waren nur die „primären" Herausgabeansprüche und die dazu gehörigen „Sekundäransprüche". Es geht gleich weiter. Nur sollen zunächst einmal einige Beispiele zur Illustration des soeben dargestellten „Blocks" eingeschoben werden.

Fall 531: Dem E ist von D eine bewegliche Sache gestohlen worden. Der D hat sie an den K verkauft und übergeben und übereignet. Der K hatte den D für den Eigentümer gehalten. Der E verlangt von dem K Herausgabe der Sache und Ersatz für eine von dem K schuldhaft herbeigeführte Beschädigung und außerdem Herausgabe der von K gezogenen Nutzungen.

1. Der E könnte gegen K einen Herausgabeanspruch aus § 985 BGB haben. a) Der K ist Besitzer. b) Der E müsste Eigentümer sein. aa) E war Eigentümer, bb) An den D hat er das Eigentum nicht verloren. cc) Der K könnte das Eigentum von D erlangt haben. aaa) Der K könnte das Eigentum nach § 929 S. 1 BGB erworben haben. aaaa) Der D und der K haben sich über den Eigentumsübergang geeinigt, bbbb) und der D hat dem K die Sache übergeben. cccc) Der D war aber nicht der Eigentümer und auch nicht als Nichteigentümer zur Übereignung befugt. bbb) Der K könnte das Eigentum nach §§ 929 S. 1, 932 Abs. 1 S. 1, Abs. 2 BGB erworben haben. aaaa) Der Grundtatbestand des § 929 S. 1 BGB ist gegeben. bbbb) Der K dürfte weiterhin nicht bösgläubig sein (§§ 932 Abs. 1 S. 1, Abs. 2 BGB). Das ist der Fall. cccc) Die Sache ist aber dem E abhanden gekommen, so dass ein gutgläubiger Erwerb des K ausgeschlossen ist (§ 935 Abs. 1 S. 1 BGB). Also ist der E noch Eigentümer c) Der K dürfte kein Recht zum Besitz haben (§ 986 BGB). aa) Ein eigenes Recht zum Besitz gegenüber dem E hatte der K nicht (§ 986 Abs. 1 S. 1 1. Fall BGB). bb) Er hat auch kein abgeleitetes Recht zum Besitz (§ 986 Abs. 1 S. 1

2. Fall BGB), weil der D kein Recht zum Besitz im Verhältnis zu E hatte. Also ist der K dem E zur Herausgabe verpflichtet. 2. Ein Anspruch des E gegen den K auf Schadensersatz kann sich a) aus den §§ 989 ff. BGB ergeben. Da der K weder bösgläubig in Bezug auf sein Besitzrecht noch verklagt war und auch nicht die Voraussetzungen des § 992 BGB vorliegen, besteht kein Anspruch des E gegen K auf Schadensersatz. b) Ein Anspruch aus § 823 Abs. 1 BGB ist ausgeschlossen (arge. § 993 Abs. 1 2. HS BGB). 3. Ein Anspruch des E gegen K auf Herausgabe von Nutzungen kann sich (arge § 993 Abs. 1 2. HS BGB) nur aus den §§ 987 ff. BGB ergeben. Da der K weder bösgläubig in Bezug auf sein Besitzrecht noch verklagt war und auch nicht die Voraussetzungen des § 993 Abs. 1 1. HS. BGB vorliegen, besteht kein Anspruch des E gegen K auf Herausgabe der Nutzungen.

Variante: Der K hat notwendige Verwendungen, die nicht nur die gewöhnlichen Erhaltungskosten waren, auf die Sache gemacht und weigert sich daher, die Sache herauszugeben, bevor ihm diese ersetzt werden.

1. Dem K steht gegen den Herausgabeanspruch des E aus § 985 BGB nach §§ 1000, 994 Abs. 1 S. 1 BGB ein Herausgabeverweigerungsrecht zu. 2. Hinsichtlich der Frage eines Schadensersatzanspruchs und 3. eines Anspruchs auf Herausgabe von Nutzungen ergeben sich keine Änderungen, denn das Herausgabeverweigerungsrecht aufgrund eines Verwendungsersatzanspruchs macht den Besitzer nicht etwa zum „berechtigten" Besitzer; es besteht weiterhin eine „Vindikationslage" (= „Eigentümer – Besitzer – Verhältnis"), so dass nur Ansprüche aus den §§ 987 ff. BGB in Betracht kommen; diese sind aber – wie gezeigt – nicht gegeben.

Fall 532: Der E verleiht eine bewegliche Sache an den L. Der L verkauft und übergibt und übereignet sie durch Einigung und Übergabe an den K, der weiß, dass der L nicht der Eigentümer war. Der E verlangt von dem K Herausgabe der Sache an den L.

Der E könnte gegen K einen Herausgabeanspruch aus § 985 BGB haben. a) Der K ist Besitzer. b) Der E müsste Eigentümer sein. aa) Der E war Eigentümer, bb) An den L hat er das Eigentum nicht verloren. cc) Der K könnte das Eigentum von L erlangt haben aaa) Der K könnte das Eigentum nach § 929 S. 1 BGB erworben haben. aaaa) Der L und der K haben sich über den Eigentumsübergang geeinigt, bbbb) und der L hat dem K die Sache übergeben. cccc) Der L war aber nicht der Eigentümer und auch nicht als Nichteigentümer zur Übereignung befugt. bbb) Der K könnte das Eigentum nach §§ 929 S. 1, 932 Abs. 1 S. 1, Abs. 2 BGB erworben haben. aaaa) Der Grundtatbestand des § 929 S. 1 BGB ist gegeben. bbbb) Der K dürfte weiterhin nicht bösgläubig gewesen sein (§§ 932 Abs. 1 S. 1, Abs. 2 BGB). Das ist jedoch der Fall, weil der K wusste, dass der L nicht der Eigentümer war. c) Der K dürfte kein Recht zum Besitz haben (§ 986 BGB). aa) Ein eigenes Recht zum Besitz gegenüber E hatte der K nicht (§ 986 Abs. 1 S. 1 1. Fall BGB). bb) Er könnte aber ein abgeleitetes Recht zum Besitz haben (§ 986 Abs. 1 S. 1 2. Fall BGB): aaa) Der L hatte ein Recht zum Besitz gegenüber dem E aus § 598 BGB. bbb) Der K hatte ein Recht zum Besitz gegenüber L aus § 433 Abs. 1 S. 1 BGB. ccc) Für ein abgeleitetes Recht zum Besitz ist aber weiterhin erforderlich, dass der mittelbare Besitzer zur Überlassung des Besitzes an den (unmittelbaren) Besitzer „befugt" war (arge. § 986 Abs. 1 S. 2 BGB). Dass der V nicht befugt war, den Besitz an den K zu überlassen ergibt sich „a minore ad maius" aus § 603 S. 2 BGB; nach § 986 Abs. 1 S. 2 BGB hat der K daher kein Recht zum Besitz gegenüber E. d) Der Anspruch ist auf Herausgabe an den L gerichtet (§ 986 Abs. 1 S. 2 BGB).

Variante: Der K hat die Sache rechtswidrig und schuldhaft beschädigt. Der E will von ihm Schadensersatz in Geld.

Der Anspruch a) ergibt sich, weil eine „Vindikationslage" (= „Eigentümer – Besitzer – Verhältnis") besteht, aus §§ 989, 990, 249 Abs. 2 S. 1 BGB. b) Ein Anspruch aus § 823 Abs. 1 BGB besteht nicht, weil in einer „Vindikationslage" die §§ 987 ff. BGB, hier speziell die §§ 989 ff. BGB, die Sekundäransprüche speziell und ausschließlich regeln (§ 993 Abs. 1, 2. HS BGB).

Fall 533: Der M mietet vom Eigentümer E eine bewegliche Sache und erhält den Besitz an ihr. Der D entreißt dem M die Sache. Der M verlangt die Sache von D zurück.

Ein Anspruch a) aus § 985 BGB besteht nicht, weil M nicht Eigentümer ist. b) Der M hat gegen den D einen Anspruch auf Wiedereinräumung des Besitzes aus § 861 BGB. aa) Der M war Besitzer. bb) Der D hat dem M den Besitz ohne dessen Willen entzogen, also durch „verbotene Eigenmacht" (§ 858 Abs. 1 BGB). c) Ferner hat der M gegen den D einen Anspruch aus § 1007 Abs. 1 BGB, denn aa) der M hatte früher den Besitz an der Sache bb) und der B war beim Besitzerwerb nicht in gutem Glauben. d) Schließlich gibt es einen Herausgabeanspruch aus §§ 823 Abs. 1, 249 Abs. 1 BGB.

Nach diesem Intermezzo mit einigen „auflockernden" Fällen setzen wir unseren Überblick über die in Betracht kommenden „primären" und „sekundären" dinglichen Ansprüche mit den Beseitigungs- und Unterlassungsansprüchen fort.

2. Weiterhin gibt es beim Vorliegen einer Störung der Abwehr derselben dienende „primäre" **Beseitigungs- und Unterlassungsansprüche** und auch „Sekundäransprüche"

a) bei Störungen des Eigentums, Nießbrauches, der Hypothek, der Grundschuld, des Pfandrechts/eines Anwartschaftsrechts hierauf, also aus einem Recht:

aa) primär

aaa) auf **Beseitigung und Unterlassung** der Störung (§§ 1004, 1065, 1134, 1192 Abs. 1, 1227 BGB),

bbb) der **ausgeschlossen** sein kann nach § 1004 Abs. 2 BGB, aufgrund mitwirkender Verursachung, einer Verwirkung oder eines Rechtsmissbrauchs,

ccc) der **erloschen** sein kann durch die Ihnen aus der Erörterung der vertraglichen Verpflichtungen ja schon bekannten Erlöschensgründe (Erfüllung oder Erfüllungssurrogate nach §§ 362ff. BGB, Ausschluss wegen Unmöglichkeit nach § 275 Abs. 1 BGB)

ddd) und dem **Einreden** (§§ 214, 195; 273; 275 Abs. 2, 3 BGB) entgegenstehen können,

bb) sekundär

aaa) Schadensersatzansprüche des Gläubigers des Entstörungsanspruchs „statt der Leistung" aus §§ 280 Abs. 1, 3, 283, 281 BGB und „neben der

Leistung" für den Fall der Nichterfüllung und des Verzuges des Störers bei der Erfüllung des Entstörungsanspruchs nach §§ 280 Abs. 1, 2, 286 BGB,

bbb) die **erloschen** sein können durch die Ihnen aus der Erörterung der vertraglichen Verpflichtungen ja schon bekannten Erlöschensgründe (Erfüllung oder Erfüllungssurrogate nach §§ 362 ff., 387 ff. BGB, Ausschluss wegen Unmöglichkeit nach § 275 Abs. 1 BGB)

ccc) und denen **Einreden** (aus §§ 214, 195; 273; 275 Abs. 2, 3 BGB) entgegenstehen können,

b) aufgrund des gestörten Besitzes als solchem, des Besitzes am mit einer Grunddienstbarkeit belasteten Grundstück, am mit einer beschränkten Dienstbarkeit belasteten Grundstück, also aus dem Besitz, und zwar

aa) primär

aaa) ein Anspruch auf **Beseitigung und Unterlassung** (§§ 862, 1029, 1090 Abs. 2 BGB)

bbb) der **ausgeschlossen** sein kann nach § 862 Abs. 2 BGB, aufgrund mitwirkender Verursachung, einer Verwirkung oder eines Rechtsmissbrauchs,

ccc) der **erloschen** sein kann durch die Ihnen aus der Erörterung der vertraglichen Verpflichtungen ja schon bekannten Erlöschensgründe (Erfüllung oder Erfüllungssurrogate nach §§ 362 ff. BGB, Ausschluss wegen Unmöglichkeit nach § 275 Abs. 1 BGB)

ddd) und dem **Einreden** (§§ 214, 195; 273; 275 Abs. 2, 3 BGB) entgegenstehen können, und weiterhin

bb) sekundär

aaa) Schadensersatzansprüche des Gläubigers des Entstörungsanspruchs „statt der Leistung" aus §§ 280 Abs. 1, 3, 283, 281 BGB und „neben der Leistung" für den Fall der Nichterfüllung und des Verzuges des Störers bei der Erfüllung des Entstörungsanspruchs nach §§ 280 Abs. 1, 2, 286 BGB,

bbb) die **erloschen** sein können durch die Ihnen aus der Erörterung der vertraglichen Verpflichtungen ja schon bekannten Erlöschensgründe (Erfüllung oder Erfüllungssurrogate nach §§ 362 ff., 387 ff. BGB, Ausschluss wegen Unmöglichkeit nach § 275 Abs. 1 BGB)

ccc) und denen **Einreden** (aus §§ 214, 195; 273; 275 Abs. 2, 3 BGB) entgegenstehen können.

Fall 534: Der Inhaber I des S-Supermarktes beauftragt den Zettelverteiler Z damit, Werbematerial in die Hausbriefkästen der Nachbarschaft zu werfen. Der E hat am Hausbriefkasten seines Hauses einen Aufkleber mit der Aufschrift: „Keine Werbung einwerfen" angebracht. Der Z wirft gleichwohl einen Prospekt ein. Der E fordert den I auf, den Zettel zu entfernen.

Der Anspruch könnte sich aus § 1004 Abs. 1 S. 1 BGB ergeben. a) Der Zetteleinwurf führt zu einer Beeinträchtigung i.S. einer „positiven Einwirkung" auf das Eigentum des E. b). Der I ist mittelbarer Handlungsstörer, denn die Beeinträchtigung ist durch die Veranlassung des Z zum

Zetteleinwurf adäquat kausal verursacht worden. c) Die Beeinträchtigung ist rechtswidrig (§ 1004 Abs. 2 BGB).

Variante: Der M ist Mieter des Hauses.

Der Anspruch ergibt sich aus § 862 Abs. 1 S. 1 BGB.

Fall 535: Infolge eines Sturmes wird in der Sylvesternacht 2002/2003 eine große Plane, die der Absicherung eines Dachausbaus des Bauherren BH dient, auf das Grundstück seiner Nachbarin N, einer schon etwas älteren Dame, geweht und versperrt deren Hauseingang, so dass die N, als sie spät nach Mitternacht von einer Feier zurückkehrt, ihr Haus nicht mehr betreten kann. Die Plane ist zu schwer und unhandlich, als dass sie diese selbst entfernen könnte. Der BH, der zusammen mit seinen erwachsenen Söhnen in seinem Haus Sylvester feiert, will sich jedoch nicht stören lassen und ist nicht bereit, die Plane jetzt zu entfernen: „Ich werde die Plane morgen zusammen mit meinen Söhnen beiseite schaffen. Jetzt feiern wir erstmal weiter." Immerhin lädt der BH die N „zum Trost" auf die Feier ein. Die total übermüdete N lehnt ab und setzt dem BH eine Frist zur Beseitigung der Plane binnen ½ Stunde, ohne dass der BH etwas unternimmt. Die von der N daraufhin alarmierte Feuerwehr hat wegen der üblichen Sylvestereinsätze und der Behebung noch dringenderer Sturmschäden keine Kapazitäten frei, um die Plane beiseite zu räumen. Somit bestellt die N einen Klempner- und Dachdeckernotdienst, der die Plane für € 200,- entfernt und abtransportiert (nach BGH und Lorenz/Riehm).

Der Anspruch ergibt sich 1. nicht aus §§ 677, 683, 670 BGB, denn in den Fällen einer erklärten Erfüllungsverweigerung will der Geschäftsherr (BH) gerade nicht, dass das Geschäft auf seine „Kosten" geführt wird. 2. Ein Anspruch aus § 812 Abs. 1 S. 1 BGB („Rückgriffskondiktion") würde allenfalls zu einem Anspruch auf Herausgabe der ersparten Aufwendungen des BH führen. 3. Ein Anspruch aus §§ 1004, 280 Abs. 1, 2, 286 BGB ist gerichtet auf einen Ersatz des Verzögerungsschadens „neben der Leistung". An der Leistung hat die N aber kein Interesse mehr. 4. Daher ergibt sich der Anspruch aus §§ 1004, 280 Abs. 1, 3, 281 Abs. 1 BGB. a) Das den BH zur Leistung verpflichtende Schuldverhältnis ergibt sich aus § 1004 Abs. 1 BGB. b) Der BH hat die von ihm geschuldete Leistung bei Fälligkeit (§ 271 BGB) nicht erbracht. c) Der BH hat vorsätzlich gehandelt. d) Eine dem BH gesetzte Frist (sie wäre sogar entbehrlich gewesen: § 281 Abs. 2 BGB) ist fruchtlos verstrichen. e) Die N kann Schadensersatz in Höhe von € 200,- nach §§ 249 Abs. 1, 251 BGB verlangen.

> 3. Der **Grundbuchberichtigungsanspruch** aus § 894 BGB dient dazu, die formelle Grundbuchlage mit dem materiellen Recht in Einklang zu bringen; der Anspruch besteht häufig neben einem Anspruch des Eigentümers gegen den Besitzer auf Herausgabe aus § 985 BGB. Weil man das Bucheigentum dem unrechtmäßigen Besitz gleichstellt, werden die §§ 987 ff. BGB analog angewendet, so dass auf die obigen Ausführungen zu dem Herausgabeanspruch aus § 985 BGB verwiesen werden kann.

Fall 536: Der unerkennbar geisteskranke V verkauft ein ihm gehöriges Hausgrundstück formgerecht an den K; aufgrund einer formgerechten Auflassung des V und des K wird der K als Eigentümer in das Grundbuch eingetragen. Vertreten durch seinen gesetzlichen Vertreter verlangt der V später von dem K die Abgabe der Bewilligungserklärung zu seiner Wiedereintragung in das Grundbuch (lesen Sie §§ 13, 19, 29, 39 GBO). Der sich für den Eigentümer haltende K hat noch vor Klageerhebung das undichte Dach reparieren lassen. Der gesetzliche Vertreter des V verweigert dem K den Ersatz seiner Verwendungen.

a) Der V hat einen Anspruch aus § 894 BGB, denn die Auflassung (§§ 873 Abs.1, 925 BGB) ist wegen §§ 104, 105 Abs. 1 BGB nichtig. b) Dem steht jedoch § 273 Abs. 2 bzw. § 1000 BGB i.V.m. § 994 Abs.1 S. 1 BGB analog entgegen.

> **4. Verwertungsrechte** (Grundpfandrechte bzw. Pfandrecht/Sicherungseigentum): §§ 1147/1191, 1192, 1147 bzw. 1228 ff. BGB/Sicherungsvertrag.

<u>Fall 537</u>: Der E hat dem G=H zur Sicherung eines Darlehensanspruchs des G=H gegen den S eine Hypothek an seinem Grundstück bestellt. Als der S das Darlehen bei Fälligkeit nicht tilgt, verlangt der G=H von S und von E Zahlung. Falls er von E nicht Zahlung verlangen kann, will er wissen, was er stattdessen verlangen kann.

1. Der G=H hat gegen den S einen Anspruch auf Zahlung (§ 488 Abs. 1 S. 2 BGB). 2. Gegen E a) hat er keinen Anspruch auf Zahlung (<u>Achtung</u>: missverständliche Formulierung in § 1113 BGB: „ ... , so dass an denjenigen, zu dessen Gunsten die Belastung erfolgt" – das ist hier der G=H – „eine bestimmte Geldsumme zur Befriedigung wegen einer ihm zustehenden Forderung aus dem Grundstück zu zahlen ist"; bei flüchtigem Lesen könnte man in der Tat meinen, dass der E dem G=H zur Zahlung verpflichtet ist. Mit der Formulierung „...<u>aus dem Grundstück</u> zu zahlen ist" soll aber gerade deutlich gemacht werden, dass nicht aus dem sonstigen Vermögen, also nicht „aus dem Portemonnaie", zu zahlen ist! Eine andere Frage ist, ob der E zahlen darf: Sie wird beantwortet in § 1142 BGB; dazu später mehr). b) Der G = H hat statt-dessen einen Anspruch gegen E auf Duldung der Zwangsvollstreckung in das Grundstück (§ 1147 BGB).

> **5.** Diese dinglichen Ansprüche sind dann **nicht selbstständig nach 398 BGB abtretbar**, wenn sie (z.B. der Herausgabeanspruch aus § 985 BGB) durch die Abtretung von dem „Stammrecht" (z.B. Eigentumsrecht), aus dem sie sich ergeben, getrennt werden. Vielmehr entsteht der dingliche Anspruch bei dem jeweiligen Erwerber des „Stammrechts" neu.

Das soll als **erster Überblick** über die „dinglichen" (sachenrechtlichen) Ansprüche zunächst einmal genügen. Der Umfang des Ganzen und die Notwendigkeit, jedenfalls im Kern die Übersicht zu behalten, können einem jungen Juristen schon einige Sorgen bereiten. Wie soll man hier nur einen Durchblick gewinnen, wie soll man sich dies alles nur merken? **Erschrecken Sie** aber **nicht** über die Vielfalt der Möglichkeiten der Ansprüche und Verteidigungsmöglichkeiten hiergegen und das scheinbare „Wirrwarr" der Normen. Sie können getrost davon ausgehen, dass Sie nicht das ganze Spektrum der Möglichkeiten ständig „parat" haben müssen. Ihr Arbeitsbereich wird sich wohl (sichere Prognosen kann man natürlich nicht stellen) nur auf den (allerdings auch beträchtlichen) Ausschnitt beschränken, der Ihnen hier im Folgenden vermittelt wird. Im Übrigen gilt wie auch bisher, dass Sie getrost damit rechnen können, durch Ihre (hoffentlich) ständige und regelmäßige Arbeit rasch soviel an Routine zu erwerben, dass sich die Probleme fast unbemerkt für Sie immer weiter reduzieren. Alles können und werden Sie nie wissen. Es erwartet auch niemand von Ihnen, dass Sie alles präsent haben! Wer Ihnen anderes suggeriert, spielt mit Ihrer Angst und will Sie erschrecken oder will ein Geschäft damit machen.

Im Augenblick ist es allein wichtig, dass Sie die im folgenden Kasten zusammengefassten Erkenntnisse registrieren.

> Wir haben erkannt, dass die primären oder sekundären „dinglichen Ansprüche" ähnlich wie bei einem Anspruch aus verpflichtenden Verträgen die **Prüfung** folgender **(spezifisch sachenrechtlicher) Fragen** erfordern, nämlich
>
> - ob der **Anspruchsteller** Inhaber einer „dinglichen Rechtsstellung" (z.B. Eigentum bei den Ansprüchen aus § 985 BGB/§§ 989, 990 BGB/§ 1004 Abs. 1 BGB oder Besitz bei einem Anspruch aus § 862 Abs. 1 BGB) sein muss,
>
> - ob in der Person des **Inanspruchgenommenen** gewisse teils sachenrechtliche Umstände (Besitz bei dem Anspruch aus § 985 BGB) teils gewisse subjektive Umstände (Bösgläubigkeit bei einem Anspruch aus §§ 989, 990 BGB) teils gewisse tatsächliche Umstände (Verschlechterung etc. bei einem Anspruch aus §§ 989, 990 BGB/Störung bei einem Anspruch aus § 1004 Abs. 1 BGB oder aus § 862 BGB) gegeben sein müssen,
>
> - ob der **Anspruch ausgeschlossen** ist (durch ein Recht zum Besitz nach § 986 bei einem Anspruch aus § 985 BGB/durch eine Pflicht zur Duldung der Störung aus § 1004 Abs. 2 BGB bzw. aus § 862 Abs. 2 BGB bei einem Anspruch aus § 1004 Abs. 1 BGB bzw. aus § 862 Abs. 1 BGB) – insoweit stellen sich auch Fragen, die nicht spezifisch sachenrechtlicher Art sind (sie werden hier nicht gesondert erwähnt, sondern es wird auf die gerade vorgestellte Übersicht über die dinglichen Ansprüche und die Teile 3 und 4 dieses Buches verwiesen),
>
> - ob der Anspruch **erloschen** ist – insoweit stellen sich keine spezifisch sachenrechtlichen Fragen (es wird auf die gerade vorgestellte Übersicht über die dinglichen Ansprüche und die Teile 3 und 4 dieses Buches verwiesen),
>
> - und ob dem Anspruch **Einreden** entgegenstehen können, z.B. das Herausgabeverweigerungsrecht aus § 1000 BGB bei dem Anspruch aus § 985 BGB – insoweit stellen sich auch Fragen, die nicht spezifisch sachenrechtlicher Art sind (sie werden hier nicht gesondert erwähnt, sondern es wird auf die gerade vorgestellte Übersicht über die dinglichen Ansprüche und die Teile 3 und 4 dieses Buches verwiesen).

Zunächst soll ein Blick auf unser **weiteres „Programm"** geworfen werden; es ist bei aller Beschränkung **reichhaltig** genug:

Da – wie wir eingangs erkannt haben – die „dinglichen Ansprüche" der Verwirklichung der Befugnisse dinglicher Rechte dienen, müssen wir uns vor einer weiteren Befassung mit den „dinglichen Ansprüchen" den **Inhalt der dinglichen Rechtsstellungen** (Besitz, Eigentum, Eigentumsvorbehalt/Anwartschaftsrecht und Verwertungssicherungsrechte) verdeutlichen; das Anwartschaftsrecht an den Verwertungssicherungsrechten wird, weil es bei der klausmäßigen Fallbearbeitung keine Rolle spielt, dabei vernachlässigt. Auch die übrigen beschränkt dinglichen Rechte: Grunddienstbarkeiten (§§ 1018 ff. BGB), Nießbrauch an Sachen (§§ 1030 ff. – 1067 BGB), beschränkt persönliche Dienstbarkeiten (§§ 1090 ff. BGB), dingliches Vorkaufsrecht (§§ 1094 ff. BGB), Reallasten §§ 1105 ff. BGB) sollen – um den Rahmen nicht zu sprengen – nicht gesondert erörtert werden; es wird jedoch jede sich bietende Gelegenheit genutzt, zu diesen Rechten etwas auszuführen **(sub B)**.

Breiten Raum nimmt dann die Erörterung des **Erwerbs** und des damit korrespondierenden **Verlustes** dieser Rechtsstellungen (Besitz, Eigentum, Eigentumsvorbehalt/Anwartschaftsrecht und Verwertungssicherungsrechte) ein; denn wir wissen ja inzwischen längst, dass die erste Voraussetzung für einen jeden dinglichen Anspruch ist, dass der Anspruchsteller Inhaber einer dinglichen Rechtsstellung ist. Also muss man natürlich wissen, wie eine solche Rechtsstellung erworben wird bzw. verloren geht. Auch in diesem Zusammenhang bleiben die Fragen des Erwerbes bzw. des Verlustes der übrigen beschränkt dinglichen Rechte unerörtert und werden teilweise in anderen Zusammenhängen angesprochen **(sub C)**.

Im Anschluss daran wenden wir uns dann den **übrigen Voraussetzungen** der „**dinglicher Ansprüche**" zu; einbezogen sind dann auch noch einmal die spezifisch sachenrechtlichen **Ausschlussgründe**; die dann zu prüfenden **Erlöschensgründe** werden nicht besonders hervorgehoben werden, weil sie spezifisch sachenrechtlicher Art sind; wohl aber die **entgegenstehenden Einreden**, soweit sie sie nicht spezifisch sachenrechtlicher Art sind **(sub D)**.

Da es sich aber schon bei der Vorab-Erörterung des Inhalts der dinglichen Rechte **(sub B)** und des Erwerbs und Verlusts dinglicher Rechte **(sub C)** und dort vor allem in den zur Vertiefung und zur Übung eingefügten Fällen gar nicht vermeiden lässt, immer wieder vorgreifend auch auf sachenrechtliche Ansprüche einzugehen, werden Sie mit den dinglichen Ansprüchen bereits vor deren eigentlicher Darstellung **(sub D)** längst weitgehend vertraut sein, so dass diese recht knapp gehalten werden kann.

B. Der Inhalt dinglicher Rechte

I. Der Besitz

1. Besitz: ein Recht?

Der Besitz ist die tatsächliche Herrschaft über eine Sache (§ 854 Abs. 1 BGB). Die seit jeher umstrittene Frage, **ob** der Besitz, wie es hiernach scheint, nur eine **tatsächliche Position** ist **oder** ob er doch ein **Recht** ist, wird gerne aufgeworfen, ist aber bei Licht besehen doch akademischer Natur.

> Als Argument dagegen, dass Besitz ein Recht ist, wird § 857 BGB ins Feld geführt: Wenn nämlich Besitz ein „Recht" wäre, dann würde der Besitz bereits nach § 1922 BGB auf den Erben übergehen, und es bedürfte des § 857 BGB nicht; umgekehrt soll die Möglichkeit, den Besitz nach §§ 854 Abs. 2, 870 BGB zu erwerben, dafür sprechen, dass Besitz ein Recht sei.

Verschwenden Sie bei einer Fallbearbeitung für die Beantwortung dieser Frage keine Zeit, sondern lassen Sie die Frage offen, nennen Sie die Position des Besitzers neutral eine „**Rechtsstellung**", und Sie machen nichts falsch!

Machen Sie sich deutlich, dass die durch den Besitz vermittelte „**Rechtsstellung**" sich wie folgt im Gesetz manifestiert:

- **Übertragbar** ist der Besitz durch die **Übertragung der tatsächlichen Gewalt** (§ 854 Abs. 1 BGB), aber auch durch **Rechtsgeschäft** (§§ 854 Abs. 2, 870 BGB);

- der **Besitzer** hat bei Entzug des Besitzes durch verbotene Eigenmacht (§ 858 BGB) nach § 861 BGB einen **Wiedereinräumungsanspruch**, der **mittelbare Besitzer** bei Besitzentziehungen Dritter i.d.R. nur Wiedereinräumung an den bisherigen Besitzer (§ 869 BGB);

- der **frühere Besitzer** kann nach § 1007 BGB **Herausgabe** vom jetzigen Besitzer verlangen;

- der Besitzer wird bei **Störungen** im Besitz durch verbotene Eigenmacht (§ 858 BGB) nach § 862 vor Störungen geschützt, der mittelbare Besitzer nur vor Störungen durch Dritte, nicht solchen des unmittelbaren Besitzers (§ 869 BGB);

- der Besitzer kann nach § 986 BGB ein **Recht zum Besitz** haben;

- der berechtigte Besitz wird nach § 823 Abs. 1 BGB als **„sonstiges Recht"** geschützt;

- der Besitz begründet **Eigentumsvermutungen** (§§ 1006, 1248, 1362 BGB);

- der Besitz hat (wie Sie längst wissen, hoffe ich) eine **Legitimationswirkung** für den befreienden Empfang einer Leistung (§§ 851, 793 BGB).

2. „Unmittelbarer" und „mittelbarer" Besitz/Besitzdiener

Der **Besitz** ist die **tatsächliche Herrschaft** über eine **Sache**,

- **§ 854 Abs. 1 BGB**: bei der eine natürliche Person oder eine juristische Person mittels eines Organs entweder höchstpersönlich oder durch eine für diese Personen handelnde Person (genannt „Besitzdiener", § 855 BGB) **die Herrschaft selbst ausübt** (= „unmittelbarer Besitzer"),

- **§ 868 BGB**: oder bei der **ein Besitzer („Besitzmittler")** die Sache **aufgrund eines Besitzmittlungsverhältnisses** (vertragliches oder gesetzliches Rechtsverhältnis, das hinsichtlich der Sache ganz konkrete Herausgabeansprüche begründet) mit **Fremdbesitzerwillen für einen anderen besitzt** (= „mittelbarer Besitzer"),

- wobei jeweils eine **„vorübergehende Verhinderung"** bei der Ausübung der Sachherrschaft unbeachtlich ist (§ 856 Abs. 2 BGB).

Daher ist der **Mieter** eines Autos **unmittelbarer Besitzer** (§ 854 Abs. 1 BGB) und der **Vermieter**, für den der Mieter aufgrund des Mietvertrags als Besitz-

> mittlungsverhältnis das Auto besitzt, **mittelbarer Besitzer** (§§ 868, 535 BGB), und dies auch dann, wenn der Mieter das Auto auf einem Parkplatz abgestellt hat (§ 856 Abs. 2 BGB).

Ausnahmsweise gibt es **Besitz** auch **ohne tatsächliche Sachherrschaft**, und zwar
- beim durch Einigung erworbenen „**offenen Besitz**" (§ 854 Abs. 2 BGB)
- oder beim durch Erbfall erworbenen „**Erbenbesitz**" (§ 857 BGB).

> Daher ist **a)** nach entsprechender Einigung des bisherigen Besitzers B 1 eines „im Fluss liegenden Kahns" mit dem neuen Besitzer B 2 (§ 854 Abs. 2 BGB) der B 2 ohne Innehabung der tatsächlichen Sachherrschaft Besitzer des Kahns (RG) **b)** und, wenn B 2 verstirbt, ohne je in den Kahn gestiegen zu sein, sein Erbe Besitzer des Kahns, auch wenn dieser das Boot noch nie gesehen hat (§§ 857, 1922 BGB).

Umgekehrt ist nicht etwa jeder, der eine Sache tatsächlich beherrschen kann, automatisch auch der Besitzer der Sache. Die Arbeitsteiligkeit unseres Wirtschaftslebens macht es nämlich erforderlich, dass ein Besitzer (dann „Besitzherr" genannt) die tatsächliche Gewalt durch einen anderen, der von ihm sozial abhängig ist (**„Besitzdiener"**), für sich ausüben lässt, ohne dass er dadurch den Besitz verliert und jener den Besitz erlangt (§ 855 BGB).

> Der Inhaber eines Supermarkts BH stellt seinem Marktleiter BD einen Dienstwagen zur Verfügung, den er auch privat nutzen darf. **a)** Der BH und nicht der BD ist Besitzer der im Laden befindlichen Waren (§ 855 BGB); **b)** Besitzer des „überlassenen" Dienstwagens, der auch privat genutzt werden darf, ist der BD.

II. Das Eigentum

1. Das Eigentum als Herrschaftsrecht

a) Die Herrschaftsmacht

Das **Eigentum** ist das **umfassendste Herrschaftsrecht an Sachen.**

> Die Herrschaftsmacht des Eigentümers umschreibt das Gesetz in § 903 BGB
>
> **1.** einerseits **positiv:** der Eigentümer kann mit der Sache bis zur Grenze der Gesetzesverletzung und der Verletzung der Rechte anderer „nach Belieben verfahren". Diese Befugnisse können sich in tatsächlicher oder in rechtlicher Hinsicht auswirken:
>
> **a)** In **tatsächlicher** Hinsicht kann man als Eigentümer die Sache in Besitz nehmen, sie gebrauchen, verändern, verbrauchen, sie vernichten.
>
> **b)** In **rechtlicher** Hinsicht kann man das Eigentum übertragen, belasten oder aufgeben.

> **2. In negativer Hinsicht** kann der Eigentümer andere von jeder Einwirkung ausschließen:
>
> Nach § 903 BGB kann der Eigentümer einer Sache, „soweit nicht das Gesetz oder Rechte Dritter entgegenstehen, … andere von jeder Einwirkung ausschließen". Hierfür stellt das Gesetz diverse rechtstechnische Behelfe zur Verfügung:
>
> **a)** Wenn das Eigentum durch Entziehung oder Vorenthaltung des Besitzes beeinträchtigt wird, wird der Eigentümer durch **§§ 985, 986 BGB** geschützt. Er kann von einem nicht zum Besitz berechtigten Besitzer Herausgabe verlangen.
>
> **b)** Der Eigentümer eines Grundstücks kann vom „Bucheigentümer" Grundbuchberichtigung verlangen **(§ 894 BGB)**.
>
> **c)** Bei Beeinträchtigungen des Eigentums in „anderer Weise" kann der Eigentümer nach **§ 1004 BGB** vom Störer die Beseitigung der Beeinträchtigung (§ 1004 Abs. 1 S. 1 BGB) und die Unterlassung von Beeinträchtigungen (§ 1004 Abs. 1 S. 2 BGB) verlangen, sofern er nicht zur Duldung verpflichtet ist (§ 1004 Abs. 2 BGB) oder andere (noch zu erörternde) Gründe den Anspruch ausschließen.

Es gibt auch **(Sonder-)Eigentum an Wohnungen** (§§ 1 Abs. 2, 5 WEG) und ein – in rechtlicher Hinsicht wie das Eigentum an Grundstücken behandeltes – **Erbbaurecht** (§§ 11 ErbbauRV); über diesen Hinweis hinaus werden diese Rechte hier nicht weiter besprochen.

b) Der Eigentümer

aa) Einzeleigentümer

Das Eigentum kann einer **jeden rechtsfähigen Person allein** zustehen. Die durch die Herrschaftsmacht verliehenen Befugnisse können dann durch den Eigentümer selbst (bei juristischen Personen durch ihre Organe) oder durch Dritte ausgeübt werden.

bb) Eigentümermehrheiten (Bruchteilsgemeinschaften, Gesamthandsgemeinschaften)

Das Eigentum kann auch **unter mehreren rechtsfähigen Personen aufgeteilt** sein.

(1) Bruchteilsgemeinschaften

Wenn eine **Bruchteilsgemeinschaft** vorliegt, ist das Eigentum unter den Gemeinschaftern **ideell** („ideell" heißt: „rein gedanklich", und nicht etwa „real im naturwissenschaftlichen Sinne"!) **nach Bruchteilen** aufgeteilt (§§ 741 ff. 1008 ff. BGB). Auch wenn über die gesamte Sache nur gemeinschaftlich verfügt werden kann (§ 747 S. 1 BGB), kann jeder der Miteigentümer über seinen Anteil verfügen (§ 747 S. 1 BGB). Jeder Miteigentümer hat grundsätzlich das Recht auf Aufhebung der Gemeinschaft (§§ 749 ff. BGB). Verwaltet wird die gesamte Sache von allen Miteigentümern gemeinschaftlich (§ 744 BGB).

> Der Eigentümer Engel (E) schenkt und übereignet zur Erfüllung des Schenkungsvertrages seinen Kindern K 1 – K 3 zu Lebzeiten aus seinem Vermögen ein 40 ha großes Waldgrundstück.
>
> K 1 – K 3 sind dann Miteigentümer nach Bruchteilen. Eine BGB-Gesellschaft sind sie nicht, weil sich der Zusammenschluss im Halten eines Gegenstandes erschöpft und kein darüber hinaus gehender Zweck von K 1 – K 3 verfolgt wird.

> Zu seinen Lebzeiten schenkt der E und übereignet zur Erfüllung des Schenkungsvertrages seinen Kindern K 1 – K 3 ein Grundstück, das mit einem langfristig an einen Mieter vermieteten Bürogebäude bebaut ist.
>
> K 1 – K 3 sind dann Miteigentümer nach Bruchteilen. Eine BGB-Gesellschaft sind sie nicht, wenn sich der Zusammenschluss im Halten eines Gegenstandes, hier des Grundstücks, erschöpft und kein darüber hinaus gehender Zweck verfolgt wird. Allerdings ist diese Konstellation bereits ein Grenzfall zur BGB-Gesellschaft. Denn ein minimal darüber hinausgehender gemeinsamer Zweck, würde aus der Bruchteilsgemeinschaft eine BGB-Gesellschaft in Gestalt einer BGB – Außengesellschaft machen (§ 705 BGB); und dann wäre diese (nach neuer Ansicht) rechtsfähige Gesellschaft Eigentümer des Grundstücks.

(2) Gesamthandsgemeinschaften

Bei den **fünf „klassischen Gesamthandsgemeinschaften"** (= nicht rechtsfähiger Verein, BGB-Gesellschaft, oHG/KG, eheliche Gütergemeinschaft, Erbengemeinschaft) ist die Frage, wer Eigentümer einer zum Gesamthandsvermögen gehörenden Sache ist, außerordentlich kompliziert.

Bei der **Erbengemeinschaft** (§§ 2032 ff. BGB) und der **ehelichen Gütergemeinschaft** (§§ 1416 ff. BGB) liegt Gesamthandseigentum vor: Das Eigentum steht mehreren Personen (Miterben, Ehegatten) „zur gesamten Hand" zu. Das bedeutet, dass jeder der Gesamthänder Eigentümer der gesamten Sache ist, aber zugleich beschränkt durch gleiche Berechtigung des/der anderen Gesamthänder. Keiner von ihnen kann über seinen Anteil an der Sache verfügen (§§ 719 Abs. 1, 1419 Abs. 1, 2033 Abs. 2 BGB). Um sich dieses Phänomen vorzustellen, bedarf es einer beträchtlichen Abstraktionsfähigkeit; „physikalische Hilfskonstruktionen", wie sie beim Bruchteilseigentum vielleicht noch helfen könnten, sind hier undenkbar.

Bei der **BGB-Gesellschaft** (§§ 705 ff. BGB) muss man unterscheiden: Da die BGB-**Außengesellschaft** aufgrund einer Rechtsfortbildung als rechtsfähig angesehen wird, muss man sie konsequenterweise auch als Inhaberin des Gesellschaftsvermögens und damit auch als die Eigentümerin der dazugehörigen Sachen ansehen. Besonders schwierig ist die Rechtslage bei solchen BGB-Gesellschaften, die sich im Halten und Verwalten eines Gegenstandes (meist ist es ein Grundstück) erschöpfen und bei denen eine Außenorganisation fehlt; hier spricht die Regelung des § 105 Abs. 2 HGB („…die nur eigenes Vermögen verwaltet") an sich gegen eine rechtliche Einordnung als BGB-Außengesellschaft; ein minimal darüber hinausgehender gemeinsamer Zweck würde sie jedoch zur BGB-Gesellschaft in Gestalt einer Außengesellschaft machen (§ 705 BGB), auch wenn es sich in Wahrheit um nichts anderes handelt als eine in die Rechtsform der BGB-Gesellschaft gekleidete Vermögensgemeinschaft („gebundenes Miteigentum"). Gesamthandseigentum ist daher wohl nur noch bei solchen BGB-Gesellschaften in Betracht zu ziehen, die nach dem Gesellschaftsvertrag nicht als solche im Rechtsverkehr auftreten sollen **(BGB-Innengesellschaften)**: Sie haben keine Verbandsstruktur; es besteht lediglich ein Schuldverhältnis; nur einer der Gesellschafter handelt im eigenen Namen; er muss aber den anderen gegenüber abrechnen.

> Der E schenkt und übereignet zur Erfüllung des Schenkungsvertrages seinen Kindern K 1 – K 3 zu Lebzeiten aus seinem Vermögen ein Mietshaus mit vierzig Wohnungen, die an vierzig verschiedene Mieter vermietet sind.
>
> K 1- K 3 bilden dann eine BGB-Gesellschaft weil sich der Zusammenschluss nicht mehr im Halten eines Gegenstandes erschöpft, sondern ein darüber hinaus gehender gemeinsamer Zweck verfolgt wird, nämlich die unternehmerische Vermietung von Wohnungen (§ 705 BGB). Da diese BGB-Gesellschaft auch eine BGB-Außengesellschaft ist, ist sie (nach neuer Ansicht) rechtsfähig und damit Eigentümerin. Im Grundbuch werden jedoch nach bisheriger Rechtslage alle Gesellschafter als Eigentümer „in Gesellschaft bürgerlichen Rechts" eingetragen. Hier wird der Gesetzgeber Abhilfe schaffen müssen.

Eine **oHG/KG**, die ja ebenfalls zu den fünf „klassischen Gesamthandsgemeinschaften" die aber nach § 124 Abs. 1 HGB „.....unter ihrer Firma Rechte erwerben ...Eigentum und andere dingliche Rechte an Grundstücken erwerben (kann)", ist eine solche vom Gesetz als rechtsfähig behandelte Gesellschaft und damit als oHG/KG Eigentümerin.

Beim **nicht-rechtsfähigen** Verein ist die „klassische" Lösung des Problems der Eigentümerstellung die, dass das Vermögen, also auch das Eigentum an Sachen, auf einen **Treuhänder** (natürliche Personen oder eigens dazu gegründete GmbH bzw. AG) übertragen wird. Neuerdings wird aber vorgeschlagen, auch den nichtrechtsfähigen Verein als insoweit teilrechtsfähiges Rechtssubjekt anzusehen.

2. Das Treuhandeigentum

Einer Person kann das Eigentum an einer Sache dergestalt zustehen, dass sie zwar Vollrechtsinhaberin **(„Volleigentümerin")** ist, aber aufgrund einer schuldrechtlich bestehenden Zweckbindung i.d.R. aufgrund eines **„Treuhandvertrages"** nur zu bestimmten Zwecken von dem Eigentum Gebrauch machen darf.

Diese **Kombination** von **„Vollrecht"** und **Innenverhältnisbindung** durch einen **„Treuhandvertrag"** gibt es nicht nur beim Eigentum, sondern auch bei anderen Rechten, insbesondere bei Forderungen.

a) Eigennützige (Sicherungs-)Treuhand

Stellen Sie sich vor, dass eine Darlehensforderung einer Bank (B) gegen einen Kreditnehmer K, der mit dem Darlehen ein wertvolles Investitionsgut (z.B. einen Teleskopkran) angeschafft hat, gesichert werden soll. Könnte man den angeschafften Kran als Sicherungsobjekt eines Kreditsicherungsgeschäftes verwenden? Ja, natürlich: Der

K könnte den Kran an die B verpfänden (§§ 1204 ff. BGB). Das aber hätte zur Konsequenz, dass die B den Besitz am Kran erhielte, so dass er nicht auf Baustellen des K eingesetzt werden könnte, und der K kein Geld mit ihm verdienen könnte, das wiederum zur Zinszahlung und zur Tilgung des Darlehens verwendet werden könnte. Und außerdem: Wo soll die B mit dem Kran hin? Diese ganz schlichten Überlegungen haben die Rechtspraxis, abgesichert von der Wissenschaft, schon vor langer Zeit dazu veranlasst, ein Rechtsinstitut namens „Sicherungsübereignung" zu erfinden. Bei der **Sicherungsübereignung** wird

- vom Sicherungsgeber das **(Voll-)Eigentum** an einer Sache **auf den Sicherungsnehmer** i.d.R. nach § 930 BGB übertragen. Der Sicherungsgeber bleibt infolge dessen im Besitz des Sicherungsgutes.

- In einem **Sicherungsvertrag** zwischen dem Sicherungsgeber und dem Sicherungsnehmer wird vereinbart, dass die Übereignung an den Sicherungsnehmer der Sicherung einer bestimmten Geldforderung dient und dass der Sicherungsnehmer als Treuhänder nur zu diesem Zweck in einer durch den Vertrag bestimmten Weise – nämlich durch Verwertung – von der Sache Gebrauch machen darf.

- Der **Sicherungsnehmer** erhält auf diese Weise mit der Übertragung des Volleigentums mehr, als er eigentlich benötigt; was dieses „Mehr" angeht, ist er **Treuhänder des Sicherungsgebers**. Der Treuhandvertrag liegt im Sicherungsvertrag. Diese Konstellation einer Sicherungstreuhand nennt man – weil die Vollrechtsübertragung auf den Sicherungsnehmer im eigenen Interesse des Sicherungsnehmers erfolgt – „eigennützige Treuhand". Entsprechendes gilt für die „Sicherungszession".

Bei einer eigennützigen Sicherungstreuhand gibt es interessante Interessenkonflikte. Denn aus der Sicht des Sicherungsnehmers müssen Sicherungsrechte sich in der Krise des Sicherungsgebers, also insbesondere in der Konkurrenzsituation zu dessen Gläubigern, bewähren. Umgekehrt muss der Sicherungsgeber davor bewahrt werden, dass Gläubiger des Sicherungsnehmers einen Zugriff auf das Sicherungsrecht nehmen können. **(a)** Was den **Schutz der Interessen des Sicherungsnehmers**, also z.B. die des Sicherungseigentümers, angeht, so hat dieser **(aa)** in der **Sicherungsgeberinsolvenz** trotz seines Eigentums am Sicherungsgut zwar kein Aussonderungsrecht nach § 47 InsO, aber wegen der wirtschaftlich gesehen bestehenden Pfandrechtsähnlichkeit des Sicherungseigentums ein Recht auf abgesonderte Befriedigung (§§ 50, 51 Nr. 1, 190 InsO). **(bb)** Im Fall einer **Einzelzwangsvollstreckung von Gläubigern des Sicherungsgebers in das Sicherungsgut** kann der Sicherungsnehmer erfolgreich nach § 771 ZPO klagen. **(b)** Was die **Interessen des Sicherungsgebers** im Verhältnis zu Gläubigern des Sicherungsnehmers angeht, so hat **(aa)** in der **Sicherungsnehmerinsolvenz** der Sicherungsgeber, im Fall einer bereits erfolgten Erfüllung der gesicherten Forderung ein Aussonderungsrecht (§ 47 InsO). **(aaa)** Das ist selbstverständlich bei einer durch die Tilgung der Forderung auflösend bedingt vorgenommenen Übereignung des Sicherungsgutes (§ 158 Abs. 2 BGB) und auch im Fall der durch Rückübereignung erfolgten Erfüllung eines sich aus dem Sicherungsvertrag ergebenden Rückübereignungsanspruchs auf den Sicherungsgeber durch bloße Einigung (§ 929 S. 2 BGB); denn dann ist der Sicherungsgeber wieder Eigentümer. Aber auch dann, wenn ein Rückübereignungsanspruch aus dem Sicherungsvertrag noch nicht erfüllt sein sollte, steht dem Sicherungsgeber ein Aussonderungsrecht zu, weil nach der Forderungstilgung die Sicherungstreuhand wie eine Verwaltungstreuhand zu behandeln ist und weil bei der Verwaltungstreuhand der Treugeber in der Treunehmerinsolvenz stets aussondern kann (dazu sogleich mehr). **(bbb)** Weil die Rechte des Sicherungsgebers in der Sicherungsnehmerinsolvenz mithin vom Status der gesicherten Forderung abhängen, stellt sich die Frage, ob der Sicherungsgeber vor Erfüllung des gesicherten Anspruchs die gesicherte Forderung vorzeitig tilgen kann, um auf diese Weise ein Aussonderungsrecht zu erlangen. Für Sie reicht es, wenn Sie dies als Frage erkannt haben. Die Beantwortung gehört zur „höheren Mathematik" des Insolvenzrechts, mit der wir uns im eng gesteckten Rahmen dieses Buches nicht weiter befassen können. **(bb)** Im Fall einer **Einzelzwangsvollstreckung in das Sicherungsgut** im Auftrag von **Gläubigern des Sicherungsnehmers (aaa)** kann der Sicherungsgeber wenn er – wie in der Regel wegen der nach § 930 BGB erfolgten Übereignung – Gewahrsamsinhaber der zur Sicherheit übereigneten Sache geblieben ist und (was allerdings nur theoretisch vorstellbar ist) der im Auftrag eines Gläubigers des Sicherungsnehmers tätige Gerichtsvollzieher gleichwohl die Einzelzwangsvollstreckung betrieben hat, bereits aufgrund seines Gewahrsams nach §§ 766, 808, 809 ZPO erfolgreich Erinnerung gegen die Art und Weise der Zwangsvollstreckung einlegen. **(bbb)** Fraglich ist, ob der Sicherungsgeber ansonsten gegen den die Zwangsvollstreckung betreibenden Gläubiger des Sicherungsnehmers erfolgreich nach § 771 ZPO klagen kann. Das Problem kennen Sie bereits. **(aaaa)** Wenn bei einer Sicherungsübereignung Gläubiger des Sicherungseigentümers, also des Sicherungs-(Treu-) nehmers, die Einzelzwangsvollstreckung betreiben, so kommt es für die Frage der Berechtigung des Sicherungs-(Treu-)gebers aus § 771 ZPO im Fall der Einzelzwangsvollstreckung durch Gläubiger des Sicherungs-(Treu-)nehmers, also des Sicherungseigentümers, auf den Status der gesicherten Forderung an: Ist sie bereits getilgt und erfolgt ein automatischer Rückfall auf den Sicherungsgeber infolge einer im Sicherungsvertrag vereinbarten auflösenden Bedingung (§ 158 Abs. 2 BGB) oder ist ein schuldrechtlicher Rückübertragungsanspruch bereits erfüllt, wofür eine bloße Einigung ausreicht (§ 929 S. 2 BGB), ist der Sicherungsgeber zweifelsfrei aus § 771 ZPO berechtigt. Aber auch schon vor der Erfüllung eines Rückübertragungsanspruchs steht dem Sicherungsgeber der Schutz des § 771 ZPO zu, weil sich durch die Tilgung der gesicherten Forderung die Sicherungstreuhand in eine Verwaltungstreuhand verwandelt und der Verwaltungstreugeber bei der Einzelzwangsvollstreckung durch Gläubiger des Verwaltungstreunehmers in das Treugut durch § 771 ZPO geschützt ist (dazu sogleich mehr). **(bbbb)** Wenn aber die gesicherte Forderung noch besteht, muss man diskutieren, ob der Sicherungsgeber ohne weiteres aus § 771 ZPO vorgehen kann oder ob er die gesicherte Forderung zuvor tilgen muss und kann.

b) Uneigen(oder: fremd-)nützige (Verwaltungs-)Treuhand

Bei der **Verwaltungstreuhand** überträgt der Treugeber ein Recht, hier das (Voll-)Eigentum an einer ihm gehörenden Sache, auf einen Treunehmer bzw. Treuhänder, der dieses für den Treugeber verwaltet. Wann kommt so etwas vor? Es gibt unendlich viele Beispiele dafür; eines davon kennen Sie bereits: Beim nicht rechtsfähigen Verein, der mangels Rechtsfähigkeit kein Vermögen erwerben kann, also auch nicht Eigentümer sein konnte, ist man auf den Gedanken verfallen, dass die Mitglieder das ihnen allen zur gesamten Hand zustehende Vereinsvermögen, also auch das Eigentum an beweglichen Sachen oder an Grundstücken, auf einen (Verwaltungs-)Treuhänder, z.B. eine eigens geschaffene GmbH oder Aktiengesellschaft übertragen. Der Treuhandvertrag bzw. Verwaltungsvertrag (i.d.R. ein Geschäftsbesorgungsvertrag nach § 675 BGB) regelt die Rechtsstellung des Treuhänders im Innenverhältnis zum Treugeber und Treuhänder. Der Treugeber bleibt dann in vollem Umfang „wirtschaftlicher Eigentümer". Diese Konstellation einer Verwaltungsstreuhand nennt man – weil die Vollrechtsübertragung auf den Treuhänder nur im Interesse des Treugebers erfolgt – „uneigennützige Treuhand". Wissen Sie eigentlich noch, warum das zur Illustration gewählte Beispiel für eine Verwaltungstreuhand, vielleicht bald veraltet ist? Weil es Bestrebungen gibt, dem nichtrechtsfähigen Verein die Rechtsfähigkeit zuzuerkennen. Vielleicht sollten Sie doch noch einmal die Ausführungen in Teil 2 über die Rechtssubjekte nachlesen!?

Auch hier muss man sich Gedanken darüber machen, welche Rechte der Verwaltungstreuhänder und der Treugeber im Fall der Insolvenz des jeweils anderen Teils bzw. im Falle der Einzelzwangsvollstreckung der Gläubiger des jeweils anderen Teils haben. **(a)** Was die Auseinandersetzung mit Gläubigern des Verwaltungstreuhänders und Treugebers angeht, so versteht es sich wegen der wirtschaftlichen Zuordnung des Treuguts zum Treugeber von selbst, **(aa)** dass der Verwaltungstreuhänder im Fall der Treugeberinsolvenz das Treugut nicht nach § 47 InsO aussondern kann oder abgesonderte Befriedigung nach §§ 50, 51 Nr. 1, 190 InsO verlangen kann. Vielmehr kann im Falle der Treugeberinsolvenz der Insolvenzverwalter das Treugut nach § 812 Abs. 1 S. 2 1. Fall BGB herausverlangen, weil der Verwaltungstreuhandvertrag nach §§ 115, 116 InsO erloschen ist. **(bb)** In der Einzelzwangsvollstreckung von Gläubigern des Treugebers kann der Verwaltungstreuhänder nicht aus § 771 ZPO vorgehen, wohl aber ist er, wenn er Gewahrsamsinhaber des Treuguts sein sollte, durch die Möglichkeit einer Erinnerung nach §§ 766, 808, 809 ZPO geschützt. Eine interessante Frage ist, ob man so sein Vermögen bei Verwaltungstreuhändern vor seinen Gläubigern sichern kann. Wohl nicht, aber wie hilft man den Gläubigern? **(b)** Im Fall des Zugriffs von Gläubigern des Verwaltungstreuhänders **(aa)** ist es gewohnheitsrechtlich anerkannt, dass bei einer fremdnützigen Verwaltungstreuhand in der Insolvenz des Treunehmers der Treugeber aussondern kann (§ 47 InsO) **(bb)** und dass der Treugeber im Fall einer Einzelzwangsvollstreckung von Gläubigern des Verwaltungstreuhänders erfolgreich nach § 771 ZPO klagen kann. Sie werden sich entsinnen, dass wir diese Erkenntnis bei der Frage der Sicherungsnehmerinsolvenz und der Einzelzwangsvollstreckung durch Gläubiger des Sicherungsnehmers im Zeitraum zwischen der erfolgten Tilgung der gesicherten Forderung und einem Rückerwerb des Sicherungsgutes durch den Sicherungsgeber verwendet haben, indem wir dem Sicherungsgeber die Rechte aus § 47 InsO bzw. § 771 ZPO ungeachtet eines Rückerwerbs zuerkannt haben, weil sich die Sicherungstreuhand nach Tilgung der Forderung in eine Verwaltungstreuhand verwandelt hat.

III. Der Eigentumsvorbehalt

Das soeben erörterte Treuhandeigentum mag für manche Leser weitgehend „Neuland" gewesen sein. Diese mögen sich damit trösten, dass wir darauf noch mehrfach zurückkommen werden. Bereits recht gut vertraut sein sollten Sie dagegen mit dem Eigentumsvorbehalt. Der Eigentumsvorbehalt ist für das „Teilzahlungsgeschäft" (lesen Sie bei dieser Gelegenheit noch einmal die Ausführungen in Teil 3 zum Bedingungsrecht, zum Kaufvertrag, zum Verbraucherdarlehensvertrag, zu den Finanzierungshilfen und zum „verbundenen Geschäft"), für den Zwischenhandel und für das Fabrikationsgeschäft von **außerordentlich großer wirtschaftlicher Bedeutung**. Vorstellen müssen Sie sich einen Kauf, bei dem der **Verkäufer** in Abweichung vom „Zug-um-Zug"-Mechanismus der §§ 320 f. BGB dergestalt an den den Kaufpreis nicht vollständig entrichtenden Käufer „**vorleistet**",

- dass er zunächst mit dem Käufer einen **Kaufvertrag** über eine **bewegliche Sache** abschließt
- und dann zu dessen Erfüllung die **Sache** an den Käufer **übergibt** und sich mit dem Käufer über den durch die vollständige Bezahlung des Kaufpreises bedingten **Übergang des Eigentums einigt**.

1. Der Eigentumsvorbehalt als Sicherungsrecht des Verkäufers

In dieser Vorleistung des Verkäufers einer beweglichen Sache liegt eine **Kreditierung der Kaufpreisforderung** aus § 433 Abs. 2 BGB. Dass der **Verkäufer** hierfür eine **Sicherheit** benötigt, liegt auf der Hand.

Die Parteien können dem Sicherungsbedürfnis des Verkäufers dadurch Rechnung tragen, dass sie eine der Möglichkeiten aus dem Spektrum der **Kreditsicherungsmöglichkeiten** wählen und dem Verkäufer entweder eine **Personalsicherheit** (Bürgschaft, Schuldbeitritt oder Garantie; die „Patronatserklärung" spielt hier keine Rolle) oder eine **Realsicherheit** (Pfandrecht an beweglichen Sachen oder Rechten, speziell Forderungen; ein Grundpfandrecht in Gestalt einer Hypothek oder einer Sicherungsgrundschuld; eine Sicherungsübereignung oder Sicherungszession) verschaffen.

Zu solchen Sicherungsgeschäften wird es aber speziell bei den Geschäften des täglichen Lebens nicht kommen (oder haben Sie schon einmal von einer Bürgschaft beim Kauf einer Waschmaschine gehört?), vielmehr reicht es bei derartigen Geschäften dem Verkäufer zu seiner Sicherung völlig aus, dass ihm das Recht zugebilligt wird, die Kaufsache, wenn der Kaufpreis nicht so wie vereinbart gezahlt wird, vom Käufer wieder herausverlangen zu können.

- Man könnte nun meinen, dass diesem auf einen bloßen Herausgabeanspruch reduzierten Bedürfnis des vorleistenden Verkäufers bereits dadurch ausreichend Rechnung getragen werden kann, dass er die Kaufsache an den Käufer übereignet und für den Fall der Nichtzahlung mit dem Käufer ein **Rücktrittsrecht vereinbart** (§§ 346 ff. BGB) oder auf das für den Fall der Nichtzahlung seitens des Käufers ohnehin bestehende **gesetzliche Rücktrittsrecht** (§§ 323, 346 ff. BGB) vertraut. Damit würde man aber übersehen, dass ein solches Rücktrittsrecht dem Verkäufer nur einen schuldrechtlichen Rückgewähranspruch geben würde und dass der Verkäufer, der die Kaufsache bereits an den Käufer übereignet hätte, in der Einzelzwangsvollstreckung anderer Gläubiger des Käufers nicht durch § 771 ZPO geschützt wäre, denn ein bloß schuldrechtlicher Rückgewähranspruch ist kein „die Veräußerung hinderndes Recht"; auch könnte der Verkäufer in der Insolvenz des Käufers aufgrund eines bloß schuldrechtlichen Rückübereignungsanspruchs nicht nach § 47 InsO aussondern. Ausreichend geschützt wäre der Verkäufer daher nur, wenn er bis zur vollständigen Zahlung des Kaufpreises weiterhin der Eigentümer der Sache bleiben würde, denn dann stünden ihm § 771 ZPO und § 47 InsO zur Seite. Genauso sieht es das Gesetz auch: Aus eben diesem Grunde hat es in § 449 Abs. 1 BGB für den Fall, dass der Verkäufer sich im Kaufvertrag „das Eigentum bis zur Zahlung des Kaufpreises vorbehalten (hat)" bestimmt, dass „im Zweifel anzunehmen (ist), dass das Eigentum unter der aufschiebenden Bedingung vollständiger Bezahlung des Kaufpreises übertragen wird", der Verkäufer also bis zur vollständigen Bezahlung des Kaufpreises Eigentümer bleibt. Konstruktiv ermöglicht das Gesetz dies dadurch, dass es die Übereignung vom Eintritt einer aufschiebenden Bedingung in Gestalt der vollständigen Kaufpreiszahlung abhängig macht (**„einfacher Eigentumsvorbehalt"** nach §§ 929 ff., 158 Abs. 1 BGB). Nach § 449 Abs. 1 BGB wird sogar vermutet, dass ein Verkäufer, der sich im Kaufvertrag das Eigentum bis zur vollständigen Zahlung des Kaufpreises vorbehält, dem Käufer mit der Übergabe der Sache ein Angebot zum Abschluss einer aufschiebend bedingten Einigung i.S.d. § 929 S. 1 BGB macht. Der Käufer nimmt dann, wenn er sich die Sache übergeben lässt, dieses Anegbot durch schlüssiges Verhalten an. Der Verkäufer bleibt also bis zur vollständigen Kaufpreiszahlung Eigentümer. Die mit fortlaufender Kaufpreiszahlung immer „wertvoller" werdende und im Gesetz durch § 161 BGB vor Zwischenverfügungen des Verkäufers geschützte Stellung des Käufers als aufschiebend bedingter Eigentümer hat der Gesetzgeber nicht ausdrücklich qualifiziert; im Wege der Rechtsfortbildung wird dem Käufer jedoch ein sog. **„Anwartschaftsrecht"**, das als „wesensgleiches minus" des Vollrechts nach §§ 929 ff. BGB übertragbar und nach §§ 1204 ff. BGB verpfändbar ist, das weiterhin nach §§ 823 Abs. 1, 1004 BGB geschützt ist und das einen Herausgabeanspruch aus § 985 BGB begründet, zuerkannt (dazu sogleich mehr). Aufgrund des „vorbehaltenen Eigentums" kann der Verkäufer vom nicht vereinbarungsgemäß zahlenden Käufer nach einem (das Recht des Käufers zum Besitz aus §§ 986 Abs. 1, 433 Abs. 1 S. 1 BGB entfallen lassenden) Rücktritt vom Kaufvertrag nach §§ 323, 346 BGB und aus § 985 BGB Herausgabe verlangen. Im Falle einer Einzelzwangsvollstreckung eines anderen Gläubigers des Käufers kann der Verkäufer erfolgreich nach § 771 ZPO klagen. In der Insolvenz des Käufers gehört zwar dessen Anwartschaftsrecht zur Insolvenzmasse; wenn aber der Insolvenzverwalter nach §§ 103 Abs. 2, 107 Abs. 2 InsO die Erfüllung des Kaufvertrages ablehnt, erlischt das Anwartschaftsrecht des Käufers, weil die Bedingung nicht mehr eintreten kann; und der Verkäufer kann dann als Eigentümer aussondern (§ 47 InsO). Dem noch weiterreichenden Interesse des Verkäufers nach Sicherstellung der Kaufsache durch einen Herausgabeanspruch auch ohne Rücktritt hat das Gesetz ausdrücklich widersprochen (§ 449 Abs. 2 BGB).

- Der Eigentumsvorbehalt wird in der Regel so wie zuvor dargestellt bereits **im obligatorischen Rechtsgeschäft** mit der Wirkung der §§ 449, 929, 158 Abs. 1 BGB **vereinbart („ursprünglicher Eigentumsvorbehalt")**. Es gibt aber auch die

Konstellation, **(a)** dass der Kaufvertrag auf eine unbedingte Übereignung der Kaufsache gerichtet ist, der Eigentumsvorbehalt dann aber (**im Gegensatz zum auf unbedingte Übereignung gerichteten obligatorischen Rechtsgeschäft** stehend und damit vertragswidrig) vom Verkäufer „**nachgeschoben**" werden soll, indem der Verkäufer sich „das Eigentum" erst auf der Rechnung oder dem Lieferschein „bis zur vollständigen Kaufpreiszahlung vorbehält". Mit den komplizierten sachenrechtlichen Konstruktionen sollen Sie hier noch „verschont" werden. Erst bei der Darstellung des Eigentumsvorbehalts (sub 10) werden wir uns diesem Thema widmen. **(b)** Das gilt auch für die weitere Möglichkeit eines „nachgeschobenen" Eigentumsvorbehalts bei einem bereits erfolgtem **unbedingtem Eigentumserwerb** des Käufers durch eine Vereinbarung zwischen Verkäufer und Käufer, durch die das bereits erworbene Eigentum in einen **Eigentumsvorbehalt umgewandelt** wird.

- Allerdings wird der § 449 Abs. 1 BGB nicht in allen Fällen dem Sicherungsinteresse des Verkäufers gerecht. Im Fall der Lieferung von Handelsware eines Lieferanten an einen Einzelhändler haben alle Beteiligten (z.B. der Lieferant als Verkäufer und der Einzelhändler als Käufer) ein virulentes Interesse an einer Weiterveräußerung der Ware an die Kunden des Einzelhändlers, denn aus dem hierdurch erzielten Kaufpreis soll der Einzelhändler den Lieferanten bezahlen. Der Lieferant wird daher den der Erfüllung von Kaufverträgen des Einzelhändlers mit seinen Kunden dienenden Übereignungen der Handelsware durch Einwilligung oder Genehmigung zustimmen, so dass er letztlich im Fall der Übereignung an den Kunden das ihm vorbehaltenes Eigentum verlieren wird, ohne zuvor den Kaufpreis erhalten zu haben (§§ 182 Abs. 1, 183, 185 Abs. 1 oder 184, 185 Abs. 2 BGB). Ähnlich ist es bei einer unter Eigentumsvorbehalt erfolgten Lieferung von Baumaterialien an einen Werkunternehmer: Der Lieferant weiß von vornherein, dass er bei einer auch von ihm gewollten zweckentsprechenden Verwendung der Baumaterialien sein vorbehaltenes Eigentum kraft Gesetzes nach §§ 946 ff., 93 ff. BGB verlieren wird, noch bevor er den Kaufpreis erhält. Gleiches gilt für die Lieferung von Rohstoffen an ein verarbeitendes Unternehmen (§ 950 BGB). Dem fortbestehenden Kreditsicherungsbedürfnis des Lieferanten wird in allen diesen Konstellationen durch den sog. „**verlängerten Eigentumsvorbehalt**" Rechnung getragen. Für den Fall des Erlöschens des Eigentums des Lieferanten durch eine Übereignung von Handelsware durch den Einzelhändler an seine Kunden mit Zustimmung des Lieferanten nach § 185 Abs. 1 oder Abs. 2 BGB, durch Verbindung nach §§ 946 ff. oder Verarbeitung nach § 950 BGB wird im Wege einer im Voraus getroffenen Vereinbarung bestimmt, dass an die Stelle des vorbehaltenen Eigentums zugunsten des Lieferanten ein anderes Sicherungsrecht tritt: z.B. ein Sicherungsrecht an der zunächst noch künftigen und dann gegenwärtig werdenden Kaufpreisforderung aus der Weiterveräußerung (Voraus-Sicherungsabtretung der Forderung, häufig gekoppelt mit einer Einziehungsermächtigung zugunsten des Erwerbers) oder Sicherungseigentum an der neuen Sache (dazu später mehr).

- Möglich ist auch ein „**erweiterter Eigentumsvorbehalt**" des Inhalts, dass das Eigentum erst dann auf den Erwerber übergehen soll, wenn weitere Forderungen (also nicht nur die Kaufpreisforderung) erfüllt sind, dies sogar in Gestalt eines „**Kontokorrentvorbehalts**", nach dem das Eigentum erst dann auf den Käufer übergeht, wenn von diesem alle Forderungen aus einer mit dem Verkäufer bestehenden Geschäftsverbindung getilgt sind. Wenn ein erweiterter Eigentumsvorbehalt in Allgemeinen Geschäftsbedingungen vereinbart ist, aus denen sich der Bedingungseintritt nur schwer erkennen lässt, so dass die Eigentumslage unklar wird, ist die Klausel nach § 307 BGB unwirksam. Die Vereinbarung eines noch weiterreichenden sog. **„Konzernvorbehalts"** ist sogar nichtig (§ 449 Abs. 3 BGB).

> Der **Eigentumsvorbehalt sichert** also den **Herausgabeanspruch des Verkäufers**. Der Eigentumsvorbehalt begründet **kein Verwertungsrecht** an der eigenen Sache und ist daher kein „besitzloses Pfandrecht".

2. Das Eigentum-Anwartschaftsrecht an einer beweglichen Sache als Sicherungsrecht des Käufers

Wie gerade angedeutet, besteht beim Eigentumsvorbehalt **umgekehrt** auch ein **Bedürfnis** dafür, die **Rechtsstellung des Käufers zu sichern.** Denn der Käufer wird meist durch eine Anzahlung und durch dann in der Schwebezeit bis zum Vollrechtserwerb in einem Ausmaß Zahlungen auf die Kaufpreisschuld erbringen, die in wirtschaftlicher Hinsicht der Vorleistung des Verkäufers (Besitzüberlassung) gleichkommt oder sie sogar wertmäßig übersteigt.

Dem daraus resultierenden rechtspolitischen Bedürfnis, dass dem Käufer diese wertvolle und ihm wirtschaftlich auch zustehende Position nicht mehr einseitig entzogen werden darf, trägt das Gesetz im Bedingungsrecht (§§ 158 ff. BGB) in geradezu perfekter Weise Rechnung:

- Es liegt allein beim Vorbehaltskäufer, den Vollrechtserwerb durch Herbeiführung der Bedingung durch Zahlung des vollständigen Kaufpreises, eintreten zu lassen (§§ 929, 158 Abs. 1, 449 Abs. 1 BGB).
- Der Vorbehaltsverkäufer kann den Vollrechtserwerb des Käufers nicht mehr einseitig durch Zwischenverfügungen zugunsten Dritter vereiteln (§ 161 Abs. 1 S. 1 BGB); der Käufer ist auch vor „Zwangs-Zwischenverfügungen" gesichert (§ 161 Abs. 1 S. 2 BGB).

Die dermaßen verfestigte **Rechtsstellung des Käufers** beim Eigentumsvorbehalt wird allenthalben als **„Anwartschaftsrecht"** bezeichnet. Das ist insofern eine gefährliche, weil zu kurz greifende Formulierung, weil es Anwartschaftsrechte nicht etwa nur beim Eigentumsvorbehalt gibt, sondern auch bei anderen Rechten, die „mehraktig" erworben werden, speziell bei allen anderen Sachenrechten. Denn unter einem **„Anwartschaftsrecht"** versteht man:

> eine Rechtsstellung, bei der so viele Merkmale eines mehraktigen Erwerbstatbestands verwirklicht sind, dass der Vollrechtsinhaber den Rechtserwerb nicht mehr einseitig verhindern kann und der Anwärter die Herbeiführung des Vollrechtserwerbs allein in der Hand hat.

Die Zuerkennung eines „Anwartschaftsrechts" hat weitreichende **Rechtsfolgen**:

> Nach einem „geflügelten Wort" des BGH ist ein Anwartschaftsrecht das **„wesensgleiche minus des Vollrechts"**. Im Fall eines Anwartschaftsrechts aus §§ 929 ff., 158 Abs. 1, 449 Abs. 1 BGB kann
>
> - dieses nach den §§ 929 ff. BGB **übertragen**
> - und nach §§ 1274, 1205 ff. BGB **verpfändet** werden.
>
> Der Anwartschaftsberechtigte kann von einem Besitzer der Sacher nach **§ 985 BGB** analog Herausgabe verlangen, dies sogar vom Eigentümer, wenn dieser ihm gegenüber aus § 986 BGB analog kein Recht zum Besitz hat.
>
> Diskutiert wird, ob dem Anwartschaftsberechtigten kraft seines Anwartschaftsrechts ein **eigenes Recht zum Besitz** nach § 986 Abs. 1 S. 1 1. Fall BGB gegenüber dem Eigentümer zusteht.
>
> Das Anwartschaftsrecht ist als **„sonstiges Recht" i.S.d. § 823 Abs. 1 BGB** geschützt.
>
> Bei der **Einzelzwangsvollstreckung gegen den Verkäufer** kann der Anwartschaftsberechtigte, wenn er – wie regelmäßig – die Sache im „Gewahrsam" hat, als „nicht zur Herausgabe bereiter Dritter" einer Pfändung widersprechen (§§ 808, 809 ZPO) und notfalls nach § 766 ZPO vorgehen. Ansonsten kann der Käufer nach § 771 ZPO klagen; sein Anwartschaftsrecht ist nämlich ein „die Veräußerung hinderndes Recht". Die Gläubiger des Verkäufers können aber die Kaufpreisforderung und das Rücktrittsrecht aus § 323 BGB nach § 857 ZPO pfänden und es, falls die Rücktrittsvoraussetzungen gegeben sind, nach § 835 ZPO realisieren, so dass das Anwartschaftsrecht erlischt und der Käufer seine Rechte verliert. Ein „dorniger Weg"! Sie sollten sich immer wieder verdeutlichen, dass es nicht immer ein wahres Glück ist, Gläubiger zu sein.
>
> In der **Verkäuferinsolvenz** kann der Käufer nach Übergabe der Sache an ihn Erfüllung verlangen (§ 107 Abs. 1 InsO) und dann nach § 47 InsO aussondern.

Dies reicht zunächst als Überblick. Detaillierte Erörterungen und Illustrationen durch Fälle finden sich und fanden sich bereits (erinnern Sie sich?) in „Hülle und Fülle" in den jeweiligen Sachzusammenhängen.

IV. Der künftige Grundeigentümer

Wie bereits mehrfach angedeutet, gibt es nicht nur das Anwartschaftsrecht des Vorbehaltskäufers, sondern auch Anwartschaftsrechte bei anderen künftigen dinglichen Rechtsstellungen, so auch das des künftigen Grundeigentümers.

Auch wenn es beim rechtsgeschäftlichen Erwerb von Grundstücken wegen der Bedingungsfeindlichkeit der Auflassung (§ 925 Abs. 2 BGB) keinen Eigentumsvorbehalt gibt, soll der **künftige Grundeigentümer Anwartschaftsberechtigter** sein können, wenn

- eine **bindende Auflassung** vorliegt (§§ 873 Abs. 2, 925 BGB)

- und der Erwerber (nicht etwa der Veräußerer, denn der könnte ihn jederzeit wieder zurücknehmen!) den **Eintragungsantrag nach § 13 GBO** gestellt hat und dieser nicht vom Grundbuchamt zurückgewiesen worden ist

oder

- wenn eine **bindende Auflassung** vorliegt (§§ 873 Abs. 2, 925 BGB)
- und zugunsten des Erwerbers eine **Auflassungsvormerkung** in das Grundbuch **eingetragen** ist (§ 883 BGB).

> Bei diesen beiden Konstellationen kann der Rechtserwerb nicht mehr einseitig vom Veräußerer verhindert werden; vielmehr liegt der Rechtserwerb einzig und allein in den Händen des Erwerbers. Bei der ersten Fallgruppe würde eine anderweitige Verfügung des Veräußerers wegen der (von den Grundbuchämtern strikt beachteten) Ordnungsvorschrift **§ 17 GBO** scheitern: Das Grundbuchamt bearbeitet hiernach zunächst den (nicht vom Veräußerer widerruflichen) Antrag des Erwerbers; dazu später mehr. Bei der zweiten Fallgruppe scheitert die Zwischenverfügung iE. an §§ 883 Abs. 2, 888 BGB (dazu später mehr).

Da man – wie Sie ja wissen – unter einem Anwartschaftsrecht

> eine Rechtsstellung, bei der so viele Merkmale eines mehraktigen Erwerbstatbestands verwirklicht sind, dass der Vollrechtserwerb allein in den Händen des Erwerbers liegt und der Vollrechtsinhaber den Rechtserwerb nicht mehr einseitig verhindern kann (Sie sollten diese oder eine ähnliche Definition **auswendig** wissen!),

versteht, ist der künftige Grundeigentümer Anwartschaftsberechtigter.

Die Zuerkennung eines „Anwartschaftsrechts" hat – wie Sie ja wissen – weit reichende **Rechtsfolgen**:

> Auch für das Anwartschaftsrecht auf das Eigentum an einem Grundstück ist anerkannt, dass es als **„wesensgleiches minus des Vollrechts"** nach §§ 873, 925 BGB übertragen wird und nach § 1274 ff. BGB verpfändet werden kann; es wird als „sonstiges Recht" nach § 823 Abs. 1 BGB geschützt (ob nur vor tatsächlichen Beeinträchtigungen der Substanz des Grundstücks oder auch vor rechtlichen Beeinträchtigungen durch Zwischenverfügungen ist schon in anderem Zusammenhang erörtert worden, hoffentlich erinnern Sie dies noch!)

Dies reicht zunächst als Überblick. Detaillierte Erörterungen und Fälle finden sich auch hierzu bei den jeweiligen Sachzusammenhängen.

Auf die sonst noch vorstellbaren Anwartschaftsrechte wird hier ganz bewusst nicht weiter eingegangen.

V. Verwertungssicherungsrechte an Sachen

Die **Kreditsicherung** ist uns schon vielfach begegnet und wird auch noch an anderer Stelle behandelt werden.

> Dieser **Überblick** kann nicht oft genug wiederholt werden: Die Sicherung von Forderungen (teils alle Arten von Forderungen, teils nur Geldforderungen – lesen Sie zumindest die §§ 765, 1113, 1204 BGB unter diesem Aspekt nach!), kann
>
> **1.** durch **Personalsicherheiten** (Bürgschaft, Schuldbeitritt, Garantie, Patronat), bei denen die Sicherungsgeber ihr gesamtes Vermögen zur Verfügung stellen, erfolgen; „Patronatserklärungen" sind Zusagen einer „Muttergesellschaft", eine „Tochtergesellschaft" mit Mitteln auszustatten, Versprechen, aus denen bei einer sog. „harten" Patronatserklärung" auch Gläubiger der „Tochtergesellschaft" Ansprüche ableiten können.
>
> **2.** Ferner gibt es **als Verwertungsrechte** sog. „**Realsicherheiten**", bei denen „nur" einzelne Vermögensgegenstände als ggf. zu verwertende Sicherungsobjekte dienen. Hier muss man unterscheiden zwischen
>
> - **Mobiliarsicherungsrechten** an beweglichen Sachen (Pfandrecht und Sicherungsübereignung)
> - **Immobiliarsicherungsrechten** (Hypothek und Sicherungsgrundschuld)
> - und **Sicherheitsrechten an Rechten** (Pfandrechte an Rechten und speziell Forderungen und Sicherungszession an Forderungen).
>
> Warum ordnen wir hier **nicht** auch den **Eigentumsvorbehalt** ein? Weil es sich hierbei nicht um ein auf Verwertung gerichtetes Sicherungsrecht handelt. Die Sicherungswirkung liegt in einem vor der Einzelzwangsvollstreckung und der Insolvenz geschützten dinglichen Herausgabeanspruch.

Erörtert werden hier nur die **Realsicherheiten** und dies auch beschränkt auf das **Pfandrecht an Sachen (sub 1)** und das **Sicherungseigentum (sub 2)** als **Mobiliarsicherungsrechte** und auch die **Grundpfandrechte (Hypothek** und **Sicherungsgrundschuld)** als **Immobiliarsicherungsrechte (sub 3)**.

Ausführungen zu den Ihnen ja längst aus Teil 3 bekannten **Personalsicherheitsrechten** finden Sie hier nur am Rande. Die **Sicherungsrechte an Rechten** werden im Zusammenhang mit der Sicherungszession beim Zessionsrecht vertieft dargestellt.

1. Der Inhalt des rechtsgeschäftlichen Pfandrechts an beweglichen Sachen

Unter einem **rechtsgeschäftlichen Pfandrecht an einer beweglichen Sache** versteht man die der Sicherung einer (lesen Sie § 1204 Abs. 1 BGB: nicht zwingend, aber i.d.R. einer Geld-) Forderung dienende rechtsgeschäftliche Belastung einer beweglichen Sache dergestalt, dass der Gläubiger berechtigt ist, Befriedigung aus der Sache zu suchen **(§ 1204 Abs. 1 BGB)**. Es handelt sich um ein

- akzessorisches Sicherungsrecht, bei dem der Gläubiger und der Inhaber des Pfandrechts identisch sind;
- Schuldner und Verpfänder sind i.d.R. identisch; sie müssen es aber nicht sein, so dass durchaus eine Forderung durch einen Dritten (also „bürgenähnlich") gesichert werden kann.

Die **rechtsgeschäftliche Verpfändung** erfolgt durch eine **Einigung** (= dinglicher Vertrag) mit dem Inhalt des § 1204 BGB und eine **Übergabe** bzw. ein **Übergabesurrogat** (§§ 1205, 1206 BGB); diese Übergabesurrogate entsprechen zwar denen der §§ 929 ff. BGB; es gibt aber kein dem § 930 BGB entsprechendes Übergabesurrogat, das eine Verpfändung durch Einigung und Vereinbarung eines Besitzkonstituts ermöglichen würde, so dass kein durch Rechtsgeschäft begründetes „besitzloses Pfandrecht" existiert!! Wohl aber gibt es besitzlose gesetzliche Pfandrechte (lesen Sie § 562 BGB).

Die **wirtschaftliche Bedeutung** des rechtsgeschäftlichen Pfandrechts an beweglichen Sachen ist relativ gering:

- In der **Kreditsicherungspraxis** ist es weitgehend durch die – sogleich zu besprechende – „Sicherungsübereignung" ersetzt worden. Durch rechtsgeschäftliche Pfandrechte an beweglichen Sachen werden daher allenfalls **Kleinkredite des täglichen Lebens** (unbezahlte Benzinrechnung an der Tankstelle durch Verpfändung der „Rolex"; Verpfändung des Pelzmantels im „Leihhaus") und Bankkredite durch Verpfändung von Wertpapieren, die sich im Besitz der Bank befinden, gesichert **(„Lombardkredit")**. Warum ist das rechtsgeschäftliche Pfandrecht an beweglichen Sachen für die Kreditpraxis so bedeutungslos? Die Antwort ergibt sich aus der Rechtstechnik einer Verpfändung, die – wie Sie ja gerade gelernt haben – kein „besitzloses Pfandrecht" nach dem Vorbild des § 930 BGB kennt: Damit ist die für die Kreditsicherungspraxis nötige „Heimlichkeit" nicht gewährleistet; außerdem kann bei einem Besitzpfandrecht das gemeinsame Interesse von Sicherungsgeber und Sicherungsnehmer daran, dass der Sicherungsgeber die Pfandsache wirtschaftlich nutzt, Geld verdient und damit die gesicherte Forderung erfüllt, nicht verwirklicht werden.

- In der Rechtspraxis besteht die Hauptbedeutung des rechtsgeschäftlichen Pfandrechts an beweglichen Sachen daher in der **Ersetzung von gesetzlichen Besitzpfandrechten: a)** Im Kraftfahrzeugreparaturgewerbe ist die **Verpfändung von zur Reparatur gegebenen Kraftfahrzeugen** durch den Besteller an den Unternehmer üblich. Das hat folgenden für Sie in der Ausbildung bedeutsamen Hintergrund: Vielfach werden Kraftfahrzeuge von Personen, die nicht deren Eigentümer sind, also z.B. durch einen Mieter, Entleiher oder durch einen Eigentumsvorbehaltskäufer, zur Reparatur gegeben, wobei der Werkvertrag zwischen dem Betreiber der Werkstatt als dem Unternehmer und dem jeweiligen Mieter oder Eigentumsvorbehaltskäufer als Besteller geschlossen wird. Wenn der Werkunternehmer weiß, dass der Besteller nicht der Eigentümer ist, kann er nach allen in diesem Zusammenhang vertretenen Rechtsansichten kein gesetzliches Pfandrecht an dem Fahrzeug nach § 647 BGB erlangen. Hält er dagegen den Besteller gutgläubig für den Eigentümer, stellt sich die Frage, ob der Werkunternehmer ein Werkunternehmerpfandrecht gutgläubig erworben hat. Die ständige

Rechtsprechung des BGH verneint dies unter Hinweis auf den Wortlaut der auf ein „entstandenes Pfandrecht" beschränkten und die Entstehungstatbestände damit ausschließenden Verweisung in §§ 647, 1257 BGB. Da aber bei einem vertraglichen Pfandrecht ein gutgläubiger Erwerb nach §§ 1204, 1205, 1207 BGB möglich ist, wird in der Rechtspraxis eine rechtsgeschäftliche Verpfändung vereinbart. Zu denken ist insoweit an eine Verpfändung durch einen Individualvertrag. Weil man aber auf Seiten der Inhaber von Kfz-Reparaturwerkstätten generell befürchtet, dass sich ein Besteller, der nicht der Eigentümer des Kraftfahrzeugs ist, wegen einer eventuellen Schadensersatzpflicht gegenüber dem Eigentümer oder sogar wegen einer Strafbarkeit seines Verhaltens scheut, eine Verpfändung durch Individualvertrag nach § 1204 ff. BGB vorzunehmen, ist es in der Praxis allgemein üblich geworden, die rechtsgeschäftliche Verpfändung nicht durch einen Individualvertrag, sondern durch die den Werkvertrag inhaltlich bestimmenden Allgemeinen Geschäftsbedingungen des Reparaturgewerbes vorzunehmen, indem man in diese eine Klausel des Inhalts einfügt, dass dem Werkunternehmer wegen seiner Forderung aus dem Werkvertrag ein vertragliches Pfandrecht an den aufgrund des ihm erteilten Auftrages in seinen Besitz gelangten Sachen zusteht. Aber auch hier „lauern Probleme": In der Rechtswissenschaft wird nämlich diese Klausel z.Tl. als nach § 307 BGB unwirksam angesehen, weil sie den Besteller, der nicht Eigentümer ist, „in die Schadensersatzpflicht hineintreibe"; der BGH hingegen billigt diese Praxis. Bei der Fallbearbeitung ist – abgesehen von diesem Streit – aber immer zu bedenken, ob nicht schon allein deshalb Zweifel an der Gutgläubigkeit des Werkunternehmers dann angebracht sind, wenn die AGB ausdrücklich die Verpfändung schuldnerfremder Sachen vorsehen, denn wer derartige Allgemeine Geschäftsbedingungen aus dem hier genannten Motiv verwendet, rechnet damit, dass der Besteller gar nicht der Eigentümer der zu reparierenden Sache (Auto) ist. **b)** Das gleiche Problem stellt sich bei **Nr. 14 AGB-Banken**, nach dem die Bank und der Kunde die Entstehung eines Pfandrechts der Bank an denjenigen Sachen und Wertpapieren vereinbaren, an denen die Bank im bankmäßigen Geschäftsverkehr Besitz erlangt hat oder noch erlangen wird. Hier wird allerdings in der Lehre eine Auslegung favorisiert, nach der sich diese Klausel nur auf die Verpfändung schuldnereigener Sachen bezieht, so dass sie deshalb zwar nicht nach § 307 BGB nichtig ist, sie aber nicht für die Verpfändung schuldnerfremder Sachen gilt. Ein Pfandrecht an schuldnerfremden Sachen soll danach nur durch eine rechtsgeschäftliche Verpfändung im Wege eines Individualvertrags möglich sein.

Das rechtsgeschäftliche Pfandrecht an beweglichen Sachen ist ein **Verwertungsrecht**; die Verwertung erfolgt durch den Verkauf der Pfandsache, wenn die Forderung fällig geworden ist, d.h. bei „Pfandreife" (§ 1228 BGB), und zwar wenn wie i.d.R. der Pfandgläubiger keinen Titel auf Duldung der Pfandverwertung (§ 1233 Abs. 2 BGB) hat, durch öffentliche Versteigerung nach §§ 1234 ff. BGB; der Erlös steht dem Pfandgläubiger bis zur Höhe der Forderung zu, im Übrigen tritt der Erlös an die Stelle des Pfandes („Surrogation" § 1247 S. 2 BGB).

Das Hauptziel eines Sicherungsrechtes ist außer einer sich aus dem Sicherungsrecht ergebenden Verwertungsmöglichkeit stets die Sicherung des jeweiligen Sicherungsnehmers, also hier des Pfandgläubigers für den Fall einer durch andere Gläubiger des Sicherungsgebers, also hier: von Gläubigern des Verpfänders, betriebenen **Einzelzwangsvollstreckung** und für den Fall der **Insolvenz** des jeweiligen Sicherungsgebers, also hier: des Verpfänders. Eine solche Sicherung bietet auch das rechtsgeschäftliche Pfandrecht: Bei einer **Einzelzwangsvollstreckung** durch Gläubiger des Verpfänders aus einem Titel gegen den Verpfänder ist der Pfandgläubiger – weil er ja regelmäßig im Gewahrsam des Pfandes ist – als nicht „zur Herausgabe bereiter Dritter" sicher (vergl. §§ 808, 809, 766 ZPO); ansonsten kann er vorzugsweise Befriedigung verlangen (§ 805 ZPO). In der **Insolvenz** des Verpfänders ist der Pfandgläubiger zur abgesonderten Befriedigung berechtigt (§§ 50, 190 InsO).

2. Der Inhalt des Sicherungseigentums

Die Bestellung eines rechtsgeschäftlichen Pfandrechts nach §§ 1204 ff. BGB ist – wie Sie jetzt ja wissen – für die Kreditsicherungspraxis weitgehend ungeeignet, weil es kein besitzloses, sondern nur ein Besitzpfandrecht gibt. Denn dieser Umstand hat zwei sowohl für den Sicherungsgeber als auch Sicherungsnehmer unerwünschte Folgen: Zum einen hat der Kreditnehmer und i.d.R. ja zugleich auch Sicherungsgeber keinen unmittelbaren Alleinbesitz, wie er ihn benötigt, um die Sache wirtschaftlich nutzen zu können, um so mit ihr die Geldmittel für die Tilgung und die Zinsen zu erwirtschaften. Und zum anderen kann dem Interesse an einer „Heimlichkeit" der Kreditsicherung nicht entsprochen werden. Auch der Kreditgeber und Sicherungsnehmer hat ein virulentes Interesse daran, dass der Sicherungsgeber Besitzer der Sache ist, um mit ihr zu wirtschaften und die Geldmittel zu verdienen, mit denen der Kredit getilgt und die Zinsen bezahlt werden sollen. Er selbst hat überdies auch keinerlei Interesse am Besitz des oft ja auch recht „sperrigen" Sicherungsgutes. Beide, Sicherungsgeber und Sicherungsnehmer, sind also wenig begeistert von den Möglichkeiten, die das Pfandrecht bei der Kreditsicherung bietet. Um ihren Interessen gerecht zu werden, ist im Wege der Rechtsfortbildung extra legem das Institut der **„Sicherungsübereignung"** entwickelt worden. Es hat inzwischen auch eine gesetzliche Anerkennung in § 216 Abs. 2 BGB gefunden.

> **Bei dieser Gelegenheit**: Lesen Sie auch wirklich immer jede hier zitierte Vorschrift, auch derartig „abgelegene Normen des Verjährungsrechts", wie § 216 BGB??

Die Sicherungsübereignung hat eine beträchtliche **wirtschaftliche Bedeutung**. Anschaffungskredite der Konsumenten oder Bankkredite von Handel oder Verarbeitung betreibenden Unternehmen können häufig nur durch Sicherheiten an der mit dem Kredit angeschafften Sache, der erworbenen Handelsware, dem gelieferten Rohmaterial oder des Investitionsgutes selbst gesichert werden. Andere Sicherheiten können gerade derartige Kreditnehmer häufig nicht stellen. Vor allem verfügen sie keineswegs immer über Grundvermögen, so dass die §§ 1113 ff. BGB ausscheiden.

Die **rechtliche Konstruktion der Sicherungsübereignung** ist Ihnen ja schon geläufig, kann aber nicht oft genug wiederholt werden.

- Der **Sicherungsgeber** (es ist regelmäßig der Schuldner, kann aber auch „bürgenähnlich" ein Dritter sein) verschafft **dem Sicherungsnehmer** das **„Volleigentum"** an der Sache, und zwar i.d.R. nach **§§ 929 S. 1, 930 BGB** durch Einigung und Vereinbarung eines Besitzmittlungsverhältnisses (z.B. eines Verwahrungsvertrages). Theoretisch kann natürlich auch nach §§ 929, 931 BGB zur Sicherung übereignet werden; damit würden aber die gegenüber dem Pfandrecht bestehenden Vorteile wieder preisgegeben.

- Parallel zur **Übereignung** wird ein **Sicherungsvertrag** geschlossen, die diese überhaupt erst zur „Sicherungsübereignung" macht, ein Vertrag, der mehrere Funktionen hat: **a)** Er ist der **Rechtsgrund** für die Übereignung. **b)** Der Sicherungsvertrag bestimmt, **welche Forderung gesichert** wird. **c)** Er soll sogar das **Besitzmittlungsverhältnis** i.S.d. §§ 930, 868 BGB sein können. Das würde dann im Fall einer Unwirksamkeit des Sicherungsvertrages zu einer Nichtigkeit der Sicherungsübereignung führen und damit eine Durchbrechung des Abstraktionsprinzips bedeuten!. **d)** Der Sicherungsvertrag regelt auch die Verwertungsreife und die Modalitäten der **Verwertung** des Sicherungsgutes; eine Verfallklausel soll nach der Wertung des § 1229 BGB gem. § 138 Abs. 1 BGB nichtig sein. **e)** Auch wird im Sicherungsvertrag die **Rückabwicklung der Sicherungsübereignung bei Erfüllung** der gesicherten Forderung geregelt, indem entweder die Sicherungsübereignung als durch die Befriedigung der gesicherten Forderung auflösend bedingt vereinbart wird oder indem dem Sicherungsgeber nur ein schuldrechtlich wirkender und dann im Fall einer Sicherungsübereignung nach § 930 BGB nach § 929 S. 2 BGB zu erfüllender Rückübereignungsanspruch zugesprochen wird.

- Es ist bereits bei der Darstellung des Treuhandeigentums gezeigt worden, dass der Sicherungsnehmer mit der Übertragung des Volleigentums an Rechtsmacht mehr erhält, als er eigentlich benötigt, und dass er, was dieses „Mehr" angeht, **Treuhänder des Sicherungsgebers** ist.

Das Sicherungseigentum begründet ein bei Fälligkeit der gesicherten Forderung bestehendes **Verwertungsrecht**. Die Art und Weise der Verwertung bestimmt sich nach dem Sicherungsvertrag. Gibt es im Sicherungsvertrag dazu keine Bestimmungen, soll ein möglichst guter freihändiger Verkauf erfolgen dürfen; der Erlös wird mit der Forderung verrechnet, ein evtl. Überschuss wird an den Sicherungsgeber ausgekehrt; eine Verwertungspflicht besteht nicht. Der Sicherungsnehmer kann auch aufgrund eines Duldungstitels die Zwangsvollstreckung betreiben.

Auch wenn wir es längst wissen, wiederholen wir es noch einmal: **(a)** Das Hauptziel eines Sicherungsrechtes ist neben der soeben angesprochenen Möglichkeit der Verwertung des Sicherungsgutes die Sicherung des Sicherungsnehmers in der durch andere Gläubiger des Sicherungsgebers in das Sicherungsgut betriebenen **Einzelzwangsvollstreckung** und in der **Insolvenz** des Sicherungsgebers. Dieser **Schutz wird** dem **Sicherungsnehmer durch** das **Sicherungseigentum** geboten: **(aa)** In der **Einzelzwangsvollstreckung** durch andere Gläubiger des Sicherungsgebers kann der Sicherungsnehmer erfolgreich die Drittwiderspruchsklage erheben, weil das Sicherungseigentum ein „die Veräußerung hinderndes Recht" darstellt (§ 771 ZPO); seine Rechtsstellung ist also besser als die des Pfandgläubigers, der lediglich abgesonderte Befriedigung verlangen kann (§ 805 BGB). Dass in der Lehre allerdings zuweilen vorgeschlagen wird, die Rechte des Sicherungsnehmers auf § 805 ZPO zu beschränken, indem man diese Vorschrift auf das Sicherungseigentum analog anwendet, hatten Sie hier schon einmal gelesen. Warum hilft dem Sicherungsnehmer in der Einzelzwangsvollstreckung eines Gläubigers des Sicherungsgebers eigentlich nicht die Erinnerung nach § 766 ZPO? Weil das Sicherungsgut im Gewahrsam des Sicherungsgebers und Vollstreckungsschuldners steht und der Gerichtsvollzieher sich nur dafür und für nichts anderes interessieren darf (§ 808 ZPO), also die eventuellen Hinweise des Sicherungsgebers, nicht er, sondern der Sicherungsnehmer sei Eigentümer, zu ignorieren hat. **(bb)** In der **Insolvenz des Sicherungsgebers** hat der Sicherungsnehmer allerdings trotz seines Eigentums wegen der „Pfandrechtsähnlichkeit" des Sicherungseigentums nur ein Recht auf abgesonderte Befriedigung (§§ 50, 51 Nr. 1, 190 InsO) und nicht auf Aussonderung nach § 47 InsO. **(b)** Wie Sie ja wissen, interessiert uns in diesem Zusammenhang auch immer zugleich die Frage, ob auch der **Sicherungsgeber** in der **Krise des Sicherungsnehmers geschützt** ist. **(aa)** Wenn bei einer Sicherungsübereignung **Gläubiger des Sicherungs-(Treu-)nehmers die Einzelzwangsvollstreckung in das Treugut** betreiben, so ist der Sicherungsgeber, wenn er Gewahrsam an der Sache hat, nach §§ 808, 809 ZPO als „nicht zur Herausgabe bereiter Dritter" geschützt. Darüber hinaus stellt sich die Frage, ob der Sicherungsgeber aus § 771 ZPO vorgehen kann. Sie wissen, dass es für die Frage der Berechtigung des Sicherungs-(Treu-)gebers aus § 771 ZPO auf den Status der gesicherten Forderung ankommt: Ist sie bereits getilgt, und erfolgt aufgrund entsprechender Vereinbarungen zwischen Sicherungsgeber und Sicherungsnehmer ein automatischer Rückfall auf den Sicherungsgeber infolge einer im Sicherungsvertrag vereinbarten auflösenden Bedingung (§ 158 Abs. 2 BGB) oder ist ein schuldrechtlicher Rückübertragungsanspruch bereits erfüllt, wofür eine bloße Einigung ausreicht (§ 929 S. 2 BGB) ist der Sicherungsgeber zweifelsfrei aus § 771 ZPO berechtigt. Aber auch schon vor einer Rückübereignung steht ihm der Schutz des § 771 ZPO zu, weil sich durch die Tilgung der Forderung die Sicherungstreuhand in eine Verwaltungstreuhand verwandelt und der Verwaltungstreugeber bei der Einzelzwangsvollstreckung durch Gläubiger des Verwaltungstreunehmers in das Treugut durch § 771 ZPO geschützt ist. Wenn die gesicherte Forderung noch nicht getilgt ist, muss man die Frage diskutieren, ob der Sicherungsgeber, um aus § 771 ZPO vorgehen zu können, die gesicherte Forderung tilgen kann. **(bb)** Was die Frage nach den Rechten des Sicherungsgebers in der **Sicherungsnehmerinsolvenz** angeht, wissen Sie längst, dass der Sicherungsgeber im Fall der Erfüllung der gesicherten Forderung ein Aussonderungsrecht hat (§ 47 InsO): Das ist bei einer auflösend bedingten Übertragung des Sicherungsgutes oder im Fall der erfolgten Erfüllung des Rückübertragungsanspruchs auf den Sicherungsgeber durch bloße Einigung (§ 929 S. 2 BGB) selbstverständlich. Aber auch dann, wenn dem Sicherungsgeber nach dem Sicherungsvertrag nur ein Rückübertragungsanspruch zusteht, steht dem Sicherungsgeber ein Aussonderungsrecht zu, denn nach der Forderungstilgung ist die Sicherungstreuhand wie eine Verwaltungstreuhand zu behandeln. Auch hier stellt sich die Frage, ob vor Erfüllung des gesicherten Anspruchs der Sicherungsgeber die gesicherte Forderung vorzeitig tilgen kann, um auf diese Weise aussondern zu können.

3. Der Inhalt der „Grundpfandrechte"

Wie Sie ja wissen, werden rechtsgeschäftliche „Pfandrechte", also auch die an unbeweglichen Sachen, kurz: die „Grundpfandrechte", ebenfalls zur Sicherung von Forderungen eingesetzt, aber anders als das Pfandrecht an beweglichen Sachen nur zur Sicherung von Geldforderungen (lesen Sie § 1113 BGB!). Die „Grundpfandrechte" bieten wegen der Wertbeständigkeit des Eigentums „an Grund und Boden" für den Gläubiger und Sicherungsnehmer die qualitativ hochwertigste Sicherheit, die es überhaupt gibt; die **wirtschaftlich überragend große Bedeutung der Grundpfandrechte** zeigt sich daran, dass ca. 50 % aller Geldkredite so gesichert sind.

Das Gesetz hatte die **Hypothek** als Kreditsicherungsmittel auserkoren; die **Grundschuld** war als bloßes Verwertungsrecht gedacht. Diese unterschiedliche Zielrichtung wird bereits aus den Unterschiedlichkeiten der gesetzlichen Definitionen von Hypothek und Grundschuld deutlich:

- Unter einer **Hypothek** versteht man nach § 1113 BGB die Belastung eines Grundstücks dergestalt, „dass an denjenigen, zu dessen Gunsten die Belastung erfolgt, eine bestimmte Geldsumme zur Befriedigung wegen einer ihm zustehenden Forderung aus dem Grundstück zu zahlen ist (Hypothek)".

- Die **Grundschuld** hingegen ist nach § 1191 BGB eine Belastung dergestalt, „dass an denjenigen, zu dessen Gunsten die Belastung erfolgt, eine bestimmte Geldsumme aus dem Grundstück zu zahlen ist (Grundschuld)".

- Der leicht erkennbare Unterschied besteht darin, dass die **Hypothek** „existentiell" eine (durch sie gesicherte) Geldforderung voraussetzt, während die Grundschuld isoliert bestehen kann.

- Diese **„isolierte Grundschuld"** hat aber eine relativ geringe Bedeutung für die Praxis: Sie kann z.B. geschenkt und deshalb bestellt werden; oder es soll durch die Bestellung (zugunsten eines Dritten oder nach § 1196 BGB sogar zugunsten des Eigentümers selbst) eine Rangstelle reserviert werden. Die – sogleich beantwortete – viel interessantere Frage lautet, ob auch die Grundschuld zur Sicherung einer Forderung verwendet werden kann.

- In der Tat gibt es die sog. **„Sicherungsgrundschuld"**. Bei dieser besteht eine zu **sichernde Forderung**, und zwar meist eine solche aus einem **Darlehensvertrag**. Aufgrund eines **Sicherungsvertrages** wird dem Gläubiger vom Schuldner-Eigentümer oder (bürgschaftsähnlich) von einem personenverschiedenen Eigentümer eine **Grundschuld als Sicherungsrecht** verschafft, und zwar **auf vielfältig mögliche Weisen**: Entweder durch Bestellung der Grundschuld oder durch Übertragung einer bestehenden Eigentümergrundschuld oder durch Übertragung einer bereits bestehenden Grundschuld durch den Grundschuldinhaber auf den Darlehensgeber. Wir erkennen sofort die Parallele zur Sicherungsübereignung und zur Sicherungszession: Hier wie dort wird ein Vollrecht (die Grundschuld) bestellt bzw. übertragen, dies aber nur zum Zweck der Sicherung einer Forderung; es handelt sich wieder einmal um einen klassischen Fall einer „eigennützigen Treuhand". Die **„Sicherungsgrundschuld" hat im Vergleich zur Hypothek** sogar **die** bei weitem **größere praktische Bedeutung**. Das hat folgende **Gründe**: Der rechtstechnische Unterschied zwischen beiden Sicherungsrechten besteht darin, dass eine Hypothek akzessorisch ist (also mit der Existenz der gesicherten Forderung steht und fällt). Dagegen ist eine Grundschuld von der Existenz einer Forderung unabhängig. Der Erwerber einer Hypothek muss daher immer die Sorge haben, dass er die Hypothek deshalb überhaupt nicht oder jedenfalls nicht in voller Höhe erworben hat, weil die Forderung überhaupt nicht oder nicht mehr in der ursprünglichen Höhe besteht; diese Fragen sind für den Erwerber einer Grundschuld dagegen völlig bedeutungslos, so dass die Verkehrsfähigkeit der Grundschuld deshalb größer ist als die der Hypothek. Wie bedeutsam die Verkehrsfähigkeit für die Wertschätzung eines Grundpfandrechts ist, zeigt § 238 Abs. 2 BGB, demzufolge „eine Forderung, für die eine Sicherungshypothek besteht,....zur Sicherheitsleistung nicht geeignet (ist)". Allerdings treffen diese die Hypothek disqualifizierenden Argumente nur auf die „Sicherungshypothek" zu: Denn nur sie ist wirklich „streng akzessorisch" (argec. § 1185 Abs. 2 BGB), und nur bei ihr ist „übertragungserschwerend" (lesen Sie § 1154 Abs. 1 BGB) die Erteilung eines Hypothekenbriefes ausgeschlossen (§ 1185 Abs. 1 BGB). Sie dürfen jedoch nicht aus dem Auge verlieren, dass eine Hypothek regelmäßig gerade keine verkehrsfeindliche „Sicherungshypothek", sondern i.d.R. eine „Verkehrshypothek" ist (§ 1184 BGB), bei der die Akzessorietät im Vergleich zur streng akzessorischen Sicherungshypothek so sehr gelockert ist, dass sie hinsichtlich der Verkehrsfähigkeit einer Grundschuld entspricht (argec. § 1184, 1185 Abs. 2 BGB) und bei der die Erteilung eines Hypothekenbriefes die Regel ist (§ 1116 Abs. 2 BGB). So gesehen bestünden gegen den Einsatz der Hypothek als Kreditscherungsmittel eigentlich keinerlei Bedenken. Indes: Für die im Wirtschaftsleben sehr häufig vorkommenden Forderungen mit veränderlicher Höhe (Kontokorrentforderungen) ist die Hypothek wenig geeignet. Denn im Wege der hypothekarischen Sicherung kann eine Kontokorrentforderungen nur durch eine „Höchstbetragshypothek" gesichert werden; eine solche aber ist nicht als verkehrsfreundliche „Verkehrshypothek", sondern immer nur als „Sicherungshypothek" bestellbar (§ 1190 Abs. 3 BGB), so dass der eine Kontokorrentforderung sichernden Hypothek wiederum die für das Wirtschaftsleben wichtige Verkehrsfähigkeit fehlen würde. Wie man es auch „dreht und wendet": Die Grundschuld ist bei einer Gesamtbetrachtung letztlich „gläubiger-", also „kreditgeberfreundlicher" als die Hypothek und wird daher von der Kreditwirtschaft bevorzugt. Für diejenigen unter den Lesern, die sich erstmals mit dem Sachenrecht befassen, war diese Passage kaum nachvollziehbar, weil sie einfach zu viel Vorverständnis erfordert. Machen Sie sich aber bitte keine Sorgen: Alle diese Fragen werden noch mehrfach in den verschiedensten Zusammenhängen erörtert.

Beide **Grundpfandrechte sind** wie gesagt **„Verwertungsrechte":** Der Inhaber einer **Hypothek** und einer entweder **„isolierten" Grundschuld** oder einer (hier vor allem interessierenden) **Sicherungsgrundschuld** können nach **§§ 1113, 1147 (Hypothek)** bzw. nach **1191, 1192, 1113, 1147 (Grundschuld) BGB** vom Eigentümer die Duldung der Zwangsvollstreckung verlangen.

Der Rechtsinhaber hat aber aus dem Grundpfandrecht (das ist wegen des verführerischen Wortlauts der §§ 1113 bzw. 1191 BGB ein <u>typischer Anfängerfehler!</u>) **keinen Anspruch** auf „Zahlung einer bestimmten Geldsumme" **gegen den Eigentümer aus seinem gesamten Vermögen.**

Dagegen ist **kein Verwertungsrecht** die am eigenen Grundstück selbst bestellte (§ 1196 BGB) oder die kraft Gesetzes entstandene (§ 1163 BGB) **Eigentümergrundschuld**; denn anderenfalls könnte der Eigentümer durch die Verwertung des eigenen Grundstücks nachrangige Grundstücksrechte beseitigen (§§ 91 Abs. 1, 52 Abs. 1

ZVG); der Insolvenzverwalter kann dagegen die Verwertung betreiben (§§ 165 InsO, 172 ZVG).

Es sei zum wiederholten Mal gesagt: Das weitere Hauptziel eines Real-Sicherungsrechtes neben der Verwertungsmöglichkeit ist die Sicherung des Sicherungsnehmers in der **Einzelzwangsvollstreckung** anderer Gläubiger gegen den Sicherungsgeber und in der **Insolvenz** des Sicherungsgebers. Dieses Bedürfnis erfüllen die Hypothek und Sicherungsgrundschuld wie folgt: In der Einzelzwangsvollstreckung in das Grundstück ist das Grundpfandrecht durch seinen Vorrang geschützt. Bei Einzelzwangsvollstreckungsmaßnahmen in die mithaftenden Gegenstände steht dieser die Beschlagnahme durch Anordnung der Zwangsversteigerung (§ 20 ZVG) oder der Zwangsverwaltung (§ 148 ZVG), die nach § 23 Abs. 1 S. 1 ZVG die Wirkung eines relativen Veräußerungsverbotes nach §§ 135, 136 BGB hat, entgegen; gegen Zwangsvollstreckungsmaßnahmen Dritter kann der Hypothekar sich nach §§ 772, 771 ZPO wehren. In der Insolvenz des Eigentümers berechtigt ein Grundpfandrecht zur abgesonderten Befriedigung nach dem ZVG (§ 49 InsO).

C. Der Erwerb und Verlust

Bevor wir jetzt hierauf aufbauend fortfahren, sollen Sie an den **„roten Faden"** erinnert werden, der Sie durch das Labyrinth des Sachenrechts geleitet. Das mit dem Teil 6 behandelte Thema sind die „dinglichen Ansprüche". Ausgehend von der Erkenntnis, dass die „dinglichen Ansprüche" der Verwirklichung der Befugnisse dinglicher Rechte dienen, haben wir als erstes den **Inhalt der dinglichen Rechtsstellungen** (Besitz, Eigentum, Eigentumsvorbehalt/Anwartschaftsrecht und Verwertungssicherungsrechte) kennengelernt. Im Anschluss daran soll es nun um den **Erwerb** und den damit korrespondierenden **Verlust** dieser Rechtsstellungen (Besitz, Eigentum, Eigentumsvorbehalt/Anwartschaftsrecht und Verwertungssicherungsrechte) gehen.Wenn Sie bei der Subsumtion eines sachenrechtlichen Anspruchs vor der Aufgabe stehen, untersuchen zu müssen, ob eine Person Besitzer (z.B. der Inanspruchgenommene aus § 985 BGB), Eigentümer (z.B. der Anspruchsteller aus § 985 BGB), oder Inhaber eines Sicherungsrechtes (z.B. der Anspruchsteller aus § 1147 BGB) ist, müssen Sie dies durch eine **„historische Prüfung"** ermitteln; d.h. Sie müssen ausgehend von dem Ihnen im Sachverhalt vermittelten zeitlich ersten (ältesten) Rechtszustand in der zeitlichen Abfolge Schritt für Schritt die Weiterentwicklung bis hin zum Jetzt-Zeitpunkt prüfen.

Da der **Erwerb und Verlust** einer Rechtsstellung oder eines Rechtes immer dann, wenn der Verlust für die eine Person gleichzeitig den Erwerb für eine andere Person bedeutet, also beide Vorgänge die **„Kehrseite derselben Medaille"** sind, werden beide Phänomene in einem einheitlichen Zusammenhang dargestellt.

In der Reihenfolge der Nummerierung geht es im Folgenden um den Erwerb und Verlust des **Besitzes (sub I)**, des **Eigentums** und des **Anwartschaftsrechts** an **beweglichen (sub II)** und an **unbeweglichen Sachen (sub IV)** und (z.Tl. eingeschoben) um den Erwerb und Verlust der **jeweiligen Verwertungssicherungsrechte (sub III)**, **(sub V)**, also um die Fragen, wie wird man Besitzer, Eigentümer, Anwartschaftsberechtigter bzw. wie verliert amn eine solche Stellung wieder.

I. Der Erwerb und Verlust des Besitzes

1. Unmittelbarer Besitz

Was Sie zum Erwerb und Verlust des unmittelbaren Besitzes wissen müssen, haben Sie eigentlich bereits soeben (**sub A**) in ausreichender Weise erfahren, als Ihnen u.a. der „Inhalt" des Besitzes vorgestellt wurde. Mehr als eine Wiederholung ist daher hier nicht vonnöten. **Erworben** wird der **unmittelbare Besitz** nach § 854 Abs. 1 BGB durch die von einem erkennbaren speziellen oder auch nur generellen Besitzerwerbswillen getragene Erlangung der tatsächlichen Sachherrschaft, wobei auch die Erlangung der tatsächlichen Sachherrschaft durch einen „Besitzdiener" den Besitz des „Besitzherrn" begründet (§ 855 BGB). Der „offene Besitz" kann nach Aufgabe der tatsächlichen Gewalt durch den bisherigen Besitzer durch Einigung (Vertrag) erworben werden (§ 854 Abs. 2 BGB). **Verloren** geht der unmittelbare Besitz nach § 856 Abs. 1 BGB durch freiwillige Aufgabe der tatsächlichen Sachherrschaft (z.B. durch Übertragung auf einen anderen) oder durch unfreiwilligen Verlust (z.B. einen Diebstahl); auch eine (durchaus einseitig mögliche) erkennbar betätigte Aufgabe des Besitzdienerwillens des Besitzdieners führt zum Besitzverlust des Besitzherrn.

---

1. Der Inhaber und Besitzer eines Supermarkts BH wird Besitzer eines dort verlorenen Regenschirms eines Kunden, und zwar bevor er ihn überhaupt entdeckt hat (§ 854 Abs. 1 BGB). Wenn der BH den dann aufgefundenen Regenschirm wegwirft, ist der Besitz durch freiwillige Aufgabe verloren gegangen (§ 856 Abs. 1 BGB). Wenn ein anderer Kunde den Schirm an sich nimmt, ist der Besitz durch unfreiwilligen Verlust verloren gegangen (§ 856 Abs. 1 BGB).

2. Der Marktleiter BD des Supermarkts nimmt den Regenschirm an sich: Der BH ist und bleibt Besitzer (§ 855 BGB). Wenn der BD ihn mit nach Haus nimmt und ihn für sich verwendet, hat der BH den Besitz verloren, weil der BD nach außen erkennbar keinen „Besitzdienerwillen" mehr hat.

3. Durch Einigung des bisherigen Besitzers B 1, eines für jedermann zugänglichen „im Fluss liegenden Kahns" mit dem B 2 dahingehend, dass dieser Besitzer werden soll, erwirbt der B 2 den unmittelbaren Besitz (§ 854 Abs. 2 BGB). Wenn der B 2 den Kahn davontreiben lässt, ist der Besitz damit durch freiwillige Aufgabe verloren gegangen (§ 856 Abs. 1 BGB). Wenn ihn der D losbindet, so dass er davon treibt, ist der Besitz durch unfreiwilligen Verlust verloren gegangen (§ 856 Abs. 1 BGD).

---

2. Mittelbarer Besitz

Auch insoweit sind Sie eigentlich ausreichend informiert; aber eine kurze Wiederholung kann nicht schaden. **Erworben** wird der „**mittelbare Besitz**" durch Vereinbarung eines Besitzmittlungsverhältnisses zwischen dem unmittelbaren Besitzer und dem Besitzmittler i.S.d. § 868 BGB (Miete, Pacht, Pfandrecht, Nießbrauch, Vorbehaltskauf, Sicherungsübereignung) oder durch die Entstehung eines gesetzlichen Verhältnisses (z.B. Eltern – Kind – Verhältnis); der unmittelbare Besitzer muss den Willen haben, die Sache als Mieter, Pächter etc. für den mittelbaren Besitzer zu besitzen (§ 868 BGB). **Verloren** geht der mittelbare Besitz durch eine Beendigung des Mietverhältnisses oder durch eine Übertragung im Wege der Abtretung des Herausgabeanspruchs (§ 870 BGB) oder durch eine nach außen erkennbare (auch einseitig mögliche) Aufgabe des Besitzmittlungswillens.

> Der Vermieter einer Sache erlangt den mittelbaren Besitz, indem er sie an den Mieter M vermietet und ihm überlässt (§§ 868, 535 BGB), und er verliert den mittelbaren Besitz, indem der Mietvertrag durch Kündigung beendet und die Mietsache an den Vermieter zurückgegeben wird, oder indem der Vermieter den Herausgabeanspruch aus § 546 BGB an einen Dritten abtritt (§ 870 BGB), oder schließlich dadurch, dass der Mieter M die Mietsache unterschlägt, indem er sie an einen Dritten veräußert.

II. Der Erwerb und Verlust des Eigentums an beweglichen Sachen

Ein **rechtsgeschäftlicher Erwerb/Verlust des Eigentums** nach §§ 929 ff. BGB („Übereignung") vollzieht sich nach dem Grundmuster **„dinglicher Vertrag + Vollzugsmoment"** und macht eine Auseinandersetzung mit den folgenden (in der durchnummerierten Abfolge anschließend erörterten) Voraussetzungen, Fragen und Themen erforderlich:

- **Einigung** zwischen **Übereigner und Erwerber** oder (vielleicht auch?) ein **Vertrag zugunsten Dritter (sub 1)**.
- **Übergabe** an den Erwerber **(sub 2)**
- oder **Entbehrlichkeit** der Übergabe **(sub 3)**
- oder **Übergabesurrogate (sub 4)**, **(sub 5)**.
- **Eigentum und/oder Verfügungsbefugnis** des Übereigners **(sub 6)**
- oder **Schutz des guten Glaubens des Erwerbers** an das Eigentum des Nicht-Eigentümer-Übereigners **(sub 7)**, an die Verfügungsbefugnis des nicht zur Verfügung, speziell zur Übereignung, befugten Eigentümer-Übereigners **(sub 8)**, an die Verfügungsbefugnis, speziell zur Übereignung, des Nicht – Eigentümer – Übereigners **(sub 9)**.
- **„Eigentumsvorbehalt" (sub 10)**.
- Rechtsgeschäftlicher Erwerb des Eigentums an beweglichen Sachen nach Grundstücksrecht **(„Grundstückszubehör") (sub 11)**.

Der **gesetzliche Erwerb/Verlust des Eigentums** erfolgt i.w.

- durch **Verarbeitung** nach § 950 BGB **(sub 12)**, **Verbindung** nach §§ 946, 947 BGB **(sub 12)** und **Vermischung** nach § 948 BGB **(sub 12)**,
- soweit es um das Eigentum an einem „Schuldschein" geht, durch **Erwerb einer Forderung** nach § 952 BGB **(sub 13)**,
- durch **Ersitzung** nach §§ 937 ff. BGB **(sub 14)**

- durch **Trennung von der „Muttersache"** nach §§ 953 ff. BGB (**sub 15**)
- sowie durch **Surrogation** (**sub 16**).

Der durch einseitiges Rechtsgeschäft mögliche Verlust des Eigentums nach § 959 BGB (**„Aufgabe des Eigentums"**) und der aufgrund einer In-Eigenbesitznahme herrenloser Sachen durch **„Aneignung"** nach § 958 BGB eintretende Eigentumserwerb wird hier nicht weiter besprochen.

1. Einigung zwischen Übereigner und Erwerber oder (vielleicht auch?) durch Vertrag zugunsten Dritter

a) Einigung zwischen Übereigner und Erwerber

Die vom Gesetz **für alle Übereignungstatbestände** (also für §§ 929 S. 1, 929 S. 2, 930 und 931 BGB sowie die dazugehörigen Gutglaubenstatbestände § 932 Abs. 1 S. 1, 932 Abs. 1 S. 2, 933, 934 BGB) verlangte **Einigung** zwischen **Übereigner** und **Erwerber** ist ein formfreier abstrakter **dinglicher Vertrag** mit dem Inhalt, dass das Eigentum (jetzt) übergeht; ein wenig missverständlich – weil Verwechslungen mit dem zu einer Übereignung lediglich verpflichtenden Grundgeschäft provozierend – ist die Formulierung des Gesetzes in § 929 S. 1 BGB: „…dass das Eigentum übergehen soll". Sie sind vor dieser Versuchung natürlich gefeit, denn Sie wissen ja schon lange, dass das Grundgeschäft und die Übereignung voneinander getrennte Rechtsgeschäfte sind („Trennungsprinzip").

Die dingliche Einigung wird in der Rechtspraxis, vor allem beim Bargeschäft des täglichen Lebens, nur selten ausdrücklich vereinbart; das hängt damit zusammen, dass das „Trennungsprinzip" im Rechtsbewusstsein des Bürgers kaum verankert sein dürfte. Das Vorliegen einer dinglichen Einigung muss daher häufig durch eine (wohlwollende) **Auslegung** ermittelt werden. Unterschieden werden muss dabei zwischen den beiden Fragen, **ob überhaupt** und ggf. **zwischen welchen Personen** eine dingliche Einigung erzielt wurde.

> Hierzu kann man für eine **Übereignung zum Zwecke** der **Erfüllung** eines **Kaufvertrages** folgende **„Faustformeln"** aufstellen:
>
> 1. Beim Aussuchen der Ware und Zahlung des Kaufpreises, bei einer Automatenaufstellung und Geldeinwurf ist die dingliche **Einigung** den Umständen nach regelmäßig stillschweigend **gegeben**.
>
> Dagegen liegt auch im Fall der bereits erfolgten Kaufpreiszahlung beim Versendungskauf in der Inbesitznahme der Ware durch den Käufer noch **keine Einigung**, weil dieser i.d.R. die Ware erst prüfen will.
>
> 2. Der **dingliche Einigungsvertrag** wird im Zweifel **zwischen den Partnern des obligatorischen Geschäftes** geschlossen, so dass auch bei einer Lieferung eines Verkäufers an Dritte das Eigentum an den Käufer übergehen soll.

<u>Fall 538</u>: Der mit dem Historiker Herge (H) bekannte Privatmann Panormita (P), der schon häufiger Bücher an H verkauft hat, weiß, dass H ganz dringend ein sehr seltenes und wertvolles wissenschaftliches Werk über Randgruppen im Mittelalter mit dem Titel „Krötenkuß und Schwarzer Kater" sucht. Als der P das Buch zufällig durch eine Erbschaft erlangt, übersendet er

es, verbunden mit einem Kaufangebot zu einem Preis von € 30,- an den H. Der H arbeitet damit und stellt es in seine Bibliothek. Einen Kaufpreis zahlt der H nicht. Der Doktorand Dalla (D) des H entwendet bei einem Besuch in H's Wohnung das Buch und bietet es zufällig dem P zum Kauf an. Der P verlangt Herausgabe von dem D.

Der Anspruch könnte sich aus § 985 BGB ergeben. a) Der D ist im Besitz des Buches. b) Der P müsste (noch) Eigentümer des Buches sein. aa) Er war Eigentümer. bb) Er könnte es an den H verloren haben (§ 929 S. 1 BGB). aaa) Dann müsste eine Einigung vorliegen. Der P hat dem H aaaa) durch die Übersendung des Buches ein Übereignungsangebot gemacht, bbbb) das aufschiebend bedingt ist (§ 158 Abs. 1 BGB). Vertretbar sind hier zwei Lösungen: (1) aufschiebend bedingt durch den Abschluss eines Kaufvertrages oder (2) aufschiebend bedingt durch Zahlung des Kaufpreises. cccc) Die Bedingung müsste eingetreten sein, dies wird hier alternativ (dergleichen ist in einer schulmäßigen Fallbearbeitung natürlich nicht gestattet!) gelöst: 1. Alternativlösung: Wer den Kaufvertragsschluss als Bedingung ansieht, muss so argumentieren: aaaaa) Der P hat dem H durch die Übersendung des Buches, verbunden mit der Nennung des Preises zugleich auch ein Angebot zum Abschluss des Kaufvertrages gemacht. bbbbb) Der H hat das Angebot durch die Ingebrauchnahme des Buches angenommen. Die Annahmeerklärung ist dem P zwar nicht zugegangen; hierauf hat er aber verzichtet (§ 151 BGB). Also ist der Kaufvertrag zustande gekommen und die Bedingung eingetreten. bbb) Eine Übergabe liegt vor. Also ist H Eigentümer geworden. Der P hat keinen Herausgabeanspruch gegen den D. 2. Alternativlösung: Wer die Kaufpreiszahlung als Bedingung ansieht, muss von einem Nichteintritt der Bedingung ausgehen, so dass der P Eigentümer geblieben wäre und einen Herausgabeanspruch gegen den D hätte.

<u>Variante</u>: Wie wäre es, wenn der P ein Buchhändler wäre.

Im Hinblick auf § 241 a BGB sollen bei Lieferung unbestellter Sachen durch einen Unternehmer an einen Verbraucher auch Zueignungs- und Gebrauchshandlungen keine Annahme, auf deren Zugang nach § 151 BGB verzichtet wird, bedeuten; der Vertrag soll erst durch ausdrückliche Annahmeerklärung oder Zahlung zustandekommen. Daher ist auch keine Übereignung erfolgt.

Sie wissen längst, dass bewegliche Sachen **aufschiebend bedingt übereignet** werden können (**§§ 929 ff. BGB, 158 Abs. 1 BGB**) und wie es dazu im Regelfall kommt: Wenn der Verkäufer sich im Kaufvertrag das Eigentum bis zur vollständigen Zahlung des Kaufpreises vorbehält, wird vermutet, dass er dem Käufer mit der Übergabe ein Angebot zu einer durch die vollständige Zahlung des Kaufpreises aufschiebend bedingten Übereignung macht (§ 449 Abs. 1 BGB); die entsprechende aufschiebend bedingte Einigung kommt dann durch die Entgegennahme der Sache seitens des Käufers, also durch schlüssiges Verhalten, zustande. Dass auch **auflösend bedingte Übereignungen (§§ 929 ff., 158 Abs. 2 BGB)** vorkommen, z.B. bei einer Sicherungsübereignung, wenn ein „automatischer Rückfall" des Sicherungseigentums an den Sicherungsgeber bei Rückzahlung des Darlehens im Sicherungsvertrag vereinbart ist, haben Sie hier auch schon einmal gelesen.

Eine dingliche Einigung kann vorab, d.h. bevor der Veräußerer selbst Eigentümer geworden ist, vorgenommen (**„anti –** oder: **ante – zipiert"**) werden; das ist von besonderer Bedeutung beim anti(e)zipierten Besitzkonstitut nach § 930 BGB bei der Einkaufskommission und bei der Sicherungsübereignung von Sachgesamtheiten mit wechselndem Bestand (dazu später mehr).

Bei der Einigung können sich der Übereigner und der Erwerber vertreten lassen (**§ 164 BGB**); dabei kann auch ein **„In – sich – Geschäft"**, bei dem der Übereigner den Erwerber vertritt, unter Befreiung von den Schranken des **§ 181 BGB** in Betracht kommen; mit dieser Konstruktion werden wir uns erstmals beim Eigentumserwerb durch „anti(e)zipiertes Besitzkonstitut" nach § 930 BGB (speziell bei der Einkaufskommission) befassen.

Der **dingliche Einigungsvertrag** hat **keine schuldrechtlichen Elemente**, verpflichtet also den Übereigner zu nichts und bindet ihn daher auch nicht; d.h. die Einigung ist bis zur Vollendung des Rechtserwerbs frei widerruflich. Dogmatisch wird dies aus einem Umkehrschluss aus § 873 Abs. 2 BGB abgeleitet; hiernach ist nämlich die dingliche Einigung bei Verfügungen über unbewegliche Sachen und Grundstücksrechte nur unter bestimmten Voraussetzungen bindend, so dass für die dingliche Einigung nach §§ 929 ff. BGB, die derartige Ausnahmetatbestände nicht kennt, erst recht („a maiore ad minus") eine Bindungswirkung ausgeschlossen werden müsse. Daraus folgt, dass sich für einen Eigentumserwerb nach §§ 929 ff. BGB beide Teile noch im Moment der Vollendung des Rechtserwerbs einig sein müssen; man spricht daher häufig auch anstelle von einer notwendigen „Einigung" von einem erforderlichen „Einigsein". Diese Abweichung vom Grundsatz „pacta sunt servanda" darf aber in ihrer Bedeutung nicht überschätzt werden: sie bedeutet nämlich nicht, dass durch einen Widerruf der Einigung eine regelmäßig vorhandene schuldrechtliche Verpflichtung (z.B. aus § 433 Abs. 1 BGB) entfiele. Selbstverständlich ist und bleibt trotz der Widerruflichkeit der Einigung der Verkäufer zur Übereignung verpflichtet! Und der Käufer kann die für die Einigung i.S.d. § 929 BGB notwendige Willenserklärung des Verkäufers auf Grund eines diesen zur Abgabe der Willenserklärung verurteilenden rechtskräftigen Urteils erwirken (§ 894 ZPO).

Fall 539: Der Erblasser V hat kurz vor seinem Tod ein ihm gehörendes wertvolles Gemälde unter Wert an den K verkauft, der auch sogleich den Kaufpreis an V gezahlt hat; der K soll sich nach dem Vertrag das Bild jederzeit und auch nach dem Tod des V bei der insoweit zur Herausgabe befugten Haushälterin des V abholen können. Nach dem Tod des V erklärt der Alleinerbe E gegenüber dem K, dass er sich von den zwischen V und K getroffenen Vereinbarungen lossage. Als der K gleichwohl im Hause des V erscheint, händigt ihm die hierzu noch von V beauftragte Haushälterin das Bild aus. Der E verlangt Herausgabe des Bildes von dem K (nach Baur/Stürner).

Der E könnte einen Anspruch gegen den K auf Herausgabe aus § 985 BGB haben. a) Der K ist Besitzer des Bildes (§ 854 Abs. 1 BGB). b) Der E müsste Eigentümer sein. aa) Eigentümer war der V. bb) Der E ist als Erbe des V Eigentümer geworden, denn V war im Augenblick seines Todes noch Eigentümer (§ 1922 BGB). cc) Der K könnte das Eigentum erlangt haben (§ 929 S. 1 BGB). aaa) Das Bild ist an den K übergeben (zu den Voraussetzungen sogleich mehr) worden: Denn der Eigentümer E hat den unmittelbaren Besitz verloren; der Erwerber K hat den Besitz erlangt; und dies geschah auf Veranlassung des Eigentümers, nämlich auf die auch den E bindende Weisung (§ 672 BGB) des V hin. bbb) Es müsste auch eine Einigung gegeben sein. aaaa) Der Erblasser V und der K haben sich über den Eigentumsübergang geeinigt; das folgt aus der Kaufpreiszahlung und der Vereinbarung, dass K das Bild sich jederzeit abholen kann; diese Einigung wirkt auch über den Tod hinaus (§ 130 Abs. 2 BGB). Die Einigung wirkte für und gegen den E (§ 1922 BGB). bbbb) Der E hat sie jedoch – was mangels jeglicher Bindungswirkung der Einigung (arge. § 929 S. 1 BGB: „...einig sind..." und „a maiore ad minus" § 873 Abs. 2 BGB) rechtlich möglich ist – aaaaa) durch sein „Lossagen" widerrufen, bbbbb) und zwar noch vor Vollendung des Rechtserwerbes, so dass der K kein Eigentum erlangt hat. c) Der K dürfte kein Recht zum Besitz haben (§ 986 BGB). Der K hat gegen den E einen Anspruch auf Übereignung nach §§ 433 Abs. 1 S. 1, 1922 BGB. Dieser Anspruch begründet ein Recht zum Besitz des K aus § 986 Abs. 1 BGB („exceptio rei venditae et traditae").

Eine klassische Fallkonstellation, bei der es auf den Widerruf einer dinglichen Einigung ankommt, ist die Vereinbarung eines **im Gegensatz zum obligatorischen Rechtsgeschäft** stehenden „**nachgeschobenen Eigentumsvorbehalts**". Bei dieser Fallkonstellation hat der Verkäufer sich im Kaufvertrag zur unbedingten Übereignung verpflichtet, sich aber dann auf der Rechnung oder dem Lieferschein „das Eigentum bis zur vollständigen Kaufpreiszahlung vorbehalten". Unproblematisch sind die Fälle, in denen die Sache bereits an den Käufer übergeben worden war, bevor die Rechnung oder der Lieferschein ihn oder seinen Vertreter erreicht, denn dann ist der Käufer bereits Eigentümer geworden, so dass die dingliche Einigung nicht mehr wirksam widerrufen werden kann. Wenn jedoch, wie meistens in solchen Fällen, die Übergabe und die in vertragswidriger Weise die Einigung widerrufende („nachgeschobene") Erklärung des Eigentumsvorbehalts seitens des Verkäufers zeitlich zusammentreffen, muss für die Wirksamkeit des Widerrufs der Einigung der Widerruf auch zur Kenntnis des Erwerbers selbst gelangt sein, oder es muss jedenfalls die Person, die die Ware und die Widerrufserklärung für den Erwerber in Empfang nimmt, Vertretungsmacht zur Inempfangnahme des Widerrufs gehabt haben, was sehr selten der Fall sein dürfte (Medicus); außerdem muss dann noch mit dem Erwerber bzw. ein entsprechend Bevollmächtigter mit der nachgeschobenen Vereinbarung des Eigentumsvorbehalts einverstanden gewesen sein, also dieses Angebot des Verkäufers angenommen haben. Später werden Sie zum „nachgeschobenen" Eigentumsvorbehalt mehr erfahren.

b) Einigung durch Vertrag zugunsten Dritter

Man ist sich weitgehend einig, dass es über den Sonderfall des § 414 BGB (Schuldübernahme durch Vertrag zwischen Gläubiger und Neuschuldner zugunsten des Altschuldners) hinaus keine wirksamen **Verfügungen zugunsten eines Dritten** gibt, weil speziell die §§ 328 ff. BGB erkennbar nur für schuldrechtliche Verpflichtungsverträge gelten sollen und eine analoge Anwendung der §§ 328 ff. BGB deshalb nicht möglich ist, weil eine solche Verfügung nicht dem im Sachenrecht geforderten Bestimmtheitsprinzip genügen würde. Im Übrigen fehlt es wohl auch an der für eine Analogie nötigen Lücke im Gesetz, weil durch Einschaltung eines Stellvertreters die gleichen Ergebnisse erzielbar sind wie durch einen dinglichen Vertrag zugunsten Dritter.

Aber – wie fast immer – lassen sich auch andere Lösungen vertreten: So soll eine Übereignung nach § 328 BGB möglich sein, wenn jedenfalls der für einen Erwerb des Eigentums nötige Vollzugsakt vorliegt.

Fall 540: Der VE will eine Sache des VSP an den D, die dieser bereits aufgrund eines Fundes in Besitz hat, übereignen, ohne selbst vorher Eigentümer zu werden. Der VE und der VSP einigen sich zu diesem Zweck dahingehend, dass die Sache fortan dem D gehören soll. Der Gläubiger G des D pfändet sie aufgrund eines Titels, den er gegen den D hat. VSP erhebt Drittwiderspruchsklage.

Die Klage wäre nach § 771 ZPO begründet, wenn dem VSP „ein die Veräußerung hinderndes Recht" an der Sache zustünde. Das könnte das Eigentum an ihr sein. Der VSP war Eigentümer. Er könnte das Eigentum an D nach §§ 929 S. 1, 328 BGB verloren haben, wenn Verfügungsverträge zugunsten Dritter möglich wären. Überwiegend wird dies abgelehnt, weil nach dem Wortlaut des § 328 BGB durch einen Vertrag zugunsten Dritter nur ein Forderungsrecht zugewendet werden kann. Danach hätte der D kein Eigentum erworben und die Klage wäre begründet. Auch wer dinglich wirkende Verfügungsgeschäfte zugunsten Dritter zulassen will, muss aber beim Eigentumserwerb den – hier fehlenden (!) – Vollzugsakt zwischen Erwerber und Verfügendem fordern. Der VSP ist Eigentümer geblieben, und die Klage ist begründet.

2. Übergabe (§ 929 S. 1 BGB)

Für die **Übereignung nach § 929 S. 1 BGB** ist neben der dinglichen Einigung erforderlich eine **Übergabe**, die sich wie folgt vollziehen kann:

- Die **Übergabe der Sache selbst** kann dadurch erfolgen, dass der Übereigner die Sache an den Erwerber übergibt. Es sollen aber auch andere Gestaltungen der Übergabe möglich sein, und zwar solche, bei denen sowohl auf der Seite des Übereigners als auch auf der Seite des Erwerbers dritte Personen (Besitzdiener, Besitzmittler und „Geheißpersonen") eingeschaltet werden. Daher hat man sich darauf verständigt, den Begriff der Übergabe sehr weiträumig zu interpretieren, indem man darunter einen Vorgang versteht, an dessen Ende der **Übereigner keinen Besitz an der Sache** hat, weil er allen Besitz an der Sache aufgegeben hat oder nie Besitz an der Sache hatte, ein Vorgang, der dazu führt, dass der **Erwerber oder eine von ihm benannte „Geheißperson" den unmittelbaren oder mittelbaren Besitz** aufgrund des Veräußerungsgeschäftes erhalten hat und dass dies auf **Veranlassung des Übereigners** erfolgt ist. Dies besagt **im Einzelnen Folgendes**: **(a) Seite des Übereigners:** Unter einer Übergabe versteht man daher natürlich in erster Linie die Verschaffung des Besitzes durch ihn selbst oder seinen Besitzdiener, und zwar des unmittelbaren Besitzes; aber auch in der Verschaffung des mittelbaren Besitzes kann eine Übergabe der Sache liegen (so wenn der Besitzmittler des Übereigners auf dessen Veranlassung ein Besitzmittlungsverhältnis mit dem Erwerber begründet). Aber auch wenn der Übereigner selbst zwar keinen Besitz, wohl aber die „Besitzverschaffungsmacht" hatte, weil eine seinen Weisungen folgende Person sie besitzt („Geheißperson"), kann er durch Einschaltung dieser „Geheißperson" die Sache so wie vorstellend geschildert, i.S.d. § 929 S. 1 BGB „übergeben". **(b) Seite des Erwerbers:** Das Ergebnis muss sein, dass auf Seiten des Erwerbers dieser selbst oder durch einen Besitzdiener oder eine von ihm benannte „Geheißperson" den unmittelbaren oder mittelbaren Besitz erlangt. **(c) Auf Veranlassung des Übereigners:** Diese Position muss der Erwerber auf Veranlassung des Übereigners erlangen.

Fall 541: Der V verkauft dem K ein ihm gehöriges Buch. Der K zahlt den Kaufpreis an den V, der den Kaufpreis entgegennimmt. Dann drückt der V dem K das Buch in die Hand. Der K liest darin und lässt es auf einer Parkbank liegen. Der D findet es. Der K verlangt Herausgabe von dem D.

Der Anspruch ergibt sich aus § 985 BGB. a) Der K ist Eigentümer des Buches. Er hat das Eigentum von dem V erlangt. aa) Eigentümer war der V. bb) Der K hat das Eigentum nach § 929 S. 1 BGB erlangt: aaa) In der Zahlung und der Entgegennahme des Kaufpreises liegt eine dingliche Einigung mit V über die Übereignung der Kaufsache. bbb) Die Übergabe liegt darin, aaaa) dass der V den Besitz vollständig verloren hat, bbbb) dass der K den Besitz erlangt hat und cccc) dies alles auf Veranlassung des V geschehen ist. b) Der D ist Besitzer des Buches. c) Er hat kein Recht zum Besitz (§ 986 BGB).

Variante: Der V verkauft dem K ein ihm gehöriges Buch. Der K zahlt den Kaufpreis an den V, der den Kaufpreis entgegennimmt. Einen Tag später kommt der B, ein Angestellter des K, zu V's Geschäft, um das Buch abzuholen. Der Angestellte A des V gibt dem B das Buch. Auf dem Weg zu K lässt der B das Buch auf einer Parkbank liegen. Der D findet es. Der K verlangt von D Herausgabe.

Der Anspruch ergibt sich aus § 985 BGB. a) Der K ist Eigentümer des Buches: Er hat das Eigentum von dem V erlangt. aa) Eigentümer war der V. bb) Der K hat das Eigentum nach § 929 S. 1 BGB erlangt. aaa) In der Zahlung und der Entgegennahme des Kaufpreises liegt eine Einigung mit dem V über die Übereignung der Kaufsache. bbb) Die Übergabe liegt darin, aaaa) dass der V den Besitz vollständig verloren hat, bbbb) dass der K den Besitz erlangt hat cccc) und zwar jeder von ihnen durch ihre Besitzdiener A und B, die selbst keinen Besitz haben, so dass die Sachbewegungen dem V und dem K zugerechnet werden (§ 855 BGB) und dddd) dass dies alles auf Veranlassung des V geschehen ist. b) D ist Besitzer des Buches. c) Er hat kein Recht zum Besitz (§ 986 BGB).

Fall 542: Der V hat ein ihm gehöriges Buch an den L ausgeliehen. Der V verkauft es an den K. Der K zahlt den Kaufpreis an den V, der den Kaufpreis entgegennimmt. Nach Beendigung des Leihverhältnisses bringt der L auf Weisung des V das Buch zu K. Als der K gerade darin liest, wird es von D schuldhaft zerstört. Der K verlangt von dem D Schadensersatz.

Der Anspruch ergibt sich aus § 823 Abs. 1 BGB. a) Die Zerstörung ist eine aa) Verletzung einer Sache, bb) die im Eigentum des K stand. aaa) Der Eigentümer war ursprünglich der V. bbb) Der K hat das Eigentum nach § 929 S. 1 BGB erlangt. aaaa) In der Zahlung und der Entgegennahme des Kaufpreises liegt eine Einigung über die Übereignung der Kaufsache. bbbb) Die Übergabe liegt darin, aaaaa) dass der V den Besitz vollständig verloren hat, bbbbb) dass der K den Besitz erlangt hat ccccc) und dies dann alles auf Veranlassung des V geschehen ist. b) Die Eigentumsverletzung ist einem Handeln des D c) zuzurechnen. d) Rechtswidrigkeit e) und ein Verschulden des D liegen vor.

Fall 543: Der V hat ihm gehörige Waren, die er in Besitz hat, an den K verkauft. Der K hat bei LH einen Lagerraum für die Waren angemietet. Der K zahlt den Kaufpreis an den V, und der V liefert die Waren, wie mit dem K vereinbart, direkt an den LH. Später bringt der V, indem er sich gegenüber dem Lagermeister als Einlagerer ausgibt, die Ware wieder an sich. Der K verlangt Herausgabe von dem V.

1. Der K könnte nach § 985 BGB Herausgabe verlangen, wenn er a) Eigentümer geworden wäre. aa) Der V war ursprünglich Eigentümer. bb) Hat K das Eigentum von ihm nach § 929 S. 1 BGB erworben? aaa) Eine dingliche Einigung und bbb) eine Übergabe aaaa) durch Aufgabe des unmittelbaren Besitzes bbbb) und eine Verschaffung des mittelbaren Besitzes an den K liegen vor. (Das eigenmächtige Wiederverschaffen des unmittelbaren Besitzes durch V ändert hieran natürlich nichts!) b) Der V ist Besitzer c) und hat kein Recht zum Besitz (§ 986 BGB). 2. Der K hat weiterhin einen Anspruch a) aus §§ 280, 241 Abs. 2, 249 Abs. 1 BGB b) und aus §§ 823 Abs. 1, 249 Abs. 1 BGB auf Herausgabe.

Fall 544: Der VSP verkauft gegen sofortige Barzahlung ihm gehörige Waren an VE, der sie bereits an den D weiter verkauft hat und dafür den Kaufpreis erhalten hat. Der VE weist den VSP an, die Waren dem D zu liefern, was geschieht. Wer hat an wen übereignet?

a) Der VSP hat nicht an den D übereignet. Denn eine Übereignung erfolgt nach dem Willen der Parteien immer „entlang" der dazu verpflichtenden Kausalverhältnisse; und der VSP war nicht dem D, sondern dem VE zur Übereignung verpflichtet. b) Der VSP hat an VE nach § 929 S. 1 BGB übereignet. aa) Eine dingliche Einigung liegt in der Zahlung (Angebot) und der Entgegennahme des Kaufpreises und der Anweisung an VSP, die Sache zu D zu bringen (Annahme). bb) Zwar hat der VE durch die Lieferung der Ware an D keinen Besitz daran erlangt; in der Übergabe an den D liegt aber deshalb eine Übergabe an den VE, weil die Lieferung an den D auf VE's „Geheiß" vorgenommen wurde. c) Der VE hat sodann an den D nach § 929 S. 1 BGB übereignet: aa) Eine dingliche Einigung liegt in der Zahlung (Angebot) und der Entgegennahme des Kaufpreises und der Anweisung an VSP, die Sache zu D („Geheißperson") zu bringen (Annahme unter Verzicht auf den Zugang nach § 151 BGB. bb) Die durch VSP an D vorgenommene Übergabe wird dem VE zugerechnet, weil sie auf dessen Macht zur Besitzverschaffung beruht. Man nennt diese Konstellation einen Eigentumserwerb durch „doppelten Geheißerwerb".

<u>Fall 545:</u> Dem seit 6 Monaten zahlungsunfähigen V wird von seinem Gläubiger G 1 eine ihm gehörige wertvolle Sache weggenommen. Der V, der dem G 1 auf die Schliche gekommen ist, verkauft die Sache an seinen die Zahlungsunfähigkeit des V kennenden Gläubiger G 2 zu einem Schleuderpreis. Der G 2 zahlt sofort. Sodann fordert der V den G 1 unter Androhung einer Strafanzeige auf, die Sache zu G 2 zu bringen. Der G 1 folgt dem aus Angst vor der Strafverfolgung und bringt die Sache zu G 2. Aufgrund dieses Geschäftes ist die Forderung des G 2 bei wirtschaftlicher Betrachtungsweise getilgt. Am nächsten Tag wird über das Vermögen des V das Insolvenzverfahren eröffnet. Der Insolvenzverwalter IV erklärt die Anfechtung der Übereignung und verlangt Herausgabe von dem G 2.
Der Anspruch könnte sich 1. aus §§ 985 BGB, 80 InsO ergeben. a) Der G 2 ist Besitzer der Sache. b) Der V müsste Eigentümer sein. aa) V war Eigentümer. bb) Er könnte das Eigentum durch Übereignung an G 2 verloren haben (§ 929 S. 1 BGB) aaa) Eine dingliche Einigung liegt in der Zahlung (Angebot) und der Entgegennahme des Kaufpreises und der Anweisung an den G 1, die Sache zu G 2 zu bringen (Annahme unter Verzicht auf den Zugang nach § 151 BGB). bbb) Die Übergabe aaaa) setzt keine Besitzaufgabe des V voraus, da er keinen Besitz hatte. bbbb) Der G 2 hat den unmittelbaren Besitz erlangt, cccc) auf Veranlassung des V, der die Macht zur Besitzverschaffung durch die „Geheißperson" G 1 ausgeübt hat. Der G 2 ist daher Eigentümer geworden; der IV hat keinen Herausgabeanspruch aus § 985 BGB. 2. Der Anspruch ergibt sich jedoch aus §§ 143 Abs. 1, 130 Abs. 1 Nr. 1, 129 Abs. 1 InsO.

- Die **Übergabe** kann aber auch durch die **Übergabe** von **Traditionspapieren** erfolgen: Wenn Waren von einem Lagerhalter eingelagert oder zu Lande von einem Frachtführer bzw. zu See von einem Verfrachter transportiert werden, können diese Waren einerseits nach § 931 BGB durch Einigung und Abtretung des Herausgabeanspruchs gegen den Lagerhalter oder gegen die Transportperson übereignet werden. Ein Nachteil einer solchen Übereignung nach § 931 BGB wäre, dass der Erwerber sich dann evtl. Einwendungen des Lagerhalters, des Frachtführers oder des Verfrachters entgegenhalten lassen müsste (§ 986 Abs. 2 BGB). Das Gesetz ermöglicht daher eine Übereignung durch **Einigung** und **Übergabe** der eingelagerten oder transportierten Sache **durch die Übergabe** von „**Traditionspapieren**" (= Orderlagerschein in § 475 g HGB, Ladeschein in § 448 HGB und Konnossement in § 643 HGB). Überwiegend wird angenommen, dass ein Eigentumserwerb nach **§§ 929 S. 1 BGB, 475 g, 448, 643 HGB** durch Einigung und Übergabe des Papiers erfolgt: Nach der „**absoluten Theorie**" wird das Papier bereits dann dem Gut gleichgesetzt, wenn es nur einmal vom Papieraussteller in Besitz genommen worden ist; nach der „**Repräsentationstheorie**" kann das Papier nur bei bestehendem mittelbaren Besitz des Papierausstellers dem Gut gleichgestellt werden. Die „Repräsentationstheorie" ist wohl zutreffend: Die absolute Theorie würde sinnloserweise einen Eigentumserwerb auch bei nicht mehr vorhandenem Gut ermöglichen; auch der Wortlaut spricht für eine Übernahme des Gutes und damit für einen fortbestehenden Besitz. Die sog. **„relative Theorie"** sieht dagegen in der Papierübergabe eine Abtretung des Herausgabeanspruchs nach § 870 BGB, so dass das Eigentum nach § 931 BGB übergeht; dem kann überhaupt nicht gefolgt werden, denn hiernach wären die §§ 448, 475 g, 643 HGB überflüssige Vorschriften.

Fall 546: Der nach der Verordnung über Orderlagerscheine dazu ermächtigte Lagerhalter LH schließt mit dem ELV einen Lagervertrag über einen dem ELV gehörenden Container ab und erteilt dem ELV einen Orderlagerschein. Der ELV verkauft den Container an den K und händigt ihm nach Zahlung des Kaufpreises den an den K indossierten Orderlagerschein aus. Danach weist der ELV den LH an, den Container an ihn, den ELV, herauszugeben. Bevor es dazu kommt, wird der Container bei dem LH von dem D gestohlen und an einen Unbekannten U veräußert. Der K verlangt den noch vorhandenen Erlös von D.

Der Anspruch könnte sich 1. aus § 816 Abs. 1 S. 1 BGB ergeben. a) Der D hat als Nichtberechtiger verfügt. b) Diese Verfügung müsste gegenüber dem K als Berechtigtem wirksam gewesen sein. aa) Der K müsste im Augenblick der Veräußerung an den U bereits Eigentümer gewesen sein. aaa) Der ELV war Eigentümer. bbb) In Betracht kommt eine Übereignung durch ELV an den K nach §§ 929 S. 1 BGB, 475 g HGB. aaaa) Eine Einigung liegt in der Übergabe des Papiers nach Entgegennahme des Kaufpreises. bbbb) Eine Übergabe des Containers wird durch die „Übergabe des (Order-) Lagerscheins an denjenigen, welcher durch den Schein zur Empfangnahme des Gutes legitimiert wird" (§ 475 g HGB) ersetzt: aaaaa) Der LH muss das Gut übernommen haben, also unmittelbarer oder mittelbarer Besitzer geworden sein; das ist der Fall. bbbbb) Der K muss hinsichtlich des verbrieften Anspruchs materiell berechtigt sein; das ist der Fall, weil dieser durch Indossament (§ 364 Abs.1 HGB, Art. 11 WG) auf ihn übertragen worden ist. ccccc) Der LH muss noch unmittelbarer oder mittelbarer Besitzer des Gutes sein; das ist der Fall. cccc) Der ELV und der K sind sich bei Übergabe des Orderlagerscheines noch einig. Der in der Aufforderung des ELV an den Lagerhalter LH, den Container an ihn, den ELV, herauszugeben, liegende Widerruf der Einigung war für K unerkennbar und ist daher unbeachtlich. dddd) Der K war daher der Eigentümer geworden. bb) Die aaa) an sich nach § 935 Abs. 1 BGB gegenüber dem K unwirksame Übereignung des D an den U ist bbb) nach §§ 185 Abs. 2 S. 1 1. Fall, 184 Abs. 1 BGB durch K's im Herausverlangen des Erlöses liegende Genehmigung rückwirkend wirksam geworden. Der D hat daher den Erlös an K herauszugeben. 2. Der Anspruch ergibt sich auch aus §§ 687 Abs. 2, 681 S. 2, 667 BGB.

Variante: Der Orderlagerschein trifft erst bei K ein, als der Container bereits gestohlen ist.

Nach der Repräsentationstheorie fehlt es für eine wirksame Übergabe am Besitz des LH.

Variante: Der ELV verliert den Orderlagerschein auf der Straße. Der F findet ihn und verkauft den Container an den K und händigt ihm nach Zahlung des Kaufpreises den an ihn indossierten Orderlagerschein aus. Der Container bei LH wurde von D gestohlen und an einen Unbekannten U veräußert. Der K verlangt den noch vorhandenen Erlös von D.

Der Anspruch besteht aus §§ 816 Abs. 1 S. 1 BGB und aus §§ 687 Abs. 2, 681 S.2, 667 BGB, weil der K das Eigentum nach §§ 929 S. 1 BGB, 475 g, 365 HGB, Art. 16 Abs. 2 WG erlangt hat.

Die weitere Funktion dieser Papiere ist es, den Auslieferungsanspruch gegen den Lagerhalter, Frachtführer, Verfrachter zu verbriefen, so dass durch Verfügung über das Papier der Auslieferungsanspruch übertragen werden kann.

3. Entbehrlichkeit der Übergabe (§ 929 S. 2 BGB und § 929 a BGB)

a) Erwerber ist (bereits) Besitzer

Ist der **Erwerber bereits unmittelbarer oder mittelbarer Besitzer** der Sache, ist die Übergabe entbehrlich, und es bedarf für die Übereignung nur einer dinglichen Einigung (§ 929 S. 2 BGB).

Fall 547: Der E verleiht dem L eine ihm gehörige bewegliche Sache; dieser verleiht sie an UL unter. Dann verkauft der E sie an den L; der L zahlt den Kaufpreis und der E sagt ihm, er könne die Sache nun behalten. Der D stiehlt dem UL die Sache. Der L verlangt sie von D heraus.

Der Anspruch könnte sich aus § 985 BGB ergeben. a) Der D ist unmittelbarer Besitzer (§ 854 BGB). b) Der L müsste Eigentümer der Sache sein: aa) Der E war Eigentümer. bb) Der L könnte das Eigentum erlangt haben: aaa) Eine Einigung liegt vor. bbb) Die Übergabe könnte nach § 929 S. 2 BGB entbehrlich sein, wenn der L im Besitz der Sache war. Wenn im Gesetz von „Besitz" die Rede ist, ist i.d.R. auch der mittelbare Besitz gemeint (§ 868 BGB). Der UL besaß aufgrund des Leihvertrages die Sache für den L, also war L mittelbarer Besitzer. c) D hatte kein Recht zum Besitz (§ 986 BGB). Der L kann auch die Herausgabe an sich verlangen, weil § 986 Abs. 1 S. 2 BGB deshalb nicht eingreift, weil der UL dem L gegenüber kein Recht zum Besitz mehr hat (§ 604 Abs. 3 BGB).

b) Eigentumsübertragung an Schiffen

Bei der Übertragung des Eigentums an Schiffen ist zu unterscheiden:

> 1. zwischen den leicht erreichbaren **Binnenschiffen**, die entweder im **Binnenschiffsregister eingetragen** sind und die dann durch Einigung und Eintragung in das Binnenschiffsregister übereignet werden (§ 3 SchiffsRG), und den **nicht im Binnenschiffsregister eingetragenen Binnenschiffen**, die nach §§ 929 ff. BGB übereignet werden,
>
> 2. und den oft schwer erreichbaren (sie sind auf „hoher See" und in fernen Ländern) **Seeschiffen**, die – gleich ob sie im Schiffsregister **eingetragen** oder **nicht eingetragen** sind – nach §§ 929 ff. BGB übereignet werden, und zwar auch ohne Übergabe oder Übergabesurrogat, also nur durch dingliche Einigung, wenn nach deren Inhalt „das Eigentum sofort übergehen soll" (für eingetragene Seeschiffe nach § 2 SchiffsRG und für nicht eingetragene Seeschiffe nach § 929 a BGB); die bei eingetragenen Schiffen erforderliche Eintragung ist daher nur eine Registerberichtigung.
>
> Der Grund für diese eigentümliche, die Übereignung beschleunigende Regelung ist, dass die Übereignung von Seeschiffen erleichtert werden soll; speziell bei nicht eingetragenen Seeschiffen soll nach § 929 a BGB die Übergabe eines auf hoher See schwimmenden Schiffes entbehrlich gemacht werden; man dachte dabei im Jahre 1900, als es noch keine weltumspannenden Kommunikationsmöglichkeiten gab, auch an Kriegs- oder Krisensituationen, die eine rasche Veräußerung nötig machen können.

4. Übergabesurrogat: Besitzmittlungsverhältnis (§ 930 BGB)

Wenn der Übereigner die Sache aus eigenem Interesse noch für einige Zeit im (meist: unmittelbaren) Besitz behalten will (z.B. weil er sie „noch ein wenig" nutzen möchte) oder wenn er sie im Interesse des Erwerbers behalten soll (weil er sie für den Erwerber verwahren soll), der Erwerber aber nach dem beiderseitigen Willen sogleich Eigentümer werden soll (z.B. zum Schutz des Erwerbers vor Gläubigern des Übereigners durch die Rechte aus § 47 InsO oder § 771 ZPO), ließe sich das so konstruieren, dass die Sache zunächst nach § 929 S. 1 BGB an den Erwerber übereignet wird und dass sie dann von diesem an den Übereigner „zurück"-vermietet, -verliehen oder ihm zur Verwahrung gegeben wird. Das ist umständlich und wäre eine zeitraubende reine Förmelei.

Daher hat das Gesetz aus Gründen der Vereinfachung in § 930 BGB eine Übereignung ermöglicht, bei der zwar eine Einigung erforderlich ist, aber die „Übergabe" dadurch ersetzt wird, dass aufgrund einer Vereinbarung der Übereigner die Sache in Besitz behält und sie nunmehr aufgrund eines Besitzmittlungsverhältnisses („Besitzkonstitut") für den neuen Eigentümer besitzt.

Die beiden eingangs genannten Fall-Konstellationen, mit denen der Normzweck des § 930 BGB erklärt worden ist, sind allerdings ohne jede praktische Bedeutung. In der Rechtswirklichkeit sind es ganz andere Geschäfte, bei denen man sich der Norm des § 930 BGB bedient:

- Dies ist einerseits die (bereits diverse Male angesprochene und später vertieft darzustellende) **Sicherungsübereignung**
- und die **Einkaufskommission** (die hier sogleich behandelt werden wird).

---

1. Fassen wir zusammen: Bei einer **Übereignung** nach §§ 929 S. 1, 930 BGB

a) Ist natürlich eine **Einigung** i.S.d. § 929 S. 1 BGB **unerlässlich**

b) Es wird aber die **Übergabe ersetzt** durch ein zwischen Übereigner und Erwerber bestehendes Besitzmittlungsverhältnis **(„Besitzkonstitut")**, kraft dessen der Übereigner die Sache für den Erwerber besitzt (§ 868 BGB).

Dieses Besitzkonstitut muss

aa) rechtlich konkretisiert sein als Miet-, Verwahrungs- oä. Rechtsverhältnis; ob die Sicherungsabrede im Sicherungsvertrag der Sicherungsübereignung ausreicht (so die hM), oder ob ein gesonderter Verwahrungsvertrag geschlossen werden muss, ist umstritten.

bb) Es reicht auch ein **gesetzliches** Besitzmittlungsverhältnis.

cc) Das Besitzkonstitut muss **nicht** einmal **unbedingt rechtswirksam** sein, es reicht aus, wenn der unmittelbare Besitzer einen anderen als „Oberbesitzer" anerkennt und ein Herausgabeanspruch sich aus dem Gesetz ergibt; wenn aber – wie i.d.R. – der Nichtigkeitsgrund auch die Einigung erfasst, interessiert diese Möglichkeit praktisch nicht.

2. Für die **folgenden Ausführungen** ist wichtig zu wissen, dass eine Übereignung nach §§ 929 S. 1, 930 BGB

a) vorweggenommen werden kann durch eine anti(e)zipierte Einigung und anti(e)zipierte Vereinbarung eines Besitzmittlungsverhältnisses, wobei umstritten ist, ob dann eine äußere Kenntlichmachung i.S. einer „Ausführungshandlung" hinzutreten muss,

b) oder durch eine unter **Befreiung von § 181 BGB** vorgenommenen Einigung und Vereinbarung eines Besitzkonstituts erfolgen kann, indem der vom Verbot des Selbstkontrahierens (§ 181 BGB) befreite veräußernde Eigentümer mit sich selbst und zugleich als bevollmächtigter Vertreter des Erwerbers handelt, wobei ein solcher Übereignungswille nach außen in Erscheinung treten muss.

Fall 548: Der Examenskandidat V verkauft dem Erstsmester K ein ihm gehöriges gebrauchtes Exemplar des Lehrbuchs von Baur-Stürner. Der K zahlt den Kaufpreis an den V, der den Kaufpreis entgegennimmt; der V und der K sind sich einig, dass der V das Buch noch bis zum 6. Juni 2002 bei sich behalten und sich damit für seine Examensklausur vorbereiten kann. Am 5. Juni 2002 zerstört die Freundin des V, die D, das Buch, als der V gerade darin liest, weil sie sich darüber ärgert, dass der V nur noch Augen für den Baur-Stürner und nicht mehr für sie hat. Der K verlangt von der D Schadensersatz.

Der Anspruch ergibt sich aus § 823 Abs. 1 BGB. a) Die Zerstörung des Buches ist eine Verletzung des Eigentums des K an dem Buch: aa) Eigentümer war ursprünglich der V. bb) Der K hat das Eigentum nach § 929 S. 1, 930 BGB erlangt: aaa) In der Zahlung und der Entgegennahme des Kaufpreises liegt eine dingliche Einigung über die Übereignung der Kaufsache. bbb) Die Übergabe wird dadurch ersetzt, dass der V die Sache für den K aufgrund eines Besitzmittlungsverhältnisses (Leihvertrag, §§ 598 ff. BGB) besitzt. b) Die Eigentumsverletzung aa) ist einem Handeln der D bb) zuzurechnen (Vorsatzdelikt). c) Rechtswidrigkeit (Vorsatzdelikt) und d) Verschulden (Vorsatz) liegen vor.

Fall 549: Der reiche van Gogh-Sammler K'tent aus Hamburg vereinbart mit dem hochverschuldeten und auch ihm Geld schuldenden Kunsthändler K'är aus Frankfurt, dass dieser gegen Erlass der Schulden im eigenem Namen auf der Auktion des Dritt in München für Rechnung des K'tent ein dem Dritt gehörendes bestimmtes Bild ersteigert; der K'tent will dort nicht persönlich auftreten, um die Preise nicht durch seine bloße Anwesenheit in die Höhe zu treiben. Der K'är soll bis zum Preis von € 500 000,- bieten; zur Durchführung des zu schließenden Kaufvertrages erhält der K' är von dem K'tent € 500 000,- in bar. Beide sind sich einig, dass der K'tent sogleich nach der Ersteigerung das Eigentum an dem Bild erwerben soll; für die Zeit bis zum abschließenden Transport nach Hamburg soll der K'är das Bild für den K'tent verwahren. Der K'är bietet auf der Auktion und erhält den Zuschlag bei € 480 000,-, die er sofort bar mit dem ihm als Vorschuss überlassenen Geld bezahlt. Der Dritt erfüllt daraufhin den Kaufvertrag gegenüber dem K'är. Der K'är fährt noch am gleichen Abend zunächst nach Frankfurt, wo er vor der Weiterfahrt nach Hamburg bei sich zu Hause übernachten will; das Bild nimmt er mit in seine Wohnung. Hier wird am nächsten Morgen das Bild und auch der Restbetrag aus dem Vorschuss in Höhe von € 20 000,- im Auftrag seines Gläubigers G, der von dem Erwerb des Bildes durch den K'är in einer Morgenzeitung gelesen hat, aufgrund eines Zahlungstitels über € 600 000,- durch den Eil-Gerichtsvollzieher GV gegen den Protest des K'är, der auf eine Berechtigung des K'tent an Bild und Geld hinweist, gepfändet.

> Beantworten Sie sich zunächst selbst die folgenden <u>Zwischenfragen</u> aus Ihrem bisher angesammelten Fundus an aktivem „Basiswissen": **1.** Was für eine Rechtsbeziehung besteht zwischen K'tent und K'är? **2.** Welche Rechte und Pflichten bestehen zwischen ihnen? **3.** Wo und wie ist der Kommissionsvertrag gesetzlich geregelt? **4.** Was ist die Voraussetzung für eine Zwangsvollstreckung im Allgemeinen? **5.** Was sind die Gegenstände der Zwangsvollstreckung wegen einer Geldforderung? **6.** Was ist die alleinige Voraussetzung dafür, dass der GV eine bewegliche Sache pfändet? **7.** Warum interessiert ihn der Protest des K'är überhaupt nicht? **8.** Was würde ein vernünftiger, praktisch denkender Gerichtsvollzieher in dieser Situation allerdings wohl machen?

<u>Fortsetzung des Falles:</u> Der K'tent erhebt Klage gegen den G aus § 771 ZPO („Drittwiderspruchsklage").

Die Voraussetzung des § 771 ZPO ist ein dem Kläger (K'tent) zustehendes „die Veräußerung hinderndes Recht"; damit ist gemeint, dass der Gegenstand (hier: die beweglichen Sachen – van Gogh-Gemälde und Bargeld in Höhe von € 20 000,-), auf den sich die Zwangsvollstreckung (hier durch Pfändung) bezieht, rechtlich nicht dem Schuldner (hier dem K'är), sondern dem Kläger zusteht, weil er (der K'tent) und nicht der K'är Eigentümer ist: Es ist daher nach der sog. „historischen Methode" zu prüfen, wer Eigentümer des Bildes und des Geldes ist. 1. <u>Bild</u>: a) Eigentümer war der Dritt. b) Weil der K'är im eigenen Namen gehandelt hat, aa) ist aufgrund der Verpflichtung des Dritt aus dem zwischen ihm und K'är nach §§ 433, 145, 156 BGB geschlossenen Kaufvertrag bb) das Eigentum an dem Bild an K'är nach § 929 S. 1 BGB übertragen worden. c) Ist der K'tent danach Eigentümer geworden? Konstruktiv vorstellbar sind zwei Wege: aa) Der K'är könnte das Bild nach dem Eigentumserwerb, aber vor der Pfändung durch GV, an den K'tent nach §§ 930, 164, 181 BGB im Wege eines In-sich-Geschäfts übereignet haben. aaa) Hier wäre uU. nach den Grundsätzen des „Geschäftes, an wen es angeht" auf ein Handeln in fremdem Namen zu verzichten, weil der K'tent nicht schutzwürdig wäre; dies ist jedoch deshalb zweifelhaft, weil ein Geschäft an den, den es angeht, typischerweise nur bei einem „Bargeschäft des täglichen Lebens" angenommen werden kann, wozu dieses Geschäft kaum zählen dürfte. bbb) Nimmt man dies gleichwohl an, läge eine entsprechende Bevollmächtigung in dem Kommissionsvertrag; ccc) und wegen der Verpflichtung des K'är, das Eigentum an den K'tent zu übertragen (§ 667 BGB), wäre der K'är auch von den Schranken des § 181 BGB entbunden; ddd) es fehlt aber an einem (erforderlichen) nach außen in Erscheinung getretenen Übertragungswillen. bb) Möglich ist ferner ein Eigentumserwerb durch eine „anti(e)zipierte" Einigung und eine „anti(e)zipierte" Vereinbarung eines Besitzkonstituts gem. §§ 929 S. 1, 930 BGB: aaa) Eine aaaa) vorweggenommene Einigung und bbbb) ein vorweggenommenes konkretes (Verwahrungsvertrag) Besitzkonstitut sind im Kommissionsvertrag vereinbart worden; cccc) der Praxis zufolge müsste aber eine Ausführungshandlung hinzutreten, an der es hier fehlt; nach der hL. ist aber eine Ausführungshandlung nicht erforderlich, weil die §§ 929 S. 2 – 931 BGB im Gegensatz zu § 929 S. 1 BGB gerade auf ein solches Erfordernis verzichten. Das überzeugt: Die Klage wäre daher insoweit begründet. 2. <u>Geld</u>: Die Überlassung des Vorschusses aufgrund des § 669 BGB dürfte nach §§ 133, 157 BGB seitens des K'tent nicht als Übereignung an den K'är gewollt sein, sondern nur als Ermächtigung nach § 185 Abs. 1 BGB, über das (weiterhin im Eigentum des K'är stehende) Geld zu verfügen; denn es liegt aus der Sicht eines vernünftigen Kommissionärs auch unter Berücksichtigung von Treu und Glauben fern, dass ein Kommittent den zu leistenden Vorschuss an den K'är übereignen will: Er würde so ohne vernünftigen Grund das Risiko eines Zugriffs eines Gläubigers des Kommissionärs auf sich nehmen und dies sogar im Fall eines nicht ausgeführten Kommissionsgeschäftes bis zur Rückzahlung des Kommissionärs; dessen Interessen erfordern überdies kein Eigentum am Vorschuss, denn mit einer Ermächtigung zur Verfügung ist ihm ausreichend gedient. Daher war K'tent Eigentümer am unverbrauchten Vorschuss in Höhe von € 20 000,- geblieben. Die Klage wäre auch insoweit begründet.

Variante: Der K'är hat den Kaufpreis gezahlt. Das Bild soll an ihn in einer Woche durch einen besonders gesicherten Transport geliefert werden. Am nächsten Tag wird über das Vermögen des K'är das Insolvenzverfahren eröffnet. Der K'tent will aussondern
Der Anspruch steht bereits vor der Abtretung an K'tent diesem zu (§ 392 Abs. 2 HGB), so dass dieser den Lieferungsanspruch aussondern kann (§ 47 InsO).

5. Übergabesurrogat: Abtretung des Herausgabeanspruchs (§ 931 BGB)

Wenn nicht der die Sache übereignende Eigentümer, sondern ein Dritter im Besitz der zu übereignenden Sache ist, würde eine Übereignung nach § 929 S. 1 BGB voraussetzen, dass der Eigentümer sie zunächst von dem Dritten herausverlangt; nach erfolgter Übergabe an ihn könnte er sie dann nach § 929 S. 1 BGB übereignen. Diesen umständlichen und zeitraubenden Weg vereinfacht eine Übereignung nach §§ 929 S. 1, 931 BGB: Danach ist für eine Übereignung neben der **dinglichen Einigung** eine **Abtretung des Herausgabeanspruchs gegen den Dritten** erforderlich.

Dieser Herausgabeanspruch kann (das erschließt sich aus der den gutgläubigen Erwerb vom Nichteigentümer betreffenden Regelung des § 934 BGB)

- sich entweder aus einem **Besitzmittlungsverhältnis** ergeben (z.B. Mietvertrag)
- oder bei fehlendem Besitzmittlungsverhältnis mit dem Dritten (z.B. bei einem Diebstahl des Dritten) aus einem **gesetzlichen Herausgabeanspruch** herrühren.

> 1. Bei einem Besitz des Dritten aufgrund eines **bestehenden Besitzmittlungsverhältnisses** (z.B. eines Mietvertrags) wird der Herausgabeanspruch (z.B. aus § 546 Abs. 1 BGB) nach §§ 398, 870 BGB abgetreten.
>
> 3. Besteht **kein Besitzmittlungsverhältnis**, sondern ein gesetzlicher Herausgabeanspruch gegen den Dritten (z.B. bei einem Diebstahl gegen den besitzenden Dieb), so sollen die Herausgabeansprüche aus § 812 BGB oder aus §§ 823, 249 Abs. 1 BGB abgetreten werden. Nicht abtretbar sein soll jedoch ein eventueller Herausgabeanspruch aus § 985 BGB. Daher für eine Übereignung nach § 931 BGB die bloße Einigung ausreichen.
>
> 3. Wie bei der Zession (vergl. §§ 404 ff. BGB) muss der an der Zession unbeteiligte **Herausgabeschuldner** (hier der unmittelbare Besitzer) **geschützt** werden. Dazu dient der § 986 Abs. 2 BGB; dieser Schutz ähnelt dem § 404 BGB und hängt natürlich nicht etwa von einer „Gutgläubigkeit" des Besitzers ab!

Fall 550: Der V hat am 1. Dezember 2002 sein Auto für einen Monat an den M vermietet und ihm den Wagen überlassen. Am 2. Dezember 2002 verkauft der V das Auto an den K und übereignet es ihm nach § 931 BGB, weil der K den Kaufpreis gezahlt hat. Am 3. Dezember 2002 verlangt der K das Auto von dem M heraus.

Der Anspruch könnte sich aus § 985 BGB ergeben. a) K ist Eigentümer nach § 931 BGB geworden. b) Der M ist Besitzer. c) Der M dürfte kein Recht zum Besitz haben: Hier ergibt sich dieses aus §§ 986 Abs. 2, 931, 535 BGB.

> Ich lasse einen solchen Fall Jahr für Jahr in Anfängerübungen und Vorlesungen für jüngere Semester lösen und bekomme fast jedes Mal aus dem Kreise der Hörer sinngemäß die spontane Antwort: „Der K hat keinen Herausgabeanspruch. Denn der M hat ein Recht zum Besitz aus dem Mietvertrag nach §§ 986 Abs. 1, 535, 566 (früher: § 571) BGB. Denn es gilt doch der Rechtssatz: Kauf bricht nicht Miete"! Wenn ich dann die Vorschrift des § 566 BGB vorlesen lasse, ist man meist allseits ratlos. Manche kommen immerhin auf § 404 BGB, den sie analog anwenden wollen. Dass sich die Lösung aus §§ 986 Abs. 2, 535 BGB ergibt, löste großes Erstaunen aus, weil § 986 Abs. 2 BGB schlichtweg (wie bekanntlich so mancher „zweite Absatz") unbekannt war. Die sich anschließende Frage ist dann stets die Aufforderung, nunmehr einen Fall zu § 566 BGB zu bilden. Das überlasse ich Ihnen jetzt selbst.

Fall 551: Der V hat an den M am 1. Dezember 2002 ein ihm gehörendes Wohnhaus vermietet und überlassen. Am 2. Dezember 2002 hat er es an den K verkauft und nach §§ 873, 925 BGB übereignet; der K wird am 1. Februar 2003 als Eigentümer im Grundbuch eingetragen. Der K verlangt von dem M Räumung.

Der Anspruch könnte sich aus 1. § 985 BGB ergeben. a) K ist Eigentümer nach §§ 873, 925 BGB geworden. b) M ist Besitzer. c) M dürfte kein Recht zum Besitz haben: hier ergibt sich das Recht zum Besitz aus §§ 986 Abs. 1, S. 1, 535, 566 BGB. 2. Ein Anspruch aus § 546 Abs. 1 BGB besteht nicht, weil zwischen M und K ein Mietvertrag besteht (§§ 566, 535 BGB), bb) der mangels wirksamer Kündigung des Mietvertrages nicht beendet ist.

> Hier ist ein Kommentar nötig: An sich hätte bei der Prüfung mit einem Anspruch aus § 546 BGB begonnen werden müssen; aber, um diese Prüfung plausibel zu machen, hätte inzident der § 566 BGB subsumiert werden müssen. Die Aufbauregel ist hier aus didaktischen Gründen (es ging nur darum, den Unterschied des „Mieterschutzes" durch § 986 Abs. 2 BGB und § 566 BGB deutlich zu machen) bewusst „außer Kraft gesetzt" worden!

- § 931 BGB soll eine Übereignung auch dann durch bloße dingliche Einigung ermöglichen, wenn es dem Eigentümer an einem Herausgabeanspruch gegen einen Besitzer deshalb fehlt, weil die dem Eigentümer gehörige Sache **in Niemandes Besitz ist**: z.B. bei der Übereignung des Wracks auf dem Meeresgrund (Medicus).

6. Eigentum und Verfügungsbefugnis des Übereigners oder Verfügungsbefugnis bei fehlendem Eigentum des Übereigners

Voraussetzung für die **Wirksamkeit** der Übereignung ist, dass der Übereigner Berechtigter ist entweder

- weil er **Eigentümer der Sache** ist und als solcher auch **zur Verfügung darüber befugt** ist
- oder weil er als **Nichteigentümer jedenfalls die Verfügungsbefugnis** hat.

a) Eigentum und Verfügungsbefugnis des Übereigners

Die Übereignung ist also dann **wirksam**, wenn der **Übereigner** der **Eigentümer** der Sache ist und auch **zur Verfügung** über sein Eigentum an der Sache **befugt** ist.

Das **Eigentum des Übereigners** an der Sache wird **vermutet**, wenn dieser (wie in den meisten Sachverhalten) im Besitz der Sache ist bzw. war etc. (§ 1006 BGB), so dass Sie bei der Fallbearbeitung auf ein mögliches Fehlen des Eigentums des besitzenden Übereigners nur dann eingehen dürfen, wenn der Sachverhalt Anlass dazu bietet.

Ansonsten ist die **dingliche** (hier: die das Eigentum betreffende) **Rechtslage** von Ihnen in der **historischen Abfolge** Schritt für Schritt und ganz sorgfältig zu prüfen.

> Ausgehend von der Person, die als zeitlich erster Eigentümer anzusehen ist (weil der Sachverhalt sie als Eigentümer bezeichnet oder weil § 1006 BGB für ihr Eigentum spricht) müssen Sie Schritt für Schritt und ganz sorgfältig untersuchen, welche Personen in der Einzel (§§ 929 ff. BGB)- oder Gesamtrechtsnachfolge (§§ 1922 BGB) oder originär (§§ 946 ff., 953 ff. BGB) das Eigentum erlangt haben.

Die **Verfügungsbefugnis** des jeweiligen Eigentümers wird ebenfalls **vermutet**. Der Übereigner hat nur ausnahmsweise dann **keine Verfügungsbefugnis**, wenn das Gesetz oder eine „behördliche Entscheidung" ihm diese nimmt.

> Zu unterscheiden sind insoweit
> - die **relativen Veräußerungsverbote** (§§ 135, 136 BGB), bei denen die Verfügung **nur zugunsten bestimmter Personen unwirksam** ist, z.B. eine Verfügung, die einer im Rahmen der Zwangsvollstreckung erfolgten Beschlagnahme zuwiderläuft (§§ 829 ZPO, 20, 148 ZVG), oder im Fall des § 161 Abs. 1 BGB;
> - und die **absoluten Veräußerungsverbote**, bei denen die Verfügung **gegenüber allen Personen unwirksam** ist, wie z.B. in §§ 1365, 1369 BGB (dient im Güterstand der Zugewinngemeinschaft der Erhaltung der Familienhabe) oder §§ 81, 91 InsO (dient der Erhaltung der Insolvenzmasse).
>
> Dagegen kann dem Eigentümer die Verfügungsmacht **nicht durch Rechtsgeschäft** genommen werden (§ 137 BGB; denken Sie dabei auch immer an die – im Sachenrecht allenfalls bei § 931 BGB relevant werdende – Ausnahme zu § 137 BGB in § 399 BGB: „pactum de non cedendo").

Der für Sie hier zunächst wichtigste Fall ist der des **Verfügungsverbotes** nach **§ 161 Abs. 1 BGB**, das Ihnen ja schon gut bekannt ist.

Fall 552: Der V verkauft eine ihm gehörige bewegliche Sache unter Vorbehalt des Eigentums an den K 1 und übergibt und übereignet sie an ihn. Weil die Sache einen Mangel hat, bringt der K 1 sie zurück zu dem V, damit dieser den Mangel beseitigt (§§ 433, 434, 437 Nr. 1, 439 BGB). Der V, der einen plötzlichen Geldbedarf hat, nutzt die Gelegenheit und verkauft die Sache an den den Kaufpreis sofort bar zahlenden K 2 und erfüllt den Kaufvertrag durch Übereignung und Übergabe an K 2. Der K 2 weiß, dass V die Sache zuvor an K 1 unter Eigentumsvorbehalt veräußert hatte. Der K 1, der von diesen Vorgängen nichts weiß, zahlt jetzt den Restkaufpreis an den V und verlangt Herausgabe von K 2, nachdem der V ihm alles gebeichtet hat.

Ein Anspruch des K 1 gegen den K 2 könnte sich aus § 985 BGB ergeben. a) Der K 2 ist Besitzer der Sache. b) Der K 1 müsste Eigentümer sein. aa) Der V war Eigentümer. bb) Der K 1 ist zunächst nicht Eigentümer geworden (§§ 929 S. 1, 158 Abs. 1, 449 BGB). cc) Der K 2 könnte das Eigentum von dem V nach § 929 S. 1 BGB erworben haben. aaa) Der V und der K 2 haben sich dinglich geeinigt, bbb) die Sache ist an den K 2 übergeben worden. ccc) Der V ist Eigentümer. Fraglich ist, ob der V zur Verfügung befugt war. aaaa) Nach § 161 Abs. 1 BGB fehlt dem V die Verfügungsbefugnis bei sog. „Zwischenverfügungen" erst bei Eintritt der Bedingung. Die vollständige Kaufpreiszahlung war aber zur Zeit der Übereignung an den K 2 noch nicht erfolgt. bbbb) Mit der Zahlung des Kaufpreisrestes aaaaa) wäre die Übereignung an den K 2 ex nunc unwirksam geworden, bbbbb) wenn der K 2 nicht nach §§ 161 Abs. 3, 929 S. 2, 932 BGB geschützt wäre; das ist hier nicht der Fall, weil der K 2 hinsichtlich der zugunsten des K 1 erfolgten aufschiebend bedingten Übereignung bösgläubig war. dd) Also ist der K 1 durch Bedingungseintritt nach §§ 929, S. 1, 158 Abs. 1 BGB Eigentümer geworden. c) Der K 2 hat kein Recht zum Besitz gegenüber K 1 aus § 986 BGB.

Wenn bei einer Treuhand der Treuhänder vertragswidrig über das Treugut verfügt, indem er eine hierzu gehörende bewegliche Sache übereignet, dann ist diese Verfügung gegenüber Dritten wirksam; ein dinglich wirksames Verfügungsverbot kann der Treuhandvertrag nicht enthalten (§ **137 BGB**).

Fall 553: Der E ist Eigentümer eines berühmten Gemäldes. Er möchte aber nach außen nicht als Eigentümer in Erscheinung treten und übereignet es daher nach § 929 S. 1 BGB „zum Zwecke der Verwaltung" an das Museum des V; in dem Vertrag wird „jede Verfügung des V über das Bild ausgeschlossen". Als der V in Geldnot gerät, verkauft und übereignet er das Bild an den Sammler K. Der K weiß, dass der V Verwaltungstreuhänder für den E ist und dass dem V jede Verfügung über das Bild untersagt ist. Der E verlangt Herausgabe des Bildes an V.

Der Anspruch könnte sich aus § 985 BGB ergeben. a) K ist Besitzer. b) Der E müsste noch Eigentümer sein. aa) E war Eigentümer. bb) Der V hat das Eigentum von E erworben (§ 929 S. 1 BGB). cc) Der K könnte es von dem V erworben haben. aaa) Eine Übereignung nach § 929 S. 1 BGB scheitert nicht etwa an fehlendem Eigentum des V; dieser hatte auch Verfügungsbefugnis zur Übereignung an K, denn durch die Vereinbarung ist die Verfügungsbefugnis nicht mit Wirkung gegenüber Dritten ausgeschlossen (§ 137 BGB). bbb) Die Verfügung ist jedoch gleichwohl nach §§ 134 BGB, 266 StGB nichtig. cc) Der K darf kein Recht zum Besitz gegenüber dem E haben aaa) Ein eigenes Recht zum Besitz gegenüber E hat er nicht. bbb) Der K hat auch kein abgeleitetes Recht zum Besitz aus dem Kaufvertrag i.V.m. dem Verwaltungstreuhandvertrag, weil der Verwaltungstreuhandvertrag dem V nicht das Recht zur Veräußerung an Dritte einräumt und weil der Kaufvertrag nach §§ 134 BGB, 266 StGB nichtig ist. dd) Deshalb kann der E die Herausgabe auch an V verlangen (§ 986 Abs. 1 S. 2 BGB).

b) Verfügungsbefugnis des Nicht-Eigentümer-Übereigners oder Wirksamwerden der Verfügung

Die Übereignung ist aber auch dann **wirksam**, wenn der **Übereigner** zwar **nicht Eigentümer** der Sache ist, er als **Nichteigentümer** aber gleichwohl **zur Verfügung** über die ihm nicht gehörende Sache **befugt** ist oder weil die **Verfügung** trotz fehlender Verfügungsbefugnis **wirksam wird**.

Das ist der Fall

- bei einer **Einwilligung** durch den seinerseits verfügungsberechtigten Eigentümer (**§ 185 Abs. 1 BGB**),
- bei einer **Genehmigung** seitens des seinerseits verfügungsberechtigten Eigentümers (**§185 Abs. 2 S. 1, 1. Fall BGB**),
- bei dem **Erwerb des Gegenstandes durch den Verfügenden (§ 185 Abs. 2, S. 1, 2. Fall BGB)**
- und in dem Fall, in dem **der Eigentümer den Verfügenden beerbt** und **als Erbe unbeschränkt haftet (§ 185 Abs. 2, S. 1, 3. Fall BGB)**.
- Beim **Pfandverkauf** übereignet der Pfandgläubiger, zur Verfügung befugt durch das Pfandrecht und durch die Einhaltung der in § 1243 aufgezählten Rechtmäßigkeitsbestimmungen (§§ 929 ff., 156, 164 ff., 1242 BGB) und vertreten durch den Versteigerer.
- Es gibt aber auch durch das Gesetz verliehene Amtsstellungen kraft derer ein Nichteigentümer wirksam das Eigentum übertragen kann (z.B. der Testamentsvollstrecker nach **§ 2205 BGB** oder der Insolvenzverwalter nach **§ 80 InsO**).

Ein interessantes Sonderproblem ist die Konstellation **mehrerer miteinander kollidierender Verfügungen** – nämlich einer Verfügung des Berechtigten und einer anschließenden durch dessen Genehmigung wirksam gewordenen Verfügung eines Nichtberechtigten. Dann stellt sich die leicht übersehene (!) weitere Frage, welche der beiden Verfügungen wirksam ist (vergl. § 184 Abs. 2 bzw. § 185 Abs. 2, S. 2 BGB).

Fall 554: Der K übereignet eine von dem Eigentümer V unter Eigentumsvorbehalt erworbene Dreschmaschine an seinen Gläubiger G nach § 930 BGB zur Sicherung einer Darlehensforderung. Hat G das Sicherungseigentum erworben? Kann er es erwerben?

a) Nach aa) § 930 BGB kann der G mangels des Eigentums des K (§§ 929 S. 1, 158 Abs. 1, 449 BGB) kein Sicherungseigentum erworben haben. bb) Ein gutgläubiger Erwerb des G scheitert deshalb, weil der G keinen Besitz erlangt hat (§ 933 BGB). b) Fraglich ist, ob und wie der G ein Sicherungseigentum erlangen kann. aa) Erster Lösungsweg: In Betracht kommt aufgrund einer Auslegung oder Umdeutung der getroffenen Vereinbarung ein dem Sicherungseigentum gleichzustellendes Sicherungsrecht am Anwartschaftsrecht des K; wenn dann entweder der K als Käufer oder im Krisenfall der G als Dritter (§ 267 BGB) den Restkaufpreis zahlt, würde mit dem Eintritt der Bedingung das Anwartschaftsrecht zum Vollrecht erstarken, und das Sicherungseigentum entstehen. bb) Zweiter Begründungsweg: Der G hat infolge eines Eigentumserwerbs des K aufgrund einer eventuellen Restkaufpreiszahlung durch den K als Käufer oder den G als Dritten (§ 267 BGB) nach § 185 Abs. 2 S. 1 2. Fall BGB das Sicherungseigentum erworben.

Wir halten kurz inne, werfen einen **Blick zurück** und formulieren die **nächsten Fragen!**

> 1. Wir wissen jetzt, dass und wie das Eigentum an einer beweglichen Sache vom Eigentümer oder von einer Person, die zwar Nicht-Eigentümer ist, die aber zur Verfügung, speziell zur Übereignung, befugt ist oder deren Verfügung trotz fehlender Verfügungsbefugnis wirksam wird, durch „Übereignung" rechtsgeschäftlich auf einen Erwerber übertragen werden kann.
>
> 2. Anschließend befassen wir uns mit der Frage, ob man rechtsgeschäftlich das Eigentum auch erwerben kann
>
> - vom sich als Eigentümer ausgebenden **Nicht-Eigentümer-Übereigner (sub 7)**,
>
> - vom sich als Verfügungsbefugten ausgebenden, aber in Wahrheit **nicht zur Verfügung,** speziell zur Übereignung, **befugten Eigentümer-Übereigner (sub 8)** oder
>
> - vom angeblich zur **Verfügung,** speziell zur Übereignung, **befugten oder vom angeblich** zur **Vertretung berechtigten Nicht-Eigentümer (sub 9).**

7. Der Schutz des guten Glaubens des Erwerbers an das Eigentum des sich als Eigentümer der Sache ausgebenden Übereigners und an die Lastenfreiheit der Sache

a) Der gutgläubige Erwerb des Eigentums vom Nichteigentümer

Scheitert die Übereignung allein am fehlenden Eigentum des Übereigners, so hat der Gesetzgeber sich im Grundsatz dafür entschieden, dass der **hinsichtlich** des fehlenden **Eigentums des Übereigners Gutgläubige** das Eigentum an der Sache durch Übereignung erwerben kann. Das ist **nicht etwa** durch die **Logik geboten, sondern** ist eine auf einer nach Abwägung der Interessen des Eigentümers am Erhalt seines Eigentums einerseits und der Interessen des Rechtsverkehrs am Schutz des guten Glaubens andererseits beruhende **rechtspolitische Entscheidung des Gesetzgebers.** Danach wird

- bei einem **rechtsgeschäftlichen Erwerb** im Sinne eines „durchgeführten Verkehrsrechtsgeschäfts" und auch bei einem Erwerb, bei dem die für die dingliche **Einigung** erforderlichen **Willenserklärungen** durch ein **rechtskräftiges Urteil** ersetzt werden (§§ 894, 898 ZPO)
- für den Fall des Vorliegens bestimmter **Rechtsscheintatbestände, das Interesse an der Sicherheit und Leichtigkeit des Rechtsverkehrs** dem Interesse des Eigentümers am Erhalt seines Eigentums **vorgezogen** (§§ 929 – 934 BGB);
- die Eigentümerinteressen sollen jedoch **(Ausnahme)** dem Verkehrsschutzinteresse vorgehen, wenn der auf dem Besitz des Übereigners beruhende Rechtsschein vom Eigentümer nicht zurechenbar gesetzt worden ist (§ 935 Abs. 1 BGB),
- es sei denn **(Unterausnahme)** dass es sich um Sachen handelt, bei denen ein überragend wichtiges Interesse am Verkehrsschutz besteht, bzw. die Natur des Rechtserwerbs einen gutgläubigen Erwerb verlangt (§ 935 Abs. 2 BGB).

> Daraus resultiert für die Fälle, in denen der Eigentumserwerb am **Fehlen des Eigentums des Übereigners** gescheitert wäre, folgendes **Prüfungsschema** für die Frage eines **gutgläubigen Erwerbs**:
>
> 1. Vorliegen muss ein **rechtsgeschäftlicher Erwerb** durch Verwirklichung einer der **Grundtatbestände** der §§ 929 – 931 BGB, also eine dingliche **Einigung**, wobei eine Willenserklärung auch durch ein rechtskräftiges Urteil nach § 894 ZPO fingiert sein kann, **und** eine **Übergabe** oder ein **Übergabesurrogat**,
>
> 2. der sich als „durchgeführtes Verkehrsrechtsgeschäft" darstellt.
>
> 3. Vorliegen muss weiterhin einer der **Gutglaubenstatbestände der §§ 932 – 934** BGB, mit folgender „**Pärchenbildung**":
>
> a) dem Grundtatbestand des § 929 S. 1 BGB entspricht der § 932 Abs. 1 S. 1 BGB;
>
> b) dem Grundtatbestand des § 929 S. 2 BGB entspricht der § 932 Abs. 1 S. 2 BGB;
>
> c) dem Grundtatbestand des § 929 a BGB entspricht der § 932 a BGB;
>
> d) dem Grundtatbestand des § 930 BGB entspricht der § 933 BGB;
>
> e) und dem Grundtatbestand des § 931 BGB entspricht der § 934 BGB.
>
> 4. Die „**Gutgläubigkeit**" des **Erwerbers** wird vermutet; es schadet Vorsatz und grobe Fahrlässigkeit des Erwerbers (§ 932 Abs. 2 BGB).
>
> 5. Eine **Ausnahme** bildet § 935 Abs. 1 BGB: Die Sache ist dem Eigentümer oder dem die Sache für ihn besitzenden Besitzmittler „**abhanden gekommen**" (= unfreiwilliger Besitzverlust).
>
> 6. Eine **Unterausnahme** bildet § 935 Abs. 2 BGB: Bei Geld, Inhaberpapieren und beim Erwerb im Wege öffentlicher Versteigerung ist ein gutgläubiger Erwerb trotz Abhandenkommens möglich.

> Dieses **Rohprüfungsschema** wird jetzt **vertieft**.

aa) Rechtsgeschäftlicher Erwerb

Einen gutgläubigen Erwerb des Eigentums gibt es nur bei einem „**rechtsgeschäftlichen Erwerb**". Keinen gutgläubigen Erwerb gibt es dagegen beim „**gesetzlichen Erwerb**", z.B. nach § 1922 BGB. Erörtert wird, ob ein rechtsgeschäftlicher Erwerb einem gesetzlichen Erwerb gleichgestellt werden muss, wenn es hierbei um die **bloße Vorwegnahme** eines **gesetzlichen Erwerbes** in „**rechtsgeschäftlichem Gewande**" geht.

Fall 555: Der NE verschenkt und übereignet „auf dem Totenbett" durch Einigung und Übergabe seinem Sohn S, der ohnehin sein alleiniger Erbe werden soll, zum Zwecke der Vorwegnahme der Erbfolge ein dem E gehöriges und von diesem dem NE leihweise überlassenes Bild. Der S hält seinen Vater NE für den Eigentümer. Der E verlangt Herausgabe von S (nach Medicus).
1. Der Anspruch könnte sich aus § 985 BGB ergeben. a) Der S ist Besitzer. b) Der E müsste Eigentümer sein. aa) Der E war Eigentümer bb) Der S könnte das Eigentum von NE erworben haben. aaa) Eine Übereignung nach § 929 S. 1 BGB scheitert am fehlenden Eigentum des NE; dieser hatte auch keine Verfügungsbefugnis zur Übereignung an S. bbb) Der S könnte daher das Eigentum nur gutgläubig nach §§ 929, 932 BGB erlangt haben. aaaa) Der Grundtatbestand des § 929 S. 1 BGB ist erfüllt. bbbb) Vorliegen müsste weiterhin § 932 Abs. 1 S. 1 BGB: Zwar geht es um rechtsgeschäftlichen Erwerb. Ein (gutgläubiger) Eigentumserwerb würde den S aber unverdient besser stellen als im Falle eines Erwerbs durch die (hier nur vorweggenommene) Erbfolge, bei der der S nach § 1922 BGB (gesetzlicher Erwerb) kein Eigentum erworben hätte. Daher soll die vorweggenommene Erbfolge wie ein gesetzlicher Erwerb behandelt werden; der S hätte kein Eigentum erworben. 2. Wer bei der Fallbearbeitung einen Eigentumserwerb angenommen hat, was ohne weiteres vertretbar wäre, müsste einen Anspruch des E gegen S aus § 816 Abs. 1, S. 2 BGB annehmen. 3. Hätte man die Frage des Eigentumserwerbs daher offenlassen dürfen? Nein: die Ergebnisse (kein Eigentum, daher Anspruch aus § 985 BGB/ Eigentum, daher Anspruch aus § 816 Abs. 1, S. 2 BGB) sind nicht identisch!

bb) „Durchgeführtes Verkehrsrechtsgeschäft"

Weiterhin soll nicht jeder rechtsgeschäftliche Erwerb, sondern nur der Eigentumserwerb durch ein „ **durchgeführtes Verkehrsrechtsgeschäft**" den Schutz des gutgläubigen Erwerbers nach den §§ 932 ff. BGB verdienen.

Gemeint ist damit zunächst, dass **zwischen** dem **Übereigner** und dem **Erwerber keine wirtschschaftliche** Identität bestehen darf, **sondern** im Gegenteil **Verschiedenheit** bestehen muss. Auf diese Weise wird verhindert, dass rein rechtstechnische Übertragungen, die als bloße Verschiebungen innerhalb eines Vermögens darstellen, zum Rechtserwerb führen. Wenn daher z.B. eine „Einmann"-GmbH eine ihr nicht gehörige Sache an den hinsichtlich des Eigentums der GmbH gutgläubigen Allein-Gesellschafter veräußert, ist wegen der wirtschaftlichen Identität von Veräußerer und Erwerber kein „Verkehrsrechtsgeschäft" gegeben und damit kein gutgläubiger Erwerb möglich. Auch kann der A nicht von einer aus den Gesellschaftern A, B und C bestehenden oHG gutgläubig Eigentum erwerben, wohl aber die oHG von dem Gesellschafter A (Medicus). Daher liegt bei einer Übertragung von Eigentum an einen (uneigennützigen) Verwaltungstreuhänder kein einen gutgläubigen Erwerb ermöglichendes „durchgeführtes Verkehrsrechtsgeschäft" vor, wohl aber bei einer Übereignung zur Sicherheit an den Sicherungsnehmer, also bei der (eigennützigen) Sicherungsübereignung.

Fall 556: Der E 1 verleiht dem L „bis zur Rückforderung" (§ 604 Abs. 3 BGB) ein ihm gehöriges Gemälde des Malers M für eine in L's Privatmuseum stattfindende Dauerausstellung, die im Übrigen mit dem L gehörigen Bildern des von diesem verehrten Malers M bestückt ist. Der L gliedert das Bild in seine Sammlung ein und behandelt es fortan wie eines seiner eigenen Bilder. Der altgewordene L möchte die Sammlung zusammenhalten und übereignet sie daher „zum Zwecke der Verwaltung und Fortsetzung der Ausstellung auch nach meinem Tode" an den gleichgesonnenen S, der den L für den Eigentümer aller dieser Bilder hält, nach § 929 S. 1 BGB. Der L setzt sich daraufhin zur Ruhe. Der S führt das Privatmuseum weiter. Der E 1 hat das Bild inzwischen an E 2 veräußert und es nach § 931 BGB an ihn übereignet. Der E 2 erfährt von allem und verlangt von S Herausgabe an den L.

Der Anspruch könnte sich aus § 985 BGB ergeben. a) S ist Besitzer. b) E 2 müsste Eigentümer sein. aa) Der E 1 war Eigentümer. bb) Der L ist nicht Eigentümer geworden. cc) Der S könnte das Eigentum von L erworben haben. aaa) Eine Übereignung nach § 929 S. 1 BGB scheitert am fehlenden Eigentum des L; dieser hatte auch keine Verfügungsbefugnis zur Übereignung an S. bbb) Der S könnte daher das Eigentum nach §§ 929, 932 BGB erlangt haben. aaaa) Der Grundtatbestand des § 929 S. 1 BGB ist erfüllt. bbbb) Zwar geht es um einen rechtsgeschäftlichen Erwerb, aber nicht um ein durchgeführtes Verkehrsrechtsgeschäft, denn der S sollte nicht wirtschaftlicher Eigentümer, sondern nur Verwaltungstreuhänder des L werden. Also war E 1 Eigentümer geblieben. cc) Der E 2 hat das Eigentum nach § 931 BGB erworben. c) Der S dürfte kein Recht zum Besitz haben. In Betracht kommt ein Recht zum Besitz aus § 986 Abs. 2 BGB: Der Besitzer (S) hat alle Einwendungen, die er gegenüber dem Veräußerer (E 1) hatte, auch gegenüber dem neuen Eigentümer (E 2). Wenn der E 1 von ihm Herausgabe verlangt hätte, hätte der S kein Recht zum Besitz gehabt: aa) Kein eigenes Recht, bb) aber auch kein aus dem Besitz des L abgeleitetes Recht zum Besitz; denn das Recht des L zum Besitz endete mit dem Herausgabeverlangen (§ 604 Abs. 3 BGB).

Variante: Wie wäre es, wenn der L das Bild an den G zur Sicherung übereignet und ihm zum Zwecke der Verwertung ausgehändigt hätte?

Hier hätte der G nach §§ 930, 933 BGB gutgläubig Eigentum erworben, weil eine Sicherungsübereignung als durchgeführtes Verkehrsrechtsgeschäft angesehen wird.

Darüber hinaus wird verlangt, dass es sich bei einer zum gutgläubigen Erwerb führen sollenden Übereignung nicht nur um ein „Verkehrsrechtsgeschäft", sondern darüber hinaus auch um eine auf einen **endgültigen wirtschaftlichen Umsatz** gerichtete Übereignung an einen wirtschaftlich Personenverschiedenen handeln müsse, also um ein „**durchgeführtes Verkehrsrechtsgeschäft**". Speziell unter diesem Aspekt wird die Frage eines Eigentumserwerbs aufgrund eines **Rückerwerbs des Nichtberechtigten** erörtert. Es geht es um das Problem, ob der (frühere) Nichteigentümer von dem gutgläubigen Erwerber das Eigentum an der Sache rechtsgeschäftlich erlangen kann.

Das ist **unproblematisch** und zu bejahen, wenn es sich bei dem Rückerwerb um ein **echtes Umsatzgeschäft** handelt. Wenn also der gutgläubige Erwerber die Sache an den ehemals Nichtberechtigten veräußert, so erwirbt dieser trotz seines „bösen Glaubens" Eigentum. **Problematisch** sind hingegen der

- Fall eines **Umgehungsgeschäftes**, bei dem (eigentlich nur theoretisch vorstellbar) der Nichteigentümer eigens zum Zweck seines späteren Eigentumserwerbs im Wege der Rückübereignung zuvor dem gutgläubigen Erwerber das Eigentum nach § 932 ff. BGB verschafft hat,

- und die (praktisch durchaus vorkommende) Konstellation, dass die **Rückübereignung durch** den **gutgläubigen Erwerber an** den **(früheren) Nichteigentümer im Rahmen** einer gesetzlichen **Rückabwicklung** erfolgt. Die klassischen Beispiele hierfür sind: Die Rückabwicklung eines rechtsgrundlosen Geschäfts zwischen Nichteigentümer und gutgläubigem Erwerber nach § 812 BGB; die Rückabwicklung zwischen Nichteigentümer und gutgläubigem Erwerber aufgrund eines Gewährleistungsrechts (in erster Linie im Wege eines Rücktritts wegen eines Mangels der Kaufsache nach §§ 433 Abs. 1 S. 2, 434, 437 Nr. 2, 323 bzw. 326 Abs. 5, 440, 346 BGB); die Rückabwicklung zwischen Nichteigentümer und gutgläubigem Erwerber aufgrund eines Rücktritts; die Rückübertragung von gutgläubig erworbenem Sicherungsgut (allerdings nur theoretisch vorstellebar, denn bei beim Hauptfall einer Sicherungsübereignung nach § 930 BGB hat der Sicherungsnehmer wegen § 933 BGB gar kein Eigentum erworben!). Eine der zu diesem Problemkreis erdachten Lösungen argumentiert damit, dass es in diesen Fällen einer Rückübereignung durch einen gutgläubigen Eigentumserwerber an den vorherigen Nichteigentümer an einem für den gutgläubigen Erwerb erforderlichen „**durchgeführten Verkehrsrechtsgeschäft**" fehle. Aufgrund einer **teleologischen Reduktion des § 932 BGB** komme es **bei einer Rückübereignung** ex-nunc zum **Wegfall des Gutglaubenserwerbs** des zurückübertragenden gutgläubigen Erwerbers und zur Widerherstellung der ursprünglichen dinglichen Rechtslage.

Fall 557: Der NE verkauft eine dem E gehörige, von diesem unbefristet entliehene bewegliche Sache an den gutgläubigen K und übereignet sie durch Einigung und Übergabe an den Käufer K. Der Kaufvertrag NE – K ist nichtig. Aufgrund des § 812 Abs. 1 S. 1 1. Fall BGB („Leistungskondiktion") übereignet der K die Sache an den NE „zurück". Der E verlangt sie von dem NE heraus.

1. Der Anspruch könnte sich aus § 985 BGB ergeben. a) Der E müsste noch (oder wieder) Eigentümer (geworden) sein. Das ist „historisch" zu prüfen: aa) Der E war Eigentümer. bb) Der Entleiher NE hat es nicht erworben. cc) Der E könnte das Eigentum durch die Übereignung des NE an K an diesen verloren haben, aaa) dies aber mangels Eigentums des NE nicht nach § 929 S. 1 BGB; bbb) der Eigentumserwerb erfolgte vielmehr nach §§ 932 Abs. 1 S. 1, 929 S. 1 BGB; und § 935 BGB steht dem nicht entgegen, weil die Sache dem E (der den Besitz freiwillig aufgrund des Leihvertrages mit NE aufgegeben hat) nicht abhanden gekommen ist. dd) Der E könnte das Eigentum jedoch durch die „Rück"übereignung an den NE wiedererlangt haben. aaa) Nach der wohl hL. erwirbt jedoch der NE das Eigentum nach § 929 S. 1 BGB, ohne dass es auf seinen „bösen Glauben" ankommen könne; der dann aber unbedingt erforderliche Ausgleich zugunsten des E (anderenfalls erhielte und behielte der NE ohne jedes wirtschaftliche Opfer mehr als er je hatte) soll hiernach über die bestehenden Schadensersatzansprüche des E gegen den NE (§§ 280 Abs. 1, 241 Abs. 2, 249 Abs. 1 BGB oder §§ 823 Abs. 1, 823 Abs. 2 BGB i.V.m. § 246 StGB, 249 Abs. 1 BGB), aufgrund derer der E von NE Wiedereinräumung des Eigentums durch Naturalrestitution bzw. Herausgabe verlangen kann, oder durch einen Bereicherungsanspruch (§§ 816 Abs. 1 S. 1, 818 Abs. 1 BGB) erfolgen. Für die damit verbundene Vernachlässigung der Interessen des Ursprungseigentümers könnte sprechen, dass

diese Entwicklung in seiner Risikosphäre liegt und er es nicht verdient, vom Zufall der Rückabwicklung zu profitieren. bbb) Eine andere Ansicht trägt demgegenüber dem Gedanken Rechnung, dass der NE bei einem (auch vielleicht nur zwischenzeitlichen) Eigentumserwerb eine (vor allem auch seine Gläubiger ungerechtfertigt begünstigende) bessere Stellung als zuvor erlangen würde, ohne seinerseits dafür ein wirtschaftliches Opfer erbracht zu haben, was nicht dem Sinn der §§ 932 ff. BGB entsprechen könne. Diese Lehre verhindert bei einer gesetzlichen Rückabwicklung (und auch im Falle eines Umgehungsgeschäftes) einen Eigentumserwerb des NE teils ex – nunc teils sogar ex – tunc, so dass die vorherige Situation (E= Eigentümer/NE = Besitzer) wiederhergestellt wird. Rechtstechnisch wird das ex – nunc- Ergebnis durch das (wohl unhaltbare) Konstrukt einer Rückübereignung an den, den es angeht (das wäre der E), hergeleitet. Das (eher überzeugende) ex – tunc – Ergebnis soll durch eine „teleologische Reduktion" der §§ 932 ff. BGB erreicht werden: Das für einen gutgläubigen Erwerb nach den §§ 932 ff. BGB erforderliche „durchgeführte Verkehrsrechtsgeschäft" sei bei den Rückabwicklungsfällen mangels einer Endgültigkeit der „Durchführung" nicht gegeben, wenn im Anschluss daran eine gesetzliche Rückabwicklung aus § 812 Abs. 1 S. 1 1. Fall BGB oder nach §§ 437 Nr. 2, 323 bzw. 326 Abs. 5 BGB erfolgt. Der Erwerber sei also in den Rückabwicklungsfällen trotz seiner Gutgläubigkeit nicht Eigentümer geworden. Die Rückübereignung an den ehemals Nichtberechtigten geht hiernach wegen dessen Bösgläubigkeit ins Leere, so dass der frühere Eigentümer das Eigentum erlange. Diese Ansicht ist gegenüber der hL. vorzuziehen, weil der NE (und vor allem auch dessen Gläubiger) in der Tat kein berechtigtes Interesse daran haben, dass die Sache jedenfalls so lange zum Vermögen des NE gerechnet wird, bis es zu einer schuldrechtlichen Rückabwicklung zwischen dem ehemaligen Eigentümer (E) und dem nicht berechtigt Verfügenden (NE) gekommen ist. Umgekehrt ist es unangemessen, den E die Einzelzwangsvollstreckungs- und Insolvenzrisiken aus der Person des NE tragen zu lassen. Der E ist also nach der hier vertretenen Ansicht durch die Rückabwicklung quasi „automatisch" ex – tunc (wieder) Eigentümer geworden. b) NE ist Besitzer der Sache. c) Er hat kein Recht zum Besitz (§ 986 BGB). Also muss NE die Sache nach § 985 BGB herausgeben. 2. Ferner hat E einen Anspruch aus § 604 Abs. 3 BGB auf Wiedereinräumung des Besitzes.

cc) Gutgläubiger Erwerb nach §§ 929 S. 1, 932 Abs. 1 S. 1 BGB

Ist eine Übereignung nach **§ 929 S. 1 BGB** am fehlenden Eigentum des Übereigners gescheitert, so ist der nach der Prüfung eines rechtsgeschäftlichen Erwerbes aufgrund eines „durchgeführten Verkehrsrechtsgeschäfts" zu subsumierende einschlägige Gutglaubenstatbestand der **§ 932 Abs. 1 S. 1 BGB**. Erforderlich ist danach

- das Vorliegen des **Grundtatbestandes** des § 929 S. 1 BGB und
- der **gute Glaube des Erwerbers** bzw. bei Einschaltung eines **Vertreters** dessen guter Glaube (§ 166 Abs. 1 BGB) oder beim Handeln eines **„Vertreters mit gebundener Marschroute"** der gute Glaube des Vertretenen und zugleich der des Vertreters, dies jeweils hinsichtlich des **Eigentums** des – den unmittelbaren oder mittelbaren Besitz persönlich oder durch eine Geheißperson dem Erwerber selbst oder dessen Geheißperson verschaffen könnenden – **Übereigners**. Der gute Glaube muss **zur Zeit der Vollendung des Eigentumserwerbes** gegeben sein; das bedeutet aber nicht, dass der Erwerber auch noch bei Eintritt einer eventuell vereinbarten Bedingung (denken Sie wieder einmal an §§ 929 S. 1, 158 Abs. 1, 449, 932 Abs. 1 S. 1 BGB) gutgläubig sein muss. Der **gute Glaube** wird – wie sich aus dem Wortlaut des § 932 Abs. 1 S. 1 BGB: „ ... , es sei denn ..." ergibt – **vermutet**; verlieren Sie also kein Wort über die Frage der Gutgläubigkeit des Erwerbers, wenn der Sachverhalt daran keinerlei Zweifel weckt.

Völlig unproblematisch sind natürlich die Fälle, in denen der **Übereigner**, der nicht der Eigentümer der Sache ist, diese **selbst besitzt** ist und **den Besitz** dem **Erwerber selbst verschafft**.

Fall 558: Der E leiht dem L eine ihm gehörige bewegliche Sache. Der L verkauft und übergibt und übereignet die Sache an den K Zug – um Zug- gegen Zahlung des Kaufpreises. Der E will wissen, ob er von dem K Herausgabe der Sache oder von dem L Herausgabe des erlangten Kaufpreises verlangen kann.

1. Ein Anspruch des E gegen K könnte sich aus § 985 BGB ergeben. a) Der K ist Besitzer der Sache. b) Der E müsste Eigentümer sein. aa) Der E war Eigentümer. bb) Der E hat die Sache nicht an den L übereignet, sondern nur verliehen. cc) E könnte das Eigentum durch die Übereignung des L an den K verloren haben (§ 929 S. 1 BGB). aaa) Eine Einigung L – K liegt vor, bbb) ebenfalls eine Übergabe des L an den K. ccc) Der L war jedoch nicht der Eigentümer der Sache, so dass K das Eigentum nicht nach § 929 S. 1 BGB erlangt hat. dd) Der K könnte das Eigentum von dem L nach §§ 929 S. 1, 932 Abs. 1 S. 1, Abs. 2 BGB erlangt haben. aaa) Der Grundtatbestand des § 929 S. 1 BGB liegt vor. bbb) Ein durchgeführtes Verkehrsrechtsgeschäft ist gegeben. ccc) Der K glaubte an das Eigentum des ihm den Besitz verschaffenden L. ddd) Der Ausnahmetatbestand des § 935 Abs. 1 BGB liegt nicht vor, weil dem E die Sache nicht „abhanden gekommen" (= unfreiwilliger Besitzverlust) ist. Also ist der K Eigentümer geworden. Der E hat keinen Herausgabeanspruch. 2. Von dem L kann der E a) den erzielten Kaufpreis aa) nach § 816 Abs. 1 S. 1 BGB und bb) nach §§ 687 Abs. 2, 681 S. 2, 667 BGB herausverlangen. b) Achtung: nach Schadensersatzansprüchen war nicht gefragt!

Variante: Wie wäre es, wenn der L die Sache auf Wunsch des K an den Lagerhalter LH, mit dem K einen Lagervertrag abgeschlossen hat, übergeben hat?

Die Lösung wäre identisch, denn auch bei der Verschaffung des mittelbaren Besitzes liegt der Grundtatbestand des § 929 S. 1 BGB vor.

Geschützt wird weiterhin auch der **gute Glauben an das Eigentum** desjenigen, der dem Erwerber den Besitz an der Sache durch eine **„Geheißperson"** verschaffen kann (der also die **„Besitzverschaffungsmacht"** hat).

Fall 559: Der V verkauft dem K eine bewegliche Sache und einigt sich nach der Zahlung des Kaufpreises mit dem K über den Eigentumsübergang. Der V hatte die Sache zuvor von dem Eigentümer E gekauft und sich mit E über eine aufschiebend bedingte Übereignung geeinigt, also einen Eigentumsvorbehalt vereinbart. Übergeben hatte der E die Sache noch nicht an den V. Der V veranlasst jetzt den E zur Auslieferung der Sache an K, der seinerseits den V für den Eigentümer hält. Weil der V den Kaufpreis nicht an E zahlt, tritt dieser nach § 323 BGB vom Kaufvertrag mit dem V zurück und verlangt Herausgabe von K.

Ein Anspruch des E gegen den K könnte sich aus § 985 BGB ergeben. a) Der K ist Besitzer der Sache. b) Der E müsste ihr Eigentümer sein. aa) Der E war Eigentümer. bb) Der E hat nicht an den K übereignet, da eine Auslieferung an eine Person, die nicht Vertragspartner ist, keine Übereignung ist. cc) Der E könnte das Eigentum aber zuvor bereits an den V verloren haben. aaa) Eine Einigung lag vor, bbb) auch eine Übergabe auf „Geheiß des V" an den K. ccc) Da die Übereignung an den V aber aufschiebend bedingt durch die vollständige Kaufpreiszahlung war (§§ 929 S. 1, 158 Abs. 1, 449 Abs. 1 BGB) und die Bedingung nicht eingetreten ist, hatte der V kein Eigentum erlangt. dd) Der K könnte aber das Eigentum aaa) von dem V erlangt haben (§ 929 S. 1 BGB). aaaa) Eine Einigung liegt vor. bbbb) Ebenso eine Übergabe, denn der K hat auf Veranlassung des V den unmittelbaren Besitz („durch die Geheißperson" E) erlangt. cccc)

Der V war aber nicht der Eigentümer und auch nicht zur Übereignung befugt. bbb) Der K könnte aber das Eigentum gutgläubig von V erworben haben (§§ 929 S. 1, 932 Abs. 1 S. 1 Abs. 2 BGB). aaaa) Der Grundtatbestand des § 929 S. 1 BGB liegt vor. bbbb) Ein durchgeführtes Verkehrsrechtsgeschäft ist gegeben. cccc) K glaubte an das Eigentum des V, der die „Besitzverschaffungsmacht" hatte. dddd) § 935 Abs. 1 BGB liegt nicht vor. Also ist K Eigentümer geworden. Der E hat keinen Herausgabeanspruch.

Variante: Könnte der E von dem K, wenn dieser die Sache an einen gewissen X weiterverkauft und der V auf K's Bitten die Sache an den an das Eigentum des K glaubenden X ausgeliefert hätte, Herausgabe des von X gezahlten Kaufpreises verlangen?

Der Anspruch des E gegen den K auf Herausgabe des von X an den K gezahlten Kaufpreises wäre aus § 816 Abs. 1 S. 1 BGB gegeben, wenn der K Nichtberechtigter (Nichteigentümer) gewesen wäre und an den X wirksam übereignet hätte. Der K war aber nicht Nichteigentümer, denn der K hat das Eigentum gutgläubig erworben, weil die Übergabe durch den E als „Geheißperson" des V an den X als „Geheißperson" des gutgläubigen K den Grundtatbestand des § 929 S. 1 BGB erfüllt.

Ein gutgläubiger Erwerb durch Einschaltung einer Geheißperson auf der Veräußererseite soll nach der Rechtsprechung sogar dann möglich sein, wenn der Veräußerer an das Eigentum dessen glaubt, der lediglich eine **vermeintliche „Besitzverschaffungsmacht"** hatte.

Fall 560: Der NE verkauft im eigenen Namen eine bei dem E befindliche und diesem gehörende bewegliche Sache an den D. Der NE und der D einigen sich auch über den Eigentumsübergang; der NE erklärt dem insoweit gutgläubigen D, er sei der Eigentümer der im Besitz des E befindlichen Sache und der E sei lediglich ein Besitzer, den er jetzt anweisen werde, die Sache an ihn, den D, zu übergeben. Als der NE den E darauf anspricht, nimmt der E aufgrund falscher Angaben des NE zum Inhalt des Geschäfts des NE mit dem D irrig an, dass der NE die Sache in seinem, des E, Namen günstig veräußert habe und ihm den Erlös nach der Lieferung an den D auskehren werde. Deshalb übergibt der E die Sache an den D. Als der NE sein Versprechen nicht erfüllt, verlangt der E Herausgabe der Sache von D (nach BGH).

Der Anspruch könnte sich aus § 985 BGB ergeben. a) Der D ist Besitzer der Sache. b) Der E müsste (immer noch) Eigentümer sein, was „historisch" zu prüfen ist: aa) Der E war Eigentümer. bb) Der D könnte das Eigentum erworben haben. aaa) Nach § 929 S. 1 BGB – Einigung und Übergabe mittels der „Geheißperson" E – hat der D das Eigentum schon mangels Eigentums des NE nicht erlangt. bbb) In Betracht kommt ein gutgläubiger Eigentumserwerb von NE nach §§ 932 Abs. 1 S. 1, 929 S. 1 BGB: aaaa) Eine Einigung liegt vor. bbbb) Fraglich ist eine Übergabe: aaaaa) Der E hat nicht objektiv als „Geheißperson" des NE gehandelt, bbbbb) wohl aber aus der Sicht des D; streitig ist, ob das ausreicht: Überwiegend (auch vom BGH) wird insoweit auf die Sicht des Erwerbers abgestellt, so dass sich dieser Fall nicht von der vorherigen Konstellation unterscheidet; in der Lehre (z.B. Medicus) wird z.Tl. für entscheidend gehalten, dass erst die wirkliche Unterwerfung des Besitzers unter den Willen des Veräußerers diesen zum Rechtsscheinträger mache, denn in Wirklichkeit vertraue der Erwerber vertraue nur einem, keinen schutzwürdigen Rechtsschein begründenden „Gerede" des NE über die Rolle des E als seine Geheißperson. cccc) Folgt man dem BGH: Der im Sachverhalt nicht genannte „gute Glaube" des D wird vermutet. dddd) Der Ausnahmetatbestand des § 935 Abs. 1 BGB liegt nicht vor. Also hätte der D (nach der Rechtsprechung) das Eigentum erworben. Der Herausgabenspruch besteht danach mangels Eigentums des E nicht.

In diesen soeben erörterten Fallkonstellationen lag es so, dass der Veräußerer selbst oder durch Geheißpersonen dem Erwerber selbst oder dessen Geheißpersonen den unmittelbaren oder mittelbaren Besitz verschafft hatte.

Davon weit entfernt ist die Fallkonstellation, in der der Erwerber nicht den Übereigner, sondern **einen der Übereignung durch den Nichteigentümer zustimmenden Dritten gutgläubig für** den **Eigentümer hält**: Selbst dann soll der gutgläubige Erwerb möglich sein, wenn der der Veräußerung zustimmende Dritte im unmittelbaren oder mittelbaren Besitz der Sache war.

Fall 561: Der E hat eine ihm gehörige bewegliche Sache dem L 1 geliehen und dieser hat sie dem L 2 und dieser wiederum an L 3 unterverliehen. Der L 3 verkauft und übereignet die Sache an den X, wobei der L 3 dem insoweit gutgläubigen X erklärt, nicht er, sondern der L 2, von dem er die Sache geliehen habe, sei deren Eigentümer. Der L 2 stimmt der Übereignung an den X zu. Der E verlangt Herausgabe von X.

Ein Anspruch des E gegen den X auf Herausgabe könnte sich aus § 985 BGB ergeben. a) Der X ist Besitzer der Sache. b) Der E müsste noch ihr Eigentümer sein. aa) Der E war Eigentümer. bb) Der X ist durch die Übereignung seitens des L 3 nach §§ 929 S. 1, 932 Abs. 1 S. 1 BGB Eigentümer der Sache geworden, denn: aaa) Der Grundtatbestand der §§ 929, 185 Abs. 1 BGB ist gegeben; der L 3 war aber nicht der Eigentümer und auch nicht zur Verfügung befugt. bbb) In Betracht kommt aber ein gutgläubiger Erwerb des X. aaaa) Es liegt ein durchgeführtes Verkehrsrechtsgeschäft vor. bbbb) § 932 Abs. 1 S. 1, 2 BGB ist gegeben: aaaaa) Zwar hat der X gewusst, dass der L 3 nicht der Eigentümer war. bbbbb) Es reicht aber aus, dass er annahm, dass der der Übereignung zustimmende L 2 Eigentümer war, wenn dieser – wie hier – (mittelbarer) Besitzer der Sache war. cccc) Ein Fall des § 935 Abs. 1 BGB (Abhandenkommen) liegt nicht vor: Der E hat den Besitz freiwillig aufgegeben; auch die für ihn besitzenden Personen (L 1, L 2, L 3) haben den Besitz nicht unfreiwillig verloren. Weil X Eigentümer geworden ist, hat der E keinen Anspruch auf Herausgabe der Sache.

dd) Gutgläubiger Erwerb nach §§ 929 S. 2, 932 Abs. 1 S. 2 BGB

Eine Übereignung an einen schon besitzenden Erwerber im Wege der bloßen Einigung (§ 929 S. 2 BGB) durch einen Nichteigentümer führt nur dann zum gutgläubigen Erwerb, wenn dem Erwerber der Besitz zuvor gerade durch den Übereigner i.S.d. § 929 S. 1 BGB übertragen worden war (§ 932 Abs. 1 S. 2 BGB). Nötig ist also der Verlust jeden Besitzes des Übereigners und der Erwerb des Besitzes aufgrund des Veräußerungsgeschäftes seitens des Erwerbers, und dies mit Willen des Veräußerers. Der Grund dafür leuchtet ohne weiteres ein: Allein die Tatsache des Besitzes des Erwerbers rechtfertigt einen gutgläubigen Erwerb durch eine bloße Einigung nicht, sondern nur der Umstand, dass der Übereigner zuvor den Besitz gehabt hatte und dadurch der Rechtsschein seines Eigentums gegeben ist.

Fall 562: Der Nichteigentümer NE ist im Besitz einer ihm vom Eigentümer E verliehenen beweglichen Sache. Der NE vermietet sie an den M 1 und weist diesen an, die Sache nach Beendigung der Mietzeit an den M 2, an den er sie anschließend vermietet hatte, herauszugeben, was auch geschieht. Mit dem M 2, dem die Sache besonders gut gefällt, schließt der NE einen Kaufvertrag; der M 2 zahlt den Kaufpreis, und der NE und der M 2 sind sich einig, dass der M 2 Eigentümer werden soll. Jetzt verlangt E Herausgabe von dem M 2.

Ein Anspruch des E könnte sich aus § 985 BGB ergeben. a) Der M 2 ist Besitzer der Sache. b) Der E müsste Eigentümer sein. aa) Der E war Eigentümer. bb) Er könnte das Eigentum durch aaa) eine Übereignung des NE an den M 2 verloren haben (§ 929 S. 2 BGB). aaaa) Eine Einigung liegt vor. bbbb) Der M 2 war im Besitz der Sache. cccc) der NE war aber nicht Eigentümer und nicht zur Verfügung befugt. bbb) Es könnte aber ein gutgläubiger Erwerb in Betracht kommen (§§ 929 S. 2, 932 Abs. 1 S. 2 BGB). aaaa) Der Grundtatbestand des § 929 S. 2 BGB liegt vor. bbbb) Der zu § 929 S. 2 BGB gehörige Gutglaubenstatbestand ist § 932 Abs. 1 S. 2 BGB. Dem M 2 müsste die Sache von NE i.S.d. § 929 S. 1 BGB übertragen worden sein. Hier ist auf Geheiß des NE der Besitz durch den M 1 auf den M 2 übertragen worden; das reicht für eine Besitzerlangung i.S.d. § 929 S. 1 BGB aus. cccc) Der gute Glaube des M 2 wird vermutet. dddd) Die Sache ist dem E nicht abhanden gekommen (§ 935 Abs. 1 BGB). Also ist der M 2 Eigentümer geworden. Ein Herausgabeanspruch des E besteht nicht.

ee) Gutgläubiger Erwerb nach §§ 930, 933 BGB

Für einem Gutglaubenserwerb bei einer nach § 930 BGB durch einen Nicht-Eigentümer erfolgten Übereignung nach **§ 933 BGB** reicht es nicht aus, dass der Übereigner (so der Grundtatbestand des § 930 BGB) im Besitz der Sache bleibt, also der Erwerber den bloß mittelbaren Besitz erlangt; der maßgebliche Gutglaubenstatbestand des § 933 BGB setzt **vielmehr** für einen gutgläubigen Erwerb aufgrund des Grundtatbestandes des § 930 BGB voraus, dass **dem Erwerber die Sache vom Übereigner i.S.d. § 929 S. 1 BGB übergeben** worden ist (= Verlust jeden Besitzes des Übereigners; Erwerb des Besitzes aufgrund des Veräußerungsgeschäftes durch den Erwerber; mit Willen des Veräußerers).

Eine große **Bedeutung** hat der § 933 BGB vor allem bei der (bei juristischen Aufgaben äußerst „beliebten") Konstellation der **Konkurrenz** von **Eigentumsvorbehalt** und **Sicherungsübereignung** im Fall einer Sicherungsübereignung von Vorbehaltsgut nach § 930 BGB: Wenn der Erwerber eine ihm unter Eigentumsvorbehalt veräußerte Sache zu Sicherungszwecken verwendet, so sind zwei Grundmuster denkbar:

- Der Käufer kann **bei der Sicherungsübereignung „mit offenen Karten spielen"** und dem Sicherungsnehmer offenbaren, dass er nur aufschiebend bedingter Eigentümer der Sache sei (§§ 929 S. 1, 158 Abs. 1, 449 Abs. 1 BGB), dass ihm also nur ein „Anwartschaftsrecht" zustehe. Dann erlangt der Sicherungsnehmer nach § 930 BGB analog nur ein Sicherungsrecht an dem als „wesensgleiches minus" des Vollrechts Eigentum anzusehenden „Anwartschaftsrecht" des Erwerbers, das dem Sicherungseigentum entspricht. Wird der Restkaufpreis dann vollständig gezahlt, „erstarkt" das Anwartschaftsrecht automatisch zum Vollrecht, so dass der Sicherungsnehmer schließlich im Wege des Direkterwerbs automatisch **Sicherungseigentum** erlangt.

- Verheimlicht aber der Sicherungsgeber, dass er nur Anwartschaftsberechtigter ist und hält der Sicherungsnehmer ihn für den Eigentümer, so stellt sich die **Frage nach dem gutgläubigen Erwerb des (Sicherungs-) Eigentums**, der den Eigentumsvorbehalt des Verkäufers untergehen lassen und damit den Eigentumsvorbehalt als Sicherungsinstrument entwerten würde. Aus dem in § 933 BGB aufgestellten Erfordernis der Besitzerlangung des Erwerbers folgt aber, dass bei einer Konkurrenz von Eigentumsvorbehalt und nach § 930 BGB eingeräumtem Sicherungseigentum an derselben Sache der Eigentumsvorbehalt vorgeht.

Fall 563: Der Unternehmer K erwirbt am 1. Juni 2002 von dem EV eine diesem gehörige bewegliche Sache unter Eigentumsvorbehalt (§§ 929 S. 1, 158 Abs. 1, 449 BGB). Im Kaufvertrag ist zugunsten des EV ein Rücktrittsrecht vereinbart, wenn der K den Kaufpreis bei Fälligkeit am 1. August 2002 nicht vollständig entrichtet hat. Am 1. Juli 2002 übereignet der K nach § 930 BGB die von EV erworbene Sache an den G zur Sicherung einer Forderung aus einem mit dem G abgeschlossenen Darlehensvertrag über ein kurzfristiges Darlehen (§ 488 Abs. 1 S. 2 BGB); als Besitzmittlungsverhältnis wird ein Verwahrungsvertrag vereinbart. Der K gibt sich dabei als Eigentümer der Sache aus; der G hält den K auch für den Eigentümer. Im Sicherungsvertrag ist vereinbart, dass G die Sache notfalls auch eigenmächtig zum Zwecke der Verwertung in Besitz nehmen dürfe, falls der K zwei aufeinander folgende Darlehensraten nicht entrichten sollte. Als der K mit zwei aufeinander folgenden Raten in Rückstand ist, holt der G sich die Sache gegen den Protest des Schwierigkeiten mit dem EV befürchtenden K ab, um sie zu verwerten. Weil der K auch zum 1. August 2002 den Kaufpreis an den EV nicht vollständig beglichen hatte, trat der EV vom Kaufvertrag zurück und verlangt von dem G die Herausgabe der Sache.

Der Anspruch könnte sich aus § 985 BGB ergeben. a) Der G ist Besitzer. b) Der EV müsste noch Eigentümer sein. Das wird „historisch" geprüft. aa) Der EV war Eigentümer. bb) Der K hat kein Eigentum erlangt, weil die Bedingung der vollständigen Kaufpreiszahlung nicht eingetreten ist (§§ 929 S. 1, 158 Abs. 1, 449 BGB). cc) Der G könnte das Eigentum an der Sache durch die (Sicherungs-)Übereignung des K erlangt haben. aaa) Nach § 930 BGB hat der G das Eigentum nicht erlangt, weil der K nicht Eigentümer mangels Eintritts der Bedingung geworden war und auch nicht zur Verfügung befugt war. bbb) Der G könnte das Eigentum aber nach §§ 929 S. 1, 930, 933 BGB gutgläubig von dem K erworben haben. aaaa) Eine Einigung K – G liegt vor. bbbb) Ein konkretes Besitzmittlungsverhältnis ist vereinbart (§ 688 BGB). cccc) Der K war als Nichteigentümer ohne ausnahmsweise bestehende Verfügungsbefugnis oder Genehmigung seitens des Eigentümers Nichtberechtigter. dddd) Der Gutglaubenstatbestand des § 933 BGB müsste erfüllt sein. aaaaa) Der K müsste die Sache an den G i.S.d. § 929 S. 1 BGB übergeben haben. aaaaaa) Der K hat den Besitz vollständig verloren. bbbbbb) Der G hat den Besitz erlangt. cccccc) Die Übergabe müsste auf Veranlassung des Übereigners erfolgt sein; die Rechtsprechung verlangt ein „einverständliches Geben und Nehmen"; die vorherige Einwilligung in eine eigenmächtige Inbesitznahme soll nicht ausreichen. bbbbb) Auf die Frage der Gutgläubigkeit des G hinsichtlich des Eigentums des K kommt es daher nicht mehr an. Der G hat daher kein (Sicherungs-) Eigentum erlangt. EV ist daher noch Eigentümer. c) Der G könnte aber ein Recht zum Besitz haben (§ 986 Abs.1 BGB). aa) Ein eigenes Recht zum Besitz könnte sich aus einem Anwartschaftsrecht ergeben. aaa) In der gescheiterten Sicherungsübereignung des K an den G soll nämlich aufgrund einer Auslegung nach §§ 133, 157 BGB oder (so die andere Begründung) nach § 140 BGB (als „minus") jedenfalls eine Übertragung des dem K zustehenden Anwartschaftsrecht zur Sicherung liegen. bbb) Ob allerdings ein Anwartschaftsrecht ein Recht zum Besitz gibt, ist umstritten. Wer dies ablehnt, könnte aber zumindest an ein Recht zum Besitz aus § 242 BGB denken, weil ein Herausgabeverlangen des Eigentümers aus § 985 BGB arglistig („dolo agit, qui petit …") wäre, wenn der G durch Zahlung des Restkaufpreises als Dritter (§§ 267 BGB) die Bedingung für den Eigentumserwerb eintreten lassen kann. ccc) Diese Fragen können jedoch offen bleiben, weil im vorliegenden Fall sich der Kaufvertrag durch den Rücktritt des EV (§ 346 BGB) bereits in ein Rückgewährschuldverhältnis umgewandelt hat, so dass mangels eines Anspruchs aus § 433 Abs. 2 BGB die Bedingung gar nicht mehr eintreten kann und damit auch das Anwartschaftsrecht des G erloschen ist. bb) Wegen der Umwandlung des Kaufvertrags in ein Rückgewährschuldverhältnis besteht auch kein abgeleitetes Recht des G zum Besitz.

ff) Gutgläubiger Erwerb nach §§ 931, 934 BGB

Bei der Prüfung eines gutgläubigen Eigentumserwerbs von einem Nichteigentümer an einer Sache, die ein Dritter in Besitz hat, durch Einigung und Abtretung des Herausgabeanspruchs (§ 931 BGB) von einem Nichteigentümer muss man sehr sorgfältig sein, weil das Gesetz hier eine Unterscheidung vornimmt:

- Wenn der Dritte die Sache für den **Nichteigentümer** besitzt, dieser also **mittelbarer Besitzer** war, erfolgt der gutgläubige Erwerb des Eigentums aufgrund der Abtretung als solcher (**§ 934 1. Fall BGB**).

- Besteht jedoch **kein Besitzmittlungsverhältnis zwischen Nichteigentümer und dem Dritten als unmittelbarer Besitzer** oder wird ein **Besitzmittlungsverhältnis nur behauptet**, muss für einen gutgläubigen Erwerb der Erwerber „den Besitz der Sache von dem Dritten", und zwar entweder den unmittelbaren oder den mittelbaren Besitz, erlangen (**§ 934 2. Fall BGB**).

(1) Der Nichteigentümer ist mittelbarer Besitzer (§ 934 1. Fall BGB)

Wenn der Dritte die Sache für den Nichteigentümer **aufgrund eines Besitzmittlungsverhältnisses** besitzt, der veräußernde **Nichteigentümer** also **mittelbarer Besitzer** ist, erwirbt der gutgläubige Erwerber das Eigentum ausschließlich aufgrund der Abtretung (**§ 934 1. Fall BGB**).

<u>Fall 564:</u> Der V hat eine ihm gehörende Maschine an den K verkauft und sie ihm aufschiebend bedingt übereignet (Eigentumsvorbehalt nach §§ 929 S. 1, 158 Abs. 1, 449 Abs. 1 BGB). Der K hat die Maschine daraufhin zur Sicherheit für ein Darlehen an seinen Gläubiger G, der den K für den Eigentümer hielt, nach § 930 BGB unter Vereinbarung eines Verwahrungsvertrages übereignet. Als später der G bei dem X seinerseits einen Kredit aufnimmt, übereignet er die Maschine an den X zur Sicherheit nach § 931 BGB; der X hielt dabei den G für den Eigentümer. Ist X Eigentümer geworden? („Fräsmaschinenfall" nach BGH).

a) Nach § 931 BGB ist der X mangels Eigentums des G (§ 933 BGB: die Maschine ist an den G übergeben worden!) nicht Eigentümer geworden. b) Der X könnte jedoch nach §§ 931, 934 1. Fall BGB Eigentümer geworden sein, aa) wenn der G einen ihm zustehenden Herausgabeanspruch aus einem bestehenden Besitzmittlungsverhältnis abgetreten hätte. aaa) Die Abtretung eines Herausgabeanspruchs liegt vor. bbb) Fraglich ist, ob ein Herausgabeanspruch gegeben war. aaaa) Gegen ein Besitzmittlungsverhältnis spricht, dass die Sicherungsübereignung an den G fehlgeschlagen ist und man daher annehmen könnte, dass deshalb auch kein Besitzmittlungsverhältnis zwischen K und G besteht (arge. § 139 BGB). Ein Besitzmittlungsverhältnis soll jedoch gleichwohl deshalb bestehen, weil in der fehlgeschlagenen Sicherungsübereignung (wie Sie aus dem vorherigen Fall wissen) eine zur Sicherheit erfolgte Übertragung des Anwartschaftsrechts des K liegt, also deshalb doch ein wirksames Besitzmittlungsverhältnis besteht. bbbb) Medicus meint dazu, dass der K den Besitz aber nicht nur für den G gemittelt habe, sondern die Maschine zugleich auch (immer) noch für den V besessen habe, weil er seinen Willen, jetzt nur noch für G besitzen zu wollen, dem V nicht offenbart habe, so dass im Ergebnis V und G „mittelbare Nebenbesitzer" seien und der G daher auch nur seinen Nebenbesitz auf den X übertragen habe und der X (weil ein gutgläubiger Besitzerwerb nicht möglich sei) auch nur diesen mittelbaren Nebenbesitz erworben habe, was wiederum für einen Eigentumserwerb nach § 934 1. Fall BGB nicht ausreichend sei. Hiergegen wird überzeugend eingewendet, dass der K durch die Sicherungsübereignung an den G den mittelbaren Besitz des V zerstört habe, weil es für einen Besitzverlust des V nicht auf die Erkennbarkeit für diesen ankomme. bb) X war auch zur Zeit der Abtretung des Herausgabeanspruchs gutgläubig. cc) § 935 BGB liegt nicht vor.

Dieser Fall demonstriert, dass nach dem Gesetz ein der Sache ferner stehender Zweiterwerber (X) durch § 934 1. Fall BGB besser gestellt wird als ein Ersterwerber (G) durch § 933 BGB. Es stellt sich daher die Frage, ob zwischen §§ 933 und 934 1. Fall BGB **zu korrigierende Wertungswidersprüche** bestehen. Dazu zunächst zwei einfache Fälle:

Fall 565: Der NE lässt eine ihm nicht gehörige Sache durch V verwahren. Der NE übereignet sie an den D durch Einigung und Abtretung des Herausgabeanspruchs aus dem Verwahrungsvertrag.

Der D ist nach § 934 1. Fall BGB Eigentümer geworden.

Variante: Der NE übereignet die Sache an den D durch Einigung und Vereinbarung eines Besitzkonstituts dahingehend, dass der NE die dem V überlassene Sache durch den V verwahrt.

Der D hätte nach §§ 930, 933 BGB kein Eigentum erlangt.

Hier zeigt sich ein Wertungswiderspruch; beide Sachverhalte unterscheiden sich bei wertender Betrachtungsweise nicht; gleichwohl sind die Lösungen unterschiedlich. Dieser Wertungswiderspruch ist jedoch vom Gesetz gewollt und hinzunehmen, weil es für die unterschiedlichen gesetzlichen Lösungen in den §§ 933 und 934 1. Fall BGB auch einen inneren Grund gibt: Der maßgebliche Unterschied besteht nämlich darin, dass im Fall einer Übereignung nach § 930 BGB der Übereigner den (unmittelbaren) Besitz behält, während bei einer Übereignung nach § 931 BGB der Veräußerer nach der Abtretung seines Herausgabeanspruchs aus einem Besitzmittlungsverhältnis keinen Besitzrest mehr an der Sache hat; deshalb ist es einleuchtend, dass das Gesetz für einen Gutglaubenserwerb

- bei einer Übereignung nach § 930 BGB die Übergabe verlangt (§ 933 BGB)
- und bei einer Übereignung nach § 931 BGB im Falle der Abtretung seines Herausgabeanspruchs aus einem Besitzmittlungsverhältnis auf die Übergabe verzichtet (§ 934 1. Fall BGB).

(2) Der Nichteigentümer ist nicht mittelbarer Besitzer (§ 934 2. Fall BGB)

Ist ein Dritter im Besitz der Sache und ist der **veräußernde Nicht-Eigentümer nicht mittelbarer Besitzer** oder **wird von dem veräußernden Nicht-Eigentümer ein nicht bestehendes Besitzmittlungsverhältnis behauptet**, so wird der gutgläubige Erwerber nur dann Eigentümer, wenn der besitzende Dritte dem Erwerber mit Rücksicht auf die Veräußerung den Besitz verschafft **(§ 934 2. Fall BGB)**, wofür die Erlangung des mittelbaren Besitzes, indem der Dritte z.B. ein neues Besitzmittlungsverhältnis mit dem Erwerber begründet, ausreichen soll.

Fall 566: Der E verkaufte dem K 1 eine ihm gehörende und bei dem L eingelagerte Partie Zucker. Übereignet wurde der Zucker jedoch nicht, weil der K 1 den Kaufpreis schuldig blieb.

Gleichwohl gab sich der K 1 als Eigentümer und Einlagerer des weiterhin bei dem L für den E eingelagerten Zuckers aus und verkaufte und übereignete diesen anschließend durch Einigung und „Abtretung seines Herausgabeanspruchs gegen L" an den K 2, der den K 1 für den Eigentümer und Einlagerer hielt. Später schloss der L mit Rücksicht auf die an den K 2 erfolgte Übereignung mit dem K 2 einen Lagervertrag ab, in dem vereinbart wurde, dass er den Zucker nunmehr ausschließlich für den K 2 besitze. Die Lagerhalle wird von dem B in Brand gesetzt. Der K 2 verlangt Schadensersatz von dem B.

Der Anspruch könnte sich aus § 823 Abs. 1 BGB ergeben. a) Dann müsste das Eigentum des K 2 an dem Zucker verletzt worden sein. aa) Eigentümer war der E. bb) Der K 1 hat das Eigentum nicht erlangt, weil E und K 1 nur einen Kaufvertrag geschlossen haben. cc) Der K 2 könnte das Eigentum von K 1 erlangt haben. aaa) Ein Eigentumserwerb nach § 931 BGB scheitert daran, dass der K 1 weder Eigentümer war noch zur Verfügung befugt war. bbb) In Betracht kommt aber ein gutgläubiger Eigentumserwerb nach §§ 931, 932, 934 BGB. aaaa) Eine Einigung K 1 – K 2 liegt vor. bbbb) Anstelle der Übergabe ist die Abtretung eines Herausgabeanspruchs vereinbart worden. cccc) Da K 1 nicht Eigentümer und nicht ein zur Verfügung Befugter war, kommt nur ein gutgläubiger Erwerb des K 2 in Betracht. aaaaa) Der Grundtatbestand des § 931 BGB ist gegeben. bbbbb) Ein durchgeführtes Verkehrsrechtsgeschäft liegt vor. ccccc) Weiterhin müsste der Gutglaubenstatbestand des § 934 BGB gegeben sein. aaaaaa) § 934 Fall 1 BGB liegt nicht vor, weil die Abtretung eines Herausgabeanspruchs aus einem nur vermeintlich bestehenden Besitzmittlungsverhältnis (K 1 – L) nicht ausreicht. bbbbbb) Bei der Abtretung eines Anspruchs aus einem nur behaupteten Besitzmittlungsverhältnis (K 1 – L) greift jedoch § 934 Fall 2 BGB ein. Ein gutgläubiger Erwerb von einem Nichteigentümer setzt aber eine Besitzerlangung des Erwerbers (K 2) voraus, die hier darin zu sehen ist, dass der L mit K 2 einen Lagervertrag abschließt und nicht mehr für den E besitzt. Der K 2 ist daher Eigentümer geworden. b) Der B hat das Eigentums des K 2 verletzt und dabei c) rechtswidrig und d) schuldhaft, weil vorsätzlich gehandelt. e) Er ist also dem K 2 zum Schadensersatz verpflichtet.

<u>Variante:</u> Der L hatte auch nach Abschluss des Lagervertrages mit K 2 weiterhin Zucker auf Weisung des E an diesen ausgeliefert.

Hier stellt sich die Frage, ob der K 2 alleiniger mittelbarer Besitzer geworden ist oder ob ein mittelbarer Nebenbesitz von E und K 2 gegeben ist, was einem Eigentumserwerb aus § 934 2. Fall BGB entgegenstehen würde. Wer die Rechtsfigur des „Nebenbesitzes" generell ablehnt, weil sie im Gesetz nicht vorgesehen sei (argec. §§ 1006, 866 BGB), der muss auch in diesem Fall zum Eigentumserwerb des K 2 kommen, ansonsten muss man den Eigentumserwerb verneinen.

<u>Fall 567:</u> Der Eigentümer E verliert den von R auf den Namen des E ausgestellten Reparaturschein für eine ihm gehörige Uhr. Der NE findet ihn und übereignet aufgrund eines Kaufvertrags nach Zahlung des Kaufpreises die Uhr dem K durch Einigung und Abtretung des vermeintlich ihm zustehenden Herausgabeanspruchs gegen R. Der K ruft den R an und fragt, wann er die Uhr unter Vorlage des Reparaturscheines abholen könne; der R nennt ihm einen Termin. Ist der K Eigentümer geworden? (nach Baur/Stürner)

a) Nach § 931 BGB hat der K schon deshalb kein Eigentum erworben, weil der NE nicht Eigentümer und nicht ein zur Verfügung Befugter war. b) Ein gutgläubiger Erwerb aa) nach §§ 934 1. Fall, 931 BGB führt nicht zum Eigentumserwerb, weil NE nicht mittelbarer Besitzer war; der R besaß die Uhr für den E. bb) Für einen gutgläubigen Eigentumserwerb nach §§ 934 2. Fall, 931 BGB aaa) reicht die Abtretung eines Anspruchs aus einem vermeintlichen Besitzmittlungsverhältnis aus; bbb) die weiterhin nötige Besitzerlangung kann auch in der Erlangung des mittelbaren Besitzes bestehen; sie ist hier in der Anerkennung des K als neuen Oberbesitzer durch den R zu sehen. ccc) Der gute Glaube des K ist hier allerdings durch den Inhalt des Reparaturscheines (Ausstellung auf den Namen des E) widerlegt. Also ist E noch Eigentümer der Uhr.

gg) Ausschluss des guten Glaubens

Der in § 932 Abs. 2 BGB definierte **gute Glaube** muss sich auf das **(fehlende) Eigentum des Übereigners** beziehen. Gutgläubig sein muss entweder der **Erwerber** oder bei einem Eigentumserwerb durch einen seitens des Erwerbers eingeschalteten Stellvertreter entweder der **Stellvertreter des Erwerbers** (§ 166 Abs. 1 BGB) oder bei einem **Vertreter „mit gebundener Marschroute"** der **Stellvertreter des Erwerbers** und der vertretene Erwerber (§ 166 Abs. 2 BGB). Der gute Glaube muss – abhängig von den einzelnen Gutglaubenstatbeständen – zu einem **bestimmten Zeitpunkt** gegeben sein, nämlich im Fall des § 932 Abs. 1 S. 1 und S. 2 BGB „...zu der Zeit, zu der er nach diesen Vorschriften das Eigentum erwerben würde,...", im Fall des § 933 BGB zum Zeitpunkt der Übergabe und im Fall des § 934 BGB „...zur Zeit der Abtretung oder des Besitzerwerbes...". Der **gute Glaube** wird **vermutet** (arge. § 932 Abs. 1 S. 1 BGB: „...es sei denn, dass...").

Wegen dieser Vermutung ist die **Problematisierung des guten Glaubens** der hierfür maßgeblichen Person **nur im Fall von den guten Glauben zweifelhaft erscheinen lassenden Sachverhaltsangaben** angezeigt.

- Widerlegt ist die Vermutung entweder in dem relativ seltenen Fall des **Vorsatzes** oder – im schon wahrscheinlicheren – Fall einer **groben Fahrlässigkeit** (= erforderliche Sorgfalt in ungewöhnlich grobem Maß verletzt und unbeachtet gelassen, was jedermann hätte einleuchten müssen) der dafür maßgeblichen Person.

- Bei lediglich **leichter Fahrlässigkeit** erwirbt der Erwerber also das Eigentum; und es gibt dann (wie Ihnen alsbald und später dann noch einmal im Deliktsrecht in Teil 7 gezeigt wird) auch keine Korrektur über §§ 823 Abs. 1, 249 Abs. 1 BGB; der gutgläubige Erwerb ist also „deliktsfest"; dazu lesen Sie mehr in Teil 7. Dass der gutgläubige Erwerb auch „konditionsfest" ist, lernen Sie in Teil 8.

Die Gutgläubigkeit ist teils eine ausschließlich tatsächliche Frage, teils auch eine Rechtsfrage: Was den Vorsatz angeht, so wird der Sachverhalt sehr präzise sein. Komplizierter wird für Sie die Beantwortung der Frage sein, ob grobe Fahrlässigkeit besteht. Nach der Rechtsprechung besteht bei folgenden Fallkonstellationen Anlass, die Frage der Bösgläubigkeit des Erwerbers wegen grober Fahrlässigkeit zu problematisieren:

---

1. Beim Kfz-Erwerb: Überhaupt keine Vorlage des Kfz-Briefes durch den Übereigner; bei einer Vorlage des Kfz-Briefes: fehlende Eintragung des Übereigners.

2. Bei einem Erwerb hochwertiger Investitionsgüter vom Händler ist mit Eigentumsvorbehalt eines Lieferanten zu rechnen.

3. Bei einer Sicherungsübereignung durch **hochverschuldeten Sicherungsgeber** ist mit anderweitiger Sicherungsübereignung zu rechnen.

> 4. Eine Veräußerung **wertvoller Sachen zu Schleuderpreisen** spricht gegen das Eigentum des Veräußerers.

Es wird **leicht übersehen**, dass es **für eine Bösgläubigkeit ausreicht**, wenn die für die Gutgläubigkeit maßgebliche Person bei einem **anfechtbaren Eigentumserwerb** des Übereigners **hinsichtlich der Anfechtbarkeit bösgläubig** war, dies natürlich aber nur (!!) wenn die **Anfechtung** auch **erfolgt** ist und der Veräußerer deshalb Nichteigentümer geworden ist (**§ 142 Abs. 2 BGB**).

Fall 568: Dem E gehören zwei sich sehr ähnelnde Schmuckstücke S 1 und S 2, wobei S 2 wertvoller ist als S 1. Der E verkauft das Schmuckstück S 1 an den K. Nach Zahlung des Kaufpreises durch K will der E dem K das Schmuckstück S 1 zum Zwecke der Erfüllung des Kaufvertrags übergeben und übereignen. Er vergreift sich dabei jedoch und übereignet und übergibt dem K das Schmuckstück S 2. Der K bemerkt das Versehen, korrigiert den E aber nicht. Dann verkauft und übereignet und übergibt der K das Schmuckstück an den X, dem er lachend von der Verwechselung des E erzählt hatte. Als der E das Schmuckstück S 2 bei dem X entdeckt, verlangt er von dem X die Herausgabe.

Der Anspruch kann sich aus § 985 ergeben. a) Der X ist Besitzer. b) Der E müsste Eigentümer sein. aa) Er war Eigentümer. bb) Er hat aaa) das Eigentum an dem Schmuckstück S 2 an den K übertragen (§ 929 S. 1 BGB). bbb) Die Übereignung könnte jedoch nach §§ 119, 142 Abs. 1 BGB wegen einer Anfechtung der zur Einigung führenden Willenserklärung des E rückwirkend unwirksam geworden sein. aaaa) Zwar liegt in der Person des E ein zur Anfechtung berechtigender Irrtum i.S.d. § 119 BGB vor, und zwar je nach Fallgestaltung ein Inhaltsirrtum (wenn der E zwar wusste, was er erklärte, aber nicht wusste, was er damit erklärte) oder ein Erklärungsirrtum (wenn er nicht wusste, was er erklärte). bbbb) Der E hat jedoch seine zur Einigung führende Willenserklärung nicht gegenüber dem K angefochten. Also ist der K Eigentümer geworden und der E hat das Eigentum verloren. Der E hat daher keinen Anspruch aus § 985 BGB auf Herausgabe gegen den X.

Variante: Der E hat die Anfechtung seiner zur Einigung führenden Willenserklärung rechtzeitig (§ 121 BGB) gegenüber dem K (§ 143 Abs. 1, 2 BGB) erklärt.

Der Anspruch kann sich aus § 985 ergeben. a) Der X ist Besitzer. b) Der E müsste Eigentümer sein. aa) Er war Eigentümer. bb) Er hat aaa) das Eigentum an dem Schmuckstück S 2 an den K übertragen (§ 929 S. 1 BGB). bbb) Die Übereignung könnte jedoch nach §§ 119, 142 Abs. 1 BGB wegen einer Anfechtung der zur Einigung führenden Willenserklärung des E rückwirkend unwirksam geworden sein. aaaa) Der E ist bei der Übereignung des Schmuckstücks S 2 ein zur Anfechtung berechtigender Irrtum i.S.d. § 119 Abs. 1 BGB unterlaufen, und zwar je nach Fallgestaltung ein Inhaltsirrtum (wenn der E zwar wusste, was er erklärte, aber nicht wusste, was er damit erklärte) oder Erklärungsirrtum (wenn er nicht wusste, was er erklärte). bbbb) Der E hat seine zur Einigung führende Willenserklärung auch wirksam angefochten. Also ist der K nicht Eigentümer geworden. und der E hat das Eigentum verloren. (Kontrollfrage: Beruht dieses Zwischenergebnis nicht auf einer Verletzung des „Abstraktionsprinzips"? Nein: Der zur Anfechtung berechtigende Irrtum des E und die Anfechtung betrafen die zur Übereignung des E an den K führende Einigung und nicht den der Übereignung zugrunde liegenden Kaufvertrag des E mit K, der übrigens „irrtumsfrei" war!) cc) Der X könnte das Eigentum von K erworben haben. aaa) Der X hat das Eigentum nicht nach § 929 S. 1 BGB erworben, weil der K Nicht-Berechtigter war, denn er war nicht der Eigentümer und auch nicht zur Übereignung befugt. bbb) Der X könnte das Eigentum gutgläubig erworben haben. aaaa) Es liegt ein rechtsgeschäftlicher Erwerb (Übereignung), bbbb) im Sinne eines durchgeführten Verkehrsrechtsgeschäfts (nicht innerhalb eines Gesamtvermögens) vor. cccc) Der zu § 929 S.1 BGB gehörende Gutglaubenstatbestand ist § 932 Abs. 1 S. 1 BGB: Er verlangt nicht mehr als dddd) Gutgläubigkeit bei der Vollendung des am fehlenden Eigentum des Übereigners gescheiterten Rechtswerbs. aaaaa) der an sich vermutete gute Glaube des Erwerbers („ ...es sei denn...") bbbbb) ist jedoch widerlegt, weil der Erwerber X die Anfechtbarkeit des Eigentumserwerbs des K kannte und weil der E die Anfechtung auch erklärt hat (§ 142 Abs. 2 BGB). Also hat der X kein Eigentum erworben. c) Der X hat auch kein Recht zum Besitz gegenüber dem E (§ 986 BGB). Also muss er das Schmuckstück S 2 herausgeben.

Fall 569: Der minderjährige M verkauft eine ihm gehörende Sache ohne Zustimmung seiner Eltern als der gesetzlichen Vertreter, die dann später auch eine Genehmigung verweigern, an den ihn arglistig täuschenden K. Der M übergibt und übereignet die Sache in Erfüllung des Kaufvertrages an den K. Der K übereignet die Sache weiter an den X, der die arglistige Täuschung des K kannte, nicht aber die Minderjährigkeit des M. Der M, vertreten durch seine gesetzlichen Vertreter, verlangt von dem X Herausgabe.

Der Anspruch des M kann sich aus § 985 ergeben. a) Der X ist Besitzer. b) Der M müsste (noch) Eigentümer sein. aa) Er war Eigentümer. bb) An den K hat er das Eigentum nicht verloren (§§ 107, 108 Abs.1 BGB). cc) Der M hat das Eigentum jedoch an X durch die Übereignung K – X verloren (§§ 929 S. 1, 932 Abs.1 S. 1, 932 Abs. 2 BGB), denn: aaa) Der Grundtatbestand des § 929 S. 1 BGB ist gegeben. bbb) Der X war gutgläubig; die Kenntnis der Anfechtbarkeit des Eigentumserwerbs des K macht den X nicht nach § 142 Abs. 2 BGB bösgläubig: aaaa) Zwar würde § 123 Abs. 1 BGB auch die Übereignung erfassen (anerkannter Fall der Durchbrechung des Abstraktionsprinzips!), bbbb) aber – sehr wichtig! – § 142 Abs. 2 BGB setzt die Erklärung der Anfechtung voraus; diese liegt hier nicht vor. ccc) § 935 Abs. 1 BGB ist nicht gegeben, denn aaaa) die Veräußerung durch einen beschränkt Geschäftsfähigen bedeutet nicht automatisch eine Unfreiwilligkeit des Besitzverlustes (anders wäre es bei einer Geschäftsunfähigkeit!); bbbb) auch führt die arglistige Täuschung seitens des K nicht zu einem Abhandenkommen (anders ein unwiderstehlicher Zwang psychischer oder physischer Natur oder nach hL. sogar eine rechtswidrige Drohung!). Der X hat daher das Eigentum erworben.

Die hier erörterte Fragestellung wird in juristischen Aufgaben häufig verknüpft mit einer durch die **„Lehre von den Doppelwirkungen im Recht" (Kipp)** behandelten ihnen bereits bekannten Fall-Konstellation.

Dieser Lehre geht es darum, die ungünstigen Folgen eines Nichtigkeitsgrundes für die durch die Anordnung der Nichtigkeit geschützte Person zu vermeiden.

Variante: Die gesetzlichen Vertreter des M haben die Anfechtung nach §§ 1629, 123 BGB erklärt.

Jetzt könnte § 142 Abs. 2 BGB eingreifen und ein gutgläubiger Erwerb des X entfallen. Das aber setzt voraus, dass eine nichtige (die endgültige Verweigerung der Genehmigung seitens der gesetzlichen Vertreter führt nämlich zur Nichtigkeit!) Willenserklärung überhaupt angefochten werden kann. Dies bejaht die „Lehre von den Doppelwirkungen im Recht", der zufolge auch nichtige Rechtsgeschäfte angefochten werden können, wenn es die Interessenlage gebietet. So liegt es hier, denn es kann nicht angehen, den arglistig getäuschten Minderjährigen unter den ihn schützen sollenden Minderjährigenschutzvorschriften leiden zu lassen, indem man ihm die den § 142 Abs. 2 BGB auslösende Anfechtung versagt. Der Volljährige würde anderenfalls besser behandelt werden.

Fall 570: Der V hat an den K eine ihm gehörige Sache verkauft und ihn dabei arglistig über bestimmte Eigenschaften der Sache getäuscht. Als der K feststellt, dass er sich über die Eigenschaften geirrt hat, ficht er noch vor Gefahrübergang (§ 446 S. 1 BGB) den Kaufvertrag nach § 119 Abs. 2 BGB an. Der V verlangt von dem K den Ersatz des ihm entstandenen Vertrauensschadens (§ 122 BGB). Nunmehr entdeckt der K, dass er arglistig getäuscht worden ist und ficht „schnell noch" nach § 123 Abs. 1 BGB an.

Auch diese Anfechtung soll nach der „Lehre von den Doppelwirkungen im Recht" möglich sein, um die ungünstigen Folgen des Nichtigkeitsgrundes (nach §§ 119 Abs. 2, 142 Abs. 1 BGB: § 122 BGB) zu vermeiden; bei Anfechtung wegen arglistiger Täuschung wird bekanntlich kein Vertrauensschadensersatz geschuldet.

hh) Ausnahme: Der Ausschlusstatbestand des § 935 Abs. 1 BGB, Unterausnahme in § 935 Abs. 2 BGB

Sind Sie bei der Bearbeitung eines Falles nach den vorstehenden Regeln dazu gekommen, dass ein Erwerber das Eigentum gutgläubig nach den §§ 929 – 934 BGB erworben hätte, müssen Sie prüfen, ob ein gutgläubiger Erwerb nach **§ 935 Abs. 1 BGB** ausgeschlossen ist.

Das ist dann der Fall, wenn die Sache

- entweder **dem Eigentümer** (§ 935 Abs. 1 S. 1 BGB)
- oder einer Person, die die Sache für ihn als **Besitzmittler** (§ 868 BGB) oder (problematisch) **sonstwie** besitzt (§ 935 Abs. 1 S. 2 BGB),
- **abhanden** gekommen (= unfreiwilliger Verlust des unmittelbaren Besitzes, auch des Mitbesitzes) ist.
- Die **Folge** ist, dass an abhanden gekommenen beweglichen Sachen kein gutgläubiger Erst-, Zweit-, Dritt- etc. („**einmal abhanden gekommen, ist immer abhanden gekommen**") Erwerb möglich ist.

Das „**Abhandenkommen**" prüfen Sie bitte aber nur, wenn nach dem Sachverhalt Anlass dazu besteht. Dazu muss Ihnen die folgende **Kasuistik** bekannt sein.

1. Kein Abhandenkommen nach § 935 Abs. 1 BGB liegt vor bei einem Besitzverlust:

- infolge einer Unterschlagung,
- infolge beschränkter Geschäftsfähigkeit,
- infolge arglistiger Täuschung des Übereigners seitens des Erwerbers;

2. dagegen liegt ein **Abhandenkommen** nach § 935 Abs. 1 BGB vor bei:

- Verlust des Besitzes durch Verlieren, Diebstahl, Raub,
- Weggabe bei einem unwiderstehlichen Zwang psychischer oder physischer Natur,
- rechtsgeschäftlicher Weggabe bei Geschäftsunfähigkeit wegen fehlender Urteilsfähigkeit (nach einer „originellen" Konstruktion deshalb, weil die

> Eltern „Besitzherren" und die Geschäftsunfähigen nur „Besitzdiener" ihrer eigenen Sachen seien)
>
> • oder nach hL. sogar bei einer rechtswidrigen Drohung.

Einfach gelagert sind die Fälle, in denen es um die Frage eines **Abhandenkommens** in der Person des **unmittelbar besitzenden Eigentümers selbst** geht.

Fall 571: Der E hat eine ihm gehörige Sache bei sich und verliert sie. Der F findet sie und verkauft und übereignet sie an den K, der den F für den Eigentümer hält. Der E verlangt von dem K Herausgabe.

Der Anspruch ergibt sich aus § 985 BGB. a) Der E ist Eigentümer, denn aa) er war Eigentümer, bb) und er hat das Eigentum an der Sache nicht durch die Übereignung des F an den gutgläubigen K nach §§ 929 S. 1, 932 Abs. 1 S. 1 BGB verloren, weil er die Sache unmittelbar besaß und sie verloren hat (§ 935 Abs. 1 S. 1 BGB). b) Der K ist Besitzer der Sache, c) und der K hat kein Recht zum Besitz gegenüber E (§ 986 BGB).

Variante: Der K hat die Sache an den K 1 verkauft und übereignet; der K 1 hat sie dann an K 2 weiterverkauft und übereignet, der schließlich an K 3 usw. usw. . Kann der E von K 100 Herausgabe verlangen, auch wenn K – K 100 gutgläubig waren?

Ja, denn „einmal abhanden gekommen, ist immer abhanden gekommen"!

Aber auch, wenn der Eigentümer die Sache nicht unmittelbar besitzt, sondern ein anderer sie für den **Eigentümer** als dessen **Besitzmittler** besitzt, liegt ein Abhandenkommen vor, wenn die Sache dem Besitzmittler abhanden gekommen ist (**§ 935 Abs. 1 S. 2 868 BGB**).

Fall 572: Der E verleiht eine ihm gehörige Sache an den L. Der L trägt sie mit sich herum und verliert sie. Der F findet sie und verkauft und übereignet sie an den K, der den F für den Eigentümer hält. Der E verlangt von dem K die Herausgabe.

Der Anspruch ergibt sich aus § 985 BGB. a) Der E ist Eigentümer, denn aa) er war Eigentümer, bb) und er hat das Eigentum an der Sache nicht durch die Übereignung des F an den gutgläubigen K nach § 932 Abs. 1 S. 1 BGB verloren, weil der L, der die Sache für ihn besessen hat (§§ 868, 598 BGB), die Sache verloren hat (§ 935 Abs. 1 S. 2 BGB). b) Der K ist Besitzer der Sache, c) und der K hat kein Recht zum Besitz gegenüber E (§ 986 BGB); der E kann auch Herausgabe an sich selbst verlangen, denn § 986 Abs. 1 S. 2 BGB greift nicht ein (§ 604 Abs. 3 BGB).

Fall 573: Der E verleiht eine ihm gehörige Sache an den L. Der L verkauft und übereignet und übergibt sie an den A, der weiß, dass der L die Sache von dem E nur geliehen hatte. Der Dieb D stiehlt sie dem A. Der D verkauft und übereignet sie an den K, der den D für den Eigentümer hält. Der E verlangt von dem K Herausgabe (nach Baur – Stürner).

Der Anspruch könnte sich aus § 985 BGB ergeben. a) Der E müsste Eigentümer sein. aa) Er war Eigentümer bb) und hat das Eigentum nicht durch die Übereignung des L an den A verloren, weil der A bösgläubig war. cc) Der E hätte aaa) aber das Eigentum an der Sache durch die Übereignung des D an den gutgläubigen K nach §§ 929 S. 1, 932 Abs. 1 S. 1 BGB verloren, bbb) wenn die Sache nicht abhanden gekommen wäre: aaaa) Dem E selbst ist sie nicht abhanden gekommen, so dass § 935 Abs. 1 S. 1 BGB nicht vorliegt, bbbb) wohl aber durch den Diebstahl des D dem A. Obwohl der A die Sache nicht für den E besessen hat, soll hier entgegen seinem Wortlaut der § 935 Abs. 1 S. 2 BGB angewendet werden, weil es die „Tendenz des Gesetzes" sei, bei unfreiwilligem Besitzverlust einen redlichen Eigentumserwerb auszuschließen. Dem wird entgegengehalten, dass nur der unfreiwillige Verlust einer Besitzposition des Eigentümers zum Abhandenkommen und Ausschluss des redlichen Erwerbes führen könne. Schließt man einen Eigentumserwerb aus: b) Der K ist Besitzer der Sache, c) und der K hat kein Recht zum Besitz gegenüber E (§ 986 BGB; der E kann auch Herausgabe an sich selbst verlangen, denn § 986 Abs. 1 S. 2 BGB greift nicht ein (§ 604 Abs. 3 BGB).

Wenn ein sich als Eigentümer ausgebender **Besitzdiener** eine ihm vom Besitzherrn (vom Eigentümer oder von dessen Besitzmittler oder – wenn man diese Rechtsansicht teilt – von einem „sonstwie" Besitzenden) überlassene Sache an einen hinsichtlich des Eigentums des Besitzdieners gutgläubigen Dritten veräußert, soll darin generell ein „unfreiwilliger Besitzverlust", also ein Abhandenkommen liegen, so dass der Dritte kein Eigentum erwirbt. Denn die freiwillige Überlassung der Sache an den Besitzdiener hat nicht zu einem Besitzerwechsel, also auch nicht zu einem freiwilligen Besitzverlust, geführt (nach § 855 BGB wird der Besitzdiener nicht zum Besitzer!), so dass erst bei der Weitergabe der Sache durch den Besitzdiener an einen Dritten ein (dann aus der Sicht des Besitzherrn) unfreiwilliger Besitzverlust (= Abhandenkommen) vorliegt. Anders soll es jedoch sein, wenn der Besitzdiener den Gewahrsam über die Sache außerhalb des räumlichen Herrschaftsbereichs des Besitzherrn ausgeübt hat und sich als Eigentümer ausgebend die Sache an einen gutgläubigen Dritten übereignet hat; allerdings wird man die Gutgläubigkeit dann besonders kritisch würdigen müssen! Aber haben Sie bitte im Auge, dass diese Ausführungen den sich als Eigentümer ausgebenden Besitzdiener, der seine vermeintliche Sache veräußert, betrafen. Bei einer zur Übereignung befugenden Vertretungsmacht des Besitzdieners, speziell nach §§ 54 – 56 HGB, liegt dagegen i.d.R. eine Veräußerung des Vertretenen vor, so dass es, wenn es sich dabei um den Eigentümer handelt, für einen Eigentumserwerb des Dritten auf §§ 932 ff. BGB nicht ankommt.

Fall 574: Die Jura-Studentin S. C. H. Nakk (S) ist an drei Tagen in der Woche als Verkäuferin in einer der Filialen der Boutiquenkette „Ann-Sue" tätig, deren Inhaberin die Anna (A) ist. Eines Tages nimmt die S aus der Filiale, in der sie schon lange ganz allein und völlig selbstständig arbeitet, ein als Einzelstück gehandelten kostbaren Designer-Pullover mit nach Hause und zieht ihn am nächsten Tag zur Uni an, wo sie die Vorlesungen eigentlich nur noch zur Pflege sozialer Kontakte und zum Klönen aufsucht. Gegenüber der A hat sie den Pullover als gestohlen gemeldet. Weil keiner sie wegen des Pullovers bewundert, gefällt er der S schon bald nicht mehr und sie verkauft ihn während der Sachenrechtsvorlesung an die hinsichtlich des Eigentums der S gutgläubige Kommilitonin K. Lön (K) und übereignet und übergibt ihn ihr nach der Vorlesung. Als die K tags darauf mit dem Pullover bekleidet in die Filiale der Boutique der A kommt, um ihre Bekannte S zu besuchen, trifft sie dort auf die zufällig anwesende A, die den Pullover wegen seines besonderen Designs sofort wieder erkennt und ihn von der vermeintlichen Diebin K herausverlangt. Die K hat in der Vorlesung immerhin „mit einem Ohr zugehört" und beruft sich auf einen „gutgläubigen Eigentumserwerb".

Vergeblich, denn der Herausgabeanspruch der A gegen die K ergibt sich aus § 985 BGB. a) Die A ist Eigentümer des Pullovers, denn aa) sie war Eigentümer bb) und sie hat das Eigentum an dem Pullover auch nicht durch die Übereignung der S an die gutgläubige K nach §§ 929 S. 1, 932 Abs. 1 S. 1 BGB verloren, weil der Pullover der A abhanden gekommen ist: Die S war in ihrer Rolle als Verkäuferin zunächst nicht Besitzerin des Pullovers; Besitzerin war vielmehr die A (§ 855 BGB). Als die S sich dafür entschieden hatte, den Pullover wie einen eigenen zu tragen, und dies auch realisierte, endete ihre Besitzdienerstellung und sie erwarb den Besitz; gleichzeitig verlor die A den Besitz; dieser Besitzverlust war unfreiwillig. Damit ist der Pullover der A abhanden gekommen (§ 935 Abs. 1 S. 1 BGB), so dass die K kein Eigentum erlangen konnte. b) Die K ist Besitzerin der Sache und c) hat kein Recht zum Besitz gegenüber E (§ 986 BGB).

Wenn z.B. ein früheres Testament durch ein späteres Testament zugunsten des dann „wahren Erben" widerrufen wird (§ 2258 BGB) und dieses Widerrufstestament erst aufgefunden wird, nachdem der **„Scheinerbe"** den **Nachlass bereits in Besitz genommen hat und bereits über Nachlassgegenstände zugunsten eines Dritten** (D) durch eine (hier zunächst allein interessierende) **Übereignung beweglicher Sachen verfügt hat**, stellt sich die Frage, ob der Erwerber das Eigentum an den Nachlassgegenständen gutgläubig erworben hat oder ob der wahre Erbe vom Dritten als Erwerber Herausgabe verlangen kann. Bei dem zu erörternden Anspruch des wahren Erben gegen den Dritten geht es natürlich nicht um einen sog. „Erbschaftsanspruch" nach § 2018 BGB (was ist dort geregelt?), sondern um eine Frage des § 985 BGB.

Bei Fällen dieser Art, in denen ein Nicht-Erbe über Nachlassgegenstände verfügt (hier: sie übereignet) muss zwischen folgenden **Konstellationen** unterschieden werden:

- Das vermeintliche Erbrecht des Scheinerben ist durch einen ihm erteilten **Erbschein** bezeugt;
- es war **kein Erbschein** erteilt worden, als der Scheinerbe die Verfügung vornahm.

Schließlich gibt es auch die mit der vorstellbaren Konstellation „gerne" verwechselten Fälle, in denen der Scheinerbe entweder bei vorliegendem/oder nicht vorliegendem Erbschein über Sachen verfügt hat, die nicht dem Erblasser gehört haben, die also **keine Nachlassgegenstände** waren.

Fall 575: Der E ist am 1. Mai 2002 verstorben. In seinem formwirksamen Testament vom 1. Januar 2002 ist der SchE zum Alleinerben eingesetzt worden. Der SchE nimmt den Nachlass in Besitz und verkauft das Auto des E und übergibt und übereignet es durch Einigung und Übergabe an den D 1. Nachdem ihm ein Erbschein erteilt worden ist, verkauft er die Möbel des E an den D 2 und übergibt und übereignet sie durch Einigung und Übergabe an den D 2. Danach wird ein formwirksames Testament des E vom 1. April 2002 aufgefunden, durch das der wE zum Erben eingesetzt wird. Der wE verlangt von D 1 und D 2 Herausgabe von Auto und Mobiliar.

1. Der wE könnte gegen den D 1 einen Anspruch auf Herausgabe des Autos nach § 985 BGB haben: a) Dann müsste der wE Eigentümer des Autos sein; das ist „historisch" zu prüfen: aa) Der E war Eigentümer. bb) Der wE ist als Erbe des E nach §§ 1922, 1937, 2258 BGB neuer Eigentümer geworden. cc) Er könnte das Eigentum an dem Auto nach aaa) § 929 S. 1 BGB durch die Übereignung des SchE an den D 1 verloren haben; das ist nicht der Fall, weil der SchE nicht Eigentümer geworden war. bbb) In Betracht kommt aber ein Erwerb des D 1 aaaa) nach §§ 929 S. 1, 932 Abs. 1 S. 1 BGB, deren Voraussetzungen vorliegen, so dass ein Eigentumserwerb die Folge wäre, bbbb) wenn nicht § 935 Abs. 1 S. 1 BGB eingreift: das Auto müsste dem wE als Eigentümer abhanden gekommen sein; aaaaa) dann müsste er Besitzer des Autos gewesen sein; das ist nach § 857 BGB der Fall. bbbbb) Diesen Besitz hat er durch die Veräußerung seitens des SchE unfreiwillig verloren. Also liegt § 935 Abs. 1 S. 1 BGB vor. D 1 hat kein Eigentum erworben; der wE ist noch Eigentümer. b) D 1 ist der Besitzer. c) Er hat kein Recht

zum Besitz gegenüber dem wE (§ 986 BGB) und muss das Auto daher herausgeben. 2. Der wE könnte gegen den D 2 einen Anspruch auf Herausgabe der Möbel nach § 985 BGB haben: a) Der D 2 ist Besitzer der Möbel. b) Der wE müsste Eigentümer der Möbel sein; das ist „historisch" zu prüfen: aa) E war Eigentümer. bb) Der wE ist als Erbe des E nach §§ 1922, 1937, 2258 BGB neuer Eigentümer geworden. cc) Er könnte das Eigentum an den Möbeln nach aaa) § 929 S. 1 BGB durch die Übereignung des SchE an den D 2 verloren haben; aaaa) zwar ist der SchE nicht Eigentümer geworden; bbbb) aufgrund des ihm erteilten Erbscheins ist aber zugunsten des gutgläubigen D 2 davon auszugehen, dass der SchE Erbe des E (§§ 2365, 2366 BGB) und damit auch der Eigentümer der dem Erblasser gehörenden Nachlassgegenstände geworden ist. Mit dieser (eleganten) Begründung wird von einem Teil der Lehre angenommen, dass der D 2 Eigentümer geworden ist. cccc) Auf § 935 BGB ist nicht einzugehen, weil es sich nicht um einen Erwerb nach § 932 BGB handelt. bbb) Anderen geht das zu weit; sie prüfen einen Eigentumserwerb seitens des D 2 aaaa) nach §§ 929 S. 1, 932 Abs. 1 S. 1 BGB, deren Voraussetzungen vorliegen, so dass ein Eigentumserwerb die Folge wäre, bbbb) wenn nicht § 935 Abs. 1 S. 1 BGB eingreift: die Möbel müssten dem wE als Eigentümer abhanden gekommen sein; dann müsste er Besitzer der Möbel gewesen sein. Das ist der Fall nach § 857 BGB; da aber der SchE zugunsten des gutgläubigen D 2 nach §§ 2365, 2366 BGB wie der wahre Erbe behandelt wird, hat der wE nicht den Besitz nach § 857 BGB erlangt. Daher ist die Sache auch nicht dem wE abhanden gekommen. Der D 2 hat somit das Eigentum an den Möbeln erworben. Ein Herausgabeanspruch besteht nicht.

<u>Variante</u>: Das Auto/die Möbel waren dem E von der Autofabrik A/der Möbelfabrik M leihweise zur Ansicht überlassen worden. A/M verlangt Herausgabe von D 1/D 2.

Die Ansprüche können sich aus § 985 BGB ergeben. 1. Was das nachlassfremde Auto angeht, a) so kann der D 1 das Eigentum lediglich nach § 932 Abs. 1 S. 1, 929 S. 1 BGB, dessen Voraussetzungen gegeben sind, erlangt haben. Fraglich ist, ob das Auto nach § 935 Abs. 1 BGB abhanden gekommen ist: A hat den Besitz freiwillig durch die Leihe an E verloren. Abhanden gekommen wäre das Auto aber auch, wenn der Besitzmittler den Besitz unfreiwillig verloren hat. Besitzmittler war ursprünglich der E. Nach seinem Tod ist dies nach § 857 BGB dessen Erbe wE geworden; da dieser den Besitz unfreiwillig verloren hat, ist das Auto abhanden gekommen. D 1 hat daher kein Eigentum erworben. b) Der D 1 ist Besitzer und hat c) kein Recht zum Besitz gegenüber dem A. Daher besteht ein Herausgabeanspruch. 2. Ein Herausgabeanspruch der M hinsichtlich der Möbel setzt voraus, dass der M Eigentümer ist. Die Möbel waren ebenfalls nachlassfremd. Da die §§ 2365, 2366 BGB lediglich die fehlende Erbenstellung „ersetzen", nicht aber die fehlende Nachlasszugehörigkeit, kann der D 2 das Eigentum an den Möbeln auch lediglich nach §§ 929 S. 1, 932 Abs. 1 S. 1 BGB, dessen Voraussetzungen gegeben sind, erlangt haben. Fraglich ist, ob die Möbel nach § 935 Abs. 1 BGB abhanden gekommen sind: Die M hat den Besitz durch die Leihe an E freiwillig verloren. Abhanden gekommen wären sie aber auch, wenn der Besitzmittler den Besitz unfreiwillig verloren hat. Besitzmittler war ursprünglich der E. Nach seinem Tod ist nach § 857 BGB dessen Erbe wE Besitzmittler geworden; da dieser den Besitz unfreiwillig verloren hat, wäre das Mobiliar auch abhanden gekommen. Zugunsten des gutgläubigen D 2 wird der SchE jedoch wie der wahre Erbe behandelt (§ 2367 BGB), also wie der Besitzer nach § 857 BGB; er ist also als Besitzmittler der M anzusehen. Da er den Besitz freiwillig aufgegeben hat, liegt kein Abhandenkommen vor. Also ist D 2 Eigentümer geworden. Daher besteht kein Herausgabeanspruch der M gegen den D 2.

<u>Fall-Variante</u>: Der E hatte die Sachen den Eigentümern gestohlen.

Ein Eigentumserwerb scheitert an § 935 Abs. 1 S. 1 BGB.

Die in **§ 935 Abs. 2 BGB** geregelte **Unterausnahme zu § 935 Abs. 1 BGB** versteht sich von selbst; beim Eigentumserwerb von Geld, Inhaberpapieren und beim Eigentumserwerb in öffentlicher Versteigerung (§ 383 Abs. 3 BGB) kann man gutgläubig Eigentum auch an abhanden gekommenen Sachen erwerben. Warum? Diese Sache müssen besonders „verkehrsfähig" sein und beim Erwerb öffentlich versteigerter Sachen muss im öffentlichen Interessse „reiner Tisch" gemacht werden und es darf es keine spätere Rückabwicklung mehr geben dürfen, weil der Ersteigerer nicht Eigentümer geworden ist.

> Auf ein gelegentlich Anfängern unterlaufendes Missverständnis der Norm soll vorsorglich hingewiesen werden: Gutgläubig muss der Dritte selbstverständlich auch beim Erwerb gestohlenen fremden Geldes vom Nichteigentümer sein, will er das Eigentum erwerben! Wer das verkennt, kann zu peinlichen Ergebnissen kommen, so z.B. annehmen, dass man Eigentum an dem Geld erwirbt, das einem ein erfolgreicher Bankräuber, von dessen Tat man soeben Zeuge geworden ist, im Überschwang seiner Gefühle wegen des „Erfolges" geschenkt hat.

ii) Schuldrechtliche „Korrektur" des gutgläubigen Erwerbs

> Nachdem Sie sich nun mit einiger Mühe die Erkenntnis erarbeitet haben, dass es bei fehlendem Eigentum des Veräußerers einen gutgläubigen Erwerb des Eigentums vom Nichteigentümer gibt, wird dies nun alles wieder in Frage gestellt durch die Erörterung, ob dieses Resultat durch schuldrechtliche Ansprüche des ehemaligen Eigentümers gegen den neuen Eigentümer korrigiert werden kann.

Die **Antwort als solche** dürfte eigentlich klar sein: Der gutgläubige Erwerb ist im Verkehrsschutzinteresse geschaffen worden; die Möglichkeit einer Korrektur würde das Prinzip des Gutglaubensschutz völlig ad absurdum führen. Aber ohne Begründung ist diese These wertlos.

> **Übrigens:** Um unnötige Doppelungen in der Gesamtdarstellung zu vermeiden, sollen diese Ausführung sinngemäß auch für alle anderen Konstellationen eines gutgläubigen Erwerbs von Rechten gelten.

(1) Korrektur des gutgläubigen Erwerbs durch § 812 Abs. 1 S. 1 BGB?

Was die Frage bereicherungsrechtlicher Korrekturen angeht, so ist z.B. an eine **Korrektur nach § 812 Abs. 1 S. 1 BGB** zu denken.

Fall 576: Der Eigentümer E verleiht eine ihm gehörige bewegliche Sache an den Entleiher L, der diese sodann an den gutgläubigen Käufer K verkauft und übergibt und übereignet. Der E verlangt Rückübereignung und Rückgabe der Sache von K.

1. Ein Anspruch aus § 985 BGB besteht nicht, denn E hat sein Eigentum an K verloren (§§ 929 S. 1, 932 Abs. 1 S. 1 BGB; § 935 Abs. 1 S. 1 BGB liegt nicht vor). 2. E könnte gegen K einen bereicherungsrechtlichen Anspruch auf Herausgabe oder Rückübereignung haben. Im Ergebnis ist man sich einig, dass ein solcher Anspruch nicht besteht; begründen kann man dies auf verschiedene Weise. a) Man kann z.B. die einzelnen Bereicherungsansprüche prüfen aa) In Betracht kommt ein Anspruch aus § 812 Abs. 1 S. 1 1. Fall BGB („Leistungskondiktion") aaa) Der An-

spruchsgegner K hat „etwas", das Eigentum und den Besitz an der Sache, erlangt. bbb) Er hat beides aber nicht durch Leistung des Anspruchstellers E erlangt. bb) Zu prüfen wäre daher ein Anspruch aus § 812 Abs. 1 S. 1 2. Fall BGB (Kondiktion „in sonstiger Weise"): aaa) Der Anspruchsgegner K hat „etwas", das Eigentum und den Besitz an der Sache, erlangt. bbb) Nach herrschender Ansicht dürfte er das „etwas" aber nicht von (irgendeinem) anderen durch Leistung erlangt haben, denn ein „durch Leistung" erlangtes „etwas" kann nicht zugleich „in sonstiger Weise" erlangt sein; beide Wege der Vermögensmehrung schließen einander aus. aaaa) Hier wird die Ansicht vertreten, dass der K das „etwas" durch „Leistung" des L erlangt hat; trifft das zu, ist ein Bereicherungsanspruch des E ausgeschlossen. bbbb) Wer hingegen die Alternativität von Leistungs- und Nichtleistungskondiktion („in sonstiger Weise") generell ablehnt oder wer jedenfalls in diesem Fall das Vorliegen einer Leistung des L mit der Begründung ablehnt, dass der L mangels Eigentums gar nicht die Verschaffung des Eigentums leisten konnte, ccc) muss prüfen, ob der K das „etwas" ohne Rechtsgrund erlangt hat. Wer so verfährt, muss § 932 BGB als Rechtsgrund für den Eigentumserwerb ansehen. b) Man kann das gleiche Ergebnis aber auch mit einem „Geniestreich" aus einem Umkehrschluss aus § 816 Abs. 1 BGB ableiten, indem man aus der Existenz des Anspruchs aus § 816 Abs. 1 S. 2 BGB folgert, dass nur im Falle einer unentgeltlichen Verfügung eines Nichtberechtigten eine bereicherungsrechtliche Korrektur stattfinden soll, und dass ansonsten ein Bereicherungsanspruch nur aus § 816 Abs.1 S. 1 BGB auf Herausgabe des Erlangten gegeben sein soll. Im Ergebnis besteht also nach allen dazu vertretenen Rechtsansichten kein den Eigentumserwerb „korrigierender" Bereicherungsanspruch.

<u>Fall 577</u>: Der E hat dem V, der gewerbsmäßig eine Fahrrad-Werkstatt und eine Fahrrad-Handlung betreibt, sein Fahrrad zur Reparatur gegeben. Der Geldmittel benötigende V nutzt die „gute Gelegenheit" aus und verkauft und übergibt und übereignet das Rad an den K. Der V gibt sich dabei nicht als Eigentümer des Rades, sondern gegenüber dem insoweit gutgläubigen K als von dem Eigentümer E zum Verkauf des Rades und zur Erfüllung des Kaufvertrages bevollmächtigte Person aus. Der E verlangt von K Herausgabe.

1. Der E hat keinen Anspruch nach § 985 BGB, da der K Eigentümer geworden ist; § 366 Abs. 1 HGB (der V ist nach § 1 HGB Kaufmann; das Geschäft gehört nach § 344 HGB zum Betrieb seines Handelsgewerbes), der an sich den guten Glauben an die Verfügungsbefugnis des Kaufmanns schützt, gilt nach hM. (anders Medicus) auch für den guten Glauben an die Vertretungsmacht, so dass die Übereignung als eine Übereignung des von V vertretenen E nach §§ 929, 164 BGB, 366 Abs. 1 HGB, 932 BGB wirksam ist. 2. Ein Anspruch des E gegen den K aus §§ 823 Abs. 1, 249 Abs. 1 BGB ist hier (K ist gutgläubig) überhaupt nicht anzusprechen. 3. In Betracht kommt aber ein Anspruch des E gegen den K aus § 812 Abs. 1 S. 1 1. Fall BGB („Leistungskondiktion"): a) Der K hat das Eigentum und den Besitz, also „etwas", erlangt. b) Fraglich ist, ob er es durch Leistung des Anspruchstellers E erlangt hat: Das ist der Fall, denn aus Sicht des K hat der Vertretene (E), und nicht der Vertreter (V) sein, des K, Vermögen bewusst und zweckgerichtet gemehrt. c) Ohne Rechtsgrund hätte der E geleistet, aa) wenn man den § 366 Abs. 1 HGB dem Wortlaut folgend nur auf das dingliche Geschäft anwendet; bb) das hätte aber zur Folge, dass der gutgläubige Erwerb des K nicht „kondiktionsfest" wäre; weil das zu einem Wertungswiderspruch zu der ansonsten gegebenen „Kondiktionsfestigkeit" des gutgläubigen Erwerbs führen würde und weil es wenig Sinn machen würde, mit „der einen Hand" dem K das Eigentum zu geben und es ihm „mit der anderen Hand" wieder zu nehmen, wird zu Recht angenommen, dass § 366 Abs. 1 HGB auch das obligatorische Geschäft (Kaufvertrag E – K) betrifft, so dass von V mit Rechtsgrund geleistet worden wäre.

(2) Korrektur des gutgläubigen Erwerbs durch § 816 Abs. 1 S. 2 BGB?

Wie Sie gerade gelernt haben, kommt es nur im Fall des **§ 816 Abs. 1 S. 2 BGB (unentgeltlicher gutgläubiger Erwerb)** zu einer Rückabwicklung des Eigentumserwerbs, also tatsächlich zu einer echten **„Korrektur" des gutgläubigen Erwerbs**.

Fall 578: Der Eigentümer E verleiht eine ihm gehörige bewegliche Sache an den Entleiher L. Dieser verschenkt und übergibt und übereignet sie an den gutgläubigen K. Der E verlangt Herausgabe von K.

1. Ein Anspruch aus § 985 BGB scheitert am gutgläubigen Eigentumserwerb des K (§ 932 Abs. 1 S. 1 1. Fall BGB; § 935 BGB liegt nicht vor). 2. Der E könnte gegen den K einen Anspruch aus § 816 Abs. 1 S. 2 BGB haben. a) Der L hat als Nichtberechtigter b) gegenüber dem Berechtigten (E) durch die Übereignung an K wirksam verfügt (§ 932 Abs. 1 S. 1 1. Fall BGB) c) Die Verfügung war unentgeltlich. d) Der K hat daher den durch die Verfügung unmittelbar erlangten rechtlichen Vorteil (das Eigentum und den Besitz) an den Berechtigten (E) herauszugeben.

Variante: Der K hat, nachdem der L ihm die Herkunft der Sache „gebeichtet hat", diese an den D weiterverschenkt und übereignet, weil er sich nicht „die Hände schmutzig" machen wollte.

1. Ein Anspruch aus § 985 BGB scheitert am gutgläubigen Eigentumserwerb des K (§ 929 S. 1 BGB; warum prüfen Sie nicht § 932 Abs. 1 S. 1 1. Fall BGB ?? Weil der K Eigentümer war!). 2. Der E könnte von dem D Herausgabe der Sache nach § 822 BGB verlangen, dies aber nur, wenn durch das Geschenk des K an den D der Anspruch des E gegen K aus § 816 Abs. 1 S. 2, 1 BGB ausgeschlossen ist. a) Das könnte der Fall nach § 818 Abs. 3 BGB sein. b) Hier aber war der K bösgläubig, so dass er nach §§ 819, 818 Abs. 4, 292 BGB nach den „allgemeinen Vorschriften" haftet, sich also nicht nach § 818 Abs. 3 BGB auf seine Entreicherung berufen kann. Der E hat daher keinen Anspruch gegen den D, sondern muss sich an K halten. Die „Lehre" aus diesem Fall ist, dass man sich, soweit möglich, von bösgläubigen Personen beschenken lassen sollte.

Erweitern könnte man diese Korrektur durch **§ 816 Abs. 1 S. 2 BGB** auch auf die Fälle des **zwar entgeltlichen**, aber **rechtsgrundlosen gutgläubigen Erwerbs**.

Variante: Kann der E, wenn der L die Sache an den K verkauft und nach Zahlung des Kaufpreises an den K übereignet hätte, der Kaufvertrag sich aber später als nichtig (z.B. Dissens über essentialia negotii) entpuppt hätte, vor einer Rückabwicklung zwischen L und K von dem K Herausgabe verlangen? Oder kann er sich nur an den L halten?

1. Der E könnte gegen K einen Anspruch aus § 816 Abs. 1 S. 2 BGB analog haben. a) Der L hat als Nichtberechtigter b) gegenüber dem Berechtigten (E) durch die Übereignung an den K wirksam verfügt (§ 932 BGB). c) Die Verfügung war aa) zwar nicht unentgeltlich, bb) war aber rechtsgrundlos erfolgt. aaa) Für eine Gleichstellung von Rechtsgrundlosigkeit und Unentgeltlichkeit könnte sprechen, dass bei beiden Konstellationen keine Verpflichtung zur Gegenleistung für den Erwerber besteht. Man wird daher eine Analogie jedenfalls in den Fällen, in denen keine Gegenleistung bewirkt worden sein sollte, befürworten können, so dass der E den K direkt in Anspruch nehmen könnte (Lehre von der „Einheitskondiktion"). bbb) Wenn aber – wie hier von K – eine Gegenleistung bewirkt ist, würde eine direkte Inanspruchnahme des K durch den E die berechtigten Interessen des K verletzen: Er würde nämlich seine Einwendungen gegen den L aus der „Saldotheorie" (Rückabwicklung nur Zug – um – Zug gegen Rückübereignung des Kaufpreises) verlieren. Daher hat der E gegen den K keinen Herausgabeanspruch aus § 816 Abs. 1 S. 2 BGB. 2. Der E kann daher a) nur den L aus § 816 Abs. 1 S. 1 BGB in An-

spruch nehmen und von diesem „Herausgabe des aus der Verfügung Erlangten", also Abtretung von dessen Bereicherungsanspruch gegen den K, verlangen. b) Aus abgetretenem Recht kann der E dann gegen K vorgehen (§§ 812 Abs. 1 S. 1, 398 BGB), muss sich aber nach § 404 die Einwendungen des K gegen den L aus der „Saldotheorie" entgegenhalten lassen. („Lehre von der Doppelkondiktion").

(3) Korrektur des gutgläubigen Erwerbs durch §§ 823 Abs. 1, 249 Abs. 1 BGB?

Fraglich ist, ob der **gutgläubige Eigentumserwerb** eines das Nicht-Eigentum des „Übereigners" leicht fahrlässig verkennenden und trotzdem (lesen Sie noch einmal § 932 Abs. 2 BGB!) gutgläubigen Erwerbers nach **§§ 823 Abs. 1, 249 Abs. 1 BGB korrigiert werden** kann.

Variante: Der K hätte bei der Übereignung bei äußerster Anspannung erkennen können, dass der L nicht der Eigentümer war. Der E verlangt von K Herausgabe

1. Ein Anspruch aus § 985 BGB besteht nicht, denn der K hat das Eigentum deshalb gutgläubig erworben, weil nur Vorsatz und grobe Fahrlässigkeit schadet (§ 932 Abs. 2 BGB) 2. Ein Herausgabeanspruch gegen K könnte sich jedoch aus §§ 823 Abs.1, 249 Abs. 1 BGB ergeben: a) Eine Eigentumsverletzung liegt darin, dass der E sein Eigentum an den K verloren hat. b) Dieser Eigentumsverlust müsste einem Verhalten des K zurechenbar sein. Durch rechtsgeschäftliche und durch tatsächliche Handlungen des K (durch die Herbeiführung der Tatbestandsmerkmale des § 929 S. 1 BGB) hat der E das Eigentum verloren. c) Es fehlt jedoch an einer Rechtswidrigkeit des Eingriffs, denn § 932 Abs. 1 S. 1, Abs. 2 BGB „erlaubt" den leicht fahrlässigen Erwerb des Eigentums an einer fremden beweglichen Sache. Also hat E keinen Herausgabeanspruch gegen den K.

b) Der gutgläubig lastenfreie Erwerb

Eine bewegliche Sache kann mit einem beschränkt dinglichen Recht (z.B. mit einem Pfandrecht) belastet sein. Wird eine belastete Sache übereignet, erwirbt der neue Eigentümer das Eigentum daran mit der (das „Eigentum" und nicht etwa den „Eigentümer") betreffenden Belastung.

Die Frage, ob der Erwerber, der von der Belastung nichts weiß, das **Eigentum** an der Sache auch **„gutgläubig lastenfrei" erwerben** kann, beantwortet das Gesetz in **§ 936 BGB** weitgehend so wie in §§ 932 ff. BGB, also grundsätzlich mit „Ja". Warum? Wenn man schon vom Nichteigentümer gewissermaßen „auf Kosten des Eigentümers" das Eigentum gutgläubig erwerben kann, dann muss man „erst recht" das Eigentum „auf Kosten des in Gestalt von beschränkten dinglichen Rechten Berechtigten" gutgläubig lastenfrei erwerben können. Daher erlischt die Belastung

- mit dem **Eigentumserwerb** (§ 936 Abs. 1 S. 1 BGB),
- bei einer Übereignung nach **§ 929 S. 2 BGB** jedoch nur, wenn der Besitz vom Veräußerer erlangt wurde (§ 936 Abs. 1 S. 2 BGB),
- im Falle der Übereignung nach **§§ 929 a, 930 BGB** jedoch nur dann, wenn der Erwerber den Besitz aufgrund der Veräußerung erlangt (§ 936 Abs. 1 S. 3 BGB).
- Im Falle der Übereignung nach **§ 931 BGB** gibt es keinen gutgläubig lastenfreien Erwerb, wenn die Belastung dem dritten Besitzer zusteht (§ 936 Abs. 3 BGB); ist

der Veräußerer nicht mittelbarer Besitzer, ist der Erwerb nur dann lastenfrei, wenn der Erwerber den Besitz aufgrund der Veräußerung erlangt (§ 936 Abs. S. 3 BGB), bei mittelbarem Besitz des Veräußerers immer (§ 936 Abs. 1 S. 1 und argec. § 936 Abs. 1 S. 3 BGB).

- Der lastenfreie Erwerb setzt weiterhin eine **Gutgläubigkeit hinsichtlich des Bestehens der Belastung** voraus (§§ 936 Abs. 2, 932 Abs. 2 BGB): Sie darf weder bekannt sein noch infolge grober Fahrlässigkeit unbekannt sein. Gutgläubig sein muss entweder der **Erwerber selbst** oder bei einem Eigentumserwerb durch einen seitens des Erwerbers eingeschalteten Stellvertreter entweder der **Stellvertreter des Erwerbers** (§ 166 Abs. 1 BGB) oder bei einem Vertreter „mit gebundener Marschroute" der **Stellvertreter des Erwerbers** und **der vertretene Erwerber** (§ 166 Abs. 2 BGB). Der gute Glaube muss – abhängig von den einzelnen Gutglaubenstatbeständen – zu einem **bestimmten Zeitpunkt** gegeben sein, nämlich im Fall des § 936 Abs. 1 S. 1 mit dem Erwerb des Eigentums nach § 929 S. 1 BGB und im Fall des Eigentumserwerbs nach § 929 S. 2 BGB dann, „…wenn der Erwerber den Besitz vom Veräußerer erlangt hat", und in den Fällen des Eigentumserwerbs nach §§ 929 a, 930 BGB und nach § 931 BGB im Fall einer nicht im mittelbaren Besitz des Veräußerers befindlichen Sache, „…erst dann, wenn der Erwerber auf Grund der Veräußerung den Besitz an der Sache erlangt".

- Der **gute Glaube** wird **vermutet** (arge. § 936 Abs. 2 BGB: „Das Recht erlischt nicht, wenn….."), so dass Sie ihn nur dann problematisieren dürfen, wenn der Sachverhalt dazu einen besonderen Anlass bietet.

Fall 579: Der B gibt sein Auto in die Werkstatt des U und bestellt diesem zur Sicherung der Werklohnforderung durch Verpfändung (also rechtsgeschäftlich) ein Pfandrecht nach §§ 1204, 1205 Abs. 1 S. 1 BGB. Während der Reparaturzeit veräußert der B das Auto an den K und übereignet es ihm nach § 931 BGB durch Abtretung des Anspruchs aus dem Werkvertrag (§ 631 BGB). Der K weiß von dem Pfandrecht nichts und hätte auch von ihm nichts wissen müssen, weil er den Werklohn für bezahlt hält und keinen Anlass hatte, das zu bezweifeln. Der K verlangt von dem U Herausgabe.

Der Anspruch könnte sich aus § 985 BGB ergeben. a) Der U ist Besitzer, b) der K ist neuer Eigentümer des Autos (§ 931 BGB). c) Der U könnte ein Recht zum Besitz haben. aa) Das Recht zum Besitz könnte sich aus einem Pfandrecht ergeben. aaa) Dem U stand ein Pfandrecht zu (aus § 1204 BGB und nicht aus § 647 BGB). bbb) Dies könnte nach § 936 Abs. 1 S. 1, 3, Abs. 2 BGB erloschen sein. ccc) Das Pfandrecht stand aber dem dritten Besitzer (U) zu; daher ist es auch gegenüber dem gutgläubigen Erwerber K nicht erloschen (§ 936 Abs. 3 BGB). (Warum haben wir nicht auf § 986 Abs. 2 abgestellt? Dort geht es um obligatorische Rechte zum Besitz!).

Zuweilen wird auch das **„Anwartschaftsrecht"** des **Vorbehaltskäufers als dingliche „Belastung" des Eigentums** des Vorbehaltsverkäufers verstanden; auch („es führen" offenbar auch in der juristischen Dogmatik „viele Wege nach Rom") mittels dieser Konstruktion ist es dann möglich, die sich aus „Zwischenverfügungen" des Eigentumsvorbehaltsverkäufers ergebenden Rechtsfolgen aus § 936 BGB abzuleiten.

Fall 580: Der EV verkauft eine ihm gehörige bewegliche Sache an den K 1 unter Eigentumsvorbehalt. Er übergibt und übereignet sie dem K 1 unter der aufschiebenden Bedingung der vollständigen Kaufpreiszahlung (§§ 929 S. 1, 158 Abs.1, 449 Abs. 1 BGB), weil der K 1 den Kaufpreis noch nicht vollständig entrichtet hat. Dann verkauft der EV dieselbe Sache noch einmal an den K 2 und übereignet sie diesem unbedingt nach § 931 BGB, indem er sich mit dem K 2 einigt und ihm seinen Herausgabeanspruch gegen den K 1 abtritt. Der K 2 weiß nichts von der zugunsten des K 1 erfolgten aufschiebend bedingten Übereignung und hätte davon auch nichts wissen müssen. (Dass dies ein reiner Schulfall ist, der in in der Rechtswirklichkeit kaum vorstellbar, ist, ergibt sich daraus, dass der EV dem K 2 ja einen ganz bestimmten Anspruch, nämlich den aus dem Besitzmittlungsverhältnis zwischen ihm und dem K 1, abgetreten hat, so dass der K 2 über die aufschiebend bedingte Übereignung an den K 1 und über das Anwartschaftsrecht des K 1 informiert war). 1. Hat der K 2 das Eigentum erlangt? 2. Was wird aus dem Anwartschaftsrecht des K 1? 3. Was geschieht, wenn der K 1 den Kaufpreis vollständig entrichtet?

1. Der K 2 ist zunächst nach § 931 BGB Eigentümer geworden, denn der an ihn Übereignende EV war bei der Übereignung Eigentümer. 2. Das Anwartschaftsrecht des K 1 ist aber nicht erloschen, weil es nach § 936 Abs. 3 BGB analog fortbesteht. 3. Wenn der K 1 den Kaufpreis entrichtet, erstarkt das Anwartschaftsrecht des K 1 a) trotz §§ 161 Abs. 3, 934 BGB b) zum Vollrecht, und der K 1 wird Eigentümer.

c) Schuldrechtliche Ausgleichsansprüche

Dass die Tatsache des gutgläubigen Erwerbs bzw. des gutgläubig lastenfreien Erwerbs des Eigentums aus der Sicht des (ehemaligen) Eigentümers (bzw. sonstigen Rechtsinhabers) nicht „das letzte Wort" sein kann, liegt auf der Hand: Derjenige, auf dessen Verfügung der gutgläubige bzw. gutgläubig lastenfreie Erwerb zurückzuführen ist, muss dem Eigentümer bzw. dem Inhaber der Belastung oder einem sonstigen durch gutgläubigen Erwerb betroffenen Rechtsinhaber schuldrechtlich ausgleichspflichtig sein.

> Verwechseln Sie diese Frage bitte nicht mit der bereits erörterten Frage nach einer schuldrechtlichen „Korrektur" des gutgläubigen Erwerbs. Dabei ging es darum, ob es Ansprüche darauf gibt, die Ergebnisse des gutgläubigen Erwerbs wieder rückgängig zu machen. Hier geht es um die Frage eines Ausgleichsanspruchs desjenigen, der aufgrund des gutgläubigen Erwerbs einen Rechtsverlust erlitten hat, gegen denjenigen, der den gutgläubigen Erwerb herbeigeführt hat.

Die in Betracht kommenden Ansprüche lassen sich wie folgt ordnen: In **Ansprüche auf**

> **1. Herausgabe des durch die Verfügung Erlangten** aus:
>
> a) § 285 BGB
>
> b) § 816 Abs. 1 S. 1 BGB
>
> c) §§ 687 Abs. 2 S. 1, 681 S. 2, 667
>
> **2.** und auf **Schadensersatz** aus:

> **a)** § 280 BGB
>
> **b)** § 823 ff. BGB
>
> **c)** §§ 687 Abs. 2 S. 1, 678

Dieser Überblick soll hier genügen. Weitere **Einzelheiten dazu** finden Sie im jeweils einschlägigen Sachzusammenhang.

8. Der Schutz des guten Glaubens des Erwerbers an die Verfügungsbefugnis des nicht zur Verfügung, speziell zur Übereignung, befugten Eigentümer-Übereigners

> Machen Sie es sich zunächst erneut klar: Die vorstehenden Ausführungen zum „gutgläubigen Erwerb" betreffen die Konstellationen, bei denen es dem Übereigner einer beweglichen Sache am Eigentum selbst oder am unbelasteten Eigentum mangelt, der Erwerber aber an das Eigentum des Übereigners bzw. die Lastenfreiheit glaubt und das Gesetz diesem „guten Glauben" Rechnung trägt.

Jetzt soll es darum gehen, dass der **Übereigner zwar Eigentümer** ist, es ihm aber **an der Verfügungsbefugnis fehlt**, der **Erwerber** aber **gutgläubig** davon ausgeht, dass der Eigentümer **zur Verfügung befugt** ist.

Zwar würde man sich auch hier im Interesse der Leichtigkeit und Sicherheit des Rechtsverkehrs einen weit reichenden „Gutglaubensschutz" wünschen. Hier muss man aber differenzieren:

- Wenn die Verfügungsbefugnis des Eigentümers aus der Allgemeinheit dienenden Gründen fehlt, muss das Verkehrsschutzinteresse zurücktreten;
- wenn das Fehlen der Verfügungsbefugnis des Eigentümers hingegen nur Individualinteressen dient und der durch das Fehlen der Verfügungsbefugnis Geschützte einen zurechenbaren Rechtsschein für das Vorhandensein der Verfügungsbefugnis gesetzt hat, muss der Rechtsverkehr in seinem guten Glauben an ihr Bestehen geschützt werden.

Aus diesen einfach nachvollziehbaren rechtspolitischen Grundüberlegungen folgt, dass

- es bei den dem Interesse der Allgemeinheit dienenden **absoluten Verfügungsverboten** (die wichtigsten sind die des §§ 80, 81 InsO, §§ 1365, 1369 BGB) grundsätzlich keinen Gutglaubensschutz für den Erwerber gibt. Durch diese Verfügungsverbote sollen zum einen die **Insolvenzmasse** zugunsten der Interessen der Insolvenzgläubiger und zum anderen beim **Güterstand der Zugewinngemeinschaft** die **Familienhabe** zugunsten der Interessen der Familie (am Erhalt ihrer wirtschaftlichen Existenz, am Erhalt der stofflichen Grundlage des Zusammenlebens in der Familie sowie am Erhalt des künftigen Anspruchs der Ehepartner auf Ausgleich des Zugewinns) geschützt werden. Das Interesse an der Leichtigkeit und Sicherheit des Rechtsverkehrs wird zurückgestellt, indem ein Gutglaubensschutz nicht besteht. Im Einzelnen gilt: **a)** Nach § 81 InsO ist die

Verfügung des Insolvenzschuldners über einen Massegegenstand (also auch über bewegliche Sachen des Insolvenzschuldners) unwirksam. Natürlich gilt wieder einmal der Satz „keine Regel ohne Ausnahme": In § 81 Abs. 1 S. 2 InsO gelten die, hier noch nicht interessierenden, den gutgläubigen Erwerb von Grundstücksrechten betreffenden §§ 892, 893 BGB; der Grund leuchtet ein und ist Ihnen längst bekannt: § 32 InsO, lesen Sie nach! **b)** Die **Verpflichtung** und die **Verfügung** eines **Ehegatten über sein gesamtes** (also auch über dazu gehörende bewegliche Sachen) **Vermögen** (§ 1365 BGB), über einen **eigenen Haushaltsgegenstand** (= dem gemeinschaftlichen Leben im privaten Bereich dienende bewegliche Sache) bedürfen der Einwilligung des anderen Ehegatten (§ 1369 BGB). Die Zustimmung zur Verpflichtung bedeutet eine Zustimmung zur Verfügung und umgekehrt.

<u>Fall 581:</u> Der M und die F sind im gesetzlichen Güterstand der Zugewinngemeinschaft verheiratet. Die Eltern der F hatten ihr zu einem Geburtstag ein Blumenstillleben eines flämischen Malers und später dem M eine Barockkommode geschenkt. Beide Einrichtungsgegenstände befinden sich im Wohnzimmer der Eheleute. Als die F auf einer Kur ist und der M gerade dringend Geld benötigt, um einen Gläubiger zu befriedigen, verkaufte er das Bild und die Kommode an den Antiquar K, der den M und die F nicht kennt, und übereignet sie an diesen durch Einigung und Übergabe. Einen Ehering trägt der M bei dieser Gelegenheit nicht. Im Wohnzimmer stellt der M anstelle der Barockkommode die Ikea-Kommode „Lars" auf und hängt an die leere Stelle an der Wand einen ebenfalls bei Ikea erworbenen Druck eines Bildes des schwedischen Malers „Larsson". Als die F nach ihrer Rückkehr die Umdekoration sieht, ist sie empört. Weil der M sich weigert, die Sachen von K herauszuverlangen, fordert die F von K Herausgabe der Kommode und des Bildes an sich oder an den M.

1. Herausgabe der Kommode. a) Die F könnte aa) die Herausgabe der Kommode nach § 1369 Abs. 3, 1368 BGB verlangen. aaa) Die Übereignung des M an K ist nach § 1369 Abs. 1 BGB unwirksam. Der gute Glaube des K (daran, dass M ledig ist) wird nicht geschützt. bbb) Der K hat wegen seines wegen der Unwirksamkeit des Verpflichtungsgeschäftes bestehenden Anspruchs auf Rückzahlung des Kaufpreises aus § 812 Abs. 1 S. 1 1. Fall BGB („Leistungskondiktion") gegen den M mangels Gegenseitigkeit kein Zurückbehaltungsrecht gegen den Rückforderungsanspruch der F aus § 273 BGB. bb) Fraglich ist, ob die F die Herausgabe der Kommode auch an sich verlangen kann: § 1369 BGB spricht davon, dass der andere Ehegatte die sich aus der Unwirksamkeit der Verfügung ergebenden Rechte gegen den Dritten geltend machen kann. Das lässt zwei Deutungen zu: aaa) Wenn man den Schutzgedanken des § 1368 BGB ernst nimmt, muss der jeweils andere Ehegatte (F) Herausgabe an sich verlangen können. bbb) Wenn man dagegen den § 1368 BGB (nur) als einen Fall der gesetzlichen „Prozeßstandschaft" ansieht, bei der ein Anspruch nur auf Leistung an den materiell Berechtigten geltend gemacht werden kann, aaaa) darf der andere Ehegatte (F) Herausgabe nur an den materiell Berechtigten verlangen, also die F nur die Herausgabe an den M. bbbb) Wenn aber – wie hier – der Berechtigte (M) die Rückabwicklung durch Übergabe an sich verweigert, muss der Anspruchsteller (die F) auch Herausgabe an sich verlangen können (§§ 986 Abs. 1 S. 2 BGB analog). Die F kann also in jedem Fall Herausgabe der Kommode an sich verlangen 2. Die Herausgabe des Bildes könnte die F von K a) ebenfalls nach § 1369 Abs. 3, 1368 BGB herausverlangen, wenn man § 1369 BGB auch auf das dem verfügenden Ehegatten nicht gehörende (hier auf das der F gehörende Bild) anwenden könnte. Dies wird im Hinblick auf den Schutzzweck des § 1369 BGB allgemein angenommen. b) Herausgabe könnte sie auch aus § 985 BGB verlangen. aa) Der K ist Besitzer. bb) Die F müsste Eigentümerin sein. aaa) Sie war Eigentümerin des Bildes geworden (der Güterstand der Zugewinngemeinschaft bedeutet nicht etwa, wie viele Jungjuristen meinen, das Vorliegen einer „Gütergemeinschaft", sondern „Gütertrennung" ge-

koppelt mit einem Zugewinnausgleich bei Beendigung der Ehe nach §§ 1371 ff. BGB. bbb) Der K könnte das Eigentum erlangt haben (§§ 929 ff. BGB): aaaa) Der Grundtatbestand des § 929 S. 1 BGB liegt vor. bbbb) Der M war jedoch nicht Eigentümer, so dass nur ein Gutglaubenserwerb nach § 932 Abs. 1 S. 1 BGB in Betracht kommt. aaaaa) Der K war gutgläubig; denn die Vermutung des § 932 Abs. 1 S. 2 BGB ist nicht widerlegt. bbbbb) Es könnte jedoch § 935 BGB vorliegen: An dem Bild bestand Mitbesitz der Eheleute, so dass die F den Besitz unfreiwillig verloren hat. Der K hat daher kein Eigentum an dem Bild erlangt. cc) Ein Recht zum Besitz (§ 986 BGB) gegenüber der F hat der K nicht.

Variante: Der K hatte das Bild bereits an D weiterverkauft und an diesen übereignet. Kann die F von D Herausgabe verlangen?

a) Zwar besteht kein Anspruch aus §§ 1368, 1369 analog, b) wohl aber aus § 985, denn auch D hat wegen § 935 BGB kein Eigentum erlangt („einmal abhanden gekommen ist immer abhanden gekommen").

Variante: Die Eheleute leben getrennt, weil die Ehefrau F ausgezogen ist.

a) Hinsichtlich des Anspruchs aus § 1368 BGB ändert sich nichts, denn § 1369 BGB erfüllt weiterhin seinen Zweck, zumindest hinsichtlich der Sicherung des Anspruchs auf Zugewinnausgleich. b) Weil bei einem Getrenntleben ein Alleinbesitz des M gegeben ist, greift dann § 935 BGB nicht ein. Daher besteht kein Anspruch aus § 985 BGB.

Variante: Bei Lebenspartnern gilt § 1369 BGB entsprechend (§ 8 Abs. 2 LPartG)

- Bei den dem Schutz von Individualinteressen dienenden **relativen Verfügungsverboten** (vor allem für Sie interessant: § 161 Abs. 1 BGB) werden im Interesse des Rechtsverkehrs die §§ 932 ff. BGB für entsprechend (unmittelbar nicht, weil der Verfügende ja Eigentümer ist!) anwendbar erklärt: z.B. § 161 Abs. 3 BGB.

Fall 582: Der Eigentümer V hat eine bewegliche Sache an den K unter Eigentumsvorbehalt verkauft und sie dem K, weil dieser den Kaufpreis noch nicht vollständig entrichtet hatte, unter der aufschiebenden Bedingung der vollständigen Kaufpreiszahlung übereignet und übergeben (§§ 929 S. 1, 158 Abs. 1, 449 Abs. 1 BGB). Auf Bitten des V leiht der K ihm dem V die Sache. Der V, der dringend Geld benötigt, nutzt diese Gelegenheit aus und verkauft und übereignet die Sache an den D. Der K, der davon nichts weiß, zahlt die letzte Rate an den V. Als V ihm später seine Untat beichtet, verlangt der K Herausgabe von dem D.

Der Anspruch könnte sich aus § 985 BGB ergeben. a) Der D ist Besitzer. b) Fraglich ist, ob der K Eigentümer ist; das ist „historisch" zu prüfen: aa) Der V war Eigentümer. bb) Durch die Veräußerung unter Eigentumsvorbehalt ist der V Eigentümer geblieben (§§ 929 S. 1, 158 Abs. 1, 449 Abs. 1 BGB). cc) Der D hat das Eigentum vom Eigentümer V nach § 929 S. 1 BGB erlangt; ohne Bedeutung hierfür ist zunächst, dass V bereits aufschiebend bedingt zugunsten des K verfügt hatte (arge. § 161 Abs. 1 BGB: die Zwischenverfügung ist erst im Falle des Eintritts der Bedingung unwirksam!). dd) Fraglich ist, welche Bedeutung der Bedingungseintritt hat: aaa) Nach § 161 Abs. 1 BGB ist die „Zwischenverfügung" zugunsten des D ex nunc unwirksam geworden, weil ein Eigentumserwerb des D die von der Bedingung abhängige Wirkung (Eigentumserwerb des K) vereiteln würde. Danach wäre der D nicht Eigentümer geworden. bbb) Wenn man aber sogar vom Nicht-Eigentümer gutgläubig das Eigentum erwerben kann (§§ 932 ff. BGB), so muss dies erst recht möglich sein, wenn der Eigentümer, der zuvor zugunsten eines anderen (hier: des K) aufschiebend bedingt verfügt hatte, zugunsten eines anderen (hier: des D) „zwischenverfügt", weil der Erwerber aufgrund der Zwischenverfügung (hier: der D) das Eigentum immerhin vom Berechtigten (V) erworben hat; deshalb hat das Gesetz auch in § 161 Abs. 3 BGB die §§ 932 ff. BGB für entsprechend anwendbar erklärt: Der in Bezug auf eine nicht erfolgte bedingte Vorab – Verfügung Gutgläubige erwirbt entgegen dem § 161 Abs. 1 BGB das Eigentum. Weil hier der D hinsichtlich der bedingten Verfügung zugunsten des K gutgläubig war, und weil § 935 BGB nicht vorliegt (der K hat den Besitz freiwillig aufgegeben), ist der D der Eigentümer geworden und nicht der K. ccc) Zum gleichen Ergebnis gelangt man, wenn man das „Anwartschaftsrecht" des K als „Belastung" des Eigentums des V ansieht: aaa) Es wäre trotz der Übereignung des V an D (der Zwischenverfügung) erloschen (§ 936 Abs. 1, 2 BGB), bbb) so dass es mit der Zahlung des Kaufpreises nicht zum Vollrecht erstarken könnte. Da der K nicht Eigentümer geworden ist, steht ihm auch kein Anspruch gegen den D aus § 985 BGB zu.

Variante: Der V hat das Eigentum an den D nach § 931 BGB übertragen, indem beide sich geeinigt haben und der V den ihm gegen den K zustehenden Herausgabeanspruch abgetreten hat. Der K zahlt den Restkaufpreis. Dann verlangt der D Herausgabe von K.

Der Anspruch könnte sich aus § 985 BGB ergeben. a) Der K ist Besitzer. b) Fraglich ist, ob der D Eigentümer ist; das ist „historisch" zu prüfen: aa) Der V war Eigentümer. bb) Durch die Veräußerung unter Eigentumsvorbehalt ist der V Eigentümer geblieben (§§ 929 S. 1, 158 Abs. 1, 449 Abs. 1 BGB). cc) Der D hat das Eigentum vom Eigentümer V nach § 931 BGB erlangt; ohne Bedeutung ist zunächst, dass der V bereits aufschiebend bedingt zugunsten des K verfügt hatte (arge. § 161 Abs. 1 BGB). dd) Fraglich ist, welche Bedeutung der Bedingungseintritt hat: aaa) Nach § 161 Abs. 1 BGB ist die „Zwischenverfügung" zugunsten des D unwirksam geworden, weil ein Eigentumserwerb des D die von der Bedingung abhängige Wirkung (Eigentumserwerb des K) vereiteln würde. bbb) Wenn man aber sogar vom Nicht-Eigentümer gutgläubig das Eigentum erwerben kann (§ 932 ff. BGB), so muss dies erst recht möglich sein, wenn der Eigentümer, der zuvor zugunsten eines anderen aufschiebend bedingt verfügt hatte, übereignet hat; deshalb hat das Gesetz in § 161 Abs. 3 BGB die §§ 932 ff. BGB für entsprechend anwendbar erklärt: der in Bezug auf eine nicht erfolgte bedingte Vorab – Verfügung Gutgläubige erwirbt entgegen dem § 161 Abs. 1 BGB das Recht. Hier muss – weil nach § 931 BGB übereignet worden ist, auf § 934 BGB als der entsprechenden Gutglaubensvorschrift abgestellt werden: aaaa) Zweifelhaft ist aus tatsächlichen Gründen die Gutgläubigkeit des D; denn wenn der V den Anspruch aus dem Besitzmittlungsverhältnis offen abgetreten hätte, dann wüsste der D, dass V zuvor an den K aufschiebend bedingt verfügt hatte; er wäre also nicht gutgläubig. bbbb) Geht man allerdings aufgrund einer entsprechenden, allerdings wohl nur theoretisch vorstellbaren Sachverhaltskonstellation von einer Gutgläubigkeit des D aus, wäre die weitere Voraussetzung des § 934 1. Fall BGB (Abtretung eines Anspruchs aus einem Besitzmittlungsverhältnis) gegeben; cccc) weil auch § 935 BGB nicht gegeben ist, wäre der D trotz des Bedingungseintritts Eigentümer geblieben. ccc) Die hM. wendet hier jedoch § 936 Abs. 3 BGB entsprechend an: Das Anwartschaftsrecht des K wird als ihm zustehende „Belastung" des Eigentums behandelt; und weil er auch der Besitzer der Sache ist, soll die Belastung bestehen bleiben, weil insoweit ein gutgläubig lastenfreier Erwerb nicht möglich ist. Danach wäre der K Eigentümer geworden. Ein Herausgabeanspruch besteht nicht.

9. *Der Schutz des guten Glaubens des Erwerbers nach § 366 HGB*

a) Der Schutz des guten Glaubens an die Verfügungsbefugnis und die Vertretungsmacht zur Übereignung (§ 366 HGB)

Wenn sich eine im eigenen Namen handelnde Person einem anderen ganz offen als Nicht-Eigentümer vorstellt, ihm gegenüber aber wahrheitswidrig eine bestehende

Verfügungsbefugnis, die ihm u.a. auch eine Übereignung möglich macht, behauptet, dann wird ausnahmsweise der gute Glauben des anderen an die Verfügungsmacht geschützt, wenn die folgenden Voraussetzungen des **§ 366 HGB** gegeben sind:

- Der **Verfügende** muss als **Kaufmann** (§§ 1 ff. HGB)
- über eine **fremde bewegliche Sache**
- **im Betrieb** seines **Handelsgewerbes** (§§ 343, 344 HGB)
- **im eigenen Namen** für einen anderen
- durch **Veräußerung** (§§ 929 ff. BGB) oder **Verpfändung** (§§ 1204 ff. BGB) **verfügen,**
- **ohne** dazu **befugt** (§ 185 BGB) **zu sein**.
- Wenn der andere Teil im Hinblick auf die **Verfügungsbefugnis** i.S.d. § 932 Abs. 2 BGB **gutgläubig** ist,
- so finden die **§§ 932 ff. BGB entsprechend** Anwendung.

Von **praktischer Bedeutung** ist § 366 HGB zum einen für die Fälle der **Verkaufskommission**.

Fall 583: Der K'tent schließt mit dem gewerbsmäßigen Kommissionär K'är (§ 383 HGB) einen Kommissionsvertrag ab und gibt ihm die Ware zum Verkauf. Der K'tent hatte diese Ware allerdings zuvor dem E nach § 930 BGB zur Sicherheit übereignet. Der K'är verkauft die Ware ausdrücklich „als Kommissionär" und übereignet und übergibt sie an Dritt, nachdem dieser den Kaufpreis gezahlt hat. Als der E nach Eintritt des Sicherungsfalles vom Verbleib des Sicherungsgutes erfährt, verlangt er von Dritt Herausgabe an sich.

Der Anspruch könnte sich aus § 985 BGB ergeben. a) Der Dritt ist Besitzer der Ware. b) Der E müsste Eigentümer sein. aa) Eigentümer war ursprünglich der K'tent. bb) E war dann aufgrund der Sicherungsübereignung Eigentümer nach § 930 BGB geworden. cc) Der K'är ist nicht Eigentümer geworden. dd) Der E könnte das Eigentum durch die Übereignung des K'är an Dritt verloren haben. aaa) Ein Eigentumserwerb nach den §§ 929 ff. BGB scheidet aus, denn der K'är war nicht als Eigentümer, sondern „als Kommissionär", also als vom Eigentümer zur Verfügung, speziell zur Übereignung, Befugter aufgetreten. bbb) Der Dritt könnte das Eigentum daher nur nach den §§ 929 ff., 185 Abs. 1 BGB erworben haben. Dazu müsste der K'är die Verfügungsbefugnis gehabt haben. aaaa) Diese hätte ihm nur der E erteilen können; das ist nicht der Fall. bbbb) Eine Verfügungsbefugnis kann man auch nicht gutgläubig erwerben. cccc) Der Dritt könnte aber in seinem guten Glauben an eine (ihm gegenüber ja auch behauptete) Verfügungsbefugnis des K'är geschützt sein (§ 366 Abs. 1 HGB). aaaaa) Der Verfügende K'är ist Kaufmann (§§ 1 ff., 383 HGB). bbbbb) Er hat über eine fremde bewegliche Sache ccccc) im Betrieb seines Handelsgewerbes (§§ 343, 344 HGB) ddddd) im eigenen Namen für den K'tent eeeee) durch Veräußerung an den Dritt (§ 929 S. 1 BGB) verfügt, fffff) ohne dazu befugt (§ 185 BGB) zu sein. ggggg) Der Dritt hat an seine Befugnis zur Verfügung geglaubt (§ 932 Abs. 2 BGB). hhhhh) Nach §§ 366 Abs. 1 HGB finden §§ 932 ff. BGB entsprechend Anwendung: aaaaaa) Es liegt eine Einigung, bbbbbb) und eine Übergabe vor; cccccc) der Gutglaubenstatbestand des § 932 Abs. 1 S. 1 BGB ist gegeben; dddddd) § 935 BGB schließt den Gutglaubenserwerb hier nicht aus, denn die Sache ist nicht dem für E besitzenden K'tent abhanden gekommen. Daher ist Dritt Eigentümer geworden. Der E kann keine Herausgabe verlangen.

Weiterhin ist § 366 HGB von Bedeutung, wenn sich beim **Warenhandel** der Händler wegen eines bestehenden Eigentumsvorbehalts/eines Sicherungsgeschäfts (Sicherungsübereignung) zwar als Nichteigentümer einer Sache „outet", zugleich aber behauptet, vom Eigentümer zur Verfügung befugt worden zu sein (§ 185 Abs. 1 BGB).

Fall 584: Der Kaufmann Hendel hat Handelsware, die er von dem E unter Eigentumsvorbehalt erworben hat, ohne Einverständnis des E an den K verkauft und in diesem Kaufvertrag mit dem K vereinbart, dass er die Kaufpreisforderung gegen den K nicht abtreten darf („pactum de non cedendo"). Dem hinsichtlich des Eigentums des Hendel nachfragenden K hatte der Hendel offenbart, dass er die Ware unter Eigentumsvorbehalt von dem E erworben habe; wahrheitswidrig hatte er allerdings behauptet, dass der E mit der Weiterveräußerung einverstanden gewesen sei. Daran glaubt der K auch. Später übereignet der Hendel die verkaufte Ware Zug – um – Zug gegen die Zahlung des Kaufpreises an den K. Der E verlangt Herausgabe der Ware von dem K.

Der Anspruch könnte sich aus § 985 BGB ergeben. a) Der K ist Besitzer der Ware. b) Der E müsste Eigentümer sein. aa) E war Eigentümer. bb) An Hendel hat er das Eigentum nicht verloren (§§ 929 S. 1, 158 Abs. 1, 449 Abs. 1 S. 1 BGB). cc) Der E könnte das Eigentum durch eine Veräußerung des Hendel an den K nach §§ 929 ff. BGB verloren haben. aaa) Der Hendel war nicht Eigentümer; er hat auch nicht gegenüber dem K behauptet, der Eigentümer zu sein, sondern ist als zur Verfügung, speziell zur Übereignung, befugter Nichteigentümer aufgetreten. Daher kommt ein Eigentumserwerb nach §§ 929 ff. BGB nicht in Betracht. bbb) Auch ist nicht wirksam nach §§ 929 ff. BGB, 185 Abs. 1 BGB übereignet worden, denn der Hendel hatte keine Verfügungsbefugnis, speziell keine Befugnis zur Übereignung. ccc) Der K könnte aber das Eigentum nach §§ 929 ff., 185 Abs. 1 BGB erworben haben, wenn er in seinem guten Glauben an die Verfügungsbefugnis des Hendel geschützt würde (§ 366 Abs. 1 HGB). aaaa) Der Verfügende Hendel ist Kaufmann (§ 1 HGB). bbbb) Er hat über eine fremde bewegliche Sache cccc) im Betrieb seines Handelsgewerbes (§§ 343, 344 HGB) dddd) im eigenen Namen für den E eeee) durch Veräußerung an K (§§ 929 S. 1 BGB) verfügt, ffff) ohne dazu befugt (§ 185 Abs. 1 BGB) zu sein. gggg) Fraglich ist, ob der K hinsichtlich der Verfügungsbefugnis gutgläubig war. aaaaa) Bei Vereinbarung eines die Kaufpreisforderung betreffenden pactum de non cedendo (§ 399 2. Fall BGB) soll eine Gutgläubigkeit des Käufers an die Verfügungsbefugnis des Verkäufers aus folgendem Grunde nicht bestehen: Da bei den Sicherungsgeschäften der vorgenannten Art eine Zustimmung zur Weiterveräußerung typischerweise mit einer stillen (Voraus-) Abtretung der Kaufpreisansprüche gekoppelt wird, zeige der Erwerber bei Vereinbarung eines „pactum de non cedendo" mit dem Veräußerer, dass er nicht an die Grundlagen einer (vermeintlichen) Verfügungsmacht des Veräußerers glaubt. bbbbb) Ob diese früher für maßgeblich gehaltene Überlegung angesichts des „neuen" § 354 a S. 1 HGB, der bei einem beiderseitigen Handelsgeschäft ein pactum de non cedendo für die Zession von Geldforderungen für unwirksam erklärt, noch Gültigkeit haben kann, kann man allerdings bezweifeln (K. Schmidt). Wer eine Gutgläubigkeit des K annimmt, muss hhhh) nach § 366 Abs. 1 HGB §§ 932 ff. BGB entsprechend anwenden: aaaaa) Es liegt eine Einigung, bbbbb) und eine Übergabe vor; ccccc) der Gutglaubenstatbestand des § 932 Abs. 1 S. 1 BGB ist gegeben; ddddd) § 935 BGB schließt den Gutglaubenserwerb hier nicht aus. Daher ist K Eigentümer geworden. Der E kann keine Herausgabe verlangen.

Sehr verbreitet ist die Ansicht, dass beim **guten Glauben** an die **Vertretungsmacht des Kaufmanns § 366 HGB analog** gilt. Würde man das annehmen, dann würde sich auch die oben im Zusammenhang mit den §§ 932 ff. erörterte Frage der **bereicherungsrechtlichen Korrektur** unter einem neuen Aspekt stellen.

Fall 585: Der Kfz – Händler V verkauft an den E ein gebrauchtes Auto und erfüllt den Vertrag durch Übergabe und Übereignung nach § 929 S. 1 BGB. Wegen eines Mangels verlangt der E Beseitigung des Mangels und bringt den Wagen zu V zurück, damit dieser den Mangel in seiner Werkstatt behebt. Der V, der noch im Besitz des bereits auf den E umgeschriebenen Kfz-Briefes ist, nutzt diese Gelegenheit aus und veräußert den Wagen an den K. Dabei gibt er sich nicht als Eigentümer des Wagens, sondern gegenüber dem insoweit uneingeschränkt gutgläubigen K als von dem E zum Verkauf und zur Erfüllung des Kaufvertrages Bevollmächtigter aus. Der E verlangt von dem K Herausgabe.

1. Der E könnte einen Anspruch nach § 985 BGB haben. a) Der K ist Besitzer des Wagens. b) Der E müsste noch Eigentümer sein. aa) Er ist nach § 929 S. 1 BGB durch die Übereignung des V Eigentümer geworden. bb) Er könnte das Eigentum verloren haben durch eine Übereignung an den K (§§ 929 S. 1, 164 Abs. 1, 366 Abs. 1 HGB analog). aaa) Eine Übergabe an den K ist erfolgt. bbb) Der E und der K müssten sich geeinigt haben. aaaa) Eine Einigung V – K liegt vor. bbbb) Der V könnte den E wirksam vertreten haben (§ 164 Abs. 1 BGB). aaaaa) Der V hat eine eigene Willenserklärung abgegeben. bbbbb) Er hat dabei im Namen des E gehandelt. ccccc) Er müsste Vertretungsmacht gehabt haben. aaaaaa) Eine Vollmacht ist ihm nicht durch den E erteilt worden. bbbbbb) Er könnte jedoch zugunsten des gutgläubigen K als ein Bevollmächtigter anzusehen sein (§ 366 Abs.1 HGB analog): Weil im Handelsverkehr oft nur schwer feststellbar ist, ob ein Vertragspartner im eigenen oder fremden Namen auftritt, soll § 366 HGB, der an sich den guten Glauben an die Verfügungsbefugnis des Kaufmanns schützt auch für den guten Glauben an die Vertretungsmacht gelten. aaaaaaa) Der V ist nach § 1 HGB Kaufmann. bbbbbbb) Das Geschäft gehört nach §§ 343, 344 HGB zum Betrieb seines Handelsgewerbes. ccccccc) Es liegt eine Veräußerung vor (§ 929 S. 1 BGB). ddddddd) Der V ist nicht zur Vertretung befugt, eeeeeee) der K war aber insoweit gutgläubig. fffffff) Die §§ 932 ff. BGB liegen vor. Das Auto ist dem E nicht abhanden gekommen. Daher gilt der V als von E bevollmächtigt, so dass die Übereignung als eine solche des E nach §§ 929 S. 1, 164 BGB, 366 Abs. 1 HGB, 932 BGB wirksam ist. Der E ist nicht (mehr) Eigentümer und kann daher auch keine Herausgabe von K verlangen 2. In Betracht kommt aber ein Anspruch aus § 812 Abs. 1 S. 1 1. Fall BGB („Leistungskondiktion"). a) Der K hat das Eigentum an dem Auto, also „etwas" erlangt. b) Fraglich ist, ob er es durch Leistung des Anspruchstellers E erlangt hat: Das ist der Fall, denn aus Sicht des K hat der Vertretene (E) und nicht der Vertreter (V) sein Vermögen bewusst und zweckgerichtet gemehrt. c) Ohne Rechtsgrund hätte E geleistet, aa) wenn man den § 366 Abs. 1 HGB dem Wortlaut folgend nur auf das dingliche Geschäft anwendet; dann wäre der K zur Herausgabe bzw. nach § 818 Abs. 2 BGB zum Wertersatz verpflichtet, könnte aber nach § 818 Abs. 3 BGB den Kaufpreis als Entreicherung abziehen. bb) Das hätte aber zur Folge, dass der gutgläubige Erwerb des K nicht konditionsfest wäre; aus diesem Grunde wird angenommen, dass § 366 Abs. 1 HGB auch das obligatorische Geschäft (Kaufvertrag E – K) betrifft, so dass mit Rechtsgrund geleistet worden wäre.

b) Pfandveräußerung bei nicht bestehendem Pfandrecht oder bei Verstoß gegen die Rechtmäßigkeitsvorschriften (§ 1244 BGB)

Beim **Pfandverkauf** übereignet der Pfandgläubiger, vertreten durch den Versteigerer und zur Übereignung befugt durch das Pfandrecht und durch die Einhaltung der Rechtmäßigkeitsbestimmungen der §§ 1228 ff. BGB (§§ 929 ff., 156, 164 ff., 1242 BGB). Wenn eine Sache als Pfand verwertet wird, ohne dass ein Pfandrecht besteht und ohne dass die Rechtmäßigkeitsvorschriften (§ 1243 BGB) beachtet werden, fehlt dem Pfandgläubiger die Verfügungsbefugnis. Es stellt sich dann die Frage nach der Möglichkeit eines gutgläubigen Erwerbes. § 1244 BGB erklärt die §§ 932 ff. BGB für entsprechend anwendbar, nicht aber den § 935 BGB, so dass auch an einer Sache, die abhanden gekommen ist und an der kein Pfandrecht nach § 1207 BGB entstehen konnte, gutgläubig Eigentum durch Pfandverwertung erlangt werden kann.

10. Der Eigentumsvorbehalt: Das Vorbehaltseigentum des Vorbehaltsverkäufers/das Anwartschaftsrecht des Vorbehaltskäufers

Wenn sich der Verkäufer einer beweglichen Sache im Kaufvertrag das Eigentum an seiner Sache bis zur vollständigen Bezahlung des Kaufpreises „vorbehält", so bedeutet das nach § 449 Abs. 1 BGB „im Zweifel" (Auslegungsregel!), dass eine an den Käufer erfolgte Übereignung der Kaufsache durch die vollständige Kaufpreiszahlung aufschiebend bedingt vereinbart ist (§§ 929 ff., 158 Abs. 1 BGB).

Der **Eigentumsvorbehalt** hat zwei (uns bereits bekannte) **sachenrechtliche Konsequenzen**:

- Durch das **Vorbehaltseigentum des Verkäufers** an der eigenen Sache wird der dem Verkäufer als Eigentümer gegen den Käufer als Besitzer zustehende Herausgabeanspruch aus § 985 BGB gesichert.

- Umgekehrt steht dem Vorbehaltskäufer ein **Anwartschaftsrecht** zu, das seinen Eigentumserwerb sichert.

Die **schuldrechtliche Bedeutung** des Eigentumsvorbehalts wird anschließend ebenfalls angesprochen.

a) Entstehung des Eigentumsvorbehalts

Man muss sich aber darüber im Klaren sein, dass die den Eigentumserwerb regelnde aufschiebende Bedingung der vollständigen Kaufpreiszahlung eine Nebenbestimmung der für die Übereignung erforderlichen Einigung i.S.d. §§ 929 ff. BGB ist. Begründet werden kann der Eigentumsvorbehalt auf drei Weisen (wie oft haben Sie das hier wohl schon gelesen?).

- Ein Vorbehalt des Eigentums bis zur Zahlung des Kaufpreises im Kaufvertrag bedeutet, dass das Eigentum im Zweifel unter der aufschiebenden Bedingung vollständiger Zahlung des Kaufpreises übertragen wird (**§§ 929, 158 Abs. 1, 449 Abs. 1 BGB**) und dass der Verkäufer auch nur hierzu verpflichtet ist. Der dogmatische **Kunstgriff des § 449 Abs. 1 BGB** besteht darin, dass unter **Überwindung der Schranken des Trennungsprinzips** bestimmt wird, dass bei einem **im Kaufvertrag vereinbarten Eigentumsvorbehalt** dem Käufer mit der Übergabe der Sache stillschweigend eine aufschiebend bedingte Übereignung unter Verzicht auf den Zugang der Annahmeerklärung (§ 151 BGB) angeboten wird. Dieses Angebot nimmt der Käufer dann schlüssig an (**„ursprünglicher Eigentumsvorbehalt"**).

- Ist **im Kaufvertrag kein Eigentumsvorbehalt vorgesehen** (hat sich also der Verkäufer zur unbedingten Übereignung verpflichtet), kann zu erörtern sein, ob gleichwohl **bei der Übereignung** ein Eigentumsvorbehalt vereinbart wurde (**„nachgeschobener Eigentumsvorbehalt"**). Dieses Thema ist Ihnen nicht unbekannt. **a)** Wenn **noch gar keine Einigung i.S.d. §§ 929 ff. BGB** vorliegt und der Verkäufer zunächst einseitig (also kaufvertragswidrig) vor oder bei der Übergabe erklärt, dass die Übereignung unter Eigentumsvorbehalt erfolgen soll, **aa)** und erklärt der Käufer sich mit der ihm zugegangenen Erklärung einverstanden, so ist die Einigung und damit die Übereignung aufschiebend bedingt vereinbart und auch der Kaufvertrag entsprechend abgeändert. **bb)** Muss der Käufer aufgrund des Kaufvertrags nicht mit einem solchen Angebot zur aufschiebend bedingten Übereignung rechnen (z.B. muss ein Käufer beim Distanzgeschäft nicht mit einem Vermerk auf dem Lieferschein: „Die Ware bleibt bis zur vollständigen Zahlung des Kaufpreises das Eigentum des Verkäufers" oä. Rechnen, anders aber, wenn im Kaufvertrag Teilzahlung vereinbart war), so sind zwei Lösungswege vorstellbar: Der Käufer nimmt das Angebot durch Inempfangnahme an (§ 151 BGB) und erwirbt bedingtes Eigentum; er kann dann aber aufgrund des Kaufvertrages die Übertragung unbedingten Eigentums verlangen. Man kann aber auch annehmen, dass der Käufer weder bedingtes noch unbedingtes Eigentum (also: gar kein Eigentum) erwirbt; der Käufer ist dann also nur Besitzer, allerdings mit einem Recht zum Besitz aus §§ 986 Abs. 1, 433 Abs. 1 BGB („exceptio rei venditae et traditae"), so dass der Verkäufer-Eigentümer nicht nach § 985 BGB Herausgabe verlangen kann; will der Käufer unbedingtes Eigentum erlangen, muss er den Verkäufer aus dem Kaufvertrag in Anspruch nehmen (§ 433 Abs. 1 BGB). **b)** Wenn **bereits eine unbedingte Einigung i.S.d. §§ 929 ff. BGB vorliegt** und der Verkäufer sich „das Eigentum" erst auf der Rechnung oder dem Lieferschein „bis zur vollständigen Kaufpreiszahlung vorbehält" und wenn die Sache dem Käufer bereits übergeben worden war, als ihm die Rechnung oder der Lieferschein zuging, ist der Käufer bereits Eigentümer geworden und damit die Einigung nicht mehr wirksam widerrufen worden. Bei Gleichzeitigkeit von Übergabe und einer die Einigung widerrufenden, vertragswidrigen („nachgeschobenen") Erklärung des Eigentumsvorbehalts auf der Rechnung oder dem Lieferschein ist – auch wenn generell bis zur Übereignung ein Widerruf der Einigung möglich ist (so der Wortlaut des § 929 S. 1 BGB: „ …einig sind …" und argec. § 873 Abs. 2 BGB) – der Widerruf nur dann wirksam, wenn er vor der Übergabe zur Kenntnis des Erwerbers selbst oder zur Kenntnis einer Person gelangt ist, die zum Empfang einer solchen Erklärung vertretungsbefugt war (§ 164 Abs. 3 BGB). Nur wenn der Widerruf wirksam ist, stellt sich die oben bereits angesprochene Frage, ob in der Inempfangnahme der Ware eine Annahme des Angebots zur aufschiebend bedingten Übereignung und zur Änderung des Kaufvertrags liegt.

- Ein **unbedingter Rechtserwerb** kann durch Vereinbarung in einen **Eigentumsvorbehalt umgewandelt werden**, wobei dies als auflösend bedingte Sicherungsübereignung an den Verkäufer konstruiert werden kann.

b) Die Rechtstellung des Eigentumsvorbehaltsverkäufers

Der **Verkäufer bleibt bis zum Bedingungseintritt** durch Zahlung des Kaufpreises durch den Käufer (§ 362 BGB) oder durch einen Dritten (§ 267 BGB) **Vorbehaltseigentümer**. Das Eigentum sichert seinen Herausgabeanspruch gegen den Käufer. Der Verkäufer ist auch **mittelbarer Besitzer**, denn der Käufer besitzt die Kaufsache für ihn (§ 868 BGB).

Der Verkäufer kann rein technisch gesehen bis zum Bedingungseintritt als **Eigentümer** über die Kaufsache verfügen, sie also z.B. nach § 931 BGB an einen anderen übereignen. Dass er dies nicht darf, weil es im Gegensatz zu den Pflichten aus dem Kaufvertrag steht, ist ein anderes Thema.

<u>Fall 586:</u> Der Eigentümer V hat eine bewegliche Sache an den K unter Eigentumsvorbehalt verkauft und sie dem K, weil dieser den Kaufpreis noch nicht vollständig entrichtet hatte, unter der aufschiebenden Bedingung der vollständigen Kaufpreiszahlung übereignet und übergeben (§§ 929 S. 1, 158 Abs. 1, 449 Abs. 1 BGB). Auf Bitten des V leiht der K ihm dem V die Sache. Der V, der dringend Geld benötigt, nutzt diese Gelegenheit aus und verkauft und übereignet die Sache an den D. Der K, der davon nichts weiß, zahlt die letzte Rate an den V. Als V ihm später seine Untat beichtet, verlangt der K Herausgabe von dem D.

Der Anspruch könnte sich aus § 985 BGB ergeben. a) Der D ist Besitzer. b) Fraglich ist, ob der K Eigentümer ist; das ist „historisch" zu prüfen: aa) Der V war Eigentümer. bb) Durch die Veräußerung unter Eigentumsvorbehalt ist der V Eigentümer geblieben (§§ 929 S. 1, 158 Abs. 1, 449 Abs. 1 BGB). cc) Der D hat das Eigentum vom Eigentümer V nach § 929 S. 1 BGB erlangt; ohne Bedeutung hierfür ist zunächst, dass V bereits aufschiebend bedingt zugunsten des K verfügt hatte (arge. § 161 Abs. 1 BGB: die Zwischenverfügung ist erst im Falle des Eintritts der Bedingung unwirksam!). dd) Fraglich ist, welche Bedeutung der Bedingungseintritt hat: aaa) Nach § 161 Abs. 1 BGB ist die „Zwischenverfügung" zugunsten des D ex nunc unwirksam geworden, weil ein Eigentumserwerb des D die von der Bedingung abhängige Wirkung (Eigentumserwerb des K) vereiteln würde. Danach wäre der D nicht Eigentümer geworden. bbb) Wenn man aber sogar vom Nicht-Eigentümer gutgläubig das Eigentum erwerben kann (§§ 932 ff. BGB), so muss dies erst recht möglich sein, wenn der Eigentümer, der zuvor zugunsten eines anderen (hier: des K) aufschiebend bedingt verfügt hatte, zugunsten eines anderen (hier: des D) „zwischenverfügt", weil der Erwerber aufgrund der Zwischenverfügung (hier: der D) das Eigentum immerhin vom Berechtigten (V) erworben hat; deshalb hat das Gesetz auch in § 161 Abs. 3 BGB die §§ 932 ff. BGB für entsprechend anwendbar erklärt: Der in Bezug auf eine nicht erfolgte, bedingte Vorab-Verfügung Gutgläubige erwirbt entgegen dem § 161 Abs. 1 BGB das Eigentum. Weil hier der D hinsichtlich der bedingten Verfügung zugunsten des K gutgläubig war, und weil § 935 BGB nicht vorliegt (der K hat den Besitz freiwillig aufgegeben), ist der D der Eigentümer geworden und nicht der K. ccc) Zum gleichen Ergebnis gelangt man, wenn man das „Anwartschaftsrecht" des K als „Belastung" des Eigentums des V ansieht: aaa) Es wäre trotz der Übereignung des V an D (der Zwischenverfügung) erloschen (§ 936 Abs. 1, 2 BGB), bbb) so dass es mit der Zahlung des Kaufpreises nicht zum Vollrecht erstarken konnte. Da der K nicht Eigentümer geworden ist, steht ihm auch kein Anspruch gegen den D aus § 985 BGB zu.

<u>Variante:</u> Der V hat das Eigentum an den D nach § 931 BGB übertragen, indem beide sich geeinigt haben und der V den sich aus dem zwischen ihm und dem K bestehenden Besitzmittlungsverhältnis ergebenden Herausgabeanspruch abgetreten hat. D verlangt vor Zahlung des Restkaufpreises Herausgabe von K.

Der Anspruch könnte sich aus § 985 BGB ergeben. a) Der K ist Besitzer. b) Der D müsste Eigentümer geworden sein; das ist „historisch" zu prüfen: aa) Der V war Eigentümer. bb) Durch die Veräußerung unter Eigentumsvorbehalt ist der V Eigentümer geblieben (§§ 929 S. 1, 158 Abs. 1, 449 Abs. 1 BGB). cc) Der D hat das Eigentum vom Eigentümer V nach § 931 BGB erlangt; ohne Bedeutung ist zunächst, dass V bereits aufschiebend bedingt zugunsten des K verfügt hatte (arge. § 161 Abs. 1 BGB). c) Der K hat aber ein Recht zum Besitz (§ 986 Abs. 2 BGB).

<u>Variante:</u> Der K zahlt den Restkaufpreis. Dann verlangt der D Herausgabe von dem K.

1. Der Anspruch könnte sich aus § 985 BGB ergeben. a) K ist Besitzer. b) Fraglich ist, ob der D Eigentümer ist; das ist „historisch" zu prüfen: aa) Der V war Eigentümer. bb) Durch die Veräußerung unter Eigentumsvorbehalt ist der V Eigentümer geblieben (§§ 929 S. 1, 158 Abs. 1, 449 Abs. 1 BGB). cc) Der D hat das Eigentum vom Eigentümer V nach § 931 BGB erlangt; ohne Bedeutung ist zunächst, dass der V bereits aufschiebend bedingt zugunsten des K verfügt hatte (arge. § 161 Abs. 1 BGB). dd) Fraglich ist, welche Bedeutung der Bedingungseintritt hat: aaa) Nach § 161 Abs. 1 BGB ist die „Zwischenverfügung" zugunsten des D unwirksam geworden, weil ein Eigentumserwerb des D die von der Bedingung abhängige Wirkung (Eigentumserwerb des K) vereiteln würde. bbb) Wenn man aber sogar vom Nicht-Eigentümer gutgläubig das Eigentum erwerben kann (§§ 932 ff. BGB), so muss dies erst recht möglich sein, wenn der Eigentümer, der zuvor zugunsten eines anderen aufschiebend bedingt verfügt hatte, übereignet hat; deshalb hat das Gesetz in § 161 Abs. 3 BGB die §§ 932 ff. BGB für entsprechend anwendbar erklärt: Der in Bezug auf die bedingte Vorab–Verfügung Gutgläubige erwirbt entgegen dem § 161 Abs. 1 BGB das Recht. Hier muss – weil nach § 931 BGB übereignet worden ist, auf § 934 BGB als die entsprechende Gutglaubensvorschrift abgestellt werden: aaaa) Zweifelhaft ist aus tatsächlichen Gründen die Gutgläubigkeit des D; denn wenn der V den Anspruch aus dem Besitzmittlungsverhältnis dessen Inhalt offenlegend abgetreten hätte, dann wüsste der D, dass V zuvor an den K aufschiebend bedingt verfügt hätte; er wäre also nicht gutgläubig. bbbb) Geht man allerdings aufgrund einer nur theoretisch vorstellbaren entsprechenden Sachverhaltskonstellation (z.B. der D erkundigt sich nach dem Grund des Besitzes und der V spiegelt ihm eine Vermietung vor) von einer Gutgläubigkeit des D aus, wäre die weitere Voraussetzung des § 934 1. Fall BGB (Abtretung eines Anspruchs aus einem Besitzmittlungsverhältnis) gegeben, cccc) und weil auch § 935 BGB nicht gegeben ist, wäre der D trotz des Bedingungseintritts Eigentümer geblieben. ccc) Die hM. wendet hier jedoch § 936 Abs. 3 BGB entsprechend an: Das Anwartschaftsrecht des K wird als ihm zustehende „Belastung" des Eigentums behandelt; und weil er auch der Besitzer der Sache ist, soll die Belastung bestehen bleiben, weil insoweit ein gutgläubig lastenfreier Erwerb nicht möglich ist. Danach wäre der K Eigentümer geworden. Ein Herausgabeanspruch besteht nicht. 2. Dies war die „Langversion" der Bearbeitung der gestellten Fallfrage, die die auftauchenden materiellrechtlichen Fragen beantwortete. Es gibt aber auch eine „Kurzversion". Der K kann die Herausgabe „a minore ad maius" § 986 Abs. 2 BGB verweigern: Wenn der K schon vor Zahlung des Restkaufpreises die Herausgabe nach § 986 Abs. 2 BGB verweigern darf, dann erst recht nach Zahlung des Kaufpreises.

Ob der Verkäufer, der ja zunächst Eigentümer geblieben ist, einen **Herausgabeanspruch** aus **§ 985 BGB** hat, hängt davon ab, ob der Besitzer ein Recht zum Besitz hat (§ 986 BGB).

- Der **Käufer** hat ein Recht zum Besitz aus dem Kaufvertrag (§§ 986 Abs. 1 S. 1, 433 Abs. 1 S. 1 BGB) oder, was noch zu erörtern sein wird, aus seinem Anwartschaftsrecht (§ 986 Abs. 1 S. 1 BGB), solange der Kaufvertrag bzw. das Anwartschaftsrecht bestehen; wichtigster Grund für dessen Wegfall ist ein Rücktritt nach §§ 323 Abs. 1, 346 BGB mit der Folge der Umwandlung in ein Rückgewährschuldverhältnis.

- Wenn ein **anderer als der Käufer** im Besitz der Sache ist, hängt das Bestehen des Anspruchs aus § 985 BGB davon ab, ob dieser Besitzer ein eigenes (dies könnte das an ihn übertragene Anwartschaftsrecht des Käufers sein) oder ein abgeleitetes Recht (dies setzt allerdings eine befugte Besitzüberlassung voraus) zum Besitz hat. Hat der dritte Besitzer kein Recht zum Besitz, kann der Verkäufer i.d.R. nur Herausgabe an den Käufer verlangen (§ 986 Abs. 1 S. 2 BGB).

Weil das Vorbehaltseigentum des Verkäufers ein **Sicherungsrecht** ist, könnte man daran denken, dass es im Falle der vertraglichen Zession nach **§§ 398, 401 BGB**, oder zum Zwecke der Verstärkung eines Regressanspruchs nach **§§ 412, 401 BGB** gesetzlich erworben werden könnte. Wegen der fehlenden Akzessorietät wird das jedoch allgemein abgelehnt. Allerdings kann der Verkäufer dem Zessionar zur Eigentumsübertragung verpflichtet sein.

Fall 587: Der V hat eine ihm gehörige Sache an den K unter Eigentumsvorbehalt veräußert. Die Kaufpreisforderung ist durch eine selbstschuldnerische Bürgschaft des Bü gesichert. Als K nicht zahlt, nimmt der V den Bü in Anspruch, der auch zahlt. Der Bü und der K wollen wissen, welche Rechte sie haben.

a) Was die Rechte des Bü angeht, aa) geht nach § 774 BGB die Kaufpreisforderung auf ihn über. Das Eigentum an der Kaufsache geht nicht nach § 401 BGB auf den Bü über. bb) Nach § 242 BGB ist der V jedoch verpflichtet, dem Bü das Eigentum an der Kaufsache zu verschaffen. Diese Übereignung erfolgt dann nach § 931 BGB. b) Erfüllt der K den Regressanspruch, indem er an Bü zahlt, geht das Eigentum auf ihn über.

Der **Eigentümer-Verkäufer** kann das **Vorbehaltseigentum** in der Schwebezeit **verlieren**,

- wenn der **Käufer die Sache mit Zustimmung des Verkäufers** an einen Dritten **übereignet** (§ 185 Abs. 1 BGB) oder sie **nach § 950 BGB verarbeitet**. Für diese Fälle werden häufig Ersatzsicherungen vereinbart.

- Ferner kann ein **Dritter vom Käufer**, wenn dieser sich als Eigentümer ausgibt, **gutgläubig das Eigentum erwerben (§§ 932 ff. BGB)**; allerdings wird der Erwerber häufig nicht gutgläubig sein, z.B. dann nicht, wenn es sich um neuwertige Sachen handelt, die üblicherweise unter Eigentumsvorbehalt verkauft zu werden pflegen.

Mit der **Zahlung des Kaufpreises erwirbt der Käufer das Eigentum** (§§ 929 ff., 158 Abs. 1 BGB). Verhindert der Verkäufer-Eigentümer den Bedingungseintritt treuwidrig, dann gilt die Bedingung als eingetreten (§ 162 BGB).

Fall 588: Der V veräußert eine ihm gehörige Sache an den K unter Eigentumsvorbehalt. Der K soll nach den Vereinbarungen dazu die letzte Kaufpreisrate am 1. Dezember 2002 zahlen. Der V nimmt das ihm am 1. Dezember 2002 angebotene Geld jedoch nicht an. Am 2. Dezember 2002 nimmt der V die Sache eigenmächtig an sich und verkauft und übereignet sie an D. Der K verlangt von dem D Herausgabe.

Der K könnte von D Herausgabe nach § 985 BGB verlangen. a) Dann müsste der K Eigentümer der Sache sein. aa) Eigentümer war der V. bb) Der K könnte dadurch Eigentümer geworden sein, aaa) dass, nachdem V sie ihm unter der aufschiebenden Bedingung der vollständigen Kaufpreiszahlung übereignet hatte (§§ 929 S. 1, 158 Abs. 1, 449 Abs. 1 BGB), bbb) die Bedingung eingetreten ist: aaaa) Mangels Entgegennahme der letzten Rate seitens des V ist der Kaufpreis nicht von K gezahlt worden, die Bedingung daher nicht eingetreten. bbbb) Der Bedingungseintritt wird jedoch nach § 162 BGB fingiert, weil der V durch sein Verhalten den Bedingungseintritt treuwidrig vereitelt hat, und zwar gilt die Bedingung zu dem Zeitpunkt als eingetreten, zu dem ihr Eintritt verhindert wurde. Damit war der K am 1. Dezember 2002 Eigentümer geworden. cc) Der K könnte das Eigentum jedoch durch die Veräußerung des V an den D verloren haben (§§ 929 ff. BGB). aaa) Der aaaa) Grundtatbestand des § 929 S. 1 BGB liegt vor; der V war jedoch am 2. Dezember 1999 nicht mehr Eigentümer. bbbb) Der D war jedoch aaaaa) gutgläubig bezüglich des Eigentums des V (§ 932 Abs. 2 BGB), bbbbb) so dass der D nach § 932 Abs. 1 S. 1 BGB das Eigentum erworben hätte, ccccc) wenn nicht § 935 BGB vorgelegen hätte, was hier der Fall ist, weil die Sache dem K abhanden gekommen ist. Also ist der K Eigentümer geblieben. b) Der D ist Besitzer, c) ohne ein Recht zum Besitz zu haben.

c) Die Rechtsstellung des Eigentumsvorbehaltskäufers

Das war die durch den Fortbestand des Eigentums gesicherte Rechtsstellung des Eigentumsvorbehaltsverkäufers. Dass umgekehrt auch ein **Bedürfnis** dafür besteht, die **Rechtsstellung des Käufers zu sichern**, weil der Käufer i.d.R. durch eine von ihm erbrachte Anzahlung und dann durch in der Schwebezeit bis zum Vollrechtserwerb geleistete weitere Kaufpreiszahlungen Leistungen erbracht hat, die in wirtschaftlicher Hinsicht sogar der Vorleistung des Verkäufers (Besitzüberlassung) irgendwann einmal gleichkommen oder sie sogar wertmäßig übersteigen können, ist eine Ihnen bereits vertraute Vorstellung. Sie wissen auch längst, dass man aus disen Gründen die Rechtsstellung des Käufers, an den aufschiebend bedingt übereignet worden ist, als „**Anwartschaftsrecht**" bezeichnet und dass dieses Anwartschaftsrecht den Eigentumserwerb des Käufers sichert.

> Unter einem „Anwartschaftsrecht" versteht man – so die Ihnen ja bereits bekannte **alle denkbaren „Anwartschaftsrechte" umfassende Definition** – eine Rechtsstellung, bei der so viele Merkmale eines mehraktigen Erwerbstatbestands verwirklicht sind, dass der Vollrechtsinhaber den Rechtserwerb nicht mehr einseitig verhindern kann, sondern es vielmehr ausschließlich der Erwerber in der Hand hat, den Rechtserwerb herbeizuführen.

Dieser begrifflichen Vorgabe folgend, muss – um von einem „Anwartschaftsrecht" des Vorbehaltskäufers sprechen zu können – die **Sicherheit des Käufers vor Zwischenverfügungen des Verkäufers** gegeben sein. Das ist beim Eigentumsvorbehaltskauf nach § 161 Abs. 1 BGB – mit der Einschränkung eines möglichen gutgläubigen Erwerbs nach §§ 161 Abs. 3, 932 ff BGB (eine „Schwäche", die aber ausweislich der §§ 932 ff. BGB auch das Vollrecht Eigentum betrifft und daher natürlich kein Argument gegen die Annahme eines „Anwartschaftsrechts" sein kann!) – gewährleistet, wie bereits oben bei der Darstellung der §§ 929 ff. BGB hinlänglich bewiesen worden ist.

Die **Rechtsnatur des Anwartschaftsrechts** entspricht der des Vollrechts. Es ist – so die „Bildersprache" des BGH – ein **„wesensgleiches minus"** des Vollrechts **Eigentum**.

Aus dieser rechtlichen Qualifizierung werden bestimmte Rechtsfolgen hergeleitet; so sind anerkannt:

- die **Übertragbarkeit** des Anwartschaftsrechts nicht nach §§ 413, 398 BGB, sondern nach den §§ 929 ff. BGB analog und seine **Verpfändbarkeit** nach §§ 1204 ff. BGB analog (und natürlich auch Pfändbarkeit, entweder nach § 808 ZPO analog oder nach § 857 ZPO);
- der Schutz des Anwartschaftsrechts vor **Störungen** nach § 1004 BGB;

- ein dem Inhaber des Anwartschaftsrechts zustehender **Herausgabeanspruch** aus § 985 BGB;
- und der Schutz des Anwartschaftsrechts bei rechtswidrigen und schuldhaften Verletzungen als „**sonstiges Recht**" nach § 823 Abs. 1 BGB.
- Diskutiert wird, ob das Anwartschaftsrecht ein eigenes **Recht zum Besitz** i.S.d. § 986 Abs. 1 BGB gewährt.

> In **methodischer Hinsicht** ist diese begriffsjuristische Deduktion der Ableitung von Rechtsfolgen aus der „Rechtsnatur" des Anwartschaftsrechts, die mittels der „Bildersprache" (Baur/Stürner) des BGH als „wesensgleiches minus„ des Vollrechts (hier des Eigentums) bezeichnet wird, wenig überzeugend; in Wahrheit geht es um einen Akt der Rechtsfortbildung extra legem, die legitimiert ist, weil ein unabweisbares Gerechtigkeitsbedürfnis es erforderlich macht, einer Rechtsstellung mit den o.g. Merkmalen die genannten Rechtsfolgen der Übertragbarkeit, des Schutzes etc. beizumessen; als Konsequenz hieraus kann man diese Rechtsstellung dann auch gerne „Anwartschaftsrecht" nennen.

aa) Die Übertragung des „Anwartschaftsrechts"

Die **Übertragung des „Anwartschaftsrechts"** des Vorbehaltskäufers vollzieht sich also nicht nach §§ 413, 398 BGB, sondern nach den §§ 929 ff. BGB analog: Der Erwerber erlangt das Anwartschaftsrecht vom derzeitigen Anwartschaftsrechtsinhaber; mit Eintritt der Bedingung erwirbt der Erwerber dann das Eigentum direkt vom bisherigen Eigentümer.

<u>Fall 589:</u> Der Eigentumsvorbehaltskäufer K, der ein Auto von dem Eigentümer E unter Vereinbarung eines Eigentumsvorbehalts erworben hat, verkauft und überträgt sein „Anwartschaftsrecht" an den D 1. Der D 1 verkauft und überträgt nach § 929 S. 1 BGB analog sein „Anwartschaftsrecht" weiter an den D 2. Dann wird über das Vermögen des D 1 das Insolvenzverfahren eröffnet. Dem D 2 wird das Auto von X gestohlen. Der D 2 zahlt den von K geschuldeten Restkaufpreis an den E und verlangt von dem Dieb X Herausgabe.

Der Anspruch könnte sich aus § 985 BGB ergeben: a) Der X ist Besitzer des Autos b) Der D 2 müsste Eigentümer sein; das ist „historisch" zu prüfen: aa) E war der Eigentümer. bb) Der K hat das Eigentum nicht erlangt (§§ 929 S. 1, 158 Abs. 1, 449 Abs. 1 BGB). cc) Der D 1 hat das Eigentum nicht erlangt, sondern von K nur das „Anwartschaftsrecht" (§ 929 S. 1 BGB analog). dd) Der D 2 hätte das Eigentum erlangt, wenn er ein „Anwartschaftsrecht" erlangt hätte und wenn dieses bei ihm zum Vollrecht erstarkt wäre. aaa) Der D 1 hat das „Anwartschaftsrecht" nach § 929 S. 1 BGB analog an D 2 übertragen. bbb) Dort müsste es zum Vollrecht erstarkt sein. Durch die Zahlung des D 2 an E ist nach § 267 BGB die Bedingung eingetreten. ccc) Der D 2 hätte das Eigentum aber nicht erlangt, wenn das Vollrecht durch das Vermögen des D 1 „hindurchgegangen" wäre („Durchgangserwerb"); denn dann wäre es als nachträglicher Erwerb (§ 35 InsO) in die Insolvenzmasse des D 1 gefallen und dort „hängengeblieben". Es ist aber allgemein anerkannt, dass das Vollrecht direkt beim Anwartschaftsberechtigten, also bei D 2, entsteht („Direkterwerb"). Daher ist der D 2 Eigentümer geworden. c) X hat kein Recht zum Besitz.

Weil das „Anwartschaftsrecht" das „wesensgleiche minus" des Vollrechts ist, gibt es natürlich auch einen Erwerb unter einem **„Anwartschaftsrechtsvorbehalt" (§§ 929 f., 158 Abs. 1, 449 Abs. 1 BGB analog)**: Die Übertragung eines Anwartschaftsrechts kann also auch unter Vorbehalt der vollständigen Zahlung des Kaufpreises erfolgen, so dass der Zweiterwerber ein (eigenes) „Anwartschaftsrecht" am „Anwartschaftsrecht" (des Ersterwerbers) erlangt.

Fall 590: Der Unternehmer E veräußert eine ihm gehörige bewegliche Sache an den Unternehmer K unter Vorbehalt der vollständigen Bezahlung des Kaufpreises in Höhe von € 10 000,-. Der K zahlt € 9 000,- und veräußert dann sein „Anwartschaftsrecht" an der Sache an den Unternehmer D für € 7 000,- unter Vorbehalt vollständiger Bezahlung des Kaufpreises, einigt sich mit ihm über die Übertragung des Anwartschaftsrechts und übergibt die Sache an ihn. Der D zahlt € 3500,- an. Der K zahlt den Restkaufpreis in Höhe von € 1 000,- an den E. Der K verlangt Herausgabe von dem D (nach Wolf).

Der Anspruch könnte sich aus § 985 BGB ergeben. a) D ist Besitzer. b) Der K müsste Eigentümer sein. aa) Der E war der Eigentümer. bb) Er hat aufschiebend bedingt an K übereignet (§§ 929 S. 1, 158 Abs. 1, 449 Abs. 1 BGB). Die Bedingung ist eingetreten. Also ist K Eigentümer geworden. c) Der D dürfte kein Recht zum Besitz haben (§ 986 BGB). aa) D hat ein Anwartschaftsrecht am Anwartschaftsrecht des K erworben; dieses hat sich dann durch Surrogation in ein Anwartschaftsrecht am Eigentum des K verwandelt. Damit hat der D ein eigenes Recht zum Besitz gegenüber dem K. bb) Wer dem nicht folgt, müsste ein Recht des D zum Besitz aus § 242 BGB („dolo agit, qui...") ableiten.

Variante: Der D zahlt die noch offenen € 3 500,- an den K, bevor dieser an den E zahlt. Der E verlangt Herausgabe von D.

Der Anspruch könnte sich aus § 985 BGB ergeben. a) Der D ist Besitzer. b) Der E müsste Eigentümer sein. aa) Der E war Eigentümer. bb) Er hat aufschiebend bedingt an K übereignet (§§ 929 S.1, 158 Abs. 1, 449 Abs. 1 BGB). Die Bedingung ist nicht eingetreten. Also ist der E Eigentümer geblieben c) Der D dürfte kein Recht zum Besitz haben. aa) Das Anwartschaftsrecht des K ist auf den D übergegangen. Damit hat der D ein eigenes Recht zum Besitz gegenüber dem E. bb) Wer dem nicht folgt, müsste ein Recht des D zum Besitz aus § 242 BGB („dolo agit, qui...") ableiten.

Was die Frage des **gutgläubigen Erwerbs des Anwartschaftsrechts** angeht, so ist zwischen dem

- **Erst-Erwerb** des Anwartschaftsrechts **vom Nicht-Eigentümer** und dem
- **Zweit-Erwerb** des Anwartschaftsrechts vom **Nicht-Anwartschaftsrechtsinhaber** zu unterscheiden.

Gegen einen gutgläubigen **Erst-Erwerb vom Nichteigentümer** bestehen keine Bedenken.

Fall 591: Der V leiht sich eine bewegliche Sache vom Eigentümer E und veräußert sie unter Eigentumsvorbehalt an den K, der den V für den Eigentümer hält. Der K verkauft und überträgt sein „Anwartschaftsrecht" an den D 1 nach § 929 S. 1 BGB analog. Der D 1 verkauft und überträgt nach § 929 S. 1 BGB sein „Anwartschaftsrecht" weiter an den D 2. Dann wird über das Vermögen des D 1 das Insolvenzverfahren eröffnet. Dem D 2 wird die Sache von X gestohlen.

Der D 2 zahlt an den V den von dem K geschuldeten Restkaufpreis und verlangt von dem Dieb X Herausgabe.

Der Anspruch könnte sich aus § 985 BGB ergeben: a) Der X ist Besitzer der Sache. b) Der D 2 müsste Eigentümer sein; das ist „historisch" zu prüfen: aa) Der E war der Eigentümer. bb) Der V hat das Eigentum nicht erlangt. cc) Auch der K hat das Eigentum nicht erlangt (§§ 929 S. 1, 158 Abs. 1 BGB). dd) Der D 1 hat das Eigentum nicht erlangt, sondern nur das „Anwartschaftsrecht" (§§ 929 S. 1, 932 BGB analog). ee) Der E hätte das Eigentum an D 2 verloren, wenn dieser das „Anwartschaftsrecht" erlangt hätte und wenn dieses bei dem D 2 zum Vollrecht erstarkt wäre. aaa) Der D 1 hat das „Anwartschaftsrecht" nach § 929 S. 1 BGB analog an D 2 übertragen. bbb) Dort müsste es zum Vollrecht erstarkt sein. Durch die Zahlung des D 2 an den V ist nach § 267 BGB die Bedingung eingetreten. ccc) D 2 hätte das Eigentum aber nicht erlangt, wenn das Vollrecht durch das Vermögen des D 1 „hindurchgegangen" wäre („Durchgangserwerb"); denn dann wäre es als nachträglicher Erwerb (§ 35 InsO) in die Insolvenzmasse des D 1 gefallen und dort „hängen geblieben". Es ist aber allgemein anerkannt, dass das Vollrecht direkt beim Anwartschaftsberechtigten entsteht („Direkterwerb"), also bei D 2. Daher ist der D 2 Eigentümer geworden. c) X hat kein Recht zum Besitz.

Beim gutgläubigen **Zweit-Erwerb** von einer Person, die sich **fälschlich als Anwartschaftsberechtigter ausgibt**, gibt es zwei Fallkonstellationen:

- Denkbar ist, dass **überhaupt kein „Anwartschaftsrecht" existiert**, der Veräußerer sich also lediglich dessen „berühmt", ein „Anwartschaftsrecht" zu haben, ohne dass überhaupt ein solches Anwartschaftsrecht (bei wem auch immer) existiert.

<u>Variante:</u> Wie wäre es, wenn der Entleiher V sich dessen berühmt hätte, die Sache vom Eigentümer unter Eigentumsvorbehalt erworben zu haben und sein „Anwartschaftsrecht" an den K veräußert hätte, dieser es dann an D 1 und dieser an D 2 weiterveräußert hätte?

Die Frage ist, ob der K von einem vermeintlichen Anwartschaftsberechtigten ein Anwartschaftsrecht gutgläubig erwerben kann, wenn es überhaupt kein Anwartschaftsrecht gibt. Nach ganz hM. ist ein redlicher Erwerb eines Anwartschaftsrechts nicht möglich, weil die Bedingung nicht eintreten kann und eine Erstarkung zum Vollrecht durch Bedingungseintritt begrifflich ausgeschlossen ist.

- Denkbar ist weiterhin, dass ein **Anwartschaftsrecht zwar existiert**, der **Veräußerer aber nicht der berechtigte Inhaber** ist,

<u>Fall 592:</u> Der K hat die vom Eigentümer E unter Eigentumsvorbehalt erworbene Sache dem L geliehen. Der L gibt sich als derjenige aus, der die Sache bei E unter Eigentumsvorbehalt erworben habe, und veräußert „sein Anwartschaftsrecht" an den insoweit gutgläubigen X. Dann zahlt der K, der von allem nichts erfahren hat, die letzte Rate an den E. Ist X hierdurch Eigentümer geworden?

a) Nach hM. hat der X nach §§ 929 S. 1, 932 Abs. 1 S. 1 BGB das „Anwartschaftsrecht" von L gutgläubig erworben, und zwar deshalb, weil – im Gegensatz zum vorigen Fall – ein „Anwartschaftsrecht", das zum Vollrecht erstarken kann, existiert (nämlich in der Person des K); dieses „Anwartschaftsrecht" ist dann durch den Bedingungseintritt bei X zum Vollrecht erstarkt. b) Nach aA. (Flume, Medicus) soll ein gutgläubiger Erwerb auch hier ausgeschlossen sein, weil beim Wissen vom Nichteigentum des Veräußerers L der durch den Besitz vermittelte Rechtsschein vollständig zerstört ist; in Wahrheit vertraue der Erwerber X doch nur noch „dem Gerede" (Medicus) des Veräußerers L, er sei Anwartschaftsberechtigter; außerdem bestünde kein

Bedarf für einen Gutglaubensschutz: der X könne sich bei dem ihm von L genannten Eigentümer E erkundigen, ob L wirklich Anwartschaftsberechtigter sei.

bb) Das „Anwartschaftsrecht" als „Recht zum Besitz"

Ob das „Anwartschaftsrecht" ein eigenes **Recht zum Besitz (§ 986 Abs. 1 BGB)** gibt, ist ungeklärt; ergebnisrelevant ist die Frage aber i.d.R. nicht.

Fall 593: Der Vorbehaltseigentümer K, der eine bewegliche Sache von dem Nicht-Eigentümer V unter Vereinbarung eines Eigentumsvorbehalts erworben hat, verkauft und überträgt sein „Anwartschaftsrecht" an den D 1. Der D 1 veräußert und überträgt es an D 2. Der Eigentümer E verlangt vor Bedingungseintritt die Sache von D 2 heraus. Der D 2 hat kein Geld, um den Restkaufpreis an den K zu zahlen.

Der Anspruch des E gegen den D 2 könnte sich aus § 985 BGB ergeben. a) Der D 2 ist Besitzer. b) Der E war Eigentümer. Er hat das Eigentum nicht durch die Veräußerung seitens des Nicht-Eigentümers V an den K und auch nicht durch die Weiterveräußerungen an D 1 und D 2 verloren, weil die Bedingung nicht eingetreten ist; der E ist also noch Eigentümer. c) Fraglich ist, ob der D 2 ein Recht zum Besitz hat: Weil beim gutgläubigen Erwerb des „Anwartschaftsrechts" keine schuldrechtliche Beziehung zum Eigentümer besteht, stellt sich die Frage, ob ein „Anwartschaftsrecht" ein (eigenes) dingliches Recht zum Besitz im Verhältnis zum Eigentümer begründet. aa) Nach hL. hat er wegen seines „Anwartschaftsrechts" ein Recht zum Besitz aus § 986 Abs. 1 S. 1 BGB; der Besitz sei ein wesentliches Element des Vorbehaltseigentums; dieser müsse dem Anwartschaftsberechtigten daher gesichert werden. Danach hätte D 2 ein Recht zum Besitz gegenüber dem E. bb) Dagegen soll sprechen, dass das „Anwartschaftsrecht" nur dazu dienen soll, den Eigentumserwerb zu sichern; diese Funktion könne es auch ohne eine Besitzerstellung des Anwartschaftsberechtigten erfüllen (Medicus). Es bestünde auch kein Bedarf für ein dingliches Recht zum Besitz; denn der Anwartschaftsberechtigte sei durch § 242 BGB ausreichend geschützt, weil es treuwidrig wäre, wenn der Eigentümer Herausgabe der Sache verlange, obwohl der Anwartschaftsberechtigte jederzeit den Restkaufpreis als Dritter zahlen könne (§ 267 BGB), wodurch die Bedingung eintreten würde und der Anwartschaftsberechtigte zum Eigentümer würde und als solcher seinerseits nach § 985 BGB wieder Herausgabe verlangen könnte („dolo agit, qui petit quod statim redditurus est"). cc) In der Tat kann man daher meistens die Entscheidung, ob ein „Anwartschaftsrecht" ein Recht zum Besitz gibt, dahingestellt sein lassen. Im vorliegenden Fall hat der D 2 aber gar kein Geld, so dass er nicht durch § 242 BGB geschützt werden kann; Sie müssen daher bei der Fallbearbeitung Stellung nehmen.

Fall 594: Der E veräußert eine ihm gehörige bewegliche Sache unter Eigentumsvorbehalt an den K 1; dieser veräußert sein „Anwartschaftsrecht" an den K 2. Der E verlangt vor der Kaufpreiszahlung Herausgabe von K 2 an sich.

Der Anspruch könnte sich aus § 985 BGB ergeben. a) Der E ist Eigentümer. b) Der K 2 ist Besitzer der Sache. c) Der K 2 könnte aber ein Recht zum Besitz haben aa) was der Fall wäre, wenn man annimmt, dass das „Anwartschaftsrecht" ein eigenes Recht zum Besitz gibt. bb) Verneint man dies, aaa) so könnte der K 2 nach § 986 Abs. 1 S. 1 2. Fall BGB ein abgeleitetes Recht zum Besitz haben. aaaa) Der K 1 hatte ein Recht zum Besitz. bbbb) Für ein abgeleitetes Recht zum Besitz des K 2 ist aber weiterhin erforderlich, dass der mittelbare Besitzer zur Überlassung des Besitzes an den (unmittelbaren) Besitzer „befugt" war (arge. § 986 Abs. 1 S. 2 BGB). Hier könnte man annehmen, dass zwischen E und K 1 stillschweigend vereinbart war, dass der K 1 nicht ohne Einverständnis des E vor vollständiger Kaufpreiszahlung die Sache weiterveräußern darf. Dafür spricht z.B. der Grundgedanke des § 603 S. 2 BGB). d) Daher kann der E Herausgabe verlangen, dies aber nur an den K 1 (§ 986 Abs. 1 S. 2 1. Fall BGB).

cc) Herausgabeanspruch aufgrund eines „Anwartschaftsrechts"

Der Anwartschaftsberechtigte könnte möglicherweise auch **Ansprüche aus § 985 BGB** gegen Dritte und sogar gegen den Eigentümer haben.

<u>Fall 595</u>: Der Unternehmer V hat zwei ihm gehörige Sachen (S 1 und S 2) unter Eigentumsvorbehalt an den Unternehmer K 1 veräußert. Dieser hat sein „Anwartschaftsrecht" an beiden Sachen an den K 2 verkauft und ihm nach § 930 BGB übertragen. Der V nimmt die Sache S 1, weil der K 1 nicht zahlt, wieder an sich. Der K 1 verleiht die die Sache S 2 an den X und der gibt sie nicht heraus. Der K 2 verlangt nach Beendigung des Besitzmittlungsverhältnisses zwischen ihm und dem K 1 die Sachen S 1 und S 2 von dem V und dem X heraus.
1. Der Anspruch gegen den V könnte sich aus § 985 BGB ergeben. a) Der V ist Besitzer der Sache. b) Der K 2 aa) ist zwar nicht Eigentümer, bb) wohl aber Inhaber des Anwartschaftsrechts an der Sache nach § 930 BGB geworden. Dieses Anwartschaftsrechts ist nicht durch einen Rücktritt erloschen. Der Anwartschaftsberechtigte kann wie ein Eigentümer vom Besitzer Herausgabe verlangen (§ 985 BGB analog). c) Der V dürfte kein Recht zum Besitz haben (§ 986 Abs. 1 BGB): aa) Das Eigentum des V gibt kein Recht zum Besitz gegenüber dem Anwartschaftsrechtsinhaber. bb) Der V hat auch kein Recht zur Rücknahme der Sache ohne Erklärung des Rücktritts (§ 449 Abs. 2 BGB). Daher hat der K – solange der V nicht zurücktritt – einen Herausgabeanspruch. 2. Der Anspruch gegen den X ergibt sich aus § 985 BGB analog.

dd) Das „Anwartschaftsrecht" als „sonstiges Recht" i.S.d. § 823 Abs. 1 BGB

Dass bei einer rechtswidrigen und schuldhaften Verletzung des als „sonstiges Recht" anerkannten „Anwartschaftsrechts" ein **Anspruch aus § 823 Abs. 1 BGB** besteht, ist im Ergebnis unbestritten. Aus der Konkurrenz zum deliktsrechtlichen Anspruch des Eigentümers ergibt sich jedoch das Problem, wem welcher Schaden zu ersetzen ist. Dass alles wird im Deliktsrecht in Teil 7 noch gründlich behandelt werden.

<u>Fall 596</u>: Der V hat an den K ein Auto für € 10 000,- unter Eigentumsvorbehalt veräußert. Der K hat bereits € 8 000,- gezahlt, als der X den Wagen rechtswidrig und schuldhaft zerstört. Der K muss bis zur Beschaffung eines anderen Fahrzeugs einen Wagen für € 500,- anmieten.
1. Der V (als Eigentümer) und K (als Anwartschaftsberechtigter) haben je einen Anspruch aus § 823 Abs. 1 BGB gegen den X. 2. Was den zu ersetzenden Schaden angeht, a) so hat K einen Anspruch auf den Nutzungsausfall (€ 500,-). b) Hinsichtlich des Substanzinteresses wird aa) nach einer Sichtweise eine Sonderung der Interessen zwischen K und V dergestalt vorgenommen, dass der K einen Anspruch in Höhe des Wertes des „Anwartschaftsrechts" von € 8 000,- haben soll, während der V € 2 000,- bekommen soll; bb) nach aA. soll der K, weil er ja trotz § 326 Abs. 1 S. 1 BGB zur weiteren Kaufpreiszahlung verpflichtet bleibt (§ 446 S. 1 BGB), den vollen Schaden (€ 10 000,-) ersetzt bekommen, der V hingegen nichts erhalten cc); nach hL. hat der V jedoch sehr wohl ein eigenes ausgleichsbedürftiges Sicherungsinteresse, dem dadurch Rechnung getragen wird, dass V und K den Substanzschaden nach §§ 432, 1281 BGB analog gemeinschaftlich geltend machen müssen und über die Verteilung das Innenverhältnis entscheidet.

d) Die Weiterveräußerung

Nicht nur die Endverbraucher, sondern auch die Zwischenhändler können von ihrem Lieferanten bewegliche Sachen unter Eigentumsvorbehalt erwerben. Da eine derartige Handelsware nicht bis zur Bezahlung des Kaufpreises im Lager des Zwischenhändlers

„brachliegen", sondern möglichst schnell und gewinnbringend weiterveräußert werden sollte, stellt sich die Frage, wie man dies bei gleichzeitig weiter bestehender Sicherung des Anspruchs des Lieferanten auf Kaufpreiszahlung ermöglichen kann. Dies scheint auf eine „Quadratur des Zirkels" hinauszulaufen. Die Rechtspraxis hat einen Ausweg gefunden, und zwar so, dass

> der **Lieferant**, der wegen des Eigentumsvorbehalts immer noch **Eigentümer der Handelsware** ist, nach § 185 Abs. 1 BGB seine **Einwilligung** mit der **Weiterveräußerung** durch den Zwischenhändler an den Endverbraucher **erklärt**, und zwar dergestalt, dass
>
> a) entweder der **Zwischenhändler** sich dazu **verpflichtet**, die Sache nur in der Weise an den Endverbraucher weiter zu übereignen, dass der Lieferant Eigentümer der Sache bleibt.
>
> Die Erfüllung einer solchen Verpflichtung könnte unter Offenlegung des Eigentumsvorbehalts durch die Übertragung des Anwartschaftsrechts des Zwischenhändlers auf den Endverbraucher geschehen (**„weitergeleiteter Eigentumsvorbehalt"**). Für den späteren Vollrechtserwerb des Endverbrauchers müsste dann der Kaufpreis an den Lieferanten gezahlt werden.
>
> Gegen diesen Weg sprechen jedoch **praktische Bedenken**: Das „Anwartschaftsrecht" ist zwar ein Vermögenswert, der übertragbar (§§ 929 ff. BGB analog), verpfändbar (§§ 1204 ff. BGB analog) und geschützt ist nach §§ 985, 1004, 823 Abs. 1 BGB. Für den Rechtsverkehr, speziell für den Endverbraucher, ist der Erwerb eines „Anwartschaftsrechts" aber wenig interessant. Der Grund hierfür ist die sich daraus ergebende Unsicherheit, dass das Anwartschaftsrecht von der Existenz des Kaufvertrags zwischen dem Lieferanten und dem Zwischenhändler, der ihm den Eigentumsvorbehalt „weitergeleitet" hat, abhängt. Insbesondere besteht für ihn die Gefahr, dass der Zwischenhändler die Kaufpreiszahlungsverpflichtung nicht erfüllt und der Lieferant vom Kaufvertrag zurücktritt (§ 323 BGB), so dass die Bedingung des Kaufvertrages zwischen dem Lieferanten und dem Zwischenhändler (vollständige Kaufpreiszahlung) nicht mehr eintreten kann und das Anwartschaftsrecht des Endverbrauchers ohne sein Zutun „in sich zusammenbricht".
>
> b) **Oder:** Möglich ist auch eine Kombination einer Einwilligung des Lieferanten in eine Weiterveräußerung der Sache ohne Offenlegung des Eigentumsvorbehalts in Kombination mit einer „stillen" **Vorausabtretung** der **künftigen Kaufpreisforderungen** gegen die Abnehmer des Vorbehaltskäufers **zur Sicherung**.
>
> aa) Wenn die Sache dann vom Zwischenhändler an den Endverbraucher **unbedingt übereignet** wird, erlangt der Endverbraucher das Eigentum (§§ 929 ff., 185 Abs. 1 BGB).
>
> bb) Wenn der Zwischenhändler freiwillig oder, weil es so mit dem Lieferanten vereinbart war, an den Endverbraucher unter Eigentumsvorbehalt weiterveräußert, so erwirbt der Endverbraucher das Eigentum erst, wenn der Kaufpreis entweder an den ersten Vorbehaltskäufer oder an den Zessionar der Kaufpreisforderung (Lieferant) gezahlt worden ist.

> Der Lieferant verliert also sein Eigentum, wenn eine der beiden Kaufpreisforderungen vollständig bezahlt ist.

<u>Fall 597</u>: Großhändler Gross (G) veräußert an den Einzelhändler Hendel (H) unter Eigentumsvorbehalt 2 Notebooks. Im zugrunde liegenden Kaufvertrag vom 1. September 2002 ist vereinbart, dass H die Computer an seine Kunden verkaufen und übereignen darf und dass er deshalb schon jetzt seine künftigen Kaufpreisforderungen hieraus an den G abtritt. Außerdem steht dem G nach dem Vertrag ein Rücktrittsrecht zu, falls der H nicht bis zum 1. Dezember 2002 den Kaufpreis zahlt. Der H veräußert die Computer am 15. November 2002 für je € 1 500,- an den K 1 und den K 2. Der K 1 zahlt den gesamten Kaufpreis sofort in bar; der H übergibt und übereignet den Computer. Mit dem K 2, der € 750,- anzahlt, vereinbart der H, dass K 2 den Restkaufpreis innerhalb eines Monats entrichtet und behält sich das Eigentum bis zur vollständigen Kaufpreiszahlung vor; der H übergibt und übereignet den Computer. Weil der H nicht an den G zahlt, verlangt der G am 2. Dezember 2002 nach Rücktritt vom Vertrag von dem K 1 und dem K 2 a) Herausgabe der Computer und b) Zahlung von € 1 500,-.

1. Der G könnte von K 1 a) Herausgabe aus § 985 BGB verlangen. aa) K 1 ist Besitzer des Computers. bb) Der G müsste Eigentümer sein. aaa) Der G war Eigentümer. bbb) Er hat das Eigentum an den K 1 nach §§ 929 S. 1, 185 Abs. 1 BGB verloren. b) Der G könnte Zahlung von € 1 500,- aus §§ 433 Abs. 2, 398 BGB verlangen. aa) Der Anspruch ist durch Abschluss des Kaufvertrages H – K 1 entstanden (§ 433 Abs. 2 BGB). bb) Aufgrund der (wegen der ausreichenden Bestimmtheit) wirksamen Vorausabtretung des Anspruchs ist er bei seiner Entstehung automatisch entweder direkt (Theorie vom Direkterwerb) oder durch das Vermögen des H hindurch (Theorie vom Durchgangserwerb) auf G übergegangen (§ 398 S. 2 BGB). cc) Er könnte durch die Zahlung an den H erloschen sein. aaa) Nach § 362 Abs. 1 BGB ist er nicht erloschen, bbb) wohl aber nach §§ 362 Abs. 2, 185 Abs. 1 BGB, aaaa) denn der G hatte mit seinem Einverständnis mit Veräußerungen an Kunden stillschweigend auch in eine Auszahlung an den Nichtgläubiger H eingewilligt (§§ 133, 157 BGB). bbbb) Die Einwilligung konnte auch H gegenüber erklärt werden (§ 182 Abs. 1 BGB). (Wer dies nicht annimmt, kommt über § 407 BGB zum gleichen Ergebnis). 2. Der G könnte von K 2 a) Herausgabe aus § 985 BGB verlangen. aa) Der K 2 ist Besitzer des Computers. bb) Der G müsste Eigentümer sein. aaa) Der G war Eigentümer. bbb) Er hat das Eigentum nicht nach §§ 929 S. 1, 185 Abs. 1 BGB an den K 2 verloren, weil der H an K 2 aufschiebend bedingt übereignet hat (§§ 929 S. 1, 158 Abs. 1, 449 Abs. 1 BGB). cc) Der K 2 könnte ein Recht zum Besitz haben. aaa) Ein abgeleitetes Recht zum Besitz gegenüber G steht ihm nicht zu, weil der Kaufvertrag G – H durch den Rücktritt des G in ein Rückgewährschuldverhältnis umgewandelt worden ist (§ 346 BGB). bbb) Ihm könnte aber ein Recht zum Besitz aus einem „Anwartschaftsrecht" zustehen. Am Eigentum bestehen zwei Anwartschaftsrechte: Das des H und das des K 2. Dass das Anwartschaftsrecht des H durch den Rücktritt erloschen ist, ist ohne Bedeutung. Das Anwartschaftsrecht des K 2 beruht auf der Einwilligung des G zur Übereignung an die Kunden des H, denn diese Einwilligung schließt als „minus" auch die Weiterveräußerung unter Eigentumsvorbehalt ein (freiwilliger nachgeschalteter Eigentumsvorbehalt) und macht den vollen Eigentumserwerb davon abhängig, dass der Kunde den vollen Kaufpreis an H entrichtet. aaaa) Der K 2 hat trotz der Abtretung der Kaufpreisforderung an G die € 750,- befreiend an H gezahlt (§§ 362 Abs. 2, 185 Abs. 1, 182 Abs. 1 BGB); bbbb) er kann bis zum 15. Dezember den noch ausstehenden Kaufpreis ggf. nach Widerruf der Einwilligung (§ 183 BGB) an den G zahlen und seinen Eigentumserwerb herbeiführen. Daher steht ihm ein Recht zum Besitz gegenüber G zu. (Wer es ablehnt, aus einem Anwartschaftsrecht ein Recht zum Besitz abzuleiten, kommt über den Arglisteinwand: „dolo agit, qui petit...") zum gleichen Ergebnis. b) Der an den G abgetretene Kaufpreisanspruch ist nur in Höhe der von K 2 an H gezahlten € 750.- erloschen.

e) Die schuldrechtliche Seite des Eigentumsvorbehalts

Allein aufgrund der Vereinbarung des Eigentumsvorbehalts selbst steht dem Eigentumsvorbehaltsverkäufer kein Rücktrittsrecht zu. Vielmehr kann er nur aufgrund eines eventuell vereinbarten Rücktrittrechtes (§§ 346 ff. BGB) oder nach § 323 BGB vom Kaufvertrag zurücktreten.

Interessant ist die (in §§ 218 Abs. 1, 216 Abs. 2 S. 2 BGB beantwortete) Frage, ob der Vorbehaltsverkäufer auch dann zurücktreten kann, wenn die Kaufpreisforderung verjährt ist und der Käufer sich hierauf beruft.

Fall 598: Der Kaufmann V veräußert an den K eine ihm gehörige Sache für € 1 000,- unter Vereinbarung eines Eigentumsvorbehalts. Der K zahlt nur € 200,-. Nach 4 Jahren beruft sich der auf Zahlung des Restkaufpreises in Anspruch genommene K auf die inzwischen eingetretene Verjährung (§§ 195, 214 Abs. 1 BGB). Der V erklärt jetzt den Rücktritt vom Vertrag nach § 323 Abs. 1 BGB und verlangt die Sache zurück.

Der Anspruch könnte sich aus § 985 BGB ergeben. a) K ist Besitzer der Sache. b) Der V müsste Eigentümer sein. Die Übereignung ist aufschiebend bedingt (§§ 929 S. 1, 158 Abs. 1, 449 Abs. 1 BGB), und die Bedingung ist nicht eingetreten. Also ist V Eigentümer. c) Zu prüfen ist, ob der K ein Recht zum Besitz hat: In Betracht kommt eines aus §§ 986 Abs. 1, 433 Abs. 1 BGB oder eines aus § 986 Abs. 1 BGB wegen eines Anwartschaftsrechts des K. aa) Solange wie der Kaufvertrag besteht und der V nicht nach § 323 Abs. 1 BGB zurückgetreten ist , kann die Herausgabe nicht verlangt werden (§ 449 Abs. 2 BGB.) bb) Zu prüfen ist daher, ob der V wirksam vom Vertrag zurückgetreten ist; denn dann wäre der Kaufvertrag in ein Rückgewährschuldverhältnis umgewandelt worden, und es würde kein Recht zum Besitz aus § 433 Abs. 1 BGB mehr bestehen, oder das Anwartschaftsrecht wäre erloschen, weil die Bedingung nicht mehr eintreten kann. aaa) Ist der Anspruch auf Leistung verjährt, ist auch ein Rücktritt ausgeschlossen, wenn der Schuldner sich auf die Verjährung beruft (§ 218 Abs. 1 BGB). Danach hätte der K unter jedem denkbaren Aspekt ein Recht zum Besitz. bbb) Ausnahmsweise aaaa) kann ein Rücktritt jedoch auch dann erfolgen, wenn ein Eigentumsvorbehalt besteht und der gesicherte Anspruch verjährt ist (§ 216 Abs. 2 S. 2 BGB). bbbb) Die Voraussetzungen des § 323 Abs. 1 BGB sind erfüllt.

11. Der rechtsgeschäftliche Erwerb des Eigentums an beweglichen Sachen nach Grundstücksrecht („Grundstückszubehör")

Es gibt im BGB das merkwürdige Phänomen eines rechtsgeschäftlichen Erwerbes von Eigentum an beweglichen Sachen nach den Vorschriften über den Erwerb des Eigentums an Grundstücken.

- **Grundstücke** werden (das werden wir noch ausführlich behandeln) durch **Einigung („Auflassung")** und **Eintragung** in das **Grundbuch übereignet** (§§ 873, 925 BGB).

- Bewegliche Sachen, die **„wesentliche Bestandteile eines Grundstücks"** sind (§§ 93 ff. BGB), werden, weil sie „nicht Gegenstand besonderer Rechte sein (können)", ebenfalls nach Grundstücksrecht übereignet: So z.B. die **Heizungsanlage**.

- Bewegliche Sachen, „die nur zu einem vorübergehenden Zweck mit dem Grund und Boden verbunden sind" (sog. **„Scheinbestandteile"**), werden nach §§ 929 ff. BGB übereignet: So z.B. die **Baubude**.

- Etwas Besonderes gilt bei „**Zubehör**". Sie müssen dazu wissen: „Bewegliche Sachen, die, ohne Bestandteile der Hauptsache zu sein, dem wirtschaftlichen Zweck der Hauptsache zu dienen bestimmt sind, und die zu ihr in einem dieser Bestimmung entsprechenden räumlichen Verhältnis stehen, ... (sind Zubehör)", es sei denn, sie werden im Verkehr „nicht als Zubehör angesehen" (§ 97 BGB). Das Eigentum an dem Veräußerer des Grundstücks gehörenden Grundstückszubehör erwirbt der Erwerber des Eigentums an dem Grundstück durch die Übereignung des Grundstücks, also durch Auflassung und Eintragung in das Grundbuch, wenn der Veräußerer und der Erwerber sich einig sind, dass sich die Veräußerung auf das Zubehör des Grundstücks erstrecken soll (§ 926 Abs. 1 BGB): So wird der rechtsgeschäftliche Erwerber des Eigentums an einem Bauernhof auch der Eigentümer des dem Veräußerer gehörenden, auf dem Bauernhof gehaltenen **Viehs**. Gehört das Zubehör dagegen nicht dem Veräußerer, wie z.B. das auf dem Hof nur **zur Mast weidende Vieh** eines anderen Bauern, gelten für den Gutglaubenserwerb die §§ 932 ff. BGB entsprechend (§ 926 Abs. 2 BGB).

> Verdeutlichen wir uns wieder einmal, was bisher erarbeitet wurde und was noch an Arbeit vor Ihnen liegt:
>
> Sie wissen jetzt, wie das Eigentum an beweglichen Sachen rechtsgeschäftlich übertragen, also erworben und korrespondierend dazu verloren wird.
>
> Offen ist jetzt noch, wie **Eigentum gesetzlich erworben** und korrespondierend dazu **verloren** werden kann: Dies kann geschehen durch Verarbeitung, Verbindung und Vermischung (**sub 12**), soweit es um das Eigentum an einem „Schuldschein" geht, durch Erwerb einer Forderung (**sub 13**), durch Ersitzung (**sub 14**) durch Trennung von der „Muttersache" (**sub 15**) sowie durch Surrogation (**sub 16**). Dass – wie jeder weiß – Eigentum an beweglichen Sachen wie jedes andere Recht auch durch Erbgang „gesetzlich" erworben werden kann (§ 1922 BGB), soll hier noch nicht gesondert erörtert werden; diese Form des Erwerbes werden wir gesondert darstellen (Teil 11).

12. Gesetzlicher Erwerb/Verlust des Eigentums durch Verarbeitung, Verbindung und Vermischung

In den **§§ 946 – 950 BGB** ist geregelt, dass man durch Verarbeitung, Verbindung und Vermischung und durch die Verbindung einer Sache mit einer anderen Sache das **Eigentum** erwerben kann. Die logische Kehrseite hiervon ist natürlich der **Verlust** des **Eigentums** am verarbeiteten Ausgangsmaterial, an den hinzu- bzw. zusammengefügten Bestandteilen und an den vermischten Einzelsachen. Der Erwerb aufgrund des § 950 BGB geht dem Erwerb nach §§ 946 – 949 BGB vor und ist daher bei der Fallbearbeitung zunächst zu prüfen. Eine bedeutsame Nebenfolge ist, dass der Rechtsverlust auch **Rechte Dritter erlöschen** lässt (§§ 949, 950 Abs. 2 BGB).

Die sich daraus ergebende Frage, wie der Ausgleich zugunsten des sein Eigentum verlierenden Teils erfolgt, wird in **§§ 951, 812 BGB** beantwortet. Damit befassen wir uns ausgiebig in einem anderen Zusammenhang; nur soviel sei schon „verraten": Der in den §§ 946 ff. BGB kraft Gesetzes eintretende Eigentumsverlust wird durch einen

Bereicherungsanspruch gegen den Erwerber des Eigentums (ausschließlich!) in Geld ausgeglichen.

a) Verarbeitung einer beweglichen Sache

> Am Anfang steht eine **Warnung**: Bevor Sie untersuchen, ob das Eigentum an einem Produkt nach § 950 BGB durch Verarbeitung einer beweglichen Sache auf den Hersteller übergeht, müssen Sie untersuchen, ob sich die Frage des Eigentumserwerbs nicht aus einem rechtsgeschäftlichen Erwerb ergibt.
>
> Denken Sie an folgendes **Beispiel**: Der Händler V liefert den Rohstoff aufgrund eines Kaufvertrags und übereignet ihn an den K. Wenn der K daraus eine neue Sache herstellt, ist er Eigentümer, ohne dass es hierfür auf § 950 BGB ankommt.
>
> Nur wenn der Hersteller nicht der Rohstoffeigentümer ist, weil kein wirksamer rechtsgeschäftlicher Eigentumserwerb vorliegt oder weil es gar keinen rechtsgeschäftlichen Erwerb gibt (Diebstahl des Rohstoffes und Herstellung einer neuen Sache durch den Dieb selbst) oder weil die Kette der Übereignungen unterbrochen ist, kommt es auf einen Eigentumserwerb nach § 950 BGB an.

Wenn der Hersteller einer neuen Sache nicht der Rohstoffeigentümer ist, kommt es zu einem Konflikt, wer Eigentümer der neuen Sache ist. Diesen löst das Gesetz so:

- Wird „durch Verarbeitung", die nach § 950 Abs. 1 S. 2 BGB auch in einer bloßen „Bearbeitung" der Oberfläche bestehen kann, „oder Umbildung eines oder mehrerer Stoffe eine **neue bewegliche Sache** hergestellt", so wird – und das ist die **Regel** – der **Hersteller der Eigentümer** der **neuen beweglichen Sache** (§ 950 Abs. 1 S. 1 1. HS BGB); er erwirbt das Eigentum auch lastenfrei (§ 950 Abs. 2 BGB).

- Der **Ausnahmetatbestand** des § 950 Abs. 1 S. 1 2. HS BGB („sofern nicht der Wert der Verarbeitung oder Umbildung erheblich geringer ist als der Wert des Stoffes"), ist von Ihnen nur zu prüfen, wenn der Sachverhalt dafür einen Anlass bietet; versteigen Sie sich also insoweit nicht in reine Spekulationen aufgrund von (häufig nur: vermeintlichen) Kenntnissen über den Wert einer Arbeit!

Fall 599: Der Dieb D, dessen Hobby Goldschmiedearbeiten sind, stiehlt dem allseits bekannten Lebenskünstler „Hans im Glück" (HiG) dessen Goldklumpen im Werte von € 100 000,-, schmilzt diesen ein, gießt die gesamte Schmelze in eine Tonform einer Schale, so dass eine Goldschüssel entsteht. Diese Schüssel hat einen Marktwert von € 110 000,-. Der HiG verlangt von dem D Herausgabe der Schüssel.

Der Anspruch könnte sich aus § 985 BGB ergeben. a) D ist Besitzer der Schüssel. b) Der HiG müsste auch der Eigentümer sein. aa) Er war Eigentümer des Goldklumpens. bb) Der D hat durch den Diebstahl natürlich kein Eigentum am Gold und damit auch nicht bereits deshalb das Eigentum an der später von ihm hergestellten Schüssel erlangt. cc) Der D könnte aber das Eigentum an der Schüssel durch Verarbeitung des ihm nicht gehörenden Rohstoffes (Gold) erlangt haben (§ 950 Abs. 1 S. 1 BGB). aaa) Die Schüssel ist nach der Verkehrsauffassung eine neue Sache. bbb) Der D hat den Goldklumpen verarbeitet, weil seine Arbeitsleistung auf Veränderung des Goldklumpens gerichtet war und nicht lediglich der Erhaltung oder der Reparatur diente. ccc) Die Folge ist in der Regel ein Eigentumserwerb des Verarbeiters/Herstellers D, ddd) wenn nicht der Wert der Verarbeitung (= Wert der neuen Sache ./. Wert der Ausgangsstoffe = € 10 000,-) erheblich geringer ist, als der Wert des Stoffes (= € 100 000,-); das ist hier bei einem Verhältnis 10 : 1 der Fall, so dass der HiG Eigentümer der Schüssel ist. c) Da der D kein Recht zum Besitz gegenüber HiG hat (§ 986 BGB), kann der HiG Herausgabe der Schüssel von D verlangen.

Eigentümer wird der **Hersteller**. Das ist nicht unbedingt derjenige, der unmittelbar „Hand anlegt", sondern derjenige, der die „**Organisationshoheit**" über den Herstellungsprozess hat und das „**Absatzrisiko**" trägt.

- Bei **arbeitsteiliger Fertigung** ist der Hersteller und damit Eigentümer der neuen Sache also nicht etwa der weisungsabhängige Arbeitnehmer, sondern der Arbeitgeber.
- Bei einem **Werkvertrag (§§ 631 ff. BGB)** ist, wenn die Verarbeitung mit von dem Besteller gelieferten Rohstoffen erfolgt, der Besteller der Hersteller i.S.d. § 950 BGB, und nicht der „Hand anlegende" Unternehmer.
- Bei einem **Vertrag über die Lieferung herzustellender beweglicher Sachen** (§ 651 S. 1 BGB) ist der Unternehmer der Hersteller, denn sonst würde die Verweisung auf die §§ 433 ff. BGB (also auch auf die Verpflichtung zur Übereignung in § 433 Abs. 1 BGB) wenig Sinn machen.
- Wenn auf diese Weise der Hersteller zum Eigentümer von verarbeiteten Rohstoffen wird, die wegen eines vorbehaltenen Eigentums immer noch dem Lieferanten gehören, so würden die Gläubiger des Herstellers davon unverdient profitieren: Sie könnten in die neue Sache die Einzelzwangsvollstreckung betreiben und die neue Sache fiele auch in die Insolvenzmasse, ohne dass die Lieferanten aus § 771 ZPO oder nach § 47 InsO vorgehen könnten. Ob daher im Interesse des Lieferanten ein Eigentumserwerb des Lieferanten vertraglich festgelegt werden kann, ist umstritten. Die hM. hält § 950 BGB entweder insgesamt oder jedenfalls hinsichtlich der Herstellereigenschaft für abdingbar. Sofern man jedoch abweichend davon daran festhalten will, dass die Herstellereigenschaft im Gesetz unabdingbar objektiv festgelegt ist, muss man erörtern, ob in einer vertraglichen Bestimmung des Lieferanten als „Hersteller" ein derartiges objektives Kriterium zu sehen ist (subjektive Korrektur des an sich objektiven Herstellerbegriffs), das nur durch erkennbares widersprüchliches Verhalten entkräftet werden kann. Wenn man aber auch diese Korrekturmöglichkeit der Herstellereigenschaft verneint und dafür ausschließlich objektive Kriterien maßgeblich sein lassen will und wenn es daher nach § 950 BGB zu einem Eigentumserwerb des Produzenten kommt, wäre weiter zu erörtern, ob nach dem Parteiwillen in der Verarbeitungsklausel eine ante – i – zipierte Sicherungsübereignung zugunsten des Lieferanten bezüglich der neuen Sache als Sicherungsgut liegen soll (Auslegungsfrage); die Folge wäre dann aber ein durch das Vermögen des Produzenten hindurchgehender Durchgangserwerb des Sicherungseigentums des Lieferanten. Die Unterschiedlichkeiten in der Konstruktion wirken sich bei einer eventuellen Einzelzwangsvollstreckung durch Gläubiger des Verarbeiters und in dessen Insolvenz aus: Bei einem Direkterwerb bestehen für den Lieferanten keinerlei Risiken; er kann gegen eine Einzel-

zwangsvollstreckung von Gläubigern des Produzenten zwar nicht aus § 766 ZPO, wohl aber aus § 771 ZPO vorgehen und in der Insolvenz des Produzenten nach § 47 InsO aussondern. Bei einem Durchgangserwerb ist es nur theoretisch vorstellbar, dass Gläubiger des Verarbeiters während der „juristischen Sekunde" des Eigentums des Verarbeiters infolge eines Durchgangserwerbs die Zwangsvollstreckung in die neue Sache betreiben und deshalb eine Klage des Lieferanten aus § 771 ZPO erfolglos bliebe; wohl aber ist denkbar, dass infolge der Eröffnung des Insolvenzverfahrens über das Vermögen des Verarbeiters die neue Sache in die Insolvenzmasse fiele (§ 35 InsO), so dass der Lieferant nicht aussondern kann (§ 47 InsO).

Fall 600: Der Fabrikant F befasst sich mit der Herstellung von Tannenbaumkugeln. Er verpflichtet sich im Frühjahr 2002 gegenüber dem K zur Herstellung von 1 Millionen Kugeln. Dazu kauft der F für einen Kaufpreis von € 10 000,- das nötige Rohglas bei dem L. Der F zahlt auf den Kaufpreis € 5 000,- an; der Restkaufpreis soll nach der Fertigstellung der Kugeln, spätestens aber am 1. November 2002, fällig sein. Für den Fall der Nichtzahlung des Kaufpreises bei Fälligkeit wird ein Rücktrittsrecht für den L vereinbart. Zur Sicherung des L wird ein Eigentumsvorbehalt mit einer „Herstellerklausel", derzufolge der F die Tannenbaumkugeln für den L herstellt und das Eigentum daran bei Bezahlung des Restkaufpreises auf F übergehen soll, vereinbart. Der F stellt 500 000 Kugeln durch seine Leute und weitere 500 000 Kugeln durch den Subunternehmer S her, der die Kugeln gegen Zahlung des Werklohnes an den F ausliefert. Als der F an den K liefern will, stellt sich heraus, dass über dessen Vermögen das Insolvenzverfahren eröffnet worden ist und dass der Insolvenzverwalter die Erfüllung des Vertrages nach § 103 InsO ablehnt. Weil der F daher den Restkaufpreis nicht fristgerecht an den L zahlen kann, tritt der L am 3. November 2002 vom Kaufvertrag mit F zurück. Obwohl der F aufgrund eines Darlehens eines Freundes dann doch die noch offenen € 5 000,- überweist, verlangt der L Herausgabe der 1 Millionen Kugeln Zug – um – Zug gegen Rückzahlung der € 10 000,-.

Ein Anspruch des L gegen F auf Herausgabe der Kugeln könnte sich aus § 985 BGB ergeben. a) Der F ist Besitzer von 1 Millionen Tannenbaumkugeln. b) Der L müsste Eigentümer der Kugeln sein. Er könnte das Eigentum an sämtlichen Kugeln nach § 950 Abs. 1 BGB erlangt haben. Die Tannenbaumkugeln sind – weil sie sich nach der Verkehrsauffassung im Erscheinungsbild und Gebrauchszweck von den Ausgangsstoffen unterscheiden – eine „neue Sache". Auf den Ausnahmetatbestand des § 950 Abs. 1 S. 1 2. HS BGB geht man mangels jeglicher Wertangaben im Sachverhalt überhaupt nicht ein. Der L müsste der Hersteller sein. Maßgeblich ist, wer die „Organisationshoheit" über den Herstellungsprozess hat und das „Absatzrisiko" trägt. Hinsichtlich der in seinem eigenen Betrieb hergestellten 500 000 Kugeln wäre der F der Eigentümer geworden. Bei den durch S hergestellten Kugeln wäre ebenfalls der F Eigentümer geworden, weil der Stoff von ihm gestellt wurde und er die „Organisationshoheit" über den Herstellungsprozess hat und das „Absatzrisiko" trägt. Danach wäre also nicht der L, sondern der F Hersteller und Eigentümer der Kugeln. Abweichend hiervon wäre der L direkt ohne Durchgangserwerb des Verarbeiters F zum Eigentümer geworden, wenn er durch Vereinbarung mit dem F zum „Hersteller" i.S.d. § 950 BGB gemacht worden wäre. Dies hätte zur Folge, dass der L Eigentümer wird und auch das Anwartschaftsrecht des F erlischt (§ 950 Abs. 2 BGB). Das somit entstandene Eigentum des Lieferanten L ist aber auflösend bedingt durch die Kaufpreiszahlung, und es ist zu fragen, ob er es durch die nachträglich erfolgte Zahlung seitens des F wieder verloren hat. Das ist nicht der Fall, denn hier konnte die Bedingung infolge des Rücktritts nicht mehr eintreten. Der F müsste die Kugeln herausgeben. Wer dagegen die Möglichkeit einer Festlegung des Herstellerbegriffs durch eine Vereinbarung ablehnt und den Herstellerbegriff objektiv nur bestimmen will, kann in einer solchen, den Lieferanten zum Hersteller machenden Klausel ein derartiges objektives Kriterium sehen (subjektive Korrektur des an sich objektiven Herstellerbegriffs, das nur durch erkennbares widersprüchliches Verhalten entkräftet werden kann) und damit zum gleichen Ergebnis kommen. Aber auch derjenige, der selbst dem nicht folgt, weil er den Herstellerbegriff weder durch eine Vereinbarung noch durch eine „subjektive Korrektur" für disponibel ansieht, wird im Ergebnis dazu kommen müssen, dass der L durch eine unter auflösender Bedingung der vollständigen Bezahlung vereinbarte anti – e – zipierte Sicherungsübereignung nach §§ 929, 930 BGB das (Durchgangs-) Eigentum erlangt hat. Das Ergebnis wäre auch hiernach ein (weil die Bedingung infolge des Rücktritts nicht mehr eintreten kann) unbedingtes Sicherungseigentum des L. c) Ein Recht zum Besitz hat der F nicht; denn das Anwartschaftsrecht ist nach § 950 Abs. 2 BGB bzw. durch den Rücktritt erloschen; der Kaufvertrag hat sich in ein Rückgewährschuldverhältnis verwandelt.

> Wer bei der Regelung des § 950 BGB an der Gerechtigkeit zweifelt, sollte sich daran erinnern, dass der sein Eigentum „auf dem Altar der Rechtssicherheit" opfernde Rohstoffeigentümer,
>
> - wenn er Lieferant des Verarbeiters ist, immerhin noch den Kaufpreisanspruch aus § 433 Abs. 2 BGB
> - und ansonsten einen Ausgleichsanspruch aus §§ 951, 812 BGB hat.

b) Verbindung

Ein Rechtsverlust an einer zu einem Bestandteil einer anderen Sache werdenden Sache tritt ein, wenn sie zu einem **„wesentlichen" Bestandteil** der einheitlichen Sache wird; denn **„wesentliche Bestandteile (können) nicht Gegenstand besonderer"** (gemeint sind: dinglicher) **„Rechte sein" (§ 93 BGB)**. Wer dann Eigentümer wird, bestimmt sich nach §§ 946 – 947 BGB.

aa) Verbindung einer beweglichen Sache mit einem Grundstück

Werden **bewegliche Sachen mit einem Grundstück verbunden**, so dass sie wesentlicher Bestandteil desselben werden, so erstreckt sich das Eigentum am Grundstück auf die bewegliche Sache (§ 946 BGB).

> Bei der **Prüfung**, ob eine Sache **wesentlicher Bestandteil einer anderen Sache**, speziell **eines Grundstücks** mit der Rechtsfolge des 946 BGB geworden ist, ist, wie Sie ja schon wissen, Folgendes zu prüfen:
>
> **1. Die Voraussetzungen** sind, dass
>
> a) die Sache **nicht nur** ein sog. **„Scheinbestandteil"** nach § 95 Abs. 1, 2 BGB geworden ist (so ist z.B. die Baubude, so fest sie auch immer mit dem Boden verbunden ist, nur ein „Scheinbestandteil" des Grundstücks) und schon deshalb ein Rechtsverlust ausscheidet.
>
> b) Weiterhin muss die Sache zum Bestandteil einer **einheitlichen Sache** geworden sein und nicht nur Teil einer Mehrheit von Sachen, die lediglich eine wirtschaftliche Einheit bilden.

> c) Kommt man dazu, dass die Sache Bestandteil einer einheitlichen Sache geworden ist, ist sodann zu prüfen, ob sie auch ein **„wesentlicher"** Bestandteil geworden ist; **dazu ist speziell bei Grundstücken der Maßstab des § 94 Abs. 1, 2 BGB** anzulegen (**Merkbeispiele**: § 94 Abs. 1 BGB: das Straßenpflaster, das Gebäude, das Korn auf dem Halm; § 94 Abs. 2 BGB: die Heizungsanlage); **ansonsten** ist **nach § 93 BGB** ein Bestandteil „wesentlich", wenn er oder der Rest durch die Trennung zerstört oder wirtschaftlich in seinem Wesen verändert wird.
>
> 2. Die **Rechtsfolge** ist,
>
> a) dass sich das Eigentum an dem Grundstück auf diese Sache erstreckt (§ 946 BGB), der **Grundeigentümer** also das **Eigentum an der verbundenen beweglichen Sache erlangt**.
>
> b) Wie beim Rechtsverlust durch Verarbeitung erfolgt der **Ausgleich** durch einen bereicherungsrechtlichen Anspruch (§§ 951, 812 BGB).

Fall 601: Der B lässt sich auf seinem Grundstück von U aufgrund eines Werkvertrages ein Haus bauen. Der U stellte dazu einen ihm gehörigen Baukran auf, der wegen des weichen Untergrundes auf einem eigens gegossenen Fundament steht. Es kommt dann zwischen dem U und dem B zu einer Auseinandersetzung über das Tempo der Bauarbeiten. Daraufhin hat der U keine Lust mehr und räumt die Baustelle. Als der U den Baukran demontieren und abholen will, widerspricht der B mit der Begründung, er könne diesen zurückbehalten, weil der U ihm zur Fertigstellung des Werkes verpflichtet sei; deshalb verweigert er dem U den Zutritt auf das Grundstück zum Zwecke der Demontage des Krans. Der U verlangt die Herausgabe des Krans.

Der Anspruch könnte sich aus § 985 BGB ergeben. a) Der U müsste Eigentümer des Krans sein. aa) Ursprünglich war er Eigentümer. bb) Er könnte das Eigentum dadurch verloren haben, dass der Kran wesentlicher Bestandteil des dem B gehörigen Grundstücks geworden ist (§§ 946, 93, 94 BGB). Das ist aber nicht der Fall, weil es sich bei dem Kran um einen sog. „Scheinbestandteil" handelt (§ 95 Abs. 1 S. 1 BGB). Also ist U Eigentümer geblieben. b) B ist Besitzer des Krans. c) B dürfte kein Recht zum Besitz an dem Kran haben (§ 986 BGB). Hier käme allenfalls ein Recht zum Besitz aus § 273 BGB in Betracht. Ob § 273 ein Recht zum Besitz begründet, ist als solches umstritten, kann hier aber offen bleiben, wenn B kein Zurückbehaltungsrecht zusteht. aa) Zwar besteht ein fälliger Gegenanspruch des B gegen U aus § 631 BGB. bb) Der Anspruch und der Gegenanspruch beruhen auch auf „demselben rechtlichen Verhältnis", weil sie (was ausreicht) einem „einheitlichen Lebensverhältnis" entstammen. cc) Es ergibt sich aber „aus der Natur des Schuldverhältnisses", dass B wegen eines Gegenanspruchs aus § 631 BGB kein Zurückbehaltungsrecht gegen den Herausgabeanspruch des U hat, denn es steht im Belieben des U, wie und mit welchen Hilfsmitteln er seine Verpflichtung, den Erfolg herbeizuführen, erfüllen will, also mit oder ohne Baukran.

bb) Verbindung mehrerer beweglicher Sachen

Wenn mehrere selbständige bewegliche Sachen so miteinander verbunden werden, dass sie wesentlicher Bestandteil (§§ 93 ff. BGB) einer beweglichen Sache werden,

- ist zunächst zu prüfen, ob ein **Eigentumserwerb des Herstellers nach § 950 BGB** erfolgt.

- Erst danach geht es um die Frage eines **Eigentumserwerbes nach § 947 BGB**.

> Bei der **Prüfung**, ob eine Sache **wesentlicher Bestandteil einer beweglichen Sache** mit der Rechtsfolge des 947 BGB geworden ist, ist zu prüfen:
>
> 1. Die **Voraussetzungen** sind,
>
> a) dass die Sache **Bestandteil einer einheitlichen Sache** („Pflanze" und „Topf" bei einer „Topfpflanze") geworden ist, und nicht nur Teil einer eine wirtschaftliche Einheit bildenden Mehrheit von einzelnen Sachen („Schnittblume" in der „Vase");
>
> b) dass die Sache **wesentlicher** Bestandteil nach **§ 93 BGB** ist, was der Fall ist, wenn die Bestandteile durch eine Trennung zerstört oder wirtschaftlich in ihrem Wesen verändert werden oder wenn der Kostenaufwand für die Trennung unverhältnismäßig hoch wäre (**§ 948 Abs. 2 analog BGB**).
>
> 2. Die **Rechtsfolge** ist:
>
> a) Wenn die Bestandteile wesentliche Bestandteile einer Hauptsache werden, dann erwirbt deren Eigentümer das **Alleineigentum (§ 947 Abs. 2 BGB)**,
>
> b) ansonsten werden sie **Miteigentümer** (§ 947 Abs. 1 BGB).

Fall 602: Der B bringt sein Fahrrad zu U zur Reparatur, weil das Hinterrad eingedrückt ist. Der U baut ein neues Hinterrad, das er bei dem V unter Eigentumsvorbehalt erworben hat, ein. Als der U den Kaufpreis nicht zahlt, tritt der V vom Kaufvertrag zurück und verlangt von B, dem bekannt war, dass U das Hinterrad unter Eigentumsvorbehalt erworben und den Kaufpreis noch nicht an V bezahlt hat, Herausgabe des Hinterrades.

Der Anspruch kann sich aus § 985 BGB ergeben. a) Der B ist Besitzer des Hinterrades. b) Der V müsste noch Eigentümer sein. aa) Er war Eigentümer. bb) An U hat er es nicht verloren (§§ 929 S. 1, 158 Abs. 1, 449 Abs. 1 BGB). cc) Der B könnte es nach aaa) §§ 929 S. 1, 932 BGB erworben haben; er war jedoch bösgläubig. bbb) Er könnte jedoch das Eigentum nach § 947 BGB erworben haben, wenn das in sein Fahrrad eingebaute Hinterrad wesentlicher Bestandteil des ihm gehörenden Fahrrades geworden wäre: Das Hinterrad ist Bestandteil einer einheitlichen Sache geworden. Wesentlich wäre der Bestandteil aber nur, wenn der Bestandteil durch eine Trennung zerstört oder wesentlich verändert würde. Das ist nicht der Fall, denn auch nach einem Ausbau bleibt das Rad als solches brauchbar. Also ist der V Eigentümer geblieben. c) Der B hat nach dem Rücktritt des V kein Recht zum Besitz an dem Rad.

c) Vermischung

Nach § 948 BGB gilt bei untrennbarer oder nur mit unverhältnismäßigen Kosten trennbarer **Vermischung und Vermengung beweglicher Sachen** § 947 BGB entsprechend. Für die Fallbearbeitung ist diese Vorschrift für die Vermischung fremden Bargeldes mit eigenem Bargeld (z.B. in der Geldbörse) von Bedeutung.

Fall 603: Der F findet eine € 1,- Münze und steckt sie in seine Geldbörse, in der 5 weitere € 1,- Münzen sind. Die 6 Münzen in der Geldbörse unterscheiden sich durch nichts. Der Verlierer V verlangt von F Herausgabe der verlorenen Münze oder jedenfalls Zahlung von € 1,-.

1. Ein Anspruch auf Herausgabe der verlorenen Münze könnte sich aus § 985 BGB ergeben. a) Der F ist Besitzer der verlorenen Münze. b) Der V müsste Eigentümer der verlorenen Münze sein. aa) Stellt man auf den „Geldwert" ab, wäre er Eigentümer. bb) Behandelt man mit der ganz hM. Geld als Sache (arge § 935 Abs. 2 BGB), so hätte der V das Eigentum daran verloren (§§ 947, 948 BGB), wobei offen bleiben kann, ob der F wegen des zahlenmäßigen Übergewichts nach § 947 Abs. 2 BGB Alleineigentümer geworden ist, oder ob V und F nach § 947 Abs. 1 BGB Miteigentümer sind. In jedem Fall könnte der V nicht nach § 985 BGB Herausgabe der verlorenen Münze verlangen. 2. Zahlungsanspruch? a) Nimmt man Alleineigentum des F an, dann hätte der V gegen den F einen Anspruch aus §§ 951 Abs. 1, 812 BGB auf Zahlung von € 1,-. b) Wenn man Miteigentum annimmt, hat der V einen Anspruch auf Teilung in Natur entsprechend den Anteilen an der Miteigentumsgemeinschaft (§§ 752, 947 Abs. 1 BGB). V hätte einen Anspruch auf Zahlung von € 1,-.

Variante: Hätte der F € 1,- an den V ohne vorherige Teilung der Miteigentumsgemeinschaft auszahlen können?

Ein Auszahlungsrecht des F ergäbe sich aus § 469 Abs. 3 HGB analog (Aushändigungsanspruch bei der Sammellagerung).

d) Erlöschen von Rechten Dritter

Eine bedeutsame automatische Nebenfolge eines gesetzlichen Eigentumserwerbs nach den §§ 946 – 948, 950 BGB ist ein **lastenfreier Eigentumserwerb** (§§ 949 S. 1, 950 Abs. 2 BGB).

13. Gesetzlicher Erwerb/Verlust des Eigentums an „Schuldscheinen" durch Erwerb einer Forderung

Bei **Wertpapieren**, durch die ein **Recht** so **verbrieft** wird, dass es wie eine Sache behandelt wird (z.B. wie bei der Inhaberschuldverschreibung oder dem Wechsel), „folgt das Recht aus dem Papier" (das ist das verbriefte Recht, z.B. beim Wechsel eine Geldforderung) „dem Recht am Papier" (das ist das Eigentum an der Urkunde): Das heißt, dass das Recht „aus dem Papier" durch die Übertragung des Rechtes „an dem Papier", also durch Übereignung der Urkunde (also nach §§ 929 ff. BGB, der Wechsel in der Form des Art. 11 WG durch „Indossament") übertragen wird, und nicht z.B. durch Zession oder nach § 413 BGB.

Anders ist es nach **§ 952 BGB** bei **„Schuldscheinen"** (z.B. notariell beurkundeter Schenkungsvertrag, Bürgschaftsurkunde, Sparbuch, Rektapapiere, Kfz-Brief) und bei den gleichgestellten **Hypotheken-, Grundschuld-** und **Rentenschuldbriefen**: Hier „folgt das Recht am Papier" (also das Eigentum an der Urkunde) „dem Recht aus dem Papier": Das heißt, dass das Recht nach den hierfür geltenden Regeln (z.B. eine Forderung nach §§ 398 ff. BGB) übertragen wird und Eigentümer der Urkunde der jeweilige Rechtsinhaber wird (§ 952 BGB).

Fall 604: Der G 1 hat bei der S – Sparkasse ein Sparkonto. Er tritt die Forderung daraus (§§ 700 Abs. 1 S. 2, 488 Abs. 1 S. 2 BGB) telefonisch an den G 2 ab (§ 398 BGB). Als er das Sparbuch an den G 2 überbringen will (§ 402 BGB), verliert er es auf dem Wege. Der G 2 verlangt die Herausgabe des Sparbuchs von dem Finder F an sich. Der F ist dazu nur gegen Zahlung eines Finderlohnes bereit.

Der Anspruch des G 2 gegen F könnte sich aus § 985 BGB ergeben. a) Der F ist Besitzer des Sparbuchs. b) Der G 2 müsste Eigentümer sein. aa) Der G 1 war der Eigentümer. bb) Durch die Übertragung der Forderung ist der G 2 Eigentümer geworden (§ 952 Abs. 1 BGB), denn das Sparbuch ist ein „Schuldschein" i.S.d. § 952 Abs. 1 BGB. c) Der F hat ein Zurückbehaltungsrecht aus §§ 971 f., 1000 BGB, weil der G 2 „Empfangsberechtigter" ist.

<u>Fall 605</u>: Der V verkauft sein Auto an den K und übereignet es an ihn. Als er den Kfz-Brief zu K bringt, verliert er ihn. Der K verlangt die Herausgabe des Kfz-Briefes von dem Finder F an sich. Der F ist dazu nur gegen Zahlung eines Finderlohnes bereit.

Die Lösung entspricht der des vorherigen Falles, denn § 952 BGB wird auf den Kfz-Brief entsprechend angewendet.

<u>Fall 606</u>: Zum 7. Geburtstag ihres Enkels E hat dessen schon damals recht gebrechliche und in wirtschaftlicher Hinsicht wenig gesichert lebende Großmutter G bei der S-Sparkasse ein Sparbuch angelegt, in das der Name des E eingetragen wird; sie behält das Buch jedoch zunächst in Besitz, beabsichtigt aber, es dem E, wenn er volljährig geworden ist, auszuhändigen. Die G zahlt jährlich unter großen persönlichen Opfern DM 600,- und später € 300,- ein. Weil der E in der Pubertät eine in ihren Augen schlechte Entwicklung genommen hat, behält sie auch nach dem 18. Geburtstag des E das Sparbuch für sich. Als der inzwischen 20-jährige E sie einmal besucht und – während sie Kaffee kocht – neugierig in ihren Sachen herumstöbert, entdeckt er das Sparbuch mit seinem Namen und verlangt es von der G heraus. Diese weigert sich.

Der E könnte einen Anspruch auf Herausgabe des Sparbuchs aus § 985 BGB haben. a) Die G ist Besitzerin des Sparbuchs. b) Der E müsste Eigentümer des Sparbuchs sein. Ein Sparbuch ist ein „Schuldschein" i.S.d. § 952 BGB, d.h. „das Recht an dem Papier folgt dem Recht aus dem Papier". Entscheidend dafür, ob E Eigentümer des Sparbuchs ist, ist also, ob er Inhaber der Forderung aus dem „Sparvertrag" ist (rechtlich ein Darlehensvertrag nach § 488 BGB oder ein „unregelmäßiger Verwahrungsvertrag" nach §§ 700, 488 BGB). aa) Das hängt zunächst davon ab, wie die G beim Abschluss des Vertrages aufgetreten ist. Hat sie dabei als Vertreterin des E ohne Vertretungsmacht gehandelt, ist der Vertrag nach § 177 Abs. 1 BGB zunächst schwebend unwirksam, dann aber durch eine im Herausgabeverlangen des E zu sehende Genehmigungserklärung des E gegenüber G (§§ 177 Abs.1, 182 Abs. 1, 184 Abs. 1) von Anfang an wirksam geworden, so dass E Gläubiger geworden wäre. Allerdings spricht das Auftreten der G bei Ausfüllen des Kontoeröffnungsantrags (irrelevant ist, dass der Name des E in das Buch eingetragen wurde) dafür, dass sie im eigenen Namen gehandelt hat. Eine Stellvertretung liegt mithin nicht vor. bb) Der E wäre jedoch dennoch Gläubiger geworden, wenn die S und die G einen Sparvertrag zugunsten des E als Drittem vereinbart hätten und verabredet hätten, dass dem E ein eigenes Forderungsrecht gegen die S zustehen soll (§§ 488 bzw. 700, 488, 328 Abs. 1 BGB: echter Vertrag zugunsten Dritter). Ob ein solcher echter Vertrag zugunsten Dritter vorliegt, ist durch Auslegung (§§ 133, 157, 328 Abs. 2 BGB) des Deckungsverhältnisses zu ermitteln. Für einen echten Sparvertrag zugunsten Dritter könnte der auf E lautende Name im Sparbuch sprechen. Allerdings hat dieser wegen § 808 BGB kaum Bedeutung für die Ausübung des Gläubigerrechts und ist daher nur ein sehr schwaches Indiz dafür, dass eine Gläubigerstellung des E gewollt war. Dafür, dass die G Gläubigerin bleiben wollte, sprechen die Umstände, wie ihre schwierige wirtschaftliche Lage und (entscheidend) die Tatsache, dass sie Besitzerin des Sparbuchs geworden und geblieben ist. Somit liegt kein echter Vertrag zugunsten Dritter vor und die G ist Gläubigerin. Sie ist damit Eigentümerin des Sparbuchs. E hat damit keinen Herausgabeanspruch gegen die G.

14. Gesetzlicher Erwerb/Verlust des Eigentums durch Ersitzung

Wenn ein **Eigentumserwerb** an einer beweglichen Sache z.B. deshalb **nicht eintritt**, weil

- bei **rechtsgeschäftlichem Erwerb** z.B. der Veräußerer nicht geschäftsfähig ist oder der Veräußerer nicht Eigentümer ist und der Erwerber trotz guten Glaubens das Eigentum nicht erwirbt, weil die Sache irgendeinem Eigentümer in der Veräußerungskette (Sie wissen ja: einmal gestohlen ist immer gestohlen") gestohlen worden ist ist (§ 935 BGB)
- oder weil bei einem **gesetzlicher Erwerb** z.B. aus § 1922 BGB der Nachlassgegenstand nicht im Eigentum des Erblassers stand oder weil derjenige, der den Nachlass in Besitz genommen hat, nur Scheinerbe war,

erfordert es die Rechtssicherheit, dass die Diskrepanz zwischen Rechtsschein (Besitz) und fehlendem Eigentum irgendwann einmal durch einen Erwerb des Eigentums durch den Besitzer beseitigt wird.

Nach § 937 BGB wird man daher durch „**Ersitzung**" nach **10jährigem gutgläubigen Eigenbesitz** zum Eigentümer.

Eine **Korrektur** eines solchen **Eigentumserwerbs** kann bei einem bestehenden **vertraglichen Rückgewähranspruch** erfolgen. Interessant ist die Frage, ob es ansonsten jedenfalls einen **bereicherungsrechtlichen Rückgewähranspruch** gibt.

Fall 607: Der unerkennbar geisteskranke E schenkt und übereignet der (als rechtsfähig zu denkenden) Kunsthalle in Hamburg (KH) ein ihm gehöriges Bild von Liebermann. Nach 12 Jahren verlangt der Vormund (§ 1902 BGB) Herausgabe des Bildes von der KH (nach RGZ 130, 69, „Menzel-Fall").

Der Anspruch 1. ergibt sich nicht aus § 985 BGB, weil die KH nach § 937 BGB Eigentümer geworden ist. 2. Gegeben sein könnte a) ein Anspruch aus § 812 Abs. 1 S. 1 BGB. aa) Das erlangte Eigentum soll wegen § 937 BGB mit Rechtsgrund erlangt sein. bb) Der Eigenbesitz hingegen soll aaa) durch Leistung des E bbb) und ohne Rechtsgrund erlangt sein. ccc) Herauszugeben sein soll nach § 818 Abs. 1 BGB das aufgrund des Eigenbesitzes der KH von dieser erlangte Eigentum.

15. Eigentumserwerb durch Trennung

Die Frage, wem „Erzeugnisse und sonstige Bestandteile einer Sache.... nach der Trennung gehören" beantworten die §§ 953 ff. BGB. Unter „**Erzeugnissen**" versteht man nach dem natürlichen Sinn des Wortes alle natürlichen Tier- und Bodenprodukte (das „Kalb der Kuh", das „Obst vom Baum"); in rechtlicher Hinsicht gehören die Erzeugnisse zu den „Früchten" (§ 99 BGB), die wiederum zu den „Nutzungen" zählen (§ 100 BGB). Unter „**Bestandteilen**" versteht man die Teile einer einheitlichen Sache (das „Getreide vom Feld").

- **Vor der Trennung** gehören „Erzeugnisse" und „sonstige Bestandteile" natürlich dem Eigentümer der Sache (arge. § 953 BGB: „...gehören <u>auch</u> nach der Trennung dem Eigentümer...", also <u>vor</u> der Trennung erst recht).

- **Durch die Trennung** der **Erzeugnisse** und der **sonstigen Bestandteile** werden diese zu **selbständigen Sachen**. Die Frage ist, wer dann deren Eigentümer ist. Geregelt ist dies in den §§ 953 – 957 BGB. Es gibt ein sehr einfach zu befolgendes und absolut verpflichtendes **Prüfungsschema** der §§ 953 ff. BGB („von hinten nach vorne"). Man beginnt also „hinten bei den Ausnahmen" mit der Prüfung der §§ 957, 956 BGB und arbeitet sich Schritt für Schritt nach „vorne" durch bis zur Regel des § 953 BGB: **a)** Eigentumserwerb nach §§ 957, 956 BGB durch Trennung/Besitzergreifung durch den persönlich Berechtigten aufgrund einer Aneignungsgestattung seitens des Eigentümers (§ 956 Abs. 1 BGB) oder seitens der Personen, denen die Erzeugnisse oder sonstigen Bestandteile nach der Trennung gehören (§ 956 Abs. 2 BGB) / bei Gutgläubigkeit seitens eines Nichtberechtigten (§ 957 BGB)? **b)** Eigentumserwerb nach § 955 BGB durch Trennung seitens des gutgläubigen Eigenbesitzers? **c)** Eigentumserwerb nach § 954 BGB durch Trennung seitens des dinglich zur Nutzung Berechtigten? **d)** Eigentumserwerb nach § 953 BGB durch Trennung seitens des Eigentümers? Im folgenden Fall und seinen Varianten erproben wir, beschränkt auf den Anspruch aus § 985 BGB, dieses Vorgehen.

Fall 608: Bauer B stirbt am 1. Februar 2002. Der SE hält sich aufgrund eines Testaments vom 1. Januar 2000 für den Erben. Er verpachtet den Hof an den P, der den SE für den Erben hält. Der P bewirtschaftet den Hof. Dann wird ein Testament des B vom 1. Januar 2001 gefunden; danach ist der Sohn E der Erbe. Der E verlangt von P Herausgabe der in einer Scheune gelagerten Ernte des Jahres 2002.

Der Anspruch aus § 985 BGB besteht nicht, weil der P nach §§ 957, 956 BGB Eigentümer geworden ist.

Variante: Der E, der in der Nachbarschaft einen anderen Hof bewirtschaftet, verpachtet den ererbten Hof im Jahre 2003 an den P. Im Herbst verlangt er die Ernte 2003 heraus.

Der Anspruch aus § 985 BGB besteht nicht, weil der P als schuldrechtlich zur Aneignung Berechtigter nach § 956 BGB Eigentümer geworden ist.

Variante: Der E wird im Jahre 2004 unerkennbar geisteskrank und verkauft und übereignet danach den Hof an den P. Der E verlangt im Herbst 2004, vertreten durch seinen Vormund als gesetzlichen Vertreter (§ 1902 BGB), Herausgabe der Ernte 2004.

Der Anspruch aus § 985 BGB besteht nicht, weil der P als gutgläubiger Eigenbesitzer nach § 955 BGB Eigentümer geworden ist.

Variante: Der P hatte im Frühjahr 2004 von dem Viehhändler V eine dem E gestohlene trächtige Kuh erworben. Die Kuh wirft ein Kalb. Der E verlangt im Herbst 2004 vertreten durch seinen Vormund als gesetzlichen Vertreter (§ 1902 BGB), Herausgabe des Kalbes von P.

Der Anspruch aus § 985 BGB besteht nicht, weil der P als gutgläubiger Eigenbesitzer nach § 955 BGB Eigentümer des Kalbes geworden ist. § 935 BGB wird nach h.M. nicht entsprechend angewendet.

Variante: Der wieder genesene E hat im Jahre 2005 dem Bruder SE einen Nießbrauch an dem Hof bestellt. Der SE bewirtschaftet den Hof. Der E verlangt im Herbst 2005 Herausgabe der Ernte 2005.

Der Anspruch aus § 985 BGB besteht nicht, weil der SE als dinglich zur Nutzung Berechtigter (§ 1030 BGB) nach § 954 BGB Eigentümer geworden ist.

Variante: Der SE verstirbt im Jahre 2006. Die Ehefrau F ist Alleinerbin. Sie bewirtschaftet den Hof weiter. Der E verlangt von der F Zug-um-Zug gegen Erstattung der notwendigen Verwendungen Herausgabe der Ernte 2006.

Der Anspruch besteht aus § 985 BGB. a) Die F ist Besitzerin der Ernte. b) Der E ist Eigentümer: aa) Die F ist nicht nach §§ 957, 956 bzw. nach § 956 BGB als persönlich bzw. vermeintlich persönlich Aneignungsberechtigte Eigentümerin geworden. bb) Die F ist nicht gutgläubige Eigenbesitzerin gewesen, sondern Fremdbesitzerin, so dass auch § 955 BGB nicht eingreift. cc) Der Nießbrauch ist nach § 1061 BGB mit dem Tod des SE erloschen, so dass die F nicht nach § 1922 BGB Nießbraucherin und damit nicht nach § 954 Eigentümerin geworden ist. dd) Der E ist daher nach § 953 BGB Eigentümer geworden. c) Die F hat kein Recht zum Besitz, d) und auch kein Herausgabeverweigerungsrecht aus §§ 1000, 994 Abs. 2, 683, 679, 670 BGB, weil der E die Erstattung der notwendigen Verwendungen angeboten hat.

Ein Eigentumserwerb nach §§ 953 ff. BGB ist nicht endgültig, sondern kann **durch schuldrechtliche Ansprüche** auf Übertragung des erworbenen Eigentums **wieder korrigiert** werden; solche Ansprüche ergeben sich oft aus den §§ 987 ff. BGB.

> **Aufbauhinweis:** Es empfiehlt sich, mit der Frage der Herausgabe der Nutzungen zu beginnen, weil ein eventuelles Herausgabeverweigerungsrecht bezüglich der Muttersache aus § 1000 BGB zur Vorfrage haben kann, ob dem Besitzer die Nutzungen verbleiben (§ 994 Abs. 1 S. 2 BGB); hier kann eine Beantwortung u.U. allzu kopflastig werden.

Fall 609: Der D stiehlt dem E eine Kuh und verkauft und übereignet sie dem bösgläubigen K, der sie füttert. Bei K wirft die Kuh ein Kalb. Der E verlangt unmittelbar nach der Geburt des Kalbs von dem K 1. Herausgabe des Kalbes und 2. Herausgabe der von K gefütterten Kuh.

1. Beim Kalb ist a) vorab der (dingliche) Anspruch aus § 985 BGB zu prüfen: aa) Der E ist nach § 953 BGB Eigentümer des Kalbes geworden: Die („im Geiste" vorab geprüften) §§ 957 – 956 BGB greifen nicht ein; auch § 955 BGB nicht, weil der K bösgläubig ist. bb) Der K ist der Besitzer des Kalbes. cc) Der K hat kein Recht zum Besitz (§ 986 BGB). dd) Für Verwendungen, die ein Herausgabeverweigerungsrecht ergeben könnten (§§ 994 ff., 1000 BGB), enthält der Sachverhalt keine Angaben. b) Ferner ist ein (schuldrechtlicher) Anspruch auf Herausgabe des Kalbes aus §§ 990, 987 BGB zu prüfen: aa) Bezüglich der „Muttersache" (Kuh) bestand zwischen E und K eine „Vindikationslage"; der Umstand, dass der K nach dem ersten an die „Muttersache" verfütterten Grashalm uU. ein Herausgabeverweigerungsrecht nach § 1000 BGB hätte, ändert natürlich nichts am Vorliegen einer „Vindikationslage", weil § 1000 BGB einen unrechtmäßigen Besitzer nicht zu einem berechtigten Besitzer macht, also kein Recht zum Besitz i.S.d. § 986 BGB begründet (die gegenteilige Annahme wäre ein „Zirkelschluss"!!). bb) Das Kalb ist eine Frucht der Kuh und damit eine Nutzung (§§ 100, 99 BGB). cc) Der K war bösgläubiger Besitzer der Muttersache, die die Nutzung hervorgebracht hat. Also muss der K das Kalb an E herausgeben. dd) Für ein Herausgabeverweigerungsrecht aus §§ 273, 812 Abs. 1 S. 1 2. Fall BGB („Kondiktion in sonstiger Weise") ergibt der Sachverhalt nichts. 2. Die Kuh

kann der E nach § 985 BGB herausverlangen, a) wenn er – was der Fall ist – deren Eigentümer ist. b) K ist der Besitzer der Kuh. c) Zu prüfen ist, ob der K ein Herausgabeverweigerungsrecht hat; in Betracht kommt § 1000 BGB, wenn K einen Verwendungsersatzanspruch hat: Hier kommt ein Anspruch des bösgläubigen K auf Ersatz der notwendigen Verwendungen (Tierfutter) nach §§ 994 Abs.2, 683, 679, 670 BGB in Betracht. Also hat der K ein herausgabeverweigerungsrecht, das im Falle einer Herausgabeklage des E gegen den K zu einer Verurteilung Zug-um-Zug gegen Ersatz der Verwendungen führen würde (§ 274 BGB).

16. Eigentumserwerb durch Surrogation

„Erwerben die Eltern mit Mitteln des Kindes bewegliche Sachen, so geht mit dem Erwerb das Eigentum auf das Kind über" (§ 1646 BGB: sog. **„Mittelsurrogation"**). Gleiches gilt, wenn ein „Erbschaftsbesitzer durch Rechtsgeschäft" eine bewegliche Sache „mit Mitteln der Erbschaft erwirbt" (§ 2019 BGB). Ein solcher Erwerb durch („Mittel"-) Surrogation dient dem Schutz des Kindes oder des Erben: Das Kind oder der Erbe erlangt das Eigentum unmittelbar, also ohne Zwischenerwerb der Eltern oder des Erbschaftsbesitzers, so dass Gläubiger der Eltern oder des Erbschaftsbesitzers keinen Zugriff nehmen können (§ 771 ZPO) und das Kind bzw. der Erbe in dessen Insolvenz aussondern können (§ 47 InsO).

Der beim **Pfandverkauf** erzielte Erlös steht bis zur Höhe der gesicherten Forderung dem Pfandgläubiger zu; übersteigt der Erlös die gesicherte Forderung, so „tritt der Erlös an die Stelle des Pfandes" (§ 1247 S. 2 BGB) und der Pfandgläubiger und Eigentümer der Sache werden Miteigentümer des Geldes.

Es ist wieder an der Zeit, dass Sie einen **Moment innehalten** und sich den **Standort vergegenwärtigen**.

Es geht in diesem Teil um das Thema der „dinglichen (sachenrechtlichen) Ansprüche".

1. Das machte es zunächst nötig, dass man mit dem **Inhalt** von dinglichen Rechtsstellungen (wir haben uns hier auf den Besitz, das Eigentum und die Sicherungsrechte konzentriert) vertraut ist. **2.** Sodann haben wir mit der Erarbeitung der **Erwerbs- und Verlusttatbestände** fortgesetzt: Wie man den Besitz und das Eigentum an **beweglichen Sachen** erwirbt, wissen wir nun. **3.** Als **nächstes Thema** wird es um den **Erwerb von Sicherungsrechten** an **beweglichen Sachen** gehen.

Wenn Ihnen im Folgenden vieles von dem, was Sie gleich lesen werden, bekannt vorkommt, dann sind Sie auf dem richtigen Weg, weil Sie offenbar der Aufforderung gefolgt sind, alles, aber auch wirklich alles, was Sie bisher gelesen haben, auch wenn es Ihnen als Vorgriff auf Zukünftiges vielleicht „zu schwierig" erschien, ernst genommen und sich erarbeitet haben. Das zahlt sich jetzt aus. Wenn Sie bisher aber nur „konsumiert" haben und Schwieriges, Neues vielleicht ausgeblendet haben, dann wissen Sie jetzt, dass Sie „noch viel zu tun haben" und dieses Buch noch ein oder mehrere Male werden durcharbeiten müssen.

III. Erwerb von Sicherungsrechten an beweglichen Sachen

Durch das **Pfandrecht** und die **Sicherungsübereignung** werden **in der Regel** (aber nicht notwendig) **Geldforderungen gesichert.**

1. Das Pfandrecht an beweglichen Sachen

> Sie entsinnen sich: Die wirtschaftliche Bedeutung des **rechtsgeschäftlichen Pfandrechts** an beweglichen Sachen ist gering: Es ist weitgehend durch die Sicherungsübereignung ersetzt worden. Ein Pfandrecht an beweglichen Sachen wird allenfalls zur Sicherung von Kleinkrediten, bei Reparaturaufträgen an Kraftfahrzeugen und im Fall der Verpfändung von Wertpapieren, die sich im Besitz der Bank befinden („Lombardkredit"), bestellt. Eine größere Bedeutung hat das **gesetzliche** (z.B. Vermieter- oder Werkunternehmer-) **Pfandrecht**.

Eine bewegliche Sache

- kann **kraft Gesetzes** (§§ 1257, 562, 647 BGB, 397, 441, 464, 475 b HGB) zur Sicherung einer Miet-, Vergütungsforderung etc.
- oder **durch Rechtsgeschäft** zur Sicherung einer Forderung (§§ 1204 – 1256 BGB)

in der Weise belastet (werden), dass der Gläubiger berechtigt ist, Befriedigung aus dem Pfand zu suchen.

a) Das rechtsgeschäftliche Pfandrecht an einer beweglichen Sache

Das rechtsgeschäftliche Pfandrecht an einer beweglichen Sache entsteht durch „Bestellung" nach §§ 1205 – 1207 BGB.

> Als **Faustformel** kann man sich merken: Rein technisch wird das Pfandrecht so bestellt, wie eine Sache übereignet wird, nämlich durch „Einigung" (mit dem Inhalt, dass ein Pfandrecht bestellt werden soll) und ein Vollzugsmoment in Gestalt einer „Übergabe" oder eines „Übergabesurrogats". Zusätzlich erforderlich ist das Vorhandensein einer (nicht zwingend einer Geld-) Forderung; das Pfandrecht ist „akzessorisch".

aa) Bestellung durch den verfügungsberechtigten Eigentümer und gutgläubiger Erwerb

Die **Einigung** ist ein **dinglicher Vertrag zwischen** dem **Eigentümer** und dem **Gläubiger** mit dem Inhalt, „dass dem Gläubiger das Pfandrecht zustehen soll". Es gelten die Regeln, die für die Einigung i.S.d. §§ 929 ff. BGB entwickelt wurden. Es gibt auch eine ante- i - zipierte Verpfändung.
Die **Übergabe** bzw. **Übergabesurrogattatbestände** (§ 1205 Abs. 1, 2 BGB) entsprechen denen der §§ 929 ff. BGB:

- So wird eine bewegliche Sache nach § 1205 Abs. 1 BGB durch Einigung und **Übergabe**, also die Verschaffung des unmittelbaren oder mittelbaren Besitzes bei gleichzeitigem eigenen vollständigen Besitzverlust, durch den **Eigentümer an den Gläubiger** verpfändet. Das ist praktisch der § 929 S. 1 BGB.
- Ist der **Gläubiger schon im Besitz der Sache**, reicht die **Einigung** (§ 1205 Abs. 1 S. 2 BGB). Das ist praktisch der Fall des § 929 S. 2 BGB.
- Bei einer Verpfändung einer im unmittelbaren Besitz eines Dritten, der den Besitz für den Eigentümer mittelt, stehenden Sache ist die Einigung und die **Übertragung des mittelbaren Besitzes** durch den Eigentümer **auf den Gläubiger** erforderlich; hinzutreten muss aber eine **Anzeige** an den unmittelbaren Besitzer (§ 1205 Abs. 2 BGB). Das ist praktisch der Fall des § 931 BGB.
- Möglich ist auch die Verpfändung durch Einigung und **Einräumung des Mitbesitzes** durch den Eigentümer **auf den Gläubiger** (§ 1206 BGB).
- **Nicht** gibt es die Möglichkeit der Bestellung eines **besitzlosen Pfandrechts** nach dem Vorbild des § 930 BGB. Die Verpfändung kann also nicht „heimlich" erfolgen. Gleiches gilt übrigens auch für die später erörterte Verpfändung von Forderungen (vergl. § 1280 BGB).

Dass hiernach ein **Pfandrecht nur „offen" bestellt** werden kann, ist die aus Sicht des modernen Kreditsicherungsrechts wesentliche „Schwäche" dieses Instituts. Das Pfandrecht spielt daher nur eine untergeordnete Rolle im Kreditsicherungsgeschäft. Jedoch hat das Pfandrecht neuerdings wieder eine gewisse Bedeutung in der Rechtspraxis erlangt, nachdem die Rechtsprechung die Möglichkeit eines gutgläubigen Erwerbs von gesetzlichen Besitzpfandrechten (speziell des Werkunternehmerpfandrechts) verneint hat; denn ein rechtsgeschäftlich bestelltes Pfandrecht bietet in den Fällen, in denen z.B. das zur Reparatur gegebene Fahrzeug nicht dem Besteller gehört, weil es unter Eigentumsvorbehalt erworben worden ist oder zur Sicherung übereignet worden ist, wegen der Möglichkeit eines gutgläubigen Erwerbes eine Lösung für das Sicherungsbedürfnis des Werkunternehmers im Kraftfahrzeugreparaturgewerbe.

Der **gutgläubige Erwerb des Vertragspfandrechts** verläuft gem. § 1207 BGB nach den bekannten Regeln der §§ 932, 934, 935 BGB. Der Fall des § 933 BGB ist konsequenterweise nicht genannt worden.

> Zu beachten ist, dass die **Anforderungen an den guten Glauben** in § 1207 BGB nach der Rechtsprechung in tatsächlicher Hinsicht geringer sind als beim Erwerb des Eigentums nach §§ 932 ff. BGB:
>
> Selbst ohne Vorlage des Kfz–Briefes kann ein Pfandrecht an einem Kraftfahrzeug erworben werden, auch wenn der Verpfänder nicht der Eigentümer ist. Nach Sicherungsübereignungen muss nicht gefragt werden.
>
> Man erkennt sofort, dass die Rechtsprechung hiermit einen Weg gebahnt hat für die Sicherung der Werklohnforderungen von Kfz–Werkstätten, die sich an dem Kfz ein Pfandrecht bestellen lassen; denn bei Erteilung eines Reparaturauftrags liegt der bekanntlich im Tresor verwahrte Kfz–Brief meist nicht vor.

bb) Forderung

Die gesicherte Forderung ist **i.d.R.** eine **Geldforderung,** muss es aber nicht sein (argec. § 1113 BGB). Ist die Forderung keine Geldforderung, setzt die Pfandverwertung aber den Übergang in eine Geldforderung voraus (§ 1228 Abs. 2 S. 2 BGB), also z.B. die „Umwandlung" einer durch ein Pfandrecht gesicherten Lieferungsverpflichtung aus § 433 Abs. 1 S. 1 BGB in einen Schadensersatzanspruch „statt der Leistung" (§§ 280 Abs. 1, 3, 283, 249 ff. BGB).

Zwischen Pfandrecht und Forderung besteht ein Verhältnis **strenger „Akzessorietät":** Ohne Forderung existiert kein Pfandrecht. Erlischt die Forderung, erlischt auch das Pfandrecht (§ 1252 BGB); die Konstruktion eines „Eigentümerpfandrechts" existiert hier, anders als in § 1163 BGB bei den (sogleich zu erörternden) Grundpfandrechten, nicht. Die Forderung kann **gegenwärtig,** sie kann **künftig** oder **bedingt** sein (§ 1204 Abs. 2 BGB). Bei der Sicherung einer künftigen Forderung müssen ihre Grundlagen bei der Verpfändung gelegt sein; der Höhe nach muss sie jedoch noch nicht bestimmbar sein. Der Gläubiger der gesicherten Forderung und Inhaber des Pfandrechts müssen identisch sein; Schuldner und Verpfänder können („bürgenähnlich") personenverschieden sein.

b) Das gesetzliche Pfandrecht

Die gesetzlichen Pfandrechte (§§ 562, 647, 704 BGB, 397, 441, 464, 475 b HGB) entstehen kraft Gesetzes. Man unterscheidet

- gesetzliche **besitzlose** (durch „Einbringen" entstandene) **Pfandrechte** des Vermieters und des Gastwirts nach §§ 562, 704 BGB

- und die gesetzlichen **Besitzpfandrechte** (das Werkunternehmerpfandrecht nach § 647 BGB und die HGB-Pfandrechte in §§ 397, 441, 464, 475 b HGB; Sie sollten diese Vorschriften schon deshalb lesen, um sich wieder einmal daran zu erinnern, welche Arten von Handelsgeschäften außer dem Handelskauf das HGB typisiert hat).

Zur Frage, welche Vorschriften denn nun auf das gesetzlichen Pfandrecht anwendbar sind, heißt es in **§ 1257 BGB,** dass die Vorschriften über das Vertragspfandrecht entsprechend angewendet werden sollen. Der **§ 1257 BGB** ist aber eine besonders „heimtückische" Norm, denn es heißt dort – und man muss sehr genau lesen! –, dass (nur) das **„entstandene" gesetzliche Pfandrecht** den Vorschriften über das Vertragspfandrecht folgt; daraus ergibt sich, dass die **Entstehung des gesetzlichen Pfandrechts eigenen Regeln** folgt. Das scheint zunächst eine „Binsenweisheit" zu sein, wissen wir doch, dass sich die Entstehung nicht nach §§ 1204 – 1207 BGB richtet, sondern nach den §§ 562, 647, 704 BGB, 397, 441, 464, 475 b HGB. Aber: lesen Sie nur den nächsten Satz, und Sie merken, wo die Falle auf Sie lauert! Im **HGB** ist der gutgläubige Erwerb gesetzlicher Pfandrechte nach § 366 Abs. 3 HGB möglich. Im BGB hingegen ist wegen der Formulierung des § 1257 BGB ein **gutgläubiger Erwerb** von **gesetzlichen Pfandrechten** ausgeschlossen. Denn – lesen Sie die Vorschrift noch einmal – der § 1257 BGB erklärt die §§ 1204 ff. BGB **nur „auf ein kraft Gesetzes entstandenes Pfandrecht"** für entsprechend anwendbar, so dass diejenigen Vorschriften des Vertragspfandrechts, die sich mit der Entstehung des Pfandrechts befassen, also auch § 1207 BGB, nicht anwendbar sind! Diese radikale Entscheidung des Gesetzgebers wird unwidersprochen hingenommen für die **besitzlosen Pfandrechte** (§§ 562, 704 BGB). Beim **Besitzpfandrecht** des Werkunternehmers (§ 647 BGB) stellt sich allerdings wegen der Rechtsgeschäftsähnlichkeit der Entstehung die bis heute **heiß umstrittene** (und daher auch in Klausuren immer wieder „abgefragte") **Frage** der Möglichkeit einer **analogen Anwendung des § 1207 BGB**.

Fall 610: Unternehmer V verkauft und übereignet dem Unternehmer K ein ihm gehöriges Auto unter Vereinbarung eines Eigentumsvorbehalts. Der K bringt es auf einer Reise wegen eines nach den Vereinbarungen im Kaufvertrag von K zur Erhaltung der Kaufsache zu behebenden Verschleißschadens zu einer Reparatur in die Werkstatt des U, der den K für den Eigentümer hält. Der U stellt den Wagen wieder her. Unversehens gerät der K in Vermögensverfall. Daher zahlt er an den U keinen Werklohn und holt den Wagen auch nicht ab. Auch den fälligen Restkaufpreis entrichtet er trotz Fälligkeit und Mahnung des V nicht, so dass der V nach § 323 BGB vom Vertrag zurücktritt. Jetzt verlangt der V den Wagen von U heraus (nach BGH).

Der Anspruch kann sich aus § 985 BGB ergeben. a) Der V ist Eigentümer des Autos. b) Der U ist Besitzer des Wagens. c) Fraglich ist, ob der U ein Recht zum Besitz hat (§ 986 BGB). aa) Ein Recht zum Besitz aaa) aus § 986 Abs. 1 S. 1 2. Fall BGB aufgrund eines abgeleiteten Rechts zum Besitz hat der U nicht, da das Recht zum Besitz des K gegenüber dem V aus dem Kaufvertrag, von dem der U sein Recht ableiten könnte, wegen des wirksamen Rücktritts des V (§ 323 Abs. 1 BGB) erloschen ist. bbb) In Betracht kommt aber ein eigenes Recht zum Besitz des U aus §§ 986 Abs. 1 S. 1 1. Fall, 647 BGB aufgrund eines Werkunternehmerpfandrechts an dem Auto (arge. § 1227 BGB), aaaa) und zwar an dem Anwartschaftsrecht des K. An dem Anwartschaftsrecht des K, das ja als „wesensgleiches minus des Vollrechts" wie das Eigentum behandelt wird, könnte in der Tat aufgrund eines zwischen dem K und dem U geschlossenen Werkvertrages und der Besitzerlangung des U nach § 647 BGB ein Werkunternehmerpfandrecht entstanden sein, und dies könnte auch gegenüber dem Eigentümer V ein eigenes Recht zum Besitz des U begründen. Die hiermit aufgeworfenen Fragen brauchen jedoch nicht weiter erörtert zu werden, weil das Werkunternehmerpfandrecht, selbst wenn es entstanden wäre, aufgrund des Rücktritts des V, der das Anwartschaftsrecht untergehen ließ, erloschen wäre. bbbb) Fraglich ist, ob das Pfandrecht das Eigentum des V belastet und dem U deshalb ein eigenes Recht zum Besitz gibt (arge. § 1227 BGB). aaaaa) Das wäre der Fall, wenn der Werkvertrag zwischen V und U geschlossen wäre. Das aber muss verneint werden, weil aaaaaa) der K in eigenem Namen gehandelt hat bbbbbb) und es eine uU. in dem Kaufvertrag, durch den K zur Reparatur verpflichtet wurde, liegende „Verpflichtungsermächtigung" zum Abschluss von Werkverträgen zwischen V und Werkunternehmern zum Zwecke der vom Verkäufer geschuldeten Beseitigung von Mängeln der Kaufsache als Institut nach ganz hM. deshalb nicht gibt, weil V sonst auch zur Zahlung des Werklohnes verpflichtet werden könnte, was mit den Grundsätzen des Vertretungsrechts nicht vereinbar ist. bbbbb) Die Verpflichtung zur Reparatur könnte aber nach §§ 183, 185 Abs. 1 BGB dem verfügungsähnlichen Tatbestand des § 647 BGB zur Wirksamkeit verhelfen (Medicus). ccccc) Lehnt man dies ab, so ist weiter zu erörtern, ob der U ein Werkunternehmerpfandrecht am Eigentum des V deshalb gutgläubig erworben hat, weil er den K für den Eigentümer hielt (§§ 647, 1207, 932 BGB). aaaaaa) Nach § 1257 BGB finden auf das gesetzliche Pfandrecht, also auch auf § 647 BGB, die Vorschriften über das Vertragspfandrecht entsprechende Anwendung, aber nur für das bereits „entstandene" Pfandrecht, und nicht für den Entstehungstatbestand, also auch nicht der § 1207 BGB. bbbbbb) Möglich bleibt aber immer noch eine analoge Anwendung des §§ 647, 1207, 932 BGB. Man ist sich einig, dass bei den gesetzlichen Pfandrechten, die lediglich durch eine „Einbringung" der Sache (§§ 562, 704 BGB) entstehen, ein gutgläubiger Erwerb nach §§ 1207, 932 BGB analog ausgeschlossen ist; diskutabel ist die aufgeworfene Frage aber bei einem gesetzlichen Pfandrecht, das eine „Übergabe" voraussetzt, also auch bei § 647 BGB. aaaaaaa) Das wird z.Tl. aus folgenden Gründen befürwortet: Es soll eine gesetzliche Lücke bestehen. Diese sei zum Ausgleich des Kreditrisikos des Unternehmers (er leistet vor!) zu schließen. Es wäre eine verfassungswidrige Ungleichbehandlung (Art. 3 GG), würde man den Werkunternehmer schlechter stellen als den Kommissionär pp. in § 366 Abs. 3 HGB. Ferner soll § 366 Abs. 3 HGB für die Analogie sprechen: § 366 HGB sei eine bloße Erweiterung des Gutglaubensschutzes des BGB auf die Fälle des guten Glaubens an die Verfügungsbefugnis, setze also die Anerkennung des Schutzes des guten Glaubens an das Eigentum durch das BGB gedanklich voraus; wenn also im HGB die Möglichkeit des gutgläubigen Erwerbs der gesetzlichen HGB-Pfandrechte für den Fall des guten Glaubens an die Verfügungsbefugnis geregelt sei, setze dies gedanklich einen bereits im BGB geregelten Schutz des guten Glaubens an das Eigentum bei gesetzlichen BGB-Besitzpfandrechten voraus. Die Analogie zu § 1207 BGB soll auch systematisch möglich sein, weil der Abschluss des Werkvertrags und die Übergabe der Sache eine innere Verwandtschaft zur Verpfändung durch Einigung und Übergabe aufweise und speziell das Werkunternehmerpfandrecht in Wahrheit ein gesetzlich typisiertes rechtsgeschäftliches Pfandrecht sei. Danach hätte der U ein eigenes Recht zum Besitz aus §§ 986 Abs. 1 S. 1 1. Fall, 1207 BGB. bbbbbbb) Der BGH und die hL. lehnen den gutgläubigen Erwerb dagegen ab. Sie entnehmen dem § 366 Abs. 3 HGB keine Erweiterung des Gutglaubensschutzes für bestimmte Pfandrechte, es handele sich insgesamt um eine handelsrechtliche Sonderregelung. § 647 BGB sei auch kein typisiertes Vertragspfandrecht. Eine Parallele zwischen Werkvertrag und Einigung i.S.d. § 1204 BGB bestehe nicht. Danach also ein eigenes Recht zum Besitz des U aus §§ 986 Abs. 1 S. 1, 1207 BGB ausscheiden. d) Wer ein Recht zum Besitz (§ 986 BGB) verneint, muss prüfen ob dem U ein Herausgabeverweigerungsrecht zusteht. aa) Möglich ist ein Zurückbehaltungsrecht des U aus §§ 677, 683 S. 1, 670, 273 BGB, wenn die Herbeiführung der Reparatur des Wagens die Führung eines Geschäftes auch für den V wäre; das ist aber angesichts der Vorstellung des U, mit dem ihn beauftragenden K den Eigentümer vor sich zu haben, abzulehnen. bb) In Betracht kommt aber ein dem Anspruch aus § 985 BGB entgegenstehendes Herausgabeverweigerungsrecht des U gem. §§ 994 Abs. 1 S. 1, 1000 BGB: aaa) Fraglich ist jedoch, ob überhaupt ein Eigentümer-Besitzer-Verhältnis bestand. aaaa) Das wäre nicht der Fall, aaaaa) wenn man der Lehre vom Vorrang des Vertragsverhältnisses folgt, bbbbb) nach anderer Ansicht im 3-Personen-Verhältnis ausnahmsweise aber doch. bbb) Aber auch dann, wenn man mit der vorgenannten Ansicht oder mit der hM. auch bei Vertragsverhältnissen eine Vindikationslage für denkbar hält, ist deren Relevanz hier zweifelhaft, denn aaaa) zZt. der Verwendungen besaß der U die Sache aufgrund eines abgeleiteten Besitzrechts im Verhältnis zu V rechtmäßig (§§ 986 Abs. 1 S. 1 2. Fall, 433 Abs. 1, 631 BGB); bbbb) unrechtmäßig besaß der U die Sache erst aufgrund des späteren Rücktritts des V vom Kaufvertrag, also zZt. des Herausgabeverlangens des V, was aber nach dem BGH ausreichen soll, denn sonst würde der rechtmäßige Besitzer, der sein Besitzrecht später verliert, hinsichtlich eines Verwendungsersatzanspruchs schlechter behandelt als derjenige, der nie ein Besitzrecht besaß. ccc) Folgt man insoweit auch dem BGH, so ist davon auszugehen, dass der U gutgläubig und unverklagt war, so dass ein Anspruch aus § 994 Abs. 1 S. 1 BGB vorstellbar wäre. ddd) Zweifelhaft ist aber weiter, aaaa) ob es sich überhaupt um „Verwendungen" gehandelt hat. aaaaa) Nach einer Ansicht sei dies nicht der Fall, da das Vorliegen von Verwendungen bei einer vertraglich geschuldeten Leistung begrifflich ausscheiden müsste, bbbbb) dagegen soll nach hM. eine notwendige Verwendung vorliegen, bbbb) wobei allerdings fraglich ist, wer Verwender ist: aaaaa) nach dem BGH ist es der U, bbbbb) nach aA. dagegen der K, weil er den Verwendungsvorgang auf eigene Rechnung veranlasst habe und ihn auch steuere (Medicus). Folgt man dem BGH „bis zum bitteren Ende", hätte der U nach §§ 994 Abs. 1 S. 1, 1000 BGB ein Herausgabeverweigerungsrecht.

(Sie wissen ja bereits, dass die Werkunternehmer, speziell die des Kfz-Reparaturhandwerks, inzwischen „kein Risiko" mehr eingehen und sich die Sache in der Regel formularmäßig durch den Besteller verpfänden lassen, so dass ggf. § 1207 BGB unmittelbar angewendet werden kann. Derartige AGB-Klauseln werden von der h.M. für zulässig gehalten, auch wenn sie letztlich nur für bestellerfremde Sachen Anwendung finden können.)

> Dieser Fall sollte Ihnen in allen „seinen Verästelungen" ganz vertraut sein. Er gehört – wie gesagt – in Variationen zum **Fundus der Prüfungsämter!**

c) Gutgläubig lastenfreier Erwerb

Wird eine mit einem Pfandrecht belastete Sache übereignet, erwirbt der neue Eigentümer sie mit der Belastung. Sie wissen aber inzwischen, dass ein Erwerber, der hinsichtlich der Belastung gutgläubig ist, das Eigentum an der Sache „gutgläubig lastenfrei" erwerben kann (**§ 936 BGB**).

<u>Fall 611</u> Der B gibt sein Auto in die Werkstatt des U und bestellt diesem zur Sicherung der Werklohnforderung durch Verpfändung (also rechtsgeschäftlich) ein Pfandrecht nach §§ 1204, 1205 Abs. 1 S. 1 BGB. Während der Reparaturzeit veräußert der B das Auto an den K und übereignet es ihm nach §§ 929, 931 BGB durch Abtretung des Anspruchs aus dem Werkvertrag (§ 631 BGB). Der K weiß nichts von dem Pfandrecht und hätte auch von dem Pfandrecht nichts wissen müssen, weil er den Werklohn für bezahlt hält und keinen Anlass hatte, das zu bezweifeln. Der K verlangt von dem U Herausgabe.

Der Anspruch könnte sich aus § 985 BGB ergeben. a) Der U ist Besitzer, b) der K ist neuer Eigentümer des Autos (§§ 929, 931 BGB). c) Der U könnte ein Recht zum Besitz aus dem Pfandrecht haben. aa) Das Recht zum Besitz könnte sich aus einem Pfandrecht ergeben. aaa) Dem U stand ein Pfandrecht zu (§ 1204 BGB und nicht aus § 647 BGB). bbb) Dies könnte nach § 936 Abs. 1 S. 1, 3, Abs. 2 BGB erloschen sein. ccc) Das Pfandrecht stand aber dem dritten Besitzer (U) zu; daher ist es auch gegenüber dem gutgläubigen Erwerber K nicht erloschen (§ 936 Abs. 3 BGB). (Warum haben wir eigentlich nicht auf § 986 Abs. 2 abgestellt? Dort geht es um obligatorische Rechte zum Besitz!).

d) Erwerb des Pfandrechts durch Abtretung

Dass ein Pfandrecht nicht „isoliert", also nicht „ohne die Forderung" übertragen werden kann, versteht sich von selbst, ist aber „sicherheitshalber" vom Gesetz geregelt (§ 1250 Abs. 1 S. 2 BGB). Die **Übertragung des Pfandrechts** erfolgt vielmehr aufgrund des „Akzessorietätsverhältnisses" **durch** die rechtsgeschäftliche (§§ 398 ff. BGB) oder gesetzliche (z.B. §§ 774, 412, 399 ff. BGB) **Übertragung der gesicherten Forderung**, denn „mit der Übertragung der Forderung geht das Pfandrecht auf den neuen Gläubiger über" (§ 1250 Abs. 1 S. 1 BGB). Die Pfandsache muss nicht an den Zessionar übergeben werden; der Zessionar kann aber vom Gläubiger und Zedenten die Herausgabe verlangen (§ 1251 Abs. 1 BGB). Die Überraschung ist, dass der Übergang des Pfandrechts auf den Zessionar nicht zwingendeu Rechts ist: „Wird bei der Übertragung der Forderung der Übergang des Pfandrechts ausgeschlossen, so erlischt das Pfandrecht". Dass dies bei dem Grundpfandrecht Hypothek anders ist, werden Sie alsbald erfahren (lesen Sie doch schon einmal § 1153 Abs. 2 BGB).

Besteht die abgetretene Forderung nicht und damit trotz einer Verpfändung durch den Eigentümer nach Maßgabe der §§ 1204 – 1206 BGB auch kein Pfandrecht; so gibt es auch **keinen gutgläubigen Erwerb eines „forderungsentkleideten" Pfandrechts** wie bei der Hypothek nach § 1138 BGB.

Davon unterscheiden muss man die Konstellation, bei der eine zu sichernde Forderung besteht, aber die Pfandrechtsbestellung unwirksam ist, weil z.B. ein Nichteigentümer an einen bösgläubigen Gläubiger verpfändet hat, so dass § 1207 BGB nicht eingreift. Wird jetzt die Forderung abgetreten, so stellt sich die Frage, ob jedenfalls ein **gutgläubiger Zweit-Erwerb des Pfandrechts** möglich ist.

> Fall 612: Der S verpfändet einen von E geliehenen Computer an seinen bösgläubigen Gläubiger G zur Sicherung einer Darlehensforderung. Der G tritt nunmehr seine Darlehensforderung an den hinsichtlich eines Pfandrechts des G gutgläubigen Z ab und übergibt dem Z auch den Computer. Als der E von dem Z Herausgabe verlangt, beruft der Z sich auf sein Pfandrecht als Recht zum Besitz (nach Kropholler).
>
> Der E könnte nach § 985 BGB Herausgabe verlangen. a) Der E ist Eigentümer, b) der Z Besitzer. c) Fraglich ist, ob Z ein Recht zum Besitz hat (§ 986 Abs. 1 BGB). Wäre er Inhaber des Pfandrechts hätte er ein Recht zum Besitz (arge. § 1227 BGB). aa) Der Z könnte das Pfandrecht von G nach §§ 488 Abs. 1 S. 2, 398, 401, 1250 BGB erworben haben. Der G aber hatte wegen seiner Bösgläubigkeit kein Pfandrecht (im Wege des gutgläubigen „Ersterwerbs") an der Sache erworben (§§ 1207, 932 Abs. 2 BGB). bb) Fraglich ist, ob der gutgläubige Z das Pfandrecht von G erworben hat. aaa) Es gibt keine gesetzliche Regelung der Möglichkeit eines gutgläubigen „Zweiterwerbs" eines Pfandrechts. bbb) Zu denken wäre an eine analoge Anwendung des § 1250 BGB. Dagegen spricht aber entscheidend, dass es bei einem Erwerb nach § 1250 BGB an einem für jeden gutgläubigen Erwerb konstitutiven Rechtsscheintatbestand fehlt: Die (hier durch die Übergabe an Z erfolgte) Besitzverschaffung begründet diesen Rechtsschein nicht, weil die Übergabe nicht zum Übertragungstatbestand des § 1250 Abs. 1 BGB gehört (arge. § 1251 Abs. 1 BGB).

e) Die Verteidigungsmittel

Wegen der Möglichkeiten der Verteidigung des Eigentümers gegen den Pfandgläubiger wegen eventueller „forderungs- bzw. schuldbezogener Einreden" wird auf § 1211 BGB, der dem § 1137 BGB bei der Hypothek entspricht, verwiesen; einen „gutgläubig eineredefreien Erwerb" gibt es nicht. Außerdem kann der Eigentümer natürlich die „pfandrechts- pder eigentumsbezogegen Einreden" geltend machen.; auch insoweit gibt es keinen gutgläubig einredefreien Erwerb. Gleiches gilt für die gesetzlichen Pfanrechte (§§ 1257, 1211 BGB).

2. Die Sicherungsübereignung

Sie wissen ja schon lange, dass die **Sicherungsübereignung** ein durch **„Rechtsfortbildung"** entwickeltes Institut ist.

> Der Sicherungsgeber übereignet dem Sicherungsnehmer (in aller Regel nach § 930 BGB) zum Zwecke der Sicherung einer Forderung eine bewegliche Sache. Der Sicherungsnehmer kann dann im Verwertungsfall diese Sache vom Sicherungsgeber nach Maßgabe des Sicherungsvertrages herausverlangen und verwerten.

Auch der Grund für diese Rechtsfortbildung ist Ihnen längst bekannt: Das **Gesetz** hat sich für eine Sicherung von Forderungen durch Sicherungsrechte an beweglichen Sachen als wenig brauchbar und damit als **„lückenhaft"** erwiesen.

> Das vom Gesetz vorgesehene Sicherungsinstitut des Pfandrechts an beweglichen Sachen entspricht i.d.R. nicht der Interessenlage der Parteien. Bei der

> Verpfändung muss die Sache dem Sicherungsnehmer übergeben werden (die §§ 1204 ff. BGB kennen kein „besitzloses Pfandrecht"; das Übergabesurrogat des § 930 BGB ist nicht vorgesehen). Das ist aus der Sicht des Sicherungsnehmers nicht nur lästig, sondern auch wirtschaftlich sinnlos, weil die Sache – befindet sie sich im Besitz des Sicherungsnehmers – vom Sicherungsgeber nicht wirtschaftlich sinnvoll genutzt werden kann und damit nicht das Geld verdient werden kann, das nach den Vorstellungen des Gläubigers und Sicherungsnehmers zur Tilgung der gesicherten Schuld und zur Zahlung der geschuldeten Zinsen eingesetzt werden soll. Auch kann bei einem Besitzpfandrecht dem Wunsch des Sicherungsgebers nach „Heimlichkeit" der Kreditsicherung nicht entsprochen werden: „Alle Welt weiß" bei einer Verpfändung, dass er einen Kreditbedarf hatte, und das wirkt sich mittelbar negativ auf seine sonstige „Kreditwürdigkeit" aus. Über die „Seriosität" dieses Aspekts kann sich jeder selbst seine Gedanken machen.

Die **Sicherungsübereignung schließt** diese „Lücke" wie folgt:

- Sie erfüllt den Wunsch des **Sicherungsgebers** nach einer **„Heimlichkeit"** der Kreditsicherung; weiterhin bietet sie **Sicherheit in der Einzelzwangsvollstreckung gegen den Sicherungsnehmer** durch §§ 766 und 771 ZPO und in der **Insolvenz des Sicherungsnehmers** abhängig vom Status der gesicherten Forderung durch ein Aussonderungsrecht (§ 47 InsO); es ist zu hoffen, dass Sie die mehrfach gründlich erörterten Einzelheiten hierzu noch erinnern. Schließlich hat der Sicherungsgeber die **Möglichkeit** der weiteren **wirtschaftlichen Nutzung** des Sicherungsgutes, an der er ein virulentes Interesse hat.

- Es entspricht auch dem Interesse des **Sicherungsnehmers**, dass das Sicherungsgut im unmittelbaren Besitz des Sicherungsgebers bleibt und daher durch den Sicherungsgeber wirtschaftlich optimal genutzt werden kann. Ferner genießt der Sicherungsnehmer **Sicherheit** bei einer **Einzelzwangsvollstreckung durch andere Gläubiger des Sicherungsgebers** in das Sicherungsgut durch eine mit dem (Sicherungs-) Eigentum als ein „die Veräußerung hinderndes Recht" begründbaren Drittwiderspruchklage (§ 771 ZPO); und er hat eine **Vorzugsstellung gegenüber anderen Gläubigern** des Sicherungsgebers in der **Insolvenz des Sicherungsgebers** durch ein **Absonderungsrecht** (§§ 50, 51 Nr. 1 InsO). Auch insoweit ist zu hoffen, dass Sie die vielfach erörterten Einzelheiten hierzu noch erinnern.

- Im Interesse des Sicherungsgebers und des Sicherungsnehmers liegt es, dass die Frage der **Verwertung** durch Parteivereinbarung abweichend von den Regeln des Pfandverkaufs frei gestaltet werden kann.

Das **Institut der Sicherungsübereignung** ist **heute gewohnheitsrechtlich anerkannt** (und in § 216 Abs. 2 BGB erwähnt). Es hat folgende **konstruktive Elemente**:

- Der Sicherungsnehmer hat als Gläubiger gegen einen Schuldner eine (wegen der Nichtgeltung des Akzessorietätsprinzips nicht begriffsnotwendige, aber rechtstatsächlich stets gegebene) **Forderung**, die in aller Regel eine Geldforderung ist (z.B. aus § 433 Abs. 2, 488 Abs. 1 S. 2 BGB).

- Der Sicherungsgeber (i.d.R. der Schuldner) **übereignet** – meist nach § 930 BGB – die Sache an den Sicherungsnehmer.
- Dem liegt ein **Sicherungsvertrag** zugrunde, der die Rechte und Pflichten von Sicherungsgeber und Sicherungsnehmer regelt.

a) Die Übereignung des Sicherungsgutes durch den Sicherungsgeber

aa) Übereignung nach §§ 929 ff. BGB

Die **Einigung** muss inhaltlich bestimmt sein.

> 1. Für eine Sicherungsübereignung von **Warenlagern mit wechselndem Bestand** reicht aus die Übereignung „aller Waren in einem bestimmten Raum" („Raumsicherungsvertrag") oder bei sonstwie gelagerten Sachen eine genauen Beschreibung individueller Merkmale in einem Verzeichnis oder eine sonstige Markierung („Markierungsvertrag").
>
> 2. Bei „**gemischten Warenlagern**", in denen für einen Dritten undifferenzierbar Sachen lagern, die teils im Eigentum des Sicherungsgebers stehen und die teils unter Eigentumsvorbehalt erworben wurden,
>
> a) ist für eine wirksame Sicherungsübereignung keine Trennung der Sachen erforderlich; der Sicherungsnehmer erlangt teils Sicherungseigentum, teils ein dem Sicherungseigentum entsprechendes Sicherungsrecht am Anwartschaftsrecht („wesensgleiches minus") des Sicherungsgebers.
>
> b) Der umgekehrte Weg, nur die Sachen zu übereignen, „die dem Sicherungsgeber gehören", würde mangels Bestimmtheit der Wirksamkeit der Sicherungsübereignung entgegenstehen.

Die Einigung darf **nicht** nach § 138 Abs. 1 BGB nichtig sein. Hier gibt es die **Fallgruppen**

> 1. der sittenwidrigen „**Knebelung**", unter der man eine Sicherung, durch die der Sicherungsgeber in seiner wirtschaftlichen Bewegungsfreiheit gelähmt wird, versteht.
>
> 2. Zur Nichtigkeit nach § 138 Abs. 1 BGB führt auch eine sittenwidrige „**Gläubigergefährdung**", die gegeben ist, wenn der Sicherungsnehmer aufgrund seiner Kenntnis von der Vermögenssituation des Sicherungsgebers damit rechnet, dass dieser infolge der Sicherungsübereignung andere Kreditgeber über seine Kreditwürdigkeit täuscht oder mit ihnen eingegangene Verträge bricht. Das kann bei einer in die Verhältnisse eines kreditnehmenden Unternehmens eingeweihten „Hausbank" durchaus der Fall sein.
>
> 3. Eine „**Übersicherung**"
>
> a) macht die Sicherungsübereignung sittenwidrig und nach § 138 Abs. 1 BGB nichtig, wenn der realisierbare Wert des Sicherungsgutes den Wert der

Forderung bereits **bei der Sicherungsübereignung** krass und auffällig übersteigt.

b) Kommt es erst **nach der Sicherungsübereignung** zu dem krassen und auffälligen Missverhältnis, ist bei **zur Sicherheit übereigneten Einzelgegenständen** keine Sittenwidrigkeit gegeben, weil die Gefahr einer unüberschaubaren Übersicherung anfangs gering ist. Aber auch bei der Übereignung von **Sachgesamtheiten (Warenlager)** soll eine Sittenwidrigkeit deshalb nicht in Betracht kommen, weil der Sicherungsnehmer bei Eintritt des Missverhältnisses zwischen realisierbarem Wert des Sicherungsgutes und dem Wert der Forderung zu einer die Sittenwidrigkeit entfallen lassenden Freigabe des überschießenden nicht benötigten Teils des Sicherungsgutes verpflichtet ist, denn nach dem (BGH/GS) ist jeder formularmäßige Sicherungsvertrag so ergänzend auszulegen, dass „bei formularmäßig bestellten, revolvierenden Globalsicherungen der Sicherungsgeber einen ermessensunabhängigen Freigabeanspruch auch dann hat, wenn der Sicherungsvertrag keine oder keine ermessensmäßig ausgestaltete Freigabeklausel enthält", und dies sogar dann, wenn die Parteien ein ermessensunabhängiges Freigaberecht im Sicherungsvertrag ausgeschlossen haben. Bei individuellen Sicherungsverträgen kann i.E. nichts anderes gelten. Man „zwingt den Sicherungsnehmer und den Sicherungsgeber" auf diese Weise praktisch „zu ihrem Glück" in Gestalt einer wirksamen Sicherungsübereignung. Nachteilig ist dies natürlich für mit dem Sicherungsnehmer konkurrierende Gläubiger.

4. Die Sicherungsübereignung **unpfändbarer Sachen (§§ 811 ff. ZPO)** soll nicht automatisch die Sittenwidrigkeit zur Folge haben.

Was die **Übergabe** bzw. **Übergabesurrogate** der §§ 929 ff. BGB angeht, so ist für eine Sicherungsübereignung typisch eine Übereignung des Sicherungsgutes **nach §§ 929 S. 1, 930 BGB**. Erforderlich ist

- ein **konkretes Besitzmittlungsverhältnis** (dazu wissen Sie aufgrund der Darstellung des § 930 BGB eigentlich genug): Man wählt häufig einen (im Sicherungsvertrag vereinbarten) Verwahrungsvertrag, aufgrund dessen der Sicherungsgeber die Sache für den Sicherungsnehmer verwahrt. Nach hM. wird auch der den Rechtsgrund (causa) für die Sicherungsübereignung bildende Sicherungsvertrag als ausreichendes Besitzmittlungsverhältnis angesehen, wenn dieser die Rechte und Pflichten einschließlich eines Herausgabeanspruchs regelt; die Konsequenz ist eine Durchbrechung des Abstraktionsprinzips im Fall der Nichtigkeit des Sicherungsvertrages.

- Handeln muss es sich um **bestimmt bezeichnete Sachen**, und zwar entweder um einzelne Sachen oder Sachgesamtheiten, auch wenn diese (z.B. bei der Ergänzung eines Warenlagers) erst künftig erworben werden (ante – i – zipierte Sicherungs-Übereignung). Der Sicherungsgeber muss nicht deren Eigentümer sein, es reicht auch ein Anwartschaftsrecht mit der Folge, dass der Sicherungsnehmer ein dem Sicherungseigentum vergleichbares Sicherungsrecht hieran erwirbt und dieses dann bei Bedingungseintritt ohne Durchgangserwerb zum Sicherungseigentum „erstarkt".

Möglich ist natürlich auch eine Übereignung nach **§ 929 S. 1 BGB**, nach **§ 929 S. 2 BGB** oder nach **§ 931 BGB**. Die für § 929 S. 1 erforderliche völlige Besitzlosigkeit des Sicherungsgebers und die Ausgangskonstellationen des § 929 S. 2 (Besitz des Erwerbers) sind allerdings mit dem für die Sicherungsübereignung wesentlichen Vorteil einer weiteren wirtschaftlichen Nutzbarkeit durch den Sicherungsgeber nicht gut vereinbar. Auch eine Sicherungsübereignung nach § 931 BGB ist eher unwahrscheinlich, macht aber einen Sinn bei eingelagertem Sicherungsgut. Die „Heimlichkeit" ist bei einer Sicherungsübereignung nach § 929 S. 1 BGB natürlich auch nicht gegeben.

Die Sicherungsübereignung kann durch das Erlöschen der gesicherten Forderung **auflösend bedingt vereinbart** werden (§ 158 Abs. 2 BGB), so dass der Sicherungsgeber ein „Anwartschaftsrecht" an der Sache hat, das er in der Schwebezeit bereits für weitere Sicherungszwecke einsetzen könnte. In der Praxis wird indessen im Sicherungsvertrag meist nur ein **schuldrechtlicher Anspruch** des Sicherungsgebers **auf Rückübereignung** vereinbart, der dann vom Sicherungsnehmer durch bloße Einigung nach § 929 S. 2 BGB erfüllt wird. Falls keine ausdrückliche Vereinbarung getroffen ist und eine Auslegung nicht weiterführt, sollte man überlegen, ob nach § 449 Abs. 1 BGB analog „im Zweifel" von einer auflösenden Bedingung auszugehen ist.

> Das hat für die Fallbearbeitung folgende Konsequenzen:
>
> Verfügt der Sicherungsnehmer in der Schwebezeit nach § 931 BGB über das Sicherungsgut,
>
> **1.** so steht bei einem **bloß obligatorischen Rückforderungsanspruch des Sicherungsgebers** einem Herausgabeanspruch des Erwerbers der § 986 Abs. 2 BGB entgegen; einen zusätzlichen Schutz vor Zwischenverfügungen durch den Sicherungsnehmer genießt der Sicherungsgeber dadurch, dass er nach dem Sicherungsvertrag zur Tilgung der gesicherten Forderung nur Zug – um – Zug gegen Rückübereignung des Sicherungsgutes oder jedenfalls nur gegen Leistung von Schadensersatz gem. §§ 280 Abs. 1, 3, 283 BGB seitens des wegen einer Zwischenverfügung zur Rückgabe unvermögenden Sicherungsnehmers verpflichtet ist. Auch wenn die „klassischen Merkmale" eines Anwartschaftsrechts nicht gegeben sein dürften, kann man sich fragen, ob auch eine solche Rechtsstellung des Sicherungsgebers ein zumindest als „sonstiges Recht" Deliktsschutz genießendes Anwartschaftsrecht ist.
>
> **2.** Bei **auflösend bedingt vereinbartem Sicherungseigentum** steht im Falle des Bedingungseintritts einer Zwischenverfügung des Sicherungsnehmers der § 161 Abs. 2 BGB entgegen und selbst im Fall der Gutgläubigkeit des Dritten würden diesem die §§ 161 Abs. 3, 934 BGB nach der hier vertretenen Ansicht nicht helfen, weil § 936 Abs. 3 BGB analog angewendet würde. Dass diese Rechtsstellung ein Anwartschaftsrecht ist, ist unzweifelhaft. Wem das alles in der Kürze dieser wenigen Worte „zu geheimnisvoll" klingt, der hat manches von dem vergessen, was er vor etwa 30 Seiten zum Eigentumsvorbehalt gele-

> sen hat. Die Konsequenz für Sie ist, dass Sie zurückblättern, lesen und sich erinnern müssen. Es ist wirklich alles furchtbar wichtig!

bb) Fehlendes Eigentum/fehlende Verfügungsbefugnis des Sicherungsgebers

Wenn ein aufgrund eines Eigentumsvorbehalts nur aufschiebend bedingter Eigentümer (also ein Nicht-Eigentümer) die ihm noch nicht gehörende Kaufsache nach § 930 BGB zur Sicherheit übereignet, **scheitert** ein **gutgläubiger Erwerb des Sicherungseigentums** des Sicherungsnehmers an § 933 BGB. Wirksam kann die Sicherungsübereignung dann nach § 185 Abs. 1, Abs. 2 S. 1 1. Fall BGB nur aufgrund einer Einwilligung oder Genehmigung des Eigentümers oder aufgrund der anderen Tatbestände des § 185 Abs. 2 BGB werden.

Allerdings liegt in der gescheiterten Sicherungsübereignung eines aufschiebend bedingten Eigentümers als minus die **Übertragung des „Anwartschaftsrechts" zur Sicherheit**; dieses Ergebnis leitet man entweder aus einer Analogie zu § 140 BGB („Umdeutung", die direkte Anwendung scheitert daran, dass das Geschäft nicht nichtig ist) oder wohl besser aus einer ergänzenden Auslegung der Einigung (§§ 133, 157 BGB) ab. In der Krise (des Sicherungsgebers) nützt das Sicherungsrecht am Anwartschaftsrecht dem Sicherungsnehmer allerdings nur dann etwas, wenn der Kaufpreis bereits weitgehend bezahlt ist, so dass es sich für den Sicherungsnehmer lohnt, nach § 267 BGB den Rest-Kaufpreis zu zahlen; geschieht dies, erlangt der Sicherungsnehmer im Wege des Direkterwerbes das Sicherungseigentum. Hier muss man also als Sicherungsnehmer kaufmännisch denken und gut kalkulieren.

<u>Fall 613:</u> Der K erwirbt von dem E eine Sache unter Eigentumsvorbehalt und übereignet die in seinem Besitz befindliche Sache anschließend nach § 930 BGB zur Sicherung einer Darlehensforderung an seinen hinsichtlich seines von ihm behaupteten Eigentums gutgläubigen Gläubiger G. Der K kommt in eine wirtschaftliche Krise und bedient weder die Kaufpreis- noch die Darlehensforderung. Der E tritt wirksam vom Kaufvertrag zurück (§ 323 Abs. 1 BGB) und verlangt Herausgabe von G.

Der Anspruch kann sich aus § 985 BGB ergeben. a) Der G müsste Besitzer sein. aa) G ist nicht unmittelbarer Besitzer, bb) wohl aber aufgrund der Sicherungsübereignung mittelbarer Besitzer; auch ein mittelbarer Besitzer ist Herausgabeschuldner aus § 985 BGB (arge. § 868 BGB, § 886 ZPO). b) Der E müsste Eigentümer sein. aa) Der E war Eigentümer. bb) Der K hat das Eigentum nicht erworben, weil an ihn aufschiebend bedingt übereignet worden ist (§§ 929 S. 1, 158 Abs. 1, 449 Abs. 1 BGB) und die Bedingung (vollständige Kaufpreiszahlung) nicht eingetreten ist. cc) Der G hat das Eigentum nicht nach §§ 929, 930, 933 BGB erworben, weil ihm die Sache nicht übergeben worden ist. Der E ist also Eigentümer geblieben. c) Der G könnte ein Recht zum Besitz haben (§ 986 Abs. 1 BGB). aa) Ein von K's Besitzrecht abgeleitetes Recht zum Besitz hat er schon deshalb nicht, weil der E vom Kaufvertrag zurückgetreten ist. bb) Der G könnte ein eigenes Recht zum Besitz aufgrund eines „Anwartschaftsrechts" haben. Hierzu wird die Ansicht vertreten, dass die an § 933 BGB gescheiterte Sicherungsübereignung eines Anwärters aus einem Eigentumsvorbehaltserwerb als „minus" die Übertragung des „Anwartschaftsrechts" enthält (§§ 157, 133/140 BGB). Diese Frage kann hier offen bleiben, denn das „Anwartschaftsrecht" ist infolge des Rücktritts des E erloschen, so dass auch der K ein solches nicht mehr innehätte. Der G ist also zur Herausgabe durch Abtretung seines Anspruchs aus dem Besitzmittlungsverhältnis verpflichtet. (Zugegeben werden soll, dass der Fall insofern ein wenig theoretisch ist, als der E in erster Linie, wohl den unmittelbaren Besitzer auf Herausgabe in Anspruch nehmen wird, denn ein Anspruch gegen den G auf Abtretung von dessen Recht auf Herausgabe gegen den K gibt ihm doch „nur Steine statt Brot" – immerhin wissen Sie jetzt, dass auch ein mittelbarer Besitzer Herausgabeschuldner aus § 985 BGB sein kann; dazu später mehr).

Fall 614: Der K erwirbt von E eine Sache unter Eigentumsvorbehalt und übereignet die in seinem Besitz befindliche Sache anschließend nach § 930 BGB zur Sicherung einer Darlehensforderung an seinen Gläubiger G 1, der ihn für den Eigentümer hält. Der G 1 hat sodann seine Darlehensforderung gegen K an den G 2 abgetreten und diesem auch sein vermeintliches Sicherungseigentum durch Abtretung des Herausgabeanspruchs übertragen. Zession und Übertragung des Sicherungseigentums waren im Darlehens- und im Sicherungsvertrag zwischen dem G 1 und dem K ausdrücklich gestattet. Als der Sicherungsfall eintritt, verlangt der G 2 Herausgabe der Sache von K zum Zwecke der Verwertung.

Der Anspruch könnte sich aus § 985 BGB ergeben. a) Der K ist unmittelbarer Besitzer. b) Der G 2 müsste Eigentümer sein. aa) Der E war Eigentümer. bb) Der K hat das Eigentum nicht erworben, weil an ihn aufschiebend bedingt übereignet worden ist (§§ 929 S. 1, 158 Abs. 1, 449 Abs. 1 BGB) und die Bedingung (vollständige Kaufpreiszahlung) nicht eingetreten ist. cc) Der G 1 hat das Eigentum nicht nach §§ 929, 930, 933 BGB erworben, weil ihm die Sache nicht übergeben worden ist. dd) Der G 2 könnte das Eigentum von G 1 nach §§ 931, 934 1. Fall BGB erlangt haben. Das setzt voraus, dass der G 1 alleiniger mittelbarer Besitzer war (BGH). Hier spricht jedoch manches dafür, dass der K außer für den G 1 auch für den E besessen hat, so dass der E und der G 1 mittelbare Nebenbesitzer waren, der G 1 also nicht alleiniger mittelbarer Besitzer war; dann hätte der G 2 kein Eigentum erworben. c) Wer dagegen die Rechtsfigur des mittelbaren Nebenbesitzes ablehnt und einen Eigentumserwerb des G 2 bejaht, muss prüfen, ob der K ein Recht zum Besitz hat (§ 986 Abs. 2 BGB). Der K hatte gegenüber dem G 1 aufgrund des Sicherungsvertrages ein Recht zum Besitz; nach Eintritt des Sicherungsfalles hat er jedoch kein Recht zum Besitz mehr.

Ein **Fehlen der Verfügungsbefugnis** (z.B. nach §§ 80 f. InsO oder § 1369 BGB) macht natürlich auch die Sicherungsübereignung unwirksam.

cc) Lastenfreiheit des Sicherungsgutes

Wird zur Sicherheit übereignetes Gut vom Sicherungsgeber in einem **gemieteten Lagerraum eingelagert**, entsteht daran kein Vermieterpfandrecht (§ 562 BGB), weil es sich bei dem Sicherungsgut um „mieterfremde" Sachen handelt und es einen gutgläubigen Erwerb gesetzlicher Pfandrechte nicht gibt (arge § 1257 BGB). Niemand ist bisher auch auf den Gedanken gekommen, § 1207 BGB analog auf gesetzliche besitzlose Pfandrechte entsprechend anzuwenden.

Bei einer **Sicherungsübereignung** (insbesondere im Fall eines sog. „Raumsicherungsvertrages") von bereits in einem gemieteten Lagerraum **eingelagerten Sachen** erwirbt der Sicherungsnehmer das Sicherungseigentum an den im Eigentum des Mieters – Sicherungsgebers stehenden Sachen nur **belastet mit dem Vermieterpfandrecht (§ 562 BGB)**; gleiches gilt für den Erwerb eines Sicherungsrechts an einem Anwartschaftsrecht an den Sachen des Mieters – Sicherungsgebers. Ein gutgläubig lastenfreier Erwerb des Sicherungsnehmers scheitert an der fehlenden Erlangung des Besitzes (§§ 930, 936 Abs. 1 S. 3 BGB); dies kann auch nicht durch eine dahingehend vereinbarte ante – i – zipierte Sicherungsüberereignung, dass das Eigentum im Augenblick der Einlagerung vom Sicherungsgeber auf den Sicherungsnehmer übergehen soll, umgangen werden, weil es dann zu einem „Durchgangserwerb" des Mieters – Sicherungsgebers für eine „juristische Sekunde" kommt, während der das Pfandrecht des Vermieters entsteht.

b) Der Sicherungsvertrag

Der Sicherungsvertrag enthält **üblicherweise** folgende Regelungen über die **Rechte und Pflichten des Sicherungsgebers** und des **Sicherungsnehmers**:

> 1. Der Sicherungsvertrag **bestimmt die gesicherte Forderung** und **legt das Sicherungsgut** fest.
>
> 2. Er **verpflichtet** den Sicherungsgeber **zur Übereignung**,
>
> **a)** er ist also die **causa** der als solcher abstrakten Sicherungsübereignung. Wegen des Abstraktionsprinzips führt die Nichtigkeit der Sicherungsabrede nicht zur Nichtigkeit der Sicherungsübereignung.
>
> **b)** Wenn ein Zusammenhang zwischen dem Sicherungsvertrag und dem Besitzmittlungsverhältnis dahingehend bestehen sollte, dass in dem Sicherungsvertrag das konkrete **Besitzmittlungsverhältnis** i.S.d. § 930 BGB enthalten wäre oder gar der Sicherungsvertrag selbst dieses begründen würde, hätte das allerdings zur Folge, dass das Abstraktionsprinzip durchbrochen wäre und bei Nichtigkeit des Sicherungsvertrages auch die Übereignung nichtig wäre.
>
> 3. Der Sicherungsgeber
>
> **a)** kann ermächtigt werden, die **sicherungsübereigneten Waren** im üblichen Geschäftsgang **zu veräußern**, dies gekoppelt mit der Vereinbarung, dass dem Sicherungsnehmer die künftigen Kaufpreisforderungen aus der Weiterveräußerung zur Sicherung abgetreten werden (**„verlängerte Sicherungsübereignung"**).
>
> **b)** Dem Sicherungsnehmer kann die **Verarbeitung des Sicherungsgutes** gestattet werden, und zwar i.d.R. bei gleichzeitigem Ausschluss des § 950 BGB oder einer vereinbarten Bestimmung des Sicherungsnehmers zum Hersteller (**„Verarbeitungsklausel"**).
>
> 4. Der **Sicherungsgeber** wird **verpflichtet**: Zur pfleglichen Behandlung des Sicherungsgutes; zur Versicherung desselben; zur Anzeige von Zwangsvollstreckungsmaßnahmen Dritter; zur Herausgabe zum Zwecke der Verwertung, und zwar nach § 216 Abs. 2 BGB auch bei Verjährung des gesicherten Anspruchs. Er darf über das Sicherungsgut keine Verfügungen treffen, die die Rechtsstellung des Sicherungsnehmers beeinträchtigen. Mit dinglicher Wirkung können aber Verfügungen des Sicherungsgebers nach den §§ 929, 932 BGB nicht verhindert werden (§ 137 BGB). Eine weitere Sicherungsübereignung zugunsten eines anderen Sicherungsnehmers nach § 930 BGB würde allerdings an § 933 BGB scheitern.
>
> 5. Festgelegt werden auch die **Rechte und Pflichten des Sicherungsnehmers**: Beschränkung des Eigentumsrechts auf ein Recht zur Verwertung; Regelungen über die Voraussetzungen und die Modalitäten der Verwertung; Folgen im Fall der Erfüllung der gesicherten Forderung (entweder ein automatischer Rückfall

> infolge einer auflösend bedingt vereinbarten Sicherungsübereignung nach §§ 929 ff., 158 Abs. 2 BGB oder Vereinbarung einer Pflicht des Sicherungsnehmers zur Rückübertragung des Sicherungsgutes etc.).
>
> 6. Ist ein **Dritter der Sicherungsgeber** so hat dieser ein stillschweigend vereinbartes **„Ablösungsrecht"**.
>
> 7. Damit **kein Missverständnis entsteht**: Diese oder ähnliche Vereinbarungen werden in Sicherungsverträgen sehr häufig, aber keineswegs immer getroffen.

Die **Parteien des Sicherungsvertrages** sind

- der **Sicherungsnehmer**, das ist zugleich der Gläubiger der gesicherten Forderung,
- und der **Sicherungsgeber**, das wird **i.d.R.** zugleich der **Schuldner** sein, kann aber **auch** („bürgenähnlich") ein **Dritter** sein.

Wenn ausnahmsweise ein **Dritter der Sicherungsgeber** ist,

- hat der Sicherungsgeber ein stillschweigend vereinbartes **„Ablösungsrecht"**. Übt er dies aus, so hat er einen Anspruch gegen den Sicherungsnehmer, ihm die gesicherte Forderung gegen den Schuldner abzutreten.
- Daneben hat er aus dem **Innenverhältnis** zum Schuldner einen Ausgleichsanspruch,
- so dass er letztlich einen **„doppelten Zessionsregress"** nehmen kann.
- Wenn der Sicherungsgeber allerdings aus dem Innenverhältnis dem Schuldner gegenüber zur Befriedigung des Gläubigers verpflichtet war, kann er die soeben genannten Rechte nicht ausüben: Die Einwendung aus dem Innenverhältnis, dem Schuldner gegenüber zur Befriedigung des Gläubigers verpflichtet zu sein, steht dann auch dem Regressanspruch entgegen (**§ 774 Abs. 1 S. 3 BGB analog**).

c) Mangelnde Akzessorietät

Das **Sicherungseigentum** ist **nicht akzessorisch** zu der gesicherten Forderung, sondern ist mit der Forderung lediglich durch den Sicherungsvertrag verknüpft. Daher geht **im Falle eines Forderungsüberganges** infolge einer Abtretung der gesicherten Forderung (§ 398 BGB) oder einer cessio legis (§ 412 BGB) **das Sicherungseigentum nicht nach § 401 BGB automatisch** auf den Zessionar über.

Der **Gläubiger** und **Sicherungsnehmer** kann aber bei einem Forderungsübergang gegenüber dem **neuen Gläubiger** zusätzlich auch **zur Übertragung des Sicherungseigentums verpflichtet** sein. Das ist bei einem **Forderungskauf** entweder aufgrund einer im Vertrag ausdrücklich getroffenen Vereinbarung oder aufgrund einer ergänzenden Auslegung des Vertrages der Fall. Bei einem **gesetzlichen Forderungsübergang** im Gefolge der Geltendmachung eines anderen Sicherungsrechtes (z.B. einer Bürgschaft nach §§ 774, 412 BGB) könnte sich eine Verpflichtung zur Übertragung des Sicherungseigentums aus dem Rechtsverhältnis zwischen dem Gläubiger und Sicherungseigentümer und dem weiteren Sicherer (hier z.B. dem Bürgen) ergeben, uU. sogar aus einer ergänzenden Auslegung einer bestehenden vertraglichen Beziehung (z.B. des Bürgschaftsvertrages); letztlich wird man eine solche Verpflichtung aus § 242 BGB oder sogar aus § 401 BGB analog herleiten können.

Allerdings ist eine Übertragung des Sicherungseigentums angesichts der **Treuhänderstellung** des Sicherungsnehmers in dogmatischer Hinsicht **nicht unproblematisch**. Meist ist jedoch in einem **Sicherungsvertrag** vereinbart, dass der Sicherungsnehmer dazu berechtigt ist, im Falle eines Übergangs der gesicherten Forderung auch das Sicherungseigentum auf den Zessionar zu übertragen; man wird vielleicht sogar nach §§ 157, 242 BGB annehmen können, dass beim Fehlen einer entgegenstehenden Vereinbarung im Sicherungsvertrag von einer Gestattung der Übertragung des Sicherungsgutes auf einen Zessionar der gesicherten Forderung auszugehen ist. Allerdings muss man sich bei all dem darüber im klaren sein, dass die Treuhänderstellung als solche oder ein im Sicherungsvertrag enthaltenes Verbot der Übertragung des Sicherungsgutes keinerlei dingliche Wirkung hat (§ 137 BGB). Aber: überlegen Sie einmal, ob dem neuen Eigentümer das auf „verbotenem Wege" erlangte Eigentum sehr viel nützt. Wir kommen gleich darauf zurück.

Kommt es – weil aus den vorgenannten Gründen der Sicherungsnehmer im Verhältnis zum Sicherungsgeber dazu berechtigt ist und weiterhin im Verhältnis zum Zessionar dazu verpflichtet ist – dazu, dass das Sicherungseigentum auf den rechtsgeschäftlichen oder gesetzlichen Zessionar der gesicherten Forderung übertragen wird, so **überträgt der Sicherungsnehmer** im Fall einer an ihn nach **§§ 929, 930 BGB erfolgten Sicherungsübereignung** das Sicherungseigentum auf den neuen Gläubiger **nach §§ 929, 931 BGB**. Dass der neue Eigentümer vom besitzenden Sicherungsgeber Herausgabe des Sicherungsgutes nur nach Maßgabe des Sicherungsvertrages verlangen kann, folgt dann aus § 986 Abs. 2 BGB.

<u>Fall 615:</u> Die G-Bank hat eine Darlehensforderung gegen den S, die gesichert ist durch eine selbstschuldnerische Bürgschaft des Bü und durch eine nach §§ 929, 930 BGB vorgenommene Sicherungsübereignung des S. Im Sicherungsvertrag ist vereinbart, dass der G-Bank die Übertragung des Sicherungseigentums an einen Zessionar gestattet ist. Als das Darlehen notleidend wird, zahlt der Bü an die G-Bank. Der Bü will sich an den S halten und notfalls das Sicherungsgut verwerten.

1. Die Darlehensforderung steht dem Bü zu (§§ 774 Abs. 1 S. 1, 412, 399 ff., 488 Abs. 1 S. 2 BGB). 2. Das Sicherungseigentum a) ist aber nicht nach den §§ 774, 412, 401 BGB automatisch auf den Bü übergegangen. b) Vielmehr müssen die Dinge wie folgt gestaltet werden, damit der Bü das Sicherungsgut erlangen und verwerten kann: aa) Die G-Bank ist im Verhältnis zu Bü (aufgrund einer Auslegung oder einer ergänzenden Auslegung des Bürgschaftsvertrages, oder einer Anwendung des § 242 BGB oder aufgrund von §§ 401, 412 BGB analog) verpflichtet, das Sicherungseigentum auf den neuen Gläubiger zu übertragen. bb) Der Gläubiger und Sicherungsnehmer darf dies auch im Verhältnis zu dem Sicherungsgeber S; hier ist die im Sicherungsvertrag vereinbarte Gestattung einer Übertragung „auf einen Zessionar" im Wege der Auslegung auch als Einverständnis mit einer Übertragung auf einen Forderungsübergang nach §§ 774, 412 BGB zu verstehen; selbst beim Fehlen einer entgegenstehenden Erklärung des S im Sicherungsvertrag würde man nach §§ 157, 242 BGB von einer Gestattung ausgehen. cc) Die G-Bank würde daher das Sicherungseigentum nach § 931 BGB an den neuen Gläubiger, also nach § 774 Abs. 1 S. 1 BGB an den Bü, übertragen. dd) Der Bü kann nach gem. §§ 929, 931 BGB erfolgter Übereignung die Sache von dem S nach § 985 BGB herausverlangen; § 986 Abs. 2 BGB steht nicht entgegen, weil der S nach Eintritt des Verwertungsfalls (Darlehen wur-

de notleidend) kein Recht zum Besitz mehr hat, sondern die Verwertung dulden muss. ee) Zahlt der S an den Bü, dann wird der S Eigentümer nach Maßgabe des Sicherungsvertrages: entweder durch automatischen Rückfall oder durch eine Übereignung seitens des Bü nach § 929 S. 2 BGB.

> **Jetzt zu der offen gelassenen Frage:** Sie wissen ja, dass die Übereignung an den neuen Gläubiger trotz des Treuhandverhältnisses und selbst dann, wenn ihm dies im Sicherungsvertrag verboten wäre, dinglich wirksam wäre, weil nach § 137 BGB rechtsgeschäftliche Verfügungsverbote nur eine schuldrechtliche Wirkung haben. Gleichwohl hätte bei einem Verstoß gegen den Sicherungsvertrag der neue Eigentümer nicht viel von seinem Sicherungseigentum, denn der Sicherungsgeber könnte die Herausgabe an ihn verweigern (§ 986 Abs. 2 BGB).

d) Nachschaltung von Sicherungsrechten

In solchen Fällen, in denen zu erwarten und auch gewollt ist, dass der Sicherungseigentümer sein Sicherungseigentum dadurch verliert, dass das Sicherungsgut (z.B. als Rohstoff) verarbeitet wird (§ 950 BGB) oder dass es (z.B. als Handelsware) mit seiner Zustimmung veräußert wird (§§ 929 ff., 185 Abs. 1 BGB), werden auf Verlangen des Sicherungseigentümers (der als Kreditgeber insoweit ja „am längeren Hebel" sitzt) von den Parteien meist **andere Sicherungsrechte** bzw. **ein Sicherungseigentum an anderen Sachen** dem verlorenen Sicherungseigentum „nachgeschaltet".

Wenn der Sicherungsgeber im Einverständnis mit dem Sicherungsnehmer aufgrund von Kaufverträgen mit seinen Kunden das Sicherungsgut an diese übereignet (§§ 929 ff., 185 Abs. 1 BGB), verliert der Sicherungsnehmer sein Sicherungseigentum; i.d.R. ist deshalb in derartigen Fällen mit dem Sicherungsgeber eine **anti – e – zipierte Sicherungszession** hinsichtlich der künftigen Kaufpreisansprüche vereinbart.

Bei einem zu erwartenden Rechtsverlust des Sicherungsnehmers nach § 950 BGB wegen einer Verarbeitung der zur Sicherheit übereigneten Sache durch den Sicherungsgeber wird i.d.R. eine **Verarbeitungsklausel** vereinbart, derzufolge der Sicherungsnehmer Sicherungseigentum an der neuen Sache erlangen soll. Das bringt erhebliche konstruktive Probleme mit sich.

- Man kann das vorgenannte Ergebnis konstruktiv in der Weise ableiten, dass man § 950 BGB entweder insgesamt oder jedenfalls hinsichtlich der Herstellereigenschaft für abdingbar hält, so dass der Sicherungsnehmer infolge der Verarbeitungsklausel zum Hersteller und damit zum Sicherungseigentümer der neuen Sache wird.

- Aber selbst wenn man abweichend davon annimmt, dass die Herstellereigenschaft vom Gesetz objektiv festgelegt und nicht abdingbar ist, muss man erörtern, ob die den Sicherungsgeber zum Hersteller machende Klausel ein die Herstellerrolle festlegendes objektives Kriterium ist („subjektive Korrektur" des an sich objektiven Herstellerbegriffs), das nur durch ein erkennbares widersprüchliches Verhalten entkräftet werden kann. Wenn man dieser Rechtsansicht folgt, wäre auch hiernach der Sicherungsnehmer Hersteller der neuen Sache und erwürbe an ihr das Sicherungseigentum.

- Wenn man aber ohne Anerkennung einer („subjektiven") Korrekturmöglichkeit ausschließlich objektive Kriterien für die Herstellereigenschaft maßgebend sein lassen will und wenn es deshalb zu einem Eigentumserwerb des Produzenten und Sicherungsgebers als des Verarbeiters kommt, wäre weiter zu erörtern, ob nach dem Parteiwillen in der Verarbeitungsklausel eine ante – i – zipierte Sicherungsübereignung der neuen Sache an den Sicherungsnehmer liegen soll (Auslegungsfrage); die Folge wäre dann aber ein Durchgangserwerb des Sicherungseigentums auf den Sicherungsnehmer.

<u>Fall 616</u>: Der Lieferant L liefert unter Vereinbarung eines Eigentumsvorbehalts dem Produzenten P Leder für dessen Schuhproduktion; zusätzlich vereinbart ist eine „Herstellerklausel", derzufolge der L Sicherungseigentümer der mittels des Leders hergestellten Schuhe werden soll. Zuvor aber hatte der P ohne Wissen des L diese Produktion bereits der B-Bank zur Sicherung eines Kredits übereignet. Der P zahlt weder den Kaufpreis noch tilgt er den Kredit. Die B-Bank nimmt die von dem L durch besondere Lagerung und Kennzeichnung als Sicherungsgut der B bezeichnete Schuhproduktion gegen den Widerspruch des P, der mittlerweile den L für berechtigt hält, zum Zwecke der Verwertung an sich und lagert sie bei Lagerhalter H, mit dem sie einen Lagervertrag abgeschlossen hat, ein. Der L verlangt Herausgabe von der B-Bank (nach BGH).

Der Anspruch könnte sich aus § 985 BGB ergeben. a) Die B-Bank müsste Besitzerin sein. Sie ist mittelbarer Besitzer, was für § 985 BGB ausreicht (arge. § 868 BGB, § 886 ZPO). b) L müsste Eigentümer der Schuhe sein. Das ist „historisch" zu prüfen: aa) L war Eigentümer des Leders. bb) Wer wurde Eigentümer durch die Verarbeitung? aaa) An sich der P nach § 950 Abs. 1 BGB, bbb) aber nach der Herstellerklausel aus verschiedenen Gründen (: § 950 BGB ist ganz oder teils abdingbar und L ist Eigentümer/die Herstellerklausel macht den L zum Hersteller/in der Herstellerklausel liegt eine ante – i – zipierte Sicherungsübereignung an L) ist der L Eigentümer geworden. ccc) Fraglich ist, ob daraufhin die B-Bank das Eigentum nach §§ 930, 933 BGB aufgrund der anti – e – zipierten Sicherungsübereignung erworben hat. aaaa) Eine – mögliche – Vorab-Einigung liegt vor; bbbb) ebenso ein – mögliches – vorab vereinbartes Besitzmittlungsverhältnis und cccc) die vom BGH verlangte Objektivierung. dddd) Da der P aaaaa) nach der Lösung der hM. aber nicht Eigentümer war, sondern der L im Wege des Direkterwerbs Eigentümer geworden ist, müsste § 933 BGB gegeben sein: Die Schuhe sind aber nicht „übergeben" worden, sondern die B-Bank hat sie an sich genommen; bei einer solchen eigenmächtigen „Selbstbedienung" eines Sicherungsnehmers soll § 933 BGB nach dem BGH mangels Übergabe, der hierfür ein „einverständliches Geben und Nehmen" verlangt, nicht vorliegen; nach der hL. soll dies aber nur dann gelten, wenn der Sicherungsgeber – wie es hier allerdings der Fall ist – einen aktuellen entgegenstehenden Besitzwillen hatte. Danach hat die B-Bank kein Eigentum erlangt und der L könnte Herausgabe verlangen, weil die B-Bank auch kein Recht zum Besitz hätte. bbbbb) Wer aber keinen Direkterwerb des L, sondern zunächst einen Eigentumserwerb des P angenommen hat, aaaaaa) der müsste einen Eigentumserwerb der B-Bank nach § 930 BGB (auf § 933 BGB käme es nicht an!) bejahen und bbbbbb) prüfen, ob L gutgläubig das Sicherungseigentum erworben hat (§§ 930, 933 BGB). Der gutgläubige Erwerb des L würde entweder mangels einer ja teilweise geforderten „Ausführungshandlung" schon am nicht gegebenen Grundtatbestand des § 930 BGB scheitern, jedenfalls aber am Fehlen einer für § 933 BGB notwendigen Übergabe an L. Danach hätte die B-Bank Eigentum erlangt und L könnte keine Herausgabe verlangen.

> Jetzt müssen Sie sich erst einmal **zurücklehnen** und **tief Luft holen** und sich wieder einmal klar machen, was Sie bisher eigentlich gelernt haben und welche Lern-Arbeit noch auf Sie wartet:
>
> Das Ziel unserer Bemühungen in diesem Teil 6 sind die „**dinglichen Ansprüche**". Weil „dingliche Ansprüche" der Verwirklichung der Befugnisse dinglicher Rechte dienen, mussten wir als erstes den **Inhalt dinglicher Rechtsstellungen/Rechte** (wir haben uns dabei beschränkt auf: den Besitz, das Eigentum, den Eigentumsvorbehalt/das Anwartschaftsrecht und auf die Verwertungssicherungsrechte) kennenlernen. Erst danach konnten wir die Frage nach dem **Erwerb** und dem **Verlust** dieser Rechtsstellungen bzw. Rechte aufwerfen. Bei diesem Thema sind wir jetzt! Zunächst haben Sie die Voraussetzungen des Erwerbs (und „spiegelbildlich") des Verlustes des **Besitzes**, dann die des Erwerbs und Verlustes des **Eigentums/Anwartschaftsrechts an beweglichen Sachen** und anschließend die des Erwerbes und des Verlustes von **Sicherungsrechten an beweglichen Sachen** (Pfandrecht und Sicherungsübereignung) kennengelernt. Dementsprechend geht es nun im **Grundstücksrecht** weiter: Zunächst erörtern wir die Verfügungen über Grundstücke, und zwar speziell den Erwerb des Eigentums/Anwartschaftsrechts, einschließlich der Sicherung des schuldrechtlichen Anspruchs auf dingliche Rechtsänderung durch die Vormerkung und dann behandeln wir den Erwerb (und den Verlust) der Sicherungsrechte Hypothek und (Sicherungs-) Grundschuld.

IV. Der Eigentumserwerb an Grundstücken

Bereits die einfache Frage, was eigentlich ein „**Grundstück**" ist, ist ohne Rechtskenntnisse kaum zu beantworten:

- Ein **Grundstück** im Rechtssinne ist ein **Teil der Erdoberfläche**, der **im Bestandsverzeichnis eines Grundbuchblatts gebucht** ist.
- Welcher Teil im „geographischen" Sinne der Erdoberfläche bei einer solchen „Buchung" gemeint ist, folgt aus dem „**Liegenschaftskataster**", auf das das Grundbuch Bezug nimmt: Durch Vermessung ist nämlich die Erdoberfläche (natürlich auf Deutschland beschränkt – „andere Länder, andere Sitten"!) in „Flurstücke" (oder auch „Katasterparzellen") aufgeteilt; hierüber wird ein amtliches Verzeichnis eingerichtet, das sich in einer Flurkarte widerspiegelt. Die Grundstücke im Grundbuch werden nach diesem Verzeichnis benannt (§ 2 Abs. 2 GBO).

Das **Eigentum an einem „Grundstück"** kann erworben werden

- durch **Rechtsgeschäft** („Übereignung") (**sub 1**),
- durch **Gesetz** („Ersitzung") (**sub 2**)
- und durch **Hoheitsakt** („Zuschlag") (**sub 3**).

1. Der rechtsgeschäftliche Erwerb durch Übereignung, die Sicherung des Rechtserwerbs (Vormerkung)

> Bevor wir uns jetzt mit den Verfügungen über Grundstücke, speziell mit der Übereignung von Grundstücken, befassen, müssen wir uns durch einen kurzen **Rückblick** noch einmal **auf das** einer Eigentumsübertragung regelmäßig zugrunde liegende **Verpflichtungsgeschäft** (ein Vertrag, „durch den sich der eine Teil verpflichtet, das Eigentum an einem Grundstück zu übertragen oder zu erwerben") **besinnen**. Denn sichere Kenntnisse hiervon sind unerlässlich für das Verständnis bestimmter technischer Voraussetzungen des Eigentumserwerbs an Grundstücken, für das Verständnis der eine obligatorische Übereignungsverpflichtung sichernden („Auflassungs"-) Vormerkung und auch für das Verständnis des dinglichen Vorkaufsrechts.

Der **zur Übereignung** bzw. **zum Erwerb eines Grundstücks verpflichtende Vertrag** (das ist i.d.R. ein Kaufvertrag, kann aber z.B. auch ein Schenkungsvertrag oder ein Gesellschaftsvertrag sein, aufgrund dessen ein Grundstück in eine Gesellschaft eingebracht werden muss) bedarf zu seiner Wirksamkeit der **notariellen Beurkundung (§ 311 b Abs. 1 S. 1 BGB)**; folgende Grundregeln müssen Ihnen geläufig sein:

> **1.** Selbstverständlich ist, dass die **„essentialia negotii"** solcher Verträge formbedürftig sind.
>
> **2.** Aber auch alle **Nebenabreden**, die nicht so unwesentlich sind, dass die Parteien den Vertrag auch ohne sie geschlossen hätten, müssen **notariell beurkundet** werden.
>
> **3.** Bei einer **Verknüpfung** eines formbedürftigen Vertrages mit einem anderen, formfrei möglichen Vertrag, ist ein an sich formfreier Vertrag ebenfalls formbedürftig, wenn die Geschäfte miteinander „stehen und fallen".
>
> **4.** Formbedürftig sind ebenfalls solche **Rechtsgeschäfte**, die einem **solchen Verpflichtungsvertrag gleichgestellt** werden müssen. Die Hauptbeispiele sind der
>
> a) **Vorvertrag** auf Abschluss eines zur Übereignung oder zum Erwerb eines Grundstück verpflichtenden Hauptvertrages, denn aus ihm ergibt sich ein einklagbarer und nach § 894 ZPO durchsetzbarer Anspruch auf Abschluss des Hauptvertrages, so dass der Verpflichtete durch den Vorvertrag wie durch den Hauptvertrag gebunden ist,
>
> b) die Erteilung einer **unwiderruflichen** oder einer von den Schranken des **§ 181 BGB** befreiten **Veräußerungs-** oder **Erwerbsvollmacht**, denn durch sie ist der Bevollmächtigte wie durch den entsprechenden Vertrag gebunden.
>
> **5.** Leicht übersehen wird übrigens, dass die vorgeschriebene **Form** auch bei solchen **Verträgen** gegeben sein muss, **die das formbedürftige Geschäft nachträglich** ändern, jedoch nicht solche, die den Vertrag und damit die Verpflichtung zur Übereignung oder zum Erwerb aufheben („Aufhebungsvertrag").

> 6. Ist die Form nicht gewahrt, ist der **Vertrag nach § 125 S. 1 BGB nichtig**. Nach § 311 b Abs. 1 S. 2 BGB wird der **Formmangel** durch Auflassung und Eintragung in das Grundbuch mit ex – nunc – Wirkung **geheilt**, wenn die Parteien übereinstimmend die Veräußerung oder den Erwerb noch wollen mit der Folge, dass der Vertrag „seinem ganzen Inhalt nach", also einschließlich eventueller formnichtiger Nebenabreden, wirksam wird.

Das alles mag Ihnen schon mehr oder weniger bekannt gewesen sein. Was aber verstehen Sie unter einer „**notariellen Beurkundung**"? Das verrät Ihnen **§ 128 BGB i.V.m. §§ 8, 9, 13 BeurkG**: Die notariell zu beurkundende (n) Willenserklärung (en) des/der „Beteiligten" wird/werden in einer vor dem Notar stattfindenden „Verhandlung" abgegeben. Der Notar nimmt davon eine „Niederschrift" auf, die „vorgelesen, genehmigt und" von dem/den Beteiligten und dem Notar „unterschrieben" wird. Wenn eine formell rechtskräftige Verurteilung zur Abgabe einer Willenserklärung die Abgabe der Willenserklärung ersetzt (§ 894 ZPO), dann ersetzt das Urteil auch die nach materiellem Recht erforderliche Form.

Das alles war Ihnen hoffentlich noch so einigermaßen in Erinnerung. Um das Verpflichtungsgeschäft geht es hier natürlich nur am Rande, denn Sie sind jetzt hoffentlich ganz brennend daran interessiert zu erfahren, wie man (in Erfüllung einer darauf gerichteten Verpflichtung) das Eigentum an einem Grundstück erlangt.

Zunächst einmal wissen Sie ja, dass aufgrund des „**Trennungsprinzips**" die Übereignung von dem eben angesprochenen Verpflichtungsgeschäft zu trennen ist; dass auch das „**Abstraktionsprinzip**" gilt, versteht sich ebenfalls von selbst.

Die **Voraussetzungen für den Erwerb des Eigentums an einem Grundstück** sind „**Auflassung und Eintragung**" in das Grundbuch.

- Erforderlich sind eine dingliche **Einigung** (§ 873 Abs. 1 BGB) in der **Form des § 925 Abs. 1 BGB** (dann heißt die Einigung: „**Auflassung**") zwischen dem Erwerber und dem Veräußerer (das ist der zur Verfügung befugte Eigentümer bzw. Veräußerer, der Eigentümer des Grundstücks ist) und

- eine **Eintragung** des Erwerbers in das Grundbuch durch das Grundbuchamt (§ 873 Abs. 1 BGB),

- so dass man kurz gefasst zu sagen pflegt: Das Eigentum geht über durch „**Auflassung und Eintragung**".

- Für die anschließende Darstellung weichen wir aus bestimmten „darstellungstaktischen" Gründen von der vorgenannten und damit auch von der in der Realität den Ablauf bildenden Reihenfolge insoweit ab, als wir mit den Voraussetzungen für die **Grundbucheintragung** beginnen (**sub a**)), und erst **anschließend die Auflassung** erörtern (**sub b**)); der Grund ist, dass sich so bestimmte materiellrechtliche Fragen besser erklären und verstehen lassen.

a) Eintragung in das Grundbuch

Die für den Rechtserwerb erforderliche Eintragung erfolgt im Grundbuch.

> Das Grundbuch ist ein von dem (beim Amtsgericht bestehenden, lesen Sie § 1 GBO) Grundbuchamt geführtes Register, das Auskunft über die privatrechtlichen Verhältnisse an Grundstücken gibt; jede Rechtsänderung muss – soll sie wirksam sein – im Grundbuch eingetragen werden. Die Eintragung ist daher „konstitutiv". Die Folge einer Eintragung ist eine Vermutungswirkung (§ 891 BGB) und zugunsten Gutgläubiger eine Gutglaubenswirkung (§§ 892, 893 BGB).

aa) Aufbau des Grundbuchs

Zunächst einmal: Wann immer die Rede davon ist, dass eine Eintragung in das Grundbuch erfolgt, muss man sich klar machen, dass „jedes Grundstück" – so das übliche „Realfolium" – „im Grundbuch eine besondere Stelle (Grundbuchblatt) erhält. Das Grundbuchblatt ist für das Grundstück als das Grundbuch im Sinne des Bürgerlichen Rechts anzusehen" (§ 3 Abs. 1 GBO). Das „**Grundbuch**" i.S.d. des BGB **ist** also **in Wahrheit** ein „**Blatt**". Das darf man aber wiederum nicht so missverstehen, dass dieses „ein" ein Zahlwort ist und dass das „Grundbuch" daher nur aus einer einzigen Seite besteht.

Verschaffen Sie sich unbedingt einen optischen Eindruck vom „Grundbuch", und zwar am besten in den Lehrbüchern des Sachenrechts, z.B. sehr hübsch bei Baur – Stürner im Anhang 1 mit einem der Realität angepassten Mehrfarbendruck.

> Das Grundbuch ist wie folgt aufgeteilt:
>
> - Das vorangestellte **Bestandsverzeichnis** stellt den Bezug zwischen dem Grundstück im vermessungstechnischen Sinn (Liegenschaftskataster) und dem Grundstück im Rechtssinn her. Außerdem finden sich dort Beschreibungen des Grundstücks und Flächenangaben. Die Vermutungs- und Gutglaubenswirkung bezieht sich nicht auf das Bestandsverzeichnis. Wenn in Abt. 1 des Grundbuchs anstelle der wirklichen Grundfläche von 5 000 qm eine Grundfläche von 6 000 qm vermerkt ist, würde ein gutgläubiger Erwerber nicht etwa aufgrund des § 892 BGB Eigentümer eines Grundstücks von 6 000 qm Grundfläche werden. Eine derartige wundersame Vergrößerung von Grundstücken durch gutgläubigen Erwerb gibt es allerdings aufgrund eines Sondergesetzes für die Gemeinde Schilda.
>
> - In **Abteilung I** findet sich die Eintragung der Eigentümer (alle natürlichen und juristischen Personen; oHG/KG; nach der maßgeblichen Rechtspraxis nicht die BGB-Gesellschaft; bei Gesamthandsgemeinschaften alle Gesamthänder – also nach der Praxis auch alle BGB-Gesellschafter) und der Erwerbsgründe.
>
> - In **Abteilung III** sind die Hypotheken, Grund- und Rentenschulden eingetragen
>
> - und („Subtraktionsverfahren") in **Abteilung II** die sonstigen Belastungen und Beschränkungen, wie z.B. der Nießbrauch, die Grunddienstbarkeit,

> eine Beschlagnahme infolge der Eröffnung eines Insolvenzverfahrens; ein Vorkaufsrecht, eine Vormerkung, ein Widerspruch etc.

Ergänzt wird der Inhalt des Grundbuchs durch die „**Grundakten**", auf die das Grundbuch Bezug nehmen kann.

bb) Eintragungsvoraussetzungen nach der GBO

Das **Eintragungsverfahren**, also die Frage unter welchen **Voraussetzungen das Grundbuchamt einträgt**, regelt die Grundbuchordnung (GBO); es handelt sich materiell um richterliche Verwaltungstätigkeit und nicht um Rechtsprechung.

> Das Grundbuchamt wird
>
> - in der Regel (Ausnahme z.B. § 53 GBO), auch bei der hier interessierenden Übereignung, nur auf einen **Antrag** hin tätig, den jeder, dessen Recht betroffen ist, also auch der Erwerber, stellen kann (§ 13 Abs. 1 GBO), und zwar auf einem Schriftstück, wobei nicht die **Form** des § 126 BGB gewahrt sein muss, den man aber nur in der Form des § 31, 29 GBO zurücknehmen kann.
>
> - Der in seinem Recht Betroffene muss die Eintragung **bewilligen** (= formelles Konsensprinzip, § 19 GBO), wobei diese Bewilligung dem Grundbuchamt in der **Form** öffentlicher oder öffentlich beglaubigter Urkunden nachgewiesen werden muss (§ 29 GBO); in den Fällen der Vormerkung und des Widerspruchs kann die formgerechte Bewilligung nach §§ 885, 899 BGB durch eine einstweilige Verfügung ersetzt werden.
>
> - Speziell beim Eigentumserwerb (der hier interessiert) muss neben oder statt der Bewilligung (str., aber wohl müßig, weil die Auflassung i.d.R. eine Bewilligung enthält) die **Auflassung vorgelegt werden** (= materielles Konsensprinzip, § 20 GBO), und zwar in öffentlich beglaubigter **Form** (§ 29 GBO), die auch bei einer eventuellen notariellen Beurkundung der Auflassung (§ 129 Abs. 2 BGB: das ist u.a. ein Grund dafür, dass die Auflassung im Kaufvertrag mitbeurkundet wird) oder bei einem zur Abgabe verurteilenden formell rechtskräftigen Urteil gewahrt ist, weil das Urteil nicht nur die Willenserklärung, sondern auch die nach materiellem Recht erforderliche Form ersetzt (§ 894 ZPO).
>
> - Der durch die Eintragung in seinem Recht Betroffene muss i.d.R. (Ausnahme: § 40 GBO) als Berechtigter **voreingetragen** sein (§ 39 GBO).
>
> - Das **Grundbuchamt bearbeitet** die dasselbe Recht betreffenden Anträge in der **Reihenfolge ihres Eingangs (§ 17 GBO)**. Verstöße gegen speziell dieses Gebot stehen dem Rechtserwerb nicht entgegen, weil es sich auch insoweit um eine reine Ordnungsvorschrift handelt, sondern lösen nur Amtshaftungsansprüche nach §§ 839 BGB, Art. 34 GG gegen den Staat aus; hier gilt nicht das „Spruch-Richterprivileg" (= Verantwortlichkeit des Spruchrichters nur bei strafbarer Pflichtverletzung) des § 839 Abs. 2

> S. 1 BGB, weil es sich materiell um eine Verwaltungstätigkeit handelt, die sich nach der GBO und dem FGG richtet.
>
> Fortan muss Ihnen die §§ – Kette: §§ 13, 19 bzw. 20, 29, 39 GBO und das Reihenfolgeprinzip des § 17 GBO geläufig sein, wie auch die damit gemeinten Vorgänge: Antrag, Bewilligung/Auflassung/Form und Voreintragung, Reihenfolge. Sagen Sie alles solange vor sich her, bis Sie es auswendig (!) wissen.

Noch einmal: Es handelt sich bei diesen Verfahrensvorschriften um **reine Ordnungsvorschriften** und nicht um materielles Recht. Das materielle Recht verlangt für die Rechtsänderung (hier: die Übereignung) nur zweierlei: „Auflassung" und „Eintragung"; und deren Vorliegen beurteilt sich nur nach §§ 873, 925 BGB! Die Verletzung der Verfahrensvorschriften der GBO macht also das Grundbuch nicht unrichtig.

> Es gibt allerdings einige Fälle, in denen das Grundbuch durch eine Verletzung von Verfahrensvorschriften der GBO unrichtig geworden ist. Wenn z.B. eine dem H am Grundstück des E zustehende Hypothek versehentlich durch das Grundbuchamt gelöscht worden ist, muss das Grundbuchamt von Amts wegen einen Widerspruch gegen die Richtigkeit des Grundbuchs eintragen (§ 53 Abs. 1 S. 1 GBO). Dieser Widerspruch verhindert dann einen bei einer Übereignung des Grundstücks an den D nach §§ 873, 925 BGB möglichen gutgläubig lastenfreien Erwerb nach § 892 BGB. Dazu später mehr.

b) Einigung

Das waren die Voraussetzungen für die nach § 873 Abs. 1 BGB konstitutive Eintragung in das Grundbuch. Die in **§ 873 Abs. 1 BGB** genannten Verfügungsgeschäfte, zu denen auch die uns hier in erster Linie interessierende „Übertragung des Eigentums an einem Grundstück" zählt, setzen außer

- der soeben behandelten **Eintragung in das Grundbuch**
- eine dingliche **„Einigung"** voraus. Eine solche Einigung zur Übertragung des Eigentums an Grundstücken ist ein dinglicher Vertrag mit dem Inhalt, dass Eigentum am Grundstück auf den Erwerber übergeht. Die Einigung i.S.d. § 873 Abs. 1 BGB ist im Grundsatz formfrei; nur bei der uns hier interessierenden Einigung über den Eigentumsübergang ist sie formbedürftig: Sie heißt **„Auflassung"** und bedarf der **Form des § 925 BGB**, die sogleich näher dargestellt wird.

> Wenn wir uns hier schwerpunktmäßig auf die Übereignung konzentrieren, dürfen wir nie „aus dem Auge verlieren":
>
> Eine dingliche „Einigung" i.S.d. § 873 BGB ist natürlich auch für die Belastung eines Grundstücks mit einem beschränkt dinglichen Recht sowie bei der Übertragung oder Belastung eines solchen Rechts von Bedeutung.
>
> Eine solche Einigung zur Bestellung eines beschränkt dinglichen Rechts hat dann natürlich einen anderen Inhalt als bei der Übereignung: Sie finden diesen Inhalt ganz präzise definiert in den Vorschriften §§ 1018 (Grunddienstbarkeit),

> 1030 (Nießbrauch), 1090 (beschränkt persönliche Dienstbarkeit), 1094 (Vorkaufsrecht), 1105 (Reallast); 1113 (Hypothek), 1191 (Grundschuld), 1191 (Rentenschuld). Sie müssen alle diese Vorschriften jetzt sofort lesen. Sie sind alle von Bedeutung für Sie, so „abgelegen" sie ihnen auch scheinen mögen.

Jetzt aber wieder **zurück** zu unserem zentralen Thema, der **Übereignung von Grundstücken**.

c) „Auflassung"

Die in § 873 BGB geregelte dingliche **Einigung zur** Herbeiführung der **Übereignung von Grundstücken** ist (wie Sie nun längst wissen) auch noch in der insoweit den § 873 BGB ergänzenden Norm des **§ 925 BGB** geregelt und wird dort als **„Auflassung"** bezeichnet.

> Daher sagt der geübte Jurist ja auch, dass das Eigentum an einem Grundstück durch **„Auflassung** und **Eintragung** in das Grundbuch" übertragen wird.

aa) Form

Unter der **„Auflassung"** versteht man eine **dingliche Einigung** i.S.d. § 873 Abs. 1 BGB **mit dem Inhalt, dass das Eigentum an einem Grundstück übergeht**, in der **Form § 925 Abs. 1 BGB**:

- Ausreichend sind dafür **alle Erklärungsformen**, also rein theoretisch auch nur mündliche oder privatschriftliche Erklärungen,
- wenn sie nur **bei gleichzeitiger Anwesenheit** (nicht zwingend persönlicher Anwesenheit; man kann sich vertreten lassen, beide Seiten sogar durch einen einzigen Vertreter, z.B. den Bürovorsteher des Notars, falls die Befreiung von den Schranken des § 181 BGB erteilt worden ist!) **vor einer zuständigen Stelle** erfolgt sind.
- Zuständig ist i.d.R. der **Notar**; möglich ist aber auch eine Auflassung in einem Prozessvergleich oder in einem gerichtlich bestätigten Insolvenzplan (§§ 794 Abs. 1 Nr. 1, 248 InsO, 925 Abs. 1 S. 2 BGB).
- Es geht bei der Auflassung also **nicht (!!)** um die Einhaltung der Formvorschrift des **§ 311 b Abs. 1 BGB**, sondern um die des **§ 925 BGB**; diese verlangt keine „notarielle Beurkundung", sondern nur eine gleichzeitige Anwesenheit vor einer zuständigen Stelle. Dass in der Rechtspraxis niemals – wie zwar theoretisch möglich – mündliche oder privatschriftliche Erklärungen vor dem Notar abgegeben werden, sondern dass diese sogar darüber hinausgehend in aller Regel entweder öffentlich beglaubigt oder sogar „notariell beurkundet" werden, werden Sie jetzt gleich lernen.

Dass es in der Praxis eine solche theoretisch mögliche mündliche oder privatschriftliche Auflassung vor einer zuständigen Stelle nicht gibt, beruht darauf, dass die Auflassung im Hinblick auf § 20 GBO mindestens der Form des § 29 GBO i.V.m. § 129 Abs. 1 BGB (öffentliche Beglaubigung) genügen muss.

- Falls die **Auflassung „isoliert"**, also zeitlich nach dem Abschluss des Kaufvertrages, **erfolgt**, werden die bei gleichzeitiger Anwesenheit beider Teile vor einer zuständigen Stelle abgegebenen Erklärungen öffentlich beglaubigt (§ 29 GBO i.V.m. § 129 Abs. 1 BGB).
- Sehr häufig aber wird die **Auflassung zugleich** mit dem **Verpflichtungsgeschäft**, i.d.R. dem Kaufvertrag, nach § 311 b Abs. 1 S. 1 BGB **notariell beurkundet**. Damit erfüllen die Beteiligten nicht nur das **Formerfordernis** der **gleichzeitigen Anwesenheit beider Teile vor einer zuständigen Stelle** (§ 925 BGB), sondern erzielen den materiell rechtlichen Effekt einer **Bindungswirkung** der Einigung (§ 873 Abs. 2 BGB) und erfüllen im Hinblick auf das **Formerfordernis der §§ 19, 20, 29 GBO, 129 Abs. 2 BGB** die Eintragungsvoraussetzungen, „schlagen also mehrere Fliegen mit einer Klappe".
- Schließlich sei daran erinnert, dass nach **§ 894 ZPO** das formell rechtskräftige Urteil zur Abgabe einer Willenserklärung die jeweils erforderliche Form ersetzt, also auch die Form des § 925 BGB.

Fall 617: Der E gerät in eine wirtschaftliche Krise. Einer seiner Gläubiger ist der K. Um schnell zu Geld zu kommen, verkauft der E formgerecht an den K ein ihm gehöriges wertvolles, aber in der derzeitigen Wirtschaftslage schwer verkäufliches Grundstück zu einem „Schleuderpreis" bei gleichzeitigem Erlass der Forderung des K gegen ihn und lässt es diesem auf, nachdem der K seine Gegenleistung erbracht hat. Der K führt jedoch seine Eintragung als Eigentümer nicht herbei, sondern schließt einen notariell beurkundeten Schenkungsvertrag mit seiner Frau F und lässt das Grundstück an sie auf. Die F beantragt unter Vorlage der beiden Auflassungen ihre Eintragung als Eigentümerin, die auch erfolgt. Zwei Monate nach dem Kaufvertrag zwischen E und K wird über das Vermögen des E das Insolvenzverfahren eröffnet. Der Insolvenzverwalter IV verlangt von der F 1. die Zustimmung zu einer Grundbuchberichtigung dahingehend dass der E wieder in das Grundbuch als Eigentümer eingetragen wird, oder jedenfalls 2. die Rückübereignung an den E.

1. Eine Grundbuchberichtigung könnte vom IV nach § 894 BGB i.V.m. § 80 InsO verlangt werden, wenn der E, und nicht die im Grundbuch als Eigentümerin eingetragene F Eigentümer des Grundstücks wäre (§ 894 BGB). a) Der E war Eigentümer. b) Der K ist mangels Eintragung nicht Eigentümer geworden. c) Die F könnte Eigentümerin geworden sein. aa) Erforderlich ist eine Auflassung (§§ 873 Abs. 1, 925 BGB). aaa) Eine formgerechte Auflassung K – F liegt vor. bbb) Der K hat dabei jedoch aaaa) als Nichtberechtigter über das Grundstück des E verfügt. bbbb) Diese Verfügung könne jedoch nach § 185 Abs. 1 BGB aufgrund einer Einwilligung des E wirksam sein. Es ist allgemein anerkannt, dass in der Auflassung (hier der des E) regelmäßig die Einwilligung in eine Weiterveräußerung liegt, so dass es zu einem Eigentumserwerb durch „Ketten- oder Sprungauflassungen" kommen kann. bb) Die F ist als Eigentümerin eingetragen worden. Daher ist das Grundbuch richtig. Ein Grundbuchberichtigungsanspruch des IV besteht nicht. 2. Der IV kann das Rechtsgeschäft zugunsten der F aber unter den Voraussetzungen der §§ 129 ff., 130 Abs. 1 Nr. 1, 145 Abs. 2 Nr. 3 InsO anfechten und Rückübereignung verlangen.

bb) Bedingungsfeindlichkeit

Die Auflassung ist **bedingungsfeindlich (§ 925 Abs. 2 BGB)**. Der Grund dafür leuchtet ohne weiteres ein: Ob eine Person Eigentümer eines Grundstücks ist, soll sich nur aus dem Grundbuch ergeben und nicht von irgendwelchen „künftigen ungewissen Ereignissen" abhängen.

Daher ist bei der Veräußerung von Grundstücken **kein Eigentumsvorbehalt** (§ 449 BGB) möglich, und es stellt sich die Frage, wie es rechtstechnisch zu ermöglichen ist, den Grundstücksverkäufer, der insoweit vorgeleistet hat, als dass er bereits eine (evtl. sogar nach § 873 Abs. 2 BGB bindende) Auflassung und Eintragungsbewilligung erteilt hat, dem der Kaufpreis aber noch nicht (voll) bezahlt worden ist, zu sichern. Hier hat man folgende Auswege gefunden:

- Der **beurkundende Notar wird als Treuhänder** eingesetzt: Der Notar behält die Auflassung und Eintragungsbewilligung bei sich. Er wird damit beauftragt, die Eintragung in das Grundbuch kraft seiner vermuteten Vollmacht (§§ 13, 15 GBO) zu beantragen und herbeizuführen, wenn der Kaufpreis, wie im Vertrag vereinbart, auf sein Notaranderkonto eingezahlt worden ist.

- Oder der **Käufer wird sogleich Eigentümer**, aber zugunsten des Verkäufers wird eine Hypothek oder Grundschuld (**„Restkaufpreishypothek"**) in Höhe der noch nicht entrichteten Kaufpreisschuld bestellt und in das Grundbuch eingetragen (dazu später mehr).

d) Risiken für den Rechtserwerb vor der Eintragung (Widerruf der Einigung; Verlust der Verfügungsbefugnis vor dem Eigentumserwerb; deliktische Eingriffe in das Grundstück vor Eigentumserwerb)

Leicht zu erkennen ist, dass die **Übertragung des Eigentums an einem Grundstück** wegen der Erfordernisse von Einigung (Auflassung) und der vom Grundbuchamt herbeizuführenden Eintragung in das Grundbuch nicht nur rein rechtstechnisch, sondern wegen der nicht seltenen Überlastung der Grundbuchämter auch in zeitlicher Hinsicht ein **„gestrecktes Geschäft"** ist: Zwischen Auflassung und Eintragung kann ein langer, oft sogar monatelanger Zeitraum liegen.

- Dies bedeutet für den Erwerber deshalb ein beträchtliches Risiko, weil es für die Wirksamkeit der Übereignung erforderlich ist, dass **bei der Vollendung des Rechtserwerbs** die **Einigung (Auflassung)** noch **vorliegt**

- und dass der **Veräußerer** zu diesem Zeitpunkt noch **zur Verfügung befugt** ist.

- Eine weitere Gefahr für den Erwerber resultiert daraus, dass in der Zeit zwischen der Auflassung und der Eintragung des Erwerbers in das Grundbuch Dritte durch tatsächliches Verhalten (Beschädigung, Zerstörung) die Sachsubstanz des **Grundstücks deliktisch** relevant **verletzen können**.

- Die größte Gefahr für den Erwerber besteht aber darin, dass der Veräußerer in der Schwebezeit **„Zwischenverfügungen"** z.B. durch Übereignung an einen Dritten oder z.B. durch Belastung des Grundstücks zugunsten eines Dritten vornimmt.

> Lassen Sie sich bitte wieder daran erinnern, dass wir uns hier zunächst auf die wichtigste Verfügung über Grundstücksrechte – nämlich die Übereignung von Grundstücken – konzentrieren. Das bedeutet aber nicht, dass es die soeben skizzierte Problematik nur hier gäbe: Auch die Bestellung einer Hypothek oder Grundschuld oder die Übertragung einer durch eine Buchhypothek gesicherten Forderung oder einer Grundschuld oder anderer beschränkt dinglicher Rechte sind als „gestreckte Tatbestände" mit den vorgenannten Risiken behaftet.

Zu fragen ist also, wie das **Gesetz der Risikolage** gerecht wird, die sich daraus ergibt, dass **das Verfügungsgeschäft ein „gestrecktes Geschäft"** ist. Das wird im Folgenden dargestellt.

> Leiten wir dieses Thema mit einer kleinen „**Vorschau**" auf das folgende Programm ein:
>
> **1.** Es wird sich zeigen (**sub aa**)), dass das Gesetz dem aus der **einseitigen Widerruflichkeit** der Einigung resultierenden Risiko dadurch Rechnung getragen hat, dass es angeordnet hat, dass die Einigung (hier speziell: die Auflassung) von den Parteien mit **Bindungswirkung** ausgestattet werden kann, so dass ein einseitiger Widerruf nicht mehr möglich ist (§ 873 Abs. 2 BGB).
>
> **2.** Ferner wird sich zeigen (**sub bb**)), dass das Gesetz die Risiken aus einem **Wegfall der Verfügungsbefugnis** vor Vollendung des Rechtserwerbs weitgehend minimiert (§ 878 BGB).
>
> **3.** Außerdem soll dem Erwerber unter bestimmten Voraussetzungen (**sub cc**)) schon vor seiner Eintragung in das Grundbuch ein „Anwartschaftsrecht" zustehen, dessen Verletzung durch **tatsächliche deliktische Eingriffe** Schadensersatzansprüche zur Folge hat (§ 823 Abs. 1 BGB).
>
> **4.** Ob der Erwerber auch bei **Zwischenverfügungen** durch **§ 823 Abs. 1 BGB** geschützt ist, wird zu diskutieren sein (**sub dd**)). In jedem Fall aber gibt es zum Schutz des Erwerbers das Institut der **Vormerkung** (§§ 883 ff. BGB)

aa) Bindung

Ein praktisch gesehen relativ unbedeutendes Risiko für den Eigentumserwerb aufgrund der Gestrecktheit des Rechtserwerbes besteht darin, dass die Einigung (Auflassung) vom Übereigner oder Erwerber aufgrund eines bloßen Sinneswandels einseitig und ohne Begründung widerrufen werden kann.

Sie wissen schon längst aus den entsprechenden Überlegungen beim rechtsgeschäftlichen Eigentumserwerb beweglicher Sachen, dass nach der **gesetzlichen Regel** die Einigung i.S.d. § 873 Abs. 1 BGB nicht bindend ist („a maiore ad minus" § 873 Abs. 2 BGB), dass sie also bis zur Vollendung des Rechtserwerbs einseitig und ohne jede Begründung widerrufen werden kann; die Einigung hat nämlich keinerlei schuldrechtliche Verpflichtungswirkung, so dass der sonst so heilige Grundsatz „pacta sunt servanda" hier nicht gilt.

> Gravierend ist diese Gefahr aber nicht, denn selbstverständlich besteht nach einem Widerruf weiterhin die Verpflichtung des zur Übereignung Verpflichteten aus dem obligatorischen Vertrag, so dass der Erwerber weiterhin einen Anspruch auf Übereignung hat, aus diesem auf Übereignung klagen kann und dass aufgrund der Fiktion des § 894 ZPO notfalls die Einigungserklärung des Veräußerers ersetzt wird, von einer Schadensersatzpflicht ganz zu schweigen!

Die Widerruflichkeit der dinglichen Einigung ist aber bei Verfügungen über Grundstücke und Grundstücksrechte, also auch bei der Auflassung, kein „unausweichliches

Schicksal": Das Gesetz schafft Abhilfe, denn **ausnahmsweise** ist der Verfügende (also der sein Eigentum übertragende Eigentümer) nach **§ 873 Abs. 2 BGB** an die Einigung **gebunden**

> - bei **notarieller Beurkundung** der Einigung,
> - bei Herbeiführung der **Einigung vor dem Rechtspfleger des Grundbuchamts**,
> - bei **Einreichung der Einigung bei dem Grundbuchamt**,
> - und bei **Aushändigung einer formgerechten Eintragungsbewilligung** (§§ 19, 29 GBO) an den Erwerber.

Der aufmerksame Leser hat natürlich spätestens jetzt erkannt, warum „im wirklichen Leben" die Auflassung häufig im Kaufvertrag mitbeurkundet wird (§ 311 b Abs. 1 S. 1 BGB): Die notarielle Beurkundung der Auflassung macht diese unwiderruflich (§ 873 Abs. 2 BGB).

> Aber man darf die **Bindungswirkung des § 873 Abs. 2 BGB** umgekehrt auch **nicht überschätzen**: Sie schützt nur vor einseitigem Widerruf der Einigung, nicht aber vor Zwischenverfügungen des anderen Teils. Insoweit hilft dem Erwerber in einigen Fällen § 823 Abs. 1 BGB, in jedem Fall aber nur die Vormerkung (§§ 883 ff. BGB)! Damit befassen wir uns noch!

bb) Verfügungsbefugnis bei Vollendung des Rechtserwerbs

Das Leben ist voller Gefahren: Es ist ein allgemeiner Grundsatz, dass der Verfügende (also auch der Veräußerer eines Grundstücks) auch noch bei Vollendung des Rechtserwerbs die Verfügungsbefugnis haben muss; anderenfalls ist die Verfügung (speziell hier: die Übereignung) unwirksam. Dass wegen dieses Umstandes aufgrund der Gestrecktheit des Eigentumserwerbes an Grundstücken ein bedeutendes Risiko für den Eigentumserwerb besteht, erkennen Sie sicher sofort. Sie müssen sich nur verdeutlichen, dass damit der Erwerber die Gefahr zwischenzeitlicher relativer oder absoluter Verfügungsbeschränkungen, insbesondere die einer zwischenzeitlichen Eröffnung des Insolvenzverfahrens über das Vermögen des Veräußerers trägt; denn Ihnen ist inzwischen längst bekannt, dass z.B. durch die Eröffnung des Insolvenzverfahrens über das Vermögen des Übereigners dessen Verfügungsbefugnis entfallen kann (§ 80 InsO).

Aber auch diese Gefahr sollte man nicht überbewerten. Denn der Gesetzgeber trägt der Risikolage des Erwerbers dadurch Rechnung, dass er in **§ 878 BGB** bestimmt, dass zwischenzeitliche Verfügungsbeschränkungen den Rechtserwerb dann nicht mehr verhindern können, also die Verfügung gleichwohl wirksam ist, wenn die Parteien alles getan haben, damit die Rechtsänderung eintritt. Das ist der Fall, wenn

- die auf eine **dingliche Einigung** i.S.d. des § 873 Abs. 1 BGB gerichtete Erklärung (speziell auch eine solche, gerichtet auf die „Übertragung des Eigentums an einem Grundstück") **bindend** geworden ist (§ 873 Abs. 2 BGB)

- und wenn vom Erwerber oder vom Verfügenden, hier dem Übereigner, der **Eintragungsantrag** (§ 13 GBO) beim Grundbuchamt **gestellt** worden ist,
- **bevor** der Berechtigte in der **Verfügung beschränkt** wird.

<u>Fall 618</u>: Der Eigentümer-Verkäufer EV verkauft am 2. Januar 2002 formgerecht sein Grundstück an den K. Weil der K den Kaufpreis sofort in bar zahlt, lässt der V das Grundstück noch im Kaufvertrag auf und übergibt das Grundstück sofort an den K. Der EV stellt noch am 2. Januar 2002 unter Vorlage der zugleich mit dem Kaufvertrag notariell beurkundeten Auflassung den Eintragungsantrag. Am 14. Januar 2002 wird über das Vermögen des EV das Insolvenzverfahren eröffnet. Der Insolvenzvermerk wird am 15. Januar 2002 in das Grundbuch eingetragen (§ 32 InsO). Davon erfährt der K. Am 2. Mai 2002 wird der K dann als Eigentümer in das Grundbuch eingetragen. Der Insolvenzverwalter IV lehnt die Erfüllung ab und verlangt Berichtigung des Grundbuchs oder Rückübereignung.

1. Ein Anspruch des IV auf Berichtigung des Grundbuchs kann sich aus § 894 BGB i.V.m. § 80 InsO ergeben, wenn das Grundbuch unrichtig war. Das ist dann der Fall, wenn a) der als Eigentümer im Grundbuch eingetragene K b) wegen der Eröffnung des Insolvenzverfahrens das Eigentum nicht hatte erwerben können. Die Voraussetzungen für einen Eigentumserwerb sind: aa) Eine Auflassung (§§ 873, 925 BGB). aaa) Sie ist gegeben, bbb) könnte aber unwirksam geworden sein, aaaa) weil der EV vor der Wirkung der Verfügung am 2. Mai 2002 die Verfügungsbefugnis nach §§ 80, 81 InsO verloren hat; bbbb) das ist aber nach § 878 BGB unschädlich unter den Voraussetzungen: § 873 Abs. 2 BGB + Eintragungsantrag, weil dann die Eintragung in das Grundbuch nur noch vom Grundbuchamt abhängt, unter dessen eventueller zögerlicher Arbeit der Erwerber nicht leiden darf. aaaaa) Bindend ist die Auflassung wegen ihrer notariellen Beurkundung; bbbbb) der Eintragungsantrag ist gestellt worden, allerdings nicht vom Erwerber K, sondern von EV; das ist unschädlich, aber wegen der Möglichkeit der Rücknahme des Antrags durch EV (§§ 31, 29 GBO) für K gefährlich, so dass man K nur raten kann, den Antrag selbst zu stellen. ccccc) Die Eintragung des Insolvenzvermerks und die Kenntnis des K vor dem Rechtserwerb, weil es um den Erwerb vom Berechtigten geht, letzterer Umstand mindestens aber nach § 892 Abs. 2 BGB analog, unbeachtlich. bb) Die für den Eigentumserwerb weiterhin nötige Eintragung in das Grundbuch ist erfolgt. Daher besteht kein Anspruch aus § 894 BGB. 2. Der IV könnte Rückübereignung nach § 812 Abs. 1 S. 1 1. Fall BGB („Leistungskondiktion") verlangen, weil der IV die Erfüllung nach § 107 InsO abgelehnt hat Die Ablehnung der Erfüllung war aber nicht möglich, weil beiderseits „vollständig erfüllt ist": Der K hat gezahlt; zum Eigentumserwerb des K ist alles Erforderliche getan worden; auch die Übergabe ist erfolgt. 3. Der IV könnte aber nach §§ 129, 143 InsO gegen K vorgehen (Insolvenzanfechtung).

> **Übrigens:** § 878 BGB schützt den Erwerber **nicht vor den Folgen eines Eigentumsverlusts** des Veräußerers **in der Schwebezeit**, sondern nur vor zwischenzeitlichem Verlust der Verfügungsbefugnis. Verliert der Veräußerer zwischenzeitlich sein Eigentum durch Rechtsgeschäft: so kann der Erwerber uU. als Anwartschaftsberechtigter durch § 823 Abs. 1, 249 Abs. 2 BGB (dazu sogleich mehr) oder durch §§ 883, 888 BGB geschützt werden; ansonsten kann dem Gutgläubigen § 892 BGB „helfen" (dazu demnächst mehr).

cc) Deliktischer Schutz des Erwerbers („Anwartschaftsrecht")

Wir sind bei der Erörterung der Risiken, die der Grundstückserwerber in der Zeit bis zu seiner Eintragung in das Grundbuch zu fürchten hat. Eine Gefahr kann auch von deliktisch relevant handelnden Dritten drohen, so dass es sich fragt, ob der künftige Eigentümer schon „im Vorfeld" einen Anspruch aus § 823 Abs. 1 BGB haben kann. Wenn dem Erwerber des Eigentums an einem Grundstück in der Schwebezeit bereits ein als „sonstiges Recht" anzusehendes „Anwartschaftsrecht" am Grundstück zustehen sollte, kann er durch § 823 Abs. 1 BGB vor in der Schwebezeit erfolgenden

- **tatsächlichen Eingriffen** in das Grundstück,
- und möglicherweise auch vor **rechtlichen Eingriffen** durch Zwischenverfügungen

geschützt sein.

Nach der Ihnen ja längst bekannten allgemeinen Definition des „Anwartschaftsrechtes" würde dem Erwerber ein **„Anwartschaftsrecht" am Grundstück des Veräußerers** zustehen, wenn der Veräußerer den Eigentumserwerb des Erwerbers nicht mehr einseitig verhindern kann und es ausschließlich in den Händen des Erwerbers liegt, den Vollrechtserwerb herbeizuführen.

> Diese Rechtsposition eines „Anwartschaftsrechts" des künftigen Eigentümers **am Grundstück des Veräußerers** besteht dann,
>
> 1. wenn
>
> **a)** die **Auflassung bindend ist** (§ 873 Abs. 2 BGB), und der **Eigentumsumschreibungsantrag durch den Erwerber gestellt worden ist**; denn dann ist die Erwerbsposition des Erwerbers aus folgenden Gründen gesichert:
>
> Die Auflassung kann vom Veräußerer nicht widerrufen werden (§ 873 Abs. 2 BGB); durch Tod und Geschäftsunfähigkeit des Veräußerers bleibt die Auflassung unberührt; Verfügungsbeschränkungen sind unbeachtlich (§ 878 BGB); der Antrag nach § 13 GBO kann nur vom Erwerber zurückgenommen werden (§§ 31, 29 GBO); dasselbe Recht betreffende Anträge des Veräußerers werden erst nach dem Antrag des Erwerbers bearbeitet (§§ 17, 45 GBO), so dass Zwischenverfügungen des Eigentümers oder Vollstreckungsmaßnahmen gegen den Eigentümer nicht möglich sind.
>
> **b)** Das so hergeleitete „Anwartschaftsrecht" erlischt mit der Rücknahme des Eintragungsantrags, mit Aufhebung der Auflassung oder bei einem (allerdings nur bei einer Verletzung des § 17 GBO durch das Grundbuchamt möglichen) Eigentumserwerb eines Dritten.
>
> 2. Eine gesicherte Erwerbsposition und damit ein **Anwartschaftsrecht** besteht **auch** dann, wenn eine **bindende Auflassung vorliegt** (§§ 873 Abs. 1, 2, 925 BGB) und eine **Auflassungsvormerkung** (§ 883 BGB) eingetragen ist.

Die **Rechtsfolgen aus der Zuerkennung eines „Anwartschaftsrechts"**, das ja nach einem „geflügelten Wort" des BGH als „wesengleiches minus des Vollrechts" bezeichnet wird, sind Ihnen schon aufgelistet worden.

Jetzt gehen wir ein wenig ins Detail, wobei uns hier auch die (in diesem Zusammenhang am besten darstellbare) Übertragbarkeit des „Anwartschaftsrechtes" interessiert.

Dieses „**Anwartschaftsrecht**" kann in konsequenter Umsetzung der Qualifikation als „**wesensgleiches minus**" des Vollrechts Eigentum wie dieses auch **übertragen** werden,

- und zwar durch **Auflassung** nach §§ 873 Abs. 1, 925 Abs. 1 BGB ohne Zwischeneintragung des Erst-Erwerbers in das Grundbuch. Der Zweiterwerber erwirbt das Eigentum dann direkt ohne Zwischeneintragung des Ersterwerbers. Die Frage, welche Bedeutung die **Möglichkeit der Übertragung des „Anwartschaftsrechts"** angesichts der iE. zum gleichen Resultat führenden „**Kettenauflassung**" eigentlich hat, beantwortet sich so: Die in der Auflassung liegende stillschweigende Einwilligung des Eigentümers zur weiteren Auflassung („Kettenauflassung") kann bis zur Vornahme des Rechtsgeschäfts widerrufen werden (§ 183 BGB); der Vorteil der Übertragung des „Anwartschaftsrechts" besteht darin, dass die Rechtsstellung des Anwartschaftsberechtigten und damit auch die Möglichkeit zur Übereignung unentziehbar ist.
- Wegen der fehlenden Eintragungsfähigkeit des Anwartschaftsrechts gibt es aber **keinen gutgläubigen Erwerb** des Anwartschaftsrechts nach § 892 BGB.

<u>Fall 619</u>: Der E verkauft formgerecht (§ 311 b Abs. 1 S. 1 BGB) ein ihm gehöriges Grundstück an den K; die Auflassung wird im Kaufvertrag mitbeurkundet. Der K zahlt den Kaufpreis. Das Grundstück wird an den K übergeben. Der K stellt den Eintragungsantrag unter Vorlage der Auflassung und einer Eintragungsbewilligung des E (§§ 13, 19, 20, 29 GBO). Bevor der K im Grundbuch eingetragen wird, verkauft er das Grundstück formgerecht weiter an den D; nach Zahlung des Kaufpreises erfolgt die Auflassung an D. Dann wird das Insolvenzverfahren über das Vermögen des K eröffnet. Der Insolvenzverwalter IV nimmt das Grundstück in Besitz (§ 148 InsO). Der D wird nach Antrag und unter Vorlage der beiden Auflassungen nach dem voreingetragenen K (§ 39 GBO) als Eigentümer im Grundbuch eingetragen. Der D verlangt vom Insolvenzverwalter IV Herausgabe des Grundstücks. (Haben Sie eigentlich die GBO-Vorschriften §§ 13, 19, 20, 29, 39 GBO gelesen? Wenn nicht, holen Sie es sofort nach und lesen Sie auch den § 17 GBO dazu!)

Der Anspruch könnte sich aus §§ 985 BGB, 47 InsO ergeben. a) Der Insolvenzverwalter besitzt das Grundstück. b) Der D müsste Eigentümer sein. aa) E war Eigentümer. bb) Der K ist mangels Eintragung in das Grundbuch nicht Eigentümer geworden; er hat nur ein „Anwartschaftsrecht" am Grundstück des E erworben. cc) Der D müsste Eigentümer geworden sein. aaa) Er hat von dem K das Anwartschaftsrecht am Grundstück des E nach §§ 873, 925 BGB erlangt. bbb) Nach Herbeiführung seiner Eintragung als Eigentümer ist der D unmittelbar nach dem E Eigentümer geworden („Direkterwerb"), also nicht im Wege des „Durchgangserwerbs" durch das Vermögen des K hindurch mit der dann eingetretenen Folge des § 35 InsO. c) Der Insolvenzverwalter könnte allerdings aus § 242 BGB („dolo agit, qui petit...") ein Recht zum Besitz haben, wenn er den Rechtserwerb des D anfechten kann (§§ 129, 143 InsO).

Nun wissen Sie, was Sie schon eigentlich immer wussten, nämlich dass der künftige Grundeigentümer auch ein Anwartschaftsrecht an dem Grundstück erlangen kann; und wir haben die Möglichkeiten der Übertragbarkeit dieses Anwartschaftsrechts erörtert. Das ist alles sehr spannend, aber nicht unser Thema. Daher :

> **Zurück zum Thema**: Uns interessiert hier nämlich primär, ob die Rechtsstellung des künftigen Grundeigentümers als **Anwartschaftsberechtigter** in der

> Schwebezeit des gestreckten Erwerbstatbestandes der §§ 873, 925 BGB **durch § 823 Abs. 1 BGB geschützt ist** vor tatsächlichen Eingriffen in das Grundstück und vielleicht sogar vor Zwischenverfügungen des Eigentümers zugunsten eines Dritten.

Auch wenn wir das Deliktsrecht noch nicht behandelt haben, wissen Sie es doch längst: Ein „Anwartschaftsrecht" genießt als „wesensgleiches minus des Vollrechts" auch **deliktischen Schutz aus § 823 Abs. 1 BGB** als „sonstiges Recht"; das haben wir beim Anwartschaftsrecht des Eigentumsvorbehaltskäufers schon recht gründlich behandelt; es wird kein großes Geheimnis verraten, wenn Sie hier erfahren, dass es bei dem Anwartschaftsrecht des künftigen Grundeigentümers nicht wesentlich anders ist, dass nämlich

- auch dieser Anwartschaftsberechtigte bei **Eingriffen eines Dritten in die Sachsubstanz**, durch § 823 Abs. 1 geschützt wird. Ähnlich wie bei dem Anwartschaftsrecht des Vorbehaltskäufers gibt es auch hier die Ihnen ja schon bekannte Konkurrenzproblematik (Berechtigung des Eigentümers/des Anwartschaftsberechtigten); als Lösung wird auch hier eine Anwendung des §§ 432, 1281 BGB favorisiert. Hier betreten Sie also bekanntes Terrain.

- Soweit es um die Frage der Möglichkeit einer deliktischen Korrektur von vertragswidrigen **Zwischenverfügungen des Veräußerers** geht, wird z.Tl. angenommen, dass deren (ja ohnehin nur bei einem Verstoß des Grundbuchamts gegen § 17 GBO vorstellbaren!) Wirksamkeit nicht im Interesse des Anwartschaftsberechtigten und zum Nachteil des durch die Zwischenverfügung Begünstigten über §§ 823 Abs. 1, 249 Abs. 1 BGB wegen einer deliktisch relevanten Verletzung des Anwartschaftsrechts korrigiert werden könne, weil der Erwerber sich ja durch eine Vormerkung, dem eigens für einen solchen Schutz geschaffenen Institut (dazu sogleich mehr!), hätte schützen können. Die hM. wendet gleichwohl § 823 Abs. 1 BGB an, wobei man sich immer wieder klar machen muss, dass solche Fälle in der Rechtswirklichkeit deshalb kaum vorkommen, weil die eigentlich in jeder Hinsicht perfekt arbeitenden Grundbuchämter nur äußert selten gegen § 17 GBO verstoßen dürften.

Fall 620: Der Eigentümer V verkauft sein Grundstück formgerecht an den K. Die Auflassung und die Eintragungsbewilligung des V werden im Kaufvertrag vorgenommen bzw. erklärt. Der K stellt den Eintragungsantrag (§ 13 GBO). Bevor der K als Eigentümer eingetragen wird, veräußert der V das Grundstück an den D durch einen formwirksamen Kaufvertrag, in dem auch die Auflassung erfolgt und die Eintragungsbewilligung zugunsten des D erklärt wird. Der D, der sich (aus welchem Grunde auch immer) hätte sagen müssen, dass der V das Grundstück bereits an den K veräußert und auch bindend an ihn aufgelassen hatte und dass der K auch schon einen Eintragungsantrag gestellt hatte, stellt gleichwohl seinerseits den Eintragungsantrag beim Grundbuchamt. Aufgrund eines Versehens des Grundbuchamts wird der Antrag des D entgegen der Regel des § 17 GBO (Bearbeitung nach der zeitlichen Reihenfolge) vor dem Antrag des K bearbeitet, und der D wird als Eigentümer im Grundbuch eingetragen. 1. Der K verlangt von D die Aufgabe seines Eigentumsrechts. 2. Jedenfalls will der K sich an den Staat halten.

1. Der Anspruch gegen D könnte sich wegen einer rechtswidrigen und schuldhaften Verletzung eines „Anwartschaftsrechtes" des K am Grundstück des E aus §§ 823 Abs. 1, 249 Abs. 1 BGB ergeben. a) Nach einer Ansicht besteht wegen der Möglichkeit einer Sicherbarkeit des Eigen-

tumserwerbes durch eine Vormerkung (§§ 883 ff. BGB) kein Bedürfnis nach einem deliktischen Schutz des Anwartschaftsrechts eines künftigen Grundeigentümers vor Zwischenverfügungen, b) während die andere auch in diesen Fällen einen Deliktsschutz zulassen: aa) Verletzt ist das „Anwartschaftsrecht" des K am Grundstück des E (§§ 873, Abs. 2, 2, 925 BGB + § 13 GBO), also ein „sonstiges Recht" des Anspruchstellers; bb) durch ein in den Willenserklärungen des D (Auflassung nach §§ 873 Abs. 1, 925; Antragstellung nach § 13 GBO) liegendes Verhalten des Inanspruchgenommenen; cc) der D hat rechtswidrig gehandelt; dd) der D hat in Bezug auf die Verletzung aaa) auch fahrlässig, also schuldhaft, gehandelt; bbb) das aber reicht jedoch nicht aus, um eine deliktische Schadensersatzhaftung bei Zwischenverfügungen zu begründen; denn ein Erwerb des Eigentums von einem Nicht-Eigentümer wäre sogar bei bloßer Fahrlässigkeit möglich, nur Vorsatz würde schaden (§ 892 Abs. 1 S. 1 BGB). Würde man hier einen Anspruch aus §§ 823 Abs. 1, 249 Abs. 1 BGB des K gegen den leicht fahrlässig handelnden D mit der Folge eines Anspruchs auf Rückübereignung zulassen, hätte dies zur Folge, dass man einem Erwerber (hier: dem D), der das Eigentum von einem Eigentümer (hier: dem V) erworben hat, das erlangte Eigentum leichter streitig machen könnte, als einem, der es vom Nichteigentümer erworben hat, denn dieser würde das Eigentum nur bei Vorsatz nicht gutgläubig erwerben können (§ 892 BGB). Daher muss bei bloßer Fahrlässigkeit des Erwerbers D der in einem Erwerb des Eigentums aufgrund einer Zwischenverfügung des Immer-Noch-Eigentümers liegende Eingriff in ein Anwartschaftsrecht des K durch einen Erwerb des Vollrechts (erst recht) folgenlos bleiben. 2. Der Anspruch gegen den Staat ergibt sich aus §§ 839 BGB i.V.m. Art. 34 GG.

Die übrigen Rechtsfolgen der Zuerkennung eines „Anwartschaftsrechts" werden hier aus Gründen der Beschränkung des Stoffs nicht weiter besprochen.

dd) Die Sicherung des Rechtserwerbs des Grundstückskäufers durch eine (Auflassungs-) Vormerkung

Infolge des „Trennungsprinzips" besteht bei gestreckten Tatbeständen wie beim Erwerb eines Grundstücksrechts (also auch bei dem uns hier vorrangig interessierenden Erwerb von Grundeigentum) ein besonders ausgeprägtes Bedürfnis, den lediglich schuldrechtlich Berechtigten davor zu schützen, dass der Verpflichtete – wenn auch auf Kosten einer Schadensersatzpflicht – in der Schwebezeit anderweitig „zwischen"verfügt.

> **1.** Unsere bisherigen Ausführungen haben uns gelehrt, dass es (ohne gesetzliche Regelung) keinen ausreichenden Schutz vor Zwischenverfügungen gibt:
>
> Ein **deliktischer Schutz des Erwerbers vor Zwischenverfügungen** des Veräußerers setzt – wenn man angesichts des Instituts der Vormerkung die Möglichkeit eines solchen Schutzes entgegen berechtigter konkurrenzrechtlicher Bedenken überhaupt akzeptiert – voraus, dass dem Erwerber bereits ein **„Anwartschaftsrecht"** am Grundstück des Eigentümers zusteht, schützt daher den Erwerber nur unvollständig; außerdem wird hier Vorsatz auf der Erwerberseite verlangt.
>
> Bei einer Zwischenverfügung, speziell der Übereignung verkaufter Grundstücke (auf diese Situation konzentrieren sich die folgenden Ausführungen) **versagt** zudem wegen § 925 Abs. 2 BGB die **Sicherung eines aufschiebend bedingten Erwerbs** durch § 161 BGB.

> **2.** Der Gesetzgeber hat daher eigens zum Zwecke der Sicherung eines schuldrechtlichen Anspruchs auf den Erwerb eines dinglichen Rechtes an einem Grundstück, speziell auch des rechtsgeschäftlichen Eigentumserwerbs, das Rechtsinstitut der (bei Sicherung des Anspruchs auf Übereignung: **Auflassungs-)Vormerkung** geschaffen. Dieses vorläufige Sicherungsmittel verhindert den „vereitelnden" Eigentumserwerb eines Zweit-Erwerbers oder eine „beeinträchtigende" zwischenzeitliche Belastung durch den Veräußerer. Das rechtstechnische Mittel dafür ist aber nicht – wie man denken könnte – eine „Grundbuchsperre"; vielmehr erklärt das Gesetz in einer sehr feinsinnigen Konstruktion die „vormerkungswidrigen" Verfügungen des obligatorisch Verpflichteten insoweit für relativ unwirksam, als sie den Rechtserwerb vereiteln oder beeinträchtigen (§ 883 Abs. 2 BGB).

Die Vormerkung ist, weil sie keine unmittelbare Beziehung des Berechtigten zur Sache begründet, kein Grundstücksrecht, sondern eine als **„Sicherungsmittel"** zu bezeichnende Rechtsstellung „sui generis" (= eigener Art), die aber in vielerlei Hinsicht **wie ein Sachenrecht behandelt** wird: Begründung durch „Bewilligung" und Eintragung (§ 885 BGB); Überwindung fehlender Verfügungsbefugnis nach § 878 BGB; gutgläubiger Erwerb bei fehlendem Eigentum des sie bewilligenden Schuldners (§§ 892, 893 BGB); Grundbuchberichtigungsanspruch bei zu Unrecht erfolgter Eintragung oder nicht mehr wirksam bestehender Vormerkung (§ 894 BGB), Aufhebung nach § 875 BGB.

(1) Die Bestellung der Vormerkung/der Erwerb der Vormerkung

Die Voraussetzung für den Schutz des nur obligatorisch berechtigten künftigen Grundeigentümers (nur darauf konzentrieren wir uns hier) durch eine (Auflassungs-)Vormerkung ist ein (beachte: nach § 311 b Abs. 1 S. 1 BGB notwendigerweise auch form-) gültiger **schuldrechtlicher Anspruch auf dingliche Rechtsänderung** (hier: z.B. aus einem Kaufvertrag auf Übereignung) gegen den betroffenen Rechtsinhaber (§ 883 Abs. 1 BGB), ein Anspruch, der nicht gegenwärtig existieren muss, sondern der auch bloß künftig oder bedingt sein kann. Die Vormerkung ist **akzessorisch**. Daher steht und fällt sie mit der Existenz des **obligatorischen Anspruchs auf dingliche Rechtsänderung** (hier: Übereignungsanspruch), erlischt also durch dessen Erfüllung, durch dessen Anfechtung, durch eine Konfusion (Vereinigung von Schuld und Forderung); der Vormerkungsberechtigte ist deshalb in allen diesen Fällen zur Berichtigung des Grundbuchs verpflichtet (§ 894 BGB). Im Fall der Abtretung des obligatorischen Anspruchs geht die Vormerkung auf den Zessionar über (§§ 398, 401 BGB analog); der Zessionar kann nach § 894 BGB seine Eintragung in das Grundbuch erwirken.

Das Gesetz verlangt in § 885 Abs. 1 BGB für die Bestellung der Vormerkung keine Einigung nach § 873 BGB, sondern eine **„Bewilligung"**, also ein einseitiges Rechtsgeschäft, die für die Eintragung in das Grundbuch der Form des § 29 GBO erfordert. Eine Bindungswirkung, wie § 873 Abs. 2 BGB sie ermöglicht, scheint es daher nicht zu geben; man wird aber § 873 Abs. 2 BGB analog anwenden können, so dass man zu einer Bindung kommt, wenn die Eintragung einer Vormerkung – wie in der Praxis üblich – im notariellen Kaufvertrag bewilligt wird. Im Fall eines vorläufig vollstreckbaren Urteils zur Abgabe einer Willenserklärung, auf Grund derer eine Eintragung in das Grundbuch erfolgen soll (also z.B. ein Anspruch auf Auflassung), „gilt die Eintragung einer Vormerkung ....als bewilligt" (§ 895 ZPO). Bewilligt der Schuldner eines Anspruchs auf dingliche Rechtsänderung (hier auf Übereignung) die Vormerkung nicht, kann der Gläubiger sie durch eine **einstweilige Verfügung** erwirken (§§ 885 Abs.1 BGB, 935 ZPO, wobei der Verfügungsanspruch, nicht aber der Verfügungsgrund – die Gefährdung – glaubhaft gemacht werden muss, § 885 Abs. 1 S. 2 BGB). Hierbei handelt es sich dann allerdings nicht um einen rechtsgeschäftlichen Erwerb; das schließt die Möglichkeit eines gutgläubigen Erwerbs aus, so dass es durchaus sinnvoll sein kann, die Vormerkung durch ein die Willenserklärung ersetzendes rechtskräftiges Urteil zu erstreiten (§§ 894, 898 ZPO). Auch bei einem Erwerb nach § 895 ZPO gibt es keinen gutgläubigen Erwerb (arge. § 898 ZPO).

> Die Eintragung einer Vormerkung aufgrund einer einstweiligen Verfügung kann übrigens für den obligatorisch Berechtigten riskant sein. Erweist sich nämlich ihre Anordnung als von Anfang an ungerechtfertigt, so ist derjenige, der die einstweilige Verfügung erwirkt hat, unabhängig von einem Verschulden zum Schadensersatz verpflichtet **(§ 945 ZPO)**. Aber wieso kann denn eine zu Unrecht eingetragene Vormerkung Schäden anrichten? Das Grundstück wird doch gerade nicht „gesperrt"! Die Antwort auf diese Frage fällt leicht:
>
> Sie werden ja gleich etwas über die Vormerkungswirkung lernen (lesen Sie doch schon einmal §§ 883 Abs. 2, 888 BGB): Sie besteht darin, dass „vormerkungswidrige" Zwischenverfügungen unwirksam sind. Die Konsequenz daraus ist, dass jedermann, der von einer im Grundbuch eingetragenen Vormerkung Kenntnis nimmt, davon Abstand nehmen wird, das damit belastete Grundstück zu erwerben oder sich von dem Eigentümer eine Hypothek bestellen zu lassen. Rein praktisch wird das Grundbuch also doch „blockiert" – dass dem Eigentümer daraus Schäden entstehen können dürfte auf der Hand liegen!

Fall 621: Der V hat an den K 1 für € 1 000 000,- ein Grundstück verkauft. Der K 1 erwirkt die Eintragung einer Vormerkung durch eine einstweilige Verfügung; den Verfügungsanspruch macht er durch Vorlage des notariell beurkundeten Kaufvertrags glaubhaft (§§ 885 Abs. 1, 935 BGB, 294 ZPO). Eine von V noch vor Eintragung des K 1 als Eigentümer beabsichtigte Veräußerung an den K 2 zum Preis von € 1 500 000,- scheitert, als der K 2 die Vormerkung zugunsten des K 1 im Grundbuch entdeckt. Später stellt sich heraus, dass der Kaufvertrag wegen eines versteckten Dissenses über den Preis nicht zustandegekommen war. Der V macht einen Schadensersatzanspruch in Höhe von € 500 000,- geltend.

Der Anspruch könnte sich aus § 945 ZPO ergeben. a) Die einstweilige Verfügung, aufgrund derer die Vormerkung in das Grundbuch eingetragen war, war von Anfang an ungerechtfertigt, denn mangels eines Kaufvertrages bestand kein Verfügungsanspruch aus § 433 Abs. 1 BGB. b) Ob den K hieran ein Verschulden traf, ist unbeachtlich. c) Der V hat aa) einen Schaden in Höhe von € 500 000,- erlitten. bb) Man wendet aber § 254 BGB Abs. 1 BGB analog an, so dass man wohl zu einer Schadensteilung kommt.

Die Vormerkung muss **im Grundbuch eingetragen** werden (§ 885 Abs. 1 BGB).

Der Betroffene muss der **zur Verfügung befugte Eigentümer** oder **sonst zur Verfügung befugt** sein. Wenn vor der Eintragung der vom Verkäufer bewilligten Vormerkung mit der Folge des § 80 InsO das Insolvenzverfahren über das Vermögen des Verkäufers eröffnet wird, dann ist die Vormerkung nicht wirksam bestellt. Hier könnte – wenn die Bewilligung bindend ist und der Eintragungsantrag gestellt ist –

§ 878 BGB helfen; die Herbeiführung einer bindenden „Einigung" wird durch § 873 Abs. 2 BGB ermöglicht.

Ist der Betroffene zu Unrecht als Eigentümer im Grundbuch eingetragen, ist ein **gutgläubiger „Erst" – Erwerb** der Vormerkung **nach § 893 BGB** möglich, dies aber nur bei einem Erwerb nach § 885 Abs.1 S.1 2. Fall aufgrund einer Bewilligung, nicht aber im Falle des § 885 Abs.1 S.1 1. Fall BGB aufgrund einer einstweiligen Verfügung (warum nicht?). Wenn aber die Bewilligung nicht im summarischen Verfahren nach § 935 ZPO erstritten wird sondern durch rechtskräftiges Urteil, so dass die Willenserklärung durch das Urteil nach §§ 894, 898 ZPO ersetzt wird, dann gibt es einen gutgläubigen Erwerb. Zu unterscheiden ist hiervon die sehr beliebte Frage, ob auch ein **gutgläubiger „Zweiterwerb"** der Vormerkung möglich ist. Gemeint sind damit die Fälle, in denen zwar ein schuldrechtlicher Anspruch besteht, die Vormerkung aber nicht besteht und die Forderung dann abgetreten wird, so dass deshalb die Frage eines gutgläubigen Erwerbs nach §§ 398, 401 BGB zur Diskussion steht. Dies wird teilweise aus der konstruktiven Erwägung, dass es sich bei § 401 BGB um einen gesetzlichen Erwerb handele und ein Gutglaubensschutz nur bei rechtsgeschäftlichem Erwerb in Betracht komme, verneint; teilweise wird die Möglichkeit eines gutgläubigen „Zweiterwerbs" bejaht, weil ein Schutzbedürfnis bestehe. Darüber, dass ein „gutgläubiger Zweiterwerb" überhaupt nur in dieser Konstellation diskutabel ist, und nicht in derjenigen, in der überhaupt keine Forderung und deswegen auch keine Vormerkung besteht, besteht allseits Einigkeit, denn ein gutgläubiger Erwerb scheidet dann schon deshalb aus, weil Forderungen bekanntlich nicht gutgläubig erworben werden können (argec. § 405 BGB).

(2) Vormerkungs-Wirkung („Sicherungswirkung")

Die Vormerkung dient in erster Linie der Sicherung eines obligatorischen Anspruchs auf dingliche Rechtsänderung (§§ 883 Abs. 2, 888 BGB). Sie verwirklicht dieses Ziel durch eine **„Sicherungswirkung"**, die

- die **„vereitelnde" Zwischenverfügung** (bei der hier in erster Linie interessierenden Auflassungsvormerkung also den zwischenzeitlichen Eigentumserwerb eines Zweit-Erwerbers)
- oder eine **„beeinträchtigende" Zwischenverfügung** (bei der hier in erster Linie interessierenden Auflassungsvormerkung also die im Widerspruch zum Inhalt des Verpflichtungsgeschäfts stehende zwischenzeitliche Belastung durch den Veräußerer)
- dadurch verhindert, dass derartige „vormerkungswidrige" Zwischenverfügungen des obligatorisch Verpflichteten insoweit für **relativ unwirksam** erklärt werden, als sie den Rechtserwerb vereiteln oder beeinträchtigen (§ 883 Abs. 2 BGB).

> Bei der Sicherungswirkung muss unterschieden werden zwischen den Fällen
> - einer vom Eigentümer bestellten Vormerkung
> - und den Fällen einer gutgläubig vom Nicht-Eigentümer „erst" – erworbenen oder

- schließlich bei einer gutgläubig „zweit" – erworbenen Vormerkung.

Wir beginnen natürlich mit den Fällen einer **vom Eigentümer** bestellten **Vormerkung**. Folgender **Grundfall** muss – wenn Sie an die Auflassungsvormerkung denken – vor Ihrem „geistigen Auge" stehen:

<u>Fall 622</u>: Der Verkäufer EV verkauft ein ihm gehöriges Grundstück formgerecht an den K. Aufgrund einer Bewilligung des EV wird zugunsten des K eine Auflassungsvormerkung in das Grundbuch eingetragen. Dann verkauft der EV das Grundstück an den D, der aufgrund einer Auflassung als Eigentümer in das Grundbuch eingetragen wird. Nunmehr will der K Eigentümer werden und verlangt von EV 1. die Auflassung, mittels derer er sodann 2. seine Eintragung als Eigentümer in das Grundbuch erreichen will.

1. Der K könnte von EV die Auflassung aus § 433 Abs. 1 BGB verlangen. a) Der Anspruch ist – weil ein formwirksamer Kaufvertrag (§§ 433, 311 b Abs. 1 S. 1 BGB) abgeschlossen worden ist – entstanden. b) Er könnte jedoch ausgeschlossen sein (§ 275 Abs. 1 BGB): aa) Durch die Übereignung an den D könnte es dem EV nicht mehr möglich sein, an K zu übereignen, so dass der Anspruch nach § 275 Abs. 1 ausgeschlossen wäre. bb) Nach § 883 Abs. 2 BGB wird der EV jedoch im Verhältnis zu K weiterhin als Eigentümer des Grundstücks behandelt; mithin ist dem EV die Auflassung möglich, und er ist zu ihr verpflichtet. aaa) Er kann sie entweder freiwillig in der Form des § 925 BGB erteilen, oder er kann dazu verurteilt werden mit der Folge, dass nach § 894 ZPO die Willenserklärung des EV durch das rechtskräftige Urteil ersetzt wird. bbb) Der K muss seine Erklärung dann unter Wahrung der Form des § 925 BGB vor dem Notar abgeben. 2. Um Eigentümer zu werden, muss der K a) einen Antrag beim Grundbuchamt stellen (§ 13 GBO); b) ferner muss dem Grundbuchamt die Bewilligung des Betroffenen (§ 19 GBO) und/oder nur (str.) die Auflassung (§ 20 GBO) in der Form des § 29 GBO vorliegen. Diese Anforderungen kann der K erfüllen (s.o. (1)) c) Der in seinem Recht Betroffene muss voreingetragen sein (§ 39 GBO): aa) Das ist hinsichtlich des EV nicht (mehr) der Fall, weil mittlerweile der D im Grundbuch eingetragen ist; bb) daher muss der D die Eintragung des K bewilligen; hierzu ist er nach § 888 BGB verpflichtet; ist er dazu nicht bereit, muss K gegen ihn klagen, und das rechtskräftige Urteil ersetzt dann die Bewilligungserklärung des D (§ 894 ZPO).

<u>Variante</u>: Die Vormerkung zugunsten des K wird erst nach der Auflassung des EV an den D und nach der Stellung des Eintragungsantrags durch D unter Verletzung des § 17 GBO in das Grundbuch eingetragen.

Man könnte daran denken, dass der K durch § 878 BGB geschützt würde; die Vormerkung ist aber keine Verfügungsbeschränkung.

<u>Fall 623</u>: Der EV macht dem K 1 am 1. Juni 2002 ein für 6 Monate befristetes notariell beurkundetes Angebot zum Abschluss eines Kaufvertrags über sein Grundstück zum Preis von € 1 000 000,- und bewilligt darin dem K 1 eine Vormerkung, die auf Antrag des K 1 auch in das Grundbuch eingetragen wird. Dann veräußert der EV das Grundstück, lässt es an den K 2 auf und bewilligt die Eintragung des K 2, der anschließend auch als Eigentümer in das Grundbuch eingetragen wird. Am 15. November 2002 nimmt der K 1 das Angebot des EV durch notariell beurkundete Erklärung an und verlangt von EV Zug – um – Zug gegen Zahlung des Kaufpreises die Auflassung. Der EV meint der Anspruch sei ausgeschlossen.

Der K 1 könnte von EV die Auflassung aus § 433 Abs. 1 BGB verlangen. a) Der Anspruch ist – weil ein formwirksamer Kaufvertrag (§§ 433, 311 b Abs. 1 S. 1, 152 BGB) abgeschlossen worden ist – entstanden. b) Der Anspruch könnte jedoch ausgeschlossen sein (§ 275 Abs. 1 BGB):

aa) Durch die Übereignung an den D könnte es dem EV nicht mehr möglich sein, an den K 1 zu übereignen, so dass er nach § 275 Abs. 1 BGB ausgeschlossen wäre. bb) Nach § 883 Abs. 2 BGB wird der EV jedoch im Verhältnis zu K 1 weiterhin als Eigentümer behandelt; mithin ist dem EV die Auflassung möglich, und er ist zu ihr verpflichtet: Das setzt voraus, dass eine Vormerkung bestanden hat. aaa) Der EV hat die Eintragung einer Vormerkung bewilligt (§ 885 Abs. 1 BGB), bbb) sie ist im Grundbuch eingetragen worden (§ 883 Abs. 1 S. 1 BGB). ccc) Voraussetzung ist weiterhin ein schuldrechtlicher Anspruch auf dingliche Rechtsänderung: Als die Vormerkung eingetragen wurde, bestand nur ein künftiger Anspruch des K 1 aus dem bindenden Angebot des EV. Das reicht nach § 883 Abs. 1 S. 2 BGB aus. Die Übereignung an K 2 war daher vormerkungswidrig. Der EV kann die Auflassung entweder freiwillig in der Form des § 925 BGB erteilen, oder er kann dazu verurteilt werden mit der Folge, dass nach § 894 ZPO die Willenserklärung des EV durch das rechtskräftige Urteil ersetzt wird.

Interessante Besonderheiten ergeben sich beim **„Schwarzgeschäft"**.

Fall 624: Der V verkauft in notariell beurkundeter Form sein Grundstück „lastenfrei" für € 1 000 000,- an den K bei gleichzeitiger Bewilligung einer Auflassungsvormerkung zugunsten des K durch V; im Kaufvertrag werden allerdings aufgrund einer ohne Wissen des Notars getroffenen Abrede nur € 800 000,- beurkundet, um so Kosten und Grunderwerbsteuern „zu sparen". Sodann bestellt V der B-Bank zur Sicherung eines Darlehens eine Hypothek von € 500 000,-. Der K, der davon nichts erfährt, zahlt wie vereinbart den gesamten Kaufpreis von € 1 000 000,- an den V. Die Auflassung wird formgerecht erteilt, und der K wird als Eigentümer im Grundbuch eingetragen. Der K verlangt von der B-Bank die Zustimmung zur Löschung der Hypothek.

1. Aus § 894 BGB ergibt sich der Anspruch nicht, weil auch bei einer (evtl.) vormerkungswidrigen Verfügung des V (dazu sogleich) das Grundbuch nicht unrichtig wird. 2. In Betracht kommt daher nur ein Anspruch aus § 888 BGB. a) Dann müsste eine wirksame Vormerkung bestanden haben: aa) Sie ist – wie erforderlich – im Grundbuch eingetragen. bb) Eine Bewilligung des V als Eigentümer liegt vor. cc) Erforderlich ist weiterhin ein wirksamer schuldrechtlicher Anspruch auf dingliche Rechtsänderung: In Betracht kommt hier ein Anspruch aus einem Kaufvertrag zwischen beiden (§ 433 Abs. 1 S. 1 BGB), wenn ein solcher zwischen beiden geschlossen worden wäre. aaa) Der von dem Notar beurkundete Kaufvertrag über einen Preis von € 800 000,- könnte nach § 117 Abs. 1 nichtig sein. aaaa) Der V und der K haben beide entsprechende, auf den Abschluss eines Kaufvertrags gerichtete empfangsbedürftige Willenserklärungen abgegeben. bbbb) Ihre Willenserklärungen haben sie einverständlich mit diesem Inhalt aber nur zum Schein abgegeben. Ihr mit dem Scheingeschäft angestrebtes Ziel (Kostenersparnis) konnten und wollten sie mit dem bloßen Schein eines auf diesen Preis lautenden Kaufvertrages erreichen. Daher ist ein Kaufvertrag mit dem Inhalt eines Preises von € 800 000,- nichtig. bbb) Wirksam sein könnte aber das „dissimulierte Geschäft" über € 1 000 000,- (§ 117 Abs. 2 BGB). Dann aber müssten dessen Wirksamkeitsvoraussetzungen gegeben sein; insbesondere müsste die Formvorschrift des § 311 b Abs. 1 S. 1 BGB erfüllt sein, weil der Vertrag sonst nach § 125 S. 1 BGB nichtig wäre. aaaa) Die Preisabrede ist aaaaa) beurkundungspflichtig, weil es dabei um eines der „essentialia negotii", also um eine vertragsbestimmende Abrede geht. Da nicht der gewollte Betrag von € 1 000 000,- beurkundet ist, wäre der Kaufvertrag nichtig. bbbbb) Wenn allerdings die beurkundeten „€ 800 000,-" nach der „falsa demonstratio non nocet"-Regel als beurkundete „€ 1 000 000,-" anzusehen wären, wäre dem Formerfordernis des § 311 b Abs. 1 S. 1 BGB entsprochen. Damit würde man jedoch die Einhaltung der gesetzlichen Form des § 311 b Abs. 1 S. 1 BGB der Disposition der Parteien unterwerfen, was nicht angeht. Nur beiderseitige irrtümliche Falschbezeichnungen können nach dem Grundsatz „falsa demonstratio non nocet" einen Verstoß gegen § 311 b Abs. 1 S 1 BGB unbeachtlich machen. Der Kaufvertrag ist daher nicht nach § 117 Abs. 2 BGB wirksam. bbbb) Der Formmangel ist jedoch nach § 311 b Abs. 1 S. 2 BGB geheilt. b) Die Verfügung (Belastung des Grundstücks) müsste vor-

merkungswidrig sein (§§ 888, 883 Abs. 2 BGB): aa) Verkauft worden war das Grundstück „lastenfrei". bb) Vormerkungswidrig wäre die Verfügung des V aber nur dann, wenn zZt. der Verfügung die Vormerkung bestanden hätte: diese war zunächst unwirksam, weil der Kaufvertrag formnichtig war (Akzessorietät!); dann ist sie – mit der Heilung der Nichtigkeit des Kaufvertrages – wirksam geworden, aber nur „ex nunc" (keine rückwirkende Kraft der Heilung!); daher bestand bei der Verfügung keine Vormerkung. K kann nicht die Zustimmung zur Löschung der Hypothek von der B-Bank verlangen. (Die „Moral von der Geschicht": :Hände weg von „Schwarzgeschäften"!).

Die Vormerkung soll den Erwerber eines dinglichen Rechts vor Zwischenverfügungen schützen; die Frage, ob auch eine (Zwischen-) **Vermietung von der Vormerkungswirkung** betroffen ist, ist ein „klassisches Klausurproblem".

<u>Fall 625</u>: Der E verkauft am 1. August 2002 sein Hausgrundstück an den K und bewilligt ihm eine Auflassungsvormerkung, die am 1. Oktober 2002 in das Grundbuch eingetragen wird. Die Übergabe des Hauses soll nach dem Kaufvertrag am 1. Mai 2003 in „geräumtem Zustand" erfolgen. Der Kaufpreis ist am 31. Dezember 2002 fällig; dann soll auch die Auflassung erfolgen. Am 1. November 2002 schließt der E mit M einen Mietvertrag auf 5 Jahre fest ab und überlässt dem M das Haus. Hiervon erfährt der K nichts. Der K zahlt zum 31. Dezember 2002 den Kaufpreis und die Auflassung erfolgt. Der K wird am 15. April 2003 als Eigentümer im Grundbuch eingetragen. Am 1. Mai 2003 erfährt er von der Vermietung und Überlassung des Hausgrundstücks an den M. Er verlangt von dem M Herausgabe.

Der Anspruch könnte sich aus § 985 BGB ergeben. a) Der K ist Eigentümer. b) Der M ist Besitzer. c) Der M dürfte kein Recht zum Besitz haben; ein Recht zum Besitz des M könnte sich aus §§ 986, 535 BGB ergeben, wenn zwischen M und K ein Mietvertrag bestünde. aa) Das könnte nach § 566 BGB der Fall sein, denn das veräußerte Grundstück war vor dem Erwerb durch K (= Eigentumsübergang) an M vermietet und überlassen, so dass der Mietvertrag nunmehr zwischen M und K besteht. bb) Fraglich ist, ob der Mietvertrag nach § 883 Abs. 2 BGB analog mit dem Eigentumserwerb des K unwirksam geworden ist. aaa) Nach einer Ansicht soll dies der Fall sein. Denn es soll eine gesetzliche Lücke bestehen, deren Schließung durch die Interessenlage geboten sei, denn eine von der Wirkung des § 883 Abs. 2 BGB erfasste völlig unbedeutende Grundstücksbelastung würde den Erwerber weniger hart treffen als eine Vorenthaltung des Besitzes. Auch eine systematische Überlegung erfordere die Analogie: Denn ohne eine analoge Anwendung des § 883 Abs. 2 BGB würde man den nur obligatorisch berechtigten Mieter besser schützen als den dinglichen Erwerber. Die Rechtsähnlichkeit zwischen der von § 883 Abs. 2 BGB geforderten Verfügung und einer mietweisen Überlassung ergebe sich aus der quasidinglichen Wirkung dieses Vorgangs: Der Vindikationsanspruch sei ausgeschlossen, und zwar auch der des Nachfolgers im Eigentum (§ 566 BGB). bbb) Überwiegend. lehnt man die Analogie ab: Es bestünde angesichts der aus dem Mietvertrag erworbenen Rechte des Erwerbers (Zahlung der Miete) kein Bedarf für die Schließung einer Lücke durch eine analoge Anwendung des § 883 BGB. Der Erwerber und der Mieter hätten überdies beide nur schuldrechtliche Ansprüche, so dass nicht einzusehen sei, dass der Erwerber vorgezogen werden solle, zumal der Mieter (anders als ein dinglicher Erwerber) keinen Anlass habe, vor Abschluss eines Mietvertrages das Grundbuch wegen einer eventuellen Vormerkung einzusehen.

Dies waren die Fallkonstellationen, in denen die Vormerkung durch den Eigentümer bestellt wurde. Jetzt müssen wir uns den Fragen stellen, ob die „Sicherungswirkung" der Vormerkung auch in den Fällen einer **gutgläubig vom**

Nicht-Eigentümer „erst" – erworbenen oder bei einer **gutgläubig „zweit"** – **erworbenen Vormerkung gegeben ist.**

Bei der **gutgläubig „erst" – erworbenen Vormerkung** werden §§ 883 Abs. 2, 888 BGB analog angewendet. Das leuchtet sofort ein, denn anderenfalls wäre die Zuerkennung der Möglichkeit eines gutgläubigen Erwerbs völlig unnötig gewesen: „Wer A sagt, muss auch B sagen".

Fall 626: Der anstelle des Eigentümers E zu Unrecht im Grundbuch als Eigentümer eingetragene NE verkauft das Grundstück formgerecht an den gutgläubigen K und bewilligt ihm eine Vormerkung, die auch im Grundbuch eingetragen wird. Dann macht der E einen Grundbuchberichtigungsanspruch gegen NE geltend (§ 894 BGB). Der E wird aufgrund einer Bewilligung des NE wieder als Eigentümer im Grundbuch eingetragen. Nunmehr verlangt der K 1. von dem NE die Auflassung 2. und von dem E die Zustimmung zu seiner Eintragung in das Grundbuch.

1. Ein Anspruch des K gegen den NE auf Auflassung könnte sich aus einem Kaufvertrag ergeben (§ 433 Abs. 1 BGB). a) Der Anspruch ist entstanden, weil ein formwirksamer Kaufvertrag geschlossen worden ist; der Vertrag ist trotz des fehlenden Eigentums des NE nach § 311 a Abs. 1 BGB wirksam. b) Der Anspruch könnte aa) deshalb ausgeschlossen sein, weil es dem NE als Nichteigentümer nicht möglich ist, das Eigentum zu übertragen (§ 275 Abs. 1 BGB). bb) Dem könnte § 883 Abs. 2 BGB entgegenstehen; dann müsste dem K eine Vormerkung zustehen, und der NE müsste vormerkungswidrig verfügt haben: aaa) Dem K steht eine Vormerkung zu, aaaa) weil ein obligatorischer Anspruch K – NE besteht und bbbb) die Vormerkung aufgrund einer Bewilligung des NE im Grundbuch eingetragen worden ist; cccc) allerdings war der NE nicht der Eigentümer; insoweit sind jedoch §§ 893, 892 BGB einschlägig. bbb) Die Grundbuchberichtigung zugunsten des E ist allerdings keine vormerkungswidrige Verfügung; gleichwohl wird § 883 Abs. 2 BGB analog angewendet. Warum? Weil anderenfalls die Zuerkennung der Möglichkeit eines gutgläubigen Erwerbs völlig unnötig wäre, oder „Wer A sagt, muss auch B sagen". Der NE wird also wie der Eigentümer behandelt und kann dem K die Auflassung erteilen. 2. Der Anspruch auf Bewilligung des E ergibt sich aus § 888 BGB analog.

Variante Der K hat die Eintragung einer Vormerkung durch eine einstweilige Verfügung erwirkt; dazu hat er den Verfügungsanspruch durch Vorlage des notariell beurkundeten Kaufvertrags glaubhaft gemacht (§§ 885 Abs. 1, 935, 294 ZPO).

Da die Eintragung durch einstweilige Verfügung und nicht durch rechtskräftiges Urteil nach §§ 894, 898 ZPO erwirkt wurde, liegt kein rechtsgeschäftlicher Erwerb i.S.d. der §§ 892, 893 BGB vor. Mangels einer Vormerkung kann die Vormerkungswirkung des § 883 Abs. 2 BGB nicht eingreifen; der NE wird daher nicht wie ein Eigentümer behandelt. Der Anspruch auf Auflassung ist daher ausgeschlossen (§ 275 Abs. 1 BGB).

Komplexer ist die Rechtslage bei der **gutgläubig „zweiterworbenen" Vormerkung**. Wir haben oben schon klargestellt, dass man unterscheiden muss zwischen

- der Konstellation, in der die **abgetretene Forderung zwar besteht**, dem **Zedenten aber keine Vormerkung zusteht**; dann ist ein gutgläubiger Erwerb diskutabel: Hier muss man erwägen, ob der sich aus der Grundbucheintragung ergebende Rechtsschein einen gutgläubigen Erwerb fordert.
- Wenn aber **überhaupt keine Forderung** und **deswegen auch keine Vormerkung** besteht, **scheidet ein gutgläubiger Erwerb** schon deshalb von vornherein

aus, weil Forderungen bekanntlich nicht gutgläubig erworben werden können (argec. § 405 BGB).

<u>Fall 627:</u> Der anstelle des Eigentümers E zu Unrecht im Grundbuch als Eigentümer eingetragene NE verkauft das Grundstück formgerecht an den bösgläubigen K und bewilligt ihm eine Vormerkung, die auch im Grundbuch eingetragen wird. Der K tritt den Anspruch an den gutgläubigen D ab. Dann wird zugunsten des E ein Widerspruch gegen die Richtigkeit der Eintragung des NE als Eigentümer in das Grundbuch eingetragen. Später wird der inzwischen auch noch bösgläubig gewordene D aufgrund einer Auflassung seitens des NE als Eigentümer in das Grundbuch eingetragen. Der E verlangt von dem D die Zustimmung zu seiner Eintragung (Grundbuchberichtigung).

Der Anspruch könnte sich aus § 894 BGB ergeben, wenn a) der im Grundbuch als Eigentümer eingetragene D b) zu Unrecht anstelle des E eingetragen wäre; dazu ist die Eigentumslage zu prüfen. aa) Der E war Eigentümer. bb) Der D könnte durch die Auflassung des NE und die Eintragung nach § 892 BGB das Eigentum gutgläubig erworben haben. aaa) Die Voraussetzungen des § 892 BGB (rechtsgeschäftlicher Erwerb, durchgeführtes Verkehrsrechtsgeschäft, NE zu Unrecht als Eigentümer im Grundbuch eingetragen) sind gegeben. bbb) Der D war jedoch bei Vollendung des Rechtserwerbes bösgläubig; und es war ein Widerspruch zugunsten des E im Grundbuch eingetragen. Beide Umstände würden jeder für sich den gutgläubigen Erwerb blockieren. Nach ganz hM. reicht die Sicherungswirkung der Vormerkung jedoch über § 883 Abs. 2 BGB hinaus, und zwar so weit, dass der D, wenn er Vormerkungsberechtigter wäre, gegen nicht eingetragene Rechte (hier gegen das Eigentum des E) geschützt wäre und ein späterer böser Glaube des D oder auch ein späterer Widerspruch zugunsten des E nicht schaden würde. Entscheidend ist also, ob der D vor der Eintragung des Widerspruchs und vor Eintritt der Bösgläubigkeit eine Vormerkung erworben hat: aaaa) Nach §§ 883 Abs. 1, 885 BGB hat er keine Vormerkung erworben, bbbb) möglicherweise aber nach §§ 398, 401 BGB: aaaaa) Der K hatte keine Vormerkung erworben, weil er bösgläubig war, so dass § 893 BGB nicht eingreift. bbbbb) Der D könnte jedoch von dem K (der zu Unrecht als Vormerkungsberechtigter im Grundbuch eingetragen war) eine Vormerkung gutgläubig nach §§ 398, 401 BGB erworben haben: Dies wird teilweise (hL) aus der rein konstruktiven Erwägung, dass es sich bei § 401 BGB um die Form eines gesetzlichen Erwerbes handele und ein Gutglaubensschutz nur bei rechtsgeschäftlichem Erwerb in Betracht käme, verneint; teilweise (BGH) wird die Möglichkeit bejaht, weil der Erwerb der Forderung durch Zession und des Erwerbs von „Nebenrechten" nach § 401 BGB insgesamt gesehen rechtsgeschäftlicher Natur sei und weil ein Schutzbedürfnis bestehe (dagegen z.B. Canaris, Medicus, Baur – Stürner: Der Sinn der Vormerkung sei es allein, den obligatorisch Berechtigten in der Wartezeit bis zur Eintragung zu schützen, nicht aber, den obligatorischen Anspruch verkehrsfähig zu machen); hier müssen Sie sich also entscheiden.

(3) Verteidigung des zwischenzeitlichen Rechtserwerbers

Fraglich ist, ob und ggf. wie der nach § 888 BGB in Anspruch genommene Dritte sich gegen den Gläubiger verteidigen kann.

Eine Verteidigungsmöglichkeit erklärt sich **aus der Akzessorietät** zur gesicherten Forderung, die eine **analoge Anwendung der §§ 768, 770 BGB** möglich macht.

<u>Fall 628:</u> Der K bemüht sich schon lange erfolglos, ein bestimmtes, dem Lokalpolitiker EV gehöriges, prächtig auf der „richtigen" Seite der Elbchaussee gelegenes Grundstück käuflich zu erwerben. Der EV ist dazu nicht bereit, weil er das Grundstück nämlich längst seinem Parteifreund P versprochen hat. Schließlich findet der K eine „Lösung" seines Problems: Ein Privat-

detektiv ermittelt beweiskräftig, dass der EV unerlaubt „in großem Stil" Industrieabwässer aus seinem Unternehmen in die Elbe leitet. Unter dem Eindruck der Ankündigung des K, diese Informationen sonst aus Anlass der gerade bevorstehenden Wahlen im „Hamburger Morgenblatt" zu veröffentlichen, verkauft der EV das Grundstück zum Marktpreis formgerecht an den K und bestellt ihm eine Auflassungsvormerkung und lässt es an den K auf. Bis zur Zahlung des Kaufpreises auf ein Anderkonto des Notars verbleibt die Auflassung bei dem Notar. Überraschend werden jetzt aufgrund neuer wissenschaftlicher Erkenntnisse die Grenzwerte für das Einleiten von Abwässern rückwirkend so geändert, dass das Verhalten des EV nicht mehr zu beanstanden ist. Weil der EV jetzt keine Veröffentlichung mehr durch K fürchtet, veräußert er das Grundstück an den P, der sofort den Kaufpreis, der weit über dem Marktpreis liegt, entrichtet; der EV lässt das Grundstück an den P auf, und der P wird als Eigentümer in das Grundbuch eingetragen. Dann zahlt der K den Kaufpreis auf das Notaranderkonto und der Notar stellt unter Vorlage der Auflassung den Eintragungsantrag. Das Grundbuchamt verlangt von dem K jedoch die Zustimmung des P zu seiner Eintragung in das Grundbuch. Der P weigert sich unter Hinweis auf die Vorgeschichte, die er von EV erfahren hatte, die Zustimmung zu erteilen.

Ein Anspruch des K gegen den P auf Erteilung der Zustimmung zur Eintragung des K als Eigentümer könnte sich aus § 888 BGB ergeben. a) Der K müsste eine wirksame Vormerkung gehabt haben. aa) Sie ist im Grundbuch eingetragen, bb) und zwar aufgrund einer Bewilligung des Eigentümers EV. cc) Es besteht auch ein wirksamer schuldrechtlicher Anspruch des K gegen den EV; die bloße Anfechtbarkeit nach § 123 BGB führt nicht zu einer Nichtigkeit nach § 138 Abs. 1 BGB; dann wäre § 123 Abs. 1 BGB eine überflüssige Norm. b) Die Übereignung an den P ist eine vereitelnde vormerkungswidrige Verfügung (§ 883 Abs. 2 BGB), so dass der P zur Zustimmung verpflichtet wäre (§ 888 BGB). c) Die Frage ist, ob der P sich hiergegen durch Einreden verteidigen kann. Weil die Vormerkung eine akzessorische Rechtsstellung mit Sicherungsfunktion ist und daher mit der Bürgschaft vergleichbar, werden die §§ 768, 770 BGB entsprechend angewendet. Hier kommt §§ 770 Abs. 1, 123 BGB (Einrede der Anfechtbarkeit) in Betracht.

Auf das Verhältnis zwischen dem durch die Vormerkung gesicherten Gläubiger und dem aus § 888 BGB verpflichteten Erwerber finden die §§ 987 ff. BGB entsprechende Anwendung, weil der aus § 888 BGB Verpflichtete letztlich nur „Buchbesitzer" ist und der Anspruch des Vormerkungsberechtigten auf Zustimmung zur Eintragung einem Herausgabeanspruch aus § 985 BGB vergleichbar ist. Das bedeutet aber zugleich, dass der aus § 888 BGB zustimmungsverpflichtete Erwerber einen Verwendungsersatzanspruch aus §§ 994 ff. BGB analog hat, aus dem ihm gegen den Vormerkungsberechtigten ein Zurückbehaltungsrecht zusteht (**§ 273 BGB oder § 1000 BGB analog**).

Fall 629: Der Verkäufer EV verkauft sein mit einem Mietshaus bebautes Hausgrundstück formgerecht an den K. Aufgrund einer Bewilligung des EV wird zugunsten des K eine Auflassungsvormerkung in das Grundbuch eingetragen. Dann verkauft und übereignet der EV das Grundstück an den D, der als Eigentümer in das Grundbuch eingetragen wird. Der D, dem die Vormerkung bekannt ist, lässt wegen einer Leckage das Dach für € 10 000,- reparieren. Auf Verlangen des K erteilt der EV ihm die Auflassung. Der K verlangt nunmehr von D die Zustimmung zu seiner Grundbucheintragung. Der D ist dazu nur Zug-um-Zug gegen Zahlung von € 10 000,- bereit.

K könnte einen Anspruch auf Zustimmung zur Grundbucheintragung aus § 888 BGB haben. a) Der Erwerb des D war gegenüber K unwirksam (§ 883 Abs. 2 BGB). b) Dem Anspruch des K steht § 273 Abs. 1/1000 analog, 994 Abs. 1, 990, 677, 683 BGB entgegen.

e) Eigentum und Verfügungsbefugnis des Veräußerers, gutgläubiger und gutgläubig lastenfreier Erwerb des Eigentums

Was den Eigentumserwerb bei Grundstücken angeht, wissen Sie nunmehr, dass dafür erforderlich sind: eine **Auflassung** und die **Eintragung** des Erwerbers in das Grundstück (§§ 873, 925 BGB). Sie wissen auch, wie man den Risiken, die der „gestreckte Tatbestand" mit sich bringt, beherrscht. Sie entsinnen sich aus der Erörterung der Verfügung über bewegliche Sachen, speziell der Übereignung nach den §§ 929 ff. BGB, dass die weitere Voraussetzung einer wirksamen Verfügung, speziell einer Übereignung, die **Berechtigung des Verfügenden** ist. Weil wir uns deshalb hier auf die Besonderheiten des Grundstücksrechts beschränken, sollten Sie vorsorglich noch einmal die Ausführungen unter C II 6 – 9 dieses Teils 6 lesen.

Berechtigter ist bei einer Übereignung der **Eigentümer**, der auch **zur Verfügung durch Übereignung befugt** ist und der **Nichteigentümer**, wenn er ausnahmsweise **zur Verfügung durch Übereignung befugt** ist.

Für die Frage der Berechtigung des Übereignenden ist danach zunächst maßgeblich das **Eigentums des Übereigners**: Dazu müssen Sie sich bewusst machen, dass das Grundbuchrecht und die besonders große Kompetenz und Sorgfalt der bei dem Grundbuchamt tätigen Beamten die Gewähr dafür bietet, dass die Eintragungen im Grundbuch fehlerfrei sind. Deshalb und weil sich die materielle Rechtslage an Grundstücken oder Rechten an Grundstücken oder Rechte an solchen Rechten nur selten durch Vorgänge „außerhalb des Grundbuchs" verändert (wenn, dann z.B. durch eine Anfechtung nach §§ 119 ff., 142 Abs. 1 BGB oder akzessorietätsbedingt bei der Hypothek oder der Vormerkung durch Übertragung oder Wegfall der Forderung), ist davon auszugehen, dass sich die aus dem Grundbuch ergebende formale dingliche Rechtslage regelmäßig mit der materiellen Rechtslage deckt und dass deshalb der als Inhaber eines Rechtes an einem Grundstück oder eines Rechtes an einem solchen Recht Eingetragene auch zu Recht im Grundbuch eingetragen ist Daher konnte das Gesetz auch „guten Gewissens" in § 891 BGB bestimmen, dass eine gesetzliche Vermutung zugunsten der Richtigkeit der Eintragung eines Rechtes in das Grundbuchs besteht. Weiterhin ist für die Frage der Berechtigung des Eigentümers maßgeblich, dass er auch die Befugnis hat zu übereignen. Was die **zugunsten bestimmter Personen bestehender in das Grundbuch einzutragender Verfügungsbeschränkungen** angeht, so besteht beim Fehlen einer solchen Eintragung eine Vermutung dafür, dass der Berechtigte nicht in der Verfügung beschränkt ist (arge. § 892 Abs. 1 S. 2 BGB). Auch sonstige nicht in das Grundbuch eintragbare Verfügungsbeschränkungen sind nur zu diskutieren, wenn ein Anlass dazu besteht.

Wenn Sie bei der Fallbearbeitung dazu kommen sollten, dass der Übereignende nicht der Eigentümer des Grundstücks ist, so kann er gleichwohl wirksam übereignen, wenn der Eigentümer der Übereignung durch Einwilligung oder Genehmigung zustimmt (§ 185 Abs. 1, 2 1. Fall BGB) und er damit **als Nichtberechtigter zur Verfügung befugt** ist. Auch kann die Verfügung wirksam sein, wenn die Tatbestände des § 185 Abs. 2 S 1 2. und 3. Fall BGB) vorliegen.

Wie gesagt: Das ist im Prinzip nichts Neues für Sie. Daher vertiefen wir diese Ausführungen auch nicht weiter sondern wenden uns der in § 892 BGB spezifisch geregelten und daher „vertiefungsbedürftigen" Frage des **gutgläubigen Erwerbs** zu. Wenn der Erwerb eines dinglichen Rechts an einem Grundstück, speziell des Eigentums, am fehlenden materiellen Recht des Verfügenden, speziell an seinem Eigentum, oder am Bestehen einer zugunsten einer bestimmten Person bestehenden Verfügungsbeschränkung scheitert, so stellt sich bekanntlich die Frage nach der **Möglichkeit eines gutgläubigen Erwerbs des** Recht, speziell des **Eigentums**. Untrennbar damit verbunden ist auch die Frage nach einem **gutgläubig lastenfreien Erwerb des Rechts**, speziell des **Eigentums**. Aufbauend auf der Richtigkeitsvermutung des Grundbuchs bei eingetragenen Rechten (§ 891 BGB) war es für den Gesetzgeber nur ein kleiner Schritt, dem **Grundbuch** auch einen **„öffentlichen Glauben"** zuzuerkennen und diesen auch auf zugunsten einer bestimmten Person bestehender Verfügungsbeschränkungen zu erstrecken

> und den **„gutgläubigen Erwerb"** zuzulassen, und zwar
>
> **1.** den **a) gutgläubigen Erwerb** von Grundstücksrechten und Rechten an solchen Rechten **vom Nichtinhaber** als solchem und **b)** einen nicht durch nicht eingetragene Belastungen beschränkten (also: **gutgläubig „lastenfreien") Erwerb des Rechtes** (§ 892 Abs. 1 S. 1 BGB)
>
> **2.** ferner den **gutgläubigen Erwerb** von Grundstücksrechten und Rechten an solchen Rechten **vom Inhaber** des Rechtes trotz bestehender, aber nicht eingetragener relativer **Verfügungsbeschränkung**, zu ermöglichen (§ 892 Abs. 1 S. 2 BGB),
>
> **3.** wenn die folgenden, hier tabellarisch zusammengefassten **Voraussetzungen** gegeben sind:
>
> - bei Vollendung des Rechtserwerbs muss ein **rechtsgeschäftlicher Erwerb** im Sinne eines **durchgeführten Verkehrsrechtsgeschäfts** vorliegen;
>
> - bei Vollendung des Rechtserwerbs muss **a)** eine **Unrichtigkeit des Grundbuchs b)** hinsichtlich bestimmter **eintragungsfähiger Tatsachen**, nämlich: (positive Publizität:) **aa)** der Eintragung eines Rechts an einem Grundstück oder eines Rechts an einem solchen Recht oder (negative Publizität:) der Nichteintragung einer Belastung bzw. **bb)** eine Unrichtigkeit wegen der Nichteintragung einer bestehenden Verfügungsbeschränkung gegeben sein;
>
> - bei Vollendung des Rechtserwerbs muss eine **Legitimation des Verfügenden** durch seine zu Unrecht bestehende Eintragung als Rechtsinhaber oder als unbelasteter Rechtsinhaber bzw. als von Verfügungsbeschränkungen Freier, die auch auf den Erben übergeht, bestehen;
>
> - bei Vollendung des Rechtserwerbs oder zum Zeitpunkt des § 892 Abs. 2 BGB muss ein vermuteter (nur Kenntnis schadet) **guter Glaube** des Erwerbers an die Richtigkeit der Eintragung gegeben sein und
>
> - bei Vollendung des Rechtserwerbs darf gegen die Richtigkeit des Grundbuchs **kein Widerspruch** eingetragen sein.
>
> **4.** Anders als beim „gutgläubigen Erwerb" des Eigentums an beweglichen Sachen gibt es natürlich keine dem § 935 BGB vergleichbaren Ausschlusstatbestand.

> 5. Eine **Korrektur** durch Rückabwicklung gibt es nur nach §§ 816 Abs. 1 S. 2 und ggf. nach § 822 BGB. Dass es ansonsten keine Korrektur nach §§ 812 Abs. 1 S. 1 BGB gibt, folgt aus einem Umkehrschluss aus § 816 Abs. 1 S. 2 BGB; auch bei Fahrlässigkeit des Erwerbers ist dieser nicht nach §§ 823 Abs. 1, 249 Abs. 1 BGB zur Rückübereignung verpflichtet, weil nach der Wertung des § 892 BGB nur ein vorsätzlich handelnder Erwerber rechtswidrig handelt.
>
> 6. Einen **Ausgleich für den materiell Berechtigten**, dessen Interessen „auf dem Altar" des Verkehrsschutzes geopfert werden, bieten § 816 Abs. 1 S. 1 BGB und § 687 Abs. 2, 681 S. 2, 667 BGB und natürlich auch §§ 823 Abs. 1 BGB, 251 Abs. 1 BGB.

aa) Bei Vollendung des Rechtserwerbs: ein durchgeführtes Verkehrsrechtsgeschäft

Nach dieser tabellarischen Übersicht wollen wir uns nun den Einzelheiten eines gutgläubigen Erwerbes vom Nichteigentümer bzw. vom nicht zur Verfügung befugten Eigentümer und dem gutgläubig lastenfreien Erwerbes zuwenden. Wie bei den §§ 932 ff. BGB muss auch bei § 892 BGB ein **rechtsgeschäftlicher Erwerb im Sinne eines durchgeführten Verkehrsrechtsgeschäfts** vorliegen; das ist i.d.R. der Fall, jedoch dann nicht, wenn

- es sich zwar um einen rechtsgeschäftlichen Erwerb handelt, dieser aber nur die **Vorwegnahme eines gesetzlichen Erwerbes** (z.B. eine Übereignung an den künftigen Erben) ist,
- wenn der zu Unrecht im Grundbuch Eingetragene und der Erwerber **wirtschaftlich identisch** (z.B. nicht im Fall einer Übereignung einer „Ein-Mann-GmbH" an den einzigen Gesellschafter) sind,
- wenn der Erwerber **Verwaltungstreuhänder** des Eingetragenen ist und
- (nach der hier vorgeschlagenen Lösung) beim **Rückerwerb vom Nichtberechtigten**.

bb) Bei Vollendung des Rechtserwerbs: Unrichtigkeit hinsichtlich bestimmter eintragungsfähiger Tatsachen

Wenn es um den gutgläubigen Erwerb eines Rechts an einem Grundstück (hier des Eigentums) vom Nichtinhaber (hier speziell vom Nicht-Eigentümer) oder eines nicht bestehenden Rechts an einem solchen Recht geht, dann setzt dieser voraus, eine

> 1. bei Vollendung des Rechtserwerbs bestehende
>
> 2. **Unrichtigkeit des Grundbuchs** hinsichtlich bestimmter eintragungsfähiger Tatsachen, nämlich
>
> a) der **Eintragung eines Rechts** an einem Grundstück oder eines Rechts an einem solchen Recht oder der Nichteintragung einer Belastung bzw.

> **b)** eine Unrichtigkeit wegen der Nichteintragung einer bestehenden **Verfügungsbeschränkung**, bei der ein Gutglaubenserwerb möglich ist (z.B. §§ 161 BGB, 81 InsO).
>
> **3. Nicht** erfasst werden vom Gutglaubensschutz
>
> **a)** bezüglich des Rechtserwerbs solche Eintragungen, die in **rein tatsächlichen Angaben** (z.B. die im Bestandsverzeichnis des Grundbuchs eingetragene Grundfläche des Grundstücks) bestehen
>
> **b)** und bezüglich der Verfügungsbeschränkungen solche, bei deren Vorliegen ein gutgläubiger Erwerb nicht möglich ist (z.B. § 1365 BGB), das sie nicht eintragungsfähig sind.

Fall 630: Der NE ist aufgrund einer durch eine rechtswidrige Drohung gegen den Eigentümer E erwirkten Übereignung als Eigentümer im Grundbuch eingetragen worden. Der NE verkauft das Grundstück formwirksam an den K, der nach Zahlung des Kaufpreises aufgrund einer Auflassung als Eigentümer in das Grundbuch eingetragen wird. Der E ficht jetzt die Übereignung an den NE nach § 123 Abs. 1, 143 Abs. 1, 2, 142 Abs. 1 BGB an und verlangt von dem K die Zustimmung zur Grundbuchberichtigung des Inhalts, dass er, der E, als Eigentümer in das Grundbuch eingetragen wird.

Der Anspruch des E gegen den K könnte sich aus § 894 BGB ergeben. a) Der K ist als Eigentümer im Grundbuch eingetragen. b) Der E müsste der wahre Eigentümer sein. aa) E war Eigentümer. bb) Die Übereignung an den NE ist nach §§ 123 Abs. 1, 143 Abs. 1, 2, 142 Abs. 1 BGB als von Anfang an nichtig anzusehen. cc) Der K könnte das Eigentum durch die Übereignung des NE erlangt haben. aaa) Die Übereignung durch die aaaa) Auflassung nach §§ 873, 925 BGB und bbbb) Eintragung cccc) scheitert am fehlenden Eigentum des NE, der auch nicht zur Verfügung befugt ist. bbb) Der K könnte das Eigentum nach §§ 873, 925, 892 Abs. 1 S. 1, Abs. 2 BGB erlangt haben. aaaa) Es geht um einen rechtsgeschäftlichen Erwerb im Sinne eines durchgeführten Verkehrsrechtsgeschäfts. bbbb) Das Grundbuch war hinsichtlich der Eintragung des Eigentums am Grundstück unrichtig (Eintragung des NE anstelle des E). cccc) Der Veräußerer NE ist durch seine Eintragung als Rechtsinhaber legitimiert. dddd) Der K ist zum Zeitpunkt des § 892 Abs. 2 BGB gutgläubig, und eeee) es ist kein Widerspruch gegen die Richtigkeit des Grundbuchs eingetragen. Also hat der K das Eigentum erlangt. Ein Grundbuchberichtigungsanspruch besteht nicht.

Variante: Der E hat die Anfechtungserklärung gegenüber dem NE mit der Aufforderung zur Grundbuchberichtigung dahingehend, dass er, der E, als Eigentümer in das Grundbuch eingetragen wird, verbunden, und der NE hat nach der Auflassung an den K und nach dessen Eintragungsantrag die Zustimmung zur Grundbuchberichtigung durch Wiedereintragung des E in das Grundbuch in der Form des § 29 GBO erklärt. Das Grundbuchamt hat dann unter Verstoß gegen §§ 17, 45 GBO zunächst den E auf dessen Antrag hin als Eigentümer und danach den K als Eigentümer eingetragen. Der E verlangt von K die Zustimmung zur Grundbuchberichtigung des Inhalts, dass er als Eigentümer in das Grundbuch eingetragen wird.

Der Anspruch aus § 894 BGB ist begründet. Der K hat nämlich deshalb kein Eigentum nach §§ 873, 925, 892 Abs. 1 S. 1, Abs. 2 BGB erlangt, weil das Grundbuch bei Vollendung des Rechtserwerbs richtig war (E war als Eigentümer eingetragen).

Fall 631: Der E verkauft ein ihm gehöriges Grundstück formwirksam an den K. Das Grundstück ist zur Sicherung eines Darlehensanspruchs des GH gegen den S mit einer Hypothek zugunsten des GH belastet. Die Hypothek ist versehentlich vom Grundbuchamt gelöscht worden. Nach der Zahlung des Kaufpreises wird der K aufgrund einer Auflassung des E als Eigentümer in das Grundbuch eingetragen. Als der S das Darlehen nicht tilgt, verlangt der GH Duldung der Zwangsvollstreckung von K (§ 1147 BGB).

Der Anspruch besteht nicht, weil der K das Eigentum nach § 892 Abs. 1 S. 1, Abs. 2 BGB gutgläubig lastenfrei erworben hat.

Fall 632: Der E verkauft ein ihm gehöriges Grundstück formwirksam an den K. Danach wird über E's Vermögen das Insolvenzverfahren eröffnet. Der Insolvenzvermerk wird durch ein Versehen des Grundbuchamtes nicht in das Grundbuch eingetragen. Nach Zahlung des Kaufpreises an den E wird der K aufgrund einer Auflassung des E als Eigentümer in das Grundbuch eingetragen. Der Insolvenzverwalter verlangt von dem K 1. die Zustimmung zur Grundbuchberichtigung des Inhalts, dass E als Eigentümer in das Grundbuch eingetragen wird, 2. hilfsweise die Rückübereignung an den E.

Der Anspruch auf 1. Grundbuchberichtigung wäre aus §§ 80 InsO, 894 BGB begründet, wenn der a) im Grundbuch als Eigentümer eingetragene K b) das Eigentum nicht erlangt hätte. aa) Der E war nicht zur Verfügung berechtigt, so dass die Übereignung an den K unwirksam wäre (§§ 873 Abs. 1, 925 BGB, 80 InsO). bb) Der K hat das Eigentum jedoch nach §§ 873, 925, 892 Abs. 1 S. 2, Abs. 2 BGB, 81 InsO erworben, weil der K hinsichtlich der Eröffnung des Insolvenzverfahrens gutgläubig war. 2. Eine Rückübereignung könnte nach §§ 129 ff., 137 InsO verlangt werden.

Fall 633: Der mit der F im Güterstand der Zugewinngemeinschaft verheiratete E verkauft ein ihm gehöriges Grundstück formwirksam an den K. Der E hatte außer dem Grundstück kein weiteres Vermögen. Nach Zahlung des Kaufpreises an den E wird der K aufgrund einer Auflassung des E als Eigentümer in das Grundbuch eingetragen. Die F verlangt von K die Zustimmung zur Grundbuchberichtigung des Inhalts, dass E als Eigentümer in das Grundbuch eingetragen wird.

Ein a) Anspruch auf Grundbuchberichtigung aus § 894 BGB kann nach § 1368 BGB von der F geltend gemacht werden. b) Der Anspruch aus § 894 BGB wäre gegeben, wenn aa) der im Grundbuch als Eigentümer eingetragene K bb) das Eigentum nicht erlangt hätte. aaa) Der E war nach § 1365 BGB nicht zur Verfügung berechtigt, so dass die Übereignung an den K unwirksam wäre (§§ 873 Abs. 1, 925, 1365 BGB). bbb) Der K hat das Eigentum auch nicht nach §§ 873, 925, 892 Abs. 1 S. 2, Abs. 2 BGB erworben, weil er hinsichtlich der Ehe des E gutgläubig war, denn bei § 1365 BGB versagt der Gutglaubensschutz des § 892 Abs. 1 S. 2 BGB, weil eine Verfügungsbeschränkung aus § 1365 BGB nicht in das Grundbuch eintragbar ist.

cc) Bei Vollendung des Rechtserwerbs: eine Legitimation des Verfügenden

Der Rechtsschein der unrichtigen Eintragung muss bei Vollendung des Rechtserwerbs

- gerade zu der von dem **unrichtig Eingetragenen** vorgenommenen Verfügung legitimieren.
- Ein solcher Rechtsschein geht auch auf den **Erben** über (§ 1922 BGB). Auch der durch einen Erbschein ausgewiesene **Scheinerbe** wird durch die Eintragung legitimiert, denn er wird so behandelt, wie wenn er Erbe wäre (§§ 2365, 2366 BGB).

Fall 634: Der NE ist zu Unrecht anstelle des E als Eigentümer eines Grundstücks im Grundbuch eingetragen. Nach seinem Tod veräußert sein vermeintlicher Erbe, der Sohn S, dem ein Erbschein erteilt worden ist, ohne dass er zuvor als Eigentümer in das Grundbuch eingetragen worden wäre, das Grundstück an den K, der daraufhin als Eigentümer in das Grundbuch eingetragen wird. Der wahre Erbe war jedoch der X. Der E verlangt von dem K die Zustimmung zur Grundbuchberichtigung.

Der Anspruch könnte sich aus § 894 BGB ergeben, wenn der K zu Unrecht anstelle des E im Grundbuch als Eigentümer eingetragen ist. a) Der K ist im Grundbuch eingetragen. b) Ob der E noch Eigentümer ist, ist historisch zu prüfen: aa) E war Eigentümer. bb) S ist es nicht geworden. cc) Der K könnte gleichwohl Eigentum erlangt haben (§§ 873 Abs. 1, 925, 892 Abs. 1 S. 1, Abs. 2 BGB). aaa) Auflassung und Eintragung in das Grundbuch liegen vor. bbb) Der veräußernde S war jedoch nicht der Eigentümer und der Eigentümer E hat der Übereignung an den K nicht nach § 185 BGB zugestimmt, so dass § 892 Abs. 1 S. 1, Abs. 2 BGB zu prüfen ist: aaaa) Es liegt ein rechtsgeschäftlicher Erwerb vor. bbbb) Es handelt sich um ein durchgeführtes Verkehrsrechtsgeschäft. cccc) Das Grundbuch war unrichtig. dddd) Der veräußernde S war aber nicht in das Grundbuch als Eigentümer eingetragen, sondern immer noch der NE. Die Legitimationswirkung der Grundbuch -Eintragung aaaaa) geht grundsätzlich auf den Erben – also den X – über (§ 1922 BGB); bbbbb) nach § 2366 BGB wird der durch einen Erbschein ausgewiesene Scheinerbe S aber zugunsten des in Bezug auf das Erbrecht gutgläubigen K als Erbe behandelt. Daher ist S durch die Eintragung des NE im Grundbuch ausreichend als Eigentümer legitimiert. eeee) Der K war auch in Bezug auf das Bestehen des Eigentums des S gutgläubig. ffff) Ein Widerspruch war nicht in das Grundbuch eingetragen. Also hat K das Eigentum erworben. Der Grundbuchberichtigungsanspruch besteht nicht.

dd) Bei Vollendung des Rechtserwerbs oder zum Zeitpunkt des § 892 Abs. 2 BGB: Gutgläubigkeit

Der **gute Glaube** des Erwerbers wird **vermutet**. Abweichend von §§ 932 ff. BGB ist bei § 892 BGB nur im Fall der Kenntnis der Unrichtigkeit der Grundbucheintragung der gute Glaube des Erwerbers **widerlegt**; das hängt mit dem (im Vergleich zum Besitz in den Fällen der §§ 932 ff. BGB) stärkeren Rechtsschein des Grundbuchs zusammen. Zu guter Letzt: vergessen Sie nicht, an § 142 Abs. 2 BGB zu denken!

Der gute Glaube muss im **Augenblick der Vollendung des Rechtserwerbes** gegeben sein. Wenn aber **alles Erforderliche für den Eigentumserwerb** getan ist, also eine dingliche Einigung vorliegt und der Eintragungsantrag gestellt ist, ist dies der maßgebliche Zeitpunkt; eine spätere, vor Vollendung des Rechtserwerbs eintretende Bösgläubigkeit kann (ähnlich wie bei § 878 BGB eine spätere Verfügungsbeschränkung) den Rechtserwerb nicht mehr verhindern.

ee) Bei Vollendung des Rechtserwerbs: Kein Widerspruch gegen die Richtigkeit des Grundbuchs

Die bisherigen Ausführungen lehren uns, dass ein unrichtiges Grundbuch „höchste Gefahr" für den wirklichen Rechtsinhaber bedeutet, weil ein Rechtsverlust durch einen gutgläubigen Erwerb Dritter droht! Es ist natürlich völlig unmöglich, dass der wirkliche Rechtsinhaber diese Gefahr dadurch abwendet, dass er „alle Welt" (= alle zukünftigen Dritten) bösgläubig macht, indem er den potentiellen Erwerbern (wer sind sie?) die Unrichtigkeit des Grundbuchs beweist (wie macht man das?).

Für den wahren Berechtigten (also z.B. den wahren Eigentümer) gibt es daher offenbar nur eine „einzige Chance": Er muss sofort das Grundbuch berichtigen lassen. Dazu kann er versuchen, den zu Unrecht im Grundbuch Eingetragenen dazu zu bewegen, freiwillig gegenüber dem Grundbuchamt die Berichtigung des Grundbuchs zu bewilligen. Wenn der Nichtberechtigte dazu aber nicht bereit ist, weil er nicht will oder weil er vielleicht der Überzeugung ist, er sei der Berechtigte, dann muss derjenige, der meint, dass das Grundbuch unrichtig sei und dass er anstelle des im Grundbuch Eingetragenen eingetragen werden müsse, einen Grundbuchberichtigungsanspruch gerichtlich geltend machen und in der Klage beantragen, den Eingetragenen dazu zu verurteilen, seine Zustimmung zur Berichtigung zu erklären. Aber erst im Falle einer formell rechtskräftigen Verurteilung ersetzt das Urteil die Bewilligung des zu Unrecht im Grundbuch Eingetragenen (§ 894 ZPO). Bis dahin kann viel Zeit vergehen, und während dieses Zeitraums kann der zu Unrecht im Grundbuch Eingetragene über das Recht des wirklich Berechtigten nach § 892 BGB wirksam gegenüber gutgläubigen Dritten verfügen.

> In dieser **verzweifelten Lage** hilft das Gesetz
>
> **1.** mit **§ 899 BGB** und **§ 895 ZPO** wie folgt: In den Fällen des § 894 BGB (also bei einer Unrichtigkeit des Grundbuchs, die einen Grundbuchberichtigungsanspruch begründet) kann der Berechtigte die Eintragung eines Widerspruchs gegen die Richtigkeit des Grundbuchs erwirken, und zwar entweder aufgrund einer freiwillig erklärten **Eintragungsbewilligung** des Eingetragenen, im Fall des § 895 ZPO mit einer **fingierten Bewilligung** beim Vorliegen eines vorläufig vollstreckbaren Urteils oder – was die Regel sein dürfte, wenn der Eingetragene seinerseits meint, Berechtigter zu sein – aufgrund einer **einstweiligen Verfügung** nach § 935 ZPO, für deren Erlass der Antragsteller nach § 899 Abs. 2 S. 2 BGB gegenüber dem Gericht nur den Verfügungsanspruch, nicht aber den Verfügungsgrund, also nicht die Gefährdung des Rechtes, glaubhaft machen muss (wer erinnert sich hier nicht an die Vormerkung??).
>
> **2.** Die Eintragung dieses Widerspruchs bewirkt einen **Ausschluss des gutgläubigen Erwerbs** (§ 892 Abs. 1 S. 1 BGB); seine Wirkungen greifen auch noch nach dem Zeitpunkt des § 892 Abs. 2 BGB.

Niemand, der bei Sinnen ist, wird ein Grundstücksrecht erwerben, gegen dessen Eintragung ein Widerspruch im Grundbuch eingetragen ist. Der **Widerspruch** bedeutet daher eine „**faktische Grundbuchsperre**" mit der Möglichkeit erheblicher wirtschaftlicher Nachteile für den im Grundbuch Eingetragenen, der ja durchaus (und das darf man nie aus dem Auge verlieren) durchaus der zu Recht im Grundbuch eingetragene Berechtigte sein kann. Sollte der **Widerspruch aufgrund einer einstweiligen Verfügung** in das Grundbuch eingetragen worden sein und stellt sich später heraus, dass sie (weil das Grundbuch nicht unrichtig war) **zu Unrecht erlassen** worden ist, dann steht dem Berechtigten ggf. ein **Schadensersatzanspruch aus § 945 ZPO** zu, und zwar auch dann, wenn den Antragsteller kein Verschulden traf (**„Gefährdungshaftung"**).

> Dies alles sollte Sie an die rechtstechnisch ähnlich gestaltete Vormerkung erinnern; den inhaltlichen Unterschied von Vormerkung und Widerspruch for-

> muliert man am besten mit dem hübschen Wortspiel: **„Die Vormerkung prophezeit, der Widerspruch protestiert".**

f) Eigentumserwerb vom Scheinerben an dem Erblasser gehörigen/nicht gehörigen Grundstücken

Mit dem „Sachenrecht" hat dies zwar nur mittelbar zu tun, aber bei der Fallbearbeitung kommt es nicht selten zu einer Berührung von Sachen- und Erbrecht:

Wenn der Scheinerbe SchE, dem ein Erbschein erteilt worden ist, ein **Grundstück des Erblassers** (Grundstück = Nachlassgegenstand) E an den D übereignet,

- nachdem er als Eigentümer in das Grundbuch eingetragen ist, so erwirbt D das Eigentum nach §§ 873, 925, 892 Abs. 1 S. 1, 2 BGB.
- Wenn der Scheinerbe ScheE ohne seine vorherige Eintragung in das Grundbuch (möglich nach §§ 35, 40 GBO) übereignet, so erwirbt der D das Eigentum nach §§ 873, 925, 2366 BGB.

Wenn der Scheinerbe SchE, dem ein Erbschein erteilt worden ist, ein **nicht dem Erblasser gehöriges Grundstück** (Grundstück = nachlassfremd) übereignet, so erwirbt der D das Eigentum nach §§ 873, 925, 892 BGB (überwindet den Eigentumsmangel) i.V.m. § 2366 BGB (überwindet den Mangel im Erbrecht).

Fall 635: Der durch einen Erbschein als Erbe ausgewiesene Scheinerbe SchE übereignet aufgrund eines Kaufvertrages mit D durch Auflassung und Eintragung in das Grundbuch (§§ 873, 925 BGB) an diesen ein Grundstück des Erblassers E, ohne sich zuvor als Eigentümer in das Grundbuch eintragen zu lassen (geht das? Ja: §§ 35, 40 GBO). Der wahre Erbe wE verlangt von D Grundbuchberichtigung (nach Kropholler).

Ein Anspruch aus § 894 BGB besteht nicht, weil der D das Eigentum nach §§ 873, 925, 2366 BGB erlangt hat: Der SchE wird nach § 2366 BGB wie der Erbe und damit wie der Eigentümer behandelt.

Variante: Nichts anderes kann gelten, wenn der SchE sich vor der Übereignung an den D im Wege der Grundbuchberichtigung nach §§ 22, 35 GBO als Eigentümer in das Grundbuch hätte eintragen lassen. Weil aber ein gutgläubiger Erwerb nach § 892 BGB (speziell wegen des § 892 Abs. 2 BGB) günstiger für den Erwerber ist, soll hier ein Erwerb nach § 892 BGB erfolgen (nach Kropholler).

Variante: Der Erblasser E war zu Unrecht anstelle des X im Grundbuch als Eigentümer eingetragen und der noch nicht in das Grundbuch eingetragene durch einen Erbschein als Erbe ausgewiesene Scheinerbe SchE verkauft und übereignet durch Auflassung und Eintragung in das Grundbuch (§§ 873, 925 BGB) das Grundstück an den hinsichtlich des Erbrechts und des Eigentums des SchE gutgläubigen D. Der X verlangt von dem D Grundbuchberichtigung (nach Kropholler).

Dem X steht kein Anspruch aus § 894 BGB zu, denn der D ist Eigentümer geworden. a) Das fehlende Eigentum wird durch § 892 BGB überwunden und b) das fehlende Erbrecht durch § 2366 BGB.

> Verdeutlichen wir uns wieder einmal, was **bisher** von Ihnen **erarbeitet wurde** und was noch als Aufgabe zu bewältigen ist:
>
> Sie wissen **jetzt**, wie das **Eigentum** an einem Grundstück **rechtsgeschäftlich übertragen**, also **erworben** und, korrespondierend dazu, **verloren** wird.
>
> Offen ist jetzt noch, wie das **Eigentum** an einem Grundstück **gesetzlich erworben** und wie es, korrespondierend dazu, **verloren wird**: Dies kann geschehen durch die sehr seltene **Ersitzung (sub 2)**. Dass – wie jeder weiß – Eigentum auch an unbeweglichen Sachen wie jedes andere Recht auch durch Erbgang „gesetzlich" erworben werden kann (§ 1922 BGB), soll hier nicht gesondert erörtert werden; diese Form des Erwerbes werden wir später in teil 11 darstellen.
>
> Schließlich kann Eigentum an Grundstücken auch durch **Hoheitsakt** („Zuschlag") erworben werden **(sub 3)**

2. Der gesetzliche Erwerb des Eigentums an Grundstücken durch „Ersitzung"

Weil sie so selten ist, verwenden wir auf die **Ersitzung** nur einen Satz: Der Nichteigentümer erlangt nach 30jährigem „Buchbesitz" und Eigenbesitz des Grundstücks das Eigentum durch Ersitzung (§ 900 BGB); auch ohne „Buchbesitz" kann bei 30jährigem bloßen Eigenbesitz der Eigentümer durch Urteil von seinem Eigentum ausgeschlossen werden (§ 927 BGB).

3. Der Erwerb des Eigentums an einem Grundstück durch „Zuschlag"

Weil Sie zum Erwerb des Eigentums an einem Grundstück durch „Zuschlag" längst alles wissen, auch hierzu nur wenige Sätze: Bei der Zwangsversteigerung erlangt nach § 90 ZVG der Ersteigerer das Eigentum durch Hoheitsakt **(„Zuschlag")**, und zwar auch dann, wenn der Vollstreckungsschuldner nicht der Eigentümer und der Ersteigerer bösgläubig war. Dieser Eigentumserwerb wird einer „Veräußerung" i.S.d. § 566 BGB gleichgestellt. Das daraus resultierende Risiko, dass Eigentümer ihre Grundstücke durch langfristige Vermietungen zu einer festen, unterhalb des Marktzinses liegenden Miete für potentielle Ersteigerer uninteressant und damit praktisch „versteigerungsfest" machen, wird durch das „Sonderkündigungsrecht" des jeweiligen Ersteigerers abgewendet (§ 57 a ZVG). Sie entsinnen sich bestimmt auch, dass ein solcher Mieter wegen Sonderkündigungsrechtes ein „Ablösungsrecht" nach § 268 BGB hat.

V. Sicherungsrechte an Grundstücken

> Bitte machen Sie sich noch einmal den Aufbau der Darstellung in diesem **Teil 6 sub C**, in dem es um den Erwerb und Verlust von Rechten an Sachen geht, vertraut.

> Im Anschluss an die Darstellung des Erwerbes des Besitzes an Sachen **(sub I)** und dann des Eigentums an beweglichen Sachen **(sub II)** folgte **(sub III)** die Erörterung des Erwerbs von Sicherungsrechten an beweglichen Sachen (Pfandrecht und Sicherungsübereignung).
>
> Nach dem gleichen Muster werden wir auch **jetzt** im Anschluss an die soeben abgeschlossene Erörterung des Erwerbes des Eigentums an Grundstücken **(sub IV)** den Erwerb der Sicherungsrechte an Grundstücken (Hypothek und die Sicherungsgrundschuld = „Grundpfandrechte") besprechen **(sub V)**; aus didaktischen Gründen werden wir dort auch (systemwidrig!) schon die Verteidigungsmittel des Eigentümers gegen den Inhaber eines Grundpfandrechtes erörtern.

1. Die Hypothek

Unter einer Hypothek versteht man die Belastung eines Grundstücks dergestalt, dass eine bestimmte – auch künftige oder bedingte – Geldforderung (z.B. eine Darlehensforderung aus § 488 Abs. 1 S. 2 BGB oder eine Restkaufpreisforderung aus § 433 Abs. 2 BGB) gesichert werden soll, wobei das Grundpfandrecht vom Bestand und von der Höhe der gesicherten Forderung abhängt (vergl. die **Legaldefinition** in § 1113 BGB). Wenn es in § 1113 Abs. 1 BGB weiter heißt, dass „eine bestimmte Geldsumme ... aus dem Grundstück zu zahlen ist", bedeutet dies nicht etwa, dass § 1113 Abs.1 BGB eine Anspruchsgrundlage ist! Vielmehr wird durch die Worte „...zur Befriedigung wegen einer ... Forderung" deutlich gemacht, dass es nur um ein der Sicherung einer Geldforderung dienendes Sicherungsrecht geht. Der **Hypothekar kann also nicht Zahlung** einer Geldsumme vom Eigentümer **verlangen** (dieser kann aber ggf. zahlen = ablösen; vergl. § 1142 BGB), **sondern nach § 1147 BGB nur Duldung der Zwangsvollstreckung.**

Die Hypothek ist ein zur gesicherten Forderung **akzessorisches dingliches Sicherungsrecht**, ein Umstand, der **unterschiedliche Folgen** hat:

- Zunächst hat die Akzessorietät Bedeutung für die **Technik der Übertragung** denn es ist nicht die Hypothek, sondern die gesicherte Forderung, die übertragen wird (§ 1153 BGB). Wenn gleichwohl allseits von der Übertragung „der Hypothek" die Rede ist, ist das hinzunehmen (Baur/Stürner).

- Aus der Akzessorietät von gesicherter Forderung und Hypothek folgt weiter, dass auf der „Gläubigerebene" die **Hypothek** und die **gesicherte Forderung** immer „**in einer Hand**" vereint sein müssen, während auf der „Schuldnerebene" der die Sicherung gewährende Eigentümer und der Schuldner durchaus („bürgschaftsähnlich") auseinander fallen können.

- Das Akzessorietätsverhältnis von Forderung und Hypothek hat aber auch – wie sich noch zeigen wird – Bedeutung für einzelne Fragen des **gutgläubigen Erwerbs** (§§ 1138, 892 BGB) und die als Verteidigungsmittel des Eigentümers gegen die Hypothek bedeutsamen **Einreden** (§ 1137 BGB; vergl. auch § 768 BGB, § 1211 BGB und 1254 BGB). Die strenge Akzessorietät gilt aber nur bei der sog.

„Sicherungshypothek"; gelockert ist sie bei der sog. „Verkehrshypothek" (§§ 1184, 1185 BGB), bis hin zu der Tatsache, dass sogar „forderungsentkleidete Hypotheken" erworben werden können.

- Wegen ihrer Akzessorietät ist die Hypothek auch in den Katalog der **„Nebenrechte"** des § 401 BGB aufgenommen worden. Warum eigentlich, da es doch die Regelung des § 1153 BGB gibt? Weil § 401 BGB bekanntlich abdingbar ist, musste zur Sicherung des Akzessorietätsprinzips das „Mitlaufgebot" als zwingende Regelung im Gesetz verankert werden (§ 1153 Abs. 2 BGB!!). Nur so kann ein Auseinanderfallen von Gläubiger und Hypothekar auf der Gläubigerebene und damit das Risiko einer doppelten Inanspruchnahme verhindert werden.

- Andererseits führt die Akzessorietät auch dazu, dass beim **Vorliegen von § 399 BGB** (speziell beim „pactum de non cedendum") auch die Hypothek unübertragbar ist – im Verhältnis zu Dritten aber nur, wenn die Unübertragbarkeit im Grundbuch eingetragen ist.

- Aus der Akzessorietät ergibt sich auch der **Umfang der Haftung** (§ 1118 BGB; vergl. auch: § 767 Abs. 1 S. 2, 3 BGB und § 1210 BGB).

a) Die Bestellung der Hypothek (und Eigentümergrundschuld)/gutgläubiger „Erst-Erwerb" der Hypothek

Bestellt wird die Hypothek wie folgt:

- Nach dem natürlich (warum?) auch hier anwendbaren **§ 873 Abs. 1 BGB** ist zunächst erforderlich eine dingliche **Einigung** (ein dinglicher Vertrag mit dem Inhalt des § 1113 BGB); die Hypothek ist regelmäßig eine sog. **„Verkehrshypothek"**. Sie kann aber dadurch als sog. **„Sicherungshypothek"** bestellt werden, dass in der Einigung vereinbart wird, dass sich „das Recht des Gläubigers aus der Hypothek ... nur nach der Forderung bestimmt...." (§§ 1184, 1185 Abs. 2 BGB). Sie entsinnen sich vielleicht noch: Zu diskutieren sein kann die Möglichkeit der Bestellung eines Grundpfandrechts nach **§ 328 BGB**. Hinzukommen muss in jedem Fall nach **§ 873 Abs. 1 BGB** die **Eintragung** der Hypothek in das Grundbuch. Das alles ist nichts Neues für Sie. Spezifisch für das Hypothekenrecht ist aber die zusätzlich erforderliche **Erteilung eines Hypothekenbriefes** (§§ 1116 Abs. 1, 1117 BGB; das Eigentum am Hypothekenbrief richtet sich dann nach § 952 BGB) oder ein nach entsprechender Einigung in das Grundbuch einzutragender **Briefausschluss** (§ 1116 Abs. 2 BGB; nicht möglich bei der „Sicherungshypothek": § 1185 Abs. 1 BGB). Selbstverständlich ist wiederum, dass der Besteller der **zur Verfügung befugte Eigentümer des Grundstücks** oder der **zur Verfügung über das Grundstück befugte Nichteigentümer** sein muss. Fehlt es daran, muss ein **gutgläubiger Erwerb** vom Nichtberechtigten nach § 892 BGB geprüft werden.

- Vorliegen muss eine **zu sichernde** gegenwärtige, künftige oder bedingte **Geldforderung** (§ 1113 Abs. 1, 2 BGB).

Diese vorab schon einmal zusammengefasst dargestellten **Merkmale** werden wir jetzt im Einzelnen **vertiefen**. Wir beginnen mit den sachenrechtlichen Voraussetzungen der Hypothekenbestellung **(sub aa)** und wenden uns dann der notwendigerweise vorhanden sein müssenden Geldforderung zu **(sub bb)**.

aa) Die sachenrechtlichen Voraussetzungen der Hypothekenbestellung

In sachenrechtlicher Hinsicht ist nach § 873 Abs. 1 BGB eine **Einigung** erforderlich.

- Die Einigung ist ein **dinglicher Vertrag**. Sie erinnern sich: Die **Einigung** ist, sofern sie nicht ausnahmsweise nach § 873 Abs. 2 BGB bindend ist, **frei widerruflich**. Wenn es zu keiner wirksamen Einigung (§ 873 BGB) über die Bestellung einer Hypothek kommt, entsteht grundsätzlich kein dingliches Recht am Grundstück, also auch keine Hypothek. Wenn die Einigung nur an Willensmängeln des Erwerbers scheitert, der Eigentümer aber auf jeden Fall eine Belastung gewollt hat, spricht viel für eine Umdeutung in die Bestellung einer Eigentümergrundschuld nach § 1196 Abs. 2 BGB. Auch wenn man sich weitgehend einig ist, dass es über den Sonderfall des § 414 BGB (= Schuldübernahme durch Vertrag zwischen Gläubiger und Neuschuldner ohne Beteiligung des hierdurch befreiten Altschuldners) hinaus keine wirksamen Verfügungen zugunsten eines Dritten gibt, weil die §§ 328 ff. BGB erkennbar nur für schuldrechtliche Verpflichtungsverträge gelten sollen, gibt es Fälle, in denen Sie diskutieren müssen, ob eine **Hypothek im Wege einer analogen Anwendung der §§ 328 ff. BGB bestellt** werden kann. Dagegen wird zu Recht ins Feld geführt, dass solche Verfügung zugunsten eines Dritten nicht dem im Sachenrecht geforderten Bestimmtheitsprinzip genügen würde und es auch an der für eine Analogie nötigen Lücke im Gesetz fehlen würde, weil durch Einschaltung eines Stellvertreters gleiche Ergebnisse erzielbar sind wie durch einen dinglichen Vertrag zugunsten Dritter. Gleichwohl wird die Rechtsmeinung vertreten, dass 328 BGB den Erwerb dinglicher Leistungs- bzw. Duldungs-(z.B. § 1147 BGB)ansprüche ermöglichen soll. Man muss bei der Fallbearbeitung aber schon gute Gründe haben und sie auch dem Leser präsentieren können, will man sich dieser Ansicht anschließen.

- Die Einigung muss den **Inhalt des § 1113 BGB** haben. Die **„essentialia negotii"** (wieso dieser Begriff? Weil die Einigung ein „Vertrag" ist!) ergeben sich mittelbar aus §§ 1115, 1190 BGB, der die eintragungspflichtigen Voraussetzungen bezeichnet: Gläubiger, Geldbetrag der Forderung (bei der „Höchstbetragshypothek" der Höchstbetrag), Zinssatz und evtl. Nebenleistungen.

- Dass **weitere Vereinbarungen** möglich sind, zeigen §§ 874, 1184 Abs. 2, 1190 BGB: Die Hypothek kann durch die Einigung abweichend von der Regel einer Briefhypothek als **Buchhypothek** bestellt werden oder nachträglich in eine solche umgewandelt werden (§ 1116 Abs. 2 BGB); nicht möglich ist dies allerdings bei einer „Sicherungshypothek" (§ 1185 Abs. 1 BGB). Wenn z.B. die Hypothek abweichend von der Regel keine „Verkehrshypothek" sein soll, sondern eine **„Sicherungshypothek"**, so muss vereinbart werden, dass sich „das Recht des Gläubigers aus der Hypothek ... nur nach der Forderung bestimmt ..." (§§ 1184, 1185 Abs. 2 BGB). Bei ihr gelten nach 1185 Abs. 2 BGB die eine Hypothek „verkehrsfähig" machenden Vorschriften §§ 1138, 1139, 1141 und 1156 BGB nicht; nach § 1190 BGB kann sie als **„Höchstbetragshypothek"** bestellt werden, so dass das Grundstück nur bis zu einem Höchstbetrag haften soll.

Machen Sie sich **keine Sorgen**: Wer hiervon noch gar nichts gehört hat (und dafür spricht sehr viel!), wird wenig später genügend Informationen erhalten! Das waren die zur Einigung wissenswerten Einzelheiten. Weiterhin ist für den Erwerb einer Hypothek nach § 873 Abs. 1 BGB auch die **Eintragung der Hypothek** in Abt. III des Grundbuchs erforderlich. Sie muss mindestens den Inhalt des § 1115 BGB und ggf. den des § 1190 BGB haben und muss nennen den Gläubiger, den Geldbetrag der Forderung (bei der „Höchstbetragshypothek" der Höchstbetrag), den Zinssatz und evtl. Nebenleistungen. Im Falle der Bestellung als „Sicherungshypothek" muss dies im Grundbuch eingetragen werden (§ 1184 Abs. 2 BGB). Auch die Bestellung als Buchhypothek oder die Umwandlung in eine Buchhypothek muss im Grundbuch eingetragen werden (§ 1116 Abs. 2 S. 3 BGB). Der übrige Inhalt der Einigung muss nicht eingetragen werden; insoweit kann nach § 874 BGB auf die Eintragungsbewilligung Bezug genommen werden. Unter welchen Voraussetzungen der Grundbuchbeamte die Eintragungen vornimmt, wissen Sie längst: Lesen Sie noch einmal die §§ 13, 19, 29, 29 GBO und beantworten Sie die Frage, warum § 20 GBO nicht genannt wurde.

Bei der regelmäßig gegebenen **Briefhypothek** muss eine **Übergabe des Hypothekenbriefes oder eine Ersetzung der Übergabe durch Übergabesurrogate** i.S.d. §§ 929 S. 2 – 931 BGB (§ 1117 Abs. 1 BGB) oder eine „Aushändigungsabrede" (§ 1117 Abs. 2 BGB) hinzukommen. Vor der Übergabe des Briefes ist die Hypothek eine Eigentümergrundschuld (§ 1163 Abs. 2 BGB).

Dass auch hier aufgrund der **Gestrecktheit des Erwerbstatbestandes** ebenso wie beim Erwerb des Eigentums an einem Grundstück (dazu haben Sie ja inzwischen solide Kenntnisse) massive **Risiken für den Erwerb** für den Erwerb der Hypothek bestehen, braucht hier nicht noch einmal betont zu werden. Der gesetzliche Schutzmechanismus ist Ihnen mit Sicherheit noch in Erinnerung. Dargestellt wird dies alles nicht ein weiteres Mal; das liefe auf eine bloße Doppelung der Ausführungen hinaus. Nur noch einmal soviel: Der Erwerber ist vor einem Widerruf nach § 873 Abs. 2 BGB, vor Verfügungsbeschränkungen nach § 878 BGB und vor Zwischenverfügungen dann gesichert, wenn ihm ein Anwartschaftsrecht zusteht oder eine zu seinen Gunsten eingetragene Vormerkung (§ 883 BGB) besteht.

Schließlich muss der Besteller bei der Vollendung des Rechtserwerbes ein **zur Verfügung befugter Eigentümer** des Grundstücks sein und/oder **zur Verfügung über das Grundstück befugt sein, ohne Eigentümer zu sein**. Fehlt es am Eigentum und/oder an der Verfügungsbefugnis des Bestellers, so stellen sich die Ihnen aus der Erörterung der Übereignung von Grundstücken ja längst bekannten Fragen nach dem gutgläubigen Erwerb trotz fehlenden Eigentums oder trotz fehlender Verfügungsbefugnis. Auch hierauf gehen wir nicht noch ein weiteres Mal ein. Bei fehlendem Eigentum des Hypothekenbestellers kann die Hypothek nach § 892 BGB („gutgläubiger „Erst-Erwerb") erworben werden. Auch beim gutgläubigen Ersterwerb einer Hypothek gibt es Ausgleichsansprüche aus § 816 Abs. 1 S. 1 BGB gegen den Verfügenden und uU. aus §§ 816 Abs. 1 S. 2, 822 BGB gegen den Erwerber.

bb) Die Geldforderung

Wegen des Akzessorietätsprinzips ist für das Vorliegen einer Hypothek eine **zu sichernde** gegenwärtige, künftige oder bedingte **Geldforderung** erforderlich (§ 1113

Abs. 1, 2 BGB). Die Forderung wird in der Regel, muss aber nicht unbedingt eine Darlehensforderung (§ 488 Abs. 1 S. 2 BGB) oder eine Restkaufpreisforderung (§ 433 Abs. 2 BGB) sein; sie kann letztlich auf jedem Rechtsgrund beruhen: z.B. kann sie auch ein Anspruch aus einem Vermächtnis sein (§§ 2147, 2174 BGB). Die Forderung muss nach

- **Gläubiger** (= der wegen des Akzessorietätsprinzips identisch mit dem Hypothekar sein muss!),
- **Schuldner** (der sehr häufig identisch mit dem Eigentümer sein wird, dies aber – „bürgschaftsähnlich" – nicht notwendig sein muss!)
- und **Gegenstand** (= bestimmte Geldsumme, wenn nicht eine „Höchstbetragshypothek" vorliegt!)
- **bestimmt** sein.

Wenn die **Forderung** bei der Bestellung **nicht** bzw. **noch entstanden ist**, ist der Bestellungsakt nicht etwa unwirksam, sondern es entsteht eine dem Eigentümer am eigenen Grundstück zustehende Hypothek (§ 1163 Abs. 1 S. 1 BGB), die mangels einer gesicherten Forderung nach § 1177 BGB als Eigentümergrundschuld bezeichnet wird.

Wenn die Forderung noch zur Entstehung gelangen kann (z.B. durch Valutierung eines Darlehens) ist dies nur eine **„vorläufige Eigentümergrundschuld"**, die sich bei Forderungsentstehung in eine Hypothek verwandelt. Ein Beispiel hierfür ist die Bestellung einer Hypothek für eine „künftige oder bedingte Forderung" (§ 1113 Abs. 2 BGB); diese ist bis zur Entstehung der Forderung Eigentümergrundschuld und verwandelt sich erst dann in eine Hypothek.

> Diese „vorläufige Eigentümergrundschuld" wird von der Kreditpraxis für **Zwischenfinanzierungen** verwendet:
>
> 1. Bestimmte Kreditgeber machen nämlich einen Kredit für einen Bauherren von der Fertigstellung des Bauwerkes/bzw. des Rohbaus abhängig. Eine zugunsten dieses künftigen Darlehensgebers bestellte Briefhypothek (§§ 873, 1113 Abs. 2, 1116 f. BGB) ist ohne eine (aus dem vorgenannten Grund nicht erfolgte) Valutierung des Darlehens eine hierdurch auflösend bedingte Eigentümergrundschuld.
>
> Der Eigentümer kann, und das ist üblich so, die auflösend bedingte Eigentümergrundschuld als Sicherungsmittel für einen Zwischenkredit einsetzen, indem er sie (im Wege der schriftlichen Abtretungserklärung unter Übergabe des Hypothekenbriefes) und auch den künftigen Auszahlungsanspruch gegen den künftigen Kreditgeber an den Zwischenkreditgeber zur Sicherheit abtritt und so den von diesem gewährten Zwischenkredit sichert.
>
> Wenn der Brief bereits im Besitz des künftigen Kreditgebers sein sollte, kann die Übergabe des Briefes ersetzt werden durch die Abtretung des Herausgabeanspruchs des Eigentümers (§§ 1117 Abs. 1 S. 2, 931, 985 BGB), denn der Eigentümer ist bis zur Valutierung des künftigen Kredits der Eigentümer des Hypothekenbriefes (§ 952 BGB).

> **2.** Wenn dann der für die Valutierung des Darlehens maßgebliche Bauzustand erreicht ist, wird die Valuta vom (bisher künftigen) Kreditgeber an den Zwischenkreditgeber als Zessionar ausgezahlt; dadurch wird zugleich der Zwischenkredit getilgt. Durch die Auszahlung der Darlehensvaluta und die Auszahlung der Valuta wird die Eigentümergrundschuld zu einer Fremdhypothek; sie entsteht zugunsten des (bisher künftigen) Kreditgebers; der Brief (sofern der bisher künftige Kreditgeber nicht ohnehin Besitzer ist) wird an den bisher künftigen Kreditgeber herausgegeben.

Wenn das **Schuldverhältnis**, aus dem sich die zu sichernde Geldforderung ergeben soll, **nichtig ist** und **sich in ein Rückabwicklungsschuldverhältnis verwandelt hat**, so dass an die Stelle der Forderung ein Rückabwicklungsanspruch z.B. (im Fall der Nichtigkeit) aus § 812 Abs. 1 S. 1 1. Fall BGB („Leistungskondiktion") oder (im Fall des Rücktritts) aus §§ 346 ff. BGB getreten ist, stellt sich die durch Auslegung zu klärende Frage, ob nach dem Willen der Parteien die Hypothek anstelle der ursprünglich gewollten Forderung diesen (Bereicherungs- oder Rücktritts-) Anspruch sichern soll; verneint man dies, liegt eine Eigentümergrundschuld vor.

Fall 636: Der Privatmann G schließt mit dem Privatmann S einen Darlehensvertrag mit 6 Monaten Laufzeit über € 10 000,-. Der G hatte einen Zinssatz von „3 % für 6 Monate" anbieten wollen, hatte aber versehentlich nur „3 %" geschrieben und vergessen, den Zusatz „für 6 Monate" hinzuzufügen. Zur Sicherung wird dem G eine Buchhypothek am Grundstück des S bestellt. Der Marktzins für kurzfristige hypothekarisch gesicherte Darlehen liegt bei 10 % im Jahr. Als der G nach wenigen Tagen seinen Irrtum bemerkt, erklärt er die Anfechtung des Darlehensvertrages und verlangt Rückzahlung der Valuta von S. Der S muss jetzt für einen neuen Kredit wegen einer plötzlichen allgemeinen Zinssteigerung 12 % Zinsen für 6 Monate zahlen und verlangt von dem G Schadensersatz in Höhe der Zinsdifferenz und macht die Rückzahlung von der Leistung des Schadensersatzes abhängig, was der G ablehnt. Als der S deshalb nicht zahlt, verlangt der G Zahlung und die Duldung der Zwangsvollstreckung.
1. Der Zahlungsanspruch des G gegen den S ergibt sich a) nicht aus § 488 Abs. 1 S. 2 BGB, da der G den Darlehensvertrag wegen seines Erklärungsirrtums wirksam angefochten hat (§§ 119 Abs. 1 1. Fall, 143 Abs. 1, 2, 142 Abs. 1 BGB), b) wohl aber aus § 812 Abs. 1 S. 1 1. Fall BGB („Leistungskondiktion"). 2. Duldung der Zwangsvollstreckung kann G von S verlangen, wenn ihm eine (wegen der Akzessorietät zugleich mit der Forderung fällig werdende) Hypothek zusteht. a) Die Hypothek ist dinglich wirksam bestellt worden (§§ 873 Abs. 1, 1113, 1116 f. BGB). b) Mangels Forderung aus § 488 Abs. 1 S. 2 BGB könnte die Hypothek aber eine Eigentümergrundschuld sein (§ 1163 Abs. 1 S. 1 BGB), wenn man nicht annähme, sie sichere anstelle des Darlehensanspruchs den Anspruch aus § 812 Abs. 1 S. 1 1. Fall BGB („Leistungskondiktion"). Weil der Bereicherungsanspruch wirtschaftlich gesehen dem Tilgungsanspruch aus dem Darlehen entspricht, kann man im Wege der Auslegung (§§ 133, 157 BGB) dazu kommen, dass die Parteien dies gewollt haben, so dass eine Hypothek am Grundstück des S besteht, c) die wegen der Akzessorietät zugleich mit der Forderung (also nach § 271 BGB sofort) fällig ist. 3. Der S kann aber die Einrede des Zurückbehaltungsrechts aus §§ 273, 122 BGB a) dem Zahlungsanspruch b) und nach § 1137 Abs. 1 BGB auch der Hypothek entgegenhalten.

Fall 637: Der Privatmann G schließt mit dem Privatmann S zur Deckung eines dringenden Geldbedarfs für eine Operation eines im Ausland befindlichen und nicht krankenversicherten Angehörigen des S einen Darlehensvertrag mit 6 Monaten Laufzeit über € 10 000,- zu einem Zinssatz von 30 %. Die Zinsen behält der G gleich ein. Zur Sicherung des Rückzahlungsanspruchs aus dem Vertrag wird dem G eine Buchhypothek am Grundstück des S bestellt. Als S nach 6 Monaten das Darlehen nicht tilgt, verlangt der G von S Zahlung und die Duldung der Zwangsvollstreckung.

1. Der Zahlungsanspruch ergibt sich a) nicht aus § 488 Abs. 1 S. 2 BGB, da der Darlehensvertrag nach § 138 Abs. 2 BGB nichtig ist, b) wohl aber aa) aus § 812 Abs. 1 S. 1 1. Fall BGB („Leistungskondiktion"); der Anspruch wird nicht durch den auf § 812 Abs. 1 S. 1 1. Fall BGB anwendbaren § 817 S. 2 BGB „gesperrt", weil hiernach nur die „Rückforderung" der „Leistung" (= „Kapitalnutzung auf Zeit") ausgeschlossen ist, dem Darlehensnehmer also die Valuta bis zum im (nichtigen) Vertrag vorgesehenen Zeitraum verbleibt. bb) Der Bereicherungsanspruch ist daher zum gleichen Zeitpunkt fällig wie der Rückzahlungsanspruch aus § 488 Abs. 1 S. 2 BGB bei Wirksamkeit des Darlehensvertrages. 2. Duldung der Zwangsvollstreckung kann G verlangen, wenn ihm eine (wegen der Akzessorietät zugleich mit der Forderung fällig werdende) Hypothek zusteht. a) Die Hypothek ist dinglich wirksam bestellt worden (§§ 873 Abs. 1, 1113, 1116 f. BGB). b) Mangels Forderung aus § 488 Abs. 1 S. 2 BGB könnte die Hypothek eine Eigentümergrundschuld sein (§ 1163 Abs. 1 S. 1 BGB), wenn man nicht annähme, sie sichere stattdessen den Anspruch aus § 812 Abs. 1 S. 1 1. Fall BGB („Leistungskondiktion"). c) Diese (anders als im vorherigen Fall liegende) Auslegungsfrage kann hier jedoch offen bleiben, weil die Bestellung der Hypothek nach § 138 Abs. 2 BGB nichtig ist, denn danach ist nichtig auch ein Rechtsgeschäft, durch das der Wucherer sich Vermögensvorteile „gewähren" lässt, hier also die Bestellung der Hypothek.

Ist die Entstehung der Hypothek nicht (mehr) möglich, wird sie kraft Gesetzes zu einer **„endgültigen Eigentümergrundschuld"**. Eine solche liegt auch vor, wenn – was später behandelt wird – die Forderung zwar zur Entstehung gelangt ist, dann aber (z.B. durch Tilgung) erlischt (§§ 1163 Abs. 1 S. 2, 1177 BGB).

> Der (für einen jungen Juristen zunächst schwer zu verstehende) Sinn und Zweck des gesetzlichen Konstrukts „Eigentümergrundschuld" („Belastung des eigenen Grundstücks") besteht darin, für den Eigentümer die möglicherweise wertvolle Rangstelle für die Besicherung eines weiteren Kredits zu erhalten. Die Bedeutung des Ranges für ein dingliches Recht ist Ihnen bereits ausführlich vermittelt worden.

b) Die Übertragung der Hypothek/gutgläubiger „Zweit- Erwerb" der Hypothek

aa) Der Grundtatbestand der Übertragung der Hypothek (genauer: „der hypothekarisch gesicherten Forderung")

Wenn es um die Frage der Übertragung von gesicherter Forderung und Hypothek geht, so ist zunächst klar, dass es eine **isolierte Abtretung der Forderung** (also unter Ausschluss der Hypothek) oder eine **isolierte Abtretung der Hypothek** (also unter Ausschluss der Forderung) nicht gibt (§ 1153 Abs. 2 BGB). Richtig ist allein, dass die Hypothek infolge des „Mitlaufgebots" (Heck) durch Zession der Forderung übertragen wird.

Wenn trotzdem „alle Welt" davon spricht, dass **die „Hypothek" übertragen** wird, so wissen Sie längst, dass nach einem dogmatisch sauberen Sprachgebrauch die **„hypothekarisch gesicherte Forderung"** übertragen wird und dass die Hypothek mit dem Übergang der Forderung auf den neuen Gläubiger übergeht (§§ 398, 1153, 1154 Abs. 1 S. 1, 412, 401 BGB). Es ist gleichwohl erlaubt, von der Übertragung „der Hypothek" zu reden und zu schreiben. Harmonisieren kann man diese in der Praxis übliche Terminologie mit den Anforderungen der Dogmatik dadurch, dass man die Erklärung „ich trete die Hypothek ab" nach §§ 133, 157 BGB so auslegt, dass man sie als (damit erklärte) Abtretung der Forderung versteht, deren Rechtsfolge auch der Übergang der Hypothek ist.

Diese **Zession der hypothekarisch gesicherten Forderung ist eine solche nach § 398 BGB**. Allerdings ist sie **formalisiert** durch **§§ 398, 1154 Abs. 3, 873 Abs. 1 BGB** bzw. **durch §§ 398, 1154 Abs. 1, 2 BGB:**

> 1. Bei der **Buchhypothek** wird verlangt, dass in der **Form des §§ 1154 Abs. 3, 873 Abs. 1 BGB**, also durch Einigung und Eintragung zediert wird.
>
> 2. Die **Briefhypothek** kann zediert werden:
>
> - ganz **außerhalb des Grundbuchs** in der **Form des § 1154 Abs. 1 BGB**: durch schriftliche Abtretungserklärung und Übergabe des Briefes
>
> - oder **teils innerhalb** und **teils außerhalb des Grundbuchs** in der **Form des § 1154 Abs. 2 BGB**: durch Eintragung im Grundbuch und Übergabe des Briefes.

bb) Gutgläubiger „Zweit-Erwerb" der Buchhypothek

Aus **diversen,** teils allgemeinen, teils „hypothekenrecht-spezifischen" **Gründen** kann es so sein, dass der Zedent **nicht zur Übertragung einer Hypothek berechtigt ist**:

> 1. Die Nichtberechtigung kann darauf beruhen, dass die Hypothek (= hypothekarisch gesicherte Forderung) **überhaupt nicht besteht, (sub (1))**, und zwar deshalb,
>
> - weil es am Sachenrecht fehlt („**dinglicher Mangel**", z.B. weil der dingliche Bestellungsakt unwirksam war oder weil der jetzt zedierende „Erst-Erwerber" vom Nicht-Eigentümer wegen bösen Glaubens die Hypothek nicht hatte erwerben können)
>
> - oder weil es an der Forderung fehlt („**Forderungsmangel**", weil sie nie entstanden oder erloschen ist),
>
> - oder weil es an beidem mangelt („**Doppelmangel**").
>
> 2. Denkbar ist auch, dass die an sich bestehende **Hypothek und Forderung** zwar besteht, sie aber nicht dem sie Übertragenden sondern **einem Dritten zustehen** und er deshalb Nichtberechtigter ist(**sub (2)**).

Nach diesem Überblick werden wir uns diesen außerordentlich „klausurrelevanten" Konstellationen im Einzelnen zuwenden.

(1) Die Hypothek besteht nicht

Falls der die Hypothek (= hypothekarisch gesicherte Forderung) Übertragende mangels einer Hypothek nicht berechtigt ist und auch nicht z.B. aufgrund einer Einwilligung oder Genehmigung nach § 185 BGB zur Verfügung über die (eventuell einem anderen zustehende) Hypothek berechtigt ist, stellt sich die Frage nach dem **gutgläubigen Erwerb „der Hypothek"** vom **„Nicht-Hypothekar"**.

> Diese Konstellation wird hier wegen der besseren Anschaulichkeit zunächst nur für die **Buchhypothek** erörtert.

- Wenn die **Hypothek nur** wegen eines **„dinglichen Mangels"**, also wegen einer nicht wirksamen Hypothekenbestellung nicht besteht, während die durch die scheinbar existierende Hypothek gesicherte und nach § 1153 BGB zu zedierende Forderung sehr wohl existiert, dann wird der Rechtserwerber nach **§ 892 BGB** in seinem guten Glauben an die Existenz der Hypothek geschützt.

- Besteht aber eine Hypothek deshalb nicht, weil keine durch sie gesicherte Forderung existiert (**„Forderungsmangel"**), so scheint ein denkbarer gutgläubiger Erwerb an der Überlegung scheitern zu müssen, dass eine Forderung (nur diese wird ja übertragen!) nicht gutgläubig erworben werden kann (argec. § 405 BGB) und damit auch keine Hypothek. Gleichwohl hat der Gesetzgeber sich aus **rechtspolitischen Gründen** dafür entschieden, die Verkehrsfähigkeit der Hypothek dadurch zu verbessern, dass der gutgläubige Erwerb auch dann möglich sein soll, wenn es an der Forderung fehlt. Um aber anderseits an dem Prinzip des § 1153 BGB festhalten zu können, hat das Gesetz gleichzeitig den gutgläubigen Erwerb der Forderung – dies aber nur zum Zwecke des Erwerbs der Hypothek – in §§ 1138, 892 BGB angeordnet. Das bedeutet, dass der Gutgläubige im Ergebnis nur die („forderungsentkleidete") Hypothek, also nicht die Forderung erwirbt. Diese Steigerung der Verkehrsfähigkeit der Hypothek auf Kosten der „reinen Lehre" von der Akzessorietät gilt aber **nur** für den Regelfall einer **„Verkehrshypothek"**, und **nicht** für den Ausnahmefall eine streng akzessorischen **„Sicherungshypothek"** (§ 1184, 1185 Abs. 2 BGB).

Fall 638: Der G 1 = H 1 hat sich von dem E zur Sicherung einer angeblich gegen den S bestehenden Darlehensforderung eine Buchhypothek bestellen lassen. Der G 1 = H 1 tritt diese angeblich existierende hypothekarisch gesicherte Forderung = Hypothek (in Wahrheit besteht nach §§ 1163, 1177 BGB nur eine Eigentümergrundschuld) nach §§ 398, 1153, 1154 Abs. 3 BGB an den G 2 = H 2 ab, der gutgläubig von der Existenz der hypothekarisch gesicherten Forderung = Hypothek ausgeht. Bei Fälligkeit verlangt er von dem S Zahlung und – weil dieser nicht zahlt – von E Duldung der Zwangsvollstreckung.

1. Dem G 2 = H 2 steht gegen S kein Anspruch aus §§ 488 Abs. 1 S. 2, 398 BGB zu, weil der G 1 = H 1 keine Forderung hatte und ein gutgläubiger Forderungserwerb nicht möglich ist. 2. Der G 2 = H 2 könnte gegen den E einen Anspruch auf Duldung der Zwangsvollstreckung haben (§ 1147 BGB). Voraussetzung dafür ist, dass der G 2 = H 2 eine Hypothek am Grundstück des E erworben hatte. a) Nach §§ 398, 1153, 1154 BGB hat er keine Hypothek erworben, weil G 1 = H 1 keine hypothekarisch gesicherte Forderung hatte. b) In Betracht kommt daher nur ein gutgläubiger Erwerb der Hypothek. Ein solcher setzt aber den gutgläubigen Erwerb der Forderung voraus (§§ 398, 1153, 1154 Abs. 1 S. 1 BGB), aa) der an sich nicht möglich ist (s.o.). bb)

Zum Zwecke des Hypothekenerwerbs (und nur hierfür!!) wird aber aufgrund einer rechtspolitischen Entscheidung des Gesetzes, das den gutgläubigen Erwerb der Hypothek ermöglichen will (!), bei der (regelmäßig, und damit auch hier gegebenen) Verkehrshypothek der gutgläubige Erwerb der Forderung nach §§ 398, 1153, 1154, 1138, 892 BGB fingiert: Die Voraussetzungen der §§ 892, 1138, BGB (durchgeführtes Verkehrsrechtsgeschäft; Unrichtigkeit des Grundbuchs – G1 = H1 ist zu Unrecht im GB eingetragen – ; guter Glaube des G 2 = H 2 an die Forderung und kein Widerspruch im Grundbuch eingetragen; Vorliegen einer „Verkehrshypothek") sind daher gegeben. Daher hat der G 2 = H 2 die („forderungsentkleidete") Hypothek erworben und kann aus § 1147 BGB vorgehen.

- Für Konstellationen eines **Doppelmangels** (bei der eine Hypothek deshalb nicht besteht, weil es keine wirksame Hypothekenbestellung und keine durch die scheinbare Hypothek gesicherte Forderung gibt) ist ein Beispielsfall entbehrlich. Der gutgläubige Erwerb einer „forderungsentkleideten Hypothek" erfolgt bei dieser Konstellation sowohl nach §§ 398, 1153, 1154, 1138, 892 BGB als auch nach §§ 398, 1153, 1154, 892 BGB, meist lesen Sie abgekürzt: nach §§ 1138, 892 und nach § 892 BGB.

(2) Die Hypothek steht einem Dritten zu

Wenn die **hypothekarisch gesicherte Forderung** zwar als solche existiert, aber nicht dem die Hypothek Übertragenden, sondern **einem Dritten zusteht** und es demjenigen, der die hypothekarisch gesicherte Forderung überträgt, auch an einer Berechtigung zur Verfügung, etwa nach § 185 BGB, fehlt, er also deshalb Nichtberechtigter ist,

- wird zugunsten des gutgläubigen Erwerbers das Bestehen einer Forderung des Nichtberechtigten nach §§ 398, 1153, 1154, 1138, 892 BGB (natürlich nur!) für den Hypothekenerwerb, fingiert. Da mangels eines Hypothekenrechts des Nichtberechtigten auch ein dinglicher Mangel vorliegt und damit die Rechtslage der eines „Doppelmangels" entspricht, wird dieser dingliche Mangel durch §§ 398, 1154, 1153, 892 überbrückt. Meist lesen Sie dazu, dass in einem solchen Fall der gutgläubige Erwerb der Hypothek nach §§ 1138, 892 und § 892 BGB erfolgt. Das alles ist Ihnen seit der Erörterung des gutgläubigen Erst-Erwerbs seit wenigen Minuten bekannt und daher im Prinzip **nichts Besonderes**.

- **Aber**: Anders als bei dieser Ihnen bereits bekannten Konstellation existiert hier eine gesicherte Forderung; und es stellt sich jetzt die Frage, ob der Erwerber nicht lediglich die Hypothek, sondern auch diese vorhandene Forderung erlangt. In der Tat wird die Rechtsansicht vertreten, dass die dem wahren Gläubiger zustehende Forderung durch die gutgläubig erworbene Hypothek gewissermaßen „angesogen" wird (daher auch die etwas alberne Bezeichnung „Sogtheorie") und so mit der Hypothek auf den gutgläubigen Erwerber der Hypothek übergeht. Wie und mit welcher Begründung entscheidet man sich hier? Die umgekehrte Lösung, die Diskrepanz von Gläubigerstellung und Hypothekarstellung dadurch zu überwinden, dass man die Hypothek zur Forderung zu zieht, steht zwar mit dem Wortlaut des § 1153 BGB in Einklang, würde aber auf eine paradoxe Umkehr des vorher gefundenen Resultats eines gutgläubigen Hypothekenerwerbs hinauslaufen und wird daher auch nirgendwo vertreten. Für die „Sogtheorie", die die Forderung zur

Hypothek zieht, spricht, dass so die Akzessorietät wieder hergestellt wird. Auch ist die Doppelinspruchnahme bei einer Konzentration von Gläubiger und Hypothekar systematisch sauberer ausgeschlossen. Es kommt bei dieser Lösung auch nicht mehr darauf an, dass der Schuldner seine Verteidigungsmittel (§§ 1161, 1160 bzw. 1167, 1144 BGB) kennt. Weiterübertragungen der Hypothek wären dann immer auch die eines Berechtigten. Die gegenteilige Auffassung, die Forderung beim bisherigen Gläubiger zu belassen, hat für sich, dass der Erwerber einer uU. wertlosen Hypothek unverdient die die Forderung erlangen würde und dass das Risiko einer Doppelinanspruchnahme von Schuldner (aus § 488 Abs. 1 S. 2 BGB) und Eigentümer (aus § 1147 BGB) ausgeschlossen ist, weil der Schuldner erst bei gesicherter Rückgabe der Hypothek leisten muss und sich über §§ 1161, 1160 bzw. 1167, 1144 BGB verteidigen kann, während der Eigentümer über §§ 1144, 273 BGB geschützt ist.

Fall 639: Dem H 1 = G 1 steht gegen den E = S eine am Grundstück des E = S durch eine Buchhypothek gesicherte Darlehensforderung zu. Der unerkennbar geisteskrank gewordene H 1 = G 1 überträgt die hypothekarisch gesicherte Forderung (= Hypothek) formgerecht (wie?) an den H 2 = G 2. Der H 2 = G 2 überträgt sie formgerecht an den H 3 = G 3 weiter. Der H 3 = G 3 verlangt von dem E = S Zahlung und Duldung der Zwangsvollstreckung.

1. Duldung der Zwangsvollstreckung könnte der H 3 = G 3 aus § 1147 BGB verlangen, wenn ihm eine Hypothek zustünde. Er hat – wie soeben dargestellt – eine Hypothek erworben, und zwar wegen des in der Person des H 2 = G 2 bestehenden „Doppelmangels" (keine Forderung, keine Hypothek) nach §§ 398, 1154 Abs. 1, 1153, 1138, 892 BGB und nach §§ 398, 1153, 1154, 892 BGB. 2. Der H 3 = G 3 könnte Zahlung aus § 488 Abs. 1 S. 2 BGB verlangen. a) Er selbst hat keinen Darlehensvertrag geschlossen, b) kann diesen Anspruch daher nur durch die Zession von G 2 = H 2 erworben haben. Fraglich ist, ob der H 3 = G 3 die Hypothek aa) anders als zuvor mitsamt der Forderung erworben hat, weil das Risiko einer doppelten Inanspruchnahme von Schuldner und Eigentümer besteht, das nur durch Vereinigung von Hypothek und Forderung in einer Person ausgeräumt werden kann; dann stünde dem H 3 = G 3 eine Forderung aus § 488 Abs. 1 S. 2 BGB zu. bb) Man kann aber auch die Ansicht vertreten, dass der Erwerber die Hypothek auch in diesem Fall „forderungsentkleidet" erworben hat, weil durch einen Erwerb der Forderung die Fiktion des §§ 1138, 892 BGB überdehnt wird und das Risiko einer doppelten Inanspruchnahme dadurch gebannt ist, dass der persönliche Schuldner nur gegen Aushändigung einer „löschungsfähigen Quittung" zahlen müsse (§§ 1167, 1144 BGB). Dann bestünde kein Anspruch auf Zahlung gegen E = S.

cc) Gutgläubiger „Zweit- Erwerb" der Briefhypothek

Die vorherigen Ausführungen hatten aus didaktischen Gründen ganz bewusst nur die Buchhypothek, also die Ausnahme, zum Gegenstand. Beim gutgläubigen „Zweit-Erwerb" einer **Briefhypothek** taucht das zusätzliche Problem der für § 892 BGB erforderlichen Legitimation durch das Grundbuch auf.

- Denn der eine Briefhypothek übertragende Nicht-Hypothekar ist nur dann durch das Grundbuch legitimiert, wenn er selbst ein „Erst-Erwerber" der Hypothek ist und als solcher nach §§ 873, 1116 BGB in das Grundbuch eingetragen ist..
- Hingegen muss ein Briefhypothekar nicht durch das Grundbuch legitimiert sein, wenn er die Hypothek seinerseits rechtsgeschäftlich erworben hat; denn Briefhy-

potheken können bekanntlich z.B. nach §§ 398, 1153, 1154 Abs. 1 BGB durch eine schriftliche Abtretungserklärung und Übergabe des Hypothekenbriefes außerhalb des Grundbuchs übertragen werden (§ 1154 Abs. 1 BGB). Dann fehlt es natürlich an einer Legitimation durch das Grundbuch! Es fragt sich also, ob im Fall des nicht im Grundbuch eingetragenen Nicht-Hypothekars ein gutgläubiger Erwerb deshalb nicht möglich ist, weil der § 892 BGB den guten Glauben des Erwerbers an die Richtigkeit des Grundbuchs voraussetzt. Hier hat der Gesetzgeber, der aus rechtspolitischen Gründen auch und natürlich gerade den gutgläubigen Erwerb von Briefhypotheken wollte, eine weitere, den Gutglaubenserwerb ermöglichende „goldene" dogmatische „Brücke" gebaut, indem er in § 1155 BGB den **Besitzer eines Hypothekenbriefes** einem in das Grundbuch eingetragenen Gläubiger gleichgestellt hat, allerdings nicht den bloßen Besitzer, auch nicht den Besitzer, dem die Hypothek durch eine schriftliche Abtretungserklärungen übertragen wurde, sondern nur den Besitzer des Hypothekenbriefes, der durch eine **zusammenhängende auf einen eingetragenen Gläubiger zurückzuführende Reihe öffentlich beglaubigter Abtretungserklärungen** ausgewiesen ist. Ein solcher Besitzer ist mit dem den öffentlichen Glauben vermittelnden Grundbuch so eng verknüpft, wie wenn er selbst im Grundbuch eingetragen wäre. Um diesen Nachweis zu ermöglichen, hat das Gesetz dem jeweils neuen Gläubiger konsequenterweise einen Anspruch auf eine öffentliche Beglaubigung der Abtretungserklärung gegeben (§ 1154 Abs. 1, S. 2 BGB). Wenn Ihnen also demnächst auf einem „Flohmarkt" ein etwas zwielichtiger Händler eine durch eine Briefhypothek hypothekarisch gesicherte Forderung zu einem günstigen Preis zum Kauf anbietet, die er ihnen an Ort und Stelle gegen Barzahlung nach §§ 398, 1153, 1154 Abs. 1 BGB durch eine schriftliche Abtretungserklärung und Übergabe des Hypothekenbriefes übertragen will, bestehen Sie darauf, dass Ihnen eine auf einen in das Grundbuch eingetragenen Gläubiger zurückführende Reihe von öffentlich beglaubigten Abtretungserklärungen vorgelegt wird; nur dann können Sie die Hypothek gutgläubig erwerben. Auch hier stellt sich die Frage, ob der Erwerber eine dem Berechtigten zustehende Forderung erlangt: Bekanntlich soll nach der „Sogtheorie" die dem wahren Berechtigten zustehende Forderung durch die gutgläubig erworbene Hypothek „angesogen" werden und daher mit der Hypothek auf den gutgläubigen Erwerber der Hypothek übergehen. Nach anderen bleibt es aber bei einer Divergenz auf der „Gläubigerebene": Die Forderung verbleibt beim bisherigen Berechtigten und der gutgläubige Erwerber erlangt eine „forderungsentkleidete" Hypothek. Das Risiko einer doppelten Inanspruchnahme soll deshalb nicht bestehen, weil der Schuldner ohnehin nur gegen „Rückgabe" der Hypothek zu leisten brauche (§§ 1144 bzw. 1161, 1160 BGB). Allerdings dient § 1155 BGB nur der Erstreckung des § 892 BGB auf ein Briefrecht. Daher findet die Vorschrift des § 892 BGB **keine Anwendung**, wenn die **Unrichtigkeit des Grundbuchs sich aus dem Brief ergibt (§ 1140 BGB).**

Es gibt zu § 1155 BGB einige **„klassische Klausurprobleme"**, die hier zunächst **„leitsatzartig" vorgestellt** werden sollen:

> **1.** § 1155 BGB wird – entgegen dem Wortlaut – auch angewendet, wenn eine in der Kette liegende **privatschriftliche Abtretung** das Recht wirksam übertragen haben sollte.
>
> **2.** Ein **Erbfall**, der das Recht übertragen hätte, unterbricht die Kette nicht.
>
> **3.** Der Berechtigte soll nicht das **Fälschungsrisiko** tragen.
>
> **4.** Ein gutgläubiger Erwerb von einem durch eine Kette öffentlich beglaubigter Abtretungserklärungen Legitimierten setzt (natürlich!) nicht voraus, dass auch die (letzte) **Abtretung an den Erwerber öffentlich beglaubigt** ist.
>
> **5.** Bei einem Gutglaubenserwerb nach § 1155 BGB kann es (wie gerade zuvor dargestellt) besonders leicht zu der – bereits zuvor erwähnten – Konstellation eines **Auseinanderfallens von (gutgläubig erworbener) Hypothek** und weiterhin dem Berechtigten zustehender **Forderung** kommen, die nach einer Ansicht durch die „Sogtheorie" überwunden wird.

Fall 640: Der G 1 = H 1 hat eine Darlehensforderung gegen den S = E, die an dessen Grundstück durch eine Briefhypothek gesichert ist. Der G 1 = H 1 wird nunmehr unerkennbar geisteskrank. Er tritt durch öffentlich beglaubigte Abtretungserklärung und Übergabe des Hypothekenbriefes die hypothekarisch gesicherte Forderung an den G 2 = H 2 ab. Der G 2 = H 2 tritt die hypothekarisch gesicherte Forderung sodann durch privatschriftliche Abtretungserklärung unter Übergabe des Hypothekenbriefes an den G 3 = H 3 ab. Dieser verlangt von S = E Zahlung und Duldung der Zwangsvollstreckung.

1. Duldung der Zwangsvollstreckung könnte er nach § 1147 BGB verlangen, wenn er die Hypothek erlangt hätte. a) Der G 1 = H 1 hatte eine hypothekarisch gesicherte Forderung am Grundstück des S = E. b) Die Abtretung an den G 2 = H 2 nach §§ 398, 1153, 1154 Abs. 1 BGB war gem. §§ 104 Nr. 2, 105 Abs. 1 BGB nichtig, so dass die hypothekarisch gesicherte Forderung nicht durch G 2 = H 2 erworben wurde. (Es ist nur zu hoffen, dass Sie aufgepasst haben: Hier gibt es natürlich keinen Gutglaubensschutz, denn der gute Glaube an die Geschäftsfähigkeit wird nicht geschützt!!!) c) Der G 3 = H 3 kann die hypothekarisch gesicherte Forderung daher von dem G 2 = H 2 nur gutgläubig erworben haben. Hier liegt ein „Doppelmangel" vor, so dass ein gutgläubiger Erwerb nach den §§ 1138, 892 BGB und § 892 BGB in Betracht kommt: aa) Zu den Voraussetzungen der §§ 1138, 892 Abs. 1 S. 1 BGB: s. d. vorherigen Fall; insbesondere war der G 3 = H 3 hinsichtlich der Gläubigerschaft des G 2 = H 2 gutgläubig. bb) Hinsichtlich des § 892 Abs. 1 S. 1 BGB ergibt sich nichts Abweichendes; der G 3 = H 3 war auch in Bezug auf die Stellung des G 2 = H 2 als Hypothekar gutgläubig. cc) Problematisch ist allein, dass für den §§ 1138, 892 Abs. 1 S. 1 BGB bzw. den § 892 Abs. 1 S. 1 BGB jeweils eine unrichtige Eintragung des G 2 = H 2 in das Grundbuch erforderlich ist, der G 2 = H 2 aber überhaupt nicht im Grundbuch als Hypothekar eingetragen ist, weil der (fehlgeschlagene) Erwerb sich außerhalb des Grundbuchs (nach § 1154 Abs. 1 BGB durch öffentlich beglaubigte Abtretungserklärung und Übergabe des Hypothekenbriefes) abgespielt hat; die fehlende Eintragung wird durch den § 1155 BGB „überbrückt": Der G 2 = H 2 ist durch eine Kette (hier gibt es nur ein „Kettenglied") öffentlich beglaubigter Abtretungserklärungen und durch Briefbesitz so legitimiert, wie wenn er im Grundbuch eingetragen gewesen wäre. Sie wissen ja auch, dass ein gutgläubiger Erwerb des G 3 = H 3 es nicht erfordert, dass auch die letzte Übertragung an den G 3 = H 3 öffentlich beglaubigt war; es kommt insoweit vielmehr allein auf die entsprechende Legitimation des Nichtberechtigten (hier: G 2 = H 2) an. Also hat der G 3 = H 3 die Hypothek erworben. 2. Die Forderung hat der G 3 = H 3 a) jedoch nicht nach §§ 1138, 892 Abs.1 S. 1, 1155 BGB erworben, denn der dort angeordnete gutgläubige Erwerb der Forderung war eine bloße Fiktion und diente nur dem Erwerb der („forderungsentkleideten") Hypothek. b) Andererseits ist hier eine Forderung des G 1 = H 1 gegeben. Fraglich ist, ob

diese bei G 1 = H 1 verbleiben kann mit der Folge eines „Auseinanderfallens" von Gläubiger und Hypothekar. Das ist wohl abzulehnen; denn aufgrund des § 1153 BGB kommt der Hypothek eine „Sogwirkung" zu, derzufolge der G 3 = H 3 auch Gläubiger der Forderung wird. Man kann aber auch annehmen, dass ein Auseinanderfallen von Hypothek und Gläubigerstellung hingenommen werden muss, weil das Risiko einer doppelten Inanspruchnahme deshalb nicht besteht, weil der Schuldner nur gegen „Rückgabe" der Hypothek zu leisten braucht (§§ 1144 bzw. 1161, 1160 BGB).

dd) Verfügungsbefugnis

Die Folgen und die Überbrückbarkeit einer eventuell fehlenden Verfügungsbefugnis entsprechen denen, die bei der Übertragung des Eigentums am Grundstück erörtert wurden. Um Zeit und Platz zu sparen und Sie zu einer Wiederholung durch Zurückblättern zu animieren, gehen wir darauf nicht weiter ein.

c) Erlöschen der Hypothek

Wie jedes Grundstücksrecht kann eine Hypothek auch erlöschen.

- Das ist der Fall bei einem **gutgläubig lastenfreien Erwerb** eines Dritten (§ 892 Abs. 1 S. 1 BGB).
- Wenn der Gläubiger gem. § 1147 BGB durch Zwangsvollstreckung Befriedigung erlangt, erlischt die Hypothek nach **§ 1181 BGB**.
- Gleiches geschieht, wenn ein vorrangiger Gläubiger die Zwangsversteigerung betreibt (**§ 52 Abs. 1 S. 2 ZVG**).
- Schließlich kann mit Zustimmung des Eigentümers (§ 1183 BGB) die Hypothek auch aufgehoben werden (**§ 875 BGB**). Sie wissen ja schon: Nach **§ 1179 a Abs. 1 BGB** steht dem **Hypothekar** sogar (natürlich abdingbar, § 1179 a Abs. 5 BGB!) ein gesetzlicher schuldrechtlicher **Anspruch auf Löschung gegen den Eigentümer** zu, wenn sich eine vorrangige oder gleichrangige Hypothek in eine Eigentümergrundschuld verwandelt (§§ 1163 Ab. 1 S. 2 BGB, 1177 BGB). Das Gesetz geht nämlich der ständigen Kreditpraxis folgend davon aus, dass in einem solchen Fall ein – nur durch Löschung der Eigentümergrundschuld – mögliches „Ein- oder Aufrücken" des gleich- oder nachrangigen Hypothekars gewollt ist. Gesichert vor abweichenden „Zwischenverfügungen" des Eigentümers ist dieser Anspruch nach § 1179 a Abs. 1 S. 2 BGB, wie wenn zugunsten des Löschungsgläubigers eine Vormerkung bestellt worden wäre.

Fall 641: Am Grundstück des E = S wird zugunsten des G 1 = H 1 zur Sicherung einer Darlehensforderung des G 1 = H 1 über € 100 000,- eine Buchhypothek eingetragen. Dann belastet der E = S sein Grundstück zugunsten des G 2 = H 2 zur Sicherung einer Forderung des G 2 = H 2 mit einer weiteren Hypothek. Der E = S tilgt das Darlehen durch Zahlung an G1 = H 1. Der G 2 = H 2 verlangt die Löschung der Eigentümergrundschuld von dem E = S (§§ 1163 Abs. 1 S. 2, 1177 BGB).

Der Anspruch ergibt sich aus §§ 1179 a Abs. 1 BGB.

Der Eigentümer kann sich auch **„anderen gegenüber"** (gemeint sind Inhaber von Grundstücksrechten, wie z.B. ein Nießbraucher, nicht aber Grundpfandrechtsinhaber, dafür gilt § 1179 a BGB) **zur Löschung verpflichten** und diesen Anspruch durch eine in das Grundbuch einzutragende Löschungsvormerkung sichern lassen (§ 1179 BGB); diese Regelung war erforderlich, weil es um die Sicherung eines Anspruchs auf Löschung eines künftigen, also eines erst entstehenden Rechts geht, die von § 883 BGB nicht abgedeckt ist!

d) Die Wirkung der Zahlung auf die Forderung und die Hypothek

Sie wissen jetzt also, wie man eine Hypothek erwirbt. Nunmehr geht es um die Rechtsfolgen, die sich aus erbrachten Zahlungen ergeben. Bei der Tilgungsproblematik muss man sich klar machen, wer an wen zahlt und worauf er zahlt. Der gedankliche Ausgangspunkt dafür ist, dass es stets **der Zahlende** ist, der **bestimmt,**

- ob er **auf die Forderung**
- oder **auf die Hypothek**
- oder **auf Forderung und Hypothek zugleich**

zahlt.

Es gibt allerdings bestimmte **Zweifelsregelungen**, die man zugrundelegen sollte, wenn der Sachverhalt zur Frage der Leistungsbestimmung schweigt.

aa) Zahlung des mit dem Eigentümer identischen Schuldners „auf die Schuld"/„auf die Hypothek"

Der Normalfall ist, dass der **Schuldner** und der **Eigentümer personenidentisch** sind. Im Zweifel wird dann „auf die Schuld" gezahlt (**sub (1)**). Ausnahmsweise zahlt der Schuldner aber „auf die Hypothek", wenn die Zession nichtig war und der Schuldner an den als Hypothekar legitimierten Zessionar zahlt (**sub (2)**). Das vorangestellt, werden wir jetzt ins „Detail, in dem bekanntlich der Teufel steckt" gehen.

(1) Zahlung des mit dem Eigentümer identischen Schuldners „auf die Schuld"

Bei einer **Identität von Schuldner und Eigentümer**, also wenn die Geldforderung des Gläubigers = Hypothekars (G = H) gegen den Schuldner (S =) am Grundstück des Schuldner-Eigentümers (= E) gesichert wird, erfolgt die Zahlung im Zweifel **„auf die Schuld".**

> Für die Frage, was aus der Hypothek wird, muss man differenzieren zwischen der Situation einer Zahlung an den Gläubiger (sei es nun der Ursprungsgläubiger oder ein Zessionar) oder einer befreienden Zahlung an einen „Scheingläubiger".

Erfüllt der Schuldner die gesicherte Forderung durch **„Zahlung auf die Schuld"**, indem er **an den (Ursprungs-) Gläubiger** oder an dessen **Zessionar zahlt**,

- so **erlischt die Forderung (§ 362 BGB)**.
- Die **Hypothek** wird kraft Gesetzes zur **Eigentümergrundschuld** (§§ 1163 Abs. 1 S. 2, 1177 BGB). Sie wissen ja schon: Dies ist eine „Belohnung" für den wagemutigen Eigentümer. Das gesetzliche Konstrukt einer „Eigentümergrund-

schuld" („Belastung des eigenen Grundstücks") verhindert das „Aufrücken" nachrangiger Hypothekare und erhält ihm die möglicherweise wertvolle Rangstelle für die Besicherung durch einen weiteren Kredit.

<u>Fall 642:</u> Der E = S hat zur Sicherung einer gegen ihn bestehenden Darlehensforderung des G = H zugunsten des G = H eine Hypothek an seinem Grundstück bestellt. Der E = S zahlt das Darlehen, also auf die Schuld, zurück. Was wird aus der Forderung und der Hypothek? 1. Die Forderung des G = H gegen den E = S erlischt (§ 362 Abs. 1 BGB). 2. Die Hypothek des G = H geht auf den E = S über (§ 1163 Abs. 1 S. 2 BGB) und steht dem E = S als Eigentümergrundschuld zu (§ 1177 Abs. 1 BGB).

- Aber wir müssen gleich „Wasser in den Wein" des Eigentümers gießen: Dieses **gesetzliche Modell** ist nämlich (früher schon **durch die Kreditpraxis)** und jetzt auch durch die **Gesetzeslage überholt.** Man muss sich verdeutlichen, dass die nachrangig oder gleichrangig gesicherten Grundpfandgläubiger bis zur Tilgung des vorrangig oder gleichrangig gesicherten Darlehens das (allerdings durch höhere Zinsen „vergoldete") Risiko gelaufen waren, im Fall der Zwangsvollstreckung ganz oder teilweise auszufallen. Dieses Risiko wollen die Nach- oder Gleichrangigen verständlicherweise aber nur bis zur Tilgung des vorrangig oder gleichrangig gesicherten Darlehens tragen; mit der Tilgung des vorrangig oder gleichrangig gesicherten Darlehens wollen sie „auf-" bzw. „einrücken". Dass der Eigentümer diese Ränge durch Eigentümergrundschulden „blockiert", ist für sie nicht nachvollziehbar. Dieser Interessenlage wurde in der früheren Kreditpraxis dadurch Rechnung getragen, dass die nachrangig oder gleichrangig gesicherten Grundpfandgläubiger mit dem Eigentümer schon vorab für den Fall der Tilgung der vorrangig oder gleichrangig gesicherten Forderung die schuldrechtliche Vereinbarung trafen, dass die entstehende Eigentümergrundschuld gelöscht wird; gesichert wurde dieser schuldrechtliche Anspruch auf Löschung der Eigentümergrundschuld durch eine „Löschungsvormerkung (§ 1179 BGB. Warum eigentlich nicht nach § 883 BGB, ist § 1179 BGB nicht überflüssig? Weil es um die Sicherung eines Anspruchs auf Löschung eines erst künftig entstehenden Rechts gehen sollte! Aber: ist das nicht genau der Fall des § 883 Abs. 1 S. 2 BGB: „Die Eintragung einer Vormerkung ist auch zur Sicherung eines künftigen oder bedingten Anspruchs zulässig"? Nein: Hier geht es um die Sicherung eines gegenwärtigen Anspruchs auf Löschung eines künftig entstehenden Rechts!). Man fragt sich natürlich, warum die Eigentümer sich auf derartige Vereinabrungen, die ihnen die „wohlverdiente Eigentümergrundschuld" nehmen, eingelassen haben. Weil sie „am kürzeren Hebel saßen": Die Kredite wären ohne Löschungsvereinbarung nicht gewährt worden! Das war die Bankpraxis! Aber die Geschichte geht noch weiter: Durch die ungeheure Zahl derartiger in das Grundbuch einzutragender Vormerkungen waren die Grundbuchämter bald völlig überlastet. Darauf hat der Gesetzgeber reagiert: Das Gesetz geht heute entsprechend der Kreditpraxis davon aus, dass in einem solchen Fall ein – nur durch Löschung der Eigentümergrundschuld – mögliches „Auf- oder Einrücken" des nach- oder gleichrangigen Hypothekars von den Parteien gewollt ist. Es hat daher für den Fall einer Vereinigung von Eigentum und Hypothek einen (natürlich abdingbaren) **gesetzlichen Lö-**

schungsanspruch aus § 1179 a Abs. 1 BGB, der kraft Gesetzes **vormerkungsähnlich gesichert** ist (§§ 1179 a Abs. 1 S. 3, 883 Abs. 2, 888 BGB), geschaffen.

Ist **eine hypothekarisch gesicherte Forderung still abgetreten** worden, und **zahlt der Schuldner** durch „Zahlung auf die Schuld" an den Zedenten, den er weiterhin für den Gläubiger hält (**„Scheingläubiger"**),

- so **erlischt** die **Forderung** nach §§ 362, 407 – 408 BGB, wenn der Schuldner den Schutz der §§ 407 – 408 BGB in Anspruch nimmt.
- Die **Hypothek** müsste sich bei konsequenter Durchführung des Akzessorietätsprinzips in eine Eigentümergrundschuld verwandeln. Der Gesetzgeber hat sich aber – um die Verkehrsfähigkeit der Hypothek zu erhalten – in **§ 1156 BGB** dafür entschieden, die **§§ 406 – 408 BGB**, also auch den § 407 BGB, **nicht auf das Verhältnis zwischen dem neuen Gläubiger und dem Eigentümer** anzuwenden. Mit anderen Worten: die erworbene Hypothek bleibt („forderungsentkleidet") bestehen, wenn der Schuldner an den Zedenten zahlt und dadurch frei wird. Das gilt natürlich nur für die „Verkehrshypothek", nicht aber für die „Sicherungshypothek" (§§ 1184, 1185 Abs. 2 BGB).

<u>Fall 643:</u> Der G 1 = H 1 hat zur Sicherung einer Darlehensforderung gegen den E = S eine Buchhypothek am Grundstück des E = S. Der G 1 = H 1 tritt formgerecht die hypothekarisch gesicherte Darlehensforderung gegen E= S „still" an den G 2 = H 2 ab. Der E = S, der den G 1 = H 1 weiterhin für den Gläubiger hält, zahlt (bekanntlich: im Zweifel) auf die Schuld an den G 1 = H 1. Der G 2 = H 2 verlangt von E=S Zahlung bzw. Duldung der ZV. Der E=S weigert sich zu zahlen, weil er durch die Zahlung an den G 1 = H 1 frei geworden sei.

1. Der G 2 = H 2 könnte von E=S Zahlung a) nach §§ 488 Abs. 1 S. 2, 398, 1153, 1154 BGB verlangen. b) Der E = S ist jedoch nach § 407 BGB frei geworden. 2. Der G 2 = H 2 könnte jedoch von E = S nach § 1147 BGB Duldung der Zwangsvollstreckung verlangen. a) Das wäre nicht möglich, wenn die Hypothek mit dem Erlöschen der Forderung zu einer Eigentümergrundschuld geworden wäre (§§ 1163 Abs. 1 S. 2, 1177 BGB). b) Die Hypothek, die im Zweifel eine „Verkehrshypothek" ist, bleibt jedoch entgegen der Regel (§§ 1163 Abs. 1 S. 2, 1177 BGB) „forderungsentkleidet" bestehen (§ 1156 Abs. 1 BGB).

(2) Zahlung des mit dem Eigentümer identischen Schuldners „auf die Hypothek"

In den Fällen, in denen der mit dem Eigentümer identische Schuldner **E = S an einen aufgrund nichtiger Abtretung zum Scheingläubiger gewordenen zahlt**, ist – in **Ausnahme** von der gerade zuvor aufgestellten Regel – davon auszugehen, dass der E = S **„auf die Hypothek"** zahlen will.

Warum dies? Es handelt sich um einen Akt einer „wohlwollenden schuldnerfreundlichen" Auslegung der Zahlungsbestimmung des E = S: Eine „Zahlung auf die Schuld" würde nämlich ins Leere gehen, denn der Zessionar hatte keine Forderung erworben; auch wird der gute Glaube des Schuldners an die Gläubigerstellung eines Nicht-Gläubigers nur in bestimmten (bei Nichtigkeit der Zession aber nie gegebenen) Gutglaubenstatbeständen geschützt. Eine Zahlung des E = S kann aber eine befreiende Wirkung haben, wenn der E = S auf die Hypothek gezahlt (§§ 1138, 893 BGB) hat. Dass er dies bei der genannten Fallkonstellation einer nichtigen Abtretung will, wird in seinem Interesse unterstellt.

> Also merken Sie sich: Auch wenn ansonsten bei Identität von Schuldner und Eigentümer im Zweifel auf die Schuld gezahlt wird, gibt es aus den vorgenannten Gründen durchaus Fälle, in denen in Ausnahme zur Regel der **Schuldner auf die Hypothek zahlt**: Nämlich dann, **wenn** die Zession nichtig war und **der Schuldner an den als Hypothekar legitimierten Zessionar zahlt.**

<u>Fall 644</u>: Der G 1 = H 1 gewährt dem E = S ein Darlehen, das durch eine Buchhypothek am Grundstück des E = S gesichert wird. Der G 1 = H 1 tritt die hypothekarisch gesicherte Forderung an den G 2 = H 2, der auch als Hypothekar in das Grundbuch eingetragen wird, ab. Der E = S, der durch G 2 = H 2 von der Abtretung unterrichtet wird, zahlt an den G 2 = H 2. Später stellt sich heraus, dass der G 1 = H 1 geisteskrank war, als er die Abtretung vorgenommen hatte. Der G 1 = H 1 verlangt, vertreten durch seinen Betreuer, von S Zahlung (nach BGH, Reinicke – Tiedtke und Baur – Stürner).

Der G 2 = H 2 hat weder Forderung noch Hypothek erlangt (§§ 104 Nr. 2, 105 BGB). Da die Zahlung an den G 2 = H 2, gedacht als Zahlung des S = E „auf die Forderung" ins Leere ginge, die Zahlung „auf die Hypothek" aber befreiend gewesen wäre (§§ 1138, 893 BGB), nimmt man an, dass der S = E in einem solchen Fall „auf die Hypothek" zahlen wollte. Die Frage ist, welche Folgen dies für die persönliche Schuld des E = S hat. a) Der BGH hat dazu ausgeführt, dass „bei einer Leistung auf eine solche Hypothek ... der Eigentümer und Schuldner selbstverständlich auch von seiner persönlichen Verpflichtung frei (wird) (§ 1138 BGB)". b) Zum gleichen Ergebnis kommt man, wenn man ausschließlich auf § 893 BGB abstellt: Denn aufgrund des § 893 BGB muss der wahre Berechtigte (der G 1 = H 1) sich so behandeln lassen, wie wenn der Eigentümer an den Berechtigten gezahlt hätte. Dann wäre dieser befriedigt und deshalb zugleich auch die Forderung gegen den Eigentümer untergegangen (Reinicke – Tiedtke).

bb) Zahlung des mit dem Schuldner nicht identischen Eigentümers „auf die Hypothek"/„auf die Schuld"

Soeben haben wir uns damit befasst, dass der mit dem mit dem Eigentümer identische Schuldner (Normalfall) auf die Schuld (Regel) oder auf die Hypothek (Ausnahme) zahlt (sub aa)). Jetzt stellen wir uns vor, dass der Schuldner und der Eigentümer nicht identisch sind, dass also der Eigentümer **„bürgschaftsähnlich"** eine fremde Schuld sichert, und zahlt. Es gibt es in solchen Fällen zwei theoretische Möglichkeiten: Der Eigentümer kann

- **„auf die Hypothek"** zahlen (diese „ablösen");
- er kann aber auch, insbesondere beim Bestehen einer entsprechenden Verpflichtung gegenüber dem persönlichen Schuldner, **„auf die persönliche Schuld"** zahlen.

(1) Zahlung des mit dem Schuldner nicht identischen Eigentümers „auf die Hypothek"

Der **Eigentümer**, der **nicht persönlicher Schuldner** ist und der **„bürgschaftsähnlich"** sein Grundstück als Sicherungsobjekt zur Verfügung gestellt hat, **zahlt im Zweifel „auf die Hypothek".**

> Für die Frage, was aus der Hypothek wird, muss man **differenzieren** zwischen folgenden Konstellationen:
>
> 1. Wenn der mit dem Schuldner nicht identische **Eigentümer zahlt**, gibt es zwei „Unter-Konstellationen", nämlich die Situation einer Zahlung
>   - an den **Gläubiger** (sei es nun der Ursprungsgläubiger oder ein Zessionar)
>   - oder einer befreienden Zahlung an einen „**Scheinhypothekar**".
> 2. Zahlung des **Scheineigentümers** an den berechtigten Hypothekar.

Der **Eigentümer, der „bürgschaftsähnlich" nicht zugleich persönlicher Schuldner ist**, ist in der Regel gegenüber dem Schuldner nicht dazu verpflichtet, an den Gläubiger zu zahlen. Er muss aber bei Fälligkeit der Forderung damit rechnen, darauf in Anspruch genommen zu werden, die Zwangsvollstreckung in sein Grundstück zu dulden (§ 1147 BGB). Wenn er nicht zugleich persönlicher Schuldner ist, hat er kraft Gesetzes das unabdingbare Recht, an den Hypothekar zu zahlen, nämlich ein (im Verhältnis zu §§ 267, 268 BGB spezielles) „Befriedigungsrecht" aus § 1142 BGB, durch das er die Zwangsvollstreckung in sein Grundstück (§ 1147 BGB) abwenden kann.

Wenn der Eigentümer, der „bürgschaftsähnlich" nicht persönlicher Schuldner ist, aus diesem Grunde nach § 1142 BGB zur Abwendung einer zwangsweisen Verwertung nach § 1147 BGB **freiwillig „auf die Hypothek" an den Hypothekar zahlt**, so entspricht (ganz konsequent zur „Bürgenähnlichkeit" der Rechtsstellung des Eigentümers) die Rechtsfolge der des § 774 BGB:

- Die **Forderung** des Gläubigers gegen den persönlichen Schuldner erlischt nicht, sondern geht kraft Gesetzes auf den Eigentümer über (§ 1143 Abs. 1 S. 1 BGB) und kann von diesem geltend gemacht werden (§ 412 BGB);
- die **Hypothek** folgt gem. §§ 1143 Abs.1 S. 1, 412, 401, 1153 BGB der Forderung und steht nunmehr dem Eigentümer an seinem eigenen Grundstück zu und wird nach § 1177 Abs. 1 BGB zur „Eigentümer<u>hypothek</u>". Warum eigentlich nicht zur „Eigentümer<u>grundschuld</u>"? Ganz einfach: Weil es ja weiterhin eine Forderung (nämlich die des E gegen den S) gibt, und es für eine Grundschuld kennzeichnend ist, dass für sie keine Forderung besteht (§ 1192 BGB)!! Eine solche „Eigentümerhypothek" kann dadurch wieder zu einer Fremdhypothek werden, dass der Eigentümer die Forderung und Hypothek an einen Dritten abtritt. Ansonsten wird die „Eigentümerhypothek" wie eine „Eigentümergrundschuld" behandelt (§ 1177 Abs. 2 BGB); vor allem kann auch aus ihr nicht etwa die Zwangsvollstreckung zum Zwecke der Befriedigung mit der Folge des Erlöschens der nachrangigen Rechte betrieben werden (§ 1197 BGB). Wissen Sie noch, warum das Gesetz dies nicht zulässt? Weil dies zum Erlöschen der nachrangigen Rechte führen würde (§ 52 Abs. 1 S. 2 ZVG).

Fall 645: Der Grundeigentümer E bestellt dem G = H zur Sicherung einer Darlehensforderung des G = H gegen den S „bürgenähnlich" eine Hypothek. Als der S nicht zahlt, löst der E die Hypothek ab, indem er „auf die Hypothek" zahlt. Dann nimmt er den S in Anspruch.
Der Anspruch des E gegen S ergibt sich aus §§ 1143 Abs. 1 S. 1, 488 Abs. 1 S. 2 BGB.

Variante: Der S ist der Sohn des E, der sich mit dem (ggf. nach §§ 507, 492 ff. BGB formwirksamen) Darlehen des G = H seine Existenz in der „Internet"-Branche aufbauen möchte. Als der S den E um die Sicherung der Forderung durch eine Hypothek gebeten hatte, erklärte der E dem S, dass er ihm die Sicherung durch die Hypothek „schenke". Der S bedankt sich. Als der S wegen seines verschwenderischen Yuppie-Lebens in Vermögensverfall gerät und das Darlehen nicht tilgt, löst der E die Hypothek ab, indem er an G = H „auf die Hypothek" zahlt; dann nimmt er den S in Anspruch.

Einem Regressanspruch steht der Einwand der Schenkung entgegen (§§ 1143 Abs. 1 S. 2, 488 Abs. 1 S. 2, 774, Abs. 1 S. 3, 516 BGB). Der Schenkungsvertrag ist wirksam, weil entweder § 516 BGB vorliegt oder weil ein Formmangel aus § 518 Abs. 1 BGB durch die Bewirkung der versprochenen Leistung geheilt ist (§ 518 Abs. 2 BGB).

Ist der im Grundbuch eingetragene Hypothekar nicht der wahre Inhaber der Hypothek, wohl aber nach § 892 BGB oder § 1155 BGB legitimiert und **zahlt der gutgläubige Eigentümer, der „bürgschaftsähnlich" nicht persönlicher Schuldner ist,** an ihn **„auf die Scheinhypothek"**, dann hängt die Lösung bei einer **unwirksam bestellten Hypothek** davon ab, worauf die Unwirksamkeit der Bestellung beruht.

- Ist der **dingliche Bestellungsakt unwirksam und besteht deshalb keine Hypothek**, wird der gutgläubige Eigentümer durch seine Zahlung an den Scheinhypothekar nach § 893 BGB frei; der gutgläubige Eigentümer erwirbt nach § 1143 BGB die Forderung und die Hypothek nach § 1153 BGB.

- Ist die Hypothek unwirksam bestellt, weil es an einer – für die Hypothek (Akzessorietät) existentiell notwendigen – **Forderung fehlt**, so gilt der Nichtberechtigte (der „Scheinhypothekar") als Inhaber der Forderung (§§ 1138, 893 BGB). Der Eigentümer erwirbt die Hypothek.

Bei der Zahlung des Eigentümers auf eine **wirksam bestellte,** dann **aber unwirksam übertragene Hypothek** an den nach §§ 892 oder 1155 BGB legitimierten Erwerber („Scheinhypothekar") erlangt der Eigentümer die Forderung und eine Eigentümerhypothek.

Fall 646: Der G 1 = H 1 gewährt dem S ein Darlehen, das durch eine Buchhypothek am Grundstück des E gesichert wird. Der G 1 = H 1 tritt die hypothekarisch gesicherte Forderung an den G 2 = H 2, der auch als Hypothekar in das Grundbuch eingetragen wird, ab. Der E, der durch den G 2 = H 2 von der Abtretung unterrichtet wird, zahlt an den G 2 = H 2. Später stellt sich heraus, dass G 1 = H 1 geisteskrank war, als er die Abtretung vornahm. 1. Der E verlangt Zahlung von dem S, und 2. will wissen, wem eigentlich die Hypothek zusteht (nach Baur – Stürner).

1. Ein Anspruch des E gegen den S aus §§ 1142, 1143 Abs. 1 S. 1, 1138, 893 BGB besteht deshalb, weil die gesicherte Forderung zwar einerseits mangels Leistung des S nicht durch Erfüllung erloschen ist, sie aber andererseits auch nicht dem G 1 = H 1 verbleiben kann, denn dieser könnte sonst zweimal Befriedigung erlangen. 2. Die Hypothek steht dem E als Eigentümerhypothek zu (§§ 1142, 1143,1153, 401, 1163, 1177 BGB).

Wenn ein **zu Unrecht als Eigentümer in das Grundbuch Eingetragener („Scheineigentümer")** in der Annahme, er sei Eigentümer, **an den** zu Recht als **Hypothekar** Eingetragenen **zahlt**, dann wird er nicht nach § 893 BGB geschützt, denn § 893 BGB schützt nur den wirklich dinglich Verpflichteten, der an einen falschen Gläubiger zahlt. Nicht geschützt wird der vermeintliche dingliche Schuldner, der an den wirklichen Gläubiger zahlt.

(2) Zahlung des mit dem Schuldner nicht identischen Eigentümers „auf die persönliche Schuld"

Wenn der mit dem Schuldner nicht identische Eigentümer aus dem Innenverhältnis mit dem Schuldner diesem gegenüber verpflichtet ist, an den Gläubiger zu zahlen, und der Eigentümer diese Verpflichtung aus dem (Innen-) Verhältnis zum Schuldner auch erfüllt, indem er an den Gläubiger „auf die persönliche Schuld" zahlt,

- so **erlischt die persönliche Schuld** nach §§ 362 Abs. 1, 267 BGB.
- Ein **Regressanspruch des Eigentümers** mit Übergang der Hypothek nach §§ 1143 Abs. 1 S. 1, 412, 401, 1153 BGB auf den Eigentümer entfällt wegen des Erlöschens der Forderung oder nach §§ 1143 Abs. 1 S. 2, 774 Abs. 1 S. 3, 242 BGB.

Fall 647: Der V verkauft dem K ein Grundstück, das mit einer Hypothek zugunsten der G - Bank zur Sicherung einer Darlehensforderung der G-Bank gegen den V in Höhe von € 500 000,- belastet ist. Der K übernimmt im Kaufvertrag unter Anrechnung auf den Kaufpreis von € 1 200 000,- die durch die Hypothek gesicherte Schuld in Höhe von € 500 000,-, so dass die Zahlungsverpflichtung sich auf € 700 000,- reduziert. Der K wird nach Zahlung von € 700 000,- als neuer Eigentümer im Grundbuch eingetragen. Der V zeigt der G-Bank die Schuldübernahme schriftlich mit dem Hinweis des § 416 Abs. 2 S. 2 BGB an. Die G- Bank erklärt eine Woche später, dass sie die Genehmigung der Schuldübernahme verweigere. Bei Fälligkeit zahlt der K an die G-Bank € 500 000,-. 1. Dann verlangt der K € 500 000,- von dem V. 2. Der K will wissen, was aus der Hypothek geworden ist.
1. Der Anspruch des K gegen den V könnte sich aus §§ 488 Abs. 1 S. 2, 1143 Abs. 1 S 1 BGB ergeben. Man kann das (für jeden, der ein intaktes Rechtsempfinden hat) von vornherein eindeutige Ergebnis, dass ein Regressanspruch nicht besteht, auf zweierlei Weisen begründen: a) Der Anspruch der G – Bank ist nach §§ 362 Abs. 1, 267 BGB erloschen, so dass er daher nicht nach § 1143 Abs. 1 S. 1 BGB auf K übergehen kann. b) Wer dagegen meint, man müsse die Entscheidung, ob ein Regressanspruch besteht, normativ entscheiden, muss wie folgt argumentieren: aa) Aus dem Kaufvertrag ergibt sich, dass der K zum Zwecke der Erfüllung seiner Kaufpreisverpflichtung an die G-Bank zahlen muss, so dass es treuwidrig wäre, nach Erfüllung dieser Pflicht im Wege des Regresses den V auf Rückzahlung in Anspruch zu nehmen (§ 242 BGB). bb) Dieser Einwand steht dem V auch gegen den Regressanspruch zu (arge. §§ 1143 Abs. 1 S. 2, 774 Abs. 1 S. 3 BGB). 2. Da die Hypothek keine Eigentümerhypothek nach §§ 1143 Abs.1 S. 1, 412, 401, 1153 BGB geworden ist, ist sie Eigentümergrundschuld nach §§ 1163 Abs. 1 S. 2, 1177 BGB.

cc) Zahlung des mit dem Eigentümer nicht identischen persönlichen Schuldners

Soeben haben wir uns damit befasst, dass bei einer Divergenz von Schuldner und Eigentümer der Eigentümer auf die Hypothek (Regel) oder auf die Schuld (Ausnahme) zahlt (sub bb)). Jetzt stellen wir uns die gleiche Konstellation vor, allerdings mit der Variante, dass bei dieser „**bürgschaftsähnlichen**" Konstellation der **persönliche Schuldner zahlt**. Auszugehen ist davon, dass er **im Zweifel „auf die Forderung"**. Zu unterscheiden sind die Möglichkeiten einer Zahlung an den Gläubiger, sei er nun der Ursprungsgläubiger oder der Zessionar (**sub (1)**), die einer Zahlung an einen legitimierten (**sub (2)**) und schließlich die einer Zahlung an einen nicht legitimierten „Scheinzessionar" (**sub (3)**).

(1) Zahlung des mit dem Eigentümer nicht identischen persönlichen Schuldners an den (Ursprungs-) Gläubiger oder dessen Zessionar

Zahlt der **Schuldner** an den (**Ursprungs-) Gläubiger** oder an dessen **Zessionar auf die Forderung**, so erlischt die **Forderung** (§ 362 ff. BGB).
Was die **Hypothek** angeht,

- so verwandelt sie sich **regelmäßig** in eine **Eigentümergrundschuld** (**§§ 1163 Abs. 1 S. 2, 1177 Abs. 1 S. 1 BGB**).

<u>Fall 648</u>: Der E hat zur Sicherung einer Darlehensforderung des G = H gegen den S zugunsten des G = H „bürgähnlich" eine Hypothek bestellt. Der S zahlt das Darlehen zurück. Was wird aus der Forderung und der Hypothek?
1. Die Forderung erlischt (§ 362 Abs. 1 BGB). 2. Die Hypothek geht auf den E über (§ 1163 Abs. 1 S. 2 BGB) und steht dem E als Eigentümergrundschuld zu (§ 1177 Abs. 1 BGB).

- Zugunsten nachrangiger Belastungen besteht ein **vormerkungsgeschützter Löschungsanspruch** (§ 1179 a BGB).

Allerdings kommt es in einem auf die Erfüllung seitens des Nur – Schuldners zugeschnittenen **Sonderfall (§ 1164 BGB)** zu einem Fortbestehen der Hypothek zur Sicherung einer anderen (nämlich einer Forderung, kraft derer der Schuldner „von dem Eigentümer ... Ersatz verlangen kann"); es handelt sich also um eine „Forderungsauswechselung".

Das **klassische Beispiel** ist der Verkauf eines mit einer Hypothek belasteten Grundstücks und der Übernahme der Schuld nach § 415 BGB unter Anrechnung auf den Kaufpreis, wenn der Gläubiger die Schuldübernahme nicht genehmigt. Dann ist der Käufer und (nach Auflassung und Eintragung in das Grundbuch) zugleich neue Eigentümer K im Verhältnis zu dem Verkäufer V verpflichtet, die Schuld durch Zahlung an den Gläubiger G=H zu tilgen (§ 415 Abs. 3 BGB). Zahlt der Käufer und neue Eigentümer K nicht an den G = H und zahlt deshalb der Verkäufer und Schuldner V seiner weiterhin bestehenden Verpflichtung gemäß an den Gläubiger G = H, macht sich der Käufer und neue Eigentümer K wegen der nicht erfolgten Zahlung an den G = H gegenüber dem Verkäufer V aus § 280 Abs. 1 BGB schadensersatzpflichtig. Die Tilgung der Forderung durch den Verkäufer V führt dann (natürlich!) nicht zum Entstehen einer Eigentümergrundschuld des Käufers und neuen Eigentümers K, wie es nach § 1163 Abs. 1 S. 2 BGB eigentlich der Fall sein müsste, denn das würde den neuen Eigentümer und Käufer K ungerecht bevorzugen. Vielmehr ordnet der § 1164 BGB an, dass die Hypothek nunmehr auf den Verkäufer V übergeht und dessen Schadensersatzforderung gegen den Käufer und neuen Eigentümer K aus § 280 Abs. 1 BGB sichert.

Fall 649: Der V verkauft dem K ein Grundstück, das mit einer Hypothek zugunsten der G - Bank zur Sicherung einer Darlehensforderung der G-Bank gegen den V in Höhe von € 500 000,- belastet ist. Der K übernimmt im Kaufvertrag unter Anrechnung auf den Kaufpreis von € 1 200 000,- die durch die Hypothek gesicherte Schuld in Höhe von € 500 000,- (warum macht ein Käufer so etwas eigentlich?). Der K wird nach Zahlung von € 700 000,- als neuer Eigentümer im Grundbuch eingetragen. Der V zeigt der G-Bank die Schuldübernahme schriftlich mit dem Hinweis des § 416 Abs. 2 S. 2 BGB an. Die G-Bank erklärt eine Woche später, dass sie die Genehmigung der Schuldübernahme verweigere. Bei Fälligkeit zahlt der K trotz einer Aufforderung durch den V die € 500 000,- nicht an die G-Bank, so dass der von der G – Bank in Anspruch genommene V schließlich selbst zahlt. 1. Daraufhin verlangt der V Zahlung von K und, als dieser nicht zahlt, Duldung der Zwangsvollstreckung in das Grundstück des K. 2. Ist der G-Bank zu raten, auf die Hypothek zu verzichten, weil ihr der Schuldner V sicher genug erscheint?

1. a) Zahlung kann der V von K aus § 280 Abs. 1 BGB wegen einer Verletzung der Nebenleistungspflicht aus dem Kaufvertrag verlangen: aa) der K hätte die als Nebenpflicht aus dem Kaufvertrag bestehende Verpflichtung aus § 415 Abs. 3 BGB erfüllen müssen; das hat er unterlassen. bb) Sein Verschulden wird vermutet. cc) Dem V ist ein Schaden in Höhe von € 500 000,- entstanden. b) Duldung der Zwangsvollstreckung könnte er aus § 1147 BGB verlangen, wenn die Hypothek am Grundstück auf ihn übergegangen wäre. Die Hypothek aa) könnte durch die Tilgung des Darlehens (§ 362 BGB) auf den Eigentümer übergegangen sein und sich in eine ihm zustehende Eigentümergrundschuld verwandelt haben (§§ 1163 Abs. 1 S. 2, 1177 BGB); bb) es wäre aber bei der hier gegebenen Konstellation eine jeder Gerechtigkeit widersprechende Lösung, den Eigentümer eines Grundstücks, der seinen Verpflichtungen (§ 415 Abs. 3 BGB) zuwider die gesicherte Schuld nicht getilgt hat, also den K, mit einer Eigentümergrundschuld zu „belohnen"; daher ordnet § 1164 Abs. 1 BGB als Ausnahme zu § 1163 Abs. 1 S. 2 BGB an, dass die Hypothek nunmehr auf den Schuldner zur Sicherung von dessen Schadensersatzanspruch (s.o.) übergeht. 2. Durch einen Verzicht auf die Hypothek gefährdet die G-Bank den Regressanspruch des Schuldners V; daher führt dies zur Befreiung des Schuldners (§ 1165 BGB; vergl. § 776 BGB).

(2) Zahlung des mit dem Eigentümer nicht identischen persönlichen Schuldners an einen als Gläubiger legitimierten „Scheinzessionar"

Wenn ein **Schuldner**, der nicht der Eigentümer des Grundstücks ist, an dem die die Forderung sichernde Hypothek besteht, **„auf die Forderung"** an einen durch die Schuldnerschutzvorschriften der §§ 362, 407 – 408 BGB als Gläubiger **legitimierten „Scheinzessionar",** zahlt, so **erlischt die Forderung** nach §§ 362, 407 – 408 BGB, wenn der Schuldner den Schutz der §§ 407 – 408 BGB in Anspruch nimmt.

Die schuldnerfremde **Hypothek** bleibt jedoch nach § 1156 BGB („forderungsentkleidet") bestehen, aber natürlich nur, wenn sie – wie regelmäßig – eine „Verkehrshypothek", nicht aber eine „Sicherungshypothek" ist (§§ 1184, 1185 Abs. 2 BGB).

(3) Zahlung des mit dem Eigentümer nicht identischen persönlichen Schuldners an einen nicht als Gläubiger legitimierten Scheinzessionar

Zahlt ein **Schuldner**, der **nicht zugleich Eigentümer des Grundstücks** ist, an dem die Hypothek besteht, an einen **nicht als Gläubiger legitimierten Scheinzessionar**, so **erlischt die Forderung nicht.** Fraglich ist, ob deshalb auch die **„bürgschaftsähnliche" Hypothek** am Grundstück des E bestehen bleibt.

Fall 650: Der G 1 = H 1 gewährt dem S ein Darlehen, das „bürgschaftsähnlich" durch eine Buchhypothek am Grundstück des E gesichert wird. Der G 1 = H 1 tritt die hypothekarisch gesicherte Forderung an G 2 = H 2, der auch als Hypothekar in das Grundbuch eingetragen wird, ab. Der S, der durch den G 2 = H 2 von der Abtretung unterrichtet wird, zahlt an den G 2 = H 2. Später stellt sich heraus, dass der G 1 = H 1 geisteskrank war, als er die Abtretung vornahm. Der G 1 = H 1 verlangt, vertreten durch seinen Betreuer, Zahlung von dem S und von dem E Duldung der Zwangsvollstreckung (nach Baur – Stürner).

1. Da die Forderung nicht erlischt, weil der Schuldner S an einen nicht legitimierten Dritten geleistet hat, würden die Forderung gegen S und die Hypothek am Grundstück bestehen bleiben.
2. Das wäre aber a) hinsichtlich der Hypothek ein Wertungswiderspruch zu der Lösung in dem (Ihnen ja schon bekannten) Fall, in dem ein mit dem Eigentümer identischer Schuldner an den scheinbaren Hypothekar „auf die Hypothek" leistet: Dort würde die Forderung erlöschen und als Folge daraus die Hypothek zur Eigentümergrundschuld werden. Ebenso sollte es sein, wenn (wie hier) E und S personenverschieden sind: der E erwirbt eine Eigentümergrundschuld. b) Die Forderung gegen S bleibt aber bestehen.

dd) Zahlung Dritter

Das waren also die Rechtsfolgen, die sich daraus ergeben, dass der <u>mit dem Eigentümer identische Schuldner</u> zahlt (sub aa)), dass der <u>mit dem Schuldner nicht identische Eigentümer</u> zahlt (sub bb)) und dass der <u>mit dem Eigentümer nicht identische Schuldner</u> zahlt (sub cc)), und zwar entweder „auf die Schuld" oder „auf die Hypothek". Stellen Sie sicher, dass Sie dies alles nicht nur „passiv" wissen, sondern machen Sie sich jetzt von allen diesen drei Konstellationen Skizzen und „spielen" Sie die Lösungen durch! Erst dann „dürfen" Sie weiterlesen. Schließlich bleibt nämlich noch zu überlegen, welche Folgen die Zahlungen bestimmter Dritter (andere Sicherungsgeber, ablösungsberechtigte Dritte) für die gesicherte Forderung und die Hypothek haben.

(1) Zahlung eines Dritten als weiterer Sicherungsgeber (Mehrfachsicherung)

> Hier muss man unterscheiden zwischen den Fällen, in denen der weitere Sicherungsgeber an den wirklichen Hypothekar zahlt und den Fällen, in denen an einen „Scheinhypothekar" gezahlt wird.

Wenn ein Dritter, der zusätzlich zu der Hypothek die Forderung durch ein „akzessorisches" Sicherungsrecht (z.B. durch eine Bürgschaft) sichert,

- an einen **wirklichen Gläubiger und wirklichen Hypothekar** zahlt, steht ihm ein, durch die Hypothek gesicherter Regressanspruch zu, wobei die entscheidende Frage ist, in welchem Umfang die Hypothek übergeht.

Fall 651: Der B hat sich für eine Forderung des G gegen den S in Höhe von € 150 000,- verbürgt, und der E hat zur Sicherheit eine Hypothek an seinem Grundstück über € 100 000,- bestellt. Bei Fälligkeit zahlt der S nicht. Was wäre dem B bzw. dem E zu raten? (nach Canaris)

1. Für beide drängt es sich auf den ersten Blick auf, als erster von beiden an den Gläubiger zu zahlen, was dem Bürgen als persönlichem Schuldner des G aus § 765 BGB ohne weiteres (§ 271 BGB) und dem nicht schuldenden Eigentümer aufgrund seines Befriedigungsrechts aus § 1142 BGB möglich ist. Die Folge wäre für beide ein Regress nach § 774 BGB (Bürge) bzw.

§ 1143 Abs. 1 S. 1 BGB (Eigentümer) jeweils i.V.m. §§ 412, 401 BGB, so dass die Regressforderung des zuerst Zahlenden durch die vom anderen gestellte Sicherung gesichert wäre. Die Konsequenz wäre also ein Tilgungs- „Wettlauf" zwischen B und E. Allgemein anerkannt ist, dass auf eine solche „Zufallslösungen" produzierende Weise das Kollisionsproblem nicht bewältigt werden kann. Außerdem würde der Regress davon abhängen, wen der Gläubiger = Sicherungsnehmer zuerst in Anspruch nimmt. 2. Es gibt zwei Lösungsversuche: a) Die früher hM. bevorzugte stets den Bürgen, der in voller Höhe Regress nehmen sollte; zur Begründung berief man sich auf § 776 BGB; dafür spricht auch, dass der Bürge „mehr riskiert" hat, indem er sein gesamtes Vermögen, ein Realsicherer aber nur ein einziges Vermögensobjekt als Sicherung zur Verfügung gestellt hat, so dass das größere „Opfer" des Bürgen honoriert werden muss. b) Die heute hL. und Rspr. will jedoch das Ausfallrisiko auf alle Sicherungsgeber verteilen und wendet dazu §§ 774 Abs. 2, 426 BGB analog an, so dass (wenn nichts anderes bestimmt ist!) der zuerst Leistende in voller Höhe den Regressanspruch gegen den persönlichen Schuldner und anteilig das andere Sicherungsrecht erwirbt bzw. einen anteiligen Ausgleichsanspruch gegen den anderen nicht in Anspruch genommenen Sicherungsgeber erlangt. Der Rückgriff erfolgt prinzipiell nach Kopfteilen; wenn dagegen – wie hier – die Risikotragung unterschiedlich ist, muss die Aufteilung daran gemessen werden (hier: 3:2): Danach haftet dem in Anspruch genommenen Bürgen das Grundstück in Höhe von 3 der 5 Anteile, also in Höhe von € 60 000,-, während der in Anspruch genommene E € 100 000,- abzüglich des Eigenanteils von € 60 000,-, also € 40 000,- vom Bürgen B erstatten verlangen kann. Daher macht es lediglich für den E Sinn, eine eventuell drohende Zwangsvollstreckung nach § 1142 BGB abzuwenden.

- Zahlt ein akzessorischer Sicherer (z.B. ein Bürge) **an einen „Scheingläubiger" und „Scheinhypothekar"**, so wird er nicht frei und die Forderung geht nicht auf ihn über.

Fall 652: Der Bürge B hat sich für ein durch den S bei dem G 1 aufgenommenes Darlehen verbürgt, das zugleich durch eine an einem Grundstück des E bestellte Buchhypothek hypothekarisch gesichert ist. Eine Nichtigkeit nach § 138 Abs. 1 BGB wegen Übersicherung liegt nicht vor. Der G tritt die hypothekarisch gesicherte Forderung unwirksam an den G 2 ab. Der G 2 nimmt den B in Anspruch. Der B zahlt in der Annahme, der G 2 sei der Gläubiger geworden. Er will wissen, ob er von dem S Zahlung und von dem E Duldung der Zwangsvollstreckung verlangen kann (nach Baur – Stürner).

Da der S an einen Nichtgläubiger geleistet hat und sein guter Glaube an die Gläubigerstellung des G 2 nicht geschützt wird, greift § 774 BGB nicht ein, so dass a) weder die Forderung noch b) die Hypothek auf den B übergeht.

(2) Zahlung eines Dritten aufgrund eines „Ablösungsrechts"

> Hier muss man unterscheiden zwischen den Fällen, in denen an den wirklichen Hypothekar und in denen an einen „Scheinhypothekar" zum Zwecke der Ablösung gezahlt wird.

Wenn ein Gläubiger die Zwangsvollstreckung in einen dem Schuldner gehörigen Gegenstand „betreibt" und ein Dritter Gefahr läuft, hierdurch ein Recht an dem Gegenstand zu verlieren, steht dem Dritten ein **Ablösungsrecht** aus § 268 BGB zu: Er kann den Gläubiger befriedigen und das Recht des Gläubigers gegen den Schuldner geht auf ihn über (§§ 268 Abs. 3 S. 1 BGB), ebenso natürlich auch die akzessorischen Nebenrechte (§§ 412, 401 BGB). Wir werden dies noch vertiefend besprechen.

Bei einer bevorstehenden Zwangsvollstreckung in ein Grundstück nach § 1147 BGB käme der Zeitpunkt des „Betreibens" der Zwangsvollstreckung für den Dritten allerdings zu spät. Daher verlagert **§ 1150 BGB** den Zeitpunkt für die Möglichkeit einer Ablösung vor auf den Moment des „Verlangens der Befriedigung aus dem Grundstück". Das Verständnis dieser Konstellation bereitet kaum Schwierigkeiten, wenn **an den wirklichen Hypothekar** zum Zwecke der Ablösung gezahlt wird.

<u>Fall 653</u>: Der V hat in einem ihm gehörenden Haus auf der „richtigen" Seite der Elbchaussee dem sehr wohlhabenden M eine Wohnung mit Elbblick zu einem festen Mietzins für 20 Jahre vermietet. Zur Sicherung einer gegen den V bestehenden Darlehensforderung der B-Bank hat der V der B eine Buchhypothek an dem Grundstück bestellt (§ 1113 BGB); der V hat sich der sofortigen Zwangsvollstreckung unterworfen. Schon kurz nach Abschluss des Mietvertrages wird die Forderung fällig und die B-Bank verlangt Zahlung von dem V. Der M, der die Wohnung unbedingt behalten will, befürchtet im Falle einer Zwangsvollstreckung in das Grundstück (§ 1147 BGB), dass ein eventueller Ersteigerer den nach § 566 BGB auf ihn übergehenden Mietvertrag nach §§ 57 a ZVG, 573 c BGB kündigen wird. Was kann M machen?

1. Der M könnte die B unter den Voraussetzungen des § 267 BGB mit der Regressfolge des § 812 Abs. 1 S. 1 2. Fall BGB („Auslagenkondiktion") befriedigen; das ist aber – wegen der (theoretischen) Möglichkeit eines gemeinsamen Widerspruchs von Gläubiger und Schuldner (§ 267 Abs. 2 BGB) und wegen der Schwäche des Regresses („nur" § 812 BGB mit der möglichen Folge des nach § 818 Abs. 3 BGB zu tragenden Entreicherungsrisikos) – für den M keine optimale Lösung. 2. Der Gesetzgeber hat daher solchen Dritten, denen infolge einer Zwangsvollstreckungsmaßnahme ein Rechtsverlust droht, eine gegenüber § 267 BGB verbesserte Rechtsstellung gegeben, a) nämlich ein sog. „Ablösungsrecht": Hier kommt aufgrund des Verlangens der B-Bank nach Befriedigung aus dem Grundstück wegen des drohenden Verlusts des Rechts aus dem Mietvertrag ein Ablösungsrecht aus §§ 1150, 268 Abs. 1 S. 2 BGB in Betracht. b) Der Regress ergibt sich dann aus §§ 268 Abs. 3, 412, 399 ff, 401, 1153 BGB, so dass die Forderung und die für sie bestehenden Sicherungsrechte (hier die Hypothek) auf den ablösungsberechtigten Dritten (M) übergehen.

Kompliziert wird es aber, wenn die Zwangsvollstreckung seitens eines zu Unrecht im Grundbuch als Hypothekar Eingetragenen droht bzw. verlangt wird, und der **Dritte** im guten Glauben **an diesen „Scheinhypothekar" zahlt**. Man wird annehmen müssen, dass zugunsten des zur Ablösung zahlenden Dritten die Schutzvorschrift des § 893 BGB gilt mit der Folge, dass der Eigentümer durch dessen Leistung von seiner dinglichen Schuld befreit wird. Die Konsequenz daraus muss sein, dass die Forderung und die Hypothek auf den ablösenden Dritten übergehen, denn dieser hat im Vertrauen auf die Berechtigung des Eingetragenen geleistet, und es besteht umgekehrt keinerlei Anlass dafür, die Forderung erlöschen und die Hypothek auf den Eigentümer, der keine Leistung erbracht hat, übergehen zu lassen (§§ 1138, 893, 268 Abs. 3, 1150, 1153 BGB).

<u>Variante:</u> Die B-Bank hat die hypothekarisch gesicherte Forderung nach §§ 398, 1153, 1154 Abs. 3 BGB durch Einigung und Eintragung auf den Z'ar 1 übertragen. Dieser hat sie auf Z'ar 2 ebenfalls nach §§ 398, 1153, 1154 Abs. 3 BGB weiter übertragen. Diese Übertragung ist unwirksam, weil der Z'ar 1 zum Zeitpunkt der Abtretung unerkennbar geisteskrank war. Als Z'ar 2 ankündigt, die Zwangsvollstreckung zu betreiben, weil der V die Darlehensforderung nicht begleicht, leistet der M an Z'ar 2. Kann der M die Forderung und die Hypothek gegen V geltend machen? (nach Baur – Stürner und Reinicke – Tiedtke).

Die Forderung und die Hypothek gehen auf den M über, denn er hat im Vertrauen auf die Berechtigung des Eingetragenen geleistet, und es besteht auch kein Anlass dafür, die Forderung erlöschen und die Hypothek auf den Eigentümer, der keinerlei Leistung erbracht hat, übergehen zu lassen (§§ 1138, 893, 268 Abs. 3, 1150, 1153 BGB).

> Die auf den letzten 10 Seiten dargestellte Tilgungsproblematik kann man sich nur erarbeiten, wenn man zu jedem dieser Fälle eine anschauliche Skizze fertigt, bei der man die „Gläubiger – Hypothekar – Ebene" oben und die „Schuldner – Eigentümer- Ebene" unten zeichnet und beide säuberlich voneinander getrennt hält. Auf die untere Ebene gehören auch andere Sicherungsgeber (z.B. Bürgen) oder Ablösungsberechtigte. Auch Forderung (einfach gezeichnete Linie) und Hypothek (doppelt gezeichnete Linie) müssen auf den ersten Blick unterscheidbar sein. Sie müssen auch jeweils deutlich machen, ob bestimmte Personen identische Rollen einnehmen (also zugleich Gläubiger und Hypothekar sind, Gl = H/zugleich Eigentümer und Schuldner sind, E = S), oder ob jeweils Rollenverschiedenheit besteht. Die erfolgten Zahlungen müssen z.B. durch Punktlinien hervorgehoben werden. Man kann natürlich auch verschiedene Farben verwenden. Verlassen Sie sich aber auf keinen Fall auf ein „im Kopf" vorhandenes Bild. Wer diese Passage bisher erst einmal nur „konsumiert" hat, muss jetzt zurück zur Überschrift „Die Wirkung der Zahlung auf die Forderung und die Hypothek" und alles noch einmal Schritt für Schritt und veranschaulicht durch Skizzen durchgehen.

e) Die Eigentümergrundpfandrechte

In verschiedensten Zusammenhängen haben wir **Entstehungstatbestände** für Eigentümergrundpfandrechte kennen gelernt:

- Die Entstehung einer **Eigentümergrundschuld** kann das Resultat eines unvollständigen Entstehungstatbestandes einer Hypothek sein (Fehlen der Forderung nach §§ 1163 Abs. 1 S. 1, 1177 Abs. 1 BGB; keine Briefübergabe § 1163 Abs. 2 BGB), oder die Folge des Erlöschens der Forderung (§ 1163 Abs. 1 S. 2, 1177 Abs. 1 BGB, vorbehaltlich des § 1179 a BGB), oder schließlich das Ergebnis einer Bestellung derselben als solcher (§ 1196 BGB).
- Die **Eigentümerhypothek** ist das Ergebnis der Ablösung durch den Eigentümer (§§ 1142, 1143, 1153, 1177 Abs. 2 BGB).

Der ursprüngliche gesetzgeberische **Sinn und Zweck** des Instituts der Eigentümergrundschuld war es, anstelle einer ja für den Gesetzgeber ebenso denkmöglichen Bestimmung einer „gleitenden Rangordnung" durch die Schaffung der Eigentümergrundpfandrechte als „Platzhalter" eine **„starre Rangordnung"** zu schaffen. Wie Sie ja schon wissen, **kollidiert** dieses Modell **mit den Bedürfnissen der Kreditwirtschaft** nach einem „**Aufrücken**" nachrangiger Grundpfandrechte bzw. einem „**Einrücken**" gleichrangiger Grundpfandrechte; die Kreditpraxis hatte dazu einen in diese Richtung gehenden Ausweg gefunden (Vereinbarung eines Löschungsanspruchs, gesichert durch eine Löschungsvormerkung), den seit 1977 auch das Gesetz durch die der Entlastung der Grundbuchämter (die durch die Eintragung der Löschungsvormerkungen überlastet waren) dienenden Schaffung des § 1179 a BGB (vormerkungsähnlich gesicherter Löschungsanspruch) akzeptiert.

In **rechtlicher Hinsicht** kann der Inhaber eines Eigentümergrundpfandrechtes – weil ein Eigentümergrundpfandrecht nach § 1177 BGB wie ein Fremdgrundpfandrecht zu behandeln ist – über sein Recht **frei verfügen**; er kann nur nicht selbst die Zwangsvollstreckung in das Grundstück betreiben (§ 1197 BGB), weil sonst die nachrangigen Grundpfandrechte zum Erlöschen gebracht werden könnten (§ 52 Abs. 1 S. 2 ZVG). Wenn das Eigentümergrundpfandrecht aus einem Fremdgrundpfandrecht hervorgegangen ist, behält es dessen **Rang**.

Auf der freien Verfügbarkeit und der Wahrung des Ranges beruht auch die **wirtschaftliche Bedeutung**

- der **vorläufigen Eigentümergrundschuld** (§§ 1163 Abs. 1 S. 1, 1177 Abs. 1 BGB) für die „Zwischenfinanzierung",

- und die a) der **endgültigen** (§ 1163 Abs. 1 S. 2, 1177 Abs. 1 BGB) und der **als solcher bestellten Eigentümergrundschuld** (§ 1196 Abs. 1 BGB), die dazu dienen können, eine Rangstelle für ein späteres Kreditbedürfnis auszunutzen bzw. herzustellen; „klassisch" ist z.b. die Sicherung einer Forderung durch eine „Sicherungsgrundschuld" (dazu sogleich mehr) mittels einer Übertragung einer am Grundstück des Sicherungsgebers bestehenden Eigentümergrundschuld an den Gläubiger. b) Auch die **Eigentümerhypothek** (§§ 1163 Abs. 1, 1177 Abs. 2 BGB) kann durch Abtretung der Forderung und Hypothek der Kreditaufnahme dienen.

Im Falle der **Veräußerung des Grundstücks** „verwandelt" sich das Eigentümergrundpfandrecht in ein „Fremdgrundpfandrecht" zugunsten des bisherigen Eigentümers.

f) Die Verteidigung des aus § 1147 BGB in Anspruch genommenen Eigentümers

Wird der Eigentümer aus § 1147 BGB in Anspruch genommen, kann er sich dagegen zum einen mit Einreden verteidigen, die der Schuldner gegen die Forderung hatte (**„forderungs- oder schuldnerbezogene Einreden"**), und zum anderen mit solchen, die sich aus dem Rechtsverhältnis zwischen ihm und dem Hypothekar ergeben (**„hypotheken- oder eigentümerbezogene Einreden"**). Es ist schon gesagt worden: Eigentlich gehören diese Ausführungen zur Darstellung der dinglichen Ansprüche aus Grundpfandrechten (sub D VII). Aber aus didaktischen Gründen werden wir bereits jetzt auf die Verteidigungsmittel des Eigentümers gegen den Inhaber eines Grundpfandrechtes eingehen.

aa) Forderungs- oder schuldnerbezogene Einreden gegenüber dem („Ursprungs-) Hypothekar"/dem Zessionar und „gutgläubig einredefreier Erwerb"

(1) Die forderungs- oder schuldnerbezogenen Einreden gegenüber dem („Ursprungs-") Hypothekar"

Der **Eigentümer des mit einer Hypothek belasteten Grundstücks** hat in vielerlei Hinsicht **eine dem „Bürgen ähnliche** Stellung. Der Gesetzgeber hat daher auch die

Verteidigung des Eigentümers gegen die Inanspruchnahme durch den („Ursprungs-") Hypothekar ebenso geregelt wie die des Bürgen gegen den Gläubiger.

> Nach § 1137 Abs. 1 BGB kann der Eigentümer zur Verteidigung gegen die Inanspruchnahme aus § 1147 BGB geltend machen:
>
> 1. die Einreden, „die dem Schuldner gegen die Forderung" zustehen (das ist praktisch der § 768 BGB)
>
> 2. und „die nach § 770 einem Bürgen zustehenden Einreden",
>
> und zwar unabhängig davon, ob der Schuldner und der Eigentümer identisch sind oder ein „Divergenzfall" auf der Schuldnerebene vorliegt.

Fall 654: Der V = aE = G = H hat im Februar 2002 an den K = S = nE sein mit einem Zinshaus bebautes Grundstück für € 1 000 000,- verkauft und übereignet. Die nach dem Kaufvertrag bis zum 1. Februar 2003 noch offene Restkaufpreisforderung in Höhe von € 800 000,- wird zugunsten des V = aE = G = H durch eine Restkaufpreishypothek an dem von K = S = nE erworbenen Grundstück gesichert. Der V = aE = G = H verlangt von K = S = nE, der am 1. Februar 2003 nicht gezahlt hat, am 1. März 2003 Duldung der Zwangsvollstreckung. Der K = S = nE wendet ein, dass der V = aE = G = H ihm aufgrund einer mündlichen Absprache die Kaufpreisforderung vom 1. Dezember 2002 bis zum 1. Februar 2004 gestundet habe und dass er, der K = S = nE, den Kaufvertrag wegen einer soeben entdeckten arglistigen Täuschung seitens des V = aE = G = H über den Mietertrag des Zinshauses anfechten könne.

Dem Anspruch aus § 1147 BGB a) kann wegen der Stundung eine Einrede aus § 1137 Abs. 1 1. Fall BGB zustehen, wenn ein Hinausschieben der Fälligkeit wirksam vereinbart worden ist. Das ist nicht der Fall, weil es sich bei einer langfristigen Stundung um eine Vertragsänderung handelt, die so wesentlich in die Vertragspflichten eingreift, dass sie der Form des § 311 b Abs. 1 S. 1 BGB bedurft hätte und daher formnichtig ist (§ 125 S. 1 BGB). b) Die Einrede der Anfechtbarkeit (§§ 1137 Abs. 1 S. 1, 770 Abs. 1, 123 BGB) – die Anfechtungsfrist ist noch nicht abgelaufen (§ 124 Abs. 1 BGB) – kann der S jedoch erheben, wenn deren materielle Voraussetzungen gegeben sein sollten (was hier unterstellt werden soll). Daher kann der V = aE = G = H nicht von K = S = nE die Duldung der Zwangsvollstreckung verlangen.

(2) Forderungs- oder schuldnerbezogene Einreden gegenüber dem Zessionar, „gutgläubig einredefreier Erwerb"

Wenn die **hypothekarisch gesicherte Forderung abgetreten worden ist**, stellt sich die Frage, ob die schuldnerbestimmten Einreden auch **gegen den Zessionar** wirken.

- Dass die Erhebung der **Einreden des § 1137 BGB** auch **gegenüber einem Zessionar** möglich ist, ist von der Rechtslogik her **an sich selbstverständlich**; jede andere gesetzliche Lösung würde dem Grundgedanken des § 404 BGB zuwiderlaufen. Daher unterscheidet das Gesetz in § 1137 BGB auch nicht zwischen Einreden gegen den („Ursprungs-") Hypothekar und gegen einen Zessionar.

- Aber auch hier hat der Gesetzgeber wieder dem Gedanken der Verkehrsfähigkeit der Hypothek in besonderer Weise Rechnung getragen und die Möglichkeit eines **„gutgläubigen einredefreien Erwerbes"** geschaffen: Nach **§ 1138 BGB** findet der **§ 892 BGB** auch hinsichtlich der Einreden des § 1137 BGB Anwendung. Auch dies bedeutet eine Durchbrechung der Akzessorietät, die natürlich nur für

"Verkehrshypotheken", nicht aber für "Sicherungshypotheken" vorgesehen ist (§§ 1184, 1185 Abs. 2 BGB).

<u>Variante:</u> Der V = aE = G = H hat die hypothekarisch gesicherte Forderung an den Z'ar abgetreten. Der Z'ar verlangt von K = S = nE Duldung der Zwangsvollstreckung.

Dem Anspruch aus § 1147 BGB steht a) dem K = S= nE an sich § 1137 Abs. 1 S. 1, 770 Abs. 1, 123 BGB zu; b) aber der Z'ar hat die Hypothek gutgläubig einredefrei erworben (§§ 1138, 1137, 892 BGB): es geht um einen rechtsgeschäftlichen Erwerb aufgrund eines durchgeführten Verkehrsrechtsgeschäfts; das Grundbuch ist unrichtig, weil die (wegen der Anwendbarkeit des § 892 BGB natürlich eintragungsfähige!) Einrede der Anfechtbarkeit der gesicherten Kaufpreisforderung nicht im Grundbuch eingetragen war; der Veräußerer V = aE = G = H war im Grundbuch eingetragen; der Z'ar war gutgläubig in Bezug auf die Einrede; es war kein Widerspruch eingetragen.

Selbstverständlich gilt nach einer Abtretung der Forderung der § 404 BGB ungeschmälert hinsichtlich der Forderung; der gutgläubig einredefreie Erwerb bezieht sich nur auf die Hypothek!

<u>Fall 655:</u> Der V = aE = G = H hat im Februar 2002 an den K = S = nE sein mit einem Zinshaus bebautes Grundstück für € 1 000 000,- verkauft und an den Käufer übereignet. Die nach dem Kaufvertrag bis zum 1. Februar 2003 noch offene Restkaufpreisforderung in Höhe von € 800 000,- ist zugunsten des V = aE = G = H durch eine Restkaufpreishypothek an dem von K = S = nE erworbenen Grundstück gesichert. Der V = aE = G = H hat die hypothekarisch gesicherte Forderung an den Z'ar abgetreten. Der Z'ar verlangt von K =S = nE Zahlung. Der K = S = nE wendet ein, dass der V = G = H die Kaufpreisforderung am 1. Dezember 2002 ihm durch eine notariell beurkundete Vereinbarung bis zum 1. Februar 2004 gestundet habe.

Dem a) Zahlungsanspruch des Z'ar aus §§ 488 Abs. 1 S. 2, 398, 1154 BGB gegen K = S= nE b) steht nach § 404 BGB die Einrede der Stundung entgegen.

bb) Hypotheken- oder eigentümerbezogene Einreden gegenüber dem ("Ursprungs-") Hypothekar/dem Zessionar, "gutgläubig einredefreier Erwerb"

(1) Hypotheken- oder eigentümerbezogene Einreden gegenüber dem ("Ursprungs-") Hypothekar"

Soeben habe wir die sich aus der Forderung ergebenden Verteidigungsmittel des Eigentümers kennengelrnt (sub aa)). Nunmehr geht es um die eigentümerbezogenen Verteidigungsmittel. Der Eigentümer kann – und das ist als Selbstverständlichkeit vom Gesetz gar nicht erst geregelt – die **ihm als Eigentümer in Bezug auf die Hypothek gegen den ("Ursprungs-") Hypothekar zustehenden Einreden ("eigentümerbezogene Einreden")** geltend machen; wer dies unbedingt gesetzlich begründen möchte, kann sich auf ein Argument a maiore ad minus aus § 1157 S. 1 BGB berufen.

<u>Fall 656:</u> Der V = aE = G = H hat im Februar 2002 an den K = S = nE sein mit einem Zinshaus bebautes Grundstück für € 1 000 000,- verkauft und übereignet. Die nach dem Kaufvertrag bis zum 1. Februar 2003 noch offene Restkaufpreisforderung in Höhe von € 800 000,- ist durch eine Hypothek an dem von K=S=nE erworbenen Grundstück gesichert. Der V = aE = G = H verlangt von K = S= nE, der am 1. Februar 2003 nicht gezahlt hat, am 1. April 2003 Duldung der

Zwangsvollstreckung. Der K = S = nE wendet ein, dass der V = aE = G = H sich wirksam verpflichtet habe, die Hypothek nicht vor dem 1. Februar 2004 geltend zu machen.

Dem Anspruch aus § 1147 BGB steht nach § 1157 S. 1 BGB diese Einrede entgegen.

(2) Hypotheken- oder eigentümerbezogene Einreden gegenüber dem Zessionar, „gutgläubig einredefreier Erwerb"

Interessant ist wiederum, ob der Eigentümer sich auf die ihm als Eigentümer in Bezug auf die Hypothek gegen den („Ursprungs-") Hypothekar zustehenden Einreden **(„hypotheken- oder eigentümerbezogene Einreden")** auch **nach einer Zession der hypothekarisch gesicherten Forderung gegenüber einem Zessionar** berufen kann.

Das ist zunächst im Grundsatz ebenfalls selbstverständlich. Der Gesetzgeber hat sich aber, wohl um nichts dem Zufall zu überlassen, insoweit zu einer ausdrücklichen Regelung „bequemt" (§ 1157 S. 1 BGB). Aus Gründen des Verkehrsschutzes ist aber auch hier die Möglichkeit eines **„gutgläubig einredefreien Erwerbs"** angeordnet worden (§§ 1157 S. 2, 892 BGB). Dies gilt natürlich auch für die „Sicherungshypothek"; denn §§ 1184, 1185 Abs. 2 BGB verweisen nicht auf § 1157 S. 2 BGB (warum nicht? weil es hier um eine „eigentümerbezogene Einrede" und damit nicht um einen Fall der Durchbrechung der Akzessorietät geht!).

<u>Variante:</u> Der V = aE = G = H hat die hypothekarisch gesicherte Forderung an den Z'ar abgetreten. Dieser verlangt am 1. Februar 2003 von K = S = nE die Duldung der Zwangsvollstreckung.

Dem Anspruch aus § 1147 BGB 1. steht im Grundsatz der § 1157 S. 1 BGB entgegen; 2. der Z'ar hat die Hypothek aber gutgläubig einredefrei erworben (§§ 1157 S. 2, 892 BGB): es geht um einen rechtsgeschäftlichen Erwerb; aufgrund eines durchgeführten Verkehrsrechtsgeschäfts; das Grundbuch ist unrichtig, weil die (eintragungsfähige) Einrede, dass die Hypothek nicht vor dem 1. Februar 2004 geltend gemacht werden solle, nicht im Grundbuch eingetragen war; der Veräußerer V = aE = G = H war im Grundbuch eingetragen; der Z'ar war gutgläubig in Bezug auf die Einrede; es war kein Widerspruch eingetragen.

> Es ist wieder einmal an der Zeit für Sie, tief Luft zu holen und sich einen Zwischenüberblick zu verschaffen, damit Sie wissen, „wo Sie eigentlich stehen": Das letzte **Thema** war unter den Aspekten Erwerb und Verlust sowie Verteidigung die **Hypothek**.
>
> **1.** Zunächst haben wir uns mit der **Bestellung** und dem **„gutgläubigen Erst-Erwerb"**,
>
> **2.** dann mit der **Übertragung** und dem **„gutgläubigen Zweit-Erwerb"** und
>
> **3.** sodann mit dem **Erlöschen** befasst.
>
> **4.** Als besonders kompliziert hat sich die Beurteilung der Auswirkungen auf die Hypothek durch **Zahlungen des Schuldners auf die Forderung** bzw. **des Eigentümers auf die Hypothek** erwiesen, vor allem wenn man die Fragen der

> Zahlungen an legitimierte „Scheingläubiger" bzw. „Scheinhypothekare" einbezieht.
>
> **5.** Schließlich ging es um die **Verteidigung des Eigentümers** gegen die Inanspruchnahme aus der Hypothek und den sog. **„gutgläubig einredefreien Erwerb"**.

2. Die (Sicherungs-) Grundschuld

Nach der klaren **Definition des § 1191 Abs. 1 BGB** „(kann) ein Grundstück ... in der Weise belastet werden, dass an denjenigen, zu dessen Gunsten die Belastung erfolgt, eine bestimmte Geldsumme aus dem Grundstück zu zahlen ist **(Grundschuld)**".

Die Grundschuld ist also ein rein dingliches „Verwertungsrecht", das das Bestehen einer Forderung nicht voraussetzt. Die **rechtliche Ausgestaltung** ist daher auch dadurch gekennzeichnet, dass auf sie zwar die Regeln des Hypothekenrechts entsprechend angewendet werden **(§ 1192 Abs. 1 BGB)**, aus dem Spektrum der §§ 1113 ff. BGB allerdings nur diejenigen Normen, die sich nicht aus dem für die Hypothek geltenden Akzessorietätsprinzip erklären:

- Die Grundschuld wird ebenfalls nach **§§ 1147, 1192 Abs. 1 BGB** durchgesetzt, so dass § 1147 BGB auch bei der Grundschuld die **Anspruchsgrundlage** für einen „Anspruch auf Duldung der Zwangsvollstreckung" ist.

- Teilweise **abweichend von den für die Hypothek geltenden Normen (§§ 1113 ff. BGB)** geregelt sind bei der Grundschuld die Fragen der **Bestellung**, der **Übertragung**, der **Wirkung der Zahlung** und der **Verteidigung** gegen die Inanspruchnahme.

Der Gesetzgeber hat mit den §§ 1191 ff. BGB ein reines „Verwertungsrecht" schaffen wollen. Für eine solche sog. **„isolierte Grundschuld"** besteht allerdings in der Rechtspraxis keinerlei Bedarf.

Wie Sie ja schon wissen, hat die Grundschuld ihre eigentliche Bedeutung dadurch erlangt hat, dass man sie in der Kreditpraxis zur Sicherung von Geldforderungen einsetzt (**„Sicherungsgrundschuld"**). Dazu wird eine Grundschuld zu treuen Händen zum Zwecke der Sicherung einer Geldforderung auf den Gläubiger mit der in einem „Sicherungsvertrag" bestimmten Maßgabe übertragen, dass das Grundstück im Falle der Nichterfüllung der gesicherten Forderung im Wege der Zwangsvollstreckung verwertet werden kann. Die Vorzüge eines solchen Sicherungsmittels gegenüber der Hypothek sind Ihnen ja schon bekannt.

> **1.** Wegen der fehlenden Akzessorietät ist die Sicherungsgrundschuld rechtstechnisch unkomplizierter zu handhaben als die Hypothek; und sie ist – weil sie im Bestand sicherer ist als die stets von der Forderung abhängige Hypothek – als solche deutlich verkehrsfähiger als die Hypothek.
>
> **2.** Zwar gibt es die die Akzessorietät lockernde und die Hypothek auf diese Weise verkehrsfähig machende „Verkehrshypothek". Diese ist aber für die Kreditsicherung bei der Sicherung von Forderungen aus laufender Rechnung (Kontokorrent) oder von Forderungen aus einer „Kreditlinie" weit weniger

> praktikabel als die „Sicherungsgrundschuld": Zwar können derartige Forderungen sowohl durch eine „Sicherungsgrundschuld" als auch durch eine „Höchstbetragshypothek" gesichert werden. Die „Höchstbetragshypothek" hat aber Nachteile gegenüber der „Sicherungsgrundschuld". Sie ist nur als (streng akzessorische) „Sicherungshypothek" bestellbar und daher wenig „verkehrsfreundlich"; außerdem gelten für sie nicht die für die Kreditpraxis unerlässlichen §§ 794 Abs. 1 Nr. 5, 800 ZPO, deren Inhalt Ihnen hoffentlich noch in Erinnerung ist.

Dies waren gute Gründe dafür, dass sich die Rechtspraxis, vorbereitet durch die Rechtswissenschaft, von der Hypothek als Kreditsicherungsmittel abgewendet hat und im Wege der **„richterlichen Rechtsfortbildung"** die Sicherungsgrundschuld als rechtlich anerkanntes Institut entwickelt hat, das in der Rechtspraxis die Hypothek praktisch ersetzt hat.

> Sie erkennen sofort, dass sich hier ebenso wie bei der Ersetzung des Pfandrechts an beweglichen Sachen durch die Sicherungsübereignung die Bedürfnisse der Rechtspraxis gegenüber gesetzgeberischen Modellvorstellungen im Wege einer „richterlichen Rechtsfortbildung" durchgesetzt haben. Das gleiche ist auch geschehen, als man das Forderungspfandrecht durch die Sicherungszession ersetzt hat; dazu später mehr.

Folgende **Grundstrukturen von Sicherungsgrundschulden** sind vorstellbar:

- **a)** Ein **Eigentümer** eines Grundstücks **aa) bestellt** zur Sicherung einer eigenen Schuld oder „bürgenähnlich" zur Sicherung einer fremden Schuld zugunsten des Gläubigers eine **Grundschuld** an seinem Grundstück. **bb)** Oder der Eigentümer **überträgt** eine an seinem Grundstück bereits bestehende **Eigentümergrundschuld** an den Gläubiger. **b)** Möglich ist auch, dass ein **Schuldner eine ihm an einem fremden Grundstück zustehende Grundschuld** an den Gläubiger zur Sicherung überträgt. **c)** Denken muss man jeweils natürlich auch an einen **gutgläubigen Erwerb**, wenn der Besteller nicht der Eigentümer bzw. nicht der Inhaber der Grundschuld ist.

- Hinzutreten muss in jedem Fall ein **„Sicherungsvertrag"** bzw. eine **„Zweckerklärung"**.

- Gegeben sein muss eine **zu sichernde Forderung**.

a) Die Bestellung: Das dingliche Bestellungsgeschäft (einschließlich: gutgläubiger „Erst-Erwerb"), der „Sicherungsvertrag" bzw. die „Zweckerklärung", die zu sichernde Forderung

> Wir müssen bei unserer Darstellung **Schwerpunkte** setzen und können uns nicht jedem Detail zuwenden. **a)** In den Mittelpunkt gerückt werden soll die Begründung einer Sicherungsgrundschuld durch die Bestellung einer Grundschuld seitens des Eigentümers bzw. der Erwerb einer Grundschuld vom Nichteigentümer durch gutgläubigen („Erst"-) Erwerb und jeweils durch Abschluss eines Sicherungsvertrages. **b)** Vernachlässigen werden wir die Mög-

> lichkeit der Übertragung einer Eigentümergrundschuld an den Gläubiger zum Zwecke der Sicherung.

aa) Das dingliche Bestellungsgeschäft (einschließlich: gutgläubiger „Erst-Erwerb")

Die **Bestellung** der Grundschuld richtet sich nach §§ 873 BGB, 1191, 1192 Abs. 1, 1117 Abs. 1 S. 1 BGB und ggf. i.V.m. § 892 Abs.1 BGB, also durch

- **Einigung** mit dem Inhalt des § 1191 Abs. 1 BGB
- und **Eintragung** in Abt. III des Grundbuchs (Sie wissen ja: „Hypotheken-, Grund- und Rentenschulden" sind in Abt. III eingetragen. Können Sie auch ansonsten den Aufbau und Inhalt des Grundbuch benennen?), allerdings nicht als „Sicherungsgrundschuld", sondern nur als „Grundschuld".
- Bei der **Briefgrundschuld** muss eine **Übergabe des Grundschuldbriefes** oder **eine Ersetzung der Übergabe** durch **Übergabesurrogate** i.S.d. §§ 929 S. 2 – 931 BGB (§ 1117 Abs. 1 BGB) oder eine **„Aushändigungsabrede"** (§ 1117 Abs. 2 BGB) hinzukommen. Vor der Übergabe des Briefes ist die Grundschuld eine Eigentümergrundschuld (§ 1163 Abs. 2 BGB).
- Ebenso wie beim Erwerb der Hypothek bestehen aufgrund der **Gestrecktheit des Erwerbstatbestandes** massive **Risiken für den Erwerber**. An die möglichen Schutzmechanismen erinnern Sie sicher noch: Vor einem Widerruf bewahrt § 873 Abs. 2 BGB; bei nachträglichen Verfügungsbeschränkungen hilft § 878 BGB; Schutz vor Zwischenverfügungen kann ein Anwartschaftsrecht des künftigen Grundschuldinhabers, vor allem aber eine zu seinen Gunsten eingetragene Vormerkung bieten (§ 883 BGB).
- Ebenso wie bei der Hypothek muss der Besteller bei Vollendung des Rechtserwerbes ein **zur Verfügung befugter Eigentümer** des Grundstücks sein und/oder ein jedenfalls **zur Verfügung** über das Grundstück **befugter Nichteigentümer** sein. Fehlt es am Eigentum und/oder an der Verfügungsbefugnis des Bestellers, so stellen sich die Ihnen von der Darstellung der Hypothek bekannten Fragen nach dem **gutgläubigen Erst-Erwerb** der Grundschuld (§ 892 BGB).

bb) „Sicherungsvertrag" bzw. „Zweckerklärung"

Um mittels einer Grundschuld eine Forderung zu sichern, ist ein zwischen Sicherungsgeber und Sicherungsnehmer geschlossenen **Sicherungsvertrag** bzw. eine **Zweckerklärung** nötig, durch den sie zu einer **„Sicherungsgrundschuld"** wird. Ohne diese Vereinbarung stünden Schuld und Grundschuld unverbunden und völlig selbstständig nebeneinander. Die **Parteien** des Sicherungsvertrages sind:

- Der **Sicherungsnehmer** als Grundschulderwerber, als der eine der beiden Vertragspartner
- und der **Sicherungsgeber** als der andere Vertragspartner: Dies ist **a)** entweder der **Eigentümer**, wenn er zur Sicherung einer eigenen Schuld oder „bürgschaftsähnlich" einer fremden Schuld die Grundschuld an seinem Grundstück bestellt (das ist die **hier** in den Vordergrund gestellte Konstellation) oder wenn er eine

Eigentümergrundschuld abtritt. **b)** Sicherungsgeber kann aber auch der **Forderungsschuldner** sein, wenn er eine ihm an einem fremden Grundstück zustehende Grundschuld abtritt.

Der entweder durch einen **Individualvertrag** vereinbarte, häufiger aber auch durch **Allgemeine Geschäftsbedingungen** von einem „professionellen" Sicherungsnehmer (das sind die Banken) **vorformulierte**, zuweilen auch hinsichtlich einiger Punkte von der Vorformulierung abweichend **„ausgehandelte"** und schließlich durch Einbeziehung wirksam gewordene **Sicherungsvertrag** hat i.d.R. folgenden **Inhalt**:

> **1.** Durch den Sicherungsvertrag **verpflichtet sich der Eigentümer die Grundschuld zu bestellen**. Ohne eine solche Verpflichtung besteht ein Rückgewähranspruch aus § 812 Abs. 1 S.1 1. Fall BGB, der durch Rückübertragung (§§ 1154, 1192 Abs. 1 BGB), durch Verzicht auf die Sicherungsgrundschuld (§§ 1168, 1169, 1192 Abs. 1 BGB) oder Aufhebung nach §§ 875, 1183, 1192 Abs. 1 BGB erfüllt werden kann.
>
> **2.** Weiterhin wird im Sicherungsvertrag der **Zweck der Bestellung** vereinbart, **a)** indem festgelegt wird, dass die Grundschuld zur Sicherung einer oder mehrerer bestimmter Forderungen bestellt worden ist. Durch Auslegung des Sicherungsvertrages muss auch ermittelt werden, ob bei Nichtigkeit des die Forderung begründenden Rechtsverhältnisses, etwa des (z.B. nach § 138 BGB nichtigen Wucher-) Darlehensvertrages, der anstelle der Forderung aus § 488 Abs. 1 S. 2 BGB trotz des § 817 S. 2 BGB (erinnern Sie sich noch?) bestehende Bereicherungsanspruchs aus § 812 Abs. 1 S. 1 1. Fall BGB („Leistungskondiktion") durch die Sicherungsgrundschuld gesichert werden soll. **b)** Ohne eine solche im Sicherungsvertrag vorgenommene Zweckbestimmung besteht ein Anspruch auf Rückgewähr aus § 812 Abs. 1 BGB, der durch Rückübertragung (§§ 1154, 1192 Abs. 1 BGB), durch Verzicht auf die Sicherungsgrundschuld (§§ 1168, 1169, 1192 Abs. 1 BGB) oder Aufhebung nach §§ 875, 1183, 1192 Abs. 1 BGB erfüllt werden kann.
>
> **3.** Weiterhin wird im Sicherungsvertrag bestimmt, dass der Grundschuldinhaber die Grundschuld **nur zu Sicherungszwecken** verwenden darf, so dass weder die Grundschuld noch die Forderung „isoliert", sondern die Grundschuld immer nur zusammen mit der Forderung und die Forderung immer nur zusammen mit der Grundschuld übertragen werden dürfen.
>
> **4.** Vereinbart wird im Sicherungsvertrag auch, wie **Zahlungen zu verrechnen** sind: auf die Grundschuld/auf die Forderung.
>
> **5.** Festgelegt werden kann im Sicherungsvertrag auch, dass der Grundschuldinhaber versuchen muss, sich **erst aus der Forderung zu befriedigen**, und **erst dann aus der Grundschuld** vorgehen darf, und dies auch nur bei Fälligkeit und Durchsetzbarkeit der Forderung.
>
> **6.** Für den Fall der **Tilgung der Forderung** wird im Sicherungsvertrag vereinbart, dass den Grundschuldinhaber die Pflicht zur Rückübertragung der Grundschuld (§§ 1154, 1192 Abs. 1 BGB) oder zum Verzicht (§§ 1168, 1169, 1192

Abs. 1 BGB) oder zur Einwilligung in die Löschung (§§ 875, 1192 Abs. 1 BGB) trifft. Der **§ 1179 a BGB** gilt auch für die Grundschuld.

Der Sicherungsvertrag bildet den **Rechtsgrund für die Grundschuldbestellung**. Es gilt das „Trennungs-" und „Abstraktionsprinzip".
Der **Sicherungsvertrag** kann

- **teilweise unwirksam** sein, wenn z.b. im Fall der Sicherung einer Forderung durch eine Sicherungsgrundschuld am Grundstück eines (vom Schuldner personenverschiedenen) Dritten durch den Sicherungsnehmer formularmäßig auch die persönliche Haftung des Dritten begründet wird. Denn dann verschafft sich der Sicherungsnehmer über die dingliche Sicherung durch eine Grundschuldbestellung hinausgehend eine zusätzliche Sicherung, die eine „dem Grundgedanken der Grundschuldbestellung zuwiderlaufende unangemessene Haftungserweiterung" bedeutet. Eine solche Klausel ist nichtig (§ 307 BGB), aber eben nur diese Klausel (§ 306 BGB), so dass eine Teilnichtigkeit gegeben ist.

- Der Sicherungsvertrag kann aber auch **insgesamt nichtig** sein, und damit den **Rechtsgrund für die Bestellung der Sicherungsgrundschuld entfallen lassen**. Das ist z.b. der Fall, wenn Schuldner und Grundstückseigentümer „bürgenähnlich" nicht identisch sind und eine formularmäßige Zweckerklärung des Sicherungsnehmers den Sicherungszweck auf „alle künftigen und gegenwärtigen Ansprüche des Sicherungsnehmers gegen den Schuldner" erweitert; dann soll dies als eine nach § 305 c Abs. 1 BGB „überraschende" und damit nicht Vertragsbestandteil gewordene Klausel anzusehen sein. Der Sicherungsgeber kann dann nach seiner Wahl aus § 812 Abs. 1 S. 1 1. Fall oder S. 2 1. Fall BGB („Leistungskondiktion") Rückgewähr der Grundschuld durch Rückübertragung nach § 1154, 1192 Abs. 1 BGB, Verzicht nach §§ 1169, 1168, 1192 Abs. 1 BGB oder Aufhebung nach §§ 875, 1183, 1192 Abs. 1 BGB verlangen.

- Und schließlich kann die **Nichtigkeit des Sicherungsvertrages** auch die **Grundschuldbestellung selbst nichtig** machen, nämlich z.b. im Fall anfänglicher Übersicherung, oder wenn sie nach Inhalt, Beweggrund, Zweck, Gesinnung des Sicherungsnehmers sittenwidrig ist (§ 138 Abs. 1 BGB).

cc) Die zu sichernde Geldforderung

Die gesicherte Forderung (es können auch mehrere Forderungen sein) besteht in einer Geldforderung (z.b. aus § 433 Abs. 2 BGB oder aus § 488 Abs. 1 S. 2 BGB), die keinesfalls summenmäßig feststehen muss, sondern die in der Höhe ständig variieren kann (Kontokorrentforderung) oder die noch unbestimmt ist (z.b. bei Einräumung einer „Kreditlinie").
Wie bereits erwähnt, gibt es auch hier das Problem, ob auch bei einer Nichtigkeit des die Forderung begründenden Rechtsverhältnisses, etwa des (z.b. nach § 138 BGB nichtigen Wucher-) Darlehensvertrages, der anstelle der Forderung aus § 488 Abs. 1 S. 2 BGB bestehende Bereicherungsanspruch aus § 812 Abs. 1 S. 1 1. Fall BGB („Leistungskondiktion") durch die Sicherungsgrundschuld gesichert ist (übrigens: könnten Sie über die dazugehörigen Probleme – z.b. die Themen der Sperrwirkung des § 817 S. 2 BGB oder das Schicksal des Zinsanspruchs – ein kleines Referat hal-

ten?). Es geht um eine Frage der Auslegung des Sicherungsvertrages. Das Problem ist Ihnen längst geläufig: Zum ersten Mal haben Sie davon bei der Bürgschaft und später auch bei der Hypothek gehört.

Fehlt es trotz eines wirksamen Sicherungsvertrages und einer Bestellung der Grundschuld **an der Forderung**, weil sie von vornherein nicht (z.B. weil kein Darlehensvertrag geschlossen wurde) oder noch nicht entstanden ist (z.B. weil zwar ein Darlehensvertrag geschlossen wurde, aber das Darlehen noch nicht valutiert wurde) oder weil sie erloschen ist (z.B. Darlehensvertrag geschlossen, Darlehen valutiert, Rückzahlungs- und Zinsverpflichtung erfüllt),

- dann besteht/entsteht **nicht etwa automatisch eine Eigentümergrundschuld** nach § 1163 Abs. 1 BGB; das anzunehmen, wäre einer der gröbsten Fehler, die man in diesem Zusammenhang machen kann, denn § 1163 Abs. 1 BGB ist eine Vorschrift, die als Ausdruck des Akzessorietätsprinzips nur für die Hypothek gilt (§ 1192 Abs. 1 BGB).

- Vielmehr hat der Sicherungsgeber einen **Rückgewähranspruch**, der sich entweder aus § 812 Abs. 1 S. 1 1. Fall, S. 2 1. Fall, 2. Fall BGB („Leistungskondiktion") oder aus einem stillschweigend vereinbarten Rückübertragungsanspruch aus dem Sicherungsvertrag, der gerichtet ist auf Rückübertragung nach §§ 1154, 1192 Abs. 1 BGB, Verzicht nach §§ 1169, 1168, 1192 Abs. 1 BGB oder Aufhebung nach §§ 875, 1183, 1192 Abs. 1 BGB. Diesen Rückgewähranspruch kann der Eigentümer bei Inanspruchnahme aus der Grundschuld trotz nicht bestehender Forderung dem Duldungsanspruch aus § 1147 BGB einredeweise entgegenhalten.

<u>Fall 657</u>: Die G – Bank und der E = S haben die Absicht, einen Darlehensvertrag über € 1 000 000,- abzuschließen. Der E = S hat der G-Bank bereits vorab zur Sicherung des Darlehens nach Abschluss eines Sicherungsvertrages eine Sicherungsgrundschuld an einem ihm gehörigen Grundstück bestellt. Die Bank lehnt dann aber den Abschluss des Darlehensvertrages ab, als sie davon erfährt, dass der E = S damit Waffengeschäfte finanzieren will. Der E = S verlangt Rückübertragung der Grundschuld.

Der E = S hat gegen die G – Bank einen Rückgewähranspruch, der sich entweder aus § 812 Abs. 1 S. 1 1. Fall, S. 2 1. Fall, 2. Fall BGB („Leistungskondiktion") oder aus einem stillschweigend vereinbarten Rückgewähranspruch aus dem Sicherungsvertrag ergibt und gerichtet ist auf Rückübertragung nach §§ 1154, 1192 Abs. 1 BGB, Verzicht nach §§ 1169, 1168, 1192 Abs. 1 BGB oder Aufhebung nach §§ 875, 1183, 1192 Abs. 1 BGB.

<u>Variante</u>: Der Darlehensvertrag ist geschlossen, aber das Darlehen ist noch nicht valutiert bzw. es ist valutiert, aber die Rückzahlungs- und Zinsverpflichtung schon erfüllt. Der E = S verlangt Rückübertragung der Grundschuld.

Die Lösung ist identisch.

b) Die rechtsgeschäftliche Übertragung (einschließlich: gutgläubiger „Zweit-Erwerb")/gesetzlicher Übergang

aa) Die rechtsgeschäftliche Übertragung (einschließlich: gutgläubiger „Zweit-Erwerb")

> Hier zeigt sich die fehlende Akzessorietät von Sicherungsgrundschuld und Forderung ganz deutlich:
>
> Nach § 1192 Abs. 1 BGB können für die Übertragung **nicht** die **§§ 398, 1153 BGB** gelten, denn diese „Vorschriften über die Hypothek" passen nicht auf die Grundschuld, weil sie darauf beruhen, dass eine Hypothek, anders als eine Grundschuld, „eine Forderung voraussetzt": Es wird also bei einer Sicherungsgrundschuld nicht etwa die Forderung abgetreten und die Sicherungs-Grundschuld „läuft mit". Vielmehr müssen **Forderung und Sicherungsgrundschuld** übertragen werden!

(1) Der Erwerb vom Berechtigten

Es gelten also folgende **Regeln**:

> **1.** Die **Sicherungsgrundschuld** wird nach **§§ 873, 1154 BGB** übertragen. Die **gesicherte Forderung** wird unabhängig davon nach **§ 398 BGB** zediert.
>
> **2.** Die rechtliche Trennung bedeutet natürlich nicht, dass Forderung und Grundschuld „getrennte Wege" gehen dürfen; im Gegenteil: Nach dem Sicherungsvertrag darf die Übertragung bzw. die Abtretung nicht „isoliert" erfolgen, also nicht zu dem Ergebnis einer Trennung auf der „Gläubiger – Sicherungsgrundschuldinhaber – Ebene" führen; bei einem Verstoß hiergegen greift aber hinsichtlich der Forderung andererseits auch nicht etwa § 399 1. Fall BGB ein, weil die Zweckbindung von Forderung und Sicherungsgrundschuld nicht Inhalt der Forderung ist. Dem Schuldner bzw. dem Eigentümer stehen in einem solchen „Divergenzfall" vielmehr lediglich Einreden aus dem Sicherungsvertrag zu: Dem Schuldner gegenüber dem neuen Gläubiger aus § 404 BGB; und dem Eigentümer gegen den Erwerber der Grundschuld nach § 1157 BGB analog, weil es sich bei den Einreden aus dem Sicherungsvertrag um „eigentümerbezogene Einreden" handelt.
>
> **3.** Die Übertragbarkeit der Grundschuld kann durch Vereinbarung und Eintragung in das Grundbuch nach §§ 413, 399 2. Fall BGB ausgeschlossen werden („pactum de non cedendo").

Im **Ideal- (und wohl auch Regel-)fall** bleiben die Forderung und die Sicherungsgrundschuld auf der „Gläubiger – Sicherungsgrundschuldinhaber – Ebene" in einer Person vereint. Dann ändert sich für den Schuldner und den Eigentümer nichts: Der Schuldner (i.d.R. = auch Eigentümer des belasteten Grundstücks) kann sich über § 404 BGB gegen die Inanspruchnahme aus der Forderung wehren. Der Eigentümer (i.d.R. = auch Schuldner) kann sich nach §§ 1144, 1192 Abs. 1 BGB gegenüber dem (neuen) Inhaber der Sicherungsgrundschuld (i.d.R. = Gläubiger) wehren, weil es sich bei den Einreden aus dem Sicherungsvertrag um „eigentümerbezogene Einreden" handelt. Insbesondere kann er nach Tilgung der Forderung den dann bestehenden Rückgewähranspruch nach §§ 1157, 1192 Abs. 1 BGB geltend machen, allerdings wohl nur auf Verzicht nach §§ 1169, 1168, 1192 Abs. 1 BGB gerichtet, denn vertragliche Rückgewähransprüche aus dem Sicherungsvertrag bestehen nicht gegen den neuen Grundschuldinhaber, weil der Sicherungsvertrag ja nicht gegen den neuen Inhaber der Grundschuld wirkt (dafür wäre eine „Vertragsübernahme" erforderlich). Möglich ist daher aber auch der „gutgläubige einredefreie Erwerb" nach §§ 1157 S. 2, 892 BGB durch den Zweit-Erwerber, der nur dann bösgläubig ist, wenn er den Sicherungscharakter und die (deshalb im Gegensatz zum Sicherungszweck auch eintragbaren!!) Einreden kannte (dazu später mehr).

Wenn es aber aufgrund einer zwar sicherungsvertragswidrigen, aber mangels eines im Grundbuch einzutragenden „pactum de non cedendo" (§§ 413, 399 2. Fall BGB) gleichwohl wirksamen isolierten Übertragung der Grundschuld an einen neuen Grundschuldinhaber oder (noch schlimmer) zu einer gleichzeitigen mangels eines „pactum de non cedendo" (§§ 398, 399 2. Fall BGB) isolierten Abtretung der Forderung und einer Doppelübertragung der Grundschuld an jeweils verschiedene Erwerber von Forderung und Grundschuld, wie auch immer: zu einer **Divergenz auf der „Gläubigerebene"**, kommt (machen Sie sich eine Skizze!), dann scheint die „Schreckensvision" der Möglichkeit einer „doppelten Inanspruchnahme" als Schuldner und als Eigentümer (denn i.d.R. besteht insoweit eine „Personalunion") durch den neuen Grundschuldinhaber aus § 1147, 1192 Abs. 1 BGB einerseits und durch den neuen Gläubiger aus z.B. §§ 488 Abs. 1 S. 2, 398 BGB andererseits Wahrheit zu werden. **Aber**: keine Sorge!

- Denn: Wird nur die **Grundschuld „isoliert"** übertragen, so kann der Eigentümer die Einreden aus dem Sicherungsvertrag, sich erst aus der Forderung und dann aus der Grundschuld zu befriedigen (es handelt sich bei Einreden aus dem Sicherungsvertrag ja bekanntlich um „eigentümerbezogene Einreden") natürlich auch dem neuen Grundschuldinhaber entgegenhalten (§§ 1157 S. 1, 1192 Abs. 1 BGB). Da aber der Grundschuldinhaber aber bei der hier diskutierten isolierten Abtretung der Grundschuld nicht Gläubiger der Forderung geworden ist, braucht der Eigentümer vom neuen Grundschuldinhaber nichts zu befürchten. Allerdings gilt dies nur, wenn er den Sicherungscharakter und die die (deshalb im Gegensatz zum Sicherungszweck auch eintragbaren!!) Einreden kannte oder sie sich aus dem Grundbuch oder aus dem Grundschuldbrief ergeben. Anderenfalls hat der Zweit-Erwerber die Grundschuld gutgläubig einredefrei erworben (§§ 1157 S. 2, 892/1155, 892, 1140 1192 Abs. 1 BG); dazu später mehr.

- Wird dagegen nur die **Forderung „isoliert"** übertragen, kann der Schuldner die Einreden aus dem Sicherungsvertrag dem Zessionar nach § 404 BGB entgegenhalten: Er kann bei einer Inanspruchnahme auf Zahlung verlangen, dass ihm eine löschungsfähige Quittung (§ 1144 BGB analog) ausgehändigt wird. Da der im „Divergenzfall" vom Grundschuldinhaber personenverschiedene Zessionar zur Aushändigung einer löschungsfähigen Quittung nicht in der Lage ist, weil er ja nicht der Grundschuldinhaber ist, hat der Schuldner nach §§ 273, 1144. 404 BGB keine „Doppelinanspruchnahme" zu befürchten.

- Bei einer jeweils voneinander **„isolierten Doppelabtretung"** (der Grundschuldinhaber = Gläubiger = G 1 tritt die Forderung an den Z ab und überträgt die Grundschuld an den G 2) ändert sich daran nichts. Nach Erfüllung der Forderung steht der Grundschuld § 242 BGB entgegen, obwohl der Grund erst nach der Übertragung entstanden ist.

(2) Der gutgläubige „Zweit-Erwerb"

Der **gutgläubige „Zweit-Erwerb"** richtet sich nach § 892 BGB bei der Buchgrundschuld, bzw. nach §§ 1155, 892 BGB bei der Briefgrundschuld.

bb) Gesetzlicher Übergang

Das **„Mitlaufgebot"** des **§ 401 BGB** gilt mangels „Akzessorietät" natürlich ebenfalls nicht. Die Sicherungsgrundschuld geht also

- im Fall einer **Zession der gesicherten Forderung** nicht nach §§ 398, 401 BGB automatisch als „Nebenrecht" auf den neuen Gläubiger über. Sie wissen aber längst, dass es in diesen Fällen aus dem der Abtretung (z.B. ein Forderungskauf nach §§ 433, 453 BGB) zugrunde liegenden Rechtsverhältnis einen Anspruch auf Übertragung des Sicherungsrechtes ergibt.

- Auch im Fall einer **„cessio legis"** geht die Sicherungsgrundschuld nicht automatisch wie z.B. bei der Bürgschaft nach §§ 774, 412, 401 BGB auf den neuen Gläubiger über. Bekanntlich kann aber bei anderen nicht-akzessorischen Sicherungsrechten nach § 401 BGB analog eine Übertragung verlangt werden. So ist es auch bei der Sicherungsgrundschuld. Die Rechtspraxis macht also auch hier von dem Grundsatz, dass die Nebenrechte aus § 401 BGB akzessorische Sicherungsrechte sein müssen, eine „unechte Ausnahme".

Fall 658: Der S 1 und der S 2 haben als Gesamtschuldner bei dem G einen Kredit aufgenommen. Der im Innenverhältnis allein zur Zahlung an den G verpflichtete S 1 hat dem G zur Sicherung eine Grundschuld an einem ihm gehörigen Grundstück bestellt. Weil der S 1 nicht zahlt, nimmt der G den S 2 in Anspruch, der den Anspruch in voller Höhe erfüllt. Der S 2 nimmt daraufhin 1. den S 1 auf Zahlung in Anspruch und will 2. wissen, ob er Duldung der Zwangsvollstreckung von S 1 verlangen kann.

1. Der Zahlungsanspruch ergibt sich aus a) einem eventuell bestehenden vertraglichen Innenverhältnis b) oder aus Gesetz, und zwar aa) aus § 426 Abs. 1 und bb) §§ 488 Abs. 1 S. 2, 426 Abs. 2 BGB. 2. Der Duldungsanspruch a) ergibt sich zwar nicht aus §§ 1147, 1191, 412, 401 BGB. bb) Wohl aber kann der S 2 von dem G Übertragung der Sicherungsgrundschuld aus § 401 BGB analog verlangen und nach erfolgter Übertragung aus § 1147 gegen den S 1 vorgehen.

c) Tilgung

Was die Rechtsfolgen einer Tilgung angeht, so muss danach unterschieden werden, wer zahlt und worauf er zahlt.

> Die Tilgungsproblematik kann man nur verstehen, wenn man sich bei jedem zu bearbeitenden Fall eine Skizze fertigt, bei der man die „Gläubiger – Sicherungsgrundschuldinhaber- Ebene" oben und die „Schuldner – Eigentümer- Ebene" unten zeichnet und beide säuberlich voneinander getrennt hält. Auf die untere Ebene gehören auch andere Sicherungsgeber (z.B. Bürgen). Auch Forderung (einfach gezeichnete Linie) und Sicherungsgrundschuld (doppelt gezeichnete Linie) müssen auf den ersten Blick unterscheidbar sein. Sie müssen auch jeweils deutlich machen, ob bestimmte Personen Mehrfachrollen einnehmen (also zugleich Gläubiger und Sicherungsgrundschuldinhaber sind/ zugleich Eigentümer und Schuldner sind), oder ob jeweils Rollenverschiedenheit besteht. Die erfolgten Zahlungen müssen z.B. durch Punktlinien hervorgehoben werden. Man kann natürlich auch verschiedene Farben verwenden. Verlassen Sie sich aber auf keinen Fall auf ein „im Kopf" vorhandenes Bild.

aa) Zahlung des Eigentümers, der zugleich persönlicher Schuldner ist, nur auf die Forderung und/oder die Grundschuld

Bei einer Zahlung des Eigentümer-Schuldners auf die Forderung und/oder die Grundschuld lassen sich zwei Konstellationen denken.

- Wird vom Eigentümer-Schuldner **nur auf die Forderung** gezahlt, erlischt diese, und hinsichtlich der Sicherungsgrundschuld besteht – je nach der dazu im Sicherungsvertrag getroffenen Vereinbarung – ein Anspruch auf Rückübertragung der Grundschuld nach §§ 1154, 1192 Abs. 1 BGB, oder auf Verzicht (§§ 1168, 1169, 1192 Abs. 1 BGB) oder auf Einwilligung in die Löschung (§§ 875, 1183, 1192 Abs. 1 BGB).

- Zahlt der Eigentümer-Schuldner **auf die Sicherungsgrundschuld**, wird diese nach §§ 1142, 1143 analog, 1192 Abs. 1 BGB zur Eigentümergrundschuld; der Sicherungsgeber kann dann Grundbuchberichtigung verlangen. Zum gleichen Ergebnis kommt, wer im Hinblick auf die Sicherungsabrede annimmt, dass durch die Zahlung zugleich auch die Forderung erlöschen soll; dann soll nämlich nach §§ 1168, 1171 BGB analog oder nach §§ 1163 Abs. 1 S. 2 analog, 1192 Abs. 1 BGB eine Eigentümergrundschuld entstehen. Die „Dogmatiker" unter Ihnen erkennen sicher, dass die analoge Anwendung des § 1163 Abs. 1 S. 2 BGB eine nur aus Gründen der Praktikabilität verzeihliche „Todsünde" ist.

bb) Zahlung durch den Eigentümer, der nicht zugleich persönlicher Schuldner ist, nur auf die Forderung und/oder die Grundschuld

Zahlt der sog. „Nur" – Eigentümer, also der Eigentümer, der nicht zugleich persönlicher Schuldner ist, **nur auf die Forderung**, so erlischt sie (§ 267 BGB), und hinsichtlich der Sicherungsgrundschuld besteht – je nach Vereinbarung im Sicherungsvertrag – ein Anspruch auf Rückübertragung der Grundschuld, oder auf Verzicht (§§ 1168, 1192 Abs. 1 BGB) oder zur Einwilligung in die Löschung (§§ 875, 1183, 1192 Abs. 1 BGB).

Zahlt dagegen der „Nur" – Eigentümer **auf die Sicherungsgrundschuld**, wird sie nach §§ 1142, 1143 analog, 1192 Abs. 1 BGB zur Eigentümergrundschuld; der Sicherungsgeber kann dann Grundbuchberichtigung verlangen. Der Eigentümer kann vom Gläubiger aber uU. Abtretung der Forderung verlangen.

cc) Zahlung des persönlichen Schuldners, der nicht Eigentümer ist, auf die Forderung

Zahlt der persönliche Schuldner, der nicht Eigentümer ist, auf die Forderung, erlischt diese (§ 362 BGB). Begründet diese Zahlung einen Schadensersatzanspruch des Schuldners (z.B. aus §§ 280, 415 Abs. 3 BGB wegen Nichterfüllung einer Erfüllungsübernahme beim Kauf eines Grundstücks unter Übernahme der Erfüllung einer durch eine Sicherungsgrundschuld gesicherten Forderung gegen Anrechnung auf den Kaufpreis) soll nicht etwa § 1164 BGB analog angewendet werden, sondern dem Schuldner nur ein Anspruch auf Abtretung des Rückgewähranspruchs gegen den Eigentümer oder auf Übertragung der Grundschuld zustehen. Das ist für den Schuldner wenig befriedigend wenn dieser Anspruch deshalb nicht mehr besteht, weil die Grundschuld bereits auf den Eigentümer übergegangen, erloschen oder auf einen Dritten übertragen worden ist.

Fall 659: Der V verkauft dem K ein ihm gehöriges Grundstück, das zur Sicherung einer Darlehensforderung der G-Bank gegen den V mit einer Grundschuld zugunsten der G-Bank belastet ist. Der K übernimmt im Kaufvertrag unter Anrechnung auf den Kaufpreis von € 1 200 000,- die durch die Grundschuld gesicherte Darlehensschuld in Höhe von € 500 000,-. Der K wird nach Zahlung von € 700 000,- als neuer Eigentümer im Grundbuch eingetragen. Der V zeigt der G-Bank die Schuldübernahme schriftlich mit dem Hinweis des § 416 Abs. 2 S. 2 BGB an. Die G- Bank erklärt eine Woche später, dass sie die Genehmigung der Schuldübernahme verweigere. Bei Fälligkeit zahlt der K trotz einer Aufforderung durch den V die € 500 000,- nicht an die G-Bank, so dass der V schließlich seiner Verpflichtung aus § 488 Abs. 1 S. 2 BGB folgend selbst zahlt. Daraufhin verlangt der V Zahlung von dem K und Duldung der Zwangsvollstreckung in das Grundstück des K.

1. Zahlung kann der V von K aus 280 Abs. 1 BGB wegen Nichterfüllung der Nebenleistungspflicht des Kaufvertrages verlangen: a) Der K hätte die als Nebenpflicht des Kaufvertrages dem V gegenüber bestehende Verpflichtung aus § 415 Abs. 3 BGB erfüllen und an die G-Bank zahlen müssen; das hat er unterlassen. b) Sein Verschulden wird vermutet. 2. Duldung der Zwangsvollstreckung könnte der V aus §§ 1147, 1192 Abs. 1 BGB verlangen, wenn die Grundschuld am Grundstück auf ihn übergegangen wäre. Die Grundschuld a) könnte durch die Tilgung des Darlehens (§ 362 BGB) auf den Eigentümer K übergegangen sein und sich in eine ihm zustehende Eigentümergrundschuld verwandelt haben (§§ 1192 Abs. 1, 1164 Abs. 1 S. 2, 1177 BGB); diese Vorschriften sind jedoch auf die Grundschuld nicht anwendbar. b) Vielmehr hat der V aa) entweder einen Anspruch gegen den K auf Abtretung seines Rückgewähranspruchs gegen den Grundschuldinhaber G-Bank bb) oder einen Anspruch gegen die G-Bank auf Übertragung der Grundschuld. Daher kann V erst nach Erfüllung eines dieser Ansprüche Duldung der Zwangsvollstreckung von K verlangen.

dd) Befriedigung durch Zahlung eines ablösungsberechtigten Dritten auf die Grundschuld

Die Zahlung eines ablösungsberechtigten Dritten auf die Grundschuld führt zum Erwerb nach §§ 268 Abs. 3, 1150, 1192 Abs. 1 BGB.

d) Die Verteidigung des aus §§ 1147, 1192 Abs. 1 BGB in Anspruch genommenen Eigentümers

Es ist schon gesagt worden: Eigentlich gehören diese Ausführungen zur Darstellung der dinglichen Ansprüche aus Grundpfandrechten (sub D VII). Aber aus didaktischen Gründen werden wir, wie auch schon bei der Hypothek) bereits jetzt auf die Verteidigungsmittel des Eigentümers gegen den Inhaber eines Grundpfandrechtes eingehen.

Forderungsbezogene Einreden kann der Eigentümer nicht geltend machen; denn § 1137 BGB gilt nach § 1192 Abs. 1 BGB mangels Akzessorietät nicht. Wohl aber stehen ihm **eigentümer-** bzw. **grundschuldbezogene Einreden**, auf die §§ 1192 Abs. 1, 1157 BGB angewendet wird; die sind

- die Stundung, ein Rückgewähranspruch aus § 812 BGB
- und – und das ist sehr wichtig (!) – auch die **Einreden aus dem Sicherungsvertrag**, weil sie sich trotz ihrer schuldrechtlichen Natur „gegen die Grundschuld" richten, also „eigentümerbezogen" sind. Möglich ist dann aber auch der „gutgläubig einredefreie Erwerb" nach §§ 1157 S. 2, 892 BGB durch den „Zweit-Erwerber", der nur dann bösgläubig ist, wenn er den Sicherungscharakter und auch die (deshalb im Gegensatz zum Sicherungszweck auch eintragbaren!!) Einreden kannte.

Fall 660: Der Gläubiger und Grundschuldinhaber G 1 = GrIn 1 hat eine Forderung gegen den E = S aus einem Darlehensvertrag (§ 488 Abs. 1 S. 2 BGB), die durch eine Sicherungsgrundschuld am Grundstück des Eigentümers E = S gesichert ist. Der G 1 = GrIn 1 tritt die Forderung an den Z'ar und die Grundschuld an den GrIn 2 ab. Der Z'ar verlangt von E = S Zahlung und der GrIn 2 von E = S Duldung der Zwangsvollstreckung.

1. Der Z'ar kann aus abgetretenem Recht nach §§ 488 Abs. 1 S. 2, 398 BGB a) von E = S grundsätzlich Zahlung verlangen. Denn die isolierte Abtretung bedeutet keinen Verstoß gegen § 399 1. Fall BGB, weil die Zweckbindung von Forderung und Grundschuld nicht Inhalt der Forderung ist, sondern sich nur aus dem schuldrechtlichen Inhalt des Sicherungsvertrages ergibt. b) Dem E = S steht aber aa) nach § 273 BGB ein Zurückbehaltungsrecht zu, wenn er nicht entsprechend dem Sicherungsvertrag die Grundschuld Zug-um-Zug zurückübertragen erhält etc. bb) Dem Z'ar kann er diese Einrede entgegenhalten (§ 404 BGB). 2. Was den Anspruch des GrIn 2 gegen den E = S auf Duldung der Zwangsvollstreckung angeht, so a) ist die isolierte Abtretung wirksam, es sei denn es liegt ein in das Grundbuch eingetragenes Abtretungsverbot nach §§ 413, 399 BGB vor. b) Die Trennung von Forderung und Inhaberschaft an der Grundschuld stellt einen Verstoß gegen den Sicherungsvertrag dar. aa) Dem GrIn 2 kann nach § 1157 S. 1 BGB die Einwendung dieses Verstoßes gegen den Sicherungsvertrag entgegengehalten werden, bb) wenn er nicht – wie hier (er kannte den Sicherungszweck und die Einrede nicht) – gutgläubig einredefrei erworben hat §§ 1157 S. 2, 892 BGB.

> Es besteht wieder einmal **Anlass zur Rückbesinnung** auf Ihre bisherige Arbeit und eine **Zwischenbilanz**:

> Wenn Sie diesen 6. Teil des Buches bis hierher durchgearbeitet und auch verstanden haben, wenn Sie den Stoff gar beherrschen (und zwar im Idealfall nicht nur passiv verstehend, sondern sogar aktiv), dann haben Sie
> - nach der **ersten Einführung in die „sachenrechtlichen Ansprüche"** (sub A)
> - nunmehr sichere Kenntnisse zum **Inhalt (sub B)** und zum **Erwerb und Verlust (sub C)** der die als nächstes zu erörternden sachenrechtliche Ansprüche begründenden **dinglichen Rechtsstellungen** (Besitz, Eigentum, Eigentumsvorbehalt/Anwartschaftsrecht und Verwertungssicherungsrechte) erworben
> - und Sie wissen, wie man diese Rechtsstellungen erwirbt und verliert.
>
> Mit diesem Material ausgestattet, können Sie sich jetzt getrost der Erörterung der Detailfragen der **sachenrechtlichen Ansprüche** zuwenden **(sub D)**. Das wird Ihnen deshalb umso leichter fallen, als die Fragestellungen in den bisherigen Ausführungen fast ausschließlich unter dem Aspekt der wesentlichen sachenrechtlichen Ansprüche standen, so dass alles, was jetzt folgt, eigentlich nur eine qualifizierte Wiederholung ist!

D. Die sachenrechtlichen Ansprüche

Die Ihnen in der Ausbildung gestellte Aufgabe besteht im Studium praktisch ausschließlich darin, im Rahmen der Fallfrage zu prüfen, ob eine Person (Anspruchsteller) das Recht hat, von einer anderen Person (Anspruchsgegner) ein Tun oder Unterlassen zu verlangen, ob ihr also ein Anspruch zusteht (§ 194 BGB). Um nichts anderes geht es auch hier.

Denn dass es derartige **Ansprüche** auch im **Sachenrecht** gibt, ist Ihnen bereits **einleitend (sub A) zu diesem Teil 6 in einer Übersicht verdeutlicht** worden. Sie sollten diese Übersicht jetzt noch einmal **nachlesen (!!)**, damit Sie sich ein geschlossenes Bild davon machen können, welche **„dinglichen" (sachenrechtlichen) Ansprüche** es überhaupt gibt. Wenn Sie diese Passage noch einmal bewusst **gelesen** haben, werden Sie zugeben müssen, dass all das, was anfangs in seiner Fülle wirklich furchterregend war, inzwischen einiges von seinem „Schrecken" verloren hat. Denn mittlerweile haben Sie im Zusammenhang mit der Erörterung der Inhalte dinglicher Rechte und der Erwerbstatbestände, speziell bei der Bearbeitung der Fälle, eine Fülle dinglicher Ansprüche kennengelernt, so dass die folgende Darstellung eigentlich nur noch eine Wiederholung sein dürfte. Und auch sonst müssen Sie sich keine Sorgen machen: Niemand erwartet von Ihnen, dass Sie das System der dinglichen Ansprüche etwa „auswendig" beherrschen müssen! Sie müssen sich wirklich nur **auf das** für Sie **wesentliche konzentrieren**, nämlich auf die Ihnen ja inzwischen weitgehend bekannten Ansprüche, die erfahrungsgemäß in juristischen Aufgaben dominieren.

> Das sind:
>
> 1. die primären und die sekundären **Ansprüche des Eigentümers** und auch die des **Anwartschaftsberechtigten** aus dem **Eigentümer-Besitzer-Verhältnis** bzw. des **Anwartschaftsberechtigter-Besitzer-Verhältnisses** und die vergleichbaren Ansprüche wegen eines unrichtigen Grundbuchs auf **Grundbuchberichtigung** (§§ 985 ff./894, 987 ff. BGB);
>
> 2. der primäre **Anspruch** des früheren und besseren **Besitzers** auf Herausgabe (§ 1007 BGB) und der primäre Anspruch des Besitzers auf Wiedereinräumung des **durch verbotene Eigenmacht entzogenen Besitzes** (§ 861 BGB);
>
> 3. und der **Beseitigungs- und Unterlassungsanspruch** zur Abwehr von Störungen des **Eigentümers** (§ 1004 BGB).
>
> 4. Das nicht unmittelbar in das Anspruchssystem einzubauende **Verwertungsrecht am Pfandrecht** (§§ 1228 ff. BGB) wird im Hinblick auf die relativ geringe Bedeutung des Pfandrechts nur sehr knapp dargestellt. Auch wenn die Bedeutung des Sicherungseigentums ungleich größer ist, werden sie im Zusammenhang mit der **Verwertung des Sicherungseigentums** nur ganz knappe Ausführungen finden, weil es auch insoweit keine spezifischen Anspruchsgrundlagen gibt. Sehr ausführlich dargestellt ist allerdings der Anspruch aus § 1147 BGB, der die **Verwertung aus Grundpfandrechten** regelt (1147/ 1191, 1192, 1147).

Erinnert sei daran, dass Sie auch in diesem Zusammenhang aus „**Rationalisierungsgründen**" nichts lesen werden über

> 1. den **primären Herausgabeanspruch** des Nießbrauchers (§ 1065 BGB) und des **Pfandgläubigers** (§ 1227 BGB) sowie die entsprechenden **sekundären** (schuldrechtlichen) **Ansprüche** des **Nießbrauchers** (§§ 1065, 987 ff. BGB) und des **Pfandgläubigers auf Herausgabe von Nutzungen und Schadensersatz** (§§ 1227, 987 ff. BGB),
>
> 2. die **sekundären** Ansprüche des früheren und besseren Besitzers aus § 1007 Abs. 2 S. 3, 987 ff. BGB
>
> 3. und über die **Ansprüche** auf **Abwehr von Störungen** des **Nießbrauches**, der **Hypothek**, der **Grundschuld**, des **Pfandrechts** und jeweils des **Anwartschaftsrechts** hierauf (§§ 1004, 1065, 1134, 1192 Abs. 1, 1227 BGB), Störungen des **Besitzes als solchem, des Besitzes am mit einer Grunddienstbarkeit belasteten Grundstück, am mit einer beschränkten Dienstbarkeit belasteten Grundstück** (§§ 862, 1029, 1090 Abs. 2 BGB).

Auch unter Berücksichtigung dieser Einschränkungen ist das noch genug Stoff, der einem das Leben schon recht schwer machen kann. Aber noch einmal ein letzter Trost, bevor es weiter geht: Vieles von dem, was Sie jetzt lesen werden, kennen Sie bereits; insoweit ist der Text eine reine Wiederholung.

I. Primär- und Sekundäransprüche des Eigentümer – Besitzerverhältnisses

In erster Linie werden hier der (Primär-) Anspruch des Eigentümers gegen den Besitzer auf Herausgabe und die Sekundäransprüche aus dem Eigentümer – Besitzerverhältnis erörtert. Dass auch der Anwartschaftsberechtigte auf den Erwerb des Eigentums („wesensgleiches minus" des Vollrechts) entsprechende Primär- und Sekundäransprüche wie beim Eigentümer-Besitzerverhältnis hat, ist Ihnen bereits bekannt und wird am Ende noch einmal kurz verdeutlicht werden.

Zunächst aber geht es im wahrsten Sinne des Wortes um die sich aus einem **„Eigentümer-Besitzerverhältnis"** ergebenden Primär- und Sekundäransprüche.

1. Der Primäranspruch des Eigentümers gegen den Besitzer auf Herausgabe (§§ 985, 986 BGB)

Nach § 903 BGB kann der Eigentümer einer Sache, „soweit nicht das Gesetz oder Rechte Dritter entgegenstehen, ... andere von jeder Einwirkung ausschließen". Für diesen Schutz stellt das Gesetz diverse rechtstechnische Behelfe zur Verfügung:

1. Wenn das Eigentum durch **Entziehung** oder **Vorenthaltung des Besitzes** beeinträchtigt wird, wird der Eigentümer durch den **Herausgabeanspruch** aus **§ 985 BGB** geschützt.

2. Bei **Beeinträchtigungen** des Eigentums in **„anderer Weise"** als durch Entziehung oder Vorenthaltung (kurz gesagt: durch **„Störungen"**) kann der Eigentümer nach § 1004 BGB vom Störer

- die **Beseitigung** der Beeinträchtigung (§ 1004 Abs. 1 S. 1 BGB) und

- die **Unterlassung** von Beeinträchtigungen (§ 1004 Abs. 1 S. 2 BGB) verlangen,

- sofern er **nicht zur Duldung verpflichtet** ist (§ 1004 Abs. 2 BGB).

2. Ergänzt wird dieser Schutz durch einen deliktischen **Schadensersatzanspruch** aus § 823 Abs. 1 BGB, über den Sie in Teil 7 mehr erfahren.

Hier soll es, wie gesagt, um den **sachenrechtlichen Herausgabeanspruch des Eigentümers gegen den Besitzer** gehen (§ 985 BGB).

Das zunächst sehr simple **Prüfungsschema** – zugleich die Gliederung der folgenden Darstellung – verlangt,

- nach der Erörterung der Frage eines Vorrangs eventuell konkurrierender **vertraglicher Herausgabeansprüche (sub a))** als Voraussetzungen:

- das Bestehen des **Eigentums** des **Anspruchstellers** (§ 985 BGB) **(sub b))**,

- den **Besitz** des **Inanspruchgenommenen** (§ 985 BGB) **(sub c))**

- und, dass der Inanspruchgenommene **kein Recht zum Besitz** hat (§ 986 BGB) **(sub d))**.

- Der Besitzer kann die Herausgabe im Falle eines **Zurückbehaltungsrechts** aus § 273 BGB oder eines **Herausgabeverweigerungsrechts aus § 1000 BGB** verweigern **(sub e))**.
- Zu prüfen sein kann je nach dem Sachverhalt auch, ob die **Sperrwirkung des § 817 S. 2 BGB** oder ein **Ausschluss** des Herausgabeanspruchs durch § 241 a Abs. 1 BGB oder 105 a S. 1 BGB einem Herausgabeanspruch entgegensteht **(sub f))**.

a) Vorrang vertraglicher Herausgabeansprüche

Es ist eine alte Streitfrage, ob nach Beendigung eines den Besitzer einer Sache gegenüber dem Eigentümer zum Besitz berechtigenden Vertragsverhältnisses (z. B. eines Mietvertrages) die sich daraus ergebenden vertraglichen Herausgabeansprüche (z.B. des Vermieters gegen den Mieter aus § 546 Abs. 1 BGB) einem Herausgabeanspruch des Vermieters, der zugleich Eigentümer der Mietsache ist, aus § 985 BGB vorgehen, so dass ein dinglicher Herausgabeanspruch aus § 985 BGB nicht mehr geprüft werden darf (so die eine Ansicht) oder ob (so die andere Ansicht) „Anspruchskonkurrenz" zwischen einem solchen vertraglichen Herausgabeanspruch und einem Herausgabeanspruch aus § 985 BGB besteht.

> Fall 661: Der Eigentümer E vermietet eine bewegliche Sache befristet an den M, der sie im Einverständnis mit dem E dem V zur Verwahrung gibt. Nach Ablauf der Mietzeit verlangt der E sie von dem M heraus.
>
> 1. Dem E steht ein Anspruch aus § 546 Abs. 1 BGB zu. 2. Ferner kommt ein Anspruch des E gegen den V aus § 985 BGB in Betracht, a) dessen Voraussetzungen vorliegen: aa) Der Anspruchsteller E ist Eigentümer. bb) Der Inanspruchgenommene M ist mittelbarer Besitzer der Sache. cc) Der M hat nach Ablauf der Mietzeit kein Recht zum Besitz mehr gegenüber dem E aus § 535 BGB. b) Fraglich ist aber, ob § 985 BGB deshalb ausgeschlossen ist, weil eine vertragliche Überlassung an den M vorliegt. Die aa) hM. wendet neben § 546 BGB den § 985 BGB an, bb) während nach aA. der E keinen Anspruch gegen V aus § 985 BGB hat. Vielmehr soll der E den M auf Herausgabe aus § 546 BGB in Anspruch nehmen müssen; und der M soll diesen Anspruch dadurch erfüllen, dass er seinen Anspruch gegen den V aus § 696 BGB abtritt.

Die Bedeutung dieser Frage liegt weniger in dem akademischen Problem, ob die Herausgabe aus zwei konkurrierenden Anspruchsgrundlagen begehrt werden kann, sondern darin, ob und inwieweit die Sekundäransprüche aus §§ 987 ff. BGB, die das Vorliegen einer sich aus §§ 985, 986 BGB ergebenden „Vindikationslage" voaussetzen, eingreifen; auch soll in der Insolvenz des Besitzers nur bei Anwendung des § 985 BGB nach § 47 InsO ausgesondert werden können.

Die Streitfrage dürfte heute ausgetragen sein und muss im „Eilfall" (also in den meisten Klausuren) von Ihnen nicht mehr diskutiert werden: Es besteht „Anspruchskonkurrenz"; bei den Lösungsskizzen zu den hier eingearbeiteten Fällen wird darauf i.d.R. auch nicht mehr eingegangen.

> Die Gründe für die Lösung der heute ganz herrschenden Meinung (= Anspruchskonkurrenz) leuchten auch ohne weiteres ein:
> - Man würde dem Eigentümer, wollte man ihn auf die vertraglichen Rückabwicklungsansprüche verweisen, die Vermutungswirkung der §§ 1006, 891 BGB absprechen;
> - Außerdem seien vertragliche Herausgabeansprüche gegen Dritte, denen ein Vertragsschuldner die Sache überlassen hat, nur in Ausnahmefällen gegeben (§§ 546 Abs. 2, 604 Abs. 4 BGB).

b) Eigentum des Anspruchstellers

Nicht nur bei **Alleineigentum des Anspruchstellers**, sondern auch bei **Eigentümermehrheiten** kann ein Herausgabeanspruch aus § 985 BGB bestehen; bei Eigentümermehrheiten gelten die Ausführungen zu den Gläubigermehrheiten (§§ 420 ff. BGB). Die dingliche Rechtslage ist – wenn sie zweifelhaft ist – stets „historisch" zu prüfen. Das ist Ihnen alles so selbstverständlich, dass die Lösung der beiden einfachen Fälle, mit denen dies noch einmal demonstriert werden soll, sicher nicht schwer fällt.

Fall 662: Der D hat dem E eine Sache gestohlen und sie an den K, der ihn für den Eigentümer hält, verkauft, übergeben und übereignet. Der E verlangt Herausgabe von dem K.

Der E könnte gegen den K einen Herausgabeanspruch aus § 985 BGB haben. a) Der K ist Besitzer. b) Der E müsste Eigentümer der Sache sein. aa) Der E war Eigentümer, bb) an den D hat er das Eigentum nicht verloren. cc) Der K könnte das Eigentum von dem D erlangt haben. aaa) Der K könnte das Eigentum nach § 929 S. 1 BGB erworben haben. aaaa) Der D und der K haben sich über den Eigentumsübergang geeinigt, bbbb) und der D hat dem K die Sache übergeben. cccc) Der D war aber nicht der Eigentümer und auch nicht als Nichteigentümer zur Übereignung befugt. bbb) Der K könnte das Eigentum nach §§ 929 S. 1, 932 Abs. 1 S. 1, Abs. 2 BGB erworben haben. aaaa) Der Grundtatbestand des § 929 S. 1 BGB ist gegeben. bbbb) Der K müsste weiterhin gutgläubig hinsichtlich des Eigentums des M gewesen sein (§§ 932 Abs. 1 S. 1, Abs. 2 BGB). Das ist der Fall. cccc) Die Sache ist aber dem E abhanden gekommen (§ 935 Abs. 1 S. 1 BGB). Also ist der E noch Eigentümer c) Der K dürfte kein Recht zum Besitz haben (§ 986 BGB). aa) Ein eigenes Recht zum Besitz gegenüber E hatte der K nicht (§ 986 Abs. 1 S. 1 1. Fall BGB). bb) Er hat auch kein abgeleitetes Recht zum Besitz nach § 986 Abs. 1 S. 1 2. Fall BGB, weil der D kein Recht zum Besitz hatte. Also ist K zur Herausgabe an E verpflichtet.

Fall 663: Der E vermietet eine bewegliche Sache an den M für 1 Jahr befristet. Der M verkauft und übereignet sie durch Einigung und Übergabe an den K, der weiß, dass der M nicht der Eigentümer war. Der E kündigt den Mietvertrag gegenüber dem M fristlos und verlangt Herausgabe der Sache von K an sich.

Der E könnte gegen den K einen Herausgabeanspruch aus § 985 BGB haben. a) Der K ist Besitzer. b) Der E müsste Eigentümer sein. aa) Der E war Eigentümer, bb) an den M hat er das Eigentum nicht verloren. cc) Der K könnte das Eigentum von M erlangt haben. aaa) Der K könnte das Eigentum nach § 929 S. 1 BGB erworben haben. aaaa) M und K haben sich über den Eigentumsübergang geeinigt, bbbb) und der M hat dem K die Sache übergeben. cccc) Der

M war aber nicht der Eigentümer und auch nicht als Nichteigentümer zur Übereignung befugt. bbb) Der K könnte das Eigentum nach §§ 929 S. 1, 932 Abs. 1 S. 1, Abs. 2 BGB erworben haben. aaaa) Der Grundtatbestand des § 929 S. 1 BGB ist gegeben. bbbb) Der K müsste weiterhin gutgläubig gewesen sein (§§ 932 Abs. 1 S. 1, Abs. 2 BGB). Das ist nicht der Fall, weil der K wusste, dass M nicht der Eigentümer war. c) Der K dürfte kein Recht zum Besitz haben (§ 986 BGB). aa) Ein eigenes Recht zum Besitz gegenüber E hatte der K nicht (§ 986 Abs. 1 S. 1 1. Fall BGB). bb) Er könnte aber ein abgeleitetes Recht zum Besitz haben: aaa) K hatte ein Recht zum Besitz gegenüber M aus dem Kaufvertrag (§ 433 Abs. 1 S. 1 BGB). bbb) M hatte aber kein Recht zum Besitz mehr gegenüber E aus § 535 BGB, weil dieser den Mietvertrag wirksam fristlos gekündigt hatte (§ 543 BGB) d) Der Anspruch ist auf Herausgabe an E gerichtet.

Problematisch ist die Rechtslage, wenn es um die **Herausgabe von Geld** geht, das im Eigentum des Anspruchstellers steht und das

- entweder in die Kasse oder in die Geldbörse des auf Herausgabe in Anspruch genommenen Empfängers zu anderem, dem Empfänger gehörenden Geld gelegt worden ist, und das auf diese Weise mit jenem Geld **untrennbar vermischt** worden ist;
- oder das auf ein **Konto des Empfängers eingezahlt** oder von diesem gewechselt und daher nach dem Erhalt **an Dritte übereignet** worden ist.

Hier wird teilweise angenommen, dass der in der ersten Fallgruppe erfolgte Eigentumserwerb des Empfängers nach §§ 948 Abs. 2, 947 Abs. 2 BGB oder der in der zweiten Fallgruppe eingetretene Verlust des Eigentums gem. § 929 S. 1 BGB einfach zu ignorieren sei, weil bei Geld ohnehin ein **Anspruch auf Herausgabe des Geldwertes nach § 985 BGB** gegeben sei („**Geldwertvindikation**").

Man wird jedoch den Eigentümer von Geld nicht in dieser Weise durch einen Fortbestand des Anspruchs aus § 985 BGB (und konsequenterweise auch in der Einzelzwangsvollstreckung durch § 771 ZPO und in der Insolvenz durch § 47 InsO!) gegenüber anderen Eigentümern „privilegieren" dürfen: Daher hat er in den beiden genannten Fallgruppen **keinen Herausgabeanspruch aus § 985 BGB**; vielmehr bestehen bei einem Eigentumsverlust durch Vermengung und Vermischung oder Weiterübereignung wie auch sonst lediglich **schuldrechtliche Ansprüche aus §§ 951, 812 BGB** oder aus **§§ 741 ff. BGB** oder aus **§§ 989, 990 BGB**.

c) Besitz des Inanspruchgenommenen

Wie Sie hoffentlich auswendig wissen, lautet § 985 BGB: „Der Eigentümer kann **vom Besitzer** die Herausgabe der Sache verlangen".

Dem Eigentümer zur Herausgabe verpflichtet ist selbstverständlich der **unmittelbare Besitzer**.

Fall 664: Der Eigentümer E hat eine bewegliche Sache für 1 Jahr befristet an den M vermietet. Der M vermietet sie unerlaubt (§ 540 BGB) an den UM „unter". Der E verlangt Herausgabe von UM an den M.

Der Anspruch ergibt sich aus § 985 BGB. Denn a) der UM ist unmittelbarer Besitzer; b) der E ist Eigentümer. c) Der UM hat kein Recht zum Besitz gegenüber dem E, aa) weil er kein eigenes Recht zum Besitz gegenüber E hat (§ 986 Abs. 1 S. 1 1. Fall BGB) bb) und weil ihm kein abgeleitetes Recht zum Besitz zusteht (§ 986 Abs. 1 S. 1 2. Fall BGB): aaa) Zwar besaß der UM die Sache gegenüber dem M zu Recht (§ 535 BGB); aber der M hatte nicht die Befugnis, die Sache an den UM zu überlassen, insbesondere durfte er sie nicht untervermieten (§ 540 BGB). d) Der E kann aber nicht Herausgabe an sich, sondern nach § 986 Abs. 1 S. 2 BGB nur an den M verlangen

Aber auch der **mittelbare Besitzer** (z.B. derjenige, der die Sache einem anderen verliehen, vermietet oder zur Verwahrung gegeben hat) ist Herausgabeschuldner aus § 985 BGB, denn nach § 868 BGB ist auch der mittelbare Besitzer ein „Besitzer"; und mehr verlangt der Wortlaut des § 985 BGB nicht. Das hat zur Folge, dass der **Eigentümer von** einem **mittelbaren Besitzer**

- nicht etwa nur die **Übertragung des mittelbaren Besitzes** (nach § 870 BGB durch Abtretung des Herausgabeanspruchs und in der Zwangsvollstreckung durchsetzbar nach § 894 ZPO) verlangen kann,
- sondern eine **Herausgabe schlechthin**; die zunächst etwas schwierige gedankliche Vorstellung, wie die Herausgabe erfolgen soll, lässt sich so beantworten: **a)** Besteht der mittelbare Besitz noch, dann tritt der in Anspruch Genommene seinen Herausgabeanspruch an den Eigentümer nach § 870 BGB ab (in der Zwangsvollstreckung durchsetzbar nach § 886 ZPO); **b)** ist das Besitzmittlungsverhältnis beendet und hat der unmittelbare Besitzer die Sache zurückgegeben, so erfolgt eine Herausgabe durch Besitzübertragung nach § 854 BGB (in der Zwangsvollstreckung durchsetzbar nach § 883 ZPO).

<u>Fall 665:</u> Der V veräußert an den K eine ihm gehörige Sache unter Eigentumsvorbehalt und übergibt und übereignet sie dem K aufschiebend bedingt durch die vollständige Zahlung des Kaufpreises. Der K vermietet sie an den M; hiermit war der V einverstanden. Dann tritt der V wirksam nach § 323 Abs. 1 BGB vom Kaufvertrag zurück und verlangt Herausgabe von dem K.
1. Dem V steht ein vertraglicher Herausgabeanspruchs gegen den K aus §§ 323, 346 ff. BGB zu. 2. Ein Anspruch könnte sich auch aus § 985 BGB ergeben. a) Das Bestehen eines vertraglichen Herausgabeanspruchs des V gegen den K aus §§ 323, 346 ff. BGB steht dem Anspruch aus § 985 BGB nicht entgegen. b) Der V ist Eigentümer. c) K ist mittelbarer Besitzer, also auch Besitzer (§ 868 BGB). d) K hat kein Recht zum Besitz gegenüber V, weil er sein Recht zum Besitz durch den Rücktritt des V verloren hat. e) Daher muss er, wenn das Besitzmittlungsverhältnis mit dem M noch besteht, die Sache durch Abtretung seines Herausgabeanspruchs aus § 546 Abs. 1 BGB nach § 870 BGB an den V, sonst durch Übertragung des Besitzes nach § 854 BGB herausgeben.

Wenn der vom Eigentümer aus § 985 BGB auf Herausgabe in Anspruch genommene Besitzer den Besitz vor der Herausgabe an den Eigentümer auf einen anderen überträgt, ohne selbst mittelbarer Besitzer zu bleiben, gerät der Eigentümer in eine vertrachte Lage. Er muss den jeweiligen neuen Besitzer, also immer denjenigen, der immer gerade den Besitz hat, auf Herausgabe in Anspruch nehmen. Das kann dazu führen, dass der Eigentümer auf ewig „an der Nase herumgeführt werden kann", indem ständig eine andere Person zum Besitzer „gemacht wird". Der Eigentümer kann diese „Jagd" nach dem jeweiligen Besitzer nur dadurch beenden, dass er gestützt auf § 985 BGB, gegen einen der Besitzer Klage auf Herausgabe erhebt. Eine Besitzübertragung durch den Beklagten nach Eintritt der „Rechtshängigkeit" (ich hoffe, Sie erinnern sich noch: „Rechtshängigkeit" = Zustellung der Klage) kann der Begründetheit der Klage fortan nicht mehr den Boden entziehen (§ 265 Abs. 2 S. 1 ZPO), und die Rechtskraft des Urteils erstreckt sich auf den jeweiligen Besitznachfolger, es sei denn, dieser ist beim Erwerb des Besitzes an der streitbefangenen Sache in Bezug auf die Rechtshängigkeit gutgläubig (§§ 325 Abs. 2 ZPO, 932 ff., 892 BGB). Um gegen den jeweiligen Besitzer (der ja im Urteil nicht als Beklagter bezeichnet ist) die Herausgabezwangsvollstreckung (§ 883 ZPO) durchführen zu können, bedarf es dann einer titelergänzenden Vollstreckungsklausel (§ 727 ZPO).

d) Kein Recht des Besitzers zum Besitz der Sache

Es heißt in § 986 BGB: „Der **Besitzer kann die Herausgabe der Sache verweigern**, wenn….". Nach dieser Formulierung des Gesetzes in **§ 986 BGB** liegt es außerordentlich nahe anzunehmen, dass einem Besitzer aufgrund seines Rechts zum Besitz lediglich eine „Einrede" gegen den Anspruch aus § 985 BGB zusteht und Sie daher als Fallbearbeiter penibel darauf zu achten hätten, ob der Besitzer die Herausgabe unter Berufung auf sein „Recht zum Besitz" verweigert oder sich nicht auf sein „Recht zum Besitz" beruft. Es ist **aber völlig unumstritten**, dass im Falle des Vorliegens der Voraussetzungen des § 986 BGB entgegen dem Wortlaut dieser Vorschrift eine den Anspruch des Eigentümers gegen den Besitzer aus § 985 BGB automatisch ausschließende **Einwendung** besteht, so dass ein Recht zum Besitz aus § 986 BGB „von Amts wegen" – also auch von Ihnen bei der Fallbearbeitung – selbst dann zu beachten ist, wenn sich der Inanspruchgenommene nicht auf sein Recht zum Besitz beruft! Die **Begründung dafür**, dass § 986 BGB eine **Einwendung** und **keine Einrede begründet**, ist, dass durch § 986 BGB die für die (später zu besprechenden Sekundäransprüche aus den §§ 987 ff. BGB maßgebliche) „Vindikationslage" (das ist ein anderes Wort für „Eigentümer-Besitzerverhältnis") „fixiert" (Baur) und dass deren Vorliegen oder Nichtvorliegen nicht im Belieben des Besitzer stehen könne, indem dieser sich auf ein „Recht zum Besitz" beruft (dann keine „Vindikationslage") oder sich nicht darauf beruft (dann „Vindikationslage").

aa) Eigenes Recht zum Besitz

Der Besitzer kann gegen den Eigentümer ein **eigenes Recht zum Besitz** (§ 986 Abs.1 S. 1 1. Fall BGB) haben. Dieses Recht zum Besitz kann **dinglicher** (z.B. Pfandrecht; Anwartschaftsrecht etc.) oder **obligatorischer** Art (z.B. Mietvertrag, Kaufvertrag – „exceptio rei venditae et traditae" – etc.) sein.

(1) Dingliche Rechte zum Besitz

Bei der Frage, ob der Besitzer ein **eigenes dingliches Recht** zum Besitz hat, muss nicht geprüft werden, ob er dieses gerade gegenüber dem Eigentümer hat, denn ein dingliches Recht zum Besitz wirkt „absolut" (= gegen jedermann); ein **dingliches Recht zum Besitz** begründet daher **stets ein „eigenes Recht zum Besitz"**.

Ein besonders (klausur-) wichtiges Beispiel für ein dingliches Recht zum Besitz ist das **gesetzliche Besitzpfandrecht des Werkunternehmers (§ 647 BGB)**. Sie werden dem folgenden, Ihnen längst bekannten Fall nicht entrinnen.

<u>Fall 666</u>: Unternehmer V verkauft und übereignet dem Unternehmer K ein ihm gehöriges Auto unter Vereinbarung eines Eigentumsvorbehalts. Der K bringt es auf einer Reise wegen eines nach den Vereinbarungen im Kaufvertrag von K zur Erhaltung der Kaufsache zu behebenden Verschleißschadens zu einer Reparatur in die Werkstatt des U, der den K für den Eigentümer hält. Der U stellt den Wagen wieder her. Der K gerät in Vermögensverfall. Daher zahlt er an den U keinen Werklohn und holt den Wagen auch nicht ab. Auch den fälligen Restkaufpreis entrichtet er trotz Fälligkeit und Mahnung des V nicht, so dass der V nach § 323 BGB vom Vertrag zurücktritt. Jetzt verlangt der V den Wagen von U heraus (nach BGH).

Der Anspruch kann sich aus § 985 BGB ergeben. a) Der V ist Eigentümer des Autos. b) Der U ist Besitzer des Wagens. c) Fraglich ist, ob der U ein Recht zum Besitz hat (§ 986 BGB). aa) Ein Recht zum Besitz aaa) aus § 986 Abs. 1 S. 1 2. Fall BGB aufgrund eines abgeleiteten Rechts zum Besitz hat der U nicht, da das Recht zum Besitz des K gegenüber dem V aus dem Kaufvertrag, von dem der U sein Recht ableiten könnte, wegen des wirksamen Rücktritts des V (§ 323 Abs. 1 BGB) erloschen ist. bbb) In Betracht kommt aber ein eigenes Recht zum Besitz des U aus §§ 986 Abs. 1 S. 1 1. Fall, 647 BGB aufgrund eines Werkunternehmerpfandrechts an dem Auto (arge. § 1227 BGB), aaaa) und zwar an dem Anwartschaftsrecht des K. An dem Anwartschaftsrecht des K, das ja als „wesensgleiches minus des Vollrechts" wie das Eigentum behandelt wird, könnte in der Tat aufgrund eines zwischen dem K und dem U geschlossenen Werkvertrages und der Besitzerlangung des U nach § 647 BGB ein Werkunternehmerpfandrecht entstanden sein und dies könnte auch gegenüber dem Eigentümer V ein eigenes Recht zum Besitz des U begründen. Die hiermit aufgeworfenen Fragen brauchen jedoch nicht weiter erörtert zu werden, weil das Werkunternehmerpfandrecht, selbst wenn es entstanden wäre, aufgrund des Rücktritts des V, der das Anwartschaftsrecht untergehen ließ, erloschen wäre. bbbb) Fraglich ist, ob das Pfandrecht das Eigentum des V belastet und dem U deshalb ein eigenes Recht zum Besitz gibt (arge. § 1227 BGB). aaaaa) Das wäre der Fall, wenn der Werkvertrag zwischen V und U geschlossen wäre. Das aber muss verneint werden, weil aaaaaa) der K in eigenem Namen gehandelt hat bbbbbb) und es eine uU. in dem Kaufvertrag, durch den K zur Reparatur verpflichtet wurde, liegende „Verpflichtungsermächtigung" zum Abschluss von Werkverträgen zwischen V und Werkunternehmern zum Zwecke der vom Verkäufer geschuldeten Beseitigung von Mängeln der Kaufsache als Institut nach ganz hM. deshalb nicht gibt, weil V sonst auch zur Zahlung des Werklohnes verpflichtet werden könnte, was mit den Grundsätzen des Vertretungsrechts nicht vereinbar ist. bbbbb) Die Verpflichtung zur Reparatur könnte aber nach §§ 183, 185 Abs. 1 BGB dem verfügungsähnlichen Tatbestand des § 647 BGB zur Wirksamkeit verhelfen (Medicus). ccccc) Lehnt man dies ab, so ist weiter zu erörtern, ob der U ein Werkunternehmerpfandrecht am Eigentum des V deshalb gutgläubig erworben hat, weil er den K für den Eigentümer hielt (§§ 647, 1207, 932 BGB). aaaaaa) Nach § 1257 BGB finden auf das gesetzliche Pfandrecht, also auch auf § 647 BGB, die Vorschriften über das Vertragspfandrecht entsprechende Anwendung, aber nur für das bereits „entstandene" Pfandrecht, und nicht für den Entstehungstatbestand, also auch nicht der § 1207 BGB. bbbbbb) Möglich bleibt aber immer noch eine analoge Anwendung des §§ 647, 1207, 932 BGB. Man ist sich einig, dass bei den gesetzlichen Pfandrechten, die lediglich durch eine „Einbringung" der Sache (§§ 562, 704 BGB) entstehen, ein gutgläubiger Erwerb nach §§ 1207, 932 BGB analog ausgeschlossen ist; diskutabel ist die aufgeworfene Frage aber bei einem gesetzlichen Pfandrecht, das eine „Übergabe" voraussetzt, also auch bei § 647 BGB. aaaaaaa) Das wird z.Tl. aus folgenden Gründen befürwortet: Es soll eine gesetzliche Lücke bestehen. Diese sei zum Ausgleich des Kreditrisikos des Unternehmers (er leistet vor!) zu schließen. Es wäre eine verfassungswidrige Ungleichbehandlung (Art. 3 GG), würde man den Werkunternehmer schlechter stellen als den Kommissionär pp. in § 366 Abs. 3 HGB. Ferner soll § 366 Abs. 3 HGB für die Analogie sprechen: § 366 HGB sei eine bloße Erweiterung des Gutglaubensschutzes des BGB auf die Fälle des guten Glaubens an die Verfügungsbefugnis, setze also die Anerkennung des Schutzes des guten Glaubens an das Eigentum durch das BGB gedanklich voraus; wenn also im HGB die Möglichkeit des gutgläubigen Erwerbs der gesetzlichen HGB-Pfandrechte für den Fall des guten Glaubens an die Verfügungsbefugnis geregelt sei, setze dies gedanklich einen bereits im BGB geregelten Schutz des guten Glaubens an das Eigentum bei gesetzlichen BGB-Besitzpfandrechten voraus. Die Analogie zu § 1207 BGB soll auch systematisch möglich sein, weil der Abschluss des Werkvertrags und die Übergabe der Sache eine innere Verwandtschaft zur Verpfändung durch Einigung und Übergabe aufweise und speziell das Werkunternehmerpfandrecht in Wahrheit ein gesetzlich typisiertes rechtsgeschäftliches Pfandrecht sei. Danach hätte der U ein eigenes Recht zum Besitz aus §§ 986 Abs. 1 S. 1 1. Fall, 1207 BGB. bbbbbbb) Der BGH und die hL. lehnen den gutgläubigen Erwerb dagegen ab. Sie entnehmen dem § 366 Abs. 3 HGB keine Erweiterung des Gutglaubensschutzes für bestimmte Pfandrechte, es handele sich insgesamt um eine handelsrechtliche Sonderregelung. § 647 BGB sei auch kein typisiertes Vertragspfandrecht. Eine Parallele zwischen Werkvertrag und Einigung i.S.d. § 1204 BGB bestehe nicht. Danach soll also ein eigenes Recht zum Besitz des U aus §§ 986 Abs. 1 S. 1, 1207 BGB ausscheiden. d) Wer ein Recht zum Besitz (§ 986 BGB) nicht hat, muss prüfen ob dem U ein Herausgabeverweigerungsrecht zusteht. aa) Möglich ist ein Zurückbehaltungsrecht des U aus §§ 677, 683 S. 1 , 670, 273 BGB, wenn die Herbeiführung der Reparatur des Wagens die Führung eines Geschäftes auch für den V wäre; das ist aber angesichts der Vorstellung des U, mit dem ihn beauftragenden K den Eigentümer vor sich zu haben, abzulehnen. bb) In Betracht kommt aber ein dem Anspruch aus § 985 BGB entgegenstehendes Herausgabeverweigerungsrecht des U gem. §§ 994 Abs. 1 S. 1, 1000 BGB: aaa) Fraglich ist jedoch, ob überhaupt ein Eigentümer-Besitzer-Verhältnis bestand. aaaa) Das wäre nicht der Fall, aaaaa) wenn man der Lehre vom Vorrang des Vertragsverhältnisses folgt, bbbbb) nach anderer Ansicht im 3-Personen-Verhältnis ausnahmsweise aber doch. bbb) Aber auch dann, wenn man mit der vorgenannten Ansicht oder mit der hM. auch bei Vertragsverhältnissen eine Vindikationslage für denkbar hält, ist deren Relevanz hier zweifelhaft, denn aaaa) zZt. der Verwendungen besaß der U die Sache aufgrund eines abgeleiteten Besitzrechts im Verhältnis zu V rechtmäßig (§§ 986 Abs. 1 S. 1 2. Fall, 433 Abs. 1, 631 BGB); bbbb) unrechtmäßig besaß der U die Sache erst aufgrund des späteren Rücktritts des V vom Kaufvertrag, also zZt. des Herausgabeverlangens des V, was aber nach dem BGH ausreichen soll, denn sonst würde der rechtmäßige Besitzer, der sein Besitzrecht später verliert, hinsichtlich eines Verwendungsersatzanspruchs schlechter behandelt als derjenige, der nie ein Besitzrecht besaß. ccc) Folgt man insoweit auch dem BGH, so ist davon auszugehen, dass der U gutgläubig und unverklagt war, so dass ein Anspruch aus § 994 Abs. 1 S. 1 BGB vorstellbar wäre. ddd) Zweifelhaft ist aber weiter, aaaa) ob es sich überhaupt um „Verwendungen" gehandelt hat. aaaaa) Nach einer Ansicht sei dies nicht der Fall, da das Vorliegen von Verwendungen bei einer vertraglich geschuldeten Leistung begrifflich ausscheiden müsste, bbbbb) dagegen soll nach hM. eine notwendige Verwendung vorliegen, bbbb) wobei allerdings fraglich ist, wer Verwender ist: aaaaa) nach dem BGH ist es der U, bbbbb) nach aA. dagegen der K, weil er den Verwendungsvorgang auf eigene Rechnung veranlasst habe und ihn auch steuere (Medicus). Folgt man dem BGH „bis zum bitteren Ende", hätte der U nach §§ 994 Abs. 1 S. 1, 1000 BGB ein Herausgabeverweigerungsrecht.

(Sie wissen ja bereits, dass die Werkunternehmer, speziell die des Kfz-Reparaturhandwerks, inzwischen „kein Risiko" mehr eingehen und sich die Sache in der Regel formularmäßig durch den Besteller verpfänden lassen, so dass ggf. § 1207 BGB unmittelbar angewendet werden kann. Derartige AGB-Klauseln werden von der h.M. für zulässig gehalten, auch wenn sie letztlich nur für bestellerfremde Sachen Anwendung finden können.)

Längst bekannt ist Ihnen auch die Fragestellung, ob ein **Anwartschaftsrechtberechtigter** ein **eigenes Recht zum Besitz** hat.

Fall 667: Der Unternehmer K erwirbt am 1. Juni 2002 von dem EV eine bewegliche Sache unter Eigentumsvorbehalt (§§ 929 S. 1, 158 Abs. 1, 449 BGB). Im Kaufvertrag ist zugunsten des EV ein Rücktrittsrecht vereinbart, wenn der K den Kaufpreis bei Fälligkeit am 1. August 2002 nicht vollständig entrichtet hat. Am 1. Juli 2002 übereignet der K nach § 930 BGB die von EV erworbene Sache an den G zur Sicherung einer Forderung aus einem mit dem G abgeschlossenen Darlehensvertrag über ein kurzfristiges Darlehen (§ 488 Abs. 1 S. 2 BGB); als Besitzmittlungsverhältnis wird ein Verwahrungsvertrag vereinbart. Der K gibt sich dabei als Eigentümer der Sache aus; der G hält den K auch für den Eigentümer. Im Sicherungsvertrag ist vereinbart, dass G die Sache notfalls auch eigenmächtig zum Zwecke der Verwertung in Besitz nehmen dürfe, falls der K zwei aufeinander folgende Darlehensraten nicht entrichten sollte. Als der K mit zwei aufeinander folgenden Raten in Rückstand ist, holt der G sich die Sache gegen den Protest des Schwierigkeiten mit dem EV befürchtenden K ab, um sie zu verwerten. Weil der K auch zum 1. August 2002 den Kaufpreis an den EV nicht vollständig beglichen hatte, trat der EV vom Kaufvertrag zurück und verlangt von dem G die Herausgabe der Sache.

Der Anspruch könnte sich aus § 985 BGB ergeben. a) Der G ist Besitzer. b) Der EV müsste noch Eigentümer sein. Das wird „historisch" geprüft. aa) Der EV war Eigentümer. bb) Der K hat kein Eigentum erlangt, weil die Bedingung der vollständigen Kaufpreiszahlung nicht eingetreten ist (§§ 929 S. 1, 158 Abs. 1, 449 BGB). cc) Der G könnte das Eigentum an der Sache durch die (Sicherungs-)Übereignung des K erlangt haben. aaa) Nach § 930 BGB hat der G das Eigentum nicht erlangt, weil der K nicht Eigentümer mangels Eintritts der Bedingung geworden war und auch nicht zur Verfügung befugt war. bbb) Der G könnte das Eigentum aber nach §§ 929 S. 1, 930, 688, 933 BGB gutgläubig von dem K erworben haben. aaaa) Eine Einigung K – G liegt vor. bbbb) Ein konkretes Besitzmittlungsverhältnis ist vereinbart (§ 688 BGB). cccc) Der K war als Nichteigentümer ohne ausnahmsweise bestehende Verfügungsbefugnis oder Genehmigung seitens des Eigentümers Nichtberechtigter. dddd) Der Gutglaubenstatbestand des § 933 BGB müsste erfüllt sein. aaaaa) Der K müsste die Sache an den G i.S.d. § 929 S. 1 BGB übergeben haben. aaaaaa) Der K hat den Besitz vollständig verloren. bbbbbb) Der G hat den Besitz erlangt. cccccc) Die Übergabe müsste auf Veranlassung des Übereigners erfolgt sein; die Rechtsprechung verlangt ein „einverständliches Geben und Nehmen"; die vorherige Einwilligung in eine eigenmächtige Inbesitznahme soll nicht ausreichen. bbbbb) Auf die Frage der Gutgläubigkeit des G hinsichtlich des Eigentums des K kommt es daher nicht mehr an. Der G hat daher kein (Sicherungs-) Eigentum erlangt. EV ist daher noch Eigentümer. c) Der G könnte aber ein Recht zum Besitz haben (§ 986 Abs. 1 BGB). aa) Ein eigenes Recht zum Besitz könnte sich aus einem Anwartschaftsrecht ergeben. aaa) In der gescheiterten Sicherungsübereignung des K an den G soll nämlich aufgrund einer Auslegung nach §§ 133, 157 BGB oder (so die andere Begründung) nach § 141 BGB (als „minus") jedenfalls eine Übertragung des dem K zustehenden Anwartschaftsrecht zur Sicherung liegen. bbb) Ob allerdings ein Anwartschaftsrecht ein Recht zum Besitz gibt, ist umstritten. Wer dies ablehnt, könnte aber zumindest an ein Recht zum Besitz aus § 242 BGB denken, weil ein Herausgabeverlangen des Eigentümers aus § 985 BGB arglistig („dolo agit, qui petit ...") wäre, wenn der G durch Zahlung des Restkaufpreises als Dritter (§ 267 BGB) die Bedingung eintreten lassen kann. cc) Diese Fragen können jedoch offen bleiben, weil im vorliegenden Fall sich der Kaufvertrag durch den Rücktritt des EV bereits in ein Rückgewährschuldverhältnis umgewandelt hat (§§ 323, 346 BGB), so dass die Bedingung gar nicht mehr eintreten kann und damit auch das Anwartschaftsrecht des G erloschen ist. bb) Wegen der Umwandlung des Kaufvertrags in ein Rückgewährschuldverhältnis besteht auch kein abgeleitetes Recht des G zum Besitz.

Fall 668: Der Kaufmann V veräußert an den K eine ihm gehörige Sache für € 1 000,- unter Vereinbarung eines Eigentumsvorbehalts. Der K zahlt nur € 200,-. Nach 4 Jahren beruft sich der auf Zahlung des Restkaufpreises in Anspruch genommene K auf die inzwischen eingetretene

Verjährung (§§ 195, 214 Abs. 1 BGB). Der V erklärt jetzt den Rücktritt vom Vertrag nach § 323 Abs. 1 BGB und verlangt die Sache zurück.

Der Anspruch könnte sich aus § 985 BGB ergeben. a) K ist Besitzer der Sache. b) Der V müsste Eigentümer sein. Die Übereignung ist aufschiebend bedingt (§§ 929 S. 1, 158 Abs. 1, 449 Abs. 1 BGB) und die Bedingung ist nicht eingetreten. Also ist V Eigentümer. c) Zu prüfen ist, ob der K ein Recht zum Besitz hat: In Betracht kommt eines aus §§ 986 Abs. 1, 433 Abs. 1 BGB oder eines aus § 986 Abs. 1 BGB wegen eines Anwartschaftsrechts des K. aa) Solange wie der Kaufvertrag besteht und der V nicht nach § 323 Abs. 1 BGB zurückgetreten ist kann die Herausgabe nicht verlangt werden (§ 449 Abs. 2 BGB.) bb) Zu prüfen ist daher, ob der V wirksam vom Vertrag zurückgetreten ist; denn dann wäre der Kaufvertrag in ein Rückgewährschuldverhältnis umgewandelt worden, und es würde kein Recht zum Besitz aus § 433 Abs. 1 BGB mehr bestehen, oder das Anwartschaftsrecht wäre erloschen, weil die Bedingung nicht mehr eintreten kann. aaa) Ist der Anspruch auf Leistung verjährt, ist auch ein Rücktritt ausgeschlossen, wenn der Schuldner sich auf die Verjährung beruft (§ 218 Abs. 1 BGB). Danach hätte der K unter jedem denkbaren Aspekt ein Recht zum Besitz. bbb) Ausnahmsweise aaaa) kann ein Rücktritt jedoch auch dann erfolgen, wenn ein Eigentumsvorbehalt besteht und der gesicherte Anspruch verjährt ist (§ 216 Abs. 2 S. 2 BGB). bbbb) Die Voraussetzungen des § 323 Abs. 1 BGB sind erfüllt.

(2) Obligatorische Rechte zum Besitz

Auch **obligatorische Rechte** zum Besitz können ein „**eigenes Recht zum Besitz**" begründen, das den Anspruch des Eigentümers gegen den Besitzer aus § 985 BGB ausschließt, dies aber (es sind ja nur „relative Rechte") natürlich nur dann, wenn sie gerade gegenüber dem Eigentümer bestehen; so ergibt sich aus dem Kaufvertrag ein eigenes Recht zum Besitz des Käufers („exceptio rei traditae et venditae") immer nur gegenüber dem Eigentümer-Verkäufer.

Fall 669: Der E verkauft dem K eine bewegliche Sache und übergibt sie an den K. Dann verlangt der E sie von K heraus.

Der Anspruch könne sich aus § 985 BGB ergeben. a) Der E ist Eigentümer, denn er hat die Sache ja nur an K übergeben. b) Der K ist Besitzer der Sache. c) Der K könnte aber ein eigenes Recht zum Besitz haben (§ 986 Abs. 1 S. 1 1. Fall BGB). Hier ergibt es sich aus dem Kaufvertrag (§ 433 Abs. 1 S. 1 BGB: „exceptio rei venditae et traditae").

bb) Abgeleitetes Recht zum Besitz

Der Herausgabeanspruch des Eigentümers kann aber auch durch ein **abgeleitetes obligatorisches Recht zum Besitz** ausgeschlossen sein (§ 986 Abs. 1 S. 1 2. Fall BGB).

Im Gesetz heißt es dazu: „Der Besitzer kann die Herausgabe der Sache verweigern, wenn ... der mittelbare Besitzer, von dem er sein Recht zum Besitz ableitet, dem Eigentümer gegenüber zum Besitz berechtigt ist". Allerdings ist für ein abgeleitetes Recht zum Besitz weiterhin erforderlich, dass der mittelbare Besitzer zur Überlassung des Besitzes an den (unmittelbaren) Besitzer „befugt" war (arge. § 986 Abs. 1 S. 2 BGB).

- Gemeint ist mit § 986 Abs. 1 S. 1 2. Fall BGB **in erster Linie** folgendes: Wenn der gegenüber dem Eigentümer zum Besitz berechtigte Besitzer die dem Eigentümer gehörende Sache „befugt" (arge. § 986 Abs. 1 S. 2 BGB) einem anderen

Besitzer („hintereinander geschaltet") überlassen hat, hat dieser andere Besitzer zwar kein eigenes, wohl aber ein von dem Zwischenbesitzer „abgeleitetes" Recht zum Besitz gegenüber dem Eigentümer (§ 986 Abs. 1 S. 1 2. Fall BGB).

<u>Variante:</u> Der E verkauft dem K eine bewegliche Sache und übergibt sie an K, übereignet sie aber noch nicht, weil der K den Kaufpreis noch nicht gezahlt hat. Der K verleiht sie im Einverständnis mit E an den L für 1 Monat. a) Dann verlangt der E sie von L heraus. b) Was wäre ggf. für einen Herausgabeanspruch erforderlich?

Der Anspruch könne sich aus § 985 BGB ergeben. a) Der E ist Eigentümer, denn er hat die Sache ja nur an K übergeben. b) Der K ist Besitzer der Sache. c) Er könnte aber ein Recht zum Besitz haben. aa) Ein eigenes Recht hat der L nicht. bb) wohl aber ein abgeleitetes Recht zum Besitz aus § 986 Abs. 1 S. 1 2. Fall BGB. aaa) Denn der K besitzt gegenüber dem E aufgrund des Kaufvertrags berechtigt (§ 433 Abs. 1 S. 1 BGB: „exceptio rei venditae et traditae") und der L ist dem K gegenüber zum Besitz berechtigt (§ 598 BGB). bbb) Wie weiterhin für ein abgeleitetes Recht zum Besitz erforderlich ist (arge. § 986 Abs. 1 S. 2 BGB), war der mittelbare Besitzer K zur Überlassung des Besitzes an den (unmittelbaren) Besitzer „befugt". Also hat der E keinen Herausgabeanspruch. b) Der E könnte Herausgabe aa) aus §§ 346 ff., 323 BGB bb) und aus § 985 BGB E verlangen, wenn er nach § 323 BGB wirksam vom Kaufvertrag zurückgetreten wäre.

- Die Vorschrift des **§ 986 Abs. 1 S. 1 2. Fall BGB** wird dann **analog** angewendet, wenn der Zwischenbesitzer nicht den Besitz für den Eigentümer mittelt und/oder der in Anspruch genommene Besitzer die Sache nicht für den Zwischenbesitzer mittelt: Es reicht jeweils aus, dass er die Sache „herausgabe-fest" besitzt.

<u>Fall 670:</u> Der E verkauft und übergibt eine Sache an den K 1, der sie noch vor der Übereignung an ihn an den K 2 weiterverkauft und auch übergibt, ohne sie jedoch zunächst an den K 2 zu übereignen. Der E, der zuvor sein Einverständnis mit einer sofortigen Weiterveräußerung erklärt hatte, verlangt von dem K 2 Herausgabe der Sache.

Der Anspruch könnte sich aus § 985 BGB ergeben: a) Der E ist Eigentümer der Sache. b) Der K 2 ist Besitzer der Sache. c) Der K 2 dürfte kein Recht zum Besitz haben (§ 986 Abs. 1 BGB. aa) Ein eigenes Recht zum Besitz (§ 986 Abs. 1 S. 1 1. Fall BGB) besteht nicht. bb) Ein abgeleitetes Recht zum Besitz aaa) würde nach § 986 Abs. 1 S. 1 2. Fall BGB voraussetzen, dass der K 1 Besitzmittler des V und der K 2 Besitzmittler des K 1 ist; das ist aber nicht der Fall, denn der K 1 und der K 2 besaßen die Sache jeder nur für sich selbst. bbb) § 986 Abs. 1 S. 1 2. Fall BGB wird aber auch dann jedenfalls analog angewendet, wenn bei der „Kettenveräußerung" die Sache im Verhältnis zum Eigentümer bzw. zum Zwischenbesitzer „herausgabefest" (hier aufgrund der „exceptio rei venditae et traditae") besessen wird. ccc) Ein Fall unerlaubter Weitergabe (dazu sogleich) liegt nicht vor.

cc) Unerlaubte Weitergabe

Bei unerlaubter Weitergabe hat der Dritte dagegen kein Recht zum Besitz (arge. § 986 Abs. 1 S. 2 BGB). Der Eigentümer kann allerdings Herausgabe in erster Linie nur an den „Zwischenbesitzer" verlangen; nur wenn dieser sie nicht übernehmen kann oder will, ist sie dem Eigentümer auf dessen Verlangen herauszugeben.

Fall 671: Der V vermietet eine ihm gehörige (§ 1 WEG) („Eigentums-") Wohnung an den M. Der M vermietet die Wohnung unerlaubt an den UM unter (§§ 540, 553 BGB). Der V verlangt von dem UM Herausgabe an sich, hilfsweise Herausgabe an den M.

1. Herausgabe könnte der V von UM nach § 546 Abs. 2 BGB verlangen, wenn er den Mietvertrag mit M nach §§ 543 Abs. 2 Nr. 2, 540 BGB fristlos gekündigt hätte. 2. Der Herausgabeanspruch kann sich aus §§ 1 WEG, 985 BGB ergeben. a) UM ist unmittelbarer Besitzer. b) V ist Eigentümer der Wohnung (§ 1 WEG). c) Der UM dürfte kein Recht zum Besitz haben (§ 986 Abs. 1 S. 1 BGB). aa) Ein eigenes Recht zum Besitz aus § 986 Abs. 1 S. 1 1. Fall BGB hat der UM gegenüber V nicht. bb) Ein abgeleitetes Recht zum Besitz aus § 986 Abs. 1 S. 1 2. Fall BGB scheitert daran, dass die Besitzüberlassung an den UM unerlaubt war (§§ 540, 553 BGB). d) Der V aa) kann aber nur Herausgabe an den M verlangen (§ 986 Abs. 1 S. 2 BGB). bb) Will er Herausgabe an sich, muss er das Mietverhältnis zu M fristlos kündigen (§ 543 BGB).

dd) Schutz des unmittelbaren Besitzers bei einer Übereignung nach § 931 BGB oder nach § 930 BGB (§ 986 Abs. 2 BGB)

Wenn der Eigentümer eine bewegliche Sache nach § 931 BGB übereignet hat, kann der neue Eigentümer die Sache nicht nach § 985 BGB von dem unmittelbaren Besitzer herausverlangen, solange dieser dem Alteigentümer gegenüber zum Besitz berechtigt gewesen wäre (§ 986 Abs. 2 BGB). Hier besteht für den jungen Juristen ein Verwechslungsrisiko mit §§ 566, 578 BGB! Anders als bei § 986 Abs. 1 BGB wird man hier auch ein Zurückbehaltungsrecht des unmittelbaren Besitzers berücksichtigen müssen.

Fall 672: Der Eigentümer-Vermieter EV hat dem M ein Auto für 1 Jahr fest vermietet und übergeben; am nächsten Tag hat er das Auto nach § 931 an den D übereignet. Der D verlangt sofort Herausgabe von M.

Dem Herausgabeanspruch aus § 985 BGB steht das Besitzrecht des M aus dem Mietvertrag mit EV entgegen (§§ 986 Abs. 2, 535 BGB).

Fall 673: Der Eigentümer-Vermieter EV hat dem M ein Wohnhaus vermietet und es dann nach §§ 873, 925 BGB an den D übereignet, der von M Herausgabe verlangt.

Hier hat der M ein eigenes Recht zum Besitz gegenüber dem D aus §§ 986 Abs. 1 S. 1 1. Fall, 535, 566, 578 BGB.

Nach **§ 986 Abs. 2 BGB analog** wird der unmittelbare Besitzer auch bei einer Übereignung nach § 930 BGB vor einem auf § 985 BGB gestützten Herausgabeverlangen des neuen Eigentümers geschützt.

Fall 674: Der Eigentümer-Vermieter EV hat dem M ein Auto für 1 Jahr fest vermietet und übergeben; dann hat er es am nächsten Tag nach § 930 an den D übereignet, indem er sich mit dem D über den Eigentumsübergang geeinigt und dabei vereinbart hat, dass er die Sache für D (gestuft) besitzt. Der D verlangt sofort Herausgabe von M.

Dem Herausgabeanspruch aus § 985 BGB steht das Besitzrecht des M aus dem Mietvertrag mit EV entgegen (§§ 986 Abs. 2 analog, 535 BGB).

D. Die sachenrechtlichen Ansprüche

e) Zurückbehaltungsrecht aus § 273, und das Herausgabeverweigerungsrecht aus § 1000 BGB

Das Zurückbehaltungsrecht aus § 273 oder das Herausgabeverweigerungsrecht aus §§ 1000, 994 ff. BGB (dazu später mehr) begründen keine zur Klagabweisung führende Rechte zum Besitz i.S.d. § 986 Abs. 1 BGB. Vielmehr handelt es sich dabei um Einreden, deren Erhebung zu einer „Zug–um–Zug" – Verurteilung (§§ 273, 274 bzw. §§ 1000 S. 1, 274 analog BGB) führen. Allerdings wird man ein Zurückbehaltungsrecht aus § 273 BGB im Rahmen des § 986 Abs. 2 BGB berücksichtigen können.

f) Sperrwirkung des § 817 S. 2 BGB, Ausschluss des Herausgabeanspruchs aus § 241 a Abs. 1 BGB, 105 a S. 1 BGB

Sie wissen bereits aus früheren Erörterungen, dass viel dafür spricht, den § 817 S. 2 BGB auch auf den Anspruch aus § 985 BGB entsprechend anzuwenden.

<u>Fall 675:</u> Der Finanzvorstand der Iffa AG (F) hat seit Jahrzehnten Geld veruntreut. Als der Controller S. Eveke (C) ihm auf die Schliche kommt, gelingt es dem F dadurch, den C zunächst zum Schweigen zu veranlassen, indem er ihm auf dessen „Wunsch" ein Grundstück übereignet. Als der C später auch noch ein zusätzliches „Schweigegeld" verlangt, will der über die Unersättlichkeit des C empörte F Rückübereignung oder Herausgabe und Grundbuchberichtigung (nach Baur/Stürner).

1. Ein Rückübereignungsanspruch aus § 812 Abs. 1 S. 1 1. Fall BGB scheitert daran, dass die Übereignung nach § 138 Abs. 1 BGB deshalb nichtig ist, weil die Sittenwidrigkeit gerade in der Eigentumsverschaffung liegt: Der in Anspruch genommene C hat also kein „etwas" in Gestalt des eventuell herauszugebenden Eigentums erlangt. 2. Der F könnte aber Herausgabe des Grundstücks a) nach § 812 Abs. 1 S. 1 1. Fall BGB („Leistungskondiktion") verlangen. aa) Der C hat den Besitz erlangt, und zwar durch Leistung des F, bb) und dies ohne Rechtsgrund, weil der Schenkungsvertrag (§ 516 BGB) nach § 138 Abs. 1 BGB nichtig ist. cc) Dem Anspruch steht aber § 817 S. 2 BGB entgegen. b) Einem aa) an sich nach § 985 BGB gegebenen Herausgabeanspruch bb) könnte § 817 S. 2 BGB entgegenstehen. Für die Anwendung des § 817 S. 2 auf § 985 BGB spricht ein sonst bestehender Wertungswiderspruch: Ist der Sitten- bzw. Gesetzesverstoß weniger gewichtig, so dass nur das Verpflichtungsgeschäft nichtig ist, wäre der Bereicherungsanspruch des Leistenden aus § 812 Abs. 1 S. 1 Fall1 BGB durch § 817 S. 2 gesperrt; wenn aber der Sitten- bzw. Gesetzesverstoß so schwer wiegt, dass sogar das dingliche Erfüllungsgeschäft nichtig ist, dann darf der Leistende dadurch nicht besser gestellt werden, dass er einen Herausgabeanspruch aus § 985 BGB hat. 3. Gleiches muss gegenüber dem Grundbuchberichtigungsanspruch gelten.

Wenn wir hier wieder einmal <u>gegen die Aufbauregeln verstoßen</u> haben, indem wir den Anspruch aus § 812 Abs. 1 BGB vor dem Anspruch aus § 985 BGB geprüft haben, so nur deshalb, weil es sonst schwer darstellbar gewesen wäre, ob und warum man diskutieren muss, ob § 817 S. 2 BGB einen Anspruch aus § 985 BGB sperrt.

Durch die Lieferung unbestellter Sachen seitens eines Unternehmers an einen Verbraucher wird nach **§ 241 a Abs. 1 BGB** ein Anspruch des Unternehmers gegen den Verbraucher ausgeschlossen, und dazu zählen nicht nur vertragliche, sondern auch gesetzliche Ansprüche (z.B. ein Herausgabeanspruch aus § 985 BGB, Schadensersatzansprüche aus §§ 823 ff. BGB, Rückgabe- und Nutzungsherausgabeansprüche aus §§ 812 ff. oder §§ 987 ff. BGB), allerdings vorbehaltlich der Ausnahmetatbestände des § 241a Abs. 2, 3 BGB.

Sie entsinnen sich vielleicht noch, dass der Gesetzgeber zum Zwecke der Verbesserung der sozialen Integration erwachsener geistig Behinderter in **§ 105 a BGB** bestimmt hat, dass – vorbehaltlich einer „erheblichen Gefahr für die Person oder des Vermögens des Geschäftsunfähigen" – immer dann, wenn „ein volljähriger Geschäftsunfähiger ein Geschäft des täglichen Lebens, das mit geringwertigen Mitteln bewirkt werden kann, (tätigt), ... der von ihm geschlossene Vertrag in Ansehung von Leistung und ... Gegenleistung als wirksam (gilt), soweit Leistung und Gegenleistung bewirkt sind". Dies bedeutet, dass zwar einerseits der **Vertrag nichtig** ist, dass aber andererseits der Vertrag **partiell** (in Ansehung von Leistung und Gegenleistung) **als wirksam gilt**, soweit Leistung und Gegenleistung bewirkt sind. Damit ist ausgeschlossen, dass die bewirkten Leistungen zurückgefordert werden können, und zwar weder aus § 812 BGB noch aus dem hier interessierenden § 985 BGB.

Fall 676: Die an einer schweren rezidivierenden (= immer wieder auftretenden) manisch-depressiven Erkrankung leidende, in einer Behindertenwohngemeinschaft lebende 30jährige K kauft im Laden des V als Weihnachtsgeschenk für ihre Nachbarin und beste Freundin, die körperbehinderte N 1, die einen Kater namens „Herr Paul" hat, für € 30,- eine Dose mit Katzenfutter der Marke „Katz – Gourmet de luxe". Die K bezahlt den Kaufpreis aus ihrem monatlichen Taschengeld von € 100,-. Der V verpackt ihr die Dose in Weihnachtspapier und händigt sie an die K aus. Als der Betreuer B die Dose am Vormittag des 24. Dezember 2002 bei der K sieht, ist er verärgert über die Verschwendung. Er fordert den V, bei dem die K schon häufiger in verschwenderischer Weise eingekauft hatte, auf, den Kaufvertrag rückgängig zu machen. Der V, der Schwierigkeiten befürchtet, verlangt von der K Herausgabe der Dose Zug – um – Zug gegen Rückzahlung von € 30,-.

Der Anspruch könnte sich aus 1. § 812 Abs. 1 S. 1 1. Fall BGB („Leistungskondiktion") und aus § 985 BGB ergeben. Auf die Einzelheiten dieser Anspruchsgrundlagen braucht nicht weiter eingegangen zu werden, 2. denn die Rückforderungsansprüche sind ausgeschlossen: a) Ein Anspruch aus §§ 812 Abs. 1 S. 1 1. Fall, 104 Nr. 2, 105 Abs. 1 BGB ist durch § 105 a S. 1 BGB gesperrt, denn aa) der „geschlossene Vertrag", und damit ist unzweifelhaft der Kaufvertrag gemeint, gilt in Ansehung von Leistung und Gegenleistung als wirksam, b) soweit aa) – wie hier geschehen – Leistung und Gegenleistung bewirkt sind, bb) wenn – wie hier – ein volljähriger Geschäftsunfähiger cc) ein Geschäft des täglichen Lebens, wie es bei einem Anstandsgeschäft unter Freunden gegeben ist, dd) das – wie hier – mit geringwertigen Mitteln bewirkt werden kann, tätigt. ee) Der Ausnahmetatbestand des § 105 a S. 2 BGB greift nicht ein. b) Hier kann offen bleiben, ob das Gesetz die (partielle) Wirksamkeit nur des schuldrechtlichen Vertrages fingiert oder auch die des dinglichen Vertrages; denn es muss aus teleologischen Gründen davon ausgegangen werden, dass die Rückforderungssperre auch einen eventuellen Herausgabeanspruch aus § 985 BGB erfasst, anderenfalls liefe die Norm leer.

g) Erlöschen des Herausgabeanspruchs aus § 985 BGB durch Erfüllung

Der Herausgabeanspruch aus § 985 BGB erlischt durch **Erfüllung (§ 362 BGB)**, wenn der Herausgabeschuldner die Sache an den Eigentümer am Erfüllungsort (§ 269 BGB) herausgibt.

Gibt der unmittelbare Besitzer nach Beendigung seines Besitzrechtes die Sache an den ehemaligen Eigentümer als den **scheinbaren Herausgabeschuldner** heraus, wird er im Falle seines guten Glaubens nach **§ 407 BGB analog** geschützt.

<u>Fall 677</u>: Der Eigentümer-Vermieter EV hat dem M ein Auto für 1 Jahr fest vermietet und es ihm übergeben; dann hat er es am nächsten Tag nach § 931 an den D übereignet. Nach Ablauf des 1 Jahres bringt der M das Auto zu dem EV zurück. Dann erscheint der D und verlangt Herausgabe des Autos von M.

Der Herausgabeanspruch aus § 985 BGB a) ist entstanden b) aber nach § 407 BGB analog erloschen.

h) Abtretbarkeit des Herausgabeanspruchs aus § 985 BGB

Der „**primäre Herausgabeanspruch**" aus § 985 BGB ist **nicht** nach **§ 398 BGB abtretbar**, weil der Herausgabeanspruch als Wesensmerkmal des Eigentums nicht vom Eigentumsrecht als seinem „Stammrecht" (Medicus) getrennt werden kann. Möglich ist aber eine „Einziehungsermächtigung" nach § 185 BGB analog.

<u>Fall 678</u>: Der Dieb D stiehlt dem E eine Sache. Der E tritt seinen Herausgabeanspruch an Z'ar ab. Der Z'ar verlangt Herausgabe der Sache von dem D.

Ein Anspruch des Z'ar a) aus §§ 985, 398 BGB besteht mangels Abtretbarkeit des Herausgabeanspruchs nicht (§ 399 1. Fall BGB). b) Man wird prüfen müssen, ob in der unwirksamen Abtretung eine „Einziehungsermächtigung" nach § 185 BGB analog liegt.

> Wie Sie ja vielleicht noch wissen, soll wegen der Unabtretbarkeit eines Anspruchs aus § 985 BGB eine Übereignung einer Sache, an der der Eigentümer keinen mittelbaren Besitz hat (also einer ihm gestohlenen Sache, die der Dieb D in Besitz hat), nach § 931 BGB nicht durch Einigung und „Abtretung des Herausgabeanspruchs aus § 985 BGB" erfolgen können, sondern nur durch eine bloße Einigung.

i) Anwendbarkeit des § 285 BGB auf den Herausgabeanspruch aus § 985 BGB

Ein seit Jahrzehnten in der Ausbildung sorgsam gepflegter (für die Rechtspraxis bedeutungsloser) Diskussionsstoff ist die Frage, ob der Eigentümer von einem ehemaligen Herausgabeschuldner aus § 985 BGB, der die Sache (vor Rechtshängigkeit der Herausgabeklage) weiter veräußert hat und der daher mangels Besitzes die Herausgabe nicht mehr schuldet, jedenfalls die **Herausgabe** des „**stellvertretenden commodum**" **nach § 285 BGB**, also den aus der Weiterveräußerung erzielten Erlös bzw. die Abtretung des Anspruchs auf den Veräußerungserlös gegen den Erwerber, verlangen kann.

<u>Fall 679</u>: Dem E wird von D eine Sache gestohlen. Der D veräußert sie an den K weiter. Der K ist unauffindbar. Der E verlangt von dem D im Wege der Klage die Zahlung eines Betrages in Höhe des erzielten Erlöses, der um 20 % über dem gemeinen Wert liegt.

1. Schadensersatzansprüche aus §§ 823 Abs. 1, 2 BGB, 242 StGB, 249 ff. BGB belaufen sich nur auf den gemeinen Wert (100 %), nicht aber auf den geltend gemachten Erlös (120 %). 2. Zu prüfen ist insoweit ein Anspruch aus §§ 985, 285 BGB: Zwischen dem E und D bestand ein Schuldverhältnis aus § 985 BGB. Ganz allgemein zu unterscheiden ist die (hier gegebene) Unmöglichkeit der Herausgabe infolge einer Weiterveräußerung von der (hier nicht gegebenen) Unmöglichkeit infolge zufälligen Untergangs. a) Durch die (Weiter-)Veräußerung an den K ist dem D die Herausgabe an den E unmöglich geworden. Da man im Rahmen des § 285 BGB auch das „commodum ex negotiatione" als herauszugebendes Surrogat einschließlich eines Übererlöses erfasst, könnte der Anspruch gegeben sein. Auch ist hier nicht der Ihnen ja schon hinlänglich bekannte Einwand gegen die Anwendung des § 285 BGB einschlägig, dass zwischen dem Leistungsgegenstand, dessen Herausgabe nach § 275 Abs. 1 BGB nicht mehr geschuldet wird, und dem Gegenstand, für den der Schuldner einen „Ersatz" erlangt hat, keine Identität bestehe. Denn geschuldet wird die Besitzverschaffung (§ 985 BGB); und erlangt hat der D das von dem E gegenüber dem K geltend gemachte Surrogat für eine Besitzverschaffung, weil der K kein Eigentum erworben hat (§§ 932, 935 BGB). Gleichwohl wendet die hM. § 285 BGB nicht auf § 985 BGB an, weil (in begrifflicher Hinsicht gesehen korrekt argumentiert) der Anspruch aus § 985 BGB nicht – wie § 285 BGB es voraussetzt – erlischt, sondern sich gegen den Besitzer K (der wegen § 935 BGB nicht Eigentümer geworden ist) fortsetzt; außerdem soll diese Lösung aus verschiedenen (durchaus zu entkräftenden) Gründen nicht der Interessenlage entsprechen: Bei der Anwendung des § 285 BGB würde die „Opfergrenze" (Westermann) für den D überschritten werden, wenn der D nicht nur den Erlös nach § 285 BGB herauszugeben hätte, sondern zusätzlich auch noch nach §§ 280 Abs. 1, 2, 283 BGB von dem K in Anspruch genommen werden könnte, also von zwei Seiten „in die Zange genommen" werden kann, und er außerdem hinsichtlich des Anspruchs auf Rückzahlung des bereits an den E ausgekehrten Erlöses dessen Insolvenzrisiko tragen müsste. Weiterhin soll gegen eine Anwendung des § 285 BGB sprechen, dass der E bei einer Veräußerungskette eine Vielzahl von Ansprüchen erhalten würde. Entscheidend spricht gegen die Anwendung der §§ 985, 285 BGB die bestehende Möglichkeit des E, einen Anspruch gegen den D aus § 816 Abs. 1 S. 1, 185 BGB geltend machen zu können (dazu sogleich). b) Eine (hier nicht vorliegende!) Ausnahme soll allerdings dann zugunsten der Anwendung von §§ 985, 285 BGB gemacht werden, wenn die Unmöglichkeit durch Zufall eingetreten ist und dem Herausgabeschuldner daraus ein Anspruch (z.B. gegen eine Versicherung) erwächst: § 816 Abs. 1 S. 1 BGB greift dann nämlich nicht ein, und die Lücke soll a maiore ad minus durch § 285 BGB geschlossen werden, weil der Eigentümer ein viel stärkeres Interesse an einem solchen Surrogat habe als ein bloß schuldrechtlich Berechtigter. 3. Schließlich ist ein Anspruch aus § 816 Abs. 1 S. 1 BGB zu prüfen: a) Der D hat mit der Veräußerung an den K als Nichtberechtigter verfügt. b) Diese Verfügung müsste im Verhältnis zu E wirksam sein. aa) An sich ist sie unwirksam (§ 935 BGB). bb) Sie könnte aber durch eine Genehmigung des E nach §§ 185 Abs. 2 S. 1, 184 Abs. 1 BGB wirksam geworden sein. Diesem Lösungsvorschlag der ganz hM. ist beizupflichten, denn es wäre ein Wertungswiderspruch, den E – nur weil er seinen Herausgabeanspruch aus § 985 BGB wegen des Untertauchens des K überhaupt nicht durchsetzen kann (Canaris) oder weil dieser wertlos geworden ist, weil die Sache zwischenzeitlich verschlechtert ist – schlechter zu stellen als bei Wirksamkeit der Verfügung. Eine Genehmigung wird bereits in der Klage auf den Erlös gesehen. Danach wäre der Erlös, und zwar auch der „Übererlös" herauszugeben. Diese Lösung begegnet zwar konstruktiven Bedenken; diese sollen jedoch nach hM. nicht entscheidend sein, weil sie ausräumbar seien: Zu einer Überschreitung der „Opfergrenze" und einer Anspruchskumulation kommt es bei dieser Konstruktion jedenfalls nicht, weil der K und alle seine Nachfolger Eigentümer werden. Das Bedenken, dass der D wegen der Rückwirkung der Genehmigung zum „Berechtigten" geworden sei, so dass der die Verfügung eines „Nichtberechtigten" voraussetzende § 816 Abs. 1 S. 1 BGB nicht gelten könne, soll deshalb nicht schlüssig sein, weil die Rückwirkung nur die Folgen, nicht aber die Voraussetzungen des § 816 Abs. 1 S. 1 BGB betrifft (Larenz). Das für E darin liegende Risiko eines Rechtsverlustes durch die bereits in der Klageerhe-

bung (also vor einem Urteil und vor einer erfolgreichen Durchsetzung durch Vollstreckung!) zu sehende Genehmigung ohne mindestens gleichzeitige Erlangung des Erlöses wird dadurch ausgeräumt, dass man entweder (logisch deshalb nicht unbedingt überzeugend, weil das den Anspruch zusprechende Urteil eine vorliegende Genehmigung gerade voraussetzt) eine Verurteilung des D zur Herausgabe Zug – um – Zug gegen die Genehmigung ausspricht und diese erst wirksam werden soll, wenn der Erlös (ggf. erst in der Zwangsvollstreckung) herausgegeben wird, oder (dogmatisch zweifelhaft) die Genehmigung von der Bedingung der Erlösherausgabe abhängig macht. c) Interessant und sehr bedeutsam für Klausuren ist die – später erörterte – (zu verneinende) Frage, ob der K den an D gezahlten Kaufpreis als Entreicherung (§ 818 Abs. 3 BGB) absetzen kann. 4. Ferner hat der E einen Anspruch aus §§ 687 Abs. 2, 681 S. 2, 667 BGB auf Herausgabe des aus der Geschäftsbesorgung Erlangten, schuldet aber seinerseits nach § 687 Abs. 2, 684 S. 1, 812 ff. BGB dem D Aufwendungsersatz.

2. Sekundäransprüche aus dem Eigentümer – Besitzerverhältnis

Wenn der zur Herausgabe verpflichete Besitzer die Sache nicht mehr oder nur verschlechtert herausgeben kann, oder wenn er Nutzungen gezogen hat oder wenn er Verwendungen auf die herauszugebende Sache gemacht hat, können hieraus Ansprüche des Eigentümers bzw. Gegenansprüche des Besitzers erwachsen. Wir fassen das unter der summarischen Bezeichnung „**Sekundäransprüche**" aus dem **Eigentümer-Besitzerverhältnis** zusammen. Die Regelung findet sich in den §§ 987 ff. BGB.

> Das Regelungssystem der §§ 987 ff. BGB gilt als der komplizierteste Normenkomplex des BGB überhaupt. Diese Einschätzung ist ein völlig überzogenes Vorurteil! Das Verständnis bereitet kaum Probleme, wenn man das den Regelungen der §§ 987 ff. BGB zugrunde liegende Prinzip erkennt; dann erschließt sich einem das Gesetz fast von allein.

a) Die Interessenlage und das gesetzliche System

Der Gesetzgeber hat mit den Vorschriften der §§ 987 ff. BGB zur Regelung des Eigentümer-Besitzerverhältnisses der folgenden, leicht verständlichen **Interessenlage** Rechnung getragen:

Wir alle besitzen Sachen, die anderen Personen gehören und an denen wir kein Recht zum Besitz haben: Denken Sie nur an das letzte „Schnäppchen" auf dem „Flohmarkt" oder an das gerade durch eine Erbschaft erworbene Bild; ist es nicht denkbar, dass der Erblasser gar nicht Eigentümer des Bildes war, weil er es nur geliehen oder gar unterschlagen hatte; und könnte Ihr „Schnäppchen" nicht etwa Diebesbeute gewesen sein, an der Sie auch bei gutem Glauben an das Eigentum des Veräußerers kein Eigentum erwerben können (§ 935 Abs. 1 BGB)? Wie auch immer: Würden wir diese in unserem Besitz befindlichen vermeintlich eigenen, aber in Wahrheit fremden Sachen „schlecht behandeln", indem wir sie beschädigen, zerstören oder wegwerfen, also z.B. die fremde Kuh schlachten, wären wir dem jeweiligen Eigentümer, wenn dieser uns „auf die Spur" kommt, aus § 823 Abs. 1 BGB schadensersatzpflichtig., es sei denn Sie kommen aufgrund einer komplizierten Irrtumskonstruktion zum Wegfall des Vorsatzes. Oder: Würden wir Nutzungen aus einer fremden Sache ziehen, z.B. die fremde Kuh melken, müssten wir diese Nutzungen oder deren Wert an den Eigentümer aus §§ 812 Abs. 1, 818 Abs. 2 BGB und nur geschützt durch

§ 818 Abs. 3 BGB herausgeben. Und: Wenn wir auf die fremde Sache dadurch Verwendungen machen würden, dass wir z.B. die fremde Kuh füttern, hätten wir lediglich einen Anspruch aus § 812 Abs. 1 S. 1 BGB aufgrund einer „Verwendungskondiktion", vielleicht aber wegen einer „aufgedrängten Bereicherung" auch nicht, und müssten die Sache, allenfalls gesichert durch ein Zurückbehaltungsrecht nach §§ 273, 812 Abs. 1 S. 1 BGB an den Eigentümer herausgeben. Das Ausbleiben von Verwendungen würde vielleicht auch zuweilen der Eigentümer bedauern, weil die Sache weniger lange überdauert. Vor all diesen Risiken und rechtlichen Unwägbarkeiten soll der Besitzer einer ihm nicht gehörenden und von ihm nach §§ 985, 986 BGB herauszugebenden Sache im Grundsatz bewahrt werden: Er soll auch auf die Gefahr hin, objektiv nicht zum Besitz berechtigt zu sein, so „hemmungslos" mit der Sache verfahren dürfen, wie wenn er ihr Eigentümer wäre, sie also auch wegwerfen, zerstören oder beschädigen etc. können. Umgekehrt soll der unrechtmäßige Besitzer wie ein Eigentümer alle wirtschaftlichen Vorteile, die die Sache ihm eintragen kann, ziehen und die gezogenen Vorteile auch behalten dürfen. Auch soll der unrechtmäßige Besitzer keine Hemmungen haben, Verwendungen auf die Sache zu machen, ohne jederzeit befürchten zu müssen, dass er wegen fehlenden Eigentums die Sache an den Eigentümer herauszugeben hat, ohne gleichzeitig seine Verwendungen ersetzt zu bekommen. Dies erreichen die §§ 987 ff. BGB dadurch, dass sie den unrechtmäßigen Besitzer bei der Inanspruchnahme durch den Eigentümer auf Schadensersatz oder auf Herausgabe von Nutzungen privilegieren und weiterhin dadurch, dass sie ihm, abgestuft nach der Art der Verwendungen und nach dem Wert derselben für den Eigentümer und schließlich auch abhängig davon, ob dem Besitzer die Nutzungen verbleiben, das Recht auf Verwendungsersatz gegen den Eigentümer zusprechen und dem Besitzer wegen dieses Anspruchs ein Herausgabeverweigerungsrecht gegen den Eigentümer geben.

Wäre es anders, könnten wir alle nicht mehr ruhig schlafen.

Aber dieses Privileg gilt nicht uneingeschränkt. Sie wissen ja, dass nur „ein gutes Gewissen ein sanftes Ruhekissen" ist: Wenn also der objektiv unrechtmäßige Besitzer weiß oder infolge grober Fahrlässigkeit nicht weiß, dass er nicht zum Besitz berechtigt ist (= bösgläubig ist) bzw. später von seiner Nichtberechtigung erfährt, oder wenn der objektiv unrechtmäßige Besitzer durch eine gegen ihn erhobene und ihm zugestellte Klage (=Rechtshängigkeit) auf Herausgabe oder Grundbuchberichtigung eines Klägers, der sich seines Eigentums berühmt, gewarnt ist und sich seines vermeintlichen Rechtes daher nicht mehr sicher sein kann, oder wenn der objektiv unrechtmäßige Besitzer den Besitz auf verbotene („pönale") Weise (Straftat oder verbotene Eigenmacht) erlangt hat, kann es ihm entgegen der ihn privilegierenden Regel zugemutet werden, auch wie ein Nichtberechtigter behandelt zu werden. Ein derartiger unrechtmäßiger Besitzer wird Ansprüchen auf Schadensersatz ausgesetzt, wenn er durch schuldhaftes Verhalten die Sache verschlechtert oder sie gar nicht herausgeben kann. Unter diesen Voraussetzungen sind die von einem unrechtmäßigen Besitzer gezogenen Nutzungen herauszugeben. Auch hinsichtlich der auf die Sache gemachten Verwendungen wird der bösgläubige und verklagte Besitzer schlechter gestellt als der gutgläubige und unverklagte Besitzer, indem notwendige Verwendungen nur unter den Voraussetzungen einer Geschäftsführung ohne Auftrag ersetzt werden.

1. Dass es dogmatisch konsequent ist, dem soeben verdeutlichten berechtigten Vertrauen des Besitzers auf sein Eigentum durch eine rechtliche **Privilegie-**

> rung zu entsprechen und die **Interessen des Eigentümers zurückzustellen**, erklärt sich u.a. aus dem Grundgedanken des § 1006 BGB.
>
> **2.** Das Problem für den Gesetzgeber bestand darin, eine **gerechte Abgrenzung der schutzwürdigen Interessen des unrechtmäßigen Besitzers** von den **Interessen des Eigentümers** zu finden. Das Gesetz hat sich insoweit an unterschiedlichen Wertungsaspekten orientiert, z.B. an den §§ 932 Abs. 1, 2 BGB und den §§ 818 Abs. 4, 819 BGB u.v.a.m.

Damit ist eigentlich fast alles gesagt. Nun müssen Sie nur noch das **System der gesetzlichen Regelung** und einige dogmatische Feinheiten kennenlernen:

- Bestehen muss ein **„Eigentümer-Besitzer-Verhältnis"** bzw. eine **„Vindikationslage"** zwischen dem Eigentümer und einem unrechtmäßigen Besitzer aus §§ 985, 986 BGB.

- Der **unrechtmäßige Besitzer** soll vom Eigentümer nach §§ 989, 990, 992 BGB auf **Schadensersatz** wegen **Untergangs** oder wegen **anderweitig begründeter Unmöglichkeit der Herausgabe** oder wegen **Verschlechterung** der Sache oder wegen **Verspätung** der Herausgabe **oder** nach §§ 988, 987, 990, 993 Abs. 1 1. HS, 992 BGB zur **Herausgabe von Nutzungen** bzw. zum **Ersatz für nicht gezogene Nutzungen** nur beim Vorliegen eines (hier nach dem Sprachgebrauch des legendären Hamburger Repetitors Lützow so genannten!) **„Haftungsauslösungsmoments"** (bei Schadensersatzansprüchen: Bösgläubigkeit, Rechtshängigkeit des Herausgabeanspruchs, „Fremdbesitzerexzess" und verbotene Besitzerlangung/bei Nutzungsherausgabeansprüchen bzw. bei Ersatzansprüchen wegen nicht gezogener Nutzungen: Unentgeltlichkeit, Bösgläubigkeit, Rechtshängigkeit des Herausgabenspruchs, Übermaß und verbotene Besitzerlangung) in Anspruch genommen werden können. Diese Sekundäransprüche beruhen auf einem unter diesen Voraussetzungen bestehenden gesetzlichen Schuldverhältnis zwischen dem Eigentümer und dem Besitzer. Im Rahmen dieses gesetzlichen Schuldverhältnisses finden die Vorschriften über das Verschulden und die Zurechnung eines Verschuldens anderer Personen („Erfüllungsgehilfen") des Allgemeinen Schuldrechts Anwendung (§§ 276, 278 BGB).

> **Gesichert wird die Beachtung des Privilegs des unrechtmäßigen Besitzers** gegenüber dem Eigentümer dadurch, dass die §§ 987 ff. BGB bei einer Vindikationslage Sonderregeln sind, die auf keinen Fall durch die Anwendung anderer Anspruchsgrundlagen (insbesondere nicht auf Schadensersatz aus §§ 280, 281, 283 i.V.m. 276 Abs. 1 S. 1 BGB oder aus 823 BGB und auf Herausgabe von Nutzungen aus §§ 812, 818 Abs. 1 BGB) umgangen werden dürfen (§ 993 Abs. 1 2. HS. BGB). Dies wird zuweilen auch als die **„Sperrwirkung"** des **Eigentümer-Besitzer-Verhältnisses** bezeichnet.

- Der **unrechtmäßige Besitzer**, der in einer „Vindikationslage" **Verwendungen** auf die Sache gemacht hat, kann diese (abgestuft nach der Art der Verwendungen und abhängig von seiner Gut- bzw. Bösgläubigkeit) von dem Eigentümer ersetzt verlangen **(§§ 994 ff. BGB)**. Einen **Anspruch auf Ersatz der Verwendungen** hat der Besitzer nach §§ 994 ff., 1001 BGB aber erst, wenn der Eigentümer die

Sache wiedererlangt hat oder wenn er die Verwendung genehmigt hat. Dieser Anspruch wird Ihnen „im Leben" oder bei der Fallbearbeitung kaum begegnen, weil die Genehmigung selten erfolgen wird und weil der Besitzer, der den Ersatz seiner Verwendungen verlangen kann, die Sache nicht vor der Erfüllung des Verwendungsersatzanspruches herausgeben wird. Dass er ein solches **Herausgabeverweigerungsrecht** auch schon vor der Fälligkeit gegenüber dem **Herausgabeanspruch des Eigentümers aus § 985 BGB** hat, ergibt sich aus **§§ 1000, 274 analog BGB**.

Damit ist Ihnen das System der gesetzlichen Regelung der §§ 987 ff. BGB klar. Bevor Sie sich sogleich mit den Einzelheiten vertraut machen, sollten Sie sich in „stillen 10 Minuten" selbst oder noch besser irgend einem anderen interessierten Jungjuristen einen kleinen Vortrag hierzu halten. Denn nur derjenige, der das System sicher aktiv beherrscht, kann die Details, in denen Bekanntlich „der Teufel steckt", verstehen.

b) Gemeinsame Voraussetzung: Eigentümer-Besitzer-Verhältnis
(= „Vindikationslage")/Eigentümer-Bucheigentümerverhältnis

aa) Die „Vindikationslage" bei einem Eigentümer-Besitzer-Verhältnis

Voraussetzung für die Ihnen nunmehr in den Grundzügen bekannte Privilegierung eines unrechtmäßigen Besitzers bzw. umgekehrt gewendet: für die Zubilligung von Ansprüchen des Eigentümers gegen den unrechtmäßigen Besitzer aus den §§ 987 ff. BGB, ist also, dass zwischen dem Anspruchsteller und dem Anspruchsgegner ein **„Eigentümer-Besitzer-Verhältnis"** (kurz: eine **„Vindikationslage"**) besteht. Die **„klassische Vindikationslage"** ist, dass der **Besitzer** mangels eines Rechtes zum Besitz nach § 986 BGB ein **unrechtmäßiger Besitzer** ist (**Formel:** § 985 BGB, kein § 986 BGB), wobei ein Herausgabeverweigerungsrecht aus § 273 BGB oder § 1000 BGB ihn nicht zum berechtigten Besitzer werden lässt! Zweifelsfrei ist eine solche „Vindikationslage" gegeben, wenn der Besitzer **von Anfang an nicht i.S.d. § 986 BGB zum Besitz berechtigt** war oder **ex tunc ein Recht zum Besitz i.S.d. § 986 BGB verloren** hat.

> Ausdrücklich geregelt ist das alles eigenartigerweise nicht, folgt aber unzweifelhaft daraus, dass das Gesetz für die „Haftungsauslösung" u.a. zwischen Gut- und Bösgläubigkeit hinsichtlich des Rechts des Besitzers zum Besitz unterscheidet; eine solche Unterscheidung macht nur bei einem unrechtmäßigen Besitz Sinn; denn ein berechtigter Besitzer kann weder gut- noch bösgläubig hinsichtlich seines Rechtes zum Besitz sein. Den Maßstab für die Unrechtmäßigkeit des Besitzes liefert **§ 986 BGB**; durch ihn wird die **Vindikationslage „fixiert"** (Baur). Sie wissen ja schon lange: Das ist der entscheidende Grund dafür, dass das **Gegenrecht aus § 986 BGB eine Einwendung** und keine Einrede ist, denn das Vorliegen einer für das Bestehen von Ansprüchen konstitutiven „Vindikationslage" darf nicht davon abhängig sein, ob der Besitzer sich im Einzelfall auf sein Recht zum Besitz berufen hat oder nicht.
>
> Zwischen Fremd- und Eigenbesitz wird nicht unterschieden; das ist beim Verwendungsersatzanspruch allerdings anders; dazu später mehr.

D. Die sachenrechtlichen Ansprüche 1131

Im „**Grenzbereich**" zur „klassischen Vindikationslage" liegen die Fälle,

- bei denen es um den sog. „**Nicht–mehr–berechtigten Besitzer**" geht. Diese Konstellation ist dadurch gekennzeichnet, dass ein gegenüber dem Eigentümer bestehendes vertragliches Besitzrecht endet und der ehemalige Berechtigte weiterhin im Besitz der Sache bleibt. **a)** Wer abweichend von dem Ihnen hier unterbreiteten Vorschlag der Lehre vom Vorrang des Vertragsverhältnisses folgen sollte, kommt schon deshalb in der Konstellation der „Nicht-mehr-Berechtigung" eines Besitzers nicht zur Annahme des Vorliegens einer „Vindikationslage", also auch nicht zu Ansprüchen des Eigentümers gegen den Besitzer aus §§ 987 ff. BGB auf Schadensersatz oder auf Herausgabe von Nutzungen bzw. zu Ansprüchen des Besitzers gegen den Eigentümer auf Ersatz von Verwendungen. **b)** Wer allerdings beim Ablauf einer vertraglichen Berechtigung zum Besitz mit der hier vorgeschlagenen Rechtsmeinung eine Anspruchskonkurrenz von § 985 BGB und etwaigen schuldrechtlichen Rückgewähransprüchen annimmt, muss sich je nach Fallfrage die folgenden Fragen stellen: **aa)** Zum einen geht es darum, ob im Fall der Zerstörung oder Verschlechterung der herauszugebenden Sache dem Eigentümer zum Zwecke der Haftungsverstärkung ergänzend neben den Sekundäransprüchen aus dem schuldrechtlichen Rückgewährregime und neben eventuellen Deliktsansprüchen des Eigentümers auch Ansprüche aus den §§ 987 ff. BGB gegen den „**Nicht–mehr–berechtigten Besitzer**" zuerkannt werden müssen oder ob (und das wird hier favorisiert) abweichend davon anzunehmen ist, dass hierfür wegen der ohnehin bestehenden Sekundäransprüche aus dem schuldrechtlichen Rückgewährregime und der eventuellen Anwendbarkeit des § 823 BGB kein Bedarf besteht. **bb)** Über einen Anspruch des nicht-mehr berechtigten Besitzers auf Herausgabe von Nutzungen nach den §§ 987 ff. BGB findet sich nichts. **cc)** Die letzte Frage geht dahin, ob umgekehrt dem „**Nicht–mehr–berechtigten Besitzer**" Ansprüche auf Verwendungsersatz aus §§ 994 ff. BGB zuerkannt werden müssen, weil ein ehemals berechtigter und dann nicht mehr berechtigter Besitzer nicht schlechter gestellt werden darf, als der derjenige Besitzer, der von vornherein nicht zum Besitz berechtigt war. Darauf gehen wir später gründlich ein, wenn wir uns mit den Verwendungsersatzansprüchen befassen.

- Weiterhin wird die Frage erörtert, ob ein berechtigter Besitzer, der sein Besitzrecht überschreitet, also der sog. „**Nicht–so–berechtigte Besitzer**" ein unberechtigter Besitzer ist, **a)** so dass die §§ 987 ff. BGB anwendbar wären. **aa)** Zu denken ist insoweit allerdings nur an Schadensersatzansprüche des Eigentümers gegen den Besitzer; **bb)** Rechtsansichten, denen zufolge auch hinsichtlich der Nutzungsherausgabe die §§ 987 ff. BGB anwendbar sein sollen **cc)** oder nach denen der „Nicht-so-berechtigte-Besitzer" Ansprüche aus §§ 994 ff. BGB haben soll, werden nicht vertreten. **b)** Gegen die Anwendbarkeit der §§ 989 ff. BGB wird überzeugend ins Feld geführt, dass wegen der Schadensersatzansprüche aus § 280 BGB und aus § 823 BGB gegen den sein Besitzrecht überschreitenden Besitzer kein Bedarf für die analoge Anwendung der §§ 989 ff. BGB besteht.

- Bei der „**Umwandlung von Fremd- in Eigenbesitz**" geht es um die Fallkonstellation, dass ein berechtigter Fremdbesitzer, also ein berechtigter Besitzer, der nach seiner Willensrichtung für einen anderen besitzt, seine Willensrichtung ändert und die Sache nunmehr zu Unrecht „als ihm gehörend besitzt" und daher unrechtmäßiger „Eigenbesitzer" wird (§ 872 BGB). In dieser dem Besitz eine andere Qualität verleihenden Änderung der Willensrichtung könnte man eine Besitzerlangung sehen, so dass zwischen dem Eigentümer, für den der Besitzer bisher berechtigt als „Fremdbesitzer" besessen hatte, und dem nunmehrigen unberechtigten Eigenbesitzer plötzlich eine „Vindikationslage" besteht mit der Folge einer Anwendbarkeit der §§ 987 ff. BGB. **a)** Auch hier wird **aa)** überhaupt nur die Anwendbarkeit der §§ 989 ff. BGB auf Schadensersatz in Erwägung gezogen. **bb)** Eine Verpflichtung zur Herausgabe von Nutzungen aus den §§ 987 ff. BGB **cc)** oder zum Verwendungsersatz (§§ 994 ff. BGB) wird nicht diskutiert. **b)** gegen die Anwendung der §§ 989 ff. BGB sprechen die vorgenannten Gegenargumente. Wenn der BGH in einem Einzelfall (Feldlokomotiven-Fall) anders entschieden hat, so geschah dies wohl nur aus Gründen der Individualgerechtigkeit (nämlich um die seinerzeit geltende 30-jährige Verjährungsfrist anstelle der kurzen Verjährungsfrist bei deliktischen Ansprüchen zugrundelegen zu können!), aber nicht aus verallgemeinerungsfähigen Gründen.

bb) „Vindikationslage" bei einem „(Grund-) Eigentümer-Buchbesitzer" Verhältnis

Darüber hinausgehend werden auch auf das Verhältnis zwischen dem Eigentümer und dem (nur) Buchberechtigten die §§ 987 ff. BGB analog angewendet.

Daher wäre dem Eigentümer bei einer nach § 892 BGB wirksamen Verfügung durch Übertragung des Eigentums oder eines Grundstücksrechts seitens des „Buchbesitzers" an einen hinsichtlich des nicht bestehenden Rechts gutgläubigen Erwerber nach §§ 989, 990 BGB Schadensersatz zu leisten. Kompliziert ist das Verhältnis zu § 816 Abs. 1 S. 1 BGB, wenn der „Buchbesitzer" nach § 892 BGB wirksam durch Belastung des Grundstücks bzw. eines Grundstücksrechts verfügt hat: Der soeben genannte Anspruch aus §§ 989, 990 BGB wäre auf Beseitigung der Belastung z.B. durch deren Ablösung gerichtet; der Anspruch aus § 816 Abs. 1 S. 1 BGB auf Herausgabe des Erlangten liefe auf das gleiche Ergebnis hinaus, wenn man als das herauszugebende Erlangte den Erwerb des Grundstücks als „Kreditunterlage" ansähe. Dann würde man wohl §§ 989, 990 BGB vorgehen lassen müssen. Dazu lesen Sie mehr in Teil 8.

c) Schadensersatzhaftung des Besitzers §§ 989, 990, 991 Abs. 2 BGB wegen Verschlechterung und Unmöglichkeit der Herausgabe

Was die Schadensersatzhaftung des unrechtmäßigen Besitzers in einer Vindikationslage angeht, so betrifft der hiernach **zu ersetzende Schaden** nur Schäden aus den folgenden im Gesetz genannten Vorgängen:

- Eine **Verschlechterung** der Sache (z.B. Verfallenlassen von Haus und Hof, Verschleiß durch normale Benutzung oder durch Unterlassen einer Reparatur),
- ein **Untergang** der Sache (z.B. Vernichten, Zerstören)
- oder eine **Unmöglichkeit der Herausgabe** der Sache **aus einem anderen Grunde** (z.B. Verlieren, Veräußerung),

- also nur **Schäden an der Sache** selbst, **nicht** aber **Folgeschäden** (der zum Schadensersatz verpflichtete unrechtmäßige Besitzer wird also selbst insoweit noch privilegiert!), wohl aber einen **entgangenen Gewinn** als Folge der Beschädigung bzw. des Untergangs.

aa) „Haftungsauslösungsmomente", Verschulden

Was die (außer dem Vorliegen einer „Vindikationslage" erforderlichen) **Voraussetzungen der §§ 989, 990, 991 Abs. 2 BGB** im Einzelnen angeht, so werden schwerpunktmäßig die folgenden Problemkreise behandelt:

- Weil das für § 989 BGB maßgebliche **„Haftungsauslösungsmoment"** der **Rechtshängigkeit** (= Zustellung der Klage des Eigentümers gegen den Besitzer auf Herausgabe der Sache oder Grundbuchberichtigung) nur eine relativ geringe Rolle im Vergleich zu dem häufiger vorkommenden Merkmal der für §§ 990, 987 BGB maßgeblichen Bösgläubigkeit spielt,
- wollen wir uns auf einige Besonderheiten im Zusammenhang mit den **„Haftungsauslösungsmoment"** der **Bösgläubigkeit** (die sich dann i.w. – Ausnahmen in § 991 Abs. 1 BGB – übertragen lassen auf den Anspruch auf Herausgabe von Nutzungen nach §§ 987, 990 BGB) konzentrieren: Auf die sich bei der Bösgläubigkeit von Hilfspersonen, von Erblassern oder von Minderjährigen stellenden Fragen; und ferner um die Frage einer ausnahmsweisen Anwendung des § 989 BGB in einer „Vindikationslage" bei fehlendem Haftungsauslösungsmoment durch § 991 Abs. 2 BGB („Fremdbesitzerexzess").
- Zum anderen geht es um Fragen des sich nach §§ 276, 278 BGB richtenden **Verschuldens** des in Anspruch genommenen Besitzers.

Konzentrieren wir uns also auf die **§§ 990, 989 BGB**: Dass „Bösgläubigkeit" Vorsatz oder grobe Fahrlässigkeit des unrechtmäßigen Besitzers bei Besitzerwerb voraussetzt, ist selbstverständlich (§§ 990, 932 Abs. 2 BGB); nach erfolgtem Besitzerwerb schadet dann nur noch positive Kenntnis, die bereits dann bestehen soll, wenn der Besitzer über sein fehlendes Recht zum Besitz so aufgeklärt worden ist, dass sich ein redlich Denkender der Überzeugung seiner Nichtberechtigung nicht verschließen würde. Interessant sind für die Frage der Bösgläubigkeit des Besitzers die Fälle, in denen von diesem **Hilfspersonen** eingeschaltet worden sind.

Fall 680: Dem E ist durch D eine Sache gestohlen worden. Der D hat sie an den K verkauft und übergeben und übereignet. Der K hatte den D für den Eigentümer gehalten. Der K hat die Sache dann rechtswidrig und schuldhaft beschädigt. Der E will von ihm Schadensersatz in Geld.

Der Anspruch 1. ergibt sich nicht aus §§ 989, 990, 276, 249 Abs. 2 S. 1 BGB, weil der unrechtmäßige Besitzer K weder bösgläubig noch verklagt war. 2. Ein Anspruch aus § 823 Abs. 1 BGB besteht nicht, weil in einer Vindikationslage die §§ 989 ff. BGB die Sekundäransprüche des Eigentümers auf Schadensersatz gegen den unrechtmäßigen Besitzer speziell und ausschließlich regeln (§ 993 Abs. 1 2. HS BGB) und speziell § 992 BGB, der den Zugang zu § 823 BGB öffnet, nicht vorliegt.

Fall 681: Der Eigentümer E verleiht eine Sache an den L, der sie unterschlägt und an den bösgläubigen K verkauft und übereignet. Zum Zwecke der Übereignung übergibt der L die Sache dem redlichen Angestellten A des K. Der nachlässige K zerstört sodann die Sache schuldhaft. Der E verlangt Schadensersatz in Geld von dem K.

Der Anspruch kann sich 1. aus §§ 990, 989, 249 Abs. 2 S. 1 BGB ergeben. a) Dann müsste zwischen dem E und dem K eine Vindikationslage bestanden haben. aa) Der E war Eigentümer und ist es wegen der Bösgläubigkeit des K geblieben. bb) Der K war Besitzer durch den Besitzdiener A (§ 855 BGB). cc) Der K hatte kein Recht zum Besitz nach § 986 BGB, und zwar selbstverständlich kein eigenes, aber auch kein abgeleitetes Recht zum Besitz (§ 986 Abs. 1 S. 1 2. Fall BGB), weil der L ihm die Sache nicht verkaufen und überlassen durfte. b) Der K müsste bösgläubig wegen seines fehlenden Rechts zum Besitz gewesen sein: Er selbst war bösgläubig; der gute Glaube des A nützt ihm nichts. c) Die Sache müsste aa) verschlechtert etc. worden sein (das ist der Fall), bb) und zwar infolge eines Verschuldens des K (das ist der Fall). Also muss der K Schadensersatz leisten. 2. Ein Anspruch aus § 823 Abs. 1 BGB besteht nicht, weil in einer Vindikationslage die §§ 989 ff. BGB die Sekundäransprüche des Eigentümers auf Schadensersatz gegen den unrechtmäßigen Besitzer speziell und ausschließlich regeln (§ 993 Abs. 1 2. HS BGB) und speziell § 992 BGB, der den Zugang zu § 823 BGB öffnet, nicht vorliegt.

Fall 682: Der D stiehlt dem E eine Sache und verkauft und übereignet sie an den K, der den D für den Eigentümer hält. Zum Zwecke der Übereignung wird die Sache dem bösgläubigen Angestellten A des K übergeben. Später zerstört der K die Sache schuldhaft. Der E will Ersatz von K.

Der Anspruch kann 1. sich aus §§ 990, 989 BGB ergeben. a) Dann müsste zwischen E und K eine Vindikationslage bestanden haben. aa) Der E war Eigentümer und ist es trotz der Gutgläubigkeit des K geblieben (§ 935 BGB). bb) Der K war Besitzer durch den Besitzdiener A (§ 855 BGB). cc) Der K hatte kein Recht zum Besitz nach § 986 BGB, und zwar selbstverständlich kein eigenes aber auch kein abgeleitetes Recht zum Besitz (§ 986 Abs. 1 S. 1 2. Fall BGB), weil der D die Sache zu Unrecht besaß. b) Der K müsste bösgläubig wegen seines fehlenden Rechts zum Besitz gewesen sein: aa) Er selbst war gutgläubig. bb) Fraglich ist, ob der böse Glaube des A ihm angelastet werden muss aaa) Natürlich greift insoweit nicht aaaa) § 278 BGB ein, der eine Verschuldens- und keine Wissenszurechnung regelt bbbb) und auch nicht § 278 BGB analog, weil zum maßgeblichen Zeitpunkt noch kein Schuldverhältnis existiert, sondern es um die Frage geht, ob ein solches aufgrund einer Bösgläubigkeit entsteht. ; bbb) Vielmehr soll nach einer Ansicht § 166 Abs. 1 BGB analog angewendet werden, nach anderer Ansicht der § 831 BGB analog, so dass – da für einen Entlastungsbeweis nichts im Sachverhalt steht – nach beiden Ansichten das „Haftungsauslösungsmoment" der Bösgläubigkeit gegeben wäre. c) Die Sache müsste aa) verschlechtert etc. worden sein; das ist der Fall; bb) dies beruht auf einem Verschulden des K. Also muss der K Schadensersatz leisten. 2. Ein Anspruch aus § 823 Abs. 1 BGB besteht nicht, weil in einer Vindikationslage die §§ 989 ff. BGB die Sekundäransprüche des Eigentümers auf Schadensersatz gegen den unrechtmäßigen Besitzer speziell und ausschließlich regeln (§ 993 Abs. 1 2. HS BGB) und speziell § 992 BGB, der den Zugang zu § 823 BGB öffnet, nicht vorliegt.

Der **Erbe** erlangt durch den Erbfall den Besitz (§ 857 BGB), und zwar so wie ihn der Erblasser innehatte; also ist der Erbe „bösgläubig", wenn bereits der Erblasser „bösgläubig" war; bei tatsächlicher gutgläubiger Besitzergreifung nach § 854 BGB entfällt jedoch die über § 857 BGB „ererbte" Bösgläubigkeit. Beim Besitzerwerb durch einen

Minderjährigen ist umstritten, ob § 107 BGB oder § 828 BGB den Maßstab für die Bösgläubigkeit abgibt.

Ausnahmsweise wird § 989 BGB in einer „Vindikationslage" auch beim Fehlen eines Haftungsauslösungsmoments angewendet: In **§§ 991 Abs. 2, 989 BGB** wird für die Konstellation des mittelbaren Besitzes ein gutgläubiger und unverklagter und im Verhältnis zum Eigentümer unrechtmäßiger unmittelbarer Besitzer einem Prozessbesitzer gleichgestellt, wenn er dem mittelbaren Besitzer, für den er besitzt, schadensersatzrechtlich verantwortlich wäre; es handelt sich um einen gesetzlich geregelten Fall des **„Fremdbesitzerexzesses"**. Angesichts der (sogleich darzustellenden) Lehre vom „Fremdbesitzerexzess" könnte man meinen, die Vorschrift sei überflüssig; man würde dann allerdings übersehen, dass sie ihre Bedeutung behält für die Fälle, in denen zwischen dem unmittelbaren Besitzer und dem mittelbaren Besitzer eine Haftungsbeschränkung vereinbart worden ist.

<u>Fall 683</u>: Der V vermietet dem M, der den V für den Eigentümer hält, eine dem E gestohlene bewegliche Sache. Der M beschädigt sie schuldhaft. Der E will von M Schadensersatz.

1. Vertragliche Beziehungen bestehen nicht zwischen dem E und dem M. 2. Ansprüche aus §§ 989, 990 BGB bestehen mangels eines Haftungsauslösungsmoments nicht: der M war bei der Beschädigung gutgläubig und unverklagt. 3. Soweit der M jedoch dem V verantwortlich wäre, ist der M nach § 991 Abs. 2 BGB einem verklagten Besitzer nach § 989 BGB gleichzusetzen; da der M dem V aus §§ 280 Abs. 1, 241 Abs. 2 BGB den Schaden an der Mietsache zu ersetzen hätte, kann er im Verhältnis zu E nicht besser gestellt werden, und er muss auch dem E den Substanzschaden ersetzen. 4. Einem Anspruch aus § 823 Abs. 1 BGB steht das Bestehen einer Vindikationslage zwischen dem E und dem M, der kein Recht zum Besitz gegenüber dem E hat, und der Umstand, dass die §§ 989 ff. BGB die Ansprüche des Eigentümers auf Schadensersatz gegen den unrechtmäßigen Besitzer speziell und abschließend regeln (§ 993 Abs. 1 2. HS BGB) entgegen und dass insbesondere § 992 BGB, der den Zugang zu § 823 BGB öffnet, nicht vorliegt.

<u>Variante</u>: Der M hat leicht fahrlässig gehandelt. Zwischen dem V und dem M war vereinbart, dass der M für leichte Fahrlässigkeit nicht haften soll.

Diese Haftungsbeschränkung muss der E sich entgegenhalten lassen.

Damit wissen Sie beinahe alles über die „Haftungsauslösungsmomente" der §§ 989, 990 BGB, deren Vorliegen die Voraussetzung ist für eine Inanspruchnahme des unrechtmäßigen Besitzers durch den Eigentümer auf Schadensersatz wegen Verschlechterung, wegen Untergangs oder wegen der Herbeiführung einer anderweitigen Unmöglichkeit der Herausgabe. Aber Sie wissen noch nicht genug, um die §§ 989 ff. BGB subsumieren zu können. Denn wenn der unrechtmäßige Besitzer für den Schaden „verantwortlich (sein soll), der dadurch entsteht, dass ... die Sache verschlechtert wird, untergeht oder aus einem anderen Grund von ihm nicht herausgegeben werden kann", muss ihn weiterhin ein **Verschulden** treffen (§ 276 BGB). Dabei dürfen Sie nicht in jeder Abnutzung der Sache ein schuldhaftes Verhalten sehen, auch nicht in der Realisierung einer im bestimmungsgemäßen Gebrauch angelegten Gefahr (Verkehrsunfall bei Kfz). Natürlich ist jetzt § 278 BGB anwendbar, denn mit der Inbesitznahme und dem Vorliegen des Haftungsauslösungsmoments ist das gesetzliche Schuldverhältnis entstanden, innerhalb dessen § 278 BGB angewendet werden kann.

Fall 684: Der Eigentümer E verleiht eine Sache an den L, der sie unterschlägt und an den bösgläubigen K verkauft und übereignet. Zum Zwecke der Übereignung übergibt der L die Sache dem redlichen Angestellten A des K. Der nachlässige A zerstört sie sodann schuldhaft. Der E verlangt Schadensersatz in Geld von K.

1. Der Anspruch kann sich aus §§ 990, 989, 249 Abs. 2 S. 1 BGB ergeben. a) Dann müsste zwischen dem E und dem K eine Vindikationslage bestanden haben. aa) Der E war Eigentümer und ist es wegen der Bösgläubigkeit des K geblieben. bb) Der K war Besitzer durch den Besitzdiener A (§ 855 BGB). cc) Der K hatte kein Recht zum Besitz nach § 986 BGB: kein eigenes und auch kein abgeleitetes, weil der L ihm die Sache nicht verkaufen durfte. b) Der K müsste bösgläubig wegen seines fehlenden Rechts zum Besitz gewesen sein: Er selbst war bösgläubig; der gute Glaube des A nützt ihm nichts. c) Die Sache müsste aa) verschlechtert etc. worden sein (das ist der Fall), bb) und zwar infolge eines Verschuldens des K; aaa) dieser selbst hat nicht schuldhaft gehandelt, bbb) wohl aber der A, dessen Verhalten sich der K innerhalb des hier bestehenden gesetzlichen Schuldverhältnisses aus §§ 989, 990 BGB nach § 278 BGB zurechnen lassen muss. 2. Ein Anspruch aus § 831 BGB ist ausgeschlossen (§ 993 Abs. 1 2. HS BGB).

bb) Schadensersatz aus § 823 BGB in der „Vindikationslage"

Bei der Frage eines **Schadensersatzanspruchs des Eigentümers gegen den unrechtmäßigen Besitzer aus § 823 BGB** muss man **sorgfältig differenzieren.**

Denn § 823 BGB darf zweifelsfrei angewendet werden, wenn das **Delikt vor der Besitzergreifung** liegt; hier liegt nur eine scheinbare Ausnahme von dem vorgenannten Prinzip vor.

Auch wenn das **Delikt mit der Besitzergreifung zeitlich zusammenfällt**, findet § 823 BGB ohne weiteres Anwendung; teilweise wird allerdings angenommen, dass § 823 BGB in diesen Fällen nur unter den Voraussetzungen des § 992 BGB angewendet werden kann.

Schließlich stellt sich die Frage, ob **§ 823 BGB ausnahmsweise auch in einer Vindikationslage** eingreift:

Dazu haben Sie im Zusammenhang mit der Darstellung der den §§ 987 ff. BGB zugrunde liegenden Interessenlage und des gesetzlichen Systems der §§ 987 ff. BGB gelernt, dass bei **Delikten des unrechtmäßigen Besitzers während einer Vindikationslage** keine Ansprüche aus § 823 BGB geltend gemacht werden können; das ist ja u.a. gerade der Normzweck der §§ 989 ff. BGB (arge. § 993 Abs. 1 2. HS BGB). Durch § 992 BGB wird dieser Grundsatz für Ansprüche aus § 823 BGB noch einmal zusätzlich bestätigt. Aber **„keine Regel ohne Ausnahme":** Beim (gesetzlich ungeregelten, also nicht in dem Fall des bereits dargestellten § 991 Abs. 2 BGB) sog. **„Fremdbesitzerexzess"** wird die Anwendbarkeit des § 823 Abs. 1 BGB als echte Ausnahme von dem oben genannten Prinzip allgemein befürwortet. Denn es soll eine die Anwendung des § 823 Abs. 1 BGB notwendig machende Lücke im System der §§ 989 ff. BGB geben, die nur dadurch geschlossen werden kann, dass ausnahmsweise in einer Vindikationslage deliktisch haften müssen:

- der gutgläubige **unrechtmäßige Fremdbesitzer, der sein vermeintliches Besitzrecht überschreitet,**

- und in Weiterführung dessen „a minore ad maius" (= erst recht) der **bösgläubige unrechtmäßige Fremdbesitzer**.

Dass diese Lücke besteht ergibt eine vergleichende Bewertung der beiden folgenden Fälle (nach Baur – Stürner).

Fall 685: Der M mietet bei dem E=V ein diesem gehöriges möbliertes Zimmer und beschädigt dessen Möbel fahrlässig.

Der E=V hätte gegen M Ansprüche aus Schadensersatz aus 1. §§ 280 Abs. 1, 241 Abs. 2 BGB und 2. aus § 823 Abs. 1 BGB.

Variante: Der Vermieter E=V war für M unerkennbar geisteskrank.

Der E=V hat 1. mangels eines wirksamen Mietvertrages (§§ 104 Nr. 2, 105 BGB) a) keinen Anspruch aus §§ 280 Abs. 1, 241 Abs. 2 BGB; b) es soll jedoch gleichwohl ein Anspruch aus §§ 280 Abs. 1, 311 Abs. 2 BGB aus einer Vertrauenshaftung (Canaris) gegeben sein. 2. Da es um einen Schadensersatzanspruch des Eigentümers gegen den unrechtmäßigen Besitzer wegen einer Verschlechterung einer nach § 985 BGB herauszugebenden Sache in einer Vindikationslage geht, müssen von Ihnen die auch Voraussetzungen der §§ 989, 990 BGB geprüft werden: Zwar hat der unrechtmäßige Besitzer M die Sache fahrlässig beschädigt, es fehlt aber am Haftungsauslösungsmoment: Der M ist nicht verklagt oder bösgläubig. 3. Aus § 823 BGB würde der M nach dem gesetzlichen System nur dann (arge. §§ 993 Abs. 1 2. HS, 992 BGB) haften, a) wenn eine deliktische Handlung vor oder bei Besitzerwerb vorliegt, was nicht der Fall ist, b) oder wenn § 992 BGB gegeben wäre, was ebenfalls nicht der Fall ist, denn es fehlt an einer Straftat und auch an einer besitzverschaffenden verbotenen Eigenmacht des M (§ 858 Abs. 1 BGB). c) Weil der nicht berechtigte unrechtmäßige Besitzer M somit besser stünde als ein aufgrund eines Mietvertrages berechtigt besitzender Mieter, der aus § 823 Abs. 1 BGB Schadensersatz schulden würde, soll es ein Wertungswiderspruch sein, § 823 Abs. 1 BGB nicht auch auf den unberechtigten Besitzer, der sein vermeintliches Besitzrecht überschreitet, anzuwenden. Folgt man dem, kann man den Wertungswiderspruch nur dadurch vermeiden, dass man dem E=V gegen den M, der sein vermeintliches Besitzrecht schuldhaft überschritten hat, einen Schadensersatzanspruch aus § 823 Abs. 1 BGB zuerkennt.

Variante: Der M weiß, dass der E=V geisteskrank ist.

1. Der bösgläubige M haftet aus §§ 989, 990 BGB. 2. Wenn man aber sogar den gutgläubigen unrechtmäßigen Fremdbesitzer, der sein vermeintliches Besitzrecht überschreitet, nach § 823 BGB haften lässt („Fremdbesitzerexzess"), dann muss das erst recht für den bösgläubigen unrechtmäßigen Fremdbesitzer gelten. 3. Teilweise wird sogar angenommen, dass es als weitere Ausnahme von dem oben genannten Prinzip generell für die Anwendung des § 823 Abs. 1 BGB genügen soll, dass der unrechtmäßige Besitzer bösgläubig ist, weil er anderenfalls besser stünde als ein nicht besitzender Deliktstäter; die ganz h.M. lehnt das jedoch ab.

cc) Schadensersatz aus §§ 992, 823 BGB

Von den beiden soeben erörterten (scheinbaren oder echten) Ausnahmen vom Prinzip der Unanwendbarkeit des § 823 BGB bei Delikten des unrechtmäßigen Besitzers in der Vindikationslage abgesehen, eröffnet der **§ 992 BGB** ausdrücklich die **Anwendung des § 823 BGB**, dies aber nur, wenn sich der Besitzer den Besitz „durch verbotene Eigenmacht oder durch eine Straftat" verschafft hat.

Hier ist vieles streitig (§ 992 BGB ist eine „Dunkelnorm" des Zivilrechts!). So wird wegen der durch § 992 BGB vorgenommenen Gleichstellung von „verbotener Eigenmacht" mit einer „Straftat" überwiegend verlangt, dass a maiore ad minus auch die **verbotene Eigenmacht** schuldhaft begangen sein müsse, wobei innerhalb dieser Ansicht zusätzlich umstritten ist, ob sogar Vorsatz notwendig ist. Die Verweisung in § 992 BGB auf § 823 BGB wird teilweise als Rechtsfolgenverweis auf §§ 823, 848 BGB verstanden; oder es wird ein Verschulden auch für den Zeitpunkt der Schädigung verlangt.

- Nach dem **Wortlaut** des Gesetzes kommt es jedoch nicht darauf an, dass – wie die hM. (wegen der im Gesetz vorgenommenen Gleichstellung dieses Merkmals mit den Straftaten) annimmt – die verbotene Eigenmacht zusätzlich auch schuldhaft war. Der Wortlaut beruht auch nicht etwa auf einem vom Rechtsanwender zu korrigierenden Redaktionsversehen. Auch **systematische Überlegungen** sprechen gegen die vorgenannten Lehren. Wenn man zum einen verlangt, dass die verbotene Eigenmacht ihrerseits schuldhaft war, also bereits die Besitzbegründung regelmäßig bereits ein Delikt darstellt, würde die Sperrwirkung des Eigentümer-Besitzer-Verhältnisses gar nicht eingreifen; denn der deliktische Besitzbegründer haftet ohne weiteres aus §§ 823, 848 BGB. Es kann aber nicht angenommen werden, dass § 992 BGB geschaffen worden ist, um diese Selbstverständlichkeit überflüssigerweise auszusprechen. Vielmehr soll (und das scheint der wahre Normzweck sein) durch § 992 BGB das Tor zu einer deliktischen Haftung auch desjenigen, der seinen Besitz durch eine schuldlos begangene verbotene Eigenmacht begründet hat, aufgestoßen werden; folgt man dem, so muss sein Verschulden sich auf das Delikt beim Umgang mit der Sache beziehen. Soweit von anderer Seite angenommen wird, dass es sich bei der Verweisung des § 992 BGB um einen Rechtsfolgenverweis auf §§ 823 Abs. 1, 848 BGB handelt, würde dies schon für die Fälle einer leicht fahrlässigen besitzbegründenden verbotenen Eigenmacht zu einem Wertungswiderspruch zu §§ 989, 990 BGB führen, die als Haftungsauslösungsmoment grobe Fahrlässigkeit voraussetzen, den man nur auflösen könnte, indem man ein Verschulden auch bei der Schädigung voraussetzt. Damit aber würde man systemwidrig den § 848 BGB deaktivieren (Harms).

- Vielmehr sprechen **teleologische Überlegungen** dafür, den Sinn des § 992 BGB in einer „Entprivilegierung" nicht nur des Straftäters, sondern auch des (auch schuldlos) in verbotener Weise Eigenmacht den Besitz Ergreifenden und dann deliktisch Handelnden zu sehen. Daher wird der Zugang zu § 823 ff. BGB wie folgt eröffnet.

> Die (zugegebenermaßen von der hM abweichende!) **überzeugendste Deutung dieser Norm** ist aus den vorgenannten Gründen folgende (Medicus):
>
> Man unterscheidet zwischen
>
> 1. einem bei oder durch die Besitzentziehung begangenen **„Erlangungsdelikt"**, bei dessen Begehung noch keine Vindikationslage besteht, so dass die §§ 823 ff., 848 BGB ungehindert anwendbar sind,

> 2. und einem zeitlich nach der zu einer „Vindikationslage" führenden Besitzerlangung begangenen **„Verwaltungsdelikt"**: Weil hier eine „Vindikationslage" besteht, lassen die §§ 989 ff. BGB einen deliktischen Anspruch nur unter den Voraussetzungen des § 992 BGB zu: **a)** Bei der Anwendung des § 992 BGB orientiert man sich streng am Wortlaut der Vorschrift, der die Anwendung des § 823 BGB allein abhängig macht vom Vorliegen einer besitzverschaffenden Straftat (Diebstahl, Raub, Erpressung, Betrug; die Unterschlagung nur im Fall der sog. „Fundunterschlagung") oder einer objektiv verbotenen Eigenmacht. **b)** Bei der Verweisung in § 992 BGB handelt es sich um eine Rechtsgrundverweisung.

Fall 686: Der E und der T sind bei regnerischem Wetter Besucher einer größeren Veranstaltung im Hinterzimmer einer Gaststätte. Nach deren Ende geht der T in die düstere Garderobe, um seinen Regenschirm mitzunehmen, der dort zusammen mit vielen anderen Schirmen in einem Schirmständer abgestellt ist. Sein Schirm war inzwischen von einem anderen Gast mitgenommen worden. Der T, der dies nicht erkannte, meinte daher in dem seinem Schirm täuschend ähnlichen Schirm des E den seinen zu erkennen. Aufgrund leichter Fahrlässigkeit verkennt er, dass ihm der Schirm nicht gehört. Als der T vor die Tür des Lokals tritt, kommt es zu einem Wolkenbruch. Der vorbei laufende Räuber R reißt ihm den Schirm aus der Hand, weil er trocken nach Hause kommen möchte. Der T ruft um Hilfe. Der E eilt herbei, und es stellt sich heraus, dass der Schirm ihm gehört hatte. Der unbekannt bleibende R entkommt in der Dunkelheit. Der E verlangt Schadensersatz von T (nach Harms).

Wegen der in der Mitnahme des Schirmes zu sehenden rechtswidrigen und leicht fahrlässigen Eigentumsverletzung liegt der Tatbestand des § 823 Abs. 1 BGB vor; Einschränkungen wegen der Vorrangigkeit von Ansprüchen aus einem Eigentümer-Besitzer-Verhältnis gibt es nicht, weil das Delikt zeitlich mit der Besitzergreifung zusammenfiel („Erlangungsdelikt"). Dass den T kein Verschulden am endgültigen Verlust des Schirmes durch den Raub treffen muss, ergibt sich aus § 848 BGB.

Variante: Der T nimmt den äußerlich völlig identischen Schirm des E als vermeintlich eigenen an sich und verlässt mit ihm das Lokal. Unverschuldet verkennt er, dass ihm der Schirm nicht gehört. Auf der Straße regnet es stark. Beim Öffnen des Schirms beschädigt der T ihn schuldlos. Der E kommt hinzu, weist aufgrund eines verborgenen Merkmals sein Eigentum nach und will Schadensersatz (nach Gursky).

1. Ein Anspruch aus §§ 989, 990 BGB scheidet aus. Zwar war bei der Beschädigung eine „Vindikationslage" gegeben; der T war aber nicht bösgläubig, denn er hat bei Besitzergreifung schuldlos gehandelt. Außerdem trifft den T kein Verschulden an der Beschädigung des Schirms. 2. In der Mitnahme des Schirmes könnte eine unerlaubte Handlung zu sehen sein, für deren (nach § 848 BGB sogar unverschuldete) Folgen der T deliktisch einzustehen hätte („Erlangungsdelikt"); mangels Verschuldens des T bei der Besitzergreifung besteht der Anspruch aus § 823 Abs. 1 BGB jedoch nicht. 3. Der E könnte jedoch einen Anspruch aus § 823 Abs. 1 BGB wegen der Beschädigung des Schirmes haben („Verwaltungsdelikt"). Dass § 823 Abs. 1 BGB auch in der Vindikationslage anwendbar ist, könnte sich aus § 992 BGB ergeben: aa) Wenn man annehmen sollte, dass § 992 BGB eine eigenständige Haftungsnorm mit einer Rechtsfolgeverweisung auf die §§ 823 Abs. 1, 848 BGB enthielte, könnte man annehmen, dass der T auch für die schuldlose Beschädigung des Schirmes einstehen müsste. Diese Konsequenz wird aber vermieden, wenn man „im gleichen Atemzug" den § 992 BGB teleologisch reduziert, indem man (orientiert an der als anderes Beispiel genannten besitzverschaffenden „Straftat") eine schuldhafte verbotene Eigenmacht voraussetzt. bb) Nach der hier vertretenen Auffassung

ist dies ein Irrweg, weil eine solche teleologische Reduktion des Anwendungsbereichs des § 992 BGB für die Anwendung dieser Vorschrift einen mindestens fahrlässigen Sachentzug verlangt, bei dem § 823 Abs. 1 BGB ohne dass die Erfordernisse des § 992 BGB vorliegen müssten, ohnehin anwendbar ist („Erlangungsdelikt"). Die bloße Bestätigung einer solchen Selbstverständlichkeit kann nicht der Sinn des § 992 BGB sein. Außerdem würde die mit dieser Lehre verbundene Annahme eines Rechtsfolgenverweises in § 992 BGB auf §§ 823 Abs. 1, 848 BGB schon für die Fälle einer leicht fahrlässigen besitzbegründenden verbotenen Eigenmacht zu einem Wertungswiderspruch zu §§ 989, 990 BGB führen, die als Haftungsauslösungsmoment grobe Fahrlässigkeit voraussetzen, den man nur dadurch auflösen könnte, dass man ein Verschulden auch bei der Schädigung voraussetzt, was zur Deaktivierung des § 848 BGB führen würde. Aus diesen Gründen wird hier vorgeschlagen, getreu dem Wortlaut des § 992 BGB aaa) entweder eine besitzverschaffende Straftat oder eine bloße (also nicht notwendigerweise verschuldete) verbotene Eigenmacht ausreichen zu lassen und § 992 BGB zugleich als eine Rechtsgrundverweisung zu behandeln. aaa) Die verbotene Eigenmacht liegt hier vor, weil der T dem E dessen (bei einer kurzeitigen „Trennung" von seinem Schirm fortbestehenden) Besitz gegen seinen Willen durch die Mitnahme entzogen hat (§ 858 Abs. 1 BGB); bbb) weiterhin müsste der T den § 823 Abs. 1 BGB verwirklicht haben; das ist jedoch nicht der der Fall. Also kann E keinen Schadensersatz verlangen.

d) Herausgabe von Nutzungen (Früchte und sonstige Gebrauchsvorteile)

Das waren die Schadensersatzansprüche des Eigentümers gegen den unrechtmäßigen Besitzer. Weiterhin können dem Eigentümer gegen den unrechtmäßigen Besitzer aus **§§ 987 ff. BGB** Ansprüche auf Herausgabe gezogener **Nutzungen (= Früchte und sonstige Gebrauchsvorteile; § 100 BGB)** oder auf Ersatz für nicht gezogene Nutzungen zustehen. Ich hoffe, Sie haben bei den bisherigen diffizilen rechtstechnischen Ausführungen nie den anfangs von uns herausgearbeiteten **Grundgedanken** aus dem Auge, verloren, dass der unrechtmäßige Besitzer in einer „Vindikationslage" im Grundsatz vor einer Inanspruchnahme des Eigentümers „geschont" werden soll und nur beim Vorliegen bestimmter in den §§ 987 ff. BGB genannter „Haftungsauslösungsmomente" verpflichtet sein soll, Schadensersatz zu leisten (damit haben wir uns soeben befasst) oder Nutzungen herauszugeben oder Ersatz für nicht gezogene Nutzungen zu leisten (damit befassen wir uns jetzt). Wer sich dies nicht immer wieder klar macht, versucht zu „lernen ohne etwas zu verstehen"; das ist ein Widerspruch in sich.

aa) Vorabprüfung des § 985 BGB bei Herausgabe von Erzeugnissen

Noch einmal: Unter „Nutzungen", um die es hier geht, versteht man „Früchte" und „sonstige Gebrauchsvorteile" (§ 100 BGB). Die „Früchte" wiederum sind „Erzeugnisse" und die „sonstige bestimmungsgemäße Ausbeute" einer Sache (§ 99 BGB). Unter „Erzeugnissen" versteht man die natürlichen Tier- und Bodenprodukte, wie das Lieblingsbeispiel der rechtswissenschaftlichen didaktischen Literatur, nämlich das „Kalb der nach § 985 BGB herauszugebenden Kuh". Es liegt auf der Hand, dass viele Fälle, in denen es um die Frage von Ansprüchen des Eigentümers gegen einen unrechtmäßigen Besitzer auf Herausgabe von Nutzungen bzw. auf einen Ersatz für nicht gezogene Nutzungen geht, gerade die **Herausgabe von Erzeugnissen** betrifft. Bevor Sie sich nun bei Bestehen einer Vindikationslage bezüglich der „Muttersache" (Kuh) bei der Prüfung eines Herausgabeanspruchs auf das Erzeugnis (Kalb) mit großem Eifer auf die §§ 987 ff. BGB stürzen, um diese zu subsumieren und einen schuldrechtlichen Anspruch auf Herausgabe des Erzeugnisses (Kalb) aus §§ 987 ff. BGB zu ermitteln, gilt es, „Ruhe zu bewahren" und den „Durchblick" zu behalten. Sie entsinnen sich nämlich hoffentlich daran, dass Sie vor noch gar nicht so langer Zeit gelernt haben, wer mit der Trennung eines „Erzeugnisses" von der „Muttersache" (Geburt des Kalbes) der Eigentümer von „Erzeugnissen" (Kalb) wird; geregelt ist dies („von hinten nach vorne" zu prüfen in den §§ 957, 956, 955, 954, 953 BGB). Wenn es also nach der Fallfrage um die Herausgabe von „Erzeugnissen" geht, ist zu prüfen, ob der Eigentümer der „Muttersache" die „Erzeugnisse" auch nach § 985 BGB herausverlangen kann. Wenn die (nach § 985 BGB) herauszugebenden Nutzungen, also auch die „Erzeugnisse", vom Besitzer nicht oder nur verschlechtert herausgegeben werden können, sind auf dieses, zwischen dem Eigentümer der „Erzeugnisse" (§§ 953 ff. BGB) und deren Besitzer bestehende „Eigentümer-Besitzer-Verhältnis" die soeben erörterten Schadensersatzanspruchsgrundlagen der §§ 989, 990 etc. BGB anwendbar; diese sind aber nur dann zu prüfen sind, wenn danach gefragt ist!

Fall 687: Der D stiehlt dem E eine Kuh und verkauft und übereignet sie dem bösgläubigen K, der sie füttert. Bei K wirft die Kuh ein Kalb. Der E verlangt unmittelbar nach der Geburt des Kalbs von dem K 1. das Kalb und 2. die von K gefütterte Kuh heraus.

1. Beim Kalb ist a) vorab der (dingliche) Anspruch aus § 985 BGB zu prüfen: aa) Der E ist nach § 953 BGB Eigentümer des als „Erzeugnis" anzusehenden Kalbes geworden: Denn die („im Geiste" vorab geprüften) §§ 957 – 956 BGB greifen nicht ein; auch § 955 BGB nicht, weil der K bösgläubig ist. bb) Der K ist der Besitzer des Kalbes. cc) Für ein gegenüber dem Anspruch aus § 985 BGB bestehendes Herausgabeverweigerungsrecht (§§ 994, 1000 BGB) gibt es keinen Anhalt. b) Ferner ist ein (schuldrechtlicher) Anspruch auf Herausgabe aus §§ 990, 987 BGB zu prüfen: aa) Bezüglich der Muttersache bestand zwischen E und K eine „Vindikationslage"; der Umstand, dass der K nach dem ersten an die Muttersache verfütterten Grashalm u.U. ein Herausgabeverweigerungsrecht nach § 1000 BGB hätte, ändert natürlich nichts am Vorliegen einer „Vindikationslage", weil die Einrede des § 1000 BGB einen unrechtmäßigen Besitzer nicht zu einem berechtigten Besitzer macht; die gegenteilige Annahme wäre ein Zirkelschluss!!. bb) Das Kalb ist als „Erzeugnis" eine Nutzung der Muttersache Kuh (§ 100 BGB). cc) Der K war bösgläubiger Besitzer der Muttersache. Also muss der K das Kalb an E herausgeben. dd) Für ein Herausgabeverweigerungsrecht des K aus §§ 273, 812 Abs. 1 S. 1 2. Fall („Kondiktion in sonstiger Weise") ergibt der Sachverhalt nichts. 2. Die Kuh kann der E nach § 985 BGB herausverlangen, a) wenn er – was der Fall ist – deren Eigentümer ist. b) K ist der Besitzer der Kuh. c) Zu prüfen ist, ob der K ein Herausgabeverweigerungsrecht hat; in Betracht kommt § 1000 BGB, wenn K einen Verwendungsersatzanspruch hat: Hier kommt ein Anspruch auf Ersatz der notwendigen Verwendungen (Tierfutter) nach §§ 994 Abs. 2, 683, 679, 670 BGB in Betracht.

Variante: Der E zahlt das Tierfutter für die Kuh und verlangt von dem K Herausgabe der Tiere. Das Kalb ist aber gleich nach der Geburt eingegangen, weil der K bei der ohne weiteres heilbaren Erkrankung nicht – obwohl für ihn als erforderlich erkennbar – den Tierarzt gerufen hatte. Der E will daher insoweit Schadensersatz.

1. Was den Schadensersatzanspruch angeht, a) so war, weil das Kalb im Eigentum des E stand, eine Vindikationslage gegeben, so dass der K nach §§ 989, 990 BGB zum Schadensersatz verpflichtet ist. b) Ein Anspruch aus § 823 Abs. 1 BGB besteht nicht, weil in einer Vindikationsla-

ge die §§ 987 ff. BGB die Sekundäransprüche des Eigentümers gegen den unrechtmäßigen Besitzer auf Schadensersatz wegen eines Untergangs der herauszugebenden Sache speziell und ausschließlich regeln (§ 993 Abs. 1 2. HS BGB) und die Voraussetzungen des § 992 BGB nicht vorliegen. c) Weil der K auch Herausgabe des Kalbes nach § 987, 990 BGB schuldet, ist er nach §§ 280 Abs. 1, 3, 283 BGB schadensersatzpflichtig. 2. Die Kuh kann der E nach § 985 BGB herausverlangen.

bb) Der Anspruch auf Herausgabe von Nutzungen, Ersatz für nicht gezogene Nutzungen (§§ 987 ff. BGB)

Bisher ging es um die Frage der Schadensersatzhaftung des unrechtmäßigen Besitzers gegenüber dem Eigentümer in den Fällen einer Verschlechterung der herauszugebenden Sache, der Herbeiführung des Untergangs oder einer sonstigen Verunmöglichung der Herausgabe. Wie Sie ja wissen, regeln die §§ 987 ff. BGB auch den Anspruch des Eigentümers gegen den unrechtmäßigen Besitzer auf die Herausgabe von Nutzungen und auf den Ersatz für nicht gezogene Nutzungen. Das **System der Haftung** ähnelt zwar dem bei den Schadensersatzansprüchen aus den §§ 989 ff. BGB, ist aber im Einzelnen in den **§§ 987 ff. BGB** noch differenzierter geregelt:

- Der **verklagte Besitzer** hat die Nutzungen herauszugeben (§ 987 Abs. 1 BGB); für schuldhaft nicht gezogene Nutzungen hat er Ersatz zu leisten (§ 987 Abs. 2 BGB). Besitzt der verklagte Besitzer die Sache als Besitzmittler, so kommt ihm eigenartigerweise der § 991 Abs. 1 BGB (der ausdrücklich nur den bösgläubigen Besitzmittler schützt) nicht zugute, obwohl die ratio legis des § 991 Abs. 1 BGB auch hierfür passt (dazu sogleich mehr).

- Der **bösgläubige Besitzer** i.S.d. § 990 Abs. 1 BGB (Vorsatz und grobe Fahrlässigkeit beim Erwerb/spätere Kenntnis hinsichtlich der Nichtberechtigung zum Besitz) hat die gezogenen Nutzungen herauszugeben (§§ 990 Abs. 1, 987 Abs. 1 BGB); für schuldhaft nicht gezogene Nutzungen hat er Ersatz zu leisten (§§ 990 Abs. 1, 987 Abs. 2 BGB). Allerdings wird hier, anders als bei § 987 BGB (Sie lasen es soeben), der bösgläubige Besitzmittler (= derjenige, der für einen anderen, den mittelbaren Besitzer nämlich, besitzt) durch § 991 Abs. 1 BGB im Falle der Redlichkeit und Unverklagtheit des mittelbaren Besitzers privilegiert: Die §§ 990, 987 finden hiernach nur Anwendung, wenn auch der mittelbare Besitzer bösgläubig oder verklagt war. Dahinter steht die Überlegung, dass anderenfalls der redliche und unverklagte mittelbare Besitzer vom zur Nutzungsherausgabe verpflichteten Besitzmittler in Anspruch genommen werden könnte und daher trotz eigener Gutgläubigkeit und Unverklagtheit (quasi „mittelbar") aus §§ 987 bzw. §§ 990, 987 BGB haften würde. Es ist daher keine schlechte Idee, wegen dieser ratio legis im Interesse des Eigentümers den § 991 Abs. 1 BGB „teleologisch" zu „reduzieren" und ihn jedenfalls dann nicht anzuwenden, wenn Rückgriffsansprüche des Besitzmittlers gegen den mittelbaren Besitzer ausgeschlossen sind; denn dann droht dem mittelbaren Besitzer kein „Regress" seitens des Besitzmittlers.

- Der **unentgeltliche Besitzer** haftet auf herausgabe von Nutzungen stets (mindestens) bereicherungsrechtlich (§ 988 BGB). Dahinter steht die einleuchtende Überlegung des Gesetzgebers, dass der unentgeltliche Erwerber mangels eines wirtschaftlichen Opfers nicht schutzbedürftig ist. Dieser Rechtsgedanken liegt übrigens auch dem § 816 Abs. 1 S. 2 BGB zugrunde (werfen Sie doch schon einmal einen Blick auf § 816 BGB; Sie entrinnen dem nicht). Ob der Besitzer **Eigen-** oder **Fremdbesitz**er ist, ist nach dem eindeutigen Wortlaut gleichgültig: „Hat ein Besitzer, der die Sache als ihm gehörig....." (Eigenbesitz) „....oder zum Zwecke der Ausübung eines ihm in Wirklichkeit nicht zustehenden Nutzungsrechts an der Sache besitzt, ..." (Fremdbesitz) „... den Besitz unentgeltlich erlangt, so ist er .... zur Herausgabe der Nutzungen ... verpflichtet". Als ein „...ihm in Wirklichkeit nicht zustehenden Nutzungsrecht(s) an der Sache...." kommt übrigens nicht nur ein **vermeintliches dingliches Nutzungsrecht** (so der Wortlaut: „an der Sache") in Betracht, sondern auch ein **vermeintliches schuldrechtliches Nutzungsrecht** des unrechtmäßigen Besitzers, wie z.B. im Fall der Leihe oder Schenkung einer Sache durch einen dazu nicht Berechtigten. Der Besitz muss **unentgeltlich** (z.B. aufgrund einer Schenkung oder Leihe) erlangt sein; äußerst beliebt ist die sogleich erörterte (übrigens auch bei § 816 Abs. 1 S. 2 BGB zu stellende) Frage, ob der rechtsgrundlose Erwerb einem unentgeltlichen Erwerb gleichgesetzt werden kann. Der Besitzer ist „zur Herausgabe der Nutzungen, die er vor dem Eintritt der Rechtshängigkeit zieht, nach den Vorschriften über die Herausgabe einer ungerechtfertigten Bereicherung verpflichtet"; dabei handelt es sich um eine Rechtsfolgenverweisung auf das Bereicherungsrecht, also auf § 818 Abs. 1 BGB (Herausgabepflicht), § 818 Abs. 2 BGB (Wertersatz), § 818 Abs. 3 BGB (Entreicherung des Besitzers z.B. durch Aufwendungen auf die Sache, die nicht zugleich Verwendungen i.S.d. §§ 994 ff. BGB sein müssen, und schon gar nicht zu einem fälligen (Voraussetzungen nach § 1001 BGB: Wiedererlangung der Sache oder Genehmigung) Anspruch auf Verwendungsersatz geführt haben müssen.

- Ebenso haftet der **Übermaßfrüchtezieher** bereicherungsrechtlich (§ 993 Abs. 1 1. HS BGB), aber nicht derjenige, der im Übermaß Gebrauchsvorteile erlangt. Auch insoweit handelt es sich um eine Rechtsfolgeverweisung, also auf § 818 Abs. 1 BGB (Herausgabepflicht), § 818 Abs. 2 BGB (Wertersatz), § 818 Abs. 3 BGB (Entreicherung des Besitzers z.B. durch Aufwendungen auf die Sache, die nicht notwendig Verwendungen i.S.d. §§ 994 ff. BGB sein müssen, und schon gar nicht zu einem fälligen (Voraussetzungen nach § 1001 BGB: Wiedererlangung der Sache oder Genehmigung) Anspruch auf Verwendungsersatz geführt haben müssen.

- Auch wenn in **§ 992 BGB** von einer Herausgabe von Nutzungen nicht die Rede ist, sind unter den genannten Voraussetzungen die gezogenen Nutzungen nach § 823 BGB herauszugeben. Herauszugeben sind auch die Nutzungen, die der Eigentümer nicht gezogen hätte, und dies auch wenn dem Eigentümer kein Schaden entstanden ist. Begründen kann man die Anwendbarkeit des § 992 BGB auf Nutzungen mit einem „a maiore ad minus"-Schluss aus § 988 BGB: Wenn schon der gutgläubige unentgeltliche Besitzer die Nutzungen herausgeben muss, dann doch erst recht der „pönale" Besitzer des § 992 BGB. Auch aus §§ 993 Abs. 1 1. HS BGB („Liegen die in den §§ 987 bis 992 bezeichneten Voraussetzungen nicht vor, so hat der Besitzer die gezogenen Früchte", also Vorteile, die zu den Nutzungen gehören (§ 100 BGB), „....herauszugeben; ...") wird deutlich, dass der

Gesetzgeber den §§ 992 BGB als eine im Zusammenhang mit der Herausgabe von Nutzungen stehende Norm ansieht.
- Wenn die (nach §§ 987ff. BGB) herauszugebenden Nutzungen vom Besitzer nicht oder nur verschlechtert herausgegeben werden können, sind die **§§ 275 Abs. 1 – 4, 280, 285 BGB** einschlägig.
- Ansonsten gilt auch hier **§ 993 Abs. 1 2. HS BGB**: „.. im Übrigen ist er weder zur Herausgabe von Nutzungen noch ... verpflichtet". Das bedeutet, dass das Bereicherungsrecht (außer in den ausdrücklich geregelten Verweisungen in §§ 988, 993 Abs. 1 1 HS BGB) ausgeschlossen ist.

Variante: Sachverhalt wie der vorherige Grundfall mit folgender Variante: K war gutgläubig.

1. Ein Anspruch auf das Kalb, a) könnte sich aus § 985 BGB ergeben, wenn der E mit der Trennung von der „Muttersache" (Kuh) Eigentümer des „Erzeugnisses" (Kalb) geworden wäre; hier greift aber § 955 BGB ein (auf § 935 BGB kommt es nicht an). b) Daher kommen nur schuldrechtliche Ansprüche aus den §§ 987 ff. BGB in Betracht: aa) Nicht aus § 987 BGB, weil K nicht von E auf Herausgabe der Kuh verklagt war; bb) nicht aus §§ 990, 987 BGB, da K nicht bösgläubig war; cc) nicht §§ 988, 812 BGB, da K entgeltlich erworben hat; dd) nicht §§ 993, 812 BGB, da das Kalb keine Übermaßfrucht ist; ee) nicht aus § 992, 823 BGB. c) Sonstige Ansprüche (§§ 812 ff. BGB) dürfen nicht geprüft werden, weil die §§ 987 ff. BGB Spezialregelungen sind (§ 993 Abs. 1 2. HS BGB).

cc) § 812 BGB in der „Vindikationslage"

Fraglich ist, ob von dem Grundsatz, dass die §§ 987 ff. BGB ein alle anderen Regelungen ausschließender Normenkomplex sind (§ 993 Abs. 1 2. HS BGB), in einer bestimmten Fallkonstellation dahingehend eine Ausnahme gemacht werden muss, dass **§ 812 BGB in der Vindikationslage** für anwendbar erklärt wird. Das soll anhand eines Vergleichs folgender Fälle erörtert werden.

Fall 688: Der V verkauft, übereignet und übergibt ein ihm gehöriges Hausgrundstück an den K. Bei Abschluss des Kaufvertrages war der V unerkennbar geisteskrank. Bei der Wochen später erfolgenden Auflassung und Eintragung in das Grundbuch war der V wieder genesen. Der V verlangt 1. neben einer Grundbuchberichtigung auch die Herausgabe des Grundstücks bzw. dessen Rückübereignung und 2. Herausgabe der von K gezogenen Mieteinnahmen. Irgendwelche Verwendungen hat der K nicht gemacht.

1. Bezüglich des Grundstücks a) bestehen keine Ansprüche aus §§ 894 und 985 BGB, da der K Eigentümer geworden ist (Abstraktionsprinzip; keine Durchbrechung wegen Fehleridentität), b) wohl aber aus § 812 Abs. 1 S. 1 1. Fall BGB („Leistungskondiktion"), gerichtet auf Rückübereignung und Herausgabe. 2. Hinsichtlich des Mietzinses a) greifen nicht die §§ 987 ff. BGB ein, da keine Vindikationslage bestand, b) sondern §§ 812, 818 Abs. 1, 100 BGB.

Variante: Der V war auch bei der Übereignung geisteskrank.

1. Bezüglich des Grundstücks stehen dem V Ansprüche aus §§ 894, 985 BGB zu. 2. Hinsichtlich der Mieteinnahmen a) könnte sich der Anspruch – weil eine Vindikationslage vorlag – aus den § 987 ff. BGB ergeben; es liegt jedoch keines der Haftungsauslösungsmomente vor: K ist unverklagt, gutgläubig, hat entgeltlich erworben, hat keine Übermaßfrüchte gezogen, hat den Besitz nicht strafbar oder durch verbotene Eigenmacht erworben, so dass kein Anspruch be-

steht. b) Ein Anspruch aus §§ 812 Abs.1 S. 1 1. Fall BGB, 818 Abs. 1 BGB („Leistungskondiktion") wäre nach dem o.g. Grundsatz der Spezialität der Regeln des Eigentümer-Besitzverhältnisses ausgeschlossen (§ 993 Abs. 1 2. HS BGB). c) Das Ergebnis – kein Anspruch auf die Nutzungen – steht jedoch in einem Wertungswiderspruch zu dem Ergebnis des Grundfalls: Danach musste der K, wenn er (sogar) das Eigentum erworben hat, die Nutzungen nach §§ 812, 818 Abs. 1 BGB herausgeben, während er in dieser Variante, bei der er (nicht einmal) das Eigentum erworben hat, die Nutzungen behalten dürfte. Die Lösung wird aa) von einer Ansicht in einer analogen Anwendung des § 988 BGB gesehen, indem man die Rechtsgrundlosigkeit und die Unentgeltlichkeit einander gleichsetzt oder bb) von einer anderen Rechtsansicht darin, dass man einen Anspruch aus § 812 Abs.1 S. 1 1. Fall BGB („Leistungskondiktion") auch im Eigentümer-Besitzverhältnis zulässt, niemals jedoch eine Kondiktion in sonstiger Weise aus § 812 Abs. 1 S. 1 2. Fall BGB (in Gestalt der „Eingriffskondiktion").

dd) Ausschluss des Nutzungsherausgabeanspruchs aus § 241 a Abs. 1 BGB

Durch die Lieferung unbestellter Sachen seitens eines Unternehmers an einen Verbraucher wird ein Anspruch des Unternehmers gegen den Verbraucher, und dazu zählen auch gesetzliche Ansprüche (z.B. ein Herausgabeanspruch aus § 985 BGB, Schadensersatzansprüche aus §§ 823 ff. BGB, Rückgabe- und Nutzungsherausgabeansprüche aus §§ 812 ff. BGB oder §§ 987 ff. BGB, allerdings vorbehaltlich der Ausnahmetatbestände des § 241a Abs. 2, 3 BGB, ausgeschlossen.

e) „Weitergehende Haftung des Besitzers wegen Verzuges" (§ 990 Abs. 2 BGB)

Wir wissen ja schon, dass auch im Rahmen des Eigentümer-Besitzverhältnisses das Allgemeine Schuldrecht gilt (denken Sie z.B. an die Anwendbarkeit der §§ 276, 278 BGB!). Das ist überhaupt keine Sensation, denn es besteht schließlich in einer Vindikationslage ein gesetzliches Schuldverhältnis aus den §§ 987 ff. BGB zwischen dem Eigentümer und dem unrechtmäßigen Besitzer. Für den Fall des Schuldnerverzuges hat der Gesetzgeber dies sogar ausdrücklich bestimmt. Denn nach § 990 Abs. 2 BGB soll eine „weitergehende Haftung des Besitzers wegen Verzuges ... unberührt" bleiben. Das gilt aber ausweislich der Einordnung in § 990 BGB nur für den bösgläubigen Besitzer!

- Zunächst bedeutet dies, dass es eine **Schadensersatzhaftung** des **unrechtmäßigen** und **bösgläubigen Besitzers wegen Verzuges** auf Ersatz des **Verzugsschadens** aus §§ 280, 286 f. BGB gibt.

Fall 689: Der bösgläubige B hat von dem Hehler H das Bild „Der Schrei" von Edvard Munch erworben, das zuvor der Räuber R dem Museum E in Oslo geraubt hatte und an den H veräußert hatte. Als der E es von B herausverlangt, lehnt der B die Herausgabe ab. Der E mahnt ihn daraufhin. Als das Bild auch jetzt nicht von B herausgegeben wird, beauftragt der E den Rechtsanwalt R. Dieser entwirft eine Klageschrift und schickt dem B davon einen Entwurf und kündigt die Klagerhebung an. Jetzt resigniert der B und gibt das Bild an den E heraus. Der E verlangt Ersatz für die von ihm zu entrichtenden Rechtsanwaltsgebühren (§§ 675, 611 Abs. 1 BGB i.V.m. § 6 RVG i.V.m. dem Vergütungsverzeichnis).

Der Anspruch ergibt sich aus §§ 280, 286 Abs. 1, 990 Abs. 2, 985 BGB.

Variante: Der E hätte das Bild, wenn der B es herausgegeben hätte, an den Aussteller E.X. Hibit, der es in einer Gemäldeausstellung zeigen wollte, vermietet. Der E verlangt von B Ersatz in Höhe der entgangene Miete.

Der Anspruch auf nicht gezogene und nur vom Eigentümer ziehbare Früchte ergibt sich 1. nicht aus §§ 987, 990 BGB, aber 2. aus §§ 280, 286 Abs. 1, 990 Abs. 2, 985 BGB.

- Außerdem findet über § 990 Abs. 2 BGB beim **unrechtmäßigen und bösgläubigen Besitzer** der **§ 287 S. 2 BGB** Anwendung.

Variante: Nach der Mahnung wird das Bild durch einen ohne Verschulden des B entstandenen Brand zerstört. Der E verlangt Schadensersatz.

Der Anspruch ergibt sich aus §§ 989, 990, 990 Abs. 2, 985, 287 S. 2 BGB.

Angezeigt ist wieder einmal eine **Standortbestimmung**:

1. Werfen wir einen **Blick zurück**: Sie wissen jetzt, dass der Gesetzgeber aus bestimmten Gründen durch die Schaffung von Sondernormen dafür gesorgt hat, dass ein unrechtmäßiger Besitzer vom Eigentümer auf Schadensersatz wegen Verschlechterung oder Unmöglichkeit der Herausgabe bzw. wegen Verspätung bei der Erfüllung der Herausgabepflicht nur unter bestimmten Voraussetzungen in Anspruch genommen werden kann.

Der unrechtmäßige Besitzer soll vom Eigentümer

a) nach §§ 989, 990, 992 BGB auf **Schadensersatz** wegen Untergangs oder anderweitig begründeter Unmöglichkeit der Herausgabe oder wegen Verschlechterung der Sache oder wegen Verspätung der Herausgabe,

b) oder nach §§ 988, 987, 990, 993 1. HS, 992 BGB zur **Herausgabe von Nutzungen** bzw. **Ersatz für nicht gezogene Nutzungen**, **c)** jeweils nur beim Vorliegen eines „**Haftungsauslösungsmoments**" in Anspruch genommen werden können,

d) dies vorbehaltlich der **Ausnahmen** der Schadensersatzhaftung aus § 823 BGB beim ungeregelten „Fremdbesitzerexzess" und einer Herausgabepflicht von Nutzungen des rechtsgrundlosen unrechtmäßigen Besitzers nach § 988 BGB bzw. § 812 BGB.

2. Werfen wir jetzt einen **Blick nach vorn**: Wir werden nunmehr vertiefend behandeln, dass der unrechtmäßige Besitzer, der in einer „Vindikationslage" **Verwendungen** auf die Sache gemacht hat, diese (abgestuft nach Art der Verwendungen und seiner Gut- bzw. Bösgläubigkeit) **ersetzt verlangen** kann (**§§ 994 ff., 1001 BGB**), ein Anspruch, der in erster Linie zu einem **Herausgabeverweigerungsrecht des** aus § 985 BGB in Anspruch genommenen **Besitzers** führt (**§ 1000 BGB**), auf das **§§ 273 Abs. 3, 274 BGB analog** angewendet werden.

f) Verwendungsersatz

Der jetzt zu erörternde Anspruch des unrechtmäßigen Besitzers gegen den Eigentümer auf Ersatz seiner auf die von ihm herauszugebende Sache gemachten Verwendungen (§§ 994 ff. BGB) zählt ebenfalls zu den Sekundäransprüchen aus dem Eigentümer-Besitzer-Verhältnis. Machen Sie sich bitte noch einmal klar, warum und mit welcher rechtspolitischen Zielsetzung der Gesetzgeber die besonderen Regelungen der §§ 994 ff. BGB für den Verwendungsersatzanspruch geschaffen hat. Auf den ersten Blick gesehen hätte der Gesetzgeber es ja dabei belassen können, dass dem herausgabepflichtigen Besitzer Ansprüche wegen seiner Verwendungen aus Geschäftsführung ohne Auftrag (§§ 677, 683, 670 BGB) oder aus Bereicherungsrecht aus § 812 Abs. 1 S. 1 2. Fall BGB (sog. „Verwendungskondiktion" als Unterfall der „Kondiktion in sonstiger Weise") zustehen. Der Gesetzgeber wollte aber ein differenziertes System schaffen, nach dem einem unrechtmäßiger Besitzer für seine auf die von ihm herauszugebende Sache gemachten Verwendungen ein Verwendungsersatzanspruch nur dann zusteht, wenn er ihn auch wirklich „verdient" hat. Und dies auch im Interesse des Eigentümers, damit ein Besitzer für die Vornahmen von auch dem Eigentümer nützlichen Verwendungen motiviert wird.

aa) Voraussetzungen und Rechtsfolgen

Die Voraussetzungen und Rechtsfolgen eines Verwendungsersatzanspruchs sind im Prinzip leicht zu verstehen:

> Vorausgesetzt wird,
>
> **1.** dass auf die herauszugebende Sache **Verwendungen** gemacht worden sind. Darunter versteht man Vermögensaufwendungen, die einer Sache zugute kommen, indem diese wiederhergestellt, erhalten oder verbessert wird. Verwendungen sind also Reparaturen, Farbanstriche, An- oder Ausbauten an einem Gebäude. Auch wenn der Verwendungsbegriff recht unkompliziert zu sein scheint, wird er Ihnen noch einige Schwierigkeiten bereiten, wenn es um der Sache zugute kommende Aufwendungen geht, die dieselbe umgestalten. Es gibt dazu eine Kontroverse zwischen der Lehre vom „engen Verwendungsbegriff" und vom „weiten Verwendungsbegriff".
>
> **2.** Anders als bei den §§ 987 – 993 BGB wird hier grundsätzlich an die Verwendungen eines **Fremdbesitzers** gedacht, also nicht an solche eines Eigenbesitzers. Der **Eigenbesitzer** wird jedoch gleichwohl einbezogen, allerdings mit der Maßgabe, dass der unrechtmäßige Besitzer nicht besser gestellt werden darf als ein rechtmäßiger Besitzer.
>
> **3.** Die „**Vindikationslage**" muss grundsätzlich z.Zt. der Verwendung vorgelegen haben; dazu kann auf die vorstehenden Ausführungen verwiesen werden, wobei ein – zu erörterndes – Problem darin besteht, ob Verwendungsersatzansprüche auch dann geltend gemacht werden können, wenn der Besitzer z.Zt. der Verwendungen rechtmäßiger, danach aber unrechtmäßiger Besitzer geworden ist, also vom „Nicht-mehr-berechtigten Besitzer".

> **4. Die Ersatzfähigkeit der Verwendungen** macht das Gesetz abhängig von der Art der Verwendungen und davon, ob der Besitzer gutgläubig/bösgläubig, unverklagt/verklagt war:
>
> **a) Notwendige** (= die Nutzungsfähigkeit erhaltende) **Verwendungen** (Reparaturen, Aufbewahrung, Fütterung von Tieren; aber nicht, wenn der Besitzer mit der Verwendung einen „besonderen Zweck" verfolgt, also z.B. ein Gebäude ausbessert, das der Eigentümer abgerissen hätte) können verlangt werden
>
> - stets vom gutgläubigen oder unverklagten Besitzer der Sache (§ 994 Abs.1 S. 1 BGB),
> - es sei denn, es handelt sich um die gewöhnlichen Erhaltungskosten und dem Besitzer verbleiben die Nutzungen für diese Zeit (§ 994 Abs.1 S. 2 BGB), was ggf. inzidenter (schwieriges Aufbauproblem bei der Fallbearbeitung!) zu prüfen ist oder vielleicht schon vorab bei einer anderen Fallfrage zu prüfen war (dann problemlos Verweisung möglich);
> - vom bösgläubigen oder verklagten Besitzer nur unter den Voraussetzungen der Geschäftsführung ohne Auftrag (§ 994 Abs. 2 BGB).
>
> **b) Nützliche Verwendungen** (= nicht notwendige Verwendungen) können nur vom gutgläubigen oder unverklagten Besitzer, wenn der Wert noch bei Rückgabe an den Eigentümer noch erhöht ist, verlangt werden (§ 996 BGB).
>
> **c) Ansonsten** verbleibt dem Besitzer nur ein **Wegnahmerecht** (§ 997 BGB).

Was die **Rechtsfolgen** angeht, so wird es bei der Fallbearbeitung nur relativ selten darum gehen zu prüfen, ob der Besitzer einen fälligen Anspruch auf **Ersatz für die Verwendungen** geltend machen kann. Die **Fälligkeit** eines solchen Anspruchs auf Ersatz der Verwendungen aus §§ 994 ff. BGB setzt nach **§ 1001 BGB** voraus,

- dass der Eigentümer die **Sache** entweder **zurückerlangt** hat
- oder die **Verwendungen genehmigt** hat.

Wie gesagt: Darum geht es in den meisten Fällen nicht. Vielmehr wird in **fast allen Fällen,** in denen Sie mit einem Verwendungsersatzanspruch zu tun haben werden, die Frage zu beantworten sein, ob der Besitzer aufgrund der Verwendungen ein **Recht** hat, die **Herausgabe zu verweigern (§ 1000 BGB)**. Dieses Herausgabeverweigerungsrecht entspricht einem Zurückbehaltungsrecht aus § 273 BGB, setzt aber anders als § 273 BGB keine Fälligkeit des Verwendungsersatzanspruchs (die, Sie wissen es, nach § 1001 BGB erst bei Besitzwiedererlangung bzw. Genehmigung der Verwendungen eintritt) voraus. Die §§ 273 ff. BGB, speziell § 274 BGB („Zug-um-Zug"-Verurteilung) sind daneben jedoch anwendbar.

> Vorsorglich soll noch einmal darauf hingewiesen werden: Das Herausgabeverweigerungsrecht aus § 1000 BGB ist ein Herausgabeverweigerungsrecht, des Besitzers, das aber kein Recht zum Besitz i.S.d. § 986 BGB begründet, welches (gewissermaßen nach dem vom unrechtmäßigen eingeschlagenen ersten Nagel, dem verfütterten ersten Halm) die Vindikationslage entfallen ließe;

> diesen Zirkelschluss dürfen Sie nie und nimmer machen! Das wäre ein **„tödlicher Kunstfehler"**.

Der Verwendungsersatzanspruch wird also in aller Regel im Rahmen der Prüfung eines Anspruchs aus § 985 BGB inzidenter bei der Frage zu erörtern sein, ob der Besitzer nach § 1000 BGB ein Herausgabeverweigerungsrecht hat. Trainieren wir jetzt die §§ 994 ff., 1000 BGB an einigen kleinen Fällen:

Fall 690: Der V verkauft, übergibt und übereignet dem gutgläubigen K eine Kuh, die dem E gestohlen worden ist. Der K füttert die Kuh. Sie wirft bei ihm ein Kalb. Dann verlangt der E, der die Kuh bei K entdeckt hat, Herausgabe der Kuh. Der K verweigert die Herausgabe bis zum Ersatz der Fütterungskosten.

Der Anspruch des E auf Herausgabe der Kuh könnte sich aus § 985 BGB ergeben: a) Der E ist Eigentümer geblieben (§ 935 BGB); b) der K ist Besitzer; c) und er hat kein Recht zum Besitz gegenüber dem E (§ 986 BGB). d) Dem K könnte aber ein Herausgabeverweigerungsrecht aus § 1000 BGB zustehen, wenn er einen Anspruch auf Verwendungsersatz wegen der Tierfütterung hätte. Dieser könnte sich aus § 994 Abs. 1 BGB ergeben. aa) Es bestand eine Vindikationslage. bb) Die Tierfütterung ist aaa) eine Verwendung (=Vermögensaufwendungen, die einer Sache zugute kommen, indem diese wiederhergestellt, erhalten oder verbessert wird). bbb) Sie ist auch notwendig, weil sie die Nutzungsfähigkeit erhält. ccc) Der K war auch nicht verklagt oder bösgläubig (§ 994 Abs. 2 BGB). ddd) Daher hätte der K einen Anspruch auf Ersatz der notwendigen Verwendungen auf die Kuh, wenn nicht § 994 Abs. 1 S. 2 BGB dem entgegensteht: aaaa) Es handelt sich um „gewöhnliche Erhaltungskosten"; bbbb) und dem K verbleiben die Nutzungen (Kalb), weil insoweit kein Anspruch aus §§ 987 ff. BGB besteht. Daher hat der K keinen Verwendungsersatzanspruch und damit auch kein Herausgabeverweigerungsrecht aus § 1000 BGB.

Variante: Wie wäre es, wenn der V dem K die Kuh geschenkt hätte?

Dann müsste der K die Nutzung (Kalb) nach § 988 BGB an den E herausgeben, so dass § 994 Abs. 1 S. 2 BGB nicht eingreift. Der K hätte ein dem Herausgabeanspruch des E entgegenstehendes Herausgabeverweigerungsrecht aus § 1000 BGB, auf das er sich auch berufen hat. Im Prozess würde er zur Herausgabe Zug-um-Zug gegen Ersatz der Verwendungen verurteilt werden (§ 274 BGB analog).

Variante: Der K wusste, dass die Kuh gestohlen war.

Dem a) Herausgabeanspruch aus § 985 BGB b) steht ein Herausgabeverweigerungsrecht aus §§ 1000, 994 Abs. 2, 683, 670 BGB entgegen: aa) Die Fütterung ist eine Geschäftsführung. bb) Es handelt sich um ein fremdes Geschäft; auf einen Fremdgeschäftsführungswillen kommt es bei § 994 Abs. 2 BGB nicht an. cc) Der K war nicht beauftragt oder berechtigt. dd) Die Fütterung war objektiv interessegemäß für den E, ee) und sie entsprach dem Willen des Eigentümers; zumindest gilt § 679 BGB.

Variante: Es handelt sich bei dem Rind um einen Mastbullen, und der K hat ihn gemästet. Die normalen Futterkosten ersetzt der E und verlangt die Herausgabe des Tieres. Der K verweigert die Herausgabe, weil ihm auch die zusätzlichen Mastkosten zustünden.

Dem a) Herausgabeanspruch aus § 985 BGB b) könnte ein Herausgabeverweigerungsrecht aus §§ 1000, 996 BGB entgegenstehen. aa) Die Mastkosten sind „andere als notwendige Verwendungen", und zwar „nützliche Verwendungen" i.S.d. § 996 BGB. Sie sind dem K zu ersetzen, aaa) Weil er gutgläubig und unverklagt war bbb) und weil der Wert der Sache noch zu der Zeit erhöht ist, zu welcher der Eigentümer die Sache wiedererlangt. Also hat der K ein Herausgabeverweigerungsrecht aus §§ 1000, 996 BGB.

bb) Der Verwendungsbegriff (einschließlich: Konkurrenz zu §§ 951, 812 BGB)

An der schwierigsten Frage der §§ 994 ff. BGB haben wir uns bisher „vorbeigedrückt": Was sind eigentlich **„Verwendungen"**? Klar war uns bisher allein der begriffliche Ausgangspunkt: Verwendungen sind Vermögensaufwendungen, die einer Sache zugute kommen, indem diese wiederhergestellt, erhalten oder verbessert wird.

Aber wie bereits angekündigt „steckt der Teufel im Detail". Sind auch solche der Sache zugute kommende Aufwendungen Verwendungen, wenn diese die herauszugebende Sache umgestalten? In der Wissenschaft wird dazu ein sog. **„weiter Verwendungsbegriff"**, der auch sachändernde Aufwendungen einschließt, propagiert. Der BGH und ihm folgend die hL. hat sich über diese Definition hinausgehend auf den sog. **„engen" Verwendungsbegriff** festgelegt, demzufolge eine „Verwendung" nicht vorliegt, wenn durch eine Vermögensaufwendung die Sache grundlegend umgestaltet wird. Da der BGH entgegen der hL. außerdem zur Qualität der §§ 994 ff. BGB als Sonderregelungen im Verhältnis zu §§ 951, 812 BGB eine sehr starre Haltung einnimmt, kommt er auf diese Weise in einer bestimmten Fallkonstellation zu bedenklichen Resultaten.

Fall 691: Der unerkennbar geisteskranke V verkauft und übereignet ein ihm gehöriges unbebautes Grundstück im Bereich Grindelallee/Hallerstraße in Hamburg an den K, der darauf für € 10 Millionen ein Bürohaus, für das wegen eines Konjunkturschubes infolge der Umsetzung der „agenda 2010" ein plötzlicher Bedarf bestand, errichtet. Nunmehr verlangt der wirksam vertretene V Herausgabe des Grundstücks. Der K verlangt den Ersatz seiner Verwendungen in Höhe von € 10 Millionen (nach BGH, „Grindelhochhäuser").

Dem 1. Anspruch V gegen K aus § 985 BGB 2. könnte entgegenstehen a) ein Herausgabeverweigerungsrecht aus § 1000 BGB, wenn K einen Verwendungsersatzanspruch hätte: aa) Ein solcher Anspruch aus § 994 BGB scheitert ungeachtet der Frage, ob die Errichtung des Bürogebäudes eine Verwendung des K auf die Sache ist, daran dass sie jedenfalls nicht „notwendig" gewesen wäre. bb) Der Bau könnte jedoch eine nach § 996 BGB zu ersetzende nützliche Verwendung gewesen sein. aaa) Der K war gutgläubig und unverklagt; bbb) die Wertsteigerung war noch vorhanden. ccc) Daher stellt sich jetzt doch die Frage, ob in dem Bau eine Verwendung zu sehen ist. Nach dem weiten Verwendungsbegriff, der auch sachändernde Maßnahmen erfasst: ja; nach dem engen Verwendungsbegriff, der grundlegende Umgestaltungen nicht als Verwendung ansieht: nein. b) Folgt man dem engen Verwendungsbegriff, so dass ein Herausgabeverweigerungsrecht aus §§ 1000, 996 BGB ausscheidet, ist zu prüfen, ob dem K ein Zurückbehaltungsrecht aus §§ 951, 812 Abs. 1 S. 1 2. Fall, 273 BGB zusteht. aa) Nach der hL. steht dem K gegen den Herausgabeanspruch des V aufgrund eines Anspruchs aus §§ 951, 812 Abs. 1 S. 1 2. Fall BGB ein Zurückbehaltungsrecht aus § 273 BGB zu: aaa) Der V hat nach §§ 946, 93, 94 BGB das Eigentum an dem Gebäude erlangt, bbb) und zwar, aaaa) da er das Eigentum weder durch eine Leistung des K noch durch die Leistung eines anderen erlangt hat, bbbb) „in sonstiger Weise" durch Eingriff in das Eigentum des K. ccc) Weil der Erwerb ein Widerspruch zum Zuweisungsgehalt des fremden Rechts steht und die Vermögensverschiebung von der Rechtsordnung nicht ohne Ausgleich gebilligt wird (arge. § 951 BGB), bestand kein Rechtsgrund. ddd) Dass die Bereicherung „aufgedrängt" ist, steht einem Anspruch nicht entgegen, wenn der Vermögensvorteil – wie hier anzunehmen – objektiv sinnvoll war und der Vermögensplanung des V nicht entgegenstand. bb) Der BGH hält jedoch auch dann, wenn – wie hier bei einer grundlegenden Umgestaltung des Grundstücks (enger Verwendungsbegriff) – mangels einer Verwendung die §§ 994 BGB nicht vorliegen können, diese für Spezialregelungen im Verhältnis zu §§ 951, 812 BGB, weil man sonst das Haftungssystem der §§ 994 ff. BGB mit seinen Differenzierungen der Haftung nach Gut- und Bösgläubigkeit bzw. Unverklagtheit und Rechtshängigkeit umgehen könnte. Es bleibt danach daher grundsätzlich bei einem Wegnahmerecht des K gem. § 997 BGB und uU. – wenn der Abriss öffentlich-rechtlich verboten sein sollte oder auch (und das sollte man jedenfalls zur Korrektur unsinniger Ergebnisse annehmen) wenn der Abriss (wie hier) zu einem unzumutbaren Wertverlust führen sollte – einem Ausgleichsanspruch in Geld aus § 242 BGB, der dann doch ein Zurückbehaltungsrecht aus § 273 BGB ergäbe.

cc) Der gutgläubige Erwerb des Werkunternehmerpfandrechts

Der Verwendungsersatzanspruch aus den §§ 994 ff. BGB mit der Rechtsfolge eines Herausgabeverweigerungsrechts aus § 1000 BGB soll nach dem BGH auch bei einem Werkvertrag als „Sicherungsrecht" dienen, indem eine Vindikationslage auch beim „Nicht–mehr–berechtigten Besitzer" angenommen wird. Hierbei handelt es sich um ein berühmtes Problem, das Sie unbedingt bis in die einzelnen Verästelungen kennen sollten. Da der folgende Fall Ihnen nunmehr bereits zum dritten Mal „präsentiert" wird, sollten Sie eigentlich keine Schwierigkeiten mehr haben, ihn zu bearbeiten.

Fall 692: Unternehmer V verkauft und übereignet dem Unternehmer K ein ihm gehöriges Auto unter Vereinbarung eines Eigentumsvorbehalts. Der K bringt es auf einer Reise wegen eines nach den Vereinbarungen im Kaufvertrag von K zur Erhaltung der Kaufsache zu behebenden Verschleißschadens zu einer Reparatur in die Werkstatt des U, der den K für den Eigentümer hält. Der U stellt den Wagen wieder her. Der K gerät in Vermögensverfall. Daher zahlt er an den U keinen Werklohn und holt den Wagen auch nicht ab. Auch den fälligen Restkaufpreis entrichtet er trotz Fälligkeit und Mahnung des V nicht, so dass der V nach § 323 BGB vom Vertrag zurücktritt. Jetzt verlangt der V den Wagen von U heraus (nach BGH).

Der Anspruch kann sich aus § 985 BGB ergeben. a) Der V ist Eigentümer des Autos. b) Der U ist Besitzer des Wagens. c) Fraglich ist, ob der U ein Recht zum Besitz hat (§ 986 BGB). aa) Ein Recht zum Besitz aaa) aus § 986 Abs. 1 S. 1 2. Fall BGB aufgrund eines abgeleiteten Rechts zum Besitz hat der U nicht, da das Recht zum Besitz des K gegenüber dem V aus dem Kaufvertrag, von dem der U sein Recht ableiten könnte, wegen des wirksamen Rücktritts des V (§ 323 Abs. 1 BGB) erloschen ist. bbb) In Betracht kommt aber ein eigenes Recht zum Besitz des U aus §§ 986 Abs. 1 S. 1 1. Fall, 647 BGB aufgrund eines Werkunternehmerpfandrechts an dem Auto (arge. § 1227 BGB), aaaa) und zwar an dem Anwartschaftsrecht des K. An dem Anwartschaftsrecht des K, das ja als „wesensgleiches minus des Vollrechts" wie das Eigentum behandelt wird, könnte in der Tat aufgrund eines zwischen dem K und dem U geschlossenen Werkvertrages und der Besitzerlangung des U nach § 647 BGB ein Werkunternehmerpfandrecht entstanden sein und dies könnte auch gegenüber dem Eigentümer V ein eigenes Recht zum Besitz des U begründen. Die hiermit aufgeworfenen Fragen brauchen jedoch nicht weiter erörtert zu werden, weil das Werkunternehmerpfandrecht, selbst wenn es entstanden wäre, aufgrund des Rücktritts des V, der das Anwartschaftsrecht untergehen ließ, erloschen wäre. bbbb) Fraglich ist, ob das Pfandrecht das Eigentum des V belastet und dem U deshalb ein eigenes Recht zum Besitz gibt (arge. § 1227 BGB). aaaaa) Das wäre der Fall, wenn der Werkvertrag zwischen V und U geschlossen wäre. Das aber muss verneint werden, weil aaaaaa) der K in eigenem Namen gehandelt hat bbbbbb) und es eine uU. in dem Kaufvertrag, durch den K zur Reparatur verpflichtet wurde, liegende „Verpflichtungsermächtigung" zum Abschluss von Werkverträgen zwischen V und Werkunternehmern zum Zwecke der vom Verkäufer geschuldeten Beseitigung von Mängeln der Kaufsache als Institut nach ganz hM. deshalb nicht gibt, weil V sonst auch zur Zahlung des Werklohnes verpflichtet werden könnte, was mit den Grundsätzen des Vertretungsrechts nicht vereinbar ist. bbbbb) Die Verpflichtung zur Reparatur könnte aber nach §§ 183, 185 Abs. 1 BGB dem verfügungsähnlichen Tatbestand des § 647 BGB zur Wirksamkeit verhelfen (Medicus). ccccc) Lehnt man dies ab, so ist weiter zu erörtern, ob der U ein Werkunternehmerpfandrecht am Eigentum des V deshalb gutgläubig erworben hat, weil er den K für den Eigentümer hielt (§§ 647, 1207, 932 BGB). aaaaaa) Nach § 1257 BGB finden auf das gesetzliche Pfandrecht, also auch auf § 647 BGB, die Vorschriften über das Vertragspfandrecht entsprechende Anwendung, aber nur für das bereits „entstandene" Pfandrecht, und nicht für den Entstehungstatbestand, also auch nicht der § 1207 BGB. bbbbbb) Möglich bleibt aber immer noch eine analoge Anwendung des §§ 647, 1207, 932 BGB. Man ist sich einig, dass bei den gesetzlichen Pfandrechten, die lediglich durch eine „Einbringung" der Sache (§§ 562, 704 BGB) entstehen, ein gutgläubiger Erwerb nach §§ 1207, 932 BGB analog ausgeschlossen ist; diskutabel ist die aufgeworfene Frage aber bei einem gesetzlichen Pfandrecht, das eine „Übergabe" voraussetzt, also auch bei § 647 BGB. aaaaaaa) Das wird z.Tl. aus folgenden Gründen befürwortet: Es soll eine gesetzliche Lücke bestehen. Diese sei zum Ausgleich des Kreditrisikos des Unternehmers (er leistet vor!) zu schließen. Es wäre eine verfassungswidrige Ungleichbehandlung (Art. 3 GG), würde man den Werkunternehmer schlechter stellen als den Kommissionär pp. in § 366 Abs. 3 HGB. Ferner soll § 366 Abs. 3 HGB für die Analogie sprechen: § 366 HGB sei eine bloße Erweiterung des Gutglaubensschutzes des BGB auf die Fälle des guten Glaubens an die Verfügungsbefugnis, setze also die Anerkennung des Schutzes des guten Glaubens an das Eigentum durch das BGB gedanklich voraus; wenn also im HGB die Möglichkeit des gutgläubigen Erwerbs der gesetzlichen HGB-Pfandrechte für den Fall des guten Glaubens an die Verfügungsbefugnis geregelt sei, setze dies gedanklich einen bereits im BGB geregelten Schutz des guten Glaubens an das Eigentum bei gesetzlichen BGB-Besitzpfandrechten voraus. Die Analogie zu § 1207 BGB soll auch systematisch möglich sein, weil der Abschluss des Werkvertrags und die Übergabe der Sache eine innere Verwandtschaft zur Verpfändung durch Einigung und Übergabe aufweise und speziell das Werkunternehmerpfandrecht in Wahrheit ein gesetzlich typisiertes rechtsgeschäftliches Pfandrecht sei. Danach hätte der U ein eigenes Recht zum Besitz aus §§ 986 Abs. 1 S. 1 1. Fall, 1207 BGB. bbbbbb) Der BGH und die hL. lehnen den gutgläubigen Erwerb dagegen ab. Sie entnehmen dem § 366 Abs. 3 HGB keine Erweiterung des Gutglaubensschutzes für bestimmte Pfandrechte, es handele sich insgesamt um eine handelsrechtliche Sonderregelung. § 647 BGB sei auch kein typisiertes Vertragspfandrecht. Eine Parallele zwischen Werkvertrag und Einigung i.S.d. § 1204 BGB bestehe nicht. Danach soll also ein eigenes Recht zum Besitz des U aus §§ 986 Abs. 1 S. 1, 1207 BGB ausscheiden. d) Wer ein Recht zum Besitz (§ 986 BGB) verneint, muss prüfen ob dem U ein Herausgabeverweigerungsrecht zusteht. aa) Möglich ist ein Zurückbehaltungsrecht des U aus §§ 677, 683 S. 1, 670, 273 BGB, wenn die Herbeiführung der Reparatur des Wagens die Führung eines Geschäftes auch für den V wäre; das ist aber angesichts der Vorstellung des U, mit dem ihn beauftragenden K den Eigentümer vor sich zu haben, abzulehnen. bb) In Betracht kommt aber ein dem Anspruch aus § 985 BGB entgegenstehendes Herausgabeverweigerungsrecht des U gem. §§ 994 Abs. 1 S. 1, 1000 BGB: aaa) Fraglich ist jedoch, ob überhaupt ein Eigentümer-Besitzer-Verhältnis bestand. aaaa) Das wäre nicht der Fall, aaaaa) wenn man der Lehre vom Vorrang des Vertragsverhältnisses folgt, bbbbb) nach anderer Ansicht im 3-Personen-Verhältnis ausnahmsweise aber doch. bbb) Aber auch dann, wenn man mit der vorgenannten Ansicht oder mit der hM. auch bei Vertragsverhältnissen eine Vindikationslage für denkbar hält, ist deren Relevanz hier zweifelhaft, denn aaaa) zZt. der Verwendungen besaß der U die Sache aufgrund eines abgeleiteten Besitzrechts im Verhältnis zu V rechtmäßig (§§ 986 Abs. 1 S. 1 2. Fall, 433 Abs. 1, 631 BGB); bbbb) unrechtmäßig besaß der U die Sache erst aufgrund des späteren Rücktritts des

V vom Kaufvertrag, also zZt. des Herausgabeverlangens des V, was aber nach dem BGH ausreichen soll, denn sonst würde der rechtmäßige Besitzer, der sein Besitzrecht später verliert, hinsichtlich eines Verwendungsersatzanspruchs schlechter behandelt als derjenige, der nie ein Besitzrecht besaß. ccc) Folgt man insoweit auch dem BGH, so ist davon auszugehen, dass der U gutgläubig und unverklagt war, so dass ein Anspruch aus § 994 Abs. 1 S. 1 BGB vorstellbar wäre. ddd) Zweifelhaft ist aber weiter, aaaa) ob es sich überhaupt um „Verwendungen" gehandelt hat. aaaaa) Nach einer Ansicht sei dies nicht der Fall, da das Vorliegen von Verwendungen bei einer vertraglich geschuldeten Leistung begrifflich ausscheiden müsste, bbbbb) dagegen soll nach hM. eine notwendige Verwendung vorliegen, bbbb) wobei allerdings fraglich ist, wer Verwender ist: aaaaa) nach dem BGH ist es der U, bbbbb) nach aA. dagegen der K, weil er den Verwendungsvorgang auf eigene Rechnung veranlasst habe und ihn auch steuere (Medicus). Folgt man dem BGH „bis zum bitteren Ende", hätte der U nach §§ 994 Abs. 1 S. 1, 1000 BGB ein Herausgabeverweigerungsrecht.

(Sie wissen ja bereits, dass die Werkunternehmer, speziell die des Kfz-Reparaturhandwerks, inzwischen „kein Risiko" mehr eingehen und sich die Sache in der Regel formularmäßig durch den Besteller verpfänden lassen, so dass ggf. § 1207 BGB unmittelbar angewendet werden kann. Derartige AGB-Klauseln werden von der h.M. für zulässig gehalten, auch wenn sie letztlich nur für bestellerfremde Sachen Anwendung finden können.)

3. Primär- und Sekundäransprüche aus einem „Anwartschaftsberechtigter – Besitzer – Verhältnis"

Auch aus einem „Anwartschaftsberechtigter – Besitzer – Verhältnis" erwachsen Primär- und Sekundäransprüche, die denen aus dem Eigentümer-Besitzerverhältnis entsprechen; das darf nicht verwundern, wird doch die Rechtsstellung des Anwartschaftsberechtigten als ein „wesensgleiches minus" des Vollrechts angesehen.

- So hat der Anwartschaftsberechtigte auch einen **primären Herausgabeanspruch aus § 985 BGB** gegen den Besitzer, und zwar sogar gegen den Eigentümer, sofern diesem kein Recht zum Besitz gegenüber dem Anwartschaftsberechtigten zusteht.

- Hinsichtlich der **Sekundäransprüche** kann auf die vorstehenden Ausführungen zum „Eigentümer-Besitzer-Verhältnis", die entsprechend gelten, verwiesen werden.

II. Ansprüche wegen Unrichtigkeit des Grundbuchs

1. Der primäre Grundberichtigungsanspruch

Falls anstelle einer an einem Grundstück dinglich berechtigten Person (z.B. ein Eigentümer oder ein Hypothekar) ein Nichtberechtigter zu Unrecht als Rechtsinhaber im Grundbuch eingetragen ist, kann der Berechtigte die Berichtigung des Grundbuchs verlangen (§ 894 BGB).

> In der Mehrzahl der von Ihnen zu bearbeitenden Fälle geht es um die Konstellation, dass der materiell berechtigte Eigentümer von einem zu Unrecht im Grundbuch eingetragenen Nichteigentümer (dem sog. „Buchbesitzer") Grundbuchberichtigung verlangt. Auch wir wollen uns auf die Erörterung dieser Fallkonstellation beschränken. Dabei sind wir uns natürlich ständig dessen

> bewusst, dass es eine Vielzahl anderer nach § 894 BGB zu berichtigender Diskrepanzen zwischen einer Grundbucheintragung und dem materiellen Recht gibt!
>
> Wenn es um einen zu Unrecht als Eigentümer im Grundbuch eingetragenen besitzenden Dritten geht, wird – je nach Fallfrage – dieser Anspruch neben dem Anspruch aus § 985 BGB zu prüfen sein.

Es gibt diverse **Anspruchsgrundlagen für einen Grundbuchberichtigungsanspruch:**

- So mag es einen **vertraglichen Grundbuchberichtigungsanspruch** bei einem entsprechenden darauf gerichteten Vertrag zwischen dem Eigentümer und dem zu Unrecht als Eigentümer im Grundbuch Eingetragenen geben. Ein solcher Vertrag dürfte allerdings selten sein. Wenn aber ausnahmsweise der Eigentümer und der Buchbesitzer sich über die Grundbuchberichtigung zugunsten des Eigentümers einig sind und ein entsprechender Vertrag geschlossen wird, dann wird i.d.R. auch eine formgerechte (§ 29 GBO) Eintragungsbewilligung (§ 19 GBO) des voreingetragenen (§ 39 GBO) „Buchbesitzers" vorliegen, so dass eine Berichtigung im Grundbuchverfahren auf Antrag des Berechtigten (§ 13 GBO) erfolgen kann.

- Der dingliche Anspruch des Berechtigten gegen den zu Unrecht Eingetragenen auf Zustimmung zur Berichtigung ergibt sich aus **§ 894 BGB**.

- Ein ebenfalls denkbarer Anspruch aus **§§ 992, 823, 249 Abs. 1 BGB** wird i.d.R. an den fehlenden Voraussetzungen des § 992 BGB scheitern; diese aber müssen gegeben sein, weil die §§ 987 ff. BGB auf das Verhältnis Grund-Eigentümer/Buchbesitzer entsprechend angewendet werden (dazu später mehr).

- Auch aus **§ 812 BGB** kann die Herausgabe des „Buchbesitzes" verlangt werden.

- Diskutiert wird auch, ob ein Grundbuchberichtigungsanspruch aus **§ 1004 BGB** in Betracht kommt. Ein solcher Anspruch scheidet aber nach ganz hM. deshalb aus, weil § 1004 BGB durch § 894 BGB als lex specialis verdrängt wird.

Von allen diesen Ansprüchen sind daher letztlich nur die aus **§ 894 BGB** und der aus **§ 812 BGB** von Bedeutung.

a) Der Grundbuchberichtigungsanspruch aus § 894 BGB und der Anspruch auf Eintragung eines Widerspruchs aus § 899 BGB

Der **Anspruch auf Grundbuchberichtigung** aus § 894 BGB steht dem wahren Berechtigten gegen den zu Unrecht als dinglich Berechtigter im Grundbuch Eingetragenen zu. Er ist gerichtet auf Zustimmung zur Berichtigung des Grundbuchs.

Fall 693: Der unerkennbar geisteskranke V verkauft ein ihm gehöriges Hausgrundstück formgerecht an den K; aufgrund einer formgerechten Auflassung wird der K als Eigentümer in das Grundbuch eingetragen. Vertreten durch seinen gesetzlichen Vertreter verlangt der V von dem K die Abgabe der eine Bewilligung zu seiner Widereintragung in das Grundbuch enthaltenden Erklärung (§ 19 GBO). Der sich für den Eigentümer haltende K hat noch vor Klageerhebung das undichte Dach reparieren lassen. Der gesetzliche Vertreter des V verweigert dem K den Ersatz seiner Verwendungen.

a) Der V hat einen Anspruch aus § 894 BGB, denn die Auflassung (§§ 873 Abs.1, 925 BGB) ist wegen § 105 Abs. 2 BGB nichtig. b) Dem steht jedoch § 273 Abs. 2 BGB bzw. § 1000 BGB i.V.m. § 994 Abs.1 S. 1 BGB analog entgegen (dazu später mehr).

<u>Variante:</u> Der V war nur bei der Auflassung geisteskrank.

a) Dem Grundbuchberichtigungsanspruch aus § 894 BGB b) steht aa) der Einwand der unzulässigen Rechtsausübung („dolo agit qui petit … ,") bb) bzw. § 986 Abs. 1 BGB entgegen, weil dem K ein schuldrechtlicher Anspruch auf Eigentumsverschaffung zusteht (§ 433 Abs. 1 S. 1 BGB).

Sie wissen bereits aus früheren Erörterungen, dass sehr viel dafür spricht, den **§ 817 S. 2 BGB** nicht nur auf § 817 S.1 BGB (so der ursprüngliche „Plan" des Gesetzgebers) anzuwenden, sondern auch auf § 812 Abs. 1 S.1 1. Fall BGB („Leistungskondiktion") und auf § 985 BGB. Jetzt steht zur Diskussion, ob § 817 S. 2 BGB auch den Anspruch aus § 894 BGB „sperrt".

<u>Fall 694:</u> Der Finanzvorstand der Iffa AG (F) hat seit Jahrzehnten Geld veruntreut. Als der Controller S. Eveke (C) ihm auf die Schliche kommt, gelingt es dem F dadurch, den C zunächst zum Schweigen zu veranlassen, indem er ihm ein Grundstück übereignet. Als der C später auch noch „Schweigegeld" verlangt, fordert der F Rückübereignung oder Herausgabe und Grundbuchberichtigung (nach Baur/Stürner)

1. Ein Rückübereignungsanspruch aus § 812 Abs. 1 S. 1 1. Fall BGB („Leistungskondiktion") scheitert daran, dass die Übereignung nach § 138 Abs. 1 BGB deshalb nichtig ist, weil die Sittenwidrigkeit gerade in der Eigentumsverschaffung liegt. 2. Herausgabe könnte der F a) nach § 812 Abs. 1 S. 1 1. Fall BGB („Leistungskondiktion") verlangen. aa) Der C hat den Besitz erlangt, und zwar durch Leistung des F, bb) und dies ohne Rechtsgrund, weil der Schenkungsvertrag (§ 516 BGB) nach § 138 Abs. 1 BGB nichtig ist. cc) Dem Anspruch steht aber § 817 S. 2 BGB entgegen. b) Einem aa) an sich nach § 985 BGB gegebenen Herausgabeanspruch bb) könnte § 817 S. 2 BGB entgegenstehen. Für die Anwendung des § 817 S. 2 auf § 985 BGB spricht ein sonst bestehender Wertungswiderspruch: Ist der Sitten- bzw. Gesetzesverstoß weniger gewichtig, so dass nur das Verpflichtungsgeschäft nichtig ist, wäre der Bereicherungsanspruch des Leistenden aus § 812 Abs. 1 S. 1 Fall1 BGB („Leistungskondiktion") durch § 817 S. 2 gesperrt; wenn aber der Sitten- bzw. Gesetzesverstoß so schwer wiegt, dass sogar das dingliche Erfüllungsgeschäft nichtig ist, dann darf der Leistende dadurch nicht besser gestellt werden, dass er einen Herausgabeanspruch aus § 985 BGB hat. 3. Gleiches muss gegenüber dem Grundbuchberichtigungsanspruch aus § 894 BGB gelten.

> Der Eigentümer (und jeder sonstige dinglich Berechtigte) ist im Fall der Unrichtigkeit des Grundbuchs in einer heiklen Lage, weil der Buchberechtigte wegen des Rechtsscheins der Grundbucheintragung (vergl. § 891 BGB) jederzeit eine zugunsten eines gutgläubigen Dritten wirksame Verfügung treffen kann (§ 892 BGB). Sie wissen ja schon lange, dass hier nur die Eintragung eines Widerspruchs gegen die Richtigkeit des Grundbuchs hilft. Die Eintragung dieses Widerspruchs bewirkt einen Ausschluss des gutgläubigen Erwerbs (§§ 892 Abs. 1 S. 1, 899 Abs. 1 BGB); seine Wirkungen greifen auch noch nach dem Zeitpunkt des § 892 Abs. 2 BGB.
>
> Der Berechtigte kann im Falle einer formgerechten Bewilligung des Eingetragenen unschwer die Eintragung eines Widerspruchs gegen die Richtigkeit des Grundbuchs erreichen. Wenn aber der Eingetragene hierzu nicht bereit ist,

> muss der Berechtigte die Eintragung durch einstweilige Verfügung nach § 935 ZPO (bei der nach § 899 Abs. 2 S. 2 BGB nur der Verfügungsanspruch, nicht aber der Verfügungsgrund, die Gefährdung des Rechtes, glaubhaft gemacht zu werden braucht) erwirken, dies allerdings behaftet mit dem Risiko eines Schadensersatzanspruchs aus § 945 ZPO.

Die **Ansprüche auf Grundbuchberichtigung** (§ 894 BGB) und **auf Eintragung eines Widerspruchs** (§ 899 BGB) **unterliegen nicht der Verjährung** (§ 898 BGB). Ihnen kann jedoch der **Einwand der Verwirkung (§ 242 BGB)** entgegenstehen.

Wenn die Unrichtigkeit des Grundbuchs durch öffentlich beglaubigte Urkunden (§ 29 GBO) nachgewiesen werden kann, kann die Berichtigung des Grundbuchs ohne Geltendmachung des Anspruchs aus § 894 BGB herbeigeführt werden (§§ 13, 22, 29, 39 GBO).

Fall 695: Der G = H hat am Grundstück des E = S eine Hypothek zur Sicherung einer Darlehensforderung. Bei Fälligkeit zahlt E = S die Darlehensschuld an G = H und dieser händigt ihm eine öffentlich beglaubigte („löschungsfähige") Quittung aus. Der E = S erhebt gegen G = H Klage auf Zustimmung zur Berichtigung des Grundbuchs dahingehend, dass anstelle der Hypothek zugunsten des E = S eine Eigentümergrundschuld im Grundbuch eingetragen wird. Zum Beweise dafür legt er dem Gericht die öffentlich beglaubigte Quittung vor. Wie wird das Gericht entscheiden?

Auch wenn der E = S im Hinblick auf §§ 1163 Abs. 1 S. 2, 1177 BGB einen Anspruch aus § 894 BGB hat, weil das Grundbuch unrichtig ist (anstelle der inzwischen zugunsten des E = S entstandenen Eigentümergrundschuld ist die Hypothek zugunsten des G = H noch im Grundbuch eingetragen), wird das Gericht die Klage als unzulässig abweisen. Denn dem E = S fehlt das Rechtsschutzbedürfnis für eine Klage. Es gibt nämlich für E = S einen „einfacheren und billigeren Weg", das Grundbuch zu berichtigen. Denn er kann unter Vorlage der öffentlich beglaubigten Quittung bei dem Grundbuchamt einen Antrag auf Berichtigung des Grundbuchs stellen, und dieses wird das Grundbuch berichtigen (§§ 13, 22, 29, 39 GBO).

b) Der Grundbuchberichtigungsanspruch aus § 812 BGB

Der Grundbuchberichtigungsanspruch aus § 812 Abs. 1 S. 1 BGB ist deshalb von Bedeutung, weil auch der falsch oder der nicht eingetragene Berechtigte Herausgabe des „Buchbesitzes" von demjenigen verlangen kann, der ohne Rechtsgrund die unrichtige Eintragung erlangt hat.

Fall 696: Der anstelle des E zu Unrecht im Grundbuch als Eigentümer eingetragene unerkennbar geisteskranke V verkauft das Grundstück formgerecht an K; aufgrund einer formgerechten Auflassung wird der K als Eigentümer in das Grundbuch eingetragen. Vertreten durch seinen gesetzlichen Vertreter verlangt der V von dem K die Abgabe der Bewilligung zu seiner Wiedereintragung in das Grundbuch (nach BGH).

1. Ein Anspruch aus § 894 BGB scheidet aus, da der V nicht der wahre Eigentümer ist. 2. Zu prüfen ist ein Anspruch aus § 812 Abs. 1 S. 1 1. Fall BGB („Leistungskondiktion"). a) Der K hat etwas erlangt, weil sein „Buchbesitz" wegen des damit verbundenen Rechtsscheins ein vermögenswerter Vorteil ist. b) Der K hat das „etwas" durch Leistung des V c) und ohne Rechtsgrund erlangt. d) Der Anspruch ist auf Wiederherstellung der Buchberechtigung durch Abgabe der Bewilligungserklärung (§ 19 GBO) gerichtet.

2. Die Sekundäransprüche

Das Bucheigentum wird dem unrechtmäßigen Besitz gleichgestellt, und es werden deshalb die §§ 987 ff. BGB analog angewendet. Die „Haftungsauslösungsmomente" sind Bösgläubigkeit des „Buchbesitzers" und die Rechtshängigkeit der Grundbuchberichtigungsklage.

- Der Eigentümer kann nach §§ 990, 989 BGB von dem Buchbesitzer die **Beseitigung von zwischenzeitlichen Belastungen** und **Schadensersatz bei wegen gutgläubigen Erwerbes nicht zu beseitigenden Belastungen verlangen**, die der Buchbesitzer herbeigeführt hat. Bei einer Belastung mit einem Verwertungsrecht (Hypothek, Grundschuld) zugunsten eines gutgläubigen Erwerbers besteht zugleich ein Anspruch aus § 816 Abs. 1 S. 1 BGB; dieser Anspruch tritt zurück, wenn das durch die Verfügung „Erlangte" das „Grundstück als Kreditunterlage" ist, bleibt aber bestehen, wenn das „Erlangte" das Darlehen ist. Dazu lesen Sie mehr in Teil 8.

- Umgekehrt schuldet der Eigentümer dem Bucheigentümer **Verwendungsersatz** nach den §§ 994 ff. BGB mit der Folge eines Herausgabeverweigerungsrechts aus § 1000 BGB.

Fall 697: Der unerkennbar geisteskranke V verkauft ein ihm gehöriges Hausgrundstück formgerecht an K; aufgrund einer formgerechten Auflassung wird der K als Eigentümer in das Grundbuch eingetragen. Vertreten durch seinen gesetzlichen Vertreter verlangt der V von K die Abgabe der Bewilligung zu seiner Wiedereintragung in das Grundbuch. Der sich für den Eigentümer haltende K hat noch vor Klageerhebung das undichte Dach reparieren lassen. Der gesetzliche Vertreter des V verweigert dem K den Ersatz seiner Verwendungen.

a) Der V hat einen Anspruch aus § 894 BGB, denn die Auflassung (§§ 873 Abs.1, 925 BGB) ist wegen § 105 Abs.1 BGB nichtig. b) Dem steht jedoch § 273 Abs. 2 bzw. § 1000 BGB i.V.m. § 994 Abs.1 S. 1 BGB analog entgegen.

III. Der Herausgabeanspruch des Besitzers

Der Anspruch aus **§ 1007 BGB** ermöglicht einem früheren rechtmäßigen oder gutgläubigen unrechtmäßigen Besitzer (arge. § 1007 Abs. 3 BGB) die Wiedererlangung des Besitzes an einer Sache von einem derzeitigen „schlechter berechtigten" Besitzer. Diese „schlechtere Berechtigung" kann darauf beruhen, dass der Besitzer dem Anspruchsteller gegenüber nicht zum Besitz berechtigt ist (§ 1007 Abs. 3 S. 2, 986 BGB) und entweder beim Besitzerwerb bösgläubig war (§ 1007 Abs. 1 BGB) oder beim Besitzerwerb zwar gutgläubig war, die Sache dem Anspruchsteller aber abhanden gekommen ist und der Besitzer nicht der Eigentümer der Sache ist oder sie ihm nicht selbst vor dem Besitz des Anspruchstellers abhanden gekommen ist (§ 1007 Abs. 1, Abs. 2 BGB). Diese Anspruchsgrundlagen haben praktisch keinen Anwendungsbereich. Medicus schlägt zu Recht vor, sie in einer Klausur im Fall der Zeitnot zu ignorieren.

Weit bedeutsamer ist der **Besitzschutzanspruch aus § 861 Abs. 1 BGB**:

- Bei unmittelbarem/mittelbarem **Besitz des Anspruchstellers**

- muss diesem der Besitz **durch verbotene Eigenmacht entzogen** worden sein (§ 858 Abs. 1 BGB), wobei es sich bei mittelbarem Besitz um eine verbotene Eigenmacht eines Dritten handeln muss, nicht aber um eine solche des unmittelbaren Besitzers (§ 869 S. 1 BGB);
- der Anspruchsgegner muss **fehlerhafter Besitzer** sein (das ist nach § 858 Abs. 2 BGB der Besitzentzieher selbst oder sein Erbe oder der bösgläubige Besitznachfolger);
- es darf **kein Ausschluss** nach §§ 861 Abs. 2, 864 Abs. 1, 2 BGB vorliegen.
- Die **Rechtsfolge** ist ein Anspruch auf Wiedereinräumung des Besitzes, bei mittelbarem Besitz i.d.R. auf Wiedereinräumung zugunsten des unmittelbaren Besitzer (§ 869 S. 2 BGB).

Fall 698: Der Vermieter V hat dem Mieter M wirksam fristlos wegen Zahlungsverzugs gekündigt (§§ 543 Abs. 2 S. 1 Nr. 3, 569 Abs. 3 Nr. 1 BGB). Als der innerhalb der „Schonfrist" eine Nachzahlung der Mietschuld beabsichtigende M (§ 569 Abs. 3 Nr. 2 BGB) daraufhin nicht geräumt hat, hat der V eine Abwesenheit des M ausgenutzt und mit seinem Reserveschlüssel die Wohnung geöffnet, sie ausgeräumt, das Schloss ausgewechselt und seinem Sohn S, der von allem weiß, die Wohnung überlassen. Der M beantragt im Wege der einstweiligen Verfügung von dem S die Wiedereinräumung des Besitzes und macht den gesamten vorstehenden Sachverhalt durch eine eidesstattliche Versicherung des Nachbarn N, der alles wahrgenommen hat, glaubhaft.

Eine einstweilige Verfügung ist ein in einem summarischen Verfahren ergehender Titel (§ 928 ZPO). Der Erlass einer einstweiligen Verfügung setzt in prozessualer Hinsicht einen Verfügungsgrund und einen Verfügungsanspruch voraus, deren tatsächliche Voraussetzungen der Antragsteller glaubhaft machen muss (§§ 935 ff., 916 ff ZPO). a) Der Verfügungsanspruch könnte sich in materieller Hinsicht aus § 861 Abs.1 BGB ergeben. aa) Der M war unmittelbarer Besitzer; das Verlassen der Wohnung bedeutet keine Besitzaufgabe, denn er hat die Wohnung nicht geräumt, sondern seine Sachen dort gelassen und die Tür verschlossen. bb) Der V hat dem M den Besitz ohne dessen Willen entzogen. Das (petitorische) Recht des V zum Besitz aus § 546 Abs. 1 BGB ist gegenüber dem (possessorischen) Recht des M aus § 861 Abs. 1 BGB unbeachtlich (§ 863 BGB) cc) Der S ist als bösgläubiger Einzelrechtsnachfolger fehlerhafter Besitzer (§ 858 Abs.2 BGB). dd) Die Ausschlusstatbestände (§§ 861 Abs. 2, § 864 BGB) greifen nicht ein. b) Es besteht auch ein Verfügungsgrund, weil die Anordnung einer Wiedereinräumung des Besitzes zur Abwendung wesentlicher Nachteile (Verlust der Unterkunft trotz zu erwartender Unwirksamkeit der Kündigung nach § 569 Abs. 3 Nr. 2 BGB) erfolgt. c) Der M hat den Verfügungsanspruch und den Verfügungsgrund auch durch die eidesstattliche Versicherung des N glaubhaft gemacht (§§ 935, 920 Abs. 2, 294 Abs. 1 ZPO). Die einstweilige Verfügung auf Wiedereinräumung des Besitzes wird also erlassen.

IV. Der Beseitigungs- und Unterlassungsanspruch

1. Der Beseitigungs- und Unterlassungsanspruch des Eigentümers (§ 1004 BGB)

Nach § 903 BGB kann der Eigentümer einer Sache, „soweit nicht das Gesetz oder Rechte Dritter entgegenstehen, ... andere von jeder Einwirkung ausschließen". Hierfür stellt das Gesetz diverse rechtstechnische Behelfe zur Verfügung

> **1.** Wenn das Eigentum durch **Entziehung** oder **Vorenthaltung des Besitzes beeinträchtigt** wird, wird der Eigentümer durch **§§ 985, 986 BGB** geschützt: Der Eigentümer kann von dem nicht zum Besitz berechtigten Besitzer Herausgabe der Sache verlangen.
>
> **2.** Bei Beeinträchtigungen des Eigentums in „anderer Weise als durch Entziehung oder Vorenthaltung des Besitzes" (durch „**Störung**") kann der Eigentümer nach **§ 1004 BGB**
>
> **a)** vom Störer
>
> **b)** die Beseitigung der Beeinträchtigung (§ 1004 Abs. 1 S. 1 BGB) und
>
> **c)** die Unterlassung von Beeinträchtigungen (§ 1004 Abs. 1 S. 2 BGB) verlangen,
>
> **d)** sofern er nicht zur Duldung verpflichtet ist (§ 1004 Abs. 2 BGB).
>
> **3.** Ergänzt wird dieser Schutz durch **§ 823 Abs. 1 BGB**: Bei widerrechtlicher und schuldhafter Verletzung des Eigentums kann der Eigentümer im Wege des Schadensersatz die Beseitigung der Störungsfolgen verlangen.

Hier soll es um den **sachenrechtlichen Anspruch auf Beseitigung und Unterlassung von Beeinträchtigungen des Eigentums gegen einen „Störer"** gehen (§ 1004 BGB).

a) Beeinträchtigung des Eigentums

Unterschieden wird zwischen

- **rechtsgeschäftlichen Einwirkungen** durch Verfügungen über das Eigentum, die **als** Beeinträchtigungen angesehen werden;

- **positiven Einwirkungen** auf den räumlich gegenständlichen Bereich der Sache (z.B. Bebauungen, Immissionen i.S.d. § 906 BGB und durch Grobkörper; Ablagern von Sachen auf fremdem Grundstück; Zu- und Abgangsbehinderung; Überwuchs; Betreten eines Grundstücks durch Menschen oder Haustiere; Hineinragenlassen von Sachen auf ein Grundstück; Einwurf von Werbematerial in einen Briefkasten; Zuparken eines Autos; unaufgeforderte e-mail-Werbung; Videoüberwachung), die **als Beeinträchtigungen** angesehen werden;

- **negativen Einwirkungen** auf die natürlichen Verbindungen der Sache zur Umwelt (z.B. durch Entziehung von Licht, Frischluftzufuhr, Störung des Fernsehempfangs durch Errichtung eines Gebäudes an der Grundstücksgrenze; Behinderung des Ausblicks auf ein Grundstück), die **nicht als Beeinträchtigungen** angesehen werden;

- **ideellen Einwirkungen** auf das ästhetische und sittliche Empfinden der Sachbenutzer (z.B. durch Betrieb eines Bordells, Betrieb eines Schrottplatzes in einer Wohngegend), die **nicht als Beeinträchtigungen** angesehen werden.

b) „Handlungs- oder Zustandsstörer"

Der **„Störer"**, der die **Beseitigung** oder die **Unterlassung** einer **Beeinträchtigung schuldet**, kann sein

- ein sog. **„Handlungsstörer"**: Das ist die Person, die durch eigenes positives Tun oder durch pflichtwidriges Unterlassen die Beeinträchtigung selbst (**„unmittelbarer Handlungsstörer"**) oder durch Veranlassung Dritter zu einem positiven Tun oder zum Unterlassen (**„mittelbarer Handlungsstörer"**) adäquat kausal verursacht hat.

Fall 699: Der Inhaber I des S-Supermarktes beauftragt den Zettelverteiler Z damit, Werbematerial in die Hausbriefkästen der Nachbarschaft zu werfen. Der E hat am Hausbriefkasten seines Hauses einen Aufkleber mit der Aufschrift: „Keine Werbung einwerfen" angebracht. Der Z steckt gleichwohl einen Prospekt hinein. Der E fordert den I auf, den noch aus dem Briefkasten ragenden Zettel zu entfernen.

Der Anspruch könnte sich aus § 1004 Abs. 1 S. 1 BGB ergeben. a) Der Zetteleinwurf führt zu einer Beeinträchtigung iS. einer „positiven Einwirkung" auf das Eigentum des E. b) Der I ist mittelbarer Handlungsstörer, denn die Beeinträchtigung ist durch die Veranlassung des Z zum Zetteleinwurf seitens des I adäquat kausal verursacht worden. c) Die Beeinträchtigung ist rechtswidrig (§ 1004 Abs. 2 BGB).

- Wenn die Beeinträchtigung auf den Zustand anderer Sachen oder Anlagen, nicht aber unmittelbar auf eine Handlung zurückzuführen ist, liegt keine Handlungsstörung vor. Der Eigentümer und Besitzer der Sache, von der die Störung ausgeht, ist deshalb nicht automatisch **„Zustandsstörer"**. Nähme man das an, so würde dies auf eine bloße vom Gesetz nicht gewollte „Zustandshaftung" hinauslaufen. Daher ist auch für eine Zustandsstörung erforderlich, dass die Beeinträchtigung jedenfalls mittelbar auf ein menschliches Verhalten zurückführbar sein muss, das eine für die beeinträchtigte Sache konkrete Gefahrenquelle geschaffen hat.

> Folgende **Fallgruppen** sind vorstellbar:
>
> **1. Zur** Zustandsstörung führen: Beeinträchtigungen aufgrund von Auswirkungen künstlicher Veränderungen der Erdoberfläche, wie das Setzen oder Halten von Anpflanzungen oder die Vornahme von Baumaßnahmen.
>
> **2. Keine** Zustandsstörung besteht: bei von naturbelassener Erdoberfläche ausgehender Beeinträchtigung; oder bei Beeinträchtigung durch Natureinwirkungen, die alle gleichermaßen treffen.

Fall 700: Ein Unwetter löst an einem Hanggrundstück des E 1 einen Erdrutsch aus, so dass Erdmassen auf das unterliegende Grundstück des E 2 geschoben werden. Der E 2 verlangt von dem E 1 Beseitigung.

Der Anspruch könnte sich aus § 1004 Abs. 1 S. 1 BGB ergeben. a) Die Erdmassen auf E 2's Grundstück sind eine Beeinträchtigung i.S. einer „positiven Einwirkung" auf das Eigentum des E 2. b) Der E 1 aa) ist kein Handlungsstörer, weil die Beeinträchtigung auf den Zustand des Grundstücks des E 1, nicht aber unmittelbar auf dessen Handlung zurückzuführen ist. bb) Der E

1 ist als Eigentümer des Grundstücks, von dem die Störung ausgeht, aaa) als solcher nicht automatisch „Zustandsstörer". Dies würde auf eine bloße vom Gesetz nicht gewollte „Zustandshaftung" hinauslaufen. bbb) Daher ist auch für eine Zustandsstörung erforderlich, dass die Beeinträchtigung jedenfalls derart mittelbar auf ein Verhalten zurückführbar sein muss, dass es eine für die beeinträchtigte Sache konkrete Gefahrenquelle geschaffen hat. Hier geht die Beeinträchtigung von einer naturbelassenen, also nicht durch ein Verhalten veränderten Erdoberfläche aufgrund eines Naturereignisses aus. Der E 1 ist daher kein Zustandsstörer.

c) Keine Verpflichtung des Eigentümers zur Duldung (Rechtswidrigkeit)

Nur rechtswidrige Beeinträchtigungen führen zu Beseitigungs- und Unterlassungsansprüchen (§ 1004 Abs. 2 BGB). Die Rechtswidrigkeit entfällt bei einer „Duldungspflicht". Derartige **„Duldungspflichten"** können sich ergeben aus

- **Rechtsgeschäft** (Miete, Pacht, Leihe, Grunddienstbarkeit) oder aus
- **Gesetz** (§§ 228, 242, „nachbarschaftliches Gemeinschaftsverhältnis", 904, 905 S. 2, 906, 912 Abs. 1 BGB, 22 BImSchG).

d) Beseitigung, Unterlassung

Ist die Beeinträchtigung eingetreten, wird die **Beseitigung** geschuldet. Der **Störer schuldet** dann die Behebung des als noch andauernde Gefahrenquelle auf das fremde Eigentum einwirkenden Störfaktors für die Zukunft. Damit schuldet er keine „Naturalrestitution", die auch die Wiederherstellung der am sonstigen Vermögen eingetretenen Schäden zum Inhalt hat.

Fall 701: Ein älterer, aber völlig gesunder Baum des E 1 wird durch eine Orkanbö erfasst und so umgeworfen, dass er mit der Krone auf das Grundstück des E 2 fällt und dabei auch den Rasen auf E 2's Grundstück teilweise zerstört. Der E 2 verlangt von dem E 1 die Entfernung der Krone und die Wiederherstellung des Rasens.
1. Der Anspruch könnte sich aus § 1004 Abs. 1 S. 1 BGB ergeben. a) Die Baumkrone auf E 2's Grundstück ist eine Beeinträchtigung i.S. einer „positiven Einwirkung" auf das Eigentum des E 2. b) Der E 1 aa) ist kein Handlungsstörer, weil die Beeinträchtigung auf den Zustand des Grundstücks des E 1, nicht aber unmittelbar auf dessen Handlung zurückzuführen ist. bb) Der E 1 ist als Eigentümer des Grundstücks, von dem die Störung ausgeht, aaa) deshalb nicht automatisch „Zustandsstörer". Dies würde auf eine bloße vom Gesetz nicht gewollte „Zustandshaftung" hinauslaufen. bbb) Daher ist auch für eine Zustandsstörung erforderlich, dass die Beeinträchtigung jedenfalls mittelbar auf ein Verhalten zurückführbar sein muss, welches eine für die beeinträchtigte Sache konkrete Gefahrenquelle geschaffen hat. Das ist hier der Fall, weil der E 1 eine Bepflanzung, zu der auch der umgestürzte Baum gehört hat, unterhalten hat. Auch handelte es sich bei der sturmbedingten Entwurzelung nicht um ein Naturereignis, dem alle Anpflanzungen generell ausgesetzt waren, so dass die Anpflanzung des E 1 keine konkrete Gefahrenquelle bedeutet hätte; das hätte man nur bei einem außergewöhnlich starken Sturm, der auch widerstandsfähige Bäume zum Umstürzen gebracht hätte, sagen können. Der E 1 war also Zustandsstörer. c) Die Störung war rechtswidrig. d) Der E 2 kann aa) Beseitigung der Baumkrone (der noch als andauernde Gefahrenquelle auf das fremde Eigentum einwirkende Störfaktor) verlangen. bb) Der Defekt des Rasens ist eine Schadensfolge am sonstigen Vermögen des E 2 und daher nicht zu beseitigen. 2. Ein Anspruch aus §§ 823 Abs. 1, 249 Abs. 1 BGB scheitert am fehlenden Verschulden des E 1.

Zusätzliche Voraussetzung für einen nach einer ersten Beeinträchtigung geltend gemachten **Unterlassungsanspruch** ist eine **Wiederholungsgefahr**; diese wird aufgrund der vorangegangenen Beeinträchtigung vermutet. Das bloße Versprechen, ein Verhalten nicht zu wiederholen, reicht zur Widerlegung dieser Vermutung nicht aus; es muss vielmehr uneingeschränkt sein, und seine Einhaltung muss durch ein Vertragsstrafeversprechen des Störers gewährleistet sein. Nach dem Wortlaut des § 1004 Abs. 1 S. 2 BGB setzt ein Unterlassungsanspruch voraus, dass bereits eine Beeinträchtigung stattgefunden hat; denn es heißt, dass der Eigentümer nur dann, wenn „weitere Beeinträchtigungen zu besorgen (sind), ... auf Unterlassung klagen" kann. Damit wäre aber der Eigentumsschutz nur lückenhaft ausgestaltet, weil eine solche Regelung darauf hinausliefe, dass der Eigentümer im Falle einer ersten drohenden Beeinträchtigung schutzlos wäre. Diese Schutzlücke ist durch eine Weiterentwicklung des § 1004 BGB dahingehend geschlossen worden, dass ein Unterlassungsanspruch aus § 1004 Abs. 1 S. 2 BGB auch dann gegeben ist, wenn es zuvor noch keine Beeinträchtigung gegeben hat, sondern eine solche als konkrete Gefahr unmittelbar und ernstlich bevorsteht (**„vorbeugender Unterlassungsanspruch"**). Der **Störer schuldet** beim Unterlassungsanspruch nicht nur eine künftige Untätigkeit, sondern auch ein Verhalten, das den Nichteintritt der drohenden Beeinträchtigung bewirkt.

2. Der Beseitigungs- und Unterlassungsanspruch des Besitzers (§ 862 BGB)

Sofern der **Besitzer durch verbotene Eigenmacht im Besitz gestört wird bzw. die Gefahr einer Störung besteht**, kann er nach **§ 862 BGB** Beseitigung oder Unterlassung verlangen.

Fall 702: Der Inhaber I des S-Supermarktes beauftragt den Zettelverteiler Z damit, Werbematerial in die Hausbriefkästen der Nachbarschaft zu werfen. Der M hat am Hausbriefkasten des von ihm gemieteten Hauses einen Aufkleber mit der Aufschrift: „Keine Werbung einwerfen" angebracht. Der Z wirft gleichwohl einen Prospekt ein. Der M fordert den I auf, den Zettel, der noch aus dem Hausbriefkasten hervorragt, zu entfernen.

Der Anspruch könnte sich aus § 862 Abs. 1 S. 2 BGB ergeben. a) Der Zetteleinwurf führt zu einer aa) Besitzstörung, nämlich einer Beeinträchtigung i.S. einer „positiven Einwirkung" auf den Besitz des M. bb) Diese Störung erfolgt ohne den Willen des Besitzers M, ist also verbotene Eigenmacht (§ 858 Abs. 1 BGB) b) Der I ist mittelbarer Handlungsstörer, denn die Beeinträchtigung ist durch die Veranlassung des Z zum Zetteleinwurf adäquat kausal verursacht worden. c) Die Beeinträchtigung ist rechtswidrig (§ 862 Abs. 2 BGB).

Wird der mittelbare Besitz gestört, so steht der Beseitigungs- und Unterlassungsanspruch dem mittelbaren Besitzer nur bei Eingriffen Dritter, nicht solchen des unmittelbaren Besitzers zu (§ 869 BGB).

3. Allgemeiner Beseitigungs- und Unterlassungsanspruch (§§ 862 Abs. 1, 1004 Abs. 1, 1065, 1227 analog)

Wir wissen jetzt, dass das Eigentum und der Besitz vor Störungen durch Beseitigungs- und Unterlassungsansprüche, sogar durch „vorbeugende Unterlassungsansprüche" geschützt werden. Das gleiche gilt auch für das Namensrecht (§ 12 BGB), für den Nießbrauch (§ 1065 BGB), die Hypothek (§ 1134 BGB) und das Pfandrecht (§ 1227 BGB). Die Frage ist, ob auch die übrigen als sonstige Rechte i.S.d. § 823 Abs. 1 BGB anerkannten Rechte entsprechend geschützt sind.

- Anerkannt ist, dass **§ 823 Abs. 1 BGB analog** unter der Voraussetzung eines Verschuldens auch („a maiore ad minus": „Schadensverhütung geht vor Schadensvergütung") einen **Beseitigungs-, Unterlassungs- und vorbeugenden Unterlassungsanspruch** gibt; dieser Anspruch setzt aber ein Verschulden des Störers bzw. des künftigen Störers voraus.

- Aus der Tatsache, dass das Namensrecht, der Besitz, das Eigentum, der Nießbrauch und das Pfandrecht vor rechtswidrigen, aber nicht notwendig schuldhaften Störungen geschützt sind, folgern die Rechtswissenschaft und die Rechtspraxis, dass das Gesetz nicht nur diese, sondern alle diesen Rechten vergleichbare Rechtspositionen (also praktisch alle als „sonstige Rechte" i.S.d. § 823 BGB anerkannten Rechte durch „Entstörungsansprüche" schützen will und wendet dazu die kein Verschulden voraussetzenden **§§ 12, 862 Abs. 1, 1004, 1065, 1227 BGB analog** an. Von besonderer Bedeutung ist bekanntlich der sich bei unrichtigen Tatsachenbehauptungen aus §§ 12, 862 Abs. 1, 1004, 1065, 1227 BGB (teilweise wird auch § 823 Abs. 1 BGB zitiert) ergebende **„quasinegatorische Anspruch"** auf **Widerruf**. Hier gibt es eine interessante Besonderheit: Wenn die Unwahrheit einer Behauptung feststeht, ist der Schuldner zu einem uneingeschränkten Widerruf verpflichtet. Da aber der Beweis der Unwahrheit einer Behauptung häufig nicht geführt werden kann, soll es für einen Widerrufsanspruch ausreichen, ernsthafte Zweifel an der Richtigkeit der Tatsachenbehauptung zu wecken; dann aber soll der Verletzte nur einen Anspruch auf einen eingeschränkten Widerruf des Inhalts haben, dass „die Behauptung .... nicht aufrechterhalten (wird)", denn es kann dem zum Widerruf verpflichteten Schuldner im Hinblick auf Artt. 1, 2 GG nicht zugemutet werden, eine möglicherweise ja wahre Tatsachenbehauptung zu widerrufen. Dass dagegen bei Werturteilen überhaupt kein Widerruf verlangt werden kann, ergibt sich aus Art. 5 GG. Diskutiert wird, ob neben den unzweifelhaft gegebenen **„quasinegatorischen Anspruch"** auf Unterlassung ein im Wege der Rechtsfortbildung zu entwickelnder medienrechtlicher Sonderrechtsbehelf in Gestalt eines auf die Rückgabe von persönlichkeitsrechtsverletzenden Medienerzeugnissen gerichteten **„Rückrufanspruchs"** tritt (Paschke).

Fall 703: Der juristische Repetitor R wirbt mit dem Slogan „auch Professor X war unser Schüler"; die tatsächliche Behauptung trifft zu. Der X verlangt die Unterlassung der Werbung.

1. Der wegen einer Verletzung des Allgemeinen Persönlichkeitsrechts (Fallgruppe: Kommerzialisierung) einschlägige § 823 Abs. 1 BGB gibt in seiner a) unmittelbaren Anwendung nur Schadensersatz nach § 249 Abs. 1 BGB auf Naturalrestitution, also Beseitigung. b) Anerkannt ist aber, dass § 823 Abs. 1 analog unter der Voraussetzung eines Verschuldens auch („a maiore ad minus": „Schadensverhütung geht vor Schadensvergütung") einen Unterlassungsanspruch gibt. 2. Nach einhelliger Ansicht gibt es zusätzlich in entsprechender Anwendung der §§ 12, 862, 1004 Abs. 1 S. 2, 1065, 1227 BGB einen alle Rechte, die als „sonstige Rechte" anerkannt sind, also auch das Allgemeine Persönlichkeitsrecht, schützenden allgemeinen Beseitigungs- und Unterlassungsanspruch, dessen Vorzug darin besteht, dass er kein Verschulden voraussetzt.

> Fall 704: Die Ehefrau Frieda (F) des Fernfahrers Karl hat einen Geliebten namens Walter Eggers (WE), der während der oft wochenlangen Abwesenheiten des K bei ihr zu Hause wohnt: Der WE hängt seine Kleidung in den Kleiderschrank, er sitzt im Sessel des K und schläft mit im Ehebett. Das Haus in Ahlden bei Celle gehört der F. Der K seinerseits hat eine Freundin Line (L) in Berlin, bei der er seine Kleidung in den Kleiderschrank hängt, in deren Sessel er sitzt und in deren Bett er schläft. Der K verlangt von dem WE und der F, es zu unterlassen, wie ein Ehepaar in seinem Haushalt zusammenzuleben. Die F ihrerseits verlangt von dem K und der L, es zu unterlassen, wie ein Ehepaar zusammenzuleben (nach Arno Schmidt „Das steinerne Herz").
>
> 1. Der Anspruch des K a) gegen den WE („Ehestörer") ergibt sich aus §§ 1004, 862, 1227 BGB analog („Allgemeiner Beseitigungs- und Unterlassungsanspruch") wegen einer rechtswidrigen (die Einwilligung der E aufgrund ihres Eigentums am Haus ist unbeachtlich) Verletzung des „räumlich gegenständlichen Bereichs der Ehe". b) Auch gegen die F besteht trotz eines nicht zu verkennenden mittelbaren Verstoßes gegen den Rechtsgedankens aus § 888 Abs. 3 ZPO ein solcher Anspruch. 2. Ansprüche der F gegen die L und den K bestehen nicht, weil es keinen allgemeinen Anspruch auf Unterlassung einer ehewidrigen Beziehung gibt.

Sie haben hoffentlich noch unseren **Aufbauplan** vor Augen: Wir sind bei „ausgewählten dinglichen Ansprüchen und haben bisher erörtert

1. sehr gründlich die primären und sekundären Ansprüche aus dem Eigentümer-Besitzer-Verhältnis und eines Grundbuchberichtigungsanspruchs (§§ 985 ff./ 894, 987 ff. BGB);

2. ganz knapp den primären Anspruch des früheren und besseren Besitzers auf Herausgabe, (§ 1007 BGB) und den primären Anspruch des Besitzers auf Wiedereinräumung des durch verbotene Eigenmacht entzogenen Besitzes („zugunsten des mittelbaren Besitzers aber nur bei verbotener Einmacht eines Dritten, nicht des unmittelbaren Besitzers (§ 869 S. 1 BGB).

3. auch recht kurz den Beseitigungs- und Unterlassungsanspruch zur Abwehr von Störungen des Eigentums (§ 1004 BGB).

Jetzt geht es noch um:

4. das nicht unmittelbar in das Anspruchssystem einzubauende **Verwertungsrecht am Pfandrecht** (§§ 1228 ff. BGB) **(sub V)**

5. und die im Zusammenhang mit der **Verwertung des Sicherungseigentums** stehenden Ansprüche, die sich ebenfalls nicht unmittelbar in das Anspruchssystem einfügen lassen **(sub VI)** und schließlich das Verwertungsrecht an Grundpfandrechten aus § 1147 BGB **(sub VII)**.

V. Das Verwertungsrecht am Pfandrecht an beweglichen Sachen

Das **Verwertungsrecht** aus einem **Vertrags-** oder **gesetzlichen Pfandrecht** (§§ 1228 ff./1257, 1228 ff. BGB) wird im Hinblick auf die relativ geringe Bedeutung des Pfandrechts hier nur in Grundzügen vorgestellt. Wegen der Möglichkeiten der Verteidigung des Eigentümers gegen den Pfandgläubiger wegen eventueller „forderungs- bzw. schuldbezogener Einreden" wird auf § 1211 BGB, der dem bereits bekannten § 1137 BGB bei der Hypothek entspricht, verwiesen; einen „gutgläubig einredefreien Erwerb" gibt es nicht. Außerdem kann der Eigentümer natürlich die „pfandrechts- pder eigentumsbezogegen Einreden" geltend machen.; auch insoweit gibt es keinen gutgläubig einredefreien Erwerb.

> Die **Pfandverwertung** erfolgt bei „**Pfandreife**" (§ 1228 Abs. 2 BGB), und zwar
>
> **in der Regel:** durch „**Pfandverkauf**" durch „**öffentliche Versteigerung**" (§ 1228 Abs. 1, 1233 Abs. 1, 1235 BGB), wobei der Auktionator Stellvertreter des Pfandgläubigers ist. **Ausnahmsweise:** wird das Pfandrecht nach Vollstreckungsrecht (§ 1233 Abs. 2 BGB), nach Parteivereinbarung (§ 1245 BGB) oder nach Gerichtsentscheidung (§ 1245 BGB) verwertet; hier soll nur der Regelfall angesprochen werden.
>
> Die **Verfügungsbefugnis** ergibt sich aus dem Verwertungsrecht. Die rechtmäßige Veräußerung führt zum **Eigentumserwerb** des Ersteigerers wie ein Erwerb vom Eigentümer (§ 1242 BGB); ein **gutgläubiger Eigentumserwerb** einer unrechtmäßig verwerteten Pfandsache ist möglich (§ 1244 BGB). Ein gutgläubiger Eigentumserwerb ist auch an einem Pfand, das gestohlen worden ist und an dem deshalb kein Pfandrecht begründet werden konnte (§§ 1207, 935 BGB), möglich, wenn die Pfandverwertung durch öffentliche Versteigerung erfolgt ist (§ 935 Abs. 2 BGB).
>
> Das **Eigentum am Erlös** erwirbt der Pfandgläubiger nach § 929 S. 1 BGB, wenn und soweit ihm Forderung und Pfandrecht zustanden, ihm der **Erlös** daher „**gebührt**"). Die Pfandverwertung führt zur **Tilgung** der gesicherten Forderung wie durch eine Zahlung des Eigentümers (§ 1247 S. 1 BGB).
>
> Soweit der **Erlös dem Pfandgläubiger** entweder mangels einer durch das Pfandrecht gesicherten Forderung oder mangels eines Pfandrechtes oder wegen eines die Forderung übersteigenden Erlöses „**nicht gebührt**", tritt der Erlös durch „**Surrogation**" an die Stelle des Pfandes; Eigentümer ist der ursprüngliche Eigentümer der Pfandsache (§ 1247 S. 2 BGB).

Fall 705: Der S verpfändet eine dem E gestohlene Uhr an den G zur Sicherung einer Darlehensforderung in Höhe von € 1 000,-. Bei Pfandreife verwertet der G das vermeintliche Pfandrecht an der Uhr durch öffentliche Versteigerung. Der hinsichtlich des Bestehens des Pfandrechts gutgläubige K ersteigert die Uhr für € 1 000,-. Der Erlös wird an den G ausgehändigt. Der E, der zufällig auf der Versteigerung anwesend ist, verlangt von dem K Herausgabe der Uhr; zumindest aber verlangt er von G den noch bei G unvermischt vorhandenen Erlös heraus.

1. Der Herausgabeanspruch auf die Uhr gegen K könnten sich aus § 985 BGB ergeben. a) der K ist Besitzer. b) Der E müsste (noch) Eigentümer der Uhr sein. aa) Er war Eigentümer. bb) Er hat das Eigentum aber an den K verloren, der es trotz fehlenden Pfandrechts (§§ 1207, 935 BGB) nach §§ 1244, 932 BGB erworben hat (§ 935 Abs. 2 BGB). 2. Der E könnte aber einen Herausgabeanspruch auf die € 1 000,- gegen den G aus § 985 BGB haben. a) Der G ist Be-

sitzer der € 1 000,-. b) Fraglich ist, wer Eigentümer des Erlöses ist: aa) Für ein Eigentum des G könnte sprechen, dass ihm das Geld nach § 929 S. 1 BGB übereignet worden ist. b) Da ihm mangels Pfandrechts an der Uhr (§§ 1207, 935 BGB) der Erlös aber „nicht gebührt", ist der Erlös an die Stelle der Sache getreten (§ 1247 S. 2 BGB, der „stärker als § 929 BGB ist"). Also ist E Eigentümer des Erlöses. c) Der G hat auch kein Recht zum Besitz an dem Geld, und zwar auch nicht aufgrund eines Pfandrechts, da dieses ja nicht entstanden ist.

VI. Die Verwertung des Sicherungseigentums

Die **Voraussetzungen für die Verwertung und die Durchführung der Verwertung des Sicherungseigentums** bestimmt sich nach dem **Sicherungsvertrag** oder nach dem **Gesetz**.

1. Die **Voraussetzung** für die Verwertung ist eine „Verwertungsreife", die gegeben ist bei „nicht ordnungsgemäßer Erfüllung" der Verpflichtungen aus der Kreditvereinbarung oder des Sicherungsvertrages (also i.d.R. bei Fälligkeit der gesicherten Forderung).

2. Eine **Verwertungspflicht** besteht nicht; der Sicherungsnehmer kann auch aufgrund eines Titels die Zwangsvollstreckung betreiben.

3. **Durchführung** der Verwertung:

a) Daraus folgt eine Berechtigung zur **Inbesitznahme** oder **Einlagerung** des Sicherungsgutes durch den Sicherungsnehmer, die der Sicherungseigentümer durch Geltendmachung eines Anspruchs aus dem Sicherungsvertrag bzw. aus § 985 BGB, dem ein Recht zum Besitz des Sicherungsgebers aus § 986 BGB bei „Verwertungsreife" nicht mehr entgegensteht, erwirkt.

b) Der Sicherungsnehmer darf das **Sicherungsgut** im eigenen Namen oder im Namen des Sicherungsgebers „nach billigem Ermessen", auch freihändig, **veräußern**. Er kann auch verlangen, dass der Sicherungsgeber daran mitwirkt oder dass dieser das Sicherungsgut bestmöglich veräußert und den Erlös dann an den Sicherungsnehmer herausgibt.

c) Der Sicherungsnehmer muss den **Erlös** zur Abdeckung der gesicherten Forderung verwenden.

d) Eine **Verfallklausel** soll nach der Wertung des § 1229 BGB gem. § 138 BGB nichtig sein.

e) Ein eventueller **Überschuss** ist an den Sicherungsgeber herauszugeben.

4. Fehlt es an einer Vereinbarung, können die **Regeln über den Pfandverkauf** entsprechend angewendet werden. Es darf also ein möglichst guter freihändiger Verkauf erfolgen.

VII. Die Verwertung der Hypothek und Sicherungsgrundschuld

Der Gläubiger der gesicherten Forderung und der Grundpfandgläubiger haben die **Wahl**, ob sie die „persönliche Klage" auf Zahlung z.b. gestützt auf § 488 Abs. 1 S. 2 BGB oder die „dingliche Klage", gestützt auf § 1147 BGB, erheben wollen. Der Unterschied ist der, dass man mit der „dinglichen Klage" nur erreichen kann, in das Grundstück, an dem das Grundpfandrecht besteht, zu vollstrecken, während einem der Titel aufgrund der „persönlichen Klage" die Zwangsvollstreckung in das gesamte Schuldnervermögen einschließlich eventueller Grundstücke ermöglicht, wobei man allerdings mit anderen titulierten Gläubigern „konkurrieren" muss und vor allem eventuelle dingliche Verwertungsrechte anderer, zum Beispiel deren eventuelle Grundpfandrechte, vorgehen lassen muss.

Der Inhaber des Grundpfandrechts kann die **Zwangsvollstreckung in das Grundstück** aber erst dann betreiben, wenn die (Ihnen hoffentlich noch in Erinnerung befindlichen) Voraussetzungen der Zwangsvollstreckung (§ 750 ZPO: Titel, Klausel, Zustellung) vorliegen. Der Hypothekar oder Grundschuldinhaber benötigt also einen **Duldungstitel** in Gestalt eines vollstreckbaren Urteils (§§ 704 ff. ZPO); die (vom Gericht und von Ihnen bei der Fallbearbeitung) heranzuziehende Anspruchsgrundlagen dafür sind **§ 1147 (Hypothek)** bzw. **§§ 1191, 1192, 1147 BGB (Grundschuld)**. In der Kreditpraxis hat es sich durchgesetzt, dass sich der Eigentümer regelmäßig in einer „**vollstreckbaren Urkunde**" der „sofortigen Zwangsvollstreckung" unterwirft (**§ 794 Abs. 1 Nr. 5, 800 ZPO**), so dass der Grundpfandgläubiger nicht in einem langwierigen vom Ergebnis her manchmal unkalkulierbaren Rechtsstreit einen Duldungstitel erstreiten muss. Dadurch ist der Eigentümer, der sich der sofortigen Zwangsvollstreckung unterworfen hat, aber nicht völlig rechtlos gestellt: Seine evtl. Einwendungen und Einreden kann er durch die Zwangsvollstreckungsgegenklage nach §§ 797 Abs. 4, 5, 767 ZPO geltend machen; damit sind aber (und das ist der große Vorteil für den Sicherungsnehmer) die Parteirollen ausgetauscht. In gewisser Hinsicht ist dies eine Parallele zur „Bürgschaft auf erstes Anfordern". Die **Verwertung eines Grundpfandrechts** setzt eine **Fälligkeit des Grundpfandrechts** voraus; diese ergibt sich aus einer entsprechenden Vereinbarung oder bei der Hypothek aus der Fälligkeit der Forderung und bei der Grundschuld durch deren Kündigung (§ 1193 BGB).

Die Verwertung eines Grundpfandrechts erfolgt durch die „**Immobiliarvollstreckung**" in Gestalt der **Zwangsversteigerung** und **Zwangsverwaltung** (§ 866 ZPO), besonders **geregelt im ZVG = Schönfelder Nr. 108** (das nach § 869 ZPO eine Ergänzung der ZPO ist): Bei der **Zwangsversteigerung** wird das Grundstück durch das Vollstreckungsgericht als Vollstreckungsorgan (also nicht etwa durch den Gerichtsvollzieher!) nach der als Beschlagnahme wirkenden Anordnung der Zwangsversteigerung (§ 20 ZVG) öffentlich versteigert. Die weiterhin mögliche Variante der Immobiliarvollstreckung durch die Eintragung einer **Zwangshypothek** hat für den Grundpfandgläubiger, der bereits ein Grundpfandrecht hat, natürlich keine praktische Bedeutung. Man kann aber auch die „**Mobiliarvollstreckung**" in die mithaftenden Gegenstände betreiben.

Die Frage ist, auf welche **Gegenstände sich die Hypotheken/ Grundschuldhaftung** bezieht, in welche Gegenstände also die Zwangsvollstreckung aufgrund des Duldungstitels betrieben werden kann.

- In erster Linie denkt man natürlich an **das Grundstück selbst** einschließlich seiner **wesentlichen Bestandteile** (§ 93 BGB), das – wer immer auch gerade der Eigentümer ist (nach § 1136 BGB kann selbst bei entgegenstehender Vereinbarung trotz des Bestehens eines Grundpfandrechtes frei über das Grundstück verfügt werden!) – dem Grundpfandrechtsinhaber haftet;
- ferner erstreckt sich die Haftung auf die **Erzeugnisse, Bestandteile, Zubehör, Miet- und Pachtzinsforderungen** (§§ 1120 bis 1130 BGB), vorbehaltlich ihrer „Enthaftung", z.B. durch Veräußerung und Entfernung von Erzeugnissen, Bestandteilen und Zubehör: vor der Beschlagnahme nach §§ 1121, 1122 BGB, nach der Beschlagnahme nur bei Gutgläubigkeit nach §§ 135 Abs. 2, 136 BGB, 23 Abs. 2 ZVG. Diese Gegenstände werden entweder zusammen mit dem Grundstück verwertet (also zusammen mit dem Grundstück versteigert) oder – allerdings mit Ausnahme des Zubehörs – (das macht bei geringeren Forderungen Sinn) allein verwertet (§ 865 Abs. 2 S. 1, 2 ZPO), wobei dann die §§ 808 ff. und 828 ff. ZPO gelten, Vorschriften die Ihnen ja längst bekannt sind (oder haben Sie diese wichtigen Ausführungen zur Einzelzwangsvollstreckung etwa einfach überlesen?). Die Grundpfandrechte werden als „absolute Rechte" deliktisch (§ 823 Abs. 1 BGB) und durch Abwehransprüche (§§ 1134 f., 1192 BGB) vor Verschlechterungen durch Eingriffe Dritter oder durch Verschlechterung des Zubehörs oder der Entfernung von Zubehör außerhalb des Rahmens der ordnungsgemäßen Wirtschaft geschützt.

Fall 706: Der G = H hat am Gewerbegrundstück des S = E, der dort eine Fabrik betreibt, zur Sicherung einer ihm zustehenden Darlehensforderung eine Hypothek. Der D bricht in die Werkhalle ein, um zu stehlen, und zündet sie „aus Frust" an, als er nichts Stehlenswertes findet. Der G = H, der durch eine danach in das Grundstück betriebene Zwangsversteigerung wegen der Zerstörung des Gebäudes und der wertvollen Maschinen keine volle Befriedigung erlangt, fordert Schadensersatz in Höhe der Differenz zwischen dem an ihn auszukehrenden Versteigerungserlös und dem hypothetischen Versteigerungserlös von D.

Der Anspruch des G = H gegen den D ergibt sich a) aus § 823 Abs. 1 BGB. aa) Die Zerstörung der im Haftungsverband der Hypothek stehenden Gegenstände, aaa) nämlich das Gebäude als wesentlicher Bestandteil (§§ 93, 94 BGB) des Grundstücks und bbb) der Maschinen als Zubehör (§§ 1120, 97, 1134 f. BGB) sind eine Verletzung der als „sonstiges Recht" anzusehenden Hypothek. bb) Die Brandstiftung ist ein Verhalten des D (positives Tun). cc) Am Bestehen eines Zurechnungszusammenhangs zwischen der Brandstiftung und der Verletzung der Hypothek bestehen bei einem „Vorsatzdelikt" keine Zweifel. dd) Die Rechtswidrigkeit ist bei einem „Vorsatzdelikt" nach allen Ansichten indiziert. ee) Der D hat schuldhaft gehandelt. b) Gleichermaßen besteht ein Anspruch aus §§ 823 Abs. 2, 1133 ff. BGB, weil die §§ 1133 ff. BGB Schutzgesetze sind (BGH).

Handelt es sich um **„grundeigentümerfremdes"** Zubehör, kann und muss der Eigentümer des Zubehörs sich gegen die Zwangsvollstreckung in das Grundstück wehren (§§ 55 Abs. 2, 37 Nr. 5 ZVG, 771 ZPO), sonst verliert er sein Eigentum durch den Zuschlag nach § 90 ZVG. Was meinen Sie: Setzt der Eigentumserwerb an „grundeigentümerfremdem" Zubehör nach § 90 ZVG einen guten Glauben des Ersteigerers wie bei § 932 BGB voraus? Nein: Es handelt sich ja nicht um einen Fall des rechtsgeschäftlichen Erwerbs, sondern um einen Eigentumserwerb durch einen „Hoheitsakt"!

Beim Anwartschaftsrecht hängt dies davon ab, ob sich die Hypothekenhaftung auf das Anwartschaftsrecht erstreckt.

Fall 707: Der Frachtführer F hat einen LKW von V für € 100 000,- unter Eigentumsvorbehalt erworben (§§ 929 S. 1, 158 Abs. 1, 449 BGB). Sein mit Lagerhallen und Garagen bebautes Betriebsgrundstück ist zur Sicherung eines Darlehens mit einer Hypothek zugunsten der B 1 – Bank belastet; der F hat sich der sofortigen Zwangsvollstreckung unterworfen (§ 794 Abs. 1 Nr. 5, 800 ZPO). Als der F den Kaufpreis bis auf € 10 000,- abgezahlt hat, nimmt der F ein Darlehen bei der B 2 – Bank auf und überträgt ihr zur Sicherheit das Anwartschaftsrecht an dem LKW (also nicht das Eigentum!) nach §§ 929, 930 BGB analog. Als die B 1 – Bank bei Fälligkeit des Darlehens die Zwangsvollstreckung aus der Hypothek betreibt und die Zwangsversteigerung angeordnet wird (§ 20 ZVG), erheben 1. der V und 2. die B 2 – Bank Klage auf Aufhebung des Zwangsversteigerungsverfahrens bezüglich des LKW (§ 37 Nr. 5, ZVG i.V.m. § 771 ZPO).

1. Die Klage des Eigentümers V ist begründet. Zwar ist der LKW nach § 97 BGB Zubehör des Grundstücks. Nach § 1120 BGB erstreckt sich die Hypothekenhaftung aber nur auf eigenes Zubehör des Eigentümers. 2. Da die Hypothekenhaftung aus § 1120 BGB sich auch auf das Anwartschaftsrecht am Zubehör erstreckt, a) hat die B 2 – Bank das Anwartschaftsrecht belastet mit der Hypothekenhaftung erworben. b) Eine Enthaftung aa) nach § 1122 BGB (Aufhebung der Zubehöreigenschaft) liegt nicht vor. bb) Eine nach § 1121 Abs. 1 BGB zur Enthaftung führende Veräußerung und Entfernung liegt ebenfalls nicht vor. Die Klage der B 2- Bank wäre daher unbegründet.

Variante: Würde es für die B 2-Bank etwas ändern, wenn sie den Restkaufpreis an den V zahlt?
Nein, denn die Belastung des Anwartschaftsrechts setzt sich am Eigentum fort.

Jedermann und auch Sie wissen zumindest „irgendwie", dass die Grundpfandrechte ihren Wert zum großen Teil aus ihrem **„Rang"** beziehen. Was bedeutet das eigentlich genau? Alle **dinglichen Grundstücksrechte** stehen in einem **Rangverhältnis** zueinander. Den Rang erhalten sie im Prinzip durch den Zeitpunkt ihrer Eintragung in das Grundbuch; die **Rangfolge** kann man nach § 879 BGB wie folgt ermitteln:

- Bei **Rechten in derselben Abteilung** des Grundbuchs gibt die Reihenfolge der Eintragung des Rechts oder der entsprechenden Vormerkung (§ 883 Abs. 3 BGB) Auskunft über den Rang;
- bei **Rechten in unterschiedlichen Abteilungen** hat das Recht den Vorrang, das unter Angabe eines früheren Tages eingetragen ist.
- Um dies zu verstehen, hier ein wiederholender Hinweis auf die **Funktion und den Aufbau des Grundbuchs**: Das Grundbuch ist ein beim Grundbuchamt, einer Abteilung des Amtsgerichts, geführtes Register, das Auskunft über die Rechtsverhältnisse an Grundstücken gibt. Verfügungen über das Grundstück und über Rechte an einem Grundstück bedürfen konstitutiv der Eintragung in das Grundbuch (lesen Sie z.B. § 873 Abs. 1 BGB). Das Grundbuch besteht aus dem Bestandsverzeichnis, der „Abteilung I" (Eigentümer und Erwerbsgrund), „Abteilung 3" (Hypotheken- Grund- und Rentenschulden) und „Abteilung II" (alle anderen Eintragungen). Das alles wird alsbald natürlich ganz genau erläutert.

Worin besteht nun der „Wert" des Ranges eines Grundstücksrechts? Durch eine Immobiliarvollstreckung durch eine Zwangsversteigerung aufgrund eines nachrangigen Grundpfandrechts dürfen die im Rang vorgehenden Gläubiger nicht gefährdet werden, vielmehr muss in **der Verwertung** der **„Rang gewahrt bleiben"**. Dieses Problem löst das ZVG in äußerst eleganter Weise:

- Bei der Zwangsversteigerung werden überhaupt nur solche Gebote zugelassen, „durch welche die dem Anspruch des Gläubigers vorgehenden Rechte" und auch die Kosten „gedeckt werden" (§ 44 Abs. 1 ZVG: **„geringstes Gebot"**).
- Um das Ziel der Rangwahrung zu erreichen, muss nun der **Meistbietende** die dem Grundpfandrecht, aus dem die Verwertung betrieben wird, **vorgehenden Rechte** nicht etwa (z.B. aufgrund einer an die Inhaber der vorrangigen Rechte weiterzugebenden Barzahlung) zum Erlöschen bringen. Vielmehr bleiben diese einfach bestehen und werden **von** dem **meistbietenden Ersteigerer übernommen** (§ 52 ZVG).
- **Vom Ersteigerer** müssen daher **nur in bar bezahlt** werden die **a) Kosten** und **b) der das geringste Gebot übersteigende Teil des Meistgebots.**

Fall 708: Der Hypothekar H 2 hat eine zweitrangige Hypothek am Grundstück des E über € 200 000,-. Ihm geht eine erstrangige Hypothek zugunsten des H 1 über € 100 000,- vor. Der H 2 betreibt aufgrund eines Duldungstitels die Zwangsversteigerung (nach Arens).

Das „geringste Gebot" beträgt dann € 100 000,- + Verfahrenskosten. Wenn das von dem Ersteigerer M abgegebene Meistgebot € 220 000,- beträgt, muss der M bar zahlen: € 120 000,- + Verfahrenskosten. Die Hypothek des H 1 bleibt bestehen.

Der **Versteigerungserlös wird dann verteilt** (§ 107 ff. ZVG). Die dafür zur Verfügung stehende „Teilungsmasse" (§ 107 ZVG) ist im Prinzip das „Bargebot". Die Verteilung richtet sich nach dem Rang (§ 11 Abs. 1 ZVG).

Fall 709: An einem Grundstück besteht eine erstrangige Hypothek zugunsten des H 1 über € 150 000,- und eine zweitrangige Hypothek zugunsten des H 2 in Höhe von € 100 000,-. Zu verteilen sein sollen aufgrund einer von H 1 betriebenen Zwangsversteigerung € 200 000,-. (nach Wolf).

Die Verteilung richtet sich nach dem Rang (§ 11 Abs. 1 ZVG). Der H 1 erhält volle Befriedigung in Höhe von € 150 000,-, der (im Übrigen ausfallende) H 2 erhält € 50 000,-.

> Es ist nunmehr sicher deutlich, warum Grundstücksrechte, speziell die Grundpfandrechte, ihren Wert aus ihrem Rang beziehen. Jetzt wissen Sie auch, warum manche Kreditinstitute ein Darlehen von einem „erstrangigen" Grundpfandrecht als Sicherung abhängig machen (anders übrigens die Bausparkassen!) oder sich eine nachrangige Sicherung durch einen „Risikozuschlag" in Gestalt höherer Zinsen bezahlen lassen. Sie sollten sich dies merken und nutzbar machen, z.B. beim Verständnis der später erläuterten juristisch und praktisch sehr spannenden § 1163 Abs. 1 S. 2 BGB bzw. § 1179 a BGB.

Der Ersteigerer erlangt das Eigentum am Grundstück (und am mithaftenden Zubehör!) durch Hoheitsakt, nämlich durch den „**Zuschlag**" (**§ 90 ZVG**). Mieter werden durch §§ 566 BGB („Kauf bricht nicht Miete") geschützt, der Ersteigerer hat aber ein Sonderkündigungsrecht nach §§ 57 a ZVG ff., das verhindern soll, dass Grundstücke durch Vermietungen praktisch unversteigerbar sind, vielleicht sogar durch schwer zu beweisende Scheingeschäfte „versteigerungsfest gemacht" werden. Der Mieter kann wegen des Sonderkündigungsrechts nach § 268 Abs. 1 BGB mit der Folge des §§ 268 Abs. 3, 412, 488 Abs. 1 (wenn z.b. eine Darlehensforderung gsichert war), 401 BGB die gesicherte Forderung ablösen.

<u>Fall 710</u>: Der V hat in einem ihm gehörenden Haus auf der „richtigen" Seite der Elbchaussee dem sehr wohlhabenden 60jährigen M eine Wohnung mit Elbblick zu einem festen Mietzins für 25 Jahre fest vermietet. Der M will hier seinen Lebensabend verbringen. Zur Sicherung einer gegen den V bestehenden Darlehensforderung der B-Bank (B) hatte der V der B eine Hypothek an dem Grundstück bestellt (§ 1113 BGB). Schon kurz nach Abschluss des Mietvertrages beabsichtigt die B, aus dieser Hypothek, gestützt auf eine sog. „vollstreckbare Urkunde" (§ 794 Abs. 1 Nr. 5, 800 ZPO), die Zwangsvollstreckung in das Grundstück zu betreiben (§ 1147 BGB), weil das Darlehen notleidend geworden ist. Der M, der die Wohnung unbedingt behalten will, befürchtet, dass ein eventueller Ersteigerer den Mietvertrag begründet mit einem ohne Zweifel beweisbaren Eigenbedarf kündigen wird. Dass die Sorgen des M berechtigt sind, haben Sie gerade gelesen. Was kann der M machen?

Der Gesetzgeber hat in der Tat in Fällen eines einem Dritten drohenden Rechtsverlustes diesem ein sog. „Ablösungsrecht" oder ein „Befriedigungsrecht" zuerkannt: Hier kommt das „Ablösungsrecht" aus § 268 Abs. 1 S. 2 BGB in Betracht; denn der M ist trotz des Schutzes durch § 566 BGB wegen § 57 a ZVG in Gefahr, den Besitz an der Mietsache zu verlieren, wenn die Zwangsvollstreckung betrieben wird. Der Regress ergibt sich dann aus § 268 Abs. 3 BGB. Was ist daran vorteilhaft? Der „cessio legis"- Regress, bei dem nach §§ 268 Abs. 3, 412, 399 ff., 401, 1153 BGB auch die akzessorischen Sicherungsrechte (hier die Hypothek) auf den ablösungsberechtigten Dritten übergehen.

Mehr müssen Sie zunächst über die Zwangsvollstreckung durch eine Zwangsversteigerung nicht wissen. Bei einer für die Fallbearbeitung weitgehend bedeutungslosen Immobiliarzwangsvollstreckung durch **Zwangsverwaltung** (§§ 146 ff. ZVG) hat der Zwangsverwalter (§ 150 ZVG) die für die Verwaltung entbehrlichen Nutzungen in Geld umzusetzen (§ 152 Abs. 1 ZVG). Die Nutzungen werden dann auf die dinglichen Gläubiger verteilt (§ 155 ZVG).

Der Inhaber eines Grundpfandrechts hat ein **Wahlrecht** zwischen der milderen **Zwangsverwaltung** und der **Zwangsversteigerung**; dieses Wahlrecht ist aber durch das **Verhältnismäßigkeitsprinzip** (§ 242 BGB) eingeschränkt. Er darf aber „nicht mit Kanonen auf Spatzen schießen", also z.B. nicht durch eine Zwangsversteigerung in ein Grundstück im Werte von € 1 000 000,- eine Forderung in einer Höhe von € 1000,- durchsetzen.

Vom Aufbau der Darstellung hätten hier, wo es um die Verwertung des Grundpfandrechts nach § 1147 BGB bzw. §§ 1147, 1192 BGB geht, eigentlich auch die **Verteidigungsmittel des Eigentümers gegen den Grundpfandrechtsinhaber** dargestellt werden müssen. Wer sorgfältig gelesen hat, erinnert sich aber bestimmt daran, dass wir diese Fragen (zugegebenermaßen: systemwidrig!) bereits bei dem Thema „Erwerb und Verlust" der beiden Grundpfandrechte (sub C V 1 und 2) jeweils am

Ende abgehandelt haben. Der Grund war, dass die Darstellung der Verteidigungsmittel aus didaktischen Gründen besser in jenen Zusammenhang passte, dies insbesondere wegen der Möglichkeit des gutgläubigen einredefreien Erwerbes. Für die Perfekionisten und diejenigen, die schon nach kurzer Zeit eine erste Wiederholung benötigen, wird hier als „Service" aber eine kleine **Zusammenfassung** „nachgeliefert".

1. Hypothek

Der aus einer Hypothek nach §§ 1147, 1192 BGB in Anspruch genommene Eigentümer kann

a) Forderungs- oder schuldnerbezogene Einreden

aa) Nach **§ 1137 Abs. 1 BGB** kann der Eigentümer zur Verteidigung gegen die Inanspruchnahme aus § 1147 BGB geltend machen die Einreden, „die dem Schuldner gegen die Forderung" zustehen (das ist praktisch der § 768 BGB) und „die nach § 770 einem Bürgen zustehenden Einreden", und zwar unabhängig davon, ob der Schuldner und der Eigentümer identisch sind oder ein „Divergenzfall" auf der Schuldnerebene vorliegt.

bb) Wenn die **hypothekarisch gesicherte Forderung abgetreten worden ist**, stellt sich die Frage, ob die schuldnerbestimmten Einreden auch **gegen den Zessionar** wirken. Dass die Erhebung der **Einreden des § 1137 BGB** auch **gegenüber einem Zessionar** möglich ist, ist von der Rechtslogik her **an sich selbstverständlich**; jede andere gesetzliche Lösung würde dem Grundgedanken des § 404 BGB zuwiderlaufen. Daher unterscheidet das Gesetz in § 1137 BGB auch nicht zwischen Einreden gegen den („Ursprungs-") Hypothekar und gegen einen Zessionar. Aber der Gesetzgeber hat dem Gedanken der Verkehrsfähigkeit der Hypothek in besonderer Weise Rechnung getragen und die Möglichkeit eines **„gutgläubigen einredefreien Erwerbes"** geschaffen: Nach **§ 1138 BGB** findet der **§ 892 BGB** auch hinsichtlich der Einreden des § 1137 BGB Anwendung. Auch dies bedeutet eine Durchbrechung der Akzessorietät, die natürlich nur für „Verkehrshypotheken", nicht aber für „Sicherungshypotheken" vorgesehen ist (§§ 1184, 1185 Abs. 2 BGB).

b) Eigentümer- oder hypothekenbezogene Einreden

aa) Der Eigentümer kann – und das ist als Selbstverständlichkeit vom Gesetz gar nicht erst geregelt – die **ihm als Eigentümer in Bezug auf die Hypothek gegen den („Ursprungs-") Hypothekar zustehenden Einreden („eigentümerbezogene Einreden")** geltend machen.

bb) Aus Gründen des Verkehrsschutzes ist aber auch hier die Möglichkeit eines **„gutgläubig einredefreien Erwerbs"** angeordnet worden (§§ 1157 S. 2, 892 BGB). Dies gilt natürlich auch für die „Sicherungshypothek"; denn §§ 1184, 1185 Abs. 2 BGB verweisen nicht auf § 1157 S. 2 BGB (warum nicht? weil es hier um eine „eigentümerbezogene Einrede" und damit nicht um einen Fall der Durchbrechung der Akzessorietät geht!).

2. Sicherungsgrundschuld

Der aus einer Sicherungsgrundschuld nach §§ 1147, 1192 BGB in Anspruch genommene Eigentümer kann **keine Forderungs- oder schuldnerbezogene Einreden** geltend machen; denn § 1137 BGB gilt nach § 1192 Abs. 1 BGB mangels Akzessorietät nicht. Wohl aber stehen ihm **eigentümer- oder grundschuldbezogene Einreden**, auf die §§ 1192 Abs. 1, 1157 BGB angewendet wird, zu: Die Einrede der Stundung, ein Rückgewähranspruch aus § 812 BGB und – und das ist sehr wichtig (!) – auch die **Einreden aus dem Sicherungsvertrag**, weil sie sich trotz ihrer schuldrechtlichen Natur **„gegen die Grundschuld" richten**, also „eigentümerbezogen" sind. Möglich ist dann aber auch der **„gutgläubig einredefreie Erwerb"** nach §§ 1157 S. 2, 892 BGB durch den „Zweit-Erwerber", der nur dann bösgläubig ist, wenn er den Sicherungscharakter und auch die (deshalb im Gegensatz zum Sicherungszweck auch eintragbaren!!) Einreden kannte.

Teil 7. Schadensersatzansprüche wegen „unerlaubter Handlung"

Als der **Gesetzgeber** vor der Aufgabe stand, ein „Deliktsrecht" zu schaffen, also Regeln für die Wiedergutmachung von rechtswidrig und schuldhaft herbeigeführten Nachteilen, die nicht auf die Verletzungen von besonderen Pflichten aus bestehenden Schuldverhältnissen zurückzuführen sind, boten sich ihm **zwei Alternativen**:

- Er hätte einen einzigen Deliktstatbestand in Gestalt einer **Generalklausel** etwa des Inhalts: „Wer einen anderen rechtswidrig und schuldhaft schädigt, ist ihm zum Ersatz des entstandenen Schadens verpflichtet" schaffen können; dies hätte zwar dem Bedürfnis nach gerechtem Ausgleich von Schäden in vollem Umfang entsprochen, hätte aber die allgemeine Handlungsfreiheit wegen des unkalkulierbaren und damit auch unversicherbaren Risikos einer deliktischen Inanspruchnahme unzuträglich eingeschränkt.

- Umgekehrt hätte der Gesetzgeber eine deliktische Schadensersatzpflicht von der rechtswidrigen und schuldhaften **Verletzung konkreter Schutzpositionen** und eines sich hieraus ergebenden Schadens des Verletzten abhängig machen können; dies würde zwar nicht in allen Fällen dem Bedürfnis nach einem gerechten Ausgleich von Schäden entsprechen, wohl aber die allgemeine Handlungsfreiheit nicht unzuträglich einschränken, weil das Risiko einer deliktischen Inanspruchnahme kalkulierbar und versicherbar wäre.

Der Gesetzgeber hat sich nicht einseitig für eines dieser beiden Modelle entschieden; **Gesetz geworden** ist vielmehr folgendes Misch-System:

> Eine deliktische Schadensersatzpflicht setzt
>
> 1. zunächst voraus das Vorliegen der Merkmale eines die **Haftung „begründenden" Voraussetzungstatbestandes**, für den
>
> a) **in der Regel** die Schadensersatzverpflichtung abhängig ist
>
> von der **Verletzung** bestimmter **Rechtsgüter und Rechte** (§§ 823 Abs.1, 824, 825, 831, 832, 833 S. 2, 834, 836 – 838 BGB, § 7 ff. StVG),
>
> von der **Rechtswidrigkeit**
>
> und von einem **Verschulden** des Inanspruchgenommenen (§§ 823 Abs. 1, 824 – 826 BGB) bzw. von einem **vermuteten Verschulden** (§§ 831, 832, 833 S. 2, 834, 836 – 838 BGB, § 18 StVG).
>
> b) Eine **Ausnahme**

> **aa) vom Erfordernis der Verletzung bestimmter Rechtsgüter und Rechte** sind die die Haftung u.a. auf **bloße Vermögensbeeinträchtigungen** erweiternden Generalklauseln der **§ 826 BGB** oder **§ 823 Abs. 2 BGB**, die aber die allgemeine Handlungsfreiheit nicht unangemessen reduzieren, denn vorausgesetzt wird bei § 826 BGB eine „vorsätzlich(e)" Schadenszufügung in einer „gegen die guten Sitten verstoßenden Weise" bzw. bei § 823 Abs. 2 BGB ein Verstoß gegen ein die Verletzung ohnehin verbietendes „Schutzgesetz",
>
> **bb) von den Erfordernissen** der **Rechtswidrigkeit** und des **Verschuldens** ist die, die Fälle der Schadensersatzhaftung auf **erlaubtes Handeln** (daher in Wahrheit nicht zu den „<u>unerlaubten</u> Handlungen" zu zählende, gleichwohl üblicherweise hierzu gerechneten) erweiternde **Gefährdungshaftung** (u.a. § 833 S. 1 BGB, § 7 Abs. 1 StVG, § 1 Abs. 1 ProdHaftG, §§ 1, 2 HaftpflG), durch die die allgemeine Handlungsfreiheit deshalb nicht unangemessen beschränkt wird, weil es sich um besonders gefährliche Handlungsweisen handelt und man sich gegen die Risiken versichern kann bzw. sogar versichern muss (PflVersG).
>
> **2.** Des Weiteren muss ein die **Haftung „ausfüllender" Rechtsfolgetatbestand** gegeben sein.

Insgesamt kann man diese Lösung des deutschen Rechts als einen sehr **gelungenen Kompromiss** zwischen dem **Interesse** einer jeden Person **am Erhalt** ihrer **allgemeinen Handlungsfreiheit** einerseits und dem **Interesse** einer jeden Person **am Erhalt** ihrer **Rechte, Rechtsgüter und ihres Vermögens** andererseits ansehen.

> Hier werden wir uns zunächst schwerpunktmäßig mit den eine deliktische Schadensersatzhaftung begründenden Tatbeständen befassen. Was den die Haftung „ausfüllenden" Rechtsfolgetatbestand angeht, so wird dieser schwerpunktmäßig beim Schadensersatzrecht in Teil 9 abgehandelt.

A. Anspruch aus § 823 Abs. 1 BGB

Im **Vordergrund** steht hier zunächst die Erörterung der (oft völlig unterschätzten!) **haftungsbegründenden** Voraussetzungen des **§ 823 Abs. 1 BGB**.

Folgendes Schema für die Prüfung des § 823 Abs. 1 BGB, das hier i.w. zugleich auch die Gliederung für die folgende Darstellung ist, wird vorgeschlagen:

> - Bei Eigentumsverletzungen: **Kein Ausschluss** des Deliktsrechts **durch §§ 987 ff. BGB**, also durch die Sonderregeln des Eigentümer-Besitzerverhältnisses.
> - **Verletzung** einer der in § 823 Abs. 1 BGB genannten geschützten Rechtspositionen: **Leben, Körper, Gesundheit, Freiheit, Eigentum, sonstiges Recht (LKGFEsR)**.

> - Ein **Verhalten** des Inanspruchgenommenen oder einer Person, deren Verhalten er sich zurechnen lassen muss,
> - auf das die Verletzung **zurechenbar zurückgeführt** werden kann;
> - **Rechtswidrigkeit**;
> - (aus argumentationstechnischen Gründen erst an dieser Stelle): keine Zurechnung bei **rechtmäßigem Alternativverhalten**;
> - **Verschulden**;
> - **Schaden**.

I. „Sperrwirkung" des Eigentümer-Besitzer-Verhältnisses

Sie haben ja in Teil 6 bereits gelernt, dass das Eigentümer-Besitzerverhältnis eine „Sperrwirkung" zur Folge hat: Ein unrechtmäßiger Besitzer, der eine an den Eigentümer herauszugebende Sache verschlechtert oder zerstört, kann **nur** (§ 993 Abs. 1 2. HS BGB) nach den **§§ 989, 990 BGB**, also nur im Falle der Bösgläubigkeit bzw. der Rechtshängigkeit des Herausgabeanspruchs, auf **Schadensersatz** in Anspruch genommen werden. Ansprüche aus § 823 BGB sind daher in der **Regel** in einer „**Vindikationslage**" nicht gegeben. **Ausnahmen** sind der ungeregelte „Fremdbesitzerexzess" und § 992 BGB.

> Fall 711: Dem E ist von D eine Sache gestohlen worden. Der D hat sie an den K verkauft und diesem übergeben und übereignet. Der K hatte den D für den Eigentümer gehalten. Der K hat die Sache sodann rechtswidrig und schuldhaft beschädigt. Der E will von dem K Schadensersatz in Geld.
>
> Der Anspruch a) ergibt sich nicht aus §§ 989, 990, 249 Abs. 2 BGB, weil der K weder bösgläubig noch verklagt war. b) Ein Anspruch aus § 823 Abs. 1 BGB besteht nicht, weil in einer Vindikationslage die §§ 987 ff. BGB die Sekundäransprüche des Eigentümers gegen den herausgabepflichtigen Besitzer speziell und ausschließlich regeln (§ 993 Abs. 1 2. HS BGB).

Ausnahmsweise bestehen aber auch in einer „**Vindikationslage**" Ansprüche aus § 823 BGB, und zwar gegen den unrechtmäßigen Besitzer im Falle der ungeschriebenen Ausnahme des „**Fremdbesitzerexzesses**" oder unter den Voraussetzungen des **§ 992 BGB**.

II. Die Verletzung von Rechtsgütern und Rechten

1. Verletzung

Der Begriff einer „**Verletzung**" eines Rechtsgutes (Leben, Körper, Gesundheit, Freiheit) oder eines Rechtes (Eigentum, sonstiges Recht) setzt begrifflich gesehen voraus, dass die jeweils betroffene Rechtsposition zuvor intakt war. **Problematisch** ist das Vorliegen einer Verletzung daher bei

- **vorgeburtlicher Setzung** der Ursache einer **Gesundheitsbeeinträchtigung**
- oder bei der **Lieferung** einer **mangelhaften Sache** bzw. bei der **Herstellung** eines **mangelhaften Werkes**.

a) Vorgeburtlich gesetzte Gesundheitsbeeinträchtigung

Die Problematik einer Gesundheitsbeschädigung durch eine **vorgeburtlich gesetzte Beeinträchtigung der Gesundheit** lässt sich an folgenden Fällen aufzeigen:

Fall 712: Der A schlägt die von ihm schwangere Frau B so schwer zusammen, dass ihr Kreislauf kurzzeitig zusammenbricht und sie wiederbelebt werden muss. Durch die kurzfristige Minderdurchblutung der Placenta kommt das Kind K hirngeschädigt zur Welt. Das Kind K verlangt Schadensersatz von dem A.

Ein Anspruch des K gegen den A aus § 823 Abs. 1 BGB kommt in Betracht wegen a) einer Gesundheitsverletzung des Kindes K: aa) Dessen innere Körperfunktionen sind betroffen, also ist die Gesundheit beeinträchtigt. bb) Fraglich ist, ob das Kind K überhaupt als Verletzter angesehen werden kann: aaa) Wenn man nur einen Rechtsfähigen (§ 1 BGB) als verletzbar ansähe, kann das Kind K nicht Verletzter sein, weil es ja bereits hirngeschädigt zur Welt kam. Es besteht aber Einigkeit, dass auch ein „nasciturus" durch eine Gesundheitsbeeinträchtigung verletzt werden kann. bbb) Wer nicht so weit gehen mag, muss die Verletzung einer Leibesfrucht im Mutterleib aber jedenfalls deshalb als deliktisch relevant ansehen, weil der gesunde Zustand von „Schöpfung und Natur vorausgegeben" ist und sich die Rechtsordnung durch Schaffung eines Schadensersatzanspruchs daran zu halten hat (BGH). b) Ein Verhalten des A liegt in den der B versetzten Schlägen (positives Tun). c) Am Bestehen eines Zurechnungszusammenhangs zwischen den Schlägen und der Gesundheitsverletzung, d) der (indizierten) Rechtswidrigkeit e) und einem Verschulden f) sowie einem Schaden bestehen keine Zweifel.

Fall 713: Dr. A verursacht durch eine nicht fachgerechte Röntgenuntersuchung bei dem B eine Keimschädigung; das von ihm gezeugte Kind K kommt deshalb missgebildet zur Welt. Das Kind K verlangt, vertreten durch seinen gesetzlichen Vertreter (§ 1629 BGB), von Dr. A Schadensersatz.

Die für den zu erörternden Anspruch aus § 823 Abs. 1 BGB a) erforderliche aa) Gesundheitsbeeinträchtigung des K liegt vor; bb) was die Frage der Verletzung in solchen Fällen, in denen nicht einmal der „nasciturus" jemals unverletzt war, angeht, so muss diese im Hinblick auf den Schutzzweck des § 823 Abs. 1 BGB deshalb bejaht werden, weil „von Schöpfung und Natur für den lebenden Organismus eines Menschen" dessen gesunder Zustand „vorausgegeben" ist und „die Rechtsordnung in dieser Hinsicht an das Phänomen der Natur gebunden (ist)". b) Ein Verhalten des Dr. A liegt in der Durchführung der Röntgenaufnahme (positives Tun). c) Am Bestehen eines Zurechnungszusammenhangs zwischen der Röntgenaufnahme und der Gesundheitsverletzung bestehen keine Bedenken. d) Ob die aa) indizierte Rechtswidrigkeit der Verletzung bb) überhaupt durch eine Einwilligung des B ausgeschlossen werden kann, kann hier offen bleiben, da sie sich nur auf eine fachgerechte Behandlung bezog. e) Dr. A hat schuldhaft (fahrlässig) gehandelt. f) Ein Schaden besteht.

b) Übereignung und Übergabe einer mangelhaften Kaufsache bzw. Herstellung eines mangelhaften Werkes

Wenn sich ein an einer gekauften und gelieferten Sache bestehender **Sachmangel**, der zunächst **nur einen Teil der Kaufsache** betrifft, im Nachhinein **auf deren „intakten Rest" auswirkt**, indem er auch diesen Sachbereich beschädigt oder zerstört, stellt sich die Frage, ob der Käufer gegen einen (rechtswidrig und schuldhaft handelnden) Verkäufer neben den vertraglichen Ansprüchen (§ 437 BGB) auch einen Anspruch aus § 823 Abs. 1 BGB wegen einer Eigentumsverletzung hat.

Was die Frage der **Eigentumsverletzung** angeht, so kann man allerlei „Gedankenspiele" betreiben: So könnte man sagen, dass die Sprachlogik es verbiete, eine Eigentumsverletzung anzunehmen, weil die Kaufsache ja nie intakt war. Man kann aber die Kaufsache auch in einen „defekten Teil" und in einen „intakten Teil" dergestalt „zerlegen", dass man auch den „intakten Teil" als verletzbar ansieht. Letztlich kann es aber auf derartige rein begriffliche und modellhafte Konstruktionen für die Frage des Deliktsschutzes nicht ankommen; maßgeblich ist vielmehr, ob in derartigen Fällen ein unabweisbares rechtspolitisches Bedürfnis für die erweiternde Anwendung des § 823 Abs. 1 BGB besteht. Die kurze Verjährungsfrist für Gewährleistungsansprüche, die vor der Schuldrechtsreform beim Kauf beweglicher Sachen nur 6 Monate ab Ablieferung (§ 477 BGB a.F.) betrug, hatte die frühere **Rechtsprechung** zum Zwecke des Ausgleichs grober Unbilligkeiten veranlasst, das **Deliktsrecht** mit seiner damals wesentlich großzügigeren Verjährungsregelung in § 852 BGB aF. (3 Jahre ab Kenntnis von Schaden und Ersatzpflichtigem) in solchen Fällen anzuwenden, in denen der Mangel erst nach Ablauf der Verjährungsfrist zutage trat,

- dies aber nur dann, wenn der bei der Übergabe bestehende Mangel der Kaufsache einen im Verhältnis zum Wert der gesamten Sache unbedeutenden und „funktionell begrenzten Teil" der Kaufsache betraf und der Mangel sich hiervon ausgehend in den „intakten Teil" der Kaufsache **„weitergefressen"** hat (man nennt diese Schäden auch „Weiterfresserschäden"): Ein zu einem gekauften Schwimmbad gehöriger mangelhafter „Schwimmschalter" löst aufgrund seines Mangels einen Brand aus, der die im übrigen mangelfreie Kaufsache zerstört (BGH).

- Später hat die Rechtsprechung diesen Gedanken weitergeführt und so argumentiert, dass ein deliktischer Anspruch auch dann gegeben sei, wenn der Schaden nicht mit dem der Sache von Anfang an anhaftenden Mangelunwert identisch sei, m.a.W. wenn der **Mangel** und der **Schaden „stoffungleich"** seien. Wenn der Mangel der Kaufsache zu einem mit ihm nicht „stoffgleichen" Nachteil führt, sei das durch § 823 Abs. 1 BGB auszugleichende „Integritätsinteresse" betroffen, so dass ein deliktischer Anspruch gegeben sein könne. Das sei z.B. der Fall, wenn ein zu einem gekauften Auto gehöriger mangelhafter „Gaszug" zu einem Unfall und zur Zerstörung des im Übrigen mangelfreien Autos führe (BGH). Dagegen soll bei einer sog. „Stoffgleichheit" von Mangel und Schaden kein deliktischer Anspruch bestehen, weil ein solcher, ausschließlich das Nutzungs- und Äquivalenzinteresse betreffender Schaden, nur nach dem Vertragsrecht (also nach §§ 434, 437 Nr. 3, 280 BGB) zu ersetzen sei.

- In der **Lehre** bestehen seit jeher Vorbehalte gegen diese Rechtsprechung, weil mittels des § 823 Abs. 1 BGB das Gewährleistungsrecht mit seinen vom Gesetz gewollten Besonderheiten umgangen werden könne. Diese Gegenargumente werden dadurch verstärkt, dass das neue Schuldrecht mit seinen in § 438 BGB im Vergleich zu § 477 BGB aF. verlängerten Verjährungsfristen den Käuferinteressen entgegenkommt und dass man durch eine Anwendung des § 823 Abs. 1 BGB das Nacherfüllungs<u>recht</u> des Verkäufers aushebeln könnte. Damit steht die Frage der Anwendbarkeit des § 823 Abs. 1 BGB erneut auf dem Prüfstand. Der RegE hat die Entscheidung darüber, ob es bei der bisherigen Rechtsprechung zu den „Weiterfresser-" und „Stoffgleichheit/Stoffungleichheit-Fällen" bleiben soll, ausdrücklich der Rechtswissenschaft und Praxis anvertraut. Dass daher bis zur Herausbildung einer gefestigten Rechtsprechung ein **aktuelles „Klausurproblem"** besteht, liegt auf der Hand. Wie schön für Sie, dass gegenwärtig wirklich alle Lösungen vertretbar sind.

<u>Fall 714</u>: Der K kauft bei dem V einen Swimming-Pool. Der Preis beträgt € 100 000,-. Der Pool hat ein Pumpensystem, das von einem Schwimmschalter gesteuert wird. Um die Pumpe vor Schäden durch einen Leerlauf zu bewahren, soll der Schwimmschalter die Pumpe abschalten, wenn der Pool sich entleeren sollte. Weil der Schwimmschalter (Wert: € 10,-) defekt war, kam es 2 Jahre und 6 Monate nach der Ablieferung des Pools aufgrund eines Kurzschlusses zu einem Brand des Pumpensystems, wodurch der Pool im Wesentlichen zerstört wurde. Der V hätte aufgrund von früheren Vorfällen wissen müssen, dass der verwendete Schwimmschaltertyp zu Kurzschlüssen neigt. Der K verlangt sein Geld zurück. Der V beruft sich auf Verjährung („Schwimmschalterfall" nach BGH).

1. Weil dem Anspruch aus §§ 437 Nr. 3, 280 Abs. 1 BGB die Einrede der Verjährung entgegenstand (heute nach §§ 438 Abs. 1 Nr. 3, 214 BGB), 2. sah sich die Rechtsprechung veranlasst, einen Anspruch aus § 823 Abs. 1 BGB zu prüfen. a) Vorliegen könnte eine Verletzung des Eigentums des K an dem Pool. aa) Wenn – wie hier einem Käufer – eine mangelhafte Sache geliefert wird, spricht gegen das Vorliegen einer bereits in der mangelhaften Belieferung zu sehenden Eigentumsverletzung, dass der Käufer als Eigentümer nie das Eigentum an einer intakten Sache hatte, so dass rein begrifflich nicht von einer Eigentumsverletzung gesprochen werden kann. bb) Die Rechtsprechung hat jedoch den Kaufgegenstand in einen intakten und daher deliktisch verletzbaren Teil (Wert: € 99 990,-) und in einen mangelhaften Teil (Wert: € 10,-) „aufgeteilt". Eine solche „Aufteilung" soll dann möglich sein, wenn – wie hier – der mangelhafte und der mangelfreie Teil der Kaufsache funktionell voneinander abtrennbar sind und der mangelhafte Teil im Verhältnis zum Wert der gesamten Sache unbedeutend ist. Wenn sich bei einer solchen Konstellation der Mangel in den funktionell abgrenzbaren intakten Teil der Kaufache (bildhaft) „weiter gefressen" hat, soll darin eine Eigentumsverletzung des intakten Teils liegen. cc) Es ist noch unklar, ob die von der Lehre z.Tl. kritisierte (das Vertragsrecht werde „ausgehöhlt", wenn man die kurzen Verjährungsfristen des § 438 BGB unterlaufe) Rechtsprechung nach der erheblichen Verlängerung der Gewährleistungsfristen auf 2 Jahre hieran festhalten wird. Für eine Fortgeltung jener Rechtsprechung spricht, dass auch nach dem jetzt geltenden Recht immer noch dem Käufer nachteilige Unterschiede bestehen zwischen mit der schon bei Ablieferung beginnenden 2 jährigen Verjährungsfrist nach § 438 BGB und der erst am Schluss des Jahres, in dem der Anspruch entstanden ist und der Gläubiger von den anspruchsbegründenden Umständen und der Person des Schuldners Kenntnis erlangt hat oder ohne grobe Fahrlässigkeit hätte erlangen können (§ 199 Abs. 1 BGB), beginnenden und mit 3 Jahren längeren Regelverjährungsfrist des § 195 BGB. Die Begründung des Regierungsentwurfs hält es daher trotz der Besserstellung des Käufers gegenüber § 477 aF. BGB für möglich, dass die Rechtspraxis wegen der verbleibenden für den Käufer nachteiligen Unterschiede in Beginn

und Länge zwischen der Verjährungsfrist nach § 438 Abs. 1 Nr. 3 BGB und der Regelverjährung nach §§ 195, 199 BGB an der Rechtsprechung zur deliktischen Haftung bei einem sich „weiterfressenden Mangel etc." festhält. b) Eine solche Eigentumsverletzung würde auf einem Verhalten des V beruhen, c) das als rechtswidrig und d) schuldhaft zu bewerten ist. e) Der Anspruch aus § 823 Abs. 1 BGB ist nicht verjährt. Es gilt die allgemeine Verjährungsfrist von 3 Jahren des § 195 BGB, beginnend mit dem Schluss des Jahres, in dem der Anspruch entstanden ist und der Gläubiger von den anspruchsbegründenden Umständen und der Person des Schuldners Kenntnis erlangt hat (§ 199 Abs. 1 BGB).

Fall 715: Am 21. Mai 2002 verkaufte der V an den K ein gebrauchtes Auto und sagte dabei dem K den einwandfreien technischen Zustand der Bremsen zu. Der V hätte wissen müssen, dass die Bremsen nicht einwandfrei waren. Am 1. Februar 2004 erlitt der K einen Unfall, weil die Bremsen aufgrund des Mangels bei einer dem K aufgezwungenen Notbremsung versagten. Dass dieser Umstand die Unfallsache war, wurde für den K erst aufgrund eines Sachverständigengutachtens vom 1. Juni 2004 deutlich. Als der V einen Schadensersatzanspruch des K zurückwies, erhob der K Klage gegen den V, die am 1. Juli 2004 zugestellt wurde; mit ihr beantragte der K die Verurteilung des V zur Zahlung der Beseitigung der Unfallschäden am Fahrzeug; der V beruft sich im Prozess auf Verjährung.

1. Dem a) Anspruch aus §§ 433 Abs. 1 S. 2, 434 Abs. 1 S. 1, 437 Nr. 3, 280 Abs. 1 BGB b) steht die Einrede der Verjährung entgegen (§§ 438 Abs. 1, Abs. 2, 214 Abs. 1 BGB). 2. In Betracht kommt ein Anspruch aus § 823 Abs. 1 BGB: a) Verletzung des Eigentums des K? aa) K war Eigentümer des Wagens bb) Was die Frage der Verletzung angeht, ist fraglich, aaa) ob bereits das Beliefern mit einer mangelhaften Kaufsache auch eine Verletzung des Eigentums des Käufers an der gekauften Sache (hier: des Autos) darstellen kann. Dagegen spricht, dass das Auto stets mangelhaft, also nie intakt war, so dass rein begrifflich gesehen eine Verletzung des Eigentums an der gekauften Sache ausscheidet. bbb) Hiervon wurden wegen der kurzen Verjährungsfrist des § 477 BGB aF. (= 6 Monate ab Ablieferung) von der Rechtsprechung seit 1976 Ausnahmen gemacht: aaaa) seit der sog. „Schwimmschalter" – Entscheidung dann, wenn es sich um einen funktionell begrenzten Mangel handelt, der sich in ansonsten fehlerfreie Bereiche „weitergefressen" hat, was hier aber gerade nicht der Fall ist. bbbb) Seit der sog. „Gaszug"-Entscheidung soll § 823 Abs. 1 BGB auch dann eingreifen, wenn der Mangel zu einem Nachteil führt, der nicht mit dem Mangel „stoffgleich" ist, denn dann sei das nach § 823 Abs. 1 BGB auszugleichende „Integritätsinteresse" betroffen. Für die Beurteilung der schwierigen Frage, wann der Unwert des ursprünglichen Defekts nicht mit dem Mangel „stoffgleich" ist, soll auf eine „natürliche" bzw. „wirtschaftliche" Sicht abgestellt werden: Die Stoffgleichheit fehle z.B., wenn der Mangel die Kaufsache nicht von vornherein wertlos gemacht habe, was vor allem dann der Fall sei, wenn der Mangel in wirtschaftlich vertretbarer Weise behebbar war (so liegt es wohl hier). In diesen Fällen soll also § 823 Abs. 1 BGB und damit die günstigere Verjährungsregelung der §§ 195, 199 BGB (= 3 Jahre ab Kenntnis von Schaden und Ersatzpflichtigem) angewendet werden können. b) Ein Verhalten des V aa) liegt in der Übergabe und Übereignung des Autos. bb) Nicht erforderlich ist, dass die Sache zu diesem Zeitpunkt schon im Eigentum des K stand. c) Am Bestehen eines Zurechnungszusammenhangs zwischen der Lieferung und der Eigentumsverletzung bestehen keine Bedenken. d) Die Rechtswidrigkeit der Eigentumsverletzung ist indiziert. e) Der V hat schuldhaft (fahrlässig) gehandelt. f) Der Anspruch war nicht verjährt.

Beim **Werkvertrag** ist ebenfalls fraglich, ob eine von einem **begrenzten Mangel** ausgehende Beschädigung oder eine Zerstörung des **intakten „Restwerks"** auch einen Anspruch aus § 823 Abs. 1 BGB zur Folge hat. Nach der Rechtsprechung des BGH zum alten Recht sollte in den „Weiterfresser" – Fällen § 823 Abs. 1 BGB wegen der den Besteller besser stellenden Verjährungsregeln gelten. Man wird aber auch insoweit die Rechtsentwicklung abwarten müssen.

2. Deliktisch geschützte Rechtsgüter („LKGF")

Als deliktisch geschützte Rechtspositionen werden in § 823 Abs. 1 BGB zunächst bestimmte **Rechtsgüter (Leben, Körper, Gesundheit, Freiheit)** genannt, die von den sodann aufgeführten **Rechten (Eigentum, sonstige Rechte)** begrifflich zu trennen sind.

a) Leben

Wenn das Gesetz das **Leben** als deliktisch geschütztes Rechtsgut behandelt, so macht das nur im Zusammenhang mit den Vorschriften der §§ 844, 845 BGB einen Sinn; diese Vorschriften geben – an sich völlig systemwidrig – einem anderen als dem Verletzten (also einem „mittelbar Geschädigten") einen eigenen deliktischen Anspruch.

b) Körper, Gesundheit

Unter der **Verletzung** des **Körpers** versteht man einen Eingriff in die körperliche Integrität. Die **Verletzung** der **Gesundheit** ist eine Störung der inneren Lebensvorgänge, zu denen auch psychische Beeinträchtigungen zählen, wenn sich diese nicht nur als Befindlichkeitsstörung (wie z.B. zitternde Knie, Übelkeit) auswirken, sondern Krankheitswert (wie z.B. eine ängstliche Erregtheit, Unruhe, Schlafstörung, traurige Verstimmtheit) haben.

Besonders kontrovers ist die Frage, ob **kunstgerechte** („lege artis" vorgenommene) **ärztliche Heileingriffe** Körper- oder Gesundheitsverletzungen sind. Hierzu wird die Ansicht vertreten, dass der kunstgerechte **ärztliche Heileingriff** wegen seines Ziels (Wiederherstellung der Gesundheit, Leidensminderung) **keine Körper- oder Gesundheitsverletzung** sein könne, so dass deliktische Schadensersatzansprüche bei fehlender Einwilligung bzw. einer Einwilligung ohne ausreichende Aufklärung über die Risiken des Eingriffs nur aus einer Verletzung des allgemeinen Persönlichkeitsrechts des Patienten hergeleitet werden könnten (Canaris). In der Rechtspraxis herrschend (BGH) ist allerdings die Ansicht, dass auch der erfolgreich vorgenommene kunstgerechte Heileingriff **immer** eine **Körperverletzung** ist, der zu seiner Rechtmäßigkeit des Rechtfertigungsgrundes der Einwilligung bedürfe, so dass bei fehlender Einwilligung bzw. einer Einwilligung auf der Grundlage einer nicht ausreichenden Aufklärung über die Risiken des Eingriffs eine rechtswidrige Körperverletzung vorliege. Der Vorteil dieser Rechtsansicht besteht für den Patienten darin, dass der Arzt die Voraussetzungen des Rechtfertigungsgrundes (Einwilligung und Aufklärung des Patienten) beweisen muss.

c) Freiheit

Mit **Freiheitsverletzungen** sind Beeinträchtigungen der körperlichen Bewegungsfreiheit gemeint. Die Beeinträchtigung der allgemeinen „Handlungsfreiheit" oder der „Entscheidungsfreiheit" ist dagegen keine Freiheitsverletzung.

3. Deliktisch geschützte Rechte („EsR")

Als deliktisch geschützte **Rechte** nennt das Gesetz das **Eigentum** und die **sonstigen Rechte (Generalklausel)**. Dazu gehört aber nicht aber das **Vermögen** als solches; dieses wird nur durch §§ 823 Abs. 2 BGB, 263/266 StGB und durch § 826 BGB deliktisch geschützt.

a) Eigentumsverletzung

Bei den **Eigentumsverletzungen** kann man **rechtliche** und **tatsächliche** Einwirkungen unterscheiden.

aa) Rechtliche Einwirkungen (Eigentumsverlust oder Eigentumsbelastung durch wirksame Verfügung)

Relativ selten sind die Fälle rechtlicher Einwirkungen, durch die der Eigentümer sein **Eigentumsrecht verliert** (z.B. durch eine Übereignung nach §§ 929 ff, 932 ff. BGB bzw. nach §§ 873, 925, 892 BGB) oder durch die sein **Eigentumsrecht** durch eine dingliche **Belastung verschlechtert wird** (z.B. durch Verpfändung einer beweglichen Sache nach §§ 1205 ff, 1207 BGB; durch Belastung eines Grundstücks mit einer Hypothek nach §§ 873, 1113 ff., 892 BGB).

<u>Fall 716:</u> Der E verleiht an den L eine bewegliche Sache. Der L unterschlägt sie durch eine Veräußerung an den D, dem gegenüber der L sich als Eigentümer ausgibt. Der D hätte bei äußerster Anspannung erkennen können, dass der L nicht der Eigentümer war. Der E verlangt von dem D Herausgabe, jedenfalls aber Schadensersatz von dem L.
1. Ein Herausgabeanspruch gegen den D a) könnte sich aus § 985 BGB ergeben. Ein solcher Anspruch besteht nicht, weil der D gutgläubig das Eigentum erworben hat (§§ 929 S. 1, 932 Abs. 1 S. 1, Abs. 2 BGB). b) Ein Anspruch aus § 812 Abs. 1 S. 1 2. Fall BGB („Nichtleistungskondiktion" in Gestalt einer „Eingriffskondiktion") besteht nicht, weil (so die eine Begründung) aa) der L an den D geleistet habe und das Prinzip der „Alternativität" von „Leistungskondiktion" und „Nichtleistungskondiktion" einem Anspruch des E gegen den D aus § 812 Abs. 1 S. 1 2. Fall BGB („Nichtleistungskondiktion" in Gestalt einer „Eingriffskondiktion") entgegensteht; oder (so die andere Begründung) bb) bei Annahme einer „Eingriffskondiktion" der Eingriff des D in das Eigentum des E nicht ohne Rechtsgrund, der in § 932 BGB zu sehen sei, erfolgt wäre. cc) Am elegantesten begründet man die „Konditionsfestigkeit" des gutgläubigen Erwerbs (hier des D) jedoch mit einem Umkehrschluss aus § 816 Abs. 1 S. 2 BGB. c) Denkbar wäre jedoch ein Anspruch gegen den D aus §§ 823 Abs. 1, 249 Abs. 1 BGB: aa) Die Verletzung des Eigentums liegt darin, dass der E durch die wirksame Verfügung des L sein Eigentum an den D verloren hat. bb) Die Verletzung müsste einem Verhalten des Inanspruchgenommenen (D) zurechenbar sein. aaa) Ein Verhalten des D liegt in der Abgabe der für §§ 929 ff. BGB erforderlichen Willenserklärungen und der für eine Übereignung erforderlichen tatsächlichen Handlungen. bbb) Die Verletzung des Eigentums ist hierauf aaaa) kausal und bbbb) zurechenbar zurückzuführen. c) Die Eigentumsverletzung ist aber nicht rechtswidrig, denn § 932 BGB „erlaubt" den leicht fahrlässigen Erwerb des Eigentums an einer fremden Sache. Also hat der E keinen Herausgabeanspruch gegen den D. 2. Schadenersatzansprüche gegen den L hat der E aus a) §§ 280 Abs. 1, 3, 283 BGB, b) § 687 Abs. 2 BGB, c) aus Delikt, weil keine „Vindikationslage" zwischen E und L besteht, und zwar aus aa) § 823 Abs. 1 BGB, bb) § 823 Abs. 2 BGB i.V.m. 246 StGB, cc) § 826 BGB.

bb) Tatsächliche Einwirkungen

Deliktisch relevante **tatsächliche Einwirkungen** können sein: ein zum Rechtsverlust führendes **Verarbeiten, Verbinden, Vermischen** und die rechtliche Stellung des Eigentümers unberührt lassenden **Einwirkungen auf die Sachsubstanz** (Beschädigungen, Zerstörungen und Verunstaltungen) oder Eigentumsverletzungen durch **Entzug**, durch die **Vorenthaltung des Besitzes** oder durch **Störungen**.

(1) Eigentumsverletzung durch Verarbeiten, Verbinden, Vermischen

Tatsächliche Einwirkungen auf eine fremde Sache, wie das Verarbeiten, das Verbinden oder das Vermischen, die zum Eigentumsverlust führen (§§ 946 ff. BGB), können deliktisch relevante Eigentumsverletzungen sein.

Fall 717: Der Schlachter S erwirbt von dem D ein seitens des D dem E gestohlenes bereits getötetes Rind. Der D gibt sich dabei als der Eigentümer des Rindes aus; der S hat keinen Anlass, daran zu zweifeln. Wenig später erfährt der S dann von der Herkunft des Rindes. Gleichwohl zerlegt er es und verarbeitet es zu Wurst. Der E verlangt Schadensersatz von dem S.

a) Ein Anspruch aus § 823 Abs. 1 BGB wegen der zu einem Eigentumsverlust führenden Verarbeitung (§ 950 BGB) scheitert daran, dass zwischen S und E ein Eigentümer-Besitzerverhältnis („Vindikationslage") bestand („Sperrwirkung" der §§ 989 ff. BGB). b) Der E hat daher einen Schadensersatzanspruch aus §§ 990, 989 BGB.

Fall 718: Der E lagert ein bereits getötetes Rind bei dem S ein. Der S verarbeitet es zu Wurst. Der E verlangt Schadensersatz von dem S.

Der Anspruch ergibt sich aus a) §§ 280 Abs. 1, 3, 283, b) und aus § 823 Abs. 1 BGB wegen der zu einem Eigentumsverlust führenden Verarbeitung (§ 950 BGB).

(2) Eigentumsverletzung durch Einwirkungen auf die Sachsubstanz wie Beschädigungen, Zerstörungen und Verunstaltungen

Denkt man an Eigentumsverletzungen durch tatsächliche Einwirkungen auf die Sachsubstanz, so assoziiert man meist die **Beschädigung** oder gar die **Zerstörung** der Sache. Diese Konstellationen sind so eindeutig, dass sie keiner weiteren vertiefenden Erörterung bedürfen.

(3) Eigentumsverletzung durch Entzug oder die Vorenthaltung des Besitzes

Eine Eigentumsverletzung kann auch in der Herbeiführung des **Verlusts der Sachherrschaft** liegen. Insoweit denkt man „assoziativ" zunächst an einen dauernden oder vorübergehenden **Sachentzug** durch Diebstahl, Raub oder auch durch eine Unterschlagung. Das bereitet in der Tat kaum Probleme. Eine interessante Frage ist, ob ein Verlust der Sachherrschaft in Gestalt einer **durch Täuschung erwirkten Weggabe** eine Eigentumsverletzung ist oder nur ein deliktisch irrelevanter Eingriff in die Entscheidungsfreiheit des Eigentümers.

Fall 719: V und K schließen einen Kaufvertrag über eine dem V gehörige bewegliche Sache unter Eigentumsvorbehalt. Der V überträgt dem K das Eigentum aufschiebend bedingt (§§ 929 S. 1, 158 Abs. 1, 449 BGB) und übergibt die Sache an den K. Der K ist jedoch völlig mittellos und hat auch nicht die Absicht, den Kaufpreis zu bezahlen. Er hatte dem insoweit gutgläubigen V seine Zahlungsfähigkeit und -bereitschaft vorgespiegelt. Als der V von der mangelnden Zahlungsfähigkeit und -bereitschaft erfährt, verlangt er von K Zahlung; auch will er wissen, ob er für den Fall der Nichtzahlung Herausgabe der Sache verlangen kann.

1. Der Zahlungsanspruch könnte sich aus einem Kaufvertrag ergeben (§ 433 Abs. 2 BGB). a) Der Kaufvertrag ist geschlossen b) Der V ist aa) nicht nach § 323 BGB zurückgetreten und bb) er hat den Kaufvertrag nicht nach § 123 BGB angefochten. 2. Der Herausgabeanspruch könnte sich a) aus § 985 BGB ergeben. aa) Der V ist Eigentümer aaa) gewesen und bbb) geblieben, denn die Bedingung ist nicht eingetreten. bb) Der K ist Besitzer. cc) Der K hat aber ein Recht zum Besitz aus dem Kaufvertrag bzw. aus dem Anwartschaftsrecht, aaa) solange der Rücktritt nicht erklärt ist (§ 449 Abs. 2 BGB) bbb) und eine Anfechtung wegen arglistiger Täuschung nicht erklärt worden ist. b) Der V könnte aber Herausgabe aus §§ 823 Abs. 1, 249 BGB verlangen, aa) wenn in der durch die Täuschung veranlassten Übergabe der Kaufsache eine Eigentumsverletzung zu sehen ist. Wenn man aber davon ausgeht, dass eine betrügerische Verleitung des Eigentümers zur Weggabe der Sache keine Eigentumsverletzung ist, weil sie sich nicht gegen das Eigentum richtet, sondern nur die Entscheidungsfreiheit des Eigentümers betrifft (Canaris), dann ist mangels Eigentumsverletzung der Anspruch nicht gegeben. bb) Auch eine Freiheitsverletzung liegt nicht vor, weil § 823 Abs. 1 BGB nur die körperliche Bewegungsfreiheit, nicht aber die allgemeine Handlungsfreiheit oder die Entscheidungsfreiheit schützt. c) Wohl aber besteht ein aa) Anspruch aus §§ 823 Abs. 2 BGB, 263 StGB, 249 S. 1 BGB. bb) § 449 Abs. 2 BGB steht dem nicht entgegen, weil die Herausgabe nicht „auf Grund des Eigentumsvorbehalts" verlangt wird.

Ein Delikt kann in der **Besitzentziehung selbst** (hier das **„Erlangungsdelikt"** genannt) liegen (dann gilt § 848 BGB: Zufallshaftung für späteren Untergang etc.), oder es kann zu einer **Überschneidung** mit einer **Substanzbeeinträchtigung nach einer erfolgten Besitzerlangung** kommen (hier das **„Verwaltungsdelikt"** genannt).

Fall 720: Der E und der T sind bei regnerischem Wetter Besucher einer größeren Veranstaltung im Hinterzimmer einer Gaststätte. Nach deren Ende geht der T in die düstere Garderobe, um seinen Regenschirm mitzunehmen, der dort zusammen mit vielen anderen Schirmen in einem Schirmständer abgestellt ist. Sein Schirm war inzwischen von einem anderen Gast mitgenommen worden. Der T, der dies nicht erkannte, meinte daher in dem seinem Schirm ähnlichen Schirm des E den seinen zu erkennen. Aufgrund leichter Fahrlässigkeit verkennt er, dass ihm der Schirm nicht gehört. Als der T vor die Tür des Lokals tritt, kommt es zu einem Wolkenbruch. Der vorbei laufende Räuber R reißt ihm den Schirm aus der Hand, weil er trocken nach Hause kommen möchte. Der T ruft um Hilfe. Der E eilt herbei, und es stellt sich heraus, dass der Schirm ihm gehört hatte. Der unbekannt bleibende R entkommt in der Dunkelheit. Der E verlangt Schadensersatz von T (nach Harms).

Wegen der in der Mitnahme des Schirmes zu sehenden rechtswidrigen und leicht fahrlässigen Eigentumsverletzung liegt der Tatbestand des § 823 Abs. 1 BGB vor; Einschränkungen wegen der Vorrangigkeit von Ansprüchen aus einem Eigentümer-Besitzer-Verhältnis gibt es nicht, weil das Delikt zeitlich mit der Besitzergreifung zusammenfiel („Erlangungsdelikt"). Dass ihn kein Verschulden am endgültigen Verlust des Schirmes durch den Raub treffen muss, ergibt sich aus § 848 BGB.

Variante: Der T nimmt den äußerlich völlig identischen Schirm des E als vermeintlich eigenen an sich und verlässt mit ihm das Lokal. Unverschuldet verkennt er, dass ihm der Schirm nicht gehört. Auf der Straße regnet es stark. Der T will daher den Schirm öffnen. Ungeduldig reißt er den Schirm auf und beschädigt ihn dadurch. Der E kommt hinzu, weist aufgrund eines verborgenen Merkmals sein Eigentum nach und will Schadensersatz (nach Gursky).

1. Ein Anspruch aus §§ 989, 990 BGB scheidet aus. Zwar war bei der Beschädigung eine „Vindikationslage" gegeben; der T war aber nicht bösgläubig, denn er hat bei Besitzergreifung schuldlos gehandelt. 2. In der Mitnahme des Schirmes könnte eine unerlaubte Handlung zu sehen sein, für deren (nach § 848 BGB sogar unverschuldete) Folgen der T deliktisch einzustehen hätte („Erlangungsdelikt"); mangels Verschuldens des T bei der Besitzergreifung besteht der Anspruch aus § 823 Abs. 1 BGB jedoch nicht. 3. Der E könnte jedoch einen Anspruch aus § 823 Abs. 1 BGB wegen der Beschädigung des Schirmes haben („Verwaltungsdelikt"). Dass § 823 Abs. 1 BGB auch in der Vindikationslage anwendbar ist, könnte sich aus § 992 BGB ergeben: aa) Wenn man davon ausgehen sollte, dass § 992 BGB eine eigenständige Haftungsnorm mit einer Rechtsfolgeverweisung auf die §§ 823 Abs. 1, 848 BGB enthielte, könnte man annehmen, dass der T auch für den schuldlosen Verlust des Schirmes einstehen müsste. Diese Konsequenz wird aber vermieden, wenn man „im gleichen Atemzug" den § 992 BGB teleologisch reduziert, indem man (orientiert an der als anderes Beispiel genannten besitzverschaffenden „Straftat") eine schuldhafte verbotene Eigenmacht voraussetzt. bb) Nach der hier vertretenen Auffassung ist dies ein Irrweg, weil eine solche teleologische Reduktion des Anwendungsbereichs des § 992 BGB einen fahrlässigen Sachentzug zur Voraussetzung macht, bei dem § 823 Abs. 1 BGB, ohne dass die Erfordernisse des § 992 BGB vorliegen müssten, anwendbar ist („Erlangungsdelikt"). Das kann nicht der Sinn des § 992 BGB sein. Außerdem würde die Annahme eines Rechtsfolgenverweises in § 992 BGB auf §§ 823 Abs. 1, 848 BGB schon für die Fälle einer leicht fahrlässigen besitzbegründenden verbotenen Eigenmacht zu einem Wertungswiderspruch zu §§ 989, 990 BGB führen, die als Haftungsauslösungsmoment grobe Fahrlässigkeit voraussetzen. Diesen Widerspruch kann man nur ausräumen, indem man ein Verschulden auch bei der Schädigung voraussetzt. Aus diesen Gründen wird hier vorgeschlagen, getreu dem Wortlaut des § 992 BGB aaa) lediglich eine bloße (also nicht notwendigerweise verschuldete) verbotene Eigenmacht ausreichen zu lassen und § 992 BGB zugleich als eine Rechtsgrundverweisung zu behandeln. aaa) Die verbotene Eigenmacht liegt vor, weil der T dem E dessen (bei einer kurzzeitigen „Trennung" von seinem Schirm fortbestehenden) Besitz gegen seinen Willen durch die Mitnahme entzogen hat (§ 858 Abs. 1 BGB); bbb) weiterhin müsste der T den § 823 Abs. 1 BGB verwirklicht haben; das ist nicht der Fall.

Variante: Als der T vor der Tür des Lokals den Schirm öffnen will, beschädigt er aus Ungeschick den Schirm. Der E, dem der Schirm gehört, kommt hinzu, weist aufgrund eines verborgenen Merkmals sein Eigentum nach und will Schadensersatz.

1. §§ 990, 987 BGB greifen nicht ein (s. zuvor). 2. Was eine deliktische Haftung aus § 823 Abs. 1 BGB angeht, a) so müsste nach der hier vertretenen Ansicht der T aus §§ 992, 823 Abs. 1 BGB haften. Denn er hat den Besitz durch verbotene Eigenmacht begründet und schuldhaft fremdes Eigentum verletzt. b) Nach aA. greift § 992 BGB nicht ein, weil es an der Schuldhaftigkeit der Besitzbegründung durch verbotene Eigenmacht fehlt.

Eine Eigentumsverletzung kann auch in der **Vorenthaltung des Besitzes** liegen, also im Nicht – Rückgängig – Machen eines Sachentzuges.

(4) Eigentumsverletzung durch Störungen (Immissionen, Einwirkungen auf die Gebrauchsmöglichkeit)

Eigentumsverletzungen durch Störungen sind zum einen solche, die auf **Immissionen** beruhen. Bei Immissionen i.S.d. **§ 906 BGB** (Einwirkungen durch Gase, Dämpfe etc.) bereitet die Vorstellung einer Eigentumsverletzung in der Tat keinerlei Probleme. Anders ist es bei „**ideellen**" **Immissionen**, wie z.B. das Abstellen von Schrottautos gegenüber dem vornehmen Hotel „Vier Jahreszeiten" an der Binnenalster: Hier kann man entweder mangels einer Einwirkung auf das Grundstück eine Eigentumsverletzung verneinen, oder man kann sie jedenfalls bei schwerwiegenden ideellen Immissionen bejahen; beide Ansichten werden vertreten.

Zu unterscheiden von den Verletzungen des Eigentums durch tatsächliche Einwirkungen auf die Sachsubstanz sind die Eigentumsverletzungen, in denen ohne jede Einwirkung auf die Sachsubstanz ausschließlich der **bestimmungsgemäße Gebrauch** der Sache **beeinträchtigt** wird. Das „klassische" Beispiel ist das „**Zuparken**" eines **Autos**, durch das der Eigentümer am bestimmungsgemäßen Gebrauch einer Sache gehindert wird. Hinsichtlich der deliktischen Relevanz kann man von folgenden Regeln ausgehen:

- Für eine **Eigentumsverletzung** ist erforderlich, dass die **Benutzbarkeit der Sache selbst betroffen** sein muss und nicht nur in die Dispositionsfähigkeit des Eigentümers eingegriffen worden ist (**Merkbeispiel** nach Kropholler: Der D stiehlt dem Eigentümer eines Kfz die Zulassung für ein Kfz = Verletzung des Eigentums am Kfz/Der D stiehlt dem Eigentümer eines Kfz den Führerschein = keine Eigentumsverletzung).
- Es darf nicht nur eine bloß vorübergehende Beschränkung der Benutzbarkeit sein (also **keine „Bagatelle"**).

<u>Fall 721</u>: Der A verstellt durch verbotenes Parken dem B für 10 Minuten die Ausfahrt aus dessen Garage. Der B nimmt ein Taxi und verlangt Schadensersatz in Höhe der aufgewendeten € 20.- abzüglich der ersparten Aufwendungen für den Einsatz seines Wagens.

Ein Anspruch aus § 823 Abs. 1 BGB kommt nicht in Betracht, weil es sich nur um eine vorübergehende Einengung der Benutzbarkeit handelte.

Solche **Nutzungs-** und **Verwendungszweckstörungen** können erhebliche **Probleme in der Abgrenzung** zu den **Eingriffen in das Recht am eingerichteten und ausgeübten Gewerbebtrieb** (dazu später mehr) aufwerfen.

<u>Fall 722</u>: Die Freie und Hansestadt Hamburg (FHH) ist für den Hamburger Hafen unterhaltspflichtig. Dazu gehört auch ein Hafenbecken, an dessen Ende die Entladeanlage und der Erzlagerplatz des Kupferhüttenbetriebes Iffa-AG (I) liegt. Die I wird aufgrund von einzelnen Frachtverträgen mit dem Reeder Reda (R) mit dem Kupfererz beliefert; der R hält dafür drei eigens für die Entladeanlage der I hergerichtete Massengutfrachter bereit. Bei einer Instandsetzungsmaßnahme der Kaimauern durch die zuständige Behörde Strom- und Hafenbau (SH) stürzen aufgrund eines Fehlers bei der Berechnung der Kraft des Tidestroms die Begrenzungsmauern der Einfahrt in das Hafenbecken ein, so dass der Hafen nicht mehr mit Seeschiffen befahren werden kann. Die Reparaturarbeiten dauern 3 Monate. Für diese Zeit wird ein gerade am Kai liegendes Schiff des R eingeschlossen; die beiden anderen Schiffe kann der R in dieser Zeit nur

für kurzfristige Fahrten verchartern, so dass es zu Gewinneinbußen kommt. Die I muss sich auf dem teureren Landweg per Bahn über Rotterdam mit dem Erz eindecken. Sowohl der R als auch die I nehmen die FHH in Anspruch: Der R verlangt Schadensersatz dafür, dass er mit den drei Schiffen den Vertrag mit der I nicht erfüllen kann oder jedenfalls dafür, dass er die ausgesperrten Schiffe nicht gleichwertig einsetzen kann. Die I verlangt Ersatz dafür, dass sie sich nunmehr teurer auf dem Landweg per Bahn eindecken muss (nach BGH und Canaris).

Ein Anspruch aus §§ 823, 31, 89 (nicht Art. 34 GG, 839 BGB, weil die bauliche Unterhaltung traditionell eine privatrechtliche Aufgabe ist!) könnte sich für 1. den R gegen die FHH a) wegen des eingeschlossenen Schiffes ergeben. aa) Das Eigentum an diesem Schiff ist aaa) zwar nicht durch eine tatsächliche Einwirkung auf die Sachsubstanz verletzt worden, bbb) könnte aber durch eine Nutzungs- und Verwendungszweckstörung verletzt worden sein. Bei vollständiger Außergebrauchsetzung einer Sache für längere Zeit, wie sie hier gegeben ist, liegt eine Eigentumsverletzung vor. bb) Die Verletzung müsste zurückführbar sein auf ein Verhalten der FHH (§§ 31, 89 BGB). aaa) Hier liegt ein positives Tun durch ihre Behörde SH (Baumaßnahme) vor. bbb) Die Verletzung des Eigentums ist hierauf aaaa) kausal und bbbb) zurechenbar zurückzuführen. cc) Die Rechtswidrigkeit ist indiziert dd) und ein der FHH zurechenbares Verschulden des SH (§§ 31, 89 BGB) ist gegeben. b) Wegen der beiden ausgesperrten Schiffe: aa) kommt eine aaa) Eigentumsverletzung nicht in Betracht, weil das Eigentumsrecht nur das Recht gibt, mit der eigenen Sache nach Belieben zu verfahren (§ 903 BGB), nicht aber das Recht, andere Sachen (hier den Hafen der FHH) zu benutzen; bbb) als verletztes „sonstiges Recht" kommt aaaa) auch nicht der Gemeingebrauch, bbbb) möglicherweise aber der eingerichtete und ausgeübte Gewerbebetrieb des R in Betracht, dessen Kriterien (genauer dazu später) sind: Subsidiarität; ein Eingriff in einen Gewerbebetrieb, wobei der Eingriff unmittelbar betriebsbezogen sein muss und nicht nur ohne weiteres von ihm ablösbare Rechte betreffen darf; und eine positiv festzustellende Rechtswidrigkeit. An der Betriebsbezogenheit fehlt es, weil es um eine bloße Einschränkung des Gemeingebrauchs geht, die den R wie jeden anderen Teilnehmer am Schiffsverkehr trifft. c) Fraglich ist, ob dem R wegen des eingesperrten Schiffes der geltend gemachte Schaden zu ersetzen ist. aa) Es geht um einen natürlichen Vermögensfolgeschaden. bb) Er müsste der Verletzung (dem Einsperren) zugerechnet werden können. aaa) Kausal ist er auf die Verletzung zurückzuführen. bbb) Der Schaden ist auch adäquat kausal auf die Verletzung zurückzuführen. ccc) Er liegt auch im Schutzbereich der Norm. cc) Gegen den Ersatz des geltend gemachten Schadens könnte folgende wertende Überlegung sprechen: Wenn das Schiff nicht eingesperrt worden wäre, wäre es – wie die beiden anderen Schiffe – ausgesperrt worden, und der R hätte – wie ausgeführt – keinen Schadensersatzanspruch wegen der Verhinderung der Belieferung der I. Der Zufall, ob eine Aus- oder eine Einsperrung vorliegt, soll zu keinem unterschiedlichen Ergebnis führen dürfen (Canaris). Folgt man dem, stünde R sich in Bezug auf die ausgesperrten und das eingesperrte Schiff im Ergebnis gleich: Er hätte keinen Schadensersatzanspruch. 2. Ein Anspruch der I gegen die FHH wegen der Notwendigkeit anderer Belieferung aus § 823 Abs. 1 BGB besteht nicht, weil keine der geschützten Rechte oder Rechtspositionen der I verletzt sind: a) Keine Eigentumsverletzung (s.o.). b) Auch ein sonstiges Recht ist nicht verletzt: aa) Denn der Anliegergebrauch der I ist kein sonstiges Recht; bb) ein deliktisch relevanter Eingriff der FHH in den eingerichteten und ausgeübten Gewerbebetrieb ist nicht gegeben, weil es auch hier – wie bei Energie-Versorgungs-Fällen – an der unmittelbaren Betriebsbezogenheit fehlt; anders wäre es uU. wenn die I einziger Anlieger wäre (dazu später).

b) „Sonstige Rechte"

Unter den als **sonstige Rechte** deliktisch geschützten Rechten

- versteht man aufgrund des engen grammatikalischen und auch des systematischen Zusammenhanges mit dem Tatbestandsmerkmal „Eigentum" mit Sicherheit die sog. „**eigentumsähnlichen Rechte**"; das sind diejenigen subjektiven Rechte, die wie das Eigentum (§ 903 BGB) „Herrschaftsrechte" sind und für die kennzeichnend ist, dass sie außer einem Zuweisungsgehalt auch eine gegen jedermann gerichtete („absolut") wirkende Ausschlussfunktion haben. Die Dogmatik ist allerdings wenig präzise, denn bei manchen Rechten wird für die Einordnung in die „sonstigen Rechte" auf das Erfordernis eines Zuweisungsgehalts verzichtet; und man lässt es ausreichen, dass das Recht eine Ausschlussfunktion hat, also lediglich ein „**absolutes Recht**" ist: Denken Sie nur an das „Recht am eingerichteten und ausgeübten Gewerbebetrieb", an das „elterliche Sorgerecht", an den „räumlich-gegenständlichen Bereich der Ehe".

- **Nicht** dagegen ist **jedes rechtlich geschützte Interesse**, wie das „**Vermögen**" oder die „**allgemeine Handlungsfreiheit**", als „**sonstiges Recht**" anzusehen.

> Als „sonstige Rechte" **zu diskutieren** sind:
> - die **gesetzlich geregelten** beschränkt dinglichen Rechte (Pfandrecht, Grundpfandrechte, Nießbrauch, Dienstbarkeit), Besitz/obligatorisches Recht zum Besitz, relative Rechte, Persönlichkeitsrechte (Namensrecht, Recht am eigenen Bild), Immaterialgüterrechte (Urheberrecht, Patentrecht, gewerbliche Schutzrechte), Mitgliedschaftsrechte, das elterliche Sorgerecht
> - und die durch **Rechtsfortbildung entwickelten Rechte**, wie das dingliche Anwartschaftsrecht; das allgemeine Persönlichkeitsrecht; das Recht am eingerichteten und ausgeübten Gewerbebetrieb; der räumlich-gegenständliche Bereich der Ehe.

Wir können nicht alle denkbaren als sonstige Rechte anerkannten rechtlich geschützten Positionen behandeln, sondern konzentrieren uns wegen der Fallbearbeitungsrelevanz auf die nachfolgenden „**sonstigen Rechte**":

- die **Hypothek** (als **Beispiel für die beschränkt dinglichen Rechte**);
- der **Besitz** bzw. das **obligatorische Recht zum Besitz**;
- das **relative Recht**;
- das **dingliche Anwartschaftsrecht**;
- die **besonderen Persönlichkeitsrechte** (Namensrecht, Recht am eigenen Bild) und das **Allgemeine Persönlichkeitsrecht**;
- das „**Recht am eingerichteten und ausgeübten Gewerbebetrieb**";
- die **Familienrechte**, wie die „**elterliche Sorge**" oder der „**räumlich-gegenständliche Bereich der Ehe**".

aa) Beschränkt dingliche Rechte (am Beispiel der Hypothek)

Die **beschränkt dinglichen Rechte** (Hypotheken, Grund- und Rentenschulden, Reallasten, Erbbaurechte, dingliche Vorkaufsrechte, Dienstbarkeiten an Grundstücken und Pfandrechte an beweglichen Sachen) haben sowohl einen Zuweisungsgehalt als auch eine gegen jedermann gerichtete (absolut wirkende) Ausschlussfunktion, sind daher „sonstige Rechte". Speziell bei der **Hypothek** ergibt sich dies z.B. aus §§ 1120, 1134 f. BGB.

<u>Fall 723:</u> Zur Sicherung einer Darlehensforderung besteht zugunsten des G = H am Gewerbegrundstück des S = E, der dort eine Fabrik betreibt, eine Hypothek. Der D bricht in die Werkshalle ein und zündet sie an. Der G = H, der durch eine später in das Grundstück betriebene Zwangsversteigerung wegen der Zerstörung des Gebäudes und der wertvollen Maschinen keine volle Befriedigung erlangt, verlangt von dem D Schadensersatz in Höhe der Differenz zwischen dem an ihn tatsächlich ausgekehrten Versteigerungserlös und dem hypothetisch an ihn auszukehrenden Versteigerungserlös.

Der Anspruch ergibt sich 1. aus § 823 Abs. 1 BGB. a) Die Zerstörung der zum Haftungsverband der Hypothek gehörenden Gegenstände, aa) nämlich des Gebäudes als wesentlicher Bestandteil (§§ 93, 94 BGB) des Grundstücks und bb) der Maschinen als Zubehör (§§ 1120, 1134 f. BGB) sind eine Verletzung der Hypothek. b) Die Brandstiftung ist ein Verhalten des D (positives Tun). c) Am Bestehen eines Zurechnungszusammenhangs zwischen der Brandstiftung und der Verletzung der Hypothek bestehen keine Zweifel. d) Die Rechtswidrigkeit ist indiziert. e) Der D hat schuldhaft gehandelt. 2. Gleichermaßen besteht ein Anspruch aus §§ 823 Abs. 2, 1133 ff. BGB, weil die §§ 1133 ff. BGB Schutzgesetze sind (BGH).

bb) Besitz/obligatorisches Recht zum Besitz

Weitgehend wird befürwortet, den **Besitz als solchen** deliktisch zu schützen. Das ist aber rechtsdogmatisch gesehen deshalb nicht unproblematisch, weil der Besitz seiner Rechtsnatur nach wohl **kein Recht** ist (arge. §§ 854 Abs.1, 857 BGB), sondern allenfalls rechtsähnlicher Natur ist (arge. § 854 Abs. 2 BGB). Im Hinblick darauf, dass der Besitz eine gegen jedermann gerichtete **Abwehrbefugnis** vermittelt (§§ 861 ff. BGB), könnte aber eine analoge Anwendung des § 823 Abs. 1 BGB vertretbar sein. Dies aber nach den meisten der dazu vertretenen Ansichten nur dann, wenn der **Besitz berechtigt** war; denn es wäre absurd, etwa dem Dieb (dessen Besitz wie jeder Besitz vor Störungen nach den §§ 858 ff. BGB geschützt ist) einen Deliktsschutz zuzuerkennen. Vereinzelt (Medicus) wird demgegenüber angenommen, dass ein Deliktsschutz **auch dem unrechtmäßigen Besitzer** zugute kommen soll, aber nur, wenn er den Besitz entgeltlich erlangt hat, hinsichtlich seines Besitzrechts gutgläubig war (das gilt speziell nicht für den Dieb, so dass das ungereimte Ergebnis eines Deliktsschutzes für den Dieb vermieden wird!) und unverklagt war; denn der entgeltliche, gutgläubige und unverklagte unrechtmäßige Besitzer sei deswegen deliktisch zu schützen, weil ihm ja auch die Nutzungen verbleiben (argec. §§ 987 ff. BGB).

Vorzuziehen ist demgegenüber die Sichtweise, die bei der Frage einer Anerkennung des Besitzes als „sonstiges Recht" das Erfordernis der **Rechtsqualität** der Schutzposition und deren **„Eigentumsähnlichkeit"** (also: Zuweisungsgehalt + Abwehrbefugnis) in den Mittelpunkt der Überlegungen rückt. Ein **Zuweisungsgehalt** kann durch ein obligatorisches Recht vermittelt werden (z.B. durch einen Mietvertrag); und die **Abwehrbefugnis des Besitzers gegen jedermann** ergibt sich aus §§ 861 ff. BGB. Deliktisch geschützt wird danach also nicht der „Besitz" einer Person, sondern – kurz gesagt – die Position eines **besitzenden obligatorisch Berechtigten** (Canaris).

Sie brauchen zwischen den beiden grundlegend divergierenden Standpunkten nicht zu entscheiden: Die Ergebnisse sind nämlich (abgesehen von der von Medicus vertretenen Sonderposition) identisch. Der dem hiernach ersatzberechtigten Besitzer zu ersetzende Schaden kann sein

> 1. ein **Vorenthaltungsschaden**: die gemietete Maschine muss aufgrund des Delikts repariert werden;
>
> 2. oder ein **Haftungsschaden**: der Mieter muss die gemietete Maschine nach dem Inhalt des Mietvertrags unterhalten (so sehr häufig bei Mietverträgen über Gewerberaum).

<u>Fall 724</u>: Der Vermieter V hat dem Mieter M wirksam fristlos wegen Zahlungsverzugs gekündigt (§§ 543, 549 BGB). Als der M daraufhin nicht geräumt hat, hat der V mit seinem Reserveschlüssel die Wohnung geöffnet, sie ausgeräumt und das Schloss ausgewechselt. Der M zieht ins Hotel und verlangt die Übernachtungskosten abzüglich der aus §§ 546 a, 549 BGB geschuldeten Nutzungsentschädigung (Vorenthaltungsschaden). 1. Wegen der wirksamen fristlosen Kündigung besteht kein vertraglicher Schadensersatzanspruch. 2. Das für einen deliktischen Anspruch a) aus § 823 Abs. 1 BGB erforderliche verletzte geschützte sonstige Recht aa) könnte nach der hier bevorzugten Ansicht nur das durch den Besitz verfestigte obligatorische Recht eines Mieters sein; da der M jedoch wegen der wirksamen Kündigung nicht mehr obligatorisch berechtigt war, hat der V kein sonstiges Recht des M verletzt; bb) nach aA. soll aber der berechtigte Besitz als solcher ein sonstiges Recht sein; der M war jedoch nach der wirksamen fristlosen Kündigung nicht mehr zum Besitz berechtigt. cc) Nach wiederum aA. (Medicus) ist auch bei einem nichtberechtigten Besitz ein deliktisch verletzbares Recht vorstellbar, wenn der Besitzer ihn entgeltlich erlangt hat und gutgläubig und unverklagt war. Das ist hier der Fall. Ob die hier gegebene spätere Bösgläubigkeit des M dem Deliktsschutz entgegensteht, wird nicht problematisiert. Der Schaden des M wüürde sich auf den Vorenthaltungsschaden für die Zeit einer hypothetischen Räumungsfrist (§§ 721, 765 a ZPO) beschränken. b) Ein Anspruch aus §§ 823 Abs. 2, 858 BGB darf nicht weiter gehen als ein solcher aus § 823 Abs. 1 BGB, so dass nur die unter 2 a cc genannte Ansicht zu einem Anspruch im dort genannten Umfang käme.

<u>Fall 725</u>: Der M hat von dem V ein Auto gemietet; er verwahrt den Schlüssel so nachlässig, dass der D den Wagen unerlaubt benutzen kann; dabei wird das Auto beschädigt. Der M wird von dem V aus §§ 280, 241 Abs. 2 BGB auf Schadensersatz in Anspruch genommen. Der M will von D in dieser Höhe Schadensersatz (Haftungsschaden).

Der Anspruch ergibt sich aus § 823 Abs. 1 BGB wegen a) einer Verletzung des („sonstigen") Rechts des rechtmäßigen Besitzers M bzw. des („sonstigen") Rechts des besitzenden obligatorisch berechtigten M aus dem Mietvertrag, b) durch das Verhalten des D, c) das rechtswidrig und d) schuldhaft war. e) Zu ersetzen ist (neben dem hier nicht gefragten Vorenthaltungsschaden) das Haftungsinteresse des M in Höhe des Ersatzes, den der M aus §§ 280 Abs. 1, 241 Abs. 2 BGB an V leisten muss.

Wie auch immer man den Deliktsschutz konstruiert: Der rechtmäßige bzw. obligatorisch berechtigte **mittelbare Besitzer** (der ja nach § 868 BGB „auch ... Besitzer" ist) wird natürlich als solcher auch nach **§ 823 Abs. 1 BGB** geschützt, dies aber nur, wenn sich ein **Dritter**, nicht aber wenn sich der unmittelbare Besitzer **deliktisch verhält**; das ergibt sich aus der Wertung des § 869 BGB, der dem mittelbaren Besitzer Besitzschutzrechte aus §§ 861, 862 BGB nur dann gibt, wenn ein Dritter verbotene Eigenmacht (§ 858 BGB) gegenüber dem Besitzmittler begeht, nicht aber bei verbotener Eigenmacht des Besitzmittlers selbst. Gegen den Besitzmittler hat der mittelbare Besitzer daher nur Ansprüche aus dem Besitzmittlungsverhältnis. Das ist eine „beliebte (Klausur-) Falle"!!

Fall 726: Der Bauunternehmer MU, der für B einen Tunnel graben soll, hat von dem V eine spezielle Vortriebmaschine gemietet. Diese Maschine wird aufgrund eines Vertrages zwischen dem MU und dem Frachtführer F durch diesen vom Lagerplatz des V zur Baustelle des MU gebracht; in dem Frachtvertrag sind vertragliche Schadensersatzansprüche wirksam ausgeschlossen worden. Beim Transport zur Baustelle verunglückt der F verschuldet mit der Maschine, so dass diese schwer beschädigt wird und die Bauarbeiten erst verspätet begonnen und abgeschlossen werden können. Der MU schuldet daher dem B eine Vertragsstrafe von € 500 000,- (§ 341 BGB). Der MU nimmt den F auf Schadensersatz in Anspruch (nach BGH).

Ein (wegen des Ausschlusses vertraglicher Schadensersatzansprüche als einziger in Betracht kommender) deliktischer Anspruch aus 1. § 823 Abs. 1 BGB wegen einer Verletzung des mittelbaren Besitzes des MU durch F scheitert daran, dass der mittelbare Besitzer (MU) nur bei Eingriffen Dritter, nicht aber solchen des unmittelbaren Besitzers (F) deliktisch geschützt ist (arge. § 869 S. 2 BGB). 2. Gleiches gilt für einen Anspruch aus §§ 823 Abs. 2, 858 BGB.

cc) Relative Rechte

Bei **relativen Rechten**, speziell **Forderungen**, ist – anders als beim Besitz – nicht etwa die Rechtseigenschaft zweifelhaft, wohl aber die Frage, ob die übrigen Kriterien eines „**sonstigen**" Rechts („Eigentumsähnlichkeit") gegeben sind. Von folgenden Regeln ist auszugehen:

- **Relative Rechte** sind **grundsätzlich keine „sonstigen Rechte"**; sie haben zwar einen Zuweisungsgehalt, vermitteln aber keine gegen jedermann gerichtete Abwehrbefugnis, sondern wirken nur „relativ" gegen den jeweiligen Schuldner.
- Möglicherweise sind aber bestimmte **Eingriffe** in ein relatives Recht (in die „**Zuständigkeit**" von Forderungen) gleichwohl deliktisch relevant.

Fall 727: Der V hat an den K ein Gemälde verkauft. Der K will es in seiner Galerie zum Verkauf anbieten. Den Kaufpreis hat er dem V sogleich bezahlt; der V hat das Bild aber noch nicht übereignet und noch nicht übergeben. Der X, ein Konkurrent des K, will das Bild ebenfalls erwerben und bietet, als der V auf den bereits erfolgten Verkauf an den K hinweist, mehr als der K an ihn gezahlt hatte; außerdem sagt der X zu, den V ggf. von Schadensersatzansprüchen des K gegen ihn freistellen zu wollen. Daher ist V zum Vertragsbruch bereit. Der V verkauft und liefert an den X. Der K, der das Bild mit Gewinn an einen Interessenten weiterverkaufen kann, verlangt von X Herausgabe an sich oder Rückübereignung und Rückgabe des Bildes an V, um von dem V Lieferung des Bildes verlangen zu können.

1. Ein Herausgabeanspruch des K gegen den X an sich aus § 985 BGB besteht schon deshalb nicht, weil der K kein Eigentum erlangt hat. 2. In Betracht kommt aber ein Anspruch gegen X auf Herausgabe an den V a) und zwar aus §§ 823 Abs. 1, 249 Abs. 1 BGB. aa) Eine Verletzung des Eigentums des K liegt mangels einer Übereignung an K nicht vor; bb) in Betracht kommt die Verletzung eines sonstigen Rechts: aaa) der K hatte einen Anspruch gegen den V aus § 433

Abs. 1 S. 1 BGB; dieser ist nach § 275 Abs. 1 BGB durch die Übereignung und Übergabe an X „ausgeschlossen" und damit verletzt worden; hierbei handelt es sich jedoch nur um ein relatives Recht und dieses wird nicht als sonstiges Recht anerkannt; bbb) der X hat auch nicht ein dem K zustehendes Anwartschaftsrecht an dem Bild verletzt, denn der K war lediglich obligatorisch an dem Bild berechtigt. b) Ein Anspruch des K gegen den X aus §§ 826, 249 Abs. 1 BGB setzt voraus: aa) Das Vorliegen eines Sittenverstoßes (ein Verstoß gegen das „Anstandsgefühl aller billig und gerecht Denkenden") des Inanspruchgenommenen in Kenntnis der zugrunde liegenden Tatsachen. aaa) Das bloße Ausnutzen eines Vertragsbruchs (des V) oder ein Überbieten des von K zu zahlenden Preises reicht dafür nicht aus. bbb) Wohl aber wird das Verhalten als sittenwidrig angesehen, wenn entweder ein kollusives Zusammenwirken oder – wie hier gegeben – eine Verleitung eines anderen zum Vertragsbruch durch ein Freistellungsversprechen hinzutritt. bb) Der K hat durch den Sittenverstoß einen Schaden erlitten. cc) Der X müsste insoweit vorsätzlich gehandelt haben; auch das ist der Fall. dd) Der Anspruch ist auf Wiederherstellung des Zustandes gerichtet, der ohne das Delikt bestanden hätte (§ 249 Abs. 1 BGB): Der V wäre noch Eigentümer und Besitzer des Bildes. c) Nach Erfüllung des Rückübereignungsanspruchs an den V könnte der K von dem V Lieferung aus § 433 Abs. 1 S. 1 BGB verlangen; § 275 BGB stünde dem Anspruch dann nicht entgegen.

Fall 728: Der G 1 hat eine Rückzahlungsforderung aus einem Darlehensvertrag gegen den S; er tritt sie still an G 2 ab; bei Fälligkeit zahlt der in Bezug auf eine immer noch bestehende Gläubigerstellung des G 1 gutgläubige S an den G 1; der G 1 zerstreut den guten Glauben des S auch nicht, sondern „steckt das Geld ein". Der G 2 verlangt von S Zahlung. Kann sich der G 2 an den G 1 halten?

1. Der G 2 hätte gegen den S einen Anspruch auf Zahlung nach §§ 488 Abs. 1 S. 2, 398 BGB, wenn dieser nicht frei geworden wäre. S ist nach § 407 BGB frei geworden. 2. Der G 2 hat einen Anspruch gegen den G 1 a) auf Herausgabe des Erlangten aa) aus §§ 687 Abs. 2, 681 S. 2, 667 BGB, bb) 816 Abs. 2 BGB, cc) vielleicht auch nach § 285 BGB analog; b) auf Schadensersatz aus aa) § 280 Abs. 1 BGB, bb) möglicherweise auch aus § 823 Abs. 1 BGB: aaa) Dann müsste die Forderung des G 2 gegen den S aus §§ 488 Abs. 1 S. 2, 398 BGB, die der G 1 durch Entgegennahme der Leistung zum Erlöschen gebracht hätte (§§ 362, 407 BGB), ein „sonstiges Recht" sein. Nach einer dazu vertretenen Ansicht hat eine Forderung einen Zuweisungsgehalt und steht dem Gläubiger jedenfalls im Zuständigkeitsbereich allein und alle anderen ausschließend zu, so dass bei Eingriffen in die Zuständigkeit (Anmaßung der Gläubigerstellung, hier durch G 1) ein „sonstiges Recht" verletzt sein soll (u.a. Canaris). Nach hM. ist eine Forderung als relatives Recht kein „sonstiges Recht"; es bestünde auch kein Bedürfnis für eine Analogie, weil der Gläubiger nach dem Willen des Gesetzes nach § 816 Abs. 2 BGB ausreichend geschützt sei. Wer den Deliktsschutz bei Zuständigkeitseingriffen befürwortet, muss unter bbb) – eee) die weiteren Voraussetzungen des § 823 Abs. 1 BGB (die gegeben wären) prüfen.

dd) Das dingliche Anwartschaftsrecht

Die **dinglichen Anwartschaftsrechte**, speziell die des Vorbehaltskäufers und des künftigen Grundeigentümers, sind anerkannter- (und Ihnen hoffentlich bekannter-)maßen ein „sonstiges Recht".

Ein dingliches Anwartschaftsrecht liegt vor, wenn von einem mehraktigen Entstehungstatbestand so viele Voraussetzungen erfüllt sind, dass der Eintritt des Vollrechts vom Erwerber allein herbeigeführt und vom Veräußerer nicht mehr einseitig verhindert werden kann. Die beiden „klassischen" Beispiele für Anwartschaftsrechte sind: Das **dingliche Anwartschaftsrecht des aufschiebend bedingten Eigentümers beim Vorbehaltskauf** (§§ 929, 158 Abs. 1, 449 BGB), bei der der künftige Eigentümer die

Herbeiführung des Bedingungseintritts (vollständige Kaufpreiszahlung) in der Hand hat und bei dem er vor Zwischenverfügungen seitens des Immer-noch-Eigentümers durch § 161 BGB geschützt ist. Das weitere Beispiel ist das **dingliche Anwartschaftsrecht des künftigen Grundeigentümers**, dem ein Anwartschaftsrecht dann zusteht, wenn die formgültige Auflassung (§§ 873 Abs. 1, 925 BGB) bindend erteilt wurde (§ 873 Abs. 2 BGB) und wenn der Erwerber den Eintragungsantrag selbst gestellt hat (§ 13 GBO) und dieser nicht vom Grundbuchamt zurückgewiesen worden ist oder wenn zu Gunsten des Erwerbers eine Auflassungsvormerkung in das Grundbuch eingetragen ist (§ 883 BGB): Der Eigentumserwerb vollzieht sich von selbst; vor rechtlichen Interventionen des Immer-Noch-Eigentümers ist der Erwerber geschützt, weil zum einen die Auflassung nach § 873 Abs. 2 BGB unwiderruflich ist und weil zum anderen spätere Zwischenverfügungen daran scheitern würden, dass das Grundbuchamt den Antrag des Erwerbers zeitlich vor einem späteren Antrag eines anderen Erwerbers, zu dessen Gunsten der „Immer – Noch – Eigentümer" zwischenverfügt haben könnte, als erstes bearbeiten wird (§§ 13, 17 GBO) bzw. weil der Erwerber durch die Vormerkung vor Zwischenverfügungen des „Immer – Noch – Eigentümers" geschützt ist (§§ 883 Abs. 2, 888 BGB).

Die übliche **„Scheinbegründung"** dafür, dass ein **dingliches Anwartschaftsrecht** ein **„sonstiges Recht"** ist, lautet, dass das dingliche Anwartschaftsrecht ein **„wesensgleiches minus des Vollrechts"**, also auch ein „sonstiges Recht" sei. Das aber ist ein „Zirkelschluss", denn ein „wesensgleiches minus des Vollrechts" ist das Anwartschaftsrecht doch u.a. deshalb, weil es als „sonstiges Recht" Deliktsschutz genießt. In Wahrheit geht es bei der Einordnung des „Anwartschaftsrechts" in die „sonstigen Rechte" in methodischer Hinsicht um einen Akt der **richterlichen Rechtsfortbildung** des § 823 Abs. 1 BGB. Da wir dies alles bereits an anderer Stelle ausführlich erörtert haben, beschränken wir uns auf diese wenigen Bemerkungen, die ihre Erinnerung wieder aktivieren sollten. In der **Klausur** dürfte allerdings im Regelfall die Verwendung der Formel vom „wesensgleichen minus des Vollrechts" als „Begründung" dafür ausreichen, dass die Rechtsstellung des „dinglichen Anwartschaftsberechtigten" ein „sonstiges Recht" ist.

Ein für **Fallbearbeitungen** zentrales **Problem** ist das **deliktsrechtliche Konkurrenzverhältnis** zwischen einem deliktisch anspruchsberechtigten **dinglichen Anwartschaftsberechtigten** und dem ebenfalls aus § 823 Abs. 1 BGB berechtigten **Eigentümer**. Zuvor müssen Sie aber unterscheiden, ob der Nutzungsausfallschaden oder der Substanzschaden geltend gemacht wird; denn die angesprochene Konkurrenzsituation besteht nur bei der Geltendmachung des Substanzinteresses, weil sich nur insoweit die Interessen des Eigentümers und des Anwärters überschneiden. Das Nutzungsinteresse steht also allein dem dinglichen Anwartschaftsberechtigten zu (beim Eigentumsvorbehalt: arge. § 446 S. 2 BGB). Die „klassische" Frage des Verhältnisses der deliktischen Ansprüche des Eigentumsvorbehaltsverkäufers (Eigentümer) zu denen des Eigentumsvorbehaltskäufers (Anwartschaftsberechtigter), stellt sich daher nur bei der Geltendmachung des Substanzinteresses.

Fall 729: Der V hat an den K ein Auto für € 10 000,- unter Eigentumsvorbehalt verkauft und übereignet. Der K hat bereits € 8 000,- gezahlt, als der X den Wagen rechtswidrig und schuldhaft zerstörte. K muss bis zur Beschaffung eines anderen Fahrzeugs einen Wagen für € 500,- anmieten. V und K nehmen den X auf Schadensersatz in Anspruch.

1. Der V (als Eigentümer) und der K (als Anwartschaftsberechtigter) haben gegen den X je einen Anspruch aus § 823 Abs. 1 BGB. 2. Was den Schaden angeht, a) so hat K einen Anspruch

auf den Nutzungsausfall (€ 500,-). b) Hinsichtlich des Substanzinteresses wird aa) nach einer Sichtweise eine Sonderung der Interessen zwischen K und V dergestalt vorgenommen, dass nach dem Stand der Kaufpreiszahlung der K einen Anspruch in Höhe des Wertes des Anwartschaftsrechtes von € 8000,- haben soll, während der V € 2000,- bekommen soll, die K liquidieren kann; bb) nach aA. soll der K, weil er ja entgegen § 326 Abs. 1 BGB zur weiteren Kaufpreiszahlung verpflichtet bleibt (§ 446 S. 1 BGB), den vollen Schaden (€ 10 000;-) ersetzt bekommen, der V hingegen soll nichts erhalten; cc) nach hL. hat der V jedoch sehr wohl bis zur vollständigen Kaufpreiszahlung ein eigenes ausgleichsbedürftiges Sicherungsinteresse, dem dadurch Rechnung getragen wird, dass der V und der K den Substanzschaden nach §§ 432, 1281 BGB analog gemeinschaftlich geltend machen müssen und über die Verteilung das Innenverhältnis entscheidet.

Das **dingliche Anwartschaftsrecht des künftigen Grundeigentümers** schützt den Anwärter vor **Eingriffen in die Sachsubstanz** (z.B. nach BGH: unzulässige Vertiefung des Nachbargrundstücks). Fraglich ist aber, ob das dingliche Anwartschaftsrecht auch den **Rechtserwerb** durch Zuerkennung eines Anspruchs aus §§ 823 Abs. 1, 249 Abs. 1 BGB **sichern** soll.

Fall 730: Der Eigentümer V verkauft sein Grundstück formgerecht an den K. Die Auflassung und die Eintragungsbewilligung des V werden im Kaufvertrag vorgenommen bzw. erklärt. Der K stellt den Eintragungsantrag und dieser wurde nicht vom Grundbuchamt zurückgewiesen (§ 13 GBO). Bevor der K als Eigentümer eingetragen wird, veräußert der V das Grundstück an den D durch einen formwirksamen Kaufvertrag, in dem auch die Auflassung erfolgt und die Eintragungsbewilligung zugunsten des D erklärt wird. Der D, der sich (aus welchem Grunde auch immer) hätte sagen müssen, dass der V das Grundstück bereits an den K veräußert und auch bindend an ihn aufgelassen hatte und dass der K auch schon einen Eintragungsantrag gestellt hatte, stellt gleichwohl seinerseits den Eintragungsantrag beim Grundbuchamt. Aufgrund eines Versehens des Grundbuchamts wird der Antrag des D entgegen der Regel des § 17 GBO (Bearbeitung nach der zeitlichen Reihenfolge) vor dem Antrag des K bearbeitet, und der D wird als Eigentümer im Grundbuch eingetragen. 1. Der K verlangt von D die Aufgabe seines Eigentumsrechts. 2. Jedenfalls will der K sich an den Staat halten.

1. Ein Anspruch des K gegen D könnte sich wegen einer rechtswidrigen und schuldhaften Verletzung eines „Anwartschaftsrechtes" des K am Grundstück des E aus §§ 823 Abs. 1, 249 Abs. 1 BGB ergeben. a) Nach einer Ansicht besteht wegen der Möglichkeit einer Sicherbarkeit des Eigentumserwerbes durch eine Vormerkung (§§ 883 ff. BGB) keinerlei Bedürfnis nach einem deliktischen Schutz des Anwartschaftsrechts eines künftigen Grundeigentümers vor Zwischenverfügungen, b) während die hM. auch in diesen Fällen einen Deliktschutz zulässt: aa) Verletzt ist das „Anwartschaftsrecht" des K am Grundstück des E (§§ 873 Abs. 2, 925 BGB + nicht zurückgewiesener Antrag des K nach § 13 GBO), also ein „sonstiges Recht" des Anspruchstellers, bb) durch ein in der Abgabe von Willenserklärungen des D (Auflassung nach §§ 873 Abs. 1, 925; Antragstellung nach § 13 GBO) liegendes Verhalten des Inanspruchgenommenen; cc) der D hat rechtswidrig gehandelt; dd) der D hat in Bezug auf die Verletzung aaa) auch fahrlässig, also schuldhaft, gehandelt; bbb) das aber reicht nicht aus, um eine deliktische Schadensersatzhaftung bei Zwischenverfügungen zu begründen; denn ein Erwerb des Eigentums von einem Nichteigentümer wäre sogar bei bloßer Fahrlässigkeit möglich, nur Vorsatz würde schaden (§ 892 Abs. 1 S. 2 BGB). Würde man hier einen Anspruch aus §§ 823 Abs. 1, 249 Abs. 1 BGB des K gegen den leicht fahrlässig handelnden D mit der Folge eines Anspruchs auf Rückübereignung zulassen, hätte dies zur Folge, dass man einem Erwerber (hier: dem D), der das Eigentum von einem Eigentümer (hier: dem V) erworben hat, das erlangte Eigentum leichter streitig machen könnte, als einem, der es vom Nichteigentümer erworben hat, denn dieser würde das Eigentum nur bei Vorsatz nicht gutgläubig erwerben können (§ 892 Abs. 1 S. 2 BGB). Daher muss bei bloßer Fahrlässigkeit des Erwerbers D der in einem Erwerb des

Eigentums aufgrund einer Zwischenverfügung des Immer-Noch-Eigentümers liegende Eingriff in ein Anwartschaftsrecht des K durch einen Erwerb des Vollrechts (erst recht) folgenlos bleiben. 2. Der Anspruch gegen den Staat ergibt sich aus § 839 BGB i.V.m. Art. 34 GG.

ee) Der deliktische Schutz der Persönlichkeit: Die besonderen Persönlichkeitsrechte (Namensrecht, Recht am eigenen Bild) und das Allgemeine Persönlichkeitsrecht

Einen ausdrücklich gesetzlich geregelten deliktischen Schutz der „Persönlichkeit als solcher" vor rechtswidrigen Beeinträchtigungen gibt es nicht. Der deliktische Schutz erfolgt auf verschiedenen Ebenen:

> Der **deliktische Schutz der Persönlichkeit**
>
> 1. erfolgt durch **§ 823 Abs. 1 BGB** dadurch, dass als „sonstige Rechte" anzusehen sind:
>
> a) das Namensrecht (§§ 12 BGB, 17, 37 HGB) und das Recht am eigenen Bild (§ 22 KunstUrhG);
>
> b) das „Allgemeine Persönlichkeitsrecht" als durch Rechtsfortbildung entwickeltes „sonstiges Recht";
>
> 2. sowie bei Verletzungen des geschäftlichen Ansehens vor wahrheitswidrigen wirtschaftlich kreditgefährdenden oder schädigenden Tatsachenbehauptungen durch **§ 824 BGB**.
>
> 3. Im Übrigen wird die Persönlichkeit bei Verletzungen der persönlichen Ehre durch **§ 823 Abs. 2 BGB i.V.m. §§ 185 ff. BGB**, dies aber nur bei Vorsatz.

(1) Der Schutz des Namensrechts und des Rechts am eigenen Bild als „sonstiges Recht" (§ 823 Abs. 1 BGB)

Das **Gesetz** hat **einzelne besondere Persönlichkeitsrechte** in besonderen Vorschriften anerkannt: Das in **§ 12 BGB** genannte **Namensrecht** billigt dem Namensträger in den Fällen, in denen ihm das Recht bestritten wird, seinen Namen zu gebrauchen, oder in denen ein anderer den Namen des Namensträgers gebraucht, einen Beseitigungs- und Unterlassungsanspruch zu. In **§ 22 KunstUrhG** gewährt das Gesetz ein **Recht am eigenen Bild**, indem es die Verbreitung und öffentliche Zurschaustellung des Bildes einer Person von deren Einwilligung abhängig macht, dies allerdings vorbehaltlich der Erlaubnistatbestände des § 23 KunstUrhG. Diese als solche verfassungsgemäße Vorschrift muss allerdings verfassungskonform, speziell mit Rücksicht auf die Grundrechte des Abgebildeten ausgelegt werden. Diese Auslegung hat ergeben, dass auch das Privatleben einer „absoluten Person der Zeitgeschichte" vor einer Bildberichterstattung geschützt sein kann. Das gilt nach der Rechtsprechung des BVerfG allerdings nur in einem sehr engen Rahmen: Nämlich für das Privatleben innerhalb der Wohnung des Abgebildeten und weiterhin in den seltenen Fällen, in denen der Abgebildete sich außerhalb seiner Wohnung in einer örtlichen Abgeschiedenheit befindet, „in die er sich zurückgezogen hat, um dort objektiv erkennbar für sich allein zu sein und in der er sich im Vertrauen auf die Abgeschiedenheit so verhält, wie er es in breiter Öffentlichkeit nicht tun würde". Wenn diese räumlichen Besonderheiten (Wohnung/Abgeschiedenheit) nicht vorliegen, wenn der Betroffene sich also in der Öffentlichkeit bewegt, muss nach dem BVerfG zur Beurteilung der Zulässigkeit einer Bildberichterstattung eine Abwägung zwischen der Pressefreiheit (Art 5 Abs. 1 GG) und hiermit kollidierenden Persönlichkeitsrechten des Abgebildeten vorgenommen werden. Dabei hat das BVerfG angenommen, dass sich das Grundrecht der Pressefreiheit keineswegs auf den politischen Bereich beschränkt, sondern auch den der reinen Unterhaltung umfasst. Im Ergebnis läuft diese Rechtsprechung darauf hinaus, dass sich in der Öffentlichkeit bewegende „absolute Personen der Zeitgeschichte" praktisch jede Bildberichterstattung gefallen lassen müssen, denn die wenigen Fällen, in denen das Grundrecht der Pressefreiheit (Art. 5 Abs. 1 GG) gegenüber kollidierenden Persönlichkeitsrechten des Abgebildeten zurücktreten muss, sind relativ theoretisch und fallen nicht ins Gewicht. Dagegen hat der EGMR in einer Aufsehen erregenden Entscheidung vom Juni 2004 entschieden, dass nur Berichte über Tatsachen, die einen Beitrag zur öffentlichen Debatte in einer demokratischen Gesellschaft leisten können, den Schutz der Pressefreiheit verdienen, nicht aber Photos, die nur dazu bestimmt seien, die Neugier der Leserschaft zu befriedigen. Lediglich für Politiker, die sich „unvermeidlich und wissentlich der eingehenden Kontrolle aller ihrer Worte und Taten durch die Presse und die allgemeine Öffentlichkeit aussetzen", kann sich der EGMR einen auf die eigene Wohnung und die gewählte Abgeschiedenheit beschränkten Schutz des Privatlebens vorstellen. Der EGMR hat daher entschieden, dass die z.B. die Entscheidung deutscher Gerichte, nach der. die Veröffentlichung von Photos der in einer öffentlichen Badeanstalt über einen Gegenstand stolpernden Caroline von Monaco/Hannover nicht das Recht am eigenen Bild nach §§ 22, 23 KunstUrhG verletzt, ihrerseits gegen Art. 8 EMRK verstößt. Worin besteht nun die Bedeutung dieser Entscheidung für Sie bei der Fallbearbeitung? Nach Art. 46 Abs. 2 EMRK ist die Bundesrepublik Deutschland, also auch ihre Gerichtsbarkeit, verpflichtet, Urteile des EGMR zu befolgen. Für Sie als Rechtsanwender in der Fallbearbeitung bedeutet dies, dass Sie bei der Auslegung der §§ 22, 23 KunstUrhG nicht „vertragswidrig" die EMRK, hier speziell nicht Art. 8 EMRK verletzen dürfen, sondern die Entscheidung des EGMR bei der Auslegung von §§ 22, 23 KunstUrhG berücksichtigen müssen. Das Namensrecht und das Recht am eigenen Bild sind **„sonstige Rechte" i.S.d. § 823 Abs. 1 BGB**; als solche sind sie aber nur vor den in §§ 12 BGB, 22 KunstUrhG ausdrücklich genannten Eingriffen geschützt..

Die **Rechtsfolge** ist ein Anspruch auf Ersatz des dem Verletzten entstandenen **materiellen Schadens**. Auch der **immaterielle Schaden** wird dem Verletzten ersetzt: Das ist (wie noch dazustellen sein wird) bei Verletzungen des Allgemeinen Persönlichkeitsrechts anerkannt, und muss („a maiore ad minus") bei Eingriffen in die besonderen Persönlichkeitsrechte (Namensrecht, Recht am eigenen Bild) ebenso gelten.

Fall 731: Die Bundestagswahl 2002 wurde an einem sommerlichen Freitagnachmittag Anfang August 2002 (in Wahrheit natürlich nicht!) dadurch vorentschieden, dass die drei „Kanzlerkandidaten" K 1 – K 3 an verschiedenen Orten in Deutschland ans Wasser gingen. Begleitet von einer großen Gruppe von Parteifreunden aus Sachsen und einem Tross von Journalisten begab sich der K 1 an den an diesem Nachmittag viel besuchten „Kampa" – Baggersee bei Leipzig; er badete im Wasser und anschließend in der Menge, dabei empfahl er sich gegenüber den anderen Badegästen durch eine kleine öffentliche Ansprache als „Kanzler der kleinen Leute"; schließlich ging er nur mit der Badehose bekleidet zu einer dort stehenden Wurstbude und bestellte mit lauter Stimme: „'ne Currywurst, bitte", setzte selbstbewusst lachend hinzu: „aber nur mit ‚Rot'!" und verzehrte sie vor den Augen der um ihn versammelten Menge. Der sich mit Wissen des K 1 seit

Beginn des Wahlkampfs stets in der Nähe von K 1 aufhaltende Pressephotograph der Blitz-Zeitung machte ein Photo von dieser Szene. Währenddessen erholte sich der K 2 mit seiner Familie an einer verschwiegenen Stelle des Tegernsees bei Wildbad Kreuth von den Strapazen des Wahlkampfs. Ein von der Blitz-Zeitung im Schilf versteckter Pressephotograph photographierte den K 2, wie er nur mit einer Badehose bekleidet an einem Radi knabbernd mit grüblerisch gerunzelter Stirn und wie immer etwas angespannt blickend über den See auf die im bayerisch-weiß-blauen Himmel daliegenden Berggipfel schaute und dabei ganz für sich über einen Vergleich nachsann zwischen dem Kanzleramt im fernen Berlin und die in anscheinend unerreichbarer Ferne und Höhe vor ihm liegenden Berggipfel. Die Bilder von K 1 und K 2 werden am Montagmorgen nebeneinander auf der Titelseite der Blitz-Zeitung, die eine Millionenauflage hat, unter der Überschrift: „Er oder Er?" veröffentlicht. Am gleichen Tag hatte der K 3 ebenfalls nur mit einer Badehose bekleidet inmitten von Reichen und Schönen am Tresen der „Sandybar" auf der Insel Sylt gestanden und mit Genuss und Spaß eine Languste verspeist. Seinen interessiert zuhörenden Nachbarn hatte er dabei erklärt, dass er als Kanzler den „Mittelstand so fördern werde, dass sich Leistung und unternehmerische Initiative wieder lohnen wird"; auch werde seine Partei „viele, das freie Unternehmertum hemmende staatliche Reglementierungen und Gesetze abbauen". Als der zufällig anwesende mittelständische Bademodenhersteller Bade (B) feststellte, dass die Badehose des K 3 aus seinem Sortiment stammt, entschloss er sich kurzerhand, die ihm einleuchtenden politischen Gedanken des K 3 zu mehr unternehmerischer Initiative und zum Abbau staatlicher Reglementierung sogleich in die Tat umzusetzen. Mit Erlaubnis des geschmeichelten K 3 macht der B ein Photo von der Szene. Es gelingt dem B durch Wochenendarbeit einer mittelständischen Druckerei, noch an diesem Wochenende das Photo in einen schon in Arbeit befindlichen Bademodenprospekt einzuarbeiten und diesen durch ein mittelständisches Kurierunternehmen noch am Montag in tausenden von „besserverdienenden" Haushalten zu verbreiten. Kaum ein Wähler nahm die K 1 – K 3 fortan mehr ernst. Kanzler wurde ein gewisser F. I. Scher, der sich als Marathonläufer alle Sympathien der Wähler gesichert hatte. Die K 1 – K 3 beendeten ihre politische Karriere. K 1 und K 2 verlangten deshalb von der Blitz-Zeitung und der K 3 von dem Bade „Schmerzensgeld". (Dem Reichspräsident Ebert – Noske – Fall nachgebildet und mittels einer Zeitmaschine aus einer Zeit der im wahrsten Sinne „todernsten" Politik in das Zeitalter der „Spaßpolitik" verschoben).

Die Ansprüche könnten sich aus § 823 Abs. 1 BGB ergeben. 1. Was den K 1 angeht, a) so ist die Erlangung des Bildes kein deliktisch relevanter Eingriff, weil das Photo mit dem stillschweigenden Einverständnis des K 1 erfolgte. b) Die Verbreitung des Bildes des K 1 aa) ist eine Verletzung aaa) des als „sonstiges Recht" anzusehenden Rechts am eigenen Bild (§ 22 KunstUrhG) des K 1. bbb) Da der Schutz vor der Verbreitung des eigenen Bildes ausschließlich über §§ 823 Abs. 1 BGB, 22 KunstUrhG erfolgt, ist auf die Frage der deliktisch relevanten Verletzung eines Allgemeinen Persönlichkeitsrechts als „sonstiges Recht" nicht einzugehen. bb) Die Verbreitung ist jedoch nach § 23 Abs. 1 Nr. 1 KunstUrhG gerechtfertigt, aaa) denn der Erlaubnistatbestand (die Rechtsnatur der Norm ist streitig: immanente Schranke des Rechts am eigenen Bild oder – wie hier angenommen – Rechtfertigungsgrund) liegt vor: Der K 1 ist eine „absolute" Person der Zeitgeschichte und das verbreitete Bild ist eines aus dem „Bereich der Zeitgeschichte", weil mittels dieses Bildes über ein politisches Ereignis, nämlich eine Wahlkampfveranstaltung des K 1, berichtet wird, und damit – wie der BGH es über den Wortlaut des Gesetzes hinaus verlangt – ein schutzwürdiges Informationsinteresse der Allgemeinheit befriedigt werden, und nicht etwa über einen privaten Badeaufenthalt des K 1 berichtet werden sollte. Das zeigen die Gesamtumstände: Begleitung des K 1 durch Parteifreunde; nur mit einer Badehose bekleidete gehaltene öffentliche Ansprache mit Wahlempfehlung des K 1 und anschließendes demonstratives Bestellen und Essen einer Currywurst. bbb) Die zu einer verfassungskonformen Auslegung des § 23 KunstUrhG erforderliche Abwägung zwischen Pressefreiheit und Persönlichkeitsrechten des K 1 führt zu keinem anderen Ergebnis: Der K 1 ist nicht in seiner Wohnung oder in einer Abgeschiedenheitssituation abgebildet worden. Die Bildberichterstattung betrifft auch Tatsachen, die einen Beitrag zur öffentlichen Debatte in einer demokratischen Gesellschaft leisten können und ist nicht nur dazu bestimmt, die Neugier der Leserschaft zu befriedigen. 2. Was das Photo von K 2 angeht, so ist a) die Aufnahme des Bildes aa) eine Verletzung des Allgemeinen Persönlichkeitsrechts des K 2: aaa) Es liegt ein Eingriff in die Individualsphäre (Selbstbestimmungsrecht darüber, ob ein Photo gemacht wird) und in die Privatsphäre vor. bbb) Bei einer Güter- und Pflichtenabwägung kommt man schon wegen der Heimlichkeit der aus dem Schilf heraus gemachten Aufnahme zur Rechtswidrigkeit. bb) Am Verschulden bestehen keine Zweifel. cc) Dass dem Verletzten auch der immaterielle Schaden zu ersetzen ist, ist zu Recht allgemein anerkannt. aaa) Zwar greift § 253 Abs. 2 BGB nicht ein. bbb) Aber ein immaterieller Schaden wird auch bei deliktisch relevanten Verletzungen des Allgemeinen Persönlichkeitsrechts ersetzt, und zwar entweder durch Rechtsfortbildung (was nach der Neuschaffung des § 253 BGB allerdings fern liegt) des § 253 Abs. 2 BGB oder nach Artt. 1, 2 GG, wenn aaaa) der Eingriff schwer ist, wovon hier auszugehen ist, weil die Verletzung sowohl die Individual- als auch die Privatsphäre betrifft und ein gezielt versteckter Photograph das Bild aufgenommen hat; weiterhin ist es zu schwersten Folgen für das politische Fortkommen gekommen. bbbb) Eine Genugtuung kann nur durch eine Geldzahlung erreicht werden. b) Die Verbreitung des Bildes des K 2 aa) ist eine Verletzung des als „sonstiges Recht" anzusehenden Rechts am eigenen Bild (§ 22 KunstUrhG) des K 2. bb) Die Frage ist, ob die Verbreitung aaa) nach § 23 Abs. 1 Nr. 1 KunstUrhG gerechtfertigt ist. aaaa) Zwar ist auch der K 2 eine „absolute" Person der Zeitgeschichte, so dass die Bildberichterstattung einwilligungsfrei sein könnte. bbbb) Aber eine verfassungskonforme Auslegung des § 23 KunstUrhG aaaa) ergibt, dass auch bei einer „absoluten Person der Zeitgeschichte" die Privatsphäre geschützt sein kann So ist das Privatleben des Abgebildeten zweifelsfrei innerhalb seiner Wohnung geschützt. Aber auch, wenn der Abgebildete, wie hier der K 2, sich außerhalb seiner Wohnung in örtlicher Abgeschiedenheit befindet, „in die er sich zurückgezogen hat, um dort objektiv erkennbar für sich allein zu sein und in der er sich im Vertrauen auf die Abgeschiedenheit so verhält, wie er es in breiter Öffentlichkeit nicht tun würde" (BVerfG), genießt er auch als „absolute Person der Zeitgeschichte" Schutz seines Privatlebens. bbbb) Wer allerdings wegen des Wahlkampfes daran zweifelt, dass der K 2 sich in einer solchen Abgeschiedenheitssituation befindet, wird die beiden schwierigen Frage beantworten müssen, ob sich der Schutz des Privatlebens des K 2, der sich als Politiker unvermeidlich und wissentlich der eingehenden Kontrolle aller seiner Worte und Taten durch die Presse und die allgemeine Öffentlichkeit aussetzt, auf die eigene Wohnung und die gewählte Abgeschiedenheit beschränkt (dann keine Einwilligung erforderlich) oder ob ausschließlich auf die Grundrechte des K 2 abzustellen ist, weil die die Bildberichterstattung deshalb nicht von der Pressefreiheit erfasst ist, weil nur Berichte über Tatsachen, die einen Beitrag zur öffentlichen Debatte in einer demokratischen Gesellschaft leisten können, den Schutz der Pressefreiheit verdienen, nicht aber Photos, die nur dazu bestimmt seien, die Neugier der Leserschaft zu befriedigen (dann Einwilligung des K 2 erforderlich). Wer meint, dass die Bildberichterstattung der Einwilligung des K 2 bedarf, muss die weiteren Voraussetzungen eines deliktischen Anspruchs erörtern: cc) Die Blitz-Zeitung hat schuldhaft gehandelt. dd) Dass dem Verletzten auch der immaterielle Schaden zu ersetzen ist, ist zu Recht allgemein anerkannt. Denn wenn ein immaterieller Schaden bei deliktisch relevanten Verletzungen des Allgemeinen Persönlichkeitsrechts ersetzt wird, muss dies erst recht bei Eingriffen in das besondere Persönlichkeitsrecht eines „Rechts am eigenen Bild" gelten. 3. Was schließlich den K 3 angeht, a) so ist die Erlangung des Bildes kein deliktisch relevanter Eingriff, weil das Photo mit dem ausdrücklichen Einverständnis des K 3 erfolgte. b) Die Verbreitung des Bildes des K 3 aa) ist eine aaa) Verletzung des als „sonstiges Recht" anzusehenden Rechts am eigenen Bild (§ 22 KunstUrhG) des K 3. bbb) Da der Schutz vor der Verbreitung des eigenen Bildes ausschließlich über §§ 823 Abs. 1 BGB, 22 KunstUrhG erfolgt, ist auf die Frage der deliktisch relevanten Verletzung eines Allgemeinen Persönlichkeitsrechts als „sonstiges Recht" nicht einzugehen. bb) Die Verbreitung ist nicht nach § 23 Abs. 1 Nr. 1 KunstUrhG gerechtfertigt. aaa) Zwar ist auch der K 3 eine „absolute" Person der Zeitgeschichte. bbb) Aber die Verbreitung des Bildes ist nicht sachlich gerechtfertigt, weil es sich bei dem veröffentlichten Bild nicht um ein solches „aus dem Bereich der Zeitgeschichte" handelt. aaaa) Zwar nutzt der K 3 seinen Aufenthalt am Tresen der „Sandybar" zu Wahlkampfzwecken. bbbb) Aber die Verbreitung der Abbildung des K 3 durch den

B diente nicht – wie der BGH es für § 23 Abs. 1 Nr. 1 KunstUrhG verlangt – zur Befriedigung eines schutzwürdigen Informationsinteresses der Allgemeinheit; vielmehr hat der B das Bild ausschließlich zu kommerziellen (= Werbe) Zwecken veröffentlicht und damit den Abgebildeten „zum Objekt" gemacht. cc) Der B hat schuldhaft gehandelt. dd) Dem Verletzten ist auch der immaterielle Schaden zu ersetzen: aaa) Der Eingriff ist schwer: Verletzung der Intimsphäre; schwerste Folgen für das politische Fortkommen. bbb) Eine Genugtuung kann nur durch eine Geldzahlung erreicht werden.

(2) Der Schutz des „Allgemeinen Persönlichkeitsrechts" als „sonstiges Recht" (§ 823 Abs. 1 BGB)

In der Zeit nach Inkrafttreten des BGB im Jahre 1900 hat sich herausgestellt, dass **der vom Gesetzgeber geschaffene deliktische Schutz der Persönlichkeit unvollständig** war. Er beschränkt sich praktisch auf Ansprüche aus **§ 823 Abs. 1 BGB** in den seltenen Fällen der Verletzung des Namensrechts (§ 12 BGB) und des Rechts am eigenen Bild (§§ 22 KunstUrhG), ferner auf die seltenen Fälle eines Anspruchs aus **§ 823 Abs. 2 BGB i.V.m. §§ 185 ff. StGB** bei vorsätzlichen Verletzungen der persönlichen Ehre, auf ebenfalls seltenen und auch Vorsatz verlangenden Ansprüche aus **§ 826 BGB** und schließlich auf den seltenen Tatbestand des **§ 824 BGB**. Unter der Geltung des Grundgesetzes („Schachtbriefe – Fall" in BGHZ 13, 334 im Jahre 1954) ist dann das **Allgemeine Persönlichkeitsrecht** als „sonstiges Recht" i.S.d. des § 823 Abs. 1 BGB im Wege der Rechtsfortbildung entwickelt worden.

> Für die **Fallbearbeitung** gibt es **sieben** maßgebliche Ihnen bekannt sein müssende **Fragenkreise**: 1. Die bis heute noch nicht endgültig geklärte Frage nach der **dogmatischen Herleitung** des deliktischen Schutzes des Allgemeinen Persönlichkeitsrechts; 2. die Frage nach dem **Konkurrenzverhältnis** zum sonstigen deliktischen Persönlichkeitsschutz; 3. die Frage, wer der **Träger** des Allgemeinen Persönlichkeitsrechts ist; 4. die Frage der **Tatbestandsmäßigkeit** und die damit zusammenhängende Frage, 5. ob das sog. **„Indikationenmodell"** (= die Tatbestandsmäßigkeit indiziert die Rechtswidrigkeit) auch bei Verletzungen des Allgemeinen Persönlichkeitsrechts gilt; 6. die Frage, **wer deliktisch verantwortlich** ist 7. und schließlich die Frage nach den **Rechtsfolgen** einer Verletzung des Allgemeinen Persönlichkeitsrechts.

Was die Frage der **dogmatischen Herleitung** des deliktischen Schutzes des Allgemeinen Persönlichkeitsrechts angeht **(1)**, so wird dieser teilweise als eine durch die **Schutzgebotsfunktion** des **Art. 1 Abs. 3 GG** gebotene **Rechtsfortbildung** verstanden: danach besteht eine Verpflichtung der Rechtsprechung, dem sich aus Art. 1, 2 GG ergebenden Anspruch des Menschen auf Achtung seiner Würde und auf freie Entfaltung seiner Persönlichkeit auch im Zivilrecht durch Fortbildung des Rechts zur Geltung zu verhelfen (so die neuere Begründung). Oder (so die hergebrachte Begründung) man nimmt an, dass der deliktische Schutz ein Ergebnis einer **„Drittwirkung"** der nicht nur als Abwehrrechte zu verstehenden **Grundrechte** ist, demzufolge die Generalklauseln (hier: die Generalklausel „sonstiges Recht") das „Einfallstor" in das Zivilrecht bilden, durch die die in den Grundrechten (hier: Art. 1, 2 GG) getroffenen Wertentscheidungen Eingang in das Zivilrecht finden.

In einem Konkurrenzverhältnis **(2)** zum deliktischen Schutz des **Allgemeinen Persönlichkeitsrechts als „sonstiges Recht" i.S.d. § 823 Abs. 1 BGB** steht der sonstige deliktische Persönlichkeitsschutz. Soweit das Namensrecht (§ 12 BGB) und das Recht am eigenen Bild (§ 22 KunstUrhG), die als „sonstige Rechte" i.S.d. § 823 Abs. 1 BGB anzusehen sind, verletzt worden sind, geht dieser deliktische Schutz dem deliktischen Schutz des Allgemeinen Persönlichkeitsrechts aus Gründen der **Subsidiarität** vor. Bei § 22 KunstUrhG ist dies allerdings umstritten: Die Subsidiarität wird damit begründet, dass sonst § 23 KunstUrhG unterlaufen werden kann; nach aA. wird das Recht am eigenen Bild demgegenüber als „besondere Erscheinungsform" des Allgemeinen Persönlichkeitsrechts angesehen und diesem gleichgesetzt. Jedenfalls kann bei Fällen unbefugter Bilderlangung ergänzend auf das Allgemeine Persönlichkeitsrecht zurückgegriffen werden. Weil der Ehrenschutz nicht vollständig durch § 823 Abs. 2 BGB i.V.m. §§ 185 ff. StGB abgedeckt ist, kommt auch insoweit ein Schutz der Persönlichkeit wegen der Verletzung des Allgemeinen Persönlichkeitsrechts durch § 823 Abs. 1 BGB in Betracht.

Die **Rechtsträger** des Allgemeinen Persönlichkeitsrechts **(3)** sind in erster Linie **individuelle natürliche Personen;** deren Allgemeines Persönlichkeitsrecht besteht auch **„postmortal"** weiter; denn die Verpflichtung zur Gewährung eines Schutzes vor Angriffen gegen die Menschenwürde endet nicht mit dem Tode (BVerfG). Zur Wahrnehmung ist dann derjenige bestimmt, den der Verstorbene ausgewählt hat (dazu bedarf es keiner testamentarischen Form), hilfsweise gilt § 77 StGB. Aber auch **Personenverbände** (BGH: „im Rahmen ihres Wesens und der ihnen vom Gesetz zugewiesenen Funktionen") haben einen Anspruch auf Persönlichkeitsschutz; denn stets sind auch mittelbar die dazu gehörigen natürlichen Personen betroffen. Über einen entsprechenden „postmortalen" Schutz kann man sich auch Gedanken machen.

Die Frage nach der **Tatbestandsmäßigkeit** des **§ 823 Abs. 1 BGB** und die Frage, ob das **„Indikationenmodell",** nach dem „die Tatbestandsmäßigkeit die Rechtswidrigkeit indiziert", hier Geltung haben kann, überschneiden sich **(4, 5)**. Hier gibt es zwei Lösungswege, die sich – wie sollte es auch anders sein – letztlich nur in der Methodik unterscheiden, und das auch nur graduell; in den Ergebnissen sind sie identisch.

- Von der **hM.** wird das **„Indikationenmodell"** wegen der Konturenlosigkeit des **Tatbestandes** der Allgemeinen Persönlichkeitsrechtsverletzung **abgelehnt.** Sie wählt einen anderen Weg: **1.** Zunächst hat sie zur **Konkretisierung des Tatbestandes einer Verletzung des Allgemeinen Persönlichkeitsrechts** die theoretisch bestehenden **Möglichkeiten einer Verletzung** des Allgemeinen Persönlichkeitsrechts **Fallgruppenbildung** gebildet, so dass man auf dieses Weise einen **subsumtionsfähigen Tatbestand** erhält: Als deliktisch relevante Verletzungen sind danach folgende Verhaltensweisen anzusehen: **a)** der Täter greift in bestimmte **Sphären** (Öffentlichkeits-, Individual-, Privat- und Intimsphäre) auf eine bestimmte Weise (Eindringen in oder Mitteilungen davon) ein; **b)** oder es liegt eine **Ehrverletzung** durch Herabsetzung des von einer Person bestehenden Bildes in der Öffentlichkeit vor; **c)** oder es geht um eine **Kommerzialisierung** der Persönlichkeit. **2.** Aber auch das Vorliegen einer solchermaßen typisierten Verletzung soll als solche nicht die Rechtswidrigkeit „indizieren"; vielmehr wird bereits für das Vorliegen des Tatbestandes einer deliktisch relevanten Verletzung des Allgemeinen Persönlichkeitsrechts zusätzlich verlangt, dass die **Rechtswidrigkeit positiv festgestellt wird;** dazu muss eine einzelfallbezogene Güter- und

Pflichtenabwägung erfolgen. Aus diesen Vorgaben resultiert folgendes ausgesprochen **komplexes Prüfungsschema**:

---

1. Eine Verletzung

a) des **Allgemeinen Persönlichkeitsrechts** kann entweder liegen in einem

aa) Eingriff in eine bestimmte **geschützte Sphäre**:

- Dabei ist **nicht geschützt** die „**Öffentlichkeitssphäre**" (= Bereich, von dem jedermann Kenntnis nehmen kann und ggf. sogar soll), sondern geschützt sind nur

- die „**Individualsphäre**" (= das Selbstbestimmungsrecht des Menschen, die Bewahrung seiner persönlichen Eigenart in seinen Beziehungen zur Umwelt, vor allem im öffentlichen und beruflichen Wirken);

- oder die „**Privatsphäre**" (= das private Leben im häuslichen/aber auch außerhäuslichen Bereich und im Familienkreis);

- oder schließlich die „**Intimsphäre**" (= die innere Gedanken- und Gefühlswelt und ihre äußeren Erscheinungsformen in Briefen, Tagebüchern, Gesundheitszustand, Sexualität).

bb) Als deliktisch relevante Verletzungshandlungen sind vorstellbar ein

- ein **Eindringen in diese Sphären** (heimliche Wort- und Bildaufnahme, Öffnen fremder Post, Tonaufzeichnungen von Gesprächen);

- oder eine **Mitteilungen aus diesen Sphären** (Veröffentlichung von Briefen und privaten Aufzeichnungen, Mitteilung von Einzelheiten aus der Privat- und Familiensphäre).

b) Auch kann eine **Verletzung des Allgemeinen Persönlichkeitsrechts** liegen in

- einer **Ehrverletzung** durch eine **Herabsetzung des von einer Person bestehenden Bildes in der Öffentlichkeit** (herabsetzende Presseberichterstattung, entstellende Zitate).

- oder in einer **Kommerzialisierung der Person** (Einsatz des Namens, von Bildern, eines Wappens, von Firmenzeichen zu Werbe- oder sonstigen wirtschaftlichen Zwecken).

2. Da hiernach die Rechtswidrigkeit nicht durch die Verletzung „indiziert" ist, muss die **Rechtswidrigkeit** (nach hM. schon im Tatbestand) durch eine Güter- und Pflichtenabwägung **positiv festgestellt** werden. Dabei ist folgender Weg einzuschlagen:

- Auf der **Seite des Verletzten:**

1. Bei einer Verletzung durch einen „**Sphäreneingriff**" (Eindringen in/Mitteilung aus) a) kommt es vorrangig auf eine die Rechtswidrigkeit ausschließende Einwilligung an; b) sodann ist auf die Bedeutung der ein-

zelnen Sphären abzustellen: die aa) „Intimsphäre" genießt den stärksten Schutz und ist öffentlicher Darstellung grundsätzlich (Ausnahme: der Betroffene hat seine Intimität selbst durch öffentliche Darstellung preisgegeben) völlig verschlossen; bb) die „Privatsphäre" darf nur aus zwingenden Gründen, wenn Vorgänge für die Allgemeinheit von Bedeutung sind, verletzt werden; cc) die „Individualsphäre" genießt den schwächsten Schutz.

2. Ferner kommt es stets auf die **Schwere** des Eingriffs an.

- Auf der **Seite des Verletzers** müssen berücksichtigt werden:

1. Die **Motive** des Eingriffs.

2. Die **Art und Weise** des Eingriffs.

3. Allgemeine **Rechtfertigungsgründe** (insbesondere §§ 34, 193 StGB).

4. **Art. 5 Abs. 1 GG**: Bei **falschen Tatsachenbehauptungen** (Tatsachenbehauptungen liegen dann vor, wenn der Beweis des Gegenteils möglich ist; Auslegungsregel des BVerfG: wegen Art. 5 Abs. 1 GG liegt bei einer Verquickung von Tatsachen mit Wertungen im Zweifel keine Tatsachenbehauptung vor./Für die Frage, wann Tatsachenbehauptungen unwahr sind, gilt die Beweislastumkehr in § 186 StGB auch im Zivilrecht./Bei Presseberichten sind im Hinblick auf Art. 5 Abs. 1 S. 2 GG aber auch sich später als unwahr erweisende Berichte zulässig, wenn die publizistische Sorgfalt beachtet worden ist: z.B. sorgfältige Recherche, Zitatentreue, Zurückhaltung bei Verdachtsberichterstattung) findet Art. 5 Abs. 1 GG (Meinungs- und Pressefreiheit) keine Berücksichtigung. Bei **Werturteilen** muss eine Abwägung zwischen Meinungs-/Pressefreiheit und Ehrenschutz stattfinden (dabei gelten folgende Grundsätze: „Schmähkritik" ist nicht durch Art. 5 Abs.1 GG gedeckt;/ansonsten darf ein Werturteil um so schärfer ausfallen, je stärker der Anlass für das Werturteil ist – wenn der Verletzte z.B. selbst Vorwürfe gegen andere im politischen und geistigen Meinungskampf erhoben hat oder sich sonst in die Öffentlichkeit begeben hat – und je mehr die Öffentlichkeit von der Kontroverse berührt wird; dabei ist von der verletzerfreundlichsten Auslegung auszugehen).

5. **Art. 5 Abs. 3 GG** (Kunst- und Wissenschaftsfreiheit): Die künstlerische Ausnutzung einer Persönlichkeit (Canaris: „Peeperkorn" = Gerhard Hauptmann in Thomas Manns „Zauberberg") geht dem Persönlichkeitsschutz vor; bei der Satire darf die Menschenwürde nicht verletzt werden.

- Abweichend von diesem Konzept soll nach **neuerer Auffassung** (Canaris) im Wege einer **verfeinerten Typisierung der Eingriffshandlungen** die Subsumtion der **Tatbestandsmäßigkeit mit** einer **Indikationswirkung der Rechtswidrigkeit als Folge** ermöglicht werden; allerdings soll auch nach dieser Lehre bei bestimmten, nicht in diesem Sinne typisierbaren Eingriffen das Erfordernis bestehen, die Rechtswidrigkeit positiv festzustellen. Nach diesem Lösungsvorschlag ist wie folgt vorzugehen:

1. Bei **folgenden Eingriffshandlungen** ist **§ 823 Abs. 1 BGB tatbestandsmäßig** gegeben und die **Rechtswidrigkeit** indiziert:

- bei **Entstellungen** und **unwahren Tatsachenbehauptungen**;
- bei **Ehrverletzungen**;
- bei **Diskriminierungen**;
- bei **Kommerzialisierungen** einer Person;
- bei **missbilligenswerter Informationserlangung** (**Eingriff** in die **Intimsphäre, Täuschung,** Verstoß gegen **§ 201 StGB**);
- bei **Verwendung von Informationen**, die **rechtswidrig erlangt** sind oder die **unter Verstoß gegen eine Verschwiegenheitspflicht weitergegeben** werden.
- In allen **diesen Fällen** ist – wegen der **Indikationswirkung** der Tatbestandsmäßigkeit – der Eingriff rechtswidrig, wenn nicht ein **Rechtfertigungsgrund** eingreift bzw. (dazu sogleich) **Art. 5 GG** nicht dagegen steht.

2. **Ansonsten** muss auch nach dieser Auffassung

a) die **Rechtswidrigkeit positiv durch Abwägung** festgestellt werden, nämlich in den Fallgruppen

- der **heimlichen Informationserlangung (Photoaufnahmen, Beobachten von Menschen),**
- der **Informationserlangung unter Zwang, Drohung und Ausnutzen einer Zwangslage,**
- der **Informationserlangung durch Ausnutzen eines fremden Rechtsbruchs,**
- der **zweckentfremdenden Verwendung von überlassenen Informationen,**
- und der **Verbreitung schadensträchtiger Tatsachen,**

b) wobei folgende **Abwägungskriterien** herangezogen werden sollen:

- auf der Seite des Verletzers sind bedeutsam: die Art der Informationserlangung, die Schadensträchtigkeit der Verbreitung und das Motiv dafür;
- auf der Seite des Betroffenen dessen Vorverhalten;
- und das Informationsinteresse.

3. Auch nach dieser Ansicht besteht das Erfordernis der **abwägenden Berücksichtigung von Art. 5 GG**; insoweit kann auf die obigen Ausführungen verwiesen werden.

- Diese **beiden** methodisch unterschiedlichen **Wege** führen zum Glück zu **identischen Resultaten**. Daher kann auch derjenige, der bei der **Fallbearbeitung** den Weg der hM. wählt, die sehr subtil begründeten Ergebnisse von Canaris zur Überprüfung der eigenen Güter- und Pflichtenabwägung nutzen: Wer also bei entstellenden oder unwahren Tatsachenbehauptungen, bei Ehrverletzungen, bei Diskriminierungen, bei Kommerzialisierungen, bei Verletzungen durch eine missbilligenswerte Informationserlangung (Eingriff in die Intimsphäre, Täuschung, Verstoß gegen § 201 StGB), bei Verwendung von rechtswidrig erlangter oder unter Verstoß gegen eine Verschwiegenheitspflicht weitergegebener Informationen aufgrund seiner „Güter- und Pflichtcnabwägung" nicht zu einer tatbestandsmäßigen und rechtswidrigen Verletzung des Allgemeinen Persönlichkeitsrechts gekommen ist, muss dafür schon „besondere Gründe" haben, oder er sollte sein Resultat besser noch einmal überprüfen!

Was die Frage der **deliktischen Verantwortlichkeit** angeht **(6)**, so sind dies der **unmittelbare Verletzer** oder derjenige, dem die Verletzung **zugerechnet werden muss** (**§§ 31, 831 BGB**), und diejenigen, denen **Verkehrspflichten zur Verhinderung** der Verletzung obliegen (verantwortlicher Redakteur, Herausgeber oder Verleger).

Auf der **Rechtsfolgenseite** gilt folgendes **(7)**: **(a)** Der Verletzte hat **(aa)** einen Anspruch auf Naturalrestitution durch **Wiederherstellung in Natur** gerichteten Anspruch auf **Beseitigung** (§§ 823 Abs. 1, 249 Abs. 1 BGB), z.B. durch Widerruf einer Tatsachenbehauptung. Hier gibt es eine Besonderheit: Wenn die Unwahrheit einer Behauptungen feststeht, ist der Schuldner zu einem uneingeschränkten Widerruf verpflichtet. Da der Beweis der Unwahrheit einer Behauptung häufig nicht geführt werden kann, soll es aber für einen Widerrufsanspruch ausreichen, ernsthafte Zweifel an der Richtigkeit der Tatsachenbehauptung zu wecken; dann aber soll der Verletzte nur einen Anspruch auf einen eingeschränkten Widerruf des Inhalts haben, dass „die Behauptung .... nicht aufrechterhalten (wird)", denn es kann dem zum Widerruf verpflichten Schuldner im Hinblick auf Artt. 1, 2 GG nicht zugemutet werden, eine möglicherweise ja wahre Tatsachenbehauptung zu widerrufen. Dass bei Werturteilen kein Widerruf verlangt werden kann, ergibt sich aus Art. 5 GG. **(bb)** Anerkannt ist weiterhin, dass auch ein Anspruch auf **Unterlassung** der Verletzung des Allgemeinen Persönlichkeitsrechts (a maiore ad minus §§ 823 Abs. 1, 249 Abs. 1 BGB: „Schadensverhütung geht vor Schadensvergütung") besteht. **(cc)** An dieser Stelle kann nicht unerwähnt bleiben, dass dem Verletzten zugleich auch ein Anspruch auf Beseitigung und Unterlassung aus § 1004 BGB analog zusteht. Nicht selten werden daher in der Praxis zur Begründung eines Beseitigungs- oder Unterlassungsanspruchs die „§§ 823, 1004 BGB" in einem Atemzug zitiert. **(b)** Was die Frage eines Schadensersatzanspruchs in Geld angeht, **(aa)** so kann auch Naturalrestitution durch Ersatz nach § 249 Abs. 1, 2 S. 1 BGB verlangt werden. Bei Nichtvermögensschäden ist z.B. an die Kosten für eine selbst vorgenommene Beseitigung durch einen in einer Zeitungsanzeige veröffentlichten Widerruf zu denken. **(bb)** Ein Anspruch auf Kompensation nach § 251 BGB ist bei Vermögensschäden vorstellbar, wobei der Schaden entweder konkret oder abstrakt auf der Basis eines fiktiven Lizenzvertrages berechnet werden kann. Bei Nichtvermögensschäden kann § 251 BGB nicht eingreifen (arge. § 253 Abs. 1 BGB). **(cc)** Die wichtigste Frage ist daher, ob der Verletzte auch einen Anspruch auf eine „**Geldentschädigung**" für **immaterielle Nachteile** hat. Sie wird sowohl bei Verletzungen spezialgesetzlich erfasster Persönlichkeitsrechte als auch bei Verletzungen des Allgemeinen Persönlichkeitsrechts bejaht, wobei dies teils mit einer von der Verfassung gebotenen bzw. von ihr determinierten Rechtsfortbildung in Form einer analogen Anwendung des **§ 253 Abs. 2 BGB** (heute müsste man sich allerdings fragen, ob dieser Weg nicht durch die Neuschaffung des § 253 Abs. 2 BGB versperrt ist, weil der Gesetzgeber ganz bewusst davon abgesehen hat, die Verletzung eines Allgemeinen Persönlichkeitsrechts in den Katalog des § 253 Abs. 2 BGB aufzunehmen, wohl aber die Verletzung der sexuellen Selbstbestimmung für „schmerzensgeldfähig" anerkannt hat) und vom BGH **neuerdings** sogar aus **Artt. 1, 2 GG** begründet wird (das scheint jetzt die vernünftigste Lösung zu sein). Wie auch immer: Für eine Entschädigung in Geld muss

- der Eingriff unter Berücksichtigung von Bedeutung und Tragweite, Anlass und Beweggrund des Verletzers und Ausmaß des Verschuldens **schwer** sein
- und darf **nicht anderweit ausgleichbar** sein (z.B. durch Widerruf oder Gegendarstellung nach den Landespressegesetzen), was nicht der Fall ist, wenn der Widerruf nicht freiwillig erklärt wird, sondern nur gerichtlich erzwingbar ist, oder wenn die Verletzung die Grundlage der Persönlichkeit betrifft.
- Nach neuester Ansicht des BGH (Caroline v. Monaco ./. „Bunte") spielt bei der Bemessung auch der **Präventionsgedanke** eine Rolle (ähnlich dem „Strafschadensersatz" des anglo–amerikanischen Rechts; damit wird eine ganz neue Entwicklung eingeleitet.
- Allerdings soll es **keine „Gewinnabschöpfung"** geben.

Fall 732: Die Prinzessin P eines europäischen Fürstenhauses hat sich entschlossen, keine Interviews mehr zu geben, sondern die Öffentlichkeit über ihre Person nur noch über Presserklärungen zu unterrichten. Die Zeitschrift „Color" (C) veröffentlicht ein fiktives Interview mit ihr, in dem der P Heiratspläne in den Mund gelegt werden. Bereits zuvor waren von der C diverse falsche Tatsachenbehauptungen über die P entgegen einer gerichtlichen Untersagung veröffentlicht worden. Die P verlangt vom Herausgeber der C Genugtuung (nach BGH).

Der Anspruch kann sich aus § 823 Abs. 1 BGB, Artt. 1, 2 GG ergeben, a) wenn eine rechtlich anerkannte Schutzposition, hier ein „sonstiges Recht" der P, verletzt worden ist, uU. das Allgemeine Persönlichkeitsrecht; anzuwenden ist folgendes Prüfungsschema: aa) Feststellung, dass keine Spezialregelung eingreift. bb) Kurze rechtsdogmatische Ableitung des deliktischen Schutzes des Allgemeinen Persönlichkeitsrechts als „sonstiges Recht". cc) Prüfung, ob ein rechtswidriger Eingriff in den Schutzbereich vorliegt: aaa) Verletzung der Individualsphäre durch die Mitteilung, dass die P ein Interview gegeben habe; und eine Verletzung der Intimsphäre durch die Mitteilung von Heiratsplänen. bbb) Positive Feststellung der Rechtswidrigkeit durch eine Güter- und Pflichtenabwägung: bei unwahren Tatsachenbehauptungen ist der Eingriff auch unter Berücksichtigung von Art. 5 GG stets rechtswidrig. b) Die Verletzung ist dem Herausgeber zuzurechnen. c) Die C hat schuldhaft gehandelt (§ 31 BGB). d) Rechtsfolge: aa) Weil der Eingriff schwer bb) und nicht anderweitig ausgleichbar ist, ist der P ein immaterieller Schaden zu ersetzen, cc) und zwar unter Berücksichtigung des Präventionsgedankens („Strafschadensersatz"), wenn es zu – wie hier – wiederholten Verletzungen des Allgemeinen Persönlichkeitsrechts gekommen ist. Dies kann man mit § 253 Abs. 2 BGB analog oder mit Artt. 1, 2 GG begründen.

> Fall 733: Der Lokomotivführer L ist an einem Zugzusammenstoß mit vielen Opfern beteiligt; er selbst bleibt unverletzt, steht aber unter schwerem Schock. Er verweigert alle Auskünfte zum Hergang des Unfalls. Der Journalist J der Zeitung Z gibt sich als Priester aus, der L Beistand leisten will. So erhält er Zugang zu L's Haus und führt ein Gespräch mit ihm. Dabei erklärt L, dass er sich „als Mensch verantwortlich am Unglück so vieler Menschen" fühle. Dieses Zitat druckt die Z unter Weglassung von „als Mensch" ab. Dem L wird aufgrund dieser Äußerung gekündigt. Später stellt sich seine Unschuld heraus. Der L verlangt Schadensersatz und Genugtuung von der Z.
>
> Ein Anspruch aus §§ 823 Abs. 1, 249 ff. BGB, Artt. 1, 2 GG ist gegeben; a) der Eingriff aa) in das Allgemeine Persönlichkeitsrecht durch Verletzung aaa) der Individualsphäre durch Verkürzung des Zitats und bbb) und der Verletzung der Privatsphäre durch Eindringen und Mitteilungen ist gegeben. bb) Bei einer Güter- und Pflichtenabwägung ist die Verletzung rechtswidrig: aaa) Die unrichtige Wiedergabe des Zitats ist als falsche Tatsachenbehauptung rechtswidrig; bbb) hinsichtlich der Verletzung der Privatsphäre ist die Rechtswidrigkeit aufgrund einer Güter- und Pflichtenabwägung gegeben: Zwar hat die Öffentlichkeit ein Informationsinteresse über den Hintergrund des Unglücks; andererseits ist die Art der Informationserlangung verwerflich. b) Die Verletzung ist dem Herausgeber der Z zuzurechnen. c) Der J hat schuldhaft gehandelt. d) Die Z hat dem L aa) nach § 249 ff. BGB dessen Vermögensschaden und bb) nach § 253 Abs. 2 BGB analog oder Artt. 1, 2 GG den immateriellen Schaden zu ersetzen, weil der Eingriff aaa) schwer und bbb) nicht anderweit ausgleichbar ist.

ff) Der deliktische Schutz der gewerblichen Betätigung („eingerichteter und ausgeübter Gewerbebetrieb")

Es ist ein unter jungen Juristen verbreiteter Irrtum, dass die **gewerbliche Betätigung durch § 823 Abs. 1 BGB** nur in den Fällen eines Eingriffs in das als „sonstiges Recht" weitgehend anerkannte **„Recht am eingerichteten und ausgeübten Gewerbebetrieb"** geschützt sei.

In Wahrheit liegt es genau umgekehrt: Die unternehmerische Betätigung ist durch bestehende ausdrückliche **gesetzliche Bestimmungen** weitreichend deliktisch geschützt, und zwar durch: § 823 Abs. 1 BGB (wegen einer Verletzung des Eigentums oder eines sonstiges Recht, z.B. §§ 12 BGB, 17 HGB), § 823 Abs. 2 BGB i.V.m. § 14 MarkG, § 33 GWB und in den §§ 824, 826 BGB. Man ist sich jedoch weitgehend einig, dass der gesetzliche deliktische Schutz in einigen Bereichen lückenhaft ist: Das Wettbewerbsrecht schützt nur vor Wettbewerbszwecken dienenden Handlungen; der Anwendungsbereich des § 824 BGB ist relativ klein (unwahre Tatsachenbehauptungen); § 826 BGB verlangt eine nur selten vorliegende vorsätzliche sittenwidrige Schädigung.

Aus diesem Grunde hat die Rechtspraxis (historisch erster Fall in der Rechtsprechung des Reichsgerichts: Fälle der „unberechtigten Schutzrechtsverwarnung" in RGZ 58, 24), abgestützt durch die Rechtswissenschaft im Wege der **Rechtsfortbildung** ein als „sonstiges Recht" i.S.d. § 823 Abs. 1 BGB anzusehendes **„Recht am eingerichteten und ausgeübten Gewerbebetrieb"** entwickelt. Dabei ist man sich dessen bewusst, dass das „Recht am eingerichteten und ausgeübten Gewerbebetrieb" durchaus nicht „eigentumsähnlich" ist, wie wir es eigentlich für ein „sonstiges Recht" verlangen, weil es eben keinen „Zuweisungsgehalt", sondern nur eine Ausschlussfunktion hat. Das hat – wie Sie noch in Teil 8 erfahren werden – zur Konsequenz, dass bei einem Einriff in das „Recht am eingerichteten und ausgeübten Gewerbebetrieb" kein Anspruch aus § 812 Abs. 1 S. 1 2. Fall BGB („Eingriffskondiktion") gegeben ist. Neuerdings wird daher auch die Notwendigkeit der Konstruktion eines „Rechts am eingerichteten und ausgeübten Gewerbebetrieb" zum Zwecke des deliktischen Schutzes wieder bestritten (Canaris), so dass man von Gewohnheitsrecht kaum sprechen kann. Hier wird Ihnen empfohlen, die weitere Rechtsentwicklung abzuwarten und einstweilen mit der Rechtspraxis das Bestehen eines „Rechts am eingerichteten und ausgeübten Gewerbebetriebs" als „sonstiges Recht" anzuerkennen.

Das ist kein „Freibrief". Denn die dogmatischen Probleme liegen auf der Hand: Ein im Wege der Rechtsfortbildung entwickeltes Institut hat keinen Anwendungsbereich, wenn es spezielle gesetzliche Regeln gibt (Subsidiarität). Auch ist das „Recht am eingerichteten und ausgeübten Gewerbebetrieb" inhaltlich kaum bestimmbar, so dass das „Indikationenmodell" versagen muss.

Bei der Rechtsanwendung muss man daher sehr sorgfältig die für das **Vorliegen eines deliktisch relevanten Eingriffs in ein „Recht am eingerichteten und ausgeübten Gewerbebetrieb"** entwickelten **restriktiven Regeln** beachten:

- Bei der Fallbearbeitung müssen Sie zunächst sehr gründlich untersuchen, ob nicht ein anderweitiger deliktischer Schutz der gewerblichen Betätigung einschlägig ist (**Subsidiarität**), ob also z.B. eine Eigentumsverletzung vorliegt (denn dann sind bereits deshalb und nur deshalb die §§ 823 ff. BGB anwendbar) oder ob es sich um eine Wettbewerbseinschränkung handelt (denn dann ist das UWG einschlägig).

- Das **Eingriffsobjekt („eingerichteter und ausgeübter Gewerbebetrieb")** ist begrifflich gesehen recht einfach erfassbar, nicht hingegen das Spektrum der möglichen Verletzungen: Dazu hat die Rechtspraxis die **möglichen Eingriffe** durch **Fallgruppenbildung typisiert**.

- Zur Vermeidung sonst unüberschaubarer und damit auch unversicherbarer Haftungsrisiken für Dritte wird für die deliktische Relevanz eines Eingriffs in einen „eingerichteten und ausgeübten Gewerbebetrieb" verlangt, dass der Eingriff **„unmittelbar und betriebsbezogen"** war.

- Trotz dieser restriktiven Konkretisierungen des Tatbestandes hat das **Indikationenmodell** des § 823 Abs. 1 BGB, nach der „die Tatbestandsmäßigkeit die Rechtswidrigkeit indiziert", auch hier **keine Geltung**: Vielmehr muss man durch eine im Tatbestand erfolgende einzelfallbezogene Güter- und Pflichtenabwägung die **Rechtswidrigkeit positiv feststellen.**

> **Das Prüfungsschema für das** erste **Merkmal** des § 823 Abs. 1 BGB (**Verletzung einer geschützten Rechtsposition**) lautet daher:
>
> 1. **Subsidiarität** gegenüber dem bereits gegebenen gesetzlichen Schutz der gewerblichen Betätigung durch § 823 Abs. 1 BGB (etwa wegen einer Verletzung des Eigentums oder eines sonstigen Rechts, z.B. §§ 12 BGB, 17 HGB); § 823 Abs. 2 BGB i.V.m. § 14 MarkG, § 33 GWB ; §§ 824, 826 BGB).
>
> 2. **Eingegriffen worden sein** muss **in** einen bestehenden **Gewerbebetrieb** (Problem: handelsrechtlicher Gewerbebegriff oder auch – so heute die hM – Einbeziehung der Freiberufler), wobei nicht nur an einen Eingriff in den Kern-

bereich der betrieblichen Betätigung, sondern auch an Verletzungen des Gewerbebetriebes „in allen seinen Ausstrahlungen" zu denken ist (Geschäftsverbindungen, Kundenstamm, Außenstände),

3. und zwar in einer Weise, die bestimmten **Fallgruppen** zugeordnet werden kann, nämlich

- durch physische Beeinträchtigungen (z.B. durch **Blockaden** des Zugangs zu dem Betrieb);
- durch einen **rechtswidrigen Streik**;
- durch intellektuell wirkende Maßnahmen (z.B. durch einen **Boykott-Aufruf**);
- durch **negative gewerbeschädigende Werturteile** (z.B. Warentests);
- durch eine unangemessene **Mitteilung wahrer abträglicher Tatsachen** (z.B. Beeinträchtigung der Kreditwürdigkeit);
- durch die Geltendmachung nicht bestehender gewerblicher Schutzrechte, eines Patentes, eines Gebrauchsmuster oder einer Marke (**„unberechtigte Schutzrechtsverwarnung"**);
- durch die **Verwendung einer berühmten Marke**.

4. Der Eingriff muss „**unmittelbar betriebsbezogen**" sein und darf nicht ohne weiteres vom Betrieb ablösbare Rechte oder Rechtsgüter betreffen. Zuweilen werden noch weitere Einschränkungen des deliktischen Schutzes des „eingerichteten und ausgeübten Gewerbebetriebs" vorgenommen: So wird zuweilen auch das Erfordernis einer **Bedrohung der Grundlagen des Betriebes oder die Aufhebung des Funktionszusammenhanges der Betriebsmittel für längere Zeit** aufgestellt.

5. Die **Rechtswidrigkeit** muss **positiv** durch Güter- und Pflichtenabwägung festgestellt werden.

Fall 734: Der selbständig tätige Baggerunternehmer B hat bei Tiefbauarbeiten an einer öffentlichen Straße durch eine Unachtsamkeit das im Eigentum der E-Werke stehende, ausschließlich den Betrieb des F versorgende Stromkabel zerstört. Der F betreibt eine Hühnerei-Brüterei. Die in den Öfen liegenden Eier im Werte von € 10 000,- verderben.

Der Schadensersatz für die verdorbenen Eier ergibt sich a) aus § 823 Abs. 1 BGB wegen einer Eigentumsverletzung, die auf einem Verhalten des B kausal und zurechenbar beruht, und die rechtswidrig und schuldhaft erfolgte, b) und wegen der „Subsidiarität" nicht aus § 823 Abs. 1 BGB wegen einer Verletzung des Rechts am eingerichteten und ausgeübten Gewerbebetrieb.

Variante: Aufgrund der erforderlichen Neubestückung mit Eiern entgeht dem F ein ihm sonst erteilter weiterer Brutauftrag mit einem Verdienst in Höhe von € 3000.-.

Der Verdienstausfall ist unter folgenden Voraussetzungen nach § 823 Abs. 1 BGB zu ersetzen:
a) Verletzung des „Rechts am eingerichteten und ausgeübten Gewerbebetrieb" als „sonstiges

Recht": aa) Es gibt keinen anderweitigen deliktischen Schutz, weil es um einen Vermögensschaden geht, der nach § 823 Abs. 1 BGB nur bei einem Eingriff in das „Recht am eingerichteten und ausgeübten Gewerbebetrieb" ersetzt verlangt werden kann; bb) Es liegt vor ein aaa) Eingriff in einen Gewerbebetrieb; bbb) durch eine physische Beeinträchtigung. cc) Die unmittelbare Betriebsbezogenheit des Eingriffs ist bei Stromkabelfällen problematisch: aaa) Man kann bereits an der „Unmittelbarkeit" zweifeln, weil die Verletzung nur über das Eigentum der E-Werke erfolgt ist. bbb) Wer darüber hinwegsieht, muss sich der Frage der Betriebsbezogenheit zuwenden: aaaa) Für die Betriebsbezogenheit spricht, dass der Eingriff die Betriebsmittel des F insofern betriebsbezogen betrifft, weil F der einzige Stromabnehmer ist; bbbb) zweifelhaft wird die Betriebsbezogenheit, wenn man zusätzlich dazu auch die Bedrohung der Grundlagen des Betriebes oder die Aufhebung des Funktionszusammenhanges der Betriebsmittel für längere Zeit verlangt. (Teilt man alle diese Bedenken nicht, geht es wie folgt weiter:) dd) Die Rechtswidrigkeit wäre gegeben, weil bei einer Güter- und Pflichtenabwägung – hier läuft diese Prüfung weitgehend leer – nichts dafür erkennbar ist, dass die Interessen des B denen des F vorgehen. b) Die Verletzung ist dem B zuzurechnen; c) die Rechtswidrigkeit ist bereits festgestellt worden. d) Verschulden. e) Schaden.

Fall 735: Das sonst sehr gut bewertete Lokal des W wird vom einflussreichen Gastrotester T aufgesucht; Der T isst dort einmal und publiziert in der von ihm herausgegebenen Zeitschrift G einen rein wertenden Artikel, in dem es u.a. heißt: „Die Suppe war so dürftig, wie die Auskünfte des Kellners zu den Weinen im Keller des Lokals. Der Fisch entsprach dem Erscheinungsbild der Bedienung etc. etc". Der Umsatz des W geht aufgrund dieses Artikels deutlich zurück. Der W will Ersatz von T.

Ein Anspruch aus § 823 Abs. 1 BGB a) wegen eines Eingriffs in das Recht am eingerichteten und ausgeübten Gewerbebetrieb setzt voraus, dass aa) kein anderweitiger Schutz in Betracht kommt; § 824 Abs. 1 BGB greift wegen des rein wertenden Inhalts nicht ein. bb) Ein Eingriff in einen Gewerbebetrieb liegt vor, weil der Gastronomiebetrieb des W durch den Artikel des T in seinen Ausstrahlungen nach außen (Kundenstamm) betroffen ist. cc) Das Verhalten des T ist der Fallgruppe der „negativen Werturteile" zuzurechnen. dd) Unmittelbar betriebsbezogen ist der Eingriff auch. ee) Die Rechtswidrigkeit ist positiv festzustellen durch Güter- und Pflichtenabwägung: Hier ist der Eingriff trotz Art. 5 Abs. 1 GG deshalb rechtswidrig, weil es sich um eine „Schmähkritik" handelt, die jeder Sachlichkeit entbehrt. b) Die Verletzung ist dem G zuzurechnen. c) Die Rechtswidrigkeit ist bereits festgestellt worden. d) Verschulden. e) Schaden.

Fall 736: Der T schlägt den Leiter der Entwicklungsabteilung E des Pharmabetriebes P aus Eifersucht so schwer zusammen, dass dieser aufgrund der schweren Kopfverletzungen einen Gedächtnisverlust erleidet und eine Vielzahl unvollständig dokumentierter Forschungsideen verloren gehen. Der P nimmt den T auf Schadensersatz in Anspruch.

Ein Anspruch aus § 823 Abs. 1 BGB wegen eines Eingriffs in das Recht am eingerichteten und ausgeübten Gewerbebetrieb als sonstiges Recht scheitert am Fehlen der unmittelbaren Betriebsbezogenheit: Die Tat des T richtet sich nicht gegen den Betrieb, sondern gegen den E, der hiervon abgelöst gedacht werden kann.

gg) Familienrechte

Schon bei der Anerkennung des Allgemeinen Persönlichkeitsrechts und des Rechts am eingerichteten und ausgeübten Gewerbebetrieb haben wir es geahnt: Die Rechtspraxis hat sich bei der Rechtsfortbildung durch die Entwicklung „sonstiger Rechte" recht weit von der ursprünglichen Vorgabe der „Eigentumsähnlichkeit" entfernt und hat zuweilen nur noch die „Absolutheit" eines Rechtes im Auge: Mochte man dem „Allgemeinen Persönlichkeitsrecht" noch gerade einen hin und wieder bestehenden Zuweisungsgehalt attestieren, so war dies beim „Recht am eingerichteten und ausgeübten Gewerbebetrieb" schon nicht mehr möglich. Vollends auf die Spitze getrieben wird diese Abwendung von den dogmatischen Vorgaben des § 823 Abs. 1 BGB mit der Anerkennung von Familienrechten als „sonstige Rechte": Die „elterliche Sorge" (arge. § 1626 BGB i.V.m. Art 6 GG); und der „räumlich gegenständliche Bereich der Ehe" (arge. § 1353 BGB i.V.m. Art 6 GG).

Unter dem **„räumlich gegenständlichen Bereich der Ehe"** versteht man die „äußere sachliche Grundlage für das gemeinsame Ehe- und Familienleben", die „den einzelnen Familienmitgliedern die Entfaltung ihrer Persönlichkeit ermöglichen soll". Eine **Verletzung** liegt z.B. vor bei der Aufnahme des/der Geliebten in das eheliche Schlafzimmer. Ein **Schadensersatzanspruch** ist allerdings nicht schrankenlos gegeben,

- und zwar **nicht gegen den anderen Ehepartner**, soweit es um Verletzungen des sog. **„Bestandsinteresses"** an der Ehe geht, denn das Gesetz hat die wirtschaftlichen Rechtsfolgen von Eingriffen in die eheliche Gemeinschaft in den §§ 1569 ff. BGB (Unterhalt bei Scheidung der Ehe) abschließend geregelt.
- **Wohl aber** soll ein Schadensersatzanspruch **gegen den anderen Ehepartner** und **auch gegen den „Ehestörer"** auf Ersatz des **„Abwicklungsinteresses"** möglich sein (z.B. Ersatz der Prozesskosten wegen einer Vaterschaftsanfechtungsklage).

Die eigentliche Bedeutung der Anerkennung des „räumlich gegenständlichen Bereichs der Ehe" als absolutes Recht liegt daher auch weniger bei § 823 Abs. 1 BGB, sondern Abwehransprüchen aus §§ 1004, 862, 1227 BGB analog („Allgemeiner Beseitigungs- und Unterlassungsanspruch").

Fall 737: Die Ehefrau Frieda (F) des Fernfahrers Karl (K) hat einen Geliebten namens Walter Eggers (WE), der während der oft wochenlangen Abwesenheiten ihres Ehemannes K bei ihr zu Hause wohnt: Der Geliebte WE hängt seine Kleidung in den Kleiderschrank des K, sitzt in dessen Sessel und schläft in dessen Bett. Der K seinerseits hat eine Freundin Line (L) in Berlin, bei der er seine Kleidung in den Kleiderschrank hängt, in deren Sessel er sitzt und in deren Bett er schläft. Der K verlangt von dem WE und der F, es zu unterlassen, wie ein Ehepaar in seinem Haushalt zusammenzuleben. Die F ihrerseits verlangt von dem K und der L, es zu unterlassen, wie ein Ehepaar zusammenzuleben (nach Arno Schmidt „Das steinerne Herz").

1. Der Anspruch des K a) gegen den WE („Ehestörer") ergibt sich aus §§ 1004, 862, 1227 BGB analog („Allgemeiner Beseitigungs- und Unterlassungsanspruch") wegen einer rechtswidrigen (die Einwilligung der F aufgrund ihres Eigentums am Haus ist unbeachtlich) Verletzung des „räumlich gegenständlichen Bereichs der Ehe". b) Auch gegen die F besteht trotz eines nicht zu verkennenden mittelbaren Verstoßes gegen den Rechtsgedanken aus § 888 Abs. 3 ZPO ein solcher Anspruch. 2. Ansprüche der F gegen die L und den K bestehen nicht, weil es keinen allgemeinen Anspruch auf Unterlassung einer ehewidrigen Beziehung gibt.

III. Zurechenbarkeit

Deliktisch relevant ist die **Verletzung** eines Rechtsgutes oder Rechtes des Anspruchstellers aber nur, wenn sie einem **menschlichen Verhalten des Inanspruchgenommenen** oder einer **Person,** für deren **Verhalten** er **einstehen** muss, **zugerechnet** werden kann.

Ein „**Rohprüfungsschema**" soll Ihnen vorab verdeutlichen, wie man diese Frage beantworten kann.

> Wir **prüfen** die **Zurechenbarkeit** so:
>
> **1.** Feststellung eines als vom Willen beherrschbar gedachten **menschlichen Verhaltens des Inanspruchgenommenen** oder einer **Person,** deren Verhalten sich der auf Schadensersatz in Anspruch Genomme **zurechnen lassen** muss, das ein **Tun** oder ein **Unterlassen** sein kann.
>
> **2. Prüfung der Zurechnung** richtet sich nach
>
> **a)** der **Äquivalenztheorie**,
>
> **b)** der **Adäquanztheorie**
>
> **c)** und der Lehre vom **Schutzzweck der Norm**.

1. Menschliches Verhalten des Inanspruchgenommenen oder einer Person, deren Verhalten er sich zurechnen lassen muss

Die Frage, auf **wessen Verhalten** es für die deliktische Haftung ankommt, beantwortet sich danach, wer in Anspruch genommen wird.

- Ist der Inanspruchgenommene eine **natürliche Person**, ist Voraussetzung für eine deliktische Haftung ein **menschliches Verhalten** des **Inanspruchgenommenen selbst**. Das ist selbstverständlich.

- Ist der Inanspruchgenommene dagegen eine **juristische Person**, die sich als solche nicht „menschlich verhalten" kann, ist deliktisch relevant ein **menschliches Verhalten** einer **natürlichen Person**, das die **in Anspruch genommene juristische Person** sich **zurechnen lassen muss**. Das sind bei juristischen Personen nach § 31 BGB oder bei Stiftungen bzw. Körperschaften des öffentlichen Rechts nach § 31 i.V.m. §§ 86 bzw. 89 BGB die **Organe** oder die **verfassungsmäßig berufenen Vertreter**. Denn für diese Personen wird nach diesen Vorschriften nicht nur eine Verschuldens-, sondern auch eine **Verhaltenzurechnung** für eine „… begangene, zum Schadensersatz verpflichtende Handlung …" angeordnet.

- Bei der Inanspruchnahme einer **oHG/KG** und bei der BGB-**Außengesellschaft** wird § 31 BGB entsprechend angewendet, und maßgeblich ist das Verhalten des/der **geschäftsführenden Gesellschafter/s**.

- Bei der Inanspruchnahme eines **Reeders/Ausrüsters** muss eine Person der **Schiffsbesatzung** gehandelt haben (§§ 485, 510 HGB).

a) Verhalten (Tun/Unterlassen)

Deliktisch relevant ist jedes als **vom Willen beherrschbar gedachte Verhalten** in den Erscheinungsformen eines **Tuns** oder eines **Unterlassens**.

> Die hier vorgeschlagene **Differenzierung** zwischen **Tun** und **Unterlassen** ist allerdings nicht unumstritten:
>
> - Nach der hM. ist der Begriff „**Verhalten**" der **Oberbegriff** für die beiden Verhaltensformen eines **Tuns** oder eines **Unterlassens**. Wenn man im konkreten Fall feststellen will, ob ein Tun oder ein Unterlassen vorliegt, soll sich die Abgrenzung zwischen beiden Verhaltensweisen nach einer althergebrachten Formel des Reichsgerichts in Strafsachen richten: Wo liegt der „**Schwerpunkt der Vorwerfbarkeit**"?
>
> - Die hiernach erforderliche **Differenzierung** des Verhaltens in **Tun** und **Unterlassen** wird von einem Teil der Lehre (Medicus) jedenfalls dann für **überflüssig** gehalten, wenn der Inanspruchgenommene eine **Verkehrssicherungspflicht** verletzt hat. Nach überwiegender Ansicht hat eine Verkehrssicherungspflichtverletzung nicht diese Bedeutung, sondern ist nur bei der für Unterlassungsdelikte zu bedenkenden Frage einer Rechtspflicht zum Tun maßgeblich und nach einer anderen (und hier favorisierten) Meinung zusätzlich bei der Frage der Zurechenbarkeit mittelbarer Verletzungen (Canaris).

Diese **Einordnungs-** und **Aufbauproblematik** ist – zum Glück für Sie – ergebnisneutral, wie der folgende Fall demonstriert:

Fall 738: Die allein lebende herzkranke Tante T muss ein Digitalis-Medikament nehmen; sie verwahrt es in der Schublade ihres Nachtschranks. Hier pflegt sie auch Malz-Bonbons gegen Husten aufzubewahren. Gelegentlich hat sie bei Besuchen ihres dreijährigen Neffen N diesem einen Malz-Bonbon gegeben und dazu die Bobontüte in seiner Gegenwart aus der Schublade geholt. Als der N jetzt bei einem Besuch einmal allein durch die Wohnung strömert und im Schlafzimmer der Tante heimlich einen Bonbon naschen will, stellt er fest, dass die Tüte leer ist; daher probiert er eine von den mit Zucker umhüllten Digitalis-Tabletten, die die T ebenfalls im Nachtschrank verwahrt, und erleidet einen Herzfehler. Der unversicherte N verlangt, vertreten durch die Eltern, Ersatz von der T für die Behandlungskosten.

Die für einen Anspruch aus § 823 Abs. 1 BGB a) erforderliche Verletzung (hier: der Gesundheit) ist gegeben. b) Diese müsste der T zurechenbar sein. aa) Fraglich ist, ob ein Tun oder ein Unterlassen vorliegt. aaa) Nach einer Ansicht (Medicus) soll bei einer Verkehrssicherungspflichtverletzung die Unterscheidung von Tun und Unterlassen entbehrlich sein: Die Zurechnung wird also bejaht, wenn der Inanspruchgenommene eine Gefahrenquelle schafft oder unterhält und nicht die bis zur Grenze der objektiven Zumutbarkeit notwendigen Schutzvorkehrungen trifft; das wäre hier der Fall; von der T war nämlich zu verlangen, während des Besuches eines Kleinkindes gefährliche Medikamente in einem sicheren Medizinschrank aufzubewahren, wenn das Kind unbeaufsichtigt im Hause herumstreifen darf. bbb) Nach wohl hM. wird dagegen stets differenziert zwischen Tun oder Unterlassen: Danach ist hier zu entscheiden, ob der „Schwerpunkt der Vorwerfbarkeit" darin liegt, dass die T die Tabletten im Nachtschrank neben den Malzbonbons aufbewahrt hat (Tun) oder – wofür mehr spricht, denn das Verwahren von Malzbonbons in der Schublade eines Nachtschranks ist, auch wenn Medikamente danebenliegen, in einem Einzelhaushalt nicht vorwerfbar – darin, dass sie die Tabletten nicht anderswo untergebracht hat, als der Neffe zu Besuch kam und unbeaufsichtigt in der Wohnung herumzog (Unterlassen). bb) Zuzurechnen ist ein solches Unterlassen der T aber nur, wenn sie eine Rechtspflicht zur Abwendung der Beeinträchtigung traf; hier kommt eine „Garantenstellung" aus einer Verkehrssicherungspflicht in Betracht; diese hat sie verletzt (s.o.) cc) Weiter ist zu prüfen aaa) ob der tatbestandsmäßige Erfolg aaaa) – so die eine Meinung (Medicus) – eine Folge der Verletzung der Verkehrssicherungspflicht ist, was der Fall ist, bbbb) oder – so die Fragestellung der hL. bei Zugrundelegung eines Unterlassens – ob die Verletzung mit an Sicherheit grenzender Wahrscheinlichkeit entfiele, wenn die T die Tabletten sicher untergebracht hätte, was hier der Fall ist. bbb) Ferner muss eine Adäquanzprüfung vorgenommen werden: Die Gesundheitsbeschädigung darf keine völlig außerhalb jeder Wahrscheinlichkeit liegende Folge sein aaaa), und zwar der Verkehrssicherungspflichtverletzung – so die Fragestellung nach Medicus – bbbb) bzw. des Unterlassens – so die Fragestellung der hL. – ; ccc) schließlich muss nach der hL. die Frage gestellt werden, ob die Verletzung im Schutzbereich der Norm liegt; bei einer zur Verletzung führenden Verkehrssicherungspflicht-Verletzung ist dies stets der Fall. c) Die Rechtswidrigkeit wirft nach allen dazu vertretenen Ansichten keine Probleme auf: Sie ist indiziert (Lehre vom Erfolgsunrecht); eine nach aA. (Lehre vom Handlungsunrecht und vermittelnde Lehren) positiv festzustellende objektive Pflichtwidrigkeit folgt aus der Verkehrssicherungspflichtverletzung. d) Die T hat fahrlässig gehandelt: die Fahrlässigkeit wird durch die Verkehrssicherungspflichtverletzung praktisch bestimmt. e) Schaden.

Dieser Fall demonstriert, dass die Bejahung der Zurechnung allein schon wegen des Vorliegens einer Verkehrssicherungspflichtverletzung zu gleichen Ergebnissen führt wie bei der zwischen einem Tun und einem Unterlassen differenzierenden Sichtweise; jeder Weg kann daher von Ihnen risikolos vertreten werden. Hier wird im Folgenden der allgemein übliche **Lösungsweg** vorgeschlagen, so dass zwischen Tun und Unterlassen zu differenzieren ist und dass der Verkehrssicherungspflicht bei Unterlassungsdelikten zunächst einmal nur die Bedeutung einer Rechtspflicht zum Tun beigemessen wird. Darauf hingewiesen werden soll aber schon jetzt, dass die Verletzung von Verkehrssicherungspflichten nach der herrschenden Meinung in einem anderen Zusammenhang dann doch für die Zurechnung von Bedeutung sein soll: Sie soll darüber entscheiden, ob sogenannte „mittelbare Verletzungen" zugerechnet werden können.; dazu später mehr.

b) Unterlassungsdelikte

Ein **Unterlassen** kann einem Inanspruchgenommenen nur dann zugerechnet werden, wenn es einem positiven Tun gleichgestellt werden kann. Voraussetzung dafür ist eine **Rechtspflicht** des in Anspruch genommenen Unterlassenden **zum Tun** aus einer der hergebrachten **„Garantenstellungen"**, wie sie Ihnen bereits aus dem Strafrecht bekannt sind: Es gibt „Garantenstellungen"

- aus **Gesetz** (z.B. § 1631 BGB),
- aus **Vertrag** (z.B. aus einem Wartungsvertrag für einen Fahrstuhl),
- aus einer **Nähebeziehung** zu anderen Personen (z.B. Lebensgemeinschaft),
- aus einem **vorangegangenen gefährdenden Tun** („Ingerenz") und
- aus (Sie haben es gerade eben gelesen) **Verkehrssicherungspflichten** (z.B. Streupflicht).

A. Anspruch aus § 823 Abs. 1 BGB

Hinsichtlich der Verkehrssicherungspflichten befinden wir uns wieder auf „unsicherem Terrain", denn der Gesetzgeber hat keine für § 823 Abs. 1 BGB bedeutsame allgemeine Verkehrssicherungspflicht konstituiert, sondern nur Einzelfallregelungen getroffen (§ 836 BGB) und ansonsten offenbar darauf vertraut, dass die Verkehrssicherungspflichten in Nebengesetzen, Rechtsverordnungen, Gemeindesatzungen aufgestellt werden, die dann als „Schutzgesetze" i.S.d. § 823 Abs. 2 BGB anzusehen seien. Alles kann jedoch nicht auf diese Weise geregelt werden, so dass notwendigerweise Lücken bleiben. Aus dem Bedürfnis, diese Lücken zu schließen, hat man das Recht fortgebildet und einen einen heute als Gewohnheitsrecht anerkannten Rechtssatz entwickelt, demzufolge es auch außerhalb von solchen „Schutzgesetzen" i.S.d. § 823 Abs. 2 BGB **allgemeine Verkehrssicherungspflichten** gibt, die – was uns hier zunächst interessiert – **bei Unterlassungsdelikten** die **Bedeutung einer „Rechtspflicht zum Tun"** haben. Darauf, dass die Verkehrssicherungspflicht noch eine weitere, später zu erläuternde, Funktion (Zurechnung mittelbar herbeigeführter Verletzungen) hat, ist bereits hingewiesen worden („Doppelfunktion" der Verkehrssicherungspflicht). Was die **Voraussetzungen** und den **Inhalt** einer **Verkehrssicherungspflicht** angeht, müssen Sie wissen,

- dass eine **Person** dann **verkehrssicherungspflichtig** ist, wenn sie entweder als Ausübender der Bestimmungsgewalt oder als Dritter, dem die Verkehrssicherungspflicht übertragen wurde, eine **Gefahrenquelle geschaffen** hat (z.B. durch die Eröffnung des Verkehrs auf Grundstücken) oder sie durch Ausübung der tatsächlichen Verfügungsgewalt **beherrscht** (z.B. als anstelle des nicht sachkundigen Bauunternehmers bauaufsichtspflichtiger Architekt), wenn sie eine **Sache in den Verkehr** bringt (z.B. durch Herstellung eines mangelhaften oder gefährlichen Produkts) oder wenn sie eine **gefährliche Tätigkeit** ausübt (z.B. als Waffenhändler). Diese **verkehrssicherungspflichtige Person muss**

- im Rahmen des ihr **Zumutbaren**

- gegenüber **Befugten**, aber **nicht gegenüber Unbefugten** (z.B. Einbrecher rutscht auf vereister, nicht gestreuter Treppe aus), wohl aber gegenüber **unbefugten Kindern** bei einem gerade für Kinder von der Gefahrenquelle ausgehenden oder aufgrund des In-den-Verkehr-Bringens ausgelösten besonderen Anreiz, sich der Gefahr auszusetzen (z.B. Kinder verunglücken auf nicht eingezäunter Baustelle)

- **Schutzmaßnahmen** treffen (z.B. bei der Eröffnung des Verkehrs zu einem Haus für eine Treppenhausbeleuchtung zu sorgen; bei der Herstellung ein Produkt mangelfrei herzustellen bzw. einem gefährlichen Produkt einen Warnhinweis beizugeben; Waffen nur an Käufer, die eine behördliche Erlaubnis haben, abzugeben)

- oder sie muss im Falle einer **Übertragung der Verkehrssicherungspflicht auf einen Dritten** diesen **ordnungsgemäß auswählen, beaufsichtigen** und **überwachen**.

Fall 739: Dem E gehört ein größeres Mietshaus im Zentrum Hamburgs. Für den E ist der in einem Vorort wohnende selbstständig tätige Hausmeister H tätig. An einem Wintertag des Jahres 2002 fällt am frühen Abend infolge eines Kurzschlusses die Treppenhausbeleuchtung aus. Ein Mieter benachrichtigt den E telefonisch vom Ausfall der Beleuchtung und dieser beauftragt sofort telefonisch den H mit der Wiederherstellung der Beleuchtung. Der H macht sich auf den Weg. Wegen plötzlichen heftigen Schneefalls mit Glättebildung bricht der H die Anfahrt mit dem Auto ab; weil auch der öffentliche Nahverkehr auf den Straßen völlig zusammenbricht, bleibt er zu Hause. Der E hatte davon, dass der H nicht kommen würde, nichts erfahren. Der Besucher B eines der Mieter stürzt in dem stockdunklen Treppenhaus. Er verlangt Schadensersatz von dem E, weil seine Kleidung durch den Sturz zerrissen ist. Der E kann nachweisen, dass der H sehr verlässlich ist und jahrelang das Haus zuverlässig betreut hat.

1. Ein Anspruch aus § 831 Abs. 1 S. 1 BGB besteht nicht, weil H als selbstständiger Unternehmer kein Verrichtungsgehilfe des E ist. 2. Ein Anspruch könnte sich aus § 823 Abs. 1 BGB ergeben. a) Gegeben ist eine Eigentumsverletzung. b) Bei Anlegung des Maßstabs des „Schwerpunktes der Vorwerfbarkeit" liegt aa) kein Tun des E, aaa) sondern ein Unterlassen vor. bbb) Die Rechtspflicht zum Tun ergibt sich aaaa) aus einer Verkehrssicherungspflicht: Bei der Eröffnung des Verkehrs auf Grundstücken, speziell in Mietshäusern, ist für eine jederzeit funktionierende Treppenhausbeleuchtung zu sorgen. Das liegt im Rahmen des Zumutbaren. Diese Pflicht besteht auch gegenüber Besuchern von Mietern, wie dem B, denn diese sind Befugte. Der E hat die Erfüllung derartiger Pflichten auf den H übertragen. Das ist möglich. bbbb) An die Stelle der Verkehrssicherungspflicht tritt dann eine Pflicht des Verkehrssicherungspflichtigen, die Erfüllung der Pflicht zu überwachen. Diese Pflicht hat E nicht erfüllt: Er hätte sich insbesondere im Hinblick auf die Wetterlage vergewissern müssen, dass es dem H gelungen war, zu dem Haus zu gelangen und die Beleuchtung wiederherzustellen. bb) Das Unterlassen aaa) ist ursächlich, denn bei einer Überwachung hätte der E davon erfahren, dass das Treppenhaus weiterhin unbeleuchtet war und er hätte die Erfüllung der Verkehrssicherungspflicht anderweitig herbeigeführt: z.B. durch eine Warnung der Mieter, die ihrerseits ihre Besucher, hier den B, warnen oder sie sicher durch das Treppenhaus geleiten können; daher wäre die Eigentumsverletzung mit an Sicherheit grenzender Wahrscheinlichkeit ausgeblieben. bbb) Die Nichterfüllung der Überwachungspflicht war auch typischerweise die geeignete Bedingung für die Verletzung des Eigentums. c) Die Rechtswidrigkeit ist indiziert. d) Der E hat fahrlässig gehandelt. e) Schaden.

- Auch können **Organisationspflichten** zum Tun verpflichten und damit eine „Garantenstellung" sein.

Variante: Der E ist ein Großvermieter mit 100 in der Hausverwaltung tätigen eigenen Mitarbeitern. Der H ist einer der Mitarbeiter des E. Dem H vorgesetzt ist der A als der Leiter der Abteilung „Hausmeister". Der E kann nachweisen, dass der A hochqualifiziert ist, dass er jahrelang ohne Beanstandungen seine Abteilung geleitet und die einzelnen als Hausmeister tätigen Mitarbeiter bei der Erfüllung ihrer Pflichten instruiert und beaufsichtigt hat, so dass es bisher zu keinem einzigen Unfall in den Häusern gekommen war. Die Nachricht des Mieters M war auf einem Telefonanrufbeantworter in der Wohnung des H aufgezeichnet worden. Der H hatte zwar Bereitschaftsdienst, hatte aber das Band nicht abhören und daher auch nicht kommen können, weil er am Vortag mit einem Herzanfall zusammengebrochen und in ein Krankenhaus eingeliefert worden war. Nach der betrieblichen Organisation ist ein krankheitsbedingter Ausfall eines Mitarbeiters durch diesen dem Personalbüro zu melden, das dann für den nächsten Tag eine Vertretungsregelung zu treffen hat.

1. Ein Anspruch aus § 831 Abs. 1 S. 1 BGB scheitert an § 831 Abs. 1 S. 2 BGB, denn der E hat sich a) zwar nicht für den H, b) wohl aber für den für die Überwachung des H zuständigen A entlastet. Das reicht aus (sog. „dezentralisierter Entlastungsbeweis"). 2. Ein Anspruch könnte

aber aus § 823 Abs. 1 BGB gegeben sein. a) Es liegt eine Eigentumsverletzung vor. b) Es liegt aa) kein Tun des E, sondern aaa) ein Unterlassen vor. bbb) Die Rechtspflicht zum Tun ergibt sich aaaa) aus einer Verkehrssicherungspflicht: Bei der Eröffnung des Verkehrs auf Grundstücken, speziell in Mietshäusern, ist für eine jederzeit funktionierende Treppenhausbeleuchtung zu sorgen. Das liegt im Rahmen des Zumutbaren. Diese Pflicht besteht auch gegenüber Besuchern von Mietern, wie dem B, denn diese sind Befugte. Der E hat die Erfüllung der Pflicht auf den A und dieser auf den H übertragen. Das ist möglich. bbbb) An die Stelle der Verkehrssicherungspflicht tritt dann eine Pflicht, die Erfüllung der Pflicht sicherzustellen. Diese „Organisationspflicht" hat E nicht erfüllt, weil nach der innerbetrieblichen Organisation die Erfüllung der Verkehrssicherungspflicht dann nicht gesichert war, wenn der dafür bestimmte Mitarbeiter krankheitsbedingt ausfällt; denn ein Ersatzmann sollte in einem solchen Fall erst am nächsten Tag bestellt werden. Das ist für die Erfüllung einer Verkehrssicherungspflicht in einem bewohnten Gebäude regelmäßig zu spät. bb) Das Unterlassen aaa) ist ursächlich, denn bei einer sofort für Ersatz sorgenden Organisation wäre die Erfüllung der Verkehrssicherungspflicht anderweit herbeigeführt worden; daher wäre die Eigentumsverletzung mit an Sicherheit grenzender Wahrscheinlichkeit ausgeblieben. bbb) Die Nichterfüllung der Organisationspflicht war auch typischerweise die geeignete Bedingung für die Verletzung des Eigentums. c) Die Rechtswidrigkeit ist indiziert. d) Der E hat fahrlässig gehandelt. e) Schaden.

c) Beteiligte

Auch wenn an einem Delikt mehrere „beteiligt" sind, setzt eine Inanspruchnahme stets voraus, dass der Inanspruchgenommene oder eine Person, deren Verhalten der Inanspruchgenommene sich zurechnen lassen muss, gehandelt hat. Von diesem Erfordernis entbindet auch § 830 BGB nicht. Die Bedeutung des § 830 Abs. 1 S. 1, Abs. 2 BGB liegt nämlich nicht auf dem Gebiet der Handlung; vielmehr regelt diese Vorschrift die Ersetzung einer nur möglichen, aber nicht feststehenden Kausalität durch die den Kausalitätsnachweis entbehrlich machende Tatsache einer Mittäterschaft (§ 830 Abs. 1 S. 1), einer Anstiftung oder einer Beihilfe (§ 830 Abs. 2 BGB) und schließlich auch durch die Tatsache einer „Beteiligung" (§ 830 Abs. 1 S. 2 BGB). Dazu folgen später vertiefende Ausführungen im „passenden" Zusammenhang.

2. Zurechnungszusammenhang zwischen dem menschlichen Verhalten und der Verletzung

Es muss weiterhin **zwischen** der **Verletzung eines Rechtsgutes oder eines Rechtes** und dem **menschlichen Verhalten**, sei es nun ein Tun oder ein Unterlassen, ein die Haftung begründender **Zurechnungszusammenhang** bestehen. Obwohl es dabei nicht ausschließlich um „Kausalität" geht, nennen wir diesen Zurechnungszusammenhang wie auch sonst üblich die „haftungsbegründende Kausalität". Zu unterscheiden ist sie von dem zwischen der Verletzung und dem Schaden bestehenden Zurechnungszusammenhang (der „haftungsausfüllenden Kausalität").

a) Kausalität

aa) Festzustellende Kausalität

Das **menschliche Verhalten** muss **kausal** für die **Verletzung** der geschützten Rechtsposition gewesen sein.

Bei einem **Tun** wird die Kausalität nach der **„conditio sine qua non" – Formel** beurteilt: Ein **Tun** ist dann **ursächlich**, wenn es **nicht hinweggedacht** werden kann, ohne dass der Erfolg entfiele (**„Äquivalenztheorie"**). Bei einem **Unterlassen** ist die Äquivalenztheorie bereits aus logischen Gründen nicht anwendbar: Ein Nichtereignis kann nicht die Ursache für ein Ereignis sein. Daher wird die og. Formel dahingehend modifiziert, dass zu fragen ist, ob das geforderte Handeln den Erfolg **„mit an Sicherheit grenzender Wahrscheinlichkeit"** verhindert hätte; hier geht es also **nicht** um eine logisch zu beantwortende Frage, sondern um eine Ihnen abgeforderte **Bewertung**! Wer in dogmatischer Hinsicht ganz besonders sensibel ist, kann gegen diese Variierung der Äquivalenzprüfung bei Unterlassensdelikten wiederum einwenden, dass man auf diese Wertungsklausel („mit an Sicherheit grenzender Wahrscheinlichkeit") durchaus verzichten könne, weil diese Einschränkung schon deshalb selbstverständlich sei, weil das menschliche Erkenntnisvermögen naturgemäß beschränkt sei und daher ohnehin nur unter diesem Vorbehalt Gültigkeit beanspruchen könne. Bei einer Herbeiführung des Erfolgs durch ein **Zusammenwirken mehrerer Personen** ist das Tun eines jeden ursächlich: Wenn mehrere Personen (die nicht unter § 830 BGB fallen; dazu sogleich), deren einzelne Tatbeiträge für sich genommen nicht ursächlich waren, die deliktisch relevante Verletzung durch ihr Zusammenwirken ausgelöst haben, lässt sich keine der Ursachen hinwegdenken, ohne dass die Verletzung entfiele. Daher ist auch in diesen Fällen ein äquivalenter Kausalzusammenhang gegeben. Interessant ist die Konstellation, bei der jede der Ursachen für sich den Erfolg herbeigeführt hätte. Dann würde die Äquivalenzformel versagen, weil das Handeln eines jeden hinweggedacht werden kann und der Erfolg dadurch nicht entfiele. Gleichwohl kommt man natürlich („a minore ad maius") zu einer Haftung beider Handelnder.

Fall 740: Das Unternehmen U 1 und das Unternehmen U 2 leiten unabhängig voneinander unerlaubt Abwässer in einen Bach, der durch einen von dem Angelclub „Fischkopp eV." (F) gepachteten Fischteich fließt. Die jeweilige Abwassermenge ist für sich genommen unschädlich für die Fische, aber infolge eines Zusammenwirkens der Teilmengen geht der gesamte dem F gehörende Jungfischbestand ein. Der F verlangt von U 1 Schadensersatz in Höhe von € 1000.- (nach Canaris).

Der Anspruch ergibt sich aus § 823 Abs. 1 BGB. a) Eine Eigentumsverletzung liegt vor. b) Der U 1 hat durch die Einleitung gehandelt (Tun). c) Das Tun war aa) kausal, denn man kann die Einleitung durch den U 1 nicht hinwegdenken, ohne dass die Eigentumsverletzung entfiele, so dass nach der Formel der Äquivalenztheorie eine Kausalität gegeben ist. bb) Die Verletzung war auch aaa) adäquat kausal und bbb) liegt im Schutzzweck der Norm. c) Die Rechtswidrigkeit und d) das Verschulden sind gegeben. e) Nach § 840 Abs. 1 BGB sind der U 1 und der U 2 (für den Gleiches wie für den U 1 gilt) Gesamtschuldner, so dass der F von dem U 1 die ganze Leistung fordern kann (§ 421 BGB).

Variante: Die eingeleitete Giftmenge eines jeden hätte ausgereicht, um die Fische zu töten.

Auch dann sind („a minore ad maius") beide als Gesamtschuldner zum Schadensersatz verpflichtet (§§ 823 Abs. 1, 840 Abs. 1, 421 ff. BGB).

Es ist jedoch alles noch ein wenig schwieriger, als man denkt: Denn, auch wenn es bei der Kausalitätsprüfung in erster Linie um die Prüfung der **naturwissenschaftlichen**

Kausalität ohne Wertungsspielraum (Ausnahme: Unterlassungsdelikt) geht, werden wir doch nicht ganz ohne normative Faktoren auskommen können: Sie werden demnächst erfahren, dass ein Kausalzusammenhang nur dann rechtlich relevant sein kann, wenn das für die Verletzung kausale Verhalten im Hinblick auf die Verletzung eine Risikoerhöhung bedeutet.

bb) Nicht festzustellende Kausalität

Sie wissen ja bereits, dass die Bedeutung des § 830 Abs. 1 S. 1, Abs. 2 BGB darin besteht, in den Fällen einer nicht feststellbaren und daher **nur möglichen Kausalität** eine deliktische Verantwortlichkeit zu begründen. Wenn mehrere an einer unerlaubten Handlung als **Mittäter,** als **Anstifter** oder als **Gehilfen** (also nur bei **Vorsatztaten** und **nicht bei Exzessen**!) beteiligt sind (= „**Teilnahme**"), sind diese Personen allein aufgrund ihres Willens zur Teilnahme, also ohne Rücksicht auf das Vorliegen einer Kausalität ihres Verhaltens (natürlich vorbehaltlich der weiteren zu prüfenden Merkmale!) deliktisch verantwortlich. Gleiches gilt für eine „**Beteiligung**" (§ 830 Abs. 1 S. 2 BGB). Gehen wir jetzt ins Detail.

(1) „Überbrückung" der nicht festzustellenden Kausalität durch „Teilnahme" (Mittäterschaft, Anstiftung, Beihilfe nach § 830 Abs. 1 S. 1, Abs. 2 BGB)

Wenn mangels einer Feststellbarkeit der Ursächlichkeit des Handelns des Inanspruchgenommenen für die von Ihnen bereits subsumierte Verletzung des Rechtsgutes oder Rechts vom Fehlen der äquivalenten Kausalität auszugehen ist, kann jedenfalls in den Fällen der „Teilnahme" durch § 830 Abs. 1 S. 1, Abs. 2 BGB (Mittäterschaft, Anstiftung, Beihilfe) das Kausalitätserfordernis „überbrückt" werden.

Variante: Der A und der B treffen die Absprache, den C zusammenzuschlagen. Der A „steht Schmiere" und der B schlägt zu. Der C wird verletzt. Der C nimmt den A auf Schadensersatz in Anspruch.

Der Anspruch gegen den A ergibt sich aus §§ 823 Abs. 1, 830 Abs. 1 BGB. a) Der C ist verletzt. b) Der A hat durch sein „Schmiere – Stehen" gehandelt (Tun). c) Ob das aa) „Schmiere – Stehen" des A ursächlich für die Verletzung ist, ist offen. Der A muss sich aber als Mittäter das Tun des B zurechnen lassen (§ 830 Abs. 1 S. 1 BGB). bb) Einer weiteren Prüfung der Zurechnung bedarf es bei Vorsatzdelikten nicht (dazu später mehr). d) Die Rechtswidrigkeit ist indiziert. e) Der A hat vorsätzlich gehandelt. f) Der A muss als Gesamtschuldner für den ganzen Schaden einstehen (§§ 840 Abs. 1, 421 BGB).

Fall 741: Eine Menschenmenge versammelt sich vor einem Asylbewerberheim. Aus der Menge werden aufgrund einer Verabredung mehrerer Personen, darunter auch des T 1, Brandsätze in das Zimmer des Bewohners B geworfen, so dass die Sachen des B in Brand gesetzt werden. Auch der T 1 hat einen Brandsatz geworfen. Es lässt sich nicht feststellen, dass der Brandsatz des T 1 überhaupt gewirkt hat. Der T 2 hat als Teil der Menschenmenge neugierig zugesehen, aber nichts unternommen. Der B nimmt den T 1 und den T 2 auf Schadensersatz in Anspruch (nach Canaris).

1. Ein Anspruch des B gegen den T 1 a) könnte aus § 823 Abs. 1 BGB gegeben sein. aa) Das Eigentum des B ist verletzt. bb) Eine aaa) Handlung des T 1 liegt darin, dass er einen Brandsatz geworfen hat. bbb) Diese Handlung müsste kausal für die Verletzung gewesen sein. Es lässt sich nicht feststellen, dass sein Wurf nicht hinweggedacht werden kann, ohne dass der Erfolg entfällt (Äquivalenztheorie). Daher besteht kein Anspruch aus § 823 Abs. 1 BGB. b) Der Anspruch ergibt sich jedoch aus § 830 Abs. 1, S. 1 BGB. Der T 1 war nämlich Mittäter: Er hatte die Tat aufgrund eines gemeinschaftlichen Entschlusses, die Sachen in dem Zimmer des B in Brand zu setzen, gefördert. c) Ein Anspruch aus § 823 Abs. 2 BGB setzt einen Verstoß des T 1 gegen ein Schutzgesetz voraus. aa) Der T 1 hat den Tatbestand des § 125 StGB verwirklicht. bb) Fraglich ist, ob es sich hierbei um den Verstoß gegen ein Schutzgesetz handelt. Ein solches ist eine Rechtsnorm, die sich ge- oder verbietend an den einzelnen richtet, die also, anders als eine Verwaltungsvorschrift, Außenwirkung hat und die den Schutz des Einzelnen vor Rechts- oder Rechtsgutverletzungen und ihren Folgeschäden bezweckt und zu deren Schutzbereich auch der Anspruchsteller gehört. § 125 StGB ist aber kein Gesetz, das dem Schutz des Einzelnen dient; die Vorschrift soll den Gemeinschaftsfrieden sichern; der dem Einzelnen zuteil werdende mittelbare Schutz ist nur eine Reflexwirkung des Gesetzes, die keine zivilrechtliche Haftung begründet. 2. Ein Anspruch gegen den T 2 a) aus § 823 Abs. 1 BGB kommt mangels einer Handlung nicht in Betracht. b) Ein Anspruch aus § 830 Abs. 1 S. 1 oder Abs. 2 BGB entfällt, weil T 2 keinen Teilnehmervorsatz, auch nicht den zur „psychischen" Beihilfe, hat. c) Ein Anspruch aus § 830 Abs. 1 S. 2 BGB entfällt, weil ein Fall der „Alternativitätstäterschaft" deshalb nicht in Betracht kommt, weil der T 2 völlig passiv war.

In vielen Fällen geht man allerdings vorschnell auf § 830 BGB ein. Ein **kausaler** Tatbeitrag liegt nämlich bei der Mittäterschaft und auch bei der Beihilfe häufig im Tatbeitrag selbst. Wenn es so liegt, dann verwirklicht **jeder** der in Anspruch genommenen **Teilnehmern den** vollen **Tatbestand** eines **Delikts selbst**, und es kommt gar nicht auf § 830 Abs. 1 S. 1, Abs. 2 BGB an. Rein theoretisch könnte man „das Kind sogar mit dem Bade ausschütten" und so argumentieren, dass bei jeder Mittäterschaft, Anstiftung oder Beihilfe begriffsnotwendig ein kausaler Tatbeitrag des jeweiligen Teilnehmers vorliege, und sei es auch nur die sich psychisch „beflügelnd" auf den Täter auswirkende Hilfezusage eines Gehilfen. So gesehen, wäre § 830 Abs. 1 S. 1, Abs. 2 BGB in der Tat eine überflüssige Norm. Aus der Existenz der Norm des § 830 Abs. 1 S. 1, Abs. 2 BGB kann man aber wohl im Umkehrschluss folgern, dass der Gesetzgeber, dem diese Überlegung nicht entgangen sein kann, derlei Tatbeiträge nicht als stets kausalen Tatbeitrag ansehen will.

Fall 742: Der A hält den C gewaltsam fest und B schlägt ihn zusammen. Sie handeln aufgrund einer Absprache. Der C nimmt den A und den B auf Schadensersatz in Anspruch (nach Canaris).

Der Anspruch 1. gegen den B ergibt sich aus §§ 823 Abs. 1, 830 Abs. 1 S. 1 BGB. a) Der C ist verletzt. b) Der B hat durch Tun (Schläge) gehandelt. c) Das Tun aa) ist ursächlich für die Verletzung. bb) Bei Vorsatzdelikten bedarf es keiner weiteren Prüfung der Zurechnung. d) Die Rechtswidrigkeit ist indiziert. e) Der B hat vorsätzlich gehandelt. f) Der B muss als Gesamtschuldner für den ganzen Schaden einstehen (§§ 840 Abs. 1, 421 BGB). 2. Der Anspruch gegen den A ergibt sich ebenfalls aus § 823 Abs. 1, 830 Abs. 1 S. 1 BGB a) Der C ist verletzt. b) Der A hat durch Tun (Festhalten) gehandelt. c) Das Tun (Festhalten) aa) ist ursächlich für die Verletzung. bb) Bei Vorsatzdelikten bedarf es keiner weiteren Prüfung der Zurechnung. d) Die Rechtswidrigkeit ist indiziert. e) Der A hat vorsätzlich gehandelt. f) Der A muss als Gesamtschuldner für den ganzen Schaden einstehen (§§ 840 Abs. 1, 421 BGB).

(2) „Überbrückung" der nicht festzustellenden Kausalität durch „Beteiligung" (§ 830 Abs. 1 S. 2 BGB)

Schließlich gibt es solche Fälle, in denen der Inanspruchgenommene und auch andere Personen gehandelt haben, in denen aber anders als zuvor eine nicht festzustellende Kausalität ihres jeweiligen Verhaltens deshalb nicht nach § 830 Abs. 1 S. 1, Abs. 2 BGB „überbrückt" werden kann, weil diese Personen keine Mittäter, keine Anstifter und keine Gehilfen sind, sondern überhaupt nur als „Nebentäter" des Delikts schadensersatzpflichtig gewesen wären, wenn man die haftungsbegründende Kausalität ihres Handelns hätte feststellen können. Besteht bei solchen Personen ein Feststellungsdefizit hinsichtlich der haftungsbegründenden Kausalität, soll die bestehende Schutzlücke dadurch geschlossen werden, dass man eine deliktische Haftung eines solchen Nebentäters davon abhängig macht, ob er ein **„Beteiligter"** i.S.d. **§ 830 Abs. 1 S. 2 BGB** ist.

Die Konstellation des § 830 Abs. 1 S. 2 BGB ist gegeben, wenn **unklar** bleibt, **wer** von mehreren Beteiligten das Delikt durch seine Handlung **verursacht** hat (sog. **„Urheberzweifel"**) oder **zu welchem Anteil** einzelnenBeteiligte das Delikt **verursacht** haben (sog. **„Anteilszweifel"**). Man darf aber eine solche Unklarheit **nicht voreilig** annehmen, denn sie besteht dann **nicht**, wenn **(a) einer der Beteiligten** (bei unterstellter Kausalität seiner Handlung) deshalb nicht ersatzpflichtig wäre, weil er **(aa) gerechtfertigt** gewesen wäre oder weil er **(bb) schuldlos gehandelt** hätte, **(b)** oder wenn überhaupt nicht sicher ist, dass die Verletzung durch einen Beteiligten oder durch alle Beteiligte verursacht worden ist, wenn also die **(aa) Verletzung möglicherweise durch den Verletzten selbst** oder **(bb) durch einen Dritten, der** seinerseits **nicht „Beteiligter" ist**, herbeigeführt worden ist, **(c)** oder wenn **sicher feststellbar ist, dass einer der Beteiligten schadensersatzpflichtig** ist.

Ist danach ein rechtlich relevanter „Urheberzweifel" oder „Anteilszweifel" anzunehmen, besteht die weitere rechtliche Schwierigkeit darin, den Kreis der **„Beteiligten"** zu bestimmen: In der Rechtsprechung wird dafür meist ein **räumlicher und zeitlicher Zusammenhang** zwischen den in Betracht kommenden Tathandlungen und auch deren **Gleichartigkeit** verlangt, während es nach der Lehre auf die **hohe Wahrscheinlichkeit** oder eine **konkrete Eignung des Verhaltens** für die **Schadensherbeiführung** ankommen soll. Die Ergebnisse dürften sich kaum unterscheiden.

Fall 743: Eine Menschenmenge versammelt sich vor einem Asylbewerberheim. Aus der Menge werden Brandsätze in das Zimmer des Bewohners B geworfen, so dass die Sachen des B in Brand gesetzt werden. Der auch anwesende T nahm aufgrund eines spontanen Entschlusses eine der dort massenhaft herum liegenden Benzinflaschen an sich, zündete den Docht an und warf die Flasche in Richtung des Hauses, um es in Brand zusetzen. Einer der geworfenen Brandsätze fliegt durch die Scheibe, die anderen prallen von der Wand ab. Das Zimmer und die Sachen des B geraten in Brand. Dass der Brandsatz des T getroffen hat, lässt sich nicht feststellen. Der B nimmt den T auf Schadensersatz in Anspruch.

Der Anspruch könnte sich aus § 823 Abs. 1 BGB ergeben. a) Eine Eigentumsverletzung liegt vor. b) Diese müsste einem Verhalten des T zugerechnet werden können: aa) Der Wurf mit dem Brandsatz ist als positives Tun ein menschliches Verhalten. bb) Der Wurf mit dem Brandsatz müsste für die Verletzung kausal gewesen sein. aaa) Es steht aber nicht fest, dass der Brandsatz des T getroffen hat, so dass es an der Feststellung einer Kausalität fehlt. bbb) Möglich ist jedoch eine „Überbrückung" der nicht festzustellenden (also fehlenden) Kausalität durch § 830 BGB. aaaa) § 830 Abs. 1 S. 1 (Mittäterschaft), Abs. 2 (Anstiftung, Beihilfe) BGB liegen nicht vor. bbbb) Eingreifen könnte jedoch § 830 Abs.1 S. 2, BGB: aaaaa) Der T müsste „Beteiligter" sein: Das Verhalten des T und das der Brandsatzwerfer steht in einem engen räumlichen und zeitlichen Zusammenhang und ist gleichartig, so dass T bei Anlegung dieser Kriterien „Beteiligter" wäre. Aber auch wenn man auf die Kriterien einer hohen Wahrscheinlichkeit oder einer konkreten Eignung des Verhaltens des T für die Schadensherbeiführung abstellt, um eine Beteiligung annehmen zu können, wäre im gegebenen Fall eine „Beteiligung" gegeben. bbbbb) Weil § 830 Abs.1 S. 2 BGB dem Geschädigten nur hinsichtlich seiner Ungewissheit darüber, wer den Schaden verursacht hat, helfen soll, muss jeder der Beteiligten hypothetisch deliktisch in Anspruch genommen werden können; das ist hier der Fall: aaaaaa) Eine Eigentumsverletzung liegt vor. bbbbbb) Die Verletzung könnte hypothetisch auf ein menschliches Verhalten eines jeden der Beteiligten (einschließlich des T) zurückgeführt werden. Nur mangels einer Feststellbarkeit der Kausalität kann die Verletzung niemandem der Beteiligten zugerechnet werden („Urheberzweifel"). cccccc) Da keiner der Beteiligten gerechtfertigt war, steht auch die Rechtswidrigkeit fest. dddddd) Alle haben auch schuldhaft gehandelt. Mithin ist die nicht festzustellende (also fehlende Kausalität) nach § 830 Abs. 1 S. 2 BGB als „überbrückt" anzusehen. cc) Da die Tat ein Vorsatzdelikt ist, kommt es auf weitere Zurechnungskriterien nicht an. c) Der T war nicht gerechtfertigt. d) Er hat schuldhaft gehandelt. e) Der T muss daher als Gesamtschuldner für den ganzen Schaden einstehen (§§ 840 Abs. 1, 421 BGB).

b) Vermeidung einer „uferlosen Haftung" durch Zurechnungskriterien

Nachdem wir nun wissen, dass eine Zurechnung nicht nur das Vorliegen einer äquivalenten Kausalität oder deren „Überbrückung" durch § 830 BGB voraussetzt, sind wir mit unseren Zurechnungsüberlegungen noch lange nicht am Ende: Unschwer zu erkennen ist nämlich, dass bei einem bloßen Abstellen auf die Kausalität auch **ganz entfernt liegende Folgen** dem Handelnden **zuzurechnen wären**. Es stellt sich daher die Frage, ob es im Sinne einer sinnvollen Haftungsbeschränkung (Verhinderung einer sonst „uferlosen" deliktischen Haftung mit unbilligen Ergebnissen) **weitere Zurechnungskriterien** geben muss.

- Es gibt allerdings eine **Rechtsansicht**, die weitere Zurechnungskriterien **nicht für erforderlich** hält, weil in Fällen, in denen es um die Frage der Zurechnung ganz entfernter Folgen eines Verhaltens geht, eine deliktische Haftung ohnehin, und zwar entweder auf der Ebene der Rechtswidrigkeit oder auf der Ebene der Schuld ausgeschlossen werden kann; die (gleich näher vorgestellte) der Haftungsbegrenzung dienende Adäquanzprüfung und die Einschränkung der Zurechnung durch die Lehre vom Schutzzweck der Norm werden nach dieser Ansicht nur im haftungsausfüllenden Bereich berücksichtigt. Eine solche Lösung ist auch

durchaus vertretbar; wenn Sie diesen Weg wählen wollen, muss dies dann aber von Ihnen deutlich zum Ausdruck gebracht und auch begründet werden.
- Hier jedenfalls wird wie üblich davon ausgegangen, dass nach der Prüfung eines menschlichen Verhaltens und seiner Ursächlichkeit für die Verletzung i.S.d. Äquivalenztheorie bzw. der Überbrückung einer fehelnden Ursächlichkeit die im folgenden dargestellten **Zurechnungskriterien** der **Adäquanztheorie** und der **Lehre vom Schutzzweck der Norm** bereits **im haftungsbegründenden Zusammenhang** zu prüfen sind, dies, und insoweit erleichtern wir uns die Arbeit, allerdings **nicht** bei den sogenannten „Vorsatzdelikten", sondern **nur bei** „Nicht-Vorsatzdelikten".

c) „Vorsatzdelikte"

Eine deliktische Inanspruchnahme ist dann nicht als „uferlose" Haftung anzusehen, wenn der Erfolg, sei er auch noch so fern liegend, vorsätzlich herbeigeführt wurde. Der **vorsätzlich**, also „mit Wissen und Wollen" **herbeigeführte Erfolg** muss daher **stets zugerechnet** werden. Lassen Sie sich an dieser Stelle nicht von dem hin- und wieder zu lesenden oder zu hörenden Einwand, man zöge hiermit ein in die Prüfung der „Schuld" gehöriges Merkmal („Vorsatz") systemwidrig zur Prüfung der „Tatbestandsmäßigkeit" heran, davon abhalten, die Frage der Zurechnung bei „Vorsatzdelikten" ganz knapp zu bejahen: Denn die dogmatische Systemreinheit ist kein Selbstzweck.

Fall 744: Der Jäger Hagen (H) streift des Morgens durch einen nebligen norddeutschen Wald bei Barkfelt. Er ist auf der Suche nach dem Wilderer Siegfried (S), um ihn zu töten, weil der S ihm den einzigen Hirsch der ganzen Gegend weggeschossen hat und er sich auf dem „Jägerball" an seine Senga herangemacht hat. Als der H auf einem schnurgeraden Waldweg in einer Entfernung von 600 m die typische Silhouette des ihm den Rücken zuwendenden S erblickt, legt er in der Eile ohne vorheriges Aufsetzen des mitgeführten Zielfernrohrs an, schießt und trifft den S an dessen, trotz seines Bades in Drachenblut empfindlich gebliebener Stelle in den Rücken, so dass der S hierdurch schwer verletzt wird. Der nicht krankenversicherte S verlangt Schadensersatz für die Heilungskosten von H.

Der Anspruch ergibt sich aus § 823 Abs. 1 BGB. a) Der S hat eine Körperverletzung erlitten. b) Diese Verletzung müsste dem Tun (Schuss) des H zugerechnet werden können. aa) Äquivalent kausal für die Verletzung war der Schuss, bb) aber nicht adäquat kausal, denn es lag völlig außerhalb jeder Wahrscheinlichkeit (große Entfernung, schlechte Lichtverhältnisse, Bewegung des Ziels, kein Zielfernrohr), dass der Schuss treffen würde. Gleichwohl wird bei „Vorsatzdelikten" die Verletzung dem Verhalten des Täters zugerechnet. c) Die Rechtswidrigkeit ist indiziert. d) Vorsatz. e) Schaden.

Auch der weitere Einwand, der Verzicht auf die Prüfung von Zurechnungskriterien bei „Vorsatzdelikten" würde zu einer nicht akzeptablen deliktischen Haftung bei einem zufälligen Eintritt der gewollten Verletzung führen, kann Sie nicht irritieren, wenn Sie sich darauf besinnen, dass wir uns bereits dafür entschieden haben, für das Vorliegen der Kausalität eine von dem menschlichen Verhalten ausgehende „Risikoerhöhung" für das Eintreten der Verletzung zu verlangen.

> Fall 745: Wenn der Schenker S seinem Feind F am Freitag, den 13., in der sicheren – und sich im zu beurteilenden Fall dann auch zufällig realisierenden – Erwartung, der Beschenkte werde damit verunglücken und sich verletzen, ein Auto schenkt, scheitert trotz des Vorsatzes des S ein Anspruch des F gegen den S aus § 823 Abs. 1 BGB am Vorliegen der Kausalität, weil durch das Verhalten des S nicht das Risiko für F, eine Verletzung zu erleiden, erhöht wurde.

In der Begründung „systemrein" ist natürlich auch diese Lösung nicht: Denn es lässt sich hiergegen trefflich einwenden, diese normative Korrektur der Kausalitätsprüfung sei nichts anderes als eine verkappte Anwendung der Adäquanztheorie, so dass also durch dieses „Korrektiv" auch bei „Vorsatzdelikten" eine sinnvolle Beschränkung der Haftung durch besondere Zurechnungskriterien erfolge.

d) „Nicht-Vorsatzdelikte"

Nach dem von uns gewählten dogmatischen Ansatz ist eine **Korrektur** der Resultate der „Äquivalenztheorie" zum Zwecke einer sinnvollen Haftungsbeschränkung **nur bei „Nicht-Vorsatzdelikten"** unerlässlich. Man muss sich das bildhaft so vorstellen, dass man bereits auf der Ebene der Zurechnung aus den Ursachen der Verletzung diejenigen Ursachen „herausfiltert", bei denen eine darauf beruhende Schadensersatzhaftung eine unangemessene Härte für den Inanspruchgenommenen bedeuten würde.

aa) „Adäquanztheorie"

Nach der **„Adäquanztheorie"** ist dem Inanspruchgenommenen eine Verletzung nur dann zurechenbar, wenn das für die Verletzung äquivalent kausale Verhalten zusätzlich auch adäquat kausal für die Verletzung war. Hierzu muss, was die deliktisch relevanten Verhaltensweisen angeht, wieder zwischen Tun und Unterlassen unterschieden werden.

Bei einem in einem **positivem Tun** bestehenden Handeln stellt sich für Sie bei der Zurechnungsprüfung nunmehr die weitere Frage,

- entweder (**positiv gefragt**), ob das **maßgebliche menschliche Verhalten** allein oder im Zusammenwirken mit anderen Umständen deshalb **generell geeignet** war, **die Verletzung herbeizuführen**, weil die von dem Verhalten gesetzten Bedingungen „im allgemeinen und nicht nur unter ganz besonders eigenartigen, ganz unwahrscheinlichen und nach dem regelmäßigen Verlauf der Dinge außer Betracht zu lassenden Umständen zur Herbeiführung der Rechtsgutverletzung geeignet" waren (RG),

- oder (**negativ gefragt**), ob das **maßgebliche menschliche Verhalten als Bedingung für die Verletzung deshalb außer Betracht** bleiben muss, weil es nur aufgrund eines deshalb **außerhalb jeder Lebenserfahrung** liegenden Kausalverlaufs zur **Verletzung der geschützten Rechtsposition** geführt hat, weil die von ihm gesetzten Bedingungen nicht „im allgemeinen, sondern nur unter ganz besonders eigenartigen, ganz unwahrscheinlichen und nach dem regelmäßigen Verlauf der Dinge außer Betracht zu lassenden Umständen zur Herbeiführung der Rechtsgutverletzung geeignet" waren.

Maßgeblich für diese Bewertung soll sein die Sicht eines **optimalen Betrachters „ex post"**.

<u>Fall 746:</u> Der Radfahrer A nimmt dem Autofahrer B die Vorfahrt, so dass B einen Unfall nur knapp vermeiden kann. Der A grinst dabei den B frech an. Darüber erregt der B sich so sehr, dass er infolge eines plötzlichen Blutdruckanstiegs einen Schlaganfall erleidet. Der B verlangt von dem A Schadensersatz (nach BGH).

Der B hat eine für § 823 Abs. 1 BGB erforderliche a) Gesundheitsverletzung erlitten. b) Das aa) in einem Tun liegende Verhalten des A bb) ist aaa) zwar äquivalent kausal für die Verletzung; bbb) es handelt sich aber aus der optimalen Sicht eines „ex post" – Betrachters um einen ganz ungewöhnlichen Verlauf, der keineswegs zu erwarten war, so dass das Tun des A nicht als adäquat kausal für die Gesundheitsverletzung angesehen werden kann.

Bei einem **Unterlassen** muss dagegen gefragt werden, ob das Unterlassen der geschuldete Handlung **typischerweise die geeignete Bedingung** für die Verletzung des Rechtsguts oder des Rechts war.

<u>Fall 747:</u> Am Wochenende gehen Kinder auf eine in einem Wohngebiet liegende nicht umzäunte Baustelle, auf der durch den Generalunternehmer Generali (G) ein mehrstöckiges Haus errichtet wird, und spielen „Verstecken" in dem Rohbau. Das Kind Klaus (K) fällt in einen unabgedeckten Fahrstuhlschacht und verletzt sich. Die private Krankenversicherung Secura (S) verlangt Ersatz der für K ersetzten Heilungskosten von G.
1. Die S hätte nach §§ 67 VVG, 412, 399 ff., 823 Abs. 1, 249 Abs. 2 BGB 2. einen Anspruch gegen G, wenn der Versicherungsnehmer K einen Anspruch aus § 823 Abs. 1 BGB gegen G gehabt hätte a) Eine Körperverletzung des K liegt vor. b) Sie müsste einem Handeln des G zugerechnet werden können. aa) Weil der „Schwerpunkt der Vorwerfbarkeit" darin zu sehen ist, dass der G keinen Bauzaun errichtet hat, aaa) liegt ein Unterlassen des G vor. bbb) Ihn traf eine Rechtspflicht zum Tun aus einer Verkehrssicherungspflicht: aaaa) Er hatte mit der Baustelle eine Gefahrenquelle geschaffen. bbbb) Er musste daher im Rahmen des ihm Zumutbaren cccc) gegenüber Befugten, aber wegen des besonderen Anreizes einer Baustelle gerade für Kinder auch gegenüber unbefugten Kindern Schutzmaßnahmen durch Errichtung eines Bauzaunes treffen. bb) Die Errichtung eines Bauzauns aaa) hätte mit an Sicherheit grenzender Wahrscheinlichkeit das Eindringen der Kinder bbb) und damit die Verletzung verhindert. ccc) Die Verletzung liegt auch im Schutzbereich der Norm. c) Die Rechtswidrigkeit ist indiziert. d) Den G traf ein Verschulden.

bb) „Schutzzweck/Schutzbereich der Norm" im Allgemeinen

Wenn man alle äquivalent und adäquat kausalen Verletzungen dem Handelnden als deliktisch relevant zurechnen würde, wäre die Haftung wegen der für die Adäquanzprüfung maßgeblichen Sichtweise eines „optimalen Betrachters ex post" immer noch unzureichend auf ein vernünftiges Maß begrenzt. Daher soll **bereits im haftungsbegründenden Zusammenhang** nach der Prüfung der „Adäquanztheorie" zusätzlich untersucht werden, **ob die Norm des § 823 Abs. 1 BGB einen Schutz des Verletzten** vor der **konkreten Verletzungshandlung** bezweckt. Bei der Durchsicht der rechtswissenschaftlichen Literatur hierzu erkennt man allerdings, dass es Rechtsansichten gibt, die die Berücksichtigung des „Schutzzwecks/Schutzbereichs der Norm" im haftungsbegründenden Bereich des § 823 Abs. 1 BGB für entbehrlich halten und diese

Prüfung auf § 823 Abs. 2 BGB – Auslegung des Schutzgesetzes – beschränken wollen. Wieder andere berücksichtigen den „Schutzzweck der Norm" überhaupt nur bei der Schadenszurechnung im „haftungsausfüllenden Bereich". Allerdings werden von den Vertretern dieser Ansichten die (sogleich darzustellenden) Kriterien der Lehre vom „Schutzzweck/Schutzbereich der Norm" (fortan nur noch „Schutzzweck der Norm") bei § 823 Abs. 1 BGB nicht selten bereits für die Adäquanzprüfung herangezogen, so dass bei einer solchen Verfahrensweise schon deshalb für das Zurechnungskriterium des „Schutzzwecks der Norm" kein Raum und kein Erfordernis mehr besteht. Auch bei manchen BGH-Entscheidungen finden sich im haftungsbegründenden Bereich Vermengungen der Kriterien der Adäquanztheorie mit solchen der Lehre vom „Schutzzweck der Norm", ohne dass daraus allerdings etwa eine grundsätzliche Ablehnung der Beschränkung der Zurechnung im haftungsbegründenden Zusammenhang durch die Schutzzweck-Lehre abgeleitet werden könnte. Sie sollten mit der überwiegenden Auffassung davon ausgehen, dass die Lehre vom „Schutzbereich der Norm" als ein weiteres Zurechnungskriterium im haftungsbegründenden Bereich dazu dient, die Haftung sinnvoll zu begrenzen. Daher fand sich bei den bisherigen Fallbearbeitungen (so auch im letzten Fall) im Rahmen der Zurechnungsprüfung oft der als „Merkposten" gedachte stereotype Hinweis darauf, dass „ccc) Die Verletzung auch im Schutzbereich der Norm (liegt)".

Fall 748: Der Radfahrer R. Adel (R) missachtet bei einem Ausflug über Land an einer Kreuzung die Vorfahrt, so dass ein LKW so scharf bremsen muss, dass ein anderes Fahrzeug auffährt. Der Zusammenprall ist so laut, dass in einer nahe liegenden Schweinemästerei des M. Ast (M) die aufgrund der modernen Aufzuchtmethoden überempfindlichen Schweine in Panik gerieten und „sich wie wilde Tiere gebärdeten" und sich gegenseitig verletzten und auch töteten. Der M verlangt von dem R Schadensersatz (nach BGH).

Der Anspruch könnte sich aus § 823 Abs. 1 BGB ergeben. a) Der Tod der Schweine des M bedeutet eine Eigentumsverletzung. b) Diese müsste auf ein menschliches Verhalten des R zurechenbar zurückzuführen sein. aa) Die Vorfahrtsverletzung des R bb) war aaa) äquivalent und bbb) adäquat kausal für den Tod der Schweine. ccc) Allerdings soll § 823 Abs. 1 BGB vor solchen Eigentumsverletzungen nicht schützen. Der Tod der Tiere beruhte nämlich nicht in erster Linie auf dem Verhalten des R, sondern auf der durch besondere Aufzuchtbedingungen geschaffenen Überempfindlichkeit der Schweine. Daher ist die Eigentumsverletzung dem R nicht zuzurechnen.

Fall 749: Der Radfahrer A nimmt dem Autofahrer B die Vorfahrt, so dass B einen Unfall nur knapp vermeiden kann. Der A grinst dabei den B frech an. Darüber erregt der B sich so sehr, dass er infolge eines plötzlichen Blutdruckanstiegs einen Schlaganfall erleidet. Der B verlangt von dem A Schadensersatz (nach BGH).

Der B hat eine für § 823 Abs. 1 BGB erforderliche a) Gesundheitsverletzung erlitten. b) Das aa) in einem Tun liegende Verhalten des A bb) ist aaa) zwar äquivalent kausal für die Verletzung; bbb) es handelt sich aber aus der optimalen Sicht eines „ex post" – Betrachters um einen ganz ungewöhnlichen Verlauf, der keineswegs zu erwarten war, so dass das Tun des A nicht als adäquat kausal für die Gesundheitsverletzung angesehen werden kann. ccc) Wer die Adäquanz gleichwohl bejaht, müsste prüfen, ob die Verletzung nach dem Schutzzweck des § 823 Abs. 1 BGB zu einem Schadensersatzanspruch führen soll. Der von A verletzte die Vorfahrt regelnde

> § 8 StVO will einem Verkehrsteilnehmer keinen Schutz davor gewähren, dass er psychisch zurückführbar auf die Verletzung dieser Verkehrsregel einen Schlaganfall erleidet.

cc) „Schutzzweck/Schutzbereich der Norm" bei „mittelbaren Verletzungen"

Die Lehre vom „Schutzzweck der Norm" dient auch dazu, das Problem der Zurechnung bei **„mittelbar herbeigeführten Verletzungen"** sinnvoll zu lösen.

> Es lassen sich folgende **Fallgruppen** unterscheiden, in denen nach dem hier gemachten Vorschlag bei der Zurechnungsprüfung im haftungsbegründenden Bereich untersucht werden muss, ob die **Norm des § 823 Abs. 1 BGB den Schutz des Verletzten vor der konkreten Verletzungshandlung bezweckt:**
> - die Fälle der (hier als „Arbeitsbegriff" so genannten) **„einfachen" mittelbaren Verletzung (sub (1))**,
> - die Fälle von auf einer **besonderen Sensibilität** des **Verletzten** beruhenden, „psychisch vermittelten" und daher ebenfalls **mittelbaren Verletzungen ("Schock-Fälle") (sub (2))**,
> - und die Fälle der auf einer **freien Entschließung des Verletzten** oder eines **Dritten** beruhenden psychisch vermittelten, und daher ebenfalls **mittelbaren Verletzungen** in den sog. a) „**Herausforderungs-Fällen"** (Medicus), nämlich den Fällen der **Selbstverletzung** aufgrund eines **freien Entschlusses des Verletzten** bei einer **Hilfeleistung („Hilfeleister – Fälle")** oder bei einer **Verfolgung („Verfolger-Fälle") (sub (3))**, b) und die Fälle der Verletzung durch ein Verhalten eines **„dazwischentretenden" Dritten** aufgrund dessen **freien Entschlusses (sub (4))**.

(1) Die „einfache" mittelbare Verletzung

Dass es bei den **„einfachen" mittelbaren Verletzungen** (denken Sie bitte daran, dass es sich hierbei um einen nicht allgemein üblichen „Arbeitsbegriff", den Sie in schriftlichen Arbeiten besser nicht verwenden sollten, handelt!) um ein **Zurechnungsproblem** geht, hat **Canaris** herausgearbeitet: Bei dieser Art **mittelbarer Verletzungen** soll ein Zurechnungszusammenhang zwischen Handlung und Verletzung nur bestehen, wenn der aus § 823 Abs. 1 BGB in Anspruch genommenen Person eine **Verkehrssicherungspflichtverletzung** zur Last fällt.
Danach haben die **Verkehrssicherungspflichten** also eine Art **„Doppelfunktion":**
- Einerseits begründen sie, und darüber sind Sie bereits orientiert, bei Unterlassungsdelikten eine **Garantenstellung**,
- und andererseits sind sie – wie sich jetzt zeigt – auch ein **Zurechnungskriterium** bei mittelbaren Verletzungen.

> Auf diese Weise werden übrigens aufbausystematisch **zwei „Fliegen mit einer Klappe"** geschlagen: Die Vorverlagerung der Prüfung der Verletzung einer Verkehrssicherungspflicht auf die Zurechnungsprüfung macht die bei der Prü-

> fung der Rechtswidrigkeit zu erörternde, zwischen der Lehre vom „Erfolgsunrecht" und der Lehre vom „Handlungsunrecht" angesiedelte sog. „vermittelnde Lehre" von Larenz und Medicus (die unterscheidet zwischen unmittelbarer Verletzung = Lehre vom Erfolgsunrecht/und mittelbarer Verletzung = Lehre vom Handlungsunrecht) überflüssig; man kann sich jetzt zwanglos der den praktischen Bedürfnissen am ehesten entsprechenden hergebrachten Lehre vom Erfolgsunrecht anschließen. Das alles werden Sie hier vielleicht noch nicht so ganz, wenig später aber sehr gut verstehen!

- Machen wir uns also noch einmal bewusst: **Bei der Fallbearbeitung** werden die Verkehrssicherungspflichten hiernach **zum einen** als ein Fall der Garantenstellung bei Unterlassungsdelikten im Zusammenhang mit der Prüfung der Tatbestandsmäßigkeit und **zum anderen** bei mittelbaren Verletzungen bei der Prüfung der Zurechnung geprüft. Zwingend ist dies aber keinesfalls: Sie werden in der Literatur auch Vorschläge finden, die Verkehrssicherungspflicht bei der Rechtswidrigkeit zu erörtern, weil es bei der Frage der deliktischen Haftung für **mittelbare Verletzungen** gar nicht um ein Zurechnungsproblem, sondern um eine **auf der Ebene der Rechtswidrigkeit** zu entscheidende Problematik gehe. Wieder andere setzen sich mit der Frage einer deliktischen Schadensersatzhaftung bei mittelbaren Verletzungen erst auf der **Ebene der Schuld** auseinander.

Bei allem dogmatischen Reiz des Meinungsstreits: Sie sollten sich dessen bewusst sein, dass viele der **Fälle mittelbarer Verletzung** weitgehend **rein akademischer Natur** ohne praktische Relevanz sind; das zeigt auch das folgende für diese Konstellation typische Schulbeispiel.

Fall 750: Der V verkauft dem K ein Fahrrad und liefert es ihm; der K verursacht alsbald nach der Übergabe wegen der ihm noch wenig vertrauten Schaltung einen Unfall, durch den der Passant P verletzt wird. Da der K völlig verarmt ist, nimmt der P den reichen V auf Schadensersatz in Anspruch.

Der P hat die für einen Anspruch aus § 823 Abs. 1 BGB erforderliche a) Verletzung in Gestalt einer Körperverletzung erlitten; b) diese muss dem Tun des in Anspruch genommenen V (Verkauf und Lieferung des Rades) zugerechnet werden können: aa) Äquivalent kausal für die Verletzung war das Tun des V; wer hier zusätzlich verlangt, dass das für die Verletzung kausale Verhalten eine Risikoerhöhung für das Eintreten der Verletzung bedeuten, könnte auf die mit der Inbetriebnahme neuer Sachen typischerweise erhöhte Unfallgefahr hinweisen. An der äquivalenten Kausalität ist jedenfalls nicht zu zweifeln. bb) Das Verhalten war auch adäquat kausal; denn völlig außerhalb jeder Wahrscheinlichkeit liegt der Eintritt der Verletzung deshalb nicht, weil die der Belieferung nachfolgende Benutzung eines neuen technisch aufwendigen und unvertrauten Geräts Gefahren für Dritte mit sich bringt; hier merkt man übrigens, dass die bei der „Äquivalenzprüfung" für erforderlich gehaltene „Risikoerhöhung" letztlich ein Adäquanzkriterium ist. cc) Vom Schutzzweck der Norm her soll nach einer Ansicht (Canaris) eine mittelbare Verletzung nur dann zurechenbar sein, wenn der mittelbare Verursacher V eine den Verletzten schützen sollende Verhaltenspflicht aus Gesetz oder eine Verkehrssicherungspflicht verletzt hätte; da das nicht der Fall ist, müsste hiernach bereits mangels einer Zurechenbarkeit der Verletzung ein Anspruch entfallen. c) Nach anderen muss das Problem der deliktischen Verantwortung für mittelbare Verletzungen jedoch erst auf der Ebene der Rechtswidrigkeit gelöst werden, indem bei Nicht-Vorsatzdelikten die Rechtswidrigkeit stets nur bei positiv festzustellenden objektiven Pflichtverstößen (Nipperdey: Lehre vom Handlungsunrecht) angenommen wird oder dies jedenfalls bei mittelbarer Verletzung verlangt wird (Larenz, Medicus: sog. vermittelnde Theorie), so dass hiernach mangels Pflichtverstoßes des V die Rechtswidrigkeit entfällt. d) Wieder andere, die die Rechtswidrigkeit stets für indiziert halten, kommen erst auf der Ebene der Schuld zum gleichen Ergebnis, indem sie mangels Vorsatz oder Fahrlässigkeit die deliktische Haftung entfallen lassen.

Fall 751: Der V, der sein Geschäft in einer Fußgängerzone betreibt, verkauft am Vormittag des 31. Dezember Sylvesterknaller, die nach den Bestimmungen einer Rechtsverordnung nur an über 18-jährige Personen abgegeben werden dürfen, an den 10jährigen K. Der K zündet gleich vor der Ladentür inmitten einer Gruppe von Passanten einen dieser Knaller und läuft lachend davon. Der Passant P wird schwer im Gesicht verletzt. Der P nimmt den V auf Schadensersatz in Anspruch.

Der P hat die für einen Anspruch aus § 823 Abs. 1 BGB erforderliche a) Verletzung in Gestalt einer Körperverletzung erlitten; b) diese muss dem Tun des V (Verkauf und Lieferung des Sylvesterknallers) zugerechnet werden können: aa) äquivalent kausal für die Verletzung war das für die Verletzung risikoerhöhende Tun des V; bb) es war auch adäquat kausal; denn völlig außerhalb jeder Wahrscheinlichkeit liegt die Verletzung deshalb nicht, weil die Belieferung eines Kindes mit einem Sylvesterknaller die Gefahr des sofortigen Einsatzes in sich trägt und damit Gefahren für Dritte mit sich bringt. cc) Vom Schutzzweck der Norm her soll sie jedoch nach einer Ansicht (Canaris) als zurechenbare mittelbare Verletzung nur dann anzusehen sein, wenn der V eine Verhaltenspflicht aus Gesetz oder eine Verkehrssicherungspflicht verletzt hätte; das ist hier der Fall, weil die Abgabe an den K einer gesetzlichen Vorschrift, die auch den Schutz dritter Personen zum Ziel hat, jedenfalls aber der allgemeinen Verkehrssicherungspflicht widersprach. c) Nach anderen muss das Problem der deliktischen Verantwortung für mittelbare Verletzungen jedoch erst auf der Ebene der Rechtswidrigkeit gelöst werden, indem bei Nicht-Vorsatzdelikten die Rechtswidrigkeit stets nur bei positiv festzustellenden objektiven Pflichtverstößen (Nipperdey: Lehre vom Handlungsunrecht) angenommen wird oder dies jedenfalls bei mittelbarer Verletzung verlangt wird (Larenz, Medicus: sog. vermittelnde Theorie), so dass hier wegen eines solchen Pflichtverstoßes des V die Rechtswidrigkeit gegeben ist. d) Da der V auch fahrlässig gehandelt hat, ist er verpflichtet, e) den Schaden des P zu ersetzen.

In diesen Zusammenhang gehören auch die für die Praxis bedeutsamen Fälle der sog. „**Produzentenhaftung**". Hier geht es um die Frage, ob ein **Hersteller** (nicht aber der Importeur oder Lieferant) für Schäden einzustehen hat, die der Benutzer am Produkt selbst oder an seinen sonstigen geschützten Rechtspositionen (i.d.R. Leben, Körper, Gesundheit) deshalb erleidet, weil das Produkt fehlerhaft ist (**„Produktfehler"**) oder weil sich mit der Benutzung des fehlerfreien Produkts **Gefahren realisieren**. Die Zurechnung solcher Verletzungen soll von der **Verletzung von Verkehrssicherungspflichten** seitens des **Produzenten** abhängen. Das ist bei **„Produktfehlern"** dann der Fall, wenn ein **Fehler** bei der **Konstruktion** (z. B. Verletzung von Normen, Sicherheitsbestimmungen, keine Testverfahren; ein wichtiges Indiz für das Vorliegen eines Konstruktionsfehlers ist Fehlerhaftigkeit einer ganzen Produktserie), bei der **Herstellung** (Produktfehler bei fehlender ständiger Qualitätskontrolle/aber kein Produktfehler bei „Ausreißern") oder beim **Material** vorliegt. Vor **Gefahren**, die sich aus der Benutzung eines (fehlerfreien) Produkts **realisieren** können, muss der Hersteller den Benutzer durch die Erfüllung weit reichender Informationspflichten schützen: Warnungen vor Gefahren aufgrund einer Verwendung des Produkts innerhalb des Verwendungszwecks, aber auch vor nahe liegenden Missbrauchsmöglichkeiten; Ausgabe vollständiger Gebrauchsanleitungen.

(2) „Schockfälle" und „psychische Folgen alltäglicher Bagatellereignisse"

Die zweite Fallgruppe, bei der für die Prüfung der Zurechnung die Kriterien der Lehre vom **„Schutzzweck der Norm"** herangezogen werden müssen, ist die der „psychisch" vermittelten (und daher „mittelbaren") Verletzung. Im Vordergrund des Interesses in der Ausbildung stehen die praktisch sehr seltenen Fälle, bei denen jemand z.B. durch das Miterleben eines Unfalls zunächst einen **Schock** und hierdurch psychisch vermittelt (also deshalb „mittelbar") somatische **Körper- und Gesundheitsverletzungen** (sog. „Schockschäden") erleidet. Derartige **Schockschäden** sollen dem Verhalten desjenigen, der den Schock ausgelöst hat (z.B. dem Unfallverantwortlichen), deshalb grundsätzlich **nicht zugerechnet** werden, weil solche Schockschäden ein **„allgemeines Lebensrisiko"** seien, für die man wegen der sonst „uferlosen deliktischen Haftung" nicht einzustehen habe. Eine Zurechnung von adäquat kausal verursachten Schockschäden soll daher nur bei **besonderen Lebensrisiken** erfolgen. Auch wenn wir uns hier auf die „Schockschäden"-Fälle konzentrieren, wollen wir die in der Praxis bedeutsameren Fallkonstellationen, in denen es um die Frage geht, ob auch **psychische Folgen von alltäglichen Bagatellereignissen** einem Verhalten des auf Schadensersatz in Anspruch genommenen als Verletzung zugerechnet werden können, nicht außer Acht lassen: Bei leichten Unfällen, die mit keinem besonderen Unfallerlebnis verbunden sind, soll es für die Frage der Zurechnung darauf ankommen, ob der Unfall nach seinem Ablauf und seinen Auswirkungen einen verständlichen Anlass für die psychische Reaktion bietet; ist dies nicht der Fall, hanndelt es sich bei der psychischen Folge um eine unangemessene Erlebnisverarbeitung, die in das allgemeine Lebensrisiko des Verletzten fällt und daher nach dem Schutzzweck der Norm z.B. des § 823 Abs. 1 BGB (gleiches gälte für § 7 StVG) nicht schadensersatzpflichtig macht. Wenn Sie bisher aufmerksam mitgearbeitet haben, so wird Ihnen aufgefallen sein, dass die Frage einer psychischen Beeinträchtigung in zwei „Prüfungsinstanzen" von Bedeutung sein kann: Erstens bei der Frage, ob überhaupt eine Gesundheitsverletzung vorliegt; und zweitens bei der Prüfung, ob ein Zurechnungszusammenhang zwischen einer Verletzung einer anderen Schutzposition und einer psychischen Reaktion des Anspruchstellers hierauf besteht.

Fall 752: Der A und der B sind Arbeitskollegen und sitzen seit 10 Jahren in einem Dienstzimmer; auch privat sind sie gut befreundet. Eines Tages ermordet der M den A. Der B erleidet einen so schweren Schock, dass er monatelang wegen psychischer und psychosomatischer Beschwerden stationär behandelt werden muss. Die AOK, die die Kosten trägt, nimmt den M auf Ersatz der Behandlungskosten in Anspruch.

1. Die AOK wäre anspruchsberechtigt (§§ 116 SGB X, 412, 399 BGB), wenn ein Schadensersatzanspruch auf Ersatz der Behandlungskosten eines bei ihr Versicherten auf sie übergegangen wäre. 2. Zu prüfen ist, ob der B einen Anspruch gegen den M aus §§ 823 Abs. 1, 249 Abs. 2 BGB hat: a) Das psychische Leiden des B ist eine Gesundheitsverletzung, weil es „Krankheitswert" hat. b) Fraglich ist, ob diese dem M objektiv zurechenbar ist. aa) Äquivalent kausal für die Gesundheitsverletzung des B war die im Hinblick auf die Verletzung risikoerhöhende Tat des M; bb) sie war auch adäquat kausal, denn eine solche psychische Reaktion wie die des B liegt nicht völlig außerhalb jeder Wahrscheinlichkeit. cc) Da § 823 Abs. 1 BGB wegen der sonst uferlosen deliktischen Haftung aber nicht vor „allgemeinen Lebensrisiken" schützen will, erfolgt eine Zurechnung von „Schock" – Verletzungen nicht schon bei der Verwirklichung eines allgemeinen Lebensrisikos, einen „Schock" zu erleiden, sondern nur bei der Verwirkli-

chung besonderer Risiken: als klassische Fallgruppe gilt ein Schock aufgrund des Miterlebens der Verletzung/Tötung oder Nachricht hiervon bei nahen Angehörigen; hierfür gibt es auch einen Anhalt im Gesetz (vergl. § 844 Abs. 2 BGB). Der „Schock" des B liegt unterhalb dieser Schwelle. Danach wäre die Gesundheitsverletzung des B dem M nicht zuzurechnen.

Fall 753: Der F verursacht schuldhaft einen Verkehrsunfall, durch den der V schwer verletzt wird und mehrwöchig bewusstlos ist. Seine Frau M war währenddessen im 5. Monat mit K schwanger. Durch die Nachricht erlitt sie einen Schock, der zu erheblichen Kreislaufbeschwerden und zu einer Minderdurchblutung der Placenta führte. Das Kind K kam mit einem Hirnschaden zur Welt. M und K nehmen den F auf Schmerzensgeld in Anspruch (nach BGH).
1. Die M könnte einen Anspruch aus § 823 Abs. 1 BGB haben: a) Es liegt eine Gesundheitsverletzung vor. b) Das Verhalten des F (Tun) war aa) äquivalent kausal und risikoerhöhend für die Verletzung. bb) Zurechnung: aaa) Das Tun war adäquat kausal für die Verletzung, denn die Folge liegt bei einer „optimalen Betrachtung ex post" nicht völlig außerhalb jeder Wahrscheinlichkeit. bbb) Da § 823 Abs. 1 BGB wegen der sonst uferlosen deliktischen Haftung aber nicht vor „allgemeinen Lebensrisiken" schützen will, erfolgt eine Zurechnung von „Schock" – Verletzungen nicht bereits dann, wenn es dem Verletzten an psychischer Widerstandskraft fehlt, sondern erst bei der Verwirklichung besonderer Risiken: als klassische Fallgruppe gilt ein Schock aufgrund des Miterlebens der Verletzung/Tötung oder Nachricht hiervon bei nahen Angehörigen; hierfür gibt es auch einen Anhalt im Gesetz (vergl. § 844 Abs. 2 BGB). Danach wäre die Gesundheitsverletzung der M dem F zuzurechnen. c) Die Rechtswidrigkeit ist indiziert. d) F hat schuldhaft gehandelt. 2. Auch K hat einen Anspruch gegen den F aus § 823 Abs. 1 BGB; dies hat nichts mit der (hier erörterten) Zurechnungsproblematik bei mittelbaren Verletzungen zu tun; s. die Erörterungen zur vorgeburtlichen Verletzung. 3. Beide haben sie einen Schmerzensgeldanspruch aus § 253 Abs. 2 BGB.

(3) „Herausforderungs-" Fälle: „Hilfeleister- und Verfolger- Fälle"

Ein besonders anspruchsvolles Zurechnungsproblem stellt sich bei den sogenannten **„Herausforderungs-Fällen"**, das sind Fälle einer ebenfalls **psychisch vermittelten**, aber nicht auf eine Schwäche der psychischen Konstitution, sondern auf eine **freie Entschließung** des **Verletzten** selbst oder eines **Dritten** zurückzuführenden (und daher „mittelbaren") Verletzung. Zu denken ist hier an die praktisch und theoretisch durchaus bedeutsamen sog. **„Hilfeleister- und Verfolger"-Fälle,** bei denen der **verletzte Helfer** oder **Verfolger** sich, hervorgerufen durch das Verhalten der aus § 823 Abs. 1 BGB in Anspruch genommenen Person, **selbst** bei dem **Bemühen verletzt** hat, einem anderen **Hilfe** zu **leisten** oder einen **Straftäter** zu **verfolgen** und **festzunehmen**. An einer äquivalenten und auch adäquaten Kausalität des Verhaltens des Inanspruchgenommenen besteht in diesen Fällen kein Zweifel. Fraglich ist allein, ob die Verletzung im Schutzbereich der Norm liegt; hierzu sind folgende Kriterien entwickelt worden: Die Verletzung des Hilfeleisters oder Verfolgers wird dem Verursacher des Unglücksfalls/dem verfolgten Straftäter nur dann **zugerechnet**,

- wenn der **Inanspruchgenommene** für ihn **voraussehbar** und **vermeidbar** das **Risiko** einer Verletzung des **Helfers/Verfolgers** dadurch **gesteigert** hat, dass er den Helfer/Verfolger zu seinem **Verhalten herausgefordert** hat,

- wenn der **verletzte Helfer/Verfolger** sich weiterhin **zu** seinem **Verhalten herausgefordert fühlen durfte**

- und sich dabei **für den Helfer/Verfolger nicht nur** ein **allgemeines Lebensrisiko**, sondern ein **besonderes Hilfeleister-** oder **Verfolgerrisiko** verwirklicht hat.
- Schleißlich dürfen die vom Helfer/Verfolger **übernommenen Risiken nicht außer Verhältnis** zum Anlass der Hilfeleistung und Verfolgung stehen.

Fall 754: Der Autofahrer Klaus Kröte (K) verursachte auf der Autobahn in einer abgelegenen Region mit seinem roten Auto durch zu nahes Auffahren bei überhöhter Geschwindigkeit in der Dämmerung und bei Nebel einen schweren Unfall mit zahlreichen Verletzten. Der K begeht Unfallflucht. Der zufällig vorbeikommende Rennfahrer A nimmt die Verfolgung auf, rast mit 250 km/h durch eine plötzlich auftauchende dichte Nebelbank und verunglückt in ihr mit schweren Verletzungsfolgen für sich. Der K wird aufgrund des von A mittlerweile erkannten Kennzeichens gleichwohl gestellt. Der Arzt Dr. B, der gleichzeitig mit dem Ursprungsunfall auf der nicht sehr dicht befahrenen Gegenfahrbahn fährt, meint, helfen zu müssen. Er hält an und überquert – er ist körperlich sehr gewandt und schnell – laufend die Fahrbahn. Dabei wird er von einem besonders schnell fahrenden, und deshalb in der nebligen Dämmerung überraschend auftauchenden Wagen erfasst und schwer verletzt; der Fahrer dieses Autos begeht „erfolgreich" Unfallflucht. Die private Krankenversicherung KV des Rennfahrers A und des Dr. B verlangt von dem K Schadensersatz.

1. Der KV stünde als Versicherer nach §§ 67 VVG, 412, 399 ff. BGB ein Anspruch gegen K zu, wenn 2. die Versicherungsnehmer A und Dr. B einen Anspruch aus § 823 Abs. 1 BGB gegen K hätten: a) A und Dr. B haben eine Körperverletzung erlitten. b) Sie müssten dem K zugerechnet werden können: aa) Äquivalent kausal war das im Hinblick auf die Verletzungen risikoerhöhende Tun des K; bb) es war auch adäquat kausal, denn es liegt nicht völlig außerhalb jeder Wahrscheinlichkeit, dass bei Unfällen mit Unfallflucht ein unfallflüchtiger Beteiligter verfolgt und Opfern geholfen wird und dass der Verfolger und der Helfer dabei verunglücken und verletzt werden; cc) hier haben jedoch der A als Verfolger und der Dr. B als Helfer die Gefahrenlage durch den Entschluss, zu verfolgen und dazu auch durch die Nebelbank zu fahren, bzw. helfen und dazu die Autobahn bei den gegebenen Wetterverhältnissen zu überqueren, selbst geschaffen; in einem solchen Fall erfolgt eine Zurechnung nur dann, aaa) wenn der Verursacher des Unfalls bzw. Unfallflüchtige K für ihn voraussehbar und vermeidbar das Risiko einer Verletzung des Helfers/Verfolgers dadurch gesteigert hat, dass er die verletzten Dritten zu ihrem selbstverletzenden Tun herausgefordert hat. Das ist der Fall: Wer einen Unfall verursacht und flieht, also den Opfern keine Hilfe angedeihen lässt und sich der gebotenen Feststellung (§ 142 StGB) entzieht, hat voraussehbar und vermeidbar den Einsatz Dritter provoziert; wenn dies alles im hochgefährlichen Milieu einer Autobahn geschieht, impliziert dies auch Risiken für die körperliche Integrität dieser Dritten. bbb) Die als Verfolger und als Hilfeleister einen Anspruch geltend machenden Personen (A und Dr. B) mussten sich aber aaaa) nicht nur herausgefordert fühlen, zu verfolgen oder zu helfen (was der Fall ist), bbbb) sondern mussten sich auch herausgefordert fühlen dürfen, zu verfolgen oder zu helfen: aaaaa) für A gilt dies wegen §§ 142 StGB, 127 Abs. 1 StPO, 227 BGB und bbbbb) für Dr. B wegen des allgemeinen Hilfeleistungsgebots aus § 323 c StGB oder jedenfalls aber wegen des speziellen standesrechtlichen Gebots zur ärztlichen Hilfeleistung. ccc) Verwirklicht haben musste sich nicht nur ein allgemeines Lebensrisiko, sondern ein besonderes Hilfeleister- oder Verfolgerrisiko: Das ist hier der Fall. ddd) Schließlich durften der A und Dr. B keine unverhältnismäßigen Risiken auf sich genommen haben. Hier ist eine Abwägung nötig: Einerseits geht es um einen Unfall mit vielen Opfern in abgelegener Gegend mit relativ wenig Verkehr, also insgesamt um ein hohes Feststellungs- bzw. Hilfeleistungsinteresse, auch sind A und Dr. B wegen ihrer renn- und sonstigen sportlichen Fähigkeiten als Verfolger und Hilfeleister in kritischen Situationen dazu befähigt, Risiken auf sich zu nehmen. Andererseits: Der A hat mit der hohen Geschwindigkeit bei der gefährlichen Wetterlage und unter Berücksichtigung dessen, dass er das Kennzeichen be-

reits erkannt hatte, auch unter Berücksichtigung des Gewichts der Straftat und der vom Täter ausgehenden potentiellen Gefahren zuviel riskiert, als er die Verfolgung fortsetzte; also steht dem A kein Anspruch zu. Was den Dr. B angeht, so ist zu bedenken, dass der Verkehr auf einer Autobahn ohne Geschwindigkeitsbegrenzung stets schlecht kalkulierbar ist, dass Dämmerung herrschte und das Wetter nebelig war; gleichwohl war insgesamt der Einsatz durch ihn nicht unverhältnismäßig. eee) Die Verletzung muss sich aus einem gesteigerten Hilfeleistungsrisiko ergeben; das ist hier der Fall. c) Die Rechtswidrigkeit ist indiziert. d) Ein Verschulden des K ist gegeben, denn für den K waren die Verletzungen voraussehbar und vermeidbar. e) Dr. B hat einen Schaden erlitten.

Bei der **Rettung eines Selbstmörders** oder eines **Verunglückten** durch einen „**Hilfeleister**" ist natürlich in erster Linie an einen Anspruch gegen den Selbstmörder oder den Verunglückten aus §§ 677, 683, 670 BGB zu denken, der bekanntlich auch Schäden umfassen kann.

> 1. Probleme bereitet ein **Anspruch aus Geschäftsführung ohne Auftrag** („GoA") aus §§ 677, 683, 670 BGB bei der **Rettung eines „Selbstmörders"** wegen dessen der Rettungshandlung entgegenstehenden Willens.
>
> Teilweise wird angenommen, dass der einen entgegenstehenden Willen überbrückende § 679 BGB nicht eingreifen soll, da es keine im öffentlichen Interesse liegende rechtliche Pflicht gibt, am Leben zu bleiben. Ein Grossteil der Literatur weitet aber, um trotzdem § 679 BGB anwenden zu können, die Vorschrift auf diejenigen Fälle aus, in denen der Wille des Geschäftsherrn gegen ein gesetzliches Verbot oder die guten Sitten verstößt. Weil speziell den Selbstmörder eine sittliche Pflicht treffe, für seine Lebenserhaltung Sorge zu tragen, sei sein entgegenstehender Wille sittenwidrig und damit unbeachtlich. Diese Ansicht stößt jedoch auf Bedenken. Denn zum einen ist nicht jeder „Selbstmord" sittlich verwerflich und zum anderen liegt seine Verhinderung auch nicht immer im öffentlichen Interesse.
>
> Teilweise wird der einer Rettung entgegenstehende Wille des Selbstmörders analog §§ 104 Nr. 2, 105 BGB beim Vorliegen eines sog. präsuizidalen Syndroms für unbeachtlich gehalten (vgl. hierzu die parallele Problematik bei § 216 StGB).
>
> Beim Appellselbstmord wird teilweise eine Genehmigung nach § 684 S. 2 BGB angenommen.
>
> 2. Andere befürworten daher eine **ausschließlich deliktsrechtliche Lösung**: Durch den Selbstmordversuch werde der Retter zum Tätigwerden herausgefordert und dürfe sich auch dazu herausgefordert fühlen (§ 323 c StGB). Der Helfer soll daher gegen den schuldhaft handelnden Selbstmörder einen Anspruch auf Ersatz seiner Körper-, Gesundheits- und Eigentumsschäden nach § 823 Abs. 1 BGB haben („Hilfeleisterfälle"). Im Unterschied zur Lösung über die GoA sind hier natürlich nur Schäden zu ersetzen und keine sonstigen Aufwendungen, insbesondere nicht die berufliche Tätigkeit z.B. eines Arztes zu vergüten.

> Wie Sie ja schon wissen, ist es von rechtspraktisch großer Bedeutung, dass für Nothelfer ein gesetzlicher Unfallversicherungsschutz nach § 2 I Nr. 13 a – c SGB VII besteht. Der Geschäftsführer hat also einen Ersatzanspruch gegen den Versicherungsträger. Der Anspruch des Geschäftsführers gegen den Geschäftsherrn geht nach § 116 SGB X auf den Unfallversicherungsträger über.

(4) „Herausforderungs-" Fälle: „Dazwischen -Treten" Dritter aufgrund freier Entschließung („Grünstreifen-Fälle")

Wenn die Verletzung einer deliktisch geschützten Rechtsposition durch ein **aufgrund freier Entschließung** erfolgendes **„Dazwischen-Treten" Dritter** herbeigeführt wird, kann diese dem bloßen Verursacher eines solchen Entschlusses nach dem „Schutzzweck der Norm" dann **nicht zugerechnet** werden, wenn der dazwischentretende Dritte **sich nicht zu seinem Verhalten herausgefordert fühlen durfte**, sondern er das Verhalten des Verursachers lediglich zum Anlass seines eigenen rechtswidrigen Verhaltens genommen hatte; das klassische Beispiel hierfür sind die sog. „Grünstreifen-Fälle", in denen der intervenierende **Dritte vorsätzlich** gehandelt hat. Aber auch bei einer nicht-vorsätzlichen Intervention eines Dritten soll der Zurechnungszusammenhang fehlen, wenn dadurch ein **neues Risiko** geschaffen wird, das mit dem möglicherweise durch das zur deliktischen Haftung führenden Verhalten nur noch rein „äußerlich" verbunden ist.

> **Fall 755:** Infolge eines beide Fahrspuren einer Autobahn blockierenden Unfalls mit nachfolgendem Stau entscheiden sich die Autofahrer noch vor Eintreffen der Polizei dazu, über den Grünstreifen auszuweichen und weiterzufahren. Auf Schadensersatz in Anspruch genommen werden nicht die ohnehin unbekannt gebliebenen Kraftfahrer, die über den Grünstreifen gefahren sind, sondern der Unfallverantwortliche UV (nach BGH, „Grünstreifen-Fall").
>
> 1. Eine für einen Anspruch aus § 823 Abs. 1 BGB erforderliche a) Verletzung (hier des Eigentums der Bundesrepublik Deutschland durch Beschädigung des Grünstreifens) liegt vor; b) sie müsste einem Verhalten des UV (hier: positives Tun) zugerechnet werden können. aa) Das im Hinblick auf die Verletzung risikoerhöhende zum Unfall führende Verhalten des UV war äquivalent kausal bb) und, weil die Reaktion der anderen Verkehrsteilnehmer nicht völlig außerhalb jeder Wahrscheinlichkeit liegt, auch adäquat kausal für die Verletzung. cc) Vom Schutzzweck der Norm des § 823 Abs. 1 BGB ist die Verletzung jedoch nicht erfasst, weil die vorsätzlich handelnden Dritten sich durch das Tun des A nicht „herausgefordert fühlen durften", über den Gehweg zu fahren; für sie war die von A herbeigeführte Situation nur der äußere Anlass und das Motiv für ein eigenes rechtswidriges Verhalten. 2. Der Anspruch könnte sich jedoch aus § 7 StVG ergeben. Dazu muss der a) eingetretene Schaden b) auf die Betriebsgefahr des Fahrzeugs des UV zurückgeführt werden können. aa) Dazu reicht das Bestehen einer naturwissenschaftlichen Kausalität bb) nicht aus. Denn auch insoweit kann eine wertende Betrachtung ergeben, dass eine Zurechnung zur Betriebsgefahr eines Kraftfahrzeugs trotz bestehender naturwissenschaftlicher Kausalität zu verneinen ist. aaa) Der für eine Zurechnung der Betriebsgefahr zunächst erforderliche „nahe örtliche und zeitliche Zusammenhang" besteht zwar, denn die Betriebsgefahr des für die Sperrung ursächlichen Fahrzeugs des UV wirkt so lange fort, bis die Unfallstelle geräumt, ausreichend abgesichert oder jedenfalls so weit wieder befahrbar ist, dass keine besonderen Gefahren des Unfallgeschehens mehr bestehen. bbb) Hier fehlt es aber gleichwohl an einem Zurechnungszusammenhang zwischen Betriebsgefahr und Schaden, weil sich durch das vorsätzliche Verhalten der

anderen Kraftfahrer eine neue, nicht mehr in einem inneren Zusammenhang mit dem Unfall stehende Gefahr verwirklicht hat. Daher besteht auch kein Anspruch der Bundesrepublik Deutschland gegen den UV aus § 7 StVG.

Fall 756: Der A stürzt bei einbrechender Dunkelheit infolge eines Fahrfehlers beim Freihändigfahren mit dem Fahrrad auf einer innerörtlichen Einbahnstraße und verletzt sich am Kopf, so dass er bewusstlos auf der Fahrbahn liegen bleibt. Bevor die Polizei und der Rettungswagen angerückt sind, hat sich der mit seinem Auto die Unfallstelle erreichende B mit seinem Fahrzeug schützend vor den verunglückten A gestellt und die Warnblinkanlage sowie seinen Rückscheinwerfer durch Einlegen des Rückwärtsganges eingeschaltet; außerdem hat der B ein Warndreieck im Abstand von 60 Metern hinter seinem Fahrzeug aufgestellt. Einige Autos passierten die Unfallstelle, indem sie vorsichtig rechts an B's Wagen vorbeifuhren. Der K. Röterich (K) jedoch fuhr in seinem roten Auto mit 50 km/h ungebremst auf den Wagen des B auf, so dass sein Fahrzeug schwer beschädigt wurde und für € 5 000,- wiederhergestellt werden musste. Der K nimmt den A auf Schadensersatz in Anspruch (nach BGH).

Eine für einen Anspruch aus § 823 Abs. 1 BGB erforderliche a) Verletzung (hier des Eigentums des K durch Beschädigung) liegt vor; b) sie müsste einem Verhalten des A (hier: positives Tun) zugerechnet werden können. aa) Das im Hinblick auf die Verletzung des K risikoerhöhende und zum Unfall führende Verhalten des A war äquivalent kausal bb) und, weil ein solcher Auffahrunfall nicht völlig außerhalb jeder Wahrscheinlichkeit liegt, auch adäquat kausal für die Eigentumsverletzung. cc) Fraglich ist, ob die Verletzung des Eigentums des K vom Schutzzweck der Norm des § 823 Abs. 1 BGB erfasst ist. aaa) Man könnte im Anschluss an den vorherigen („Grünstreifen-") Fall annehmen, dass der Zurechnungszusammenhang nur bei einem vorsätzlichen Eingreifen eines Dritten in den Geschehensablauf fehlt. Das ist jedoch nicht der Fall. Dafür kann ausreichen, dass ein „eigenständiges Verhalten eines Dritten dem Geschehen eine Wendung gibt, die die Wertung erlaubt, das mit dem Erstunfall gesetzte Risiko sei für den Zweitunfall von völlig untergeordneter Bedeutung, eine Haftung des Erstunfallverursachers sei daher nicht gerechtfertigt. In diesem Sinne kann auch ein nicht vorsätzliches Verhalten des Zweitunfallverursachers zur Schaffung eines neuen Risikos führen, das mit dem durch den ersten Unfall geschaffenen Risiko nur noch ‚äußerlich' zusammenhängt". bbb) So liegt es hier: Die Erstunfallstelle war bereits seit einiger Zeit abgesichert und auch von mehreren Autofahrern unfallfrei passiert worden; und angesichts des Unfallhergangs wäre der K auf jedes gut abgesicherte Hindernis aufgefahren. Also ist mangels eines Zurechnungszusammenhangs keine deliktische Haftung des A gegeben. Wer dies anders sieht, c) müsste die Rechtswidrigkeit und ein Verschulden des A und damit d) eine Schadensersatzpflicht des A aus §§ 823 Abs. 1, 249 Abs. 2 BGB bejahen.

> Bei diesen Fällen scheint die Anwendung der Lehre vom Schutzzweck der Norm am ehesten entbehrlich, weil man auch bereits mittels der Adäquanztheorie zu gleichen Ergebnissen gelangen kann.

Fall 757: Der A spiegelt dem ihm persönlich nicht angenehmen B vor, er habe ihm gerade eine tödliche Dosis eines bestimmten Nervengiftes in den Tee getan. Der A will den B mit dieser Behauptung nur „ein wenig erschrecken". Völlig überraschend für den A geht der B ihm so gründlich auf den Leim, dass er sich sofort mit einem Unfallwagen ins Krankenhaus bringen lässt, wo er von A's Äußerung Mitteilung macht. Der behandelnde Arzt Dr. D injiziert ohne weitere Untersuchungen, weil die damit verbundenen Verzögerungen bei einer wirklichen Vergiftung dem B das Leben gekostet hätte, ein Gegenmittel. Hierauf reagiert der B – was für dieses Medikament durchaus typisch ist und von dem Arzt billigend in Kauf genommen wird – allergisch und erleidet einen schweren Kreislaufschock mit irreparablen Spätfolgen. Der B nimmt den A in Anspruch.

Der Anspruch könnte sich aus § 823 Abs. 1 BGB ergeben. a) Der B hat eine Gesundheitsverletzung erlitten. b) Die Vorspiegelung der Vergiftung seitens des A ist ein aa) positives Tun. bb) Die Verletzung müsste dem Verhalten des A zugerechnet werden können: aaa) Äquivalent kausal war das für die Verletzung risikoerhöhende Verhalten. bbb) Wenn es sich um ein „Vorsatzdelikt" handeln würde, wäre die Zurechenbarkeit der kausalen Verletzung ohne weiteres zu bejahen. ccc) Das ist aber nicht der Fall, denn der A wollte den B nur ein wenig ärgern. Daher ist die Zurechenbarkeit zu prüfen. aaaa) Die Handlung des A war adäquat kausal; denn die sich anschließende Entwicklung liegt nicht völlig außerhalb jeder Wahrscheinlichkeit. bbbb) Die Verletzung müsste ferner auch vom Schutzbereich der Norm gedeckt sein. Hier ist Dr. D, der die Gesundheitsverletzung bedingt vorsätzlich handelnd herbeigeführt hat, „dazwischengetreten"; aber anders als im vorherigen Fall „durfte" sich Dr. D aufgrund des Verhaltens des A zu dem verletzenden Tun herausgefordert fühlen. c) Die Rechtswidrigkeit ist indiziert. d) Der A hat mindestens fahrlässig gehandelt. e) Schaden.

e) „Rechtmäßiges Alternativverhalten"

Die Zurechnung kann auch bei einem sog. **„rechtmäßigen Alternativverhalten"** entfallen; diese Zurechnungsfrage wird bei der Fallbearbeitung (und daher auch hier) aus „darstellungstaktischen" Gründen erst nach der sich gleich anschließenden Behandlung der Rechtswidrigkeit erörtert.

IV. Rechtswidrigkeit

Sie sind jetzt bei der Prüfung eines Anspruchs aus § 823 Abs. 1 BGB soweit vorgedrungen, dass eine deliktisch relevante **Verletzung**, die einem **menschlichen Verhalten** des Inanspruchgenommenen bzw. einer Person, deren Verhalten sie sich zurechnen lassen muss, **zugerechnet** werden kann, gegeben sind. Die nächste Prüfungsinstanz ist die der **Rechtswidrigkeit**. Die Frage nach der Rechtswidrigkeit ist leider mit erheblichem theoretischem Ballast behaftet, den Sie soweit wie irgend möglich ignorieren sollten.

1. Eingriffe in „Rahmenrechte" und „Vorsatzdelikte"

Bei Verletzungen von „Rahmenrechten" und bei den „Vorsatzdelikten" haben Sie leichtes Spiel. Denn – wie Sie ja wissen – muss bei einer Verletzung der sog. **„Rahmenrechte"** („Allgemeines Persönlichkeitsrecht" und „Recht am eingerichteten und ausgeübten Gewerbebetrieb") die Rechtswidrigkeit positiv festgestellt werden. Da dies bereits im Tatbestand erfolgen musste, verlieren Sie später kein Wort mehr über die Rechtswidrigkeit. Bei **„Vorsatzdelikten"** ist nach allen Ansichten die **Rechtswidrigkeit** durch den Tatbestand **„indiziert"** und kann nur durch Rechtfertigungsgründe ausgeräumt werden. Als **Rechtfertigungsgründe** sind in Betracht zu ziehen:

- § 227 BGB **(Notwehr)**,
- § 228 BGB **(Verteidigungnotstand)**,
- §§ 677, 683 BGB **(berechtigte Geschäftsführung ohne Auftrag)**,

Fall 758: Der GF hört Hilfeschreie aus der verschlossenen Wohnung seines Nachbarn GH, der gerade von Ü überfallen wird. Weil der GF dies auch annimmt, tritt er die Tür ein und rettet dem GH durch eine energische Intervention das Leben. Der GH verlangt von GF Schadensersatz für die zerstörte Tür.

Der Anspruch des GH gegen den GF könnte sich aus § 823 Abs. 1 BGB ergeben. a) Eine Eigentumsverletzung liegt vor. b) aa) Der GF hat durch positives Tun gehandelt. bb) aaa) Die äquivalente Kausalität ist aufgrund des für die Verletzung risikoerhöhenden Verhaltens gegeben. bbb) Weil es sich um ein „Vorsatzdelikt" handelt, ist die Zurechenbarkeit ohne weiteres zu bejahen. c) Die Rechtswidrigkeit aa) ist bei einem Vorsatzdelikt indiziert. bb) Die Handlung wäre gerechtfertigt, aaa) wenn die Voraussetzungen einer rechtfertigenden berechtigten GoA nach §§ 677, 683 BGB vorlägen. aaaa) Der Türaufbruch zur Rettung ist die Besorgung eines Geschäfts; bbbb) es muss ein fremdes Geschäft gewesen sein: hier geht es um eine Hilfeleistung, also um ein objektiv fremdes Geschäft für GF. cccc) Der Fremdgeschäftsführungswille des GF wird deshalb vermutet. dddd) Einen Auftrag hatte der GF nicht; der § 323 c StGB begründet auch keine sonstige Berechtigung i.S.d. § 677 BGB. eeee) Die Geschäftsbesorgung war für GH interessegemäß, weil objektiv nützlich. ffff) Sie entsprach auch dem mutmaßlichen Willen des GH. Also war das Handeln des GF gerechtfertigt. bbb) Beantworten Sie selbst die Frage, warum wir hier nicht auf § 227 BGB abgestellt haben.

- § 859 Abs. 1 BGB **(Besitzwehr)**,
- § 859 Abs. 2 und 3 BGB **(Besitzkehr)**,
- § 904 BGB **(aggressiver Notstand)**,

Fall 759: Der gehbehinderte A.T. Nels (N) und seine Krankengymnastin G sind unterwegs auf der Straße. Der wertvolle Hund des Heinrich (H) fällt den N an und beißt sich an seinem Hals fest. Auf Bitten des N reißt die G vom Jägerzaun des Zaunrig (Z) eine Latte ab und erschlägt den Hund. Der H und der Z wollen von dem N und der G Schadensersatz.

1. Der H könnte von der G Schadensersatz für seinen Hund aus § 823 Abs. 1 BGB verlangen: a) Eine Eigentumsverletzung liegt vor. b) Die G aa) hat durch positives Tun gehandelt; bb) aaa) Die äquivalente Kausalität ist aufgrund des für die Verletzung risikoerhöhenden Verhaltens gegeben. bbb) Weil es sich um ein „Vorsatzdelikt" handelt, ist die Zurechenbarkeit der Verletzung ohne weiteres zu bejahen. c) Die G hat jedoch nicht rechtswidrig gehandelt. aa) Zwar ist bei einem Vorsatzdelikt die Rechtswidrigkeit indiziert; bb) die G ist jedoch nach § 228 BGB gerechtfertigt. 2. Der Z könnte a) gegen die G einen Anspruch aus § 823 Abs. 1 BGB haben. aa) Eine Eigentumsverletzung liegt vor; bb) die G hat durch positives Tun gehandelt; cc) Die Eigentumsverletzung ist hierauf kausal und weil ein „Vorsatzdelikt" vorliegt, auch zurechenbar zurückzuführen. dd) Die G hat jedoch nicht rechtswidrig gehandelt. aaa) Bei einem „Vorsatzdelikt" ist die Rechtswidrigkeit zwar indiziert; bbb) die G ist jedoch nach § 904 Abs. 1 BGB gerechtfertigt. b) Dem Z könnte jedoch gegen die G ein Anspruch aus § 904 S. 2 BGB zustehen. aa) Die Voraussetzungen liegen vor; bb) fraglich ist jedoch, wer Schuldner ist: Nach hM. ist dies stets der Eingreifende (hier: die G) und nicht (so aber Canaris) der Begünstigte (hier: der N). c) Fraglich ist, ob nach der hM. in diesem Fall der Z nicht auch gegen den N aus § 904 S. 2 BGB einen Anspruch hat: Dafür spricht der Rechtsgedanke der §§ 830, 840 BGB, wenn – wie hier – der N die G aufgefordert hat, die Zaunlatte abzubrechen.

- ein „**übergesetzlicher Notstand**",
- „**Einwilligung**" bei ärztlichen Heileingriffen,

Fall 760: Der Kieferchirurg K entfernt „lege artis" bei dem unter Kieferbeschwerden leidenden Patienten P einen im Kieferknochen querliegenden Weisheitszahn; dabei wird der untere Ast des z.T. im Kiefer verlaufenden Trigeminus-Nervs verletzt, so dass der P lebenslang unter Empfindungsstörungen im Bereich der Unterlippe leidet. Hierbei handelt es sich um ein typisches Operationsrisiko bei derartigen Eingriffen. Der K hatte nach Stellung der Diagnose dem P nur mitgeteilt, welche Art Eingriff er vornehmen wird, nicht aber auf das Risiko einer Verletzung des Trigeminus-Nervs und die möglichen Folgen hingewiesen. Der P will Schmerzensgeld.

Der Anspruch kann sich 1. aus §§ 823 Abs. 1, 253 Abs. 2 BGB ergeben. a) Die Körperverletzung liegt im operativen Eingriff, und zwar trotz des Umstandes, dass der Eingriff zu Heilzwecken und „lege artis" erfolgt. b) aa) Es liegt ein Tun des K vor. bb) Die äquivalente Kausalität ist aufgrund des für die Verletzung risikoerhöhenden Verhaltens des K gegeben. Weil es sich um ein „Vorsatzdelikt" handelt, ist die Zurechenbarkeit der kausalen Verletzung ohne weiteres zu bejahen. c) Die Körperverletzung muss rechtswidrig sein: aa) Bei Vorsatzdelikten ist die Rechtswidrigkeit indiziert, und zwar nach hM. auch bei einem ärztlichen Heileingriff. bb) Gerechtfertigt sein könnte er durch die Einwilligung des P in die Operation; diese Einwilligung ist jedoch nicht wirksam, weil der P nicht auf das Operationsrisiko hingewiesen worden ist. d) Verschulden: Vorsatz des K. e) Schmerzensgeld kann der P aus § 253 Abs. 2 BGB verlangen. 2. Der Anspruch ergibt sich auch aus §§ 611, 280 Abs. 1, 253 Abs. 2 BGB. Dass auch hier wieder einmal der Aufbau gegen die Regeln verstößt, erklärt sich ausschließlich daraus, dass wir uns hier primär mit dem Deliktsrecht befassen.

- eine **„mutmaßliche Einwilligung"**,
- ein sog. **„verkehrsrichtiges Verhalten"** (BGH),
- § 193 StGB **(Wahrnehmung berechtigter Interessen)**,
- § 127 StPO **(Festnahmerecht)**,
- §§ 906 ff. BGB **(nachbarliche Duldungspflichten)**.

2. Die übrigen Konstellationen

Wie die Rechtswidrigkeit in den **übrigen Konstellationen** (wenn also kein Eingriff in „Rahmenrechte" und auch kein „Vorsatzdelikt" vorliegt) festzustellen ist, ist umstritten:

- Es gibt die Lehre vom **Erfolgsunrecht** (wohl immer noch die hM.), nach der stets, also nicht nur bei „Vorsatzdelikten, die **„Rechtswidrigkeit durch die Tatbestandsmäßigkeit indiziert"** ist und nach der die Rechtswidrigkeit nur durch notfalls vom Verletzer zu beweisende **Rechtfertigungsgründe** ausgeschlossen ist. Die Lehre vom Erfolgsunrecht gilt auch, wenn bei mittelbaren Verletzungen die Prüfung des Sorgfaltsverstoßes bereits in die Zurechnungsprüfung verlagert wird und die Rechtswidrigkeit dann als indiziert angesehen wird (Canaris).
- Nach der **Lehre vom Handlungsunrecht** (begründet von Nipperdey) muss die Rechtswidrigkeit bei Nicht-Vorsatzdelikten positiv festgestellt werden; gegeben sein muss eine – notfalls vom Verletzten zu beweisende – objektive Pflichtwidrigkeit des Verhaltens.

- Nach einer neueren, zwischen den beiden vorgenannten Theorien **vermittelnden Lehre** (Larenz, Medicus) gilt bei unmittelbaren Verletzungen die Lehre vom Erfolgsunrecht, bei mittelbaren Verletzungen die Lehre vom Handlungsunrecht.
- In aller **Regel** sind die Unterschiede der verschiedenen Lehren jedoch **nicht ergebnisrelevant**, weil – bei Zugrundelegung der Lehre vom Erfolgsunrecht – bei objektiv-sorgfaltsgemäßem Verhalten eine Schadensersatzhaftung spätestens bei der Verschuldensprüfung ausscheidet; das hat der „Fahrrad-Lieferungs-Fall" gezeigt. Bei einer bestimmten **Fallkonstellation (§ 831 BGB und „non liquet"** hinsichtlich des **Sorgfaltsverstoßes** sowie bei **§ 1004 BGB)** muss jedoch **Stellung genommen** werden.

Fall 761: Der Passant P wird von dem bei Apotheker A als Bote fest angestellten F, der für den A mit dem Fahrrad Kunden mit Medikamenten beliefert, angefahren und erheblich verletzt. Zu dem Unfall war es gekommen, weil der F durch einen auf dunkler Straße schlechthin unerkennbaren Ölfleck ins Schleudern geraten und gegen den P gerutscht war. Der P verlangt von dem A Schadensersatz für die infolge des Unfalls zerrissene Kleidung (nach Kötz).

Ein Anspruch a) aus § 823 Abs. 1 BGB ist nicht gegeben, weil kein Verschulden des A festzustellen ist. b) Gegeben sein könnte ein Anspruch des P gegen den A aus §§ 823 Abs. 1, 831 BGB: aa) Der F war „Verrichtungsgehilfe" des A, weil ihm bei bestehender Weisungsabhängigkeit eine Tätigkeit durch A übertragen worden war, so dass F nicht über Tätigkeit und Zeit selbst verfügen konnte; bb) der F hat mit der Fahrt eine ihm übertragene Verrichtung erfüllt und nicht nur bei Gelegenheit gehandelt. cc) Der F müsste eine Tat i.S.d. §§ 823 ff. BGB begangen haben. Eine für den Tatbestand des § 823 Abs. 1 BGB ff. aaa) erforderliche Eigentumsverletzung ist gegeben. bbb) Die Verletzung muss dem F objektiv zugerechnet werden können: aaaa) das Verhalten des F (ein Tun) war bbbb) äquivalent und adäquat kausal für die Verletzung, der Schutzzweck der Norm steht nicht entgegen. dd) Fraglich ist die für §§ 831, 823 Abs. 1 BGB erforderliche Rechtswidrigkeit: aaa) Es liegt keiner der unstreitigen Fälle (Verletzung von Rahmenrechten, Vorsatzdelikte) vor, so dass es auf die unterschiedlichen Theorien zur Rechtswidrigkeit ankommt. bbb) Nach der Lehre vom Erfolgsunrecht ist die Rechtswidrigkeit indiziert, so dass Rechtfertigungsgründe zu prüfen sind. aaaa) Nach dem BGH gibt es den Rechtfertigungsgrund des „verkehrsrichtigen Verhaltens". Hier ist die Unfallursache ein unerkennbarer Ölfleck. Danach hätte der F nicht rechtswidrig gehandelt. bbbb) Wenn man jedoch mit der das Indikationsmodell befürwortenden Lehre einen solchen Rechtfertigungsgrund ablehnt, wäre die Rechtswidrigkeit gegeben. ccc) Nach der Lehre vom Handlungsunrecht muss die Rechtswidrigkeit durch einen objektiven Sorgfaltspflichtverstoß festgestellt werden; einen solchen Sorgfaltspflichtverstoß hat F nicht begangen, so dass er nicht rechtswidrig gehandelt hat. ddd) Nach der vermittelnden Theorie gilt – weil eine unmittelbare Verletzung gegeben ist – vom Ergebnis her die Lehre vom Erfolgsunrecht, so dass auf die obigen Ausführungen verwiesen werden kann. eee) Nach der hier vertretenen Lehre vom Erfolgsunrecht ist – wenn man nicht dem BGH mit seiner Erfindung des Rechtfertigungsgrundes des „verkehrsrichtigen Verhaltens" folgt – die Rechtswidrigkeit gegeben. ee) Fraglich ist, ob den F für eine Schadensersatzverpflichtung des A aus §§ 823 Abs. 1, 831 BGB auch ein Verschulden treffen muss. Nach dem Wortlaut des § 831 BGB scheint dies gerade nicht erforderlich zu sein. Eine Korrektur des Wortlauts ist jedoch nötig; und zwar ist bei folgenden Konstellationen ein Verschulden zu verlangen: aaa) Bei (dem hier allerdings nicht einschlägigen!) Fall eines nur vorsätzlich begehbaren Delikts: z.B. bei §§ 831, 823 Abs. 2 BGB i.V.m. einem nur vorsätzlich begehbaren Schutzgesetz (z.B. § 263 StGB) oder bei §§ 826, 831 BGB wird ein vorsätzliches Handeln des Gehilfen verlangt. bbb) Bei Fahrlässigkeitsdelikten aaaa) wird von der dem Indikationsmodell folgenden Lehre neuerdings gefordert (Canaris), dass der als schuldfähig und als mit den für die Verrichtung erforderlichen Fähigkeiten ausgestattet gedachte Gehilfe schuldhaft gehandelt hat.

bbbb) Beim verschuldensunfähigen oder einem nur minderen Sorgfaltsanforderungen unterliegenden Gehilfen wird auf ein derartiges fiktives Verschulden allerdings verzichtet, weil in diesen Fällen ein innerer Zusammenhang zwischen dem Einsatz des Gehilfen und dem Fehlen eines Schuldvorwurfs gegen ihn besteht. cccc) Hier ist F verschuldensfähig, aber er hätte nicht schuldhaft gehandelt, weil der Ölfleck schlechthin unerkennbar war. Daher stünde hiernach dem P gegen den A kein Anspruch aus §§ 831, 823 Abs. 1 BGB zu. Auf den fehlenden Entlastungsbeweis kommt es daher nicht an.

Variante: Wie wäre es, wenn der A nicht nachweisen kann, dass der F auf einem unerkennbaren Ölfleck ausgerutscht ist und der P nicht beweisen kann, dass dem F ein Sorgfaltsverstoß unterlaufen ist?
1. Ein Anspruch des P gegen den A aus § 823 Abs. 1 besteht nicht. 2. In Betracht käme ein Anspruch aus § 831 BGB. Dann müsste der F, a) der Verrichtungsgehilfe des A sein, b) dem P widerrechtlich einen Schaden zugefügt haben. aa) Geht man von der Lehre vom Erfolgsunrecht aus aaa) und folgt dabei dem BGH mit seiner Lehre vom Rechtfertigungsgrund des „verkehrsrichtigen Verhaltens", dann könnte der A diesen Rechtfertigungsgrund nicht beweisen, so dass der F dem P widerrechtlich einen Schaden zugefügt hätte. bbb) Zum gleichen Ergebnis käme man, wenn man die Lehre vom Rechtfertigungsgrund des „verkehrsrichtigen Verhaltens" ablehnt. bb) Wenn man die Lehre vom Handlungsunrecht vertritt, dann müsste der P nachweisen, dass der F objektiv sorgfaltswidrig gehandelt hatte. Der Beweis gelingt ihm nicht, so dass nicht davon ausgegangen werden kann, dass der F dem P widerrechtlich einen Schaden zugefügt hatte. cc) Die vermittelnde Theorie kommt (bei einer unmittelbaren Verletzung, wie sie hier gegeben ist) zum gleichen Ergebnis wie die Lehre vom Erfolgsunrecht. c) Wenn man bei Fahrlässigkeitsdelikten weiterhin fordert, dass der als schuldfähig und als mit den für die Verrichtung erforderlichen Fähigkeiten ausgestattet gedachte Gehilfe schuldhaft gehandelt hat, stellt sich die Frage, wer beweisen muss, dass der F schuldhaft gehandelt hat: aa) Ist der Anspruchsteller P beweispflichtig (so Canaris), stünde ihm kein Anspruch zu, bb) muss der A aber beweisen, dass den F kein fiktives Verschulden trifft (so Medicus, weil das „Fehlverhalten als Bestandteil der Kausalität vermutet" werde), stünde dem P ein Anspruch aus §§ 831, 823 Abs. 1 BGB zu.

Wenn man im Rahmen des § 1004 bzw. des § 831 BGB zu einer **Stellungnahme** zur Frage der Voraussetzungen der Rechtswidrigkeit gezwungen ist, dann könnten folgende **Argumente** den Ausschlag **für die** Lehre von der **Indikation der Rechtswidrigkeit durch die Tatbestandsmäßigkeit** geben:

> **1. Für** die Lehre vom **Handlungsunrecht** könnte zwar sprechen, dass ein Verhalten nur dann rechtswidrig genannt werden kann, wenn es objektiv pflichtwidrig war. Die **dagegen** vorzubringenden **Einwände** lauten aber:
>
> - Die **Verschuldensprüfung** würde so **systemwidrig in die Rechtswidrigkeitsprüfung vorverlagert**.
>
> - Durch die Lehre vom Handlungsunrecht würden die **Notwehrrechte** des Verletzten gegen objektiv sorgfaltsgemäße Verhaltensweisen **verkürzt**, wenn man z.B. keine Notwehr bzw. Nothilfe gegen die Injektion eines nach objektiven Maßstäben unschädlichen, aber für den Patienten tödlichen Medikaments durch den behandelnden Arzt üben dürfte.
>
> - **Verkürzt** würden auch die Anwendungsbereiche der **§§ 831, 1004 BGB**.

> - Und schließlich wäre es **kein Wertungswiderspruch**, ein objektiv pflichtgemäßes Verhalten „rechtswidrig" zu nennen, denn ein „Unrechtsurteil" ist kein „Unwerturteil" (Brox – Walker).
>
> **2.** Für die **vermittelnde Lehre** von Larenz und Medicus könnte zwar sprechen, dass sie hier einen Ausweg bietet: Gegen den die Gesundheitsverletzung lediglich mittelbar herbeiführenden Hersteller des Medikaments darf keine Notwehr geübt werden, weil er durch seine Produktion objektiv sorgfaltsgemäß und damit nicht rechtswidrig handelt, wohl aber gegen den unmittelbar verletzenden und damit rechtswidrig handelnden Arzt. **Gegen diese Lehre** spricht aber, dass nach der hier vertretenen Ansicht in solchen Fällen die Verletzung mangels einer Verkehrssicherungspflicht-Verletzung bereits nicht zurechenbar ist, so dass sich die Frage nach der Rechtswidrigkeit gar nicht mehr stellt.
>
> **3.** Daher spricht alles für die Lehre vom **Erfolgsunrecht**: Die Rechtswidrigkeit ist auch bei objektiv sorgfaltsgemäßem Verhalten indiziert, und es entfällt die Fahrlässigkeit.

V. Rechtmäßiges Alternativverhalten

Zur an sich bereits abgehandelten Frage der Zurechnung gehört auch die sich selten stellende Frage, ob eine Verletzung selbst dann zuzurechnen ist, wenn sie auch bei rechtmäßigem Verhalten eingetreten wäre (**sog. „rechtmäßiges Alternativverhalten"**). Diese Problematik ist nur anzusprechen, wenn wirklich Anlass dazu besteht (!).

Im Rahmen dieser Darstellung können wir erst jetzt (nach der Erörterung der Rechtswidrigkeit) darauf eingehen. Zu prüfen ist dieser Punkt – wie gesagt – bei der Untersuchung, ob zwischen der Verletzung und dem menschlichen Verhalten ein Zurechnungszusammenhang besteht.

Fall 762. Der einzige Zahnarzt einer völlig abgeschiedenen Gemeinde Dr. Zuck (Z) extrahiert dem Plak (P) nach unvollständiger Aufklärung über das Risiko, dass ein benachbarter gesunder Zahn abbrechen könnte, einen vollständig vereiterten Zahn. Ohne diesen sofortigen Eingriff hätte der P eine Sepsis mit lebensgefährlichen Folgen erlitten. Der gesunde Zahn bricht ab. Der P will deshalb Schmerzensgeld von Z.

Der Anspruch kann sich 1. aus §§ 823 Abs. 1, 253 Abs. 2 BGB ergeben. a) Eine Körperverletzung liegt im operativen Eingriff. b) Es liegt ein Tun des Z vor. c) aa) Weil es sich um ein „Vorsatzdelikt" handelt, ist die Zurechenbarkeit der kausalen Verletzung ohne weiteres zu bejahen. bb) Da aber der P auch bei gehöriger Aufklärung angesichts der großen Gefahr, in der er sich befand, die Einwilligung erteilt hätte, ist die Verletzung dem Z nicht zuzurechnen. 2. Gleiches gilt für einen Anspruch aus §§ 611, 280 Abs. 1, 241 Abs. 2, 253 Abs. 2 BGB. Dass auch hier wieder aus „didaktischen Gründen" der Aufbau verfehlt ist, ist Ihnen sicher gleich aufgefallen!? Wir hätten an sich mit dem Anspruch aus §§ 611 ff. beginnen müssen.

VI. Verschulden

Der Inanspruchgenommene oder eine Person, deren Verhalten er sich zurechnen lassen muss, muss **hinsichtlich der Herbeiführung der Verletzung** (nicht etwa hinsichtlich des Schadens!!) **schuldhaft** gehandelt haben.

Die Frage, **wer schuldhaft gehandelt** haben muss, beantwortet sich danach, wer in Anspruch genommen wird. Ist der **Inanspruchgenommene** eine **natürliche Person**, geht es um sein Verschulden. Ist der **Inanspruchgenommene** eine **juristische Person**, so ergibt es sich aus der Natur der Sache, dass diese kein Verschulden treffen kann. Vielmehr kommt eine deliktische Haftung dann nur in Betracht, wenn die juristische Person sich das schuldhafte Verhalten bestimmter natürlicher Personen, nämlich das eines Organs oder eines verfassungsmäßig berufenen Vertreters, nach § 31 BGB oder § 31 i.V.m. §§ 86 bzw. 89 BGB zurechnen lassen muss. Bei der Inanspruchnahme einer **oHG/KG** und bei der **BGB-Außengesellschaft** wird § 31 BGB entsprechend angewendet, so dass für eine deliktische Haftung das schuldhafte Verhalten des/der **geschäftsführenden Gesellschafter/s** maßgeblich ist. Bei der Inanspruchnahme eines **Reeders/Ausrüsters** muss eine Person der **Schiffsbesatzung** gehandelt haben (§§ 485, 510 HGB).

Ein **schuldhaftes Verhalten** liegt vor, wenn der Inanspruchgenommene oder derjenige, dessen schuldhaftes Verhalten er sich zurechnen lassen muss,

- bei der Verwirklichung des **haftungsbegründenden** (also nicht etwa des „haftungsausfüllenden"!) **Tatbestandes**
- als **Deliktsfähiger** (§§ 827, 828 BGB) bzw. aus **Billigkeitsgründen** haftend (§ 829 BGB),
- entweder **„vorsätzlich"** gehandelt hat, d.h. „mit Wissen und Wollen" einer rechtswidrigen Verletzung (das Unrechtsbewusstsein gehört also zum Vorsatz = „Vorsatztheorie")
- oder **„fahrlässig"** gehandelt hat, d.h. gegen diejenige Sorgfaltspflicht, die ihm aufgrund objektivierter, nach Verkehrskreisen (z.B. die Kieferchirurgen, die Autofahrer) typisierter Verkehrspflichten obliegen, verstoßen hat,

Fall 763: Der A zerstört absichtlich eine (nicht in seinem Besitz befindliche) Sache des B, die er irrig für eine eigene Sache hält. Der B verlangt Schadensersatz.

Der Anspruch kann sich aus § 823 Abs. 1 BGB ergeben. a) Eine Vindikationslage besteht nicht. b) Das Eigentum des B ist verletzt, c) durch eine Handlung des A (Tun). d) An der Kausalität und Zurechenbarkeit (Vorsatzdelikt) bestehen keine Zweifel. e) Der A hat auch rechtswidrig gehandelt. f) Was das Verschulden angeht, aa) so entfällt wegen seines Irrtums sein Vorsatz (Vorsatztheorie: das hier fehlende Unrechtsbewusstsein ist eine Voraussetzung für den Vorsatz). bb) Wenn sein Irrtum vorwerfbar ist, hat der A jedoch fahrlässig gehandelt.

- wobei es im **Grundsatz** für die Voraussetzungen und Folgen des Deliktstatbestandes nicht darauf ankommt, ob (so das eine Extrem) ein Fall leichtester Fahrlässigkeit oder (so das andere Extrem) ein Fall des dolus directus 1. Grades vorliegt (daher muss unbedingt jeder von Ihnen privat-haftpflichtversichert sein!).

- Von dem Grundsatz des „Alles-oder-Nichts-Prinzips" gibt es jedoch einige **gesetzliche Ausnahmen: a)** Die **Beschränkung des Verschuldensmaßstabes auf die eigenübliche Sorgfalt** i.S.d. **§ 277 BGB** in **§ 708 BGB** (= unter Gesellschaftern), § 1359 BGB (= unter Ehegatten) und **§ 1664 BGB** (= Eltern/Kinder; übrigens: § 1664 BGB ist auch eine Anspruchsgrundlage!), dies alles gilt aber nicht im Straßenverkehr, weil es dort keine individuelle Sorglosigkeit gibt. **b)** Ferner gibt es eine Beschränkung auf **Vorsatz** und **grobe Fahrlässigkeit** in **§ 521 BGB** (Schenker), **§ 599 BGB** (Verleiher), **§ 680 BGB** (= Geschäftsführung ohne Auftrag zur Gefahrenabwehr), die auch im Deliktsrecht gilt, wenn zugleich eine GoA vorliegt. **c) Vertragliche Änderungen des Verschuldensmaßstabes** gelten auch im Deliktsrecht, wenn (Auslegung nach §§ 133, 157 BGB!) anderenfalls der Sinn und Zweck der Abänderung leer liefe.

Fall 764: Der GF hört laute Hilfeschreie aus der verschlossenen Wohnung seines Nachbarn GH. Er nimmt an, dass dieser gerade überfallen wird und tritt die Tür ein. Dann muss er feststellen, dass der GH sich einen Fernsehkrimi angesehen hat und deswegen auch von den Bemühungen des GF (Klingel, Klopfen), in die Wohnung zu gelangen, nichts bemerkt hatte. Der GF hätte bei äußerster Anspannung seiner Sorgfalt wegen der neben den Hilfeschreien erklingenden Musik, wie sie für einen Film typisch ist, erkennen können, dass die Überfallgeräusche einem Fernsehfilm entstammten. Der GH verlangt von GF Schadensersatz für die zerstörte Tür (nach Köhler).

a) Ein Anspruch des GH gegen den GF auf Schadensersatz könnte sich aus § 678 ergeben. aa) Es handelt sich mangels der Voraussetzungen des §§ 683, 684 S. 2 BGB um eine echte nichtberechtigte GoA i.S.d. § 677 BGB. bb) Die Übernahme der Geschäftsführung stand zum wirklichen Willen des GH im Widerspruch. aaa) Das hätte der GF erkennen können. bbb) Wenn aber der Haftungsmaßstab des § 680 BGB gelten würde, dann müsste grobe Fahrlässigkeit gegeben sein. § 680 BGB wird auch auf das Übernahmeverschulden einer nichtberechtigten Geschäftsführung ohne Auftrag angewendet, also auch auf die Frage, ob die irrtümliche Annahme einer Geschäftsführung ohne Auftrag auf einem Verschulden beruht. Da der GF nicht grob fahrlässig gehandelt hat, haftet er nicht. b) Weiterhin könnte sich ein Schadensersatzanspruch aus § 823 Abs. 1 BGB ergeben. aa) Eine Eigentumsverletzung liegt vor. bb) Diese ist einem Verhalten des GF zurechenbar. cc) Die Rechtswidrigkeit ist indiziert. Die Handlung ist nicht gerechtfertigt, denn die Voraussetzungen einer rechtfertigenden berechtigten Geschäftsführung ohne Auftrag liegen nicht vor. dd) Der GH müsste weiter schuldhaft gehandelt haben. aaa) Er hat mit Wissen und Wollen die Tür eingetreten, also vorsätzlich gehandelt. Nach der im Zivilrecht geltenden Vorsatztheorie müsste der GF auch im Bewusstsein der Pflichtwidrigkeit gehandelt haben. Dem GF fehlt es, den Vorsatz ausschließend, am Unrechtsbewusstsein, weil er irrig die Voraussetzungen einer berechtigten Geschäftsführung ohne Auftrag angenommen hat. bbb) Der GF könnte aber fahrlässig gehandelt haben, wenn der Irrtum vorwerfbar war. Auch insoweit ist jedoch der Haftungsmaßstab des § 680 maßgeblich. Da der GF nicht grob fahrlässig gehandelt hat, haftet er auch nicht aus § 823 Abs. 1 BGB.

VII. Schaden

Der Anspruch aus § 823 Abs. 1 BGB setzt voraus, dass dem Anspruchsberechtigten ein ersatzfähiger Schaden entstanden ist. Dieser wird nach der „Differenzhypothese" so berechnet, dass die bestehende (Ihnen durch den Sachverhalt vermittelte) Vermögenslage („Ist-Zustand") mit derjenigen verglichen wird, die ohne den zum Schadensersatz verpflichtenden Umstand gegeben wäre („Soll-Zustand"). Bei diesem Vergleich wird der widerleglich vermutete entgangene Gewinn (§ 252 BGB) als „Soll-Zustand" berücksichtigt. Welche im Sachverhalt aufgeführten Einbußen an anderen „Lebensgütern" als den „Ist-Zustand" ausmachende Schadensposten berücksichtigt werden können, wird im Rahmen der Prüfung der „haftungsausfüllenden Kausalität" wertend ermittelt: Zu berücksichtigende Schadensposten müssen äquivalent und adäquat kausal auf die Verletzung zurückführbar sein und zum Schutzbereich der Norm (hier des § 823 Abs. 1 BGB) gehören. Unberücksichtigt bleiben solche Nachteile, gegen deren Berücksichtigung höherrangiges Recht spricht oder die auf verbotenem oder auf sittenwidrigem Erwerb beruhen würden. Umgekehrt müssen als „Schadensabzugsposten" alle die für das Vermögen vorteilhaften Umstände berücksichtigt werden, die nach einer wertenden Betrachtungsweise äquivalent und adäquat kausal auf die Pflichtverletzung zurückzuführen sind und die nach Sinn und Zweck des Schadensersatzrechtes vom Schaden abgesetzt werden müssen. Zu berücksichtigen ist weiterhin ein Mitverschulden (§ 254 BGB). Das „Wie" des Schadensersatzes ergibt sich aus den §§ 249 ff. BGB. Einzelheiten finden Sie in Teil 9.

VIII. Beweislastprobleme

Es ist im Grundsatz unzweifelhaft, dass der **Anspruchsteller alle anspruchsbegründenden Voraussetzungen beweisen** muss,

- also das Vorliegen einer deliktisch relevanten **Verletzung**,
- und die die **Zurechnung begründenden Tatsachen**. Hier gibt es jedoch Beweiserleichterungen für den Verletzten als Anspruchsteller, und zwar zum einen bei der **„Produzentenhaftung"** hinsichtlich der die Zurechnung begründende Verkehrssicherungspflichtverletzung: Bei der Frage einer Haftung wegen eines Produktfehlers muss der Verletzte nur beweisen, dass die Verletzung auf einem Produktfehler oder einem Instruktionsfehler beruht. Zum anderen muss bei der Frage der **Arzthaftung** bei einem schweren Behandlungsfehler der Arzt das Fehlen der Kausalität beweisen.

Fall 765: Der B wird im Krankenhaus wegen eines Hundebisses behandelt. Er erhält eine verunreinigte – der Chefarzt Dr. Medicus (M) hatte sie unmittelbar vor der Injektion versehentlich auf den Boden fallen lassen – Betäubungsspritze. Der B verstirbt an den Folgen einer Wundinfektion. Die Witwe W des B verlangt von M eine Geldrente für den entgangenen Unterhalt. Sie behauptet, dass die Infektion auf die Verunreinigung der Spritze zurückzuführen ist; der M hält die Verunreinigung der Wunde durch den Hundebiss für ursächlich. Keiner von beiden kann den Beweis für seine Behauptung führen.

1. Ein vertraglicher Anspruch besteht nicht, weil die W weder Vertragspartnerin des M ist, noch ein Vertrag mit Schutzwirkung für die W abgeschlossen wurde. 2. Der Anspruch der W könnte sich aus §§ 823 Abs. 1, 844 Abs. 2 BGB ergeben. a) Der B ist verstorben. b) aa) Das positive Tun des M bb) müsste äquivalent kausal für den Tod des B gewesen sein. Bei einem schweren Behandlungsfehler (Verwendung einer zu Boden gefallenen Spritze) muss der Arzt die fehlende Kausalität beweisen. Der M kann nicht beweisen, dass nicht die Verunreinigung der Spritze, sondern eine Verunreinigung der Wunde durch den Hundebiss ursächlich war. cc)

Die Todesfolge liegt aaa) nicht völlig außerhalb jeder Wahrscheinlichkeit und bbb) im Schutzbereich der Norm des § 823 Abs. 1 BGB. c) Die indizierte Rechtswidrigkeit ist nicht durch eine Einwilligung ausgeschlossen, denn M hat nicht darauf hingewiesen, dass die Nadel der Spritze möglicherweise verunreinigt war, so dass ein Infektions- und Todesrisiko bestand. d) Der M hat schuldhaft gehandelt. e) Die W ist auch schadensersatzberechtigt (§§ 1360 S. 1, 844 Abs. 2 S. 1 BGB).

- Hinsichtlich der Beweislast für die **Rechtswidrigkeit** kommt es auf den durch die einzelnen Lehren zur Rechtswidrigkeit dazu vertretenen Standpunkt an. Bei der Lehre vom **Erfolgsunrecht** gilt die „Indikation der Rechtswidrigkeit", so dass der Inanspruchgenommene die Rechtfertigungsgründe beweisen muss/bei der Lehre vom **Handlungsunrecht** trägt der Anspruchsteller die Beweislast für die objektive Pflichtwidrigkeit/bei der **vermittelnden Lehre** liegt es bei unmittelbaren Verletzungen wie die Lehre vom Erfolgsunrecht, bei mittelbaren Verletzungen wie bei der Lehre vom Handlungsunrecht.

- Das **Verschulden** muss der Anspruchsteller beweisen. Das kann problematisch sein. In der Rechtspraxis wird die Beweisführung im Prozess dem klagenden Anspruchsteller dadurch erleichtert, dass beim Nachweis eines für ein Verschulden „typischen Ablaufes" durch den Kläger (der Autofahrer A überfährt den Passanten P auf dem Gehweg) bis zum Beweis des Beklagten, dass hier ein „atypischer Ablauf" vorlag, das für einen solchen Ablauf typische Verschulden (des A) als gegeben zugrunde gelegt (Beweiserleichterung durch den **„prima – facie – Beweis = „Beweis des ersten Anscheins")** wird. Bei **Verkehrssicherungspflicht-Verletzungen** ist das Verschulden „indiziert", so dass der Inanspruchgenommene sich entlasten muss; speziell bei der „Produzentenhaftung" muss der Produzent beweisen, dass bei Konstruktions-, Herstellungs- und Materialfehlern weder ihn noch ein Organ bzw. einen verfassungsmäßig berufenen Vertreter ein Verschulden trifft, dass kein Fehler in der Organisation vorliegt und dass jeder an der Herstellung beteiligte Mitarbeiter sorgfältig ausgewählt und überwacht wurde.

- Auch das Vorliegen eines **Schadens** muss der Anspruchsteller beweisen.

B. Anspruch aus § 823 Abs. 2 BGB

Anders als bei einem Anspruch aus § 823 Abs. 1 BGB kommt es bei § 823 Abs. 2 BGB für die Tatbestandsmäßigkeit nicht darauf an, dass ein bestimmtes Rechtsgut oder ein Recht verletzt worden ist, sondern dass die Verletzung eines Schutzgesetzes vorliegt.

> Man erkennt sofort, dass – worauf Sie bereits hingewiesen worden sind – anders als bei § 823 Abs. 1 BGB durch § 823 Abs. 2 BGB auch das Vermögen geschützt sein kann, wenn das Schutzgesetz das „Vermögen" des Anspruchstellers schützt (z.B. §§ 263, 266 StGB).

Ein Anspruch aus § 823 Abs. 2 BGB setzt im **haftungsbegründenden Tatbestand** voraus,

> - dass der **Inanspruchgenommene** gegen ein **Schutzgesetz verstoßen** hat
> - und einen **Schaden**
> - **zurechenbar verursacht** hat,
> - dass er dabei **rechtswidrig** und
> - dass er **schuldhaft** gehandelt hat.

I. Tatbestandsmäßigkeit

1. Schutzgesetzverstoß

Auch der Schutzgesetzverstoß setzt ein **menschliches Verhalten** voraus. Die Frage, auf **wessen Verhalten** es für die deliktische Haftung ankommt, beantwortet sich auch hier danach, wer in Anspruch genommen wird: Ist der Inanspruchgenommene eine **natürliche Person**, ist Voraussetzung für eine deliktische Haftung ein Verhalten des **Inanspruchgenommenen selbst**. Ist der Inanspruchgenommene eine **juristische Person**, die sich – weil sie kein „Mensch" ist – nicht „menschlich verhalten" kann, kann deliktisch relevant nur ein menschliches Verhalten einer solchen natürlichen Person sein, das sich die in Anspruch genommene juristische Person zurechnen lassen muss. Das ist nach § 31 BGB oder §§ 31 i.V.m. §§ 86 bzw. 89 BGB das Verhalten eines **Organs** oder eines **verfassungsmäßig berufenen Vertreters**. Denn nach diesen Vorschriften erfolgt nicht nur eine Verschuldens-, sondern auch eine **Verhaltenszurechnung** für eine „ … begangene, zum Schadensersatz verpflichtende Handlung …". Bei der Inanspruchnahme einer **oHG/KG** und bei der **BGB-Außengesellschaft** wird § 31 BGB entsprechend angewendet, und maßgeblich ist das Verhalten des/der **geschäftsführenden Gesellschafter/s**. Bei der Inanspruchnahme eines **Reeders/Ausrüsters** muss eine Person der **Schiffsbesatzung** gehandelt haben (§§ 485, 510 HGB).

Diese hiernach maßgebliche Person muss gegen ein **Schutzgesetz verstoßen** haben. Ein Schutzgesetz ist **jede Rechtsnorm (Art. 2 EGBGB)**, die sich ge- oder verbietend an den Einzelnen richtet, die also, anders als bloße Verwaltungsvorschriften, **Außenwirkung** hat und die den **Schutz des Einzelnen** vor Rechts- oder Rechtsgutverletzungen und rechtlich geschützten Interessen **bezweckt**, zu deren **Schutzbereich auch der Anspruchsteller** gehört. Nicht gemeint sind Normen, die ausschließlich die Allgemeinheit schützen sollen. Schutzgesetze finden sich in erster Linie im **StGB** (§§ 185 ff., 223 ff., 242 ff., 249 ff., 263, 266 etc. StGB), weiterhin in Gesetzen, die Sicherheitsstandards schaffen sollen (z.B. **StVZO**) aber auch im BGB (§§ 859 ff., 906 ff. BGB) oder im **Grundgesetz** (Artt. 5 Abs. 2, 9 Abs. 3 GG).

2. Schaden

Entstanden sein muss ein **Schaden**. Insoweit wird auf die Ausführungen zu § 823 Abs.1 BGB und den Teil 9 verwiesen.

3. Zurechenbare Verursachung durch den Schutzgesetzverstoß

Der **Schaden** muss **verursacht** worden sein durch den Schutzgesetzverstoß des Inanspruchgenommenen; bei einer nur möglichen Kausalität wird das Kausalitätserfordernis beim Vorliegen von § 830 BGB „überbrückt". Der Schaden muss weiterhin auch die **adäquate** und ihm auch nach dem **Schutzzweck der Norm** zuzurechnende Folge des Schutzgesetzverstoßes sein. Was **speziell** die Berücksichtigung des **Schutzzwecks der Norm** angeht, so geht es in erster Linie um die Frage, ob das Schutzgesetz vor dem konkret eingetretenen Schaden schützen soll **(„sachlicher Schutzbereich").** Das „klassische Lernbeispiel" ist **§ 323 c StGB**: diese Vorschrift soll nur vor den Gefahren für Leib oder Leben schützen, nicht aber vor Sachschäden. Hinsichtlich des **„persönlichen Schutzbereichs"** ist das „klassische Lernbeispiel" der **§ 248 b StGB**, der nur den Gebrauchsberechtigten nicht aber Verkehrsteilnehmer schützen soll.

Fall 766: Der A und der B wohnen in einer WG zusammen. Der A ist Eigentümer eines Autos; den Schlüssel dazu hängt er an das gemeinsame Schlüsselbord. Als der A auf einer Amerikareise ist, benutzt der B unerlaubt das Auto des A. Dabei fährt er schuldlos den Fußgänger F an und verletzt ihn. Der F nimmt den B auf Schadenersatz in Anspruch.
1. Ein Anspruch aus § 823 Abs. 1 BGB besteht wegen des fehlenden Verschuldens des B nicht.
2. Ein Anspruch aus §§ 823 Abs. 2, 229 StGB kommt nicht in Betracht, weil der B nicht schuldhaft (Fahrlässigkeit ist gefordert) gehandelt hat. 3. Zu prüfen ist ein Anspruch aus § 823 Abs. 2, 248 b StGB: a) § 248 b StGB ist ein Schutzgesetz; der B hat rechtswidrig und schuldhaft (Vorsatz) dagegen verstoßen. b) Der F aa) hat einen Schaden erlitten. bb) Der F gehört aber nicht zu dem von § 248 b StGB geschützten Personenkreis; diese Vorschrift will nur den Gebrauchsberechtigten schützen. 4. Ein Anspruch aus Gefährdungshaftung (§ 7 Abs. 1 StVG) scheidet aus, weil der B nicht der Halter des Kfz war.

II. Rechtswidrigkeit und Verschulden

1. Regel: Prüfung bei der Schutzgesetzverletzung

Die **Rechtswidrigkeit** ist bei einem Strafgesetz als Schutzgesetz bereits bei der Schutzgesetzverletzung zu prüfen, weil dessen Verletzung die Rechtswidrigkeit voraussetzt. Ist eine Prüfung der Rechtswidrigkeit bereits bei der Tatbestandsmäßigkeit erfolgt, geht man natürlich nicht ein weiteres Mal hierauf ein!

Das **Verschulden** des deliktisch relevant Handelnden ist bei einem Strafgesetz als Schutzgesetz bereits bei der Schutzgesetzverletzung zu prüfen, weil deren Vorliegen die Schuld voraussetzt; den Verschuldensmaßstab bestimmt dann das Schutzgesetz (z.B. bei § 223 StGB: Vorsatz; bei § 229 StGB: Fahrlässigkeit). Ist eine Prüfung des Verschuldens bereits bei der Tatbestandsmäßigkeit erfolgt, geht man natürlich nicht ein weiteres Mal hierauf ein!

2. Ausnahme: „isolierte Prüfung"

Wenn aber für den Verstoß gegen ein Schutzgesetz keine Rechtswidrigkeit erforderlich sein sollte und deshalb die **Rechtswidrigkeit** als allgemeine deliktische Haftungsvoraussetzung zu erörtern ist, ist sie als durch die Tatbestandsmäßigkeit indiziert anzusehen.

Wenn (weil das Schutzgesetz kein Verschulden voraussetzen sollte) das **Verschulden** als allgemeine deliktische Haftungsvoraussetzung zu prüfen ist, geht es um das Verschulden des Inanspruchgenommenen oder einer Person, deren Verhalten er sich zurechnen lassen muss. Das Verschulden muss sich auf den **Verstoß gegen das Schutzgesetz** beziehen, nicht auf den Schaden. Die **Verschuldensfähigkeit** bestimmt das Zivilrecht. Es ist mindestens (eine durch den Schutzgesetzverstoß allerdings vermutete) Fahrlässigkeit erforderlich (§ 823 Abs. 2 S. 2, 276 BGB).

C. Anspruch aus § 826 BGB

„Wer in einer gegen die guten Sitten verstoßenden Weise einem anderen vorsätzlich Schaden zufügt, ist dem anderen zum Ersatz des Schadens verpflichtet" (§ 826 BGB). Der Gesetzgeber hat mit § 826 BGB als „Auffangtatbestand" die Schutzlücke geschlossen, die sich daraus ergibt, dass zuweilen ein Bedarf für eine deliktische Haftung besteht, seil ein Schaden angerichtet wurde, aber mangels einer verletzbaren Rechtsposition kein Anspruch aus § 823 Abs. 1 BGB oder mangels eines Schutzgesetzes kein Anspruch aus § 823 Abs. 2 BGB gegeben ist, nämlich in den Fällen, in denen z.B. reine Vermögensverletzungen oder Fälle der Beeinträchtigung der allgemeinen Handlungsfreiheit vorliegen. Um aber nicht in das Extrem zu verfallen, das der Gesetzgeber durch die Schaffung der tatbestandsmäßig eng umrissenen Regelung des § 823 Abs. 1, 2 BGB und anderer (demnächst noch zu erörternder) deliktischer Spezialtatbestände vermeiden wollte, nämlich in das Extrem einer die allgemeine Handlungsfreiheit unangemessen einschränkenden und unkalkulierbaren und damit auch unversicherbaren Schadensersatzhaftung, sind in § 826 BGB zwei recht hohe Hürden für die Schadensersatzhaftung aufgestellt worden: Die Schadenszufügung muss zum einen in einer „gegen die guten Sitten verstoßenden Weise" und zum anderen „vorsätzlich" erfolgen. Hier braucht man sich um die Gefahr einer die Handlungsfreiheit ungemessen einschränkenden, unkalkulierbaren und unversicherbaren Deliktshaftung keine Gedanken zu machen: Die Handlungsfreiheit gilt nicht für den vorsätzlich sittenwidrig Handelnden, das Bedürfnis einer Kalkulierbarkeit der Folgen seiner Untaten hat ein solcher Mensch auch nicht und keine Versicherung schützt bei Vorsatz des Versicherungsnehmers!

> Die **Voraussetzungen des § 826 BGB** kann man wie folgt zusammenfassen:
>
> 1. Der Anspruchsteller muss einen **Schaden** (gemeint ist damit **auch** ein „**reiner**" bzw. „**primärer Vermögensschaden**", also nicht notwendig ein Schaden, der auf eine Rechtsgut- oder Rechtsverletzung zurückzuführen ist, oder ein Schaden infolge der **Beeinträchtigung der allgemeinen Handlungsfreiheit**) erlitten haben.

> **2.** Vorliegen muss ein **Verhalten** des Inanspruchgenommenen oder einer Person, deren Verhalten er sich zurechnen lassen muss, das **objektiv sittenwidrig** ist wegen des missbilligenswerten Zwecks, der missbilligenswerten Mittel, der missbilligenswerten Folgen oder wegen der missbilligenswerten Gesinnung und das weiterhin wegen der Kenntnis der Tatumstände auch **subjektiv sittenwidrig** ist (= gegen das „Anstandsgefühl aller billig und gerecht Denkenden" verstößt). Dazu gibt es einzelne, sogleich darzutellende **Fallgruppen**.
>
> **3.** Zwischen Schaden und Verhalten muss ein **Kausalzusammenhang** (ggf. „überbrückt" durch § 830 BGB) bestehen; eine Zurechnungsprüfung ist entbehrlich („Vorsatzdelikt").
>
> **4.** Die Prüfung der **Rechtswidrigkeit** ist entbehrlich, weil bestehende Rechtfertigungsgründe schon die „Sittenwidrigkeit" ausgeschlossen hätten.
>
> **5. Schuld:** Der Inanspruchgenommene oder die Person, deren Verhalten er sich zurechnen lassen muss, muss bezüglich der Handlung und bezüglich des Schadens **vorsätzlich** (alle Vorsatzformen) gehandelt haben.

I. Schaden

Entstanden sein muss ein **Schaden**. Insoweit wird auf die Ausführungen zu § 823 Abs.1 BGB und auf den Teil 9 verwiesen.

II. Sittenwidriges Verhalten

1. Verhalten

Auch ein Sittenverstoß setzt ein **menschliches Verhalten** voraus. Die Frage, auf **wessen Verhalten** es für die deliktische Haftung ankommt, beantwortet sich wie bisher.

2. „Sittenwidrigkeit" des Verhaltens

Zu Feststellung des objektiv und subjektiv sittenwidrigen Verhaltens hat man die **Generalklausel** durch **Fallgruppenbildung** konkretisiert. Für die Ausbildung von besonderer Bedeutung sind zum einen die Fälle einer **Verleitung Dritter zum Vertragsbruch**; die in der Ausbildung in diesem Zusammenhang „beliebteste" und Ihnen ja auch schon bekannte Fragestellung ist die nach dem Ausgleich der Konsequenzen eines „Doppelverkaufs".

Fall 767: Der V hat an den K ein Gemälde verkauft. Der K will es in seiner Galerie zum Verkauf anbieten. Den Kaufpreis hat er dem V sogleich bezahlt; der V hat das Bild aber noch nicht übereignet und noch nicht übergeben. Der X, ein Konkurrent des K, will das Bild ebenfalls erwerben und bietet, als der V auf den bereits erfolgten Verkauf an den K hinweist, mehr als der K an ihn gezahlt hatte; außerdem sagt der X zu, den V ggf. von Schadensersatzansprüchen des K gegen ihn freistellen zu wollen. Daher ist V zum Vertragsbruch bereit. Der V verkauft und liefert an den X. Der K verlangt von X Herausgabe an sich oder Rückübereignung und Rückgabe des Bildes an V, um von dem V Lieferung des Bildes verlangen zu können.

1. Ein Herausgabeanspruch des K gegen den X an sich aus § 985 BGB besteht schon deshalb nicht, weil der K kein Eigentum erlangt hat. 2. In Betracht kommt aber ein Anspruch gegen X auf Herausgabe an den V a) und zwar aus §§ 823 Abs. 1, 249 Abs. 1 BGB. aa) Eine Verletzung des Eigentums des K liegt mangels einer Übereignung an K nicht vor; bb) in Betracht kommt die Verletzung eines sonstigen Rechts: aaa) der K hatte einen Anspruch gegen den V aus § 433 Abs. 1 S. 1 BGB; dieser ist nach § 275 Abs. 1 BGB durch die Übereignung und Übergabe an X „ausgeschlossen" und damit verletzt worden; hierbei handelt es sich jedoch nur um ein relatives Recht und dieses wird nicht als sonstiges Recht anerkannt; bbb) der X hat auch nicht ein dem K zustehendes Anwartschaftsrecht an dem Bild verletzt, denn der K war lediglich obligatorisch an dem Bild berechtigt. b) Ein Anspruch des K gegen den X aus §§ 826, 249 Abs. 1 BGB setzt voraus: aa) Das Vorliegen eines Sittenverstoßes (ein Verstoß gegen das „Anstandsgefühl aller billig und gerecht Denkenden", aber nicht der besonders strenge Maßstäbe anlegenden Personen) des Inanspruchgenommenen in Kenntnis der zugrunde liegenden Tatsachen. aaa) Das bloße Ausnutzen eines Vertragsbruchs (des V) oder ein Überbieten des von K zu zahlenden Preises reicht dafür nicht aus. bbb) Wohl aber wird das Verhalten als sittenwidrig angesehen, wenn hinzutritt entweder ein kollusives Zusammenwirken oder – wie hier gegeben – eine Verleitung eines anderen zum Vertragsbruch durch ein Freistellungsversprechen. bb) Der K müsste durch den Sittenverstoß einen Schaden erlitten haben; das ist der Fall. cc) Der X müsste insoweit vorsätzlich gehandelt haben; auch das ist der Fall. dd) Der Anspruch ist auf Wiederherstellung des Zustandes gerichtet, der ohne das Delikt bestanden hätte (§ 249 Abs. 1 BGB): Der V wäre noch Eigentümer und Besitzer des Bildes. c) Nach Erfüllung des Rückübereignungsanspruchs an den V könnte der K von dem V Lieferung aus § 433 Abs. 1 S. 1 BGB verlangen; § 275 BGB stünde dem Anspruch dann nicht entgegen.

Sittenwidrig kann auch die **Ausnutzung einer formal rechtmäßigen Stellung** sein; der klassische Fall hierzu ist der Missbrauch eines Vollstreckungstitels.

Fall 768: Der DG hat gegen DN in einem Rechtsstreit mit der letzten mündlichen Verhandlung vom 12. Juni 2002 ein rechtskräftiges Urteil erwirkt, durch das der DN zur Rückzahlung eines Darlehens in Höhe von € 1000,- verurteilt worden ist. Der DN hatte im Prozess behauptet, das Darlehen längst getilgt zu haben, konnte die (von ihm zu beweisende) Erfüllung aber nicht beweisen. Jetzt findet der DN die Quittung des DG wieder. 1. Er will sich gegen die bevorstehende Zwangsvollstreckung wenden. 2. Könnte DN auch die Aufhebung des rechtskräftigen Urteils erwirken?

1. a) Eine Vollstreckungsabwehrklage (§ 767 ZPO) wäre erfolglos, weil der DN mit dem Erfüllungseinwand „präkludiert" ist; der Erfüllungseinwand beruht nämlich auf Tatsachen, die bereits vor Schluss der letzten mündlichen Verhandlung entstanden sind (§ 767 Abs. 2 ZPO). b) In Betracht kommt aber ein Anspruch des DN gegen den DG auf Unterlassung der Zwangsvollstreckung und Herausgabe des Titels aus §§ 826, 249 Abs. 1 BGB, weil der DG das Urteil sittenwidrig, nämlich in Kenntnis des Umstandes, dass das Darlehen bereits getilgt war, erwirkt hatte (sog. „Urteilserschleichung" durch Prozessbetrug nach §§ 263 StGB, 138 Abs. 1 ZPO). 2. Außerdem könnte der DN nach rechtskräftiger strafrechtlicher Verurteilung des DG wegen Betruges (§ 581 ZPO) die Rechtskraft des Urteils durch eine Restitutionsklage beseitigen (§§ 578, 580 Nr. 5, 263 StGB ZPO).

Auch die **Erwirkung eines Vertragsschlusses** durch **arglistige Täuschung** oder durch **rechtswidrige Drohung** sind sittenwidrig. Der Schadensersatzanspruch aus §§ 826, 249 Abs. 1 BGB konkurriert bei der arglistigen Täuschung häufig mit einem solchen aus § 823 Abs. 2, 249 Abs. 1 BGB i.V.m. § 263 StGB. Wenn die Ablehnung eines Vertragsschlusses durch Nichtannahme des Antrags eine vorsätzliche sittenwidrige Schädigung bedeuten würde (§ 826 BGB), z.B. beim **Angebot von Gütern oder Dienstleistungen** von **lebenswichtiger** (einschließlich kultureller) **Bedeutung** und keiner zumutbaren Ausweichmöglichkeit, kann ein Anspruch aus §§ 826, 249 Abs. 1 BGB auf **Abschluss eines Vertrages** bestehen

Fall 769: Der „Verein der Theaterfreunde (VTF) eV." in der Kleinstadt K hat sich zum Ziel gesetzt, in K auf der einzigen Bühne der Stadt in der Stadthalle zuvor einstudierte Theaterstücke aufzuführen. Dazu ist ihm für die Aufführung des Jahres 2002 die Stadthalle an 6 Wochenenden mietweise zur Verfügung gestellt worden. Der Altstar A des deutschen Theaters, der sich in K zur Ruhe gesetzt hat, gründet nunmehr den „Verein der deutschen Theaterkunst (VTK) eV."; er möchte auf diese Weise Gelegenheit haben, zusammen mit einigen einzuladenden älteren Kollegen „auf seine alten Tage" noch ein wenig Theater zu spielen. Der VTK bietet der Stadt K den Abschluss eines Mietvertrages für die Stadthalle zu den gleichen Vertragsbedingungen wie für den VTF an, um seine Einstudierungen an 6 anderen Wochenenden zu zeigen. Der hierfür zuständige Bürgermeister der Stadt K lehnt den Antrag des VTK ab, weil in K nur ein begrenzter kultureller Bedarf im Umfang von 6 Aufführungen im Jahr bestehe und weil das schauspielerische Können des A und seiner Kollegen die Niveauunterschiede zu der anderen nur mit Laienschauspielern besetzten Truppe zu deutlich machen würde. Hat der VTK einen Anspruch auf Überlassung der Stadthalle?

Der Anspruch könnte sich a) aus einem Mietvertrag ergeben (§ 535 Abs. 1 S. 1 BGB). Dann müsste ein Mietvertrag geschlossen worden sein. aa) Ein Antrag des VTK liegt vor. bb) Die K hat ihn jedoch nicht angenommen. b) Der VTK hat jedoch einen Anspruch auf Abschluss eines Mietvertrages aus §§ 826, 89, 31, 249 Abs. 1 BGB: aa) Die Monopolstellung der Stadt K verpflichtet sie, den Antrag anzunehmen, wenn dem keine triftigen Gründe entgegenstehen: Hier ist die Ablehnung sittenwidrig (arge. Art. 5 Abs. 3 GG). Der Bürgermeister hat vorsätzlich gehandelt; dies ist der K nach §§ 89, 31 BGB zuzurechnen. bb) Der Schaden aaa) des VTK besteht in dem Nichtabschluss des Vertrages. bbb) Der Schaden ist nach § 249 Abs. 1 BGB durch Naturalrestitution (Abschluss eines Mietvertrages) zu ersetzen.

III. Kausalität und Zurechnung

Die sittenwidrige Handlung muss für den Schaden **kausal** gewesen sein. Bei nur möglicher Kausalität wird diese nach § 830 BGB „überbrückt". Eine Prüfung der **Zurechnung** unter den Aspekten der Adäquanz und des Schutzzwecks der Norm ist entbehrlich, weil § 826 BGB ein „Vorsatzdelikt" ist.

IV. Rechtswidrigkeit

Letztlich nur „pro forma" soll auch die Rechtswidrigkeit erwähnt werden. Denn zur gesonderten Prüfung der Rechtswidrigkeit kommt es in der Fallbearbeitung deshalb nicht, weil ein Ausschluss der Rechtswidrigkeit bereits zum Wegfall der Sittenwidrigkeit führen würde.

V. Verschulden

Hinsichtlich der **Schuld** ist zu verlangen, dass der Handelnde **vorsätzlich** bezüglich der Handlung, des Schadens und des Kausalzusammenhanges in seinem wesentlichen Ablauf gehandelt hat. **Nicht** ist zu verlangen das **Bewusstsein der Sittenwidrigkeit**; das würde nämlich den § 826 BGB ad absurdum führen, weil Sittenverstöße gerade bei Schädigern ohne ausgeprägtes Sittenwidrigkeitsbewusstsein vorkommen.

D. Anspruch aus § 824 BGB

Der Schutz der wirtschaftlichen Wertschätzung von Personen und Unternehmen vor Gefährdungen oder unmittelbaren Beeinträchtigungen, die durch die Verbreitung unwahrer Behauptungen über sie herbeigeführt werden, wird durch **§ 824 BGB** unter folgenden Voraussetzungen gewährt.

> Wie bei den anderen Deliktstatbeständen sollen auch hier die Voraussetzungen des § 824 BGB vorab zusammengefasst werden:
>
> 1. Der Inanspruchgenomme muss **tatbestandsmäßig**, nämlich
>
> a) durch eine Mitteilung (Aufstellung und Verbreitung) **unwahrer Tatsachenbehauptungen**,
>
> b) **kausal** (ggf. „überbrückt" durch § 830 BGB) und **zurechenbar**
>
> c) im Wege einer „**Kreditgefährung**", also das wirtschaftliche Interesse eines anderen gefährdend oder unmittelbar beeinträchtigend,
>
> 2. **rechtswidrig,** nämlich
>
> a) indiziert
>
> b) oder im Falle der fahrlässigen Unkenntnis der Unrichtigkeit ohne berechtigtes Interesse an der Mitteilung (§ 824 Abs. 2 BGB),
>
> 3. und auch **schuldhaft**, nämlich
>
> a) in vorsätzlicher Kenntnis
>
> b) oder fahrlässiger Unkenntnis der Unwahrheit
>
> 4. einen **Schaden** herbeigeführt haben.

Fall 770: Das als Gourmet-Restaurant bekannte Fisch-Restaurant des W wird von dem einflussreichen Gastrotester T in der von ihm herausgegebenen Zeitschrift „Gastro" besprochen. In dem von T unterzeichneten Artikel heißt es u.a.: „Bei unserem Besuch am 1. Juli 2002 wurde uns leider eine Fischsuppe aus der Dose serviert. Der Fisch war nicht frisch, sondern roch wie ein solcher. Der Weinkellner war ein aushilfsweise tätiger Student der Rechtswissenschaften, der nichts von Wein verstand". Der Umsatz des W geht aufgrund dieses Artikels deutlich zurück. Die Tatsachenbehauptungen sind unzutreffend: Die Suppe war in der Küche des W hergestellt; als Weinkellner war ein ausgebildeter Sommelier tätig; der Fisch war frisch eingekauft.

Der W will Ersatz von T, der selbst nie in dem Lokal gegessen hatte, sondern den Artikel auf der Grundlage eines Berichts eines ansonsten sehr verlässlichen Informanten geschrieben hatte.

Die für einen Anspruch 1. aus § 824 BGB a) erforderlichen aa) falschen Tatsachenbehauptungen sind von T aufgestellt worden. bb) Sie beeinträchtigen unmittelbar die wirtschaftlichen Interessen des W. b) Die Verbreitung ist rechtswidrig, denn ein Rechtfertigungsgrund ist nicht ersichtlich. aa) Art. 5 GG rechtfertigt die Verletzung nicht, weil es um unwahre Tatsachenbehauptungen geht. bb) Auch der Rechtfertigungsgrund des § 824 Abs. 2 BGB greift nicht ein: aaa) Zwar hat der T nur fahrlässig gehandelt; bbb) aber der T hat kein berechtigtes Interesse an der Verbreitung. c) Der T hat schuldhaft gehandelt. d) Dem W ist ein Schaden entstanden. 2. Ein Anspruch aus § 823 Abs. 1 BGB wegen eines Eingriffs in das Recht am eingerichteten und ausgeübten Gewerbebetrieb als „sonstiges Recht" setzt voraus, dass kein anderweitiger Schutz in Betracht kommt; hier ist ein Anspruch aus § 824 Abs. 1 BGB gegeben.

E. Anspruch aus § 831 BGB

Als Konsequenz der Arbeitsteiligkeit der modernen Wirtschaft hat der Gesetzgeber mit § 831 BGB bestimmt,

- dass zum Nachteil desjenigen, der als „Geschäftsherr" einen anderen zu einer „Verrichtung" als ihm weisungsunterworfene Person („Verrichtungsgehilfe") bestellt, vermutet wird, dass ihn als Geschäftsherrn ein Verschulden daran trifft, dass der Verrichtungsgehilfe einen anderen i.S.d. des § 823 Abs. 1 BGB tatbestandsmäßig und rechtswidrig und nach neuerer Ansicht auch schuldhaft verletzt. Unter diesen Voraussetzungen ist der „Geschäftsherr" vorbehaltlich eines „Entlastungsbeweises" (§ 831 Abs. 1 S. 2 BGB) nach § 831 Abs. 1 S. 1 BGB zum Schadensersatz verpflichtet.

- Gleiches gilt für denjenigen, der durch Vertrag mit dem Geschäftsherrn „dazwischen geschaltet" ist (§ 831 Abs. 2 BGB).

> Die auch hier in einer Zusammenfassung vorangestellten **Voraussetzungen für eine Schadensersatzhaftung eines „Geschäftsherrn" oder einer durch Vertrag „dazwischen geschalteten" Person** sind,
>
> 1. dass ein zu einer Verrichtung Bestellter (kurz ein: **„Verrichtungsgehilfe"**; das ist ein **aufgrund „sozialer Abhängigkeit" Weisungsunterworfener** des „Geschäftsherrn" oder einer durch Vertrag „dazwischen geschalteten" Person)
>
> 2. einen **Deliktstatbestand**
>
> a) der **§§ 823 ff. BGB**
>
> b) **„in Ausführung der Verrichtung"**, und **nicht nur „bei Gelegenheit"**,
>
> c) **widerrechtlich** verwirklicht hat. Hier kommt es also auf die Ihnen ja bereits bekannte Frage der **Prüfung der Rechtswidrigkeit** an:
>
> aa) Bei der **Verletzung von „Rahmenrechten" (Allgemeines Persönlichkeitsrecht; Recht am eingerichteten und ausgeübten Gewerbebetrieb)** ist die Rechtswidrigkeit bereits im Tatbestand positiv festgestellt worden.

bb) Bei **Vorsatzdelikten** ist die Rechtswidrigkeit stets indiziert, so dass von Ihnen vom Inanspruchgenommenen zu beweisende Rechtfertigungsgründe zu prüfen wären.

cc) Bei **Nichtvorsatzdelikten**

aaa) soll nach der Lehre vom **Handlungsunrecht** die Rechtswidrigkeit nur im Fall objektiv sorgfaltswidrigen Verhaltens, das der Anspruchsteller zu beweisen hat, gegeben sein.

bbb) Hält man mit der „**Lehre vom Erfolgsunrecht**" die **Rechtswidrigkeit** durch die Tatbestandsmäßigkeit für **indiziert**, sind vom Inanspruchgenommenen zu beweisende Rechtfertigungsgründe zu prüfen; dazu soll nach dem BGH auch der ebenfalls vom Inanspruchgenommenen zu beweisende Rechtfertigungsgrund des „verkehrsrichtigen Verhaltens" eingreifen (BGH). Abweichend davon löst die der Lehre vom Erfolgsunrecht folgenden Lehre diese Fälle über das für Fahrlässigkeitsdelikte aufgestellte Erfordernis eines „hypothetischen" Verschuldens des Verrichtungsgehilfen.

d) Fraglich ist, ob der „**Verrichtungsgehilfe**" auch „**schuldhaft**" gehandelt haben muss:

aa) Der **Wortlaut** des § 831 Abs. 1 S. 1 BGB setzt gerade kein Verschulden des Verrichtungsgehilfen voraus.

bb) Der Wortlaut ist jedoch unvollständig und muss ergänzt werden:

aaa) Soweit nur **vorsätzliches Handeln** des Verrichtungsgehilfen deliktisch relevant ist (z.B. bei einem nach §§ 823 Abs. 2, 263 StGB oder nach § 826 BGB deliktisch relevanten Verhalten) muss auch der Verrichtungsgehilfe vorsätzlich gehandelt haben.

bbb) Bei **Fahrlässigkeitsdelikten** des Verrichtungsgehilfen

(1) wird gefordert (z.B. Kötz, Canaris), dass der Anspruchsteller beweisen muss, dass der als schuldfähig mit den für die Verrichtung erforderlichen Fähigkeiten ausgestattet gedachte Gehilfe schuldhaft gehandelt hätte, während nach aA. (Medicus) das „Fehlverhalten als Bestandteil der Kausalität vermutet" wird.

(2) Beim verschuldensunfähigen oder einem nur minderen Sorgfaltsanforderungen unterliegenden Verrichtungsgehilfen wird hingegen auf die Feststellung eines solchen Verschuldens verzichtet, weil in diesen Fällen ein innerer Zusammenhang zwischen dem Einsatz des Gehilfen und dem Fehlen eines Schuldvorwurfs gegen ihn besteht.

3. Ein **Kausal-** und **Zurechnungszusammenhang** zwischen der sorgfaltswidrigen Einstellung des Verrichtungsgehilfen durch den Geschäftsherrn/der durch Vertrag dazwischen geschalteten Person wird vermutet und daher nicht geprüft;

> 4. Ein **Verschulden** des Geschäftsherrn/der durch Vertrag dazwischen geschalteten Person wird nicht geprüft, sondern in § 831 BGB gesetzlich vermutet.
>
> 5. **Kein Entlastungsbeweis** des „Geschäftsherrn" oder der durch Vertrag „dazwischen geschalteten" Person (§ 831 Abs. 1 S. 2 BGB).
>
> 6. Entstanden sein muss ein **Schaden**.

I. Verrichtungsgehilfe

Ein **„Verrichtungsgehilfe"** ist eine mit Wissen und Wollen des „Geschäftsherrn" oder mit Wissen und Wollen einer durch Vertrag mit dem Geschäftsherrn „dazwischen geschaltete" Person, die in deren (des „Geschäftsherrn"/der „dazwischen geschalteten" Person) Interesse tätig ist und die aufgrund einer „sozialen Abhängigkeit" dem „Geschäftsherrn"/der „dazwischen geschalteten" Person weisungsunterworfen ist, wobei die Weisungsmacht (wie z.B. beim Krankenhausarzt) im Einzelfall nur gering ausgeprägt sein mag. Die zu verrichtenden Tätigkeiten können tatsächlicher oder rechtlicher Art sein. Ganz wichtig ist, dass ein selbstständiger Unternehmer mangels einer Weisungsunterworfenheit kein Verrichtungsgehilfe ist.

Fall 771: Der B beauftragt den Fuhrunternehmer A mit einem Transport von Waren von Hamburg–Harvestehude nach Hamburg–Winterhude. Der A besorgt den Transport selbst und fährt dazu mit dem Fahrrad. Der Fußgänger F wird aufgrund eines Fahrfehlers des A auf der Rothenbaumchaussee angefahren und erheblich verletzt. Der F verlangt Schmerzensgeld von dem B.

Der Anspruch könnte sich aus §§ 823 Abs. 1, 831, 253 Abs. 2 BGB ergeben. Dazu müsste der A „Verrichtungsgehilfe" des B sein. Da der A selbstständiger Unternehmer ist und dem B keine Weisungsbefugnis zustand, der A vielmehr über Tätigkeit und Zeit selbst verfügen konnte, ist der A nicht der „Verrichtungsgehilfe" des B.

II. Deliktstatbestand „in Ausführung der Verrichtung"

Der „Verrichtungsgehilfe" muss **„in Ausführung der Verrichtung"** und nicht nur **„bei Gelegenheit"** gehandelt haben. Dafür wird ein „unmittelbarer innerer Zusammenhang" zwischen der dem „Verrichtungsgehilfen" aufgetragenen Verrichtung und der schädigenden Handlung verlangt: Der Geschäftsherr soll nur für solche Handlungen einstehen müssen, für die die Einschaltung des „Verrichtungsgehilfen" typischerweise risikoerhöhend ist (Canaris).

Fall 772: Der Pharmagroßhändler B beauftragt den Fuhrunternehmer A mit einem Transport von Medikamenten von Hamburg – Harvestehude nach Hamburg – Winterhude. Der A schickt den bei ihm angestellten D, der den Transport per Fahrrad besorgen soll, zu B. Der D verpackt die Medikamente. Im Lager des B nimmt er heimlich Opiate an sich, die er für sich behalten will und verpackt sie zusammen mit den zu transportierenden Medikamenten. Auf der Rückfahrt vom Empfänger macht er deshalb einen kleinen Umweg zu sich nach Hause. Nachdem er die Opiate in seiner Wohnung versteckt hat, will er „zur Firma" zurückfahren. Aus Ungeschick fährt der D den Fußgänger F an und verletzt ihn erheblich. Der A wird von dem B auf Schadensersatz und von F auf Schmerzensgeld in Anspruch genommen (nach Canaris und BGH).

1. Ein Anspruch des B gegen den A könnte sich a) aus §§ 823 Abs. 1, 831 BGB ergeben. aa) Dazu müsste der D „Verrichtungsgehilfe" des A sein. Der D ist ein aufgrund „sozialer Abhängigkeit" dem „Geschäftsherrn" A Weisungsunterworfener, ist also ein „Verrichtungsgehilfe" des A. bb) Er müsste mit der Tathandlung eine ihm übertragene Verrichtung erfüllt und dürfte nicht nur bei Gelegenheit gehandelt haben. aaa) Der D hat mit der Straftat zum Nachteil des B seinen Aufgabenbereich überschritten. Das spricht für sich gesehen noch nicht dagegen, dass der D „in Ausführung der Verrichtung" und nicht nur „bei Gelegenheit" gehandelt hat. bbb) Vielmehr kommt es darauf an, ob es bei der Tat um eine Handlung geht, für deren Begehung die Einschaltung des „Verrichtungsgehilfen" typischerweise risikoerhöhend ist. aaaa) Dies wird teilweise mit der Begründung verneint, dass die Tat auch von dem A hätte begangen werden können, wenn er den Transport selbst besorgt hätte, so dass die Einschaltung des D nicht risikoerhöhend sei. bbbb) Nach anderer Ansicht soll es darum gehen, ob sich hier ein spezifisches Risiko des Einsatzes von Gehilfen verwirklicht hat. cc) Wer letzterer Ansicht folgt und die Tat als Verwirklichung eines typischen Gehilfenrisikos ansieht, muss weiter prüfen, aaa) ob der D den Tatbestand des § 823 Abs. 1 BGB verwirklicht hat. aaaa) Eine Eigentumsverletzung ist gegeben. bbbb) Die Verletzung muss dem D objektiv zugerechnet werden können: aaaaa) das Verhalten des D (ein Tun) war bbbbb) äquivalent kausal und im Hinblick auf die Verletzung risikoerhöhend; bei einem „Vorsatzdelikt" müssen weitere Zurechnungsfragen nicht erörtert werden. bbb) Auch die Rechtswidrigkeit ist bei einem „Vorsatzdelikt" unzweifelhaft gegeben. ccc) Auf die Frage, ob den Verrichtungsgehilfen ein Verschulden treffen muss, ist nur bei Nicht-Vorsatzdelikten einzugehen. ddd) Der Entlastungsbeweis ist nicht geführt worden. Daher steht dem B gegen A ein Anspruch aus §§ 831, 823 Abs. 1 BGB zu. b) Weiterhin hat der B – wenn man der vorgenannten „weiten" Interpretation des Handelns „in Erfüllung" und nicht nur „bei Gelegenheit" folgt – einen Schadensersatzanspruch aus §§ 280 Abs. 1, 278, 241 Abs. 2 BGB. (Der Aufbaufehler ist Ihnen hoffentlich aufgefallen: Eigentlich hätte der Anspruch aus §§ 280 Abs. 1, 278, 241 Abs. 2 BGB vor dem Anspruch aus Delikt erörtert werden müssen; nur hätte dann das Merkmal „in Ausführung der Verrichtung" praktisch bereits bei § 278 BGB erläutert werden müssen). 2. Der F hat jedoch keinen Anspruch gegen den A aus §§ 823 Abs. 1, 253 Abs. 2 BGB, denn ein Handeln „im privaten Bereich" ist unzweifelhaft ein Handeln „bei Gelegenheit".

Der „Verrichtungsgehilfe" muss durch sein „in Ausführung der Verrichtung" begangenes Verhalten einen der **Deliktstatbestände der §§ 823 ff. BGB** verwirklicht haben.

Er muss insoweit auch **rechtswidrig** gehandelt haben. Bei der Prüfung der Rechtswidrigkeit gibt es keine Probleme bei einer Verletzung von „Rahmenrechten" (denn dann ist die Rechtswidrigkeit bereits im Tatbestand positiv festgestellt worden) oder bei „Vorsatzdelikten" (denn dann ist sie stets indiziert, so dass nur vom Inanspruchgenommenen zu beweisende Rechtfertigungsgründe zu prüfen wären). Bei Nichtvorsatzdelikten soll nach der Lehre vom Handlungsunrecht die Rechtswidrigkeit nur im Fall objektiv sorgfaltswidrigen Verhaltens, das der Anspruchsteller zu beweisen hat, gegeben sein. Hält man mit der „Lehre vom Erfolgsunrecht" die Rechtswidrigkeit auch bei Nichtvorsatzdelikten durch die Tatbestandsmäßigkeit für indiziert, sind auch dann nur noch vom Inanspruchgenommenen zu beweisende Rechtfertigungsgründe zu prüfen; dazu soll nach dem BGH auch der ebenfalls vom Inanspruchgenommenen zu beweisende Rechtfertigungsgrund des „verkehrsrichtigen Verhaltens" gehören. Die dem Indikationenmodell folgende Lehre löst diese Fälle über das für Fahrlässigkeitsdelikte aufgestellte Erfordernis eines „hypothetischen" Verschuldens des Verrichtungsgehilfen.

Entgegen dem Wortlaut des § 831 BGB muss ein **Verschulden des „Verrichtungsgehilfen"** geprüft werden. Dass der Wortlaut des § 831 BGB unvollständig ist und ergänzt werden muss, zeigt sich bereits daran, dass immer dann, wenn nur vorsätzliches Handeln deliktisch relevant ist (z.B. bei §§ 823 Abs. 2, 263 StGB oder § 826 BGB) auch im Rahmen des § 831 BGB eine Verschuldensprüfung unerlässlich ist.

Die vom BGH durch die Erfindung des Rechtfertigungsgrundes des „verkehrsrichtigen Verhaltens" gelöste Frage einer Haftung aus § 831 BGB bei fehlendem bzw. nicht feststellbarem Sorgfaltsverstoß löst das moderne Schrifttum dadurch, dass nach einer Ansicht (z.B. Kötz, Canaris) feststehen muss bzw. vom Anspruchsteller zu beweisen ist, dass der als schuldfähig und als mit den für die Verrichtung erforderlichen Fähigkeiten ausgestattet gedachte Gehilfe schuldhaft gehandelt hätte, während nach aA. (Medicus) das „Fehlverhalten als Bestandteil der Kausalität vermutet" wird.

> Das führt aber umgekehrt nicht dazu, dass beim verschuldensunfähigen oder einem nur minderen Sorgfaltsanforderungen unterliegenden Gehilfen keine Haftung des „Geschäftsherrn" aus § 831 BGB in Betracht käme. In diesen Fällen kommt es deshalb nicht auf die Feststellung eines solchen „fiktiven Verschuldens" an, weil dann ein innerer Zusammenhang zwischen dem Einsatz des Gehilfen und dem Fehlen eines Schuldvorwurfs gegen ihn besteht.

Fall 773: Der Passant P wird von dem bei Apotheker A als Bote fest angestellten F, der für den A mit dem Fahrrad Kunden mit Medikamenten beliefert, angefahren und erheblich verletzt. Zu dem Unfall war es gekommen, weil der F durch einen auf dunkler Straße schlechthin unerkennbaren Ölfleck ins Schleudern geraten und gegen den P gerutscht war. Der P verlangt von dem A Schadensersatz für die infolge des Unfalls zerrissene Kleidung (nach Kötz).

Ein Anspruch a) aus § 823 Abs. 1 BGB ist nicht gegeben, weil kein Verschulden des A festzustellen ist. b) Gegeben sein könnte ein Anspruch des P gegen den A aus §§ 823 Abs. 1, 831 BGB: aa) Der F war „Verrichtungsgehilfe" des A, weil ihm bei bestehender Weisungsabhängigkeit eine Tätigkeit durch A übertragen worden war, so dass F nicht über Tätigkeit und Zeit selbst verfügen konnte; bb) der F hat mit der Fahrt eine ihm übertragene Verrichtung erfüllt und nicht nur bei Gelegenheit gehandelt. cc) Der F müsste eine Tat i.S.d. §§ 823 ff. BGB begangen haben. Eine für den Tatbestand des § 823 Abs. 1 BGB aaa) erforderliche Eigentumsverletzung ist gegeben. bbb) Die Verletzung muss dem F objektiv zugerechnet werden können: aaaa) das Verhalten des F (ein Tun) war bbbb) äquivalent und adäquat kausal für die Verletzung, der Schutzzweck der Norm steht nicht entgegen. dd) Fraglich ist die für §§ 831, 823 Abs. 1 BGB erforderliche Rechtswidrigkeit: aaa) Es liegt keiner der unstreitigen Fälle (Verletzung von Rahmenrechten, Vorsatzdelikte) vor, so dass es auf die unterschiedlichen Theorien zur Rechtswidrigkeit ankommt. bbb) Nach der Lehre vom Erfolgsunrecht ist die Rechtswidrigkeit indiziert, so dass Rechtfertigungsgründe zu prüfen sind. aaaa) Nach dem BGH gibt es den Rechtfertigungsgrund des „verkehrsrichtigen Verhaltens". Hier ist die Unfallursache ein unerkennbarer Ölfleck. Danach hätte der F nicht rechtswidrig gehandelt. bbbb) Wenn man jedoch mit der das Indikationsmodell befürwortenden Lehre einen solchen Rechtfertigungsgrund ablehnt, wäre die Rechtswidrigkeit gegeben. ccc) Nach der Lehre vom Handlungsunrecht muss die Rechtswidrigkeit durch einen objektiven Sorgfaltspflichtverstoß festgestellt werden; einen solchen Sorgfaltspflichtverstoß hat F nicht begangen, so dass er nicht rechtswidrig gehandelt hat. ddd) Nach der vermittelnden Theorie gilt – weil eine unmittelbare Verletzung gegeben ist –

vom Ergebnis her die Lehre vom Erfolgsunrecht, so dass auf die obigen Ausführungen verwiesen werden kann. eee) Nach der hier vertretenen Lehre vom Erfolgsunrecht ist – wenn man nicht dem BGH mit seiner Erfindung des Rechtfertigungsgrundes des „verkehrsrichtigen Verhaltens" folgt – die Rechtswidrigkeit gegeben. ee) Fraglich ist, ob den F für eine Schadensersatzverpflichtung des A aus §§ 823 Abs. 1, 831 BGB auch ein Verschulden treffen muss. Nach dem Wortlaut des § 831 BGB scheint dies gerade nicht erforderlich zu sein. Eine Korrektur des Wortlauts ist jedoch nötig; und zwar ist bei folgenden Konstellationen ein Verschulden zu verlangen: aaa) Bei dem (hier allerdings nicht einschlägigen!) Fall eines nur vorsätzlich begehbaren Delikts: z.B. bei §§ 831, 823 Abs. 2 BGB i.V.m. einem nur vorsätzlich verletzbaren Schutzgesetzes (z.B. § 263 StGB) oder bei §§ 826, 831 BGB wird ein vorsätzliches Handeln des Gehilfen verlangt. bbb) Bei Fahrlässigkeitsdelikten aaaa) wird von der dem Indikationenmodell folgenden Lehre neuerdings gefordert (Canaris), dass der als schuldfähig und als mit den für die Verrichtung erforderlichen Fähigkeiten ausgestattet gedachte Gehilfe schuldhaft gehandelt hätte. bbbb) Beim verschuldensunfähigen oder einem nur minderen Sorgfaltsanforderungen unterliegenden Gehilfen wird auf ein derartiges fiktives Verschulden allerdings verzichtet, weil in diesen Fällen ein innerer Zusammenhang zwischen dem Einsatz des Gehilfen und dem Fehlen eines Schuldvorwurfs gegen ihn besteht. cccc) Hier ist F verschuldensfähig, aber er hätte nicht schuldhaft gehandelt, weil der Ölfleck schlechthin unerkennbar war. Daher stünde hiernach dem P gegen den A kein Anspruch aus §§ 831, 823 Abs. 1 BGB zu. Auf den fehlenden Entlastungsbeweis kommt es daher nicht an.

<u>Variante:</u> Wie wäre es, wenn der A nicht nachweisen kann, dass der F auf einem unerkennbaren Ölfleck ausgerutscht ist und der P nicht beweisen kann, dass dem F ein Sorgfaltsverstoß unterlaufen ist?

1. Ein Anspruch des P gegen den A aus § 823 Abs. 1 besteht nicht. 2. In Betracht käme ein Anspruch aus § 831 BGB. Dann müsste der F, a) der Verrichtungsgehilfe des A ist, b) dem P widerrechtlich einen Schaden zugefügt haben. aa) Geht man von der Lehre vom Erfolgsunrecht aus aaa) und folgt dabei dem BGH mit seiner Lehre vom Rechtfertigungsgrund des „verkehrsrichtigen Verhaltens", dann könnte der A diesen Rechtfertigungsgrund nicht beweisen, so dass der F dem P widerrechtlich einen Schaden zugefügt hätte. bbb) Zum gleichen Ergebnis käme man, wenn man die Lehre vom Rechtfertigungsgrund des „verkehrsrichtigen Verhaltens" ablehnt. bb) Wenn man die Lehre vom Handlungsunrecht vertritt, dann müsste der P nachweisen, dass der F objektiv sorgfaltswidrig gehandelt hat. Der Beweis gelingt ihm nicht, so dass nicht davon ausgegangen werden kann, dass der F dem P widerrechtlich einen Schaden zugefügt hat. cc) Die vermittelnde Theorie kommt (bei einer unmittelbaren Verletzung, wie sie hier gegeben ist) zum gleichen Ergebnis wie die Lehre vom Erfolgsunrecht. c) Wenn man bei Fahrlässigkeitsdelikten weiterhin fordert, dass der als schuldfähig und als mit den für die Verrichtung erforderlichen Fähigkeiten ausgestattet gedachte Gehilfe schuldhaft gehandelt hätte, stellt sich die Frage, wer beweisen muss, dass der F schuldhaft gehandelt hat: aa) Ist der Anspruchsteller P beweispflichtig (so Canaris), stünde ihm kein Anspruch zu, bb) muss der A aber beweisen, dass den F kein fiktives Verschulden trifft (so Medicus, weil das „Fehlverhalten als Bestandteil der Kausalität vermutet" werde), stünde dem P ein Anspruch aus §§ 831, 823 Abs. 1 BGB zu. d) Der Entlastungsbeweis ist nicht geführt worden.

III. Kausal- und Zurechnungszusammenhang, Verschulden

Bei § 831 BGB muss anders als bei den sonstigen Deliktstatbeständen kein **Kausal- und Zurechnungszusammenhang** zwischen dem Pflichtverstoß (die sorgfaltswidrige Anstellung des Verrichtungsgehilfen) und der rechtswidrigen Schädigung geprüft werden, weil dieser Zusammenhang vermutet wird, dies selbst dann, wenn – wie bei einem nicht schuldhaften Verhalten des Gehilfen – auch ein sorgfältig ausgesuchter und überwachter Verrichtungsgehilfe den Deliktstatbestand verwirklicht hätte (arge § 831 Abs. 1 S. 2 BGB). Auch ein **Verschulden** des Geschäftsherrn oder einer durch Vertrag „dazwischen geschalteten" Person wird vermutet (arge. § 831 Abs. 1 S. 2 BGB).

IV. Entlastungsbeweis des Geschäftsherrn

1. Widerlegung der Kausalitätsvermutung

Auch wenn bei § 831 BGB kein Kausal- und Zurechnungszusammenhang zwischen dem Pflichtverstoß (die sorgfaltswidrige Anstellung des Verrichtungsgehilfen) und der rechtswidrigen Schädigung geprüft werden muss, weil dieser Zusammenhang vermutet wird, kann der Geschäftsherr sich dadurch entlasten, dass er beweist, dass der Schaden auch bei Einhaltung der erforderlichen Sorgfalt bei der Auswahl und Überwachung eingetreten wäre (§ 831 Abs. 1 S. 2 2. Fall BGB).

2. Widerlegung der Verschuldensvermutung („Exkulpationsbeweis" = „Entlastungsbeweis")

Wir wissen ja nun, dass es sich bei § 831 BGB um eine Haftung für „vermutetes Verschulden" des „Geschäftsherrn" oder der durch Vertrag mit ihm „dazwischen geschalteten" Person handelt; diese Verschuldensvermutung kann durch einen „**Exkulpationsbeweis**" (= **Entlastungsbeweis**") nach § 831 Abs. 1 S. 2 1. Fall BGB widerlegt werden, indem nachgewiesen wird,

- dass der „**Verrichtungsgehilfe**" **sorgfältig ausgewählt** worden ist,
- dass (Rechtsfortbildung) der „**Verrichtungsgehilfe**" **sorgfältig überwacht** und **instruiert** worden ist,
- dass ggf. (bei einer Beschaffungspflicht) **Vorrichtungen und Geräte sorgfältig beschafft** worden sind,
- dass ggf. (bei einer Leitungspflicht) die **Verrichtung sorgfältig geleitet** worden ist,
- wobei es in **Großunternehmen** ausreicht, dass der „Geschäftsherr" sich hinsichtlich der von ihm für die Auswahl, ggf. der Leitung, der Überwachung und der Instruktion eingesetzten Personen, also „**dezentralisiert**" **entlasten** kann. Zu beachten ist aber, dass in diesen Fällen diese Person als „verfassungsgemäßer Vertreter" angesehen wird, so dass aus §§ 823 ff., 31 BGB gehaftet wird, oder dass wegen eines nicht bestellten Organs bzw. verfassungsmäßigen Vertreters ein Organisationsmangel angenommen wird, der wegen einer bestehenden „Organisationspflicht" zu einer Schadensersatzpflicht aus § 823 Abs. 1 BGB führt.
- Bei allem hängt das **Ausmaß der Anforderungen** vom Ausmaß der mit der Verrichtung verbundenen Gefahren ab.

Fall 774: Die Iffa AG (I) betreibt ein Hüttenwerk, das u.a. auch Computerschrott verarbeitet. Der seit vielen Jahren für die Feuersicherheit des Unternehmens zuständige beanstandungsfrei arbeitende, sich ständig weiterbildende und von dem für den „Werkschutz" zuständigen Vorstand überwachte leitende Angestellte D. O. Natus (N) stellt als Leiter der Werksfeuerwehr den F. W. Mann (M), der früher Leiter einer großen Feuerwache der Berufsfeuerwehr war und der sehr gute dienstliche Beurteilungen vorzuweisen hat, ein. Der M hält mit seinen Leuten tägliche Übungen ab, wovon sich N durch Stichproben überzeugt. Als 2 Wochen nach Aufnahme seiner Tätigkeit in einem der Computerschrott verarbeitenden Hüttenöfen ein Feuer bei der Materialzufuhr ausbricht, ist die Werksfeuerwehr sofort im Einsatz. Allerdings kommt es durch die Anordnung des M zur Verwendung eines Löschmittels, das für den in dem betroffenen Hüttenofen verarbeiteten Computerschrott ungeeignet ist und das zu einer starken Überhitzung und einer daraus resultierenden Explosion des Hüttenofens führte, durch die ein auf der Straße stehender LKW des E beschädigt wird. Der M hatte nicht gewusst, dass bei brennendem Computerschrott das Feuer mit einem eigens dafür von N auf Anraten des Vorgängers des M angeschafften und auch ausreichend vorrätigen speziellen Löschmittel hätte bekämpft werden müssen. Der E verlangt Schadensersatz von dem M, dem N und von der I.

1. Gegen den M hat der E einen Anspruch a) aus § 823 Abs. 1 BGB. aa) Eine Eigentumsverletzung liegt vor. bb) Die Anordnung des M zur Verwendung des Löschmittels ist aaa) ein positives Tun, bbb) das äquivalent kausal ccc) und zurechenbar (adäquat kausal, Schutzweck der Norm) die Verletzung herbeigeführt hat. cc) Nach allen Lehren hat der M rechtswidrig gehandelt; der für die Lehre vom Handlungsunrecht erforderliche Sorgfaltspflichtverstoß liegt in der Verwendung des ungeeigneten Löschmittels. dd) Der M hat fahrlässig gehandelt. b) Der M hat allerdings einen (hier nicht gefragten!) Freistellungsanspruch gegen die I. 2. Der N könnte a) nach §§ 831 Abs. 2, 823 Abs. 1 BGB haften. aa) Dem N war aufgrund seines Arbeitsvertrages die Einstellung des Personals übertragen worden (§ 831 Abs. 2 BGB). bb) Der M war ein von N bestellter „Verrichtungsgehilfe", denn er war ihm aufgrund seiner sozialen Abhängigkeit weisungsunterworfen; daran ändert nichts der Umstand, dass er in einzelnen fachlichen Angelegenheiten selbstständig zu entscheiden hatte. cc) Der M hat den Tatbestand des § 823 Abs. 1 BGB aaa) tatbestandsmäßig und bbb) rechtswidrig verwirklicht. ccc) Der als schuldfähig und als mit den für die Verrichtung erforderlichen Fähigkeiten ausgestattet gedachte M hätte schuldhaft gehandelt. dd) Der N kann sich nicht für den M nach § 823 Abs. 1 S. 2 BGB entlasten: Zwar ist M sorgfältig ausgewählt und überwacht worden. Der N hätte aber den M auf die Besonderheiten eines Feuers bei brennendem Computerschrott hinweisen müssen. Der N muss Schadensersatz leisten. b) Der E könnte gegen den N auch einen Anspruch aus § 823 Abs. 1 BGB haben. aa) Eine Eigentumsverletzung liegt vor. bb) Die Nichtinstruktion des M zur Verwendung eines besonderen Löschmittels bei Bränden von Computerschrott ist aaa) ein Unterlassen; die Rechtspflicht zum Tun ergibt sich für N aus einer Verkehrssicherungspflicht. cc) Das Unterlassen war, aaa) weil die Instruktion die Verletzung mit an Sicherheit grenzender Wahrscheinlichkeit verhindert hätte, äquivalent kausal für die Verletzung; bbb) sie war auch aaaa) adäquat kausal, denn es handelte sich um eine für die Nichtinstruktion typische Verletzung. bbbb) Sie soll auch nach dem Schutzzweck des § 823 Abs. 1 BGB dem N zugerechnet werden; denn bei einer Verletzung von Verkehrssicherungspflichten werden „mittelbare Verletzungen" stets zugerechnet. dd) Nach allen Lehren hat der N rechtswidrig gehandelt; der für die Lehre vom Handlungsunrecht erforderliche Sorgfaltspflichtverstoß liegt in der Verletzung der Verkehrssicherungspflicht. ee) Der N hat fahrlässig gehandelt. c) Der N hat allerdings einen (hier nicht gefragten!) Freistellungsanspruch gegen die I. 3. Ansprüche des E gegen die I a) aus § 831 Abs. 1 S. 1 BGB scheitern am „dezentralisierten Entlastungsbeweis": Bei Großbetrieben muss die Auswahl und Überwachung und Instruktion sowie ggf. die Beschaffung von Vorrichtungen und Geräten oder der Leitung einer Verrichtung nicht vom Inhaber oder bei Aktiengesellschaften nicht vom Vorstand oder bei einer GmbH nicht vom Geschäftsführer oder bei Personalgesellschaften nicht vom geschäftsführenden Gesellschafter geleistet werden. Es reicht vielmehr aus, wenn sie dies anderen sorgfältig ausgewählten, angeleiteten und überwachten

Angestellten übertragen. b) In Betracht kommt aber ein Anspruch aus §§ 823 Abs. 1, 31 BGB: aa) Der N wird als „verfassungsmäßiger Vertreter" i.S.d. § 31 BGB der I angesehen, so dass bb) ein Delikt der I zugerechnet wird. c) Man kann aber auch einen Anspruch aus § 823 Abs. 1 BGB wegen der Nichtbestellung eines für die Feuersicherheit zuständigen Vorstandsmitglieds (also eines Organs oder „verfassungsmäßigen Vertreters") einen Organisationsmangel annehmen, der wegen einer bestehenden „Organisationspflicht" zu einer Schadensersatzpflicht aus § 823 Abs. 1 BGB führt.

V. Schaden

Insoweit wird auf die Ausführungen zu § 823 Abs. 1 BGB verwiesen.

VI. Vergleich von § 278 BGB und § 831 BGB

Es ist „Tradition" in der didaktischen Literatur, im Rahmen der Darstellung des § 831 BGB oder der des § 278 BGB die „Gehilfenhaftung" aus § 278 BGB und § 831 BGB mit einander zu vergleichen. Wenn dieser Vergleich (der deswegen „hinkt", weil es um „Äpfel und Birnen" geht) auch hier vorgenommen wird, ist dies eine Konzession an die „traditionell" übliche Verwechselung dieser beiden Normen durch die Studierenden. Es ist zu bezweifeln, dass man dieses Risiko durch einen Gegenüberstellung minimiert. Im Gegenteil: Es spricht manches dafür, dass man es dadurch erhöht, indem man beide Normen „in einem Atemzuge" nennt und sie miteinander „vergleicht". Man kann die Verwirrung nur noch steigern, indem man auch noch den § 31 BGB in die Gegenüberstellung einbezieht. Auch hier soll mit der Tradition nicht gebrochen werden:

---

1. § 278 BGB

a) ist keine Anspruchsgrundlage,

b) sondern eine Zurechnungsnorm

aa) durch die das Verhalten und das Verschulden eines anderen,

bb) der im Rahmen eines bestehenden Schuldverhältnisses (vertraglich/ gesetzlich)

cc) für den Schuldner tätig wird

dd) als dessen gesetzlicher Vertreter

ee) oder als dessen Erfüllungsgehilfe (= mit dessen Wissen und Wollen) für den Schuldner,

ff) dem Schuldner zugerechnet wird, ohne dass dieser sich für den anderen „entlasten" kann.

2. § 831 BGB

> **a)** ist keine Zurechnungsnorm,
>
> **b)** sondern eine <u>selbstständige Anspruchsgrundlage</u>
>
> **aa)** mit einer Haftung für eigenes vermutetes Verschulden,
>
> **bb)** ohne dass ein Schuldverhältnis bestehen muss,
>
> **cc)** beim Handeln einer weisungsabhängigen Person,
>
> **dd)** mit Entlastungsmöglichkeit.
>
> **3. § 31 BGB**
>
> **a)** ist keine Anspruchsgrundlage,
>
> **b)** sondern eine <u>Zurechnungsnorm</u>, durch die juristischen Personen und rechtsfähigen Gesellschaften zum Schadensersatz verpflichtende Handlungen ihrer Organe und verfassungsmäßig berufener Vertreter zugerechnet werden, ohne dass ein Schuldverhältnis zu bestehen braucht.

F. Sonstige Haftung für „vermutetes Verschulden"

Die Schadensersatzpflicht aus § 831 BGB war ein, und zwar der für Sie bedeutsamste, Fall einer Haftung für vermutetes Verschulden. Im Deliktsrecht des BGB gibt es noch weitere Fälle einer Haftung für vermutetes Verschulden, die hier nur am Rande erwähnt werden sollen: Es haften sowohl der **Aufsichtspflichtige über andere Personen** (§ 832 BGB) und der **Halter eines Nutztieres** nach § 833 S. 2 BGB und der **Tieraufseher** nach § 834 BGB, der **Grundstücksbesitzer** nach § 836 BGB und der **Gebäudebesitzer** nach § 837 BGB und der **Gebäudeunterhaltspflichtige** nach § 838 BGB für vermutetes eigenes Verschulden.

Wenn überhaupt, ist für Sie bedeutsam die **Tierhalterhaftung** aus **§ 833 BGB**: Der Halter eines Nutztieres schuldet Schadensersatz nur bei der Verwirklichung einer „spezifischen Tiergefahr" (arge. "Wird durch ein Tier ein Mensch ....."). Ob dies auch bei **„freiwilliger Selbstgefährdung"** gilt (ein Hund wird zu Bewachungszwecken ausgeliehen und beißt den Entleiher) ist fraglich.

G. Gefährdungshaftung

Die bisher erörterte deliktische Haftung betraf ausschließlich die Frage, inwieweit man für rechtswidriges und schuldhaftes Verhalten einzustehen hat. Das Gesetz kennt aber auch die Schadensersatzhaftung für rechtmäßiges, aber mit besonderen Gefahren verbundenes Verhalten (**„Gefährdungshaftung"**).

Eine solche **„Gefährdungshaftung"** beruht auf dem **Grundgedanken**, dass die Betreiber gefährlicher Anlagen oder sich erlaubt gefährlich betätigende Personen (z.B. Halter von Kraftfahrzeugen, die mit dem Auto herumfahren) hieraus nicht nur die jeweiligen Vorteile ziehen dürfen, sondern auch die sich daraus ergebenden Risiken tragen müssen. Kompensiert werden kann die Haftung durch den Abschluss einer Versicherung. Dass wir trotz des Umstandes, dass es bei einer Gefährdungshaftung um eine Haftung für ein „erlaubtes Handeln" geht, diese unter der Gesamtüberschrift „unerlaubte Handlungen" mitbehandeln, ist – wie Sie wissen – zwar inkonsequent, aber üblich.

I. Gefährdungshaftung im BGB

Im Deliktsrecht des BGB gibt es einen Fall einer Gefährdungshaftung, der allerdings für Sie weniger bedeutsam ist, so dass er nur am Rande erwähnt werden soll: Der **Halter eines „Luxustieres"** (Reitpferd eines Städters, Schoßhund) haftet aus Gefährdungshaftung (**§ 833 S. 1 BGB**), aber – wie gesagt – nur bei der Realisierung einer spezifischen Tiergefahr!

II. Halterhaftung nach dem StVG

Der für Sie bedeutsamste Fall einer Gefährdungshaftung ist die in **§ 7 StVG** angeordnete Haftung des **Halters eines Kfz**. Der „Halter" eines Kraftfahrzeuges ist derjenige, der die tatsächliche Verfügungsgewalt über das Fahrzeug besitzt und der es nicht nur vorübergehend für eigene Rechnung gebraucht. Wenn eine dritte Person einen Personen- oder Sachschaden erleidet, der durch den „Betrieb" des Kraftfahrzeugs bedingt ist, und dieser Unfall nicht auf „höhere Gewalt" (betriebsfremde von außen durch elementare Naturkräfte oder durch Handlungen dritter Personen ausgelöste Vorgänge) oder nicht auf einer „Schwarzfahrt" beruht, dann muss der Halter hierfür einstehen, ohne dass es auf ein Verschulden ankommt. Nach § 7 Abs. 1 StVG reicht es dafür, dass ein Kraftfahrzeug im „Betrieb" ist, aus, dass ein zeitlicher und örtlicher Zusammenhang mit einem Betriebsvorgang oder einer Betriebseinrichtung des Kraftfahrzeugs besteht. Auch abgestellte Kraftfahrzeuge können in „Betrieb" sein, wenn sie in verkehrsgefährdender Weise abgestellt wurden. Der „Betrieb" endet erst mit der „Betriebsruhe", die bei verkehrssicherem Abstellen eintritt. Der zwischen dem „Betrieb" des Kraftfahrzeugs und dem Schaden notwendige Zurechnungszusammenhang setzt eine äquivalente und adäquat kausale Herbeiführung des Schadens voraus, die Ausdruck betriebstypischer Gefahren des Kraftfahrzeugs ist. Ausgeschlossen ist die Haftung bei „höherer Gewalt" (§ 7 Abs. 2 StVG). Hierbei muss es sich handeln um ein „betriebsfremdes, von außen durch elementare Naturkräfte oder durch Handlungen dritter Personen herbeigeführtes Ereignis, das nach menschlicher Einsicht und Erfahrung unvorhersehbar ist, mit wirtschaftlich erträglichen Mitteln auch durch äußerste, nach Sachlage vernünftigerweise zu erwartende Sorgfalt nicht verhütet oder unschädlich gemacht werden kann und auch nicht wegen seiner Häufigkeit vom Betriebsunternehmer in Kauf zu nehmen ist" (BGH). Im Fall der „Schwarzfahrt" haftet der Halter, wenn er die „Schwarzfahrt" schuldhaft ermöglicht hat (§ 7 Abs. 3 S. 1 StVG). Bei einem Mitverschulden wird § 254 BGB entsprechend angewendet (§ 9 StVG). Schadensersatzgläubiger sind der Verletzte und auch Dritte (§§ 10 ff. StVG). Kompensiert wird die Haftung durch eine (Pflicht-) Haftpflichtversicherung. Der Anspruch konkurriert mit Ansprüchen aus den §§ 280 und 823 ff. BGB.

Wissen sollten Sie auch, dass nach § 1 Abs. 1 Haftpflichtgesetz (HaftpflG) die Betriebsunternehmer von Schienenbahnen etc., die Inhaber von Elektrizitätsanlagen etc. ähnlich haften wie der Halter eines Kraftfahrzeugs.

III. Haftung nach dem Produkthaftungsgesetz (ProdHaftG)

Auch schon in der Ausbildung werden häufig Grundkenntnisse über die Haftung nach dem **Produkthaftungsgesetz** (ProdHaftG) verlangt. Hiernach **haftet neben § 823 BGB** (also neben der sog. „Produzentenhaftung") der **Hersteller von Produkten für Verletzungen bestimmter Rechtsgüter und Rechte** und daraus entstehende Schäden bei Verwendern des Produkts, ohne dass es auf ein Verschulden ankommt.

- Nach § 1 Abs. 1 ProdHaftG müssen bestimmte **Rechtsgüter** und **Rechte verletzt** worden sein, nämlich entweder Leben, Körper, Gesundheit oder das Eigentum an einer anderen Sache als dem Produkt selbst (also keine Haftung für „Weiterfresserschäden", dies auch dann, wenn ein Zulieferteil zur Zerstörung des Endprodukts führt) und diese andere Sache für den privaten Ge- oder Verbrauch bestimmt war.

- Vorliegen muss ein **Produktfehler.** Dazu muss ein Produkt hergestellt worden sein (nach § 2 ProdHaftG eine industriell oder handwerklich hergestellte bewegliche Sache, gleich welchen Aggregatzustandes, und Elektrizität), das deswegen fehlerhaft ist, weil es aufgrund seiner Konstruktion oder Herstellung nicht die zu erwartende Sicherheit für die geschützten Rechtspositionen bietet (§ 3 Abs. 1 ProdHaftG). Der **Hersteller** ist derjenige, der als Unternehmer das Endprodukt, ein Teilprodukt oder einen Grundstoff hierzu hergestellt hat (§ 4 Abs. 1 ProdHaftG); gleichgestellt und **in die Haftung einbezogen** werden auch „Quasi" – Hersteller, die ihren Namen oder ihre Marke auf dem Produkt anbringen (§ 4 Abs. 1 S. 2 ProdHaftG), Importeure (§ 4 Abs. 2 ProdHaftG) und sogar die Lieferanten, wenn weder Hersteller, „Quasi" – Hersteller noch Importeure auffindbar sind (§ 4 Abs. 3 ProdHaftG).

- Der Produktfehler muss (nur!!) **äquivalent kausal** für die Verletzung gewesen sein.

- Die **Haftung ist ausgeschlossen**, wenn der Hersteller beweisen kann, dass das Produkt nicht (willentlich) in den Verkehr gebracht wurde (Diebstahl eines Prototypen), wenn die Fehlerhaftigkeit nach dem Inverkehrbringen entstand, wenn die Herstellung oder der Vertrieb nicht gewerblich erfolgte, wenn das Produkt zwingenden Rechtsvorschriften entsprach und der Fehler darauf beruht und wenn der Fehler zum Zeitpunkt des Inverkehrbringens nach dem Stand von Wissenschaft und Technik unerkennbar war (§§ 1 Abs. 2, 4 S. 2 ProdHaftG).

Die **Folge** ist ein bei Körperschäden summenmäßig beschränkter Schadensersatzanspruch nach den §§ 249 ff. BGB, 842 ff. BGB (§§ 6 ff. ProdHaftG).

IV. Schaden

Die Gefährdungshaftungsansprüche setzen voraus, dass dem Anspruchsberechtigten ein ersatzfähiger Schaden entstanden ist. Auch insoweit wird auf die Ausführungen zu § 823 Abs. 1 BGB und (auch hinsichtlich des „Wie" in den §§ 249 ff. BGB) auf Teil 9 verwiesen.

H. Haftungsausschlüsse

Neben den

- sich – das ist eine Auslegungsfrage – auch auf das Deliktsrecht erstreckenden **vereinbarten Haftungsausschlüssen bzw. -begrenzungen** (Schranke § 276 Abs. 3 BGB!)
- ist besonders die durch **§ 104 SGB VII** (bis zum 1. 1. 1997: in § 636 RVO) geregelte eingeschränkte Unternehmerhaftung zu beachten: Deliktische (und auch vertragliche aus § 280 BGB) Ansprüche der gesetzlich Unfallversicherten gegen den Unternehmer bestehen bei durch Unfällen herbeigeführten Personenschäden nur bei Vorsatz und bei „Teilnahme am allgemeinen Verkehr" sowie auf bestimmten Betriebswegen. Kompensiert wird diese (dem Betriebsfrieden dienende) Freistellung des Unternehmers durch die Leistungen aus der gesetzlichen Unfallversicherung; der Versicherungsträger kann nach § 110 SGB VII Regress nehmen.

I. Gesamtschuldnerische Haftung

Wenn mehrere nebeneinander für den aus einer unerlaubten Handlung entstehenden Schaden verantwortlich sind, haften sie nach § 840 Abs. 1 BGB als Gesamtschuldner (§§ 421 ff. BGB). Gedacht hat der Gesetzgeber ursprünglich an die nach § 830 BGB deliktisch Verantwortlichen. Weil aber mit der Regelung des § 840 Abs. 1 BGB eigentlich nur Selbstverständliches (letztlich also nur klarstellend) gesagt wird, kann sich die Regelung hierauf nicht beschränken. Daher besteht eine Gesamtschuld (über den Wortlaut des § 840 Abs. 1 BGB hinaus) auch dann, wenn die Haftung des/der anderen Schadensersatzpflichtigen sich nicht aus Delikt, sondern z.B. aus einer Pflichtverletzung nach den §§ 280 ff. BGB oder aus Gefährdungshaftung ergibt.

J. Schmerzensgeldanspruch

Bereits im Leistungsstörungsrecht haben Sie gelernt, dass als Rechtsfolge von Pflichtverletzungen aus §§ 280 ff. BGB neben dem stets zu ersetzenden **Vermögensschaden** unter bestimmten Voraussetzungen – bei Verletzungen der Rechtsgüter Körper, Gesundheit, Freiheit und der sexuellen Selbstbestimmung – nach **§ 253 Abs. 2 BGB** ein auf Ausgleich eines immateriellen Schadens und zum Zwecke der

Genugtuung eine billige Entschädigung in Geld **(„Schmerzensgeld")** verlangt werden kann. Gleiches gilt auch (und gerade) für den Anspruchsberechtigten aus den **§§ 823 ff., 249 ff. BGB** und aus den **Gefährdungshaftungstatbeständen** außerhalb des BGB.

Teil 8. Bereicherungsrecht

A. Allgemeine Grundsätze

I. Funktionen des Bereicherungsrechts

Das Bereicherungsrecht und ein Teil seiner **Funktionen** sind auch den Unerfahrensten unter Ihnen schon seit dem ersten Semester bzw. seit den ersten Seiten dieses Buches bekannt. Erinnern Sie sich noch? Kaum hatten Sie in Teil 2 C dieses Buches die Geheimnisse des „Trennungsprinzips" und des darauf aufbauenden „Abstraktionsprinzips" durchschaut, war Ihnen anhand eines ganz simplen Beispiels deutlich gemacht geworden, dass das „Abstraktionsprinzip" offenbar auf den ersten Blick eine grobe Unbilligkeit nach sich zieht: Denn trotz z.B. der Unwirksamkeit des Kaufvertrages über ein Auto bleibt der Käufer der Eigentümer und der Besitzer des an ihn zum Zwecke der Erfüllung des scheinbar wirksamen Kaufvertrags übereigneten und übergebenen Autos. Sie sind dann aber sogleich wieder beruhigt worden und haben damals schon erfahren, dass der Gesetzgeber dieses unbillige Ergebnis durch das Bereicherungsrecht korrigiert: Der Verkäufer kann nach § 812 Abs. 1 S. 1 1. Fall BGB („Leistungskondiktion") die Rückübereignung und die Rückgabe des Autos an sich verlangen. Gleiches würde für den Käufer gelten, wenn er den vermeintlich geschuldeten Kaufpreis schon entrichtet haben sollte. In der Tat: Es ist die Aufgabe des Bereicherungsrechts, bei Vermögensverschiebungen, die ohne rechtlichen Grund erfolgt sind, einen „billigen Ausgleich" herbeizuführen, und das wichtigste Beispiel hierfür ist die bereicherungsrechtliche Korrektur der Folgen des „Abstraktionsprinzips" durch die „Leistungskondiktion" (§ 812 Abs. 1 S. 1 1. Fall BGB). Aber Sie werden es sogleich erfahren: Darin erschöpfen sich die Funktionen des Bereicherungsrechts nicht; korrigiert werden sollen durch die §§ 812 ff. BGB auch „in sonstiger Weise ohne rechtlichen Grund" eingetretene Vermögensverschiebungen. Dies zeigt die **„Zentralnorm"** des Bereicherungsrechts **§ 812 Abs. 1 S. 1 BGB**, in der es heißt: „Wer durch die **Leistung** eines anderen oder **in sonstiger Weise** auf dessen Kosten etwas **ohne rechtlichen Grund** erlangt, ist ihm zur **Herausgabe** verpflichtet". Unter dem Aspekt seiner Funktionen lässt sich das Bereicherungsrecht wie folgt zusammenfassen.

> 1. Das **Bereicherungsrecht** dient dazu, beim Inanspruchgenommenen eingetretene **ungerechtfertigte Vorteile auszugleichen**, ohne dass es auf erlittene Nachteile des Anspruchstellers ankäme.
>
> Die sog. **Leistungskondiktion** dient dem Ausgleich bei fehlgeschlagenen Güterbewegungen (Anspruchsgrundlagen: §§ 812 Abs. 1 S. 1 1. Fall, S. 2, 813,

817 S. 1 BGB). Die **Nichtleistungskondiktionen** dienen zum einen dem **Güterschutz** („Eingriffskondiktion"; Anspruchsgrundlagen: § 812 Abs. 1 S. 1 2. Fall BGB und § 816 BGB), zum anderen dem **Regress** („Rückgriffskondiktion"; Anspruchsgrundlage: § 812 Abs. 1 S. 1 2. Fall BGB), des weiteren dem **Ausgleich für freiwillige Vermögensopfer** („Verwendungskondiktion"; Anspruchsgrundlage: § 812 Abs. 1 S. 1 2. Fall BGB) und schließlich als „Kettendurchgriffskondiktion" einem **Billigkeitsausgleich** (Anspruchsgrundlage: § 822 BGB).

2. Im Gegensatz dazu hat das **Schadensersatzrecht** die Aufgabe, bei dem Anspruchsteller entstandene **Nachteile auszugleichen**, ohne dass es auf dazu bei dem Inanspruchgenommenen entstandene korrespondierende Vorteile ankäme.

3. Aber auch der Bereicherungsschuldner kann zum Schadensersatz verpflichtet sein (§§ 818 Abs. 4, 819 BGB), so dass es zu gewissen **Überschneidungen** von Bereicherungs- und Schadensausgleich kommen kann.

Keine Frage: Diese sehr gedrängt formulierte Zusammenfassung muss jetzt unbedingt durch einige **Beispielsfälle** „illustriert" werden, denn sonst verlieren Sie gleich die Lust, sich weiter mit dem Bereicherungsrecht, einer an sich sehr spannenden Materie, zu befassen.

Fall 775: Der V verkauft dem K eine Sache. Der K zahlt den Kaufpreis in bar noch bevor der V die Sache an den K übereignet und übergeben hat. Der Kaufvertrag ist jedoch wegen Dissenses nichtig. Der K verlangt das Geld zurück. Der V hat das Geld inzwischen für eine erforderliche Anschaffung ausgegeben.

Der Anspruch ergibt sich aus § 812 Abs. 1 S. 1 1. Fall BGB („Leistungskondiktion"). a) Der Inanspruchgenommene (V) hat trotz der Nichtigkeit des Kaufvertrages („Abstraktionsprinzip") das Eigentum und den Besitz am Geld (= „etwas") erlangt, b) und zwar durch Leistung (= „bewusste und zweckgerichtete Mehrung fremden Vermögens") des Anspruchstellers (K) an den Inanspruchgenommenen (V), c) und dies wegen der Nichtigkeit des Kaufvertrages auch ohne Rechtsgrund (= „sine causa"). d) Der V aa) ist zur Rückübereignung und zur Rückübertragung des Besitzes am Geld („Herausgabe") verpflichtet. bb) Da der V „zur Herausgabe außerstande ist", muss er „den Wert ersetzen" (§ 818 Abs. 2 BGB). cc) Entreichert i.S.d. § 818 Abs. 3 BGB ist der V nicht, weil er durch die erforderliche Anschaffung einen Vermögensvorteil aus der Geldausgabe gehabt hat.

Fall 776: Der V verkauft dem K eine bewegliche Sache unter einer auflösenden Bedingung. Der K zahlt den Kaufpreis. Die auflösende Bedingung tritt ein. Der K verlangt Rückzahlung des Kaufpreises.

Der Anspruch ergibt sich aus § 812 Abs. 1 S. 2 1. Fall BGB („Leistungskondiktion").

Fall 777: Der S will bei dem G ein Darlehen über € 10 000,- aufnehmen. Der G macht den Abschluss des Vertrages davon abhängig, dass der S ihm vorab einen „Schuldschein", mit dem er den Empfang von € 10 000,- bestätigt und in dem er sich zur Rückzahlung verpflichtet, aushändigt. Der S kommt dem Wunsch des G nach. Der Vertrag wird gleichwohl nicht geschlossen. Der S verlangt nunmehr den Schuldschein zurück.

Der Anspruch ergibt sich aus § 812 Abs. 1 S. 2 2. Fall („Leistungskondiktion") BGB.

Fall 778: Der S schuldet dem G Zahlung von € 10 000,- aus einem Darlehensvertrag. Obwohl die Verjährungsfrist abgelaufen ist, zahlt der S, dem der Ablauf der Verjährungsfrist nicht bekannt war, die Darlehensvaluta an den G zurück. Als der S feststellt, dass er die Einrede der Verjährung hätte erheben können, verlangt er Rückzahlung von dem G.

Der Anspruch könnte sich aus § 813 BGB („Leistungskondiktion") ergeben. a) Der S hat zum Zwecke der Erfüllung einer Verbindlichkeit aus § 488 Abs. 1 S. 2 BGB geleistet. b) Dem Anspruch des G gegen S stand die dauernde Einrede der Verjährung entgegen (§ 214 Abs. 1 BGB). c) Gleichwohl steht dem S kein Anspruch aus § 813 BGB zu, weil nach § 813 Abs. 1 S. 2 BGB die Vorschrift des § 214 Abs. 2 BGB unberührt bleibt.

Fall 779: Der G. Raff (G) zahlt dem Entführer P. Urgo (P) seines Dackels „Poldi" das von diesem verlangte Lösegeld in Höhe von € 1000,-. Als der P gefasst wird, verlangt der G das Geld zurück. Der P hat das Geld bereits für seinen Lebensunterhalt ausgegeben.

Der Anspruch des G gegen den P ergibt sich a) aus § 817 S. 1 BGB („Leistungskondiktion"): aa) Der Inanspruchgenommene P hat „etwas" (das Eigentum und den Besitz am Geld) erlangt, bb) und zwar durch Leistung des Anspruchstellers G an den Inanspruchgenommenen P. cc) Wegen des Zwecks der Leistung (Freikauf eines entführten Dackels) hat der Empfänger P gegen die guten Sitten verstoßen. dd) Dem Anspruch steht nicht § 817 S. 2 BGB entgegen, weil der G nicht sittenwidrig gehandelt hat. ee) Der Anspruch ist auf Wertersatz gerichtet (§ 818 Abs. 2 BGB). b) Ferner hat der G einen Schadensersatzanspruch aus § 823 Abs. 2 BGB i.V.m. § 253 StGB.

Fall 780: Der E verleiht eine bewegliche Sache an den L. Dieser unterschlägt sie, indem er sie an den K, der den L für den Eigentümer hält, verkauft und nach Erhalt des Kaufpreises übereignet und übergibt. E verlangt von L Herausgabe des Kaufpreises.

Der Anspruch ergibt sich aus 1. §§ 598, 604, 275 Abs. 4, 285 BGB, da das „commodum ex negotiatione" unter § 285 BGB fällt, 2. ferner aus §§ 687 Abs. 2, 681 S. 2, 667 BGB und 3. schließlich aus § 816 Abs. 1 S. 1 BGB („Nichtleistungskondiktion"): a) Der Nichteigentümer L hat bei der Übereignung an den K als Nichtberechtigter verfügt, b) die Verfügung war gegenüber dem Eigentümer E wirksam (§§ 929 S. 1, 932 Abs. 1 S. 1, Abs. 2 BGB; § 935 BGB liegt nicht vor). Also muss der L das hierdurch Erlangte, den Kaufpreis, an den Berechtigten, den E, herausgeben.

Variante: Der L hat die Sache an den K, der den L für den Eigentümer gehalten hat, verschenkt und übereignet und übergeben. Der E verlangt von dem K die Übereignung und die Herausgabe der Sache an sich.

1. Ein Herausgabeanspruch aus § 985 BGB scheitert daran, dass der K Eigentum erlangt hat (§§ 929 S. 1, 932 Abs. 1 S. 1, Abs. 2 BGB). 2. Der E hat jedoch einen Anspruch auf Herausgabe des Erlangten aus § 816 Abs. 1 S. 2 BGB („Nichtleistungskondiktion") gegen den K. Das bedeutet, dass der K die Sache an den E übereignen und herausgeben muss.

Variante: Der im Hinblick auf das Eigentum des L gutgläubige und auch später nicht bösgläubig gewordene K verschenkt und übergibt und übereignet die Sache weiter an den D. Der E verlangt Herausgabe von D.

Der Anspruch ergibt sich aus § 822 BGB („Nichtleistungskondiktion"): a) Der K ist Bereicherungsschuldner aus § 816 Abs. 1 S. 2 BGB. b) Durch die unentgeltliche Zuwendung an den D c) ist der gegen ihn bestehende Bereicherungsanspruch ausgeschlossen (§ 818 Abs. 3 BGB); §§ 819, 818 Abs. 4 BGB liegen nicht vor. Also ist D zur Herausgabe verpflichtet, wie wenn er die Zuwendung von E ohne rechtlichen Grund erhalten hätte.

Fall 781: Der G 1 = V hat eine Forderung auf Kaufpreiszahlung gegen den K. Er tritt sie „still", also ohne Wissen des K, an den G 2 ab (§ 398 BGB). Bei Fälligkeit zahlt der K an G 1 = V, den er weiterhin für seinen Gläubiger hält. Weil der K die Leistung an den G 2 verweigert, verlangt der G 2 Herausgabe des gezahlten Betrages von dem G 1 = V.

Der Anspruch ergibt sich aus 1. §§ 687 Abs. 2, 681 S. 2, 667 BGB und 2. aus § 816 Abs. 2 BGB („Nichtleistungskondiktion"). a) Der G 1 = V war nach der Abtretung der Forderung an den G 2 (§§ 433 Abs. 2, 398 BGB) Nichtberechtigter. b) Die Leistung des Schuldners K an G 1 = V war dem Berechtigten G 2 gegenüber wirksam (§ 407 BGB). Also muss der G 1 = V das Erlangte herausgeben.

Fall 782: Die Kühe des Bauern B durchbrechen den Zaun zu der dem Bauern A gehörigen Koppel und weiden dort. Der A verlangt von dem B einen finanziellen Ausgleich.

Der Anspruch ergibt sich aus §§ 812 Abs. 1 S. 1, 2. Fall, 818 Abs. 2 BGB („Nichtleistungskondiktion"). a) Der B hat Futter für seine Kühe erspart, also einen vermögenswerten Vorteil (= „etwas") erlangt, b) dies aa) aber nicht durch eine Leistung aaa) des A bbb) oder eines anderen, denn niemand hat das Vermögen des B bewusst und zweckgerichtet gemehrt, sondern bb) „in sonstiger Weise" durch einen als „Eingriff" zu bezeichnenden Vorgang in das dem A zugewiesene Eigentum durch dessen Verbrauch c) und dies „ohne Rechtsgrund", weil der Eingriff im Widerspruch zum Zuweisungsgehalt des fremden Rechts steht und deshalb von der Rechtsordnung gar nicht oder jedenfalls nicht ohne Ausgleich gebilligt wird. d) Zu leisten ist nach § 818 Abs. 2 BGB Wertersatz, weil das Erlangte nicht herausgegeben werden kann.

Fall 783: Der Eigentümer E einer beweglichen Sache verkauft diese an den K 1 unter Eigentumsvorbehalt für € 10 000,- und übergibt und übereignet die Sache aufschiebend bedingt durch die vollständige Bezahlung des Kaufpreises (§§ 929 S. 1, 158 Abs. 1 BGB). Der K 1 verkauft und überträgt durch Einigung und Übergabe sein Anwartschaftsrecht an den K 2. Als der K 1 in Vermögensverfall gerät und den Restkaufpreis von € 100,- nicht mehr aufbringen kann, zahlt der K 2 diesen Betrag an den E, weil er fürchtet, dass der E nach § 323 BGB vom Vertrag zurücktritt und sein Anwartschaftsrecht dadurch erlischt. Danach verlangt der K 2 von dem wieder zu Geld gekommenen K 1 Zahlung von € 100,-.

Ansprüche des K 2 gegen den K 1 a) aus einem Innenverhältnis, b) aufgrund einer cessio legis, c) aufgrund einer erfolgten Zession bestehen nicht. d) Mangels eines Fremdgeschäftsführungswillens hat der K 2, der lediglich eigene Interessen verfolgt, keinen Anspruch aus §§ 683, 677, 670 BGB. e) Aus dem gleichen Grund hat der K 2 gegen den K 1 keinen Anspruch aus §§ 684 S. 1, 812 Abs. 1 BGB. f) Einen Anspruch aus § 812 Abs. 1 S. 1 1. Fall BGB („Leistungskondiktion") hat der K 2 mangels eines gegenüber dem K 1 verfolgten Leistungszweckes nicht. g) Der Anspruch ergibt sich jedoch aus § 812 Abs. 1 S. 2. Fall BGB („Nichtleistungskondiktion" in Gestalt der „Auslagenkondiktion" bzw. „Rückgriffskondiktion") aa) Der K 1 hat die Schuldbefreiung erlangt (§§ 362, 267 BGB), bb) dies nicht durch aaa) Leistung des K 2 an den K 1 bbb) oder durch Leistung eines anderen an den K 2 und cc) auch ohne rechtlichen Grund. dd) Gegen diese Konstruktion wird vorgebracht, dass es sich um eine „aufgedrängte Bereicherung" handelt, die den Schuldner (K 1) aus den verschiedensten Gründen unzuträglich belasten könnte: z.B. deshalb, weil er Einwendungen gegen den Gläubiger verlieren könnte, weil der Ablauf einer kurzen Verjährungsfrist unmittelbar bevorstand und er nun einem nach § 195 BGB regelmäßig verjährenden Bereicherungsanspruch des Dritten gegenüber steht, weil er eine gegen den Gläubiger bestehende Aufrechnungsmöglichkeit verloren hat, oder weil mit dem Gläubiger ein „pactum de non cedendo" vereinbart war. Dem kann man jedoch entgegenhalten, dass man analog § 268 Abs. 3 BGB die §§ 404, 406 ff. BGB und auch § 399 2. Fall BGB entsprechend anwenden kann. ee) Weil im vorliegenden Fall dem K 1 derartige Verteidigungsmittel nicht entgangen sind, muss der K 1 dem K 2 den Wert der Befreiung von der Verbindlichkeit (€ 100,-) ersetzen. (§ 818 Abs. 2 BGB).

II. Vollzogene Dauerschuldverhältnisse, Inanspruchnahme von Leistungen im Massenverkehr

Erinnern Sie sich noch an eine Ihrer ersten Fahrstunden? Gerade hatten Sie den Motor angelassen, den ersten Gang eingelegt, Gas gegeben und wollten die Kupplung „langsam kommen lassen" und los fahren, da trat der Fahrlehrer gerade noch rechtzeitig auf die Bremse, weil Sie in eine mit dem Schild „Verbot der Einfahrt" (Zeichen 267 zu § 41 StVO) gesperrte Straße einbiegen wollten. Auch hier werden Sie zunächst einmal gestoppt. Denn bevor Sie sich bei einer Fallbearbeitung an die Prüfung eines Anspruchs aus § 812 Abs. S. 1 BGB machen, müssen Sie sich der folgenden Konstellationen, in denen eine „Leistungskondiktion" bzw. eine „Nichtleistungskondiktion" von vornherein ausscheidet, bewusst werden.

Es ist allgemein anerkannt, dass im Fall der Nichtigkeit von bereits **in Vollzug gesetzten Dauerschuldverhältnissen** (z.B. bei Dienst- oder Arbeitsverhältnissen, wenn der Dienstverpflichtete bzw. der Arbeitnehmer bereits tätig geworden ist; oder bei Gesellschaftsverträgen, wenn die Gesellschaft bereits geschäftlich tätig war und Gewinne und Verluste entstanden sind) eine bereicherungsrechtliche Rückabwicklung durch Rückgewähr bereits ausgetauschter Leistungen rein praktisch und damit auch rechtlich nicht möglich ist. Man behilft sich in solchen Fällen dadurch, dass man **für die Vergangenheit** einen wirksam bestehenden **„faktischen Vertrag"** konstruiert, aus dem sich **für noch nicht erbrachte Leistungen** quasivertragliche Ansprüche ergeben und der, und das interessiert hier besonders, **für die bereits erbrachten Leistungen** einen **Rechtsgrund** bildet, so dass es nicht zu einer Rückabwicklung nach **§ 812 Abs. 1 S. 1. Fall BGB** („Leistungskondiktion") kommt. **Für die Zukunft** hingegen bestehen wie nach einer wirksamen Kündigung keine Ansprüche mehr.

Dass die **tatsächliche Inanspruchnahme von Leistungen im modernen Massenverkehr** (öffentliche Verkehrsmittel, Parkplatzbenutzung) und der **Daseinsvorsorge** ohne Vorliegen eines ausdrücklich geschlossenen Vertrages (z.B. beim „Schwarzfahren" ohne vorherigen Kauf einer Fahrkarte oder beim Einschalten des Lichts in einer neuen Wohnung ohne vorherige Anmeldung beim Energieversorger) nicht lediglich zu einem Bereicherungsanspruch des Leistungsanbieters aus **§ 812**

Abs. 1 S. 1 2. Fall BGB gegen denjenigen führt, der die Leistung in Anspruch nimmt, sondern zu einem **Anspruch aus einem Vertrag**, und dies sogar bei einer ausdrücklich erklärten „Verwahrung" gegen das Zustandekommen eines Vertrages, ist allgemeine Meinung und Ihnen auch bereits aus Teil 3 bekannt. Es stellt sich nur noch die Frage nach der Ableitung dieses allgemein anerkannten Ergebnisses. Wie Sie wissen, gibt es dazu zwei Lösungsvorschläge: Nach einer Ansicht kommt ein **Vertrag** bereits durch die tatsächliche Inanspruchnahme der Leistung infolge eines **„sozialtypischen Verhaltens"** zustande. Nach dem anderen Lösungsvorschlag, der auch hier favorisiert wird, kommt der Vertrag trotz des Fehlens ausdrücklicher vertraglicher Willenserklärungen **nach §§ 145 ff. BGB** zustande, weil man in der Zurverfügungstellung der Leistung ein schlüssiges Angebot und in der Inanspruchnahme derselben eine schlüssige Annahmeerklärung sieht und im Fall einer Verwahrung gegen den Vertragsschluss § 162 BGB analog anwendet. Wie auch immer: Wenn ein Vertrag besteht, kommt § 812 Abs. 1 S. 1 2. Fall BGB nicht in Betracht, da das „etwas" dann nicht „ohne Rechtsgrund", sondern mit Rechtsgrund erlangt wurde.

Nach dieser „Notbremsung" sind Sie jetzt auf der Hauptstraße des Bereicherungsrechts angelangt und dürfen „weiterfahren".

III. „Subsidiaritätsprinzip"

Sie wissen ja: Das Hauptanliegen dieses Buches ist es, Ihnen das nötige zivilrechtliche Basiswissen möglichst pragmatisch, also ohne allzuviel „Theorieballast" zu vermitteln. Das schließt aber nicht aus, dass Sie sich gelegentlich auf „Basisniveau" auch mit dogmatischen Grundlagen befassen müssen. Hier ist dies sogar unumgänglich, wollen Sie die „Fallen", die Ihnen das Bereicherungsrecht stellt, vermeiden. Wenn Sie § 812 Abs. 1 S. 1 BGB lesen, so finden Sie dort in einem Satz vereint einen auf Herausgabe eines „etwas", das „ohne rechtlichen Grund" erlangt ist, gerichteten Anspruch, wobei zwei in Betracht zu ziehende Wege des Erlangens des „etwas" genannt werden: „durch Leistung oder in sonstiger Weise". Das „oder" im Wortlaut des § 812 Abs. 1 S. 1 BGB lässt rein sprachlich zwei Möglichkeiten des Verständnisses der Norm zu: Man kann entweder sagen, dass es nur eine einzige Art der Kondiktion gibt, bei der das „etwas" auf die eine oder auf die andere Weise ohne rechtlichen Grund erlangt werden kann (**„Einheitstheorie"**). Das würde bedeuten, dass einem Anspruch aus § 812 Abs. 1 S. 1 2. Fall („Nichtleistungskondiktion") BGB nicht entgegenstehen würde, wenn der Inanspruchgenommene das „etwas" von einem anderen durch Leistung erhalten hätte. Man kann aber auch annehmen, dass es sich bei den Tatbeständen des § 812 Abs. 1 S. 1 BGB um zwei völlig verschiedene Arten der Kondiktion („Leistungskondiktion" und „Nichtleistungskondiktion") handelt (**„Trennungstheorie"**), die jeweils ganz unterschiedliche Funktionen haben, so dass die zu einem Bereicherungsanspruch führende Mehrung des Vermögens (das Erlangen des „etwas") entweder nur auf die eine oder nur auf die andere Weise vorliegen kann, mit der Folge dass ein Anspruch aus § 812 Abs. 1 S. 1 2. Fall BGB („Nichtleistungskondiktion") schon aus logischen Gründen ausscheidet, wenn der Inanspruchgenommene den Vermögensvorteil von einem anderen, wer auch immer auf der Welt dies sein mag, durch dessen Leistung erhalten hatte. Bei **Zweipersonenverhältnissen** fällt die Antwort darauf leicht: Es versteht es sich von selbst, dass ein Vermögensvorteil („etwas") nur auf die eine oder auf die andere Weise erlangt werden kann, also entweder durch „Leistung" oder „in sonstiger Weise". Ob ein solches „Alternativitätsverhältnis" zwischen einem Erlangen des „etwas" durch „Leistung" oder „in sonstiger Weise" aber auch bei **Mehrpersonenverhältnissen** gilt, ist eine schwierige und für manche Rechtswissenschaftler die zentrale Frage des Bereicherungsrechts überhaupt. Im Anschluss an Esser nehmen seit Jahrzehnten der BGH und auch das überwiegende Schrifttum an, dass **ganz generell**, also im Zwei- oder Mehrpersonenverhältnis, beim **Vorliegen einer Leistung** eine **andere Erwerbsart** (z.B. durch **„Eingriff"**) grundsätzlich begrifflich **ausgeschlossen** ist (**„Alternativitätsprinzip", „Subsidiaritätsprinzip"** oder Prinzip vom **„Vorrang der Leistungskondiktion"** genannt). Dafür sollen folgende kaum zu entkräftende Argumente sprechen, nämlich

- dass sich die **Funktionen** der beiden Kondiktionsarten voneinander **unterscheiden**: Die „Leistungskondiktion" dient der Rückabwicklung fehlgeschlagener Güterbewegungen, während die „Nichtleistungskondiktion" dem Güterschutz („Eingriffskondiktion") oder dem Regress („Rückgriffskondiktion") oder dem Ausgleich für freiwillige Vermögensopfer („Verwendungskondiktion") und der Korrektur sonstwie unbilliger Ergebnisse („Kettendurchgriffskondiktion") dient,

- dass das Gesetz in § 812 BGB durch das Wörtchen **„oder"** eine Überschneidung der Anwendungsbereiche der beiden Kondiktionsarten untersagt,

- dass sich die Frage nach dem **Rechtsgrund** bei den beiden Kondiktionsarten ganz unterschiedlich stellt: Bei der Rückabwicklung einer Vermögensverschiebung durch „Leistung" geht es um das Bestehen eines schuldrechtlichen Anspruchs als Rechtsgrund, während es bei der Rückabwicklung einer Vermögensverschiebung z.B. durch einen „Eingriff" in eine fremde Sache durch Verbrauch darum geht, dass die Sache dem Eingreifenden nicht „zugewiesen" ist und deshalb kein Rechtsgrund besteht.

- Außerdem gibt es **spezielle Vorschriften für die Leistungskondiktion** in §§ 814, 815, 817 S. 2 BGB (Kondiktionssperren) und in §§ 819 Abs. 2, 820 Abs. 1 BGB (Haftungsverschärfungen), die nicht für die Kondiktion „in sonstiger Weise" gelten.

> Es gilt also die **Faustformel**: (Von wem auch immer) „Geleistetes kann nicht in sonstiger Weise erlangt sein". **Aber**: Wer diese Passage sorgfältig gelesen hat, hat das Wörtchen „grundsätzlich" wahrgenommen und weiß damit, dass man sich offenbar ein „Hintertürchen" offen lässt.

B. Das „etwas"

Der Inanspruchgenommene muss **„etwas" erlangt** haben. Primär ist der Bereicherungsanspruch darauf gerichtet, dass der Bereicherungsschuldner dieses „etwas" herauszugeben hat („Primärschuld"); mit dieser Bezeichnung der Verpflichtung als

„Primärschuld" wird Ihnen zugleich signalisiert, dass es offenbar auch „Sekundäransprüche" des Bereicherungsgläubigers geben kann.

Unter einem **„etwas"** versteht man – so lautet jedenfalls die allgemein übliche Definition – **„jeden vermögenswerten Vorteil"**. Da aber auch nicht „vermögenswerte" Vorteile Gegenstand eines Bereicherungsanspruchs sein können, sollte man auch einen bloßen **„Vorteil"** ausreichend sein lassen. Dieser „vermögenswerte Vorteil" bzw. bloße „Vorteil" muss von Ihnen bei der **Fallbearbeitung** stets so genau wie möglich bezeichnet werden.

Sie dürfen daher **nicht** schreiben: „Der K hat das Auto erlangt", **sondern** müssen schreiben: „Der K hat den Besitz ... (oder das Anwartschaftsrecht ... oder das Eigentum) ... am Auto erlangt". Eine derartige präzise Bezeichnung des „etwas" ist vor allem für den Inhalt des Bereicherungsanspruchs und damit für die Formulierung des Obersatzes von Bedeutung. Da der Inanspruchgenommene (z.B. der K) nicht verpflichtet sein kann, dem Anspruchsteller (z.B. dem V) „das Auto" herauszugeben (wie sollte das auch gehen?), muss der Obersatz lauten: „Der K könnte verpflichtet sein, den Besitz am Auto ... das Anwartschaftsrecht am Auto... oder das Eigentum am Auto auf den V zurückzuübertragen".

Damit dürfte jedermann klar sein, dass die Bezeichnung des Bereicherungsgegenstandes (das „etwas") sich nicht in einer gegenständlichen Beschreibung erschöpfen darf.

Als in Betracht kommende **Vermögensvorteile** sollen die **wichtigsten Beispiele** genannt werden:

- In erster Linie ist an **Rechte** zu denken: **Sachenrechte** (Eigentum, Pfandrecht, Hypothek, Nießbrauch); **Verwertungsrechte** an einem Allgemeinen Persönlichkeitsrecht oder an einem Urheber- oder Warenzeichenrecht; **Anwartschaftsrechte**; **Forderungen** aller Art (wichtig z.B. „stornierungsfeste" Kontogutschrift bei bargeldloser Zahlung).

- Weiterhin kommen **vorteilhafte Rechtsstellungen** in Betracht: Rangvorteile; Besitz; Grundbuchposition; Schuldbefreiung.

- Rein **wirtschaftlich vorteilhafte Positionen** sind: Bei Nutzungen fremder Gegenstände die ersparten Aufwendungen bzw. Gebrauchsvorteile; Dienstleistungen; Werkleistungen.

Aber wie gesagt: Zu denken ist auch an nicht vermögenswerte **bloße Vorteile**, wie das Eigentum an einer für die Öffentlichkeit uninteressanten und daher nicht „vermarktbaren" Sammlung der eigenen Liebesbriefe.

Im Vordergrund stehen natürlich die als „etwas" anzusehenden **Vermögensvorteile**; denn wer kondiziert schon Liebesbriefe, zumal derartige Briefe im Zeitalter der Kommunikation per sms gar nicht mehr existieren dürften. Dazu je ein **Beispiel**:

Fall 784: Der V verkauft an den K eine Sache für € 10 000,-; auf der Rechnung gibt er sein Giro-Konto bei der V-Bank an. Der V erfüllt den Kaufvertrag. Daraufhin erteilt der K seiner K-Bank einen entsprechenden Überweisungsauftrag über € 10 000,-, den die Bank auch ausführt. Der Betrag wird dem Konto des V bei der V-Bank „stornierungsfest" gutgeschrieben. Der

Kaufvertrag ist nichtig. Der K verlangt von dem V Rückzahlung Zug – um – Zug gegen Rückübereignung und Rückgabe der Kaufsache.

Der Anspruch des K gegen den V ergibt sich aus § 812 Abs. 1 S. 1 1. Fall BGB („Leistungskondiktion"). a) Der V hat „etwas" (einen Anspruch auf Zahlung von € 10 000,- aus § 780 BGB gegen die V-Bank) erlangt. b) Er hat diesen Anspruch durch Leistung des K erlangt: Der K hat – unter Einschaltung seiner K-Bank, der V-Bank und der von den beiden Banken eingeschalteten Verrechnungsstelle der Banken für den Giroverkehr als „Leistungsgehilfen" – das Vermögen des V gemehrt. c) Der Rechtsgrund dafür hat nicht bestanden. d) Der V ist zum Wertersatz verpflichtet (§ 818 Abs. 2 BGB).

Fall 785: Der anstelle des E zu Unrecht im Grundbuch als Eigentümer eingetragene wegen einer unerkennbaren Geisteskrankheit geschäftsunfähige V verkauft das Grundstück formgerecht an den K; aufgrund einer formgerechten Auflassung wird der K als Eigentümer in das Grundbuch eingetragen. Vertreten durch seinen gesetzlichen Vertreter verlangt der V von dem K die Abgabe der Bewilligung zu seiner Wiedereintragung in das Grundbuch (nach BGH).

1. Ein Anspruch aus § 894 BGB scheidet aus, da der V nicht der wahre Eigentümer ist. 2. Zu prüfen ist ein Anspruch aus § 812 Abs. 1 S. 1 1. Fall BGB („Leistungskondiktion"). a) Der K hat „etwas" erlangt, weil der „Buchbesitz" wegen des damit verbundenen Rechtsscheins ein vermögenswerter Vorteil ist (§§ 891 ff., 900 BGB). b) Der K hat das „etwas" durch die Leistung des V c) und ohne Rechtsgrund erlangt. d) Der Anspruch ist auf Wiederherstellung der Buchberechtigung durch Abgabe der Bewilligung gerichtet.

Fall 786: Der Minderjährige M, der an sich keinen Flug geplant hatte, hat sich in ein nicht ausgebuchtes Flugzeug der F – Gesellschaft (F) unter Verwendung eines Bordkartenrestes eingeschlichen und ist nach New York geflogen. Die F verlangt eine Vergütung.

Der Anspruch 1. kann sich aus § 812 Abs. 1 S. 1 1. Fall BGB („Leistungskondiktion") ergeben. Dann müsste a) der M „etwas" erlangt haben. aa) „Ersparte Aufwendungen" können es nicht sein, weil M die Reise sonst nie unternommen hätte. bb) Daher ist das „etwas" der Gebrauchsvorteil. cc) Der BGH hat einen vermögenswerten Vorteil des M („etwas") mit der Begründung angenommen, dass aus dem Umstand, dass der M sich wegen §§ 818 Abs. 4, 819, 828 Abs. 2 BGB (ob der Maßstab der §§ 827 ff. BGB zu Recht gewählt worden ist, soll hier – s. dazu später – nicht weiter problematisiert werden; das erörterte Problem stellt sich ja auch beim voll Geschäftsfähigen, der einen Flug erschleicht) nicht auf eine Entreicherung nach § 818 Abs. 3 BGB berufen könne, zu folgern sei, dass er bereichert sei. Damit wird ganz bewusst die an sich für einen eventuellen späteren Wegfall der Bereicherung geschaffene Vorschrift des § 818 Abs. 3 BGB an ihrem Wortlaut vorbei zur Begründung der Erlangung eines vermögenswerten Vorteils herangezogen. Der tiefere Grund für diese Konstruktion dürfte sein, dass man sonst überhaupt keine Gelegenheit hätte, dem § 818 Abs. 3 BGB Rechnung zu tragen, weil dieser ja an sich auf eine nachträgliche Entreicherung abstellt und eine solche bei der hier vorliegenden Inanspruchnahme einer fremden Werkleistung wie es ein Transport mit dem Flugzeug ist, begrifflich schwer vorstellbar ist. b) Der M müsste das „etwas" durch Leistung der F-Gesellschaft erlangt haben: Das Personal ging bei den Kontrollen davon aus, einen Flugpassagier aufgrund eines abgeschlossenen Beförderungsvertrages zu befördern, hat also, als es den M einsteigen („boarden") ließ, bewusst und zweckgerichtet das Vermögen des M gemehrt. c) Ein Rechtsgrund bestand nicht. d) Mangels eines herausgebbaren verkörperten „etwas" aa) war nach § 818 Abs. 2 BGB Wertersatz geschuldet, bb) es sei denn der M ist nach § 818 Abs. 3 BGB entreichert: aaa) Eine nachträgliche Entreicherung liegt nicht vor. bbb) Wer auf einen Gebrauchsvorteil als „etwas" abstellen will, müsste wohl – unter Missachtung des Wortlautes des § 818 Abs. 3 BGB und damit auf anderer Ebene wie der BGH ebenso systemwidrig – überlegen, ob die „Entreicherung" auch darin liegen kann, dass der M sich einen solchen Flug gar nicht hatte leisten wollen, er also keine Aufwendungen erspart hat. Eine solchermaßen begründete Entreicherung würde aber nicht zu berücksichtigen sein, wenn man mit dem BGH (freilich in anderem Zusammenhang) §§ 818 Abs. 4, 819, 828 Abs. 2 BGB anwenden würde (dazu später mehr). Die Ergebnisse wären daher gleich. Der M schuldet einen Wertersatz als Bereicherungsausgleich. 2. Nach einer neueren Lehre (Canaris) soll das gleiche Ergebnis einem Wertersatzanspruchs aus § 818 Abs. 2 BGB als eigenständiger Anspruchsgrundlage zu entnehmen sein (dazu später). Damit würden die vorstehenden Probleme vermieden, dies allerdings um den Preis einer Rechtsfortbildung des § 818 Abs. 2 BGB „extra legem".

C. Die Leistungskondiktion

Sie entsinnen sich bestimmt noch an die eingangs zusammengefasst dargestellten Funktionen des Bereicherungsrechts und Sie wissen daher, dass die sog. **Leistungskondiktion**, mit der wir beginnen wollen, dem Ausgleich fehlgeschlagener Güterbewegungen dient. Jede Leistungskondiktion (§§ 812 Abs. 1 S. 1 1. Fall, S. 2, 813, 817 S. 1 BGB) setzt voraus, dass der Inanspruchgenommene das „**etwas**" durch **Leistung** des Anspruchstellers erlangt hat.

I. Leistung des Anspruchstellers

Unter **Leistung** versteht man (und fortan gilt das auch für Sie: Sie müssen diesen Begriff auswendig kennen!!!) eine „**bewusste, zweckgerichtete Mehrung fremden Vermögens**". Durch den Leistungsbegriff werden der Bereicherungsgläubiger und der Bereicherungsschuldner – wichtig vor allem in „Mehrpersonen- speziell Dreipersonenverhältnissen" – festgelegt. Mit dieser, wohl spannendsten Fragestellung des Bereicherungsrechts, beginnen wir unsere Ausführungen auch (**sub 1 – 11**). Dann wird klargestellt, dass das Merkmal „**auf dessen Kosten**" für die Festlegung der „Parteirollen" (Gläubiger/Schuldner) einer Leistungskondiktion ohne jede Bedeutung ist (**sub 12**). Nach dem Inhalt der Definition der „Leistung" reicht eine bloß „bewusst" herbeigeführte Vermögensverschiebung für das Vorliegen einer „Leistung" nicht aus, sie muss auch „zweckgerichtet" erfolgen, d.h. mit dem Vorgang muss ein „Leistungszweck" erzielt werden sollen (i.d.R. die Herbeiführung einer Schuldbefreiung). Bei einer unbewussten oder ohne Leistungszweck erfolgten oder von Geschäftsunfähigen rechtsgrundlos herbeigeführten Vermögensverschiebung kann daher keine „Leistungskondiktion", sondern nur eine Kondiktion „in sonstiger Weise" vorliegen. Damit befassen wir uns dann im Anschluss (**sub 13**). Wenn Sie das alles verstanden und auch aktiv wissend präsent haben, können Sie das bei der Leistungskondiktion aus **§ 812 Abs. 1 BGB**, auf die wir uns zunächst konzentrieren, zu prüfende zweite Merkmal (**„durch Leistung des Anspruchstellers?"**) ohne Probleme subsumieren. Alles, was wir uns hier erarbeiten gilt sinngemäß auch für die anderen Fälle der Leistungskondiktion (**§§ 813, 817 S. 1 BGB**).

C. Die Leistungskondiktion

Beginnen wir also (**sub 1 – 11**) mit der **Bestimmung des Leistungsverhältnisses** und entsinnen uns unserer bereits erbrachten theoretischen Vorarbeiten:

Bei der konkreten Rechtsanwendung bedarf es bei „**Zweipersonenverhältnissen**" hinsichtlich der Frage, wer Gläubiger und wer Schuldner eines Bereicherungsanspruchs ist, keines Eingehens auf den Leistungsbegriff. Bei „**Mehrpersonen-**" speziell bei „**Dreipersonenverhältnissen**" hingegen ist es der **Leistungsbegriff**, der die jeweiligen Leistungsbeziehungen festlegt, innerhalb derer die **Leistungskondiktion** erfolgt.

Sie müssen sich allerdings schon jetzt darauf einstellen, dass eine rein begriffliche Ableitung der Leistungsbeziehung, wie sie so soeben erfolgt ist („bewusste und zweckgerichtete Mehrung fremden Vermögens") bei der Fallbearbeitung niemals das „letzte Wort" sein wird; denn die mithilfe des Leistungsbegriffs („bewusste und zweckgerichtete Mehrung fremden Vermögens") zur Frage, wer Gläubiger und wer Schuldner eines Bereicherungsanspruchs ist, gefundenen Ergebnisse müssen stets zusätzlich **durch wertende Überlegungen überprüft** und ggf. durch diese auch **korrigiert** werden; die dabei heranzuziehenden und letztlich für oder gegen das Bestehen eines Leistungsverhältnisses entscheidenden **Wertungskriterien** sollen sein:

- Das Prinzip des **Vertrauensschutzes** für den mittels der vorgenannten Formel („bewusste, zweckgerichtete ... Vermögens") rein begrifflich ermittelten Bereicherungsschuldner

und die Frage der **Angemessenheit**

- eines aus dem rein begrifflich ermittelten Leistungsverhältnisses resultierenden **Einwendungsverlustes** für den Bereicherungsschuldner,

- der Angemessenheit eines aus dem rein begrifflichen Leistungsbegriff resultierenden **Ausgesetztseins von Einwendungen** für den rein begrifflich ermittelten Bereicherungsgläubiger

- und die Frage der Angemessenheit der Tragung eines **Insolvenzrisikos** und **Entreicherungsrisikos** für den rein begrifflich ermittelten Gläubiger eines Bereicherungsanspruchs.

Die **Tauglichkeit** eines durch das Erfordernis einer Bewertung relativierten begrifflichen **Leistungsbegriffs** zur Bestimmung dessen, wer der Bereicherungsgläubiger und wer der Bereicherungsschuldner ist, wird von uns im Folgenden natürlich nicht an der völlig unproblematischen Konstellation eines Zweipersonenverhältnisses, denn dort benötigen wir den Leistungsbriff ja überhaupt nicht (!), sondern am Beispiel der Vermögensverschiebungen im **Dreipersonenverhältnis** erprobt. Übrigens: Spätestens von nun an müssen Sie zur Vorbereitung einer jeden Fallbearbeitung eine **Skizze fertigen,** sonst verlieren Sie die Übersicht. Diese Skizze sollten Sie genau so strukturieren, wie diejenigen Skizzen, die Sie beim Vertrag zugunsten Dritter zu zeichnen pflegen. Wir werden im Folgenden entsprechend der allgemeinen Üblichkeit auch die im Dreipersonenverhältnis bestehenden drei Rechtsbeziehungen genauso wie beim Vertrag zugunsten Dritter als „**Deckungs-, Valuta- und Zuwendungsverhältnis**" benennen.

1. Kein „Dreipersonenverhältnis": Einschaltung eines Leistungsgehilfen

Gegen alle Regeln der Kunst, den Leser nicht zu langweilen, erlauben wir es uns, den bereits einmal gewählten Vergleich mit der Fahrschule fortzusetzen: Schon wieder tritt Ihr Fahrlehrer, jetzt vor einer „spätgelben" Ampel, auf die Bremse. Sie müssen sich nämlich bewusst machen, dass nicht bei jeder Beteiligung von drei Personen an einer Vermögensverschiebung ein „Dreipersonenverhältnis" vorliegt. Stellen Sie sich bitte vor, dass Sie selbst (hier genannt: S) irrtümlich meinen, einem gewissen G aus einem zwischen Ihnen (S) als vermeintlichem Käufer und dem G als vermeintlichem Verkäufer bestehenden vermeintlich wirksamen Kaufvertrag nach § 433 Abs. 2 BGB die Zahlung von € 100,- zu schulden. Sie (S) bitten nun einen Leistungsgehilfen (LG) darum, das vermeintlich geschuldete Geld zu G zu bringen; dieser kommt dem Wunsch auch nach. Später stellt sich heraus, dass der Kaufvertrag nichtig ist. Wenn Sie (S) jetzt aus ungerechtfertigter Bereicherung nach § 812 Abs. 1 S. 1 1. Fall BGB („Leistungskondiktion") Rückzahlung von dem G verlangen, so liegt bereits auf den ersten Blick klar erkennbar kein „Dreipersonenverhältnis" vor, bei dem mit Hilfe des „Leistungsbegriffs" ermittelt werden müsste, wer denn eigentlich der Gläubiger und wer der Schuldner des Bereicherungsanspruchs aus § 812 Abs. 1 S. 1 1. Fall BGB („Leistungskondiktion") ist; sondern es besteht unzweifelhaft ein „Zweipersonenverhältnis" zwischen Ihnen (S) und dem G: Sie (S) sind Leistender und damit auch der Gläubiger des Bereicherungsanspruchs, und unzweifelhaft ist der G der Schuldner dieses Anspruchs. Niemals darf man ernsthaft in Erwägung ziehen, dass der LG, der lediglich Ihr Leistungsgehilfe war, Rückzahlung von G verlangen könnte.

Fall 787: Der M ist Mieter einer Wohnung des V. Der Mietzins beträgt € 500,-. Der M nimmt ab 1. März 2004 erlaubt den Untermieter UM auf und überlässt ihm die eine Hälfte der Wohnung. M und UM vereinbaren untereinander, dass der UM die Hälfte der Miete direkt an den V zahlt. Der UM zahlt für den Monat März 2004, wie mit M vereinbart, an den V € 250.-. Der M zahlt „nach alter Gewohnheit" die gesamte Miete in Höhe von € 500,- an den V. Der M verlangt € 250,- von V zurück.

Der Anspruch ergibt sich aus § 812 Abs. 1 S. 1 1. Fall BGB („Leistungskondiktion"). a) Der V hat € 750,- erhalten, b) und zwar insgesamt durch Leistung des M, auch wenn UM davon € 250,- gezahlt hat; denn der UM hat zwar bewusst, aber nicht zweckgerichtet an den V gezahlt: er war nämlich nur dem M verpflichtet und wollte dem V gegenüber keinen Leistungszweck herbeiführen; er war daher hinsichtlich seiner Zahlung nur „Leistungsgehilfe" des M. c) Für die Zahlung bestand lediglich in Höhe von € 500,- ein Rechtsgrund (§ 535 BGB); die Zahlung in Höhe von € 250.- erfolgte „ohne Rechtsgrund", weil die Mietschuld durch Zahlung von insgesamt € 500,- erfüllt war (§ 362 Abs. 1 BGB). Also kann der M Rückzahlung von € 250,- verlangen.

2. Die „Leistungskette"

Die **einfachste Konstellation** eines „Dreipersonenverhältnisses" ist die sog. **„Leistungskette"**. Bei ihr liegt es wie im folgenden Fall.

Fall 788: Der V verkauft dem K eine bewegliche Sache (wir nennen die Beziehung V – K in „Analogie" zur Terminologie beim Vertrag zugunsten Dritter fortan das „Deckungsverhältnis", obwohl – wie ausdrücklich betont wird – bei der „Leistungskette" gerade kein Vertrag zugunsten Dritter vorliegt! Die bereicherungsrechtliche Rückabwicklung beim Vertrag zugunsten Dritter wird später erörtert. Es geht bei der Begriffswahl allein um eine allgemein übliche Vereinfachung der Terminologie!) und liefert durch Übereignung nach § 929 S. 1 BGB und Übergabe die Sache dem K. Der K verkauft sie weiter an den D („Valutaverhältnis") und liefert sie durch Übereignung und Übergabe dem D.

> Wir werden jetzt die denkbaren Möglichkeiten der Nichtigkeit der die drei Personen miteinander verbindenden beiden Kaufverträge „durchspielen", wobei uns der Nichtigkeitsgrund letztlich gleichgültig ist (wenn Sie einen Konkretisierungsbedarf haben: denken Sie sich einen Fall des Dissenses). Geprüft werden nur bereicherungsrechtliche Ansprüche bei Kaufverträgen, wobei zum Zwecke der besseren Übersichtlichkeit die bereicherungsrechtliche Rückabwicklung einer Gegenleistung völlig ignoriert wird. Auch wenn es etwas realitätsfremd ist: Es gibt zuweilen Verkäufer, die vorleisten!

a) Nichtigkeit des „Deckungsverhältnisses"

Variante: Der Kaufvertrag V – K („Deckungsverhältnis") ist nichtig. Der V will die Sache von dem D zurück oder sich insoweit an den K halten.

1. Der V könnte gegen den D a) einen Anspruch aus § 812 Abs. 1 S. 1 1. Fall BGB („Leistungskondiktion") haben. aa) Der D hat „etwas", nämlich durch eine Übergabe des K den Besitz und durch eine Übereignung des K („Valutaverhältnis") nach § 929 S. 1 BGB das Eigentum an der Sache erlangt. Der K war auch der Eigentümer, denn der V hatte die Sache zuvor an ihn übereignet (§ 929 S. 1 BGB). bb) Fraglich ist, ob der D das „etwas" aaa) durch Leistung des Anspruchstellers V erlangt hat. Dazu müsste der V das Vermögen des D bewusst und zweckgerichtet gemehrt haben. Das ist nicht der Fall: Der V hat seinen Kaufvertrag mit dem K erfüllen wollen und hat daher durch eine Übereignung an den K dessen Vermögen bewusst und zweckgerichtet gemehrt, also an den K geleistet. b) Der Anspruch könnte sich aus § 812 Abs. 1 S. 1 2. Fall BGB („Nichtleistungskondiktion") ergeben. aa) Der D hat „etwas", nämlich durch eine Übereignung des K an den D nach § 929 S. 1 BGB, das Eigentum und den Besitz an der Sache erlangt. bb) Zu prüfen ist, ob der D den Vermögensvorteil „in sonstiger Weise" erlangt hat. aaa) Die Vorfrage ist, ob ein anderer an den D geleistet hat. Denn beim Vorliegen einer Leistung an den Inanspruchgenommenen ist eine andere Erwerbsart („in sonstiger Weise") grundsätzlich begrifflich ausgeschlossen („Alternativitätsprinzip", „Subsidiaritätsprinzip" oder Prinzip vom „Vorrang der Leistungskondiktion" genannt). Geleistet hat an den Inanspruchgenommenen D aaa) zwar nicht der Anspruchsteller V, bbb) wohl aber der K: Dieser hat das Vermögen des D bewusst und zweckgerichtet (er wollte den Kaufvertrag K – D = Valutaverhältnis erfüllen) gemehrt. bbb) Daher kommt eine Kondiktion „in sonstiger Weise" im Verhältnis V – D nicht in Betracht. Der V hat daher keinen Anspruch aus § 812 Abs. 1 S. 1 BGB gegen den D. 2. Der V könnte aber einen Anspruch gegen den K auf Rückübereignung und Rückgabe oder Wertersatz aus § 812 Abs. 1 S. 1 1. Fall („Leistungskondiktion") haben. a) Der K hat das Eigentum und den Besitz an der Sache durch eine Übereignung V – K nach § 929 S. 1 BGB erlangt, also ein „etwas" i.S.d. § 812 BGB. b) Der Anspruchsteller V hat bewusst und zweckgerichtet (er wollte den Kaufvertrag V – K (= „Deckungsverhältnis") erfüllen; hier darf man nicht den groben Fehler machen und etwa aus der Nichtigkeit des Kaufvertrages ableiten, dass V diesen Zweck nicht

erfüllen wollte! Denn der V ging vom Bestehen der Verbindlichkeit aus.) das Vermögen des Inanspruchgenommenen K gemehrt. c) Dies geschah ohne Rechtsgrund. d) Der Anspruch aa) ist aber nicht auf Herausgabe des „etwas" (= Rückübereignung und Rückgabe) gerichtet, weil dem K eine solche „Herausgabe" wegen der Weiterübereignung an D nicht möglich ist, bb) sondern auf Wertersatz (§ 818 Abs. 2 BGB). cc) Entreichert (§ 818 Abs. 3 BGB) ist der K nicht, weil er den Kaufpreis von D erhalten hat.

b) Nichtigkeit des „Valutaverhältnisses"

Variante: Der Kaufvertrag K – D („Valutaverhältnis") ist nichtig. V will sich an D oder K und der K an D halten.

1. Ansprüche des V gegen D bestehen aus den vorgenannten Gründen (erste Fall-Variante) nicht. 2. Ansprüche des V gegen K bestehen nicht, weil K zwar „etwas" durch Leistung des V erlangt hat (s.o. erste Fall-Variante), dies aber mit rechtlichem Grund. 3. Der K könnte einen Anspruch auf Herausgabe gegen D aus § 812 Abs. 1 S. 1 1. Fall BGB („Leistungskondiktion") haben. a) Der D hat das Eigentum und den Besitz an der Sache, also „etwas", erlangt (s.o. erste Fall-Variante), b) und zwar durch Leistung des Anspruchstellers K an den Inanspruchgenommenen D (s.o. erste Fall-Variante) c) und dies ohne Rechtsgrund. d) Der D ist zur Rückübereignung und Rückgabe an den K verpflichtet.

c) „Doppelmangel": Nichtigkeit von „Deckungs- und Valutaverhältnis"

Variante: Beide Kaufverträge (also „Deckungs- und Valutaverhältnis") sind nichtig. Wer kann sich an wen halten?

1. Es besteht kein Anspruch des V gegen den D aus § 812 Abs. 1 S. 1 1. Fall BGB („Leistungskondiktion") im Wege des „Durchgriffs"; das ergeben die Ausführungen zur ersten Fall-Variante und eine die o.g. begrifflichen Argumente ergänzende Bewertung: Der D würde – ließe man einen Durchgriff zu – seine Einwendungen im Verhältnis zum K verlieren. Dafür gibt es keinen rechtfertigenden Grund. 2. Der K hat gegen D einen Anspruch aus § 812 Abs. 1 S. 1 1. Fall BGB („Leistungskondiktion") auf Rückübereignung und Rückgabe (s.o. zweite Fall-Variante). 3. Auch der V hat gegen K einen Anspruch aus § 812 Abs. 1 S. 1 1. Fall BGB („Leistungskondiktion") (s.o. erste Fall-Variante). Fraglich ist, worauf dieser Anspruch gerichtet ist: Der K hatte das Eigentum und den Besitz an der Sache erlangt. Hier muss man alternativ denken: a) Wenn es bereits zu einer Rückabwicklung nach § 812 Abs. 1 S. 1 1. Fall BGB („Leistungskondiktion") im Verhältnis K – D gekommen ist, kann der K die Sache auch an den V zurückgeben und zurückübereignen. b) Wenn es aber noch nicht zu einer bereicherungsrechtlichen Rückabwicklung zwischen dem K und dem D gekommen ist, stellt sich die Frage, ob aa) der Bereicherungsanspruch des K gegen den D im Wege der „Surrogation" nach § 818 Abs. 1 BGB an die Stelle der zurückzuübereignenden und zurückzugebenden Sache getreten ist, so dass der V von K nur die Abtretung von dessen Kondiktionsanspruch gegen den D verlangen kann: „Kondiktion der Kondiktion"; das würde zwar den Interessen des D (gem. § 404 BGB kein Verlust evtl. Einwendungen aus seinem Verhältnis zu K) gerecht werden. bb) Andererseits würde die Lösung einer „Kondiktion der Kondiktion" zu einer für den V unangemessenen Kumulierung von Risiken führen: Er müsste danach das doppelte (aus der Person des K und aus der Person des D herrührende) Entreicherungsrisiko (§ 818 Abs. 3 BGB) und vor allem das doppelte Einwendungs- und Insolvenz-Risiko tragen. Zumutbar sind ihm aber nur die Risiken aus der Beziehung zu dem K, den er sich als Vertragspartner ausgesucht hatte, nicht aber die zusätzlichen Risiken aus der Beziehung des K zu D. cc) Daher soll (Medicus) auch bei der hier fraglichen „Leistungskette" (und nicht erst bei den – sogleich zu erörternden – Fällen

der „Durchlieferung") der V verlangen können, im Verhältnis zu K so gestellt werden, wie wenn der K den D erfolgreich bereicherungsrechtlich in Anspruch genommen hätte. Der V soll mithin gegen den K einen Anspruch auf Wertersatz aus § 818 Abs. 2 BGB haben. dd) Dem ist mit der Einschränkung zu folgen, dass man dem V die Wahl lassen sollte, den Weg der „Kondiktion der Kondiktion" zu wählen.

3. Die „Durchlieferung"/„Direktlieferung"

Ein weiteres „Dreipersonenverhältnis" ist die Konstellation, bei der die Ware von V zwar direkt an den Dritten (D) übergeben wird, sich der Eigentumserwerb des Dritten (D) aber im Wege einer durch das Vermögen des K „hindurchgehenden" Übereignung **(„Durchlieferung")** vollzieht; praktisch ist dies ein Unterfall der zuvor besprochenen „Leistungskette".

Fall 789: Der V hat an den K eine Sache verkauft und dieser hat sie an D weiterverkauft. Der V liefert (anders als zuvor bei der „Leistungskette") die Sache auf Anweisung des K direkt an den D, und übergibt sie dazu dem D (sog. „Durchlieferung"/„Direktlieferung").

Wie zuvor bei der „Leistungskette" werden die denkbaren Konstellationen der Nichtigkeit durchgespielt:

a) Nichtigkeit des „Deckungsverhältnisses"

Variante: Der Kaufvertrag V – K („Deckungsverhältnis") ist nichtig. Der V will sich an den D oder den K halten.

1. Der V könnte von D nach a) § 812 Abs. 1 S. 1 1. Fall BGB („Leistungskondiktion") Rückübereignung der Sache verlangen, wenn aa) der D das Eigentum und den Besitz als „etwas" erlangt hätte. Den Besitz hat der D durch die Übergabe seitens des V erlangt. Was das Eigentum angeht, so geht es hier um einen Eigentumserwerb durch „doppelten Geheißerwerb": aaa) Der D könnte das Eigentum von V nach § 929 S. 1 BGB erlangt haben. Dafür wäre eine Einigung V – D erforderlich, d.h. ein Vertrag, aufgrund dessen das Eigentum von V auf D übertragen werden soll. Die im Sachverhalt genannte Tatsache der „Lieferung" des V an D ergibt dies nicht etwa automatisch; vielmehr wird bei Kaufverträgen als Grundgeschäft einer Übereignung nach dem Willen der Vertragspartner im Zweifel immer nur zwischen den Partnern des Kaufvertrages übereignet: Der Verkäufer will grundsätzlich immer nur an „seinen" Käufer übereignen. Daher hat der D das Eigentum nicht durch eine Übereignung des V an den D erlangt. bbb) Möglich ist aber, dass der D das Eigentum von dem K erlangt hat: aaaa) Der D und der K haben sich geeinigt. bbbb) Die Übergabe hat nicht der K persönlich vorgenommen, aber auf dessen „Geheiß" der V (also durch V in der Rolle einer „Geheißperson" des K), was ausreicht. cccc) Voraussetzung ist aber weiterhin für eine Übereignung K – D nach § 929 S. 1 BGB, dass der K Eigentümer der Sache war: aaaaa) Zunächst war der V Eigentümer; bbbbb) der K könnte durch eine Übereignung des V an ihn Eigentümer der Sache nach § 929 S. 1 BGB geworden sein. aaaaaa) Eine Einigung V – K liegt vor. bbbbbb) Die Sache müsste an den K übergeben worden sein: aaaaaaa) an ihn persönlich ist sie nicht übergeben worden, bbbbbbb) wohl aber auf K's „Geheiß" an den D (also an D in der Rolle einer „Geheißperson" des K), was ausreicht. Der K war also Eigentümer, als er an D übereignete. Es handelt sich mithin um einen Eigentumserwerb des D durch sog. „doppelten Geheißerwerb", der bei beweglichen Sachen nach § 929 S. 1 BGB möglich ist. bb) Fraglich ist, ob der Inanspruchgenommene D das „etwas"

durch Leistung des Anspruchstellers V erlangt hat. Dazu müsste der V das Vermögen des D bewusst und zweckgerichtet gemehrt haben. Das ist nicht der Fall: Der V hat an den K geleistet, weil er den vermeintlichen Kaufvertrag mit K erfüllen wollte. Also hat der V gegen den D keinen Anspruch aus § 812 Abs. 1 S. 1 1. Fall BGB („Leistungskondiktion"). b) Der Anspruch könnte sich aber aus § 812 Abs. 1 S. 1 2. Fall BGB („Nichtleistungskondiktion") ergeben. aa) Der D hat – wie soeben aufgezeigt – „etwas", nämlich den Besitz und durch eine Übereignung im Wege des „doppelten Geheißerwerbs" V – K – D nach § 929 S. 1 BGB das Eigentum an der Sache erlangt. bb) Zu prüfen ist, ob der D den Vermögensvorteil „in sonstiger Weise" erlangt hat. aaa) Die Vorfrage ist, ob ein anderer an den Inanspruchgenommenen D geleistet hat. Denn beim Vorliegen einer Leistung ist eine andere Erwerbsart („in sonstiger Weise") grundsätzlich begrifflich ausgeschlossen („Alternativitätsprinzip", „Subsidiaritätsprinzip" oder Prinzip vom „Vorrang der Leistungskondiktion" genannt). Leistender war aaaa) zwar nicht der Anspruchsteller V, bbbb) wohl aber der K: Dieser hat das Vermögen des D bewusst und zweckgerichtet (er wollte den Kaufvertrag K – D = „Valutaverhältnis" erfüllen) gemehrt. bbb) Daher kommt eine Kondiktion „in sonstiger Weise" des V gegen den D nicht in Betracht. Der V hat keinen Anspruch aus § 812 Abs. 1 BGB gegen den D. 2. Der V könnte einen Anspruch gegen den K auf Rückübereignung oder Wertersatz aus § 812 Abs. 1 S. 1 1. Fall („Leistungskondiktion") haben. a) Der K hat das Eigentum an der Sache durch eine Übereignung V – K nach § 929 S. 1 BGB erlangt, also ein „etwas" i.S.d. § 812 BGB. b) Der Anspruchsteller V hat bewusst und zweckgerichtet (er wollte den Kaufvertrag V – K = Deckungsverhältnis erfüllen) das Vermögen des Inanspruchgenommen K gemehrt. c) Dies geschah ohne Rechtsgrund. d) Der Anspruch aa) ist nicht auf Herausgabe des „etwas" (= Rückübereignung) gerichtet, weil dem K die Herausgabe durch Rückübereignung wegen der Weiterübereignung an den D nicht möglich ist, bb) sondern auf Wertersatz (§ 818 Abs. 2 BGB). cc) Entreichert (§ 818 Abs. 3 BGB) ist der K nicht, weil er den Kaufpreis von D erhalten hat.

b) Nichtigkeit des „Valutaverhältnisses"

In den Fällen der **Nichtigkeit des Valutaverhältnisses** gilt (aus den gleichen Gründen wie bei der „Leistungskette"), dass der K gegenüber D kondizieren kann. Hier gibt es keine hervorzuhebenden Besonderheiten.

c) „Doppelmangel": Nichtigkeit von „Deckungs- und Valutaverhältnis"

Wenn bei den „Durchlieferungsfällen" ein **„Doppelmangel"** vorliegt, stellen sich die bereits bei der Leistungskette angesprochenen Fragen: Nämlich als erstes, ob ein **Durchgriffsanspruch** des V gegen D besteht; das wird aus den bereits oben bei der Leistungskette genannten Gründen zu Recht abgelehnt, so dass nur ein Anspruch des V gegen K gegeben ist. Ferner geht es um die meistens überhaupt nur in diesem Zusammenhang (und nicht schon bei der „Leistungskette" erörterte) Frage, ob der Anspruch des V gegen K gerichtet ist auf eine **Kondiktion der Kondiktion** oder auf einen **Wertersatz**. Hier besteht heute weitgehend Einigkeit, dass bei einer über eine Surrogation nach § 818 Abs. 1 BGB durchaus begründbaren „Kondiktion der Kondiktion" zwar die Interessen des D (kein Verlust von Einwendungen) berücksichtigt würden, dass es aber dadurch zu einer für den V unangemessenen Kumulierung von Risiken käme (doppeltes Entreicherungsrisiko, doppeltes Einwendungs- und doppeltes Insolvenz-Risiko aus der Person des K und des D), so dass man daher dem V einen Anspruch gegen den K nach § 818 Abs. 2 BGB auf Wertersatz zuerkennt und ihn dabei so stellt, wie wenn der K seinen Bereicherungsanspruch gegen den D realisiert hat. Bei dieser Lösung trägt der V lediglich das Insolvenz- und Entreicherungsrisiko aus der Person des K. Diesem Lösungsvorschlag ist aus den oben genannten Gründen zu folgen, vielleicht mit der hier angeregten Einschränkung, dass man dem V die Wahl lassen sollte, sich für den Weg der „Kondiktion der Kondiktion" mit allen ihren Risiken (doppeltes Entreicherungsrisiko, doppeltes Einwendungs- und doppeltes Insolvenz-Risiko aus der Person des K und des D) zu entscheiden, wenn ihm daran gelegen ist das „etwas" selbst herauszuverlangen. Vorstellbar wäre dies bei bestimmten gegenständlichen Vorteilen, bei denen ein bloßer Wertersatz einen nicht zufrieden stellt.

4. „Direktkondiktion"

> Unsere bisherigen Erkenntnisse bei der bereicherungsrechtlichen Rückabwicklung von „Dreipersonenverhältnissen" im Fall der „Leistungskette" und der „Durchlieferung" gehen dahin, dass die Kondiktion immer dort erfolgt, wo der Rechtsgrund fehlt, und dass beim „Doppelmangel" eine Direktkondiktion nicht möglich ist, sondern „über Eck" kondiziert werden muss. Der Grund dafür war, dass anderenfalls die schutzwürdigen Interessen des Dritten verletzt würden. Das leuchtet ein!

Aber: **„keine Regel ohne Ausnahme"**! Von dem zuvor noch einmal zusammengefassten Grundsatz könnte man zugunsten einer „Direktkondiktion" des V gegen den D eine Ausnahme machen, wenn der D wegen der Besonderheiten des Einzelfalles nicht schutzwürdig ist.

a) Durchbrechung des Abstraktionsprinzips im Deckungsverhältnis

Wenn im Fall der Nichtigkeit des „Deckungsverhältnisses" V – K aufgrund einer Durchbrechung des „Abstraktionsprinzip" nicht nur das Kausalverhältnis, sondern auch die Übereignung an den K nichtig sein sollte und der D aufgrund einer Bösgläubigkeit hinsichtlich der Eigentümerstellung des K von diesem nicht das Eigentum erlangt hat, dann sollte der V außer einem bestehenden Anspruch gegen den D aus § 985 BGB auch direkt gegenüber dem D kondizieren können, weil der D dann nicht schutzwürdig ist.

Fall 790: Der V verkauft aufgrund einer von dem D vorgenommenen arglistigen Täuschung Ware an den in die Täuschung des D eingeweihten K und übereignet und übergibt die Ware an den K. Der K verkauft und übergibt und übereignet die Ware dann weiter an den D. Der V erklärt die Anfechtung des Geschäfts mit K wegen arglistiger Täuschung gegenüber dem K und verlangt Herausgabe der Sachen von dem D.

Der Anspruch ergibt sich 1. aus § 985 BGB, denn a) der D ist Besitzer und b) der V ist Eigentümer der Sachen. aa) Denn an den K hat der V das Eigentum nicht verloren, weil von der Anfechtung wegen arglistiger Täuschung auch die Übereignung erfasst wird (§§ 123 Abs. 1, 2 S. 1, 142 Abs. 1 BGB: Durchbrechung des „Abstraktionsprinzips". bb) Auch der D hat das Eigentum nicht erworben, weil er (der die Anfechtbarkeit kannte und daher nach § 142 Abs. 2 BGB nach erfolgter Anfechtung so behandelt wird, wie wenn er das Nichtrecht kannte) nicht gutgläubig war (§§ 932 Abs. 1 S. 1, Abs. 2, 142 Abs. 2 BGB). c) Der D hat gegenüber dem V kein Recht zum Besitz. 2. Außerdem hat der V gegen den D einen Anspruch aus § 812 Abs. 1 S. 2 1. Fall BGB („Leistungskondiktion"), denn wenn aufgrund einer Durchbrechung des „Abstraktionsprinzip" bei einer Nichtigkeit des „Deckungsverhältnisses" V – K auch die Übereignung an den K nichtig ist und der D aufgrund einer Bösgläubigkeit nicht das Eigentum erlangt hat, dann soll der V außer einem bestehenden Anspruch gegen den D aus § 985 BGB auch direkt kondizieren können, weil der D dann nicht schutzwürdig ist.

b) Durchgriff nach § 822 BGB

Die bisherigen Fälle betrafen Konstellationen, in denen das wirksame Valutaverhältnis (K – D) entgeltlicher Art war (z.B. ein Kaufvertrag). Es lassen sich aber auch Fälle der „Leistungskette" denken, in denen das Valutaverhältnis (K – D) unentgeltlicher Art (z.B. eine Schenkung) ist. Dann kann es einen „Durchgriff" geben: Der Versprechende (V) kann nämlich nach § 822 BGB dann auf den Dritten (D) „durchgreifen", wenn die Verpflichtung des Versprechensempfängers (K) als seinem eigentlichen Bereicherungsschuldner infolge der einer im Valutaverhältnis erfolgten unentgeltlichen Zuwendung an den Dritten (D) ausgeschlossen ist (§ 818 Abs. 3 BGB). Der § 822 BGB ist ein Fall der „Nichtleistungskondiktion" und wird dort gründlich besprochen werden.

Fall 791: Der V verkauft dem K eine Sache und übergibt und übereignet sie ihm. Dem K gefällt die Sache nicht und er macht sie dem D zum Geschenk und übergibt und übereignet sie an den D. Der Kaufvertrag V – K ist nichtig. Der V nimmt den K, hilfsweise auch den D in Anspruch. 1. Ein Anspruch des V gegen den K aus § 812 Abs. 1 S. 1 1. Fall BGB („Leistungskondiktion") auf Herausgabe (Rückübereignung und Rückgabe) besteht nicht, weil der K entreichert ist (§ 818 Abs. 3 BGB). 2. Der V hat jedoch einen Anspruch gegen den D aus § 822 BGB, denn a) der „Empfänger" (= Bereicherungsschuldner) K b) hat das Erlangte (Eigentum und Besitz an der Sache) c) unentgeltlich (§ 516 BGB) dem D zugewendet; d) dadurch ist die Verpflichtung des Empfängers zur Herausgabe der Bereicherung ausgeschlossen (§ 818 Abs. 3 BGB).

5. Die Anweisung

Bei den bisherigen Konstellationen lag es stets so, dass die dinglichen Erfüllungsgeschäfte parallel zu den Kausalverhältnissen bestanden, also der Verkäufer V an „seinen" Käufer K und der K (in der Doppel-Rolle als Verkäufer) an „seinen" Käufer D übereignete, wobei bei der „Leistungskette" auch die Lieferung der Ware diesem Weg (wer gezeichnet hat: über die „Katheten") folgte, während bei der „Durchlieferung" die Lieferung direkt zwischen V und D (wer gezeichnet hat: auf der „Hypotenuse") erfolgte.

Es gibt aber auch die Möglichkeit, dass die Übereignung nicht den Kausalbeziehungen folgt, sondern dass es **aufgrund** einer von dem V auch befolgten entsprechenden **„Anweisung" des K** dazu kommt, dass **der V** nicht nur die Ware an den D direkt „liefert", sondern sie auch **direkt an den D übereignet**, so dass der K kein zwischenzeitliches Eigentum an der verkauften Sache erwirbt, sondern durch die von ihm veranlasste, und sodann im „Zuwendungsverhältnis" erfolgende Übereignung und Übergabe des V an den D Befreiung von seiner Schuld aus dem „Valutaverhältnis" erlangt.

Fall 792: Der V hat an den K eine Sache verkauft, und dieser hat sie an den D weiterverkauft. Der K weist jetzt den V an, die Sache an den D zu übereignen und zu übergeben, was dieser auch tut.

Auch jetzt werden wieder die denkbaren Konstellationen der Nichtigkeit (nur im Deckungs-, nur im Valutaverhältnis und Doppelmangel) durchgespielt. Erinnert sei daran, dass aus „Rationalisierungsgründen" von einer Vorleistung der jeweiligen Verkäufer ausgegangen werden soll, also die Frage einer eventuellen Gegenleistung ignoriert wird.

a) Nichtigkeit des „Deckungsverhältnisses"

Variante: Der Kaufvertrag V – K („Deckungsverhältnis") ist nichtig. Der V will sich an den D oder an den K halten.
1. Ein Anspruch des V gegen D aus § 812 Abs. 1 S. 1 Fall BGB kommt auch hier aus den vorgenannten Gründen weder als „Leistungs-" noch als „Nichtleistungskondiktion" in Betracht; allerdings soll bei einem (hier nicht gegebenen!) unentgeltlichen Valutaverhältnis § 822 BGB analog angewendet werden, so dass in einem solchen Fall eine Direktkondiktion in Betracht käme. 2. Ein Anspruch des V gegen K aus § 812 Abs. 1 S. 1 BGB („Leistungskondiktion") setzt voraus, dass a) der K „etwas" erlangt hat; hier wird man annehmen müssen, dass K die Befreiung von seiner Verbindlichkeit im Verhältnis zu D aus § 433 Abs. 1 BGB erlangt hat; denn diese ist durch die Übergabe und Übereignung des angewiesenen V nach § 362 Abs. 1 BGB erloschen (§ 267 BGB darf nicht zitiert werden, weil der V „Leistungsgehilfe" des K war, also der K praktisch selbst erfüllt hat); b) der V hat diesen Vermögensvorteil dem K bewusst und zweckgerichtet zugewendet, c) und zwar ohne Rechtsgrund. d) Weil die Befreiung von einer Verbindlichkeit nicht herausgegeben werden kann, kommt nur Wertersatz (§ 818 Abs. 2 BGB) in Betracht.

b) Nichtigkeit des „Valutaverhältnisses"

Variante: Wenn der Kaufvertrag K – D („Valutaverhältnis") nichtig ist,
1. kommt ein Anspruch des V gegen D aus § 812 Abs. 1 S. 1 BGB aus den vorgenannten Gründen weder als „Leistungs-" noch als „Nichtleistungskondiktion" in Betracht. 2. Der K könnte sich an den D halten. a) Der D hat das Eigentum und den Besitz als „etwas" durch die Übereignung und Übergabe V – D erlangt. b) Es war der K, der das Vermögen des D durch Einschaltung des „Leistungsgehilfen" V bewusst und zweckgerichtet – er wollte den vermeintlichen Kaufvertrag durch die von ihm veranlasste Übereignung des V erfüllen – gemehrt hat, c) und zwar ohne Rechtsgrund. d) Geschuldet ist eine Herausgabe der Sache durch Übereignung und Übergabe an den K.

c) „Doppelmangel": Nichtigkeit von „Deckungs- und Valutaverhältnis"

Variante: Doppelmangel. Wer kann sich an wen halten?
1. Es gibt keinen Anspruch des V gegen den D aus § 812 Abs. 1 BGB; das ergeben die Ausführungen zur ersten Fall-Variante und eine die dortigen rein begrifflichen Argumente ergänzende Bewertung: Anderenfalls würde der D seine Einwendungen im Verhältnis zu K verlieren. 2.

Der K hat – wie zuvor ausgeführt – einen Anspruch aus § 812 Abs. 1 S. 1 1. Fall BGB („Leistungskondiktion") gegen den D. 3. Der V könnte gegen K einen Anspruch aus § 812 Abs. 1 S. 1 1. Fall BGB („Leistungskondiktion") haben, wenn a) der K etwas erlangt hat: aa) mangels einer Verbindlichkeit des V (das „Valutaverhältnis" ist bei dieser Fallkonstellation nichtig!) hat der K keine Befreiung von einer Verbindlichkeit erlangt, bb) sondern aaa) einen Bereicherungsanspruch gegen den D (s. zuvor); bbb) das würde aber zur Konsequenz haben, dass der V von dem K die Abtretung von dessen Kondiktionsanspruch gegen den D verlangen kann: „Kondiktion der Kondiktion"; das würde zwar den Interessen des D (nach § 404 BGB kein Verlust der Einwendungen aus dem Verhältnis zu K) gerecht werden, aber zu einer für den V unangemessenen Kumulierung von Risiken führen, denn er müsste danach das doppelte Entreicherungsrisiko (§ 818 Abs. 3 BGB) und vor allem das doppelte Einwendungs- und Insolvenzrisiko tragen; zu tragen verdient hat er nur die Risiken aus der Beziehung zu K. Daher soll der V gegen den K einen Anspruch auf den Wertersatz haben, wobei der V so stellen ist, wie wenn der K seinen Bereicherungsanspruch gegen den D realisiert hätte. Dem ist mit der Einschränkung zu folgen, dass man dem V die Wahl lassen sollte, den für ihn riskanten Weg der „Kondiktion der Kondiktion" zu beschreiten. b) Erlangt hat er das „etwas" durch die Leistung des V c) ohne Rechtsgrund. d) Der Inhalt des Anspruch kann nach den vorstehenden Ausführungen sein, dass V von K nach seiner Wahl aa) den Wert des Gegenstandes oder bb) die Abtretung von dessen Kondiktionsanspruch gegen den D verlangen kann („Kondiktion der Kondiktion").

d) Fehlende Anweisung; die Banküberweisung ohne Überweisungsvertrag

Das ist die **„Regel"**: Bei einer Leistung kraft Anweisung bestehen also Leistungsverhältnisse zum einen zwischen dem Anweisenden und dem Angewiesenen (Deckungsverhältnis) und zum anderen zwischen dem Anweisenden und dem Dritten (Valutaverhältnis): Der Angewiesene leistet (mit seiner der ihm erteilten Anweisung entsprechenden Zuwendung an den Dritten) an den ihn Anweisenden und bewirkt damit zugleich eine Leistung des Anweisenden an den Dritten. Ein Bereicherungsausgleich nach § 812 Abs. 1 S. 1 1. Fall BGB („Leistungskondiktion") erfolgt nur innerhalb dieser Leistungsbeziehungen. Keine Leistungsbeziehung besteht zwischen dem Angewiesenen und dem Dritten, so dass folgerichtig auch kein Bereicherungsanspruch des Angewiesenen gegen den Dritten aus § 812 Abs. 1 S. 1 1. Fall BGB („Leistungskondiktion") bestehen kann. Aber Sie wissen ja: **„Keine Regel ohne Ausnahme"**. Und daher überlegen wir, ob es nicht gleichwohl Konstellationen gibt, bei denen es ausnahmsweise einen Bereicherungsanspruch des Angewiesenen gegen den Dritten aus § 812 Abs. 1 S. 1 2. Fall BGB („Nichtleistungskondiktion") geben kann. Nach dem Prinzip der „Alternativität" von „Leistungskondiktion" und „Kondiktion in sonstiger Weise" (=„Vorrang der Leistungskondiktion") würde dies voraussetzen, dass die Erlangung des „etwas" durch den Dritten dem Anweisenden nicht als Leistung zugerechnet werden kann. Dafür wäre zum einen erforderlich, dass keine wirksame Anweisung vorliegt, so dass die Zuwendung dem vermeintlich Anweisenden nicht zugerechnet werden kann. Das allein würde aber nicht ausreichen; denn notwendig ist weiterhin, dass kein Bedarf dafür besteht, den Dritten in seinem Vertrauen auf das Bestehen einer der Zuwendung zugrunde liegenden Anweisung und damit vor einer bereicherungsrechtlichen Inanspruchnahme seitens des vermeintlich Angewiesenen aus § 812 Abs. 1 S. 1 2. Fall BGB („Nichtleistungskondiktion") zu schützen. Solche Fälle gbt es in der Tat: Ein schutzwürdiges Vertrauen des Dritten besteht dann nicht, wenn der Dritte zum Zeitpunkt der Zuwendung wusste, dass überhaupt keine wirksame Anweisung bestand. Dann wird man demjenigen, der nicht wirksam angewiesen wurde, einen Bereicherungsanspruch gegen den Dritten zuerkennen können. Fraglich bleibt aber, ob der Dritte immer schon dann schutzwürdig ist, wenn er gutgläubig vom Vorliegen einer wirksamen Anweisung ausgegangen ist. Das ist deshalb nicht der Fall, weil der bloße „gute Glaube" an das Vorliegen einer Anweisung (z.B. deshalb, weil der Dritte einen Anspruch auf Leistung des „etwas" gegen den vermeintlich Anweisenden hatte) niemals für einen Gutglaubensschutz ausreicht. Jeder Gutglaubensschutz verlangt nämlich, dass er auf einem zurechenbar gesetzten Rechtsschein beruht. Ein hierfür „repräsentativer" Fall war früher die Konstellation einer Überweisung im Giroverkehr ohne zugrunde liegenden Überweisungsauftrag (kein zurechenbar gesetzter Rechtsschein: kein Vertrauensschutz für den Dritten) oder einer solchen Überweisung trotz des Widerrufs eines vorher erteilten Überweisungsauftrages (zurechenbar gesetzter Rechtsschein: vertrauensschutz für den Dritten). Infolge der Neuregelung des Überweisungsverkehrs durch §§ 676 a ff. BGB gibt es in diesem Zusammenhang keine „Anweisung" mehr, denn nach neuem Recht ist der „Überweisungsauftrag" ein an die Bank gerichtetes Angebot zum Abschluss eines Überweisungsvertrages. Ein Standardbeispiel für einen Bereicherungsausgleich bei fehlender Anweisung ist nunmehr der Fall der **Einlösung eines unwirksam** (z.B. durch einen Vertreter ohne Vertretungsmacht) **ausgestellten Schecks** durch die bezogene Bank, die daraufhin den Scheckbegünstigten aus § 812 Abs. 1 S. 1 2. Fall BGB („Nichtleistungskondiktion") auf Rückzahlung in Anspruch nimmt.

Fall 793: Der unerkennbar an einer manisch-depressiven Psychose erkrankte und deshalb geschäftsunfähige Gustav Gans (GG) eröffnete ein Girokonto bei der Entenhausener Bank (EB) und erteilte seinem Mitarbeiter Donald Duck (DD) Kontovollmacht. Nach dem Ankauf mehrerer Grundstücke setzt das Finanzamt Entenhausen (FAE) die Grunderwerbssteuer auf 100 000,- Taler fest. Über diese Summe stellte der DD einen Scheck aus und übergab ihn dem FAE. Das FAE löste den Scheck ein; das Konto des GG wurde in Höhe von 100 000,- Taler belastet. Die EB verlangte vom FAE Rückzahlung (nach BGH).

a) Ein Anspruch der EB gegen das FAE aus § 812 Abs. 1 S. 1 1. Fall BGB („Leistungskondiktion") besteht mangels einer Leistungsbeziehung zwischen dem Angewiesenen, der EB, und dem Dritten (dem FAE) nicht. b) Ein Anspruch der EB gegen das FAE aus § 812 Abs. 1 S. 1 2. Fall BGB („Nichtleistungskondiktion") aa) setzt zunächst voraus, dass keine Leistung des GG an das FAE vorliegt. aaa) Dafür ist zunächst Voraussetzung, dass es keine wirksame Anweisung des GG an die EB gibt und deshalb die Zuwendung dem GG nicht zugerechnet werden kann; das ist der Fall, denn die Erteilung der Vollmacht an den den Scheck ausstellenden und ihn an das FAE übergebenden DD war unwirksam §§ 104 Nr. 2, 105 Abs. 1, 167 Abs. 1 BGB. bbb) Weiterhin darf der Dritte (FAE) nicht schutzbedürftig sein. aaaa) Wegen der Unerkennbarkeit der Geisteskrankheit des GG wusste das FAE nicht, dass die Anweisung wegen fehlender Vollmacht des DD unwirksam war. bbbb) Umgekehrt aaaaa) führt allein der gute Glaube des Dritten (FAE) an das Bestehen einer Anweisung des GG nicht dazu, dass der Dritte (FAE) vor einer bereicherungsrechtlichen Inanspruchnahme seitens der EB aus § 812 Abs. 1 S. 1 2. Fall BGB („Nichtleistungskondiktion") zu schützen ist; bbbbb) vielmehr muss für einen Gutglaubensschutz ein von dem GG zurechenbar hervorgerufener Rechtsschein für das Bestehen einer wirksamen Anweisung gegeben sein. Hier könnte man an § 171 Abs. 1 BGB denken. Aber durch einen Geschäftsunfähigen kann kein ihm zurechenbarer Rechtsschein gesetzt werden.

Daher gibt es keinen Vertrauensschutz für das FAE. bb) Das FAE hat 100 000.- Taler erlangt, cc) und zwar in sonstiger Weise dd) und ohne Rechtsgrund.

Bei einer **Zahlung durch Banküberweisung** stellt sich die Frage heute so, **wer** beim **Fehlen** oder bei einer **Kündigung des „Überweisungsvertrages"** (**§ 676 a BGB**: Sie kennen dieses gesetzgeberische „Monster" bereits aus Teil 3 und sollten es unbedingt noch ein weiteres Mal lesen; denn es bestimmt tagtäglich Ihr privates Leben!) die **Rückzahlung** verlangen kann, wenn die **Überweisung gleichwohl ausgeführt** wurde. Wenn Sie in Teil 3 die Ausführungen zum Inhalt der einzelnen Geschäftsbesorgungsverträge gelesen, verstanden und sich eingeprägt haben, dann wissen Sie: Der Überweisungsvertrag zwischen dem Überweisenden und dem Kreditinstitut kommt zustande durch einen an das Kreditinstitut, mit dem der Überweisende einen „Girovertrag" geschlossen hat (§§ 676 ff. BGB), gerichteten als Antrag zum Abschluss eines Überweisungsvertrages zu verstehenden „Überweisungsauftrag" des Überweisenden, den das Kreditinstitut dann (i.d.R. durch Ausführung) annimmt, ohne dass es für das Zustandekommen des Überweisungsvertrages eines Zugangs der Annahmeerklärung bedarf (§ 151 BGB). Der Überweisungsvertrag kann durch den Überweisenden gegenüber dem Kreditinstitut gekündigt werden, bevor der Überweisungsbetrag dem Kreditinstitut des Begünstigten G endgültig zur Gutschrift zur Verfügung steht (§ 676 a Abs. 4 BGB).

Fall 794: Der G hat eine Forderung gegen den S. Der S schließt mit seiner Bank, der S-Bank, bei der er ein Girokonto unterhält, einen Überweisungsvertrag mit dem Inhalt, den Betrag dem Girokonto des G bei der G-Bank zu überweisen. (Wie dieser Vertrag zustande kommt, wissen Sie hoffentlich noch!?) Dann kündigt der S – aus hier nicht interessierenden Gründen – den Überweisungsvertrag rechtzeitig nach § 676 a Abs. 4 BGB, also bevor der Überweisungsbetrag dem Kreditinstitut des Begünstigten G endgültig zur Gutschrift zur Verfügung steht. Durch einen Irrtum der S-Bank wird der Überweisungsvertrag dennoch endgültig ausgeführt und der Betrag unter Vermittlung der dazwischen geschalteten Verrechnungsstelle der Banken dem Girokonto des G bei der G-Bank „stornierungsfest" gutgeschrieben. Die S – Bank und der S verlangen von dem G Rückzahlung; die S-Bank will sich für den Fall, dass sie keinen Anspruch gegen den G hat, bei S erholen.

1. Die S – Bank könnte gegen den G a) einen Anspruch aus § 812 Abs. 1 S. 1 1. Fall BGB („Leistungskondiktion") haben. aa) Der G hat „etwas" erlangt, nämlich eine stornierungsfeste Gutschrift des Betrages auf seinem Konto, die sich rechtlich als Forderung des G gegen die G-Bank aus § 780 BGB darstellt. bb) Fraglich ist, ob die S – Bank an den G geleistet hat. Das ist nicht der Fall; denn sie hatte dem G gegenüber keinen Leistungszweck erbringen wollen, sondern nur den Überweisungsvertrag (§ 676 a BGB) mit S erfüllen wollen. b) Zu prüfen ist daher ein Anspruch aus § 812 Abs. 1 S. 1 2. Fall BGB („Nichtleistungskondiktion") aa) Der G hat „etwas" erlangt, nämlich eine stornierungsfeste Gutschrift des Betrages auf seinem Konto, die sich rechtlich als Forderung des G gegen die G-Bank aus § 780 BGB darstellt. bb) Eine Kondiktion „in sonstiger Weise" kommt nur dann in Betracht, aaa) wenn sonst niemand an G geleistet hat; denn beim Vorliegen einer Leistung ist eine andere Erwerbsart („in sonstiger Weise") grundsätzlich begrifflich ausgeschlossen („Alternativitätsprinzip", „Subsidiaritätsprinzip" oder Prinzip vom „Vorrang der Leistungskondiktion" genannt). aaaa) Als Leistender in Betracht kommt hier der S, der unter Einschaltung der S-Bank, der Verrechnungsstelle der Banken und der G-Bank als „Leistungsgehilfen" das Vermögen des G bewusst und zweckgerichtet gemehrt haben könnte. Dagegen spricht aber, dass der S wegen der von ihm erklärten Kündigung

des Überweisungsauftrages das Vermögen des G nicht bewusst und zweckgerichtet mehren wollte. bbbb) Bei einer solchen Konstellation soll letztlich dafür, ob der Anspruchsteller an den Inanspruchgenommenen geleistet hat, das jeweilige Schutzbedürfnis des Zuwendungsempfängers (G) maßgeblich sein. aaaaa) Nicht schutzbedürftig wäre der G, wenn er zum Zeitpunkt der Zuwendung wusste, dass der Überweisungsvertrag gekündigt worden war, ebenso bei (den hier nicht vorliegenden Konstellationen einer!) fehlerhaften Doppelausführung von Überweisungsverträgen, bei Überweisungen zugunsten eines falschen Empfängers. bbbbb) Wenn der Zuwendungsempfänger aaaaaa) dagegen hinsichtlich des Vorliegens eines Überweisungsvertrages gutgläubig war, bbbbbb) hängt der Gutglaubensschutz davon ab, ob ein vom Überweisenden zurechenbar veranlasster Rechtsschein eines Überweisungsvertrages hervorgerufen wurde. aaaaaaa) Das ist nicht der Fall bei den (hier nicht vorliegenden) Konstellationen eines überhaupt fehlenden Überweisungsvertrags (im Fall der Geschäftsunfähigkeit des Bankkunden; bei einer Fälschung des Antrags zum Abschluss des Überweisungsvertrages; bei einem durch einen Vertreter ohne Vertretungsmacht abgeschlossenen Überweisungsvertrag). Hier dagegen kann man annehmen, dass der S durch den Abschluss des Überweisungsvertrages einen ihm zurechenbaren Rechtsschein gesetzt hat; das aus seiner Sphäre stammende Risiko, dass seine Kündigung aufgrund eines Versehens seiner Bank nicht berücksichtigt wird, muss er tragen. Hiernach wäre der im Hinblick auf das Bestehen eines Überweisungsvertrages gutgläubige G keinem Bereicherungsanspruch der S-Bank aus § 812 Abs. 1 S. 1 2. Fall BGB („Nichtleistungskondiktion") ausgesetzt. bbbbbbb) Wenn man dagegen die Setzung eines zurechenbaren Rechtsscheins wegen des nach außen getretenen entgegenstehenden Willens verneint, dann würde man zu prüfen haben, ob jedenfalls eine Leistung der G-Bank an den G vorliegt, die einen Bereicherungsanspruch der S-Bank ausschließt. Man wird davon ausgehen müssen, dass die G-Bank nicht nur bewusst, sondern auch zweckgerichtet (sie wollte ihrer Pflicht aus § 676 f BGB nachkommen) das Vermögen des G gemehrt hat. Andererseits wird man, was den Ausschluss eines Bereicherungsanspruchs der S-Bank angeht, darauf abstellen müssen, dass die G-Bank auch aus der Sicht des G ihm zwar zur Gutschrift verpflichtet war, letztlich aber doch nur ein Leistungsgehilfe des S war, so dass es nur darauf ankommen kann, ob aus seiner Sicht der S hat leisten wollen. bbb) Eine Kondiktion der S-Bank aus § 812 Abs. 1 S. 1 2. Fall BGB („Nichtleistungskondiktion") scheidet aus. 2. Der S hat keinen Anspruch gegen den G aus § 812 Abs. 1 S. 1 1. Fall BGB („Leistungskondiktion"), weil er mit Rechtsgrund geleistet hat. 3. Da die S – Bank nicht im Wege des „Durchgriffs" bei dem G kondizieren kann, stellt sich die Frage, ob sie den S in Anspruch nehmen kann. a) Aus §§ 675, 670 BGB besteht kein Anspruch, weil ein Überweisungsvertrag, aufgrund dessen Erstattung verlangt werden könnte, wegen dessen Kündigung nicht bestanden hat, so dass die S – Bank die Aufwendung nicht für erforderlich halten durfte. b) In Betracht kommt ein Anspruch aus § 812 Abs. 1 S. 1 1. Fall BGB („Leistungskondiktion"): aa) Der S hat die Befreiung von seiner Schuld gegenüber G erlangt, bb) und zwar durch Leistung der S – Bank an den S, die zu diesem Zweck den vermeintlichen Überweisungsvertrag erfüllen wollte; cc) mangels eines Überweisungsvertrags bestand hierfür kein Rechtsgrund. dd) Der Anspruch richtet sich auf Wertersatz (§ 818 Abs. 2 BGB).

6. Vertrag zugunsten Dritter

Beim **Vertrag zugunsten Dritter** findet bei einer **Nichtigkeit des „Valutaverhältnisses"** (Sie wissen ja: das Verhältnis zwischen dem Versprechensempfänger = VE und dem Drittem = D) unbestritten nur in dieser Beziehung eine „Leistungskondiktion" statt. Das bereitet keine weiteren erörterungsbedürftigen Probleme.

Außerordentlich interessant ist aber die Fallkonstellation einer **Nichtigkeit des „Deckungsverhältnisses"** (zwischen dem Versprechensempfänger = VE und dem

Versprechenden = VSP); hier ist – anders als bei den zuvor erörterten Anweisungsfällen – in **rein begrifflicher Hinsicht**

- eine **Leistungskondiktion im Zuwendungsverhältnis** (zwischen dem VSP und dem D) deshalb vorstellbar, weil der VSP dem D zur Leistung nach § 328 Abs. 1 BGB i.V.m. dem Anspruch aus dem jeweiligen Grundvertrag verpflichtet ist, so dass man daher durchaus zwanglos sagen kann, dass der **VSP an D geleistet** hat, weil er das Vermögen des D bewusst und auch zweckgerichtet (nämlich zum Zwecke der Erfüllung seiner Verpflichtung dem D gegenüber) gemehrt hat.

- Allerdings hat der VSP aber auch mit Rücksicht auf seine Verpflichtung aus dem Deckungsverhältnis gegenüber dem VE gehandelt (vergl. § 335 BGB), so dass auch eine **Leistung des VSP an den VE**, und damit eine Leistungskondiktion **im Deckungsverhältnis** denkbar ist.

- Schließlich ist sogar eine **Leistung des VSP in beiden Verhältnissen**, nämlich eine **Leistung an den D** und **an den VE**, vorstellbar und damit eine Leistungskondiktion beiden gegenüber.

Diese rein begrifflich gesehen unterschiedlichen Möglichkeiten sind der beste Beweis dafür, dass das Vorliegen eines Leistungsverhältnisses eben **nicht ausschließlich begrifflich abgeleitet** werden kann. Vielmehr muss ergänzend dazu eine **wertende Beurteilung** darüber entscheiden, wer Leistender ist, also in welcher der Rechtsbeziehungen kondiziert werden kann, wenn das Deckungsverhältnis unwirksam ist.

- Man wird **grundsätzlich** („a maiore ad minus") davon ausgehen müssen, dass bei einem Vertrag zugunsten Dritter der „Dritte" im Hinblick auf eine bereicherungsrechtliche Inanspruchnahme durch den Versprechenden weitaus schutzbedürftiger ist als der (Ihnen ja schon bekannte) „Dritte" bei den Konstellationen einer „Leistungskette", einer „Durchlieferung" und einer „Direktlieferung" aufgrund einer „Anweisung", denn anders als in jenen Verhältnissen sollte dem „Dritten" beim Vertrag zugunsten Dritter nach dem Willen der Parteien des Deckungsverhältnisses (VSP und VE) nach § 328 Abs. 1 BGB sogar ein eigener Anspruch auf die Leistung (hier: Lieferung) zustehen. Derjenige, dem ein vermeintlicher Anspruch zustehen sollte, soll sich vor einer bereicherungsrechtlichen Inanspruchnahme weitaus sicherer fühlen als derjenige, an den lediglich befreiend geleistet werden darf. Daher wird man („a maiore ad minus") immer dann, wenn die Konstruktion eines Vertrages zugunsten Dritter wie bei Durchlieferungs- und Anweisungsfällen zum **Zwecke der „Abkürzung des Leistungsweges"** gewählt worden ist, die **bereicherungsrechtliche Rückabwicklung** wie bei diesen Fallgruppen vornehmen. Das bedeutet, dass die Rückabwicklung in den **Rechtsbeziehungen** erfolgt, **in denen der Rechtsgrund fehlt**, also bei einer Nichtigkeit des Deckungsverhältnisses **keine Kondiktion des VSP gegen den D** zulassen.

- In **Ausnahme** dazu sollte man eine **Kondiktion des VSP gegen den D**, also einen „Durchgriff", bei einer Nichtigkeit des Deckungsverhältnisses **zulassen** in den Fällen, **(a)** in denen **§ 335 BGB abgedungen** ist (also der VE nicht vom VSP eine Leistung an den D verlangen kann); **(b)** in denen das **Recht des Dritten** seinen maßgebenden Rechtsgrund nur im Deckungsverhältnis findet; **(c)** in denen die **Bedeutung des Valutaverhältnisses sich lediglich in der Zuwendung des Forderungsrechts erschöpft** (z.B. bei Versorgungsverträgen); **(d)** in **Analogie zu § 822 BGB** in den Fällen, in denen der D den Vermögensvorteil von VSP aufgrund eines unentgeltlichen Valutaverhältnisses erworben hat; **(e)** oder schließlich in den Fällen, in denen der Umstand des **fehlenden Rechtsgrundes dem** deshalb nicht schutzwürdigen **D zuzurechnen** ist.

Fall 795: Der V verkauft dem K eine Sache. Der Kaufpreis wird für 6 Monate nach Lieferung durch V gestundet. Im Vertrag ist weiter vereinbart, dass der D, an den der K die Sache bereits vorab verkauft hatte, einen eigenen Anspruch auf Übereignung und Übergabe gegen V haben soll. Der V übergibt und übereignet die Sache deshalb an den D. Der Kaufvertrag zwischen V und K wird später von V angefochten, weil der D, der den K mit dessen Wissen und Wollen bei dem Vertragsschluss zwischen dem V und dem K beraten hatte, den V eigenmächtig und ohne Wissen des K über Tatsachen, die die Zahlungsfähigkeit des K betrafen, getäuscht hatte. Der V nimmt nach der Anfechtung des Kaufvertrages mit dem K den D auf Rückübereignung und Rückgabe in Anspruch.

Der Anspruch könnte sich aus § 812 Abs. 1 S. 1 1. Fall BGB („Leistungskondiktion") ergeben. a) Der D hat das Eigentum und den Besitz an der Sache, also ein „etwas", erlangt. b) Fraglich ist, ob aa) der D das „etwas" durch Leistung des Anspruchstellers V erlangt hat. aaa) Rein begrifflich kommen drei Lösungen in Betracht: aaaa) Wegen § 335 BGB eine Leistung des V an K (Parallele zur Anweisung); bbbb) eine Leistung des V an D (weil der V bewusst und zweckgerichtet – er wollte seiner Verpflichtung aus §§ 433 Abs. 1, 328 Abs. 1 BGB gegenüber D nachkommen – das Vermögen des D gemehrt hat); cccc) eine Leistung an beide (wegen einer Summierung der vorgenannten sich einander nicht ausschließenden Argumente). bbb) Eine wertende Betrachtung aaaa) spricht grundsätzlich für eine Leistung des V an den K und nicht an den ansonsten einem Bereicherungsanspruch des V ausgesetzten D; denn wenn – wie sich oben gezeigt hat – der D schon bei der Leistungskette, der Durchlieferung und bei der bloßen Anweisung vor Bereicherungsansprüchen des V sicher ist, dann soll dies doch erst recht bei dem seine Stellung verstärken sollenden Vertrag zugunsten Dritter der Fall sein, zumal die Konstruktion eines Vertrages zugunsten Dritter nur zur Abkürzung des Leistungswegs gewählt worden ist und daher den vorgenannten Konstellationen vergleichbar ist. bbbb) Als Ausnahmen, die eine Leistungskondiktion des Versprechenden (hier: V) gegen den Dritten (hier: D) zulassen, kann man folgende Fälle annehmen: Die Fälle, in denen § 335 BGB abgedungen ist (also der VE nicht vom VSP die Erbringung der Leistung an D verlangen kann); wenn das Recht des Dritten seinen maßgebenden Rechtsgrund nur im Deckungsverhältnis findet; wenn das Valutaverhältnis sich lediglich in der Zuwendung des Forderungsrechts erschöpft (z.B. bei Versorgungsverträgen); in Analogie zu § 822 BGB, wenn D im Valutaverhältnis unentgeltlich von K erworben hat; diese Konstellationen sind hier nicht gegeben. Eine weitere Ausnahme vom Verbot der Direktkondiktion ist gegeben, wenn der Umstand des fehlenden Rechtsgrundes dem D zuzurechnen ist, weil dieser dann nicht schutzwürdig ist (Canaris). Im vorliegenden Fall ist der Mangel des Rechtsgrundes (Nichtigkeit des Deckungsverhältnisses) nicht dem K, sondern dem D, der den V arglistig getäuscht hatte, zuzurechnen, so dass der D im Verhältnis zu V nicht schutzwürdig ist. Daher ist es hier vertretbar, in Ausnahme zu den Regeln der bereicherungsrechtlichen Rückabwicklung im Dreiecksverhältnis eine Leistungsbeziehung zwischen dem V und dem D anzunehmen. c) Das Deckungsverhältnis ist wirksam angefochten worden (§ 123 Abs. 1 BGB; Abs. 2 S. 1 steht nicht entgegen, weil D nicht Dritter war!), so dass kein Rechtsgrund für die Leistung vorlag. d) D muss an den V zurückübereignen und übergeben.

Fall 796: Der VN schließt mit dem Lebensversicherer LVR-Versicherung (LVR) einen Lebensversicherungsvertrag mit einer Versicherungssumme von € 5 000 000,- zugunsten seiner Ehefrau Donata (D) ab. Bei Vertragsschluss verschweigt er in dem von ihm auszufüllenden Fragebogen, auf dem er seinen aktuellen Gesundheitszustand mitzuteilen hatte, ein akutes Herzleiden, an dem er dann auch alsbald nach Vertragsschluss und Zahlung der 1. Prämie von € 1 000,- verstirbt. Seine Alleinerbin ist seine Tochter T. Als ein Versicherungsdetektiv die Todesursache herausgefunden hat, erklärt die LVR die Anfechtung wegen arglistiger Täuschung gegenüber der T und nimmt die D auf Rückzahlung der inzwischen durch Überweisung auf das Girokonto der D bei der D-Bank ausgezahlten € 5 000 000,- in Anspruch.

Der Anspruch des LVR gegen die D kann sich aus § 812 Abs. 1 S. 1 1. Fall BGB („Leistungskondiktion") ergeben. a) Die D hat „etwas", nämlich einen Anspruch aus § 780 BGB gegen die D-Bank, erlangt. b) Fraglich ist, ob sie das „etwas" durch die Leistung des LVR erlangt hat. Der Lebensversicherungsvertrag ist ein Vertrag zugunsten der D (§§ 328, 330 BGB). Bei einem unentgeltlichen Valutaverhältnis (hier eine der Versorgung der D dienenden Schenkung des VN) ist die Zuwendung des LVR als Versprechendem als eine Leistung an den Dritten (hier die D) anzusehen. Zur Begründung kann man auf den Rechtsgedanken des § 822 BGB hinweisen. c) Durch die – auch nach dem Tode des Vertragspartners VN nach § 143 Abs. 2 BGB gegenüber dessen Erben (T) mögliche – Anfechtung nach §§ 123 Abs. 1 BGB, 22 VVG ist der Rechtsgrund (der Versicherungsvertrag als Grundvertrag des Deckungsverhältnisses) rückwirkend (§ 142 Abs. 1 BGB) entfallen. d) Die D muss nach § 818 Abs. 2 BGB Wertersatz leisten.

7. „Ungewolltes Dreipersonenverhältnis"

Das waren Leistungsbeziehung bei „gewollten Dreipersonenverhältnissen": Leistungskette, Durchlieferung, Direktlieferung, Anweisung, Vertrag zugunsten Dritter. Problematisch ist, zwischen welchen Personen eine **Leistungsbeziehung** besteht, wenn bei einem **„ungewollten Dreipersonenverhältnis"** der Empfänger und der Zuwendende **unterschiedliche Vorstellungen** davon haben, **wer** eigentlich **Leistender** ist.

Der typische Fall ist die Zuwendung durch eine Person, die meint, hierzu von dem Empfänger durch dessen scheinbar zur Vertretung berechtigten Vertreter verpflichtet worden zu sein und jetzt den scheinbar Vertretenen aus § 812 BGB in Anspruch nimmt. Das ist ein sehr vertrackter Fall, bei dem sich wieder zeigt, dass ausschließlich begriffliche Erwägungen zur Bestimmung der Person des Leistenden untauglich sind und dass es daher auf eine komplizierte Interessenabwägung ankommt um festzustellen, zwischen wem eine Leistungsbeziehung besteht.

Fall 797: Der B beauftragt den Gärtner U 1 mit der Gartenpflege für sein Grundstück. Der U 1 ist – weil ihm Personal fehlt – nicht dazu in der Lage, den Vertrag zu erfüllen. Weil er dies nicht offenkundig lassen werden will, wendet er sich an den Gärtner U 2 und spiegelt dem insoweit gutgläubigen U 2 vor, von B bevollmächtigt worden zu sein, einen Vertrag zwischen ihm, dem U 2, und dem B über die Gartenpflege abzuschließen. Ein solcher Vertrag wird abgeschlossen. Der U 2 führt die Arbeiten durch seine Leute, die der B für die Leute des U 1 hält, aus. Als der B eine Rechnung von U 2 erhält, erkennt er erstmals, wer für ihn gearbeitet hat und erfährt, wie es dazu gekommen ist. Der B verweigert die Genehmigung des vollmachtlosen Rechtsgeschäfts des U 1 und auch die Zahlung an den U 2. Daraufhin verlangt der U 2 von dem U 1 Zahlung. Über das Vermögen des U 1 ist jedoch inzwischen das Insolvenzverfahren eröffnet worden. Daher nimmt der U 2 den B in Anspruch. Der hat inzwischen den Werklohn an den Insolvenzverwalter des U 1 geleistet.

1. Einen vertraglichen Anspruch aus §§ 631 Abs. 1, 641, 164 BGB hat der U 2 nicht gegen B (§ 177 BGB). 2. In Betracht kommt ein Anspruch a) aus § 812 Abs. 1 S. 1 1. Fall BGB („Leistungskondiktion"). aa) Der B hat das von U 2 erbrachte Werk, das ein vermögenswerter Vorteil ist, als „etwas" erlangt. bb) Der U 2 als Anspruchsteller aaa) müsste das „etwas" an den B geleistet haben. aaaa) Aus der Sicht des U 2 hat er, der U 2, bewusst und auch zweckgerichtet (er wollte die vermeintliche vertragliche Verpflichtung aus §§ 631, 164 BGB dem B gegenüber erfüllen) das Vermögen des B gemehrt. Aus der Sicht des B war es der ihm vertraglich verpflichtete U 1, der die Leistung erbracht hat. Da eine begriffliche Bestimmung des Leistungsverhältnisses mithin ausscheidet, muss durch eine Bewertung entschieden werden, wer Leistender ist. bbbb) Zu entscheiden ist, auf wessen Sichtweise es ankommt: aaaaa) Man kann die Frage so beantworten, dass zum Schutze des Zuwendungsempfängers auf die Sicht eines vernünftigen Empfängers abgestellt werden muss (§§ 133, 157 BGB analog), hier also auf die des B, so dass keine Leistungsbeziehung U 2 – B bestünde (BGH). bbbbb) Man kann aber auch annehmen, dass stets der Wille des Zuwendenden (hier des U 2) maßgeblich dafür sein soll, wer Leistender ist, so dass deshalb eine Leistungsbeziehung zwischen dem U 2 und dem B gegeben wäre. ccccc) Die Frage ist entscheidungserheblich, denn nach der erstgenannten Ansicht würde dem Zuwendenden (U 2) kein Bereicherungsanspruch gegen den Empfänger (B) zustehen, und zwar mangels einer Leistungsbeziehung zwischen Anspruchsteller U 2 und Anspruchsgegner B nicht wegen einer „Leistungskondiktion" und – weil aus der dafür maßgeblichen Sicht des B ein anderer, nämlich der U 1, geleistet hat – auch nicht wegen Kondiktion in „sonstiger Weise". Nach der zweitgenannten Ansicht hat der Zuwendende (U 2) dagegen einen Anspruch aus „Leistungskondiktion" gegen den Empfänger (B), weil er aus seiner (nach dieser Ansicht) maßgeblichen Sicht an den B geleistet hat. aaaaaa) Für die eine Leistung des U 2 und damit einen Bereicherungsanspruch des U 2 verneinende Ansicht könnte die Wertung des § 179 BGB sprechen, derzufolge der Zuwendende (U 2) deshalb nicht schutzwürdig sei, weil er sich an den Vertreter ohne Vertretungsmacht halten kann und er – falls dieser nicht leisten könne – auch das Insolvenzrisiko zu tragen habe. Eine solche Wertung ist dem § 179 BGB jedoch nicht zu entnehmen, denn diese Norm will Ansprüche begründen, nicht aber andere Ansprüche ausschließen. bbbbbb) Entscheidend ist vielmehr, ob der Zuwendungsempfänger (hier: B) bei einer Bereicherungsschuld gegenüber dem U 2 vor einer (Doppel-)Inanspruchnahme geschützt ist: aaaaaaa) Bei einer aaaaaaaa) nach der Zuwendung erbrachten Bezahlung an den Vertragspartner (U 1) soll der Zuwendungsempfänger nach der „Willenstheorie" vor einer weiteren (Doppel-)Inanspruchnahme seitens des U 2 deshalb sicher sein, weil er seine bereits erbrachte Leistung an den Vertragspartner (hier den U 1) als Entreicherung absetzen könne (§ 818 Abs. 3 BGB); dagegen wird wohl zu Recht eingewandt, dass Leistungen an Dritte (hier an den U 1), die dem Erwerb des Bereicherungsgegenstandes dienen, nicht als Entreicherung abgesetzt werden dürfen (dazu später mehr). Außerdem wurde der Schutz des § 818 Abs. 3 BGB wegen §§ 819, 818 Abs. 4 BGB versagen, wenn der Zuwendungsempfänger (wie hier der B) die gesamten Zusammenhänge vor seiner Zahlung an den Vertragspartner durchschaut hätte. bbbbbbbb) Wenn der Zuwendungsempfänger (B) bereits vor Erhalt der Zuwendung an den Vertragspartner (U 1) gezahlt haben sollte, also vorgeleistet haben sollte, soll er mangels enttäuschten Vertrauens nicht schutzwürdig sein, ihm also eine weitere (Doppel-) Inanspruchnahme zuzumuten sein. Dagegen lässt sich einwenden, dass der Zuwendungsempfänger (B) diese Vorabzahlung deshalb erbracht hat, weil er auf den Vertrag vertraut hat. Warum der Zuwendende (U 2), der das Vermögen des Zuwendungsempfängers (B) gemehrt hat, weil er auf die Vertretungsmacht des Vertragspartners vertraut hatte, bevorzugt werden soll, ist nicht einzusehen. bbbbbb) Das Argument, dass der Zuwendungsempfänger, der bereits an den Zuwendenden (U 2) geleistet habe, einer weiteren Inanspruchnahme durch den Vertragspartner (U 1) dadurch entgegentreten könne, dass er nach § 326 Abs. 5 BGB vom Vertrag zurücktreten könne, weil es dem Vertragspartner (U 1) nicht mehr möglich ist, den Vertrag zu erfüllen (§ 275 Abs. 1 BGB), kann letztlich auch nicht entscheidend sein, denn man kann es dem Zuwendungsempfänger (B) nicht zumuten, die Leistung an den Vertragspartner zu unterlassen, z.B. dann,

wenn dieser durch die Leistung in die Lage versetzt werden soll, eine möglicherweise erforderliche Nacherfüllung zu realisieren (Canaris). ccccccc) Die besseren Argumente sprechen daher für die hM, die ausschließlich auf den Empfängerhorizont abstellt. Danach hat der U 1 an B geleistet, so dass eine Leistungskondiktion U 2 gegen B ausscheidet. b) Eine Kondiktion aus § 812 Abs. 1 S. 1 BGB („Nichtleistungskondiktion") scheidet aus, weil aus der maßgeblichen Sicht des B ein anderer, nämlich der U 1, geleistet hat und daher eine Nichtleistungskondiktion entfällt (Vorrang der Leistungskondiktion).

8. Leistung (hier: Zahlung) auf vermeintliche fremde Schulden als „Dreiecksverhältnis"

Bei **Leistungen auf fremde Schulden** (hier **beschränken wir uns** auf die „klassische Konstellation der **Zahlung fremder Schulden**) muss sorgfältig differenziert werden: Es gibt die uns hier zunächst interessierende Konstellation,

- dass eine fremde Schuld nur vermeintlich besteht und **auf diese vermeintlich bestehende fremde Schuld** geleistet (hier: gezahlt) wird, und zwar
- entweder von einer **dritten Person** auf **Veranlassung des vermeintlichen Schuldners**
- oder von einem **eigenmächtig als „Dritter" (§ 267 BGB)** Handelnden.
- Hieraus resultiert **jeweils die Frage**, gegen wen der Leistende (hier: der Zahlende) **einen Kondiktionsanspruch** hat.

> Nicht verwechseln darf man dies
>
> - mit der Konstellation, dass die Schuld besteht und eine Person, die sich selbst irrig für den Schuldner hält, als „Schuldner" an den Gläubiger auf die bestehende Schuld zahlt und nunmehr kondizieren will (dazu sogleich mehr **sub 9**)
> - und der Konstellation, dass eine Person an den Gläubiger als „Dritter" (§ 267 BGB) auf eine bestehende Schuld zahlt: dann erlischt die Schuld nach §§ 362, 267 BGB, und es stellt sich die Frage, ob der Dritte bei dem Schuldner Regress nehmen kann. Mangels einer Leistung an den Schuldner kann es sich insoweit nicht um einen Fall der Leistungskondiktion handeln; wir werden uns daher mit dieser Frage unter dem Aspekt der „Auslagenkondiktion" bei der Erörterung der Kondiktion „in sonstiger Weise" befassen.

a) Leistung (hier: Zahlung) einer dritten Person an einen vermeintlichen Gläubiger auf Veranlassung des vermeintlichen Schuldners

Wenn die **Schuld nicht besteht** und eine **dritte Person** auf **Veranlassung** des **vermeintlichen Schuldners** dessen vermeintliche Schuld tilgt, so wäre, stellt man **begrifflich** auf den Leistungsbegriff („bewusste und zweckgerichtete Mehrung") ab, die zahlende **dritte Person** Leistender. Einig ist man sich jedoch darüber, dass man aufgrund einer **wertenden Betrachtungsweise** diese Konstellation als ein Dreiecksverhältnis **wie bei der** Ihnen ja schon bekannten „**Anweisung**" begreifen muss.

Daher ist als Leistender anzusehen der vermeintliche Schuldner (als der „Versprechensempfänger"), weil er derjenige ist, der die Zahlung der dritten Person (als des „Versprechenden") an den vermeintlichen Gläubiger (den „Dritten") veranlasst hat. Die dritte Person, die die Zahlung vornimmt (der „Versprechende"), kann sich daher nicht an den vermeintlichen Gläubiger (den „Dritten") halten. Der Bereicherungsgläubiger ist der vermeintliche Schuldner (der „Versprechensempfänger").

> Fall 798: Der Ehemann VSP zahlt auf Bitten seiner Frau VE deren vermeintliche Schuld bei D in bar. Der Ehemann VSP oder die Frau VE wollen den Betrag zurück.
> 1. Ein Anspruch des VSP gegen den D könnte sich a) aus § 812 Abs. 1 S. 1 1. Fall BGB („Leistungskondiktion") ergeben. aa) Der D hat das Eigentum und den Besitz am Geld, also „etwas" erlangt; bb) zu prüfen ist, ob durch Leistung des VSP an D: aaa) Stellt man begrifflich auf den Leistungsbegriff („bewusste und zweckgerichtete Mehrung") ab, wäre der VSP Leistender. Dagegen spricht, dass man die Parallele zur „Anweisung" (mit der Frau VE als Anweisender und dem Ehemann VSP als Angewiesenem) ziehen muss, so dass Leistender nicht der Ehemann VSP wäre (Canaris), sondern die ihn anweisende Frau VE. b) Eine Kondiktion des VSP gegen den D aus § 812 Abs. 1 S. 1 2. Fall („Nichtleistungskondiktion") entfällt, weil die Frau VE Leistende ist. 2. Die Frau VE hätte daher einen Anspruch gegen den D aus § 812 Abs. 1 S. 1 1. Fall BGB („Leistungskondiktion"): a) Der D hat „etwas" erlangt, b) und zwar durch Leistung der Frau VE c) und dies ohne Rechtsgrund, da kein wirksames „Valutaverhältnis" (VE – D) besteht.

> Fall 799: Der HVN hat mit dem Haftpflichtversicherer HVR einen Privathaftpflichtversicherungsvertrag abgeschlossen. Als er bei seinen Freunden, den als Lebensgefährten zusammenlebenden F und M, zum Essen eingeladen ist und beim Tischdecken hilft, fällt ihm aus Ungeschick eine silberne Sauciere zu Boden. Die Soße verunreinigt einen kostbaren Teppich. Die Reinigungskosten betragen € 200,-. Der HVN zeigt den Schaden dem HVR an und fordert ihn auf, dem M den Betrag zu überweisen. Dem kommt der HVR nach. Später verlangt die F, die sich inzwischen von M getrennt hat, die Zahlung von € 200,-. Es sei nämlich ihr Teppich und sie, und nicht der geizige M, habe die Reinigung bezahlt. Der HVN zahlt und will wissen, ob er oder ob der HVR Rückzahlung der € 200,- von M verlangen kann.
>
> Rückzahlung kann der HVN aus § 812 Abs. 1 S. 1 1. Fall BGB („Leistungskondiktion") verlangen, denn er ist als Leistender anzusehen, weil er derjenige ist, der die Zahlung des HVR an den vermeintlichen Gläubiger (M) veranlasst hat

b) Eigenmächtige Leistung (hier: Zahlung) als „Dritter" i.S.d. § 267 BGB an einen vermeintlichen Gläubiger

Wenn jemand **als „Dritter" i.S.d. § 267 BGB** eigenmächtig eine **vermeintlich bestehende** (hier auf Geldzahlung gerichtete) **fremde Schuld erfüllt**, lautet die Frage,

- ob dieser **eigenmächtig zahlende „Dritte" i.S.d. § 267 BGB Leistender** ist und daher eine Rückzahlung aus § 812 Abs. 1 S. 1 1. Fall BGB („Leistungskondiktion") vom vermeintlichen Gläubiger verlangen kann
- oder ob auch hier, wie in der Fallgruppe zuvor, der **vermeintliche Schuldner** der **Leistende** war, so dass der vermeintliche Gläubiger sich gegenüber einer berei-

cherungsrechtlichen Inanspruchnahme durch den „Dritten" i.S.d. § 267 BGB auf den Vorrang der Leistungsbeziehung (zu dem vermeintlichen Schuldner) berufen kann.

- Im **Ergebnis** ist man sich einig, dass der „Dritte" i.S.d. § 267 BGB und nicht der „Putativschuldner" der Leistende ist.

Fall 800: Der E veräußert dem K 1 eine ihm gehörende Sache unter Eigentumsvorbehalt (§§ 433, 449, 929 S. 1, 158 BGB); der Kaufvertrag ist nichtig. Der K 1 verkauft das vermeintliche „Anwartschaftsrecht" (warum das „vermeintliche"? Weil ein „Anwartschaftsrecht" ohne Kaufvertrag, also ohne Möglichkeit eines Bedingungseintritts durch Erfüllung der Kaufpreisschuld, begrifflich nicht vorstellbar ist!) an der Sache weiter an den K 2 und überträgt es ihm. Um das Eigentum zu erwerben, zahlt der K 2 den Restkaufpreis, den der K 1 vermeintlich dem E noch schuldete, in bar an den E. Als er von der Nichtigkeit des Kaufvertrages E – K 1 erfährt, will der K 2 den Kaufpreis entweder von dem K 1 oder von dem E zurück.

1. Der K 2 könnte den K 1 in Anspruch nehmen. a) Mangels einer bestehenden Forderung des E gegen den K 1 fehlt es an einem objektiv fremden Geschäft, so dass ein Anspruch aus §§ 677, 683 S. 1, 670 BGB nicht in Betracht kommt. b) Nach einer Ansicht wird ein „Leistungskondiktionsanspruch" aus § 812 Abs. 1 S. 1 1. Fall BGB angenommen, der gerichtet ist auf die Abtretung des Bereicherungsanspruchs des Scheinschuldners (K 1) gegen den Scheingläubiger (E). 2. Nach ganz hM soll der Dritte K 2 nur einen Anspruch gegen den E aus § 812 Abs. 1 S. 1 1. Fall BGB („Leistungskondiktion") haben. a) Der E hat das Eigentum und den Besitz am Geld, also „etwas" erlangt. b) Nach den Kriterien des Leistungsbegriffs liegt eine Leistung des K 2 an den E vor; auch kann hier keine (diese Lösung ausschließende) Parallele zu den Anweisungsfällen gezogen werden, denn der K 2 hat nicht durch den K 1 veranlasst, sondern eigenständig auf die vermeintliche Schuld gezahlt, da die Leistung des K 2 „dem Putativschuldner nicht als die seinige zuzurechnen ist"(Canaris); daher hat der K 2 an den E geleistet, c) und zwar ohne Rechtsgrund. d) Der E muss das Geld an K 2 zurückübereignen.

Fall 801: Ein Bauherr (B) zahlt auf die vermeintlich bestehende Forderung eines Subunternehmers (SU) gegen den Hauptunternehmer (HU), um den Subunternehmer zur Fortsetzung seiner Arbeit am Bauwerk zu veranlassen. Als sich herausstellt, dass die Forderung nicht besteht, verlangt der B Rückzahlung von SU (nach Canaris).

Auch hier besteht ein Leistungskondiktionsanspruch (§ 812 Abs. 1 S. 1 1. Fall BGB) direkt gegen den SU.

9. Leistung (hier: Zahlung) eines vermeintlichen Schuldners an den Gläubiger einer als solche bestehenden Schuld

Wenn bei einer als solche bestehenden Schuld eine Person, die sich irrig für den Schuldner hält, an den Gläubiger leistet (hier: zahlt), stellt sich die Frage, ob dieser vermeintliche Schuldner nunmehr Bereicherungsansprüche gegen den Gläubiger oder gegen den wirklichen Schuldner hat. Sie, als inzwischen an diversen „Dreiecksverhältnissen" geschulte Bereicherungsrechtsspezialisten haben längst erkannt, dass hier in Wahrheit ein ganz gewöhnliches **„Zweipersonenverhältnis"** besteht, bei dem der vermeintliche Schuldner von seinem vermeintlichen Gläubiger die von ihm erbrachte Leistung nach § 812 Abs. 1 S. 1 1. Fall BGB („Leistungskondiktion") herausverlangen kann.

Fall 802: Der jungreiche Aktienspekulant G geht an der Alster spazieren. In Höhe der Hundewiese beim „Cliff" wird er von einigen dort herumtollenden Hunden umringt und von einem der Tiere gebissen, so dass sein wertvoller Ledermantel Schaden nimmt. Der anwesende D zahlt sofort in bar € 1000,- Schadensersatz an den G, weil er glaubt, dass es sein Hund, den er sich zum Vergnügen hält, war, der zugeschnappt hatte, während es – wie sich erst später herausstellt – in Wahrheit der Hund des S war. Der D will Rückzahlung von G (nach Brox – Walker).

Der Anspruch ergibt sich aus § 812 Abs. 1 S. 1 1. Fall BGB („Leistungskondiktion"). a) Der G hat das Eigentum an dem Geld erlangt, b) und zwar durch Leistung des D an G: Die Übereignung ist eine bewusste und zweckgerichtete Mehrung des Vermögens des G, denn der D wollte seine vermeintliche Verpflichtung aus § 833 S. 1, 2 BGB (keine Exkulpation bei „Luxustieren") erfüllen. c) Er hat ohne Rechtsgrund geleistet, weil die Schadensersatzverpflichtung nicht bestand.

Diese Fallkonstellation kann jedoch unversehens eine Wendung nehmen und aus dem „Zweipersonenverhältnis" ein **„Mehrpersonenverhältnis"** mit den entsprechenden Rückabwicklungsproblemen machen.

Variante: Der G ist inzwischen wegen eines Kursverfalls seiner Aktien vermögenslos. Kann der D sich notfalls auch an den S halten?

Es wird vorgeschlagen, dass der vermeintliche Schuldner D seine Leistung an den G nachträglich „fremdbestimmen" kann, so dass sie als Leistung eines „Dritten" (§ 267 BGB) anzusehen ist. Dann erlischt die Schuld des S nach §§ 362, 267 BGB, und der „Dritte" (D) kann bei dem Schuldner S Regress nehmen (dazu später mehr).

10. Leistung (hier: Zahlung) auf eine abgetretene angebliche Forderung als „Dreiecksverhältnis"

Wenn von einem Schein-Gläubiger eine vermeintlich gegen einen Schein-Schuldner bestehende Forderung abgetreten wird, so erwirbt der Zessionar mangels der Möglichkeit eines gutgläubigen Erwerbs (argec. § 405 BGB und argec. §§ 1138, 892 BGB) keine Forderung. Wenn nun der Schein-Schuldner, der irrig davon ausgeht, dass die Schuld besteht, an den Zessionar leistet (hier: zahlt), stellt sich die Frage, ob sich der Schein-Schuldner, wenn dieser später vom Nichtbestehen der Schuld erfährt, wegen seines Bereicherungsanspruchs an den Zedenten halten kann oder an den Zessionar.

Rein **begrifflich gesehen**, könnte man an das Vorliegen einer Leistungsbeziehung zwischen dem Schein-Schuldner sowohl zu dem Zedenten als auch zu dem Zessionar denken. Aber auch hier führt eine **wertende Betrachtungsweise** zu einer Gleichsetzung mit der Konstellation einer „Anweisung": Man muss sich den Schein-Schuldner als den „Angewiesenen" (VSP) denken, den Zedenten als den „Anweisenden" (VE) und den Zessionar als den „Dritten" (D).

Fall 803: Der G 1 (Zedent) berühmt sich einer nicht bestehenden Forderung aus § 488 Abs. 1 S. 2 BGB gegenüber dem S und verkauft sie und tritt sie zum Zwecke der Erfüllung eines Kaufvertrages mit dem G 2 an den G 2 (Zessionar) ab. Der S, der sich irrig für den Schuldner hält, zahlt auf Verlangen des G 1, der ihm die an den G 2 erfolgte Zession nachweist, in bar an den

G 2. Als der S erfährt, dass die Forderung nicht bestand, weil sie bereits getilgt war, verlangt er Rückzahlung von dem G 2.

Der Anspruch könnte sich 1. aus § 812 Abs. 1 S. 1 1. Fall BGB („Leistungskondiktion") ergeben. a) Der G 2 hat das Eigentum und den Besitz am Geld, also „etwas" erlangt. b) Fraglich ist, ob der Anspruchsteller S an den G 2 geleistet hat: aa) Rein begrifflich gesehen, könnte man zwar an Leistungsbeziehungen S – G 1 und S – G 2 und sogar, was hier nicht weiter von Belang ist, an eine Leistungsbeziehung G 1 – G 2 denken. bb) Zu recht orientiert man sich hier angesichts dieser vielfältigen Denkmöglichkeiten nicht an begrifflichen Konstruktionen, sondern an der Interessenlage, und zwar an den Ihnen ja schon bekannten „Anweisungsfällen", und denkt sich den S als den „Angewiesenen" (VSP), den Zedenten (G 1) als den „Anweisenden" (VE) und den Zessionar (G 2) als den „Dritten" (D). Damit scheidet bei einer fehlenden Forderung (also bei einem „Mangel" des „Deckungsverhältnisses") ein Bereicherungsanspruch im „Zuwendungsverhältnis" (S – G 2) aus; vielmehr muss der S beim Zedenten G 1 kondizieren. Dafür werden zwei Gründe genannt: (a) Wenn schon der Begünstigte bei der Anweisung vor Ansprüchen des Angewiesenen geschützt ist, dann muss dies um so mehr für den Zessionar gelten, der doch eine viel stärkere Stellung als der aus einer Anweisung Begünstigte hat. (b) Jedenfalls soll dann von einer Leistung an den G 1 auszugehen sein, wenn die Zahlung an den G 2 auf Verlangen des G 1 erfolgte. 2. Ein Anspruch aus § 812 Abs. 1 S. 1 2. Fall BGB („Nichtleistungskondiktion") scheidet wegen des Vorrangs des Leistungsverhältnisses aus: Der G 2 hat nach dieser Konstruktion das „etwas" durch Leistung des G 1 mittels des S erlangt.

11. Gutgläubiger Erwerb als „Dreipersonenverhältnis"

Auch beim gutgläubigen Erwerb des Eigentums besteht „rein optisch" gesehen (Sie haben sich bestimmt – wie hoffentlich immer – schon eine Zeichnung gemacht, oder?!) ein „Dreipersonenverhältnis", an dem beteiligt sind: Der alte Eigentümer, der sich als Eigentümer ausgebende Nicht-Eigentümer und der (kraft gutgläubigen Erwerbs) neue Eigentümer. Dass hier kein Anspruch des ehemaligen Eigentümers gegen den neuen Eigentümer aus § 985 BGB besteht, ist Ihnen klar. Wie aber steht es mit einem Anspruch aus § 812 BGB oder (und das wissen Sie ja bereits) aus § 823 BGB? Hier stellt sich also die Frage nach einer **bereicherungsrechtlichen Rückabwicklung des** gesetzlich angeordneten **Eigentümerwechsels nach §§ 932 ff./892 BGB**.

a) „Kondiktionsfestigkeit" des gutgläubigen Erwerbs nach §§ 929 ff., 932 ff./892 BGB

Bei einem gutgläubigen Eigentumserwerb nach **§§ 932, 892 BGB** ist das Ergebnis unstreitig: Es gibt keine Korrektur nach § 812 Abs. 1 S. 1 BGB. Das wäre ja auch ein groteskes Ergebnis!

Aber wie begründet man diese allgemein anerkannte **„Kondiktionsfestigkeit" des gutgläubigen Erwerbs**, und dies möglichst knapp, denn kein Korrektor ist an ausführlichen Darlegungen dieser Selbstverständlichkeit interessiert?! Bei dieser Gelegenheit sollten Sie auch noch einmal über die **„Deliktsfestigkeit"** des gutgläubigen Erwerbs nachdenken.

Fall 804: Der E hat dem V, der gewerbsmäßig eine Fahrrad-Werkstatt und einen Fahrrad-Handel mit gebrauchten Fahrrädern betreibt, sein Fahrrad zur Reparatur gegeben. Der Geldmittel benötigende V nutzt die „gute Gelegenheit" aus und verkauft und übergibt und übereignet das Rad an den K, wobei er sich dem insoweit gutgläubigen K gegenüber als Eigentümer des Fahrrades ausgibt. Der E verlangt Herausgabe des Rades von K bzw. Rückübereignung und Rückgabe. Der K hätte bei äußerster Anspannung erkennen können, dass V nicht der Eigentümer war.

1. Der E hat keinen Anspruch aus § 985 BGB, da K nach §§ 929 S. 1, 932 Abs. 1 S. 1, Abs. 2 BGB das Eigentum erlangt hat; die leichte Fahrlässigkeit des K schadet nicht (§ 932 Abs. 2 BGB); § 935 Abs. 1 BGB liegt nicht vor, weil der E den Besitz freiwillig an V verloren hat. 2. Ein Anspruch aus §§ 823 Abs. 1, 249 Abs. 1 BGB auf Rückübereignung und Rückgabe wegen einer Eigentumsverletzung seitens des K entfällt wegen der fehlenden Rechtswidrigkeit: Das Gesetz „erlaubt" den leicht fahrlässigen Eigentumserwerb in § 932 BGB. 3. Möglich ist jedoch ein Anspruch des E gegen den K auf Rückübereignung und Rückgabe a) aus § 812 Abs. 1 S. 1 1. Fall BGB („Leistungskondiktion"): aa) Der K hat das Eigentum und den Besitz am Fahrrad, also „etwas" erlangt. bb) Fraglich ist, ob er es durch Leistung des E erlangt hat: Das ist nicht der Fall; der E hat dem K das Eigentum und den Besitz nicht bewusst und zweckgerichtet übertragen. b) Zu prüfen ist daher ein Anspruch aus § 812 Abs. 1 S. 1 2. Fall BGB („Nichtleistungskondiktion"). aa) Der K hat das Eigentum und den Besitz am Fahrrad, also „etwas" erlangt. bb) Ein Anspruch aus § 812 Abs. 1 S. 1 2. Fall BGB („Nichtleistungskondiktion") setzt voraus, aaa) dass das „etwas" nicht geleistet worden ist. aaaa) Das ist nach einer Ansicht der Fall: Wenn der V Leistender war, würde ein Anspruch des E gegen K wegen des Vorrangs der Leistungskondiktion entfallen. bbbb) Nach anderer Meinung hat der V aber mangels verschaffbaren Eigentums (denn er war nicht der Eigentümer!) nicht an den K geleistet, so dass hiernach „die Bahn frei ist" für eine Prüfung des § 812 Abs. 1 S. 1 2. Fall BGB („Nichtleistungskondiktion"). bbb) Mit dem Erwerb des Eigentums hat der K in den Zuweisungsgehalt eines fremden Rechts (Eigentum des E) eingegriffen („Eingriffskondiktion"). cc) Rechtsgrundlos wäre der Eingriff, wenn ihn die Rechtsordnung gar nicht oder nicht ohne Ausgleich billigt: Hier wird der Eigentumserwerb von § 932 BGB gebilligt, so dass ein Rechtsgrund bestünde. c) Bestätigt wird dieses allseits anerkannte Ergebnis auch durch einen Umkehrschluss aus § 816 Abs. 1 S. 2 BGB, demzufolge der gutgläubige Erwerb nur bei Unentgeltlichkeit des Erwerbes nicht kondiktionsfest ist.

> In einer schriftlichen Arbeit sollten Sie die „Kondiktionsfestigkeit" des gutgläubigen Erwerbs kurz und knapp mit einem **„Umkehrschluss aus § 816 Abs. 1 S. 2 BGB"** begründen.

b) Sonderproblem: § 366 HGB analog

Besonderheiten bringt ein gutgläubiger Erwerb im Fall des guten Glaubens an eine Vertretungsmacht nach **§ 366 HGB analog** mit sich. Hier hat man nur mit Mühe die „gerufenen Geister" (erinnern Sie noch: Anwendung des § 366 HGB auf Fälle des guten Glaubens an die Vertretungsmacht?!) wieder „bannen" können.

Fall-Variante: Der V gibt sich nicht als Eigentümer des Rades, sondern gegenüber dem insoweit gutgläubigen K als von dem Eigentümer E zum Verkauf des Rades und zur Erfüllung des Kaufvertrages bevollmächtigte Person aus. Der E verlangt von K Herausgabe oder Rückübereignung und Rückgabe.

1. Der E hat keinen Herausgabeanspruch nach § 985 BGB, da der K nach §§ 929, 164 BGB, 366 Abs. 1 HGB, 932 BGB Eigentümer geworden ist; § 366 Abs. 1 HGB (der V ist nach § 1

HGB Kaufmann; das Geschäft gehört nach §§ 343, 344 HGB zum Betrieb seines Handelsgewerbes), der an sich nur den guten Glauben an die Verfügungsbefugnis des Kaufmanns schützt, gilt nach hM. (anders Medicus) auch für den guten Glauben an die Vertretungsmacht, so dass die Übereignung als eine solche des von V vertretenen E nach §§ 929, 164 BGB, 366 Abs. 1 HGB, 932 BGB wirksam ist. 2. Ein Anspruch des E gegen den K auf Rückübereignung und Rückgabe aus §§ 823 Abs. 1, 249 Abs. 1 BGB ist hier (K ist gutgläubig) überhaupt nicht anzusprechen. 3. In Betracht kommt aber ein Anspruch des E gegen den K auf Rückübereignung und Rückgabe aus § 812 Abs. 1 S. 1 1. Fall BGB („Leistungskondiktion"): a) Der K hat das Eigentum und den Besitz, also ein „etwas", erlangt. b) Fraglich ist, ob er es durch Leistung des Anspruchstellers E erlangt hat: Das ist der Fall, denn aus Sicht des K hat der Vertretene (E), und nicht der Vertreter (V) sein, des K, Vermögen bewusst und zweckgerichtet gemehrt. c) Ohne Rechtsgrund hätte der E geleistet, aa) wenn man den § 366 Abs. 1 HGB dem Wortlaut folgend nur auf das dingliche Geschäft anwendet; bb) das hätte aber zur Folge, dass der gutgläubige Erwerb des K nicht „kondiktionsfest" wäre; weil das zu einem Wertungswiderspruch zu der ansonsten gegebenen „Kondiktionsfestigkeit" des gutgläubigen Erwerbs führen würde, und weil es wenig Sinn machen würde, mit „der einen Hand" dem K das Eigentum zu geben und es ihm „mit der anderen Hand" wieder zu nehmen, wird zu Recht angenommen, dass § 366 Abs. 1 HGB auch das obligatorische Geschäft (Kaufvertrag E – K) betrifft, so dass von E mit Rechtsgrund geleistet worden wäre..

Auf diese Weise hat man in „letzter Sekunde" den Rechtssatz von der „Kondiktionsfestigkeit" des gutgläubigen Eigentumserwerbs gerettet!

12. „Auf dessen Kosten"

Machen Sie sich zunächst klar, dass Sie sich bisher (**sub 1 bis 11**) erarbeitet haben, wie man das Leistungsverhältnis bestimmt, so dass Sie jetzt wissen, wer Gläubiger und wer Schuldner eines Anspruchs aus einer Leistungskondiktion ist. Nun könnte man beim Lesen des Textes des § 812 Abs. 1 S. 1 BGB auf den Gedanken kommen, dass für die Frage, wer der Gläubiger eines Anspruchs aus einer „Leistungskondiktion" ist, auch die Subsumtion des Merkmals „auf dessen Kosten" erforderlich sei. Wer sich aber auf unsere theoretischen Vorarbeiten besinnt, der wird sich erinnern, dass das Tatbestandsmerkmal „auf dessen Kosten" wenn überhaupt nur für die Nichtleistungskondiktion von Bedeutung sein kann. Die vom Gesetzgeber dieses Tatbestandsmerkmal zuerkannte Funktion, den jeweiligen Bereicherungsgläubiger zu bestimmen, wird jedenfalls bei der Leistungskondiktion ausschließlich vom Leistungsbegriff übernommen. Daher ist man sich auch einig, dass dieses Merkmal (wie gesagt: wenn überhaupt) nur für die Kondiktion „in sonstiger Weise", und zwar speziell für die „Eingriffskondiktion", gelten kann. Wir kommen darauf später zurück.

13. „Bewusste und zweckgerichtete" Mehrung fremden Vermögens

Der Anspruch aus einer „Leistungskondiktion" setzt eine Leistung des Anspruchstellers an den Inanspruchgenommenen voraus. Nachdem Sie nun wissen, wie man das den Gläubiger und den Schuldner einer Leistungskondiktion bestimmendeLeistungsverhältnis ermittelt (**sub 1 bis 12**), müssen Sie sich nun über das Merkmal „Leistung" noch einmal, jetzt aber unter einem anderen Aspekt Rechenschaft ablegen. Dass wir unter einer Leistung eine „bewusste und zweckgerichtete" Mehrung fremden Vermögens verstehen, haben Sie längst gelernt. Sie wissen also schon, dass eine ausschließlich „**bewusst**" vorgenommene Mehrung fremden Vermögens keine Leistung im Rechtssinne ist, sondern nur eine Zuwendung. Wenn ein von B mit der Reparatur einer Lampe beauftragter Elektriker U in die Lampe eine ihm selbst gehörige Glühbirne in der irrigen Meinung, diese gehöre dem B, einsetzt, dann steht ihm schon mangels einer „bewussten" Mehrung des Vermögens des B gegen diesen kein Anspruch aus § 812 Abs. 1 S. 1 1. Fall BGB („Leistungskondiktion") zu; er hat vielmehr einen Anspruch aus § 812 Abs. 1 S. 1 2. Fall BGB („Nichtleistungskondiktion"). Um eine „bewusste" Mehrung fremden Vermögens anzunehmen, sind allerdings keine konkreten Vorstellungen des Zuwendenden über Inhalt, Umfang und Empfänger erforderlich; es reicht ein genereller Wille, an jemanden anderes zu leisten, aus. Das Vorliegen einer Leistung im Rechtssinne setzt weiterhin voraus, dass die bewusste Vermögensmehrung einen „**Leistungszweck**" hat. In Betracht kommt als Leistungszweck jeder von der Rechtsordnung erlaubte Zweck. Die wichtigsten Beispiele für einen Leistungszweck sind, dass durch die Zuwendung eine Verpflichtung erfüllt werden soll, dass geschenkt werden soll oder dass der Empfänger zu einem Verhalten, zu dem er nicht verpflichtet ist, veranlasst werden soll. Die den Leistungszweck festlegende „Zweckbestimmung" erfolgt durch eine zumindest „rechtsgeschäftsähnliche" Erklärung anlässlich der Leistung oder auch nachträglich (z.B. durch eine nachträgliche Fremdbestimmung i.S.d. § 267 BGB), auf die die §§ 104 ff., 119 ff., 164 ff. BGB zumindest analog angewendet werden.

II. Ungerechtfertigtheit der Bereicherung bei der Leistungskondiktion

Die **Bereicherung** muss nach der **Überschrift des 24. Titels** „**ungerechtfertigt**" sein. Das wiederholt sich im Text des § 812 BGB, wenn es dort heißt: "….ohne rechtlichen Grund erlangt…". Bei der **Leistungskondiktion**, um die es hier ja zunächst geht, kennen wir **drei Fallgruppen**, bei denen es am rechtlichen Grund mangelt. Bei der ja einen ganz anderen Zweck verfolgenden Nichtleistungskondiktion hat das Merkmal „ohne rechtlichen Grund" notwendigerweise einen anderen Inhalt als bei der „Leistungskondiktion" (dazu später mehr).

1. „condictio indebiti" (§ 812 Abs. 1 S. 1 1. Fall BGB und § 813 BGB)

Eine **Leistung** ist „**ohne rechtlichen Grund**" erlangt (§ 812 Abs. 1 S. 1 1. Fall BGB), wenn die zu erfüllende **Verbindlichkeit nicht bestand** und deshalb die mit der Leistung bezweckte Befreiung von einer Verbindlichkeit **nicht erfolgt** ist. In einigen Sonderfällen kann trotz fehlender Verbindlichkeit ein Rechtsgrund für die gleichwohl erbrachte Leistung bestehen: Im Falle von „**Naturalobligationen**" aufgrund von Heiratsvermittlungsverträgen (§ 656 BGB), Spiel- oder Wettverträgen (§ 762 BGB), die eine Verbindlichkeit nicht begründen, „(kann) das aufgrund des Versprechens Geleistete (….) nicht deshalb zurückgefordert werden, weil eine Verbindlichkeit nicht bestanden hat". Gemeint ist damit, dass eine Verbindlichkeit wegen der Eigenschaft als Naturalobligation nicht besteht; wenn diese Verträge aus anderen Gründen unwirksam sind (z.B. nach §§ 104 ff. BGB), ist natürlich „ohne rechtlichen Grund" geleistet worden. In § 105 a BGB ist aus sozialpolitischen Gründen bestimmt worden, dass – vorbehaltlich einer „erheblichen Gefahr für die Person oder das Vermögen des Geschäftsunfähigen" – dann, wenn „ein volljähriger Geschäftsunfähiger ein Geschäft des täglichen Lebens, das mit geringwertigen Mitteln bewirkt werden kann, (tätigt), (....) der von ihm geschlossene Vertrag in Ansehung von Leistung und (....) Gegenleistung als wirksam (gilt), soweit Leistung und Gegenleistung bewirkt sind". Dies bedeutet, dass zwar einerseits der **Vertrag nichtig** ist, dass aber andererseits der Vertrag **partiell** (in Ansehung von Leistung und Gegenleistung) **als wirksam gilt**, soweit Leistung und Gegenleistung bewirkt sind. Damit ist ausgeschlossen, dass die bewirkte Leistung zurückgefordert werden kann, und zwar weder aus § 812 BGB noch, wie Sie ja schon wissen, aus § 985 BGB.

Fall 805: Die an einer schweren rezidivierenden (= immer wieder auftretenden) manisch-depressiven Erkrankung leidende, in einer Behindertenwohngemeinschaft lebende 30jährige K kauft bei dem V als Weihnachtsgeschenk für ihre Nachbarin und beste Freundin, die körperbehinderte N 1, die eine Katze hat, für € 30,- eine Dose mit Katzenfutter der Marke „Katz – Gourmet de luxe". Die K bezahlt den Kaufpreis aus ihrem monatlichen Taschengeld von € 100,-. Der V verpackt ihr die Dose in Weihnachtspapier und händigt sie an die K aus. Als der Betreuer B die Dose am Vormittag des 24. Dezember 2002 bei der K sieht, ist er verärgert über die Verschwendung. Er fordert den V, bei dem die K schon häufiger in verschwenderischer Weise eingekauft hatte, auf, den Kaufvertrag rückgängig zu machen. Der V, der Schwierigkeiten befürchtet, verlangt von K Herausgabe der Dose Zug – um – Zug gegen Rückzahlung von € 30,-.

a) Ein Anspruch aus §§ 812 Abs. 1 S. 1 1. Fall, 104 Nr. 2, 105 Abs. 1 BGB besteht nicht, weil mit Rechtsgrund geleistet worden ist, denn der „geschlossene Vertrag", und damit ist unzweifelhaft der Kaufvertrag gemeint, gilt in Ansehung von Leistung und Gegenleistung als wirksam, soweit aa) – wie hier geschehen – Leistung und Gegenleistung bewirkt sind, bb) wenn – wie hier – ein volljähriger Geschäftsunfähiger cc) ein Geschäft des täglichen Lebens, wie es bei einem Anstandsgeschenk unter Freunden gegeben ist, dd) das – wie hier – mit geringwertigen Mitteln bewirkt werden kann, tätigt. ee) Der Ausnahmetatbestand des § 105 a S. 2 BGB greift nicht ein. b) Bei der Frage, ob ein Anspruch aus § 985 BGB besteht, kann offen bleiben, ob das Gesetz die (partielle) Wirksamkeit nur des schuldrechtlichen Vertrages fingiert oder auch die des dinglichen Vertrages; denn es muss aus teleologischen Gründen davon ausgegangen werden, dass die Rückforderungssperre auch einen eventuellen Herausgabeanspruch aus § 985 BGB erfasst, anderenfalls liefe die Norm leer.

Dogmatisch interessant ist die Frage, ob man wegen der Rückwirkungsfiktion des § 142 Abs. 1 BGB auch den zwar **nachträglich herbeigeführten**, aber **rückwirkenden Wegfall des Rechtsgrundes** aufgrund einer Anfechtung hier, und nicht erst bei § 812 Abs. 1 S. 2 1. Fall BGB („condictio ob causam finitam") einordnen soll. Worin der Unterschied dieser beiden Lösungen besteht, zeigt Ihnen der folgende Fall.

Fall 806: Der V verkauft dem K eine Sache. Der K zahlt den Kaufpreis an den V in bar. Der Kaufvertrag wird sodann von dem V noch vor Lieferung der Sache wirksam nach §§ 119, 142 Abs. 1, 143 Abs. 1, 2 BGB angefochten. Der K, der bei seiner Leistung den Anfechtungsgrund kannte, aber gleichwohl meinte, zur Zahlung verpflichtet zu sein, verlangt von dem V das Geld zurück. Der V hat das Geld inzwischen für eine Anschaffung ausgegeben.

Der Anspruch könnte sich aus § 812 Abs. 1 S. 1 1. Fall BGB („Leistungskondiktion") ergeben. a) Der V hat das Eigentum und den Besitz am Geld erlangt, b) und zwar durch Leistung des Anspruchstellers K an den Inanspruchgenommenen V und c) nach §§ 119, 142 Abs. 1, 143 Abs. 1, 2 BGB ohne Rechtsgrund. d) Der V kann das Geld nicht mehr zurückgeben, aa) daher muss er Wertersatz leisten (§ 818 Abs. 2 BGB). bb) Entreichert ist V nicht, weil er einen Vermögensvorteil aus der Geldausgabe gehabt hat. e) Der Anspruch könnte jedoch ausgeschlossen sein, weil der K den Anfechtungsgrund gekannt hatte (§§ 814, 142 Abs. 2 BGB). Dagegen spricht jedoch, dass § 814 BGB eine Ausprägung von Treu und Glauben ist („venire contra factum proprium" = Verbot widersprüchlichen Verhaltens). Ein solches widersprüchliches Verhalten liegt dann nicht vor, wenn der Leistende (K) aufgrund eines Irrtums, und sei dieser noch so leichtfertig, an seine Leistungspflicht geglaubt hatte.

Nach **§ 813 BGB** ist der Leistung „ohne rechtlichen Grund" gleichgestellt eine **Leistung trotz** des Bestehens einer der Durchsetzbarkeit des Anspruchs entgegenstehenden **dauernden Einrede**. Die „ratio legis" des § 813 BGB ist, dass „schon das Bestehen der Einrede und nicht erst ihre Geltendmachung die Forderung wirtschaftlich entwertet" (Canaris). Die Einrede des nicht erfüllten Vertrages aus § 320 BGB ist keine „dauernde", sondern eine „vorübergehende Einrede". Die **in Betracht** kommenden dauernden Einreden sind: Die sich „a maiore ad minus" aus § 821 BGB ergebende Einrede der ungerechtfertigten Bereicherung (Leistung auf eine Forderung, der kein rechtlicher Grund zugrunde lag), die Einrede der unerlaubten Handlung § 853 BGB (Leistung auf eine Forderung, die durch unerlaubte Handlung, also z.B. „betrügerisch", erlangt wurde) oder die Einrede der beschränkten (nicht: der nur beschränkbaren) Erbenhaftung aus §§ 1973, 1975 BGB (Zahlung des Erben trotz Unzulänglichkeit des Nachlasses oder gegenüber ausgeschlossenem Nachlassgläubiger). **Nicht** hierher gehört die ausdrücklich ausgeschlossene (§ 813 Abs. 1 S. 2 BGB) Einrede der Verjährung aus § 214 BGB; handelt es sich dagegen um die Zahlung eines Bürgen aufgrund einer „Bürgschaft auf erstes Anfordern", kann auch bei einer verjährten Forderung aus § 813 BGB kondiziert werden. Auch berechtigt nicht die Leistung trotz möglicher Einrede der Mangelhaftigkeit bei verjährtem Gewährleistungsanspruch aus § 438 Abs. 4, S. 2, Abs. 5 bzw. aus § 634 a Abs. 4, S. 2, Abs. 5 BGB zur Kondiktion des gezahlten Kaufpreises bzw. einer gezahlten Vergütung, denn anderenfalls könnte man die Verjährungsfristen praktisch „aushebeln". Eine analoge Anwendung auf die „Einrede der Aufrechenbarkeit" ist diskutabel, so dass man – wenn man diese Analogie bejaht – eine trotz Bestehens der Aufrechnungslage erbrachte Leistung kondizieren könnte. Übrigens betrifft § 813 BGB nicht die einen Anspruch beschränkenden oder ausschließenden Einwendungen; insoweit greift bereits § 812 Abs. 1 S. 1 1. Fall BGB („Leistungskondiktion") ein.

<u>Fall 807:</u> Der V und der K haben einen Kaufvertrag über eine bewegliche Sache geschlossen. Die Sache ist bei der Übergabe an den K mangelhaft. Der K zahlt gleichwohl den Kaufpreis. Nach Ablauf der Verjährungsfrist des § 438 BGB verlangt der K nach §§ 437, 434, 323 BGB Rückzahlung. Der V beruft sich auf Verjährung.

Der Anspruch könnte sich a) aus §§ 433, 434, 437 Nr. 2, 323 BGB ergeben; dem Anspruch steht aber §§ 438 Abs. 4 S. 1, 218, 214 BGB entgegen: der Rücktritt ist unwirksam. b) Der Anspruch könnte sich aber aus § 813 Abs. 1 S. 1 BGB ergeben. aa) Der K hat zum Zwecke der Erfüllung einer Verbindlichkeit aus § 433 Abs. 2 BGB geleistet. bb) Dem Anspruch des V gegen

K stand das Leistungsverweigerungsrecht aus § 438 Abs. 4 S. 2 BGB entgegen: Das Gesetz hat dem Käufer ein Leistungsverweigerungsrecht insoweit eingeräumt, als er aufgrund eines Rücktritts oder (§ 438 Abs. 5 BGB) einer Minderung dazu berechtigt gewesen wäre. Kompensiert wird das Leistungsverweigerungsrecht des Käufers, dessen Rücktrittsrecht unwirksam geworden ist, durch ein dem Verkäufer oder dem Unternehmer zustehendes Rücktrittsrecht (§§ 438 Abs. 4 S. 3, 634 a Abs. 4 S. 3 BGB). c) Gleichwohl steht dem S kein Anspruch aus § 813 BGB zu, weil – wie auch nach altem Recht (vergl. § 478 BGB aF.) – dieses Leistungsverweigerungsrecht keine „dauernde Einrede" i.S.d. § 813 BGB ist, so dass es keinen Rückzahlungsanspruch aus §§ 813, 438 Abs. 4 S. 2 BGB für denjenigen gibt, der trotz seines Leistungsverweigerungsrechtes den Kaufpreis gezahlt haben sollte.

2. „condictio ob causam finitam" (§ 812 Abs. 1 S. 2 1. Fall BGB)

Ein **späterer Wegfall** des **Rechtsgrundes (§ 812 Abs. 1 S. 2 1. Fall BGB)** liegt z.B. vor beim Eintritt einer auflösenden Bedingung oder eines Endtermins, im Falle des Widerrufs einer Schenkung oder bei vorzeitiger Beendigung von Dauerschuldverhältnissen. Man könnte hier auch die bereicherungsrechtliche Rückabwicklung nach einer erklärten Anfechtung verorten; in Erinnerung sei aber gerufen, dass nach dem zuvor gemachten Vorschlag insoweit § 812 Abs. 1 S. 1 1. Fall BGB einschlägig sein soll (wissen Sie noch, wofür diese Entscheidung von Bedeutung ist? § 814 BGB gilt hier nicht, weil bei § 812 Abs. 1 S. 2 1. Fall BGB zum Zeitpunkt der Leistung ein Rechtsgrund für die Leistung bestand, so dass es nicht treuwidrig ist, nach Wegfall des Rechtsgrundes Zurückzahlung zu verlangen!).

Fall 808: V verkauft K eine bewegliche Sache unter einer auflösenden Bedingung. K zahlt den Kaufpreis. Die auflösende Bedingung tritt ein. K verlangt Rückzahlung des Kaufpreises.

Der Anspruch ergibt sich aus § 812 Abs. 1 S. 2 1. Fall BGB.

3. „condictio ob rem" (§ 812 Abs. 1 S. 2 2. Fall BGB)

Für eine „condictio ob rem" nach **§ 812 Abs. 1 S. 2 2. Fall BGB** ist erforderlich, dass **ein besonderer zukünftiger Erfolg** von den Parteien aufgrund einer Willensübereinstimmung (= **„Zweckvereinbarung"**), also: nicht nur aufgrund eines einseitigen Motivs (!), **eintreten soll**, und dass dann dieser **Erfolg nicht eintritt**.

- Das ist der Fall, wenn **nur** deshalb **geleistet** worden ist, **um** dadurch **ein Rechtsverhältnis zu begründen** oder um durch die Leistung den **Empfänger zu einem bestimmten Verhalten zu veranlassen** (z.B. die Unterstützung eines anderen, um Erbe zu werden; Hingabe einer Quittung, um jemanden zum Abschluss eines Darlehensvertrages zu veranlassen). Typisch ist also für die „condictio ob rem", dass geleistet wird, ohne dass dadurch eine anderweitige Verpflichtung erfüllt werden sollte.

- Diese klare Linie wird verlassen, wenn man § 812 Abs. 1 S. 2 2. Fall BGB auch dann anwendet, wenn auf eine bestehende Verbindlichkeit geleistet und zugleich mit der Leistung ein **über die Erfüllung hinausgehender Zweck („Anstaffelung")** erreicht werden sollte, dieser aber nicht eintritt. In derartigen Fällen wäre es sehr gut vertretbar, bei Nichteintritt eines über die Erfüllung hinausgehenden

Erfolges anstelle des § 812 Abs. 1 S. 2 2. Fall BGB die §§ 280 ff. BGB anzuwenden.

> Mit einem „**Erfolg**" i.S.d. § 812 Abs. 1 S. 2 2. Fall BGB, bei dessen Nichteintritt das erlangte „etwas" herauszugeben wäre, sind dagegen **nicht** gemeint: die Schuldtilgung (dann gilt § 812 Abs. 1 S. 1 1. Fall BGB), ein als auflösende Bedingung bestimmter Umstand (dann gilt § 812 Abs. 1 S. 2 1. Fall BGB), die Erbringung der Gegenleistung (dann gelten die §§ 320 ff. BGB) oder ein nicht zum Vertragsinhalt gehörender Erfolg (dann gilt § 313 BGB).

<u>Fall 809</u>: Der A unterschlägt bei seinem Arbeitgeber B € 100 000,-. Auf Verlangen des B, der ankündigt, anderenfalls Strafanzeige zu erstatten, gibt der A ein notariell beurkundetes Schuldanerkenntnis ab und unterwirft sich darin der sofortigen Zwangsvollstreckung (§ 794 Abs. 1 Nr. 5 ZPO). Als der B dann doch Strafanzeige erstattet, verlangt der A Herausgabe der Urkunde (nach BGH).

Der Anspruch ergibt sich aus § 812 Abs. 1 S. 2 2. Fall BGB: a) Der B hat „etwas": die Forderung aus § 780 BGB und die jederzeitige Vollstreckungsmöglichkeit erworben, b) und zwar durch Leistung des A. c) Die Leistung erfolgte aa) zwar mit Rechtsgrund, bb) aber der nach dem Inhalt des Rechtsgeschäfts bezweckte Erfolg ist nicht eingetreten.

<u>Fall 810</u>: Der G gibt S ein Darlehen, damit dieser eine Expedition zur Durchsegelung der Nord-Ost-Passage unternimmt. Der S ändert später seinen Plan und segelt auf einem bequemen tropischen Kurs um die Welt. Der G verlangt die Darlehensvaluta zurück (nach Kropholler).

Der Anspruch ergibt sich a) nicht aus § 812 Abs. 1 S. 1 1. Fall BGB („Leistungskondiktion"), denn der S aa) hat das „etwas" (die Darlehensvaluta), bb) das er durch Leistung des G erlangt hat, cc) mit Rechtsgrund – aufgrund eines Darlehensvertrages (§ 488 BGB) – erlangt. b) Der G könnte jedoch das Darlehen nach § 812 Abs. 1 S. 2 2. Fall BGB zurückfordern: aa) Der S hat das „etwas" (die Darlehensvaluta), bb) durch Leistung des G erlangt. cc) Es müsste weiterhin der nach dem Inhalt des Rechtsgeschäfts bezweckte Erfolg nicht eingetreten sein. aaa) Wenn – wie hier – ein Rechtsgrund für die Leistung gegeben ist, soll dann, wenn mit der Leistung ein über die Erfüllung hinausgehender Zweck („Anstaffelung") erreicht werden soll, § 812 Abs. 1 S. 2 2. Fall BGB gegeben sein. bbb) Wer dies verneint und stattdessen die §§ 280 ff. BGB für anwendbar hält, aaaa) könnte entweder unter den Voraussetzungen der §§ 280 Abs. 1, 3, 281 BGB die Rückzahlung als Schadensersatz verlangen bbbb) oder nach erklärtem Rücktritt aus §§ 323, 346 ff. BGB.

Wegen des Prinzips der „Testierfreiheit" hat niemand ein Recht auf eine Erbeinsetzung; auch ist wegen der Möglichkeit eines jederzeitigen Widerrufs eines Testaments (§ 2253 BGB) ein zukünftiges Erbrecht nur beim Bestehen eines Erbvertrages gesichert (§§ 2274 ff. BGB). Wenn **im Hinblick auf eine erhoffte Erbeinsetzung Leistungen an den Erblasser** erbracht werden (z.B. Pflege) und in Kenntnis der Erwartung des Leistenden eine Erbeinsetzung nicht erfolgt oder widerrufen wird, steht dem Leistenden ein Anspruch aus § 812 Abs. 1 S. 2 2. Fall BGB zu.

III. Sittenwidriger oder verbotener Leistungsempfang

Ein Leistungskondiktionsanspruch kommt auch in Betracht, wenn **zwar ein Rechtsgrund** für die Leistung bestand, **aber** die **Annahme der Leistung gegen die guten Sitten** oder **gegen ein gesetzliches Verbot verstieß (§ 817 S. 1 BGB)**. Diese Anspruchsgrundlage hat nur einen sehr engen Anwendungsbereich: Es geht um die Fälle **einseitiger Gesetzes- oder Sittenverstöße**, die das Grundgeschäft nicht bereits nach §§ 134, 138 BGB nichtig machen, so dass deshalb nicht § 812 Abs.1 BGB angewendet werden kann.

> Fall 811: Der Graff (G) zahlt dem Entführer P. Urgo (P) des dem G gehörenden Dackels „Poldi" das verlangte „Lösegeld" in Höhe von € 1000,-. Als der P gefasst wird, verlangt Graff das Geld zurück. Der P hat das Geld bereits für seinen Lebensunterhalt ausgegeben.
>
> Der Anspruch des G gegen den P ergibt sich a) aus § 817 S. 1 BGB („Leistungskondiktion"): aa) Der Inanspruchgenommene P hat „etwas" (das Eigentum und den Besitz am Geld) erlangt, bb) und zwar durch Leistung des Anspruchstellers G an den Inanspruchgenommenen. cc) Wegen des Zwecks der Leistung (Freikauf eines entführten Dackels) hat der Empfänger gegen die guten Sitten verstoßen. dd) Dem Anspruch steht nicht § 817 S. 2 BGB entgegen, weil der G nicht sittenwidrig gehandelt hat. ee) Der Anspruch ist auf Wertersatz gerichtet (§ 818 Abs. 2 BGB). b) Ferner hat der G einen Schadensersatzanspruch aus § 823 Abs. 2 BGB i.V.m. § 253 StGB.

IV. Ausschlusstatbestände

Wenn Sie nach den vorstehend erörterten Merkmalen festgestellt haben, dass eine **Leistungskondiktion** in Betracht kommt, müssen Sie anschließend prüfen, ob diese nicht von Gesetzes wegen **ausgeschlossen** ist. Als Ausschlusstatbestände kommen in Betracht §§ 814, 815 und als der **für Sie wichtigste Fall** der § 817 S. 2 BGB. Neuerdings kann ein Bereicherungsanspruch auch durch § 241 a Abs. 1 BGB ausgeschlossen sein.

1. Leistung trotz Kenntnis vom fehlenden Rechtsgrund und bei „Anstandsleistung" (§ 814 BGB)

Der Ausschlusstatbestand des **§ 814 S. 1 BGB** (Leistung trotz Kenntnis der Nichtschuld) bezieht sich nur auf den Bereicherungstatbestand des § 812 Abs. 1 S. 1 1. Fall BGB. Die Regelung des § 814 BGB ist eine Ausprägung von Treu und Glauben („venire contra factum proprium" = Verbot widersprüchlichen Verhaltens). Ein solches widersprüchliches Verhalten liegt dann nicht vor, wenn der Leistende aufgrund eines Irrtums, und sei dieser noch so leichtfertig, an seine Leistungspflicht geglaubt hatte. Wenn man (wie hier vorgeschlagen) auch den Fall der ex tunc wirkenden Anfechtung hier bei § 812 Abs. 1 S. 1 1. Fall BGB, und nicht bei § 812 Abs. 1 S. 2 1. Fall BGB einordnet, ist der Rückforderungsanspruch auch dann ausgeschlossen, wenn der Leistende den Anfechtungsgrund (also die „Anfechtbarkeit") kannte und die Anfechtung auch erklärt (!!) worden ist (§ 142 Abs. 2 BGB).

Fall 812: Der V verkauft dem K eine Sache. Der K zahlt den Kaufpreis an den V in bar. Der Kaufvertrag wird sodann von dem V noch vor Lieferung der Sache wirksam nach §§ 119, 142 Abs. 1, 143 Abs. 1, 2 BGB angefochten. Der K, der bei seiner Leistung den Anfechtungsgrund kannte, aber gleichwohl meinte, zur Zahlung verpflichtet zu sein, verlangt von dem V das Geld zurück. Der V hat das Geld inzwischen für eine Anschaffung ausgegeben.

Der Anspruch könnte sich aus § 812 Abs. 1 S. 1 1. Fall BGB („Leistungskondiktion") ergeben. a) Der V hat das Eigentum und den Besitz am Geld erlangt, b) und zwar durch Leistung des Anspruchstellers K an den Inanspruchgenommenen V und c) nach §§ 119, 142 Abs. 1, 143 Abs. 1, 2 BGB ohne Rechtsgrund. d) Der V kann das Geld nicht mehr zurückgeben, aa) daher muss er Wertersatz leisten (§ 818 Abs. 2 BGB). bb) Entreichert ist V nicht, weil er einen Vermögensvorteil aus der Geldausgabe gehabt hat. e) Der Anspruch könnte jedoch ausgeschlossen sein, weil der K den Anfechtungsgrund gekannt hatte (§§ 814, 142 Abs. 2 BGB). Dagegen spricht jedoch, dass § 814 BGB eine Ausprägung von Treu und Glauben ist („venire contra factum proprium" = Verbot widersprüchlichen Verhaltens). Ein solches widersprüchliches Verhalten liegt dann nicht vor, wenn der Leistende (K) aufgrund eines Irrtums, und sei dieser noch so leichtfertig, an seine Leistungspflicht geglaubt hatte.

Fall 813: Der EV verkauft an den K ein ihm gehöriges Grundstück für € 1 000 000,-. Der EV und der K lassen jedoch vom Notar N, der dieses „Manöver" nicht durchschaut, als Kaufpreis nur € 800 000,- beurkunden (§§ 433, 311 b Abs. 1 S. 1 BGB), um so Kosten zu sparen. Der K zahlt die € 1 000 000,-. Als ihm zu Bewusstsein kommt, dass er sich mit dem Geschäft strafbar gemacht hat, verlangt er noch vor der Auflassung von EV Rückzahlung.

Dem Anspruch des K gegen den EV aus § 812 Abs. 1 S. 1 1. Fall BGB („Leistungskondiktion") könnte § 814 BGB entgegen stehen. Wenn jedoch eine Leistung in Erwartung der Heilung einer Formnichtigkeit (§ 311 b Abs. 1 S. 2 BGB) erbracht wird, ist § 814 BGB nicht anwendbar. Denn in solchen Fällen liegt in der Geltendmachung kein treuwidriges Verhalten.

Weiterhin kann eine Leistung nicht zurückgefordert werden, **„wenn die Leistung einer sittlichen Pflicht oder einer auf den Anstand zu nehmenden Rücksicht entsprach" (§ 814 S. 2 BGB).**

Fall 814: Die Brüder A und B sind alt und völlig verarmt. Als der A € 5 000 000,- im Lotto gewinnt, verlangt der B von ihm einen monatlichen Unterhalt. Der A hält sich als „Verwandter" für dazu rechtlich verpflichtet und zahlt monatlich € 1000,- Unterhalt an den B. Als der B nach einem Jahr einen „Inflationsausgleich" fordert, ist A verärgert und sucht einen Rechtsanwalt auf. Von ihm erfährt er, dass er wegen § 1601 BGB keinen Unterhalt schuldet, weil er nicht „in gerader Linie" (Abstammung voneinander, § 1589 S. 1 BGB) mit A verwandt sei. Daraufhin verlangt der A von B Rückzahlung von € 12 000,-.

Der Anspruch aus a) § 812 Abs. 1 S. 1 1. Fall BGB („Leistungskondiktion") b) ist nach (§ 814 S. 2 BGB ausgeschlossen, denn die Zahlung an B entsprach einer sittlichen Pflicht oder einer auf den Anstand zu nehmenden Rücksicht.

2. Unmöglichkeit des Erfolgseintritts

Der Ausschlussgrund des **§ 815 BGB** ist auf den Fall einer Leistungskondiktion aus **§ 812 Abs. 1 S. 2 2. Fall BGB** zugeschnitten.

> Fall 815: Der G gibt S ein Darlehen, damit dieser eine Expedition zur Durchsegelung der Nord-Ost-Passage unternimmt. Der G hat das Boot gebaut; der Rumpf ist jedoch – wie S bei Antritt der Reise bemerkt – nicht ausreichend „eisverstärkt". Der S tritt die Reise daher nicht an, sondern segelt auf tropischem Kurs um die Welt. Der G verlangt die Darlehensvaluta zurück (nach Kropholler).
>
> Auch wenn man der Ansicht ist, dass auch in den Fällen, in denen mit der Leistung ein über die Erfüllung hinausgehender Zweck („Anstaffelung") erreicht werden soll, § 812 Abs. 1 S. 2 2. Fall BGB gegeben ist, würde dem Anspruch hier § 815 BGB entgegenstehen.

3. Sitten- oder Gesetzesverstoß des Leistenden (mit Besonderheiten der Kondiktion beim „Wucherdarlehen")

Der **Anwendungsbereich** des **§ 817 S. 2 BGB** kann **nur aus dem gesamten Normenzusammenhang** der §§ 812 ff. BGB heraus **verstanden** werden; folgende Aspekte müssen Ihnen geläufig sein.

- Nach dem **Wortlaut („gleichfalls")** und nach dem **Aufbau der Norm** des § 817 BGB soll § 817 S. 2 BGB **nur** einen Bereicherungsanspruch aus **§ 817 S. 1 BGB** sperren. Die Beschränkung der Anwendung des § 817 S. 2 BGB auf § 817 S.1 BGB ist aber aus systematischen Gründen **verfehlt**: Denn dadurch verlöre der **§ 817 S. 2 BGB praktisch jede Bedeutung**. Würde man nämlich den § 817 S. 2 BGB nur auf den § 817 S. 1 BGB beziehen, hätte man stets Konstellationen eines beiderseitigen Gesetzes- oder Sittenverstoßes (nämlich des „Empfängers" und des „Leistenden"), bei denen stets die §§ 134, 138 BGB gegeben wären, also stets das Grundgeschäft hiernach nichtig wäre, also stets auch ein Anspruch aus § 812 Abs. 1 S. 1 1. Fall BGB bestünde. Will man dem § 817 S. 2 BGB überhaupt einen Anwendungsbereich erhalten, muss man ihn daher **auch auf § 812 Abs. 1 S. 1 BGB** anwenden. Gelegentlich wird daher sogar vorgeschlagen, das hindernde Wort „gleichfalls" im Text des § 817 S. 2 BGB deshalb zu ignorieren, weil angeblich seine Einfügung auf einem „Redaktionsversehen" des Gesetzgebers beruhe.

- Anerkannt ist weiter, dass der **Leistende den Gesetzes-** oder **Sittenverstoß gekannt** haben muss, weil sonst die „Härte" der Versagung des Rückforderungsanspruchs (Canaris) nicht zu rechtfertigen sei.

- Zu erörtern ist, ob die **„Härte"** des **§ 817 S. 2 BGB** jedenfalls durch **§ 242 BGB gemildert** werden muss.

- Ein weiteres Problem des § 817 S. 2 BGB ist der Begriff der nicht rückforderbaren **„Leistung"**. Bei einer in einer „zeitweisen Überlassung" bestehenden Leistung (Darlehensvertrag, Miet-/Pachtvertrag) ist die Rückforderung des dazu überlassenen Gegenstandes nicht endgültig ausgeschlossen, sondern nur die vorübergehende Nutzungsmöglichkeit; allein sie verbleibt dem Bereicherungsschuldner, a) so dass im Augenblick der im nichtigen Vertrag vertraglich vorgesehenen Fälligkeit der Gegenstand herausgegeben werden muss. Also behält bei einem nach § 138 Abs.

1 BGB nichtigen Darlehensvertrag der Bereicherungsschuldnen nur die ihm überlassene „Kapitalnutzung auf Zeit", muss aber die Darlehensvaluta zu dem im nichtigen Vertrag vorgesehenen Fälligkeitszeitpunkt herausgeben. Bilden Sie selbst einen Fall zu Miete oder Pacht. **b)** Bei beiderseitiger Sittenwidrigkeit kann jedoch sofort Herausgabe verlangt werden, weil der Empfänger nicht schutzwürdig ist und der sittenwidrige Zustand sonst unnötig perpetuiert würde.

- Weiterhin geht es bei § 817 S. 2 BGB um seine Bedeutung für die Frage der **Kondiktion** von **Wucherzinsen**.

Fall 816: Der B ist in einer akuten Geldverlegenheit, die eine Sofortzahlung von € 10 000,- erforderlich macht. Er bittet den W um ein auf 1 Jahr befristetes Darlehen über € 10 000,-; der W ist einverstanden, ein auf 1 Jahr befristetes Darlehen über € 10 000,- mit einem Zinssatz von 50 % pro Jahr zu gewähren. Dieser Zinssatz liegt um mehr als 100 % über dem von der Bundesbank ausgewiesenen Schwerpunktzins. Die Zinsen in Höhe von € 5 000,- hat der B nach dem Vertrag zusammen mit dem Kapital nach Beendigung der Laufzeit des Darlehens zu entrichten. Das Darlehen wird in bar ausgezahlt. Nach Ablauf des Jahres verweigert der B jede Zahlung an W.

1. Rückzahlung des Kapitals: a) Der Anspruch des W gegen B auf Tilgung des Darlehens durch Rückzahlung der € 10 000,- könnte sich aus § 488 Abs. 1 S. 2 BGB ergeben. Der Vertrag ist jedoch nach § 138 Abs. 1 BGB nichtig. b) In Betracht kommt ein Anspruch aus § 812 Abs. 1 S. 1 1. Fall BGB („Leistungskondiktion"). aa) Dessen Voraussetzungen sind gegeben: aaa) Der B hat „etwas" erlangt, und zwar das Eigentum und den Besitz an € 10 000,-; bbb) durch Leistung des W an B: Hier hat W das Vermögen des B bewusst und zweckgerichtet gemehrt. ccc) Und schließlich müsste dies ohne Rechtsgrund erfolgt sein: Hier ist der Darlehensvertrag nichtig (§ 138 Abs. 1 BGB). bb) Der Anspruch könnte jedoch nach § 817 S. 2 BGB ausgeschlossen sein. aaa) Dass § 817 S. 2 BGB sich auch auf einen Anspruch aus § 812 Abs. 1 BGB bezieht, ist oben ausgeführt worden. Der W hat gegen die guten Sitten verstoßen. Der W hat auch den Verstoß erkannt. bbb) Danach wäre die Rückforderung der „Leistung" des W an den B ausgeschlossen. Auf den ersten Blick würde das bedeuten, dass der B das Kapital von € 10 000,- behalten kann, so dass es „das beste Geschäft" wäre, „sich bewuchern zu lassen". Das ist vom Ergebnis her gesehen untragbar und wird aus folgenden Gründen abgelehnt: Bei der Bestimmung des Begriffs einer „Leistung" i.S.d. § 817 S. 2 BGB ist eine wirtschaftliche Betrachtungsweise angezeigt, so dass bei Leistungen zur zeitweisen Überlassung (Darlehen, Miet- und Pachtvertrag) nur die vorübergehende Nutzungsmöglichkeit (beim Darlehen spricht man von „Kapitalnutzung auf Zeit") als nicht rückforderbare Leistung angesehen werden kann; die Rückforderung des Gegenstandes als solchen (hier: das Darlehenskapital) ist daher nicht endgültig ausgeschlossen, sondern nur die vorzeitige Rückforderung. Wenn also der W, gestützt auf § 812 Abs. 1 S. 1 1. Fall BGB („Leistungskondiktion") das Kapital bereits nach 1 Monat zurückverlangen wollte, müsste er nach § 817 S. 2 BGB damit bis zum Ablauf des „vereinbarten" Jahres warten. Anders soll es bei einem – hier nicht vorliegenden – beiderseitigen Sitten- oder Gesetzesverstoß sein, weil es dann keinen Grund dafür gibt, den sitten- oder gesetzeswidrigen Zustand aufrechtzuerhalten (z.B. Vermietung von Räumen für ein Bordell). Der B muss also die € 10 000,- nach Ablauf eines Jahres zurückzahlen. 2. Fraglich ist, ob der W gegen den B einen Anspruch auf Zahlung der € 5000,- Zinsen hat. a) Die Verpflichtung zur Zahlung von Zinsen wird teilweise angenommen: aa) So soll sich dieser Anspruch aus dem Darlehensvertrag ergeben, weil dieser hinsichtlich der Zinsabrede nur teilunwirksam sei und in Höhe des „angemessenen Zinssatzes" wirksam geblieben sei (richterliche Vertragskorrektur durch Reduktion der

Nichtigkeit). bb) Nach anderer Ansicht soll sich eine Pflicht zur Zahlung des marktgerechten Zinses aus § 812 Abs. 1 S. 1 1. Fall BGB („Leistungskondiktion") ergeben; § 817 S. 2 BGB sperre den Anspruch nicht, weil der Darlehensnehmer sonst über die Maßen begünstigt werde (Medicus). b) Die hM. lehnt dies jedoch alles ab, weil der Wucherer sonst risikolos arbeiten könnte und § 817 S. 2 damit praktisch außer Kraft gesetzt würde (Canaris).

Fall 817: Der Ag beschäftigt den An als Schwarzarbeiter. Nach einem Monat verlangt der An den vereinbarten Lohn. Der Ag verweigert die Zahlung unter Berufung auf § 134 BGB i.V.m. § 1 Abs.1 des Gesetzes zur Bekämpfung der Schwarzarbeit.

a) Ein Anspruch aus § 611 BGB besteht nicht, weil der Arbeitsvertrag nichtig ist. b) Den Ansprüchen des An aus aa) § 812 Abs. 1 S. 1 1. Fall BGB („Leistungskondiktion") oder 817 S. 1 BGB, die an sich gegeben wären, bb) könnte die Sperrwirkung des § 817 S. 2 BGB entgegenstehen, weil der Leistende An gegen ein gesetzliches Verbot verstoßen hat; hier soll jedoch wegen der typischerweise von dem An erbrachten Vorleistung § 242 BGB der Anwendung des § 817 S. 2 BGB entgegenstehen.

Fall 818: Der in Not gefallene N verkauft seine Briefmarkensammlung im Werte von € 100 000,- an den Sammler W, der von der wirtschaftlichen Bedrängnis des N wusste, auf dessen Angebot hin für € 10 000,- und übergibt und übereignet sie an den W. Später reut den N das Geschäft und er verlangt die Sammlung zurück; der W weigert sich, weil er Eigentümer der Sammlung geworden sei, sie aber jedenfalls nur Zug-um-Zug gegen die Rückzahlung der von ihm gezahlten € 10 000,- herausgeben müsse (nach Peters).

Der Anspruch des N gegen den W ergibt sich aus § 985 BGB, weil a) W Besitzer ist und b) der N das Eigentum nicht verloren hat. Denn auch die Übereignung der Sammlung an den W nach § 929 S. 1 BGB war wegen des auffälligen Missverhältnisses von Leistung und Gegenleistung und wegen der Ausnutzung der Zwangslage des N durch den W nach § 138 Abs. 2 BGB nichtig. c) Der W hat kein Recht zum Besitz, aa) weil der Kaufvertrag nach § 138 Abs. 2 BGB nichtig war und daher kein Recht zum Besitz gewährt. bb) Ein Zurückbehaltungsrecht des W aus § 273 BGB wegen eines Anspruchs auf Rückzahlung des Kaufpreises in Höhe von € 10 000,- besteht ebenfalls nicht: aaa) Zwar sind die Voraussetzungen des § 812 Abs. 1 S. 1 BGB gegeben. bbb) Dem Anspruch des W gegen den N steht jedoch § 817 S. 2 BGB entgegen.

Fall 819: Der nicht mehr praktizierende Kleinstadtarzt Dr. D 1 verkauft auf die Anfrage des Dr. D 2, seines einzigen Kollegen am Ort, diesem seine Patientenkartei mit allen Krankendaten und übergibt und übereignet sie an diesen. Dann verlangt Dr. D 1 auf Aufforderung seiner früheren Patienten die Herausgabe der Kartei von Dr. D 2 zurück.

Der Anspruch a) könnte sich aus § 812 Abs. 1 S. 1 1. Fall BGB („Leistungskondiktion") ergeben. aa) Dr. D 2 hat aaa) den Besitz an der Kartei erlangt. bbb) Eigentümer ist Dr. D 2 nicht geworden, weil die Übereignung nach § 134 BGB i.V.m. § 203 Abs. 1 Nr. 1 StGB nichtig ist. Denn, auch wenn bei einem Verstoß gegen ein gesetzliches Verbot i.d.R. nur das Verpflichtungsgeschäft nichtig ist, soll dann, wenn die Umstände, die den Gesetzesverstoß begründen, zugleich und unmittelbar auch das Erfüllungsgeschäft betreffen, dieses nichtig sein. So liegt es hier: Der gesetzlich verbotene Verrat der Privatgeheimnisse liegt gerade in der Erfüllung des Verpflichtungsgeschäfts. bb) Der Dr. D 2 hat den Besitz durch Leistung des Anspruchstellers Dr. D 1 erlangt, cc) und zwar ohne Rechtsgrund, da der Kaufvertrag nach § 134 BGB i.V.m. § 203 Abs. 1 Nr. 1 StGB nichtig ist. dd) Der Anspruch könnte jedoch gesperrt sein, aaa) da der Leistende Dr. D 1 mit der Leistung gegen ein gesetzliches Verbot verstoßen hat. Dagegen spricht allerdings, dass dann der den Verrat perpetuierende Zustand bestehen bliebe. Das kann nicht Sinn und Zweck des § 817 S. 2 BGB sein. Dr. D 1 muss daher Herausgabe verlangen können. bbb) Der Anspruch könnte weiterhin ausgeschlossen sein, weil Dr. D 1 die Nichtigkeit gekannt hatte (§ 814 BGB). Dagegen spricht jedoch, dass § 814 BGB eine Ausprägung von Treu und Glauben ist („venire contra factum proprium" = Verbot widersprüchlichen Verhaltens). Ein solches widersprüchliches Verhalten liegt dann nicht vor, wenn der Leistende aufgrund eines Irrtums, und sei dieser noch so leichtfertig, an seine Leistungspflicht geglaubt hatte. Erforderlich ist eine positive Kenntnis der Rechtslage, bloße Zweifel genügen nicht. b) Der Anspruch ergibt sich weiterhin aus § 985 BGB. aa) Der Dr. D 2 ist Besitzer. bb) Der Dr. D 1 ist Eigentümer geblieben. cc) Ein Recht zum Besitz ist nicht gegeben, weil der Kaufvertrag nach § 134 BGB i.V.m. § 203 Abs. 1 Nr. 1 StGB nichtig ist. dd) Die umstrittene Frage, ob § 817 S. 2 BGB auch einen Anspruch aus § 985 BGB sperrt, kann hier offen bleiben.

Wenn wir hier wieder einmal gegen die Aufbauregeln verstoßen haben, indem wir den Anspruch aus § 812 Abs. 1 BGB vor dem Anspruch aus § 985 BGB geprüft haben, so nur deshalb, weil es sonst schwer darstellbar gewesen wäre, ob und warum man diskutieren muss, ob § 817 S. BGB einen Anspruch aus § 985 BGB sperrt.

Fall 820: Der Finanzvorstand der Iffa AG (F) hat seit Jahrzehnten Geld veruntreut. Als der Controller S. Eveke (C) ihm auf die Schliche kommt, gelingt es dem F d, den C zunächst zum Schweigen zu veranlassen, indem er ihm ein Grundstück übereignet. Als der C später auch noch „Schweigegeld" verlangt, will der F Rückübereignung oder Herausgabe und Grundbuchberichtigung (nach Baur/Stürner).

1. Ein Rückübereignungsanspruch aus § 812 Abs. 1 S. 1 1. Fall BGB scheitert daran, dass die Übereignung nach § 138 Abs. 1 BGB deshalb nichtig ist, weil die Sittenwidrigkeit gerade in der Eigentumsverschaffung liegt: Der in Anspruch genommene C hat also kein „etwas" in Gestalt des eventuell herauszugebenden Eigentums erlangt. 2. Der F könnte aber Herausgabe des Grundstücks a) nach § 812 Abs. 1 S. 1 1. Fall BGB („Leistungskondiktion") verlangen. aa) Der C hat den Besitz erlangt, und zwar durch Leistung des F, bb) und dies ohne Rechtsgrund, weil der Schenkungsvertrag (§ 516 BGB) nach § 138 Abs. 1 BGB nichtig ist. cc) Dem Anspruch steht aber § 817 S. 2 BGB entgegen. b) Einem aa) an sich nach § 985 BGB gegebenen Herausgabeanspruch bb) könnte § 817 S. 2 BGB entgegenstehen. Für die Anwendung des § 817 S. 2 auf § 985 BGB spricht ein sonst bestehender Wertungswiderspruch: Ist der Sitten- bzw. Gesetzesverstoß weniger gewichtig, so dass nur das Verpflichtungsgeschäft nichtig ist, wäre der Bereicherungsanspruch des Leistenden aus § 812 Abs. 1 S. 1 Fall1 BGB durch § 817 S. 2 gesperrt; wenn aber der Sitten- bzw. Gesetzesverstoß so schwer wiegt, dass sogar das dingliche Erfüllungsgeschäft nichtig ist, dann darf der Leistende dadurch nicht besser gestellt werden, dass er einen Herausgabeanspruch aus § 985 BGB hat. 3. Gleiches muss gegenüber dem Grundbuchberichtigungsanspruch gelten.

Auch hier zwangen didaktische Gründe zu einem Verstoß gegen die Aufbauregeln; Sie würden bei einer Fallbearbeitung natürlich § 985 BGB vor § 812 BGB geprüft haben.

4. Ausschluss durch § 241 a Abs. 1 BGB

Durch die Lieferung unbestellter Sachen seitens eines Unternehmers (§ 14 BGB) an einen Verbraucher (§ 13 BGB) „wird ein Anspruch" des Unternehmers gegen den Verbraucher, und dazu zählen auch gesetzliche Ansprüche (z.B. ein Herausgabeanspruch aus § 985 BGB, Schadensersatzansprüche aus §§ 823 ff. BGB, Rückgabe- und

Nutzungsherausgabeansprüche aus §§ 812 ff. oder §§ 987 ff. BGB) allerdings vorbehaltlich der Ausnahmetatbestände des § 241 a Abs. 2, 3 BGB, „nicht begründet".

Fall 821: Dem 17-jährigen Bücherfreund K wurde von dem Buchhändler V, der den K für volljährig hält, ein bereits vergriffenes Buch, das der K schon seit einiger Zeit sucht, in der Weise schriftlich zum Kauf für einen bestimmten Preis angeboten, dass er ihm das Buch, verbunden mit einem auf 1 Woche befristeten Kaufangebot und einem Angebot, sogleich Eigentümer zu werden, unbestellt zuschickte. Noch am Tage des Erhaltes der Sendung widerrief der V, weil er das Buch an einen anderen Kunden verkaufen möchte, sein Angebot. Der K erklärte die Annahme und bat den V, ihm eine Rechnung zuzusenden. K's Eltern, denen er von dem Kauf erzählt hatte, verweigern ihre Genehmigung. Dem K fehlt das Geld zum Erwerb des teuren Buches, so dass er nicht zahlt. Er behält das Buch gleichwohl. Der V verlangt von ihm Bezahlung, zumindest aber Rückgabe bzw. Rückübereignung und Rückgabe des Buches.

1. Der Zahlungsanspruch könnte sich aus einem Kaufvertrag ergeben (§ 433 Abs. 2 BGB). Dann müssten V und K einen Kaufvertrag über das Buch zu dem von V genannten Preis abgeschlossen haben. Dieser ist mangels Einwilligung und wegen der Verweigerung der Genehmigung der Eltern unheilbar unwirksam (§§ 107, 108 BGB). 2. Ein Herausgabeanspruch des V gegen den K könnte sich aus a) § 985 BGB ergeben. aa) Der K ist Besitzer des Buches. bb) Der V müsste Eigentümer sein. aaa) Der V war Eigentümer. bbb) Der K könnte Eigentümer nach § 929 S. 1 BGB geworden sein. aaaa) Beide müssten sich über den Eigentumserwerb des K geeinigt (Einigung = Vertrag) haben: aaaaa) Der V hat gegenüber dem K ein entsprechendes Angebot erklärt. Dies ist dem K auch zugegangen, denn das Angebot zur Übereignung ist lediglich rechtlich vorteilhaft für den Erwerber K (§ 131 Abs. 2 S. 1 BGB). Der Widerruf ist verspätet (§ 130 Abs. 1 S. 2 BGB). bbbbb) Der K hat das Angebot angenommen. Also ist der K Eigentümer geworden. bbbb) Die Unwirksamkeit des Kaufvertrages steht dem nicht entgegen („Abstraktionsprinzip"). Der K hat also das Eigentum erworben, so dass ein Anspruch aus § 985 BGB deshalb ausscheidet. b) Der V könnte jedoch einen Anspruch auf Rückübereignung und Rückgabe des Buches aus § 812 Abs. 1 S. 1, 1. Fall BGB („Leistungskondiktion") haben. aa) Der K hat als „etwas" das Eigentum und den Besitz an dem Buch erlangt, bb) und zwar durch Leistung des V an K und cc) ohne Rechtsgrund, weil der Kaufvertrag unwirksam ist. dd) Dem Anspruch steht jedoch § 241 a Abs. 1 BGB, der auch gesetzliche Ansprüche des Unternehmers V (§ 14 BGB) gegen den Verbraucher K (§ 13 BGB) aus § 812 BGB ausschließt, entgegen.

D. Nichtleistungskondiktion

Wenn der Inanspruchgenommene das

- „etwas"
- **nicht durch Leistung,**
- **sondern „in sonstiger Weise" erlangt hat,** und zwar **durch Eingriff** in die Rechtssphäre des Anspruchstellers **(„Eingriffskondiktion")**, oder **durch Aufwendungen** des Anspruchstellers entweder in Gestalt der Herbeiführung einer Befreiung von einer Verbindlichkeit **(„Auslagen-"** oder

> „**Rückgriffskondiktion**") oder in Gestalt der Vornahme werterhöhender Verwendungen auf Sachen (**„Verwendungskondiktion"**),
> - und wenn es für diesen Vorgang **keinen Rechtsgrund** gibt,
> - so ist der Inspruchgenommene dem Anspruchsteller ebenfalls zur **Herausgabe** der erlangten **Vorteile** verpflichtet.

I. Das Verhältnis zur Leistungskondiktion

Wie bereits mehrfach ausgeführt, gilt im Bereicherungsrecht das Prinzip der Alternativität von Leistungskondiktion und Nichtleistungskondiktion, das besagt, dass von wem auch immer „Geleistetes" nicht im Wege der Kondiktion „in sonstiger Weise" herausverlangt werden kann. Zu einem Zusammentreffen eines Erwerbs durch Leistung und Nichtleistung kann es insbesondere bei der Nichtleistungskondiktion in Gestalt der „Eingriffskondiktion" kommen. Hier sind bei der Fallbearbeitung komplizierte Fragen zum Verhältnis der beiden Kondiktionsarten anzustellen.

Davor muss man sich allerdings nicht fürchten. Denn zunächst einmal gibt es einige Fallkonstellationen („Fuchsberger-" und „Jungbullenfall"), bei denen man diese üblicherweise auch hier diskutierte Frage gar nicht aufwerfen muss, weil es in Wahrheit nicht zu einem Zusammentreffen von Leistungskondiktion und Kondiktion in sonstiger Weise kommt.

Fall 822: Ein Photo des eine Brille einer bestimmten Brillenmarke tragenden früheren Filmschauspielers (Kommissar bei Scotland Yard in den alten Schwarz-Weiß-Edgar Wallace-Filmen) und späteren Fernsehmoderators Fuchsberger (F) war durch Zusendung seines Berufsverbandes BV, der zusicherte, dass F mit der Verwendung des Bildes in der Werbung einverstanden sei, an den Optiker O gelangt. Der O verwendet es für diverse Inserate. Der F hatte dafür von O DM 120 000,- (!) verlangt (nach BGH).

1. Schadensersatzansprüche scheiden mangels Verschuldens des O (der an ein Einverständnis des Abgebildeten glaubte und glauben konnte), jedenfalls aber mangels Schadens bei F (der nicht vorgetragen hat, dass er sein Portrait sonst für anderweitige Brillenwerbung verwendet haben würde), aus. 2. In Betracht kommt ein auf Abschöpfung gerichteter Bereicherungsanspruch aus § 812 Abs. 1 S. 1 2. Fall BGB („Nichtleistungskondiktion", speziell „Eingriffskondiktion"). a) Der O hat etwas erlangt, nämlich den sich aus der Verwertung des Bildes ergebenden wirtschaftlichen Vorteil. b) Er könnte ihn „in sonstiger Weise" erlangt haben. aa) Dann dürfte er ihn nicht durch Leistung erlangt haben (Alternativitätsprinzip). Der O hat den Vermögensvorteil aaa) nicht durch Leistung des Anspruchstellers (F) erworben. bbb) Geleistet haben könnte aber der BV. Dieser hat dem O zwar das Bild verschafft, nicht aber ein (vermeintliches) Verwertungsrecht; also liegt keine Leistung des BV vor. bb) Der O könnte den Vermögensvorteil durch einen Eingriff erlangt haben. aaa) Der O müsste in den wirtschaftlichen Zuweisungsgehalt des Rechts am eigenen Bild des F (§ 22, 23 KunstUrhG) eingegriffen haben. aaaa) Kein Zweifel besteht daran, dass das Recht am eigenen Bild „entgeltfähig" ist. bbbb) Wenn man zusätzlich auch auf die „Marktgängigkeit" abstellen würde, würden stets nur „Prominente" einen Anspruch haben; das aber ist zweifelhaft, denn der Markt als „bloßes Faktum" ist wenig geeignet, den wertend zu bestimmenden Schutzbereich des § 812 BGB festzulegen (Canaris). cccc) Hier kann die Frage offen bleiben, weil der F ein Prominenter ist, dessen Portraitphoto „markt-

gängig" ist. c) Das Erlangen des Vermögensvorteils steht im Widerspruch zum Zuweisungsgehalt des fremden Rechts und wird deshalb von der Rechtsordnung nicht oder nicht ohne Ausgleich gebilligt, ist also ohne Rechtsgrund erfolgt. d) Da das „etwas" nicht herausgegeben werden kann, hat der F gegen den O einen Anspruch auf Wertersatz (§ 818 Abs. 2 BGB), also die übliche Vergütung (= „Lizenzgebühr"): diese lag im konkreten Fall wesentlich unter DM 120 000,-.

Fall 823: Der D hat dem Bauern B zwei Jungbullen von der Koppel gestohlen und sie an den Schlachter S veräußert, der den D gutgläubig für den Eigentümer hielt. Der S hat die Jungbullen dann zu einkonservierten Fleischwaren verarbeitet. Der B will von S Ersatz des Wertes (nach BGH, „Jungbullenfall").

1. Mangels Verschuldens des S kommt ein Anspruch des B aus §§ 989, 990 BGB nicht in Betracht, 2. sondern nur ein Bereicherungsanspruch aus §§ 951, 950, 812 Abs. 1 S. 1 2. Fall BGB („Nichtleistungskondiktion" in Gestalt der „Eingriffskondiktion"). a) Der S hat das Eigentum am Fleisch nach § 950 BGB, und damit ein „etwas", erlangt. b) Der S könnte das „etwas" durch einen „Eingriff" erlangt haben. aa) Zu prüfen ist zuvor, ob ein anderer – hier der D – geleistet hat (Alternativitätsprinzip); das ist nicht der Fall, weil der D dem S nur aaa) den Besitz, nicht aber das Eigentum an den Bullen, verschafft hat; hinsichtlich des Eigentums hat der D dem S nur die faktische Möglichkeit der Verarbeitung und damit eines Eigentumserwerbs verschafft; das Eigentum selbst hat der S durch eigene Tätigkeit erlangt. bb) Daher kommt ein Anspruch aus §§ 951, 950, 812 Abs.1 S. 1 2. Fall BGB („Nichtleistungskondiktion" in Gestalt der "Eingriffskondiktion") in Betracht. Sie wissen ja bereits, dass § 951 BGB deshalb eine Rechtsgrundverweisung auf die „Eingriffskondiktion" ist, weil anderenfalls bei jedem Einbau oder jeder Verarbeitung aufgrund wirksamen Werkvertrages neben dem Vergütungsanspruch aus § 631 BGB auch ein Anspruch aus §§ 951, 812 BGB bestünde, was der Gesetzgeber wegen der Sinnlosigkeit einer solchen Doppelung der Ansprüche nicht gewollt haben kann. Der S hat durch die ihm Eigentum verschaffende Verarbeitung in den wirtschaftlichen Zuweisungsgehalt des Eigentums des B eingegriffen. c) Der Vermögensvorteil müsste „ohne Rechtsgrund" erlangt sein. aa) Man könnte meinen, dass sich der Rechtsgrund aus § 950 BGB ergibt. bb) Der Vermögensvorteil steht aber deshalb im Widerspruch zum Zuweisungsgehalt des fremden Rechts, weil das Gesetz in § 950 BGB zwar den Eigentumserwerb als solchen billigt, dies aber ausweislich des auf § 812 BGB verweisenden § 951 BGB nicht ohne Ausgleich. Er ist also ohne Rechtsgrund erlangt. d) Aus § 951 BGB folgt, dass der Anspruch aus §§ 951, 812 BGB nur auf eine Geldzahlung gerichtet ist.

Dieser Fall lehrt/ wiederholt zugleich folgendes:

1. § 951 BGB ist eine **Rechtsgrundverweisung** (ausschließlich auf die „**Eingriffskondiktion**"!), weil anderenfalls z.B. bei einem Einbau aufgrund eines wirksamen Werkvertrages neben dem Vergütungsanspruch aus § 631 BGB auch noch ein Anspruch aus §§ 951, 812 BGB bestünde, was der Gesetzgeber wegen der Sinnlosigkeit und Praxisirrelevanz einer solchen Anspruchskonkurrenz nicht gewollt haben kann.

> 2. Die **Bedeutung des § 951 BGB** reduziert sich daher auf zwei bereicherungsrechtlich relevante Aussagen,
>
> a) dass nämlich zum einen die **§§ 946 ff. BGB kein Rechtsgrund** für den Eigentumserwerb sind,
>
> b) und dass zum anderen der **Anspruch aus §§ 951, 812 BGB nur auf Geld gerichtet** ist, nicht aber auf die Korrektur des Eigentumserwerbs.

Diese beiden Ausnahmen bestätigen die Regel: Es gibt natürlich eine Fülle von Fällen, in denen eine Leistungskondiktion und eine Nichtleistungskondiktion, und zwar speziell in Gestalt der „Eingriffskondiktion" zusammentreffen, so dass im Grundsatz das Prinzip der „Alternativität" bzw. des „Vorrangs der Leistungskondiktion" gilt. Nun wird es in der Tat kompliziert: Sie müssen nämlich wissen, dass auch dann, wenn das Alternativitätsprinzip die Prüfung einer Nichtleistungskondiktion, speziell einer „Eingriffskondiktion" zu verbieten scheint, in jedem Einzelfall geprüft werden muss, ob nicht **wertende Überlegungen** es gebieten, das **grundsätzlich** geltende **Alternativitätsprinzip** bzw. **Subsidiaritätsprinzip** im Einzelfall zurücktreten zu lassen und einen **Anspruch aus einer „Nichtleistungskondiktion"**, meist in Gestalt der „Eingriffskondiktion" trotz einer Leistung eines Dritten **zuzulassen**.

Fall 824: Der B lässt sich von U aufgrund eines Werkvertrages auf dem eigenen Grundstück ein Einfamilienhaus bauen. Die Steine erwirbt der U unter Eigentumsvorbehalt von V und baut sie ein; ein Einverständnis des V liegt dafür nicht vor. Die Dachbalken stiehlt der U dem E und baut sie ebenfalls ein. Der V und der E machen gestützt auf § 433 Abs. 2 BGB und § 823 Abs. 1 BGB Ansprüche gegen U geltend. Weil jedoch über das Vermögen des U das Insolvenzverfahren eröffnet worden ist, wollen sie sich an B halten.

1. Der V könnte wegen der unter Eigentumsvorbehalt gekauften Steine gegen B einen Anspruch aus §§ 951, 812 Abs. 1 S. 1 2. Fall BGB (Rechtsgrundverweisung auf die „Eingriffskondiktion") haben. a) Der B hat das Eigentum, also „etwas", an den Steinen nach §§ 946, 94 BGB erlangt. b) Eine „Nichtleistungskondiktion" („in sonstiger Weise") hier durch „Eingriff" aa) käme nur in Betracht, wenn kein anderer geleistet hätte. aaa) Der B hat das „etwas" nicht durch Leistung des V erlangt. bbb) Hier hat der U das Vermögen des B bewusst und zweckgerichtet gemehrt, also an den B geleistet (beim Eigentumserwerb durch Einbau seitens eines Dritten nach §§ 946, 94 BGB liegt es insoweit anders als beim „Fuchsberger-" und „Jungbullenfall", bei denen wegen des Erwerbes eines Vorteils durch eine selbst vorgenommene Verwertung des Bildes bzw. durch den Arbeitseinsatz nach § 950 BGB eine anderweitige Leistung auszuschließen war und es deshalb gar nicht auf das „Alternativitätsprinzips" ankam!); dass der Eigentumserwerb letztlich kraft Gesetzes eingetreten ist, spricht nicht gegen eine Leistung des U. aaaa) Wegen der Leistung des U an den B wäre danach ein Kondiktionsanspruch des V wegen Eingriffskondiktion ausgeschlossen. bbbb) Der BGH verlangt jedoch, dass dieses Ergebnis wie folgt wertend überprüft werden muss: Es müsse die „Parallele zum rechtsgeschäftlichen Erwerb" gezogen werden und gefragt werden, ob der V – wenn der U (hypothetisch) die Steine vor dem Einbau an B übereignet hätte – das Eigentum verloren hätte. Wenn der B dann das Eigentum erlangt hätte, soll er im Falle eines Einbaus keinem Bereicherungsanspruch des Lieferanten aus §§ 951, 812 BGB ausgesetzt sein; denn sonst wäre er durch den zufälligen Umstand, dass die Steine ihm nicht erst übereignet, sondern gleich bei ihm eingebaut worden sind, unverdient besser gestellt. Ein bereicherungsrechtlicher Ausgleich soll nur in Betracht kommen bei einem Scheitern des (hypothetischen) Eigentumserwerbs aufgrund einer Bösgläubigkeit und/oder bei einem Abhandenkommen. Hier hätte der B bei einer Übereignung vor dem Einbau nach §§ 929, 932 BGB das Eigentum erworben; § 935 BGB liegt nicht vor.

Mithin bleibt es bei dem Grundsatz des Alternativitätsprinzips, und ein Anspruch aus §§ 951, 812 Abs. 1 S. 1 2. Fall BGB („Eingriffskondiktion") kommt nicht in Betracht. 2. Der E könnte jedoch wegen der gestohlenen Balken einen Anspruch aus §§ 951, 812 Abs. 1 S. 1 BGB (Rechtsgrundverweisung auf die „Eingriffskondiktion") gegen den B haben. a) Der B hat das Eigentum, also „etwas", an den Balken nach §§ 946, 94 BGB erlangt. b) Eine „Nichtleistungskondiktion" („in sonstiger Weise") hier durch „Eingriff" aa) käme nur in Betracht, wenn kein anderer geleistet hätte. aaa) Der B hat das „etwas" nicht durch Leistung des E erlangt. bbb) Hier hat der U das Vermögen des B bewusst und zweckgerichtet gemehrt, also an B geleistet. aaaa) Das würde nach dem Alternativitätsprinzip die Prüfung einer „Nichtleistungskondiktion" verbieten. bbbb) Bildet man aber wieder die „Parallele zum rechtsgeschäftlichen Erwerb", stellt sich heraus, dass der B wegen des § 935 BGB nach §§ 929 ff. BGB kein Eigentum erworben hätte, also nach § 985 BGB zur Herausgabe der Dachbalken verpflichtet gewesen wäre; daher verdient er für den Fall des Einbaus nicht den Schutz des „Alternativitätsprinzips". bb) Es müsste ein Rechtserwerb durch „Eingriff" vorliegen: aaa) Der Eigentumserwerb des B mit der Folge eines Eigentumsverlustes des E bedeutet einen Eingriff in den wirtschaftlichen Zuweisungsgehalt des Eigentums des E. c) Der Eingriff ist ohne Rechtsgrund erfolgt, denn die Rechtsordnung billigt die Vermögensverschiebung zwar als solche, nicht aber eine solche ohne Ausgleich (arge. § 951 BGB). d) Der B schuldet – abweichend von § 812 BGB – stets nur eine Vergütung in Geld (arge. § 951 BGB).

II. Die einzelnen Fallgruppen der Nichtleistungskondiktion

Nachdem nunmehr der „Weg frei" ist für eine Prüfung der Voraussetzungen einer „Nichtleistungskondiktion", werden wir mit der wichtigsten Fallgruppe, der **„Eingriffskondiktion"**, beginnen **(sub 1)**, und zwar mit den Spezialtatbeständen der §§ 816, 822 BGB **(sub 1 a))** und im Anschluss daran mit der allgemeine Eingriffskondiktion **(sub 1 b))**. Die Darstellung der weniger bedeutsame **„Aufwendungskondiktion"** schließt sich dann an **(sub 2)**.

1. „Eingriffskondiktion"

Die wichtigste Fallgruppe der Nichtleistungskondiktionen, nämlich die der **„Eingriffskondiktion",** ist dadurch gekennzeichnet, dass

- in den **wirtschaftlichen Zuweisungsgehalt bestimmter Schutzpositionen und Schutzbereiche** ein **Eingriff** erfolgt, **ohne** dass es dafür einen **Rechtsgrund** gibt

- und dass deren Inhaber gegen den daraus Begünstigten einen **Anspruch auf Herausgabe des Erlangten** (Wertersatz) und u.U. auch auf **Gewinnherausgabe** hat.

Geregelt ist die so zu definierende **Eingriffskondiktion**

- in den **Spezialnormen der §§ 816, 822 BGB** und
- in **§ 812 Abs. 1 S. 1 2. Fall BGB (als allgemeine Eingriffskondiktion).**

a) §§ 816, 822 BGB als Sonderfälle der Eingriffskondiktion

Da **Spezialregelungen** bekanntlich stets **vor den allgemeinen Regeln** anzuwenden sind, wird auch hier mit der Erörterung des **§ 816 BGB** begonnen und mit der Darstellung des – allerdings weniger wichtigen – weiteren **Spezialfalls** einer „**Eingriffskondiktion**" des **§ 822 BGB** („**Kettendurchgriffskondiktion**").

> Zum Verständnis der Vorschrift des **§ 816 BGB** muss man sich deren rechtspolitischen **Sinn** verdeutlichen: Er besteht darin, demjenigen, der unter den **Folgen** der **Berücksichtigung** eines allerdings von ihm zurechenbar **veranlassten Rechtsscheins** zu „leiden" hat (z.B. ein Eigentümer aufgrund der §§ 932, 892 BGB oder ein Gläubiger infolge der §§ 407, 851 BGB), einen **Ausgleich** für den erlittenen **Rechtsnachteil** (Verlust des Eigentums, der Forderung) zukommen zu lassen, wobei grundsätzlich derjenige, der den Rechtsschein ausgenutzt hat (z.B. der sich als Eigentümer ausgebende Nichteigentümer bei §§ 932, 892 BGB oder der Schein-Gläubiger bei §§ 407, 851 BGB) der Anspruchsgegner ist; ausnahmsweise kann der Anspruchsgegner aber auch der durch den Rechtsschein Geschützte sein (z.B. der gutgläubige Erwerber des Eigentums bei §§ 932 ff., 892 BGB im Falle des unentgeltlichen Erwerbes: § 816 Abs. 1 S. 2 BGB).

Die Norm des **§ 816 BGB** enthält **drei Anspruchsgrundlagen**, die man (nachts um 03.00 Uhr aus dem Bett geschreckt und ohne ins Gesetz sehen zu müssen) kennen muss:

- die des **§ 816 Abs. 1 S. 1 BGB** (Voraussetzungen: Verfügung eines Nichtberechtigten, die zugunsten eines dritten Erwerbers dem Berechtigten gegenüber wirksam ist/Folge: Anspruch des Berechtigten gegen den Nichtberechtigten auf Herausgabe des Erlangten),
- die des **§ 816 Abs. 1 S. 2 BGB** (Voraussetzungen: unentgeltliche Verfügung ... wie vor/Folge: der dritte Erwerber muss das Erlangte herausgeben)
- und die des **§ 816 Abs. 2 BGB** (Voraussetzungen: Leistung an einen Nichtberechtigten, die dem Berechtigten gegenüber wirksam ist/Folge: der Nichtberechtigte muss das Erlangte herausgeben).

aa) Der Anspruch aus § 816 Abs. 1 S. 1 BGB

Die **Grundkonstellation** des **§ 816 Abs. 1 S. 1 BGB**, mit der wir hier auch beginnen, ist die einer

- **Verfügung,** also einer rechtsgeschäftlichen unmittelbar wirkenden Übertragung, Belastung, inhaltlichen Änderung oder Aufhebung eines Rechts,
- **eines Nichtberechtigten,** also die **eines Nichtrechtsinhabers,** der auch **keine Verfügungsmacht hat** (Hauptbeispiel: die Übereignung durch einen Nichteigentümer ohne Einwilligung des Eigentümers),
- die **entgeltlich** erfolgt (argec. § 816 Abs. 1 S. 2 BGB) und

- die **aufgrund von Gutglaubenstatbeständen wirksam ist**: Bei der Verfügung eines **Nichtrechtsinhabers** (z.B. nach den §§ 932 ff., 892 f.; 2366 BGB) bei der Verfügung eines **nicht zur Verfügung Berechtigten** (nach § 366 HGB).

Fall 825: Der E leiht dem L eine bewegliche Sache. Der L gibt sich als Eigentümer aus und verkauft und übergibt und übereignet die Sache an den K Zug – um – Zug gegen Zahlung des Kaufpreises. Der E will wissen, ob er von dem K Herausgabe der Sache oder von dem L Herausgabe des erlangten Kaufpreises verlangen kann.

1. Ein Anspruch des E gegen den K könnte sich aus § 985 BGB ergeben. a) Der K ist Besitzer der Sache. b) Der E müsste Eigentümer sein. aa) Der E war Eigentümer. bb) Der E hat die Sache nicht an den L übereignet, sondern nur verliehen. cc) Der E könnte das Eigentum durch die Übereignung des L an den K verloren haben (§ 929 S. 1 BGB). aa) Eine Einigung L – K liegt vor, bb) ebenfalls eine Übergabe des L an den K. cc) Der L war jedoch nicht der Eigentümer der Sache und auch nicht ausnahmsweise zur Übereignung befugt (§ 185 BGB), so dass K das Eigentum nicht nach § 929 S. 1 BGB erlangt hat. dd) Der K könnte das Eigentum von dem L nach §§ 929 S. 1, 932 Abs. 1 S. 1, Abs. 2 BGB erlangt haben. aaa) Der Grundtatbestand des § 929 S. 1 BGB liegt vor. bbb) Ein Verkehrsrechtsgeschäft ist gegeben. ccc) Der K glaubte an das Eigentum des ihm den Besitz verschaffenden L. ddd) Der Ausnahmetatbestand des § 935 Abs. 1 BGB liegt nicht vor, weil dem E die Sache nicht „abhanden gekommen" (= unfreiwilliger Besitzverlust) ist. Also ist der K Eigentümer geworden. Der E hat keinen Herausgabeanspruch. 2. Von dem L kann der E a) den erzielten Kaufpreis aa) möglicherweise aus §§ 598, 604, 275 Abs. 1, 4, 285 BGB verlangen, weil dieser Anspruch nach hM. auch auf das „commodum ex negotiatione" als herauszugebendes Surrogat gerichtet ist. Aber hier muss man aufpassen: Herausverlangt werden kann immer nur das rechtsgeschäftliche Surrogat, das der Leistung entspricht, von deren Erbringung der Schuldner nach § 275 BGB befreit ist: „Ein Eigentumssurrogat muss nur herausgegeben werden, wenn der Schuldner zur Eigentumsverschaffung verpflichtet war" (Palandt). Hier besteht zwischen dem Leistungsgegenstand, dessen Herausgabe nach § 275 Abs. 1 BGB deshalb nicht mehr geschuldet wird, weil der K nach §§ 929 S. 1, 932 BGB, Eigentümer geworden ist, und dem Gegenstand, für den der Schuldner L einen „Ersatz" erlangt hat, keine Identität: Der L schuldete dem E nur die Wiedereinräumung des Besitzes; den als „commodum ex negotiatione" geltend gemachten Kaufpreis hat er von dem K aber für die Verschaffung des Eigentums (§§ 929 S. 1, 932 Abs. 1 S. 1 BGB) und des Besitzes erlangt. aa) Herausgabe des erzielten Kaufpreises verlangen kann der E aber nach § 816 Abs. 1 S. 1 BGB, denn aaa) L war als Nichteigentümer Nichtberechtigter i.S.d. § 816 Abs. 1 S. 1 BGB; bbb) er hat durch die Übereignung an K über die Sache verfügt; ccc) die Verfügung war wirksam, weil der K nach §§ 929 S. 1, 932 BGB Eigentümer geworden ist; § 935 Abs. 1 BGB lag nicht vor. ddd) Der L ist zur Herausgabe des Erlangten verpflichtet. cc) Ferner hat der E einen Anspruch aus §§ 687 Abs. 2, 681 S. 2, 667 BGB auf Herausgabe des aus der Geschäftsbesorgung Erlangten, schuldet aber seinerseits nach § 687 Abs. 2, 684 S. 1, 812 BGB Aufwendungsersatz. b) Achtung: nach Schadensersatzansprüchen war nicht gefragt!

Fall 826: Der E gibt dem gewerbsmäßig tätigen Lagerhalter L während eines Auslandaufenthaltes seine Möbel zur Verwahrung. Als der L in Geldnot gerät, veräußert er die Möbel um 20 % über dem gemeinen Wert an K, wobei er dem insoweit gutgläubigen Erwerber vorspiegelt, der E habe ihn zur Veräußerung ermächtigt. Der E verlangt von L einen Betrag in Höhe des erzielten Kaufpreises.

1. Der E könnte a) Schadensersatzansprüche aus aa) §§ 467 HGB, 695, 280 BGB, bb) §§ 823 Abs. 1, 2 BGB, 246 StGB, 249 ff. BGB geltend machen. b) Der Schaden des E beläuft sich jedoch nur auf den gemeinen Wert, der unter dem (von E geltend gemachten) Betrag des erzielten Preises liegt. 2. In Betracht könnte auch ein Anspruch aus §§ 467 HGB, 695, 275 Abs. 4,

285 BGB kommen, denn dieser Anspruch ist nach hM. auch auf das „commodum ex negotiatione" als herauszugebendes Surrogat und auch auf den Übererlös gerichtet. Aber Sie wissen ja schon: Herausverlangt werden kann immer nur das rechtsgeschäftliche Surrogat, das der Leistung entspricht, von deren Erbringung der Schuldner nach § 275 BGB befreit ist. Hier besteht wie im Fall zuvor keine Identität: Der L schuldete dem E Wiedereinräumung des Besitzes, während er das „commodum ex negotiatione" für die Besitz- und Eigentumsverschaffung erlangt hat 3. Der E könnte gegen den L einen Anspruch aus § 816 Abs. 1 S. 1 BGB haben. a) Der L hat durch die Übereignung an K als Nichtberechtigter verfügt. b) Seine Verfügung (Übereignung an K) ist nach §§ 366 Abs. 1 HGB, 929 ff. BGB dem E gegenüber wirksam. c) Daher hat der E als Berechtigter gegen den Nichtberechtigten L aa) einen Anspruch auf Herausgabe des durch die Verfügung Erlangten. bb) Umstritten ist, ob auch der Übererlös dazu gehört: aaa) Wenn man annimmt, dass durch die Verfügung die Befreiung des Nichtberechtigten (L) von der Verbindlichkeit aus dem obligatorischen Geschäft mit dem Erwerber (K) erlangt ist, dann wäre, weil diese Befreiung nicht herausgebbar ist, nach § 818 Abs. 2 BGB deren Wert, der mit dem Wert der Sache selbst identisch ist, herauszugeben (Medicus); bbb) meist wird jedoch angenommen, dass der Erlös als durch die Verfügung Erlangtes herauszugeben sei, und zwar (so eine Ansicht) begrenzt auf den Verkehrswert und nach anderer Meinung einschließlich des Übererlöses; dafür spricht, dass ja ggf. auch nur ein eventueller „Untererlös" herauszugeben wäre: Wer verpflichtet ist, sich mit dem „bösen Tropfen" zu bescheiden, muss auch ein Recht auf den „guten Tropfen" erhalten. 4. Ferner hat der E einen Anspruch aus §§ 687 Abs. 2, 681 S. 2, 667 BGB auf Herausgabe des aus der Geschäftsbesorgung Erlangten, schuldet aber seinerseits nach § 687 Abs. 2, 684 S. 1, 812 BGB Aufwendungsersatz.

> Wir dürfen bei der Erarbeitung des § 816 Abs. 1 S. 1 BGB aber nicht nur an die wirksame bzw. wirksam gewordene Übereignung durch einen Nichtberechtigten denken, sondern müssen uns immer wieder – getreu dem Wortlaut des Gesetzes – verdeutlichen, dass es um „Verfügungen" eines Nichtberechtigten geht, also um sämtliche denkbaren rechtsgeschäftlichen Einwirkungen auf bestehende Rechte in Gestalt einer Übertragung, Belastung, inhaltlichen Änderung oder Aufhebung, dass also diese Darstellung aus Gründen notdweniger Beschränkung bewusst verkürzt ist.

Besondere Fragen stellen sich bei einer wirksamen **dinglichen Belastung** durch eine **Verpfändung** oder durch die **Bestellung einer Hypothek** bzw. **Grundschuld** seitens eines Nichtberechtigten. Auf diese Frage sind Sie schon in Teil 6 „eingestimmt" worden.

<u>Fall 827:</u> Der SNE ist zu Unrecht anstelle des E als Eigentümer im Grundbuch eingetragen. Der GH, der den SNE für den Eigentümer hält, gewährt ihm ein Darlehen über € 100 000,- gegen Bestellung einer Buchhypothek als Sicherheit. Der E verlangt von dem GH und von dem SNE die Beseitigung der Hypothek oder die Herausgabe der Darlehensvaluta oder jedenfalls der wertmäßigen Differenz der Zinsbelastung zwischen einem gesicherten und ungesicherten Darlehen.

1. Beseitigung der Hypothek könnte der E a) von GH nach § 894 BGB verlangen, wenn das Grundbuch unrichtig wäre. aa) Der GH ist als Hypothekar im Grundbuch eingetragen. bb) Die Eintragung besteht zu Recht, weil der GH die Hypothek nach §§ 873, 1113, 1116 Abs. 2, 892, 488 BGB erworben hat. b) In Betracht kommt ein Beseitigungsanspruch gegen den SNE aus § 816 Abs. 1 S. 1 BGB. aaa) Der SNE hat als Nichtberechtigter wirksam verfügt. bbb) Das durch die Verfügung Erlangte könnte „das Grundstück als Kreditunterlage" sein. Nähme man das an, so müsste dieses, und zwar in Form der „Beseitigung der Belastung" herausgegeben werden. Richtig ist aber wohl, dass der SNE das Grundstück als Kreditunterlage bereits mit

dem Erwerb der Buchposition erworben hat. Durch die Bestellung der Hypothek hat er dagegen die Darlehensvaluta erlangt. 2. Der E könnte daher aus § 816 Abs. 1 S. 1 BGB gegen den SNE einen Anspruch auf die Darlehensvaluta haben. a) Der SNE hat als Nichtberechtigter wirksam verfügt. b) Herauszugeben wäre die Darlehensvaluta. Dadurch darf der E aber nicht seinerseits auf Kosten des SNE bereichert werden. Das kann dadurch verhindert werden, dass der Eigentümer im Verhältnis zu SNE verpflichtet wird, den SNE von seiner Darlehensschuld bei GH durch Tilgung des Darlehens zu befreien und dazu die an ihn herauszugebende Valuta zu verwenden (§ 415 Abs. 3 BGB analog). Diese Lösung ist zweifelhaft, weil der Vorteil (Darlehensvaluta) nicht an die Stelle der Belastung getreten ist 3. Nach anderer Ansicht ist der durch die Verfügung erlangte Vorteil daher nur der Zinsvorteil des SNE, der sich aus einem Vergleich der Zinsen für ein gesichertes und ein ungesichertes Darlehen ergibt (Canaris).

Wie gesagt: Das war die Grundkonstellation des **§ 816 Abs. 1 S. 1 BGB**. Die Vorschrift soll **darüber hinausgehend** aber **auch angewendet** werden, wenn der **gutgläubige Erwerb gescheitert** ist (z.B. an der Bösgläubigkeit des Erwerbers oder an § 935 BGB) der Berechtigte die **Verfügung** aber nach **§ 185 Abs. 1 BGB genehmigt** und sie damit wirksam macht.

Fall 828: Dem E wird von D eine Sache gestohlen. Der D veräußert sie an den K weiter. K ist unauffindbar. Der E verlangt von dem D im Wege der Klage die Zahlung eines Betrages in Höhe des erzielten Erlöses, der um 20 % über dem gemeinen Wert liegt.

1. Schadensersatzansprüche aus §§ 823 Abs. 1, 2 BGB, 242 StGB, 249 ff. BGB belaufen sich nur auf den gemeinen Wert (100 %), nicht aber auf den geltend gemachten Erlös (120 %). 2. Zu prüfen ist ein Anspruch aus §§ 985, 285 BGB: Zwischen dem E und D bestand ein Schuldverhältnis aus § 985 BGB. Ganz allgemein ist zu unterscheiden die (hier gegebene) Unmöglichkeit durch Weiterveräußerung von der (hier nicht gegebenen) Unmöglichkeit durch zufälligen Untergang. a) Durch die (Weiter-)Veräußerung an den K ist dem D die Herausgabe an den E unmöglich geworden. Von § 285 BGB wird auch das „commodum ex negotiatione" als herauszugebendes Surrogat einschließlich eines Übererlöses erfasst. Der bisher der Anwendung des § 285 BGB entgegenstehende Einwand, dass zwischen dem Leistungsgegenstand, dessen Herausgabe nach § 275 Abs. 1 BGB nicht mehr geschuldet wird, und dem Gegenstand, für der der Schuldner einen „Ersatz" erlangt hat keine Identität besteht, ist hier nicht einschlägig. Denn geschuldet wird die Besitzverschaffung (§ 985 BGB); und erlangt hat der D das Surrogat ebenfalls nur für eine Besitzverschaffung, weil der K kein Eigentum erworben hat (§§ 932, 935 BGB). Gleichwohl wendet die hM. § 285 BGB nicht auf § 985 BGB an, weil (in begrifflicher Hinsicht gesehen korrekt argumentiert) der Anspruch aus § 985 BGB gegen den D durch die Besitzübertragung auf den K nicht – wie § 285 BGB es voraussetzt – nach § 275 Abs. 1-3 BGB entfällt, sondern als solcher fortbesteht und sich nunmehr gegen den jeweiligen Besitzer (der wegen §§ 932, 935 BGB nicht Eigentümer geworden sein kann und der kein Recht zum Besitz aus § 986 Abs. 1 S. 1 2. Fall BGB gegen den Eigentümer hat) richtet. Außerdem soll diese Lösung aus verschiedenen (durchaus zu entkräftenden) Gründen nicht der Interessenlage entsprechen: Bei der Anwendung des § 285 BGB würde die „Opfergrenze" (Westermann) für den jeweils in Anspruch Genommenen (hier: D) überschritten werden, wenn dieser (hier: D) einerseits den Erlös nach § 285 BGB herauszugeben hätte und anderseits nach §§ 280 Abs. 1, 2, 283 BGB dann auch noch von dem jeweiligen Abkäufer (hier: K) in Anspruch genommen werden könnte und wenn der aus § 285 BGB in Anspruch Genommene (hier: D) im Fall der Rückforderung des bereits an E ausgekehrten Erlöses auch noch das Insolvenzrisiko aus dessen Person tragen müsste; auch würde der Eigentümer (hier: E) bei einer Veräußerungskette eine Vielzahl von Ansprüchen erhalten. Letztlich spricht allein entscheidend gegen die Anwendung der §§ 985, 285 BGB die bestehende Möglichkeit des Eigentümers (hier: E), einen Anspruch

gegen den D aus § 816 Abs. 1 S. 1, 185 BGB geltend zu machen (dazu sogleich). b) Eine (hier nicht vorliegende!) Ausnahme soll allerdings dann zugunsten der Anwendung von §§ 985, 285 BGB gemacht werden, wenn die Unmöglichkeit durch Zufall eingetreten ist und dem Herausgabeschuldner daraus ein Anspruch (z.b. gegen eine Versicherung) erwächst: § 816 Abs. 1 S. 1 BGB greift dann nämlich nicht ein, und die Lücke soll a maiore ad minus durch § 285 BGB geschlossen werden, weil der Eigentümer ein viel stärkeres Interesse an einem solchen Surrogat habe als ein bloß schuldrechtlich Berechtigter. 3. Schließlich ist ein Anspruch aus § 816 Abs. 1 S. 1 BGB zu prüfen: a) Der D hat mit der Veräußerung an den K als Nichtberechtigter verfügt. b) Diese Verfügung müsste im Verhältnis zum E wirksam sein. aa) An sich ist sie unwirksam (§ 935 BGB). bb) Sie könnte aber durch eine Genehmigung des E nach §§ 185 Abs. 2 S. 1, 184 Abs. 1 BGB wirksam geworden sein. Diesem Lösungsvorschlag der ganz hM. ist beizupflichten, denn es wäre ein Wertungswiderspruch, den E – nur weil er seinen Herausgabeanspruch aus § 985 BGB wegen des Untertauchens des K überhaupt nicht durchsetzen kann (Canaris) oder weil dieser wertlos geworden ist, weil die Sache zwischenzeitlich verschlechtert ist – schlechter zu stellen als bei Wirksamkeit der Verfügung. Eine Genehmigung wird bereits in der Klage auf den Erlös gesehen. Danach wäre der Erlös, und zwar auch der „Übererlös" herauszugeben. Allerdings wird gegen die Verpflichtung zur Herausgabe auch des Übererlöses zu bedenken gegeben, eine Korrektur nach § 242 BGB vorzunehmen und einen Übererlös nur dann dem Berechtigten zuzusprechen, wenn der Anspruch aus § 985 BGB nicht oder nur schwer durchsetzbar ist und die Genehmigung nicht lediglich zum „Abkassieren" (Canaris) des Gewinns erfolgte. Die Lösung nach §§ 816 Abs. 1 S. 1, 185 Abs. 2 S.1 BGB begegnet zwar konstruktiven Bedenken; diese sollen jedoch nach hM. nicht entscheidend sein, weil sie ausräumbar seien: Zu einer Überschreitung der „Opfergrenze" und einer Anspruchskumulation kommt es bei dieser Konstruktion jedenfalls nicht, weil der K und alle seine Nachfolger Eigentümer werden. Das Bedenken, dass der D wegen der Rückwirkung der Genehmigung zum „Berechtigten" geworden sei, so dass der die Verfügung eines „Nichtberechtigten" voraussetzende § 816 Abs. 1 S. 1 BGB nicht gelten könne, soll deshalb nicht schlüssig sein, weil die Rückwirkung nur die Folgen, nicht aber die Voraussetzungen betrifft (Larenz). Das für E darin liegende Risiko eines Rechtsverlustes durch die bereits in der Klageerhebung (also vor einem Urteil und vor einer erfolgreichen Durchsetzung durch Vollstreckung!) zu sehende Genehmigung ohne mindestens gleichzeitige Erlangung des Erlöses wird dadurch ausgeräumt, dass man entweder (logisch deshalb nicht unbedingt überzeugend, weil das den Anspruch zusprechende Urteil eine vorliegende Genehmigung gerade voraussetzt) eine Verurteilung des K zur Herausgabe Zug – um – Zug gegen die Genehmigung ausspricht und diese erst wirksam werden soll, wenn der Erlös (ggf. erst in der Zwangsvollstreckung) herausgegeben wird, oder (dogmatisch zweifelhaft) die Genehmigung von der Bedingung der Erlösherausgabe abhängig macht. c) Interessant und sehr bedeutsam für Klausuren ist die – später erörterte – (zu verneinende) Frage, ob der K den an D gezahlten Kaufpreis als Entreicherung (§ 818 Abs. 3 BGB) absetzen kann. 4. Ferner hat der E einen Anspruch aus §§ 687 Abs. 2, 681 S. 2, 667 BGB auf Herausgabe des aus der Geschäftsbesorgung Erlangten, schuldet aber seinerseits nach § 687 Abs. 2, 684 S. 1, 812 ff. BGB dem D Aufwendungsersatz.

Das war die „erste Erweiterung" des Anwendungsbereichs des § 816 Abs. 1 S. 1 BGB, deren Kenntnis zum juristischen „Standardrepertoire" eines jeden jungen Juristen gehören muss. Hochproblematisch ist dagegen die Frage, ob § 816 Abs.1 S. 1 BGB auch auf **„verfügungsähnliche" obligatorische Geschäfte** (z.B. eine unberechtigte Untervermietung) bzw. **Vorgänge** (z.B. auf einen zum Rechtsverlust führenden unbefugten Einbau fremder Sachen) angewendet werden kann.

Fall 829: Der M hat für € 2 000,- im Monat eine riesige Altbauwohnung direkt neben dem Rechtshaus der Universität Hamburg in der Schlüterstraße von dem Hauseigentümer V gemietet. Weil der M für 2 Jahre ins Ausland geht, vermietet er sie an den cleveren Jurastudenten UM für € 2 000,- im Monat weiter. Der Vermieter V des M war mit der Untervermietung an den UM einverstanden. Der M zahlt die Miete weiterhin an V; der UM entrichtet den Untermietzins an den M. Nach Übernahme der Wohnung teilt der UM die großen Zimmer durch Leichtbauwände so auf, dass 11 separate Zimmer entstehen, von denen er eines selbst bewohnt und die er ansonsten mit dem Recht zur Benutzung einer gemeinsamen Küche und eines Bades an 10 Jungjuristen (UUM 1 – 10) zu einer Miete von je € 500,- weiter untervermietet. Der M weiß davon nichts. Als er bei einem Heimaturlaub nach einem Jahr davon erfährt, verlangt er Herausgabe des von U 1 – U 10 erlangten Miete von € 60 000,- von UM.

Hinsichtlich der Frage nach der „Abschöpfung" der von den Unter-Untermietern gezahlten Miete 1. geht es nicht um Schadensersatzansprüche des M gegen UM aus § 280 Abs. 1 BGB oder § 823 Abs. 1 BGB, die allenfalls auf den Ausgleich eines Mehrbenutzungsschadens gerichtet wären. 2. In Betracht kommt a) ein Anspruch aus § 816 Abs. 1 S. 1 BGB analog wird aa) teils bejaht, wobei dann streitig ist, ob der gesamte Erlös oder ob nur der nach § 553 Abs. 2 BGB zu entrichtende Mehrbetrag geschuldet sei; bb) überwiegend wird die analoge Anwendung des § 816 Abs. 1 S. 1 BGB jedoch verneint, weil es angesichts der einschlägigen allgemeinen Eingriffskondiktion an einer Regelungslücke fehle; außerdem gebe es keinen „gutgläubigen Erwerb" durch bloß obligatorisch Berechtigte, so dass § 816 Abs. 1 S. 1 BGB nicht analogiefähig sei (Canaris) b) Daher ist Raum für die – sonst hinter § 816 BGB zurücktretende – allgemeine Eingriffskondiktion: aa) Nach einer wenig überzeugenden Ansicht (Canaris) soll sich aus der Befugnis zur Gestattung der Untervermietung (§ 540, 553 BGB) ergeben, dass ein Eingriff in den wirtschaftlichen Zuweisungsgehalt des Besitzes des M vorliegt; hier stellt sich ebenfalls die Frage, ob der gesamte Erlös oder nur der nach § 553 Abs. 2 BGB geschuldete Betrag herauszugeben ist. bb) Nach hM. soll kein Anspruch bestehen, weil sich der M durch den Untermietvertrag der Möglichkeit einer weiteren Untervermietung begeben hat, so dass die Unter-Untervermietung nicht zum Zuweisungsgehalt des Mietrechts des M gehört. 3. Zu erörtern wäre weiterhin ein Anspruch des M gegen den UM auf Nutzungsherausgabe (§§ 990, 987 Abs. 1, 99 Abs. 3 BGB), der jedoch an einer fehlenden Vindikationslage scheitert. 4. Gegen einen Anspruch aus §§ 687 Abs. 2, 681 S. 2, 667 BGB, allerdings mit einem Gegenanspruch des UM aus § 687 Abs. 2, 684 S. 1, 812 ff. BGB auf Aufwendungsersatz, spricht, dass die Unter-Untervermietung durch den UM an UUM 1 – 10 kein „fremdes Geschäft" (nämlich das des M) war, weil M kein Recht zum Besitz hatte, als der UM die Wohnung unter – untervermietete (s.o.).

bb) Der Anspruch aus § 816 Abs. 1 S. 2 BGB

Wir wissen jetzt, dass nach § 816 Abs. 1 S. 1 BGB der Nichtberechtigte, der über einen Gegenstand eine Verfügung trifft, die dem Berechtigten gegenüber wirksam ist, „dem Berechtigten zur Herausgabe des durch die Verfügung Erlangten", also zur Herausgabe des „Surrogats" verpflichtet ist. Wenn aber die Verfügung des Nichtberechtigten unentgeltlich ist, soll nach **§ 816 Abs. 1 S. 2 BGB** „die gleiche Verpflichtung denjenigen (treffen), welcher auf Grund der Verfügung unmittelbar einen rechtlichen Vorteil erlangt". Bei der Schaffung des § 816 Abs. 1 S. 2 BGB haben zwei Gedanken „Pate gestanden": **Zum einen** wird durch § 816 Abs. 1 S. 2 BGB der Erwägung Rechnung getragen, dass der unentgeltlich als Nichtberechtigter Verfügende nichts erlangt hat, was er dem ehemals Berechtigten nach § 816 Abs. 1 S. 1 BGB als „Surrogat" herausgeben könnte; darunter soll der Berechtigte nicht leiden müssen, sondern soll sich an den Erwerber halten dürfen. Das ist auch deswegen gerechtfertigt, weil

zum anderen der unentgeltliche Erwerber mangels eines eigenen wirtschaftlichen Opfers nicht schutzwürdig ist. Es war daher nur konsequent, dass das Gesetz bei dieser Konstellation bestimmt hat, dass bei unentgeltlichen wirksamen Verfügungen eines Nichtberechtigten der unentgeltliche Erwerber das Erlangte herausgeben muss; so dass dessen **Erwerb** – anders als sonst bei gutgläubigem Erwerb – **nicht „kondiktionsfest"** ist. Nun könnte man sich fragen, was der gutgläubunengeltliche ige Erwerb denn überhaupt wert ist. Hier darf man das Kind nicht mit dem Bade ausschütten: Zum einen haftet der Erwerber nur bereicherungsrechtlich (§ 818 Abs. 3 BGB); und zum anderen können Dritte ein virulentes Interesse daran haben, dass der Erwerber zunächst einmal Eigentümer geworden ist.

> Die § 816 Abs. 1 S. 2 BGB zum Ausdruck kommende „Schwäche des unentgeltlichen Erwerbes" spielt auch anderswo (z.B. in § 988 BGB) eine Rolle.

Die leicht zu verstehende **Grundkonstellation** des **§ 816 Abs. 1 S. 2 BGB** wird häufig verkompliziert durch das Erfordernis einer Berücksichtigung des – Ihnen ja schon bekannten – **§ 822 BGB**. Hierbei handelt es sich um einen weiteren Sonderfall der „Eingriffskondiktion", der die Fälle einer Entreicherung eines primären Bereicherungsschuldners durch unentgeltliche Weitergabe des Bereicherungsgegenstandes an einen Dritten betrifft **(„Kettendurchgriffskondiktion")**: Der Eingriff liegt darin, dass der Schenker einen gegen ihn bestehenden „primären Bereicherungsanspruch zu Fall (bringt), wofür der Erwerber als Begünstigter" in der Weise „einzustehen hat" (Canaris), dass das unentgeltlich Erlangte abgeschöpft wird. Die Vorschrift ermöglicht einen (subsidiären) Durchgriff, wenn ein primärer Bereicherungsschuldner durch unentgeltliche Weitergabe des Bereicherungsgegenstandes entreichert ist (§ 818 Abs. 3 BGB; also nicht etwa in den Fällen der §§ 818 Abs. 4, 819 BGB!!). Das scheint insofern ein (vom Gesetzgeber allerdings gewollter!!) Wertungswiderspruch zu sein, als der Dritte besser steht, wenn der ihn beschenkende primäre Bereicherungsschuldner bösgläubig war und infolgedessen § 819, 818 Abs. 4 BGB eingreift. Interessant ist die Frage, ob dieser Widerspruch nicht jedenfalls dann korrigiert werden sollte, wenn der primäre Bereicherungsschuldner insolvent geworden ist. Dagegen lässt sich wieder ins Feld führen, dass der Bereicherungsgläubiger durch die Möglichkeit der vollstreckungsrechtlichen Anfechtung ausreichend geschützt ist (entsinnen Sie sich noch??). Dieser interessante Streit kann durchaus Gegenstand einer juristischen Aufgabe werden.

Fall 830: Der E verleiht dem L eine Sache; der L unterschlägt sie und verschenkt und übergibt und übereignet sie an den gutgläubigen D 1. Der E verlangt die Sache von dem D 1 heraus.

1. Der Anspruch ergibt sich nicht aus § 985 BGB, weil der D 1 nach §§ 929, 932 BGB Eigentümer geworden ist; § 935 BGB greift nicht ein. 2. Der Anspruch ergibt sich aber aus § 816 Abs. 1 S. 2 BGB.

Variante: Der L beichtet dem D 1 sein Verhalten. Dieser mag die Sache nun nicht mehr behalten, so dass er sie an den D 2 weiterverschenkt und übergibt und übereignet. Der E verlangt die Sache von dem D 2 heraus.

1. Einen Anspruch aus § 985 BGB hat der E nicht, weil der D 2 nach § 929 BGB das Eigentum erlangt hat (auf § 932 BGB ist nicht abzustellen, da D 1 Eigentümer geworden war!). 2. Der E hat auch keinen Anspruch aus § 816 Abs. 1 S. 2 BGB gegen den D 2, weil der D 1 als Berechtigter verfügt hat. 3. In Betracht kommt aber ein Anspruch aus § 822 BGB: a) Der D 1 ist ein „Empfänger" (= Bereicherungsschuldner), weil er nach § 816 Abs. 1 S. 2 BGB zur Herausgabe des Erlangten (Sache) verpflichtet war; b) er hat unentgeltlich über den Bereicherungsgegenstand verfügt. c) Weiterhin müsste seine bereicherungsrechtliche Haftung dadurch nach § 818 Abs. 3 BGB erloschen sein (der D 2 soll in § 822 BGB nämlich nur „ersatzweise" haften!); das ist nicht der Fall, weil der D 1 nachträglich bösgläubig geworden ist (§§ 819, 818 Abs. 4 BGB).

Fraglich ist, ob durch **§ 816 Abs. 1 S. 2 BGB ein gutgläubig erworbenes Sicherungsrecht herausgegeben (= beseitigt)** werden muss.

Fall 831: Der SNE ist zu Unrecht anstelle des E als Eigentümer im Grundbuch eingetragen. Der GH, der den SNE für den Eigentümer hält, gewährt ihm ein Darlehen über € 100 000,- gegen Bestellung einer Buchhypothek. Der E verlangt von dem GH die Beseitigung der Hypothek.

Die Beseitigung der Hypothek könnte der E von dem GH 1. nach § 894 BGB verlangen, wenn das Grundbuch unrichtig wäre. a) Der GH ist als Hypothekar im Grundbuch eingetragen. b) Die Eintragung besteht zu Recht, weil der GH die Hypothek nach §§ 873, 1113, 1116 Abs. 2, 892, 488 Abs. 1 S. 2 BGB erworben hat. 2. In Betracht kommt ein Beseitigungsanspruch gegen den GH aus § 816 Abs. 1 S. 2 BGB. a) Der SNE hat als Nichtberechtigter wirksam zugunsten des GH verfügt. b) Dieser müsste das durch die Verfügung Erlangte (die Hypothek) herausgeben, wenn die zu seinen Gunsten erfolgte Verfügung unentgeltlich gewesen wäre. Anerkannt ist jedoch, dass eine zu Sicherungszwecken erfolgte Belastung entgeltlich erfolgt.

In schriftlichen Aufgaben sehr beliebt ist die Fragestellung, ob auch eine **wirksame** und entgeltliche, aber **rechtsgrundlose Verfügung** eines Nichtberechtigten nach **§ 816 Abs. 1 S. 2 BGB analog** einen Anspruch auf Herausgabe des Erlangten gegen den Erwerber gibt.

Fall 832: Der Eigentümer E leiht dem A ein Buch. Dieser unterschlägt es, indem er es, sich dabei als Eigentümer ausgebend, an den gutgläubigen B verkauft und übergibt und übereignet; der B zahlt den Kaufpreis. Später ficht der B (aus einem hier nicht interessierenden Grund) den Kaufvertrag wirksam an. Bevor es zu einer bereicherungsrechtlichen Rückabwicklung zwischen A und B kommt, meldet sich der E bei dem B und verlangt Herausgabe des Buches.

1. Ein Anspruch aus § 985 BGB besteht nicht, weil der B nach §§ 929, 932 BGB Eigentümer geworden ist; § 935 BGB liegt nicht vor. 2. In Betracht kommt weiterhin ein Anspruch aus § 816 Abs. 1 S. 2 BGB: a) Unmittelbar kann die Vorschrift nicht angewendet werden, weil die Verfügung des A nicht unentgeltlich war; b) diskutiert wird aber eine analoge Anwendung des § 816 Abs. 1 S. 2 BGB aa) und teilweise mit der Begründung bejaht, die Rechtsgrundlosigkeit der Übereignung des A an den B stehe einer Unentgeltlichkeit gleich, weil auch im Fall der Rechtsgrundlosigkeit keine Gegenleistung geschuldet würde; die Folge dieser Sichtweise wäre ein „Durchgriff" des E gegen B (sog. Lehre von der „Einheitskondiktion"). bb) Dem kann man jedoch nicht folgen, weil zwischen A und B eine Leistungsbeziehung besteht, so dass dort die bereicherungsrechtliche Rückabwicklung vorzunehmen ist; außerdem würde man bei einem „Durchgriff" des E gegen den B diesem Einwendungen, die er gegen den A haben mag (insbesondere auf Rückzahlung des Kaufpreises aufgrund der „Saldotheorie"), nehmen. c) Daher muss die Rückabwicklung so vonstatten gehen, dass der E gegen A aus § 816 Abs. 1 S. 1 BGB

vorgehen muss und der A das Erlangte (= seinen Bereicherungsanspruch gegen den B aus § 812 Abs. 1 S. 1 BGB) dem E herausgeben muss (= abtreten nach § 398 BGB). Nach erfolgter Abtretung muss der E dann gegen den B vorgehen und Herausgabe aus §§ 812 Abs. 1 S. 1, 398 BGB verlangen; der B behält dann nach § 404 BGB seine Einwendungen aus der Beziehung zu A auch gegenüber dem E (Lehre von der „Doppelkondiktion"). cc) Der BGH folgt der Lehre von der „Doppelkondiktion" im Grundsatz, lässt jedoch ausnahmsweise einen Durchgriff zu, wenn der B keine Einwendungen gegen den A hat („Spielbanken-Fall"). Da der B hier eine Gegenleistung erbracht hat, steht ihm nach den Grundsätzen der „Saldotheorie" (dazu später) eine Einwendung gegen den A zu, so dass hier § 816 Abs. 1 S. 2 BGB nicht analog angewendet werden kann. 3. Ein Anspruch des E gegen den B aus § 812 Abs. 1 S. 1 BGB besteht nicht, denn der gutgläubige Erwerb ist „kondiktionsfest" (beste Begründung: argec. § 816 Abs. 1 S. 2 BGB).

cc) Der Anspruch aus § 816 Abs. 2 BGB

Die für einen Gläubiger nachteiligen Folgen (nämlich die eines Forderungsverlustes) aufgrund der diversen rechtlich anerkannten Möglichkeiten, aufgrund von **Rechtsscheintatbeständen befreiend an einen Nicht-Gläubiger** zu leisten (z.B. §§ 370, 407, 808, 851, 2367 BGB) werden durch **§ 816 Abs. 2 BGB** ausgeglichen.

Fall 833: Der E hat dem L sein Rad verliehen. Der D beschädigt es. Weil er den L wegen seines Besitzes für den Eigentümer und damit für den Schadensersatzgläubiger hält, zahlt er ihm € 50,- Schadensersatz. Der L behält das Geld für sich und benennt dem E den D als Schädiger. Der E nimmt daraufhin den D auf Schadensersatz in Anspruch; dieser meint, durch die Zahlung an den L frei geworden zu sein. Kann sich der E ggf. an L halten?
1. Der a) Anspruch des E gegen D aus § 823 Abs. 1 BGB b) ist aa) zwar nicht nach § 362 BGB, bb) aber nach § 851 BGB erloschen. 2. Der E hat gegen L einen Anspruch aus a) § 280 Abs. 1 BGB, b) § 816 Abs. 2 BGB und nach c) §§ 687 Abs. 2, 681 S. 2, 667 BGB.

Der gutgläubige Schuldner wird durch Leistung an den durch einen Erbschein als Erben ausgewiesenen Scheinerben befreit (§ 2367 BGB). Der Scheinerbe ist dem wahren Erben zur Herausgabe des Erlangten verpflichtet (§ 816 Abs. 2 BGB).

Fall 834: Der G hat gegen den S einen Anspruch aus einem Darlehensvertrag in Höhe von € 10 000,-. Nach dem Tod des G ist sein alleiniger gesetzlicher Erbe sein Sohn A. Auf Antrag des A wird diesem ein Erbschein, der ihn als den Alleinerben ausweist, erteilt. Der A legt dem S den Erbschein vor und erhält eine Barzahlung in Höhe von € 10 000,-. Später findet sich ein Testament, durch das der Sohn B zum Alleinerben eingesetzt wird. Der B verlangt von S Zahlung, jedenfalls aber von A Herausgabe oder Zahlung von € 10 000,- (nach Harder).
1. Der Anspruch des B gegen den S a) aus § 488 Abs. 1 S. 2, 1922 BGB b) ist nach §§ 2365, 2367 BGB erloschen. 2. Der B könnte von A a) aus §§ 2018, 2019 Abs. 1, 2029, 985 BGB Herausgabe des noch vorhandenen Geldes verlangen b) oder (bei Vermischung mit eigenem Geld) Zahlung aus §§ 951, 812, 948 Abs. 1, 947 Abs. 2 BGB von € 10 000,-. c) In jedem Fall steht ihm ein Anspruch aus § 816 Abs. 2 BGB auf Herausgabe des Erlangten zu.

Zu **bedenken** ist aber auch hier, dass eine den **Schuldner** mangels eines Rechtsscheintatbestandes **nicht befreiende Leistung an einen Nicht-Gläubiger** dadurch **wirksam werden kann,** dass der **Gläubiger die Leistung** an den Nichtgläubiger ge-

nehmigt (§§ 362 Abs. 2, 185 Abs. 1 S. 1 BGB), so dass auf diese Weise § 816 Abs. 2 BGB anwendbar wird. Dies korrespondiert mit der Möglichkeit der zur Anwendung des § 816 Abs. 1 S. 1 BGB führenden Genehmigung einer unwirksamen Verfügung.

> **Fall 835:** Der F hat seinen künftigen Anspruch gegen den Abnehmer A aus Warenverkauf zum Zwecke der Sicherung eines Darlehens zunächst an die B-Bank (B) und sodann aufgrund eines „verlängerten Eigentumsvorbehalts" an den Lieferanten L abgetreten. Die Sicherungszession zugunsten der B war nach § 138 Abs. 1 BGB nichtig, weil sie den F in den „Vertragsbruch" gegenüber dem Lieferanten L „trieb". Daher war die „konkurrierende" Sicherungszession zugunsten des L wirksam. Der von F aufgrund eines Kaufvertrags belieferte Schuldner A hat den Kaufpreis im Vertrauen auf die Wirksamkeit der ihm von der B angezeigten Sicherungszession an die B gezahlt. Kann der L sich an den A oder auch an die B halten?
>
> Der L kann von dem A Zahlung 1. nach § 433 Abs. 2, 398 BGB verlangen, wenn dieser Anspruch nicht untergegangen ist: a) Nach § 362 Abs. 1 BGB ist er nicht erloschen, weil die B nicht Gläubiger geworden ist (so der Sachverhalt); b) es gibt auch keinen den A schützenden Rechtsscheintatbestand: § 409 BGB setzt eine Abtretungsanzeige des Zedenten (F) voraus; hier aber hat der Zessionar eine an ihn selbst erfolge Abtretung angezeigt; hierauf durfte der A nicht vertrauen. Der L kann also von dem A Zahlung verlangen. 2. Der L kann sich aber auch dafür entscheiden, sich an die B zu halten (§ 816 Abs. 2 BGB): a) Zwar ist die Leistung des A an die B nicht dem L gegenüber wirksam (s.o.); b) der L kann jedoch die Leistung des A an B durch eine Genehmigung (§§ 362 Abs. 2, 185 BGB), die u.U. in der Inanspruchnahme (z.B. Klageerhebung) der B liegt, mit Wirkung gegen sich wirksam werden lassen. (Beachten Sie, dass dann der A wegen der Erfüllungswirkung der Genehmigung frei geworden ist!)

b) Die „allgemeine Eingriffskondiktion" (§ 812 Abs. 1 S. 1 2. Fall BGB)

Nachdem nunmehr vorab der in § 816 BGB gesetzlich geregelte Spezialfall einer Eingriffskondiktion (dies unter Einbeziehung des weiteren Sonderfalls einer Eingriffskondiktion: § 822 BGB) behandelt worden ist, soll nun die **„allgemeine Eingriffskondiktion"** nach **§ 812 Abs. 1 S. 1 2. Fall BGB** erörtert werden. In Erinnerung sei gerufen, dass es sich hierbei um die Konstellationen handelt, bei denen

- Der Inanspruchgenommene **„etwas" erlangt** haben muss (**oben sub B.**),
- dieser Erwerb **nicht durch Leistung**, sondern durch eine **Vermögensverschiebung** infolge eines **Eingriffs** in den **wirtschaftlichen Zuweisungsgehalt** bestimmter **Schutzpositionen** und **Schutzbereiche** des Anspruchstellers, und damit zugleich auch auf **„auf dessen Kosten"**, erfolgt sein muss (**unten sub (aa)**),
- dafür kein **Rechtsgrund** besteht, weil ein Widerspruch zum Zuweisungsgehalt des fremden Rechts besteht und die Vermögensverschiebung von der Rechtsordnung gar nicht oder nicht ohne Ausgleich gebilligt wird (**unten sub bb**)),
- mit der Folge, dass **derjenige, dem** die **Schutzposition oder der Schutzbereich wirtschaftlich zugewiesen ist** (**unten sub cc**)),
- **gegen** den Begünstigten (**unten sub cc**))
- einen Anspruch auf **Wertersatz** und uU. auch **Gewinnherausgabe** hat (**unten sub E**).

aa) „Eingriff in den wirtschaftlichen Zuweisungsgehalt" bestimmter Schutzpositionen und Schutzbereiche des Anspruchstellers

Für eine „allgemeine Eingriffskondiktion" aus § 812 Abs. 1 S. 1 2. Fall BGB muss die Vermögensverschiebung durch einen „Eingriff in den wirtschaftlichen Zuweisungsgehalt bestimmter Schutzbereiche und Schutzpositionen" des Anspruchstellers erfolgt sein. Der **Eingriff** ist eine **Vermögensmehrung** durch ein **menschliches Verhalten** (in aller Regel) des Anspruchgegners, aber auch das eines Dritten, **oder** aufgrund eines **Naturereignisses**.

Fall 836: Die Kühe des Bauern B 1 durchbrechen den Weidenzaun und grasen auf der Wiese des Bauern B 2. Der B 2 will von B 1 einen Ausgleich.

Der Anspruch ergibt sich aus § 812 Abs. 1 S. 1 2. Fall BGB („Nichtleistungskondiktion" in Gestalt einer „Eingriffskondiktion"), denn a) B 1 hat „etwas" (Futter) erlangt. b) In Betracht kommt ein Erwerb durch „Eingriff". aa) Niemand hat geleistet. bb) Dieser Erwerb ist aufgrund eines aaa) „Eingriffs", hier aufgrund eines Naturereignisses, bbb) in den wirtschaftlichen Zuweisungsgehalt des Eigentums des B 2 erfolgt. c) Dafür gab es keinen Rechtsgrund. d) Die Folge ist, dass der Inhaber gegen den daraus Begünstigten einen Anspruch auf Wertersatz hat (§ 818 Abs. 2 BGB).

Als **Schutzpositionen** und **Schutzbereiche mit** einem **wirtschaftlichen Zuweisungsgehalt** kommen grundsätzlich das **Eigentum** und die **sonstigen Rechte i.S.d. § 823 Abs. 1 BGB** des Anspruchstellers in Betracht. Im Einzelfall muss geprüft werden, ob nach dem **„Schutzzweck der Norm"** die Schutzposition oder der Schutzbereich dem Anspruchsteller wirtschaftlich zugewiesen ist. Zu denken ist an **Eingriffe in das Eigentum**, in den **Besitz** oder in **beschränkt dingliche Rechte**,

- hier speziell **hinsichtlich des Eingriffs in das Eigentum**
- durch die Nutzung oder den Verbrauch (allerdings bei Berücksichtigung des Vorrangs der §§ 987 ff. BGB) einer in fremdem Eigentum stehenden Sache,
- durch eine Verbindung, Vermischung oder Verarbeitung i.S.d. §§ 946 ff. BGB einer in fremdem Eigentum stehenden Sache,
- oder durch die Verwertung einer schuldnerfremden Sache in der Zwangsvollstreckung.

Eingegriffen werden kann auch in **Immaterialgüterrechte** wie das Allgemeine Persönlichkeitsrecht, Patentrecht, Urheberrecht durch (speziell hinsichtlich des Allgemeinen Persönlichkeitsrechts) „kommerzialisierende" Verwertung. Dies wird sogar erstreckt auf solche Eingriffe in das Allgemeine Persönlichkeitsrecht, die der Rechtsträger selbst nicht zur kommerziellen Verwertung vorgenommen hätte; zu denken ist dabei an Eingriffe in die Intimsphäre z.B. durch die Publikation eines Tagebuches eines Prominenten, das dieser selbst geheim gehalten hatte und keinesfalls „vermarktet" hätte.

Fall 837: Der E hatte beim Bau seines Einfamilienhauses auf seinem Grundstück eine Garage errichtet, sich aber den Bau einer Zufahrt erspart, weil zwischen seinem Haus mit der dazu gehörigen Garage das unbebaute und öde daliegende Grundstück des B lag, über das er leicht fahren konnte. E benutzt dieses fortan ständig als „Zufahrt" zu seiner Garage. Der B verlangt einen Ausgleich dafür.

In Betracht kommt ein Anspruch des B gegen den E aus § 812 Abs. 1 2. Fall BGB („Nichtleistungskondiktion" in Gestalt der „Eingriffskondiktion"). a) Der E hat „etwas", nämlich einen Gebrauchsvorteil, erlangt, b) aa) und zwar nicht durch Leistung des B noch irgendeines anderen bb) und daher möglicherweise „in sonstiger Weise" (durch „Eingriff"). aaa) Der E hat durch den Gebrauch einer fremden Sache in den wirtschaftlichen Zuweisungsgehalt des Eigentums des B eingegriffen. bbb) Die Vermögensverschiebung ist, weil ein Widerspruch zum Zuweisungsgehalt des fremden Rechts besteht und die Vermögensverschiebung von der Rechtsordnung nicht gebilligt wird, ohne Rechtsgrund erfolgt. ccc) Da der Gebrauchsvorteil nicht herausgegeben werden kann, hat der B gegen den A einen Anspruch auf Wertersatz (§ 818 Abs. 2 BGB), kann also die übliche Vergütung für ein Wegerecht verlangen.

Fall 838: Der P. U. de Beer (P) möchte umsonst ein Fußballspiel des FC. St. Pauli sehen. Dazu schleicht er sich in den der Telekom AG gehörigen ehemaligen Hochbunker neben dem Platz ein und klettert auf das Flachdach, von wo aus er einen guten Blick hat. Der FC. St. Pauli und die Telekom AG verlangen von P die übliche Vergütung für einen Tribünenplatz.

1. Der Anspruch der Telekom AG gegen P könnte sich aus § 812 Abs. 1 S. 1 2. Fall BGB („Nichtleistungskondiktion" in Gestalt der „Eingriffskondiktion") ergeben. a) Der P hat durch die Beobachtungsposition auf dem Dach des Gebäudes einen wirtschaftlich wertvollen Gebrauchsvorteil, also ein „etwas", erlangt, b) und zwar möglicherweise durch „Eingriff". aa) Dann dürfte der P den Vorteil nicht durch eine Leistung erlangt haben. Eine Leistung der Telekom AG oder eine solche von dritter Seite liegt nicht vor. bb) Für eine „Eingriffskondiktion" müsste der P in den wirtschaftlichen Zuweisungsgehalt einer anerkannten Schutzposition oder eines Schutzbereiches der Telekom AG eingegriffen haben. Hier hat der P durch Gebrauch einer in fremdem Eigentum stehenden Sache in das Eigentum der Telekom AG eingegriffen, indem er in das Gebäude eingedrungen ist. Der Vermögensvorteil müsste entgegen dem wirtschaftlichen Zuweisungsgehalts des Eigentums entstanden sein. Die faktische Möglichkeit, vom Dach des Hauses einen bestimmten Ausblick, der einen wirtschaftlichen Vorteil mit sich bringt, zu haben, ist dem Eigentümer nur dann zugewiesen, wenn das Haus seiner Bestimmung entsprechend in dieser Weise wirtschaftlich genutzt zu werden pflegt (z.B. Aussichtsturm). Das ist hier nicht der Fall. Daher bedarf es zum Ausschluss eines Anspruchs aus § 812 Abs. 1 S. 1 2. Fall BGB („Nichtleistungskondiktion" in Gestalt der „Eingriffskondiktion") wohl nicht der zum gleichen Ergebnis führenden Überlegung, dass das sich aus § 903 BGB ergebende Verbot, in ein fremdes Gebäude einzudringen, nur der Sicherung des Herrschaftsbereichs dient, nicht aber der Verhinderung der Betrachtung von Ereignissen auf dem Nachbargrundstück, so dass die Zuerkennung eines Eingriffskondiktionsanspruchs dem „Schutzzweck der Norm" widerspricht (Canaris). Wie auch immer: Die Telekom AG hat daher keinen Anspruch gegen den P.
2. Der FC. St. Pauli könnte gegen den P einen Anspruch aus § 812 Abs. 1 S. 1 2. Fall BGB („Nichtleistungskondiktion" in Gestalt einer „Eingriffskondiktion") haben. a) Der P hat durch die Wahrnehmung des Spiels einen Vermögenswert, also ein „etwas", erlangt, b) und zwar möglicherweise durch „Eingriff". aa) Dann dürfte der P den Vorteil nicht durch eine Leistung erlangt haben. Eine Leistung des FC. St. Pauli oder eine solche von dritter Seite, speziell der Telekom AG, liegt nicht vor. bb) Für eine „Eingriffskondiktion" müsste der P in den wirtschaftlichen Zuweisungsgehalt einer anerkannten Schutzposition oder eines Schutzbereiches des FC. St. Pauli eingegriffen haben. aaa) Die Einsehbarkeit eines Grundstücks, auf dem gegen ein Entgelt zu betrachtende Ereignisse stattfinden, ist dem Eigentümer nicht wirtschaftlich zugewiesen, so dass die Ausnutzung dessen kein Eingriff in das Eigentum ist. bbb) Ob ein Ein-

griff in den eingerichteten und ausgeübten Gewerbebetrieb des FC St. Pauli stattgefunden hat, kann offen bleiben, weil diese Schutzposition anerkanntermaßen keinen wirtschaftlichen Zuweisungsgehalt hat.

Fall 839: Der G betreibt aufgrund eines vollstreckbaren Zahlungstitels gegen S die Zwangsvollstreckung in das bewegliche Vermögen des S. Der Gerichtsvollzieher GV pfändet bei S eine dem E 1 gehörige bewegliche Sache, die der S von E 1 ausgeliehen hatte. Die Sache wird durch eine Versteigerung verwertet. Der Ersteigerer ist der E 2. Der E 1 verlangt Herausgabe der Sache von E 2, jedenfalls aber von G den an diesen ausgekehrten Versteigerungserlös.

1. Der E 1 hat keinen Herausgabeanspruch gegen den E 2 a) aus § 985 BGB. Denn der E 2 ist aufgrund eines staatlichen Hoheitsaktes Eigentümer geworden. b) Auch aus § 812 Abs. 1 S. 1 BGB kann der E 1 keine Herausgabe verlangen. Der Zuschlag bei der Versteigerung begründet den Rechtsgrund. 2. Den Versteigerungserlös kann der E 1 von G aus § 812 Abs. 1 S. 1 2. Fall („Nichtleistungskondiktion" in Gestalt der „Eingriffskondiktion") verlangen. a) Der G hat das Eigentum an dem Geld durch einen Hoheitsakt in Gestalt der Auskehrung des Erlöses durch den Gerichtsvollzieher erlangt. b) Hierin liegt ein Eingriff in das Eigentum an dem Erlös, denn der Eigentümer der gepfändeten Sache, der E 1, ist im Wege der dinglichen Surrogation Eigentümer des Geldes geworden (§ 804 ZPO i.V.m. 1247 S. 2 BGB). c) Der Eigentumserwerb des G am Erlös steht im Widerspruch zum Zuweisungsgehalt des Eigentums des E 1 und die Vermögensverschiebung wird von der Rechtsordnung gar nicht oder nicht ohne Ausgleich gebilligt. Sie ist daher rechtsgrundlos.

Fall 840: Der M. Ita (M) hat das ganze Stockwerk eines Gebäudes einschließlich der weiß angestrichenen Außenwand gemietet. Der ein Kino betreibende Nachbar Dr. K. I. No (K) projeziert zu Werbezwecken auf diese Wand mit einem lichtstarken Beamer Filmsequenzen der demnächst in diesem Kino gezeigten Filme. Der M will einen Ausgleich von K.

In Betracht kommt ein Anspruch des M gegen den K aus § 812 Abs. 1 S. 1 2. Fall BGB („Nichtleistungskondiktion" in Gestalt der „Eingriffskondiktion"). a) K hat „etwas", nämlich den Gebrauchsvorteil einer Nutzung der Wand als Projektionsfläche, erlangt. b) In Betracht kommt ein Erwerb durch „Eingriff". aa) Der K hat den Vorteil nicht durch Leistung eines anderen erlangt. bb) Durch die Benutzung der Wand als Projektionsfläche hat er in den wirtschaftlichen Zuweisungsgehalt des berechtigen Besitzes bzw. Mieterbesitzes des M eingegriffen. c) Die Vermögensverschiebung ist, weil ein Widerspruch zum Zuweisungsgehalt des fremden Rechts besteht und die Vermögensverschiebung von der Rechtsordnung gar nicht oder nicht ohne Ausgleich gebilligt wird, ohne Rechtsgrund erfolgt. d) Da das „etwas" nicht herausgegeben werden kann, hat der M gegen den A einen Anspruch auf Wertersatz (§ 818 Abs. 2 BGB), also die übliche Vergütung für die Zurverfügungstellung einer Werbefläche.

Fall 841: Der Dr. D verkauft die Krankengeschichte seines prominenten Patienten P an die Zeitschrift „Star", die sie veröffentlicht.

Hier fehlt die Marktgängigkeit des Allgemeinen Persönlichkeitsrechts, weil der P seine Krankengeschichte nicht selbst verwertet haben würde. Gleichwohl soll ein Anspruch aus §§ 812 Abs. 1 S. 1 2. Fall BGB gegeben sein.

Die Frage ist, ob es in diesem Zusammenhang eigentlich auch der gesonderten Subsumtion des im Gesetz erwähnten Merkmals **„auf dessen Kosten"** (gemeint ist: auf Kosten des Anspruchstellers) bedarf. Sie wissen ja, dass der Gesetzgeber die Absicht hatte, durch das Merkmal „auf dessen Kosten" den jeweiligen Bereicherungsgläubiger zu bestimmen. Da sich diese „Rollenverteilung" bei der Leistungskondiktion aus dem Leistungsbegriff ergibt, ist man sich einig, dass dieses Merkmal, wenn überhaupt, nur für die Kondiktion „in sonstiger Weise", und zwar speziell für die „Eingriffskondiktion", gelten kann. Da sich aber die Gläubigerrolle stets schon daraus bestimmt, wer der Inhaber der Rechtsposition ist, in die der „Eingriff" erfolgt ist, bedarf es auch bei der Prüfung der „allgemeinen Eingriffskondiktion" nicht der gesonderten Subsumtion des Merkmals „auf dessen Kosten".

Wenn Sie gelegentlich lesen, dass die Vermögensverschiebung für einen Bereicherungsanspruch aus § 812 Abs. 1 S. 1 2. Fall BGB **unmittelbar** erfolgt sein muss, sollten Sie auch dieses (ungeschriebene) Merkmal ignorieren, denn ein Zwischenerwerb eines Dritten steht dem Anspruch nicht entgegen. Der Weg der Vorteilserlangung ist für einen Anspruch aus § 812 Abs. 1 S. 1 2. Fall BGB gleichgültig.

bb) „Ohne Rechtsgrund"

Der **Rechtsgrund** fehlt, wenn die **durch** den **Eingriff herbeigeführte Vermögenslage** dem **Zuweisungsgehalt des fremden Rechts**, in das eingegriffen wurde, **widerspricht** und die **Vermögensverschiebung** von der Rechtsordnung entweder **gar nicht** oder **nicht ohne Ausgleich** gebilligt wird.

Bei **gesetzlichen Erwerbstatbeständen** kommt es insbesondere darauf an,

- ob die Vermögensverschiebung als solche endgültig („kondiktionsfest") sein soll (so z.B. bei §§ 946 – 950 BGB, aber eingeschränkt bei § 977 BGB): dann besteht kein diese Vermögensverschiebung rückgängig machender Anspruch aus § 812 Abs. 1 S. 1 2. Fall BGB;

- und ob selbst im Fall der Kondiktionsfestigkeit der Vermögensverschiebung jedenfalls ein Ausgleich gewährt werden soll: dann ist ein Anspruch z.B. aus §§ 951, 812 Abs. 1 S. 1 2. Fall BGB gegeben.

> Auf die **Rechtswidrigkeit** des Eingriffs kommt es **nicht** an; auch rechtmäßige Eingriffe können zur Rechtsgrundlosigkeit führen.

cc) Gläubiger und Schuldner des Bereicherungsanspruchs, „Dritteingriffskondiktion"

Der **Gläubiger** des Bereicherungsanspruchs ist derjenige, **dem** die **Schutzposition** oder der **Schutzbereich**, in die/den eingegriffen wurde, **wirtschaftlich zugewiesen ist**. Das war Ihnen bereits aus den Ausführungen zum Merkmal „auf dessen Kosten" bekannt.

Schuldner des Bereicherungsanspruchs bei der Eingriffskondiktion ist der Begünstigte; das ist derjenige, dem der **Vorteil** (das „etwas") **zugute gekommen ist**:

- Danach ist **normalerweise** der **Eingreifende selbst** der Schuldner des Bereicherungsanspruchs. Das haben wir bereits dargestellt.

- Interessant ist aber folgende Konstellation: Kommt der Vorteil **einem anderen** als dem Eingreifenden **zugute**, nämlich bei der sog. **„Dritteingriffskondiktion"** (Canaris), so ist dieser Begünstigte der Schuldner des Bereicherungsanspruchs.

Fall 842: Der E hatte aufgrund einer öffentlich-rechtlichen Pflicht beim Bau seines Mietshauses eine Tiefgarage errichtet, hatte sich aber den Bau einer Zufahrt erspart, weil zwischen seinem Haus mit der Garage das unbebaute und öde daliegende Grundstück des B lag, über das man leicht fahren kann und über das der im Hause lebende Mieter M daher auch fährt. Der B verlangt einen Ausgleich dafür von dem Mieter M oder von E.

1. Ein Anspruch des B gegen den M aus § 812 Abs. 1 S. 1 2. Fall BGB („Nichtleistungskondiktion" in Gestalt einer „Eingriffskondiktion") setzt voraus, dass M „etwas" erlangt hat. Hier kommt der Gebrauchsvorteil, das fremde Grundstück zu nutzen, in Betracht. Es ist aber nicht der Inanspruchgenommene M, der einen Vorteil gehabt hat, sondern der E, der eine Zufahrt für M hätte schaffen müssen und sich dies erspart hat. Daher hat der B keinen Anspruch gegen den M. 2. In Betracht kommt ein Anspruch des B gegen den E aus § 812 Abs. 1 S 1 2. Fall BGB („Nichtleistungskondiktion" in Gestalt einer „Eingriffskondiktion"). a) Der E hat „etwas", nämlich die Ersparnis, eine entgeltliche Vereinbarung mit B über eine Zufahrt zu treffen, erlangt. Hier kommt eine „Eingriffskondiktion" in Betracht. aa) Der Vermögensvorteil ist nicht geleistet worden. bb) Ein „Eingriff" aaa) des E liegt nicht vor, bbb) wohl aber ein solcher des M, der in den wirtschaftlichen Zuweisungsgehalt des Eigentums des B eingegriffen hat. c) Das Erlangen des Vermögensvorteils steht im Widerspruch zum Zuweisungsgehalt des fremden Rechts und wird deshalb von der Rechtsordnung nicht gebilligt, ist also ohne Rechtsgrund erfolgt. d) Schuldner des Bereicherungsanspruchs ist der E, weil ihm der Vermögensvorteil zugute kommt (nach Canaris: „Dritteingriffskondiktion") e) Da der Vermögensvorteil nicht herausgegeben werden kann, hat der B gegen den E einen Anspruch auf Wertersatz (§ 818 Abs. 2 BGB), also die übliche Vergütung für ein Wegerecht.

2. „Auslagen-" oder „Rückgriffskondiktion" und „Verwendungskondiktion"

Für die „Nichtleistungskondiktion" in Gestalt der soeben abgehandelten „Eingriffskondiktion" waren Eingriffe in eine fremde Rechtssphäre kennzeichnend. Aber auch freiwillige Vermögensopfer können einen Ausgleich nach § 812 Abs. 1 S. 1 2. Fall BGB („Nichtleistungskondiktion") nach sich ziehen. Wir verstehen darunter die Fälle der dem Regress dienenden **„Auslagen-"** bzw. **„Rückgriffskondiktion"** und die Fälle der dem Ausgleich freiwilliger Vermögensopfer dienenden **„Verwendungskondiktion"**.

a) „Auslagen-" bzw. Rückgriffskondiktion"

Erfüllt (i.d.R.: zahlt) eine andere Person als der Schuldner die Schulden eines anderen und will er beim Schuldner „Regress" (= Rückgriff) nehmen, so ist hierfür die subsidiäre **„Auslagenkondiktion"** bzw. **„Rückgriffskondiktion"** ohne große Bedeutung.

- Vorrangig wären Ansprüche aus **vertraglichen Regressvereinbarungen** der Parteien oder sonstige Ansprüche aus einem bestehenden **Innenverhältnis** (z.B. §§ 426 Abs. 1, 670 BGB).

- Sodann gibt es eine ganze Reihe von Konstellationen, in denen sich der an den Gläubiger leistende Dritte aufgrund einer **cessio legis** an den Schuldner halten kann, so bei §§ 268 Abs. 3, 426 Abs. 2, 774, 1143 BGB, 67 VVG, 116 SGB X, § 6 EFZG.

- Oder es vollzieht sich der Ausgleich zwischen dem an den Gläubiger leistenden Dritten und dem Schuldner durch einen **Zessionsregress**, bei dem der Gläubiger dem Dritten seinen Anspruch gegen den Schuldner abzutreten hat (z.B. §§ 255, 285 BGB), so dass der Dritte dann aus dem ihm abgetretenen Anspruch gegen den Schuldner vorgehen kann.

- In Betracht kommen auch Ansprüche des Dritten gegen den Schuldner aus **Geschäftsführung ohne Auftrag** (§§ 677, 683, 670 BGB).

- Ist die Geschäftsführung ohne Auftrag mangels der Voraussetzungen des § 683 BGB nicht berechtigt, so steht dem Dritten ein Anspruch gegen den Schuldner aus **§§ 677, 684 S. 1, 812 BGB** zu. Um den Streit, ob es sich hierbei um einen Rechtsfolgen- oder Rechtsgrundverweis handelt, brauchen Sie sich nicht zu kümmern, weil beide Lehren insoweit harmonisiert sind, als auch die einen Rechtsfolgenverweis propagierende Lehre die Sperrtatbestände der §§ 814, 815 und § 817 S. 2 BGB auf §§ 677, 684 S. 1, 812 BGB anwendet. Daher sollten Sie sich der Lehre vom Rechtsfolgenverweis anschließen.

- Möglich ist auch ein Anspruch aus **§ 812 Abs. 1 S. 1 1. Fall BGB ("Leistungskondiktion")**, der jedoch nicht bestünde, wenn ein Anspruch aus §§ 677, 683, 670 BGB bejaht wird, weil die GoA ein Rechtsgrund wäre.

Wie gesagt: Erst wenn alle diese Wege ausscheiden, stellt sich speziell in den Fällen der **Leistung eines „Dritten" i.S.d. § 267 BGB** an den Gläubiger die Frage eines Ausgleiches nach **§ 812 Abs. 1, S. 1 2. Fall BGB**, dessen Voraussetzungen sind: **(a)** Der Inanspruchgenommene Schuldner hat als „etwas" die Schuldbefreiung erlangt (§§ 362 Abs. 1, 267 BGB). **(b)** Diesen Vorteil hat er nicht durch Leistung des Dritten oder irgendeiner anderen Person erlangt, sondern „in sonstiger Weise". **(c)** Ein Rechtsgrund besteht nicht. Wer bei der Prüfung des fehlenden Rechtsgrundes einen Bereicherungsanspruch des Dritten daran scheitern lassen würde, dass eine berechtigte Geschäftsführung ohne Auftrag vorliegt, hätte übrigens einen Aufbaufehler begangen: Er hätte nämlich, wie Sie ja inzwischen aus der obigen Übersicht der Regressregelungen wissen, zuvor einen Anspruch aus §§ 677, 683, 670 BGB prüfen und bejahen müssen. Wegen der Subsidiarität des Anspruchs aus § 812 Abs. 1 S. 1 2. Fall BGB („Kondiktion in sonstiger Weise" in Gestalt der „Auslagen- oder Rückgriffskondiktion") hätte er diese gar nicht mehr prüfen dürfen. **(d)** Soweit gegen diese Konstruktion vorgebracht wird, dass es sich um eine „aufgedrängte Bereicherung" handelt, die den Schuldner aus den verschiedensten Gründen unzuträglich belasten könnte (z.B. deshalb, weil er Einwendungen gegen den Gläubiger dem Regress nehmenden Dritten nicht entgegenhalten könnte und damit verlieren könnte; weil hinsichtlich der getilgten Forderung der Ablauf einer kurzen Verjährungsfrist unmittelbar bevorstand, auf die er sich hätte berufen können, während er nunmehr einem nach § 195 BGB regelmäßig verjährenden Bereicherungsanspruch des Dritten ausgesetzt sei; weil er eine Aufrechnungsmöglichkeit gegenüber dem Gläubiger verloren hat;

oder weil mit dem Gläubiger ein „pactum de non cedendo" vereinbart war) kann man dem entgegenhalten, dass man bei solchen Konstellationen zugunsten des Schuldners analog § 268 Abs. 3 BGB die §§ 404, 406 ff. BGB und auch § 399 2. Fall BGB entsprechend anwenden kann.

Der praktisch bedeutsamste Fall ist der, in dem ein **Anwartschaftsrecht veräußert** worden ist und der **Erwerber** an den **Eigentümer-Erstverkäufer** zahlt, um den **Bedingungseintritt** zu seinen Gunsten herbeizuführen, und er sich dann **beim Erstkäufer erholen** will.

Fall 843: Der Eigentümer E einer beweglichen Sache verkauft diese an den K 1 unter Eigentumsvorbehalt für € 10 000,- und übergibt und übereignet die Sache aufschiebend bedingt durch die vollständige Bezahlung des Kaufpreises (§§ 929 S. 1, 158 Abs. 1 BGB). Der K 1 verkauft und überträgt durch Einigung und Übergabe sein Anwartschaftsrecht an den K 2. Als der K 1 in Vermögensverfall gerät und den Restkaufpreis von € 100,- nicht mehr aufbringen kann, zahlt der K 2 diesen Betrag an den E, weil er fürchtet, dass der E nach § 323 BGB vom Vertrag zurücktritt und sein Anwartschaftsrecht dadurch erlischt. Danach verlangt der K 2 von dem wieder zu Geld gekommenen K 1 Zahlung von € 100,-.

Ansprüche des K 2 gegen den K 1 a) aus einem Innenverhältnis, b) aufgrund einer cessio legis, c) aufgrund einer erfolgten Zession bestehen nicht. e) Mangels eines Fremdgeschäftsführungswillens hat der K 2, der lediglich eigene Interessen verfolgt, keinen Anspruch aus §§ 683, 677, 670 BGB. f) Aus dem gleichen Grund hat der K 2 gegen den K 1 keinen Anspruch aus §§ 684 S. 1, 812 Abs. 1 BGB. g) Einen Anspruch aus § 812 Abs. 1 S. 1 1. Fall BGB („Leistungskondiktion") hat der K 2 mangels eines gegenüber dem K 1 verfolgten Leistungszweckes nicht. h) Der Anspruch ergibt sich jedoch aus § 812 Abs. 1 S. 2. Fall BGB („Nichtleistungskondiktion" in Gestalt der „Auslagenkondiktion" bzw. „Rückgriffskondiktion") aa) Der K 1 hat die Schuldbefreiung erlangt (§§ 362, 267 BGB), bb) dies nicht durch aaa) Leistung des K 2 an den K 1 bbb) oder durch Leistung eines anderen an den K 2 und cc) auch ohne rechtlichen Grund. dd) Gegen diese Konstruktion wird vorgebracht, dass es sich um eine „aufgedrängte Bereicherung" handelt, die den Schuldner (K 1) aus den verschiedensten Gründen unzuträglich belasten könnte: z.B. deshalb, weil er Einwendungen gegen den Gläubiger verlieren könnte, weil der Ablauf einer kurzen Verjährungsfrist unmittelbar bevorsteht und er nun einem nach § 195 BGB regelmäßig verjährenden Bereicherungsanspruch des Dritten gegenüber steht, weil er eine gegen den Gläubiger bestehende Aufrechnungsmöglichkeit verloren hat, oder weil mit dem Gläubiger ein „pactum de non cedendo" vereinbart war. Dem kann man jedoch entgegenhalten, dass man analog § 268 Abs. 3 BGB die §§ 404, 406 ff. BGB und auch § 399 2. Fall BGB entsprechend anwenden kann. ee) Weil im vorliegenden Fall dem K 1 derartige Verteidigungsmittel nicht entgangen sind, muss der K 1 dem K 2 den Wert der Befreiung von der Verbindlichkeit (€ 100,-) ersetzen. (§ 818 Abs. 2 BGB).

In juristischen Aufgabenstellungen ist die folgende Konstellation sehr beliebt: Ein sich irrig für den Schuldner haltender **Nicht-Schuldner** erbringt eine **vermeintlich** von ihm selbst **geschuldete Leistung** an den Gläubiger. Er könnte diese Leistung an sich von dem Gläubiger nach § 812 Abs. 1 S. 1 BGB („Leistungskondiktion") zurück verlangen. Weil aber der Gläubiger nicht leistungsfähig ist, kommt dem Nicht-Schuldner der Gedanke, seine Leistung durch eine **nachträgliche Fremdbestimmung** in eine **für den wahren** (und leistungsfähigen) **Schuldner erbrachte Drittleistung i.S.d. § 267 BGB „umzuwandeln"**, um sich auf diese Weise nach § 812 Abs. 1 S. 1 2. Fall BGB bei dem wahren und leistungsfähigen Schuldner zu erholen.

Fall 844: Der G hat gegen den S eine Forderung. Der D hält sich irrig für den Schuldner und leistet an den G. Dann wird über das Vermögen des G das Insolvenzverfahren eröffnet. Weil der D hinsichtlich seines Kondiktionsanspruchs gegen den G aus § 812 Abs. 1 S. 1 1. Fall BGB („Leistungskondiktion") nur die Insolvenzquote zu erwarten hätte, erklärt er gegenüber dem Insolvenzverwalter des G, dass er die Leistung anstelle des S „als Dritter" erbracht hätte, und nimmt jetzt den leistungsfähigen S in Anspruch.

Ansprüche des D gegen den S a) aus einem Innenverhältnis, b) aufgrund einer cessio legis, c) aufgrund einer erfolgten Zession bestehen nicht. d) Mangels eines Fremdgeschäftsführungswillens hat der D, der lediglich eigene Interessen verfolgt, keinen Anspruch aus §§ 683, 677, 670 BGB. e) Aus dem gleichen Grund hat der D gegen den S keinen Anspruch aus §§ 684 S. 1, 812 Abs. 1 BGB. f) Einen Anspruch aus § 812 Abs. 1 S. 1 1. Fall BGB („Leistungskondiktion") hat der D mangels eines gegenüber dem S verfolgten Leistungszweckes nicht. g) Der D könnte aber gegen den S einen Anspruch aus § 812 Abs. 1 S. 1 2. Fall BGB („Nichtleistungskondiktion" in Gestalt der „Auslagen-" oder „Rückgriffskondiktion") haben. Dann müsste dieser „etwas" erlangt haben. Eine Schuldbefreiung könnte S nach § 267 BGB erlangt haben, wenn eine nachträgliche Fremdbestimmung möglich wäre. Das ist grundsätzlich möglich, weil es sonst zu einer umständlichen Doppelabwicklung käme: Der von D aus § 812 Abs. 1 S. 1 1. Fall BGB („Leistungskondiktion") in Anspruch genommene G würde sich nämlich anschließend an den S halten. Gegen die Möglichkeit einer nachträglichen Fremdbestimmung sprechen auch nicht die Argumente der „aufgedrängten Bereicherung", da man insoweit über § 268 Abs. 3 analog helfen kann. Nach Eröffnung des Insolvenzverfahrens über das Vermögen des G besteht jedoch keine Wahlmöglichkeit mehr (§ 96 InsO analog). Daher scheidet hier eine Fremdbestimmung aus. Der D kann sich nur an G halten.

b) „Verwendungskondiktion"

Wenn jemand ohne vertragliche oder gesetzliche Verpflichtung eigene Mittel für eine Sache eines anderen aufwendet, so kann der Wert der Verwendungen von ihm nach §§ 812 Abs. 1 S. 1 2. Fall, 818 Abs. 2 BGB („Verwendungskondiktion") geltend gemacht werden. Allerdings ist auch dieser Anspruch **subsidiär gegenüber speziellen Ansprüchen**, nämlich

- aus **Vertrag** (z.B. **§ 539 BGB**);
- aus **§§ 677, 683 S. 1, 670 BGB**;
- aus **§§ 677, 684 S. 1, 812 BGB**;
- aus **§ 812 Abs. 1 S. 1 1. Fall BGB („Leistungskondiktion")** bei Verwendungen zur Erfüllung einer vermeintlich bestehenden Rechtspflicht
- **aus §§ 951, 812 Abs. 1 S. 1 BGB** bei Verwendungen auf fremde Sachen; dem kann bei Verwendungen eines unberechtigten Besitzers auf fremde Sachen allerdings ein Verwendungsersatzanspruch aus **§§ 994 ff. BGB** vorgehen und dies möglicherweise selbst dann, wenn die Verwendungen nicht einmal unter den („engen") Verwendungsbegriff der §§ 994 ff. BGB fallen.

Fall 845: Der unerkennbar geisteskranke V verkauft und übereignet ein ihm gehöriges unbebautes Grundstück im Bereich Grindelallee/Hallerstraße in Hamburg an den K, der darauf für € 10 Millionen ein Bürohaus, für das wegen eines unvermuteten Konjunkturschubes infolge der Umsetzung der „agenda 2010" ein plötzlicher Bedarf bestand, errichtet. Nunmehr verlangt der wirksam vertretene V Herausgabe des Grundstücks. Der K verlangt den Ersatz seiner Verwendungen in Höhe von € 10 Millionen (nach BGH, „Grindelhochhäuser").

Dem 1. Anspruch V gegen K aus § 985 BGB 2. könnte entgegenstehen a) ein Herausgabeverweigerungsrecht aus § 1000 BGB, wenn K einen Verwendungsersatzanspruch hätte: aa) Ein solcher Anspruch aus § 994 BGB scheitert ungeachtet der Frage, ob die Errichtung des Bürogebäudes eine Verwendung des K auf die Sache ist, daran dass sie jedenfalls nicht „notwendig" gewesen wäre. bb) Der Bau könnte jedoch eine nach § 996 BGB zu ersetzende nützliche Verwendung gewesen sein. aaa) Der K war gutgläubig und unverklagt; bbb) die Wertsteigerung war noch vorhanden. ccc) Daher stellt sich jetzt doch die Frage, ob in dem Bau eine Verwendung zu sehen ist. Nach dem weiten Verwendungsbegriff, der auch sachändernde Maßnahmen erfasst: ja; nach dem engen Verwendungsbegriff, der grundlegende Umgestaltungen nicht als Verwendung ansieht: nein. b) Folgt man dem engen Verwendungsbegriff, so dass ein Herausgabeverweigerungsrecht aus §§ 1000, 996 BGB ausscheidet, ist zu prüfen, ob dem K ein Zurückbehaltungsrecht aus §§ 951, 812 Abs. 1 S. 1 2. Fall (Rechtsgrundverweisung), 273 BGB zusteht. aa) Nach der hL. steht dem K gegen den Herausgabeanspruch des V aufgrund eines Anspruchs aus §§ 951, 812 Abs. 1 S. 1 2. Fall BGB ein Zurückbehaltungsrecht aus § 273 BGB zu: aaa) Der V hat nach §§ 946, 93, 94 BGB das Eigentum an dem Gebäude erlangt, bbb) und zwar, aaaa) da er das Eigentum weder durch eine Leistung des K noch durch die Leistung eines anderen erlangt hat, bbbb) „in sonstiger Weise" durch Eingriff in das Eigentum des K; ccc) weil der Erwerb im Widerspruch zum Zuweisungsgehalt des fremden Rechts steht und die Vermögensverschiebung von der Rechtsordnung nicht ohne Ausgleich gebilligt wird (arge. § 951 BGB), bestand kein Rechtsgrund. ddd) Dass die Bereicherung „aufgedrängt" ist, steht einem Anspruch nicht entgegen, wenn der Vermögensvorteil – wie hier anzunehmen – objektiv sinnvoll war und der Vermögensplanung des V nicht entgegenstand. bb) Der BGH hält jedoch auch dann, wenn – wie hier bei einer grundlegenden Umgestaltung des Grundstücks (enger Verwendungsbegriff) – mangels einer Verwendung die §§ 994 BGB nicht vorliegen können, diese für Spezialregelungen im Verhältnis zu §§ 951, 812 BGB, weil man sonst das Haftungssystem der §§ 994 ff. BGB mit seinen Differenzierungen der Haftung nach Gut- und Bösgläubigkeit bzw. Unverklagtheit und Rechtshängigkeit umgehen könnte. Es bleibt danach daher grundsätzlich bei einem Wegnahmerecht des K gem. § 997 BGB und uU. – wenn der Abriss öffentlich-rechtlich verboten sein sollte oder auch (und das sollte man jedenfalls zur Korrektur unsinniger Ergebnisse annehmen) wenn der Abriss (wie hier) zu einem unzumutbaren Wertverlust führen sollte – einem Ausgleichsanspruch in Geld aus § 242 BGB, der dann ein Zurückbehaltungsrecht aus § 273 BGB ergäbe.

Wie gesagt: Erst dann, wenn alle diese speziellen Anspruchsgrundlagen nicht einschlägig sind, kommt ein Anspruch aus **§ 812 Abs. 1 S. 1 2. Fall BGB** in Betracht; er spielt also wirklich nur eine Nebenrolle: So ist ein solcher Anspruch vorstellbar bei Verwendungen auf eine vermeintlich eigene Sache, die man nicht im Besitz hat (z.B. Reparatur eines Zaunes, der entgegen den Vorstellungen des Verwenders dem Nachbarn gehört und auf dessen Grundstück steht) oder auf eine fremde Sache, von der man erwartet, sie durch Erbgang zu erwerben, während sie dem Erblasser schon nicht mehr gehört (so der folgende Fall). Auch hier stellt sich das Problem der „aufgedrängten Bereicherung". Nach überzeugender Ansicht (Canaris) soll der Gutgläubige (so hier der S) stets, der Bösgläubige dagegen überhaupt nicht kondizieren (Kondiktionssperre) können, es sei denn, dass dem Inanspruchgenommenen eine Realisierung zuzumuten ist.

Fall 846: Die Eigen (E) übertrug im Januar 2002 im Alter von 60 Jahren ohne Wissen ihres Sohnes S das Eigentum an ihrem Haus schenkweise an ihren Neffen Norbert (N) und behielt sich dabei einen Nießbrauch vor. Der N verpflichtete sich zur lebenslangen und standesgemäßen Pflege. In der Zeit zwischen Februar und Oktober 2002 hatte der S in Erwartung, er würde das Haus erben, Arbeiten im Werte von € 20 000,- ausgeführt. Als er erfuhr, dass längst der N Eigentümer geworden war, verlangte er von dem N einen Ausgleich für die Verkehrswerterhöhung in Höhe von € 10 000,- (nach OLG Koblenz).

Der Anspruch ergibt sich 1. nicht aus einem Vertrag, 2. nicht aus §§ 677, 683 S. 1, 670 BGB, 3. nicht aus §§ 994, 1001 BGB, 4. nicht aus § 812 Abs. 1 S. 1 1. Fall („Leistungskondiktion"), denn der S hat nicht bewusst und zweckgerichtet das Vermögen des N gemehrt, 5. nicht aus §§ 951, 812 Abs. 1 S. 1 2. Fall BGB; 6. wohl aber aus § 812 Abs. 1 S. 1 2. Fall („Nichtleistungskondiktion" in Gestalt einer „Verwendungskondiktion"): a) Der N hat durch die Verkehrswerterhöhung einen Vermögensvorteil, also ein „etwas", erlangt. b) Die Nichtleistungskondiktion setzt voraus, aa) dass der N den Vorteil nicht durch Leistung erlangt hat. Weder der S noch eine andere Person haben an den N geleistet. bb) Es liegt ein Fall des Erwerbs durch „Verwendungen" vor. cc) Ein Rechtsgrund besteht nicht, denn der Vermögensvorteil ist dem N „versehentlich" zugute gekommen, weil der S bei Ausführung der Arbeiten nicht wusste, dass die E das Grundstück an den N übereignet und der erwarteten Vererbung an ihn entzogen hatte. dd) Dass die Verkehrswerterhöhung eine „aufgedrängte Bereicherung" darstellt, ist unbeachtlich. Nach überzeugender Ansicht (Canaris) soll der Gutgläubige (so hier der S) stets, der Bösgläubige dagegen überhaupt nicht kondizieren (Kondiktionssperre) können, es sei denn, dass dem Inanspruchgenommenen eine Realisierung zuzumuten ist.

E. Der Inhalt des Bereicherungsanspruchs

I. Herausgabe des Erlangten, Nutzungen, Surrogate und Wertersatz

1. Herausgabe des Erlangten

In erster Linie ist das **„etwas"**, so wie es erlangt worden ist, zurück zu übertragen: rechtsgrundlos erlangtes Eigentum ist zurück zu übereignen, Besitz wieder zu verschaffen etc. Das gilt aber nicht ohne Einschränkungen, wie der folgende Fall zeigt.

Fall 847: Der K'tent vereinbart mit dem K'är, dass dieser im eigenen Namen und für Rechnung des K'tent eine dem K'tent gehörige Sache an den D verkauft und sie diesem – wozu er ihn ermächtigt – übereignet und übergibt („Verkaufskommission"). So verfährt der K'är. Der Kaufvertrag ist – wie sich später herausstellt – nichtig. Der K'är verlangt Rückübereignung von D.

Der Anspruch kann sich aus § 812 Abs. 1 S. 1 1. Fall BGB („Leistungskondiktion") ergeben. a) Der D hat „etwas" (das Eigentum) erlangt (§§ 929 S. 1, 185 Abs. 1 BGB), b) durch Leistung des K'är (dazu gleich mehr) c) und ohne Rechtsgrund. d) Der Anspruch ist auf „Herausgabe" des Erlangten gerichtet. aa) Das würde einen Eigentums-„Zwischenerwerb" des K'är bedeuten: Der D müsste die Sache an den K'är übereignen; und dieser wäre aus §§ 675, 667 BGB verpflichtet, die Sache an den K'tent weiterzuübereignen. bb) Das Ergebnis (K'är erhält zwischenzeitlich mehr als er je hatte und der K'tent muss eine Insolvenz des K'är bzw. Einzelzwangsvollstreckung in das Vermögen des K'är fürchten; auch § 392 Abs. 2 HGB würden dem K'tent nicht helfen) ist nicht akzeptabel; helfen kann allein ein Direkterwerb des K'tent nach §§ 929, 164 BGB, der wie folgt konstruierbar ist: Bei einem Vertretungswillen des K'är, für K'tent zu handeln, liegt ein Geschäft an den, den es angeht vor; der K'är hätte stillschweigend Vollmacht erteilt bekommen; hinzutreten muss allerdings eine Übergabe D – K'tent.

2. Nutzungen, Surrogate und Wertersatz

a) Nutzungen

Von den nach **§§ 818 Abs. 1, 100 BGB** herauszugebenden **Nutzungen (= Früchte und sonstige Gebrauchsvorteile)** wird auch ein **besonders hoher Ertrag aufgrund** der **Tüchtigkeit** des Bereicherungsschuldners erfasst.

Fall 848: Der V verkauft dem K eine Kuh und übereignet und übergibt sie dem K. Bei K wirft sie ein Kalb. Der Kaufvertrag wird wirksam angefochten. Der V verlangt Kuh und Kalb heraus.

Der Anspruch ergibt sich a) nicht aus § 985 BGB, denn der K ist Eigentümer der Kuh (§ 929 S. 1 BGB) und des Kalbes (§ 953 BGB) geworden, b) wohl aber aus §§ 812 Abs. 1 S. 1 1. Fall, 818 Abs. 1, 100 BGB.

b) Surrogate

Bei den nach **§ 818 Abs. 1 BGB** herauszugebenden **Surrogaten** geht es in erster Linie um das Problem, ob das **„commodum ex negotiatione"** (= aus einem Rechtsgeschäft) dazu gehört. Das wird aber überwiegend – anders als bei § 285 BGB – abgelehnt, weil den Interessen des Berechtigten durch den § 818 Abs. 2 BGB ausreichend Rechnung getragen würde, nach dem der Empfänger, der zur Herausgabe außerstande ist, den Wert zu ersetzen hat. Das ist bedenklich. Denn wenn man bei § 818 Abs. 2 BGB, wie meist angenommen wird, den geschuldeten Wertersatz der Höhe nach mit dem Verkehrswert gleichsetzt, wird auch bei einem überraschend hohen Gewinn des Bereicherungsschuldners aus einem Weiterverkauf von diesem nur der Marktpreis geschuldet; den Gewinn könnte der Schuldner behalten. Es spricht also manches dafür, auch das „commodum ex negotiatione" als aus § 818 Abs. 1 BGB geschuldet anzusehen. Bei dem **Surrogationsanspruch** des **§ 816 Abs. 1 S. 1 BGB** wird dagegen wegen des Ihnen ja schon bekannt gemachten Prinzips vom „guten und bösen Tropfen" der Gewinn und auch ein „Übererlös" aus der Veräußerung zum herauszugebenden Erlangten gerechnet, allerdings sollte man erwägen, ob man nicht in den Fällen des **§§ 816 Abs. 1 S. 1, 185 Abs. 2 S. 1 BGB** eine Korrektur nach § 242 BGB für angemessen hält und den Übererlös nur dann dem Berechtigten zuspricht, wenn der Anspruch aus § 985 BGB nicht oder nur schwer durchsetzbar ist und die Genehmigung nicht lediglich zum „Abkassieren" (Canaris) des Gewinns erfolgte.

c) Wertersatz

Ist die **Herausgabe nicht möglich**, weil es sich um nicht herausgebbare **nichtgegenständliche Vorteile** dreht (wie die Befreiung von einer Verbindlichkeit, Werkleistungen, Ausnutzung eines Allgemeinen Persönlichkeitsrechts, eines Patentrechts), tritt ein Wertersatzanspruch an die Stelle des Herausgabeanspruchs, der, wie Sie gerade erfahren haben, nach dem **„Marktpreis"** zu berechnen ist **(§ 818 Abs. 2 BGB)**. Bei der Anwendung des § 818 Abs. 2 BGB gibt es gute Gründe dafür, das vom Bereicherungsgläubiger zu tragende Entreicherungs- und damit auch Mindererlösrisiko (§ 818 Abs. 3 BGB) dadurch zu kompensieren, dass ihm ein eventueller „Übererlös" herauszugeben sei. Dann wiederum könnte man auch „guten Gewissens" das „commodum ex negotiatione" unter § 818 Abs. 2 BGB subsumieren. Wie Sie ja längst wissen, kann bei aufgrund von in Vollzug gesetzten nichtigen Dienst-, oder Arbeitsverträgen bzw. aufgrund von vollzogenen Gesellschaftsverträgen erbrachten **Dienst- oder Arbeitsleistungen** oder **Gesellschafterbeiträgen** auch § 818 Abs. 2 BGB nicht mehr helfen; daher werden diese Verträge bis zur Geltendmachung der Nichtigkeit als wirksam behandelt, so dass es nicht zu einer Rückabwicklung nach den §§ 812 ff. BGB kommt.

3. Aufgedrängte Bereicherung

Zur Begrenzung der Bereicherungshaftung bei einer dem Bereicherungsschuldner **aufgedrängten Bereicherung** gibt es keine gesetzliche Regelung, sondern nur **allgemeine Rechtsgrundsätze**.

- Bei einer zu einer **„Auslagenkondiktion"** bzw. **„Rückgriffskondiktion"** führenden Zahlung fremder Schulden durch einen Dritten kann der aus § 812 Abs. 1 S. 1 2. Fall BGB in Anspruch genommene Schuldner u.U. deshalb Nachteile erleiden, weil er diejenigen Verteidigungsmittel, die ihm gegen den Gläubiger zugestanden hätten, im Verhältnis zum Bereicherungsgläubiger nicht zustünden. Eine solche Verschlechterung der Rechtsstellung des von seiner Leistungsverpflichtung befreiten Schuldners kann allerdings dadurch vermieden werden, dass man analog § 268 Abs. 3 BGB die §§ 404, 406 ff. BGB und auch § 399 2. Fall BGB auf den Bereicherungsanspruch entsprechend anwendet, so dass dem Bereicherungsschuldner diese Verteidigungsmittel nunmehr gegenüber dem Bereicherungsgläubiger zustehen. Es besteht daher kein Anlass, mit diesem Argument eine Auslagen- bzw.- Rückgriffskondiktion wegen „aufgedrängter Bereicherung" auszuschließen.

- Bei einer **„Verwendungskondiktion"** soll der Gutgläubige stets, der Bösgläubige dagegen überhaupt nicht kondizieren können, also eine „Kondiktionssperre" bestehen, es sei denn dass dem Inanspruchgenommenen eine Realisierung zuzumuten ist.

4. Entreicherung, „verschärfte Haftung" des Bereicherungsschuldners

Weil die Vermögenslage des Bereicherungsschuldners sich infolge eines Bereicherungsanspruchs nicht verschlechtern soll, ist die Bereicherungshaftung des Schuldners grundsätzlich **auf** die noch **vorhandene Bereicherung beschränkt** (§ 818 Abs. 3 BGB). Den weil verklagten oder bösgläubigen nicht schutzwürdigen Bereicherungsschuldner trifft dagegen eine **„verschärfte Haftung"** (genau genommen ist es die „normale" Haftung eines Herausgabeschuldners gegenüber einem Herausgabegläubiger) nach den „allgemeinen Vorschriften" (§§ 818 Abs. 4, 819, 820 BGB).

a) Die „Entreicherung" (§ 818 Abs. 3 BGB)

Durch das Bereicherungsrecht sollen nur ungerechtfertigt erlangte Vorteile ausgeglichen werden, aber es soll keine Verschlechterung im Vermögen des Bereicherungsschuldners herbeigeführt werden. Daher ist die Haftung grundsätzlich auf die noch **vorhandene Bereicherung** beschränkt (§ 818 Abs. 3 BGB). Die **Rechtsfolge** des § 818 Abs. 3 BGB ist entweder eine Kürzung des Bereicherungsanspruchs oder ein wegen eines Gegenspruchs bestehendes Zurückbehaltungsrecht des Schuldners (§ 273 BGB).

Aber Vorsicht bei der Anwendung des § 818 Abs. 3 BGB: Bei der Prüfung, ob eine Entreicherung vorliegt, darf man nicht (vorschnell) daraus, dass sich der Bereicherungsgegenstand selbst nicht mehr im Schuldnervermögen befindet, folgern, dass der Schuldner „entreichert" sei. Entscheidend für das Vorliegen einer Entreicherung ist vielmehr, dass sich bei wirtschaftlicher Betrachtungsweise im Vermögen des Bereicherungsschuldners weder der Bereicherungsgegenstand als solcher noch ein herauszugebender Gegenwert befindet; so ist ein Bereicherungsschuldner, der rechtsgrundlos erlangtes Geldes für den eigenen Lebensunterhalt verwendet und damit Aufwendungen erspart, die er auch ohne die ungerechtfertigte Bereicherung getätigt hätte, natürlich nicht „entreichert" i.S.d. § 818 Abs. 3 BGB. Umgekehrt darf man nicht voreilig daraus, dass der Bereicherungsgegenstand noch beim Schuldner vorhanden ist, den Schluss ziehen, dass kein Fall der Entreicherung vorliegt; denn eine solche kann z.B. auch in Vermögensnachteilen, die der rechtsgrundlose Erwerb mit sich gebracht hat, bestehen (z.B. Verwendungen auf den Bereicherungsgegenstand, Schäden). Verschaffen wir uns einen kleinen Überblick zur **Kasuistik des § 818 Abs. 3 BGB**:

- Zur **Entreicherung** führt die Verwendung des rechtsgrundlos erlangten Geldes für eine „Luxusreise", das Verschleudern, Verlieren, Vernichten, Verschenken des Bereicherungsgegenstandes an Dritte (dann hat der Gläubiger aber einen Anspruch gegen den Dritten aus § 822 BGB wegen einer „Kettendurchgriffskondiktion"), es sei denn, man erspart sich dadurch die Anschaffung eines Geschenkes, das man in jedem Fall gemacht hätte. Entreichernd wirken auch nutzlose Aufwendungen (wie z.B. Vertragskosten) oder Verwendungen auf das Erlangte. **Nicht zur Entreicherung** führt dagegen die Ausgabe des rechtsgrundlos erlangten Geldes für den Lebensunterhalt; bei rechtsgrundlosen Verfügungen zugunsten Dritter ist der Bereicherungsanspruch gegen den Dritten ein anrechenbarer Vorteil („Kondiktion der Kondiktion"); auch bei erlangten Dienstleistungen oder Gebrauchsvorteilen scheidet eine Entreicherung i.d.R. aus, weil diese meist ersparte Aufwendungen als anrechenbaren Vorteil mit sich bringen.

<u>Fall 849:</u> Der V verkauft und liefert dem K einen Hund. Der K füttert ihn und lässt ihm für viel Geld einige Kunststücke andressieren. Dann stellt sich die Nichtigkeit des Kaufvertrages heraus. Der Kaufpreis ist noch nicht gezahlt. Der K verweigert die Herausgabe vor Ersatz seiner Aufwendungen für Futter und Dressur.

a) Der Anspruch des V gegen K aus § 812 Abs. 1 S. 1 1. Fall BGB („Leistungskondiktion") ist b) auf aa) Herausgabe gerichtet: bb) Fraglich ist, aaa) ob K wegen der Aufwendungen entreichert ist (§ 818 Abs. 3 BGB). Das ist der Fall, auch wenn sie (Dressur) nicht werterhöhend sind. bbb) Die Entreicherung führt zu einem Gegenanspruch des K, so dass dieser ein Zurückbehaltungsrecht aus § 273 BGB hat.

- **Schäden**, die der Kondiktionsgegenstand verursacht hat, führen nur dann zu einer Entreicherung, wenn der Nachteil im Vertrauen auf das Behaltendürfen des Bereicherungsgegenstandes entstanden ist.

Variante: Der von V rechtsgrundlos erlangte Hund hat in K's Teppich gebissen und einen Schaden von € 100,- verursacht.

Da dieser Nachteil zwar durch den Bereicherungsgegenstand verursacht worden ist, er aber nicht im Vertrauen auf die Fortdauer des Besitzes des Tieres entstanden ist, führt der Schaden nicht zu einer Entreicherung des K.

- Ein besonders wichtiges Thema ist die Frage, ob die **für den Erwerb des Bereicherungsgegenstandes** erbrachte **Gegenleistung** als **Entreicherung** abgesetzt werden kann. Bei der Leistungskondiktion im Fall gegenseitiger Verträge gelten besondere Regeln („Saldotheorie"), die alsbald gesondert erörtert werden. Daher soll es hier zunächst **nur** um die **Nichtleistungskondiktion** gehen: Gegenüber einem Anspruch aus § 812 Abs. 1 S. 1 2. Fall BGB mindert der für die Erlangung des Bereicherungsgegenstandes gezahlte Preis die Bereicherung nicht nach § 818 Abs. 3 BGB. Der Bereicherungsschuldner, der in diesen Fällen regelmäßig einen Anspruch aus Leistungsstörungen (§§ 280 ff. BGB) hat, soll nämlich das mit diesem Anspruch verbundene Insolvenzrisiko allein tragen und nicht auf den Bereicherungsgläubiger abwälzen dürfen, indem der gegen ihn gerichtete Bereicherungsanspruch durch § 818 Abs. 3 BGB gemindert wird. Besonders interessant ist die Rechtslage bei einem Anspruch aus § 816 Abs. 1 S. 1 BGB.

Fall 850: Dem E wird von D eine Sache gestohlen. Der D verkauft, übergibt und übereignet die Sache an den K 1, der sie an den K 2 weiterverkauft, sie an ihn übergibt und sie ihm übereignet. Da der K 2 unauffindbar ist, genehmigt der E die Verfügung K 1 – K 2 und verlangt von dem K 1 den erzielten Erlös. Der K 1 will den an D gezahlten Kaufpreis absetzen.

a) Der Anspruch ergibt sich aus §§ 816 Abs. 1 S. 1, 185 Abs. 2 S. 1 BGB. b) Fraglich ist, ob K 1 durch die Kaufpreiszahlung an den D entreichert ist (§ 818 Abs. 3 BGB). Dies wird allgemein mit der Begründung verneint, dass die „Eingriffskondiktion" (§ 816 Abs. 1 S. 1 BGB ist bekanntlich ein Spezialfall der „Eingriffskondiktion") ein „Rechtsfortsetzungsanspruch" ist: Der Anspruch tritt an die Stelle des Anspruchs aus § 985 BGB, der mangels Besitzes des K 1 nicht durchsetzbar ist; hätte der E den K 1 – als er noch Besitzer war – auf Herausgabe nach § 985 BGB in Anspruch genommen, hätte der K 1 dem E die für den Erwerb aufgewandte Kaufpreiszahlung nicht entgegenhalten können; dadurch, dass er die Sache weiterveräußert habe, könne sich seine Position nicht verbessern.

E. Der Inhalt des Bereicherungsanspruchs 1341

b) Der klagende Bereicherungsgläubiger, der verklagte und der bösgläubige Bereicherungsschuldner (§§ 818 Abs. 4, 819, 820, 292 BGB)

Keine Anwendung findet § 818 Abs. 3 BGB auf den bösgläubigen oder verklagten Bereicherungsschuldner; für diesen gelten nämlich die „allgemeinen Vorschriften" **(§§ 818 Abs. 4, 819, 820, 292 BGB).**

> Was die **Voraussetzungen** angeht,
>
> - betrifft die Haftungsverschärfung nicht nur den **verklagten Bereicherungsschuldner (§ 818 Abs. 4 BGB)**, sondern auch den **klagenden Bereicherungsgläubiger** hinsichtlich der von ihm zurück zu gewährenden Leistung, weil er ebenso wie der Beklagte „gewarnt" ist.
>
> - Bedeutender ist der Fall der haftungsverschärfenden **Bösgläubigkeit (§§ 819, 818 Abs. 4 BGB)**, für die allein **positive Kenntnis** vom fehlenden Rechtsgrund schadet. Der **Maßstab** für die „Bösgläubigkeitsfähigkeit" wird von der hM. den **§§ 104 ff. BGB** entnommen, so dass es beim Minderjährigen auf die Kenntnis des gesetzlichen Vertreters ankommt; nach aA. (so auch der BGH im „Flugreise-Fall" freilich zur Begründung des Vorliegens einer Bereicherung i.S. eines „etwas") sollen die **§§ 827 ff. BGB** angewendet werden. Hier könnte man auch noch differenzieren zwischen „Leistungskondiktion" (mit den § 104 ff. BGB als Maßstab) und der „Eingriffskondiktion" (mit den §§ 827 ff. BGB als Maßstab). Der juristischen Phantasie sind hier offenbar keine Grenzen gesetzt. Die Frage nach der **Zurechnung fremder Kenntnis** kann man entweder mittels des **§ 166 Abs. 1 BGB** oder des **§ 831 BGB** (mit Exculpationsmöglichkeit) beantworten. Besonders **klausurwichtig** ist der – leicht übersehene, aber Ihnen ja schon längst bekannte – Umstand, dass die **Kenntnis von der Anfechtbarkeit** bei erfolgter Anfechtung (!) für die Bösgläubigkeit ausreicht **(§ 142 Abs. 2 BGB).**

<u>Fall 851</u>: Der V verkauft im Januar 2002 dem K eine Sache. Bei Abschluss des Kaufvertrags bietet er sie für „€ 10 000,-" an; er hatte sich jedoch versprochen, weil er wegen des (damals) für ihn besseren Dollarkurses eigentlich „$ 10 000,-" hatte sagen wollen. Der K sagt „Einverstanden". Sie vereinbaren, dass der Kaufpreis erst in einem Monat gezahlt werden soll und sind sich einig, dass die Sache schon jetzt an den K übereignet und übergeben wird. Nach 2 Wochen erfährt der K durch einen Mitarbeiter M des V, an den er einen Teil des Kaufpreises zahlen wollte, dass der V sich bei Abschluss des Kaufvertrages offenbar versprochen haben musste. Danach zerstört der K durch ein Versehen die Sache. Als jetzt der V, der inzwischen durch den M auf seinen Irrtum aufmerksam gemacht worden war, die Anfechtung erklärt und Herausgabe der Sache verlangt, beruft sich der K auf Entreicherung. Der V verlangt Schadensersatz.

1. Der Anspruch ergibt sich nicht aus §§ 989, 990 BGB, weil kein Eigentümer-Besitzer-Verhältnis bestand. Denn der K war bereits Eigentümer und eine Anfechtung nach §§ 119 Abs. 1 („Erklärungsirrtum"), 142 Abs. 1 BGB betraf allein den Kaufvertrag („Abstraktionsprinzip"). 2. Der Anspruch könnte sich aber aus §§ 812 Abs. 1 S. 1 1. Fall („Leistungskondiktion"), 818 Abs. 4, 819, 142 Abs. 1, 2, 119 Abs. 1, 292, 989 BGB ergeben. a) Nach der erklärten Anfechtung hat der V gegen den K einen Anspruch aus §§ 812 Abs. 1 S. 1 1. Fall („Leistungs-

kondiktion"), 119 Abs. 1, („Erklärungsirrtum"), 142 Abs. 1 BGB. b) Da der K von der Anfechtbarkeit nachträglich erfahren hatte, wird er nach § 142 Abs. 2 BGB im (hier gegebenen) Fall der Anfechtung so behandelt, wie wenn er die Nichtigkeit, also den „Mangel des rechtlichen Grundes" gekannt hätte. Von diesem Zeitpunkt an haftet er nach §§ 819 Abs. 1, 818 Abs. 4, 292 BGB nach den „allgemeinen Vorschriften", also auf Schadensersatz nach §§ 292, 989 BGB; § 990 BGB wird nicht zitiert, weil der bösgläubige Bereicherungsschuldner nach §§ 819, 818 Abs. 4 BGB einem Verklagten gleichgesetzt wird.

Fall 852: Der Minderjährige M nimmt bei der B-Bank (B) einen Kredit über € 10 000,- auf, wobei er die B über sein Alter täuscht, indem er den Bundespersonalausweis seines ihm äußerlich sehr ähnlich sehenden volljährigen Bruders vorlegt. Einen Betrag von € 5 000,- zahlt er an den Ehemäkler E aufgrund eines mit diesem abgeschlossenen Ehemäklervertrages. Die weiteren € 5 000,- verjubelt er mit den ihm als zukünftige Ehepartnerinnen angebotenen Frauen. Die Eltern des M verweigern die Genehmigung. Die B verlangt von M Zahlung in Höhe von € 10 000,- (nach OLG Nürnberg).

1. Die B hat keinen Anspruch aus § 488 Abs. 1 S. 2 BGB, weil der Vertrag mangels Einwilligung und nach Verweigerung der Genehmigung nichtig ist. 2. In Betracht kommt ein Anspruch aus § 812 Abs. 1 S. 1 BGB („Leistungskondiktion"). a) Der M hat das Eigentum an den € 10 000,-, also ein „etwas" erlangt; die Minderjährigkeit steht dem nicht entgegen (§ 107 BGB). b) Erlangt hat der M das „etwas" durch Leistung der B c) und auch ohne Rechtsgrund, da der Darlehensvertrag nichtig ist. d) Was den Inhalt des Anspruchs der B gegen M angeht, aa) so kann der M – da das Geld ausgegeben ist – aa) das Erlangte nicht herausgeben. Daher kann nur Wertersatz nach § 818 Abs. 2 BGB verlangt werden. bb) Die Kernfrage ist, ob M entreichert ist: aaa) Soweit der M das Geld „verjubelt" hat, er es also ohne ausgleichsfähigen Vorteil ausgegeben hat, aaaa) greift § 818 Abs. 3 BGB ein, bbbb) wenn nicht §§ 819, 818 Abs. 4 BGB gelten; grundsätzlich ist ein Darlehensnehmer, was das erhaltene Kapital angeht, stets „bösgläubig" i.S.d. § 819 BGB, weil er ja weiß, dass er zur Rückzahlung verpflichtet ist (§§ 488 Abs. 1 S. 2 BGB; dass der Darlehensvertrag nichtig ist, steht einem solchen Wissen, das keine rechtsgeschäftliche Qualität hat, nicht entgegen). Bei Geschäftsunfähigen oder Minderjährigen soll jedoch nach hM. der Minderjährigenschutz vorgehen, und es soll für die Bösgläubigkeit – und das gilt nicht nur für Darlehensverträge! – (jedenfalls bei der „Leistungskondiktion") auf die §§ 104 ff. BGB ankommen (bei der „Eingriffskondiktion" wird z.Tl. auf die §§ 827 ff. BGB abgestellt), so dass mangels Kenntnis der Eltern §§ 819, 818 Abs. 4 BGB nicht eingreifen und M entreichert ist. bbb) Soweit der M an den Ehemäkler gezahlt hat, ist er nicht entreichert, weil er gegen diesen einen Bereicherungsanspruch aus § 812 Abs. 1 S. 1 1. Fall BGB („Leistungskondiktion") erlangt hat; dem steht der § 656 Abs. 1 S. 2 BGB nicht entgegen, weil dieser Ausschluss nur den wirksamen Vertrag mit dem Ehemäkler betrifft (Falle!). Also kann B von M den Bereicherungsanspruch kondizieren („Kondiktion der Kondiktion"). Hier gibt es ein Darstellungsproblem: Ob man diese Frage (wie in dieser Darstellung und wie z.B. auch das OLG Nürnberg) bei der Erörterung der Entreicherung um die Primärschuld, also im Rahmen des § 818 Abs. 3 BGB, erörtert, oder ob man sie nicht besser im Rahmen eines Sekundäranspruchs aus § 818 Abs. 1 BGB (der Konditionsanspruch gegen den Ehemäkler ist als teilweiser „Ersatz" für den Verlust des Kapitals anzusehen) anspricht, ist nicht recht klar; beide Wege scheinen vertretbar. c) In Betracht kommt jedoch ein Anspruch aus §§ 823 Abs. 2 BGB, 263 StGB mit dem Verschuldensmaßstab des § 828 Abs. 3 BGB, weil der M seine Volljährigkeit vorgetäuscht hat etc.

Was die **Rechtsfolgen** betrifft, so beinhaltet die Regelung des **§ 818 Abs. 4 BGB**

> **1.** zunächst einen **Ausschluss des § 818 Abs. 3 BGB** und weiterhin eine
>
> **2.** Verweisung auf **§ 292 BGB**, so dass
>
> **a)** der Bereicherungsschuldner von **einer Geldschuld nicht frei** wird,
>
> **b)** bei der Herausgabepflicht bestimmter Gegenstände bei Verschulden des Bereicherungsschuldners eine Schadensersatzverpflichtung aus **§§ 292, 989 BGB** besteht, wobei er bei Verzug für Zufall haftet (§ 287 S. 2 BGB); § 990 BGB wird nicht zitiert, weil der bösgläubige Bereicherungsschuldner schon durch §§ 819, 818 Abs. 4 BGB einem Verklagten gleichgesetzt wird. Für **Nutzungen gilt** nicht der § 818 Abs. 1 BGB, sondern der **§ 987 BGB** (also Haftung auch für schuldhaft nicht gezogene Nutzungen). Für **Verwendungen** gilt nicht der § 818 Abs. 3 BGB, sondern der § 994 Abs. 2 BGB (also Ersatz nur für notwendige Verwendungen), für **Surrogate** nicht § 818 Abs. 1 BGB, sondern nach **§ 285 BGB** (also schon deshalb einschließlich des „commodum ex negotiatione").
>
> **3.** Bei mangelndem Verschulden (also wenn §§ 292, 987 ff. BGB aus diesem Grunde nicht eingreifen) wird der Schuldner aber nach § 818 Abs. 3 BGB frei**.**

II. Rückabwicklung bei gegenseitigen Verträgen

Bei der Rückabwicklung **gegenseitiger Verträge** im Wege der **Leistungskondiktion** stellt sich die Frage, wie dem Umstand Rechnung zu tragen ist, dass der in Anspruch genommene Bereicherungsschuldner – wenn er seine Gegenleistung erbracht haben sollte – seinerseits einen Bereicherungsanspruch gegen den anderen Vertragspartner hat.

1. Die „Zweikondiktionentheorie"

Die rein **gesetzliche Ausgangslage** ist die, dass sich bei der Unwirksamkeit eines gegenseitigen Vertrages an sich zwei Bereicherungsansprüche, die in ihrem Schicksal völlig unabhängig voneinander sind, gegenüberstehen. Diejenigen, die die Rückabwicklung streng nach dem Gesetz vollziehen, nennen dies die **„Zweikondiktionentheorie"**.

Die **Konsequenzen** hieraus sind,

- dass die bei einem der beiden Bereicherungsgläubiger eingetretene Entreicherung nach § 818 Abs. 3 BGB ohne Einfluss für dessen Bereicherungsanspruch ist; der Anspruch gegen den anderen Teil besteht „ungekürzt" fort;
- dass bei Gleichartigkeit (Geld gegen Geld) der einander gegenüber stehenden Bereicherungsansprüche eine Aufrechnung nötig ist, um den Gegenanspruch zum Erlöschen zu bringen;
- und schließlich, dass bei Ungleichartigkeit (Geld gegen Ware) ein Zurückbehaltungsrecht nach § 273 BGB die Zug-um-Zug-Abwicklung ermöglicht.

Fall 853: Der V hat an den K eine Sache für € 1 000,- verkauft. Der Vertrag wird beiderseits erfüllt. Bei dem K geht die Sache unter. Dann stellt sich die Nichtigkeit des Vertrages heraus. Der K und der V machen ihre Bereicherungsansprüche geltend.

1. Der V hat gegen den K a) aus § 812 Abs. 1 S. 1 1. Fall BGB („Leistungskondiktion") einen Anspruch auf Herausgabe des Erlangten (Rückübereignung und Rückgabe der Kaufsache). b) Dieser ist jedoch nach § 818 Abs. 3 BGB erloschen. 2. Der K hat gegen den V a) aus § 812 Abs. 1 S. 1 1. Fall BGB („Leistungskondiktion") einen Anspruch auf Herausgabe des Erlangten (Rückübereignung von € 1 000,-); b) dieser Anspruch ist durch die bei dem K eingetretene Entreicherung nicht betroffen. Das Gesamtergebnis ist, dass der K von V € 1 000,- und der V von dem K überhaupt nichts verlangen kann.

Das Ergebnis, dass die bei einem der beiden Bereicherungsgläubiger eingetretene Entreicherung nach § 818 Abs. 3 BGB ohne Einfluss für dessen Bereicherungsanspruch ist und dass der Anspruch gegen den anderen Teil „ungekürzt" fort besteht, ist absurd, denn der Entreicherte, in dessen Sphäre sich der ihn selbst entreichernde Umstand zugetragen hat, behält seinen ungekürzten Bereicherungsanspruch, während der andere Teil, der keinen Einfluss auf den zur Entreicherung führenden Umstand ausüben konnte, geht ganz oder teilweise leer aus. Zur „Ehrenrettung" der Vertreter der „Zweikondiktionentheorie" muss man allerdings wissen, dass die (soeben vorgeführte) „strenge Zweikondiktionentheorie" heute gar nicht mehr vertreten wird, sondern dass man zu ihrer Korrektur bei verschuldetem Untergang des Empfangenen eine Kondiktionssperre annimmt oder den § 818 Abs. 3 BGB restriktiv anwendet. So variiert ist sie dann durchaus vertretbar zu handhaben.

2. Die Saldotheorie

Die zuletzt erörterte Konsequenz der (streng angewendeten) **Zweikondiktionentheorie** zeigt, dass diese Lehre bei einer einseitigen Entreicherung zu dem **nicht akzeptablen Ergebnis** führt, dass der **Bereicherungsgläubiger stets** die **Gefahr der Entreicherung** der anderen Seite trägt. Das widerspricht speziell beim Kauf den allgemeinen Gefahrtragungsregeln, denen zufolge der Käufer die Gegenleistungsgefahr tragen soll, wenn die Sache ihm übergeben worden ist (§ 446 S. 1 BGB).

Die deshalb – seit 1903 – in der Rechtsprechung und auch sonst **im Grundsatz** herrschende **„Saldotheorie"** geht, weil natürlich auch bei einem unwirksamen gegenseitigen Vertrag die eine Leistung um der anderen willen erbracht worden ist, also ein „do-ut-des"-Verhältnis bzw. ein Gegenseitigkeitsverhältnis besteht, vom Bestehen eines die Rechtsgrundlosigkeit praktisch ignorierenden „faktischen Synallagmas" aus und verlangt die Berücksichtigung eines solchen Austauschverhältnisses auch bei der Rückabwicklung.

Das hat folgende **Konsequenzen**:

- Der jeweilige Bereicherungsanspruch (z.B. im vorigen Fall der des K gegen den V) vermindert sich um die bei ihm selbst (also bei K) eingetretene Entreicherung; der „Wert der Entreicherung wird damit zum Abzugsposten vom eigenen Bereicherungsanspruch des Entreicherten" (Medicus). Ist dieser auf Geld gerichtet, ist eine summenmäßige Kürzung die Folge; ist der Anspruch auf Herausgabe in Natur gerichtet, wird er dadurch abgeschwächt, dass er nunmehr auf Herausgabe Zug-um-Zug gegen Wertersatz gerichtet ist.

- Soweit sich **gleichartige Bereicherungsansprüche** (praktisch kommt allein **Geld gegen Geld** in Betracht) gegenüberstehen, werden diese mit der Folge, dass nur noch ein Anspruch auf den „Überschuss" besteht, **automatisch „saldiert"**, so dass es nicht mehr der Aufrechnung bedarf;
- bei **ungleichartigen Bereicherungsansprüchen** (praktisch kommt allein **Geld gegen Ware** oder **Ware gegen Ware** in Betracht) ist das **Erlangte nur Zug-um-Zug** herauszugeben, und zwar auch dann, wenn beide Leistungen unversehrt vorhanden sind.

Fall 854: Der V hat an den K eine Sache für € 1 000,- verkauft. Der Vertrag wird beiderseits erfüllt. Bei dem K geht die Sache unter. Dann stellt sich die Nichtigkeit des Vertrages heraus. Der K und der V machen ihre Bereicherungsansprüche geltend.

(1) Die Kaufsache war € 1 000,- wert („neutraler Kauf"),

(2) sie war € 900,- wert („ungünstiger Kauf");

(3) sie war € 1 100,- wert („günstiger Kauf").

1. Variante („neutraler Kauf"): a) Der V nimmt den K in Anspruch: aa) Der Anspruch ergibt sich aus § 812 Abs. 1 S. 1 1. Fall BGB („Leistungskondiktion"); bb) er ist gerichtet auf die Rückübereignung der Sache; nach § 818 Abs. 3 BGB ist er erloschen, so dass V keinen Anspruch hat. b) Der K nimmt den V in Anspruch: aa) Der Anspruch ergibt sich aus § 812 Abs. 1 S. 1 1. Fall BGB („Leistungskondiktion"); bb) er beläuft sich auf € 1 000,-; gekürzt werden muss er um die bei K selbst eingetretene Entreicherung (€ 1 000,-), so dass der K keinen Anspruch hat. c) Zu einer Saldierung kommt es nicht.

2. Variante („ungünstiger Kauf"): a) Der V nimmt den K in Anspruch: aa) Der Anspruch ergibt sich aus § 812 Abs. 1 S. 1 1. Fall BGB („Leistungskondiktion"); bb) er ist gerichtet auf die Rückübereignung der Sache; nach § 818 Abs. 3 BGB ist er erloschen, so dass der V keinen Anspruch hat. b) Der K nimmt den V in Anspruch: aa) Der Anspruch ergibt sich aus § 812 Abs. 1 S. 1 1. Fall BGB („Leistungskondiktion"); bb) er beläuft sich auf € 1 000,- ; gekürzt werden muss er um die bei K selbst eingetretene Entreicherung (€ 900,-), so dass K einen Anspruch in Höhe von € 100,- hat. c) Die Saldierung ergibt einen Überschuss von € 100,- zugunsten des K, so dass es nur einen Anspruch des K gegen den V in Höhe von € 100,- gibt.

3. Variante („günstiger Kauf"): a) Der V nimmt den K in Anspruch: aa) Der Anspruch ergibt sich aus § 812 Abs. 1 S. 1 1. Fall BGB („Leistungskondiktion"); bb) er ist gerichtet auf die Rückübereignung der Sache; nach § 818 Abs. 3 BGB ist er erloschen, so dass der V keinen Anspruch hat. b) Der K nimmt den V in Anspruch: aa) Der Anspruch ergibt sich aus § 812 Abs. 1 S. 1 1. Fall BGB („Leistungskondiktion"); bb) er beläuft sich € 1 000,-; gekürzt werden muss er um die bei K selbst eingetretene Entreicherung (€ 1 100,-), so dass der K einen Anspruch in Höhe von minus € 100,- hat. c) Eine Saldierung führt zu einem negativen Saldo zu Lasten des K. Da die Saldotheorie jedoch nur anspruchsbegrenzende Bedeutung hat, löst dieser Umstand keinen Anspruch aus.

3. Ausnahmen von der „Saldotheorie"

Von diesen inzwischen allseits anerkannten Grundsätzen der „Saldotheorie" werden bei bestimmten Fallgruppen die „Saldotheorie" korrigierende **Ausnahmen** gemacht und insoweit die **„Zweikondiktionentheorie"** angewendet.

---

1. Die „Saldotheorie" gilt **nicht zum Nachteil**

- **Minderjähriger,**

- **arglistig Getäuschter,**

- **sittenwidrig Benachteiligter**

2. und **nicht zugunsten**

- des **Empfängers einer Vorleistung,**

- **Verklagter** und **Bösgläubiger.**

---

a) Keine Wirkung zulasten Minderjähriger, arglistig Getäuschter, sittenwidrig Benachteiligter

Der **„Minderjährigenschutz"** erstreckt sich somit auch auf die bereicherungsrechtliche Rückabwicklung.

> Fall 855: Der V verkauft dem Minderjährigen M eine Sache im Werte von € 1000,- für einen Kaufpreis von € 1 000,-. Der Vertrag wird beiderseits erfüllt. § 110 BGB soll keine Anwendung finden; die Eltern als gesetzliche Vertreter sind mit dem Vertrag nicht einverstanden. Die Sache geht bei M unter. Der M verlangt – vertreten durch die Eltern – den Kaufpreis zurück. Der V beruft sich auf einen Gegenanspruch.
>
> 1. Der M könnte gegen den V einen Anspruch auf Rückzahlung der € 1 000,- a) aus § 812 Abs. 1 S. 1 1. Fall BGB („Leistungskondiktion") haben. Die Voraussetzungen sind gegeben. b) Der Anspruch wäre aa) auf Rückübereignung von € 1 000,- gerichtet, bb) wenn dem nicht die Grundsätze der Saldotheorie entgegenstünden: aaa) Wendet man diese an, müsste der Wert der bei M eingetretenen Entreicherung (€ 1 000,-) von seinem Bereicherungsanspruch abgesetzt werden, so dass der M keinen Anspruch hätte. bbb) Dann aber würde der M entgegen der Wertung der §§ 104 ff. BGB wie ein Volljähriger am „faktischen Synallagma" beteiligt werden; das geht nicht an. Daher gilt ausnahmsweise die „Zweikondiktionentheorie". Der M kann von V Zahlung der € 1 000,- verlangen. 2. Fraglich ist, ob der V einen Gegenanspruch gegen den M und damit ein Zurückbehaltungsrecht hat (§ 273 BGB). a) Der V könnte gegen M einen Anspruch aus § 812 Abs. 1 S. 1 1. Fall BGB („Leistungskondiktion") haben. aa) Die Voraussetzungen sind gegeben, bb) der Anspruch ist aaa) jedoch nach § 818 Abs. 3 BGB erloschen, bbb) §§ 819, 818 Abs. 4 BGB stünden auch dann nicht entgegen, wenn der M die Rechtsgrundlosigkeit wegen seiner Minderjährigkeit gekannt hätte, weil es insoweit auf die §§ 104 ff. BGB ankäme, also die Eltern die Kenntnis gehabt haben müssen. b) Vorstellbar wäre ein Anspruch aus §§ 823 Abs. 2, 263 StGB, wenn der M dem V die Volljährigkeit vorgetäuscht hätte etc.

Aus § 242 BGB folgt, dass der **arglistig Getäuschte** das Risiko des Untergangs des Bereicherungsgegenstandes nicht uneingeschränkt tragen darf. Man wird bei der hiernach erforderlichen Abwägung berücksichtigen müssen, ob der **zur Entreicherung führende** z.B. **Untergang** des Bereicherungsgegenstandes **vom Bereicherungsschuldner zu vertreten war** oder ob der **Untergang unverschuldet** war und ob **zwischen arglistiger Täuschung** und **Entreicherung ein Kausalzusammenhang besteht**.

Fall 856: Der V verkaufte dem K einen Gebrauchtwagen im Werte von € 10 000,- für einen Kaufpreis von € 10 000,- , nachdem er vor Vertragsschluss auf Frage des K die „völlige Unfallfreiheit" versichert hatte, obwohl – wie er wusste – der Wagen einen geringfügigen Unfall hatte. Der K erleidet einen selbstverschuldeten Unfall, aufgrund dessen der Wagen völlig zerstört wurde. Bei den Unfallermittlungen wurde der Vorschaden aufgedeckt. Der K erklärt die Anfechtung wegen arglistiger Täuschung und verlangt den Kaufpreis zurück.

Der Anspruch kann sich a) aus § 812 Abs. 1 S. 1 1. Fall BGB („Leistungskondiktion"), dessen Voraussetzungen vorliegen, ergeben. b) Der sich auf € 10 000,- belaufende Anspruch könnte aa) nach den Grundsätzen der „Saldotheorie" ausgeschlossen sein. Denn danach müsste der Wert der bei K eingetretenen Entreicherung (€ 10 000,-) von seinem Anspruch abgezogen werden, so dass der Anspruch erloschen wäre. bb) Fraglich ist, ob diese Grundsätze hier deshalb nicht gelten, weil der K von V arglistig getäuscht worden war. aaa) Der BGH hat mit unterschiedlichen Argumenten die „Saldotheorie" zum Nachteil des arglistig Getäuschten nicht anwenden wollen: Er verweist auf die den § 818 Abs. 3 BGB ausschließenden §§ 819 Abs. 1, 142 Abs. 2 BGB. Andererseits will auch der BGH die Zweikondiktionentheorie dann nur nach § 242 BGB gemildert anwenden. bbb) Das überzeugt; man sollte unter Heranziehung des § 242 BGB den arglistig Getäuschte allenfalls bei zufälligem Untergang oder jedenfalls nur dann vor den Folgen der Saldotheorie schützen, wenn die Täuschung für den Untergang ursächlich war (z.B. bei Täuschungen über die Einsatzmöglichkeiten, die dann zur Zerstörung wegen eines entsprechenden Einsatzes führten); weil im vorliegenden Fall der Unfall aber nicht auf die arglistige Täuschung zurückzuführen war und auch nicht unverschuldet war, muss die Saldotheorie angewendet werden, so dass der Anspruch des K erloschen ist.

Ebenso wie bei der arglistigen Täuschung soll die Saldotheorie nicht zum Nachteil eines **sittenwidrig Benachteiligten** gelten. Auch dann soll nach der „Zweikondiktionentheorie" zurückabgewickelt werden, so dass der Benachteiligte sich ggf. auf § 818 Abs. 3 BGB berufen und seinen Bereicherungsanspruch „ungekürzt" geltend machen kann.

Fall 857: Der zuckerkranke Kurier K benötigt dringend ein Stück Brot, weil sich eine Unterzuckerung ankündigt. Er fragt den Arbeitskollegen V, der gerade ein Brötchen auspackt und es verspeisen will. Als der V dafür € 1 000,- verlangt, ist der K einverstanden. Der V weiß, dass K das Brot benötigt, um einen lebensgefährlichen Schockzustand zu vermeiden. Der K zahlt mit ihm anvertrautem Geld und isst von dem Brötchen. Dann verlangt er den Kaufpreis zurück.

Der Anspruch ergibt sich a) nicht aus § 985 BGB, da der K nicht der Eigentümer des Geldes war, b) wohl aber aus § 812 Abs. 1 S. 1 1. Fall BGB („Leistungskondiktion"). aa) Der V hat den Besitz am Geld, also ein „etwas", erlangt, bb) dies durch Leistung des K, cc) und zwar ohne Rechtsgrund, weil der Kaufvertrag nach § 138 Abs. 2 BGB nichtig war. dd) Die Frage ist, ob die bei K eingetretene Entreicherung nach den Grundsätzen der Saldotheorie abgesetzt werden muss. Die Saldotheorie soll aber nicht zum Nachteil eines sittenwidrig Benachteiligten gelten. Denn § 138 Abs. 2 BGB dient dem Schutz des Übervorteilten. Seine Stellung darf nicht im

Wege der Saldotheorie durch eine Einschränkung des Schutzes durch § 818 Abs. 3 BGB geschmälert werden.

b) Keine Wirkung zugunsten Verklagter und Bösgläubiger oder Empfänger einer Vorleistung

Den Schutz der Saldotheorie verdienen auch nicht die **bösgläubigen** und die **verklagten** Bereicherungsschuldner; das ergibt sich aus der Wertung der §§ 819, 818 Abs. 4 BGB. Wenn der vom **Empfänger einer Vorleistung** zurückzugewährende Gegenstand durch ein Verhalten des Empfängers nicht zurückgewährt werden kann, widerspräche es der Wertung des § 346 Abs. 3 S. 1 Nr. 3 BGB (Wertersatzanspruch gegen den aus einem Rücktritt Verpflichteten, wenn „der empfangene Gegenstand sich verschlechtert hat oder untergegangen ist"), wenn er sich auf § 818 Abs. 3 BGB berufen kann.

Teil 9. Schadensersatzrecht

Bei der Fallbearbeitung werden Sie in den verschiedensten Zusammenhängen auf die Notwendigkeit einer Prüfung von Schadensersatzansprüchen stoßen. Das wird Sie kaum überraschen, denn schon beim Durcharbeiten dieses Buches haben Sie eine Fülle von entsprechenden Anspruchsgrundlagen kennen gelernt.

> Zur **Erinnerung** sollen Sie noch einmal (keinesfalls abschließend gemeint und in der gesetzlichen Reihenfolge, und nicht etwa in einer Prüfungsreihenfolge, aufgeführt!) auf einschlägige Schadensersatzanspruchsgrundlagen hingewiesen werden. Verlangt werden kann der
>
> - Ersatz des **Erfüllungsinteresses** wegen einer **Leistungsstörung** (z.B. §§ 280 ff., § 311 a Abs. 2, § 437 Nr. 3 i.V.m. §§ 280 ff., 311 a Abs. 2, § 634 Nr. 4 i.V.m. §§ 280 ff., 311 a Abs. 2, 536 a Abs. 1 etc. BGB) oder aufgrund einer **Garantiehaftung** nach § 179 Abs. 1 BGB,
>
> - Ersatz des **Vertrauensinteresses** wegen enttäuschten **Vertrauens** (z.B. § 122, § 179 Abs. 2, § 280 Abs. 1 i.V.m. § 311 Abs. 2 BGB),
>
> - Ersatz des **Integritätsinteresses** wegen einer Pflichtverletzung in **quasivertraglichen Verhältnissen** (z.B. §§ 280, 241 Abs. 2, 311 Abs. 2, 3 BGB etc.) oder wegen eines **Delikts** (§§ 823 ff. BGB) wegen ungerechtfertigter **Bereicherung** (§§ 818 Abs. 4, 819, 292 BGB) aus einem **Eigentümer-Besitzer-Verhältnis** (§§ 989, 990; 992, 823 BGB).

Wenn von Ihnen bei der **Fallbearbeitung** ein Schadensersatzanspruch geprüft wird, so wissen Sie bereits, dass

- ein solcher, eine Schadensersatzpflicht begründender sog. „**haftungsbegründender**" **Tatbestand** selbst es voraussetzt, dass **überhaupt ein Schaden entstanden ist**. Lesen Sie nur noch einmal § 280 Abs. 1 BGB oder § 823 Abs. 1 BGB: „....kann der Gläubiger Ersatz des hierdurch entstehenden Schadens verlangen" bzw. „.....ist dem anderen zum Ersatz des hierdurch entstehenden Schadens verpflichtet." Konsequenterweise haben Sie anlässlich der Erörterung der haftungsbegründenden Tatbestände bereits erfahren, wie man das Vorliegen eines Schadens ermittelt. Wir sind bisher aber ganz bewusst nur an der Oberfläche geblieben. Jetzt erörtern wir dieses Thema vertiefend und unter zusätzlichen Aspekten.

- Sie werden zunächst erfahren, **wer** eigentlich der Schadensersatzgläubiger ist, dann, **was** ein Schaden ist und in **welchem Umfang** (sog. „**haftungsausfüllen-**

der" **Tatbestand**) ein Schaden zu ersetzen ist und schließlich **wie** der Schadensausgleich rein technisch erfolgt.

> Als **grobes Prüfungsschema** (zugleich auch die Roh-Gliederung der folgenden Darstellung) für den „haftungsausfüllenden Tatbestand" eines jeden Schadensersatzanspruchs wird vorgeschlagen, dass zu prüfen ist,
> - zunächst, **wer** der Gläubiger des Schadensersatzanspruchs ist,
> - sodann, **was** als Schaden anzusehen ist
> - und **wie** er zu ersetzen ist,
> - letzteres unter Berücksichtigung eines **Mitverschuldens**.
>
> Also kurz gesagt: Wer, was, wie, Mitverschulden.

A. Der Schadensersatzgläubiger (Wer?)

Das Schadensersatzrecht basiert auf dem **Grundsatz**, dass nur der Schaden des Verletzten, nicht aber der Schaden eines Dritten ersetzt wird. Daher ist der „dem Grunde nach" zum Schadensersatz Berechtigte, also der **Verletzte**, in der Regel auch der **Gläubiger des Schadensersatzanspruchs**. Das ist leicht zu verstehen, ist aber „nur" die Regel. Denn bei den Schadensersatzansprüchen, die sich aus einem Vertrag bzw. aus einer vertragsähnlichen Beziehung ergeben, können auch Dritte zum Schadensersatz berechtigt sein („**Vertrag mit Schutzwirkung für Dritte**"); dabei handelt es sich aber, wie Sie gleich erfahren werden, genau genommen nur um eine scheinbare Ausnahme vom Prinzip der Identität von Verletztem und Schadensersatzgläubiger. Eine echte **Ausnahme** von dem das Schadensersatzrecht beherrschenden Prinzip, dass Schadensersatzgläubiger und Verletzter ein und dieselbe Person sein müssen, sind hingegen die „**Drittschadensliquidation**" und die Ihnen schon aus Teil 7 bekannten Regelungen der **§§ 844, 845 BGB**, die hier nicht noch ein weiteres Mal behandelt werden sollen. Wie schon so oft zuvor, wird also auch im Folgenden leider nicht die Regel, sondern die Ausnahme im Mittelpunkt der Darstellung stehen. Das ist für den Lernenden problematisch, weil er in der Gefahr schwebt, vor „lauter Ausnahmen nicht mehr die Regeln zu erkennen".

I. Der Vertrag mit Schutzwirkung für Dritte

Schadensersatzansprüche aus rechtsgeschäftlichen (speziell vertraglichen) und rechtsgeschäftsähnlichen (speziell vertragsähnlichen) Schuldverhältnissen (§ 311 BGB) setzen ein **zwischen dem Anspruchsteller und dem Anspruchsgegner bereits bestehendes Schuldverhältnis**, also z.B. einen Vertrag oder eine vertragsähnliche Beziehung (darauf wollen wir uns konzentrieren), voraus. Man ist sich aber einig, dass im **Widerspruch dazu** ganz bestimmte Personen, die selbst nicht Partner einer solchen bestehenden Rechtsbeziehung sind (also z.b. nicht Vertragspartner sind oder zu denen keine vertragsähnliche Beziehung besteht), gleichwohl in den „Genuss" von Schadensersatzansprüchen aus rechtsgeschäftlichen (speziell vertraglichen) und rechtsgeschäftsähnlichen (speziell vertragsähnlichen) Schuldverhältnissen kommen sollen. Wir nennen diese außenstehenden Personen, denen hiernach die **„Schutzwirkung"** z.B. eines **Vertrages** zugute kommen soll, fortan **„Dritte"** und das Institut, das diese Rechtsfolge möglich machen soll, einen **„Vertrag mit Schutzwirkung für Dritte"**.

Allerdings: Bevor wir der Frage näher treten, ob und ggf. wie man dergleichen, also einen **„Vertrag mit Schutzwirkung für Dritte"**, überhaupt rechtstechnisch realisieren kann und welche Personen es denn sein sollen, die es verdienen, in den „Genuss" von Schadensersatzansprüchen aus rechtsgeschäftlichen und rechtsgeschäftsähnlichen Beziehungen zu kommen, müssen wir uns fragen, welchen Sinn ein solches Institut hat, insbesondere danach, welchen besonderen „Genuss" ein derartiger Schadensersatzanspruch einem „Dritten" überhaupt vermitteln kann. Sollten sich bei diesen Überlegungen keine messbaren Vorteile zeigen, würden wir mangels eines rechtspolitischen Bedürfnisses von dem Vorhaben, ein Institut wie das eines „Vertrages mit Schutzwirkung für Dritte" zu entwickeln, wohl wieder Abstand nehmen.

Der Vorteil eines solchen Instituts, aus dem sich Schadensersatzansprüche aus rechtsgeschäftlichen und rechtsgeschäftsähnlichen Beziehungen ergeben würden, liegt auf der Hand. Denn die Alternative hierzu wäre das ausschließliche Bestehen gesetzlicher, nämlich deliktischer Schadensersatzansprüche aus den §§ 823 ff. BGB mit den folgenden, im Vergleich zu Schadensersatzansprüchen aus rechtsgeschäftlichen und rechtsgeschäftsähnlichen Schuldverhältnissen massiven nachteiligen Konsequenzen, nämlich

- mit einer beim Vergleich von §§ 823 ff. BGB mit § 280 Abs. 1 S. 2 BGB für den Anspruchsteller deutlich ungünstigeren **Beweislastverteilung** bei den deliktischen Ansprüchen: Bei deliktischen Schadensersatzansprüchen muss nämlich der Anspruchsteller das Verschulden des Inanspruchgenommenen beweisen, während bei § 280 Abs. 1 S. 2 BGB ein Verschulden des in Anspruch genommenen Schuldners vermutet wird;

- und mit einer beim Vergleich von § 831 BGB mit § 278 BGB für den Anspruchsteller weit ungünstigeren Position im Fall einer Einschaltung von **Hilfspersonen** durch den Inanspruchgenommenen: Der Anspruchsteller hat bei deliktischen Schadensersatzansprüchen im Fall einer Einschaltung von Hilfspersonen seitens des Inanspruchgenommenen im Grundsatz nur einen Anspruch auf Schadensersatz aus § 831 BGB, wäre also angewiesen auf ein Fehlverhalten von „Verrichtungsgehilfen". Solche „Verrichtungsgehilfen" müssen im Gegensatz zu den Hilfspersonen des § 278 BGB „weisungsabhängige" Personen sein; weiterhin muss der Anspruchsteller bei einem deliktischen Schadensersatzanspruch aus § 831 BGB befürchten, dass der in Anspruch genommene Geschäftsherr einen sog. „Entlastungsbeweis" (§ 831 Abs. 1 S. 2 BGB) führen kann, der in § 278 BGB nicht vorgesehen ist. Wenn der Gesetzgeber den schon lange gehegten Plan einer Anpassung des wegen der Möglichkeit eines Entlastungsbeweises in rechtspolitischer Hinsicht als verfehlt anzusehenden § 831 BGB an die Regelung des § 278 BGB realisieren würde und dabei den Entlastungsbeweis streichen würde, dann wäre dies vielleicht das „Totenglöcklein" für das Institut des „Vertrages mit Schutzwirkung für Dritte"– aber der § 831 BGB hat mit seinem bisherigen Inhalt die Schuldrechtsreform „überlebt", so dass für lange Zeit keine Änderung zu erwarten sein dürfte. Dass infolge des unveränderten Bestehenbleibens des § 831 BGB weiterhin ein erhebliches Bedürfnis für eine die Schwäche dieser Norm überbrückende Konstruktion wie die des „Vertrags mit Schutzwirkung für Dritte", auf den als Zurechnungsnorm der § 278 BGB angewendet werden kann, besteht und dass damit eine geradezu unerschöpfliche Quelle für Klausuraufgaben immer weiterhin kräftig sprudelt, werden Sie gleich verstehen.

Das war alles sehr theoretisch und abstrakt und daher für die „Jüngstjuristen" unter Ihnen kaum nachvollziehbar. Deshalb soll sogleich **zur „Illustration"** dieser Ausführungen der folgende „klassische" **Grundfall** erörtert werden.

Fall 858: Der M mietet von dem V eine Wohnung. Dann heiratet er die F, die mit in die Mietwohnung einzieht. Alsbald verunglückt die F im Treppenhaus, weil die Treppenhausbeleuchtung an einem dunklen Wintertag plötzlich ausfällt und die F beim Verlassen der Wohnung deshalb eine Stufe verfehlt. Der Stromausfall beruht darauf, dass nach tagsüber erfolgten Arbeiten des Elektrikermeisters E an der die Treppenhausbeleuchtung versorgenden Leitung ein Kurzschluss entstanden ist. Die F verlangt von dem V Ersatz dafür, dass ihre Kleidung durch den Sturz zerrissen ist. Der zur Unfallzeit im Treppenhaus des Hauses arbeitende, sorgsam ausgewählte, fachkundige und ständig überwachte und auf seine Pflichten hingewiesene Hausmeister HM hätte den Strom durch ein Hineindrücken des Sicherungsknopfes sofort wieder einschalten können; anstatt dazu in den Keller zu gehen, hat er jedoch erst einmal „Pause" gemacht und ist einen Kaffee trinken gegangen.

1. Die F hat a) keinen Anspruch gegen den V aus § 823 Abs. 1 BGB, weil die F dem V aa) kein Auswahlverschulden hinsichtlich der für ihn tätig gewordenen Personen E und HM bb) und auch kein sonstiges eigenes Verschulden nachweisen kann. b) Ein Anspruch aus § 831 Abs. 1 S. 1 BGB gegen den V besteht nicht, weil aa) der E als selbstständiger und nicht weisungsabhängiger Handwerker nicht der „Verrichtungsgehilfe" des V ist, so dass es auf einen (von diesem nicht geführten) Entlastungsbeweis nicht ankommt, bb) und weil der V für den Verrichtungsgehilfen HM den Entlastungsbeweis geführt hat (§ 831 Abs. 1 S. 2 BGB). 2. Die F könnte gegen den V aber einen vertraglichen Schadensersatzanspruch a) aus §§ 549, 536 a Abs. 1, 278 BGB oder aus §§ 549, 535, 280 Abs. 1, 241 Abs. 2, 278 BGB haben (Sie entsinnen sich vielleicht noch, dass umstritten ist, ob ein Mangelfolgeschaden nach § 536 a oder nach § 280 Abs. 1 BGB zu ersetzen ist), weil den HM im konkreten Fall eine verschuldete Pflichtverletzung traf, die der V sich zurechnen lassen muss (§ 278 BGB), dies aber nur wenn die F Mieterin wäre; da die F aber nicht Vertragspartnerin des V ist, sondern ihr Ehemann M, steht ihr auf den ersten Blick ein solcher Anspruch nicht zu. b) Es will jedoch nicht einleuchten, dass die F, die die Mietwohnung erlaubt bewohnt, nur deswegen schlechter stehen soll als ihr Ehemann M (der als Partner des Mietvertrages vertragliche Ansprüche hätte), weil sie nicht Partnerin des Mietvertrages ist. Aufgrund dieses evidenten Wertungswiderspruchs ist man sich seit langem einig, dass unter besonderen Voraussetzungen auch eine Person, die nicht Vertragspartner ist oder die nicht in einer vertragsähnlichen Beziehung steht, unter bestimmten Voraussetzungen einen Schadensersatzanspruch wie ein Vertragspartner bzw. ein in einer vertragsähnlichen Beziehung Stehender haben muss.

Wer die üblichen und auch in diesem Buch vermittelten Aufbauregeln verinnerlicht hat, dem dürfte aufgefallen sein, dass soeben wieder einmal völlig „regelwidrig" deliktische Ansprüche vor vertraglichen Ansprüchen geprüft wurden. Der fehlerhafte Fallaufbau hat didaktische Gründe und ist vielleicht deshalb „gerechtfertigt"; mittels der Unvollkommenheit des deliktischen Schutzes sollte Ihnen nämlich demonstriert werden, warum das Institut des „Vertrages mit Schutzwirkung für Dritte" im Wege der Rechtsfortbildung entwickelt werden musste. Bei der Fallbearbeitung müssen Sie natürlich den „richtigen" Aufbau wählen!

Zur Lösung dieses Problems könnten die Parteien natürlich durch eine Ergänzung des Mietvertrages **die F zur Partnerin des Mietvertrages** machen oder eine **Erstreckung der Schutzwirkung des Vertrages** bzw. einer **vertragsähnlichen Beziehung auf** den nach ihrer Meinung **schutzwürdigen Dritten**, hier die F, **vereinbaren** (§ 311 Abs. 1 BGB). Eine solche Vereinbarung ist aber in der Praxis wohl die Ausnahme, denn welcher Mieter kennt schon die subtilen Unterschiede zwischen § 831 BGB und § 278 BGB und die Beweislastvorteile des § 280 Abs. 1 S. 2 BGB?! Und was ist mit den Kindern? Außerdem könnte der davon nachteilig betroffene Vertragspartner, hier der Vermieter V, vielleicht nicht dazu bereit sein, den Mietvertrag zu ändern. Daher besteht trotz dieser rechtlichen Möglichkeiten der Parteien eine **gesetzliche Lücke**.

> Der **methodische Weg**, auf dem man diese **gesetzliche Lücke schließen** kann, ist noch nicht vollständig geklärt:
>
> Die früher einmal vertretene **analoge** Anwendung des **§ 328 BGB** ist nicht akzeptabel. Der Vertrag zugunsten Dritter dient der Abspaltung eines vertraglichen Forderungsrechts, nicht aber der Erweiterung des Kreises der vertraglich Berechtigten.
>
> Im Zusammenhang mit den Ergebnissen der Schuldrechtsreform ist die Rechtsansicht geäußert worden, dass die Rechtsquelle für das Institut des „Vertrags mit Schutzwirkung zugunsten Dritter" a) generell nunmehr der neu geschaffene **§ 311 Abs. 3 BGB** sei und dass als Anspruchsgrundlage für einen Schadensersatzanspruch §§ 311 Abs. 3, 280 Abs. 1 S. 1 BGB zu zitieren sei. Denn nach § 311 Abs. 3 BGB sollen bei einer schuldhaften Verletzung einer Pflicht aus einem vorvertraglichen „geschäftlichen Kontakt" auch solche Personen auf Schadensersatz in Anspruch genommen werden können, die gar nicht Vertragspartner werden sollen. Daraus wird gefolgert, dass quasi „a minore ad maius" das, was nach dem Gesetz für eine Schadensersatz-verpflichtung gelte, auch für eine Schadensersatzberechtigung gelten müsse. Das erscheint allerdings doch ein recht „gewaltsames" Argument zu sein. Unverkennbar soll durch § 311 Abs. 3 BGB zu Dritten deshalb ein Schuldverhältnis begründet werden, um sie daraus auf Schadensersatz in Anspruch nehmen zu können, während es beim „Vertrag mit Schutzwirkung zugunsten Dritter" darum geht, dass Dritte in ein schon vorhandenes Schuldverhältnis einbezogen werden sollen, so dass diese einen Anspruch geltend machen können. Der Vergleich mit § 311 Abs. 3 BGB „hinkt" auch insoweit, als es in § 311 Abs. 3 BGB nur um eine vorvertragliche Haftung geht, während es beim „Vertrag mit Schutzwirkung für Dritte" auch um eine vertragliche Haftung geht. b) Aber man soll das Kind nicht mit dem Bade ausschütten". Bei bestimmten Konstellationen kann man so verfahren, dass man an den Vertrag zwischen zwischen z.B. dem Auftraggeber eines Gutachters und dem durch ein fehlerhaftes Gutachten geschädigten Dritten anknüpft und den Sachverständigen als

> Verhandlungsgehilfen des Auftraggebers mit Sachwalterqualität nach §§ 280 Abs. 1, 311 Abs. 3 BGB haften lässt.
>
> Angenommen wird auch, dass die vertragliche Schadensersatzberechtigung eines Dritten sich aus einer **ergänzenden Auslegung des Vertrages** ergeben soll, in dessen Schutzbereich die Einbeziehung des Dritten erfolgen soll. Das ist allerdings bei einer Einbeziehung in den Schutzbereich einer vertragsähnlichen, speziell in den Schutzbereich einer vorvertraglichen Beziehung, konstruktiv nicht ableitbar und würde daher das Problem nur teilweise lösen.
>
> Letztlich dürfte es daher bei dem „Vertrag mit Schutzwirkung für Dritte" um einen Akt der **Rechtsfortbildung** gehen.
>
> Ob die entwickelten Regeln bereits **Gewohnheitsrecht** sind, kann jedoch offen bleiben. Für die konkrete Rechtsanwendung nützt uns eine exakte dogmatische Verortung ohnehin nichts.

Bei der Schließung der Lücke darf man aber „nicht das Kind mit dem Bade ausschütten": So ist zunächst zu berücksichtigen, dass durch sie nicht der Gegensatz von Schadensersatzansprüchen aus Sonderbeziehungen (Vertrag oder vertragsähnliche Beziehung) und Ansprüchen aus Delikt verwischt werden darf. Denn man muss stets im Auge behalten, dass es dem Willen des Gesetzgebers widerspricht, die mit dem Abschluss eines besondere Pflichten begründenden Vertrages bzw. die mit dem Entstehen einer vertragsähnlichen Beziehung verbundenen, zu einer strengeren Haftung eines solchermaßen verpflichteten Schuldners führenden Besonderheiten (Beweislastumkehr in § 280 Abs. 1 S. 2 BGB/Haftung für Erfüllungsgehilfen und nicht nur für Verrichtungsgehilfen/keine Exculpationsmöglichkeit für Erfüllungsgehilfen) nicht nur dem Gläubiger der Sonderbeziehung, sondern quasi jedermann zugute kommen zu lassen. Bei der Rechtsfortbildung darf man also nicht nur die Interessen des potentiellen Schadensersatzgläubigers an einer „Einbeziehung als Dritter in den Schutzbereich eines Vertrages oder einer vertragsähnlichen Beziehung" im Auge haben, sondern muss auch im Interesse des Schadensersatzschuldners an eine „sinnvolle Haftungsbegrenzung" denken, um eine vom Gesetz nicht gewollte Verwischung der vertraglichen und der deliktischen Schadensersatzhaftung zu vermeiden.

Bildhaft gesehen kann man sich einen zu findenden Kompromiss so vorstellen, dass man sich den Gläubiger aus einem Vertrag oder einer vertragsähnlichen Beziehung als Mittelpunkt eines Kreises denkt. Innerhalb eines solchen Kreises befinden sich alle diejenigen, die in den Schutzbereich des Vertrages oder der vertragsähnlichen Beziehung gehören, und außerhalb des Kreises stehen alle diejenigen, denen weiterhin lediglich deliktische Ansprüche zustehen sollen.

Die anspruchsvolle juristische Aufgabe besteht darin, verallgemeinerungsfähige Kriterien dafür zu finden, den „Radius" dieses Kreises zu bemessen. Es müssen diejenigen bestimmt werden, die in den „Schutzbereich" eines Vertrages einzubeziehen sind und die daher vertragliche bzw. vertragsähnliche Schadensersatzansprüche „genießen" sollen, und umgekehrt diejenigen, die außerhalb des Kreises stehen und daher auf deliktische Ansprüche „angewiesen sind", ausgegrenzt werden.

Dazu hat man in der Rechtswissenschaft und der Rechtspraxis folgende **Kriterien** entwickelt:

> **1.** Zwischen dem **Schuldner** und einem **Gläubiger** eines Vertrages oder einer vertragsähnlichen Beziehung besteht eine **Sonderbeziehung** nach § 311 BGB.
> **2.** „**Leistungsnähe des Dritten**": Ein Dritter muss bestimmungsgemäß in den Schutzbereich der Sonderbeziehung treten, so dass ihn eine Pflichtverletzung des Schuldners ebenso trifft wie den Gläubiger.
> **3.** „**Gläubigernähe des Dritten**": Der Gläubiger muss ein schutzwürdiges Interesse an der Einbeziehung des Dritten in den Schutzbereich der Sonderbeziehung haben.
> **4.** **Erkennbarkeit**: Der Schuldner muss erkennen können, dass der Dritte in den Schutzbereich der Sonderbeziehung einbezogen werden soll.
> **5.** **Schutzbedürftigkeit**: Dem Dritten dürfen keine anderweitig begründbaren gleichwertigen vertraglichen oder vertragsähnlichen Ersatzansprüche zustehen.
> **6.** Eine **Haftungsbeschränkung** aus der Gläubiger-Schuldner-Beziehung wirkt auch zum Nachteil des Dritten.
> **7.** Die **Rechtsfolge** aus einer Einbeziehung des Dritten in den Schutzbereich des Vertrages bzw. der vertragsähnlichen Beziehung zwischen Gläubiger und Schuldner ist, dass der Dritte eigene Ansprüche gegen den Schuldner geltend machen kann, wie wenn er Partner des Vertrages oder der vertragsähnlichen Beziehung wäre.
> **8.** Der Dritte muss sich ein **Mitverschulden des Gläubigers** zurechnen lassen.

Das muss jetzt im **Detail** vertieft werden, wobei auch der vorhergehende Fall ins Blickfeld gerückt werden soll:

Die für einen „Vertrag mit Schutzwirkung für Dritte" vorausgesetzte **Sonderbeziehung** ist i.d.R. ein **Vertrag** (daher auch die – letztlich aber doch zu kurz greifende Bezeichnung – „Vertrag mit Schutzwirkung ....."); sie kann aber auch eine vertragsähnliche Beziehung sein, speziell auch ein vertragsähnliches, lediglich „Verhaltenspflichten" aus § 241 Abs. 2 BGB begründendes Verhältnis aus einem **vorvertraglichen „geschäftlichen Kontakt"** (§§ 311 Abs. 2, 3, 241 Abs. 2 BGB). Im letzten **Fall** ging es um die Frage, ob die F in den Schutzbereich des Mietvertrages zwischen dem V und M einbezogen ist.

Die weiterhin erforderliche „**Leistungsnähe des Dritten**" ist gegeben, wenn der Dritte bestimmungsgemäß derart in den Bereich der Ausführung des Vertrages oder der vertragsähnlichen Beziehung tritt, dass ihn Pflichtverletzungen des Schuldners ebenso treffen können wie den Gläubiger selbst. Im zu lösenden **Fall** kommt die die Mietwohnung erlaubterweise mitbewohnende F ebenso in den Kontakt zur Leistung des V wie der Vertragspartner M.

Das weiterhin zur Voraussetzung für einen Anspruch des Dritten gemachte **schutzwürdige Interesse des Gläubigers an einer Einbeziehung des Dritten** in den Schutzbereich des Vertrages oder der vertragsähnlichen Beziehung („**Gläubigernähe des Dritten**") kann auf ganz unterschiedlichen Phänomenen beruhen; dies hat dann zur Herausbildung von **drei Fallgruppen** geführt:

- Ausgehend von Fällen, in denen die für die Einbeziehung des Dritten in den Schutzbereich konstitutive Gläubigernähe auf einer Fürsorgepflicht des Gläubigers für den Dritten beruht, kann man diesen Ausgangspunkt dahingehend verallgemeinern und ein schutzwürdiges Interesse des Gläubigers an der Einbeziehung des Dritten immer dann annehmen, wenn der Gläubiger für das „**Wohl und Wehe**" des den Anspruch geltend machenden Dritten verantwortlich ist. Zu denken ist dabei an familienrechtliche Fürsorgepflichten aus § 1353 Abs. 1 BGB (Eheleute untereinander; nachdem Sie dies jetzt wissen, können Sie jetzt den vorherigen **Fall** auch allein zu Ende lösen), § 1626 BGB (Eltern gegenüber dem Kind; auch das die Treppe hinunterfallende Kind K hätte einen Anspruch), an arbeitsrechtliche Fürsorgepflichten aus § 618 BGB (Dienstberechtigter gegenüber Dienstverpflichtetem) oder an gesellschaftsrechtliche Treuepflichten aus § 705 BGB (Gesellschafter gegenüber Gesellschafter).

<u>Fall 859</u>: Der Inhaber eines Malerbetriebes M. Ala (M) mietet bei dem V. Amita (V) ein Gerüst, von dem aus sein Unternehmen die Fassade eines Hauses streichen soll. Das Gerüst wird an einem Freitag von V durch die bei ihm tätigen Gerüstbauer aufgestellt. Eines der tragenden Teile wird von dem Gerüstbauergesellen R. U. Est (R) des V, der wie alle anderen Gerüstbauer auch sehr gut ausgebildet ist und ständig unterwiesen und überwacht wird, für den Gesellen G des M unerkennbar nicht fest verschraubt, so dass bei Beginn der Malerarbeiten am folgenden Montag das Gerüst mitsamt dem G einstürzt und dieser erheblich verletzt wird. Der G will von dem V Schmerzensgeld. Dem M war bei der Gerüstmontage aufgefallen, dass die Gerüstbauer und auch der R wegen des bevorstehenden Wochenendes sehr hektisch gearbeitet hatten.

1. In Betracht kommt ein vertraglicher Anspruch aus §§ 536 a Abs. 1, 253 Abs. 2, 276, 278 BGB (wir wollen uns hier mit der hM. dafür entscheiden, dass der Anspruch Ersatz eines Mangelfolgeschadens sich aus § 536 a Abs. 1 BGB ergibt). a) Zwischen dem V und dem M besteht ein Mietvertrag. b) Die Mietsache ist nach Vertragsschluss mangelhaft geworden. c) Der V hat den Mangel zu vertreten (§§ 276, 278 BGB). d) Der Gläubiger eines Schadensersatzanspruchs aa) ist grundsätzlich der Vertragspartner des V, also der M. bb) Fraglich ist, ob der G ebenfalls schadensersatzberechtigt ist. aaa) Allgemein anerkannt ist, dass innerhalb bestehender Schuldverhältnisse (aus Vertrag oder auch aus vorvertraglicher Sonderbeziehung) Dritte in den jeweiligen Schutzbereich einbezogen sein können, so dass auch sie einen Schadensersatzanspruch haben (= „Vertrag mit Schutzwirkung für Dritte"). Dieses Institut wurde früher aus einer Analogie zu § 328 BGB hergeleitet, dann aus einer ergänzenden Vertragsauslegung und wird heute durch richterliche Rechtsfortbildung oder vielleicht sogar durch die Annahme von Gewohnheitsrecht (BGH) legitimiert. bbb) Die erforderlichen Voraussetzungen sind hier erfüllt: aaaa) Der Dritte G müsste deshalb in „Leistungsnähe" sein, weil er bestimmungsgemäß derart in den Bereich der von V geschuldeten Leistung einbezogen ist, dass Schlechtleistungen ihn ebenso treffen können wie den Gläubiger. So liegt es hier: Die Leistung des V ist deshalb im vorgenannten Sinne „drittbezogen", weil typischerweise auch und gerade die Mitarbeiter des M, also auch der G, das Gerüst besteigen werden. bbbb) Der Dritte muss sich in „Gläubigernähe" befinden, wovon auszugehen ist, wenn der Gläubiger ein schutzwürdiges Interesse an der Einbeziehung des Dritten in den Schutzbereich hat: Das soll der Fall sein, wenn er „für das Wohl und Wehe" des Dritten verantwortlich ist (z.B. die Eltern für das Kind aufgrund der elterlichen Pflicht zur Personensorge gem. § 1626 BGB bzw. Ehegatten untereinander gem. § 1353 BGB oder der Arbeitgeber aufgrund der Fürsorgepflicht für die Arbeitnehmer gem. § 618 BGB bzw. Gesellschafter untereinander aufgrund entsprechender Treue- und Fürsorgepflichten) – also auch hier (arge § 618 BGB). cccc) Weiterhin ist erforderlich, dass die Tatsachen, die eine Einbeziehung aufgrund der vorgenannten Kriterien ermöglichen, für den Schuld-

ner erkennbar sind. Das ist bei einem Mietvertrag über ein Gerüst hinsichtlich der Mitarbeiter des Mieters, die bestimmungsgemäß vom Gerüst aus arbeiten, der Fall. dddd) Weiterhin ist eine Schutzbedürftigkeit des Dritten zu verlangen: Es darf keine „anderweitige Ersatzmöglichkeit" für den Dritten bestehen. Diese Voraussetzung ist hier erfüllt, denn aaaaa) dem G stehen vertragliche Ansprüche weder gegen den V noch gegen den M (der nicht schuldhaft gehandelt hat) zu. bbbbb) Der Anspruch gegen den Gerüstbauer R aus §§ 823 Abs. 1, 253 Abs. 2 BGB ist als bloßer deliktischer Anspruch keine anderweitige einem vertraglichen Anspruch gleichwertige Ersatzmöglichkeit im vorgenannten Sinne. Also ist der G Gläubiger eines Schadensersatzanspruchs aus §§ 536 a Abs. 1 BGB. e) Zu ersetzen ist aa) nicht nur das (hier nicht geltend gemachte) negative Interesse, sondern nach § 253 Abs. 2 BGB auch ein „immaterieller Schaden" (Schmerzensgeld) bb) u.U. gemindert durch ein Mitverschulden im haftungsbegründenden Bereich (§ 254 Abs. 1 BGB), das auch bei der Bemessung des Schmerzensgeldes zu berücksichtigen ist,: aaa) Den G selbst traf zwar kein Mitverschulden, bbb) wohl aber den M, so dass fraglich ist, ob der G sich das Mitverschulden des M zurechnen lassen muss. aaaa) Hier geht es nicht um ein Mitverschulden im haftungsausfüllenden Bereich, so dass §§ 254 Abs. 2 S. 2, 278 BGB nicht angewendet werden können, sondern im haftungsbegründenden Bereich (§ 254 Abs. 1 BGB). Nach hM. wird § 254 Abs. 2 S. 2 BGB als „Abs. 3" behandelt, so dass jedenfalls innerhalb bestehender Schuldverhältnisse eine Zurechnung des Mitverschuldens eines Erfüllungsgehilfen oder gesetzlichen Vertreters auch im haftungsbegründenden Bereich möglich ist. Hier wird man aber nicht annehmen können, dass der M ein Erfüllungsgehilfe des G ist. bbbb) Aus dem Rechtsgedanken der §§ 334, 846 BGB ergibt sich aber, dass der G keine weitergehenden Rechte als der M haben kann, so dass man jedenfalls unter diesem Aspekt den Anspruch des G um das Mitverschulden des M kürzen muss. 2. Deliktische Ansprüche könnten sich a) aus § 823 Abs. 1, 253 Abs. 2 BGB ergeben: Für ein deliktisch relevantes Verhalten des V spricht jedoch nichts. b) Einem Anspruch aus § 831 BGB steht der Entlastungsbeweis (§ 831 Abs. 1 S. 2 BGB) entgegen.

- Eine „Gläubigernähe" soll auch dann gegeben sein, wenn der Gläubiger die **Obhut über die Sachen eines Dritten** übernimmt. Vielfach werden diese Fälle auch von der „Drittschadensliquidation" (dazu sogleich mehr) erfasst. Bei der Gastwirtshaftung gibt es in § 701 Abs. 1 BGB sogar eine spezifische Regelung dieser Frage.

Fall 860: Der M ist Mieter einer dem V gehörenden Wohnung mit Keller. Aus Anlass eines längeren Auslandsaufenthalts stellt sein bis dahin anderswo wohnender Sohn D seine Möbel in den Keller des M. Wegen eines schon vor Abschluss des Mietvertrages defekten Rückschlagventils im Kanalsystem des Hauses strömt eines Tages infolge eines starken Wolkenbruchs aus dem öffentlichen Sielsystem Wasser in den Keller. Die Möbel des D werden vernichtet.

Der D soll aufgrund eines Vertrages mit Schutzwirkung für Dritte einen vertraglichen Anspruch gegen den V aus § 536 a Abs. 1 1. Fall BGB (wenn man – wie wir hier – einen Anspruch auf Ersatz von Mangelfolgeschäden aus § 536 a BGB und nicht aus § 280 Abs. 1 BGB ableitet) haben, weil den Vermieter eine Obhutspflicht auch für eingebrachte Sachen Dritter trifft.

- Die dritte Fallgruppe ist diejenige, bei der aufgrund einer **Vertragsauslegung** von einer Erstreckung der Schutzwirkung auf den Dritten auszugehen ist. Diese Fallgruppe hat mit den beiden vorgenannten Konstellationen wenig zu tun, weil bei ihr der Gläubiger und der Dritte – anders als in den anderen Fallgruppen – verschiedene, oft sogar gegenläufige Interessen verfolgen. Daher ist diese Fallgruppe auch nicht unbedingt überzeugend in den Gesamtzusammenhang einzuordnen. Typisch für diese Fälle ist, dass die Einbeziehung des Dritten in den Schutzbereich des Vertrages darauf beruht, dass der Schaden nur bei dem Dritten eintreten kann. Genau genommen liegt hier eine Schadensverlagerung vor, die eher kennzeichnend für eine „Drittschadensliquidation" ist.

<u>Fall 861</u>: Der V will sein Haus verkaufen. Er beauftragt daher den G, ein Gutachten über den Zustand des Hauses zu erstellen. Der V weiß, dass ein Dachbalken des Hauses mit Hausschwamm befallen ist. Damit dieser Befund nicht im Gutachten erwähnt wird, hält der V den G bei der Besichtigung des Hauses durch ein geschicktes Ablenkungsmanöver davon ab, den befallenen Bereich zu besichtigen. Der G bemerkt daher den Hausschwamm nicht und bewertet das Haus mit € 250 000,-, was einem Wert des Hauses ohne Befall mit Hausschwamm entspricht. Das Haus ist wegen des Hausschwammes in Wahrheit nur € 200 000,- wert. Der V verkauft das Haus formgerecht unter Vorlage des Gutachtens an den Käufer K. Dieser bemerkt nach wenigen Wochen den Hausschwamm. Trotz Fristsetzung zur Mängelbeseitigung behebt der inzwischen insolvente V den Mangel nicht. Wegen der Insolvenz des V tritt der K auch nicht vom Kaufvertrag zurück und ficht ihn nicht an. Der K hält sich vielmehr an den G und verlangt von ihm Schadensersatz in Höhe von € 50 000,- (nach BGH).

Da zwischen dem G und dem K kein Gutachtervertrag (Werkvertrag) besteht, 1. kommt ein Anspruch aus §§ 634 Nr. 4, 280 Abs. 1 S. 1 BGB in Betracht, wenn der Werkvertrag zwischen V und G ein Werkvertrag mit Schutzwirkung zugunsten des K war. a) Zwischen dem V und dem G bestand ein Werkvertrag. b) Das Werk (Gutachten) war mangelhaft. c) Der G hat den Mangel zu vertreten (§ 276 BGB). d) Gläubiger eines Schadensersatzanspruchs aa) ist grundsätzlich der Vertragspartner, also der V. bb) Fraglich ist, ob der K ebenfalls schadensersatzberechtigt ist. Allgemein anerkannt ist, dass innerhalb bestehender Schuldverhältnisse (aus Vertrag oder auch aus vorvertraglicher Sonderbeziehung) Dritte in den jeweiligen Schutzbereich eines Vertrages einbezogen sein können, so dass auch sie einen vertraglichen Schadensersatzanspruch haben (= „Vertrag mit Schutzwirkung für Dritte"). aaa) Der K muss mit der Leistung genauso in Berührung kommen wie der V als eigentlicher Vertragspartner des G. Das Gutachten war hier gleichermaßen für den Käufer und den Verkäufer bestimmt. Beide sollten ihren Geschäftsentschluss auf die darin enthaltenen Feststellungen und Bewertungen stützen. Eine Leistungsnähe des K liegt daher vor. bbb) Der Dritte (K) muss sich in „Gläubigernähe" befinden, wovon auszugehen ist, wenn der Gläubiger (V) ein schutzwürdiges Interesse an der Einbeziehung des Dritten in den Schutzbereich hat: Ein „Wohl- und Wehe-Fall" oder ein Fall der „Obhutsübernahme" ist nicht gegeben. Es ist aber darüber hinaus auch anerkannt, dass immer dann, wenn eine Leistung nach dem hypothetischen Parteiwillen bestimmungsgemäß einem Dritten (K) zugute kommen soll, auch eine Schutzpflicht gegenüber dem Dritten (K) bestehen soll: Das soll z.B. bei Auskunfts-, Gutachten- und Geschäftsbesorgungsverträgen (z.B. bei einem Anwaltsvertrag zur Erarbeitung einer bestimmten Erbfolge zugunsten einer konkreten Person) der Fall sein, so dass Dritte (z.B. die wegen einer rechtlichen Fehlkonstruktion des Testamentsentwurfes seitens des Rechtsanwalts entgegen den Vorstellungen des Erblassers nicht zum Erben berufenen Personen) auch den Ersatz von Vermögensschäden verlangen können. Problematisch ist jedoch, ob der eigentliche Gläubiger (also der V) ein Interesse daran hatte, dass der Dritte (K) in den Schutzbereich des Werkvertrages einbezogen wird. Der wirkliche Wille des V war hier keineswegs darauf gerichtet, seinen Vertragspartner K zu schützen, im Gegenteil: Er wollte den K betrügen. Es kommt jedoch nicht auf den wirklichen Willen, sondern auf einen verobjektivierten Willen an. Demnach hat ein Verkäufer grundsätzlich ein Interesse daran, dass sein Käufer sich ebenso wie er auf ein Gutachten verlassen kann und sich darauf auch verlassen soll, dies schon deshalb, um nicht Sachmängelgewährleistungsansprüchen ausgesetzt zu sein. Es besteht daher ein Interesse des Verkäufers an der Einbeziehung des K in den Vertrag. ccc) Weiterhin ist erforderlich, dass die Tatsachen, die eine Einbeziehung auf-

> grund der vorgenannten Kriterien ermöglichen, für den Schuldner erkennbar sind. Dem G war bekannt, dass das Gutachten dem Verkauf des Hauses dienen sollte und dass es dazu den Interessenten vorgelegt werden musste. Unerheblich ist, dass dem G nicht konkret bekannt war, wer der Käufer sein würde. ddd) Weiterhin ist eine Schutzbedürftigkeit des Dritten zu verlangen: Es darf keine anderweitige gleichwertige Ersatzmöglichkeit für den Dritten geben. Diese Voraussetzung ist hier erfüllt, denn aaaa) dem K stehen gegen den V wegen der Fehlbegutachtung keine vertraglichen Ansprüche zu. Auch gegen den G hat er mangels einer vertraglichen Beziehung keinen vertraglichen Anspruch; und eine Haftung des G aus §§ 280 Abs. 1, 311 Abs. 3 S. 2, 241 Abs. 2 BGB scheidet deshalb aus, weil der G als Dritter nicht im Verhältnis zu K „in besonderem Masse Vertrauen für sich in Anspruch nimmt". bbbb) Ob deliktische Ansprüche ausreichen, kann offen bleiben, denn gegen den G bestehen solche Ansprüche nicht. e) Zu ersetzen ist aa) das negative Interesse. Die Höhe des Anspruchs bestimmt sich danach, wie der K stehen würde, wenn das Gutachten richtig gewesen wäre. Dann hätte K das Haus nicht oder zu einem geringeren Preis erworben. So hat er ein Haus im Wert von € 200 000,- für einen gezahlten Kaufpreis von € 250 000,- erworben und daher einen Schaden in Höhe von € 50 000,- erlitten, den er von G ersetzt verlangen kann. bb) Die Rechte des Käufers können jedoch nicht weiter reichen als die des eigentlichen Vertragspartners V. Sofern daher dem V dem Grunde nach kein Schadensersatzanspruch gegen den G zusteht, kann auch der K keine Rechte geltend machen. Hier stellt sich die Frage, ob sich der K nach § 334 BGB analog zurechnen lassen muss, dass der V wegen seiner Kenntnis vom Mangel des Gutachtens (§ 640 Abs. 2 BGB) selbst keinen Gewährleistungsanspruch hat. Hiergegen spricht jedoch, dass der G als Gutachter eine besondere unabhängige Stellung innehat. Die Auslegung seines Vertrages mit V führt daher dazu, dass der Käufer sich die Einwendungen aus § 334 BGB nicht entgegenhalten lassen muss. 2. Man kann aber auch bei bestimmten Konstellationen so vorgehen, dass man an den Vertrag zwischen zwischen dem Auftraggeber (V) des Gutachters (G) und dem durch ein fehlerhaftes Gutachten geschädigten Dritten (K) anknüpft und den Sachverständigen (G) als Verhandlungsgehilfen des Auftraggebers (V) mit Sachwalterqualität nach §§ 280 Abs. 1, 311 Abs. 3 BGB haften lassen.

Das Erfordernis der **Erkennbarkeit** setzt voraus, dass der Schuldner erkennen können muss, dass ein Dritter, wer auch immer, in den Vertrag einbezogen werden soll. Letztlich dient dieses Merkmal dazu, der Verwischung der Grenzen zu einer lediglich deliktischen Haftung vorzubeugen. Bei der Subsumtion ist man hier oft zu großzügig.

Eine Rechtsfortbildung ist nur legitim, wenn durch sie eine gesetzliche Lücke geschlossen wird. Das bedeutet, dass ein im Wege der Rechtsfortbildung entwickeltes Institut dann nicht anwendbar ist, wenn es eine anderweitige gesetzeskonforme und gleichwertige Regelung gibt. Dies ist der Sinn des Merkmals einer **Schutzbedürftigkeit** des Dritten, die dann gegeben ist, wenn dem Dritten keine gleichwertigen, also keine vertraglichen Ersatzansprüche zustehen.

Weil die Rechte des Dritten, da sie von Rechten des Gläubigers abhängig sind, niemals weiterreichend sein können als dessen Rechte, betrifft eine **Haftungsbeschränkung** in der Gläubiger-Schuldner-Beziehung auch den Anspruch aus Vertrag mit Schutzwirkung zugunsten Dritter.

> Eine heikle Frage ist, ob eine solche Haftungsbeschränkung auch für Ansprüche des Dritten gegen den Schuldner aus unerlaubter Handlung gilt. Dies muss man verneinen, da sich der Vertrag sonst als ein **Vertrag zulasten Dritter** darstellt, der generell unzulässig ist.

Da der Dritte nicht besser stehen darf als der Gläubiger, muss der er sich das **Mitverschulden des Gläubigers** zurechnen lassen. Das kann mit der vorangegangenen allgemeinen Überlegung oder unter Hinweis auf § 334 BGB oder gar dem Rechtsgedanken des § 846 BGB begründet werden. Im Fall des deshalb in den Schutzbereich eines Vertrages mit den Eltern oder einem Elternteil einbezogenen Kindes, weil diese als Gläubiger für dessen „Wohl und Wehe" verantwortlich sind (§ 1626 BGB), kommt es zur Anrechnung des Mitverschuldens auch nach §§ 254, 278 BGB.

Als **Rechtsfolge** ergibt sich eine Einbeziehung des Dritten in den Schutzbereich des Vertrages bzw. in die vertragsähnliche Beziehung zwischen Gläubiger und Schuldner. Der Dritte kann daher gegen den Schuldner eigene Ansprüche geltend machen.

II. „Drittschadensliquidation"

Wie bereits gesagt: Genau genommen ist der soeben behandelte „Vertrag mit Schutzwirkung für Dritte" gar keine echte Ausnahme vom Prinzip der Notwendigkeit einer Identität von Verletztem und Schadensersatzgläubiger, weil der Verletzte bei dieser Konstruktion als Gläubiger des Schadensersatzanspruchs anzusehen ist. Dagegen ist eine echte Ausnahme von dem Grundsatz, dass Schadensersatzansprüche immer nur dem Verletzten zustehen, die sog. **„Drittschadensliquidation"**. Hier geht es um die Konstellation, dass der Geschädigte mangels einer ihn berechtigenden Anspruchsgrundlage keinen Schadensersatzanspruch und der Anspruchsinhaber keinen Schaden hat, kurz gesagt: darum, dass **„Anspruch und Schaden auseinander fallen"**.

Bei einer rein konstruktiven Betrachtungsweise wäre die logische Konsequenz, dass der Anspruchsgegner trotz einer als solcher bestehenden Schadensersatzverpflichtung dem Anspruchsberechtigten mangels Schaden keinen Schadensersatz leisten müsste und gleichzeitig der Geschädigte mangels Anspruchsgrundlage keinen Schadensersatz erhielte. Ein solches Ergebnis, das den Anspruchsgegner unangemessen bevorteilt und den Anspruchsinhaber unangemessen benachteiligt, kann nicht zutreffend sein und daher auch keinen Bestand haben.

1. Gesetzliche Lösung des Problems „Drittschadensliquidation"

In der Tat: Das **Gesetz** selbst hat dieses Problem erkannt und in zwei (für Sie vielleicht etwas „abgelegenen") Rechtsbereichen eine angemessene Lösung gefunden.

- Bringt z.B. ein Gast eine Sache in den Betrieb eines Gastwirtes ein, so hat der Gastwirt den Schaden zu ersetzen, der durch den Verlust, durch die Zerstörung etc. entsteht (**§ 701 Abs. 1 BGB**), und zwar nicht nur den Schaden, der dem Gast selbst entsteht, weil er eine eigene Sache eingebracht hat (das ist selbstverständlich), sondern auch den Schaden, der einem Dritten entsteht, weil der Gast dessen Sachen in den Betrieb eines Gastwirtes eingebracht hat. Hierbei handelt es sich anerkanntermaßen um einen gesetzlich geregelten Fall der **„Drittschadensliquidation"**: Der Gast als Vertragspartner des Gastwirts und damit als Anspruchsinhaber kann den „Schaden des dritten Eigentümers liquidieren" (= geltend machen), obwohl dieser Dritte nicht der Vertragspartner des Gastwirtes ist (sog.

„Obhutsfall"). Bei der Gastwirtshaftung besteht daher kein Anlass mehr für die Anwendung des (sogleich darzustellenden) Instituts der „Drittschadensliquidation" und natürlich auch nicht des „Vertrages mit Schutzwirkung für Dritte".
- In §§ 421 Abs. 1 S. 2 HGB ist speziell für den Frachtvertrag geregelt, dass immer dann, wenn das Frachtgut beschädigt oder verspätet abgeliefert worden oder verloren gegangen ist, der **Empfänger** die **Ansprüche aus dem Frachtvertrag in eigenem Namen** geltend machen kann (§§ 425, 421 Abs. 1 S. 2 HGB). Auch das ist ein gesetzlich geregelter Fall der „**Drittschadensliquidation**": Der Empfänger liquidiert seinen eigenen Schaden, obwohl er nicht Vertragspartner des Frachtvertrages ist (es handelt sich um einen Fall der „**Schadensverlagerung durch obligatorische Entlastung**"). Es besteht somit im Transportrecht kein Anlass mehr für die Anwendung des Instituts der „Drittschadensliquidation" und natürlich auch nicht des „Vertrages mit Schutzwirkung für Dritte".

Fall 862: Der Großhändler, Verkäufer und Absender Abs (A) hatte mit dem Käufer, dem Einzelhändler Empf (E) einen Kaufvertrag über 100 individuell bestimmte Computer abgeschlossen. Auf Verlangen des E sollten die Computer zu seinem Geschäftslokal transportiert werden. Der Kaufpreis soll nach Ankunft der Ware von E bezahlt werden; dann soll auch das Eigentum auf den E übergehen. Zur Besorgung des Transportes schloss der A mit dem Frachtführer F. R. Eight (F) einen Frachtvertrag, aufgrund dessen der F die Computer zu E befördern und diesem abliefern soll. Vor der für einen Montag vorgesehenen Verladung der Computer auf einen LKW lagerte der F über das Wochenende das Frachtgut in seiner Frachthalle ein. Dort entwendete der Buchhalter Buch (B) des F, der sich an einem Sonntag mit seinem Generalschlüssel zu Diebstahlszwecken auf das Firmengelände und in die Halle begeben hatte, einen der Computer; auf dem Nachhausewege wird er in einen Unfall verwickelt und der gestohlene Computer wird völlig zerstört. Der E will wissen, ob er Ansprüche gegen den F hat.

Der E hat 1. obwohl er nicht Vertragspartner des F ist, gegen diesen einen Schadensersatzanspruch aus §§ 425 Abs. 1, 428, 421 Abs. 1 S. 2 HGB. Sein Schaden besteht darin, dass der E entgegen der Regel des § 326 Abs. 1 S. 1 BGB trotz der Unmöglichkeit der Vertragserfüllung zur Kaufpreiszahlung verpflichtet bleibt, weil die Preisgefahr bereits auf ihn übergegangen war (§ 447 BGB). 2. Ansprüche aus Delikt (§§ 823 Abs. 1, 831 BGB) entfallen schon deshalb, weil der E noch nicht Eigentümer der Ware war.

Eine Ausnahme ergibt sich nur, wenn der Transport **unentgeltlich** erfolgt (vgl. § 407 Abs. 2 HGB) und daher die §§ 407ff HGB unanwendbar sind.

2. „Drittschadensliquidation" aufgrund einer Rechtsfortbildung

Dies waren die beiden gesetzlich geregelten Fälle der „Drittschadensliquidation". Soweit der Gesetzgeber das Problem eines Auseinanderfallens von Anspruch und Schaden nicht geregelt hat, besteht eine **gesetzliche „Lücke"**. Diese ist durch eine **Rechtsfortbildung** mit folgendem Inhalt geschlossen worden:

- Wenn **wegen „besonderer Umstände"** ein **Schaden „typischerweise"** nicht bei demjenigen, bei dem die Voraussetzungen der auf Schadensersatz gerichteten Anspruchsgrundlage gegeben sind („Anspruchsinhaber"), sondern **bei einem „Dritten" entsteht**, der seinerseits mit dem „Anspruchsinhaber" in einer vertraglichen Beziehung steht, dann soll der „Anspruchsinhaber" berechtigt sein, den

Schaden des geschädigten „Dritten" bei dem „Anspruchsgegner" zu „liquidieren", (= „Drittschadensliquidation"). Der Schadensumfang richtet sich nach der Person des „Dritten". Der „Dritte" muss sich ein Mitverschulden des „Anspruchsinhabers" entgegenhalten lassen. Der „Anspruchsinhaber" muss bei der Geltendmachung des Schadens verlangen, dass die Schadensersatzleistung an den „Dritten" erbracht wird. Aufgrund der vertraglichen Beziehung zum Anspruchsinhaber kann der geschädigte „Dritte" nach § 242 BGB oder nach § 285 BGB analog vom „Anspruchsinhaber" die Abtretung dieses Anspruchs verlangen und dann selbst aus abgetretenem Recht gegen den „Anspruchsgegner" vorgehen.

> Das alles klingt natürlich sehr geheimnisvoll: Welche „besonderen Umstände" sind es denn nun eigentlich, die „typischerweise" zu einer solchen Divergenz von „Anspruchsberechtigtem" und einem „geschädigten Dritten", dem seinerseits kein Anspruch zusteht, führen?
>
> Die gesetzlichen Vorbilder der „Drittschadensliquidation" in §§ 421 HGB und § 701 BGB zeigen uns, dass es offenbar zwei Fallgruppen gibt, nämlich die einer **„Schadensverlagerung durch obligatorische Entlastung"** und die einer **„Übernahme von Obhut"**; hinzu kommt als weitere Fallgruppe die der **„mittelbaren Stellvertretung"**.
>
> Dass die „Drittschadensliquidation" nicht das „letzte Wort" der Dogmatik zur Lösung der hier interessierenden Konfliktlage ist, zeigt sich bei der sich anschließenden Darstellung dieser drei Fallgruppen: Es gibt nämlich durchaus ernst zu nehmende Alternativen zur „Drittschadensliquidation": Nämlich den (Ihnen ja schon bekannten) „Vertrag mit Schutzwirkung für Dritte" und eine Lösung mithilfe des (noch darzustellenden) „normativen Schadensbegriffs". Man kann daher mit Fug und Recht am Vorhandensein einer durch die „Drittschadensliquidation" zu schließenden „Lücke" im Gesetz zweifeln. Vielleicht kann man auch aus der Existenz der § 701 BGB und § 421 HGB folgern, dass das Gesetz die „Drittschadensliquidation" ablehnt. Oder man kann im Umkehrschluss aus deren Existenz folgern, dass ansonsten Regeln über eine „Drittschadensliquidation" zu entwickeln sind. Sie erkennen, dass sich hier trefflich streiten lässt. Man wird die Rechtsentwicklung abwarten müssen.

- Der „klassische Fall" der **„Schadensverlagerung durch obligatorische Entlastung"** ist der eines **Versendungskaufs**. Sie entsinnen sich sicher noch, dass beim Versendungskauf der Käufer die Preisgefahr zu tragen hat, „sobald der Verkäufer die Sache dem Spediteur, dem Frachtführer ... ausgeliefert hat" **(§ 447 Abs. 1 BGB)**. Vielleicht wissen Sie auch noch, dass diese für den Käufer ja sehr riskante Vorschrift beim Verbrauchsgüter-Kaufvertrag nicht gilt (§ 474 Abs. 2 BGB). Dass die Regelung des § 447 BGB als solche rechtspolitisch gerechtfertigt ist, dürfte ohne weiteres einleuchten: Beim Versendungskauf (§ 447 BGB) übernimmt der Verkäufer mit der Versendung an den Käufer Aufgaben, die nach der Wertung des § 269 BGB eigentlich dem Käufer selbst obliegen; daher soll der Käufer auch die Gefahr der Versendung tragen. Will er dies nicht, muss er eine Bringschuld vereinbaren und sich dies u.U. durch einen höheren Preis „erkaufen". Das alles wussten Sie schon. Uns interessiert hier primär eine andere aus der Gefahrtragung resultierende Frage: Kann der **Käufer**, der den Kaufpreis trotz des Untergangs der Kaufsache infolge eines von der Transportperson zu vertretenden Untergangs zu entrichten hat, die **Transportperson auf Schadensersatz** in Anspruch nehmen. Dazu wissen wir nun ja schon einiges: Wenn diese Transportperson ein Kaufmann (also ein Frachtführer) ist, dann hat der Käufer als Empfänger der Ware nach §§ 421 Abs. 1 S. 2 HGB, 425 HGB einen eigenen Anspruch. Wenn es sich bei der Transportperson aber nur um einen Gelegenheitsfrachtführer handelt (also nicht um einen Kaufmann, so dass kein „Frachtvertrag" vorliegt und damit auch die §§ 421 Abs. 1 S. 2 HGB, 425 HGB keine Anwendung finden), dann steht als erstes zur Diskussion, ob der dann bestehende Werkvertrag zwischen dem Verkäufer und dem Gelegenheitsfrachtführer ein „Vertrag mit Schutzwirkung" für den Käufer ist. Wenn wir dies alles nach sorgfältiger Prüfung verneint haben, so stellt sich dann die weitere Frage, ob der Käufer vom Verkäufer die Abtretung von dessen Ansprüchen gegen den Gelegenheitsfrachtführer verlangen kann (aus § 242 BGB oder aus § 285 BGB analog) oder ob der Verkäufer seinen Anspruch gegen die Transportperson bereits an den Käufer abgetreten hat (§ 398 BGB). Aber: Welchen Anspruch denn? Denn es fragt sich doch, ob der Verkäufer, der ja seinen Kaufpreisanspruch behält (§ 447 BGB), überhaupt einen Schaden und damit einen an den Käufer abtretbaren Schadensersatzanspruch hat. Hierauf gibt es zwei unterschiedliche Antworten: Teilweise wird angenommen, der Verkäufer habe trotz des § 447 BGB sehr wohl einen Schaden, und zwar einen für Regresszwecke (Inanspruchnahme des Gelegenheitsfrachtführers durch den Käufer) gedachten „normativen" Schaden, so dass dem Verkäufer ein Anspruch aus §§ 634 Nr. 4, 280 Abs. 1 S. 1 BGB gegen den Gelegenheitsfrachtführer zusteht, wobei der Schaden sich allerdings aus der Person des Anspruchsinhabers (Verkäufer) berechnen würde. Diesen Anspruch müsste der Verkäufer dann an den Käufer abtreten, so dass dieser aus abgetretenem Recht gegen die Transportperson vorgehen könnte. Oder aber man nimmt mit der überwiegenden „traditionellen" Sichtweise an, dass der Verkäufer aufgrund einer „Drittschadensliquidation" berechtigt sein soll, den „Schaden des Dritten" (Käufer) zu „liquidieren". Das hätte dann den Vorteil, dass sich der Schaden nach den Verhältnissen des Käufers berechnet.

Fall 863: Der Antiquitätenhändler V aus dem rechts der Alster gelegenen Hamburg-Eppendorf verkauft dem Antiquitätenhändler K aus dem links der Alster gelegenen Hamburg-Winterhude eine provenzalische Standuhr. Da K's Lieferwagen defekt ist, kann er die Uhr nicht transportieren. Der V und der K vereinbaren, dass der V den Gelegenheits-Frachtführer F damit beauftragt, die Uhr zu K zu bringen. Der F ist ein zuverlässiger Fahrer, mit dem V bisher nur gute Erfahrungen gemacht hat. Die Uhr wird auf den Kleinlaster des F verladen. Auf der den Alsterlauf überbrückenden Krugkoppelbrücke lässt sich der zu schnell fahrende F von dem herrlichen Blick über die sommerliche Alster ablenken, muss daher plötzlich bremsen, als eine Joggerin die Straße quert, und gerät ins Schleudern. Der Wagen durchbricht die südliche Brückenmauer und stürzt in die Außenalster, wo die Uhr unauffindbar im unergründlichen jahrhundertealten Schlamm versinkt. 1. Der V verlangt von dem K die noch nicht erfolgte Bezahlung. 2. Der K will wissen, ob er für den Fall, dass er zur Zahlung des Kaufpreises verpflichtet ist, von F Schadensersatz verlangen kann.

1. Der Anspruch des V gegen K auf den Kaufpreis a) ist aus einem Kaufvertrag entstanden (§ 433 Abs. 2 BGB). b) Er könnte aa) nach § 326 Abs. 1 S. 1 BGB entfallen sein): aaa) Der Kaufvertrag ist ein gegenseitiger Vertrag. bbb) Dem Schuldner V ist die Erfüllung der Leistungsverpflichtung aus § 433 Abs. 1 BGB unmöglich geworden; er kann nicht übereignen und übergeben; der Anspruch ist daher „ausgeschlossen" (§ 275 Abs. 1 BGB). Danach wäre auch der Anspruch des V auf die Gegenleistung, die Kaufpreisforderung gegen den K, entfallen, bb) wenn nicht eine der Ausnahmen (§ 326 Abs. 2, 3 BGB) eingriffe: aaa) Der K hat aber die Unmöglichkeit nicht zu vertreten, weil der F nicht sein Erfüllungsgehilfe war (§ 278 BGB); bbb) und auch die anderen Ausnahmetatbestände des § 326 BGB liegen nicht vor (wissen Sie noch, welche es da gibt?). Danach wäre der Kaufpreisanspruch entfallen, bb) wenn nicht die Gegenleistungs(=Preis)gefahr auf den K übergegangen wäre. Hier kommt ein solcher Gefahrübergang aus § 447 Abs. 1 BGB in Betracht, dessen Voraussetzungen vorliegen: Versendung vom Leistungsort an einen anderen Ort/dies auf Verlangen des Käufers/Übergabe an die Transportperson/zufälliger Untergang/durch Verwirklichung des typischen Transportrisikos: Die Subsumtion im einzelnen bleibt hier einmal Ihnen überlassen; ein Problem könnte die Zufälligkeit des Untergangs sein; denn muss nicht das Verschulden des F dem V zugerechnet werden (§ 278 BGB)? Nein, denn der F ist nicht der „Erfüllungsgehilfe" des V, weil er nicht mit Wissen und Wollen des V in dessen „Pflichtenkreis" tätig war, als er den Transport durchführte; die Pflichten des V endeten nämlich mit der Übergabe der Uhr an den F. Also muss der K den Kaufpreis an den V zahlen. 2. Der K könnte gegen den F a) einen Anspruch aus eigenem Recht haben. aa) Keinen Anspruch hat er aus §§ 421 Abs. 1 S. 2, 425 HGB, weil der F kein Kaufmann, sondern ein Gelegenheitsfrachtführer ist, so dass der Vertrag zwischen V und F ein Werkvertrag i.S.d. § 631 BGB ist. bb) Da zwischen K und F kein Vertrag besteht, ist zu erwägen, ob ein Anspruch des K gegen den F aus §§ 634 Nr. 4, 280 Abs. 1 S. 1 BGB in Betracht kommt, weil der Werkvertrag zwischen V und F ein „Vertrag mit Schutzwirkung" zugunsten des K war. (Wir wollen dies hier nicht ausdiskutieren; Sie werden sich selbst eine Meinung dazu bilden müssen, ob die von der BGH-Rechtsprechung hierzu entwickelten Kriterien aus dem „Gutachter-Fall" auf diesen Fall übertragbar sind; das ist wohl doch recht zweifelhaft). b) Er könnte den F daher nur aus einem ihm von V abgetretenen Schadensersatzanspruch in Anspruch nehmen. aa) Dann müsste dem V ein Schadensersatzanspruch gegen den F zustehen. aaa) Der Anspruch könnte sich aus §§ 634 Nr. 4, 280 Abs. 1 S. 1 BGB ergeben. aaaa) Die Voraussetzungen liegen vor. bbbb) Dem V müsste ein Schaden entstanden sein. aaaaa) Gegen das Vorliegen eines Schaden des V spricht, dass er trotz des Untergangs der Kaufsache seinen Kaufpreisanspruch behält (§ 447 BGB). bbbbb) Es gibt jedoch die Ansicht, dass der Verkäufer zwar keinen „natürlichen" oder „realen" Schaden erlitten habe, dass aber gleichwohl für Regresszwecke (Inanspruchnahme des Gelegenheitsfrachtführers durch den geschädigten Käufer) ein „normativer" Schaden gegeben sei. bbb) Wer diese Ansicht ablehnt, der muss prüfen, ob dem V deshalb ein Schadensersatzanspruch aus §§ 634 Nr. 4, 280 Abs. 1 S. 1 BGB zusteht, weil der V den „Schaden eines Dritten" (des K) „liquidieren" kann. Das wäre hier der Fall, weil aufgrund einer „obligatorischen Entlastung" des Verkäufers V infolge der Regelung des § 447 BGB der Schaden „typischerweise" nicht bei dem Verkäufer V, sondern bei dem Käufer K eintritt, also eine „Schadensverlagerung durch obligatorische Entlastung" gegeben ist. bb) Zur Abtretung des Anspruchs aus §§ 634 Nr. 4, 280 Abs. 1 S. 1 BGB ist der V nach § 285 BGB verpflichtet.

- Bei den „Obhutsfällen" liegt es so, dass aufgrund eines Vertrages eine nicht dem Vertragspartner gehörende Sache in die Obhut eines anderen gegeben wird und dieser sie verliert, zerstört oder beschädigt (Sie wissen ja schon: das ist genau die Konstellation des § 701 BGB!). Dann soll der Vertragspartner die Obhutsperson in Anspruch nehmen und den Schaden des Dritten (Eigentümer, der nicht

Vertragspartner ist) liquidieren können. Sie werden in diesen Fällen wieder diskutieren müssen, ob nicht ein Anspruch aus einem „Vertrag mit Schutzwirkung für Dritte" gegeben ist.

Fall 864: Der L bringt den vom Eigentümer V für einen Monat geliehenen Wagen alsbald in die Waschanlage des U, weil der Wagen nach der ersten Fahrt völlig verdreckt ist. Der sorgfältig ausgewählte, überwachte etc. Mitarbeiter M des U wäscht den Wagen und beschädigt ihn dabei, so dass eine zwei Tage dauernde Reparatur durch die Werkstatt des R nötig ist. Der L macht den Nutzungsausfall für die beiden Tage geltend. Der V will den Ersatz der Reparaturkosten.

1. Den Nutzungsausfall kann der L von U aus a) §§ 634 Nr. 4, 280 Abs. 1 S. 2, 278 BGB verlangen. b) Aus aa) § 823 Abs. 1 BGB (Verletzung des berechtigten Besitzes) hat der L keinen Anspruch, weil den U kein Verschulden trifft. bb) Aus § 831 Abs. 1 S. 1 BGB hat er keinen Anspruch, weil der U sich für M entlasten kann (§ 831 Abs. 1 S. 2 BGB). 2. Der V kann den Sachschaden a) von U aa) mangels eines Vertrages mit U nicht nach §§ 634 Nr. 4, 280 Abs. 1 S. 2, 278 BGB ersetzt verlangen, bb) es sei denn Sie gehen von einem „Vertrag mit Schutzwirkung für Dritte" aus, was zweifelhaft sein dürfte. b) Aus aa) § 823 Abs. 1 BGB (Verletzung des Eigentums) hat der V keinen Anspruch, weil den U kein Verschulden trifft. bb) Aus § 831 Abs. 1 S. 1 BGB hat er keinen Anspruch, weil der U sich für M entlasten kann (§ 831 Abs. 1 S. 2 BGB). c) Der V kann daher wegen des Sachschadens gegen U nur aus einem ihm von L abgetretenen Schadensersatzanspruch vorgehen. aa) Dann müsste der L einen Schadensersatzanspruch auf Ersatz des Sachschadens gegen den U haben. aaa) Der Anspruch aus §§ 634 Nr. 4, 280 Abs. 1 S. 1, 278 BGB betrifft aaaa) das Nutzungsinteresse, nicht aber das Substanzinteresse. bbbb) Ob dem L ein Haftungsschaden entstanden ist, weil er dem V deshalb aus §§ 598, 604, 280 Abs. 1 S. 2, 278 BGB schadensersatzpflichtig ist, weil der U sein Erfüllungsgehilfe hinsichtlich der Erhaltungs- und Obhutspflichten aus dem Leihvertrag ist, kann dahin stehen, weil dieser Schaden nicht zum Schutzbereich eines Anspruchs aus §§ 634 Nr. 4, 280 Abs. 1 S. 2, 278 BGB gehört. bbb) Zu diskutieren ist auch hier, ob der L, der zwar keinen ihm zu ersetzenden Vermögensschaden erlitten hat, gleichwohl für Regresszwecke (Inanspruchnahme der Werkstatt durch den Eigentümer) einen „normativen" Schaden hat (dazu erfahren Sie alsbald mehr). ccc) Wer dies ablehnt, müsste nach den Grundsätzen über die „Drittschadensliquidation" einen Anspruch des L gegen den U auf Ersatz des dem V entstandenen Schadens annehmen („Obhutsfälle"). bb) Der V hat einen Anspruch gegen den L auf Abtretung seines Schadensersatzanspruchs gegen den U aus § 285 BGB.

- Schließlich gibt es noch die Fallgruppe der **„mittelbaren Stellvertretung"**: Wer als „mittelbarer Stellvertreter" im eigenen Namen für fremde Rechnung einen Vertrag abschließt, soll berechtigt sein, den Schaden des „mittelbar Vertretenen" gegen den Vertragspartner des „mittelbaren Stellvertreters" geltend zu machen.

Fall 865: Der Einkaufskommissionär K'är kauft im eigenen Namen und für Rechnung seines Auftraggebers K'tent bei V Ware ein, die der K'tent weiterverarbeiten will. Der V gerät in Verzug mit der Lieferung, so dass K'tent einen Schaden erleidet. Der K'tent verlangt von V den Ersatz seines Verzögerungsschadens (nach Köhler).

In Betracht kommt ein Schadensersatzanspruch aus §§ 280 Abs. 1, 2, 286 Abs. 1 BGB. a) Der K'tent hat aa) zwar einen Verzögerungsschaden erlitten, bb) aber mangels einer vertraglichen Beziehung zu V keinen Anspruch gegen den V. b) Daher kann er einen Schadensersatzanspruch nur aus ihm von K'är abgetretenem Recht geltend machen. aa) Der K'är hat zwar aaa) als Vertragspartner des V einen Anspruch aus §§ 280 Abs. 1, 2, 286 Abs. 1 BGB, aber – anders als der K'tent – keinen Verzugsschaden erlitten. bbb) Weil das bisherige, rein konstruktiv abgeleitete Ergebnis, demzufolge der V niemandem ersatzpflichtig wäre, untragbar wäre, ist die gesetzliche Lücke durch Rechtsfortbildung dahingehend geschlossen worden, dass der mittelbare Stellvertreter (K'är) den Schaden des „Dritten" (K'tent) geltend machen („liquidieren") darf („Drittschadensliquidation"). bb) Der K'tent hat gegen den K'är einen Anspruch auf Abtretung dieses Anspruchs gegen den V aus §§ 675, 667 BGB und kann nach erfolgter Abtretung gegen den V vorgehen.

B. Der zu ersetzende Schaden (Was?)

Nachdem Sie nun wissen, **wer Gläubiger** des Schadensersatzanspruchs ist (in erster Linie **der Verletzte**, zuweilen auch **Dritte**), geht es nun um die Frage, **was** als zu ersetzender **Schaden** anzusehen ist.

> Zunächst muss man sich noch einmal klar machen, dass das Vorliegen eines **„Schadens als solchem"** bereits eine **Voraussetzung** dafür ist, dass **überhaupt** ein **Schadensersatzanspruch** besteht. Wenn Sie also „mit einem Blick" erkennen, dass dem Anspruchsteller kein Schaden entstanden ist, sollten Sie überlegen, ob Sie bereits mit diesem Argument die Prüfung der Anspruchsgrundlage abbrechen.

Der **Schaden** ergibt sich nach der sog. **„Differenzhypothese"** aus einem **Vergleich** zwischen dem aufgrund der Verletzung bestehenden **„Ist-Zustande"** der Lebensgüter (z.B. des Eigentums, des Vermögens, der Persönlichkeit etc.) mit deren hypothetisch ohne Verletzung gegebenen **„Soll-Zustand"**; sehr plastisch zeigt Ihnen § 249 Abs. 1 BGB die Notwendigkeit dieser Differenzbildung auf („......der bestehen würde, wenn der zum Ersatz verpflichtende Umstand nicht eingetreten wäre"). Wenn sich bei dieser Differenzbildung zeigt, dass der **„Soll-Zustand"** im Vergleich zum **„Ist-Zustand"** besser ist, besteht ein **„natürlicher"** oder **„realer Schaden"**; das entspricht dem natürlichen Rechtsverständnis von einem „Schaden" und leuchtet daher jedermann ohne weiteres ein. Aber Sie dürfen sich leider nicht auf dieser einfachen Einsicht „ausruhen". Denn selbst, wenn kein „natürlicher" bzw. kein „realer" Schaden besteht, kann es gleichwohl für Regresszwecke notwendig sein, einen sog. **„normativen Schaden"** als gegeben anzusehen; auf dieses geheimnisvolle, leider nicht dem natürlichen Rechtsverständnis entsprechende dogmatische Phänomen sind sie bereits bei der Erörterung der „Drittschadensliquidation" hingewiesen worden; wir werden uns damit noch befassen.

> In **arbeitstechnischer Hinsicht** können Sie wie folgt vorgehen:
>
> **1. a)** Sie stellen zunächst den **„Soll-Zustand"**, also den hypothetisch unverletzten Zustand der Lebensgüter (z.B. des Eigentums, des Vermögens, der Persönlichkeit) dadurch fest, dass Sie nach dem Zustand fragen, „der bestehen würde, wenn der zum Ersatz verpflichtende Umstand nicht eingetreten wäre" (§ 249 Abs. 1 BGB). **b)** Dann stellen Sie den durch die Verwirklichung des Schadensersatztatbestandes hervorgerufenen **„Ist-Zustand"** (Verschlechterun-

gen oder auch Verbesserungen) der Lebensgüter des Schadensersatzgläubigers fest. Die den „Ist-Zustand" ausmachenden einzelnen Schadensposten werden Ihnen im Sachverhalt beschrieben. Aber <u>Vorsicht</u>: nicht jeder der dort genannten Schadensposten ist für die Schadensberechnung rechtlich relevant: **aa)** Zwar haben Sie „leichtes Spiel", wenn es sich um solche Schadensposten handelt, deren Vorliegen zur Verwirklichung des Tatbestandes der Schadensersatzanspruchsgrundlage gehören, denn diese Einbußen sind stets rechtlich erheblich (man nennt sie zuweilen „pleonastisch"= „weißer Schimmel" auch den „unmittelbaren Verletzungsschaden"). **bb)** Wenn aber die Schadensposten in einer Einbuße sonstiger Lebensgüter bestehen (man nennt sie zuweilen auch „mittelbarer Verletzungsfolgeschaden"), **aaa)** dann kommt es darauf an, ob sie dem zum Schadensersatz verpflichtenden Umstand (wir nennen diesen auch: „Verletzung") zuzurechnen sind (**„haftungsausfüllende Kausalität"**). **bbb)** Der Berücksichtigung der diesen nachteiligen Zustand ausmachenden Schadensposten können auch **„normative Schranken"** entgegenstehen. **c)** Wenn Sie dann zwischen den beiden auf diese Weise festgestellten Zuständen die **Differenz bilden**, ergibt sich der **„natürliche"** oder **„reale" Schaden**. **d)** Wenn der Zustand der Lebensgüter nicht nur eine Verschlechterung, sondern auch eine Verbesserung erfahren hat, stellt sich schließlich die Frage, ob und inwieweit diese **Vorteile** den sich aus der Differenz ergebenden „natürlichen" oder „realen" Schaden **ausgleichen**. **e)** Trotz Fehlens eines „natürlichen" oder „realen" Schadens kann jedoch immer ein **„normativer Schaden"** bestehen. **2.** Der maßgebliche Zeitpunkt ist der **„Jetzt-Zeitpunkt"** (im Prozess: „letzte mündliche Verhandlung"!).

I. Der „Soll-Zustand"

Also noch einmal: Um festzustellen, ob der **Zustand der Lebensgüter ohne Verwirklichung des Schadensersatztatbestandes hypothetisch besser wäre**, muss man die Güterlagen des bestehenden „Ist-Zustandes" vergleichen mit dem hypothetischen „Soll-Zustand", das ist der Zustand, der bestehen würde, wenn der „zum Ersatz verpflichtende Umstand" nicht eingetreten wäre (**§ 249 Abs. 1 BGB**). Der maßgebliche Zeitpunkt ist der **„Jetzt-Zeitpunkt"**. Wir hatten uns dazu entschlossen, zunächst den „Soll-Zustand" als den ersten Eckpunkt für die Differenzbildung festzulegen.

Der „Soll-Zustand" ergibt sich i.d.R. nicht aus dem Sachverhalt, sondern ist bei der Fallbearbeitung von Ihnen aufgrund normativer Erwägungen zu ermitteln. Die dafür maßgebliche Fragestellung hängt davon ab, worin nach der einschlägigen Anspruchsgrundlage der zum Ersatz verpflichtende Umstand besteht.

Sie wissen ja: Schadensersatz kann verlangt werden als:

- Ersatz des **Erfüllungsinteresses** wegen einer **Leistungsstörung** (z.B. §§ 280 ff., § 311 a Abs. 2, § 437 Nr. 3 i.V.m. §§ 280 ff. 311 a Abs. 2, § 634 Nr. 4 i.V.m. §§ 280 ff., 311 a Abs. 2, 536 a Abs. 1 etc. BGB) oder aufgrund einer **Garantiehaftung** nach § 179 Abs. 1 BGB,

> - Ersatz des **Vertrauensinteresses** wegen **enttäuschten Vertrauens** (z.B. § 122, § 179 Abs. 2, § 280 Abs. 1 i.V.m. § 311 Abs. 2 BGB),
> - Ersatz des **Integritätsinteresses** wegen einer Pflichtverletzung in **quasivertraglichen Verhältnissen** (z.B. §§ 280, 241 Abs. 2, 311 Abs. 2, 3 BGB etc.) oder wegen eines **Delikts** (§§ 823 ff. BGB), wegen ungerechtfertigter **Bereicherung** (§§ 818 Abs. 4, 292, 987 ff. BGB), aus einem **Eigentümer-Besitzer-Verhältnis** (§§ 989, 990; 992, 823 BGB).

1. Ersatz des „Erfüllungsinteresses"

Was den Ersatz des Erfüllungsinteresses angeht, so stehen im Vordergrund Ansprüche auf Schadensersatz wegen einer nicht oder nicht richtig erfolgten Leistung (**„Leistungsstörung"**). Der „Soll-Zustand" ergibt sich aus der Antwort auf die **Frage**, wie der Anspruchsberechtigte stünde, wenn **pflichtgemäß** bzw. „**ordnungsgemäß**" (wie man auch häufig liest) **geleistet worden wäre**.

Das bedeutet, dass bei den Ansprüchen auf **Schadensersatz „neben der Leistung"** der Gläubiger verlangen kann, so gestellt zu werden, wie wenn die Pflichtverletzung nicht stattgefunden hätte.

Im Prinzip gilt bei Ansprüchen auf **Schadensersatz „statt der Leistung"** nichts anderes. Nur muss man hier beachten, dass nach dem Inhalt der Anspruchsgrundlage der Schadensersatzgläubiger Schadensersatz „statt der ganzen Leistung" oder nur „statt eines Teils der Leistung" verlangen kann.

Zum „Soll-Zustand" gehört nach § 252 S. 1 BGB auch der **entgangene Gewinn** des Schadensersatzgläubigers; das ist so selbstverständlich, dass es dazu der Bestimmung des § 252 S. 1 BGB eigentlich nicht bedurft hätte. Wenn sich aus dem Sachverhalt ergibt, in welchem Umfang dem Schadensersatzgläubiger infolge des zum Ersatz verpflichtenden Umstandes ein Gewinn entgangen ist, dann ist dies der „Soll-Zustand". Häufig dürfte der entgangene Gewinn jedoch nicht konkret feststehen. Daher hat das Gesetz in § 252 S. 2 BGB bestimmt, dass „als entgangen ... der Gewinn (gilt), welcher nach dem gewöhnlichen Verlauf der Dinge ... erwartet werden konnte". Hierbei handelt es sich trotz der auf eine Fiktion hindeutenden Formulierung („gilt") um eine widerlegbare Vermutung! In der Bestimmung des § 252 S. 2 BGB liegt die eigentliche Bedeutung des § 252 BGB.

> Bei den Ansprüchen auf Schadensersatz „statt der Leistung" **bei gegenseitigen Verträgen** (und das werden die häufigsten von Ihnen zu bearbeitenden Fälle sein!) kommt bei der Frage nach dem „Soll-Zustand" eine Ihnen längst bekannte und hier in Erinnerung gerufenen Besonderheit hinzu. Bei gegenseitigen Verträgen ist bekanntlich der Gläubiger des Schadensersatzanspruchs dem Schuldner des Schadensersatzanspruchs zur Erbringung einer Gegenleistung verpflichtet („do ut des"). Daraus resultiert nun die Frage, welche Bedeutung diese Gegenleistungsverpflichtung bei der Ermittlung des Schadens spielt. Es gibt dazu zwei theoretisch denkbare Alternativen:
>
> Man kann einerseits annehmen, dass der Gläubiger, der Schadensersatz „statt der Leistung" verlangen kann, weiterhin seine Gegenleistung schuldet. Ein

Käufer, dem ein Anspruch aus §§ 280 Abs. 1, 3, 283 BGB zusteht, „erkauft" sich quasi seinen Schadensersatzanspruch. Wenn man dies so sieht, dann muss man diese Belastung seines Vermögens auch als „Schadensposten" ansehen („**Surrogationstheorie**"). Man kann aber andererseits auch annehmen, dass bei gegenseitigen Verträgen die Leistungspflichten des Schadensersatzschuldners und des Schadensersatzgläubigers zur Erbringung der Leistungen erlöschen und dass der Schaden in der Differenz von hypothetisch geschuldeter Leistung und hypothetisch geschuldeter Gegenleistung besteht („**Differenztheorie**").

Hinzu kommen nach beiden Ansichten die nach der „Differenzhypothese" zu berücksichtigenden sonstigen Schadensposten bzw. Abzugsposten.

Wir werden das alles hier nicht erneut vertiefend erörtern, sondern verweisen auf die jeweiligen Ausführungen dazu bei den Leistungsstörungen in Teil 4.

2. Ersatz des „Vertrauensinteresses"

Das **Vertrauensinteresse** ist zu ersetzen in den Fällen der §§ 122, 179 Abs. 2 (begrenzt durch das Erfüllungsinteresse) und nach §§ 311 Abs. 2, 280 Abs. 1 BGB.

Die hier maßgebliche Differenz zwischen dem bestehenden verletzten Zustand und dem hypothetisch unverletzten Zustand der Lebensgüter, der Persönlichkeit und des Vermögens ergibt sich aus der Beantwortung der **Fragestellung**, wie der Verletzte stünde, wenn er **den anderen Teil „nie gesehen hätte"** (Bork). Wenn der Schadensersatzgläubiger „den anderen Teil nie gesehen hätte", dann hätte z.B. der Schadensersatzgläubiger, der in seinem Vertrauen auf die Wirksamkeit des Rechtsgeschäfts enttäuscht wurde, keine Aufwendungen hierfür gemacht (z.B. keinen Kredit zur Finanzierung eines Kaufpreises aufgenommen).

Anders als beim zu ersetzenden „Leistungsinteresse" gehört der entgangene Gewinn des Schadensersatzgläubigers nicht zum „Soll-Zustand", denn wenn der Schadensersatzgläubiger den Schadensersatzschuldner „nie gesehen hätte", hätte das gewinnbringende Geschäft auch nicht gemacht werden können.

3. Schadensersatz wegen Verletzung des Interesses an der Unversehrtheit von Lebensgütern: Ersatz des „Integritätsinteresses"

Bei einem z.B. nach §§ 280 Abs. 1, § 241 Abs. 2 BGB oder nach §§ 311 Abs. 2, 3, 241 Abs. 2, 280 Abs. 1 BGB oder nach den §§ 823 ff. BGB zu ersetzenden **Integritätsinteresse** geht es darum festzustellen, welche Einbuße an Lebensgütern durch die Verletzung herbeigeführt worden ist. Die **Fragestellung** lautet also, wie der Verletzte stünde, wenn die den Anspruch begründende Verletzung nicht erfolgt wäre. Auch hier gehört zum „Soll-Zustand" natürlich der entgangene Gewinn des Schadensersatzgläubigers; insoweit wird auf die Ausführungen zum „Soll-Zustand" beim zu ersetzenden „Leistungsinteresse" verwiesen.

II. Der „Ist-Zustand"

Damit wissen Sie also, wie man den für die Differenzbildung erforderlichen „Soll-Zustand" ermittelt. Der andere Eckpunkt für die Differenzbildung ist der Ihnen durch den Sachverhalt übermittelte **„Ist-Zustand"**. Auf den ersten Blick scheint es also hinsichtlich des „Ist-Zustandes" um eine rein tatsächliche Frage zu gehen. Aber weit gefehlt! Sie werden leider auch bei der Feststellung des „Ist-Zustandes" mit recht komplizierten Rechtsfragen konfrontiert, die sich in folgende Einzelfragestellungen auflösen lassen: Zum einen sind die den „Ist-Zustand" ausmachenden **Schadensposten** diejenigen Verletzungen von Lebensgütern, die die Tatbestandsmäßigkeit der Schadensersatzanspruchsgrundlage begründen (**„unmittelbarer Verletzungsschaden"**) **(sub 1 a))**. Zum anderen sind es diejenigen Einbußen an sonstigen Lebensgütern, die kausal und zurechenbar auf die Verletzung zurückzuführen sind (**„mittelbarer Verletzungsfolgeschaden"**) **(sub 1 b))**. Zu beachten ist, dass der rechtlichen Anerkennung einzelner Schadensposten **normative Schranken** entgegenstehen können **(sub 2)**. Wenden wir uns diesen Fragen jetzt im Einzelnen zu.

1. Schadensposten

a) Der zur Erfüllung des Tatbestandes erforderliche Nachteil („unmittelbarer Verletzungsschaden")

Wenn ein den „Ist-Zustand" ausmachender Schadensposten identisch ist mit einer für die Haftungsbegründung erforderlichen Einbuße an Lebensgütern (die „Beule im Auto", die „Zahnlücke", der abgeschlossene oder der nicht abgeschlossene Vertrag etc.), stellen sich keine weiteren Zurechnungsfragen; insoweit hat die Prüfung der Zurechnung bereits bei der Subsumtion des „haftungsbegründenden Tatbestandes" stattgefunden. Sie haben dann – wie bereits gesagt – „leichtes Spiel".

Fall 866: Der A zerwirft vorsätzlich die Fensterscheibe des B. Der B verlangt den Ersatz der Kosten für den Einbau einer neuen Scheibe.

Der Anspruch ergibt sich aus § 823 Abs. 1 BGB. a) Es liegt eine Eigentumsverletzung bei B vor. b) Das Handeln des A war aa) kausal für die Verletzung. bb) Weil ein Vorsatzdelikt vorliegt, bedarf es keiner weiteren Zurechnungsprüfung (Adäquanztheorie, Lehre vom Schutzzweck der Norm). c) Die Rechtswidrigkeit ist indiziert. Rechtfertigungsgründe gibt es nicht. d) Der A hat schuldhaft (vorsätzlich) gehandelt. e) Der B aa) hat nach der Differenzthypothese einen Schaden erlitten. bb) Zu ersetzen ist aaa) der unmittelbare Verletzungsschaden: die Differenz zwischen der zerstörten und der hypothetisch unzerstörten Scheibe, bbb) durch „Naturalrestitution", und zwar nicht nur nach § 249 Abs. 1 BGB durch Wiederherstellung in Natur, sondern nach Wahl des Gläubigers nach § 249 Abs. 2 S. 1 BGB auch in Geld.

b) Einbuße an allen anderen Lebensgütern („mittelbarer Verletzungsfolgeschaden")

aa) Entgangener Gewinn

Was die Frage des **tatsächlich gemachten Gewinns** angeht, so wird der Sachverhalt Ihnen die nötigen Auskünfte zum tatsächlich gemachten Gewinn (= € xyz.-) geben oder Ihnen sagen, dass der Gewinn sogar ausgeblieben ist (= € 0,-).

bb) Einbuße an sonstigen Lebensgütern

Beim Anspruchsberechtigten zu verzeichnende **Einbußen an sonstigen Lebensgütern** sind für die Schadensfeststellung nur dann bedeutsam, wenn ein Zurechnungszusammenhang zwischen dem zum Ersatz verpflichtenden Umstand und dem jeweils von Ihnen bei der Feststellung des „Ist-Zustandes" als rechtlich relevant in Erwägung gezogenen mittelbaren (Folge-) Schadensposten besteht (Sie wissen ja: wenn eine **„haftungsausfüllende Kausalität"** zwischen „Verletzung" und „Schadensposten" besteht).

Fall 867: Der A zerwirft vorsätzlich die Fensterscheibe des B. Weil die Scheibe an einem kalten Wintertag zerstört wurde, sind bis zur Reparatur der Fensterscheibe die Heizkosten des B gestiegen. Der B verlangt Ersatz der Kosten für den Einbau einer neuen Scheibe und Ersatz für die vermehrten Heizkosten.

Der Anspruch ergibt sich aus § 823 Abs. 1 BGB. a) Es liegt eine Eigentumsverletzung bei B vor. b) Das Handeln des A war aa) kausal für die Verletzung. bb) Weil ein Vorsatzdelikt vorliegt, bedarf es keiner weiteren Zurechnungsprüfung (Adäquanztheorie, Lehre vom Schutzzweck der Norm). c) Die Rechtswidrigkeit ist indiziert. Rechtfertigungsgründe gibt es nicht. d) Der A hat schuldhaft (vorsätzlich) gehandelt. e) Der B aa) hat nach der Differenzhypothese einen Schaden erlitten. bb) Zu ersetzen ist aaa) der unmittelbare Verletzungsschaden: die Differenz zwischen der zerstörten und der hypothetisch unzerstörten Scheibe bbb) durch „Naturalrestitution", und zwar nicht nur nach § 249 Abs. 1 BGB durch Wiederherstellung in Natur, sondern nach Wahl des Gläubigers nach § 249 Abs. 2 S. 1 BGB auch in Geld. cc) Der mittelbare Verletzungsfolgeschaden ist zu ersetzen, aaa) wenn aaaa) zwischen dem zum Ersatz verpflichtenden Umstand (der Verletzung) und dem mittelbaren Verletzungsfolgeschaden (vermehrte Heizkosten) ein Kausalzusammenhang besteht (Äquivalenztheorie): Ohne die Verletzung wäre der Schaden nicht entstanden. bbbb) Ferner muss ein Zurechnungszusammenhang bestehen: aaaaa) Der mittelbare Folgeschaden muss adäquat kausal auf der Verletzung beruhen: Es liegt nicht völlig außerhalb jeder Wahrscheinlichkeit, dass die Heizkosten steigen, wenn im Winter eine Fensterscheibe zerstört wird. bbbbb) Der Vermögensschaden muss im Schutzbereich der Norm liegen, also ein Schaden sein, der von der haftungsbegründenden Norm (hier nach § 823 Abs. 1 BGB) ersetzt werden soll: Da das Eigentum auch der Sicherung des sonstigen Vermögens des Eigentümers dienen kann und damit ein innerer Zusammenhang zwischen Eigentumsverletzung und Schaden besteht, liegt der Schaden im Schutzbereich der Norm. des § 823 Abs. 1 BGB. bbb) Zu ersetzen ist der Schaden wegen der Heizkostenerhöhung als Vermögensschaden nach § 251 Abs. 1 BGB durch Entschädigung des B.

In diesem Zusammenhang kann es **verschiedene Möglichkeiten der Fallbearbeitung** geben, wenn aus einer Verletzung entstehende Schadensposten zugleich den Tatbestand einer weiteren Verletzung erfüllen (also z.B. bei einer aus einer deliktisch relevanten Eigentumsverletzung i.S.d. § 823 Abs. 1 BGB kausal und zurechenbar auf der Verletzungshandlung beruhenden und schuldhaften weiteren Eigentumsverletzung oder Körperverletzung).

Variante: Die Scheibe ist in Abwesenheit des B, der über das Wochenende verreist ist, eingeworfen worden. Der auf der Fensterbank stehende Kaktus des B ist daher eingegangen. Der B verlangt Ersatz für den Kaktus in Geld.

Vorgehensweisen: Hier kann man prüfen, (a) ob die Schadensersatzverpflichtung aus § 823 Abs. 1 BGB wegen einer Verletzung des Eigentums an der Scheibe besteht, so dass der Schadensersatz für den Verlust des Kaktus unter dem Aspekt eines Folgeschadens zu erörtern wäre (1. Weg). (b) Oder man knüpft bei der Prüfung der Schadensersatzpflicht an die Verletzung des Eigentums am Kaktus an, prüft das Verschulden hieran und sieht ggf. die Verletzung des Eigentums am Kaktus als zu ersetzenden Verletzungsschaden an (2. Weg).

1. Weg: Der Anspruch ergibt sich aus 1. § 823 Abs. 1 BGB ... etc. 5. a) Dem B ist ein Schaden entstanden. b) Die Kausalität und die Zurechenbarkeit des Schadenspostens Kaktus muss geprüft werden, weil er eine mittelbare Folge ist; er ist daher nur dann zu ersetzen, wenn aa) zwischen dem schadensersatzbegründenden Umstand (Zerstörung der Scheibe) und dem Schadensposten Kaktus ein Kausalzusammenhang besteht: Ohne die Verletzung der Scheibe wäre der Kaktus noch intakt. bb) Ferner muss ein Zurechnungszusammenhang bestehen: aaa) Der Schadensposten muss adäquat kausal auf dem schadensersatzbegründenden Umstand beruhen: Es liegt nicht völlig außerhalb jeder Wahrscheinlichkeit, dass eine auf einem Fensterbrett stehende Pflanze eingeht, wenn die Scheibe im Winter zerstört wird. bbb) Der konkrete Schaden muss nach dem Schutzbereich der haftungsbegründenden Norm (hier § 823 Abs. 1 BGB) ersetzt werden sollen: Da das Eigentum an der Scheibe auch der Sicherung anderer Sachen des Eigentümers dienen kann, liegt der Schadensposten Kaktus im Schutzbereich der Norm des § 823 Abs. 1 BGB. c) Zu ersetzen ist der Schaden nach § 249 Abs. 2 S. 1 BGB.

2. Weg: Der Anspruch ergibt sich aus § 823 Abs. 1 BGB. 1. Die Zerstörung des Kaktus des B ist eine Eigentumsverletzung. 2. Das Handeln des A war a) kausal für die Verletzung. b) Zurechnung: aa) Es liegt nicht völlig außerhalb jeder Wahrscheinlichkeit, dass eine auf einem Fensterbrett stehende Pflanze eingeht, wenn die Scheibe im Winter zerstört wird. bb) Zum Schutzzweck der Norm des § 823 Abs. 1 BGB gehört die Verletzung. 3. Die Rechtswidrigkeit ist indiziert. Rechtfertigungsgründe gibt es nicht. 4. Der A hat bezüglich der Zerstörung des Kaktus schuldhaft (fahrlässig) gehandelt. 5. a) Ein Schaden ist entstanden. b) Zur Kausalität und zur Zurechenbarkeit des Schadenspostens sind keine Ausführungen nötig, weil es sich um den Verletzungsschaden handelt. c) Der Schaden ist nach § 249 Abs. 2 S. 1 BGB zu ersetzen.

Bearbeitungsvorschlag: Sie sollten den 1. Weg beschreiten und im Rahmen der Haftungsbegründung an den ersten relevanten Verletzungserfolg anknüpfen und die Frage der Zurechnung weiterer Verletzungen im haftungsausfüllenden Bereich erörtern.

(1) Äquivalente Kausalität

Zum wiederholten Mal: Zwischen Verletzungserfolg (nach den vorstehenden Ausführungen: dem ersten in Betracht kommenden Verletzungserfolg) als dem maßgeblichen schadensersatzbegründenden Umstand und solchen Schadensposten, die in der Einbuße an sonstigen Lebensgütern des Anspruchsberechtigten bestehen, muss **grundsätzlich ein äquivalent kausaler Zusammenhang** bestehen.

An diesem Erfordernis kann man die anteilige Überbürdung von **Vorbeugekosten** (wie z.B. die Kosten für Installation von Überwachungskameras und die Einstellung von Ladendetektiven in Kaufhäusern) auf einen ertappten Ladendieb scheitern lassen. Eine **Ausnahme** von dem Erfordernis eines äquivalenten Kausalzusammenhanges zwischen der Erstverletzung und den im Sachverhalt genannten an sonstigen Lebensgütern eingetretenen Schadensposten könnte bei der Frage des Ersatzes von schadensmindernden **Vorsorgeaufwendungen**, die nicht kausal auf der Verletzung beruhen, zu machen sein. In der Tat wird hier überwiegend angenommen, dass die fehlende haftungsausfüllende Kausalität zwischen Verletzung und einem solchen Schadensposten durch **normative Erwägungen** überwunden werden kann.

> Fall 868: Der A beschädigt einen Bus des Nahverkehrsunternehmens Hamburger Hochbahn AG (HHA) durch Vandalismus. Die HHA setzt für die Zeit der Reparatur einen eigens für derartige Ausfälle bereitgehaltenen Bus ein. Der A zahlt die Reparaturkosten. Die HHA verlangt darüber hinaus auch den Ersatz der anteiligen Kosten für Anschaffung und laufende Kosten des in Reserve gehaltenen Ersatzfahrzeugs.
>
> 1. Dem Grunde nach ergibt sich der Anspruch aus § 823 Abs. 1 BGB. 2. (Sie merken: Hier „gliedern" wir die Frage des Schadensersatzes anders als in den vorherigen Fälle aus der Prüfung des § 823 Abs. 1 BGB „aus"; es gibt keine zwingenden Regeln für die Gliederung der Fallbearbeitung). a) Der HHA ist ein Schaden entstanden: Beschaffung und Unterhaltung des Ersatzfahrzeugs mit daraus resultierenden anteiligen Anschaffungskosten pp. b) Die anteiligen Anschaffungskosten müssten aa) kausal auf den schadensersatzbegründenden Umstand (Beschädigung des Busses) zurückzuführen sein. Das ist nicht der Fall, weil der Nachteil bereits vor der Beschädigung des Busses eingetreten war. Daher wäre der Schaden nicht zu ersetzen. Das Kausalitätsbedenken soll jedoch aus normativen Erwägungen überwunden werden können, wenn die Reservehaltung in erster Linie wegen fremdverschuldeter Ausfälle erfolgt. Die Anschaffung und Vorhaltung des Busses ist dann quasi „in Erwartung" der Tat des A und in diesem Sinne auch durch sie „verursacht" vorgenommen worden. bb) Der Schaden aaa) ist adäquat kausal und bbb) er liegt auch nach hier vertretener Ansicht im Schutzbereich der Norm. Denn aaaa) die Reservehaltung dient zwar nicht der Abwendung des Schadens aufgrund des konkreten Delikts des A, so dass es so gesehen an einem inneren Zusammenhang fehlen würde, bbbb) aber andererseits würden sonst über die das Erfordernis des § 254 Abs. 2 BGB hinausgehende schadensmindernde Vorsorgemaßnahmen eines Verletzten unverdientermaßen dem Verletzer zugute kommen. Demgegenüber muss wohl das Argument zurücktreten, dass dies deshalb nicht unangemessen wäre, weil der Verletzer ja auch das Risiko besonders hoher Schäden trage und daher auch die sich aus der Vorsorgemaßnahme ergebenden Vorteile genießen solle. c) Der Schaden ist nach § 251 Abs. 1 BGB zu ersetzen.

(2) Zurechnungszusammenhang

Würde man bei der Frage, welche der die in einer Einbuße von sonstigen Lebensgütern bestehenden Schadensposten bei der Differenzbildung dem rechtlich relevanten „Ist-Zustand" zuzuordnen sind, ausschließlich auf die äquivalente Kausalität i.S. eines „conditio sine qua non"-Zusammenhanges zwischen der Verletzung und dem Schadensposten abstellen, käme man zu einer für den Schadensersatzschuldner nicht mehr kalkulierbaren Schadensersatzhaftung.

> Vielleicht entsinnen Sie sich noch daran, dass wir schon einmal vor dieser Frage standen, als es darum ging, ob es im „haftungsbegründenden" Zusammenhang bei § 823 Abs. 1 BGB erforderlich sei, die Äquivalenzprüfung und ihre Konsequenzen einschränkende Zurechnungserfordernisse, die sich aus der Adäquanztheorie und der Lehre vom Schutzzweck der Norm ergeben, aufzustellen. Wir hatten uns i.E. zwar für die Heranziehung dieser Kriterien entschieden, weil man so in angemessener Weise einer ausufernden Schadensersatzhaftung begegnen kann, hatten aber auch erkannt, dass man hierauf getrost verzichten kann, weil man zu einer sinnvollen Haftungsbeschränkung auch aufgrund der Korrektive der Rechtswidrigkeit und vor allem des Verschuldenserfordernisses gelangen kann. Auf derartige Korrekturen können wir im haftungsausfüllenden Bereich aber nicht bauen, weil es hier auf eine Rechtswidrigkeit und auf ein Verschulden deshalb nicht mehr ankommt, weil beides nur (!) im „haftungsbegründenden" Zusammenhang maßgeblich ist.

Mit dem Ziel einer sinnvollen Haftungsbeschränkung wird daher bei Einbußen an sonstigen Lebensgütern zu Recht und völlig unbestritten das Bestehen eines **Zurechnungszusammenhanges** zwischen dem **zum Schadensersatz verpflichtenden Umstand (Verletzung)** und dem **jeweiligen Schadensposten** verlangt:

- Der Schadensposten muss also nicht nur äquivalent kausal, sondern auch **adäquat kausal** auf den zum Schadensersatz verpflichtenden Umstand (Verletzungstatbestand) zurückzuführen sein,
- und er muss nach dem **Schutzzweck der** zum Schadensersatz verpflichtenden **Norm** zu ersetzen sein.
- Ist dies nicht der Fall zählt der jeweilige Schadensposten nicht zu dem bei der Differenzbildung zu berücksichtigenden „Ist-Zustand".

Wenn ein Schadensposten, der in einer Einbuße an sonstigen Lebensgütern besteht, als „Ist-Zustand" bei der Differenzbildung berücksichtigt werden soll, ist außer der äquivalenten Kausalität auch ein **adäquater Kausalzusammenhang** zwischen dem zum Schadensersatz verpflichtenden Umstand (Verletzungstatbestand) und dem Schadensposten erforderlich. Ein solcher Schadensposten wird danach dem Verletzungstatbestand **nicht zugerechnet,** wenn sein **Eintritt völlig außerhalb jeder Lebenswahrscheinlichkeit** liegt.

Fall 869: Der A bringt dem B rechtswidrig und leicht fahrlässig eine offene Wunde am Bein bei, so dass der A sich im Krankenhaus operativ behandeln lassen muss. Wegen seines hierdurch geschwächten Zustandes infiziert er sich im Krankenhaus mit einer Virusgrippe mit der Folge eines Herzmuskelschadens, der mit weiteren Kosten ärztlich behandelt werden muss. Der unversicherte B verlangt die Heilungskosten für die Behandlung der Wunde und des Herzmuskelschadens.

I. Der Anspruch 1. ergibt sich dem Grunde nach aus § 823 Abs.1 BGB. a) Die offene Wunde ist eine Verletzung des Körpers. b) Sie ist aa) auf ein Tun des A, und zwar bb) adäquat kausal zurückzuführen, und liegt auch im Schutzbereich der Norm. c) A hat rechtswidrig gehandelt; denn Rechtfertigungsgründe liegen nicht vor. d) Schuldhaft hat A gehandelt, weil sich das Verschulden nur auf die haftungsbegründende Verletzung (offene Wunde) und nicht auf den Vermögensfolgeschaden beziehen muss. 2. Was den Schadensersatz angeht, a) so sind die Behandlungskosten für die Wunde am Bein ein zu ersetzender unmittelbarer Verletzungsschaden. b) Die zusätzlichen Behandlungskosten für den Herzmuskelschaden sind ein mittelbarer Verletzungsfolgeschaden. Der schadensersatzbegründende Umstand (Verletzung am Bein) aa) war äquivalent kausal für den Schaden. bb) Der Schadensposten ist auch zurechenbar, denn aaa) die Infektion ist nicht durch Mitwirkung ganz außergewöhnlicher Umstände, bei denen nach allgemeiner Lebensauffassung der eingetretene Schaden vernünftigerweise nicht in Betracht gezogen werden kann, herbeigeführt worden. Daher liegt sie nicht außerhalb jeder Lebenswahrscheinlichkeit. Das gilt auch für den daraus resultierenden Herzmuskelschaden. bbb) Der Schaden liegt auch im Bereich des Schutzzwecks der Norm. cc) Der Schaden ist nach § 249 Abs. 2 S. 1 BGB zu ersetzen. II. Überlegen Sie, ob man den Schadensersatzanspruch für den Herzmuskelschaden auch so herleiten kann, dass man ihn als Gesundheitsverletzung i.S.d. § 823 Abs. 1 BGB ansieht?

Variante: Der B erhält im Krankenhaus eine verunreinigte – der Arzt Dr. Medicus (M) hatte sie unmittelbar vor der Injektion versehentlich auf den Boden fallen lassen – Betäubungsspritze; die daraus resultierende Infektion führt zur Amputation des Beines und den o.g. Folgen.

I. Ein medizinisches Versehen, das sich innerhalb der erfahrungsgemäß vorkommenden Fehler hält, ist adäquat kausal, nicht aber ein elementarer Verstoß gegen die Grundregeln der ärztlichen Kunst, wie er hier vorliegt. II. Auch hier können Sie das im vorherigen Fall angeregte „Gedankenspiel" versuchen.

Wegen der für die Adäquanzprüfung maßgeblichen Sichtweise, nämlich der Einnahme der Position des (letztlich ja „allwissenden") „optimalen Betrachters ex post", ist die Adäquanztheorie auch im haftungsausfüllenden Bereich nur wenig geeignet, die Schadensersatzhaftung sinnvoll zu beschränken. Deshalb prüft man zusätzlich auch hier, ob die jeweilige Einbuße an einem der sonstigen Lebensgüter im **Schutzbereich der Schadensersatznorm** liegt; nur solche Schadensposten sind zurechenbar, vor denen die verletzte Norm bewahren will. Dazu gelten folgende Grundsätze:

- Bei **vertraglichen** und **quasivertraglichen Schadensersatzansprüchen** stellt sich die durch Auslegung zu beantwortende Frage, ob die verletzte Pflicht den Verletzten vor dem konkreten Schadensposten bewahren sollte. Das ist der Fall, wenn der äquivalent und adäquat auf die Pflichtverletzung i.S.d. § 280 BGB zurückzuführende Schaden auch innerhalb des geschützten Interessenbereichs liegt. Beim zu **ersetzenden Integritätsinteresse (z.B. aus § 823 Abs. 1 BGB)** sollen nur solche Schadensposten berücksichtigt werden, die aufgrund eines **inneren Zusammenhanges mit dem Delikt** in den **Gefahrenbereich der Verletzung** fallen. Bei **Schutzgesetzverletzungen (§ 823 Abs. 2 BGB)** fallen nur solche Schadensposten in den Schutzbereich der Norm, deren Eintritt gerade nach **Sinn und Zweck des Schutzgesetzes** verhindert werden sollte, was der Fall ist, wenn zum einen der Geschädigte zu dem durch das Schutzgesetz **geschützten Personenkreis** gehört und wenn zum anderen das **verletzte Lebensgut** zum **Schutzzweck der Norm** gehört. Bei Ansprüchen aus **Gefährdungshaftung** wird nur der Schaden ersetzt, der aus einer Realisierung der **„typischen Gefahr"** herrührt.

Fall 870: Der B lässt sich von dem U mit dessen Taxi zum Flughafen fahren, wobei er erklärt, es eilig zu haben. Der U verfährt sich, so dass der B seinen Flug verpasst. Der B kommt daher verspätet zu einem geschäftlichen Termin und erleidet einen Millionenschaden (nach Schlechtriem).

Ein Anspruch aus §§ 634 Nr. 4, 280 Abs. 1 BGB kommt nicht in Betracht, weil der zwar äquivalent und adäquat auf die Pflichtverletzung zurückzuführende Schaden außerhalb des geschützten Interessenbereichs liegt, denn der U hat nach dem Inhalt des Vertrages ein solches Risiko nicht übernommen.

Fall 871: Dr. A nimmt einen „sozial indizierten" Schwangerschaftsabbruch bei der Patientin P vor. Wegen eines Kunstfehlers wird die Schwangerschaft nicht unterbrochen. Als es nach 8 Monaten für die abgelegen auf dem Lande wohnende sehr korpulente P völlig überraschend zu Wehen kommt und sie eilig ins Kreiskrankenhaus fährt, verunglückt sie infolge der Aufregung und der Schmerzen mit ihrem Auto. Sie verlangt von Dr. A Schadensersatz für den Sachschaden am Auto (nach Medicus).

Ein Anspruch aus §§ 611, 280 Abs. 1 S. 1 BGB auf Schadensersatz besteht nicht, weil der zwar äquivalent und adäquat auf die Pflichtverletzung zurückzuführende Schaden außerhalb des geschützten Interessenbereichs liegt; denn der Behandlungsvertrag soll nicht vor Schäden aus Verkehrsunfällen schützen.

Fall 872: Der D stiehlt im K-Kaufhaus (K) Bonbons im Werte von € 0,10. Die Tat wird vom Verkäufer V mittels einer Überwachungskamera entdeckt und der D gestellt. Dem V werden aufgrund einer Auslobung des Arbeitgebers € 25,- als „Fangprämie" ausgezahlt. Für die elektronische Überwachungsanlage hatte K € 2 000,- aufgewendet. K verlangt von dem D Schadensersatz, und zwar in Höhe von € 2,- als anteiligem Betrag für die Anschaffung der Überwachungskamera, mittels der während einer auf 2 Jahre geschätzten Funktionsfähigkeit erfahrungsgemäß 1000 Ladendiebe überführt werden, € 5,- Bearbeitungskosten für die Fertigung der Strafanzeige und € 25,- für die Auszahlung der Fangprämie (nach BGH).

1. Dem Grunde nach besteht ein Anspruch des K aus § 823 Abs. 1 (Eigentumsverletzung). 2. a) K hat einen Schaden erlitten. b) Es geht um den Ersatz von Einbußen an sonstigen Lebensgütern des K. aa) Ein Ersatz der anteiligen Vorbeugekosten von € 2,- für die Anschaffung der elektronischen Überwachungsanlage kann nicht verlangt werden. Hier kann die fehlende Kausalität zwischen Anschaffung der Überwachungsanlage und dem Delikt des D nicht wie bei der Reservehaltung von beschädigten Fahrzeugen eines Nahverkehrsunternehmens überbrückt werden. bb) Die Bearbeitungskosten aaa) waren äquivalent und adäquat kausal. bbb) Sie liegen aber außerhalb des Schutzbereichs der Norm des § 823 Abs. 1 BGB, weil dieser nicht der Verwirklichung des staatlichen Strafanspruchs dient. cc) Fraglich ist, ob der aufgrund der von K durch Auszahlung an den V erfüllten Auslobung entstandene Vermögensnachteil von D zu ersetzen ist. aaa) Er ist, stellt man nicht auf die Auslobung, sondern (zu Recht) auf die Tatsache der Auszahlung ab, äquivalent kausal auf den Diebstahl zurückzuführen. bbb) Was die Zurechnung anbelangt, aaaa) so wäre der Nachteil auch adäquat kausal. bbbb) Er müsste auch vom Schutzzweck der Norm gedeckt sein. aaaaa) Das ist der Fall, denn die Auslobung und die Auszahlung der Fangprämie steht in einem inneren Zusammenhang mit dem Eigentumsschutz und mit dem Delikt des D, weil so Diebstahlstaten verhindert werden sollten und weil gerade der von V aufgedeckte Diebstahl zur Zahlung der Fangprämie an den V geführt hat; bbbbb) allerdings darf die Prämie nicht unverhältnismäßig sein, was einmal die absolute Höhe der Fangprämie angeht – die hier mit € 25,- nicht überhöht ist – und was die Relation zur „Beute" betrifft – die hier allerdings mit 1 : 250 unangemessen erscheint.

Fall 873: Der P parkt unerlaubt auf einem dem V gehörigen und für die Mieter des V bestimmten und durch ein Schild auch so ausgewiesenen Parkplatz, so dass der Mieter M dort nicht parken kann. Der V lässt den Wagen des P, dessen Aufenthaltsort ihm bekannt ist, abschleppen und verlangt von ihm die dafür aufgewendeten Kosten in Höhe von € 177,- (nach AG Berlin-Wedding).

Zwischenfrage: Durfte der V eigentlich den Wagen abschleppen lassen? Ja: nach § 859 Abs. 1 BGB.

1. Der Anspruch des V gegen den P ergibt sich dem Grunde nach a) aus §§ 823 Abs.1, Abs.2, 858 BGB, b) nicht aber aa) aus § 859 Abs. 3 BGB (keine Anspruchsgrundlage für Aufwendungsersatz) bb) und nicht aus §§ 677, 683, 670 BGB (das Abschleppen entsprach nicht dem wirklichen oder mutmaßlichen Willen des P; § 678 BGB greift nicht ein). 2. Zum Schaden: a) Es handelt sich um einen mittelbaren Verletzungsfolgeschaden des V. b) Dieser aa) beruht äquivalent kausal auf der Verletzung; bb) er müsste der Verletzung zugerechnet werden können: aaa) Adäquat kausal ist er; bbb) er müsste auch im Schutzbereich der verletzten Norm liegen; dies muss in doppelter Hinsicht problematisiert werden: aaaa) Fraglich ist, ob der Schaden nach Sinn und Zweck des Schutzgesetzes (§ 858 BGB) verhindert werden sollte: wohl ja; denn, wenn der zur Selbsthilfe Berechtigte die Kosten nicht vom Störer ersetzt verlangen könnte, bliebe das Selbsthilferecht ein „stumpfes Schwert" (aA.: AG Berlin-Wedding). bbbb) Weiterhin liegt hier ein Fall der „Selbstschädigung" vor: Der V durfte sich aber zu der Abschleppaktion „herausgefordert" fühlen. Zweifelhaft ist aber, ob die Maßnahme im Vergleich zur Verletzung verhältnismäßig ist; man könnte an eine Beseitigungsfrist für den Störer denken.

- Auch sollen nach dem Schutzzweck des § 823 Abs. 1 BGB solche Schadensposten, die aufgrund **allgemeiner Lebensrisiken** eingetreten sind oder die sich als **mit der Rechtsordnung in Einklang stehende Nachteile** darstellen, nicht zum bei der Schadensermittlung maßgeblichen „Ist-Zustand" gezählt werden. In diesen Zusammenhang gehört die Frage nach der Zurechenbarkeit **„psychischer Schäden"** als Folgeschäden. Insoweit ist zu differenzieren: Im Grundsatz hat der Verletzte einen Anspruch darauf, so gestellt zu werden, wie wenn er gesund gewesen wäre, und zwar auch dann, wenn eine latente Disposition zu psychischen Beschwerden dieser Art besteht. Allerdings sind zum einen solche psychische Schäden nicht zurechenbar, die darauf beruhen, dass der in seiner körperlichen Integrität Verletzte aufgrund einer bestimmten psychischen Konstitution (z.B. neurotischer Wunsch nach Sicherheit und Versorgung) die Vorstellung entwickelt, dass sein weiteres Leben durch eine lebenslange Rente gesichert werden muss („Renten- bzw. Begehrensneurose"), und zum anderen beim Auftreten alltagstypischer psychischer Folgen als Reaktion auf eine „Bagatellverletzung". Auch die **Entdeckung einer bereits vorhandenen schweren Erkrankung** im Rahmen der medizinischen Behandlung derjenigen Verletzung, deren Herbeiführung zum Schadensersatz berechtigt, ist ein „allgemeines Lebensrisiko" und bleibt daher bei der Schadensermittlung unberücksichtigt.

Fall 874: Der von T fahrlässig leicht am Kopf verletzte Polizeibeamte B wird im Krankenhaus gründlich untersucht; dabei wird eine fortgeschrittene Arteriosklerose, die sonst unbemerkt geblieben wäre, entdeckt; aufgrund dessen wird der B beamtenrechtlich zu Recht vorzeitig pensioniert. Der B bezieht deshalb anstelle seiner Besoldung nur noch eine Pension, die im Vergleich zur früheren Besoldung zu deutlich geminderten Einkünften führt; diese Differenz verlangt er von T.

1. Dem Grunde nach besteht der Anspruch aus § 823 Abs. 1 BGB. 2. a) Der B hat einen Schaden erlitten. b) Es geht um den Ersatz von Einbußen an sonstigen Lebensgütern (Vermögen wegen geminderter Einkünfte). aa) Dieser beruht äquivalent kausal bb) und auch adäquat – ein solcher Ablauf liegt nicht völlig außerhalb jeder Wahrscheinlichkeit – kausal auf der Verletzung. cc) Der Schadensposten liegt aber außerhalb des Schutzzwecks der Norm des § 823 Abs. 1 BGB, denn die Entdeckung einer schweren Erkrankung im Rahmen der medizinischen Behandlung der zugefügten Verletzung ist ein „allgemeines Lebensrisiko" (so die eine Begründung) bzw. § 823 Abs. 1 BGB kann nicht dazu dienen, das Opfer vor rechtmäßig erlittenen Folgen – hier der nach dem Beamtenrecht rechtmäßigen Pensionierung des B – zu bewahren (so die andere Begründung).

- Eine durch eine **Willensentscheidung des Schadensersatzgläubigers selbst** oder durch die Willensentscheidung eines **Dritten** herbeigeführte Einbuße an Lebensgütern ist nur dann vom **Schutzzweck der Norm** gedeckt und damit ein für die Schadensermittlung relevanter Schadensposten, wenn sich der Schadensersatzgläubiger oder der Dritte dazu **herausgefordert fühlte** und **fühlen durfte**, den Nachteil herbeizuführen.

2. „Normative Schranken" bei der Schadensermittlung

In Einzelfällen kann aufgrund normativer Erwägungen die Ersatzpflichtigkeit einzelner Schadensposten entfallen, so dass sie bei der Differenzbildung nicht berücksichtigt werden dürfen.

a) Unterhaltspflicht

Die Frage, ob im Zusammenhang mit der Geburt eines Kindes ein bei der Differenzbildung relevanter Schadensposten vorstellbar ist, stellt sich bei Fällen der **Schlechterfüllung eines zum Zwecke der Familienplanung dienenden Vertrages mit einem Arzt** über eine **Sterilisierung** und bei Schadensersatzansprüchen aus einer **deliktisch relevanten Herbeiführung einer Schwangerschaft**.

Verfehlt ist die in diesem Zusammenhang nicht selten zu lesende sich selbst beantwortende Fragestellung, ob „ein **Kind** überhaupt ein **Schaden**" sein könne. Denn maßgeblich ist allein, ob es **Vermögensnachteile aufgrund der Geburt eines ungewollten Kindes** gibt, gegen deren Berücksichtigung als Schadensposten normative Gründe sprechen. Während die Zivilgerichte wegen der Geburtskosten und der Unterhaltsverpflichtung einen Schaden annehmen (BGH), lehnt der 2. Senat des BVerfG dies hinsichtlich der Unterhaltspflicht ab, weil „die Verpflichtung der staatlichen Gewalt, jeden Menschen in seinem Dasein um seiner selbst willen zu achten" es verbiete „die Unterhaltspflicht als Schaden zu begreifen". Im Fall einer Schlechterfüllung eines zum Zwecke der Familienplanung dienenden Arztvertrages über eine Sterilisierung wird man die Ersatzpflichtigkeit des Schadenspostens in Gestalt einer Unterhaltsverpflichtung damit begründen können, dass eine vertragliche Verpflichtung zur Sterilisierung zum Zwecke der Familienplanung zivilrechtlich wirksam ist, insbesondere nicht gegen § 138 Abs. 1 BGB verstößt. Dann muss der aufgrund einer Pflichtverletzung daraus entstandene „Ist-Zustand" in Gestalt der Schadensposten Geburtskosten und Unterhaltsverpflichtung bei der Differenzbildung auch zu berücksichtigen sein. Dieses Ergebnis wird man „a minore ad maius" auf die Folgen einer Vergewaltigung übertragen müssen.

<u>Fall 875:</u> Der V vergewaltigt die nicht krankenversicherte F. Diese wird schwanger. Eine Abtreibung lehnt sie aus ethischen Gründen ab. Sie nimmt den V auf Schadensersatz in Höhe der von ihr selbst bezahlten Geburtskosten und Freistellung von der auf € 1 Million errechneten Unterhaltspflicht in Anspruch.

1. Der Anspruch resultiert a) aus § 823 Abs. 1 BGB: aa) In der durch die Vergewaltigung herbeigeführten Schwangerschaft liegt eine Gesundheitsbeeinträchtigung und ein rechtswidriger Eingriff in das Allgemeine Persönlichkeitsrecht, zu dem auch die sexuelle Selbstbestimmung gehört (arge. § 253 Abs. 2 BGB). bb) Der V hat rechtswidrig cc) und schuldhaft gehandelt. b) Ferner sind § 823 Abs. 2 BGB i.V.m. § 177 StGB und c) § 825 BGB gegeben. 2. Die Geburtskosten und die Belastung mit der Unterhaltspflicht für das Kind a) wären nach der Differenzhypothese ein Schaden, wenn aa) der „Soll-Zustand": Keine Geburtskosten, keine Unterhaltspflicht bb) vom „Ist-Zustand" abweicht: aaa) Der „Ist-Zustand" besteht in einer Belastung mit den von der V veranlassten (Abschluss eines Vertrages mit Arzt oder Hebamme) Geburtskosten und einer sie treffenden Unterhaltsbelastung (§ 1601 BGB). bbb) Diese Schadensposten sind eine Einbuße an sonstigen Lebensgütern, die dem Delikt zuzurechnen sind, weil sie äquivalent und adäquat kausal sind und im Schutzbereich der Norm liegen (soweit die körperliche Integrität durch § 823 Abs. 1 BGB vor Vergewaltigungen geschützt wird, dient dies auch der Verhinderung einer Schwangerschaft und einer Geburt und der daraus resultierenden hier interessierenden Folgen). ccc) Die Frage ist, ob normative Erwägungen der Berücksichtigung einer Ersatzpflichtigkeit dieser Schadensposten entgegenstehen. aaaa) Hinsichtlich der Geburtskosten bestehen keine Bedenken. bbbb) Was die Belastung mit der Unterhaltspflicht angeht, so lehnt der 2. Senat des BVerfG die Ersatzpflicht generell ab, weil „die Verpflichtung der staatlichen Gewalt, jeden Menschen in seinem Dasein um seiner selbst willen zu achten", dies verbiete. Die Rechtspraxis (BGH) sieht hierin einen ersatzpflichtig machenden Schaden. Anders als bei schlecht erfüllten Arztverträgen über eine Sterilisierung lässt sich hier (bei einer Schwangerschaft aufgrund einer Vergewaltigung) die Bewertung allerdings nicht mit dem wirksamen Inhalt der vertraglichen Vereinbarung begründen. Man wird aber sagen können, dass „a minore ad maius" eine Unterhaltsverpflichtung gegenüber einem durch eine Vergewaltigung gezeugten Kind ein Vermögensschaden ist. b) Eine interessante Frage ist, ob ein Vorteilsausgleich wegen des Unterhaltsanspruchs aus § 1601 BGB zu gewähren ist. Der Vorteil ist adäquat kausal. Die Frage ist allein, ob die Anrechnung Sinn und Zweck des Schadensersatzrechtes widersprechen würde. So wie man bei der Tötung eines Unterhaltsverpflichteten bei der Berechnung des Schadensersatzanspruchs des Unterhaltsberechtigten aus § 844 Abs. 2 BGB jedenfalls die Erträge aus einer eventuellen Erbschaft als Vorteilsausgleich berücksichtigt, müsste auch der Unterhaltsvorteil berücksichtigt werden. Die Beantwortung der praktischen Frage, wie dieser angesichts der Bedürfnis- und Leistungsfähigkeitsabhängigkeit des Anspruchs (§§ 1602 f. BGB) ermittelt wird, muss hier unbeantwortet bleiben. c) Die Kompensation des durch die Belastung mit den Kosten für die Geburt und durch die Belastung mit der Unterhaltsverpflichtung entstandenen Vermögensschadens erfolgt nach § 251 Abs. 1 BGB. d) Ein Mitverschulden wegen der Nicht-Abtreibung (§ 254 Abs. 2 BGB) liegt nicht vor, weil die F sich hierzu aus ethischen Gründen entschlossen hat.

b) Verbotener oder sittenwidriger entgangener Gewinn

Ein entgangener Gewinn des Anspruchstellers, den dieser nur auf verbotene oder sittenwidrige Weise erzielt hätte, bleibt ebenfalls aus normativen Gründen unberücksichtigt.

Fall 876: Der als arbeitslos gemeldete und Arbeitslosenunterstützung beziehende A brauchte aufgrund einer Vereinbarung mit seinem Vermieter V die in Höhe von € 300,- geschuldete Miete nicht zu entrichten, weil er sich verpflichtet hatte, die Reitpferde des V zu versorgen. Infolge eines tätlichen Angriffs des B wurde der A einen Monat lang stationär im Krankenhaus behandelt und konnte die Pferde nicht versorgen. Er war daher zur Zahlung der Miete an den V verpflichtet. Der A verlangt daher Schadensersatz in Höhe von € 300,- von B (nach LG Oldenburg).

Der a) dem Grunde nach aus § 823 Abs. 1 BGB gegebene Anspruch b) gewährt keinen Ersatz des geltend gemachten Schadens: Der im Vergleich zum „Ist-Zustand" hypothetisch bessere „Soll-Zustand" (entgangener Gewinn) wäre durch eine rechtswidrige Tätigkeit (§ 1 Abs. 1 des Gesetzes zur Bekämpfung der Schwarzarbeit) erzielt worden und bleibt daher bei der Differenzbildung aus normativen Gründen unberücksichtigt.

III. Differenzbildung

Wenn man nun den „Soll-Zustand" mit dem auf die vorgenannte Weise ermittelten „Ist-Zustand" durch „Differenzbildung" miteinander vergleicht, dann ergibt sich der „natürliche Schaden" oder der „reale Schaden".

IV. „Vorteilsausgleichung"/„normativer Schaden"

Die Ermittlung des zu ersetzenden Schadens verlangt aber weiterhin, dass eventuelle **Vorteile,** die der Schadensersatzgläubiger aufgrund des zum Schadensersatz verpflichtenden Umstandes erlangt hat, **auszugleichen** sind. Wenn also der Schadensersatzgläubiger **Vorteile aufgrund des schadensersatzbegründenden Umstandes** erlangt hat, dann kann dies unter bestimmten Umständen dem **Schadensersatzpflichtigen zugute kommen.** Zu denken ist hier ua. an Leistungen Dritter, Eigenleistungen, zwischenzeitliche Wertsteigerungen, an eine durch das schadensersatzbegründende Ereignis (Tötung eines Menschen) bedingte Erbschaft, an einen infolge des schadensersatzbegründenden Umstandes entstandenen Unterhaltsanspruch oder an Ersparnis von Aufwendungen (z.B. während eines Krankenhausaufenthaltes).

Die **„Faustformel"** geht dahin, dass eine Anrechnung der Vorteile dann erfolgen soll, wenn der entstandene Vorteil **äquivalent** und **adäquat kausal** auf den schadensersatzbegründenden Umstand zurückzuführen ist und wenn die Anrechnung nicht dem **Sinn und Zweck des Schadensersatzrechts** widerspricht.

Mit ein wenig Phantasie erkennt man hier die Kriterien wieder, die maßgeblich dafür waren, ob die Einbußen an sonstigen Lebensgütern in den für die Diffe-

> renzbildung maßgeblichen „Ist-Zustand" einzubeziehen sind. Es handelt sich in der Tat um das „Gegenstück" dazu.

1. Leistungen Dritter

In Betracht kommen in erster Linie **Leistungen Dritter** an den Schadensersatzgläubiger.

a) Leistungen von ausgleichsberechtigten Dritten

Denkbar ist, dass **Dritte**, z.B. als **Versicherer** oder als **aufgrund eines entsprechenden Vertrages zur Erhaltung eines verletzten Objekts Verpflichtete** oder als **kraft Gesetzes Unterhaltsverpflichtete**, einen sich aus der Anwendung der „Differenzhypothese" ergebenden „natürlichen/realen Schaden" ersetzen oder beseitigen.

Die daraus resultierende Frage, ob dies dem Schadensersatzschuldner zum Vorteil gereichen kann, beantwortet das Gesetz,

- teilweise dadurch, dass es dem **Dritten** die Möglichkeit gibt, aufgrund einer „cessio legis" **Regress bei dem Schadensersatzschuldner** zu nehmen (z.B. die Versicherer nach §§ 67 VVG, 116 SGB X oder der Arbeitgeber nach § 6 EGFZG). Die Leistung eines solchen Dritten kommt daher aus diesem Grunde dem Schadensersatzschuldner nicht zugute. Die Frage eines bei der Schadensersatzberechnung zu berücksichtigenden „Vorteilsausgleichs" stellt sich daher bei einem „cessio legis"-Regress gar nicht.

- Wenn das Gesetz eine solche „cessio legis"-Regressregelung nicht bereit stellt, wird zur Ermöglichung eines Zessionsregresses des leistenden Dritten das Vorliegen eines die Beseitigung des natürlichen/realen Schaden überdauernden **„normativen Schadens"** angenommen, so dass der Schadensersatzanspruch bestehen bleibt und an den ausgleichsberechtigen Dritten abgetreten werden kann.

<u>Fall 877</u>: Der Dieb (D) bricht bei dem Vn, der bei der Vr-Versicherung gegen Einbruchsdiebstahl versichert ist, ein. Die Vr-Versicherung ersetzt den Schaden ihres Versicherungsnehmers Vn. Sodann verlangt die Vr-Versicherung Ausgleich von D.

Der Anspruch der Vr-Versicherung gegen den D ergibt sich aus §§ 823 Abs. 1, 2 BGB i.V.m. 242 ff. StGB, 67 VVG.

<u>Fall 878</u>: Der T verletzt die im Verhältnis zu ihren Eltern (E) unterhaltsberechtigte voll geschäftsfähige O. Die O muss ärztlich behandelt werden, und sie schließt mit Dr. A einen entsprechenden Behandlungsvertrag. Der Vater V zahlt die Arztrechnung. Dann nimmt die O den T auf Schadensersatz in Anspruch.

1. Der Anspruch ergibt sich dem Grunde nach aus § 823 Abs. 1 BGB. 2. Trotz des Wegfalls des natürlichen Schadens durch die Begleichung der Arztrechnung seitens des V verbleibt der O aus normativen Gründen (arge. § 843 Abs. 4 BGB) ein Anspruch auf Schadensersatz, damit dieser zu Regresszwecken a) entweder von der O (gerichtet auf Zahlung an den V) b) oder nach

Abtretung der O an den V nach § 398 BGB durch den V gegenüber dem T geltend gemacht werden kann („Zessionsregress").

Fall 879: Die Gemeinde G ist kraft eines Vertrages mit der katholischen Kirche (K) für die bauliche Erhaltung eines Kirchenbaus verantwortlich. Als das Bauwerk durch den Brandstifter B beschädigt worden ist, nimmt nach Wiederherstellung der Kirche die G den B in Anspruch („Fuldaer Dombrandfall").

Diese Konstellation wird zuweilen „unechte Gesamtschuld" genannt; das Regressproblem ist immer noch ungeklärt: 1. Ein Regressanspruch aus § 426 BGB scheidet aus, a) wenn man mangels „Gleichstufigkeit" (Argument: die G ist, ähnlich wie ein Versicherer, ein bloßer „Versorger", so dass von vornherein nur ein Regress der G gegen B in Betracht kommt, niemals aber umgekehrt ein Regress des an K leistenden B gegen G) kein Gesamtschuldverhältnis annimmt (dazu später mehr in Teil 10). b) Neuere Ansichten nehmen dagegen an, dass auch bei fehlender „Gleichstufigkeit" jedenfalls dann ein Gesamtschuldverhältnis aus § 421 BGB vorliegt, wenn keine spezielle Regressregelung besteht, wie z.B. bei § 67 VVG. Dem Einwand, dass diese Konstruktion auch einen Regressanspruch des den Schadensersatz an K leistenden B gegen G möglich machen würde, begegnet man mit dem Argument, dass durch den im Rahmen des § 426 Abs. 1 BGB analog anwendbaren § 254 Abs. 1 BGB „ein anderes bestimmt ist" und der B daher im Innenverhältnis zu G zu 100 % schulde und damit ein Regress des B gegen G ausscheide. 2. Aus § 812 Abs. 1 S. 1 2. Fall. BGB („Nichtleistungskondiktion" in Gestalt einer „Auslagenkondiktion") hat die G keinen Regressanspruch, weil die G nicht als Dritte gem. § 267 BGB die Schuld des B getilgt hat, sondern mit der Wiederherstellung des Kirchenbaus ihre eigene Verpflichtung aus dem Vertrag erfüllen wollte; anders wäre es nur, wenn man zu Regresszwecken die Leistung nachträglich „fremdbestimmen" kann; dazu später mehr. 3. Ein Anspruch aus §§ 677, 683, 670 BGB entfällt, a) weil die Leistung der G nicht zu einer Befreiung der Leistung des B führt und b) weil die G nicht einmal „auch" die Geschäfte des B führen wollte. 4. Die Lösung „der Wahl" ist wohl eine analoge Anwendung des § 255 BGB (Selb; aber neuerdings durch die og. Konstruktion einer Gesamtschuld mit dem Argument, § 426 sei lex specialis, in Zweifel gezogen), so dass G von K die Abtretung der Ansprüche gegen den B verlangen kann und aus abgetretenem Recht gegen B vorgehen kann („Zessionsregress").

b) Leistung durch sonstige Dritte

Bei sonstigen adäquat kausal auf die Verletzung zurückzuführenden **freiwilligen Leistungen Dritter** soll eine Bewertung ergeben, ob es dem Sinn und Zweck des Schadensersatzrechts entspricht, den durch die Leistung des Dritten entstandenen Vorteil dem Schadensersatzschuldner zugute kommen zu lassen.

Fall 880: Räuber Rabe (R) entreißt dem Rentner Opper (O) gewaltsam die Aktentasche, in der sich in bar seine gesamte Monatsrente befindet, die er soeben von der Bank geholt hat. Die Morgenzeitung „Moin" (M) sammelt im Rahmen ihrer Aktion „Die gute Tat der Woche" Geld unter ihren Lesern für den O, der auf diese Weise eine Summe Geldes in Höhe des ihm entwendeten Betrages erhält. Am nächsten Tag wird der R gefasst. Der O verlangt von ihm Schadensersatz in Höhe des Rentenbetrages.

a) Der dem Grunde nach sich aus §§ 823 Abs. 1, 2 BGB i.V.m. 249 Abs. 1 StGB ergebende Anspruch b) ist aa) auf den Ersatz des Schadens in Höhe des Geldbetrages und der entwendeten Aktentasche gerichtet (§ 251 Abs. 1 BGB). bb) Fraglich ist, aaa) ob durch die Zahlung seitens der M als Treuhänderin der Spender der Schadensersatzanspruch gem. § 267 BGB erloschen ist; das ist nicht der Fall, weil die M als Treuhänderin der Spender nicht auf die Schuld des R zahlen wollten, sondern eine eigene Leistung (Schenkung) erbringen wollte. bbb) Zu prüfen ist weiterhin, ob der zu ersetzende natürliche bzw. reale Schaden im Wege der Vorteilsausgleichung entfallen ist. aaaa) Die hierfür äquivalent kausale Zahlung an O bbbb) war deshalb auch adäquat kausal durch den zum Schadensersatz verpflichtenden Umstand bedingt, weil es nicht völlig außerhalb jeder Lebenswahrscheinlichkeit liegt, dass Personen zu einer derartigen Sammlung aufgerufen werden und das Opfer einer Straftat entschädigen. cccc) Eine Freistellung des R entspricht jedoch nicht Sinn und Zweck des Schadensersatzrechts, sondern würde zu einer unbilligen Entlastung des R führen. Ein eventuell unbilliger Vorteil des O ist – für den Fall einer Schadensersatzleistung des R an O – zwischen ihm und den Spendern auszugleichen (uU. Wegfall der Geschäftsgrundlage hinsichtlich der Schenkung).

2. Eigenleistungen des Verletzten

Bei **Eigenleistungen des Verletzten**, die der Schadensbehebung dienen, kommt es darauf an, ob diese über das Maß des nach § 254 Abs. 2 BGB Gebotenen hinausgehen.

Fall 881: Der T beschädigt rechtswidrig und schuldhaft das Fahrrad des F. Dieser ist Zweirad-Mechaniker und behebt den Schaden in zwei Stunden seiner Freizeit selbst. Er verlangt dafür einen Geldbetrag in Höhe der üblichen Werkstattkosten + Mehrwertsteuer.

a) Der sich aus § 823 Abs. 1 BGB ergebende Schadensersatzanspruch b) aa) ist nach § 249 Abs. 2 BGB zu ersetzen, bb) wenn nicht die Beseitigung durch F selbst dem T zugute kommt. aaa) Der Vorteil ist zwar adäquat kausal, bbb) aber Sinn und Zweck des Schadensersatzrechts verbieten eine Anrechnung zugunsten des T, weil die Selbstreparatur, was Material und Zeit angeht, über das Maß dessen, was dem F nach § 254 Abs. 2 BGB obliegt, hinausgeht. cc) Fraglich ist, ob der F Schadensersatz in der geltend gemachten Höhe (übliche Werkstattkosten + Mehrwertsteuer) verlangen kann; dazu später mehr.

3. Zwischenzeitliche Wertsteigerungen

Bei Ansprüchen auf Schadensersatz „statt der Leistung" aus §§ 280 Abs. 1, 3, 281 BGB stellt sich die Frage, ob z.B. eine **Verkehrswertsteigerung** oder ein **durch persönliche Interessen des Erwerbers bedingter besonders günstiger Erlös** bei einem **Deckungsverkauf** im Wege der Vorteilsausgleichung schadensmindernd zu berücksichtigen wäre.

Fall 882: Der V verkauft am 1. Juni 2002 formwirksam von Notar N beurkundet an den K 1 eine Eigentumswohnung zu einem – dem Verkehrswert entsprechenden – Preis von € 150 000,-. Der Kaufpreis ist am 1. Juli 2002 fällig. Der § 286 Abs. 3 BGB (Verzug bei Entgeltforderungen) ist im Vertrag abgedungen. Nach Zahlung des Kaufpreises auf ein Notaranderkonto des N soll die Auflassung erfolgen. Der K 1 zahlt bis zum 10. Juli 2002 nicht. Der V setzt ihm an diesem Tag eine Frist bis zum 1. August 2002. Als der K 1 bis zum 5. August 2002 nicht gezahlt hat, beauftragt der V den Makler M, der binnen Kurzem den Abschluss eines im Anschluss daran erfüllten Kaufvertrages über die Wohnung zwischen V und K 2 vermittelt. Der Kaufpreis beträgt € 250 000,-. Die Courtage von 5 % hat der V zu tragen; sie ist nicht auf den K 2 überbürdet worden. Der V verlangt von dem K 1 Ersatz der Maklercourtage. Die Höhe des Kaufpreises erklärt sich (a) aus einer plötzlichen Verkehrswertsteigerung aufgrund einer werterhöhenden städtebaulichen Planungsmaßnahme oder (b) daraus, dass der – wohlhabende – K 2 deshalb bereit war, den erhöhten Preis zu zahlen, weil er so in die Nähe von ihm besonders nahe stehenden Familienangehörigen ziehen konnte (nach Lange).

1. Der Anspruch ergibt a) sich dem Grunde nach aus §§ 280 Abs. 1, 3, 281 BGB. b) Die nicht auf den Käufer überbürdeten Maklerkosten sind aa) der nach Bildung der Differenz zwischen dem „Soll-Zustand" (Erfüllung) und dem „Ist-Zustand" (Nichterfüllung) zu ersetzende Schaden. bb) Fraglich ist, ob die Wertsteigerung im Wege der Vorteilsausgleichung zu berücksichtigen ist, so dass der Schaden entfällt. aaa) Zwischen dem Vorteil und dem Nachteil besteht ein adäquater Kausalzusammenhang. bbb) Es widerspricht auch nicht Sinn und Zweck des Schadensersatzrechtes, diesen Vorteil auszugleichen; denn zwischen Schaden und Vorteil besteht bei wertender Betrachtung ein innerer Zusammenhang, wenn der Vorteil aus einer Verkehrswertsteigerung resultiert (BGH). Es würde in der Tat den Verkäufer unbillig begünstigen, wenn eine Realisierung eines der Kaufsache selbst innewohnenden Vorteils nicht berücksichtigt werden würde. Danach stünde dem V kein Schadensersatzanspruch in Höhe der Maklerkosten zu.
2. Wenn ein Deckungsgeschäft einen über dem Verkehrswert liegenden Erlös zur Folge hat, der auf einem gesteigerten Interesse des Deckungskäufers oder (nicht in diesem Fall) auf besonderen Bemühungen des Deckungsverkäufers beruht, dann wird bei der Schadensberechnung eines a) aus §§ 280 Abs. 1, 3, 281 BGB gegebenen Anspruchs auf Schadensersatz „statt der Leistung" b) der Vorteil nicht ausgeglichen. aa) Zwar besteht zwischen Vorteil und Nachteil ein adäquater Kausalzusammenhang. bb) Es wäre aber eine unbillige Begünstigung des Käufers, ihm einen solchen Vorteil zukommen zu lassen. Daher stünde dem V ein Schadensersatzanspruch in Höhe der Courtage zu.

Wird eine **Sache, die verkauft werden soll, verspätet zurückgegeben**, so muss auf den Anspruch auf Ersatz des dadurch entstandenen Schadens eine **zwischenzeitliche Wertsteigerung** angerechnet werden.

4. Sonderprobleme: § 844 Abs. 2 BGB und Unterhaltsvorteil

Wenn ein wegen einer Tötung **nach § 844 BGB** zum Schadensersatz **berechtigter Dritter** den **Getöteten beerbt**, stellt sich die etwas makaber klingende Frage, ob die Erbschaft als auszugleichender Vorteil anzurechnen ist.

Hierzu ist anerkannt, dass der Sinn und Zweck des Schadensersatzes es nur gebieten kann, die Erträgnisse des Nachlasses, die der Getötete verbraucht hätte, nicht aber den Stammwert des Nachlasses vorteilsausgleichend anzurechnen.

Eine interessante Frage ist, ob bei einem Anspruch auf Ersatz von Unterhaltsansprüchen bei einer einen Schadensersatzanspruch begründenden Herbeiführung einer Schwangerschaft ein Vorteilsausgleich wegen des Unterhaltsanspruchs aus § 1601 BGB zu gewähren ist. Der Vorteil ist adäquat kausal. Die Frage ist allein, ob die Anrechnung Sinn und Zweck des Schadensersatzrechtes widersprechen würde. So wie man bei der Tötung eines Unterhaltsverpflichteten bei der Berechnung des Schadensersatzanspruchs des Unterhaltsberechtigten aus § 844 Abs. 2 BGB jedenfalls die Erträge aus einer eventuellen Erbschaft als Vorteilsausgleich berücksichtigt, müsste auch der Unterhaltsvorteil berücksichtigt werden. Die Beantwortung der praktischen Frage, wie ein solcher Vorteil angesichts der Bedürfnis- und Leistungsfähigkeitsabhängigkeit des Anspruchs (§§ 1602 f. BGB) berechnet würde, kann hier nicht weiter vertieft werden.

5. Ersparnis von Aufwendungen

Wenn der Geschädigte aufgrund des schädigenden Ereignisses **Aufwendungen erspart** hat, dann muss er sich diese anrechnen lassen:

- Bei **Anmietung eines Ersatzfahrzeugs** für das vom Schadensersatzschuldner beschädigte Auto während der Reparatur: eine durch die Rechtspraxis pauschalierte Ersparnis von Eigenaufwendungen zwischen 3 % und 10 % des Mietzinses.
- Ansonsten: die während eines vom Schadensersatzschuldner zu ersetzenden **Krankenhausaufenthaltes** z.B. die ersparten Fahrtkosten zur Arbeitsstelle, die Kosten für die häusliche Verpflegung.

C. Der Inhalt des Schadensersatzanspruches (Wie?)

Nachdem nun feststeht,

- **wer** der **Gläubiger** eines Schadensersatzanspruch ist (**sub A**),
- **was** der zu ersetzende **Schaden** ist (**sub B**),
- geht es nun darum, **wie** der **Schaden** zu **ersetzen** ist.

> Geregelt ist das „Wie" des Schadensersatzes in den §§ 249 – 253 BGB. Hiernach gibt es **zwei Methoden des Ausgleichs**:
> - grundsätzlich die „**Naturalrestitution**" entweder durch **Wiederherstellung in Natur** oder durch **Leistung des zur Herstellung erforderlichen Geldbetrags** nach § 249 BGB;
> - und ausnahmsweise der Wertausgleich („**Kompensation**") durch **Entschädigung in Geld** nach § 251 BGB.

I. Die Naturalrestitution

Der Schadensersatzgläubiger kann sowohl bei Vermögensschäden als auch bei Nichtvermögensschäden im Grundsatz Naturalrestitution verlangen, so dass es auf die nicht selten schwierige Unterscheidung der beiden Schadensarten insoweit nicht ankommt.

1. Vermögensschäden

Der Schadensersatzgläubiger kann bei Vermögensschäden **grundsätzlich Naturalrestitution** verlangen. Beachten Sie aber, dass es wichtige **Ausnahmen** hiervon gibt: Bei einem Anspruch aus §§ 280 Abs. 1, 3, 283 BGB kann der Schadensersatzgläubiger Naturalrestitution deshalb nicht verlangen, weil er ja „Schadensersatz statt der Leistung" verlangt; auch gewährt der Schadensersatzanspruch des Dritten gegen den Vertreter ohne Vertretungsmacht aus § 179 Abs. 1 BGB keine Naturalrestitution, weil der Dritte gerade nicht den ja auch möglichen Anspruch auf Erfüllung gewählt hat; bei einem Anspruch auf den Ersatz des „Vertrauensschadens" z.B. aus §§ 122, 179 Abs.

2 BGB kann Naturalrestitution deshalb nicht verlangt werden, weil der Schadensersatzgläubiger lediglich verlangen kann, so gestellt zu werden, „wie wenn er den Schuldner nie gesehen hätte". Wenn **Naturalrestitution** verlangt werden kann, kann der Schadensersatzgläubiger

- entweder die **Wiederherstellung in Natur** (§ 249 Abs. 1 BGB)
- oder bei bestimmten Verletzungen nach seiner Wahl die **Leistung des zur Herstellung erforderlichen Geldbetrags** (§ 249 Abs. 2 S. 1 BGB) verlangen.

Die **Naturalrestitution** durch **Wiederherstellung in Natur** (§ 249 Abs. 1 BGB) ist nach dem Gesetz die Regel. Gerichtet ist der Anspruch nicht auf die Herstellung eines identischen, sondern auf Herstellung eines **wirtschaftlich gleichwertigen Zustandes** (BGH): Bei Beschädigung einer Sache auf die Reparatur; bei Zerstörung einer Sache auf Lieferung einer gleichwertigen Sache. Der Schadensersatzschuldner kann bei der Durchführung der Naturalrestitution **selbst handeln** oder sich der **Hilfe Dritter** bedienen (dann muss er für diese nach § 278 BGB einstehen).

Weil es jedoch bei bestimmten Verletzungen dem Gläubiger nicht zugemutet werden kann, eine Naturalrestitution durch Wiederherstellung in Natur seitens des Schuldners zu dulden (bei **Körperverletzungen**: z.B. der Zahnarzt Z schlägt seinem Nebenbuhler N die Zähne aus; oder bei **Sachbeschädigungen**: z.B. der Restaurateur R übergießt im Museum M ein Bild von Rembrandt mit Säure und beschädigt es erheblich), hat der Gläubiger ein Wahlrecht; er kann anstelle einer Naturalrestitution durch Wiederherstellung in Natur auch **Naturalrestitution** durch **Leistung des zur Herstellung erforderlichen Geldbetrags** verlangen (§ 249 Abs. 2 S. 1 BGB). Im Schadensersatzrecht ist das praktisch die Regel. Nicht verwechseln darf man einen Schadensersatzanspruch aus § 249 Abs. 2 S. 1 BGB mit den sogleich erörterten Kompensationsfällen (§ 251 BGB). Darüber, was der „erforderliche Geldbetrag" ist, entscheidet die Wirtschaftlichkeit, so dass bei mehreren Möglichkeiten, den Schaden auszugleichen, ein Vergleich entscheidet.

Fall 883: Der T beschädigt das Fahrrad des F, das € 1 000,- wert ist (Wiederbeschaffungswert). Dieser ist Zweiradmechaniker und behebt den Schaden in 5 Stunden seiner Freizeit selbst. Er verlangt dafür einen Geldbetrag in Höhe der üblichen Werkstattkosten + Mehrwertsteuer (= € 200,-) ersetzt.

1. Der sich aus § 823 Abs. 1 BGB ergebende Schadensersatzanspruch 2. betrifft a) den Verletzungsschaden b) Fraglich ist, ob dessen Beseitigung durch F selbst dem T zugute kommt. aa) Der Vorteil ist zwar adäquat kausal, bb) aber Sinn und Zweck des Schadensersatzrechts verbieten eine Anrechnung zugunsten des T, weil die Selbstreparatur, was Material und Zeit angeht, über das Maß dessen, was dem F nach § 254 Abs. 2 BGB obliegt, hinausgeht. c) Fraglich ist, ob der F den geltend gemachten Schaden verlangen kann. aa) Der F kann nach § 249 Abs. 2 S. 1 BGB Naturalrestitution durch Geldersatz verlangen. bb) Der Höhe nach geht es dabei um die Aufwendungen, die ein „verständiger und wirtschaftlich denkender Mensch in der besonderen Lage des Geschädigten machen würde" (BGH) einschließlich des sog „Werkstattrisikos" (überhöhte Kosten, Verteuerung durch mangelhafte Reparatur); das kann von mehreren Herstellungsweisen der Aufwand für die billigere Variante sein; selbst reparieren muss er nicht, auch wenn dies die für den Schuldner günstigste Variante ist. cc) Entscheidet der Geschädigte sich für § 249 Abs. 2 S. 1 BGB, so kann er die marktüblichen Kosten verlangen, aaa) also den üblichen Lohn dafür (sog. „fiktive Werkstattkosten"). Das ergibt sich daraus, dass der Verletzte in

der Disposition über den nach § 249 Abs. 2 S. 1 BGB geschuldeten Ersatz frei ist und er den Ersatz nicht einmal für eine Reparatur verwenden muss. bbb) Man kann aber auch die Ansicht vertreten, dass in den Grenzen der Erforderlichkeit nur die tatsächlichen Kosten (Material + Tariflohn) verlangt werden können. ccc) Die Mehrwertsteuer kann nicht verlangt werden, weil sie nicht „tatsächlich angefallen ist" (§ 249 Abs. 2 S. 2 BGB).

Variante: Das Fahrrad war tags zuvor für € 1 200,- gekauft worden. Der F verlangt von dem T die Zahlung von € 1 200,- Zug-um-Zug gegen Übergabe und Übereignung des Rades.

Der F könnte nach § 249 Abs. 2 S. 1 BGB a) an sich nur die Reparaturkosten geltend machen. b) In der Rechtsprechung zum Kfz-Haftpflichtrecht ist anerkannt, dass bei einer erheblichen Beschädigung eines fabrikneuen (maximal bis zu 3000 km Laufleistung, Alter unter 1 Monat) Kraftfahrzeugs nach § 249 Abs. 2 S. 1 BGB der Schaden „auf Neuwagenbasis" berechnet werden kann: Geldersatz für einen neuen Wagen Zug-um-Zug gegen den beschädigten Wagen abzüglich gezogener Nutzungen. Dies wird man auf die Beschädigung vergleichbarer Sachen – z.B. die eines neuen Fahrrades – übertragen können.

Bei **Beschädigungen von Sachen**, speziell von Kraftfahrzeugen, ist der Schadensersatzberechtigte nicht darauf beschränkt, die Kosten für die Reparatur zu verlangen; er kann auch die Kosten für die Beschaffung einer gleichwertigen Ersatzsache verlangen. Die Reparaturkosten kann er sogar bis zu einer Höhe von 130 % des Wiederbeschaffungswertes verlangen, dies aber nur, wenn das Fahrzeug zumindest tatsächlich repariert werden soll. Weil der Schadensersatzschuldner das Werkstattrisiko und auch das Prognoserisiko trägt, kann er sogar verpflichtet sein, über 130 % des Wiederbeschaffungswertes liegende Reparaturkosten zu tragen, wenn sich erst im Verlauf der Reparatur herausstellt, dass die Wiederherstellung über der 130 % - Grenze liegende Geldmittel erfordert. Wer diese Beschränkung des Geldersatzanspruchs nicht im Rahmen des § 249 Abs. 2 S. 1 BGB berücksichtigen will, muss jedenfalls § 251 Abs. 2 BGB anwenden und dem Schadensersatzschuldner eine Ersetzungsbefugnis durch eine Entschädigung in Geld gewähren.

Die **Grenze** eines Anspruchs auf **Naturalrestitution** aus § 249 BGB, also sowohl für den Wiederherstellungsanspruch in Natur aus § 249 Abs. 1 BGB als auch für den Anspruch auf Geldersatz aus § 249 Abs. 2 S. 1 BGB, bildet stets die **Unmöglichkeit** der Naturalrestitution durch Wiederherstellung in Natur oder deren **Unverhältnismäßigkeit** (argc. § 251 BGB). Ist diese nicht mehr möglich, hat der Ersatzpflichtige den Schadensersatzberechtigten in Geld zu entschädigen (§ 251 Abs. 1 BGB). Wenn aber die Unmöglichkeit der Wiederherstellung in Natur darauf beruht, dass der Schadensersatzberechtigte die beschädigte Sache, meist ein Kraftfahrzeug, unrepariert veräußert hat, soll dieser Umstand im Interesse der Dispositionsfreiheit des Geschädigten einem Anspruch auf Leistung von „fiktiven" Reparaturkosten aus § 249 Abs. 2 S. 1 BGB nicht entgegenstehen. Im Fall einer **Unverhältnismäßigkeit** der Herstellung kann der Ersatzpflichtige den Schadensersatzberechtigten in Geld entschädigen (§ 251 Abs. 2 S. 1 BGB).

2. Nichtvermögensschäden

Der Schadensersatzgläubiger kann auch beim Nichtvermögensschaden **stets Naturalrestitution** durch **Wiederherstellung in Natur (§ 249 Abs. 1 BGB)** verlangen;

§ 253 BGB, der nur für den Anspruch auf Entschädigung durch Kompensation (§ 251 BGB) gilt, steht dem nicht entgegen. So kann ein Patient, dem durch ein ärztliches Versehen die einzige gesunde Niere entfernt worden ist, die **Wiederbeschaffung und Implantation einer gesunden Niere** verlangen. Auch stehen bekanntlich dem von **falschen Tatsachenbehauptungen** Betroffenen Ansprüche auf Widerruf aus §§ 823 Abs.1, 249 Abs. 1 BGB bzw. nach § 1004 BGB analog zu. Hier gibt es eine kleine Besonderheit: Wenn die Unwahrheit einer Behauptungen feststeht, ist der Schuldner zu einem **uneingeschränkten Widerruf** verpflichtet. Da der Beweis der Unwahrheit einer Behauptung häufig nicht geführt werden kann, soll es aber für einen Widerrufsanspruch ausreichen, ernsthafte Zweifel an der Richtigkeit der Tatsachenbehauptung zu wecken; dann aber soll der Verletzte nur einen Anspruch auf einen **eingeschränkten Widerruf** des Inhalts haben, dass „die Behauptung …. nicht aufrechterhalten (wird)", denn es kann dem zum Widerruf verpflichteten Schuldner im Hinblick auf Artt. 1, 2 GG nicht zugemutet werden, eine möglicherweise ja wahre Tatsachenbehauptung zu widerrufen. Auch bei **§ 249 Abs. 2 S. 1 BGB** kann Anwendung auf den Ersatz von Nichtvermögensschäden finden. Ob deshalb auch der durch eine falsche Tatsachenbehauptung Verletzte den Geldbetrag verlangen kann, der für eine selbst vorgenommene Berichtigung erforderlich ist, hängt davon ab, ob man eine solche Verletzung als die „Verletzung einer Person" ansieht. Auch bei Nichtvermögensschäden bildet die Grenze eines Anspruchs auf **Naturalrestitution**, also eines Anspruchs aus § 249 Abs. 1 BGB oder aus § 249 Abs. 2 S. 1 BGB, die **Unmöglichkeit** oder die **Unverhältnismäßigkeit** der Wiederherstellung in Natur. **Sehr wichtig** ist, dass Sie erkennen, dass im Fall der Unmöglichkeit oder Unverhältnismäßigkeit eines Widerrufs der dann an sich gegebene **Geldentschädigungsanspruch aus § 251 Abs. 1 bzw. Abs. 2, S. 1 BGB** durch § 253 Abs. 1 BGB ausgeschlossen ist, weil wegen eines Schadens, der nicht Vermögensschaden ist, … Entschädigung nur in den durch das Gesetz bestimmten Fällen gefordert werden (kann)".

II. Kompensation

Kompensation in Geld kann der Schadensersatzgläubiger verlangen bei **Vermögensschäden** unter den Voraussetzungen des **§ 251 Abs. 1, 2 BGB** und bei **Nichtvermögensschäden** dann, wenn das Gesetz es ausdrücklich anordnet **(§ 253 Abs. 1 BGB)**.

1. Kompensation in Geld bei Vermögensschäden

Eine **Kompensation** nach **§ 251 Abs. 1, 2 BGB** (Unmöglichkeit/Unverhältnismäßigkeit der Naturalrestitution) gibt es nur bei **Vermögensschäden** (arge. § 253 Abs. 1 BGB!). Daher kann die **Abgrenzung von Vermögens- und Nichtvermögensschäden** von **größter** praktischer **Bedeutung** werden.

a) Die Abgrenzung von Vermögens- und Nichtvermögensschäden

Auf den ersten Blick scheint diese Differenzierung überhaupt keine Schwierigkeiten zu bereiten; denn unter **Vermögensschäden** versteht man solche **Einbußen** an Lebensgütern, die sich **in Geld ausdrücken lassen**.

Es gibt aber auch Fallkonstellationen, bei denen aus „normativen" Gründen das Vorliegen eines Vermögensschadens angenommen wird.

aa) Zeitweiliger Gebrauchsentzug von Sachen

Der dem Grunde nach zu einem Schadensersatzanspruch führende **zeitweilige Entzug des Gebrauchs** von Sachen (i.d.R. durch Beschädigung derselben) hat regelmäßig einen Vermögensschaden zur Folge, der sich in der Vermögensbilanz negativ niederschlägt.

Fall 884: Dem E gehört ein Reisebus, mit dem er Nordlandreisen veranstalten will. Eine Fahrt soll am 1. Juli 2002 nach Finnland gehen. Der E hat bereits im Mai alle Plätze verkauft und die Fährenplätze bereits gebucht. Das Fahrzeug wird am 25. Juni 2002 von einem Fahrzeug des Busunternehmers D schuldhaft so schwer beschädigt, dass eine Reparatur erst am 15. Juli 2002 beendet sein kann. Der D bietet dem K ein Ersatzfahrzeug aus seinem Bestand an. Der K entscheidet sich aber für die Anmietung eines Ersatzfahrzeugs zu dem marktüblichen Mietzins. Die Kosten dafür macht er bei D geltend.
a) Der Anspruch ergibt sich aus § 823 Abs. 1 BGB und § 7 StVG. b) Der Schadensersatz schließt nach Anwendung der aa) Differenzhypothese den Nutzungsausfall ein. bb) Es handelt sich um einen Vermögensschaden, den der K nach § 249 Abs. 2 S. 1 BGB in Höhe der Kosten des Mietzinses für ein Mietfahrzeug, abzüglich der ersparten Eigenaufwendungen ersetzt verlangen kann.

Problematisch wird die Situation erst, wenn es um eine **Nutzungsausfallentschädigung** für die **Beeinträchtigung der bloßen Möglichkeit des Gebrauchs** geht. Dies war bis vor 30 Jahren eine der spannendsten Fragen der zivilrechtlichen Dogmatik. Ausgelöst worden war sie von den Fällen, in denen die Eigentümer von bei einem Unfall beschädigten Kraftfahrzeugen trotz eines Schadensersatzanspruches aus § 823, § 7 StVG i.V.m. § 249 Abs. 1 BGB nicht von der Möglichkeit Gebrauch machten, während der Zeit ihrer Reparatur einen Mietwagen zu nehmen, sondern „zu Fuß" gingen und eine „Nutzungsentschädigung" geltend machten. Die Rechtspraxis (speziell die der Versicherungswirtschaft) hatte im Gefolge der Rechtsprechung bereits vor 40 Jahren „das Handtuch geworfen" und leistete unter Verwendung von speziellen Tabellen (z.B. der von Sanden/Danner) freiwillig eine Nutzungsentschädigung, wenn der Verletzte den Nutzungswillen und die hypothetische Nutzungsmöglichkeit hatte. Dagegen wurde in der zivilrechtlichen Wissenschaft noch lange die „reine Lehre" verfochten, es handele sich insoweit um einen Nichtvermögensschaden, für dessen Ersatz es wegen § 253 Abs. 1 BGB aF. (= § 253 Abs. 1 BGB) einer – für solche Fälle nicht bestehenden – besonderen gesetzlichen Grundlage bedürfe. Die Rechtspraxis zur Nutzungsausfallentschädigung blieb lange auf den Entzug von Gebrauchsvorteilen bei Kraftfahrzeugen beschränkt; sie gewährte keinen Schadensersatz wegen eines Gebrauchsentzugs für Pelzmäntel, Motorboote o.ä. Luxusgüter. Es blieb also bei einer mehr oder minder willkürlichen Kasuistik, bis der Große Senat in Zivilsachen (BGHZ 98, 212) die Regeln verallgemeinerungsfähig konkretisierte.

<u>Fall 885:</u> Der E ist Eigentümer eines von ihm bewohnten Einfamilienhauses, das im oberen Bereich des Elbhanges in Hamburg-Blankenese liegt. Der B bebaut das darunter liegende Grundstück und hebt eine Baugrube aus. Weil die von ihm errichtete Stützmauer nicht tragfähig genug ist, gerät der Hang ins Rutschen; das Haus des E bekommt Risse und wird – bis zur Verstärkung der Mauer – durch eine ordnungsbehördliche Verfügung zeitweise für unbewohnbar erklärt. In dieser Zeit bezieht der E einen auf dem Grundstück stehenden ihm gehörenden Wohnwagen. Für den Sachschaden verlangt der E von B die dafür erforderlichen Reparaturkosten in Höhe von € 10 000,- . Auch will er eine Entschädigung dafür, dass er auf den Genuss, in seinem Haus wohnen zu können, verzichten musste (nach BGH).

1. Der Anspruch ergibt sich dem Grunde nach aus § 823 Abs. 1 BGB. 2. Zu ersetzen ist a) der Substanzschaden am Haus. E kann von B nach § 249 Abs. 2 S. 1 BGB € 10 000,- ersetzt verlangen. b) Was den entgangenen Vorteil, im eigenen Haus wohnen zu können, angeht, aa) so wäre der Gebrauchsentzug als Teil der Herstellungskosten anzusehen und nach § 249 Abs. 2 S. 1 BGB in Höhe der Kosten des tatsächlich aufgewendeten Mietzinses für eine andere Unterkunft abzüglich der ersparten Eigenaufwendungen zu ersetzen. bb) Wenn es aber um die Geltendmachung eines Schadensersatzes für die Beeinträchtigung der bloßen Möglichkeit des Gebrauchs geht, aaa) so liegt nach der Differenzhypothese zwar ein Schaden vor. bbb) Dieser wäre aber nicht nach § 249 Abs. 2 S. 1 BGB ersetzbar, weil es bei dem geltend gemachten Schadensersatz gerade nicht um einen Geldbetrag geht, der statt der Herstellung der verletzten Sache entrichtet werden soll; denn die Herstellung (Bewohnen eines Hauses) ist ja gerade nicht das Ziel des Schadensersatzgläubigers, wenn dieser auf eine Ersatzsache verzichtet. ccc) Es stellt sich daher die Frage, ob die Beeinträchtigung der bloßen Möglichkeit des Gebrauchs zu einem Vermögensschaden anderer Art führt und ob, weil bei einem solchen eine Naturalrestitution nicht möglich ist, nach § 251 Abs. 1 BGB Schadensersatz durch Kompensation zu leisten ist. Das wird heute überwiegend aaaa) mit folgender Begründung angenommen: aaaaa) Die Rechtsprechung (bereits seit 1963) und schließlich auch die Lehre anerkennen bei einer besonderen Fallkonstellation dieser Art einen ersatzfähigen Schaden: Wird ein KfZ beschädigt, so hat der Verletzte neben dem Anspruch auf den Ersatz des Verletzungsschadens grundsätzlich auch einen Anspruch auf Ersatz für die entgangene Nutzung in Höhe von 35 % bis 40 % der Mietwagenkosten, auch wenn der Verletzte sich kein Ersatzfahrzeug gemietet hat und zu Fuß gegangen ist. Die zur Begründung dessen vertretene Ansicht, es liege ein Vermögensschaden vor, weil der Verletzte sich die ständige Verfügbarkeit und die daraus resultierende Mobilität mit dem Erwerb „erkauft" habe, wirkt gezwungen. Ein Teil der Lehre sah in dem Schadensersatz daher auch nur einen Ersatz eines „immateriellen Schadens", der nach § 253 Abs. 1 BGB nicht hätte zuerkannt werden dürfen. Bedenken erweckt auch die schwer mögliche Grenzziehung bei Gebrauchsbeeinträchtigung anderer Anschaffungen, wie Motorboote, Pelzmäntel, Schwimmbäder etc. Richtig dürfte wohl sein, dass man es als zulässigen Akt richterlicher Rechtsfortbildung ansieht, wenn die Rechtsprechung einen Vermögensschaden annimmt, wobei sich dann die Frage der Grenzziehung stellt. bbbbb) Die Rechtsprechung. zieht die Grenze seit BGHZ 98, 212 (GS) so, dass nur bei der Verletzung von Sachen, auf deren ständige Verfügbarkeit der Eigentümer zur „eigenwirtschaftlichen Gestaltung" seines Lebens angewiesen ist (z.B. „ja" bei: Kücheneinrichtung, Fernseher, Fahrrad, Rollstuhl, Blindenhund/z.B. „nein" bei Privatflugzeug, Hobbyraum, Gästezimmer, Oldtimer-Motorrad) die Entgehung einer Nutzungsmöglichkeit ersetzt werden soll. bbbb) Eine Entschädigung für die Beeinträchtigung der Gebrauchsmöglichkeit wird aber nur dann gewährt, wenn die Beeinträchtigung der Gebrauchsmöglichkeit fühlbar war: Das setzt voraus, dass der Verletzte den Nutzungswillen und die hypothetische Nutzungsmöglichkeit hatte.

bb) Die Beeinträchtigung der Haushaltsführung

In diesen Zusammenhang gehören auch die Fälle, in denen es darum geht, ob einer deliktisch relevant **verletzten Ehegatten** wegen der **Beeinträchtigung zur Haushaltsführung** (Pflicht aus § 1360 BGB) ein Schadensersatzanspruch auch dann zusteht, wenn **keine Ersatzkraft** eingestellt wurde (so der BGH).

cc) Freizeit und Urlaub

Der **Pauschalreisende** kann im Falle eines Mangels der Reise Schadensersatz wegen „Nichterfüllung" verlangen, es sei denn, der Mangel der Reise beruht auf einem Umstand, den der Reiseveranstalter nicht zu vertreten hat (§ 651 f Abs. 1 BGB). Wird die Reise vereitelt oder erheblich beeinträchtigt, kann der Reisende auch wegen nutzlos aufgewendeter Urlaubszeit eine angemessene Entschädigung in Geld verlangen (§ 651 f Abs. 2 BGB). Erörtert wird, ob auch sonst **Freizeit und Urlaub** vermögenswert sind, so dass nicht nur bei Pauschalreisen, sondern auch bei Pflichtverletzungen von Individualreiseverträgen oder bei deliktischen Eingriffen Dritter die Beeinträchtigung der Freizeit und des Urlaubs als Vermögensschäden angesehen werden können. Hier sind zwei Konstellationen zu unterscheiden: So kann die Beeinträchtigung **durch einen Vertragspartner** oder rein **deliktisch durch einen Dritten** erfolgen.

Fall 886: Der R hat bei der Fa. U mit Sitz in Hamburg eine „Abenteuerreise" auf einem kleinen Schiff durch die Insel- und Gletscherwelt bei Feuerland gebucht. Es handelt sich um eine Individualreise. Das Mitbringen von Wetterkleidung ist nach dem Vertrag Sache des Reisenden und Voraussetzung für die Teilnahme an Ausflügen mit Motorbooten zu Inseln und an Gletscherwanderungen. Die Abfahrt ist am 1. Februar in 2003 Punta Arenas. Wie vereinbart gibt R sein Gepäck am Tag zuvor in den lokalen Geschäftsräumen des U ab, von wo aus es in die Kabinen an Bord der „Terra Australis" transportiert werden soll. Durch ein Versehen des Mitarbeiters M des U bleibt der Koffer mit der Wetterkleidung des R jedoch an Land in Punta Arenas. Der R, der das Auslaufen des Schiffes wegen des überraschend schönen und warmen Wetters an Deck erlebt hatte und dann an die Bar gegangen war, stellt das Fehlen des Koffers erst Stunden nach der Abfahrt fest. Weil keine passende Wetterkleidung an Bord zu haben ist, muss der R ständig an Bord bleiben und konnte an keinem der Ausflüge oder an Aktivitäten auf den Gletschern teilnehmen. Er verlangt Schadensersatz für die Beeinträchtigung des Urlaubsgenusses von U.

1. Der Anspruch des R gegen den U ergibt sich dem Grunde nach a) nicht aus § 651 f Abs. 1 BGB, weil es sich um eine Individual- und nicht um eine Pauschalreise handelt. b) In Betracht kommt aber ein Anspruch aus §§ 280 Abs. 1, 278 BGB, dessen Voraussetzungen (Schlechterfüllung einer leistungsbezogenen Nebenpflicht) bei vermutetem Verschulden eines Erfüllungsgehilfen) vorliegen. 2. Der R hat a) einen Schaden erlitten, weil die Reise insoweit wertlos ist, als der eine Zweck der Reise („Abenteuerreise") nicht erreicht werden kann. b) Ein Ersatz aa) nach § 249 Abs. 1 BGB scheidet aber aus, da diese Reise nicht wiederholbar ist. bb) Der Schaden wäre nach § 251 Abs. 1 BGB durch Geldersatz zu kompensieren, wenn es sich dabei um einen Vermögensschaden gehandelt hätte. Wenn es dagegen ein immaterieller Schaden wäre, würde dem § 253 Abs. 1 BGB entgegenstehen. Früher wurde so argumentiert, dass vom Reisenden ein Urlaubsgenuss „erkauft" wird, dieser also geldwert ist, und daher seine Beeinträchtigung zu einem Vermögensschaden führt. Das kann aber heute angesichts der neuen Rechtsprechung zum Vermögenswert einer bloßen Nutzungsmöglichkeit nicht mehr ohne weiteres gesagt werden; außerdem weist der § 651 f Abs. 2 BGB den vertanen Urlaub bei Pau-

schalreisen als immateriellen Schaden aus. Vielmehr ist eine Beeinträchtigung von Urlaub nur dann ein Vermögensschaden, wenn der Schutzzweck der verletzten Pflicht eine vermögenswerte Erwartung des Reisenden festschreibt. So liegt es hier: Es geht um eine Abenteuerreise, zu der nicht nur die schöne Aussicht von Bord aus gehört, sondern die ihr Gepräge auch durch expeditionsartige Ausflüge erhält. Der Reisende hatte die Voraussetzungen für seine Teilnahme daran selbst zu schaffen, indem er entsprechende Kleidung mitzubringen hatte. Damit korrespondiert eine besondere Pflicht des U, das mitgebrachte und der Vereinbarung entsprechend abgegebene Gepäck auch an Bord zu schaffen, um so dem Reisenden die Realisierung des Vertragszwecks zu ermöglichen. Also liegt ein nach § 251 Abs. 1 BGB zu kompensierender Vermögensschaden vor.

Variante: Der ebenso wie der R in Deutschland lebende alkoholisierte Mitreisende MR schlägt den R bei einem Streit darüber, wer von ihnen den ersten Pinguin gesehen hat, schon am ersten Tag ohne Gegenwehr des R so schwer zusammen, dass der (in dieser Variante ausreichend mit Kleidung ausgestattete) R den Rest der Reise unter Deck bleiben muss. R will von MR Ersatz für den entgangenen Urlaub.

1. Deutsches Recht ist nach Art. 40 Abs. 2 EGBGB anwendbar. 2. Dem Grunde nach steht dem R gegen MR ein Schadensersatz nach §§ 823 Abs. 1, 827 BGB zu. 3. Ein Ersatz a) nach § 249 BGB Abs. 1 BGB scheidet aus, da diese Reise nicht wiederholbar ist. b) Daher kommt § 251 Abs. 1 BGB in Betracht. Ob auch eine deliktisch herbeigeführte Beeinträchtigung des Urlaubsgenusses einen nach § 251 Abs. 1 BGB zu kompensierenden Vermögensschaden nach sich zieht, ist umstritten. Von der dies grundsätzlich befürwortenden Rechtsansicht wird auf den Schutzzweckgedanken abgestellt: Danach würde man bei einem Diebstahl der Wetterkleidung einen Anspruch bejahen können, während man bei einer Körperverletzung den hierauf beruhenden Entgang des Urlaubsgenusses bei der Bemessung der Höhe des Schmerzensgeldes nach § 253 Abs. 2 BGB berücksichtigen könnte. c) Ein in der Teilnahme am Streit liegendes Mitverschulden des R ist bei dem zu ersetzenden Vermögensschaden nach § 254 Abs. 1 BGB bzw. bei dem Schmerzensgeldanspruch durch Herabsetzung der Schmerzensgeldhöhe im Rahmen der anzustellenden Gesamtabwägung zu berücksichtigen.

dd) Die „allgemeine Handlungsmöglichkeit"

Kein Vermögensschaden ist dagegen (abgesehen von § 284 BGB) die Entwertung einer Aufwendung, die einer Person bestimmte Handlungsmöglichkeiten bei der Lebensgestaltung verschaffen soll.

Fall 887: Der Wilderer Wilda (W) schießt den Jagdpächter Rikma (R) nieder. Der R muss für ein Jahr ärztlich im Krankenhaus behandelt werden und kann nicht jagen. Der R verlangt von W die Kosten für die Jagdpacht (nach BGH).

1. Der Anspruch ergibt sich dem Grunde nach aus § 823 Abs. 1 und Abs. 2 BGB i.V.m. § 223 StGB. 2. Ein Anspruch auf Schadensersatz in Geld könnte sich nur aus § 251 Abs. 1 BGB ergeben. Hier wird – anders als bei den Fällen des zeitweiligen Gebrauchsentzuges – nicht eine Sache unbrauchbar gemacht (Zerstörung oder Entwendung einer Eintrittskarte zu den Bayreuther Festspielen), sondern es werden die „allgemeinen Handlungsmöglichkeiten" einer Person (hier: von dem Recht zur Jagd Gebrauch zu machen) beschränkt. Das ist deshalb kein Vermögensschaden, weil es anderenfalls – abhängig von den jeweiligen Lebensplanungen eines späteren Anspruchsberechtigten – zu einer „unübersehbaren Ausdehnung der Ersatzpflicht" käme.

b) Unmöglichkeit der Naturalrestitution oder nicht ausreichende Entschädigung durch eine Naturalrestitution

Ist die **Naturalrestitution nicht möglich** oder **nicht ausreichend**, um den Gläubiger zu entschädigen, wird **stets Geld** geschuldet (**§ 251 Abs. 1 BGB**). Zu ersetzen ist der Wert, den der Gegenstand für den Verletzten hatte (der „subjektive Wert"), mindestens aber der „objektive Wert" (= „gemeine Wert") als Mindestschadensersatz. Bei Fällen der **Unmöglichkeit der Naturalrestitution** denkt man prinzipiell zuerst an die Fälle einer **faktischen** bzw. **technischen Unmöglichkeit der Naturalrestitution**, wie z.B. die Zerstörung einer unvertretbaren Sache oder auch einer **rechtlichen Unmöglichkeit**, wie bei einem keine Naturalrestitution erlaubenden Anspruch auf Schadensersatz „statt der Leistung" aus z.B. §§ 280 Abs. 1, 3, 281/283 BGB oder einem nie auf ein Verwaltungshandeln gerichtet sein könnender Anspruch aus § 839 BGB i.V.m. Art 34 GG.

Fall 888: Der T beschädigt ein dem M-Museum gehöriges Bild von Rembrandt mittels Säure. Das Bild kann nicht wiederhergestellt werden.
1. Der sich aus § 823 Abs. 1 BGB ergebende Anspruch 2. auf a) Ersatz des Substanzschadens b) ist in Geld zu leisten (§ 251 Abs. 1 BGB): Ersatz des Wertinteresses.

Es gibt aber auch eine auf **wertenden Überlegungen** beruhende Unmöglichkeit der Naturalrestitution.

Fall 889: Der T beschädigt das Fahrrad des F, das € 1000,- wert ist (Wiederbeschaffungswert). Dieser ist Zweiradmechaniker und beabsichtigt, den Schaden selbst zu reparieren. Das Fahrrad wird dann jedoch noch vor der beabsichtigten Selbstreparatur durch einen Blitzschlag zerstört. Der F verlangt gleichwohl die Werkstattkosten.
1. Der sich aus § 823 Abs. 1 BGB ergebende Anspruch 2. auf Ersatz des Substanzschadens a) ist nicht wegen einer Reserveursache (dazu sogleich) entfallen, denn – abgesehen davon, dass es im Sachverhalt an Angaben dafür fehlt, dass der Blitzschaden sich in jedem Fall realisiert hätte – geht es hier um den Verletzungsschaden, der durch eine Reserveursache nicht beseitigt werden kann. b) Der geltend gemachte Schadensersatzanspruch kann sich nicht aus § 249 Abs. 2 S. 1 BGB ergeben, weil dieser seine logische Grenze in der Unmöglichkeit einer Naturalrestitution hat. c) Daher hat der F gegen T einen Anspruch auf Entschädigung in Höhe der Wertminderung nach § 251 Abs. 1 BGB.

In **Geld zu entschädigen** ist der Schadensersatzgläubiger nach § 251 Abs. 1 BGB auch dann, wenn eine Naturalrestitution **„zur Entschädigung des Gläubigers nicht genügend ist"**, so im Falle eines bei der **Unzumutbarkeit der Weiterbenutzung nach einer erfolgten Reparatur** (bei erheblicher Beschädigung einer neuen Sache) gegebenen oder bei einer **überlangen Reparaturzeit** oder bei einem trotz einer Naturalrestitution verbleibenden **„technischen"** oder **„merkantilen Minderwert"**.

Variante 1: Das Rad war gerade 10 km gefahren, als der T die 27-Gang Ketten/Nabenschaltung demolierte. Die Reparatur wäre möglich, würde aber € 200,- kosten.

Auch bei einer technisch möglichen und wirtschaftlich sinnvollen Reparatur ist die Herstellung zur Entschädigung nicht genügend, wenn dem Geschädigten die Weiterbenutzung der reparierten Sache nicht zuzumuten ist. Das ist bei der erheblichen Beschädigung eines neuen Kraftfahrzeugs mit einer Fahrleistung bis zu 1000 km der Fall und gilt im Grundsatz auch für Fahrräder. Dieser Fall wird einer Zerstörung gleichgesetzt. Der F kann Wertersatz auf der Basis des Wiederbeschaffungswerts verlangen (§ 251 Abs. 1 BGB).

Variante 2: Das Rad war schon 5000 km gefahren, als der T am 1. April 2004 die 27-Gang Ketten/Nabenschaltung demolierte. Die Reparatur wäre möglich, würde aber € 200,- kosten und wegen der Beschaffung eines Ersatzteiles aus Japan 6 Monate dauern. Gleichwertige gebrauchte Fahrräder kosten € 500.-.

Bei einer unzumutbar (bis Oktober, also während der Jahreszeit, in der man ein Fahrrad benutzen kann) lang dauernden Reparaturzeit kann der F Kompensation nach § 251 Abs. 1 BGB in Höhe eines gleichwertigen gebrauchten Fahrrades, also die Zahlung von € 500,-, verlangen (§ 251 Abs. 1 BGB).

Fall 890: Der T beschädigt ein Bild des Museums M von Rembrandt mittels Säure. Das Bild lässt sich mit einem Aufwand, der deutlich unter dem Wiederbeschaffungswert liegt, restaurieren. Die von M beauftragte Restaurateurin Agnes muss jedoch einen Teil des Bildes durch eigene Malerei nach einem Photo ergänzen. Das gelingt ihr so gut, dass man nicht erkennt, dass dieser Teil nicht von Rembrandt stammt; der Marktwert des Bildes ist jedoch gemindert. Der M will Schadensersatz in Höhe der Reparaturkosten und des verbliebenen Minderwerts, denn das Bild sei kein vollständig „echter" Rembrandt mehr. Der T wendet ein, dass M keinerlei Verkaufsabsichten bezüglich des Bildes habe.

1. Der sich aus § 823 Abs.1 BGB ergebende Anspruch 2. auf a) Ersatz des Substanzschadens b) ist, aa) was den Einsatz der Restaurateurin angeht, nach § 249 Abs. 2 S. 1 BGB und, bb) was den verbliebenen Minderwert (bei verkehrsfähigen Sachen spricht man auch vom „merkantilen Minderwert", z.B. bei einem technisch einwandfrei wiederhergestellten Unfallauto) angeht, nach § 251 Abs. 1 BGB zu leisten. Hier kommt es allein auf den objektiven Minderwert an und nicht auf den subjektiven Minderwert, der sich erst bei konkreten Verkaufsabsichten zeigen würde.

c) Unverhältnismäßigkeit der Naturalrestitution

Ist die **Naturalrestitution** zwar **möglich**, aber **unverhältnismäßig aufwändig** (bei der Beurteilung der Frage der Unverhältnismäßigkeit können neben wirtschaftlichen Überlegungen auch der Grad des Verschuldens und evtl. immaterielle Interessen des Verletzten eine Rolle spielen), hat der **Schuldner** das Recht („**Ersetzungsbefugnis**"), anstelle einer von ihm verlangten Naturalrestitution den **Gläubiger in Geld zu entschädigen (§ 251 Abs. 2 S. 1 BGB)**. Wer nicht bereits im Rahmen des § 249 Abs. 2 S. 1 BGB der 130 %-Grenze Rechnung getragen hat, muss ein auf Naturalrestitution gerichtetes Schadensersatzbegehren jedenfalls als unverhältnismäßig i.S.d. § 251 Abs. 2 BGB ansehen, wenn die Reparaturkosten unter Berücksichtigung des Restwertes über 130 % der Wiederbeschaffungskosten liegen.

Fall 891: Der T beschädigt fahrlässig das Auto des E, das einen Wiederbeschaffungswert von € 20 000,- hat. Die Reparaturkosten würden € 26 500,- betragen. Einen Restwert hat das Fahrzeug nicht. 1. Der E verlangt von T € 26 500,-. 2. Auf welchem Wege kann der E Zahlung von € 20 000,- erhalten?

Der sich aus § 823 Abs. 1 BGB ergebende Anspruch 1. auf a) Ersatz des Substanzschadens durch Geldersatz in Höhe von € 26 500,- (§ 249 Abs. 2 S. 1 BGB) könnte an der 130 %-Grenze scheitern b) oder muss deshalb nicht geleistet werden, weil die Aufwendungen für T unverhältnismäßig sind. 2. Wer a) § 249 Abs. 2 S. 1 BGB ausschließt, kommt zu einem Anspruch des E gegen den T aus § 251 Abs. 1 BGB. b) Im Falle der Anwendung des § 251 Abs. 2 BGB muss der T den E in Höhe von € 20 000,- entschädigen, will er nicht zur Zahlung von € 26 500,- verpflichtet sein.

2. Kompensation in Geld bei Nichtvermögensschäden

Eine **„Entschädigung" in Geld** gibt es bei Nichtvermögensschäden nur dann, wenn der Gesetzgeber es ausdrücklich anordnet **(§ 253 Abs. 1 BGB)**.
   Die **gesetzlich anerkannten Fälle** sind die

- **„Schmerzensgeldfälle"**: Ausdrückliche Regelungen finden sich in den **§§ 253 Abs. 2 BGB, 97 Abs. 2 UrhG, 53 Abs. 3 LuftVG**. Besonders wichtig ist für Sie der § 253 Abs. 2 BGB: „Ist wegen der Verletzung des Körpers, der Gesundheit, der Freiheit oder der sexuellen Selbstbestimmung Schadensersatz zu leisten, kann auch wegen des Schadens, der nicht Vermögensschaden ist, eine billige Entschädigung in Geld gefordert werden". Hierdurch sollen erlittene **immaterielle Schäden ausgeglichen** werden. Im Fall einer Verschuldenshaftung kommt eine **Genugtuungsfunktion** hinzu. Die Höhe des Schmerzensgeldes hängt ab von der **Schwere der Verletzung** und den **Leiden**, ihrer **Dauer** und dem **Verschuldensgrad** unter Berücksichtigung eines eventuellen **Mitverschuldens**. Das Besondere an dieser Bestimmung vermag nur derjenige zu erkennen, der mit dem „alten (Schadensersatz-) Recht" groß geworden ist: Einen Schmerzensgeldanspruch gab es nämlich früher nur bei einer deliktischen (also einer rechtswidrigen und schuldhaften) Verletzung des Körpers, der Gesundheit und der Freiheit (§ 847 BGB aF.). Jetzt kommt es für § 253 Abs. 2 BGB nur noch auf eine Verpflichtung zum Schadensersatz wegen einer Verletzung des Körpers, der Gesundheit, der Freiheit oder der sexuellen Selbstbestimmung an, gleich ob der Anspruch deliktischer Natur ist oder ob er auf einer Leistungsstörung beruht. Das ist deshalb von besonderer Bedeutung, weil es hier die Beweislastumkehr des § 280 Abs. 1 S. 2 BGB gibt. Außerdem ist neuerdings auch bei einem Anspruch aus Gefährdungshaftung (insbesondere § 7 StVG) ein Schmerzensgeldanspruch gegeben.

Fall 892: Die Senga (S) lässt sich von dem Zahnarzt Dr. Zuck einen Weisheitszahn im rechten Unterkiefer ziehen. Durch den Eingriff wird ein Nerv im Kiefer traumatisiert, so dass die halbe Unterlippe der S für einige Monate gelähmt ist. Die Lippe kann nicht willkürlich bewegt werden; die Sprache ist deshalb verlangsamt und die Aufnahme flüssiger Nahrung sehr erschwert. Es lässt sich nicht feststellen, ob Dr. Zuck bei seinem Eingriff die Regeln der zahnärztlichen Kunst verletzt hat; der Zuck kann sich insoweit auch nicht entlasten. Die Senga verlangt Schmerzensgeld.

a) Der Anspruch ergibt sich nicht aus §§ 823 Abs. 1, 253 Abs. 2 BGB, weil die S kein Verschulden des Dr. Zuck beweisen kann, b) wohl aber aus §§ 611, 280 Abs. 1, 253 Abs. 2 BGB, weil Dr. Zuck die Verschuldensvermutung des § 280 Abs. 1 S. 2 BGB nicht widerlegen kann.

- Bei **Verletzungen des „Allgemeinen Persönlichkeitsrechts"** wird – wie oben bereits ausgeführt – die Ersatzfähigkeit eines **immateriellen Interesses** entweder mit einer **Rechtsfortbildung des 253 Abs. 2 BGB** (wohl zweifelhaft nach der Neufassung der Norm, weil sich der Gesetzgeber bewusst nicht für eine gesetzliche Fixierung eines Schmerzensgeldanspruches bei der Verletzung des „Allgemeinen Persönlichkeitsrechts" in § 253 Abs. 2 BGB entschieden hat, sondern lediglich ein Schmerzensgeld für eine Verletzung der sexuellen Selbstbestimmung, eines Ausschnitts aus dem Bereich der Verletzungen des Allgemeinen Persönlichkeitsrechts angeordnet hat) begründet oder (wohl heutzutage „die Lösung der Wahl") unmittelbar aus dem **Schutzgebot der Artt. 1, 2 Abs. 1 GG** abgeleitet. Es geht dabei stets um eine **billige** Entschädigung in Geld, durch die ein Ausgleich für den immateriellen Schaden und eine Genugtuung für das erlittene Leid geschaffen werden soll. Die maßgeblichen **Faktoren** sind die **Schwere der Verletzung**, das Ausmaß des **Verschuldens** unter Berücksichtigung eines Mitverschuldens und die **Schwere** und **Dauer des Leidens**. Bei **Verletzungen des „Allgemeinen Persönlichkeitsrechts"** soll dagegen neuerdings auch ein **Präventionsinteresse** (ähnlich dem „Strafschadensersatz" des US – amerikanischen Rechts) von Bedeutung sein; nicht aber soll auf diesem Wege eine **„Gewinnabschöpfung"** vorgenommen werden, das bleibt dem Bereicherungsrecht vorbehalten.

- Im Reisevertragsrecht gibt es bei **Vereitelung** oder **erheblicher Beeinträchtigung** nach **§ 651 f Abs. 2 BGB auch** eine **Geldentschädigung** wegen **„nutzlos aufgewendeter Urlaubszeit"** (nicht zu verwechseln mit dem Schadensersatzanspruch wegen „Nichterfüllung" aus § 651 f Abs. 1 BGB).

D. Reserveursache

Unter einer **Reserveursache** versteht man einen für die schadensersatzpflichtig machende Verletzung/oder für den Schaden nicht ursächlich gewordenen tatsächlichen Umstand, der die gleiche Verletzung und/oder den gleichen Schaden herbeigeführt hätte, wenn die schadensersatzpflichtig machende Ursache nicht gewirkt hätte. Es geht hier nicht um eine Einschränkung der haftungsbegründenden oder der haftungsausfüllenden Kausalität, so dass die Bezeichnung der Reserveursache als ein Fall der „hypothetischen Kausalität" höchst missverständlich und zu vermeiden ist. Es geht vielmehr ausschließlich um eine Frage der **Schadenszurechnung**.

I. „Schadensanlagefälle"

Berücksichtigt wird die Reserveursache bei den sog. **„Schadensanlagefällen"**, bei denen es so liegt, dass der verletzten Schutzposition eine zum gleichen Schaden führende „Anlage" innewohnt, die sich von selbst verwirklicht hätte und die den vom Inanspruchgenommenen herbeigeführten Schaden herbeigeführt hätte (Lehrbuch-**Merkbeispiel**: das Erschlagen eines bereits todkranken Hundes). Dass eine solche Schadensanlage bei der Schadensberechnung zu berücksichtigen ist, versteht sich von selbst. Das Erfordernis der Berücksichtigung ergibt sich daraus, dass in den „Anlagefällen" die verletzte Schutzposition in ihrem Wert bereits so sehr gemindert war, dass infolge der Verletzung kein oder ein nur sehr geringer natürlicher Schaden entstanden war. Letztlich beruht das Erfordernis der Berücksichtigung der Schadensanlage auf der „Vergänglichkeit aller Dinge".

Fall 893: Der Abbruchunternehmer A, der das Haus Schlüterstraße 82 in Hamburg abreißen soll, verliest sich und reißt Nr. 28 (= „Rechtshaus" der Universität Hamburg) ab. Die Universität Hamburg, der das Gebäude gehört, verlangt Schadensersatz. Es stellt sich heraus, dass das Rechtshaus wegen eines grundlegenden Konstruktionsfehlers ohnehin binnen 1 Woche von sich aus eingestürzt wäre.

Die Reserveursache ist beachtlich (Schadensanlagefall).

II. Differenzierung nach der Schadensart

Ansonsten ist zwischen dem **unmittelbaren Verletzungsschaden** und dem **Verletzungsfolgeschaden** zu unterscheiden, weil es zu unterschiedlichen Rechtsfolgen kommt.

Grundsätzlich ist die Reserveursache **unbeachtlich**, wenn der **Schaden einmal entstanden** ist und die **Schadensentwicklung** mit seiner Entstehung **abgeschlossen** ist **(Verletzungsschaden)**. Denn der Verletzungsschaden kann durch ein lediglich hypothetisches Ereignis, wie es eine Reserveursache ist, nicht mehr herbeigeführt und damit auch nicht mehr beseitigt oder gemindert werden; außerdem würde man bei einer Berücksichtigung der Reserveursache in unzumutbarer Weise dem Anspruchsinhaber, der ohnehin das Insolvenzrisiko für den Schadensersatzschuldner zu tragen hat, auch noch das hypothetische Sachrisiko aufbürden. Diese Grundregel soll sogar dann gelten, wenn die Reserveursache auf einem fahrlässigen Verhalten des Schadensersatzgläubigers beruht.

Fall 894: Der T zerstört das Taxi des A. Eine Woche später wäre es mit Sicherheit bei einem durch Blitzeinschlag verursachten Brand in der Garage des A zerstört worden. A will Schadensersatz für den Wagen.

1. Der Anspruch folgt dem Grunde nach aus § 823 Abs. 1 BGB. 2. Es geht um den Verletzungsschaden. Hier wird die Reserveursache nicht berücksichtigt. Der Schaden ist entstanden und kann durch ein hypothetisches Ereignis, wie die hypothetische Zerstörung des Taxis durch ein Feuer, nicht mehr herbeigeführt und damit auch nicht beseitigt werden; anderenfalls würde

man dem Verletzten, der ohnehin das Insolvenzrisiko des T für den Schadensersatzanspruch trägt, auch noch das Sachrisiko für eine nicht mehr existente Sache aufbürden.

Variante: Der Garagenbrand ist auf einen Kurzschluss, der auf unfachmännischen „Basteleien" des A beruht, zurückzuführen.

Die Reserveursache in Gestalt des Brandes soll selbst dann unbeachtlich sein, wenn sie auf einem fahrlässigen Verhalten des Schadensersatzgläubigers beruht.

Wenn aber, wie bei den **Verletzungsfolgeschäden** oft der Fall, die **Schadensentwicklung noch nicht** mit der Entstehung des Schadens **abgeschlossen** ist, soll die Reserveursache **grundsätzlich** zu berücksichtigen sein.

Variante: A verlangt von T Ersatz für den Ausfall seiner Einkünfte bis zur erst in 2 Monaten möglichen Wiederbeschaffung eines Taxis.

Die Reserveursache in Gestalt des Brandes ist zu berücksichtigen. Der Schaden ist zum Zeitpunkt des verletzenden Schadensereignisses noch nicht abgeschlossen, er kann sich vielmehr vergrößern und verkleinern; dem muss Rechnung getragen werden. Auch aus § 252 BGB soll sich ergeben, dass hypothetische Ereignisse zu berücksichtigen sind. Im Übrigen wäre bei Nichtberücksichtigung der Reserveursache bei mittelbaren Folgen das Bestehen eines Schadensersatzanspruchs die beste „Versicherung" des Verletzten gegen alle bis zur Schadensbeseitigung eintretenden Lebensrisiken. Der A kann daher von dem T nur für 1 Woche Ersatz seiner ausgefallenen Einnahmen verlangen.

E. Mitverschulden

Das **Mitverschulden** des Schadensersatzgläubigers berücksichtigt der Gesetzgeber in **§ 254 BGB**. Die Regelung ist Ausdruck des Grundsatzes des von § 242 BGB erfassten Verbots des „venire contra factum proprium" (= des widersprüchlichen Verhaltens).

> Zu **unterscheiden** sind
>
> 1. ein Mitverschulden im **„haftungsbegründenden" Bereich**, das nach **§ 254 Abs. 1 BGB** vorliegt im Fall der Mitverantwortlichkeit „bei der Entstehung des Schadens" und nach **§ 254 Abs. 2 S. 1 1. Fall BGB** beim Unterlassen einer gebotenen Warnung des Schadensersatzschuldners vor einem ungewöhnlich hohen Schaden,
>
> 2. und ein Mitverschulden im **„haftungsausfüllenden Bereich"** bei einer Verletzung der Schadensminderungspflicht (**§ 254 Abs. 2 S. 1 2. Fall BGB**).

Fall 895: Der Kurierfahrer R 1 fährt sehr schnell mit seinem Rad auf der „falschen Seite" der Grindelallee in Hamburg-Eimsbüttel, wobei er den sehr schmalen und unmittelbar neben dem von vielen Passanten frequentierten Gehweg verlaufenden Radweg benutzt. Der auf der „richtigen Seite" ebenfalls den Radweg benutzende langsam fahrende R 2 hat den daherrasenden R 1 zwar gesehen, meint aber, dass er, noch bevor der R 1 ihn erreicht haben wird, die einen Kinderwagen mit der kleinen Ida halb auf dem Radweg schiebende Frau S. Ita überholen kann und schwenkt daher leicht nach links aus. Weil der R 2 die aufgrund der „Addition der Geschwindigkeiten" erhöhte Geschwindigkeit der Annäherung des R 1 unterschätzt hatte, kommt es in Höhe des Kinderwagens zu einer Begegnung und zu einer leichten Berührung der Fahrräder. Der R 1 stürzt infolge seiner hohen Geschwindigkeit mit dem Kopf gegen das Schaufenster des Geschäfts „Budnikowski", der R 2 hingegen kann das Gleichgewicht halten. Trotz Schwindels und erheblicher Kopfschmerzen setzte der R 1 nach beiderseitiger Feststellung der Personalien zunächst seinen Weg fort; erst als er sich am Abend erbrach und es zu Sehstörungen kam, suchte er einen Arzt auf. Der R 1 hatte sich – wie sich jetzt herausstellt – einen Schädelbruch zugezogen. Die Heilungs- und Rehabilitationsmaßnahmen belaufen sich auf € 200 000,-; hätte der R 1 sich sofort untersuchen lassen, wäre eine frühere Therapie eingeleitet worden, und es wären weit geringere Kosten entstanden. Der private Krankenversicherer KV des R 1 verlangt Schadensersatz von R 2.

Der Anspruch des KV gegen R 2 1. ergibt sich dem Grunde nach aus §§ 823 Abs. 1 BGB, 67 VVG, weil dem R 1 gegen den R 2 ein Anspruch aus § 823 Abs. 1 BGB zusteht. Denn der R 2 hat den Unfall sorgfaltswidrig herbeigeführt; er hätte den Unfall vermeiden können, wenn er das Überholen der Frau mit dem Kinderwagen zurückgestellt hätte (§ 1 StVO). 2. Der Höhe nach a) geht es um den nach § 249 Abs. S. 1 BGB zu ersetzenden Verletzungsschaden. b) Der Anspruch könnte jedoch gemindert sein nach § 254 BGB. aa) Den R 1 trifft durch die Benutzung des Radwegs in falscher Richtung und seine der unübersichtlichen Verkehrslage nicht angepasste schnelle Fahrweise ein Mitverschulden bei der Entstehung des Schadens (§ 254 Abs. 1 BGB). bb) Ferner trifft ihn ein Mitverschulden, weil er durch die verspätete Inanspruchnahme ärztlicher Hilfe die Schadensminderungspflicht verletzt hat. (§ 254 Abs. 2 S. 1 2. Fall BGB).

Erforderlich ist ein (a) **Verhalten des Schadensersatzgläubigers**, (b) das **für die Entstehung (§ 254 Abs. 1, 2 S. 1 1. Fall BGB)** oder **für die Entwicklung des Schadens (§ 254 Abs. 1 S. 1 2. Fall BGB) äquivalent und adäquat kausal** ist. (c) Ein nach § 254 BGB zu berücksichtigendes „Mitverschulden" des Geschädigten setzt kein Verschulden i.S.d. § 276 BGB voraus. Warum nicht? Lesen Sie § 276 BGB und Sie sehen sofort, dass es dort um ein „Schuldner-Verschulden" geht, während bei § 254 BGB nach einem **„Gläubiger-Verschulden"** (man sagt dazu auch: „Obliegenheit" oder „Verschulden gegen sich selbst") gefragt wird. Gemeint ist damit ein Verstoß gegen die Sorgfalt, die jedem ordentlichen und verständigen Menschen obliegt, wenn er sich vor Schaden bewahren will (BGH). (d) Auch wenn es dabei nicht um ein „Verschulden" geht, wird für ein Mitverschulden des Schadensersatzgläubigers eine **Verantwortlichkeit nach §§ 827 ff. BGB** vorausgesetzt. (e) Eine bei Fallbearbeitungen sehr beliebte **Frage** ist es, ob der Schadensersatzgläubiger sich ein **Verschulden dritter Personen** als eigenes **Mitverschulden anrechnen** lassen muss:

Das Gesetz ordnet dies an,

- indem in **§ 254 Abs. 2 S. 2 BGB** der **§ 278 BGB** für **entsprechend** (warum nur „entsprechend"?) anwendbar erklärt wird; das macht für ein Mitverschulden im „haftungsausfüllenden" Bereich (§ 254 Abs. 2 S. 1 2. Fall BGB) dogmatisch gesehen durchaus einen Sinn, weil es um die Zurechnung eines (Mit-)Verschuldens im Rahmen eines (wie § 278 BGB es voraussetzt) **bestehenden Schadens-**

ersatzschuldverhältnisses zwischen einem Schadensersatzgläubiger und einem Schadensersatzschuldner geht.

- Um aber auch die Zurechnung des Mitverschuldens eines Dritten für den **haftungsbegründenden Bereich** (§ 254 Abs. 1, 2 S. 1 1. Fall BGB) zu ermöglichen, wird üblicherweise der **§ 254 Abs. 2 S. 2 BGB** als „**Abs. 3**" gelesen: Die danach mögliche Berücksichtigung des § 278 BGB auch im haftungsbegründenden Bereich macht aber nur dann **keine Probleme**, wenn zwischen dem Schadensersatzgläubiger und dem Schadensersatzschuldner bereits ein **Schuldverhältnis besteht** (also z.B. bei Ansprüchen aus dem **Leistungsstörungsrecht**) und bei **damit konkurrierenden Ansprüchen aus Delikt** (man wird im Interesse einheitlicher Ergebnisse ein Hineinwirken der kraft § 278 BGB zurechenbaren Obliegenheitsverletzungen in das Deliktsrecht annehmen können); wohl **aber** ergeben sich **Probleme** bei einer **rein deliktischen Haftung**; hier wird man wohl. anstelle des § 278 BGB **§ 831 BGB entsprechend** anwenden müssen.

Fall 896: Der B lässt durch den Malermeister U seine Wohnung streichen; während der Arbeiten ist die Haushälterin H des B anwesend, die gleichzeitig die Wohnung putzt. Durch einen plötzlichen unmotivierten Zuruf der H erschreckt, fällt dem U ein Farbtopf, den er unvorsichtig und ohne Deckel auf der Hand balancierend trug, zu Boden. Der B nimmt den U auf Schadensersatz wegen des verunreinigten Parketts in Anspruch.

1. Der Anspruch ergibt sich aus §§ 631, 280 Abs. 1, 241 Abs. 2 BGB und aus § 823 Abs. 1 BGB. 2. Der B könnte sich das Mitverschulden der H bei der Schadensbegründung zurechnen lassen müssen. a) Anerkannt ist, dass innerhalb bestehender Schuldverhältnisse (Werkvertrag B – U) auch im haftungsbegründenden Bereich ein Mitverschulden eines Dritten dem Verletzten nach §§ 254 Abs. 1, 278 BGB zugerechnet werden kann. Erfüllungsgehilfin war die H zwar nicht, denn sie war nicht durch den B mit Sorgfaltspflichten gegenüber dem U betraut. Sie war aber eine mit dem einschlägigen Pflichtenkreis betraute sog. „Bewahrungsgehilfin" des B; auf eine solche Person wird § 278 BGB auch im Rahmen des § 254 Abs. 1 BGB angewendet. b) Was den konkurrierenden deliktischen Anspruch aus § 823 Abs. 1 BGB angeht, so nimmt man im Interesse einheitlicher Ergebnisse ein Hineinwirken der kraft § 278 BGB zurechenbaren Obliegenheitsverletzungen in das Deliktsrecht an.

Fall 897: Das vom gesetzlichen Vertreter des verwaisten 3-jährigen Millionärserben K angestellte Kindermädchen M passt bei einem Besuch des Spielplatzes an der St. Johannis-Kirche nicht auf das ihr anvertraute Kind auf, so dass K auf den angrenzenden Gehweg läuft und von einem dort unaufmerksam und schnell fahrenden finanziell mittellosen Fahrrad-Kurierfahrer KF angefahren und verletzt wird. Verlangt werden die ärztlichen Heilungskosten.

1. Der sich aus § 823 Abs. 1 BGB ergebende Anspruch des K gegen den KF 2. auf a) Ersatz des Verletzungsschadens durch Geldersatz (§ 249 Abs. 2 S. 1 BGB) b) kann nach § 254 Abs. 1 BGB gemindert sein: aa) Ein eigenes Mitverschulden des K kann nach § 254 Abs. 1, 829 BGB analog in Betracht kommen; angesichts der gebotenen „vorsichtigen" (BGH) Analogie muss man jedoch ein großes Gewicht auf die Frage der Billigkeit legen; hier ist das Kind noch sehr jung; der KF hat besonders sorgfaltswidrig gehandelt, indem er mit dem Rad auf einem Gehweg am Rande eines Spielplatzes mit hoher Geschwindigkeit gefahren ist; daher liegt kein eigenes Mitverschulden des K vor. bb) Möglicherweise muss K sich aber das Mitverschulden der M anrechnen lassen. aaa) §§ 254 Abs. 2 S. 2 (= „Abs. 3"), 278 BGB kommt nicht in Betracht, weil zwischen K und KF kein Schuldverhältnis bestand; daher ist eine Zurechnung

nur nach § 831 BGB in entsprechender Anwendung möglich. Der Entlastungsbeweis ist nicht geführt, daher trifft das Mitverschulden der M den K wie eigenes Mitverschulden.

Teil 10. Mehrheiten und Veränderungen auf der Gläubiger- und Schuldnerebene

Bei der Fallbearbeitung geht es bekanntlich darum, in dem durch die Fallfrage abgesteckten Rahmen durch ein Rechtsgutachten zu ermitteln, ob einer Person, die wir Anspruchsteller nennen, gegen eine andere Person, die wir Anspruchsgegner nennen, ein Anspruch zusteht. Bisher war es fast immer so, dass Sie es nur mit einem einzigen Anspruchsteller und auch nur einem einzigen Anspruchsgegner zu tun hatten. Das galt auch für die rechtsfähigen Personenmehrheiten (die juristischen Personen oder die rechtsfähigen Gesellschaften), denn diese werden wie „eine" Person behandelt. Stellen Sie sich nun aber vor, dass der V 1 und der V 2 ein ihnen beiden gemeinsam gehöriges Bürohaus an den M vermieten. Was den Anspruch auf Zahlung der Miete aus § 535 Abs. 2 BGB angeht, so steht dieser Anspruch natürlich dem V 1 und dem V 2, also mehreren Anspruchstellern zu: Der V 1 und der V 2 bilden eine „Gläubigermehrheit". Umgekehrt kann auch eine „Schuldnermehrheit" bestehen, wenn der V sein Bürohaus an die Mieter M 1 und M 2 vermietet. Der Anspruch auf die Miete steht dem V gegen den M 1 und den M 2 als Gesamtschuldner zu (§§ 535 Abs. 2, 427, 421 ff. BGB). Dass man diese beiden Konstellationen auch kombinieren kann, so dass hinsichtlich desselben Schuldverhältnisses sowohl eine Gläubiger- als auch eine Schuldnermehrheit besteht, ist unschwer zu erkennen. Wer nun glaubt, derartige Mehrheiten von Gläubigern und Schuldnern gäbe es nur bei vertraglichen Schuldverhältnissen, der möge sich daran erinnern, dass wir bei einer deliktischen Verletzung einer unter Eigentumsvorbehalt veräußerten Sache durch einen Dritten hinsichtlich des auf den Ersatz des Substanzschadens gerichteten Schadensersatzanspruches eine Gläubigermehrheit bestehend aus dem Eigentümer und dem Anwartschaftsberechtigten konstatieren mussten; wir haben uns dazu entschlossen, die §§ 432, 1281 BGB analog anzuwenden. Auch gab es bei einem von mehreren begangenen Delikt eine Mehrheit von Schadensersatzschuldnern; sie sind Gesamtschuldner (§§ 823, 830, 840 BGB). Wer will, kann sich Fälle ersinnen, bei denen auch bei gesetzlichen Schuldverhältnissen beide Konstellationen miteinander kombiniert sind. Dies alles war Ihnen natürlich längst bekannt. Sie müssen aber zugeben, dass wir uns bisher hinsichtlich dieser Fragen immer nur an der Oberfläche bewegt haben und uns nur punktuell einzelnen Problemen der Gläubiger- und Schuldnermehrheit gewidmet haben. Daher ist es jetzt an der Zeit, dass wir uns den **Gläubiger- und Schuldnermehrheiten** in einem größeren Zusammenhang widmen (**sub A**). Schon mehrfach sind Sie darauf hingewiesen worden, dass die Ermittlung einer Gläubiger- bzw. einer Schuldnerstellung im Rahmen einer Fallbearbeitung häufig nur eine „Momentaufnahme" ist. Dass es auch zu Veränderungen in Gestalt eines „Gläubiger- oder Schuldnerwechsels" kommen kann, wissen Sie genau genommen schon seit dem Einführungsfall; und auch später haben Sie viele Fälle kennengelernt, in denen es aufgrund einer Zession (§ 398 BGB) oder einer „cessio legis" (z.B. §§ 268 Abs. 3, 426 Abs. 2, 774, 1143 BGB: können Sie zu jeder dieser vier Vorschriften einen Fall bilden?) zu einem Gläubigerwechsel kam. An die Stelle eines „alten" Gläubigers kann also unzweifelhaft ein „neuer" Gläubiger treten. Ebenso kann es dergestalt zu einem Schuldnerwechsel kommen, dass an die Stelle eines alten Schuldners ein neuer Schuldner tritt (§§ 414 ff. BGB). Rein rechtstheoretisch kann man sogar beides miteinander kombinieren. Einen noch weiter reichenden Effekt hat bei vertraglich begründeten Berechtigungen und Verpflichtungen eine ebenfalls mögliche von den beteiligten Parteien herbeigeführte („gewillkürte") oder gesetzlich angeordnete Vertragsübernahme. Für die Fallbearbeitung sind die Veränderungen hinsichtlich der Gläubiger- und der Schuldnerstellung durch einen **„Gläubiger- und Schuldnerwechsel"** von größter Bedeutung (**sub B**). Übrigens: Sie haben es sich sicher längst zur Gewohnheit gemacht, bei jeder Fallbearbeitung, zumindest aber bei der Beurteilung von Rechtsbeziehungen zwischen mehr als zwei Personen, eine **Fallskizze** zu machen, bei der Sie zwischen einer (oberen) „Gläubigerebene" und einer (unteren) „Schuldnerebene" unterscheiden. Spätestens jetzt ist dies unerlässlich, wenn Sie nicht den Überblick verlieren wollen.

A. Mehrheiten auf der Gläubiger- und auf der Schuldnerebene

Noch einmal: Sie müssen sich jetzt ganz bewusst von der bequemen Vorstellung frei machen, dass es bezüglich eines Anspruchs immer nur eine Person als Gläubiger bzw. immer nur eine Person als Schuldner gibt. Natürlich wissen Sie das längst. Aber die Grundlagen zum Verständnis dieses Phänomens der möglichen Personenmehrheiten auf der Gläubiger- und Schuldnerebene haben wir bisher nicht gelegt. Das wird jetzt hier im Zusammenhang nachgeholt.

I. Die gesetzliche Regelung und ihre Bedeutung

Das Gesetz regelt die **Gläubiger- und Schuldnermehrheiten in den §§ 420 ff. BGB**. Es handelt sich dabei um einen recht unübersichtlichen Normenkomplex mit folgenden Regelungszielen:

Einerseits regeln diese Bestimmungen (dies aber keinesfalls abschließend!) das **Verhältnis mehrerer Gläubiger zum Schuldner** und das Verhältnis dieser **mehreren Gläubiger untereinander**.

Und **andererseits** regeln sie (wiederum keinesfalls abschließend) das **Verhältnis des Gläubigers zu mehreren Schuldnern** und das Verhältnis **mehrerer Schuldner untereinander**.

Schließlich wird in den §§ 420 ff. BGB auch (dies aber keinesfalls abschließend!) angeordnet, **ob** eine bestimmte Form der **Gläubigermehrheit oder Schuldnermehrheit gegeben** ist.

Die Bestimmungen der §§ 420 ff. BGB sind leider von höchster Abstraktion und daher wenig „anschaulich", für manchen jungen Juristen sogar geradezu „abschreckend". Doch dürfen Sie diese Normen deshalb nicht einfach ignorieren, denn viele von Ihnen zu bearbeitende Fälle setzen eine sichere Kenntnis dieses Regelungsbereiches voraus. Arbeiten wir uns also durch dieses dornige Gestrüpp hindurch. Vor allem: Lesen Sie die einzelnen Paragraphen wirklich durch, und zwar ein erstes Mal jetzt „auf der Stelle", bevor Sie weiterlesen, denn sonst verstehen Sie nichts von den anschließenden Ausführungen.

Zur Verbesserung des Verständnisses und zur Arbeitserleichterung wollen wir **zunächst einmal** versuchen, die **Struktur dieses Normenkomplexes** zu **durchschauen.**

Leider ist bereits der **Aufbau** der **§§ 420 ff BGB** recht unübersichtlich, weil die Vorschriften sich – wie bereits erwähnt – **zugleich** mit zwei Themen befassen: Der **Mehrheit** von **Gläubigern** und der **Mehrheit** von **Schuldnern**, und zwar in einer in sich verschränkten (und von Ihnen am besten durch kleine Trennstriche im Gesetzestext deutlich zu machenden) Weise:

- der § 420 BGB betrifft die **Schuldner-** und die **Gläubigermehrheit,**
- die §§ 421 – 427 BGB betreffen nur die **Mehrheit von Schuldnern,**
- die §§ 428 – 430 BGB betreffen nur die **Mehrheit von Gläubigern,**
- der § 431 BGB betrifft wieder nur die **Mehrheit von Schuldnern**
- und § 432 BGB wieder nur die **Mehrheit von Gläubigern.**

Die **Bedeutung der §§ 420 ff. BGB** besteht **in erster Linie** darin, das „**Wie**" zu regeln, nämlich einerseits das „Wie" des **Außenverhältnisses** zwischen der Mehrheit von Gläubigern und dem Schuldner bzw. zwischen der Mehrheit von Schuldnern und dem Gläubiger und andererseits das „Wie" des **Innenverhältnisses** zwischen dem/n jeweiligen mehrheitlichen Schuldner/n bzw. Gläubiger/n.

Beachten Sie jedoch (ich wiederhole mich), dass die §§ 420 ff. BGB keine abschließende Regelung dieser Fragen enthalten, sondern dass es diverse **Sonderregeln** z.B. zum **Innenverhältnis** gibt: z.B. bei der Gesamtgläubigerschaft (das folgt aus der Formulierung in § 430 BGB: „soweit nicht ein anderes bestimmt ist"); z.B. bei der Mitgläubigerschaft (etwa in § 21 Abs. 1 WEG und in den Verwaltungsregeln bei den sog. Gesamthandsgemeinschaften); und bei der Gesamtschuldnerschaft (wie sich aus den Formulierungen in § 425 Abs. 1 BGB: „soweit sich nicht aus dem Schuldverhältnis ein anderes ergibt" oder in § 426 Abs. 1 BGB: „soweit nicht ein anderes bestimmt ist" ergibt).

Erst **in zweiter Linie** enthalten die §§ 420 ff. BGB Bestimmungen über das „**Ob**", also dazu, ob eine der genannten **Formen** einer **der Gläubiger- oder Schuldnermehrheiten** besteht, so in den §§ 420 (Teilgläubiger- bzw. -schuldnerschaft), 421, 427, 431 (Gesamtschuldnerschaft), 432 (Mitgläubigerschaft) BGB. Abschließend sind jedoch auch diese Regelungen nicht; denn es gibt eine Fülle von **Sonderregeln** dazu, ob eine bestimmte Form der Mehrheit gegeben ist. Sie finden sich z.B. in §§ 840,

1437 Abs. 2 S. 1, 2058 BGB, 128 S. 1 HGB (Gesamtschuldnerschaft); in 1357 Abs. 1 S. 2 (str.), 2151 Abs. 3 S. 1 BGB (Gesamtgläubigerschaft).

> Auch wenn Ihnen das im Augenblick noch alles recht verwirrend erscheint, drücken Sie sich bitte nicht davor, alle diese Normen zu lesen und sich notfalls ein eigenes, das Verständnis erleichterndes System zurecht zu basteln! Vor allem: lesen Sie die Normen! Jede einzelne ist wichtig und kann später „klausurentscheidend" sein. Und keine Sorge: Es wird noch konkreter und damit auch verständlicher. Wir beginnen mit der **Mehrheit von Gläubigern (sub II)** und setzen dann fort mit der **Mehrheit von Schuldnern (sub III)**.

II. Mehrheit von Gläubigern
1. Die Teilgläubigerschaft

Bei einer **Mehrheit von Gläubigern**, die **„eine teilbare Leistung zu fordern (haben)"**, liegt nach dem Gesetz **„im Zweifel"** eine **Teilgläubigerschaft** vor (§ 420 BGB).

Auf den ersten Blick scheint die Vorschrift eine gewichtige Bedeutung zu haben, ist sie doch der Regelfall. Aber diese gesetzliche Regel ist **in Wahrheit** in der Praxis die **Ausnahme**: Sie ist für die wichtigsten denkbaren Fälle, in denen mehrere Gläubiger eine teilbare Geldleistung zu fordern haben, wie bei der Bruchteils- und der Gesamthandsgemeinschaft zugunsten einer gemeinschaftlichen Forderungsberechtigung durchbrochen (vergl. insbesondere §§ 432, 741 ff. BGB), da man in diesen Fällen die Teilbarkeit, d.h. Zerlegbarkeit ohne Wertminderung und Beeinträchtigung des Leistungszwecks, aus rechtlichen Gründen verneint.

Liegt dennoch einmal ausnahmsweise eine teilbare Forderung (also: eine Zerlegbarkeit ohne Wertminderung und Beeinträchtigung des Leistungszwecks) vor, so sind die mehreren Teilgläubiger im Zweifel zu gleichen Anteilen berechtigt, können also nur ihren realen Anteil fordern. Für den Schuldner ist das sehr lästig; denn zum einen muss er so viele Male die in Bruchteile zerlegte Leistung erbringen, wie es Gläubiger gibt, und zum anderen trägt er das Verteilungsrisiko, weil er jedem Gläubiger den auf ihn entfallenden Teil (der nur im Zweifel, also keinesfalls immer gleich groß ist!) leisten muss.

Auch wenn im seltenen Falle eines Vorliegens des § 420 BGB eine Mehrheit von Schuldverhältnissen besteht, gibt es doch eine, wenn auch nur sehr schwache Verbindung der Gläubiger untereinander: Beim Rücktritt kann das Rücktrittsrecht nur gemeinschaftlich ausgeübt werden (§ 351 BGB); und der Schuldner kann beim gegenseitigen Vertrag die Einrede des nichterfüllten Vertrages jedem der Gläubiger entgegenhalten (§ 320 BGB), soweit nicht alle Gläubiger ihre Gegenleistung erbracht haben.

2. Gesamtgläubigerschaft

Für die **Gesamtgläubigerschaft** ist kennzeichnend, dass „mehrere eine Leistung in der Weise zu fordern berechtigt sind, dass jeder die ganze Leistung fordern kann, der

Schuldner die Leistung aber nur einmal zu bewirken verpflichtet ist" (§ 428 BGB). Sie ist praktisch bedeutungslos. Sie kommt kraft vertraglicher Vereinbarung vor beim sog. **„Gemeinschaftskonto"** und kraft Gesetzes in **§ 2151 Abs. 3 BGB**. Zu erwägen ist sie auch bei Geschäften des **§ 1357 BGB**.

Was das **Außenverhältnis** angeht, so ist die Gesamtgläubigerschaft, bei der jeder Gesamtgläubiger berechtigt ist, die ganze Leistung an sich selbst zu verlangen, der Schuldner jedoch nur einmal zu leisten braucht (§ 428 BGB), vorteilhaft für den Schuldner, denn er kann nach seinem Belieben an jeden Gläubiger leisten. Im **Innenverhältnis** gibt es, was die Auswirkung bestimmter Veränderungen der Forderung angeht, gesamtwirkende Ereignisse und einzelwirkende Ereignisse (§ 429 BGB). Im Verhältnis zueinander ist jeder Gläubiger im Zweifel zu gleichen Anteilen berechtigt (§ 430 BGB).

Fall 898: Die Ehefrau F kauft und bezahlt am 13. Dezember 2002 auf dem Wochenmarkt am Hamburger Turmweg eine Weihnachtsgans bei Händler Hendel (H), die am 23. Dezember 2002 abgeholt werden soll. Die F schickt ihren Ehemann E am 23. Dezember 2002 zum Markt, und dieser nimmt den Vogel von H in Empfang. Auf dem Nachhauseweg macht er einen Besuch in der Bar des Elysee – Hotels und vergisst dort die Gans. Ein Unbekannter nimmt sie mit. Die verärgerte F begibt sich zum Markt und verlangt Lieferung der gekauften Gans von H.

Der sich aus dem Kaufvertrag ergebende Anspruch auf Lieferung der Gans (§ 433 Abs. 1 BGB) könnte nach § 362 Abs. 1 BGB durch Erfüllung erloschen sein. Dazu müsste der Schuldner H zum Zwecke der Erfüllung beim empfangszuständigen Gläubiger den Leistungserfolg herbeigeführt haben. Entscheidend ist, ob der E Gläubiger war: Nach § 1357 Abs. 1 S. 2 BGB sind beide Ehegatten aus einem „Geschäft zur angemessenen Deckung des Lebensbedarfs der Familie" berechtigt, also auch E. Wenn dadurch eine Gesamtgläubigerschaft der F und des E entstanden ist, wäre der E Gläubiger gewesen (§ 428), und der H hätte an ihn befreiend geleistet. Wäre dagegen eine Mitgläubigerschaft nach § 432 gegeben, hätte der H an beide Ehegatten leisten müssen. Hier kann man die Frage zum Glück offen lassen, weil davon auszugehen ist, dass die F dem E Vollmacht erteilt hat, die Leistung für sie als Erfüllung entgegenzunehmen (§§ 164, 167 BGB) und der E den Umständen nach in ihrem Namen gehandelt hat (§ 164 Abs. 1 S. 2 BGB), so dass die Meinungen zu keinen unterschiedlichen Ergebnissen kommen. Zum gleichen Ergebnis kommt man über die ebenfalls naheliegende Anwendung der §§ 362 Abs. 2, 185 BGB.

3. Die Mitgläubigerschaft

Sind die Gläubiger nur gemeinschaftlich berechtigt und kann jeder von ihnen die Leistung nur an alle gemeinsam fordern, liegt eine **Mitgläubigerschaft** vor. Der Schuldner kann nur durch eine Leistung an alle gemeinsam befreiend leisten. Die Mitgläubigerschaft ist die wichtigste Form der Gläubigermehrheit; sie kommt in verschiedenen Unterformen vor.

a) Die einfachen Forderungsgemeinschaften

Eine **einfache Forderungsgemeinschaft** besteht z.B. bei der Vermietung eines Hauses durch **Bruchteilseigentümer**; hier gelten – wenn nicht (nur ganz ausnahmsweise) vorstellbar) eine anteilige Zahlung vereinbart ist (dann liegt ein Fall des § 420 BGB vor) – im Außenverhältnis § 432 BGB und im Innenverhältnis §§ 741 ff. BGB.

Fall 899: Dem S, dem R und dem J gehört ein Gewerbegrundstück, das an den Mieter A für € 6000,- vermietet ist, zu je einem Drittel. Die durch Mehrheitsbeschluss alleinige Verwalterin (§ 745 Abs. 1 BGB) S verlangt die Zahlung der Miete an sich.

Der Anspruch ergibt sich aus § 535 Abs. 2 BGB. Die S kann jedoch nur Zahlung von € 6000.- an S, R und J gemeinsam verlangen (§ 432 BGB).

Fall 900: Die Eheleute F und M haben von dem V formgerecht ein Grundstück gekauft. Die F zahlt den Kaufpreis aus ihrem Vermögen und verlangt von dem V die Auflassung.

Der Anspruch ergibt sich aus dem Kaufvertrag (§ 433 Abs. 1 S. 1 BGB). Die F kann aber nur die Auflassung an die F und den M gemeinsam verlangen (§ 432 BGB).

Fall 901: Der A und B sind Miteigentümer eines Fahrrades. Der D nimmt es dem A weg. Der B verlangt Herausgabe an sich.

Der Anspruch könnte sich aus § 985 BGB ergeben. a) Der B ist als Miteigentümer „Eigentümer" der Sache. b) Der D ist Besitzer. c) Der D hat kein Recht zum Besitz (§ 986 BGB). d) Der B kann aber nur Herausgabe an A und B gemeinsam verlangen (§§ 1011, 432 BGB).

b) Einfache gemeinschaftliche Berechtigung

Nach **§ 432 Abs. 1 S. 1 BGB** besteht eine gemeinschaftliche Forderungsberechtigung bei einer **unteilbaren Leistung**; das ist z.B. der Fall, wenn mehrere Personen eine einzige Pizza bestellen oder sich durch ein Taxi befördern lassen. Weiterhin gibt es einfache Forderungsgemeinschaften infolge **gemeinschaftlicher Berechtigungen**, wie z.B. bei der deliktischen Verletzung einer unter Eigentumsvorbehalt veräußerten Sache, die einerseits zu einem Anspruch des Verkäufers wegen einer Verletzung seines Eigentums (§§ 929 S. 1, 158 Abs. 1, 449 BGB) aus § 823 Abs. 1 BGB und andererseits zu einem Anspruch des Käufers als des Anwartschaftsberechtigten aus § 823 Abs. 1 BGB wegen einer Verletzung seines Anwartschaftsrechts („sonstiges Recht") führt; die Folge ist, dass dem Eigentümer und dem Anwartschaftsberechtigten gemeinschaftlich ein deliktischer Anspruch gegen den Dritten zusteht (§§ 432, 1281 BGB analog).

Fall 902: Der V hat an den K ein Auto für € 10 000,- unter Eigentumsvorbehalt verkauft und übereignet. Der K hat bereits € 8 000,- gezahlt, als der Radfahrer X den Wagen rechtswidrig und schuldhaft zerstört. Der K muss bis zur Beschaffung eines anderen Fahrzeugs einen Wagen für € 500,- anmieten.

1. Der V (als Eigentümer) und der K (als Anwartschaftsberechtigter) haben je einen Anspruch aus § 823 Abs. 1 BGB gegen den X. 2. Was den Schaden angeht, a) so hat der K einen Anspruch auf den Nutzungsausfall (€ 500,-). b) Hinsichtlich des Substanzinteresses wird aa) nach einer Sichtweise eine Sonderung der Interessen zwischen K und V dergestalt vorgenommen, dass nach dem hierfür maßgeblich sein sollenden jeweiligen Stand der Kaufpreiszahlung aaa) der K einen Anspruch in Höhe des Wertes des Anwartschaftsrechts von € 8000,- haben soll, bbb) während der V € 2000,- bekommen soll, die K liquidieren kann; bb) nach aA. soll der K,

weil er ja zur weiteren Kaufpreiszahlung verpflichtet bleibt (§ 446 S. 1 BGB), den vollen Schaden (€ 10 000,-) ersetzt bekommen, der V hingegen nichts erhalten; cc) nach überwiegender Ansicht hat der V jedoch bis zur vollständigen Kaufpreiszahlung sehr wohl ein eigenes ausgleichsbedürftiges Sicherungsinteresse, dem dadurch Rechnung getragen werden soll, dass der V und der K den Substanzschaden nach §§ 432, 1281 BGB analog gemeinschaftlich geltend machen müssen und über dessen Verteilung dann das Innenverhältnis entscheidet.

c) Gesamthandsgläubigerschaft

Man könnte meinen, dass auch bei Forderungen, die einer Gesamthandsgemeinschaft zuzuordnen sind, eine gemeinsame Forderungsberechtigung der einzelnen Gesamthänder i.S.d. § 432 BGB besteht

> Die sechs Gesamthandsgemeinschaften sollten sie auswendig kennen:
> - **nichtrechtsfähiger Verein**
> - **BGB-Gesellschaft**
> - **Eheliche Gütergemeinschaft**
> - **Erbengemeinschaft**
> - **oHG/KG**
> - **Gemeinsame Urheber eines Werkes**

Allerdings ist § 432 BGB hier praktisch nicht anwendbar. Denn,

- wie Sie ja wissen, werden die **oHG/KG** nach § 124 HGB als rechtsfähig behandelt, so dass die Forderungen „der Gesellschaft" zustehen. Gleiches gilt neuerdings für die BGB-**Außengesellschaft**:

Fall 903: Die Rechtsanwälte A und B betreiben als Sozietät in Form einer BGB-Gesellschaft eine Rechtsanwaltskanzlei. Der A berät den Mandanten M. Dieser bleibt das Honorar von € 50 000,- schuldig. Der A, der nach dem Sozietätsvertrag alleiniger Geschäftsführer ist, macht den Anspruch nicht geltend, weil er mit M gemeinsam im Vorstand einer Partei sitzt und in dieser Eigenschaft auf M's Wohlwollen angewiesen ist, das ihm nach M's Worten nur sicher sein würde, wenn die Forderung niedergeschlagen wird. Der B will wissen, welche Rechte er hat.

1. Er könnte die Forderung aus §§ 675, 611 BGB geltend machen, wenn er – was nicht der Fall ist – Geschäftsführer wäre (§§ 709 ff, 714 BGB). 2. Erwägen könnte man, ob er die Forderung nach § 432 BGB auf Leistung an A und B gemeinschaftlich geltend machen könnte. a) Das wäre dann vorstellbar, wenn er zusammen mit dem A Gläubiger der Forderung wäre. Die Forderung ist Gesellschaftsvermögen (§ 718 Abs. 1 BGB). aa) Wenn man die neueste Rechtsentwicklung ignoriert und annimmt, dass nicht „die Sozietät", sondern die Gesellschafter A und B in ihrer gesamthänderischen Verbundenheit Träger von Rechten und Pflichten sind (§§ 714, 718 BGB), würde wegen der Spezialität der §§ 709 ff. BGB der § 432 BGB gleichwohl weder unmittelbar oder analog anwendbar sein. bb) Erst recht kann der B keine Leistung verlangen, wenn man aufgrund der Annahme einer wiederum in sich abgestuften Weise (bloße Teilrechtsfähigkeit/volle Rechtsfähigkeit bei unternehmenstragenden BGB-Gesellschaften) dazu kommt, dass „die Sozietät" die Trägerin von Rechten und Pflichten ist. b) Danach aa) bliebe dem B nur das Recht, den A aus dem Gesellschaftsvertrag auf Erfüllung seiner Pflicht zur Geschäftsfüh-

rung in Anspruch zu nehmen. bb) Das birgt Risiken (z.B. Verjährung) in sich und ist unzumutbar, wenn Geschäftsführer und Schuldner kollusiv zusammenwirken. c) In diesen Fällen soll nach einer durchaus vertretbaren Ansicht dem nicht-geschäftsführenden Gesellschafter ein „Notgeschäftsführungsrecht" nach § 744 BGB analog zustehen.

- Für den **nicht rechtsfähigen Verein** gelten die §§ 21 ff. BGB als lex specialis.
- Die **gemeinsamen Urheber eines Werkes** (§ 8 Abs. 2 UrhG) sind als solche nicht forderungsberechtigt.
- Es bleiben also die **eheliche Gütergemeinschaft** und die **Erbengemeinschaft**; insoweit gibt es aber Sonderregeln in den §§ 1422, 1428 – 1431, 1434 BGB bzw. § 2039 BGB.

III. Die Mehrheit von Schuldnern

Das Gegenstück zur Gläubigermehrheit, nämlich die Schuldnermehrheit, ist für die Fallbearbeitung weit bedeutender. Eine **Schuldnermehrheit** kann in drei Formen auftreten:

- als **Teilschuld**, geregelt von § 420 BGB,
- als **Schuldnergemeinschaft** (gesetzlich nicht geregelt) und
- als **Gesamtschuld**, geregelt von §§ 421 – 427, 431 BGB.

1. Die Teilschuld

„Schulden mehrere eine teilbare Leistung" (und das ist bei der wichtigsten aller Verpflichtungen, der Geldschuld, natürlich stets der Fall), „so ist im Zweifel jeder Schuldner nur zu einem gleichen Anteil verpflichtet" **(§ 420 BGB)**.

Die Teilschuld ist aber, wie auch die Teilgläubigerschaft, in der Rechtswirklichkeit nur eine Ausnahme. Sie ist für den Gläubiger außerordentlich lästig. Zum Schutze des Gläubigers wird daher die von § 420 BGB aufgestellte Regel, nach der jeder Schuldner einer teilbaren Leistung „im Zweifel .... nur zu einem gleichen Anteil verpflichtet (ist)" und nach der damit mehrere voneinander unabhängige Schuldverhältnisse entstehen, vielfach dadurch durchbrochen, dass das Bestehen einer Gesamtschuld angeordnet wird: So in § 427 BGB (Gesamtschuld bei einer gemeinschaftlichen vertraglichen Verpflichtung) oder in § 840 BGB (Gesamtschuld bei der Verantwortlichkeit mehrerer für eine unerlaubte Handlung).

Zu den wenigen praktisch bedeutsamen Beispielen des Bestehens einer Teilschuld gehört der Kauf eines Grundstücks durch mehrere Personen, die daran Miteigentum zu ideellen Anteilen erlangen sollen. Auch ist vorstellbar, dass eine Teilschuld durch ausdrückliche Vereinbarung entsteht.

2. Schuldnergemeinschaft

Kennzeichnend für die gesetzlich nicht geregelte **Schuldnergemeinschaft** ist, dass die einzelnen Schuldner aus rechtlichen oder aus tatsächlichen Gründen die Leistung nur gemeinschaftlich erbringen können. Bei ihr sind alle Schuldner in ihrer Gesamtheit gemeinschaftlich verpflichtet und schulden die Mitwirkung an der Erbringung der von allen einheitlich zu bewirkenden Leistungshandlung. Der Gläubiger kann seine Forderung nur gegen alle Schuldner gemeinsam geltend machen. Auch diese Form der Schuldnermehrheit ist recht selten. Die **Hauptfälle** sind zum einen die Konstellation einer aus rechtlichen Gründen nur gemeinschaftlich erfüllbaren Verpflichtung von an einer **Gemeinschaft** beteiligten Personen (**§ 747 S. 2 BGB**) und von Gesamthändern bei einer **Gesamthandsschuld** (**§§ 736, 740 Abs. 2, 747 ZPO**), weil dann die Leistung aus einem Sondervermögen zu erbringen ist, das allen Beteiligten gemeinschaftlich zusteht. Bei einer auf ein „Gemeinschaftswerk" gerichteten Schuld liegt eine Schuldnergemeinschaft deshalb vor, weil es den Schuldnern aus tatsächlichen Gründen nur gemeinschaftlich möglich ist, die Leistung zu erbringen (Konzert eines Orchesters).

Fall 904: Die Eheleute F und M sind je zur Hälfte Miteigentümer eines Grundstücks. Sie verkaufen es aufgrund eines formwirksamen Kaufvertrags an den K. Nach der Kaufpreiszahlung verlangt der K die Auflassung von M.

Der Anspruch aus § 433 Abs. 1 S. 1 BGB richtet sich gegen F und M gemeinschaftlich (§ 747 S. 2 BGB).

3. Gesamtschuld

Die häufigste Form der Schuldnermehrheit ist die Gesamtschuld. Eine Gesamtschuld liegt nach § 421 BGB vor, wenn „**mehrere eine Leistung in der Weise (schulden), dass jeder die ganze Leistung zu bewirken verpflichtet, der Gläubiger aber die Leistung nur einmal zu fordern berechtigt ist**".

Die Gesamtschuld ist die für den Gläubiger angenehmste Form der Schuldnermehrheiten. Da er sich aussuchen kann, welchen der Gesamtschuldner er in Anspruch nimmt, „schulden" ihm alle Schuldner und „haftet" ihm das Vermögen aller Schuldner für die Erfüllung seine Forderung.

> Wer sich also bisher gefragt hat, warum die oHG die kreditwürdigste aller (Personal-) Gesellschaftsformen ist, der lese zum wiederholten Male zunächst § 124 HGB und sodann den § 128 HGB und dazu den § 421 BGB und stelle sich vor, man sei der Gläubiger der oHG. Dann versuchen Sie sich an die Fragen von „Schuld" und „Haftung" der Gesellschafter für die Gesellschaftsschuld zu erinnern. Sodann vergleichen Sie diese Rechtslage mit der einer GmbH und einer AG als Ihr Schuldner.

a) Das Entstehen einer Gesamtschuld

Sie wissen ja bereits, dass es leider keinen (z.B. in den §§ 420 ff. BGB verorteten) gesetzlichen Katalog aller derjenigen Konstellationen gibt, in denen ein Gesamtschuldverhältnis besteht. Es ist vielmehr so, dass der Gesetzgeber die Anordnungstatbestände **„quer über das BGB"** verteilt hat.

aa) Ausdrückliche gesetzliche Anordnungstatbestände

Eine Gesamtschuld kann kraft ausdrücklicher gesetzlicher Anordnung entstehen. Solche Anordnungen finden sich überall im Gesetz; folgende dazu getroffene Regelungen müssen Sie unbedingt kennen:

- Gesamtschuldverhältnisse aufgrund gemeinschaftlich begründeter vertraglicher Verpflichtungen: **§ 427 BGB**, z.B. bei gemeinsamem Abschluss eines Mietvertrages (klassisches Beispiel: Anmietung einer Wohnung durch eine „WG");
- Gesamtschuldverhältnisse bei mehreren Schuldnern einer unteilbaren Leistung: **§ 431 BGB**;
- Gesamtschuldverhältnisse aufgrund unabhängig voneinander begründeter vertraglicher Verpflichtungen: **§ 769 BGB** für die Mitbürgschaft;
- Gesamtschuldverhältnisse wegen einer gemeinschaftlichen Verantwortung für ein Delikt oder für einen auf sonstige Weise gemeinschaftlich herbeigeführten Schaden: **§ 840 BGB**;
- Gesamtschuldverhältnisse bei sonstigen Pflichtverletzungen mehrerer Personen: z.B. **§ 1664 Abs. 2 BGB** (Eltern);
- Gesamtschuldverhältnisse bei der Verwaltung von Gesamthandsgemeinschaften: wie einer ehelichen Gütergemeinschaft **(§ 1437 Abs. 2 BGB)** oder einer Erbengemeinschaft **(§ 2058 BGB)**;
- Gesamtschuldverhältnisse bei gesetzlich angeordneter ergänzender gesamtschuldnerischer Haftung der Gesamthänder; bei der BGB-Gesellschaft: **§§ 709 ff., 427, 431 BGB** bzw. **§ 128 HGB analog** bei der BGB-Außengesellschaft; bei der oHG und KG: **§ 128 HGB**.

bb) Gesamtschuldverhältnis nach § 421 BGB

Dass ein Gesamtschuldverhältnis auch ohne einen ausdrücklichen gesetzlichen Anordnungstatbestand gegeben sein kann, hat der BGH „entdeckt": Ausreichend soll sein, dass die Merkmale des **§ 421 BGB** gegeben sind. Damit erhält diese Norm einen über die bloße („Klammer"-) Defintion der Begriffsmerkmale einer Gesamtschuld hinaus gehenden Bedeutungsgehalt und ordnet das Vorliegen eines Gesamtschuldverhältnisses an, wenn folgende Merkmale vorliegen.

- Es müssen **„mehrere eine Leistung"** gegenüber demselben Gläubiger schulden.

- „Jeder" der Schuldner muss „die ganze Leistung" schulden. Hier ist der Gegensatz zur Schuldnergemeinschaft, bei der die Schuldner gemeinschaftlich das Ganze schulden, deutlich erkennbar.
- Der „Gläubiger (ist) nur einmal zu fordern berechtigt".
- Für die erforderliche „Gleichartigkeit des Geschuldeten" wird keine Leistungsidentität verlangt, sondern ein beim Gläubiger bestehendes „identisches Leistungsinteresse" für ausreichend gehalten.
- Das von der Rechtsprechung zunächst für das Vorliegen einer Gesamtschuld nach § 421 BGB entwickelte weitere Kriterium der Notwendigkeit einer „Zweckgemeinschaft" der Schuldner untereinander hat sich als zur Begriffsbildung untauglich erwiesen, weil hierfür eine rechtliche Zweckgemeinschaft verlangt wurde, für die als ausreichend angesehen wurde, dass die Verbindlichkeiten demselben Zweck dienen, was aber letztlich nichts anderes besagt als das bereits aufgestellte Merkmal der Identität des Leistungsinteresses.
- Neuerdings wird stattdessen für das Vorliegen einer Gesamtschuld nach § 421 BGB das Erfordernis einer Notwendigkeit der „Gleichstufigkeit" der Schuldner aufgestellt. Dieses **Merkmal** ist dann **erfüllt**, wenn jedenfalls theoretisch jeder der mehreren Schuldner im Falle einer die Verpflichtung aus einem etwaigen Innenverhältnis übersteigenden Leistung an den Gläubiger gegen die/den jeweils anderen Schuldner Regressansprüche geltend machen kann. Umgekehrt soll für das **Fehlen einer Gleichstufigkeit** kennzeichnend sein, dass einer der Schuldner typischerweise die Leistung insgesamt und allein zu erbringen hat und für den Fall seiner Leistung an den Gläubiger keinen Regress bei dem/den anderen Schulder/n nehmen kann, weil der oder die andere/n Schuldner dessen Verpflichtung „typischerweise nur absichern" soll/en und bei einer ihrerseits erfolgenden Leistung an den Gläubiger stets in vollem Umfang Regress nehmen kann/können. Bei einer solchen Ungleichstufigkeit der Schuldner soll die Annahme eines Gesamtschuldverhältnisses deshalb unangemessen sein, weil die Annahme eines Gesamtschuldverhältnisses die nicht akzeptable Konsequenz hätte, dass derjenige, der typischerweise die Leistung insgesamt erbringen soll, gegen denjenigen, der typischerweise die Erfüllung nur absichern soll, jedenfalls im Grundsatz Ausgleichsansprüche nach den Regeln des Gesamtschuldnerausgleichs hätte (§ 426 BGB). Ein sicheres Indiz dafür, dass es an einer Gleichstufigkeit von Verbindlichkeiten fehlt, soll hiernach sein, dass einer der Schuldner einem Gläubiger als Schadensverursacher verantwortlich ist, während der andere ihm lediglich als „Versorger" (Privatversicherer, Sozialversicherungsträger, Arbeitgeber bei Lohnfortzahlung) „zur Seite steht" und als solcher im Falle seiner Leistung aufgrund einer „cessio legis" Regress nehmen kann (§ 67 VVG, § 116 SGB X, § 6 EGFZG, jeweils in Verbindung mit § 412 BGB). Ein Bedarf für die Anwendung der Gesamtschuldregeln besteht wegen des „cessio legis"-Regresses dann nicht, wenn ein solcher „Versorger" geleistet hat: Er kann dann im Wege der „cessio legis" gegen denjenigen vorgehen, der typischerweise die gesamte Leistung erbringen soll und dessen Verpflichtung der Versorger lediglich absichert. Zur Frage, ob eine Gesamtschuld besteht, braucht man daher in solchen Fällen, in

denen ein „Versorger", dem eine „cessio legis"-Regressnorm zur Seite steht, nach von ihm erbrachter Leistung den Schadensverursacher in Anspruch nimmt, überhaupt nicht Stellung zu nehmen. Wenn also der Einbruchsdiebstahlsversicherer VR an den von einem Einbruch des Diebes D betroffenen Versicherungsnehmer VN zahlt und bei D Regress nimmt, verlieren Sie bitte kein Wort über die Frage, ob zwischen VR (der dem VN aus dem Versicherungsvertrag Leistung schuldet) und dem D (der dem VN aus § 823 Abs. 1, 2 BGB i.V.m. § 242 StGB Schadensersatz schuldet) ein Gesamtschuldverhältnis besteht und zitieren Sie für die Frage eines Regressanspruches um keinen Preis § 426 BGB. Aber Sie kommen auch bei einer solchen Konstellation um die Stellungnahme dazu, ob ein Gesamtschuldverhältnis besteht, nicht herum, denn Sie müssen ja auch imstande sein, auf die vielleicht etwas verblüffende und auch recht theoretische Frage eine juristisch begründete Antwort finden, ob der Schadensverursacher D seinerseits bei dem Versorger VR Regress nach § 426 BGB nehmen kann, wenn er an den VN den geschuldeten Schadensersatz leistet. Die Antwort lautet: Nein, denn zwischen VR und D besteht mangels einer Gleichstufigkeit kein Gesamtschuldverhältnis. Das ist aber leider nicht das letzte Wort zu diesem komplizierten Thema. Sie müssen nämlich wissen, dass es neuerdings Rechtsmeinungen gibt, die bei der Frage des Vorliegens eines Gesamtschuldverhältnisses auf das **Merkmal der Gleichstufigkeit verzichten** wollen. Nach dieser Ansicht würde die Annahme eines Gesamtschuldverhältnisses auch bei ungleichstufigen Schuldnern (Dieb D und Einbruchsdiebstahlsversicherer VR) unschädlich sein, weil im Fall einer Leistung des Schadensverursachers (D) an den Gläubiger (VN) ein Regress gegen den „Versorger" (VR) aus § 426 BGB deshalb ausgeschlossen sei, weil (lesen Sie bitte § 426 Abs. 1 BGB) „ein anderes bestimmt ist": Anerkannt ist nämlich, dass im Rahmen des § 426 BGB der § 254 BGB analog angewendet wird und dieser einen Regress eines allein verantwortlichen Gesamtschuldners (D) gegen den anderen überhaupt nicht verantwortlichen Gesamtschuldner (VR) völlig sperren kann.

Fall 905: Der Versicherungsnehmer VN hat bezüglich seiner Wohnung bei der VR-Versicherung (VR) eine Einbruchsdiebstahlversicherung abgeschlossen. Der D bricht bei dem VN ein und stiehlt ihm ein Bild im Wert von € 100 000,-. Die VR zahlt € 100 000,- an den VN. Der D wird gefasst. Die VR nimmt den D in Anspruch.

Der Anspruch ergibt sich a) nicht aus § 426 Abs. 1 BGB oder § 426 Abs. 2 i.V.m. § 823 Abs. 1, Abs. 2 BGB i.V.m. §§ 242, 243 StGB, sondern aus b) §§ 67 VVG i.V.m. § 823 Abs. 1, Abs. 2 BGB i.V.m. §§ 242, 243 StGB.

Fall 906: Der Versicherungsnehmer VN hat bezüglich seiner Wohnung bei der VR-Versicherung (VR) eine Einbruchsdiebstahlversicherung abgeschlossen. Der D bricht bei dem VN ein und stiehlt ihm ein Bild im Wert von € 100 000,-. Der D wird gefasst. Er zahlt Schadensersatz in Höhe von € 100 000,- für das inzwischen durch viele Hände gegangene und nicht mehr auffindbare Bild. Dann nimmt der D die VR, die noch nicht an VN gezahlt hat, auf Zahlung von € 50 000,- in Anspruch.

Der Anspruch könnte sich aus § 426 Abs. 1 BGB ergeben. a) Der Anspruch bestünde nicht, wenn man ein Gesamtschuldverhältnis zwischen dem D und der VR mangels „Gleichstufigkeit" verneint. b) Wer hingegen auf dieses Merkmal verzichtet und deshalb ein Gesamtschuldverhältnis zwischen VR und D annimmt, würde i.E. ebenfalls einen Regressanspruch des D gegen VR verneinen, und zwar mit der Begründung, dass angesichts des alleinigen Verschuldens des primär für die Leistung von Schadensersatz verantwortlichen Schadensersatzschuldners (des Diebes D) nach §§ 426 Abs. 1, 254 BGB analog ein Regressanspruch gegen den lediglich sekundär Verpflichteten (den Einbruchsdiebstahlversicherer VR) nicht besteht.

Wie bedeutsam es für die **Fallbearbeitung** sein kann, trotz Fehlens eines ausdrücklichen Anordnungstatbestandes das Vorliegen eines Gesamtschuldverhältnisses in Erwägung zu ziehen, zeigt Ihnen der folgende, sich an einer Entscheidung des BGH orientierende Fall. Wer hier nicht den Durchblick hat und daher überhaupt nicht an die Erörterung eines Gesamtschuldregresses denkt, steht von vornherein „auf verlorenem Posten".

<u>Fall 907:</u> Der B lässt sich von dem Bauunternehmer U, mit dem er einen Werkvertrag (der dem BGB und nicht der VOB unterliegt) geschlossen hat, ein Haus errichten. Mit dem Architekten A besteht ein auf die Bauaufsicht beschränkter Architektenvertrag. Der A kümmert sich nur sehr nachlässig um die Baustelle, so dass er übersieht, dass der U aufgrund eines leichten Versehens abweichend von der insoweit komplizierten Bauzeichnung Deckenbalken mit zu schwacher Stärke verwendet. Der B nimmt den A aus §§ 634 Nr. 4, 280 Abs. 1, 3, 283 BGB auf Schadensersatz in Geld in Anspruch. Der A zahlt Schadensersatz in Höhe der für die Beseitigung des Mangels erforderlichen Kosten und nimmt anschließend den U in Anspruch.

a) Der Anspruch kann sich aus § 426 Abs. 1 BGB ergeben, aa) wenn der A und der U Gesamtschuldner wären. aaa) Einen besonderen Anordnungstatbestand für ein Gesamtschuldverhältnis gibt es nicht. bbb) Gleichwohl kann nach § 421 BGB ein Gesamtschuldverhältnis bestehen, wenn die folgenden, o.g. Kriterien erfüllt sind: aaaa) Der B kann wegen des Mangels des Werkes aaaaa) von U Nacherfüllung nach §§ 634 Nr. 1, 635 BGB durch Beseitigung des Mangels und bbbbb) von A Schadensersatz statt der Leistung aus §§ 634 Nr. 4, 280 Abs. 1, 3, 283 BGB verlangen; bbbb) beide Ansprüche sind auf das Ganze gerichtet, cccc) und der B kann nur einmal Leistung verlangen. dddd) Die Ansprüche sind zwar nicht identisch; sie sind aber auf dasselbe Leistungsinteresse (Herstellung eines mangelfreien Werkes) gerichtet. eeee) Da keiner der beiden Schuldner typischerweise die ganze Leistung erbringen soll, besteht auch eine Gleichstufigkeit der Verpflichtungen. Der Anspruch ist also gegeben. bb) Was die Höhe angeht, kann der A aaa) im Grundsatz zur Hälfte Regress bei U nehmen, bbb) wenn nichts anderes bestimmt ist; hier kommt § 254 Abs. 1 BGB analog als andere Bestimmung in Betracht: Angesichts des deutlich überwiegenden Verschuldens des A wird man davon ausgehen können, dass er nur zu 1/3 Regress nehmen kann. Der Anspruch geht auf Geldausgleich, auch wenn der U Nachbesserung geschuldet hatte. b) Weiterhin könnte der Anspruch des B gegen den U nach § 426 Abs. 2 BGB auf den A in der vorgenannten Höhe übergegangen sein. Nach § 412 BGB findet jedoch § 399 1. Fall BGB Anwendung: Da eine Nacherfüllungsleistung des U an den A nicht möglich ist, entfällt ein cessio legis – Regress.

Übrigens: was versteht man eigentlich unter der nicht anwendbar sein sollenden „**VOB**"? Es handelt sich dabei um die im Baugewerbe üblichen Allgemeinen Geschäftsbedingungen mit der Bezeichnung „**V**erdingungs**o**rdnung für **B**auleistungen").

b) Rechtsfolgen der Gesamtschuld

Bei den Wirkungen der Gesamtschuld ist zwischen dem „Außen-" und dem „Innenverhältnis" zu unterscheiden. Das **Außenverhältnis** bezeichnet dabei die Beziehung des Gläubigers zu den Schuldnern. Das **Innenverhältnis** ist die Beziehung der Gesamtschuldner untereinander.

aa) Das Außenverhältnis

Das **Außenverhältnis** regeln die **§§ 421 bis 425 BGB**. Im Außenverhältnis wird zwischen solchen Ereignissen unterschieden,

- die, obwohl sie nur in der Person eines der Verpflichteten vorliegen, auch für und gegen die übrigen Schuldner wirken (sog. **gesamtwirkende Ereignisse**)
- und solchen Ereignissen, die nur den Schuldner betreffen, in dessen Person sie eintreten (sog. **einzelwirkende Ereignisse**).

(1) Gesamtwirkung

Eine Gesamtwirkung von Ereignissen

- wird von **§ 422 Abs. 1 BGB** angeordnet bei der **Erfüllung** und bei **Erfüllungssurrogaten** (Leistung an Erfüllungs statt, Aufrechnung oder Hinterlegung). Da der Gläubiger, wie § 421 BGB bestimmt, die Leistung nur einmal erhalten soll, kommen Tatsachen mit Tilgungswirkung allen Gesamtschuldnern zugute. Übrigens: Wie sich aus § 426 Abs. 2 BGB ergibt, erlischt der Anspruch mit der Erfüllung oder infolge von Erfüllungssurrogaten nur insoweit, als kein Ausgleichsanspruch zwischen den Gesamtschuldnern besteht, denn wenn die Forderung gem. § 426 Abs. 2 BGB auf den jeweils erfüllenden Gesamtschuldner übergeht, soweit ihm Ausgleichsansprüche gegen die übrigen Gesamtschuldner zustehen, kann sie insoweit nicht erloschen sein.

Fall 908: Die Studenten S 1 und S 2 haben zusammen bei der Vermieterin P eine Wohnung für monatlich € 1000,- brutto gemietet. Der S 1 geht für 1 Jahr studienbedingt ins Ausland. Als die P daraufhin als Miete nur eine Überweisung von S 2 in Höhe von € 500,- erhält, verlangt sie von dem S 1 die Zahlung weiterer € 500,-. Der S 1 erklärt, dass er mit dem S 2 vereinbart habe, dass dieser für die Zeit der Abwesenheit des S 1 die gesamte Miete entrichte; sie möge sich daher doch an den S 2 halten.

Die P hat a) gegen den S 1 aa) einen Anspruch aus §§ 535 Abs. 2, 427, 421 BGB auf Zahlung der gesamten Miete in Höhe von € 1 000,-. bb) Die zwischen S 1 und S 2 getroffene Vereinbarung betrifft nur das Innenverhältnis der beiden. b) Erloschen ist dieser Anspruch nur in Höhe der von S 2 gezahlten € 500,- (§ 422 Abs. 1 BGB).

Variante: Als der S 2 von dem Zahlungsbegehren der P hört, erklärt er mit einer Forderung, die ihm unstreitig gegen die P zusteht, weil er aufgrund eines Vertrages mit ihr in der Wohnung Fußbodenschleifarbeiten für € 600,- ausgeführt hat, die Aufrechnung. Muss der S 1 zahlen?

> Nein, denn die Aufrechnung mit einer Gegenforderung aus § 631 Abs. 1 BGB durch den Gesamtschuldner S 2 bewirkt auch das Erlöschen der Forderung gegen den Gesamtschuldner S 1 (§ 422 Abs. 1 S. 2 BGB), auch wenn der aufrechnende Gesamtschuldner nicht in Anspruch genommen wird.

- Weiter sieht das Gesetz in **§ 423 BGB** beim **Erlassvertrag** eine Gesamtwirkung vor, wenn die Auslegung desselben ergibt, dass durch den Erlass das gesamte Schuldverhältnis aufgehoben werden sollte. Wenn die Auslegung ergibt, dass nur ein einzelner Gesamtschuldner durch den Erlassvertrag befreit werden sollte, besteht hingegen nur eine Einzelwirkung. Bei einer dermaßen gewollten Einzelwirkung ist jedoch weiterhin zu klären, ob die Befreiung eine endgültige Freistellung zur Folge hat, also sich auch auf das Innenverhältnis der Schuldner dahingehend auswirkt, dass dem nicht befreiten Gesamtschuldner auch kein Regressanspruch gegen den befreiten Gesamtschuldner zusteht, oder ob trotz des Erlasses die Ausgleichspflicht des durch den Erlassvertrag im Außenverhältnis befreiten Schuldners bestehen bleibt. Es lässt sich unschwer erkennen, dass eine endgültige Freistellung eines der Gesamtschuldner mit der Folge auch des Verlustes eines Regressanspruchs des nicht befreiten Gesamtschuldners auf einen Vertrag zwischen dem Gläubiger und dem befreiten Gesamtschuldner „zulasten Dritter" (des nicht befreiten Gesamtschuldners) hinausliefe – und das ist bekanntlich eine absolut „verbotene Konstruktion". Soll daher nach dem Willen des Gläubigers und eines Gesamtschuldners der Erlassvertrag zu einer vollständigen Befreiung auch im Innenverhältnis führen, so muss der Gläubiger im Außenverhältnis seine Forderung um den potentiellen Anteil des befreiten Schuldners ermäßigen.

- Der **Annahmeverzug des Gläubigers** wirkt folgerichtig nach **§ 424 BGB** auch für die übrigen Schuldner, denn eine Erfüllung hätte auch sie gem. § 422 BGB befreit.

(2) Einzelwirkung von Ereignissen

In **§ 425 Abs. 1 BGB** ist bestimmt, dass hinsichtlich anderer als der in §§ 422 – 424 BGB genannten Tatsachen eine **Einzelwirkung** besteht. In **§ 425 Abs. 2 BGB** werden die insoweit wichtigsten einzelwirkenden Ereignisse beispielhaft aufgeführt: Kündigung; Verzug; Verschulden; Unmöglichkeit; Verjährung; Neubeginn; Hemmung und Ablaufhemmung der Verjährung; „Konfusion"; Rechtskraft.

Von besonderer Bedeutung für die Fallbearbeitung ist die Aufnahme des **„Verschuldens"** in den Beispielskatalog des § 425 Abs. 2 BGB über die einzelwirkenden Ereignisse.

- Dieser Umstand bereitet dann Schwierigkeiten, wenn ein schuldhaft handelnder Gesamtschuldner zugleich der Erfüllungsgehilfe des anderen Gesamtschuldners ist.

- Unschwer zu erkennen ist, dass ein Ausschluss der Verschuldenszurechnung im Falle des Verschuldens eines Gesamtschuldners die Kreditwürdigkeit der Gesamtschuldner insgesamt schmälern kann. Von Bedeutung ist dies insbesondere dann, wenn die Gesamtschuldner zugleich Gesellschafter einer Personalgesellschaft sind.

In diesem Zusammenhang muss man sich wieder verdeutlichen, dass die Bestimmung des § 425 Abs. 1, Abs. 2 BGB **nicht ausnahmslos** gilt, sondern (lesen Sie das Gesetz!) nur „…soweit sich nicht aus dem Schuldverhältnis ein anderes ergibt …". Daher ist stets durch Auslegung zu ermitteln, ob sich aus dem Zweck des Schuldverhältnisses „ein anderes", also eine Gesamtwirkung, „ergibt".

Fall 909: Der Mandant M erteilt den als Sozietät „R 1, R 2, R 3" zusammengeschlossenen Rechtsanwälten R 1, R 2, R 3 auf einem im Kopf alle Sozien aufführenden Vordruck eine Prozessvollmacht. Das Mandat wird ausschließlich von dem R 1 bearbeitet, die R 2 und R 3 kennen die Sache gar nicht. Der R 2 nimmt für den verhinderten R 1 den einzigen Gerichtstermin in dieser Sache wahr. Trotz eines entsprechenden Aktenvermerks des R 1 versäumt es der R 2, sich im Termin auf die bestehende Einrede der Verjährung, die das einzige erfolgversprechende Verteidigungsmittel des M ist, zu berufen, so dass der M verurteilt wird. Der M verlangt Schadensersatz von R 3.

Der Anspruch könnte sich auch gegen den R 3 wegen einer Schlechterfüllung des Anwaltsvertrages (§§ 675, 611 ff. BGB) aus §§ 280 Abs. 1, 675, 611, 714, 427, 278, 276 BGB ergeben. Der R 3 müsste pflichtwidrig und schuldhaft gehandelt haben. a) Ihm könnte die schuldhafte Pflichtverletzung des R 2 zugerechnet werden (§ 278 BGB), denn der R 2 ist mit Wissen und Wollen der anderen Sozien und damit auch des R 3 im Pflichtenkreis des zwischen ihnen allen und dem M bestehenden Vertrages tätig geworden. Einer Verschuldenszurechnung könnte jedoch § 425 Abs. 1, 2 BGB entgegenstehen, nach dessen Wortlaut das Verschulden des R 2 nicht gegen den R 3 wirkt (Einzelwirkung). Anerkannt ist jedoch, dass der nicht zwingende (§ 425 Abs. 1 BGB: „soweit nichts anderes bestimmt ist") § 425 Abs. 2 BGB in Mandatsverträgen zwischen einer Anwaltssozietät und einem Mandanten zum Schutze des Mandanten, der auf die Leistungen und auf die Haftung aller Sozien vertraut, als stillschweigend abbedungen angesehen wird. b) Das gleiche Ergebnis wird teilweise (ohne auf § 278 BGB einzugehen) aus einer von § 425 Abs. 1 BGB angeordneten „Gesamtwirkung" des Verschuldens abgeleitet, die sich daraus ergeben soll, dass der Mandant nach dem Vertrag von allen als Sozien auftretenden Rechtsanwälten beraten werden will und soll und dass dem auch eine Haftung aller Sozien entsprechen muss, auch wenn sie nicht an der Beratung des Mandanten beteiligt waren (Medicus). Daher muss der R 3 Schadensersatz leisten. c) Nach der neueren Ansicht zur Rechtsnatur der BGB – Außengesellschaft kommt man auch auf andere Weise zu dem gleichen Ergebnis: Da die Sozietät selbst auch für schuldhafte Pflichtverletzungen aus §§ 280 Abs. 1, 675, 611, 714, 427, 278, 276 BGB Schadensersatz schuldet, ergibt sich die Mithaftung des R 3 aus den Haftungsgrundsätzen zur BGB – Außengesellschaft (K. Schmidt).

bb) Der Ausgleich bzw. Regress

In rechtlicher Hinsicht besonders „spannend" ist das Innenverhältnis der Gesamtschuldner, soweit es um die Verpflichtung zum **Ausgleich** bzw. **Regress** unter ihnen geht. Sie haben die Bedeutung des **Ausgleiches** bzw. **Regresses bei Gesamtschuldverhältnissen** für die Fallbearbeitung soeben kennen gelernt; wir werden das Thema Regress jetzt vertiefend darstellen und werden im Anschluss daran auch auf die wichtige Konstellation des **Regresses bei „gestörten Gesamtschuldverhältnissen"** eingehen. Schließlich wird in diesem Zusammenhang auch die Problematik des **Ausgleiches** bzw. des **Regresses bei den sog. „unechten Gesamtschulden"**, die oben schon kurz erwähnt wurde, erörtert werden. Das ist ein anspruchsvolles Programm! Wer sich bisher im Recht der Gesamtschuldverhältnisse nicht ganz sicher fühlt, dem wird empfohlen, vorab noch einmal die letzten sieben Seiten zu lesen. Dann sind Sie für das nächste Thema gewappnet.

(1) Ausgleich unter Gesamtschuldnern

Der Ausgleich unter den Gesamtschuldnern vollzieht sich auf dreierlei Weise:

- Zunächst ist an einen Ausgleich aus einem eventuell unter den Gesamtschuldnern bestehenden **vertraglichen Innenverhältnis** zu denken. In Betracht kommt z.B. ein Auftrag (§§ 662 ff. BGB) mit einem Aufwendungsersatzanspruch aus **§ 670 BGB**. Das gleiche gilt, wenn die Regeln über den Auftrag anwendbar sind, wie z.B. beim Geschäftsbesorgungsvertrag zwischen den Gesamtschuldnern (§ 675 BGB).
- Wie Sie schon wissen, besteht weiterhin ein Ausgleichsanspruch aus dem **gesetzlich bestehenden Innenverhältnis** aus **§ 426 Abs. 1 S. 1 BGB**: „Die Gesamtschuldner sind ... verpflichtet". Diese Vorschrift ist damit zum einen eine **eigenständige Ausgleichsanspruchsgrundlage** mit zwei verschiedenen Inhalten: **Vom Augenblick der Entstehung** des Gesamtschuldverhältnisses an kann jeder Gesamtschuldner von jedem anderen Gesamtschuldner in der Weise Befreiung von der Forderung des Gläubigers verlangen, dass dieser, „soweit nicht ein anderes bestimmt ist", „zu gleichen Anteilen" an der Befriedigung des Gläubigers mitwirkt. Der Inhalt des Anspruchs verändert sich, **„soweit ein Gesamtschuldner den Gläubiger befriedigt" hat**, indem er eine über den nach § 426 Abs. 1 BGB aus dem Innenverhältnis geschuldeten Anteil hinausgehende Leistung erbracht hat: Dann besteht ein Anspruch auf Ausgleich gegen die übrigen Gesamtschuldner als Teilschuldner. Die Vorschrift des § 426 Abs. 1 BGB ist zum anderen die Norm, die Auskunft darüber gibt, in welchem **Verhältnis zueinander die Gesamtschuldner gegenüber dem Gläubiger verpflichtet** sind und in welchem Umfang sie daher gegeneinander Regress nehmen können, wenn sie darüber hinausgehend an den Gläubiger geleistet haben. Im **Grundsatz** „(sind) die Gesamtschuldner im Verhältnis zueinander zu gleichen Anteilen verpflichtet", also nach „Kopfteilen". Das ist aber nur die Regel, von der es viele Ausnahmen gibt: Ausdrücklich von dem Aufteilungsmaßstab des § 426 Abs. 1 BGB („zu gleichen Anteilen") abweichende gesetzliche Bestimmungen finden sich in §§ 840 Abs. 2, 3, 841 BGB und – wie Sie ja längst wissen – in dem analog anzuwendenden und sogar zur völligen Entlastung eines Schuldners führen könnenden § 254 BGB. Zudem sind vom Regelmaßstab des § 426 Abs. 1 S. 1 BGB abweichende Vereinbarungen zwischen den Parteien möglich; der Gläubiger muss an derartigen Regressvereinbarungen unter den Gesamtschuldnern natürlich nicht (z.B. durch seine Zustimmung) mitwirken, denn er ist davon nicht betroffen.
- Zum Zwecke der **Verstärkung des Regressanspruchs aus § 426 Abs. 1 S. 1 BGB** hat der Gesetzgeber mittels des **§ 426 Abs. 2 BGB** eine „cessio legis" in Höhe der Ausgleichsforderung nach § 426 Abs. 1 S. 1 BGB (nach „Kopfteilen", „soweit nicht ein anderes bestimmt ist") angeordnet. Die rechtliche und wirtschaftliche Bedeutung einer „cessio legis" für einen Regressgläubiger ist Ihnen ja längst bekannt; sie ergibt sich vor allem aus dem nach §§ 412, 401 BGB

erfolgenden Übergang der die Forderung sichernden akzessorischen Nebenrechte (Bürgschaft, Pfandrecht, Hypothek, § 401 BGB analog: eine Vormerkung) auf den Regressgläubiger. Umgekehrt wirkt sich die zusätzliche Anordnung einer „cessio legis" nicht zum Nachteil des (anderen) Gesamtschuldners als Regressschuldner aus, denn die übergegangene Forderung behält ihre „Schwächen" (§§ 412, 404, 406 BGB).

- Prüfen Sie bei der **Fallbearbeitung** erst den **Regressanspruch aus eigenem Recht**, der sich aus dem **Innenverhältnis** ergibt (besonderes Innenverhältnis: z.B. § 670 BGB; und allgemeines gesamtschuldspezifisches Innenverhältnis: § 426 Abs. 1 S. 1 BGB) und erst dann einen **Regressanspruch aus abgeleitetem Recht** (§ 426 Abs. 2, 412, 399 ff. BGB). Dies empfiehlt sich deshalb, weil die cessio legis in § 426 Abs. 2 BGB den Anspruch aus § 426 Abs. 1 S. 1 BGB verstärken soll, also einen bereits bestehenden Ausgleichsanspruch voraussetzt, wie sich aus der Formulierung des Gesetzes: „soweit ein Gesamtschuldner...Ausgleichung verlangen kann" ergibt. Prüft man also den Ausgleichsanspruch aus eigenem Recht, dem Innenverhältnis nämlich, zuerst, vermeidet man bei § 426 Abs. 2 BGB eine unglückliche Inzidentprüfung.

Fall 910: Der Dieb D stiehlt dem Eigentümer E eine Sache im Werte von € 20 000,- und veräußert sie an den gutgläubigen Käufer K 1; dieser veräußert sie für € 25 000,- an den K 2 weiter. Der E genehmigt die Verfügung des K 1 zugunsten des K 2. Dann zahlt der D auf das Verlangen des E € 20 000,- Schadensersatz aufgrund des § 823 Abs. 2, 2 i.V.m. § 242 StGB an den E. Später zahlt der K 1 an den E auf dessen Verlangen im Hinblick auf die Genehmigung der Verfügung zugunsten des K 2 den dadurch erlangten Betrag von € 25 000,- aufgrund §§ 816 Abs. 1 S. 1, 185 Abs. 2 BGB. Als der K 1 von der bereits erfolgten Zahlung des D erfährt, verlangt der K 1 € 20 000,- von E zurück (nach BGH).

Der Anspruch könnte sich 1. aus § 812 Abs. 1 S. 1 1. Fall BGB („Leistungskondiktion") ergeben: a) Der E hat als „etwas" das Eigentum an den € 25 000,- erlangt, b) und zwar durch Leistung des Anspruchstellers K 1. c) Fraglich ist, ob der K 1 ohne Rechtsgrund geleistet hat. Rechtsgrund war aa) die Verpflichtung des K 1 aus §§ 816 Abs. 1 S. 1, 185 BGB, bb) wenn diese nicht bereits in Höhe von € 20 000,- durch die Zahlung des D an E getilgt war: aaa) Nicht erloschen ist sie nach §§ 362, 267 BGB, denn der D wollte ausschließlich seine eigene Verpflichtung aus §§ 823 Abs. 1, 2 BGB i.V.m. § 242 StGB und nicht die Verpflichtung des K 1 erfüllen; bbb) möglicherweise ist die Verbindlichkeit des K 1 aber nach § 422 BGB getilgt worden, wenn der D und der K 1 Gesamtschuldner waren: Hier kommt nur ein Fall einer Gesamtschuldnerschaft nach § 421 BGB in Betracht, die im einzelnen voraussetzt, aaaa) dass (wie es hier er Fall ist) demselben Gläubiger mehrere Schuldner verpflichtet sind; bbbb) dass (wie es hier der Fall ist) jeder die ganze Leistung schuldet; cccc) dass (wie es hier der Fall ist) der Gläubiger nur einmal die Leistung verlangen kann; dddd) dass die geschuldeten Leistungen zwar nicht unbedingt identisch sind, wohl aber demselben Leistungsinteresse des Gläubigers dienen (wie es bei Schadensersatz und Herausgabe des Surrogats der Fall ist). eeee) Ferner wird überwiegend verlangt, dass zwischen den Schuldnern eine „Gleichstufigkeit" besteht, die dann gegeben ist, wenn ein Regress im Innenverhältnis jedenfalls prinzipiell in beide Richtungen vorstellbar ist, und nicht von vornherein einer der Schuldner typischerweise im Ergebnis die ganze Leistung schuldet und der andere dessen Verbindlichkeit lediglich absichert oder „versorgt", wie es z.B. beim Bürgen oder Schadensversicherer der Fall ist, bei denen der Regress stets nur in eine Richtung läuft (§ 774 BGB: Bürge gegen Hauptschuldner; § 67 VVG: Versicherer gegen Schädiger). Eine neuere Lehre will jedoch völlig auf das Merkmal der Gleichstufigkeit verzichten; sie wendet – falls keine Sonderregeln (z.B. § 774 BGB) eingreifen – stets § 426 BGB als Regressnorm an und vermeidet unsinnige Regress – Ergebnisse durch die analoge Anwendung des § 254 BGB im Rahmen des § 426 Abs. 1 BGB. Ob zwischen einem deliktischen Schädiger und dem Schuldner aus § 816 Abs. 1 S. 1 BGB eine von der hM. verlangte Gleichstufigkeit besteht, kann man so oder so entscheiden: Gegen eine Gleichstufigkeit spricht, dass letztlich nur der D haften soll; dann entfiele ein Bereicherungsanspruch des K 1. Folgt man dagegen dem BGH und bejaht ein Gesamtschuldverhältnis, dann bestand wegen der Tilgungswirkung der Zahlung des D in Höhe von € 20 000,- kein Rechtsgrund für die Leistung des K 1, d) so dass er von E in dieser Höhe das „Erlangte" herausverlangen kann. 2. Zu denken ist auch an einen Schadensersatzanspruch des K 1 gegen den E aus §§ 823 Abs. 2 BGB i.V.m. § 263 StGB, weil dieser ihn aus §§ 816 Abs. 1 S. 1, 185 BGB in Höhe von € 25 000,- in Anspruch genommen hat, obwohl er bereits von D Zahlung von € 20 000,- erhalten hatte und wusste, dass der Anspruch gegen den K 1 sich nur noch auf € 5 000,- belief.

Variante: Der D hat nicht an den E gezahlt, wohl aber der K 1 (aufgrund seiner Verpflichtung aus § 816 Abs. 1 S. 1 BGB). Der K 1 will sich nunmehr an den D halten.

Wären sie Gesamtschuldner (so der BGH), dann erfolgt der Ausgleich nach § 426 Abs. 1, 2 BGB, und der K 1 könnte gemäß § 254 BGB analog in voller Höhe bei D Regress nehmen. Folgt man der Gegenansicht, würde man wohl nach § 255 BGB analog einen Zessionsregress annehmen müssen: Der K 1 kann von E verlangen, dass dieser seinen Anspruch gegen den D an ihn abtritt (dazu später mehr).

(2) Der gestörte Gesamtschuldnerausgleich

Ein besonders schwieriges Regressproblem stellt sich dann, wenn der Ausgleich unter den Gesamtschuldnern dadurch „gestört" ist, dass einem der Gesamtschuldner ein Haftungsprivileg aufgrund einer vereinbarten Beschränkung oder kraft Gesetzes (§§ 708, 1359, 1664 BGB, Haftungsbefreiung des Arbeitgebers oder eines Arbeitskollegen gem. §§ 104, 105 SGB III bei „Arbeitsunfällen") zukommt.

Fall 911: Der B lässt sich von dem Bauunternehmer U ein einstöckiges Gewerbegebäude errichten; wegen der Bauaufsicht hat B einen Architektenvertrag mit dem Architekten A geschlossen. Der A kümmert sich zwar an sich gründlich um die Baustelle, übersieht aber gleichwohl aufgrund eines leichten Versehens, dass der U abweichend von der insoweit leicht verständlichen Bauzeichnung Zwischendeckenbalken mit zu schwacher Stärke verwendet. Der U verweigert zu Recht nach § 635 Abs. 3 die Nacherfüllung. Die behördliche Abnahme erfolgt unter Anordnung von die Belastbarkeit des oberen über der Zwischendecke liegenden Stockwerks einschränkenden und damit den Wert des Hauses insgesamt mindernden Auflagen. Da die Haftung des A im Architektenvertrag für leichte Fahrlässigkeit ausgeschlossen ist, verlangt der B in voller Höhe von U „statt der Leistung" den „kleinen Schadensersatz" nach §§ 634, 280 Abs. 1, 3, 281, 636 BGB.

Es stellt sich die Frage, ob der B von U Schadensersatz in voller Höhe verlangen kann oder ob der Haftungsbeschränkung zugunsten des A durch Kürzung des Anspruchs um dessen Verantwortungsanteil Rechnung getragen werden muss. Wenn man annehmen sollte, dass der U in voller Höhe in Anspruch genommen werden kann, stellt sich die weitere Frage, ob die Privilegierung des A im Außenverhältnis auch bedeutet, dass U gegen A keinen Regress nehmen kann. Wir wollen den Fall hier nicht „zu Ende" lösen, sondern auf die im Folgenden dargestellten verschiedenen Lösungsvorschläge verweisen, in die die Beteiligten des vorliegenden Falles (B, U, A) „eingearbeitet" sind.

Für diese sich ja auch in anderem Zusammenhang stellende Frage gibt es drei denkbare **Lösungsmöglichkeiten**:

- Recht fern liegt die Annahme einer **Alleinhaftung des Nichtprivilegierten (U)** und des **Ausschlusses eines Regressanspruchs des Nichtprivilegierten (U) gegen den Privilegierten (A)** mit dem Argument, es bestünde keine Gesamtschuld, weil „nicht mehrere" i.S.d. § 421 BGB „schulden". Gegen diese Lösung spricht nämlich, dass sie den nichtprivilegierten Schädiger (U) unbillig belastet und dass sich die vertragliche Haftungserleichterung für ihn als Vertrag zu Lasten Dritter auswirken würde. Der BGH befürwortet allerdings die alleinige Haftung eines Schädigers gegenüber einem Kind ohne Ausgleichsanspruch des Schädigers gegenüber den nach § 1664 Abs. 1 BGB privilegierten Eltern, da eine Ausgleichspflicht der Eltern letztlich auch zu Lasten des Kindes gehen würde.

- Die zu einer **alleinigen Haftung des Nichtprivilegierten (U) im Außenverhältnis** kommende Rechtsansicht kompensiert dies durch einen **Regressanspruch gegen den Privilegierten (A) im Innenverhältnis**, obwohl im Außenverhältnis eben wegen der Privilegierung keine Gesamtschuld vorliegt. Für diese Lösung spricht, dass die Haftungserleichterung im Außenverhältnis nicht auf das Rechtsverhältnis zwischen den Schädigern einwirken darf. Man darf den Gedankengang hier aber noch nicht abbrechen, denn: Wenn man nämlich dem Nichtprivilegierten (U) den vollen Regressanspruch zuspricht, stünde der Privilegierte (A) schlechter, als wenn er allein verantwortlich gewesen wäre; diese Ansicht gibt daher dem Privilegierten (A) auch konsequenterweise einen Ausgleichsanspruch gegen den Gläubiger (B), wenn es Sinn der Privilegierung war, den privilegierten Schuldner (A) endgültig freizustellen; das Ganze wird dann sehr anschaulich **„Regresskreisel"** genannt.

- Nach der überwiegenden Lehre kann der (Ihnen ja nunmehr vertraute) Interessenwiderstreit nur angemessen gelöst werden durch eine **Kürzung des Anspruchs des Gläubigers (B) gegen den nichtprivilegierten Schädiger (U) um den Verursachungsbeitrag des privilegierten Schädigers (A)**.

(3) Ausgleich bei „unechten Gesamtschulden"

Schulden die Schuldner nicht „gleichstufig", weil einer von Ihnen ein „Versorger" ist, ihm aber kein Regressanspruch (wie z.B. aus § 67 VVG) zusteht, dann kann sich eine (Ihnen ja schon bekannte) ziemlich „vertrackte" Frage nach dem Regress ergeben, „wenn der versorgende Schuldner" an den Gläubiger geleistet hat und nun den Schadensverursacher in Anspruch nehmen möchte. Wenn man trotz der fehlenden Gleichstufigkeit ein **Gesamtschuldverhältnis** annimmt, kommt man zu § 426 BGB. Verneint man jedoch ein Gesamtschuldverhältnis und bezeichnet man die Konstellation daher als **„unechtes Gesamtschuldverhältnis"**, kann die Lösung nur ein Zessionsregress bieten: Der leistende „Versorger" verlangt vom Gläubiger die Abtretung von dessen Anspruch gegen den anderen Schuldner und geht nach erfolgter Abtretung gegen diesen vor. So einfach, wie dies klingt, ist die Lösung freilich nicht, denn durch die Leistung des „versorgenden" Schuldners ist der „natürliche" bzw. der „reale" Schaden entfallen; und es stellt sich die Frage, ob überhaupt noch ein abtretbarer Schadensersatzanspruch existiert; außerdem fragt es sich, aus welchem Grunde der Gläubiger zur Abtretung an den „versorgenden" Schuldner verpflichtet sein sollte.

Fall 912: Die Stadt Fulda (F) ist kraft eines Konkordats mit der Kirche K zur baulichen Erhaltung des Domes verpflichtet. Als das Bauwerk durch den Brandstifter B beschädigt worden ist, stellt F mit Rücksicht auf das Konkordat den Kirchenbau wieder her und nimmt den B in Anspruch (nach RG).

a) Ein Regressanspruch von F gegen B aus § 426 BGB scheidet aus, aa) wenn man mangels Gleichstufigkeit das Vorliegen eines Gesamtschuldverhältnisses ablehnt. bb) Wer dagegen auch bei „Ungleichstufigkeit" ein Gesamtschuldverhältnis annimmt und damit einen Regress nach § 426 BGB ermöglicht, muss dann den Regress über § 254 BGB analog so „steuern", dass F in voller Höhe bei B Regress nehmen kann. b) Ein Anspruch von F gegen B aus §§ 677, 683, 670 BGB entfällt, da F nach richtiger Meinung nicht einmal „auch" die Geschäfte des B führen wollte, sondern ausschließlich die Pflichten aus dem Konkordat erfüllen wollte. c) Aus § 812 Abs. 1 S. 1 2. Fall BGB („Auslagenkondiktion") hat F keinen Anspruch, weil sie nicht als Dritte gem. § 267 BGB die Schuld des B getilgt hat, sondern ihre eigene Verpflichtung aus dem Vertrag erfüllen wollte; anders wäre es, wenn man zu Regresszwecken die Leistung nachträglich „fremdbestimmen" kann. d) Wer ein Gesamtschuldverhältnis wegen fehlender Gleichstufigkeit verneint und das Vorliegen eines „unechten Gesamtschuldverhältnisses" annimmt, kann den Fall aa) durch eine analoge Anwendung des § 255 BGB lösen: Danach kann F von K die Abtretung ihrer Ansprüche gegen den B (z.B. aus § 823 Abs. 1 BGB) verlangen bb) und dann aus abgetretenem Recht gegen den B vorgehen. Hier stellt sich das Problem, ob der K nach Beseitigung des „natürlichen" bzw. des „realen" Schadens überhaupt noch ein Anspruch aus § 823 Abs. 1 BGB zusteht: Helfen kann man hier mit einem „normativen Schaden" der K (arge. § 843 Abs. 4 BGB). Das alles haben wir bereits beim Schadensersatzrecht in Teil 9 ausführlich erörtert.

B. Veränderungen auf Gläubiger- und Schuldnerebene

Die gesamte bisherige Darstellung diente dem Ziel herauszufinden, ob jemandem (wir nennen diese Person/en dann „Gläubiger") rechtsgeschäftliche oder sich aus dem Gesetz ergebende Primär- oder Sekundäransprüche gegen jemand anderen (wir nennen diese Person/en dann „Schuldner") zustehen.

Wenn Sie bei der Fallbearbeitung herausgefunden haben, dass eine bestimmte Person Ihres Sachverhalts „Gläubiger" oder „Schuldner" eines Anspruchs ist, müssen Sie gedanklich darauf vorbereitet sein, dass dies vielleicht nur eine „Momentaufnahme" ist. Denn der von Ihnen zu bearbeitende Sachverhalt kann tatsächliche Umstände enthalten, aufgrund derer sich die rechtliche Beurteilung hinsichtlich der Gläubigerstellung bzw. der Schuldnerstellung einer Person dahingehend verändert, dass an die Stelle des bisherigen Gläubigers/Schuldners ein neuer Gläubiger/Schuldner tritt. Ein solcher Gläubiger- oder Schuldnerwechsel kann auf verschiedensten Wegen geschehen:

- **Gläubigerwechsel durch Forderungsübertragung:** Die Übertragung einer **nicht durch ein Wertpapier verbrieften Forderung** kann durch **Vertrag ("Abtretung", "Zession")** erfolgen, durch das Gesetz angeordnet werden (**"cessio legis"**) oder durch einen **Hoheitsakt** herbeigeführt werden (entsinnen Sie sich noch an die „Überweisung" einer Forderung gegen einen Drittschuldner „an Zahlungs Statt zum Nennwert"??). Wie auch immer: An die Stelle des alten Gläubigers G 1 („Altgläubiger") tritt der neue Gläubiger G 2 („Neugläubiger"). Eine durch ein **Wertpapier verbriefte** Forderung wird durch Übereignung des Wertpapiers übertragen **(sub I)**.

- **Schuldnerwechsel durch Schuldübertragung:** Durch eine **„Schuldübernahme"**, die nur durch Vertrag erfolgen kann, tritt an die Stelle des Schuldners S 1 („Altschuldner") der S 2 („Neuschuldner"). Dazu finden Sie Ausführungen **sub II**.

- **Gläubiger und/oder Schuldnerwechsel durch Vertragsübernahme:** Weiterhin gibt es die Möglichkeiten, dass durch Vertrag oder durch Gesetz die Partner eines Vertrages (die Gläubiger und Schuldner sein können) wechseln, so dass an die Stelle des alten Vertragspartners V 1 der neue Vertragspartner V 2 tritt (**„Vertragsübernahme"**), die auch **sub II** angesprochen wird.

Wir wollen aber schon jetzt im Auge haben, dass nach **§ 1922 BGB** das Vermögen einer Person (Erblasser) als Ganzes **von Todes wegen** auf eine andere Person (Erbe) übergehen kann. Da eine Forderung ein Vermögensgegenstand ist, gehen auch die Forderungsrechte des Erblassers auf den Erben über. Auch gehen die Verbindlichkeiten des Erblassers auf den Erben über (**§§ 1922, 1967 BGB**). Diese Themen werden eingehend bei der Gesamtrechtsnachfolge in Teil 11 behandelt.

I. Gläubigerwechsel durch Forderungsübergang

Wir unterscheiden zwischen dem **Übergang** von **Forderungen, die nicht durch ein Wertpapier verbrieft** sind, durch **Vertrag** nach §§ 398 ff. BGB **(sub 1)** und der **„cessio legis" (sub 2)**; zentrale Probleme beim Forderungsübergang sind der anschließend erörterte **Schuldnerschutz (sub 3)** und daraus resultierende **Ausgleichsansprüche (sub 4)**. Schließlich werden **besondere Formen der Zession** dargestellt **(sub 5)**. Den Forderungsübergang durch Übertragung von durch ein Wertpapier verbrieften Forderungen durch die **Übereignung** des **Wertpapiers** stellen wir zunächst zurück **(sub 6)**, weil diese rechtliche Möglichkeit für Sie als junge Juristen, vor allem, wenn Sie Anfänger sind, doch eher im Hintergrund des Interesses steht.

1. Vertraglicher Forderungsübergang („Abtretung") nach §§ 398 ff. BGB

Zur Wiederholung: Ein Gläubigerwechsel kann auf unterschiedliche Weise erfolgen.

- Der Forderungsübergang kann **durch Vertrag ("Abtretung", "Zession")** herbeigeführt werden (§§ 398 – 411 BGB). Durch den Vertrag geht eine Forderung von dem bisherigen Gläubiger (= „Alt-Gläubiger" = „Zedent") auf den neuen Gläubiger (= „Neu-Gläubiger" = „Zessionar") über.

- Der Forderungsübergang wird auch vom Gesetz (verstreut über das BGB: z.B. in §§ 426 Abs. 2, 774 BGB etc. oder in Sondergesetzen: z.B. in § 67 VVG, § 116 SGB X) als Rechtsfolge angeordnet. Für diesen gesetzlichen Forderungsübergang, die **„cessio legis"** also, erklärt das Gesetz in § 412 BGB den Großteil der für die vertragliche Übertragung von Forderungen geltenden Vorschriften für entsprechend anwendbar: §§ 399 – 404 BGB und §§ 406 – 410 BGB.

- Die dritte Möglichkeit eines Gläubigerwechsels finden Sie im Zwangsvollstreckungsrecht: Es ist die (im Vergleich zur üblichen „Überweisung" der gepfändeten Forderung „zur Einziehung") äußerst seltene **„Überweisung"** der gepfändeten Forderung **„an Zahlungs Statt zum Nennwert"** nach §§ 828 ff., 835 Abs. 1 ZPO; einiges hierzu haben Sie in Teil 3 dieses Buches schon erfahren.

Wir befassen uns **im Folgenden** zunächst **(sub 1)** nur mit der **Forderungsabtretung durch Vertrag** („Abtretung", „Zession"), und zwar zunächst mit ihren Voraussetzungen **(sub a)** und dann mit den Folgen **(sub b)**. Was die **Terminologie** angeht, so werden wir sowohl den Begriff „Abtretung" als auch den Begriff „Zession" verwenden.

> Verschaffen Sie sich zunächst einen **Normüberblick** über die §§ 398 ff. BGB:
>
> - in **§ 398 BGB** finden sich die Voraussetzungen für den Forderungsübergang durch Vertrag („Abtretung", „Zession");
>
> - in **§§ 399, 400 BGB** dem Schutz des Schuldners dienende, eine Zession ausschließende Regelungen;
>
> - in **§ 401 BGB** wird das Schicksal akzessorischer Nebenrechte in einer den Interessen des Zessionars dienenden Weise geregelt;
>
> - in **§§ 402, 403 BGB** regelt das Gesetz Nebenpflichten des Zedenten;
>
> - in den **§§ 404, 406 – 411 BGB** finden Sie Vorschriften, die den Schuldner vor den Folgen einer wirksamen Zession schützen sollen;
>
> - und in **§ 405 BGB** werden Einschränkungen des Schuldnerschutzes zugunsten eines Schutzes des Zessionars angeordnet und dadurch u.a. die Möglichkeit eines gutgläubigen Forderungserwerbs geschaffen.
>
> - **§ 412 BGB** ist eine Verweisungsnorm, die bei einer „cessio legis" die §§ 399 – 404 BGB und die §§ 406 – 410 BGB anwendbar macht.
>
> - Der **§ 413 BGB** hat mit dem Zessionsrecht eigentlich nichts zu tun. Diese Regelung ermöglicht für die seltenen Fälle, in denen das Gesetz die Übertragung von Rechten (anders als z.B. in §§ 929 ff. BGB für bewegliche Sachen oder §§ 873, 925 BGB für das Eigentum an Grundstücken) nicht geregelt hat, eine Übertragung, indem es die Vorschriften der §§ 398 ff. BGB für entsprechend anwendbar erklärt. Bedeutung hat diese

> Regelung beispielsweise für die Übertragung eines Nutzungsrechts an einem Urheberrecht oder an einem gewerblichen Schutzrecht.

a) Die rechtsgeschäftliche Übertragung von Forderungen („Abtretung", „Zession")

Die Abtretung erfolgt durch einen Vertrag zwischen Zedent und Zessionar (§ 398 S. 1 BGB). Mit dem Abschluss des Vertrages tritt der neue Gläubiger an die Stelle des alten Gläubigers (§ 398 S. 2 BGB). Um jedem Missverständnis vorzubeugen: Es geht nur die Forderung über! Handelt es sich also bei der abgetretenen Forderung um eine Forderung des Zedenten als Käufer gegen den Schuldner als Verkäufer aus einem Kaufvertrag, also um die Abtretung des Anspruchs aus § 433 Abs. 1 S. 1 BGB, kommt es nicht etwa zu einer Auswechselung der Kaufvertragspartner dahingehend, dass der Zessionar der Käufer wird. Der Zedent bleibt dann natürlich als Käufer Vertragspartei und der Vertragspartner des Verkäufers als Schuldner aus dem Kaufvertrag.

Lassen Sie sich nicht durch die Einordnung der gesetzlichen Regelung der Zession in das Allgemeine Schuldrecht verwirren: Es handelt sich bei der Zession nicht um ein schuldrechtlich verpflichtendes Geschäft, sondern um ein Verfügungsgeschäft, dem ein schuldrechtlich verpflichtendes Geschäft (z.B. ein Forderungskaufvertrag nach §§ 433, 453 BGB, ein Factoringvertrag, ein Sicherungsvertrag) zugrunde liegen mag. Es gilt dann das „Trennungsprinzip" und auch das „Abstraktionsprinzip". Theoretisch gibt es sogar eine von jeglichem Grundgeschäft freie Abtretung.

Bevor wir uns jetzt „en detail" mit der Zession befassen, erhalten Sie vorab ein „Rohprüfungsschema" des Forderungsübergangs infolge einer Zession:

---

1. Vertrag über den Forderungsübergang (398 S. 1 BGB)

- wirksame **Einigung** nach den §§ 145 ff. BGB zwischen Zessionar und Zedenten
- **kein Formzwang**, ganz wichtige Ausnahme: bei Hypothekenforderungen (§ 1154 BGB)
- **Bestimmtheit der Forderung** nach Inhalt, Schuldner und Schuldgrund

2. Berechtigung des Zedenten

3. Kein Abtretungsausschluss nach §§ 399, 400 BGB

---

aa) Abtretungsvertrag

(1) Regelfall: Abtretung einer entstandenen Forderung

Der Zedent und der Zessionar müssen nach §§ 145 ff. BGB einen wirksamen **Vertrag** des Inhalts schließen, dass das Forderungsrecht des Zedenten auf den Zessionar übergehen soll (§ 398 S. 1 BGB: „Eine Forderung kann von dem Gläubiger durch Vertrag mit einem anderen auf diesen übertragen werden").

Der Vertrag ist **grundsätzlich nicht formbedürftig**, und zwar auch dann nicht, wenn die abgetretene Forderung durch ein formbedürftiges Geschäft entstanden ist (z.B. im Falle des § 311 b Abs. 1 BGB) oder wenn das der Zession zugrunde liegende Rechtsgeschäft selbst formbedürftig ist. Eine wichtige Ausnahme von der Formfreiheit besteht jedoch bekanntlich bei einer hypothekarisch gesicherten Forderung (§ 1154 BGB).

Wie bei jeder Verfügung muss bei der Zession das **Bestimmtheitsprinzip** gewahrt sein, denn die Veränderung einer Zuordnung muss für jedermann erkennbar sein. Danach muss klar sein, auf welche Forderung sich der Abtretungsvertrag bezieht, also welchen Inhalt (z.B. bei Geldforderungen: Höhe), welchen Schuldner und welchen Schuldgrund die Forderung hat. Wenn eine Forderung bereits entstanden ist, sie aber bedingt oder betagt ist (§§ 158, 163 BGB), ist sie ausreichend bestimmt. Auch bei einer „Globalzession" („globale" Abtretung einer bestimmten Gruppe von Forderungen) ist das Bestimmtheitsprinzip gewahrt, wenn diese Forderungen entstanden sind und sie durch eine Auslegung der Beschreibung des Umfangs der Zession bestimmt werden können.

An der Zession ist der **Schuldner nicht beteiligt**. Er muss nicht einmal informiert werden (sog. **„stille Zession"**); die Tatsache einer Zession kann dem Schuldner sogar bei der Geltendmachung der Forderung unbekannt bleiben, wenn der Zedent vom Zessionar dazu (rück-) „ermächtigt" wird, die Forderung einzuziehen (dazu später mehr); dann tritt dem Schuldner gegenüber nämlich der „vertraute" Zedent wie ein Gläubiger auf. Dem sich hieraus ergebenden Bedürfnis nach einem Schutz des Schuldners bei Veränderungen auf der Gläubigerebene trägt das Gesetz durch spezielle Schuldnerschutzvorschriften Rechnung (§§ 404 ff. BGB), auf die wir noch gründlich eingehen werden.

Die **verfügende Wirkung** des Vertrages folgt aus § 398 S. 2 BGB: „Mit dem Abschluss des Vertrages tritt der neue Gläubiger an die Stelle des bisherigen Gläubigers".

(2) Besonderheiten einer „Vorauszession"

Auch künftige Forderungen können abgetreten werden (**„Vorauszession"**). Aber so einfach, wie dies klingt und (oft auch so „daher"-)gesagt wird, ist eine solche Verfügung nicht.

Hier geht es nicht um die unproblematischen Fälle der Abtretung bedingter oder betagter, aber jedenfalls bereits entstandener Forderungen (§§ 158, 163 BGB), sondern um die Abtretung von Forderungen aus Rechtsverhältnissen, die ihrerseits erst noch entstehen müssen. Den zuvor aufgeführten Erfordernissen für die „Bestimmtheit" kann eine solche Abtretung nicht genügen. Die Frage ist daher, ob eine Vorauszession deshalb an der Unerfüllbarkeit des Bestimmtheitserfordernisses scheitern soll.

Zur Beantwortung dieser Frage muss man sich zunächst verdeutlichen, dass die Abtretbarkeit künftiger Forderungen nicht vom Gesetz vorgesehen ist. Wenn die Abtretung künftiger Forderungen gleichwohl von der Rechtspraxis und Rechtswissenschaft zugelassen wird, handelt es sich bei dieser Entscheidung letztlich um eine rechtspolitische „Wollensentscheidung", die darauf zurückzuführen ist, dass die Bedürfnisse der Kreditsicherung nach einem Sicherungsmittel verlangen, bei dem die künftige Forderung das Sicherungsobjekt ist. Unverblümt gesagt: Die Rechtsdogmatik hat sich den **Bedürfnissen der Kreditwirtschaft** angepasst und

- sogar einen recht eleganten Weg zur Begründung der **Zulässigkeit** einer Vorauszession „**a maiore ad minus**" dem § 185 Abs. 2 S. 1 2. **Fall BGB** entnommen: Hiernach wird die Verfügung eines Nichtberechtigten wirksam, wenn der Nichtberechtigte den Gegenstand, über den er verfügt hat, später erwirbt. Daraus kann man schließen, dass es erst recht möglich sein muss, über eine noch nicht existente, erst zukünftig in der Person des Verfügenden entstehende Forderung zu verfügen.

- Die weitere Frage ist, **wie** man bei der Abtretung **künftiger Forderungen** dem **Bestimmtheitserfordernis** Genüge tun kann. Man hat sich inzwischen darauf geeinigt, für die Wirksamkeit einer Vorauszession zunächst ausreichend sein zu lassen, dass sie nach Rechtsgrund, Schuldner und Höhe hinreichend genau bestimmt („bestimmbar") ist: Die Bestimmbarkeit ist z.B. gegeben bei einer „Abtretung aller aus der Veräußerung der gelieferten Ware (….Art und Menge…..) entstehenden Forderungen". Nicht hingegen reicht aus z.B. die Abtretung „aller Ansprüche auf Geldzahlung bis zu einer Höhe von € 1 000 000,-". Wenn eine Globalzession einen ständig wechselnden Bestand gegenwärtiger und künftiger Forderungen bis zu einer bestimmten Höhe betrifft, hängt die Bestimmbarkeit davon ab, ob bestimmbar ist, welche künftigen Forderungen übergehen sollen. Was das Erfordernis der **Bestimmtheit** bei einer Vorausabtretung angeht, wird allgemein angenommen, dass es ausreicht, wenn die Forderung spätestens bei ihrer Entstehung für einen objektiven Dritten zu individualisieren ist.

Was die **verfügende Wirkung** einer Vorauszession (Gläubigerwechsel) angeht (§ 398 S. 2 BGB), so tritt diese natürlich noch nicht – wie es dort heißt – „mit dem Abschluss des Vertrages" ein. Vielmehr „tritt der „neue Gläubiger" erst **mit der Entstehung der vorausabgetretenen Forderung** „an die Stelle des bisherigen Gläubigers". Hier stellt sich nun die spannende Frage nach dem Erwerbsweg, auf die es theoretisch zwei Antworten gibt: **Direkterwerb** des Zessionars oder Erwerb erst nach einem **Durchgangserwerb** beim Zedenten für eine „**logische Sekunde**"? Für einen Durchgangserwerb könnten die Interessen der Gläubiger des Zedenten und der Wortlaut des § 398 S. 2 BGB sprechen: „tritt der „neue Gläubiger an die Stelle des bisherigen Gläubigers". Dagegen sind die Interessen des Zessionars auf einen Direkterwerb gerichtet, denn bei einer zwischenzeitlichen Insolvenz des Zedenten würde die Forderung bei einem Durchgangserwerb in die Masse fallen (§ 35 InsO). Aus der Sicht des Schuldners ist es dagegen gleichgültig, ob man einen Durchgangserwerb oder einen Direkterwerb annimmt; das zeigt sich vor allem bei der – später zu erörternden – Frage des Schuldnerschutzes bei einer Leistung des Schuldners an den (Voraus-) Zedenten: Der Schuldnerschutz ist nach beiden Lehren gewährleistet.

(3) Vorwirkung (§ 392 Abs. 2 HGB)

Längst bekannt ist Ihnen die beim Kommissionsgeschäft bestehende Problematik einer Einzelzwangsvollstreckung eines Gläubigers des Kommissionärs in das vom

Kommissionär mit Mitteln des Kommittenten (bei der Einkaufskommission) erworbene Kommissionsgut bzw. (bei der Verkaufskommission) in die ihm zustehende Forderung gegen den Dritten oder die sich im Fall einer Eröffnung des Insolvenzverfahrens über das Vermögen des Kommissionärs ergebende entsprechende Problematik: Der Kommissionär ist Eigentümer des erworbenen Kommissionsgutes bzw. Gläubiger der Forderung aus dem Ausführungsgeschäft; und der Kommittent kann daher nicht erfolgreich aus § 771 ZPO klagen oder nach § 47 InsO aussondern, obwohl das Kommissionsgut und die Forderung mit Mitteln des Kommittenten erlangt worden sind.

Der mithin weitgehend schutzlose Kommittent ist auf einen möglichst raschen Rechtserwerb angewiesen. Insoweit hat man einen praktischen Ausweg aus dem Dilemma gefunden: Eine ante- bzw. antizipierte Übereignung des Kommissionsgutes bzw. eine Vorausabtretung von Forderungen des Kommissionärs können ihm dabei helfen.

Bei einem gewerbsmäßigen Kommissionär hat das Gesetz darüber hinausgehend mit § 392 Abs. 2 HGB eine Art „Vorwirkung" zum Schutze des Kommittenten geschaffen: Eine Forderung des Kommissionärs gegen den Dritten aus dem Ausführungsgeschäft steht auch ohne vorherige Zession im Verhältnis zwischen dem Kommittenten und dem Kommissionär und dessen Gläubigern dem Kommittenten zu, so dass dieser in der Einzelzwangsvollstreckung eines Gläubigers des Kommissionärs durch § 771 ZPO bzw. in der Insolvenz des Kommissionärs durch § 47 InsO geschützt ist (**§ 392 Abs. 2 HGB**).

Fall 913: Der von dem Kommittenten K'tent beauftragte gewerbsmäßig handelnde Verkaufskommissionär K'är hat Ware im eigenen Namen und für Rechnung des K'tent an den D verkauft. Ihm steht eine Kaufpreisforderung gegen den D zu. Der K'tent verlangt Zahlung von dem D.

Der Anspruch aus § 433 Abs. 2 BGB steht dem K'tent erst nach einer Abtretung seitens des K'är zu (§ 392 Abs. 1 HGB).

Variante: Am nächsten Tag wird über das Vermögen des K'är das Insolvenzverfahren eröffnet. Der K'tent will die Kaufpreisforderung aussondern.

Der Anspruch des K'är gegen den D auf Zahlung des Kaufpreises steht bereits vor der Abtretung an den K'tent diesem zu (§ 392 Abs. 2 HGB), so dass dieser aussondern kann (§ 47 InsO).

bb) Berechtigung des Zedenten, Möglichkeiten des gutgläubigen Erwerbs

Die für eine wirksame Zession grundsätzlich vorauszusetzende **Berechtigung des Zedenten** setzt zweierlei voraus, nämlich dass die Forderung überhaupt besteht und ferner dass sie dem Zedenten zusteht; im Falle einer Vorausabtretung einer künftigen Forderungen muss der Zedent Inhaber der Forderung werden. Es gibt **grundsätzlich keinen gutgläubigen Erwerb von Forderungen**. Der rechtspolitische Grund dafür ist, dass es bei Forderungen regelmäßig an einem den Zedenten als Gläubiger legitimierenden Rechtsschein, d.h. an einem nach außen sichtbaren Anhalt für das Bestehen der Forderung und der Gläubigerstellung des Zedenten fehlt. Und Sie wissen ja:

Das BGB gewährt keinen Gutglaubensschutz ohne zugrunde liegenden Rechtsscheintatbestand. Aber: „Grundsätzlich" heißt (**übrigens**: Sie erkennen Nichtjuristen sehr leicht an ihrem Fehlverständnis für das Wort „grundsätzlich", das vom „Laien" i.d.R. als Verstärkung, nicht aber als Kennzeichnung eines „Regel-Ausnahme-Verhältnisses" verwendet wird), dass es offenbar auch **Ausnahmen** gibt.

- In der Tat enthält **§ 405 BGB** eine (allerdings praktisch unbedeutende) Ausnahme: Wenn jemand eine Urkunde über eine Schuld aus einem von ihm nur zum Schein eingegangenen Schuldverhältnis ausgestellt hat und wenn diese Forderung unter Vorlegung der Urkunde abgetreten wird, so wird der gutgläubige Zessionar in seinem Vertrauen auf den hierdurch gesetzten Rechtsschein geschützt, und er erwirbt die nicht bestehende Forderung gegen den „Scheinschuldner".

- Wenn ein durch einen Erbschein als Erbe ausgewiesener „Scheinerbe" eine zum Nachlass gehörende als solche existierende Forderung abtritt, so erwirbt der gutgläubige Erwerber die dem wirklichen Erben, nicht aber dem Zedenten zustehende Forderung (**§ 2366 BGB**).

Fall 914: Der durch einen Erbschein als Erbe ausgewiesene Scheinerbe SchE tritt eine dem Erblasser E gegen den S zustehende Darlehensforderung an den hinsichtlich des Erbrechts des SchE gutgläubigen Z'ar ab. Der wahre Erbe wE verlangt von S Zahlung (nach Kropholler).

Der Anspruch könnte sich aus § 488 Abs. 1 S. 2 BGB ergeben. Der wE ist zwar mit dem Tode des E Gläubiger der Forderung geworden (§ 1922 BGB). Durch die Zession des SchE an den Z'ar hat jedoch der hinsichtlich des Erbrechts des SchE gutgläubige Z'ar die Forderung nach §§ 398, 2366 BGB erworben.

Variante: Der durch einen Erbschein als Erbe des E ausgewiesene SchE tritt eine Darlehensforderung des E gegen den S an den gutgläubigen Z'ar ab. Der S hatte jedoch bereits an den E gezahlt. Der gutgläubige Z'ar verlangt nunmehr Zahlung von S (nach Kropholler).

Da der Z'ar die Forderung auch nicht von dem wE hätte erwerben können, kann er sie (erst recht) nicht von SchE erworben haben.

- Bei einer durch ein **Wertpapier** verbrieften Forderung ist es möglich, eine nicht bestehende oder eine zwar bestehende, aber nicht dem Veräußerer zustehende Forderung gutgläubig zu erwerben (dazu später mehr).
- Die Regelung der §§ 1138, 892 BGB bedeutet bekanntlich **keine Ausnahme** vom Grundsatz, dass ein gutgläubiger Forderungserwerb ausgeschlossen ist. Zwar scheint der Wortlaut der §§ 1138, 892 BGB auf einen gutgläubigen Forderungserwerb hinzudeuten. Sie wissen es aber inzwischen längst besser: §§ 1138, 892 BGB führen nicht zum gutgläubigen Erwerb der Forderung, sondern fingieren einen gutgläubigen Erwerb der Forderung nur zum Zwecke der Ermöglichung des gutgläubigen Erwerbes einer (dann im Ergebnis „forderungsentkleideten") Hypothek. Genau genommen ist die Regelung der §§ 1138, 892 BGB ein Beleg dafür, dass es keinen gutgläubigen Forderungserwerb gibt; denn gäbe es ihn, wäre die Regelung überflüssig.

> In der Eile der Klausur können Sie beim Vorliegen des Regelfalles ganz einfach mit einem Hinweis auf das „Fehlen einer den §§ 932 ff. BGB oder § 892 BGB entsprechenden Regelung eines gutgläubigen Erwerbes von Forderungen" oder noch besser mit einem „Umkehrschluss aus § 405 BGB" oder gar mit einem Hinweis auf die „sonst überflüssigen §§ 1138, 892 BGB" begründen, dass und warum es keinen gutgläubigen Erwerb von Forderungen gibt.

cc) Übertragbarkeit der Forderung

Im Grundsatz sind alle Forderungen uneingeschränkt übertragbar. Der Schuldner hat die mit dem Gläubigerwechsel einhergehenden Erschwernisse hinzunehmen.

Eine Zession kann jedoch **ausnahmsweise unwirksam** sein wegen des **Inhalts** der abgetretenen Forderung, aus Gründen des **sozialen Schutzes** des Zedenten, mit Rücksicht auf eine die Abtretung ausschließende **Vereinbarung** des Zedenten mit dem Schuldner oder wegen der **Rechtsnatur** der abgetretenen Forderung.

- Nach **§ 399 1. Fall BGB** sind Forderungen, deren Inhalt sich bei einer Leistung an einen anderen als den ursprünglichen Gläubiger ändern würde, nicht übertragbar. Die Regelung des § 399 1. Fall BGB entspricht einem allgemeinen Grundsatz, der auch hinter den spezielleren Regelungen der §§ 613 S. 2, 664 Abs. 2 und 717 BGB steht. Unter § 399 1. Fall BGB fallen zum einen höchstpersönliche Ansprüche, bei denen eine so enge Bindung der Forderung an die Person des Schuldners vorliegt, dass eine Leistung an einen anderen Gläubiger eine Inhaltsänderung bedeuten würde. Dies gilt für familienrechtliche Ansprüche, aber auch für Ansprüche eines Arbeitnehmers auf Urlaub, für Ansprüche eines Darlehensnehmers auf Auszahlung eines Darlehens sowie für Ansprüche aus einem Vorvertrag auf Abschluss eines Hauptvertrages. Zum anderen sind nach dieser Vorschrift auch unselbständige Ansprüche nicht gesondert übertragbar, also Ansprüche aus akzessorischen Nebenrechten (z.B. aus einer Bürgschaft, aus einem Pfandrecht und einer Hypothek) sowie unselbständige Hilfsansprüche (z.B. auf Quittungserteilung). Diese Rechte gehen vielmehr nach § 401 BGB mit der Forderung über. Eine interessante Ausnahme gibt es bei der Abtretung eines Anspruchs auf Befreiung von einer Schuld (z.B. aus § 257 BGB) an den Gläubiger derjenigen Forderung, von der Freistellung verlangt werden kann. Eine solche Abtretung ist wirksam, auch wenn sich der Befreiungsanspruch dann in einen Zahlungsanspruch des Gläubigers verwandelt, weil diese Inhaltsänderung zu keinem Nachteil des Schuldners führt, da der Leistungsinhalt unverändert bleibt.

Fall 915: Der Auftraggeber AG schließt mit dem Auftragnehmer AN einen Vertrag des Inhalts, dass der AN für ihn bei V ein Buch kauft, ohne dafür ein Entgelt zu erhalten. Der AN kauft das Buch. Er tritt seinen Anspruch gegen den AG auf Befreiung von seiner gegenüber dem V eingegangenen Verbindlichkeit an den V ab. Der V verlangt nunmehr aus abgetretenem Recht von AG Zahlung des Kaufpreises.

a) Ein Anspruch des V gegen den AG könnte sich aus § 433 Abs. 2 BGB ergeben. Weil der AN jedoch in eigenem Namen gehandelt hat und damit kein Vertrag zwischen dem V und dem AG zustande gekommen ist, hat der V gegen den AG keinen Anspruch aus § 433 Abs. 2 BGB. b) Der Anspruch könnte sich jedoch aus abgetretenem Recht ergeben (§§ 662, 670, 257,

398 BGB). aa) Der AN hat gegen den AG einen Anspruch aus §§ 662, 670, 257 BGB auf Befreiung von seiner gegenüber dem V bestehenden Verbindlichkeit aus § 433 Abs. 2 BGB. bb) Diesen Anspruch hat der AN nach § 398 BGB an den V abgetreten. Die Abtretung könnte nach § 399 1. Fall BGB unwirksam sein, weil ein Befreiungsanspruch durch die Abtretung an den V als Gläubiger der Forderung, von dem der Zedent AN Befreiung verlangen kann, in einen Zahlungsanspruch des Zessionars V gegen den AG umgewandelt wird. Der AG als Schuldner des Befreiungsanspruchs erleidet dadurch jedoch keinen Nachteil, da er auch dem AN gegenüber verpflichtet war, zum Zwecke der Befreiung an V zu zahlen. Somit liegt kein Abtretungsausschluss nach § 399 1. Fall BGB vor, und der V kann von dem AG Zahlung des Kaufpreises verlangen.

- Nach **§ 400 BGB** kann eine Forderung nicht abgetreten werden, soweit sie der Pfändung nicht unterworfen ist. Um den Sinn und Zweck dieser Vorschrift zu verstehen, muss man sich klar machen, dass das Gesetz durch die Beschränkung der Pfändung von Arbeitseinkommen in § 850 ZPO dem Vollstreckungsschuldner das Existenzminimum sichern will und ihm zugleich (insoweit auch im Interesse des Gläubigers) einen Anreiz zum Gelderwerb durch Arbeit bieten will. Dieser Schutzmechanismus funktioniert aber nur dann, wenn der zu Schützende auch „vor sich selbst" und vor dem Drängen seiner Gläubiger, ihnen den unpfändbaren Anteil seines Arbeitseinkommens abzutreten, in Schutz genommen wird. Dies wird mittels des § 400 BGB erreicht. Nach Sinn und Zweck der Regelung besteht allerdings dann kein Abtretungsverbot, wenn der Zedent für die abgetretene Forderung eine wirtschaftlich gleichwertige Gegenleistung erhält.

- Nach **§ 399 2. Fall BGB** kann auch ein vertraglicher Ausschluss der Abtretbarkeit zwischen Gläubiger und Schuldner (**„pactum de non cedendo"**) vereinbart werden. Diese Vorschrift hat den **Sinn und Zweck**, es dem Schuldner zu ermöglichen, einen ihm möglicherweise nachteiligen Gläubigerwechsel (an die Stelle des persönlich ausgesuchten rücksichtsvollen Gläubigers tritt ein den Schuldner bedrängendes „Ekel" oder an die Stelle eines wirtschaftlich neutralen Gläubigers tritt ein Gläubiger, der ein wirtschaftlicher Konkurrent des Schuldners ist) von vornherein durch ein „pactum de non cedendo" zu verhindern. Aber zu einem Vertragsschluss („pactum") gehören bekanntlich immer zwei Personen, und in der Regel wird sich der Gläubiger nicht auf eine die Verkehrsfähigkeit der Forderung beschränkende Vereinbarung einlassen wollen. Was die **Wirkung** angeht, so ist eine entgegen einem „pactum de non cedendo" vorgenommene Zession nichtig. Damit ist § 399 2. Fall BGB eine Ausnahme zu der Vorschrift des § 137 BGB, nach der nämlich ein rechtsgeschäftliches Verfügungsverbot lediglich eine schuldrechtliche Wirkung entfaltet. Die Unwirksamkeit einer gegen ein „pactum de non cedendo" verstoßenden Zession ist nicht endgültig; der geschützte Schuldner kann der Abtretung zustimmen, wodurch sie wirksam wird, wobei Streit darüber besteht, ob dies mit ex – nunc – Wirkung oder mit ex – tunc – Wirkung erfolgt. Ein solches **Abtretungsverbot** kann auch **unwirksam** sein. Es ist allerdings nicht bereits deshalb sittenwidrig und nach **§ 138 Abs. 1 BGB** nichtig, weil es dem Gläubiger die Möglichkeit nimmt, die Forderung als Sicherungsgrundlage zu verwenden, denn wie Sie aus den vorherigen Ausführungen wissen, kann der Schuldner durchaus ein berechtigtes Interesse daran haben, sich nur mit dem Ursprungsgläubiger auseinanderzusetzen. Eine in diesem Zusammenhang zu sehende **Unterausnahme** zu § 399 2. Fall BGB ist **§ 354 a S. 1 HGB**, wonach bei einer Zession der Geldforderung, die aus einem beiderseitigen Handelsgeschäft herrührt, die Abtretung trotz eines „pactum de non cedendo" wirksam ist, der Schuldner aber befreiend an den bisherigen Gläubiger leisten kann (**§ 354 a S. 2 HGB**). Wenn der Schuldner eine Urkunde über eine Schuld ausgestellt hat und sich aus dieser Schuldurkunde ein etwa vereinbartes „pactum de non cedendo" nicht ergibt, und wenn diese Forderung unter Vorlegung der Urkunde abgetreten wird, so wird der gutgläubige Zessionar in seinem Vertrauen auf das Nichtbestehen eines „pactum de non cedendo" geschützt, und er erwirbt entgegen § 399 2. Fall BGB die Forderung (§ 405 BGB).

- Aus der Rechtsnatur des Anspruchs ergibt sich, dass **dingliche Ansprüche** unabtretbar sind; das soll insbesondere für die Zession eines Anspruchs aus **§ 985 BGB** gelten, die nur in Verbindung mit einer Übereignung nach § 931 BGB vorstellbar sein soll; ansonsten ist sie in eine Ermächtigung zur Geltendmachung des Anspruchs aus § 985 BGB umzudeuten.

b) Rechtsfolgen der Abtretung

aa) Übergang der Forderung

Die „verfügende Wirkung" der Zession kennen Sie bereits: Die primäre Folge der Abtretung ist der Übergang der Forderung auf den neuen Gläubiger gem. § 398 S. 2 BGB in der Gestalt, in der sie beim Zedenten bestand, d.h. mit allen akzessorischen Nebenrechten (§ 401 BGB) und mit allen gegen die Forderung bestehenden Einwendungen und Einreden (§ 404 BGB). Bei einer Vorauszession tritt dieser Effekt erst mit der Entstehung der Forderung ein, wobei fraglich ist, ob ein **Direkterwerb** des Zessionars oder ein durch das Vermögen des Vorauszedenten hindurchgehender **Durchgangserwerb** stattfindet. Bei Forderungen aus Verträgen ändert sich nichts an der Stellung des Zedenten als Vertragspartner: Er bleibt Vertragspartner des Schuldners und daher z.B. empfangszuständig für eventuelle Gestaltungserklärungen (vergl. § 143 BGB).

bb) Übergang von „Nebenrechten"

Nach **§ 401 Abs. 1 BGB** gehen mit der abgetretenen Forderung auch die „**Nebenrechte" auf den Zessionar** über. Neben den im Gesetz genannten akzessorischen Sicherungsrechten wie Hypothek, Schiffshypothek, Pfandrecht und Bürgschaft wird die Vorschrift analog auf andere akzessorische Sicherheiten angewendet wie z.B. auf die Vormerkung. Wegen der Bürgschaftsähnlichkeit des Schuldbeitritts wird auch die Berechtigung des Zedenten aus einem Schuldbeitritt von § 401 BGB erfasst. Allerdings ist § 401 BGB kein zwingendes Recht, sondern eine abdingbare Vorschrift, so dass es durchaus auch einmal eine isolierte Abtretung einer Forderung geben kann. Sie wissen längst, dass es von der Abdingbarkeit des § 401 BGB eine wichtige Ausnahme gibt: Bei der Abtretung einer hypothekarisch gesicherten Forderung ist das „Mitlaufgebot" zwingend vorgeschrieben (§ 1153 Abs. 2 BGB!).

Auf unterschiedliche Weise kann es zu einer **isolierten Abtretung der Hauptforderung** kommen: Entweder können, da § 401 BGB kein zwingendes Recht ist, der

Gläubiger und der Bürge durch ein zwischen ihnen getroffenes „pactum de non cedendo" vereinbaren (§ 399 2. Fall BGB), dass im Fall der Zession der gesicherten Hauptforderung des Gläubigers (Zedent) gegen den Schuldner die gegen den Bürgen bestehende Forderung nicht infolge der Abtretung auf den neuen Gläubiger (Zessionar) übergehen soll, sondern beim Gläubiger (Zedenten) verbleibt. Oder es können der Gläubiger der Hauptforderung (Zedent) und der Zessionar in Abweichung von § 401 BGB vereinbaren, dass nur die gesicherte Hauptforderung („isoliert"), nicht aber die Rechte aus der Bürgschaft auf den Zessionar übergehen soll. Wie auch immer: Der Zessionar würde nur die gesicherte Hauptforderung erwerben. Es stellt sich dann aber die Frage, was aus der Bürgschaft wird, wenn zwar die Hauptforderung abgetreten wird, aber die Rechte aus der Bürgschaft nicht auf den neuen Gläubiger übergehen.

Fall 916: Der G 1 hat eine Darlehensforderung gegen den S, die durch eine selbstschuldnerische Bürgschaft des Bü gesichert ist. Der G 1 verkauft die Forderung an den G 2 und vereinbart im Kaufvertrag, dass er für die Bonität der Forderung einsteht. Zum Zwecke der Erfüllung des Kaufvertrages tritt er sie dann an den G 2 ab. Der Übergang der Rechte aus der Bürgschaft war durch Vertrag zwischen G 1 und dem Bü ausgeschlossen. Als der S bei Fälligkeit nicht zahlt, verlangt der G 1 von dem Bü Zahlung an den G 2. Der Bü zahlt an den G 2 und nimmt seinerseits den S in Anspruch.

Der Anspruch des Bü gegen den S könnte sich aus §§ 774 Abs. 1, 488 Abs. 1 S. 2 BGB ergeben. Dann müsste der Bü Bürge geblieben sein und als solcher den Gläubiger befriedigt haben. Voraussetzung dafür ist, dass die Verpflichtung aus dem Bürgschaftsvertrag trotz der Unabtretbarkeit der Bürgschaftsverpflichtung noch bestand. a) Wenn man annimmt, dass die Bürgschaftsforderung nach § 1250 Abs. 2 BGB analog erloschen ist (BGH), dann bestünde der Anspruch nicht. b) Man kann aber auch annehmen, dass es ein praktisches Bedürfnis für das Fortbestehen der Bürgschaftsverpflichtung gibt und dass aus dem Akzessorietätsprinzip kein automatisches „Identitätserfordernis" abzuleiten sei (argec. § 1153 BGB); so gesehen muss man von einem Fortbestehen der Bürgschaftsverpflichtung des Bü ausgehen. Der Bü hätte daher einen Regressanspruch gegen den S, wenn er auf Verlangen des G 1 an den G 2 leistet.

Umgekehrt stellt sich die Frage, ob der **Gläubiger seine Forderung gegen einen Bürgen „isoliert" abtreten** kann, oder ob das im Widerspruch zum Akzessorietätsprinzip steht.

Fall 917: Der Bü hat sich gegenüber dem G 1 für einen Darlehensanspruch gegen die A, B – oHG verbürgt. Die A, B – oHG wird wegen Gesellschaftsinsolvenz liquidiert. Der G 1 tritt seinen Anspruch gegen den Bü an den G 2 ab. Der G 2 nimmt den Bü in Anspruch.

a) Man könnte wegen des Wegfalls des Hauptschuldners und dem damit verbundenen Untergang der Hauptschuld einen Untergang der Bürgschaftsverpflichtung annehmen. b) Weil aber die Bürgschaftsverpflichtung gerade für den Fall der Insolvenz des Hauptschuldners begründet wurde, kann sie nicht aus diesem Grunde untergehen, sondern muss ungeachtet der dogmatischen Bedenken gegen eine isolierte Abtretbarkeit der Rechte des Gläubigers gegen einen Bürgen als selbstständiger Anspruch bestehen bleiben.

> Nicht erwähnt werden in § 401 BGB die Rechte aus einem Eigentumsvorbehalt, einer Sicherungsübereignung und einer Sicherungsabtretung. Wie sollte es auch anders sein?
>
> **1.** Der **Eigentumsvorbehalt** ist schließlich kein Verwertungssicherungsrecht.
>
> **2.** Aber auch auf die **fiduziarischen Verwertungssicherungsrechte**, bei denen der Gläubiger eine durch das Innenverhältnis gebundene treuhänderische Rechtsmacht erhält, die im Außenverhältnis allerdings uneingeschränkt ist und damit weiter reicht, als es das Innenverhältnis zulässt, wird § 401 BGB nicht analog angewendet, da der automatische Übergang der bestehenden fiduziarischen Bindung widersprechen würde.

cc) Übergang von Hilfsansprüchen

Bei der Geltendmachung der abgetretenen Forderung muss der Zedent dem Zessionar durch die Erteilung von dafür erforderlichen Auskünften und durch die Auslieferung von Beweisurkunden (§ 402 BGB), sowie durch die Zurverfügungstellung einer öffentlich beglaubigten Abtretungsurkunde (§ 403 BGB) behilflich sein. Der Sinn einer solchen Abtretungsurkunde ergibt sich aus § 410 BGB: Ein Schuldner ist nämlich zur Leistung an einen neuen Gläubiger nur dann verpflichtet, wenn ihm von dem Zessionar eine Abtretungsurkunde vorgelegt werden kann.

2. Gesetzlicher Forderungsübergang („cessio legis")

Die vorstehenden Ausführungen haben Sie darüber ins Bild gesetzt, dass und wie man eine nicht durch ein Wertpapier verbriefte Forderung übertragen kann, nämlich durch Vertrag nach § 398 BGB („Abtretung", „Zession"). Weil wir uns ja praktisch von der ersten Seite dieses Buches an darum bemüht hatten, das Zivilrecht in seiner Ganzheit zu erfassen, waren Ihnen die §§ 398 ff. BGB keinesfalls fremd. Denken Sie nur daran, dass Sie bereits in Teil 3 erste gründliche Kenntnisse zur Zession sammeln mussten, weil infolge eines Gläubigerwechsels durch Abtretung ein Anspruch erlöschen kann. Sie wissen natürlich auch schon längst, dass eine Forderung auch durch gesetzliche Anordnung übergehen kann; denken Sie nur an die Regressregelungen des § 774 BGB, über die Sie auch schon in Teil 3 informiert wurden. Daher können wir uns hier auf eine knappe Wiederholung beschränken. Eine „cessio legis" liegt vor, wenn eine Forderung beim Vorliegen bestimmter gesetzlicher Anordnungstatbestände „automatisch" auf einen Zessionar übergeht, also ohne dass zwischen dem bisherigen Gläubiger und dem neuen Gläubiger ein Abtretungsvertrag geschlossen worden ist.

Der gesetzliche Forderungsübergang dient meist dazu, demjenigen, der nur als in zweiter Linie dazu Verpflichteter einen Gläubiger befriedigt, einen Rückgriffsanspruch gegen den primär zur Leistung an den Gläubiger verpflichteten Schuldner zu verschaffen (hingewiesen sei wieder z.B. auf § 774 BGB). Die besondere Attraktion eines solchen „cessio legis" – Rückgriffs besteht darin, dass nach § 412 BGB u.a. auch der § 401 BGB anwendbar ist, so dass der Regressgläubiger auch in den Genuss der die auf ihn übergehende Forderung verstärkenden Neben- und Vorzugsrechte kommt. Sie sollten sich bei dieser Gelegenheit wieder einmal Rechenschaft darüber ablegen, ob Ihnen der Inhalt der im Folgenden referierten Vorschriften bekannt ist; wir haben sie alle bereits mehrfach angewendet, und sie sind alle von größter Wichtigkeit für die Fallbearbeitung, vom „wirklichen Leben", für das Sie ja auch lernen, ganz zu schweigen! Die wichtigsten Fälle einer „cessio legis", die Sie alle bereits kennen, sind:

- Leistung (i.d.R. Zahlung) eines **Ablösungsberechtigten** an den Gläubiger (§ 268 Abs. 3 S. 1 BGB);
- Leistung (i.d.R. Zahlung) eines **Gesamtschuldners** an den Gläubiger: Forderungsübergang soweit ein anderer Gesamtschuldner im Innenverhältnis ausgleichspflichtig ist (§ 426 Abs. 2 S. 1 BGB);
- Zahlung der Sicherer fremder Verbindlichkeiten an den Gläubiger seitens eines **Bürgen**, eines **Verpfänders** oder eines **Eigentümers eines mit einer Hypothek belasteten Grundstücks** (§§ 774 Abs. 1, 1225, 1143 Abs. 1 BGB);
- Zahlung eines **Schadensversicherers** an den Geschädigten (§ 67 Abs. 1 VVG);
- ist ein **Sozialversicherungsträger** wegen einer Schädigung durch einen Dritten zur Leistung an einen Versicherten verpflichtet, so geht dessen Forderung nach § 116 SGB X mit der Entstehung des Anspruchs auf den Sozialversicherungsträger über.

Die Rechtsfolge einer „cessio legis" ist nach § 412 BGB eine entsprechende Anwendung der §§ 399 – 404, 406 – 410 BGB. Die Rechtsfolgen einer „cessio legis" sind also weitgehend mit denen einer vertraglichen Abtretung identisch.

Der „Wert" eines „cessio legis"-Regresses liegt u.a. in §§ 412, 401 BGB, durch die die akzessorischen Nebenrechte auf den Regressgläubiger übergehen. Wie Sie ja längst wissen, ist das daraus resultierende **„klassische Problem" des § 401 BGB** die **Regresskonkurrenz** bei akzessorischen Sicherungsrechten („**Wettlauf der Sicherungsgeber**"). Das alles ist Ihnen bereits bekannt, soll aber gleichwohl noch einmal in Erinnerung gerufen werden.

Fall 918: Der G hat eine Forderung gegen den S, die durch eine Bürgschaft des B und durch eine Hypothek am Grundstück des E gesichert ist. Das Darlehen wird notleidend.

1. Variante: Der Bürge zahlt. Rechtsfolge?

Nach dem Gesetzeswortlaut geht gem. §§ 774 Abs. 1, 412, 401 BGB die Forderung des G gegen S und die diese sichernde Hypothek auf den Bürgen B über.

2. Variante: Der Eigentümer E befriedigt nach § 1142 BGB den Gläubiger G. Rechtsfolge?

Nach dem Gesetzeswortlaut geht gem. §§ 1143, 412, 401 BGB die Forderung des G gegen S und die diese sichernde Bürgschaftsforderung auf den E über.

Die Konsequenz dieser Lösungen wäre ein „Wettlauf der Sicherungsgeber" mit dem Ziel der Befriedigung des G, um so als „Gewinner des Rennens" nicht nur die Forderung des G gegen den S, sondern auch das jeweils andere Sicherungsrecht, das diesen Regressanspruch sichert, in vollem Umfang zu erlangen. Dies führt zu nicht akzeptablen Zufallsergebnissen. Es gilt daher, eine angemessene Lösung zu entwickeln:

Man kann sich dafür entscheiden, stets den Bürgen zu bevorzugen, so dass er bei einer Zahlung an den Gläubiger außer der Forderung gegen den S auch die Hypothek in voller Höhe erlangen würde. Schließlich hat er sein ganzes Vermögen als Sicherungsobjekt aufs Spiel gesetzt und nicht nur einen einzigen Vermögensgegenstand wie der E. Hierfür könnte auch die Wertung des § 776 BGB sprechen, der bei der Aufgabe von anderen akzessorischen Sicherungsrechten den Bürgen durch eine Befreiung privilegiert. Nach heute gültiger Ansicht wird jedoch eine Privilegierung des persönlichen Sicherungsgebers als unbillig verworfen, weil sie allein den dinglichen Sicherungsgeber das Insolvenzrisiko des Hauptschuldners tragen lässt. Daher wird analog § 426 Abs. 1 BGB ein Regress im Innenverhältnis befürwortet, wobei die Aufteilung (nach Köpfen oder nach Risikotragung) umstritten ist. Dazu wissen Sie bereits alles.

Bei dieser Gelegenheit soll auch noch einmal ein kleiner Rückblick auf die Sicherungsgrundschuld erfolgen. Denn die Rechtspraxis macht von dem Grundsatz, dass die Nebenrechte aus § 401 BGB akzessorische Sicherungsrechte sein müssen, eine unechte Ausnahme bei der Sicherungsgrundschuld, die ja bekanntlich kein „akzessorisches" Sicherungsrecht ist (§§ 1191, 1192 BGB): Es soll sich aus § 401 BGB analog ein Anspruch auf Übertragung der Sicherungsgrundschuld ergeben.

<u>Fall 919</u>: Der S 1 und der S 2 haben als Gesamtschuldner bei dem G einen Kredit aufgenommen. Der im Innenverhältnis allein zur Zahlung an den G verpflichtete S 1 hat dem G zur Sicherung eine Grundschuld an einem ihm gehörigen Grundstück bestellt. Weil der S 1 nicht zahlt, nimmt der G den S 2 in Anspruch mit der Folge, dass dieser die Forderung auch in voller Höhe erfüllt. Der S 2 nimmt 1. daraufhin den S 1 auf Zahlung in Anspruch und 2. will wissen, ob er Duldung der Zwangsvollstreckung von S 1 verlangen kann.

1. Der Zahlungsanspruch ergibt sich aus a) einem u.U. bestehenden vertraglichen Innenverhältnis b) oder aus Gesetz, und zwar aa) aus § 426 Abs. 1 und bb) §§ 488 Abs. 1 S. 2, 426 Abs. 2 BGB. 2. Der Duldungsanspruch a) ergibt sich zwar nicht aus §§ 1147, 1191, 412, 401 BGB. b) Wohl aber kann der S 2 von dem G Übertragung der Sicherungsgrundschuld aus § 401 BGB analog verlangen und nach erfolgter Übertragung aus § 1147 BGB gegen den S 1 vorgehen.

3. Schuldnerschutzvorschriften

Das in Fallbearbeitungen zentrale Thema des Forderungsübergangs ist der Schuldnerschutz, dessen Darstellung mit der Wiedergabe einer einfachen Einsicht beginnt: Aus der Tatsache, dass der Schuldner überhaupt nicht an dem Forderungsübergang beteiligt ist und nicht einmal davon erfahren muss, folgt,

- dass sich zum einen seine Rechtsstellung nicht durch den Forderungsübergang verschlechtern darf; er muss also alle seine Einwendungen und Einreden (kurz: alle seine „Gegenrechte") auch gegenüber dem neuen Gläubiger behalten.
- Auch darf der Schuldner durch die Zession keine Aufrechnungsmöglichkeit verlieren, denn diese ist – wie Sie ja wissen – besonders „kostbar" (Tilgungserleichterung, Sicherungswirkung, Privatvollstreckung).
- Schließlich muss man sich darüber im Klaren sein, dass der Schuldner häufig von dem Gläubigerwechsel keine Kenntnis erlangt oder dass er in einer dem Gläubiger zurechenbaren Weise irrig von einem in Wahrheit nicht erfolgten Gläubiger-

wechsel ausgeht. Wenn der Schuldner deshalb Leistungen an einen Nichtgläubiger erbracht hat oder Rechtsgeschäfte mit einem Nichtgläubiger vorgenommen hat, darf ihm dies nicht zum Nachteil gereichen.

Der Gesetzgeber trägt all dem durch Schaffung der **Schuldnerschutzvorschriften** Rechnung (§§ 404 ff. BGB).

a) Erhalt der Einreden und Einwendungen („Gegenrechte") nach § 404 BGB

aa) Zur Zeit der Abtretung „begründete" Einreden und Einwendungen („Gegenrechte")

Den Erhalt von Einwendungen und Einreden regelt **§ 404 BGB**: „Der Schuldner kann dem neuen Gläubiger die Einwendungen entgegensetzen, die zur Zeit der Abtretung der Forderung gegen den bisherigen Gläubiger begründet waren".

Beginnen wir gleich mit einer Einschränkung: Man darf den Anwendungsbereich des § 404 BGB nicht überschätzen. Was nämlich diejenigen **„Gegenrechte"** angeht, deren **Tatbestand bereits vor der Abtretung voll erfüllt** ist, so ergibt sich deren „Erhalt" für den Schuldner bereits unmittelbar aus § 398 S. 2 BGB. Denn danach tritt der neue Gläubiger an die Stelle des bisherigen Gläubigers. Somit gelten die „Einwendungen", denen zufolge die abgetretene Forderung z.B. nach §§ 134, 138 BGB nicht entstanden oder denen zufolge die Vertragsgrundlage der Forderung wegen einer erklärten Anfechtung vernichtet worden (§§ 119 – 123, 142 Abs. 1 BGB) oder durch einen erklärten Rücktritt beseitigt worden ist (§ 346 BGB) oder denen zufolge die abgetretene Forderung bereits durch Erfüllung oder Erfüllungssurrogate (§ 362 ff., 387 ff. BGB) erloschen war, „automatisch" auch dem Zessionar gegenüber, ohne dass es auf den § 404 BGB ankäme. Gleiches gilt für bereits vor der Zession erhobene und damit ihre Wirkung entfaltende „Einreden", wie z.B. die Einrede der Verjährung (§ 214 BGB) oder des Zurückbehaltungsrechts (§ 273 BGB). Der § 404 BGB enthält daher insoweit nur eine Klarstellung von Selbstverständlichkeiten.

Ein Problem ergibt sich erst, wenn die „Gegenrechte" erst nach der Abtretung entstanden sind. Für diese Konstellation ist § 404 BGB in der Tat von „konstitutiver" Bedeutung: Die Vorschrift „erhält" dem Schuldner nämlich gerade und in erster Linie solche „Gegenrechte", die zur Zeit der Abtretung noch nicht bestanden haben, sondern die lediglich dem Rechtsgrund nach bereits angelegt („begründet") waren (die in der Zedent – Schuldner – Beziehung „wurzeln" = **„Wurzeltheorie"**) und erst später entstanden sind. Um einem „klassischen", durch § 407 BGB genährten Missverständnis vorzubeugen: Für die Möglichkeit einer Berufung auf § 404 BGB kommt es (natürlich!) nicht auf eine Gutgläubigkeit des Schuldners bezüglich der Zession an.

> **1. Von § 404 BGB erfasst** sind i.w. folgende Fälle: **a)** Die Ausübung eines vertraglichen Rücktrittsrechtes nach der Abtretung, und zwar selbst dann, wenn der Rücktrittsgrund erst nach der Abtretung entstanden ist (§ 346 BGB); **b)** oder der Eintritt einer auflösenden Bedingung erst nach der Zession (§ 158 Abs. 2 BGB); **c)** weiterhin die Erklärung einer Anfechtung nach der Zession (§§ 119 ff. BGB); **d)** eine nach der Abtretung erfolgende Berufung auf die erst jetzt vollendete Verjährung (§ 214 BGB); **e)** ein erst nach der Zession entstan-

> denes Zurückbehaltungsrecht (§ 273 BGB), oder eine erst nach der Zession entstandene Einrede des nichterfüllten Vertrages (§ 320 BGB); **f)** oder ein Leistungsverweigerungsrecht z.B. aus §§ 821, 853 BGB.
>
> **2. Nicht** unter § 404 BGB fallen **a)** solche „Gegenrechte", die eine Mitwirkung des Gläubigers verlangen, wie z.B. eine Stundung oder ein Erlassvertrag (dann aber würde § 407 BGB helfen) **b)** und die **Aufrechnung** (hierfür sind die §§ 406, 407 BGB lex specialis).

Weil **§ 404 BGB kein zwingendes Recht** ist, kann der Schuldner auf den Schutz des § 404 BGB verzichten. Das wird nicht selten missbraucht, wenn sich der Zessionar, eingekleidet in eine „Abtretungsanzeige" an den Schuldner, von diesem eine (i.d.R. formularmäßig vorformulierte) Bestätigung des einredefreien Bestandes der Forderung zusagen lässt. Die Unterschrift des Schuldners hat nicht zur Folge, dass dieser auf ihm unbekannte Einwendungen verzichtet. Es gibt selbstverständlich auch **keinen „gutgläubig gegenrechtsfreien Erwerb"** des Zessionars; die einzige Ausnahme ist § 405 BGB.

Fall 920: Der V verkauft am 1. Juli 2002 an den K 30 handbemalte Service mit dem Qualitätsmerkmal „2. Wahl". Nach den getroffenen Vereinbarungen soll die Lieferungsverpflichtung erlöschen, wenn der V seinerseits nicht bis zum 1. August 2002 von der Manufaktur M entsprechend beliefert worden ist. Am 15. Juli 2002 tritt der K seinen Anspruch gegen V an D ab. Am 3. August 2002 verlangt der D Lieferung von dem V. Der V ist jedoch bis zum 1. August 2002 nicht von M beliefert worden, weil diesem die Leistung wegen eines Streiks unmöglich geworden ist.

Der D hatte einen Lieferungsanspruch gem. §§ 433 Abs. 1 S. 1, 398 BGB erworben; die zusätzliche Bestimmung ist keine aufschiebende, sondern eine auflösende Bedingung nach § 158 Abs. 2 BGB, so dass die Wirkung erst mit dem Ablauf des 1. August 2002, also nach der Abtretung eintrat. Da sie ihrem Rechtsgrund nach bereits vor der Zession angelegt war, kann der V die Einwendung des § 158 Abs. 2 2. HS BGB – es tritt der frühere Rechtszustand wieder ein – dem D nach § 404 BGB entgegenhalten.

Muss zur Entstehung einer Einwendung nach erfolgter Abtretung zunächst ein **Gestaltungsrecht** ausgeübt werden, so bleibt nach hM der ursprüngliche Gläubiger Erklärungsempfänger. Eine vom Schuldner nach der Zession gegenüber dem Zedenten erklärte **Anfechtung** wirkt, weil das zur Zeit der Abtretung mangels Anfechtungserklärung noch nicht existierende „Gegenrecht" bereits dem Rechtsgrund nach angelegt („begründet") war und sich erst später vollendet hat, gegen den Zessionar.

Fall 921: Der K kauft von Händler H ein gebrauchtes Auto. Der H sichert dem K zu, dass der Wagen einen Austauschmotor hat; in Wahrheit ist der Motor nur generalüberholt. Der H hatte insoweit der Zusicherung des Voreigentümers, von dem er das Fahrzeug übernommen hatte, geglaubt und selbst keine weiteren Nachforschungen angestellt. Der Kaufpreis ist erst in einem Monat fällig. Der H tritt die Kaufpreisforderung gleich nach Abschluss des Kaufvertrages an seinen Gläubiger G zur Sicherheit für ein ihm gewährtes Darlehen ab. Der G zeigt dem K die Abtretung an. Als der K nach Übergabe des Wagens bei einer ersten Reparatur feststellt, dass kein Austauschmotor eingebaut ist, erklärt er gegenüber dem H, dass er deshalb bei einer Inanspruchnahme durch G nicht an diesen zahlen werde, und er stellt dem H den Wagen wieder zur Verfügung. Als das Darlehen notleidend wird, verlangt der G Zahlung von dem K.

Fraglich ist, ob der G überhaupt eine Forderung gem. §§ 433 Abs. 2, 398 BGB erworben hat. Das wäre nicht der Fall, wenn diese Forderung wegen einer wirksamen rückwirkenden Anfechtung des Kaufvertrages nie entstanden ist. In Betracht kommt eine Anfechtung wegen arglistiger Täuschung nach §§ 123 Abs. 1, 142 Abs. 1 BGB: a) Die Voraussetzungen einer Anfechtung wegen arglistiger Täuschung sind gegeben: Wegen der „ins Blaue hinein" abgegebenen Erklärung hat der H den K arglistig getäuscht. b) Die Anfechtung muss erklärt worden sein: aa) Die Erklärung dem H gegenüber und die Zurverfügungstellung des Wagens ist eine Anfechtungserklärung. bb) Ist der H der richtige Anfechtungsgegner? Gem. § 143 Abs. 2 BGB ist dem Vertragspartner gegenüber anzufechten; die Zession an den G hat an dieser Rolle des H nichts geändert. c) Die Rechtsfolge besteht darin, dass nach § 142 Abs. 1 BGB die Forderung des H gegen K aus § 433 Abs. 2 BGB rückwirkend erloschen ist. d) Das kann dem G entgegengehalten werden, weil das zur Zeit der Abtretung mangels Anfechtungserklärung noch nicht existierende „Gegenrecht" bereits dem Rechtsgrund nach angelegt („begründet") war (in der Zedent – Schuldner – Beziehung „gewurzelt" hatte = „Wurzeltheorie") und sich erst später vollendet hat.

Variante: Der H ist „abgetaucht", so dass K ihm gegenüber keine Erklärung abgeben konnte. Kann der K gleichwohl die Leistung an den G verweigern?

Folgende Lösungsmöglichkeiten sind denkbar und werden auch vertreten: a) § 404 BGB ermöglicht die Anfechtung gegenüber dem Zessionar (G); b) oder: der K hat analog § 770 Abs. 1 BGB den Einwand der Anfechtbarkeit und kann diesen, weil der Grund dafür bereits vor der Zession gelegt war, nach § 404 BGB dem G entgegenhalten; c) oder: man verweist den K auf den Weg der Erklärung der Anfechtung nach §§ 123 Abs. 1, 143 Abs. 2, 132 Abs. 2 BGB i.V.m. §§ 185 ff. ZPO durch öffentliche Zustellung der Anfechtungserklärung.

bb) Besonderheiten bei der Inkassozession

Eine interessante Ausnahme von der Regel des § 404 BGB, der zufolge die „Gegenrechte" zur Zeit der Abtretung „begründet" gewesen sein müssen, ist die Fallkonstellation, bei der der Zessionar der Treuhänder des Zedenten ist (z.B. bei der „Inkassozession").

> Sie entsinnen sich vielleicht noch:
>
> Unter einer **Treuhand** versteht man eine Vollrechtsübertragung seitens des Treugebers an den Treuhänder zu einem durch das Innenverhältnis festgelegten wirtschaftlichen Zweck. Dieser kann aus der Sicht des Treuhänders entweder **„eigennützig"** sein: Bei der **Sicherungstreuhand** in Gestalt der Sicherungsübereignung oder Sicherungszession wird dem Treuhänder zur Sicherung einer Forderung des Treuhänders (= Treunehmer) gegen einen Schuldner durch den Treugeber (meist identisch mit dem Schuldner) eine bewegliche Sache übereignet („Sicherungsübereignung") oder eine Forderung gegen einen „Dritt"-Schuldner abgetreten („Sicherungszession"). Die Innenverhältnisbindung des Treuhänders (= Treunehmers) erfolgt durch einen Sicherungsvertrag. Eine zu treuen Händen erfolgende Vollrechtsübertragung kann aus der Sicht des Treuhänders aber auch **„fremdnützig"** erfolgen: Bei der **Verwaltungstreuhand** soll der Gegenstand vom Treuhänder nur verwaltet werden; das Innenverhältnis ergibt sich aus einem Geschäftsbesorgungsvertrag (§ 675 BGB) oder einem Auftrag (§ 662 BGB); als Beispiel hierfür kann man die „Inkassozession" nennen.

Bei der uns hier interessierenden „**Inkassozession**" handelt es sich also um eine fremdnützige treuhänderische Übertragung von Forderungen durch einen Inkassozedenten an einen Inkassozessionar zum Zwecke der Geltendmachung der Forderung im Interesse und für Rechnung des Inkassozedenten. Das Grundgeschäft ist ein Geschäftsbesorgungsvertrag (§ 675 BGB). Der Inkassozessionar wird zwar im Außenverhältnis unbeschränkter Forderungsinhaber, ist jedoch im Innenverhältnis bei der Rechtsausübung beschränkt und dem Inkassozedenten zu einem dem Treuhandvertrag entsprechenden Verhalten verpflichtet. Losgelöst von den Voraussetzungen des § 404 BGB kann der Schuldner dem Inkassozessionar auch solche Einwendungen aus der Beziehung zum Zedenten, die erst nach der Zession entstanden sind, die also noch nicht zur Zeit der Abtretung i.S.d. „Wurzeltheorie" begründet waren, entgegenhalten, denn wirtschaftlich gesehen ist der Inkassozedent weiterhin der Gläubiger der abgetretenen Forderung, und der Inkassozessionar kann nicht besser stehen als der Inkassozedent, würde dieser die Forderung geltend machen.

Fall 922: Der G 1 und der S machen laufend Geschäfte miteinander. Der G 1 hat aus der Geschäftsbeziehung eine fällige Darlehensforderung gegen den S und tritt diese am 17. Juli 2003 zum Zwecke des Einzugs („Inkassozession") an den G 2 ab. Am 18. Juli 2003 wird ein aus der Geschäftsbeziehung zwischen S und G 1 herrührender Lieferungsanspruch des S gegen den G 1 aus einem Kaufvertrag fällig. Am 19. Juli 2003 verlangt der Inkassozessionar G 2 Zahlung von S. Der S beruft sich auf ein Zurückbehaltungsrecht.

Der Anspruch ergibt sich aus §§ 488 Abs. 1 S. 2, 398 BGB. Fraglich ist, ob der S dem G 2 die Einrede des § 273 BGB entgegenhalten kann. a) § 404 BGB greift hier nicht ein, aa) weil der Gegenanspruch erst nach der Zession fällig wurde und bb) der analog anwendbare § 406 BGB verlangen würde, dass der Gegenanspruch spätestens mit der abgetretenen Forderung fällig wird (BGH). b) Gleichwohl kann der Schuldner S dem Inkassozessionar G 2 auch die erst nach der Zession entstandenen Einwendungen aus der Beziehung zum Zedenten, die noch nicht zur Zeit der Abtretung begründet waren, entgegenhalten, denn wirtschaftlich gesehen ist der Inkassozedent weiterhin der Gläubiger und darf durch die Tatsache einer Inkassozession nicht besser stehen als wenn er selbst den Anspruch geltend machte.

b) Erhalt der Aufrechnungsmöglichkeit (§§ 406, 407 BGB)

1. Zunächst sei in Erinnerung gerufen: Wenn der Schuldner aufgrund einer bereits vor der Abtretung bestehenden Aufrechnungslage aufgerechnet hat, so geht es nicht mehr um die (sogleich zu erörternde) Frage des Erhalts der Aufrechnungslage, sondern darum, dass die Forderung bereits vor der Abtretung erloschen war und dass der Schuldner dies demjenigen, an den die Forderung abgetreten worden ist, nach § 398 S. 2 BGB (auf den dies nur klarstellenden § 404 BGB kommt es dann eigentlich gar nicht an) entgegenhalten kann.

2. Selbstverständlich kann der Schuldner mit einer gegen den Neugläubiger bestehenden Gegenforderung aufrechnen. Auch das betrifft nicht die Frage des Erhalts der Aufrechnungslage.

Für uns ist hier lediglich die Frage von Belang, ob der Schuldner **nach erfolgter Abtretung der (Haupt-)Forderung** mit einer **gegen den Altgläubiger (Zedenten) bestehenden (Gegen-)Forderung aufrechnen** kann. Ich hoffe, Sie entsinnen sich noch daran, weshalb es für den Schuldner so ungeheuer wichtig ist, ihm die Möglichkeit der Aufrechnung zu erhalten!? Wissen Sie noch, was man unter einer „Privatvollstreckung" versteht, und erinnern Sie sich noch an die Privilegierung des Aufrechnungsgläubigers in der Insolvenz des anderen Teils? Sagt Ihnen der Begriff „Tilgungserleichterung" etwas? Und wissen Sie noch, weshalb die Aufrechnungsmöglichkeit trotz des Verbots des § 266 BGB eine Teilleistung ermöglicht? Wer etwa alles vergessen haben sollte, muss dies unbedingt sofort in Teil 3 nachlesen!

Nach den allgemeinen Aufrechnungsvorschriften der §§ 387 ff. BGB wäre eine Aufrechnung des Schuldners mit einer gegen den Altgläubiger bestehenden Forderung nach erfolgter Zession nicht möglich, da es nunmehr an der von § 387 BGB verlangten Gegenseitigkeit bzw. Wechselseitigkeit von (Haupt-)Forderung und (Gegen-)Forderung fehlt. Da aber der allgemeine Grundsatz gilt, dass ein Schuldner durch eine Zession nicht benachteiligt werden darf, muss es insoweit einen „Schuldnerschutz" geben, durch den die Aufrechnungsmöglichkeit „konserviert" wird. In der Tat hat der Gesetzgeber den Schuldner hier auch nicht „im Stich gelassen", und er hat für **zwei unterschiedliche Konstellationen** dem zur Aufrechnung befugten Schuldner die Aufrechnungsmöglichkeit erhalten.

aa) Aufrechnungslage zur Zeit der Abtretung (§ 407 und § 406 BGB 1. Fallgruppe)

War bereits im Zeitpunkt der Abtretung eine Aufrechnungslage zwischen dem Schuldner und dem Zedenten gegeben, und hatte der Schuldner die Aufrechnung noch nicht erklärt (oder umgekehrt gewendet formuliert: hatte der Zessionar eine „aufrechenbare Forderung" erworben),

- dann kann der **Schuldne**r, solange er **von der Abtretung noch keine Kenntnis** hatte („stille Zession"), nach **§ 407 Abs. 1 BGB** mit seiner Gegenforderung **gegenüber dem Altgläubiger aufrechnen**, denn „der neue Gläubiger muss ... jedes Rechtsgeschäft, das nach der Abtretung zwischen dem Schuldner und dem bisherigen Gläubiger in Ansehung der Forderung vorgenommen wird, gegen sich gelten lassen, es sei denn, dass der Schuldner die Abtretung bei der Vornahme des Rechtsgeschäfts kennt". Zu derartigen Rechtsgeschäften gehört auch die Aufrechnung.

> Fall 923: Der Verkäufer einer Sache G 1 hat gegen den K als Käufer dieser Sache eine fällige Forderung aus § 433 Abs. 2 BGB in Höhe von € 10 000,-. Der G 1 tritt die Kaufpreisforderung „still" an den G 2 ab. Der K hatte schon immer eine fällige und gleichartige Gegenforderung gegen den G 1 in Höhe von € 10 000,- und erklärt jetzt die Aufrechnung gegenüber dem G 1. Der G 2 verlangt bei Fälligkeit Zahlung von K. Der K weigert sich, weil er gegenüber dem G 1 aufgerechnet habe.
>
> Der Anspruch des G 2 gegen den K aus §§ 433 Abs. 2, 398 S. 2 BGB ist nach §§ 407 Abs. 1, 387 ff. BGB erloschen.

- Der Schuldner kann aber auch dann, wenn er von der Abtretung Kenntnis erlangt hat, aufrechnen, zwar nicht gegenüber dem Zedenten, weil § 407 BGB ja die Gutgläubigkeit des Schuldners voraussetzt, wohl aber gegenüber dem Zessionar: Denn nach **§ 406 BGB 1. Fallgruppe** kann der Schuldner **in der Regel** mit einer zur Zeit der Abtretung gegen den Zedenten bestehenden Gegenforderung **gegenüber dem Zessionar aufrechnen**. Dies macht **§ 406 BGB 1. Fallgruppe** dadurch möglich, dass bestimmt wird: „Der Schuldner kann eine ihm gegen den bisherigen Gläubiger zustehende Forderung auch dem neuen Gläubiger gegenüber aufrechnen, ...". Insoweit ist § 406 BGB **lex specialis zu § 404 BGB**. Denn durch diese Regelung wird klargestellt, dass die zwischen dem Zedenten und dem Schuldner bestehende Aufrechnungslage eine Einwendung ist, die dem Zessionar entgegengehalten werden kann. Allerdings ist § 406 BGB 1. Fallgruppe nicht etwa eine überflüssige Vorschrift. Denn Sie müssen sich dessen bewusst sein, dass genau genommen nicht die bloße Aufrechnungslage, sondern erst die durch § 406 BGB 1. Fallgruppe möglich gemachte und erfolgte Aufrechnungs<u>erklärung</u> die Einwendung gegen die zedierte Forderung zur Folge hat. Daher war die Schaffung des § 406 BGB 1. Fallgruppe keinesfalls überflüssig, wie zuweilen zu lesen ist, sondern unbedingt erforderlich. Die Möglichkeit einer Aufrechnung seitens des Schuldners mit einer im Augenblick der Abtretung gegen den Zedenten bestehenden Gegenforderung gegenüber dem Zessionar gilt aber **nicht ausnahmslos**, weil es im Gesetz weiter heißt: „...es sei denn, dass...die Forderung später als die abgetretene Forderung fällig geworden ist", also die Gegenforderung des Schuldners nicht später als die abgetretene Forderung fällig geworden sein darf. Das leuchtet ein: Denn im Fall einer nicht fälligen Gegenforderung konnte der Schuldner nicht damit rechnen, dass er gegenüber dem Zedenten hätte aufrechnen können; durch das zufällige Ereignis einer Abtretung darf er nicht besser gestellt werden.

<u>Fall 924:</u> Der Verkäufer G 1 hat gegen den K als Käufer eine am 1. April 2004 fällige Forderung aus § 433 Abs. 2 BGB in Höhe von € 10 000,-. Der G 1 tritt die Kaufpreisforderung an den G 2 ab. Der K weiß von der Abtretung. Der K hatte schon immer eine längst fällige Forderung in Höhe von € 5 000,- (GF 1) und eine am 1. Mai 2004 fällige Forderung in Höhe von € 5 000,- (GF 2) gegen den G 1. Als der G 2 ihn am 19. April 2004 auf Zahlung von € 10 000,- in Anspruch nimmt, erklärt der K gegenüber dem G 2 die Aufrechnung mit den beiden gegen den G 1 bestehenden Forderungen. Der G 2 verlangt Zahlung.

Der Anspruch des G 2 gegen den K aus §§ 433 Abs. 2, 398 S. 2 BGB auf Zahlung von € 10 000,- a) ist durch die Aufrechnung mit der GF 1 nach §§ 406, 387 ff. BGB in Höhe von € 5 000,- erloschen. b) Die Aufrechnung mit der Gegenforderung GF 2 ist nicht möglich, weil sie später als die abgetretene Forderung fällig geworden ist. Der K muss sich insoweit an den Zedenten G 1 halten. Der Zahlungsanspruch des G 2 gegen den K besteht also in Höhe von € 5 000,-.

bb) Keine Aufrechnungslage zur Zeit der Abtretung (§ 406 BGB 2. Fallgruppe)

Die eigentliche Bedeutung des **§ 406 BGB** besteht darin, dem Schuldner **in der Regel** die Möglichkeit einer Aufrechnung gegenüber dem Zessionar mit einer ihm gegen den Zedenten zustehenden Forderung zu verschaffen, obwohl im Augenblick der Zession mangels Gegenseitigkeit keine Aufrechnungslage bestand (**2. Fallgruppe**). Verdeutlichen Sie sich dazu noch einmal den Wortlaut der Vorschrift: „Der Schuldner kann eine ihm gegen den bisherigen Gläubiger zustehende Forderung auch dem neuen Gläubiger gegenüber aufrechnen, ...". Von einem im Augenblick der Zession bestehenden Gegenseitigkeitsverhältnis zwischen der Forderung des Zedenten gegen den Schuldner und der Forderung des Schuldners gegen den Zedenten ist hier ganz bewusst nicht die Rede. Das bedeutet, dass auch aufgerechnet werden kann, wenn der Schuldner eine Forderung gegen den Zedenten erst nach der Abtretung durch Erwerb der Gegenforderung erlangt. Mit Sicherheit unterfällt dem § 406 BGB der **rechtsgeschäftliche Erwerb** (Zession nach § 398 BGB) **einer** einem Dritten gegen den Zedenten zustehenden **Forderung**. Wer auch **kraft Gesetzes erworbene Forderungen** des Schuldners gegen den Zedenten einbeziehen will, muss sich darüber im Klaren sein, dass eine solche Einbeziehung mit dem Gedanken des Vertrauensschutzes, der § 406 BGB zugrunde liegt, nichts mehr zu tun hätte und dass sich die Berücksichtigung eines derartigen Forderungserwerbs auch nicht mit dem (sogleich behandelten) Ausnahmetatbestand des § 406 BGB harmonisieren lässt. Nicht nur aus abgeleitetem Recht, sondern auch **aus eigenem Recht** kann eine zur Aufrechnung nach § 406 BGB taugliche Forderung gegen den Zedenten „erworben" werden, wenn sie ihrem Rechtsgrund nach bereits besteht (z.B. in Gestalt eines Vertrages), mag sich eine Forderung gegen den Zedenten, wie z.B. ein Schadensersatzanspruch aus §§ 280 Abs. 1, 3, 283 BGB, erst später daraus entwickeln. Ein „Erwerb" einer Forderung setzt begrifflich nicht voraus, dass die Forderung unbedingt oder gleichartig mit der Hauptforderung ist.

Das Gesetz schränkt diese Großzügigkeit aber sogleich ein, indem es einen komplizierten **Ausnahmetatbestand** („es sei denn,...") formuliert. Wie wir bereits wissen ist es der Grundgedanke dieses Ausnahmetatbestandes, den Schuldner nur dann durch die Gewährung der Aufrechnungsmöglichkeit zu schützen, wenn er bei dem Erwerb der Gegenforderung hoffen und darauf vertrauen durfte, die gegen ihn gerichtete Forderung durch Aufrechnung zu tilgen. Ein solches schutzwürdiges Vertrauen in die Aufrechnungsmöglichkeit liegt nach § 406 BGB („es sei denn, ...") dann nicht vor,

- wenn der Schuldner seine **Gegenforderung in Kenntnis der Abtretung erlangt** hat

oder

- wenn die Gegenforderung des Schuldners „erst **nach der Erlangung der Kenntnis**..." (von der Abtretung) „...und **später als die abgetretene Forderung fällig** geworden ist".

Diese Ausnahmen beruhen auf folgender Überlegung des Gesetzgebers: Wenn der Schuldner die **Gegenforderung in Kenntnis der Abtretung erworben** hat, hatte er kein schutzwürdiges Vertrauen in die Aufrechnungsmöglichkeit, da ihm die mangelnde Gegenseitigkeit bekannt war. Das bedeutet, dass beim abgeleiteten Erwerb einer Forderung (also im Wege der Zession) der Schuldner vor Erlangung der Kenntnis deren Inhaber geworden sein muss. Wenn die Gegenforderung aus eigenem Recht herrührt, also aus einem Vertrag mit dem Zedenten, so muss dieser vor Erlangung der Kenntnis von der Abtretung geschlossen worden sein. Wie auch immer der Erwerb erfolgt ist, aus abgeleitetem oder eigenem Recht: Der Ausnahmetatbestand des § 406 BGB sperrt nicht, wenn die Forderung des Schuldners gegen den Zedenten erst nach der Kenntnis von der Abtretung unbedingt oder gleichartig wird. Auch der zweite Ausnahmetatbestand des § 406 BGB, bei dem die Aufrechnungsmöglichkeit entfällt, wenn die **Gegenforderung des Schuldners erst nach Kenntniserlangung und später als die abgetretene Forderung fällig wird**, beruht auf dem Gedanken des fehlenden Vertrauensschutzes: Wenn es nämlich so liegt, konnte sich der Schuldner nicht auf die Möglichkeit einer Tilgung der gegen ihn gerichteten Hauptforderung durch eine von ihm zu erklärende Aufrechnung verlassen, sondern musste mit einem in der Zwischenzeit erfolgenden Erfüllungsverlangen des Gläubigers rechnen.

Fall 925: Der Zedent G 1 tritt am 28. April 2002 eine am 30. April 2002 fällige Darlehensforderung gegen den S an den Zessionar G 2 ab. Der S erfährt davon nichts. Am 29. April 2002 erwirbt der S aufgrund eines Kaufvertrages mit X durch Abtretung eine gleich hohe und bereits seit Monaten fällige Forderung des X gegen den G 1. Am 2. Mai 2002 meldet sich der G 2 und verlangt Zahlung. Der S erklärt ihm gegenüber die Aufrechnung mit der von X erworbenen Forderung. Der G 2 will wissen, ob er sich an den S, jedenfalls an den G 1 halten kann.

1. Der G 2 könnte einen Anspruch gegen den S haben. a) Der G 2 hat einen Anspruch gegen S gem. §§ 488 Abs. 1 S. 2, 398 BGB erworben. b) Dieser könnte gem. §§ 387 ff. durch die dem G 2 gegenüber erklärte Aufrechnung erloschen sein. a) Der S ist Gläubiger einer gleichartigen, fälligen und durchsetzbaren Gegenforderung, auch ist die gegen ihn gerichtete Hauptforderung erfüllbar. bb) Problematisch ist jedoch die fehlende Wechselseitigkeit der beiden Forderungen: Die Hauptforderung steht dem G 2 gegen den S, die Gegenforderung steht dem S gegen den G 1 zu. Möglicherweise liegen jedoch die Voraussetzungen einer rechtlich anerkannten Durchbrechung des Prinzips der Gegenseitigkeit bzw. Wechselseitigkeit vor. aaa) Auf § 404 BGB kann nicht abgestellt werden, da die §§ 406, 407 BGB für die Aufrechnung die spezielleren Normen sind. bbb) Der § 407 BGB ist nicht einschlägig, da dieser die hier nicht gegebene Konstellation einer Aufrechnung eines in Bezug auf die erfolgte Abtretung gutgläubigen Schuldners gegenüber dem Zedenten regelt, während im vorliegenden Fall der S in Kenntnis der erfolgten Abtretung gegenüber dem G 2 aufgerechnet hat. ccc) In Betracht kommt weiterhin der § 406 BGB 1. Fallgruppe. Danach kann der Schuldner ungeachtet der Kenntnis von der Abtretung im Grundsatz mit einer ihm gegenüber dem bisherigen Gläubiger zustehenden Forderung auch dem neuen Gläubiger gegenüber aufrechnen, wenn die Aufrechnungslage zur Zeit der Abtretung bestand. Das ist hier nicht der Fall, denn der S hat die Gegenforderung erst nach der Abtretung der Hauptforderung erworben. ddd) In Betracht kommt aber eine Aufrechnungsmöglichkeit nach § 406 BGB 2. Fallgruppe: aaaa) Diese erlaubt eine Aufrechnung mit einer Forderung gegen den Zedenten auch dann, wenn der Schuldner die Forderung gegen den Zedenten erst nach der Abtretung erworben hat, bbbb) „…es sei denn,… " der S aaaaa) entweder die Gegenforderung in Kenntnis der Abtretung erworben hat; das ist nicht der Fall, denn der S hat erst am 2. Mai 2002 von der Abtretung erfahren, also nach Erwerb der Forderung am 29. April 2002. bbbbb) Der weitere Ausnahmetatbestand setzt voraus, dass die Gegenforderung erst nach Kenntnis von der Zession und nach der abgetretenen Hauptforderung fällig geworden ist. Auch dieser Ausnahmetatbestand trifft nicht zu. Damit besteht kein Ausschluss der Aufrechnung. c) Da auch eine Aufrechnungserklärung des S vorliegt, ist der Anspruch des G2 gegen S durch Aufrechnung erloschen. Der G 2 kann keine Zahlung von S verlangen. 2. Der G 2 kann sich aus § 816 Abs. 2 BGB an den G 1 halten.

cc) Besonderheiten bei der Inkassozession

Bei einer **„Inkassozession"**, bei der der Zedent wirtschaftlich gesehen der Gläubiger bleibt, kann der Schuldner unter den Voraussetzungen (lediglich) der §§ 387 ff. BGB mit einer Gegenforderung gegen den Zedenten gegenüber dem Zessionar aufrechnen; auf die Ausnahmetatbestände des § 406 BGB („es sei denn….") kommt es nicht an. Bei dieser Gelegenheit: Kann der Schuldner eigentlich auch mit einer Gegenforderung gegenüber dem Inkassozessionar aufrechnen, obwohl dieser in wirtschaftlicher

Hinsicht nicht der Gläubiger ist? Hier „macht man" zum Schutze des Schuldners „Schluss" mit der wirtschaftlichen Betrachtungsweise und lässt die Aufrechnung bei einer verdeckten Treuhand zu, nicht aber bei einer offenen Treuhand.

c) *Gutglaubensschutz bei Leistungen/bei Rechtsgeschäften des Schuldners an den/mit dem Zedenten nach der Zession (§ 407 BGB)*

aa) Schutz des Schuldners bei Leistungen an den Zedenten und bei Rechtsgeschäften des Schuldners mit dem Zedenten nach der Zession

Der Schuldner darf bis zur Erlangung positiver Kenntnis von der Abtretung den Zedenten als seinen wirklichen Gläubiger ansehen (§ 407 Abs. 1 BGB). Der Zessionar muss daher jede **Leistung des gutgläubigen Schuldners an den Zedenten vor Kenntniserlangung** gegen sich gelten lassen, d.h. die Leistung des Schuldners an den Zedenten als den vermeintlichen Gläubiger hat im Verhältnis zum Zessionar eine den Schuldner befreiende Wirkung.

Fall 926: Der Verkäufer G 1 hat gegen den K als Käufer eine fällige Forderung aus § 433 Abs. 2 BGB in Höhe von € 10 000,-. Der G 1 tritt die Kaufpreisforderung „still" an den G 2 ab. Der K zahlt an den G 1, den er für den Gläubiger der Forderung hält. Der G 2 verlangt bei Fälligkeit Zahlung. Der K weigert sich, weil er schon an den G 1 gezahlt habe.

Der Anspruch des G 2 gegen den K aus §§ 433 Abs. 2, 398 S. 2 BGB ist nach § 407 Abs. 1 BGB erloschen.

Variante: Der K gibt dem G 1 „erfüllungshalber" einen auf die B-Bank gezogenen Scheck (§ 364 Abs. 2 BGB). Dann erfährt der K von der bislang „stillen" Abtretung der Kaufpreisforderung an den G 2. Der von G 1 vorgelegte Scheck wird von der B-Bank bezahlt. Der G 2 verlangt Zahlung.

Der Anspruch des G 2 gegen den K aus §§ 433 Abs. 2, 398 S. 2 BGB ist nach § 407 Abs. 1 BGB erloschen, denn der Zessionar muss auch die durch die Einlösung des Schecks eingetretene Erfüllung gegen sich gelten lassen. Die zwischenzeitlich erlangte Kenntnis des K von der Abtretung soll nicht zur Bösgläubigkeit führen.

Zudem wirkt jedes **nach der Zession vorgenommene Rechtsgeschäft des gutgläubigen Schuldners mit dem Zedenten** gegen den Zessionar, also z.B. der Abschluss eines Erlassvertrages, eines Vergleiches, eine Stundung und, wie schon dargestellt, eine Aufrechnung.

Variante: Der G 1 hatte die Kaufpreisforderung gegen den K „still" an den G 2 abgetreten, so dass der K hiervon keine Kenntnis hatte. Der K, der schon immer eine Gegenforderung gegen den G 1 hatte, erklärt jetzt die Aufrechnung gegenüber dem G 1. Der G 2 verlangt bei Fälligkeit Zahlung. Der K weigert sich, weil er gegenüber dem G 1 aufgerechnet habe.

Der Anspruch des G 2 gegen den K aus §§ 433 Abs. 2, 398 S. 2 BGB ist nach §§ 407 Abs. 1, 387 ff. BGB erloschen.

Variante: Der K gibt dem G 1 „erfüllungshalber" einen in 2 Wochen fälligen Scheck (§ 364 Abs. 2 BGB). Der Zessionar G 2, an den der G 1 zuvor die Forderung „still" abgetreten hatte, verlangt Zahlung. Der K beruft sich auf eine Stundung.

Der G 2 muss nach § 407 Abs. 1 BGB die in der „erfüllungshalber" erfolgten Entgegennahme eines Schecks liegende Stundung der Kaufpreisforderung gegen sich gelten lassen.

Nach § 407 Abs. 2 BGB muss der Neugläubiger übrigens auch ein **klagabweisendes Urteil**, das in einem vor Kenntnisnahme des Schuldners von der Abtretung begonnenen Prozess ergeht, gegen sich gelten lassen.

Da es sich bei § 407 BGB um eine ausschließlich im Interesse des Schuldners geschaffene Schuldnerschutzvorschrift handelt, wird der Schuldner durch § 407 BGB „nicht zu seinem Glück gezwungen". Er muss sich also nicht auf den Schutz der Vorschrift berufen, umgekehrt gewendet: Der **Schuldner kann „auf den Schutz des § 407 BGB verzichten"** und sich z.B. im Fall der ihn an sich befreienden Leistung an den Zedenten dafür entscheiden, das an den Zedenten Geleistete nach § 812 Abs. 1 S. 1 1. Fall BGB („Leistungskondiktion") zurückzufordern.

Man fragt sich natürlich, wieso ein Schuldner „so dumm sein kann", freiwillig auf den Schutz des § 407 BGB zu verzichten. Das werden Sie gleich verstehen. Es gibt dafür zwei „klassische" Gründe: Zum einen kann es dem Schuldner darauf ankommen, durch die Leistung an den Zessionar seine Zahlungsfähigkeit und Zahlungswilligkeit und damit letztlich seine Kreditwürdigkeit zu demonstrieren; oder er will in der Insolvenz des Zessionars gegenüber dem Zessionar die Aufrechnung erklären (§ 94 InsO).

Fall 927: Der Verkäufer G 1 hat gegen den K als Käufer eine fällige Forderung aus § 433 Abs. 2 BGB in Höhe von € 10 000,-. Der G 1 tritt die Kaufpreisforderung „still" an den G 2 ab. Dann zahlt der K an den G 1, den er für den Gläubiger der Kaufpreisforderung hält, € 10 000,- zur Erfüllung seiner Kaufpreisschuld. Seinerseits hatte der K gegen den G 2 eine fällige Rückzahlungsforderung aus einem Darlehensvertrag in Höhe von € 10 000,-. Als er jetzt von dem G 2 Rückzahlung des Darlehens verlangt, erhält er keine Zahlung, da inzwischen über das Vermögen des G 2 das Insolvenzverfahren eröffnet worden ist. Vielmehr wird der K vom Insolvenzverwalter auf die Möglichkeit der Anmeldung der Forderung verwiesen und seinerseits auf Zahlung von € 10 000,- aus §§ 433 Abs. 2, 398 S. 2 BGB in Anspruch genommen. Daraufhin verlangt der K von dem G 1 die Rückzahlung der € 10 000,- aus § 812 Abs. 1 S. 1 1. Fall BGB und erklärt gegenüber dem Insolvenzverwalter die Aufrechnung mit der Forderung aus § 488 Abs. 1 S. 2 BGB.

Zu untersuchen ist, ob die nach § 433 Abs. 2 BGB entstandene und nach § 398 S. 2 BGB auf den G 2 übergegangene (Haupt-)Forderung durch die Aufrechnung mit der Gegenforderung aus § 488 Abs. 1 S. 2 BGB erloschen ist. a) Das wäre nicht der Fall, wenn die Hauptforderung des G 2 gegen den K (§§ 433 Abs. 2, 398 S. 2 BGB) durch die Zahlung des K an G 1 gem. § 407 Abs. 1 BGB erloschen wäre. An sich liegt hier der Tatbestand des § 407 Abs. 1 BGB vor. Weil aber der K durch die Rückforderung der an den G 1 gezahlten € 10 000,- auf den Schutz des § 407 Abs. 1 BGB verzichtet hat, lebt diese Forderung wieder auf, und der G 2 ist weiterhin der Gläubiger des K. b) Die Eröffnung des Insolvenzverfahrens steht einer Aufrechnung des K gegen den G 2 nicht entgegen (§ 94 InsO). c) Hinsichtlich der weiteren Voraussetzungen der Aufrechnung bestehen keine Zweifel.

Fall 928: Der G 1 unterhält ein Sparkonto bei der S-Sparkasse mit einem Guthaben über € 1 000,-. Er tritt seine Forderung an den G 2 ab und übergibt ihm das Sparbuch. Am nächsten Tag geht der G 1 zum Schalter der S-Sparkasse und bittet um Auszahlung von € 100,-. Es gelingt ihm, den ihm gut bekannten Kassierer K davon zu überzeugen, dass er „sein Sparbuch leider vergessen" habe. Der K zahlt die € 100,- gegen Quittung aus. Als der G 2 wenig später unter Vorlage des Sparbuchs € 1 000,- verlangt, zahlt ihm die S-Sparkasse nur € 900,- aus. Der G 2 verlangt weitere € 100,- von der S-Sparkasse.

Der Anspruch könnte sich aus §§ 488 Abs. 1 S. 1, 700, 398 S. 2 BGB ergeben. a) Der Anspruch ist auch entstanden und nach § 398 S. 2 BGB auf den G 2 übergegangen. b) Er könnte nach § 407 Abs. 1 BGB erloschen sein. aa) Dessen Voraussetzungen liegen vor. bb) Gleichwohl greift er nicht ein; denn im Interesse des Verkehrsschutzes ist bei Wertpapieren der § 407 Abs. 1 BGB unanwendbar. Zwar ist das Sparbuch kein Wertpapier im engeren Sinne (d.h.: zur Übertragung der Forderung gegen die Sparkasse wird nicht „das Papier", also das Sparbuch, übereignet; sondern es wird die Forderung nach § 398 BGB übertragen, und nach § 952 BGB „(folgt) das Recht am Papier ... dem Recht aus dem Papier"; dazu später mehr), sondern nur ein qualifiziertes Legitimationspapier, dessen Bedeutung einerseits darin liegt, dass der Schuldner die Leistung bis zur Grenze der Bösgläubigkeit aufgrund grober Fahrlässigkeit oder Vorsatzes an jeden Inhaber erbringen kann (§ 808 Abs. 1 BGB: „Legitimationswirkung" des Sparbuchs). Andererseits ist das Papier in seiner Wirkung gegenüber den bloßen Legitimationspapieren dadurch gesteigert (daher: „qualifiziert"), dass der Schuldner die Leistung nur gegen Vorlage der Urkunde erbringen muss (§ 808 Abs. 2 S. 1 BGB). Dieser Umstand spricht dafür, dass der Schuldner hierdurch ausreichend geschützt ist und dass umgekehrt der Erwerber einer Forderung, über die ein qualifiziertes Legitimationspapier ausgestellt ist, einen dem Schuldnerschutz des § 407 Abs. 1 BGB vorgehenden Verkehrsschutz wie bei einem Wertpapier i.e.S. verdient.

§ 407 BGB gilt **nicht zu Gunsten des Zessionars** (arge. „gegen sich gelten lassen"), so dass z.B. eine Mahnung seitens des Zedenten „ins Leere" ginge.

bb) Besonderheiten bei der Inkassozession

Bei einer **„Inkassozession"**, bei der der Zedent in wirtschaftlicher Hinsicht Gläubiger bleibt, gelten die Schranken des § 407 BGB nicht. Wenn der Inkassozedent nach der Abtretung an den Inkassozessionar aufgrund einer Vereinbarung mit dem inzwischen über die Inkassozession informierten und damit hinsichtlich der nicht mehr bestehenden Gläubigerstellung des Inkassozedenten „bösgläubigen" Schuldner die Forderung stundet oder wenn der „bösgläubige" Schuldner an ihn zahlt, muss der Inkassozessionar diese Stundung oder Zahlung gegen sich gelten lassen.

cc) Schutz des Schuldners bei Mehrfachabtretung (§ 408 BGB)

Für den Fall, dass ein Schuldner bei einer mehrfachen Abtretung nur von der späteren unwirksamen (Prioritätsprinzip) Abtretung Kenntnis erhält, verweist § 408 BGB auf § 407 BGB. Der gutgläubige Schuldner darf dann den Scheinzessionar wie den wirklichen Gläubiger der Forderung behandeln.

dd) Schutz des Schuldners bei Abtretungsanzeige (§ 409 BGB)

Wenn ein **Gläubiger** (ganz wichtig: der wirkliche Gläubiger, also nicht ein „Scheingläubiger"!) **dem Schuldner eine Abtretung** durch eine ausdrückliche (formlose) Abtretungsanzeige **mitteilt** oder wenn ein **Dritter dem Schuldner** eine **vom Gläubi-**

ger ausgestellte **Abtretungsurkunde über eine Abtretung vorlegt**, so muss der Gläubiger die Abtretung auch dann gegen sich gelten lassen, wenn die auf diese Weise angezeigte Abtretung unwirksam ist oder wenn sie gar nicht erfolgt ist (§ 409 Abs. 1 BGB).

Der Schuldner kann daher befreiend an denjenigen leisten, der ihm von Seiten des Gläubigers auf die eine oder andere Weise als der neue Gläubiger genannt wurde. Hier geht es also nicht wie bei §§ 407, 408 BGB um einen Schutz des Schuldners bei einer erfolgten, ihm aber unbekannten, Abtretung, sondern um den Schutz des Schuldners bei einer irreführenden Mitteilung über eine tatsächlich nicht erfolgte Abtretung oder eine zwar erfolgte, aber unwirksame Abtretung. Nach dem Wortlaut der Vorschrift besteht der Schutz sogar unabhängig von der Gutgläubigkeit des Schuldners hinsichtlich der Vornahme der Abtretung oder deren Wirksamkeit. Kein Schutz besteht aber, wenn die fehlende Legitimation offen zutage liegt, so bei einem klaren Verstoß der Abtretung gegen § 134 BGB, nicht aber im Fall einer Nichtigkeit nach § 138 BGB (dann wird i.d.R. aber ohnehin nur das der Abtretung zugrunde liegende Kausalverhältnis betroffen sein, die Abtretung also wirksam bleiben). Selbstverständlich ist, dass der Scheinberechtigte kein Forderungsrecht hat: Der Schuldner kann, muss aber nicht, an den Scheinberechtigten leisten; er kann auch „auf eigene Gefahr" an den Gläubiger erfüllen.

4. Ausgleichsansprüche des Zessionars gegen den Zedenten bei unberechtigter Forderungseinziehung bzw. des Gläubigers gegen den Scheinzessionar

Dem durch die Schuldnerschutzvorschriften der §§ 406 – 409 BGB benachteiligten Gläubiger kann ein Ausgleichsanspruch und/oder ein Schadensersatzanspruch zustehen.

a) Ansprüche des Zessionars gegen den Zedenten im Fall der Leistungsbefreiung nach §§ 406, 407 Abs. 1 BGB

Dem **Zessionar** stehen **gegen den Zedenten** als Scheingläubiger **Ansprüche auf Herausgabe des Erlangten** zu:

- Der Zessionar hat gegen den Zedenten einen Anspruch auf Herausgabe des durch die Leistung an ihn Erlangten nach **§§ 687 Abs. 2, 681 S. 2, 667 BGB**, wenn der Zedent wissentlich die an den Zessionar abgetretene Forderung eingezogen hat, und der Schuldner nach § 407 Abs. 1 BGB frei geworden ist. Er hat dann ein objektiv fremdes Geschäft als eigenes behandelt, sich also eine Geschäftsführung angemaßt. Daneben kommt ein Anspruch aus **§ 285 Abs. 1 BGB analog** in Betracht; die Vorschrift kann (wenn überhaupt) nur analog angewendet werden, weil durch die unberechtigte Annahme der Zahlung keine Unmöglichkeit nach § 275 Abs. 1 – 3 BGB eintritt. Der Zedent hatte nämlich gegenüber dem Zessionar bereits durch die Abtretung den der Abtretung zugrunde liegenden Vertrag, meist ein Forderungskaufvertrag nach §§ 433, 453 BGB, erfüllt.

- Der nichtberechtigte Zedent ist nach § 816 Abs. 2 BGB zur Herausgabe des Erlangten verpflichtet, wenn der Schuldner an ihn als Nichtberechtigten geleistet hat und diese Leistung dem Zessionar gegenüber nach § 407 Abs. 1 BGB wirksam war oder wenn der Schuldner nach § 406 BGB befreiend gegenüber dem Zessionar aufgerechnet hat.

Weiterhin können dem **Zessionar gegen den Zedenten** auch **Ansprüche auf Schadensersatz** zustehen.

- Hat der **Zedent nach Abtretung der Forderung diese dennoch eingezogen** und ist der Schuldner dadurch gegenüber dem Zessionar nach § 407 BGB frei geworden, so hat der Zedent damit eine Verhaltenspflicht aus dem der Abtretung zugrunde liegenden Rechtsgeschäft, meist ein Forderungskaufvertrag nach §§ 433, 453 BGB, verletzt. Er haftet nach **§§ 280 Abs. 1, 241 Abs. 2 BGB** auf Schadensersatz. Wegen der in der Forderungseinziehung liegenden unerlaubten Eigengeschäftsführung haftet er auch nach **§§ 687 Abs. 2, 678 BGB** auf Schadensersatz. Weiterhin kommt ein Schadensersatzanspruch aus **§ 826 BGB** in Betracht. Schließlich wird teilweise die Rechtsansicht vertreten, der Zessionar habe gegen den Zedenten einen Anspruch auf Schadensersatz wegen eines schuldhaften Eingriffs in die Forderungszuständigkeit als sonstiges Recht i.S.d. **§ 823 Abs. 1 BGB**. Die hM. sieht allerdings in dem Forderungsrecht ganz generell kein sonstiges Recht i.S.d. § 823 Abs. 1 BGB, weil der außerdeliktische Forderungsschutz eine abschließende und auch ausreichende Regelung enthalte, so dass keine Notwendigkeit bestehe, die Grenze zwischen relativen und absoluten Rechten zu verwischen.

- Im Fall einer **den Schuldner nach § 406 BGB befreienden Aufrechnung** gegenüber dem Zessionar könnte sich ein Schadensersatzanspruch aus dem der Abtretung zugrunde liegenden Rechtsverhältnis (z.B. Forderungskaufvertrag nach §§ 433, 453 BGB) ergeben (§§ 437, 435 oder §§ 280 Abs. 1, 241 Abs. 2 BGB).

b) Ansprüche des Gläubigers gegen den Scheinzessionar im Falle des § 408 BGB

Der Erstzessionar und wirkliche Gläubiger, der durch den befreienden Einzug der Forderung seitens des Scheingläubigers seine Forderung verliert, kann vom Scheingläubiger nach § 816 Abs. 2 BGB **Herausgabe des Erlangten** verlangen. Ansprüche aus §§ 687 Abs. 2, 681 S. 2, 667 BGB bestehen nicht, weil der Scheinzessionar i.d.R. von der Wirksamkeit der Abtretung zu seinen Gunsten ausgeht, also glaubt, er führe ein eigenes Geschäft. Auch Ansprüche aus § 285 BGB analog entfallen, weil es zwischen dem Neugläubiger und dem Scheingläubiger keine schuldrechtlichen Beziehungen gibt. Diese bestehen lediglich zwischen dem Zedenten und dem Erstzessionar.

Aus diesen Gründen entfallen auch **Schadensersatzansprüche** des Erstzessionars und wirklichen Gläubigers gegen den Scheingläubiger, es sei denn, dass man § 823 Abs. 1 BGB bei einem Eingriff in die Empfangszuständigkeit bejaht, und der Schuldner mindestens fahrlässig handelt.

c) Ansprüche des Gläubigers gegen den Empfänger bei einer Abtretungsanzeige (§ 409 BGB)

Der ursprüngliche und wirkliche Gläubiger kann im Falle des § 409 BGB vom Leistungsempfänger **Ausgleich** nach § 816 Abs. 2 BGB verlangen.

Einen **Schadensersatzanspruch** hat der ursprüngliche und wirkliche Gläubiger gegen den Leistungsempfänger nur unter den Voraussetzungen des § 823 Abs. 1 BGB, die man – vorausgesetzt man folgt dem entsprechenden deliktsrechtlichen dogmatischen Ansatz – bei einem Eingriff in die Forderungszuständigkeit bejahen kann, wenn der Schuldner mindestens fahrlässig handelt.

5. Besondere Formen der Zession und verwandte Institute

a) Die Sicherungsabtretung

Die **Sicherungsabtretung** ist ein Fall der eigennützigen treuhänderischen (ein Begriff, den Sie jetzt wirklich kennen sollten!) Abtretung. Sie dient der Sicherung eines Geldkredits oder eines Lieferantenkredits (insbesondere in Form des verlängerten Eigentumsvorbehalts). Der Sicherungsgeber, der häufig, aber nicht immer identisch mit dem Kreditnehmer ist, zediert eine gegenwärtige oder eine künftige Forderung gegen einen „Drittschuldner" (dieser aus dem Zwangsvollstreckungsrecht entlehnte Ausdruck – lesen Sie ruhig wieder einmal die §§ 828 ff. ZPO – passt sehr gut für die vorliegende Konstellation) an den Sicherungsnehmer, der identisch mit dem Kreditgeber ist. Der Kreditgeber erhält so einen weiteren Schuldner. Die Sicherungsabtretung ist insbesondere deshalb von so enormer Bedeutung, weil sie, anders als das an sich gesetzlich vorgesehene Sicherungsrecht der Forderungsverpfändung (§§ 1273 ff., 1279 ff. BGB), für ihre Wirksamkeit keine kredit- und geschäftsschädigende Anzeige an den (Dritt-)Schuldner (vgl. § 1280 BGB) voraussetzt, und damit, anders als die Verpfändung, „heimlich" erfolgen kann. Das Pfandrecht an Forderungen hat daher heute praktisch keine Bedeutung mehr. Besonders bedeutsam ist die Wirkung des Sicherungsrechts in der Insolvenz und der Einzelzwangsvollstreckung: Der Sicherungszessionar hat als Sicherungsnehmer in der **Sicherungsgeberinsolvenz** trotz seines Forderungsrechts kein Aussonderungsrecht, sondern nur ein Recht auf abgesonderte Befriedigung (§§ 51 Nr. 1, 50 InsO). Im Fall einer **Einzelzwangsvollstreckung von Gläubigern des Sicherungsgebers in das Sicherungsgut**, also in die zur Sicherung abgetretene Forderung gegen den Drittschuldner, kann der Sicherungsnehmer erfolgreich nach § 771 ZPO klagen. Im untrennbaren Zusammenhang damit steht die Frage nach dem Schutz des Sicherungsgebers im Fall der Einzelzwangsvollstreckung von Gläubigern des Sicherungsnehmers in die zur Sicherheit abgetretene Forderung und im Fall der Sicherungsnehmerinsolvenz: Ob im Fall einer **Einzelzwangsvollstreckung von Gläubigern des Sicherungsnehmers** in das Treugut, also in die abgetretene Forderung, der Sicherungsgeber gegen den die Zwangsvollstreckung betreibenden Gläubiger des Sicherungsnehmers erfolgreich nach § 771 ZPO klagen kann, hängt vom Status der gesicherten Forderung ab: Ist sie bereits getilgt, und kommt es zu einem automatischen Rückfall auf den Sicherungsgeber infolge einer im Sicherungsvertrag vereinbarten auflösenden Bedingung (§ 158 Abs. 2 BGB) oder ist ein sich aus dem Sicherungsvertrag ergebender schuldrechtlicher Rückübertragungsanspruch des Sicherungsgebers vom Sicherungsnehmer bereits erfüllt worden, wofür ein Vertrag ausreicht (§ 398 BGB), ist der Sicherungsgeber zweifelsfrei aus § 771 ZPO berechtigt; aber auch schon vorher steht ihm das Recht aus § 771 ZPO zu, weil sich durch die Tilgung der gesicherten Forderung die Sicherungstreuhand in eine Verwaltungstreuhand verwandelt und der Verwaltungstreugeber bei der Einzelzwangsvollstreckung durch Gläubiger des Verwaltungstreunehmers in das Treugut durch § 771 ZPO geschützt ist. Wenn die gesicherte Forderung noch besteht, muss man diskutieren, ob der Sicherungsgeber ohne weiteres aus § 771 ZPO vorgehen kann oder ob er die gesicherte Forderung zuvor tilgen muss. Am interessantesten ist die Situation, in der der Sicherungsfall eingetreten ist, weil dann die Beschränkung aus dem Treuhandvertrag entfällt, so dass das Treugut nunmehr den Gläubigern des Sicherungsnehmers zusteht und der Sicherungsgeber nicht mehr aus § 771 ZPO vorgehen kann. Nicht anders liegt es in der **Sicherungsnehmerinsolvenz**: Der Sicherungsgeber, also der Zedent, hat, wenn die gesicherte Forderung erfüllt ist, ein Aussonderungsrecht: Das ist bei einer auflösend bedingten Übertragung der Forderung oder im Fall der erfolgten Erfüllung des Rückübertragungsanspruchs auf den Sicherungsgeber durch Vertrag (§ 398 BGB) selbstverständlich. Aber auch dann, wenn dem Sicherungsgeber nach dem Sicherungsvertrag nur ein Rückübertragungsanspruch zusteht, steht dem Sicherungsgeber ein Aussonderungsrecht zu, denn nach der Forderungstilgung ist die Sicherungstreuhand wie eine Verwaltungstreuhand zu behandeln. Daher stellt sich die Frage, ob vor Erfüllung des gesicherten Anspruchs der Sicherungsgeber die gesicherte Forderung vorzeitig tilgen kann, um auf diese Weise aussondern zu können. Derart schwierige Fragen können im Rahmen dieses Buches nicht zuende diskutiert werden. Das nähert sich bereits der „höheren juristischen Mathematik".

Begeben wir uns zurück „auf den Boden der Tatsachen", das heißt der Examensrelevanz: Die Rechte und Pflichten des Zessionars als Sicherungsnehmer.

- Die **Rechte und die Pflichten des Sicherungsnehmers** hinsichtlich der abgetretenen Forderung,

- insbesondere die **Verwertungsvoraussetzungen**, also die Voraussetzungen dafür, die abgetretene Forderung gegen den „Drittschuldner" geltend machen zu dürfen,

- und die **Voraussetzungen für den Rückerwerb** der als Sicherungsobjekt dienenden Forderung beim Erlöschen der gesicherten Forderung

ergeben sich aus dem der Sicherungsabtretung zugrunde liegenden **Sicherungsvertrag**. Dieser Sicherungsvertrag entfaltet jedoch keine Wirkungen im Außenverhältnis, d.h. der Sicherungsnehmer erwirbt nach außen die volle Rechtsstellung des Gläubigers, und der „Drittschuldner" kann sich nicht auf den Sicherungsvertrag berufen.

Die Voraussetzungen einer wirksamen **Sicherungsabtretung** richten sich nach den §§ 398 ff. BGB und unterscheiden sich nicht von denen einer Abtretung von Forderungen ohne fiduziarische Bindung. In konsequenter Weiterführung der aufgrund eines „a maiore ad minus"–Schlusses aus § 185 Abs. 2 S. 1 BGB für zulässig gehaltenen „Vorausabtretung" künftiger Forderungen hat die Kreditwirtschaft auch eine Sicherungsabtretung künftiger Forderungen möglich gemacht. Ganz unproblematisch ist das nicht, denn Sie werden sich noch entsinnen: Bei einer „Vorausabtretung" bereitet das Erfordernis der Bestimmtheit Probleme. Denn bei einer Abtretung, die ein Verfügungsgeschäft ist, muss die Forderung nach Inhalt, Schuldner und Schuldgrund bestimmt sein. Diese Erfordernisse sind bei einer künftigen Forderung nicht einhaltbar. Man hält es aber für ausreichend, wenn die Forderung im Augenblick der Abtretung hinreichend bestimmt („bestimmbar") ist und erst im Zeitpunkt ihrer Entstehung bestimmt ist.

Ein weiteres typisches Problem bei der Sicherungszession ist deren mögliche **Nichtigkeit nach § 138 BGB**. Nach der Rechtsprechung des BGH kann sich eine Nichtigkeit aus folgenden Gesichtspunkten ergeben:

- **„Verleitung zum Vertragsbruch":** Vor dem Hintergrund des „klassischen" Konflikts zwischen einer Globalzession (als dem typischen Sicherungsmittel des Geldkreditgebers) und einem verlängerten Eigentumsvorbehalt (als dem typischen Sicherungsmittel des Warenkreditgebers) nimmt die Rechtsprechung die Nichtigkeit einer Globalzession wegen Verleitung des Sicherungsnehmers zum Vertragsbruch, ja sogar zum Betrug, an, **(a)** wenn die Globalzession sich auf solche Forderungen erstreckt, die der Sicherungsgeber üblicherweise seinem Warenlieferanten aufgrund verlängerten Eigentumsvorbehalts abtreten muss, **(b)** und wenn der Sicherungsgeber bereits durch die Tatsache einer Globalzession zugunsten des Geldkreditgebers dazu veranlasst wurde, dem Warenlieferanten die bereits an die Bank erfolgte Globalzession zu verschweigen, nur um die für ihn ja überlebensnotwendige Warenlieferung zu erhalten. Infolge der Nichtigkeit der Globalzession wegen „Verleitung zum Vertragsbruch" nach § 138 Abs. 1 BGB wird so im Ergebnis praktisch das Prioritätsprinzip aufgehoben. Bei zwei Konstellationen soll jedoch die Sittenwidrigkeit entfallen, und zwar zum einen bei einer dinglich (d.h. nicht lediglich schuldrechtlich) wirkenden Teilverzichtsklausel des Geldkreditgebers und Sicherungsnehmers und zum anderen, wenn es am subjektiven Element der Sittenwidrigkeit deshalb fehlt, weil der Globalsicherungsnehmer einen Konflikt mit einem verlängerten Eigentumsvorbehalt deshalb für ausgeschlossen halten durfte, weil er beispielsweise in der betreffenden Branche unüblich ist.

- **„Kredittäuschung":** Die Rechtsprechung nimmt weiterhin eine Nichtigkeit der Sicherungsabtretung nach § 138 Abs. 1 BGB an, wenn der Sicherungsnehmer in Kauf nimmt, dass der Schuldner seine künftigen Gläubiger über seine Kreditwürdigkeit täuscht, indem der Schuldner jenen gegenüber vorgibt, noch frei über die ausstehenden Forderungen verfügen zu können, obwohl sie bereits mittels einer Globalzession abgetreten wurden.

- **„Übersicherung":** Eine zur Nichtigkeit der Abtretung nach § 138 Abs. 1 BGB führende Übersicherung nimmt der BGH dann an, wenn der im Verwertungsfall realisierbare Wert der Sicherungsgegenstände die gesicherte Forderung um mehr als 10 % oder bei einem Vergleich der Nennwerte um mehr als 50 % überschreitet. Die Sittenwidrigkeit infolge einer Übersicherung kann allerdings durch eine ermessensunabhängige schuldrechtliche Freigabeklausel vermieden werden.

- **„Knebelung":** Die sehr selten gegebene zur Sittenwidrigkeit und Nichtigkeit der Sicherungszession nach § 138 Abs. 1 BGB führende „Knebelung" des Sicherungsgebers liegt dann vor, wenn die Zession zur Folge hat, dass der Sicherungsgeber in seiner wirtschaftlichen Bewegungsfreiheit derart beschränkt wird, dass er praktisch zum Werkzeug des Sicherungsnehmers wird. Vermeiden lässt sich dies durch die Gewährung einer Einziehungsermächtigung zu Gunsten des Sicherungsgebers.

Da die Kreditpraxis von den genannten, von der Rechtsprechung akzeptierten Möglichkeiten, die Sittenwidrigkeit zu vermeiden, in hohem Maße Gebrauch macht, ist der folgende Fall von weitgehend theoretischer Bedeutung.

Fall 929: Der Fabrikant F befasst sich mit der Herstellung von Tannenbaumkugeln. Im Februar 2002 benötigte er einen in das dem F gehörige Fabrikgebäude fest einzubauenden neuen Schmelzofen für das Glas, aus dem die Kugeln geblasen werden sollen, weil der alte Ofen irreparabel beschädigt ist. Das nötige Kapital in Höhe von € 100 000,- will er durch einen Kredit beschaffen. Außerdem braucht er einen Kredit in Höhe von € 50 000,- für das Rohglas. Seine Hausbank B, mit der er seit Jahren zusammenarbeitet, ist bereit, einen Kredit in Höhe von € 100 000,- für den Schmelzofen zu geben, und verlangt als Sicherheit die Abtretung aller künftigen Forderungen aus dem Verkauf der Kugeln für das Weihnachtsfest 2002 an den Großabnehmer A. Ein entsprechender Darlehens- und Sicherungsvertrag wird geschlossen und das Darlehen ausgezahlt. Das Betriebsgrundstück ist bereits bis zur Wertgrenze hypothekarisch belastet. Die B-Bank ist daher mangels einer Sicherbarkeit eines weiteren Kredits nicht bereit, dem F das Darlehen für den Erwerb des Rohglases zu gewähren. Der F kauft das nötige Rohglas bei L; der Kaufpreis soll nach der Veräußerung der Tannenbaumkugeln an A fällig sein. Als Sicherung des L wird ein Eigentumsvorbehalt mit einer Herstellerklausel, derzufolge der L zur Sicherheit das Eigentum an der Fertigware erlangen soll, vereinbart; mit der Weiterveräußerung der Fertigware an den A erklärt sich L schon jetzt einverstanden, lässt sich aber vorab die künftigen Ansprüche des F gegen A zur Sicherheit abtreten. Der F beschafft den Ofen und lässt ihn einbauen. Mit dem von L gelieferten Rohglas stellt der F die Kugeln her; die gesamte Produktion verkauft er sodann für € 100 000,- an den A. Das Bankdarlehen wird notleidend; der Kaufpreis an den L wird nicht gezahlt. Der L verlangt Zahlung von dem A, der mit Rücksicht auf das ihm mittlerweile durch eine Anzeige der B bekannt gewordene Sicherungsgeschäft des F mit der B die Zahlung an den L verweigert.

Ein Anspruch des L auf Zahlung gegen A könnte sich aus §§ 433 Abs. 2, 398 BGB ergeben. Dazu müsste der L die Forderung gegen den A erlangt haben. Dies wäre dann nicht der Fall, wenn nach dem Prioritätsgrundsatz zuvor die B die Forderung erlangt hätte und die Abtretung an den L deshalb ins Leere gegangen wäre. Die grundsätzlich zulässige Vorausabtretung an die B könnte aber nach § 138 Abs. 1 BGB nichtig sein. Hier kommt insbesondere die Fallgruppe des „Verleitens zum Vertragsbruch" in Betracht, da es sich bei der an B vorausabgetretenen Forderung gegen den A um eine solche handelte, die üblicherweise von F aufgrund eines verlängerten Eigentumsvorbehalts an einen Lieferanten abgetreten wird, so dass der F im Falle einer Vorausabtretung zugunsten der B praktisch dazu gezwungen wird, den Lieferanten L über seine Berechtigung hinsichtlich der abgetretenen Forderung zu täuschen, so wie es dann ja auch geschehen ist. Da auch keine dinglich wirkende Freigabeklausel vorliegt und der B nicht das Bewusstsein der Sittenwidrigkeit fehlt, sondern ihr klar war, dass der F seinen Lieferanten betrügen würde, ist die Vorausabtretung zugunsten der B nichtig. Die Sittenwidrigkeit erstreckt sich auch nicht etwa lediglich auf den zugrunde liegenden Sicherungsvertrag, sondern zeigt sich gerade im Vollzug des Geschäfts. Damit ist die Zession an die B unwirksam und die Zession an den L wirksam. Der L kann damit von A Zahlung verlangen.

Variante: Der A hat im Vertrauen auf die Wirksamkeit der Sicherungszession an die B auch an die B gezahlt. 1. Kann der L sich an den A oder 2. auch an die B halten? 3. Warum ist es sinnvoll, nicht den A, sondern die B in Anspruch zu nehmen?

1. Wie gezeigt, ist ein wirksamer Anspruch des L gegen A entstanden. Dieser könnte jedoch durch die Zahlung des A an die B erloschen sein. Nach § 362 Abs. 1 BGB ist er nicht erloschen, weil die B nicht Gläubiger der Forderung geworden ist. Auch eine Schuldnerschutzvorschrift ist nicht einschlägig: § 409 setzt eine Abtretungsanzeige des Zedenten, der zugleich Gläubiger ist, voraus, hier hat aber die B, der scheinbare Zessionar also, auf den der Schuldner insoweit nicht vertrauen darf, die Abtretung angezeigt. Der L kann also von A Zahlung verlangen. 2. Der L könnte aber auch einen Anspruch auf Herausgabe des Erlangten gegen die B aus § 816 Abs. 2 BGB haben. a) Die B war Nichtberechtigte, b) und an sie wurde eine Leistung bewirkt. Der A hat auch nicht etwa an die Bank als bloße Zahlstelle des F gezahlt, so dass deshalb eine Leistung an den F vorläge. c) Diese Leistung ist aa) jedoch dem L gegenüber nicht wirksam. bb) Die Wirksamkeit kann der L jedoch durch eine Genehmigung herbeiführen; eine solche liegt wohl konkludent in dem Herausgabeverlangen gegenüber B (§§ 362 Abs. 2, 185 BGB). 3. Dass eine Bank per se ein besserer Schuldner ist als ein Privater, weil es hier praktisch kein Insolvenzrisiko gibt, leuchtet sicher jedermann ein. Hier kommt hinzu, dass der A an die B gezahlt hatte, sich also in einer finanziell geschwächten Lage befindet. Dass wegen der „ins Leere" gegangenen Zahlung an die B zu seinem Vermögen ein Bereicherungsanspruch gegen die B aus § 812 Abs. 1 S. 1 1. Fall BGB („Leistungskondiktion") gehört, ändert daran nicht viel, weil dieser Anspruch erst einmal realisiert werden muss.

Variante: Wie wäre es, wenn A, der von den Sicherungszessionen zugunsten des L und der B nichts gewusst hatte, bereits an den F gezahlt hätte?

Der A könnte nach § 407 Abs. 1 BGB frei geworden sein. Nach dem Wortlaut des § 407 Abs. 1 BGB wird A aber nur dann frei, wenn er die Leistung „an den bisherigen Gläubiger" bewirkt hat. Da hier eine Vorauszession vorlag, ist fraglich, ob F bisheriger Gläubiger war. Dies wäre nur dann der Fall, wenn bei der Vorauszession ein Durchgangserwerb stattgefunden hätte. Dagegen wäre § 407 Abs. 1 BGB bei einem Direkterwerb seinem Wortlaut nach nicht anwendbar, weil F nie Gläubiger geworden wäre. Dieser Streit muss an dieser Stelle allerdings nicht entschieden werden, weil auch nach der Lehre vom „Direkterwerb" § 407 Abs. 1 BGB analog angewendet wird.

b) Inkassozession

Eigentlich ist Ihnen ja längst alles bekannt, was man über die Inkassozession wissen muss; aber sicherheitshalber wird alles noch einmal wiederholt: Die **Inkassozession** ist eine weitere Form der fiduziarischen Abtretung. Es handelt sich hierbei um eine fremdnützige treuhänderische Übertragung von Forderungen durch einen Inkassozedenten an einen Inkassozessionar zum Zwecke der Geltendmachung der Forderung im Interesse und für Rechnung des Inkassozedenten. Als **Grundgeschäft** liegt ihr ein Geschäftsbesorgungsvertrag (§ 675 BGB) zugrunde. Der Inkassozedent will auf diese Weise der Last der Einziehung der Forderung enthoben sein und will zudem auch das „Know-how" des Inkassozessionars beim Eintreiben von Forderungen nutzen.

Wirtschaftlich gesehen steht die Forderung allerdings trotz der Abtretung an den Inkassozessionar dem Inkassozedenten zu.

- Bei der fremdnützigen Verwaltungstreuhand ist es gewohnheitsrechtlich anerkannt, dass in der Insolvenz des Treunehmers der Treugeber aussondern kann (§ 47 InsO) und dass der Treugeber im Fall einer Einzelzwangsvollstreckung von Gläubigern des Treunehmers erfolgreich nach § 771 ZPO klagen kann. In der Insolvenz des Treugebers kann der Insolvenzverwalter die Rückabtretung der Forderung nach § 812 Abs. 1 S. 2 1. Fall BGB („Leistungskondiktion") verlangen, weil der der Inkassozession zugrunde liegende Geschäftsbesorgungsvertrag nach §§ 115, 116 InsO erloschen ist.
- Wie bereits oben erwähnt, können über den Wortlaut des § 404 BGB hinaus dem Inkassozessionar auch nach der Zession entstandene Einwendungen des Schuldners gegen den Inkassozedenten (also alle Einwendungen) entgegengehalten werden.
- Die Inkassozession ist kein Verkehrsrechtsgeschäft i.S.d. §§ 1138, 892 BGB.

c) Einziehungsermächtigung

Im Gegensatz zur Inkassozession ist die **Einziehungsermächtigung** gerade **keine Zession** und dürfte deshalb hier eigentlich nicht erörtert werden. Aber Sie haben es ja längst bemerkt. Uns ist ein Sachzusammenhang häufig wichtiger als die dogmatische Einordnung eines Rechtsinstituts. Bei der Einziehungsermächtigung überträgt der Gläubiger die Forderung zum Zwecke der Geltendmachung nicht auf einen anderen, sondern ermächtigt einen Dritten dazu – was „a maiore ad minus" aus §§ 362 Abs. 2, 185 Abs. 2 S. 1 BGB rechtlich möglich sein soll (das war bis vor einiger Zeit in der Wissenschaft noch heftig umstritten!) – die Forderung „im eigenen Namen für Rechnung des Gläubigers" geltend zu machen. Der ermächtigende Gläubiger bleibt also Forderungsinhaber. Zugrunde liegt dem ebenfalls ein **Geschäftsbesorgungsvertrag** (§ 675 BGB). Die Einziehungsermächtigung hat einen ähnlichen Zweck wie die Inkassozession und kann z.B. bei der Sicherungsabtretung eine interessante Rolle spielen: Durch die Einziehungsermächtigung kann nämlich der Sicherungsnehmer dem Sicherungsgeber die Möglichkeit belassen, die zur Sicherheit abgetretene Forderung einzuziehen, so dass der Sicherungsgeber keinen Ansehensverlust und damit insbesondere keine Beeinträchtigung seiner Kreditwürdigkeit erleidet. In Sicherungsverträgen wird der Sicherungsnehmer daher den Sicherungsgeber nicht selten („zurück") ermächtigen, die an den Sicherungsnehmer abgetretene Forderung im eigenen Namen für Rechnung des Sicherungsnehmers einzuziehen, um so die Sicherungszession und den Sicherungsfall vor dem Schuldner geheim zu halten.

Im Prozess wird die auf eine Einziehungsermächtigung gestützte Klage als Fall der **„gewillkürten Prozessstandschaft"** angesehen, weil bei der prozessualen Geltendmachung durch den Einziehungsermächtigten ein fremder Anspruch im eigenen Namen eingeklagt wird. In einem solchen Fall wird für die Zulässigkeit der Klage ein **besonderes Rechtsschutzbedürfnis des Klägers** an der Verfolgung des fremden Rechts verlangt, das man bei der vorgenannten Konstellation der Geltendmachung einer zur Sicherung abgetretenen Forderung aufgrund einer „Rückermächtigung" bejahen kann. Übrigens: Gibt es eigentlich auch Fälle einer „gesetzlichen Prozessstandschaft"? Natürlich: denken Sie nur an den Ihnen ja bekannten § 335 BGB.

d) Factoring

Auch das Factoring ist Ihnen aus Teil 3, als es um die Darstellung der Inhalte von Verträgen ging, bekannt: es handelt sich dabei um einen sog. „modernen Vertragstyp". Beim Factoring zediert der Gläubiger („Factorer") die Forderung an den Zessionar („Factor"), der i.d.R. die Hausbank des „Factorers" ist, zum Zwecke des Einzugs. Dem Zedenten („Factorer") wird vom Zessionar („Factor") ein Geldbetrag, der sich aus dem Nennwert abzüglich eines Abschlags errechnet, gutgeschrieben. Hier lassen sich zwei Konstellationen unterscheiden.

Übernimmt der „Factor" in dem Vertrag nicht das Risiko der Leistungsfähigkeit (sog. „Bonität") des Schuldners und soll die Gutschrift daher nur unter dem Vorbehalt der Erfüllung durch den Schuldner erfolgt sein, handelt es sich um ein Kreditgeschäft (sog. **„unechtes Factoring"**); im Falle der Nichterfüllung erfolgt eine Rückbelastung des Factorers mit der Gutschrift und eine Rückübertragung der Forderung auf ihn.

Beim sog. **„echten Factoring"** übernimmt dagegen der „Factor" das Risiko der Nichterfüllung der Forderung; es handelt sich dann um einen Forderungskauf (§§ 453, 433 BGB).

6. Das Wertpapierrecht in Grundzügen (speziell: der Übergang von verbrieften Rechten, insbesondere von Forderungen)

Schon mehrfach haben Sie davon gelesen, dass **Rechte** (speziell die uns hier besonders interessierenden **Forderungen**) in **Wertpapieren verbrieft** sein können. Diese das Wertpapierrecht immer nur punktuell berührenden Ausführungen sollen jetzt vervollständigt werden.

> Die Eingliederung der Erörterung dieses Themas unmittelbar im Anschluss an die Passage zum Gläubigerwechsel durch Zession bietet sich deshalb an, weil Wertpapiere u.a. eine „Übertragungsfunktion" haben können, aufgrund derer die Übertragung verbriefter Rechte besonderen, von der Zession abweichenden Regeln folgt. Zwingend ist dieser Aufbau nicht, weil Wertpapiere auch eine „Legitimationsfunktion" haben, so dass man die Erörterung der Wertpapiere auch z.B. sehr gut bei der Erörterung der Erfüllung hätte „unterbringen" können.

a) Die Legitimations- und Übertragungsfunktionen der Wertpapiere

Wie gesagt: Die **Wertpiere** haben im wesentlichen **zwei unterschiedliche Funktionen,** die **Legitimations-** und zuweilen auch die **Übertragungsfunktion.**

aa) Legitimationsfunktion

Zunächst einmal ist allen Wertpapieren eigen, dass sie je nach ihrer Art eine unterschiedlich ausgeprägte **Legitimationsfunktion** haben, die (wenn durch das Wertpapier eine **Forderung** verbrieft ist) eine **befreiende Leistung** des Schuldners **auch an einen Nichtgläubiger** ermöglicht.

- Bei den sog. „**Orderpapieren**", die kraft Gesetzes oder aufgrund einer Bestimmung dazu „an Order" lauten, wird zugunsten des im Papier namentlich benannten erstberechtigten Gläubigers oder zugunsten einer durch die Orderklausel benannten Person oder an die Person, auf die von jenen Personen ausgehend eine ununterbrochene Kette von formalisierten Übertragungsakten („Indossamenten" mit dem Inhalt: "Für mich an….") hinführt, vermutet, dass er der Berechtigte und damit der Gläubiger einer verbrieften Forderung ist. Hier kann also durch den Schuldner an einen Nichtgläubiger, der entweder als Gläubiger namentlich genannt wird oder auf den ein oder mehrere „Indossamente" hinführen, befreiend geleistet werden.

- Bei den „**Inhaberpapieren**" ist es der Besitz (das „Innehaben") der Urkunde, der die Vermutung einer Berechtigung hinsichtlich des verbrieften Rechts und damit der Gläubigerstellung begründet. Hier kann der Schuldner befreiend an einen Nichtgläubiger leisten, der durch den Besitz des Inhaberpapiers legitimiert ist.

- Bei den „**Namens-**" oder „**Rektapapieren**" ist **nur** derjenige, der **namentlich in der Urkunde genannt** ist, **als Gläubiger legitimiert**: Der Schuldner muss „recta" (direkt) an den namentlich als Gläubiger Genannten leisten, wenn er frei werden will. Diese Papiere haben keine Legitimationsfunktion; an einen Nichtgläubiger kann nicht befreiend geleistet werden.

- Schließlich gibt es (als Unterart der Namens- oder Rektapapiere) solche Papiere, die zwar als Namenspapiere ausgestellt sind, bei denen der Schuldner aber auch dann frei wird, wenn er nicht an den namentlich genannten Gläubiger, sondern an den jeweiligen Inhaber leistet, und wenn er nur gegen Vorlage der Urkunde leisten muss (sog. „**qualifizierte Legitimationspapiere**"). Hier besteht also eine Legitimationsfunktion, aufgrund derer der Schuldner auch an einen Nichtgläubiger befreiend leisten kann. Das „klassische Beispiel" ist das Ihnen schon hinlänglich bekannte Sparbuch, und Sie haben den einschlägigen § 808 BGB in diesem Zusammenhang bereits kennen gelernt.

bb) Übertragungsfunktion

Wie gesagt: Das war die „Legitimationsfunktion" von Wertpapieren, die es dem jeweiligen Schuldner in unterschiedlicher Weise ermöglicht, befreiend an einen Nichtgläubiger zu leisten. Was nun die Frage der **Bedeutung der Verbriefung für die Übertragung des verbrieften Rechts** (hier speziell: von Forderungen) angeht, so gibt es zwei Gruppen von Wertpapieren:

(1) Wertpapiere mit Übertragungsfunktion

Eine **Übertragungsfunktion** haben nur die **Wertpapiere im engeren Sinn:** Bei derartigen Wertpapieren i.e.S. wird durch die Verbriefung ein bisher nur in der gedanklichen Vorstellung existierendes („vergeistigtes") Recht (wie z.B. eine „Forderung") praktisch „zu Materie verwandelt"; die Forderung wird also zu einer Sache im Rechtssinne. Dadurch wird es möglich, das Recht bei Verfügungen wie eine Sache zu behandeln und damit durch die Übereignung des Papiers zu übertragen. Eine verbriefte Forderung wird also nicht durch Zession nach §§ 398 ff. BGB, sondern nach §§ 929 ff. BGB übertragen. Es gilt dann der schöne Merksatz: „das Recht aus dem Papier folgt dem Recht am Papier".

- Wertpapiere mit Übertragungsfunktion sind einmal die **Orderpapiere**. Es gibt einmal solche Wertpapiere, die kraft Gesetzes Orderpapiere sind, nämlich die „geborenen" Orderpapiere: Der Wechsel, der Namensscheck, die Namensaktie, der Namensinvestmentanteilsschein. Und es gibt Wertpapiere, die durch das Hinzufügen einer „Orderklausel" zu Orderpapieren werden, nämlich die „gekorenen" Orderpapiere: die kaufmännischen Orderpapiere nach § 363 Abs. 2 HGB („Tralalakaukauko"; diese „Zauberformel" wird später erläutert.). In ihnen ist der Erstberechtigte namentlich genannt, und die Übertragung des Rechts (hier speziell: der Forderung) erfolgt durch eine durch ein Indossament formalisierte Übereignung des Papiers nach § 929 BGB.

- Zum anderen sind es die **Inhaberpapiere**, die eine Übertragungsfunktion haben: Der Inhaberscheck, die Inhaberschuldverschreibung, die Inhaberaktie, der Inhaberinvestmentanteilsschein, der Inhabergrundschuldbrief, die in § 807 BGB genannten Papiere. In ihnen ist der Berechtigte nicht namentlich genannt, und die Übertragung des Rechts (hier speziell: der Forderung) erfolgt durch eine formlose Übereignung nach § 929 BGB.

(2) Wertpapiere ohne Übertragungsfunktion

Dagegen haben **keine Übertragungsfunktion** diejenigen **Wertpapiere**, bei denen die Verbriefung keine „verkörpernde" Wirkung hat, bei denen also das „vergeistigte Recht" (z.B. die Forderung) nicht „in Materie verwandelt" wird. Bei diesen Wertpapieren wird über das verbriefte Recht nach den allgemeinen Regeln verfügt: Die verbriefte Forderung wird durch Zession übertragen, und der Erwerber des Rechts erlangt das Eigentum am Papier kraft Gesetzes. Es gilt also der andere, in § 952 BGB verankerte Merksatz: „das Recht am Papier folgt dem Recht aus dem Papier".

- Dies sind einmal die **Namens- oder Rektapapiere**: Die BGB-Anweisung, die kaufmännischen Papiere des § 363 Abs. 2 HGB ohne Orderklausel, der Rektawechsel, der Rektascheck, der Hypotheken- und Grundschuldbrief. Hier gibt es weder eine Übertragungs- noch eine Legitimationsfunktion.

- Zum anderen sind es die **qualifizierten Legitimationspapiere:** Das Sparbuch, der Pfandschein, die Inhaberversicherungspolice. Diese haben immerhin eine „Legitimationsfunktion".

Fassen wir zusammen: Es gibt folgende zwei **Arten von Wertpapieren:**

> **1.** Solche, bei denen das verbriefte Recht durch Übereignung des Papiers übertragen wird (= **Wertpapiere i.e.S.**): Das sind
>
> a) die <u>Orderpapiere</u> = der Erstberechtigte ist namentlich genannt, die Übertragung erfolgt durch eine („Indossament" genannte) formalisierte Übereignung (es gibt: „geborene" Orderpapiere: Wechsel, Namensscheck, Namensaktie, Namensinvestmentanteilsschein/und es gibt: „gekorene" Orderpapiere: § 363 Abs. 2 HGB – Papiere mit Orderklausel),
>
> b) die <u>Inhaberpapiere</u> = der Berechtigte ist nicht namentlich genannt, die Übertragung erfolgt durch Übereignung (Inhaberscheck, Inhaberschuldverschreibung, Inhaberaktie, Inhaberinvestmentanteilsschein, Inhabergrundschuldbrief, § 807 BGB-Papiere).
>
> **2.** Ferner gibt es solche, bei denen der Berechtigte namentlich genannt ist und die Übertragung durch Übertragung des verbrieften Rechts, Forderungen also nach § 398 BGB, erfolgt (= **Wertpapiere i.w.S.**):
>
> a) die <u>Rektapapiere</u> (BGB-Anweisung, § 363 Abs. 2 HGB – Papiere ohne Orderklausel, Rektawechsel, Rektascheck, Hypotheken- und Grundschuldbrief).
>
> b) Bei bestimmten Namenspapieren mit daran <u>gekoppelter Legitimationswirkung des Besitzes</u> zugunsten des Schuldners, so dass er befreiend an den Inhaber leisten kann (§ 808 BGB): Sparbuch, Pfandschein, Inhaberversicherungspolice.

Hiervon können nur einige besprochen werden.

b) Die praktische Bedeutung, die Übertragung und die Geltendmachung einzelner Wertapiere

> Von den **Wertpapieren im engeren Sinn** sind für Sie der **Wechsel,** der **Scheck** und die **Inhaberschuldverschreibung** von größter Bedeutung; deutlich weniger wichtig scheinen jedenfalls für die Ausbildung die mit einer Orderklausel (und daher „gekorenene Orderpapiere" genannt) versehenen **kaufmännischen Papiere** i.S.d. **§ 363 HGB** („magischer" <u>Merkspruch</u>: „Tralalakaukauko") zu sein.

In dieser Reihenfolge werden diese Wertpapiere jetzt kurz unter den in der Überschrift genannten Aspekten vorgestellt.

aa) Der Wechsel

Der Wechsel ist von seiner wirtschaftlichen Bedeutung her gesehen ein **Zahlungs-** und ein **Kreditbeschaffungsmittel** sowie ein **Sicherungsmittel.**

Die beiden erstgenannten Funktionen stehen häufig in einem Zusammenhang miteinander. Zum Verständnis der rechtlichen und wirtschaftlichen Umsetzung dieser

Funktionen beginnen wir mit dem Sachverhalt eines (dann später fortzuschreibenden) Falles.

Fall 930: Der Verkäufer V einer Ware stellt als „Aussteller" zum Zwecke der Bezahlung des von K geschuldeten, aber erst in drei Monaten zu zahlenden Kaufpreises von € 100 000,- einen Wechsel mit sich als „Nehmer" des Wechsels und mit dem Käufer K als „Bezogenen" des Wechsels aus. Der Wechsel ist in drei Monaten fällig („Dreimonatsakzept"). Der Kaufpreis ist mindestens um die Diskontspesen erhöht kalkuliert. Der Wechsel wird sodann vom „Bezogenen", dem Käufer K, „akzeptiert". Der V verkauft und überträgt durch „Indossament" mit dem Inhalt „für mich an die V-Bank" den von K akzeptierten Wechsel an seine V-Bank („Diskontgeschäft"); gutgeschrieben wird ihm die Wechselsumme unter Abzug von „Diskontspesen"; das sind die Kosten, eine Provision und der Zwischenzins (= „Diskont").

Zunächst verschaffen wir uns eine Vorstellung vom Inhalt des Wechsels.

Er beinhaltet eine **Anweisung des Ausstellers an den Bezogenen**: Möglich ist z.B., dass der Verkäufer (V) wie in unserem Fallbeispiel als „Aussteller" einen Wechsel ausstellt und den „Bezogenen", den Käufer K, anweist, an den „Nehmer" des Wechsels, das kann – wie hier – der Verkäufer (V) selbst sein, eine bestimmte Geldsumme zu zahlen.

Dabei sind die **unterstrichenen Passagen** unerlässlich:

	Hamburg, den...	Gegen diesen Wechsel zahlen Sie	
hier		am... in (= 3 Monate) an	
ak-		Herrn V (= Nehmer) € 100 000,-	
zep-			
tiert		an: K (Name des Bezogenen)	
der			
Be-			
zo-			
gene		zahlbar in: X-Str., Hamburg	
(K)		V-Bank, Hamburg	Unterschrift V (= Aust.)

Auf der Rückseite („in dosso") steht. „Für mich an V-Bank gez. V"

Möglich ist aber z.B. auch, dass der Verkäufer (V) als „Aussteller" „einen Wechsel ausstellt und als „Bezogenen" die Bank des Käufers K (K-Bank), anweist, an den „Nehmer" des Wechsels, das kann der Verkäufer (V) selbst sein, eine bestimmte Geldsumme zu zahlen.

	Hamburg, den……..Gegen diesen Wechsel zahlen Sie	
hier	am…. in (= 3 Monate) an	
ak-	Herrn V (=Nehmer) € 100 000,-…..	
zep-		
ziert	an: K-Bank (Name des Bezogenen)	
der		
Be-		
zo-		
gene	zahlbar in: X-Str., Hamburg	
(K-Bank)	V-Bank, Hamburg	Unterschrift K (= Aust.)

Auf der Rückseite („in dosso") steht. „Für mich an B. gez. V"

Wie auch immer: Unerlässlich sind die **unterstrichenen Passagen**.

> Derartige Wechsel bezeichnet man als **„gezogene Wechsel"** (oder auch als „Tratte", ein Begriff, dessen Bedeutung sich aus dem lateinischen Verb „trahere" = ziehen, herleiten lässt). Wir wollen uns in dieser Darstellung auf diese Art Wechsel beschränken.

Die **Schuldner aus einem Wechsel** sind in erster Linie der „Bezogene", aber dieser nicht als „Bezogener", sondern erst, wenn er den Wechsel „angenommen" (man sagt auch, ihn „akzeptiert" oder auch „quer geschrieben") hat (Art. 28 WG), also als **„Akzeptant"** des Wechsels. Wenn der Bezogene den Wechsel dagegen nicht akzeptiert oder wenn er ihn trotz eines vorherigen Akzepts und der damit begründeten Verpflichtung aus Art. 28 WG nicht bezahlt, was dann i.d.R. durch einen förmlichen Akt („Protest") festgestellt werden muss (Art. 44 WG), haften dem jeweils Berechtigten als **„Rückgriffschuldner"**: Der **Aussteller** (Art. 9 WG) und alle anderen in Art. 47 WG aufgeführten Personen (kurz: **alle „Vorgänger"**) des jeweiligen Berechtigten als **Gesamtschuldner**. Wenn ein Rückgriffschuldner seine Verpflichtung erfüllt hat, kann er wiederum gegen seine jeweiligen „Vorgänger", die ihm als Gesamtschuldner haften, Regress nehmen. Hieran erkennen Sie das große Ausmaß der Sicherheit, die ein Wechsel einem Gläubiger einer Wechselforderung bietet. Die soeben beschriebene wechselrechtliche Verpflichtung eines jeden dieser Schuldner beruht stets auf einem abgeschlossenen sog. **„Begebungsvertrag"** gekoppelt mit einem **Skripturakt** oder – falls es an einem wirksamen Begebungsvertrag fehlen sollte – jedenfalls durch die Setzung eines **zurechenbaren Rechtsscheins eines Begebungsvertrages** gegenüber einem späteren i.S.d. Art. 16 Abs. 2 WG in Bezug auf einen Begebungsvertrag gutgläubigen Erwerber. Die aus einem jeden Wechsel berechtigten Personen, also die Gläubiger, sind der **Nehmer** (auch „Remittent" genannt) und seine **Rechtsnachfolger**.

Die Tatsache, dass die im Wechsel **verbrieften Forderungen** in der Urkunde „verkörpert" sind, bedeutet, dass die Forderungen regelmäßig nicht nach Zessionsrecht (§§ 398 ff. BGB), sondern „innerhalb des Wechsels" nach §§ 929 ff. BGB durch Übereignung **übertragen** werden („das Recht aus dem Papier folgt dem Recht am Papier"), wobei beim Wechsel die Übereignung nach Art. 11 WG durch das Erfordernis eines **„Indossaments"** nach Art. 13 WG (irgendwo, i.d.R. auf der Rückseite = „in dosso") auf dem Wechsel schriftlich: „für mich an ..." formalisiert ist. Diese Art der Übertragung von Forderungen eröffnet die Möglichkeit des gutgläubigen Erwerbs des Eigentums am Wechsel (§ 932 ff. BGB i.V.m. Art. 16 Abs. 2 WG) und damit eines gutgläubigen Erwerbs auch der Forderung, denn (man kann es gar nicht oft genug wiederholen) „das Recht aus dem Papier folgt dem Recht am Papier". Die Möglichkeit einer Übertragung der Forderung „außerhalb des Wechsels" durch Zession (§§ 398 ff. BGB) ist allerdings prinzipiell nicht ausgeschlossen; ein solcher Erwerb ist aber nur wirksam, wenn der Zedent Inhaber der Forderung war, denn einen gutgläubigen Erwerb von Forderungen durch Zession gibt es bekanntlich nicht; hier gelten dann auch die §§ 404 ff. BGB. Die Forderung kann natürlich auch durch Erbgang erworben werden (§ 1922 BGB).

Ferner – und das ist besonders wichtig – sind dem jeweiligen Schuldner die Einwendungen aus dem Zessionsrecht (§§ 404 ff. BGB) versperrt, denn diese Vorschriften gelten nur bei einer Übertragung nach den §§ 398 ff. BGB. Anstelle eines „Schuldnerschutzes" gibt es zugunsten des Berechtigten aus einem Wechsel einen „Gläubigerschutz", nämlich einen weitgehenden **Einwendungsausschluss**: Dem Schuldner stehen gegenüber dem Inhaber keine persönlichen Einwendungen zu, die sich aus seiner Beziehung zum Aussteller oder zu einem früheren Inhaber ergeben, es sei denn der Inhaber hat beim Erwerb des Wechsels bewusst zum Nachteil des Schuldners gehandelt (Art. 17 WG). Entgegenhalten lassen muss der Inhaber sich nur die sich aus der Urkunde selbst ergebenden Einwendungen und – bei fehlendem oder unwirksamem „Begebungsvertrag" – die Einwendung, dass der Rechtsschein eines Begebungsvertrages nicht zurechenbar gesetzt worden ist (z.B. die Setzung des Rechtsscheins im Zustand der fehlenden bzw. nicht vollen Geschäftsfähigkeit, die Setzung des Rechtsscheins durch einen Vertreter ohne Vertretungsmacht, die Setzung des Rechtsscheins durch einen Fälscher).

Nachdem Sie diese rechtstechnischen Grundlagen kennengelernt haben, wenden wir uns jetzt wieder der **Funktion des Wechsels** zu.

Der Wechsel kann als Waren- oder Handelswechsel einerseits dem Käufer als **Zahlungsmittel** und ferner sowohl dem Käufer als auch dem Verkäufer als **Kreditverschaffungsmittel** dienen. In der Hingabe des Wechsels durch den **Käufer** an den Verkäufer liegt eine Kaufpreiszahlung erfüllungshalber (§ 364 Abs. 2 BGB). Zur **Illustration** dient die **Fortsetzung unseres Falles**:

<u>Fortsetzung des Falles:</u> Der V verlangt nach einem Monat Zahlung des Kaufpreises und stützt sich dabei auf § 433 Abs. 2 BGB.

a) Der Anspruch ist entstanden. b) Er ist auch nicht nach § 362 Abs. 1 BGB erloschen. aa) Denn der Schuldner (K) hat bb) dem Gläubiger (V) cc) nicht aaa) die geschuldete Leistung (§ 433 Abs. 2 BGB: Zahlung) erbracht; die Gutschrift auf dem Konto des V erfolgte nur unter

> Vorbehalt (es handelt sich also um einen „Zahlungsversuch" des K). bbb) Die Begebung eines Wechsels erfolgt nur „erfüllungshalber", weil der K „zum Zwecke der Befriedigung des Gläubigers" V „diesem gegenüber eine neue Verbindlichkeit" aus Artt. 43, 9 WG (Rückgriffshaftung) übernommen hat; die Kaufpreisforderung ist daher noch nicht erloschen (§ 364 Abs. 2 BGB). c) Dem daher weiterhin bestehenden Anspruch aus § 433 Abs. 2 BGB steht jedoch ein Einwand aus einer stillschweigend getroffenen Vereinbarung entgegen, dass V erst aus dem Wechsel Befriedigung zu erlangen versuchen muss; bis dahin gilt die Forderung als gestundet.

Durch die in der Entgegennahme des Wechsels liegende Stundung der Kaufpreisforderung bis zur Fälligkeit des Wechsels (i.d.R. für 3 Monate) **gewährt der Verkäufer dem Käufer einen Kredit**, der durch erhöht kalkulierten Kaufpreis vergütet wird. Durch die Übertragung des Wechsels auf seine Bank kann sich der aus dem Wechsel berechtigte **Verkäufer** bis zur Fälligkeit des Wechsels (i.d.R. für 3 Monate) einen **Kredit verschaffen**, den sich die Bank mit Diskontspesen vergüten lässt.

Nach 3 Monaten geht die „Geschichte" dann weiter: **Wenn der „Bezogene" (K)** – wie hier – den Wechsel akzeptiert hat, also **„Akzeptant"** ist, mithin eine Wechselverpflichtung aus Art. 28 WG (die Hauptverpflichtung) eingegangen ist, und wenn er den Wechsel dem Berechtigten (V-Bank) nach 3 Monaten bei Fälligkeit dann auch **bezahlt**, gibt es keine Probleme: Dann lässt die V-Bank den Vorbehalt („E.v.") entfallen und Erfüllung der Kaufpreisschuld ist eingetreten. Auch die Darlehen sind getilgt.

Für den Juristen „spannend" wird die Rechtslage dann, wenn der **„Bezogene"** (K) den Wechsel entweder **nicht akzeptiert** hat **oder** wenn er den (wie hier) bereits **akzeptierten Wechsel bei Vorlage nicht bezahlt** hat: Der berechtigte Inhaber (V-Bank) kann dann **Rückgriff** nehmen bei allen vor ihm im Wechselverband stehenden, ihm gesamtschuldnerisch haftenden Wechselschuldnern (Art. 47 WG: das sind hier nach Artt. 43, 9, 15 WG der V als „Indossant" und als „Aussteller"), der dann nach seiner Zahlung an die V-Bank seinerseits bei den (in der hier gegebenen Fallkonstellation allerdings nicht vorhandenen!) Vorleuten Regress nehmen könnte. Formelle Voraussetzung für einen derartigen Regress ist i.d.R. allerdings ein vorausgegangener **„Protest"**, durch den förmlich festgestellt wird, dass der Wechsel vom Bezogenen nicht akzeptiert oder nicht bezahlt worden ist (Art. 44 WG). Hier würde die V-Bank beim V dadurch Regress nehmen, dass sie nach Nr. 42 der AGB-Banken die unter Vorbehalt erfolgte („Eingang vorbehalten" = „E. v.") Gutschrift zurückbucht.

Außer seiner Funktion als Zahlungsmittel und Kreditverschaffungsmittel erleichtert der Wechsel auch die Finanzierung von **Warenhandelsgeschäften im Außenhandel**: Der inländische Importeur (= Käufer = K) verschafft dem ausländischen Exporteur (= Verkäufer = V) einen von ihm (K) ausgestellten und von seiner Hausbank (K-Bank) akzeptierten Wechsel („Akzept"). Die K-Bank händigt dem V das „Akzept" Zug-um-Zug gegen die Transportdokumente (z.B. Konnossemente) aus. Die übliche Klausel, mit der eine solche Finanzierung vereinbart wird, lautet: „documents against acceptance" (= d/a). Der V kann sich entscheiden, ob er den Wechsel (das „Akzept") bei Fälligkeit selbst gegen die K-Bank geltend machen will oder ob er – wenn er vorzeitig Geld benötigt – den Wechsel sogleich „diskontieren" will, indem er ihn an seine Bank (V-Bank) veräußert und ihr diesen durch ein „Indossament" überträgt („Diskontgeschäft"). Gutgeschrieben wird ihm dann die Wechselsumme unter Abzug von

„Diskontspesen"; das sind die Kosten, eine Provision und der Zwischenzins (= „Diskont"); diese Unkosten wird er i.d.R. bei der Kalkulation des Kaufpreises berücksichtigt haben.

> Diese Geschäfte müssen auch in einem Zusammenhang mit der Beschaffung von Geldmitteln seitens der Banken für die zuvor beschriebene Kreditgewährung an den Verkäufer gesehen werden. Die Banken pflegen die Wechsel nämlich zu „rediskontieren", d.h. an Landeszentralbanken (LZB) als Zweigstellen der Deutschen Bundesbank zu veräußern; die Deutsche Bundesbank verlangt als Zwischenzins den „Diskontsatz". Durch die Höhe des „Diskontsatzes" kann Einfluss auf den den Bankkunden (hier dem V) in Rechnung gestellten Zwischenzins (= „Diskont"), der üblicherweise 1 – 2 % über dem Diskontsatz liegt, und mittelbar durch Erhöhung oder Herabsetzung „der Zinsen" auf die Konjunktur steuernd eingewirkt werden.

Diese Ausführungen betrafen den sog. „Warenwechsel". Ausschließlich zur Geldbeschaffung dient der sog. **„Finanzwechsel",** bei dem der Bezogene für den kreditbedürftigen Aussteller und zugleich Nehmer einen Wechsel in der Erwartung akzeptiert, dass der Aussteller = Nehmer den Wechsel bei Verfall bezahlt. Mittels dieses Kredits erwirbt der Kreditnehmer dann die Ware. Zuweilen geben auch Banken Kredit durch ein solches Akzept gegen eine „Akzeptprovision". Hier geht es um einen Kredit auf unsicherer Basis.

Zum **Schutz des Verbrauchers** bzw. des **Existenzgründers** spricht §§ 496 Abs. 2 S. 1, 507 BGB ein gesetzliches Verbot (§ 134 BGB) gegen die Verwendung von Wechseln für Ansprüche eines Kreditgebers aus dem **Verbraucher-** bzw. **Existenzgründerdarlehensvertrag** aus. Die durch den Begebungsvertrag begründete abstrakte Wechselverpflichtung bleibt allerdings bestehen. Der Kreditnehmer kann jedoch seine Einwendungen aus dem Kreditgeschäft auch im Wechselprozess dem aus dem Wechsel Berechtigten entgegenhalten, und zwar – entgegen Art. 17 WG – auch dritten Erwerbern gegenüber.

> Was die **Geltendmachung** eines Anspruchs aus einem Wechsel angeht,
>
> **1.** so kommen als **Anspruchsteller** der **Nehmer** (auch „Remittent" genannt) und seine **Rechtsnachfolger** in Betracht sowie die zum **Rückgriff Berechtigten.** Die denkbaren **Anspruchsgegner** sind der Akzeptant als der **Primärschuldner** (Art. 28 Abs. 1 WG) und als **Rückgriffschuldner** der Aussteller (Art. 9 Abs. 1 WG), der Indossant (Art. 15 Abs. 1 WG) und – für Sie weniger bedeutsam – der Wechselbürge (Art. 32 WG), der Ehrenannehmer (Art. 58 WG), der Vertreter ohne Vertretungsmacht (Art. 8 WG).
>
> In **formeller Hinsicht** muss der Inhaber eines Wechsels diesen dem Anspruchsgegner bei Fälligkeit zur Zahlung **vorlegen** (Art. 38 WG). Geht es um einen Regressanspruch mangels Annahme oder mangels Zahlung, muss der Inhaber zur Erhaltung der Ansprüche gegen die Regressschuldner (Aussteller, Indossanten, Wechselbürgen) form- und fristgerecht **Protest** erhoben haben (Art. 44 WG). In **materiellrechtlicher Hinsicht** setzt der Anspruch voraus,

dass der Anspruchsteller **Besitzer** (Art. 39 WG) des **formgültigen** Wechsels ist; dass der Anspruchsteller **Eigentümer** des Wechsels geworden ist (nach §§ 929 – 931 BGB oder Art. 16 Abs. WG); dass der Inanspruchgenommene sich **wirksam wechselrechtlich verpflichtet** hat (durch einen Skripturakt + Begebungsvertrag oder durch einen zurechenbaren Rechtsschein eines Begebungsvertrages und einen gutgläubigen wechselmäßigen Erwerb). Ferner dürfen **keine Einwendungen** des Inanspruchgenommenen bestehen: Dem Schuldner stehen gegenüber dem Inhaber keine persönlichen Einwendungen zu, die sich aus seiner Beziehung zum Aussteller oder zu einem früheren Inhaber ergeben, es sei denn der Inhaber hat beim Erwerb des Wechsels bewusst zum Nachteil des Schuldners gehandelt (Art. 17 WG); entgegenhalten lassen muss der Inhaber sich die aus der Urkunde selbst ergebenden Einwendungen und – bei fehlendem oder unwirksamem „Begebungsvertrag" – die Einwendung, dass der Rechtsschein eines Begebungsvertrages nicht zurechenbar gesetzt worden ist (z.B. Setzung des Rechtsscheins im Zustand der fehlenden bzw. nicht vollen Geschäftsfähigkeit; Setzung des Rechtsscheins durch einen Vertreter ohne Vertretungsmacht; die Setzung des Rechtsscheins durch einen Fälscher); und darüber hinaus die Einwendung aus § 496 Abs. 2 S. 1 BGB.

2. Eine Wechselforderung ist im **Wechselprozess** prozessual erleichtert durchsetzbar; nach den §§ 592 ff. ZPO braucht der Kläger seinen Anspruch nur durch Urkunden nachzuweisen; der Beklagte kann eventuelle Einwendungen ebenfalls nur durch Urkunden oder durch Parteivernehmung beweisen. Das Urteil ist ohne Sicherheitsleistung vorläufig vollstreckbar (§ 708 Nr. 4 ZPO).

Fall 931: Der K. Aust hat bei V. Nehm eine zum Weiterverkauf bestimmte Sache käuflich erworben. Der V. Nehm hat ihm die Kaufpreisforderung in Höhe von € 100 000,- gegen einen von einer Bank akzeptierten Wechsel für 3 Monate gestundet. Dazu stellt der K. Aust einen in 3 Monaten fälligen formgültigen Wechsel aus, dessen Nehmer der V. Nehm ist. Bezogener ist die Hausbank des K. Aust, die K-Bank, bei der der K. Aust das Akzept selbst einholt. Um es zu erlangen, erklärt der K. Aust wahrheitswidrig, dass er bereits den Abnehmer A für die von V gekaufte Sache habe, der zur Zahlung von € 120 000,- bereit sei. Die K-Bank lässt sich von V-Nehm versprechen, dass dieser den Wechsel erst in 6 Monaten geltend machen wird. Dann „schreibt" der dafür zuständige Sachbearbeiter der K-Bank „den Wechsel quer" (= „Akzept") und händigt ihn an K. Aust aus. Der K. Aust überträgt den Wechsel sogleich an V. Nehm, der ihn wiederum an seine Hausbank, die V-Bank, indossiert. Wenig später erfährt die K-Bank, dass die Behauptung des K. Aust falsch war, und ficht das Akzept nach § 123 BGB durch Erklärung gegenüber K. Aust an. Nach 3 Monaten nimmt die V-Bank die K-Bank aus dem Wechsel in Anspruch, indem sie den Wechsel vorlegt.

Die V-Bank könnte gegen die K-Bank einen Anspruch aus Art. 28 WG haben. a) In formeller Hinsicht ist (weil es nicht um einen Regressanspruch geht) nur erforderlich, dass die V-Bank dem Bezogenen den Wechsel bei Fälligkeit zur Zahlung vorlegen kann (Art. 38 WG); das ist der Fall. b) Materiellrechtlich setzt der Anspruch voraus: aa) Der Anspruchsteller ist Besitzer (Art. 39 WG) des formgültigen Wechsels. Das ist der Fall. bb) Der Besitzer muss Eigentümer des Wechsels sein: Der K. Aust hat den Wechsel an Nehm übereignet (§ 929 S. 1 BGB) und dieser hat ihn wirksam durch Indossament § 929 S. 1 BGB, Art. 11 WG auf die V-Bank übertragen. cc) Der Inanspruchgenommene muss sich wirksam wechselrechtlich verpflichtet haben:

aaa) Der Skripturakt liegt in der Unterschrift der K-Bank. bbb) Mit der Begebung des Akzepts der K-Bank an K ist der „Begebungsvertrag" geschlossen worden. Der Vertrag ist jedoch wirksam angefochten worden (§ 123 Abs. 1 BGB) und damit nach § 142 Abs. 1 BGB rückwirkend entfallen. ccc) Eine wechselrechtliche Verpflichtung kann aber auch aaaa) durch einen zurechenbar gesetzten Rechtsschein begründet worden sein: Dieser ist gegeben bei einer Anfechtung des Begebungsvertrages nach §§ 119, 123 BGB, bei Gesetzes- oder Sittenwidrigkeit oder Wucher nach §§ 134, 138 Abs. 1, 2 BGB, bei Abhandenkommen des Wechsels; dagegen ist ein Rechtsschein eines Begebungsvertrages nicht zurechenbar gesetzt bei fehlender Geschäftsfähigkeit, bei „vis absoluta", bei fehlender Vertretungsmacht; hier hat die K-Bank den Rechtsschein zurechenbar gesetzt. bbbb) Bei einem solchermaßen zurechenbar gesetzten Rechtsschein gilt dieser jedoch nur zugunsten eines gutgläubigen (d.h. nicht grobfahrlässigen oder nicht vorsätzlich handelnden) wechselmäßigen Erwerbers; der V. Nehm war gutgläubig. dd) Dem Anspruch dürfen keine Einwendungen des Inanspruchgenommenen entgegenstehen: aaa) Als Einreden sind vorstellbar: Einreden aus der Urkunde selbst (z.B.: mangelnde Fälligkeit; sie können jedem Erwerber entgegengehalten werden) oder persönliche Einreden entweder gegen die Wechselforderung (z.B. Prolongation) oder aus dem Grundgeschäft (Bereicherungseinrede aus §§ 812, 821 BGB; Deliktseinrede aus § 853 BGB; erklärter Rücktritt; aus unentgeltlichem Erwerb nach § 816 Abs. 1 S. 2 BGB; und §§ 320, 273 BGB. Hier kommt eine persönliche Einrede der K-Bank gegen den V. Nehm in Betracht (Stundung der Wechselforderung für 6 Monate). bbb) Diese Einrede kann dem Wechselgläubiger, aaaa) zu dem die unmittelbare Beziehung besteht, entgegengesetzt werden (also: die K-Bank hätte sie bei Inspruchnahme durch den V. Nehm), bbbb) dem wechselmäßigen Zweiterwerber (V-Bank) aber nur, wenn dieser beim Erwerb des Wechsels bewusst zum Nachteil, des Schuldners gehandelt hätte (Art. 17 WG); das ist hier nicht der Fall. Also muss die K-Bank zahlen.

Variante: Nach dem Akzept durch den dazu bevollmächtigten Banksachbearbeiter entfernt dieser sich aus dem Raum, um noch eine Erkundigung über das von K. Aust beabsichtigte Anschlussgeschäft einzuholen: Der Sachbearbeiter wollte von dem Ergebnis seiner Nachfrage die Aushändigung der Wechselurkunde an K. Aust abhängig machen. Daraufhin nimmt der K. Aust – der weiß, dass die Auskunft negativ sein wird – in seiner Verzweiflung den quergeschriebenen Wechsel an sich und verlässt die Geschäftsräume der Bank. Er begibt sich sogleich zu V. Nehm und überträgt ihm den Wechsel. Der V. Nehm indossiert ihn wiederum an die V-Bank. Nach 3 Monaten nimmt die V-Bank die K-Bank aus dem Wechsel in Anspruch, indem sie den Wechsel vorlegt.

Der Anspruch könnte sich aus Art. 28 Abs. 1 WG ergeben. a) Die formellen Voraussetzungen sind gegeben (s.o.). b) Materiellrechtlich setzt der Anspruch voraus: aa) Der Anspruchsteller ist Besitzer des formgültigen Wechsels. Das ist der Fall. bb) Der Besitzer muss Eigentümer des Wechsels sein: Die K-Bank hat den Wechsel nicht an K. Aust übereignet. Der K. Aust hat den Wechsel an den gutgläubigen V. Nehm wirksam übereignet, auch wenn der Wechsel der K-Bank abhanden gekommen ist (Art. 16 Abs. 2 WG). Der V. Nehm hat den Wechsel als Eigentümer an die V-Bank übereignet (§ 929 S. 1 BGB, Art. 11 Abs. 1 WG). cc) Der Inanspruchgenommene hat sich wirksam wechselrechtlich verpflichtet: aaa) Der Skripturakt liegt in der Unterschrift des K. Aust. bbb) Eine Begebung des Akzepts der K-Bank an K liegt nicht vor. ccc) Eine wechselrechtliche Verpflichtung kann auch aaaa) durch einen zurechenbar gesetzten Rechtsschein begründet worden sein: Dieser ist auch gegeben bei einem Abhandenkommen des Wechsels; hier hat die K-Bank den Rechtsschein eines Begebungsvertrages, also zurechenbar gesetzt. bbbb) Bei einem solchermaßen zurechenbar gesetzten Rechtsschein gilt dieser jedoch nur zugunsten eines gutgläubigen (d.h. nicht grobfahrlässigen oder nicht vorsätzlich handelnden) wechselmäßigen Erwerbers; der V. Nehm war gutgläubig. dd) Dem Anspruch dürfen keine Einwendungen des Inanspruchgenommenen entgegenstehen; das ist hier nicht der Fall (s.o.).

bb) Der Scheck

Der Scheck ist ausschließlich ein **Zahlungsmittel** (alter **Merksatz**: „Wer Geld braucht, wählt den Wechsel; wer Geld hat, wählt den Scheck").
 Der Scheck ist nach Art. 5 ScheckG entweder wie der Wechsel ein (nach Art. 14 Abs. 1 ScheckG sog. „**geborenes**") **Orderpapier**, er kann aber auch auf den Namen eines anderen (dann ist er ein **Namenspapier**) oder regelmäßig „auf den Inhaber" (im Text findet sich meist der Zusatz:"…oder Überbringer") ausgestellt werden (dann ist er ein **Inhaberpapier**). Er hat den Inhalt einer Anweisung des Ausstellers an den Bezogenen, der eine Bank sein muss (Art. 3 ScheckG). Anders als beim Wechsel kann dem Berechtigten aus einem Scheck **kein Anspruch gegen den Bezogenen** (also gegen **die Bank**) erwachsen; denn ein Scheck kann nicht angenommen werden (Art. 4 ScheckG); eine „Einlösungszusage" kann allerdings eine selbständige Garantiehaftung auslösen. Der einzige **wertpapierrechtliche Anspruch** des aus dem Scheck Berechtigten ist der **Regressanspruch gegen den Aussteller (Art. 12 ScheckG)** oder gegen die **Indossanten (Art. 18 ScheckG)** nach vorherigem **Protest** (deutlich einfacher als beim Wechsel: **Art. 40 ScheckG**) als **Rückgriffsschuldner**. Der Inhaberscheck wird **nach §§ 929 ff. BGB übertragen**; ein Indossament ist überflüssig (Art. 20 ScheckG). Er kann auch gutgläubig erworben werden, wenn er einem früheren Inhaber abhanden gekommen ist (Art. 21 ScheckG). Bei den **Einwendungen** gilt die gleiche Beschränkung wie in Art. 17 WG (Art. 22 ScheckG). Dem Inanspruchgenommenen stehen **daher** nur eigene Einwendungen oder Einwendungen aus dem Verhältnis zum Aussteller oder früheren Inhaber bei einem Erwerb des Schecks in Benachteiligungsabsicht zu **(Art. 22 ScheckG). § 496 Abs. 2 S. 2 BGB** schützt den Verbraucher vor einem Einwendungsverlust.

> Was die **Voraussetzungen einer Inanspruchnahme** angeht,
>
> 1. so kommen als **Anspruchsteller** der Nehmer oder sein Rechtsnachfolger und als denkbare **Anspruchsgegner** in Betracht: der Aussteller (Art. 12 ScheckG) und der eventuelle Indossant (Art. 18 Abs. 1 ScheckG) als Regressschuldner.
>
> In **formeller Hinsicht** muss der Inhaber eines Schecks diesen **vorlegen**. Um sich bei Verweigerung der Zahlung die Ansprüche gegen die Regressschuldner (Aussteller, Indossanten) zu erhalten, muss der Inhaber form- und fristgerecht **Protest** erheben (Artt. 40, 55-57 ScheckG). In **materiellrechtlicher Hinsicht** setzt der Anspruch voraus, dass der Anspruchsteller **Besitzer** des **formgültigen** Schecks ist; der Besitzer muss auch **Eigentümer** des Schecks geworden sein (nach §§ 929 – 931 BGB oder Art. 21 ScheckG); der Inanspruchgenommene muss sich **wirksam scheckrechtlich verpflichtet** haben (Skripturakt + Begebungsvertrag oder zurechenbarer Rechtsschein eines Begebungsvertrages und gutgläubiger scheckmäßiger Erwerb). Es dürfen keine **Einwendungen** des Inanspruchgenommenen (entweder eigene Einwendungen oder Einwendungen aus dem Verhältnis zum Aussteller oder früheren Inhaber + Erwerb des Schecks in Benachteiligungsabsicht, Art. 22 ScheckG) bestehen.
>
> 2. Eine Scheckforderung ist im **Scheckprozess** prozessual erleichtert durchsetzbar; nach den §§ 592 ff. ZPO braucht der Kläger seinen Anspruch nur durch Urkunden nachzuweisen; der Schuldner kann eventuelle Einwendungen

> ebenfalls nur durch Urkunden oder durch Parteivernehmung beweisen. Das Urteil ist ohne Sicherheitsleistung vorläufig vollstreckbar.

Fall 932: Der V verkauft dem K ein Auto. Der K zahlt mit einem auf die K-Bank gezogenen Inhaber-Scheck. Der V überträgt den Scheck an seinen Gläubiger G. Danach erscheint der K bei dem V und erklärt den Rücktritt vom Kaufvertrag, weil der Wagen einen irreparablen Motorschaden hat (§§ 437 Nr. 2, 326 Abs. 5 BGB). Der G legt den Scheck bei Fälligkeit der K-Bank vor. Die K-Bank löst den Scheck mangels Kontodeckung nicht ein und vermerkt dies auf dem Scheck (Art. 40 Nr. 2 ScheckG). Der G nimmt den K in Anspruch.

In Betracht kommt ein Anspruch des G gegen den K als Aussteller des Schecks (Art. 28 ScheckG). a) Der Inhaber G hat aa) diesen der bezogenen Bank vorgelegt. bb) Um sich bei Verweigerung der Zahlung die Ansprüche gegen die Regressschuldner (Aussteller, Indossanten) zu erhalten, muss der Inhaber form- und fristgerecht Protest erheben (Artt. 40, 55 – 57 ScheckG); das ist nach Art. 40 Nr. 2 ScheckG geschehen. b) In materiellrechtlicher Hinsicht setzt der Anspruch voraus, dass aa) der Anspruchsteller Besitzer eines formgültigen Schecks ist; das ist der Fall. bb) Der Besitzer muss Eigentümer des Schecks sein; das ist G nach § 929 S. 1 BGB geworden. cc) Der Inanspruchgenommene hat sich wirksam scheckrechtlich durch einen Skripturakt und einen Begebungsvertrag verpflichtet. dd) Der Einwendung des in Anspruch genommenen K aus dem Grundverhältnis zu dem früheren Inhaber V (§§ 437 Nr. 2, 326 Abs. 5 BGB) kann dem G nur entgegengehalten werden, wenn der G den Scheck in Benachteiligungsabsicht erworben hätte (Art. 22 ScheckG), was nicht der Fall ist.

cc) Die Inhaberschuldverschreibung

Wenn sich der Aussteller einer Urkunde in dieser zur Leistung an den jeweiligen Inhaber verpflichtet (also eine Forderung verbrieft), liegt eine **Inhaberschuldverschreibung** vor (§ 793 BGB). Die in der Praxis wichtigsten Fälle sind: Hypothekenpfandbriefe (= mittelbar durch Grundpfandrechte gesicherte Anleihen der Hypothekenbanken, Landesbanken und Girozentralen – nicht zu verwechseln mit den Hypothekenbriefen!), Kommunalobligationen, Industrieobligationen, Kupons (Nebenpapiere von Inhaberschuldverschreibungen und Aktien auf wiederkehrende Geldzahlungen: Zinsen, Dividenden).

> Keine Forderungen verbriefende Inhaberpapiere sind weiterhin: Die Inhaberaktie, die ein Mitgliedschaftsrecht verbrieft, die „kleinen Inhaberpapiere" des § 807 BGB (Fahrkarten, Theaterkarten; nicht: Garderobenmarken).

Der **Anspruchsteller** ist der Inhaber; der **Anspruchsgegner** ist der Aussteller (§ 793 BGB). Der Anspruch aus § 793 BGB setzt in **formeller Hinsicht** die Vorlage des Papiers (§ 797 S. 2 BGB) voraus. In materieller Hinsicht wird eine **materielle Berechtigung** verlangt: Und zwar muss der Anspruchsteller der **Besitzer** einer formgültigen Inhaberschuldverschreibung und der **Eigentümer** (der Erwerb erfolgt nach den §§ 929 ff. BGB; der gutgläubige Erwerb nach den §§ 932 ff. BGB; ein Abhandenkommen steht dem Eigentumserwerb nicht entgegen, § 935 Abs. 2 BGB) geworden sein. Die verbriefte **Verpflichtung** muss durch einen Skripturakt und Begebungsvertrag oder durch einen zurechenbar gesetzten Rechtsschein wirksam **entstanden** sein (§ 794 Abs. 1 BGB). Es dürfen der Verpflichtung **keine Einreden** entgegenstehen: In Betracht kommen nach § 796 2. Fall BGB solche, die sich aus der Urkunde ergeben (diese können sich – anders als bei Wechsel und Scheck – auf das Kausalverhältnis beziehen!); Einreden, die dem Aussteller unmittelbar gegen den Inhaber zustehen, kann der Aussteller dem Individualrechtsnachfolger nur unter den Voraussetzungen der Artt. 17 WG, 22 ScheckG analog entgegenhalten.

dd) Die kaufmännischen Papiere i.S.d. § 363 Abs. 2 HGB („Tralalakaukauko")

Bei den kaufmännischen Papieren i.S.d. § 363 Abs. 2 HGB handelt es sich bekanntlich (anders als z.B. der Wechsel, der Namensscheck, die Namensaktie) nicht um „geborene Orderpapier", sondern, wenn ihnen eine Orderklausel beigefügt worden ist, um „gekorene Orderpapiere", so dass sie dann durch Indossament übertragen werden können, was bei den „geborenen Orderpapieren" kraft Gesetzes ohnehin der Fall ist. Es geht dabei um: Die Transportversicherungspolice (§§ 129 ff VVG, 363 Abs. 2 HGB) **(Tra)**, den Ladeschein (§ 444 HGB) **(La)**, den (Order-) Lagerschein (§ 475 c HGB) **(La)**, die kaufmännische Anweisung (§ 363 Abs. 1 HGB) **(Kau)**, den kaufmännischen Verpflichtungsschein (§ 363 Abs.1 HGB) **(Kau)**, das Konnossement (§ 650 HGB) **(Ko)**. Der Bodmereibrief (der ehemals den Merkspruch durch ein „Bo" zu „Tralalakaukauko<u>bo</u>" abgerundet hatte) ist mit der Abschaffung des Instituts der Bodmerei (atypisches Sicherungsrecht des Seehandelsrechts) kein Fall des § 363 Abs. 2 HGB.

Nach diesem Exkurs in das Wertpapierrecht sollten wir uns zunächst wieder einmal den **Standort verdeutlichen**:

1. Wir hatten erkannt, dass unsere auf vielen hundert Seiten darauf verwendeten Mühen herauszufinden, ob einer Person (genannt: „Gläubiger") rechtsgeschäftliche oder gesetzlich begründete Primär- oder Sekundäransprüche gegen eine andere Person (genannt: „Schuldner") zustehen, oft nur zu einer **„Momentaufnahme"** führen, weil inzwischen an die Stelle eines Gläubigers/Schuldners durch **Übertragung** des **Anspruchs** oder der **Schuld** ein neuer Gläubiger/Schuldner getreten sein kann.

2. Die **Übertragung** des **Anspruchs** erfolgt bei einer nicht durch ein Wertpapier verbrieften Forderung durch eine **vertragliche** oder **gesetzliche „Zession"** und bei einer durch ein Wertpapier verbrieften Forderung durch **Übereignung des Wertpapiers**.

3. Jetzt geht es darum, das „Gegenstück" zur Übertragung des Anspruchs, nämlich die „Übertragung der Schuld" von einem Schuldner auf einen neuen Schulder bei gleichzeitiger Befreiung des alten Schuldners kennen zu lernen: Durch eine nur durch Vertrag mögliche **„Schuldübernahme"** kann an die Stelle des Schuldners S 1 („Altschuldner") der Schuldner S 2 („Neuschuldner") treten.

II. Der Schuldnerwechsel durch Schuldübertragung („Schuldübernahme")

Die in §§ 414 ff. BGB geregelte Schuldübernahme – oft auch tautologisch „privative" (= befreiende) „Schuldübernahme" genannt – ist das logische Gegenstück zur Zession: der Neuschuldner tritt an die Stelle des Altschuldners, der Altschuldner wird befreit.

Man fragt sich natürlich, welche Gründe es dafür geben kann, den Schuldner eines bestehenden Schuldverhältnisses auszuwechseln. Außer privaten Gründen (Entlastung eines verschuldeten Familienangehörigen), den Fällen gütlicher Auseinandersetzungen von Vermögen gibt es auch Fälle vertraglicher Verpflichtungen zur Schuldübernahme: So übernimmt ein Rechtsschutzversicherer aufgrund des Rechtsschutzversicherungsvertrages z.B. die gegenüber einem Rechtsanwalt bestehende Schuld des Versicherungsnehmers. Besonders häufig ist die Schuldübernahme bei der Veräußerung von Gegenständen (vor allem Grundstücke, Unternehmen), die der Anlass für die Begründung einer Verpflichtung waren: So kommt es sehr häufig dazu, dass der Käufer eines Grundstücks im Kaufvertrag eine bestehende grundpfandrechtliche Belastung des Grundstücks und die durch sie gesicherte Schuld unter Anrechnung auf den Kaufpreis übernimmt, dies insbesondere dann, wenn es sich um eine zinsgünstige Verpflichtung und Belastung handelt.

1. Rechtstechnik und dogmatische Konstruktion der Schuldübernahme

Die Schuldübernahme ist (wie ihr „Gegenstück", die Zession) ein **verfügender Vertrag**. Es gelten daher auch hier das **„Trennungs-"** und das **„Abstraktionsprinzip"**. Eine isolierte Schuldübernahme ist zwar denkbar, aber selten; i.d.R. liegt ihr eine „causa" zugrunde. Wie bereits ausgeführt, handelt es sich dabei meistens um einen Vertrag zwischen dem Alt- und Neuschuldner: z.B. die im Kaufvertrag über den Kauf eines Grundstücks getroffene Vereinbarung, in Abweichung von der Regel des § 435 BGB eine bestehende grundpfandrechtliche Belastung und die durch diese gesicherte Schuld unter Anrechnung auf den Kaufpreis zu übernehmen.

Da es aber dem Gläubiger natürlich nicht gleichgültig ist, wer sein Schuldner ist (der Gläubiger hat ihn sich nämlich i.d.R. unter dem Aspekt seiner Solvenz ausgesucht), kann sich die Rechtsnachfolge auf der Schuldnerebene selbstverständlich nicht ohne Mitwirkung des Gläubigers allein durch einen Vertrag zwischen Alt- und Neuschuldner vollziehen. Das Gesetz sieht daher, diese Interessenlage berücksichtigend, zwei rechtstechnisch unterschiedliche Wege zur Herbeiführung einer Schuldübernahme vor, an denen jeweils der Gläubiger entscheidend beteiligt ist: Entweder einen Vertrag zwischen Neuschuldner und Gläubiger (§ 414 BGB) oder einen Vertrag zwischen Altschuldner und Neuschuldner mit konstitutiver Genehmigung des Gläubigers (§ 415 BGB).

a) Schuldübernahme durch Vertrag zwischen Gläubiger und Übernehmer

„Eine Schuld kann von einem Dritten durch Vertrag mit dem Gläubiger in der Weise übernommen werden, dass der Dritte an die Stelle des bisherigen Schuldners tritt" (§ 414 BGB). Dieser Schuldübernahmevertrag ist in der Regel formfrei; wenn aber die Eingehung der übernommenen Schuld formbedürftig ist (z.B. Verpflichtung zur Zahlung eines Kaufpreises durch einen Grundstückskaufvertrag nach §§ 433 Abs. 2, 311 b Abs. 1 BGB) ist auch die Übernahme der Schuld formbedürftig.

Diese Konstruktion der Schuldübernahme schließt die Mitwirkung des Altschuldners aus. Sie erinnert im weitesten Sinne an einen „Vertrag zugunsten Dritter". Wenn teils angenommen wird, dass der Altschuldner die Schuldbefreiung durch Zurückweisung verhindern kann (§ 333 BGB analog), lässt sich dagegen anführen, dass der Altschuldner die Befreiung ebenso hinnehmen muss wie eine durch ihn nicht einseitig verhinderbare schuldbefreiende Leistung eines Dritten (§§ 362, 267 BGB).

b) Schuldübernahme durch Vertrag zwischen Übernehmer und Altschuldner

Bei der Schuldübernahme nach § 415 BGB schließen der Alt- und Neuschuldner einen Vertrag. Die Mitwirkung des Gläubigers besteht in dessen nach einer an ihn erfolgten Mitteilung (§ 415 Abs. 1 S. 2 BGB) zu erklärenden Genehmigung (§ 415 Abs. 1, 2, 416 BGB). In **dogmatischer Hinsicht** kann man diesen Vorgang unterschiedlich deuten:

- Die **„Vertragstheorie"** (zuweilen auch „Angebotstheorie" genannt) konstruiert auch die Schuldübernahme nach § 415 BGB als Vertrag zwischen dem Gläubiger und dem Neuschuldner: In der Mitteilung der Schuldübernahme (§ 415 Abs. 1 S. 2 BGB) liege das Angebot und in der Genehmigung des Gläubigers die Annahmeerklärung. Dieser Vertrag wäre dann formbedürftig, wenn die Eingehung der übernommenen Schuld formbedürftig ist (z.B. Verpflichtung zur Zahlung eines Kaufpreises durch einen Grundstückskaufvertrag nach §§ 433 Abs. 2, 311 b Abs. 1 BGB). Der in § 415 BGB genannte Vertrag zwischen Alt- und Neuschuldner hat also nach dieser Lehre keine verfügende Wirkung, sondern ist der Rechtsgrund für die Schuldübernahme. Danach wäre § 415 BGB keine eigene Art der Schuldübernahme, sondern lediglich eine technische Variante der Schuldübernahme nach § 414 BGB. Der Vorteil dieser Lehre besteht darin, dass unterschiedliche Rechtsfolgen zwischen den beiden Abschlussarten vermieden werden.

- Die **„Verfügungstheorie"** versteht den Schuldübernahmevertrag zwischen Alt- und Neuschuldner nach § 415 BGB als einen Unterfall der Verfügung Nichtberechtigter über die Forderung des allein zur Verfügung über die Forderung berechtigten Gläubigers, die entweder durch eine Einwilligung (§ 185 Abs. 1 BGB) oder durch die Genehmigung des Gläubigers wirksam werden kann (§ 185 Abs. 2 S. 1 BGB). Der Vertrag wäre dann formbedürftig, wenn die Eingehung der übernommenen Schuld formbedürftig ist (z.B. Verpflichtung zur Zahlung eines Kaufpreises durch einen Grundstückskaufvertrag nach §§ 433 Abs. 2, 311 b Abs. 1 BGB); die Einwilligung oder Genehmigung hingegen ist nach § 182 Abs. 2 BGB formlos möglich.

- Bis zur **Genehmigung** kann die Schuldübernahme noch geändert oder aufgehoben werden (§ 415 Abs. 1 S. 3 BGB). Die Genehmigung setzt eine vorherige Mitteilung der Schuldübernahme durch den Alt- oder den Neuschuldner voraus (§ 415 Abs. 1 S. 2 BGB); das gilt auch für den Fall einer hypothekarisch gesicherten Forderung, obwohl der Wortlaut des § 416 Abs. 1 S. 1 BGB eine Mitteilung des Veräußerers verlangt. Ist die Anzeige mit einer Fristsetzung verbunden, so bedeutet ein Schweigen eine Verweigerung der Genehmigung (§ 415 Abs. 2 S. 2 BGB); wenn aber eine hypothekarisch gesicherte Schuld übernommen wird und der Veräußerer als Altschuldner die Schuldübernahme angezeigt hat, dann gilt die Genehmigung nach 6 Monaten als erteilt (§ 416 Abs. 1 S. 2 BGB). In der Klage auf Leistung gegen den Neuschuldner liegt eine Genehmigung.

- Wenn die **Genehmigung verweigert** wird oder wenn sie wegen eines Fristablaufs **als verweigert gilt** (§ 415 Abs. 2 S. 2 BGB) und auch in der **Zeitphase bis zu einer noch möglichen Genehmigung** ist – unabhängig von den beiden soeben vorgestellten Theorien – der Altschuldner weiterhin der Schuldner und daher im Außenverhältnis zum Gläubiger diesem gegenüber verpflichtet; allerdings ist bei diesen drei Konstellationen der Neuschuldner nach **§ 415 Abs. 3 BGB** im Innenverhältnis zum Altschuldner diesem gegenüber verpflichtet, an den Gläubiger zu leisten (**„Erfüllungsübernahme"**).

Das **klassische Beispiel** ist bekanntlich der Verkauf und die Übereignung eines dem Verkäufer V gehörigen Grundstücks an den Käufer K, das wegen einer Schuld des Verkäufers V zugunsten des Gläubigers G hypothekarisch belastet ist, unter Vereinbarung einer Übernahme der Schuld nach § 415 BGB durch den Käufer K bei gleichzeitiger Anrechnung der Forderung und der Belastung auf den Kaufpreis. Genehmigt der Gläubiger G die Schuldübernahme nicht, so ist der Käufer und (nach Auflassung und Eintragung in das Grundbuch) der neue Eigentümer K gleichwohl im Verhältnis zu dem Verkäufer V verpflichtet, die Schuld durch Zahlung an den Gläubiger G zu tilgen (§ 415 Abs. 3 BGB). Unterlässt der Käufer und neue Eigentümer K dies, und zahlt deshalb der Verkäufer und Schuldner V seiner Verpflichtung gemäß an den Gläubiger G, macht sich der Käufer und neue Eigentümer K gegenüber dem Verkäufer V aus § 280 Abs. 1 BGB schadensersatzpflichtig, weil er eine Nebenleistungspflicht aus dem Kaufvertrag verletzt hat. Die Tilgung der Forderung durch den Verkäufer V führt dann aber nicht etwa zum Entstehen einer Eigentümergrundschuld des Käufers und neuen Eigentümers K, wie es nach § 1163 Abs. 1 S. 2 BGB eigentlich der Fall sein müsste, denn das würde den neuen Eigentümer und Käufer K ungerecht bevorteilen: Er würde trotz seiner Pflichtverletzung mit einer Eigentümergrundschuld „belohnt". Vielmehr ordnet der § 1164 BGB an, dass die Hypothek nunmehr auf den Verkäufer V übergeht und dessen Schadensersatzforderung gegen den Käufer und neuen Eigentümer K aus § 280 Abs. 1 BGB sichert. Falls der Gläubiger G auf die Hypothek verzichtet, weil ihm sein Schuldner V sicher genug erscheint, gefährdet er den Regressanspruch des Schuldners V; daher führt dies zur Befreiung des Schuldners (§ 1165 BGB).

Fall 933: Der V verkauft dem K ein Grundstück, das zur Sicherung einer Darlehensforderung der G-Bank gegen den V in Höhe von € 500 000,- mit einer Hypothek zugunsten der G-Bank belastet ist. Der K übernimmt im Kaufvertrag unter Anrechnung auf den Kaufpreis, der €

1 200 000,- beträgt, die durch die Hypothek gesicherte Schuld in Höhe von € 500 000,-. Der K wird nach Zahlung von € 700 000,- als neuer Eigentümer im Grundbuch eingetragen. Der V zeigt der G-Bank die Schuldübernahme schriftlich mit dem Hinweis des § 416 Abs. 2 S. 2 BGB an. Die G-Bank erklärt eine Woche später, dass sie die Übernahme verweigere. Bei Fälligkeit zahlt der K trotz einer Aufforderung durch V die € 500 000,- nicht an die G-Bank, so dass der von der G-Bank in Anspruch genommene V schließlich selbst zahlt. Daraufhin verlangt der V Zahlung von K und, als dieser nicht zahlt, Duldung der Zwangsvollstreckung in das Grundstück des K.

1. Zahlung kann der V von K aus § 280 Abs. 1 BGB wegen einer Verletzung der Nebenleistungspflicht des Kaufvertrages verlangen: a) der K hätte die als Nebenpflicht des Kaufvertrages bestehende Verpflichtung aus § 415 Abs. 3 BGB erfüllen müssen; das hat er unterlassen b) Sein Verschulden wird vermutet. c) Dem V ist ein Schaden in Höhe von € 500 000,- entstanden. 2. Duldung der Zwangsvollstreckung könnte er aus § 1147 BGB verlangen, wenn die Hypothek am Grundstück auf ihn übergegangen wäre. Die Hypothek a) könnte durch die Tilgung des Darlehens (§ 362 BGB) auf den Eigentümer übergegangen sein und sich in eine ihm zustehende Eigentümergrundschuld verwandelt haben (§§ 1163 Abs. 1 S. 2, 1177 BGB); b) es wäre aber bei der hier gegebenen Konstellation eine jeder Gerechtigkeit widersprechende Lösung, den Eigentümer eines Grundstücks, der seinen Verpflichtungen (§ 415 Abs. 3 BGB) zuwider die gesicherte Schuld nicht getilgt hat, also den K, mit einer Eigentümergrundschuld zu „belohnen"; daher ordnet § 1164 Abs. 1 BGB als Ausnahme zu § 1163 Abs. 1 S. 2 BGB an, dass die Hypothek nunmehr auf den Schuldner (V) zur Sicherung von dessen Schadensersatzanspruch gegen den K aus § 280 Abs. 1 BGB übergeht.

2. Rechtsfolgen der Schuldübernahme

a) Schuldnerauswechselung

Die **Hauptfolge** der §§ 414, 415 BGB besteht darin, dass der Übernehmer an die Stelle des Altschuldners tritt, so dass dieser frei wird.

Eine zwingend damit verbundene **Nebenfolge** ist, dass die im Vertrauen auf die Leistungsfähigkeit des Schuldners von dritten Sicherungsgebern „bestellten" (also nicht gesetzliche Sicherheiten!) **Sicherungsrechte nicht mehr weiter bestehen können**:

- Daher erlöschen Bürgschaften und Pfandrechte (§ 418 Abs. 1 S. 1 BGB); Hypotheken werden zu Eigentümergrundschulden (§§ 418 Abs. 1 S. 2, 1168 Abs. 1 BGB).
- Nicht akzessorische Sicherungsrechte (Sicherungszession, Sicherungseigentum, Sicherungsgrundschuld) können nicht „automatisch" erlöschen; vielmehr hat der jeweilige Sicherungsgeber einen schuldrechtlichen Rückübertragungsanspruch.

Wenn aber der Bürge oder derjenige, dem der verhaftete Gegenstand zur Zeit der Schuldübernahme gehört, nach § 183 S. 1 BGB „in die Schuldübernahme einwilligt", erlöschen Bürgschaft und Pfandrecht nicht und werden auch Hypotheken nicht zu Eigentümergrundschulden, auch entstehen keine Rückübertragungsansprüche hinsichtlich nicht akzessorischer Sicherungsrechte (§ 418 Abs. 1 S. 3 BGB); vielmehr führt diese Einwilligung zu einer einvernehmlichen Änderung des Sicherungszwecks dahingehend, dass das Sicherungsrecht jetzt die Verbindlichkeit des Neuschuldners sichern soll.

b) „Verteidigung" des Übernehmers

Selbstverständlich ist, dass der **Neuschuldner** die ihm aus dem Verhältnis zum Gläubiger zustehenden **eigenen Gegenrechte gegen den Gläubiger** geltend machen kann. Zu denken ist an eine Aufrechnung bei einer bestehenden Gegenforderung oder an eine Stundung durch den Gläubiger.

Der Neuschuldner kann alle **Einwendungen** gegenüber dem Gläubiger geltend machen, die das **übernommene Schuldverhältnis betreffen**, die diesem schon vor der Schuldübernahme anhafteten und die auch der Altschuldner hätte geltend machen können. Denn der Übernehmer tritt in die unveränderte Schuldnerstellung des Altschuldners ein und darf daher nicht schlechter stehen als dieser. Er kann also die Wirksamkeitshindernisse und Beendigungsgründe hinsichtlich der übernommenen Schuld geltend machen. Die Anfechtung hingegen erfolgt durch den Altschuldner; der Neuschuldner kann sich auch nicht nach § 770 Abs. 1 BGB analog verteidigen. § 417 Abs. 1 S. 2 BGB stellt klar, dass der Übernehmer nicht mit (Gegen-)Forderungen des Altschuldners gegenüber dem Gläubiger aufrechnen kann. Der Grund für diese Regelung ist die mangelnde Gegenseitigkeit und der Umstand, dass es kein berechtigtes Interesse dafür gibt, dass der Altschuldner durch eine Aufrechnungserklärung des Neuschuldners seine Forderung gegenüber dem Gläubiger verlieren soll.

Dagegen schließt § 417 Abs. 2 BGB die Geltendmachung von **Einwendungen aus dem der Übernahme zugrundeliegenden Rechtsverhältnis** zwischen Übernehmer und Altschuldner gegenüber dem Gläubiger aus. Wie auch beim „Gegenstück" der Schuldübernahme, der Zession, gilt hier das „Abstraktionsprinzip". Zuweilen muss man aber sehr sorgfältig prüfen, ob das „Abstraktionsprinzip" nicht durchbrochen ist, so dass Einwendungen aus dem Grundverhältnis sich auch gegen die Wirksamkeit der Schuldübernahme richten, und zwar weil ein „Bedingungszusammenhang" von Schuldübernahme und dem ihr zugrunde liegenden Rechtsverhältnis besteht oder weil eine sog. „Fehleridentität" gegeben ist, oder weil das Grundverhältnis nach § 123 BGB angefochten worden ist und das Verfügungsgeschäft mit „erfasst", oder wenn man annehmen sollte, dass eine „Geschäftseinheit" von Schuldübernahme und dem ihr zugrunde liegenden Rechtsverhältnis besteht (§ 139 BGB analog).

Wenn aus den zuletzt genannten oder aus anderen Gründen Einwendungen gegen **die Wirksamkeit der Schuldübernahme selbst** bestehen, kann der Neuschuldner diese selbstverständlich dem Gläubiger entgegenhalten (argec. § 417 Abs. 2 BGB). Der interessanteste Fall ist der einer Anfechtung des der Schuldübernahme zugrunde liegenden Rechtsverhältnisses wegen arglistiger Täuschung durch den Neuschuldner (§ 123 BGB). Dies führt zwar infolge einer Durchbrechung des „Abstraktionsprinzips" zur rückwirkenden Nichtigkeit der Schuldübernahme selbst. Ob sich aber der Gläubiger dies entgegenhalten lassen muss, ist nicht leicht zu beurteilen.

<u>Fall 934</u>: Der Arzt Dr. S 1 hat seine kardiologische Facharztpraxis durch ein Darlehen der Ä-Bank finanziert. Aus Altersgründen verkauft er sie samt allen schriftlicher Unterlagen über die Patienten, also einschließlich der Krankenblätter an den Dr. S 2 für € 500 000,-; im Kaufvertrag übernimmt Dr. S 2 die noch über € 200 000,- valutierende Schuld bei der Ä-Bank unter Anrechnung auf den Kaufpreis. Dr. S 1 teilt dies der Ä-Bank mit, und diese genehmigt die Übernahme der Schuld. Dr. S 2 zahlt daher nur € 300 000,- an Dr. S 1. Als das Darlehen fällig ist,

verlangt die Ä-Bank Zahlung von € 200 000,- von Dr. S 2. Dieser wendet ein, dass der Kaufvertrag mit Dr. S 1 nichtig sei.

a) Der Anspruch könnte sich aus §§ 488 Abs. 1 S. 2, 415 BGB ergeben. b) Fraglich ist zunächst, ob eine eventuelle Nichtigkeit des Kaufvertrages aa) überhaupt die Nichtigkeit der Schuldübernahme zur Folge haben kann: Grundsätzlich ist wegen des Abstraktionsprinzips davon auszugehen, dass die Nichtigkeit des Grundgeschäftes keinen Einfluss auf die Schuldübernahme hat. Hier aber muss man wegen der Untrennbarkeit des Kaufvertrags mit seiner Anrechnungsvereinbarung und der diese einschließende Schuldübernahme von einem Fall der Durchbrechung des Abstraktionsprinzips ausgehen. bb) Wegen der Verletzung von Privatgeheimnissen durch die Weitergabe der Krankenblätter ist der Vertrag nach §§ 134 BGB, 203 Abs. 1 Nr. 1 StGB nichtig. Die für das ähnlich gelagerte Problem beim Verkauf einer Rechtsanwaltspraxis einmal geäußerte Rechtsansicht, beim Verkauf einer Praxis aus Altersgründen müsse im Hinblick auf Art 12. GG das Geheimhaltungsinteresse des Mandanten zurückzutreten, überzeugt nicht. Der Kaufvertrag und damit auch die Schuldübernahme sind nichtig.

<u>Variante:</u> Die Patienten des Dr. S 1 haben vor dem Verkauf der Praxis auf dessen vorsorgliche Bitte ihr Einverständnis damit erklärt, dass die sie betreffenden Unterlagen an Dr. S 2 weitergegeben werden. Dr. S 2 hat vor der Inanspruchnahme durch die Ä-Bank gegenüber dem Dr. S 1 die Anfechtung mit der Begründung erklärt, dieser habe wahrheitswidrig die Behandlung von 150 Privatpatienten im letzten Jahr behauptet; in Wahrheit waren es nur 15 Privatpatienten gewesen; der Rest seien im wahrsten Sinne des Wortes „Karteileichen", nämlich bereits verstorbene Patienten. Im Hinblick hierauf verweigert er die Tilgung des Darlehens. Die Ä-Bank erklärt, dass eine solche Täuschung des Dr. S 1 sie nichts anginge.

a) Der Anspruch könnte sich aus §§ 488 Abs. 1 S. 2, 415 BGB ergeben. b) Die Schuldübernahme könnte jedoch nach §§ 123, 142 Abs. 1 BGB rückwirkend nichtig sein. aa) Bei wirksamer Anfechtung des Praxiskaufvertrages als Grundgeschäftes der Schuldübernahme wegen arglistiger Täuschung kommt eine Durchbrechung des Abstraktionsprinzips in Betracht, weil dann die arglistige Täuschung des Neuschuldners auch seine Mitwirkung an der Schuldübernahme kausal bewirkt hat, so dass die Schuldübernahme nach §§ 488 Abs. 1 S. 2, 415, 123, 142 Abs. 1 BGB nichtig wäre. bb) Fraglich ist allerdings, ob die Anfechtung wirksam ist, weil die Ä-Bank hinsichtlich der Täuschung gutgläubig war: aaa) Gegen eine Wirksamkeit der Anfechtung der Schuldübernahme würde § 123 Abs. 2 S. 1 BGB sprechen, wenn der Altschuldner „Dritter" gewesen wäre. aaaa) Nach der (nicht herrschenden) „Angebotstheorie" ist die Ä-Bank durch die Annahme des in der Übernahmeanzeige liegenden Angebots Vertragpartner geworden; der Dr. S 1 wäre mithin „Dritter", so dass die Ä-Bank in Bezug auf die arglistige Täuschung bösgläubig gewesen sein müsste. bbbb) Nach der (herrschenden) „Verfügungstheorie" ist der Übernahmevertrag zwischen Dr. S 1 (Alt-) und Dr. S 2 (Neuschuldner) geschlossen worden, so dass die Täuschung von einem Vertragspartner und mithin nicht von einem „Dritten" verübt worden ist; danach stünde der Zurechnung der arglistigen Täuschung nicht die Gutgläubigkeit der Ä-Bank entgegen. bbb) Das rein konstruktiv begründete Ergebnis der „Verfügungstheorie" wird aaaa) jedoch überwiegend nicht akzeptiert. Als gegen die Wirksamkeit der Anfechtung sprechende Argumente werden genannt: aaaaa) Es spreche gegen die Wertung des § 417 Abs. 2 BGB, den Gläubiger mit Problemen des Kausalverhältnisses zu belasten. bbbbb) Bei einer Schuldübernahme nach § 414 BGB oder der Zugrundelegung der „Angebotstheorie" wäre der Altschuldner „Dritter" i.S.d. § 123 Abs. 2 BGB und der Gläubiger im Fall seiner Gutgläubigkeit geschützt; das Ergebnis dürfe nicht von dem Zufall abhängen, ob bei der Schuldübernahme von den Beteiligten der Weg des § 414 BGB oder des § 415 BGB gewählt worden ist oder welcher der Theorien zur Erklärung des Phänomens der Schuldübernahme man anhänge. ccccc) Als weiteres Argument wird genannt, dass der in der Anzeige der Schuldübernahme liegende Rechtsschein zum Nachteil eines Gutgläubigen (hier: der Bank) durch die Anfechtung nicht beseitigt werden könne (Canaris). Danach hätte Dr. S 2 die Schuldübernahme nicht wirksam angefochten. Er bleibt der Ä-Bank zur Zahlung verpflichtet bbbb) Nach a.A. wird genau umgekehrt argumentiert: Die Interessen des arglistig getäuschten Schuldübernehmers hätten Vorrang vor denen des Gläubigers (Larenz). Danach wäre Dr. S 1 weiterhin der Schuldner der Ä-Bank.

3. Verwechslungsrisiken

Hören Sie sich diesen „Begriffswirrwarr" nur einmal bewusst an: „Schuldübernahme", „privative Schuldübernahme", „Schuldbeitritt", „kumulative Schuldübernahme", „Erfüllungsübernahme", „Vertragsübernahme"! Welcher junge Jurist, dem diese Begriffe in einem Atemzuge vorgehalten werden, ist schon auf Anhieb in der Lage, über jeden einzelnen davon ein kleines Referat zu halten und ihre Unterschiede zu verdeutlichen? Prüfen Sie sich selbst. Zu allen Begriffen haben Sie in der bisherigen Darstellung ausführliche Informationen erhalten.

- Die **„Schuldübernahme"** und **„privative Schuldübernahme"** sind zwei unterschiedliche Bezeichnungen für dasselbe Institut: Es geht um eine Schuldnerauswechselung. Geregelt ist sie in den §§ 414 ff. BGB.

- Die **„kumulative Schuldübernahme"** ist keine Schuldübernahme im Sinne einer Schuldnerauswechselung, sondern praktisch das Gegenteil: Der Schuldner bleibt der Schuldner, ihm tritt/treten aber ein anderer/mehrere andere Schuldner in der Weise zur Seite, dass sie dann beide (oder alle) Gesamtschuldner des Gläubigers sind. Es geht also in Wahrheit (und das ist ein viel besserer Begriff) um einen **„Schuldbeitritt"**. Ein für Sie wichtiger Anordnungstatbestand findet sich in § 25 HGB.

- Bei der **„Erfüllungsübernahme"** übernimmt jemand, ohne im Außenverhältnis (also im Verhältnis zum Gläubiger) Schuldner zu werden, im Innenverhältnis (also im Verhältnis zum Schuldner) die „Erfüllung" von dessen Schuld. Für Sie wichtige Anordnungstatbestände sind §§ 329, 415 Abs. 3 BGB.

- Bei der **„Vertragsübernahme"** wird einer/werden mehrere Vertragspartner ausgewechselt. Bei der gewillkürten Vertragsübernahme ist ein mehrseitiger Vertrag zwischen den Ein- und den Austretenden erforderlich. Das Gesetz ordnet eine Vertragsübernahme z.B. in §§ 566, 613 a BGB an. Dazu lesen Sie gleich mehr.

III. Gläubiger und/oder Schuldnerwechsel durch Vertragsübernahme

Bei der Vertragsübernahme wird der/werden die Vertragspartner ausgewechselt. Es gehen damit (und das interessiert uns hier im Augenblick in erster Linie) auch die jeweils bestehenden Ansprüche und Verbindlichkeiten aus dem Vertrag auf einen anderen über; es gehen aber auch alle Hilfs-, Gestaltungs- und Gegenrechte – kurz alle Rechte und Pflichten aus dem Vertrag auf den Übernehmer über.

Möglich ist eine **„gewillkürte Vertragsübernahme"**. Gesetzlich geregelt ist sie nicht. Aber das ist auch nicht nötig, denn die Privatautonomie „macht es möglich", und man kann sich die Konstruktionen selber ersinnen: Herbeigeführt werden kann die Vertragsübernahme z.B. durch einen mindestens dreiseitigen Vertrag eigener Art oder nach § 415 Abs. 1 BGB analog durch einen mindestens zweiseitigen Vertrag und eine Genehmigung des/der dritten Beteiligten. Dieser Übernahmevertrag bedarf der Form des übernommenen Vertrages. Grundsätzlich bleiben Sicherheiten (Bürgschaften, Pfandrechte und Hypotheken) für aus dem Vertrag herrührende Verbindlichkeiten bestehen; wenn es sich aber um Verbindlichkeiten des ausscheidenden Vertragspartners handelt, muss man § 418 BGB analog anwenden, denn die Bürgen pp. haben die Sicherheit allein mit Rücksicht auf die Bonität des ausgeschiedenen Vertragspartners gegeben.

Das **Gesetz** bestimmt in einigen nach der Interessenlage gleich gelagerten Fällen „**vertragsübernahmeähnliche**" **Rechtsfolgen**. In **§ 566 Abs. 1 BGB** („Kauf bricht nicht Miete") heißt es: „Wird der vermietete Wohnraum nach der Überlassung an den Mieter von dem Vermieter an einen Dritten veräußert, tritt der Erwerber anstelle des Vermieters in die sich während der Dauer seines Eigentums aus dem Mietverhältnis ergebenden Rechte und Pflichten ein". Damit scheidet der bisherige Vermieter (Veräußerer) aus dem Mietvertrag aus, und der Erwerber tritt in alle Rechte und Pflichten des Veräußerers aus dem Mietvertrag ein. Durch eine Mithaftung des Veräußerers wird der Mieter, der an dem die Vertragsübernahme auslösenden Tatbestand nicht beteiligt war, geschützt (§ 566 Abs. 2 BGB). Ähnliches lesen Sie in **§ 613 a BGB** („Rechte und Pflichten bei Betriebsübergang"): „Geht ein Betrieb oder Betriebsteil auf einen anderen Inhaber über, so tritt dieser in die Rechte und Pflichten aus den im Zeitpunkt des Übergangs bestehenden Arbeitsverhältnissen ein".

Teil 11. Der Übergang des Vermögens als Ganzes von Todes wegen

Eingeleitet wird dieser letzte Teil des Buches mit einer **„Binsenweisheit"**: Nach § 1922 BGB geht mit dem Tode des Erblassers dessen Vermögen (Erbschaft = Nachlass) als Ganzes durch Erbfolge auf den Erben über („Gesamtrechtsnachfolge").

> Dass dieser rechtliche Mechanismus in der Praxis hinsichtlich der für den Tod eines Menschen zu treffenden Vorkehrungen (z.B. die Bestimmung des oder der Erben durch die Errichtung einer letztwilligen Verfügung) von größter Bedeutung ist, sieht jedermann ohne weiteres ein.
>
> Sie als Leser dieses Buches aber, die Sie jetzt nach einem wahren juristischen „Marathon" – Lauf (Sie haben inzwischen weit über 1000 Seiten gelesen, etwa 1000 Fälle gelöst, sich einen sehr komplizierten Stoff erarbeitet, ihn verstanden und ihn sich eingeprägt) das „Ziel vor Augen" haben, werden (insbesondere wenn Sie Studenten sind) mit Sicherheit die Frage stellen, ob Sie sich jetzt wirklich auch noch mit den so „abgelegenen" (§§ 1922 – 2385 BGB) und den so „undurchsichtigen" Normen des Erbrechts befassen müssen oder ob das Erbrecht nicht doch eigentlich nur etwas für Praktiker ist?
>
> Darauf eine klare Antwort: Ja, es muss leider sein, wenn Sie nicht noch auf der „Zielgeraden" straucheln wollen! Denn bei der Fallbearbeitung kann es wirklich entscheidend auf die Beantwortung erbrechtlicher Fragen ankommen.

So kann bekanntlich die Frage, **wer Erbe** geworden ist oder **wer nicht Erbe** geworden ist, in den verschiedensten Zusammenhängen einer **Fallbearbeitung von Bedeutung** sein; dies zeigen einige zufällig ausgewählte Beispiele, mit denen Sie sich in diesem Buch schon befasst haben:

- Infolge einer **„Gesamtrechtsnachfolge"** tritt/treten eine/mehrere Person/en (Erbe/n) hinsichtlich aller Rechte und Pflichten in die gesamte Rechtsstellung einer anderen Person (Erblasser) ein. Bezogen auf die Fallbearbeitung kann dies zur Folge haben, dass ein Anspruch nicht mehr dem ursprünglichen Gläubiger (dem Erblasser) sondern anderen Personen (dem Erben/den Erben) zusteht oder dass er sich nunmehr nicht mehr gegen den eigentlichen Schuldner (den Erblasser), sondern gegen den/die Erben richtet; die Frage, wem ein Anspruch zusteht und gegen wen er sich richtet, kann also davon abhängen, wer Erbe geworden ist.

> Eingeschoben wird hier eine **Warnung**:
>
> Auch wenn diese Rechtsfolgen des § 1922 BGB vordergründig gesehen im Ergebnis denen einer Zession oder einer Schuldübernahme ähneln, darf der Vorgang der „Gesamtrechtsnachfolge" um keinen Preis damit verwechselt oder damit gleichgesetzt werden. Warum nicht?
>
> Bei der Zession wird lediglich ein Recht aus einem Schuldverhältnis (z.B. eine Forderung aus einem Kaufvertrag) auf den Zessionar übertragen; das Schuldverhältnis als solches bleibt davon unberührt (der Zedent bleibt also Partner des Kaufvertrages; der Zessionar wird nicht Partner des Kaufvertrages). Und auch bei der Schuldübernahme übernimmt der Neuschuldner lediglich eine Schuld (z.B. eine Kaufpreisschuld) des Altschuldners, wird aber nicht zum Partner des Schuldverhältnisses (des Kaufvertrages).
>
> Bei der „Gesamtrechtsnachfolge" infolge eines Erbfalls hingegen rückt der Erbe vollständig anstelle des Erblassers in das Schuldverhältnis ein, wird also z.B. zum Verkäufer oder zum Käufer, wenn der Erblasser dies war.

- Das Erbrecht kann auch für die Beantwortung von Vorfragen bei der **Anspruchsprüfung** von Bedeutung sein, so z.B. für die Frage, wem gegenüber das Angebot eines Verstorbenen später angenommen werden muss, damit ein Vertrag zustande gekommen ist.

- Auch kann die **Erfüllungswirkung** einer Leistung davon abhängen, wer Erbe und damit Gläubiger geworden ist.

- Dass es für die **Wirksamkeit von Verfügungen** maßgeblich sein kann, wer Gläubiger einer abgetretenen Forderung oder wer Eigentümer einer übereigneten Sache ist, ist selbstverständlich. Bekannt ist Ihnen möglicherweise aber auch schon, dass es Verfügungsbeschränkungen für einen sog. „Vorerben" oder beim Bestehen eines „Erbvertrages" geben kann.

- Umgekehrt gibt es im Erbrecht auch Regelungen zur Beurteilung der Wirksamkeit von **Verfügungen von „Scheinerben"** oder der Erfüllungswirkung von **Leistungen an einen „Scheinerben"** (lesen Sie doch schnell schon einmal die §§ 2365 ff. BGB).

Aber nicht nur die Frage, wer als Erbe der „Gesamtrechtsnachfolger" des Erblassers geworden ist, kann für die Fallbearbeitung von Bedeutung sein; vielmehr gibt es auch bedeutsame **„Fernwirkungen"** des Erbrechts: z.B. auf das Schuldrecht (vielleicht erinnern Sie sich noch an die Problematik der „Schenkung von Todes wegen" des „Vertrages zugunsten eines Dritten auf den Todesfall").

Durch diese keineswegs Vollständigkeit in Anspruch nehmende Nennung von Rechtsproblemen ist hoffentlich deutlich geworden, dass es in der Ausbildung auch für Studenten ohne Grundkenntnisse im Erbrecht nicht geht. Wir müssen uns daher „kurz vor dem Ziel" doch noch damit befassen, unter welchen Voraussetzungen und mit welchen Rechtsfolgen das Vermögen einer Person als Ganzes von Todes wegen auf eine andere Person übergehen kann.

Die vorangegangenen Ausführungen haben Ihnen bereits signalisiert, dass Sie im Folgenden **keine „systematische Darstellung"** des Erbrechts erwarten dürfen, sondern eine **pragmatisch verkürzte Zusammenfassung** derjenigen erbrechtlichen Fragen, die im Rahmen einer Fallbearbeitung, die nicht spezifisch erbrechtlicher Art ist, von Bedeutung werden können. Zugleich sollen Sie auch ein wenig „für das Leben" lernen. Der Aufbau ist daher durchaus „unorthodox": Unter der Überschrift „Der Erbe als Gesamtrechtsnachfolger" (**sub A**) erfahren Sie zunächst, wer Erbe wird und auf welche Weise es dazu kommt; sodann wird verdeutlicht, dass dies den Anfall der Erbschaft zur Folge hat. In diesem Zusammenhang darf man nicht aus dem Auge verlieren, dass der so zum Gesamtrechtsnachfolger gewordenen Erbe in die Lage versetzt werden muss, darüber einen Nachweis zu führen, um z.B. als Erbe über das Wertpapierdepot des Erblassers zu verfügen; dazu hat der Gesetzgeber den Erbschein geschaffen. Nach der Lösung dieses eher „praktischen" Problems des Nachweises der Gesamtrechtsnachfolge, erfahren Sie, welche rechtliche Bedeutung es hat, dass der Erbe Gesamtrechtsnachfolger hinsichtlich des Aktiv- und des Passivvermögens geworden ist. Die Rechtsnachfolge hinsichtlich des „Passivvermögens" wirft automatisch die Frage nach der Haftung für die „Nachlassverbindlichkeiten" auf. Und zu guter Letzt müssen Sie sich verdeutlichen, dass in vielen Fällen nicht nur eine Person „Erbe" geworden ist, sondern dass es auch die Fälle einer Mehrheit von Erben gibt („Erbengemeinschaft"). Eine weit verbreitete laienhafte Vorstellung geht dahin, dass bestimmte, dem Erblasser besonders nahestehende Personen (Ehegatte, Abkömmlinge) von Gesetzes wegen „Erben" würden; das ist jedoch unzutreffend: diese Personen werden nicht „automatisch" Gesamtrechtsnachfolger, sondern der Gesetzgeber hat ihnen aus moralischen und sozialen Gründen einen „Pflichtteilsanspruch" zuerkannt (**sub B**). Wenn der Erblasser einzelnen Personen, die entweder gar nicht Erben werden sollen oder die zusammen mit anderen Personen Miterbe werden sollen, bestimmte Gegenstände aus dem Nachlass zuwenden will, kann er dies durch die Anordnung eines Vermächtnisses bzw. eines „Vorausvermächtnisses" möglich machen (**sub C**). Durch eine Auflage können Erben oder Vermächtnisnehmer zu Leistungen verpflichtet werden, ohne dass daraus anderen Personen Ansprüche erwachsen (**sub D**). Sehr oft wird übersehen, dass eine letztwillige Verfügung überhaupt nur dann exakt umgesetzt werden kann, wenn es eine Person gibt, die zu dieser Umsetzung von Amts wegen verpflichtet ist; dazu kann der Erblasser eine Testamentsvollstreckung anordnen (**sub E**). Von besonderem „dogmatischen „Reiz" und zugleich eine „Fundgrube" für Aufgabenstellungen in der juristischen Ausbildung ist die Ihnen ja schon ein wenig bekannte Schenkung von Todes wegen (**sub F**).

A. Der Erbe als Gesamtrechtsnachfolger

Der **Ausgangspunkt** einer jeden erbrechtlichen Darstellung ist **§ 1922 BGB**, aus dem sich das Prinzip der Gesamtrechtsnachfolge ergibt: „Mit dem Tode einer Person (Erbfall) geht deren Vermögen (Erbschaft) als Ganzes auf eine oder mehrere andere Personen (Erben) über". Klären wir erst einmal die Begriffe:

Der **„Erbfall"** setzt den Tod einer Person (**Erblasser**) voraus. Erblasser kann hiernach nur eine **natürliche Person** sein. Die **„Erbschaft"** bzw. der **„Nachlass"** besteht aus dem **Aktiv- und Passivvermögen** des Erblassers: Zum **Aktivvermögen** zählen das **Eigentum** (an beweglichen und unbeweglichen Sachen), **Rechte** (z.B. eine Forderung, ein Patentrecht), der **Besitz** (§ 857 BGB), eine **Grundbuchposition**, die **Bindung an ein Vertragsangebot** (§§ 130 Abs. 2, 153 BGB). Nicht dazu gehört der Nießbrauch (§ 1061 S. 1 BGB: er „erlischt mit dem Todes des Nießbrauchers"), eine Vereinsmitgliedschaft (§ 38 S. 1 BGB), das Persönlichkeitsrecht (zugunsten von Verwandten und nahen Angehörigen bestehen jedoch Ansprüche aus § 1004 BGB analog auf Unterlassung und Beseitigung von rechtswidrigen Eingriffen in das Allgemeine Persönlichkeitsrecht über den Tod hinaus). Eine solche begriffliche Zergliederung des Aktivvermögens in einzelne vererbliche bzw. einzelne nicht vererbliche Bestandteile darf Sie aber nicht irre machen: Einzelne Vermögensgegenstände können nicht vererbt werden, sondern immer nur das Vermögen insgesamt oder nur Bruchteile des Vermögens! Das **Passivvermögen** besteht in den Verbindlichkeiten des Erblassers.

Als „Erbe" kommt in Betracht, wer **erbfähig** ist. Erbfähig ist, wer rechtsfähig ist. In Betracht kommen natürliche und juristische Personen. Die Erbfähigkeit einer natürlichen Person setzt voraus, dass sie zur Zeit des Erbfalls lebt (§ 1923 Abs. 1 BGB). Die Erbfähigkeit der Leibesfrucht wird fingiert (§ 1923 Abs. 2 BGB); für die Stiftung gilt ähnliches (§ 84 BGB). Bei einer Mehrheit von Erben besteht eine Erbengemeinschaft (§§ 2032 ff. BGB). Erbe kann man aufgrund **gewillkürter (=rechtsgeschäftlich herbeigeführter) Erbfolge** oder aufgrund **gesetzlicher Erbfolge** werden.

Noch einmal: In § 1922 BGB heißt es, dass „mit dem Tode einer Person (Erbfall) deren Vermögen (Erbschaft) als Ganzes auf eine oder mehrere andere Personen (Erben) über(geht)". Haben Sie sich eigentlich schon einmal Gedanken darüber gemacht, ob auch eine **juristische Peron oder eine Gesellschaft** „sterben" kann mit der Folge einer solchen „Gesamtrechtsnachfolge"? Andeutungsweise war davon schon die Rede. Vertiefen konnten und können wir diese spannende und für die Rechtspraxis bedeutsame Frage aus dem Gesellschaftsrecht hier nicht. Soviel sei jedenfalls gesagt: Einen biologischen Tod gibt es natürlich nicht, wohl aber eine Art „juristischen Tod", der auf den unterschiedlichsten „Todesursachen" (z.B. einer Insolvenz der juristischen Person oder der Gesellschaft!) beruhen kann. Weil juristische Personen oder Personalgesellschaften nicht „sterben" können, werden sie „aufgelöst" (z.B. §§ 41 ff. BGB, §§ 726 ff. BGB). Weil sie daher auch keine „Erben" haben, soll ihr Vermögen bestimmten Personen „anfallen" (z.B. § 45 BGB) bzw. unter mehreren Personen „auseinandergesetzt" werden (z.B. § 730 ff. BGB).

I. Berufung zum Erben durch gewillkürte Erbfolge

Aus der **„Testierfreiheit"** folgt, dass jedermann seinen Erben selbst bestimmen kann (vgl. Art. 14 GG). Dazu stellt das Gesetz bestimmte rechtstechnische Mittel zur Verfügung: Der Erblasser kann die **Erbfolge rechtsgeschäftlich gestalten**, indem er einseitig letztwillig verfügend ein **Testament** errichtet (§§ 1937, 2064 ff. BGB) oder durch einen **Erbvertrag** zweiseitig letztwillig verfügt (§§ 1941, 2274 ff. BGB).

1. Gewillkürte Erbfolge durch einseitige Verfügung von Todes wegen („Testament")

Dass der Erblasser den Erben „durch einseitige Verfügung von Todes wegen (Testament, letztwillige Verfügung) ... bestimmen (kann)", ergibt sich aus § 1937 BGB. Wenn das Gesetz die einseitige Verfügung von Todes wegen nicht nur als „Testament", sondern auch als „letztwillige Verfügung" bezeichnet, so ist damit klargestellt, dass es um den „letzten" (also um einen bis zum Tode nicht mehr durch einen – ja möglichen – Widerruf geänderten) „Willen" geht.

> Das Testament ist ein einseitiges, nicht empfangsbedürftiges, eine Testierfähigkeit voraussetzendes, von einem Testierwillen getragenes, höchstpersönliches und formbedürftiges Rechtsgeschäft, das jederzeit frei widerruflich ist.

a) Wirksamkeitsvoraussetzungen

Dass das Testament ein **einseitiges Rechtsgeschäft** ist, folgt aus § 1937 BGB; aus der Tatsache, dass es erst mit dem Tod des Erblassers wirksam wird, folgt, dass es **nicht empfangsbedürftig** i.S.d. § 130 BGB ist.

Der Erblasser muss **testierfähig** (§ 2229 Abs. 1 BGB: mindestens 16 Jahre alt) sein und darf nicht testierunfähig sein (§ 2229 Abs. 4 BGB: Testierunfähigkeit besteht, wenn der Erblasser wegen Geisteskrankheit, Geistesschwäche oder Bewusstseinsstörung die Bedeutung der Willenserklärung nicht einsehen und nicht danach handeln kann). Der Minderjährige (also der 16 – 18 jährige) kann allerdings nur durch mündliche Erklärung oder Übergabe einer offenen Schrift letztwillig verfügen (§ 2233 Abs. 1 BGB).

Um eine Abgrenzung zu bloßen Testamentsentwürfen und zu Scherzerklärungen möglich zu machen, ist anerkannt, dass Voraussetzung für ein Testament ist, dass der Erblasser den Willen hat, durch rechtsgeschäftliche Willenserklärung eine Regelung zu treffen, die mit dem Tode wirksam werden soll. Bei einer formgerechten Erklärung ist in der Regel vom Vorliegen eines solchen **Testierwillens** auszugehen (§ 133 BGB).

Das Testament muss **persönlich errichtet** werden (§ 2064 BGB); daher ist eine Stellvertretung nicht möglich. Unwirksam ist das Testament auch, wenn der Erblasser im (persönlich errichteten) Testament bestimmt hat, dass ein Dritter über dessen Geltung entscheiden solle (§ 2065 Abs. 1 BGB). Auch darf die Person des Erben nicht durch einen Dritten bestimmt werden (§ 2065 Abs. 2 BGB), wohl aber den Erben aus einem im Testament eng begrenzen Personenkreis nach im Testament sachlich festgelegten Kriterien „bezeichnen".

Ein Testament muss, um wirksam zu sein, einer bestimmten **Form** genügen. Es ist nichtig, wenn es formwidrig ist (§ 125 S. 1 BGB). Das strenge Korsett der Formvorschriften der §§ 2232, 2233 BGB bei testierfähigen Personen, die weder schreiben noch sprechen können (z.B. bei einer Behinderung infolge eines Schlaganfalls) wurde, um einen Verstoß gegen Art. 3 Abs. 1, 3 S. 2 und Art. 14 Abs. 1 GG zu vermeiden um eine Sonderbestimmung in § 2233 Abs. 2 BGB ergänzt,so dass eine Testamentserrichtung in diesen Fällen auch durch formlosen Willensäußerungen möglich ist.

Von dieser Ausnahme abgesehen muss die Errichtung eines Testaments

- in **ordentlicher Form** erfolgen (§ 2231 BGB), also <u>entweder</u> durch <u>eigenhändiges Testament</u> (dazu muss es nach § 2247 Abs. 1 BGB eigenhändig geschrieben und unterschrieben worden sein, während es nach §§ 2247, 2267 BGB bei einem gemeinschaftlichen Testament ausreicht, wenn ein Ehegatte das Testament errichtet und der andere Ehegatte es nur mit unterzeichnet), und es soll Angaben über Ort und Zeit enthalten (§ 2247 Abs. 2, 5 BGB) <u>oder</u> durch ein <u>öffentliches Testament</u> im Wege einer mündlichen Erklärung oder durch Übergabe einer Schrift zur Niederschrift eines Notars (§ 2232 BGB, §§ 27 ff. BeurkG), wobei beim öffentlichen gemeinschaftlichen Testament die Form insoweit erleichtert ist, als es ausreicht, wenn der eine Ehegatte mündlich und der andere Ehegatte durch Übergabe einer offenen Schrift testiert oder wenn nur ein Ehegatte zur Niederschrift des Notars verfügt, während der andere vor einem anderen Notar erklärt, das Testament solle auch sein eigenes sein (§ 2232 BGB).

> Formel: „ordentlich = eigenhändig <u>oder</u> öffentlich"

- Der **Minderjährige** (also der 16 – 18 jährige) kann überhaupt nur durch mündliche Erklärung oder durch Übergabe einer offenen (!) Schrift letztwillig verfügen (§ 2233 Abs.1 BGB).
- Ferner gibt es noch die sog. **Nottestamente** (§ 2249 BGB: Nottestament vor dem Bürgermeister; § 2250 BGB: Nottestament vor drei Zeugen in besonderen Fällen; § 2251 BGB: Seetestament).

b) Widerruflichkeit des Testaments

Aus der **„Testierfreiheit"** folgt auch, dass der testierfähige (§ 2229 BGB) Erblasser ein Testament oder einzelne Verfügungen jederzeit in bestimmter Weise widerrufen kann (§ 2253 BGB), und zwar „durch Testament" (§ 2254 BGB) oder durch tatsächliche Handlungen (§§ 2255 f., 2258 ff. BGB), im Einzelnen:

- durch **Errichtung eines Widerrufstestaments**, unabhängig davon, ob das alte Testament eigenhändig oder notariell errichtet worden war (§ 2254 BGB), ohne dass das Widerrufstestament sonstige Verfügungen enthalten muss („reines Widerrufstestament");
- durch Errichtung eines **neuen Testaments mit widersprechenden Anordnungen**, für das kein „Widerrufswille" erforderlich ist (§ 2258 BGB),
- oder durch **Vernichtung oder Veränderungen eines bisherigen Testaments**, wofür ein „Widerrufswille" erforderlich ist, der allerdings im Falle einer Vernichtung oder Veränderung vermutet wird (§ 2255 BGB);

- durch **Rücknahme aus der amtlichen Verwahrung** bei Testamenten, die gem. § 2232 BGB vor dem Notar oder gem. § 2249 BGB vor dem Bürgermeister errichtet wurden und sich in besonderer amtlicher Verwahrung gem. § 2258 a BGB befinden (§ 2256 BGB); dagegen hat die Rückgabe eines eigenhändigen Testaments aus der Verwahrung (§ 2248 BGB) gem. § 2256 Abs. 3 BGB keine Aufhebungswirkung.

Niemand kann sich also einer erwarteten Erbschaft sicher sein. Dass ein bevorstehender Widerruf eines Testaments ein Motiv für ein Verbrechen sein kann, lehren nicht nur Kriminalromane, sondern gilt auch in der Wirklichkeit. Gesichert ist ein zukünftiges Erbrecht nur beim Bestehen eines Erbvertrages (§§ 2274 ff. BGB). Wenn **im Hinblick auf eine erhoffte Erbeinsetzung Leistungen an den Erblasser** erbracht werden (z.B. Pflege) und eine Erbeinsetzung in Kenntnis der Erwartung des Leistenden widerrufen wird, steht dem Leistenden ein Anspruch aus § 812 Abs. 1 S. 2 2. Fall BGB zu.

c) Testamente von Ehegatten (Gemeinschaftliches Testament, „Berliner Testament")

aa) Gemeinschaftliches Testament

Ehegatten können auch ein **gemeinschaftliches Testament** errichten (§ 2265 BGB). Sie wissen ja schon, dass es für die Wahrung der Testamentsform eines eigenhändigen gemeinschaftlichen Testaments ausreicht, dass ein Ehegatte das Testament errichtet und der andere Ehegatte es mit unterzeichnet (§§ 2247, 2267 BGB) und dass auch beim öffentlichen gemeinschaftlichen Testament die Form insoweit erleichtert ist, als es ausreicht, dass ein Ehegatte mündlich und der andere Ehegatte durch die Übergabe einer offenen Schrift testiert oder wenn nur ein Ehegatte zur Niederschrift des Notars verfügt, während der andere Ehegatte vor einem anderen Notar erklärt, das Testament solle auch sein eigenes sein (§ 2232 BGB).

Wenn man bei Verfügungen betreffend die Erbeinsetzung, Anordnung von Vermächtnissen und Auflagen davon ausgehen muss, dass die Verfügung des einen Ehegatten nicht ohne die Verfügung des anderen Ehegatten getroffen worden wäre, liegen „**wechselbezügliche Verfügungen**" vor. Nach der **Auslegungsregel** des **§ 2270 Abs. 2 1. Fall BGB** ist das vor allem dann im Zweifel der Fall, wenn die Ehegatten sich wechselseitig als Erben einsetzen. Der rechtlich interessantere Fall der Wechselbezüglichkeit ist der der Auslegungsregel des **§ 2270 Abs. 2 2. Fall BGB**: Hiernach ist im Zweifel von einer Wechselbezüglichkeit auszugehen, „wenn dem einen Ehegatten von dem anderen eine Zuwendung gemacht und für den Fall des Überlebens des Bedachten eine Verfügung zugunsten einer Person getroffen wird, die mit dem anderen Ehegatten verwandt ist oder ihm sonst nahe steht".

> Werden z.B. die gemeinschaftlichen Kinder als Erben des längstlebenden Ehegatten eingesetzt, so ist der längstlebende Ehegatte gebunden.

Die wesentliche Rechtsfolge von „wechselbezüglichen Verfügungen" ist die **Bindungswirkung** gem. § 2271 Abs. 1 S. 2 BGB: Ein Widerruf kann bei „wechselbezüglichen Verfügungen" nur bis zum Todes des anderen Ehegatten erfolgen und muss den Regeln über den Rücktritt vom Erbvertrag entsprechend (§ 2296 BGB: gegenüber dem anderen Ehegatten und notariell beurkundet) erfolgen; darin liegt der wesentliche Unterschied zum Erbvertrag, bei dem die erbrechtliche Bindungswirkung schon mit Vertragsschluss eintritt. Der erstversterbende Ehegatte kann also sicher sein, dass der überlebende Ehegatte nicht anders verfügt. Verzwickt ist die Rechtslage, wenn der erstversterbende Ehegatte den notariell beurkundeten Widerruf noch zu Lebzeiten erklärt, dieser aber erst nach seinem Tode zugeht: Hier ist der Widerruf nach § 130 Abs. 2 BGB wirksam. Ist der Widerruf jedoch aufgrund einer besonderen Weisung des erstversterbenden Ehegatten erst nach seinem Tode dem längerlebenden Ehegatten zugegangen, so wird § 130 Abs. 2 BGB aus dem Normzweck der §§ 2271 Abs. 1, 2296 BGB „teleologisch" reduziert, denn ein Widerruf darf aufgrund einer Verheimlichung dem erstversterbenden Ehegatten keinen Vorteil bringen.

Wegen der nach dem Tode des erstversterbenden Ehegatten dem Erbvertrag ähnlichen erbrechtlichen Bindungswirkung müssen die **§§ 2286 – 2288 BGB analog** angewendet werden: Der überlebende Ehegatte kann zwar unter Lebenden frei über sein und über das ererbte Vermögen verfügen und sich entsprechend verpflichten (§ 2286 BGB); bei beeinträchtigenden Schenkungen etc. gelten aber die §§ 2287, 2888 BGB. Spätere Verfügungen von Todes wegen sind insoweit unwirksam, als sie Rechte von Drittbedachten beeinträchtigen (§ 2289 Abs. 1 S. 2 BGB). Man erkennt aber sofort, dass ein solcher Anspruch nur „wenig wert" sein kann (§ 818 Abs. 3 BGB; allgemeines Gläubigerrisiko bzw. spezielles Insolvenzrisiko in Bezug auf die Person des Beschenkten). Daher hat ein zukünftiger Schlusserbe ein virulentes Interesse an einem Schutz noch zu Lebzeiten des Erlassers davor, dass dieser den Nachlass „verschleudert". Hier kann aber kaum geholfen werden: Eine Sicherung des Anspruchs aus §§ 2287, 818 ff. BGB durch eine einstweilige Verfügung scheidet aus, weil noch kein sicherungsfähiger Anspruch besteht. Nur wenn der Schlusserbe mit dem zukünftigen Erblasser eine nach § 137 S. 2 BGB schuldrechtlich wirkende Verfügungsbeschränkung hat, wäre der Ausspruch eines Veräußerungs- oder Belastungsverbots möglich.

bb) „Berliner Testament"

Wenn die Ehegatten sich wechselseitig als Erben einsetzen und bestimmen, dass nach dem Tode des Überlebenden der beiderseitige Nachlass an einen Dritten (i.d.R. die Kinder) als Schlusserben fallen soll (sog. **„Berliner Testament"**), gibt es zwei Möglichkeiten der Auslegung.

- **Trennungsprinzip**: Der überlebende Ehegatte ist Vorerbe, der Dritte ist Nacherbe des Erstverstorbenen und Erbe des überlebenden Gatten (zur Vor- und Nacherbschaft später mehr).
- Nach der Auslegungsregel des § 2269 Abs. 1 BGB gilt das **Einheitsprinzip**: Der überlebende Ehegatte wird (Voll-) Erbe des vorversterbenden Ehegatten und der Dritte Schlusserbe des überlebenden Ehegatten. Die dadurch ausgeschlossenen gesetzlichen Erben (insbesondere die Kinder) können ggf. den Pflichtteil verlangen. Um dies zu verhindern, ist häufig in Testamenten angeordnet, dass ein pflichtteilsberechtigter Schlusserbe, der den Pflichtteil nach dem Todes des erst-

versterbenden Ehegatten verlangt, beim Tod des zweitversterbenden Ehegatten ebenfalls nur den Pflichtteil erhalten soll (sog. Verwirkungsklausel).

- Die Stellung des überlebenden Ehegatten als Vorerbe (Trennungsprinzip) oder Vollerbe (Einheitsprinzip) wird beendet, wenn die Ehegatten für den Fall der Wiederheirat des überlebenden Ehegatten vereinbart haben, dass der Nachlass des vorverstorbenen Ehegatten „an die Kinder herauszugeben" sei oder dass dann „die gesetzliche Erbfolge" zu gelten habe (**„Wiederverheiratungsklausel"**) und wenn der Längerlebende erneut heiratet. Eine solche „Wiederverheiratungsklausel" kann man so verstehen, dass dann, wenn der überlebende Ehegatte ohnehin nur Vor- und die Kinder Nacherben sein sollten (Trennungsprinzip), der Nacherbfall bereits mit der Wiederheirat eintritt, dass also die Auslegungsregel des § 2269 BGB nicht mehr gelten soll. Wenn aber der überlebende Ehegatte Vollerbe sein sollte (Einheitsprinzip), dann liegt in der Wiederverheiratungsklausel die Anordnung einer durch die Wiederheirat „auflösend bedingten Vollerbschaft" bei gleichzeitiger Anordnung einer aufschiebend bedingten Vor- und Nacherbschaft. (§§ 2075, 158 Abs. 2 BGB), so dass der längerlebende Ehegatte bei einer Wiederheirat zum Vorerben wird.

2. Gewillkürte Erbfolge durch Erbvertrag

Der Erblasser kann einen Erben nicht nur einseitig durch Testament, sondern auch zweiseitig durch einen **Erbvertrag** einsetzen (§ 1941 Abs. 1 BGB). Begünstigte sein können der Vertragspartner selbst oder auch ein am Vertragsschluss nicht beteiligter Dritter (§ 1941 Abs. 2 BGB). Die **Besonderheit gegenüber dem Testament** liegt darin, dass die vertragsmäßig getroffenen Anordnungen i.d.R. nicht einseitig widerrufen werden können (§§ 2290 ff. BGB). Machen Sie sich bitte klar, dass eine solche Bindungswirkung über die Bindungswirkung des § 2271 BGB eines gemeinschaftlichen Testaments weit hinausgeht.

a) Wirksamkeitsvoraussetzungen

Anders als die Errichtung eines Testaments verlangt der Abschluss eines Erbvertrags **Geschäftsfähigkeit,** wobei der **Erblasser** nach § 2275 Abs. 1 BGB **unbeschränkt geschäftsfähig** sein muss, während der **Vertragspartner,** der nicht Erblasser ist, auch **beschränkt geschäftsfähig** (§§ 107 ff. BGB) sein kann. Auch hinsichtlich der Möglichkeit einer **Vertretung** ist zu differenzieren: Der Erblasser kann den Erbvertrag nur persönlich schließen (§ 2274 BGB); der Vertragspartner kann sich hingegen vertreten lassen. Der Erbvertrag muss in der **Form** der notariellen Beurkundung bei gleichzeitiger Anwesenheit der Vertragsschließenden geschlossen werden (§ 2276 BGB). Die für das öffentliche Testament geltenden Vorschriften sind gem. § 2276 Abs. 1 S. 2 BGB anzuwenden. Das heißt, dass der Vertragsinhalt dem Notar mündlich erklärt werden muss oder dass dem Notar ein schriftlicher Vertrag übergeben wird.

b) Bindungswirkung des Erbvertrages

Nach § 2278 Abs. 2 BGB können **„vertragsmäßig"** (also mit **Bindungswirkung**) nur Erbeinsetzungen, Vermächtnisse und auch Vorausvermächtnisse (dazu später mehr) und Auflagen angeordnet werden. Sehr interessant ist die Möglichkeit, in einem Erbvertrag eine Verfügungsbeschränkung i.S.d. § 137 S. 2 BGB zu vereinbaren; das eröffnet dann eine Möglichkeit zur lebzeitigen Sicherung des Vertragserben davor, dass der Erblasser Nachlassgegenstände „verschleudert" (dazu sogleich mehr). Jede Partei eines Erbvertrages kann nach § 2299 Abs. 1 BGB im Erbvertrag zusätzlich einseitig **ohne Bindungswirkung** jede Verfügung treffen, die durch Testament getroffen werden kann (Enterbung, Teilungsanordnung, Testamentsvollstreckung, Errichtung einer Stiftung von Todes wegen nach § 83 BGB).

c) Aufhebung oder Rücktritt bindender vertragsmäßiger Verfügungen

Bindende vertragsmäßige Verfügungen können **rückgängig gemacht** werden durch Aufhebung (§§ 2290 ff. BGB) oder durch einen Rücktritt (§§ 2293 ff. BGB).

aa) Aufhebung

Eine **Aufhebung** vertragsmäßiger Verfügungen kann nur einverständlich erfolgen: Sie ist möglich durch einen entsprechenden Vertrag in Erbvertragsform zwischen den Personen, die den Vertrag geschlossen haben (§ 2290 BGB). Ein Erbvertrag zwischen Ehegatten kann durch gemeinschaftliches Testament der Ehegatten aufgehoben werden, § 2292 BGB. Ein vertragsmäßig angeordnetes Vermächtnis oder eine Auflage kann auch durch Testament widerrufen werden, wenn der bedachte Vertragspartner zustimmt (§ 2291 BGB).

bb) Rücktritt

Der **Rücktritt** von einer vertragsmäßigen Verfügung setzt einen Rücktrittsgrund und eine Rücktrittserklärung voraus.

Der **Rücktrittsgrund** kann sein

- ein Rücktrittsvorbehalt des Erblassers im Erbvertrag (§ 2293 BGB),
- die Verfehlung des Bedachten, die den Erblasser zur Entziehung des Pflichtteils berechtigen würde (§§ 2294, 2333 – 2335 BGB)
- oder die Aufhebung der Gegenverpflichtung (§ 2295 BGB, wenn z.B. eine vertragsmäßige Erbeinsetzung gegen die Gewährung von Unterhalt erfolgt ist und die Unterhaltsverpflichtung nicht mehr besteht).

Die **Rücktrittserklärung** muss nach § 2296 BGB höchstpersönlich durch den Erblasser gegenüber dem Vertragspartner in notariell beurkundeter Form erfolgen.

d) Aufhebung nicht vertragsmäßiger („einseitiger") Verfügungen

In einem Erbvertrag getroffene **einseitige Verfügungen ohne Bindungswirkung** können unter folgenden Voraussetzungen aufgehoben werden:

- Die Verfügung kann jederzeit einseitig nach §§ 2255 ff. BGB durch Testament aufgehoben werden (§ 2299 Abs. 2 S. 1 BGB).

- Die Aufhebung ist auch durch einen Vertrag, durch den eine vertragsmäßige Verfügung aufgehoben wird (§ 2299 Abs. 2, S. 2 BGB), möglich.
- Wird der gesamte Erbvertrag aufgehoben, so treten im Zweifel auch die nicht bindenden Verfügungen außer Kraft, sofern kein anderer Wille des Erblassers anzunehmen ist (§ 2299 Abs. 3 BGB).

e) Rechtsfolgen des Erbvertrages

Was die Rechtsfolgen des Erbvertrages angeht, so ist zu unterscheiden zwischen der **erbrechtlichen Wirkung** und der **sonstigen zivilrechtlichen Wirkung**.

aa) Erbrechtliche Wirkung des Erbvertrages

Die Bindungswirkung des Erbvertrages ist ausschließlich erbrechtlicher Art: Durch einen Erbvertrag werden frühere oder spätere testamentarische letztwillige Verfügungen unwirksam, soweit sie das Recht des vertragsmäßig Bedachten beeinträchtigen würden (§ 2289 Abs. 1 S. 1 BGB). Spätere Verfügungen von Todes wegen sind insoweit unwirksam, als sie Rechte von Drittbedachten beeinträchtigen (§ 2289 Abs. 1 S. 2 BGB).

bb) Sonstige zivilrechtliche Wirkung des Erbvertrages

Auch wenn die Bindungswirkung des Erbvertrages an sich ausschließlich erbrechtlicher Art ist, ist zu erörtern, ob sie darüber hinaus auch sonstige zivilrechtliche Wirkungen hat. Der Erblasser kann **zwar** unter Lebenden frei über sein Vermögen verfügen und sich entsprechend verpflichten (§ 2286 BGB). Der vertragsmäßige Erbe hat daher auch kein Anwartschaftsrecht am Nachlass, über das er verfügen könnte, sondern nur eine rein tatsächliche Aussicht. **Aber** ganz schutzlos ist der Vertragserbe nicht: Auch wenn Schenkungen unter Lebenden, die in der Absicht erfolgen, den vertragsmäßig Bedachten (also hier: den künftigen Erben) zu beeinträchtigen, nicht bereits deshalb automatisch nach § 138 Abs. 1 BGB sittenwidrig und nichtig sind (argec. §§ 2287, 2288 BGB), muss man dann jedoch eine Sittenwidrigkeit und Nichtigkeit nach § 138 Abs. 1 BGB annehmen, wenn der Schenker und der Beschenkte in anstößiger Weise zusammenwirken. Zumindest kann der Vertragserbe nach Bereicherungsrecht lebzeitige Schenkungen des Erblassers, die in Beeinträchtigungsabsicht gemacht worden sind, vom Beschenkten zurückfordern (§ 2287 BGB). Man erkennt aber sofort, dass dieser Anspruch nur „wenig wert" sein kann (§ 818 Abs. 3 BGB; allgemeines Gläubigerrisiko bzw. spezielles Insolvenzrisiko in Bezug auf die Person des Beschenkten). Daher hat ein zukünftiger Vertragserbe ein virulentes Interesse an einem Schutz noch zu Lebzeiten des Erblassers davor, dass dieser den Nachlass „verschleudert". Eine in diesem Zusammenhang in Erwägung gezogene Sicherung des Anspruchs aus §§ 2287, 818 ff. BGB durch eine einstweilige Verfügung scheidet im Allgemeinen aus, weil noch kein sicherungsfähiger Anspruch besteht; wenn aber in einem Erbvertrag eine nach § 137 S. 2 BGB schuldrechtlich wirkende Verfügungsbeschränkung vereinbart ist, wäre der Ausspruch eines Veräußerungs- oder Belastungsverbots möglich.

3. Inhaltliche Gestaltungsmöglichkeiten der Erbeinsetzung

a) Erbeinsetzung, Enterbung

Durch eine letztwillige Verfügung kann im Wege der **Erbeinsetzung** bestimmt werden, auf wen mit dem Tode des Erblassers dessen gesamtes Vermögen („Gesamtrechtsnachfolge") ganz bzw. anteilig übergehen soll; eingesetzt werden kann also ein Alleinerbe oder eine Mehrheit von Personen (Miterben).

> Zum wiederholten Male: Einzelne Vermögensgegenstände können nicht vererbt werden, sondern immer nur das Vermögen insgesamt oder Bruchteile des Vermögens. Wenn dem Bedachten durch eine letztwillige Verfügung einzelne Gegenstände zugewandt worden sind, so ist (auch bei seiner Bezeichnung als „Erbe") im Zweifel gem. § 2087 Abs. 2 BGB nicht anzunehmen, dass er Erbe sein soll; vielmehr wird es sich dann um ein Vermächtnis (dazu später mehr) handeln.

Eingesetzt werden kann ein **Ersatzerbe** für den Fall, dass ein Erbe vor oder nach dem Eintritte des Erbfalls durch Ausschlagung oder durch Tod wegfällt (§ 2096 BGB). Möglich ist auch eine aufschiebend oder auflösend **bedingte Erbeinsetzung**: Wenn bei der aufschiebend bedingten Erbeinsetzung keine Person bestimmt wird, die bis zum Bedingungseintritt Erbe ist, so sind die gesetzlichen Erben die Vorerben (§ 2105 Abs. 1 BGB). Bei auflösend bedingter Erbeinsetzung sind im Falle des Bedingungseintritts Nacherben die gesetzlichen Erben, sofern nichts anderes bestimmt ist (§ 2104 BGB).

In einer Erbeinsetzung kann zugleich eine **Enterbung** gesetzlicher Erben liegen. Der Erblasser kann sich sogar darauf beschränken, Verwandte oder Ehegatten auszuschließen, ohne einen Erben einzusetzen (§ 1938 BGB, sog. „negatives Testament").

b) Einsetzung von Vor- und Nacherben

Der Erblasser kann einen Erben in der Weise einsetzen, dass dieser erst Erbe wird, nachdem zunächst ein anderer Erbe geworden ist (§ 2100 BGB). Mit dem Nacherbfall hört der Vorerbe auf, Erbe zu sein, und die Erbschaft fällt dem Nacherben an (§ 2139 BGB). Der Nacherbe ist daher Rechtsnachfolger des Erblassers und nicht etwa des Vorerben – und zwar auch dann, wenn der Nacherbfall der Tod des Vorerben ist.

In zeitlicher Hinsicht ist die Einsetzung eines Nacherben auf 30 Jahre (= eine Generation) beschränkt (§ 2109 BGB).

Zum **Schutze des Nacherben** vor lebzeitigen **Verfügungen des Vorerben** über die Erbschaft

- hat das Gesetz ein **Surrogationsprinzip** aufgestellt (§ 2111 BGB): Was mit Mitteln der Erbschaft gekauft wurde, fällt in die Erbschaft.

- Ferner sind **Verfügungen des Vorerben über Grundstücke** relativ unwirksam (§ 2113 BGB), so dass bei einer Übereignung eines zum Nachlass gehörenden Grundstücks an einen Dritten dieser zwar Eigentümer gegenüber jedermann wird, für den Nacherben aber der Vorerbe der Eigentümer bleibt; beim Nacherbfall wird der Nacherbe automatisch Eigentümer (§ 2113 Abs.1 BGB), es sei denn der Dritte war in Bezug auf die Verfügungsbeschränkung gutgläubig (§§ 2113 Abs. 3, 892 BGB). Diese Möglichkeit wird in der Praxis jedoch dadurch vereitelt, dass im Grundbuch der Vor- und Nacherbschaftsvermerk eingetragen wird. Von dieser Verfügungsbeschränkung kann der Vorerbe jedoch befreit werden („befreiter Vorerbe", § 2136 BGB).
- Das gleiche gilt für **unentgeltliche Verfügungen** des Vorerben (§ 2113 Abs. 2 BGB) über alle Erbschaftsgegenstände – nur dass insofern eine Befreiung nicht möglich ist (vergl. § 2136 BGB).

Der Nacherbe hat ein mit dem Erbfall entstehendes seinerseits vererbliches Anwartschaftsrecht.

4. Auslegung und Anfechtung von Verfügungen von Todes wegen

a) Auslegung von Verfügungen von Todes wegen

Bei der gebotenen „individuellen Testamentsauslegung" ist von **§ 133 BGB** auszugehen. Dabei darf man aber (mangels eines Schutzbedürfnisses) nicht auf den objektiven Empfängerhorizont abstellen, sondern muss, ohne am Wortlaut zu haften, den **wirklichen Willen des Erblassers** erforschen.

Es kann auch eine **ergänzende Auslegung** erforderlich sein, wenn sich zwischen Testamentserrichtung und Erbfall Änderungen ergeben haben; dazu ist der hypothetische Erblasserwille zu ermitteln. Der hypothetische Wille muss aber nach der „Andeutungstheorie" im Ansatz formwirksam im Testament geäußert sein; anderenfalls würde man das Prinzip des Formzwangs verletzen. Wenn z.B. ein Ehepaar in einem gemeinschaftlichen Testament erklärt hat, dass die Kinder Erben sein sollen, sie aber (entgegen ihrem Willen) vergessen haben sollten, sich gegenseitig zum Erben einzusetzen, so kann – mangels einer „Andeutung" dieses Willens im Testament – nicht angenommen werden, dass zunächst der überlebende Ehegatte Erbe werden soll. Zu beachten sind schließlich die Auslegungsregeln der §§ 2066 – 2077 BGB. Bei mehreren Auslegungsergebnissen ist dasjenige vorzuziehen, das der letztwilligen Verfügung den Erfolg verleiht (§ 2084 BGB). Wie bereits oben festgestellt, geht der wirkliche Wille, so er denn festgestellt werden kann, grundsätzlich vor.

b) Anfechtung von Verfügungen von Todes wegen

Wenn einer Verfügungen von Todes wegen nicht mehr durch Auslegung zum Erfolg verholfen werden kann, kann ein Testament von Dritten angefochten werden. Die Anfechtung ist also „subsidiär", es gilt der Satz: „Auslegung geht vor Anfechtung". Das Testament gilt dann als von Anfang an nichtig. Vorliegen muss ein Anfechtungsgrund; der Anfechtungsberechtigte muss die Anfechtung erklären, und zwar form- und fristgerecht.

aa) Anfechtung von Testamenten

Die maßgeblichen **Anfechtungsgründe** sind in den §§ 2078 ff. BGB abschließend geregelt.

Eine Berechtigung zur Anfechtung wegen **Irrtums** besteht

- nach § 2078 Abs. 1 BGB, wenn der Erblasser eine Erklärung dieses Inhalts gar nicht abgeben wollte (**„Erklärungsirrtum"** z.B. bei einem Verschreiben) oder
- nach § 2078 Abs. 1 BGB, wenn der Erblasser über den Inhalt seiner Erklärung im Irrtum war (**„Inhaltsirrtum"**),
- oder nach § 2078 Abs. 2 BGB, wenn der Erblasser durch eine irrige Annahme oder Erwartung des Eintritts oder Nichteintritts eines Umstandes zur letztwilligen Verfügung bestimmt worden ist (**„Motivirrtum"**: die irrtümliche Vorstellung des Erblassers, dass seine zur Alleinerbin berufene Ehefrau nach seinem Tod nicht mehr heiraten würde);
- und § 2078 Abs. 1 BGB wenn **zusätzlich in allen vorgenannten Fällen** der Erblasser die Verfügung bei Kenntnis der Sachlage nicht abgegeben haben würde.
- Damit geht § 2078 BGB weit über § 119 BGB hinaus: Dem Vertrauens- und Verkehrsschutz muss anders als bei § 119 BGB keine Rechnung getragen werden. Daher verzichtet das Gesetz auch auf die das Anfechtungsrecht nach § 119 Abs. 1 BGB einschränkende Formulierung: „…bei verständiger Würdigung des Falles…" und bezieht in § 2078 Abs. 2 BGB jeden Motivirrtum ein.

Ein Anfechtungsgrund ist es auch, wenn der Erblasser **widerrechtlich durch Drohung** zur Verfügung bestimmt worden ist (§ 2078 Abs. 2 BGB).

Angefochten werden kann auch, wenn ein **unbekannter Pflichtteilsberechtigter übergangen** worden ist und der Erblasser bei Kenntnis der Sachlage die Verfügung nicht getroffen hätte (§ 2079 BGB).

Nach § 2080 BGB ist derjenige **anfechtungsberechtigt**, dem die Anfechtung der letztwilligen Verfügung unmittelbar zustatten kommt; das sind gesetzliche Erben, wenn ein Dritter statt ihrer zum Erben berufen wurde oder der durch die Nacherbschaft beschwerte Vorerbe oder der zum Erben Berufene bei der Anordnung eines Vermächtnisses.

Die Anfechtung ist **gegenüber dem Nachlassgericht** zu erklären, wenn ein Erbe eingesetzt, wenn ein gesetzlicher Erbe ausgeschlossen, ein Testamentsvollstrecker ernannt wird oder wenn eine Verfügung solcher Art aufgehoben wird (§ 2081 Abs. 1 BGB). Wenn eine Person durch ein Vermächtnis begünstigt wird, so muss die Anfechtung gem. § 143 Abs. 4 S. 1 BGB **gegenüber dem Vermächtnisnehmer** erklärt werden. Die Anfechtung muss binnen **Jahresfrist** erfolgen, beginnend mit dem Zeitpunkt, in welchem der Berechtigte von dem Anfechtungsgrund Kenntnis erlangt (§ 2082 BGB).

bb) Anfechtung von Erbverträgen

Die **Anfechtungsgründe** entsprechen denen bei Testamenten: Eine Anfechtung ist nach § 2281 Abs. 1 BGB möglich bei einem Irrtum oder einer Bedrohung des Erblassers (§ 2078 BGB) oder bei einer Übergehung eines Pflichtteilsberechtigten (§ 2079 BGB). **Zur Anfechtung berechtigt** sind der Erblasser selbst (§ 2281 Abs. 1 BGB) und diejenigen, denen die Anfechtung unmittelbar zustatten kommen würde, wenn das Anfechtungsrecht des Erblassers zur Zeit des Erbfalls noch nicht erloschen ist (§ 2285 BGB). Die Anfechtung bedarf **notarieller Beurkundung** (§ 2282 BGB). Die Anfechtung kann nur binnen **Jahresfrist** ab dem jeweiligen in § 2283 Abs. 2 BGB genannten Zeitpunkt erfolgen (§ 2283 BGB).

cc) Rechtsfolgen der Anfechtung von Verfügungen von Todes wegen

Weil die Verfügung **mit ex – tunc – Wirkung nichtig** ist (**§ 142 Abs. 1 BGB**), tritt diejenige Rechtsfolge mit Rückwirkung auf den Erbfall ein, die ohne die angefochtene letztwillige Verfügung eingetreten wäre; es gilt dann also gesetzliche Erbfolge oder Erbfolge nach früheren letztwilligen Verfügungen. Die Nichtigkeit erfasst nur die angefochtenen Teile der letztwilligen Verfügung, so dass sie im Übrigen gültig bleibt (2078 Abs. 1 BGB: „...soweit...``; § 2085 BGB). § 122 BGB findet nach § 2078 Abs. 3 BGB keine Anwendung, so dass der Anfechtende keinem Schadensersatzanspruch des testamentarischen Erben ausgesetzt ist.

II. Berufung zum Erben durch gesetzliche Erbfolge

Wenn der Erblasser kein Testament errichtet oder keinen Erbvertrag geschlossen hat, kommt es zu einer gesetzlichen Erbfolge. Gesetzlich vererbt wird an die Verwandten und an den Ehegatten.

1. Gesetzliches Erbrecht der Verwandten

Gesetzlich vererbt wird an die Verwandten (vgl. § 1589 BGB, Abstammungsprinzip) nach „Ordnungen`` und innerhalb der Ordnungen nach „Stämmen``, wobei sich das Repräsentationsprinzip und das Eintrittsprinzip ergänzen: z.B. repräsentieren in der 1. Ordnung die Abkömmlinge den gesamten Stamm und schließen die Enkel und Urenkel des Erblassers etc. aus (§ 1924 Abs. 2 BGB, „Repräsentationsprinzip``) und an die Stelle nicht mehr lebender Abkömmlinge treten die durch sie mit dem Erblasser verwandten Abkömmlinge (§ 1924 Abs. 3 BGB, „Eintrittsprinzip``); gleiches finden Sie in §§ 1925 und 1926 BGB jeweils in Abs. 2 bzw. Abs. 3.

- Die **Erben erster Ordnung** sind die Abkömmlinge des Erblassers, wobei ein Abkömmling (z.B. Kind) die weiteren Abkömmlinge (z.B. Enkel) ausschließt (§ 1924 Abs.1, 2 BGB).

  Beispiel: Der alleinstehende M hat zwei Söhne (S1 und S2). S 1 hat seinerseits eine Tochter T, S2 ist kinderlos. Es lebt außerdem noch der Vater V des M.

> Nach dem Tod des M, der kein Testament gemacht hat, erben S1 und S2 jeweils zu ½ während T und V nicht Erben sind.

> Beispiel: M hat einen Sohn S, dieser hat wiederum einen Sohn E. Es lebt auch noch der Vater V des M. S ist vor einigen Jahren bei einem Autounfall gestorben. Beim Tod des M, der wiederum kein Testament gemacht hat, erbt E allein.

- Die **Erben zweiter Ordnung** (§ 1925 BGB) sind dann die gesetzlichen Erben, wenn Erben erster Ordnung nicht vorhanden oder weggefallen sind (z.B. durch Ausschlagung); es handelt sich dabei um die Eltern des Erblassers und deren Abkömmlinge, also die Geschwister des Erblassers, deren Kinder und Enkel (= Neffen, Nichten.)

> Beispiel: M stirbt im Alter von 21 Jahren bei einem Autounfall. Kinder hat er nicht. Es erben daher seine Eltern allein.

- Die **Erben dritter Ordnung** (§ 1926 BGB) sind Großeltern des Erblassers und deren Abkömmlinge (Onkel, Tanten). Sie sind zu Erben berufen, wenn weder Erben erster noch zweiter Ordnung vorhanden sind.

> Nichteheliche Kinder sind seit dem 1. Juli 1998 den ehelichen Kindern gleichgestellt, so dass die Konstruktion eines „Erbersatzanspruchs" nach §§ 1934 a – 1934 e BGB aF. nicht mehr gilt.

2. Gesetzliches Erbrecht des Ehegatten

Da Ehegatten ein gesetzliches Erbrecht haben sollten, sie aber nicht miteinander verwandt sind, musste das Gesetz ein besonderes gesetzliches Ehegatten-Erbrecht schaffen (§ 1931 Abs. 1, 2 BGB), das die Vorschrift des § 1371 BGB über den Zugewinnausgleich „unberührt" lässt (§§ 1931 Abs. 3, 1371 BGB) und für den Güterstand der Gütertrennung (wegen der Bedeutungslosigkeit dieses Güterstandes hier nicht weiter interessierende) Sonderregeln vorsieht (§ 1931 Abs. 4 BGB). Wenn der Erblasser bis zum Tod in gültiger Ehe gelebt hat,

- erhält der längerlebende Ehegatte **neben den Erben erster Ordnung ein Viertel der Erbschaft; neben Eltern oder Großeltern erhält er die Hälfte**. Für den gesetzlichen Güterstand der Zugewinngemeinschaft gilt ergänzend folgendes: Der gesetzliche Erbteil nach § 1931 Abs. 1 BGB erhöht sich pauschal um ein Viertel (§ 1371 BGB). Für den Fall der Ausschlagung der Erbschaft durch den überlebenden Ehegatten kann dieser den konkret berechneten Zugewinn (§ 1373 BGB) verlangen. Zusätzlich steht ihm der „kleine Pflichtteil" in Höhe der Hälfte des gesetzlichen Erbteils zu; berechnet wird der Pflichtteil auf der Basis des um den Zugewinnausgleich gekürzten Nachlasses. Beim Güterstand der Gütertrennung gibt es keinen Zugewinnausgleich, so dass es dann bei § 1931 Abs. 1 BGB bleibt, allerdings variiert durch § 1931 Abs. 4 BGB.

> **Beispiel:** M ist mit F verheiratet und lebt im Güterstand der Zugewinngemeinschaft. Aus der Ehe stammt der Sohn S. Beim Tod des M erbt die F neben dem S als Erbe erster Ordnung nach § 1931 Abs. 1 BGB zu ¼ und nach § 1371 BGB zu weiteren ¼, womit ihr insgesamt die Hälfte des Erbes zusteht. Die andere Hälfte steht dementsprechend dem S zu.

- Sind Verwandte der 1. und 2. Ordnung und auch Großeltern nicht vorhanden, dann bekommt der Ehegatte nach § 1931 Abs. 2 BGB die **gesamte Erbschaft**.

Das **Ehegattenerbrecht** ist **ausgeschlossen**, wenn die Scheidung beantragt oder die Aufhebung der Ehe hätte beantragt werden können (§ 1933 BGB). Einen ergänzenden Anspruch hat der erbberechtigte Ehegatte auf bestimmte zum Hausrat gehörende Gegenstände und Hochzeitsgeschenke, sog. **„Voraus"** (§ 1932 BGB).

III. Anfall der Erbschaft

Die Erbschaft geht **mit dem Erbfall** nach § 1922 Abs. 1 BGB im Wege der „Gesamtrechtsnachfolge" als Ganzes auf den zum Erben Berufenen über. Der zum Erben Berufene kann die Erbschaft annehmen oder ausschlagen (§§ 1942-1966 BGB), sobald der Erbfall eingetreten ist (§ 1942 Abs. 1 BGB). Der zum Erben Berufene ist erst dann **endgültig Erbe**, wenn er die angefallene Erbschaft angenommen oder wenn er die Ausschlagungsfrist hat verstreichen lassen (§ 1943 BGB). Die Annahme oder Ausschlagung der Erbschaft richtet sich nach §§ 1942 – 1966 BGB:

Die **Annahme** der Erbschaft ist nach § 1943 BGB erfolgt, wenn die sechswöchige Ausschlagungsfrist des § 1944 BGB abgelaufen ist, ohne dass der Erbe die Erbschaft durch Erklärung gegenüber dem Nachlassgericht nach § 1945 BGB ausgeschlagen hat. Sie kann aber auch ausdrücklich (durch Erklärung gegenüber Nachlassgläubigern) oder konkludent (Antrag auf Erbscheinerteilung, Verfügung über Nachlassgegenstände) erfolgen. Die Annahme der Erbschaft ist die Regel und bedeutet wegen der Haftungsbeschränkungsmöglichkeit kein Risiko für den zum Erben Berufenen.

Jeder zum Erben Berufene (nach §§ 1936, 1942 Abs. 2 BGB mit Ausnahme des Fiskus) kann durch Erklärung gegenüber dem Nachlassgericht (§ 1945 BGB) die Erbschaft mit rückwirkender Kraft ausschlagen (§ 1942 Abs. 1 BGB). Die regelmäßige Ausschlagungsfrist beträgt 6 Wochen ab Kenntnis von Anfall und Grund (§ 1944 BGB). Die Folge einer **Ausschlagung** ist, dass der Anfall der Erbschaft als nicht erfolgt gilt (§ 1953 Abs. 1 BGB) und der Nachlass an den, der als nächster zum Erben berufen wäre, übergeht. Für eine Ausschlagung kann es unterschiedliche **Motive** geben: So wird ein überlebender Ehegatte ausschlagen, wenn die Ehegatten im gesetzlichen Güterstand der Zugewinngemeinschaft lebten und der Überlebende selbst keinen Zugewinn gemacht hat. Dann stehen ihm nämlich der Zugewinnausgleich und der kleine Pflichtteil zu (§§ 1371 Abs. 2, 1378 BGB). Ausschlagen wird man sicher auch bei einer Überschuldung des Nachlasses.

Die **Annahme** und die **Ausschlagung** können innerhalb von 6 Wochen **nach §§ 119 ff. BGB angefochten** werden (§ 1954 BGB).

IV. Erbschein

> Damit der Erbe sein Erbrecht realisieren kann, benötigt er einen Nachweis über sein Erbrecht, und zwar insbesondere gegenüber Banken und dem Grundbuchamt. So kann der Erbe ohne einen solchen Nachweis nicht über die Bankkonten oder über das Wertpapierdepot des Erblassers verfügen oder sich als Eigentümer eines ererbten Grundstücks in das Grundbuch eintragen lassen oder das Grundstück veräußern; auch kann er von den Mietern eines ererbten Zinshauses nicht die Zahlung der Miete verlangen u.v.a.m.
>
> Um den Erben dazu in den Stand zu setzen, ist es aus praktischen Gründen zu empfehlen, **a)** dass der Erblasser dem Erben eine mindestens notariell beglaubigte **Generalvollmacht** erteilt, die diesen **über den Tod hinaus bevollmächtigt**, wobei zu beachten ist, dass die Banken häufig auf einer gesonderten von ihnen selbst beglaubigten Kontovollmacht bestehen. **b)** Legitimiert wäre der Erbe auch durch ein **öffentliches Testament** des Erblassers. **c)** Ansonsten gibt es für die Legitimation des Erben den von Gesetzes wegen hierfür vorgesehenen **Erbschein**. Nur mit dem Erbschein werden wir uns befassen, weil er besonders „ausbildungsrelevant" ist.
>
> Damit **kein Missverständnis** aufkommt: Das Erbrecht des Erben hängt nicht von der Möglichkeit des Nachweises seines Erbrechts auf eine der vorgenannten Weisen ab. Kurz gesagt: Erbe ist man auch ohne Erteilung eines Erbscheins!

Der **Erbschein** ist das **amtliche Zeugnis des Nachlassgerichts über ein Erbrecht** und ggf. über die **Größe des Erbteils** sowie eventueller vom Erblasser angeordneter **Beschränkungen der Erbenstellung**; er enthält dagegen keine Angaben über Vermächtnisse, Auflagen, Teilungsanordnungen usw. (§ 2353 BGB).

Der **Antrag** auf Erteilung eines Erbscheins setzt die in §§ 2354 ff. BGB genannten Angaben voraus, deren Richtigkeit der Antragsteller nach § 2356 BGB uU. durch öffentliche Urkunden nachweisen muss. Antragsberechtigt sind der Erbe (§ 2353 BGB), aber auch Nachlassverwalter, der Testamentsvollstrecker und auch ein Gläubiger, nicht aber ein Schuldner (wenn dieser nicht weiß, ob er an eine sich als Erbe berühmende Person befreiend leisten kann, bleibt ihm nur die Hinterlegung nach §§ 372 ff. BGB). Der Erbschein wird nur erteilt, wenn das Nachlassgericht die zur Begründung des Antrags erforderlichen Tatsachen für festgestellt erachtet. Nach § 2358 BGB stellt das Nachlassgericht eigene Ermittlungen zur Überprüfung der Angaben im Antrag an; das Verfahren ist im FGG geregelt.

> Beachten Sie aber bitte, dass mit der Erteilung des Erbscheins das Erbrecht keinesfalls rechtskräftig festgestellt ist. Vielmehr kann darüber vor den ordentlichen Gerichten gestritten werden. Im „Idealfall" kann es beim Streit um den Nachlass zwischen zwei Prätendenten sechs Instanzen geben: **1.** Erbscheinerteilungsverfahren nach FGG: Amtsgericht als Nachlassgericht, Landgericht als Beschwerdegericht, Rechtsbeschwerde an das OLG. **2.** Klage gestützt auf

> § 2018 BGB nach ZPO: Erste Instanz Urteil des Landgerichts, Berufungsurteil des OLG, Revision zum BGH; oder erste Instanz: Urteil des Amtsgerichts, Berufungsurteil des Landgerichts bzw. Revisionsurteil des BGH. Bei einer Mehrzahl von Prätendenten kommt es zu einer entsprechenden Vervielfachung. Daher ist das oberste Ziel bei der Rechtsgestaltung höchste Klarheit bei letztwilligen Verfügungen, die am ehesten bei öffentlichen Testamenten oder bei einem Erbvertrag gewährleistet ist. Oder man entscheidet sich dafür, die gesetzliche Erbfolge gelten zu lassen.

Die **materiellrechtliche Bedeutung des Erbscheins** liegt in der „Vermutung der Richtigkeit des Erbscheins" (§ 2365 BGB: „Es wird vermutet, dass demjenigen, welcher in dem Erbschein als Erbe bezeichnet ist, das in dem Erbschein angegebene Erbrecht zustehe und dass er nicht durch andere als die angegebenen Anordnungen beschränkt sei") verbunden mit der Gutglaubenswirkung (§ 2366 BGB: „Erwirbt jemand vom demjenigen, welcher in einem Erbschein als Erbe bezeichnet ist, durch Rechtsgeschäft einen Erbschaftsgegenstand, ein Recht an einem solchen ... , so gilt zu seinen Gunsten der Inhalt des Erbscheins, soweit die Vermutung des § 2365 reicht, als richtig, es sei denn, dass er die Unrichtigkeit kennt oder weiß, dass das Nachlassgericht die Rückgabe des Erbscheins wegen Unrichtigkeit verlangt hat"); **der durch einen Erbschein Ausgewiesene** wird also, auch wenn er materiellrechtlich nicht wahrer Erbe ist oder ein durch Anordnungen (Nacherbfolge, Testamentsvollstreckung) beschränkter Erbe ist,

- bei einem rechtsgeschäftlichen Erwerb aufgrund einer **Verfügung**
- über einen **Erbschaftsgegenstand** (Sachen und Rechte, die dem Erblasser zustanden)
- bei vermuteter **Gutgläubigkeit** (es schadet nur Vorsatz)
- so behandelt, wie wenn er ein **Erbe** wäre, der **nicht durch Anordnungen** (Nacherbfolge, Testamentsvollstreckung) **beschränkt** ist.

Fall 935: Der E ist am 1. Mai 2002 verstorben. In seinem Testament vom 1. Januar 2002 ist der SchE zum Alleinerben eingesetzt worden. Der SchE nimmt den Nachlass in Besitz und verkauft das Auto des E und übergibt und übereignet es durch Einigung und Übergabe an D 1. Nachdem ihm ein Erbschein erteilt worden ist, verkauft er die Möbel des E an D 2 und übergibt und übereignet sie durch Einigung und Übergabe an den D 2. Danach wird ein Testament des E vom 1. April 2002 aufgefunden, durch das der wE zum Erben eingesetzt wird. Der wE verlangt von D 1 und D 2 Herausgabe von Auto und Mobiliar.

1. Der wahre Erbe wE könnte gegen den D 1 einen Anspruch auf Herausgabe des Autos nach § 985 BGB haben. a) Dann müsste der wE Eigentümer des Autos sein; das ist „historisch" zu prüfen aa) Der E war Eigentümer. bb) Der wE ist als Erbe des E nach §§ 1922, 1937, 2258 BGB neuer Eigentümer geworden. cc) Er könnte das Eigentum an dem Auto nach aaa) § 929 S. 1 BGB durch die Übereignung des Scheinerben SchE an den D 1 verloren haben; das ist nicht der Fall, weil der SchE nicht Eigentümer geworden war. bbb) In Betracht kommt aber ein Erwerb des D 1 aaaa) nach §§ 929 S. 1, 932 Abs. 1 S. 1 BGB, deren Voraussetzungen vorliegen, so dass ein Eigentumserwerb die Folge wäre, bbbb) wenn nicht § 935 Abs. 1 S. 1 BGB eingreift: das Auto müsste dem wE als Eigentümer abhanden gekommen sein; aaaaa) dann

müsste er Besitzer des Autos gewesen sein; das ist nach § 857 BGB der Fall. bbbbb) Diesen Besitz hat er durch die Veräußerung seitens des SchE unfreiwillig verloren. Also liegt § 935 Abs. 1 S. 1 BGB vor. D 1 hat kein Eigentum erworben; der wE ist noch Eigentümer. b) D 1 ist der Besitzer. c) Er hat kein Recht zum Besitz gegenüber dem wE (§ 986 BGB) und muss das Auto daher herausgeben. 2. Der wE könnte gegen den D 2 einen Anspruch auf Herausgabe der Möbel nach § 985 BGB haben. a) Der D 2 ist Besitzer der Möbel. b) Der wE müsste Eigentümer der Möbel sein; das ist „historisch" zu prüfen: aa) E war Eigentümer. bb) Der wE ist als Erbe des E nach §§ 1922, 1937, 2258 BGB neuer Eigentümer geworden. cc) Er könnte das Eigentum an den Möbeln nach aaa) § 929 S. 1 BGB durch die Übereignung des SchE an den D 2 verloren haben; aaaa) zwar ist der SchE nicht Eigentümer geworden; bbbb) aufgrund des ihm erteilten Erbscheins ist aber zugunsten des gutgläubigen D 2 davon auszugehen, dass der SchE Erbe nach dem E geworden ist (§§ 2365, 2366 BGB) und damit nach § 1922 BGB auch der Eigentümer der dem Erblasser gehörenden Nachlassgegenstände geworden ist. Mit dieser (eleganten) Begründung wird von einem Teil der Lehre angenommen, dass der D 2 Eigentümer geworden ist. cccc) Auf § 935 BGB ist nicht einzugehen, weil es sich nicht um einen Erwerb nach § 932 BGB handelt. bbb) Anderen geht das zu weit; sie prüfen einen Eigentumserwerb seitens des D 2 aaaa) nach §§ 929 S. 1, 932 Abs. 1 S. 1 BGB, deren Voraussetzungen vorliegen, so dass ein Eigentumserwerb die Folge wäre, bbbb) wenn nicht § 935 Abs. 1 S. 1 BGB eingreift: das Auto müsste dem wE als Eigentümer abhanden gekommen sein; dann müsste er Besitzer des Autos gewesen sein. Das ist der Fall nach § 857 BGB; da aber der SchE zugunsten des gutgläubigen D 2 nach §§ 2365, 2366 BGB wie der wahre Erbe behandelt wird, hat der wE nicht den Besitz nach § 857 BGB erlangt. Daher ist die Sache auch nicht dem wE abhanden gekommen. Der D 2 hat somit das Eigentum an den Möbeln erworben. Ein Herausgabeanspruch besteht nicht.

Variante: Das Auto/die Möbel waren dem E von der Autofabrik A/der Möbelfabrik M leihweise zur Ansicht überlassen worden. A/M verlangt Herausgabe von D 1/D 2.

Die Ansprüche können sich aus § 985 BGB ergeben. 1. Was das nachlassfremde Auto angeht, a) so kann der D 1 das Eigentum lediglich nach § 932 Abs. 1 S. 1, 929 S. 1 BGB, dessen Voraussetzungen gegeben sind, erlangt haben. Fraglich ist, ob das Auto nach § 935 Abs. 1 BGB abhanden gekommen ist: A hat den Besitz freiwillig durch die Leihe an E verloren. Abhanden gekommen wäre das Auto aber auch, wenn der Besitzmittler den Besitz unfreiwillig verloren hat. Besitzmittler war ursprünglich der E. Nach seinem Tod ist es nach § 857 BGB dessen Erbe wE geworden; da dieser den Besitz unfreiwillig verloren hat, ist das Auto abhanden gekommen. D 1 hat daher kein Eigentum erworben. b) Der D 1 ist Besitzer und hat c) kein Recht zum Besitz gegenüber dem A. Daher besteht ein Herausgabeanspruch. 2. Ein Herausgabeanspruch der M hinsichtlich der Möbel setzt voraus, dass die M Eigentümer ist. Die Möbel waren ebenfalls nachlassfremd. Da die §§ 2365, 2366 BGB lediglich die fehlende Erbenstellung „ersetzen", nicht aber die fehlende Nachlasszugehörigkeit, kann der D 2 das Eigentum an den Möbeln auch lediglich nach § 932 Abs. 1 S. 1, 929 S. 1 BGB, dessen Voraussetzungen gegeben sind, erlangt haben. Fraglich ist, ob die Möbel nach § 935 Abs. 1 BGB abhanden gekommen sind: Die M hat den Besitz durch die Leihe an E freiwillig verloren. Abhanden gekommen wären sie aber auch, wenn der Besitzmittler den Besitz unfreiwillig verloren hat. Besitzmittler war ursprünglich der E. Nach seinem Tod ist es nach § 857 BGB dessen Erbe wE geworden; da dieser den Besitz unfreiwillig verloren hat, wäre das Mobiliar auch abhanden gekommen. Zugunsten des gutgläubigen D 2 wird der SchE jedoch wie der wahre Erbe behandelt, also wie der Besitzer nach § 857 BGB; er ist also als Besitzmittler der M anzusehen. Da er den Besitz freiwillig aufgegeben hat, liegt kein Abhandenkommen vor. Also ist D 2 ist Eigentümer geworden. Daher besteht kein Herausgabeanspruch der M gegen den D 2.

Fall-Variante: Der E hatte die Sachen den Eigentümern gestohlen.

Ein Eigentumserwerb scheitert an § 935 Abs. 1 S. 1 BGB.

Variante: Der durch einen Erbschein als Erbe ausgewiesene SchE übereignet aufgrund eines Kaufvertrages mit D 3 an diesen ein Grundstück des E, ohne sich zuvor als Eigentümer in das Grundbuch eintragen zu lassen (geht das? Ja: §§ 35, 40 GBO). Der wE verlangt von D 3 Grundbuchberichtigung (nach Kropholler).

Ein Anspruch aus § 894 BGB besteht nicht, weil der D 2 das Eigentum nach §§ 873, 925, 2366 BGB erlangt hat: Der SchE wird nach § 2366 BGB wie der Erbe und damit wie der Eigentümer behandelt.

Variante: Nichts anderes kann gelten, wenn der durch einen Erbschein als Erbe ausgewiesene SchE sich vor der Übereignung an den D 3 im Wege der Grundbuchberichtigung nach §§ 22, 35 GBO als Eigentümer in das Grundbuch hätte eintragen lassen. Weil aber ein gutgläubiger Erwerb nach § 892 BGB (speziell wegen des § 892 Abs. 2 BGB) günstiger für den Erwerber ist, soll hier ein Erwerb nach § 892 BGB erfolgen (nach Kropholler).

Variante: Der E war zu Unrecht anstelle des X im Grundbuch als Eigentümer eingetragen und der noch nicht in das Grundbuch eingetragene durch einen Erbschein als Erbe ausgewiesene SchE verkauft und übereignet das Grundstück an den gutgläubigen D 3. Der X verlangt von dem D 3 Grundbuchberichtigung (nach Kropholler).

Dem X steht kein Anspruch aus § 894 BGB zu, denn der D 3 ist Eigentümer geworden. a) Das fehlende Eigentum wird durch § 892 BGB überwunden und b) das fehlende Erbrecht durch § 2366 BGB.

Variante: Der durch einen Erbschein als Erbe ausgewiesene SchE tritt eine Darlehensforderung des E gegen den S an den gutgläubigen Z'ar ab. Der wE verlangt von S Zahlung (nach Kropholler).

Der Anspruch könnte sich aus § 488 Abs. 1 S. 2 BGB ergeben, wenn der wE und nicht der Z'ar Gläubiger der Forderung geworden wäre. Der Z'ar hat die Forderung nach §§ 398, 2366 BGB erworben.

Variante: Der durch einen Erbschein als Erbe ausgewiesene SchE tritt eine Darlehensforderung des E gegen den S an den gutgläubigen Z'ar ab. Der S hatte bereits an den E gezahlt. Der gutgläubige Z'ar verlangt nunmehr Zahlung von S (nach Kropholler).

Da der Z'ar die Forderung auch nicht von dem wE hätte erwerben können, kann er sie (erst recht) nicht von SchE erworben haben.

Weil die Entgegennahme einer Leistung keine Verfügung ist (arge §§ 362 Abs. 2, 185 BGB; §§ 892, 893 1. Fall BGB; § 816 Abs. 2 BGB. Wieso? Wäre die Entgegennahme einer Leistung eine Verfügung, ergäbe sich die in § 362 Abs. 2 BGB angeordnete Anwendbarkeit des § 185 BGB von selbst; auch wäre § 893 1. Fall BGB überflüssig, weil sich die Befreiungswirkung aus § 892 BGB ergäbe; oder es wäre § 816 Abs. 2 BGB überflüssig, weil dann § 816 Abs. 1 S. 1 BGB Anwendung fände), musste der Gesetzgeber für die Leistungen an einen Erbscheinserben eigens den § 2367 BGB schaffen. Hiernach ist der gutgläubige Schuldner durch die Leistung an den durch einen Erbschein als Erben ausgewiesenen Scheinerben befreit. Der Scheinerbe ist dem wahren Erben zur Herausgabe des Erlangten verpflichtet (§ 816 Abs. 2 BGB). Auch sind Verfügungsgeschäfte wie eine Aufrechnung gegenüber dem wahren Erben wirksam.

Fall 936: Der G hat gegen den S einen Anspruch aus einem Darlehensvertrag in Höhe von € 10 000,-. Nach dem Tod des G ist sein alleiniger gesetzlicher Erbe sein Sohn A. Auf Antrag des A wird diesem ein Erbschein, der ihn als den Alleinerben ausweist, erteilt. Der A legt dem S den Erbschein vor und erhält eine Barzahlung in Höhe von € 10 000,-. Nun findet sich ein später errichtetes Testament, durch das der B zum Alleinerben eingesetzt wird. Der B verlangt von S Zahlung, jedenfalls aber von A Herausgabe oder Zahlung von € 10 000,- (nach Harder).

1. Der Anspruch des B gegen den S a) aus § 488 Abs. 1 S. 2, 1922 BGB b) ist nach §§ 2365, 2367 BGB erloschen. 2. Der B könnte gegen A a) aus §§ 2018, 2019 Abs. 1, 2029, 985 BGB Herausgabe des noch vorhandenen Geldes verlangen b) oder (bei Vermischung mit eigenem Geld) Zahlung aus §§ 951, 812, 948 Abs. 1, 947 Abs. 2 BGB Zahlung von € 10 000,-. c) In jedem Fall steht ihm ein Anspruch aus § 816 Abs. 2 BGB auf Herausgabe des Erlangten zu.

V. Rechtliche Bedeutung der „Gesamtrechtsnachfolge"

Infolge der „Gesamtrechtsnachfolge" geht mit dem Erbfall das Vermögen des Erblassers auf den Erben über (§§ 1922, 1942 BGB). Die Gesamtrechtsnachfolge umfasst den Erwerb des Vermögens; dieses umfasst die Aktiva und die Passiva.

1. Aktivvermögen

Gegenstände des auf den Erben übergehenden **Aktivvermögens** können sein:

- alle **dinglichen Rechte** mit Ausnahme des Nießbrauchs (§ 1061 BGB); der **Besitz** (§ 857 BGB);
- **Ansprüche** aus rechtsgeschäftlichen Schuldverhältnissen mit Ausnahme solcher höchstpersönlicher Art und Ansprüche aus gesetzlichen Schuldverhältnissen;
- **Handelsgeschäft** und **Firma**; **Mitgliedschaften** in Kapitalgesellschaften.
- Hochkompliziert ist die Frage der Vererblichkeit von **Gesellschafterstellungen bei Personalgesellschaften**: Der Kommanditanteil ist vererblich. Ansonsten ist wegen der die Vertragsgrundlage bildenden persönlichen Beziehung der Gesellschafter untereinander der Tod eines Gesellschafters ein Auflösungsgrund (§ 727 BGB; § 131 III Nr. 1 HGB) mit der Folge der Liquidation der Gesellschaft; wenn jedoch der Gesellschaftsvertrag eine Vererblichkeit vorsieht, dann kann die Gesellschaft fortgesetzt werden (§ 727 Abs. 1 BGB, § 139 HGB). Die Einzelheiten sind allerdings sehr umstritten.

2. Passivvermögen

Das auf den zum Erben Berufenen übergehende Passivvermögen, für das dann nach Annahme der Erbschaft bzw. nach Ablauf der Ausschlagungsfrist der Erbe haftet (§ 1967 BGB), sind die ihn treffenden „vom Erblasser herrührenden Schulden" (§ 1967 Abs. 2 BGB; **„Erblasserschulden")**. Das sind z.B. Verpflichtungen aus Rechtsgeschäft (§§ 433 Abs. 2; 535 Abs. 2; 516, 518 Abs. 1, 280 Abs. 1, 3, 283 BGB etc.) oder Gesetz (§§ 823 Abs. 1, 985, 1147 BGB etc.).

> Dass der Übergang der Schulden des Erblassers auf den zum Erben Berufenen sich aus §§ 1922, 1942 BGB ergibt und nicht aus § 1967 BGB, nach dem „der Erbe ... für die Nachlassverbindlichkeiten (haftet)", ergibt sich aus §§ 1967, 1958 BGB, denn hiernach trifft diese „Haftung" erst den „Erben", also den zum Erben Berufenen nach der Annahme bzw. nach Ablauf der Ausschlagungsfrist.

VI. Haftung für „Nachlassverbindlichkeiten"

Von dem Augenblick an, da der zum Erben Berufene die Erbschaft angenommen hat bzw. die Ausschlagungsfrist abgelaufen hat, ist er **„Erbe"** und haftet als solcher **für die „Nachlassverbindlichkeiten" (§ 1967 Abs. 1 BGB).** Was **„Nachlassverbindlichkeiten"** sind, sagt uns **§ 1967 Abs. 2 BGB:**

- Dazu zählen außer den soeben dargestellten **„Erblasserschulden"**
- auch die den „Erben als solchen treffenden Verbindlichkeiten", wie Pflichtteilsrechte, Vermächtnisse und Auflagen, Schenkungen von Todes wegen, Beerdigungskosten, Erbschaftsteuerschulden (§ 1967 Abs. 2 BGB; **„Erbfallschulden")**
- sowie die **„Nachlasserbenschulden",** die der Erbe zum Zwecke der Verwaltung des Nachlasses begründet hat.

1. Haftung des Erben

a) Grundsatz: Unbeschränkte Haftung des Erben für „Nachlassverbindlichkeiten"

Weil mit dem Erbfall das bisherige Eigenvermögen des Erben und der Nachlass auch dann miteinander „verschmelzen", wenn die einzelnen Nachlassgegenstände getrennt verwaltet werden, steht den Gläubigern der Nachlassverbindlichkeiten das gesamte Vermögen des Erben zur Verfügung: **„Der Erbe haftet unbeschränkt ..."**

b) Herbeiführung der Haftungsbeschränkung auf den Nachlass

Die „Pünktchen" deuten daraufhin: Man muss den letzten Satz aber sogleich fortsetzen: „ ... **aber beschränkbar".**

> Denn die aus einer Unbeschränktheit der Haftung herrührenden letztlich inakzeptablen Risiken, denen der Gesetzgeber entgegentreten musste und auch entgegengetreten ist, erkennen wir sofort:

> **1.** Im Nachlass kann eine „Zeitbombe" in Gestalt bisher unbekannter Erblasserschulden „ticken", wenn der Nachlass wider allen Erwartens des Erben überschuldet ist. Dem hatte man als Gesetzgeber Rechnung zu tragen. Aber vielleicht haben Sie ja anders als der Gesetzgeber mit dem Erben nicht allzu viel Mitleid, weil der Erbe dieses Risiko am ehesten hatte abschätzen und die Erbschaft ausschlagen können. Als Juristen aber sind Sie (oder werden Sie) darin geschult, eine Interessenlage vollständig und aus der Sicht eines jeden Beteiligten abzuwägen, also das „große Ganze" im Auge zu behalten.
>
> **2.** Sie sollten auch einmal an die Interessen der (Alt-) Gläubiger des Erben denken: Diese konnten sich vor dem Erbfall an das – für sie vielleicht völlig ausreichende – bisherige Eigenvermögen des Erben halten; durch den Erbfall erhalten sie jetzt unvorhersehbar „Konkurrenz" aus dem Lager der Gläubiger des Erblassers. Dass sich hierdurch ihre Stellung verschlechtert, ist kaum akzeptabel.
>
> **3.** Aber denken sie auch einmal an die Interessen der Nachlassgläubiger: Stellen Sie sich vor, dass diese sich vollständig aus dem Nachlass hätten befriedigen können, dass sie aber, weil der Erbe gegenüber „eigenen" Gläubiger verschuldet war und weil diese jetzt wegen der Verschmelzung der Vermögensmassen (Nachlass und Eigenvermögen des Erben) auf das Gesamtvermögen zugreifen, keine volle Befriedigung mehr erhalten. Dass sich die Stellung der Nachlassgläubiger in dieser Weise verschlechtert, ist nicht akzeptabel.

Hier muss also aus den verschiedensten Gründen geholfen werden! Und in der Tat: Das Gesetz hat daher die Möglichkeit zur **Haftungsbeschränkung auf den Nachlass** geschaffen:

- Der von Nachlassgläubigern in Anspruch genommene Erbe kann innerhalb der ersten drei Monate nach der Annahme die **Einrede des § 2014 BGB** und während des Verfahrens eines Aufgebots der Nachlassgläubiger nach § 1970 BGB **die Einrede des § 2015 BGB** erheben, sofern der Erbe nicht bereits die Haftungsbeschränkung verloren hat (§ 2016 BGB): Das führt aber im Prozess nicht etwa zur Klagabweisung, sondern im Falle einer Verurteilung des Erben zu einem Urteil des Inhalts, dass der Erbe nur unter dem Vorbehalt der beschränkten Haftung verurteilt wird (§ 305 ZPO) und ermöglicht ihm für den Fall der Zwangsvollstreckung eine Zwangsvollstreckungsgegenklage (§§ 767, 782, 780 Abs. 1, 785 ZPO).

- Eine das Eigenvermögen schützende Haftungsbeschränkung kann **gegenüber bestimmten Gläubigern** durch das **Gläubigeraufgebotsverfahren** (§§ 946 ff. ZPO) erzielt werden: Nachlassgläubiger, die sich nicht innerhalb der Aufgebotsfrist melden, können durch **Ausschlussurteil** ausgeschlossen werden (§ 957 ZPO); ihnen gegenüber hat der Erbe ein **Leistungsverweigerungsrecht (§§ 1973 f. BGB)**.

- Das Aufgebotsverfahren kann den Erben dazu veranlassen, **allen Nachlassgläubigern gegenüber** die Haftung auf den Nachlass zu beschränken: Und zwar durch eine **Nachlassverwaltung** oder durch ein **Nachlassinsolvenzverfahren (§ 1975 BGB)**. Ist der Nachlass allerdings so „dürftig", dass „mangels Masse" eine Nachlassverwaltung nicht angeordnet oder sie wieder aufgehoben wird oder ein Nachlassinsolvenzverfahren nicht eröffnet oder es wieder eingestellt wird, kann der Erbe gegenüber Nachlassgläubigern die **„Dürftigkeitseinrede"** erheben (§ 1990 BGB).

- Allerdings darf der Erbe **nicht die Haftungsbeschränkungsmöglichkeiten verloren** haben, was geschehen kann durch Verzicht, durch Versäumung der Frist zur ihm durch das Nachlassgericht aufgegebenen Errichtung eines Nachlassinventars (§ 1994 Abs. 1 S. 2 BGB), durch „Inventaruntreue" (§ 2005 Abs. 1 BGB), durch Verweigerung der eidesstattlichen Versicherung des Inventars (§ 2006 Abs. 3 BGB).

- Die **Haftungsbeschränkung wird durchgesetzt** durch die Beantragung eines Vorbehalts im Prozess (§ 780 Abs. 1 ZPO), der die Verurteilung nicht hindert, sondern lediglich die erforderliche Zwangsvollstreckungsgegenklage nach §§ 781, 785, 767 ZPO ermöglicht. Das stattgebende Urteil erklärt dann die Zwangsvollstreckung für unzulässig.

2. Haftung der Miterben

a) Die Haftung vor der Erbauseinandersetzung

Bis zur Teilung des Nachlasses kann der Nachlassgläubiger von sämtlichen Erben aus dem ungeteilten Nachlass Befriedigung verlangen (§ 2059 Abs. 2 BGB). Die Erben, die für die gemeinschaftlichen Nachlassverbindlichkeiten als Gesamtschuldner haften (§ 2058 BGB), können die Haftung jedoch auf ihren Erbteil beschränken und damit die Zwangsvollstreckung in das Eigenvermögen verhindern (§ 2059 Abs. 1 S. 1 BGB). Dazu muss man den Vorbehalt der Beschränkung in den Titel aufnehmen lassen (§ 780 ZPO), und man kann dann gegen die Zwangsvollstreckung nach §§ 767, 785, 781 ZPO vorgehen. Dem Gläubiger steht aber der Anteil des Erben an der Erbengemeinschaft als Vollstreckungsobjekt zur Verfügung; diesen kann er nach § 859 Abs. 2 ZPO pfänden. Wenn alle Erben nach § 2059 BGB aus § 2058 BGB in Anspruch genommen werden, so kann die Zwangsvollstreckung in den ungeteilten Nachlass erfolgen (§ 747 ZPO).

b) Nach der Erbauseinandersetzung

Nach der Teilung gibt es keine Erbengemeinschaft und damit auch keine Gesamthandsgemeinschaft mehr, so dass die Nachlassgläubiger nun nicht mehr von sämtlichen Erben aus dem ungeteilten Nachlass Befriedigung verlangen können. Nunmehr können nur noch die einzelnen Erben als Gesamtschuldner (§ 2058 BGB) in Anspruch genommen werden. Diese haften jetzt für Nachlassverbindlichkeiten mit ihrem eigenen Vermögen.

- Diese Härte können sie dadurch (vorbeugend) abwenden, dass sie dafür sorgen dass vor der Teilung die Nachlassverbindlichkeiten berichtigt werden (§ 2046, 2042 Abs. 2, 755 BGB).
- Sollte dies nicht geschehen sein, haftet der Miterbe nur in den in den §§ 2060, 2061 BGB geregelten Fällen für den seiner Erbquote entsprechenden Bruchteil der Schuld.

VII. Erbengemeinschaft

Gibt es mehrere Erben, „so wird der Nachlass gemeinschaftliches Vermögen der Erben" (§§ 1922, 2032 Abs. 1 BGB). Sie bilden eine „Erbengemeinschaft", an der sie je nach der verfügten oder der gesetzlich bestimmten Quote beteiligt sind.

1. Die Erbengemeinschaft als „Gesamthandsgemeinschaft"

In Bezug auf die **einzelnen Nachlassgegenstände** bilden die Erben eine Gesamthandsgemeinschaft: Jeder Gegenstand steht jedem Miterben, beschränkt durch die gleiche Berechtigung eines jeden anderen Miterben, zu. Daher ist es auch ausgeschlossen, dass ein Miterbe über seinen Anteil an den einzelnen Nachlassgegenständen verfügt (§ 2033 Abs. 2 BGB); vielmehr können die Miterben über einen Nachlassgegenstand nur gemeinschaftlich verfügen (§ 2040 Abs. 1 BGB). Nachlassforderungen können nur durch Leistung an alle befreiend erfüllt werden (§ 2039 BGB).

Über den **Anteil am Nachlass** kann jeder Miterbe durch einen notariell beurkundeten Vertrag verfügen (§ 2033 Abs. 1 BGB).

Die **Verwaltung des Nachlasses** steht den Erben gemeinschaftlich zu (§ 2038 BGB), wobei für die ordnungsgemäße Verwaltung Mehrheitsentscheidungen ausreichen (§§ 2038 Abs. 2 S. 1, 745 BGB) und notwendige Erhaltungsmaßnahmen jeder treffen kann (§ 2038 Abs. 1 S. 2 BGB). Nachlassforderungen kann jeder Miterbe geltend machen, aber nur auf Leistung an alle Erben (§ 2039 BGB); im Prozess wäre dies ein weiterer Fall der (gesetzlichen) „Prozessstandschaft" (entsinnen Sie sich noch an § 335 BGB?).

2. Die Auseinandersetzung der Erbengemeinschaft

Jeder Miterbe kann jederzeit Auseinandersetzung der Erbengemeinschaft verlangen (§ 2042 Abs. 1 BGB). Der durch letztwillige Verfügung mögliche und zum Zusammenhalt von wirtschaftlichen Einheiten wie z.B. bei einem aus Grundeigentum bestehenden Familienvermögen oder einem Unternehmen sehr sinnvolle Ausschluss der Auseinandersetzung ist auf 30 Jahre (= eine Generation) beschränkt (§ 2044 BGB).

- Die Auseinandersetzung kann seitens des Erblassers durch auf den Erbteil anrechenbare **Teilungsanordnungen** (§ 2048 BGB) oder durch nicht auf den Erbteil anrechenbare **Vorausvermächtnisse** (§ 2150 BGB) gesteuert werden. Bindend sind sie nicht, weil die Miterben eine andere Verteilung vereinbaren können. Will der Erblasser insoweit den Miterben über das Grab hinaus seinen „Willen aufzwingen", muss er eine Testamentsvollstreckung anordnen.

- Die Auseinandersetzung kann ein **Testamentsvollstrecker** vornehmen (§ 2204 BGB). Ansonsten setzen die **Miterben** sich **durch** einen **Vertrag** auseinander. Notfalls kann das **Nachlassgericht** die Auseinandersetzung vermitteln (§§ 86 ff. FGG). Kommt es zu keiner Einigung, kann jeder Miterbe auf **Zustimmung zu einem Auseinandersetzungsplan klagen**; dann wird es – weil eine Teilung in Natur meist praktisch ausscheidet – auf einen Verkauf und Teilung des Erlöses nach den Erbquoten hinauslaufen (§§ 2042 Abs. 2, 753 BGB). Wer ein wenig praktisch denkt, erkennt sofort, dass dies eine schlechte, weil meistens wertvernichtende, Lösung ist.

B. Pflichtteil

Werden ein **Abkömmling**, die **Eltern** oder ein **Ehegatte** des Erblassers durch eine Verfügung von Todes wegen **von der Erbfolge** durch ein „negatives Testament" oder durch Einsetzung anderer Personen als Erben (§ 1938 BGB) **ausgeschlossen** (also: „enterbt"), so steht den Abkömmlingen, Eltern und Ehegatten ein **Pflichtteilsanspruch** in der Höhe der Hälfte des gesetzlichen Erbteils zu (§ 2303 BGB), wobei hinsichtlich des Ehegatten die Vorschrift des § 1371 BGB unberührt bleibt (§ 2303 Abs. 2 S. 2 BGB). Keine Pflichtteilsberechtigung entsteht dagegen durch eine Ausschlagung der Erbschaft (Ausnahmen: §§ 2306 Abs. 1 S. 2, 1371 Abs. 2 BGB), durch Erbverzicht (§ 2346 BGB) oder durch Erbunwürdigkeit (§ 2345 Abs. 2 BGB).

> Beispiel: Der M hat zwei Söhne S 1 und S 2. Per Testament vererbt er alles dem S 1, da er mit S 2 seit Jahren keinen Kontakt hat. Nach dem Tod des M verlangt S 2 von S 1 den Pflichtteil. Grundsätzlich würde S 2 bei gesetzlicher Erbfolge neben seinem Bruder zu ½ erben. Sein Pflichtteil ist daher ¼.

C. Vermächtnis

> **1.** Man kann es gar nicht oft genug betonen! Machen Sie sich bitte zum wiederholten Male noch einmal klar, dass das Erbrecht dem Prinzip der „Gesamtrechtsnachfolge" gehorcht: Das Vermögen des Erblassers geht insgesamt auf den/die Erben über: Es bedarf keiner rechtsgeschäftlichen Übertragung auf den Erben; es gibt daher auch keinen gutgläubigen Erwerb. Eine Einzelrechtsnachfolge bezüglich einzelner Gegenstände gibt es also nicht.
>
> **2.** Will der Erblasser es erreichen, dass eine **Person, die nicht Erbe** werden soll, aufgrund seiner letztwilligen Verfügung einen bestimmten Gegenstand (i.d.R. aus dem Nachlass) erlangen soll, dann bleibt ihm nur der Weg der Anordnung eines Vermächtnisses. Der Erblasser kann es aber auch erreichen,

> dass eine **Person, die (Mit-)Erbe** werden soll, einen bestimmten Gegenstand erlangt; das kann man entweder durch ein „Vorausvermächtnis" oder durch eine „Teilungsanordnung" möglich machen.

Durch ein Vermächtnis erlangt der „Vermächtnisnehmer" (= „Bedachter") einen schuldrechtlichen Anspruch gegen den „Beschwerten", der entweder ein Erbe oder auch ein Vermächtnisnehmer sein kann (§ 2147 BGB), auf Herausgabe des Vermächtnisgegenstandes (§ 2174 BGB). Durch die Verfügung von Todes wegen wird also eine rechtsgeschäftliche Verpflichtung des Beschwerten begründet.

I. Bestimmung durch Testament oder Erbvertrag

Der Erblasser kann nach § 1939 BGB durch ein Testament oder nach § 1941 BGB durch einen Erbvertrag einem anderen, ohne ihn als Erben einzusetzen, einen Vermögensvorteil in der Weise zuwenden, dass dieser einen Anspruch auf Leistung des vermachten Gegenstandes hat (§ 2174 BGB).

1. Abgrenzungen zur Erbeinsetzung und Teilungsanordnung

a) Erbeinsetzung oder Anordnung eines Vermächtnisses

Weil ein Vermächtnisnehmer im Gegensatz zu einem Erben infolge des Erbfalls nicht dinglich am Nachlass beteiligt ist, ist es daher von großer Wichtigkeit zu erkennen, ob durch eine Verfügung von Todes wegen eine Erbeinsetzung herbeigeführt wurde oder ob ein Vermächtnis angeordnet worden ist. Dazu muss die Verfügung von Todes wegen ausgelegt werden.

Für die Abgrenzung gelten folgende Regeln: Auf den Wortlaut der Verfügung von Todes wegen („vererben"/„vermachen") kommt es nur nachrangig an, weil insbesondere Laien den Begriff „vermachen" häufig im Sinne einer Erbeinsetzung verwenden. Wenn die Zuwendung an den „Bedachten nur einzelne Gegenstände" betrifft, „ist im Zweifel nicht anzunehmen, dass er Erbe sein soll, auch wenn er als Erbe bezeichnet ist" (§ 2087 Abs. 2 BGB); wenn aber „der Erblasser sein Vermögen oder einen Bruchteil seines Vermögens dem Bedachten zugewendet (hat), so ist die Verfügung als Erbeinsetzung anzusehen, auch wenn der Bedachte nicht als Erbe bezeichnet ist" (§ 2087 Abs. 1 BGB). Zugewendete Geldsummen sind daher im Zweifel ein Vermächtnis.

b) Teilungsanordnung oder Anordnung eines Vorausvermächtnisses

Durch ein Vermächtnis kann einer Person, die **nicht Erbe** werden soll, ein Vermögensvorteil zugewendet werden. Wenn der Erblasser einer Person, die zusammen mit anderen **(Mit-) Erbe** werden soll, durch seine letztwillige Verfügung einen bestimmten Gegenstand zuwenden will, dann kann er dies durch ein sog. **„Vorausvermächtnis"** (§ 2150 BGB) oder durch eine sog. **„Teilungsanordnung"** (§ 2048 BGB) erreichen.

Hier kann sich eine komplizierte **Auslegungsproblematik** ergeben: Wenn mehrere Personen (A, B, C) als Erben berufen sind (§§ 2032 ff. BGB), und der Erblasser durch letztwillige Verfügung eine Anordnung für die Auseinandersetzung der Erben getroffen hat, indem er z.B. bestimmt hat, dass der B das Auto des Erblassers zu alleinigem Eigentum erhalten soll, stellt sich die Frage, ob ein Vorausvermächtnis (§ 2150 BGB) oder eine Teilungsanordnung (§ 2048 BGB) vorliegt. Bei einem Vorausvermächtnis hätte der Erbe nach § 2174 BGB einen Anspruch auf Herausgabe des konkreten Gegenstandes. Die Bedeutung der Unterscheidung liegt vor allem darin, dass der Erbe sich den Wert eines Vorausvermächtnisses nicht auf seine Erbschaft anrechnen lassen muss. Bei einer Teilungsanordnung wird der zugedachte Gegenstand dagegen wertmäßig auf den Erbanteil angerechnet. Als Faustformel für die Auslegung gilt, dass ein Vorausvermächtnis vorliegt, wenn der Empfänger gegenüber den anderen Erben begünstigt werden sollte.

2. Bindungswirkung eines Erbvertrages

Wird ein Vermächtnis in einem Erbvertrag angeordnet (§ 1941 BGB), so hat der Vermächtnisnehmer wegen der Freiheit des Erblassers, über sein Vermögen unter Lebenden zu verfügen (§ 2286 BGB), nur eine tatsächliche Aussicht auf den Rechtserwerb an dem vermachten Gegenstand. Gleichwohl ist der Bedachte nicht völlig ungeschützt.

- Zwar steht dem Bedachten bei einem Vermächtnis auf Übereignung eines Grundstücks kein z.B. durch eine Vormerkung (§ 883 BGB) sicherbarer „künftiger Anspruch" zu, weil die endgültige Entstehung des Anspruchs zu vage ist.

- Wenn aber der Erblasser den „Gegenstand" eines vertragsmäßig angeordneten Vermächtnisses „in der Absicht, den Bedachten zu beeinträchtigen" entweder „zerstört, beiseite geschafft oder beschädigt (hat)" oder den Gegenstand „veräußert oder belastet (hat)", dann hat der Bedachte Ansprüche gegen den Erben auf Herausgabe des Wertes bzw. ist „der Erbe verpflichtet, dem Bedachten den Gegenstand zu verschaffen oder die Belastung zu beseitigen" (§ 2288 Abs. 1, Abs. 2 S. 1 BGB). Ist in letzterem Fall die Verfügung eine Schenkung, so steht dem Bedachten der Anspruch sogar gegen den Beschenkten zu, wobei es dann nicht darauf ankommen soll, dass die dafür vorausgesetzte Benachteiligungsabsicht der den Erblasser leitende Beweggrund war (§ 2287 BGB).

II. Inhalt des Vermächtnisses

Wenn der vermachte Gegenstand ein **Nachlassgegenstand** ist, dann ist dieses sog. „**Stückvermächtnis**" nichtig, wenn der Gegenstand nicht zum Nachlass gehört (§ 2169 Abs. 1 BGB); ist er dem Erblasser nach Anordnung des Vermächtnisses entzogen worden, so tritt ein eventueller Ersatzanspruch gegen einen Dritten (z.B. aus § 823 Abs. 1 BGB) an die Stelle des Gegenstandes (§ 2169 Abs. 3 BGB); ist ein Gegenstand vermacht worden, dessen Leistung der Erblasser verlangen konnte, ist dieser Anspruch als vermacht anzusehen (§ 2169 Abs. 3 BGB). Weiterhin gibt es ein **Gat-**

tungs- (§ 2155 BGB), **Wahl-** (§ 2154 BGB), **Forderungs-** (§ 2173 BGB), **Zweck-** (§ 2156 BGB) und ein **Verschaffungsvermächtnis** (§ 2170 BGB).

Auf die Verpflichtung des Erben findet das **Allgemeine Leistungsstörungsrecht** Anwendung (§ 275 Abs. 1 – 4 BGB).

D. Auflage

Der Erblasser kann nach § 1940 BGB den Erben oder einen Vermächtnisnehmer zu einer Leistung verpflichten, ohne einem anderen ein Recht auf die Leistung zuzuwenden. Inhalt der Auflage kann jedes Tun oder Unterlassen sein (z.B. die Grabpflege, die Bestattung, eine bestimmte Verwendung von Nachlassgegenständen). Grundsätzlich (Ausnahme § 2194 BGB) hat ein durch die Auflage Begünstigter keinen Anspruch auf Erfüllung der Auflage.

E. Testamentsvollstreckung

Um sicherzustellen, dass seine letztwillige Verfügung auch wirklich umgesetzt wird, kann der Erblasser eine Testamentsvollstreckung anordnen (§ 2197 BGB). Die Testamentsvollstreckung kann zur **Auseinandersetzung einer Erbengemeinschaft** angeordnet werden, oder auch zur **Dauervollstreckung**, wenn ein größeres Vermögen erhalten bleiben soll.

Durch die Testamentsvollstreckung wird der Erbe von der Verwaltung und Verfügung über den Nachlass ausgeschlossen (§ 2211 BGB). Der Testamentsvollstrecker ist zu ordnungsgemäßer Verwaltung verpflichtet. Der Testamentsvollstrecker ist nicht Stellvertreter der Erben, sondern handelt in eigenem Namen (§ 2212 f. BGB). Den Erben haftet er für verschuldete Pflichtverletzungen (§ 2219 BGB). Er muss ihnen ordnungsgemäß Rechnung legen (§ 2218 BGB).

F. Schenkung von Todes wegen

Eine der mysteriösesten Vorschriften des Zivilrechts ist der redaktionell in die Bestimmungen über den Erbvertrag eingefügte § 2301 BGB, der lautet: „Auf ein Schenkungsversprechen, welches unter der Bedingung erteilt wird, dass der Beschenkte den Schenker überlebt, finden die Vorschriften über Verfügungen von Todes wegen Anwendung" (§ 2301 Abs. 1 S. 1 BGB) und „Vollzieht der Schenker die Schenkung durch Leistung des zugewendeten Gegenstandes, so finden die Vorschriften über Schenkungen unter Lebenden Anwendung" (§ 2301 Abs. 2 BGB).

I. Die nicht vollzogene Schenkung

Die Vorschrift des § 2301 Abs. 1 BGB **verwandelt** durch einen **juristischen „Zaubertrick"**

- ein **zu Lebzeiten gemachtes** Schenkungsversprechen,
- das **durch den Tod des Zuwendenden befristet** ist (nicht „bedingt" ist, denn der Tod eines Menschen als solcher ist natürlich kein „künftiges ungewisses Ereignis" – so lautet die Definition für eine Bedingung – , sondern selbstverständlich ein „künftig gewisses Ereignis", dessen Zeitpunkt ungewiss ist)
- und das durch das **Überleben des Beschenkten** (das ist ein „künftiges ungewisses Ereignis") **aufschiebend** oder **auflösend bedingt** ist,
- **in eine Verfügung von Todes** wegen: „....finden die Vorschriften über Verfügungen von Todes wegen Anwendung" (§ 2301 Abs. 1 S. 1 BGB). Diese Verfügung von Todes wegen kann entweder (relativ selten) eine **Erbeinsetzung** oder (regelmäßig) ein **Vermächtnis** sein; zur Abgrenzung bedient man sich der Ihnen ja schon bekannten Auslegungsregel des § 2087 BGB.

> Auf den **Sinn und Zweck** dieser Regelung kommt es für die Fallbearbeitung nicht an, aber Sie können sehr wohl z.B. im mündlichen Examen nach ihm gefragt werden; daher sollten Sie sich auf eine Antwort einstellen:
>
> **1.** Wenn man dazu allenthalben liest, die Anwendung der Vorschriften über Verfügungen von Todes wegen sei nötig, um so zu verhindern, dass die erbrechtlichen Formen durch Schenkungen von Todes wegen „umgangen" oder „unterlaufen" würden, so überzeugt dieses Argument freilich wenig, denn ein Schenkungsversprechen unter Lebenden setzt bekanntlich eine notarielle Beurkundung des Schenkungsversprechens voraus (§ 518 Abs. 1 BGB), was von der Form her bekanntlich „strenger" ist als die Form eines eigenhändigen Testaments (§ 2247 BGB).
>
> **2.** Der wahrscheinliche Grund ist wohl, dass das Gesetz nicht möchte, dass der durch eine „Schenkung von Todes wegen" Berechtigte besser gestellt wird, als der durch eine Verfügung von Todes wegen zum Erben oder Vermächtnisnehmer Eingesetzte: Ersterer hätte nämlich als schuldrechtlich „aufschiebend/auflösend bedingt" Berechtigter eine durch den Schenkungsvertrag (mit nur beschränkten Widerrufsmöglichkeiten: §§ 519, 530 BGB) und durch §§ 160, 162 BGB geschützte Position, während durch eine Verfügung von Todes wegen der beschränkten erbrechtlichen Bindung nur eine tatsächliche Aussicht entsteht.

Die Frage, ob **im Schenkungsvertrag** eine **Überlebensbedingung vereinbart** wurde, muss sorgfältig durch Auslegung ermittelt werden. Fehlt diese Bedingung, liegt nämlich eine durch den Tod des Schenkers befristete Schenkung unter Lebenden nach §§ 516 ff. BGB vor, auf die § 2301 BGB nicht angewendet wird; und der verschenkte Gegenstand kann beim Vorversterben des Beschenkten von dessen Erben geltend gemacht werden. Auch wenn die Überlebensbedingung stillschweigend vereinbart sein kann, sollte man im Auge haben, dass § 2084 BGB analog dazu führen kann, dass eine Schenkung unter Lebenden anzunehmen ist.

Was das sich bei Annahme einer Überlebensbedingung aus § 2301 BGB ergebende **Formerfordernis** angeht, so wird wegen der systematischen Stellung des § 2301 BGB im Recht des Erbvertrags teilweise die Einhaltung der Erbvertragsform (§ 2276 BGB: notarielle Beurkundung bei gleichzeitiger Anwesenheit beider Teile) verlangt; man sollte aber mit der Begründung, dass in § 2301 BGB von einem Schenkungs<u>ver</u><u>sprechen</u> (einseitig!) die Rede ist und dass nach § 2301 BGB die Vorschriften über die „Verfügu<u>ng</u>en von Todes wegen Anwendung (find<u>en</u>)" auch die Testamentsform für ausreichend halten. Richtig ist daher, dass beide Formen (Testament/Erbvertrag) wählbar sind.

Aus der **jeweils gewählten Form** ergibt sich dann das **Ausmaß der** nach § 2301 Abs. 1 BGB geltenden **erbrechtlichen Bindung**: Bei der Testamentsform kann der Schenker jederzeit grundlos (und nicht beschränkt auf §§ 519, 530 BGB) widerrufen (§ 2253 BGB). Bei der Erbvertragsform ist der Schenker hingegen beschränkt auf die Möglichkeiten der §§ 2281 ff. und §§ 2293 ff. BGB.

Bei der **Fallbearbeitung** kann die Prüfung des § 2301 Abs. 1 BGB

- im Zusammenhang mit einem zu prüfenden **Anspruch des Beschenkten gegen den Erben** auf Erfüllung

- oder im Zusammenhang mit einem zu prüfenden **bereicherungsrechtlichen Rückforderungsanspruch des Erben gegen den Beschenkten**

erforderlich werden.

Fall 937: Der Slenta verspricht am 1. April 2003 in notariell beurkundeter Form seinem alten Studienfreund Sulz, diesem seinen, von Sulz immer sehr bewunderten Bauernschrank zur Einrichtung von Sulzens neuem Ferienhaus auf dem Lande zu schenken und ihm zum 5. Juli 2003 zur Einweihungsfeier anliefern zu lassen. Der Sulz bedankt sich noch am 2. April 2003 in einem Telefonanruf. Als die von Slenta heimlich erhoffte Einladung zur Einweihungsfeier ausbleibt, lässt er den Schrank nicht anliefern. Am 6. Juli 2003 verlangt Sulz Lieferung. Slenta weigert sich (nach Harder).

Der Anspruch des Sulz gegen den Slenta ergibt sich aus einem Schenkungsvertrag (§§ 516, 518 Abs. 1 BGB). a) Ein Schenkungsvertrag ist geschlossen aa) Der Slenta hat dem Sulz ein formwirksames Angebot zur Schenkung gemacht (§§ 516, 518 Abs. 1 BGB). bb) Der Sulz hat es angenommen; einer Form bedarf die Annahmeerklärung nicht. b) Bis zum 5. Juli 2003 hätte der Slenta sich auf die Stundung berufen können. c) §§ 519, 530 BGB liegen nicht vor. d) Die von Slenta erwartete Einladung ist nicht Geschäftsgrundlage des Schenkungsvertrages geworden, so dass Slenta nicht wirksam nach § 313 Abs. 3 BGB vom Schenkungsvertrag zurückgetreten ist.

Variante: Sulz ist am 3. April 2003 plötzlich verstorben. Kann seine Alleinerbin Frau Sulz, am 6. Juli 2003 Lieferung verlangen?

Ja, der Anspruch ergibt sich aus einem Schenkungsvertrag (§§ 516, 518, 1922 BGB).

Variante: Der Slenta hat in seinem notariell beurkundeten Schenkungsversprechen erklärt, dass der Sulz den Bauernschrank erst nach seinem, Slenta's, Tode erhalten solle. Nachdem Slenta 15 Jahre später verstorben ist, verlangt der Sulz von dessen Erben Lieferung des Bauernschranks.

Der Anspruch ergibt sich entweder a) aus einem Schenkungsvertrag unter Lebenden (§§ 516, 518 Abs. 1 BGB) mit einer Befristung des Erfüllungsanspruchs bis zum Todes Slentas b) oder aus §§ 2301 Abs. 1, 2147, 2174 BGB, wenn man eine stillschweigende Bedingung des Inhalts, „dass der Beschenkte" (Sulz) „den Schenker" (Slenta) „überlebt" annehmen sollte. c) Die Frage kann offen bleiben, weil das Schenkungsversprechen der Erbvertragsform entspricht (§ 2276 BGB).

Variante: Sulz ist am 3. April 2003 plötzlich verstorben. Kann seine Alleinerbin, Frau Sulz nach dem Tode von Slenta Lieferung verlangen?

Hier muss man sich entscheiden: a) Wenn man annimmt, dass der Anspruch sich aus einem Schenkungsvertrag unter Lebenden mit einer Befristung des Erfüllungsanspruchs bis zum Tode Slentas ergibt, dann hätte Frau Sulz den Anspruch (§§ 516, 518, 1922 BGB). b) Wenn man aber eine Schenkung von Todes wegen deshalb annimmt, weil eine stillschweigende Bedingung des Inhalts, „dass der Beschenkte" (Sulz) „den Schenker" (Slenta) „überlebt" vorliegt, dann wäre die aufschiebende Bedingung (Überleben des Sulz) nicht eingetreten bzw. die auflösende Bedingung (Vorversterben des Sulz) eingetreten.

Variante: Der Slenta möchte verhindern, dass für den Fall des Vorversterbens von Sulz dessen Ehefrau und Alleinerbin, Frau Sulz, den Schrank erhält. Deshalb erklärt er, dass Sulz den Schrank erst nach seinem Tod und nur dann erhalten soll, wenn er den Slenta überlebt. Nachdem Slenta 15 Jahre später verstorben ist, verlangt der Sulz von dessen Erben die Lieferung des Bauernschranks.

Da hier ein durch das Überleben des Beschenkten bedingter (dieser Umstand ist „künftig und ungewiss") Schenkungsvertrag abgeschlossen wurde, liegt nach §§ 2301 Abs. 1, 2147 BGB ein Vermächtnis vor. Ein Schenkungsversprechen in Erbvertragsform (§ 2276 BGB) reicht für die Wahrung der Form aus. Der Sulz hat daher einen Anspruch aus §§ 2301 Abs. 1, 2174 BGB.

Variante: Sulz ist am 3. April 2003 plötzlich verstorben. Kann seine Alleinerbin, Frau Sulz nach dem Tode von Slenta Lieferung verlangen?

Nein, denn die aufschiebende Bedingung (Überleben des Sulz) ist nicht eingetreten bzw. die auflösende Bedingung (Vorversterben des Sulz) ist eingetreten.

Variante: Der Slenta verspricht am 1. April 2003 in Gegenwart der anwesenden E. L. Libys und des E. Talp mündlich seinem Freund Sulz, diesem seinen, von Sulz immer sehr bewunderten Bauernschrank zu schenken. Da der Slenta verhindern möchte, dass für den Fall des Vorverstebens von Sulz dessen Alleinerbin, Frau Sulz, den Schrank erhält, erklärt er, dass Sulz den Schrank erst nach seinem Tod und nur dann erhalten soll, wenn er den Slenta überlebt. Nachdem Slenta 15 Jahre später verstorben ist, verlangt der Sulz unter Berufung auf das Zeugnis des E. Talp von dessen Erben Lieferung des Bauernschranks. Der nicht rechtskundige Erbe, der sich zur Leistung verpflichtet glaubt, liefert den Schrank an Sulz. Später erfährt er von E. Talp, dass durch das damalige Versprechen weder die Testaments- noch die Erbvertragsform gewahrt waren und er deshalb zur Leistung nicht verpflichtet war. Der Erbe verlangt Rückgabe und Rückübereignung.

Der Anspruch ergibt sich aus § 812 Abs. 1 S. 1 1. Fall BGB („Leistungskondiktion"). a) Der Sulz hat das Eigentum und den Besitz an dem Bauernschrank erlangt, b) durch Leistung des Erben c) und ohne rechtlichen Grund, denn dem Sulz stand kein Anspruch aus §§ 2301 Abs. 1, 2147, 2174 BGB zu, da weder die Testaments- noch die Erbvertragsform gewahrt war (§ 125 BGB). d) § 814 BGB steht dem Anspruch nicht entgegen.

II. Die vollzogene Schenkung

„Vollzieht der Schenker die Schenkung durch Leistung des zugewendeten Gegenstandes, so finden die Vorschriften über Schenkungen unter Lebenden Anwendung" (§ 2301 Abs. 2 BGB). Das bedeutet im Ergebnis, dass kein Formmangel besteht: Weil die Regeln über die Schenkung unter Lebenden Anwendung finden, gilt nicht § 2301 Abs. 1 BGB mit seinem Erfordernis der Einhaltung von Testaments- oder Erbvertragsform; und ein Formmangel hinsichtlich der erforderlichen notariellen Beurkundung aus § 518 Abs. 1 BGB ist durch die „im Vollzug der Schenkung durch Leistung des zugewendeten Gegenstandes" liegende „Bewirkung der versprochenen Leistung" geheilt (§ 518 Abs. 2 BGB).

Für den „Vollzug" der Schenkung ist entscheidend, dass der Schenker sein Vermögen noch zu Lebzeiten sofort und unmittelbar mindert.

- Das kann dadurch geschehen, dass der Schenker noch **zu Lebzeiten** das zur Erfüllung erforderliche **Erfüllungsgeschäft vornimmt und wirksam werden lässt** (also: die verschenkte Sache übergibt und übereignet; die verschenkte Forderung abtritt).

- Erforderlich ist dies aber nicht, denn es **reicht auch aus**, dass der **Schenker alles dafür Erforderliche tut, dass der Beschenkte spätestens mit dem Tod des Schenkers den verschenkten Gegenstand von selbst und ohne weiteres Zutun des Erben erlangt und dass der Erbe den Erwerb nicht mehr einseitig verhindern kann.** Das ist z.B. dann der Fall, wenn das Verfügungsgeschäft unter einer Überlebensbedingung vorgenommen wird. Ausreichend ist auch, wenn der Schenker noch zu Lebzeiten die von seiner Seite zur Erfüllung des Schenkungsvertrages erforderliche Leistungshandlung vorgenommen hat, so dass der Leistungserfolg weder von der Tätigkeit eines Vertreters, eines Boten oder gar des Erben abhängt, sondern nur noch vom Tod des Schenkers und dem Überleben des Beschenkten. Eine sich zu Lebzeiten vorbehaltene, aber nicht ausgeübte Widerrufsmöglichkeit des Schenkers steht dem nicht entgegen. Einem Vollzug entgegen steht auch nicht eine nach §§ 130 Abs. 2 BGB gegebene, aber nicht ausgeübte Widerrufsmöglichkeit eines Erben nach § 130 Abs. 1 S. 2 BGB in den Fällen, in denen der Schenker das Angebot zum Abschluss des dem Vollzug dienenden Geschäftes abgegeben hat, dann verstorben ist, und der Beschenkte das nach § 130 Abs. 2 BGB wirksam gewordene Angebot nach § 153 BGB angenommen hat.

Fall 938: Der erkrankte Slenta bietet am 1. April 2003 seinem Freund Sulz anlässlich eines Krankenbesuches an, ihm seinen, von Sulz immer sehr bewunderten Bauernschrank für den Fall seines Todes und für den Fall des Überlebens des Sulz zu schenken und bietet ihm auch die

Übereignung, die mit seinem Tode und dem Überleben des Sulz wirksam werden soll, an; zu Lebzeiten wolle er den Schrank noch nutzen. Der Sulz nimmt nach Rücksprache mit seiner Familie das Angebot noch am 2. April 2003 in einem Telefonanruf an. Nachdem Slenta 15 Jahre später verstorben ist, verlangt der Sulz von dessen Erben Herausgabe.

Der Anspruch könnte sich aus § 985 BGB ergeben. a) Der Erbe ist Besitzer (§ 857 BGB). b) Der Sulz ist Eigentümer geworden, denn die nach § 930 BGB erfolgte Übereignung ist befristet durch den Tod des Slenta und entweder aufschiebend bedingt (§ 158 Abs. 1 BGB) durch das Überleben des Sulz oder auflösend bedingt (§ 158 Abs. 2 BGB) durch das Vorversterben des Sulz. Der Termin (Tod des Slenta) hat stattgefunden. Auch ist die aufschiebende Bedingung (Überleben des Sulz) eingetreten bzw. die auflösende Bedingung (Vorversterben des Sulz) nicht eingetreten. Also ist Sulz Eigentümer geworden. c) Der Erbe könnte ein Recht zum Besitz haben, aa) zwar nicht aus § 986 BGB, bb) wohl aber aus § 242 BGB („dolo agit, qui petit ..."), wenn er von Sulz sogleich wieder Herausgabe und Rückübereignung verlangen könnte. Ein solcher Anspruch könnte sich aus § 812 Abs. 1 S. 1 1. Fall BGB („Leistungskondiktion") ergeben: aaa) Der Sulz hat das Eigentum und hätte durch die Herausgabe den Besitz erlangt, bbb) dies durch Leistung des Slenta (Eigentum), die als Leistung des Erben anzusehen wäre (§ 1922 BGB) und durch Leistung des Erben (Besitz). ccc) Ein Rechtsgrund könnte ein Schenkungsvertrag sein. aaaa) Dieser ist geschlossen. bbbb) Er könnte formnichtig sein (§ 125 BGB). aaaaa) Hier ist die Schenkung zu Lebzeiten vollzogen: aaaaaa) Zwar hat der Schenker das Eigentum noch nicht zu Lebzeiten wirksam übertragen, denn die Übereignung ist erst mit dem Tod des vorversterbenden Slenta wirksam geworden. bbbbbb) Es reicht jedoch aus, dass der Schenker alles dafür Erforderliche tut, dass der Beschenkte spätestens mit dem Tode des Schenkers den verschenkten Gegenstand von selbst und ohne weiteres Zutun des Erben erlangt und dass der Erbe den Erwerb nicht mehr einseitig verhindern kann. Das ist z.B. dann der Fall, wenn das Verfügungsgeschäft unter einer Überlebensbedingung vorgenommen wird. bbbbb) Wegen des Vollzuges der Schenkung besteht kein Formmangel: aaaaaa) Weil die Regeln über die Schenkung unter Lebenden Anwendung finden, gilt nicht § 2301 Abs. 1 BGB mit seinem Erfordernis der Einhaltung von Testaments- oder Erbvertragsform; bbbbbb) und ein Formmangel hinsichtlich der erforderlichen notariellen Beurkundung aus § 518 Abs. 1 BGB ist durch die „im Vollzug der Schenkung durch Leistung des zugewendeten Gegenstandes" liegende „Bewirkung der versprochenen Leistung" geheilt (§ 518 Abs. 2 BGB). Also hat der Erbe keinen Rückforderungsanspruch aus § 812 Abs. 1 S. 1 1. Fall BGB („Leistungskondiktion"), und es besteht kein dem Anspruch des Sulz entgegenstehender Einwand aus § 242 BGB („dolo agit, qui petit ...").

G. Der Vertrag zugunsten Dritter auf den Todesfall

Vielfach werden zu Lebzeiten bestimmte Vermögenswerte (Sparguthaben, Ansprüche gegen Lebensversicherer) zu Versorgungszwecken „am Nachlass vorbei" einzelnen Personen, die nicht Erbe werden sollen, auf den Todesfall zugewendet. Das rechtstechnische „Mittel der Wahl" ist der Sparvertrag oder Lebensversicherungsvertrag „zugunsten Dritter". Hier stellen sich zwei Fragen: Erwirbt der Dritte den Anspruch gegen den Versprechenden (Sparkasse, Lebensversicherer) und – wenn ja – hat der Erbe des Versprechensempfängers (Sparer, Versicherungsnehmer) einen Bereicherungsanspruch gegen den Dritten (beim Lebensversicherungsvertrag heißt er „Bezugsberechtigter")?

Die erste Frage (hat der **Dritte einen Anspruch erlangt**?) betrifft das Deckungsverhältnis, die zweite (hat er ihn **mit Rechtsgrund** erlangt?) betrifft das Valutaverhältnis. In der Rechtspraxis ist anerkannt, dass „die Rechtsbeziehungen im Deckungsverhältnis nicht dem Erbrecht (unterliegen), sondern dem Schuldrecht", so dass § 2301 Abs. 1 BGB „für sie auch dann nicht (gilt), wenn es sich im Valutaverhältnis um eine unentgeltliche Verfügung handelt." Auch gelten die besonderen erbrechtlichen Auslegungsregeln für letztwillige Verfügungen nicht einmal entsprechend. Die Frage, ob der Begünstigte den auf diese Weise erlangten Anspruch behalten darf oder ihn an die Erben nach § 812 BGB herausgeben muss, ist eine Frage nach dem rechtlichen Grund. Über dessen Bestehen entscheidet das Valutaverhältnis, dessen Wirksamkeit nach dem Schuldrecht und nicht nach dem Erbrecht zu beurteilen sei. Die Frage ist, ob das Erbrecht nicht in anderen Beziehungen, als es die Wirksamkeitsfrage ist, auf das Valutaverhältnis angewendet werden kann. Insoweit ist speziell für die Fallbearbeitung interessant, ob für das Valutaverhältnis nicht jedenfalls die weiter als § 119 BGB reichenden erbrechtlichen Anfechtungsregeln des § 2078 BGB gelten sollen. Dafür spricht, dass die verfügende Partei durch den Vertrag wirtschaftlich nicht belastet wurde. Dagegen spricht, dass der durch die §§ 119 ff. BGB gewährte Schutz, der im Deckungs- und Valutaverhältnis mit den Vertragspartnern unter Lebenden geschlossenen Verträge vorgehen muss; auch wäre es unangemessen den Anfechtungsgegnern den Schutz des § 122 BGB zu nehmen, der bei einer Anfechtung nach § 2078 BGB entfällt (§ 2078 Abs. 3 BGB). Auch finden die Normen über erbvertragliche Bindungen keine Anwendung; die gleichgestellten Bindungen eines Erblassers durch ein wechselbezügliches gemeinschaftliches Testament werden ebenfalls nicht auf das Valutaverhältnis bei einem Vertrag zugunsten Dritter auf den Todesfall übertragen. Nachdem Sie das nun alles gelesen und auch verstanden haben, sollten Sie zum Abschluss noch einmal einen richtig **schwierigen Fall**, der Sie „**quer** (Allgemeiner Teil, Allgemeines Schuldrecht, Besonderes Schuldrecht, Sachenrecht, Erbrecht) **durch das BGB**" führt, bearbeiten. Es handelt sich um einen was die Fallfrage angeht: konstruierten, was den Sachverhalt und die Rechtsfragen angeht: lebensnahen und was die Examensrelevanz angeht: realistischen Fall.

Fall 939: Der alternde VE hat eine Ehefrau F und eine Geliebte D, von der die F nichts weiß und auch nach dem Tod des VE nichts erfahren soll. Der fürsorgliche VE will beide versorgt sehen. Deshalb setzt er seine Frau F als alleinige Erbin ein und legt bei der VSP – Sparkasse ein Sparkonto auf den Namen der D an. Mit dem Sachbearbeiter der Sparkasse wird vereinbart, dass die VSP – Sparkasse nach dem Tod des VE die D von dem Sparkonto unterrichten soll. So geschieht es: Der VE verstirbt und die VSP – Sparkasse benachrichtigt die bei dem ihr genannten Kontostand von € 150 000,- hocherfreut reagierende D. Derweil findet die F das Sparbuch im Nachlass des VE. Die F ruft bei der D an und widerruft alle Erklärungen ihres Mannes im Zusammenhang mit der Errichtung des Sparbuchs. Die D verlangt von der F Herausgabe des Sparbuchs (nach BGH).

Der Anspruch der D gegen die F auf Herausgabe des Sparbuchs könnte sich aus § 985 ergeben. a) Die F ist im Besitz des Sparbuchs. b) Die D müsste Eigentümerin des Sparbuchs sein. Wie Sie ja wissen, „folgt" nach § 952 BGB bei einem Sparbuch „das Recht an dem Papier dem Recht aus dem Papier". Eigentümer ist also derjenige, der Inhaber der Forderung aus § 488 Abs. 1 S. 2 BGB bzw. §§ 700, 488 Abs. 1 S. 2 BGB ist. aa) Zu seinen Lebzeiten war der VE Forderungsinhaber und damit Eigentümer des Sparbuchs. bb) Mit dem Tode wird aaa) die D

Gläubigerin nach §§ 488 Abs. 1 S. 2, 328 Abs. 1 BGB bzw. §§ 700, 488 Abs. 1 S. 2, 328 Abs. 1 BGB. bbb) Vereinzelt wird allerdings angenommen, das Deckungsverhältnis sei nach § 125 BGB nichtig wegen Nichteinhaltung der Form des § 2301 BGB. Nach ganz überwiegender Ansicht betrifft die Formvorschrift des § 2301 BGB nicht das Deckungsverhältnis, sondern nur das Valutaverhältnis. Danach ist ohne Rücksicht auf die Voraussetzungen des § 2301 BGB die D Gläubigerin und Eigentümerin des Sparbuchs geworden. c) Fraglich ist jedoch, ob die F ein Recht zum Besitz hat. Ein solches könnte sich aus § 242 BGB („dolo agit, qui petit quod statim redditurus est") ergeben, wenn die an sich zur Herausgabe verpflichtete F das Sparbuch sogleich wieder zurückverlangen könnte. Einen solchen Anspruch könnte die F gegen die D aus § 812 Abs. 1 S. 1 1. Fall BGB („Leistungskondiktion") haben. aa) Die D hat „etwas" – das Eigentum am Sparbuch – erlangt. bb) Geleistet hat zwar nicht die F, wohl aber der VE, dessen Leistung der F zugerechnet wird (§ 1922 BGB). cc) Die Leistung müsste ohne Rechtsgrund erfolgt sein; der Rechtsgrund muss im „Valutaverhältnis" gegeben sein. In Betracht kommt ein Schenkungsvertrag zwischen VE und der D (§ 516 BGB). aaa) Das Angebot des VE ist mittels der VSP – Sparkasse als Botin erklärt worden und der D zugegangen, was nach § 130 Abs. 2 BGB auch nach dem Tod des VE möglich ist. Der danach erfolgte Widerruf der F war daher verspätet (arge § 130 Abs. 1 S. 2 BGB). Die D hat das Angebot konkludent angenommen, denn sie reagierte „hocherfreut". Dies konnte sie auch noch, denn das Angebot war nicht durch den zwischenzeitlichen Tod erloschen (§ 153 BGB). Auf den Zugang der Annahmeerklärung bei der F hat der VE verzichtet, so dass der Vertrag nach § 151 BGB ohne Zugang der Annahmeerklärung zustande kommen konnte. bbb) Möglicherweise ist der Vertrag aber wegen Formunwirksamkeit nichtig. aaaa) Der in Betracht zu ziehende Formmangel des § 518 Abs. 1 BGB ist gem. § 518 Abs. 2 BGB geheilt durch den mit dem Todesfall noch vor dem Zustandekommen des Schenkungsvertrages erfolgten Erwerb der Forderung durch die D. Damit liegt ein wirksames Valutaverhältnis vor, die Leistung erfolgte mithin mit Rechtsgrund. Damit steht der F gegen die D kein Recht zum Besitz aus § 242 BGB zu. Sie muss das Sparbuch an die D herausgeben. bbbb) Eine weitere Frage ist, ob das Valutaverhältnis eine Verfügung von Todes wegen ist und daher wegen der Nichteinhaltung der Form letztwilliger Verfügungen nach §§ 2301 Abs. 1, 125 BGB nichtig ist. aaaaa) Man kann dem § 2301 BGB die Funktion zuerkennen, die Umgehung des Erbrechts und seiner Formvorschriften durch ein Ausweichen in die Konstruktion eines Vertrages zugunsten Dritter zu vermeiden. Daher wird in der Lehre in solchen Fällen die Nichtigkeit des Schenkungsvertrages wegen fehlender Testamentsform oder Erbvertragsform (§§ 2231 ff., 2276 ff. BGB) angenommen. Eine Anwendung des § 2301 Abs. 2 BGB wird verneint, weil nicht der Erblasser zu Lebzeiten, sondern der Erbe das Vermögensopfer erbracht habe. bbbbb) Die Rechtspraxis argumentiert dagegen, dass bei einem Vertrag zugunsten Dritter, der die Versorgung des Dritten sicherstellen soll (so hier) nach dem Willen des Gesetzes gem. § 331 BGB die Forderung mit dem Tode des VE entstehen soll. Damit sei § 331 BGB als lex specialis zu § 2301 BGB anzusehen, so dass er keine Anwendung findet. Damit ist auch unter diesem Aspekt das Valutaverhältnis wirksam, die Leistung erfolgte mithin mit Rechtsgrund. Damit steht der F gegen die D kein Recht zum Besitz aus § 242 BGB zu. Sie muss das Sparbuch an die D herausgeben.

 **Springer**   **springer.de**

Jura-Lehrbücher bei Springer

Europäisches Strafrecht

B. Hecker, Justus-Liebig-Universität Gießen

2005. XL, 516 S. Brosch.
ISBN 3-540-21669-3 ▶ € 24,95 | sFr 42,50

Recht der Ordnungswidrigkeiten

W. Mitsch, Potsdam

2., überarb. u. aktual. Aufl. 2005. XXI, 312 S. Brosch.
ISBN 3-540-00026-7 ▶ € 19,95 | sFr 34,00

Einführung in den Gutachtenstil

15 Klausuren zum Bürgerlichen Recht, Strafrecht und Öffentlichen Recht

B. Valerius, Universität Würzburg

2005. IX, 230 S. (Tutorium Jura) Brosch.
ISBN 3-540-23645-7 ▶ € 16,95 | sFr 29,00

Arbeitsrecht Band 1 Individualarbeitsrecht

W. Hromadka, Passau; **F. Maschmann**, Universität Mannheim

3., überarb. u. aktual. Aufl. 2005. Etwa 550 S. Brosch.
ISBN 3-540-25027-1 ▶ € 24,95 | sFr 42,50

Grundrechte

V. Epping, Universität Hannover

2., aktual. u. erw. Aufl. 2005. XVII, 424 S. Brosch.
ISBN 3-540-22714-8 ▶ € 19,95 | sFr 34,00

Computer- und Internetstrafrecht

Ein Grundriss

E. Hilgendorf, T. Frank, B. Valerius, Universität Würzburg

2005. Etwa 250 S. Brosch.
ISBN 3-540-23678-3 ▶ € 24,95 | sFr 42,50

Strafrecht, Allgemeiner Teil

W. Gropp, Justus-Liebig-Universität Gießen

3., überarb. u. erw. Aufl. 2005. Etwa 600 S. Brosch.
ISBN 3-540-24537-5 ▶ € 24,95 | sFr 42,50

Das gesamte examensrelevante Zivilrecht

Für Studenten und Rechtsreferendare

J. Plate, Universität Hamburg

2., aktualisierte u. verb. Aufl. 2005. XX, 1.498 S. Brosch.
ISBN 3-540-22809-8 ▶ € 49,95 | sFr 85,00

Bei Fragen oder Bestellung wenden Sie sich bitte an ▶ Springer Kundenservice, Haberstr. 7, 69126 Heidelberg, Tel.: (0 62 21) 345 - 0, Fax: (0 62 21) 345 - 4229, e-mail: SDC-bookorder@springer-sbm.com
Die €-Preise für Bücher sind gültig in Deutschland und enthalten 7% MwSt.
Preisänderungen und Irrtümer vorbehalten.   d&p · 011665x